vecteur de diversité et d'intégration que la cuisine. Chacun y arrive chargé de son histoire personnelle, de celle de son pays d'origine, qu'il réinvente, adapte, confronte, conteste, surpasse, épice, découpe en lamelles, ou propose dans sa vérité brute. La cuisine française, c'est Marianne qui sourit. Et la France qui reprend des couleurs.

H. Brodey/EyeEm/Getty Images

Sa Majesté le produit

On veut mâcher, rogner, sentir les mandibules déchirer un morceau de viande ! Rendez-nous les arêtes et les os ! Ce cri de rage des gourmands, les chefs l'ont entendu : moins de nuages, de mousses évanescentes, place au produit, au terroir, à l'identité du goût. Longtemps a prévalu la singulière idée que la cuisine santé se devait d'être ennuyeuse. Désormais, l'homme frugal serait homme de bien. Que nenni, nous dit cette nouvelle génération de cuisiniers, épaulés par leurs aînés : le goût s'impose de nouveau au visuel. On ne va pas au restaurant pour faire des photos mais pour manger. La grande différence est que l'on mange mieux, et plus sain. Pour preuve, une nouvelle ligne a envahi les ardoises des tables : « Les légumes de mon jardin ». Priorité au locavorisme ; à savoir les circuits courts, et les partenariats avec les producteurs locaux, qui font vivre leur terre, parfois une région toute entière. On assiste aujourd'hui à un amusant retournement : les cartes ont raccourci au profit d'énoncés parfois minimalistes tandis que la mise en avant du producteur, sur la carte et en salle, n'a cessé de prendre de l'importance. Comme si les chefs, à leur tour, retournaient les politesses à ceux sans lesquels leur talent ne pourrait s'exprimer : les paysans, petits producteurs, pêcheurs, maraîchers, éleveurs, fromagers...

2017… LE PALMARÈS !

3 ÉTOILES…

Chagny (71)	**Maison Lameloise**
Courchevel 1850 (73)	**Le 1947 au Cheval Blanc N**
Eugénie-les-Bains (40)	**Les Prés d'Eugénie-Michel Guérard**
Fontjoncouse (11)	**Auberge du Vieux Puits**
Illhaeusern (68)	**Auberge de l'Ill**
Laguiole (12)	**Bras**
Lyon (69)	**Paul Bocuse**
Marseille (13)	**Le Petit Nice**
Megève (74)	**Flocons de Sel**
Monte-Carlo (MC)	**Le Louis XV-Alain Ducasse**
Paris 4e	**L'Ambroisie**
Paris 6e	**Guy Savoy**
Paris 7e	**Arpège**
Paris 8e	**Alain Ducasse au Plaza Athénée**
Paris 8e	**Le Cinq**
Paris 8e	**Épicure au Bristol**
Paris 8e	**Alléno Paris au Pavillon Ledoyen**
Paris 8e	**Pierre Gagnaire**
Paris 16e	**Astrance**
Paris 16e	**Le Pré Catelan**
Reims (51)	**L'Assiette Champenoise**
Roanne (42)	**Troisgros**
Saint-Bonnet-le-Froid (43)	**Régis et Jacques Marcon**
Saint-Martin-de-Belleville (73)	**La Bouitte**
Saint-Tropez (83)	**La Vague d'Or**
Valence (26)	**Pic**
Vonnas (01)	**Georges Blanc**

Découvrez toutes les étoiles 2017 en fin de guide, page 1952.

Un nouveau 3 étoiles...

Le 1947 au Cheval Blanc

Pour les amateurs de grands crus bordelais, 1947 est un millésime mythique du Cheval Blanc. C'est aussi, au sein de l'hôtel du même nom, le nouveau chef-d'œuvre de Yannick Alléno : déjà triplement étoilé au Pavillon Ledoyen, à Paris, le chef francilien ajoute un deuxième « trois étoiles » à son palmarès personnel ! Pour une poignée de chanceux (cinq tables seulement), il délivre une saisissante partition de cuisine contemporaine : brochet brioché, extraction de céleri-rave ; civet de langues d'oursin, filet de rouget et toast gratiné... Les sauces sont inoubliables – résultat d'un travail de longue haleine sur l'extraction et la fermentation –, la maîtrise technique est totale : une leçon de haute cuisine, tout simplement !

1947

Les Tables étoilées 2017

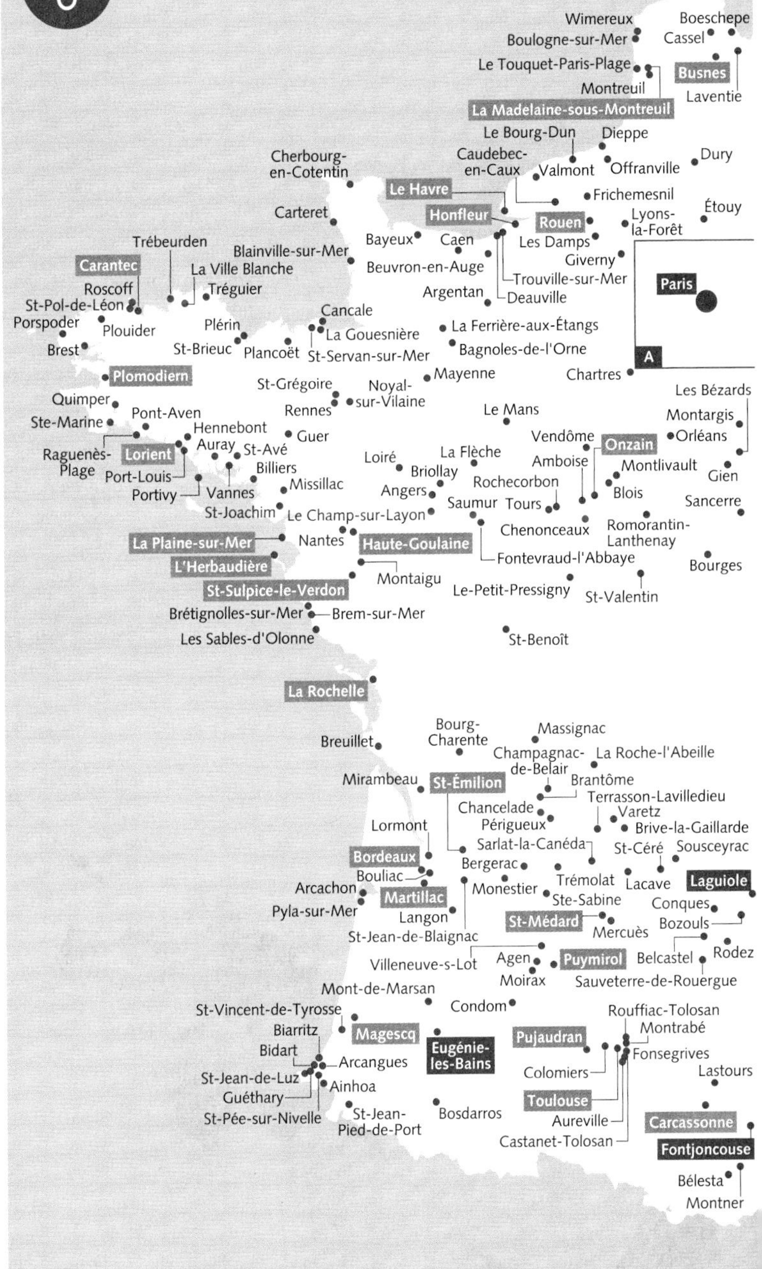

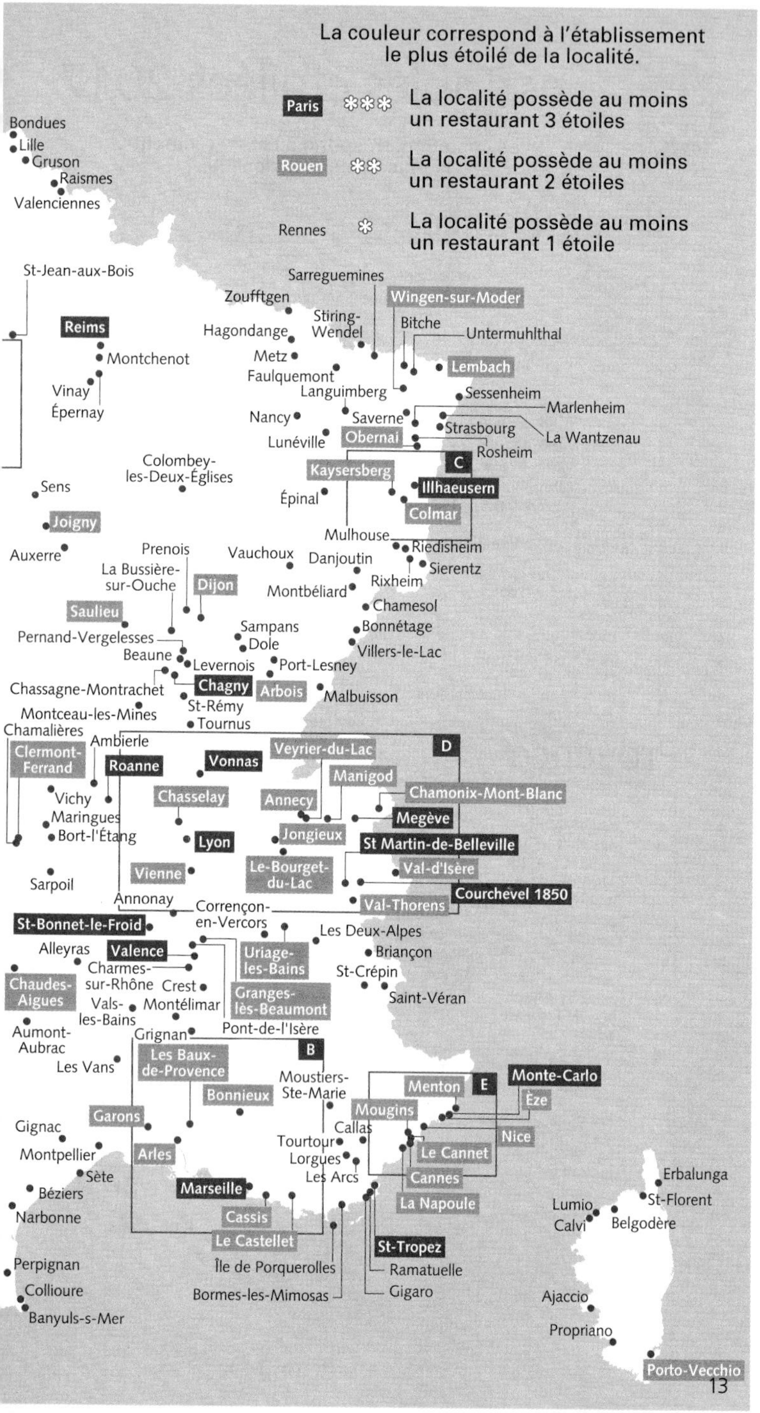
La couleur correspond à l'établissement le plus étoilé de la localité.
Paris ✻✻✻ La localité possède au moins un restaurant 3 étoiles
Rouen ✻✻ La localité possède au moins un restaurant 2 étoiles
Rennes ✻ La localité possède au moins un restaurant 1 étoile
Bondues
Lille
Gruson
Raismes
Valenciennes
St-Jean-aux-Bois
Reims
Montchenot
Vinay
Épernay
Sarreguemines
Zoufftgen
Wingen-sur-Moder
Stiring-Wendel
Bitche
Hagondange
Untermuhlthal
Metz
Lembach
Faulquemont
Languimberg
Sessenheim
Marlenheim
Nancy
Saverne
Strasbourg
La Wantzenau
Lunéville
Obernai
Rosheim
C
Colombey-les-Deux-Églises
Kaysersberg
Illhaeusern
Sens
Épinal
Colmar
Joigny
Mulhouse
Riedisheim
Auxerre
Prenois
Vauchoux
Danjoutin
Sierentz
La Bussière-sur-Ouche
Dijon
Rixheim
Montbéliard
Saulieu
Chamesol
Sampans
Bonnétage
Pernand-Vergelesses
Dole
Villers-le-Lac
Beaune
Levernois
Port-Lesney
Chassagne-Montrachet
Chagny
Arbois
Malbuisson
St-Rémy
Montceau-les-Mines
Tournus
Chamalières
Ambierle
D
Clermont-Ferrand
Roanne
Vonnas
Veyrier-du-Lac
Manigod
Chasselay
Annecy
Chamonix-Mont-Blanc
Vichy
Maringues
Megève
Bort-l'Étang
Lyon
Jongieux
St Martin-de-Belleville
Le-Bourget-du-Lac
Val-d'Isère
Vienne
Sarpoil
Courchevel 1850
Annonay
Corrençon-en-Vercors
Val-Thorens
St-Bonnet-le-Froid
Les Deux-Alpes
Alleyras
Valence
Uriage-les-Bains
Briançon
Charmes-sur-Rhône
St-Crépin
Chaudes-Aigues
Crest
Granges-lès-Beaumont
Saint-Véran
Vals-les-Bains
Montélimar
Aumont-Aubrac
Pont-de-l'Isère
Grignan
B
Les Baux-de-Provence
Les Vans
Moustiers-Ste-Marie
Monte-Carlo
Menton
E
Bonnieux
Èze
Garons
Mougins
Gignac
Callas
Nice
Tourtour
Montpellier
Arles
Le Cannet
Lorgues
Sète
Les Arcs
Cannes
Erbalunga
Béziers
Marseille
La Napoule
St-Florent
Lumio
Cassis
Narbonne
Calvi
Belgodère
Le Castellet
St-Tropez
Perpignan
Île de Porquerolles
Ramatuelle
Collioure
Bormes-les-Mimosas
Gigaro
Ajaccio
Banyuls-s-Mer
Propriano
Porto-Vecchio

Les Tables étoilées 2017

La couleur correspond à l'établissement le plus étoilé de la localité.

Île-de-France

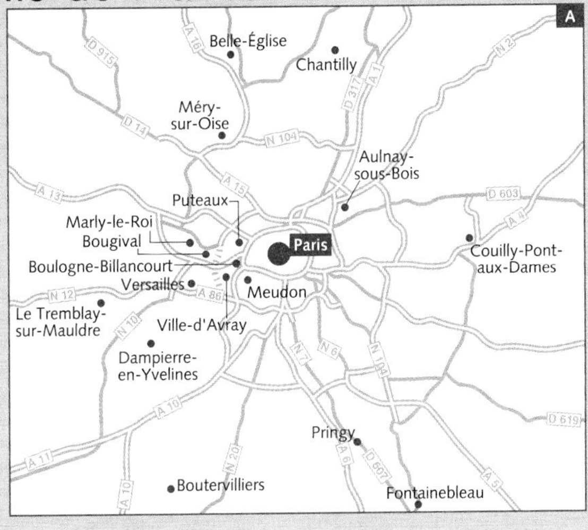

Provence

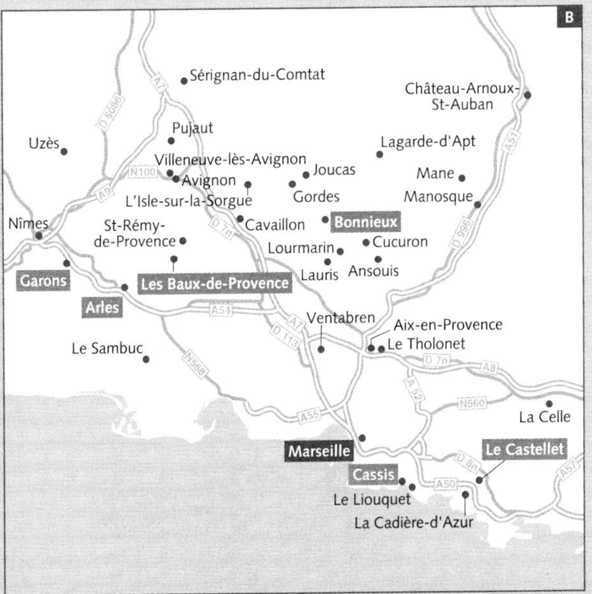

Alsace

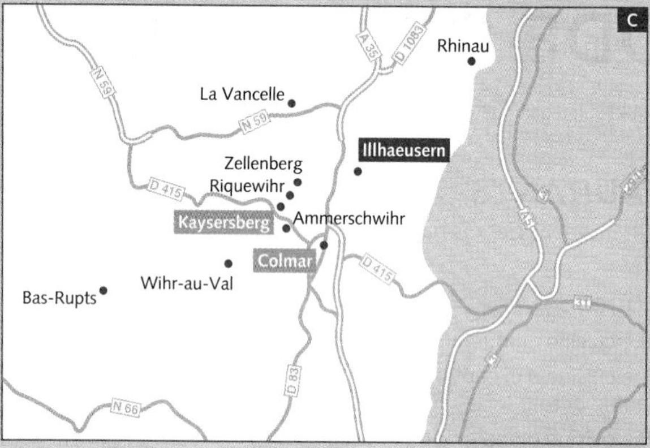

Rhône-Alpes

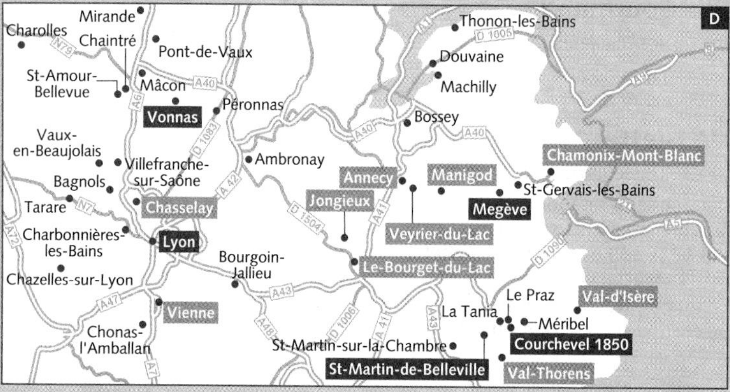

Côte-d'Azur

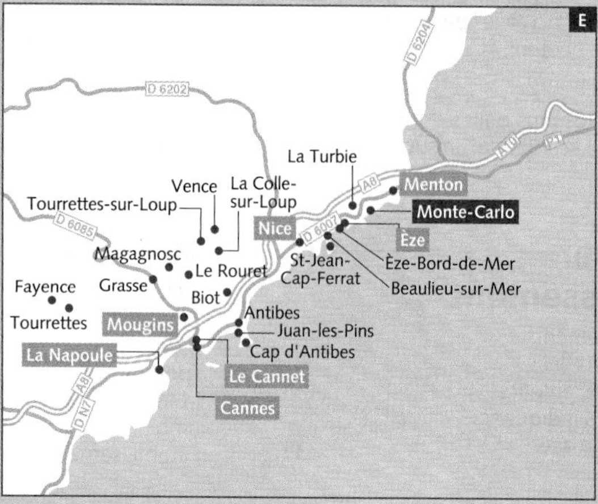

MODE D'EMPLOI...

COMMENT UTILISER LE GUIDE

RESTAURANTS

Les restaurants sont classés par qualité de cuisine :

Les Étoiles

✿✿✿ Une cuisine unique. Vaut le voyage !

✿✿ Une cuisine d'exception. Vaut le détour !

✿ Une cuisine d'une grande finesse. Vaut l'étape !

Bib Gourmand

Nos meilleurs rapports qualité-prix.

Moins de 32 € en province, moins de 36 € à Paris

L'Assiette

Une cuisine de qualité.

Dans chaque catégorie de qualité de cuisine, les établissements sont classés par standing (de XXXXX à X) et par ordre de préférence de l'inspecteur.

En rouge ? Nos plus belles adresses ! Du charme, du caractère, un supplément d'âme...

QUIMPER
29000 – 63 235 hab. – Agglo. 79 124
Paris 564 km – Brest 73 km – Lorient
Carte Michelin 308-G7 – Guide Vert Mich

✿ **Mariontan** (Éric Mariontan)
CRÉATIVE · ÉLÉGANT XXX Dans
soigné : l'accueil et le service, la c
étoffée et la jolie terrasse... Les g
→Œuf de poule cuit à 65°C, pu
tous ses états. Dessert blanc.
Menu 27 € (déj. en semaine), 50/
Plan : A2-s – *25 r. L.-Vivent –*
Fermé 25 avril-3 mai, 31 oct.-7 nov.

Le Margeron
CRÉATIVE · RUSTIQUE XX Insta
charme ancien séduit d'emblée a
des touches plus actuelles. Côté
d'huîtres au safran, ris de veau po
Menu 17 € (déj. en semaine),
Plan : A1-e – *52 r. des Gentilshomr*
– www.lemargeron.com – Fermé 2

Ty Coat N
RÉGIONALE · AUBERGE X Une
où l'on se régale de viandes rôti
Bretagne et organise des soiré
agréables et originales : leur thèn
Menu 13 € (déj. en semaine), 31
3 chambres – 85 € 85€ –
Hors plan – *23 r. R.-d'Helbingue –*
– www.tycoat.fr – Fermé 19 janv.-2

Manoir de Locmaria
CHÂTEAU · GRAND STYLE Villé
cette belle demeure à l'architectu
et des chambres garnies de mob
qui change avec les marées...
18 chambres – 159/320 € 159
Plan : C2-f – *3 venelle de la Poteri*
– www.manoir-de-locmaria.com –

HÔTELS

Les hôtels sont classés par catégories de confort, de 🏨🏨🏨🏨🏨 à 🏨, et par ordre de préférence de l'inspecteur.

Maison d'hôtes.

En rouge ? Nos plus belles adresses ! Du charme, du caractère, un supplément d'âme...

Localiser l'établissement

Les établissements sont situés sur les plans de ville, et leurs coordonnées indiquées dans leur adresse.

Mots-clés

Deux mots-clés pour identifier en un coup d'œil le type de cuisine (pour les restaurants), et le style (décor, ambiance...) de l'établissement.

. 41m- Carte régionale n° 9-B2
Rennes 215 km
gne Sud

son de maître du 19e s., tout est raffiné et saison – fine et subtile –, la carte des vins agenais sont séduits ; les autres aussi ! mme de terre aux truffes. Canard dans

99 77 – *www.restaurant-mariontan.com* –
i, dim. soir et lundi

eur de la vieille ville, ce restaurant au e salle qui mêle le charme de l'ancien et es plats rivalisent de saveurs : marinière ses petits légumes... Prix doux en prime.
Carte 41/56 €
2 53 48 11 55
rs, août, 23 déc.-3 janv., midi, dim. et lundi

auberge, accueillante et chaleureuse, oche. Le propriétaire a vécu en Grande- ises et écossaises. Les chambres sont ande celui... du petit-déjeuner !

7 99 00 (réservation conseillée)
) sept., mardi midi, dim. soir et lundi

a bretonne... Dans son ravissant jardin, ue domine l'odet. De l'enfilade de salons en, on a tout loisir d'admirer le paysage

suites – 21 €
7 76 76 76
nvier-12 février

Équipements & services

- Carte des vins particulièrement intéresssante
- Hôtel avec restaurant
- Restaurant avec chambres
- Au calme • Belle vue
- Parc ou jardin • Court de tennis
- Golf
- Ascenseur
- Aménagements pour personnes handicapées
- A/C Air conditionné
- Repas servi au jardin ou en terrasse
- Accès interdit aux chiens
- Piscine de plein air/couverte
- Spa
- Salle de fitness
- Salle de conférences
- Salon pour repas privés
- Service voiturier
- P Parking
- Garage dans l'hôtel
- Cartes de paiement non acceptées
- M Station de métro la plus proche

N Nouvel établissement dans le guide

Prix

Restaurants

Formule 18 €	Repas servi le midi et seulement en semaine
Menu 35/60 €	Prix mini/maxi
Carte 20/35 €	Prix mini/maxi
	Boisson comprise
	Menu à moins de 20 €

Hôtels

85/110 € 120/150 €	Prix mini/maxi d'une chambre pour une et deux personne(s), petit-déjeuner compris
10 €	Petit-déjeuner en sus
½ P	L'hôtel propose la demi-pension

LÉGENDE DES PLANS

• Hôtels
• Restaurants

Curiosités

Bâtiment intéressant
Édifice religieux intéressant : catholique • protestant

Voirie

Autoroute • Double chaussée de type autoroutier
Echangeurs numérotés: complet, partiels
Grande voie de circulation
Rue réglementée ou impraticable
Rue piétonne • Tramway
Parking • Parking Relais
Tunnel
Gare et voie ferrée
Funiculaire
Téléphérique

Signes divers

Office de tourisme
Mosquée • Synagogue
Tour • Ruines • Moulin à vent
Jardin, parc, bois • Cimetière
Stade • Golf • Hippodrome
Piscine de plein air, couverte
Vue • Panorama
Monument • Fontaine
Port de plaisance • Phare
Aéroport • Station de métro • Gare routière
Transport par bateau :
passagers et voitures, passagers seulement
Bureau principal de poste restante
Hôpital • Marché couvert
Police cantonale (Gendarmerie) • Police municipale
Hôtel de ville • Université, grande école
Bâtiment public repéré par une lettre :
M H Musée – Hôtel de ville
P T Gouvernement Provincial – Théâtre

THE MICHELIN GUIDE'S COMMITMENTS

EXPERIENCED IN QUALITY!

Whether they are in Japan, the USA, China or Europe, our inspectors apply the same criteria to judge the quality of each and every hotel and restaurant that they visit. The Michelin guide commands a worldwide reputation thanks to the commitments we make to our readers – and we reiterate these below:

Anonymous inspections

Our inspectors make regular and anonymous visits to hotels and restaurants to gauge the quality of products and services offered to an ordinary customer. They settle their own bill and may then introduce themselves and ask for more information about the establishment. Our readers' comments are also a valuable source of information, which we can follow up with a visit of our own.

Independence

To remain totally objective for our readers, the selection is made with complete independence. Entry into the guide is free. All decisions are discussed with the Editor and our highest awards are considered at a global level.

Our famous one ✪, two ✪✪ and three ✪✪✪ stars identify establishments serving the highest quality cuisine – taking into account the quality of ingredients, the mastery of techniques and flavours, the levels of creativity and, of course, consistency.

Selection and choice

The guide offers a selection of the best restaurants and hotels in every category of comfort and price. This is only possible because all the inspectors rigorously apply the same methods.

THREE MICHELIN STARS

Exceptional cuisine, worth a special journey!

Our highest award is given for the superlative cooking of chefs at the peak of their profession. The ingredients are exemplary, the cooking is elevated to an art form and their dishes are often destined to become classics.

TWO MICHELIN STARS

Excellent cooking, worth a detour!

The personality and talent of the chef and their team is evident in the expertly crafted dishes, which are refined, inspired and sometimes original.

ONE MICHELIN STAR

High quality cooking, worth a stop!

Using top quality ingredients, dishes with distinct flavours are carefully prepared to a consistently high standard.

BIB GOURMAND

Good quality, good value cooking.

'Bibs' are awarded for simple yet skilful cooking for under 32€ (36€ in Paris for three courses).

THE MICHELIN ASSIETTE

Good cooking

Fresh ingredients, carefully prepared: simply a good meal.

Annual updates

All the practical information, classifications and awards are revised and updated every year to give the most reliable information possible.

Consistency

The criteria for the classifications are the same in every country covered by the MICHELIN guide.

The sole aim of Michelin is to make your travels safe and enjoyable.

DEAR READER

Last year we introduced numerous changes to the MICHELIN guide: a new page layout, a revised order with the emphasis on restaurants, key words to describe each establishment, a new distinction, the "MICHELIN plate" etc. A large majority of you have appreciated these changes, and we thank you for your feedback and encouragement.

- *Throughout 2016, our inspectors have covered the whole of France in search of the best restaurants, outstanding hotels and charming bed & breakfasts. In a difficult economic climate, we have been impressed by the resilience and tenacity of those in the hotel and restaurant profession-the chefs of course, but also their front-of-house teams, who throughout the country have rolled up their sleeves and continued to put their customers first.*

- *Although the number of foreign visitors has declined, the French continue to eat out with gusto, undeniable proof were it needed of the place of food at the heart of French culture. Today, as much as in past times, we continue to consider the dining table as the setting for all nourishment: good food, of course, which excites the taste buds and warms the soul, but also passionate discussion, debate and reconciliation, the spice of life.*

- *We are very happy therefore to bring you this 2017 edition of the MICHELIN guide, which aims to reflect the diversity of restaurants and places to stay across the country: from grand dining to seaside bistros, mountain-top chalets to bed & breakfasts in the heart of the countryside... In step with the world of today, we guarantee to help you make the perfect choice, whatever the occasion. Our selection reflects the varied and evolving portrait of eating out in France: more than 600 starred restaurants, an increase on last year, 645 Bib Gourmands, around 100 of which are new, numerous award-winning chefs with international backgrounds...*

- *As every year, we have based our selection on our rigorous and timeless criteria, free from overriding considerations of fashion: this is our way of honouring our contract with you. All that remains is for us to wish you happy reading...and bon appetit!*

CONTENTS

Introduction

Consultez le guide MICHELIN sur :
www.restaurant.michelin.fr
et écrivez-nous à :
leguidemichelin-france@tp.michelin.com

SEEK AND SELECT...

HOW TO USE THIS GUIDE

RESTAURANTS

Restaurants are classified by the quality of their cuisine:

Stars

✿✿✿ Exceptional cuisine, worth a special journey!

✿✿ Excellent cooking, worth a detour!

✿ High quality cooking, worth a stop!

Bib Gourmand

Bib Good quality, good value cooking.

Menu for less than 32 €, 36 € in Paris

The Assiette

Good cooking.

Within each cuisine category, restaurants are listed by comfort, from XXXXX to X, and in order of preference by the inspectors.

Red: Our most delightful places.

HOTELS

Hotels are classified by categories of comfort, from 🏨🏨🏨🏨🏨 to 🏨 and in order of preference by the inspectors.

Guesthouses

Red: Our most delightful places.

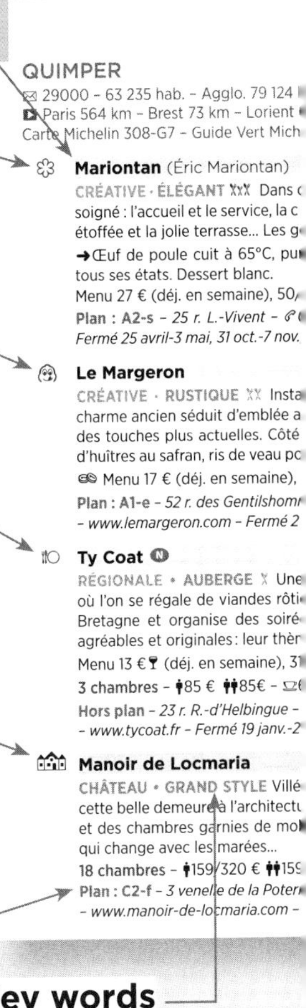
QUIMPER
29000 – 63 235 hab. – Agglo. 79 124
Paris 564 km – Brest 73 km – Lorient
Carte Michelin 308-G7 – Guide Vert Mich

✿ **Mariontan** (Éric Mariontan)
CRÉATIVE · ÉLÉGANT XXX Dans
soigné : l'accueil et le service, la c
étoffée et la jolie terrasse... Les g
➔Œuf de poule cuit à 65°C, pu
tous ses états. Dessert blanc.
Menu 27 € (déj. en semaine), 50
Plan : A2-s – *25 r. L.-Vivent –*
Fermé 25 avril-3 mai, 31 oct.-7 nov.

Le Margeron
CRÉATIVE · RUSTIQUE XX Insta
charme ancien séduit d'emblée a
des touches plus actuelles. Côté
d'huîtres au safran, ris de veau po
Menu 17 € (déj. en semaine),
Plan : A1-e – *52 r. des Gentilshom*
– www.lemargeron.com – Fermé 2

Ty Coat N
RÉGIONALE · AUBERGE X Une
où l'on se régale de viandes rôti
Bretagne et organise des soiré
agréables et originales : leur thè
Menu 13 € (déj. en semaine), 3
3 chambres – 85 € 85€ –
Hors plan – *23 r. R.-d'Helbingue –*
– www.tycoat.fr – Fermé 19 janv.-2

Manoir de Locmaria
CHÂTEAU · GRAND STYLE Villé
cette belle demeure à l'architect
et des chambres garnies de mo
qui change avec les marées...
18 chambres – 159/320 € 15
Plan : C2-f – *3 venelle de la Poter*
– www.manoir-de-locmaria.com –

Locating the establishment

Location and coordinates on the town plan, with main sights.

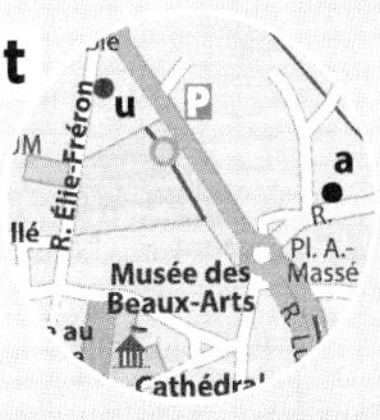

Key words

Each entry now comes with two key words, making it quick and easy to identify the type of establishment and/or the food that it serves.

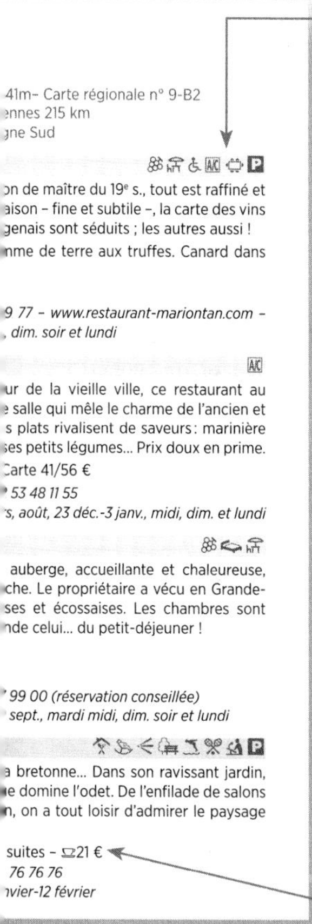
41m– Carte régionale n° 9-B2
ennes 215 km
gne Sud

on de maître du 19e s., tout est raffiné et
aison – fine et subtile –, la carte des vins
genais sont séduits ; les autres aussi !
nme de terre aux truffes. Canard dans

9 77 – www.restaurant-mariontan.com –
, dim. soir et lundi

ur de la vieille ville, ce restaurant au
e salle qui mêle le charme de l'ancien et
s plats rivalisent de saveurs : marinière
ses petits légumes... Prix doux en prime.
Carte 41/56 €
53 48 11 55
s, août, 23 déc.-3 janv., midi, dim. et lundi

auberge, accueillante et chaleureuse,
che. Le propriétaire a vécu en Grande-
ses et écossaises. Les chambres sont
nde celui... du petit-déjeuner !

99 00 (réservation conseillée)
sept., mardi midi, dim. soir et lundi

a bretonne... Dans son ravissant jardin,
e domine l'odet. De l'enfilade de salons
n, on a tout loisir d'admirer le paysage

suites – 21 €
76 76 76
nvier-12 février

Facilities & services

- Particularly interesting wine list
- Hotel with a restaurant
- Restaurant or pub with bedrooms
- Peaceful establishment
- Great view
- Garden or park • Tennis court
- Golf course
- Lift (elevator)
- Wheelchair access
- A/C Air conditioning
- Outside dining available
- No dogs allowed
- Swimming pool: outdoor or indoor
- Spa Wellness centre
- Exercise room
- Conference room
- Private dining room
- Valet parking
- P Car park
- Garage
- Credit cards not accepted
- M Nearest Underground station

N New establishment in the guide

Prices

Restaurants

Formule 18 €	Meal served at lunchtime on weekdays only
Menu 35/60 €	Lowest/highest price
Carte 20/35 €	Lowest/highest price
	Includes drinks (wine)
	Menu for less than 20 €

Hotels

85/110 € 120/150 €	Lowest/highest price for single and double room, breakfast included
10 €	Breakfast price where not included in rate
½ P	Establishment also offering half board

TOWN PLAN KEY

- Hotels
- Restaurants

Sights

Place of interest
Interesting place of worship

Roads

Motorway, dual carriageway
Junction: complete, limited
Main traffic artery
Unsuitable for traffic; street subject to restrictions
Pedestrian street • Tramway
Car park • Park and Ride
Gateway • Street passing under arch • Tunnel
Station and railway
Funicular
Cable car, cable way

Various signs

Tourist Information Centre
Mosque • Synagogue
Tower or mast • Ruins • Windmill
Garden, park, wood • Cemetery
Stadium • Golf course • Racecourse
Outdoor or indoor swimming pool
View – Panorama
Monument • Fountain
Pleasure boat harbour • Lighthouse
Airport • Underground station • Coach station
Ferry services:
passengers and cars/passengers only
Main post office with poste restante
Hospital • Covered market
Town Hall • University, College
Police (in large towns police headquarters)
Public buildings located by letter:
M H Museum – Town Hall
P T Provincial Government Office – Theatre

Cartes régionales

Regional Maps

Localité possédant au moins...

- ● un hôtel ou un restaurant
- ✿ une table étoilée
- ☺ un restaurant « Bib Gourmand »
- 🏠 un hôtel ou une maison d'hôtes de charme

Place with at least...

- ● a hotel or a restaurant
- ✿ a starred establishment
- ☺ a restaurant « Bib Gourmand »
- 🏠 a particularly pleasant accommodation

GREAT BRITAIN
MANCHE
ROUEN
CAEN
Normandie
17
5
Bretagne
RENNES
18
Pays de la Loire
6
Centre-Val de Loire
NANTES
POITIERS
Poitou-Charentes
20
Limousin
13
LIMOGES
NOUVELLE-AQUITAINE
BORDEAUX
Aquitaine
2
15
Midi -
TOULOUSE
OCÉAN ATLANTIQUE
ESPAÑA
France

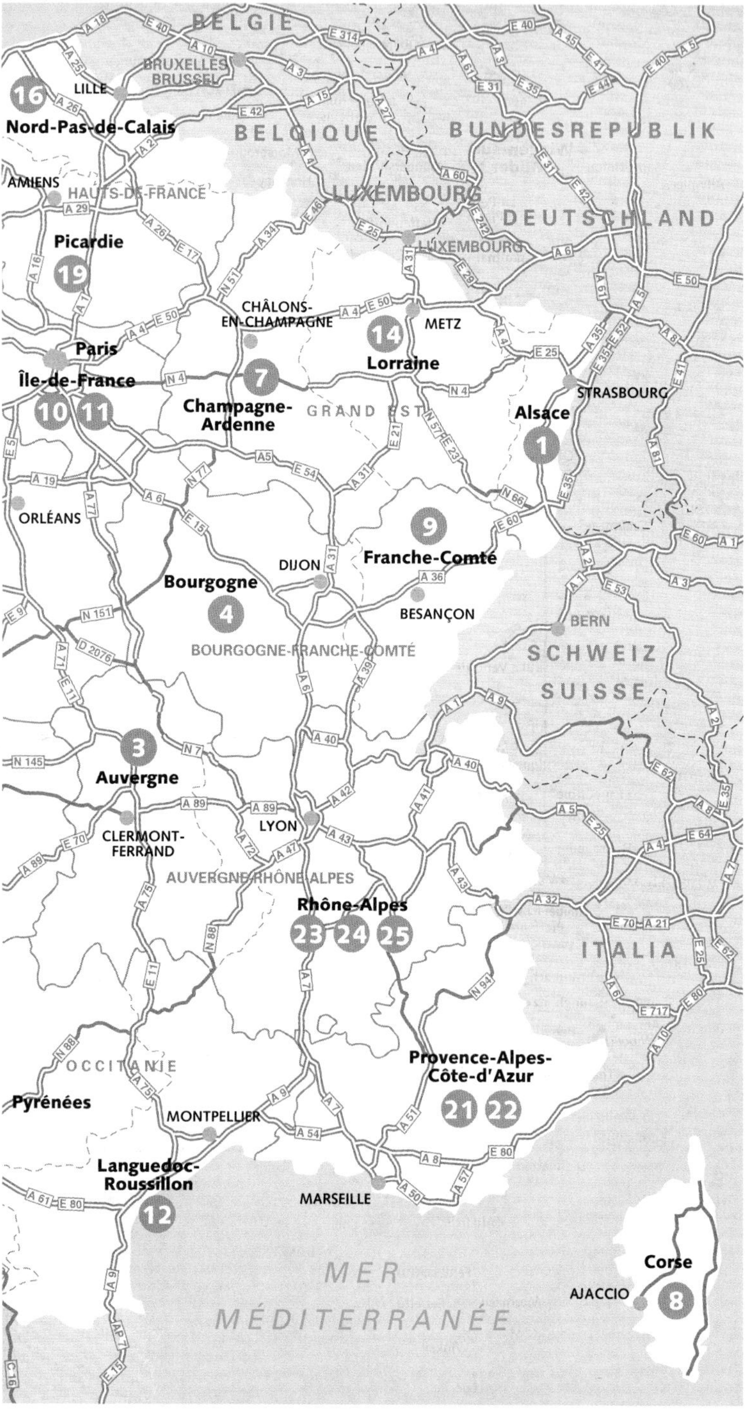
BELGIE
BRUXELLES
BRUSSEL
LILLE
16
Nord-Pas-de-Calais
BELGIQUE
BUNDESREPUBLIK
DEUTSCHLAND
LUXEMBOURG
LUXEMBOURG
AMIENS
HAUTS-DE-FRANCE
Picardie
19
CHÂLONS-EN-CHAMPAGNE
METZ
14
Lorraine
Paris
Île-de-France
10
11
7
Champagne-Ardenne
GRAND EST
STRASBOURG
Alsace
1
ORLÉANS
9
Franche-Comté
DIJON
Bourgogne
4
BESANÇON
BERN
SCHWEIZ
SUISSE
BOURGOGNE-FRANCHE-COMTÉ
3
Auvergne
LYON
CLERMONT-FERRAND
AUVERGNE-RHÔNE-ALPES
Rhône-Alpes
23
24
25
ITALIA
OCCITANIE
Pyrénées
Provence-Alpes-Côte-d'Azur
21
22
MONTPELLIER
Languedoc-Roussillon
12
MARSEILLE
Corse
AJACCIO
8
MER MÉDITERRANÉE

A
B
1
MOSELLE
57
Obersteinbach
Niedersteinbach
Wissembourg
Lembach
Niederbronn-les-Bains
Merkwiller-Pechelbronn
Wingen-sur-Moder
Sarre-Union
Altwiller
Gundershoffen
Morsbronn-les-Bains
Hegeney
Leutenheim
Roppenheim
La-Petite-Pierre
Uberach
Pfaffenhoffen
Haguenau
Graufthal
Niederschaeffolsheim
Sessenheim
Drusenheim
Sarrebourg
BAS-RHIN
67
Mittelhausen
Saverne
Weyersheim
Offendorf
Kilstett
Gambsheim
Willgottheim
La Wantzenau
LORRAINE
(plan 14)
Birkenwald
Marlenheim
Wangenbourg
Traenheim
Strasbourg
Molsheim
Dachstein
Oberhaslach
Entzheim
Illkirch-Graffenstaden
MEURTHE-ET-MOSELLE
54
Urmatt
Mollkirch
Rosheim
Klingenthal
Schirmeck
Ottrott
Obernai
Erstein
Fouday
Osthouse
Saulxures
Sand
Colroy-la-Roche
DEUTSCHLAND
Rhinau
St-Dié-des-Vosges
La Vancelle
Diebolsheim
2
ILLHAEUSERN
Riquewihr
Zellenberg
VOSGES
88
Lapoutroie
Kaysersberg
Ammerschwihr
Orbey
Wihr-au-Val
Colmar
Hohrodberg
FREIBURG IM BREISGAU
Muhlbach-s-Munster
Munster
Hattstatt
Metzeral
Gueberschwihr
Sondernach
Pfaffenheim
Westhalten
Rouffach
68
Kruth
Murbach
Bergholtz
HAUT-RHIN
Guebwiller
Husseren
Jungholtz
Ensisheim
3
St-Amarin
Moosch
Berrwiller
Cernay
Thann
Illzach
Mulhouse
Rixheim
Guewenheim
Riedisheim
Burnhaupt-le-Haut
Zimmersheim
Diefmatten
Sierentz
Kembs-Loéchlé
Bartenheim-la-Chaussée
Rosenau
BELFORT
90
Altkirch
St-Louis
TERRITOIRE DE BELFORT
BASEL
FRANCHE-COMTÉ
(plan 9)
Feldbach
Mœrnach
Ferrette
Montbéliard
Winkel
SUISSE
Lucelle
Localité possédant au moins :
un hébergement ou un restaurant
une table étoilée
un restaurant "Bib Gourmand"
une maison d'hôtes ou un hôtel particulièrement charmant

Alsace

C
1
2
Natzwiller
Barr
Le Hohwald
Mittelbergheim
Andlau
BAS-RHIN
67
Itterswiller
Blienschwiller
Steige
Ebersmunster
Scherwiller
La Vancelle
Rathsamhausen
Lièpvre
N 59
Sélestat
St-Hippolyte
Thannenkirch
E 25
Le Schnellenbuhl
Bergheim
ILLHAEUSERN
Ribeauvillé
Fréland
Zellenberg
Riquewihr
Beblenheim
Mittelwihr
HAUT-RHIN
68
Kaysersberg
Ammerschwihr
Labaroche
Katzenthal
Ingersheim
Turckheim
Colmar
Zimmerbach
D 415
Wihr-au-Val
Eguisheim
Husseren-les-Châteaux
Neuf-Brisach

2 Aquitaine

Localité possédant au moins :
un hébergement ou un restaurant
une table étoilée
un restaurant "Bib Gourmand"
une maison d'hôtes ou un hôtel particulièrement charmant
1
2
3
A
B
CHARENTE-MARITIME
17
POITOU
Jonzac
GIRONDE
Soulac-sur-Mer
D 1215
Pauillac
Blaye
D 137
Libourn
Listrac-Médoc
Margaux
Avensan
Lugon-et-l'Île-du-Carnay
Le Pian-Médoc
St-Aubin-de-Médoc
La Rivière
Bordeaux
Lormont
D 106
Bouliac
GIRONDE
33
Créon
Martillac
Arcachon
D 1113
Cap-Ferret
A 660
D 1010
Cadillac
Pyla-sur-Mer
Gujan-Mestras
Le Barp
St-Macaire
Langon
Sauternes
Biscarrosse-Plage
Biscarrosse
Parentis-en-Born
Bazas
Bernos-Beaulac
GOLFE
GASCOGNE
Escource
Sabres
40
LANDES
D 932
Mézos
E 5 - E 70
D 834
Roquefort
St-Justin
St-Michel-Escalus
A 63
Mont-de-Marsan
Magescq
Messanges
D 933
D 30
Seignosse
Soustons
D 824
Aire-l'Ado
St-Vincent-de-Tyrosse
Hinx
Duhort-Bachen
Hossegor
Dax
Hagetmau
EUGÉNIE-LES-BAINS
Capbreton
D 810
Saubion
Peyrehorade
Brassempouy
Biarritz
Orthevielle
Amou
Anglet
Pouillon
Arcangues
Bayonne
D 817
Bidart
Guiche
Sault-de-Navailles
Orthez
Guéthary
Briscous
A 64
La Bastide-Clairence
Salies-de-Béarn
St-Jean-de-Luz
Ahetze
Lacq
Hendaye
Cambo-les-Bains
Sauvagn
Lescar
Itxassou
Monein
D 817
DONOSTIA-S. SEBASTIÁN
Urrugne
Sare
Bidarray
St-Palais
St-Pée-s-Nivelle
Irissarry
L'Hôpital-Saint-Blaise
Moumour
Pau
Ainhoa
D 918
D 933
Lasseube
Espelette
Bosdarros
Barcus
St-Étienne-de-Baïgorry
St-Jean-Pied-de-Port
PYRÉNÉES-ATLANTIQUES
64
Oloron-Ste-Marie
Bielle
E S P A Ñ A
N 121A
Larrau
N 135
Gourette
PAMPLONA

C
D
87
HAUTE-VIENNE
ANGOULÊME
CHARENTES
plan 20
St-Estèphe
LIMOUSIN
(plan 13)
CHARENTE
16
Champagnac-de-Belair
Brantôme
Nantheuil
DORDOGNE
24
Sorges
1
Villetoureix
Champcevinel
TULLE
Chancelade
Escoire
Auriac-du-Périgord
19
Annesse-et-Beaulieu
Périgueux
Le Lardin-St-Lazare
CORRÈZE
Néac
St-Front-de-Pradoux
Milhac-d'Auberoche
Terrasson-Lavilledieu
Montignac
Rouffignac
Plazac
St-Émilion
Campsegret
St-Laurent-des-Combes
Ste-Foy-la-Grande
Sarlat-la-Canéda
Branne
Bergerac
Trémolat
Pujols
Gensac
St-Nexans
Moulon
St-Avit-Sénieur
Domme
St-Quentin-de-Caplong
Monestier
Belvès
Beaumont-du-Périgord
Issigeac
St-Martial-de-Nabirat
Duras
Eymet
Ste-Sabine
Daglan
St-Jean-de-Blaignac
Monpazier
St-Germain-de-Belvès
La Réole
LOT-
Cancon
St-Eutrope-de-Born
Marmande
ET-
47
LOT
46
CAHORS
AVEYRON
12
Villeneuve-sur-Lot
Clairac
Ste-Livrade-sur-Lot
Casteljaloux
GARONNE
St-Léon
Agen
Pont-du-Casse
2
Puymirol
Moirax
TARN-ET-GARONNE
82
MONTAUBAN
TARN
81
MIDI-PYRÉNÉES
(plan 15)
GERS
32
HAUTE-GARONNE
31
AUCH
TOULOUSE
Tamniès
Marquay
Proissans
Les Eyzies-de-Tayac
TARBES
3
Trémolat
Sarlat-la-Canéda
Mauzac-et-St-Meyme-de-Rozens
HAUTES-PYRÉNÉES
65
St-Vincent-de-Cosse
Carsac-Aillac
Paleyrac
Vitrac
La Roque-Gageac
09
ARIÈGE
C
D

3 Auvergne

Localité possédant au moins :
un hébergement ou un restaurant
une table étoilée
un restaurant "Bib Gourmand"
une maison d'hôtes ou un hôtel particulièrement charmant
St-Amand-Montrond
Château-sur-Allier
SAÔNE-ET-LOIRE
71
CENTRE VAL-DE-LOIRE
(plan 6)
Urçay
Meaulne
Bourbon-l'Archambault
Ygrande
Coulandon
Souvigny
Vallon-en-Sully
Reugny
ALLIER
03
Montluçon
Montmarault
Charroux
Vicq
GUÉRET
CREUSE
23
Aubusson
Châtel-Guyon
Riom
La Courteix
Pontgibaud
Clermont-Ferrand
Pont-du-Château
Mazaye
Orcines
Chamalières
Lempdes
Royat
Orcival
Orcet
Laqueuille
St-Saturnin
La Bourboule
St-Nectaire
Champeix
Le Mont-Dore
Issoire
Le Broc
Boudes
Léotoing
Blesle
Massiac
HAUTE-VIENNE
87
LIMOUSIN
(plan 13)
Ussel
19
CORRÈZE
TULLE
Brive-la-Gaillarde
Mauriac
Chaussenac
Ally
CANTAL
15
Chavagnac
Salers
Le Theil
Murat
Lascelle
Marmanhac
St-Flour
Vic-s-Cère
Pailherols
Viaduc-de-Garabit
Aurillac
Raulhac
Le Rouget
Vitrac
Chaudes-Aigues
Boisset
Marcolès
46
LOT
12
AVEYRON
48
LOZÈRE
MIDI-PYRÉNÉES
(plan 15)
Calvinet
Montsalvy
St-Urcize
Vieillevie
Figeac
A
B
1
2
3

C
D
NIÈVRE
58
La Chapelle-aux-Chasses
Chevagnes
Moulins
SAÔNE-ET-LOIRE
71
BOURGOGNE
(plan 4)
Thionne
Charolles
1
MÂCON
Billy
Lapalisse
Vichy
Bellerive-sur-Allier
AIN
01
RHÔNE
69
Roanne
Villefranche-s-Saône
Maringues
Lezoux
Thiers
Celles-sur-Durolle
Bouzel
Vollore-Ville
Bort-l'Étang
Glaine-Montaigut
Augerolles
LYON
RHÔNE-ALPES
(plans 23 24 25)
Ceilloux
63
PUY-DE-DÔME
Montbrison
2
Ambert
LOIRE
42
Vienne
Sarpoil
ISÈRE
38
ST-ÉTIENNE
Aurec-s-Loire
Vergongheon
Brioude
La Chaise-Dieu
Beauzac
Lavaudieu
Chomelix
St-Pal-de-Mons
Dunières
Salzuit
43
HAUTE-LOIRE
ST-BONNET-LE-FROID
Yssingeaux
Le Chambon-s-Lignon
Le Puy-en-Velay
Tournon-s-Rhône
St-Julien-Chapteuil
St-Front
Saugues
VALENCE
3
Alleyras
ARDÈCHE
07
DRÔME
26
PRIVAS
LANGUEDOC-ROUSSILLON
(plan 12)
C
D

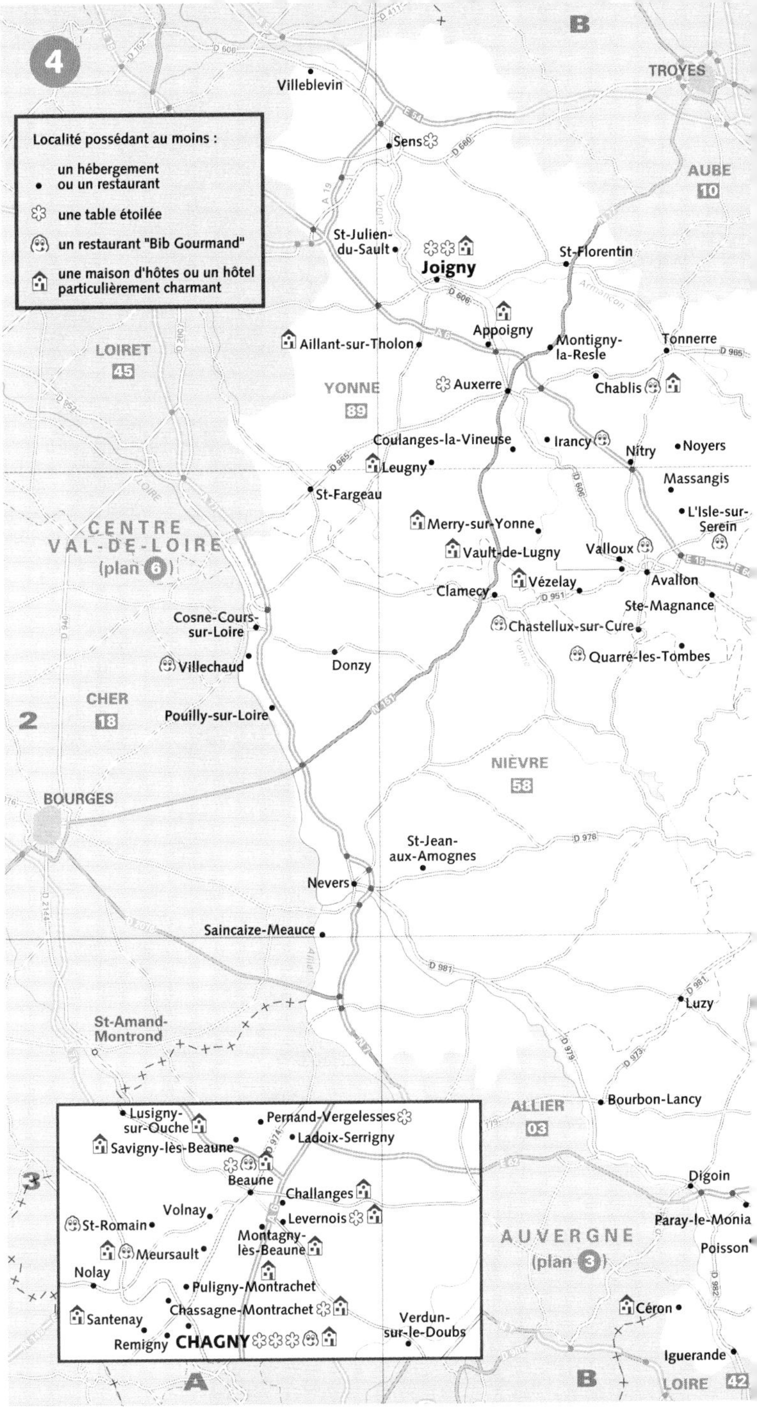
4
Localité possédant au moins :
un hébergement ou un restaurant
une table étoilée
un restaurant "Bib Gourmand"
une maison d'hôtes ou un hôtel particulièrement charmant
B
TROYES
AUBE
10
Villeblevin
Sens
St-Julien-du-Sault
Joigny
St-Florentin
Appoigny
Aillant-sur-Tholon
Montigny-la-Resle
Tonnerre
LOIRET
45
YONNE
89
Auxerre
Chablis
Coulanges-la-Vineuse
Irancy
Nitry
Noyers
Leugny
Massangis
St-Fargeau
L'Isle-sur-Serein
Merry-sur-Yonne
CENTRE
VAL-DE-LOIRE
(plan 6)
Vault-de-Lugny
Valloux
Vézelay
Avallon
Clamecy
Ste-Magnance
Cosne-Cours-sur-Loire
Chastellux-sur-Cure
Villechaud
Quarré-les-Tombes
Donzy
CHER
18
2
Pouilly-sur-Loire
NIÈVRE
58
BOURGES
St-Jean-aux-Amognes
Nevers
Saincaize-Meauce
Luzy
St-Amand-Montrond
Bourbon-Lancy
ALLIER
03
Lusigny-sur-Ouche
Pernand-Vergelesses
Ladoix-Serrigny
Savigny-lès-Beaune
Beaune
Challanges
Digoin
3
Volnay
St-Romain
Levernois
Paray-le-Monia
Montagny-lès-Beaune
AUVERGNE
(plan 3)
Meursault
Poisson
Nolay
Puligny-Montrachet
Chassagne-Montrachet
Céron
Santenay
Verdun-sur-le-Doubs
Remigny
CHAGNY
Iguerande
A
B
LOIRE
42

Bourgogne

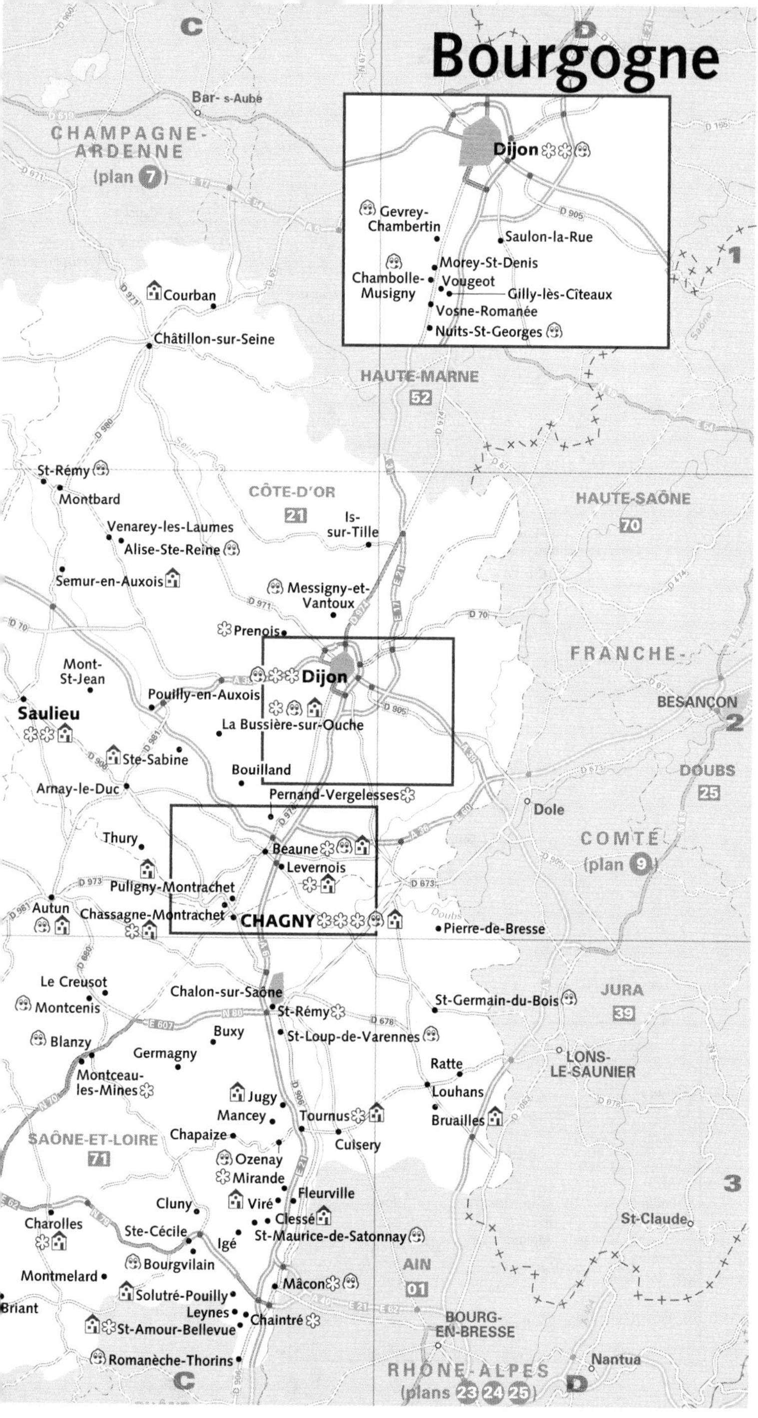
C
D
Bar-s-Aube
CHAMPAGNE-ARDENNE
(plan 7)
Dijon
Gevrey-Chambertin
Saulon-la-Rue
Chambolle-Musigny
Morey-St-Denis
Vougeot
Gilly-lès-Cîteaux
Vosne-Romanée
Nuits-St-Georges
1
Courban
Châtillon-sur-Seine
HAUTE-MARNE
52
St-Rémy
Montbard
CÔTE-D'OR
21
Is-sur-Tille
HAUTE-SAÔNE
70
Venarey-les-Laumes
Alise-Ste-Reine
Semur-en-Auxois
Messigny-et-Vantoux
Prenois
FRANCHE-
Mont-St-Jean
Dijon
BESANÇON
2
Saulieu
Pouilly-en-Auxois
La Bussière-sur-Ouche
Ste-Sabine
DOUBS
25
Arnay-le-Duc
Bouilland
Pernand-Vergelesses
Dole
Thury
Beaune
Levernois
COMTÉ
(plan 9)
Puligny-Montrachet
Autun
Chassagne-Montrachet
CHAGNY
Pierre-de-Bresse
Le Creusot
Chalon-sur-Saône
JURA
39
Montcenis
St-Rémy
St-Germain-du-Bois
Blanzy
Buxy
St-Loup-de-Varennes
Germagny
LONS-LE-SAUNIER
Montceau-les-Mines
Ratte
Louhans
Jugy
Mancey
Tournus
Bruailles
Chapaize
Cuisery
SAÔNE-ET-LOIRE
71
Ozenay
Mirande
3
Cluny
Viré
Fleurville
Charolles
Clessé
St-Claude
Ste-Cécile
Igé
St-Maurice-de-Satonnay
AIN
01
Bourgvilain
Montmelard
Mâcon
Solutré-Pouilly
Briant
Leynes
Chaintré
BOURG-EN-BRESSE
St-Amour-Bellevue
Nantua
Romanèche-Thorins
RHÔNE-ALPES
(plans 23 24 25)
C
D

5 Bretagne

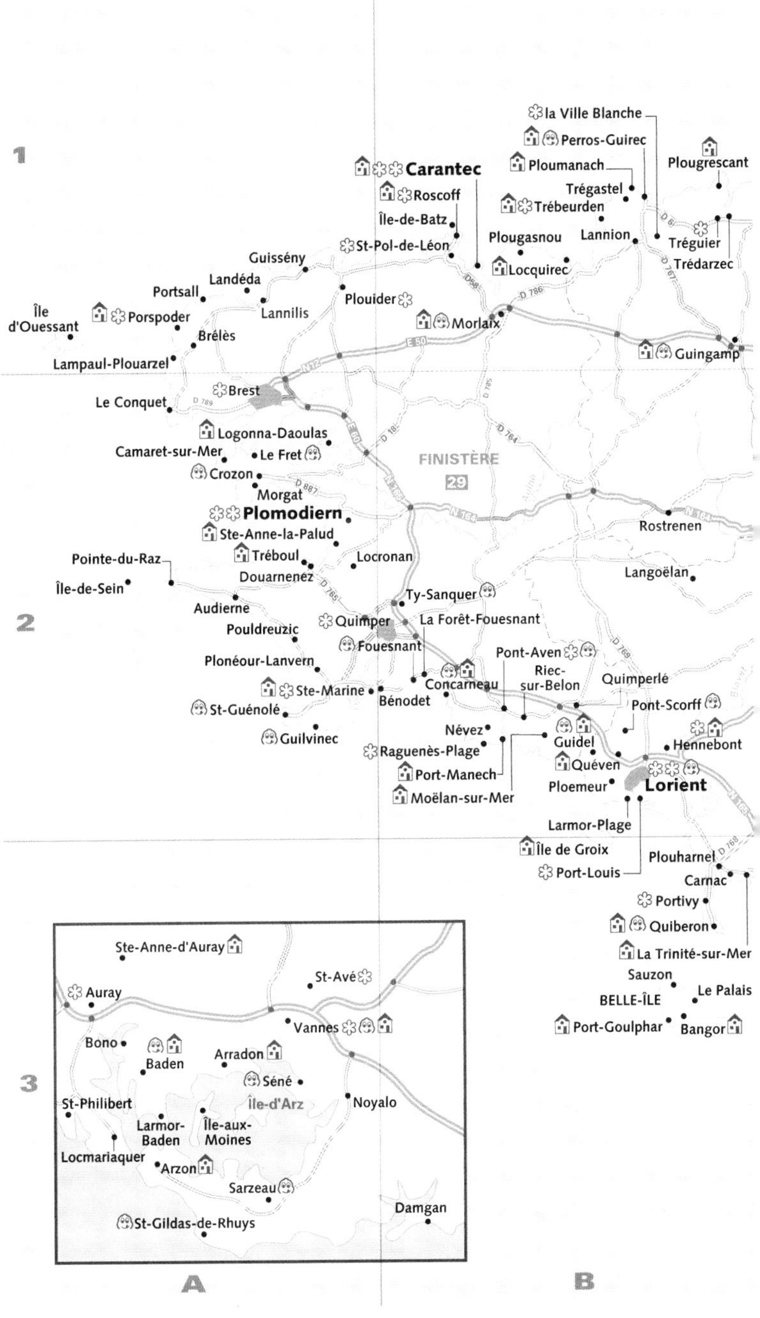
B
1
2
3
A
B
la Ville Blanche
Perros-Guirec
Ploumanach
Plougrescant
Carantec
Roscoff
Trégastel
Trébeurden
Île-de-Batz
D 6
Plougasnou
Lannion
Tréguier
St-Pol-de-Léon
Tredarzec
Locquirec
D 767
Guissény
D 58
Landéda
Plouider
D 786
Portsall
Lannilis
Morlaix
Île d'Ouessant
Porspoder
Brélès
E 50
Guingamp
Lampaul-Plouarzel
N 12
Brest
Le Conquet
D 789
D 785
E 60
D 18
D 764
Logonna-Daoulas
Camaret-sur-Mer
Le Fret
FINISTÈRE
29
Crozon
D 887
Morgat
N 165
Plomodiern
N 164
Rostrenen
Ste-Anne-la-Palud
Tréboul
Locronan
Pointe-du-Raz
Douarnenez
Langoëlan
Île-de-Sein
D 765
Ty-Sanquer
Audierne
Quimper
La Forêt-Fouesnant
Pouldreuzic
Fouesnant
Pont-Aven
D 769
Plonéour-Lanvern
Concarneau
Riec-sur-Belon
Quimperlé
Ste-Marine
Bénodet
Pont-Scorff
St-Guénolé
Névez
Guidel
Hennebont
Guilvinec
Raguenès-Plage
Quéven
Port-Manech
Lorient
Ploemeur
Moëlan-sur-Mer
Larmor-Plage
Île de Groix
Plouharnel
D 768
Port-Louis
Carnac
Portivy
Quiberon
La Trinité-sur-Mer
Sauzon
Le Palais
BELLE-ÎLE
Port-Goulphar
Bangor
Ste-Anne-d'Auray
St-Avé
Auray
Vannes
Bono
Baden
Arradon
Séné
St-Philibert
Île-d'Arz
Noyalo
Larmor-Baden
Île-aux-Moines
Locmariaquer
Arzon
Sarzeau
Damgan
St-Gildas-de-Rhuys

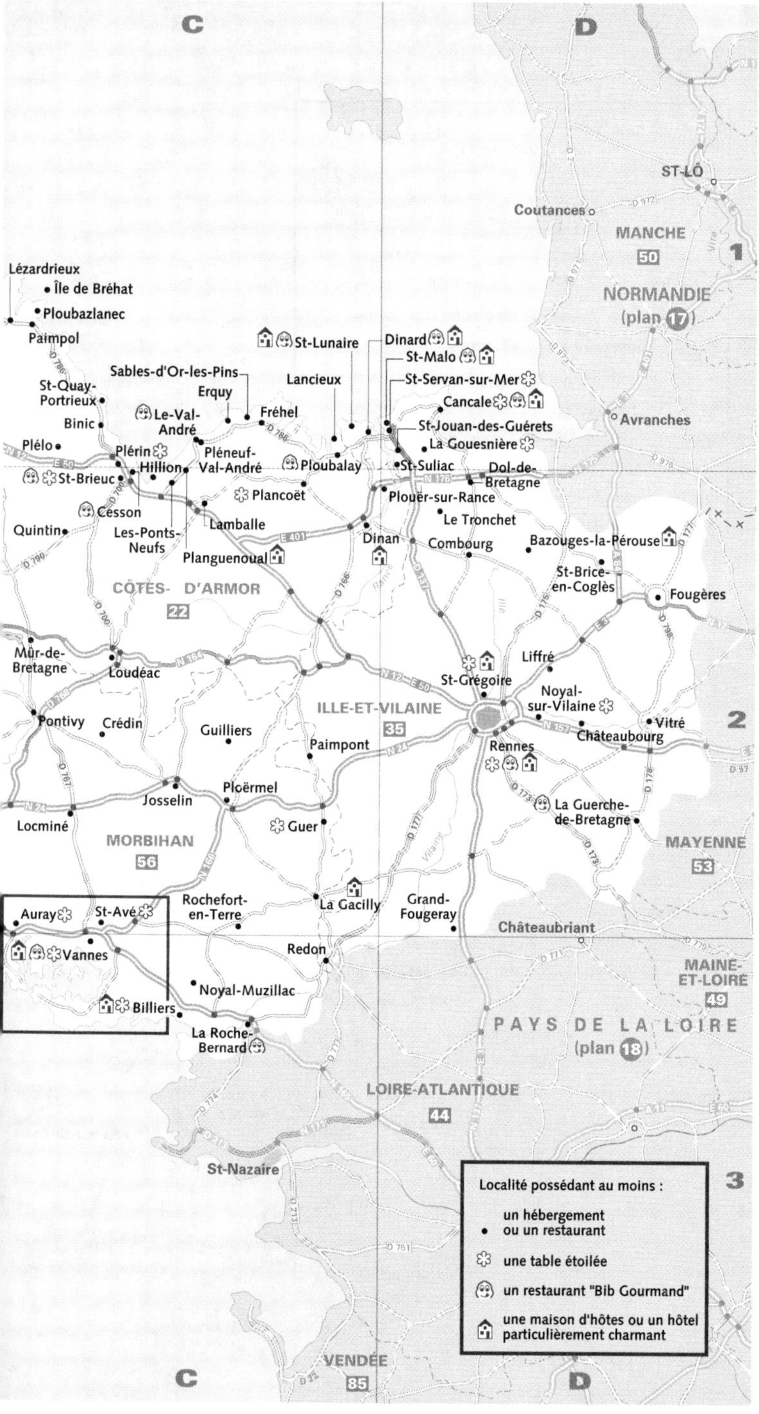
C
D
ST-LÔ
Coutances
MANCHE
50
NORMANDIE
(plan 17)
1
Lézardrieux
Île de Bréhat
Ploubazlanec
Paimpol
St-Lunaire
Dinard
St-Malo
Sables-d'Or-les-Pins
Lancieux
St-Servan-sur-Mer
St-Quay-Portrieux
Erquy
Cancale
Le-Val-André
Fréhel
Avranches
Binic
St-Jouan-des-Guérets
Plélo
La Gouesnière
Plérin
Pléneuf-Val-André
Hillion
Ploubalay
St-Suliac
Dol-de-Bretagne
St-Brieuc
Plancoët
Plouër-sur-Rance
Cesson
Le Tronchet
Lamballe
Quintin
Les-Ponts-Neufs
Dinan
Combourg
Bazouges-la-Pérouse
Planguenoual
St-Brice-en-Coglès
CÔTES-D'ARMOR
22
Fougères
Mûr-de-Bretagne
Liffré
Loudéac
St-Grégoire
Noyal-sur-Vilaine
ILLE-ET-VILAINE
Pontivy
Crédin
Guilliers
35
Vitré
2
Châteaubourg
Paimpont
Rennes
Ploërmel
Josselin
La Guerche-de-Bretagne
Locminé
Guer
MORBIHAN
MAYENNE
56
53
Rochefort-en-Terre
La Gacilly
Grand-Fougeray
Auray
St-Avé
Châteaubriant
Vannes
Redon
MAINE-ET-LOIRE
49
Noyal-Muzillac
Billiers
PAYS DE LA LOIRE
La Roche-Bernard
(plan 18)
LOIRE-ATLANTIQUE
44
St-Nazaire
3
Localité possédant au moins :
un hébergement ou un restaurant
une table étoilée
un restaurant "Bib Gourmand"
une maison d'hôtes ou un hôtel particulièrement charmant
VENDÉE
85
C
D

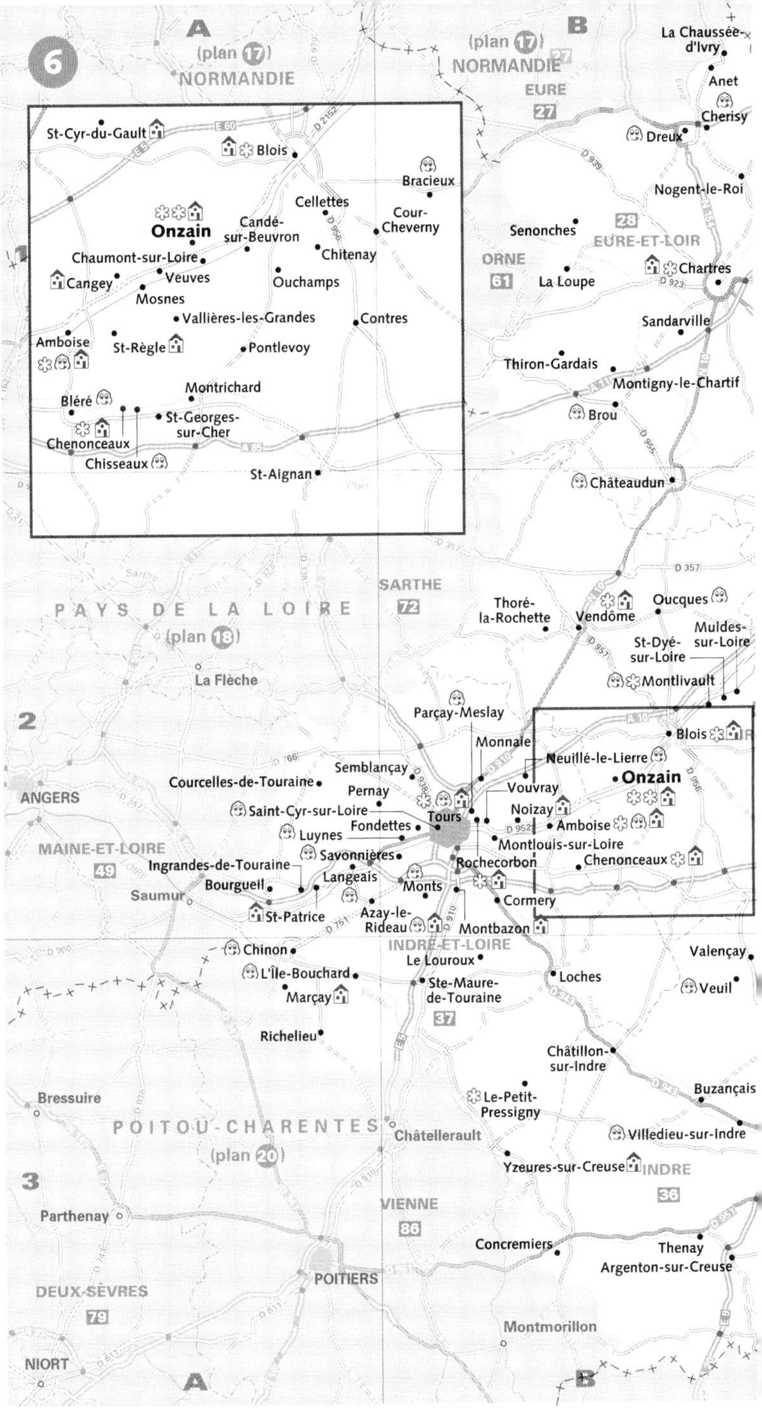
6
A
(plan 17)
NORMANDIE
B
(plan 17)
NORMANDIE
EURE
27
La Chaussée-d'Ivry
Anet
Cherisy
Dreux
Nogent-le-Roi
Senonches
28
EURE-ET-LOIR
ORNE
61
La Loupe
Chartres
Sandarville
Thiron-Gardais
Montigny-le-Chartif
Brou
Châteaudun
St-Cyr-du-Gault
Blois
Bracieux
Cellettes
Cour-Cheverny
Onzain
Candé-sur-Beuvron
Chaumont-sur-Loire
Chitenay
Cangey
Veuves
Ouchamps
Mosnes
Vallières-les-Grandes
Contres
Amboise
St-Règle
Pontlevoy
Montrichard
Bléré
St-Georges-sur-Cher
Chenonceaux
Chisseaux
St-Aignan
1
SARTHE
72
PAYS DE LA LOIRE
(plan 18)
Thoré-la-Rochette
Vendôme
Oucques
Muides-sur-Loire
St-Dyé-sur-Loire
Montlivault
La Flèche
Parçay-Meslay
2
Monnaie
Blois
Neuillé-le-Lierre
Onzain
Semblançay
Vouvray
Courcelles-de-Touraine
Pernay
ANGERS
Saint-Cyr-sur-Loire
Tours
Noizay
Amboise
Fondettes
Luynes
Montlouis-sur-Loire
MAINE-ET-LOIRE
49
Savonnières
Rochecorbon
Chenonceaux
Ingrandes-de-Touraine
Langeais
Bourgueil
Saumur
Monts
Cormery
St-Patrice
Azay-le-Rideau
Montbazon
Chinon
INDRE-ET-LOIRE
Le Louroux
Valençay
L'Île-Bouchard
Loches
Ste-Maure-de-Touraine
Veuil
Marçay
37
Richelieu
Châtillon-sur-Indre
Bressuire
Le-Petit-Pressigny
Buzançais
POITOU-CHARENTES
Châtellerault
Villedieu-sur-Indre
(plan 20)
Yzeures-sur-Creuse
INDRE
36
3
VIENNE
86
Parthenay
Concremiers
Thenay
Argenton-sur-Creuse
POITIERS
DEUX-SÈVRES
79
Montmorillon
NIORT
A
B

Centre-Val de Loire

Localité possédant au moins :
un hébergement ou un restaurant
une table étoilée
un restaurant "Bib Gourmand"
une maison d'hôtes ou un hôtel particulièrement charmant
PARIS
VERSAILLES
CRÉTEIL
ÉVRY
MELUN
YVELINES 78
ÎLE-DE-FRANCE (plans 10 11)
ESSONNE 91
SEINE-ET-MARNE 77
Maintenon
Houx
Oinville-sous-Auneau
Étampes
Augerville-la-Rivière
Pithiviers
Sens
Ferrières-en-Gâtinais
Chilleurs-aux-Bois
Courtenay
Montargis
Orléans
La Chapelle-St-Mesmin
Chécy
Olivet
St-Ay
Sandillon
LOIRET 45
St-Benoît-sur-Loire
Cléry-St-André
Beaugency
Vienne-en-Val
Ouzouer-sur-Loire
Les Bézards
AUXERRE
La Ferté-St-Aubin
Sully-sur-Loire
Gien
YONNE 89
Ménestreau-en-Villette
La Ferté-St-Cyr
Villeny
Yvoy-le-Marron
Cerdon
Briare
Lamotte-Beuvron
Ousson-sur-Loire
Chaumont-sur-Tharonne
Argent-sur-Sauldre
Bonny-sur-Loire
La Ferté-Beauharnais
Brinon-sur-Sauldre
BOURGOGNE (plan 4)
Aubigny-sur-Nère
Pierrefitte-sur-Sauldre
St-Viâtre
Salbris
Oizon
Cosne-Cours-s-Loire
LOIR-ET-CHER 41
Ennordres
Villegenon
Romorantin-Lanthenay
18 CHER
Sancerre
St-Julien-sur-Cher
Vierzon
Morogues
Vignoux-sur-Barangeon
NIÈVRE 58
St-Outrille
Mehun-sur-Yèvre
St-Pierre-de-Jards
Reuilly
Bourges
Nérondes
NEVERS
Plaimpied-Givaudins
St-Valentin
Issoudun
Le Guétin
Châteauroux
Bannegon
Sancoins
St-Amand-Montrond
Lys-St-Georges
Montipouret
Maisonnais
ALLIER 03
La Châtre
Châteaumeillant
MOULINS
Pouligny-Notre-Dame
AUVERGNE (plan 3)
CREUSE 23
Montluçon

7 Champagne Ardenne

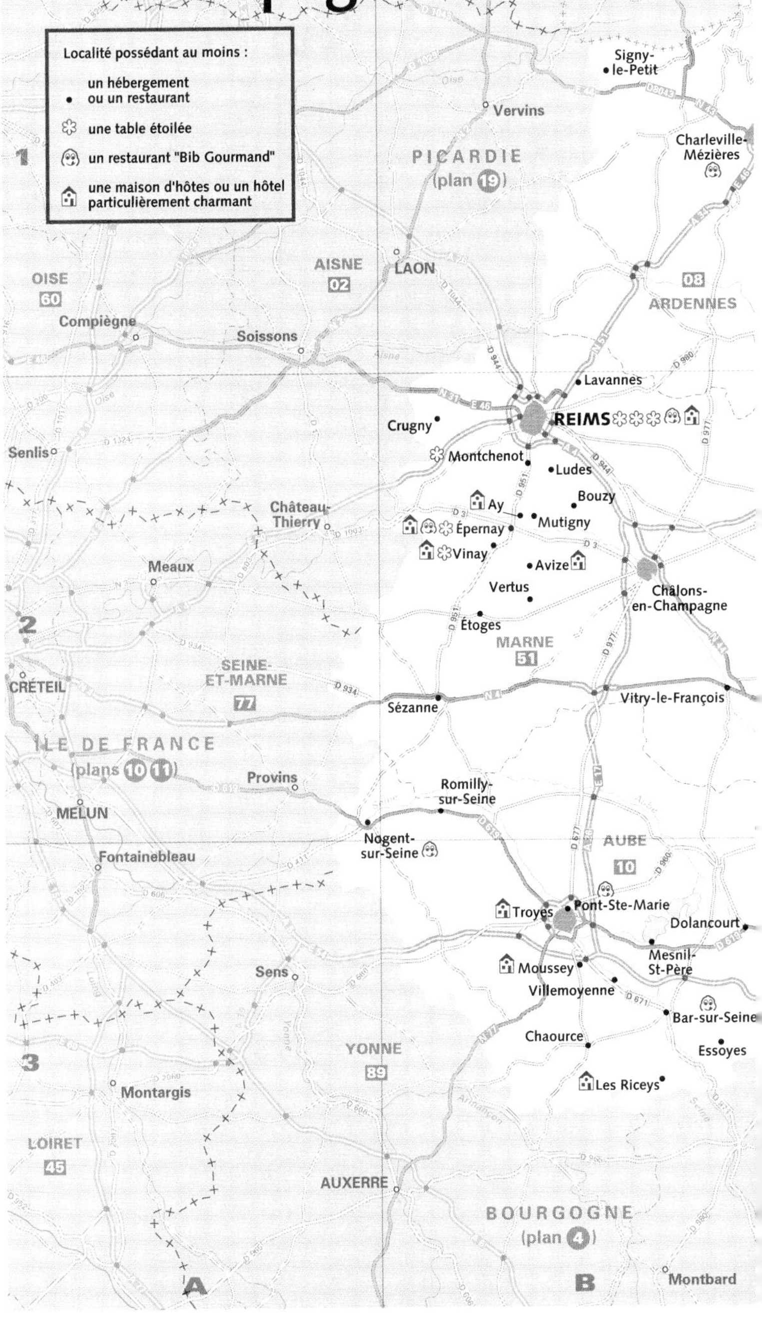
Localité possédant au moins :
un hébergement ou un restaurant
une table étoilée
un restaurant "Bib Gourmand"
une maison d'hôtes ou un hôtel particulièrement charmant
A
B
1
2
3
Signy-le-Petit
Vervins
PICARDIE (plan 19)
Charleville-Mézières
AISNE 02
LAON
OISE 60
08 ARDENNES
Compiègne
Soissons
Lavannes
Crugny
REIMS
Senlis
Montchenot
Ludes
Bouzy
Château-Thierry
Ay
Mutigny
Épernay
Vinay
Avize
Meaux
Vertus
Châlons-en-Champagne
Étoges
MARNE 51
SEINE-ET-MARNE 77
CRÉTEIL
Sézanne
Vitry-le-François
ÎLE DE FRANCE (plans 10 11)
Provins
Romilly-sur-Seine
MELUN
Nogent-sur-Seine
AUBE 10
Fontainebleau
Troyes
Pont-Ste-Marie
Dolancourt
Mesnil-St-Père
Moussey
Sens
Villemoyenne
Bar-sur-Seine
Chaource
YONNE 89
Essoyes
Montargis
Les Riceys
LOIRET 45
AUXERRE
BOURGOGNE (plan 4)
Montbard

C
D
Givet
BELGIQUE
DEUTSCHLAND
LUXEMBOURG
TRIER
1
Montcy-Notre-Dame
ARLON
(AARLEN)
Sedan
Carignan
LUXEMBOURG
Thionville
Forbach
Vienne-le-Château
Verdun
METZ
Ste-Menéhould
LORRAINE
(plan 14)
MOSELLE
57
MEUSE
55
MEURTHE-
ET-MOSELLE
54
2
BAR-LE-DUC
Toul
NANCY
Matignicourt-Goncourt
Giffaumont-
Champaubert
Neufchâteau
Villiers-sur-Marne
Colombey-
les-Deux-Églises
Bar-
sur-Aube
HAUTE-MARNE
52
ÉPINAL
Chaumont
VOSGES
88
3
Langres
FRANCHE-COMTÉ
(plan 9)
CÔTE-D'OR
21
VESOUL
HAUTE-SAÔNE
70
Vaux-
sous-Aubigny
C
D

8 Corse

Localité possédant au moins :

- • un hébergement ou un restaurant
- une table étoilée
- un restaurant "Bib Gourmand"
- une maison d'hôtes ou un hôtel particulièrement charmant

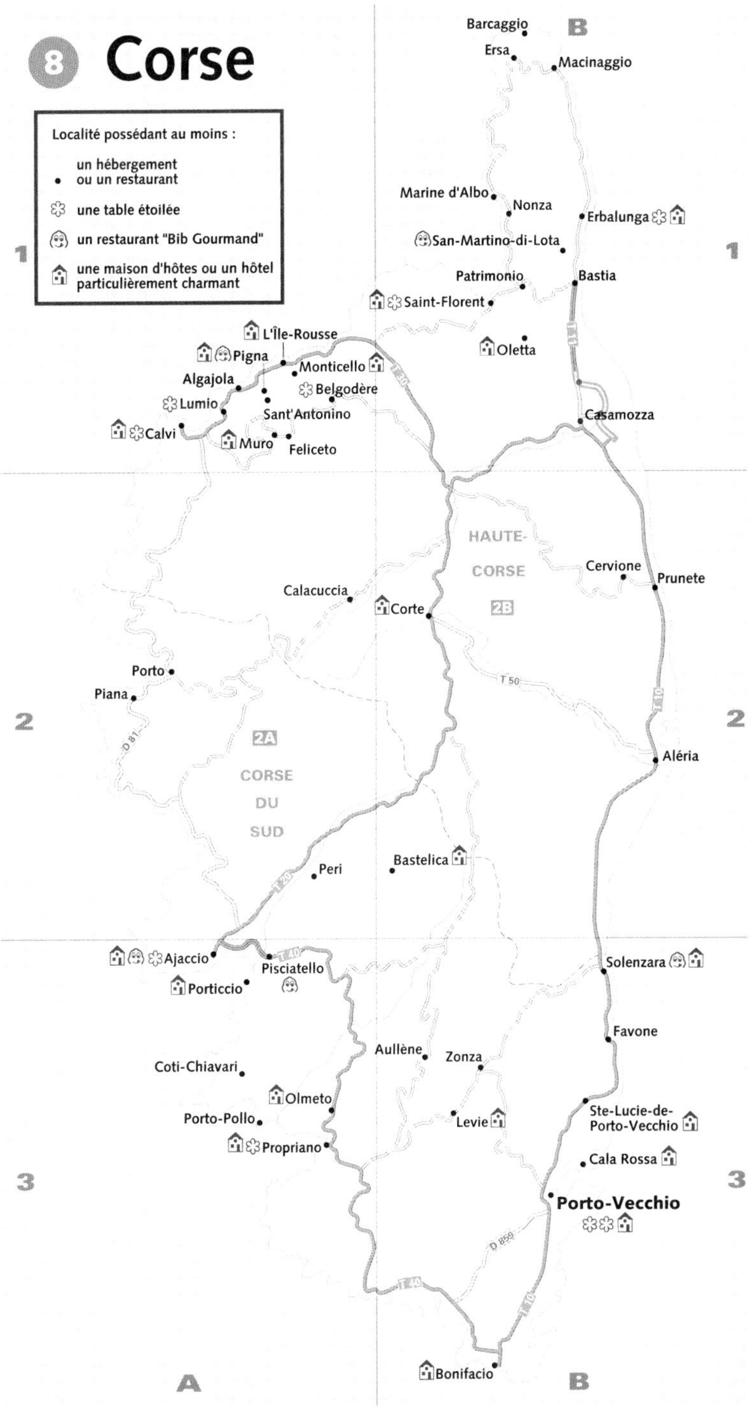

9 Franche-Comté

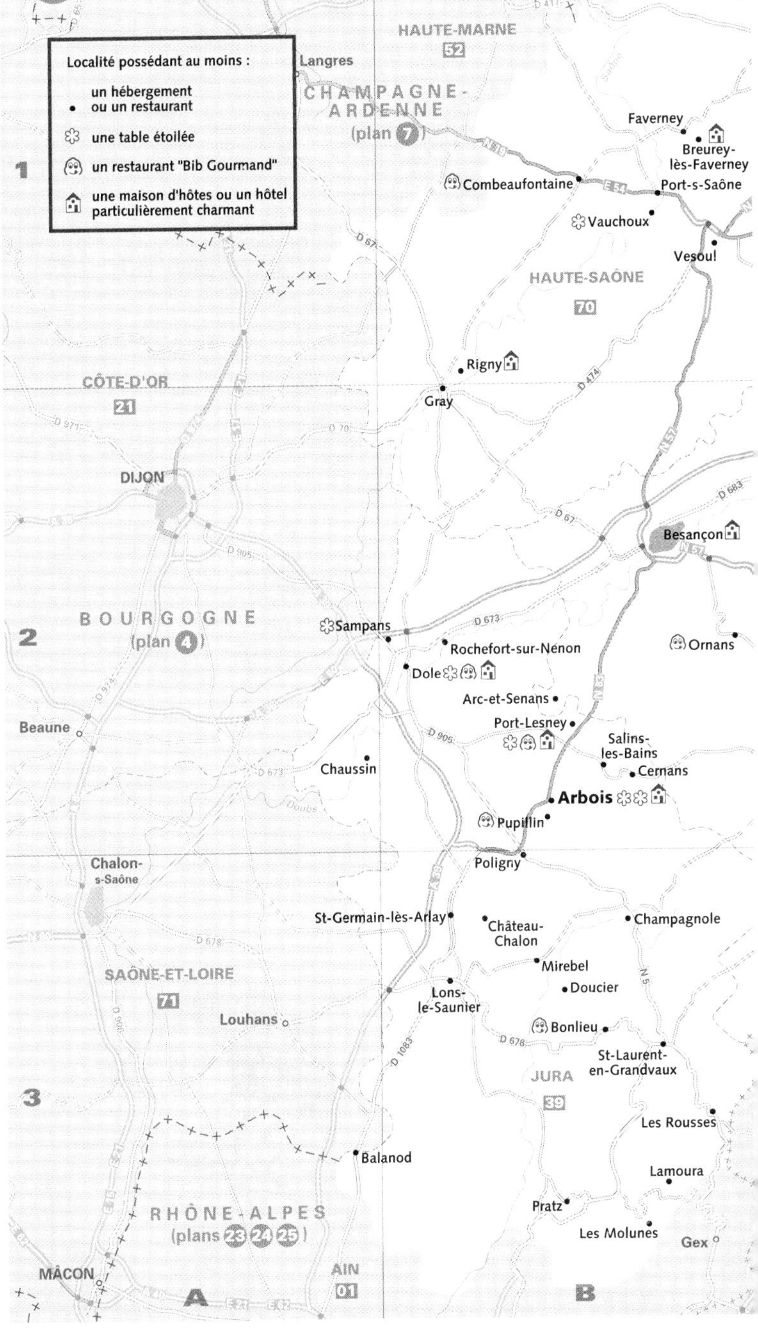
Localité possédant au moins :
un hébergement ou un restaurant
une table étoilée
un restaurant "Bib Gourmand"
une maison d'hôtes ou un hôtel particulièrement charmant
A
B
1
2
3
HAUTE-MARNE
52
Langres
CHAMPAGNE-ARDENNE
(plan 7)
Faverney
Breurey-lès-Faverney
Combeaufontaine
Port-s-Saône
Vauchoux
Vesoul
HAUTE-SAÔNE
70
Rigny
Gray
CÔTE-D'OR
21
DIJON
Besançon
BOURGOGNE
(plan 4)
Sampans
Rochefort-sur-Nenon
Ornans
Dole
Arc-et-Senans
Port-Lesney
Salins-les-Bains
Cernans
Beaune
Chaussin
Arbois
Pupillin
Poligny
Chalon-s-Saône
St-Germain-lès-Arlay
Château-Chalon
Champagnole
Mirebel
Doucier
SAÔNE-ET-LOIRE
71
Lons-le-Saunier
Louhans
Bonlieu
St-Laurent-en-Grandvaux
JURA
39
Les Rousses
Balanod
Lamoura
Pratz
RHÔNE-ALPES
(plans 23 24 25)
Les Molunes
Gex
MÂCON
AIN
01
D 417
N 19
E 54
D 67
D 474
D 971
D 70
N 57
D 683
D 905
D 673
N 83
D 678
N 5
D 1083
D 906
N 80
A 40
E 21
E 62
Doubs
Saône

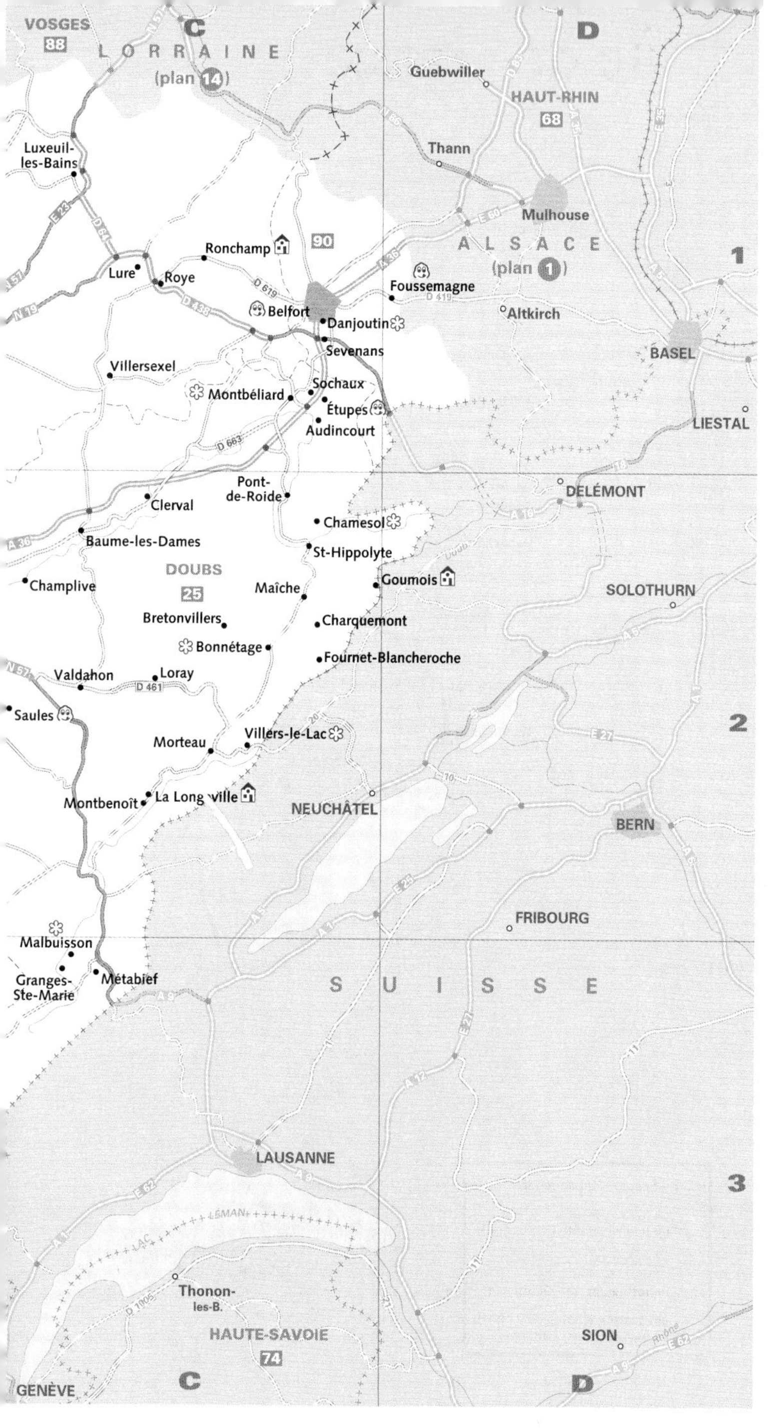
VOSGES
88
C
LORRAINE
(plan 14)
D
Guebwiller
HAUT-RHIN
68
Thann
Mulhouse
Luxeuil-les-Bains
Ronchamp
90
ALSACE
(plan 1)
1
Lure
Roye
Foussemagne
Belfort
Danjoutin
Altkirch
Sevenans
BASEL
Villersexel
Sochaux
Montbéliard
Étupes
LIESTAL
Audincourt
Pont-de-Roide
DELÉMONT
Clerval
Chamesol
Baume-les-Dames
St-Hippolyte
DOUBS
25
Goumois
Champlive
Maîche
SOLOTHURN
Bretonvillers
Charquemont
Bonnétage
Fournet-Blancheroche
Valdahon
Loray
Saules
2
Morteau
Villers-le-Lac
Montbenoît
La Longeville
NEUCHÂTEL
BERN
FRIBOURG
Malbuisson
Granges-Ste-Marie
Métabief
SUISSE
LAUSANNE
3
LÉMAN
LAC
Thonon-les-B.
HAUTE-SAVOIE
74
SION
GENÈVE
C
D

10 Île de France

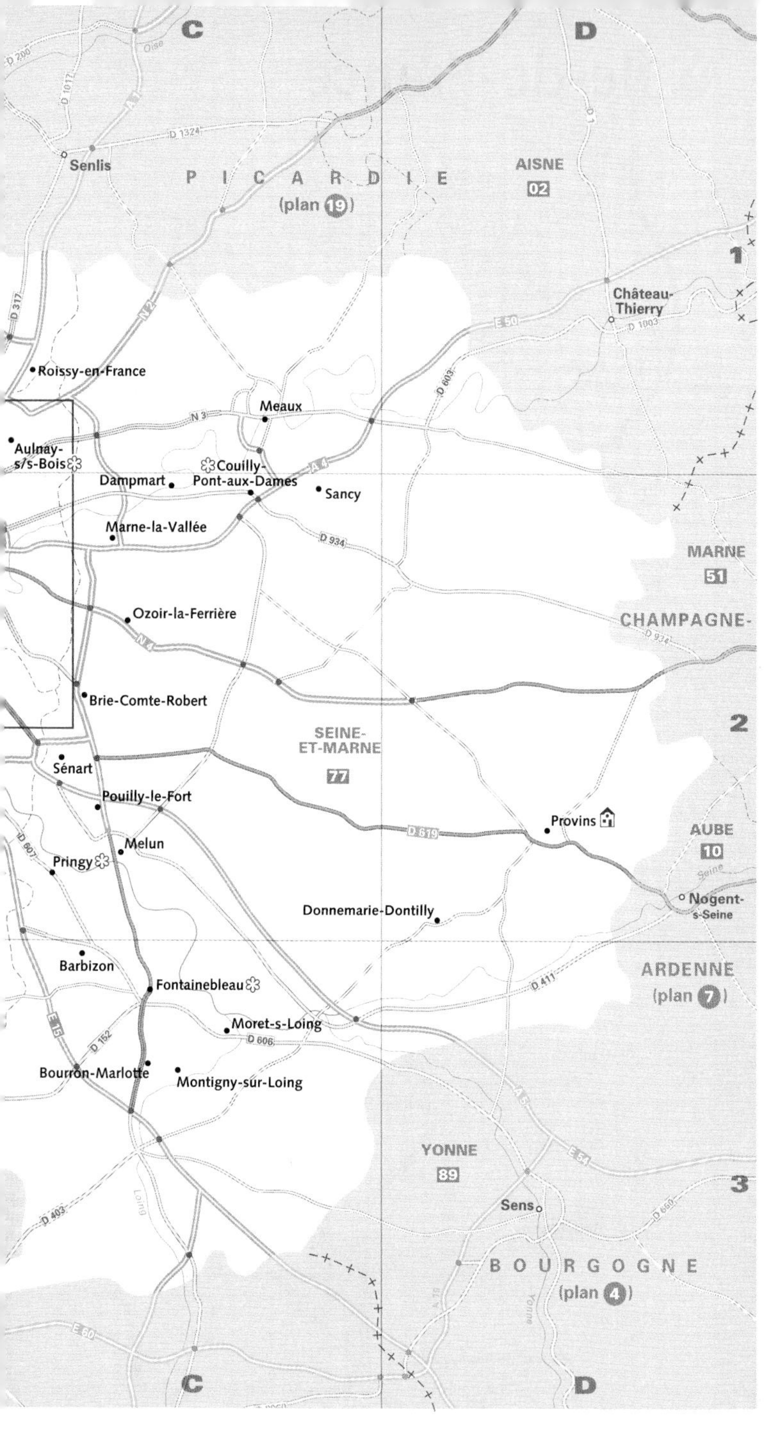

C
D
Oise
D 200
D 1017
A 1
D 1324
Senlis
PICARDIE
(plan 19)
AISNE
02
D 1
1
Château-Thierry
D 1003
E 50
D 317
N 2
Roissy-en-France
D 603
Meaux
N 3
Aulnay-s/s-Bois
Couilly-Pont-aux-Dames
Dampmart
Sancy
A 4
Marne-la-Vallée
D 934
MARNE
51
Ozoir-la-Ferrière
CHAMPAGNE-
N 4
Brie-Comte-Robert
SEINE-ET-MARNE
77
2
Sénart
Pouilly-le-Fort
Provins
AUBE
10
D 619
Melun
D 607
Pringy
Seine
Nogent-s-Seine
Donnemarie-Dontilly
Barbizon
ARDENNE
(plan 7)
Fontainebleau
D 411
Moret-s-Loing
E 15
D 152
D 606
Bourron-Marlotte
Montigny-sur-Loing
A 5
YONNE
89
E 54
3
Loing
D 403
Sens
D 660
BOURGOGNE
(plan 4)
A 19
Yonne
E 60
C
D

11 Île-de-France

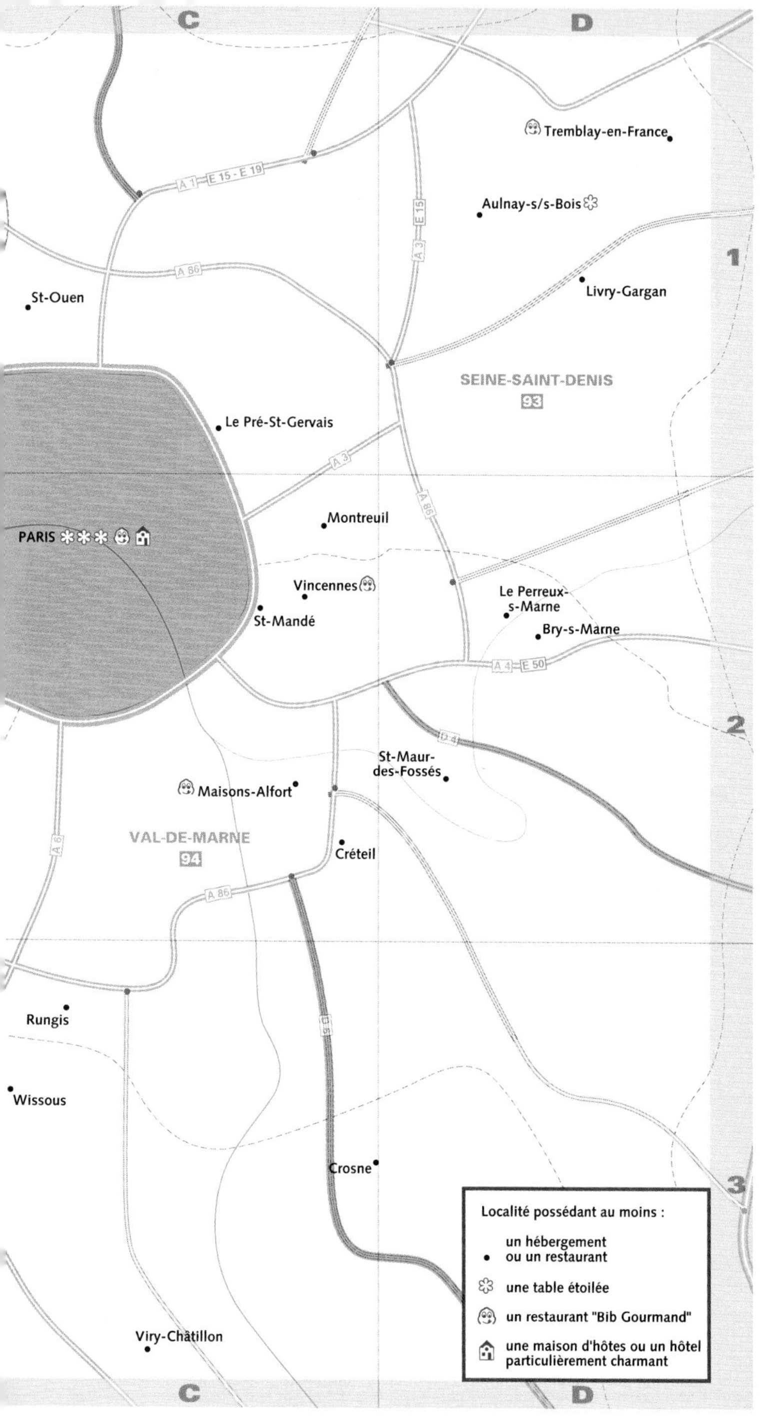
C
D
Tremblay-en-France
A 1 E 15 - E 19
Aulnay-s/s-Bois
A 3 E 15
1
A 86
Livry-Gargan
St-Ouen
SEINE-SAINT-DENIS
93
Le Pré-St-Gervais
A 3
A 86
Montreuil
PARIS
Vincennes
Le Perreux-s-Marne
St-Mandé
Bry-s-Marne
A 4 E 50
2
D 4
St-Maur-des-Fossés
Maisons-Alfort
VAL-DE-MARNE
94
A 6
Créteil
A 86
Rungis
Wissous
Crosne
3
Localité possédant au moins :
un hébergement ou un restaurant
une table étoilée
un restaurant "Bib Gourmand"
une maison d'hôtes ou un hôtel particulièrement charmant
Viry-Châtillon
C
D

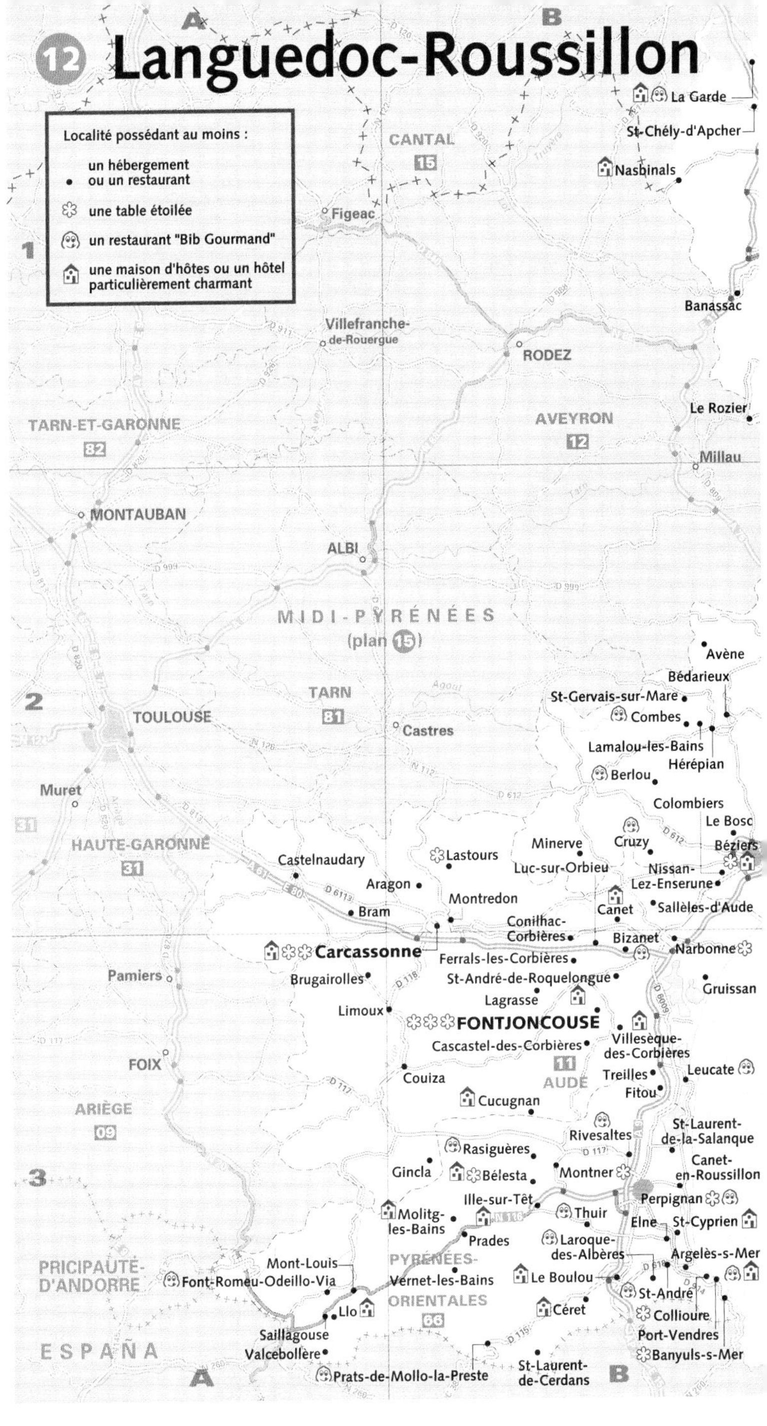

12 Languedoc-Roussillon
Localité possédant au moins :
un hébergement ou un restaurant
une table étoilée
un restaurant "Bib Gourmand"
une maison d'hôtes ou un hôtel particulièrement charmant
CANTAL 15
Figeac
La Garde
St-Chély-d'Apcher
Nasbinals
Banassac
Villefranche-de-Rouergue
RODEZ
Le Rozier
TARN-ET-GARONNE 82
AVEYRON 12
Millau
MONTAUBAN
ALBI
MIDI-PYRÉNÉES (plan 15)
Avène
Bédarieux
St-Gervais-sur-Mare
TOULOUSE
TARN 81
Combes
Castres
Lamalou-les-Bains
Hérépian
Muret
Berlou
Colombiers
Le Bosc
HAUTE-GARONNE 31
Minerve
Cruzy
Béziers
Lastours
Castelnaudary
Luc-sur-Orbieu
Nissan-Lez-Enserune
Aragon
Montredon
Canet
Sallèles-d'Aude
Bram
Conilhac-Corbières
Bizanet
Carcassonne
Ferrals-les-Corbières
Narbonne
Pamiers
Brugairolles
St-André-de-Roquelongue
Gruissan
Lagrasse
Limoux
FONTJONCOUSE
Villesèque-des-Corbières
Cascastel-des-Corbières
FOIX
AUDE 11
Leucate
Couiza
Treilles
Fitou
Cucugnan
ARIÈGE 09
St-Laurent-de-la-Salanque
Rivesaltes
Rasiguères
Canet-en-Roussillon
Gincla
Bélesta
Montner
Ille-sur-Têt
Perpignan
Molitg-les-Bains
Thuir
Elne
St-Cyprien
Prades
Laroque-des-Albères
Argelès-s-Mer
PRICIPAUTÉ-D'ANDORRE
Mont-Louis
PYRÉNÉES-ORIENTALES 66
Font-Romeu-Odeillo-Via
Vernet-les-Bains
Le Boulou
St-André
Llo
Céret
Collioure
Saillagouse
Port-Vendres
ESPAÑA
Valcebollère
Banyuls-s-Mer
St-Laurent-de-Cerdans
Prats-de-Mollo-la-Preste

C
D
AUVERGNE
(plan 3)
ARDÈCHE
07
VALENCE
PRIVAS
Die
RHÔNE-ALPES
(plans 23 24 25)
DRÔME
26
St-Alban-sur-Limagnole
Fontans
Langogne
Aumont-Aubrac
Marvejols
Chabrits
Mende
Largentière
La Garde-Guérin
LOZÈRE
48
Cocurès
Florac
La Malène
Nyons
Barjac
St-Ambroix
Potelières
St-Michel-d'Euzet
VAUCLUSE
84
Meyrueis
Montaren-et-Saint-Médiers
Alès
St-Hilaire-de-Brethmas
St-Laurent-des-Arbres
Gaujac
Lirac
Carpentras
Soudorgues
Thoiras
Anduze
Martignargues
Argilliers
Pujaut
GARD
30
Uzès
Villeneuve-lès-Avignon
Vers-Pont-du-Gard
Collias
AVIGNON
Sauve
Castillon-du-Gard
Brissac
Pont-du-Gard
Sommières
Nîmes
PROVENCE-ALPES-CÔTE-D'AZUR
(plans 21 22)
St-Martin-de-Londres
Uchaud
Garons
St-Guilhem-le-Désert
Les Matelles
Gallargues-le-Montueux
Générac
Lodève
HÉRAULT
34
Gignac
Castelnau-le-Lez
Arles
St-Gilles
Juvignac
Montpellier
Aigues-Mortes
BOUCHES-DU-RHÔNE
13
Vailhan
Le Grau-du-Roi
Istres
Palavas-les-Flots
Port-Camargue
Montagnac
La Grande-Motte
Pézenas
Balaruc-les-Bains
Carnon-Plage
Portiragnes
Mèze
Sète
Agde
Villeneuve-lès-Béziers
Valras-Plage
Sérignan
GOLFE DU LION
MÉDITER
1
2
3
C
D

13 Limousin

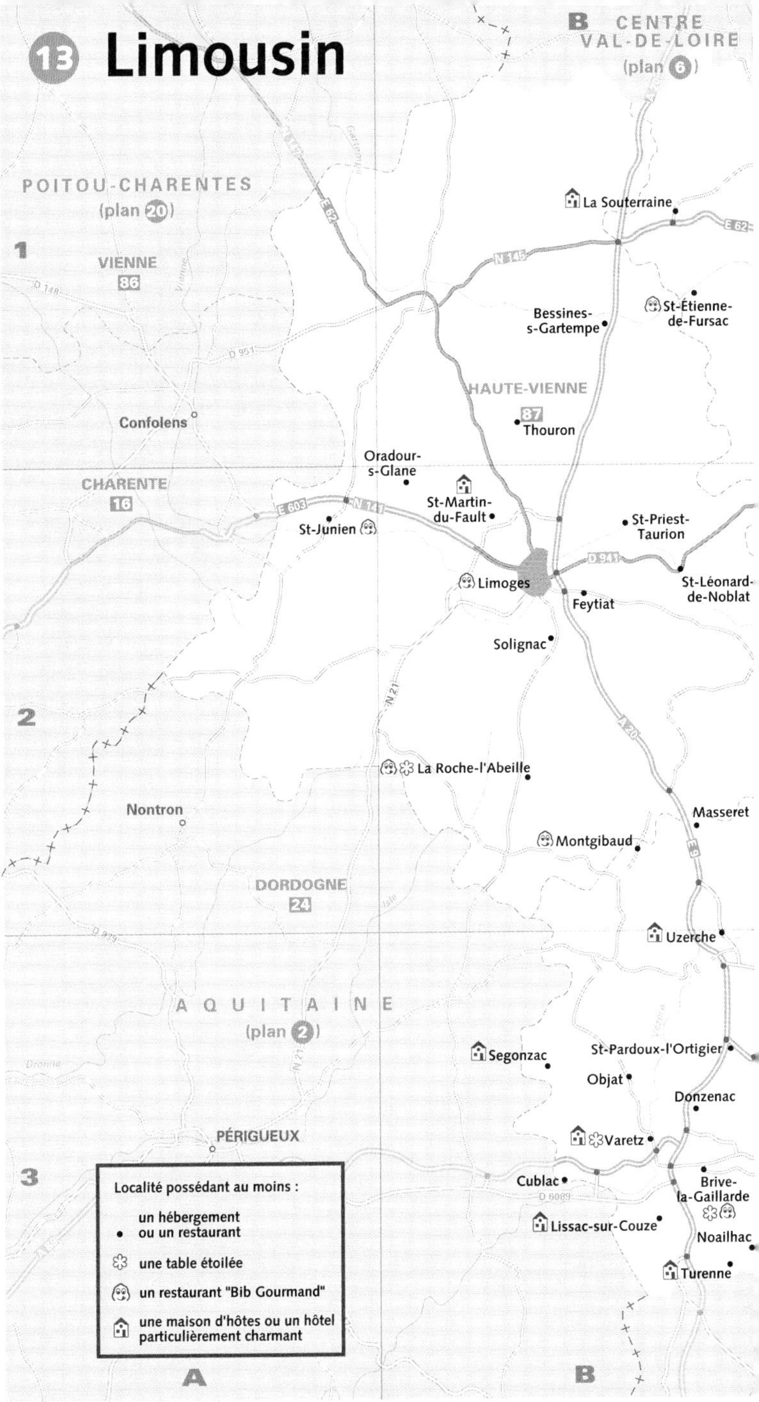
B CENTRE VAL-DE-LOIRE (plan 6)
POITOU-CHARENTES (plan 20)
1
VIENNE 86
D 148
D 951
E 62
N 145
La Souterraine
Bessines-s-Gartempe
St-Étienne-de-Fursac
HAUTE-VIENNE 87
Thouron
Confolens
CHARENTE 16
Oradour-s-Glane
St-Martin-du-Fault
E 603
N 141
St-Junien
St-Priest-Taurion
D 941
Limoges
Feytiat
St-Léonard-de-Noblat
Solignac
N 21
A 20
2
La Roche-l'Abeille
Nontron
Masseret
Montgibaud
DORDOGNE 24
Uzerche
D 939
A Q U I T A I N E (plan 2)
Segonzac
St-Pardoux-l'Ortigier
Objat
Donzenac
PÉRIGUEUX
Varetz
3
Cublac
D 6089
Brive-la-Gaillarde
Lissac-sur-Couze
Noailhac
Turenne
Localité possédant au moins :
un hébergement ou un restaurant
une table étoilée
un restaurant "Bib Gourmand"
une maison d'hôtes ou un hôtel particulièrement charmant
A
B

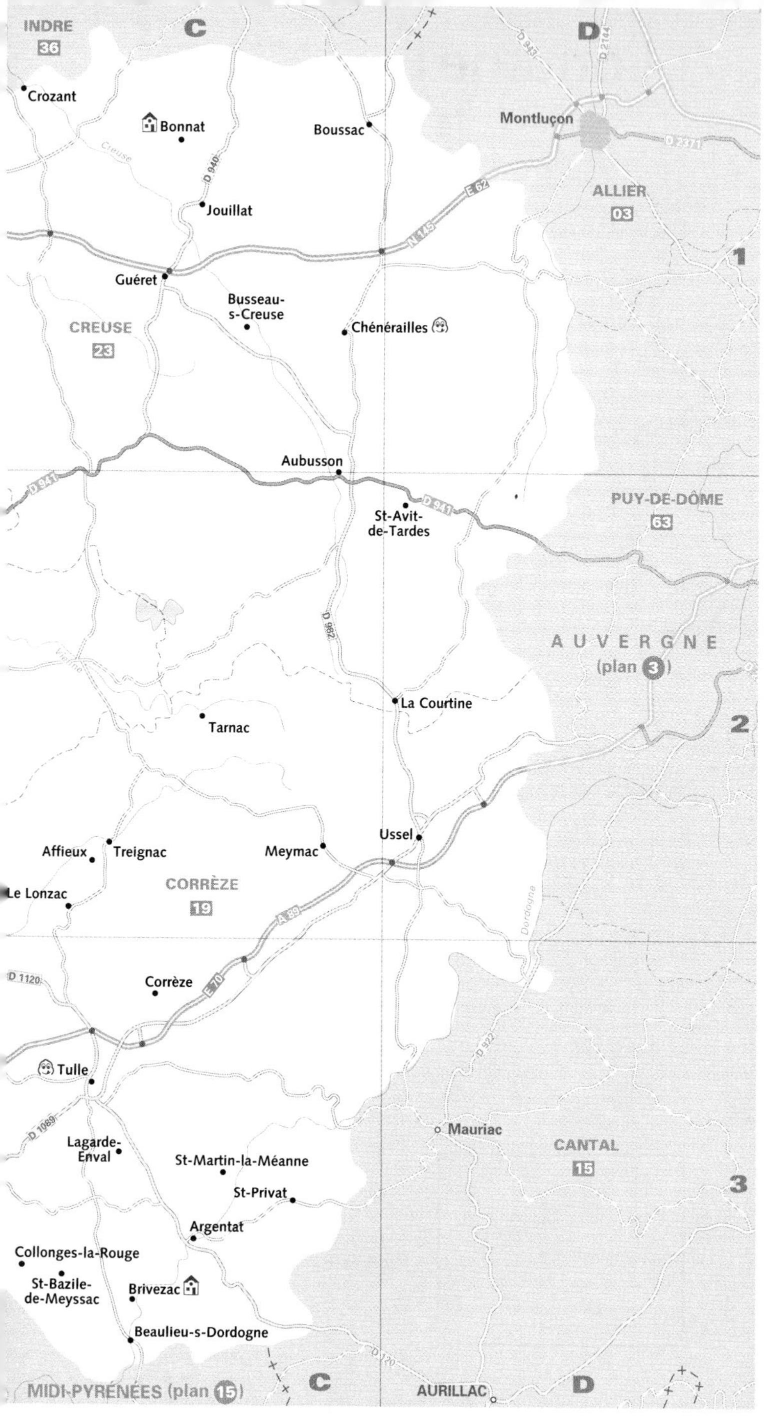

INDRE
36
C
D
Crozant
Bonnat
Boussac
Montluçon
D 2371
ALLIER
03
Jouillat
N 145
E 62
1
Guéret
Busseau-s-Creuse
Chénérailles
CREUSE
23
Aubusson
D 941
St-Avit-de-Tardes
PUY-DE-DÔME
63
D 982
AUVERGNE
(plan 3)
La Courtine
Tarnac
2
Ussel
Affieux
Treignac
Meymac
CORRÈZE
19
Le Lonzac
A 89
D 1120
Corrèze
E 70
Tulle
D 922
D 1089
Lagarde-Enval
Mauriac
CANTAL
15
St-Martin-la-Méanne
St-Privat
3
Argentat
Collonges-la-Rouge
St-Bazile-de-Meyssac
Brivezac
Beaulieu-s-Dordogne
D 120
MIDI-PYRÉNÉES (plan 15)
AURILLAC

14 Lorraine

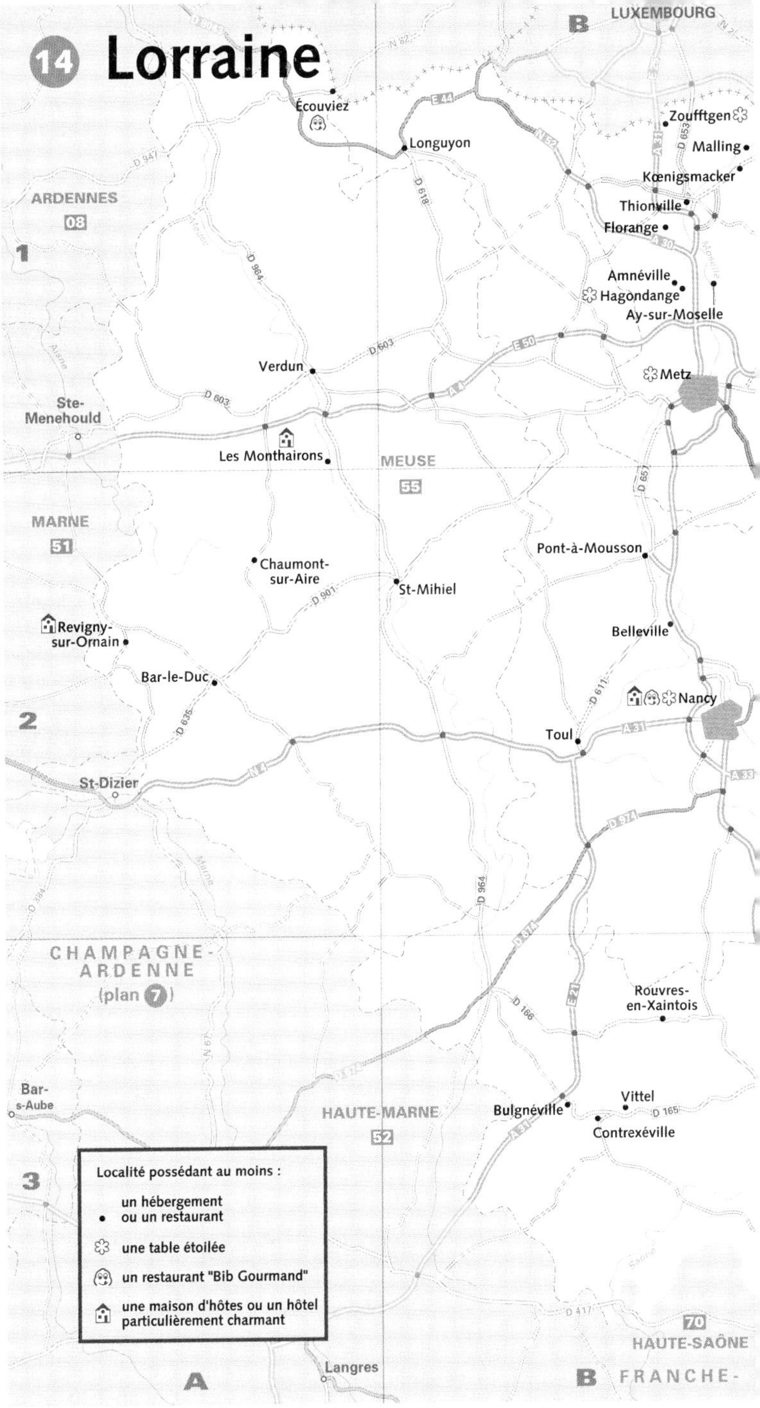
LUXEMBOURG
Écouviez
Longuyon
Zoufftgen
Malling
Kœnigsmacker
Thionville
Florange
Amnéville
Hagondange
Ay-sur-Moselle
Metz
ARDENNES
08
Verdun
Ste-Menehould
Les Monthairons
MEUSE
55
MARNE
51
Pont-à-Mousson
Chaumont-sur-Aire
St-Mihiel
Revigny-sur-Ornain
Belleville
Bar-le-Duc
Nancy
Toul
St-Dizier
CHAMPAGNE-ARDENNE
(plan 7)
Rouvres-en-Xaintois
Bar-s-Aube
Vittel
Bulgnéville
Contrexéville
HAUTE-MARNE
52
70
HAUTE-SAÔNE
Langres
FRANCHE-
A
B
1
2
3
E 44
N 52
A 31
D 653
D 947
D 618
D 964
A 30
D 603
E 50
A 4
D 657
D 901
D 611
D 635
N 4
A 33
D 974
D 384
D 166
E 21
N 67
D 165
D 417
Localité possédant au moins :
un hébergement ou un restaurant
une table étoilée
un restaurant "Bib Gourmand"
une maison d'hôtes ou un hôtel particulièrement charmant

C
D
DEUTSCHLAND
Sierck-les-Bains
Montenach
SAARBRÜCKEN
1
St-Hubert
Creutzwald
Forbach
Stiring-Wendel
Condé-Northen
Volmunster
Sarreguemines
Bitche
Sturzelbronn
St-Avold
Hambach
Laquenexy
Faulquemont
Philippsbourg
Baerenthal
Meisenthal
Untermuhlthal
MOSELLE
57
Bénestroff
Delme
BAS-RHIN
67
Phalsbourg
Saverne
Languimberg
Plaine-de-Walsch
La Hoube
MEURTHE-ET-MOSELLE
54
2
Abreschviller
St-Quirin
STRASBOURG
Lunéville
Molsheim
ALSACE
(plan 1)
Senones
Charmes
Rambervillers
Lusse
St-Dié-des-Vosges
Sélestat
Fontenay
Ban-de-Laveline
Ribeauvillé
Épinal
Rehaupal
Xonrupt-Longemer
Le Valtin
VOSGES
88
Gérardmer
Col de la Schlucht
COLMAR
3
Bas-Rupts
HAUT-RHIN
68
Remiremont
Vagney
La Bresse
Ventron
Guebwiller
Le-Val-d'Ajol
Le Thillot
Thann
COMTÉ (plan 9)
C
D

15 Midi-Pyrénées

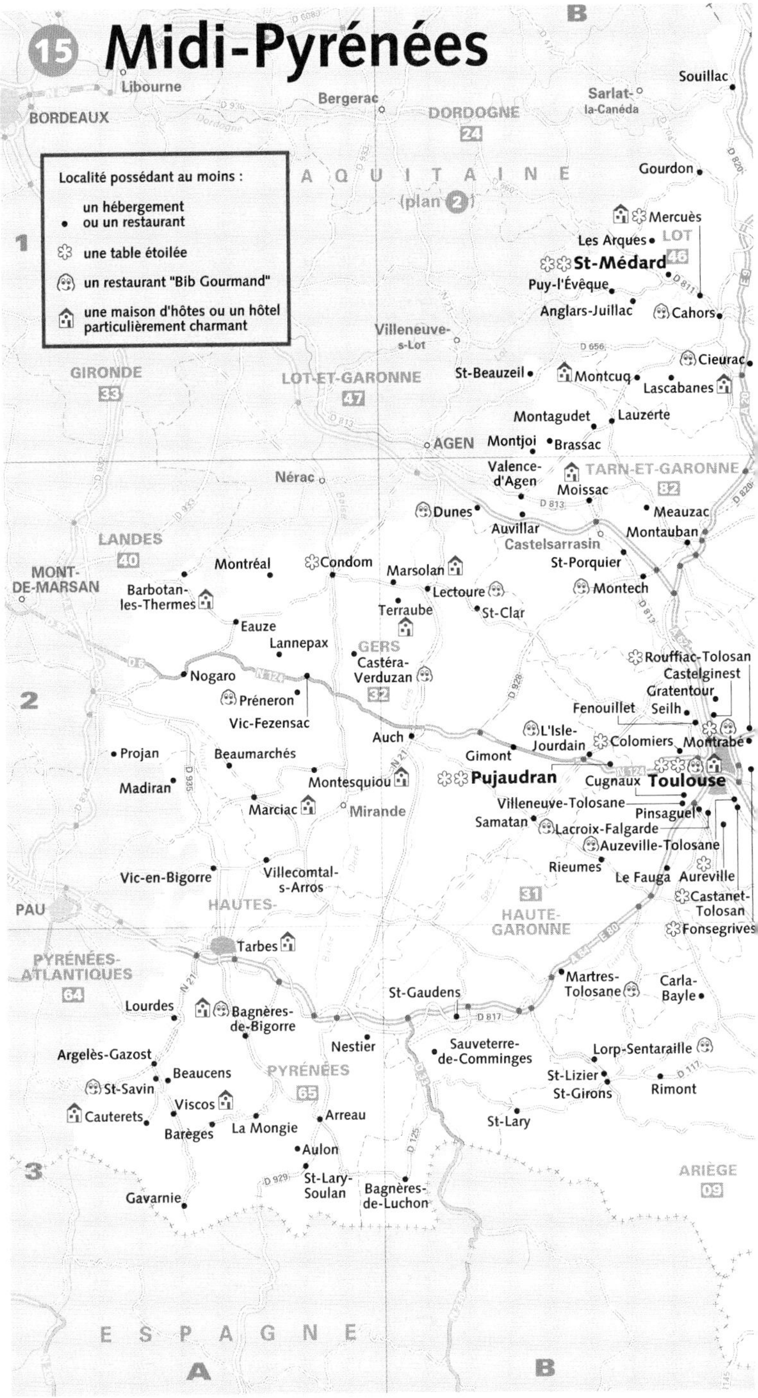
Localité possédant au moins :
un hébergement ou un restaurant
une table étoilée
un restaurant "Bib Gourmand"
une maison d'hôtes ou un hôtel particulièrement charmant
A
B
1
2
3
Libourne
BORDEAUX
Bergerac
DORDOGNE
24
Sarlat-la-Canéda
Souillac
AQUITAINE
(plan 2)
Gourdon
Mercuès
Les Arques
LOT
46
St-Médard
Puy-l'Évêque
Anglars-Juillac
Cahors
Villeneuve-s-Lot
GIRONDE
33
LOT-ET-GARONNE
47
St-Beauzeil
Montcuq
Cieurac
Lascabanes
Montagudet
Lauzerte
AGEN
Montjoi
Brassac
Valence-d'Agen
Moissac
TARN-ET-GARONNE
82
Nérac
Dunes
Auvillar
Meauzac
Montauban
Castelsarrasin
LANDES
40
MONT-DE-MARSAN
Montréal
Condom
Marsolan
St-Porquier
Barbotan-les-Thermes
Lectoure
Montech
Terraube
St-Clar
Eauze
Lannepax
GERS
Castéra-Verduzan
32
Rouffiac-Tolosan
Castelginest
Gratentour
Nogaro
Préneron
Vic-Fezensac
Fenouillet
Seilh
L'Isle-Jourdain
Colomiers
Montrabé
Auch
Gimont
Projan
Beaumarchés
Madiran
Montesquiou
Pujaudran
Cugnaux
Toulouse
Marciac
Mirande
Villeneuve-Tolosane
Pinsaguel
Samatan
Lacroix-Falgarde
Auzeville-Tolosane
Rieumes
Le Fauga
Aureville
Vic-en-Bigorre
Villecomtal-s-Arros
Castanet-Tolosan
PAU
HAUTES-
31
HAUTE-GARONNE
Fonsegrives
Tarbes
PYRÉNÉES-ATLANTIQUES
64
Martres-Tolosane
Carla-Bayle
Lourdes
Bagnères-de-Bigorre
St-Gaudens
Nestier
Sauveterre-de-Comminges
Lorp-Sentaraille
Argelès-Gazost
Beaucens
PYRÉNÉES
65
St-Lizier
St-Girons
Rimont
St-Savin
Viscos
Cauterets
Barèges
La Mongie
Arreau
St-Lary
Aulon
ARIÈGE
09
St-Lary-Soulan
Bagnères-de-Luchon
Gavarnie
ESPAGNE
A
B

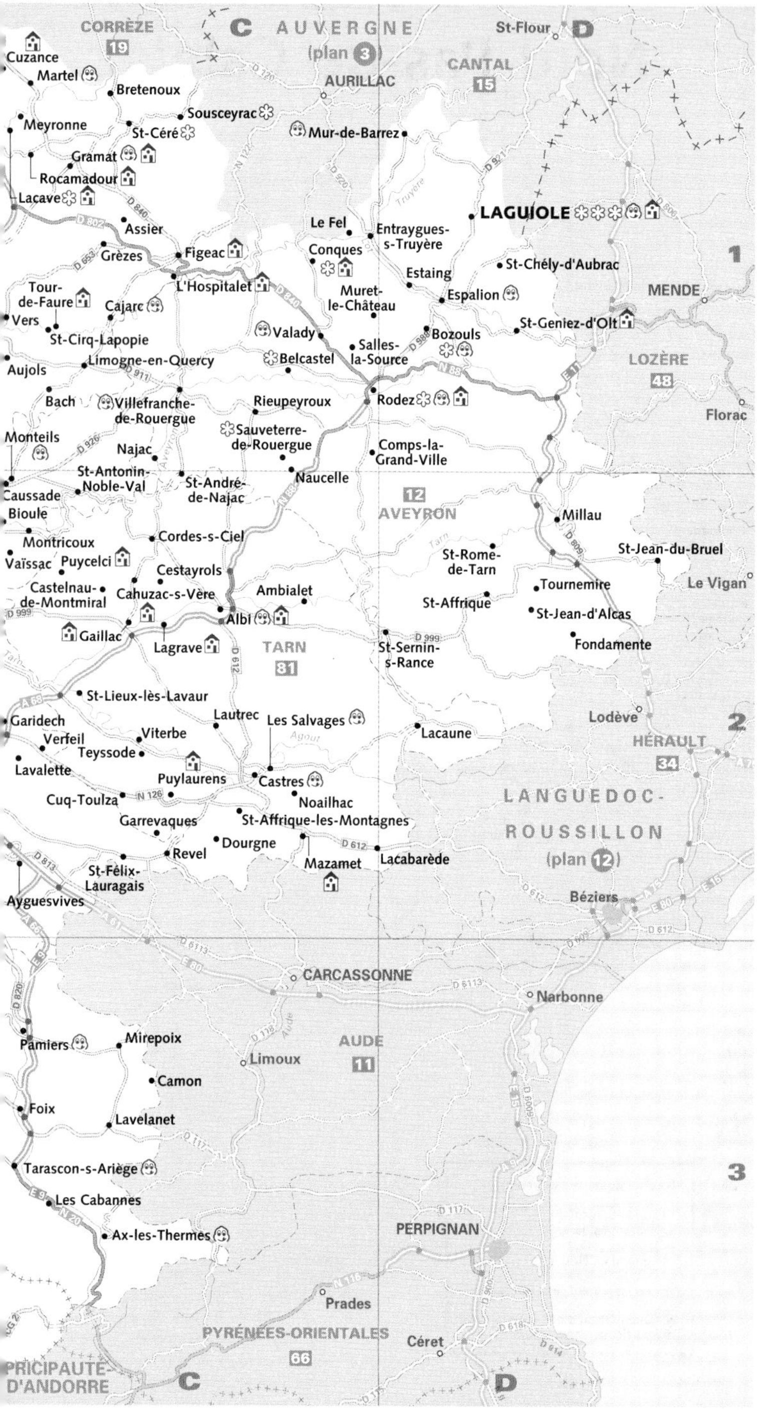
C
AUVERGNE
(plan 3)
D
CORRÈZE
19
St-Flour
CANTAL
15
AURILLAC
Cuzance
Martel
Bretenoux
Sousceyrac
Meyronne
St-Céré
Mur-de-Barrez
Gramat
Rocamadour
Lacave
LAGUIOLE
Assier
Le Fel
Entraygues-s-Truyère
Figeac
Grèzes
Conques
1
Estaing
St-Chély-d'Aubrac
L'Hospitalet
Tour-de-Faure
Cajarc
Muret-le-Château
Espalion
MENDE
Vers
St-Cirq-Lapopie
Valady
Bozouls
St-Geniez-d'Olt
Aujols
Limogne-en-Quercy
Belcastel
Salles-la-Source
LOZÈRE
48
Bach
Villefranche-de-Rouergue
Rieupeyroux
Rodez
Florac
Monteils
Sauveterre-de-Rouergue
Comps-la-Grand-Ville
Najac
St-Antonin-Noble-Val
St-André-de-Najac
Naucelle
Caussade
12
AVEYRON
Bioule
Millau
Montricoux
Cordes-s-Ciel
St-Rome-de-Tarn
St-Jean-du-Bruel
Vaïssac
Puycelci
Cestayrols
Tournemire
Le Vigan
Castelnau-de-Montmiral
Cahuzac-s-Vère
Ambialet
St-Affrique
St-Jean-d'Alcas
Gaillac
Albi
Lagrave
TARN
81
St-Sernin-s-Rance
Fondamente
St-Lieux-lès-Lavaur
Lodève
Garidech
Lautrec
Les Salvages
Lacaune
2
Verfeil
Viterbe
HÉRAULT
34
Teyssode
Lavalette
Puylaurens
Castres
LANGUEDOC-ROUSSILLON
(plan 12)
Cuq-Toulza
Noailhac
Garrevaques
St-Affrique-les-Montagnes
Dourgne
Revel
Mazamet
Lacabarède
St-Félix-Lauragais
Béziers
Ayguesvives
CARCASSONNE
Narbonne
Pamiers
Mirepoix
AUDE
11
Limoux
Camon
Foix
Lavelanet
Tarascon-s-Ariège
3
Les Cabannes
Ax-les-Thermes
PERPIGNAN
Prades
PYRÉNÉES-ORIENTALES
66
Céret
PRICIPAUTÉ-D'ANDORRE
C
D

16 Nord-Pas-de-Calais

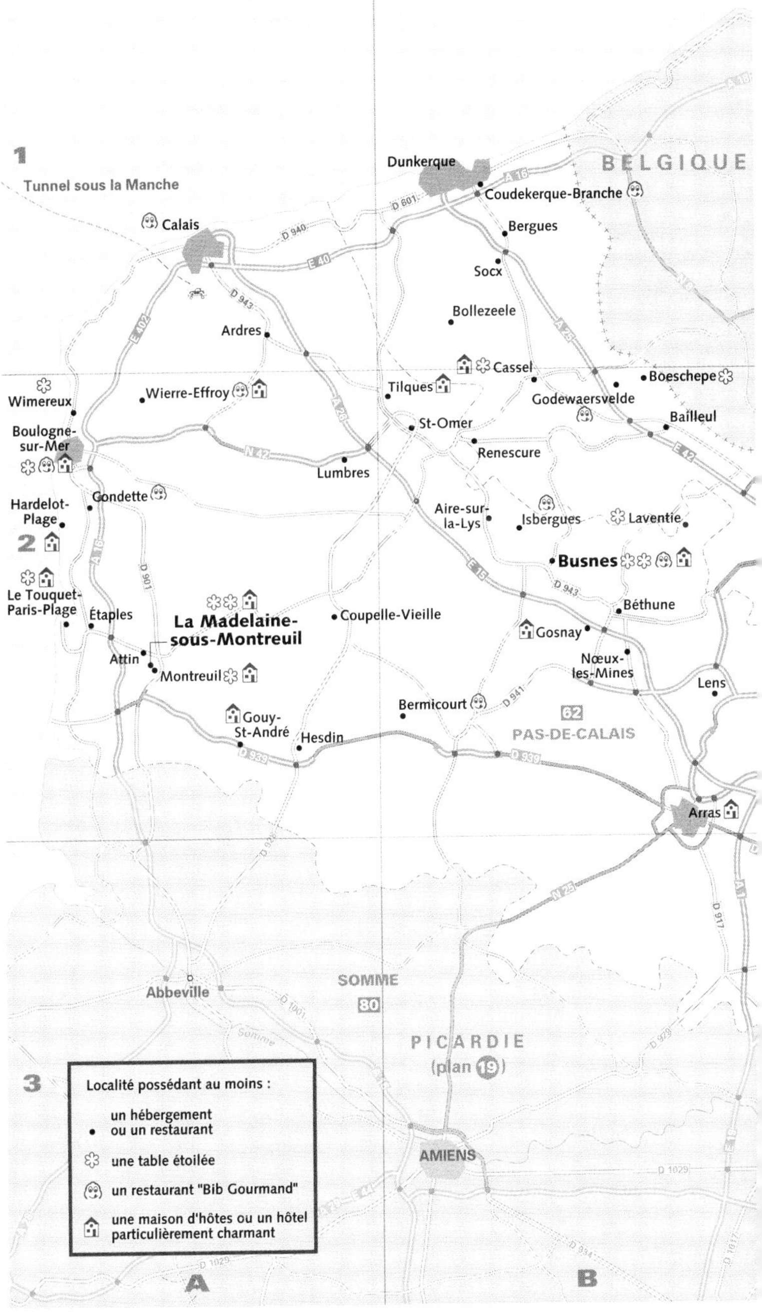

1
Tunnel sous la Manche
Calais
Dunkerque
Coudekerque-Branche
BELGIQUE
Bergues
Socx
Bollezeele
Ardres
Cassel
Boeschepe
Tilques
Godewaersvelde
Wimereux
Wierre-Effroy
Bailleul
St-Omer
Boulogne-sur-Mer
Renescure
Lumbres
Gondette
Hardelot-Plage
Aire-sur-la-Lys
Isbergues
Laventie
2
Busnes
Le Touquet-Paris-Plage
Étaples
La Madelaine-sous-Montreuil
Coupelle-Vieille
Béthune
Gosnay
Attin
Montreuil
Nœux-les-Mines
Lens
Bermicourt
Gouy-St-André
Hesdin
62
PAS-DE-CALAIS
Arras
Abbeville
SOMME
80
PICARDIE
(plan 19)
3
AMIENS
A
B
Localité possédant au moins :
un hébergement ou un restaurant
une table étoilée
un restaurant "Bib Gourmand"
une maison d'hôtes ou un hôtel particulièrement charmant

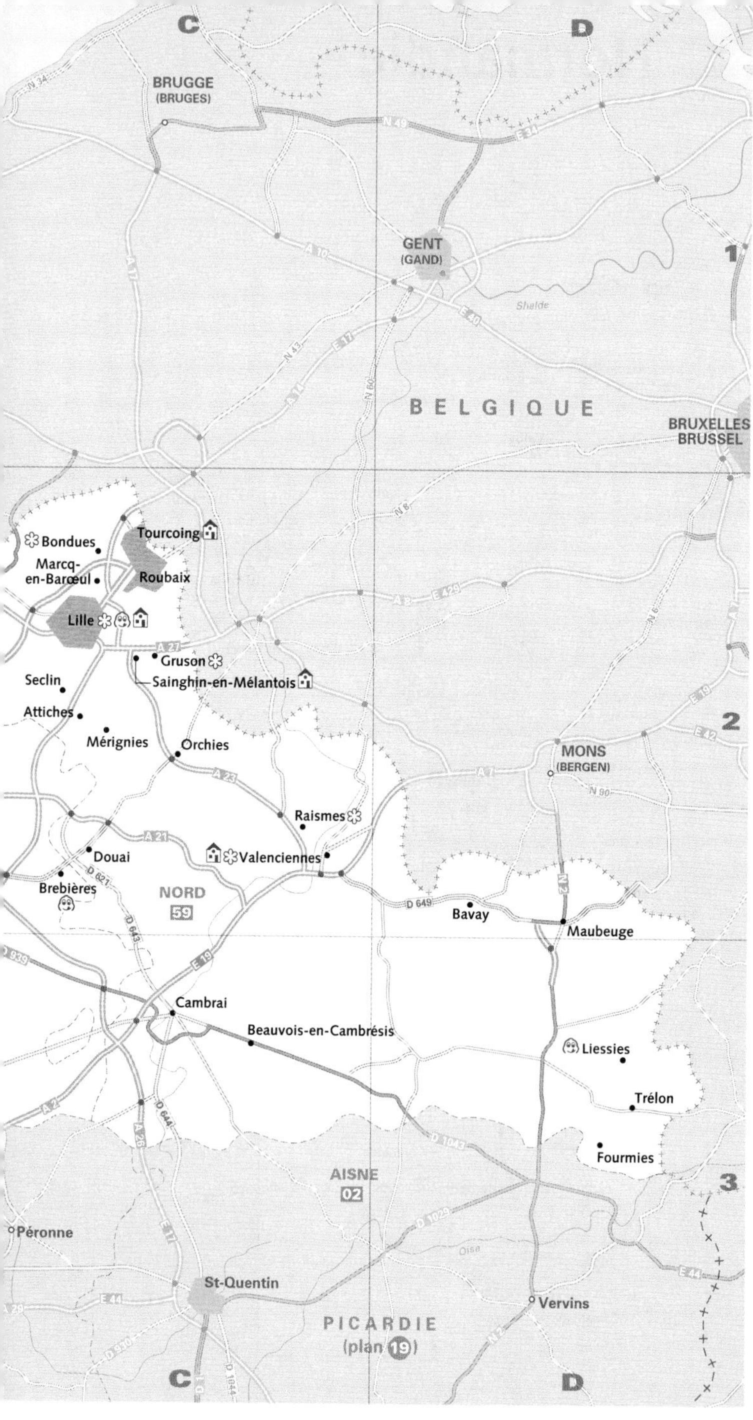
C
D
BRUGGE
(BRUGES)
N 34
N 49
E 34
A 10
A 17
GENT
(GAND)
Shelde
E 40
N 43
E 17
A 14
N 60
1
BELGIQUE
BRUXELLES
BRUSSEL
N 6
Tourcoing
Bondues
Marcq-en-Barœul
Roubaix
Lille
A 8
E 429
A 27
Gruson
Sainghin-en-Mélantois
Seclin
Attiches
Mérignies
Orchies
E 19
2
E 42
MONS
(BERGEN)
A 7
N 90
A 23
Raismes
A 21
Douai
Valenciennes
D 621
Brebières
NORD
59
D 643
D 649
Bavay
Maubeuge
N 2
D 939
E 19
Cambrai
Beauvois-en-Cambrésis
Liessies
A 2
A 26
D 644
Trélon
D 1043
Fourmies
AISNE
02
3
D 1029
Péronne
E 17
Oise
St-Quentin
E 44
A 29
Vervins
D 930
PICARDIE
(plan 19)
D 1044

17 Normandie

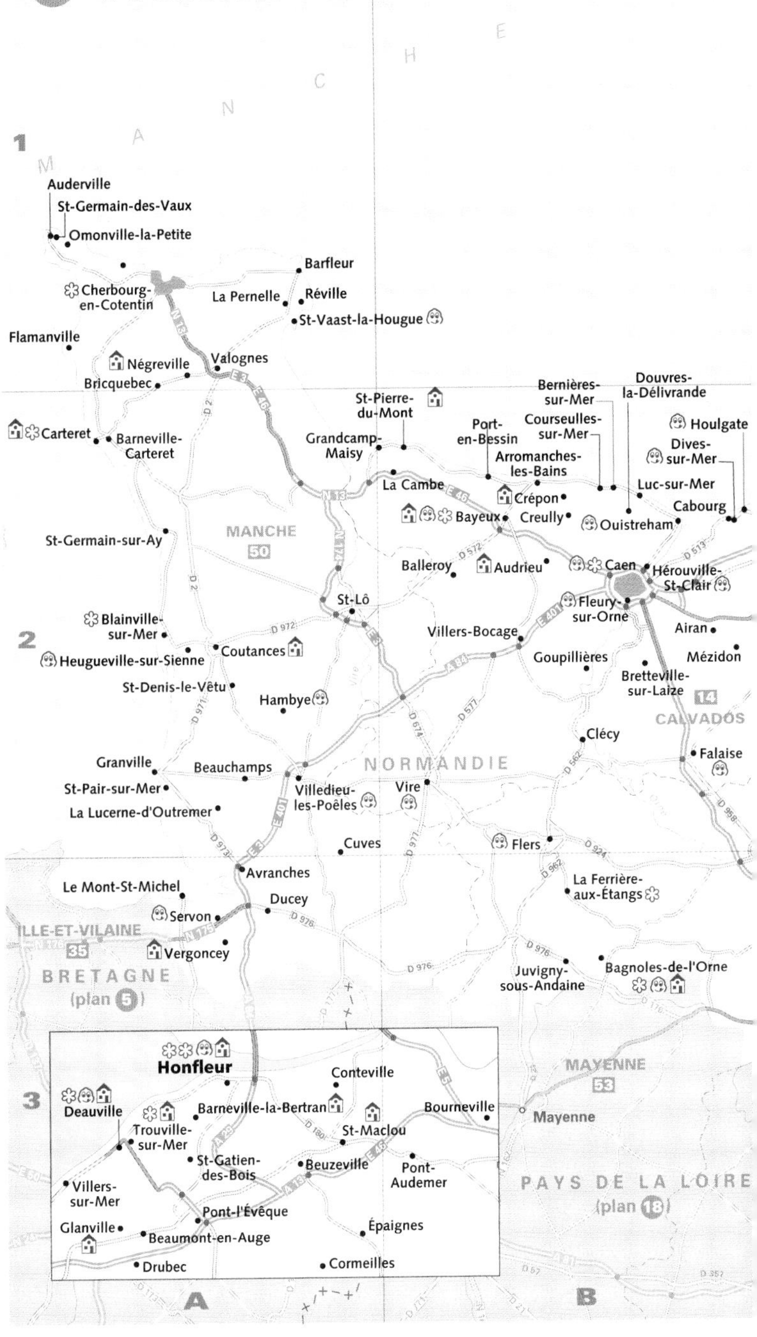

Localité possédant au moins :

- • un hébergement ou un restaurant
- ✿ une table étoilée
- ☺ un restaurant "Bib Gourmand"
- ⌂ une maison d'hôtes ou un hôtel particulièrement charmant

18 Pays de la Loire

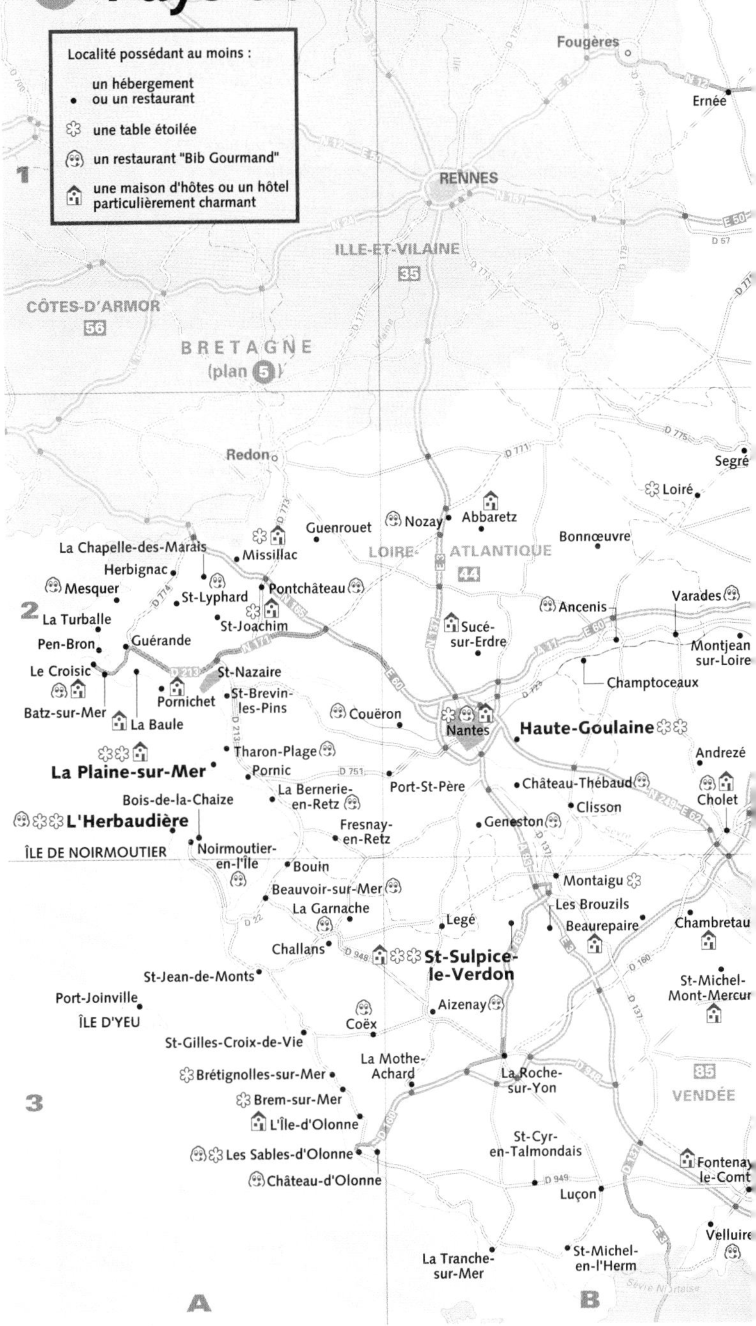

Localité possédant au moins :
un hébergement ou un restaurant
une table étoilée
un restaurant "Bib Gourmand"
une maison d'hôtes ou un hôtel particulièrement charmant
1
2
3
A
B
Fougères
Ernée
RENNES
ILLE-ET-VILAINE
35
CÔTES-D'ARMOR
56
BRETAGNE
(plan 5)
Redon
Segré
Loiré
Nozay
Abbaretz
Guenrouet
Missillac
LOIRE-ATLANTIQUE
44
Bonnœuvre
La Chapelle-des-Marais
Herbignac
Mesquer
St-Lyphard
Pontchâteau
La Turballe
St-Joachim
Ancenis
Varades
Sucé-sur-Erdre
Pen-Bron
Guérande
Montjean-sur-Loire
Le Croisic
St-Nazaire
Champtoceaux
Batz-sur-Mer
Pornichet
St-Brevin-les-Pins
La Baule
Couëron
Nantes
Haute-Goulaine
Tharon-Plage
Andrezé
La Plaine-sur-Mer
Pornic
Port-St-Père
Château-Thébaud
Cholet
La Bernerie-en-Retz
Bois-de-la-Chaize
Clisson
L'Herbaudière
Fresnay-en-Retz
Geneston
ÎLE DE NOIRMOUTIER
Noirmoutier-en-l'Île
Bouin
Montaigu
Beauvoir-sur-Mer
Les Brouzils
La Garnache
Legé
Beaurepaire
Chambretaud
Challans
St-Sulpice-le-Verdon
St-Jean-de-Monts
St-Michel-Mont-Mercure
Port-Joinville
Aizenay
ÎLE D'YEU
Coëx
St-Gilles-Croix-de-Vie
La Mothe-Achard
Brétignolles-sur-Mer
La Roche-sur-Yon
85
VENDÉE
Brem-sur-Mer
L'Île-d'Olonne
Les Sables-d'Olonne
St-Cyr-en-Talmondais
Fontenay-le-Comte
Château-d'Olonne
Luçon
Velluire
La Tranche-sur-Mer
St-Michel-en-l'Herm
Sèvre Niortaise
N 12
E 50
N 157
N 24
E 3
N 137
N 165
N 171
D 213
E 60
A 11
N 249 - E 62
A 83
D 137
D 160
D 948
D 949
D 751
D 723
D 771
D 775
D 773
D 774
D 22
D 57
D 178
D 177

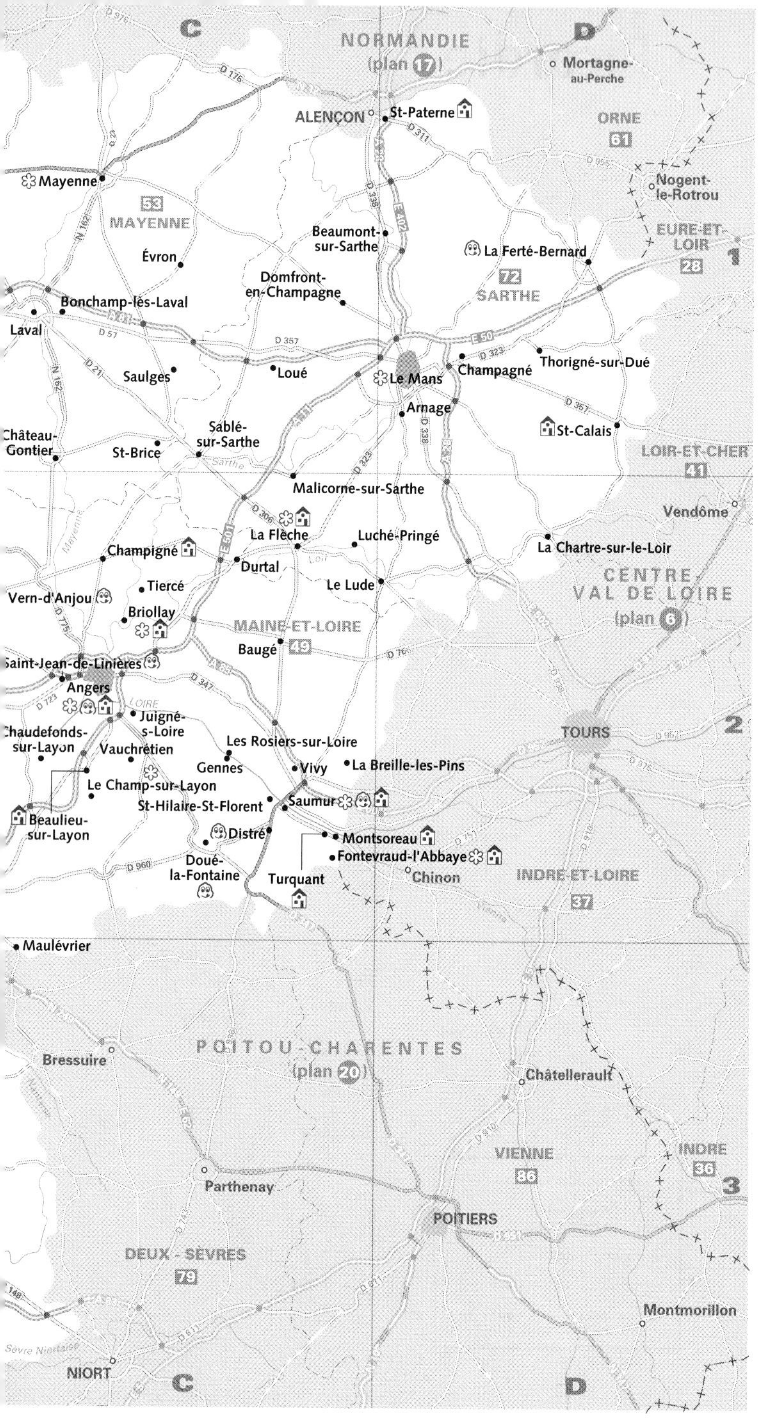

C
D
NORMANDIE
(plan 17)
Mortagne-au-Perche
ORNE
61
ALENÇON
St-Paterne
Nogent-le-Rotrou
Mayenne
53
MAYENNE
Beaumont-sur-Sarthe
EURE-ET-LOIR
28
La Ferté-Bernard
1
Évron
Domfront-en-Champagne
72
SARTHE
Bonchamp-lès-Laval
Laval
Saulges
Loué
Le Mans
Champagné
Thorigné-sur-Dué
Arnage
St-Calais
Château-Gontier
St-Brice
Sablé-sur-Sarthe
LOIR-ET-CHER
41
Malicorne-sur-Sarthe
Vendôme
La Flèche
Luché-Pringé
Champigné
La Chartre-sur-le-Loir
Durtal
Tiercé
Le Lude
CENTRE-VAL DE LOIRE
(plan 6)
Vern-d'Anjou
Briollay
MAINE-ET-LOIRE
Baugé
49
Saint-Jean-de-Linières
Angers
Juigné-s-Loire
TOURS
2
Chaudefonds-sur-Layon
Vauchrétien
Les Rosiers-sur-Loire
Gennes
Vivy
La Breille-les-Pins
Le Champ-sur-Layon
Saumur
St-Hilaire-St-Florent
Beaulieu-sur-Layon
Distré
Montsoreau
Fontevraud-l'Abbaye
Doué-la-Fontaine
Turquant
Chinon
INDRE-ET-LOIRE
37
Maulévrier
POITOU-CHARENTES
(plan 20)
Bressuire
Châtellerault
VIENNE
86
INDRE
36
3
Parthenay
POITIERS
DEUX - SÈVRES
79
Montmorillon
NIORT
C
D

19 Picardie

NORD-PAS-DE-CALAIS 62
PAS-DE-CALAIS (plan 16)
ARRAS
Fort-Mahon-Plage
Argoules
Vron
Rue
St-Firmin
Favières
Le Crotoy
St-Valery-sur-Somme
Abbeville
Béhen
Eaucourt-sur-Somme
SOMME 80
Authuille
Albert
SEINE-MARITIME 76
Amiens
Lamotte-Warfusée
Dury
Roye
NORMANDIE (plan 17)
OISE 60
Beauvais
Étouy
Estrées-St-Denis
Compiègne
Clermont
Le Meux
EURE 27
Les Andelys
Méru
Apremont
Chamant
Neuville-Bosc
Chantilly
Senlis
Belle-Église
La Chapelle-en-Serval
VAL-D'OISE 95
Plailly
PONTOISE
ILE-DE-FRANCE (plans 10 11)
PARIS
VERSAILLES
YVELINES 78
CRÉTEIL
Localité possédant au moins :
un hébergement ou un restaurant
une table étoilée
un restaurant "Bib Gourmand"
une maison d'hôtes ou un hôtel particulièrement charmant

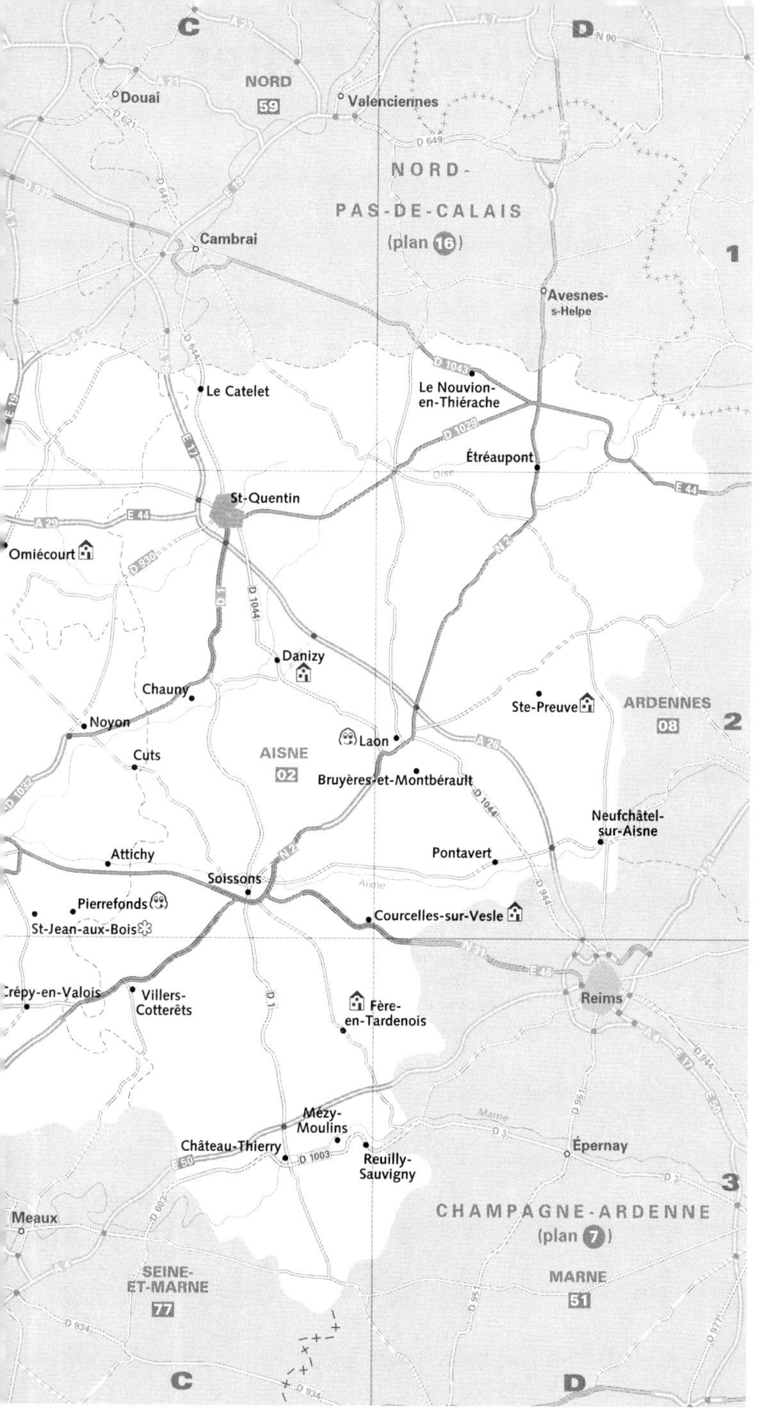
C
D
NORD
59
Douai
Valenciennes
NORD-
PAS-DE-CALAIS
(plan 16)
Cambrai
Avesnes-
s-Helpe
1
Le Catelet
Le Nouvion-
en-Thiérache
Étréaupont
St-Quentin
Omiécourt
Danizy
Chauny
Noyon
Ste-Preuve
ARDENNES
08
2
Laon
Cuts
AISNE
02
Bruyères-et-Montbérault
Neufchâtel-
sur-Aisne
Attichy
Pontavert
Soissons
Pierrefonds
St-Jean-aux-Bois
Courcelles-sur-Vesle
Reims
Crépy-en-Valois
Villers-
Cotterêts
Fère-
en-Tardenois
Mézy-
Moulins
Château-Thierry
Reuilly-
Sauvigny
Épernay
3
CHAMPAGNE-ARDENNE
(plan 7)
Meaux
SEINE-
ET-MARNE
77
MARNE
51
C
D

20 Poitou-Charentes

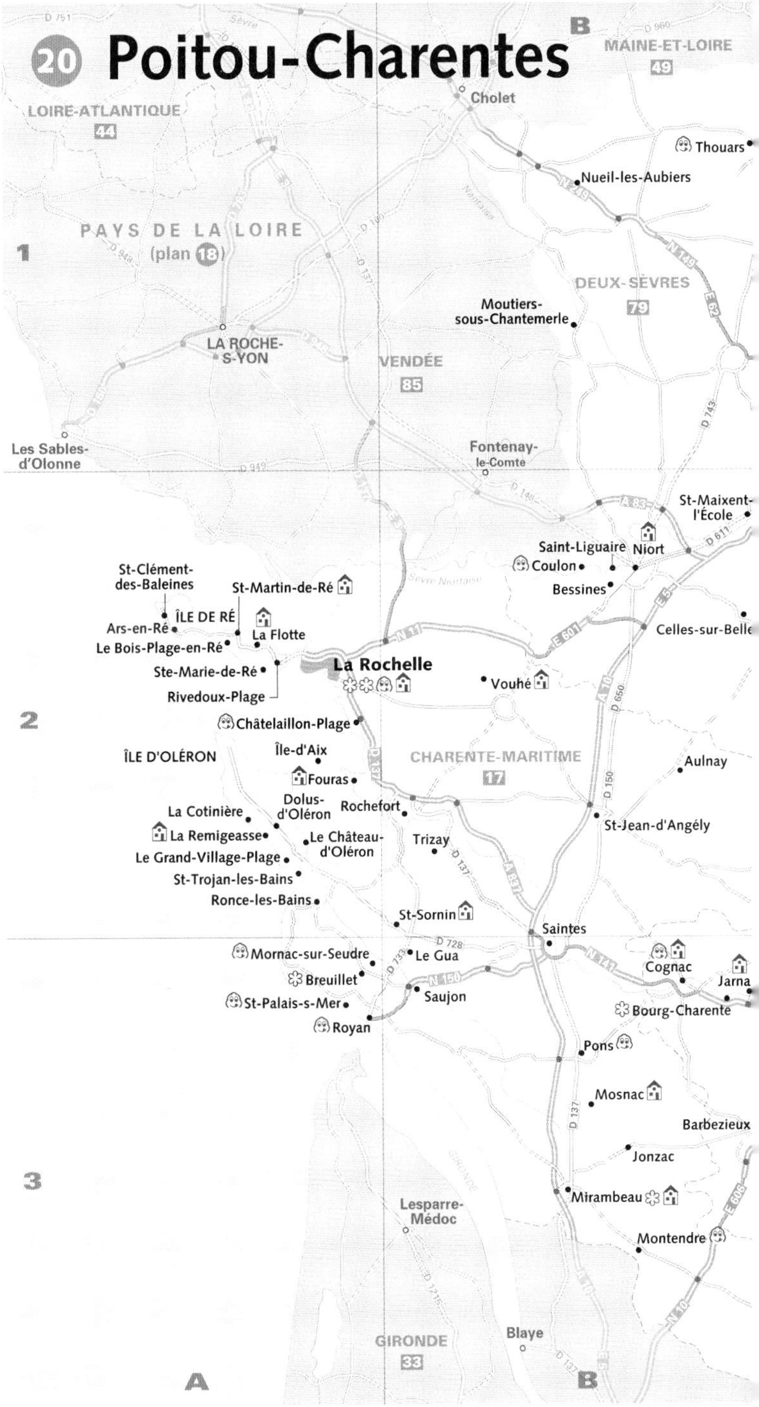

B
MAINE-ET-LOIRE
49
Cholet
LOIRE-ATLANTIQUE
44
Thouars
Nueil-les-Aubiers
PAYS DE LA LOIRE
(plan 18)
1
DEUX-SÈVRES
79
Moutiers-sous-Chantemerle
LA ROCHE-S-YON
VENDÉE
85
Les Sables-d'Olonne
Fontenay-le-Comte
St-Maixent-l'École
Saint-Liguaire
Niort
Coulon
Bessines
St-Clément-des-Baleines
St-Martin-de-Ré
ÎLE DE RÉ
Ars-en-Ré
La Flotte
Le Bois-Plage-en-Ré
Celles-sur-Belle
La Rochelle
Ste-Marie-de-Ré
Vouhé
Rivedoux-Plage
2
Châtelaillon-Plage
ÎLE D'OLÉRON
Île-d'Aix
CHARENTE-MARITIME
17
Aulnay
Fouras
Dolus-d'Oléron
Rochefort
La Cotinière
St-Jean-d'Angély
La Remigeasse
Le Château-d'Oléron
Trizay
Le Grand-Village-Plage
St-Trojan-les-Bains
Ronce-les-Bains
St-Sornin
Saintes
Mornac-sur-Seudre
Le Gua
Cognac
Jarna
Breuillet
Saujon
St-Palais-s-Mer
Bourg-Charente
Royan
Pons
Mosnac
Barbezieux
Jonzac
3
Mirambeau
Lesparre-Médoc
Montendre
Blaye
GIRONDE
33
A
B

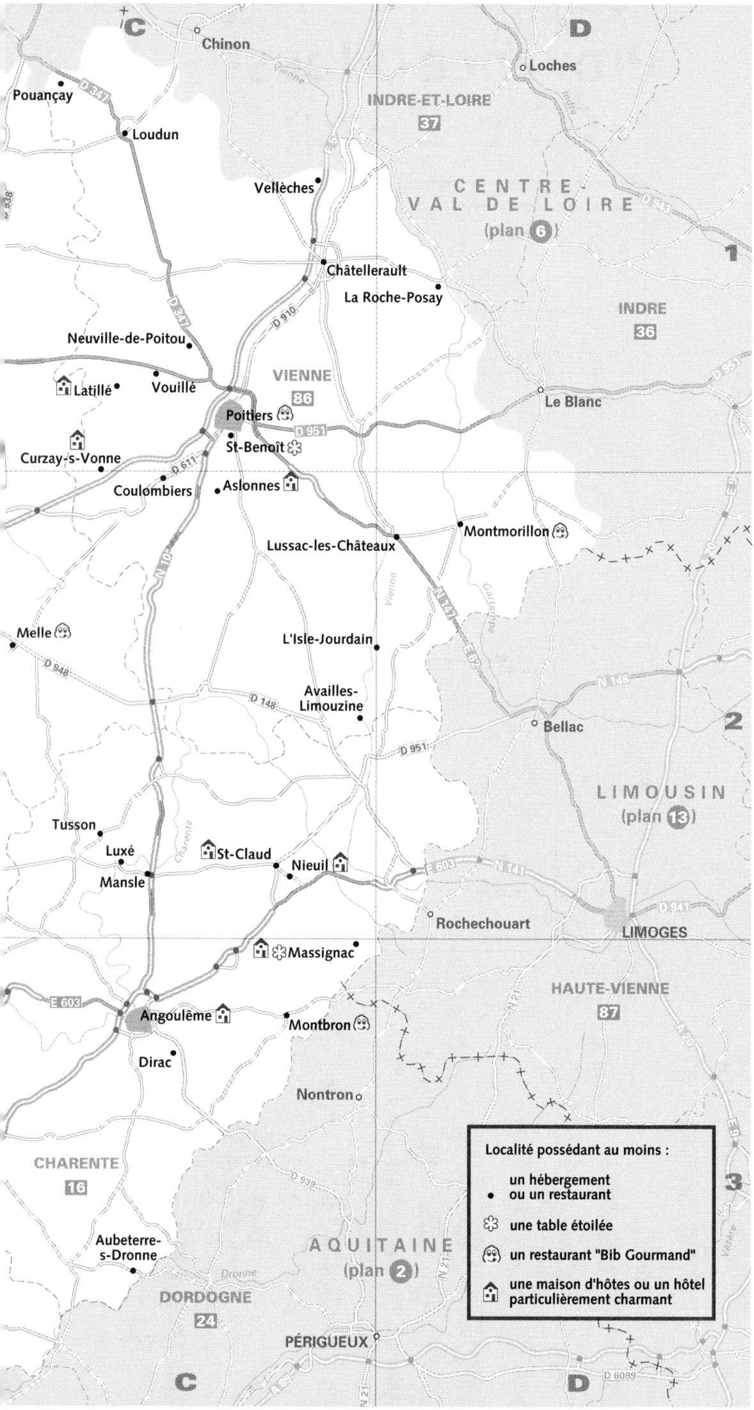

C
D
Chinon
Loches
Pouançay
D 347
Loudun
INDRE-ET-LOIRE
37
E 5
Vellèches
CENTRE-
VAL DE LOIRE
(plan 6)
D 943
1
Châtellerault
La Roche-Posay
INDRE
36
D 341
D 910
Neuville-de-Poitou
VIENNE
86
Latillé
Vouillé
Le Blanc
D 951
Poitiers
St-Benoît
Curzay-s-Vonne
D 611
Coulombiers
Aslonnes
E 9
Montmorillon
Lussac-les-Châteaux
N 10
N 147
Gartempe
Vienne
Melle
L'Isle-Jourdain
E 62
D 948
N 145
D 148
Availles-
Limouzine
Bellac
2
D 951
LIMOUSIN
(plan 13)
Tusson
Charente
Luxé
St-Claud
Nieuil
Mansle
E 603
N 141
Rochechouart
D 941
LIMOGES
Massignac
HAUTE-VIENNE
87
E 603
Angoulême
Montbron
N 21
A 20
Dirac
Nontron
Localité possédant au moins :
un hébergement
ou un restaurant
une table étoilée
un restaurant "Bib Gourmand"
une maison d'hôtes ou un hôtel
particulièrement charmant
CHARENTE
16
D 939
3
Aubeterre-
s-Dronne
AQUITAINE
(plan 2)
Dronne
DORDOGNE
24
PÉRIGUEUX
D 6089
C
D

21 Provence-Alpes-Côte-d'Azur

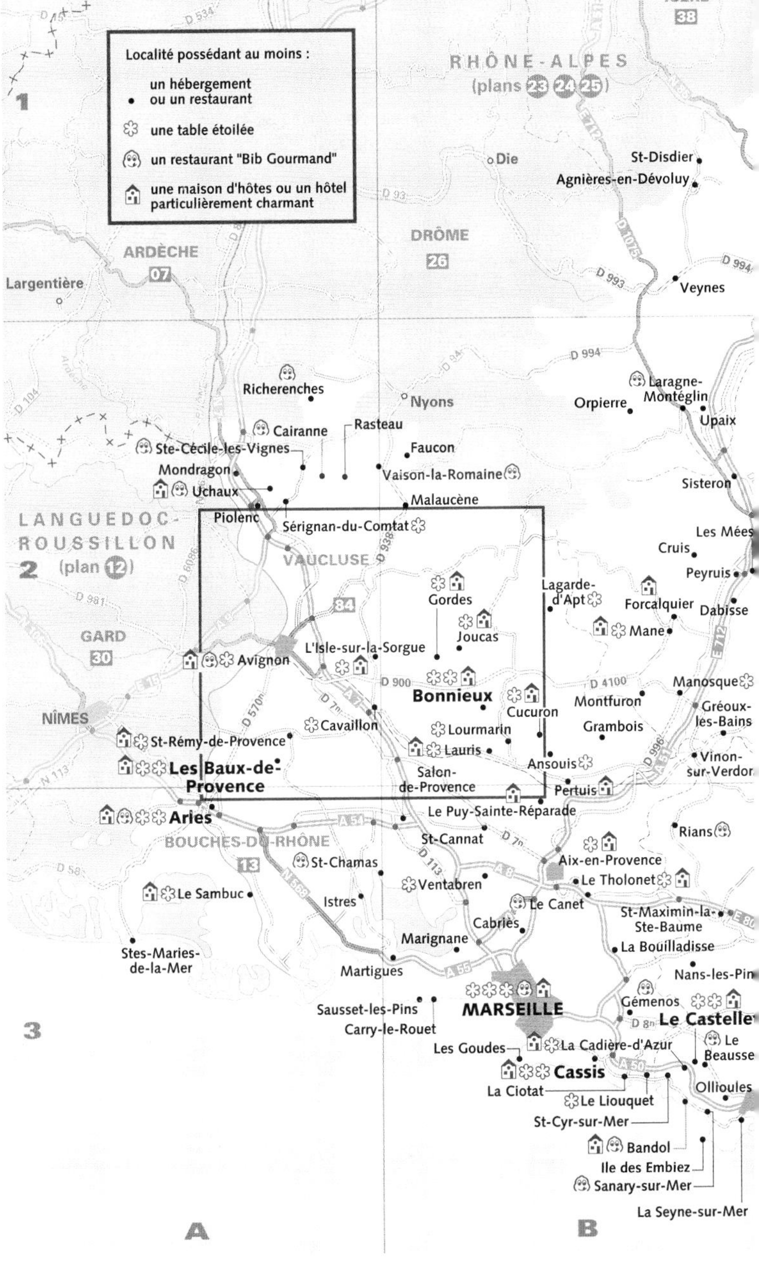

Localité possédant au moins :
un hébergement ou un restaurant
une table étoilée
un restaurant "Bib Gourmand"
une maison d'hôtes ou un hôtel particulièrement charmant
A
B
1
2
3
GRENOBLE
ISÈRE 38
RHÔNE-ALPES (plans 23 24 25)
Die
St-Disdier
Agnières-en-Dévoluy
ARDÈCHE 07
DRÔME 26
Largentière
Veynes
Richerenches
Nyons
Orpierre
Laragne-Montéglin
Upaix
Cairanne
Rasteau
Ste-Cécile-les-Vignes
Faucon
Mondragon
Vaison-la-Romaine
Uchaux
Malaucène
Sisteron
Piolenc
Sérignan-du-Comtat
LANGUEDOC-ROUSSILLON (plan 12)
VAUCLUSE 84
Les Mées
Cruis
Peyruis
Gordes
Lagarde-d'Apt
Forcalquier
Dabisse
Joucas
Mane
GARD 30
Avignon
L'Isle-sur-la-Sorgue
Bonnieux
Manosque
Montfuron
Gréoux-les-Bains
NÎMES
Cucuron
Cavaillon
Lourmarin
Grambois
St-Rémy-de-Provence
Lauris
Vinon-sur-Verdon
Les Baux-de-Provence
Ansouis
Salon-de-Provence
Pertuis
Arles
Le Puy-Sainte-Réparade
BOUCHES-DU-RHÔNE 13
St-Cannat
Rians
St-Chamas
Aix-en-Provence
Le Tholonet
Le Sambuc
Ventabren
Istres
Le Canet
St-Maximin-la-Ste-Baume
Cabriès
Marignane
La Bouilladisse
Stes-Maries-de-la-Mer
Martigues
Nans-les-Pins
Gémenos
Sausset-les-Pins
MARSEILLE
Le Castellet
Carry-le-Rouet
Le Beausset
Les Goudes
La Cadière-d'Azur
Cassis
Ollioules
La Ciotat
Le Liouquet
St-Cyr-sur-Mer
Bandol
Ile des Embiez
Sanary-sur-Mer
La Seyne-sur-Mer

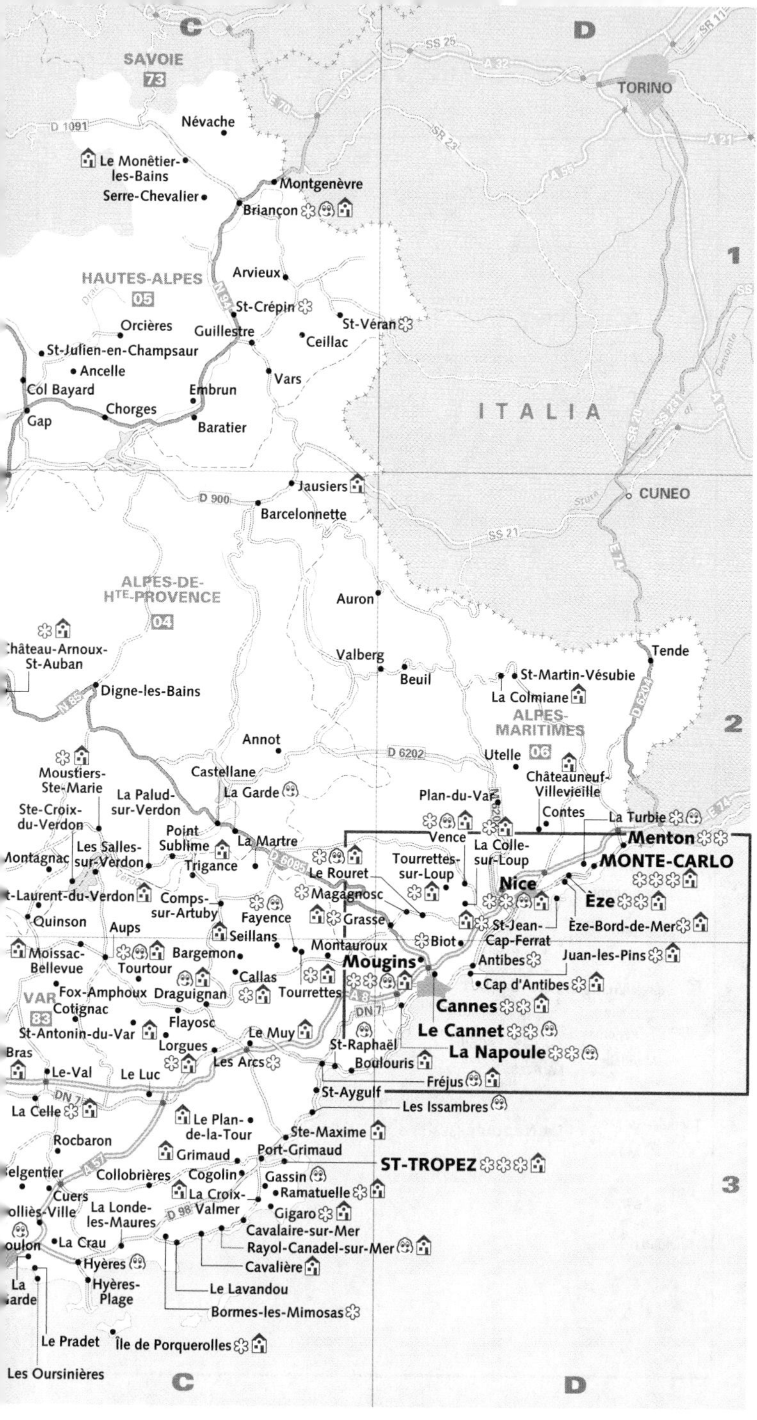

C
D
SAVOIE
73
HAUTES-ALPES
05
ALPES-DE-HTE-PROVENCE
04
ALPES-MARITIMES
06
VAR
83
ITALIA
TORINO
CUNEO
1
2
3
Névache
Le Monêtier-les-Bains
Serre-Chevalier
Montgenèvre
Briançon
Arvieux
St-Crépin
St-Véran
Orcières
Guillestre
Ceillac
St-Julien-en-Champsaur
Ancelle
Vars
Col Bayard
Embrun
Gap
Chorges
Baratier
Jausiers
Barcelonnette
Auron
Château-Arnoux-St-Auban
Digne-les-Bains
Valberg
Beuil
St-Martin-Vésubie
La Colmiane
Tende
Annot
Utelle
Châteauneuf-Villevieille
Moustiers-Ste-Marie
Castellane
La Garde
Plan-du-Var
Contes
La Turbie
Ste-Croix-du-Verdon
La Palud-sur-Verdon
Point Sublime
La Martre
Vence
La Colle-sur-Loup
Menton
MONTE-CARLO
Montagnac
Les Salles-sur-Verdon
Trigance
Le Rouret
Tourrettes-sur-Loup
Nice
Èze
St-Laurent-du-Verdon
Comps-sur-Artuby
Magagnosc
Quinson
Fayence
Grasse
St-Jean-Cap-Ferrat
Èze-Bord-de-Mer
Aups
Seillans
Montauroux
Biot
Moissac-Bellevue
Bargemon
Mougins
Antibes
Juan-les-Pins
Tourtour
Callas
Cap d'Antibes
Fox-Amphoux
Draguignan
Tourrettes
Cotignac
Cannes
Flayosc
St-Antonin-du-Var
Le Cannet
Le Muy
Lorgues
St-Raphaël
La Napoule
Bras
Les Arcs
Boulouris
Le-Val
Le Luc
Fréjus
St-Aygulf
La Celle
Les Issambres
Le Plan-de-la-Tour
Ste-Maxime
Rocbaron
Grimaud
Port-Grimaud
ST-TROPEZ
Belgentier
Collobrières
Cogolin
Gassin
Cuers
La Croix-Valmer
Ramatuelle
Solliès-Ville
La Londe-les-Maures
Gigaro
Cavalaire-sur-Mer
Toulon
La Crau
Rayol-Canadel-sur-Mer
Hyères
Cavalière
La Garde
Hyères-Plage
Le Lavandou
Bormes-les-Mimosas
Le Pradet
Île de Porquerolles
Les Oursinières
D 1091
E 70
SS 25
A 32
SR 23
A 55
A 21
N 94
D 900
SS 21
E 74
N 85
D 6202
D 6204
D 6085
A 8
DN 7
A 57
D 98

22 Provence-Alpes-Côte-d'Azur

E

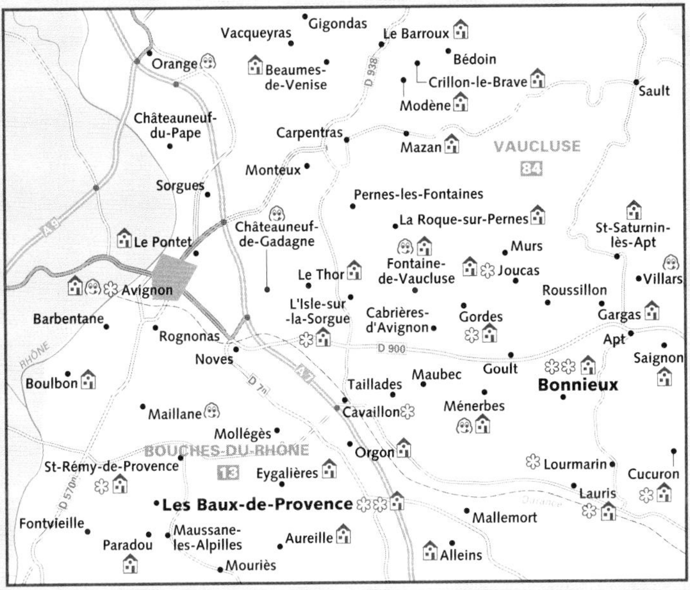

1 1

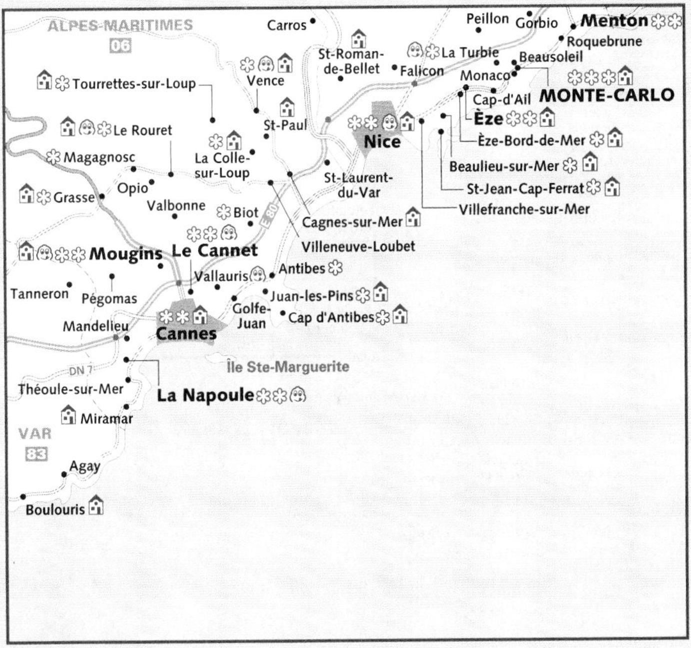

2 2

E

24 Rhône-Alpes

Localité possédant au moins :

- • un hébergement ou un restaurant
- ✿ une table étoilée
- ☺ un restaurant "Bib Gourmand"
- ⌂ une maison d'hôtes ou un hôtel particulièrement charmant

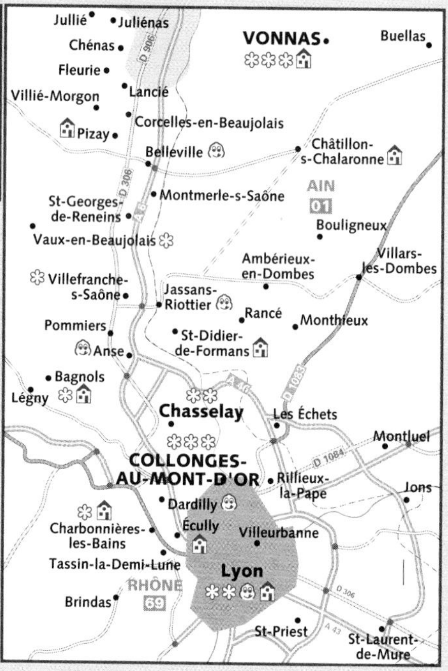

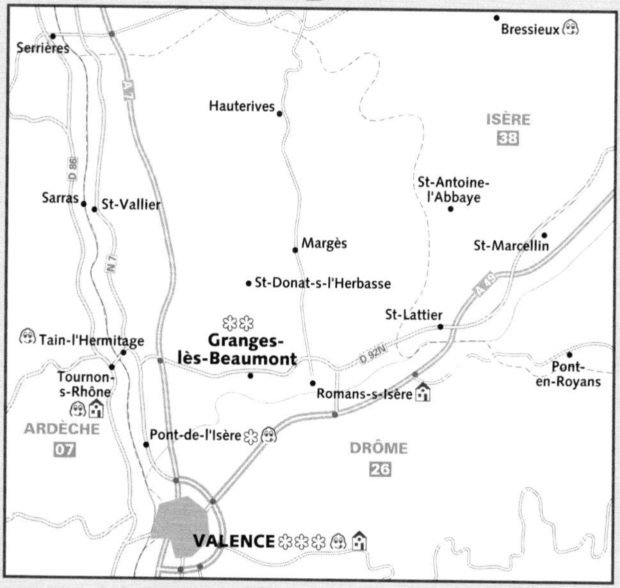

23 Rhône-Alpes

FRANCHE-COMTÉ
(plan 9)
JURA 39
Oyonnax
Thoiry
Montanges
Nantua
GENÈVE
Thonon-les-Bains
Douvaine
Machilly
HAUTE-SAVOIE 74
Bossey
SION
SUISSE
Argentière
Le Lavancher
Les Praz-de-Chamonix
Chamonix-Mont-Blanc
Évosges
Annecy
Manigod
St-Gervais-les-Bains
Veyrier-du-Lac
MEGÈVE
AOSTA/AOSTE
Contrevoz
Les Saisies
Belley
Jongieux
Faverges
Ugine
Hauteluce
Morestel
Bourg-St-Maurice
La Rosière-1850
Le-Bourget-du-Lac
Ste-Foy-Tarentaise
St-Genix-s-Guiers
Les Arcs
Aoste
Romagnieu
Chambéry 73
Peisey-Nancroix
La Tour-du-Pin
Plagne-Bellecôte
Tignes
Val-d'Isère
La Plagne
La Bâtie-Divisin
SAVOIE
Champagny-en-Vanoise
Val-Claret
Montagnieu
Les Échelles
La Tania
Le Praz
Burcin
ST-MARTIN-DE-BELLEVILLE
Méribel
Pralognan-la-Vanoise
St-Laurent-du-Pont
St-Martin-sur-la-Chambre
Voiron
COURCHEVEL 1850
Le Sappey-en-Chartreuse
Val-Thorens
Corenc
Grenoble
Autrans
Uriage-les-Bains
Valloire
Alpe-d'Huez
St-Julien-en-Vercors
Le Freney-d'Oisans
Villard-de-Lans
ITALIA
Correnςon-en-Vercors
Les Deux-Alpes
Venosc
ISÈRE 38
Briançon
Gresse-en-Vercors
Monestier-de-Clermont
HAUTES-ALPES 05
PROVENCE-ALPES-CÔTE-D'AZUR
(plans 21 22)
GAP
ALPES-DE-H^{TE}-PROVENCE 04
Montbrun-les-Bains
C
D
1
2
3
Localité possédant au moins :
un hébergement ou un restaurant
une table étoilée
un restaurant "Bib Gourmand"
une maison d'hôtes ou un hôtel particulièrement charmant

F

1

24
LÉMAN
LAC
Évian-les-Bains
Amphion-les-Bains
St-Gingolph
Port-de-Séchex
Yvoire
Bernex
Thonon-les-Bains
Divonne-les-Bains
Messery
D 1005
Margencel
La Chapelle-d'Abondance
Gex
Vailly
Échenevex
Douvaine
Châtel
Crozet
Ferney-Voltaire
Machilly
Habère-Poche
GENÈVE
Annemasse
Lucinges
Morzine
Avoriaz
HAUTE-SAVOIE
Les Gets
Bonne
74
St-Julien-en-Genevois
Bossey
Reignier
Viuz-en-Sallaz
Mieussy
A 40
A 1
La Muraz
Samoëns
Vougy
Bonneville
Cluses
E 25
Les Carroz-d'Arâches
Mont-Saxonnex
Cruseilles
Groisy
A 40
Le Chinaillon
Sallanches
Servoz
Le Grand-Bornand
Cordon
Pringy
Vaulx
Combloux
La Clusaz
Annecy
Veyrier-du-Lac
SAVOIE
Les Houches
St-Gervais-les-Bains
Thônes
73
Manigod
Menthon-St-Bernard
Praz-s-Arly
MEGÈVE
Marigny-St-Marcel
Talloires
Flumet
Duingt
Viuz-la-Chiésaz
N-D-de-Bellecombe
Les Contamines-Montjoie
Crest-Voland
Montagne du Semnoz

F

2

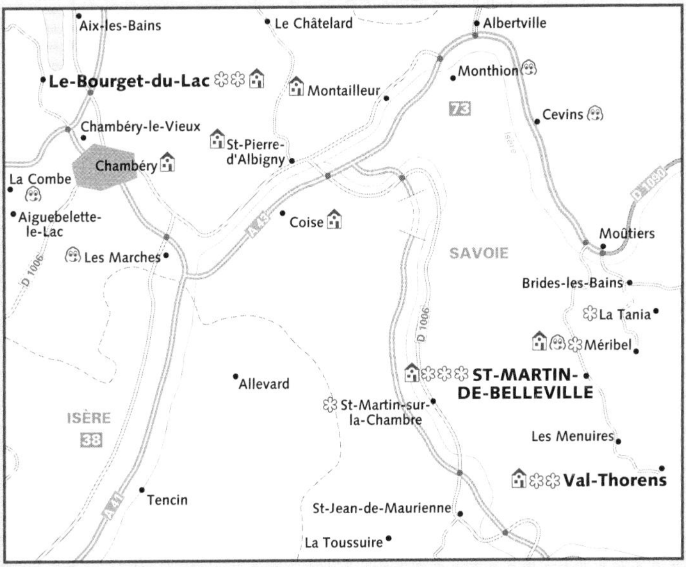
Aix-les-Bains
Le Châtelard
Albertville
Monthion
Le-Bourget-du-Lac
Montailleur
73
Cevins
Chambéry-le-Vieux
St-Pierre-d'Albigny
Isère
Chambéry
D 1090
La Combe
Aiguebelette-le-Lac
Coise
A 43
Moûtiers
Les Marches
D 1006
SAVOIE
Brides-les-Bains
La Tania
D 1006
Méribel
ST-MARTIN-DE-BELLEVILLE
Allevard
St-Martin-sur-la-Chambre
ISÈRE
38
Les Menuires
Val-Thorens
Tencin
A 41
St-Jean-de-Maurienne
La Toussuire

F

Distances entre les principales villes

Distances between major towns

	Amiens	Angers	Bayonne	Besançon	Bordeaux	Brest	Caen	Calais	Cherbourg	Clermont-Ferrand	Dijon	Grenoble	Le Havre	Lille	Limoges	Lyon	Le Mans	Marseille	Metz	Montpellier	Mulhouse	Nancy	Nantes	Nice	Orléans	Paris	Perpignan	Reims	Rennes	Rouen	Saint-Etienne	Strasbourg	Toulon	Toulouse
Angers	418																																	
Bayonne	908	529																																
Besançon	557	650	890																															
Bordeaux	722	343	185	712																														
Brest	618	378	813	962	627																													
Caen	246	252	794	644	608	376																												
Calais	159	512	1054	656	868	712	339																											
Cherbourg	367	371	846	765	660	409	124	461																										
Clermont-Ferrand	562	448	555	369	368	823	594	712	717																									
Dijon	474	551	827	97	641	862	542	573	665	298																								
Grenoble	708	685	821	315	679	1061	800	870	923	297	303																							
Le Havre	181	301	843	606	657	461	88	275	211	572	506	763																						
Lille	122	513	987	584	801	755	382	114	505	641	502	798	319																					
Limoges	531	266	406	499	220	606	484	680	606	223	437	534	540	609																				
Lyon	600	578	741	229	555	953	692	762	815	172	195	105	656	692	409																			
Le Mans	331	96	637	578	450	397	160	425	282	442	479	678	214	425	332	572																		
Marseille	912	907	697	541	648	1267	1004	1074	1127	477	507	309	967	1004	600	316	898																	
Metz	367	619	1093	268	907	917	570	466	693	559	267	563	541	364	670	456	532	769																
Montpellier	890	775	531	526	482	1102	926	1060	1044	337	493	294	899	990	428	301	766	169	754															
Mulhouse	553	731	1013	137	827	1028	708	652	831	484	222	426	671	582	621	381	643	694	234	679														
Nancy	382	591	1036	209	850	888	546	481	669	505	213	509	509	411	642	403	503	715	56	700	191													
Nantes	504	89	515	737	329	298	292	598	325	535	638	771	378	599	310	664	186	971	706	807	819	677												
Nice	1068	1063	852	697	804	1423	1160	1230	1283	633	663	329	1123	1160	756	472	1054	188	924	325	681	874	1127											
Orléans	271	245	647	403	461	545	306	421	428	299	304	561	281	350	269	454	139	760	450	624	530	386	334	914										
Paris	135	297	771	415	585	594	234	297	357	425	316	573	197	226	395	466	209	778	333	764	473	312	386	933	135									
Perpignan	986	755	496	676	448	1067	972	1135	1103	434	643	444	996	1065	494	451	817	320	904	155	832	853	771	475	724	848								
Reims	172	431	905	380	719	728	382	271	505	534	298	594	346	200	529	488	343	800	192	786	393	206	520	955	269	145	935							
Rennes	431	129	630	718	444	242	188	524	221	589	619	826	274	567	418	719	155	1050	673	914	786	643	109	1205	299	350	886	484						
Rouen	118	299	840	541	654	501	127	211	250	508	442	699	91	254	478	593	211	905	470	833	610	449	388	1060	218	133	932	282	313					
Saint-Etienne	622	579	718	288	532	955	726	821	848	149	254	154	678	751	386	63	570	335	515	321	444	465	668	490	431	488	470	548	721	614				
Strasbourg	523	775	1126	250	940	1072	726	622	849	597	335	531	697	520	734	495	687	807	163	792	116	156	864	788	534	489	942	349	829	636	553			
Toulon	975	970	759	603	711	1330	1067	1137	1190	540	570	329	1030	1067	663	378	961	65	831	232	760	781	1034	149	822	840	382	864	1112	966	397	870		
Toulouse	817	552	298	720	245	864	769	966	900	376	657	531	826	895	291	539	614	407	918	243	847	868	568	562	554	679	208	813	682	762	419	957	470	
Tours	377	127	534	521	348	497	258	523	380	340	422	576	312	456	230	469	102	800	563	665	648	504	216	955	117	240	718	374	253	310	468	657	863	515

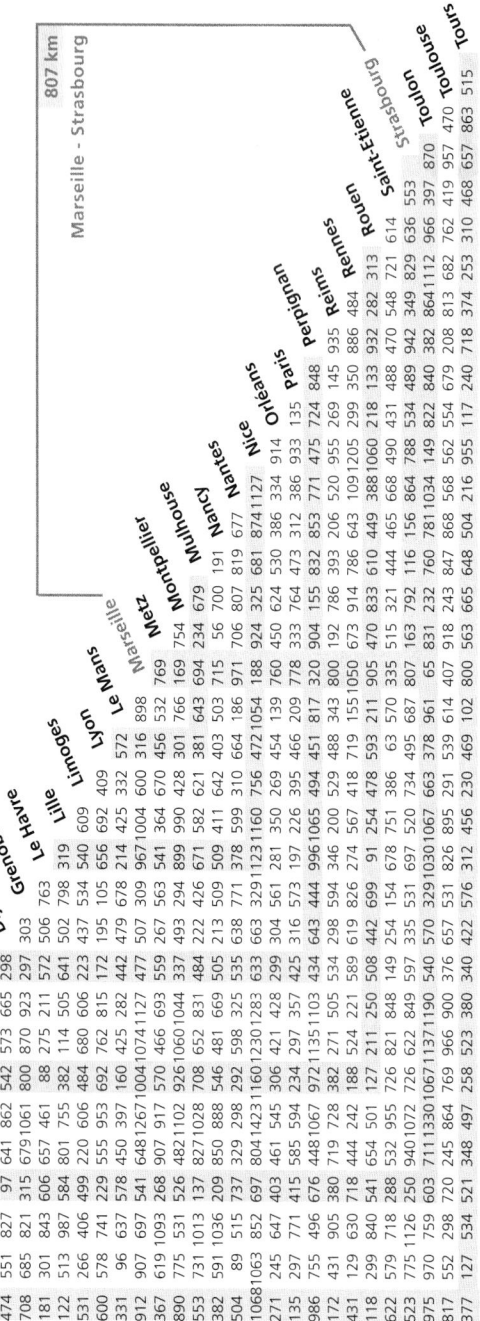

807 km
Marseille - Strasbourg

Restaurants & hôtels

Par localités de A a Z

ABBARETZ

✉ 44170 (Loire-Atlantique) - 1 956 hab. - Alt. 69 m - Carte régionale n° **18**-B2
Paris 382 km - Angers 90 km - Nantes 46 km - Rennes 76 km
Carte Michelin 316-G2

Jouffroy d'Abbans

CUISINE FRANÇAISE • ÉLÉGANT Au sein du Manoir de la Jahotière, en pleine nature, on découvre cette table qui ne laisse pas indifférent : le chef, formé dans de belle maisons étoilées, y propose une belle cuisine du marché renouvelée régulièrement. Une raison supplémentaire de venir profiter du charme de ces lieux...

Formule 20 € - Menu 30/54 €

La Jahotière - ✆ 02 40 07 71 23 - www.lajahotiere.com - Fermé merc. soir, dim. soir et lundi

Le Manoir de la Jahotière

MAISON DE MAÎTRE • ROMANTIQUE En plein cœur de la nature, à l'abri de l'agitation, cet ancien relais de chasse du 16e s. impressionne par son élégance et son confort. Les chambres, vastes et joliment meublées, ont un charme indéniable ; l'accueil est chaleureux et prévenant.

8 chambres - 99/119 € 119/149 € - 1 suite - 11 € - ½ P

La Jahotière - ✆ 02 40 07 71 23 - www.lajahotiere.com

Jouffroy d'Abbans - voir les restaurants ci-dessus

ABBEVILLE

✉ 80100 (Somme) - 24 237 hab. - Alt. 8 m - Carte régionale n° **19**-A1
Paris 186 km - Amiens 51 km - Boulogne-sur-Mer 79 km - Rouen 106 km
Carte Michelin 301-E7 - Guide Vert Michelin Picardie

Mercure

HÔTEL DE CHAÎNE • CONTEMPORAIN En plein centre-ville, cette bâtisse en brique rouge en impose. À l'intérieur, chambres contemporaines, junior suite avec baignoire balnéo, et bar feutré. Un ensemble confortable et bien tenu.

72 chambres - 85/145 € 85/145 € - 16 €

19 pl. du Pilori - ✆ 03 22 24 00 42 - www.mercure.com

L'ABERGEMENT-CLÉMENCIAT - 01 (Ain) → Voir Châtillon-sur-Chalaronne

ABRESCHVILLER

✉ 57560 (Moselle) - 1 527 hab. - Alt. 340 m - Carte régionale n° **14**-D2
Paris 433 km - Baccarat 46 km - Lunéville 62 km - Phalsbourg 23 km
Carte Michelin 307-N7

Auberge de la Forêt

CUISINE MODERNE • ÉLÉGANT Une élégante auberge, au cœur de la vallée d'Abreschviller. Subtile alliance de classicisme et de modernité, le décor, chic et cossu, avec une belle terrasse face au jardin verdoyant, se prête à un agréable moment de gastronomie. Et dire que l'affaire n'était qu'un bistrot de campagne quand la famille le créa en 1963 !

Formule 26 € - Menu 15 € (déj. en semaine), 31/61 € - Carte 43/63 €

276 r. des Verriers, 0,5 km à Lettenbach - ✆ 03 87 03 71 78 - www.aubergedelaforet57.com - Fermé 16-27 oct., 27 déc.-12 janv., jeudi soir d'oct. à mars, mardi soir et lundi

ACQUIGNY

✉ 27400 (Eure) - 1 529 hab. - Alt. 19 m - Carte régionale n° **17**-D2
Paris 105 km - Évreux 22 km - Mantes-la-Jolie 54 km - Rouen 38 km
Carte Michelin 304-H6 - Guide Vert Michelin Normandie Vallée de la Seine

L'Hostellerie d'Acquigny

CUISINE MODERNE • ÉLÉGANT XX Le bel exemple d'une auberge de village qui a su prendre le train de la modernité, sans oublier les fondamentaux : tons et aménagements contemporains d'un côté, recettes dans l'air du temps de l'autre, réunis par le savoir-faire d'un chef amoureux des beaux produits et de la nouveauté. Quelques chambres confortables.

Formule 23 € - Menu 36 € (déj. en semaine)/88 € - Carte 42/86 €

5 chambres - 95/280 € 95/280 €

1 r. d'Évreux - 02 32 50 20 05 - www.hostellerie-acquigny.fr - Fermé 17 juil.-2 août, 3 semaines en janv., dim. soir, mardi midi, merc. midi et lundi

AGAY

83530 (Var) - Alt. 20 m - Carte régionale n° **22**-E2

Paris 880 km - Cannes 34 km - Draguignan 43 km - Fréjus 12 km

Carte Michelin 340-Q5 - Guide Vert Michelin Côte d'Azur

Les Flots Bleus

CUISINE MODERNE • MÉDITERRANÉEN XX Au-dessus des flots bleus de la calanque d'Anthéor - seulement troublés par le passage des trains sur l'impressionnant viaduc voisin -, cet hôtel-restaurant joue la carte des saveurs régionales ou plus créatives, du farniente en terrasse et des nuits en toute simplicité. Les poissons, rôtis ou en soupe, sont à l'honneur !

Formule 23 € - Menu 31 € - Carte 31/63 €

17 chambres - 74/90 € 86/120 €

83 rte St-Barthélémy, Anthéor Plage - 04 94 44 80 21 - www.hotel-cote-azur.com - Ouvert 1er avril-30 sept. et fermé lundi midi

Villa Matuzia

CUISINE TRADITIONNELLE • ROMANTIQUE X En escapade au fil de la côte et de l'Esterel ? Cette villa de 1928 saura vous lancer des œillades en bord de route : avec sa terrasse noyée dans la verdure - et éclairée à la bougie le soir - et son allure de bonbonnière bohème, elle permet une halte sympathique, autour de recettes traditionnelles qui ont le parfum du Sud.

Formule 27 € - Menu 36/47 € - Carte 45/85 €

15 bd Ste-Guitte - 04 94 82 79 95 (réservation conseillée) - www.matuzia.com - Fermé 1 semaine en mars, 2 semaines en nov., dim. soir, jeudi soir de nov. à mai et lundi

AGDE

34300 (Hérault) - 24 651 hab. - Alt. 5 m - Carte régionale n° **12**-C2

Paris 754 km - Béziers 24 km - Lodève 60 km - Millau 118 km

Carte Michelin 339-F9

Le Bistrot d'Hervé

CUISINE MODERNE • BISTRO XX Voilà un sympathique bistrot ! Dans un décor contemporain, on déguste une appétissante cuisine d'aujourd'hui : croque-monsieur de chair de crabe, fondue de tomates; dos de cabillaud, gremolata au chorizo, etc. Le bar à tapas se prête aux grignotages. Aux beaux jours, profitez de la terrasse ombragée.

Formule 16 € - Menu 32 €

47 r. Brescou - 04 67 62 30 69 (réservation conseillée) - http://hervedds.wix.com/le-bistro-d-herve - Fermé 19-26 déc., dim. et lundi

La Table de Stéphane

CUISINE MODERNE • TRADITIONNEL XX Dans la zone industrielle des Sept Fonts, une table dans l'air du temps, proposant notamment poissons et produits de la mer locaux. Bon choix de vins du Languedoc-Roussillon.

Formule 18 € - Menu 25 € (déj. en semaine), 35/70 € - Carte 46/82 €

2 r. des Moulins-à-Huile (ZI Les Sept-Fonts) - 04 67 26 45 22 - www.latabledestephane.com - Fermé 17-24 oct., 2-14 janv., sam. midi, dim. soir et lundi

Basalte

CUISINE MODERNE • BAR À VIN À la fois restaurant, caviste et bar à vins : Basalte rend hommage au terroir des vins de Pézenas (plus de 450 références) élevés en biodynamie ; ils accompagnent idéalement les plats savoureux du chef, que l'on déguste dans un intérieur garni de tonneaux, casiers et bouteilles.

Menu 19 € (déj. en semaine)/31 € – Carte environ 38 €

24 chemin de Janin – ✆ 04 67 00 24 24 – www.basalte-agde.com – Fermé 2 semaines en juin, 1 semaine en déc., sam. midi, dim. et lundi

au Grau d'Agde 4 km au Sud-Ouest par D32E – ✉ 34300

Les Vagues

CUISINE MODERNE • CONVIVIAL Que l'on se rassure : nulle vague ne viendra à bout de cette paillote installée sur l'une des plus belles plages de la station ! Évidemment, poissons et fruits de mer sont les stars de l'endroit, souvent cuisinés à la plancha, agrémentés de touches exotiques. Un petit régal.

Carte 43/61 €

chemin du Littoral-Prolongé – ✆ 04 67 39 08 63 – Ouvert de mi-fév. à fin sept. et fermé dim. soir et lundi hors saison

au Cap d'Agde 5 km au Sud-Est par D32E10 – ✉ 34300

Palmyra Golf Hôtel

TRADITIONNEL • CLASSIQUE Une architecture assez soignée de style méditerranéen (tons ocre, arcades) et un environnement très calme : les chambres, spacieuses, ouvrent sur le grand patio et le golf... Salles de massage et hammam vous attendent au sous-sol.

32 chambres – 135/269 € 135/455 € – 2 suites – 16 €

Plan : A2-p – *4 av. des Alizés – ✆ 04 67 01 50 15 – www.palmyragolf.com – Ouvert fin mars à début nov.*

Capaô

TRADITIONNEL • FONCTIONNEL Ambiance estivale dans ce complexe hôtelier proche de la plage Richelieu. Les chambres sont fonctionnelles et avec balcon. Sauna, hammam, fitness, activités sportives, etc. Au Capaô Beach, salades et poissons grillés les pieds dans le sable...

55 chambres – 90/195 € 90/195 € – 13 €

Plan : A3-b – *r. des Corsaires – ✆ 04 67 26 99 44 – www.capao.com – Ouvert avril-oct.*

La Bergerie du Cap

FAMILIAL • MÉDITERRANÉEN Un lieu original au Cap, avec un certain cachet : à l'extérieur de la station, une ancienne bergerie du 18e s., aux abords très fleuris. Patio avec piscine.

12 chambres – 97/160 € 118/285 € – 18 €

Hors plan – *4 av. de Cassiopée – ✆ 04 67 01 71 35 – www.labergerieducap.com – Ouvert de fin avril à début nov.*

AGEN

✉ 47000 (Lot-et-Garonne) – 33 730 hab. – Alt. 50 m – Carte régionale n° **2**-C2

Paris 662 km – Auch 74 km – Bordeaux 141 km – Pau 159 km

Carte Michelin 336-F4 – Guide Vert Michelin Aquitaine

Mariottat (Éric Mariottat)

CUISINE MODERNE • ÉLÉGANT Dans cette maison de maître du 19e s., tout est raffiné et soigné : l'accueil et le service, la cuisine de saison – fine et subtile –, la carte des vins étoffée et la jolie terrasse... Les gourmets agenais sont séduits ; les autres aussi !

➜ Œuf de poule cuit à 65°C, purée légère aux truffes. Pied de cochon noir de Gascogne farci au homard. Marron tout en cube.

Menu 27 € (déj. en semaine), 52/89 € – Carte environ 85 €

Plan : A1-s – *25 r. L.-Vivent – ✆ 05 53 77 99 77 – www.restaurant-mariottat.com – Fermé 24 avril-3 mai, 29 oct.-15 nov., 2-18 janv., merc. midi de nov. à avril, sam. midi, dim. soir et lundi*

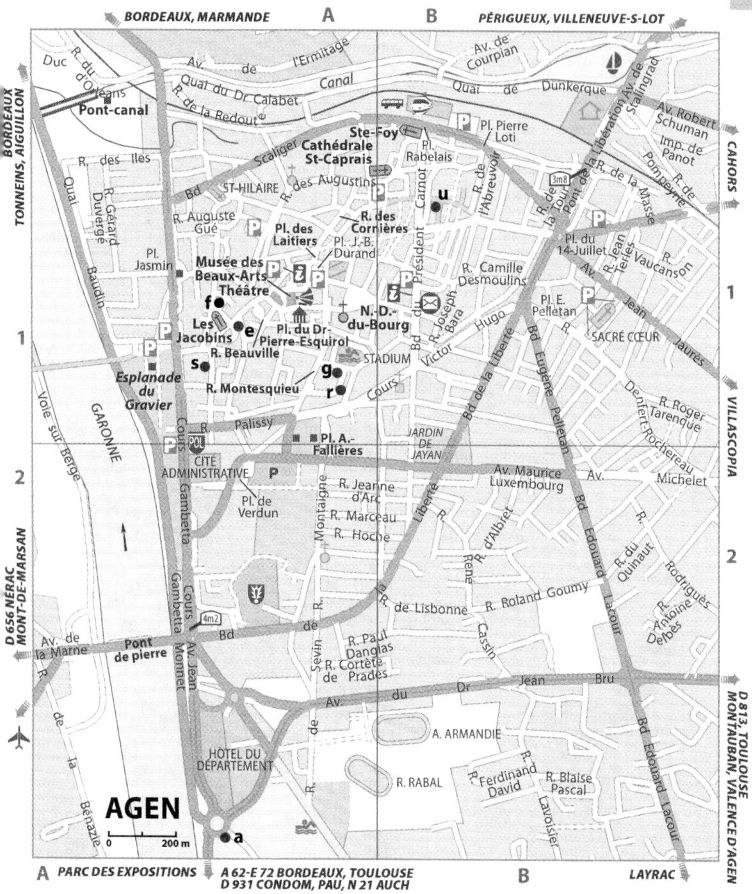

Le Margoton

CUISINE MODERNE · RUSTIQUE ✗✗ Installé au cœur de la vieille ville, ce restaurant séduit d'emblée avec sa jolie salle qui mêle le charme de l'ancien et des touches plus actuelles. Côté cuisine, les plats rivalisent de saveurs : marinière d'huîtres au safran, ris de veau poêlés avec ses petits légumes... Prix doux en prime.

Menu 17 € (déj.), 26/35 € – Carte 41/54 €

Plan : A1-e – *52 r. Richard-Cœur-de-Lion – ✆ 05 53 48 11 55 – www.lemargoton.com – Fermé 15-22 fév., 17 juil.-1er août, 23 déc.-3 janv., sam. midi, dim. et lundi*

L'Atelier

CUISINE MODERNE · SIMPLE ✗ Dans cet atelier-là, c'est Marjorie qui cuisine et Stéphane qui veille sur la salle. Est-ce la touche féminine ? La cuisine est légère, tout en étant généreuse. De fait, ses petits plats ne laissent pas indifférent : salade de lentilles et rocamadour chaud, lomo cuit au grill et pommes grenaille... Gourmand !

Formule 15 € – Menu 17 € (semaine)/25 € – Carte 35/45 €

Plan : A1-g – *14 r. du Jeu-de-Paume – ✆ 05 53 87 89 22 – Fermé 1 semaine en août, sam. midi et dim.*

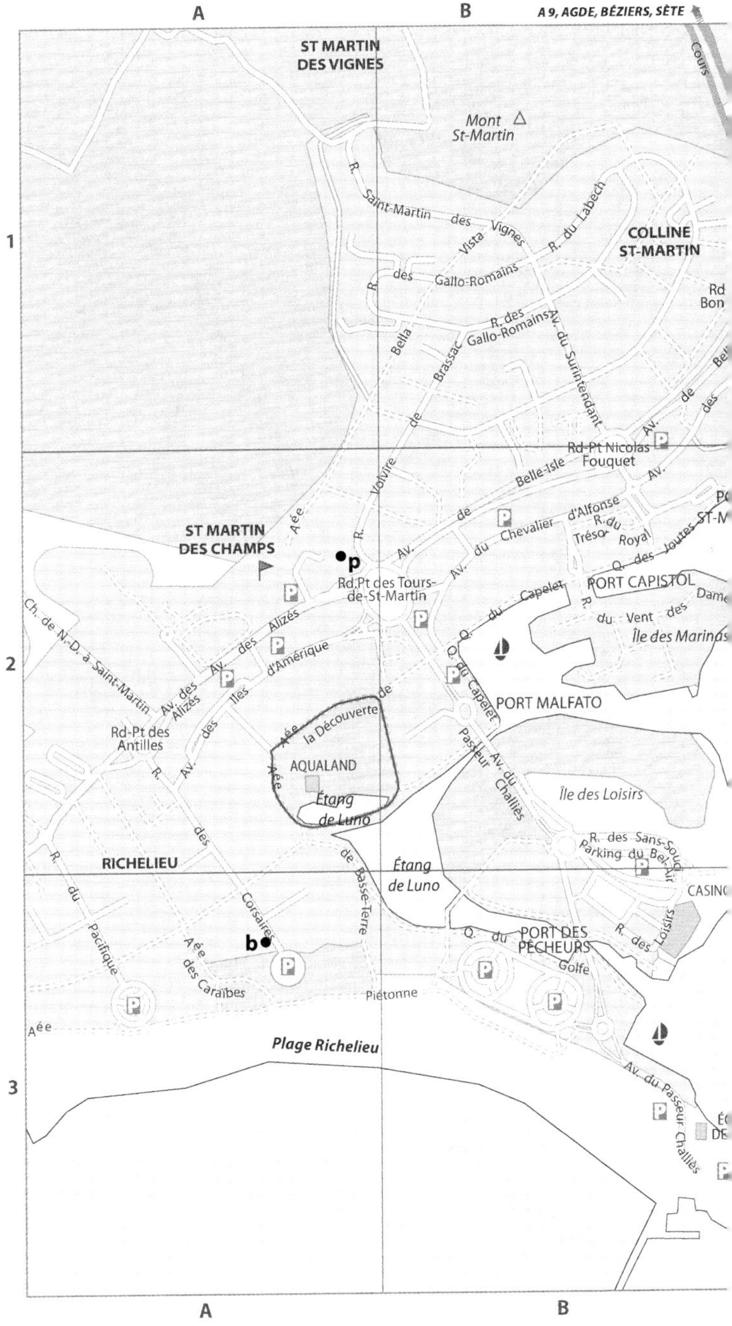

A
B
A 9, AGDE, BÉZIERS, SÈTE
ST MARTIN
DES VIGNES
Mont
St-Martin
R. Saint-Martin des Vignes
R. du Labech
Vista
COLLINE
ST-MARTIN
R. des Gallo-Romains
R. des Gallo-Romains
Av. du Surintendant
Bella
Brassac
de
Volvire
R.
Rd-Pt Nicolas
Fouquet
Av. de Belle-Isle
Av.
Aée
ST MARTIN
DES CHAMPS
p
Rd.Pt des Tours-
de-St-Martin
Av. du Chevalier d'Alfonse
R. du Tréso Royal
Q. des Joutes
PORT CAPISTOL
R. du Vent des Dames
Île des Marinas
Q. du Capelet
Q. du Capelet
PORT MALFATO
Ch. de N.-D. à Saint-Martin
Av. des Alizés
Av. des Alizés
Av. des Îles d'Amérique
Aée de la Découverte
Rd-Pt des
Antilles
AQUALAND
Aée
Étang
de Luno
Av. du Passeur Challiès
Île des Loisirs
R. des Sans-Souci
Parking du Bel-Air
R. des Corsaires
R. de Basse-Terre
Étang
de Luno
RICHELIEU
CASINO
R. du Pacifique
b
Q. du Golfe
PORT DES
PÊCHEURS
R. des Loisirs
Aée des Caraïbes
Piétonne
Aée
Plage Richelieu
Av. du Passeur Challiès
1
2
3

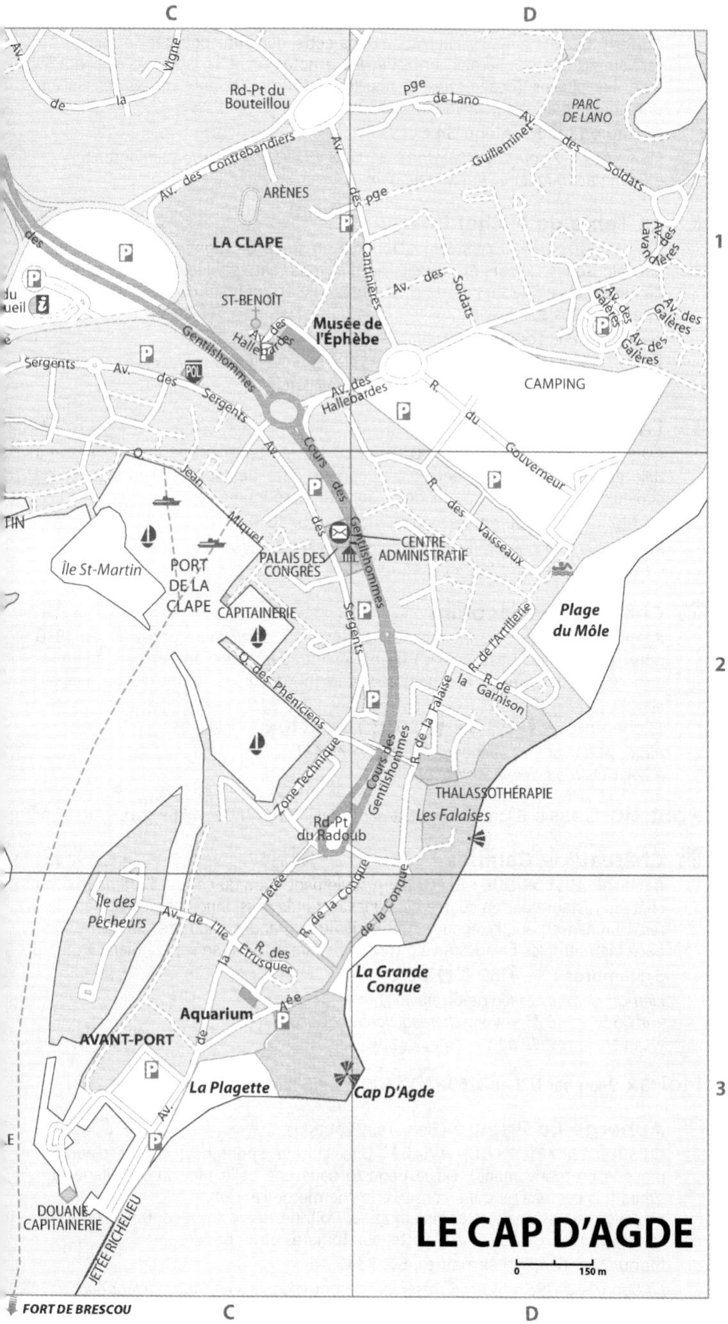

C
D
Rd-Pt du Bouteillou
Pge de Lano
PARC DE LANO
Av. Guilleminet
Av. des Soldats
Av. des Contrebandiers
ARÈNES
Av. des Cantinières
Pge
LA CLAPE
Av. des Lavandières
ST-BENOÎT
Musée de l'Éphèbe
Av. des Hallebardes
Av. des Soldats
Av. des Galères
CAMPING
Av. des Sergents
Gentilshommes
Av. des Hallebardes
R. du Gouverneur
Q. Jean Miquel
Cours des Gentilshommes
Av. des Sergents
R. des Vaisseaux
CENTRE ADMINISTRATIF
PALAIS DES CONGRÈS
Île St-Martin
PORT DE LA CLAPE
CAPITAINERIE
Plage du Môle
R. de l'Artillerie
R. de la Garnison
R. de la Falaise
Q. des Phéniciens
Zone Technique
Cours des Gentilshommes
THALASSOTHÉRAPIE
Les Falaises
Rd-Pt du Radoub
Jetée
R. de la Conque
Île des Pêcheurs
Av. de l'Île
R. des Etrusques
La Grande Conque
Aquarium
AVANT-PORT
La Plagette
Cap D'Agde
DOUANE CAPITAINERIE
JETÉE RICHELIEU
LE CAP D'AGDE
0 150 m
FORT DE BRESCOU
C
D
1
2
3

Le Washington

CUISINE CLASSIQUE • FAMILIAL Dans cette demeure bourgeoise édifiée par l'architecte Charles Garnier, on redécouvre notamment la lamproie à la bordelaise, les pibales (des alevins d'anguille) ou l'omelette aux truffes, en saison. Une agréable adresse traditionnelle.

Formule 17 € - Menu 34 €

Plan : A1-r - *7 cours Washington - 05 53 48 25 50 - www.lewashington.fr - Fermé août, lundi et le soir sauf sam.*

La Table de Michel Dussau

CUISINE MODERNE • DESIGN Non loin du stade de rugby, la Table d'Armandie valorise les saveurs et produits du terroir. Le chef se décarcasse et concocte de bons plats actuels à prix doux ; on se régale en profitant du spectacle des cuisines ouvertes sur la salle.

Menu 18 € (déj. en semaine) - Carte 46/82 €

Plan : A2-a - *1350 av. du Midi - 05 53 96 15 15 - www.la-table-agen.com - Fermé 6-20 août, 1 semaine à Noël, dim. et fériés*

La Part des Anges

CUISINE TRADITIONNELLE • CONVIVIAL Ici, les couleurs de la salle mettent déjà en appétit ! On se sent un peu comme chez des amis et l'on savoure de copieux plats du terroir, à prix doux. Jolie terrasse intime.

Menu 15 € (déj. en semaine) - Carte 25/30 €

Plan : B1-u - *14 r. Émile-Sentini - 05 53 68 31 00 - www.lapartdesanges.eu - Fermé vacances de fév., dim. et lundi*

Château des Jacobins

FAMILIAL • CLASSIQUE Il règne dans cet hôtel particulier (construit en 1830 pour le comte de Cassaigneau) un bel esprit "demeure bourgeoise" : meubles anciens, tissus raffinés et chambres joliment décorées, d'une tenue irréprochable.

13 chambres - 80/110 € 120/130 € - 10 €

Plan : A1-f - *pl. des Jacobins - 05 53 47 03 31 - www.chateau-des-jacobins.com*

à Pont-du-Casse 6 km au Nord-Est par D656 - 47480 - 4 269 hab. - Alt. 67 m

Château de Cambes

DEMEURE HISTORIQUE • ÉLÉGANT À seulement 6 km du centre d'Agen, un beau château restauré par un couple de jeunes retraités passionnés par les vieilles pierres. L'immense parc, l'élégance subtile des très grandes chambres, le calme, l'espace bien-être, les balades à vélo (prêt au château)... On se sent si bien !

5 chambres - 160 € 160 €

Lieu-dit Cambes (allée de Gambillou) - 05 53 95 38 73 - www.chateau-de-cambes.com - Ouvert 14 fév.-12 nov.

à Moirax 9 km par N21 et D268 - 47310 - 1 166 hab. - Alt. 154 m

Auberge Le Prieuré (Benjamin Toursel)

CUISINE CRÉATIVE • CONVIVIAL Une cuisine spontanée, pleine d'audace, presque en mouvement ! On la déguste dans une belle maison de village plusieurs fois centenaire, qui a conservé le charme de l'ancien.

→ Langoustines, maïs et pamplemousse. Poitrine de cochon, contraste noisette, café et whisky. Dessert à la violette, aux tomates et au basilic.

Menu 27 € (déj. en semaine), 57/73 €

Le Bourg - 05 53 47 59 55 (réservation conseillée) - www.aubergeleprieure.fr - Fermé vacances de la Toussaint, dim. soir, lundi et mardi

au Sud-Ouest 12 km au Nord-Ouest, rte d'Auch N21 puis D268 - ✉ 47310 Laplume :

Château de Lassalle

HISTORIQUE • PERSONNALISÉ Une belle demeure du 18e s. nichée dans un parc de 8 ha, très prisée lors des mariages. Chambres douillettes et classiques (mobilier de style, pierre, tons clairs). Quiétude, charme et caractère !

18 chambres - 120/140 € 140/190 €

Brimont - ✆ 05 53 95 10 58 - www.chateaudelassalle.com - Fermé vacances de Noël et 1 semaine vacances de fév.

à Boé 4 km au Sud-Ouest par N21 - ✉ 47550 - 5 458 hab. - Alt. 46 m

Imagine

CUISINE MODERNE • CONVIVIAL Imaginez une jolie maison épurée au bord du lac et au milieu de la verdure, où les gens se sentent bien... Non, ce n'est pas un rêve, et ici la carte fait la part belle au poisson et aux produits de saison, avec une touche méditerranéenne. Frais et bon.

Formule 16 € - Menu 18 € (déj. en semaine), 28/42 € - Carte 40/52 €

au Lac de Passeigne, par rte du Lac - ✆ 05 53 68 58 16 - www.untraiteurengascogne.com/imagine - Fermé mardi soir, dim. soir et lundi

AGNIÈRES-EN-DEVOLUY

✉ 05250 (Hautes-Alpes) - 270 hab. - Alt. 1 263 m - Carte régionale n° **21**-B1

Paris 690 km - Gap 42 km - Marseille 204 km - Vizille 73 km

Carte Michelin 334-D4

Le Refuge de l'Eterlou

FAMILIAL • MONTAGNARD Sur les hauteurs de cette station reliée à Superdévoluy, ce chalet moderne a tout de la bonne étape pour un séjour à la montagne, en toute simplicité et à prix doux. Avis aux skieurs : les pistes sont à deux pas !

29 chambres - 67/85 € 95/120 €

La Joue-du-Loup, 4 km à l'Est - ✆ 04 92 23 33 80 - www.hotel-eterlou.com - Ouvert 25 juin-26 août et 17 déc.-14 avril

AHETZE

✉ 64210 (Pyrénées-Atlantiques) - 1 899 hab. - Alt. 28 m - Carte régionale n° **2**-A3

Paris 767 km - Bordeaux 207 km - Pau 127 km - Donostia-San Sebastián 52 km

Carte Michelin 342-C2

Harretchea N

MAISON DE CAMPAGNE • COSY A seulement 10 min des plages, cette ancienne ferme du 18es. s'est réinventée en hôtel de charme. Sobriété, bon goût et accueil personnalisé caractérisent cet établissement chaleureux. Les chambres sont spacieuses, et la jolie terrasse éclaire votre petit-déjeuner d'une ondée rayonnante.

12 chambres - 80/210 € 80/210 €

20 chemin d'Harretxea - ✆ 05 59 22 25 59 - www.hotel-harretchea.com - Fermé 2 semaines en nov. et janv.

AIGUEBELETTE-LE-LAC

✉ 73610 (Savoie) - 249 hab. - Alt. 410 m - Carte régionale n° **25**-F2

Paris 552 km - Belley 34 km - Chambéry 22 km - Grenoble 76 km

Carte Michelin 333-H4 - Guide Vert Michelin Alpes du Nord

à St-Alban-de-Montbel (rive Ouest) 7 km par D921 - ✉ 73610 - 623 hab. - Alt. 400 m

Les Lodges du Lac

FAMILIAL • FONCTIONNEL Hôtel situé en retrait du lac. Chambres joliment décorées dans le bâtiment principal ; celles de l'annexe, plus simples, donnent de plain-pied sur le jardin. Cuisine traditionnelle et spécialités savoyardes... à apprécier sous la véranda l'été venu.

13 chambres - 72/112 € 72/112 € - 9 €

La Curiaz, D921 - ✆ 04 79 36 00 10 - www.leslodgesdulac.com

à la Combe (rive Est) 4 km par D921d - ✉ 73610

Chez Michelon

CUISINE TRADITIONNELLE • FAMILIAL XX La vue sur le lac d'Aiguebelette y est imprenable... En cuisine, on valorise de superbes produits régionaux – dont les poissons des lacs d'Annecy et du Bourget –, pour un résultat généreux et plein de saveurs. Mention spéciale pour le chariot de fromages et la carte des vins qui fait honneur aux domaines savoyards !

Formule 19 € - Menu 24/33 € - Carte 39/58 €

5 chambres - 62/74 € 62/87 € - 8 €

La Combe - ✆ 04 79 36 05 02 - www.chez-michelon.fr - Fermé de mi-déc. à fin janv., dim. soir, lundi soir, jeudi soir de nov. à mars, mardi sauf le midi de mai à début sept. et merc.

AIGUEBELLE - 83 (Var) → Voir Le Lavandou

AIGUES-MORTES

✉ 30220 (Gard) - 8 565 hab. - Alt. 3 m - Carte régionale n° **12**-C2

Paris 745 km - Arles 49 km - Montpellier 38 km - Nîmes 42 km

Carte Michelin 339-K7 - Guide Vert Michelin Languedoc

Le Particulier

CUISINE MODERNE • CONTEMPORAIN X Dans une ruelle du centre-ville, un petit restaurant au cadre contemporain, tenu par un jeune couple : elle en salle, lui en cuisine. Les recettes sont volontiers fusion", inspirées par les voyages du chef, et le produit frais a la part belle. Aux beaux jours, on profite de la terrasse. Accueil tout sourire."

Formule 22 € - Menu 27 € (semaine)/48 €

5 r. Sadi-Carnot - ✆ 04 66 73 37 29 (réservation conseillée) - Fermé dim. soir, sam. midi et merc.

Le Patio' Né

CUISINE MODERNE • CONVIVIAL X Poutres apparentes et décoration contemporaine dans cet agréable restaurant. Dans sa cuisine ouverte sur la salle, le chef exécute une honnête cuisine méditerranéenne, rehaussée de saveurs du monde. Agréable patio sur l'arrière et bar d'été.

Formule 17 € - Menu 36/69 € - Carte 53/59 €

16 r. Sadi-Carnot - ✆ 06 65 65 01 97 - Fermé lundi, mardi, merc. et jeudi midi

L'Atelier de Nicolas

CUISINE MODERNE • TENDANCE X Dans ce restaurant au style de loft industriel, avec porte vitrée en fer forgé, le chef Nicolas concocte une cuisine au goût du jour, qu'il agrémente de quelques touches asiatiques, glanées lors de ses séjours en Thaïlande. Un exemple ? Cette brochette de bœuf mariné au tandoori et coriandre... Une réussite.

Menu 17 € (déj. en semaine)/32 € - Carte environ 49 €

28 r. Alsace-Lorraine - ✆ 04 34 28 04 84 - Fermé merc. et jeudi

Aromatik

CUISINE MODERNE • CONVIVIAL X C'est la première affaire de ce jeune couple, dont le chef est originaire de la région. L'ardoise est courte, les produits goûteux et joliment travaillés, et l'accueil charmant. À déguster en terrasse aux jours d'été.

Menu 18 € (déj. en semaine)/34 € - Carte 50/57 €

9 r. Alsace-Lorraine - ✆ 04 66 53 62 67 - www.aromatik-restaurant.fr - Fermé merc. et dim. soir de déc. à mars et mardi hors saison

Villa Mazarin

LUXE • ÉLÉGANT Au cœur d'Aigues, une demeure du 15e s. tout en pierre blonde. Escalier à balustres, mobilier ancien, piscine intérieure, jardinet... on apprécie l'élégance et la discrétion des lieux.

23 chambres - 140/380 € 140/380 € - 18 €

35 bd Gambetta - ✆ 04 66 73 90 48 - www.villamazarin.com

Canal

URBAIN • CONTEMPORAIN À l'entrée de la ville, face au canal (hors les murs, donc), un hôtel moderne assez agréable : décor sobre, piscine, solarium, copieux petit-déjeuner...

25 chambres - 84/157 € 84/157 € - 13 €

440 rte de Nîmes - 04 66 80 50 04 - www.hotel-canal.fr - Fermé 30 nov.-21 déc. et 8 janv.-6 fév.

Les Arcades

TRADITIONNEL • PERSONNALISÉ Une maison à arcades du 16e s. dans le centre de la cité. Vieilles pierres, poutres, tons clairs et détails déco contemporains créent un joli ensemble, alliant cachet et ambiance reposante... Original : chaque chambre est dédiée à un oiseau marin (mouette, aigrette, souffleur), à l'unisson de la Camargue toute proche.

9 chambres - 107/115 € 113/117 € - 12 €

23 bd Gambetta - 04 66 53 81 13 - www.les-arcades.fr

Maison de mon Père

DEMEURE HISTORIQUE • CONTEMPORAIN Sise dans l'une des plus charmantes rues d'Aigues-Mortes, cette maison du début du 18es. propose des chambres décorées avec soin. Le petit-déjeuner se prend dans un salon aux teintes claires, prolongé d'un patio. Le plus ? Les clients reçoivent une carte de parking : une idée judicieuse dans cette ville fortifiée, interdite à la circulation.

4 chambres - 150/210 € 190/210 €

17 r. de la République - 09 80 65 40 70 - www.maisondemonpere.fr

AILLANT-SUR-THOLON

89110 (Yonne) - 1 385 hab. - Alt. 112 m - Carte régionale n° **4**-B1

Paris 144 km - Auxerre 20 km - Briare 70 km - Clamecy 61 km

Carte Michelin 319-D4

au Sud-Ouest 7 km par D955, D57 et rte secondaire

Domaine du Roncemay

MAISON DE CAMPAGNE • PERSONNALISÉ Idéal pour les golfeurs, au cœur d'un 18-trous, cet élégant château dispose de dépendances assez pittoresques. Les chambres sont d'un grand confort, certaines avec des salles de bains en pierre de Bourgogne. Le hammam est superbe. Buffets au déjeuner, et carte plus élaborée le soir.

15 chambres - 139/265 € 139/265 € - 3 suites - 18 € - ½ P

89110 Chassy - 03 86 73 50 50 - www.roncemay.com - Ouvert de mars à nov.

AINHOA

64250 (Pyrénées-Atlantiques) - 669 hab. - Alt. 130 m - Carte régionale n° **2**-A3

Paris 791 km - Bayonne 28 km - Biarritz 29 km - Cambo-les-Bains 11 km

Carte Michelin 342-C5 - Guide Vert Michelin Pays Basque et Navarre

Ithurria (Xavier Isabal)

CUISINE TRADITIONNELLE • RUSTIQUE Tomettes, poutres, cuivres et assiettes anciennes, vieux fourneaux... La couleur, mais aussi le goût du Pays basque : ici, on déguste une cuisine classique qui fait la part belle aux produits du terroir et du marché, travaillés avec grand soin.

→ Rossini de pied de porc, escalope de foie gras poêlée. Ragoût de queues de langoustines aux pâtes fraîches. Sablé à la cerise et à la fève tonka, croustillant au sésame.

Menu 42/85 € - Carte 60/85 €

Hôtel Ithurria, pl. du Fronton - 05 59 29 92 11 (réservation conseillée) - www.ithurria.com - Ouvert 8 avril-1er nov. et fermé jeudi midi et merc. hors saison

La Maison Oppoca

CUISINE TRADITIONNELLE • COSY XX En rouge et blanc, une belle demeure typique (17e s.), idéale pour déguster une cuisine joliment ancrée dans la tradition régionale et renouvelée au fil des saisons : gambas sauvages et foie gras poêlé ; retour de pêche, crémeux de pomme de terre et betterave rôtie... Formule bistrot en complément.

Formule 19 € - Menu 32/68 € - Carte 32/60 €

10 chambres - †89/99 € ††99/159 € - ☕ 11 €

r. Principale - ✆ 05 59 29 90 72 - www.oppoca.com - Fermé 2 janv.-10 fév., vend. midi d'oct. à mars, dim. soir sauf juil.-août et jeudi

Argi Eder

CUISINE CLASSIQUE • TRADITIONNEL XX Œuf piperade revisité ; veau de Mauléon en déclinaison ; tarte Argi Eder au caramel, vanille et citron jaune... Au menu de ce restaurant au cadre soigné, une fine cuisine aux accents du terroir basque, signée par un chef passionné par les produits locaux. Joli choix de vins et armagnacs.

Formule 19 € - Menu 29/69 € - Carte 38/60 €

Hôtel Argi Eder, rte de la Chapelle - quartier Boxate - ✆ 05 59 93 72 00 - www.argi-eder.com - Ouvert 1er avril-5 nov. et fermé merc. sauf le soir en juil.-août, lundi midi, mardi midi et vend. midi

Ithurria

FAMILIAL • PERSONNALISÉ Un village typique, son incontournable fronton de pelote et... juste en face, cette ancienne ferme rouge et blanche (17e s.). On voudrait se coiffer d'un béret basque dans ce décor ! Belle parenthèse traditionnelle, donc, entre les murs de ce confortable hôtel-restaurant... À noter : un sympathique bistrot.

26 chambres - †100/165 € ††135/300 € - ☕ 14 € - ½ P

pl. du Fronton - ✆ 05 59 29 92 11 (réservation conseillée) - www.ithurria.com - Ouvert 8 avril-1er nov.

Ithurria - voir les restaurants ci-dessus

Argi Eder

FAMILIAL • CLASSIQUE À flanc de colline, une grande bâtisse régionale et sa piscine dans un parc arboré et fleuri. Vastes chambres d'esprit classique, avec balcon, et joli salon-bar (collection d'armagnacs). Pour l'anecdote, Argi Eder signifie "belle lumière".

19 chambres - †100/180 € ††100/180 € - 7 suites - ☕ 14 €

rte de la Chapelle - quartier Boxate - ✆ 05 59 93 72 00 - www.argi-eder.com - Ouvert 1er avril-5 nov.

Argi Eder - voir les restaurants ci-dessus

AIRAN

✉ 14370 (Calvados) - 690 hab. - Alt. 25 m - Carte régionale n° **17**-B2

Paris 243 km - Alençon 124 km - Caen 22 km - Rouen 137 km

Carte Michelin 303-L5

Domaine de la Hurel

MAISON DE CAMPAGNE • COSY Touristes, randonneurs ou... cavaliers, cette adresse convient à tous ; les derniers pouvant y loger leurs chevaux. Une adresse très nature donc, avec de belles chambres cosy, un espace détente, un parc avec un étang pour pêcher, bref : de quoi prendre un grand bol d'air !

5 chambres ☕ - †80 € ††95 €

30 hameau de Coupigny - ✆ 02 31 44 68 85 - www.domainedelahurel.com

AIRE-SUR-L'ADOUR

✉ 40800 (Landes) - 6 136 hab. - Alt. 80 m - Carte régionale n° **2**-B3

Paris 722 km - Auch 84 km - Condom 68 km - Dax 77 km

Carte Michelin 335-J12 - Guide Vert Michelin Aquitaine

à Ségos 9 km par N134 et D260 – ✉ 32400 – 245 hab. – Alt. 111 m

Minvielle et Les Oliviers

FAMILIAL • À LA CAMPAGNE À l'entrée de ce village du Gers situé sur l'axe Bordeaux-Pau, un hôtel-restaurant de construction récente – mais dans l'esprit de la région –, pratiquant des tarifs intéressants. Avant de profiter de sa chambre (plus de confort côté annexe), passage obligé au restaurant avec sa généreuse cuisine traditionnelle.

18 chambres – †48/54 € ††55/65 € – ☕ 8 € – ½ P

239 rte de Lannux – ✆ 05 62 09 40 90 – Fermé 3 semaines en sept.

AIRE-SUR-LA-LYS

✉ 62120 (Pas-de-Calais) – 10 006 hab. – Alt. 30 m – Carte régionale n° **16**-B2

▶ Paris 236 km – Arras 56 km – Boulogne-sur-Mer 68 km – Calais 60 km

Carte Michelin 301-H4

Les Saveurs du Parc

CUISINE MODERNE • ÉLÉGANT XXX Saint-Jacques juste raidies et cappuccino de châtaigne, suprême de volaille cuit à basse température au vin jaune... Le chef n'a pas froid aux yeux : il prend le parti d'une cuisine ambitieuse mais n'oublie jamais la tradition. Parfois surprenant mais toujours savoureux !

Menu 23 € (semaine), 31/78 € – Carte 45/65 €

Hostellerie des 3 Mousquetaires, Château de la Redoute, rte de Béthune, D943 – ✆ 03 21 39 01 11 – www.hostelleriedes3mousquetaires.com – Fermé dim. soir, lundi midi et fériés le soir

Hostellerie des 3 Mousquetaires

DEMEURE HISTORIQUE • CLASSIQUE Construite sur les ruines d'une fortification de Vauban, cette belle demeure du 19e s. en briques et colombages dispose d'un joli parc aux arbres centenaires, avec un plan d'eau. Les chambres, d'un doux classicisme, sont progressivement rénovées dans un style plus moderne.

24 chambres – †100/175 € ††120/175 € – 2 suites – ☕ 15 € – ½ P

Château de la Redoute, rte de Béthune, D943 – ✆ 03 21 39 01 11 – www.hostelleriedes3mousquetaires.com – Fermé dim.

Les Saveurs du Parc – voir les restaurants ci-dessus

à Isbergues 6 km au Sud-Est par D187 – ✉ 62330 – 9 119 hab. – Alt. 25 m

Le Buffet

CUISINE MODERNE • ÉLÉGANT XX L'ancien buffet de la gare a aujourd'hui fière allure ! Dans un cadre élégant et cosy, on déguste une savoureuse cuisine créative et maîtrisée, qui suit le rythme des saisons : le chef, Thierry Wident, travaille avec les meilleurs producteurs locaux. Si besoin, de coquettes petites chambres permettent de prolonger l'étape.

Formule 17 € – Menu 20 € (semaine), 31/65 € – Carte 53/70 €

5 chambres – †68 € ††75 € – ☕ 11 €

22 r. de la Gare – ✆ 03 21 25 82 40 – www.le-buffet.com – Fermé 1er-21 août, dim. soir et lundi

AIX (ÎLE-D') – 17 (Charente-Maritime) → Voir Île-d'Aix

ON AIME...

À deux pas du cours Mirabeau, le travail de **Mickael Feval**, au plus près des producteurs. Au château de la Pioline, les assiettes graphiques de **Pierre Reboul**. Le **Vintrépide**, l'adresse qui monte à Aix, sans oublier l'incontournable **marché aux fleurs** de la place de l'Hôtel de Ville...

AIX-EN-PROVENCE

✉ 13100 (Bouches-du-Rhône) - 141 148 hab. - Alt. 206 m - Carte régionale n° **21**-B3
▶ Paris 752 km - Avignon 82 km - Marseille 30 km - Nice 177 km
Carte Michelin 340-H4 - Guide Vert Michelin Provence

Restaurants

✿ L'Esprit de la Violette (Marc de Passorio)

CUISINE MODERNE • ROMANTIQUE XXX Sur les hauteurs d'Aix, l'ancien Clos de la Violette a fait peau neuve ! Cette grande villa bourgeoise, dont le jardin est planté d'arbres séculaires, est désormais le "fief" du chef Marc de Passorio : il décline ici une cuisine moderne et colorée, créative en diable, qui nous mène de belle surprise en belle surprise...

➜ Foie gras de canard au torchon, marmelade de tomates de saison et échalote noire. Carré d'agneau des Hautes-Alpes au barbecue, semoule, tomate et pois chiches. Sphère de citron vert, gelée de yuzu et citron caviar.

Menu 49 € (déj. en semaine), 69/135 € - Carte 106/136 €

Plan : B1-a - *10 av. de la Violette*
- *✆ 04 42 23 02 50 - www.lespritdelaviolette.com*
- *Fermé 1 semaine en août, dim. et lundi*

✿ Mickaël Féval

CUISINE MODERNE • ÉLÉGANT XX Ancien chef d'Antoine - l'une des références parisiennes pour la cuisine de la mer -, Mickaël Féval a posé ses valises dans cette maison du cœur d'Aix. Il tire le meilleur de sa collaboration avec de nombreux producteurs locaux ; dans ses assiettes, subtiles et équilibrées, terre et mer vont main dans la main...

➜ Cuisine du marché.

Formule 29 € - Menu 35 € (déj.), 59/85 € - Carte 70/85 € dîner

Plan : D2-a - *11 Petite-Rue-St-Jean*
- *✆ 04 42 93 29 60 (réservation conseillée) - www.mickaelfeval.com*
- *Fermé 2 semaines en août et en janv., dim. et lundi*

Il fait beau ? Repérez le symbole et attablez-vous en terrasse...

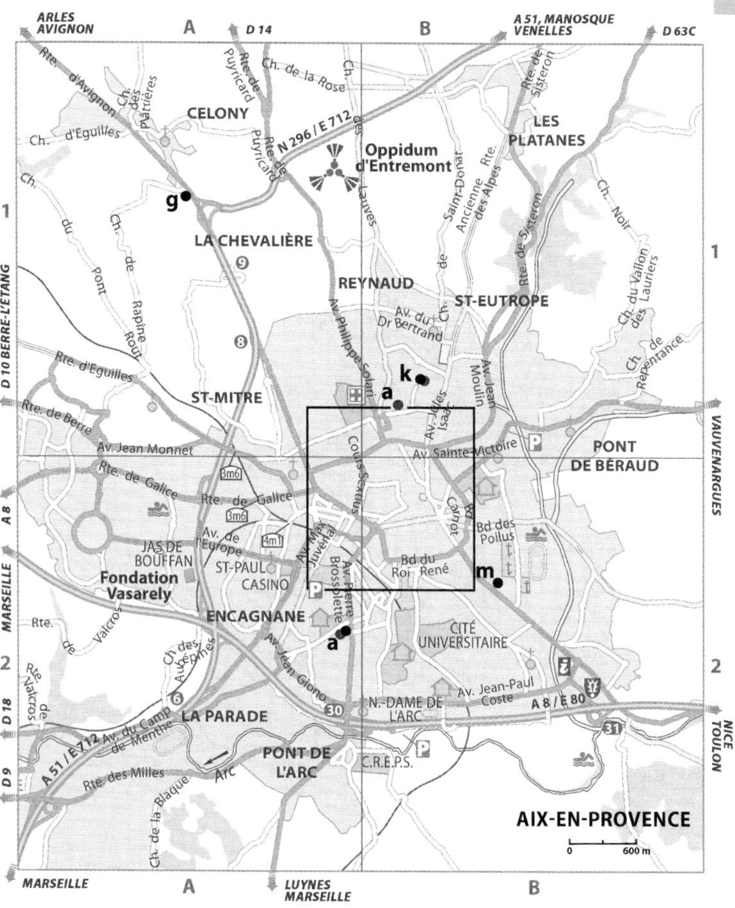

La Table du Pigonnet

CUISINE MODERNE • ÉLÉGANT XXX Un endroit superbe ! La salle, élégante et immaculée, ouvre grand sur le charmant jardin, ses allées ombragées et ses massifs bien taillés... L'incarnation d'un bel art de vivre, dont témoigne aussi à sa manière la carte, inspirée par la tendance bistronomique.

Menu 35 € (déj. en semaine)/65 € – Carte 55/90 €

Plan : A2-a – *Hôtel Le Pigonnet, 5 av. du Pigonnet – ☏ 04 42 59 61 07 – www.hotelpigonnet.com*

Villa Gallici

CUISINE TRADITIONNELLE • COSY XX Luxe et tradition, sans ostentation. Au menu : une belle cuisine française gorgée de soleil, à déguster sur les tables basses des superbes salons, ou près des platanes sur la jolie terrasse... On a même aménagé un élégant caveau pour vous faire découvrir quelques grands crus. L'esprit du Sud !

Menu 75 € (déj.), 98/135 €

Plan : B1-k – *Hôtel Villa Gallici, 18 bis av. de la Violette – ☏ 04 42 23 29 23 (réservation conseillée) – www.villagallici.com – Fermé 2-30 janv., lundi midi et merc. midi sauf en juil.*

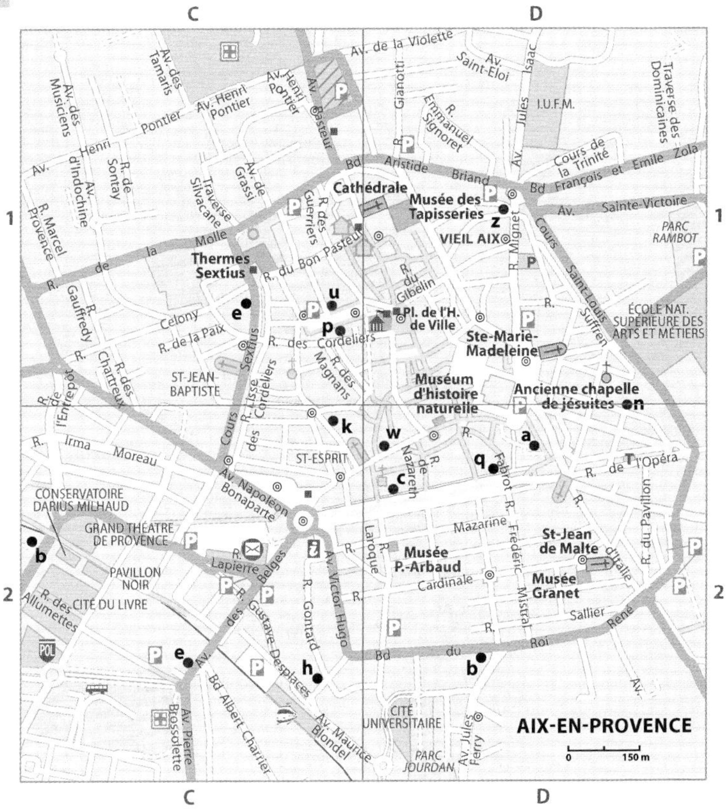

Le Formal Les Caves Henri IV

CUISINE MODERNE · COSY Une adresse installée dans de belles caves voûtées du 15e s. Le chef propose une cuisine d'inspiration provençale avec un grand souci de la qualité.

Formule 27 € – Menu 32 € (déj.), 43/79 € – Carte environ 55 €

Plan : D2-w – *32 r. Espariat – ✆ 04 42 27 08 31 (réservation conseillée) – www.restaurant-leformal.com/contact_new – Fermé 1 semaine début janv., 2 dernières semaine d'août, vacances de Noël, sam. midi, dim. et lundi*

Côté Cour

CUISINE MODERNE · TENDANCE Décor épuré aux matières naturelles, mur végétal, toit ouvrant, ambiance glamour et musique lounge : Ronan Kernen, ancien candidat de Top Chef, a su créer ici une atmosphère tout à fait particulière. On vient ici pour voir et être vu... mais surtout pour bien manger : la cuisine du chef ne manque pas de personnalité !

Formule 19 € – Menu 29 € (déj. en semaine), 45/70 € – Carte 47/105 €

Plan : D2-c – *19 cours Mirabeau – ✆ 04 42 93 12 51 – www.restaurantcotecour.fr – Fermé dim.*

Yamato

CUISINE JAPONAISE • EXOTIQUE Cette table japonaise propose une cuisine ciselée, réalisée avec des produits frais de qualité, du poisson aux desserts "fusion". Salle à manger d'inspiration asiatique, propriétaire en costume traditionnel, et à l'étage, trois luxueuses chambres façon ryokan participent au voyage...

Menu 45/98 € - Carte 51/80 €

Plan : C2-e – *21 av. des Belges – 04 42 38 00 20 – www.restaurant-yamato.com – Fermé mardi midi et lundi*

Le Vintrépide

CUISINE TRADITIONNELLE • CONVIVIAL Une agréable petite adresse tenue par deux associés qui ont le souci de bien faire. L'un, en cuisine, prépare de délicieux plats de saison : ravioles de joue de bœuf, sole aux légumes du moment, tarte au citron déstructurée... L'autre, sommelier, a toujours le bon conseil pour le choix des vins. Un duo gagnant !

Menu 65 € (dîner) - Carte 51/63 €

Plan : D1-z – *48 r. du Puits-Neuf – 09 83 88 96 59 – www.vintrepide.com – Fermé 2 semaines en fév., 1er-21 août, dim. et lundi*

Ze Bistro

CUISINE MODERNE • BISTRO Un sympathique bistrot contemporain, au décor sobre et moderne. La cuisine joue la carte de la qualité : le jeune chef s'approvisionne au marché et auprès des producteurs locaux, et sait mettre les ingrédients en valeur. On peut opter pour un menu-surprise de 3 à 12 plats ; côté cave, on profite de bons vins naturels.

Menu 42/51 €

Plan : D1_2-n – *31 bis r. Manuel – 04 42 39 81 88 (réservation conseillée) – www.zebistro.com – Fermé 1 semaine en fév., 3 semaines en août, vacances de Noël, sam., dim. et le midi*

Mitch (N)

CUISINE DU MARCHÉ • CONVIVIAL Dans ce centre-ville aux charmes innombrables – églises, fontaines, hôtels particuliers –, Michel (ou plutôt "Mitch"), le patron, vous accueille avec un grand sourire. La cuisine de son chef séduit tout autant, grâce à des produits impeccables : légumes et fruits d'un maraîcher du Luberon, poisson de Bretagne, viande labellisée...

Menu 39/49 € - Carte 54/62 €

Plan : C2-k – *26 r. des Tanneurs – 04 42 26 63 08 (réservation conseillée) – Fermé janv., dim. et le midi*

L'Épicurien (N)

CUISINE TRADITIONNELLE • BISTRO Une petite salle rustique, avec une terrasse donnant sur l'animation de la place des Cardeurs : voilà deux des nombreux atouts de ce discret Épicurien, qui porte bien son nom. La petite ardoise suit le marché, et l'on se régale de cette cuisine de bistrot, franche, fraîche et généreuse. N'hésitez pas !

Formule 24 € - Menu 40 € (déj.)/52 €

Plan : C1-p – *13 pl. des Cardeurs – 06 89 33 49 83 (réservation conseillée) – Fermé 1 semaine en avril, 1 semaine en août, 1 semaine en fév., dim. et lundi*

Le Poivre d'Ane

CUISINE MODERNE Sur cette grande place touristique et bordée de restaurants en tous genres, une petite adresse qui gagne à être connue ! On y apprécie le cadre coloré, l'ambiance au coude-à-coude, l'entrain de la jeune équipe en salle, la grande terrasse pour profiter du soleil provençal... Et, bien sûr, les bons mariages terre-mer du chef.

Menu 39/49 € - Carte environ 55 €

Plan : C1-u – *40 pl. des Cardeurs – 04 42 21 32 66 (réservation conseillée) – Fermé 20-27 déc., 4-26 janv., merc. et le midi*

Hôtels & maisons d'hôtes

Villa Gallici

LUXE • PERSONNALISÉ Cyprès, fontaine, jasmin et rosiers : voici quelques-uns des charmes du ravissant jardin provençal de cette discrète villa juchée sur les hauteurs d'Aix. Les chambres, au charme baroque, sont exclusives et raffinées. Un lieu à part !

16 chambres - 255/880 € 255/880 € - 6 suites - 33 €

Plan : B1-k - *18 bis av. de la Violette - 04 42 23 29 23 - www.villagallici.com - Fermé 2-30 janv.*

Villa Gallici - voir les restaurants ci-dessus

Renaissance

HÔTEL DE CHAÎNE • CONTEMPORAIN Renaissance, voilà un nom qui colle bien à cet hôtel situé non loin du centre-ville. La décoration s'inspire du patrimoine aixois : sculptures, tableaux et photos, etc. Les chambres sont spacieuses et lumineuses ; l'ensemble est sobre et élégant.

133 chambres - 170/435 € 170/435 € - 1 suite - 26 €

Plan : C2-b - *320 av. Wolfgang-Amadeus-Mozart - 04 86 91 55 00 - www.renaissanceaixenprovencehotel.com*

Grand Hôtel Roi René

BUSINESS • CONTEMPORAIN Ce Grand Hôtel inspiré de l'architecture régionale des 17e et 18e s. est né en 1929 mais il n'a pas pris une ride ! Les chambres y sont cossues et très contemporaines – préférez celles donnant sur le patio et la piscine – et le restaurant arbore des accents lounge...

131 chambres - 159/300 € 164/585 € - 3 suites - 26 € - ½ P

Plan : D2-b - *24 bd du Roi-René - 04 42 37 61 00 - www.grand-hotel-roi-rene-aix-en-provence.com*

Le Pigonnet

MAISON DE MAÎTRE • PERSONNALISÉ En périphérie d'Aix, dans un beau parc verdoyant, une imposante bastide dont les chambres cultivent le romantisme et l'élégance ; celles situées dans la partie "Résidence" adoptent un style moderne et chaleureux. Cézanne lui-même s'imprégna ici des parfums et couleurs de la Provence !

44 chambres - 120/460 € 180/990 € - 4 suites - 25 €

Plan : A2-a - *5 av. du Pigonnet - 04 42 59 02 90 - www.hotelpigonnet.com*

La Table du Pigonnet - voir les restaurants ci-dessus

Hôtel de Gantès

HISTORIQUE • DESIGN Emplacement rêvé sur le célèbre cours Mirabeau pour cet hôtel particulier de 1671. Surprise en haut de l'escalier d'honneur : les chambres se révèlent très contemporaines et sont autant de variations sur des thèmes originaux (cinéma, théâtre, Picasso, etc.), avec terrasse au dernier étage... Un fort bel ensemble.

11 chambres - 209/239 € 219/325 € - 15 €

Plan : D2-q - *1 r. Fabrot - 04 42 90 31 60 - www.hoteldegantes.fr*

Cézanne

URBAIN • PERSONNALISÉ De belles chambres design pour cet hôtel situé entre la gare et le centre-ville. Business center, open bar, garage payant sur réservation, terrasse avec fontaine et petit-déjeuner maison servi jusqu'à midi. Accueil et service aux petits soins.

53 chambres - 99/200 € 120/240 € - 2 suites - 20 €

Plan : C2-h - *40 av. Victor-Hugo - 04 42 91 11 11 - www.hotelaix.com*

Mozart

TRADITIONNEL • FONCTIONNEL Ici, point de notes de musique ou de partitions, mais des chambres d'inspiration provençale, sobres et bien tenues. Aux beaux jours, prenez donc votre petit-déjeuner sur la terrasse. Une adresse parfaite pour un séjour à prix sages.

48 chambres – 70/98 € 85/98 € – 10 €

Plan : B2-m – *49 cours Gambetta – 04 42 21 62 86 – www.hotelmozart.fr – Fermé 6-29 janv.*

Hôtel du Globe

URBAIN • FONCTIONNEL En plein centre-ville, ce petit hôtel propose des chambres fonctionnelles et bien insonorisées. La terrasse-solarium, sur le toit, offre une belle vue sur les environs ; l'accueil est chaleureux.

46 chambres – 69/99 € 89/99 € – 9 €

Plan : C1-e – *74 cours Sextius – 04 42 26 03 58 – www.hotelduglobe.com – Fermé de mi-déc. à mi-janv.*

au Tholonet 5 km à l'Est par D17 – 13100 – 2 289 hab. – Alt. 178 m

Le Saint-Estève

CUISINE MODERNE • ÉLÉGANT XXX C'est donc dans ce domaine luxueux que l'on retrouve Mathias Dandine, chef provençal dont le talent est déjà bien connu. Sa philosophie peut se résumer ainsi : les meilleurs produits de saison, une certaine simplicité et des parfums marqués. Tout l'éclat des saveurs de la région !

→ Pan-bagnat de légumes de saison, crevettes de Méditerranée et sauce bagna cauda. Rouget, pommes de terre et fenouil confits, jus de bouillabaisse. Baba au rhum tradition, chantilly et glace au rhum.

Formule 59 € – Menu 79 € (déj. en semaine), 99/149 € – Carte 130/160 €

Hôtel Les Lodges Sainte-Victoire, 2250 rte Cézanne – 04 42 27 10 14 – www.leslodgessaintevictoire.com

Les Lodges Sainte-Victoire

LUXE • CONTEMPORAIN Sur la route de la montagne Ste-Victoire chère à Cézanne, ce domaine inauguré en 2013 cultive une quiétude toute provençale... Dans la belle bastide du 18e s. comme dans les superbes lodges indépendants (avec piscine privée) règne la même alliance de modernité et d'esprit bourgeois : une montagne de confort !

27 chambres – 260/900 € 360/900 € – 8 suites – 25 € – ½ P

2250 rte Cézanne – 04 42 24 80 40 – www.leslodgessaintevictoire.com

Le Saint-Estève – voir les restaurants ci-dessus

au Canet 8 km au Sud-Est par D7n – 13100 Beaurecueil

L'Auberge Provençale

CUISINE TRADITIONNELLE • RUSTIQUE XX Dans cette jolie auberge provençale, proche de la N 7, on apprécie une cuisine traditionnelle soignée, ancrée dans la région – pieds et paquets servis en cocotte, daube de joue de bœuf –, accompagnée d'un beau choix de vins issus de la France entière. Le succès est au rendez-vous, et c'est mérité !

Menu 29/49 € – Carte 57/75 €

imp. de Provence, au lieu-dit Le Canet-de-Meyreuil – 04 42 58 68 54 – www.auberge-provencale.fr – Fermé 17-31 juil., 24-30 déc., mardi sauf le midi de nov. à avril et merc.

à Beaurecueil 10 km par N7 et D58 – 13100 – 551 hab. – Alt. 254 m

La Table de Beaurecueil

CUISINE TRADITIONNELLE • COLORÉ XX Dans une ancienne bergerie au décor résolument contemporain, on apprécie une cuisine traditionnelle aux bons parfums de Provence. Jolie sélection de vin au verre.

Formule 25 € – Menu 35 € (semaine), 55/70 € – Carte environ 60 €

66 rte de Meyreuil, allée des Muriers – 04 42 66 94 98 – www.latabledebeaurecueil.com – Fermé dim. soir, lundi et merc.

au Sud-Ouest 5 km par D9 ou A51, sortie Les Milles – ✉ 13546 Aix-en-Provence

✿ Pierre Reboul (N)

CUISINE CRÉATIVE • ÉLÉGANT XX C'est un plaisir d'aller trouver Pierre Reboul dans cette imposante demeure du 14e s., située dans une zone commerciale à la périphérie d'Aix. Il y confirme son talent avec cette cuisine originale et audacieuse, où l'agencement astucieux des saveurs est servi par une technique sans faille. Vaste terrasse à l'ombre des arbres.

➜ Foie gras poêlé, pommes à la cannelle et beurre de mangue. Agneau de Sisteron rôti à l'orange, nems de légumes, vinaigrette soja et gingembre. Tarte chocolat et caramel, glace italienne au praliné.

Menu 44 € (déj. en semaine), 59/139 € – Carte environ 100 €

Hôtel Château de la Pioline, 260 r. Guillaume-du-Vair – ✆ 04 82 75 72 60 – www.restaurant-pierre-reboul.com

Château de la Pioline

DEMEURE HISTORIQUE • CLASSIQUE On accède par une allée de platanes à cette belle et vaste demeure classée du 18es. Jardin à la française, escalier d'honneur, terrasse sous les tilleuls, belle piscine... et des chambres qui cultivent cette forme de simplicité qui va si bien à l'esprit provençal.

17 chambres – †142/280 € ††142/380 € – ☕ 19 €

260 r. Guillaume-du-Vair – ✆ 04 42 52 27 27 – www.chateaudelapioline.com

✿ **Pierre Reboul** – voir les restaurants ci-dessus

à Celony 3 km par D7n – ✉ 13090 Aix en Provence

Le Mas d'Entremont

MAISON DE CAMPAGNE • TRADITIONNEL Sur les hauteurs d'Aix, une bastide nichée dans un parc avec bassin, colonnes et jets d'eau. Les chambres y sont confortables et bien tenues ; plus spacieuses et modernes dans les maisonnettes du parc. Carte actuelle au restaurant.

20 chambres – †150/310 € ††150/310 € – 6 suites – ☕ 20 € – ½ P

Plan : A1-g – *315 rte d'Avignon – ✆ 04 42 17 42 42 – www.masdentremont.com – Ouvert 15 mars-31 oct.*

AIX-LES-BAINS

✉ 73100 (Savoie) – 28 729 hab. – Alt. 200 m – Carte régionale n° **25**-F2

▶ Paris 539 km – Annecy 34 km – Bourg-en-Bresse 115 km – Chambéry 18 km

Carte Michelin 333-I3 – Guide Vert Michelin Alpes du Nord

La Bonne Fourchette

CUISINE MODERNE • ÉLÉGANT XX Au sein du Grand Hôtel du Parc, dans un cadre confortable et stylé (alliance de références victoriennes et de mobilier contemporain), une table de qualité, mettant en valeur de beaux produits frais : cromesquis de cochon et brochette de homard au chorizo, omble chevalier sauvage aux amandes, parfait glacé au chocolat blanc...

Formule 20 € – Menu 27 € (déj. en semaine), 33 € 🍷/79 € – Carte 48/72 €

Plan : D2-n – *Grand Hôtel du Parc, 2 av. de Tresserve – ✆ 04 79 61 29 11 – www.labonne-fourchette.com – Fermé 20 déc.-11 janv., merc. midi hors saison, dim. soir et lundi*

Auberge St-Simond

CUISINE TRADITIONNELLE • CONVIVIAL XX Une déco plutôt soignée, une jolie vue sur le jardin planté d'oliviers, de platanes et de lavande... Dans cette auberge, la tradition comme la fraîcheur sont à l'honneur ; le tout accompagné d'une bonne sélection de vins légers. Rien que des plaisirs simples...

Formule 20 € – Menu 23 € (déj. en semaine), 32/48 € – Carte 39/54 €

Plan : B1-e – *Auberge St-Simond, 130 av. St-Simond – ✆ 04 79 88 35 02 – www.saintsimond.com – Fermé 15 déc.-26 janv., lundi midi d'oct. à avril et dim. soir*

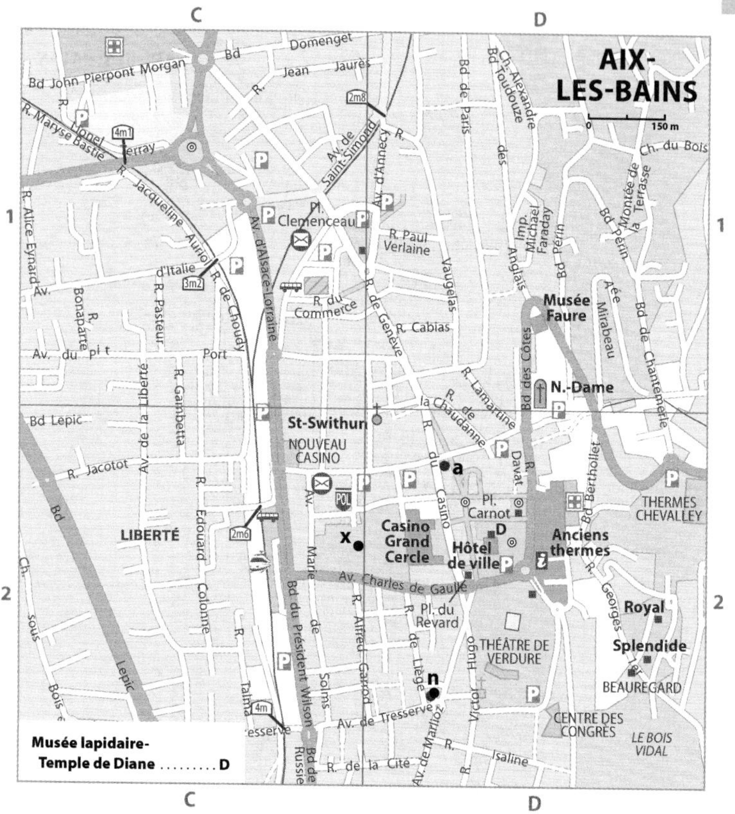

Le 59 Restaurant

CUISINE MODERNE • TENDANCE Dans la famille Campanella, je demande... le frère ! Cédric succède donc à Boris (parti à Courchevel) aux fourneaux de cette ancienne épicerie transformée en restaurant. Dans l'assiette, on retrouve le goût de la précision, et une cuisine actuelle, volontiers inventive. L'une des meilleures adresses de la ville.

Menu 26 € (déj. en semaine), 32/44 € - Carte 52/86 €

Plan : D2-a - *59 r. du Casino*
- *04 79 88 29 75 - www.restaurant-le59.fr*
- *Fermé vacances de Pâques et de la Toussaint, dim. et lundi*

Golden Tulip

BUSINESS • CONTEMPORAIN À deux pas du casino où se produisirent jadis Sarah Bernhardt et Luis Mariano, cet bel hôtel contemporain propose des chambres fonctionnelles et très confortables. De quoi faire des rêves de paillettes... À moins que vous ne préfériez vous détendre dans le jardin japonais, ou au spa !

101 chambres - 95/245 € 95/245 € - 10 suites
- 16 € - ½ P

Plan : C2-x - *av. Ch.-de-Gaulle - 04 79 34 19 19*
- *www.hotelgardenaixlesbains.com*

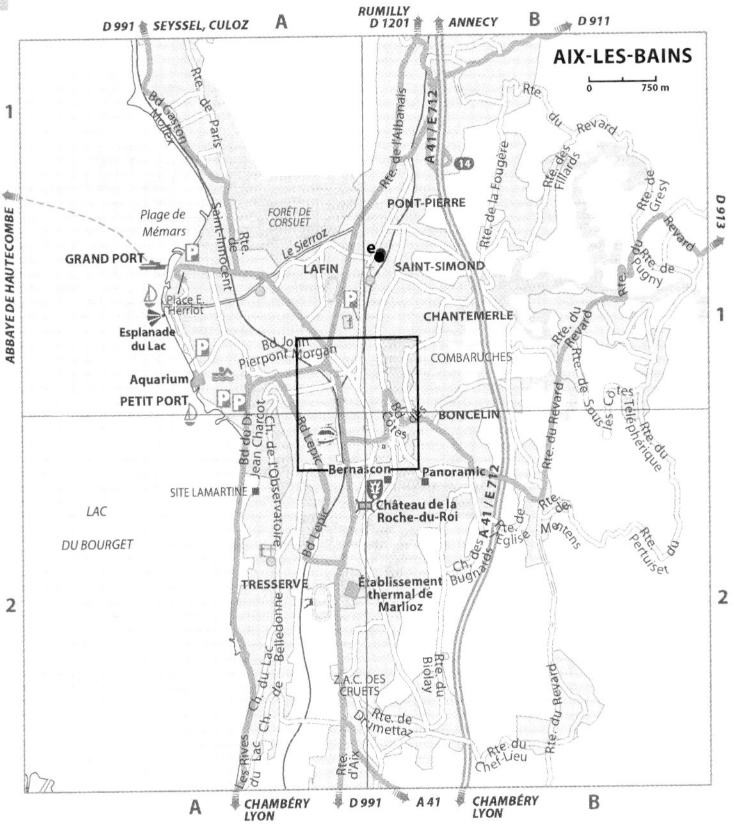

Grand Hôtel du Parc

FAMILIAL • FONCTIONNEL Style contemporain, baroque ou victorien... Dans cet immeuble de 1817, on aime le mélange des genres ! Les chambres se révèlent spacieuses et fonctionnelles : une bonne option pour résider à proximité des thermes.

39 chambres – 72/140 € 85/150 € – 13 €

Plan : D2-n – *28 r. de Chambéry – 04 79 61 29 11 – www.grand-hotel-du-parc.com – Fermé 20 déc.-11 janv.*

La Bonne Fourchette – voir les restaurants ci-dessus

Auberge St-Simond

FAMILIAL • FONCTIONNEL Une auberge située non loin de la voie ferrée, appréciée pour son ambiance conviviale, ses chambres confortables et bien tenues – entièrement rénovées dans le bâtiment principal –, et son jardin avec une jolie piscine.

25 chambres – 75/120 € 75/120 € – 12 € – ½ P

Plan : B1-e – *130 av. St-Simond – 04 79 88 35 02 – www.saintsimond.com – Fermé 15 déc.-26 janv., lundi midi d'oct. à avril et dim. soir*

Auberge St-Simond – voir les restaurants ci-dessus

AIZENAY

⊠ 85190 (Vendée) - 8 494 hab. - Alt. 62 m - Carte régionale n° **18**-B3
▶ Paris 435 km - Challans 26 km - Nantes 60 km - La Roche-sur-Yon 18 km
Carte Michelin 316-G7

La Sittelle

CUISINE CLASSIQUE • BOURGEOIS XX La sittelle ? C'est l'oiseau qui vit dans la forêt avoisinante. Pour tenter de l'entendre, faites une halte dans cette agréable demeure bourgeoise. La cuisine, classique, savoureuse et juste, témoigne du bien joli parcours du chef... et ravit les gourmands, tout simplement !

Formule 23 € - Menu 29/40 €

33 r. du Mar.-Leclerc - ✆ 02 51 34 79 90 (réservation conseillée) - Fermé 1 semaine fin avril, 3 semaines en août, 1 semaine début janv., lundi, mardi et le soir sauf sam.

AJACCIO - 2A (Corse-du-Sud) ➜ Voir Corse

ALBERT

⊠ 80300 (Somme) - 9 899 hab. - Alt. 65 m - Carte régionale n° **19**-B1
▶ Paris 156 km - Amiens 30 km - Arras 50 km - St-Quentin 53 km
Carte Michelin 301-I8

à Authuille 5 km au Nord par D50 - ⊠ 80300 - 168 hab. - Alt. 85 m

Auberge de la Vallée d'Ancre

CUISINE TRADITIONNELLE • ÉLÉGANT XX Perdue en pleine campagne, cette sympathique auberge de pays n'en est pas moins prisée ! L'accueil y est charmant ; dans sa cuisine ouverte aux regards, le chef prépare une généreuse cuisine traditionnelle, avec notamment quelques spécialités locales comme la ficelle picarde. Beau plateau de fromages.

Menu 24/39 € - Carte 27/43 €

6 r. du Moulin - ✆ 03 22 75 15 18 - Fermé merc. soir, dim. soir et lundi

ALBERTVILLE

⊠ 73200 (Savoie) - 19 271 hab. - Alt. 344 m - Carte régionale n° **25**-F2
▶ Paris 581 km - Annecy 46 km - Chambéry 51 km - Chamonix-Mont-Blanc 64 km
Carte Michelin 333-L3 - Guide Vert Michelin Alpes du Nord

Million

CUISINE CLASSIQUE • ÉLÉGANT XXX On déguste ici une cuisine résolument classique, dont les fondamentaux (cuissons, assaisonnements) sont bien maîtrisés : de quoi nous rappeler que le bel ouvrage est la condition première d'un repas réussi. Cadre classique à l'unisson.

Menu 38 € (déj. en semaine), 48/110 € - Carte 100/130 €

Hôtel Million, 8 pl. de la Liberté - ✆ 04 79 32 25 15 - www.hotelmillion.com - Fermé 27 avril-16 mai et 29 juil.-22 août, sam. midi, dim. soir et lundi

Million

FAMILIAL • CLASSIQUE Cette belle bâtisse de 1770 illustre une certaine tradition de l'hôtellerie française, cossue et bourgeoise. Deux types de chambres : certaines au cachet d'antan (cheminée, mobilier en bois, parquet...) ; d'autres un peu plus modernes.

25 chambres ☕ - 🚹120/145 € 🚹🚹185/210 €

8 pl. de la Liberté - ✆ 04 79 32 25 15 - www.hotelmillion.com - Fermé 27 avril-16 mai et 29 juil.-22 août

Million - voir les restaurants ci-dessus

à Monthion 7 km au Sud par rte de Chambéry (sortie 26) et D64 - ✉ 73200 - 503 hab. - Alt. 375 m

Les 16 Clochers

CUISINE MODERNE • RUSTIQUE XX Depuis la terrasse, on jouit d'un superbe panorama sur les seize clochers de la vallée : qui dit mieux ? Mais on appréciera aussi la salle, rustique et chaleureuse. Plaisir aussi dans l'assiette : pot-au-feu de foie gras, parmentier de sanglier à la chicorée... et soufflé au Grand Marnier, spécialité de la maison. Bon rapport qualité-prix.

Menu 23 € (déj. en semaine), 32/52 €

91 chemin des 16-Clochers - ☎ 04 79 31 30 39 - les16clochers.fr - Fermé dim. soir, lundi et mardi

ALBI

✉ 81000 (Tarn) - 49 231 hab. - Alt. 174 m - Carte régionale n° **15**-C2

Paris 694 km - Béziers 150 km - Clermont-Ferrand 286 km - Toulouse 76 km

Carte Michelin 338-E7

La Table du Sommelier

CUISINE MODERNE • BISTRO X Père et fils travaillent en duo dans ce sympathique bistrot contemporain. Le résultat ? Une cuisine savoureuse, qui revisite habilement le terroir, un imposant choix de vins au verre (près de 400 références !), et, l'été, deux terrasses au choix : sous la pergola ou à ciel ouvert... Une adresse hautement recommandable !

Menu 18 € (déj. en semaine), 28/55 € - Carte 38/51 €

Plan : D1-m - *20 r. Porta - ☎ 05 63 46 20 10 - www.latabledusommelier.com - Fermé dim. et lundi*

La Réserve

CUISINE MODERNE • ÉLÉGANT XXX De grandes baies vitrées donnant sur le parc verdoyant baigné par le Tarn, une belle terrasse et une cheminée qui nous réchauffe en hiver : cette Réserve est élégante, et l'on y savoure une cuisine attrayante, dans l'air du temps.

Menu 49/89 € - Carte 63/88 €

Hors plan - *Hôtel La Réserve, 81 rte de Cordes, 3 km au Nord par D600 - ☎ 05 63 60 80 80 - www.lareservealbi.com - Ouvert d'avril à oct. et fermé merc. midi, sam. midi et mardi*

Alchimy

CUISINE MODERNE • ÉLÉGANT XX Au cœur de la vieille ville, cette belle bâtisse Art déco abrite une brasserie de style contemporain, sous une jolie verrière : impossible de manquer l'imposant lustre Murano ! Dans l'assiette, de bons plats traditionnels réalisés avec de beaux produits locaux ; pour l'étape, quelques chambres modernes et confortables.

Formule 15 € - Carte 34/57 €

7 chambres - †110/159 € ††148/290 € - ☕ 11 €

Plan : D2-f - *10-12 pl. du Palais - ☎ 05 63 76 18 18 - www.alchimyalbi.fr*

L'Épicurien

CUISINE MODERNE • ÉLÉGANT XX C'est l'adresse branchée d'Albi, et à raison ! Ce n'est pas un hasard si la déco, au design épuré, témoigne d'un bel esprit nordique : le chef est d'origine suédoise, et il concocte de jolies assiettes dans l'air du temps, gourmandes, copieuses et bien ficelées. De quoi satisfaire plus d'un épicurien...

Formule 19 € - Menu 30 € - Carte 39/59 €

Plan : D2-p - *42 pl. Jean-Jaurès - ☎ 05 63 53 10 70 - www.restaurantlepicurien.com - Fermé 24-27 déc., dim. et lundi*

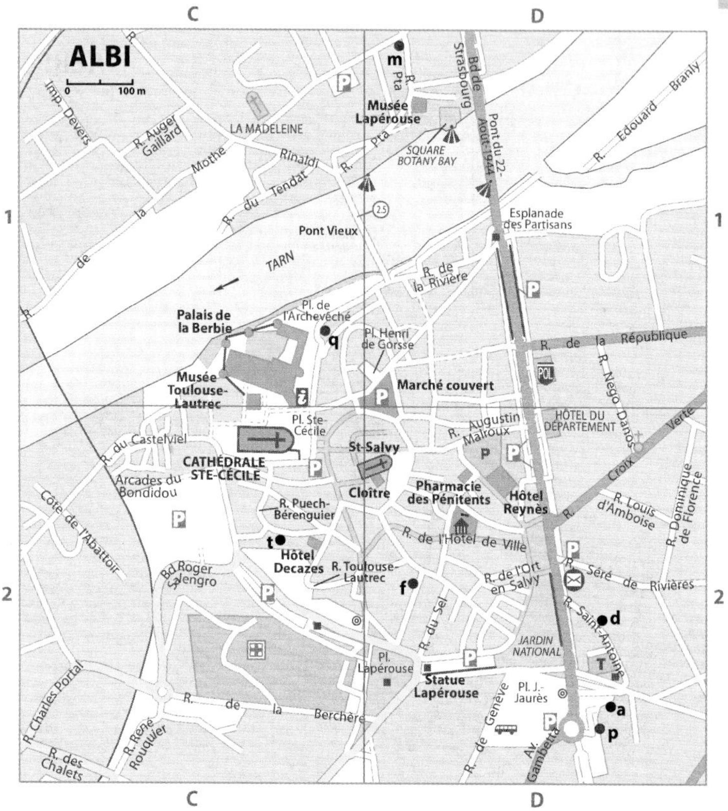

Le Jardin des Quatre Saisons

CUISINE CLASSIQUE • CONVIVIAL XX En toutes saisons, un restaurant toujours aussi agréable... La cuisine, généreuse et authentique, ressemble au patron, un enfant du pays. Sous les voûtes du salon privé, on organise des dégustations de vin – l'autre passion dudit patron !

Formule 17 € – Menu 29 €

Plan : B1-d – *5 r. de la Pompe* – *☎ 05 63 60 77 76*
– www.le-jardin-des-quatre-saisons.com
– Fermé jeudi soir, dim. soir et lundi

Bruit en Cuisine

CUISINE TRADITIONNELLE • BISTRO X Comme son nom ne l'indique pas, cette jolie maison du cœur de la vieille ville ne fait pas de bruit... mais elle gagne à être connue ! Le jeune chef y propose une savoureuse cuisine du marché, au meilleur de la tradition ; ne manquez pas la terrasse, et sa vue superbe sur la cathédrale Ste-Cécile...

Menu 15 € (déj. en semaine)/25 € – Carte 30/40 €

Plan : C1-q – *22 r. de la Souque*
– ☎ 05 63 36 70 31
– Fermé 1er janv.-10 fév., dim. et lundi

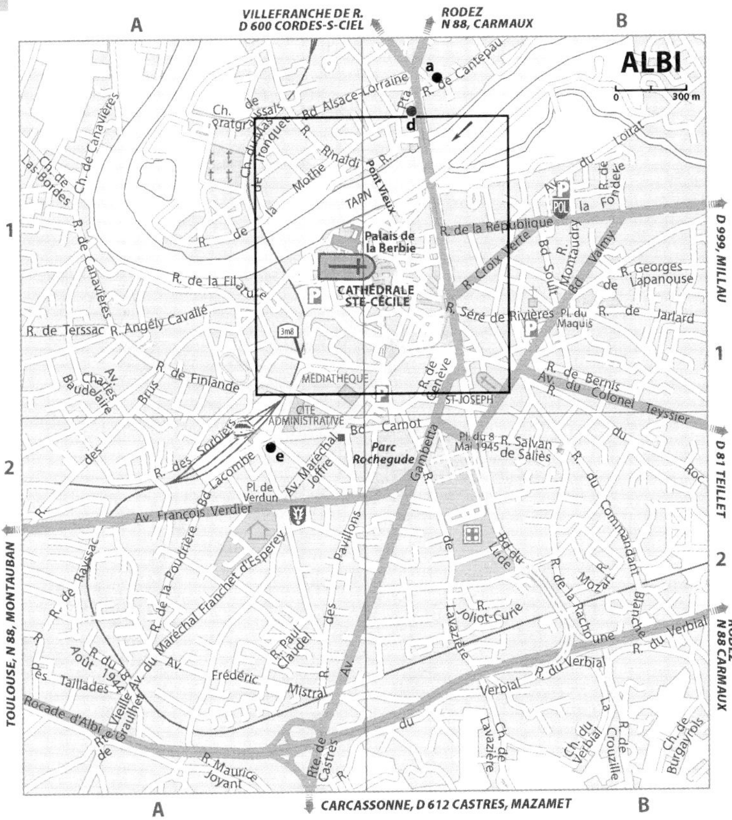

La Réserve

LUXE · PERSONNALISÉ Dans un grand parc verdoyant au bord du Tarn, une villa pleine de charme ! Meubles chinés et contemporains, tissus et papiers peints élégants : les chambres sont raffinées et donnent sur la jolie piscine ou la rivière. Et quand l'heure des gourmandises est venue, on n'est pas dépourvu...

18 chambres – 198/498 € 228/598 € – 2 suites – 20 € – ½ P

Hors plan – *81 rte de Cordes, 3 km au Nord par D600 – 05 63 60 80 80 – www.lareservealbi.com – Ouvert d'avril à oct.*

La Réserve – voir les restaurants ci-dessus

Hostellerie St-Antoine

BUSINESS · ÉLÉGANT Cet hôtel fondé en 1734 – ce qui en fait l'un des plus vieux de France – cultive très joliment l'atmosphère cossue des maisons d'antan... Mobilier ancien, jolies tissus et très agréable jardin : un cocon très confortable !

41 chambres – 75/178 € 90/228 € – 3 suites – 15 €

Plan : D2-d – *17 r. St-Antoine – 05 63 54 04 04 – www.hotel-saint-antoine-albi.com – Ouvert 2 avril-4 nov.*

Grand Hôtel d'Orléans

URBAIN • FONCTIONNEL Depuis 1902, de père en fils, on prend soin des voyageurs venus chercher la tranquillité au pays de Toulouse-Lautrec ! Les chambres sont fonctionnelles, dans un esprit contemporain, et, pour les hôtes studieux, on compte aussi de nombreuses salles de réunion.

56 chambres - 82/102 € 92/132 € - 2 suites - 11 € - ½ P

Plan : A2-e - *1 pl. Stalingrad - 05 63 54 16 56 - www.hotel-orleans-albi.com*

Ibis Styles

BUSINESS • FONCTIONNEL Un hôtel central bienvenu dans une ville qui connait un essor touristique depuis le classement de la cité épiscopale au patrimoine mondial de l'UNESCO. Les chambres, fonctionnelles, offrent une vue panoramique sur la ville. Petite restauration et bar à vin où le Gaillac est à l'honneur.

76 chambres - 65/135 € 75/145 €

Plan : D2-a - *48 pl. Jean-Jaurès - 05 63 43 20 20 - www.ibis.com*

Le Pigné

URBAIN • COSY Atelier, Cheminée ou Tour ? Votre cœur risque de balancer ! À deux pas de la cathédrale, les chambres de cette belle demeure en brique distillent un charme indéniable. L'accueil est charmant et, l'été, on prend son petit-déjeuner sur la terrasse donnant sur le jardin. Idéal pour une escapade dans la capitale du Tarn.

3 chambres - 100/155 € 115/155 €

Plan : C2-t - *8 r. du Chanoine-Birot - 06 11 04 55 07 - www.chambresdhotesalbi.fr*

à Castelnau-de-Lévis 7 km au Nord par D600 et D1 - 81150 - 1 545 hab. - Alt. 221 m

La Taverne Besson

CUISINE MODERNE • BRANCHÉ XX Voici une Taverne originale avec son décor lumineux, d'une élégance toute contemporaine, et sa terrasse ouverte sur la campagne... On y déguste une cuisine séduisante, associant bons produits locaux et notes originales. On peut également réserver l'une des chambres, aménagées avec soin.

Formule 20 € - Menu 54/72 € - Carte 40/72 €

8 chambres - 78/98 € - 12 €

r. Aubijoux - 05 63 60 90 16 - www.tavernebesson.com - Fermé vacances de fév., dim. soir hors saison, mardi midi et lundi

ALENÇON

61000 (Orne) - 26 305 hab. - Alt. 135 m - Carte régionale n° **17**-C3

Paris 190 km - Chartres 119 km - Évreux 119 km - Laval 90 km

Carte Michelin 310-J4 - Guide Vert Michelin Normandie Cotentin

Au Petit Vatel

CUISINE TRADITIONNELLE • CLASSIQUE XX Des recettes indémodables, des produits de la région - dont un incontournable plateau de fromages... Le classicisme est de mise dans cette maison de ville en pierre du pays, dans le droit fil de la belle tradition !

Formule 20 € - Menu 23/55 € - Carte environ 62 €

Plan : A1-s - *72 pl. du Cdt-Desmeulles - 02 33 26 23 78 - www.aupetitvatel.fr - Fermé 1 semaine fin fév., 25 juil.-9 août, dim. soir, mardi soir et merc.*

Rive Droite

CUISINE MODERNE • COSY XX Cette maison en pierres datant du 18e s. fut le QG du maréchal Leclerc lors de la libération d'Alençon en août 1944. Devenue le Rive Droite, elle continue d'écrire son histoire... culinaire, en proposant des assiettes voyageuses et bien dans l'air du temps. Le tout servi par une jeune équipe dynamique !

Formule 20 € - Menu 23 € (déj.)/32 €

Plan : A2-b - *31 r. du Pont-Neuf - 02 33 27 79 73 - www.rivedroiterestaurant.com - Fermé dim. et lundi*

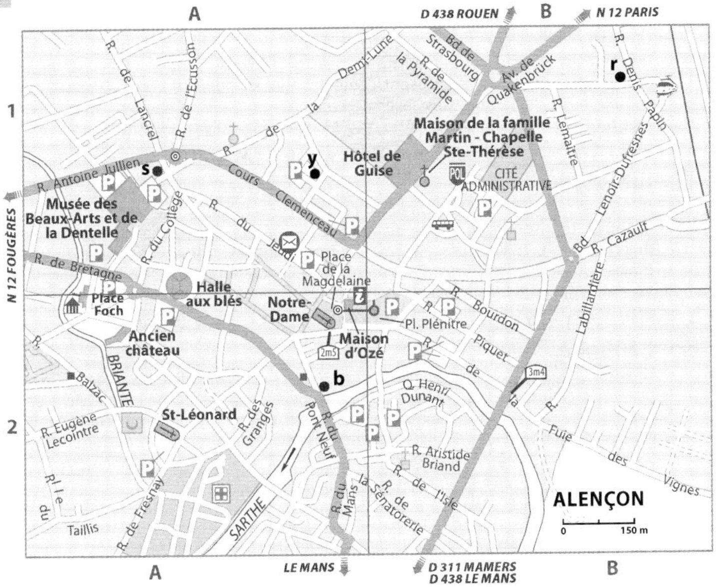

Mercure

BUSINESS · FONCTIONNEL En périphérie de la ville (direction Le Mans), un Mercure fort utile pour une étape. Les chambres du 2e étage, mansardées, sont plus particulièrement adaptées aux familles.

53 chambres – 🚹86/140 € 🚹🚹91/140 € – ☕13 €

Hors plan – *187 av. du Gén-Leclerc, 2 km au Sud – ✆ 02 33 28 64 64 – www.mercure.com – Fermé 22 déc.-2 janv.*

Hôtel des Ducs

FAMILIAL · FONCTIONNEL Un bon petit hôtel, face à la gare, dans un immeuble datant de l'après-guerre. Les chambres sont fonctionnelles et bien tenues, assez spacieuses dans la catégorie supérieure ; on profite d'un agréable jardin.

28 chambres – 🚹70/80 € 🚹🚹80/90 € – ☕9 €

Plan : B1-r – *50 av. du Prés.-Wilson – ✆ 02 33 29 03 93 – www.hoteldesducs-alencon.fr*

à St-Paterne (72 Sarthe) 4 km au Sud par D311 – ✉ 72610 – 1 586 hab. – Alt. 160 m

Château de Saint-Paterne

DEMEURE HISTORIQUE · PERSONNALISÉ Des toits élancés, de hautes cheminées : ce château est né entre Moyen Âge et Renaissance ! Jusqu'à nos jours il devait témoigner d'un certain art de vivre, car son décor plein de style a été porté à la pointe du goût contemporain... Le dîner est servi aux chandelles. Superbement romantique !

11 chambres – 🚹145/265 € 🚹🚹145/265 € – ☕14 €

4 r. de la Gaieté – ✆ 02 33 27 54 71 – www.chateau-saintpaterne.com – Fermé 17 déc.-1er mars

ALÉRIA - 2B (Haute-Corse) → Voir Corse

ALÈS

✉ 30100 (Gard) - 41 031 hab. - Alt. 136 m - Carte régionale n° **12**-C1

Paris 706 km - Albi 226 km - Avignon 72 km - Montpellier 70 km

Carte Michelin 339-J4 - Guide Vert Michelin Languedoc

Épices et Tout

CUISINE MODERNE • CONVIVIAL Ce petit restaurant à la devanture discrète secoue les papilles. Cuisine soignée, produits frais, et des épices utilisées avec justesse comme avec ces asperges vertes rôties et vinaigrette wasabi. Autre spécialité : la souris d'agneau confite au vin rouge. Un menu appétissant à déguster en été sur la petite terrasse.

Formule 15 € - Menu 18 € (déj.), 29/35 € - Carte 36/49 €

15 av. Carnot - 04 66 52 43 79 - www.epicesettout.fr - Fermé 2 semaines en août, 26 janv.-6 fév., merc. soir, sam. midi et dim.

L'Esprit des Mets

CUISINE MODERNE • CONVIVIAL Une adresse conviviale animée par un chef épanoui, soucieux de ne pas se couper des clients... d'où les cuisines ouvertes ! Ses recettes sont à l'image des lieux : pleines de peps, fraîches et précises, elles ne manquent ni de goût ni d'esprit.

Formule 18 € - Menu 25/30 € - Carte 40/51 €

148 av. d'Anduze - 04 66 52 21 80 - Fermé janv., sam. midi et dim. soir hors saison, dim. et lundi en juil.-août

à St-Martin-de-Valgalgues 2 km au Nord - 30520 - 4 244 hab. - Alt. 148 m

Le Mas de la Filoselle

MAISON DE CAMPAGNE • PERSONNALISÉ On se sent très vite chez soi dans cette ancienne magnanerie perchée sur les hauteurs du village. Les chambres, thématiques (Lavande, Olivier, etc.), sont ravissantes, et l'on profite d'un beau jardin en terrasses, courant vers un bois de pins et de châtaigniers.

4 chambres - 80 € 95 €

344 r. du 19-mars-1962 - 06 61 23 19 75 - www.filoselle.free.fr - Fermé 1er nov.-1er avril

à St-Hilaire-de-Brethmas 3 km par D936 - 30560 - 4 253 hab. - Alt. 125 m

Comptoir St-Hilaire

LUXE • PERSONNALISÉ La décoratrice Catherine Painvin a entièrement repensé ce mas du 17es. : chambres et suites follement originales, luxe omniprésent mais discret, à l'unisson du superbe parc avec les Cévennes à perte de vue... À la table d'hôte, on apprécie la cuisine régionale dont quelques spécialités mettant la truffe à l'honneur.

5 chambres - 250/425 € 250/425 €

Mas de la Rouquette, 2 km à l'Est - 06 04 59 94 66 - www.comptoir-saint-hilaire.com

ALFORTVILLE - 94 (Val-de-Marne) → Voir Autour de Paris

ALGAJOLA - 2B (Haute-Corse) → Voir Corse

ALISE-STE-REINE - 21 (Côte-d'Or) → Voir Venarey-les-Laumes

ALLAS-LES-MINES - 24 (Dordogne) → Voir St-Cyprien

ALLEINS

13980 (Bouches-du-Rhône) - 2 428 hab. - Alt. 180 m - Carte régionale n° **22**-E1

Paris 725 km - Aix-en-Provence 34 km - Avignon 47 km - Marseille 63 km

Carte Michelin 340-F3 - Guide Vert Michelin Provence

Domaine de Méjeans

FAMILIAL • PERSONNALISÉ Une allée de peupliers mène à ce domaine paisible et raffiné : parc luxuriant, étang, piscine, cuisine d'été et... chambres aux noms et aux coloris délicats de friandises (calisson, nougat, etc.). Le tout idéalement situé entre le massif du Luberon et celui des Alpilles !

5 chambres - 150/190 € 170/240 €

quartier des Méjeans, 3 km par rte de Sénas D71B - 04 90 57 31 74 - www.domainedemejeans.com

ALLEVARD

✉ 38580 (Isère) - 3 881 hab. - Alt. 470 m - Carte régionale n° **25**-F2
Paris 593 km - Albertville 50 km - Chambéry 33 km - Grenoble 40 km
Carte Michelin 333-J5 - Guide Vert Michelin Alpes du Nord

au Sud 17 km par D525A et rte secondaire

Auberge Nemoz

FAMILIAL · MONTAGNARD Dans la vallée du Haut-Bréda, ce chalet en bois a su se parer de meubles anciens et d'objets de famille. Au programme, cuisine rustique (raclette au feu de bois, truite des viviers), promenades à cheval, cours de ski... et, en rentrant, bain norvégien sous la neige !

5 chambres - 89/100 € 99/110 € - ½ P

au hameau "La Martinette" ✉ 38580 Allevard - ✆ 04 76 45 03 10 - www.auberge-nemoz.com - Fermé 3 semaines en avril et nov.

ALLEX

✉ 26400 (Drôme) - 2 474 hab. - Alt. 160 m - Carte régionale n° **23**-B3
Paris 588 km - Lyon 126 km - Romans-sur-Isère 46 km - Valence 24 km
Carte Michelin 332-C5 - Guide Vert Michelin Ardèche Drôme

La Petite Aiguebonne

FAMILIAL · PERSONNALISÉ Zanzibar, Pondichéry, Louisiane... Dans cette ferme du 13es., la déco des chambres parcourt le monde ; tandis que dans le jardin une roulotte attend les plus téméraires. Et si, au réveil, vous avez envie de partir à l'aventure, pensez aux sentiers de la réserve naturelle de Ramières.

5 chambres - 105/125 € 115/145 €

chemin d'Aiguebonne, 2 km à l'Est par D93 - ✆ 04 75 62 60 68 - www.petite-aiguebonne.com - Fermé 5 janv.-15 mars

ALLEYRAS

✉ 43580 (Haute-Loire) - 166 hab. - Alt. 779 m - Carte régionale n° **3**-C3
Paris 549 km - Brioude 71 km - Langogne 43 km - Le Puy-en-Velay 32 km
Carte Michelin 331-E4

Le Haut-Allier (Philippe Brun)

CUISINE MODERNE · TENDANCE XXX Dans ces rudes contrées, le cadre, raffiné et élégant, ne manque pas d'étonner. La cuisine est inventive, volontiers recherchée, et met en valeur de très beaux produits du terroir avec quelques touches asiatiques. Un régal !

→ Foie gras et champignons à la façon d'un phô. Ombre thymalus d'Auvergne, écume citronnelle et gingembre. Fraises, glace et croustillant alvéolé au miel et pollen, sorbet et zeste de citron.

Menu 48 € (semaine), 63/98 € - Carte 70/100 €

2 km au Pont d'Alleyras, au Nord par D40 - ✆ 04 71 57 57 63 - www.hotel-lehautallier.com - Ouvert 25 mars-19 nov. et fermé lundi et mardi

Le Haut-Allier

TRADITIONNEL · CONTEMPORAIN Aux confins des gorges de l'Allier, comme au bout du monde... Dans cet environnement, cet hôtel fait preuve d'un confort bourgeois sans ostentation, d'une tenue parfaite et d'un calme salutaire. Et il serait dommage de se priver du restaurant !

12 chambres - 95/135 € 95/135 € - 16 € - ½ P

2 km au Pont d'Alleyras, au Nord par D40 - ✆ 04 71 57 57 63 - www.hotel-lehautallier.com - Ouvert 25 mars-19 nov. et fermé mardi sauf le soir en août et lundi

Le Haut-Allier - voir les restaurants ci-dessus

ALLY

✉ 15700 (Cantal) - 643 hab. - Alt. 720 m - Carte régionale n° **3**-A3
Paris 532 km - Aurillac 46 km - Clermont-Ferrand 119 km - Tulle 71 km
Carte Michelin 330-B3

Château de La Vigne

DEMEURE HISTORIQUE • PERSONNALISÉ Un beau jardin à la française face au panorama des monts du Cantal, des murs robustes remontant au 15e s., des fresques médiévales, de délicieux décors 18e s. ou Directoire : ce château invite à un véritable voyage dans le temps. Visitez le "studiolo", cabinet de curiosités à l'italienne, récemment restauré : un exemple rarissime en France !

3 chambres – 150/160 € 150/160 €

1 km au Nord-Est par D680 – 04 71 69 00 20 – www.chateaudelavigne.com – Ouvert juin-sept.

ALOXE-CORTON – 21 (Côte-d'Or) → Voir Beaune

ALPE-D'HUEZ

38750 (Isère) – 1 479 hab. – Alt. 1 860 m – Carte régionale n° **23**-C2

Paris 625 km – Le Bourg-d'Oisans 12 km – Briançon 71 km – Grenoble 63 km

Carte Michelin 333-J7 – Guide Vert Michelin Alpes du Nord

Au Chamois d'Or

CUISINE CLASSIQUE • ÉLÉGANT XXX Cette jolie table n'est pas le moindre atout de l'hôtel Chamois d'Or : dans le décor chaleureux et feutré d'une salle tout en bois, on apprécie une belle cuisine classique – à tendance brasserie le midi –, composée avec un soin indéniable. L'atmosphère de l'endroit se fait même romantique le soir venu…

Menu 38 € (déj.)/60 € – Carte 50/85 €

Hôtel Au Chamois d'Or, 169 r. Fontbelle (rd-pt des pistes) – 04 76 80 31 32 – www.chamoisdor-alpedhuez.com – Ouvert 15 déc.-20 avril

Au Chamois d'Or

LUXE • PERSONNALISÉ Un grand chalet en bois aux balcons ciselés : sous la neige, une véritable image d'Épinal… Des feux crépitent, le décor évoque une demeure particulière, les enfants peuvent s'amuser dans "leur" salon (jeux, TV, etc.) et leurs parents profiter du spa : un vrai havre au cœur des Alpes…

40 chambres – 295/625 € 295/625 € – 5 suites – 20 € – ½ P

169 r. Fontbelle (rd-pt des pistes) – 04 76 80 31 32 – www.chamoisdor-alpedhuez.com – Ouvert 15 déc.-20 avril

Au Chamois d'Or – voir les restaurants ci-dessus

Royal Ours Blanc

TRADITIONNEL • DESIGN À 100 m des pistes, cet imposant hôtel tout en hauteur dévoile une déco moderne et design, qui multiplie les clins d'œil aux ursidés (pattes d'ours sur la moquette, imitations de nids d'abeilles)… Original et très accueillant !

44 chambres – 159/409 € 159/559 € – 2 suites – ½ P

65 av. des Jeux – 04 76 80 35 50 – www.hotelroyaloursblanc.com – Ouvert 15 déc.-24 avril et juil.-août

Alpenrose

TRADITIONNEL • CONTEMPORAIN Au cœur du quartier des Bergers, près de l'altiport, un imposant chalet à la fois moderne et confortable. On pose ses valises dans des chambres spacieuses et lumineuses, avant d'aller profiter de la piscine chauffée ou de la salle de massage… Pour voir les Alpes en rose !

25 suites – 369/439 € – 2 chambres – 17 € – ½ P

rte de Fond-Morelle - Les Bergers – 04 27 04 28 04 – www.alpen-rose-hotel.com – Ouvert 17 déc.-15 avril et 29 juin- 20 août

ALPUECH - 12 (Aveyron) ➔ Voir Laguiole

ALTENSTADT - 67 (Bas-Rhin) ➔ Voir Wissembourg

ALTKIRCH

✉ 68130 (Haut-Rhin) - 5 747 hab. - Alt. 312 m - Carte régionale n° **1**-A3
Paris 457 km - Basel 33 km - Belfort 35 km - Montbéliard 52 km
Carte Michelin 315-H11 - Guide Vert Michelin Alsace Vosges

Auberge Sundgovienne

CUISINE MODERNE • ÉLÉGANT XX Ce restaurant d'hôtel est très sympathique : tout y est avenant, contemporain et cosy, et l'on y apprécie une bonne cuisine d'aujourd'hui, concoctée par un chef soucieux de bien faire.

Menu 17 € (semaine), 27/59 € - Carte 33/63 €

1 rte de Belfort, 4 km à l'Ouest par D419 - ✆ 03 89 40 97 18 - www.auberge-sundgovienne.fr - Fermé 23 juil.-1er août, 21 déc.-19 janv., mardi midi, dim. soir et lundi

Auberge Sundgovienne

URBAIN • BUSINESS La belle façade contemporaine invite à pousser les portes de cet établissement coquet et chaleureux. Le parc paysagé est idéal pour se mettre au vert, les chambres, urbaines et contemporaines, sont plaisantes et raffinées ; quant au restaurant, il se prête à la gourmandise.

27 chambres - †64/105 € ††84/124 € - 1 suite - ☕ 13 €

1 rte de Belfort, 4 km à l'Ouest par D419 - ✆ 03 89 40 97 18 - www.auberge-sundgovienne.fr - Fermé 23 juil.-1er août et 21 déc.-19 janv.

Auberge Sundgovienne - voir les restaurants ci-dessus

à Wahlbach 10 km à l'Est par D419 et D19^B^ - ✉ 68130 - 492 hab. - Alt. 320 m

Auberge de la Gloriette

CUISINE TRADITIONNELLE • CLASSIQUE XX Dans cette maison ancienne règne une sympathique atmosphère familiale. On y sert une cuisine traditionnelle simple et l'on propose aussi des chambres d'esprit rustique, fonctionnelles et colorées.

Formule 15 € - Menu 29/55 € - Carte 36/65 €

8 chambres - †60/95 € ††65/98 € - ☕ 7 €

9 r. Principale - ✆ 03 89 07 81 49 - www.lagloriette68.com - Fermé 2 semaines en sept., lundi, mardi et merc.

ALTWILLER

✉ 67260 (Bas-Rhin) - 418 hab. - Alt. 220 m - Carte régionale n° **1**-A1
Paris 412 km - Le Haras 10 km - Metz 86 km - Nancy 73 km
Carte Michelin 315-F3

L'Écluse 16

CUISINE MODERNE • CONTEMPORAIN XX Cet ancien relais de chevaux de halage, bordant le canal des houillères de la Sarre, est installé à quelques pas... d'une écluse. Le chef, originaire du Morbihan, régale sa clientèle avec une jolie cuisine de saison renouvelée régulièrement, et utilise à l'occasion les produits du terroir local.

Formule 21 € - Menu 32 € (semaine)/48 €

Bonne Fontaine, 3,5 km au Sud-Est - ✆ 03 88 00 90 42 - www.ecluse16.com - Fermé 19 fév.-8 mars, 27 août-13 sept., 27 déc.-4 janv., mardi et merc.

AMBERT

✉ 63600 (Puy-de-Dôme) - 6 852 hab. - Alt. 535 m - Carte régionale n° **3**-C2
Paris 438 km - Brioude 63 km - Clermont-Ferrand 77 km - Thiers 53 km
Carte Michelin 326-J9 - Guide Vert Michelin Auvergne

Les Copains

CUISINE TRADITIONNELLE • FAMILIAL XX Voilà plus de 80 ans que la même famille tient les rênes de cette table située en face de la pittoresque mairie en rotonde célébrée par Jules Romains dans *Les Copains*. Au menu, une généreuse cuisine élaborée à partir de produits du terroir : agneau du pays, fourme d'Ambert... On passe un excellent moment.

Menu 14 € (déj. en semaine), 34/62 € - Carte 39/53 €

11 chambres - 60/72 € 60/72 € - 8,50 €

42 bd Henri-IV - 04 73 82 01 02 - www.hotelrestaurantlescopains.com - Fermé 20-28 fév., 16-24 avril, 10 sept.-10 oct., dim. soir, sam. et fériés le soir

AMBIALET

81430 (Tarn) - 451 hab. - Alt. 220 m - Carte régionale n° **15**-C2

Paris 718 km - Albi 23 km - Castres 55 km - Lacaune 52 km

Carte Michelin 338-G7

Hôtel du Pont

FAMILIAL • FONCTIONNEL Au bord du Tarn, un hôtel-restaurant tenu par la même famille depuis sept générations ! Jolie vue sur Ambialet, son église et son prieuré ; chambres donnant sur la campagne ou sur la rivière, et bungalows familiaux (plus simples mais plus spacieux) : une bonne étape.

20 chambres - 55/75 € 55/75 € - 9 € - ½ P

La Moulinquié - 05 63 55 32 07 - www.hotel-du-pont.com - Ouvert de mi-fév. à mi-nov.

AMBIERLE

42820 (Loire) - 1 806 hab. - Alt. 467 m - Carte régionale n° **23**-A1

Paris 379 km - Lapalisse 33 km - Roanne 18 km - Thiers 81 km

Carte Michelin 327-C3 - Guide Vert Michelin Lyon et sa région

Le Prieuré (Thierry Fernandes)

CUISINE MODERNE • TENDANCE XXX Au centre de ce village de vignerons, on se laisse surprendre par le terroir revu et corrigé selon Thierry Fernandes, chef créatif et inspiré. Quels que soient les plats proposés, la technique est au rendez-vous et les saveurs tout autant. Le cadre, épuré, joue la carte scandinave ; la jolie terrasse vous tend les bras.

→ Saint-Jacques de Bretagne grillées à la plancha, arc-en-ciel de légumes croquants et acidulés. Ris de veau rôti et caramélisé dans un jus au vin de la côte roannaise. Sphère de chocolat noir.

Formule 24 € - Menu 42/90 € - Carte 65/105 €

r. de la Mairie - 04 77 65 63 24 - www.leprieureambierle.fr - Fermé dim. soir, mardi et merc.

Demeure Bouquet N

HÔTEL PARTICULIER • PERSONNALISÉ Au cœur du village, cette imposante demeure de 1790 trône au milieu d'un élégant jardin à la française, agrémenté d'une piscine d'été et d'une terrasse. À l'intérieur, l'escalier en pierre et fer forgé dessert cinq chambres confortables, avec tomettes et mobilier chic. Les hédonistes apprécieront.

5 chambres - 120/150 € 120/150 €

r. de Faimes - 06 95 88 83 82 - www.demeurebouquet.com

AMBOISE

37400 (Indre-et-Loire) - 13 157 hab. - Alt. 60 m - Carte régionale n° **6**-A1

Paris 223 km - Blois 36 km - Loches 37 km - Tours 27 km

Carte Michelin 317-O4 - Guide Vert Michelin Châteaux de la Loire

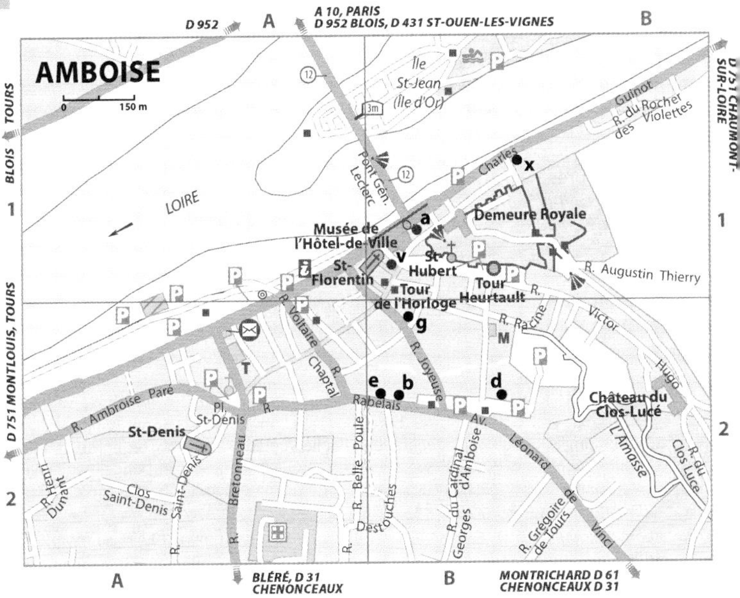

Château de Pray

CUISINE MODERNE • ÉLÉGANT Décor châtelain et... salle troglodytique pour cet ancien chai proposant désormais une cuisine qui flirte joliment avec notre époque. Finesse d'exécution, équilibre des saveurs, approvisionnement auprès de producteurs locaux... en un mot, c'est bon !

➜ Pieds de couteaux, pommes granny smith, persil et caviar d'Aquitaine. Pigeon rôti sur l'os, chou pointu et champignons des caves de Bourré. Soufflé chaud au cassis de Touraine, sorbet cassis.

Menu 58/135 € - Carte 90/105 €

Hors plan - *Hôtel Château de Pray, r. du Cèdre, 3 km, rte de Chargé au Nord-Est et D751 - 02 47 57 23 67 - www.chateaudepray.fr - Fermé 27 fév.-9 mars, 14-30 nov., 3-26 janv., mardi sauf le soir de mai à sept., merc. midi et lundi*

Le Lion d'Or

CUISINE MODERNE • CONVIVIAL Au pied du célébrissime château d'Amboise, ce restaurant résolument contemporain est niché dans une grande maison datant de 1880. Le chef y compose des assiettes dans l'air du temps, parfumées et colorées, où les beaux produits sont légion, le tout dans une ambiance conviviale. Bon rapport qualité-prix.

Formule 17 € - Menu 21 € (semaine), 32/55 € - Carte 47/58 €

Plan : B1-a - *17 quai Charles-Guinot - 02 47 57 00 23 - www.liondor-amboise.com - Fermé 13 mars-4 avril, 13 nov.-6 déc., jeudi soir, dim. soir et lundi*

Le Patio

CUISINE MODERNE • BISTRO Raviole à la ricotta, cromesquis d'escargots au coulis de tomate, ballotine de sole à la crème d'orange, riz au lait à la cassonade... Au cœur de la ville, dans un décor d'atelier - poutres métalliques, murs blancs -, la chef réalise une cuisine du marché simple et bonne, avec des produits locaux triés sur le volet. Plaisant !

Formule 17 € - Menu 19 € (déj.)/30 € - Carte 40/67 €

Plan : B1-v - *14 r. Nationale - 02 47 79 00 00 - Fermé 31 déc.-9 fév., mardi sauf juil.-août et merc. en juin et sept.*

Le Manoir Les Minimes

LUXE • PERSONNALISÉ Cette demeure du 18e s. située en bord de Loire vous accueille avec élégance. De superbes meubles de style habillent ses beaux salons bourgeois et ses chambres raffinées.

13 chambres – †139/332 € ††139/332 € – 2 suites – 17 €

Plan : B1-x – *34 quai Charles-Guinot – 02 47 30 40 40 – www.manoirlesminimes.com – Fermé 24 janv.-8 fév.*

Le Manoir St-Thomas

FAMILIAL • PERSONNALISÉ Ce manoir Renaissance met tout en œuvre pour le confort de ses clients. Jardin avec piscine, agréables salons et chambres de caractère (antiquités, poutres apparentes ou plafonds peints, etc.).

9 chambres – †145/390 € ††145/390 € – 2 suites – 17 €

Plan : B2-d – *1 Mail St-Thomas – 02 47 23 21 82 – www.manoir-saint-thomas.com – Fermé 16-20 nov. 20-25 déc. et 16 janv.-1er fév.*

Le Pavillon des Lys

TRADITIONNEL • PERSONNALISÉ À deux pas du château d'Amboise et du Clos-Lucé, cette belle demeure du 18e s. abrite des chambres joliment décorées. Il fait bon se détendre sur l'agréable terrasse ou dans l'un des salons raffinés. Une bonne adresse.

9 chambres – †115/295 € ††115/295 € – 1 suite – 15 €

Plan : B2-g – *9 r. d'Orange – 02 47 30 01 01 – www.pavillondeslys.com*

Au Charme Rabelaisien

HÔTEL PARTICULIER • PERSONNALISÉ Cette demeure bourgeoise qui abrita banque, école et étude notariale, est devenue un hôtel de charme. Les chambres sont confortables (celles du dernier étage disposent d'une vue sur le château), et l'accueil familial ; petit jardin avec piscine. Agréable espace bien-être.

10 chambres – †150/250 € ††150/250 € – 14 €

Plan : B2-e – *25 r. Rabelais – 02 47 57 53 84 – www.au-charme-rabelaisien.com*

Château de Pray

DEMEURE HISTORIQUE • HISTORIQUE D'imposantes tours rondes, un grand parc arboré, quelques lits à baldaquin... Sur des fondations médiévales, ce petit château date essentiellement du 17e s. : à la croisée des époques, caractère et agrément !

19 chambres – †139/240 € ††139/305 € – 19 € – ½ P

Hors plan – *r. du Cèdre, 3 km au Nord-Est, rte de Chargé et D751 – 02 47 57 23 67 – www.chateaudepray.fr – Fermé 14-30 nov. et 3-26 janv.*

Château de Pray – voir les restaurants ci-dessus

Le Clos d'Amboise

TRADITIONNEL • PERSONNALISÉ Un beau parc avec piscine chauffée et de coquettes chambres font l'attrait de cette maison de maître proche du château. Il fait bon se détendre devant la cheminée du salon et dans l'agréable sauna ; espace restauration, le soir.

18 chambres – †89/229 € ††89/229 € – 2 suites – 15 € – ½ P

Plan : B2-b – *27 r. Rabelais – 02 47 30 10 20 – www.leclosamboise.com*

Le Vinci Loire Valley

TRADITIONNEL • CONTEMPORAIN Dans les faubourgs de la ville, cet hôtel est idéalement situé sur la route des châteaux de la Loire. Les chambres sont confortables et bien équipées ; l'ensemble est fonctionnel et parfaitement entretenu.

26 chambres – †89/149 € ††89/149 € – 13 €

Hors plan – *12 av. Émile-Gounin, 1 km au Sud par D31 – 02 47 57 10 90 – www.vinciloirevalley.com*

à Limeray 7 km au Nord par D952 – ✉ 37530 – 1 229 hab. – Alt. 70 m

Auberge de Launay

CUISINE MODERNE • AUBERGE XX Dans cette ancienne ferme du 18e s., le chef cuisine de délicieux produits du terroir – dont certains bio –, et les accompagne avec les herbes aromatiques du jardin. Le tout se déguste avec un petit vin de Loire, dans la véranda ou sur la terrasse aux beaux jours. Chambres sobres, tenues avec un soin méticuleux.

Menu 19 € (déj. en semaine), 35/46 €

15 chambres – 68/91 € 68/91 € – 11 €

9 r. de la Rivière – 02 47 30 16 82 – www.aubergedelaunay.com – Fermé de mi-déc. à mi-janv.

à St-Ouen-les-Vignes 6,5 km au Nord par D431 – ✉ 37530 – 1 022 hab. – Alt. 80 m

L'Aubinière

CUISINE MODERNE • DESIGN XXX Une belle salle contemporaine et lumineuse, une terrasse donnant sur un jardin, une cuisine de saison qui ne triche pas sur la qualité des produits et une cave riche en vins régionaux : le restaurant de l'Aubinière a vraiment tout pour plaire !

Formule 22 € – Menu 28 € (déj. en semaine), 39/62 € – Carte 50/86 €

29 r. Jules-Gautier – 02 47 30 15 29 – www.aubiniere.com – Fermé 4 janv.-12 fév., mardi soir de fév. à mai, merc. midi et mardi de juin à sept., dim. soir et lundi

L'Aubinière

SPA ET BIEN-ÊTRE • FONCTIONNEL Six nouvelles chambres contemporaines spacieuses et confortables, un espace bien-être (sauna, hammam, spa à débordement) et une piscine chauffée... L'auberge de l'Aubinière évolue avec son temps et demeure une étape agréable dans le Val de Loire.

12 chambres – 128/315 € 128/315 € – 18 € – ½ P

29 r. Jules-Gautier – 02 47 30 15 29 – www.aubiniere.com – Fermé 4 janv.-12 fév.

L'Aubinière – voir les restaurants ci-dessus

à St-Règle 3 km au Sud-Est par D31 – ✉ 37530 – 520 hab. – Alt. 80 m

Château des Arpentis

DEMEURE HISTORIQUE • PERSONNALISÉ Un château entouré de douves, dans un parc de 30 ha, au grand calme. Les chambres sont raffinées et tendues de superbes tissus. On accède à la piscine par l'un des souterrains !

12 chambres – 150/390 € 150/390 € – 12 €

– 02 47 23 00 00 – www.chateaudesarpentis.com – Fermé 15-31 déc.

AMBRONAY

✉ 01500 (Ain) – 2 437 hab. – Alt. 250 m – Carte régionale n° **23**-B1

Paris 463 km – Belley 53 km – Bourg-en-Bresse 28 km – Lyon 59 km

Carte Michelin 328-F4 – Guide Vert Michelin Franche-Comté Jura

Auberge de l'Abbaye (Ivan Lavaux)

CUISINE MODERNE • TENDANCE XX Une auberge contemporaine intime et lumineuse, dont le décor mêle murs gris pâle, chaises rouge vif, œuvres d'art, etc. Le chef annonce de vive voix le menu du jour, à choix unique, très souvent élaboré autour d'un plat principal à base de poisson sauvage. Beaucoup de soin, point de superflu : savoureux !

➜ Cuisine du marché.

Formule 35 € – Menu 52/110 €

47 pl. des Anciens-Combattants – 04 74 46 42 54 (réservation conseillée) – www.aubergedelabbaye-ambronay.com – Fermé dim. soir, merc. soir et lundi

L'AMÉLIE-SUR-MER - 33 (Gironde) ➔ Voir Soulac-sur-Mer

AMIENS

✉ 80000 (Somme) - 132 727 hab. - Agglo. 162 698 hab. - Alt. 34 m
- Carte régionale n° **19**-B2
▶ Paris 142 km - Lille 123 km - Reims 173 km - Rouen 122 km
Carte Michelin 301-G8 - Guide Vert Michelin Picardie

La Table du Marais

CUISINE MODERNE • CONVIVIAL XX Un paysage de verdure, une terrasse tournée vers les étangs... Aux portes de la ville, on est déjà à la campagne ! Dans l'assiette, les produits sont frais et toujours de saison ; la carte, dans l'air du temps, change régulièrement pour le plaisir des gourmands.

Formule 24 € - Menu 29 € (déj. en semaine)/33 € - Carte 50/68 €

Hors plan - *472 chaussée Jules-Ferry, au Sud-Est par D1029 - ☎ 03 22 46 17 44 - www.latabledumarais.fr - Fermé vacances de fév., 30 juil.-20 août, vacances de Noël, dim. et lundi*

L'Orée de la Hotoie

CUISINE TRADITIONNELLE • FAMILIAL XX Il fait bon se restaurer dans cette maison aux abords du joli parc de la Hotoie. On y savoure une cuisine de saison, généreuse et soignée, concoctée par un chef passionné, qui sait révéler l'âme des bons produits.

Formule 22 € - Menu 29/48 € - Carte 37/57 €

Plan : A2-f - *17 r. Jean-Jaurès - ☎ 03 22 91 37 05 - Fermé 26 juil.-19 août, 21-27 déc., sam. midi, dim. soir et lundi*

Les Orfèvres

CUISINE MODERNE • CONTEMPORAIN XX À deux pas de la célèbre cathédrale, un restaurant chic et contemporain, à l'ambiance feutrée. Au menu : une cuisine qui connaît ses classiques, avec quelques touches plus modernes par-ci par-là : gâteau de foie blond sauce homardine et écrevisses, Saint-Jacques au paleron confit et espuma de reblochon...

Formule 28 € - Menu 32 € (déj. en semaine)/82 € - Carte 53/93 €

Plan : C2-m - *14 r. des Orfèvres - ☎ 03 22 92 36 01 - www.lesorfevres.com - Fermé 2-15 janv., dim. soir et lundi*

Le Vivier

POISSONS ET FRUITS DE MER • CONVIVIAL XX Un vivier à crustacés, au centre de ce restaurant, donne le ton ! Ici, on célèbre la mer et ses saveurs avec raffinement : salade de foie gras aux langoustines, blanc de turbot aux girolles... Le cadre pour ce délicieux moment pourra être, au choix, un élégant jardin d'hiver, une salle bistrot ou plus feutrée.

Formule 22 € - Menu 26 € (déj. en semaine), 34/80 € - Carte 53/113 €

Hors plan - *593 rte de Rouen - ☎ 03 22 89 12 21 - www.restaurantlevivier-amiens.com - Fermé 24 juil.-22 août, 25 déc.-4 janv., dim. et lundi*

Marotte

HISTORIQUE • ÉLÉGANT Bel établissement inauguré fin 2012 au cœur de la ville. Il prend ses aises dans une bâtisse de brique rouge du 19e s. (avec une extension contemporaine), dont il conserve le cachet - boiseries, moulures, etc. - et même l'esprit de demeure privée. Élégance, atmosphère feutrée et accueil charmant...

12 chambres - †145/500 € ††145/500 € - ☕ 22 €

Plan : C3-a - *3 r. Marotte - ☎ 03 60 12 50 00 - www.hotel-marotte.com*

Mercure

HÔTEL DE CHAÎNE • CONTEMPORAIN Cet hôtel propose des chambres spacieuses et bien équipées, dont le design chaleureux rappellerait presque les vitraux de la cathédrale voisine ; l'ensemble est confortable et conviendra autant à des familles en visite qu'à une clientèle d'affaires.

98 chambres - †79/159 € ††79/212 € - 3 suites - ☕ 16 € - ½ P

Plan : C2-b - *21 r. Flatters - ☎ 03 22 80 60 60 - www.mercure.com*

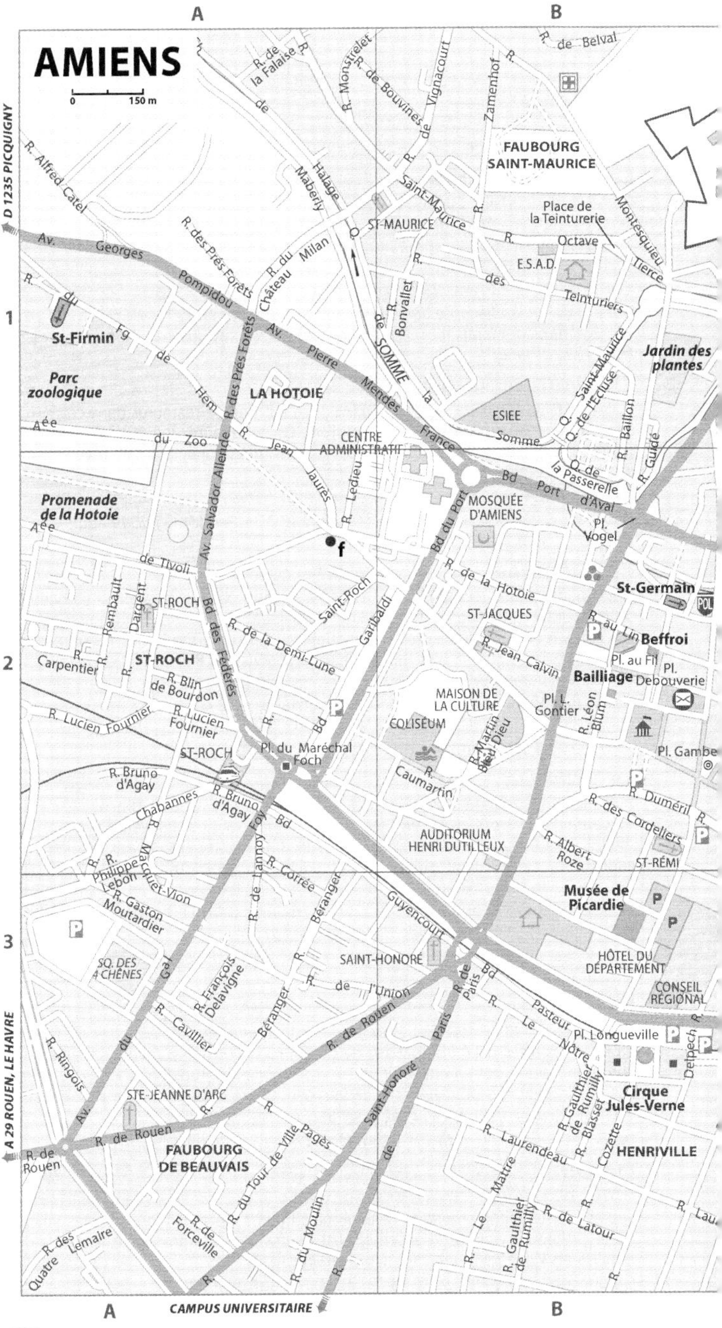
AMIENS
0
150 m
A
B
1
2
3
D 1235 PICQUIGNY
A 29 ROUEN, LE HAVRE
CAMPUS UNIVERSITAIRE
FAUBOURG SAINT-MAURICE
Place de la Teinturerie
ST-MAURICE
E.S.A.D.
Jardin des plantes
St-Firmin
Parc zoologique
LA HOTOIE
CENTRE ADMINISTRATIF
ESIEE
MOSQUÉE D'AMIENS
Promenade de la Hotoie
Pl. Vogel
St-Germain
ST-JACQUES
ST-ROCH
Beffroi
Pl. au Fil
Pl. Debouverie
Bailliage
Pl. L. Gontier
MAISON DE LA CULTURE
COLISÉUM
Pl. du Maréchal Foch
Pl. Gambe
AUDITORIUM HENRI DUTILLEUX
ST-RÉMI
Musée de Picardie
HÔTEL DU DÉPARTEMENT
CONSEIL RÉGIONAL
SAINT-HONORÉ
SQ. DES 4 CHÊNES
Pl. Longueville
Cirque Jules-Verne
STE-JEANNE D'ARC
FAUBOURG DE BEAUVAIS
HENRIVILLE
f
R. de Belval
R. Zamenhof
R. de Vignacourt
R. de Bouvines
R. Monstrelet
R. de la Falaise
R. Alfred Catel
Av. Georges Pompidou
R. des Prés Forêts
R. du Château Milan
Halage
Maberly
Saint-Maurice
R. Octave Tierce
Montesquieu
R. des Teinturiers
R. Bonvallet
de SOMME
Q. Saint-Maurice
Q. de l'Écluse
R. Baillon
R. Guidé
R. du Fg de Hem
Av. Pierre Mendès France
la Somme
Allée du Zoo
R. Jean Jaurès
R. Ledieu
Bd du Port
Bd Port d'Aval
Q. de la Passerelle
Av. Salvador Allende
Allée de Tivoli
R. Saint-Roch
R. de la Hotoie
Bd des Fédérés
R. Rembault
R. Dargent
R. de la Demi-Lune
R. Garibaldi
R. au Lin
R. Jean Calvin
R. Carpentier
R. Blin de Bourdon
R. Lucien Fournier
R. Léon Blum
R. Martin Bleu-Dieu
R. Caumartin
R. Bruno d'Agay
Bd Foy
R. Duméril
R. des Cordeliers
Chabannes
R. de Lannoy
R. Corrée
R. Albert Roze
R. Philippe Lebon
R. Macquet-Vion
R. Gaston Moutardier
R. Béranger
Guyencourt
R. François Delavigne
R. de l'Union
R. de Paris
Bd Pasteur
R. Le Nôtre
Delpech
Av. du Gal
R. Cavillier
R. de Rouen
R. Ringois
R. Gaulthier de Rumilly
R. Blasset
Cozette
R. Laurendeau
R. Pagès
R. du Tour de Ville
R. de Saint-Honoré
R. Le Mattre
R. de Latour
R. des Quatre Lemaire
R. de Forceville
R. du Moulin

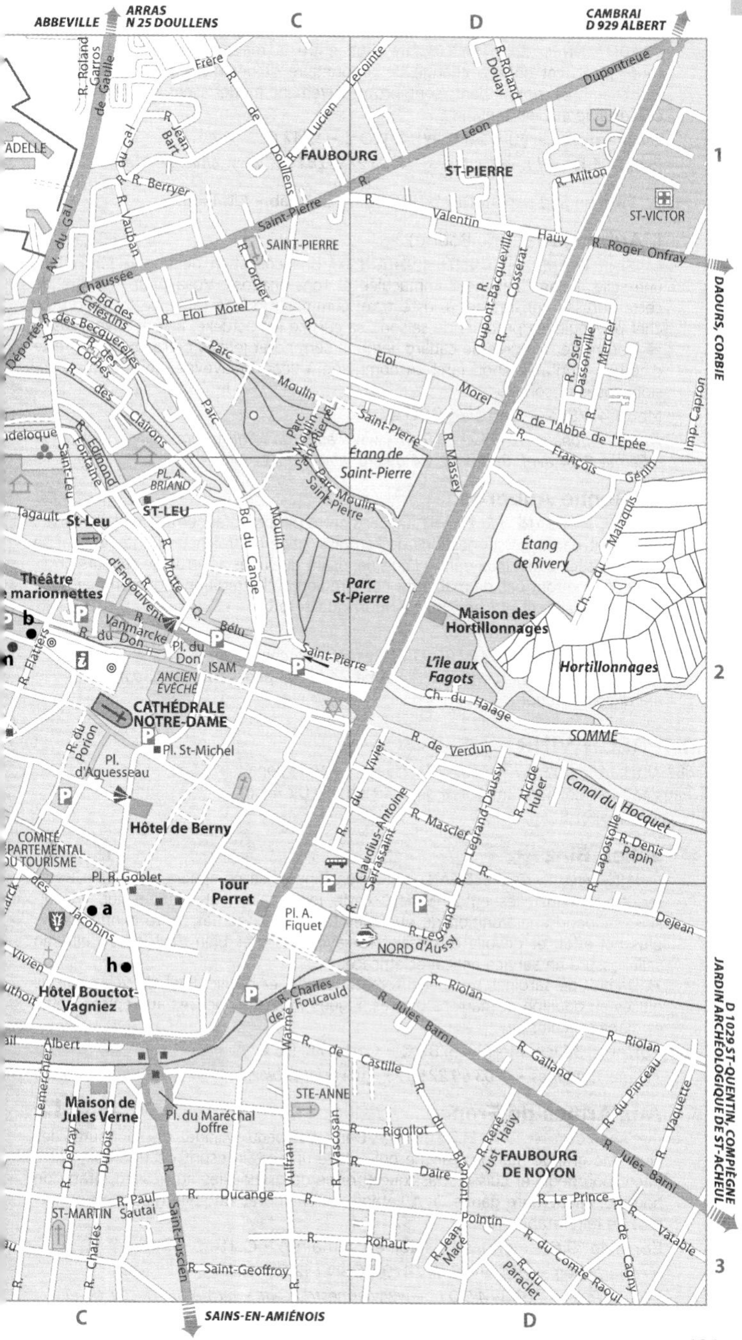
ABBEVILLE
ARRAS
N 25 DOULLENS
CAMBRAI
D 929 ALBERT
DAOURS, CORBIE
D 1029 ST-QUENTIN, COMPIÈGNE
JARDIN ARCHÉOLOGIQUE DE ST-ACHEUL
SAINS-EN-AMIÉNOIS
C
D
1
2
3
FAUBOURG
ST-PIERRE
SAINT-PIERRE
ST-VICTOR
Étang de Saint-Pierre
Parc St-Pierre
Étang de Rivery
Maison des Hortillonnages
L'île aux Fagots
Hortillonnages
SOMME
Canal du Hocquet
Théâtre
marionnettes
St-Leu
ST-LEU
PL. A. BRIAND
ISAM
ANCIEN ÉVÊCHÉ
CATHÉDRALE NOTRE-DAME
Pl. St-Michel
Pl. d'Aguesseau
Hôtel de Berny
COMITÉ
ÉPARTEMENTAL
DU TOURISME
Pl. R. Goblet
Tour Perret
Pl. A. Fiquet
NORD
Hôtel Bouctot-Vagniez
Maison de Jules Verne
Pl. du Maréchal Joffre
STE-ANNE
ST-MARTIN
FAUBOURG DE NOYON
Chaussée Saint-Pierre
R. Léon Dupontreue
Av. du Gal de Gaulle
R. Roland Garros
R. Frère
R. de Doullens
R. Lucien Lecointe
R. Roland Douay
R. Jean Bart
R. du Gal
R. Berryer
R. Vauban
R. Milton
R. Valentin Haüy
R. Roger Onfray
R. Cordier
R. Eloi Morel
Bd des Célestins
R. des Becquerelles
R. des Coches
R. des Clairons
R. Dupont-Bacqueville
R. Cosserat
R. Oscar Dassonville
R. Mercier
Imp. Capron
R. de l'Abbé de l'Épée
R. François Génin
Parc Moulin Saint-Pierre
Bd du Cange
R. Massey
Ch. du Malaquis
R. Edmond Fontaine
R. Saint-Leu
Tagault
R. d'Engoulvent
R. Motte
Q. Bélu
R. Vanmarcke
R. du Don
Pl. du Don
R. Flatters
Ch. du Halage
R. de Verdun
R. du Porion
R. du Vivier
R. Claudius-Antoine Serrassaint
R. Mascler
R. Legrand-Daussy
R. Alcide Huber
R. Lapostolle
R. Denis Papin
R. Dejean
R. Legrand d'Aussy
des Jacobins
Vivien
R. Charles de Foucauld
R. Riolan
R. Jules Barni
R. Galland
R. de Castille
Warmé
Albert
R. Lemerchier
R. Debray
R. Dubois
R. Vulfran
R. Vascosan
R. Rigollot
R. du Blamont
R. Daire
R. René Just Haüy
R. du Pinceau
R. Vaquette
R. Saint-Fuscien
R. Paul Sautai
R. Ducange
R. Le Prince
R. Pointin
R. de Cagny
R. Vatable
R. Rohaut
R. Jean Macé
R. du Comte Raoul
R. du Paraclet
R. Charles
R. Saint-Geoffroy
a
b
h

Le Saint-Louis

TRADITIONNEL • CONTEMPORAIN Situé entre la maison de Jules Verne et la tour Perret, cet hôtel a changé de propriétaire et bénéficié d'un sacré lifting ! Les chambres, notamment, sont progressivement modernisées ; l'ensemble est confortable et bien tenu.

24 chambres - 84/98 € 84/120 € - 12 €

Plan : C3-h - *24 r. des Otages - 03 22 91 76 03 - www.amiens-hotel.fr*

à Dury 6 km au Sud par D1001 - 80480 - 1 222 hab. - Alt. 115 m

L'Aubergade (Eric Boutté)

CUISINE MODERNE • CONTEMPORAIN XXX Une collection de guides MICHELIN, une salle mêlant blancheur immaculée et tons chauds... Voilà pour le cadre de cette adresse considérée, à juste titre, comme la bonne table de la région. Le chef privilégie les produits de saison ; sa cuisine est actuelle, fine et savoureuse.

→ Marbré de foie gras de canard, jambon serrano et jeunes poireaux, vinaigrette d'herbes. Véritable chou farci en hommage à Jean Delaveyne. Soufflé à la passion, coulis et sorbet.

Menu 45/81 € - Carte 70/100 €

78 rte Nationale - 03 22 89 51 41 - www.aubergade-dury.com - Fermé 9-24 avril, 6-21 août, 24 déc.-8 janv., dim. et lundi

La Bonne Auberge

CUISINE MODERNE • ÉLÉGANT XX Dans cette pimpante auberge, point de carte : on choisit parmi les suggestions de l'ardoise, gage de fraîcheur. Le jeune chef se montre assez audacieux dans sa cuisine, osant quelques accords de saveurs originaux (qui ne font pas de mal, dans cette région où la tradition règne en maître...). Service aimable et efficace, bon rapport qualité-prix.

Formule 22 € - Menu 30/37 €

63 rte Nationale - 03 22 95 03 33 (réservation conseillée) - www.labonneauberge80.com - Fermé 24 juil.-15 août, 2-24 janv., dim. soir, mardi soir et lundi

AMMERSCHWIHR

68770 (Haut-Rhin) - 1 773 hab. - Alt. 215 m - Carte régionale n° **1**-C2

Paris 441 km - Colmar 9 km - Gérardmer 49 km - St-Dié 44 km

Carte Michelin 315-H8

Julien Binz N

CUISINE MODERNE • ÉLÉGANT XXX Julien Binz et sa compagne, Sandrine Kauffer, se sont installés en 2015 dans cette jolie maison alsacienne. Lui, en cuisine, saupoudre la tradition de quelques touches modernes, voire exotiques, du plus bel effet, et dévoile des assiettes savoureuses et bien maîtrisées ; elle, en salle, assure un service amical et efficace.

→ Damier de sardines marinées, tomate, avocat et basilic. Filet de veau, salsifis glacés au bouillon et marrons braisés. Figues violettes pochées aux épices, sablé et glace spéculos.

Formule 35 € - Menu 45/85 € - Carte 75/95 €

7 r. des Cigognes - 03 89 22 98 23 - www.julienbinz.com - Fermé lundi et mardi

Aux Armes de France

CUISINE CLASSIQUE • ÉLÉGANT XXX Dans ce beau village de la route des vins, une grande maison blanche qui cultive un certain esprit de tradition, entre décor bourgeois et cuisine classique (pressé de grenouilles au riesling, gratin de homard, choucroute garnie...). À l'étage, les chambres de style rustique permettent de faire étape.

Formule 19 € - Menu 30 € (déj. en semaine) - Carte 53/91 €

10 chambres - 74/94 € 74/94 € - 12 €

1 Grand'Rue - 03 89 47 10 12 - www.armesfrance.fr - fermé mardi soir de janv. à mars, merc. et jeudi

AMNÉVILLE

✉ 57360 (Moselle) - 10 069 hab. - Alt. 162 m - Carte régionale n° **14**-B1
▶ Paris 319 km - Briey 17 km - Metz 21 km - Thionville 16 km
Carte Michelin 307-H3

au Parc Thermal et de Loisirs 2,5 km au Sud, bois de Coulange - ✉ 57360 Amnéville :

La Forêt

CUISINE TRADITIONNELLE • CONVIVIAL XX "Penser, c'est chercher des clairières dans une forêt." On pourra méditer cette trouvaille de Jules Renard en s'attablant dans cette maison conviviale, face au bois de Coulange. Les recettes y sont empreintes de classicisme (foie gras maison, salade de homard, bourride, etc.) et s'accompagnent de jolis crus.

Menu 21 € (semaine), 35/45 € - Carte 37/64 €

1 r. de la Source - ✆ 03 87 70 34 34 - www.restaurant-laforet.com - Fermé 24 juil.-7 août, 23 déc.-8 janv., dim. soir, fériés le soir et lundi

Golden Tulip

BUSINESS • CONTEMPORAIN Cet hôtel, situé en plein cœur du parc thermal et de loisirs du bois de Coulange, est directement relié à une salle de spectacle. Le parti pris est contemporain, voire avant-gardiste : chambres et suites design, casino, espace détente, salles de séminaire, restaurant...

78 chambres - †80/245 € ††80/345 € - 5 suites - ☐ 17 €

Parc de Coulange - ✆ 03 87 71 82 86 - www.goldentulipamneville.com

Diane

FAMILIAL • FONCTIONNEL Au cœur du parc de loisirs, près des thermes, cet hôtel a pour avantage d'être parfaitement intégré à la forêt. Le style contemporain, très "green", est traversé de quelques touches design. L'endroit parfait pour prendre son petit-déjeuner en regardant la verdure...

48 chambres - †82/91 € ††82/91 € - 3 suites - ☐ 12 €

r. de la Source - ✆ 03 87 70 16 33 - www.hotels-amneville.com

St Eloy

FAMILIAL • CONTEMPORAIN Un hôtel entouré de verdure, et rénové dans un esprit contemporain. Il abrite de petites chambres bien aménagées (douches à l'italienne, écrans plats), avec un mobilier design. Au restaurant, les charcuteries sont faites maison !

47 chambres - †70/78 € ††78/83 € - ☐ 11 €

r. des Thermes - ✆ 03 87 70 32 62 - www.hotels-amneville.com

AMOU

✉ 40330 (Landes) - 1 523 hab. - Alt. 44 m - Carte régionale n° **2**-B3
▶ Paris 760 km - Aire-sur-l'Adour 51 km - Dax 31 km - Mont-de-Marsan 47 km
Carte Michelin 335-G13 - Guide Vert Michelin Aquitaine

Le Commerce

CUISINE TRADITIONNELLE • RUSTIQUE X Le charme des anciennes auberges de village, la touche contemporaine en plus... Pâté maison, foie gras chaud aux piquillos, lamproie en matelote, anguilles persillées, tourtière flambée aux pommes : à la carte, la cuisine landaise et les bonnes recettes sont à l'honneur ! Quelques jolies chambres pour passer la nuit.

Menu 18 € (semaine), 23/29 € - Carte 30/55 €

15 chambres - †59/90 € ††69/110 € - ☐ 7 €

2 pl. de la Poste (près de l'église) - ✆ 05 58 89 02 28 - www.hotel-lecommerceamou.com - Fermé 21 fév.-6 mars, 13 nov.-5 déc., dim. soir sauf juil.-août et lundi

AMPHION-LES-BAINS

74500 (Haute-Savoie) - Carte régionale n° **25**-F1

Paris 573 km - Annecy 81 km - Évian-les-Bains 4 km - Genève 40 km

Carte Michelin 328-M2 - Guide Vert Michelin Alpes du Nord

La Plage

TRADITIONNEL • CLASSIQUE Une hostellerie tenue par la même famille depuis quatre générations, au grand calme. Les chambres y sont confortables et bien tenues. Autres avantages de cet établissement : le jardin au bord du lac, le charmant restaurant traditionnel sur pilotis, face à la Suisse... Et le must : la plage, tout près !

39 chambres - 80/160 € 85/160 € - 13 € - ½ P

431 r. de la Plage - 04 50 70 00 06 - www.hotelplage74.com - Fermé 30 nov.-10 mars

AMPUIS

69420 (Rhône) - 2 680 hab. - Alt. 150 m - Carte régionale n° **23**-B2

Paris 492 km - Condrieu 5 km - Givors 17 km - Lyon 37 km

Carte Michelin 327-H7 - Guide Vert Michelin Lyon et sa région

Le Domaine des Vignes

FAMILIAL • CONTEMPORAIN Une bonne adresse que ce petit hôtel récent, au cœur du célèbre vignoble de Côte-Rôtie. Les chambres sont d'un agréable style contemporain. Ne manquez pas les dégustations de vins du domaine.

12 chambres - 79 € 95 € - 7 €

41 rte Taquière, D386 - 04 74 59 21 24 - www.hoteldomainedesvignes.com

ANCELLE

05260 (Hautes-Alpes) - 883 hab. - Alt. 1 340 m - Carte régionale n° **21**-C1

Paris 671 km - Digne-les-Bains 104 km - Gap 19 km - Marseille 199 km

Carte Michelin 334-F5 - Guide Vert Michelin Alpes du Sud

Les Autanes

TRADITIONNEL • MONTAGNARD Une vraie affaire de famille ! Cet hôtel-restaurant a été créé par l'aïeul des actuels propriétaires, qui a également œuvré à la création de la station de ski. Tout près des pistes, le refuge est chaleureux, mêlant décor montagnard, espace bien-être et restaurant traditionnel. Un cadre bien agréable.

32 chambres - 89/123 € 119/163 € - 12 € - ½ P

le village - 04 92 50 82 82 - www.hotel-les-autanes.com - Fermé 14 nov.-17 déc.

ANCENIS

44150 (Loire-Atlantique) - 7 504 hab. - Alt. 13 m - Carte régionale n° **18**-B2

Paris 347 km - Angers 55 km - Châteaubriant 48 km - Cholet 49 km

Carte Michelin 316-I3 - Guide Vert Michelin Pays de la Loire

La Toile à Beurre

CUISINE MODERNE • RUSTIQUE Pierres, poutres et tomettes font le cachet rustique de cette maison de 1750, bordée d'une jolie terrasse. Le chef, Pierre-Yves Ladoire, y revisite la cuisine du terroir en y mêlant sa patte personnelle. Résultat : des recettes gourmandes, mettant notamment à l'honneur le poisson de la Loire. Service aimable.

Formule 15 € - Menu 18 € (déj. en semaine), 30/55 € - Carte 37/47 €

82 r. St-Pierre - 02 40 98 89 64 - www.latoileabeurre.com - Fermé dim. soir, mardi soir, merc. soir et lundi

Hôtel de La Loire

TRADITIONNEL • FONCTIONNEL Aux portes de la ville, cet hôtel abrite des chambres fonctionnelles et bien tenues (quelques familiales), la plupart avec balcon ou terrasse privative côté jardin. Cadre moderne au restaurant, cuisine traditionnelle.

42 chambres - 54/84 € 54/105 € - 11 €

2 km à l'Est, par D723 rte d'Angers - 02 40 96 00 03 - www.hotel-loire.net

LES ANDELYS

✉ 27700 (Eure) - 8 179 hab. - Alt. 28 m - Carte régionale n° **17**-D2
▶ Paris 93 km - Évreux 38 km - Gisors 30 km - Mantes-la-Jolie 54 km
Carte Michelin 304-I6 - Guide Vert Michelin Normandie Vallée de la Seine

La Chaîne d'Or

CUISINE CLASSIQUE • ÉLÉGANT XXX Une hostellerie couverte de vigne vierge au bord de la Seine... Entre charme de l'ancien et belle vue sur le fleuve, le cadre ne manque pas de noblesse pour un repas gastronomique qui épouse joliment l'air du temps. Et les chambres, décorées avec goût, se prêtent à une nuit reposante...

Formule 23 € - Menu 30 € (déj. en semaine), 49/114 € - Carte 48/75 €

25 r. Grande - ✆ 02 32 54 00 31 - www.hotel-lachainedor.com - Fermé fév., 20-28 déc., dim. soir et mardi du 15 oct. au 15 avril et merc. sauf le soir du 15 avril au 15 oct.

ANDLAU

✉ 67140 (Bas-Rhin) - 1 799 hab. - Alt. 215 m - Carte régionale n° **1**-C1
▶ Paris 501 km - Erstein 25 km - Le Hohwald 8 km - Molsheim 25 km
Carte Michelin 315-I6

Zinckhotel

TRADITIONNEL • PERSONNALISÉ Sur la route des Vins, dans le village d'Andlau, un ancien moulin et son extension moderne et spacieuse. Chambres zen, pop, jazzy, Empire... Insolite et décalé !

18 chambres - †65/111 € ††65/111 € - ☕ 11 €

13 r. de la Marne - ✆ 03 88 08 27 30 - www.zinckhotel.com - Fermé 23 déc.-3 janv.

ANDREZÉ

✉ 49600 (Maine-et-Loire) - 1 847 hab. - Alt. 87 m - Carte régionale n° **18**-B2
▶ Paris 371 km - Angers 80 km - Nantes 62 km - La Roche-sur-Yon 84 km
Carte Michelin 317-D5

Le Château de la Morinière

DEMEURE HISTORIQUE • PERSONNALISÉ Ce petit château Napoléon III domine la vallée du Beuvron. Ses propriétaires ont su capter toute l'essence raffinée et mystérieuse de son style néogothique : les chambres sont décorées sur le thème des fées... Passionnés de gastronomie et auteurs de livres sur le sujet, ils proposent aussi une belle table d'hôte et des cours. L'alliance du surnaturel et... du naturel.

5 chambres - †79/109 € ††85/138 € - ☕ 9 € - ½ P

- ✆ 02 41 75 40 30 - www.chateau-de-la-moriniere.com

ANDUZE

✉ 30140 (Gard) - 3 323 hab. - Alt. 135 m - Carte régionale n° **12**-C2
▶ Paris 718 km - Alès 15 km - Florac 68 km - Montpellier 60 km
Carte Michelin 339-I4

au Nord-Ouest par rte de St-Jean-du-Gard - ✉ 30140 Anduze

La Porte des Cévennes

FAMILIAL • FONCTIONNEL Non loin de la superbe Bambouseraie de Prafrance, cette paisible maison propose des chambres spacieuses et bien tenues, pour la moitié tournées vers la vallée du Gardon. Carte traditionnelle au restaurant, avec terrasse panoramique.

34 chambres - †95/105 € ††95/137 € - ☕ 12 € - ½ P

2300 rte de St-Jean-du-Gard, à 3 km - ✆ 04 66 61 99 44 - www.porte-cevennes.com - Ouvert 1er avril-15 oct.

à Thoiras 8,5 km au Nord-Ouest par D907 et D258 – ✉ 30140 – 440 hab. – Alt. 200 m

Le Mas de Prades

MAISON DE CAMPAGNE • PERSONNALISÉ En pleine campagne, aux portes du parc national des Cévennes, ce mas tout en pierre est un vrai refuge. La belle piscine dans le parc parfaitement entretenu, les chambres très cosy, les salons où il fait bon prendre un livre, les vélos à disposition : tout invite à lâcher prise...

5 chambres – 90/95 € 100/120 €

au hameau de Prades, 3 km au Nord-Ouest par D57 – ✆ 04 66 85 09 00 – www.masdeprades.com – Ouvert de début avril à fin sept.

ANET

✉ 28260 (Eure-et-Loir) – 2 673 hab. – Alt. 73 m – Carte régionale n° **6**-B1

Paris 76 km – Chartres 51 km – Dreux 16 km – Évreux 37 km

Carte Michelin 311-E2 – Guide Vert Michelin Normandie Vallée de la Seine

Le Manoir d'Anet

CUISINE TRADITIONNELLE • RUSTIQUE XX Un restaurant traditionnel idéalement située face au château de Diane de Poitiers ! Dans la salle, rustique et coquette, on se régale des classiques du genre comme la blanquette. Une offre snacking est également proposée.

Menu 27 € (semaine), 38/52 € – Carte 49/73 €

3 pl. du Château – ✆ 02 37 41 91 05 – www.lemanoirdanet.com – Fermé mardi et merc.

ON AIME…

Le Pois Gourmand, pour sa goûteuse cuisine du marché et sa sélection de vins de Loire. **Le Crêmet d'Anjou**, pour sa succulente joue de bœuf… L'hôtel **Loire et Sens**, tant pour ses chambres confortables que pour sa bonne table…

ANGERS

✉ 49000 (Maine-et-Loire) - 149 017 hab. - Agglo. 217 399 hab. - Alt. 41 m
- Carte régionale n° **18**-C2
▶ Paris 294 km - Laval 79 km - Le Mans 97 km - Nantes 88 km
Carte Michelin 317-F4 - Guide Vert Michelin Pays de la Loire

Restaurants

✿ Le Favre d'Anne (Pascal Favre d'Anne)

CUISINE CRÉATIVE • ÉLÉGANT XX Sis au premier étage de cet ancien hôtel particulier du 19e s., le Favre d'Anne s'offre une nouvelle jeunesse ! Pascal, le chef, y associe avec bonheur les produits du terroir angevin aux saveurs qu'il a glanées en voyage. Finesse et technicité vont main dans la main : on en sort ravi.
➜ Cuisine du marché.

Menu 49 € (déj.), 65/95 € - menu unique

Plan : C3-g - *Hôtel 21 Foch, 21 bd du Mar.-Foch (1er étage) - ✆ 02 41 36 12 12 (réservation conseillée) - www.lefavredanne.fr - Fermé août, 1 semaine vacances de Noël, dim., lundi et mardi*

✿ Une Île (Gérard Bossé)

CUISINE MODERNE • DESIGN XX Une île en forme de loft contemporain, sobre et épurée, comme la cuisine : le chef cultive le goût du produit, dans la simplicité et la précision. Madame, sommelière, suggère les accords mets et vins.
➜ Foie gras rôti au jus de canard. Ris de veau laqué à la ciboulette chinoise. Millefeuille à la vanille Bourbon.

Formule 38 € - Menu 55/95 € - Carte 70/85 €

Plan : B3-g - *9 r. Max-Richard - ✆ 02 41 19 14 48 (réservation conseillée) - www.une-ile.fr - Fermé 1 semaine en mars, 22 août-5 sept., dim. et lundi*

Pour bien utiliser votre guide, consultez son mode d'emploi situé en pages d'introduction : symboles, classements, abréviations et autres signes n'auront plus de mystère pour vous !

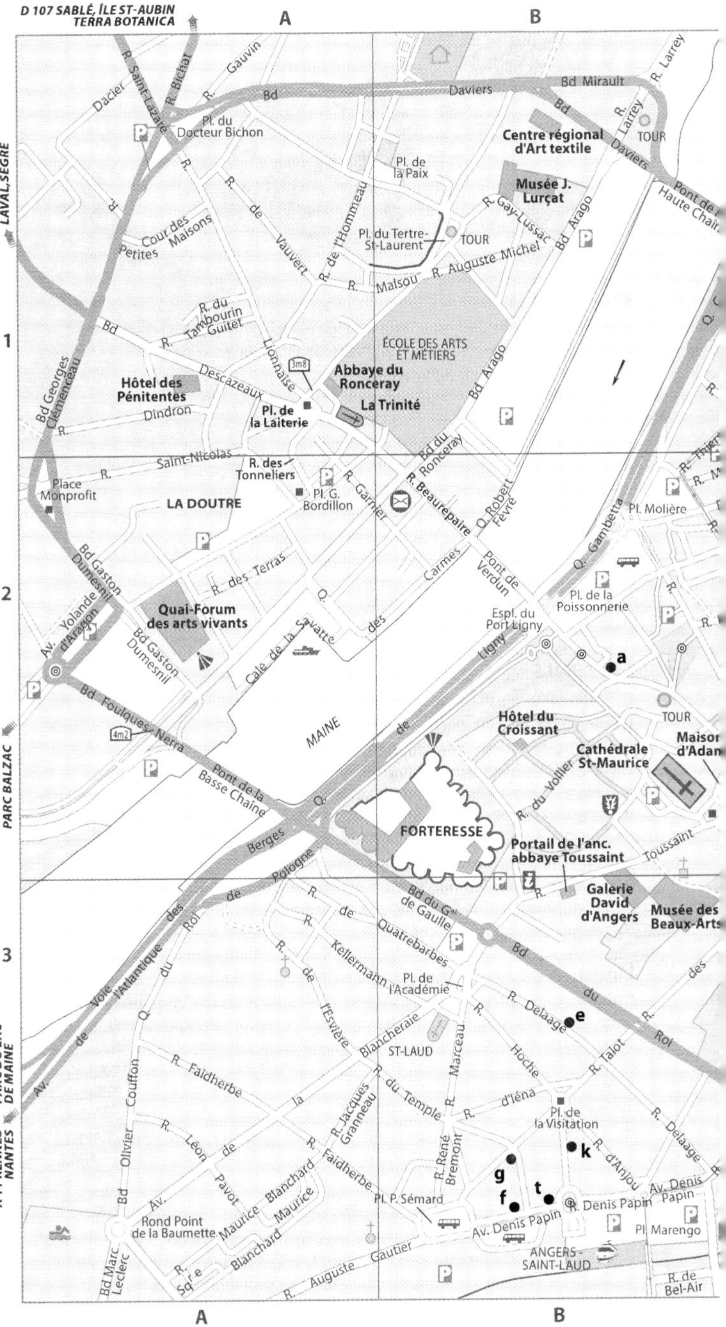
D 107 SABLÉ, ÎLE ST-AUBIN
TERRA BOTANICA
A
B
N 162 LAVAL, SEGRÉ
PARC BALZAC
PARC DU LAC DE MAINE
A 11 RENNES NANTES
1
2
3
Centre régional d'Art textile
Musée J. Lurçat
Pl. de la Paix
Pl. du Docteur Bichon
Pl. du Tertre-St-Laurent
TOUR
ÉCOLE DES ARTS ET MÉTIERS
Abbaye du Ronceray
La Trinité
Hôtel des Pénitentes
Pl. de la Laiterie
Place Monprofit
LA DOUTRE
Pl. G. Bordillon
Pl. Molière
Quai-Forum des arts vivants
MAINE
Pl. de la Poissonnerie
Espl. du Port Ligny
Hôtel du Croissant
Cathédrale St-Maurice
Maison d'Adam
FORTERESSE
Portail de l'anc. abbaye Toussaint
Galerie David d'Angers
Musée des Beaux-Arts
Pl. de l'Académie
ST-LAUD
Pl. de la Visitation
Pl. P. Sémard
Rond Point de la Baumette
Pl. Marengo
ANGERS-SAINT-LAUD
Bd Mirault
Bd Daviers
Bd Arago
Bd Descazeaux
Bd Georges Clémenceau
Bd Gaston Dumesnil
Bd Foulques Nerra
Pont de la Basse Chaîne
Pont de Verdun
Pont de la Haute Chaîne
Q. Gambetta
Q. Robert Fèvre
Bd du Ronceray
R. Beaurepaire
Bd du Gal de Gaulle
Bd du Roi René
Av. Denis Papin
R. Auguste Gautier
Voie des Berges
a
e
g
f
t
k
3m8
4m2

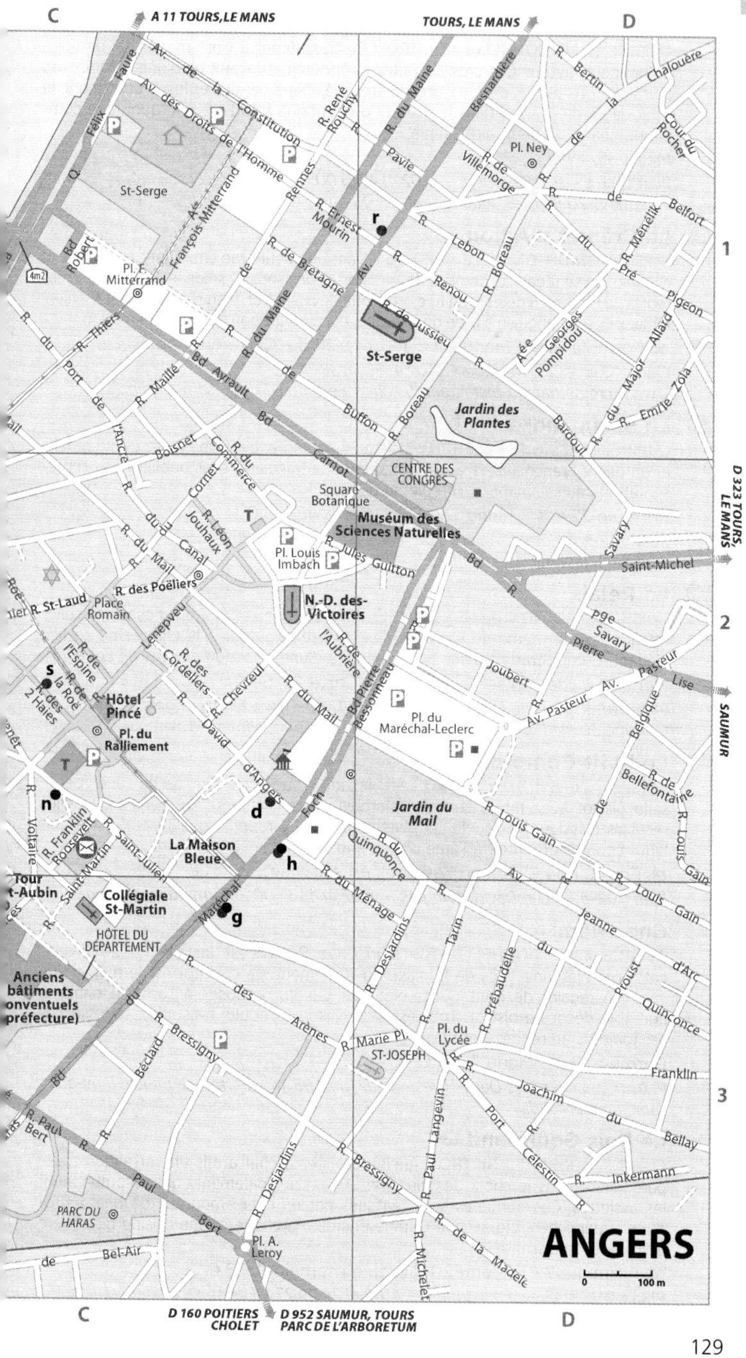
C
A 11 TOURS, LE MANS
TOURS, LE MANS
D
ANGERS
0
100 m
1
2
3
D 323 TOURS, LE MANS
SAUMUR
D 160 POITIERS CHOLET
D 952 SAUMUR, TOURS PARC DE L'ARBORETUM
St-Serge
Pl. F. Mitterrand
4m2
Av. de la Constitution
Av. des Droits de l'Homme
Allée François Mitterrand
Q. Félix Faure
Bd Robert
R. René Rouchy
R. du Maine
R. Besnardière
R. Bertin
R. de la Chalouère
Cour du Rocher
Pl. Ney
R. de Villemorge
R. de Belfort
R. Pavie
R. Ernest Mourin
R. de Rennes
R. de Bretagne
Av. du Maine
R. Lebon
R. Boreau
R. du Pré
R. Ménélik
R. Renou
R. Pigeon
R. Allard
R. de Jussieu
St-Serge
Allée Georges Pompidou
R. du Major
R. Émile Zola
R. Bardoul
Jardin des Plantes
R. de Buffon
R. Boreau
R. Thiers
R. du Port de l'Ancre
Bd Ayrault
R. Maillé
R. Boisnet
R. Cornet
R. du Commerce
Bd Carnot
CENTRE DES CONGRÈS
Square Botanique
Muséum des Sciences Naturelles
R. Léon Jouhaux
R. du Canal
R. du Mail
Pl. Louis Imbach
R. Jules Guitton
Bd Saint-Michel
R. Savary
R. des Poëliers
R. St-Laud
Place Romain
R. Lenepveu
N.-D. des-Victoires
R. de l'Aubrière
Pge Savary
Bd Pierre Lise
R. Joubert
Av. Pasteur
R. de Belgique
R. de l'Espine
R. de la Roë
R. des 2 Haies
R. des Cordeliers
R. Chevreul
R. du Mail
Bd Pierre Bessonneau
Hôtel Pincé
Pl. du Ralliement
R. David d'Angers
Pl. du Maréchal-Leclerc
R. de Bellefontaine
R. Louis Gain
R. Voltaire
Jardin du Mail
Bd Foch
R. Franklin Roosevelt
R. Saint-Julien
La Maison Bleue
R. du Quinconce
Tour St-Aubin
R. Saint-Martin
Collégiale St-Martin
Bd du Maréchal
R. du Ménage
Av. Jeanne d'Arc
R. Louis Gain
HÔTEL DU DÉPARTEMENT
Anciens bâtiments conventuels (préfecture)
R. Desjardins
R. Tarin
R. Prébaudelle
R. Proust
R. du Quinconce
R. des Arènes
R. Bressigny
R. Béclard
R. Marie
Pl. du Lycée
ST-JOSEPH
R. Franklin
R. Joachim du Bellay
R. Port Célestin
R. Paul Langevin
R. Paul Bert
R. Desjardins
R. Bressigny
R. Inkermann
PARC DU HARAS
R. de Bel-Air
Pl. A. Leroy
R. de la Madeleine
R. Michelet
r
s
n
d
h
g

Autour d'un Cep

CUISINE TRADITIONNELLE • BISTRO Ce "restaurant à vins" met le Val de Loire à l'honneur, autour des crus de petits propriétaires locaux et d'une "ardoise du jour" réécrite par le chef au gré du marché. Dans l'assiette, les produits ont le goût de ce qu'ils sont, dans le droit fil de la bonne tradition. Pourquoi faire compliqué quand on peut faire simple ?

Menu 32/45 €

Plan : B2-a – *9 r. Baudrière – ✆ 02 41 42 61 00 (réservation conseillée) – Fermé 5-20 juin, 28 août-12 sept., 1er-10 janv., dim. et le midi*

Le Crêmet d'Anjou

CUISINE TRADITIONNELLE • BISTRO Dans une petite rue entre gare ferroviaire et château, on se régale ici de plats de tradition gourmands et soignés, réalisés dans les règles de l'art : pied de porc au foie gras, joue de bœuf... et, bien sûr, le crêmet d'Anjou, fameux dessert angevin à base de fromage, qui a donné son nom à cette maison.

Formule 14 € – Menu 20 € (déj.)/26 € – Carte environ 30 €

Plan : B3-e – *21 r. Delaâge – ✆ 02 41 88 38 38 – www.cremetdanjou-restaurant49.com – Fermé 15-31 juil., sam. et dim.*

La Salamandre

CUISINE CLASSIQUE • ÉLÉGANT La Salamandre, c'est une carte traditionnelle et un décor François Ier : fresques, plafond à la française, sans oublier... des représentations de salamandre, l'emblème du roi.

Formule 22 € – Menu 31/46 € – Carte 48/69 €

Plan : C2-h – *Hôtel D'Anjou, 1 bd Mar.-Foch – ✆ 02 41 88 99 55 – www.restaurant-lasalamandre.fr – Fermé dim. soir*

Le Relais

CUISINE TRADITIONNELLE • BRASSERIE Banquettes, sol en mosaïque, belles fresques sur le thème du vin et du "bien vivre" ajoutent à la chaleur de ce lieu élégant. Cuisine traditionnelle accompagnée d'une sélection de vins de Loire.

Menu 21 € (déj. en semaine)/25 € – Carte 27/80 €

Plan : B3-k – *9 r. de la Gare – ✆ 02 41 88 42 51 – www.lerelaisangers.fr – Fermé 30 avril-10 mai, 13-30 août, 23 déc.-4 janv., sam. et dim.*

Le Petit Comptoir

CUISINE CLASSIQUE • BISTRO Sa façade rouge carmin cache une petite salle bistrot avec tables serrées et ambiance bon enfant. Au menu : de belles recettes classiques et quelques plats canailles. Le rapport qualité-prix est excellent : ce Petit Comptoir a l'âme d'un grand !

Formule 14 € – Menu 17 € (déj. en semaine), 22/31 €

Plan : C2-d – *40 r. David-d'Angers – ✆ 02 41 43 32 00 – Fermé dim. et lundi*

Chez Rémi

CUISINE TRADITIONNELLE • BISTRO Chez Rémi s'est installé fin 2013 dans cette rue piétonne, près de la place du Ralliement. Le concept est le même : on vient se régaler de bons petits plats de saison, proposés à l'ardoise dans un agréable décor de bistrot. Tout est fait maison (produits frais, bio), et le succès est toujours au rendez-vous !

Formule 18 € – Menu 31/41 €

Plan : C2-s – *5 r. des Deux-Haies – ✆ 02 41 24 95 44 – Fermé de mi-juil. à mi-août, sam., dim. et lundi*

Le Pois Gourmand N

CUISINE MODERNE • BISTRO Ancien caviste, le chef a mis une attention toute particulière dans le choix des vins (de Loire, principalement) qui accompagnent les assiettes. Ces dernières sont réalisées par un chef amoureux de beaux produits – maraîchers bio, viande et poissons du marché, etc. Une cuisine bistrotière fraîche et réjouissante.

Formule 17 € – Menu 20 € (déj. en semaine)/28 €

Plan : D1-r – *42 av. Besnardière – ✆ 02 41 24 09 25 – Fermé sam., dim. et le soir sauf vend.*

Hôtels

Hôtel d'Anjou

HISTORIQUE • CLASSIQUE Au cœur d'Angers, cet hôtel né en 1857 conserve son cadre historique, mêlant les inspirations Renaissance, classique et Art déco. Les chambres sont cossues et bien insonorisées. Patine et confort...

53 chambres – 95/205 € 95/205 € – 16 € – ½ P

Plan : C2-h – *1 bd Mar.-Foch – 02 41 21 12 11 – www.hoteldanjou.fr*

La Salamandre – voir les restaurants ci-dessus

Hôtel de France

BUSINESS • FONCTIONNEL Face à la gare, derrière une belle façade classique, hôtel tenu en famille depuis 1893. Chambres cossues, contemporaines au dernier étage. Produits locaux et bio au petit-déjeuner.

55 chambres – 85/191 € 85/191 € – 20 €

Plan : B3-t – *8 pl. de la Gare – 02 41 88 49 42 – www.hoteldefrance-angers.com*

Le Progrès

TRADITIONNEL • FONCTIONNEL À deux pas de la gare, adresse accueillante aux chambres claires et simples (murs blancs, tissus colorés, mobilier fonctionnel). Petit-déjeuner servi devant une courette fleurie.

41 chambres – 54/85 € 60/95 € – 10 €

Plan : B3-f – *26 r. Denis-Papin – 02 41 88 10 14 – www.hotelleprogres.com – Fermé 1er-17 août et 22 déc.-3 janv.*

21 Foch

URBAIN • CONTEMPORAIN Face au passage du tramway, cet ancien hôtel particulier (1850) a pris le virage de la modernité : sous l'impulsion de ses nouveaux propriétaires, il est devenu un hôtel ultracontemporain, décoré avec goût et confort. Une adresse à découvrir.

12 chambres – 85/180 € 85/180 € – 14 €

Plan : C3-g – *21 bd du Mar.-Foch – 02 30 31 41 00 – www.21foch.fr*

Le Favre d'Anne – voir les restaurants ci-dessus

Le Continental

TRADITIONNEL • FONCTIONNEL Situation très centrale, chambres aux couleurs ensoleillées, bonne insonorisation, salle des petits-déjeuners lumineuse et prix sages.

25 chambres – 53/75 € 53/99 € – 10 €

Plan : C2-n – *14 r. Louis-de-Romain – 02 41 86 94 94 – www.hotellecontinental.com*

à Briollay 13 km au Nord par D50 et D52 – 49125 – 2 751 hab. – Alt. 20 m

Château de Noirieux (Marco Garfagnini)

CUISINE CLASSIQUE • ÉLÉGANT Dans un cadre éminemment classique, avec une vue dominante sur la campagne angevine... Plaisirs de toujours au gré des saisons et des meilleurs produits du terroir : le chef, Marco Garfagnini, venu du Georges V, signe une cuisine d'une très belle facture, subtile, appuyée sur la tradition mais nullement figée !

→ Carpaccio de bœuf à la truffe noire. Filet de bar, barigoule d'artichaut, émulsion fruits de mer. Tiramisu Château de Noirieux.

Menu 35 € (déj.), 80/110 € – Carte 105/120 €

Château de Noirieux, 26 rte du Moulin, par rte de Soucelles – 02 41 42 50 05 – www.chateaudenoirieux.com – Fermé 2 janv.-10 fév.

Château de Noirieux

DEMEURE HISTORIQUE • PERSONNALISÉ La douceur angevine n'est pas un mythe... Sous les frondaisons du parc, avec au loin le Loir qui apparaît entre des rideaux d'arbres, tout n'est que quiétude. Et dans les chambres – superbes dans le château du 17e s. comme dans le manoir du 15e s. –, l'on voudrait réciter : "Mignonne, allons voir si la rose..."

19 chambres – 185/460 € 185/460 € – 25 € – ½ P

26 rte du Moulin, par rte de Soucelles – 02 41 42 50 05
– www.chateaudenoirieux.com
– Fermé 2 janv.-10 fév.

Château de Noirieux – voir les restaurants ci-dessus

aux Ponts-de-Cé 6 km au Sud-Est par D952 puis D160 – 49130 – 11 975 hab. – Alt. 25 m

Les 3 Lieux

TRADITIONNEL • CONTEMPORAIN En bordure de Loire, l'ancienne usine d'hameçons est devenue un hôtel aux multiples facettes. Des chambres modernes et confortables, un bel espace bien-être (hammam, aromathérapie, luminothérapie...), une décoration inspirée des métiers d'art, etc. Cette adresse a du cachet !

28 chambres – 85/155 € 102/288 € – 15 € – ½ P

10 port des Noues – 02 14 03 03 53 – www.les3lieux.com

à Trélazé 8 km au Sud-Est par D952 – 49800 – 12 929 hab. – Alt. 20 m

Hôtel de Loire

BUSINESS • FONCTIONNEL Cet hôtel situé sur un axe assez fréquenté, en périphérie d'Angers, abrite des chambres fonctionnelles et bien tenues, mais préférez celles – plus calmes – sur l'arrière du bâtiment. Carte brasserie au restaurant.

49 chambres – 70/108 € 72/134 € – 10 € – ½ P

328 r. Jean-Jaurès – 02 41 81 89 18 – www.hoteldeloire.com

à Beaucouzé 7 km à l'Ouest par D323 – 49070 – 4 889 hab. – Alt. 54 m

L'Hoirie

CUISINE MODERNE • CONVIVIAL XXX Dans une zone commerciale en périphérie de la ville, la présence de cette belle demeure angevine est presque incongrue... Mais dans l'assiette, la cohérence est totale : la cuisine, inventive, met en valeur des produits bien choisis. Et la carte des vins (surtout du Val de Loire) ravira les amateurs !

Menu 29 € (semaine), 40/59 € – Carte 45/58 €

2 r. Henri-Faris, zone commerciale, D723
– 02 41 72 06 09 – www.lhoirie.com
– Fermé dim. soir et lundi

à St-Jean-de-Linières 8 km à l'Ouest par D323 et D723 – 49070 – 1 779 hab. – Alt. 75 m

Auberge de la Roche

CUISINE MODERNE • AUBERGE XX Tranche de lard caramélisée et laquée au soja ; risotto aux bulots cuisinés à l'ail ; coque chocolatée aux fruits rouges... une cuisine qui sent bon l'air du temps, dans cette petite auberge de province joliment fleurie. Côté véranda, ardoise plus simple le midi.

Formule 19 € – Menu 23 € (semaine), 31/40 € – Carte 38/63 €

rte Nationale – 02 41 39 72 21 – www.auberge-de-la-roche.com – Fermé 2 semaines en mars, dim. soir, mardi soir et lundi

à Juigné-sur-Loire 10 km au Sud-Est par N260, D751 et rte secondaire – ✉ 49610 – 2 580 hab. – Alt. 25 m

Loire et Sens

CUISINE MODERNE • ÉLÉGANT XX En pleine nature, cet ancien relais de chasse tout de schiste, d'ardoise et de bois s'intègre idéalement dans son environnement... et sait parler à nos papilles ! Fraîcheur et qualité des produits (foie gras, saumon ou filet mignon de veau, mais aussi légumes), précision des cuissons : c'est tout bon !

Menu 22 € (déj. en semaine), 29/49 € – Carte 45/58 €

11 chemin du Bois-Guillou – ✆ 02 41 66 45 54 – www.loireetsens.com – Fermé dim. soir et lundi midi

Loire et Sens

TRADITIONNEL • FONCTIONNEL Au milieu d'un parc arboré, cet ancien relais de chasse du 17e s. en impose : conçu avec des matériaux de construction locaux (schiste, ardoise et bois), il comprend un auditorium, une salle de fitness, une grande piscine couverte et de belles chambres dont certaines en duplex. Un bel ensemble !

35 chambres – 120/170 € 120/200 € – 12 suites – 12 € – ½ P

11 chemin du Bois-Guillou – ✆ 02 41 66 30 03 – www.loireetsens.com

Loire et Sens – voir les restaurants ci-dessus

ANGERVILLE

✉ 91670 (Essonne) – 4 137 hab. – Alt. 141 m – Carte régionale n° **10**-B3

Paris 70 km – Ablis 29 km – Chartres 46 km – Étampes 21 km

Carte Michelin 312-A6

Hôtel de France

AUBERGE • PERSONNALISÉ Dans cette petite bourgade, l'ancien Relais royal de Poste – fondé en 1715 – a traversé les âges, et appartient à la même famille depuis le 19e s. Belles tomettes, objets chinés : l'intérieur a le charme des vieilles demeures bourgeoises, jusqu'aux chambres, coquettes et confortables.

20 chambres – 87/120 € 120/152 € – 15 €

2 pl. du Marché – ✆ 01 69 95 11 30 – www.hotelfrance3.com – Fermé dim.

ANGLARS-JUILLAC – 46 (Lot) ➔ Voir Puy-l'Évêque

ANGLET

✉ 64600 (Pyrénées-Atlantiques) – 39 223 hab. – Alt. 20 m – Carte régionale n° **2**-A3

Paris 769 km – Bayonne 5 km – Biarritz 4 km – Cambo-les-Bains 18 km

Carte Michelin 342-C4 – Guide Vert Michelin Pays Basque et Navarre

Plan : voir Biarritz-Anglet-Bayonne

La Fleur de Sel

CUISINE TRADITIONNELLE • ÉLÉGANT XX Cette belle villa avenante et conviviale abrite une salle spacieuse et lumineuse, ouverte sur une terrasse. Le décor est chic et chaleureux ; la cuisine, traditionnelle, évolue en fonction du marché : galette de pieds de cochon et oreilles craquantes, poisson de la pêche locale... On se régale !

Formule 15 € – Carte 38/45 €

Plan : B1-a – *5 av. de la Fôret – ✆ 05 59 63 88 66 – www.lafleurdeselanglet.fr – Fermé 16 fév.-3 mars, 1 semaine fin juin, 1er-15 nov., mardi midi, merc. midi et lundi en saison, dim. soir hors saison*

Hôtel de Chiberta et du Golf

TRADITIONNEL • CONTEMPORAIN Situé le long du prestigieux golf de Chiberta, ce bâtiment des années 1920 abrite des chambres confortables et bien tenues. Cuisine basque servie dans la véranda ou sur la jolie terrasse ombragée, face au lac.

88 chambres – 145/241 € 145/352 € – 15 € – ½ P

Hors plan – *104 bd des Plages – ✆ 05 59 58 48 48 – www.hotel-chiberta-biarritz.com – Fermé 18-25 déc.*

Atlanthal

SPA ET BIEN-ÊTRE • CONTEMPORAIN Un temple du bien-être : centre de thalasso, véritable club de sport dans un cadre contemporain. Vue sur l'Atlantique depuis certaines chambres. Cuisine traditionnelle dans une salle d'esprit bistrot. Plats basques et bar à tapas pour les petites faims.

99 chambres - 105/330 € 140/330 € - 17 € - ½ P

Hors plan - *153 bd des Plages - 05 59 52 75 75 - www.atlanthal.com*

ANGOULÊME

16000 (Charente) - 42 014 hab. - Agglo. 108 304 hab. - Alt. 98 m
- Carte régionale n° **20**-C3

Paris 447 km - Bordeaux 119 km - Limoges 105 km - Niort 116 km

Carte Michelin 324-K6 - Guide Vert Michelin Poitou-Charentes

La Ruelle

CUISINE MODERNE • ÉLÉGANT XXX Une ancienne ruelle et ses maisons mitoyennes - avec leurs façades tout en pierre - réunies en un même espace... Sans doute le plus beau restaurant de la ville ! Le jeune chef, passé par plusieurs maisons de qualité, réalise une cuisine gastronomique avec de bons produits. Joli repas en perspective...

Menu 55 € - Carte 50/80 €

Plan : B1-x - *6 r. Trois-Notre-Dame - 05 45 95 15 19 - www.restaurant-laruelle.com - Fermé sam. midi, dim. et lundi*

Le Terminus

POISSONS ET FRUITS DE MER • BRASSERIE XX Terminus, tout le monde descend ! Devant la gare, une halte s'impose dans cette brasserie contemporaine qui affectionne le terroir, et plus encore les produits de la mer, venus tout droit de l'Atlantique (tartare de bar à la coriandre fraîche, lieu grillé aux légumes de saison...).

Formule 16 € - Menu 22 € (déj.), 28/35 € - Carte 50/80 €

Plan : B1-n - *3 pl. de la Gare - 05 45 95 27 13 - www.le-terminus.com - Fermé 2-9 janv. et dim.*

L'Art des Mets

CUISINE TRADITIONNELLE • BISTRO X Fabrice Salzat, que l'on avait connu près de la gare, a installé dans les faubourgs de la ville ce petit bistrot contemporain pour le moins sympathique ! Sa cuisine est bien dans l'air du temps, avec quelques recettes plus traditionnelles - foie gras mi-cuit au Sauternes, tournedos de bœuf aux échalotes confites...

Formule 16 € - Menu 24/34 € - Carte 33/42 €

Hors plan - *178 r. de Limoges - 05 45 94 81 99 (réservation conseillée) - www.lartdesmets.net - Fermé août, le soir sauf vend. et sam., sam. midi et dim.*

Mercure Hôtel de France

HÔTEL DE CHAÎNE • DESIGN Dans la ville haute, tout près des remparts, ce Mercure est installé dans une bâtisse du 19e s., qui ouvre à l'arrière sur un agréable jardin. Dans les chambres, le style est résolument contemporain, tout en design et en élégance. Une belle réussite.

86 chambres - 95/159 € 95/159 € - 3 suites - 16 €

Plan : B1-e - *1 pl. des Halles-Centrales - 05 45 95 47 95 - www.mercure.com*

Le Saint-Gelais N

HISTORIQUE • CONTEMPORAIN Une maison de cachet dans un ancien prieuré : voici l'établissement qu'Angoulême attendait ! Les chambres, entre design et vintage, sont spacieuses et confortables : la garantie d'un séjour agréable.

12 chambres - 115 € 115 € - 1 suite - 15 €

Plan : B2-a - *12 r. du Père-Deval - 05 45 90 02 64 - www.hotel-saint-gelais-angouleme.com*

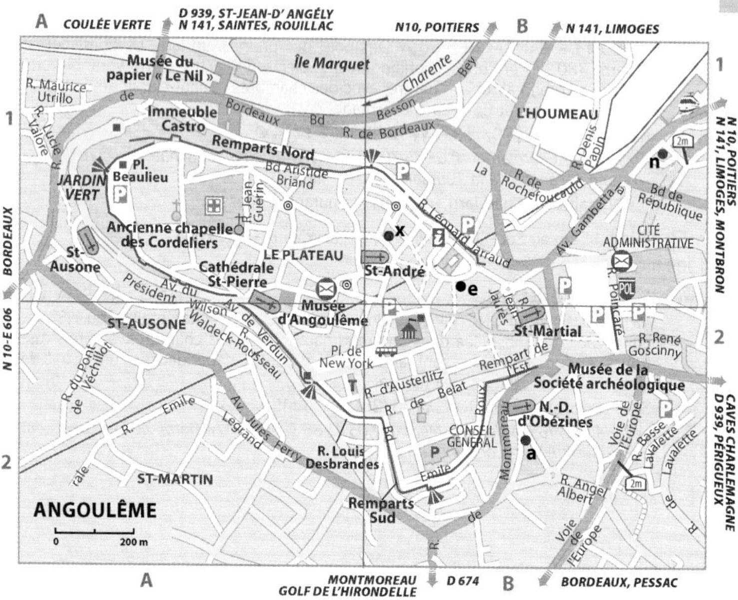

à Soyaux 4 km au Sud-Est par D939 – ✉ 16800 – 9 570 hab. – Alt. 133 m

La Cigogne

CUISINE MODERNE • TENDANCE XX Cette Cigogne pleine de charme a installé son nid sur les hauteurs, face à la vallée, à la sortie d'Angoulême. Cadre contemporain élégant, terrasse verdoyante, et une cuisine fraîche concoctée avec de bons produits locaux : filet de bœuf Rossini, tranche de thon en cocotte, ris de veau flambé au cognac...

Formule 20 € 🍷 – Menu 30/55 € – Carte 52/86 €

5 imp. Cabane-Bambou, à la mairie, prendre r. A.-Briand et 1,5 km – ✆ 05 45 95 89 23 – www.la-cigogne-angouleme.com – Fermé vacances de la Toussaint, merc. soir, dim. soir et lundi

Une bonne table sans se ruiner ? Repérez les Bib Gourmand ☺.

à Dirac 8 km au Sud-Est par D939, D101 et rte secondaire – ✉ 16410 – 1 532 hab. – Alt. 147 m

Domaine du Châtelard

CUISINE MODERNE • INTIME XX Dans cette belle "maison de campagne", le chef choisit bien ses produits et réalise une cuisine dans l'air du temps, fraîche et fine, avec parfois d'intéressantes influences italiennes. Le must ? Déjeuner sur la terrasse, avec vue sur le lac.

Formule 26 € – Menu 42/62 €

1079 rte du Châtelard – ✆ 05 45 70 76 76 – www.domaineduchatelard.com – Fermé vacances de la Toussaint, 2-28 janv., lundi sauf le soir en juil.-août et dim. soir

Domaine du Châtelard

MAISON DE CAMPAGNE • COSY Des bois, des prairies, un lac... Le domaine est superbe (80 ha) et cette "gentilhommière" pleine de cachet ! Une véritable ode à la vie, au grand air et à la nature, avec des chambres mêlant classicisme et douceur champêtre... et un accueil charmant.

12 chambres - 79/150 € 92/176 € - 14 €

1079 rte du Châtelard - 05 45 70 76 76 - www.domaineduchatelard.com - Fermé vacances de la Toussaint et 2-28 janv.

Domaine du Châtelard - voir les restaurants ci-dessus

à Roullet 14 km au Sud-Ouest par N10, dir. Bordeaux - 16440 - 4 109 hab. - Alt. 50 m

La Vieille Étable

TRADITIONNEL • FONCTIONNEL Une "Vieille Étable" charentaise du 18e s., confortablement installée dans un grand parc arboré. Les chambres, à la fois rustiques et fonctionnelles, sont aménagées dans les dépendances, un peu à la manière d'un motel. Accueil familial.

31 chambres - 75/110 € 75/260 € - 15 € - ½ P

Les Plantes, 16 rte de Mouthiers - 05 45 66 31 75 - www.hotel-vieille-etable.com - Fermé dim. soir d'oct. à mi-mai

ON AIME...

La Ciboulette, et sa cuisine classique bien maîtrisée. **L'Esquisse**, où un ancien du Clos des Sens donne un coup de jeune à la tradition. La vue sur le lac depuis la maison bleue de **Yoann Conte**, qui sublime les produits de la région...

ANNECY

✉ 74000 (Haute-Savoie) - 50 943 hab. - Agglo. 159 124 hab. - Alt. 448 m - Carte régionale n° **25**-F1

▶ Paris 536 km - Aix-les-Bains 34 km - Genève 42 km - Lyon 138 km

Carte Michelin 328-J5 - Guide Vert Michelin Alpes du Nord

Restaurants

✿✿ Le Clos des Sens (Laurent Petit)

CUISINE CRÉATIVE • DESIGN XXX Épuré et raffiné, le cadre sert à merveille la cuisine subtile et inventive de Laurent Petit, qui la résume ainsi : "végétale, lacustre et singulière". Il fait la part belle aux produits régionaux, et l'on accompagne tout cela de vins bien choisis. Jolie terrasse dominant Annecy ; quelques chambres luxueuses et design.

➜ Thé et crémeux d'écrevisses du lac d'Annecy. Omble chevalier, poutargue de féra et sarrasin torréfié. Polenta soyeuse et caviar de féra.

Menu 70 € (déj. en semaine), 110/180 € - Carte environ 140 €

Plan : B1-u - *Hôtel Le Clos des Sens, 13 r. Jean-Mermoz*
- *✆ 04 50 23 07 90*
- *www.closdessens.com*
- *Fermé 4-20 sept., 30 oct.-7 nov., 25 déc.-17 janv., dim. sauf le soir en juil.-août, mardi midi et lundi*

✿ La Ciboulette (Georges Paccard)

CUISINE MODERNE • ÉLÉGANT XXX Boiseries contemporaines en chêne, verrière, cour fleurie... Ce lieu feutré et élégant, presque intemporel, met en valeur une remarquable cuisine de saison, dont le beau classicisme n'a rien de figé. Très riche carte des vins avec 400 références. Un excellent moment !

➜ Moelleux d'omble chevalier et d'écrevisses, bouillon d'oignons. Ris de veau "crousti-moelleux", jus à la gentiane. Soufflé choco-framboise, crème glacée de la Grande Chartreuse.

Menu 40 € (déj. en semaine), 66/80 € - Carte environ 90 €

Plan : C1-v - *10 r. Vaugelas (cour du Pré Carré)*
- *✆ 04 50 45 74 57 - www.laciboulette-annecy.com*
- *Fermé 27 fév.-6 mars, 3-20 juil., dim. et lundi*

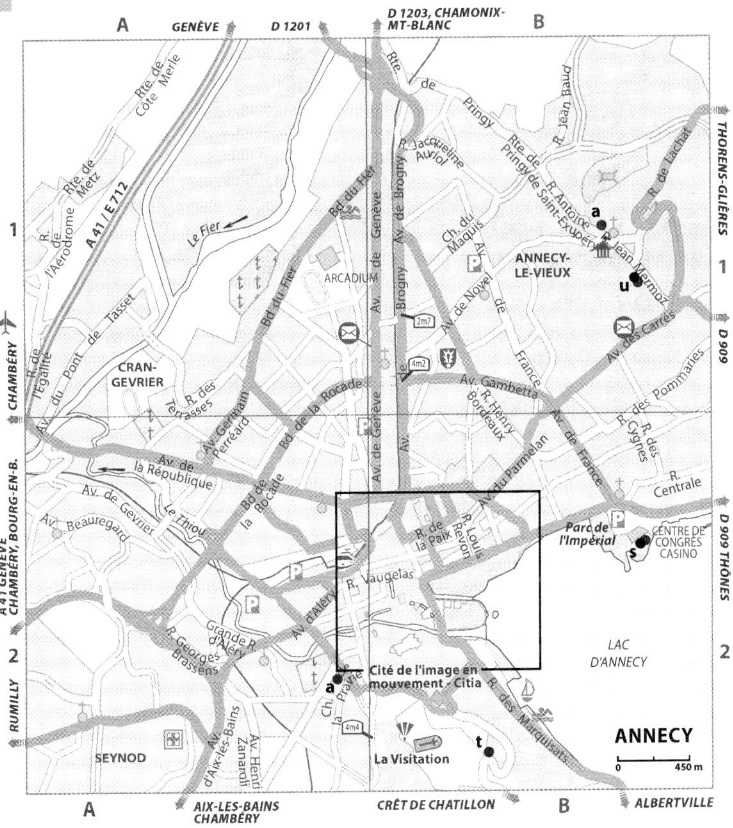

L'Esquisse (Stéphane Dattrino)

CUISINE MODERNE • INTIME Le décor ? Sobre et feutré, avec d'exquises esquisses... celles du père de Magali, la femme du chef. Sa cuisine ? Mûrie dans de grandes maisons, délicieusement épurée, délicate et privilégiant le goût simple et vrai des produits du marché. Une exquise Esquisse !

➜ Tartare de champignons, féra fumée, raifort et citron vert. Ris de veau rôti, cappuccino aux parfums de sous-bois. Tout choc'.

Menu 34 € (déj. en semaine), 42/80 €

Plan : C2-f – *21 r. Royale – ✆ 04 50 44 80 59 (réservation conseillée) – www.esquisse-annecy.fr – Fermé 1 semaine vacances de printemps, 21 août-7 sept., vacances de Noël, merc. et dim.*

Minami

CUISINE JAPONAISE • ÉPURÉ Ce petit restaurant japonais fait le bonheur des habitués ! Le cadre est tout en épure et la cuisine, japonaise, se permet quelques incursions françaises. Un exemple : ces croustillants de lotte panée aux biscuits japonais, agrémentés d'une délicieuse sauce pimentée... Quelques tables en terrasse aux beaux jours.

Menu 20 € (déj.), 28/34 € – Carte 27/36 €

Plan : C2-x – *19 fbg Ste-Claire – ✆ 04 50 45 75 42 (réservation conseillée) – Fermé merc. soir de nov. à mai, dim. et lundi*

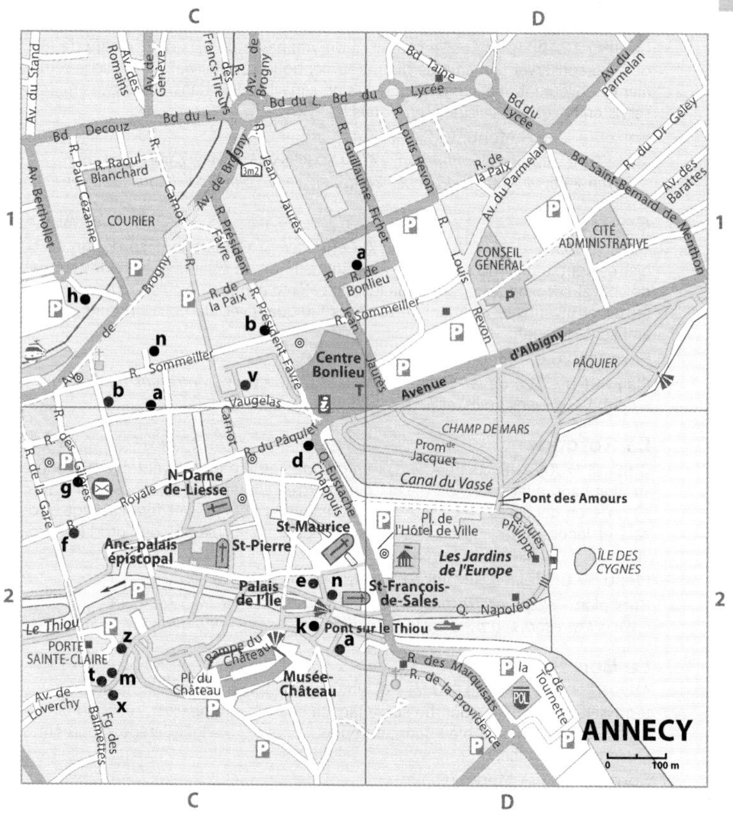

Arômatik'

CUISINE MODERNE • CONVIVIAL Dans une rue piétonne, ce restaurant ne paye peut-être pas de mine mais mérite à coup sûr attention. Dans sa cuisine ouverte sur la salle, le jeune chef – passé par de belles maisons – réalise des recettes avec les produits du marché. Dans l'assiette, c'est soigné et goûteux... On ne s'appelle pas l'Arômatik' par hasard !

Formule 22 € – Menu 31/50 € – Carte 38/55 €

Plan : C2-z – *1 passage des Clercs*
– ☎ 04 50 51 87 68 (réservation conseillée) – www.restaurant-aromatik.com
– Fermé 9-25 juil., dim. et lundi

Le Denti

CUISINE MODERNE • TRADITIONNEL Ce restaurant, devenu la coqueluche des Annéciens, est tenu par un jeune couple d'amateurs de denti (poisson méditerranéen), deux fins cuisiniers tout-terrain ; ils proposent une savoureuse cuisine du marché, valorisant le poisson, suivant le rythme des saisons, loin de l'agitation touristique de la ville... Courez-y !

Menu 22 € (déj.), 32/47 € – Carte 35/54 €

Plan : A2-a – *25 bis av. de Loverchy*
– ☎ 04 50 64 21 17 (réservation conseillée)
– Fermé dim. soir, mardi et merc.

Café Brunet

CUISINE TRADITIONNELLE • BISTRO Un vrai havre de paix que ce café de 1875 qui a su conserver son âme de bistrot authentique et convivial. On laisse le temps filer en savourant une sympathique cuisine canaille et de bons petits plats mijotés servis en cocotte... Plaisirs intemporels !

Formule 25 € - Menu 32 €

Plan : B1-a - *18 pl. Gabriel-Fauré - 04 50 27 65 65 - www.cafebrunet.com - Fermé 29 avril-7 mai, 3-18 sept., 24 déc.-1er janv., dim. sauf en juil.-août et lundi*

Contresens

CUISINE MODERNE • TENDANCE À Contresens ? Comme la déco design de ce bistrot dont le plafond ressemble à un sol dallé tel un échiquier, avec des lampes de chevet suspendues en guise de lustres ! Même esprit côté cuisine : le chef mixe terroir et inventivité de manière toujours ludique, avec de bons produits et... un vrai sens du goût.

Formule 26 € - Menu 32 €

Plan : C1-b - *10 r. de la Poste - 04 50 51 22 10 - www.contresens-annecy.com - Fermé 1er-15 janv., dim. et lundi*

La Rotonde

CUISINE MODERNE • ÉLÉGANT La grande verrière est un véritable belvédère surplombant le lac. Dans un décor chic – lustres en verre de Murano, salons avec piano –, on déguste une cuisine fine et créative : petits pois et féra sauvage, crozets et langoustines, ou canard de la Dombes... Et la plupart des produits proviennent de la filière locavore !

Menu 37 € (déj. en semaine), 49/129 € - Carte 95/105 €

Hors plan - *Hôtel les Trésoms, 15 bd de la Corniche - 04 50 51 43 84 - www.lestresoms.com - Fermé le midi en août, sam. midi, dim. soir et lundi*

Le Belvédère

CUISINE CRÉATIVE • ÉLÉGANT Une maison perchée sur les hauteurs, une terrasse avec une vue superbe sur le lac, un cadre contemporain... et aussi la cuisine créative d'un chef bien dans son époque. Pour prolonger l'étape, d'agréables chambres tendance.

Formule 38 € - Menu 70/125 €

4 chambres - 135/200 € 135/200 € - 15 €

Plan : B2-t - *7 chemin du Belvédère, 2 km, rte de Semnoz au Sud-Est par r. Marquisat - 04 50 45 04 90 - www.belvedere-annecy.com - Fermé janv., dim. soir, mardi et merc.*

La Voile

CUISINE MODERNE • ÉLÉGANT Un restaurant élégant et lumineux, situé dans une charmante petite rotonde. Selle d'agneau du Bourbonnais, œuf mollet et asperges vertes : ces plats joliment dressés se dégustent au rythme des saisons, en profitant de la jolie vue sur le lac.

Formule 40 € - Menu 60/95 €

Plan : B2-s - *Hôtel L'Impérial Palace, allée de l'Impérial - 04 50 09 31 08 - www.hotel-imperial-palace.com/fr/la-voile-149 - Fermé 2-20 janv., mardi de nov. à mars, dim. soir et lundi de sept. à mai*

Auberge de Savoie

CUISINE MODERNE • ÉLÉGANT Des tableaux abstraits se découpent sur les murs en blanc et bleu pâle de cette auberge adossée à l'église Saint-François. La carte fait toujours la part belle au poisson : tartare de daurade, filet de féra au beurre blanc citronné...

Menu 26 € (semaine), 32/65 € - Carte 55/75 €

Plan : C2-n - *1 pl. St-François-de-Sales - 04 50 45 03 05 - www.auberge-de-savoie.fr - Fermé vacances de la Toussaint, 1 semaine en janv., mardi sauf juil.-août et merc.*

La Brasserie

CUISINE TRADITIONNELLE • CONVIVIAL XX Une grande terrasse offrant une jolie vue sur les jardins et le lac, une salle contemporaine taillée pour les grands rendez-vous : imposante, la nouvelle brasserie de l'Impérial Palace ! À la carte, on trouve un buffet d'entrées et de desserts, des plats mijotés en hiver et des grillades l'été. Séduisant brunch le dimanche.

Formule 23 € - Menu 31 € - Carte 34/62 €

Plan : B2-s – *Hôtel Impérial Palace, allée de l'Impérial – ✆ 04 50 09 32 32 – www.hotel-imperial-palace.com*

Le Bilboquet

CUISINE TRADITIONNELLE • TENDANCE XX Dans les rues piétonnes de l'ancienne ville, laissez-vous porter jusqu'à cet accueillant Bilboquet. La cuisine du chef y est partagée entre la tradition (tendance gastronomique) et les bonnes recettes du marché, au gré des saisons : on se délecte par exemple d'un poisson du lac, ou d'un foie gras maison...

Menu 23 € (déj.), 33/65 € - Carte 47/70 €

Plan : C2-m – *14 fg Ste-Claire – ✆ 04 50 45 21 68 – www.restaurant-lebilboquet.fr – Fermé dim. sauf le soir en juil.-août et lundi*

Le 7367

CUISINE MODERNE • SIMPLE X Cet établissement du vieil Annecy joue la carte des saisons, avec d'agréables surprises comme ce bœuf de Kobé, autour d'une carte courte et d'une cuisine conviviale. Sur les tables, un post-it vous permettra de commenter votre expérience... et, si le cœur vous en dit, de féliciter le chef ! Agréable terrasse.

Formule 21 € - Menu 29/69 € - Carte 40/75 €

Plan : C2-t – *22 fg Ste-Claire – ✆ 04 50 65 00 25 – www.restaurant-le-7367.com – Fermé lundi et mardi*

Le 20 sur Vins

CUISINE MODERNE • CONVIVIAL X Dans le centre historique d'Annecy, ce restaurant propose un concept original de bar à vins. Ici, le client se sert lui-même un verre parmi la quarantaine de références allant des nectars de pays aux grands crus bordelais... Le tout accompagné de tapas réalisées avec des produits frais. Ambiance conviviale.

Formule 16 € - Menu 28 € - Carte 30/50 €

Plan : C2-a – *1 passage Golliardi – ✆ 04 50 23 50 15 – www.20-sur-vins.com – Fermé 10 oct.-2 nov., 21-28 déc., dim. soir , mardi midi et lundi*

1er Mets

CUISINE MODERNE • SIMPLE X Tout près de l'hôtel de ville, ce restaurant de poche a été repris par un jeune couple de la région. Lui, en cuisine, compose une bonne cuisine dans l'air du temps : taboulé de chou-fleur à l'huile d'Argan et crevettes ; maquereau mariné et snacké, tombée de chou chinois... Elle, en salle, assure un accueil charmant.

Formule 18 € - Menu 24 € (déj. en semaine), 32/46 € - Carte 36/48 €

Plan : C2-e – *2 pl. St-Maurice – ✆ 04 57 09 10 54 – www.restaurant-1ermets.fr – Fermé 1 semaine en mai, 2 semaines en juil., 1 semaine à Noël, dim. soir, mardi soir et merc.*

Hôtels

L'Impérial Palace

LUXE • ART DÉCO 1913 : l'année de naissance de ce grand hôtel qui trône majestueusement dans un vaste parc, au bord du lac. L'Art déco et la sobriété contemporaine se mêlent harmonieusement ; les chambres, spacieuses, donnent pour la plupart sur les flots et tout est pensé pour votre agrément : casino, institut de beauté...

93 chambres - 300/350 € 360/440 € - 8 suites - 25 € - ½ P

Plan : B2-s – *allée de l'Impérial – ✆ 04 50 09 30 00 – www.hotel-imperial-palace.com*

La Brasserie • **La Voile** – voir les restaurants ci-dessus

Le Clos des Sens

LUXE • PERSONNALISÉ Beaux matériaux, équipements dernier cri, vue sur le lac ou la ville d'Annecy : on se sent comme chez soi dans les chambres de ce Clos des Sens. Le petit coin salon, avec sa cheminée et ses fauteuils clubs, ravira les lecteurs ; quant au beau couloir de piscine, il fera la joie de tous !

10 chambres – 230/375 € 230/375 € – 25 €

Plan : B1-u – *13 r. Jean-Mermoz* – *04 50 23 07 90* – *www.closdessens.com* – *Fermé 4-20 sept., 30 oct.-7 nov., 25 déc.-17 janv., dim. et lundi sauf juil.-août*

Le Clos des Sens – voir les restaurants ci-dessus

Les Trésoms

TRADITIONNEL • ART DÉCO Au-dessus du lac, dans un environnement boisé, cette demeure des années 1930 se modernise sans rien perdre de son charme Art déco ! Spa et piscines sont propices à la détente. Capteurs solaires ou places pour recharger sa voiture électrique : ici, la responsabilité écologique n'est pas un vain mot.

52 chambres – 170/350 € 190/350 € – 25 € – ½ P

Hors plan – *15 bd de la Corniche* – *04 50 51 43 84* – *www.lestresoms.com*

La Rotonde – voir les restaurants ci-dessus

Splendid

TRADITIONNEL • ÉLÉGANT Idéalement situé entre le centre historique et le lac, cet hôtel d'esprit Art déco se révèle très attachant. Les chambres, spacieuses, sont bien insonorisées ; elles ont été entièrement rénovées dans un style mêlant classicisme et esprit contemporain. Chic et chaleureux !

47 chambres – 99/220 € 99/220 € – 14 €

Plan : C2-d – *4 quai Eustache-Chappuis* – *04 50 45 20 00* – *www.splendidhotel.fr*

Le Pré Carré

BUSINESS • CONTEMPORAIN Près de la vieille ville et du lac, cet ancien cinéma est désormais un bel hôtel sobre et feutré. Les chambres, très confortables, disposent presque toutes d'un balcon. Design, élégance et farniente sont au rendez-vous dans ce lieu dont on ferait volontiers son Pré Carré.

27 chambres – 174/224 € 204/254 € – 2 suites – 16 €

Plan : C1-b – *27 r. Sommeiller* – *04 50 52 14 14* – *www.hotel-annecy.net* – *Fermé 23-26 déc.*

Allobroges Park

BUSINESS • CONTEMPORAIN Du nom d'une ancienne tribu gauloise de la région, cet établissement en centre-ville bénéficie d'une bonne situation. Les chambres misent sur une déco chaleureuse et chic : bois wengé, coloris rouge, chocolat et beige... Idéal pour un déplacement professionnel ou pour une escapade touristique.

49 chambres – 69/139 € 79/159 € – 10 €

Plan : C1-n – *11 r. Sommeiller* – *04 50 45 03 11* – *www.allobroges.com*

Carlton

FAMILIAL • CONTEMPORAIN Tout près de la gare, un hôtel début 20e s. est tenu par la même famille depuis plus de 50 ans ! Les chambres, propres et confortables, ont été pour la plupart rénovées dans un style sobre et contemporain.

55 chambres – 80/300 € 80/300 € – 16 €

Plan : C2-g – *5 r. des Glières* – *04 50 10 09 09* – *www.bestwestern-carlton.com*

Palais de L'Isle

TRADITIONNEL • FONCTIONNEL Au cœur du quartier historique, un lieu atypique. Il y a d'abord ce dédale de couloirs – héritage de l'architecture ancienne du bâtiment –, puis des chambres design (mobilier Starck, Knoll...), dont certaines donnent sur le canal. Buffet au petit-déjeuner.

34 chambres – 96/126 € 106/305 € – 12 €

Plan : C2-k – *13 r. Perrière* – *04 50 45 86 87* – *www.palaisannecy.com*

à Veyrier-du-Lac 5,5 km à l'Est par D909 – ✉ 74290 – 2 327 hab. – Alt. 504 m

✿✿ Yoann Conte

CUISINE CRÉATIVE • ÉLÉGANT XXX Yoann Conte écrit une nouvelle page de cette institution du lac d'Annecy. À la suite de Marc Veyrat, qui en fit la renommée, le chef érige cette villa bleue en véritable fief de la grande cuisine, en symbiose avec les produits du lac, les herbes et fleurs des alpages... Un travail inspiré, d'une qualité irréprochable !

→ La carotte dans tous ses états. Poitrine de pigeon au daïkon glacé, petit suisse et jus corsé. Soufflé "choc'o'lac" et sorbet cacao.

Menu 85 € (déj. en semaine), 131/220 € – Carte 110/225 €

13 Vieille-Route-des-Pensières – ✆ 04 50 09 97 49 – www.yoann-conte.com – Fermé lundi et mardi

Auberge du Lac

CUISINE DU TERROIR • CONVIVIAL XX Ce restaurant situé en bordure du lac joue sur les tons marins, que ce soit dans la décoration de la salle à manger, comme dans l'assiette, à l'instar de ce maquereau mariné, légumes crus et cuits et saladine de saison. Aux beaux jours, le déjeuner en terrasse sur le ponton est un instant privilégié.

Menu 38 € (déj.), 48/75 € – Carte 40/80 €

2 rte du Port – ✆ 04 50 60 10 15 – www.restaurant-aubergedulac.com – Fermé 12 nov.-10 fév., lundi soir, mardi et merc. hors saison

Yoann Conte

LUXE • MONTAGNARD Cette superbe maison couleur lavande, accoudée à la montagne, se mire dans le lac d'Annecy. Les chambres et les suites, d'un style montagnard chic, possèdent toutes balcon et vue sur le lac. Terrasse somptueuse, sauna extérieur, bain norvégien, ponton avec transat, bateaux pour le ski nautique ou les navettes vers Annecy : l'élégance absolue, sans fausse note.

6 chambres – †235/435 € ††295/550 € – 2 suites – ☕ 34 €

13 Vieille-Route-des-Pensières – ✆ 04 50 09 97 49 – www.yoann-conte.com

✿✿ Yoann Conte – voir les restaurants ci-dessus

Le Clos du Lac

MAISON DE CAMPAGNE • DESIGN Une vue à couper le souffle sur le lac et... cette belle villa d'architecte, au luxe épuré. Asia, Vintage, Riva ou Pop Art : les chambres ont toutes leur personnalité et toutes sont élégantes et feutrées. Un lieu tendance, idéal pour se ressourcer.

4 chambres – †160/178 € ††180/198 € – ☕ 13 €

50 r. de la Corniche, 2 km par rte de Mont-Veyrier – ✆ 06 20 60 04 58 – www.annecyleclosdulac.com – Fermé 4 janv.-30 mars et 15 oct.-21 déc.

à Sévrier 6 km au Sud par D1508 – ✉ 74320 – 4 078 hab. – Alt. 456 m

B. Collon

CUISINE TRADITIONNELLE • ÉLÉGANT XXX Féra du lac d'Annecy, asperges vertes et burratina, maquereaux et calamars – un plat inspiré au chef par son voyage au Japon –, foie gras de canard et rhubarbe... une belle cuisine traditionnelle, que l'on savoure en contemplant le lac, joyau d'Annecy !

Menu 46/68 € – Carte 73/89 €

Auberge de Létraz, 921 rte d'Albertville – ✆ 04 50 52 40 36 – www.auberge-de-letraz.com – Fermé de mi-nov. à mi-déc., dim. soir et lundi d'oct. à mai

921 Bistrot

CUISINE TRADITIONNELLE • BRANCHÉ X Une salle claire et moderne, une très belle vue sur le lac d'Annecy, une ambiance sympathique... Le 921 Bistrot nous fait du gringue ! Chaque jour, de beaux produits du marché y atterrissent dans l'assiette, révélant de belles saveurs. Un exemple : ce dos de cabillaud et risotto aux herbes, tout simplement délicieux.

Formule 16 € – Menu 19/31 € – Carte environ 42 €

Auberge de Létraz, 921 rte d'Albertville – ✆ 04 50 52 40 36 – auberge-de-letraz.com – Fermé de mi-nov. à mi-déc., lundi hors saison, dim. et le soir

Auberge de Létraz

TRADITIONNEL • CLASSIQUE Un jardin face au lac et cette belle auberge aux jolis airs de chalet. Dans les chambres, claires, confortables et dont certaines donnent sur les flots, tout invite au repos ! À l'heure du déjeuner et du dîner, place à la gourmandise...

23 chambres – 100/172 € 110/182 € – 15 €

921 rte d'Albertville – 04 50 52 40 36 – www.auberge-de-letraz.com

B. Collon • **921 Bistrot** – voir les restaurants ci-dessus

à Pringy 8 km au Nord par D1203 et rte secondaire – 74370 – 4 080 hab. – Alt. 483 m

Le Clos du Château

CUISINE MODERNE • TENDANCE XX Un lieu contemporain et confortable, des serveurs aux petits soins et, last but not least, une cuisine bien dans son époque, délicate et goûteuse, mitonnée par un jeune chef talentueux. À noter, un menu du marché à prix très doux et... une agréable terrasse à l'ombre des platanes.

Formule 22 € – Menu 27 € (déj. en semaine), 37/60 € – Carte 47/61 €

70 rte de Cuvat, à Promery – 04 50 66 82 23 – www.le-clos-du-chateau.com – Fermé 2-24 août, 21 déc.-5 janv., dim. soir, merc. soir et lundi

rte du Semnoz 3,5 km au Sud-Est par D41 et rte forestière

Les Terrasses du Lac

CUISINE MODERNE • SIMPLE X Pour information, depuis la terrasse de ce restaurant, vous aurez l'une des plus belles vues sur le lac d'Annecy ! Et en prime, vous pourrez vous régaler d'une sympathique cuisine dans l'air du temps faisant la part belle aux produits locaux. Rapport qualité-prix intéressant.

Formule 26 € – Menu 30/56 €

7 rte du Semnoz – 04 50 45 34 86 – www.terrasse-annecy.com – Fermé nov.-janv., lundi et mardi

ANNEMASSE

74100 (Haute-Savoie) – 33 166 hab. – Agglo. 106 673 hab. – Alt. 432 m – Carte régionale n° **25**-F1

Paris 538 km – Annecy 46 km – Bonneville 22 km – Genève 8 km

Carte Michelin 328-K3 – Guide Vert Michelin Alpes du Nord

L'Amaryllis

CUISINE MODERNE • TENDANCE X Un restaurant en plein centre-ville, c'est déjà un atout ; et si en prime, on y mange bien, que dire ? Derrière les fourneaux, le chef réalise une cuisine bien dans son temps et respectueuse des saisons. Le tout à apprécier dans un cadre contemporain... Évidemment !

Formule 18 € – Menu 20 € (déj. en semaine), 48/63 € – Carte 69/76 € dîner

5 r. Courriard – 04 50 87 17 27 – www.restaurant-lamaryllis.com – Fermé 17-21 avril, 21-29 août, lundi soir, sam. midi et dim.

La Place

BUSINESS • FONCTIONNEL Un beau salon design, des chambres d'esprit contemporain, sobres et toutes climatisées, et un accueil des plus sympathiques, voici une étape centrale, agréable sur la route de la Suisse.

45 chambres – 69/95 € 69/95 € – 10 €

10 pl. Jean-Deffaugt – 04 50 92 06 44 – www.laplacehotel.com

à Gaillard 3 km au Sud-Ouest - ✉ 74240 - 11 303 hab. - Alt. 425 m

La Pagerie

CUISINE CRÉATIVE • COSY XX Le chef de ce restaurant au cadre contemporain est un passionné ! Originaire de Perpignan, il réalise une cuisine d'auteur, qui s'inspire des produits de la région (poissons du Léman, légumes, bœuf Simmental, escargots de Magland). Pour découvrir son talent, osez les menus "page blanche" en 4, 5 ou 7 plats.

Menu 34 € (déj. en semaine), 79/98 €

12 r. de la Libération - ✆ 04 50 38 34 00 - www.restaurant-lapagerie.com - Fermé 3 semaines en août, mardi midi, dim. et lundi

ANNESSE-ET-BEAULIEU - 24 (Dordogne) → Voir Périgueux

ANNONAY

✉ 07100 (Ardèche) - 15 983 hab. - Alt. 350 m - Carte régionale n° **23**-B2
Paris 529 km - St-Étienne 44 km - Valence 56 km - Yssingeaux 57 km
Carte Michelin 331-K2 - Guide Vert Michelin Ardèche Drôme

au Golf de Gourdan 6,5 km au Nord par D519 et D820 - ✉ 07430 Annonay :

Le W Ⓝ

CUISINE CRÉATIVE • ÉLÉGANT XXX Le jeune chef, Edward Cristaudo invente ici une cuisine végétale de superbe facture, qui ravira les amoureux de verdure ; poissons et viandes sont aussi mis en valeur dans des assiettes sophistiquées, où la Méditerranée n'est jamais loin. Belle terrasse donnant sur la campagne.
→ Cuisine du marché.

Menu 42 € - Carte 35/55 €

Domaine de Saint Clair, rte du Golf - ✆ 04 75 67 01 00 (réservation conseillée) - www.domainestclair.fr - Fermé dim. hors saison et le midi

Domaine de Saint Clair

CUISINE TRADITIONNELLE • TENDANCE XX À midi, on profite de la version "bistronomique" du restaurant du domaine de Saint Clair. Une cuisine simple et bonne, qui évolue au fil des saisons au gré des inspirations du chef, et que l'on déguste sur la terrasse en profitant de la vue sur les monts d'Ardèche.

Menu 27 €

rte du Golf - ✆ 04 75 67 01 00 - www.domainestclair.fr - Fermé dim. hors saison et le soir

Domaine de Saint Clair

BUSINESS • CONTEMPORAIN Sur le site du golf 18 trous, très tranquille, ce complexe moderne dispose de chambres spacieuses et confortables, dont la moitié disposent d'un balcon. Espace bien-être et restauration traditionnelle.

54 chambres - 115/135 € 115/165 € - 6 suites - 12 € - ½ P

rte du Golf - ✆ 04 75 67 01 00 - www.domainestclair.fr

Le W • **Domaine de Saint Clair** - voir les restaurants ci-dessus

à St-Marcel-lès-Annonay 8,5 km au Nord-Ouest par D206 et D820 - ✉ 07100 - 1 404 hab. - Alt. 450 m

Auberge du Lac

FAMILIAL • PERSONNALISÉ Un site superbe : cette grande villa ocre est nichée parmi les pins, à flanc de rocher au-dessus du lac du Ternay, avec pour horizon les collines verdoyantes du parc naturel du Pilat... Les chambres, décorées sur le thème des fleurs, la piscine à débordement et le petit espace bien-être prêtent à une agréable villégiature.

12 chambres - 85/97 € 125/165 € - 14 € - ½ P

Le Ternay - ✆ 04 75 67 12 03 - www.aubergedulac.fr - Fermé vacances de la Toussaint et janv.

ANNOT

✉ 04240 (Alpes-de-Haute-Provence) - 1 082 hab. - Alt. 708 m - Carte régionale n° **21**-C2
Paris 812 km - Castellane 31 km - Digne-les-Bains 69 km - Manosque 112 km
Carte Michelin 334-I9 - Guide Vert Michelin Alpes du Sud

L'Avenue

FAMILIAL · TRADITIONNEL Posez vos valises dans ce sympathique établissement familial à la tenue irréprochable. Les chambres sont agréables - et pratiques pour randonner aux Grès d'Annot !

9 chambres - 70/80 € 75/100 € - 9 € - ½ P

av. de la Gare - 04 92 83 22 07 - www.hotel-avenue.com - Fermé mi-nov. à mi-déc.

ANSE

✉ 69480 (Rhône) - 6 450 hab. - Alt. 170 m - Carte régionale n° **24**-E1
Paris 436 km - Bourg-en-Bresse 57 km - Lyon 27 km - Mâcon 51 km
Carte Michelin 327-H4

Au Colombier

CUISINE MODERNE · CONVIVIAL En bord de Saône, une belle bâtisse du 18e s., entre guinguette branchée et maison de pays. La cuisine est résolument dans l'air du temps : carpaccio de daurade royale à la citronnelle, râble de lapin farci à la sarriette... sans oublier les classiques, telles ces belles cuisses de grenouille poêlées. Du goût et du caractère !

Formule 22 € - Menu 32/69 € - Carte 47/60 €

126 allée Colombier (Pont St-Bernard) - 04 74 67 04 68 - www.aucolombier.com - Fermé janv., dim. soir et lundi de sept. à mai

ANSOUIS

✉ 84240 (Vaucluse) - 1 157 hab. - Alt. 380 m - Carte régionale n° **21**-B2
Paris 751 km - Aix-en-Provence 35 km - Avignon 79 km - Marseille 63 km
Carte Michelin 332-F11 - Guide Vert Michelin Provence

La Closerie (Olivier Alemany)

CUISINE PROVENÇALE · MÉDITERRANÉEN Cette Closerie est un hymne à la Provence ! Au piano, le chef compose des recettes riches en saveurs avec des produits d'une grande fraîcheur, que l'on accompagne de bons vins du Sud de la France. Une douce mélodie que les gourmands ne manquent pas d'apprécier, d'autant que l'accueil est charmant.

→ Salade de homard bleu et haricots verts du jardin. Pigeonneau rôti aux baies de cassis. Pain perdu caramelisé à la vanille Bourbon, sabayon glacé à la fleur d'oranger.

Menu 35 € (déj. en semaine), 50/70 € - Carte 65/85 €

bd des Platanes - 04 90 09 90 54 (réservation conseillée) - www.lacloserieansouis.com - Fermé janv., dim. soir, merc. et jeudi

ANTHY-SUR-LÉMAN - 74 (Haute-Savoie) → Voir Thonon-les-Bains

ON AIME...

Déguster un sar grillé au **César**, sur la plage de la Garoupe. Entendre les passionnantes histoires de Mamo, l'attachant patron du restaurant italien **Le Michelangelo**. Se régaler de la cuisine fraîche et franche du **Vauban**, et partir en goguette sur la **Promenade de l'Amiral-de-Grasse**, l'une des plus belles vues d'Antibes...

ANTIBES

✉ 06600 (Alpes-Maritimes) – 75 568 hab. – Alt. 2 m – Carte régionale n° **22**-E2
▶ Paris 909 km – Aix-en-Provence 160 km – Cannes 11 km – Nice 21 km
Carte Michelin 341-D6 – Guide Vert Michelin Côte d'Azur

Restaurants

✿ Le Figuier de St-Esprit (Christian Morisset)

CUISINE PROVENÇALE • COSY XXX Dans le vieil Antibes, cette maison de pays embaume la Provence : avec de beaux produits locaux, le chef réalise des plats d'aujourd'hui. Saveurs fines, joli patio... Une bonne adresse.

➜ Cannellonis de supions et palourdes à l'encre de seiche, jus de coquillages aux feuilles de basilic. Selle d'agneau des Alpilles cuite en terre d'argile, gnocchis aux truffes. Moelleux mi-cuit au chocolat noir Caraïbes.

Formule 39 € – Menu 83/123 € – Carte 105/200 €

Plan : D1-a – *14 r. St-Esprit – ✆ 04 93 34 50 12 – www.christianmorisset.fr – Fermé 1 semaine en fév., 1 semaine fin juin, 2 semaines en nov., merc. sauf le soir de mai à oct., lundi midi de mai à oct. et mardi*

Mamo - Le Michelangelo

A/C soir,

CUISINE ITALIENNE • AUBERGE XX Qui ne connaît pas Mamo ? Plein de faconde et de gentillesse, ce passionné a fait de son restaurant un rendez-vous incontournable à Antibes. Un pizzaiolo sicilien y exécute de superbes pizzas ; les pâtes sont maison et les légumes – courgettes, aubergines, tomates, artichauts – viennent tout droit d'Italie. Un régal !

Carte 40/84 €

Plan : D1-m – *3 r. des Cordiers – ✆ 04 93 34 04 47 – www.michelangelo-mamo.com – Fermé 2 janv.-10 fév., dim. et lundi*

Nacional - Beef & Wine

VIANDES • TENDANCE XX Les amateurs de saveurs carnées trouveront dans ce restaurant contemporain leur paradis (mais on y propose aussi quelques plats de poisson et des salades). En tartare, en carpaccio ou grillées, les viandes sont de grande qualité – elles sont même idéalement saisies sur un gril à haute température importé des États-Unis !

Formule 20 € – Menu 25 € (déj. en semaine)/38 € – Carte 40/60 €

Plan : D1-u – *61 pl. Nationale – ✆ 04 93 61 77 30 – www.restaurant-nacional-antibes.com – Fermé lundi midi, dim. et le midi en juil.-août*

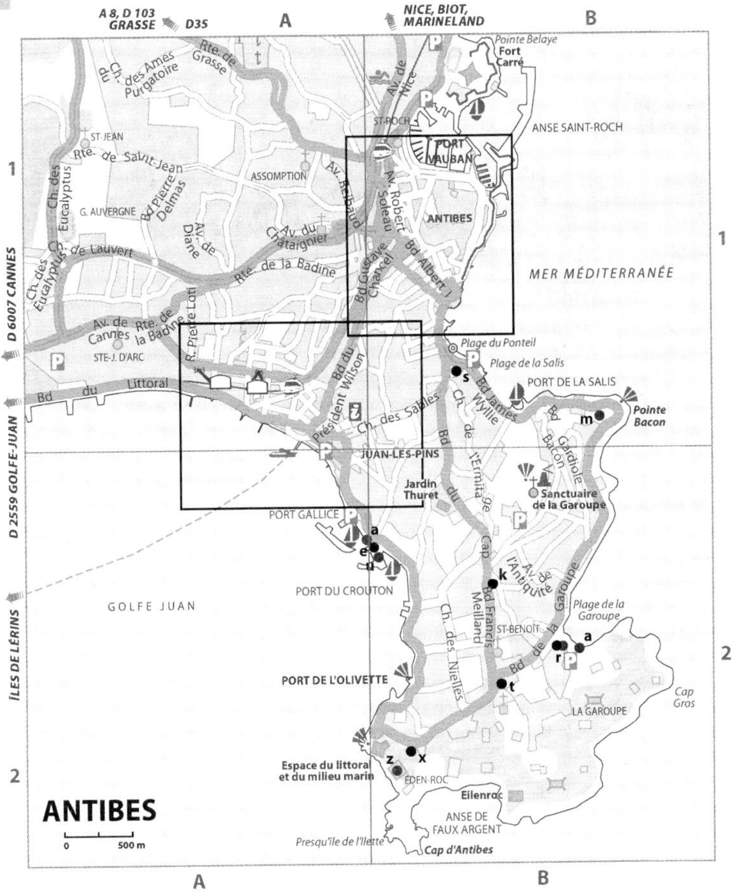

Oscar's

CUISINE ITALIENNE • MÉDITERRANÉEN Avec ses sculptures à la mode antique, le cadre un peu kitsch ravira les amateurs du genre ! L'accueil est charmant et, côté papilles, les spécialités italiennes et provençales vous font de bien gourmands appels du pied ; les pâtes sont faites maison. Si le temps le permet, on peut aller dîner sur la petite terrasse.

Formule 19 € – Menu 29/56 € – Carte 58/88 €

Plan : D1-s – *8 r. du Dr-Rostan*
– 04 93 34 90 14 (réservation conseillée) – www.oscars-antibes.fr
– Fermé 1er-15 juin, 20 déc.-5 janv., dim. et lundi

Le Don Juan Chez Florent

POISSONS ET FRUITS DE MER • CONVIVIAL Spécialité de ce Don Juan : les produits de la mer, plus particulièrement le poisson de Méditerranée en provenance de la criée de Sète. On le savoure dans une atmosphère contemporaine et… marine !

Menu 35 € – Carte 50/65 €

Plan : D1-b – *17 r. Thuret – 04 93 34 58 63 – www.restaurantdonjuan.com*
– Fermé mardi et merc. de sept. à mai

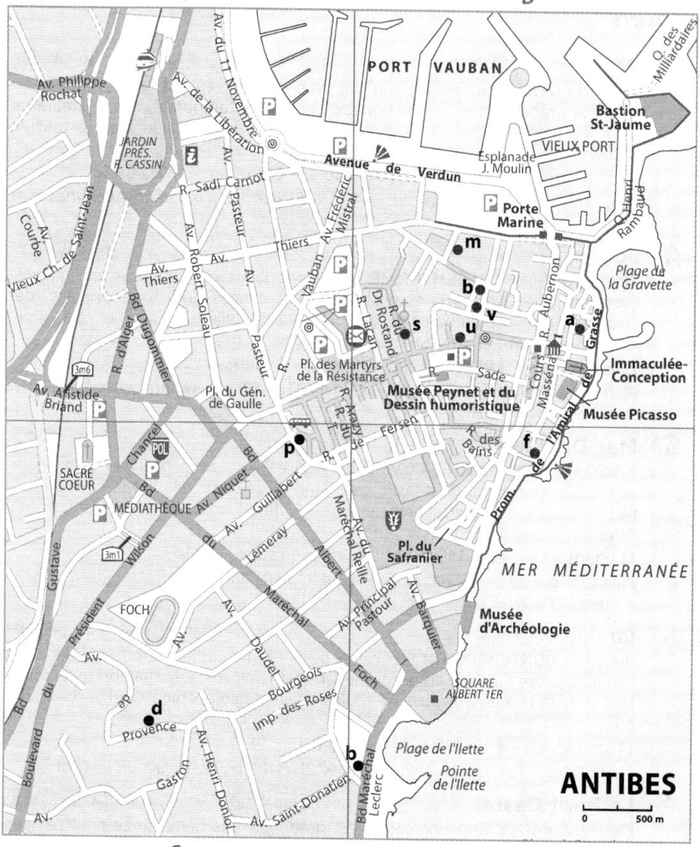

Le Vauban

CUISINE MODERNE • ÉLÉGANT XX Dans une rue animée du vieil Antibes, ce Vauban nous sert une bonne cuisine française dans l'air du temps, réalisée avec une technique sans faille, et évoluant au fil des saisons. La bonne réputation du restaurant n'est plus à faire et il affiche souvent complet : pensez à réserver !

Menu 22 € (déj.), 37/56 € – Carte 44/70 €

Plan : D1-v – *7 bis r.Thuret – ✆ 04 93 34 33 05 (réservation conseillée) – www.levauban.fr – fermé lundi et mardi*

Les Vieux Murs

CUISINE MÉDITERRANÉENNE • CONVIVIAL XX Original, ce restaurant qui fait aussi office d'épicerie-galerie-boutique, de quoi satisfaire toutes les envies... Dans l'assiette ? Une sympathique cuisine méridionale mettant en valeur les produits de la mer. Et que dire de la belle terrasse face à la Méditerranée ? Le rêve !

Menu 36/65 € – Carte 60/130 €

Plan : D2-f – *25 promenade Amiral-de-Grasse – ✆ 04 93 34 06 73 – www.lesvieuxmurs.com*

Hôtels

Royal

URBAIN • DESIGN Ouvert en 2011, cet établissement épouse les dernières normes des grands hôtels internationaux : esprit contemporain, spa, restaurants, plage aménagée... Une certaine idée des séjours en bord de mer, le tout au calme.

39 chambres – 95/350 € 95/550 € – 25 suites – 20 €

Plan : D2-b – *16 bd Mar.-Leclerc – 04 83 61 91 91 – www.hotelroyal-antibes.com – Fermé 8 janv.-3 fév.*

Josse

TRADITIONNEL • CONTEMPORAIN Près de la plage du Ponteil – un emplacement privilégié –, dans une construction des années 1970 toute blanche, des chambres très contemporaines et confortables, celles du premier étage ont même un balcon... et vue sur la Grande Bleue !

27 chambres – 95/169 € 95/380 € – 2 suites – 16 €

Plan : B1-s – *8 bd James-Wyllie – 04 92 93 38 38 – www.hotel-josse.com – Fermé 21 nov.-19 déc.*

Mas Djoliba

MAISON DE CAMPAGNE • CLASSIQUE Relaxez-vous entre palmiers et bougainvillées, à la piscine ou dans les jolies chambres de cette villa 1920 ; celle du dernier étage dispose d'une agréable terrasse offrant une vue exquise sur le cap. Atmosphère familiale.

13 chambres – 90/130 € 110/220 € – 1 suite – 14 €

Plan : C2-d – *29 av. de Provence – 04 93 34 02 48 – www.hotel-djoliba.com – Ouvert 13 mars-5 nov.*

La Place

URBAIN • CONTEMPORAIN Sur cette place animée du centre d'Antibes, une agréable petite adresse, au décor moderne et lumineux. Les chambres, confortables et bien tenues, voient leurs couleurs varier selon l'étage (parme, vert anis, gris...).

14 chambres – 99/190 € 99/190 € – 14 €

Plan : C2-p – *1 av. du 24-Août – 04 97 21 03 11 – www.la-place-hotel.com*

Le Petit Castel

FAMILIAL • COSY Un jeune couple est désormais à la barre de ce petit pavillon blanc, à mi-chemin entre Antibes et Juan-les-Pins. Les chambres, petites et bien tenues, ont été rénovées avec goût ; on profite pleinement du solarium panoramique installé sur le toit !

16 chambres – 78/158 € 88/168 € – 10 €

Plan : B1-b – *22 chemin des Sables – 04 93 61 59 37 – www.lepetitcastel.fr – Fermé janv.*

rte de Nice par D6007 – 06600 Antibes :

Baie des Anges - Thalazur

HÔTEL DE CHAÎNE • CONTEMPORAIN Sur les hauteurs de la ville, dominant la baie, ces deux bâtiments contemporains ont fière allure. À l'entrée, un vaste lobby moderne et lumineux ; à l'étage, de belles chambres colorées et bien agencées, dont une partie possède une terrasse avec vue sur la mer... Angélique !

164 chambres – 89/349 € 99/349 € – 18 suites – 18 € – ½ P

Hors plan – *770 chemin Moyennes-Breguières (près du centre hospitalier de la Fontonne) – 04 92 91 82 00 – www.hotel-baiedesanges-antibes.com – Fermé 2 semaines début déc.*

Cap d'Antibes

06160 (Alpes-Maritimes) – Juan les Pins – Carte régionale n° **22**-E2

Paris 922 km – Antibes 6 km – Marseille 174 km – Nice 35 km

Bacon

POISSONS ET FRUITS DE MER • MÉDITERRANÉEN XXX Une grande salle habillée de blanc, des œuvres d'art contemporain et une vue superbe sur la baie des Anges... La Méditerranée est reine ici, et plus encore dans l'assiette : l'un des plus beaux choix de poissons sur la Côte d'Azur, cuisinés avec art, dans leur prime fraîcheur. Une institution.

➜ Fricassée de langouste. Bouillabaisse. Millefeuille tiède.

Menu 55 € (déj. en semaine)/85 € - Carte 85/280 €

Plan : B1-m - *664 bd Bacon - ✆ 04 93 61 50 02 - www.restaurantdebacon.com - Ouvert 1er mars-31 oct. et fermé mardi midi et lundi*

Les Pêcheurs

CUISINE MÉDITERRANÉENNE • ÉLÉGANT XXX Superbement ancrés au bord des flots, ces Pêcheurs mettent évidemment à l'honneur le poisson de la Méditerranée... et plus largement toutes les belles saveurs du Sud, délicatement ciselées ; on se régale dans l'élégante salle à manger, ou sur la magnifique terrasse panoramique. Un petit paradis très Côte d'Azur !

➜ Poisson de pêche locale et écaille de poulpe en bouillabaisse froide revisitée. Chariot de poissons cuits entiers au grill ou au four. Citron de Menton en soufflé, limoncello et sorbet citron.

Menu 85/150 € - Carte 95/145 €

Plan : B2-u - *Cap d'Antibes Beach Hôtel, 10 bd du Maréchal-Juin - ✆ 04 92 93 13 30 - www.lespecheurs-lecap.com - Ouvert 31 mars-19 oct. et fermé le midi*

Eden Roc

CUISINE CLASSIQUE • LUXE XXXXX Superbe villa isolée sur un roc, en bordure de mer. Atmosphère huppée, cuisine méridionale subtile et terrasse exquise donnant sur la baie de Cannes... Tellement French Riviera !

Menu 85 € (déj.), 160/195 € - Carte 120/220 €

Plan : B2-z - *Hôtel du Cap-Eden-Roc, bd JF-Kennedy - ✆ 04 93 61 39 01 - www.hotel-du-cap-eden-roc.com - Ouvert 14 avril-15 oct.*

Le Pavillon

CUISINE MODERNE • ROMANTIQUE XXX La terrasse sous les arbres est un hymne au romantisme, surtout éclairée à la bougie la nuit venue... Moment d'exception porté par une cuisine originale et inspirée, très respectueuse des produits de saison.

Formule 65 € - Menu 85 €

Plan : B2-r - *Hôtel Impérial Garoupe, 770 chemin de la Garoupe - ✆ 04 92 93 31 64 - www.imperial-garoupe.com - Ouvert 26 avril-5 oct. et fermé le midi de juin à sept. et merc. sauf juil.-août*

Le Pavillon Beach

CUISINE MÉDITERRANÉENNE • CONVIVIAL XX Une carte méditerranéenne fraîche et raffinée, pour un restaurant de plage séduisant et huppé... et l'on est très vite happé par la vue sublime sur la Grande Bleue.

Carte 62/91 €

Plan : B2-r - *Hôtel Impérial Garoupe, 770 chemin Garoupe - ✆ 04 92 90 23 97 - www.imperial-garoupe.com - Ouvert 15 juin-15 sept. et fermé le soir*

Le César

CUISINE MÉDITERRANÉENNE • ÉLÉGANT XX Posé sur une belle plage de sable fin de la Garoupe, avec une vue imprenable sur la Méditerranée, cette table de plage chic et élégante fait (à juste titre !) l'unanimité chez les Antibois. On y travaille de bons produits frais - et notamment de beaux poissons, préparés simplement et assaisonnés avec justesse. Avis aux amateurs !

Carte 50/150 €

Plan : B2-a - *1035 chemin de la Garoupe (plage Keller) - ✆ 04 93 61 28 23 - www.plagekeller.com - Ouvert 14 mars- 1er oct.*

Le Cap

CUISINE MODERNE • MÉDITERRANÉEN Sur la plage privée du Cap d'Antibes Beach Hôtel, une agréable option pour un repas face à la baie de Cannes et aux îles de Lérins. Au déjeuner : salades, sandwichs chic, burgers gourmands et... poisson grillé ; le soir, une carte internationale plus enlevée, autour du wok notamment, et toujours de beaux produits de la mer.

Carte 45/80 €

Plan : B2-a – *Cap d'Antibes Beach Hôtel, 10 bd du Maréchal-Juin – 04 92 93 13 30 – www.ca-beachhotel.com – Ouvert 31 mars-19 oct. et fermé le soir sauf du 1er juin au 14 sept.*

Hôtel du Cap-Eden-Roc

PALACE • GRAND LUXE Passage obligé de la jet-set et des stars de cinéma, ce majestueux palace du 19e s. est niché dans un parc de 9 ha verdoyant et paisible, face à la mer. S'il ne fallait retenir qu'elle : la piscine à débordement, idyllique. Classicisme, luxe et raffinement... Un lieu mythique et magique.

108 chambres – 560/1750 € 1300/8000 € – 10 suites

Plan : B2-x – *bd JF-Kennedy – 04 93 61 39 01 – www.hotel-du-cap-eden-roc.com – Ouvert 14 avril-15 oct.*

Eden Roc – voir les restaurants ci-dessus

Impérial Garoupe

LUXE • PERSONNALISÉ Au bout du cap, la Garoupe, son phare, sa chapelle de pêcheurs et cette belle demeure méditerranéenne au cœur d'une végétation luxuriante (superbes cactus et plantes grasses). Contemporaines ou classiques, les chambres sont agréables et bien tenues ; toutes possèdent un balcon, une terrasse ou un jardinet privé.

31 chambres – 340/990 € 340/990 € – 4 suites – 38 € – ½ P

Plan : B2-r – *770 chemin de la Garoupe – 04 92 93 31 61 – www.imperial-garoupe.com – Ouvert 26 avril-5 oct.*

Le Pavillon • **Le Pavillon Beach** – voir les restaurants ci-dessus

Cap d'Antibes Beach Hôtel

LUXE • DESIGN Chic balnéaire contemporain, design épuré, jardin noyé sous les essences méditerranéennes, plage privée de sable fin et, depuis les chambres des étages supérieurs, une vue imprenable sur le cap et les îles de Lérins : une certaine idée du luxe...

35 chambres – 390/910 € 390/5900 €

Plan : B2-e – – *04 92 93 13 30 – www.ca-beachhotel.com*

Les Pêcheurs • **Le Cap** – voir les restaurants ci-dessus

Beau Site

FAMILIAL • FONCTIONNEL Terrasse ombragée d'essences méditerranéennes, agréable piscine et chambres d'esprit classique ou provençal : un joli pavillon blanc aux volets bleus, pour un séjour très Sud !

30 chambres – 90/250 € 105/250 € – 2 suites – 15 €

Plan : B2-t – *141 bd JF-Kennedy – 04 93 61 53 43 – www.hotelbeausite.net – Ouvert 1er avril-20 oct.*

La Garoupe et Gardiole

FAMILIAL • MÉDITERRANÉEN Piscine, jardin et belle terrasse sous une pergola où l'on sert le petit-déjeuner : le charme typique des jolies maisons balnéaires des années 1920... Chambres fraîches à la Garoupe et rustiques à la Gardiole.

37 chambres – 85/185 € 85/205 € – 13 €

Plan : B2-k – *60 chemin de la Garoupe – 04 92 93 33 33 – www.hotel-lagaroupe-gardiole.com – Ouvert début avril à mi-oct.*

ANTONNE-ET-TRIGONANT - 24 (Dordogne) → Voir Périgueux

ANTONY - 92 (Hauts-de-Seine) → Voir Autour de Paris

AOSTE

✉ 38490 (Isère) - 2 767 hab. - Alt. 221 m - Carte régionale n° **23**-C2
Paris 512 km - Belley 25 km - Chambéry 37 km - Grenoble 55 km
Carte Michelin 333-G4 - Guide Vert Michelin Alpes du Nord

à la Gare de l'Est 2 km au Nord-Est par D1516 - ✉ 38490 Aoste :

Au Coq en Velours

CUISINE TRADITIONNELLE • **ÉLÉGANT** XXX Entre Bresse et Dauphiné, cette bonne auberge de village est tenue par la même famille depuis 1900. Ne passez pas à côté de la spécialité de la maison, le "coq en velours", un délicieux coq au vin servi dans une sauce crémeuse, au grain de... velours. Quelques chambres pour la nuit, bien au calme face au jardin.

Formule 26 € - Menu 31/62 € - Carte 37/55 €
7 chambres - †75/102 € ††75/102 € - ☕10 €

1800 rte de St-Genix - ✆ 04 76 31 60 04 - www.au-coq-en-velours.com - Fermé 17-31 août, janv., jeudi soir, dim. soir et lundi

APPOIGNY - 89 (Yonne) → Voir Auxerre

APREMONT - 78 (Yvelines) → Voir Chantilly

APT

✉ 84400 (Vaucluse) - 11 979 hab. - Alt. 250 m - Carte régionale n° **22**-E1
Paris 728 km - Aix-en-Provence 56 km - Avignon 54 km - Digne-les-Bains 91 km
Carte Michelin 332-F10 - Guide Vert Michelin Provence

Sainte Anne

URBAIN • CONTEMPORAIN Cette maison du 19e s. abrite des chambres confortables et bien tenues. À noter, le délicieux petit-déjeuner servi, en saison, dans un verdoyant patio. Une adresse parfaite pour partir à la découverte de la ville et visiter la Maison du parc régional du Luberon toute proche.

7 chambres - †89/125 € ††89/125 € - ☕11 €

62 pl. Faubourg-du-Ballet - ✆ 04 90 74 18 04 - www.apt-hotel.com - Fermé janv.

Le Couvent

HISTORIQUE • PERSONNALISÉ Cet ancien couvent (17e s.) typiquement provençal a perdu en austérité ce qu'il a gagné en sobre élégance. Chambres de charme, petit-déjeuner sous les voûtes du réfectoire.

5 chambres ☕ - †98/140 € ††98/140 €

36 r. Barriol - ✆ 04 90 04 55 36 - www.loucouvent.com

à Saignon 4 km au Sud-Est par D48 - ✉ 84400 - 1 017 hab. - Alt. 450 m

Chambre de Séjour avec Vue

MAISON DE CAMPAGNE • CONTEMPORAIN Dans un charmant village, une maison d'hôtes atypique, à la fois lieu d'échange culturel et résidence d'artistes : la décoration évolue au gré des œuvres exposées ! De confortables chambres design, chic et sobrement meublées.

5 chambres ☕ - †90/120 € ††90/120 €

r. de la Burgade - ✆ 04 90 04 85 01 - www.chambreavecvue.com - Ouvert de mars à nov.

ARAGON - 11 (Aude) ➔ Voir Carcassonne

ARBOIS

39600 (Jura) - 3 537 hab. - Alt. 350 m - Carte régionale n° **9**-B2
Paris 407 km - Besançon 46 km - Dole 34 km - Lons-le-Saunier 40 km
Carte Michelin 321-E5 - Guide Vert Michelin Franche-Comté Jura

Maison Jeunet (Steven Naessens)

CUISINE CRÉATIVE • ÉLÉGANT Une page se tourne dans cette institution jurassienne : Steven et Marjorie Naessens en ont repris les rênes en février 2016. La salle et l'art de la table ont été modernisés ; en cuisine, Steven, qui a été le second de Jean-Paul Jeunet pendant 8 ans, reste fidèle à l'esprit terroir et créatif de la maison.

➔ Escargots du Petit-Mercey et réglisse. Volaille de Bresse au vin jaune et morilles. Gaude, noisettes et caramel.

Menu 65 € (déj. en semaine), 122/152 € - Carte 105/170 €

12 chambres - 105/125 € 142/180 € - 23 €

9 r. de l'Hôtel-de-Ville - 03 84 66 05 67 - www.maison-jeunet.com - Fermé du 19 déc.-26 janv., merc. sauf le soir en juil.-août, jeudi du 1er oct. au 2 mars et mardi

Les Caudalies

CUISINE MODERNE • ÉLÉGANT A la tête de cette maison bourgeoise sise au cœur des vignobles, œuvre un savant sommelier, Meilleur Ouvrier de France en 2015. Il a constitué une carte des vins de plus de 500 références, superbe contrepoint à une cuisine tout en finesse, à l'instar de cette volaille fermière de l'Ain aux morilles.

Formule 16 € - Menu 26 € (déj. en semaine), 43/53 € - Carte 51/76 €

Hôtel Les Caudalies, 20 av. Pasteur - 03 84 73 06 54 - www.lescaudalies.fr - Fermé 20 fév.-8 mars, vacances de la Toussaint, mardi sauf le soir en juil.-août et lundi

Le Caveau d'Arbois

CUISINE TRADITIONNELLE • CONVIVIAL Dans cette maison de pays, à la sortie de la ville sur la route de Besançon, le chef - un ancien ingénieur textile - sait tisser de beaux liens entre sa cuisine du terroir jurassien et les crus régionaux... Sympathique et chaleureux !

Formule 13 € - Menu 16 € (déj. en semaine), 21/39 € - Carte 29/52 €

3 rte de Besançon - 03 84 66 10 70 - www.caveau-arbois.com - Fermé janv., merc. et jeudi

La Balance Mets et Vins

CUISINE MODERNE • CONVIVIAL Des mets en accord avec les vins du Jura, de jolis plats végétariens à base de produits bio, le tout relevé de quelques épices du monde et d'un cadre chaleureux... Ne passez pas à côté du coq au vin jaune accompagné de belles morilles, la spécialité de la maison. Ça balance pas mal, à Arbois !

Formule 18 € - Menu 29 € (déj. en semaine)/33 €

47 r. de Courcelles - 03 84 37 45 00 - www.labalance.fr - Fermé 12-18 avril, 26 juil.-1 août, 16 déc.-début fév., dim. sauf juil.-août et lundi

Le Bistronome

CUISINE CLASSIQUE • BISTRO Ce Bistronome charme les papilles grâce à des produits de qualité et des plats goûteux, comme ce pressé de lapin et poitrine de cochon. Les plats s'accompagnent d'une belle sélection de vins natures du Jura, à déguster sur la jolie terrasse qui domine la Cuisance... Une affaire sérieuse et sympathique !

Menu 17 € (déj.), 26/33 € - Carte 40/60 €

62 r. de Faramand - 03 84 53 08 51 - Fermé lundi soir, dim. soir et mardi sauf juil.-août

Les Caudalies

FAMILIAL • ÉLÉGANT Accueil courtois, chambres romantiques et bien décorées (parquets clairs, beaux meubles) : voici quelques-uns des attraits de ces Caudalies. L'ensemble est bien entretenu : une agréable étape.

9 chambres – 60/87 € 79/117 € – 12 € – ½ P

20 av. Pasteur – 03 84 73 06 54 – www.lescaudalies.fr – Fermé 20 fév.-8 mars et vacances de la Toussaint

Les Caudalies – voir les restaurants ci-dessus

Closerie les Capucines

HISTORIQUE • PERSONNALISÉ Ce couvent du 17e s. se niche dans une ruelle calme du centre-ville. Charme authentique, épure contemporaine dans les chambres, patio, jardin exquis... Un moment béni, une coupure salutaire !

5 chambres – 125/180 € 125/180 €

7 r. de la Bourgogne – 03 84 66 17 38 – www.closerielescapucines.com – Fermé 18 déc.-31 janv.

à Pupillin 3 km au Sud par D469 et D248 – 39600 – 247 hab. – Alt. 450 m

Le Grapiot

CUISINE MODERNE • DESIGN XX Grapiot, vous avez dit grapiot ? Oui, une "grimpette" ou un "petit chemin montant" en patois local. Le jeune chef, passionné de couleurs et de saveurs, travaille autant la déco que les beaux produits, comme avec ce pavé de cabillaud rôti et beurre rouge. La carte change tous les mois ; chaque passage donne envie de revenir !

Formule 20 € – Menu 32/65 € – Carte 38/57 €

r. Bagier – 03 84 37 49 44 – www.legrapiot.com – Fermé 1 semaine vacances de printemps, 1 semaine en juil., 24 déc.-10 janv., mardi et merc.

ARBONNE – 64 (Pyrénées-Atlantiques) → Voir Biarritz

ARCACHON

33120 (Gironde) – 11 307 hab. – Alt. 5 m – Carte régionale n° **2**-B2

Paris 650 km – Agen 196 km – Bayonne 181 km – Bordeaux 67 km

Carte Michelin 335-D7 – Guide Vert Michelin Aquitaine

Le Patio (Thierry Renou)

CUISINE MODERNE • ÉLÉGANT XX Asperge des Landes, agneau de Pauillac, huîtres du bassin, etc. Cette table honore les beaux produits aquitains, avec finesse et esthétisme. L'œuvre d'un chef passionné et généreux ! Décor contemporain raffiné... assorti d'un agréable patio couvert.

→ Soupe de crabes verts du bassin liée au pain d'épice, caviar d'Aquitaine. Sole d'Arcachon, bouillon thaï à la noix de coco, shitakés et raviole éphémère. Gavotte citron-pralin, glace au sarrasin torréfié.

Menu 46 € (semaine), 72/110 € – Carte 100/145 €

Plan : B1-t – *10 bd de la Plage – 05 56 83 02 72 – www.lepatio-thierryrenou.com – Fermé 27 fév.-15 mars, 5-12 juin, 30 oct.-19 nov., dim. soir, mardi midi et lundi*

Ville d'Hiver

CUISINE TRADITIONNELLE • CONVIVIAL XX Dans l'un des meilleurs hôtels de la ville, un restaurant agréable et sympathique : le petit menu et les suggestions sont présentés à l'ardoise, et l'on profite d'une cuisine au goût du jour de bonne qualité... À déguster à l'intérieur – contemporain et épuré – ou sur la belle terrasse.

Formule 20 € – Menu 25 € (semaine) – Carte 35/60 €

Plan : D2-f – *Hôtel Ville d'Hiver, 20 av. Victor-Hugo – 05 56 66 10 36 – www.hotelvilledhiver.com*

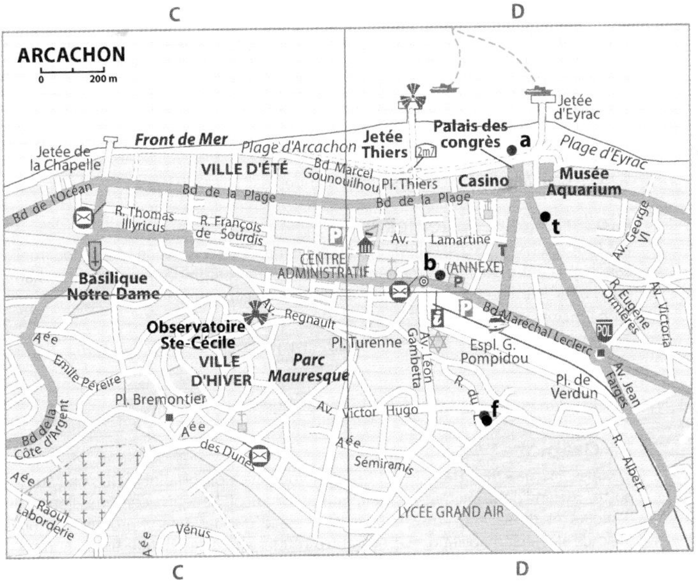

Café de la Plage " Chez Pierre "

CUISINE MODERNE • BRASSERIE Sur le front de mer, près du palais des congrès, cette brasserie de luxe est une véritable institution locale. Un chef expérimenté, une brigade formée dans des restaurants étoilés : chacun est au service d'une cuisine de la mer inventive, où le poisson du bassin joue les premiers rôles... Incontournable.

Formule 30 € – Menu 35/70 € – Carte 45/75 €

Plan : D1-a – *1 bd Veyrier-Montagnères – ✆ 05 56 22 52 94 – www.cafedelaplage.com*

Chez Yvette

POISSONS ET FRUITS DE MER • BRASSERIE Une institution locale, gérée par une famille d'ostréiculteurs depuis une quarantaine d'années et réputée pour ses produits de la mer. Le cadre est nautique, et l'ambiance animée.

Menu 19 € (semaine)/29 € – Carte 38/60 €

Plan : D1-b – *59 bd Gén.-Leclerc – ✆ 05 56 83 05 11 – www.restaurant-chez-yvette-arcachon.fr – Fermé dim. soir et lundi du 15 nov. au 31 déc. hors vacances scolaires et janv.*

Ville d'Hiver

TRADITIONNEL • COSY Dans un quartier plein de cachet, un hôtel bourré de charme au cœur d'un beau jardin. À l'image de la station, il cultive un style balnéaire à la fois chic et décontracté... Les chambres sont douillettes, l'espace détente bien reposant ; on peut même déjeuner les pieds dans le sable pendant l'été !

18 chambres – †140/245 € ††140/245 € – ☕ 13 €

Plan : D2-f – *20 av. Victor-Hugo – ✆ 05 56 66 10 36 – www.hotelvilledhiver.com*

Ville d'Hiver – voir les restaurants ci-dessus

Hôtel de La Plage

TRADITIONNEL • FONCTIONNEL À 50 m du casino et à 150 m de la mer, cet établissement affiche un chaleureux style bord de mer (lambris clairs, rotin)... Plaisant, bien insonorisé : idéal pour un séjour d'affaires ou d'agrément.

55 chambres – †89/139 € ††89/290 € – ☕ 13 €

Plan : D1-t – *10 av. Nelly-Deganne – ✆ 05 56 83 06 23 – www.hotelarcachon.com*

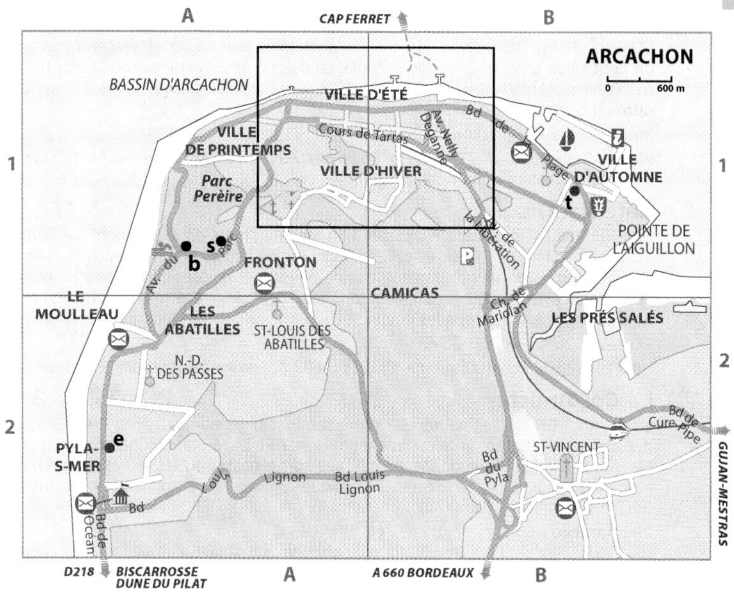

aux Abatilles 2 km au Sud-Ouest – ✉ 33120 Arcachon

Les Bains d'Arguin

HÔTEL DE CHAÎNE • CONTEMPORAIN Entre mer et pinède, un hôtel imposant associé à un centre de thalassothérapie. Les chambres, refaites à neuf, sont confortables, et l'on profite d'une belle piscine et d'un solarium. Côté restaurant, les produits de la mer et menus diététiques sont à l'honneur, autour d'une cuisine actuelle.

124 chambres – 120/750 € 120/750 € – 18 € – ½ P

Plan : A1-b – *9 av. du Parc – ✆ 05 57 72 06 72 – www.thalazur.fr*

Parc

FAMILIAL • FONCTIONNEL Construit dans les années 1970 par le père de l'actuel patron, cet hôtel entouré de pins est un havre de tranquillité ; les chambres (avec balcon) sont spacieuses, et il y a même une piscine couverte et un jacuzzi.

30 chambres – 89/109 € 89/116 €

Plan : A1-s – *5 av. du Parc – ✆ 05 56 83 10 58 – www.hotelduparc-arcachon.com – Ouvert 1er mai-30 sept.*

à Pyla-sur-Mer 7 km au Sud-Ouest par D650 et D217 – ✉ 33115

Le Skiff Club N

CUISINE MODERNE • ÉLÉGANT XX Le Skiff Club est un cocon, installé dans une coquette petite salle à manger, décorée façon yacht club. Le chef Stéphane Carrade y décline une délicieuse cuisine de "terroir progressif", inspirée du Sud-Ouest, en tirant le meilleur de très beaux produits : palombe, crevettes vivantes de l'estuaire, ormeaux...

➜ Cuisine du marché.

Formule 85 € – Menu 100/130 € – Carte environ 125 €

Hors plan – *Hôtel Ha(a)ïtza, 1 av. Louis-Gaume – ✆ 05 56 22 06 06 (réservation conseillée) – www.haaitza.com – Fermé mardi et merc. hors saison et le midi sauf vend. et sam.*

L'Authentic d'Éric Thore

CUISINE TRADITIONNELLE • COSY Une table chaleureuse et élégante, avec un petit salon privé et une jolie pergola. La cuisine privilégie les produits du terroir (caviar d'Aquitaine, viande du Sud-Ouest) et suit les saisons ; le petit menu offre un bon rapport qualité-prix.

Menu 35/75 € – Carte 60/90 €

Plan : A2-e – *35 bd de l'Océan – 05 56 54 07 94 – www.ericthore-authentic.com – Fermé dim. soir, lundi et mardi sauf juil.-août*

Café Ha(a)ïtza N

CUISINE TRADITIONNELLE • DESIGN En face de l'hôtel du même nom, ce Café est également signé Starck et cela se voit : tables hautes, mobilier en bois clair, livres et photos anciennes partout, cuisine ouverte et colorée... Mais cela ne doit pas occulter les mérites culinaires du lieu, dont les recettes éclectiques et nature font mouche à tous les coups.

Formule 28 € – Menu 33 €

Hors plan – *312 bd de l'Océan – 05 56 54 02 22 – www.haaitza.com*

La Co(o)rniche

LUXE • DESIGN Sur les hauteurs – entre sable et pinède – cette villa néobasque des années 1930 a été entièrement rénovée par Philippe Starck. Chambres d'une blancheur immaculée, échappées superbes sur le bassin ou les dunes, brasserie avec une magnifique terrasse panoramique extrêmement animée. Un endroit très en vue !

29 chambres – †245/895 € ††245/895 €

Hors plan – *46 av. Louis-Gaume – 05 56 22 72 11 – www.lacoorniche-pyla.com*

Ha(a)ïtza N

LUXE • DESIGN Tout près de la célèbre dune du Pilat et de l'océan, cette villa des années 1930 en impose ! Intérieur design chaleureux et ultramoderne (signé Philippe Starck, excusez du peu), jolies chambres lumineuses décorées avec raffinement, piscine sous verrière et spa... Un lieu d'exception.

32 chambres – †215/450 € ††235/650 € – 6 suites

Hors plan – *1 av. Louis-Gaume – 05 56 22 06 06 – www.haaitza.com*

Le Skiff Club – voir les restaurants ci-dessus

ARCANGUES – 64 (Pyrénées-Atlantiques) → Voir Biarritz

ARC-ET-SENANS

25610 (Doubs) – 1 537 hab. – Alt. 231 m – Carte régionale n° **9**-B2

Paris 396 km – Besançon 37 km – Pontarlier 62 km – Salins-les-Bains 16 km

Carte Michelin 321-E4 – Guide Vert Michelin Franche-Comté Jura

Le Relais d'Arc et Senans

CUISINE MODERNE • RUSTIQUE Une maison franc-comtoise à 800 m de la Saline royale (classée au patrimoine de l'Unesco). Salle rustique et cuisine actuelle privilégiant les produits locaux.

Formule 17 € – Menu 26/56 €

9 pl. de l'Église – 03 81 57 40 60 – www.relaisdarcetsenans.fr – Fermé 9-16 oct., 18 déc.-22 janv., dim. soir et lundi

ARCHAMPS – 74 (Haute-Savoie) → Voir St-Julien-en-Genevois

ARCINS – 33 (Gironde) → Voir Margaux

ARCIZANS-AVANT – 65 (Hautes-Pyrénées) → Voir Argelès-Gazost

LES ARCS

73700 (Savoie) – Carte régionale n° **23D**-D2

Paris 644 km – Albertville 64 km – Bourg-St-Maurice 11 km – Chambéry 113 km

Carte Michelin 333-N4 – Guide Vert Michelin Alpes du Nord

Aiguille Grive Chalets Hôtel

LUXE • COSY Directement sur les pistes et à quelques minutes de la station d'Arc 1800, ce vaisseau de bois et de verre offre des vues spectaculaires sur le Mont Blanc. Beaux tissus, mobilier chic, terrasse ensoleillée : là, tout n'est qu'ordre et sportivité, luxe, calme et sommets enneigés.

18 chambres – ½ P seult 165/210 €

Charmettoger - Les Arcs 1800
– ✆ 04 79 40 20 30 – www.hotelaiguillegrive.com
– Ouvert mi déc.-fin avril et juil.-août

LES ARCS

83460 (Var) – 6 971 hab. – Alt. 80 m – Carte régionale n° **21**-C3
Paris 848 km – Cannes 59 km – Draguignan 11 km – Fréjus 25 km
Carte Michelin 340-N5

Le Relais des Moines (Sébastien Sanjou)

CUISINE FRANÇAISE MODERNE • **AUBERGE** XXX Une cuisine colorée et imaginative : voici la proposition du chef, Sébastien Sanjou, dans cette ancienne bergerie (16e s.) élégante et chaleureuse. Au cœur de chaque assiette trône un beau produit, travaillé avec soin dans le respect du goût ! La terrasse ajoute au plaisir. Excellent rapport qualité-prix du menu déjeuner.

→ Collection de "bleda-raba", lard de Colonnata, gingembre et poire. Caneton, jeune navet, chou rouge et bigarade. Sphère choco-or et crumble aux framboises de pays.

Menu 45 € (déj. en semaine), 68/110 € – Carte 88/102 €

1 km à l'Est par rte de Ste-Roseline – ✆ 04 94 47 40 93
– www.lerelaisdesmoines.com – Fermé 6-14 mars, 30 oct.-30 nov., mardi de sept. à juin et lundi

Logis du Guetteur

CUISINE TRADITIONNELLE • **RUSTIQUE** XX Une robuste demeure médiévale (11e s.), perchée à l'aplomb du village... En terrasse, où l'on guette le panorama à loisir, ou sous les voûtes séculaires du bâtiment, on savoure une cuisine généreuse, marquée par le terroir provençal.

Menu 40/110 € – Carte 67/107 €

pl. du Château (au village médiéval) – ✆ 04 94 99 51 10
– www.logisduguetteur.com

ARDRES

62610 (Pas-de-Calais) – 4 268 hab. – Alt. 11 m – Carte régionale n° **16**-A1
Paris 273 km – Arras 93 km – Boulogne-sur-Mer 38 km – Calais 18 km
Carte Michelin 301-E2 – Guide Vert Michelin Nord Pas-de-Calais

Le François 1er

CUISINE CLASSIQUE • **ÉLÉGANT** XX En 1520, la ville accueillit une entrevue entre Henri VIII et François 1er... d'où le nom du restaurant. Dans un cadre historique, la cuisine joue la carte de la tradition : croustillant de crustacés, carré d'agneau en croûte d'herbes, etc.

Menu 29 € (semaine), 39/49 € – Carte 49/66 €

pl. d'Armes – ✆ 03 21 85 94 00 (réservation conseillée) – www.lefrancois1er.com
– Fermé 28 août-14 sept., 24 déc.-10 janv., lundi et le soir

ARGELÈS-GAZOST

65400 (Hautes-Pyrénées) – 3 069 hab. – Alt. 462 m – Carte régionale n° **15**-A3
Paris 863 km – Lourdes 13 km – Pau 58 km – Tarbes 32 km
Carte Michelin 342-L6

Des Petits Pois Sont Rouges

CUISINE MODERNE • CONVIVIAL XX Pas besoin d'être résident de l'hôtel Miramont pour apprécier la cuisine de son chef. Ce dernier rend hommage au terroir pyrénéen, bien sûr, mais propose également de nombreux poissons à la carte. Côté déco, on baigne dans une ambiance résolument contemporaine : table centrale rehaussée, mobilier design...

Formule 18 € - Menu 23/27 € - Carte 39/52 €

Hôtel Le Miramont, 44 av. des Pyrénées - 05 62 97 01 26 (réservation conseillée) - www.des-petits-pois-sont-rouges.com - Fermé nov. et merc.

Le Miramont

FAMILIAL • CONTEMPORAIN Cet hôtel-restaurant des années 1930 dénote par rapport au style architectural régional. Avec son joli jardin et ses chambres confortables de style contemporain, c'est un bon point de départ pour la visite de la vallée des Gaves ou une cure thermale.

18 chambres - 66/166 € 72/166 € - 13 € - ½ P

44 av. des Pyrénées - 05 62 97 01 26 - www.hotel-argeles-gazost.com - Fermé nov.

Des Petits Pois Sont Rouges - voir les restaurants ci-dessus

à St-Savin 3 km au Sud par D101 - 65400 - 381 hab. - Alt. 580 m

Le Viscos

CUISINE MODERNE • ÉLÉGANT XXX Sous l'impulsion des fils du patron - dont l'un, Alexis, est aux fourneaux -, le restaurant régale de délicieux plats célébrant le terroir : minute de thon laqué et sa brunoise de tomates ; œuf fumé surprise, émulsion de morilles... C'est fin, juste et toujours travaillé dans le respect du produit.

Formule 18 € - Menu 31/92 € - Carte 40/107 €

10 chambres - 93/133 € 93/136 € - 14 €

1 r. Lamarque - 05 62 97 02 28 - www.hotel-leviscos.com - Fermé 3 semaines en janv., dim. soir sauf en juil.-août et lundi

à Arcizans-Avant 4,5 km au Sud par D101 et D13 - 65400 - 375 hab. - Alt. 640 m

Auberge Le Cabaliros

CUISINE TRADITIONNELLE • AUBERGE X Cette sympathique auberge villageoise, à mi-chemin entre les célèbres cols d'Aubisque et du Tourmalet, tutoie les sommets pyrénéens. Dans l'assiette, de bonnes recettes de tradition - pavé de porc noir de Bigorre, ris de veau braisé -, goûteuses et joliment présentées. Et de petites chambres coquettes pour l'étape !

Menu 25/36 € - Carte 33/55 €

7 chambres - 49/69 € 69/105 € - 10 €

16 r. de l'Église - 05 62 97 04 31 - www.auberge-cabaliros.com - Fermé de nov. à fin janv., mardi soir et merc. sauf vacances scolaires et mardi midi

à Beaucens 6 km au Sud-Est par D913 - 65400 - 421 hab. - Alt. 450 m

Eth Béryè Petit

FAMILIAL • TRADITIONNEL Ce petit verger ("Eth béryè petit" en occitan) est une accueillante maison bigourdane de 1790. Chambres cosy (parquet, tapis, mobilier ancien) ménageant un splendide panorama sur la vallée. Dîner et petit-déjeuner dans un joli salon au coin du feu ou en terrasse.

3 chambres - 70 € 75 €

15 rte de Vielle - 05 62 97 90 02 - www.beryepetit.com - Fermé 24 déc.-2 janv.

ARGELÈS-SUR-MER

66700 (Pyrénées-Orientales) - 9 901 hab. - Alt. 19 m - Carte régionale n° **12**-B3

Paris 872 km - Céret 28 km - Perpignan 22 km - Port-Vendres 9 km

Carte Michelin 344-J7

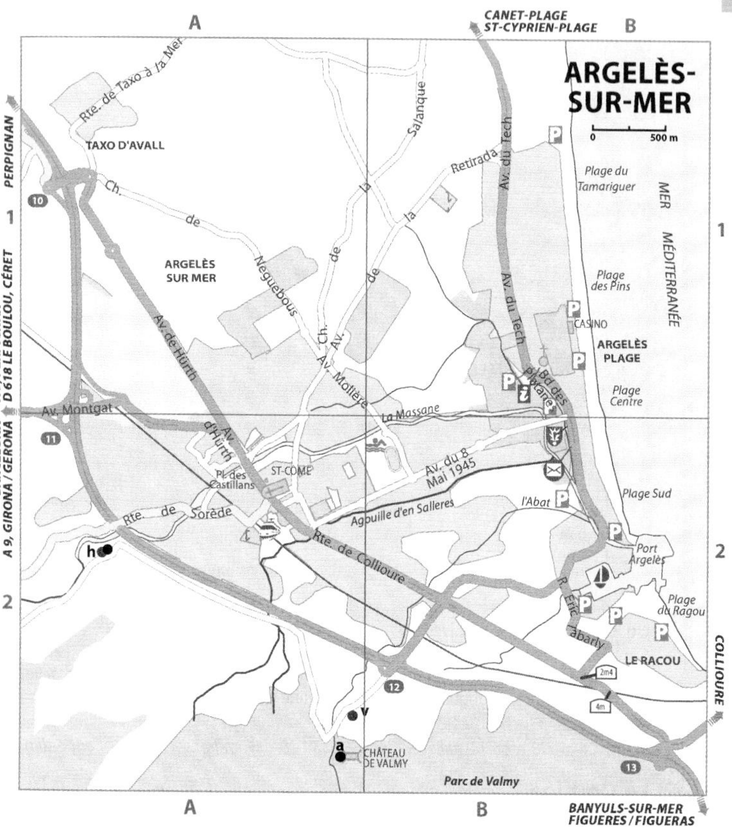

La Bartavelle

CUISINE MODERNE • COSY C'est une adresse que les amoureux de la bonne chère s'échangent avec gourmandise – et pour cause : le chef, Thibaut Lesage, et son épouse Stéphanie, pâtissière, ravissent les papilles et revisitent les classiques avec une inspiration constante. Un régal ! Attention : réservation indispensable.

Menu 29/38 € – Carte 40/50 €

Plan : C1-e – *24 r. de la République – 06 19 25 70 13 (réservation conseillée) – www.restaurant-labartavelle.fr – Fermé 10 jours en mars, en nov. et en janv., dim. de sept. à juin, lundi et le midi sauf sam. hors saison et sauf merc.*

La Table de Valmy

CUISINE TRADITIONNELLE • DESIGN Niché au cœur du domaine viticole du château de Valmy, le restaurant occupe une partie des anciens chais. La cuisine joue le jeu des saisons et des produits locaux. Aux beaux jours, la terrasse dévoile un panorama magnifique sur les vignes. Un joli prétexte pour goûter les vins du domaine !

Formule 25 € – Menu 35/45 €

Plan : A2-v – *chemin de Valmy – 04 68 95 95 25 – www.chateau-valmy.com – Ouvert d'avril à nov. et fermé du dim. soir au merc. sauf en été*

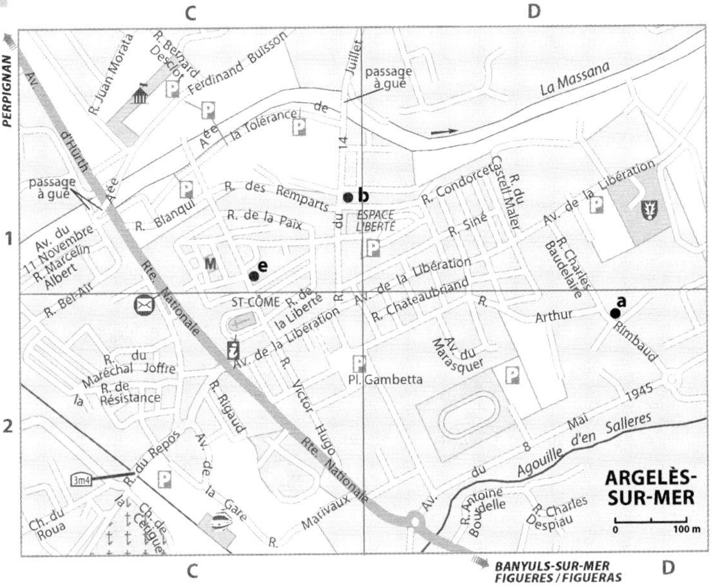

Le Coup de Fourchette du Cayrou

A/C

CUISINE MODERNE • SIMPLE Cette jolie maison doit son nom à la brique rouge traditionnelle fabriquée dans ces contrées catalanes… Dans l'agréable salle, simple et épurée, on déguste une bonne cuisine qui évolue au fil des saisons.

Formule 20 € – Menu 28 € (déj.)/42 €

Plan : C1-b – *18 r. du 14-Juillet – ✆ 04 68 81 34 08 – www.le-cayrou.net – Fermé dim.*

Le Cottage

Spa A/C P

TRADITIONNEL • FONCTIONNEL Dans une zone résidentielle, un hôtel avec des chambres coquettes, lumineuses et calmes, très souvent avec un balcon ou une terrasse donnant sur le joli jardin. Côté détente : un espace bien-être avec piscine, jacuzzi et hammam.

27 chambres – 🚹79/255 € 🚹🚹79/255 € – 6 suites – ☕ 13 €

Plan : D2-a – *21 r. Arthur-Rimbaud – ✆ 04 68 81 07 33 – www.hotel-lecottage.com – Ouvert d'avril à mi-oct.*

Château Valmy

A/C P

DEMEURE HISTORIQUE • ÉLÉGANT Pour l'anecdote, ce beau château à l'allure majestueuse et peu commune a été érigé en 1900 par un architecte… danois. Aujourd'hui, c'est une maison de charme pour hôtes chic, au cœur d'un vignoble de 30 ha. Superbes chambres zen et épurées, vue splendide sur la mer et dégustation de vins au chai : quel style !

5 chambres ☕ – 🚹220/390 € 🚹🚹220/390 €

Plan : A2-a – *chemin de Valmy – ✆ 04 68 95 95 25 – www.chateau-valmy.com – Ouvert d'avril à nov.*

Si vous recherchez un hébergement particulièrement agréable pour un séjour de charme, préférez les établissements signalés en rouge : 🏠…🏠🏠🏠.

rte de Collioure 4 km au Sud-Est par rte de Collioure et D114 – ✉ 66700 Argelès-sur-Mer :

Le Bistrot à la Mer

CUISINE MODERNE • DESIGN Dans ce restaurant, situé à l'intérieur d'un hôtel dominant la route de la Corniche en allant vers Collioure, on se régale de bons produits locaux et de saison, au fil d'un menu d'inspiration méditerranéenne. Le cadre, une jolie salle lumineuse, est à la hauteur de la cuisine.

Formule 19 € – Menu 19 € (déj. en semaine), 31/49 € – Carte 43/57 €

Grand Hôtel du Golfe, La Corniche – ✆ 04 68 81 14 73 – www.hoteldugolfe-argeles.com – Ouvert mi-mars-31 oct.

Les Mouettes

TRADITIONNEL • FONCTIONNEL Face à la mer, au-dessus de la route de Collioure, un hôtel chaleureux, de facture classique, situé dans un beau jardin. Les chambres et studios ont tous une terrasse ou une loggia et, pour la détente, on profite du jacuzzi, du hammam et de la piscine.

31 chambres – †75/299 € ††75/299 € – ☕ 14 €

La Corniche – ✆ 04 68 81 82 83 – www.hotel-lesmouettes.com – Ouvert fin mars- 1er nov.

Grand Hôtel du Golfe

TRADITIONNEL • CONTEMPORAIN Un bel hôtel sur la route de Collioure, face à la plage. Les chambres, récemment rénovées, disposent de petits balcons offrant une vue imprenable sur la mer. De quoi faire des rêves de grandes traversées ou de voyages au long cours ! Espace détente (spa, hammam) et grande piscine chauffée.

36 chambres – †85/139 € ††85/269 € – ☕ 11 € – ½ P

La Corniche – ✆ 04 68 81 14 73 – www.hoteldugolfe-argeles.com – Ouvert mi-mars-31 oct.

Le Bistrot à la Mer – voir les restaurants ci-dessus

à l'Ouest 1,5 km par rte de Sorède et rte secondaire

Auberge du Roua

CUISINE MODERNE • COSY Dans un cadre vraiment intime (pierres, poutres, voûtes...), on déguste une cuisine au goût du jour, personnalisée de petites touches régionales, et réalisée avec de bons produits... Des saveurs franches et fraîches !

Menu 27/59 € – Carte 56/67 €

Plan : A2-h – *46 chemin du Roua – ✆ 04 68 95 85 85 – www.aubergeduroua.com – Fermé 12 nov.-6 fév., le midi sauf dim. et fériés*

Auberge du Roua

MAISON DE CAMPAGNE • COSY La campagne, les vignes, une délicieuse piscine dans un jardin fleuri et... le calme ! Un joli programme pour un joli mas du 17e s., qui joue le contraste de l'authenticité et de l'épure contemporaine. En deux mots : du Sud et du style !

17 chambres – †89/169 € ††89/169 € – 4 suites – ☕ 13 € – ½ P

Plan : A2-h – *46 chemin du Roua – ✆ 04 68 95 85 85 – www.aubergeduroua.com – Fermé 12 nov.-6 fév.*

Auberge du Roua – voir les restaurants ci-dessus

ARGENTAN

✉ 61200 (Orne) – 14 219 hab. – Alt. 160 m – Carte régionale n° **17**-C2

Paris 191 km – Alençon 46 km – Caen 59 km – Dreux 115 km

Carte Michelin 310-I2 – Guide Vert Michelin Normandie Cotentin

La Renaissance (Arnaud Viel)

CUISINE MODERNE • ÉLÉGANT Cette maison élégante et feutrée est incontestablement la meilleure table d'Argentan. Originaire de la région, Arnaud Viel signe une cuisine créative, à la fois sophistiquée et esthétique, en s'appuyant sur d'excellents produits – homard de Carteret, lotte de Port-en-Bessin, etc. Une perpétuelle Renaissance !
➜ Œuf de poule cuit à 63°, émulsion d'un vieux gruyère de Carrouges et truffe noire. Ris de veau braisé au cidre et sarrasin. Pomme, sucre soufflé, mousse au caramel et pommes caramelisées.

Formule 25 € – Menu 34 € (semaine), 56/85 € – Carte 70/90 €

20 av. de la 2e-Division-Blindée – 02 33 36 14 20 – www.hotel-larenaissance.com – Fermé 15-27 fév., 1er-15 août, sam. midi, dim. soir et lundi

La Renaissance

FAMILIAL • CONTEMPORAIN Non loin du centre de la cité, cette imposante demeure d'après-guerre cache un hôtel confortable et feutré. Toutes les chambres ont été récemment rénovées dans un style contemporain et non moins cosy – préférez celles au calme, côté piscine. Une étape plaisante !

18 chambres – 95/135 € 95/135 € – 14 €

20 av. de la 2e-Division-Blindée – 02 33 36 14 20 – www.arnaudviel.com – Fermé 15-27 fév. et 1er-15 août

La Renaissance – voir les restaurants ci-dessus

au Nord-Est 11 km par D926 et D729

Pavillon de Gouffern

CUISINE MODERNE • TENDANCE Au cœur de cette belle propriété, un cadre feutré avec baies ouvrant sur le parc et la forêt. La courte carte rend hommage aux produits de saison.

Formule 15 € – Menu 25 € – Carte 31/49 €

l'Orée du bois – 02 33 36 64 26 – www.pavillondegouffern.com – Fermé janv., dim. soir et lundi

Pavillon de Gouffern

MAISON DE CAMPAGNE • PERSONNALISÉ Dans son vaste parc, ce pavillon de chasse tout en colombages (19e s.) exprime la noble richesse du pays d'Argentan, où abondent les prairies grasses et les bois touffus... Salons, chambres, restaurant : les lieux respirent l'aisance, dans une agréable veine contemporaine.

20 chambres – 75/120 € 95/150 € – 15 € – ½ P

l'Orée du bois – 02 33 36 64 26 – www.pavillondegouffern.com – Fermé janv., dim. soir et lundi

Pavillon de Gouffern – voir les restaurants ci-dessus

à Fontenai-sur-Orne 4,5 km au Sud-Ouest – 61200 – 246 hab. – Alt. 65 m

La Table de Catherine

CUISINE TRADITIONNELLE • AUBERGE Surprise derrière la façade traditionnelle : des couleurs vives et de grandes fleurs sur les murs... Un décor d'une certaine fraîcheur, à l'unisson de la cuisine de la chef, Catherine, ambassadrice des produits de la région. Sa spécialité : la tarte fine à l'andouille de Vire et au camembert !

Formule 16 € – Menu 25 € (semaine), 35/48 € – Carte 41/58 €

Hôtel Le Faisan Doré – 02 33 67 18 11 – www.latabledecatherine.com – Fermé août, lundi, sam. midi et dim. soir

Le Faisan Doré

FAMILIAL • PERSONNALISÉ Sur l'axe Argentan-Flers, on reconnaît cette auberge traditionnelle à sa façade à colombages. Les chambres sont peu à peu rénovées dans un style plus cosy et feutré ; préférez donc les plus récentes. Et dans le salon, vous pourrez même jouer du piano ! En résumé, l'adresse est tout indiquée pour une étape dans le pays d'Auge ornais.

15 chambres – 85/120 € 85/120 € – 11 € – ½ P

– 02 33 67 18 11 – www.lefaisandore.com – Fermé 1 semaine en août

La Table de Catherine – voir les restaurants ci-dessus

ARGENTAT

✉ 19400 (Corrèze) - 3 005 hab. - Alt. 183 m - Carte régionale n° **13**-C3
Paris 503 km - Aurillac 54 km - Brive-la-Gaillarde 45 km - Mauriac 49 km
Carte Michelin 329-M5 - Guide Vert Michelin Limousin Berry

Saint-Jacques

CUISINE MODERNE • ÉLÉGANT XX Une équipe jeune et motivée, un chef passionné par son métier, une cuisine à l'avenant, pleine de trouvailles, et réalisée avec de bons produits frais... Ce restaurant ne manque pas d'atouts pour nous séduire !

Formule 15 € - Menu 20 € (semaine), 35/65 € - Carte 65/85 €

39 av. Foch - ☎ 05 55 28 89 87 - www.lesaintjacques-argentat.com - Fermé 27 fév.-20 mars, 9-30 oct., dim. soir d'oct. à juin et lundi

Le Sablier du Temps

TRADITIONNEL • FONCTIONNEL Ici, le temps s'écoule lentement... Cet hôtel proche du centre-ville est à la fois convivial et familial, avec son jardin, sa piscine et ses chambres modernes et colorées. Côté restaurant, le patron œuvre lui-même en cuisine. Une bonne adresse.

24 chambres - †56/68 € ††60/98 € - ☕ 10 € - ½ P

13 av. Joseph-Vachal - ☎ 05 55 28 94 90 - www.sablier-du-temps.com - Fermé 5 janv.-5 fév.

ARGENTIÈRE - 74 (Haute-Savoie) → Voir Chamonix-Mont-Blanc

ARGENTON-SUR-CREUSE

✉ 36200 (Indre) - 5 021 hab. - Alt. 100 m - Carte régionale n° **6**-B3
Paris 297 km - Châteauroux 32 km - Limoges 93 km - Montluçon 103 km
Carte Michelin 323-F7 - Guide Vert Michelin Limousin Berry

Le Cheval Noir

CUISINE TRADITIONNELLE • CONVIVIAL XX Envie de tradition ? Sous ce nom qui fit autrefois florès sur les routes de France, un décor de bistrot contemporain et une carte qui fait la part belle aux produits du marché. Depuis la salle, on peut voir le chef s'affairer en cuisine ; aux beaux jours, on s'installe en terrasse. Formule déjeuner très attractive.

Menu 17 € (déj. en semaine), 23/34 € - Carte 27/40 €

27 r. Auclert-Descottes - ☎ 02 54 24 00 06 - www.le-chevalnoir.fr - Fermé vacances de Noël et dim. soir hors saison

Le Cheval Noir

AUBERGE • PERSONNALISÉ Cet ancien relais de poste - sa jolie façade ne trompe pas - appartient à la même famille depuis plus d'un siècle. Les chambres sont agréables, dans une veine actuelle pleine de fraîcheur. Une étape toujours bien vivante !

19 chambres - †46/75 € ††60/85 € - ☕ 9 € - ½ P

27 r. Auclert-Descottes - ☎ 02 54 24 00 06 - www.le-chevalnoir.fr

Le Cheval Noir - voir les restaurants ci-dessus

ARGENT-SUR-SAULDRE

✉ 18410 (Cher) - 2 156 hab. - Alt. 171 m - Carte régionale n° **6**-C2
Paris 171 km - Bourges 57 km - Cosne-Cours-sur-Loire 46 km - Gien 22 km
Carte Michelin 323-K1 - Guide Vert Michelin Limousin Berry

Relais du Cor d'Argent

CUISINE TRADITIONNELLE • AUBERGE XX Un Cor d'Argent fleuri et rustique... On s'installe dans une des salles, décorées dans un esprit relais de chasse, ou sur l'agréable terrasse pour savourer une cuisine traditionnelle variant selon le marché et les saisons. À moins que vous ne préfériez le menu végétarien... Petites chambres fonctionnelles pour l'étape.

Menu 22 € (semaine), 32/60 € - Carte 40/69 €

7 chambres - †47/57 € ††47/57 € - ☕ 8 €

39 r. Nationale - ☎ 06 30 62 24 60 - www.lecordargent.com - Fermé 15 fév.-17 mars, 27 juin-6 juil., 17-26 oct., mardi et merc. sauf fériés

ARGILLIERS - 30 (Gard) ➜ Voir Uzès

ARGOULES

✉ 80120 (Somme) - 326 hab. - Alt. 18 m - Carte régionale n° **19**-A1

▶ Paris 217 km - Abbeville 34 km - Amiens 82 km - Calais 93 km

Carte Michelin 301-E5

Auberge du Coq-en-Pâte

CUISINE TRADITIONNELLE • AUBERGE ✗ Dans les années 1930, cette auberge typiquement régionale fut offerte par le châtelain d'Argoules à sa cuisinière. Plusieurs décennies plus tard, on perpétue l'amour de la bonne chère avec des plats qui magnifient le terroir picard, entre tradition et modernité. Une adresse sympathique.

Formule 18 € - Menu 20 € - Carte 26/45 €

37 Grande-Rue, rte de Valloires - ✆ 03 22 29 92 09 (réservation conseillée) - Fermé 19-25 avril, 6-21 sept., 3 semaines en janv., dim. soir, lundi et mardi

ARLES

✉ 13200 (Bouches-du-Rhône) - 52 439 hab. - Alt. 13 m - Carte régionale n° **21**-A3

▶ Paris 719 km - Aix-en-Provence 77 km - Avignon 37 km - Marseille 94 km

Carte Michelin 340-C3 - Guide Vert Michelin Provence

L'Atelier de Jean-Luc Rabanel

CUISINE CRÉATIVE • CONTEMPORAIN ✗✗ Plus qu'un repas, une expérience ! Pour ce chef qui s'est fait une spécialité des légumes et du bio, cultiver le goût de la nature est un sacerdoce... qui n'interdit pas la plus grande créativité. Le menu unique (en 7 ou 13 plats) allie à l'envi l'insolite et la métamorphose...

➜ Risotto de céleri et encornet, oignon doux des Cévennes et bouillon de maquereau fumé. Filet de taureau de Camargue fumé puis rôti, légumes et œuf bio. Riz noir sauvage soufflé, légumes et fruits confits, vinaigrette à l'orgeat.

Menu 85/145 €

3 chambres - 🚹200/295 € 🚻200/295 € - ☕ 27 €

Plan : A2-k - *7 r. des Carmes - ✆ 04 90 91 07 69 (réservation conseillée) - www.rabanel.com - Fermé lundi et mardi*

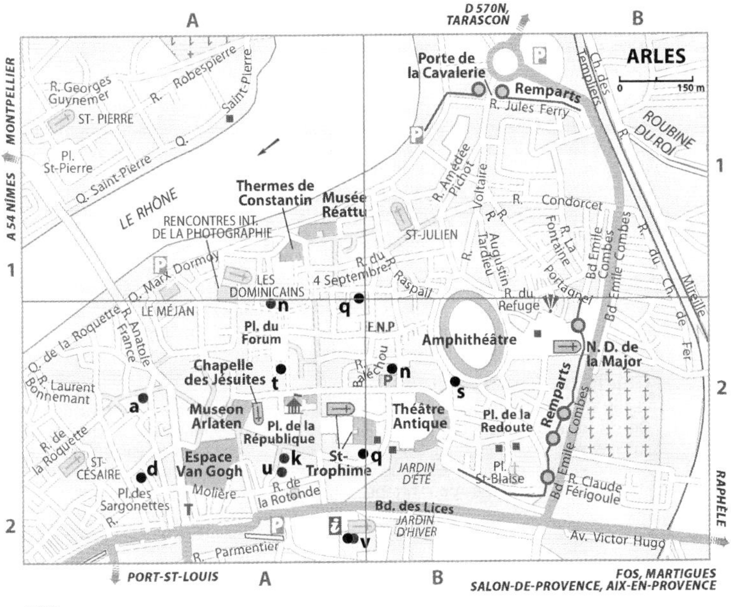

Bistro À Côté

CUISINE PROVENÇALE • BISTRO À côté de son bel Atelier, Jean-Luc Rabanel a ouvert ce bistrot où règne une atmosphère décontractée : les plats sont souvent présentés dans leur poêle de cuisson ou à partager, et on expose fièrement vins et jambons. D'une recette à l'autre, on pense Espagne, Provence ou Italie ; c'est la Méditerranée que l'on célèbre !

Menu 32 € - Carte environ 52 €

Plan : A2-u - *21 r. des Carmes - 04 90 47 61 13 - www.bistro-acote.com*

Lou Marquès

CUISINE CLASSIQUE • COLORÉ Au sein du bel hôtel Jules César redécoré par Christian Lacroix - arlésien s'il en est -, on déguste papeton d'aubergines ou risotto de riz rouge de Camargue sous d'anciennes boiseries, tandis que défilent, en ombres chinoises, taureaux et arlésiennes. Bistrot chic au déjeuner, gastronomique le soir.

Formule 25 € - Menu 35 € (déj.), 55/75 € - Carte 41/82 €

Plan : A2-v - *Hôtel Jules César, 9 bd des Lices - 04 90 52 52 52 - www.hotel-julescesar.fr - Fermé sam. midi, dim. soir et lundi hors saison*

Le Gibolin

CUISINE TRADITIONNELLE • BAR À VIN "Est-ce que t'as pris ton Gibolin ?" La boisson-star des Deschiens a servi d'inspiration à ce sympathique bistrot arlais. La cuisine familiale du chef - pieds et paquets à la provençale, foie de veau persillade - est accompagnée de bons vins régionaux (de préférence sans sulfites) choisis par la patronne. On se régale.

Formule 27 € - Menu 34 €

Plan : A2-a - *13 r. des Porcelets - 04 88 65 43 14 - Fermé fév., mardi d'oct. à mars, dim. et lundi sauf juil.*

Le Galoubet N

CUISINE DU MARCHÉ • VINTAGE Au cœur de la vieille ville, ce joli bistrot à la décoration vintage attire une clientèle d'habitués, qui ont souvent la fourchette sûre : cuisine du marché et recettes délicates, mises en saveurs par une jeune femme chef. Et en prime, terrasse sous la treille.

Formule 27 € - Menu 33 €

Plan : A2-n - *18 r. du Dr.-Fanton - 04 90 93 18 11 (réservation conseillée) - Fermé vacances de fév., vacances de la Toussaint, dim. et lundi*

Jules César

LUXE • HISTORIQUE Christian Lacroix, l'enfant du pays, a fait souffler un vent de fraîcheur sur le vénérable Jules César. Avalanche de couleurs vives (52 teintes en tout), jeux avec les formes et le style du mobilier, des escaliers et des luminaires... tout en respectant l'esprit des lieux. D'une fantaisie impériale !

45 chambres - 140/579 € 140/579 € - 7 suites - 20 € - ½ P

Plan : A2-v - *9 bd des Lices - 04 90 52 52 52 - www.hotel-julescesar.fr*

Lou Marquès - voir les restaurants ci-dessus

L'Hôtel Particulier

LUXE • PERSONNALISÉ Sous le soleil arlésien, on pousse la porte de ce superbe hôtel particulier du quartier de la Roquette, mariant l'ancien et le moderne avec élégance. Les chambres claires et luxueuses, sont tournées vers les jardins ; massages et soins.

11 chambres - 289/369 € 289/369 € - 5 suites - 26 €

Plan : A2-d - *4 r. de la Monnaie - 04 90 52 51 40 - www.hotel-particulier.com - Fermé janv. et fév.*

Grand Hôtel Nord-Pinus

DEMEURE HISTORIQUE • PERSONNALISÉ Le superbe décor de cette institution arlésienne (mobilier signé du 20e siècle, collection de photographies) distille une atmosphère rétro. Idéal pour se balader en ville.

24 chambres - 190/210 € 190/380 € - 2 suites - 18 €

Plan : A2-t - *pl. du Forum - 04 90 93 44 44 - www.nord-pinus.com - Ouvert 1er mars-1er nov.*

Cloître

URBAIN • DESIGN Montez dans la machine à remonter le temps ! Jouxtant le cloître de l'église St-Trophime, cet hôtel revisite le style des années 1950 : mobilier et coloris sont très séduisants. En prime, la terrasse sur le toit offre une belle vue sur la ville. Très bon rapport charme-prix.

19 chambres - 80/105 € 95/185 € - 14 €

Plan : AB2-q - *18 r. du Cloître - 04 88 09 10 00 - www.hotel-cloitre.com*

Le Calendal

TRADITIONNEL • MÉDITERRANÉEN "Central, cool et chic" : ainsi se revendique le Calendal ! Ses petites chambres provençales donnent sur les fameuses arènes ou sur le jardin. Salon de thé, sandwicherie et superbe micocoulier tricentenaire dans la cour intérieure...

38 chambres - 89/159 € 119/209 € - 12 €

Plan : B2-s - *5 r. Porte-de-Laure - 04 90 96 11 89 - www.lecalendal.com - Fermé du 18 au 25 déc.*

Amphithéâtre

TRADITIONNEL • PERSONNALISÉ Chambres colorées (bois peint, fer forgé) dans un bel immeuble du 17e s., pour toutes les bourses, de la basique à plus raffinée, dans l'hôtel particulier mitoyen. Jolie salle de petit-déjeuner.

30 chambres - 61/79 € 69/159 € - 3 suites - 9 €

Plan : B2-n - *5 r. Diderot - 04 90 96 10 30 - www.hotelamphitheatre.fr*

Muette

FAMILIAL • FONCTIONNEL À deux pas des arènes, un petit hôtel qui doit son nom à sa première propriétaire, originaire de la porte de la Muette, à Paris. On y trouve de jolies chambres avec pierres et poutres apparentes - dont certaines en duplex -, et l'on prend, en été, son petit-déjeuner sur la terrasse.

18 chambres - 58/74 € 65/85 € - 9 €

Plan : A1_2-q - *15 r. des Suisses - 04 90 96 15 39 - www.hotel-muette.com - Fermé fév.*

au Sambuc 17 km au Sud-Ouest par D570 et D36 - 13200 Arles

La Chassagnette

CUISINE MODERNE • TENDANCE Un lieu magique que cette ancienne bergerie réhabilitée en mas ! Ici, les légumes (bio, évidemment) sont rois, et Armand Arnal, le chef, est à leur service. Une cuisine épurée à déguster en terrasse, au pied du superbe potager-verger. Il réalise même son pain lui-même, avec de la farine de riz camarguais !

→ Velouté d'herbes sauvages et cultivées, brousse de chèvre du Rove. Pigeon des Costières laqué, figues rôties du jardin. Fenouil confit aux agrumes.

Menu 55 € (déj. en semaine), 75/95 € - Carte 70/100 €

- 04 90 97 26 96 (réservation conseillée) - www.chassagnette.fr - Fermé 19 déc.-28 fév., jeudi midi, vend. midi, dim. soir, lundi, mardi et merc. sauf juil.-août

Le Mas de Peint

CUISINE DU TERROIR • RÉGIONAL Avec de bons produits - légumes du potager, riz de la propriété et taureau de l'élevage -, le chef concocte une belle cuisine du marché. La terrasse sous la glycine est ravissante et ce Mas charmant... Grillades autour de la piscine en été. Une bonne adresse !

Formule 41 € - Menu 59/69 € - Carte 47/59 € déjeuner

2,5 km par rte de Salins - 04 90 97 20 62 (réservation conseillée) - www.masdepeint.com - Ouvert 24 mars-12 nov. et 27 déc.-3 janv. et fermé mardi midi et jeudi hors saison

Le Mas de Peint

LUXE • PERSONNALISÉ Dans un vaste domaine, ce superbe mas du 17e s. cultive la tradition camarguaise (promenades à cheval, arènes privées). La décoration est réussie, les chambres raffinées... Beaucoup d'élégance !

13 chambres - 245/465 € 245/465 € - 22 € - ½ P

2,5 km par rte de Salins - 04 90 97 20 62 - www.masdepeint.com - Ouvert 24 mars-12 nov. et 27 déc.-3 janv.

Le Mas de Peint - voir les restaurants ci-dessus

ARNAGE - 72 (Sarthe) → Voir Le Mans

ARNAY-LE-DUC

21230 (Côte-d'Or) - 1 547 hab. - Alt. 375 m - Carte régionale n° **4**-C2

Paris 285 km - Autun 28 km - Beaune 36 km - Chagny 38 km

Carte Michelin 320-G7 - Guide Vert Michelin Bourgogne

Chez Camille

CUISINE TRADITIONNELLE • AUBERGE XX Cette maison régionale (1800) perpétue la tradition sans se soucier des modes... et c'est tant mieux ! On (re-)découvre recettes typiques de la Bourgogne et classiques de la cuisine bourgeoise, à l'instar de ce jambon persillé d'Arnay-le-Duc. Décor champêtre, avec quelques chambres simples pour la nuit.

Formule 25 € - Menu 38/120 € - Carte 55/68 €

10 chambres - 90 € 95/125 € - 12 €

1 pl. Édouard-Herriot - 03 80 90 01 38 - www.chez-camille.fr

LES ARQUES

46250 (Lot) - 219 hab. - Alt. 254 m - Carte régionale n° **15**-B1

Paris 569 km - Cahors 28 km - Gourdon 27 km - Villefranche-du-Périgord 19 km

Carte Michelin 337-D4

La Récréation

CUISINE MODERNE • CONTEMPORAIN X L'école est finie ! Dans cette sympathique maison, l'ancienne salle de classe est devenue celle du restaurant, et le préau, une jolie terrasse. Mais ici point de nostalgie : le décor tout comme la cuisine sont bien dans l'air du temps.

Menu 26 € (déj. en semaine), 37/49 €

le bourg - 05 65 22 88 08 - www.restaurant-traiteur-lot.com - Ouvert 14 fév.-2 nov. et fermé jeudi sauf juil.-août et merc.

ARRADON - 56 (Morbihan) → Voir Vannes

ARRAS

62000 (Pas-de-Calais) - 41 239 hab. - Agglo. 86 519 hab. - Alt. 72 m - Carte régionale n° **16**-B2

Paris 179 km - Amiens 69 km - Calais 110 km - Charleville-Mézières 159 km

Carte Michelin 301-J6

La Bulle d'O

CUISINE MODERNE • ÉPURÉ XX Après avoir travaillé dans des tables renommées de la région, Olivier Lainé a choisi de s'installer dans sa ville d'origine, à laquelle il a ainsi offert une vraie... bulle de fraîcheur. La carte est courte et renouvelée chaque mois, l'accueil de Capucine, son épouse, n'est que sourire : sans doute la meilleure table d'Arras !

Carte 40/57 €

Plan : D3-r - *1 bd de Strasbourg - 03 21 16 19 47 (réservation conseillée) - www.labulledo.com - Fermé 2 semaines en août, dim. et lundi*

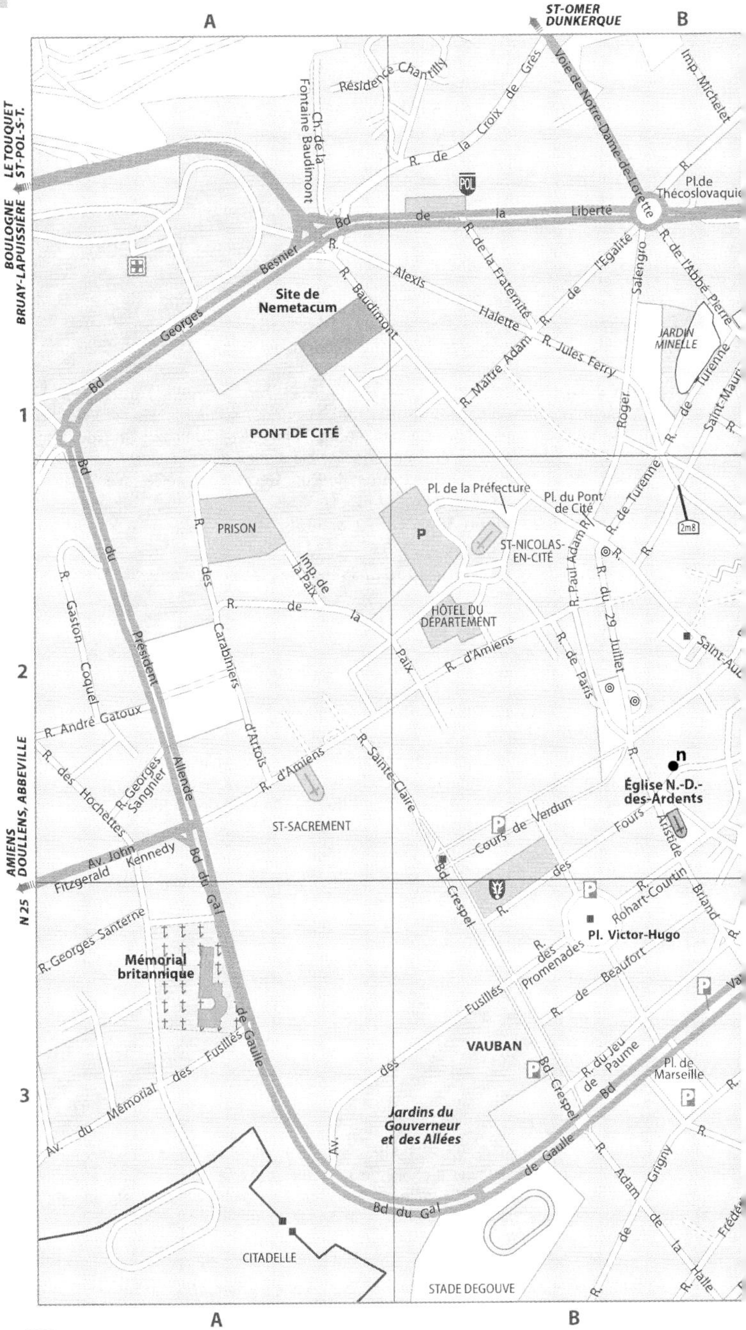
A
B
1
2
3
ST-OMER DUNKERQUE
BOULOGNE BRUAY-LAPUISSIÈRE
LE TOUQUET ST-POL-S-T.
AMIENS DOULLENS, ABBEVILLE
N 25
Résidence Chantilly
Ch. de la Fontaine Baudimont
R. de la Croix de Grès
Voie de Notre-Dame-de-Lorette
Imp. Michelet
Pl. de Thécoslovaquie
Bd de la Liberté
R. de la Fraternité
R. de l'Egalité
R. Salengro
R. de l'Abbé Pierre
JARDIN MINELLE
R. Alexis Halette
R. Baudimont
Bd Georges Besnier
Site de Nemetacum
R. Maître Adam
R. Jules Ferry
R. de Turenne
Roger
Saint-Mauri
PONT DE CITÉ
Pl. de la Préfecture
Pl. du Pont de Cité
PRISON
P
ST-NICOLAS-EN-CITÉ
R. Paul Adam
R. du 29 Juillet
2m8
R. des Carabiniers d'Artois
Imp. de la Paix
R. de la Paix
HÔTEL DU DÉPARTEMENT
R. d'Amiens
R. de Paris
Saint-Aub
Bd du Président Allende
R. Gaston Coquel
R. André Gatoux
R. des Hochettes
R. Georges Sangnier
R. Sainte-Claire
ST-SACREMENT
Église N.-D.-des-Ardents
n
Cours de Verdun
R. des Fours
R. Aristide Briand
Av. John Fitzgerald Kennedy
Bd du Gal de Gaulle
Bd Crespel
R. Rohart-Courtin
Pl. Victor-Hugo
R. Georges Santerne
Mémorial britannique
R. des Promenades
R. de Beaufort
Av. des Fusillés
VAUBAN
R. du Jeu de Paume
Pl. de Marseille
Av. du Mémorial des Fusillés
Jardins du Gouverneur et des Allées
R. Adam de Grigny
R. de la Halle
Frédé
CITADELLE
STADE DEGOUVE

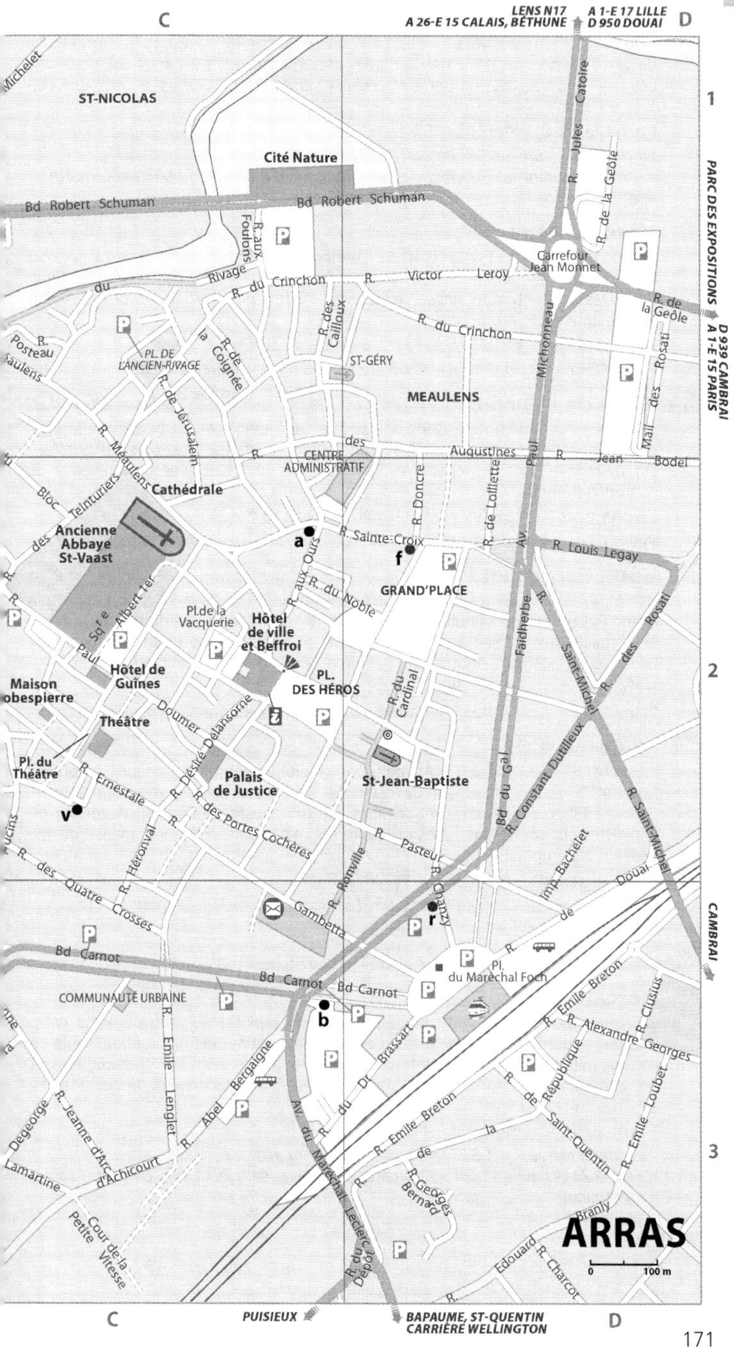
LENS N17
A 26-E 15 CALAIS, BÉTHUNE
A 1-E 17 LILLE
D 950 DOUAI
PARC DES EXPOSITIONS
D 939 CAMBRAI
A 1-E 15 PARIS
CAMBRAI
PUISIEUX
BAPAUME, ST-QUENTIN
CARRIÈRE WELLINGTON
ST-NICOLAS
Cité Nature
Bd Robert Schuman
Carrefour Jean Monnet
MEAULENS
ST-GÉRY
CENTRE ADMINISTRATIF
Cathédrale
Ancienne Abbaye St-Vaast
GRAND'PLACE
Hôtel de ville et Beffroi
PL. DES HÉROS
Hôtel de Guînes
Maison Robespierre
Théâtre
Pl. du Théâtre
Palais de Justice
St-Jean-Baptiste
PL. DE L'ANCIEN-RIVAGE
Pl. de la Vacquerie
Pl. du Maréchal Foch
COMMUNAUTÉ URBAINE
Bd Carnot
ARRAS
0
100 m

La Faisanderie

CUISINE TRADITIONNELLE • ÉLÉGANT XX À l'angle de la Grand'Place, la cave de cette maison du 17e s. est le repaire des gourmands ! En sous-sol, dans une belle salle voûtée tout en briques rouges et colonnes de pierres, on sert une cuisine actuelle.

Formule 29 € - Menu 34/59 €

Plan : D2-f - *45 Grand'Place - ✆ 03 21 48 20 76 - www.restaurant-la-faisanderie.com - Fermé 15-28 fév., 26 juil.-18 août, mardi midi, jeudi midi, dim. soir, lundi et fériés le soir*

Mercure Atria

HÔTEL DE CHAÎNE • FONCTIONNEL Derrière sa façade de verre et de brique, cet hôtel du centre d'affaires - tout proche de la gare - abrite des chambres fonctionnelles et contemporaines. Le lieu est parfait pour organiser des séminaires. Restauration traditionnelle.

80 chambres - 90/375 € 90/375 € - 16 €

Plan : C3-b - *58 bd Carnot - ✆ 03 21 23 88 88 - www.mercure.com*

Hôtel de l'Univers

URBAIN • PERSONNALISÉ Dans une petite rue à deux pas du beffroi de la ville, cette élégante demeure du 17e s. abrita jadis un monastère, puis un hôpital... On s'y repose dans des chambres spacieuses et feutrées, avec trois niveaux de confort différents.

38 chambres - 86/165 € 126/205 € - 16 € - ½ P

Plan : C2-v - *3 pl. de la Croix-Rouge - ✆ 03 21 71 34 01 - www.univers.najeti.fr*

Hôtel Particulier N

HÔTEL PARTICULIER • CONTEMPORAIN En plein cœur de la ville, non loin de la Grand'Place, cet ancien hôtel particulier (19e s.) ne manque pas de cachet ! Chambres spacieuses et bien équipées, terrasse pour prendre son petit-déjeuner aux beaux jours, agréable petit jardin au calme... Délicieux, tout simplement.

5 chambres - 99/180 € 149/300 €

Plan : B2-n - *8 r. du Péage - ✆ 09 66 81 79 27 - www.hotelparticulierarras.com*

La Corne d'Or

FAMILIAL • PERSONNALISÉ Au cœur de la cité, savourez l'atmosphère romantique et le doux raffinement de cet hôtel particulier dont la structure actuelle date du 18e s. En haut du magnifique escalier à tête de lion, on découvre de coquettes chambres classiques ou contemporaines ainsi qu'un loft mansardé. De belles nuits en perspective...

5 chambres - 105/128 € 128/158 €

Plan : C2-a - *1 pl. Guy-Mollet - ✆ 03 21 58 85 94 - www.lamaisondhotes.com - Fermé 22 déc.-19 janv.*

à Mercatel 8 km au Sud par D917 et D34 - ✉ 62217 - 611 hab. - Alt. 88 m

Mercator

CUISINE TRADITIONNELLE • AUBERGE XX À dix minutes du centre d'Arras, cette inusable auberge est le repaire d'un couple vraiment sympathique ! Elle, seule en cuisine, mitonne de bons plats traditionnels - quasi de veau aux champignons et porto, magret de canard aux nectarines ; lui, en salle, a façonné au fil des ans une superbe carte des vins.

Formule 26 € - Menu 31/61 €

24 r. de la Mairie - ✆ 03 21 73 48 33 - www.le-mercator.fr - Fermé 24-30 avril, 1er-20 août, mardi soir, merc. soir, jeudi soir, dim. soir, sam. midi et lundi

ARREAU

✉ 65240 (Hautes-Pyrénées) - 813 hab. - Alt. 705 m - Carte régionale n° **15**-A3

Paris 818 km - Auch 91 km - Bagnères-de-Luchon 34 km - Lourdes 81 km

Carte Michelin 342-O7

Angleterre

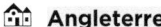

FAMILIAL • ÉLÉGANT Au calme d'un village à l'embranchement des vallées d'Aure et du Louron, sur la route des pistes, on trouve cette bâtisse de caractère datant de 1812. Les chambres, confortables et décorées dans un esprit actuel, sont desservies par un superbe escalier en chêne.

18 chambres – 80/170 € 90/180 € – 12 € – ½ P

18 rte de Luchon – 05 62 98 63 30 – www.hotel-angleterre-arreau.com – Ouvert de mi-mai à début oct. sauf lundi en mai-juin, et fermé de nov. à avril sauf week-ends et vacances scolaires

ARROMANCHES-LES-BAINS

14117 (Calvados) – 546 hab. – Alt. 15 m – Carte régionale n° **17**-B2
Paris 266 km – Bayeux 11 km – Caen 34 km – St-Lô 46 km
Carte Michelin 303-I3 – Guide Vert Michelin Normandie Cotentin

La Marine

FAMILIAL • PERSONNALISÉ Dans cet hôtel idéalement situé, la grande majorité des chambres offrent une vue imprenable sur la mer et les vestiges de l'immense port artificiel de 1944. Un ensemble bien tenu, dans un style marin accueillant.

32 chambres – 72/118 € 98/175 € – 12 € – ½ P

1 quai du Canada – 02 31 22 34 19 – www.hotel-de-la-marine.fr – Fermé 14 nov.-10 fév.

ARS-EN-RÉ – 17 (Charente-Maritime) → Voir Île de Ré

ARTRES – 59 (Nord) → Voir Valenciennes

ARVIEUX

05350 (Hautes-Alpes) – 371 hab. – Alt. 1 550 m – Carte régionale n° **21**-C1
Paris 782 km – Briançon 55 km – Gap 80 km – Marseille 254 km
Carte Michelin 334-I4 – Guide Vert Michelin Alpes du Sud

La Ferme de l'Izoard

AUBERGE • MONTAGNARD Cette ferme queyrassine traditionnelle abrite de grandes chambres décorées dans une veine locale et progressivement rénovées ; elles jouissent d'un balcon ou d'une terrasse avec vue sur la vallée. Jacuzzi et hammam. Spécialités du terroir au restaurant.

23 chambres – 68/171 € 68/171 € – 3 suites – 12 € – ½ P

La Chalp, rte du Col – 04 92 46 89 00 – www.laferme.fr – Fermé avril et de nov. à mi-déc.

ARZ (ÎLE-D') – 56 (Morbihan) → Voir Île-d'Arz

ARZAY

38260 (Isère) – 216 hab. – Alt. 500 m – Carte régionale n° **23**-B2
Paris 538 km – Bourg-en-Bresse 132 km – Grenoble 62 km – Lyon 80 km
Carte Michelin 333-E5

Château d'Arzay

DEMEURE HISTORIQUE • CLASSIQUE Avec leurs meubles chinés, linge brodé et ciels de lit, les chambres de cette grande maison de maître du 19e s. allient cachet et romantisme... Au fond du parc, à la lisière de la forêt, se cache une ravissante chapelle (1750). Tout est réuni pour une charmante escapade, à mi-chemin entre Lyon et Grenoble.

3 chambres – 130/150 € 130/150 €

156 r. de Vienne – 04 74 57 06 02 – www.chateaudarzay.fr – Fermé 24 déc.-2 janv.

ARZON

✉ 56640 (Morbihan) - 2 103 hab. - Alt. 9 m - Carte régionale n° **5**-A3
Paris 487 km - Auray 52 km - Lorient 94 km - Quiberon 81 km
Carte Michelin 308-N9 - Guide Vert Michelin Bretagne Sud

au Port du Crouesty 2 km au Sud-Ouest - ✉ 56640 Arzon

Miramar Crouesty

LUXE • CONTEMPORAIN Arrimé à la pointe de la presqu'île de Rhuys, cet hôtel profilé comme un paquebot a été rénové dans un style design et épuré, du meilleur effet ! Centre de thalassothérapie et spa. Cuisine de produits au Safran, et plus légère au Diététique.

100 chambres - 118/276 € 146/354 € - 13 suites - 21 € - ½ P
- *02 97 53 49 00 - www.miramarcrouesty.com - Fermé janv.*

Le Crouesty

TRADITIONNEL • PERSONNALISÉ Idéalement situé sur la presqu'île de Rhuys, tout près du port de plaisance d'Arzon et des plages. Les chambres sont décorées avec bon goût - ambiance jeune et moderne - et très bien tenues.

26 chambres - 69/159 € 69/159 € - 12 €
r. du Croisty - 02 97 53 87 91 - www.hotellecrouesty.com - Ouvert de mars à mi-nov.

à Port Navalo 3 km à l'Ouest - ✉ 56640 Arzon

Grand Largue

POISSONS ET FRUITS DE MER • CLASSIQUE À l'étage de cette villa, on savoure aussi bien la vue panoramique sur le golfe du Morbihan qu'une cuisine gastronomique basée sur les beaux produits de la mer (homard, bar de ligne, coquillages). Au rez-de-chaussée, un vent marin souffle sur le bistrot Le P'tit Zeph.

Formule 29 € - Menu 39 € (semaine), 59/89 € - Carte 73/84 €
1 r. du phare (à l'embarcadère) - 02 97 53 71 58 - www.grandlargue.fr - Fermé 13 nov.-18 déc., 3 janv.-9 fév., lundi, mardi sauf juil.-août et sauf fériés

ASLONNES - 86 (Vienne) → Voir Poitiers

ASNIÈRES-SUR-SEINE - 92 (Hauts-de-Seine) → Voir Autour de Paris

ASSIER

✉ 46320 (Lot) - 693 hab. - Alt. 342 m - Carte régionale n° **15D**-C1
Paris 564 km - Cahors 58 km - Rodez 84 km - Toulouse 170 km
Carte Michelin 337-H3 - Guide Vert Michelin Périgord Quercy

L'Assierois N

CUISINE TRADITIONNELLE • CONTEMPORAIN Au centre du village, cette auberge propose une cuisine du sud basée sur un maximum de produits locaux. Tomates et courgettes confites au pistou, brousses de chèvre frais ; pavé de thon poêlé, tapenade et pressée de pommes de terre à l'huile d'olive, etc. Intérieur actuel et terrasse ombragée.

Menu 14 € (déj. en semaine), 32/43 € - Carte 40/65 €
pl. de l'Église - 05 65 40 56 27 - www.lassierois.com - Fermé 2 semaines en fév., 2 semaines fin juin-début juil., merc. soir sauf juil.-août, dim. soir et lundi

ATTICHES

✉ 59551 (Nord) - 2 270 hab. - Alt. 52 m - Carte régionale n° **16**-C2
Paris 218 km - Arras 44 km - Lille 18 km - Mons 84 km
Carte Michelin 302-G4

L'Essentiel

CUISINE MODERNE • TENDANCE XX Une belle bâtisse en brique rouge au croisement de deux rues, dans le hameau de Petit-Attiches. Photos en noir et blanc, terrasse et joli jardin à l'arrière : l'atmosphère est plaisante. Dans l'assiette, de belles présentations et des plats actuels réalisés avec soin ; bref : une cuisine qui va... à l'essentiel !

Formule 25 € 🍷 - Menu 39/69 €

19 r. de Neuville (à Petit-Attiches) - ✆ 03 20 90 06 97 - www.essentiel-restaurant.fr - Fermé 3 semaines en août, dim. soir, mardi soir, sam. midi et lundi

ATTICHY

✉ 60350 (Oise) - 1 887 hab. - Alt. 73 m - Carte régionale n° **19**-C2
Paris 101 km - Compiègne 18 km - Laon 62 km - Noyon 26 km
Carte Michelin 305-J4

La Croix d'Or

CUISINE MODERNE • ÉLÉGANT XX Poussez la porte de ce restaurant installé depuis belle lurette (ses origines remontent au 17e s.) au cœur d'un petit village proche de Compiègne. On y savoure une cuisine moderne et sagement créative, qui tire le meilleur de beaux produits de saison.

Formule 15 € - Menu 18 € (semaine), 36/47 €

13 r. Tondu-de-Metz - ✆ 03 44 42 15 37 - www.croixdor.fr - Fermé dim. soir, lundi et mardi

ATTIGNAT

✉ 01340 (Ain) - 3 110 hab. - Alt. 227 m - Carte régionale n° **23**-B1
Paris 420 km - Bourg-en-Bresse 13 km - Lons-le-Saunier 76 km - Louhans 46 km
Carte Michelin 328-D3

Laurent Perréal

CUISINE TRADITIONNELLE • CLASSIQUE XX Grenouilles, volailles de Bresse, carpes, agneau du pays, crème d'Étrez... les incontournables de la région dans votre assiette ! Le chef a un beau parcours et cela se sent. Quelques chambres pour prolonger l'étape.

Formule 18 € - Menu 25 € (déj. en semaine), 32/75 € - Carte 56/80 €

12 chambres - †79/110 € ††79/110 € - ☕ 10 €

481 Grande-Rue, D975 - ✆ 04 74 30 92 24 - www.llperreal.com - Fermé 1er-9 mai, 1er-10 août, 2-10 janv. et dim. soir

ATTIN - 62 (P.-de-C.) → Voir Montreuil

AUBENAS

✉ 07200 (Ardèche) - 11 505 hab. - Alt. 330 m - Carte régionale n° **23**-A3
Paris 627 km - Alès 76 km - Montélimar 41 km - Privas 32 km
Carte Michelin 331-I6 - Guide Vert Michelin Ardèche Drôme

Les Coloquintes (N)

CUISINE MODERNE • CLASSIQUE XX Ce restaurant, installé dans un ancien moulinage, et géré par un jeune couple - lui en cuisine, elle en salle - propose une cuisine contemporaine, respectueuse des circuits courts et des produits locaux, truite, châtaignes, fruits, etc. À l'été, profitez des tables à l'ombre des tilleuls, pour un dîner soyeux.

Formule 16 € - Menu 29/42 € - Carte 37/57 €

r. de l'Expert - ✆ 04 75 93 58 33 - www.les-coloquintes.com - Fermé mardi soir hors saison, sam. midi et merc.

M Restaurant

CUISINE MODERNE • TENDANCE Vous aimez être étonné ? Dans ce cas, cette sympathique adresse, tout de blanc et rouge vêtue, devrait vous plaire... Dans ses cuisines, le jeune chef, Michaël Dumas, signe des recettes originales et pleines de parfums. Bon choix de vins au verre. Et l'on M aussi les petits prix !

Formule 19 € - Menu 23 € (déj.)/32 € - Carte 42/52 €

17 r. Champalbert - 04 75 36 41 66 (réservation conseillée) - Fermé 1 semaine en août, dim. et lundi

La Villa Tartary

CUISINE MODERNE • BRANCHÉ De belles voûtes en pierres de taille, un mobilier design, une terrasse avec vue sur le château d'Aubenas... Cet ancien moulin à eau – qui intervenait dans la fabrication de la soie – ne manque pas de charme ! Belles saveurs à la carte.

Formule 18 € - Menu 21 € (déj. en semaine), 32/57 € - Carte 45/57 €

64 r. de Tartary - 04 75 35 23 11 - www.restaurant-ardeche.com - Fermé 26 août-11 sept., 24 déc.-8 janv., dim. et lundi sauf fériés

Notes de Saveurs

CUISINE MODERNE • TRADITIONNEL Assis dans la salle voûtée en pierre, face aux ruines de l'ancien couvent bénédictin, on savoure une cuisine où les produits de qualité ont la part belle : dans l'assiette, c'est généreux, gourmand, parfumé et original. Une adresse conviviale et agréable, qui mérite amplement son succès !

Formule 15 € - Menu 19 € (déj.), 29/34 € - Carte 35/44 €

16 r. Nationale - 04 75 93 94 46 (réservation conseillée) - Fermé 27 fév.-6 mars, 24 avril-1er mai, 2 semaines en août, 30 oct.-5 nov., dim. et le soir sauf vend. et sam.

Villa Elisa M

TRADITIONNEL • PERSONNALISÉ Une jolie maison de style Art déco, datant des années 1930. Les chambres sont spacieuses et répondent chacune d'un thème précis : la cerise, le vin ou même la montagne... en hommage à Jean Ferrat, qui était un ami des propriétaires ! Un ensemble tout en raffinement.

8 chambres - 95/190 € 115/190 € - 14 €

r. Jean-Beaussier - 06 71 34 61 90 - www.villa-elisa-m.com

à Mercuer 6 km au Nord-Ouest par N102 et D223 - 07200 - 1 163 hab. - Alt. 230 m

Aux Vieux Arceaux

CUISINE TRADITIONNELLE • CONVIVIAL Benoit Court a grandi dans cette auberge, créée par ses parents. Aujourd'hui, cet ardent défenseur de la gastronomie régionale porte le terroir avec passion, et puise dans le vaste potager de la maison. Au menu, cuisses de grenouilles en persillade, filet de bœuf aux pommes dauphine... Un régal. Chambres avec terrasse pour l'étape.

Formule 19 € - Menu 30/60 €

6 chambres - 85/100 € 85/100 € - 10 €

quartier Farges - 04 75 93 70 21 - www.auxvieuxarceaux.com

AUBETERRE-SUR-DRONNE

16390 (Charente) - 416 hab. - Alt. 72 m - Carte régionale n° **20**-C3

Paris 494 km - Angoulême 48 km - Bordeaux 90 km - Périgueux 54 km

Carte Michelin 324-L8 - Guide Vert Michelin Poitou-Charentes

Hostellerie du Périgord

CUISINE TRADITIONNELLE • COSY Au pied d'un des plus beaux villages de France – à découvrir –, un hôtel-restaurant familial dont la façade arbore volets colorés et vigne vierge... La tradition est à l'honneur à table (produits locaux) ; les chambres se révèlent confortables, dans une veine coquette et assez fraîche.

Formule 15 € - Menu 20 € (déj. en semaine), 31/39 €

11 chambres - 70/80 € 80 € - 10 €

quartier Plaisance - 05 45 98 50 46 - www.hostellerie-perigord.com - Fermé 1 semaine en mars, 1 semaine en oct., 1 semaine en nov., 2 semaines en janv., dim. soir et lundi

AUBIGNY-SUR-NÈRE

✉ 18700 (Cher) - 5 590 hab. - Alt. 180 m - Carte régionale n° **6**-C2
Paris 180 km - Orléans 67 km - Bourges 48 km - Cosne-Cours-sur-Loire 41 km
Carte Michelin 323-K2 - Guide Vert Michelin Limousin Berry

La Chaumière

CUISINE TRADITIONNELLE • CONVIVIAL XX Ne vous fiez pas à la sobriété extérieure de cet ancien relais de poste. Sitôt le pas-de-porte franchi, murs en brique et colombages composent un décor des plus chaleureux. Aux fourneaux, le chef concocte une cuisine fort agréable, qui met en valeur les saisons et les produits du marché.

Menu 23 € (semaine), 31/66 € - Carte 42/64 €

Hôtel La Chaumière, 2 r. Paul-Lasnier - ✆ 02 48 58 04 01 - www.hotel-restaurant-la-chaumiere.com - Fermé 19 fév.-19 mars, 31 juil.-7 août, dim. soir de sept. à juin et lundi sauf le soir en juil.-août

Le Bien Aller

CUISINE TRADITIONNELLE • CONVIVIAL X Le Bien Aller et... le bien manger ! Que vous aimiez l'esprit bistrot, asiatique ou jazzy, composez votre menu à partir des suggestions proposées sur l'ardoise. Autant de recettes marquées par la tradition et où le terroir a la part belle.

Formule 21 € - Menu 27 € (déj. en semaine), 29/34 €

3 r. des Dames - ✆ 02 48 58 03 92 - Fermé 2 semaines en janv., mardi et merc. sauf juil.-août

La Chaumière

TRADITIONNEL • PERSONNALISÉ Cet ancien relais de poste du 19e s. soigne son image champêtre : les chambres, habillées de pierre et de bois, sont confortables et cosy. Cerise sur le gâteau, l'accueil est charmant.

19 chambres - †67/96 € ††89/148 € - ☕ 10 €

2 r. Paul-Lasnier - ✆ 02 48 58 04 01 - www.hotel-restaurant-la-chaumiere.com - Fermé 19 fév.-19 mars, 31 juil.-7 août, dim. soir et lundi sauf juil.-août

La Chaumière - voir les restaurants ci-dessus

La Grange des Cardeux (N)

DEMEURE HISTORIQUE • PERSONNALISÉ Au cœur de la ville, cet ancien relais de poste reconverti en chambre d'hôte chante les louanges de la langueur discrète dans l'atmosphère feutrée d'un intérieur chiné. Où les chambres se nomment Pomme d'Amour, les Angelots, la Rainette... Vous dormirez sur vos deux oreilles.

3 chambres ☕ - †70 € ††85/93 €

6 av. du Parc-des-Sports - ✆ 02 48 58 23 36 - www.lagrangedescardeux.com - Fermé 2 dernières semaines de juin

Villa Stuart

MAISON DE MAÎTRE • CLASSIQUE Agréable séjour dans cette belle demeure bourgeoise. Chambres spacieuses et claires, décorées selon des thèmes variés (voyage, art, histoire...). Chefs en herbe, réjouissez-vous ! Le propriétaire réalise ses propres confitures et propose des cours de cuisine.

5 chambres ☕ - †77 € ††91/112 €

12 av. de Paris - ✆ 02 48 58 93 30 - www.villastuart.com

AUBUSSON

✉ 23200 (Creuse) - 3 699 hab. - Alt. 440 m - Carte régionale n° **13**-C2
Paris 387 km - Clermont-Ferrand 91 km - Guéret 41 km - Limoges 89 km
Carte Michelin 325-K5 - Guide Vert Michelin Limousin Berry

Hôtel de France

BUSINESS • PERSONNALISÉ Près de l'église Ste-Croix, cet ancien hôtel particulier du 17e s. dispose de chambres confortables et assez spacieuses, aménagées avec goût : meubles chinés, tissus choisis, etc. Cuisine du terroir au restaurant et agréable petit espace détente (sauna, hammam...).

21 chambres - 80/106 € 80/164 € - 12 €

6 r. des Déportés - 05 55 66 10 22 - www.aubussonlefrance.com - Fermé 24 déc.-4 janv.

La Beauze

BUSINESS • CONTEMPORAIN C'est une maison en pierre, typique du pays creusois. Les chambres sont décorées avec goût, dans un style contemporain, et donnent toutes sur le jardin, en bordure de rivière, avec des arbres - séquoia, épicéa - plus que centenaires. Quiétude, sans aucun doute !

10 chambres - 69/88 € 69/88 € - 9 €

14 av. de la République - 05 55 66 46 00 - www.hotellabeauze.fr

AUCH

32000 (Gers) - 21 960 hab. - Alt. 169 m - Carte régionale n° **15**-B2
Paris 713 km - Agen 74 km - Bordeaux 205 km - Tarbes 74 km
Carte Michelin 336-F8

Restaurant de l'Hôtel de France

CUISINE MODERNE • CLASSIQUE XX Cette institution du centre-ville reprend aujourd'hui vie sous l'égide d'une jeune équipe - trois frères réunis ici après diverses expériences internationales ! Si le cadre reste hautement classique, la cuisine joue une partition contemporaine fine et soignée. C'est un plaisir de voir cette nouvelle page s'écrire...

Formule 23 € - Menu 28/60 € - Carte environ 52 €

Plan : A1-f - *2 pl. de la Libération - 05 62 61 71 71 - www.hoteldefrance-auch.com - Fermé dim. soir, lundi et le midi sauf dim.*

Le Bartok

CUISINE MODERNE • TENDANCE X À deux pas de la cathédrale, entre des murs du 14e s., vieilles pierres et esprit contemporain s'allient avec cachet... Ce Bartok fonde sa partition sur les produits du marché, le fil des saisons et l'invention : il dévoile de beaux accords de saveurs, à l'image de ce ris de veau à l'algue wakame et millas de maïs.

Formule 12 € - Menu 14 € (déj. en semaine), 26/43 €

Plan : A1-a - *1 r. Gambetta - 05 62 05 87 82 - www.le-bartok.com - Fermé 1 semaine en août, 1er-6 janv., mardi soir, dim. et lundi*

Le Daroles (N)

CUISINE MODERNE • BRASSERIE X Cette brasserie traditionnelle emblématique de la ville du début 20e s. accueille une nouvelle toque. Ici, on aime le terroir gersois, mais pas seulement : cochon noir gascon en croûte de cèpes, pommes de terre farcies aux pieds de porc, pot au feu de bar sauvage à la citronnelle... Une bonne adresse.

Formule 12 € - Menu 15 € (déj. en semaine), 20/30 € - Carte 29/45 €

Plan : A1-b - *4 pl. de la Libération - 05 62 05 00 51 - www.restaurant-ledaroles-auch.fr*

Domaine de Baulieu (N)

MAISON DE CAMPAGNE • CONTEMPORAIN Au cœur d'un domaine verdoyant, cette ancienne ferme gasconne en pierre blonde propose 18 chambres tout confort (avec rondins de bois en guise de table de nuit), ainsi que deux salles de séminaire et un restaurant à la décoration de bistrot tendance, dans un autre bâtiment. Belle piscine extérieure et espace bien-être.

18 chambres - 75/115 € 90/145 € - 1 suite - 12 €

Hors plan - *lieu-dit Baulieu, par chemin de Lussan - 05 62 59 97 38 - www.ledomainedebaulieu.com*

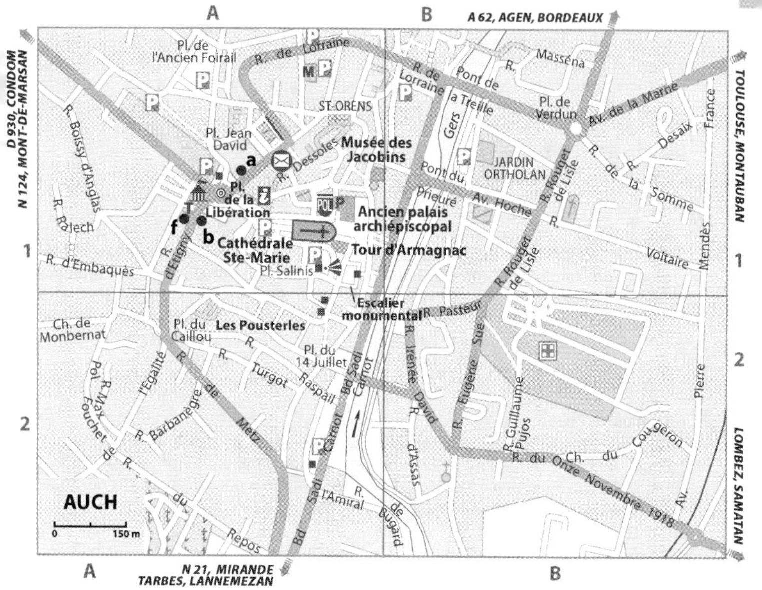

rte d'Agen 7 km au Nord par N21

Le Papillon

CUISINE TRADITIONNELLE • CONVIVIAL XX Une bonne cuisine par un vrai chef artisan, adepte du fait-maison et défenseur des produits du terroir gersois : galette à l'asperge verte, sorbet roquefort ; sole fourrée au foie gras ; fricassée de ris d'agneau aux langoustines… à déguster aux beaux jours sur l'agréable terrasse.

Menu 16 € (déj. en semaine), 29/50 €

rte d'Agen ✉ 32810 Montaut-les-Créneaux – ✆ 05 62 65 51 29 – www.restaurant-lepapillon.com – Fermé 2 semaines en mars, 2 semaines en juil., dim. soir et lundi

AUDERVILLE

✉ 50440 (Manche) – 259 hab. – Alt. 55 m – Carte régionale n° **17**-A1

Paris 382 km – Caen 149 km – Cherbourg 29 km – Saint-Lô 113 km

Carte Michelin 303-A1 – Guide Vert Michelin Normandie Cotentin

La Malle aux Épices

INFLUENCES ASIATIQUES • BISTRO X Atmosphère conviviale et invitation au voyage dans ce repaire villageois qui fait aussi office de point presse et café. De l'une des salles, on peut même voir le chef concocter ses plats savoureux aux délicieuses senteurs venues d'ailleurs… Un périple gastronomique qui donne une folle envie de se faire la malle !

Menu 26 € (semaine), 28/38 € – Carte 27/40 €

71 r. de l'Eglise – ✆ 02 33 52 77 44 (réservation conseillée) – www.lamalleauxepices.com – Fermé de mi-janv. à mi-fév., sam. midi, dim. soir, lundi soir et mardi

AUDIERNE

✉ 29770 (Finistère) – 2 151 hab. – Alt. 5 m – Carte régionale n° **5**-A2

Paris 599 km – Douarnenez 21 km – Pointe du Raz 16 km – Pont-l'Abbé 32 km

Carte Michelin 308-D6 – Guide Vert Michelin Bretagne Sud

L'Iroise

POISSONS ET FRUITS DE MER • ÉLÉGANT À l'abri des embruns de l'Iroise (la mer qui borde l'ouest de la Bretagne), on est accueilli dans une salle confortable, associant murs en pierre et toiles modernes. Père et fils proposent ici une cuisine où fruits de mer et produits locaux tiennent les premiers rôles... et le chariot de fromages ravira les amateurs !

Formule 21 € - Menu 31 €

8 quai Camille-Pelletan - 02 98 70 15 80 - www.restaurantliroise.com - Fermé 16 janv.-17 fév., 11-21 nov., dim. soir et mardi sauf du 13 juil. au 31 août et lundi

Le Goyen

CUISINE MODERNE • ÉLÉGANT Le restaurant, tout en conservant son élégance, a été relooké dans un style actuel et lumineux, tout à fait en harmonie avec le travail du chef : ce dernier réalise une cuisine au goût du jour, qui met à l'honneur les artisans locaux et les produits de la mer achetés à la criée.

Formule 19 € - Menu 25 € (déj. en semaine), 35/45 € - Carte 55/67 €

Hôtel Le Goyen, pl. Jean-Simon - 02 98 70 08 88 - www.le-goyen.fr - Ouvert 18 fév.-11 nov. et 23 déc.-2 janv.

L'Auberge

CUISINE TRADITIONNELLE • AUBERGE Cette demeure des 17e-18e s., c'est le coup de cœur de Jane, Anglaise amoureuse de la France, longtemps chef à Paris et... devenue bretonne en épousant Alexis. Elle concocte une cuisine traditionnelle très goûteuse, d'esprit bio. So pretty !

Carte 30/45 €

24 r. Guezno - 02 98 70 59 58 (réservation conseillée) - Fermé janv. et fév. et ouvert merc. soir et jeudi soir en juil.-août, vend. soir et sam. soir

Le Goyen

TRADITIONNEL • CLASSIQUE On repère facilement cette bâtisse imposante plantée sur les quais, face au port et à l'estuaire du Goyen. Les chambres, dont certaines ont un balcon, ont été rénovées dans un agréable style contemporain... Une étape de choix dans cette charmante localité.

21 chambres - 104/195 € 109/214 € - 3 suites - 15 € - ½ P

pl. Jean-Simon - 02 98 70 08 88 - www.le-goyen.fr - Ouvert 18 fév.-11 nov. et 23 déc.-2 janv.

Le Goyen - voir les restaurants ci-dessus

Hôtel de la Plage

TRADITIONNEL • FONCTIONNEL L'hôtel a bonne mine, juste en face de la plage et de l'océan. Les chambres, bien tenues, sont principalement orientées vers la baie d'Audierne. Restaurant panoramique, promenades à l'île de Sein : la douceur de vivre version bretonne.

22 chambres - 79/135 € 79/145 € - 12 € - ½ P

21 bd Manu-Brusq (à la plage) - 02 98 70 01 07 - www.hotel-finistere.com - Ouvert d'avril à nov.

Au Roi Gradlon

FAMILIAL • CONTEMPORAIN Un hôtel cubique, tout blanc, vraiment bien situé face à l'Atlantique ; d'ailleurs, la totalité des chambres - éblouissantes de blancheur - ont vue sur la mer. L'occasion de faire de belles balades et de s'oxygéner... La table met à l'honneur les produits de l'océan.

19 chambres - 62/110 € 62/110 € - 11 € - ½ P

3 bd Manu-Brusq (à la plage) - 02 98 70 04 51 - www.auroigradlon.com - Fermé de mi-déc. à début fév.

AUDINCOURT

25400 (Doubs) - 14 787 hab. - Alt. 323 m - Carte régionale n° **9**-C1

Paris 476 km - Basel 96 km - Belfort 21 km - Besançon 75 km

Carte Michelin 321-L2 - Guide Vert Michelin Franche-Comté Jura

Voir plan de Montbéliard agglomération.

à Taillecourt 1,5 km au Nord, rte de Sochaux – ✉ 25400 – 1 044 hab. – Alt. 330 m

Auberge La Gogoline

CUISINE TRADITIONNELLE • AUBERGE XXX Un grand jardin, un toit de chaume, un décor à la fois rustique et bourgeois : cette grande maison est digne d'une chaumière. La cuisine, ancrée dans la tradition et accompagnée de bons vins, va bien au lieu.

Menu 28 € (semaine), 42/58 € – Carte 50/86 €

Plan : B2-k – *20 r. Croisée – ☎ 03 81 94 54 82 – www.aubergelagogoline.net – Fermé 20 fév.-5 mars, 4-24 sept., sam. midi, dim. soir, lundi et mardi*

AUDRIEU – 14 (Calvados) → Voir Bayeux

AUGEROLLES

✉ 63930 (Puy-de-Dôme) – 858 hab. – Alt. 540 m – Carte régionale n° **3**-C2
Paris 411 km – Clermont-Ferrand 61 km – Montluçon 149 km – Roanne 65 km
Carte Michelin 326-I8

Les Chênes

CUISINE TRADITIONNELLE • CONVIVIAL X Les Chênes, c'est l'histoire d'une famille. Celle du chef qui, comme ses parents et grands-parents, défend les produits de sa région (viande label Rouge, miel, myrtilles, etc.). Les années passent, la tradition se perpétue... avec la certitude qu'il ne pouvait en être autrement !

Formule 13 € – Menu 20 € (semaine), 30/46 €

rte de Courpière, 1 km à l'Ouest par D42 – ☎ 04 73 53 50 34 – www.restaurant-les-chenes.com – Fermé 3-13 juil., 21 déc.-3 janv., et le soir sauf vend.

AUGERVILLE-LA-RIVIÈRE

✉ 45330 (Loiret) – 232 hab. – Alt. 100 m – Carte régionale n° **6**-C1
Paris 92 km – Corbeil-Essonnes 62 km – Évry 59 km – Orléans 76 km
Carte Michelin 318-L2

Château d'Augerville

DEMEURE HISTORIQUE • CONTEMPORAIN Des chambres signées par l'architecte Patrick Ribes, un domaine de 100 ha et un parcours 18 trous : ce superbe château Renaissance (15e-17e s.) prête à mener grand train – que l'on soit golfeur ou non. Cuisine de saison au restaurant Jacques Cœur.

38 chambres – †169/259 € ††169/329 € – 2 suites – ☕ 19 € – ½ P

pl. du Château – ☎ 02 38 32 12 07 – www.chateau-augerville.com – Fermé 18 déc.-10 janv. et 6-13 fév.

AUJOLS

✉ 46090 (Lot) – 331 hab. – Alt. 200 m – Carte régionale n° **15**-C1
Paris 599 km – Agen 145 km – Cahors 18 km – Toulouse 114 km
Carte Michelin 337-F5

Lou Repaou

FAMILIAL • PERSONNALISÉ Déconnexion totale dans cette ancienne ferme baptisée Lou Repaou : "le repos" en patois. Les chambres sont spacieuses et confortables, et les maîtres des lieux se sont inspirés de leurs voyages pour les décorer : Pérou, Mali, Australie... Dépaysement garanti.

5 chambres ☕ – †108/128 € ††118/138 € – ½ P

r. de la Croix-Blanche – ☎ 05 65 22 03 47 – www.lourepaou.fr – Ouvert de mai à sept. et vacances scolaires

AULLÈNE – 2A (Corse-du-Sud) → Voir Corse

AULNAY

✉ 17470 (Charente-Maritime) – 1 431 hab. – Alt. 63 m – Carte régionale n° **20**-B2
Paris 424 km – Angoulême 66 km – Niort 41 km – Poitiers 87 km
Carte Michelin 324-H3 – Guide Vert Michelin Poitou-Charentes

Hôtel du Donjon

FAMILIAL • CLASSIQUE Charmante maison saintongeaise non loin de l'église St-Pierre. Les chambres, impeccablement tenues, ont le charme de l'ancien : pierres apparentes, poutres, mobilier rustique, etc. Quant au jardin, il se révèle bien agréable aux beaux jours. On peut même y prendre son petit-déjeuner !

10 chambres - 63/92 € 63/92 € - 8,50 €

4 r. des Hivers
- 05 46 33 67 67 - www.hoteldudonjon.com
- Fermé 1 semaine fin oct. et vacances de Noël

AULNAY-SOUS-BOIS - 93 (Seine-Saint-Denis) → Voir Autour de Paris

AULON

65240 (Hautes-Pyrénées) - 80 hab. - Alt. 1 213 m - Carte régionale n° **15**-A3
Paris 830 km - Bagnères-de-Luchon 44 km - Col d'Aspin 24 km - Lannemezan 38 km
Carte Michelin 342-N7

Auberge des Aryelets

CUISINE TRADITIONNELLE • AUBERGE Prêt pour une ascension gourmande ? Dans ce village haut perché des Pyrénées, les bons petits plats se méritent ! Dans une salle au décor rustique, on déguste une cuisine de pays, que viennent parfois chatouiller les épices. Ambiance conviviale.

Formule 19 € - Menu 25/40 € - Carte 45/53 €

pl. du Village - 05 62 39 95 59
- Fermé de mi-nov. à mi-déc., dim. soir, lundi et mardi sauf vacances scolaires et jours fériés

AUMALE

76390 (Seine-Maritime) - 2 279 hab. - Alt. 130 m - Carte régionale n° **17**-D1
Paris 136 km - Amiens 48 km - Beauvais 49 km - Dieppe 69 km
Carte Michelin 304-K3 - Guide Vert Michelin Normandie Vallée de la Seine

Villa des Houx

CUISINE CLASSIQUE • CONVIVIAL XX Quel cachet ! L'architecture tout en colombages (19e s.), l'enceinte de verdure, le calme... Au menu, une cuisine généreuse et savoureuse, amie du terroir : terrine de ris de veau, caille désossée en croûte de sel... Côté décor, on joue la carte du classicisme, que ce soit dans la salle à manger ou en terrasse.

Menu 17 € (semaine), 26/48 € - Carte 47/72 €

6 av. du Gén.-de-Gaulle - 02 35 93 93 30 - www.villa-des-houx.com - Fermé 31 juil.-10 août, janv., dim. soir du 15 sept. au 15 juin et lundi midi

Villa des Houx

AUBERGE • TRADITIONNEL Cette bâtisse en impose avec sa belle façade à colombages ! Une petite rivière coule paisiblement dans le parc... Une impression de calme que l'on retrouve dans les chambres, de facture classique.

30 chambres - 75/110 € 85/140 € - 9 € - ½ P

6 av. du Gén.-de-Gaulle - 02 35 93 93 30 - www.villa-des-houx.com - Fermé 31 juil.-10 août, janv. et dim. soir du 15 sept. au 15 juin

Villa des Houx - voir les restaurants ci-dessus

AUMONT-AUBRAC

48130 (Lozère) - 1 097 hab. - Alt. 1 040 m - Carte régionale n° **12**-C1
Paris 549 km - Aurillac 115 km - Espalion 57 km - Marvejols 25 km
Carte Michelin 330-H6

✿ Cyril Attrazic

CUISINE MODERNE • TENDANCE XXX Un restaurant élégant et bien dans son époque... pour un chef inspiré. Cyril Attrazic signe une belle cuisine créative, franche et expressive, colorée et parfumée, avec de magnifiques produits locaux (telles les viandes de son beau-père). Quant au décor, chic et chaleureux, il ne manque pas de séduire. Vive l'Aubrac !

→ Pieds de cèpes "croustifondants", têtes snackées et sabayon. Pintade fermière cuite sur coffre, blettes, crème de yaourt, noisette et croustillant de foie. Sphère croustillante au chocolat et sorbet au thé d'Aubrac.

Menu 38 € (déj. en semaine), 55/95 € - Carte 70/90 €

10 rte du Languedoc - ✆ 04 66 42 86 14 - www.camillou.com - Ouvert 1er avril-31 déc. et fermé lundi et mardi sauf le soir en juil.-août

Le Gabale - voir les restaurants ci-dessus

Le Gabale

CUISINE TRADITIONNELLE • BRASSERIE X Cyril Attrazic tient avec cette brasserie le complément idéal à sa table gastronomique. Le décor moderne, paré de photos panoramiques des paysages d'Aubrac, est un bel écrin pour déguster des assiettes franches et bien réalisées ; on se régale le plus simplement du monde, à l'intérieur ou sur la jolie terrasse.

Menu 18 € (déj.), 27/35 € - Carte 35/85 €

Restaurant Cyril Attrazic, 10 rte du Languedoc - ✆ 04 66 42 86 14 - www.camillou.com - Ouvert 1er avril-31 déc. et fermé lundi et mardi sauf le soir en juil.-août

Chez Camillou

FAMILIAL • CONTEMPORAIN En léger retrait de la nationale, un hôtel récent avec des chambres agréables, d'esprit contemporain et frais. Les plus qui font la différence : un petit-déjeuner copieux (charcuteries et fromages locaux), et un accueil à la fois gentil et pro !

35 chambres - 93/169 € 93/169 € - 2 suites - 12 €

10 rte du Languedoc - ✆ 04 66 42 80 22 - www.camillou.com - Ouvert 25 mars-11 nov.

AUPS

✉ 83630 (Var) - 2 113 hab. - Alt. 496 m - Carte régionale n° **21**-C3
Paris 818 km - Aix-en-Provence 90 km - Digne-les-Bains 78 km - Draguignan 29 km
Carte Michelin 340-M4 - Guide Vert Michelin Côte d'Azur

Restaurant des Gourmets

CUISINE TRADITIONNELLE • FAMILIAL X Agréable petite adresse familiale dans ce village célèbre pour son marché aux truffes. Cadre coloré (fresques évoquant la Provence), goûteuse cuisine traditionnelle où la "perle noire" est à l'honneur en saison.

Menu 20 € (semaine), 28/38 €

5 r. Voltaire - ✆ 04 94 70 14 97 - www.restaurantdesgourmets.fr - Fermé 19 juin-7 juil., 6-22 nov., mardi midi, dim. soir et lundi

à Moissac-Bellevue 7 km à l'Ouest par D9 - ✉ 83630 - 302 hab. - Alt. 599 m

Bastide du Calalou

CUISINE MÉDITERRANÉENNE • BOURGEOIS XX Le décor est provençal mais on retient surtout la vue plongeante sur la campagne, dans cette salle aux allures de balcon. Carré d'agneau en croûte de tapenade, brouillade de truffe ; nougat glacé à l'ancienne : la carte explore la tradition provençale.

Menu 35/80 € - Carte 39/83 €

rte de Baudinard, D9 - ✆ 04 94 70 17 91 - www.bastide-du-calalou.com

Bastide du Calalou

FAMILIAL • PERSONNALISÉ Une grande bastide dans un écrin de verdure. Les chambres distillent un joli esprit d'antan, avec leurs mobilier et tableaux chinés ; il fait bon se prélasser sous les oliviers, près de la belle piscine. Un cadre bucolique idéal pour la détente !

28 chambres - 130/189 € 159/335 € - 4 suites - 16 € - ½ P

rte de Baudinard, D9 - 04 94 70 17 91 - www.bastide-du-calalou.com

Bastide du Calalou - voir les restaurants ci-dessus

AURAY

56400 (Morbihan) - 12 771 hab. - Alt. 35 m - Carte régionale n° **5**-A3

Paris 477 km - Lorient 41 km - Pontivy 54 km - Quimper 102 km

Carte Michelin 308-N9 - Guide Vert Michelin Bretagne Sud

Terre-Mer (Anthony Jéhanno)

CUISINE MODERNE • COSY Anthony Jéhanno et son épouse Anne-Sophie ont travaillé d'arrache-pied pour faire de leur table un "must" pour les gourmets des environs. On est systématiquement séduit par cette cuisine aromatique et soignée, éminemment raffinée, qui possède une vraie identité. La terre épouse la mer... pour le meilleur !

→ Cuisine du marché.

Formule 23 € - Menu 25 € (déj. en semaine), 37/57 €

16 r. du Jeu-de-Paume - 02 97 56 63 60 (réservation conseillée) - www.restaurant-terre-mer.fr - Fermé 1 semaine en juin, 2 semaines en oct., 23 déc.-4 janv., sam. midi, dim. soir et lundi

Closerie de Kerdrain

CUISINE MODERNE • CLASSIQUE Classique et raffiné : tel est ce beau manoir breton du 17e s. Le chef aime utiliser les herbes et les fleurs du jardin, pour accompagner de beaux produits de la mer : huîtres creuses, Saint-Jacques en chaud-froid de cresson, turbot de petit bateau... Bien sûr, le tout s'accompagne de beaux flacons !

Menu 28 € (déj. en semaine), 45/95 € - Carte 61/102 €

20 r. Louis-Billet - 02 97 56 61 27 - www.lacloseriedekerdrain.com - Fermé 13-30 mars, 1 semaine en oct., dim. soir, lundi et mardi en hiver

La Chebaudière

CUISINE MODERNE • FAMILIAL Un néobistrot de quartier, où l'on aime à se retrouver autour d'un bon petit plat de saison : tarte fine d'héliantis et Saint-Jacques, filet de saint-pierre aux champignons, dos de cabillaud à la sauce curry... À choisir à l'ardoise ! Le décor, joliment coloré, ajoute au plaisir du repas.

Formule 16 € - Carte 28/54 €

6 r. Abbé-Joseph-Martin - 02 97 24 09 84 - Fermé 1 semaine en fév., 1 semaine en juin, 1 semaine en oct., dim. soir, mardi soir et merc.

Kabuki (N)

CUISINE JAPONAISE • CONVIVIAL Voilà une adresse comme on en voit rarement ! Le jeune chef, un Français passionné de cuisine japonaise, prépare sushis, makis et sashimis en utilisant les meilleurs poissons de la pêche bretonne... et sert le tout dans une salle de poche moderne et conviviale, au comptoir ou à table. Dans les deux cas, un régal !

Formule 13 € - Menu 17/58 € - Carte 25/60 €

32 r. Barré - 02 97 59 39 92 (réservation conseillée) - www.kabuki-le-resto-du-sushi.fr - Fermé sam. midi, dim. midi et lundi

Best Western Auray le Loch

BUSINESS • CONTEMPORAIN Le matin, loin du tumulte, on prend son petit-déjeuner dans la véranda, avec vue sur la forêt et la rivière. Les chambres, ornées de tissus originaux peints par une artiste locale, sont confortables. Enfin, le service est efficace et souriant !

30 chambres - 59/139 € 59/149 € - 13 € - ½ P

2 r. Guhur (La Forêt) - 02 97 56 48 33 - www.bestwesternaurayleloch.com

au golf de St-Laurent 10 km à l'Ouest par D22 et rte secondaire – ✉ 56400 Auray :

Hôtel du Golf de St-Laurent

TRADITIONNEL • PERSONNALISÉ Sauna, hammam, billard et piscine à deux pas du golf : dans cet hôtel, la détente n'est pas en option ! Chambres fonctionnelles, avec balcon ou terrasse. Le calme à la campagne…

42 chambres – 84/135 € 84/135 € – 11 € – ½ P

Ploëmel – ☎ 02 97 56 88 88 – www.hotel-golf-saint-laurent.com – Fermé 20 déc.-17 janv.

AUREC-SUR-LOIRE

✉ 43110 (Haute-Loire) – 5 804 hab. – Alt. 435 m – Carte régionale n° **3**-D2

Paris 536 km – Firminy 11 km – Le Puy-en-Velay 56 km – St-Étienne 22 km

Carte Michelin 331-H1

Les Cèdres Bleus

TRADITIONNEL • FONCTIONNEL Entre les gorges de la Loire et le lac de Grangent, un joli jardin où s'épanouissent des cèdres bleus, mais aussi une maison bourgeoise, son restaurant traditionnel et trois chalets en bois. Ces derniers abritent les chambres, bien tenues et très paisibles.

15 chambres – 49 € 78/80 € – 9 € – ½ P

23 r. de la Rivière – ☎ 04 77 35 48 48 – www.lescedresbleus.com – Fermé 2 janv.-2 fév. et dim. soir

AUREILLE

✉ 13930 (Bouches-du-Rhône) – 1 544 hab. – Alt. 134 m – Carte régionale n° **22**-E1

Paris 719 km – Aix-en-Provence 59 km – Avignon 38 km – Marseille 73 km

Carte Michelin 340-E3

La Table des Alpilles

CUISINE MODERNE • SIMPLE Poupeton de fleurs de courgette, tatin d'agneau aux aubergines, nougat glacé aux fruits de saison… On doit cette belle cuisine du marché à Stéphane Tougay, un enfant du pays ! La sobriété du décor, les chaises en paille et la simplicité du service ajoutent au plaisir du repas.

Formule 22 € – Menu 35/55 € – Carte 40/52 €

10 r. de l'Armistice – ☎ 04 88 40 07 29 – Fermé dim. soir, merc. soir, mardi soir d'oct. à fév. et lundi

Le Balcon des Alpilles

FAMILIAL • ROMANTIQUE Ici les chambres portent des noms de fleurs. Le mas est décoré avec style ; oliviers, pins et lavandins parfument le jardin : tout est paisible. Superbe petit-déjeuner où tout est fait maison : confitures, jus de fruits frais, cake et gâteaux…

5 chambres – 120/140 € 140/160 €

rte de Mouries, par D24A – ☎ 04 90 59 94 24 – www.lebalcondesalpilles.fr – Ouvert 25 avril-1er oct.

La Table Alonso

AUBERGE • COSY Après une belle carrière dans la restauration, Gérard et Josette Alonso ont pris leur retraite dans la région… avant de créer – à force d'ennui, disent-ils – cette maison d'hôtes. La bâtisse, du 17e s., allie charme et caractère, et la table d'hôte est incontournable : les produits du marché sont superbement travaillés par le chef qui n'a pas perdu la main… loin de là !

3 chambres – 80 € 80 €

22 r. de la Poste – ☎ 04 90 55 79 07 – www.latablealonso.fr – Ouvert jeudi soir, vend. soir, sam. et dim. sauf le soir d'oct. à avril

AUREVILLE

✉ 31320 (Haute-Garonne) – 779 hab. – Alt. 260 m – Carte régionale n° **15**-B2

Paris 697 km – Foix 75 km – Montauban 73 km – Toulouse 18 km

Carte Michelin 343-G4

En Marge (Frank Renimel)

CUISINE CRÉATIVE • ÉLÉGANT Cette ferme du 19e s., transformée en élégant restaurant, est le repaire du jeune chef Franck Renimel. Dans ce coin de campagne "En Marge" de la ville, il montre qu'il a toujours la même envie de surprendre : avec talent et audace, il jongle avec les saveurs et les textures... et fait mouche, sans dérouter !

➜ Cappuccino de champignons et foie gras. Cassoulet "En Marge". Yaourt à la violette.

Menu 34 € (déj. en semaine), 66/140 € - Carte 110/150 €

5 chambres - 185/290 € 185/290 € - 19 €

1204 rte de Lacroix-Falgarde (lieu-dit Birol), sur D24 - 05 61 53 07 24 - www.restaurantenmarge.com - Fermé 23-30 déc. et dim. soir

AURIAC-DU-PÉRIGORD

24290 (Dordogne) - 411 hab. - Alt. 143 m - Carte régionale n° **2**-D1

Paris 516 km - Bordeaux 174 km - Périgueux 42 km - Tulle 70 km

Carte Michelin 329-H5

Le Moulin de Mitou

TRADITIONNEL • PERSONNALISÉ À deux pas des grottes de Lascaux, cet ancien moulin à eau, datant du 17e s., est un havre de confort... Les chambres, avec leur mobilier classique et leurs beaux tissus, ont ce supplément de caractère qui fait la différence, et la piscine et le parc nous éloignent encore davantage de l'âge de pierre.

17 chambres - 100/130 € 120/250 € - 14 € - ½ P

La Borie, rte de Montignac - 05 53 50 37 53 - www.hotel-lemoulindemitou.com - Fermé janv.

AURILLAC

15000 (Cantal) - 27 074 hab. - Alt. 610 m - Carte régionale n° **3**-B3

Paris 557 km - Brive-la-Gaillarde 98 km - Clermont-Ferrand 158 km - Montauban 174 km

Carte Michelin 330-C5 - Guide Vert Michelin Auvergne

Quatre Saisons

CUISINE MODERNE • TRADITIONNEL Fine et maline : telle est la cuisine de Didier Guibert, qui ne travaille qu'avec des produits ultrafrais. La viande est fournie par ses deux frères, bouchers de leur état, et les légumes proviennent du potager des beaux-parents. Comment mieux célébrer les quatre saisons ? Une maison fort bien tenue !

Formule 16 € - Menu 28/72 € - Carte 47/57 €

Plan : B1-t - *10 r. Champeil - 04 71 64 85 38 - www.quatresaisons.onlc.fr - Fermé 1 semaine en fév., 19-25 août, 25 oct.-2 nov., dim. soir, mardi midi et lundi*

L'Oh à la Bouche !

CUISINE MODERNE • CONVIVIAL Dans le secret de sa petite cuisine, le chef concocte des plats inventifs et bien parfumés, au goût du jour, jouant parfois sur les épices...

Formule 12 € - Menu 29/43 €

Plan : B2-b - *2 bis r. Eloy Chapsal - 04 71 48 27 17 - www.lohalabouche.com - Fermé sam. midi, merc. soir et dim.*

Grand Hôtel de Bordeaux

BUSINESS • FONCTIONNEL C'est sans doute le meilleur établissement de la ville : dans ce bel immeuble du début du 20e s. aux chambres claires et agréables, tout n'est qu'élégance et raffinement, avec une pointe d'originalité. À noter : la qualité de l'accueil.

36 chambres - 67/170 € 67/170 € - 2 suites - 12 €

Plan : B1_2-r - *2 av. de la République - 04 71 48 01 84 - www.hotel-de-bordeaux.fr - Fermé 23 déc.-2 janv.*

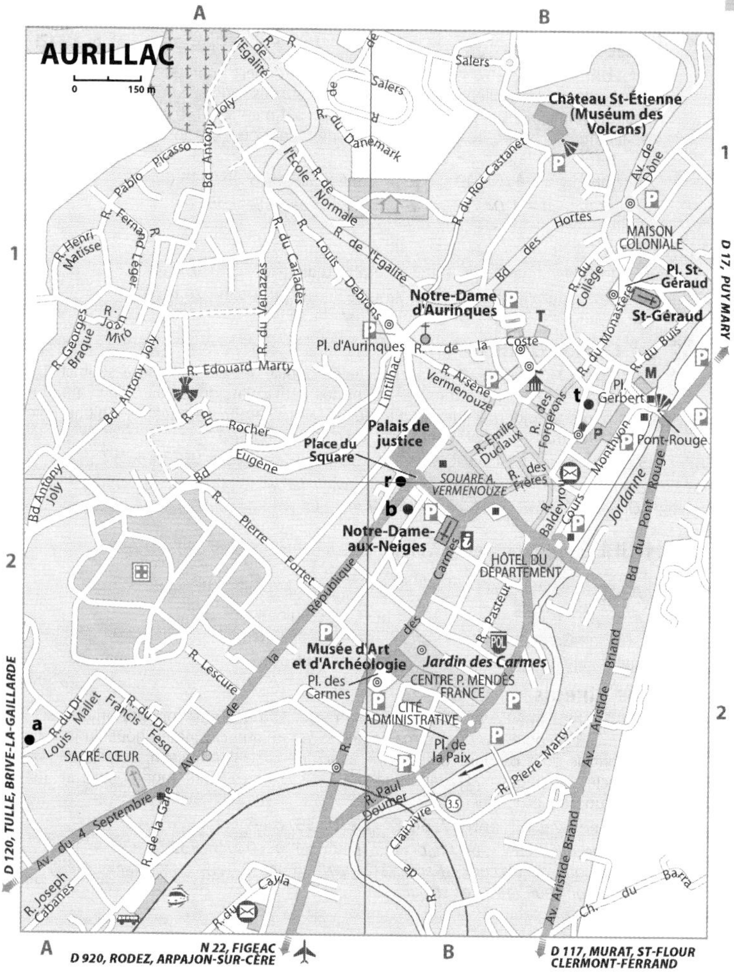

La Thomasse

AUBERGE • PERSONNALISÉ Un bâtiment couvert de lierre, dans un quartier résidentiel, loin de l'agitation du centre. Les chambres imposent leur style, à la fois coloré et actuel ; un cachet qui plaira à la clientèle d'affaires, pour laquelle une salle de réunion a été créée.

21 chambres – 89/109 € 89/109 € – 11 €

Plan : A2-a – *28 r. du Dr-Louis-Mallet – 04 71 48 26 47 – www.hotel-la-thomasse.com – Fermé 1er-9 juil. et 23 déc.-3 janv.*

Petit déjeuner compris ? La tasse suit directement le nombre de chambres.

à Vézac par 10 km au sud par D920 - ✉ 15130 - 1 196 hab. - Alt. 650 m

Château de Salles

DEMEURE HISTORIQUE • CLASSIQUE Nouveau départ pour ce château du 15e s. et son parc, qui dévoilent une vue ravissante sur les monts du Cantal. Les chambres, au calme, sont réparties dans plusieurs bâtiments ; on trouve aussi piscine, espace fitness, billard, restaurant et salle de réception. Pour les amateurs, le château surplombe le golf de Vézac.

23 chambres - 75/199 € 75/199 € - 10 suites - 15 €

rte du Château - 04 71 62 41 41 - www.chateausalles.com

AURON

✉ 06660 (Alpes-Maritimes) - Alt. 1 100 m - Carte régionale n° **21**-C-D2

Paris 914 km - Marseille 263 km - Nice 93 km - Borgo San Dalmazzo 206 km

Carte Michelin 341-C2 - Guide Vert Michelin Alpes du Sud

Le Chalet d'Auron

FAMILIAL • MONTAGNARD Un vrai chalet, douillet et confortable à souhait. Du bois, encore du bois, des tons chauds et des petits plats du terroir bien sympathiques après une journée de ski. La plupart des chambres bénéficient d'une jolie vue sur les massifs montagneux. Terrasse solarium.

15 chambres - 150/350 € 190/390 € - 2 suites - 18 € - ½ P

voie du Berger - 04 93 23 00 21 - www.chaletdauron.com - Ouvert 1er juil.-10 sept. et 14 déc.-31 mars

AUTHUILLE - 80 (Somme) ➔ Voir Albert

AUTRANS

✉ 38880 (Isère) - 1 628 hab. - Alt. 1 050 m - Carte régionale n° **23**-C2

Paris 586 km - Grenoble 36 km - Romans-sur-Isère 58 km - St-Marcellin 47 km

Carte Michelin 333-G6 - Guide Vert Michelin Alpes du Nord

Les Tilleuls

CUISINE MODERNE • AUBERGE Le patron et son beau-fils forment un duo efficace : ils concoctent à quatre mains une sympathique cuisine au goût du jour en utilisant de bons produits du terroir - avec une spécialité maison, la caillette ! On apprécie ces petits plats dans une grande salle où l'esprit montagnard se fait contemporain et lumineux...

Formule 22 € - Menu 27/50 € - Carte 39/64 €

Hôtel les Tilleuls, 111 r. de Puilboreau (La Côte) - 04 76 95 32 34 - www.hotel-tilleuls.com - Fermé 3-27 avril, 16 oct.-9 nov., mardi soir et merc. hors saison sauf vacances scolaires

La Poste

CUISINE TRADITIONNELLE • AUBERGE Ravioles du Dauphiné à l'émulsion de Vercorais, ballotin de volaille et cœur de foie gras, tête de veau, gratin dauphinois... Le chef, souriant et dynamique, est un véritable passionné qui concocte une bonne cuisine ponctuée de notes régionales. Elle va comme un gant à l'élégant décor montagnard de la salle !

Menu 27/37 € - Carte 33/52 €

Hôtel de la Poste, 1 pl. Julien-Bertrand - 04 76 95 31 03 - www.hotel-barnier.com - Fermé 15 avril-12 mai, 15 oct.-3 déc., dim. soir, lundi et mardi hors saison

Les Tilleuls

FAMILIAL • MONTAGNARD Dans une zone résidentielle assez tranquille, cette imposante maison de style régional compte de nombreux habitués. Suites familiales, bonne literie, rénovations régulières : une vraie satisfaction pour les clients.

18 chambres - 70/80 € 76/110 € - 2 suites - 11 € - ½ P

111 r. de Puilboreau (La Côte) - 04 76 95 32 34 - www.hotel-tilleuls.com - Fermé 3-27 avril et 16 oct.-9 nov.

Les Tilleuls - voir les restaurants ci-dessus

La Poste

FAMILIAL • MONTAGNARD Au cœur de ce village du Vercors, un sympathique hôtel-restaurant qui respire la tradition : il est tenu par la même famille depuis quatre générations ! Partout le bois domine, avec chaleur et... non sans fraîcheur.

28 chambres - 72/125 € 77/125 € - 11 € - ½ P

1 pl. Julien-Bertrand - 04 76 95 31 03 - www.hotel-barnier.com - Fermé 15 avril-12 mai et 15 oct.-3 déc.

La Poste - voir les restaurants ci-dessus

AUTUN

71400 (Saône-et-Loire) - 14 124 hab. - Alt. 326 m - Carte régionale n° **4**-C2

Paris 287 km - Avallon 78 km - Chalon-sur-Saône 51 km - Dijon 85 km

Carte Michelin 320-F8 - Guide Vert Michelin Bourgogne

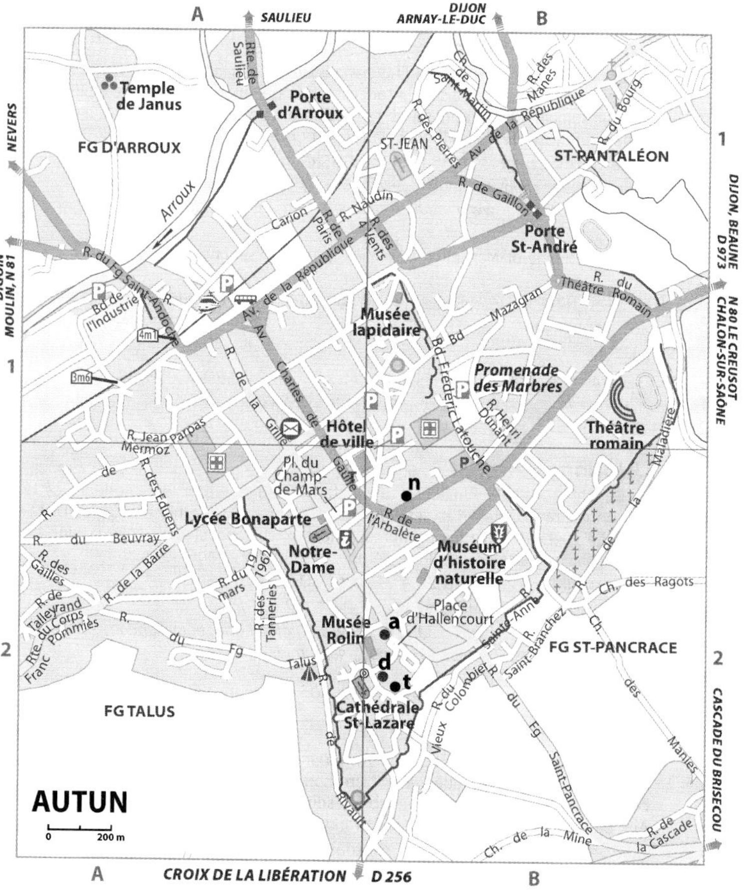

Le Chapitre

CUISINE MODERNE • INTIME Installé au pied de la cathédrale, ce restaurant nous accueille dans un intérieur épuré et design, dans des tons anthracite et fuchsia ; la cuisine, fine et soignée, innove à partir de produits de qualité (par exemple : gnocchis de pomme de terre, jambon du Morvan, parmesan et œuf poché). Prix doux !

Formule 15 € - Menu 31/50 € - Carte 46/54 €

Plan : B2-d - *13 pl. du Terreau - 03 85 52 04 01 - www.restaurantlechapitre.com - Fermé 20 déc.-5 janv., lundi et mardi*

Le Monde de Don Cabillaud

POISSONS ET FRUITS DE MER • COSY Dans une agréable rue pavée, au cœur du pays charolais, ce petit restaurant est dédié... au poisson. L'ardoise évolue en fonction des arrivages de Bretagne, et le chef n'obéit qu'à deux règles : du poisson frais et des légumes bio ! Un résultat savoureux, et une excellente réputation amplement méritée.

Formule 28 € - Menu 33 €

Plan : B2-a - *4 r. des Bancs - 07 60 94 21 10 - Fermé 1er-15 janv. , 1er-15 juin, dim. et lundi*

Moulin Renaudiots

HISTORIQUE • PERSONNALISÉ Un magnifique moulin couvert de vigne vierge, avec un jardin à la française. L'intérieur est élégamment minimaliste ; plusieurs fois par semaine, les propriétaires font table d'hôte, exprimant ainsi leur amour d'une chère raffinée. Beau fitness pour les sportifs.

5 chambres - 130/165 € 130/165 €

Hors plan - *chemin du Vieux-Moulin, 5 km au Sud-Est par N80 et D978 - 03 85 86 97 10 - www.moulinrenaudiots.com - Ouvert du 31 mars au 12 nov.*

AUVERS - 77 (Seine-et-Marne) → Voir Milly-la-Forêt (Essonne)

AUVERS-SUR-OISE - 95 (Val-d'Oise) → Voir Autour de Paris

AUVILLAR

82340 (Tarn-et-Garonne) - 949 hab. - Alt. 141 m - Carte régionale n° **15**-B2

Paris 652 km - Agen 28 km - Auch 62 km - Montauban 42 km

Carte Michelin 337-B7

L'Horloge

CUISINE MODERNE • FAMILIAL Jouxtant l'élégante tour de l'Horloge, cette maison est ravissante, avec ses volets vert tendre et sa terrasse sous les platanes... Le chef privilégie les producteurs locaux et concocte une jolie cuisine de saison, saine et savoureuse. Pour l'étape, des chambres agréables.

Formule 16 € - Menu 20 € - Carte 30/100 €

10 chambres - 65/95 € 65/95 € - 12 €

2 pl. de l'Horloge - 05 63 39 91 61 - www.hoteldelhorlogeauvillar.com - Fermé 2 semaines en mars, 2 semaines en nov., sam. midi et vend.

à Bardigues 4 km au Sud par D11 - 82340 - 264 hab. - Alt. 160 m

Auberge de Bardigues

CUISINE MODERNE • BRANCHÉ Au cœur du village, cette bâtisse contemporaine est une sympathique halte bistronomique. En cuisine, Ciril concocte de bons petits plats, et son frère Fabien, sommelier, vous conseille de jolis crus. Aux beaux jours, on s'installe sur la grande terrasse ouverte sur la campagne.

Formule 16 € - Menu 20 € (semaine), 32/68 € - Carte 41/54 €

au bourg - 05 63 39 05 58 - www.aubergedebardigues.com - Fermé 2 semaines fin août-début sept., 30 oct.-7nov., merc. soir sauf juil.-août, dim. soir et lundi

AUXERRE

✉ 89000 (Yonne) - 35 096 hab. - Alt. 130 m - Carte régionale n° **4**-B1
Paris 166 km - Bourges 144 km - Chalon-sur-Saône 176 km - Dijon 152 km
Carte Michelin 319-E5 - Guide Vert Michelin Bourgogne

L'Aspérule (Keigo Kimura)

CUISINE MODERNE • ÉPURÉ L'Aspérule, jolie fleur des bois, a donné son nom à ce restaurant qui ne manque ni de fraîcheur ni de délicatesse. D'origine japonaise, formé dans de belles maisons de l'Hexagone, Keigo Kimura signe une cuisine millimétrée, très épurée, aux accords de saveurs et de textures harmonieux et limpides... Menu unique le soir.
→ Cuisine du marché.

Menu 32 € (déj.)/62 €

Plan : B2-a - *34 r. du Pont - ✆ 03 86 33 24 32 (réservation conseillée) - www.restaurant-asperule.fr - Fermé 3 semaines en janv., dim. et lundi*

Le Jardin Gourmand

CUISINE MODERNE • ÉLÉGANT Cette ancienne maison de vigneron distille charme classique et fantaisie contemporaine... On y savoure une bonne cuisine du marché, qui varie avec les saisons. Raffiné.

Formule 52 € - Menu 62 € (déj. en semaine), 68/95 € - Carte 95/110 €

Plan : A1-d - *56 bd Vauban - ✆ 03 86 51 53 52 (réservation conseillée) - www.lejardingourmand.com - Fermé 20-28 mars, 19 juin-4 juil., 28 août-5 sept., 13-28 nov., dim. soir sauf juil. -août, lundi et mardi*

Le Bourgogne

CUISINE TRADITIONNELLE • TENDANCE Cadre élégant et feutré, belle terrasse et petits plats du marché aussi appétissants sur l'ardoise que dans l'assiette : reconversion réussie pour cet ancien garage !

Formule 21 € - Menu 32/55 € - Carte 55/71 €

Hors plan - *15 r. de Preuilly - ✆ 03 86 51 57 50 (réservation conseillée) - www.lebourgogne.fr - Fermé 1er-15 août, vacances de Noël, dim. et lundi*

Le Rendez-Vous

CUISINE TRADITIONNELLE • CONVIVIAL Amateurs de la tradition, ce restaurant est pour vous ! Au pied de l'église St-Pierre, le chef concocte de savoureuses spécialités bourguignonnes : jambon persillé, croustillant de pied de veau et autres plats mijotés... La générosité comme les saveurs sont au rendez-vous.

Formule 23 € - Menu 35/49 € - Carte 31/73 €

Plan : B2-r - *37 r. du Pont - ✆ 03 86 51 46 36 - www.restaurant-le-rendez-vous.com - Fermé 14-28 juil., 24 déc.-6 janv., le soir sauf vend. de nov. à mi-mai, sam., dim. et fériés*

Le Parc des Maréchaux

HÔTEL PARTICULIER • HISTORIQUE Demeure Napoléon III aux jolies chambres cosy, meublées dans le style Empire ; plus de calme côté parc. Bar feutré habillé de velours rouge.

25 chambres - †69/149 € ††69/149 € - ☕ 11 €

Plan : A2-u - *6 av. Foch - ✆ 03 86 51 43 77 - www.hotel-parcmarechaux.com - Fermé 18 fév.-6mars*

Le Maxime

BUSINESS • PERSONNALISÉ Au 19e s., ce grenier à sel des bords de l'Yonne s'est mué en hôtel. Chambres coquettes et feutrées (tons gris, taupe...), avec vue sur le fleuve ou la cour.

26 chambres - †86/145 € ††86/190 € - 1 suite - ☕ 13 €

Plan : B1-f - *2 quai de la Marine - ✆ 03 86 52 14 19 - www.hotel-lemaxime.com*

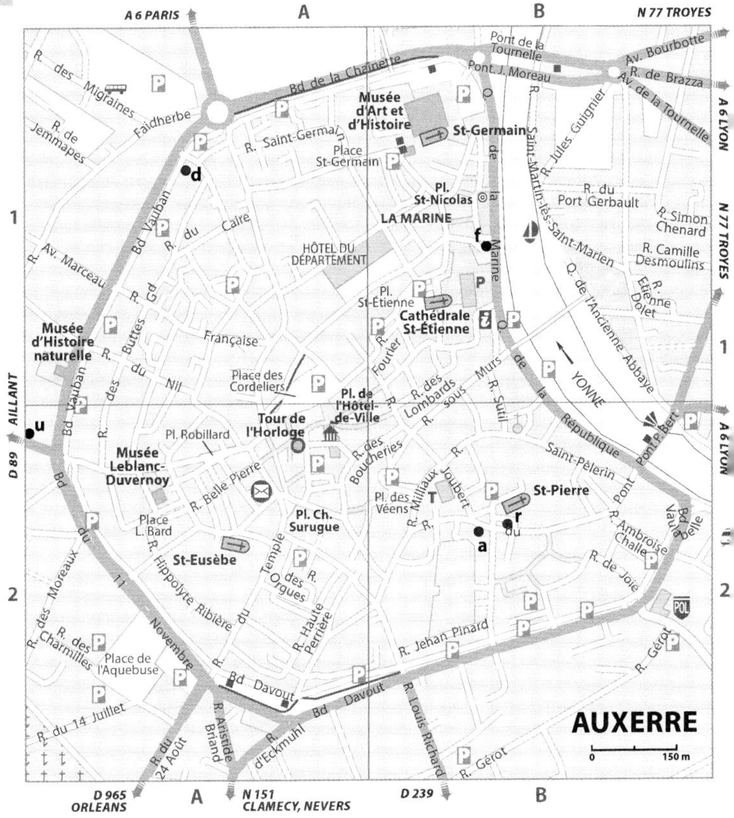

à Vincelottes 16 km à l'Est par D606 et D38 – ✉ 89290 – 316 hab. – Alt. 110 m

Auberge Les Tilleuls

CUISINE TRADITIONNELLE • AUBERGE XX Pause bucolique au bord de l'Yonne. Ici, le chef mise sur les bons produits et concocte une savoureuse cuisine traditionnelle ou des recettes plus actuelles. Terrasse à fleur d'eau et bon choix de bourgognes. Chambres pour l'étape.

Formule 18 € – Menu 31/69 € – Carte 52/100 €

5 chambres – 79/99 € 95/172 € – 1 suite

12 quai de l'Yonne – ✆ 03 86 42 22 13 – www.auberge-les-tilleuls.com
– Fermé 18 déc.-12 fév., lundi soir d'oct. à Pâques, mardi et merc.

à Appoigny 8 km au Nord par D606 – ✉ 89380 – 3 117 hab. – Alt. 110 m

Le Puits d'Athie

MAISON DE CAMPAGNE • PERSONNALISÉ Grand calme et confort sont les atouts principaux de cette demeure bourguignonne, dont les chambres sont toutes originales, telles "Mykonos", en bleu et blanc, et "Porte d'Orient", décorée d'une porte du Rajasthan. Pour la table d'hôte, l'aimable propriétaire affectionne les recettes régionales ou méditerranéennes.

5 chambres – 89/180 € 89/180 € – 10 €

1 r. de l'Abreuvoir – ✆ 03 86 53 10 59 – www.puitsdathie.com
– Ouvert 1er mars-30 nov.

AUZEVILLE-TOLOSANE - 31 (Haute-Garonne) → Voir Toulouse

AVAILLES-LIMOUZINE

✉ 86460 (Vienne) - 1 289 hab. - Alt. 142 m - Carte régionale n° **20**-C2
▶ Paris 413 km - Chauvigny 61 km - Poitiers 66 km - Saint-Junien 40 km
Carte Michelin 322-J8

La Chatellenie

AUBERGE • FONCTIONNEL Sortez des sentiers battus : ce petit relais de poste, tenu par un jeune couple dynamique, se prête à une escapade à l'ancienne, sur les chemins détournés qui relient Poitiers et Limoges. Viande et légumes du pays : au restaurant, la tradition aussi a du bon. Parfait pour une étape qui sort de l'ordinaire.

8 chambres - 59 € 66 € - 9 €

1 r. du Commerce - 05 49 84 31 31 - www.lachatellenie.fr - Fermé 1 semaine en nov. et 20 fév.-5 mars

AVALLON

✉ 89200 (Yonne) - 7 210 hab. - Alt. 250 m - Carte régionale n° **4**-B2
▶ Paris 222 km - Auxerre 51 km - Beaune 103 km - Chaumont 134 km
Carte Michelin 319-G7 - Guide Vert Michelin Bourgogne

Le Gourmillon

CUISINE TRADITIONNELLE • TENDANCE Dans cette ancienne quincaillerie, les saveurs ne sont pas... en toc ! Au cœur de la cité, le Gourmillon décline produits du terroir et saveurs traditionnelles avec générosité (profiteroles d'escargots au beurre aillé, pavé de bœuf charolais aux morilles, etc.). Prix doux, accueil et service aux petits soins.

Formule 15 € - Menu 25/35 € - Carte 34/41 €

8 r. de Lyon - 03 86 31 62 01 - www.legourmillon.com - Fermé 2 semaines en janv., jeudi soir hors saison et dim. soir

à l'Est 6 km par D606 - ✉ 89200 Avallon :

Le Relais Fleuri

CUISINE TRADITIONNELLE • COSY Un certain esprit champêtre (cheminée, poutres, cuivres) règne dans cet ancien relais de poste, devenu le Relais Fleuri. On y apprécie une cuisine régionale soignée, traversée d'inspirations actuelles, et accompagnée si l'on souhaite de bons bourgognes. Un charme indéniable !

Formule 20 € - Menu 24/68 € - Carte 34/67 €

La Cerce - 03 86 34 02 85 - www.hotel-relais-fleuri.com

Le Relais Fleuri

BUSINESS • FONCTIONNEL Il suffit de sortir de l'autoroute A 6 (direction Avallon) pour trouver le repos dans ce Relais aux airs de motel de campagne (chambres de plain-pied, parc de 4 ha, piscine chauffée). Idéal pour une étape revigorante.

48 chambres - 94/106 € 94/106 € - 14 € - ½ P

La Cerce - 03 86 34 02 85 - www.hotel-relais-fleuri.com

Le Relais Fleuri - voir les restaurants ci-dessus

à Vault-de-Lugny 6 km au Nord-Ouest par D606 et D128 - ✉ 89200 - 318 hab. - Alt. 148 m

Château de Vault de Lugny

CUISINE MODERNE • HISTORIQUE Un cadre majestueux - dont une salle dans les anciennes cuisines du château ! - pour une carte élégante ; le chef, d'origine mauricienne, rend un juste hommage aux légumes du magnifique potager du domaine, et aux produits nobles en général, mâtinés de quelques touches exotiques... La carte des bourgognes est remarquable.

Menu 36 € (déj. en semaine), 69/120 € - Carte 79/112 €

11 r. du Château - 03 86 34 07 86 (réservation conseillée) - www.lugny.fr - Ouvert 30 mars- 1er nov.

Château de Vault de Lugny

DEMEURE HISTORIQUE • GRAND LUXE Dans son immense parc aux arbres centenaires, à l'abri derrière ses douves en eau et ses tours crénelées, ce château du 16e s. n'est que raffinement : tentures, lits à baldaquin, objets d'art... sans oublier la piscine logée sous des voûtes de pierre séculaires. Mémorable !

14 chambres - 152/370 € 152/740 € - 1 suite - 18 € - ½ P

11 r. du Château - 03 86 34 07 86 - www.lugny.fr - Ouvert 30 mars-1er nov.

Château de Vault de Lugny - voir les restaurants ci-dessus

à Valloux 6 km au Nord-Ouest par D606 - 89200

Auberge des Chenêts

CUISINE TRADITIONNELLE • ÉLÉGANT XX On oublie vite la route toute proche, lorsque l'on s'attable près de la cheminée de cette agréable auberge ! Au menu : de bons petits plats d'inspiration bourguignonne, joliment tournés et parfumés. La belle carte des vins fait honneur à la région.

Formule 20 € - Menu 29/63 € - Carte environ 65 €

10 rte Nationale 6 - 03 86 34 23 34 - Fermé 27 fév.-7 mars, 19 juin-3 juil., 13 nov.-5 déc., mardi de sept. à mai, dim. soir et lundi

dans la Vallée du Cousin 4 km à l'Ouest par D957, rte de Vézelay - 89200 Avallon :

Hostellerie du Moulin des Ruats

TRADITIONNEL • PERSONNALISÉ Au calme dans la vallée du Cousin, ce joli moulin du 18es. invite à la détente : atmosphère feutrée dans le salon-bibliothèque d'esprit british et dans les chambres, bien tenues, donnant côté jardin ou rivière - la vue sur le cours d'eau étant la plus appréciable. Carte actuelle au restaurant.

25 chambres - 93/165 € 93/165 € - 15 € - ½ P

23 r. des Isles-Labaumes - 03 86 34 97 00 - www.moulindesruats.com - Ouvert de mi-fév. au 11 nov.

à Pontaubert 5 km à l'Ouest par D606 et D957 - 89200 - 393 hab. - Alt. 160 m

Les Fleurs

CUISINE TRADITIONNELLE • AUBERGE XX Voici une maison pleine de mérite, où l'on travaille de bons produits frais. Jambon persillé maison, noix de joue de porc au miel du Morvan, rognons à la moutarde : sur des bases traditionnelles, le chef concocte des plats d'une séduisante simplicité. Le tout servi avec le sourire ! Quelques chambres coquettes pour l'étape.

Formule 17 € - Menu 24/39 € - Carte 32/56 €

7 chambres - 74/78 € 74/78 € - 10 €

69 rte de Vézelay - 03 86 34 13 81 - www.hotel-lesfleurs.com - Fermé 15 déc.-31 janv., le midi sauf vend., sam., dim. et fériés

à Chastellux-sur-Cure 12 km au Sud par D944 - 89630 - 146 hab. - Alt. 305 m

Le Chastellux N

CUISINE MODERNE • CONVIVIAL X D'abord, c'est un bar villageois, simple et chaleureux ; puis, derrière, une salle à manger lumineuse et accueillante, dont un côté ouvre sur une terrasse. Les préparations se révèlent soignées et hyper-parfumées, à l'image de ce carpaccio de tomates, tagliatelles de courgettes et jambon serrano... à des prix défiant toute concurrence.

Formule 16 € - Menu 19 €

16 rte du Lac - L'Huis Raquin - 03 86 32 08 83 - www.lechastellux.com - Fermé 2 janv.-13 fév., dim. soir et lundi d'avril à oct.

AVÈNE

34260 (Hérault) - 293 hab. - Alt. 350 m - Carte régionale n° **12G**-B2

Paris 705 km - Bédarieux 25 km - Clermont-l'Hérault 51 km - Montpellier 83 km

Carte Michelin 339-D6

Eau Thermale Avène-L'Hôtel

THERMAL • COSY Cet hôtel, qui accueille de nombreux curistes des thermes voisins, a été entièrement repensé : lumineux salon d'accueil pensé comme un jardin d'hiver, espace bibliothèque, chambres spacieuses et cosy, aux teintes douces... Parfait pour une étape dans la région.

56 chambres - 97/139 € 149/178 € - 4 suites - ½ P

Les Bains-d'Avène, aux Thermes - 04 67 23 44 45 - www.eauthermaleavene-lhotel.com - Ouvert 13 mars-4 nov.

AVENSAN

33480 (Gironde) - 2 501 hab. - Alt. 25 m - Carte régionale n° **2**-B1

Paris 589 km - Bordeaux 30 km - Mérignac 28 km - Pessac 34 km

Carte Michelin 335-G4

Le Clos de Meyre

DEMEURE HISTORIQUE • PERSONNALISÉ Entre vignobles de Margaux et de Haut-Médoc, ce château du 18e s. a de l'allure. On y produit du vin depuis trois siècles, mais on y cultive aussi le sens de l'accueil. Chambres de caractère (plus fonctionnelles à l'annexe), piscine, roseraie...

9 chambres - 125/250 € 125/250 € - 10 €

16 rte de Castelnau - 05 56 58 22 84 - www.chateaumeyre.com - Ouvert 1er mars-31 oct.

ON AIME...

Le jeune couple accueillant de **L'Avenio** : de l'attention dans l'assiette et le service! **L'Agape**, une adresse très tendance. Le menu déjeuner de la **Maison Christian Étienne**, un vrai bon plan juste à côté du palais des papes. Et, bien sûr, les beautés de la ville elle-même : le **palais des papes**, le **rocher des Doms**, la **place de l'Horloge**...

AVIGNON

84000 (Vaucluse) - 89 380 hab. - Agglo. 445 501 hab. - Alt. 21 m - Carte régionale n° **22**-E1
Paris 682 km - Aix-en-Provence 82 km - Arles 37 km - Marseille 98 km
Carte Michelin 332-B10 - Guide Vert Michelin Provence

Restaurants

Maison Christian Étienne (Guilhem Sevin)

CUISINE CLASSIQUE • ÉLÉGANT XXX Le poids des ans ne semble avoir aucune prise sur cette belle table, qui comme le bon vin paraît se bonifier... L'ancien second du restaurant, devenu chef à la suite de Christian Étienne, continue de rendre un vibrant hommage à la Provence. Le tout dans un cadre rare : celui d'une demeure médiévale chargée d'histoire.

→ Trio de tartare de tomates au basilic. Filet et brandade de rouget barbet, tomates olivettes, cocos et crème d'ail iodée à l'eau de tomate. Fraises cléry, caviar de basilic et meringue parfumée à la baie de sansho.

Menu 35 € (déj.), 75/125 €

Plan : B2-h - *10 r. Mons - 04 90 86 16 50 - www.christian-etienne.fr - Fermé vacances de la Toussaint, merc. et jeudi sauf juil.*

L'Agape

CUISINE MODERNE • BRANCHÉ X Julien Gleize a établi, en juin 2014, ses quartiers sur cette place sympathique au cœur de la cité des papes. C'est en chef totalement épanoui qu'on le retrouve en cuisine, composant des assiettes gourmandes et judicieusement pensées, dans lesquelles les produits de saison sont bien mis en valeur.

Formule 20 € - Menu 25 € (déj.), 32/46 € - Carte 59/69 €

Plan : B3-n - *21 pl. des Corps-Saints - 04 90 85 04 06 - www.restaurant-agape-avignon.com - Fermé dim. et lundi*

Italie là-bas

CUISINE ITALIENNE • COSY X Aux manettes, un couple d'Italiens passionnés : pendant qu'il s'occupe du service en salle, elle est en cuisine et prépare de bons plats transalpins, à base de produits frais. Cocotte de lapin aux olives noires et fines herbes, œuf perfetto avec artichaut à la romaine et crème butternut... On se régale.

Menu 32/60 € - Carte 40/60 €

Plan : B2-x - *23 r. de la Bancasse - 04 86 81 62 27 - www.facebook.com/italielabas - Fermé 2 semaines en sept., 2 semaines en janv., lundi et mardi sauf juil.*

La Mirande

CUISINE CLASSIQUE • **ÉLÉGANT** XXX L'œuvre du soleil, le chatoiement des couleurs, la générosité des saveurs : les assiettes respirent le Sud, ses produits et ses traditions. Le décor est délicieux : superbe salle 18e s. ou ravissant jardin...

Menu 39 € (déj.), 60/80 € - Carte 81/105 €

Plan : B1-g - *Hôtel La Mirande, 4 pl. Amirande - ✆ 04 90 14 20 20 - www.la-mirande.fr - Fermé 10 janv.-11 fév., mardi et merc.*

La Vieille Fontaine

CUISINE MODERNE • **CLASSIQUE** XXX Boiseries, moulures et cheminée composent l'élégance provençale de ce restaurant. Le chef propose des menus surprise imaginés au gré du marché... à déguster aux beaux jours - ils sont nombreux en Avignon ! - sous le platane centenaire de la jolie terrasse.

Menu 38 € (déj. en semaine), 58/99 € - Carte 60/98 €

Plan : B1-d - *Hôtel d'Europe, 12 pl. Crillon - ✆ 04 90 14 76 76 - www.heurope.com - Fermé 14 fév.-14 mars, 1er-15 août, dim. et lundi*

L'Essentiel

CUISINE MODERNE • **ÉLÉGANT** XX Comme son nom l'indique, cette table va à l'essentiel... des saveurs, et réjouira les amateurs d'une cuisine généreuse et ensoleillée. Le décor, lui, joue la carte de la modernité épurée. Aux beaux jours, on s'installe dans le joli patio. Quant au service et à l'accueil, ils sont irréprochables !

Menu 36/48 € - Carte 52/66 €

Plan : B2-y - *2 r. Petite-Fusterie - ✆ 04 90 85 87 12 - www.restaurantlessentiel.com - Fermé vacances de la Toussaint et de fév., dim. et lundi*

Hiély-Lucullus

CUISINE MODERNE • **VINTAGE** XX Une institution depuis 1938 ! Dans une salle à manger intimiste et décorée dans l'esprit de la Belle Époque, le chef propose une cuisine personnelle et sagement créative : moules de bouchot en ravioles ouvertes, filet de veau et monochromie de légumes... Belle carte de vins de la vallée du Rhône.

Menu 36/56 € - Carte 50/70 €

Plan : B2-n - *5 r. de la République (1er étage) - ✆ 04 90 86 17 07 - www.hiely-lucullus.com - Fermé mardi et merc.*

Auberge La Treille

CUISINE TRADITIONNELLE • **CLASSIQUE** XX Sur l'île Piot, cette jolie maison est installée dans la quiétude et le repos des bords du Rhône. On y sert une cuisine respectueuse des saisons, dans laquelle on devine au premier coup de fourchette la patte d'un chef passionné. En hiver, la cheminée crépite à l'intérieur ; aux beaux jours, on profite de la terrasse !

Formule 17 € - Menu 32/75 € - Carte 46/68 €

Plan : A2-a - *26 chemin de l'Ile-de-Piot - ✆ 04 90 16 46 20 - www.latreille-avignon.fr - Fermé vacances de fév., 1 semaine fin août, vacances de la Toussaint, dim. soir et lundi*

Les 5 Sens

CUISINE MODERNE • **EXOTIQUE** X À l'écart sur une placette discrète, un restaurant gastronomique au cadre original, chaleureux et feutré. Meilleur Ouvrier de France Traiteur, le chef travaille en artisan. À noter : il propose un bon menu végétarien (céréales, légumes frais...), mais aussi, en hommage à ses racines du Sud-Ouest... un cassoulet !

Menu 35 € (déj. en semaine), 39/56 € - Carte 54/66 €

Plan : B2-a - *18 r. Joseph-Vernet (pl. Plaisance) - ✆ 04 90 85 26 51 - www.restaurantles5sens.com - Fermé merc. et jeudi*

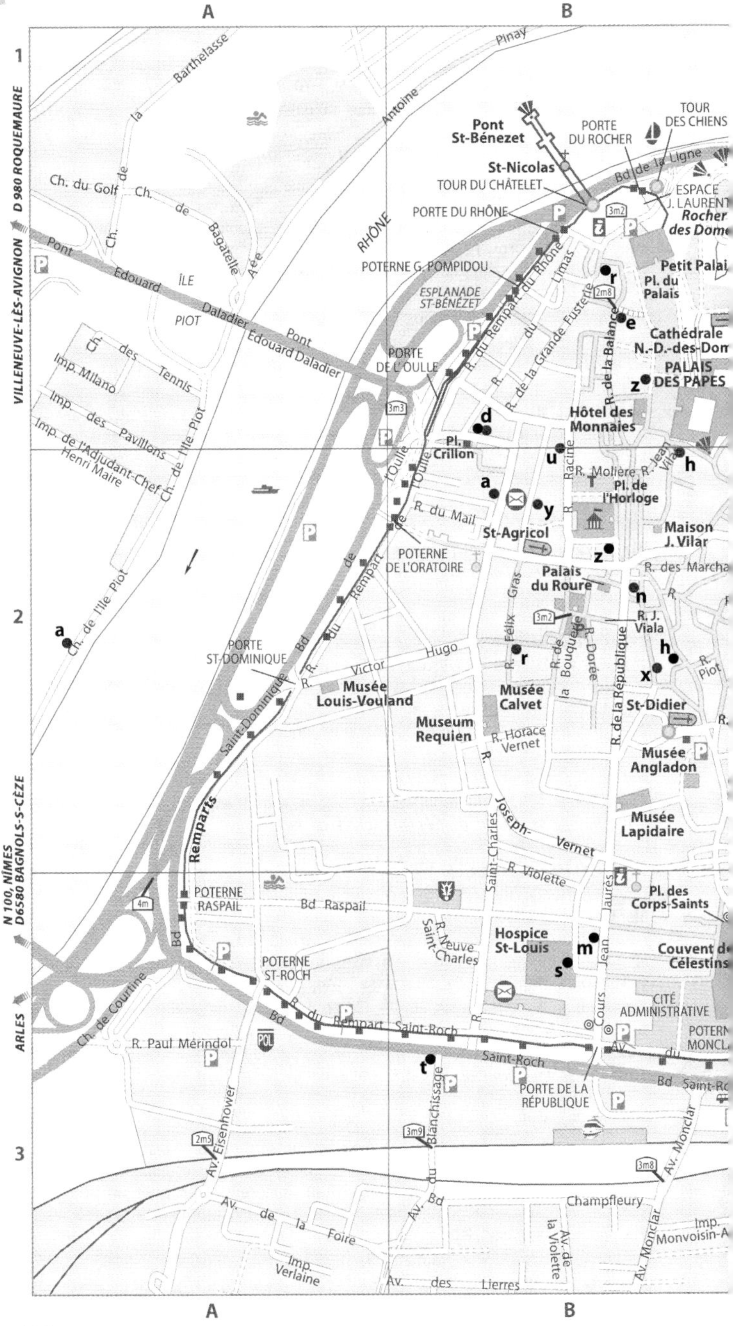
A
B
1
2
3
VILLENEUVE-LÈS-AVIGNON D 980 ROQUEMAURE
N 100, NÎMES D6580 BAGNOLS-S-CÈZE
ARLES
Pont St-Bénezet
St-Nicolas
TOUR DU CHÂTELET
PORTE DU RHÔNE
PORTE DU ROCHER
TOUR DES CHIENS
ESPACE J. LAURENT
Rocher des Doms
Petit Palais
Pl. du Palais
Cathédrale N.-D.-des-Doms
PALAIS DES PAPES
Hôtel des Monnaies
POTERNE G. POMPIDOU
ESPLANADE ST-BÉNEZET
PORTE DE L'OULLE
Pl. Crillon
Pl. de l'Horloge
St-Agricol
Maison J. Vilar
POTERNE DE L'ORATOIRE
Palais du Roure
PORTE ST-DOMINIQUE
Musée Louis-Vouland
Musée Calvet
Museum Requien
St-Didier
Musée Angladon
Musée Lapidaire
Pl. des Corps-Saints
Hospice St-Louis
Couvent des Célestins
CITÉ ADMINISTRATIVE
POTERNE MONCLAR
POTERNE RASPAIL
POTERNE ST-ROCH
PORTE DE LA RÉPUBLIQUE
ÎLE PIOT
RHÔNE
Pont Edouard Daladier
Ch. de la Barthelasse
Ch. du Golf
Ch. de Bagatelle
Ch. des Tennis
Imp. Milano
Imp. des Pavillons
Imp. de l'Adjudant-Chef Henri Maire
Ch. de l'Ile Piot
Bd de la Ligne
R. du Rempart du Rhône
R. de la Grande Fusterie
R. de la Balance
R. Racine
R. Molière
R. Jean Vilar
R. du Mail
R. des Marchands
R. J. Viala
R. Félix Gras
R. de la Bouquerie
R. Dorée
R. de la République
R. Victor Hugo
R. Horace Vernet
R. Joseph-Vernet
R. Violette
R. Saint-Charles
R. Neuve Saint-Charles
Bd Raspail
Cours Jean Jaurès
Bd Saint-Dominique
Remparts
R. du Rempart de l'Oulle
R. du Rempart Saint-Roch
Bd Saint-Roch
Av. du Blanchissage
R. Paul Mérindol
Ch. de Courtine
Av. Eisenhower
Av. de la Foire
Imp. Verlaine
Av. des Lierres
Av. de la Violette
Champfleury
Av. Monclar
Imp. Monvoisin-A
R. Piot
Pinay
Antoine

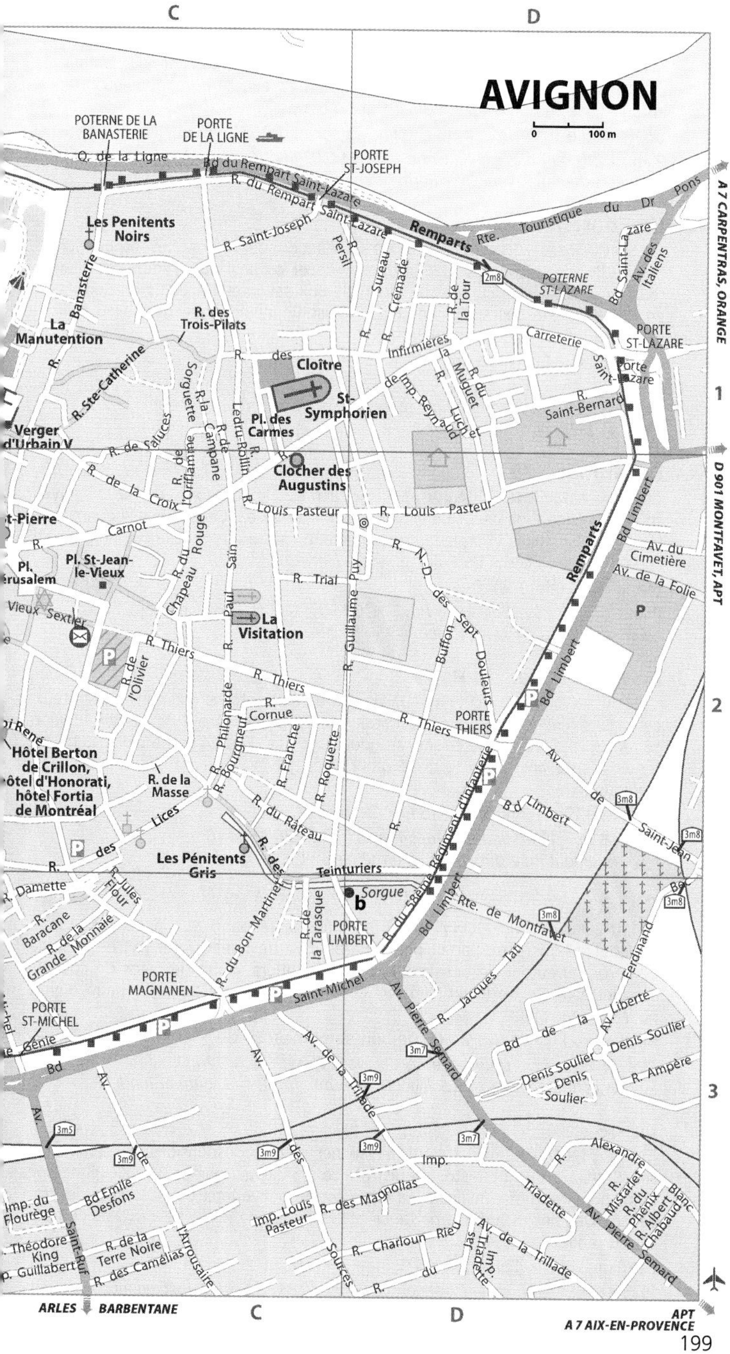
AVIGNON
0
100 m
C
D
1
2
3
A 7 CARPENTRAS, ORANGE
D 901 MONTFAVET, APT
ARLES
BARBENTANE
APT
A 7 AIX-EN-PROVENCE
POTERNE DE LA BANASTERIE
PORTE DE LA LIGNE
PORTE ST-JOSEPH
Q. de la Ligne
Bd du Rempart Saint-Lazare
R. du Rempart Saint-Lazare
Remparts
Rte. Touristique du Dr Pons
R. Saint-Joseph
R. Persil
R. Sureau
R. Crémade
R. de la Tour
POTERNE ST-LAZARE
Bd Saint-Lazare
Av. des Italiens
PORTE ST-LAZARE
Porte Saint-Lazare
Carreterie
Les Penitents Noirs
R. Banasterie
La Manutention
R. des Trois-Pilats
R. Ste-Catherine
R. des Infirmières
Cloître
St-Symphorien
Pl. des Carmes
Imp. Reynaud
R. Luchet
R. du Muguet
R. Saint-Bernard
Verger d'Urbain V
R. de Saluces
R. Sorguette
R. la Campane
R. de l'Oriflamme
R. de Ledru-Rollin
Clocher des Augustins
R. de la Croix
Carnot
R. Louis Pasteur
R. Louis Pasteur
t-Pierre
Pl. Jérusalem
Pl. St-Jean-le-Vieux
R. du Chapeau Rouge
R. Paul Saïn
R. Trial
R. N.-D. des Sept Douleurs
Av. du Cimetière
Av. de la Folie
Remparts
Bd Limbert
Vieux Sextier
La Visitation
R. Guillaume Puy
R. Buffon
R. Thiers
R. Thiers
R. Thiers
R. de l'Olivier
R. Philonarde
R. Cornue
PORTE THIERS
Bd Limbert
Roi René
Hôtel Berton de Crillon, hôtel d'Honorati, hôtel Fortia de Montréal
R. de la Masse
R. Bourgneuf
R. Franche
R. Roquette
R. du Râteau
R. du 58ème Régiment d'Infanterie
Av. de Saint-Jean
Bd Limbert
R. des Lices
Les Pénitents Gris
R. des Teinturiers
Sorgue
b
R. Damette
R. Jules Flour
R. Baracane
R. de la Grande Monnaie
R. du Bon-Martinet
R. de la Tarasque
PORTE LIMBERT
Bd Limbert
Rte. de Montfavet
Av. Ferdinand
PORTE MAGNANEN
PORTE ST-MICHEL
Bd Saint-Michel
R. Génie
R. Jacques Tati
Av. Pierre Semard
Av. de la Trillade
Av. Liberté
Bd de la Denis Soulier
Denis Soulier
Denis Soulier
R. Ampère
2m8
3m8
3m8
3m8
3m8
3m7
3m9
3m5
3m9
3m9
3m9
3m7
R. Alexandre Blanc
R. Mistarlet
R. du Phénix
R. Albert Chabaud
Imp.
Triadette
Av. Pierre Semard
Imp. du Flourège
Bd Emile Desfons
Imp. Louis Pasteur
R. des Magnolias
R. Théodore King
R. de la Terre Noire
p. Guillabert
R. des Camélias
l'Arrousaire
Av. Saint-Ruf
R. Charloun Rieu
R. des Sources
Jas
Imp. Triadette
Av. de la Trillade

Avenio

CUISINE MODERNE • CONVIVIAL Au cœur d'Avignon, ce restaurant contemporain ouvert par un jeune couple passé par de belles maisons connaît un succès mérité : produits choisis, accueil chaleureux et excellent rapport qualité-prix autour d'une cuisine qui sait humer l'air du temps.

Formule 15 € – Menu 18 € (déj. en semaine), 32/42 € – Carte 35/50 €

Plan : B2-d – *19 r. des 3 Faucons – 04 90 03 14 41 (réservation conseillée) – www.restaurant-avenio.fr – Fermé dim. et lundi*

La Fourchette

CUISINE TRADITIONNELLE • BISTRO Collection de fourchettes et de guides MICHELIN, vieilles photos : un bistrot au décor original et à l'ambiance chaleureuse. Au menu, une cuisine traditionnelle aux savoureux accents du Sud, avec, en dessert, l'une des spécialités de la maison : la meringue glacée au pralin... L'adresse affiche souvent complet !

Menu 37 € – Carte environ 42 €

Plan : B2_3-u – *17 r. Racine – 04 90 85 20 93 (réservation conseillée) – www.la-fourchette.net – Fermé 5-21 août, sam. et dim.*

Le Numéro 75

CUISINE MODERNE • CONVIVIAL Une demeure bourgeoise du 19e s. noyée sous la glycine : joli décor pour un repas en terrasse... Cette adresse connaît un franc succès dans la ville : la faute à son cadre chaleureux et à sa cuisine du marché pleine de sincérité !

Menu 32 € (déj.)/37 €

Plan : D3-b – *75 r. Guillaume-Puy – 04 90 27 16 00 – www.numero75.com – Fermé 25 déc.-1er janv. et dim.*

Le Moutardier du Pape

CUISINE MODERNE • CONVIVIAL Une adresse pour tous, y compris les vaniteux, ceux qui se croient le premier Moutardier du Pape... Mais trêve de plaisanterie : on se régale ici d'une bonne cuisine au goût du jour, et l'on en prend plein les mirettes en s'installant sur la terrasse ombragée, qui fait face au palais des Papes. Magique !

Formule 19 € – Menu 35/45 € – Carte 39/54 €

Plan : B1-z – *15 pl. du Palais-des-Papes – 04 90 85 34 76 – www.lemoutardierdupape.fr – Fermé janv. et fév.*

C O 2

CUISINE MODERNE • CONVIVIAL Pile dans la tendance, un néobistrot convivial tout de gris vêtu, parfait pour une bouffée de bonheur (et pas de dioxyde de carbone) autour de bons petits plats bistrotiers : tatin de pieds de cochon, cassolette de ris d'agneau... un régal. Bon rapport qualité-prix et patio ouvert pour les beaux jours !

Formule 21 € – Menu 24 € (déj. en semaine)/39 € – Carte 35/43 €

Plan : B2-r – *3 bis r. de la Petite-Calade – 04 90 86 20 74 – www.restaurant-lacuisinedolivier.fr – Fermé 21-28 août, dim. et lundi*

Le 46

CUISINE MODERNE • BAR À VIN Plancher en bois, suspensions en métal, chaises Starck, etc. : mi-resto, mi-bistrot, ce 46 séduit par sa simplicité et son ambiance, jeune et conviviale. La carte est attractive, aux doux accents de Provence, avec des assiettes à partager entre amis et de jolis vins au verre. Le goût est au rendez-vous !

Formule 15 € – Carte 24/36 €

Plan : B1-e – *46 r. de la Balance – 04 90 85 24 83 – www.le46avignon.com – Fermé vacances de Noël et dim. sauf juil.-août*

Hôtels

La Mirande

GRAND LUXE · ÉLÉGANT Cet hôtel particulier du 17e s. est absolument superbe : pierres ouvragées, déluge d'objets d'art et de tentures dans l'esprit provençal du 18e s. et un délicieux jardin clos, qui s'épanouit à l'ombre du palais des Papes. Raffinement exquis !

26 chambres - 380/660 € 380/660 € - 1 suite - 28 €

Plan : B1-g - *4 pl. Amirande - 04 90 14 20 20 - www.la-mirande.fr*

La Mirande - voir les restaurants ci-dessus

Hôtel d'Europe

HISTORIQUE · GRAND LUXE Près des remparts, cet hôtel particulier du 16e s. s'ouvrit à la clientèle dès 1799. Bonaparte, Hugo ou encore Dalí y séjournèrent. Les chambres se révèlent classiques et soigneusement tenues. Au dernier étage, les suites toisent le palais des Papes...

39 chambres - 225/1100 € 225/1100 € - 5 suites - 22 €

Plan : B1-d - *12 pl. Crillon - 04 90 14 76 76 - www.heurope.com - Fermé 14 fév.-14 mars*

La Vieille Fontaine - voir les restaurants ci-dessus

Cloître St-Louis

BUSINESS · CONTEMPORAIN Un bâtiment du 16es. doublé d'une aile ultracontemporaine. Quel alliage ! S'il conserve beaucoup de son atmosphère recueillie d'antan, cet ancien noviciat jésuite - et son cloître tout en pierre - tutoie la modernité avec réussite. Belle escale à la croisée des époques, au cœur d'Avignon.

80 chambres - 80/375 € 80/375 € - 15 €

Plan : B3-s - *20 r. Portail-Boquier - 04 90 27 55 55 - www.cloitre-saint-louis.com*

Novotel Centre

HÔTEL DE CHAÎNE · FONCTIONNEL Créé fin 2011, un établissement évidemment très contemporain, séduisant par la qualité de ses prestations (espaces lumineux, spa, etc.) et sa situation, au pied des remparts, non loin du centre-ville.

130 chambres - 130/250 € 130/250 € - 3 suites - 16 €

Plan : B3-t - *20 bd St-Roch - 04 32 74 70 10 - www.accorhotels.com*

Mercure Pont d'Avignon

HÔTEL DE CHAÎNE · FONCTIONNEL Voilà qui s'appelle être au cœur du sujet : ce Mercure récemment rénové se trouve à mi-chemin entre le palais des Papes et le "pont d'Avignon" (le pont St-Bénézet de son vrai nom). Parfait pour découvrir la ville, donc.

87 chambres - 120/190 € 120/190 € - 16 €

Plan : B1-r - *r. Ferruce (quartier Balance) - 04 90 80 93 93 - www.mercure.com*

Bristol

TRADITIONNEL · FONCTIONNEL Au cœur de l'animation urbaine, un hôtel très engageant avec sa façade aux accents bourgeois. Les chambres allient sobriété et confort. Une bonne option pour qui veut pouvoir parcourir la ville à pied.

65 chambres - 75/137 € 90/137 € - 2 suites - 13 €

Plan : B3-m - *44 cours Jean-Jaurès - 04 90 16 48 48 - www.bristol-avignon.com*

Le Lavarin

BUSINESS · CONTEMPORAIN En retrait de l'agitation du centre-ville, entouré de verdure, un établissement entièrement rénové en 2013. Chambres confortables, agréable piscine, beaux espaces pour les séminaires d'entreprise, restaurant traditionnel : autant d'atouts.

29 chambres - 89/150 € 95/250 € - 14 €

Hors plan - *1715 chemin du Lavarin - 04 90 89 50 60 - www.hotel-du-lavarin.fr*

Hôtel de l'Horloge

TRADITIONNEL • CLASSIQUE Au cœur de la vie touristique et culturelle avignonnaise, un établissement à la fois classique et chaleureux. Une préférence pour les chambres qui ouvrent sur la jolie place de l'Horloge et celles qui jouissent d'une terrasse privative...

66 chambres – 81/199 € 89/299 € – 18 €

Plan : B2-z – *1 r. F.-David (pl. de l'Horloge) – 04 90 16 42 00 – www.hotel-avignon-horloge.com*

Hôtel de Garlande

FAMILIAL • RÉGIONAL Dans une rue piétonne du centre historique, un petit hôtel convivial... à l'accent provençal. La maison est ancienne car elle date du 18e s. Bon rapport qualité-prix.

12 chambres – 52/135 € 52/135 € – 11 €

Plan : B2-h – *20 r. Galante – 04 90 80 08 85 – www.hoteldegarlande.com – Fermé fév.*

au Pontet 6 km à l'Est par rte de Lyon – 84130 – 17 002 hab. – Alt. 40 m

Auberge de Cassagne

CUISINE CLASSIQUE • RUSTIQUE XXX Poutres, tomettes, cheminée... Dans la tradition de ces auberges bourgeoises dédiées aux plaisirs de la table, le classicisme est ici de mise, de même les produits nobles et certaines recettes plus rustiques. Dans la cave, 700 références privilégient la vallée du Rhône méridionale.

Formule 39 € – Menu 59/100 € – Carte 80/106 €

Hôtel Auberge de Cassagne & Spa, 450 allée de Cassagne – 04 90 31 04 18 – www.aubergedecassagne.com – Fermé 7 janv.-2 fév.

Auberge de Cassagne & Spa

LUXE • CONTEMPORAIN Atmosphère chaleureuse dans cette bastide de 1850, qui préserve son charme champêtre aux abords d'Avignon – abords aujourd'hui urbanisés. Patio verdoyant, décors classiques, esprit provençal ou contemporain dans les chambres, spa de qualité, souci du client... Un havre fort agréable à l'écart de la ville.

38 chambres – 179/392 € 179/479 € – 5 suites – 26 € – ½ P

450 allée de Cassagne – 04 90 31 04 18 – www.aubergedecassagne.com – Fermé 7 janv.-2 fév.

Auberge de Cassagne – voir les restaurants ci-dessus

Voir aussi ressources hôtelières de ***Villeneuve-lès-Avignon***

AVIZE – 51 (Marne) → Voir Épernay

AVORIAZ

(Haute-Savoie) – Carte régionale n° **25**-F1

Paris 608 km – Annecy 96 km – Lausanne 118 km – Lyon 216 km

Carte Michelin 328-N3 – Guide Vert Michelin Alpes du Nord

Les Enfants Terribles

CUISINE CLASSIQUE • COSY X Contre toute attente, ces Enfants Terribles se révèlent plutôt... chaleureux et accueillants ! Bœuf Black Angus ou Simmental, demi-homard, bar, féra et sole : on se régale de bons produits cuisinés avec précision, dans un décor intime où le rouge prédomine.

Carte 51/92 €

Hôtel les Dromonts, 40 pl. des Dromonts (accès piétonnier) – 04 56 44 57 00 – www.hoteldesdromonts.com – Ouvert 8 déc.-17 avril et fermé le midi

La Réserve

CUISINE DU TERROIR • SIMPLE A mi-chemin entre le cœur de la station et le quartier de la "falaise", cet établissement est devenu un incontournable. Un succès à mettre sur le compte d'une gastronomie appétissante à dominante savoyarde (châtaignes, potée), et d'une belle terrasse tournée vers le domaine skiable.

Carte 40/75 €

Immeuble Épicéa - ✆ 04 50 74 02 01
- Ouvert 1er déc. à fin avril

Les Dromonts

HISTORIQUE • MONTAGNARD Un nouveau départ pour cet hôtel mythique d'Avoriaz, qui allie avec brio le style des années 1960 et l'esprit de chalet montagnard. Laine d'Italie et pierre de Morzine habillent élégamment les chambres, en faisant de véritables oasis de confort. Et les skieurs sont les bienvenus au restaurant Le Festival !

29 chambres - 228/548 € 250/640 € - 6 suites - ½ P

40 pl. des Dromonts (accès piétonnier)
- ✆ 04 56 44 57 00 - www.hoteldesdromonts.com
- Ouvert 8 déc.-17 avril

Les Enfants Terribles - voir les restaurants ci-dessus

AVRANCHES

50300 (Manche) - 7 915 hab. - Alt. 108 m - Carte régionale n° **17**-A3
Paris 337 km - Caen 105 km - Rennes 85 km - St-Lô 58 km
Carte Michelin 303-D7 - Guide Vert Michelin Normandie Cotentin

La Croix d'Or

CUISINE CLASSIQUE • RUSTIQUE Le chef, "ancien" de l'établissement, connaît sa partition sur le bout des spatules. Connaisseur ou non, on se retrempe avec bonheur dans l'esprit de la région, et l'on trempe avec encore plus de plaisir son pain dans les plats en sauce de la carte, évidemment traditionnelle.

Formule 20 € - Menu 29/59 € - Carte 45/76 €

Hôtel La Croix d'Or, 83 r. de la Constitution
- ✆ 02 33 58 04 88 - www.hotel-restaurant-avranches-croix-dor.com
- Fermé 1er-23 janv. et dim. soir du 15 oct. au 1er avril

La Ramade

FAMILIAL • PERSONNALISÉ Une demeure bourgeoise des années 1950, sur la route de Granville. Les chambres, douillettes, portent des noms de fleurs ou, pour les plus récentes, de hauts lieux de la région : Chausey, Cancale, St-Malo... Salon de thé l'après-midi, cocktails et vins en soirée.

21 chambres - 78/150 € 88/200 € - 13 €

2 r. de la Côte, 1 km au Nord-Ouest, à Marcey-les-Grèves
- ✆ 02 33 58 27 40 - www.laramade.fr
- Fermé 29 déc.-25 janv. et dim. de nov. à mars

La Croix d'Or

TRADITIONNEL • CLASSIQUE Façade à colombages, cuivres, mobilier ancien... un relais de poste du 17e s., une certaine image de la Normandie. Le décor des chambres (aménagées en partie dans les anciennes écuries) est plus actuel. Choisissez-les côté jardin !

27 chambres - 75/92 € 90/125 € - 11 € - ½ P

83 r. de la Constitution
- ✆ 02 33 58 04 88 - hotel-restaurant-avranches-croix-dor.com
- Fermé 1er-23 janv. et dim. soir du 15 oct. au 1er avril

La Croix d'Or - voir les restaurants ci-dessus

à St-Martin-des-Champs 3 km au Sud-Est par D47 – ✉ 50300 – 2 268 hab. – Alt. 100 m

La Toque aux Vins

CUISINE MODERNE • DESIGN XX Trois associés – un frère, une sœur et un cousin ! – se sont associés pour ouvrir ce restaurant dans un village à deux pas d'Avranches. La lumineuse salle donne sur un parc joliment aménagé, avec des jeux pour les enfants ; la cuisine, soignée, se révèle parfaitement dans l'air du temps et change chaque semaine.

Formule 18 € 🍷 – Menu 22 € (semaine), 36/65 € 🍷 – Carte 43/49 €

8 r. de la Mairie – ☎ 02 33 79 28 00 – www.latoqueauxvins.fr – Fermé dim. et lundi

à St-Quentin-sur-le-Homme 5 km au Sud-Est par D78 – ✉ 50220 – 1 221 hab. – Alt. 55 m

Le Gué du Holme

CUISINE MODERNE • ÉLÉGANT XX Une maison en pierres de pays et sa façade en bois située juste en face de l'église. Dans une salle de style classique ou en terrasse, on apprécie des recettes dans l'air du temps qui suivent le rythme des saisons. Dans l'assiette, c'est bien réalisé et savoureux. Une bonne adresse.

Formule 15 € – Menu 27 € (déj. en semaine)/52 € – Carte 40/61 €

14 r. des Estuaires – ☎ 02 33 60 63 76 – www.le-gue-du-holme.com – Fermé 10-20 mars, 3-30 nov., sam. midi, dim. soir et lundi

Le Gué du Holme

TRADITIONNEL • ÉLÉGANT Cet établissement, aux portes de la baie du Mont-Saint-Michel, propose des chambres dans un style cosy et feutré. Toutes sont impeccablement tenues et donnent sur un joli jardin. Une étape au grand calme !

10 chambres – †88/138 € ††88/138 € – ☕ 12 € – ½ P

14 r. des Estuaires – ☎ 02 33 60 63 76 – www.le-gue-du-holme.com – Fermé 10-20 mars et 3-30 nov.

Le Gué du Holme – voir les restaurants ci-dessus

AX-LES-THERMES

✉ 09110 (Ariège) – 1 318 hab. – Alt. 720 m – Carte régionale n° **15**-C3

Paris 803 km – Andorra-la-Vella 59 km – Carcassonne 106 km – Foix 44 km

Carte Michelin 343-J8

Le Chalet

CUISINE MODERNE • CONVIVIAL XX Asperges blanches et jambon noir de Bigorre, épaule d'agneau confite, croquant au chocolat amer... Dans ce Chalet contemporain, Frédéric Debèves revisite le terroir avec talent, jouant sur les saveurs et les textures, signant des assiettes fortement dosées en goût ! L'été, direction la terrasse, au-dessus de la rivière.

Formule 30 € – Menu 32/60 € – Carte 44/51 €

Hôtel Le Chalet, 4 av. Durandeau – ☎ 05 61 64 24 31 – www.le-chalet.fr – Fermé 3 semaines en avril, 3 semaines en nov., dim. soir et lundi soir hors vacances scolaires et lundi midi

Le Chalet

FAMILIAL • FONCTIONNEL Un hôtel sympathique à deux pas des télécabines conduisant aux pistes. Les chambres y sont fonctionnelles et confortables – certaines, plus récentes, offrent davantage d'espace ; pour prendre un grand bol d'air, préférez celles avec un balcon.

19 chambres – †60/85 € ††60/85 € – ☕ 10 € – ½ P

4 av. Durandeau – ☎ 05 61 64 24 31 – www.le-chalet.fr – Fermé 3 semaines en avril, 3 semaines en nov., dim. et lundi

Le Chalet – voir les restaurants ci-dessus

AY - 51 (Marne) → Voir Épernay

AYGUESVIVES

✉ 31450 (Haute-Garonne) - 2 440 hab. - Alt. 164 m - Carte régionale n° **15**-C2
Paris 704 km - Colomiers 36 km - Toulouse 25 km - Tournefeuille 38 km
Carte Michelin 343-H4

La Pradasse

MAISON DE CAMPAGNE · VINTAGE Dans cette grange superbement restaurée, les chambres rivalisent de charme : brique, bois, fer forgé, baignoire sur pieds ou douche à l'italienne... Et le parc est délicieux, avec son étang.

5 chambres - 99/117 € 109/117 €

39 chemin de Toulouse, D16G - ✆ 06 19 21 36 71 - www.lapradasse.com

AY-SUR-MOSELLE

✉ 57300 (Moselle) - 1 506 hab. - Alt. 160 m - Carte régionale n° **14**-B1
Paris 327 km - Briey 31 km - Metz 17 km - Saarlouis 56 km
Carte Michelin 307-I3

Le Martin Pêcheur

CUISINE TRADITIONNELLE · VINTAGE Entre le canal Camifémo et la Moselle, une ancienne maison de pêcheurs (1928) où règne un bel esprit d'auberge de campagne, avec un agréable jardin où l'on s'attable en été. Grenouilles, écrevisses, médaillons de chevreuil... la tradition se mêle aux tendances actuelles, et la cave est bien fournie !

Formule 30 € - Menu 40 € (déj. en semaine), 52 € /100 € - Carte 54/73 €

1 rte d'Hagondange - ✆ 03 87 71 42 31 - www.restaurant-martin-pecheur.fr - Fermé 20-27 fév., 18-24 avril, 16 août-1er sept., 30 oct.-6 nov., merc. soir, sam. midi, dim. soir et lundi

AZAY-LE-RIDEAU

✉ 37190 (Indre-et-Loire) - 3 431 hab. - Alt. 51 m - Carte régionale n° **6**-A2
Paris 265 km - Châtellerault 61 km - Chinon 21 km - Loches 58 km
Carte Michelin 317-L5 - Guide Vert Michelin Châteaux de la Loire

L'Aigle d'Or

CUISINE MODERNE · TRADITIONNEL À quelques centaines de mètres du château, voilà une adresse en or ! Dans cette maison de pays, on s'installe au coin de la cheminée ou sur la terrasse ombragée pour déguster une belle cuisine qui revisite la tradition. Au piano, le chef joue une savoureuse mélodie ! Le tout à petits prix.

Formule 22 € - Menu 31/76 € - Carte 35/61 €

10 av. A.-Riché - ✆ 02 47 45 24 58 (réservation conseillée) - www.laigle-dor.fr - Fermé 30 août-6 sept., 14 nov.-1er déc., 2 janv.-10 fév., lundi soir de déc. à avril, mardi soir sauf juil.-août, dim. soir et merc.

Côté Cour

CUISINE MODERNE · CONVIVIAL Œuf poché et huile de truffe, fricassée de veau et petits légumes, moelleux au chocolat et framboises, etc. Autant de recettes goûteuses et bien ficelées ! Et la maison est plutôt jolie, tout en pierres apparentes et poutres, avec une agréable terrasse juste devant... les grilles du parc du château.

Formule 18 € - Menu 22 € (déj.)/30 €

19 r. Balzac - ✆ 02 47 45 30 36 - www.cotecour-azay.com - Ouvert mars-14 nov. et fermé dim. soir, lundi soir et jeudi soir d'oct. à mars, mardi soir et merc.

Le Grand Monarque

TRADITIONNEL • PERSONNALISÉ À deux pas du château et au cœur de la ville, ce Grand Monarque cultive joliment son charme tourangeau : pierres et poutres apparentes, mobilier ancien, cour ombragée pour prendre le frais ou salon avec cheminée... Les résidents apprécient également le restaurant (cuisine au goût du jour).

25 chambres - 75/155 € 85/155 € - 12 €

3 pl. de la République - 02 47 45 40 08 - www.legrandmonarque.com - Fermé de début déc. à mi-fév.

Hôtel de Biencourt

FAMILIAL • CONTEMPORAIN Près du château, une maison tourangelle du 18e s., autrefois école primaire. Les chambres sont sobres, avec de beaux planchers. Agréable patio fleuri et bon petit-déjeuner.

17 chambres - 72/95 € 96/126 € - 11 €

7 r. Balzac - 02 47 45 20 75 - www.hotelbiencourt.com - Ouvert 25 mars-4 nov.

Hôtel des Châteaux

FAMILIAL • CONTEMPORAIN Une étape idéale sur la route des châteaux de la Loire ! Cet hôtel rénové dans un esprit contemporain dispose de chambres confortables et bien tenues. Au dîner, on savoure les petits plats traditionnels de la maîtresse de maison. Accueil aimable et très bon petit-déjeuner.

27 chambres - 67/81 € 71/98 € - 11 € - ½ P

2 rte de Villandry - 02 47 45 68 00 - www.hoteldeschateaux.com - Fermé 16 déc.-15 janv.

à Saché 6,5 km à l'Est par D17 - 37190 - 1 309 hab. - Alt. 78 m

Auberge du XIIe Siècle

CUISINE CLASSIQUE • AUBERGE XX À deux pas du château qui l'accueillit si souvent, Balzac avait ses habitudes dans cette vénérable auberge à colombages. Dans ce cadre historique préservé, on apprécie une cuisine empreinte de classicisme. Une superbe terrasse en été, une agréable cheminée pour l'hiver : on se sent ici comme chez soi !

Menu 28/95 € - Carte 92/102 €

1 r. du Château - 02 47 26 88 77 (réservation conseillée) - Fermé 2-18 janv., 5-14 juin, 4-13 sept., dim. soir, mardi midi et lundi

au Nord-Ouest 4 km par D57 et rte secondaire - F 37190 Azay-le-Rideau

Auberge Pom'Poire

CUISINE MODERNE • CONVIVIAL XX Au milieu des poiriers et des pommiers se cache parfois une bonne adresse... Un joli fruit coloré et acidulé : voilà ce qui pourrait symboliser la cuisine du chef. Du peps, de la justesse, de la subtilité : ses assiettes, composées avec de beaux produits fermiers, débordent de saveurs ! Un hôtel-restaurant à croquer.

Formule 27 € - Menu 32/99 € - Carte 42/65 €

6 chambres - 65/80 € 76/92 € - 12 €

21 rte de Vallères - 02 47 45 83 00 - www.aubergepompoire.fr - Fermé 20 fév.-2 mars, 2-26 janv., dim. soir sauf juil.-août, lundi sauf le soir d'avril à oct., mardi midi et jeudi midi

AZET - 65 (Hautes-Pyrénées) → Voir St-Lary-Soulan

BACH

46230 (Lot) - 165 hab. - Alt. 300 m - Carte régionale n° **15**-C1

Paris 602 km - Cahors 32 km - Montauban 65 km - Toulouse 117 km

Carte Michelin 337-G5

Auberge Lou Bourdié

CUISINE TRADITIONNELLE • RUSTIQUE X Monique Valette est la patronne dont rêvent tous les gourmands de France et de Navarre ! Accueillante, respirant la joie de vivre, elle nous régale d'une cuisine authentique et généreuse, réalisée "à la fortune du pot" : civet, poule farcie, confit... On retrouve les saveurs d'antan. Une adresse comme on n'en fait plus !

Formule 13 € – Menu 14 € (déj.), 19/50 € – Carte 20/35 €

le Bourg – 05 65 31 77 46 (réservation conseillée) – Fermé 22 août-8 sept., 23 déc.-6 janv., 1 semaine en fév., merc., sam. et le soir

BADEN

56870 (Morbihan) – 4 260 hab. – Alt. 28 m – Carte régionale n° **5**-A3
Paris 473 km – Auray 9 km – Lorient 52 km – Quiberon 40 km
Carte Michelin 308-N9

Le Gavrinis

CUISINE MODERNE • CONVIVIAL XX L'enseigne rend hommage à l'île de Gavrinis toute proche. Il faut dire qu'ici on cultive l'âme bretonne et la fierté d'un terroir riche et vivant : filets de maquereaux et compotée d'oignons, poitrine de porc confite... À savourer dans un décor soigné où dominent le bois flotté et les teintes douces.

Formule 17 € – Menu 20 € (déj. en semaine), 32/44 € – Carte 42/59 €

Hôtel Le Gavrinis, 1 r. de l'Île-Gavrinis (à Toulbroch), 2 km par rte de Vannes – 02 97 57 00 82 – www.gavrinis.com – Fermé 15-30 nov., 2 janv.-5 fév., dim. soir de mi-sept. à mi-juin, lundi sauf le soir de mi-juin à mi-sept. et sam. midi

Le Gavrinis

FAMILIAL • CONTEMPORAIN Cette maison néobretonne des années 1970, ceinte d'un beau jardin, dispose de chambres fraîches (bois blond, teintes claires), ou plus simples mais bien tenues.

17 chambres – †54/110 € ††54/110 € – 11 € – ½ P

1 r. de L'Île-Gavrinis (à Toulbroch), 2 km par rte de Vannes – 02 97 57 00 82 – www.gavrinis.com – Fermé 15-30 nov. et 2 janv.-5 fév.

Le Gavrinis – voir les restaurants ci-dessus

Le Val de Brangon

MAISON DE CAMPAGNE • PERSONNALISÉ Avant d'embarquer pour l'île aux Moines, arrêtez-vous dans cette longère de 1824 admirablement restaurée. Décoration élégante (pierres d'origine, objets chinées, œuvres d'art), grand jardin et piscine chauffée. Cuisine de saison fraîche et légère.

5 chambres – †160/210 € ††170/220 €

lieu-dit Brangon, 2 km à l'Est par D101 et C204 – 02 97 57 06 05 – www.levaldebrangon.com

Lueur des Îles

MAISON DE CAMPAGNE • CONTEMPORAIN Dans un ravissant jardin paysager, au grand calme à 300 m de la côte, cette grande maison d'architecte resplendit dans la lumière du golfe du Morbihan. Tout est soigné et agréable, tout semble simple – mais tout a été pensé avec beaucoup de goût et un parfait sens du confort. Idéal pour un "break" de quelques jours...

5 chambres – †93/142 € ††98/150 €

39 r. du Lenn – 06 07 50 10 17 – www.lueur-des-iles.com – Fermé 1 semaine en nov.

BAERENTHAL

57230 (Moselle) – 780 hab. – Alt. 220 m – Carte régionale n° **14**-D1
Paris 449 km – Bitche 15 km – Haguenau 33 km – Strasbourg 62 km
Carte Michelin 307-Q5

Le Kirchberg

FAMILIAL • FONCTIONNEL Envie d'un peu de calme et d'air pur ? Cet hôtel des années 1990, sur les hauteurs d'un paisible village du parc naturel des Vosges du Nord, vous procurera les deux. Les chambres y sont fonctionnelles, certaines avec kitchenette. Préférez celles sur l'arrière, avec une jolie vue.

20 chambres - 46/68 € 58/75 € - 8,50 €

8 imp. de la Forêt - 03 87 98 97 70 - www.le-kirchberg.com - Fermé 1er janv.-8 fév.

à Untermuhlthal 4 km au Sud-Est par D87 - 57230 Baerenthal

L'Arnsbourg (Fabien Mengus)

CUISINE MODERNE • ÉLÉGANT Le couple Mengus, qui est aussi aux commandes du Cygne, à Gundershoffen, a repris les rênes de cette maison ô combien emblématique. Que ce soit côté salon ou près des baies vitrées donnant sur la forêt, on déguste une cuisine tout en variation, qui met à l'honneur de beaux produits. Un moment à part !

→ Langoustine en trois déclinaisons : tartare au gingembre, carpaccio au caviar et consommé à la citronnelle. Turbot sauvage au poivron rouge, ail noir, citron confit et beurre blanc. Esprit d'un mojito au rhum de la Martinique.

Menu 55 € (déj. en semaine), 80/140 € - Carte 115/135 €

18 Untermuhlthal - 03 87 06 50 85 (réservation conseillée) - www.arnsbourg.com - Fermé 15-28 fév., 31 juil.-22 août, 27 déc.-2 janv., lundi et mardi

K

GRAND LUXE • ÉPURÉ Ses lignes contemporaines et épurées constituent un magnifique contraste dans ce paysage où le bois domine. Les chambres, spacieuses et zen, avec balcon privatif, sont la promesse d'un doux repos. Une communion hi-tech avec la nature environnante...

12 chambres - 270/600 € 270/600 € - 3 suites - 29 €

5 Untermuhlthal - 03 87 27 05 60 - www.hotel-k.fr - Fermé 13-28 fév., 31 juil.-22 août, 30 déc.-3 janv., lundi et mardi

BÂGÉ-LE-CHÂTEL

01380 (Ain) - 829 hab. - Alt. 209 m - Carte régionale n° **23**-B1

Paris 396 km - Bourg-en-Bresse 35 km - Mâcon 11 km - Pont-de-Veyle 7 km

Carte Michelin 328-C3

La Table Bâgésienne

CUISINE MODERNE • COSY La façade de cet ancien relais de poste est bien engageante ! Une fois passée la porte, on découvre une déco contemporaine (tons gris, lin et cacao) et une généreuse cuisine bressane que le chef n'hésite pas à interpréter à sa façon.

Menu 23 € (déj. en semaine), 30/75 € - Carte 50/75 €

19 Grande-Rue - 03 85 30 54 22 - www.latablebagesienne.com - Fermé 18-28 fév., 20-29 déc., dim. soir de sept. à mai, lundi et mardi

BAGNÈRES-DE-BIGORRE

65200 (Hautes-Pyrénées) - 7 769 hab. - Alt. 551 m - Carte régionale n° **15**-A3

Paris 829 km - Lourdes 24 km - Pau 66 km - St-Gaudens 65 km

Carte Michelin 342-M4

Le Jardin des Brouches

CUISINE MODERNE • CONTEMPORAIN La jolie maison blanche est installée juste en face de l'imposant casino de Bagnères-de-Bigorre. L'intérieur, lumineux, se pare de couleurs contemporaines ; dans l'assiette, on trouve de bons produits frais et pleins de saveurs, préparés avec amour par un chef épris d'herbes et d'épices. Séduisant.

Menu 21 € (déj. en semaine), 31/65 € - Carte 44/68 €

1 bd de l'Hypéron - 05 62 91 07 95 - www.lejardindesbrouches.fr - Fermé dim. soir et lundi

Les Petites Vosges

FAMILIAL • PERSONNALISÉ Pimpante maison où meubles chinés et contemporains s'harmonisent avec originalité. Les chambres y sont confortables et bien tenues. La propriétaire saura vous conseiller de belles randonnées dans les environs.

4 chambres – 82/100 € 87/105 €

17 bd Carnot – 05 62 91 55 30 – www.lespetitesvosges.com – Fermé 10-30 oct.

à Lesponne 8 km au Sud par D935 et D29 – 65710 Campan

Domaine de Ramonjuan

MAISON DE CAMPAGNE • FONCTIONNEL Ferme de montagne muée en hôtel disposant de bons équipements de loisirs. Chambres claires et joliment arrangées, beaucoup de matières et teintes naturelles (lin, rotin...). Cuisine régionale dans la véranda ou sur la terrasse d'été.

15 chambres – 65/98 € 65/98 € – 10 € – ½ P

Par Dé Arribarat – 05 62 91 75 75 – www.ramonjuan.com

BAGNÈRES-DE-LUCHON

31110 (Haute-Garonne) – 2 574 hab. – Alt. 630 m – Carte régionale n° **15**-B3
Paris 814 km – St-Gaudens 48 km – Tarbes 98 km – Toulouse 141 km
Carte Michelin 343-B8

L'Heptameron des Gourmets

CUISINE CLASSIQUE • ÉLÉGANT XX Original : le chef et sa femme vous reçoivent... chez eux, au rez-de-chaussée de leur maison, dans une atmosphère très raffinée. Monsieur concocte un menu unique du marché (en sept services) et vous propose de choisir votre vin à la cave.

Menu 65 €

3 bd Charles-de-Gaulle – 05 61 79 78 55 (réservation indispensable) – www.heptamerondesgourmets.com

Hôtel d'Étigny

FAMILIAL • VINTAGE En face des thermes, cet ancien hôtel particulier (19^e^s.) est tenu par la même famille depuis quatre générations. Chambres classiques, peu à peu rénovées dans un style contemporain ; au restaurant, la carte est classique, elle aussi.

61 chambres – 70/135 € 80/175 € – 5 suites – 11 € – ½ P

3 av. Paul-Bonnemaison – 05 61 79 01 42 – www.hotel-etigny.com – Ouvert 28 mai-24 sept.

Alti

URBAIN • CONTEMPORAIN En plein centre-ville, cet hôtel répond aux attentes de la clientèle d'affaires et des vacanciers. Chambres agréables et bien équipées ; piscine intérieure idéale après le ski.

47 chambres – 55/90 € 68/110 € – 10 €

19 allées d'Etigny – 05 61 79 56 97 – www.altiluchon.com

La Rencluse

AUBERGE • CONTEMPORAIN Une sympathique auberge familiale non loin du centre-ville, sur la route de l'Espagne. Les chambres, de style montagnard, sont régulièrement rénovées ; certaines offrent une jolie vue sur les sommets. L'été, on s'installe sous la pergola pour déguster des plats traditionnels.

23 chambres – 78/110 € – ½ P

à St-Mamet – 05 61 79 02 81 – www.hotel-larencluse.com – Ouvert 30 mai-12 oct. et vacances de fév.

BAGNOLES-DE-L'ORNE

61140 (Orne) – 2 377 hab. – Alt. 140 m – Carte régionale n° **17**-B3
Paris 236 km – Alençon 48 km – Argentan 39 km – Domfront 19 km
Carte Michelin 310-G3 – Guide Vert Michelin Normandie Cotentin

Le Manoir du Lys (Franck Quinton)

CUISINE MODERNE • COSY XXX De la pierre, des boiseries claires et une terrasse agréable pour une atmosphère élégante et chaleureuse... Le chef concocte une cuisine fine et goûteuse qui valorise les beaux produits régionaux – en particulier les champignons de la forêt des Andaines !

➜ Andouille de Vire en papillote et foin vert, crème au camembert et langoustine. Pigeonneau à la graine de moutarde, foie gras, girolles et abricot. Macaron aux champignons des bois, sorbet trompette.

Menu 49/99 € – Carte 70/90 €

Hors plan – *Hôtel Le Manoir du Lys, 2 km rte de Juvigny-sous-Andaine au Nord-Ouest – ✆ 02 33 37 80 69 – www.manoir-du-lys.fr – Fermé 2 janv.-13 fév., dim. soir sauf de mai à oct., merc. midi de mai à oct., mardi midi et lundi*

Ô Gayot

CUISINE MODERNE • BISTRO X Une jolie maison en pierre et son bistrot, pile dans l'air du temps. Dans l'assiette, on trouve de bonnes recettes... bistrotières, comme il se doit ! Pavé de cabillaud à la plancha, fricassée de cocos ; tartare de bœuf coupé au couteau ; sablé au beurre et sa glace au caramel... Une certaine idée de la gourmandise.

Formule 18 € – Menu 22 € (semaine)/27 € – Carte 29/46 €

Plan : B1-u – *Hôtel Ô Gayot, 2 av. de la Ferté-Macé – ✆ 02 33 38 44 01 – www.ogayot.net – Fermé dim. soir, lundi midi de nov. à mars et jeudi*

Bistrot Gourmand

CUISINE MODERNE • TENDANCE X La chef de ce sympathique Bistrot Gourmand compose de bonnes spécialités... bistrotières, et fait évoluer sa cuisine au fil du marché et les saisons. Fraîcheur et gourmandise sont au programme !

Formule 12 € – Menu 25 € – Carte 30/45 €

Plan : B1-t – *Bagnoles Hôtel, 6 pl. de la République – ✆ 02 33 37 86 79 – www.bagnoles-hotel.com*

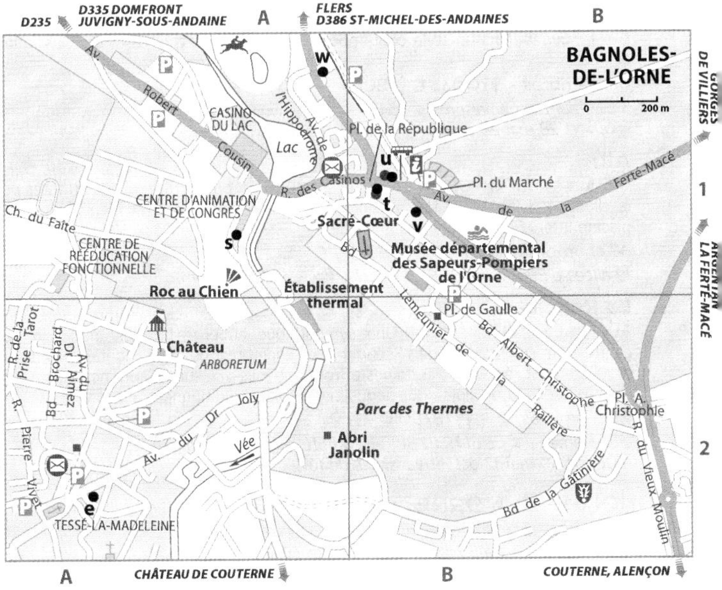

Le Manoir du Lys

TRADITIONNEL • PERSONNALISÉ Au milieu des bois et dans un superbe parc, cette belle demeure normande est empreinte de quiétude... Les chambres du manoir affichent un raffinement classique ou plus contemporain, toujours chaleureux ; dans le pavillon, des suites spacieuses.

23 chambres – 110/255 € 110/330 € – 7 suites – 18 € – ½ P

Hors plan – *2 km rte de Juvigny-sous-Andaine au Nord-Ouest – 02 33 37 80 69 – www.manoir-du-lys.fr – Fermé 2 janv.-13 fév., dim. soir et lundi sauf de mai à oct.*

Le Manoir du Lys – voir les restaurants ci-dessus

Bois Joli

HISTORIQUE • ROMANTIQUE Élégante villa anglo-normande (19e s.) dans un parc arboré. Avec ses meubles anciens, ses lambris d'origine et ses chambres si romantiques, elle distille une vraie atmosphère rétro... Près de la cheminée en bois sculpté, on savoure une agréable cuisine traditionnelle.

20 chambres – 99/179 € 119/179 € – 12 € – ½ P

Plan : A1-w – *12 av. Philippe-du-Rozier – 02 33 37 92 77 – www.hotelboisjoli.com*

Nouvel Hôtel

TRADITIONNEL • FONCTIONNEL Une jolie villa de 1912 avec des chambres pratiques, plaisantes et bien insonorisées, ainsi qu'un restaurant adapté aux curistes (menus traditionnels, diététiques et végétariens). Petits plus charmants : le salon avec son piano et le jardin, si paisible...

30 chambres – 60/87 € 60/120 € – 10 € – ½ P

Plan : A2-e – *8 av. Dr-Pierre-Noal – 02 33 30 75 00 – www.lenouvelhotel.fr – Ouvert de mi-mars à fin oct.*

Bagnoles Hôtel

TRADITIONNEL • FONCTIONNEL Au cœur de la station, un hôtel avec des chambres avant tout fonctionnelles mais agréables et colorées, le plus souvent avec balcon ou terrasse. Celles du 3e étage sont mansardées : bien plaisant.

20 chambres – 78/110 € 78/130 € – 9 € – ½ P

Plan : B1-t – *6 pl. de la République – 02 33 37 86 79 – www.bagnoles-hotel.com*

Bistrot Gourmand – voir les restaurants ci-dessus

Ô Gayot

TRADITIONNEL • CONTEMPORAIN Au centre de la station thermale, hôtel au concept "tout en un" : chambres épurées sur le thème de l'eau ou de la forêt ; bar, salon de thé, boutique de produits régionaux et même un bistrot pour les gourmands.

16 chambres – 60/95 € 65/110 € – 10 € – ½ P

Plan : B1-u – *2 av. de la Ferté-Macé – 02 33 38 44 01 – www.ogayot.net – Fermé dim. soir de nov. à mars*

Ô Gayot – voir les restaurants ci-dessus

Le Normandie

TRADITIONNEL • CONTEMPORAIN Cet ancien relais de poste a su s'adapter au 21e s. avec une déco moderne et feutrée. Chambres confortables et bien dans l'air du temps (mobilier en bois patiné, couleurs pastel). Au restaurant, on apprécie les recettes d'aujourd'hui avec des produits de saison.

22 chambres – 65/140 € 65/140 € – 11 € – ½ P

Plan : B1-v – *2 av. du Dr-Lemuet – 02 33 30 71 30 – www.hotel-le-normandie.com – Fermé déc. et janv.*

BAGNOLS

69620 (Rhône) – 656 hab. – Alt. 400 m – Carte régionale n° **24**-E1

Paris 444 km – Lyon 30 km – Tarare 20 km – Villefranche-sur-Saône 14 km

Carte Michelin 327-G4 – Guide Vert Michelin Lyon et sa région

✿ 1217

CUISINE MODERNE • CLASSIQUE XXX Un cadre d'exception que ce superbe château médiéval, qui semble cultiver des fastes immémoriaux... Sous le patronage d'une immense cheminée gothique délicatement sculptée, le repas se fait festin d'une belle finesse, et la tradition s'en trouve renouvelée.

→ Artichaut sous un voile croustillant et escargots de Bourgogne persillés. Pigeon bressan au foie gras et graines de lin, jus au poivre de Madagascar. Soufflé au vieux rhum et vanille Bourbon rafraîchi au fruit de la passion.

Menu 85/130 € – Carte 90/160 €

Hôtel Château de Bagnols, le bourg – ✆ 04 74 71 40 00 – www.chateaudebagnols.com – Fermé dim. soir, merc. midi, jeudi midi, vend. midi, lundi et mardi

Café du Château

CUISINE TRADITIONNELLE • CONVIVIAL XX C'est dans la cour intérieure du château, recouverte d'un dôme de verre, que l'on découvre ce bistrot à la solide réputation. Le chef, originaire de La Réunion, y compose une cuisine raffinée et goûteuse, qui met en avant les bons produits – notamment charcuteries et fromages – du terroir.

Formule 28 € – Menu 32 € (déj. en semaine) – Carte 45/70 €

Hôtel Château de Bagnols, le bourg – ✆ 04 74 71 40 00 – www.chateaudebagnols.com – fermé merc. soir, jeudi soir, vend. soir, sam. soir et dim. midi

Château de Bagnols

GRAND LUXE • HISTORIQUE Les mots manqueraient presque pour décrire la magnificence de ce château du 13e s. dominant le vignoble beaujolais. L'accès par le pont-levis au-dessus des douves, les décors historiques (mobilier d'art, cheminées monumentales...), le superbe parc et son verger : tout est unique... jusqu'au nouveau spa, agencé à la manière d'une cuverie !

27 chambres – 250/1300 € 250/1300 € – 25 € – ½ P

le bourg – ✆ 04 74 71 40 00 – www.chateaudebagnols.com

✿ **1217** • **Café du Château** – voir les restaurants ci-dessus

BAIE DES TRÉPASSÉS - 29 (Finistère) → Voir Pointe du Raz

BAILLARGUES - 34 (Hérault) → Voir Montpellier

BAILLEUL

✉ 59270 (Nord) – 14 564 hab. – Alt. 44 m – Carte régionale n° **16**-B2

Paris 244 km – Armentières 13 km – Béthune 31 km – Dunkerque 44 km

Carte Michelin 302-E3

Belle Hôtel

TRADITIONNEL • CLASSIQUE Près de la frontière belge, deux jolies maisons typiquement flamandes. Les chambres sont spacieuses et raffinées (meubles de style) dans l'une ; plus fonctionnelles mais tout aussi confortables dans l'autre. Un ensemble méticuleusement tenu.

31 chambres – 78/99 € 78/180 € – 11 €

19 r. de Lille – ✆ 03 28 49 19 00 – www.bellehotel.fr – Fermé 2 semaines en août et vacances de Noël

BAIX

✉ 07210 (Ardèche) – 1 047 hab. – Alt. 80 m – Carte régionale n° **23**-B3

Paris 588 km – Crest 30 km – Montélimar 22 km – Privas 18 km

Carte Michelin 331-K5

Les Quatre Vents

FAMILIAL • FONCTIONNEL Une bonne affaire que cet hôtel qui pratique des prix très compétitifs pour la région. Les chambres sont simples mais fort bien tenues, l'accueil est agréable et, l'été, on peut prendre son petit-déjeuner en terrasse.

20 chambres – 59/68 € 68 € – 8 €

rte de Chomérac, 2 km au Nord-Ouest – 04 75 85 80 64 – www.hotel-les4vents.fr – Fermé 20 déc.-20 janv.

BALANOD

39160 (Jura) – 341 hab. – Alt. 250 m – Carte régionale n° **9**-A3

Paris 447 km – Besançon 123 km – Bourg-en-Bresse 33 km – Lons-le-Saunier 33 km

Philippe Bouvard

CUISINE TRADITIONNELLE • RUSTIQUE XX Une petite auberge chaleureuse et conviviale, portée par le chef Philippe Bouvard, passionné et généreux, qui... n'a pas la grosse tête ! Parmi ses spécialités, le soufflé au comté, mais il cherche à donner au terroir des accents de nouveauté. Une adresse où l'on se sent bien.

Formule 14 € – Menu 29/69 € – Carte 42/70 €

Grande-Rue – 03 84 48 73 65 – Fermé dim. soir, mardi soir, merc. soir et lundi

BALARUC-LES-BAINS

34540 (Hérault) – 6 886 hab. – Alt. 3 m – Carte régionale n° **12**-C2

Paris 781 km – Agde 32 km – Béziers 52 km – Frontignan 8 km

Carte Michelin 339-H8

Le St-Clair

POISSONS ET FRUITS DE MER • ÉLÉGANT XXX Une maison élégante sur les quais ; la terrasse sous les palmiers ouvre sur le bassin de Thau... On y apprécie une bonne cuisine de la mer.

Menu 18 € (déj. en semaine), 29/95 € – Carte 46/106 €

quai du Port – 04 67 48 48 91 – www.restaurant-saintclair.com

BALDERSHEIM – 68 (Haut-Rhin) → Voir Mulhouse

BALLEROY

14490 (Calvados) – 985 hab. – Alt. 70 m – Carte régionale n° **17**-B2

Paris 276 km – Bayeux 16 km – Caen 42 km – St-Lô 23 km

Carte Michelin 303-G4 – Guide Vert Michelin Normandie Cotentin

Manoir de la Drôme

CUISINE CLASSIQUE • ÉLÉGANT XXX Cette demeure de caractère (17e s.) fut la propriété d'un maître de forge. D'une élégance incontestable avec son agréable jardin fleuri où passe la Drôme, c'est le cadre parfait pour un repas d'un beau classicisme.

Formule 26 € – Menu 49/70 € – Carte environ 75 €

129 r. des Forges – 02 31 21 60 94 – www.manoir-de-la-drome.com – Fermé 2 janv.-5 fév., dim. soir, lundi et merc.

BANASSAC

48500 (Lozère) – 876 hab. – Alt. 525 m – Carte régionale n° **12**-B1

Paris 588 km – Florac 55 km – Mende 47 km – Millau 52 km

Carte Michelin 330-H8

Les 2 Rives

TRADITIONNEL • CONTEMPORAIN Aux confins de la Lozère et de l'Aveyron, à deux minutes de la sortie de l'autoroute, on trouve cette imposante bâtisse en pierre du pays. On pose ses valises dans des chambres modernes, bien équipées, dont la plupart donnent sur le Lot : sympathique !

29 chambres – 55/115 € – 9 €

La Mothe, Sortie n°40 sur A75 – 04 66 32 99 97 – www.hotel-les2rives.com – Fermé 1er janv.-5 fév.

BAN-DE-LAVELINE

✉ 88520 (Vosges) - 1 321 hab. - Alt. 427 m - Carte régionale n° **14**-D3
Paris 411 km - Colmar 59 km - Épinal 67 km - St-Dié 14 km
Carte Michelin 314-K3

Auberge Lorraine

CUISINE TRADITIONNELLE • AUBERGE XX Cette auberge du pays vosgien, tenue par un jeune couple, propose une cuisine traditionnelle en prise sur les saisons (escargots au beurre persillé, cuisses de grenouilles rôties à l'ail et au persil, choucroute garnie, ou encore tête de veau et sa langue aux deux sauces). Chambres spacieuses et douillettes à l'étage.

Formule 14 € - Menu 21 € (semaine)/45 € - Carte 39/56 €

7 chambres - 64 € 64 € - 11 €

5 r. du 8-mai - ✆ 03 29 51 78 17 - www.auberge-lorraine-bdl.biz - Fermé 28 août-11 sept., 30 janv.-6 fév., dim. soir et lundi

BANDOL

✉ 83150 (Var) - 7 622 hab. - Alt. 1 m - Carte régionale n° **21**-B3
Paris 818 km - Aix-en-Provence 68 km - Marseille 48 km - Toulon 18 km
Carte Michelin 340-J7 - Guide Vert Michelin Côte d'Azur

L'Espérance

CUISINE MODERNE • COSY XX Légèrement en retrait du front de mer et de son agitation touristique, on s'attable dans ce petit restaurant discret, tenu par un couple charmant ; le chef, Gilles Pradines, y concocte une cuisine soignée et parfumée : royale de champignons frais au jambon ibérique, pavé de morue fraîche, riz vénéré, jus de crustacés au safran... Un régal !

Menu 32/69 € - Carte 56/65 €

21 r. du Dr-Louis-Marçon - ✆ 04 94 05 85 29 (réservation conseillée) - Fermé 1 semaine en nov., 2 semaines en janv., mardi et lundi de sept. à juin

Les Oliviers

CUISINE FRANÇAISE MODERNE • ÉLÉGANT XXX Au sein de cet établissement d'exception, on découvre avec bonheur ces Oliviers gourmands... L'intérieur, lumineux et contemporain, possède une élégance rare ; quant à la cuisine, elle prend (bien naturellement !) de beaux accents méditerranéens et provençaux.

Menu 56/96 € - Carte 84/144 €

Hôtel Ile Rousse - Thalazur, 25 bd Louis-Lumière - ✆ 04 94 29 33 12 - www.ile-rousse.com - Fermé le midi en juil.-août

L'Atelier du Goût

CUISINE MODERNE • DESIGN X Foie gras de canard mariné à la vanille Bourbon et chutney de fruits, découverte de bœuf Wagyu et légumes du panier... Voilà le type de recettes goûteuses et gourmandes que l'on retrouve au menu de ce charmant petit restaurant, à deux sons de cloche de l'église. À midi, un menu plus simple est proposé à l'ardoise.

Formule 33 € - Menu 36 € (déj.), 58/75 €

2 r. Pons - ✆ 04 89 66 61 37 - www.atelierdugout-bandol.fr - Fermé lundi, mardi sauf juil.-août et le midi en juil.-août

Île Rousse - Thalazur

LUXE • CONTEMPORAIN Une situation idéale pour cet hôtel chic, les pieds dans l'eau ! Tout séduit : le décor contemporain, le superbe centre de thalasso, le hall d'accueil ouvert sur la piscine d'eau de mer... sans oublier les deux plages privées où l'on prend le soleil en toute tranquillité. Le restaurant Les Oliviers sert une cuisine actuelle, inspirée de la Méditerranée.

62 chambres - 169/909 € 169/909 € - 5 suites - 28 € - ½ P

25 bd Louis-Lumière - ✆ 04 94 29 33 00 - www.ile-rousse.com

Les Oliviers - voir les restaurants ci-dessus

BANGOR - 56 (Morbihan) ➔ Voir Belle-Ile-en-Mer

BANNE

07460 (Ardèche) - 708 hab. - Alt. 250 m - Carte régionale n° **23**-A3
Paris 680 km - Lyon 217 km - Nîmes 78 km - Privas 72 km
Carte Michelin 331-G7 - Guide Vert Michelin Ardèche Drôme

Auberge de Banne

CUISINE TRADITIONNELLE • **BISTRO** S'asseoir en terrasse, près de la fontaine, sur cette place du marché dominée par les ruines du château... Quel bonheur ! Dans l'assiette, une planche ardéchoise – caillette, saucisson, jambon et terrine –, une souris d'agneau confite, un tiramisu à la crème de marron : de la bonne tradition, franche et bien troussée.

Menu 30/37 € - Carte 38/65 €

pl. du Fort - 04 75 36 66 10 - www.aubergedebanne.fr

Auberge de Banne

AUBERGE • **ÉLÉGANT** Sur sa colline à la frontière de l'Ardèche et du Gard, le village de Banne a tout d'une carte postale : un panorama superbe, un climat délicieux et... une ravissante auberge. Tombés amoureux de l'endroit, ses propriétaires ont tout repensé dans un bel esprit à la fois contemporain et rétro. Une réussite, à découvrir !

11 chambres - 125/465 € 125/465 € - 15 €

pl. du Fort - 04 75 89 07 78 - www.aubergedebanne.fr

Auberge de Banne - voir les restaurants ci-dessus

BANNEGON

18210 (Cher) - 251 hab. - Alt. 180 m - Carte régionale n° **6**-C3
Paris 284 km - Bourges 43 km - Moulins 70 km - St-Amand-Montrond 22 km
Carte Michelin 323-M6

Moulin de Chaméron

CUISINE MODERNE • **ROMANTIQUE** Dans un cadre bucolique à souhait, ce moulin du 18e s. abrite un agréable restaurant et son musée de la meunerie. Derrière les fourneaux, le chef réalise une cuisine d'aujourd'hui avec de bons produits. Aux beaux jours, au décor cosy des salles, on préfère la terrasse en bordure de rivière. Une bonne adresse.

Formule 30 € - Menu 39 € (semaine), 45/100 € - Carte environ 75 €

2,5 km par rte de Neuilly-en-Dun et rte secondaire - 02 48 61 83 80 - www.moulindechameron.com - Ouvert 25 mars-1er nov. et fermé lundi sauf le soir en saison, mardi midi, merc. midi et jeudi midi

Moulin de Chaméron

TRADITIONNEL • **À LA CAMPAGNE** Entendez-vous le doux clapotis de l'eau ? Dans cette construction récente, à côté d'un ancien moulin, on se repose dans des chambres de caractère, au grand calme. Celles en rez-de-jardin disposent d'une petite terrasse avec vue sur la piscine. Idéal pour un séjour au vert !

13 chambres - 79/120 € 79/216 € - 14 €

2,5 km par rte de Neuilly-en-Dun et rte secondaire - 02 48 61 83 80 - www.moulindechameron.com - Ouvert 1er avril-31 oct.

Moulin de Chaméron - voir les restaurants ci-dessus

BANYULS-SUR-MER

66650 (Pyrénées-Orientales) - 4 652 hab. - Alt. 1 m - Carte régionale n° **12**-B3
Paris 887 km - Cerbère 11 km - Perpignan 37 km - Port-Vendres 7 km
Carte Michelin 344-J8

Le Fanal (Pascal Borrell)

CUISINE MODERNE • COSY XX Juste devant le port de Banyuls, laissez-vous guider par les lumières de ce Fanal ! Pascal Borrell y signe des recettes créatives et épurées, pleines de relief, qui s'appuyent sur des produits de première fraîcheur : le matin, les poissons sont livrés encore vivants en cuisine... À découvrir d'urgence.

→ Cannelloni de crabe au curry, seiche, eau de poireau et pomme verte. Turbot braisé, nage de coquillages et gnocchis d'estragon. Chocolat ivoire infusé au thé, crème onctueuse et crumble pistache.

Formule 19 € - Menu 29/80 € - Carte 83/103 €

18 av. Pierre Fabre - ✆ 04 68 98 65 88 (réservation conseillée) - www.pascal-borrell.com - Fermé 1 semaine en fév., dim. soir, lundi soir et merc. de nov. à mars

La Littorine

CUISINE MÉDITERRANÉENNE • TENDANCE XX Le pari de cette Littorine ouverte sur la mer ? "Entraîner le client dans un voyage gustatif aux saveurs méditerranéennes". À la carte, un œuf bio mollet et son crémeux au lard, ou encore un poisson du jour rôti aux légumes confits à l'huile d'olive. Fraîcheur des produits, mariages de saveurs : le pari est tenu !

Formule 24 € 🍷 - Menu 30 € (déj. en semaine), 35/64 € - Carte 44/86 €

Hôtel les Elmes, plage des Elmes - ✆ 04 68 88 03 12 - www.leselmes.com

BARATIER

✉ 05200 (Hautes-Alpes) - 499 hab. - Alt. 855 m - Carte régionale n° **21**-C1
▶ Paris 705 km - Gap 40 km - Grenoble 143 km - Marseille 215 km
Carte Michelin 334-G5

Les Peupliers

TRADITIONNEL • MONTAGNARD Dans un village tranquille, ce chalet aux abords verdoyants est très avenant avec ses chambres coquettes et montagnardes (certaines avec balcon et vue sur le lac), son espace détente et son restaurant. Et il y règne un vrai esprit familial !

25 chambres - †59/110 € ††74/110 € - ☕ 11 €

chemin de Lesdier - ✆ 04 92 43 03 47 - www.hotel-les-peupliers.com - Fermé 17 avril-4 mai et 15 oct.-9 nov.

BARBENTANE

✉ 13570 (Bouches-du-Rhône) - 3 877 hab. - Alt. 40 m - Carte régionale n° **22**-E1
▶ Paris 692 km - Avignon 10 km - Arles 33 km - Marseille 103 km
Carte Michelin 340-D2 - Guide Vert Michelin Provence

Castel Mouisson

FAMILIAL • À LA CAMPAGNE Cette maison provençale, au pied de la Montagnette, dispose de chambres proprettes, ouvertes sur le beau et vaste jardin arboré.

17 chambres - †62/88 € ††62/88 € - ☕ 10 €

247 chemin sous les Roches - ✆ 04 90 95 51 17 - www.hotel-castelmouisson.com - Ouvert 16 mars-14 oct.

BARBERAZ - 73 (Savoie) → Voir Chambéry

BARBEZIEUX-ST-HILAIRE

✉ 16300 (Charente) - 4 823 hab. - Alt. 100 m - Carte régionale n° **20**-B3
▶ Paris 480 km - Angoulême 36 km - Bordeaux 84 km - Cognac 36 km
Carte Michelin 324-J7 - Guide Vert Michelin Poitou-Charentes

à La Magdeleine 8 km au Nord-Ouest par D1 et D151 – ✉ 16240 – 134 hab. – Alt. 153 m

Le Logis du Paradis

FAMILIAL • PERSONNALISÉ Idéale pour s'initier à l'art du cognac, une ancienne distillerie datant de 1712, au cœur du vignoble. Sally, l'accueillante propriétaire de la maison, l'a rénovée avec passion : atmosphère cosy et feutrée ; dégustation près des vieux alambics.

5 chambres ☕ – 🚹110/140 € 🚹🚹110/140 €

396 rte des Marronniers – ✆ 05 45 35 39 43 – www.logisduparadis.com – Fermé 5 janv.-28 fév.

BARBIZON

✉ 77630 (Seine-et-Marne) – 1 331 hab. – Alt. 80 m – Carte régionale n° **10**-C3
▶ Paris 56 km – Étampes 41 km – Fontainebleau 10 km – Melun 13 km
Carte Michelin 312-E5 – Guide Vert Michelin Île-de-France

L'Ermitage Saint-Antoine

CUISINE TRADITIONNELLE • BISTRO X On peut aimer la cuisine et être passionné par... les deux-roues ! À l'image du chef de ce sympathique bistrot qui expose certaines de ses pièces très rétro. Côté assiette, on se régale d'une bonne cuisine de bistrot : terrine de lapin, tortilla de confit de canard... Jolie terrasse dans le patio.

Menu 24 € – Carte 33/39 €

51 Grande-Rue – ✆ 01 64 81 96 96 – www.lermitagesaintantoine.com – Fermé mardi et merc.

Les Pléiades

SPA ET BIEN-ÊTRE • CONTEMPORAIN Après une balade dans ce village aimé de Corot et de Millet, laissez-vous tenter par cet hôtel paisible et accueillant, dans une veine très contemporaine : design minimaliste, lignes épurées, espace bien-être et piscine, expositions diverses... Arty !

15 chambres – 🚹120/279 € 🚹🚹120/279 € – 6 suites – ☕19 €

21 Grande-Rue – ✆ 01 60 66 40 25 – www.hotel-les-pleiades.com

BARBOTAN-LES-THERMES

✉ 32150 (Gers) – Cazaubon – Carte régionale n° **15**-A2
▶ Paris 703 km – Aire-sur-l'Adour 37 km – Auch 75 km – Condom 37 km
Carte Michelin 336-B6

La Bastide

CUISINE MODERNE • ÉLÉGANT XXX Un lieu élégant, qui a une âme, et deux concepts culinaires : d'une part une cuisine santé destinée aux curistes (carte renouvelée tous les jours) ; de l'autre des mets "d'appétit" mêlant avec raffinement terroir et air du temps.

Formule 18 € – Menu 51 € – Carte environ 59 €

Hôtel La Bastide, av. des Thermes – ✆ 05 62 08 31 00 – www.bastide-gasconne.com – Fermé 5 déc.-24 fév.

La Bastide

LUXE • ÉLÉGANT Omniprésence de l'eau (avec de superbes fontaines dans les jardins à l'andalouse, une galerie menant aux thermes et au centre de balnéo) ; décor raffiné mêlant brique, bois, marbre et pierre ; chambres douillettes : cette bastide a un charme fou !

25 chambres – 🚹195/590 € 🚹🚹195/590 € – 7 suites – ☕24 € – ½ P

av. des Thermes – ✆ 05 62 08 31 00 – www.bastide-gasconne.com – Fermé 4 déc.-24 fév.

La Bastide – voir les restaurants ci-dessus

Beauséjour

FAMILIAL • PERSONNALISÉ Grande maison de style régional renfermant des chambres classiques, coquettement rénovées, et un petit salon d'esprit british. Joli jardin arboré. Un menu unique (cuisine traditionnelle) est prévu pour les pensionnaires. Réservation obligatoire pour les autres.

24 chambres - 40/80 € 40/92 € - 9 € - ½ P

6 av. des Thermes - 05 62 08 30 30 - www.hotel-barbotan.com - Ouvert mars à nov.

à Cazaubon 5 km au Sud-Ouest par N524 - 32150 - 1 727 hab. - Alt. 131 m

Château Bellevue

DEMEURE HISTORIQUE • CLASSIQUE Dans un parc aux jolies frondaisons, ce castel du 19e s. dessine un havre tranquille et élégant. Derrière sa façade classique, les chambres associent tissus imprimés, mobilier de style et confort bourgeois. Quant au restaurant, il met à l'honneur les produits du terroir gascon.

20 chambres - 90/136 € 90/136 € - 13 € - ½ P

19 r. Joseph-Cappin - 05 62 09 51 95 - www.chateaubellevue.org - Fermé 2 janv.-13 fév.

BARCELONNETTE

04400 (Alpes-de-Haute-Provence) - 2 634 hab. - Alt. 1 135 m
- Carte régionale n° **21**-C2

Paris 733 km - Briançon 86 km - Cannes 161 km - Digne-les-Bains 88 km

Carte Michelin 334-H6 - Guide Vert Michelin Alpes du Sud

Azteca

FAMILIAL • PERSONNALISÉ Cette ancienne villa "mexicaine" de 1888 abrite aujourd'hui des chambres confortables, dont chacune est personnalisée dans un style contemporain. Dans les salons de l'hôtel, une galerie d'art accueille le travail de nombreux artistes.

27 chambres - 64/123 € 64/123 € - 10 €

3 r. François-Arnaud - 04 92 81 46 36 - www.azteca-hotel.fr - Fermé 13-30 nov.

à St-Pons 2 km au Nord-Ouest par D900 et D9 - 04400 - 721 hab. - Alt. 1 157 m

Domaine de Lara

FAMILIAL • RÉGIONAL Dans un parc avec une belle vue sur les sommets, une bastide provençale et de caractère, datant du 15e s. (poutres, tomettes, vieilles pierres, mobilier de famille, style cosy). Petit-déjeuner soigné.

5 chambres - 86/96 € 92/102 €

D609 - 04 92 81 52 81 - www.domainedelara.com - Fermé 25 juin-4 juil. et 12 nov.-19 déc.

au Sauze 4 km au Sud-Est par D900 et D209 - 04400 Enchastrayes

Montana Chalet

FAMILIAL • MONTAGNARD Un beau chalet en bois blond juste au pied des pistes, une cheminée où un feu crépite, des chambres chaleureuses avec balcon, des recettes traditionnelles au restaurant (fermé en été) : l'équation montagnarde parfaite !

20 chambres - 98/168 € 98/268 € - 14 €

au centre de la station - 04 92 81 05 97 - www.montana-chalet.com - Ouvert de mi-juin à mi-sept. et de mi-déc. à mi-avril

à Jausiers 8 km au Nord-Est par D900 - 04850 - 1 135 hab. - Alt. 1 240 m

Villa Morelia

CUISINE TRADITIONNELLE • BOURGEOIS XX Cette Villa Morelia distille un certain charme bourgeois... Un écrin flatteur pour une cuisine du marché, séduisante et fidèle à la tradition. De la fraîcheur, de belles saveurs : un moment gourmet et gourmand.

Menu 36/54 €

9 av. des Mexicains - 04 92 84 67 78 (réservation conseillée) - www.villa-morelia.com - Fermé 2-28 avril, 5 nov.-27 déc., dim. et lundi sauf de juin à sept. et le midi

Villa Morelia

MAISON DE MAÎTRE • PERSONNALISÉ Construite en 1903, cette fière villa anglo-normande a conservé son cachet et propose des chambres chic, plus contemporaines à l'annexe. Jolie piscine pour une détente complète...

24 chambres – 120/140 € 150/280 € – 18 € – ½ P

9 av. des Mexicains – 04 92 84 67 78 – www.villa-morelia.com – Fermé 2-28 avril et 5 nov.-27 déc.

Villa Morelia – voir les restaurants ci-dessus

BARCUS

64130 (Pyrénées-Atlantiques) – 693 hab. – Alt. 230 m – Carte régionale n° **2**-B3

Paris 813 km – Mauléon-Licharre 14 km – Oloron-Ste-Marie 18 km – Pau 52 km

Carte Michelin 342-H5 – Guide Vert Michelin Pays Basque et Navarre

Chilo

CUISINE MODERNE • AUBERGE XX C'est ici, entre les murs de cette belle maison blanche aux volets bleus, que le destin de la famille Chilo s'écrit depuis 1937. Le chef réalise une cuisine traditionnelle avec les produits du terroir local ; à déguster dans une salle ouverte sur le jardin et la piscine, face aux montagnes. Chambres coquettes.

Formule 15 € – Menu 33/45 € – Carte 50/71 €

7 chambres – 65/85 € 70/99 € – 10 €

68 r. Principale – 05 59 28 90 79 – www.hotel-chilo.com – Fermé 5-20 janv., dim. soir, lundi sauf le soir de juin à sept. et mardi midi d'oct. à mai

BARD

42600 (Loire) – 629 hab. – Alt. 750 m – Carte régionale n° **23**-A2

Paris 474 km – Clermont-Ferrand 135 km – Lyon 102 km – St-Étienne 46 km

Carte Michelin 327-D6

Auberge de la Grand'Font

CUISINE MODERNE • AUBERGE X Jolie surprise que cette auberge rustique nichée à côté d'une belle église du 12e s. que l'on peut admirer depuis la véranda. Aux commandes, un chef passionné et exigeant – il a été finaliste au concours du Meilleur Ouvrier de France – signe une cuisine appétissante, à la fois simple et originale...

Formule 17 € – Menu 20 € (déj. en semaine), 30/73 € – Carte 45/62 €

1 r. de la Grand'Font – 04 77 76 21 40 – www.auberge-lagrandfont-42.com – Fermé 19-26 fév., 16 août-5 sept., 26 déc.-3 janv., lundi et mardi

BARDIGUES – 82 (Tarn-et-Garonne) → Voir Auvillar

BARÈGES

65120 (Hautes-Pyrénées) – 175 hab. – Alt. 1 240 m – Carte régionale n° **15G**-A3

Paris 868 km – Pau 81 km – Tarbes 61 km – Toulouse 195 km

Carte Michelin 342-M5 – Guide Vert Michelin Pyrénées Toulouse Gers

Le Central (N)

FAMILIAL • CONTEMPORAIN Ce petit hôtel de style contemporain de 14 chambres est une étape aussi agréable que pratique : bien placé au départ des œufs dans cette station de ski qui relie la Mongie au domaine du Tourmalet, l'un des plus grands domaines skiables des Pyrénées. Espace bien-être.

14 chambres – 60 € 75/100 € – 10 € – ½ P

11 r. Ramond – 05 62 92 68 05 – www.central-tourmalet.com – Fermé 15 oct.-25 nov. et 15 avril-25 mai

BARFLEUR

50760 (Manche) – 641 hab. – Alt. 5 m – Carte régionale n° **17**-A1

Paris 355 km – Carentan 48 km – Cherbourg 29 km – St-Lô 75 km

Carte Michelin 303-E1 – Guide Vert Michelin Normandie Cotentin

Le Conquérant

TRADITIONNEL • FONCTIONNEL À deux pas du port, cette belle demeure en granit (17e s.) et son joli jardin à la française. Charmant accueil familial ; chambres classiques parfaitement tenues, plus au calme sur l'arrière.

10 chambres – 80/125 € 80/125 € – 12 €

18 r. St-Thomas-Becket – 02 33 54 00 82 – www.hotel-leconquerant.com – Ouvert 8 avril-1er nov.

BARGEMON

83830 (Var) – 1 529 hab. – Alt. 550 m – Carte régionale n° **21**-C3

Paris 883 km – Marseille 137 km – Monaco 108 km – Toulon 99 km

Carte Michelin 340-O4 – Guide Vert Michelin Côte d'Azur

La Pescalune

CUISINE TRADITIONNELLE • ÉPURÉ Ce bistrot de poche – seulement 15 couverts ! – est tenu par Virginie Martinetti, une jeune autodidacte pleine de vie, passée par la case Top Chef en 2013. Dans sa cuisine ouverte, elle réalise une cuisine du marché pleine de fraîcheur, dans un esprit "bistronomie" bien dans l'air du temps... Voilà qui donne le sourire !

Carte 34/44 €

13 r. de la Résistance – 06 29 94 66 64 (réservation conseillée) – www.la-pescalune.fr – Fermé début nov. à mi-mars, dim., lundi et le midi

BARJAC

30430 (Gard) – 1 552 hab. – Alt. 171 m – Carte régionale n° **12**-D1

Paris 666 km – Alès 34 km – Aubenas 45 km – Mende 114 km

Carte Michelin 339-L3

Le Carré des Saveurs

CUISINE TRADITIONNELLE • TENDANCE De belles voûtes du 18e s., un aménagement contemporain aux notes baroques, une agréable terrasse dans une jolie cour intérieure : un cadre charmant que celui de cette ancienne magnanerie cernée par les vignes. La cuisine cultive l'esprit du terroir et de la tradition, tout à l'honneur des produits locaux : le plaisir est complet.

Formule 19 € – Menu 29/44 € – Carte 49/58 €

4 km au Sud-Est par D901 et rte secondaire – 04 66 24 56 31 – www.le-carre-des-saveurs.com – Ouvert mars-déc.

Le Mas du Terme

MAISON DE CAMPAGNE • PERSONNALISÉ Un jardin entouré de vignes et d'oliviers, de jolies piscines... Qu'il fait bon paresser au soleil de cette ancienne magnanerie et prendre le frais dans une chambre contemporaine (celles du bâtiment principal ont plus de caractère).

26 chambres – 80/160 € 100/450 € – 17 € – ½ P

4 km au Sud-Est par D901 et rte secondaire – 04 66 24 56 31 – www.masduterme.com – Ouvert mars-déc.

Le Carré des Saveurs – voir les restaurants ci-dessus

BAR-LE-DUC

55000 (Meuse) – 15 759 hab. – Alt. 188 m – Carte régionale n° **14**-A2

Paris 255 km – Metz 97 km – Nancy 84 km – Reims 113 km

Carte Michelin 307-B6

Bistro St-Jean

CUISINE MODERNE • BISTRO Vous ne pouvez pas rater l'endroit : sa vitrine et sa devanture verte sont reconnaissables entre mille ! Cette ancienne épicerie est devenue un bistrot contemporain plein de saveurs et de couleurs, pile dans la tendance. Son chef signe une cuisine fine et bien ficelée, qui respecte joliment les produits.

Formule 28 € – Menu 34 €

132 bd de La Rochelle – 03 29 45 40 40 – www.bistrosaintjean.fr – Fermé 30 janv.-8 fév., 16 juil.-4 août, jeudi soir, sam. midi, dim. soir et lundi

BARNEVILLE-CARTERET

✉ 50270 (Manche) - 2 259 hab. - Alt. 47 m - Carte régionale n° **17**-A2
Paris 356 km - Carentan 43 km - Cherbourg 39 km - Coutances 47 km
Carte Michelin 303-B3 - Guide Vert Michelin Normandie Cotentin

à Carteret - ✉ 50270 - 2 324 hab.

La Marine

CUISINE MODERNE • ÉLÉGANT XXX Contemporain, chic et très bord de mer. Vue panoramique sur les flots et superbe terrasse, au service d'une cuisine bien iodée et très soignée. Un beau moment de gastronomie.

→ Tartare de langoustines, condiment iodé et œufs de harengs. Bar de nos côtes cuit au four, langoustines, barigoule d'artichaut poivrade et palourdes. Baba au vieux rhum, crème vanillée, granité et glace café.

Menu 43/80 € - Carte 80/120 €

Hôtel La Marine, 11 r. de Paris - ✆ 02 33 53 83 31 - www.hotelmarine.com - Fermé 1er déc.-1er fév., lundi et mardi sauf juil.-août

La Marine

TRADITIONNEL • ÉLÉGANT Quasiment les pieds dans l'eau ! Dans cette élégante maison immaculée, les chambres sont très contemporaines, dans un esprit bains de mer chic et épuré. Et côté plage, elles ont toutes une jolie terrasse... Du style, indéniablement.

26 chambres - 103/285 € 103/285 € - 17 € - ½ P

11 r. de Paris - ✆ 02 33 53 83 31 - www.hotelmarine.com - Fermé 1er déc.-1er fév.

La Marine - voir les restaurants ci-dessus

Hôtel des Ormes

FAMILIAL • COSY Face au port de plaisance, cette jolie demeure du 19e s. a été rénovée avec raffinement. Les chambres, assez petites, sont délicieusement cosy (tons beige et ivoire, meubles patinés), sans parler du salon et du jardin verdoyant... Une belle adresse.

12 chambres - 85/145 € 85/145 € - 14 € - ½ P

prom. Barbey-d'Aurevilly - ✆ 02 33 52 23 50 - www.hotel-restaurant-les-ormes.fr - Fermé janv.

BARNEVILLE-LA-BERTRAN - 14 (Calvados) → Voir Honfleur

LE BARP

✉ 33114 (Gironde) - 4 908 hab. - Alt. 72 m - Carte régionale n° **2**-B2
Paris 604 km - Bordeaux 45 km - Mérignac 41 km - Pessac 32 km
Carte Michelin 335-G7

Le Résinier

CUISINE TRADITIONNELLE • ÉLÉGANT X Cette maison de pays, conviviale et sympathique avec sa terrasse sous une vigne, a des airs d'auberge d'autrefois ; on y sert une cuisine de tradition où le canard landais est roi... Confit, magret, foie gras : on ne sait que choisir. Quant aux chambres, d'esprit chaleureux et nature, elles sont bien agréables.

Formule 19 € - Menu 24/39 € - Carte 46/55 €

16 chambres - 85/95 € 115/135 € - 4 suites - 15 €

68 av. des Pyrénées, D10 - ✆ 05 56 88 60 07 - www.leresinier.com - Fermé dim. soir sauf juil.-août

BARR

✉ 67140 (Bas-Rhin) - 6 971 hab. - Alt. 200 m - Carte régionale n° **01D**-C1
Paris 495 km - Colmar 43 km - Le Hohwald 12 km - Saverne 46 km
Carte Michelin 315-I6

Charvet & Co

CUISINE MODERNE • INTIME XX Après avoir épaulé son père à Boulogne-Billancourt pendant plusieurs années, Benoit Charvet s'est finalement installé à Barr, la ville natale de sa compagne. Le couple a créé ici un lieu cosy et minimaliste ; le chef maîtrise bien son sujet et compose une cuisine soignée et parfumée, qui évolue avec les saisons.

Menu 47/67 € - Carte 55/76 €

29 Gde-Rue - ✆ 09 80 42 57 44 (réservation conseillée) - www.charvetandco.fr - Fermé lundi et le midi

LE BARROUX

✉ 84330 (Vaucluse) - 669 hab. - Alt. 325 m - Carte régionale n° **22**-E1

Paris 684 km - Avignon 38 km - Carpentras 12 km - Vaison-la-Romaine 16 km

Carte Michelin 332-D9 - Guide Vert Michelin Provence

Gajulea

CUISINE PROVENÇALE • ÉLÉGANT XX Dans cet ancien entrepôt, on prend un verre entre potes au bistrot branché du rez-de-chaussée, avant de descendre d'un étage au restaurant gastronomique, plus cossu, avec terrasse sur les collines (ouvert uniquement le soir). On y découvre de belles saveurs provençales, renouvelées au plus près des saisons (menu truffe l'hiver, homard l'été).

Menu 44/75 €

201 cours Louise-Raymond - ✆ 04 90 62 36 94 (réservation conseillée) - www.gajulea.fr - Fermé 3 semaines en mars, 3 semaines en nov., dim. soir sauf en juil.-août et lundi

L'Aube Safran

FAMILIAL • PERSONNALISÉ Marie et François ont tout quitté pour s'installer dans ce joli mas, au pied du mont Ventoux et face aux Dentelles, que l'on admire depuis le jardin. Ils cultivent le safran et accueillent leurs hôtes dans des chambres au décor sobre et raffiné. Deux cuisines sont à disposition.

5 chambres - 165/205 € 175/225 €

450 chemin du Patifiage, par rte de Suzette - ✆ 04 90 62 66 91 - www.aube-safran.com - Ouvert 7 avril-1er oct.

BAR-SUR-AUBE

✉ 10200 (Aube) - 5 145 hab. - Alt. 190 m - Carte régionale n° **7**-C3

Paris 230 km - Châtillon-sur-Seine 60 km - Chaumont 41 km - Troyes 53 km

Carte Michelin 313-I4 - Guide Vert Michelin Champagne Ardenne

La Toque Baralbine

CUISINE TRADITIONNELLE • FAMILIAL XX Inventer à partir de bases classiques, c'est le défi que relève le chef de ce restaurant chaleureux. Une cuisine en mouvement, où priment les saveurs franches de beaux produits : suprême de volaille fermière avec une sauce au champagne, carpaccio de tête de veau, tian d'andouillette... On se régale !

Formule 22 € - Menu 28/55 € - Carte 39/74 €

18 r. Nationale - ✆ 03 25 27 20 34 - www.latoquebaralbine.com - Fermé dim. soir et lundi sauf fériés

BAR-SUR-SEINE

✉ 10110 (Aube) - 3 193 hab. - Alt. 157 m - Carte régionale n° **7**-B3

Paris 197 km - Bar-sur-Aube 37 km - Châtillon-sur-Seine 36 km - St-Florentin 57 km

Carte Michelin 313-G5 - Guide Vert Michelin Champagne Ardenne

près échangeur 9 km autoroute A5, Nord-Est par D443

Le Val Moret

CUISINE MODERNE • CONVIVIAL XX Derrière des atours de restaurant traditionnel, apprécié pour une étape – l'échangeur est tout proche –, c'est avant tout une table sérieuse, menée par un jeune chef au bon parcours. Il aime revisiter les recettes du terroir, en cuisinant notamment les produits de la ferme attachée à l'établissement, comme les viandes.

Formule 17 € – Menu 19 € (semaine), 28/70 € – Carte 31/59 €

r. du Mar.-Leclerc – 03 25 29 85 12 – www.le-val-moret.com

Le Val Moret

FAMILIAL • FONCTIONNEL Près de l'autoroute (mais sans nuisances sonores), quatre bâtiments de type motel, aux chambres fonctionnelles et plutôt grandes. Espace détente, salle de séminaire, aire de jeux : un hôtel adapté aux familles comme aux hommes d'affaires.

49 chambres – 74/115 € 74/115 € – 12 € – ½ P

r. du Mar.-Leclerc – 03 25 29 85 12 – www.le-val-moret.com

Le Val Moret – voir les restaurants ci-dessus

à Bourguignons 4 km au Nord par N71 – 10110 – 279 hab. – Alt. 156 m

Domaine de Foolz

CUISINE TRADITIONNELLE • COSY XX Un corps de ferme champenois, dans un domaine verdoyant bordant la Seine. Le champagne est évidemment à l'honneur au restaurant, qui joue la carte de la tradition mais aussi des saveurs exotiques. Côté hébergement, on découvre, alignés dans le parc, des chalets tout en rondins de bois : ambiance canadienne garantie !

Formule 15 € – Menu 28/57 € – Carte 44/61 €

11 chambres – 84 € 84 € – 10 €

D671 – 03 25 29 78 86 – www.domainedefoolz.com – Fermé 2-30 janv., dim. soir et lundi

BARTENHEIM-LA-CHAUSSÉE

68870 (Haut-Rhin) – Carte régionale n° **1**-B3

Paris 493 km – Colmar 55 km – Strasbourg 124 km

Carte Michelin 315-I11

Le Colombier

CUISINE MODERNE • CONVIVIAL X Avec sa cuisine actuelle, saupoudrée de ce qu'il faut d'inventivité, pleine de couleurs et de saveurs, ainsi que ses excellents desserts, le chef de ce Colombier sait parler à nos papilles ! Quant au patron, il a le chic pour toujours nous proposer le vin idéal pour accompagner nos plats... Du bonheur, tout simplement.

Formule 14 € – Menu 38/48 € – Carte 45/63 €

2 r. de la Libération – 03 89 68 30 66 – www.restaurant-lecolombier.fr – Fermé 3 semaines en août, 1 semaine à Noël, sam. midi, dim. soir et lundi

BAS-RUPTS – 88 (Vosges) → Voir Gérardmer

BASSAC – 16 (Charente) → Voir Jarnac

BASSE-GOULAINE – 44 (Loire-Atlantique) → Voir Nantes

BASTELICA – 2A (Corse-du-Sud) → Voir Corse

LA BASTIDE-CLAIRENCE

64240 (Pyrénées-Atlantiques) – 1 018 hab. – Alt. 50 m – Carte régionale n° **2**-B3

Paris 771 km – Bayonne 27 km – Bordeaux 185 km – Irun 59 km

Carte Michelin 342-E2 – Guide Vert Michelin Pays Basque et Navarre

Maison Maxana

MAISON DE CAMPAGNE • DESIGN Rêveries, Voyages… Le nom des chambres de cette maison basque donne le ton. Le mariage réussi de meubles anciens, contemporains et d'œuvres d'arts premiers, offre à cette maison d'hôte une personnalité à part. Dans un esprit toujours zen.

5 chambres - 80/110 € 90/120 €

r. Notre-Dame - 05 59 70 10 10 - www.maison-maxana.com - Ouvert mars-nov.

LA BÂTIE-DIVISIN

38490 (Isère) - 892 hab. - Alt. 521 m - Carte régionale n° **23D**-C2

Paris 539 km - Chambéry 41 km - Grenoble 45 km - Lyon 82 km

Carte Michelin 333-G4

L'Olivier (N)

CUISINE MODERNE • CONVIVIAL À quelques minutes seulement du lac de Paladru, cette maison a été reprise par un couple dynamique au beau parcours. Le chef compose une cuisine actuelle parfumée et généreuse, en plus d'être visuellement très réussie ; il a un petit faible pour l'huile d'olive, que l'on retrouve logiquement dans plusieurs de ses préparations… Bon rapport qualité-prix.

Formule 17 € - Menu 19 € (déj. en semaine), 24/42 € - Carte 44/68 €

100 rte du Vernay - 04 76 31 00 60 - www.restaurant-l-olivier.com - Fermé 2-9 janv., dim. soir, merc. soir et lundi

LA BÂTIE-NEUVE - 05 (Hautes-Alpes) → Voir Gap

BATZ (ÎLE DE) - 29 (Finistère) → Voir Île de Batz

BATZ-SUR-MER

44740 (Loire-Atlantique) - 3 030 hab. - Alt. 12 m - Carte régionale n° **18**-A2

Paris 457 km - La Baule 7 km - Nantes 84 km - Redon 64 km

Carte Michelin 316-B4 - Guide Vert Michelin Pays de la Loire

La Roche Mathieu (N)

CUISINE TRADITIONNELLE • ÉLÉGANT Ce qui distingue cette maison, c'est d'abord la formidable vue panoramique qu'elle offre sur les flots. À l'intérieur, le décor surprend et séduit (couleurs vives, collection d'objets hétéroclites) ; on apprécie aussi, bien sûr, la bonne cuisine de la mer réalisée par le chef, un amoureux des légumes.

Formule 14 € - Menu 18 € (déj. en semaine), 30/69 €
- Carte 41/73 €

28 r. du Golf - 02 40 23 92 12 - restaurant-roche-mathieu.fr - Fermé 26 juin-7 juil., 13-24 nov., 15-29 janv., mardi hors vacances scolaires et lundi sauf fériés

Le Lichen

TRADITIONNEL • FONCTIONNEL Sur la côte sauvage, vaste villa néobretonne (1956) jouissant du spectacle unique de l'océan. La moitié des chambres, certaines avec terrasse, donne sur les flots.

17 chambres - 70/190 € 90/260 € - 13 €

4 rte de la Govelle, 2 km au Sud-Est par D45 - 02 40 23 91 92 - www.le-lichen.com - fermé 15 nov.-15 déc.

BAUGÉ-EN-ANJOU

49150 (Maine-et-Loire) - 6 289 hab. - Alt. 55 m - Carte régionale n° **18D**-C2

Paris 262 km - Angers 40 km - La Flèche 19 km - Le Mans 62 km

Carte Michelin 317-I3 - Guide Vert Michelin Châteaux de la Loire

Ô Prestige

CUISINE FRANÇAISE • ÉLÉGANT XX Au cœur de la ville, à l'écart de l'agitation du monde, un petit restaurant comme on les aime : un jeune couple sympathique, une cuisine soignée, des produits de belle fraîcheur comme cet émietté de tourteau, ou le suprême de volaille fermière. On se régale.

Formule 18 € – Menu 29/85 € – Carte 47/73 €

Hôtel Ô Prestige, 4 r. du Cygne – 02 41 89 82 12 – www.oprestige.com – Fermé 23 avril-2 mai, 2-18 juil., 29 oct.-1er nov., 1er-17 janv., dim. sauf le midi de fév. à oct., sam. midi et lundi

Ô Prestige

TRADITIONNEL • COSY Une petite rue tranquille du centre-ville abrite cet établissement agréable. Les chambres sont confortables, et le lumineux patio du 17e s. est une vraie curiosité.

10 chambres – 65/75 € 75/120 € – 10 €

4 r. du Cygne – 02 41 89 82 12 – www.oprestige.com – Fermé 23 avril-2 mai, 2-18 juil., 29 oct.-1er nov. et 1er-17 janv.

Ô Prestige – voir les restaurants ci-dessus

LA BAULE

44500 (Loire-Atlantique) – 15 474 hab. – Alt. 31 m – Carte régionale n° **18**-A2

Paris 450 km – Nantes 76 km – Rennes 120 km – St-Nazaire 19 km

Carte Michelin 316-B4 – Guide Vert Michelin Pays de la Loire

Castel Marie-Louise

CUISINE MODERNE • ROMANTIQUE XXX Dans ce manoir début de siècle très feutré, on dîne près des grandes baies ou en terrasse, sous les pins... L'image vivante d'une Belle Époque, pour une cuisine gastronomique inspirée par les produits du moment.

Formule 39 € – Menu 59 € (dîner en semaine), 82/110 € – Carte 76/160 €

Plan : A2-g – *Hôtel Castel Marie-Louise, 1 av. Andrieu – 02 40 11 48 38 – www.castel-marie-louise.com – Fermé 3 janv.-6 fév., le midi sauf juil.-août et sauf dim. et fériés*

Fouquet's

CUISINE CLASSIQUE • LUXE XXX Une Rotonde chic qui satisfait tous les palais ! Le chef et sa brigade concoctent une cuisine diététique, ainsi que de bons mets traditionnels : curistes et gourmets sont ravis.

Formule 29 € – Menu 36 € (déj.)/59 € – Carte 55/112 €

Plan : A2-t – *Le Royal la Baule, 6 av. Pierre-Loti – 02 40 11 48 48 – www.lucienbarriere.com – Fermé 21 nov.-18 déc.*

Carpe Diem

CUISINE MODERNE • COSY XX Sur la route du golf, faites étape dans ce restaurant ! Ici, le mobilier contemporain cohabite avec la cheminée et les poutres apparentes. La carte laisse le choix entre des plats traditionnels ou plus créatifs.

Formule 17 € – Menu 23/54 €

Hors plan – *29 av. Jean-Boutroux, 5 km au Nord-Est par rte du golf de la Baule – 02 40 24 13 14 – www.le-carpediem.fr – Fermé vacances de fév., dim. soir, mardi soir et merc. hors saison*

Saint-Christophe

CUISINE MODERNE • BOURGEOIS XX Ce restaurant a tout de la brasserie des années folles, avec ses banquettes en velours rouge, son nappage blanc et son personnel en costume de ville... Quant au chef, il concocte une cuisine terre-mer au gré de son inspiration et des saisons, faisant le bonheur des habitués.

Menu 19/46 € – Carte 45/58 €

Plan : B2-u – *Hôtel St-Christophe, pl. Notre-Dame – 02 40 62 40 00 – www.st-christophe.com – Fermé dim. et lundi du 1er nov. au 30 avril hors vacances scolaires*

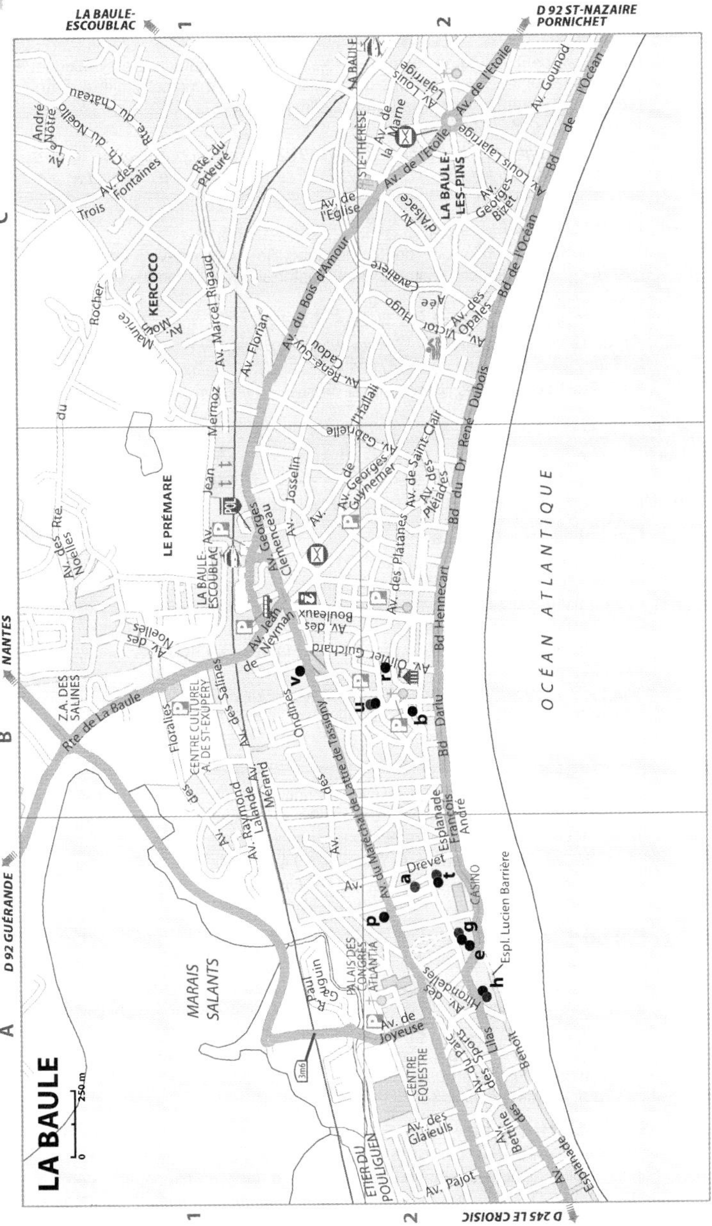
LA BAULE
0
250 m
LA BAULE-ESCOUBLAC
D 92 ST-NAZAIRE PORNICHET
D 92 ST-NAZAIRE NANTES
D 92 GUÉRANDE
D 245 LE CROISIC
A
B
C
1
2
MARAIS SALANTS
Z.A. DES SALINES
LE PRÉMARE
KERCOCO
LA BAULE-LES-PINS
OCÉAN ATLANTIQUE
PALAIS DES CONGRÈS ATLANTIA
CENTRE CULTUREL A. DE ST-EXUPÉRY
CENTRE EQUESTRE
CASINO
ETIER DU POULIGUEN
STE-THÉRÈSE
LA BAULE-ESCOUBLAC
Rte de La Baule
Av. des Noëlles
Av. des Rte. Noëlles
Av. des Salines
Av. Jean Neyman
Av. Georges Clemenceau
Av. Jean Mermoz
Av. Marcel Rigaud
Av. Florian
Av. du Bois d'Amour
Av. de l'Étoile
Av. Gounod
Av. de l'Océan
Bd de l'Océan
Bd du Dr René Dubois
Bd Hennecart
Bd Darlu
Av. du Maréchal de Lattre de Tassigny
Av. des Ondines
Av. Raymond Lalande
Av. Mérand
Av. Drevet
Esplanade François André
Espl. Lucien Barrière
Av. des Hirondelles
Av. de Joyeuse
R. Paul Gauguin
Av. du Parc des Sports
Av. des Lilas
Av. Benoît
Av. Bettine
Av. des Glaïeuls
Av. Pajot
Esplanade
Av. des Platanes
Av. Olivier Guichard
Av. des Bouleaux
Av. Josselin
Av. Georges Guynemer
Av. de Saint-Clair
Av. des Pléiades
Av. Gabrielle
Av. René-Guy Cadou
Av. Victor Hugo
Av. des Opales
Av. Cavalière
Av. d'Alsace
Av. Georges Bizet
Av. Louis Lajarrige
Av. de la Marne
Av. de l'Église
Av. Maurice Moulin
Rte du Prieuré
Av. des Trois Fontaines
Av. Le Nôtre
Ch. du Noëllo
Rte du Château
Rocher
Florales
a
b
e
g
h
p
r
t
u
v
3m6

L'Eden Beach

POISSONS ET FRUITS DE MER • ÉLÉGANT XX Face à la baie et presque les pieds dans l'eau... la carte met logiquement à l'honneur le poisson et les fruits de mer. En saison, le menu homard est fort apprécié !

Formule 28 € – Carte 52/92 €

Plan : A2-h – *Hôtel Hermitage Barrière, 5 espl. Lucien-Barrière – 02 40 11 46 16 – www.hermitage-barriere.com – Ouvert Pâques à fin sept., week-ends d'oct. et 1 semaine vacances de la Toussaint*

14 Avenue

POISSONS ET FRUITS DE MER • CONVIVIAL X Voilà une adresse dont les amateurs de poisson vont faire leur cantine ! D'emblée, on vous présente la pêche du jour, d'une fraîcheur sans faille : langoustes de gros calibre, soles, sardines de la Turballe... On se régale de ces beaux produits cuisinés dans le respect des saveurs.

Formule 18 € – Menu 41 € – Carte 37/69 €

Plan : A2-a – *14 av. Pavie – 02 40 60 09 21 – www.14avenue-labaule.com – Fermé 3 semaines en déc., dim. soir, lundi et mardi sauf juil.-août*

Le Ponton

POISSONS ET FRUITS DE MER • BRASSERIE X Un joli Ponton sur la plage, idéal pour savourer des produits de la mer et une cuisine de brasserie qui joue la carte de la simplicité.

Formule 22 € – Menu 27 € (semaine) – Carte 42/61 €

Plan : A2-t – *Le Royal la Baule, 6 av. Pierre-Loti – 02 40 60 52 05 – www.lucienbarriere.com – Fermé 21 nov.-18 déc. et le soir hors vacances scolaires*

Hermitage Barrière

PALACE • CLASSIQUE Malgré les modes et l'usure du temps, le charme reste intact dans ce palace des années 1920, dont la façade anglo-normande se dresse face à la plage, au milieu des pins. Des vastes chambres pleines de charme à la piscine chauffée et au hammam, tout ici conspire à votre bonheur...

184 chambres – 207/937 € 207/937 € – 16 suites – 32 € – ½ P

Plan : A2-h – *5 espl. Lucien-Barrière – 02 40 11 46 46 – www.hermitage-barriere.com – Ouvert de Pâques à fin sept., week-ends d'oct. et 1 semaine vacances de la Toussaint*

L'Eden Beach – voir les restaurants ci-dessus

Le Royal La Baule

LUXE • CLASSIQUE Bien-être et confort dans cet hôtel monumental né en 1896 face à la plage et aujourd'hui associé à un centre de thalassothérapie. Les chambres ont été entièrement rénovées il y a peu et une imposante suite royale (140m^2) a été inaugurée... Hérité de la Belle Époque, le mythe Royal n'est pas prêt de s'éteindre !

72 chambres – 235/1215 € 235/1215 € – 14 suites – 32 € – ½ P

Plan : A2-t – *6 av. Pierre-Loti – 02 40 11 48 48 – www.lucienbarriere.com – Fermé 21 nov.-18 déc.*

Fouquet's • **Le Ponton** – voir les restaurants ci-dessus

Castel Marie-Louise

LUXE • CLASSIQUE Le lieu reçut son nom en l'honneur d'une femme aimée, et il reste propice à la romance : architecture Belle Époque, tentures, mobilier ancien, table gastronomique, entre jardin arboré et bord de mer... Apposez-y à votre tour le nom de votre élu(e) !

29 chambres – 170/839 € 190/839 € – 2 suites – 27 € – ½ P

Plan : A2-g – *1 av. Andrieu – 02 40 11 48 38 – www.castel-marie-louise.com – Fermé 3 janv.-6 fév.*

Castel Marie-Louise – voir les restaurants ci-dessus

Mercure Majestic

HÔTEL DE CHAÎNE • ART DÉCO Une haute façade blanche signale cet hôtel né en 1930, non loin du casino, en bord de plage. L'esprit Art déco – chic et confort – plane toujours en partie sur les lieux ! Produits de la mer et tradition régionale au restaurant.

83 chambres – 🚹99/389 € 🚹🚹99/389 € – ☕16 € – ½ P

Plan : A2-e – *espl. Lucien-Barrière – ✆ 02 40 60 24 86 – www.hotelmercure-labaule.com*

Brittany

TRADITIONNEL • PERSONNALISÉ Dans une rue tranquille non loin du front de mer, cette maison des années 1930 abrite des chambres raffinées et bien équipées (salles de bains avec balnéo). Un joli atout : le très agréable solarium sur le toit-terrasse.

19 chambres – 🚹79/202 € 🚹🚹79/202 € – ☕13 €

Plan : B2-b – *7 av. des Impairs – ✆ 02 40 60 30 25 – www.hotelbrittany.com*

Le Saint-Christophe

TRADITIONNEL • PERSONNALISÉ Quatre villas nichées au creux d'un jardin verdoyant... Le charme agit : architectures 1900 (tourelles, balcons de bois), mobilier ancien, aquarelles signées par la maîtresse de maison, etc.

44 chambres – 🚹64/135 € 🚹🚹69/279 € – ☕14 € – ½ P

Plan : B2-u – *pl. Notre-Dame – ✆ 02 40 62 40 00 – www.st-christophe.com*

Saint-Christophe – voir les restaurants ci-dessus

Lutetia & Spa

TRADITIONNEL • PERSONNALISÉ Agréable adresse : derrière une façade Art déco, le Lutetia affiche un style contemporain et coloré. Sauna, hammam et jacuzzi font la joie des clients ; en annexe, la Villa St-Bernard joue la thématique sportive (chambres "Golf", "Voile", etc.).

25 chambres – 🚹70/215 € 🚹🚹75/215 € – ☕13 €

Plan : B2-r – *13 av. Olivier-Guichard – ✆ 02 40 60 25 81 – www.lutetia-labaule.com – Fermé 2-21 janv. et 19 fév.-3 mars*

Villa Cap d'Ail

FAMILIAL • PERSONNALISÉ À 300 m de la plage, cette charmante villa des années 1920, décorée dans un style actuel (bois peint, tons gris), a conservé son charme originel. Les chambres y sont cosy et bien tenues. Accueil familial.

22 chambres – 🚹59/110 € 🚹🚹110/250 € – ☕11 €

Plan : A2-p – *145 av. du Mar.-de-Lattre-de-Tassigny – ✆ 02 40 60 29 30 – www.villacapdail.com – Fermé 11-27 fév.*

Hôtel des Dunes

AUBERGE • CONTEMPORAIN Cette haute maison à colombages date de 1920 et a été transformée en hôtel en 1950 ; on y trouve des chambres cosy et confortables, joliment meublées par le nouveau propriétaire. Une étape de choix.

32 chambres – 🚹50/100 € 🚹🚹60/120 € – ☕10 €

Plan : B1-v – *277 av. de Lattre-de-Tassigny – ✆ 02 51 75 07 10 – www.hotel-des-dunes.com*

BAUME-LES-DAMES

✉ 25110 (Doubs) – 5 291 hab. – Alt. 280 m – Carte régionale n° **9**-C2

Paris 440 km – Belfort 62 km – Besançon 30 km – Lure 45 km

Carte Michelin 321-I2 – Guide Vert Michelin Franche-Comté Jura

Hostellerie du Château d'As

CUISINE MODERNE • VINTAGE XXX Charmante atmosphère d'antan dans cette grande villa 1930 : décor bourgeois, rotonde, lustre en nacre... Aux commandes, deux frères signent à quatre mains une cuisine gastronomique soignée et savoureuse. Pour prolonger l'étape, des chambres spacieuses et fort bien tenues.

Menu 29 € 🍷 (déj. en semaine), 32/78 € – Carte 51/68 €

7 chambres – 🚹82/125 € 🚹🚹82/125 € – ☕12 €

24 r. Château-Gaillard – ✆ 03 81 84 00 66 – www.chateau-das.fr – Fermé dim. soir, mardi midi et lundi

LES BAUX-DE-PROVENCE

✉ 13520 (Bouches-du-Rhône) - 465 hab. - Alt. 185 m - Carte régionale n° **22**-E1
Paris 712 km - Arles 20 km - Avignon 30 km - Marseille 86 km
Carte Michelin 340-D3 - Guide Vert Michelin Provence

dans le Vallon

✿✿ L'Oustau de Baumanière

CUISINE MODERNE • LUXE XXXXX La majesté de cette bastide du 16e s. n'interdit pas à l'assiette de briller : le chef concocte une cuisine d'inspiration provençale aux saveurs marquées, alternant plats historiques de la maison et modernité inspirée. À déguster aux beaux jours sur la superbe terrasse ombragée, face aux Alpilles.

➜ Grosses langoustines, pâte à pâte au basilic et crème de parmesan à l'huile d'olive. Gigot d'agneau de lait piqué d'ail et d'anchois, gratin dauphinois. Mille-feuille tradition Baumanière à la vanille de Madagascar.

Menu 90 € (déj. en semaine), 130/210 € - Carte 135/185 €

- ✆ 04 90 54 33 07 - www.oustaudebaumaniere.com - Fermé 3 janv.-2 mars, mardi soir en nov. et déc., merc. et jeudi du 1er nov. au 15 avril

rte de Maussane Sud-Est par D27

La Table

CUISINE MODERNE • ÉLÉGANT XXX Au sein du luxueux Domaine de Manville, une table soignée, rendant un vibrant hommage à la tradition régionale - comment pourrait-il en être autrement sur ces terres privilégiées, au pied des Alpilles et des Baux ? La terrasse, sous des platanes centenaires, est tout simplement délicieuse... Carte plus simple au Bistrot, à midi.

Menu 85/125 € 🍷 - Carte 90/118 €

Hôtel Domaine de Manville, au golf - ✆ 04 90 54 40 20 - www.domainedemanville.fr - Fermé 4-11 janv., mardi hors saison, lundi et le midi

Domaine de Manville

SPA ET BIEN-ÊTRE • CONTEMPORAIN Dans un ravissant vallon situé entre les Baux-de-Provence et Maussane-les-Alpilles, cet ancien domaine agricole a été magnifiquement reconverti : golf 18 trous, vastes chambres luxueuses, piscine, cinéma privé et spa... L'alliance du luxe, des vieilles pierres et de la nature provençale.

26 chambres - †235/850 € ††235/850 € - 4 suites - ☕ 28 €

au golf - ✆ 04 90 54 40 20 - www.domainedemanville.fr - Fermé 4-11 janv.

La Table - voir les restaurants ci-dessus

rte d'Arles Sud-Ouest par D27

La Cabro d'Or

CUISINE PROVENÇALE • MÉDITERRANÉEN XXX Un site superbe, avec une terrasse à l'ombre de mûriers-platanes et une jolie vue sur ces éperons rocheux qui ont fait la célébrité de la cité et de ses environs... Une adresse enchanteresse.

Formule 32 € - Menu 58 € 🍷 (déj. en semaine)/83 € - Carte 112/118 €

Hôtel Baumanière, à 1 km - ✆ 04 90 54 33 07 - www.lacabrodor.com - Fermé 3 janv.-2 mars, mardi soir en nov. et déc., merc. et jeudi de nov. à avril

Baumanière

LUXE • CLASSIQUE L'Oustau, la Guigou, le Manoir, la Flora et la Carita : cinq demeures provençales composent ce domaine exceptionnel, situé aux pieds des rochers qui conduisent au Val d'enfer. Les chambres y sont confortables et raffinées ; on profite aussi d'un beau jardin avec piscine et spa. Mythique !

45 chambres - †200/990 € ††200/990 € - 10 suites - ☕ 28 € - ½ P

à 1 km - ✆ 04 90 54 33 07 - www.oustaudebaumaniere.com - Fermé 3 janv.-2 mars

La Cabro d'Or - voir les restaurants ci-dessus

Mas de l'Oulivié

TRADITIONNEL • PERSONNALISÉ Bienvenue dans un mas qui voit la vie en... vert ! Les propriétaires utilisent autant que possible des produits écolo et locaux : mobilier de piscine créé à Maussane-les-Alpilles, savon de bain à l'huile des Baux, etc.

25 chambres - 117/660 € 117/660 € - 2 suites - 18 €

Les Arcoules, à 2 km, par D78F - ✆ 04 90 54 35 78 - www.masdeloulivie.com - Ouvert 1er avril-12 nov.

Benvengudo

TRADITIONNEL • MÉDITERRANÉEN Dans son beau jardin paysager, cette bastide et son annexe "côté jardin" dissimulent des chambres d'inspiration provençale, aussi jolies que confortables. Cuisine régionale au restaurant.

20 chambres - 165/365 € 195/430 € - 8 suites - 18 € - ½ P

Vallon de l'Arcoule, à 2 km, par D78F - ✆ 04 90 54 32 54 - www.benvengudo.com - Ouvert 1er avril-1er nov.

BAVAY

✉ 59570 (Nord) - 3 435 hab. - Alt. 148 m - Carte régionale n° **16**-D2

Paris 229 km - Avesnes-sur-Helpe 24 km - Lille 79 km - Maubeuge 15 km

Carte Michelin 302-K6

Le Bagacum

CUISINE TRADITIONNELLE • AUBERGE XX Bagacum : le nom de la cité romaine devenue... Bavay. Pas étonnant que cette jolie grange du 19e s., rustique et joliment champêtre, cultive le goût de la belle tradition.

Menu 28 € (déj. en semaine), 36/54 € - Carte 43/60 €

r. d'Audignies - ✆ 03 27 66 87 00 - www.bagacum.com - Fermé dim. soir, mardi soir, merc. soir, jeudi soir et lundi sauf fériés

BAVELLA (COL DE) - 2A (Corse-du-Sud) ➜ Voir Corse

BAYARD (COL) - 05 (Hautes-Alpes) ➜ Voir Col Bayard

BAYEUX

✉ 14400 (Calvados) - 13 674 hab. - Alt. 50 m - Carte régionale n° **17**-B2

Paris 265 km - Caen 31 km - Cherbourg 95 km - Flers 69 km

Carte Michelin 303-H4 - Guide Vert Michelin Normandie Cotentin

L'Angle Saint-Laurent

CUISINE MODERNE • CONVIVIAL XX Un cadre plein de fraîcheur, à l'angle des rues St-Laurent et des Bouchers : pierres apparentes, poutres peintes, éclairage tamisé. Les produits de la région ont la part belle à la carte (cochon de Bayeux, huîtres normandes...), à travers des recettes savoureuses, originales et joliment ficelées. Voilà un Angle au carré !

Formule 16 € - Menu 30/52 € - Carte 42/62 €

Plan : B2-b - *2 r. des Bouchers - ✆ 02 31 92 03 01 - www.langlesaintlaurent.com - Fermé vacances de fév., dim. soir hors saison, sam. midi, dim. midi et lundi*

La Rapière

CUISINE MODERNE • RUSTIQUE XX Cette maison du 15e s., nichée dans une ruelle pittoresque, s'est forgée une solide réputation. Poissons ruisselant de fraîcheur, belles spécialités normandes ou incursions dans un registre plus ensoleillé, le tout servi dans un restaurant au cadre rajeuni : en garde !

Formule 16 € - Menu 30/52 € - Carte 37/66 €

Plan : B2-p - *53 r. St-Jean - ✆ 02 31 21 05 45 (réservation conseillée) - www.larapiere.net - Fermé 16-24 avril, 16-24 juil., 16-27 sept., 15-30 janv., lundi sauf le soir de juin à oct., merc. midi et dim.*

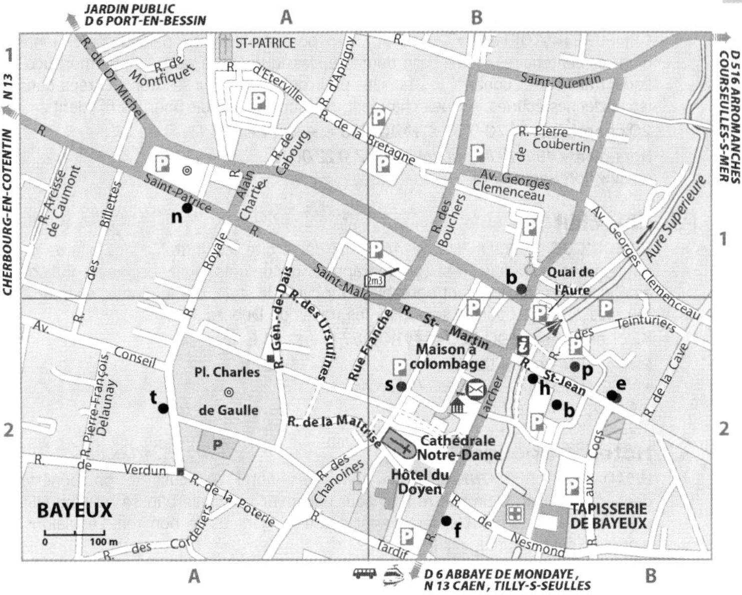

Le Lion d'Or

CUISINE TRADITIONNELLE • CONVIVIAL Le Lion d'Or menaçait de s'endormir pour de bon... Un nouveau couple de propriétaires s'attache à lui donner une seconde jeunesse. Le chef travaille les produits du terroir normand de belle manière, faisant preuve d'une bonne maîtrise des cuissons et des assaisonnements. Une vraie renaissance !

Formule 15 € – Menu 18 € (déj. en semaine), 29/59 € – Carte 54/67 €

Plan : B2-e – *Hôtel Le Lion d'Or, 71 r. St-Jean*
– 02 31 92 06 90 – www.liondor-bayeux.fr
– Fermé 23 déc.-12 janv., lundi de mi-nov. à mi-mars, dim. soir en hiver et sam. midi

Le Pommier

CUISINE TRADITIONNELLE • COSY Un Pommier très normand ! Dans un joli décor de pierres et colombages, très frais, on déguste un velouté de crustacés à la crème fraîche d'Isigny, des tripes à la mode de Caen, un foie gras à la pomme, etc. Pour ne pas se lasser du goût de la région.

Formule 18 € – Menu 25/35 € – Carte 28/52 €

Plan : B2-s – *40 r. des Cuisiniers – 02 31 21 52 10*
– www.restaurantlepommier.com

Villa Lara

LUXE • COSY Cet hôtel récent se trouve à deux pas de la célèbre Tapisserie de Bayeux. Les chambres y sont raffinées et donnent toutes sur la cathédrale. Luxe discret et sens du détail concourent à faire de cette adresse l'un des meilleurs établissements de la ville. Copieux petit-déjeuner.

23 chambres – 190/300 € 190/530 € – 5 suites – 23 €

Plan : B2-b – *6 pl. de Québec*
– 02 31 92 00 55 – www.hotel-villalara.com
– Ouvert de mars à nov.

Château de Bellefontaine

DEMEURE HISTORIQUE • CLASSIQUE Aux portes de Bayeux, dans un parc planté d'arbres centenaires, cette belle demeure classique (18e s.) distille charme bucolique, fraîcheur et confort. Les familles pourront opter pour les duplex créés dans les anciennes écuries. Accueil charmant, restauration le soir pour les résidents.

20 chambres – 70/150 € 90/210 € – 14 € – ½ P

Hors plan – *49 r. Bellefontaine – 02 31 22 00 10 – www.hotel-bellefontaine.com*

Churchill

HISTORIQUE • PERSONNALISÉ Au cœur de la cité, cet hôtel a des allures de petit musée du 6 juin 1944 (photographies, documents, etc.). Les lieux ont une âme et les prestations sont agréables : mobilier de style, bar lumineux, chambres feutrées... Parfait pour un séjour sur les traces du Débarquement.

32 chambres – 90/120 € 110/187 € – 14 €

Plan : B2-h – *pl. de Québec – 02 31 21 31 80 – www.hotel-churchill.fr – Ouvert de mi-fév. à nov.*

Hôtel d'Argouges

HISTORIQUE • PERSONNALISÉ Un style très hôtel particulier ; on pénètre dans une cour en plein centre-ville pour découvrir une belle bâtisse blanche (18e s.) et son jardin fleuri. L'ensemble est cossu, élégant et de bon ton. Les salons, d'origine, sont magnifiques !

28 chambres – 75/115 € 85/245 € – 14 €

Plan : A1-n – *21 r. St-Patrice – 02 31 92 88 86 – www.hotel-dargouges.com – Fermé déc.-janv.*

Le Lion d'Or

TRADITIONNEL • VINTAGE Un porche, une cour pavée ; vous voilà prêt pour un saut dans le passé. Dans le salon trônent dédicaces et portraits des personnalités passées ici... Les clients d'aujourd'hui apprécient le calme, le restaurant et les chambres, sobres et confortables. Un établissement de tradition, au cœur de la première ville libérée de France.

30 chambres – 69/199 € 69/229 € – 1 suite – 13 € – ½ P

Plan : B2-e – *71 r. St-Jean – 02 31 92 06 90 – www.liondor-bayeux.fr*

Le Lion d'Or – voir les restaurants ci-dessus

Le Petit Matin

TRADITIONNEL • PERSONNALISÉ Cet hôtel particulier des 17e et 18e s. fait face aux superbes alignements de tilleuls de la place Charles-de-Gaulle – classés monuments naturels en 1932 ! La demeure allie beaux volumes et décors soignés ; les chambres, avec leur plancher de bois et leurs murs pastel, sont très reposantes... jusqu'au petit matin.

5 chambres – 75/95 € 80/120 €

Plan : A2-t – *9 r. des Terres (pl. Charles-de-Gaulle) – 02 31 10 09 27 – www.chambres-hotes-bayeux-lepetitmatin.com*

Tardif Noble Guesthouse

HISTORIQUE • CLASSIQUE Amoureux de demeures historiques, cette adresse est pour vous ! Un parc aux arbres centenaires, une architecture remarquable (18e s.), le tout près de la belle cathédrale. Une maison très reposante, avec un cachet certain.

5 chambres – 75/185 € 95/205 €

Plan : B2-f – *57 r. Larcher – 02 31 92 67 72 – www.hoteltardif.com*

rte de Port-en-Bessin 3 km au Nord-Ouest

✿ Château de Sully

CUISINE MODERNE • COSY XXX Dans le cadre classique et élégant de ce château du 18e s., on cultive le goût de la nature avec sensibilité : produits locaux – souvent bio –, créativité mesurée, finesse et harmonie... au rythme des saisons et de leurs caprices.
➜ Aile de raie et langue de bœuf en vinaigrette piquante, câpres, poireau et radis, crème d'ail et de sauge. Pigeonneau rôti et fumé au foin, réduction de vin épicé, courgette et croquant noisette. Gâteau de rhubarbe, tuile croquante au fenouil.

Menu 59/109 € – Carte 82/97 €

Hôtel Château de Sully, rte de Port-en-Bessin ✉ 14400 Bayeux – ✆ 02 31 22 29 48 (réservation conseillée) – www.chateau-de-sully.com – Fermé 15 nov.-7 fév. et le midi sauf dim.

Château de Sully

DEMEURE HISTORIQUE • CLASSIQUE De lourdes grilles, une grande allée ; une très belle entrée en matière pour ce château du 18e s. plein de charme. Les chambres cultivent un luxe discret et l'on aime à flâner sous les frondaisons du parc. Piscine, jacuzzi... Histoire et détente !

21 chambres – †179/299 € ††179/299 € – 2 suites – ☕ 21 € – ½ P

rte de Port-en-Bessin ✉ 14400 Bayeux – ✆ 02 31 22 29 48 – www.chateau-de-sully.com – Fermé 15 nov.-7 fév.

✿ **Château de Sully** – voir les restaurants ci-dessus

à Audrieu 13 km au Sud-Est par D6 – ✉ 14250 – 1 039 hab. – Alt. 71 m

Le Séran

CUISINE MODERNE • LUXE XXX Murs recouverts de boiseries, poutres et chaises d'époque : bienvenue en ce château du siècle des Lumières, pour un voyage gastronomique empreint de la noblesse des produits de la région. Créativité et vins de choix sont également au rendez-vous.

Menu 65/95 € – Carte 72/90 €

Hôtel Château d'Audrieu – ✆ 02 31 80 21 52 – www.chateaudaudrieu.com – Fermé 15 déc.-1er mars et le midi sauf week-end et fériés

Château d'Audrieu

DEMEURE HISTORIQUE • GRAND LUXE Superbe ! Un château du 18e s., classé monument historique, rénové dans l'esprit de l'époque, au sein d'un parc ravissant. Jardin de fleurs blanches, de roses, d'herbes... Un raffinement intemporel, modèle de l'art de vivre à la française.

29 chambres – †264/539 € ††264/1199 € – 5 suites – ☕ 26 €

– ✆ 02 31 80 21 52 – www.chateaudaudrieu.com – Fermé 15 déc.-1er mars

Le Séran – voir les restaurants ci-dessus

BAYONNE

✉ 64100 (Pyrénées-Atlantiques) – 45 855 hab. – Agglo. 226 811 hab. – Alt. 3 m
– Carte régionale n° **2**-A3
Paris 765 km – Bordeaux 183 km – Biarritz 9 km – Pamplona 109 km
Carte Michelin 342-D2 – Guide Vert Michelin Pays Basque et Navarre

Accès et sorties : voir à Biarritz.

Auberge du Cheval Blanc

CUISINE CLASSIQUE • ÉLÉGANT XX Ce relais de poste du 18e s. est tenu par la même famille depuis 1959. La salle arbore les couleurs blanc et rouge du Pays basque... et la cuisine revisite le répertoire régional, avec la complicité de bons produits bayonnais (sel, jambon, chocolat, irouléguy, etc.).

Menu 25 € (semaine), 46/84 € – Carte 55/70 €

Plan : B2-b – *68 r. Bourgneuf – ✆ 05 59 59 01 33 – www.cheval-blanc-bayonne.com – Fermé 26 juin-6 juil., 26-30 juil., sam. midi, dim. soir et lundi*

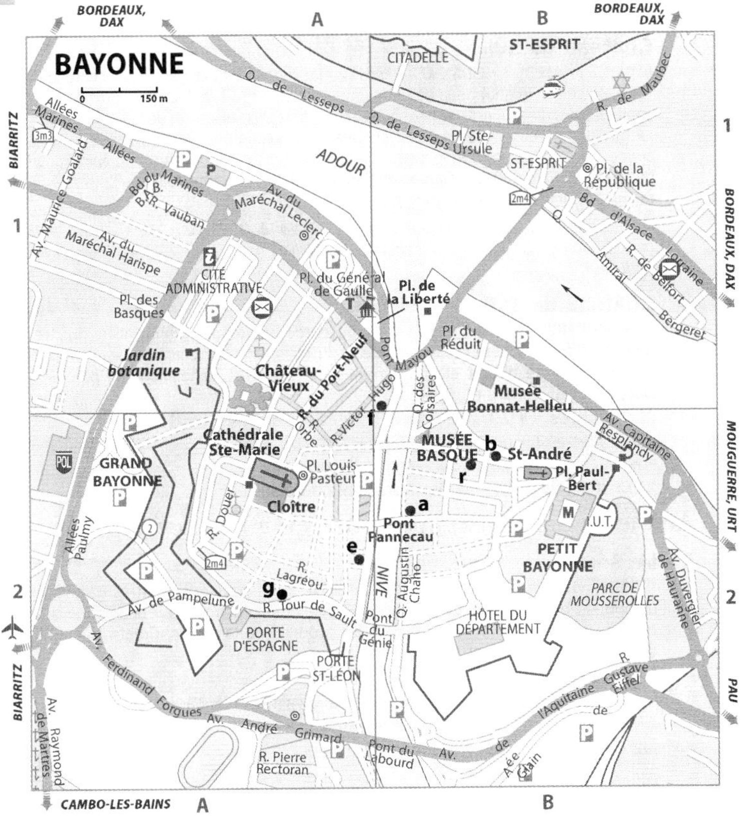

François Miura

CUISINE MODERNE • CONVIVIAL Dans le vieux Bayonne, une cuisine du marché simple et goûteuse, qui a ses aficionados. Copieuses et bien ficelées, les assiettes combinent modernité et authenticité. Comme le décor : des voûtes en pierres et briques alliées à un mobilier contemporain.

Menu 23/34 € – Carte 50/65 €

Plan : B2-r – *24 r. Marengo – ✆ 05 59 59 49 89 – Fermé mars, 1 semaine en juil., 24 déc.-2 janv., dim. soir et merc.*

La Table de Pottoka

CUISINE DU SUD-OUEST • BRANCHÉ Après le succès de son Pottoka parisien (dans le 7e arrondissement), le chef revient à ses racines bayonnaises. Il compose des plats de bistrot inspirés du meilleur de la production du Sud-Ouest, dont la poitrine de cochon crousti-fondante pourrait devenir l'ambassadrice ! Peut-être la meilleure adresse de la ville.

Formule 20 € – Menu 25 € (déj. en semaine), 35/45 €

Plan : B1-f – *21 quai Amiral-Dubourdieu – ✆ 05 59 46 14 94 – www.pottoka.fr – Fermé 3 semaines en août et dim.*

L'Embarcadère

CUISINE MODERNE · RUSTIQUE En bord de Nive, le long d'un quai dont les terrasses font le bonheur des passants, on est accueilli avec gentillesse dans cet embarcadère gourmand. Aux fourneaux, un jeune chef et son beau-père réalisent une cuisine dans l'air du temps, où le poisson a la part belle. N'hésitez pas à embarquer...

Carte 30/45 €

Plan : A2-e - *15 quai A.-Jauréguiberry - ✆ 05 59 25 60 13 - Fermé 2 semaines en janv., 1 semaine en oct., dim. soir sauf juil.-août et lundi*

La Grange

CUISINE TRADITIONNELLE · RUSTIQUE Vieilles pierres, tresses de piments et objets chinés créent une atmosphère d'antan au cœur de la ville... On déguste ici une savoureuse cuisine du marché et quelques spécialités de bistrot à l'accent basque. L'été, profitez de la terrasse sous les arcades, au bord de la Nive. Accueil et service aux petits soins.

Menu 25/40 € - Carte 50/60 €

Plan : B2-a - *26 quai Galuperie - ✆ 05 59 46 17 84 - Fermé dim.*

Hôtel des Basses Pyrénées

HISTORIQUE · COSY Cet hôtel, entièrement décoré par sa propriétaire - dont c'est la passion -, ne manque pas de cachet ! Il est construit sur une partie de rempart datant de l'époque gallo-romaine, et aménagé dans un esprit alliant le classique (mobilier vintage) et le contemporain.

27 chambres - 75/110 € 85/380 € - 14 € - ½ P

Plan : A2-g - *12 r. Tour-de-Salt - ✆ 05 59 25 70 88 - www.hotel-bassespyrenees-bayonne.com*

La Villa Hôtel

MAISON DE MAÎTRE · PERSONNALISÉ Au calme dans son jardin d'inspiration italienne, cette maison de maître offre une jolie vue sur la Nive et les Pyrénées. On s'y repose dans de belles chambres à la décoration soignée, pourvues de meubles anciens chinés. Idéal pour une escapade au Pays basque.

10 chambres - 70/230 € 70/230 € - 12 €

Hors plan - *12 chemin de Jacquette - ✆ 05 59 03 01 20 - www.bayonne-hotel-lavilla.com*

BAZAS

33430 (Gironde) - 4 720 hab. - Alt. 70 m - Carte régionale n° **2**-B2

Paris 637 km - Agen 84 km - Bergerac 105 km - Bordeaux 62 km

Carte Michelin 335-J8 - Guide Vert Michelin Aquitaine

Les Remparts

CUISINE MODERNE · DESIGN Les Remparts, un restaurant traditionnel ? Que nenni ! L'équipe en place, très enthousiaste, fait régner un vent de fraîcheur en cuisine. La carte est courte mais les produits très frais et l'on est servi avec le sourire !

Formule 17 € - Menu 28/89 € - Carte 54/80 €

49 pl. de la Cathédrale (Espace Mauvezin) - ✆ 05 56 25 95 24 - www.restaurant-les-remparts.com - Fermé dim. soir, lundi et mardi sauf juil.-août

à Bernos-Beaulac 6 km au Sud par D932 - 33430 - 1 171 hab. - Alt. 66 m

Dousud

FAMILIAL · PERSONNALISÉ Un nom tout trouvé pour cette jolie ferme landaise, au cœur d'un parc de 9 ha où trottent des chevaux. Les chambres, très douillettes, ont toutes une terrasse et, le soir, la propriétaire concocte une cuisine traditionnelle simple et saine. Un lieu charmant, idéal pour se mettre au vert en toute quiétude et à prix... doux !

5 chambres - 70/95 € 85/95 €

au Doux Sud - ✆ 05 56 25 43 23 - www.dousud.fr

BAZINCOURT-SUR-EPTE - 27 (Eure) → Voir Gisors

BAZOUGES-LA-PÉROUSE

✉ 35560 (Ille-et-Vilaine) - 1 844 hab. - Alt. 106 m - Carte régionale n° **5**-D2
Paris 376 km - Fougères 34 km - Rennes 45 km - Saint-Malo 53 km
Carte Michelin 309-M4 - Guide Vert Michelin Bretagne Nord

Château de la Ballue

DEMEURE HISTORIQUE • CLASSIQUE De superbes jardins d'esprit baroque et à la française entourent ce château du 17e s., dont les grandes chambres se révèlent raffinées : hauteur sous plafond, boiseries d'époque, mobilier ancien. N'oublions pas la superbe piscine avec son jardin zen... et la mare aux canards.

5 chambres - 190/210 € 210/305 € - 20 €

4 km au Nord-Est par D91 et rte secondaire - ✆ 02 99 97 47 86 - www.la-ballue.com

LE BEAUCET - 84 (Vaucluse) → Voir Carpentras

BEAUCHAMPS

✉ 50320 (Manche) - 371 hab. - Alt. 120 m - Carte régionale n° **17**-A2
Paris 323 km - Caen 92 km - St-Lô 57 km
Carte Michelin 303-D7

Les Sens à Scion

CUISINE MODERNE • AUBERGE XX Impossible de manquer cette imposante maison en pierre de pays, installée... en bordure de rond-point. Le chef, pâtissier de formation, multiplie les clins d'œil au terroir – queue de lotte à la sauce cidre et crème, turbot rôti et émulsion à l'andouille... et propose, évidemment, de délicieux desserts !

Formule 15 € - Menu 24 € (semaine), 32/50 € - Carte 42/52 €

8 Le Scion - ✆ 02 33 50 80 54 - Fermé dim. soir, merc. soir et lundi

BEAUCOUZÉ - 49 (Maine-et-Loire) → Voir Angers

BEAUGENCY

✉ 45190 (Loiret) - 7 501 hab. - Alt. 99 m - Carte régionale n° **6**-C2
Paris 152 km - Blois 35 km - Châteaudun 42 km - Orléans 31 km
Carte Michelin 318-G5 - Guide Vert Michelin Châteaux de la Loire

Le P'tit Bateau

CUISINE MODERNE • AUBERGE XX Un jeune couple plein d'allant a pris le gouvernail de ce P'tit Bateau où il signe à quatre mains de bien jolies recettes : tout est généreux, précis, présenté avec soin et savoureux. À noter : le sympathique patio pour un repas à l'air libre. Une maison qui respire l'envie de bien faire !

Formule 35 € - Menu 42/75 € - Carte environ 56 €

Plan : B1-u - *54 r. du Pont - ✆ 02 38 44 56 38 - www.restaurant-lepetitbateau.fr - Fermé lundi et mardi*

L'Écu de Bretagne

TRADITIONNEL • CLASSIQUE Au cœur de la cité médiévale, cet ancien relais de poste du 17e s. attire encore les voyageurs ! Les chambres, récemment rénovées, sont confortables et joliment décorées. Un petit jardin et une piscine chauffée sont à la disposition des clients.

33 chambres - 94/165 € 94/165 € - 12 €

Plan : A2-n - *pl. du Martroi - ✆ 02 38 44 67 60 - www.ecudebretagne.fr*

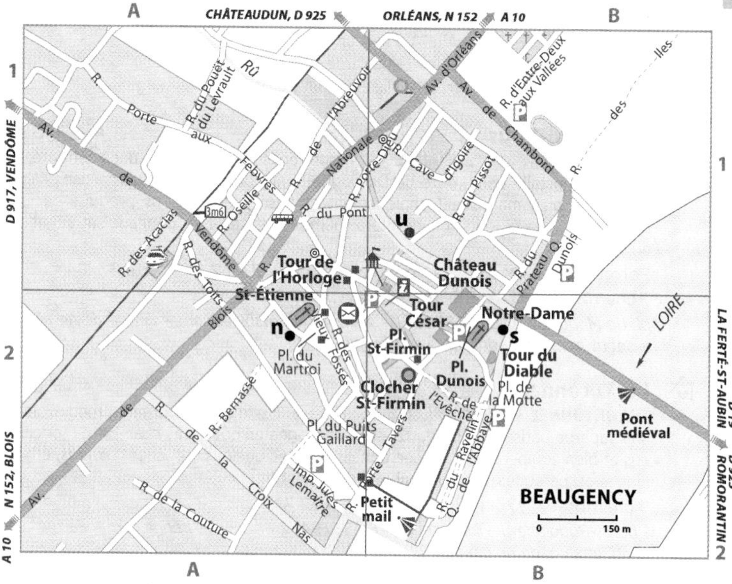

Grand Hôtel de l'Abbaye

TRADITIONNEL • HISTORIQUE En bord de Loire, une véritable demeure historique que cette ancienne abbaye des 12e-17e s. Vieilles pierres, escalier monumental, tomettes, mobilier de style... et de belles chambres aménagées dans les anciennes cellules des moines !

19 chambres – 79/169 € 89/229 € – 16 €

Plan : B2-s – *2 quai de l'Abbaye – 02 38 45 10 10*
– www.grandhoteldelabbaye.com – Fermé 13-26 nov.

à Tavers 3 km à l'Ouest par A10, E5 et E60 – 45190 – 1 344 hab. – Alt. 100 m

La Tonnellerie

TRADITIONNEL • CLASSIQUE Cette maison de 1870 est bourrée de charme. Tout le mérite en revient à ses propriétaires, qui ont réussi leur pari initial : offrir tout le confort moderne (isolation et équipements des chambres) en préservant le charme classique des lieux. Agréable jardin avec piscine.

16 chambres – 75/165 € 75/165 € – 2 suites – 12 €

12 r. des Eaux-Bleues (près de l'église) – 02 38 44 68 15
– www.latonnelleriehotel.com – Fermé de mi-déc. à mi-janv.

BEAULIEU

07460 (Ardèche) – 469 hab. – Alt. 130 m – Carte régionale n° **23**-A3
Paris 668 km – Alès 40 km – Aubenas 39 km – Largentière 29 km
Carte Michelin 331-H7

La Santoline

AUBERGE • PERSONNALISÉ Une bâtisse du 16es. entourée par la garrigue cévenole, dont les chambres sont décorées de meubles chinés et d'objets glanés au fil de voyages. Et à 900 m de là, le restaurant la Carabasse propose une cuisine du marché sous cave voûtée... N'hésitez pas à faire un petit plongeon dans la piscine.

5 chambres – 115/180 € 115/180 € – 13 €

Lieu-dit Bouchet, 1 km au Sud-Est de Beaulieu – 04 75 39 01 91
– www.lasantoline.com – Ouvert mai-sept.

BEAULIEU-SUR-DORDOGNE

✉ 19120 (Corrèze) - 1 193 hab. - Alt. 142 m - Carte régionale n° **13**-C3
▶ Paris 513 km - Aurillac 65 km - Brive-la-Gaillarde 44 km - Figeac 56 km
Carte Michelin 329-M6 - Guide Vert Michelin Limousin Berry

Les Flots Bleus

CUISINE MODERNE • TENDANCE XX Un bon repas en perspective dans cet hôtel-restaurant installé en bordure de Dordogne : on y propose une cuisine dans l'air du temps, bien maîtrisée techniquement et basée sur de bons produits de la région. Aux beaux jours, on profitera même de la terrasse donnant sur l'église du village.

Formule 16 € - Menu 21 € (déj. en semaine), 27/52 € - Carte 33/84 €
7 chambres - 74/85 € 74/85 € - 10 €
pl. du Monturu - ✆ 05 55 91 06 21 - www.hotel-flotsbleus.com - Fermé de fin nov. à début mars et lundi sauf le soir en juil.-août

Le Turenne

TRADITIONNEL • PERSONNALISÉ Dans cette charmante bourgade médiévale, une superbe bâtisse datant du 12e s., réaménagée en hôtel. Les chambres, modernes et bien équipées, ont été personnalisées avec quelques touches colorées, ethniques ou baroques... et l'ensemble a du cachet !

9 chambres - 73/145 € 73/145 € - 10 €
1 bd St-Rodolphe-de-Turenne - ✆ 05 55 91 94 72 - www.leturenne.com - Fermé vend. et sam. de nov. à fév.

à Brivezac 4 km rte d'Argentat par D940, D12 et rte secondaire - ✉ 19120 - 175 hab. - Alt. 140 m

Château de la Grèze

DEMEURE HISTORIQUE • PERSONNALISÉ Quel calme... Entourée d'un parc, cette élégante demeure du 18e s. abrite des chambres spacieuses au décor soigné ; les tissus d'Indienne fleurissent sur les murs et la vue sur la vallée est imprenable. Piscine, promenades à pied, à cheval ou à vélo (à disposition), dîners à la table d'hôte : une vraie vie de gentilhomme.

5 chambres - 90/117 € 105/132 €
- ✆ 05 55 91 08 68 - www.chateaudelagreze.com - Ouvert 15 mars-16 nov.

BEAULIEU-SUR-LAYON

✉ 49750 (Maine-et-Loire) - 1 421 hab. - Alt. 85 m - Carte régionale n° **18**-C2
▶ Paris 316 km - Angers 25 km - Nantes 95 km - Niort 176 km
Carte Michelin 317-F5

Château Soucherie

DEMEURE HISTORIQUE • PERSONNALISÉ Sur les coteaux du Layon, un château au cœur d'un domaine viticole de 28 ha. Dans les chambres, raffinées à souhait, mobilier ancien et confort moderne se conjuguent à merveille ! Le plus : une visite de la propriété, avec dégustation, est proposée aux nouveaux arrivants. Une belle adresse.

4 chambres - 95/115 € 115/135 €
2,5 km au Nord-Ouest par D54 et D209 - ✆ 02 41 78 31 18 - www.domaine-de-la-soucherie.fr - Fermé dim. d'oct. à mai et fériés

BEAULIEU-SUR-MER

✉ 06310 (Alpes-Maritimes) - 3 764 hab. - Carte régionale n° **22**-E2
▶ Paris 935 km - Menton 20 km - Monaco 10 km - Nice 8 km
Carte Michelin 341-F5 - Guide Vert Michelin Côte d'Azur

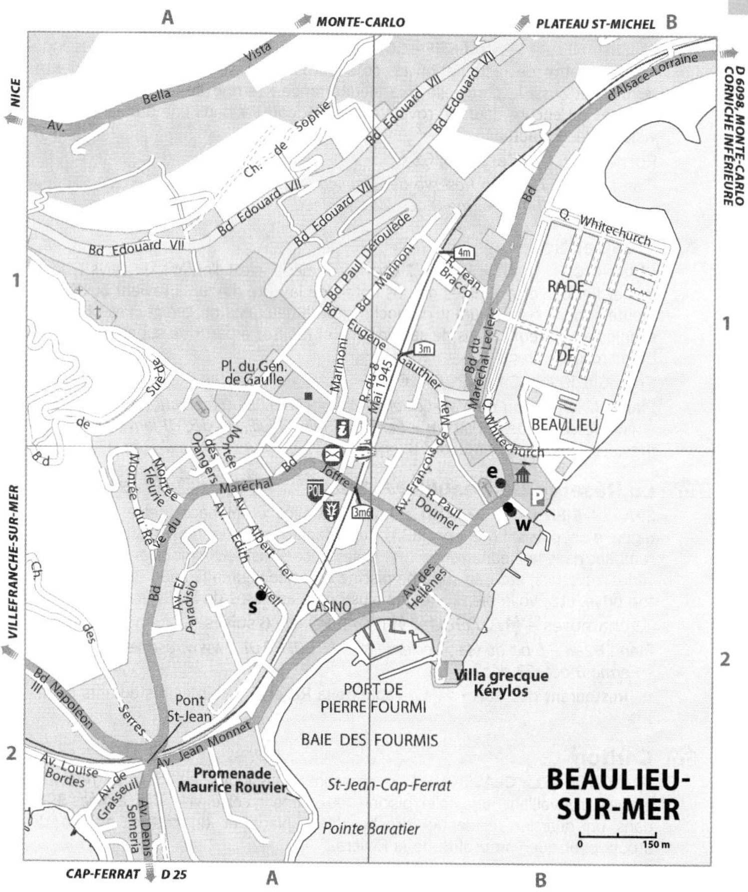

✿ Restaurant des Rois

CUISINE MODERNE • LUXE XXXX Au pied de ce véritable palais de bord de mer, une superbe terrasse face à la Méditerranée et, en guise de salle, une longue galerie au faste classique, ouverte sur les flots... Un superbe écrin pour une cuisine cultivant la délicatesse et la générosité avec une maestria particulière !

➜ Mystère de l'œuf en neige, brioche croustillante et jus de truffe crémé. Loup sauvage en écailles soufflées, flambé au pastis, tartare de fenouil bio. Citron de l'arrière-pays à notre façon.

Menu 155/235 € – Carte 180/250 €

Plan : B2-w – *Hôtel La Réserve de Beaulieu & Spa, 5 bd du Mar.-Leclerc*
– ✆ 04 93 01 00 01 – www.reservebeaulieu.com
– Fermé 8 oct.-22 déc. et le midi

À la réservation, faites-vous bien préciser le prix et la catégorie de la chambre.

La Table de la Réserve

CUISINE MÉDITERRANÉENNE • CONVIVIAL Cette Table apporte un plus indéniable à l'offre de restauration de ce superbe établissement. La carte, orientée terroir, fait aussi la part belle à la Méditerranée : terrine de lapin, cannelloni de légumes ou encore daurade royale rôtie... À déguster dans une ambiance conviviale et décontractée.

Formule 25 € - Carte 45/65 €

Plan : B2-w - *Hôtel La Réserve de Beaulieu & Spa, 5 bd du Mar.-Leclerc - 04 93 01 00 01 - Fermé 8 oct.-22 déc., jeudi midi, lundi, mardi et merc.*

L'eSCentiel

CUISINE CLASSIQUE • SIMPLE Charles Séméria, c'est l'enfant du pays : berlugan et fier de l'être. Fini les grands hôtels de la Côte d'Azur, il revient aux fondamentaux dans ce restaurant de poche situé à deux pas du centre. Les plats sont simples et goûteux, pleins de savoir-faire, et réalisés à partir de superbes produits du marché : un régal !

Formule 19 € - Carte 29/48 €

Plan : B2-e - *26 bd du Mar.-Leclerc - 04 93 01 17 33 (réservation conseillée) - www.lescentielbeaulieu.com - Fermé 23 juin-13 juil., 24 déc.-11 janv., mardi soir, merc. soir, dim. midi et jeudi*

La Réserve de Beaulieu & Spa

SPA ET BIEN-ÊTRE • GRAND LUXE Entre Nice et Monaco, cette architecture digne d'un palais florentin (1880) se détache magnifiquement sur les falaises tombant dans la Méditerranée... Avec ses décors fastueux (mobilier ancien, tapisseries, boiseries, etc.), sa superbe piscine en balcon sur la Grande Bleue, son ponton privé, etc., voilà bien l'une des plus belles adresses de la Riviera !

33 chambres - 170/1980 € 170/1980 € - 6 suites - 40 € - ½ P

Plan : B2-w - *5 bd du Mar.-Leclerc - 04 93 01 00 01 - www.reservebeaulieu.com - Fermé 8 oct.-22 déc.*

Restaurant des Rois • **La Table de la Réserve** - voir les restaurants ci-dessus

Carlton

TRADITIONNEL • CLASSIQUE Des chambres classiques au charme rétro, un accueil bienveillant, une jolie piscine, du calme : cette villa des années 1930, dans un quartier résidentiel proche de la plage et du casino, a bien des atouts pour que l'on profite de la Riviera !

34 chambres - 67/235 € 67/235 € - 12 €

Plan : A2-s - *7 av. Edith-Cavell - 04 93 01 44 70 - www.carlton-beaulieu.com - Fermé 29 janv. - 7 mars*

Voir aussi ressources hôtelières à ***St-Jean-Cap-Ferrat***

BEAUMARCHÉS

32160 (Gers) - 679 hab. - Alt. 175 m - Carte régionale n° **15**-A2

Paris 755 km - Agen 108 km - Mont-de-Marsan 65 km - Pau 64 km

Carte Michelin 336-C8

à Cayron 5 km à l'Est par D946 - 32230

Relais du Bastidou

FAMILIAL • À LA CAMPAGNE Calme garanti dans cette ancienne ferme isolée en pleine nature. Les chambres, installées dans la grange, sont joliment décorées dans un style champêtre. Sauna et jacuzzi. Cuisine du terroir, simple et plaisante, faisant honneur aux beaux produits du Gers.

8 chambres - 75/85 € 75/85 € - 10 € - ½ P

2 km au Sud par rte secondaire - 05 62 69 19 94 - www.le-relais-du-bastidou.com - Fermé 20 nov.-1er mars

BEAUMES-DE-VENISE - 84 (Vaucluse) → Voir Carpentras

BEAUMESNIL

✉ 27410 (Eure) - 562 hab. - Alt. 169 m - Carte régionale n° **17**-C2
Paris 137 km - Bernay 13 km - Dreux 69 km - Évreux 38 km
Carte Michelin 304-E7 - Guide Vert Michelin Normandie Vallée de la Seine

L'Étape Louis 13

CUISINE TRADITIONNELLE • **AUBERGE** Près du château de Beaumesnil, au superbe style Louis XIII, ce presbytère du 17e s. distille une ambiance intemporelle… Sous l'égide de ses jeunes propriétaires, il est idéal pour se mettre au parfum de la tradition normande : huîtres chaudes au camembert, soufflé léger au calvados, etc. Fraîcheur et saveurs sont au rendez-vous.

Formule 26 € - Menu 34/43 €

2 rte de la Barre-en-Ouche - ✆ 02 32 45 17 27 - www.etapelouis13.fr - Fermé lundi soir, mardi et merc. du 1er nov. au 31 mars

BEAUMONT-DU-PÉRIGORD

✉ 24440 (Dordogne) - 1 097 hab. - Alt. 160 m - Carte régionale n° **2**-C1
Paris 600 km - Agen 77 km - Bordeaux 125 km - Périgueux 71 km
Carte Michelin 329-F7 - Guide Vert Michelin Périgord Quercy

Le Coteau de Belpech

MAISON DE CAMPAGNE • **ROMANTIQUE** De quoi être aux anges… Sur un coteau, une chapelle romane du 11es. restaurée par un couple amoureux des vieilles pierres. Chambres soignées, dont l'une dans le clocher avec une vue à 360° ! Cuisine traditionnelle de qualité à la table d'hôte.

4 chambres - 106 € 115 €

au lieu-dit Belpech - ✆ 05 53 22 87 58 - www.coteau-belpech.com

BEAUMONT-EN-AUGE

✉ 14950 (Calvados) - 433 hab. - Alt. 90 m - Carte régionale n° **17**-A3
Paris 199 km - Caen 42 km - Deauville 12 km - Le Havre 49 km
Carte Michelin 303-M4 - Guide Vert Michelin Normandie Vallée de la Seine

Le P'tit Beaumont

CUISINE DU TERROIR • **BISTRO** Noblesse de l'attachement ! Les propriétaires de ce café, situé au centre du village, l'ont racheté pour ne pas le voir disparaître… Après travaux, le vieux troquet s'est mué en un bistrot branché, où l'on sert de bons plats canaille dans un décor mixant bois et métal. Cinq jolies chambres pour l'étape.

Menu 15 € (déj. en semaine)/22 €

5 chambres - 75/95 € 75/95 € - 10 €

20 r. du Paradis - ✆ 02 31 64 80 22 - www.leptitbeaumont.fr - Fermé 2 semaines début janvier, dimanche et le soir sauf vendredi et samedi

BEAUMONT-SUR-SARTHE

✉ 72170 (Sarthe) - 2 066 hab. - Alt. 76 m - Carte régionale n° **18**-D1
Paris 223 km - Alençon 24 km - La Ferté-Bernard 70 km - Mamers 25 km
Carte Michelin 310-J5

Auberge de la Croix Margot

CUISINE TRADITIONNELLE • **AUBERGE** Il ne faut pas hésiter à s'arrêter dans cette petite auberge située en bordure de route à la sortie de Beaumont ; deux frères jumeaux y sont à la manœuvre, réalisant une cuisine traditionnelle simple et goûteuse, qui privilégie les produits frais : volaille de Mayenne, canette de Challans…

Menu 26 € - Carte 36/52 €

122 av. de la Division-Leclerc - ✆ 02 43 34 13 59 - www.auberge-la-croix-margot.fr - Fermé 18 juil.-9 août, 3-18 janv., lundi soir, mardi et merc.

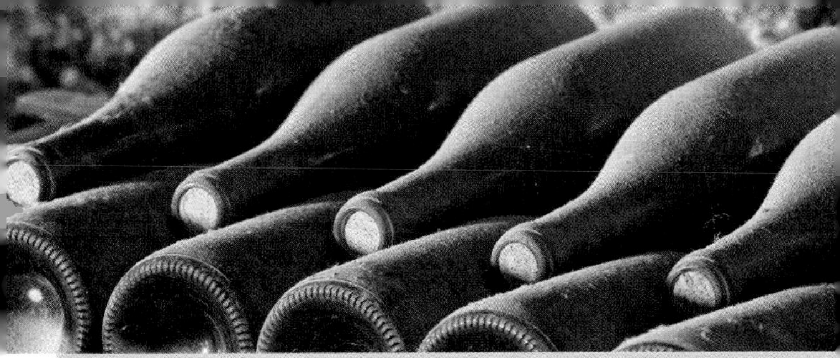

ON AIME...

Le Relais de Saulx, où Olivier Streiff fait chavirer les cœurs gourmands. **Bissoh**, le restaurant japonais dans toute sa splendeur ! Déguster les vins du domaine aux **Jardins de Loïs**, une charmante maison d'hôtes. Enfin, **Moutarde Fallot**, une authentique moutarderie bourguignonne...

BEAUNE

✉ 21200 (Côte-d'Or) - 21 806 hab. - Alt. 220 m - Carte régionale n° **4**-A3
Paris 308 km - Autun 49 km - Chalon-sur-Saône 29 km - Dijon 45 km
Carte Michelin 320-I7 - Guide Vert Michelin Bourgogne

Restaurants

Le Jardin des Remparts (Christophe Bocquillon)

CUISINE MODERNE · ÉLÉGANT XXX Dans cette élégante villa bourgeoise des années 1930, au pied des remparts, le jeune chef, Christophe Bocquillon, signe une cuisine tout en netteté et saveurs, où les meilleurs produits de saison dévoilent des accords originaux. Aux beaux jours, sachez que la terrasse est l'une des plus prisées de Beaune !

➜ Boule d'escargot de Bourgogne au beurre d'ail frit. Pièce de bœuf rôtie, soubise au vin rouge et purée de pomme de terre légère. Crémeux de cassis, petit sablé et glace au pain d'épice.

Menu 32 € (déj.), 65/85 € - Carte 80/105 €

Plan : A2-a - *10 r. Hôtel-Dieu - ✆ 03 80 24 79 41 - www.le-jardin-des-remparts.com - Fermé 22-30 déc., 2 janv.-6 fév., lundi sauf le soir en juil.-août et dim.*

Loiseau des Vignes

CUISINE CLASSIQUE · ÉLÉGANT XX La griffe "Loiseau" (sous la houlette de la maison mère de Saulieu), une belle carte des vins - avec un choix rare de 70 vins au verre -, un lieu au cachet sûr (poutres, pierres) et surtout des assiettes pleines de caractère : une multitude d'atouts pour cette bonne table au cœur de la gastronomie bourguignonne !

➜ Œufs en meurette façon Bernard Loiseau. Entrecôte de bœuf charolais du pays beaunois grillée, salade d'herbes et sauce gribiche aux pommes de terre. Chocolat noir abinao, crémeux praliné noisette, biscuit et cacao.

Formule 23 € - Menu 29 € (déj.), 59/119 € - Carte 95/215 €

Plan : A2-z - *31 r. Maufoux - ✆ 03 80 24 12 06 - www.bernard-loiseau.com - Fermé fév., dim. et lundi*

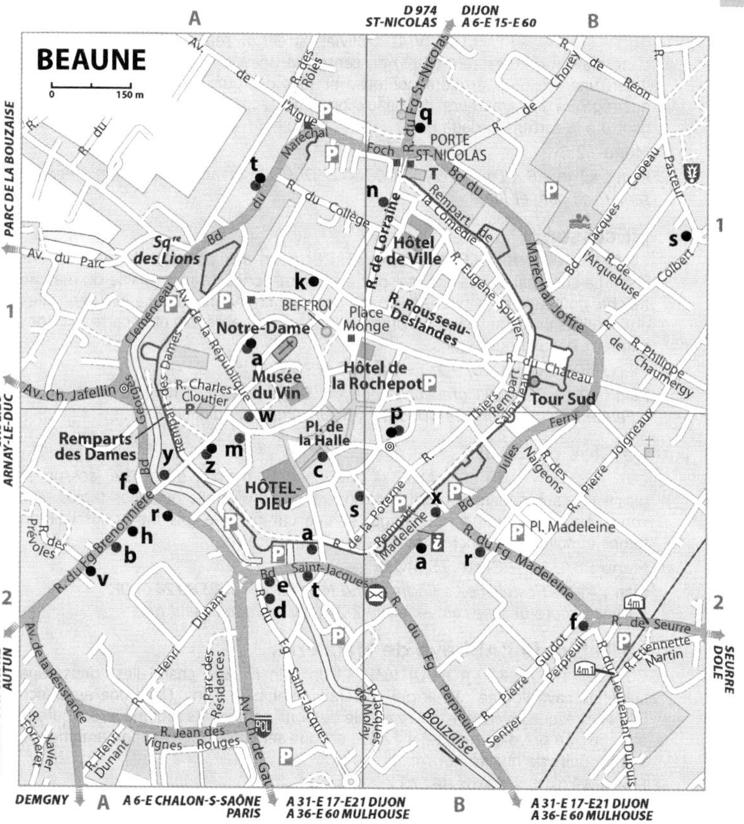

Le Carmin (Christophe Quéant)

CUISINE MODERNE • TENDANCE XX Sur cette place Carnot toute proche de l'Hôtel-Dieu, un vivifiant Carmin ! Le chef, Christophe Quéant, met à profit son expérience pour réaliser de très bons plats au goût du jour, tout en simplicité et en franchise. Avec, en prime, un très bon rapport plaisir-prix.

➜ Fine gelée de tourteau aux agrumes, crème de fenouil et jeunes pousses. Suprêmes et cuisses de pigeon caramélisés, jeunes navets. Soufflé au Grand Marnier.

Formule 25 € – Menu 35 € (semaine), 55/95 € – Carte 75/110 €

Plan : A2-c – *4B pl. Carnot – ✆ 03 80 24 22 42 – www.restaurant-lecarmin.com – Fermé vacances de fév., 23-28 déc., dim. et lundi*

Le Bénaton (Keishi Sugimura)

CUISINE CRÉATIVE • TENDANCE XX Keishi Sugimura, longtemps second de Bruno Monnoir, est désormais seul aux fourneaux. Que l'on se rassure : les beaux produits régionaux et la créativité sont toujours au programme ! Le cadre mêle élégamment bois et pierres apparentes, avec une ravissante terrasse qui donne sur un jardin japonais.

➜ Pâté en croûte aux cèpes, pigeon, ris de veau et foie gras. Filet de pigeon rôti et cuisse croustillante. Comme un vacherin à la fraise, crème de banane et mascarpone.

Menu 34 € (déj. en semaine), 60/95 € – Carte 85/110 €

Plan : A2-b – *25 r. du Faubourg-Bretonnière – ✆ 03 80 22 00 26 – www.lebenaton.com – Fermé 6-17 fév., 28 août-1er sept., 27 nov.-8 déc., sam. midi d'avril à nov., jeudi sauf le soir d'avril à nov. et merc.*

Le Relais de Saulx

CUISINE MODERNE • CONVIVIAL Olivier Streiff a repris avec sa compagne cette maison de caractère (1673) du centre de Beaune, non loin des Hospices. Il y sert une cuisine bistrotière goûteuse et sans esbroufe, parfois même canaille, qui régalera les amateurs de beaux produits bio... avec presque toujours un risotto à la carte, son dada !

Menu 32 €

Plan : A2-m – *6 r. Louis-Véry – ☎ 03 80 22 01 35 (réservation conseillée) – Fermé sam. midi, dim. et lundi*

L'Écusson

CUISINE MODERNE • CLASSIQUE Un Écusson aux couleurs de la gourmandise ! Le chef, passé par des maisons de renom, concocte une cuisine du marché fraîche, goûteuse et inspirée, à l'image de cette crème mousseuse de grenouilles aux morilles et ris de veau... En prime, la terrasse est agréable et la carte fait honneur aux beaux bourgognes.

Menu 30 € (déj.), 45/90 € – Carte 64/98 €

Plan : B2-f – *2 r. du Lieutenant-Dupuis – ☎ 03 80 24 03 82 – www.ecusson.fr – Fermé 15 fév.-9 mars, 24-30 juil., 1er-8 janv., merc. et dim.*

Le Clos du Cèdre

CUISINE CRÉATIVE • ÉLÉGANT Une élégante maison de maître, cossue et pleine de cachet, dans un jardin verdoyant où l'on installe quelques tables l'été venu... Un cadre parfait pour déguster une cuisine à la fois bien dans l'air du temps et solidement ancrée dans la tradition française.

Menu 58/94 € – Carte 75/110 €

Plan : A1-t – *Hostellerie Le Cèdre, 12 bd Mar.-Foch – ☎ 03 80 24 01 01 – www.lecedre-beaune.com – Fermé 2-24 janv. et le midi sauf dim.*

La Table de l'Abbaye de Maizières

CUISINE MODERNE • ROMANTIQUE Un dîner aux chandelles dans une ancienne cave voûtée : voilà qui en ferait rêver plus d'un... Dans une ambiance intime, presque solennelle, on se régale de bons petits plats régionaux, savoureux et variés, au gré d'un menu qui évolue chaque semaine. Une partition ambitieuse, des produits de qualité : bravo !

Menu 49/81 € – Carte 66/78 €

Plan : A1-a – *Hôtel Abbaye de Maizières, 19 r. de Maizières – ☎ 03 80 24 74 64 (réservation conseillée) – www.hotelabbayedemaizieres.com – Fermé lundi et le midi*

Caveau des Arches

CUISINE TRADITIONNELLE • CONVIVIAL Insolite, ce restaurant logé dans un caveau souterrain en pierre (18e s.) intégrant les soubassements d'un pont du 15e s. Saumon mariné et crème ciboulette, filet de volaille à l'époisses et pâtes fraîches : les spécialités maison s'accompagnent de l'un des nombreux bourgognes sortis de la cave... Une adresse qui a la cote !

Menu 25/54 € – Carte 33/70 €

Plan : B2-x – *10 bd Perpreuil – ☎ 03 80 22 10 37 – www.caveau-des-arches.com – Fermé 1er-21 août, 19 déc.-8 janv., dim. et lundi*

Auberge du Cheval Noir

CUISINE MODERNE • TENDANCE Ne vous fiez pas à la façade un peu quelconque de cette maison : derrière, place à un restaurant épuré, intime et convivial tout à la fois. L'assiette, pile dans l'air du temps, s'y montre généreuse et met en valeur les produits régionaux. Et au sous-sol, un caveau voûté parfait pour les repas de groupe !

Menu 23 € (déj. en semaine)/64 € – Carte 41/62 €

Plan : A2-t – *17 bd St-Jacques – ☎ 03 80 22 07 37 – www.restaurant-lechevalnoir.fr – Fermé 15 fév.-9 mars, 1 semaine en juil., mardi et merc.*

Bistro de l'Hôtel

CUISINE TRADITIONNELLE • ÉLÉGANT Une élégante salle de style bistrot chic, au service d'une cuisine qui honore la tradition et les très beaux produits. La spécialité de la maison ? La volaille de Bresse rôtie ! Quant à la carte des vins, elle est tout simplement impressionnante...

Menu 85 € – Carte 47/134 €

Plan : B2-p – *L'Hôtel, 3 r. Samuel-Legay – 03 80 25 94 10 – www.lhoteldebeaune.com – Fermé 10 déc.-2 janv., dim. et le midi*

L'Air du Temps

CUISINE BOURGUIGNONNE • TRADITIONNEL La salle à manger ne manque pas de surprendre, avec ses faux airs de grotte ; pas de quoi nous distraire de la bonne cuisine bourguignonne qu'il y a dans notre assiette – œufs en meurette, bourguignon de joue de bœuf, financier au cassis... L'été, on s'attable sur la grande terrasse pour un repas ensoleillé !

Menu 24/41 € – Carte 35/64 €

Plan : A2-w – *3 av. de la République – 03 80 22 41 35 – www.lairdutemps-beaune.fr – Fermé 17 fév.-12 mars, dim. et lundi*

21 Boulevard

CUISINE CLASSIQUE • CONVIVIAL Sur le boulevard circulaire, cet agréable bistrot est installé dans d'anciennes caves en pierre datant du 15e s. La cuisine – dans la droite ligne de la tradition bourguignonne, comme il se doit ! – suit les saisons, et s'accompagne d'une superbe carte des vins (près de 700 références). Une sympathique adresse.

Formule 18 € – Menu 28/48 € – Carte 45/70 €

Plan : A2-e – *21 bd St-Jacques – 03 80 21 00 21 – www.21boulevard.com – Fermé le midi*

Bissoh

CUISINE JAPONAISE • DESIGN Dans sa cuisine ouverte, entourée d'un comptoir avec une dizaine de couverts, le chef japonais Mikihiko Sawahata s'affaire avec maestria. Couteaux, chou chinois, huîtres ou encore bœuf Ozaki : avec ces produits remarquables, il réalise de superbes assiettes, inventives et parfumées. Réservation indispensable !

Menu 45/63 € – Carte 27/45 €

Plan : A2-y – *42 r. Maufoux – 03 80 24 01 02 (réservation conseillée) – Fermé janv., lundi et mardi*

La Ciboulette

CUISINE TRADITIONNELLE • CONVIVIAL Près de la porte St-Nicolas, un petit restaurant traditionnel, dont la carte se mâtine de touches bourguignonnes. Terrine de volaille aux noisettes, pavé de bœuf charolais et sauce à l'époisses, ou encore poire pochée au vin rouge et sorbet au cassis... L'accueil est chaleureux, le décor frais et simple. Sympathique !

Menu 21/40 € – Carte 32/60 €

Plan : B1-n – *69 r. de Lorraine – 03 80 24 70 72 – Fermé 30 janv.-22 fév., 31 juil.-16 août, lundi et mardi*

Bissoh Sushi

CUISINE JAPONAISE • RUSTIQUE Pas de luxe ou d'esbroufe dans le décor tout simple de ce restaurant : on vient ici pour manger ! La petite salle abrite, dans un coin, une cheminée pour les grillades ; derrière un comptoir, le chef prépare sashimis, sushis et autres brochettes, dont on se régalera quelques instants plus tard... Sympathique terrasse.

Carte 23/47 €

Plan : A2-d – *1a r. du Faubourg-St-Jacques – 03 80 24 99 50 – www.bissoh.com – Fermé janv., lundi et mardi*

Le Comptoir des Tontons

CUISINE MODERNE • BISTRO Dans ce bistrot authentique, la patronne – une autodidacte passionnée – concocte des plats du marché avec de bons produits locaux, souvent bio. Une cuisine saine... et sincère ! Côté cave, de nombreux vins "nature". Le tout se dégustant dans une atmosphère conviviale, très "Tontons flingueurs" (affiches, photos).

Menu 43 € – Carte environ 52 €

Plan : B2-r – *22 r. du Faubourg-Madeleine – ✆ 03 80 24 19 64 – www.lecomptoirdestontons.com – Fermé 1er-16 fév., août, dim. et lundi*

Ma Cuisine

CUISINE TRADITIONNELLE • BISTRO Un bistrot convivial, où tout tourne autour du vin... avec un choix hors pair de quelque 800 crus. Le chef, fin connaisseur de breuvages, est aussi très à son aise derrière les fourneaux : il régale sa clientèle d'un jambon persillé maison, d'une côte de veau au jus et d'une crème caramel... On peut se resservir ?

Menu 28 € – Carte 40/70 €

Plan : A2-s – *passage Ste-Hélène – ✆ 03 80 22 30 22 (réservation conseillée) – Fermé août, 1 semaine vacances de Noël, merc., sam. et dim.*

Hôtels & maisons d'hôtes

Le Cep

LUXE • HISTORIQUE Le Cep ? Une myriade d'hôtels particuliers et de maisons anciennes (16e et 18e s.) dont les vastes chambres ont des airs de musée – lustres à pampilles, plafonds à la française et moulures... Avec un service conciergerie particulièrement appréciable !

49 chambres – 🚹159/285 € 🚹🚹205/575 € – 16 suites – ☕ 21 €

Plan : A2-z – *27 r. Maufoux – ✆ 03 80 22 35 48 – www.hotel-cep-beaune.com*

Hostellerie Le Cèdre

TRADITIONNEL • CLASSIQUE Dans le jardin, un cèdre majestueux et... cette belle demeure bourgeoise (début 20e s.) empreinte de classicisme. Boiseries, moulures, mobilier de style et sens du confort : rien ne manque.

40 chambres – 🚹198/358 € 🚹🚹198/358 € – ☕ 21 € – ½ P

Plan : A1-t – *12 bd Mar.-Foch – ✆ 03 80 24 01 01 – www.lecedre-beaune.com*

Le Clos du Cèdre – voir les restaurants ci-dessus

L'Hôtel

LUXE • CLASSIQUE Dans une rue assez calme du centre-ville, cette demeure bourgeoise du 19e s. appartenait à Louis Jadot, le négociant en vins. Elle cultive un bel art de vivre avec ses chambres spacieuses, meublées dans le style classique et bien insonorisées... et un service qui fait la différence !

13 chambres – 🚹290/550 € 🚹🚹290/550 € – ☕ 25 €

Plan : B2-p – *5 r. Samuel-Legay – ✆ 03 80 25 94 14 – www.lhoteldebeaune.com – Fermé 10 déc.-2 janv.*

Bistro de l'Hôtel – voir les restaurants ci-dessus

Hôtel de la Poste

TRADITIONNEL • CLASSIQUE Un relais de poste du 19e s. intemporel et élégant ! Styles contemporain et Art déco se mêlent harmonieusement, le niveau de confort est très bon : un établissement plaisant à vivre. Au restaurant, la tradition régionale est à l'honneur.

32 chambres – 🚹122/190 € 🚹🚹190/350 € – 4 suites – ☕ 16 € – ½ P

Plan : A2-f – *5 bd Clemenceau – ✆ 03 80 22 08 11 – www.poste.najeti.fr*

Belle Époque

TRADITIONNEL • CLASSIQUE Cette maison ancienne a du cachet : verrière 1900, chambres classiques (vieilles poutres et boiseries, tentures, etc.) donnant sur la cour intérieure et bar au charme... rétro, évidemment !

25 chambres – 101/197 € 101/197 € – 3 suites – 12 €

Plan : A2-h – *15 r. du Faubourg-Bretonnière – 03 80 24 66 15 – www.hotel-belleepoque-beaune.com – Fermé 17-27 déc.*

Abbaye de Maizières

HISTORIQUE • PERSONNALISÉ On entre dans cette ancienne abbaye cistercienne (12e s.) par la cave-cellier, avec ses superbes voûtes à ogives : belle entrée en matière ! Escaliers à colimaçon en pierre, chambres portant le nom des moines ayant vécu ici... Un lieu chargé d'histoire.

9 chambres – 159/255 € 159/255 € – 3 suites – 22 €

Plan : A1-a – *19 r. de Maizières – 03 80 24 74 64 – www.hotelabbayedemaizieres.com*

La Table de l'Abbaye de Maizières – voir les restaurants ci-dessus

Grillon

FAMILIAL • PERSONNALISÉ Une belle demeure bourgeoise dans un jardin japonisant... et beaucoup de sérénité. Les chambres, d'un entretien sans faille, sont cosy côté maison et ultracontemporaines dans l'annexe. Et pour jouer les grillons, rendez-vous autour de la piscine !

20 chambres – 82/135 € 82/135 € – 11 €

Hors plan – *21 rte de Seurre, 1 km à l'Est par D973 – 03 80 22 44 25 – www.hotel-grillon.fr – Fermé fév. et 1er-7 déc.*

Ibis Styles

BUSINESS • FONCTIONNEL Bien placé en ville, l'hôtel respecte en tous points les standards de la chaîne : couleurs vives, grandes chambres pratiques convenant à la clientèle d'affaires comme aux familles... Et le tarif inclut même l'accès au bassin de nage et au jacuzzi !

69 chambres – 95/135 € 105/145 €

Plan : B2-a – *7 bd Perpreuil – 03 80 20 88 88 – www.ibisstyles.com*

Hostellerie de Bretonnière

TRADITIONNEL • FONCTIONNEL Situé au bord de la route menant à Pommard, ce relais de poste et ses dépendances cultivent un sympathique esprit motel : chambres sobres et pratiques, pour la plupart en rez-de-jardin, duplex familiaux... Une bonne tenue et des prix raisonnables !

32 chambres – 82/99 € 82/120 € – 12 €

Plan : A2-v – *43 r. du Faubourg-Bretonnière – 03 80 22 15 77 – www.hotelbretonniere.com – Fermé 15 janv.-2 fév.*

La Villa Fleurie

FAMILIAL • COSY Belles chambres classiques (ou duplex, pour les familles) avec, très souvent, de jolis meubles anciens ; salon cosy et salle des petits-déjeuners vraiment charmante : cette Villa Fleurie a du cachet et... des airs de douillette maison d'hôtes.

10 chambres – 78/98 € 78/98 € – 9 €

Plan : B1-s – *19 pl. Colbert – 03 80 22 66 00 – www.lavillafleurie.fr – Fermé janv.*

Maison Fatien

LUXE • PERSONNALISÉ Mobilier chiné, cheminées, lustres de Murano, baignoires sur pieds... le luxe sans tapage, dans une belle bâtisse en pierre. Au petit-déjeuner, on savoure de bons produits du terroir et, pour la détente, il est même possible de louer des vélos. L'une des meilleures adresses de Beaune !

4 chambres – 249/325 € 249/325 €

Plan : A1-k – *17 r. Ste-Marguerite – 03 80 22 82 84 – www.maisonfatien.com – Fermé 15 déc.-15 janv.*

Les Jardins de Loïs

FAMILIAL • ÉLÉGANT Dans cette élégante propriété du centre-ville (18e s.), juste derrière les Hospices, les chambres sont spacieuses et charmantes, dans un bel esprit maison de famille (mobilier ancien, tapisseries...). Dehors, un grand jardin (presque un demi-hectare !) planté d'arbres fruitiers... Et l'on déguste avec bonheur les vins du propriétaire.

5 chambres – 160/195 € 160/195 €

Plan : A2-r – *8 bd Bretonnière – 03 80 22 41 97 – www.jardinsdelois.com – Fermé janv. et fév.*

à Savigny-lès-Beaune 7 km au Nord par D18 et D2 – 21420 – 1 347 hab. – Alt. 237 m

Le Hameau de Barboron

AUBERGE • TRADITIONNEL Charmant si... on aime la campagne et le calme ! Au milieu d'une réserve de chasse de 450 hectares, de belles fermes fortifiées (16e s.) avec des chambres au cachet champêtre préservé.

15 chambres – 99/145 € 145/210 € – 15 €

– 03 80 21 58 35 – www.hameau-barboron.com

à Pernand-Vergelesses 7 km au Nord par D18 – 21420 – 261 hab. – Alt. 275 m

Le Charlemagne (Laurent Peugeot)

CUISINE CRÉATIVE • DESIGN Une maison épurée, une terrasse face aux vignes dédiées à la production du corton-charlemagne : c'est dans ce lieu zen et contemporain que s'épanouit le chef, Laurent Peugeot. Il réalise une cuisine créative et inspirée – parfois novatrice ! – qui porte fièrement les marques de son parcours de cuisinier.

➜ Noix de Saint-Jacques d'Hokkaido, saké, mirin, takuan et pomélo. Côte de veau fumée au foin, marsala. Fraise cube, vinaigre de riz, saké, fraises des bois et algue umibudo.

Menu 32 € (déj. en semaine), 39/105 € – Carte 93/135 €

1 rte des Vergelesses
– 03 80 21 51 45 – www.lecharlemagne.fr
– Fermé mardi et merc.

rte de Dijon 4 km par D974

Ermitage de Corton

CUISINE MODERNE • ÉLÉGANT Un établissement élégant au service d'une cuisine de saison et de beaux produits préparés avec soin : œufs en meurette, escargots en coquille, pigeon rôti... On savoure ce moment dans un décor contemporain reposant, ou sur la terrasse donnant sur les vignes.

Formule 24 € – Menu 29 € (déj.), 38/79 € – Carte 52/86 €

21200 Chorey-lès-Beaune
– 03 80 22 05 28 – www.ermitagecorton.com
– Fermé semaine de Noël et merc. de nov. à mars

Ermitage de Corton

TRADITIONNEL • PERSONNALISÉ Une vaste auberge entre nationale et vignoble, avec sa piscine, ses chambres et suites spacieuses, mélange harmonieux de style ancien et de facture contemporaine. Une étape bien agréable – et gourmande – sur la route de Dijon.

9 chambres – 120/350 € 120/350 € – 4 suites – 18 € – ½ P

21200 Chorey-lès-Beaune – 03 80 22 05 28 – www.ermitagecorton.com
– Fermé semaine de Noël

Ermitage de Corton – voir les restaurants ci-dessus

à Aloxe-Corton 6 km au Nord par A6, E15, E60 – ✉ 21420 – 149 hab. – Alt. 255 m

Villa Louise

FAMILIAL • PERSONNALISÉ Une belle demeure vigneronne du 17e s. avec sa piscine nichée dans le pigeonnier et son beau jardin se perdant dans les parcelles de Corton… L'ambiance est cosy à souhait, et les chambres, toutes différentes, dégagent un vrai charme !

13 chambres – 98/180 € 98/240 € – 16 €

9 r. Franche – ✆ 03 80 26 46 70 – www.hotel-villa-louise.fr – Fermé 11 janv.-20 fév.

à Ladoix-Serrigny 7 km au Nord par D974 – ✉ 21550 – 1 852 hab. – Alt. 200 m

Les Terrasses de Corton

CUISINE TRADITIONNELLE • FAMILIAL XX L'équipe de la Gremelle (à Beaune également) est désormais aux commandes des ces Terrasses de Corton. L'heure est toujours aux savoureux produits du terroir, que l'on arrose de bons vins des vignerons voisins.

Menu 28/45 € – Carte 31/65 €

10 chambres – 65/80 € 70/85 € – 10 €

38-40 rte de Beaune – ✆ 03 80 26 42 37 – www.terrasses-de-corton.com – Fermé 22 janv.-9 fév., jeudi midi, vend. midi et merc.

La Gremelle

CUISINE BOURGUIGNONNE • TRADITIONNEL X Dans ce coin de campagne entre bois et vignoble, sur la route de Dijon, on trouve cet attachant restaurant tenu en famille. La cuisine régionale est à l'honneur dans l'assiette – œufs en meurette, bourguignon de joue de bœuf, poire au vin rouge sont les classiques de la maison –, avec de bons vins à prix doux.

Formule 18 € – Menu 22 € (déj. en semaine), 36/49 € – Carte 32/60 €

6 rte de Dijon – ✆ 03 80 26 40 56 – www.lagremelle.com – Fermé dim. soir, lundi et mardi de fin nov. à mi-avril et sam. midi

à Challanges 4 km à l'Est par D973 puis D111 – ✉ 21200

Château de Challanges

DEMEURE HISTORIQUE • PERSONNALISÉ Cette gentilhommière de 1870 a un charme fou : classicisme, élégance châtelaine ou style néobaroque dans les chambres ; parc ravissant avec un séquoia centenaire et de jolies maisons en bois (idéales pour les familles). Et en été, on organise des vols en montgolfière…

19 chambres – 125/225 € 125/225 € – 5 suites – 15 €

478 r. des Templiers – ✆ 03 80 26 32 62 – www.chateaudechallanges.com – Fermé fév. et mars sauf week-ends, 1er-16 déc. et 2-31 janv.

à Levernois 5 km au Sud-Est par rte de Verdun-sur-le-Doubs, D970 et D111L – ✉ 21200 – 296 hab. – Alt. 198 m

Hostellerie de Levernois

CUISINE CLASSIQUE • ÉLÉGANT XXXX Une cuisine de saison particulièrement raffinée, réalisée sur de belles bases classiques, dans un cadre à l'avenant : la maison est élégante (19e s.) ; la salle, contemporaine, donne sur le jardin à la française. Boutique et cave de dégustation.

→ Risotto acquerello au vert, cuisses de grenouilles et escargots de Bourgogne, crème d'ail doux. Bœuf charolais, foie gras, pommes soufflées et sauce au pinot noir. Soufflé au Grand Marnier, granité orange sanguine.

Menu 70/105 € – Carte 95/125 €

Hostellerie de Levernois, 15 r. du Golf – ✆ 03 80 24 73 58 – www.levernois.com – Fermé 29 janv.-7 mars et le midi sauf dim.

Le Bistrot du Bord de l'Eau

CUISINE TRADITIONNELLE • RUSTIQUE Une belle âme rustique – des pierres, des poutres, une cheminée – pour une cuisine traditionnelle et des plats du terroir. Œufs façon meurette, poitrine de cochon, blanquette de veau, à déguster au coin du feu ou sur la terrasse, au bord de la rivière... Gourmand et appétissant !

Menu 30/38 €

Hostellerie de Levernois, 15 r. du Golf – ✆ 03 80 24 89 58 – www.levernois.com – Fermé 29 janv.-7 mars, mardi soir et merc. soir d'avril à oct.

Hostellerie de Levernois

LUXE • PERSONNALISÉ Le chant de la rivière qui traverse le parc, une élégante gentilhommière du 19e s. et ses dépendances, un bistrot au bord de l'eau et un très bon "gastro"... Quant aux chambres, elles mêlent avec beaucoup de finesse le contemporain et l'ancien. Tenue parfaite, fonctionnement excellent, avec du style et du caractère !

22 chambres – 150/350 € 150/350 € – 4 suites – 22 € – ½ P

15 r. du Golf – ✆ 03 80 24 73 58 – www.levernois.com – Fermé 29 janv.-7 mars

Hostellerie de Levernois • **Le Bistrot du Bord de l'Eau** – voir les restaurants ci-dessus

Le Parc

TRADITIONNEL • COSY Quiétude champêtre ! Dans cette ferme du 18e s., couverte de lierre, les chambres sont classiques et douillettes, dans un style campagnard chic. Le beau parc, la cour fleurie... c'est plaisant, tout simplement.

17 chambres – 75/100 € 75/100 € – 9 €

13 r. du Golf – ✆ 03 80 24 63 00 – www.hotelleparc.fr – Fermé 29 janv.-7 mars

à Montagny-lès-Beaune 3 km au Sud par D113 – ✉ 21200 – 658 hab. – Alt. 206 m

Le Clos

TRADITIONNEL • CLASSIQUE Dans cette belle propriété vigneronne (1779), le jardin est splendide, abondamment fleuri, et les chambres ont vraiment du cachet (meubles chinés, pierres et poutres). Dans une annexe, on en a même aménagé une autour d'un antique four à pain...

25 chambres – 108/180 € 108/180 € – 16 €

22 r. Gravières – ✆ 03 80 25 97 98 – www.hotelleclos.com – Fermé 24 déc.-1er janv.

Adélie

FAMILIAL • CONTEMPORAIN Près de la sortie de l'autoroute, un hôtel familial et son paisible jardin, avec piscine et aire de jeux pour les enfants. Les chambres sont fraîches et décorées avec des touches de couleur. Le choix idéal pour une agréable étape à petit budget !

18 chambres – 72/84 € 72/84 € – 11 €

r. des Gravières – ✆ 03 80 22 37 74 – www.hoteladelie.com – Fermé 24 déc. -20 janv.

à Pommard 4,5 km au Sud-Ouest par D974 – ✉ 21630 – 521 hab. – Alt. 250 m

Auprès du Clocher

CUISINE MODERNE • TENDANCE Au cœur du village, ce restaurant contemporain donne sur... l'église ; c'est charmant, bien sûr, mais on vient et revient surtout pour la fine cuisine actuelle et les quelques recettes bourguignonnes du chef. De plus, la carte des vins met à l'honneur de nombreux vignobles des environs... Simple et agréable !

Menu 26 € (déj.), 34/72 € – Carte 58/79 €

1 r. de Nackenheim – ✆ 03 80 22 21 79 (réservation conseillée) – www.aupresduclocher.com – Fermé 24 déc.-1 er janv., mardi et merc.

Le Clos du Colombier

MAISON DE CAMPAGNE • PERSONNALISÉ Une belle demeure de maître (1835) raffinée – beaux parquets et moulures, trumeaux, mobilier ancien – et pleine de personnalité. L'espace bien-être (jacuzzi, sauna) donne directement sur les vignes qui entourent la maison... Nota bene : pas de télé !

12 chambres – 125/225 € 125/235 € – 16 €

1 r. du Colombier – 03 80 22 00 27 – www.closducolombier.com – Ouvert de mars à nov.

à Volnay 5 km au Sud-Ouest par D974 – 21190 – 287 hab. – Alt. 290 m

L'Agastache

CUISINE MODERNE • CONVIVIAL Le bouche-à-oreille a imposé progressivement cette table dans la région, et c'est mérité : le chef est très attentif à la qualité de ses produits (veau de l'Aveyron, pigeonneau de Pornic, produits des fermes aux alentours) et sa cuisine se révèle aussi gourmande que bien équilibrée.

Menu 23 € (déj.), 39/44 €

1 r. de la Cave – 03 80 21 12 30 – www.lagastache-restaurant.com – Fermé dim. et lundi

à Bouze-lès-Beaune 6,5 km à l'Ouest par D970 – 21200 – 331 hab. – Alt. 400 m

La Bouzerotte

CUISINE BOURGUIGNONNE • FAMILIAL Une auberge de campagne à l'entrée d'un petit village. Ici, le chef fait lui-même son marché et prépare une cuisine régionale immuable et alléchante, ainsi que d'appétissants plats de saison. À titre d'exemple, foie gras poêlé et filet de bœuf aux morilles sont deux plats incontournables de la maison !

Menu 26/78 € – Carte 41/67 €

25 rte de Beaune
– 03 80 26 01 37 (réservation conseillée) – www.labouzerotte.fr
– Fermé vacances de fév., 23 déc.-4 janv., lundi et mardi

BEAURECUEIL – 13 (Bouches-du-Rhône) → Voir Aix-en-Provence

BEAUREPAIRE

85500 (Vendée) – 2 248 hab. – Alt. 95 m – Carte régionale n° **18**-B3
Paris 371 km – Cholet 33 km – Nantes 59 km – La Roche-sur-Yon 51 km
Carte Michelin 316-J6

Château de la Richerie

DEMEURE HISTORIQUE • ÉLÉGANT Après trente ans passés en Afrique, les propriétaires ont élu domicile dans ce joli domaine, où bruisse une rivière... Leur petit château (1875) est fort paisible ; les chambres y sont élégantes et toutes différentes (mobilier de style, lits à baldaquin, souvenirs africains, etc.). Un havre de paix !

20 chambres – 60/70 € 78/92 € – 12 €

4 km à l'Ouest par D23 et D37 – 02 51 07 06 06 – www.chateaularicherie.com

BEAUSOLEIL

06240 (Alpes-Maritimes) – 13 272 hab. – Alt. 89 m – Carte régionale n° **22**-E2
Paris 947 km – Monaco 4 km – Menton 11 km – Monte-Carlo 2 km
Carte Michelin 341-F5 – Guide Vert Michelin Côte d'Azur

Voir plan de Monaco (Principauté de).

Capitole

FAMILIAL • FONCTIONNEL Monaco se trouve sur... le trottoir d'en face ! Avec ses tarifs raisonnables – pour la Riviera –, cet hôtel constitue une bonne option pour découvrir la principauté. Derrière sa jolie façade rose (1906), on découvre des chambres classiques, chaleureuses et soigneusement tenues.

19 chambres – 109/179 € 129/199 € – 10 €

Plan : E1-t – 19 bd Gén.-Leclerc – 04 93 28 65 65 – www.hotel-capitole.fr

LE BEAUSSET

83330 (Var) – 9 204 hab. – Alt. 167 m – Carte régionale n° **21**-B3

Paris 817 km – Aix-en-Provence 67 km – Marseille 47 km – Toulon 18 km

Carte Michelin 340-J6

Auberge La Cauquière

CUISINE MODERNE • AUBERGE Le chef-propriétaire de cette ancienne auberge mitonne une cuisine au goût du jour, soignée et parfumée : pressé de légumes confits et de brousse de brebis, quasi de veau cuit au sautoir à l'ail confit et artichaut barigoule... De quoi repartir du bon pied !

Formule 18 € – Menu 32/38 € – Carte 45/60 €

7 r. Chanoine-Bœuf – 04 94 74 98 15 – www.lacauquiere.fr – Fermé fév., mardi midi hors saison, dim. soir et lundi

BEAUVAIS

60000 (Oise) – 54 289 hab. – Agglo. 58 095 hab. – Alt. 67 m – Carte régionale n° **19**-B2

Paris 87 km – Amiens 63 km – Boulogne-sur-Mer 182 km – Compiègne 60 km

Carte Michelin 305-D4

La Baie d'Halong

CUISINE VIETNAMIENNE • EXOTIQUE Fermez les yeux, vous êtes en Asie. Dans ce restaurant, le chef prépare une excellente cuisine vietnamienne alliant bons produits frais et savants dosages d'épices. Attention, l'adresse fait souvent salle comble le soir, d'autant que l'accueil, d'une gentillesse exquise, invite à prendre des habitudes...

Formule 20 € – Menu 27 € (semaine), 32/47 €

49 r. de la Madeleine – 03 44 45 39 83 (réservation conseillée) – Fermé 1er-8 mai, 14 août-2 sept., 23 déc.-7 janv., sam. midi, dim. et lundi

Autrement

CUISINE MODERNE • TENDANCE Légèrement à l'écart du centre-ville, une petite adresse tranquille qui permet de voir la vie... autrement. Le chef, originaire de la région, maîtrise parfaitement cuissons et assaisonnements et travaille de bons produits : thon rouge, agneau de lait, légumes de maraîchers picards... Son dessert signature : le paris-brest !

Formule 29 € – Menu 44/55 € – Carte 44/58 €

128 r. de Paris (quartier Voisinlieu), 1,5 km à l'Est – 03 44 02 61 60 – www.autrement-restaurant.fr – Fermé 8 août-1er sept., 29 déc.-6 janv., merc. soir de sept. à mars, sam. midi, dim. soir et lundi

Le Senso N

CUISINE MODERNE • ÉPURÉ Sur la place du marché, ce restaurant tenu par un jeune couple joue la carte de la simplicité, avec un décor contemporain aux tons noir et blanc. Quelques touches créatives à signaler dans les assiettes du chef, qui porte une attention toute particulière aux dressages. Ne manquez pas sa spécialité : le kouign amann !

Formule 18 € – Menu 25 € (déj. en semaine), 42/60 € – Carte 50/60 €

25 r. d'Agincourt – 03 64 19 69 06 – lesensorestaurant.free.fr – Fermé dim.

BEAUVOIR-SUR-MER

85230 (Vendée) – 3 930 hab. – Alt. 8 m – Carte régionale n° **18**-A3

Paris 443 km – Challans 15 km – Nantes 59 km – Noirmoutier-en-l'Ile 22 km

Carte Michelin 316-D6 – Guide Vert Michelin Poitou Vendée Charentes

Auberge des Étiers

CUISINE TRADITIONNELLE • **RUSTIQUE** Au cœur des marais, cette auberge de pays a été reprise par deux associés aux parcours diamétralement opposés : un cuisinier et un ancien libraire ! La cuisine fait la part belle aux produits du terroir – canette de Challans, jambon de Vendée, anguille –, avec un soin tout particulier dans les présentations des plats.

Menu 16 € (déj. en semaine), 27/33 €

L'Ampan, 4 km au Sud-Ouest par D22, rte de Fromentine – 02 51 68 75 41 (réservation conseillée) – www.aubergedesetiers.com – Fermé 1 semaine en mars et en juin, 2 semaines en oct., jeudi soir et dim. soir de sept. à juin et lundi

BEAUVOIS-EN-CAMBRÉSIS

59157 (Nord) – 2 153 hab. – Alt. 89 m – Carte régionale n° **16**-C3
Paris 190 km – Arras 48 km – Cambrai 12 km – St-Quentin 40 km
Carte Michelin 302-I7

La Buissonnière

CUISINE TRADITIONNELLE • **COSY** C'est dans un ancien atelier de tulle que cette confortable auberge prend ses aises. La tradition du Nord infuse la carte, qui s'enrichit également des opportunités du marché et, en semaine, d'une formule brasserie (buffet et plats du jour). Nul doute : le chef n'a pas fait l'école buissonnière !

Menu 25 € (semaine), 39/45 € – Carte 38/54 €

92 r. Victor-Watremez – 03 27 85 29 97 – www.buissonniere-restaurant-beauvois.fr – Fermé 1er-21 août, dim. soir, merc. soir et lundi

Le Contemporain

CUISINE MODERNE • **TENDANCE** Ah, les bonnes petites tomates du jardin rôties, les langoustines sur une tombée de fenouil et leur bouillon coco curry... Voilà le genre de délices que réserve cet établissement né au 19e s. et tenu par la même famille depuis cinq générations – ce qui ne l'empêche pas d'être contemporain !

Formule 35 € – Menu 45/60 € – Carte 50/70 €

4 r. Jean-Jaurès – 03 27 76 03 17 (réservation conseillée) – www.restaurant-lecontemporain.fr – Fermé 26 août-8 sept., mardi soir, merc. soir, sam. midi, dim. soir et lundi

BEAUZAC

43590 (Haute-Loire) – 2 755 hab. – Alt. 565 m – Carte régionale n° **3**-C3
Paris 556 km – Craponne-sur-Arzon 31 km – Le Puy-en-Velay 45 km – St-Étienne 44 km
Carte Michelin 331-G2

L'Air du Temps

CUISINE TRADITIONNELLE • **CONVIVIAL** Dans ce petit hameau de la vallée de la Loire, une accueillante maison de pays, très lumineuse. La chef y concocte une copieuse cuisine régionale ; une étape généreuse que l'on peut prolonger grâce à l'hôtel, coquet et confortable.

Menu 14 € (déj. en semaine), 25/60 € – Carte 42/69 €

8 chambres – 55/60 € 55/60 € – 8,50 €

à Confolent, 4 km à l'Est par D461 – 04 71 61 49 05 – www.airdutemps-restaurant.fr – Fermé vacances de printemps et de la Toussaint, janv., dim. soir et lundi

BEBLENHEIM

68980 (Haut-Rhin) – 984 hab. – Alt. 212 m – Carte régionale n° **1**-C2
Paris 444 km – Colmar 11 km – Gérardmer 55 km – Ribeauvillé 5 km
Carte Michelin 315-H8

Le Clos des Raisins

FAMILIAL • CLASSIQUE On a du mal à croire que cette ancienne ferme vigneronne date de 1722 tant elle est pimpante... Normal, elle a été entièrement rénovée il y a quelques années. Les chambres sont élégantes et fonctionnelles, avec un petit côté rustique ; autre avantage, on est au calme et tout près du centre du village !

4 chambres - 125/165 € 125/185 €

5 r. des Raisins - 03 89 79 45 11 - www.clos-des-raisins.com - Fermé 2 janv.-31 mars

LE BEC-HELLOUIN

27800 (Eure) - 420 hab. - Alt. 101 m - Carte régionale n° **17**-C2

Paris 153 km - Bernay 22 km - Évreux 46 km - Lisieux 46 km

Carte Michelin 304-E6 - Guide Vert Michelin Normandie Vallée de la Seine

Auberge de l'Abbaye

AUBERGE • CONTEMPORAIN À deux pas de la célèbre abbaye, cette vénérable auberge en colombages accueille les voyageurs depuis 350 ans ! Âme normande et mobilier rustique cohabitent avec des teintes et des équipements contemporains, et l'on peut profiter de l'espace bien-être et du restaurant traditionnel. Parfait pour un séjour dans la région.

10 chambres - 70/134 € 70/134 € - 12 € - ½ P

12 pl. Guillaume-le-Conquérant - 02 32 44 86 02 - www.hotelbechellouin.com - Fermé 10 déc.-31 janv.

Question de standing : n'attendez pas le même service dans un X ou un que dans un XXXXX ou un .

BÉDARIEUX

34600 (Hérault) - 6 297 hab. - Alt. 196 m - Carte régionale n° **12**-B2

Paris 723 km - Béziers 34 km - Lodève 29 km - Montpellier 70 km

Carte Michelin 339-D7

La Forge

CUISINE TRADITIONNELLE • RUSTIQUE XX Les assiettes ont remplacé chevaux et enclumes dans cette ancienne écurie, reconvertie en forge, avant d'être transformée en restaurant. Sous les voûtes de pierre du 17e s., les gourmands dégustent une bonne cuisine du terroir, à l'instar de ce parmentier de confit de canard. Prix raisonnables.

Menu 18/37 € - Carte 44/51 €

22 av. de l'Abbé-Tarroux - 04 67 95 13 13 - www.restaurantlaforgebedarieux.fr - Fermé 22-30 déc., 20 janv.-13 fév., dim. soir et merc. soir sauf juil.-août et lundi

à Hérépian 6 km au Sud-Est par D908 - 34600 - 1 492 hab. - Alt. 191 m

L'Ocre Rouge

CUISINE MODERNE • MÉDITERRANÉEN XX Un relais de poste à la façade... ocre rouge. Sous les voûtes des anciennes écuries ou dans la cour intérieure, on apprécie une cuisine de saison où dominent les produits frais et locaux. À déguster (au déjeuner) sur la terrasse. Quelques jolies chambres sous les toits, sans télévision.

Formule 23 € - Menu 34/51 € - Carte environ 52 €

5 chambres - 61/83 € 67/92 €

12 pl. de la Croix - 04 67 95 06 93 - www.locrerouge.fr - Fermé 15 déc.-15 janv., mardi midi et merc. midi hors saison, mardi soir de la Toussaint à mi-fév., dim. soir et lundi

à Villemagne-l'Argentière 8 km à l'Ouest par D908 et D922 – ✉ 34600 – 440 hab. – Alt. 193 m

Auberge de l'Abbaye

CUISINE MODERNE • RUSTIQUE X Un petit village médiéval. Dans un recoin, une tour du 12e s. qui jette son ombre sur un mur en pierres. Et derrière ce mur, cette délicieuse auberge qui gagne à être connue. On y sert une bonne cuisine au goût du jour, qui privilégie les circuits courts. À déguster dans une atmosphère monastique.

Formule 18 € – Menu 29/42 €

4 pl. de l'Abbaye – ✆ 04 67 95 34 84 (réservation conseillée) – www.aubergeabbaye.com – Fermé de fin déc. à début janv., dim. soir, mardi soir, lundi et merc.

BÉDOIN

✉ 84410 (Vaucluse) – 3 147 hab. – Alt. 295 m – Carte régionale n° **22**-E1
Paris 692 km – Avignon 43 km – Carpentras 16 km – Nyons 36 km
Carte Michelin 332-E9 – Guide Vert Michelin Provence

Hôtel des Pins

MAISON DE CAMPAGNE • PERSONNALISÉ Au calme d'une petite forêt de pins, un grand mas provençal, toits de tuile et volets rouges. Le propriétaire, ancien des Beaux-Arts, a fait de chaque chambre un univers singulier : œuvres abstraites de sa main, tons originaux (prune, olive, etc.), mobilier design ou plus classique… Une villégiature agréable et atypique.

26 chambres – †90/180 € ††90/200 € – ☕ 11 € – ½ P

171 chemin des Crans, 1 km à l'Est par rte secondaire – ✆ 04 90 65 92 92 – www.hoteldespins.net – Ouvert de mi-mars à mi-nov.

rte du Mont-Ventoux 6 km à l'Est

Le Mas des Vignes

CUISINE PROVENÇALE • ÉLÉGANT XX Dans ce joli mas, le chef travaille de bons produits frais et concocte une cuisine régionale fort sympathique : carpaccio de saumon au pistou, navarin d'agneau et ses légumes de saison, trilogie de sorbets de fruits maison… Et en terrasse, la vue sur la Provence est magnifique !

Menu 38 €

15 chemin des Jas, au virage de St-Estève – ✆ 04 90 65 63 91 – www.restaurant-lemasdesvignes.fr – Ouvert d'avril à sept. et fermé le midi en juil.-août sauf dim. et fériés, mardi midi et lundi

à Ste-Colombe 4 km à l'Est par rte du Mont-Ventoux – ✉ 84410

La Garance

FAMILIAL • CLASSIQUE Dans un hameau entre vignes et vergers, avec le Ventoux en ligne de mire, cette ancienne ferme provençale, simple et bien tenue, est prisée des randonneurs et… des cyclistes, désireux de revivre l'épreuve mythique du Tour de France ! À noter : certaines chambres jouissent de leur propre terrasse de plain-pied.

16 chambres – †78/106 € ††83/120 € – ☕ 13 €

– ✆ 04 90 12 81 00 – www.lagarance.fr – Ouvert de mi-mars à mi-nov.

BÉHEN

✉ 80870 (Somme) – 476 hab. – Alt. 105 m – Carte régionale n° **19**-A1
Paris 195 km – Amiens 77 km – Abbeville 19 km – Berck 59 km
Carte Michelin 301-D7

Château de Béhen

DEMEURE HISTORIQUE • CLASSIQUE Vivez la vie de château dans ce bel édifice du 18e s. au cœur d'un parc verdoyant. Belles boiseries, mobilier de style et chambres de caractère (mansardées au 2e étage). À la table d'hôtes, recettes traditionnelles servies dans la salle à manger classique.

7 chambres - 115/139 € 125/149 €

8 r. du Château - 03 22 31 58 30 - www.chateau-de-behen.com

BELCASTEL

12390 (Aveyron) - 216 hab. - Alt. 406 m - Carte régionale n° **15**-C1

Paris 623 km - Decazeville 28 km - Rodez 25 km - Villefranche-de-Rouergue 36 km

Carte Michelin 338-G4

Vieux Pont (Nicole Fagegaltier et Bruno Rouquier)

CUISINE MODERNE • CONVIVIAL XX Dans ce ravissant village au bord de l'Aveyron, un vieux pont de pierre du 15e s. relie l'hôtel et son restaurant, au cadre moderne et élégant. Les beaux produits de la région y sont préparés avec harmonie, fraîcheur et une insolente légèreté ! Une adresse rare où il fait également bon passer la nuit.

→ Escargots de l'Aubrac mêlés de blanc de seiche, noix, coriandre et persil. Cuisse de pigeon façon fricandeau au beurre de sésame. Fraises rafraîchies par un sorbet à la roquette, tartelette à la brousse de brebis.

Menu 33 € (déj. en semaine), 54/90 €

7 chambres - 95/118 € 95/118 € - 15 €

- 05 65 64 52 29 (réservation conseillée) - www.hotelbelcastel.com
- Fermé 2 janv.-18 mars, 3-8 juil., dim. soir sauf juil.-août, mardi midi et lundi

BÉLESTA

66720 (Pyrénées-Orientales) - 225 hab. - Alt. 390 m - Carte régionale n° **12**-B3

Paris 877 km - Canillo 134 km - Montpellier 181 km - Perpignan 30 km

Carte Michelin 344-G6

La Coopérative

CUISINE CRÉATIVE • DESIGN XX Cet ancien chai a conservé sa charpente métallique : l'endroit, très spacieux et confortable, a un charme fou ! Côté assiette, le chef nous régale avec des plats très inventifs, pleins de saveurs, faisant la part belle aux produits de saison... sans oublier de les accompagner de bons vins du village et de la région.

→ Pastèque confite, aubergine, lait d'amande, carotte lactique et pickles. Variation autour du cochon fermier catalan aux herbes, fricassée de légumes et boudin. Vieux pomélo, citron cannelé et citron doux.

Menu 39/92 € - Carte 75/90 €

Hôtel Riberach, 2A rte de Caladroy - 04 68 50 30 10 - www.riberach.com
- Ouvert 1er avril-1er janv. et fermé lundi et mardi de sept. à juin

Riberach

LUXE • DESIGN Au pied du château médiéval, l'ancienne coopérative viticole s'est muée en hôtel de charme. Matériaux bruts, terrasses privatives : les chambres sont zen, design... avec vue sur les vignes. La piscine, filtrée naturellement, est ravissante.

18 chambres - 160/195 € 195/315 € - 2 suites - 20 € - ½ P

2A rte de Caladroy - 04 68 50 30 10 - www.riberach.com
- Ouvert 1er avril-1er janv.

La Coopérative - voir les restaurants ci-dessus

BELFORT

90000 (Territoire de Belfort) - 50 102 hab. - Agglo. 81 415 hab. - Alt. 360 m - Carte régionale n° **9**-C1

Paris 422 km - Basel 78 km - Besançon 93 km - Épinal 95 km

Carte Michelin 315-F11 - Guide Vert Michelin Franche-Comté Jura

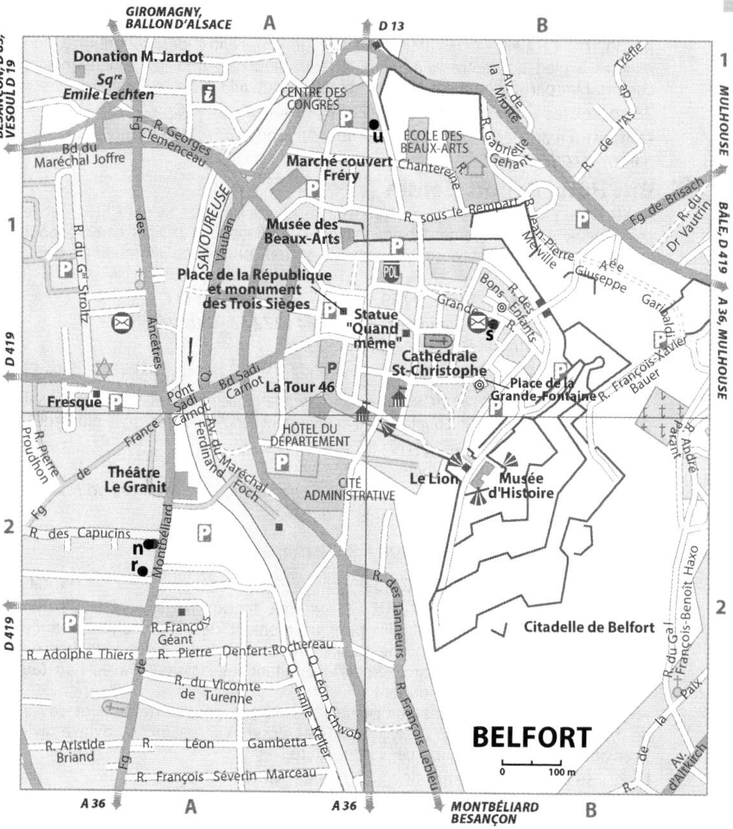

Les Capucins

CUISINE MODERNE • COSY XX Râble de lapin français en ballotine farcie de citron confit au sel ; œuf cuit à 63°C comme une carbonara, pied de cochon ; foie gras poêlé et sauce Périgueux... Voici les belles spécialités que l'on déguste dans cet hôtel-restaurant installé dans les anciennes brasseries Wagner. Belle carte des vins (près de 500 références).

Menu 18 € (déj.), 31/41 € – Carte 43/56 €

Plan : A2-n – *Hôtel Les Capucins, 20 fg de Montbéliard – 03 84 28 04 60 – www.hotellescapucins.com – Fermé 3 semaines en août, vacances de Noël, sam., dim. et fériés*

Le Pot au Feu

CUISINE TRADITIONNELLE • RUSTIQUE XX Dans l'une des plus jolies rues de la vieille ville, au pied de la citadelle, un restaurant pittoresque, installé dans une belle cave tout en pierre, assez romantique le soir venu. Au menu, des recettes au goût d'autrefois, tels le pot-au-feu au foie gras et le baeckeofe, spécialités de la patronne. Belle carte des vins.

Formule 14 € – Menu 20/68 € – Carte 40/65 €

Plan : B1-s – *27 bis Grand'rue – 03 84 28 57 84 – www.lepotaufeu.fr – Fermé 11-17 août, 1er-5 janv., lundi midi, sam. midi et dim.*

Novotel Atria

HÔTEL DE CHAÎNE • CONTEMPORAIN Intégré au centre des congrès, à cinq minutes à pied du centre-ville, un hôtel très moderne, à la fois fonctionnel et confortable (particulièrement les chambres "Executive"). Novotel Café.

78 chambres - 99/184 € 129/219 € - 1 suite - 17 €

Plan : B1-u - *av. de l'Espérance (au centre des Congrès) - 03 84 58 85 00 - www.accorhotels.com*

Brit Hôtel Belfort Centre

BUSINESS • FONCTIONNEL Dans une rue résidentielle entre la gare SNCF et le centre-ville, un établissement bienvenu pour la clientèle d'affaires comme pour les touristes. Atmosphère contemporaine, accueil prévenant, entretien soigné : une bonne adresse.

50 chambres - 69/140 € 69/140 € - 2 suites - 12 €

Plan : A2-r - *2 r. Comte-de-la-Suze - 03 84 22 32 32 - http://belfort-centre.brithotel.fr - Fermé 24 déc.-2 janv.*

Les Capucins

TRADITIONNEL • CONTEMPORAIN Accueil sympathique dans cet hôtel-restaurant du centre-ville, tenu par un couple qui l'a entièrement rénové dans un style moderne.

37 chambres - 69/89 € 69/119 € - 10 € - ½ P

Plan : A2-n - *20 fg de Montbéliard - 03 84 28 04 60 - www.hotellescapucins.com - Fermé 3 semaines en août et vacances de Noël*

Les Capucins - voir les restaurants ci-dessus

à Danjoutin 3 km au Sud - 90400 - 3 612 hab. - Alt. 354 m

Le Pot d'Étain (Philippe Zeiger)

CUISINE MODERNE • ROMANTIQUE Une vraie maison particulière à la sortie de Belfort, où il fait bon s'attabler pour un moment de belle gastronomie. Le chef maîtrise son art, signant une cuisine très précise, osant des mariages de saveurs inédits (terre/mer par exemple), revisitant les classiques avec brio (au dessert notamment). Très séduisant.

→ Carpaccio de langoustines aux pointes d'asperges, pétales de radis et caviar de mulet. Ris de veau caramélisé, jus truffé et légumes du moment. Pavlova revisitée aux fraises et à la rhubarbe, sorbet fruité.

Menu 35 € (déj. en semaine), 55/95 € - Carte 85/110 €

Hors plan - *4 av. de la République - 03 84 28 31 95 (réservation conseillée) - www.restaurant-potdetain.fr - Fermé 1 semaine en mai, 2 semaines en juil., 1 semaine en janv., sam. midi, dim. soir et lundi*

à Sevenans 7 km au Sud par D19 - 90400 - 714 hab. - Alt. 350 m

Auberge de la Tour Penchée

CUISINE MODERNE • ÉLÉGANT Une petite maison toute bleue, au décor délicieusement rococo : déluge de tissus de soie, de lustres à pendeloques, d'angelots peints, de miroirs vénitiens, etc. Beaucoup de chaleur pour déguster les créations d'un chef qui poursuit une démarche exigeante pour sélectionner des produits de qualité.

Menu 25 € (déj. en semaine), 55/85 € - Carte 73/93 €

2 r. de Delle - 03 84 56 06 52 (réservation conseillée) - www.latourpenchee.com - Fermé 20-28 fév., 7-25 août, sam. midi, dim. soir et lundi

à Meroux 10 km au Sud-Est - 830 hab. - Alt. 325 m

CookOvin

CUISINE MODERNE • BRASSERIE Ce nouveau restaurant, proche de la gare TGV de Belfort, propose une attrayante formule déjeuner d'un bon rapport qualité/prix. En soirée, les plats à la carte se font plus ambitieux ; le chef propose aussi quelques tartes flambées de sa composition...

Menu 18 € (déj.), 31/45 € - Carte 42/57 €

1 av. de la Gare-TGV (à La Jonxion, Gare TGV) - 03 84 27 91 10 - www.cookOvin.com - Fermé 2 semaines en août, 1 semaine vacances de Noël, lundi soir, sam. midi et dim.

BELGENTIER

83210 (Var) - 2 421 hab. - Alt. 152 m - Carte régionale n° **21**-C3
Paris 826 km - Draguignan 71 km - Marseille 62 km - Toulon 23 km
Carte Michelin 340-L6

Le Moulin du Gapeau

CUISINE TRADITIONNELLE • **VINTAGE** Dans un moulin à huile du 17ᵉ s., avec de vieilles meules en décor. Ici, la cuisine est une histoire de famille : père et fils signent une cuisine savoureuse, à l'accent du Sud... avec un plat signature : la brouillade aux truffes.

Menu 32/87 € - Carte 53/83 €

pl. Édouard-Granet - 04 94 48 98 68 - www.moulin-du-gapeau.com - Fermé 2 semaines en mars et en nov., lundi midi en juil.-août, jeudi soir de sept. à juin, dim. soir et merc.

BELGODÈRE - 2B (Haute-Corse) → Voir Corse

BELLE-ÉGLISE

60540 (Oise) - 611 hab. - Alt. 69 m - Carte régionale n° **19**-B3
Paris 53 km - Beauvais 32 km - Compiègne 64 km - Pontoise 29 km
Carte Michelin 305-E5

La Grange de Belle-Église (Marc Duval)

CUISINE CLASSIQUE • **ÉLÉGANT** Des mets soignés et savoureux, des produits nobles de grande qualité, quelques notes d'invention, une belle cave de bordeaux et de champagnes : la bonne chère revêt ici ses plus beaux atours. Et le cadre ne manque pas de charmer : feutrée et élégante, la salle ouvre en partie sur un joli jardin...

→ Langoustines en bellevue au caviar, duo de carottes primeur. Dos de bar aux moules de bouchot du Mont Saint-Michel. Soufflé chaud et son abondance de fruits.

Menu 26 € (déj. en semaine), 63/84 € - Carte 100/155 €

28 bd René-Aimé-Lagabrielle - 03 44 08 49 00 - www.lagrangedebelleeglise.fr - Fermé 20-27 fév., 7-22 août, dim. soir, mardi midi et lundi

BELLE-ÎLE-EN-MER

(Morbihan) - Carte régionale n° **5**-B3
Carte Michelin 308-L10 - Guide Vert Michelin Bretagne Sud

Bangor

56360 (Morbihan) - 946 hab. - Alt. 45 m
Paris 513 km - Auray 34 km - Rennes 162 km - Vannes 53 km

La Table de la Désirade

CUISINE MODERNE • **CONVIVIAL** Sans doute l'une des meilleures tables de Belle-Île-en-Mer ! Derrière les fourneaux, le chef signe une cuisine dans l'air du temps en privilégiant les petits producteurs de l'île. Ainsi, dans un charmant décor, tout de bois et pierre vêtu, les désirs des gourmets ne tardent pas à devenir réalité...

Menu 34/80 € - Carte environ 62 €

Hôtel La Désiderade, Le Petit-Cosquet, 2 km à l'Ouest par rte Port-Goulphar - 02 97 31 70 70 - www.hotel-la-desirade.com - Ouvert avril-oct. et fermé le midi

La Désirade

TRADITIONNEL • **PERSONNALISÉ** Un hôtel de charme réparti dans plusieurs maisons récentes de style néobreton. On savoure le calme dans un charmant salon cosy et des chambres habillées de lambris. Espace bien-être.

31 chambres - †115/206 € ††115/234 € - 1 suite - 17 € - ½ P

Le Petit-Cosquet, 2 km à l'Ouest par rte Port-Goulphar - 02 97 31 70 70 - www.hotel-la-desirade.com - Ouvert avril-oct.

La Table de la Désirade - voir les restaurants ci-dessus

Le Palais

✉ 56360 (Morbihan) - 2 578 hab. - Alt. 7 m
Paris 508 km - Lorient 3 km - Rennes 157 km - Vannes 48 km

La Table du Gouverneur

CUISINE MODERNE • HISTORIQUE XX Déjeuner à la table du gouverneur, au cœur de la citadelle Vauban, n'est pas donné à tout le monde : dans un cadre d'une luxueuse austérité, on s'adonne au plaisir d'une cuisine sous influence bretonne, à l'instar de ce maquereau au bouillon d'algues et coquillages... A part les mouettes, quel calme !

Formule 19 € - Menu 35 € (dîner) - Carte 59/92 €

Citadelle Vauban Hôtel-Musée - ✆ 02 97 31 84 17 - www.citadellevauban.com - Ouvert 21 avril-30 sept.

L'Annexe Ⓝ

CUISINE BRETONNE • BISTRO X Dans cet ancien café de marins, datant des années 1950, le décor est resté retro ! On vient ici pour l'atmosphère conviviale et la qualité des crêpes, à l'instar de cette Palatine aux filets de sardines fraîches rôties, et concassé de tomate. Les habitués s'y pressent : c'est toujours bon signe.

Carte 25/39 €

3 quai de l'Yser - ✆ 02 97 31 81 53 - Fermé début janv. à début avril et merc. sauf juil.-août

Le Goéland Ⓝ

CUISINE TRADITIONNELLE • CONVIVIAL X Ce bistrot rétro propose une cuisine canaille et gourmande, autour des poissons (grillés, en croûte de sel, etc.) et des légumes bio, issus d'un producteur de l'île et du potager du patron (plus de 30 variétés de tomates !). Parmi les spécialités : sardines marinées, fricassée de palourdes, charcuterie de la mer. Une adresse appréciée par Pierre Gagnaire. Tout est dit.

Menu 28 € (déj. en semaine) - Carte 39/71 €

3 quai Vauban - ✆ 02 97 31 81 26

Citadelle Vauban Hôtel-Musée

HISTORIQUE • PERSONNALISÉ Cet hôtel-musée a investi la citadelle Vauban. Les chambres, décorées sur le thème de la Compagnie des Indes, donnent presque toutes sur la mer et invitent à des rêves de voyage.

55 chambres - †122/295 € ††122/370 € - ☕ 19 € - ½ P

- ✆ 02 97 31 84 17 - www.citadellevauban.com - Ouvert 21 avril-30 sept.

La Table du Gouverneur - voir les restaurants ci-dessus

Le Clos Fleuri

FAMILIAL • COSY Sur les hauteurs de la ville, cet hôtel typique de l'architecture locale abrite des petites chambres coquettes, certaines donnant sur le jardin, forcément fleuri !

18 chambres - †55/127 € ††55/130 € - ☕ 12 €

rte de Sauzon, à Bellevue - ✆ 02 97 31 45 45 - www.hotel-leclosfleuri.com - Fermé 14 nov.-15 déc. et 3 janv.-4 fév.

Port-Goulphar

✉ 56360 (Morbihan) - Bangor
Paris 517 km - Auray 38 km - Rennes 166 km - Vannes 57 km

Le 180°

CUISINE CRÉATIVE • ÉLÉGANT XXX À la barre de ce bateau, avec vue imprenable sur l'anse de Goulphar, le chef concocte des recettes créatives, avec les meilleurs produits de l'île, comme ce beau menu homard. Une traversée vivifiante, pleine d'embruns, de talent et de fraîcheur.

Menu 59/140 € - Carte 67/95 €

Hôtel Castel Clara - ✆ 02 97 31 84 21 - www.castel-clara.com - Fermé de mi-nov. à mi-déc., dim. et lundi sauf juil.-août et le midi

Le Marie Galante

CUISINE TRADITIONNELLE • CONVIVIAL On s'installe dans une élégante salle à manger, dont les larges baies vitrées dévoilent une superbe vue sur la mer, pour savourer une cuisine soignée aux accents marins, à l'instar de la raviole de homard au jambon ibérique, ou de la daurade royale en croûte de sel aux algues. Terrasse exquise.

Formule 22 € - Menu 27 € (déj.), 35/55 € - Carte 38/65 €

Hôtel Le Grand Large, chemin des Aiguilles de Port-Coton - 02 97 31 80 92 - www.hotelgrandlarge.com - Ouvert 13 fév.-2 nov. et fermé lundi midi et mardi midi hors saison

Castel Clara

LUXE • PERSONNALISÉ Emplacement idyllique sur la côte sauvage, centre "thalasso", chambres et suites raffinées, beau panorama : le luxe discret... au bout du monde. Ou comment respirer l'air du large en gardant les pieds sur terre ! Restaurant gastronomique ; buffets de fruits de mer et de crustacés au Café Clara.

58 chambres - 95/475 € 135/475 € - 5 suites - 25 € - ½ P

- 02 97 31 84 21 - www.castel-clara.com - Fermé de mi-nov. à mi-déc.

Le 180° - voir les restaurants ci-dessus

Le Grand Large

MAISON DE MAÎTRE • PERSONNALISÉ Ce manoir, posé sur la Côte Sauvage, contemple l'océan et les aiguilles de Port-Coton. Les chambres, dont certaines ont un balcon, donnent sur les flots ou la lande. Restauration traditionnelle au Marie Galante.

34 chambres - 99/370 € 99/370 € - 17 € - ½ P

chemin des Aiguilles de Port-Coton - 02 97 31 80 92 - www.hotelgrandlarge.com - Ouvert 13 fév.-2 nov.

Le Marie Galante - voir les restaurants ci-dessus

Sauzon

56360 (Morbihan) - 909 hab. - Alt. 35 m

Paris 515 km - Lorient 9 km - Rennes 164 km - Vannes 55 km

Roz Avel

CUISINE MODERNE • TRADITIONNEL Derrière les fourneaux de cette maison de pays, le chef rend un bel hommage aux produits de la mer : ormeau snacké et rouelle de tête de veau, turbot en écaille de pomme de terre, crêpe soufflée au chouchen... De quoi en perdre le sens de l'orientation, s'il n'y avait le Roz Avel (rose des vents) !

Formule 25 € - Menu 33/58 € - Carte 53/65 €

r. du Lieutenant-Riau (derrière l'église) - 02 97 31 61 48 (réservation conseillée) - Ouvert 16 mars-11 nov., 15-31 déc. et fermé merc.

Café de la Cale

POISSONS ET FRUITS DE MER • BISTRO Face au port, ce bistrot marin, précédé d'une terrasse, propose de déguster poissons frétillants et coquillages, issus pour partie de la pêche locale. À la carte, seule subsiste une viande : l'agneau de Belle-Île-en-Mer. Une adresse conviviale et chaleureuse, où l'on s'enivre de cette précieuse âme bretonne.

Menu 22 € - Carte 28/53 €

quai Guerveur - 02 97 31 65 74 (réservation conseillée) - Ouvert d'avril à sept. et vacances scolaires d'hiver

BELLÊME

61130 (Orne) - 1 593 hab. - Alt. 241 m - Carte régionale n° **17**-C3

Paris 168 km - Alençon 42 km - La Ferté-Bernard 23 km - Le Mans 55 km

Carte Michelin 310-M4 - Guide Vert Michelin Normandie Vallée de la Seine

à Nocé 8 km à l'Est par D203 - ✉ 61340 - 775 hab. - Alt. 120 m

Auberge des 3 J

CUISINE MODERNE • AUBERGE XX Voilà plus de trente ans que le chef, Stéphan Joly, œuvre aux fourneaux : c'est dire s'il maîtrise son art ! Il signe assurément une belle cuisine, fondée sur la tradition – mais pas seulement – et le terroir local : les saveurs sont au rendez-vous… Et le cadre élégant de l'auberge ajoute au plaisir du repas.

Menu 27/49 € - Carte 38/45 €

1 pl. du Dr-Gireaux - ✆ 02 33 73 41 03 - aubergeles3j.fr - Fermé 23 sept.-7 oct., 2-15 janv., dim. soir, lundi et mardi

BELLERIVE-SUR-ALLIER - 03 (Allier) ➜ Voir Vichy

BELLEVILLE

✉ 54940 (Meurthe-et-Moselle) - 1 423 hab. - Alt. 190 m - Carte régionale n° **14**-B2
Paris 359 km - Metz 42 km - Nancy 19 km - Pont-à-Mousson 14 km
Carte Michelin 307-H6

Le Bistroquet

CUISINE CLASSIQUE • TRADITIONNEL XXX Cette belle auberge a conservé son cadre bourgeois d'inspiration 1900 (miroirs, affiches et lustres) et une cuisine classique en hommage aux créations de Marie-France Ponsard qui fit la renommée des lieux.

Formule 25 € - Menu 55/79 € - Carte 65/80 €

97 rte Nationale - ✆ 03 83 24 90 12 (réservation conseillée) - www.le-bistroquet.com - Fermé 15-22 fév., 15-29 août, sam. midi, dim. soir, mardi soir et lundi

BELLEVILLE

✉ 69220 (Rhône) - 8 045 hab. - Alt. 192 m - Carte régionale n° **24**-E1
Paris 416 km - Bourg-en-Bresse 43 km - Lyon 45 km - Mâcon 31 km
Carte Michelin 327-H3 - Guide Vert Michelin Lyon et sa région

Le Beaujolais

CUISINE TRADITIONNELLE • COSY X Ce Beaujolais se devait de faire honneur à cette région riche en saveurs et en bons vins ! Le sympathique couple à la tête de cette maison relève le défi avec une bonne cuisine traditionnelle. Un exemple ? L'andouillette beaujolaise pur porc cuite en cocotte, avec pommes de terre rissolées au thym, un incontournable…

Formule 15 € - Menu 18 € (déj. en semaine), 28/42 € - Carte 38/46 €

40 r. du Mar-Foch (près de la gare) - ✆ 04 74 66 05 31 (réservation conseillée) - www.restaurant-le-beaujolais.com - Fermé 1er-23 août, dim. soir, lundi soir, mardi soir et merc.

à Pizay 5 km au Nord-Ouest par D18 et D69 - ✉ 69220 St Jean d Ardieres

Château de Pizay

CUISINE MODERNE • CLASSIQUE XXX Le cadre, châtelain, mêle avec élégance charme historique et épure contemporaine. Un lieu majestueux, au service d'une cuisine actuelle, qui mise tout sur la fraîcheur des produits – à déguster l'été sur la terrasse de la cour d'honneur. Tous les vins du domaine sont présents sur la carte des vins.

Menu 59/84 € - Carte 82/178 €

Hôtel Château de Pizay, rte des Crus-du-Beaujolais - ✆ 04 74 66 51 41 - www.chateau-pizay.com - Fermé 22 déc.-4 janv. et le midi en semaine sauf fériés

Château de Pizay

DEMEURE HISTORIQUE • CLASSIQUE Passé la grande allée bordée de platanes apparaît ce beau château (15e-17e s.) au cœur du vignoble. Ciels de lit et plafonds à la française ou charme plus contemporain : les chambres et suites sont toujours élégantes et soignées. Et pour se détendre, on hésite longtemps : spa, tennis, grande piscine...

62 chambres - 280/340 € 280/340 € - 23 €

rte des Crus-du-Beaujolais
- 04 74 66 51 41 - www.chateau-pizay.com
- Fermé 22 déc.-4 janv.

Château de Pizay - voir les restaurants ci-dessus

BELLEY

01300 (Ain) - 8 870 hab. - Alt. 279 m - Carte régionale n° **23**-C1
Paris 507 km - Aix-les-Bains 31 km - Bourg-en-Bresse 83 km - Chambéry 36 km
Carte Michelin 328-H6 - Guide Vert Michelin Franche-Comté Jura

au Sud-Est 3 km sur rte de Chambéry

La Fine Fourchette

CUISINE CLASSIQUE • VINTAGE XX En surplomb de la route, ce pavillon au charme rétro ouvre sur le canal du Rhône et nos appétits. Le chef-patron fait la part belle au poisson frais, comme avec ce Lavaret du lac du Bourget fumé et aubergine en millefeuille, ou ce saint-pierre juste rôti à l'huile d'olive... Une Fine Fourchette pour les fines bouches !

Menu 35/53 € - Carte 61/74 €

N504 - 04 79 81 59 33 - www.aubergedelafinefourchette.fr - Fermé dim. soir et lundi

à Contrevoz 9 km au Nord-Ouest sur D32 - 01300 - 528 hab. - Alt. 320 m

Auberge de Contrevoz

CUISINE TRADITIONNELLE • RUSTIQUE XX Rillettes de truite rose ; fera, vinaigrette de morilles et son risotto... La région et les beaux produits sont à l'honneur, la gourmandise se fait reine et, en saison, on se régale même de truffes du Bugey. C'est simple et généreux : ah, terroir, mon beau terroir !

Formule 15 € - Menu 21 € (déj. en semaine), 27/45 €

rte de Preveyzieu
- 04 79 81 82 54 - www.auberge-de-contrevoz.com
- Fermé 26 juin-4 juil., 23-30 oct., 2-13 janv., merc. soir et jeudi soir hors saison, mardi soir, dim. soir et lundi

BELVES

24170 (Dordogne) - 1 417 hab. - Alt. 175 m - Carte régionale n° **2**-D1
Paris 552 km - Bergerac 56 km - Bordeaux 197 km - Périgueux 66 km
Carte Michelin 329-H7 - Guide Vert Michelin Périgord Quercy

Clément V

FAMILIAL • PERSONNALISÉ Voilà une adresse que n'aurait certainement pas dédaignée Clément V... Dans ce village médiéval, ancien fief du pape, cette coquette maison propose des chambres de caractère, dont l'une aménagée dans une cave voûtée du 11es. Petit-déjeuner servi sous la véranda ou dans la petite cour fleurie.

10 chambres - 135/225 € 135/225 € - 13 €

15 r. Jacques-Manchotte
- 05 53 28 68 80 - www.clement5.com
- Ouvert de mi-avril à oct.

à Sagelat 2 km au Nord par D53 – ✉ 24170 – 330 hab. – Alt. 78 m

Auberge de la Nauze

CUISINE TRADITIONNELLE • RUSTIQUE Les gourmands des environs ne s'y sont pas trompés... Si bien que la réputation de cette auberge dépasse désormais les frontières du département. Dans cette maison en pierre de pays, on s'attable autour de bons petits plats dans l'air du temps. L'auberge propose aussi des petites chambres, bien tenues.

Formule 14 € – Menu 18 € (déj. en semaine), 29/39 € – Carte 45/70 €
6 chambres – 38/68 € 40/68 € – 7 €

Fongauffier – ✆ 05 53 28 44 81 – www.aubergedelanauze.fr – Fermé 27 juin-5 juil., 16 nov.-7 déc., 21 déc.-4 janv., mardi soir et sam. midi de sept. à juin et lundi

à St-Germain-de-Belvès 6 km au Nord-Est par D53 – ✉ 24170 – 176 hab. – Alt. 230 m

Les Boudines

FAMILIAL • CONTEMPORAIN En lisière de forêt, une ancienne ferme périgourdine en pierres sèches. Les chambres, décorées avec des matières naturelles, ont toutes une terrasse. Piscine à débordement avec vue imprenable sur la campagne.

5 chambres – 79/115 € 79/115 €

Les Boudines – ✆ 05 53 29 15 03 – www.lesboudines.com – Fermé mars et 9 nov.-31 déc.

BENERVILLE-SUR-MER – 14 (Calvados) ➔ Voir Deauville

BÉNESTROFF

✉ 57670 (Moselle) – Benestroff – 545 hab. – Alt. 250 m – Carte régionale n° **14**-C2
Paris 414 km – Grevenmacher 138 km – Metz 89 km – Saarbrücken 59 km
Carte Michelin 307-L5

La Toque Blanche

CUISINE MODERNE • TENDANCE L'ancien café du village a fait place à un lieu contemporain... et l'on peut dire que le chef en a sous sa Toque ! Parmi les spécialités, entre tradition et touches exotiques : fricassée de homard breton, panaché d'agneau du "Jeannot de Guessling". Des soirées jazz sont aussi organisées... de quoi faire swinguer les papilles.

Formule 22 € – Menu 29/58 € – Carte 46/66 €

49 Grand-Rue – ✆ 03 87 01 51 85 – www.latoque-blanche.fr – Fermé 24 juil.-10 août, 2-10 janv., dim. soir, lundi et mardi

BÉNODET

✉ 29950 (Finistère) – 3 453 hab. – Carte régionale n° **5**-A2
Paris 563 km – Concarneau 19 km – Fouesnant 8 km – Pont-l'Abbé 13 km
Carte Michelin 308-G7 – Guide Vert Michelin Bretagne Sud

Escapades

CUISINE MODERNE • BISTRO Au bout de la plage du Trez, ce sympathique bistrot contemporain réunit de nombreux suffrages dans le secteur ! Le menu du jour, qui fait la part belle aux produits du terroir, s'affiche à l'ardoise : plancha de langoustines aux épices douces, suprême de volaille fermière au cidre, etc.

Formule 14 € – Menu 19/30 € – Carte 36/54 €

37 r. du Poulquer – ✆ 02 98 66 27 97 – www.escapades-benodet.com – Fermé 12 nov.-8 déc., dim. soir et lundi de sept. à juin

Kastel

TRADITIONNEL • CONTEMPORAIN À proximité de la plage et du centre de thalassothérapie, cet hôtel joue l'épure contemporaine et c'est réussi. Après un soin à l'Espace Hydromarin, rien ne vaut la vue sur la mer dont on jouit dans chaque chambre !

25 chambres – 59/259 € 79/259 € – 17 € – ½ P

1 corniche de la Plage – ✆ 02 98 57 05 01 – www.hotel-kastel.com – Fermé 4-17 déc.

Domaine de Kereven

FAMILIAL • TRADITIONNEL Un grand parc ombragé très paisible, où trône cette belle bâtisse régionale. On se sent bien dans ces chambres coquettes et parfaitement tenues, et l'accueil est charmant : c'est avec le sourire que l'on vous prête un vélo pour découvrir les alentours !

12 chambres – 65/82 € 72/92 € – 10 €

2 km par rte de Quimper – ✆ 02 98 57 02 46 – www.kereven.fr – Ouvert 29 avril-30 sept.

à Clohars-Fouesnant 3 km au Nord-Est par D34 et rte secondaire – ✉ 29950 – 2 188 hab. – Alt. 30 m

La Forge d'Antan

POISSONS ET FRUITS DE MER • AUBERGE XX Dans cette plaisante auberge de campagne, on choisit son ambiance selon la saison : cheminée cosy et vieilles pierres à l'intérieur en hiver, véranda et vue sur le jardin aux beaux jours ! Les produits de la mer dominent et ils sont très frais : croustillant de langoustines, velouté froid d'araignées, etc.

Formule 20 € – Menu 35 € (semaine), 50/75 € – Carte 46/77 €

31 rte de Nors-Vraz – ✆ 02 98 54 84 00 – www.laforgedantan.com – Fermé mardi sauf le soir en juil.-août, dim. soir et lundi

à Ste-Marine 5 km à l'Ouest par pont de Cornouaille – ✉29120 Combrit

Les Trois Rochers

CUISINE MODERNE • TENDANCE XX Face au port de Bénodet, une adresse délicieuse, où la cuisine est fondée sur des produits locaux de belle qualité – langoustines, homard, agneau –, rehaussés d'épices et d'herbes fraîches. Aux beaux jours, on profite de la terrasse, très agréable !

→ Ravioles de langoustines. Homard bleu, sabayon au vin jaune. Cristalline de fraises.

Menu 49/79 € – Carte 50/80 €

Hôtel Villa Tri Men, 16 r. du Phare – ✆ 02 98 51 94 94 – www.trimen.fr – Fermé 1er janv.-31 mars, 30 oct.-21 déc., le midi et dim.

Bistrot du Bac

POISSONS ET FRUITS DE MER • BISTRO X Une maison bretonne sur les quais du petit port de Ste-Marine, face à Bénodet – auquel il est relié par un bac en saison. La terrasse avec sa vue pittoresque sur l'estuaire, la salle en bleu et blanc (comme les chambres) et surtout la cuisine qui honore la mer avec fraîcheur et simplicité : l'escale est fort sympathique !

Menu 29 € – Carte 37/88 €

11 chambres – 84/140 € 84/140 € – 12 €

19 r. du Bac – ✆ 02 98 56 34 79 – www.hoteldubac.fr

Villa Tri Men

LUXE • ÉLÉGANT Le jardin de cette belle villa de 1913 descend en pente douce jusqu'à la mer, et l'on peut, en toute quiétude, y lire ou prendre un verre. L'intérieur, feutré et cossu, donne à l'ensemble un charme indéniable ; les chambres sont spacieuses et élégantes dans leur parti pris minimaliste.

19 chambres – 108/215 € 158/315 € – 17 € – ½ P

16 r. du Phare – ✆ 02 98 51 94 94 – www.trimen.fr – Fermé 1er janv.-31 mars

Les Trois Rochers – voir les restaurants ci-dessus

La Ferme Saint-Vennec

HISTORIQUE • PERSONNALISÉ Un lieu isolé, au grand calme, une vraie bouffée d'oxygène... Cette belle ferme de 1714, au milieu d'un grand parc, est divisée en plusieurs corps de bâtiment répartis autour d'une jolie cour parsemée de massifs de fleurs ; pour se ressourcer, on a le choix entre des chambres ou de superbes cottages bien entretenus. Charmant !

4 chambres – 80/330 € 80/330 € – 14 €

r. de la Clarté – ✆ 02 98 56 74 53 – www.lafermesaintvennec.com – Fermé janv.

BÉNOUVILLE - 14 (Calvados) → Voir Caen

BERGERAC

24100 (Dordogne) - 27 972 hab. - Alt. 37 m - Carte régionale n° **2**-C1
Paris 534 km - Agen 91 km - Angoulême 110 km - Bordeaux 94 km
Carte Michelin 329-D6 - Guide Vert Michelin Périgord Quercy

L'Imparfait

CUISINE TRADITIONNELLE · RUSTIQUE XX Dans cette bâtisse médiévale du vieux Bergerac, l'art culinaire se conjugue au présent ! Cuisine goûteuse inspirée du terroir et teintée d'exotisme. Parfait rapport plaisir-prix.

Formule 24 € - Menu 29 € (déj.), 39/49 € - Carte 48/93 €

Plan : A2-n - *8 r. des Fontaines - ✆ 05 53 57 47 92 - www.imparfait.com*

La Table du Marché Couvert

CUISINE MODERNE · TENDANCE X Impossible de ne pas remarquer cette maison d'angle à la façade rouge, face aux halles ! Dans ce bistrot à l'élégance toute contemporaine - un cadre soigné -, les recettes s'inspirent du marché... évidemment.

Formule 23 € - Menu 26 € (déj. en semaine), 36/56 € - Carte 45/55 €

Plan : A2-f - *21 pl. Louis-de-la-Bardonnie - ✆ 05 53 22 49 46 - www.table-du-marche.com - Fermé 15-28 fév., 28 juin-11 juil., lundi hors saison et dim.*

Hôtel de France

FAMILIAL · FONCTIONNEL En plein centre-ville, un hôtel face à la place du marché (mercredi et samedi). Préférez les chambres, plus calmes, côté piscine. Idéalement situé pour partir à la découverte de Bergerac.

20 chambres - †65/89 € ††69/105 € - ☕ 10 €

Plan : A1-b - *18 pl. Gambetta - ✆ 05 53 57 11 61 - www.hoteldefrance-bergerac.com*

Le Clos d'Argenson (N)

HÔTEL PARTICULIER · ÉLÉGANT Séduisante, cette maison bourgeoise de 1865 installée en plein centre-ville, à deux pas de l'office du tourisme ! On apprécie le billard et la bibliothèque, les junior suites spacieuses et confortables... Sans oublier le petit-déjeuner servi en terrasse, ainsi que le jardin et la piscine.

4 chambres ☕ - †90/110 € ††110/140 €

Plan : B1-a - *99 r. Neuve-d'Argenson - ✆ 06 12 90 59 58 - www.leclosdargenson.com - Fermé 26 déc.-2 janv.*

à St-Nexans 10 km au Sud par N21 et D19 - 24520 - 898 hab. - Alt. 120 m

La Chartreuse du Bignac

LUXE · ÉLÉGANT Une belle chartreuse du 18es., posée sur un coteau dominant vignobles, vergers et bois... Quel site ! Il fait bon se prélasser dans le parc de 12 ha ou au bord de la piscine. Beaucoup de raffinement dans les chambres ; cuisine actuelle dans une élégante salle ou en terrasse.

12 chambres - †160/350 € ††160/350 € - 1 suite - ☕ 24 € - ½ P

Le Bignac - ✆ 05 53 22 12 80 - www.abignac.com - Fermé 19-30 déc. et 2 janv.-3 fév.

au Moulin de Malfourat 8 km au Sud par D933, dir. Mont-de-Marsan et rte secondaire

La Tour des Vents

CUISINE MODERNE · ÉLÉGANT XXX Priorité à la qualité des produits, des cuissons et des assaisonnements : l'ancien second est désormais aux commandes, et il maintient sans peine le cap ! Il propose une belle cuisine traditionnelle, relevée d'une pointe d'originalité. En prime, la salle offre une vue imprenable sur les vignobles de Monbazillac.

→ Pressé de foie gras de canard au poivre noir, queue de bœuf confite au bergerac rouge. Suprême de pigeon rôti, la cuisse farcie, betterave acidulée et purée de butternut. Soufflé chaud au Grand Marnier.

Menu 39 € (déj. en semaine), 49/89 € - Carte 65/100 €

- ✆ 05 53 58 30 10 - www.tourdesvents.com - Fermé janv., lundi et mardi

BERGÈRES-LÈS-VERTUS – 51 (Marne) ➔ Voir Vertus

BERGHEIM

✉ 68750 (Haut-Rhin) – 1 941 hab. – Alt. 235 m – Carte régionale n° **1**-C2

▶ Paris 449 km – Colmar 18 km – Ribeauvillé 4 km – Sélestat 11 km – Carte Michelin 315-I7

Wistub du Sommelier

CUISINE TRADITIONNELLE • AUBERGE XX Comptoir du 19e s., boiseries, poêle en faïence et convivialité... Pas de doute, derrière cette jolie façade alsacienne se cache bien une winstub ! On y passe un bon moment autour de vrais plats du terroir assortis des incontournables vins régionaux. Une adresse sympathique à tous points de vue.

Formule 18 € – Menu 30/45 € – Carte 38/65 €

51 Grand-Rue – ✆ 03 89 73 69 99 – www.wistub-du-sommelier.com – Fermé 3 semaines en janv., merc. et jeudi

La Bacchante

CUISINE TRADITIONNELLE • RUSTIQUE X Il faut pousser une grande porte ancienne en bois pour découvrir cette Bacchante, un antre rustique aux airs de chai, niché dans une jolie cour fleurie. Une maison de caractère où l'on déguste de sympathiques plats traditionnels qui ont le parfum de l'Alsace.

Formule 14 € – Menu 23/51 € – Carte 38/52 €

11 Grand-Rue – ✆ 03 89 71 18 91 – www.la-bacchante.fr – Fermé 2 semaines en fév., vend. midi et mardi

BERGHOLTZ

68500 (Haut-Rhin) - 1 063 hab. - Alt. 240 m - Carte régionale n° **1**-A3
Paris 488 km - Basel 55 km - Colmar 31 km - Strasbourg 101 km
Carte Michelin 315-H9

La Petite Auberge

CUISINE MODERNE • AUBERGE XX Cromesquis de foie gras tiède ; pigeon rôti ; courgette fleur et sauce balsamique ; sphère chocolat et mousse mandarine... Le chef concocte une cuisine gastronomique 100 % maison, avec une envie : "Faire ce qu'on m'a appris depuis que j'ai commencé ce métier." Pari tenu et franc succès !

Formule 19 € - Menu 22 € (déj. en semaine), 42/72 € - Carte 50/70 €

4 r. de l'Église - 03 89 28 52 90 - www.lapetiteauberge.fr - Fermé mardi et merc.

BERGUES

59380 (Nord) - 3 910 hab. - Alt. 4 m - Carte régionale n° **16**-B1
Paris 279 km - Calais 52 km - Dunkerque 9 km - Hazebrouck 34 km
Carte Michelin 302-C2

Au Tonnelier

AUBERGE • FONCTIONNEL Une agréable hostellerie familiale, au pied de l'église du village - rendu célèbre par le film *Bienvenue chez les Ch'tis*. Les chambres sont fonctionnelles et bien tenues ; préférez les plus récentes dans l'annexe. Cuisine du terroir au restaurant.

39 chambres - †79/82 € ††79/90 € - 13 € - ½ P

4 r. du Mont-de-Piété (près de l'église) - 03 28 68 70 05 - www.autonnelier.com - Fermé 22 déc.-4 janv.

BERLOU

34360 (Hérault) - 198 hab. - Alt. 140 m - Carte régionale n° **12**-B2
Paris 758 km - Albi 125 km - Carcassonne 77 km - Montpellier 103 km
Carte Michelin 339-C8

Le Faitout

CUISINE MODERNE • COSY X Qu'espérer du faitout d'un chef touche-à-tout ? Un maximum de gourmandise ! Frédéric Révilla, porté par sa passion pour la région, fait feu de tout bois : saveurs du jardin, veau catalan, chevreau du pays, navet de Pardailhan, vin de St-Chinian (le village est voisin) : tout s'associe avec soin et simplicité dans ses recettes à contre-courant, tout a du goût !

Formule 18 € - Menu 23 € (déj. en semaine), 32/64 € - Carte 41/61 €

pl. du Pont - 04 67 24 16 99 - www.lefaitout.net - Fermé 1 semaine vacances de fév. et de la Toussaint, dim. soir de mai à début oct., mardi et merc. d'oct. à avril et lundi

BERMICOURT

62130 (Pas-de-Calais) - 153 hab. - Alt. 118 m - Carte régionale n° **16**-B2
Paris 234 km - Arras 50 km - Lens 61 km - Lille 100 km
Carte Michelin 301-G5

La Cour de Rémi N

CUISINE TRADITIONNELLE • CONVIVIAL X Après une première vie professionnelle menée tambour battant à l'étranger, le chef est revenu aux sources pour se consacrer à la cuisine, sa première passion. Cuissons millimétrées, assaisonnements au poil, bon rapport qualité-prix et vins naturels : il nous régale avec un enthousiasme communicatif !

Menu 32/36 € - Carte environ 40 €

1 r. Baillet - 03 21 03 33 33 - www.lacourderemi.com - Fermé sam. midi

La Cour de Rémi

FAMILIAL • PERSONNALISÉ Nous voici dans les dépendances d'un petit château du 19e s., au bout d'une allée bordée d'arbres... Les chambres, réparties dans la grange et les écuries, sont sobres et spacieuses. Quant à Rémi, il fut le dernier exploitant de la ferme. Un bien bel hommage !

10 chambres - 85/160 € 85/160 € - 13 €

1 r. Baillet - 03 21 03 33 33 - www.lacourderemi.com

La Cour de Rémi - voir les restaurants ci-dessus

BERNAY

27300 (Eure) - 10 399 hab. - Alt. 105 m - Carte régionale n° **17**-C2

Paris 155 km - Argentan 69 km - Évreux 49 km - Le Havre 72 km

Carte Michelin 304-D7 - Guide Vert Michelin Normandie Vallée de la Seine

Hostellerie du Moulin Fouret

CUISINE CLASSIQUE • COSY XX Du moulin subsistent les rouages... mais on découvre avant tout une belle et grande maison couverte de vigne vierge, au calme d'un cours d'eau. Ravioles de champignons, pigeonneau rôti en cocotte, notre "grand dessert Gustave Chauvel" en souvenir du grand-père du chef, etc. : classique et séduisant.

Formule 26 € - Menu 45 € - Carte 72/83 €

2 rte du Moulin-Fouret, 3,5 km au Sud par rte de St-Quentin-des-Isles - 02 32 43 19 95 - www.moulin-fouret.com - Fermé dim. soir et lundi de Pâques à sept. et mardi hors saison

LA BERNERIE-EN-RETZ

44760 (Loire-Atlantique) - 2 603 hab. - Alt. 24 m - Carte régionale n° **18**-A2

Paris 434 km - Nantes 46 km - St-Herblain 46 km - St-Nazaire 38 km

Carte Michelin 316-D5

L'Artimon

CUISINE MODERNE • INTIME X Cet Artimon porte haut les valeurs de la bonne cuisine, attirant de loin les amateurs : il faut dire que le chef travaille en vrai artisan de beaux produits locaux. La petite salle - toute simple et d'esprit marin - ne désemplit pas !

Menu 20 € (déj. en semaine), 32/44 €

17 r. Jean-du-Plessis - 02 51 74 61 60 (réservation conseillée) - Fermé 8-15 juin, mardi sauf le soir en juil.-août, dim. soir et merc. de sept. à juin et lundi

BERNEX

74500 (Haute-Savoie) - 1 248 hab. - Alt. 955 m - Carte régionale n° **25**-F1

Paris 590 km - Annecy 97 km - Évian-les-Bains 10 km - Morzine 32 km

Carte Michelin 328-N2 - Guide Vert Michelin Alpes du Nord

à La Beunaz 1,5 km au Nord-Ouest par D52 - 74500 Bernex - Alt. 1 000 m

Bois Joli

TRADITIONNEL • MONTAGNARD Noyé dans la verdure et tout pimpant, ce beau chalet porte bien son nom... Les chambres, décorées à la mode savoyarde, ont toutes un balcon tourné vers la Dent d'Oche ou le mont Billiat. Espace bien-être, jolie piscine extérieure et restaurant traditionnel.

20 chambres - 72/82 € 88/98 € - 1 suite - 10 € - ½ P

210 rte du Chenay - 04 50 73 60 11 - www.hotel-bois-joli.fr - Ouvert de mai à mi-oct. et de mi-déc. à fin mars

BERNIÈRES-SUR-MER

14990 (Calvados) - 2 336 hab. - Carte régionale n° **17**-B2

Paris 252 km - Caen 20 km - Hérouville-Saint-Clair 21 km - Le Havre 107 km

Carte Michelin 303-J4 - Guide Vert Michelin Normandie Cotentin

L'As de Trèfle

CUISINE MODERNE • COSY XX Légèrement en retrait des plages du Débarquement, nous voilà dans le repaire d'Anthony Vallette, un chef normand plein d'entrain. Au fil des saisons, il pioche dans le terroir local – poissons de la Manche, andouille de Vire, cochon de Bayeux – et compose des plats bien maîtrisés, avec juste ce qu'il faut d'audace !

Formule 18 € – Menu 25 € (déj. en semaine), 39/69 € – Carte 59/72 €

420 r. Léopold-Hettier – ✆ 02 31 97 22 60 – www.restaurantasdetrefle.com – Fermé 25 sept.-7 oct., 7-18 janv., mardi sauf le midi en été et lundi

BERNOS-BEAULAC – 33 (Gironde) ➜ Voir Bazas

BERRWILLER

68500 (Haut-Rhin) – 1 174 hab. – Alt. 260 m – Carte régionale n° **1**-A3

Paris 467 km – Belfort 45 km – Colmar 31 km – Épinal 99 km

Carte Michelin 315-H9

L'Arbre Vert

CUISINE MODERNE • ÉLÉGANT XX Cinquième génération et toujours très Vert ! Cet Arbre pourrait bien être généalogique, tant son histoire se confond avec celle de la famille Koenig... Au menu : toute la fraîcheur du terroir alsacien, avec de beaux vins du cru.

Menu 26/58 € – Carte 47/74 €

96 r. Principale – ✆ 03 89 76 73 19 – www.restaurant-koenig.com – Fermé 6-16 mars, 10-24 juil., jeudi soir, dim. soir et lundi

BESANÇON

25000 (Doubs) – 116 353 hab. – Agglo. 131 739 hab. – Alt. 250 m – Carte régionale n° **9**-B2

Paris 405 km – Basel 167 km – Bern 180 km – Dijon 91 km

Carte Michelin 321-G3 – Guide Vert Michelin Franche-Comté Jura

Le Manège

CUISINE MODERNE • TENDANCE XXX Une vraie bonne table que cet ancien manège militaire (au pied de la citadelle) entièrement redécoré en 2013 ; on y déguste une cuisine délicate et savoureuse, signée par un chef autodidacte et amoureux du travail bien fait. Une valeur sûre.

Formule 15 € – Menu 18 € (déj. en semaine), 31/46 € – Carte 36/53 €

Plan : D2-u – *2 fg Rivotte – ✆ 03 81 48 01 48 – www.restaurantlemanege.com – Fermé 24 avril-1er mai, 21 août-5 sept., 2-16 janv., dim. soir et lundi*

Le St-Pierre

CUISINE TRADITIONNELLE • ÉLÉGANT XXX Une cuisine gastronomique mettant le poisson et les bons produits à l'honneur ; beaucoup de finesse relevée d'une pointe d'originalité ; un cadre élégant et cosy (pierres apparentes) : ce Saint-Pierre est un petit paradis des saveurs !

Menu 42 € 🍷/75 € – Carte 73/87 €

Plan : C1-t – *104 r. Battant – ✆ 03 81 81 20 99 (réservation conseillée) – www.restaurant-saintpierre.com – Fermé vacances de printemps, 1 semaine fin juil., 2 semaines début août, vacances de Noël, sam. midi, dim. et fériés*

Le Poker d'As

CUISINE TRADITIONNELLE • RUSTIQUE XX Cette table tenue par toute une famille (le fils œuvre en cuisine) cultive une certaine identité franc-comtoise : décor rustique (tables sculptées dans le bois, cloches de vache, etc.) et, au menu, saveurs ancrées dans la tradition – mais pas seulement !

Menu 25/55 € – Carte 35/68 €

Plan : D1-u – *14 sq. St-Amour – ✆ 03 81 81 42 49 – www.restaurant-lepokerdas.fr – Fermé 12 juil.-11 août, vacances de Noël, dim. et lundi*

Le Sauvage

HISTORIQUE • ÉLÉGANT Dans la vieille ville, le bâtiment est chargé d'histoire : couvent des minimes depuis le Moyen-Âge, saisi à la Révolution, il a été investi par les sœurs clarisses à partir de 1854... Salons intimes, belles boiseries et mobilier chiné, vues sur le Doubs et les remparts : les lieux ne sont qu'élégance et quiétude.

23 chambres – 99/290 € 99/290 € – 14 €

Plan : D2-m – *6 r. du Chapître – ✆ 03 81 82 00 21 – www.hotel-lesauvage.com*

Florel

URBAIN • CONTEMPORAIN Un hôtel bien confortable et idéalement situé pour les voyageurs : face à la gare et à proximité d'un arrêt de tram, qui permet de rejoindre le centre-ville en un clin d'œil. Un bon point de chute.

46 chambres – 69/129 € 79/129 € – 12 €

Plan : B1-n – *6 r. de la Viotte – ✆ 03 81 80 41 08 – www.hotel-florel.fr*

Hôtel de Paris

URBAIN • COSY Un bel établissement, au cœur de la vieille ville bisontine. Murs anciens empreints d'une certaine noblesse, grandes cours intérieures, beaux volumes – le tout mis en valeur dans une veine contemporaine feutrée et élégante...

50 chambres – 74/230 € 92/230 € – 13 €

Plan : D1-a – *33 r. des Granges – ✆ 03 81 81 36 56 – www.besanconhoteldeparis.com*

Hôtel Vauban

URBAIN • FONCTIONNEL À mi-hauteur du superbe quai Vauban, dont les maisons à arcades lui ont valu d'être classé au patrimoine mondial de l'UNESCO, l'hôtel rend hommage au génial architecte militaire et à ses différentes créations. Accueil sympathique, chambres fonctionnelles : une étape agréable.

13 chambres – 74/119 € 84/119 € – 11 € – ½ P

Plan : C1-r – *9 quai Vauban – ✆ 03 81 82 02 08 – www.hotel-vauban.fr*

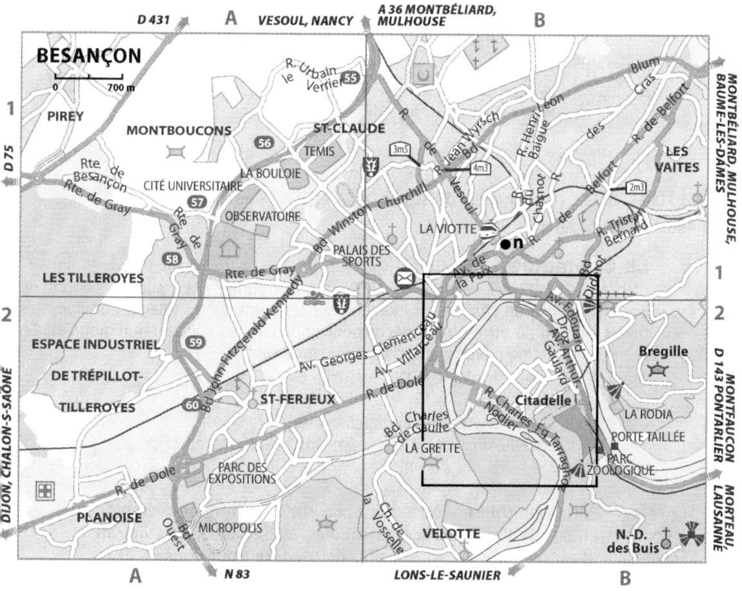

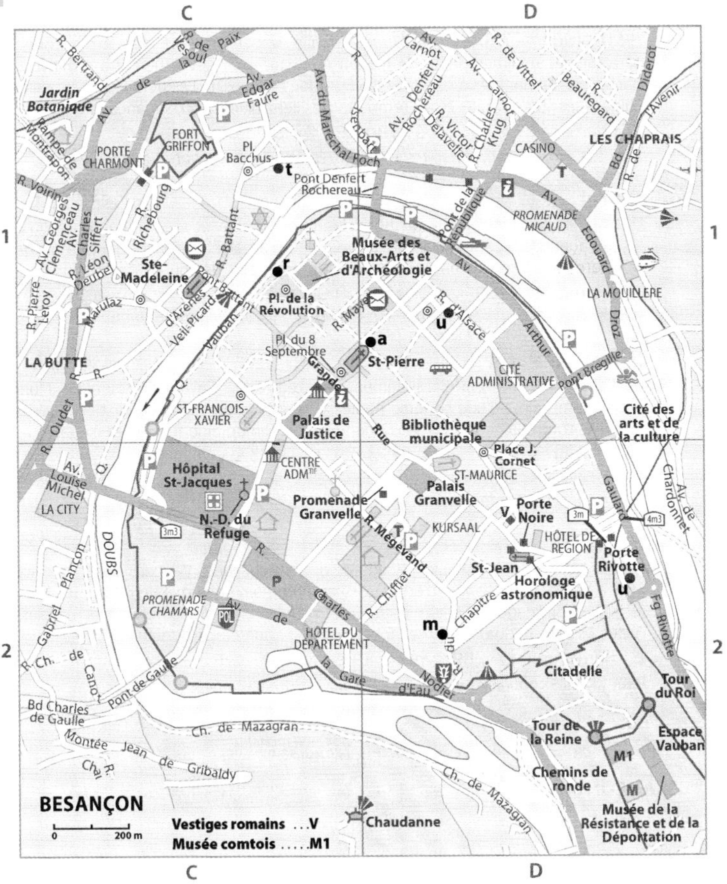

à Montfaucon 9 km au Sud-Est par D464 et D146 – ✉ 25660 – 1 496 hab. – Alt. 491 m

La Cheminée

CUISINE CLASSIQUE • AUBERGE XX Pour une bouffée d'air pur en dehors de Besançon, voilà un chalet tout indiqué : sur les hauteurs du village, dominant les reliefs alentour, il offre un joli décor pour apprécier les spécialités régionales. En prime, une piscine ouverte aux clients du restaurant.

Menu 26 € (semaine), 36/60 € – Carte 64/82 €

rte du Belvédère
– ✆ 03 81 81 17 48 – www.restaurantlacheminee.fr
– Fermé 28 août-19 sept., 2-24 janv., dim. soir, merc. soir et lundi

Pour bien utiliser votre guide, consultez son mode d'emploi situé en pages d'introduction : symboles, classements, abréviations et autres signes n'auront plus de mystère pour vous !

à Geneuille 13 km au Nord par N57 et D1 – ✉ 25870 – 1 363 hab. – Alt. 220 m

Château de la Dame Blanche

CUISINE MODERNE • CHIC Une grande dame que cette demeure à l'abri des regards, dont les décors cultivent un élégant classicisme. Le chef signe une cuisine gastronomique goûteuse et bien maîtrisée, à l'image de ce sandre d'inspiration du Doubs, sabayon au vin jaune et vieux comté râpé... Service courtois.

Menu 30 € (déj. en semaine), 48/90 € – Carte 60/75 €

Hôtel Château de la Dame Blanche, 1 chemin de la Goulotte – ✆ 03 81 57 64 64 – www.chateau-de-la-dame-blanche.com – Fermé 24 déc.-10 janv., sam. midi et dim. soir

Château de la Dame Blanche

DEMEURE HISTORIQUE • PERSONNALISÉ Une superbe propriété dans la campagne bisontine, digne d'une image d'Épinal : cette belle demeure bourgeoise se dresse dans un grand parc boisé. Un lieu de douce villégiature : spa, grand calme et... pour les amoureux de nature, deux chambres perchées dans des cabanes en haut des arbres !

33 chambres – †89/149 € ††99/289 € – 2 suites – ☕ 15 € – ½ P

1 chemin de la Goulotte – ✆ 03 81 57 64 64 – www.chateau-de-la-dame-blanche.com – Fermé 24 déc.-10 janv.

Château de la Dame Blanche – voir les restaurants ci-dessus

BESSAS

✉ 07150 (Ardèche) – 192 hab. – Carte régionale n° **23**-A3

Paris 689 km – Lyon 226 km – Nîmes 79 km – Privas 73 km

Carte Michelin 331-H7

Auberge des Granges

CUISINE MODERNE • CONVIVIAL Le jeune chef régale ses clients avec une cuisine liée aux produits du terroir, mais ne s'interdit pas des voyages à la mer, à partir du homard jusqu'aux Saint-Jacques. Autant de délices à déguster dans l'ambiance feutrée d'une ancienne grange. En été, profitez de la belle terrasse avec vue sur la campagne ardéchoise.

Menu 25/75 €

au village – ✆ 04 75 38 02 01 – www.aubergedesgranges.com – Fermé début 21-28 janv., du lundi au jeudi d'oct. à fév., lundi de mars à juin et en sept.

BESSINES – 79 (Deux-Sèvres) → Voir Niort

BESSINES-SUR-GARTEMPE

✉ 87250 (Haute-Vienne) – 2 830 hab. – Alt. 335 m – Carte régionale n° **13**-B1

Paris 355 km – Argenton-sur-Creuse 58 km – Bellac 29 km – Guéret 55 km

Carte Michelin 325-F4

Château Constant

FAMILIAL • PERSONNALISÉ Une Salvadorienne, des voyages à travers le monde... et ce joli manoir du 19e s. dont elle a fait un lieu douillet et accueillant, à son image. Les chambres sont spacieuses et mêlent les styles avec caractère, et on a toujours de quoi s'occuper (instruments de musique, ping-pong), musarder (beau parc) et se repaître (table d'hôte). Sympathique !

5 chambres ☕ – †85 € ††95 €

av. du 11-Novembre-1918 – ✆ 05 55 76 78 42 – www.chateau-constant.com

BÉTHUNE

✉ 62400 (Pas-de-Calais) – 25 694 hab. – Agglo. 353 322 hab. – Alt. 34 m – Carte régionale n° **16**-B2

Paris 214 km – Arras 34 km – Boulogne-sur-Mer 90 km – Calais 83 km

Carte Michelin 301-I4

Au Départ

CUISINE MODERNE • ÉLÉGANT La bonne table de Béthune, à deux pas de la gare. La salle, colorée et audacieuse, est en parfaite adéquation avec la cuisine du chef, gourmande et bien ficelée. L'un de ses plats phares : la Poularde du Nord, crème de betterave et risotto aux légumes verts... Belle carte des vins.

Formule 22 € – Menu 34/60 € – Carte 55/97 €

1 pl. François-Mitterrand – 03 21 57 18 04 – www.restaurant-depart.fr – Fermé 20-26 fév., 14 août-6 sept., sam. midi, dim. soir, lundi et mardi

à Gosnay 5 km au Sud-Ouest par D941 et D181 – 62199 – 990 hab. – Alt. 29 m

Robert II

CUISINE CLASSIQUE • ÉLÉGANT Le Robert II fait dans l'exercice de style avec la découpe au guéridon et le flambage devant le client. La cuisine privilégie les saisons et les produits nobles : ris de veau, homard, bar, turbot... Quant à la carte des vins, elle est exceptionnelle : plus de 800 appellations !

Menu 40/137 € – Carte 60/125 €

Hôtel La Chartreuse du Val St-Esprit, 1 r. de Fouquières – 03 21 62 80 00 – www.ledomainedelachartreuse.com

La Chartreuse du Val St-Esprit

DEMEURE HISTORIQUE • CLASSIQUE Bâti sur les ruines d'une ancienne chartreuse dans un parc de 6 ha, ce château (1762) a beaucoup de charme et d'élégance. Les chambres arborent un style cossu : mobilier ancien, papiers peints et tentures dans la grande tradition... Un petit coin de paradis !

53 chambres – 155/420 € 155/480 € – 1 suite – 25 € – ½ P

1 r. de Fouquières – 03 21 62 80 00 – www.ledomainedelachartreuse.com

Robert II – voir les restaurants ci-dessus

La Métairie

BUSINESS • FONCTIONNEL Une grande façade en briques rouges typiquement régionale, posée juste au bord de la route : impossible de manquer cette Métairie ! Les chambres sont confortables et fonctionnelles, l'ensemble est parfaitement tenu. Et pour dîner, direction la Distillerie et le Vasco.

40 chambres – 121/238 € 121/238 € – 14 €

1bis r. de Fouquières – 03 91 80 11 20 – www.hotel-lametairie.com

à Busnes 14 km au Nord-Ouest par D943et D187 – 62350 – 1 253 hab. – Alt. 19 m

Meurin (Marc Meurin)

CUISINE MODERNE • ÉLÉGANT Moment de haute gastronomie dans le décor chic et feutré du Château de Beaulieu... Marc Meurin signe une cuisine d'excellente facture, fine et inventive. Bouillons, jus, produits, accords de saveurs, etc. Chaque assiette est un plaisir.

→ Amanite des césars et cèpe bouchon, mousseline d'huile de noisette. Pomme de ris de veau du Limousin, crème d'oignons brûlés, girolles et jus à la réglisse. Figue de Solliès en tarte fine et sangria glacée.

Menu 80 € (déj. en semaine), 110/160 € – Carte 100/135 €

Hôtel Le Château de Beaulieu, 1098 rte de Lillers – 03 21 68 88 88 – www.lechateaudebeaulieu.fr – Fermé 31 juil.-20 août, le midi sauf vend. et dim., dim. soir et lundi

Le Jardin d'Alice

CUISINE MODERNE • TENDANCE La seconde table du chef Marc Meurin, au sein du Château de Beaulieu, version bistrot coloré et décalé : nul doute que la pétillante héroïne de Lewis Carroll aurait apprécié l'endroit (déco branchée, parc) et plus encore la belle cuisine dans l'air du temps. C'est très souvent complet, pensez à réserver...

Menu 32/39 € – Carte 39/58 €

Hôtel Le Château de Beaulieu, 1098 rte de Lillers – 03 21 68 88 88 (réservation conseillée) – www.lejardindalice.fr

Le Château de Beaulieu

DEMEURE HISTORIQUE • ÉLÉGANT Promesse d'un week-end de charme dans cette élégante demeure en brique de 1680, sise dans un grand parc (jardin aromatique, vignes). Élégantes et feutrées, les chambres sont très confortables et d'une quiétude incomparable. Grand espace séminaires.

16 chambres – 170/430 € 170/430 € – 3 suites – 22 €

1098 rte de Lillers – 03 21 68 88 88 – www.lechateaudebeaulieu.fr

Meurin • **Le Jardin d'Alice** – voir les restaurants ci-dessus

BEUIL

06470 (Alpes-Maritimes) – 503 hab. – Alt. 1 450 m – Carte régionale n° **21**-D2

Paris 809 km – Barcelonnette 80 km – Digne-les-Bains 117 km – Nice 79 km

Carte Michelin 341-C3 – Guide Vert Michelin Alpes du Sud

L'Escapade

FAMILIAL • MONTAGNARD Au cœur du village, un hôtel familial aux airs de bonne auberge de montagne. Sobre, bon marché et accueillante, l'Escapade concocte aussi une généreuse cuisine du terroir... et on aurait tort de se priver de son charme d'antan.

9 chambres – 65/100 € 65/100 € – 12 € – ½ P

au village – 04 93 02 31 27 – www.hrlescapade.fr

LA BEUNAZ – 74 (Haute-Savoie) → Voir Bernex

BEUVRON-EN-AUGE

14430 (Calvados) – 242 hab. – Alt. 11 m – Carte régionale n° **17**-C2

Paris 219 km – Cabourg 14 km – Caen 32 km – Lisieux 25 km

Carte Michelin 303-L4 – Guide Vert Michelin Normandie Vallée de la Seine

Le Pavé d'Auge (Jérôme Bansard)

CUISINE CLASSIQUE • ÉLÉGANT XXX Chaleureux et typiquement normand (colombages, cheminée en pierre), ce restaurant occupe les anciennes halles du village. C'est ici une vocation que de susciter l'échange autour de bons produits ! Au menu, de beaux classiques préparés avec finesse et une interprétation savoureuse de la gastronomie régionale.

→ Encornets grillés et tartare de veau, émulsion crémeuse d'huître. Lièvre à la royale. Soufflé au Grand Marnier.

Menu 43/70 €

– 02 31 79 26 71 – www.pavedauge.com – Fermé 20-28 fév., 20 nov.-26 déc., mardi sauf du 15 juil. au 31 août et lundi

Le Pavé d'Hôtes

MAISON DE CAMPAGNE • PERSONNALISÉ Pavé d'Hôtes pour Pavé d'Auge, cette charmante ferme normande du 19e s. est tenue par l'épouse du chef de ce délicieux restaurant. Pourquoi ne pas profiter de l'un et de l'autre ? Les chambres, toutes différentes, conjuguent raffinement et modernité. En plus, le petit-déjeuner y est excellent.

5 chambres – 81/127 € 88/134 €

– 02 31 39 39 10 – www.pavedauge.com – Fermé 1 semaine en fév. et 20 nov.-27 déc.

BEUZEVILLE

27210 (Eure) – 4 409 hab. – Alt. 129 m – Carte régionale n° **17**-A3

Paris 179 km – Bernay 38 km – Deauville 26 km – Évreux 76 km

Carte Michelin 304-C5 – Guide Vert Michelin Normandie Vallée de la Seine

Auberge du Cochon d'Or

CUISINE TRADITIONNELLE • AUBERGE XX Croustillant de queue de bœuf et moutarde à l'ancienne, entrecôte normande à la sauce béarnaise, sablé breton maison, etc. Tout le goût du terroir dans cette auberge née au début du siècle dernier ! Les amoureux de la tradition sont ici à bon port...

Formule 16 € - Menu 21 € (semaine), 33/49 € - Carte 35/82 €

64 r. des Anciens-d'AFN - ✆ 02 32 57 70 46 - www.le-cochon-dor.fr - Fermé 15-30 nov., dim. soir et lundi

Le Petit Castel

FAMILIAL • CONTEMPORAIN Un hôtel qui fait le buzz à Beuzeville : derrière sa façade bourgeoise traditionnelle, on découvre de jolies chambres, cosy et chaleureuses, ainsi qu'un charmant salon commun et un agréable espace bien-être. Autres atouts : Honfleur n'est qu'à 15 km et le pays d'Auge s'offre à vous !

16 chambres - 69/94 € 84/104 € - 10 €

32 r. Constant-Fouché - ✆ 02 32 20 48 95 - www.lepetitcastel.org

à l'Ouest 3 km par N175 - ✉ 14130 Quetteville :

Hostellerie de la Hauquerie-Chevotel

MAISON DE CAMPAGNE • CLASSIQUE Avis aux amoureux du cheval : cet hôtel s'épanouit au sein d'un haras, avec même quelques chambres au-dessus des écuries ! Un endroit chic, cosy et très verdoyant : de quoi se laisser aller à une douce quiétude et piaffer de plaisir.

7 chambres - 111/211 € 137/217 € - 1 suite - 14 €

Lieu-dit La Hocquerie - ✆ 02 31 65 62 40 - www.chevotel.com - Ouvert 25 mars-15 oct.

LES BÉZARDS

✉ 45290 (Loiret) - Carte régionale n° **6**-D2

Paris 136 km - Auxerre 79 km - Gien 17 km - Joigny 58 km

Carte Michelin 318-N5

Auberge des Templiers

CUISINE CLASSIQUE • ÉLÉGANT XXX Certaines beautés ne se démodent jamais... Dans un décor de poutres et de cristal, on savoure une cuisine classique aux accents exotiques. Un savoureux décalage !

→ Cristalline d'araignée de mer à l'avocat, yuzu, huile de curry aux herbes fraîches. Bar sauvage, caviar de Sologne et émulsion marinière. Soufflé Rothschild, glace à la vanille Bourbon.

Formule 55 € - Menu 90/135 € - Carte 110/150 €

Boismorand, à 4 km de l'autoroute A77, sortie 19 - ✆ 02 38 31 80 01 - www.lestempliers.com - Fermé 15 fév.-9 mars

Auberge des Templiers

TRADITIONNEL • PERSONNALISÉ Une superbe architecture tout en colombages (17e s.), du mobilier d'époque, un cottage aux toits de chaume niché au milieu d'un parc, un accueil et des prestations dans la grande tradition française : tels sont les trésors de ces Templiers !

22 chambres - 150/720 € 150/720 € - 6 suites - 18 € - ½ P

Boismorand, à 4 km de l'autoroute A77, sortie 19 - ✆ 02 38 31 80 01 - www.lestempliers.com - Fermé 15 fév.-9 mars

Auberge des Templiers - voir les restaurants ci-dessus

BÉZIERS

✉ 34500 (Hérault) - 72 970 hab. - Agglo. 85 463 hab. - Alt. 17 m - Carte régionale n° **12**-B2

Paris 758 km - Marseille 234 km - Montpellier 71 km - Perpignan 93 km

Carte Michelin 339-E8

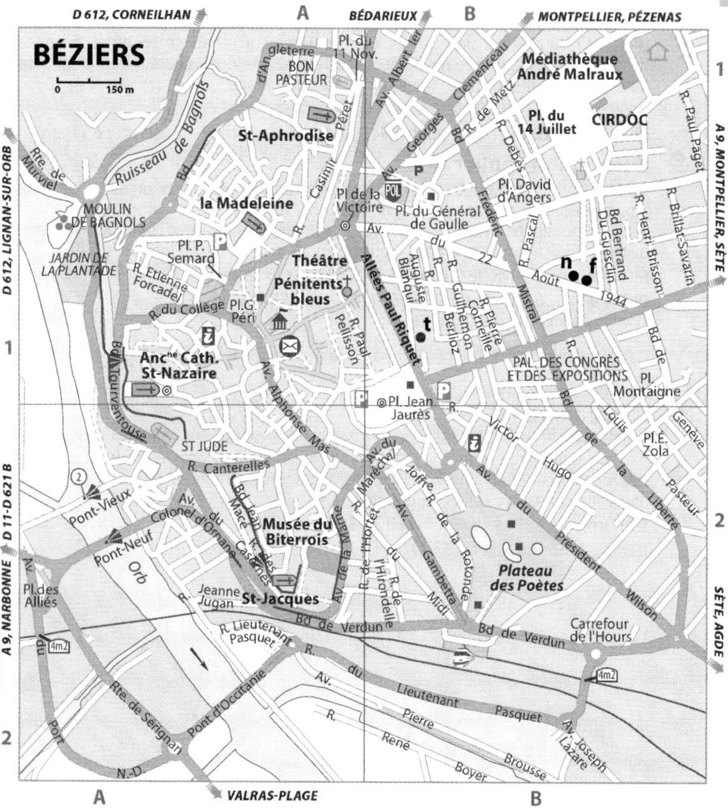

Octopus (Fabien Lefebvre)

CUISINE MODERNE • CONTEMPORAIN XXX Moment de belle gastronomie au cœur de Béziers, autour d'une savoureuse cuisine de saison, épurée et centrée sur le produit (superbes crustacés et poissons, viande rassise par le chef lui-même, agrumes de choix...), accompagnée d'une belle sélection de vins "nature". Chaleureux décor contemporain et agréable terrasse en prime !

→ Tourteau rôti au satay. Saint-pierre en vapeur douce, berlingot d'artichaut, poutargue et sabayon. "Coco pep's".

Formule 25 € – Menu 33 € (déj. en semaine), 55/90 € – Carte 70/115 €

Plan : B1-t – *12 r. Boïeldieu – ✆ 04 67 49 90 00 – www.restaurant-octopus.com – Fermé 2-10 avril, 13-31 août, 24 déc.-4 janv., dim. et lundi*

La Maison de Petit Pierre

CUISINE MODERNE • AUBERGE X Comme quoi la médiatisation a du bon ! Dans son restaurant non loin des arènes, Pierre Augé, gagnant de Top Chef 2014, remporte un succès mérité. Les gens se pressent pour déguster sa cuisine, goûteuse et soignée, où les produits frais ont la priorité. Une bonne et sympathique adresse.

Formule 15 € – Menu 23 € (déj.), 40/70 €

Hors plan – *22 av. Pierre-Verdier – ✆ 04 67 30 91 85 – www.lamaisondepetitpierre.fr – Fermé 18 août-5 sept., lundi soir, mardi soir, merc. soir et dim.*

In Situ Ⓝ

URBAIN • ÉPURÉ L'ancien siège d'EDF, entièrement réhabilité en hôtel, propose désormais des chambres résolument modernes, à la déco épurée. Petite salle de fitness, sauna et hammam. Quelques places de garage.

24 chambres - †130/205 € ††130/205 € - ☕ 15 €

Plan : B1-f - *67 av. du 22-août-1944* - *✆ 04 67 80 08 07* - *www.insituhotel.com*

L'Hôtel Particulier Ⓝ

HÔTEL PARTICULIER • CONTEMPORAIN Cette belle maison bourgeoise de 1892 a su préserver le charme de l'ancien (parquet, mosaïques de marbre) sans renoncer à la modernité (moulures retroéclairées, baignoires balnéo, bluetooth). Possibilité de massages en chambre. Petit-déjeuner jusqu'à midi. Une réussite !

9 chambres - †115/180 € ††115/200 € - ☕ 15 €

Plan : B1-n - *65bis av. du 22-Août-1944* - *✆ 04 67 49 04 47* - *www.hotelparticulierbeziers.com*

à Villeneuve-lès-Béziers 7 km au Sud-Est par D612 et D37 – ✉ 34420 – 4 149 hab. – Alt. 6 m

La Chamberte

FAMILIAL • PERSONNALISÉ Couvert de verdure, cet ancien chai séduit d'emblée par son beau jardin-patio, véritable havre de paix. Le décor est aussi tendance que chaleureux (influences andalouse, exotique...). Table d'hôte dressée sous une belle charpente (plats du marché).

5 chambres ☕ - †73/93 € ††99/139 €

10 r. de la Source - *✆ 04 67 39 84 83* - *www.lachamberte.com*

ON AIME...

À **L'Entre Deux**, se laisser porter par les belles inspirations de Rémy Escale. Découvrir **l'Atelier de Gaztelur**, magnifique "boutique-restaurant" au style inimitable. Goûter les délicieux produits bio de **L'Impertinent**, entouré des sculptures réalisées par la propriétaire. Enfin savourer l'originalité du **Sin**, sa conception en forme de vague et sa vue sur l'océan...

BIARRITZ

✉ 64200 (Pyrénées-Atlantiques) - 25 330 hab. - Alt. 19 m - Carte régionale n° **2**-A3
▶ Paris 772 km - Bayonne 9 km - Bordeaux 190 km - Pau 122 km
Carte Michelin 342-C4 - Guide Vert Michelin Pays Basque et Navarre

Restaurants

L'Impertinent (Fabian Feldmann)

CUISINE CRÉATIVE • CONTEMPORAIN XX Ici, point de conventions, le chef - d'origine allemande - laisse libre cours à sa créativité. Dans l'assiette, les produits, d'une très belle fraîcheur, sont parfaitement cuisinés et assaisonnés avec originalité. On est surpris, on se régale. Incontestablement, l'impertinence n'est pas contraire au talent !

→ Déclinaison de fruits de mer à notre façon. Thon de ligne de Ciboure en trois façons, tomates anciennes et yaourt fumé. Le curry vert, écume coco, glace gingembre et granité citron vert.

Menu 38 € (déj. en semaine), 82/101 € - Carte 85/90 €

Plan : A1-a - *5 r. d'Alsace - ✆ 05 59 51 03 67 - www.l-impertinent.fr - Fermé dim. et lundi sauf juil.-août*

Les Rosiers (Andrée et Stéphane Rosier)

CUISINE MODERNE • CONVIVIAL XX Cadre chaleureux et contemporain, servant d'écrin à une séduisante cuisine "vérité" réalisée à quatre mains, avec une maîtrise technique évidente. Madame a été la première "Meilleure Ouvrière de France" !

→ Chair de tourteau en fine gelée de crustacés. Ris de veau cuit dans un beurre mousseux aux aromates. Moelleux au chocolat et maïs.

Menu 39 € (déj. en semaine), 85/115 € - Carte 70/85 €

Plan : A2-z - *32 av. Beau-Soleil - ✆ 05 59 23 13 68 - www.restaurant-lesrosiers.fr - Fermé mardi sauf le soir en juil.-août et lundi*

La Villa Eugénie

CUISINE MODERNE • LUXE XXXX Le restaurant gastronomique de l'Hôtel du Palais a déménagé au sein de l'hôtel et profite désormais d'une belle vue sur l'océan. Le chef Jean-Marie Gautier, Meilleur Ouvrier de France et présent sur place depuis plus de 25 ans, propose une cuisine autour de beaux produits, tel le homard bleu ou une truite de Banka de Michel Goicoechea.

Menu 68 € (déj.), 95/135 € - Carte 79/138 €

Plan : E1-k - *Hôtel du Palais, 1 av. de l'Impératrice - ✆ 05 59 41 64 00 - www.hotel-du-palais.com - Fermé 13 fév.-3 mars et le midi en juil.-août*

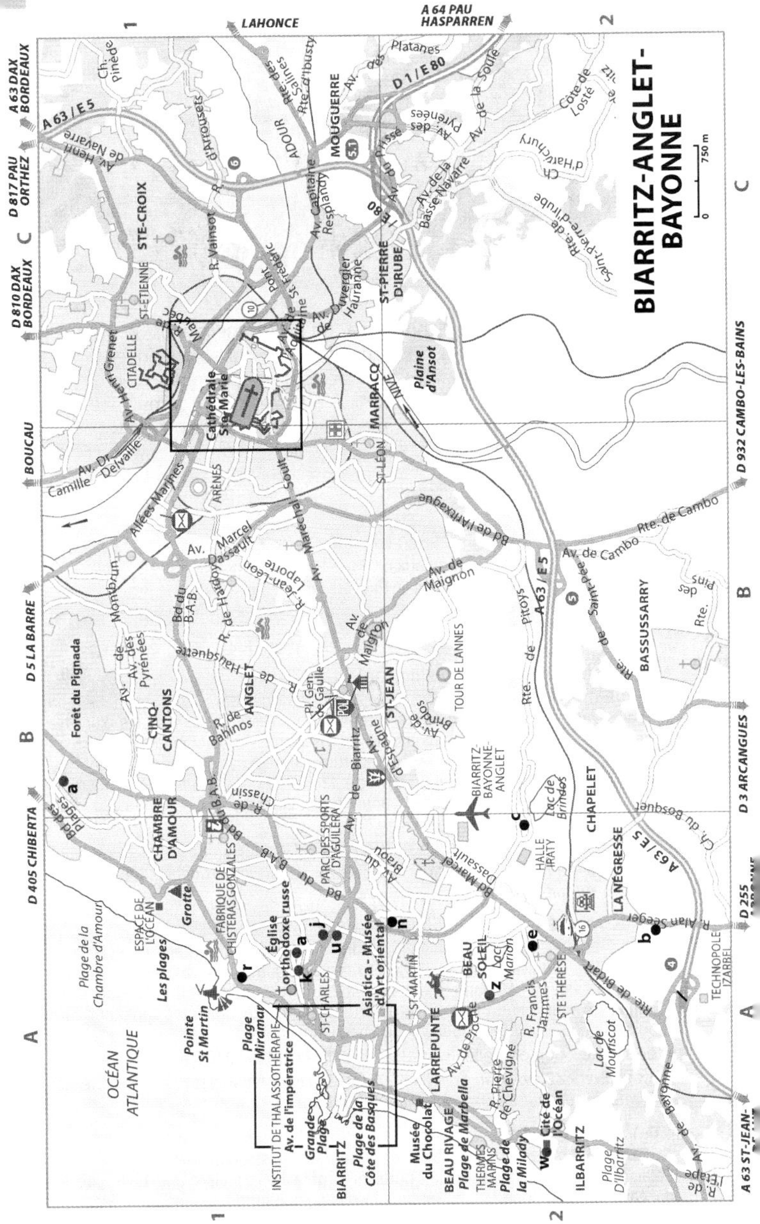
BIARRITZ-ANGLET-BAYONNE
0
750 m
A 63 DAX BORDEAUX
D 817 PAU ORTHEZ
D 810 DAX BORDEAUX
BOUCAU
D 5 LA BARRE
D 405 CHIBERTA
LAHONCE
A 64 PAU HASPARREN
D 932 CAMBO-LES-BAINS
D 3 ARCANGUES
D 255
A 63 ST-JEAN-
OCÉAN ATLANTIQUE
Plage de la Chambre d'Amour
Pointe St Martin
Les plages
Plage Miramar
Grande Plage
Plage de la Côte des Basques
Plage de Marbella
Plage de la Milady
Plage D'Ilbarritz
BIARRITZ
ANGLET
ST-JEAN
CINQ-CANTONS
CHAMBRE D'AMOUR
Forêt du Pignada
STE-CROIX
CITADELLE
Cathédrale Ste-Marie
MARRACQ
ST-PIERRE D'IRUBE
MOUGUERRE
ADOUR
NIVE
Plaine d'Ansot
BASSUSSARRY
CHAPELET
LA NÉGRESSE
LARREPUNTE
BEAU SOLEIL
BEAU RIVAGE
ILBARRITZ
Église orthodoxe russe
Asiatica - Musée d'Art oriental
Musée du Chocolat
Cité de l'Océan
INSTITUT DE THALASSOTHÉRAPIE
Av. de l'Impératrice
THERMES MARINS
ESPACE DE L'OCÉAN
Grotte
FABRIQUE DE CHISTERAS GONZALES
PARC DES SPORTS D'AGUILÉRA
BIARRITZ-BAYONNE-ANGLET
HALLE IRATY
Lac de Brindos
Lac Marion
Lac de Mouriscot
TOUR DE LANNES
TECHNOPOLE IZARBEL
ARÈNES
ST-LÉON
ST-ÉTIENNE
ST-CHARLES
ST-MARTIN
STE THÉRÈSE
A 63 / E 5
D 1 / E 80
E 80
Bd du B.A.B.
Av. de Biarritz
Av. Maréchal Soult
Av. de Maignon
Bd Marcel Dassault
Rte. de Bidart
Av. de Cambo
Rte. de Cambo
Allées Marines
Av. Dr. Camille Delvaille
Av. Henri Grenet
Av. Henri de Navarre
Bd de l'Aritxague
Rte. de Pitoys
Rte. de Saint-Pée
R. Alan Seeger
Av. d'Espagne
Av. de la Soule
Av. de la Basse-Navarre
Av. des Pyrénées
Ch. Pinède
Platanes
Côte de Losté
Rte. de Saint-Pierre-d'Irube
Ch. d'Hatchchury
Bd des Plages
R. de Chassin
R. de Bahinos
R. de Hausquette
R. de Hardoy
R. Jean-Léon Laporte
Av. de Montbrun
Av. Marcel Dassault
Av. du Braou
Av. de Brindos
Av. de Pioche
R. Francis Jammes
R. Pierre de Chevigné
Av. de Bayonne
Ch. du Bosquet
Rte. de l'Étape
Pl. Gén. de Gaulle
R. Vainsot
Av. Capitaine Resplandy
Av. Duvergier de Hauranne
R. d'Arrousets
Rte. des Salines
Rte. d'Ibusty
a
r
k
a
j
u
n
z
e
c
b
W
l
A
B
C
1
2

D E

1

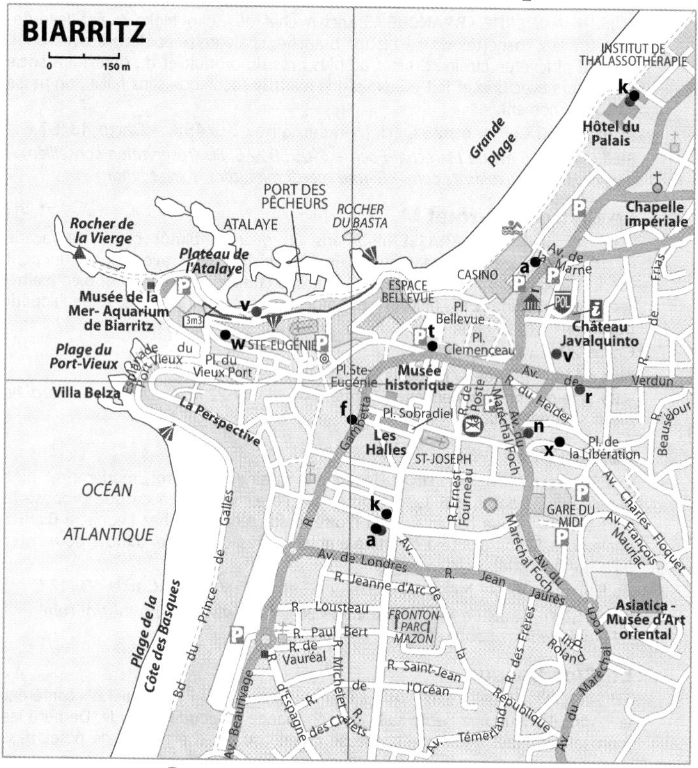

1

2 2

D E

🍴 La Table d'Aranda A/C

CUISINE MODERNE • RUSTIQUE XX Bon bouche à oreille pour cette table vouée à la satisfaction de vos papilles... Ambiance rustique et basque (ancienne rôtisserie) ; cuisine actuelle avec quelques touches de créativité.

Formule 16 € – Menu 22 € (déj.), 30/57 € 🍷 – Carte environ 47 €

Plan : A1-j – *87 av. de la Marne*
– ✆ 05 59 22 16 04 – www.tabledaranda.fr
– Fermé 1 semaine début juil., 3 semaines en janv., lundi sauf le soir en juil.-août et dim.

🍴 Le Sin A/C P

CUISINE MODERNE • DESIGN X Au sein de la Cité de l'Océan, immanquable avec son architecture en forme de vague – une création de Steven Holl –, le Sin offre une vue magnifique sur la mer et le château d'Ilbarritz. Le chef propose une cuisine bistrotière élaborée, qu'il fait évoluer tous les deux mois. Une adresse atypique et attachante.

Formule 22 € – Menu 30 € – Carte 47/62 €

Plan : A2-w – *1 av. de la Plage (au 1er étage de la Cité de l'Océan)*
– ✆ 05 59 47 82 89 – www.le-sin.com – Fermé 9 janv.-6 fév., mardi soir, dim. soir et lundi sauf juil.-août

L'Entre Deux (N)

CUISINE MODERNE • BRANCHÉ L'ancien chef du Zoko Moko (Saint-Jean-de-Luz) est aux manettes de ce bistrot branché, chaleureux et décoré avec goût. Objectif affiché en cuisine : rester au plus près du produit et du goût ! Il associe les saveurs avec brio et fait preuve d'une maîtrise technique sans faille : on passe un super moment.

Formule 20 € - Menu 25 € (déj. en semaine), 35/45 € - Carte 43/67 €

Plan : E2-n - *5 av. du Maréchal-Foch - 05 59 22 51 50 (réservation conseillée) - www.lentredeuxbiarritz.com - Fermé mardi midi, dim. soir et lundi*

Le Bistrot Gourmet (N)

CUISINE MODERNE • BRASSERIE Dans un quartier plutôt calme, la façade discrète abrite ce restaurant aux allures de bistrot chic, avec même un petit esprit "parigot" dans la décoration. Quant à la cuisine, gourmande et bien maîtrisée, elle se décline (c'est plutôt rare) en demi-portions ou en plats, selon l'appétit de chacun.

Carte 29/55 €

Plan : A1-k - *18 r. de la Bergerie - 05 59 22 09 37 - www.le-bistrot-gourmet.com - Fermé 6-14 juin, 14-22 nov., 10-18 janv., mardi et merc. sauf juil.-août*

Le Pim'Pi (N)

CUISINE MODERNE • BISTRO Une bonne cuisine de bistrot, moderne et bien pensée, gourmande sans jamais peser sur l'estomac : voilà ce que propose le chef du Pim'Pi, que l'on avait déjà croisé lorsqu'il officiait chez Léonie, à Biarritz également. Si l'on ajoute à cela une ambiance très conviviale, difficile de résister à l'envie de s'attabler ici...

Formule 15 € - Menu 19 € (déj. en semaine)/37 € - Carte 40/47 €

Plan : E2-r - *14 av. de Verdun - 05 59 24 12 62 - www.lepimpi-bistrot.com - Fermé lundi sauf août et dim.*

Le Clos Basque

CUISINE MODERNE • RUSTIQUE Pierres apparentes et azulejos confèrent un esprit ibérique à la petite salle, où l'on mange au coude-à-coude. Derrière les fourneaux, le chef signe une goûteuse cuisine du marché teintée de notes basques. Pensez à réserver, c'est presque toujours complet - et la terrasse est un rendez-vous pour les Biarrots !

Menu 27/32 €

Plan : E1-v - *12 r. Louis-Barthou - 05 59 24 24 96 (réservation conseillée) - Fermé fin fév. à mi-mars, fin juin-début juil., fin oct. à mi-nov., dim. soir sauf juil.-août et lundi*

Léonie

CUISINE MODERNE • BISTRO Cet ancien restaurant ouvrier, proche du rond-point de l'Europe, est devenu un bistrot moderne, coloré et... gourmand. On y déguste une cuisine fraîche et généreuse, et la carte est renouvelée chaque mois. L'ocassion d'y revenir régulièrement !

Formule 16 € - Menu 26 € - Carte 31/54 €

Plan : A1-u - *7 av. Larochefoucauld - 05 59 41 01 26 - www.restaurant-leonie.com - Fermé 1 semaine en mars, 21 juin- 4 juil., 22 nov.-5 déc., dim. soir et merc.*

Chez Albert

POISSONS ET FRUITS DE MER • RUSTIQUE Si tous les chemins mènent à Rome, un seul conduit chez Albert. Dans cette adresse animée et décontractée, sur le vieux port des pêcheurs, les produits de la mer sont à l'honneur ! Mention spéciale pour les poissons sauvages.

Carte 40/72 €

Plan : D1-v - *au Port-des-Pêcheurs - 05 59 24 43 84 - www.chezalbert.fr - Fermé 22 nov.-6 fév. et merc. sauf juil.-août*

Hôtels & maisons d'hôtes

Hôtel du Palais

PALACE • GRAND LUXE Un véritable palais de bord de mer... Résidence d'été construite par Napoléon III pour son épouse Eugénie, il fut ensuite l'un des hauts lieux de la Belle Époque (il devint hôtel en 1893). Grand escalier magistral, antiquités, confort dans les moindres détails... Luxe intemporel !

122 chambres - 323/1360 € 323/1360 € - 30 suites - 50 € - ½ P

Plan : E1-k - *1 av. de l'Impératrice* - *05 59 41 64 00* - *www.hotel-du-palais.com* - *Fermé 13 fév.-3 mars*

La Villa Eugénie - voir les restaurants ci-dessus

Beaumanoir

LUXE • ÉLÉGANT Mobilier baroque et design, salle à manger d'esprit orangeraie, bar à champagne et suites ! Un charme luxueux règne dans ces anciennes écuries, à deux pas du centre et des plages.

5 chambres - 250/550 € 250/550 € - 3 suites - 29 €

Plan : A2-n - *10 av. de Tamamès* - *05 59 24 89 29* - *www.lebeaumanoir.com* - *Ouvert de mi-avril à mi-nov.*

Le Regina

LUXE • GRAND LUXE Une élégante façade blanche dominant la baie de Biarritz... La quintessence même du grand hôtel Belle Époque ! Après une complète réfection, l'établissement a retrouvé tout son lustre, mêlant âme Art déco et esprit couture - avec des clins d'œil à Coco Chanel. De la chambre "boudoir" au spa dernier cri, tout est superbe...

57 chambres - 149/720 € 149/720 € - 8 suites - 26 € - ½ P

Plan : A1-r - *52 av. de l'Impératrice* - *05 59 41 33 00* - *www.hotelregina-biarritz.com*

Le Café de Paris

LUXE • DESIGN Ambiance jeune et animée dans cette institution de Biarritz au cadre résolument contemporain : mobilier design, murs ornés de peintures d'un artiste basque. Chambres avec vue sur l'Océan et le phare. Restaurant moderne avec belle terrasse ; carte brasserie.

17 chambres - 152/425 € 152/496 € - 2 suites - 20 € - ½ P

Plan : E1-t - *5 pl. Bellevue* - *05 59 24 19 53* - *www.hotel-cafedeparis-biarritz.com*

Hôtel de Silhouette

MAISON DE MAÎTRE • COSY Une architecture noble et des décors originaux (notes colorées, papiers peints d'inspiration surréaliste, etc.) : cette demeure du 17e s. - ancienne propriété de la famille de Silhouette - a fait sa mue en 2011. Déco tendance et détente, surtout dans les chambres avec vue sur la mer...

21 chambres - 129/259 € 195/455 € - 15 €

Plan : DE2-f - *30 r. Gambetta* - *05 59 24 93 82* - *www.hotelsilhouette.com*

Windsor

FAMILIAL • DESIGN Impossible de manquer cet imposant hôtel installé devant la grande plage, dont la moitié des chambres offrent une vue superbe sur l'océan. Déco moderne à l'intérieur, petit-déjeuner exclusivement composé de produits du Pays basque (le patron y tient !) : une belle adresse.

48 chambres - 99/379 € 99/379 €

Plan : E1-a - *11 av. Edouard-VII* - *05 59 24 08 52* - *www.hotelwindsorbiarritz.com*

Villa Koegui

URBAIN • DESIGN Un hôtel résolument contemporain dans une rue tranquille du centre-ville. Dans les chambres, mobilier design et photos composent un décor assez branché. Aux beaux jours, on prend son petit-déjeuner – avec l'incontournable gâteau basque ! – dans le joli patio...

14 chambres – 110/190 € 120/280 € – 1 suite – 12 €

Plan : E2-x – *7 r. de Gascogne – 05 59 50 07 77 – www.hotel-villakoegui-biarritz.fr*

Édouard VII

DEMEURE HISTORIQUE • PERSONNALISÉ Accueil sympathique en cette jolie villa biarrote de la fin du 18e s. Chambres claires, agréablement personnalisées dans un esprit maison bourgeoise.

18 chambres – 75/130 € 80/195 € – 12 €

Plan : E2-k – *21 av. Carnot – 05 59 22 39 80 – www.hotel-edouardvii.com*

Saint-Julien

TRADITIONNEL • PERSONNALISÉ Les chambres de cet hôtel sont joliment décorées et bien insonorisées. Il fait bon laisser sa voiture au parking de l'établissement (payant, sur réservation) pour partir, à pied, à la découverte de la ville. L'été, petit-déjeuner servi en terrasse.

20 chambres – 75/195 € 75/255 € – 12 €

Plan : E2-a – *20 av. Carnot – 05 59 24 20 39 – www.hotel-saint-julien-biarritz.fr – Fermé 6 -30 janv.*

Villa Le Goëland

MAISON DE MAÎTRE • PERSONNALISÉ Grande villa érigée sur l'un des sites les plus agréables de Biarritz : le panorama, superbe, va de l'Espagne à la côte landaise. Certaines chambres ont une terrasse.

4 chambres – 140/260 € 140/260 €

Plan : D1-w – *12 plateau de l'Atalaye – 06 87 66 22 19 – www.villagoeland.com – Ouvert de mars à mi-nov.*

Nere-Chocoa

FAMILIAL • COSY Cette maison basque entourée de chênes a hébergé des hôtes illustres, telle l'impératrice Eugénie. Ambiance galerie d'art contemporain (vernissages, expositions), grandes chambres.

5 chambres – 90/95 € 115/145 €

Plan : A2-e – *28 r. Larreguy – 06 08 33 84 35 – www.nerechocoa.com*

au lac de Brindos 4 km au Sud-Est – 64600 Anglet

Château de Brindos

DEMEURE HISTORIQUE • COSY Bel établissement dressé au bord d'un lac privé de 10 ha. Les chambres, sobrement aménagées, tutoient la verdure ou les flots : la bâtisse principale fut bâtie dans les années 1920 comme un lieu de fête.

24 chambres – 175/275 € 250/285 € – 5 suites – 26 € – ½ P

Plan : A2-c – *1 allée du Château – 05 59 23 89 80 – www.chateaudebrindos.com – Fermé fév.*

rte d'Arbonne 4 km au Sud par La Négresse et D255 – 64200 Biarritz :

Le Château du Clair de Lune

DEMEURE HISTORIQUE • PERSONNALISÉ Dans un joli parc où flâner au clair de lune, charmante demeure bourgeoise (1902) abritant des chambres raffinées ; décor plus contemporain dans le pavillon.

17 chambres – 89/205 € 109/350 € – 12 €

Plan : A2-b – *48 av. Alan-Seeger – 05 59 41 53 20 – www.hotelclairlune.com – Fermé 12 nov.-15 déc. et 6 janv.-2 avril*

à Arbonne 7 km au Sud par La Négresse et D255 – ✉ 64210 – 2 075 hab. – Alt. 37 m

Laminak

FAMILIAL • PERSONNALISÉ Jolie ferme du 18e s. dans un jardin verdoyant. Chambres au décor soigné ; petits-déjeuners (confitures maison) servis sous la véranda, ouverte sur la piscine.

12 chambres – †75/159 € ††75/159 € – ☕ 12 €

3 rte de St-Pée – ☎ 05 59 41 95 40 – www.hotel-laminak.com – Fermé mi janv.-mi fév.

à Arcangues 8 km par La Négresse, D254 et D3 – ✉ 64200 – 3 133 hab. – Alt. 80 m

Le Moulin d'Alotz (Benoit Sarthou)

CUISINE MODERNE • ROMANTIQUE XX Atmosphère bucolique et romantique en ce moulin basque du 17e s. niché dans la verdure... Le chef signe une cuisine raffinée, remplie de sensibilité et d'émotion, qui régale le corps comme l'esprit ! Une belle adresse, très courue : il est parfois difficile d'y obtenir une table en saison.

➜ Homard caramélisé, bisque crémeuse, kadaïf croustillant et noix de pécan grillées. Saint-pierre et chair de tourteau, mayonnaise de langue d'oursin. Pamplemousse et framboise, petits choux et crémeux vanille.

Carte environ 75 €

chemin Alotz-Errota, 3 km au Sud par rte d'Arbonne et rte secondaire – ☎ 05 59 43 04 54 (réservation conseillée) – www.moulindalotz.com – Fermé 13 nov.-13 déc., janv., merc. sauf le soir en juil.-août et mardi

L'Atelier de Gaztelur (N) (Alexandre Bousquet)

CUISINE MODERNE • ÉLÉGANT XX Le couple Bousquet, qui tenait précédemment un restaurant étoilé à Biarritz, est désormais installé dans cette magnifique demeure datant de 1401. Si le lieu est sublime – meubles anciens, délicieux patio entouré de verdure –, il ne fait pas oublier l'essentiel : une cuisine moderne et originale, qui s'appuie sur une technique solide et des produits bien choisis.

➜ Cuisine du marché.

Menu 35 € (déj.), 68/98 €

chemin de Gastelhur – ☎ 05 59 23 04 06 – www.gaztelur.com – Fermé 18 fév.-15 mars, 15nov.-1er déc., dim. et lundi

Maison Sukaldari (N)

CUISINE MODERNE • ÉLÉGANT XX Une cuisine d'inspiration classique, bien maîtrisée techniquement et réalisée avec de beaux produits locaux : voici la proposition du chef trentenaire de ce restaurant installé dans une maison typiquement basque. Franc succès pour la formule "partage", avec un seul plat (viande ou poisson) pour toute la table...

Formule 26 € – Menu 52/68 € – Carte 56/64 €

14 rond-point du Chapelet – ☎ 05 59 43 99 26 – www.maisonsukaldari.com – Fermé 9-15 janv., 19-25 juin, 6-19 nov., sam. midi, dim. soir et lundi

Les Volets Bleus

MAISON DE CAMPAGNE • PERSONNALISÉ Quiétude, verdure, authenticité : les atouts de cette villa basque perdue en pleine campagne. Matériaux nobles, chambres spacieuses aux murs patinés, tomettes et boutis.

5 chambres ☕ – †113/172 € ††123/199 €

chemin Etchegaraya – ☎ 06 07 69 03 85 – www.lesvoletsbleus.fr – Ouvert d'avril à oct.

Voir aussi ressources hôtelières à ***Anglet***

BIDARRAY

✉ 64780 (Pyrénées-Atlantiques) – 671 hab. – Alt. 110 m – Carte régionale n° **2**-A3

▶ Paris 799 km – Biarritz 37 km – Cambo-les-Bains 17 km – Pau 127 km

Carte Michelin 342-D3 – Guide Vert Michelin Pays Basque et Navarre

Ostapé

CUISINE CLASSIQUE • ÉLÉGANT Au sein d'un superbe domaine bucolique, entre de nobles murs du 17e s., cette table élégante revisite avec bonheur la gastronomie navarraise. Les recettes sont autant de variations autour des bons produits locaux, à l'unisson de cette grandiose nature basque !

Menu 39/75 € – Carte 50/71 €

rte d'Itxassou, 4 km au Nord par D349 – 05 59 37 91 91 – www.ostape.com – Ouvert de mars à nov. et fermé le midi du lundi au jeudi sauf juil.-août

Auberge Iparla

CUISINE TRADITIONNELLE • AUBERGE Café-auberge sur la place d'un pittoresque village. Le chef se régale en cuisinant le terroir basque – et nous aussi ! La salle, rustique et conviviale, accueille une rôtisserie, où grillent viandes et gibier en saison. Profitez de la terrasse pour admirer la montagne. L'âme basque dans tout sa splendeur.

Formule 20 € – Menu 31 €

chemin de l'Église-Bordaberria – 05 59 37 87 27 – www.auberge-iparla.fr – Fermé mi-nov. à mi déc., mardi sauf le soir en été et lundi

Ostapé

LUXE • PERSONNALISÉ Plusieurs maisons basques parsemées dans un paysage de collines verdoyantes – un domaine de 45 ha que l'on parcourt avec une golfette prêtée pour le séjour ! Avec des chambres spacieuses et raffinées, de belles prestations, une nature préservée et omniprésente, voilà bien un établissement à part...

20 suites – 180/570 € – 2 chambres – 25 € – ½ P

rte d'Itxassou, 4 km au Nord par D349 – 05 59 37 91 91 – www.ostape.com – Ouvert de mars à nov.

Ostapé – voir les restaurants ci-dessus

BIDART

64210 (Pyrénées-Atlantiques) - 6 513 hab. - Alt. 40 m - Carte régionale n° **1**-A3
Paris 778 km - Bayonne 17 km - Biarritz 7 km - Pau 122 km
Carte Michelin 342-C4 - Guide Vert Michelin Pays Basque et Navarre

Table des Frères Ibarboure (Xabi Ibarboure)

CUISINE MODERNE • ÉLÉGANT Entièrement rénovée, la table des frères Ibarboure (Xabi au salé, Patrice en pâtisserie), propose une cuisine originale, technique, et réalisée avec talent. Le décor fait la synthèse parfaite entre modernité et élégance. Profitez de la ravissante terrasse tournée vers le parc. L'accueil est charmant.

→ Crabe façon txangurro. Déclinaison de cochon kintoa. Pomme granny smith en émulsion, en sucre soufflé, confite et glace caramel au beurre salé.

Menu 42 € (déj. en semaine), 62/99 € – Carte 75/105 €

Hostellerie des Frères Ibarboure, chemin Ttalienea, 4 km au Sud par D810, rte Ahetze et rte secondaire – 05 59 54 81 64 – www.freresibarboure.com – Fermé 10 jours fin nov., 3 semaines en janv., lundi sauf le soir d'avril à nov. et merc. de mi-sept. à mi-juil.

Ahizpak Le Restaurant des Sœurs

CUISINE MODERNE • CONVIVIAL C'est ici le repaire de trois *ahizpak* ("sœurs", en basque) absolument charmantes ! La plus jeune d'entre elles, Yenofa, travaille de superbes produits du terroir basque au bon vouloir des arrivages et des saisons ; ses plats, en plus d'être fins et goûteux, témoignent d'une générosité sans faille. Pensez à réserver !

Formule 11 € – Menu 32 € – Carte environ 30 €

av. de Biarritz (Résidence Océanic) – 05 59 22 58 81 – Fermé merc. midi et dim.

L'Antre

CUISINE CRÉATIVE • BISTRO En plein centre du bourg, un bistrot de poche tenu par un couple atypique : elle vient de la région lyonnaise, lui est Australien ! Après leur installation sur la côte basque, ils ont choisi cet Antre pour y proposer des assiettes créatives et bien dans l'air du temps, aux dressages bruts et aux saveurs marquées. On adore !

Menu 50 € - Carte 35/52 €

6 av. de la Grande-Plage - 05 59 47 78 92 (réservation conseillée) - Fermé 3 semaines en janv., mardi en hiver, lundi et le midi sauf juil.-août

Hostellerie des Frères Ibarboure

FAMILIAL • PERSONNALISÉ Beaucoup de fraîcheur et de calme dans les chambres de cette grande demeure basque, qui est aussi une étape gastronomique reconnue dans la région. Bel atout : l'écrin de verdure du parc. Petit-déjeuner gourmand servi, l'été, au bord de la piscine.

12 chambres - 139/279 € 139/279 € - 17 € - ½ P

chemin Ttalienea, 4 km au Sud par D810, rte Ahetze et rte secondaire - 05 59 54 81 64 - www.freresibarboure.com - Fermé 10 jours fin nov. et 3 semaines en janv.

Table des Frères Ibarboure - voir les restaurants ci-dessus

Villa L'Arche

TRADITIONNEL • CONTEMPORAIN Une grande villa ornée de mosaïques bleues, comme une œuvre de Gaudí sur la falaise. L'intérieur arbore un style épuré et design ; on profite aussi d'une jolie piscine à débordement et d'un accès direct à la plage par un petit chemin...

10 chambres - 150/360 € 150/360 € - 1 suite - 15 €

chemin Camboénéa - 05 59 51 65 95 - www.villalarche.com - Ouvert 14 fév.-12 nov.

Itsas Mendia

FAMILIAL • CONTEMPORAIN L'enseigne - "mer et montagne" en basque - ne ment pas ! Dans cet hôtel proche de l'Océan, on aperçoit les Pyrénées... Construit dans les années 1920 par l'arrière-grand-père de la propriétaire actuelle, l'établissement n'a rien d'un musée, comme en témoignent les chambres, résolument design.

15 chambres - 135/325 € 145/352 € - 14 €

11 av. de la Grande-Plage - 05 59 54 90 23 - www.hotelbidart.com - Fermé 11 nov.-20 déc. et 2 janv.- 11 mars

Irigoian

MAISON DE CAMPAGNE • TRADITIONNEL Ferme du 17e s. aux colombages bleus, typiquement basque, près d'un golf et de la plage. Jolies chambres simples, spacieuses et habillées de teintes pastel. Accueil convivial.

5 chambres - 100/125 € 100/125 € - 10 €

1215 av. de Biarritz - 05 59 43 83 00 - www.irigoian.com

BIELLE

64260 (Pyrénées-Atlantiques) - 448 hab. - Alt. 448 m - Carte régionale n° **2**-B3
Paris 803 km - Laruns 9 km - Lourdes 43 km - Oloron-Ste-Marie 26 km
Carte Michelin 342-J6 - Guide Vert Michelin Aquitaine

L'Ayguelade

FAMILIAL • PERSONNALISÉ Cet hôtel accueillant, situé sur la route d'Espagne, abrite des chambres à la fois fonctionnelles et coquettes (tissus et murs colorés, mobilier moderne), fort bien tenues. Restaurant traditionnel.

12 chambres - 62/82 € 62/92 € - 8 € - ½ P

10 quartier de l'Ayguelade, 1 km par rte de Pau - 05 59 82 60 06 - www.hotel-ayguelade.com - Fermé vacances de Noël à fin janv.

BIESHEIM - 68 (Haut-Rhin) → Voir Neuf-Brisach

BILLIERS

⊠ 56190 (Morbihan) - 905 hab. - Alt. 20 m - Carte régionale n° **5**-C3
▶ Paris 461 km - La Baule 42 km - Nantes 87 km - Redon 39 km
Carte Michelin 308-Q9

Domaine de Rochevilaine

CUISINE MODERNE • ÉLÉGANT XXX Envie de saveurs iodées, de fruits de mer savoureux, de poisson encore nimbé de l'écume de la marée ? Cette table est tout indiquée, qui fait un sacerdoce de respecter le produit, au-dessus de tout. Vue sur les flots.

→ Variation autour de la langoustine. Homard de casier en différentes préparations. Ravioles aux fruits exotiques, jus au kari-gosse.

Menu 42 € (déj. en semaine), 77/110 € - Carte 80/95 €

Hôtel Domaine de Rochevilaine, à la Pointe de Pen Lan, 2 km par D5 - ✆ 02 97 41 61 61 - www.domainerochevilaine.com

Domaine de Rochevilaine

SPA ET BIEN-ÊTRE • PERSONNALISÉ Sur une pointe rocheuse fendant l'océan : l'âme du granit... alliée au luxe ! Le domaine consiste en un hameau (avec quelques bâtisses très anciennes), mêlant identité bretonne et décors ethniques - notamment au centre de balnéothérapie.

33 chambres - †190/495 € ††190/495 € - 4 suites - ☕ 24 € - ½ P

à la Pointe de Pen Lan, 2 km par D5 - ✆ 02 97 41 61 61 - www.domainerochevilaine.com

Domaine de Rochevilaine - voir les restaurants ci-dessus

BILLY

⊠ 03260 (Allier) - 838 hab. - Alt. 250 m - Carte régionale n° **3**-C1
▶ Paris 344 km - Clermont-Ferrand 83 km - Moulins 47 km - St-Étienne 157 km
Carte Michelin 326-H5 - Guide Vert Michelin Auvergne

Auberge du Pont

CUISINE MODERNE • BISTRO X Malgré son récent rachat, les fidèles de cette auberge surplombant l'Allier se pressent toujours à ses portes. Ils viennent se régaler d'une cuisine du marché simple et goûteuse, agrémentée d'herbes fraîches, réalisée par un jeune chef plein d'entrain. Et pour couronner le tout, le prix sont attractifs !

Formule 17 € - Menu 20 € (déj. en semaine), 31/61 €

1 rte de Marcenat, D130 - ✆ 04 70 43 50 09 - www.auberge-du-pont-billy.fr - Fermé vacances de printemps, 2 semaines en août, 1 semaine en janv., dim. et lundi

BINIC

⊠ 22520 (Côtes-d'Armor) - 3 780 hab. - Alt. 35 m - Carte régionale n° **5**-C1
▶ Paris 463 km - Guingamp 37 km - Lannion 69 km - Paimpol 31 km
Carte Michelin 309-F3 - Guide Vert Michelin Bretagne

Le Benhuyc

TRADITIONNEL • FONCTIONNEL Au cœur de la station, près du port de plaisance, une bâtisse en pierre du pays, avec une véranda lumineuse en façade... Agréable ! Les chambres, contemporaines et fonctionnelles, raviront autant les clients d'affaires que les amoureux en goguette.

23 chambres - †68/135 € ††68/170 € - ☕ 11 €

1 quai Jean-Bart - ✆ 02 96 78 79 79 - www.le-new-benhuyc.com

BIOT

⊠ 06410 (Alpes-Maritimes) - 10 054 hab. - Alt. 80 m - Carte régionale n° **22**-E2
▶ Paris 910 km - Antibes 6 km - Cagnes-sur-Mer 9 km - Cannes 17 km
Carte Michelin 341-D6 - Guide Vert Michelin Côte d'Azur

✿ Les Terraillers (Michaël Fulci)

CUISINE PROVENÇALE • ÉLÉGANT XXX Après le départ en retraite de ses parents, Michaël Fulci a pris les commandes de cette authentique poterie du 16e s., reconvertie en charmant restaurant. En cuisine, il signe des assiettes pleines des saveurs du Sud, raffinées et goûteuses, avec de beaux produits de saison : un rendez-vous à ne pas manquer !

→ Fleur de courgette farcie à la truffe et à la courgette, chips de fleur et velouté. Saint-pierre grillé, lard de Colonnata, poutargue et jus de volaille. Pêche crue et cuite en mousse légère, sablé aux amandes et sorbet Bellini.

Menu 43 € (déj.), 74/120 € - Carte 100/121 €

11 rte du Chemin-Neuf (au pied du village) - ✆ 04 93 65 01 59 - www.lesterraillers.com - Fermé 24 oct.-1er déc., merc. et jeudi

Chez Odile

CUISINE PROVENÇALE • RUSTIQUE X Peynet, peintre des années 1960, avait son rond de serviette dans cette auberge rustique élevée au rang d'institution locale. On est accueilli par Odile, joviale et passionnée. Le menu met à l'honneur les recettes régionales, accompagnées de vins locaux... et le tout se déguste en terrasse, bien sûr !

Formule 19 € - Carte 35/50 €

au village, chemin des Bachettes - ✆ 04 93 65 15 63 - Fermé déc., janv., merc. et jeudi sauf juil.-août

Domaine du Jas

FAMILIAL • FONCTIONNEL Des chambres immaculées et fonctionnelles (dont trois familiales en duplex) dans de petites villas, avec balcon ou terrasse donnant sur la piscine, le jardin ou le village de Biot : vivez au rythme du Sud !

19 chambres - †80/115 € ††90/180 € - ☕ 13 €

625 rte de la Mer, D4 - ✆ 04 93 65 50 50 - www.domainedujas.com - Ouvert de mars à nov.

Bastide Valmasque

FAMILIAL • À THÈME Quelque part entre Bollywood et la Provence, il y a cette bastide rouge. De ses voyages, le propriétaire a rapporté des meubles ethniques et le goût des couleurs, pour une déco contemporaine fraîche et inattendue... juste en face du golf.

5 chambres ☕ - †75/145 € ††80/150 €

1110 rte d'Antibes (au Golf de Biot), 1,5 km au Sud - ✆ 04 93 65 21 42 - www.bastidevalmasque.com

BIOULE

✉ 82800 (Tarn-et-Garonne) - 1 090 hab. - Alt. 84 m - Carte régionale n° **15**-B2

▶ Paris 613 km - Cahors 53 km - Montauban 22 km - Toulouse 75 km

Carte Michelin 337-F7

Les Boissières

FAMILIAL • TRADITIONNEL Au cœur d'un joli parc, cette maison de maître en brique et pierre du pays a de l'allure, sans parler de l'étable du 18e s., rénovée avec soin. Les chambres, confortables, mélangent avec raffinement le rustique et le moderne. Cuisine au goût du jour au restaurant.

8 chambres - †80/120 € ††80/120 € - ☕ 11 €

708 rte de Caussade - ✆ 05 63 24 50 02 - www.lesboissieres.com - Fermé 2 semaines en fév., 2 semaines en août, vacances de la Toussaint, sam. midi, dim. soir et lundi

BIRIATOU - 64 (Pyrénées-Atlantiques) → Voir Hendaye

BIRKENWALD

✉ 67440 (Bas-Rhin) - 285 hab. - Alt. 295 m - Carte régionale n° **1**-A1

▶ Paris 461 km - Molsheim 23 km - Saverne 12 km - Strasbourg 34 km

Carte Michelin 315-I5

Au Chasseur

CUISINE TRADITIONNELLE • COSY Installez-vous dans d'élégantes salles à manger boisées, ou dans la winstub relookée dans un style plus contemporain. Le chef-patron Yan Gass, qui préside à la destinée de cette affaire familiale depuis 4 générations, propose une savoureuse cuisine traditionnelle, teintée de quelques touches actuelles. Gibier en saison.

Menu 32/45 € - Carte 43/63 €

7 r. de l'Église - 03 88 70 61 32 - www.chasseurbirkenwald.com - Fermé 26 juin-7 juil., 20 déc.-19 janv., lundi et le midi sauf dim.

Au Chasseur

AUBERGE • PERSONNALISÉ Dans un charmant village, cette auberge régionale (dans la même famille depuis sa création en 1929) propose des chambres chaleureuses, certaines tournées vers les Vosges. Au petit-déjeuner, le Kougelhopf est un régal. L'espace bien-être complet (sauna, jacuzzi, hammam...) est très plaisant.

19 chambres - 90/150 € 90/180 € - 2 suites - 15 € - ½ P

7 r. de l'Église - 03 88 70 61 32 - www.chasseurbirkenwald.com - Fermé 26 juin-7 juil. et 20 déc.-19 janv.

Au Chasseur - voir les restaurants ci-dessus

BISCARROSSE

40600 (Landes) - 13 391 hab. - Alt. 22 m - Carte régionale n° **2**-B2

Paris 656 km - Arcachon 40 km - Bayonne 128 km - Bordeaux 74 km

Carte Michelin 335-E8 - Guide Vert Michelin Aquitaine

à Ispe 6 km au Nord par D652 et D305 - 40600 Biscarrosse

La Caravelle

AUBERGE • PERSONNALISÉ Un bel air de vacances règne sur cette maison blanche posée au bord du lac de Cazaux, au cœur de la pinède : des eaux claires, quelques palmiers, des transats et, pour la nuit, des chambres au décor simple et soigné. Restaurant traditionnel.

15 chambres - 80/140 € 80/140 € - 10 € - ½ P

5314 rte des Lacs - 05 58 09 82 67 - www.lacaravelle.fr - Ouvert 1er mars-1er nov.

à Biscarrosse-Plage 10 km au Nord-Ouest par D146 - 40600

Grand Hôtel de la Plage

LUXE • DESIGN Telle Aphrodite née de l'écume, cette belle architecture contemporaine semble émaner de l'Océan, dominant les flots de ses lignes originales et surtout de sa blancheur immaculée. Très design, épuré, chic, plein de charme : de la piscine à débordement au restaurant de la mer, l'établissement vaut le coup d'œil... et un séjour !

33 chambres - 130/490 € 130/490 € - ½ P

2 av. de la Plage - 05 58 82 74 00 - www.legrandhoteldelaplage.fr

BITCHE

57230 (Moselle) - 5 267 hab. - Alt. 300 m - Carte régionale n° **14**-D1

Paris 438 km - Haguenau 43 km - Sarrebourg 62 km - Sarreguemines 33 km

Carte Michelin 307-P4

Le Strasbourg (Lutz Janisch)

CUISINE MODERNE • ÉLÉGANT Une véritable auberge du 21e s., sobre et épurée, bien en phase avec son époque. La cuisine est appétissante, soignée et généreuse. Quant aux prix des menus, ils savent rester sages... Les chambres ont chacune leur style (Afrique, Asie, Provence, etc.), qu'elles cultivent avec discrétion.

→ Foie gras d'oie maison, salade de girolles, vinaigrette à la truffe d'été et pain anglais. Grenouilles en velouté, jambonnettes frites et grillées. Pêche rôtie au romarin, crème glacée à la fleur de sureau.

Menu 40/77 € - Carte environ 70 €

13 chambres - 62/72 € 82/112 € - 12 €

24 r. du Col.-Teyssier - 03 87 96 00 44 - www.le-strasbourg.fr - Fermé 1 semaine en oct., 2 semaines en janv., dim. soir, mardi midi et lundi

BIZANET

✉ 11200 (Aude) - 1 451 hab. - Alt. 42 m - Carte régionale n° **12**-B3
Paris 802 km - Beziers 46 km - Carcassonne 49 km - Narbonne 15 km
Carte Michelin 344-I4

La Table du Château

CUISINE TRADITIONNELLE • **AUBERGE** XX Au cœur de ce village des Corbières, cette belle bâtisse abrite le restaurant d'un chef passionné et ennemi de la routine ! Il puise son inspiration dans le terroir local qu'il revisite avec gourmandise : viandes cathares, fromage de brebis, herbes fraîches... Jolie cave à vin vitrée et agréable patio-terrasse.

Formule 17 € - Menu 22 € (déj. en semaine), 32/45 € - Carte 48/63 €

16 r. de Paris - ☎ 04 68 93 51 19 - www.latableduchateau.fr - Fermé 15 fév.-16 mars, dim. soir de nov. à mars, mardi sauf le soir en juil.-août et lundi

BIZANOS - 64 (Pyrénées-Atlantiques) → Voir Pau

BLAGNAC - 31 (Haute-Garonne) → Voir Toulouse

BLAINVILLE-SUR-MER

✉ 50560 (Manche) - 1 564 hab. - Alt. 26 m - Carte régionale n° **17**-A2
Paris 347 km - Caen 116 km - St-Lô 41 km
Carte Michelin 303-C5

Le Mascaret (Philippe Hardy)

CUISINE CRÉATIVE • **ÉLÉGANT** XX Un patio, un jardin d'herbes aromatiques et une cuisine précise et créative, mêlant avec bonheur les saveurs "terre et mer" : cette maison de pays a un charme fou ! Et comme il s'agit d'une ancienne pension de jeunes filles, on peut y faire halte très agréablement, dans une chambre originale et baroque.

→ Nage de homard de Blainville, pétales de légumes cristallins et corail foisonné. Turbot ikejime rôti, légumes crousti-fondants, décoction au serpolet du marais. "Sponge matcha", ganache chocolat blanc cardamome et granola noisette

Menu 25 € (déj. en semaine), 44/93 € - Carte 70/130 €

5 chambres - †115/240 € ††115/240 € - ☕ 17 €

1 r. de Bas - ☎ 02 33 45 86 09 - www.lemascaret.fr - Fermé 2-22 janv., dim. soir du 1er sept. au 14 juil. et lundi

BLANQUEFORT - 33 (Gironde) → Voir Bordeaux

BLANZY - 71 (Saône-et-Loire) → Voir Montceau-les-Mines

BLAYE

✉ 33390 (Gironde) - 4 710 hab. - Alt. 7 m - Carte régionale n° **2**-B1
Paris 549 km - Bordeaux 57 km - Mérignac 59 km - Pessac 64 km
Carte Michelin 335-H4

Le Gavroche

CUISINE TRADITIONNELLE • **RUSTIQUE** X Au pied de la citadelle Vauban, on vient se régaler d'une solide cuisine de tradition, goûteuse et soignée : terrine de lapin, parmentier de canard, tarte fine aux pommes... Côté décor, poutres et pierres apparentes composent un intérieur élégamment rustique ; l'été, on s'installe en terrasse !

Menu 16 € (déj. en semaine)/27 € - Carte 28/40 €

14 r. Neuve - ☎ 05 57 58 21 03 - Fermé 17-25 mars, 15-30 nov., lundi soir, jeudi soir et dim.

BLENDECQUES - 62 (Pas-de-Calais) → Voir St-Omer

BLÉNOD-LÈS-PONT-À-MOUSSON - 54 (Meurthe-et-Moselle) → Voir Pont-à-Mousson

BLÉRÉ

✉ 37150 (Indre-et-Loire) - 5 250 hab. - Alt. 59 m - Carte régionale n° **6**-A1
Paris 234 km - Blois 48 km - Château-Renault 36 km - Loches 25 km
Carte Michelin 317-O5 - Guide Vert Michelin Châteaux de la Loire

Le Cheval Blanc

CUISINE CLASSIQUE • COSY XX Velouté de petits pois, jambon serrano et crème de chèvre ; pavé d'esturgeon à la mousseline de carottes... Au cœur de Bléré, dans cette demeure historique du 17e s. (qui abrite aussi de jolies chambres), le chef réalise une cuisine classique bien troussée, qui montre qu'il maîtrise son affaire. De quoi hennir de plaisir !

Formule 23 € - Menu 32 € (déj. en semaine)/50 € - Carte 51/60 € dîner

8 chambres - †67/99 € ††99/185 € - ☕ 12 €

5 pl. Charles-Bidault - ✆ 02 47 30 30 14 - www.lechevalblancblere.fr - Fermé 2-20 janv., lundi et mardi

à l'Ouest 6 km par D976 et rte secondaire - ✉ 37270 Athee sur Cher - 2 618 hab. - Alt. 90 m

La Boulaye

CUISINE MODERNE • ROMANTIQUE XX Il faut se perdre un peu dans la campagne pour trouver cette grange du 17e s., qui se révèle romantique et chaleureuse... C'est la maîtresse des lieux qui cuisine et ses plats sont très personnels ; on la sent inspirée par le terroir. Ses créations sont généreuses, aromatiques et colorées.

Formule 25 € - Menu 32/44 € - Carte 39/50 €

lieu-dit La Boulaye - ✆ 02 47 50 29 21 - www.laboulaye.fr - Ouvert 1er mars-15 nov. et fermé mardi et merc.

BLESLE

✉ 43450 (Haute-Loire) - 621 hab. - Alt. 520 m - Carte régionale n° **3**-B3
Paris 484 km - Aurillac 92 km - Brioude 23 km - Issoire 39 km
Carte Michelin 331-B2 - Guide Vert Michelin Auvergne

La Bougnate

CUISINE CLASSIQUE • AUBERGE X Elle a du charme cette Bougnate, paisible petite auberge de village aux volets bleus. En terrasse au pied de sa façade parcourue de vigne vierge, ou dans le décor rustique de sa salle, on apprécie une jolie cuisine locavore, concoctée dans le souci de la qualité. Et pour la nuit, les chambres ont le charme de la simplicité...

Formule 17 € - Menu 21 € (déj. en semaine), 24/31 €

14 chambres - †95 € ††95/125 € - ☕ 11 €

pl. Vallat - ✆ 04 71 76 29 30 - www.labougnate.fr - Fermé 2 janv.-10 fév., lundi, mardi et merc. d'oct. à déc.

BLIENSCHWILLER

✉ 67650 (Bas-Rhin) - 334 hab. - Alt. 230 m - Carte régionale n° **1**-C1
Paris 504 km - Barr 51 km - Erstein 26 km - Obernai 19 km
Carte Michelin 315-I6

Le Pressoir de Bacchus

CUISINE MODERNE • COSY XX On se presse dans cette jolie maison de la route des vins : le week-end, il convient de réserver très à l'avance. Telle est la renommée de la cuisine de Sylvie Grucker, qui sait en effet accommoder la tradition régionale avec originalité et goût ! Et la carte des vins met à l'honneur les nombreux vignerons de la commune...

Formule 15 € - Menu 32/70 € 🍷 - Carte 40/55 €

50 rte des Vins - ✆ 03 88 92 43 01 (réservation conseillée) - Fermé lundi soir, merc. midi et mardi

Winzenberg

FAMILIAL • TRADITIONNEL Un hôtel familial aménagé dans une ancienne maison de vigneron. Derrière la belle façade fleurie, les chambres sont charmantes avec leur mobilier en bois peint. Un établissement très bien tenu.

10 chambres - 50/58 € 55/88 € - 8,50 €

58 rte des Vins - 03 88 92 62 77 - www.winzenberg.fr - Fermé 2 semaines mi-fév., 2 semaines mi-juil. et 23 déc.-3 janv.

BLOIS

41000 (Loir-et-Cher) - 45 903 hab. - Agglo. 67 004 hab. - Alt. 73 m
- Carte régionale n° **6**-A1
Paris 182 km - Le Mans 111 km - Orléans 61 km - Tours 66 km
Carte Michelin 318-E6 - Guide Vert Michelin Châteaux de la Loire

L'Orangerie du Château (Jean-Marc Molveaux)

CUISINE MODERNE • ÉLÉGANT Dans une dépendance du château (15ᵉ s.), avec une belle terrasse ouvrant sur le monument... L'esprit de la Renaissance n'est sans doute pas étranger à la cuisine, à la fois fine, légère et soignée.

→ Asperges vertes "Chambord" et caviar de Sologne. Dos de chevreuil laqué, légumes oubliés et réduction de betterave rouge. Rocher Blésois choco-pralin.

Menu 40 € (semaine), 61/86 € - Carte 85/110 €

Plan : A1-e - *1 av. du Dr-Jean-Laigret*
- 02 54 78 05 36 - www.orangerie-du-chateau.fr
- Fermé 15 fév.-10 mars, dim. et lundi

Assa (Fumiko et Anthony Maubert)

CUISINE CRÉATIVE • ÉPURÉ Chaque matin ("assa" en japonais), le jeune chef, Anthony Maubert, et sa compagne, Fumiko (pâtissière de formation), réécrivent le menu du jour... La fraîcheur n'est pas le seul atout de leur table, audacieuse, pleine de savoir-faire et de saveurs ! Et même la vue sur la Loire s'imprègne d'une poésie toute japonaise...

→ Cuisine du marché.

Formule 36 € - Menu 45 € (semaine), 52/75 €

Hors plan - *189 quai Ulysse-Besnard, au Sud par D952, rte de Tours - 02 54 78 09 01 (réservation conseillée) - www.assarestaurant.com - Fermé 20-26 mars, 25 sept.-8 oct., 2-15 janv., dim. soir, lundi et mardi*

Le Médicis

CUISINE MODERNE • CONVIVIAL Le décor, rénové dans un style contemporain, est bien en phase avec les créations dans l'air du temps que l'on retrouve dans l'assiette. La cuisine suit le marché et les saisons, comme en témoigne la carte renouvelée tous les deux mois : on passe un bon moment.

Formule 29 € - Menu 37/77 € - Carte 45/85 €

9 chambres - 79/130 € 79/130 € - 1 suite - 12 €

Hors plan - *2 allée François-1ᵉʳ*
- 02 54 43 94 04 - www.le-medicis.com
- Fermé 3-10 juil., 23-29 oct., 2-24 janv., dim. soir d'oct. à juin et lundi

Au Rendez-vous des Pêcheurs

CUISINE MODERNE • CONVIVIAL Un ancien repaire de pêcheurs dont le décor cultive un bel esprit bistrotier ! Poissons de la Loire, légumes bio de maraîchers de la région : les assiettes mettent à l'honneur de bons produits, qui bénéficient de la longue expérience du chef.

Formule 24 € - Menu 35 € (semaine), 57/69 € - Carte 79/107 €

Plan : A2-r - *27 r. du Foix - 02 54 74 67 48 (réservation conseillée)*
- www.rendezvousdespecheurs.com
- Fermé 6-21 août, 1ᵉʳ-15 janv., dim. et lundi

Côté Loire - Auberge Ligérienne

CUISINE TRADITIONNELLE • AUBERGE Cette auberge fut fondée au 16es. ! Poutres d'origine, vaisselier ancien, tables en bois verni, terrasse verdoyante et menu unique, évoluant au gré du marché et proposé à l'ardoise. Petites chambres rustiques à l'étage.

Formule 21 € – Menu 31 €

8 chambres – 59/97 € 59/97 € – 11 €

Plan : A2-b – *2 pl. de la Grève – 02 54 78 07 86 (réservation conseillée) – www.coteloire.com – Fermé 19-24 mars, 18-23 juin, 3-8 sept., 19-28 nov., janv., dim. et lundi*

Mercure Centre

HÔTEL DE CHAÎNE • FONCTIONNEL Sur les quais de Loire, cet hôtel propose des chambres contemporaines et d'agréables suites en duplex. Bar, piscine, sauna et hammam. Le restaurant est tourné vers le fleuve ; intéressante sélection de vins au verre.

96 chambres – 112/202 € 112/202 € – 16 €

Plan : B1-f – *28 quai St-Jean – 02 54 56 66 66 – www.mercure-blois-centre.com*

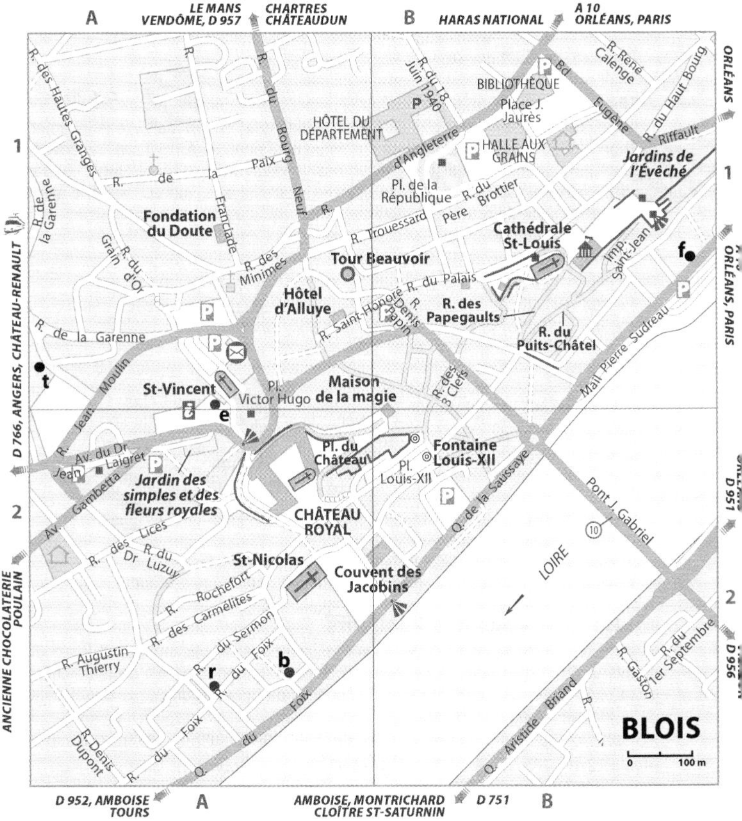

Best Western Blois Château

BUSINESS • FONCTIONNEL En face de la gare, cet établissement moderne et fonctionnel se révèle un parfait pied-à-terre pour partir à la découverte du château de Blois et du jardin des Lices. Accueil sympathique.

26 chambres – 70/100 € 80/210 € – 1 suite – 12 €

Hors plan – *8 av. du Dr-Jean-Laigret – 02 54 56 85 10 – www.hotelblois-gare.fr*

La Maison du Carroir

HISTORIQUE • CLASSIQUE Construite au 19e s. derrière l'église St-Vincent, cette maison possède le charme des grandes demeures familiales... Les chambres, qui portent des prénoms anciens (Augustine, Victorine, Albertine, Amandine), sont vastes et se parent de mobilier chiné avec soin.

4 chambres – 95/111 € 99/115 €

Plan : A1-t – *20 r. Ste-Catherine – 02 54 74 69 94 – www.lamaisonducarroir.com*

Le Clos Pasquier

MAISON DE CAMPAGNE • CONTEMPORAIN À l'orée de la forêt – au grand calme ! –, une belle demeure régionale (16e s.) dans un jardin soigné. Chambres jolies et cosy, alliant cachet de l'ancien et sobriété contemporaine.

4 chambres – 90/190 € 100/190 €

Hors plan – *12 imp. de l'Orée-du-Bois, à 5 km par r. Albert-1er – 02 54 58 84 08 – www.leclospasquier.fr*

BOÉ – 47 (Lot-et-Garonne) → Voir Agen

BOESCHEPE

59299 (Nord) – 2 188 hab. – Alt. 74 m – Carte régionale n° **16**-B2

Paris 264 km – Arras 78 km – Lille 41 km

Carte Michelin 302-E3

Auberge du Vert Mont (Florent Ladeyn)

CUISINE CRÉATIVE • BRANCHÉ Envie de prendre des nouvelles de Florent Ladeyn, finaliste de Top Chef ? Vous le trouverez aux fourneaux de son auberge familiale, nichée dans la campagne des Flandres, près de la frontière belge ; sa cuisine respire l'invention, l'audace – sans être hasardeuse – et l'amour pour les produits de son terroir. Que de cœur !

→ Moules de Dunkerque cuites à l'eau de mer, haricots beurre à la verveine, oxalis et pimprenelle. Turbot cuit au feu de bois, salicornes et sauce hollandaise à la fleur de sureau. Pavlova à la matricaire odorante.

Menu 21 € (déj. en semaine), 40/60 €

7 chambres – 50/60 € 50/70 € – 8 €

1318 r. du Mont-Noir – 03 28 49 41 26 – www.vertmont.fr – Fermé dim. et lundi

BOIS-COLOMBES – 92 (Hauts-de-Seine) → Voir Autour de Paris

BOIS-PLAGE-EN-RÉ – 17 (Charente-Maritime) → Voir Île de Ré

BOISSET

15600 (Cantal) – 604 hab. – Alt. 426 m – Carte régionale n° **3**-A3

Paris 559 km – Aurillac 31 km – Calvinet 18 km – Entraygues-sur-Truyère 48 km

Carte Michelin 330-B6

Auberge de Concasty

AUBERGE • COSY Ce domaine donnant sur la campagne cantalienne offre l'occasion d'une véritable bouffée d'air pur. Esprit nature et bio au restaurant comme dans les chambres spacieuses (certaines avec terrasse ou balcon) et le petit appartement dans le sécadou. On a l'impression d'être chez soi !

11 chambres – 72/158 € 72/158 € – 1 suite – 18 € – ½ P

3 km au Nord-Est par D64 – 04 71 62 21 16 – www.auberge-concasty.com – Ouvert d'avril à nov.

BOLLENBERG - 68 (Haut-Rhin) → Voir Rouffach

BOLLEZEELE

✉ 59470 (Nord) - 1 425 hab. - Alt. 40 m - Carte régionale n° **16**-B1
▶ Paris 274 km - Calais 45 km - Dunkerque 24 km - Lille 68 km
Carte Michelin 302-B2

Hostellerie St-Louis

TRADITIONNEL • CLASSIQUE Imaginez une maison du 19e s. à l'élégance très rétro, avec un ravissant jardin, un joli bassin et des chambres impeccablement tenues... Voilà une adresse parfaite pour les amateurs de classicisme et de calme ! Cuisine traditionnelle au restaurant.

26 chambres - †58/99 € ††75/99 € - ☕ 11 € - ½ P

47 r. de l'Église - ✆ 03 28 68 81 83 - www.hostelleriesaintlouis.com - Fermé 24 juil.-6 août et 26 déc.-14 janv.

BONCHAMP-LÈS-LAVAL - 53 (Mayenne) → Voir Laval

BONDUES - 59 (Nord) → Voir Lille

BONIFACIO - 2A (Corse-du-Sud) → Voir Corse

BONLIEU

✉ 39130 (Jura) - 273 hab. - Alt. 785 m - Carte régionale n° **9**-B3
▶ Paris 439 km - Champagnole 23 km - Lons-le-Saunier 32 km - Morez 24 km
Carte Michelin 321-F7 - Guide Vert Michelin Franche-Comté Jura

La Poutre

CUISINE MODERNE • RUSTIQUE XX Au cœur du bourg, cette auberge familiale de 1740 cultive son charme rustique. Pour la petite histoire, sachez que la poutre qui soutient le plafond mesure 17 m et provient d'une grume de sapin de 3 m^3 ! Quant au chef, il vous régale d'une jolie cuisine d'aujourd'hui, savoureuse et raffinée.

Menu 30/90 € - Carte 55/83 €

25 Grande-Rue - ✆ 03 84 25 57 77 - www.aubergedelapoutre.com - Ouvert début mai à début nov. et fermé 1 semaine en juin, mardi et merc. de sept. à juin et lundi en juil.-août

Les Alpages

FAMILIAL • FONCTIONNEL Un établissement familial sur les hauteurs du village. Les chambres y sont fonctionnelles et bien tenues, et l'hiver, on s'installe confortablement au coin de la cheminée... Avant, bien entendu, d'aller gambader dans les alpages !

8 chambres - ½ P seult 80/97 €

1 chemin de la Madone - ✆ 03 84 25 57 53 - www.hotel-lesalpages.com - Ouvert 1er fév.-31 oct.

BONNAT

✉ 23220 (Creuse) - 1 300 hab. - Alt. 330 m - Carte régionale n° **13**-C1
▶ Paris 329 km - Châtre 37 km - Guéret 20 km - Montluçon 72 km
Carte Michelin 325-I3

L'Orangerie

BUSINESS • PERSONNALISÉ Agréables salons, chambres confortables et douillettes, bon petit-déjeuner avec des cakes et des confitures maison, recettes dans l'air du temps faisant la part belle aux légumes du potager : cette séduisante demeure bourgeoise tient assurément ses promesses !

30 chambres - †91/125 € ††91/125 € - ☕ 14 € - ½ P

3 bis r. de la Paix - ✆ 05 55 62 86 86 - www.hotel-lorangerie.fr - Ouvert de mars à déc.

BONNE

74380 (Haute-Savoie) - 3 038 hab. - Alt. 457 m - Carte régionale n° **25**-F1
Paris 545 km - Annecy 45 km - Bonneville 16 km - Genève 18 km
Carte Michelin 328-K3

Baud

CUISINE MODERNE • ÉLÉGANT Imaginez de beaux produits frais mis en valeur par de jolies touches d'inventivité : capaccio de cerf légèrement fumé, fraîcheur au poivre du Sichuan ; tournedos de veau snacké au jus court de Mondeuse... Le tout servi sur la terrasse donnant sur le superbe jardin, par une équipe aimable et professionnelle. Un bon moment !

Menu 28 € (déj.), 47/95 € - Carte 73/86 €

181 av. du Léman - 04 50 39 20 15 - www.hotel-baud.com - Fermé dim. soir

Baud

AUBERGE • CONTEMPORAIN À quelques minutes de la frontière suisse et des contreforts du Chablais, cet hôtel-restaurant séduit par son design élégant (salons cossus, miroirs imposants, chambres grand confort). On se régale de produits artisanaux dès le petit-déjeuner.

20 chambres - 155/275 € 155/275 € - 17 €

181 av. du Léman - 04 50 39 20 15 - www.hotel-baud.com

Baud - voir les restaurants ci-dessus

au Pont-de-Fillinges 2,5 km à l'Est - 74250

Le Pré d'Antoine

CUISINE MODERNE • ÉLÉGANT Un élégant décor contemporain, un service de qualité : on ne regrette pas d'avoir franchi le seuil de cette belle maison montagnarde, légèrement en retrait de la route. Le chef, Bernard Binaud, met tout son savoir-faire au service d'une cuisine de saison, savoureuse et sans fioriture. Du beau travail !

Formule 25 € - Menu 27 € (déj. en semaine), 47/63 € - Carte 55/80 €

15 rte de Chez-Radelet - 04 50 36 45 06 - www.lepredantoine.com - Fermé 3 semaines en juil., 2-12 janv., dim. soir, mardi midi et lundi

BONNÉTAGE

25210 (Doubs) - 822 hab. - Alt. 960 m - Carte régionale n° **9**-C2
Paris 468 km - Belfort 69 km - Besançon 65 km - Biel/Bienne 62 km
Carte Michelin 321-K3

L'Étang du Moulin (Jacques Barnachon)

CUISINE MODERNE • FAMILIAL Comme un écho à un environnement très préservé, le terroir imprègne toute cette cuisine, de l'entrée (où le foie gras est souvent à l'honneur) jusqu'au dessert. Les produits de qualité, les combinaisons de saveurs harmonieuses : on est conquis ! Deux atouts enfin : la carte de vins, qui se révèle riche en bonnes surprises, et le service, aimable et efficace.

→ Ragoût de morilles au vin jaune et crème fraîche. Ris de veau caramélisé au miel de sapin et vinaigre balsamique, navet au curry et crémeux de pomme de terre. Parfait glacé au sapin et ganache chocolat-gentiane.

Menu 46/149 € - Carte 55/100 €

Hôtel L'Étang du Moulin, 5 chemin de l'Étang-du-Moulin, 1,5 km par D36 et chemin privé - 03 81 68 92 78 - www.etang-du-moulin.fr - Fermé 19-29 déc., 9-26 janv., dim. soir, merc. midi, lundi et mardi

Le Bistrot

CUISINE TRADITIONNELLE • BISTRO Croûte forestière, entrecôte de veau, filet de truite, saucisse de Morteau : les produits et recettes de tradition sont au menu de cet agréable Bistrot, qui complète idéalement l'offre de restauration de l'Étang du Moulin. Une cuisine simple et bien réalisée : on en redemande !

Formule 14 € - Menu 18 € (déj. en semaine), 24/39 € - Carte 33/56 €

Hôtel L'Étang du Moulin, 5 chemin de l'Étang-du-Moulin, 1,5 km par D236 et chemin privé - 03 81 68 92 78 - www.etang-du-moulin.fr - Fermé 19-29 déc., 9-26 janv., dim. soir du 15 nov. au 10 avril, mardi midi et lundi

L'Étang du Moulin

FAMILIAL • PERSONNALISÉ La nature pour écrin ! Ce grand chalet se dresse au bord d'un étang dont seul le léger clapotis vient troubler le calme des environs... Les chambres ouvrent grand sur la nature (certaines avec balcon) et leur décor contemporain rend zen. Agréable espace bien-être.

18 chambres – 95/145 € 120/225 € – 15 € – ½ P

5 chemin de l'Étang-du-Moulin, 1,5 km par D236 et chemin privé – 03 81 68 92 78 – www.etang-du-moulin.fr – Fermé 19-29 déc., 9-26 janv., mardi midi et lundi

L'Étang du Moulin • **Le Bistrot** – voir les restaurants ci-dessus

BONNEVILLE

74130 (Haute-Savoie) – 12 479 hab. – Alt. 450 m – Carte régionale n° **25**-F1

Paris 556 km – Annecy 42 km – Chamonix-Mont-Blanc 54 km – Nantua 87 km

Carte Michelin 328-L4 – Guide Vert Michelin Alpes du Nord

à Vougy 5 km à l'Est par D1205 – 74130 – 1 492 hab. – Alt. 471 m

Le Bistro du Capucin

CUISINE TRADITIONNELLE • VINTAGE Dans un décor typique du genre – lambris, affiches publicitaires rétro, tables à touche-touche – le chef de ce bistrot propose de bons plats mettant l'accent sur la région : tartare de féra, quasi de veau et son risotto de légumes... Composez vous-même votre menu ou optez pour les suggestions de la carte.

Menu 32 € – Carte 35/56 €

1520 rte de Genève, D1205 – 04 50 34 03 50 – www.lecapucingourmand.com – Fermé 1er-28 août, 1er-9 janv., sam. midi, dim. et lundi sauf fériés

Le Capucin Gourmand

CUISINE CLASSIQUE • ÉLÉGANT Dans une élégante salle aux tons café, on déguste une cuisine classique proposée à travers une petite carte et deux menus : oeuf bio mi-cuit, purée de haricots tarbais, morilles et émulsion de légumes et champignons... Voilà bien un capucin gourmand !

Formule 35 € – Menu 45/64 €

1520 rte de Genève, D1205 – 04 50 34 03 50 – www.lecapucingourmand.com – Fermé 1er-28 août, 1er-9 janv., sam. midi, dim. et lundi sauf fériés

Le Bistro du Capucin – voir les restaurants ci-dessus

BONNIEUX

84480 (Vaucluse) – 1 395 hab. – Alt. 400 m – Carte régionale n° **22**-E1

Paris 721 km – Aix-en-Provence 49 km – Apt 12 km – Carpentras 42 km

Carte Michelin 332-E11 – Guide Vert Michelin Provence

La Bastide de Capelongue (Édouard Loubet)

CUISINE CRÉATIVE • ÉLÉGANT De l'élégante salle, baignée de lumière, on aperçoit les champs de lavande ; Édouard Loubet s'en inspire pour créer ses superbes assiettes, magnifiées par les produits du Luberon, notamment les herbes et les fleurs. Et sa "Table du Chef" permet de s'installer directement... dans sa cuisine, avec vue sur les fourneaux !

→ Cœur de tournesol en vinaigrette, gaspacho d'herbes à la livèche et rémoulade de céleri. Carré d'agneau fumé au serpolet, gratin de ma grand-mère. Betterave rouge soufflée en sucre et coulis de cassis au laurier.

Menu 58 € (déj. en semaine), 140/190 € – Carte 130/160 €

Hôtel La Bastide de Capelongue, rte de Lourmarin (face au pont), 1,5 km par D232 et voie secondaire – 04 90 75 89 78 – www.capelongue.com – Fermé 5 janv.-17 mars, merc. sauf le soir en saison et mardi midi

L'Arôme

CUISINE PROVENÇALE • COSY XX Au pied du village, cette adresse respire l'intimité avec le terroir. De la salle voûtée du 14e s. à la terrasse, le décor frais et champêtre est des plus charmants. La cuisine elle-même cultive l'authenticité : en témoigne ce porc noir de Bigorre, confit de 8 heures, fruits de saison aux épices et vin de Maury...

Menu 31 € (déj. en semaine), 45/58 € - Carte 50/69 €

2 r. Lucien-Blanc - ✆ 04 90 75 88 62 - www.laromerestaurant.com - Fermé 8 janv.-31 mars, merc. et jeudi

Le Fournil

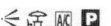

CUISINE PROVENÇALE • BRANCHÉ X Pittoresque et originale, cette maison adossée à la colline avec sa terrasse, sur une placette à l'ombre des platanes, et sa salle troglodyte au décor contemporain. Au menu : une cuisine méridionale mettant en valeur de beaux produits, notamment à travers le menu du soir, plus recherché qu'au déjeuner.

Formule 25 € - Menu 32 € (déj.), 51/56 €

pl. Carnot - ✆ 04 90 75 83 62 (réservation conseillée) - www.lefournil-bonnieux.com - Fermé 26 déc.-8 fév., mardi d'oct. à mai, sam. midi de mai à oct. et lundi

La Bergerie

CUISINE TRADITIONNELLE • BISTRO X La Bastide de Capelongue version bistrot ! À l'unisson de la superbe vue dévoilée par la terrasse, la carte braque les projecteurs sur les produits de la région : tapenade, gigot d'agneau à la ficelle et plats en cocotte, indémodables marquises au chocolat et œufs à la neige. Et le savoir-faire de l'équipe n'est plus à prouver...

Menu 38 € - Carte 42/60 €

Hôtel La Bastide de Capelongue, rte de Lourmarin (face au pont), 1,5 km par D232 et voie secondaire - ✆ 04 90 75 89 78 - www.capelongue.com - Fermé dim. soir et lundi

La Bastide de Capelongue

LUXE • PERSONNALISÉ Au sommet des collines plantées de cèdres, ce petit hameau est un hymne à la Provence. La plupart des chambres, confortables et raffinées, jouissent d'une terrasse ou d'un balcon. Magnifique bassin de nage parmi la lavande. Idéal pour un bol d'air gorgé de soleil et de senteurs !

28 chambres - †140/450 € ††140/450 € - 4 suites - ☕ 28 € - ½ P

rte de Lourmarin (face au pont), 1,5 km par D232 et voie secondaire - ✆ 04 90 75 89 78 - www.capelongue.com - Fermé 5 janv.-17 mars

✿✿ **La Bastide de Capelongue** • **La Bergerie** - voir les restaurants ci-dessus

Le Clos du Buis

FAMILIAL • PERSONNALISÉ Cette jolie maison datant de 1850 - une ancienne boulangerie - accueille aujourd'hui des chambres confortables et bien tenues. Et, dans le charmant jardin, surprise : une belle cuisine est mise à votre disposition pour préparer votre repas !

8 chambres ☕ - †100/165 € ††100/165 €

r. Victor-Hugo - ✆ 04 90 75 88 48 - www.leclosdubuis.com - Ouvert de mi-mars à mi-nov.

BONNOEUVRE

✉ 44540 (Loire-Atlantique) - 558 hab. - Alt. 46 m - Carte régionale n° **18**-B2

Paris 365 km - Angers 70 km - Nantes 55 km - Rennes 87 km

Carte Michelin 316-I2

Le Prieuré des Gourmands

TRADITIONNEL • CONTEMPORAIN Sur la place de l'église, un ancien prieuré du 16e s. transformé en hôtel-restaurant. Les chambres - confortables et épurées - donnent sur la campagne et un joli cours d'eau, pour des nuits au grand calme. Parfait pour une escapade au vert.

10 chambres - †82/95 € ††82/95 € - ☕ 9 € - ½ P

11 r. du Prieuré - ✆ 02 40 56 30 00 - www.prieuredesgourmands.com - Fermé 1 semaine en août et 1 semaine en janv.

BONNY-SUR-LOIRE

✉ 45420 (Loiret) - 2 009 hab. - Alt. 190 m - Carte régionale n° **6**-D2
Paris 167 km - Auxerre 64 km - Cosne-Cours-sur-Loire 25 km - Gien 24 km
Carte Michelin 318-O6

Restaurant des Voyageurs

CUISINE MODERNE • FAMILIAL XX Que les personnes de la région se rassurent, inutile d'être en voyage pour se régaler dans cette auberge ! On y savoure une cuisine gourmande, où les produits de saison s'accordent avec justesse. Et si vous n'êtes pas du coin, vous pourrez profiter des quelques chambres, toutes simples, pour la nuit.

Formule 20 € - Menu 27 € (semaine), 30/41 € - Carte 37/60 €

6 chambres - 61 € 61/75 € - 9 €

10 Grande-Rue - 02 38 27 01 45 - www.hotel-restaurant-des-voyageurs.fr - Fermé vacances de fév., 25 août-8 sept., dim. soir, mardi midi et lundi

LE BONO

✉ 56400 (Morbihan) - 2 124 hab. - Alt. 10 m - Carte régionale n° **5**-A3
Paris 475 km - Auray 6 km - Lorient 49 km - Quiberon 37 km
Carte Michelin 308-N9 - Guide Vert Michelin Bretagne Sud

Alicia

FAMILIAL • FONCTIONNEL À la sortie du village, un hôtel avec terrasse donnant sur la rivière du Bono. Les chambres sont décorées dans un style contemporain classique ; préférez celles avec vue sur le port. Nouvel espace bien-être (jacuzzi, salle de massage).

21 chambres - 61/120 € 61/120 € - 10 €

1 r. du Gén.-de-Gaulle - 02 97 57 88 65 - www.hotel-alicia.com - Fermé de mi-nov. à mi-fév.

ON AIME…

Le Pressoir d'Argent - Gordon Ramsay, sa séduisante cuisine qui revisite subtilement la tradition. **Hâ**, qui prouve que simplicité et convivialité riment avec qualité. **Racines**, l'un des meilleurs rapports qualité-prix de la localité ! Enfin, un peu partout, l'incroyable qualité des **cartes des vins**, défendues par des sommeliers passionnés…

BORDEAUX

✉ 33000 (Gironde) - 241 287 hab. - Agglo. 851 071 hab. - Alt. 4 m - Carte régionale n° **2**-B1
▶ Paris 579 km - Lyon 537 km - Nantes 323 km - Strasbourg 970 km
Carte Michelin 335-H5 - Guide Vert Michelin Aquitaine

Restaurants

✿✿ Le Pressoir d'Argent - Gordon Ramsay

CUISINE MODERNE • LUXE XXXX Le restaurant doit son nom à la presse à homard Christofle - une pièce rarissime ! - qui trône dans la salle. Gordon Ramsay signe ici une carte alléchante, qui célèbre le terroir aquitain ; elle est mise en œuvre de la plus belle des manières par un chef israélien, et rehaussée par un service de haut-vol.

→ Bœuf de Bazas en tartare, crème d'huître et caviar d'Aquitaine. Homard bleu à la presse, aux feuilles de citron, maïs, courgette et girolles. Parfait glacé cacao et cardamome, mousse au chocolat de Papouasie.

Menu 165 € - Carte 110/185 €

Plan : 3F2-g - *Grand Hôtel de Bordeaux & Spa, 2 pl. de la Comédie (1er étage) - ✆ 05 57 30 43 04 - www.bordeaux.intercontinental.com - Fermé dim., lundi et le midi*

✿✿ La Grande Maison de Bernard Magrez

CUISINE CRÉATIVE • ÉLÉGANT XXXX Depuis l'été 2016, les équipes de Pierre Gagnaire sont aux fourneaux de cet hôtel particulier bordelais à l'élégance feutrée. Un challenge à la mesure de ce chef iconoclaste, au talent unanimement reconnu, qui apporte ici sa "patte", reconnaissable entre mille. Superbe carte des vins.

→ Terrine de lièvre, cube de chou rouge, pâte de coing et liqueur de vinaigre. Sole meunière sèche farcie de txistora, fondue d'épinards et côte de romaine. Biscuit soufflé au chocolat araguani et bas-armagnac.

Menu 65 € (déj.), 135/185 € - Carte 145/205 €

6 chambres - †350/695 € ††350/695 € - ☕ 30 €

Plan : 2C1-g - *10 r. Labottière - ✆ 05 35 38 16 16 - www.lagrandemaison-bordeaux.com - Fermé lundi et mardi*

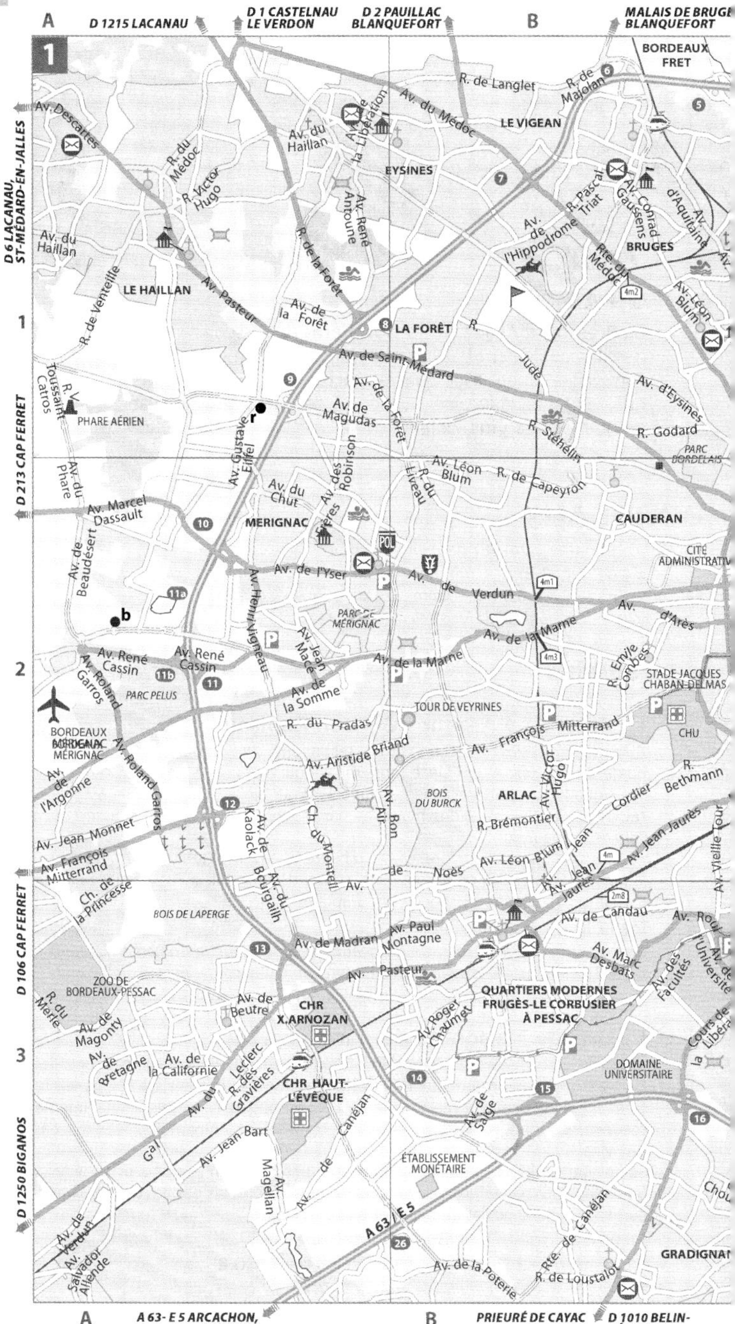
A
D 1215 LACANAU
D 1 CASTELNAU LE VERDON
D 2 PAUILLAC BLANQUEFORT
B
BLANQUEFORT
1
BORDEAUX FRET
D 6 LACANAU, ST-MÉDARD-EN-JALLES
D 213 CAP FERRET
D 106 CAP FERRET
D 1250 BIGANOS
Av. Descartes
R. du Médoc
R. Victor Hugo
Av. du Haillan
LE HAILLAN
R. de Venteille
Av. Pasteur
Av. du Haillan
Av. de la Libération
EYSINES
Av. René Antoune
R. de la Forêt
Av. de la Forêt
Av. du Médoc
R. de Langlet
R. de Majolan
LE VIGEAN
Av. de l'Hippodrome
R. Pascal Triat
Av. Conrad Gaussens
Av. d'Aquitaine
BRUGES
Rte. du Médoc
Av. Léon Blum
LA FORÊT
Av. de Saint-Médard
R. Jude
Av. d'Eysines
R. Godard
PARC BORDELAIS
R. Stéhélin
R. V. Toussaint Catros
PHARE AÉRIEN
Av. Gustave Eiffel
Av. de Magudas
Av. de la Forêt
Av. des Robinson
Av. du Chut
Av. des Frères
R. du Liveau
Av. Léon Blum
R. de Capeyron
CAUDERAN
Av. du Phare
Av. Marcel Dassault
Av. de Beaudésert
MERIGNAC
POL
CITÉ ADMINISTRATIVE
Av. de l'Yser
Av. de Verdun
Av. d'Arès
Av. Henri Vigneau
PARC DE MÉRIGNAC
Av. Jean Macé
Av. de la Marne
b
r
Av. René Cassin
Av. Roland Garros
PARC PELUS
Av. de la Somme
R. du Pradas
TOUR DE VEYRINES
R. Emile Combes
STADE JACQUES CHABAN-DELMAS
CHU
Av. François Mitterrand
BORDEAUX MÉRIGNAC
Av. de l'Argonne
Av. Aristide Briand
BOIS DU BURCK
ARLAC
Av. Victor Hugo
R. Bethmann
Cordier
R. Brémontier
Av. Jean Monnet
Av. François Mitterrand
Av. de Kaolack
Ch. du Monteil
Av. Bon Air
Av. Léon Blum
Av. Jean Jaurès
Av. de Noès
Av. Vieille Tour
Ch. de la Princesse
BOIS DE LAPERGE
Av. du Bourgailh
Av. de Madran
Av. Paul Montagne
Av. de Candau
Av. Marc Desbats
Av. des Facultés
Av. de l'Université
Av. Pasteur
ZOO DE BORDEAUX-PESSAC
R. du Merle
Av. de Magonty
Av. de Beutre
CHR X.ARNOZAN
QUARTIERS MODERNES FRUGÈS-LE CORBUSIER À PESSAC
Av. Roger Chaumet
Cours de la Libération
3
Av. de Bretagne
Av. de la Californie
Av. du Gal Leclerc
R. des Gravières
CHR HAUT-L'ÉVÊQUE
DOMAINE UNIVERSITAIRE
Av. de Saige
Av. de Canéjan
Av. Jean Bart
ÉTABLISSEMENT MONÉTAIRE
Av. Magellan
A 63 / E 5
Av. de Verdun
Av. Salvador Allende
Av. de la Poterie
Rte. de Canéjan
R. de Loustalot
GRADIGNAN
A 63- E 5 ARCACHON, BAYONNE
PRIEURÉ DE CAYAC
D 1010 BELIN-BÉLIET

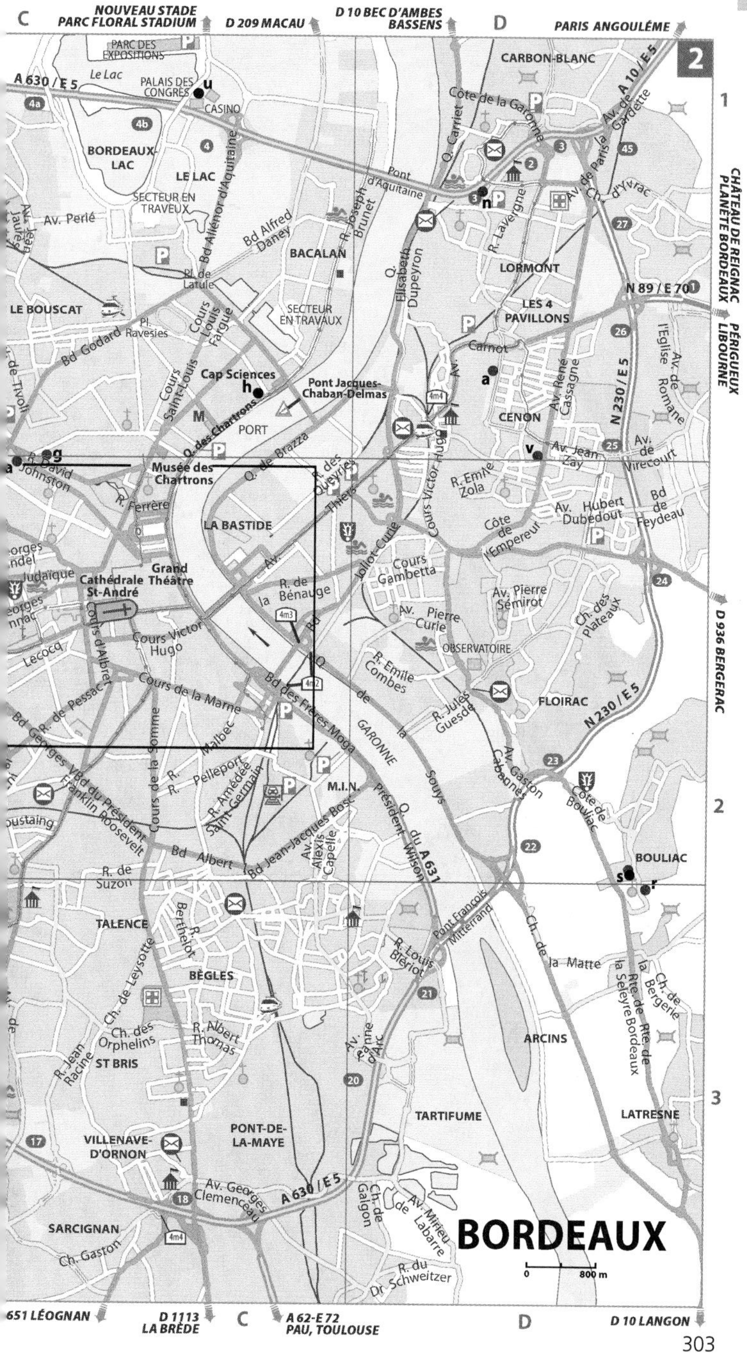
NOUVEAU STADE
PARC FLORAL STADIUM
D 209 MACAU
D 10 BEC D'AMBES
BASSENS
PARIS ANGOULÊME
CHÂTEAU DE REIGNAC
PLANÈTE BORDEAUX
PÉRIGUEUX
LIBOURNE
D 936 BERGERAC
651 LÉOGNAN
D 1113
LA BRÈDE
A 62-E 72
PAU, TOULOUSE
D 10 LANGON
BORDEAUX
CARBON-BLANC
BORDEAUX-LAC
LE LAC
BACALAN
LORMONT
LES 4 PAVILLONS
LE BOUSCAT
Cap Sciences
Pont Jacques-Chaban-Delmas
CENON
Musée des Chartrons
LA BASTIDE
Grand Théâtre
Cathédrale St-André
FLOIRAC
M.I.N.
BOULIAC
TALENCE
BÈGLES
ARCINS
ST BRIS
TARTIFUME
LATRESNE
VILLENAVE-D'ORNON
PONT-DE-LA-MAYE
SARCIGNAN
A 630 / E 5
A 10 / E 5
N 89 / E 70
N 230 / E 5
A 631
GARONNE
0
800 m

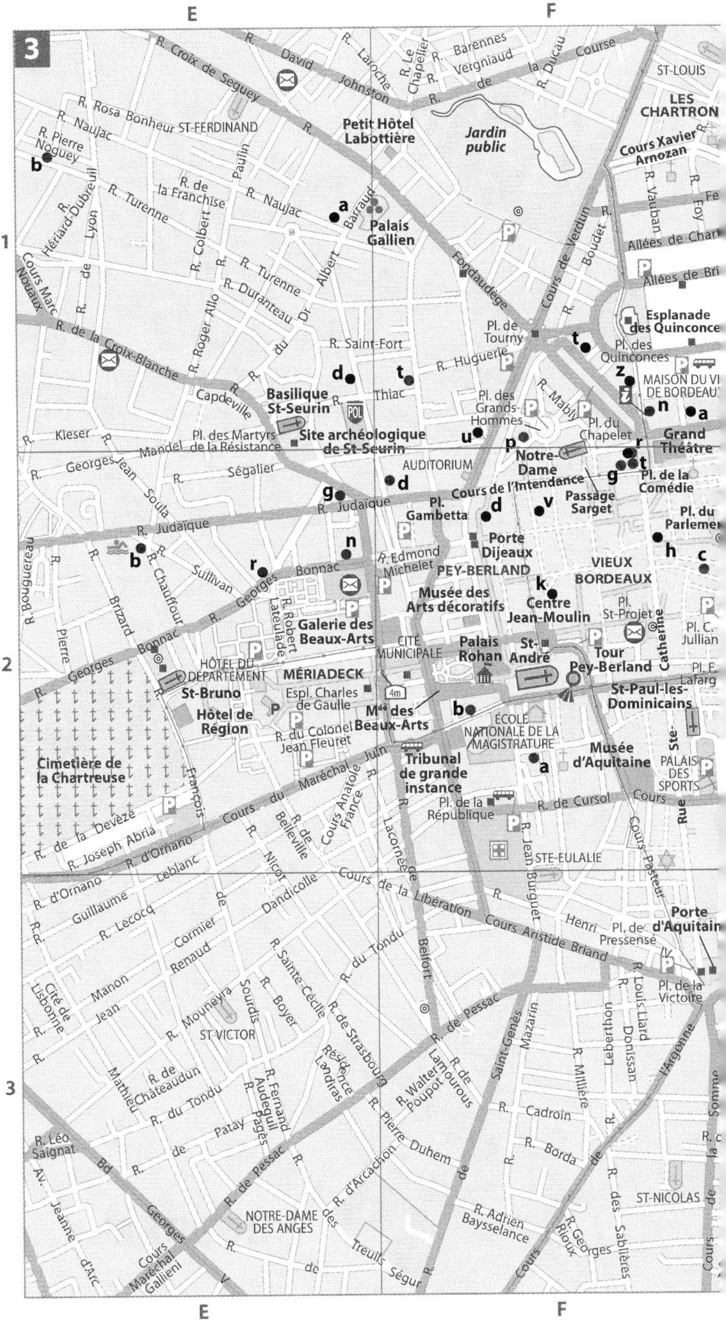

3
E
F
1
2
3
ST-LOUIS
LES CHARTRONS
Jardin public
Petit Hôtel Labottière
Palais Gallien
Cours Xavier Arnozan
Allées de Chartres
Allées de Bristol
Esplanade des Quinconces
Pl. des Quinconces
MAISON DU VIN DE BORDEAUX
Grand Théâtre
Pl. de la Comédie
Pl. de Tourny
Pl. des Grands-Hommes
Pl. du Chapelet
Notre-Dame
Passage Sarget
Cours de l'Intendance
AUDITORIUM
Basilique St-Seurin
Site archéologique de St-Seurin
Pl. des Martyrs de la Résistance
Pl. Gambetta
Porte Dijeaux
PEY-BERLAND
VIEUX BORDEAUX
Pl. du Parlement
Pl. St-Projet
Musée des Arts décoratifs
Centre Jean-Moulin
Galerie des Beaux-Arts
CITÉ MUNICIPALE
Palais Rohan
St-André
Tour Pey-Berland
St-Paul-les-Dominicains
Pl. C. Jullian
HÔTEL DU DÉPARTEMENT
St-Bruno
MÉRIADECK
Espl. Charles de Gaulle
Hôtel de Région
Mées des Beaux-Arts
ÉCOLE NATIONALE DE LA MAGISTRATURE
Musée d'Aquitaine
PALAIS DES SPORTS
Tribunal de grande instance
Pl. de la République
Cimetière de la Chartreuse
STE-EULALIE
Porte d'Aquitaine
Pl. de Pressensé
Pl. de la Victoire
ST-VICTOR
NOTRE-DAME DES ANGES
ST-NICOLAS
ST-FERDINAND
Cours de la Libération
Cours Aristide Briand
Cours du Maréchal Juin
Cours d'Albret
Cours de Verdun
Cours Pasteur
Cours de la Somme
Cours Anatole France
Cours Maréchal Gallieni
R. Croix de Seguey
R. David Johnston
R. Judaïque
R. Georges Bonnac
R. de la Croix-Blanche
R. Fondaudège
R. Sainte-Catherine
R. de Pessac
R. d'Ornano
R. de Cursol
R. Jean Burguet
R. Pierre Duhem
R. d'Arcachon
R. de Ségur

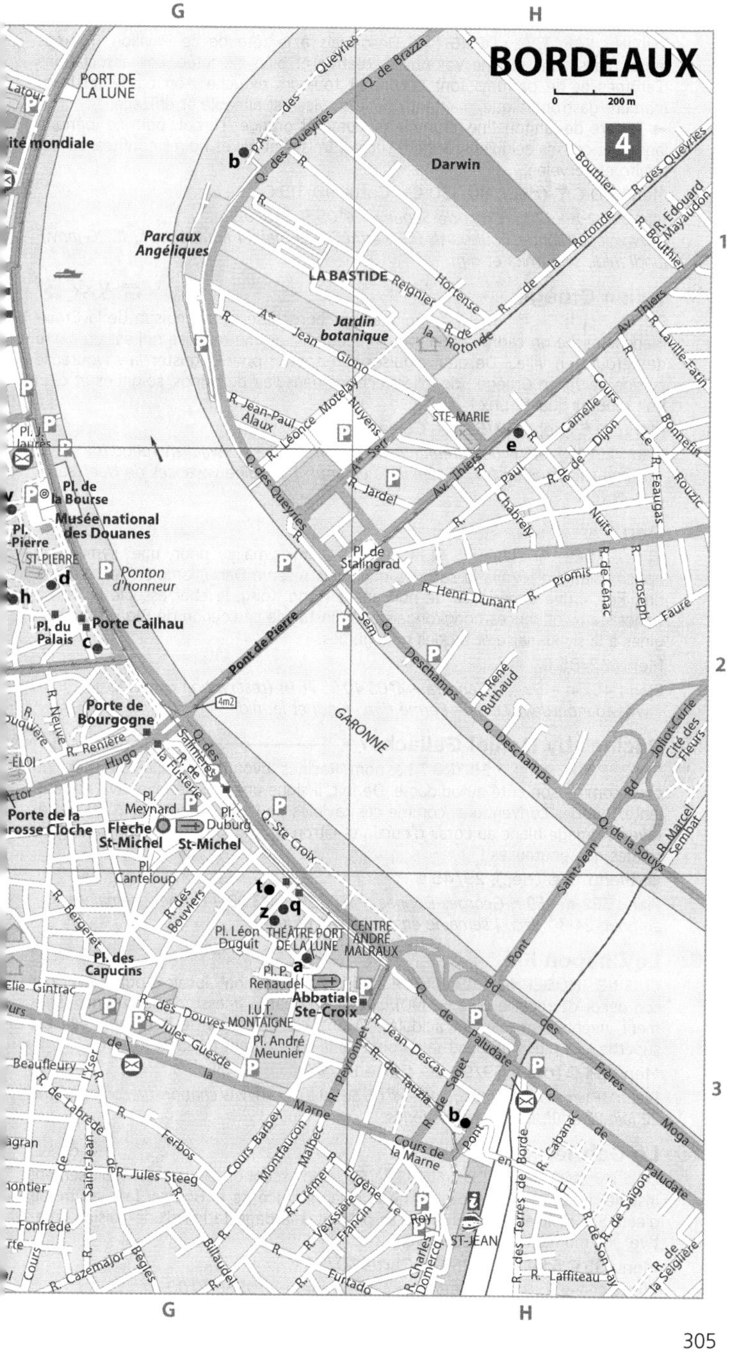
BORDEAUX
0
200 m
4
G
H
1
2
3
PORT DE LA LUNE
Latour
ité mondiale
Parc aux Angéliques
Darwin
LA BASTIDE
Jardin botanique
STE-MARIE
Q. des Queyries
P.A. des Queyries
Q. de Brazza
R. des Queyries
Bouthier
R. Bouthier
R. Edouard Mayaudon
R. de la Rotonde
Hortense
Reignier
R. Jean Giono
R. Jean-Paul Alaux
R. Léonce Motelay
Nuyens
Av. Thiers
R. Laville-Fatin
Cours Camelle
R. de Dijon
Le Bonnefin
R. Feaugas
Rouzic
R. Jardel
R. Paul Chabrely
R. de Nuits
Pl. de Stalingrad
R. Henri Dunant
R. Promis
R. de Cénac
R. Joseph Fauré
Pont de Pierre
GARONNE
Q. Deschamps
R. René Buthaud
Bd Joliot-Curie
Cité des Fleurs
Q. de la Souys
R. Marcel Sembat
Pont Saint-Jean
Bd des Frères Moga
Q. de Paludate
R. de Paludate
Pl. J. Jaurès
Pl. de la Bourse
Musée national des Douanes
Pl. -Pierre
ST-PIERRE
Ponton d'honneur
Pl. du Palais
Porte Cailhau
Porte de Bourgogne
R. Neuve
R. Renière
Hugo
-ÉLOI
Porte de la rosse Cloche
Flèche St-Michel
St-Michel
Pl. Meynard
Pl. Duburg
Q. des Salinières
R. de la Fusterie
Q. Ste-Croix
Pl. Canteloup
R. Bergeret
R. des Bouviers
Pl. des Capucins
Pl. Léon Duguit
THÉATRE PORT DE LA LUNE
CENTRE ANDRÉ MALRAUX
Pl. P. Renaudel
Abbatiale Ste-Croix
I.U.T. MONTAIGNE
Pl. André Meunier
Elie Gintrac
R. des Douves
R. Jules Guesde
Cours de la Marne
Beaufleury
R. de l'Yser
R. de Labrède
R. Ferbos
R. Jules Steeg
Cours Barbey
Montfaucon
Malbec
R. Peyronnet
R. Jean Descas
R. de Tauzia
R. de Saget
R. Crémer
R. Eugène Le Roy
Francin
R. Veyssière
R. Charles Domercq
ST-JEAN
R. des Terres de Borde
R. Cabanac
R. de Saïgon
R. de Son Tay
R. de la Seiglière
R. Laffiteau
Saint-Jean
Fonfrède
R. Cazemajor
Bègles
Billaudel
Furtado
4m2
a
b
c
d
e
h
q
t
z

Le Pavillon des Boulevards (Thomas Morel)

CUISINE CRÉATIVE • DESIGN XXX Désormais à la tête de ce Pavillon, Thomas Morel réalise une cuisine volontiers créative et bien exécutée. Les associations d'arômes et de parfums font encore et toujours mouche : on passe un beau moment gastronomique, d'autant que le service est aimable et efficace.

→ Tartare de langoustine, crumble curcuma et orange. Turbot, poitrine ibérique laquée et cerises acidulées. Sphère sucrée, fraises et olives noires confites, sorbet mojito et verveine.

Menu 40 € (déj.), 90/130 € – Carte 90/115 €

Plan : 2C2-a – *120 r. Croix-de-Seguey – ✆ 05 56 81 51 02 – www.lepavillondesboulevards.fr – Fermé 21-29 mai, 14 août-4 sept., 1er-10 janv., lundi midi, sam. midi et dim.*

Julien Cruège

CUISINE MODERNE • COSY X Typiquement bordelaise, cette maison de la Croix-Blanche cache un cadre contemporain séduisant et une terrasse qui est un havre de verdure en ville... De quoi aiguiser son appétit pour déguster la savoureuse cuisine de Julien Cruège : de jolies recettes dans l'air du temps, soignées et d'un bon rapport qualité-prix !

Menu 21 € (déj.), 32/53 € – Carte 53/70 €

Plan : 2E1-b – *245 r. de Turenne – ✆ 05 56 81 97 86 – www.juliencruege.fr – Fermé vacances de fév., 3 semaines en août, 1 semaine vacances de Noël, sam., dim. et fériés*

Dan

INFLUENCES ASIATIQUES • EXOTIQUE X Quatre mains pour une symphonie franco-asiatique ! Voilà la surprise que nous réserve Dan ("lampion" en mandarin). Fort d'une expérience de huit ans à Hong Kong, le chef associe le terroir français aux influences hongkongaises, à l'instar de ce cochon de Bigorre, aubergines à la sichuanaise et pickles de légumes.

Menu 32/85 €

Plan : 4G2-a – *6 r. du Cancéra – ✆ 05 40 05 76 91 (réservation conseillée) – www.danbordeaux.com – Fermé dim., lundi et le midi*

Racines by Daniel Gallacher

CUISINE CRÉATIVE • BISTRO X Le nom Racines évoque celles, écossaises, du chef, comme son côté autodidacte. De fait, il signe une cuisine inventive et pétillante, loin des conventions, comme ces ravioles de tourteau au chorizo et betteraves, fromage blanc au corail d'oursin et citron confit... Ces Racines-là sont aussi solides que goûteuses !

Menu 19 € (déj.), 29/45 €

Plan : 3E2-n – *59 r. Georges-Bonnac – ✆ 05 56 98 43 08 – Fermé 2 semaines en août, 24-30 déc., 1 semaine en janv., dim. et lundi*

Le Chapon Fin

CUISINE MODERNE • CLASSIQUE XXXX Une institution locale, qui ravit par son décor de rocaille créé en 1901, autant que par la finesse de sa cuisine, sagement inventive et joliment acidulée. Quant à la sélection de bordeaux, elle est superbe ! Le plus : un beau salon près de la cave datant du 15e s...

Menu 34 € (déj.), 69/99 € – Carte 82/93 €

Plan : 3F1-p – *5 r. Montesquieu – ✆ 05 56 79 10 10 – www.chapon-fin.com – Fermé 22 juil.-22 août, dim., lundi et fériés*

Le Gabriel

CUISINE MODERNE • CLASSIQUE XX Cadre d'exception pour cet établissement installé dans le pavillon central de la célèbre place de la Bourse, face au miroir d'eau. Ses délicieux salons 18e s. se prêtent à la dégustation d'une cuisine créative. Joli moment en perspective...

Menu 55 € (déj.), 75/115 € – Carte 80/96 €

Plan : 4G2-v – *10 pl. de la Bourse (2ème étage) – ✆ 05 56 30 00 70 – www.bordeaux-gabriel.fr – Fermé dim. et lundi*

Le Clos d'Augusta

CUISINE MODERNE • COSY XX Langoustines et leur cappuccino de pistache, turbot rôti et sa mousseline de betterave à la framboise... Voilà un aperçu de la cuisine créative proposée par le chef, qui fait tout maison, y compris les glaces ! Le tout à apprécier dans un cadre feutré et élégant, avec une jolie terrasse pour l'été.

Menu 28 € (déj. en semaine), 48/68 € - Carte 55/64 €

Plan : 1B2-a - *339 r. Georges-Bonnac - ✆ 05 56 96 32 51 - www.leclosdaugusta.fr - Fermé 29 juil. -16 août , 23-30 déc., sam. midi, dim., lundi midi et fériés*

L'Oiseau Bleu

CUISINE MODERNE • DESIGN XX Ce bel oiseau - un ancien poste de police - hébergea peut-être quelque pervenche... C'est désormais un joli nid de gourmands, avec sa cuisine du moment et sa belle cave (300 références) créée dans... l'ancienne cellule de dégrisement !

Formule 23 € - Menu 44/100 € 🍷 - Carte 53/70 €

Plan : 4H1-e - *127 av. Thiers - ✆ 05 56 81 09 39 - www.loiseaubleu.fr - Fermé 16-24 avril, 6-28 août, 1er-8 janv. dim. et lundi*

Le Bordeaux-Gordon Ramsay

CUISINE TRADITIONNELLE • COSY XX Gordon Ramsay a beau être un chef de stature internationale, il n'a pas oublié ses racines britanniques... qu'il a insufflées dans la carte de cette brasserie historique du centre-ville bordelais : *scotch egg* au saumon fumé et autre *fish and chips* sont ici agrémentés avec les produits du terroir local.

Formule 29 € - Menu 39 € - Carte 49/70 €

Plan : 3F2-r - *Grand Hôtel de Bordeaux & Spa, 2 pl. de la Comédie - ✆ 05 57 30 43 46 - www.bordeaux.intercontinental.com*

La Tupina

CUISINE TRADITIONNELLE • RUSTIQUE XX Cette auberge joliment champêtre a tout le goût d'autrefois... Le truculent patron, pétri de patrimoine gastronomique, défend le terroir avec conviction, et l'on se régale de copieux plats du Sud-Ouest, mais aussi de viandes rôties et de légumes de saison - de beaux produits exposés à la vue des clients et qui mettent en appétit !

Formule 18 € - Menu 39 € (semaine)/74 € 🍷 - Carte 46/114 €

Plan : 4G3-q - *6 r. Porte-de-la-Monnaie - ✆ 05 56 91 56 37 - www.latupina.com - Fermé lundi*

Le Quatrième Mur

CUISINE MODERNE • BRASSERIE X Au théâtre, le quatrième mur est celui, invisible, qui sépare le public de la scène. Un nom tout choisi pour cette table installée dans les ors du Grand théâtre ! Un produit de qualité, une cuisson précise, une garniture et un jus : Philippe Etchebest va à l'essentiel et nous régale en toute simplicité.

Formule 28 € - Menu 32 € (déj. en semaine), 49 €

Plan : 3F1-n - *2 pl. de la Comédie - ✆ 05 56 02 49 70 - www.quatrieme-mur.com*

C'Yusha

CUISINE MODERNE • CONVIVIAL X Cuisine actuelle relevée d'épices, de plantes et d'herbes, signée par un chef qui travaille seul, sous le regard des gourmands. Et cerise sur le gâteau : les légumes sont ceux de son potager. Côté cadre, le minimalisme et l'intimité (peu de couverts) priment. Au cœur du vieux Bordeaux, un lieu résolument contemporain.

Menu 19 € (déj. en semaine), 34/45 € - Carte 54/62 €

Plan : 4G2-c - *12 r. Ausone - ✆ 05 56 69 89 70 (réservation conseillée) - www.cyusha.com - Fermé 1 semaine à Pâques, 3 semaines en août, 1 semaine en janv., vend. midi, sam. midi, dim. et lundi*

Hâ

CUISINE MODERNE • DESIGN À quelques pas de la cathédrale Saint-André et de l'hôtel de ville, ce joli restaurant propose une cuisine du marché pile dans l'air du temps, équilibrée et goûteuse. Des plats marqués par les différentes expériences du chef, qui a grandi dans le Périgord et s'est formé auprès de grands noms (Amat, Piège, Ducasse...).

Formule 23 € – Menu 29 € (déj. en semaine)/52 €

Plan : 3F2-a – *50 r. du Hâ – 05 57 83 77 10 (réservation conseillée) – www.ha-restaurant.fr – Fermé 2 semaines en août, sam. et dim.*

Soléna

CUISINE MODERNE • SIMPLE Une cuisine traditionnelle d'une sobriété salutaire (trois ingrédients maximum par recette), simple et lisible, concoctée au gré des produits du marché : voici ce que propose le jeune chef du Soléna. Il invite même les clients à lui faire confiance pour leur proposer un menu-surprise *ad hoc*... Avis aux amateurs !

Menu 24 € (déj.), 39/68 € – Carte 66/76 €

Plan : 3E2-b – *5 r. Chauffour – 05 57 53 28 06 (réservation conseillée) – www.solena-restaurant.com – Fermé 20 fév.-7 mars, 6-21 août, lundi et mardi*

Garopapilles

CUISINE MODERNE • ÉPURÉ À la fois cave à vin et restaurant, Garopapilles porte bien son nom. Les plats sont goûteux, les produits frais et de qualité, et la carte des vins, élaborée par l'un des deux associés, propose plus de 500 références, de la région et d'ailleurs. Menu surprise savoureux. Vos papilles peuvent s'y rendre les yeux fermés !

Formule 28 € – Menu 35 € (déj.)/69 €

Plan : 3F2-d – *62 r. Abbé-de-L'Epée – 09 72 45 55 36 (réservation conseillée) – www.garopapilles.com – Fermé 29 juil.-21 août, 24 déc.-1er janv., mardi soir, merc. soir, sam., dim. et lundi*

Comptoir Cuisine

CUISINE TRADITIONNELLE • TENDANCE Chic, un néobistrot avec ses cuisines ouvertes et son atmosphère conviviale autour du comptoir, ou plus intime au premier étage, sur la mezzanine ! La carte est courte mais alléchante, et le choix de vins au verre étoffé. Une bonne adresse.

Formule 20 € – Carte 35/60 €

Plan : 3F2-t – *2 pl. de la Comédie – 05 56 56 22 33 – www.comptoircuisine.com*

Le Davoli

CUISINE MODERNE • CONVIVIAL Le quartier St-Pierre, ses petites rues, ses bars, ses restaurants et... Le Davoli ! Une adresse où les gourmands apprécient des recettes dans l'air du temps et fortes en goût, réalisées par un chef ayant travaillé dans de belles maisons. De plus, l'accueil est aux petits soins.

Formule 23 € – Menu 38/56 € – Carte environ 70 €

Plan : 4G2-h – *13 r. des Bahutiers – 05 56 48 22 19 – www.ledavoli.com – Fermé 19-26 fév., 6-23 août et lundi*

Kuzina

POISSONS ET FRUITS DE MER • MÉDITERRANÉEN Kuzina ? La cuisine, en grec... Et dans ce petit restaurant au décor sympathique, des centaines de photos évoquent la patrie de Socrate et la Crète, où remontent les origines du propriétaire. À table, on se régale d'une cuisine de la mer – poissons présentés sur la glace – fraîche et inspirée du régime... crétois !

Menu 18 € (déj. en semaine), 21/27 € – Carte 27/75 €

Plan : 4G3-z – *22 r. Porte-de-la-Monnaie – 05 56 74 32 92 – www.latupina.com – Fermé mardi midi, dim. et lundi*

Une Cuisine en Ville

CUISINE FRANÇAISE • **TENDANCE** De Dax à Bordeaux, il n'y a qu'un pas que le chef, Philippe Lagraula, a franchi... pour le plus grand plaisir des Bordelais ! On peut désormais le retrouver dans ce bistrot à la déco résolument dans l'air du temps ; tout comme ses recettes : bœuf braisé, seiche grillée, gâteau au yuzu, etc. Et les prix sont mini...

Formule 17 € – Menu 20 € (déj. en semaine), 32/65 € – Carte 60/75 €

Plan : 3F1-t – *77 r. du Palais-Gallien – 05 56 44 70 93 – www.une-cuisine-en-ville.com – Fermé dim. et lundi*

Café du Théâtre by Hugo Lederer

CUISINE MODERNE • **CONVIVIAL** Du rouge, du noir, un grand comptoir... et une jolie cuisine du marché, soucieuse de révéler les saveurs des produits de saison. Pas de relâche pour le jeune chef, qui assure même un service tardif les soirs de spectacle... le Théâtre national de Bordeaux étant juste à côté. On applaudit !

Formule 17 € – Menu 21 € (semaine), 40/56 € – Carte 52/59 €

Plan : 4G3-a – *3 pl. Pierre-Renaudel – 05 57 95 77 20 – www.le-cafe-du-theatre.fr – Fermé août, 28 fév.-4 mars, sam. midi, dim. et lundi*

Miles

CUISINE CRÉATIVE • **CONVIVIAL** Cette table conviviale et branchée, nichée dans une ruelle du centre-ville, ne désemplit pas. Pensez à réserver et laissez-vous porter par l'inspiration du soir...

Menu 27 € (déj. en semaine)/48 €

Plan : 3F2-c – *33 r. Cancera – 05 56 81 18 24 (réservation conseillée) – www.restaurantmiles.com – Fermé 1 semaine à Noël, 1 semaine en août, sam. midi, dim. et lundi*

Bistrot Glouton

CUISINE CLASSIQUE • **BISTRO** Avis aux gloutons : ce bistrot leur est dédié ! Atmosphère feutrée pour cet établissement qui joue habilement la carte bistrotière autour de plats gourmands : pomme de terre farcie au pied de porc, parmentier de joue de bœuf. En été, profitez de l'agréable terrasse sur le trottoir, donnant sur une rue calme.

Formule 14 € – Menu 38 € – Carte environ 41 €

Plan : 3F2-b – *15 r. des Frères-Bonie – 05 56 44 36 21 – www.gloutonlebistrot.com – Fermé dim. et lundi*

La Petite Gironde

CUISINE TRADITIONNELLE • **CONVIVIAL** Une terrasse sur la rive droite de la Garonne, beaucoup de convivialité et une jolie cuisine régionale saupoudrée de quelques plats bistrotiers : voilà les ingrédients de cette petite adresse girondine.

Menu 17 € (déj. en semaine)/28 € – Carte 34/55 €

Plan : 4G1-b – *75 quai des Queyries – 05 57 80 33 33 – www.lapetitegironde.fr – Fermé vacances de Noël et dim. soir*

Akashi

CUISINE MODERNE • **SIMPLE** Une bonne surprise ! Sous des dehors a priori sans prétention (petite salle, repas au coude-à-coude), on découvre une vraie bonne table ; elle est menée par Akashi, jeune chef japonais converti à la cuisine française, ses techniques et ses bons produits. Les assiettes, précises et savoureuses, gagnent à être connues.

Formule 21 € – Menu 43 €

Plan : 3E2-g – *5 pl. des Martyrs-de-la-Résistance – 05 56 15 53 85 – www.restaurantakashi.com – Fermé mardi midi, merc. midi dim. et lundi*

Hôtels & maisons d'hôtes

Intercontinental Bordeaux le Grand Hôtel

GRAND LUXE • PERSONNALISÉ Sa façade néoclassique (1776), en parfaite harmonie avec celle du Grand Théâtre, est un petit joyau. Dans les chambres règne une atmosphère cossue, chatoyante et feutrée ; quant au spa de 1 000 m², il dispose d'une terrasse sur le toit offrant une vue imprenable sur Bordeaux. Un établissement de prestige, au cœur de la capitale du vin.

105 chambres - 330/390 € 330/665 € - 25 suites - 38 €

Plan : 3F2-r - *2 pl. de la Comédie* - *05 57 30 44 44*
- *www.bordeaux.intercontinental.com*

Le Pressoir d'Argent - Gordon Ramsay • **Le Bordeaux-Gordon Ramsay** - voir les restaurants ci-dessus

Burdigala

LUXE • ÉLÉGANT Burdigala ? Le nom de l'ancienne cité gallo-romaine ayant donné naissance à la ville et... cet hôtel de grand confort, qui cultive un chic contemporain très affirmé et chaleureux, dans le quartier d'affaires Mériadeck. Burdigala version 21e s. !

75 chambres - 310/440 € 310/440 € - 8 suites - 26 €

Plan : 3E2-r - *115 r. Georges-Bonnac* - *05 56 90 16 16* - *www.burdigala.com*

Seeko'o

BUSINESS • CONTEMPORAIN Seeko'o ? Un "iceberg" en inuit, un incroyable iceberg sur les bords de la Garonne. Design, épuré, pop : Seeko'o est tout cela ! Préférez les chambres du 5e étage avec vue sur les toits des Chartrons ou sur le fleuve. Les petits plus ? Sauna, hammam et expositions d'art contemporain.

45 chambres - 153/424 € 153/424 € - 16 €

Plan : 2C1-h - *54 quai de Bacalan* - *05 56 39 07 07*
- *www.seekoo-hotel.com*

Hôtel de Sèze

HISTORIQUE • ÉLÉGANT Dans cet hôtel du triangle d'or, élégance et classicisme jouent une partition sans fausse note. Pour se relaxer, on se rend à l'espace détente ou, dans un autre genre, au fumoir. Une adresse idéale pour goûter à l'art de vivre bordelais !

52 chambres - 159/350 € 169/800 € - 3 suites - 19 € - ½ P

Plan : 3F1-t - *23 allées de Tourny* - *05 56 14 16 16* - *www.hotel-de-seze.com*

Normandie

TRADITIONNEL • CONTEMPORAIN Élégance intemporelle d'un hôtel né avec le paquebot Normandie, dans les années 1930, et tenu par la même famille depuis les années 1950. Dans la plupart des chambres, on profite d'une vue sublime sur la place des Quinconces... celles des 5e et 6e étages disposent même d'un balcon. Belle traversée en perspective !

82 chambres - 110/190 € 132/319 € - 19 €

Plan : 3F1-z - *7 cours 30-Juillet* - *05 56 52 16 80*
- *www.hotel-de-normandie-bordeaux.com*

Yndo

URBAIN • DESIGN Son principal attrait ? Une atmosphère feutrée propice au repos et aux confidences. Les chambres, très design, ont chacune leur personnalité. Autres points forts : une salle de réunion au sous-sol et un parking clos de 4 places.

12 chambres - 220/780 € 220/780 € - 30 €

Plan : 3E1-d - *108 r. Abbé-de-l'Epée* - *05 56 23 88 88* - *www.yndohotel.fr*

Le Boutique Hôtel

URBAIN • DESIGN À deux pas de la place Gambetta, ce nouvel hôtel allie le charme sûr d'une architecture classique à... un décor hautement contemporain, aussi stylé qu'élégant et design. Une réussite qui semble renouveler l'art de vivre à la bordelaise, en particulier le bar à vins et son agréable patio !

23 chambres - 145/500 € 145/500 € - 4 suites - 18 €

Plan : 3F1-u - *3 r. Lafaurie-de-Monbadon - 05 56 48 80 40 - www.hotelbordeauxcentre.com*

Grand Hôtel Français

HISTORIQUE • FONCTIONNEL Dans un bel immeuble du 18e s., cet hôtel mise sur le caractère de l'ancien (parquet, meubles de style), mais aussi - notamment dans les chambres du 3e étage - sur une allure plus contemporaine. Un mix qui a du cachet et ne manque pas de séduire !

35 chambres - 141/195 € 169/232 €

Plan : 3F2-v - *12 r. du Temple - 05 56 48 10 35 - www.grand-hotel-francais.com - fermé 23-27 déc.*

Majestic

HISTORIQUE • CLASSIQUE Un établissement dont les chambres, d'esprit feutré, célèbrent sobrement la musique classique... Point d'orgue de cette partition sans défaut : le garage privé, bien utile en centre-ville.

49 chambres - 97/235 € 128/235 € - 14 €

Plan : 3F1-a - *2 r. Condé - 05 56 52 60 44 - www.hotel-majestic.com*

Quality Hotel

BUSINESS • FONCTIONNEL Un hôtel idéalement situé au cœur du quartier St-Pierre et à deux pas de la rue Ste-Catherine, la plus importante artère commerçante de Bordeaux. Les chambres y sont fonctionnelles et bien tenues. Parfait pour une escapade shopping ou une visite de la cité.

84 chambres - 75/250 € 95/280 € - 14 €

Plan : 3F2-h - *27 r. Parlement-Sainte-Catherine - 05 56 81 95 12 - www.qualityhotelbordeauxcentre.com*

Best Western Gare St-Jean

BUSINESS • FONCTIONNEL À deux pas de la gare, un hôtel contemporain, coloré et bien insonorisé. Au petit-déjeuner, on savoure de bons canelés, puis l'on saute dans le tramway, tout proche... pour aller découvrir la ville.

37 chambres - 89/179 € 89/179 € - 14 €

Plan : 4H3-b - *15 r. Charles-Domercq - 05 56 91 72 16 - www.bestwestern-hotel-royal-st-jean.com*

La Maison Bord'Eaux

HISTORIQUE • CONTEMPORAIN De ce relais de poste du 18e s., proche du Palais-Gallien - l'ancien amphithéâtre romain -, le propriétaire a fait un lieu design, coloré et élégant, d'esprit international et... bordelais. Le luxe raffiné d'un hôtel digne d'une demeure particulière, où l'on peut aussi déguster de grands vins ; le tout à 10mn à pied du cœur de la ville.

14 chambres - 105/360 € 105/360 € - 16 €

Plan : 3E1-a - *113 r. du Dr.-Albert-Barrau - 05 56 44 00 45 - www.lamaisonbord-eaux.com - Fermé janv.*

Mama Shelter

URBAIN • DESIGN Mama Shelter, quatrième : après Paris, Lyon et Marseille, le concept se décline au cœur de la métropole bordelaise. On retrouve avec plaisir cette déco très urbaine (béton brut, détails insolites et colorés, etc.) et cette ambiance éclectique (notamment au restaurant) qui font toute la saveur du concept !

97 chambres - 69/199 € 69/199 € - 16 €

Plan : 3F2-k - *19 r. Poquelin-Molière - 05 57 30 45 45 - www.mamashelter.com*

La Tour Intendance

FAMILIAL • PERSONNALISÉ De jolies couleurs du Sud, du parquet, des pierres apparentes pour le cachet bordelais et parfois même une mezzanine... Les chambres, disposées sur 3 bâtiments, s'articulent autour d'une rue semi-piétonne. Dans ce petit hôtel sympathique, on se sent comme chez soi.

35 chambres – 95/145 € 105/175 € – 12 €

Plan : 3F2-d – *16 r. de la Vieille-Tour – 05 56 44 56 56 – www.hotel-tour-intendance.com*

Maison Fredon

HISTORIQUE • CONTEMPORAIN Face au restaurant La Tupina, cette demeure du 18e s. est un vrai petit bijou. Avec quelle passion son propriétaire a décoré chaque chambre, associant mobilier chiné et pièces de design, tons sobres et œuvres d'art colorées ! Une adresse où vous pourrez même piquer des idées déco...

5 chambres – 110/250 € 110/250 €

Plan : 4G3-t – *5 r. Porte-de-la-Monnaie – 05 56 91 56 37 – www.latupina.com*

à Bordeaux-Lac (près parc des expositions) – 33300 Bordeaux

Pullman

BUSINESS • DESIGN Un accès direct au palais des congrès, 2 000 m² de salles de réunion, des chambres design de couleur rouge pour les "Médoc" ou jaune pour les "Sauternes", et un agréable restaurant traditionnel : cet hôtel a plus d'un atout et il est très apprécié par la clientèle d'affaires.

145 chambres – 130/390 € 130/390 € – 19 suites – 26 €

Plan : 2C1-u – *av. J.-G.-Domergue – 05 56 69 66 66 – www.pullmanhotels.com*

PAR LA ROCADE A630 :

à Blanquefort 3 km au Nord, sortie n° 6 – 33290 – 15 149 hab. – Alt. 17 m

Hostellerie des Criquets

CUISINE MODERNE • FAMILIAL Cet élégant restaurant contemporain s'ouvre sur un joli jardin et une ravissante terrasse ; la carte suit savamment les saisons et, pour ne rien gâcher, le chef donne des cours de cuisine. Une agréable étape gastronomique aux portes de Bordeaux.

Formule 18 € – Menu 21 € (déj. en semaine), 45/75 € – Carte 52/88 €

130 av. du 11-Novembre, D210 – 05 56 35 09 24 – www.lescriquets.com – Fermé sam. midi, dim. soir et lundi

Hostellerie des Criquets

BUSINESS • PERSONNALISÉ Atmosphère familiale et quiétude champêtre chez ces sympathiques Criquets, avec des chambres douillettes pour paresser à la manière des cigales. Et le matin, on prend le petit-déjeuner au bord de la piscine !

21 chambres – 87/160 € 124/190 € – 14 €

130 av. du 11-Novembre, D210 – 05 56 35 09 24 – www.lescriquets.com

Hostellerie des Criquets – voir les restaurants ci-dessus

à Lormont Nord-Est, sortie n°2 – 33310 – 20 740 hab. – Alt. 60 m

Le Prince Noir - Vivien Durand

CUISINE MODERNE • DESIGN Les écuries d'un château, un cube de verre et béton, une vue sur le pont d'Aquitaine : le cadre ne manque pas d'originalité ! Il se révèle en plus en harmonie avec la cuisine, inspirée du terroir du Sud-Ouest et parsemée de touches plus personnelles et contemporaines. Service cordial et professionnel.

→ Chipirons cuits comme un beurre blanc, tuiles de pois chiches. Pigeon à la braise et ses béatilles, brocoli. Tarte meringuée au citron.

Menu 35 € (déj.), 82/102 €

Plan : 2D1-n – *1 r. du Prince-Noir – 05 56 06 12 52 – www.leprincenoir-restaurant.fr – Fermé 15 avril-1er mai, 12-28 août, 23 déc.-8 janv., sam., dim. et fériés*

L'ACTUALITÉ GASTRONOMIQUE

Sur les routes de France, en toute saison, les inspecteurs du guide MICHELIN saisissent un peu de l'air du temps. Qu'ont-ils découvert cette année ? Que les temps sont, plus que jamais, à la pluralité des origines et des cultures en cuisine. Mais aussi que deux tendances se confirment : le règne du produit sur les cartes, et la victoire du goût sur la complexité des recettes. Que de bonnes nouvelles, en somme !

La cuisine, championne du monde de la diversité... et de l'intégration

Il est un lieu qui, à défaut de faire de la politique, possède toujours un temps d'avance sur les évolutions de la société. Un univers des possibles où le travail, l'envie et la détermination signifient encore quelque chose. Cette pépite, c'est la cuisine. Aujourd'hui, à Paris comme en province, à la tête de brigades souvent prestigieuses, officient des chefs pakistanais, tunisien, péruvien, argentin, coréen, israélien, grec, chinois, britannique, australien, allemand, arménien, africain du Sud, brésiliens, etc. – sans compter les chefs japonais, dont l'adaptabilité et la légendaire précision se confirment chaque année. Il n'existe pas en France de plus puissant

Extreme-Photographer/E+/Getty Images

Consultez le guide MICHELIN sur :
www.restaurant.michelin.fr
et écrivez-nous à :
leguidemichelin-france@tp.michelin.com

SOMMAIRE

Introduction

CHER LECTEUR,

L'année dernière, nous vous présentions les nombreux changements apportés au guide MICHELIN : maquette repensée, classement mettant en avant les restaurants, apparition de mots-clés, création d'une nouvelle distinction, l'assiette MICHELIN, etc. Une très large majorité d'entre vous a apprécié ces évolutions, et nous l'a fait savoir : nous vous remercions pour ces nombreux encouragements, qui nous confirment que nos choix ont été les bons.

• Pendant toute l'année, fidèles à leur mission, nos inspecteurs ont sillonné la France à la recherche des meilleurs restaurants, des hôtels immanquables, des plus jolies maisons d'hôtes. Dans un contexte économique compliqué, nous avons été impressionnés par l'abnégation et la ténacité des hôteliers et des restaurateurs – cuisiniers, bien sûr, mais aussi toutes leurs équipes en salle –, qui, partout dans le pays, se retroussent les manches et continuent de donner le meilleur pour leur clientèle.

• Or, si le nombre de touristes étrangers est en baisse, les Français font de la résistance et fréquentent toujours avec le même plaisir les restaurants de l'Hexagone. Une preuve indéniable de cet amour de la table qui est une caractéristique bien française. Aujourd'hui comme hier, nous célébrons la table comme lieu de toutes les nourritures : les bons mets, bien sûr, qui réjouissent les papilles et réchauffent l'âme, mais aussi la discussion passionnée, le débat et la réconciliation, qui font le sel de la vie.

• Nous sommes donc très heureux de vous présenter ce millésime 2017 du guide MICHELIN, qui se veut le reflet de la diversité des adresses dans notre pays : grandes tables gastronomiques, bistrots de bord de mer, chalets sur les cimes, maisons d'hôtes campagnardes... À l'affût des évolutions de notre temps, nous vous garantissons de toujours pouvoir faire le bon choix, selon l'envie du moment. Notre sélection dresse un portrait dynamique et métissé de la gastronomie en France : plus de 600 tables étoilées, un nombre en hausse par rapport à l'année dernière, 645 restaurants Bib Gourmand, dont près de 100 nouveaux, de nombreux chefs étrangers distingués...

• Bien sûr, comme chaque année, nous avons établi cette sélection sur des critères rigoureux et permanents, sans nous laisser aveugler par les effets de mode : notre façon d'honorer le contrat qui nous lie à vous. Nous n'avons plus qu'à vous souhaiter une bonne lecture... et un bon appétit !

✿✿✿ TROIS ÉTOILES MICHELIN

Une cuisine unique. Vaut le voyage !

La signature d'un très grand chef ! Produits d'exception, pureté et puissance des saveurs, équilibre des compositions : la cuisine est ici portée au rang d'art. Les assiettes, parfaitement abouties, s'érigent souvent en classiques.

✿✿ DEUX ÉTOILES MICHELIN

Une cuisine d'exception. Vaut le détour !

Les meilleurs produits magnifiés par le savoir-faire et l'inspiration d'un chef de talent, qui signe, avec son équipe, des assiettes subtiles et percutantes, parfois très originales.

✿ UNE ÉTOILE MICHELIN

Une cuisine d'une grande finesse. Vaut l'étape !

Des produits de première qualité, une finesse d'exécution évidente, des saveurs marquées, une constance dans la réalisation des plats.

BIB GOURMAND

Nos meilleurs rapports qualité-prix.

Un moment de gourmandise à moins de 32 € (36 € à Paris) : de bons produits bien mis en valeur, une addition mesurée, une cuisine d'un excellent rapport qualité-prix.

L'ASSIETTE MICHELIN

Une cuisine de qualité.

Qualité des produits et tour de main du chef : un bon repas tout simplement.

Une mise à jour annuelle

Les informations pratiques, les classements et distinctions sont tous revus et mis à jour chaque année, afin d'offrir l'information la plus fiable.

L'homogénéité de la sélection

Les critères de classification sont identiques pour tous les pays couverts par le guide MICHELIN. A chaque culture sa cuisine, mais la qualité se doit de rester un principe universel...

« L'aide à la mobilité » : c'est la mission que s'est donnée Michelin.

à Cenon Est, sortie n° 25 – 33150 – 22 385 hab. – Alt. 50 m

La Cape

CUISINE CRÉATIVE • CONTEMPORAIN XX Une plaisante salle contemporaine, qui ouvre sur la paisible terrasse aménagée dans un jardin arboré : voilà qui n'est pas pour nous déplaire ! À la carte (renouvelée tous les mois), de belles saveurs du marché et une judicieuse sélection de vins bordelais.

Menu 28 € (déj.), 47/59 € – Carte 40/50 €

Plan : 2D1-v – *9 allée de la Morlette*
– *05 57 80 24 25 – www.restaurant-lacape.com*
– *Fermé 14 août-4 sept., 25 déc.-8 janv., sam., dim. et fériés*

Ze Rock

CUISINE TRADITIONNELLE • DESIGN X Béton ciré et chaises Starck : une brasserie design du "clan" Nicolas Magie, attenante au Rocher de Palmer, centre culturel et musical très original. Cochonnaille basque, frites au couteau... la belle tradition apaise les faims de rocker, à prix raisonnables.

Formule 17 € – Menu 20 € (semaine) – Carte 30/45 €

Plan : 2D1-a – *1 bis r. Aristide-Briand (au parc Palmer)*
– *05 57 54 12 94 – www.zerock.fr*
– *Fermé 7-20 août, dim., lundi et fériés*

à Bouliac Sud-Est, sortie n° 23 – 33270 – 3 160 hab. – Alt. 74 m

Le Saint-James

CUISINE CRÉATIVE • DESIGN XXX Un écrin design et baigné de lumière, dominant les environs... Voilà un bel endroit pour un repas de qualité, ancré dans la région : le chef, Nicolas Magie, originaire du Bordelais, rend un bel hommage aux produits aquitains, avec finesse, invention et en accord avec les vins du cru.

→ Escargots gros-gris cuits dans un court bouillon légèrement épicé. Poitrine de pigeon rôtie aux feuilles de mûrier et croquette de cuisses confites au foie gras. Soufflé chaud aux griottes, sorbet cerise.

Menu 45 € (déj. en semaine), 70/140 € – Carte 110/210 €

Plan : 2D2-s – *Hôtel Le Saint-James, 3 pl. Camille-Hostein (près de l'église)*
– *05 57 97 06 00 – www.saintjames-bouliac.com*
– *Fermé 1er-24 janv., dim. et lundi*

Café de l'Espérance

GRILLADES • BISTRO X Buffets d'entrées et de desserts, grillades au feu de bois accompagnées de frites... Ici, tout est fait maison. C'est simple, très frais, copieux et bon. Les nostalgiques des troquets de village vont apprécier !

Menu 18 € (déj. en semaine) – Carte 28/85 €

Plan : 2D3-r – *10 r. de l'Esplanade (derrière l'église) – 05 56 20 52 16*
– *www.saintjames-bouliac.com*

Le Saint-James

LUXE • DESIGN Conçue par Jean Nouvel, cette maison surplombant la ville et les vignes – classées premières-côtes-de-bordeaux – s'inspire des séchoirs à tabac typiques de la région. L'épure, la lumière et le design dominent avec élégance et harmonie... Le Bordelais est à vous.

18 chambres – †195/565 € ††195/565 € – 25 € – ½ P

Plan : 2D2-s – *3 pl. Camille-Hostein (près de l'église)*
– *05 57 97 06 00 – www.saintjames-bouliac.com*
– *Fermé 1er-24 janv.*

Le Saint-James – voir les restaurants ci-dessus

Il fait beau ? Repérez le symbole et attablez-vous en terrasse...

à Martillac 9 km au Sud, sortie n° 18, D1113 et rte secondaire – ✉ 33650 – 2 770 hab. – Alt. 40 m

✿✿ La Grand'Vigne

CUISINE MODERNE • ROMANTIQUE XXXX Dans cette orangerie du 18e s., les assiettes ont le goût et les couleurs de la nature : l'œuvre d'un chef inspiré, Nicolas Masse, maître dans l'art d'associer saveurs et textures avec une remarquable précision, pour le plaisir des sens. Un moment d'excellence, porté de surcroît par un service de qualité.

➜ Œuf de ferme, blettes du potager et persillade chlorophylle. Pigeon, artichaut poivrade et jus cardamome. Noisettine du Médoc, tuile et sorbet cacao.

Menu 95 € (déj.), 130/170 € – Carte 115/155 €

Hôtel Les Sources de Caudalie, chemin de Smith-Haut-Lafitte – ✆ 05 57 83 83 83 – www.sources-caudalie.com – Fermé 2 janv.- 9 fév., merc. midi, jeudi midi, vend. midi, lundi et mardi

La Table du Lavoir

CUISINE DU TERROIR • RUSTIQUE X Un cadre original que cette superbe halle tout en bois (18e s.), sous laquelle on lavait autrefois les vêtements utilisés pour les vendanges ! La cuisine joue la carte de la bonne tradition : truite marinée, dorade cuite à la plancha, côte de bœuf grillée et sa sauce béarnaise, canelés... Une adresse à voir et à déguster.

Formule 34 € – Menu 38 €

Hôtel Les Sources de Caudalie, chemin de Smith-Haut-Lafitte – ✆ 05 57 83 83 83 – www.sources-caudalie.com – Fermé 2 janv.- 9 fév.

Les Sources de Caudalie

PALACE • ÉLÉGANT Au milieu des vignes, ce domaine superbe dédié au bien-être est le berceau de la vinothérapie. Bois brut, meubles chinés, ambiances délicates, plaisirs gastronomiques : le luxe sans ostentation, en harmonie avec la nature. Idéal pour s'enivrer de détente...

43 chambres – †300/450 € ††300/450 € – 18 suites – ☕ 26 € – ½ P

chemin de Smith-Haut-Lafitte – ✆ 05 57 83 83 83 – www.sources-caudalie.com – Fermé 2 janv.- 9 fév.

✿✿ **La Grand'Vigne** • **La Table du Lavoir** – voir les restaurants ci-dessus

à Mérignac Ouest, sortie n° 9 – ✉ 33700 – 66 660 hab. – Alt. 35 m

Kyriad Prestige

BUSINESS • FONCTIONNEL Tout près de l'autoroute, cet établissement dispose de chambres spacieuses et bien insonorisées, et l'on peut profiter de la formule buffet du restaurant. Pratique lors d'une étape familiale ou pour la clientèle d'affaires.

75 chambres ☕ – †95/127 € ††95/127 € – ½ P

Plan : 1A1-r – *116 av. Magudas – ✆ 05 57 92 00 00 – www.bordeaux-hotels.net*

à l'aéroport de Bordeaux-Mérignac – ✉ 33700 Merignac

L'Iguane

CUISINE MODERNE • ÉLÉGANT XXX Un cadre contemporain, feutré et élégant, pour une cuisine qui mêle teintes du temps et nuances exotiques, le tout accompagné d'une cave de 500 références aux jolies robes chatoyantes. De couleur et de piquant, le bistrot L'Olive de Mer n'en manque pas non plus, avec ses saveurs méditerranéennes et son atmosphère design.

Menu 32/75 €

Plan : 1A2-b – *83 av. J.F.-Kennedy – ✆ 05 56 34 07 39 – www.liguane.fr – Fermé 30 juil.-4 sept., vend. soir, sam., dim. et fériés*

LES BORDES - 45 (Loiret) ➔ Voir Sully-sur-Loire

BORMES-LES-MIMOSAS

✉ 83230 (Var) - 7 698 hab. - Alt. 180 m - Carte régionale n° **21**-C3
Paris 871 km - Fréjus 57 km - Hyères 21 km - Le Lavandou 4 km
Carte Michelin 340-N7 - Guide Vert Michelin Côte d'Azur

La Rastègue (Jérôme Masson)

CUISINE MODERNE • **MÉDITERRANÉEN** Priorité au goût ! Les cuisines, ouvertes sur la salle, permettent d'admirer le travail du chef, qui accommode de bons produits et arômes avec précision et équilibre. Aucun artifice, beaucoup de simplicité et surtout de saveurs, au gré d'un menu unique régulièrement renouvelé... Service attentionné.

➔ Sardines de Méditerranée marinées, esquichade de courgettes. Saint-pierre cuit sur la peau, niçoise, houmous et sauce vierge. Blanc-manger coco et sauce à la mangue.

Menu 49 € - menu unique

48 bd du Levant, 2 km au Sud, quartier Le Pin - ✆ 04 94 15 19 41 (réservation conseillée) - www.larastegue.com - Fermé janv., lundi et le midi sauf dim. de mi-sept. à mi-juin

Le Jardin Ⓝ

CUISINE TRADITIONNELLE • **SIMPLE** Dans le village, tout près de l'église St-Trophyme, ce petit restaurant séduit d'abord par son cadre rustique et sa délicieuse terrasse avec fontaine et pergola... Aux fourneaux, un couple franco-anglais célèbre la tradition avec de beaux accents méridionaux. Tout est fait maison : on passe un super moment.

Formule 19 € 🍷 - Menu 35 € - Carte 44/50 €

1 ruelle du Moulin - ✆ 04 94 71 14 86 - www.lejardinrestaurantbormes.com - fermé mi-nov. à mi-fév., le midi de juil. à mi-sept. et lundi

au Sud 1 km - ✉ 83230 Bormes-les-Mimosas

Le Domaine du Mirage

TRADITIONNEL • **FONCTIONNEL** Dominant la baie, une belle bâtisse de style victorien entourée d'un jardin fleuri. Les chambres sont contemporaines, et la majorité d'entre elles offrent une vue panoramique sur les flots.

35 chambres - †120/287 € ††120/287 € - ☕ 14 €

38 r. Vue-des-Iles - ✆ 04 94 05 32 60 - www.domainedumirage.com - Ouvert 1er avril-30 sept.

au port 5 km au Sud par rte de la Favière puis D198

Cap 120

CUISINE CLASSIQUE • **VINTAGE** Ce restaurant, repris en 2013 par une famille du Nord, permet de profiter d'une vue superbe sur le port de Bormes, avec ses centaines de yachts et de voiliers. Les recettes marient tradition et touches originales : cœur de ris de veau rôti et sorbet fraise, rhubarbe et pistache comptent parmi les spécialités maison.

Formule 21 € - Menu 30/49 € - Carte 35/69 €

quai d'Honneur - ✆ 04 94 92 73 56 - www.cap120.fr - Fermé janv., dim. soir, jeudi midi et merc. de sept. à juin, le midi sauf dim. en juil.-août

BORNY - 57 (Moselle) ➔ Voir Metz

BORT-L'ÉTANG - 63 (Puy-de-Dôme) ➔ Voir Lezoux

LE BOSC

✉ 34490 (Hérault) - Carte régionale n° **12**-C2
Paris 763 km - Albi 148 km - Carcassonne 95 km - Montpellier 77 km
Carte Michelin 339-F6

La Réserve

CUISINE MODERNE • CONVIVIAL XX Tout près du lac du Salagou, cette maison est le repaire d'un jeune chef originaire de Dunkerque, venu s'installer sous le soleil de l'Hérault... Avec talent et imagination, il concocte une cuisine au goût du jour, qui met bien en avant la fraîcheur des produits sélectionnés. Acclimatation réussie !

Formule 19 € – Menu 23 € (semaine), 33/70 € – Carte 40/58 €

hameau de Cartels, 2 km au Sud - A75 sortie 54 direction Lac du Salagou – 04 67 88 50 22 – www.lareservedubosc.com – Fermé dim. soir, lundi soir et mardi

BOSDARROS

64290 (Pyrénées-Atlantiques) – 1 023 hab. – Alt. 370 m – Carte régionale n° **2**-B3

Paris 790 km – Lourdes 36 km – Oloron-Ste-Marie 29 km – Pau 14 km

Carte Michelin 342-J5

Auberge Labarthe (Eric Dequin)

CUISINE MODERNE • AUBERGE XX Voilà une bien belle auberge ! Derrière l'église, arrêtez-vous dans cette accueillante maison à la façade fleurie. Les gourmands y savourent une généreuse cuisine régionale, avec des produits de qualité, dans une salle cosy et sagement contemporaine.

→ Croustillant de thon aux algues nori et au wasabi, salade de légumes. Poisson de mer à la plancha, risotto de riz noir au parmesan. Dôme au citron, framboises marinées au caramel de citron et sorbet à la framboise.

Menu 34 € (semaine), 54/78 € – Carte 71/81 €

1 r. P.-Bidau (pl. de l'École)
– 05 59 21 50 13 (réservation conseillée) – www.auberge-pau.com
– Fermé 1 semaine en janv., dim. soir, lundi et mardi

BOSSEY – 74 (Haute-Savoie) → Voir St-Julien-en-Genevois

LES BOSSONS – 74 (Haute-Savoie) → Voir Chamonix

BOUDES

63340 (Puy-de-Dôme) – 272 hab. – Alt. 466 m – Carte régionale n° **3**-B2

Paris 462 km – Brioude 29 km – Clermont-Fd 52 km – Issoire 16 km

Carte Michelin 326-G10 – Guide Vert Michelin Auvergne

Le Boudes La Vigne

CUISINE MODERNE • AUBERGE XX Cette sympathique auberge, bâtie sur d'anciennes fortifications, se trouve au cœur de ce village de vignerons où l'on produit... le boudes, l'un des cinq crus des côtes d'Auvergne. Derrière les fourneaux, le chef réalise une cuisine généreuse et parfumée, bien en prise avec son époque. Chambres fonctionnelles à l'étage.

Formule 16 € – Menu 24 € (semaine), 32/60 €

6 chambres – 55/67 € 55/67 € – 8 €

pl. de la Mairie – 04 73 96 55 66 – www.leboudeslavigne.franceserv.com – Fermé 26 juin-7 juil., 27 août-8 sept., 2-19 janv., dim. soir, lundi et mardi sauf fériés

BOUGIVAL – 78 (Yvelines) → Voir Autour de Paris

LA BOUILLADISSE

13720 (Bouches-du-Rhône) – 6 022 hab. – Alt. 220 m – Carte régionale n° **21**-B3

Paris 776 km – Aix-en-Provence 27 km – Brignoles 43 km – Marseille 31 km

Carte Michelin 340-I5

La Fenière

FAMILIAL • FONCTIONNEL Un établissement sympathique, tenu en famille. Les chambres, contemporaines et toutes différentes, sont très bien tenues. Et l'on profite aussi de la piscine et d'une terrasse abritée pour les repas.

12 chambres – 60/85 € 68/100 € – 9 € – ½ P

8 r. J.-Pourchier – 04 42 72 38 38 – www.hotelfeniere.com

BOUILLAND

21420 (Côte-d'Or) – 185 hab. – Alt. 400 m – Carte régionale n° **4**-C2
Paris 295 km – Autun 54 km – Beaune 17 km – Bligny-sur-Ouche 13 km
Carte Michelin 320-I7 – Guide Vert Michelin Bourgogne

Auberge St-Martin

CUISINE TRADITIONNELLE • AUBERGE Une accueillante auberge (18e s.), campagnarde à souhait, en plein cœur d'un petit village près de Beaune. On y propose une appétissante cuisine, à la fois traditionnelle et actuelle, avec des spécialités telles que la terrine de faisan ou le coq au vin.

Menu 26/34 € – Carte 32/46 €

17 rte de Beaune – 03 80 21 53 01 (réservation conseillée) – www.auberge-saint-martin.net – Fermé 29 juin-6 juil., 11 déc.-3 fév., mardi et merc.

LA BOUILLE

76530 (Seine-Maritime) – 793 hab. – Alt. 5 m – Carte régionale n° **17**-D2
Paris 132 km – Bernay 44 km – Elbeuf 12 km – Louviers 32 km
Carte Michelin 304-F5 – Guide Vert Michelin Normandie Vallée de la Seine

Le St-Pierre

CUISINE MODERNE • ÉLÉGANT "Redonner ses lettres de noblesse au restaurant" : voici l'objectif avoué du couple qui a repris en 2015 cette imposante maison toute proche de la Seine. Le chef, originaire de Bretagne, réalise une bonne cuisine actuelle et n'oublie pas de rendre hommage aux classiques ; quelques chambres sont disponibles pour l'étape.

Formule 20 € – Menu 25 € (semaine), 35/75 € – Carte 62/76 €

6 chambres – 70/100 € 70/100 € – 12 €

4 pl. du Bateau – 02 35 68 02 01 – www.le-saint-pierre.com – Fermé 4-10 sept., 2-8 oct., dim. soir, lundi et mardi

Les Gastronomes

CUISINE TRADITIONNELLE • VINTAGE Foie gras en terrine, tournedos de lotte au jambon, tarte Tatin : dans cette maison de pays, à côté de l'église, les patrons concoctent une jolie cuisine traditionnelle et vous reçoivent avec chaleur.

Menu 23 € (semaine)/33 € – Carte 40/51 €

1 pl. du Bateau – 02 35 18 02 07 – www.lesgastronomes-labouille.eu – Fermé merc. et jeudi

Le Bellevue

AUBERGE • FONCTIONNEL Une demeure (début 20e s.) située sur une rive de la Seine. Les chambres sont petites mais bien tenues ; préférez celles bénéficiant d'une belle vue sur le fleuve. Au restaurant, généreuse cuisine traditionnelle.

18 chambres – 78/100 € 78/100 € – 11 € – ½ P

13 quai Hector-Malot – 02 35 18 05 05 – www.hotel-le-bellevue.com – Fermé 22 déc.-7 janv.

BOUIN

85230 (Vendée) – 2 177 hab. – Alt. 5 m – Carte régionale n° **18**-A3
Paris 435 km – Challans 22 km – Nantes 51 km – Noirmoutier-en-l'Ile 29 km
Carte Michelin 316-E6 – Guide Vert Michelin Pays de la Loire

Le Martinet

CUISINE TRADITIONNELLE · RUSTIQUE Dans cet ancien grenier à sel du 17e s., le chef réalise une cuisine traditionnelle copieuse et généreuse. Produits de la mer fournis par son propre frère, pêcheur et ostréiculteur, légumes du potager de la maison et saveurs franches : gourmandise assurée !

Menu 19/39 €

9 r. des Jardins - 02 51 49 23 48 - www.restaurant-lemartinet.com - Fermé janv., dim. soir hors saison, lundi midi et mardi midi

Domaine Le Martinet

TRADITIONNEL · CONTEMPORAIN Dans un bourg tranquille du marais breton vendéen, un hôtel tenu par un jeune couple sympathique. Toutes les chambres sont spacieuses et confortables, mais préférez celles qui ont été rénovées. Plaisant à souhait !

23 chambres - 79/124 € 85/170 € - 13 €

pl. du Gén.-Charette - 02 51 49 23 23 - www.domaine-lemartinet.com - Fermé de nov. à mars

BOULBON

13150 (Bouches-du-Rhône) - 1 510 hab. - Alt. 18 m - Carte régionale n° **22**-E1

Paris 703 km - Avignon 18 km - Marseille 113 km - Nîmes 34 km

Carte Michelin 340-D2 - Guide Vert Michelin Provence

La Bastide de Boulbon

HISTORIQUE · PERSONNALISÉ Au cœur d'un village, cette demeure bourgeoise (1850) aux allures de maison d'hôtes invite à la détente, avec son beau jardin aux platanes bicentenaires. Les chambres sont élégantes et épurées, et l'on profite d'une agréable piscine. Accueil aux petits soins.

8 chambres - 145/240 € 145/240 € - 17 €

r. de l'Hôtel-de-Ville - 04 90 93 11 11 - www.labastidedeboulbon.com - Ouvert 1er avril-31 oct.

BOULIAC - 33 (Gironde) → Voir Bordeaux

BOULIGNEUX - 01 (Ain) → Voir Villars-les-Dombes

BOULOGNE-BILLANCOURT - 92 (Hauts-de-Seine) → Voir Autour de Paris

BOULOGNE-SUR-MER

62200 (Pas-de-Calais) - 42 785 hab. - Agglo. 88 197 hab. - Alt. 58 m - Carte régionale n° **16**-A2

Paris 265 km - Amiens 130 km - Arras 122 km - Calais 35 km

Carte Michelin 301-C3

La Matelote (Tony Lestienne)

CUISINE CLASSIQUE · COSY Du nom du fameux plat de poisson cuisiné au vin, cette table est tout entière dédiée aux produits de la mer, travaillés dans les règles de l'art et de la tradition. De belles saveurs iodées au menu ! Le cadre, cossu et feutré, a tout d'une bonbonnière. L'été, profitez de la terrasse.

→ Salade tiède de homard, sauce crustacés. Darne de turbot rôtie sur l'arête, sauce crème aux morilles. Framboises, petit beurre, sorbet framboise et poivron rouge, vinaigrette d'huile d'olive, vinaigre et balsamique.

Menu 35 € (semaine), 65/82 € - Carte 72/94 €

Plan : A1-q - *Hôtel La Matelote, 70 bd Ste-Beuve - 03 21 30 17 97 - www.la-matelote.com - Fermé 20 déc.-20 janv. et jeudi midi*

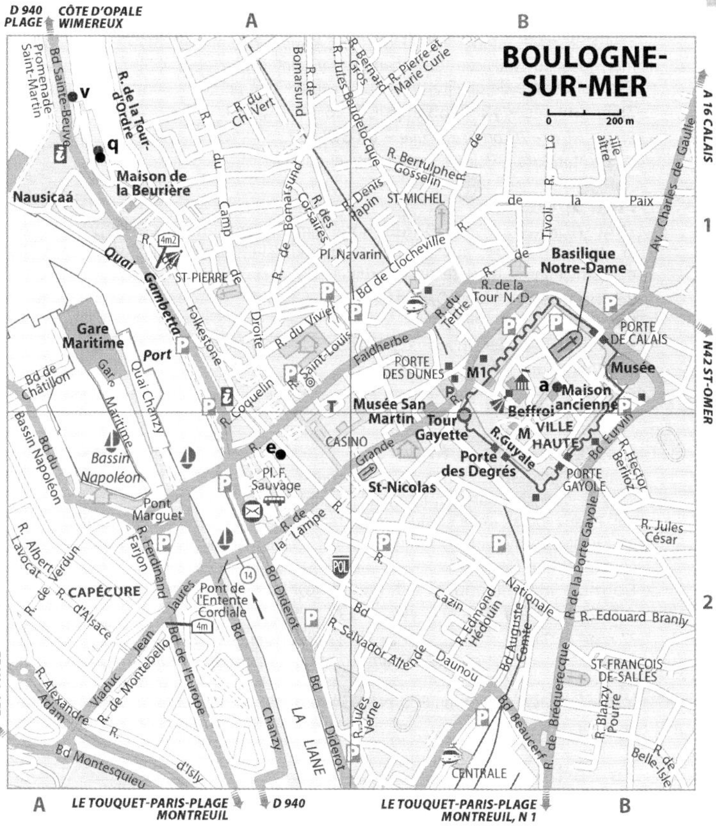

L'Îlot Vert

CUISINE MODERNE • CONVIVIAL Une bonne surprise que ce restaurant coloré et convivial, où œuvre un jeune chef formé dans de belles maisons : il signe une cuisine bien d'aujourd'hui – avec une pointe de créativité –, joliment tournée et savoureuse, aux prix mesurés. Sympathique terrasse fleurie côté cour.

Formule 19 € – Menu 23 € (déj. en semaine), 32/49 € – Carte 41/60 €

Plan : B1-a – *36 r. de Lille*
– 03 21 92 01 62 – www.lilotvert.fr
– Fermé 13-27 août, 17 déc.-7 janv., merc. et dim.

Restaurant de la Plage

POISSONS ET FRUITS DE MER • CONVIVIAL Après une petite baignade, rien de mieux qu'un bon repas pour reprendre des forces ! Face à la plage, cette adresse fait honneur aux produits de la mer : filet de sole meunière aux pommes vapeur, noix de Saint-Jacques en saison... Avec, au dessert, des crêpes Suzette flambées en salle devant le client. Délicieux !

Menu 28 € (semaine), 36/55 € – Carte 47/86 €

Plan : A1-v – *124 bd Ste-Beuve*
– 03 21 99 90 90 – www.restaurantdelaplage.fr
– Fermé dim. soir et lundi

La Matelote

TRADITIONNEL • PERSONNALISÉ Fière bâtisse des années 1930 sur le front de mer, face au Nausicaa. Les chambres y sont confortables et très bien tenues. Espace détente de qualité (avec par exemple une piscine à contre-courant).

35 chambres – †88/265 € ††105/265 € – ☕16 €

Plan : A1-q – *70 bd Ste-Beuve – ✆ 03 21 30 33 33 – www.la-matelote.com*

La Matelote – voir les restaurants ci-dessus

Métropole

TRADITIONNEL • FONCTIONNEL Hôtel familial dans le centre-ville, près du port et des commerces, aux chambres spacieuses et confortables. Jolie salle des petits-déjeuners, ouverte sur le jardin.

25 chambres – †69/80 € ††82/99 € – ☕11 €

Plan : A2-e – *51 r. Thiers*
– ✆ 03 21 31 54 30 – www.hotel-metropole-boulogne.com
– Fermé 21 déc.-12 janv.

à Pont-de-Briques 5 km au Sud – ✉ 62360

Hostellerie de la Rivière

CUISINE MODERNE • COSY XXX Une bonne cuisine actuelle rythmée par les saisons, à déguster dans un intérieur élégant et feutré, ou sur la terrasse arborée aux beaux jours : voilà ce qui vous attend dans cette sympathique maison tenue en famille. Le midi, une formule "bistrot" permet même de se régaler à moindre coût... Bien vu !

Formule 18 € – Menu 23 € 🍷 (semaine)/58 € 🍷 – Carte 61/93 €

8 chambres – †75/109 € ††75/109 € – ☕13 €

17 r. de la Gare – ✆ 03 21 32 22 81 – www.lhostelleriedelariviere.fr
– Fermé 16 août-1er sept., 2-26 janv., dim. soir, mardi midi et lundi

à Hesdin-l'Abbé 12 km au Sud par D341 et D901 – ✉ 62360 – 1 884 hab. – Alt. 50 m

Le Berthier

CUISINE TRADITIONNELLE • CLASSIQUE XX Le général Berthier aurait séjourné au château pendant le siège de Boulogne par Napoléon. À l'époque, si le restaurant avait existé, sans doute aurait-il apprécié la belle véranda donnant sur le parc et la carte classique, au plus près des saisons.

Menu 33/48 € – Carte environ 50 €

Hôtel Cléry, r. du Château, au village
– ✆ 03 21 83 19 83 – www.clery.najeti.fr
– Fermé 2 janv.-2 fév. et le midi

Cléry

DEMEURE HISTORIQUE • PERSONNALISÉ Un charmant château romantique construit à la fin du 18e s., flanqué d'un cottage et d'une fermette. Il compte un agréable salon de lecture, un parc fleuri et un jardin potager, sans oublier des chambres d'un élégant classicisme.

25 chambres – †112/300 € ††112/300 € – 2 suites – ☕16 € – ½ P

r. du Château, au village – ✆ 03 21 83 19 83 – www.clery.najeti.fr
– Fermé 2 janv.-2 fév.

Le Berthier – voir les restaurants ci-dessus

LE BOULOU

✉ 66160 (Pyrénées-Orientales) – 5 520 hab. – Alt. 90 m – Carte régionale n° **12**-B3

Paris 869 km – Argelès-sur-Mer 20 km – Barcelona 169 km – Céret 10 km

Carte Michelin 344-I7

à Montesquieu-des-Albères 4 km à l'Est rte d'Argelès-sur-Mer par D618 – ✉ 66740 – 1 195 hab. – Alt. 260 m

Le Cabaret

CUISINE TRADITIONNELLE • AUBERGE Des œuvres d'artistes locaux, des objets anciens, un bassin de carpes koï, une jolie terrasse, des cuisines ouvertes sur la salle : un lieu atypique et convivial. Comme le dit le patron, il "chine puis cuisine", au gré du marché et de la criée. Suivez-le sans hésiter.

Menu 32/42 €

Les Trompettes-Hautes – ✆ 04 68 83 34 57 (réservation conseillée) – Fermé mardi hors saison, dim., lundi, merc. et le midi

au Sud-Est 4,5 km par D900, D618 et rte secondaire – ✉ 66160 Le Boulou :

Relais des Chartreuses

AUBERGE • PERSONNALISÉ Une terrasse sous les tilleuls, une piscine, un jardin… et ce mas en pierre (17e s.), édifié à flanc de montagne, au milieu d'une pinède. Dans les chambres, épure contemporaine et cachet de l'ancien se marient à merveille ; au restaurant, les saveurs sont au rendez-vous (uniquement pour les résidents). Bel endroit !

15 chambres – †55/80 € ††60/187 € – 2 suites – ☕ 15 € – ½ P

106 av. d'En-Carbouner – ✆ 04 68 83 15 88 – www.relais-des-chartreuses.fr – Ouvert 5 mars-2 janv.

BOURBON-LANCY

✉ 71140 (Saône-et-Loire) – 5 187 hab. – Alt. 240 m – Carte régionale n° **4**-B3

Paris 308 km – Autun 62 km – Mâcon 110 km – Montceau-les-Mines 55 km

Carte Michelin 320-C10 – Guide Vert Michelin Bourgogne

La Tourelle du Beffroi

FAMILIAL • PERSONNALISÉ Un emplacement agréable et pratique, près des remparts de la vieille ville et à l'ombre du beffroi, pour ce petit établissement aux allures de maison d'hôtes.

8 chambres – †68/84 € ††68/84 € – ☕ 10 €

17 pl. de la Mairie – ✆ 03 85 89 39 20 – www.hotellatourelle.fr

BOURBON-L'ARCHAMBAULT

✉ 03160 (Allier) – 2 561 hab. – Alt. 367 m – Carte régionale n° **3**-B1

Paris 292 km – Montluçon 53 km – Moulins 24 km – Nevers 54 km

Carte Michelin 326-F3 – Guide Vert Michelin Auvergne

Le Talleyrand

CUISINE CLASSIQUE • TRADITIONNEL À la table de la Montespan et de Talleyrand, le classicisme français et la tradition bourbonnaise sont à l'honneur, dans un cadre raffiné mêlant poutres et pierres. Du caractère !

Formule 13 € – Menu 24/45 € – Carte 43/53 €

Grand Hôtel Montespan-Talleyrand, pl. des Thermes – ✆ 04 70 67 00 24 – www.hotel-montespan.com – Ouvert 29 avril-20 oct.

Grand Hôtel Montespan-Talleyrand

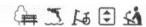

HISTORIQUE • PERSONNALISÉ Mme de Sévigné et Talleyrand y logèrent, la Montespan y mourut… Cet hôtel, ancien couvent des Capucins, dont les fondations les plus anciennes datent du 11es., se situe au cœur de la station thermale. Décor de caractère et chambres spacieuses. Depuis la piscine, la vue sur le château des ducs de Bourbon est superbe !

39 chambres – †85/138 € ††85/138 € – 2 suites – ☕ 13 € – ½ P

pl. des Thermes – ✆ 04 70 67 00 24 – www.hotel-montespan.com – Ouvert 29 avril-20 oct.

Le Talleyrand – voir les restaurants ci-dessus

LA BOURBOULE

✉ 63150 (Puy-de-Dôme) - 1 891 hab. - Alt. 880 m - Carte régionale n° **3**-B2
Paris 469 km - Aubusson 82 km - Clermont-Ferrand 50 km - Mauriac 71 km
Carte Michelin 326-D9 - Guide Vert Michelin Auvergne

L'Amuse Bouche

CUISINE MODERNE • BISTRO Il est des couples qui se forment en cuisine... Elle a raccroché le tablier pour s'occuper de la salle, lui est resté derrière les fourneaux pour travailler des produits frais et servir bien plus qu'un amuse-bouche. Beaucoup de goût en cette adresse !

Formule 28 € - Menu 28/47 €

15 r. des Frères-Rozier - ✆ 04 73 21 68 85 - www.restaurant-lamusebouche.fr - Fermé de mi-nov. à mi-déc., mardi et merc.

Le Parc des Fées

TRADITIONNEL • CLASSIQUE Le meilleur hôtel de la ville a la Dordogne pour voisine ! Cette bâtisse de 1874 fait face à la rivière et dissimule sur l'arrière un joli parc. On y profite de chambres sobres et avenantes, d'un salon où il fait bon lire, d'un espace bien-être... Le tout très bien tenu.

42 chambres - †67/92 € ††67/132 € - ☕ 12 € - ½ P

107 quai du Mar.-Fayolle - ✆ 04 73 81 01 77 - www.parcdesfees.com - Fermé 6 nov.-26 déc. et du lundi au jeudi en janv. hors vacances scolaires

BOURG-ACHARD

✉ 27310 (Eure) - 3 066 hab. - Alt. 124 m - Carte régionale n° **17**-C2
Paris 141 km - Bernay 39 km - Évreux 62 km - Le Havre 62 km
Carte Michelin 304-E5 - Guide Vert Michelin Normandie Vallée de la Seine

L'Amandier

CUISINE MODERNE • ÉLÉGANT De bien jolis fruits naissent de cet Amandier, dont le chef cuisine avec justesse et savoir-faire des produits de qualité. Les assiettes se dégustent avec plaisir et l'on passe un agréable moment... À l'heure de l'apéritif et du café, n'hésitez pas à profiter du jardin !

Formule 20 € - Menu 29/53 € - Carte 57/69 €

581 rte de Rouen - ✆ 02 32 57 11 49 - www.lamandier-bourgachard.fr - Fermé 20 fév.-1er mars, 1er-10 août, dim. soir, mardi et merc.

BOURG-CHARENTE - 16 (Charente) → Voir Jarnac

LE BOURG-DUN

✉ 76740 (Seine-Maritime) - 423 hab. - Alt. 17 m - Carte régionale n° **17**-C1
Paris 188 km - Dieppe 20 km - Fontaine-le-Dun 7 km - Rouen 56 km
Carte Michelin 304-F2 - Guide Vert Michelin Normandie Vallée de la Seine

Auberge du Dun (Pierre Chrétien)

CUISINE MODERNE • CLASSIQUE Cette petite maison provinciale vous accueille dans deux salles classiques et coquettes, dont l'une avec vue sur les cuisines. Depuis de nombreuses années, le chef et son épouse mettent toute leur passion au service de leurs hôtes ; les assiettes sont fines et savoureuses... Une adresse délicieuse dans son genre !

→ Parfait d'araignée de mer, confit de tomate verte. Turbot cuit à basse température et parfumé légèrement à la citronnelle. Soufflé "Alexandre Le Grand" au confit d'orange.

Menu 30 € (semaine), 54/96 € - Carte 85/100 €

3 rte de Dieppe (face à l'église) - ✆ 02 35 83 05 84 (réservation conseillée) - www.auberge-du-dun.fr - Fermé 2 semaines en oct., 1 semaine en janv., merc. sauf le midi du 1er mars au 15 oct., dim. soir et lundi

BOURG-EN-BRESSE

✉ 01000 (Ain) - 40 171 hab. - Agglo. 58 393 hab. - Alt. 251 m - Carte régionale n° **23**-B1
Paris 424 km - Annecy 113 km - Genève 112 km - Lyon 82 km
Carte Michelin 328-E3 - Guide Vert Michelin Bourgogne

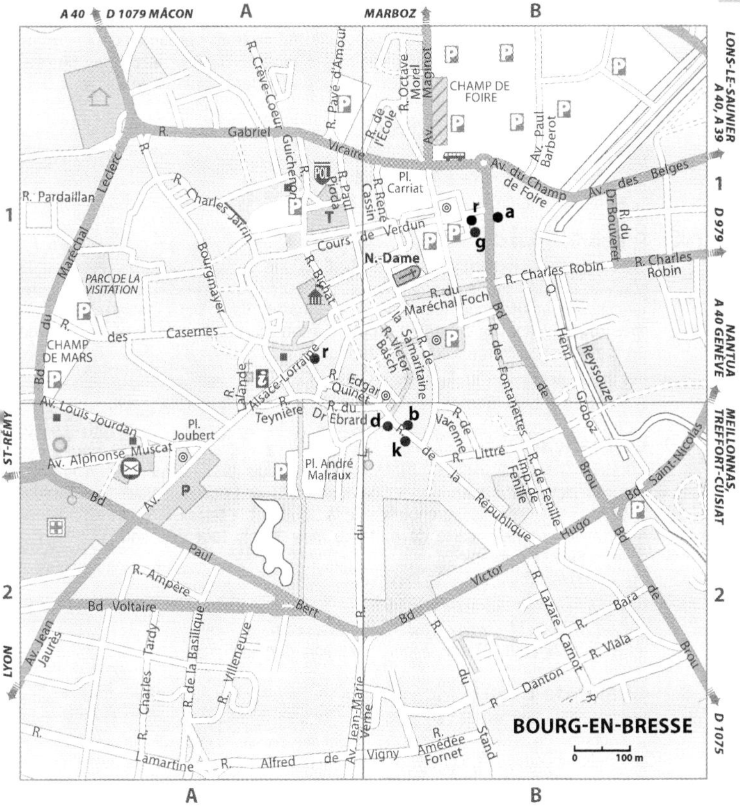

La Fleur de Sel

CUISINE MODERNE • CONVIVIAL XX Emmenée tambour battant par Jean-Alexandre Buisset, jeune chef plein de dynamisme et d'ambition, cette table bien connue à Bourg-en-Bresse met à l'honneur les produits du marché, avec une forte dominante méditerranéenne. Ballotines de pintade fermière Miéral, tuile au mascarpone et fruits rouges... Un régal.

Formule 21 € – Menu 32/57 € – Carte 45/61 €

Plan : B2-d – *4 r. de la République – ✆ 04 74 45 33 18 – www.restaurant-lafleurdesel.com – Fermé 15 août-6 sept., 2-12 janv., sam. midi, dim. soir et lundi*

Mets et Vins

CUISINE MODERNE • ÉPURÉ XX Ici œuvre un chef grand adepte des produits du terroir local et du "fait maison" (dont le pain et les sorbets), et qui sait s'extraire des sentiers battus de la tradition. Terrine de taureau de manade aux trompettes-des-Maures, pot-au-feu de cabillaud au jus de coquillages... Une adresse qui sort du lot !

Formule 14 € – Menu 26/60 € – Carte 33/54 €

Plan : B2-b – *11 r. de la République – ✆ 04 74 45 20 78 – www.restaurant-metsetvins.com – Fermé 10-19 juil., 2-11 janv., dim. soir, lundi et mardi*

L'Auberge Bressane

CUISINE CLASSIQUE • TRADITIONNEL XXX Une table incontournable : la cuisine fait la part belle aux spécialités régionales (volaille de Bresse, cuisses de grenouille, écrevisses...) et les vieux millésimes abondent sur la carte des vins. Terrasse avec vue sur l'église de Brou.

Menu 26/85 € – Carte 62/109 €

Hors plan – *166 bd de Brou*
– 04 74 22 22 68 – www.aubergebressane.fr
– Fermé mardi

Place Bernard

CUISINE TRADITIONNELLE • BRASSERIE XX Une maison 1900 placée sous la houlette du chef étoilé Georges Blanc. Le décor évoque une luxueuse brasserie, rehaussée d'une fresque à la gloire de la dynastie Blanc. Dans l'assiette, le répertoire régional domine : pâté en croûte maison marbré de foie gras ; volaille de Bresse AOP à la crème selon la mère Blanc...

Formule 19 € – Menu 31/57 € – Carte 43/63 €

Plan : B1-g – *19 pl. Bernard – 04 74 45 29 11 – www.lespritblanc.com*

Le Français

CUISINE TRADITIONNELLE • BRASSERIE XX Depuis 1932, la même famille vous accueille dans cette institution locale au cadre Belle Époque. Volaille de Bresse à la crème et aux morilles, grenouilles de la Dombes : le terroir régional est à l'honneur, avec une belle carte de fruits de mer l'hiver. Tout cela sous un plafond classé ! Service agréable.

Menu 30/64 € – Carte 42/70 €

Plan : A1-r – *7 av. Alsace-Lorraine*
– 04 74 22 55 14 – www.brasserielefrancais.com
– Fermé 5-29 août, 23 déc.-3 janv., sam. soir, dim. et fériés

Chalet de Brou

CUISINE TRADITIONNELLE • VINTAGE XX La carte de ce restaurant familial mise toujours sur le terroir (grenouilles, poulet de Bresse, gâteau de foies de volaille et coulis de tomates fraîches), parfois réactualisé... Quant à la terrasse, elle reste charmante face à la superbe église de Brou !

Formule 15 € – Menu 26 € (semaine), 34/66 € – Carte 32/65 €

Hors plan – *168 bd de Brou – 04 74 22 26 28 – auchaletdebrou.com*
– Fermé 24 déc.-1er janv., lundi soir, merc. soir et jeudi

Ô Beurre Noisette

CUISINE MODERNE • CONVIVIAL X Un jeune couple (lui en cuisine, elle en salle) a converti cette ancienne boucherie du centre-ville en restaurant et propose une cuisine au goût du jour à l'image de ce suprême de pintade, sauce au miel. Le chef travaille bien les desserts, le point final du repas trop souvent négligé. Sympathique terrasse.

Menu 16 € (déj. en semaine), 26/33 € – Carte 34/51 €

Plan : B2-k – *16 r. de la République – 04 74 21 26 45*
– Fermé dim. et lundi

Le Griffon d'Or

TRADITIONNEL • PERSONNALISÉ La propriétaire, décoratrice, a entièrement rénové ce relais de poste du 18e s. : vieilles pierres et colombages se marient avec soin et élégance. Le petit-déjeuner sort du lot (confitures bio, miel, yaourts et fromages locaux) et l'accueil est charmant. L'une des plus adorables bonbonnières de la région !

17 chambres – 95/115 € 115/160 € – 14 €

Plan : B1-a – *10 r. du 4-septembre – 04 74 23 13 24 – www.hotelgriffondor.fr*
– Fermé 5-27 août, 23 déc.- 3 janv. et dim.

Hôtel de France

TRADITIONNEL • CONTEMPORAIN À deux pas de l'église Notre-Dame, un immeuble dont le hall a été restauré dans son esprit 1900 d'origine. La décoration des chambres mélange classicisme et teintes plus actuelles ; les parquets des couloirs craquent sous nos pieds et donnent du cachet à l'endroit...

44 chambres - 88/115 € 93/160 € - 1 suite - 15 €

Plan : B1-r - *19 pl. Bernard - 04 74 23 30 24 - www.bestwestern-hoteldefrance.com*

à Péronnas 3 km au Sud-Ouest par D1083 - 01960 - 6 095 hab. - Alt. 281 m

La Marelle (Didier Goiffon)

CUISINE CRÉATIVE • ÉLÉGANT De la terre jusqu'au ciel, retrouvez sur la carte de cette Marelle une séduisante cuisine, inventive et voyageuse : le chef met en avant de beaux produits comme les Saint-Jacques, le homard ou encore le bœuf Wagyu... Quant au cadre, il est chaleureux et raffiné, mêlant rustique et contemporain.

→ Foie gras cuit vapeur laqué d'hibiscus et de grenade, sorbet pickles de légumes. Volaille de Bresse, vin jaune et morilles. Calissons aux abricots glacés.

Menu 59/96 € - Carte 59/91 €

1593 av. de Lyon - 04 74 21 75 21 - www.lamarelle.fr - Fermé 15-22 fév., 1er-18 mai, 15-30 août, 2-12 janv., mardi midi, dim. et lundi

BOURGES

18000 (Cher) - 66 666 hab. - Agglo. 82 717 hab. - Alt. 153 m - Carte régionale n° **6**-C3

Paris 244 km - Châteauroux 65 km - Dijon 254 km - Nevers 69 km

Carte Michelin 323-K4 - Guide Vert Michelin Limousin Berry

Le Cercle (Pascal Chaupitre et Christophe Lot)

CUISINE MODERNE • DESIGN À l'écart du centre-ville, une maison bourgeoise revue et corrigée à la mode design. Bienvenue au Cercle, né fin 2011. Deux chefs expérimentés ont décidé d'y associer leurs talents. Leurs créations se révèlent savoureuses, précises, légères, bigarrées... Beau duo !

→ Foie gras mi-cuit à la pomme. Ris de veau rôti, carottes à l'oursin et poutargue, tête de veau en cube snacké. Tarte au chocolat blanc et framboises gorgées de pulpe, sorbet à l'orgeat.

Menu 26 € (déj. en semaine), 55/105 € - Carte environ 70 €

Plan : B2-f - *44 bd Lahitolle - 02 48 70 33 27 - www.restaurant-lecercle.fr - Fermé 16-25 avril, 20 août-5 sept., 2-16 janv., dim. et lundi*

Le Beauvoir

CUISINE TRADITIONNELLE • ÉLÉGANT Une table élégante et accueillante, avec une terrasse sur la cour à l'arrière. Le chef, Didier Guyot, concocte une appétissante cuisine traditionnelle où les produits frais ont la part belle. Une valeur sûre.

Menu 16 € (semaine), 30/49 € - Carte 45/70 €

Plan : D1-e - *1 av. Marx-Dormoy - 02 48 65 42 44 - www.restaurant-lebeauvoir.com - Fermé août et dim. soir*

Les Petits Plats du Bourbon

CUISINE TRADITIONNELLE • BRASSERIE Au cœur de l'hôtel de Bourbon, le "petit frère" des Petits Plats de Célestin (à Vierzon) décline un concept similaire : un esprit de brasserie chic et une bonne cuisine traditionnelle proposée à l'ardoise. Terrine de dinde aux marrons, paleron de bœuf, confit de cuisse de canard... On passe un bon moment.

Menu 18/30 € - Carte 32/45 €

Plan : C1-b - *Hôtel De Bourbon, 60-62 av. Jean-Jaurès - 02 48 70 79 90 - www.lespetitsplatsdubourbon.com - Fermé dim. et lundi*

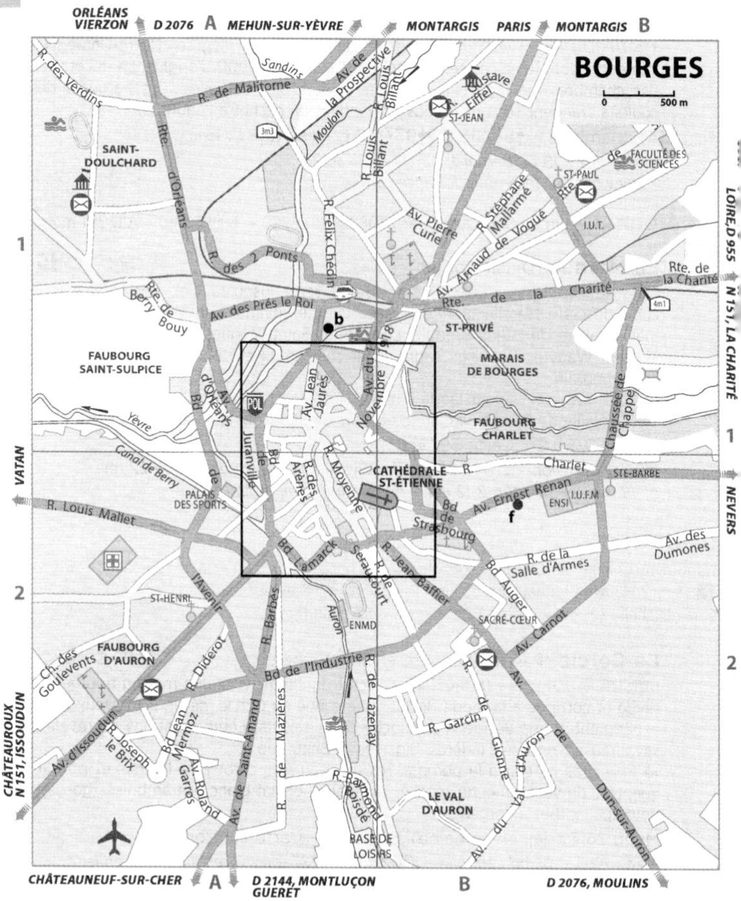

Le Bourbonnoux

CUISINE MODERNE • CLASSIQUE XX Dans ce restaurant du quartier historique, les gourmands se régalent d'une appétissante cuisine traditionnelle : rognons de veau, ravioles de foie gras, gigolettes de pintade et sauce aux cèpes, etc. Des petits plats à savourer au beau milieu d'une collection de canards en porcelaine... pour un repas sans couacs !

Formule 14 € – Menu 20 € (semaine), 27/36 € – Carte 36/46 €

Plan : D2-a – *44 r. Bourbonnoux – ✆ 02 48 24 14 76 – www.bourbonnoux.com – Fermé 18-26 fév., 7-14 avril, 16 août-5 sept., sam. midi, dim. soir et vend.*

La Suite

CUISINE MODERNE • TENDANCE X Changement de style pour l'ancien d'Antan Sancerrois : place à un bistrot contemporain chic, avec ses tables en bois brut et son comptoir face à la cuisine ouverte. Évolution aussi du côté de l'assiette, avec une cuisine un brin fusion : suprêmes de cailles en yakitori, taboulé de céréales et graines de couscous...

Menu 20 € – Carte 36/49 €

Plan : D2-n – *50 r. Bourbonnoux – ✆ 02 48 65 96 26 – www.lasuite-bourges.com – Fermé 17 juil.-5 août, dim. et lundi*

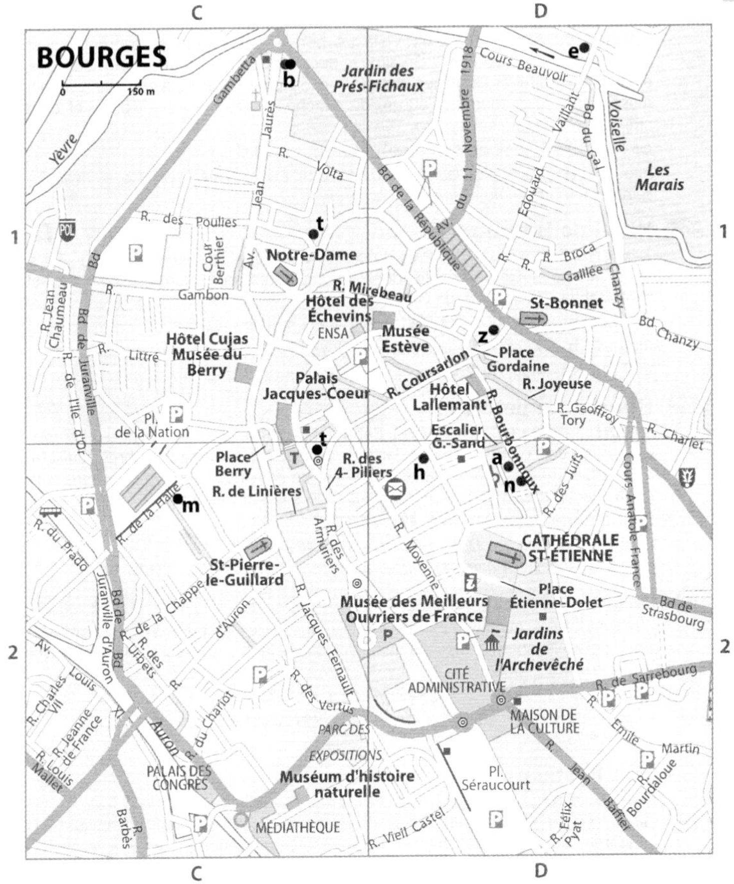

La Prose

CUISINE MODERNE • DESIGN Voilà une prose qui ne plaira pas qu'aux lettrés ! Dans ce restaurant au cadre design, une chef passionnée propose une jolie cuisine pleine de fraîcheur : compression de gambas et chèvre frais aux herbes, magret de canard aux fruits rouges et poêlée de petits légumes au romarin... à accompagner d'un vin bien choisi.

Formule 17 € – Menu 22/35 € – Carte 28/57 €

Plan : D1-z – *7 r. Jean-Girard – 02 48 70 70 30 – www.restaurant-la-prose.com – fermé dim. et lundi sauf fériés*

Entre Nous

CUISINE TRADITIONNELLE • BISTRO Dans ce quartier en pleine mutation, au cœur du vieux Bourges, une adresse sans prétention où l'on se régale d'une cuisine traditionnelle, réalisée dans les règles de l'art. Le chef-patron choisit ses produits avec soin, le service est efficace et décontracté : on passe un bon moment.

Menu 17 € (semaine)/27 € – Carte 30/42 €

Plan : C1-t – *5 pl. de la Barre – 02 48 70 63 37 – Fermé 1er-15 sept., dim. sauf en été et lundi*

Au Rez-de-Chaussée

CUISINE MODERNE • BISTRO Voilà LA bonne petite adresse "bistronomique" que l'on espérait à Bourges ! On aime le décor atypique – œuvre d'art métallique, plaques publicitaires, mobilier vintage – et la cuisine du nouveau chef : généreuse, évoluant chaque jour au gré du marché, elle régale à petit prix... et dans une ambiance vraiment sympa.

Menu 13 € (déj. en semaine) – Carte 37/44 €

Plan : D2-h – *8 r. Porte-Jaune – 02 48 65 99 60 – Fermé 1 semaine en avril, 2 semaines en août, merc. soir, dim. et lundi*

Hôtel de Bourbon

TRADITIONNEL • ÉLÉGANT Près du centre-ville, cette ancienne abbaye du 17e s. abrite un hôtel très agréable, dont les chambres sont feutrées, élégantes et confortables. Un lieu chargé d'histoire !

55 chambres – 117/217 € 117/217 € – 3 suites – 17 €

Plan : C1-b – *bd de la République – 02 48 70 70 00 – www.hotel-bourbon.fr*

Les Petits Plats du Bourbon – voir les restaurants ci-dessus

Hôtel d'Angleterre

TRADITIONNEL • PERSONNALISÉ Cet hôtel bénéficie non seulement d'un emplacement de choix, près du palais Jacques-Cœur, mais aussi de chambres confortables et bien tenues. On y trouve également un bar privé proposant de bons vins, de la charcuterie et de beaux fromages. Une adresse très agréable.

31 chambres – 102/208 € 122/208 € – 12 €

Plan : C2-t – *1 pl. des Quatre-Piliers – 02 48 24 68 51 – www.bestwestern-angleterre-bourges.com – Fermé 22 déc.-8 janv.*

Villa C

LUXE • COSY À quelques pas de la gare, une belle demeure du 19e s. distillant une sobre élégance contemporaine... Joli salon feutré, quelques chambres avec terrasse.

12 chambres – 95/220 € 95/220 € – 14 €

Plan : A1-b – *20 av. Henri-Laudier – 02 18 15 04 00 – www.hotelvillac.com – Fermé 23 déc.-2 janv.*

Le Christina

TRADITIONNEL • FONCTIONNEL Près du centre-ville, face à la jolie halle au blé du 19e s., cet hôtel familial a été entièrement rénové dans un esprit sobre et moderne. Les chambres sont fonctionnelles et bien tenues, avec tout le confort nécessaire... Une belle évolution !

64 chambres – 65/110 € 65/120 € – 10 €

Plan : C2-m – *5 r. de la Halle – 02 48 70 56 50 – www.le-christina.com*

LE BOURGET-DU-LAC

73370 (Savoie) – 4 489 hab. – Alt. 240 m – Carte régionale n° **25**-F2

Paris 531 km – Aix-les-Bains 10 km – Annecy 44 km – Belley 23 km

Carte Michelin 333-I4 – Guide Vert Michelin Alpes du Nord

Le Bateau Ivre (Jean-Pierre Jacob)

CUISINE MODERNE • ÉLÉGANT Arthur Rimbaud aurait sans doute apprécié la vue de ce Bateau Ivre, les yeux rivés sur le lac et le mont Revard... La cuisine de Jean-Pierre Jacob a la rigueur et le classicisme d'un poème en alexandrins, mais aussi l'esprit de nouveauté et la fraîcheur d'une œuvre portée par les saisons et l'invention. Une belle table.

→ Truite confite servie froide, mousseline avocat-wasabi. Lavaret, mousseline d'artichaut, jus des têtes à la réglisse. Cèpe de la Dent du Chat à la Chartreuse.

Menu 42 € (déj. en semaine), 57/160 € – Carte 105/135 €

Hôtel Ombremont, 2 km au Nord par D1504 – 04 79 25 00 23 – www.hotel-ombremont.com – Fermé de janv. à mi-fév., mardi sauf le soir de mai à oct., jeudi midi de mai à oct. et lundi

Auberge Lamartine (Pierre Marin)

CUISINE MODERNE • COSY XXX Face au lac cher à Lamartine – qui lui dédiera l'un de ses plus célèbres poèmes en souvenir de ses amours passées ("Ô temps, suspends ton vol...") –, cette table est une valeur sûre de la région : un cadre chic et élégant, un service très agréable, et surtout une cuisine toujours inspirée et savoureuse.

→ Foie gras de canard poêlé, marmelade de pêche au basilic. Lavaret du lac à la grenobloise, purée de pomme de terre ratte. Citron en déclinaison.

Menu 35 € (déj. en semaine), 56/92 € – Carte 75/95 €

rte du Tunnel, 3,5 km au Nord par D1504 – ✆ 04 79 25 01 03 – www.lamartine-marin.com – Fermé 19 déc.-21 janv., dim. soir, lundi et mardi sauf fériés

Atmosphères (Alain Périllat-Mercerot)

CUISINE CRÉATIVE • DESIGN XXX Atmosphère, atmosphère... La grande bâtisse domine le lac du Bourget, splendide écrin pour une cuisine qui, sans renier des bases classiques, dévoile des recettes créatives et des saveurs délicates. Un très beau travail ! Chambres séduisantes, épurées et colorées.

→ Foie gras de canard épais poêlé, jus citron et gingembre. Lavaret du lac cuit à basse température, blettes et pormonier. Carré chocolat gianduja, croustillant praliné et glace aux noisettes du Piémont.

Menu 35 € (déj. en semaine), 58/100 € – Carte 80/110 €

4 chambres – †140/170 € ††140/170 € – ☕ 15 €

618 rte des Tournelles, 2,5 km au Nord-Ouest par D1504 et D42 – ✆ 04 79 25 01 29 – www.atmospheres-hotel.com – Fermé de mi-oct. à mi-nov., mardi midi et merc. midi en juil.-août, dim. de sept. à juin et lundi

Beaurivage

CUISINE MODERNE • FAMILIAL XX Il est des rivages difficiles à quitter ! Tel est le cas de ce restaurant dont la carte étoffée fait la part belle aux produits régionaux et aux poissons du lac. Aux beaux jours, profitez de l'agréable terrasse ombragée ; toute l'année, faites étape dans l'une des chambres, qui jouissent d'une jolie vue.

Formule 26 € – Menu 39/70 € – Carte 52/74 €

4 chambres – †78/82 € ††78/82 € – ☕ 10 €

1171 bd du Lac – ✆ 04 79 25 00 38 – www.beaurivage-bourget-du-lac.com – Fermé vacances de la Toussaint, mi-déc. à mi-janv., merc. sauf le midi en juil.-août, dim. soir et jeudi

Ageoca (N)

CUISINE MODERNE • ÉLÉGANT XX Le jeune chef a été formé dans plusieurs maisons étoilées, et cela se sent ! Ses préparations sont visuellement très réussies, avec de jolis mariages de saveurs et une maîtrise technique incontestable. Les clients les plus veinards profiteront même, près des baies vitrées, d'une jolie vue sur le lac.

Formule 28 € – Menu 39/45 € – Carte 47/63 €

Savoy Hôtel, 600 rte du Tunnel – ✆ 04 79 26 40 00 – www.le-savoyhotel.com – Fermé 2 janv.-13 fév., mardi midi, dim. soir et lundi

Chez Henry (N)

CUISINE MODERNE • BRANCHÉ X La place est petite, le bistrot "de poche" mais joliment décoré (ampoules suspendues, carreaux de métro). Quant à la cuisine, elle est aussi goûteuse que riche en trouvailles, comme ce bœuf cru en gravlax ou le cheesecake façon tiramisu. Sans oublier le hamburger maison, un incontournable !

Menu 25/30 € – Carte 29/38 €

50 rte du Tunnel – ✆ 09 83 01 07 90 – Fermé août, 25 déc.-1er janv., dim., lundi et le midi

Ombremont

LUXE • PERSONNALISÉ Dans un superbe parc arboré face au lac et au massif des Bauges, une vaste demeure de 1930. Les chambres, au décor soigné (style contemporain ou raffinement bourgeois), jouissent presque toutes d'une vue magnifique. L'été, profitez de la belle piscine.

14 chambres – 180/370 € 180/370 € – 3 suites – 22 € – ½ P

2 km au Nord par D1504
– 04 79 25 00 23 – www.hotel-ombremont.com
– Fermé de janv. à mi-fév., lundi et mardi

Le Bateau Ivre – voir les restaurants ci-dessus

Le Savoy Hôtel

FAMILIAL • FONCTIONNEL Bienvenue dans ce petit hôtel-restaurant familial, installé non loin du centre nautique et du port. Les chambres sont fonctionnelles et sans prétention : on s'y sent bien, tout simplement.

10 chambres – 65/75 € 75/95 € – 9 € – ½ P

600 rte du Tunnel – 04 79 26 40 00 – www.le-savoyhotel.com

Ageoca – voir les restaurants ci-dessus

BOURGOIN-JALLIEU

38300 (Isère) – 26 773 hab. – Alt. 235 m – Carte régionale n° **23**-B2
Paris 503 km – Bourg-en-Bresse 81 km – Grenoble 66 km – Lyon 43 km
Carte Michelin 333-E4 – Guide Vert Michelin Lyon et sa région

Domaine des Séquoias (Eric Jambon)

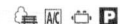

CUISINE MODERNE • ÉLÉGANT On passe un agréable moment au sein de cette belle maison de maître, d'une élégance toute classique, où de grandes toiles contemporaines projettent leurs couleurs à travers la pièce. Le repas se décline au fil de mets très savoureux et originaux, guidés par le souci du bon produit. Autre atout : l'accueil est charmant.

→ Ormeaux, enokis, noisette et sauce à l'absinthe. Œuf au foin, nid et mouillette végétale aux noix. Shortbread millionnaire.

Menu 40 € (déj. en semaine), 65/125 €

Hôtel Domaine des Séquoias, 54 Vie-de-Boussieu, 2,5 km à l'Est par D1006 et rte de Boussieu – 04 74 93 78 00 – www.domaine-sequoias.com
– Fermé 30 juil.-22 août, 1 semaine fin oct., 21 déc.-6 janv., dim. soir, mardi midi et lundi

Domaine des Séquoias

MAISON DE CAMPAGNE • PERSONNALISÉ Un hôtel élégant, bien au calme dans un grand parc. Vous pouvez choisir entre les chambres classiques et spacieuses de la Demeure, ou celles plus modernes et design de la Ferme. Indéniablement séduisant.

19 chambres – 125/260 € 125/260 € – 20 €

54 Vie-de-Boussieu, 2,5 km à l'Est par D1006 et rte de Boussieu
– 04 74 93 78 00 – www.domaine-sequoias.com – Fermé 30 juil.-22 août, 1 semaine fin oct. et 22 déc.-9 janv.

Domaine des Séquoias – voir les restaurants ci-dessus

Les Dauphins

FAMILIAL • PERSONNALISÉ Dans cette pimpante maison bourgeoise (1910) et ses deux annexes, on découvre des chambres coquettes, aux tons pastel et fort bien tenues. Pour la détente : terrasse face au jardin où trône un beau séquoia centenaire, piscine et petit fitness.

20 chambres – 70/90 € 70/90 € – 9 €

8 r. François-Berrier, 1,5 km à l'Ouest par D312 – 04 74 93 00 58
– www.hotel-des-dauphins.fr

à La Grive 4,5 km à l'Ouest par D312 – ✉ 38300 Bourgoin Jallieu

L'Émulsion

CUISINE MODERNE • ÉLÉGANT XX Une Émulsion à la fois savoureuse et inventive. Le cadre, contemporain et élégant, sert à merveille des recettes telles que le foie gras choc-passion, le pigeonneau de Dominique Berger, côtes de blettes et oignons nouveaux, ou ce millefeuille d'aubergines séchées, crème citron et sorbet basilic – un dessert surprenant...

Formule 18 € – Menu 26 € (déj.), 40/52 € – Carte 36/59 €

57 route de Lyon – ✆ 04 74 28 19 12 – www.lemulsion-restaurant.com – Fermé 2 semaines en août, 22 déc.-2 janv., dim. et lundi

BOURG-ST-ANDÉOL

✉ 07700 (Ardèche) – 7 203 hab. – Alt. 36 m – Carte régionale n° **23**-B3
Paris 640 km – Aubenas 57 km – Montélimar 26 km – Orange 34 km
Carte Michelin 331-J7 – Guide Vert Michelin Ardèche Drôme

Le Clos des Oliviers

FAMILIAL • FONCTIONNEL Sur la place principale du village, cette maison ancienne, bien rénovée, abrite de petites chambres fonctionnelles et colorées. Celles de l'annexe sont plus calmes. Au restaurant, terrasse au milieu des oliviers et... saveurs du Sud.

32 chambres – †49/65 € ††55/75 € – ☕ 8 € – ½ P

20 pl. du Champ-de-Mars – ✆ 04 75 54 50 12 – www.closdesoliviers.fr – Fermé 20 déc.-4 janv.

BOURG-ST-MAURICE

✉ 73700 (Savoie) – 7 741 hab. – Alt. 850 m – Carte régionale n° **23**-D2
Paris 635 km – Albertville 54 km – Aosta 79 km – Chambéry 103 km
Carte Michelin 333-N4 – Guide Vert Michelin Alpes du Nord

L'Arssiban

CUISINE MODERNE • RUSTIQUE X Savez-vous ce qu'est un arssiban ? C'est ce "banc-coffre" en pin typique de la Savoie ! Telle est la pièce maîtresse du chaleureux décor de ce chalet : voûtes en pierre, tables en bois... Adepte inconditionnel des produits frais, le chef explore la tradition avec savoir-faire. Une sympathique adresse.

Formule 23 € – Menu 28/49 € – Carte 42/69 €

253 av. Antoine-Borrel – ✆ 04 79 07 77 35 – Fermé 19 juin-9 juil., 30 oct.-10 nov., merc. soir, dim. soir et lundi

Le Montagnole

CUISINE TRADITIONNELLE • FAMILIAL X Les propriétaires, tous deux artistes, exposent leurs œuvres picturales et poétiques dans la salle. Ce n'est pas la moindre coquetterie de ce restaurant pour lequel ils donnent beaucoup. Dans l'assiette : le goût de la tradition.

Formule 17 € – Menu 23/35 € – Carte 39/57 €

26 av. du Stade – ✆ 04 79 07 11 52 – www.restaurantlemontagnole.com – Fermé 30 mai-15 juin, 15 nov.-7 déc., merc. soir et mardi

L'Autantic

BUSINESS • PERSONNALISÉ Authentique, ce chalet en pierre et bois ! Les chambres, mêlant murs immaculés, bois et fer forgé, sont petites et bien tenues. Préférez celles avec terrasse ou balcon. Agréable piscine couverte.

29 chambres – †40/100 € ††70/140 € – ☕ 12 €

69 rte d'Hauteville – ✆ 04 79 07 01 70 – www.hotel-autantic.fr

BOURGUEIL

✉ 37140 (Indre-et-Loire) – 3 884 hab. – Alt. 42 m – Carte régionale n° **6**-A2
Paris 281 km – Angers 81 km – Chinon 16 km – Saumur 23 km
Carte Michelin 317-J5 – Guide Vert Michelin Châteaux de la Loire

La Rose de Pindare

CUISINE MODERNE • COSY XX Anagramme de Pierre Ronsard – à deux lettres près –, La Rose de Pindare a conservé toute sa fraîcheur ! On s'installe dans une salle fleurie ou sur la terrasse pour déguster une cuisine dans l'air du temps, concoctée avec de beaux produits. Une bonne adresse.

Menu 21/43 € – Carte 25/50 €

4 pl. Hublin – 02 47 97 70 50 – www.larosedepindare.com – Fermé 1er-10 fév. et merc.

Le Moulin Bleu

CUISINE TRADITIONNELLE • RUSTIQUE X Envie de manger dans un lieu insolite ? Dans ce cas, poussez la porte de ce moulin angevin (15e s.) avec vue sur le vignoble de Bourgueil ! Dans une salle rustique, au charme désuet, on déguste une cuisine traditionnelle généreuse et goûteuse. Ambiance chaleureuse.

Formule 22 € – Menu 28/38 € – Carte 36/65 €

7 rte du Moulin-Bleu, 2 km au Nord par rte de Courléon – 02 47 97 73 13 – www.lemoulinbleu.com – Fermé janv., dim. soir, mardi soir et merc.

BOURGUIGNONS – 10 (Aube) → Voir Bar-sur-Seine

BOURGVILAIN

71520 (Saône-et-Loire) – 328 hab. – Alt. 280 m – Carte régionale n° **4**-C3
Paris 422 km – Dijon 151 km – Lyon 88 km – Mâcon 22 km
Carte Michelin 320-H11

Auberge Larochette

CUISINE TRADITIONNELLE • AUBERGE X Cette sympathique auberge, située au cœur d'un village à quelques kilomètres de Cluny, dévoile une cuisine fraîche et maîtrisée : porchetta de lapin et salade verte, quenelles de brochet au coulis d'écrevisses... La cheminée crépite en hiver, la terrasse ombragée permet de profiter de l'été. Accueil attentionné.

Menu 18 € (déj. en semaine), 25/44 € – Carte 38/60 €

Le Bourg – 03 85 50 81 73 – www.aubergelarochette.com – Fermé 20 fév.-6 mars, 2 semaines en nov., jeudi soir d'oct. à mars, dim. soir, mardi midi et lundi

BOURNEVILLE

27500 (Eure) – 944 hab. – Alt. 124 m – Carte régionale n° **17**-B3
Paris 155 km – Brionne 25 km – Le Havre 45 km – Rouen 43 km
Carte Michelin 304-D5

Risle Seine

CUISINE TRADITIONNELLE • RUSTIQUE X Au cœur du village, l'une de ces bonnes auberges qui cultivent le goût de cuisiner : rosace d'andouille et de pomme, sauce au cidre ; tendron de veau braisé aux petits oignons ; sablé aux fraises et à la rhubarbe... La tradition, et plus encore.

Formule 14 € – Menu 19/34 € – Carte 21/38 €

5 pl. de la Mairie – 02 32 42 30 22 – www.risle-seine.com – Fermé vacances de la Toussaint, mardi et merc. sauf fériés

BOURRON-MARLOTTE

77780 (Seine-et-Marne) – 2 647 hab. – Alt. 71 m – Carte régionale n° **10**-C3
Paris 72 km – Fontainebleau 9 km – Melun 26 km – Montereau-Fault-Yonne 26 km
Carte Michelin 312-F5 – Guide Vert Michelin Île-de-France

Les Prémices

CUISINE CRÉATIVE • TENDANCE XXX Dans les dépendances du château de Bourron (fin 16e-début 17e s.), salle moderne et terrasse fleurie. Cuisine inventive fervente des produits exotiques ; belle carte de vins.

Menu 42 € (semaine), 60/75 € – Carte 80/105 €

12bis r. Blaise-de-Montesquiou – 01 64 78 33 00 – www.restaurant-les-premices.com – Fermé 1er-15 août, vacances de Noël, dim. soir, lundi et mardi

Château de Bourron

DEMEURE HISTORIQUE • PERSONNALISÉ À quelques kilomètres de Fontainebleau, une exceptionnelle propriété du 17e s., entourée de douves et ceinte d'un parc de 42 hectares. Un escalier en chêne mène à des chambres amples et confortables ; d'autres, plus modernes, sont situées dans une annexe. Un ensemble raffiné, où souffle le vent de l'histoire.

14 chambres - 180/520 € 180/520 € - 16 €

16 av. de Montesquiou - 01 64 78 39 39 - www.bourron.fr

BOURTH

27580 (Eure) - 1 265 hab. - Alt. 182 m - Carte régionale n° **17**-C2

Paris 125 km - L'Aigle 16 km - Alençon 78 km - Évreux 46 km

Carte Michelin 304-E9

Auberge Chantecler

CUISINE TRADITIONNELLE • RUSTIQUE Près de l'église, on repère aisément cette auberge avec sa façade en briques chaulées fleurie de géraniums en été. La carte rend hommage à la Normandie et à ses produits, en particulier la spécialité de la maison : le soufflé froid au calvados !

Formule 19 € - Menu 29/42 € - Carte 30/50 €

6 pl. de l'Église - 02 32 32 61 45 - www.auberge-chanteclerc.fr - Fermé dim. soir, merc. soir et lundi

BOUSSAC

23600 (Creuse) - 1 300 hab. - Alt. 376 m - Carte régionale n° **13**-C1

Paris 333 km - Aubusson 50 km - La Châtre 37 km - Guéret 41 km

Carte Michelin 325-K2 - Guide Vert Michelin Limousin Berry

à Nouzerines 10 km au Nord-Ouest par D97 - 23600 - 247 hab. - Alt. 407 m

La Bonne Auberge

CUISINE TRADITIONNELLE • CHAMPÊTRE C'est une jolie petite auberge de village, avenante et pittoresque avec ses volets verts. Les gourmands y apprécient une bonne cuisine de tradition qui met à l'honneur les petits producteurs locaux. Et pour le repos, les chambres sont bien pratiques. Un endroit où l'on se rend avec plaisir !

Formule 17 € - Menu 22 € (semaine), 29/52 € - Carte 31/69 €

6 chambres - 66/82 € 70/85 € - 10 €

1 r. des Lilas - 05 55 82 01 18 - www.la-bonne-auberge.net - Fermé 19 fév.-14 mars, 24 sept.-10 oct., mardi midi sauf en été, dim. soir et lundi

BOUTERVILLIERS - 91 (Essonne) → Voir Étampes

BOUZEL

63910 (Puy-de-Dôme) - 706 hab. - Alt. 320 m - Carte régionale n° **3**-C2

Paris 432 km - Ambert 57 km - Clermont-Ferrand 23 km - Issoire 38 km

Carte Michelin 326-G8

L'Auberge du Ver Luisant

CUISINE TRADITIONNELLE • AUBERGE Voilà un ver luisant qui brille derrière les fourneaux ! Dans cette jolie maison de pays, on savoure une goûteuse cuisine traditionnelle, où transparaît tout l'amour du chef pour la gastronomie. Service attentionné et petits prix à la clé.

Menu 17 € (déj. en semaine), 30/56 €

2 r. du Breuil - 04 73 62 93 83 - Fermé 1 semaine vacances de Pâques, 16 août-7 sept., 1 semaine début janv., merc. soir, jeudi soir, dim. soir, lundi et mardi

BOUZE-LÈS-BEAUNE - 21 (Côte-d'Or) ➜ Voir Beaune

➜ Voir Beaune

BOUZIGUES - 34 (Hérault) ➜ Voir Mèze

BOUZY

51150 (Marne) - 937 hab. - Alt. 111 m - Carte régionale n° **7**-B2
Paris 168 km - Châlons-en-Champagne 29 km - Épernay 21 km - Reims 27 km
Carte Michelin 306-G8

Les Barbotines

FAMILIAL • PERSONNALISÉ Un village viticole, entre Reims et Châlons-en-Champagne, voilà déjà une bonne raison de faire une halte dans cette belle maison de vigneron du 19e s. Joli mobilier chiné dans les chambres, accueil plein de petites attentions : une bonne adresse !

5 chambres - 92 € 116 €

1 pl. A.-Tritant - 03 26 57 07 31 - www.lesbarbotines.com - Fermé 1er-20 août et 15 déc.-15 fév.

BOZOULS

12340 (Aveyron) - 2 742 hab. - Alt. 530 m - Carte régionale n° **15**-D1
Paris 603 km - Espalion 11 km - Mende 94 km - Rodez 22 km
Carte Michelin 338-I4

Le Belvédère (Guillaume Viala)

CUISINE MODERNE • COSY On se laisse volontiers entraîner vers ce Belvédère chaleureux qui domine le "trou de Bozouls", superbe cirque naturel. Guillaume Viala y prépare légumes, herbes et produits du terroir avec beaucoup d'intelligence, créant des mariages malins et pertinents, colorés et parfumés. De la belle ouvrage !

➜ Le "bouillon de cultures". Agneau allaiton de l'Aveyron. Le gourg d'enfer.

Formule 31 € - Menu 38 € (déj. en semaine), 63/95 €

9 chambres - 71/92 € 75/92 € - 18 €

11 rte du Maquis Jean-Pierre, rte de St-Julien - 05 65 44 92 66 (réservation conseillée) - www.belvedere-bozouls.com - Fermé 6-24 mars, 6 nov.-2 déc., mardi midi, dim. soir et lundi

À la Route d'Argent

CUISINE TRADITIONNELLE • ÉLÉGANT Au rez-de-chaussée de l'hôtel, un restaurant à la décoration moderne et lumineux, où l'on déguste des plats traditionnels généreux et gourmands. Feuilleté aux asperges, ris d'agneau à l'aligot et endive braisée, etc. : la carte varie au gré du marché et les cuissons sont toujours justes... Médaille d'argent !

Menu 21 € (semaine), 32/51 €

Hôtel À la Route d'Argent, 1 rte de Gabriac - 05 65 44 92 27 - www.laroutedargent.com - Fermé janv., fév., lundi sauf le soir en juil.-août, dim. soir et mardi midi

À la Route d'Argent

TRADITIONNEL • FONCTIONNEL Un hôtel-restaurant des années 1970 avec des chambres simples et pratiques, toutes en boiseries et couleurs chaudes, plus agréables encore côté piscine ; celles situées dans l'annexe offrent un confort similaire. Une maison sérieuse !

21 chambres - 53/70 € 60/70 € - 10 € - ½ P

1 rte de Gabriac - 05 65 44 92 27 - www.laroutedargent.com - Fermé janv. et fév.

À la Route d'Argent - voir les restaurants ci-dessus

Hameau des Brunes

FAMILIAL • PERSONNALISÉ Avec sa tourelle, cette demeure du 18e s. est charmante, et la propriétaire est aux petits soins pour ses hôtes. Un jardin-verger ravissant, du mobilier ancien, des produits régionaux au petit-déjeuner et la campagne pour bel horizon : du caractère !

5 chambres - 92/158 € 92/158 €

hameau les Brunes, 5 km au Sud par D920 et rte secondaire - 05 65 48 50 11 - www.lesbrunes.com

BRACIEUX

41250 (Loir-et-Cher) - 1 259 hab. - Alt. 70 m - Carte régionale n° **6**-B1

Paris 185 km - Blois 19 km - Montrichard 39 km - Orléans 64 km

Carte Michelin 318-G6 - Guide Vert Michelin Châteaux de la Loire

Le Rendez-vous des Gourmets

CUISINE TRADITIONNELLE • AUBERGE Cette auberge familiale est le repaire du chef Didier Doreau, qui travaille de beaux produits en respectant la tradition (lièvre à la royale, agneau confit aux herbes potagères, gratin d'agrumes, etc.). De fait, l'établissement s'est imposé comme un "rendez-vous des gourmets".

Formule 17 € - Menu 21 € (semaine), 27/65 € - Carte 44/73 €

20 r. Roger-Brun - 02 54 46 03 87 - Fermé vacances de printemps, 25 août-5 sept., vacances de la Toussaint, 23 déc.-20 janv., dim. soir, sam. midi et merc.

L'Orée des Châteaux

FAMILIAL • FONCTIONNEL Un petit hôtel minimaliste, très prisé par les touristes en route pour les châteaux de la Loire. En plus des chambres, confortables et accueillantes, on peut opter pour un petit appartement équipé.

16 chambres - 61/64 € 64/74 € - 8,50 €

9 bis rte de Blois - 02 54 46 40 19 - www.oree-des-chateaux.com

BRAM

11150 (Aude) - 3 401 hab. - Alt. 134 m - Carte régionale n° **12**-A2

Paris 749 km - Carcassonne 24 km - Castres 67 km - Montpellier 173 km

Carte Michelin 344-D3 - Guide Vert Michelin Languedoc

au Nord rte de Castelnaudary : 4 km par D4, N6113 et rte secondaire - 11150 Bram

Château de la Prade

MAISON DE CAMPAGNE • PERSONNALISÉ Des paons, de superbes magnolias, des platanes centenaires... Le parc est ravissant, tout comme cette demeure bourgeoise, classique et élégante sans ostentation. Au petit-déjeuner, on se régale de confitures maison et, à la table d'hôte, d'une cuisine du terroir. Le tout à deux pas du canal du Midi !

4 chambres - 80/100 € 95/125 €

- 04 68 78 03 99 - www.chateaulaprade.fr - Ouvert de mi-mars à mi-nov.

LA BRANDE - 36 (Indre) → Voir Montipouret

BRANNE

33420 (Gironde) - 1 323 hab. - Alt. 10 m - Carte régionale n° **2**-C1

Paris 593 km - Bordeaux 35 km - Bergerac 57 km - Libourne 13 km

Carte Michelin 335-J6

Le Caffé Cuisine

CUISINE TRADITIONNELLE • CONVIVIAL Simple, frais et sans chichi ! Le chef valorise les produits et le terroir : canard des Landes, pêche du jour, agneau de la région... tout près du pont sur la Dordogne.

Menu 17 € (déj. en semaine)/30 € - Carte 35/75 €

7 pl. du Marché (au pont) - 05 57 24 19 67 - Fermé dim. soir et lundi sauf fériès

BRANTÔME

24310 (Dordogne) - 2 181 hab. - Alt. 104 m - Carte régionale n° **2**-C1
Paris 470 km - Angoulême 58 km - Limoges 83 km - Nontron 23 km
Carte Michelin 329-E3 - Guide Vert Michelin Périgord Quercy

Le Moulin de l'Abbaye

CUISINE MODERNE • ÉLÉGANT XXX Charme contemporain et intemporel, dépaysement en écoutant bruire la Dronne... et une cuisine au diapason : de superbes produits (langoustines, pigeon) travaillés avec finesse et créativité, dans le respect méticuleux des saisons. Une belle adresse, qui se distingue également par son bon rapport qualité-prix.

➜ Dégustation de foie gras du Périgord en deux services. Lotte en chapelure d'algue, tomates et supions, coquillages en huile de curry. Soufflé au chocolat grand cru.

Formule 39 € - Menu 49/95 € - Carte 75/130 €

Hôtel Le Moulin de l'Abbaye, 1 rte de Bourdeilles - ✆ 05 53 05 80 22 - www.moulinabbaye.com - Ouvert 9 fév.-22 oct. et fermé lundi midi, merc. midi et mardi

Charbonnel

CUISINE CLASSIQUE • ÉLÉGANT XX Pigeon, foie gras, cèpes et truffes... des produits du terroir joliment relevés à la sauce contemporaine, pour une cuisine pleine de goût ! Atmosphère cosy et, aux beaux jours, jolie terrasse donnant sur la Dronne.

Menu 34 € (semaine), 46/70 € - Carte 43/88 €

Hôtel Charbonnel, 57 r. Gambetta - ✆ 05 53 05 70 15 - www.lesfrerescharbonnel.com - Fermé 29 janv. -5 mars, 27 nov.-12 déc., dim. soir d'oct. à juin, jeudi soir de janv. à mars et lundi sauf juil.-août

Les Jardins de Brantôme

CUISINE DU TERROIR • CONVIVIAL XX Dans les Jardins de Brantôme s'épanouit une savoureuse cuisine du terroir. Le chef met un point d'honneur à privilégier les petits producteurs, et compose de séduisantes préparations, à l'instar de ce croustillant d'agneau, crème à l'ail et au thym... Quant au joli cadre rustique, il ne gâche rien !

Menu 32/36 € - Carte 45/61 €

Hôtel Les Jardins de Brantôme, 33-37 r. Pierre-de-Mareuil - ✆ 05 53 05 88 16 - www.lesjardinsdebrantome.com - Fermé mi-déc. à fin janv., le midi sauf dim., jeudi hors saison et merc.

Le Moulin de l'Abbaye

LUXE • PERSONNALISÉ Un ravissant moulin et sa maison de meunier : voilà un cadre bucolique qui laisse rêveur ! Les chambres, empreintes de douceur romantique, sont bercées par le murmure d'une cascade. Quiétude, quand tu nous tiens...

20 chambres - 🚹125/210 € 🚹🚹290/405 € - ☕ 24 € - ½ P

1 rte de Bourdeilles - ✆ 05 53 05 80 22 - www.moulinabbaye.com - Ouvert 9 fév.-22 oct.

Le Moulin de l'Abbaye - voir les restaurants ci-dessus

Moulin de Vigonac

TRADITIONNEL • PERSONNALISÉ Esprit romantique en ce moulin du 16ᵉs., bercé par la Dronne. Les chambres, confortables et bien tenues, sont joliment décorées. À la belle saison, on profite du parc et de la piscine... et, en toutes saisons, d'un accueil familial et chaleureux.

10 chambres - 🚹125/300 € 🚹🚹125/300 € - ☕ 17 € - ½ P

1 km au Sud-Ouest par D939 et rte secondaire - ✆ 05 53 05 87 59 - www.moulindevigonac.com - Ouvert 15 mars-30 nov.

Les Jardins de Brantôme

BOUTIQUE HÔTEL • CONTEMPORAIN Près du centre de la "Venise du Périgord", cette demeure du 18e s. a joui d'une belle réhabilitation : tons apaisants, matériaux de qualité, vieilles pierres et esprit d'aujourd'hui... avec un agréable salon (cheminée), un joli jardin et sa piscine. Une adresse où il fait bon séjourner.

7 chambres – 115/185 € 115/185 € – 14 € – ½ P

33 r. Pierre-de-Mareuil – 05 53 05 88 16 – www.lesjardinsdebrantome.com – Fermé mi-déc. à fin-janv.

Les Jardins de Brantôme – voir les restaurants ci-dessus

Charbonnel

FAMILIAL • CLASSIQUE Une maison de tradition qui épouse pleinement son époque : des chambres confortables et douillettes, une terrasse sur la Dronne et un restaurant traditionnel, le tout relooké avec fraîcheur... Une bonne étape !

18 chambres – 65/105 € 90/150 € – 12 € – ½ P

57 r. Gambetta – 05 53 05 70 15 – www.lesfrerescharbonnel.com – Fermé 1er fév.-5 mars et 27 nov.- 12 déc.

Charbonnel – voir les restaurants ci-dessus

à Champagnac-de-Belair 6 km au Nord-Est par D78 et D83 – 24530 – 698 hab. – Alt. 135 m

Le Moulin du Roc (Alain Gardillou)

CUISINE CLASSIQUE • ÉLÉGANT XXX On peut être un Roc et à la fois d'une grande délicatesse : preuve en est cette cuisine subtile, qui puise dans le terroir des saveurs sensibles... mais fortes. L'environnement verdoyant ajoute au plaisir du moment. Formule plus simple au déjeuner en semaine, à base de grillades (bœuf de Coutancie, volaille fermière).

➜ Foie gras rôti en cocotte, jus de porto, poivre et sel. Pâtes fraîches aux truffes noires du Périgord. Tarte soufflée au citron vert et fraises du Périgord.

Menu 75/120 € – Carte 80/165 €

– 05 53 02 86 00 – www.moulinduroc.com – Ouvert 6 avril-5 nov. et fermé le midi sauf dim. et mardi

Le Moulin du Roc

LUXE • HISTORIQUE Le lieu est magique : un luxueux moulin à huile sur la Dronne, entouré de verdure. Les chambres sont superbes et l'on se perd dans un dédale d'escaliers ou dans le jardin au bord de l'eau...

15 chambres – 160/300 € 160/300 € – 18 € – ½ P

– 05 53 02 86 00 – www.moulinduroc.com – Ouvert 6 avril -5 nov.

Le Moulin du Roc – voir les restaurants ci-dessus

BRAS

83149 (Var) – 2 543 hab. – Alt. 280 m – Carte régionale n° **21**-C3

Paris 814 km – Aix-en-Provence 55 km – Marseille 62 km – Toulon 61 km

Carte Michelin 340-K5

Une Campagne en Provence

DEMEURE HISTORIQUE • À LA CAMPAGNE Idéale pour une retraite au plus près de la campagne, cette ancienne ferme des Templiers, remontant au 12es., se dresse parmi les prairies et les vignes. Chaleureux et charmant décor provençal. À la table d'hôte, cuisine régionale et vins de la propriété. Promenades à cheval sur le domaine en saison.

5 chambres – 95/148 € 100/148 €

Domaine Le Peyrourier, 3 km au Sud-Ouest par D28 et rte secondaire – 04 98 05 10 20 – www.provence4u.com – Ouvert 18 mars-12 nov.

BRASSEMPOUY

40330 (Landes) – 285 hab. – Alt. 120 m – Carte régionale n° **2**-B3

Paris 754 km – Bordeaux 175 km – Mont-de-Marsan 39 km – Pau 57 km

Carte Michelin 335-G13 – Guide Vert Michelin Aquitaine

L'Auberge du Laurier

CUISINE TRADITIONNELLE • AUBERGE X Tartine de gésiers gratinés, poulet fermier, crépinette de cochon au romarin, pannacotta aux pruneaux d'Agen, pain perdu aux pommes, etc. : une jolie cuisine de tradition, valorisant les produits de la région, au menu de cette auberge d'aujourd'hui chaleureuse et lumineuse, dont la terrasse borde le jardin potager.

Formule 22 € - Menu 29 €

1459 rte d'Amou, 3 km au Nord, rte de St-Cricq-Chalosse par D21 - 05 58 75 08 05 - www.aubergedulaurier.fr - Fermé fév., 21-27 déc. et merc.

La Petite Couronne

MAISON DE CAMPAGNE • CONTEMPORAIN Défenseurs de la planète, cette adresse est faite pour vous ! En pleine campagne, l'établissement, tout en bois, joue la carte écolo, et les chambres, confortables et bien tenues, respectent les normes environnementales. Petit-déjeuner copieux, servi face à la piscine.

10 chambres - 78/95 € 89/110 €

1459 rte d'Amou, 3 km au Nord, rte de St-Cricq-Chalosse par D21 - 05 58 79 38 37 - www.lapetitecouronne.fr - Fermé 1 semaine en déc.

BRAY-ET-LU

95710 (Val-d'Oise) - 965 hab. - Alt. 28 m - Carte régionale n° **10**-A1

Paris 70 km – Rouen 61 km – Gisors 26 km – Pontoise 36 km

Carte Michelin 305-A6 et 106

Les Jardins d'Épicure

CUISINE MODERNE • ÉLÉGANT XXX Épicure aurait-il célébré le plaisir d'un repas pris dans le décor pour le moins original de ces Jardins, avec leurs tables réparties autour d'une piscine, dans une grande verrière ouverte sur la verdure ? En cuisine, le jeune chef travaille avec soin de beaux produits de saison, qu'il agrémente au goût du jour.

Menu 29 € (déj. en semaine)/79 € - Carte 71/102 €

16 Grande-Rue - 01 34 67 75 87 - www.lesjardinsdepicure.com - Fermé dim. soir, mardi midi et lundi

Les Jardins d'Épicure

Racheté en 2013 par un couple de trentenaires pleins d'allant, ce groupement de maisons datant du 19e s. s'étend dans un joli parc traversé par une rivière. On s'y prélasse dans des chambres pleines de charme, cosy et contemporaines. De quoi satisfaire les épicuriens !

19 chambres - 120/320 € 120/320 € - 15 €

16 Grande-Rue - 01 34 67 75 87 - www.lesjardinsdepicure.com

Les Jardins d'Épicure - voir les restaurants ci-dessus

BREBIÈRES - 62 (Pas-de-Calais) → Voir Douai

BRÉHAT (ÎLE-DE) - 22 (Côtes-d'Armor) → Voir Île-de-Bréhat

LA BREILLE-LES-PINS

49390 (Maine-et-Loire) - 585 hab. - Alt. 105 m - Carte régionale n° **18**-C2

Paris 283 km – Angers 70 km – Baugé 31 km – Chinon 29 km

Carte Michelin 317-J4

L'Orée des Bois

CUISINE TRADITIONNELLE • AUBERGE XX Au cœur du village, dans un bâtiment des années 1980, le restaurant joue la carte du classicisme, mêlant meubles de style Louis XIII et rustiques. Quant aux assiettes, elles embaument les parfums du terroir. Chambres simples et bien tenues pour l'étape.

Menu 18 € (semaine), 24/55 € - Carte 34/57 €

7 chambres - 61/74 € 62/74 € - 9 €

2 r. Saumuroise - 02 41 38 85 45 - www.hotel-restaurant-loreedesbois.fr - Fermé 15-30 oct., 2-15 janv., dim. soir et merc.

BRÉLÈS

✉ 29810 (Finistère) - 846 hab. - Alt. 52 m - Carte régionale n° **5**-A1
Paris 616 km - Brest 25 km - Quimper 99 km - Rennes 264 km
Carte Michelin 308-C4

Auberge de Bel Air

CUISINE TRADITIONNELLE • AUBERGE Une charmante ferme en granit, posée au bord de l'aber Ildut, avec un grand jardin et un étang. Dans l'assiette, une cuisine de la mer typique de la Bretagne, à l'image de ce filet de lieu jaune à la crème de homard. Quant au cadre, rustique, il prête à la tranquillité...

Formule 22 € - Menu 28/39 €

3 chambres - 80/100 € 85/100 €

rte de Lanildut - ✆ 02 98 04 36 01 (réservation conseillée) - www.restaubergedebelair.com - Fermé vacances de la Toussaint, janv., fév., dim. soir et lundi

BREM-SUR-MER

✉ 85470 (Vendée) - 2 599 hab. - Alt. 13 m - Carte régionale n° **2**-A3
Paris 461 km - Nantes 90 km - La Roche-sur-Yon 39 km
Carte Michelin 316-F8 - Guide Vert Michelin Pays de la Loire

Les Genêts (Nicolas Coutand)

CUISINE MODERNE • COSY Nés en 2014 dans une maison bourgeoise rénovée avec originalité - une passerelle en bois conduit jusqu'à la porte -, ces Genêts ont permis l'éclosion d'un jeune chef talentueux, Nicolas Coutand : il honore les produits de la région à travers des assiettes légères, d'une grande finesse, proposées à des prix raisonnables.

→ Cuisine du marché.

Formule 18 € - Menu 20 € (déj. en semaine), 29/55 €

21 bis r. de l'Océan
- ✆ 02 51 96 81 59 - www.restaurant-les-genets.fr
- Fermé lundi sauf le soir en saison, merc. soir de sept. à juin et dim. soir

LA BRESSE

✉ 88250 (Vosges) - 4 355 hab. - Alt. 636 m - Carte régionale n° **14**-C3
Paris 437 km - Colmar 52 km - Épinal 52 km - Gérardmer 13 km
Carte Michelin 314-J4 - Guide Vert Michelin Alsace Vosges

La Table d'Angèle

CUISINE MODERNE • CONTEMPORAIN Ce bistrot contemporain, tenu par un couple sympathique, explore le terroir avec subtilité : les assiettes - truite de la Bresse et féra du Léman, poitrine de cochon confite - se révèlent soignées et savoureuses. Quant à l'accueil, il est impeccablement assuré par Angèle, la patronne.

Menu 20 € (déj. en semaine), 32/65 € - Carte 45/50 €

30 Grande-Rue - ✆ 03 29 25 41 97 - Fermé 20 juin-10 juil., 15 nov.-5 déc., dim. soir, lundi et mardi

Les Vallées

TRADITIONNEL • FONCTIONNEL Au cœur du bourg (à proximité du plus grand domaine skiable des Vosges : la Bresse-Hohneck), un vaste complexe hôtelier fréquenté hiver comme été : chambres fonctionnelles et bien tenues, nombreux équipements (espaces pour séminaires, grande piscine avec sauna, hammam et jacuzzi, restaurant du terroir, etc.).

56 chambres - 68/122 € 68/122 € - 13 € - ½ P

31 r. Paul-Claudel - ✆ 03 29 25 41 39 - www.lesvallees-labresse.com

au Sud 3 km, rte de Cornimont par D486

Le Clos des Hortensias

CUISINE CLASSIQUE • CLASSIQUE Au cœur du Parc régional des Ballons des Vosges, une jolie salle bourgeoise, un accueil d'une gentillesse rare et des petits plats traditionnels sans esbroufe – aile de raie sauce ravigote, paleron de bœuf braisé, île flottante – assaisonnés avec justesse... Un Ballon d'or pour cette table vosgienne !

Menu 18 € (semaine), 25/43 €

51 rte de Cornimont – 03 29 25 41 08 (réservation conseillée) – Fermé 6-22 nov., lundi et le soir

BRESSIEUX

38870 (Isère) – 87 hab. – Alt. 510 m – Carte régionale n° **24**-E2

Paris 533 km – Grenoble 50 km – Lyon 76 km – Valence 73 km

Carte Michelin 333-E6 – Guide Vert Michelin Lyon et sa région

Auberge du Château

CUISINE MODERNE • CONVIVIAL Christèle et Xavier Vanheule, passionnés de cuisine et de bons vins, donnent le meilleur d'eux-mêmes pour faire de leur auberge une belle maison. Les produits viennent des fermes environnantes et débordent de fraîcheur. Tout en contemplant les monts du Lyonnais, on se régale de plats savoureux aux parfums méridionaux...

Menu 32/68 €

67 montée du Château – 04 74 20 91 01 – www.aubergedebressieux.fr – Fermé vacances de fév., 1 semaine en juin, vacances de la Toussaint, dim. soir, mardi et merc.

BRESSON – 38 (Isère) → Voir Grenoble

BREST

29200 (Finistère) – 139 676 hab. – Agglo. 199 463 hab. – Alt. 35 m – Carte régionale n° **5**-A2

Paris 596 km – Lorient 133 km – Quimper 72 km – Rennes 246 km

Carte Michelin 308-E4 – Guide Vert Michelin Bretagne Nord

Le M (Philippe Le Bigot)

CUISINE MODERNE • ÉLÉGANT Des associations de saveurs harmonieuses, une vraie maîtrise dans la conception des plats... Dans cette belle maison typiquement bretonne, on déguste une goûteuse cuisine d'aujourd'hui, qui met à contribution les producteurs locaux (poisson, volaille, légumes...). L'été, on met le cap sur l'agréable terrasse. On M !

→ Homard, tortellinis de chorizo. Turbot, beurre aux algues. Faux vacherin, coco et fraises de Plougastel.

Formule 36 € – Menu 44 € (déj. en semaine), 54/90 €

Hors plan – *22 r. du Cdt-Drogou – 02 98 47 90 00 – www.le-m.fr – Fermé 6-30 août, 7-24 janv., dim. et lundi*

L'Imaginaire

CUISINE CRÉATIVE • TENDANCE Cadre contemporain pour cette adresse du centre-ville : depuis la salle, teintée de quelques touches rétro, une baie vitrée permet désormais d'observer les cuisiniers à l'œuvre ! On se laisse porter par le menu fixe, en 3, 6 ou 9 plats, proposé par le chef ; les préparations sont élaborées et pleines de saveurs.

Formule 22 € – Menu 27 € (déj. en semaine), 40/62 €

Plan : A1-e – *23 r. de Fautras – 02 98 43 30 13 – www.imaginaire-restaurant.blogspot.com – Fermé 8-28 août, 1er-16 janv., merc. soir, dim. soir et lundi*

Hinoki

CUISINE JAPONAISE • ÉPURÉ Un vrai restaurant japonais sur Brest ? Bingo ! Le Hinoki est tenu par un chef... breton, passionné par la cuisine de l'archipel. Sa technique : profiter de la pêche locale pour obtenir des poissons de première fraîcheur, et réaliser ses sushis et makis devant les regards admiratifs des clients attablés au comptoir !

Menu 60/85 €

Plan : B1-d – *6 r. des Onze-Martyrs – ✆ 02 98 43 23 68 (réservation conseillée) – www.sushinoki.fr – Fermé dim., lundi et le midi*

Globulle Rouge

CUISINE TRADITIONNELLE • BISTRO Dans un quartier "arty" à souhait (musée des Beaux-Arts, galeristes, antiquaires), ce bistrot vintage et convivial affiche fièrement son mobilier de récup', ses banquettes usées et son sol en béton brut. À la carte, tradition et produits régionaux : terrine maison, rillettes de sardines, souris d'agneau, riz au lait...

Formule 17 € – Menu 20 € (déj. en semaine) – Carte 30/47 €

Plan : B2-b – *27 r. Émile-Zola – ✆ 02 98 33 38 03 – Fermé 1 semaine vacances de Noël, sam. midi, dim. et lundi*

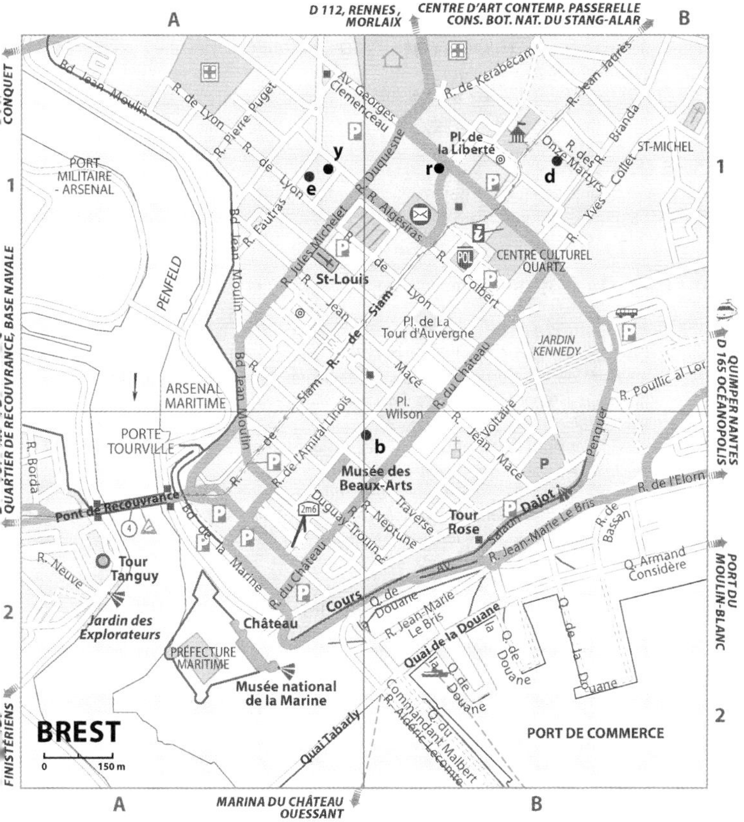

Océania

BUSINESS • CONTEMPORAIN Au cœur de Brest, entre la gare ferroviaire et le port, cet imposant immeuble abrite des chambres contemporaines, parfaitement insonorisées, ainsi qu'un restaurant. Pour la clientèle d'affaires, un espace séminaire confortable.

82 chambres – 85/170 € 85/170 €

Plan : B1-r – *82 r. de Siam (rue piétonne) – 02 98 80 66 66 – www.oceaniahotels.com*

L'Amirauté

BUSINESS • FONCTIONNEL Un hôtel aux lignes élégantes, avec des chambres spacieuses, bien insonorisées et fonctionnelles, des salles de réunion et un garage privé, très utile dans le quartier ! De plus, rien à redire sur l'entretien : c'est professionnel et très sérieux.

84 chambres – 72/150 € 72/150 € – 15 € – ½ P

Hors plan – *41 r. Branda – 02 98 80 84 00 – www.oceaniahotels.com/h/hotel-l-amiraute-brest/presentation*

La Paix

BUSINESS • CONTEMPORAIN En plein centre-ville, cet hôtel d'affaires propose des chambres de style contemporain, agréables et assez calmes. Les gourmands iront faire un tour du côté du restaurant, qui s'est spécialisé dans les viandes (grillées, en tartare, carpaccio).

28 chambres – 69/150 € 69/150 € – 14 € – ½ P

Plan : A1-y – *32 r. Algésiras – 02 98 80 12 97 – www.hoteldelapaix-brest.com – Fermé 17 déc.-2 janv.*

BRETENOUX

46130 (Lot) – 1 352 hab. – Alt. 136 m – Carte régionale n° **15**-C1
Paris 521 km – Brive-la-Gaillarde 44 km – Cahors 83 km – Figeac 48 km
Carte Michelin 337-H2

au Port de Gagnac 6 km au Nord-Est par D940 et D14

Hostellerie Belle Rive

CUISINE TRADITIONNELLE • COLORÉ XX Ici, on apprécie une bonne cuisine de tradition dans une agréable salle chaleureuse et colorée... ou sur la terrasse fleurie, qui regarde la rivière. Quelques chambres personnalisées avec des touches printanières.

Formule 14 € – Menu 17 € (déj. en semaine), 27/32 € – Carte 36/51 €

Hostellerie Belle Rive, Port-de-Gagnac – 05 65 38 50 04 – www.bellerive-dordogne-lot.com – Fermé 23 déc.-8 janv., vend. soir, sam. midi et dim. soir de mi-avril à mi-juil. et de fin août à mi-oct., et le week-end de mi-oct. à mi-avril

Auberge du Vieux Port

CUISINE RÉGIONALE • COLORÉ XX Transmise de père en fils depuis trois générations, cette table de l'Auberge du Vieux Port est à l'image de l'établissement : conviviale et attrayante. On y savoure une bonne cuisine de terroir – mention spéciale pour les ris d'agneau et la flambée quercynoise. Jolie salle avec cheminée, bien agréable l'hiver venu.

Formule 14 € – Menu 17 € (semaine), 25/40 € – Carte 34/55 €

8 chambres – 65/100 € 65/100 € – 10 €

Port-de-Gagnac – 05 65 38 50 05 – www.auberge-vieuxport-lot.com – Fermé 1er-7 juil., 23-30 sept., 23 déc.-15 janv., sam. midi, dim. soir et lundi sauf du 14 juil.-31 août

Hostellerie Belle Rive

FAMILIAL • PERSONNALISÉ Une belle maison lotoise dressée sur les rives de la Cère. Les chambres y sont confortables, personnalisées avec de jolies notes printanières. Cuisine traditionnelle au restaurant.

10 chambres - 80/110 € 85/130 € - 10 € - ½ P

Port-de-Gagnac - 05 65 38 50 04 - www.bellerive-dordogne-lot.com - Fermé 23 déc.-8 janv.

Hostellerie Belle Rive - voir les restaurants ci-dessus

BRÉTIGNOLLES-SUR-MER

85470 (Vendée) - 4 256 hab. - Alt. 14 m - Carte régionale n° **18**-A3

Paris 465 km - Challans 30 km - Nantes 86 km - La Roche-sur-Yon 44 km

Carte Michelin 316-E8 - Guide Vert Michelin Pays de la Loire

J.-M. Pérochon (Jean-Marc Pérochon)

CUISINE MODERNE • FAMILIAL Attablé derrière les grandes baies vitrées du restaurant, on admire les reflets du soleil sur l'Atlantique et les quelques gréements qui s'y découpent... Puis on découvre avec plaisir une cuisine savoureuse, sûre de ses fondamentaux, entre mer et terre (tourteau, langoustines, homard, poisson, volaille de Challans, etc.).

→ Sardine de Saint-Gilles-Croix-de-Vie, betterave nouvelle et citron confit. Canette de Challans, poivres rares et ratatouille revisitée. Framboises, gâche et Kamok.

Menu 35 € (déj. en semaine), 63/88 € - Carte 80/110 €

Hôtellerie des Brisants, 63 av. de la Grand'Roche - 02 51 33 65 53 - www.lesbrisants.com - Fermé 20 fév.-21 mars, 13 nov.-14 déc., lundi sauf le soir en juil.-août, dim. soir de sept. à juin et mardi midi

Hôtellerie des Brisants

FAMILIAL • CONTEMPORAIN Face à l'océan, cette agréable hôtellerie ne redoute nullement les brisants, ces grandes vagues nées au large et qui déferlent sur la côte... Les chambres se révèlent confortables, et l'on est accueilli avec simplicité et gentillesse.

14 chambres - 89/120 € 89/200 € - 13 € - ½ P

63 av. de la Grand'Roche - 02 51 33 65 53 - www.lesbrisants.com - Fermé 20 fév.-21 mars et 13 nov.-14 déc.

J.-M. Pérochon - voir les restaurants ci-dessus

BRETONVILLERS

25380 (Doubs) - 248 hab. - Alt. 727 m - Carte régionale n° **9**-C2

Paris 479 km - Besançon 67 km - Fribourg 163 km - Neuchâtel 75 km

Carte Michelin 321-J3

Hôtel de Gigot

FAMILIAL • TRADITIONNEL Un chalet en pleine nature, au cœur de la magnifique vallée du Dessoubre, paradis des pêcheurs... Cet hôtel-restaurant familial (troisième génération) a été rénové avec soin et est tenu méticuleusement. À table, la cuisine de tradition est de mise (spécialités : truite et grenouille).

15 chambres - 53/71 € 53/71 € - 7 €

à Gigot, 4,5 km au Sud-Ouest - 03 81 68 91 18 - www.hotel-gigot-vallee-dessoubre.com - Fermé vacances de la Toussaint, 15 janv.-28 fév., lundi soir, merc. soir et jeudi de mi-sept. à mi-mai

BRETTEVILLE-SUR-LAIZE

14680 (Calvados) - 1 692 hab. - Alt. 54 m - Carte régionale n° **17**-B2

Paris 245 km - Caen 18 km - Hérouville-Saint-Clair 23 km - Lisieux 52 km

Carte Michelin 303-C2

Château des Riffets

DEMEURE HISTORIQUE • CLASSIQUE Ce château du milieu du 19e s. est construit sur les ruines d'un ancien relais de chasse de Guillaume Le Conquérant. On s'y repose, au grand calme, dans des chambres qui ont du cachet : beaux parquets, mobilier d'époque, lits à baldaquin... En prime, le parc – où l'on peut voir gambader des lapins – est superbe !

4 chambres – 125 € 125/175 €

– 02 31 23 53 21 – www.chateau-des-riffets.com – Ouvert 24 mars -1er oct.

LE BREUIL-EN-AUGE

14130 (Calvados) – 1 002 hab. – Alt. 38 m – Carte régionale n° **17**-C2

Paris 196 km – Caen 55 km – Deauville 21 km – Lisieux 10 km

Carte Michelin 303-N4 – Guide Vert Michelin Normandie Vallée de la Seine

Le Dauphin

CUISINE CLASSIQUE • RUSTIQUE Avec ses colombages et sa charmante atmosphère, cet ancien relais de poste incarne la Normandie rêvée, vers laquelle on revient toujours avec plaisir... Mathieu Le Guillois, nouveau chef patron, n'y va pas de main morte : les assiettes sont généreuses !

Formule 29 € – Menu 42/69 € – Carte 62/100 €

2 r. de l'Église – 02 31 65 08 11 – www.ledauphin-restaurant.com – Fermé dim. soir et lundi

BREUILLET

17920 (Charente-Maritime) – 2 674 hab. – Alt. 28 m – Carte régionale n° **20**-A3

Paris 509 km – Poitiers 176 km – La Rochelle 69 km – Rochefort 39 km

Carte Michelin 324-D5

L'Aquarelle (Xavier Taffart)

CUISINE CRÉATIVE • ÉLÉGANT L'Aquarelle d'un chef arrivé en pleine maturité : c'est en créateur sage et inspiré que Xavier Taffart travaille ses beaux produits locaux, et réinterprète des recettes bien connues. Dans l'assiette, évidence, couleurs et... plaisir ! Et côté décor, dans la grande salle panoramique, le design prévaut.

→ Foie gras poché, bouillon aux algues kombu et shiitakés. Ris de veau croustillant au fumet de langoustines, vanille, café et whisky. Billes crémeuses au fromage blanc, myrtilles et anis vert.

Menu 35 € (déj. en semaine), 49/110 € – Carte 76/93 €

3 chambres – 150 € 150 € – 17 €

71 A rte du Montil, 2 km au Sud par D140 – 05 46 22 11 38 – www.laquarelle.net – Fermé 1 semaine en juin, 2 semaines en oct. et en janv., dim. soir sauf juil.-août, mardi midi et lundi

BREUREY-LES-FAVERNEY – 70 (Haute-Saône) → Voir Faverney

BRIANÇON

05100 (Hautes-Alpes) – 12 301 hab. – Alt. 1 321 m – Carte régionale n° **21**-C1

Paris 681 km – Digne-les-Bains 145 km – Gap 89 km – Grenoble 119 km

Carte Michelin 334-H3 – Guide Vert Michelin Alpes du Sud

Le Pêché Gourmand (Sharon et Jimmy Frannais)

CUISINE MODERNE • CONVIVIAL Un restaurant au bord de la Guisane, tenu par un jeune couple franco-australien amoureux de gastronomie. Sharon concocte une belle cuisine de saison, soignée et savoureuse, et Jimmy vous régale de ses pâtisseries, délicates et délicieuses. Péché gourmand et... péché mignon !

→ Langoustines rôties, tartare en beignet de fleur de courgette. Ris de veau au beurre noisette, pommes grenaille cuitent en bardes et fèves. Gratin de fraises des bois comme une omelette norvégienne.

Menu 24 € (déj. en semaine), 38/70 € – Carte 61/94 €

Plan : A2-v *– 2 rte de Gap – 04 92 21 33 21 – www.peche-gourmand.com – Fermé 22-30 mai, 12-27 nov., dim. de sept. à juin et lundi*

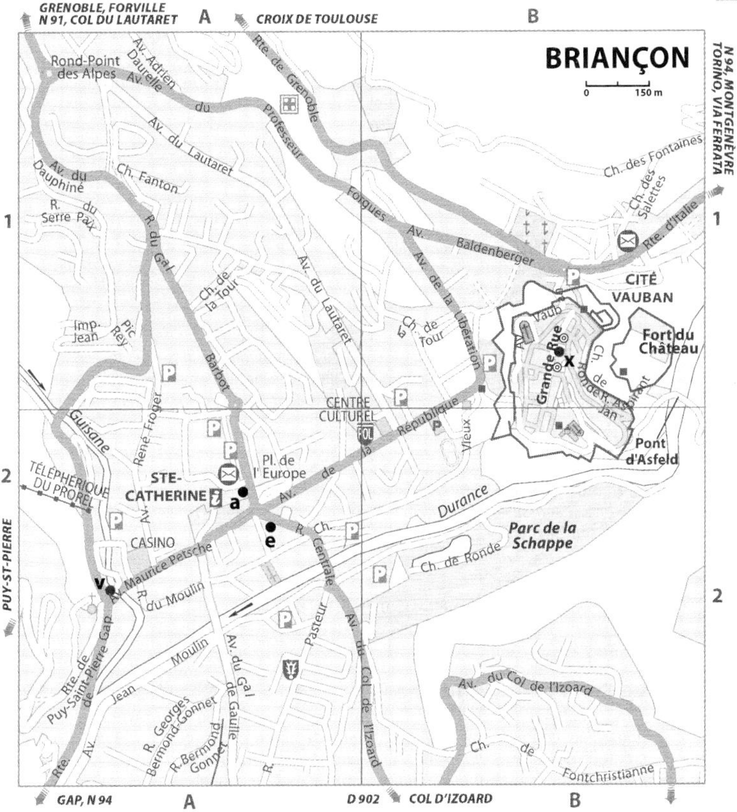

Au Plaisir Ambré

CUISINE MODERNE • CONTEMPORAIN XX Dans la cité Vauban, cette ancienne boucherie reste vouée aux bons produits. Fraîcheur : tel est le maître mot du chef, habile cuisinier qui sait révéler les meilleures saveurs. Un exemple ? Cette bavette Duroc de Batallé, purée de yacon au beurre fumé, carottes et jus au cumin... Vous avez dit plaisir ?

Formule 18 € – Menu 23 € (déj.), 32/43 €

Plan : B1-x – *26 Grande-Rue*
– ✆ 04 92 52 63 46 (réservation conseillée) – www.auplaisirambre.com
– Fermé 2 semaines en juin, jeudi sauf juil.-août et merc.

Parc Hôtel

BUSINESS • FONCTIONNEL Entièrement rénové en 2015, cet imposant établissement a su conserver un esprit montagnard, tout en optant pour des chambres fonctionnelles et design. À noter une formule tout-inclus avec un brunch matinal et un accès à la piscine et au sauna.

69 chambres – †95/254 € ††100/268 € – ☕ 20 € – ½ P

Plan : A2-a – *Central Parc*
– ✆ 04 92 20 37 47 – www.soleilvacances.com

La Chaussée

FAMILIAL • COSY D'emblée, on se sent bien dans cet hôtel familial transformé en "refuge montagnard" : meubles patinés par les ans, objets anciens, chambres coquettes et douillettes, belles salles de bains... Le bois est partout, donnant à ces lieux un caractère chaleureux et cosy.

16 chambres - 75/85 € 85/100 € - 11 € - ½ P

Plan : A2-e - 4 r. Centrale - 04 92 21 10 37 - www.hotel-de-la-chaussee.com - Fermé 30 avril-16 mai et 20 oct.-11 nov.

BRIANT

71110 (Saône-et-Loire) - 226 hab. - Alt. 326 m - Carte régionale n° **4**-C3

Paris 399 km - Clermont-Ferrand 161 km - Dijon 176 km - Mâcon 90 km

Carte Michelin 320-E12

Auberge de Briant

CUISINE TRADITIONNELLE • AUBERGE XX La nouvelle salle à manger, spacieuse et lumineuse, est ouverte sur le plan d'eau et la nature environnante. On profite des bons plats du chef, Filipe - pressé de queue de bœuf charolais et écrevisses sauce ravigote, bar rôti à l'huile d'olive, aneth et cromesquis d'ail... et des bons desserts d'Angélique, son épouse !

Menu 20 € (semaine), 30/55 € - Carte 42/54 €

Le Bourg - 03 85 25 98 69 - www.aubergedebriant.com - Fermé 2 semaines en janv., 2 semaines début juil., 1 semaine vacances de la Toussaint, dim. soir, mardi soir et merc.

BRIARE

45250 (Loiret) - 5 760 hab. - Alt. 135 m - Carte régionale n° **6**-D2

Paris 155 km - Auxerre 76 km - Cosne-Cours-sur-Loire 31 km - Gien 10 km

Carte Michelin 318-N6 - Guide Vert Michelin Châteaux de la Loire

Le Domaine des Roches

TRADITIONNEL • CLASSIQUE Dans un parc de 18 ha, où fleurissent les expositions d'art contemporain, cette ancienne demeure bourgeoise du 19e s. abrita le créateur des émaux de Briare : ambiance feutrée, tons doux, confort contemporain... En sus des chambres, plusieurs cottages fonctionnels. Possibilité de se restaurer sur place.

12 chambres - 120/320 € 120/320 € - 1 suite - 20 € - ½ P

2 r. de la Plaine - 02 38 05 09 09 - www.domainedesroches.fr

BRICQUEBEC

50260 (Manche) - 4 238 hab. - Alt. 145 m - Carte régionale n° **17**-A1

Paris 348 km - Caen 115 km - Cherbourg 26 km - St-Lô 76 km

Carte Michelin 303-C3 - Guide Vert Michelin Normandie Cotentin

L'Hostellerie du Château

DEMEURE HISTORIQUE • CLASSIQUE Dans l'enceinte même du château médiéval de Bricquebec, au sein d'une belle bâtisse gothique, un établissement de tradition, aux chambres classiques et confortables, apprécié notamment par la clientèle étrangère. À voir : le restaurant occupe l'ancienne salle des chevaliers, avec colonnes en pierre, armures et cheminée.

17 chambres - 80/99 € 80/120 € - 12 € - ½ P

Cour du Château - 02 33 52 24 49 - www.lhostellerie-bricquebec.com - Fermé 20 déc.-31 janv.

BRIDES-LES-BAINS

73570 (Savoie) - 541 hab. - Alt. 580 m - Carte régionale n° **25**-F2

Paris 612 km - Albertville 32 km - Annecy 77 km - Chambéry 81 km

Carte Michelin 333-M5 - Guide Vert Michelin Alpes du Nord

Mercure Grand Hôtel des Thermes

THERMAL • TENDANCE Immeuble du 19e s. directement relié aux thermes par une passerelle. Chambres amples, de style rétro-scandinave, et fitness complet sous la véranda (massages, jacuzzi, etc.). Incontestablement le plus bel hôtel de la ville.

102 chambres - 99/216 € 99/216 €

Parc Thermal - 04 79 55 38 38 - www.mercure.com - Fermé 1er nov.-20 déc.

Golf-Hôtel

TRADITIONNEL • CLASSIQUE Au cœur de la vallée, un imposant hôtel datant des années 1920, où l'on profite de chambres contemporaines et chaleureuses. Dans la grande salle du restaurant, lumineuse, on peut opter pour une cuisine gourmande ou un menu diététique.

52 chambres - 88/198 € 102/252 € - 2 suites

av. Greyffié-de-Bellecombe - 04 79 55 28 12 - www.golf-hotel-brides.com - Fermé 29 oct.-25 déc.

Altis Val Vert

FAMILIAL • CONTEMPORAIN Au cœur de la ville, face à l'établissement thermal et proche du départ des œufs pour Méribel, cet établissement remis à neuf propose des chambres douillettes à la décoration originale. La cuisine, maîtrisée, apporte un plus.

28 chambres - 78/146 € 112/214 € - ½ P

30 r. Émile-Machet - 04 79 55 22 62 - www.altisvalvert.com - Fermé fin oct. à mi- déc.

BRIE-COMTE-ROBERT - 77 (Seine-et-Marne) → Voir Autour de Paris

BRINDAS

69126 (Rhône) - 5 651 hab. - Alt. 326 m - Carte régionale n° **24**-E1

Paris 472 km - Bourg-en-Bresse 94 km - Lyon 16 km - Saint-Étienne 51 km

Carte Michelin 327-H5

La Maison de Franca

CUISINE ITALIENNE • BISTRO Le décor, montagnard, est un clin d'œil aux origines piémontaises du chef. Speck et San Daniele pour le jambon cru, antipasti en tous genres, pâtes aux truffes ou au pesto... Les produits sont en provenance directe du nord de l'Italie, et l'ambiance, très conviviale, donne envie de revenir souvent.

Formule 18 € - Menu 18 € (déj. en semaine)/32 €

pl. des Ormeaux - 04 78 45 88 84 (réservation conseillée) - Fermé dim. et lundi

BRINON-SUR-SAULDRE

18410 (Cher) - 1 006 hab. - Alt. 147 m - Carte régionale n° **6**-C2

Paris 190 km - Bourges 66 km - Cosne-Cours-sur-Loire 59 km - Gien 37 km

Carte Michelin 323-J1 - Guide Vert Michelin Limousin Berry

La Solognote

CUISINE MODERNE • AUBERGE Dans la longue rue menant à l'église, cette auberge bien connue des locaux a repris des couleurs, sous l'impulsion d'un jeune couple motivé. Ils ont gardé le cachet rustique des lieux et dépoussiéré l'assiette, avec des préparations simples et bien tournées. Un exemple ? Les asperges à l'œuf poché et sabayon - un délice.

Formule 20 € - Menu 27/29 €

34 Grande-Rue - 02 48 58 50 29 - www.hotel-brinonsursauldre.fr - Fermé dim. soir, lundi midi , mardi midi de nov. à mars et merc. midi

BRIOLLAY - 49 (Maine-et-Loire) → Voir Angers

BRION - 01 (Ain) → Voir Nantua

BRIONNE

✉ 27800 (Eure) - 4 275 hab. - Alt. 56 m - Carte régionale n° **17**-C2
Paris 156 km – Bernay 16 km – Évreux 40 km – Lisieux 40 km
Carte Michelin 304-E6 - Guide Vert Michelin Normandie Vallée de la Seine

Le Logis

CUISINE MODERNE • CONVIVIAL XXX Asperges vertes à la plancha, vieille mimolette et œuf cuit à 63° : l'une des recettes du chef, Alain Depoix, qui affectionne la nouveauté autant que les produits du cru – et plus encore les légumes de son propre potager, pour lequel il a engagé un jardinier. Une table qui respire la générosité !

Menu 20 € (déj. en semaine), 39/90 € – Carte 58/78 €
12 chambres – 85/98 € 98/120 € – 14 €
1 pl. St-Denis (angle r. Tragin) – 02 32 44 81 73 – www.lelogisdebrionne.com – Fermé 30 juil.-20 août, dim. soir et lundi

BRIOUDE

✉ 43100 (Haute-Loire) - 6 616 hab. - Alt. 427 m - Carte régionale n° **3**-C3
Paris 479 km – Clermont-Ferrand 69 km – Le Puy-en-Velay 62 km – St-Flour 52 km
Carte Michelin 331-C2 - Guide Vert Michelin Auvergne

Poste et Champanne

CUISINE TRADITIONNELLE • FAMILIAL X La chef, membre des restauratrices d'Auvergne, ne conçoit pas sa cuisine sans convivialité et fait partager son savoir-faire à travers des plats typiquement régionaux, copieux et goûteux. Dès la première bouchée, on sait que la maison est sérieuse, généreuse et de qualité !

Formule 16 € – Menu 19 € (semaine), 26/52 €
Hôtel Poste et Champanne, 1 bd Dr-Devins – 04 71 50 14 62 – www.hotel-de-la-poste-brioude.com – Fermé 4-11 nov., vacances de fév., dim. soir et lundi midi

La Sapinière

FAMILIAL • PERSONNALISÉ Comme un air de campagne, en plein cœur de la cité. Cette construction récente s'intègre parfaitement à un joli parc boisé ; les grandes chambres adoptent elles aussi un esprit champêtre. Belle piscine couverte, jacuzzi, restaurant...

11 chambres – 98/126 € 98/126 € – 13 € – ½ P
av. Paul-Chambriard – 04 71 50 87 30 – www.hotel-sapiniere-brioude.com – Fermé fév.

Poste et Champanne

TRADITIONNEL • CONTEMPORAIN Deux sœurs sont à la tête de cette affaire bien connue dans la région. Les chambres, récemment refaites, sont climatisées et confortables ; le service est très attentionné.

16 chambres – 70/78 € 78/86 € – 10 € – ½ P
1 bd Dr-Devins – 04 71 50 14 62 – www.hotel-de-la-poste-brioude.com – Fermé 4-11 nov., vacances de fév., dim. soir et lundi midi

Poste et Champanne – voir les restaurants ci-dessus

BRISCOUS

✉ 64240 (Pyrénées-Atlantiques) - 2 642 hab. - Alt. 50 m - Carte régionale n° **1**-B3
Paris 780 km – Bordeaux 195 km – Pau 97 km
Carte Michelin 342-D2

Maison Joanto

CUISINE MODERNE • CONTEMPORAIN Joanto, c'est "Petit Jean" en basque... et pourtant, voilà bien une demeure qui ne mérite aucun diminutif ! Sa belle architecture traditionnelle, son décor plein de cachet, son ambiance chaleureuse, tout séduit, et plus encore sa cuisine, où le terroir basque explose de saveurs. Le rapport qualité-prix a tout... d'un grand.

Formule 13 € - Menu 26/30 € - Carte 28/64 €

chemin du Village - 05 59 20 27 70 - www.maisonjoanto-restaurant.fr - Fermé 2 semaines fin juin-début juil., mardi soir et merc.

BRISSAC

34190 (Hérault) - 619 hab. - Alt. 145 m - Carte régionale n° **12**-C2

Paris 732 km - Alès 55 km - Montpellier 41 km - Le Vigan 25 km

Carte Michelin 339-H5

Jardin aux Sources

CUISINE CRÉATIVE • FAMILIAL Maison en pierre au cœur d'un pittoresque village. Jolie salle de restaurant voûtée avec vue sur les cuisines, ravissante terrasse et carte inventive. Chambres coquettes.

Formule 23 € - Menu 35/75 € - Carte environ 43 €

3 chambres - 85/95 € 95/105 €

30 av. du Parc - 04 67 73 31 16 (réservation conseillée) - www.lejardinauxsources.com - Fermé 3 semaines à la Toussaint, 3 semaines en janv., dim. soir, lundi et merc. hors saison

BRIVE-LA-GAILLARDE

19100 (Corrèze) - 47 411 hab. - Alt. 142 m - Carte régionale n° **13**-B3

Paris 480 km - Albi 218 km - Clermont-Ferrand 170 km - Limoges 92 km

Carte Michelin 329-K5 - Guide Vert Michelin Périgord Quercy

La Table d'Olivier (Pierre Neveu)

CUISINE MODERNE • COSY Dans cette maison cosy œuvre un jeune couple passionné : elle, ancienne pâtissière, en tant que maîtresse de salle, lui en tant que chef, tous les deux investis pour le plaisir des clients. La cuisine de Pierre (et non Olivier !) se révèle très gourmande, aussi fine que colorée... et le rapport qualité-prix est renversant !

➜ Foie gras, artichaut, légumes marinés et truffe. Lotte de Bretagne, fleurs de courgette et homard breton. Macaron cheesecake et fraise-basilic.

Menu 28 € (déj. en semaine), 43/65 € - Carte 60/75 €

Plan : A2-b - *3 r. St-Ambroise - 05 55 18 95 95 (réservation conseillée) - Fermé 30 août-15 sept., 1er-25 janv., merc. midi, lundi et mardi*

La Toupine

CUISINE MODERNE • TENDANCE Dans une maison typiquement locale, ce restaurant affirme son look minimaliste chic (inox, pierre et bois exotique). Au menu : galette de pieds de cochon panés et escalope de foie gras ; pavé de veau en croûte de noix et gratin de cèpes, etc. Une savoureuse cuisine du marché, entre tradition et modernité.

Formule 15 € - Menu 22 € (déj. en semaine), 30/43 € - Carte 38/45 €

Plan : A1-a - *27 av. Pasteur - 05 55 23 71 58 (réservation conseillée) - Fermé 1 semaine vacances de fév., 1 semaine en mai, 2 semaines en août, 1 semaine en nov., dim. et lundi*

En Cuisine

CUISINE MODERNE • BISTRO Prenez un jeune chef passionné, travailleur, entouré d'une équipe à son image. Ajoutez une cuisine raffinée, où les saveurs sont franches et où la présentation des plats met d'emblée l'eau à la bouche. Vous y êtes presque... Saupoudrez le tout d'un service avec le sourire. Vous pouvez savourer !

Menu 32/43 €

Plan : A2-u - *39 av. Edmont-Herriot - 05 55 74 97 53 - www.encuisine.net - Fermé 1 semaine en janv., sam. midi, dim. soir et lundi*

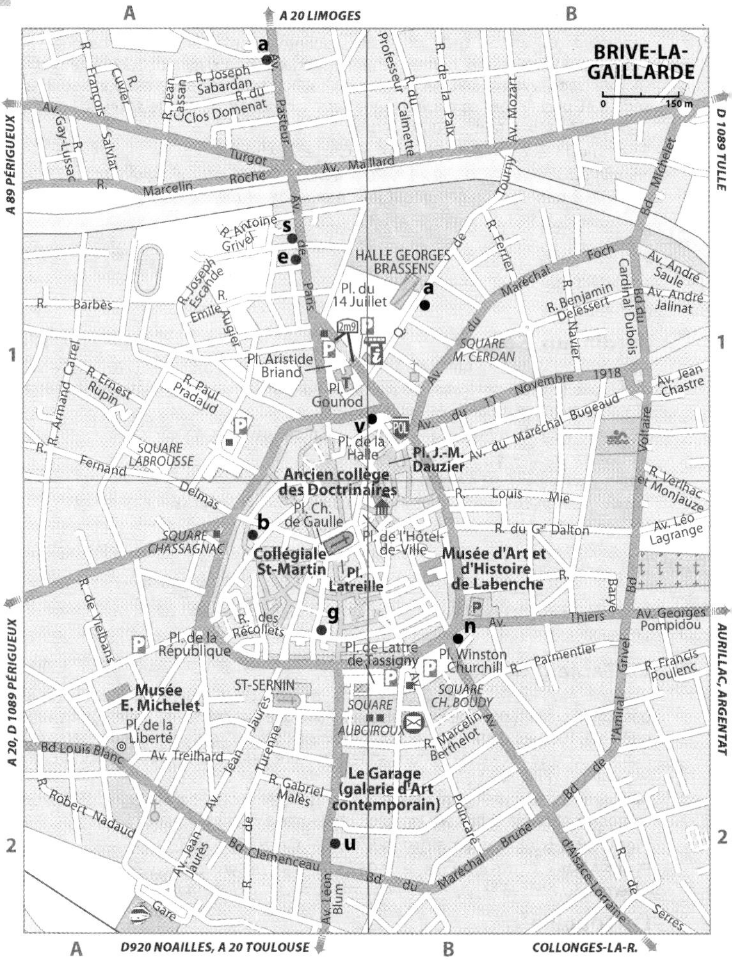

Chez Francis

CUISINE MODERNE • BISTRO Publicités rétro, objets en tout genre et dédicaces laissées par les clients : la parfaite ambiance d'un bistrot familial. On est tout à son aise pour déguster de bons produits et jolies recettes, tout en gardant un œil sur l'armoire à maturation où patientent de belles viandes limousines – une rareté !

Formule 19 € – Menu 22 € (semaine)/29 € – Carte 40/66 €

Plan : A1-s – *61 av. de Paris*
– *05 55 74 41 72 (réservation conseillée) – www.chezfrancis.fr*
– *Fermé 5-13 juin, 29 janv.-3 fév., dim. et lundi*

Bistrot Chambon

CUISINE TRADITIONNELLE • BISTRO L'ambiance est conviviale dans ce bistrot contemporain haut en couleurs. Le chef se met en quatre pour faire apprécier les spécialités du genre : sole meunière, tête de veau, pied de porc, etc. De bons produits frais, cuisinés avec soin et servis au pas de charge, affluence oblige !

Menu 21 € (déj.)/32 € - Carte 30/67 €

Plan : A2-g - *8 r. des Échevins - ✆ 05 55 22 36 83 - www.bistrot-chambon.fr - Fermé 3 semaines en août, dim. et lundi*

Bistrot C. Forget

CUISINE MODERNE • BISTRO Sur une avenue menant au marché de Brive, le propriétaire de ce restaurant l'a transformé de fond en comble pour en faire un bistrot contemporain bien dans son époque ! Pari gagné dans le décor... et dans l'assiette, où l'on trouve une cuisine gourmande et bien réalisée, qui fait la part belle aux viandes du Limousin.

Formule 20 € - Menu 26/40 €

Plan : A1-e - *53 av. de Paris - ✆ 05 55 74 32 47 - www.lacremaillerebrive.fr - Fermé 21-30 déc., dim. et lundi*

La Truffe Noire

TRADITIONNEL • CLASSIQUE Au seuil de la vieille ville, cette grande maison régionale du 19e s. mêle avec élégance le charme des belles boiseries au raffinement contemporain. Les chambres, sobres et chic, offrent tout le confort nécessaire. Au restaurant, cuisine traditionnelle.

27 chambres - †89/105 € ††99/120 € - ☕ 12 €

Plan : B1-v - *22 bd Anatole-France - ✆ 05 55 92 45 00 - www.la-truffe-noire.com*

Le Quercy

BUSINESS • CONTEMPORAIN Un hôtel récent au cœur de Brive (l'une des portes des causses du Quercy). Les chambres ont été aménagées avec beaucoup de soin, dans un esprit design très coloré. Au dernier étage, on trouve même une suite-appartement très confortable... Esprit contemporain au programme !

48 chambres - †100/130 € ††125/150 € - 1 suite - ☕ 12 €

Plan : B1-a - *8 bis quai Tourny - ✆ 05 55 74 09 26 - www.hotelduquercy.com - Fermé 24 déc.-3 janv., dim. de nov. à mars*

Le Collonges

BUSINESS • FONCTIONNEL Un hôtel bien situé, en léger retrait du boulevard qui ceinture le centre-ville. Les chambres - rénovées en 2013 - sont à la fois confortables et fonctionnelles, dans un esprit actuel ; on prend le petit-déjeuner en terrasse pendant les beaux jours !

24 chambres - †72/102 € ††82/122 € - ☕ 10 €

Plan : B2-n - *3 pl. Winston-Churchill - ✆ 05 55 74 09 58 - www.hotel-collonges.com*

à Varetz 10 km au Nord-Ouest par D901 et D152 - ✉ 19240 - 2 297 hab. - Alt. 109 m

Château de Castel Novel (Nicolas Soulié)

CUISINE MODERNE • ROMANTIQUE Difficile de résister au charme de ce joli château... Les amoureux d'histoire et de gastronomie sont comblés. Dans un décor de caractère, ils savourent une belle cuisine d'aujourd'hui, qui met à l'honneur les produits du terroir - à la croisée du Limousin, du Périgord et du Quercy - au fil des saisons... Précis et délicat !

→ Œuf de poule bio cuit à 64°, tomate, champignons, émulsion fumée et truffes de la St-Jean. Filet de bœuf rôti au poêlon, pommes de terre fondantes et girolles, sauce barbecue. Soufflé chaud à l'armagnac et orange.

Formule 40 € - Menu 49 € (déj. en semaine), 65/109 € - Carte 90/165 €

- ✆ 05 55 85 00 01 - www.castelnovel.com - Ouvert de mi-avril à mi-nov. et fermé mardi midi, merc. midi et jeudi midi en juil.-août, lundi sauf le soir en juil.-août, sam. midi et dim. soir

Château de Castel Novel

DEMEURE HISTORIQUE • HISTORIQUE Pour un séjour au calme, sur les pas de Colette... Cette dernière vécut ici, dans ce château fort en grès rose (13e-15e s.) si joliment romantique. Les chambres, très raffinées, donnent sur le ravissant parc. Du style, c'est indéniable !

35 chambres - 89/360 € 89/360 € - 2 suites - 22 € - ½ P

- 05 55 85 00 01 - www.castelnovel.com - Ouvert de mi-avril à mi-nov.

Château de Castel Novel - voir les restaurants ci-dessus

BRIVEZAC - 19 (Corrèze) → Voir Beaulieu-sur-Dordogne

LE BROC

63500 (Puy-de-Dôme) - 640 hab. - Alt. 450 m - Carte régionale n° **3**-B2

Paris 459 km - Aurillac 115 km - Clermont-Ferrand 43 km - Le Puy-en-Velay 86 km

Carte Michelin 326-G9

Le Diapason

CUISINE MODERNE • DESIGN Perché à côté d'un château du 14e s., dominant la plaine et l'autoroute, ce bâtiment ultra-moderne est le fief d'un chef savoyard au beau parcours. Ses assiettes font preuve d'une certaine inventivité ; on profite ensuite de quelques chambres très confortables, offrant une belle vue sur les environs.

Formule 28 € - Menu 49/75 € - Carte environ 66 €

6 chambres - 115 € 130 € - 15 €

r. du Clos-de-la-Chaux - 04 73 71 71 71 - www.lediapason.fr - Fermé 3 semaines en janv., 3-17 sept., dim. soir, lundi et mardi

BROU

28160 (Eure-et-Loir) - 3 489 hab. - Alt. 150 m - Carte régionale n° **6**-B1

Paris 142 km - Chartres 38 km - Châteaudun 22 km - Le Mans 86 km

Carte Michelin 311-C6 - Guide Vert Michelin Normandie Vallée de la Seine

L'Ascalier

CUISINE TRADITIONNELLE • CONVIVIAL Dans la région, tout le monde - ou presque - connaît cet Ascalier ! Et pour cause, cette adresse a plus d'un atout avec sa terrasse fleurie, son cadre, ses beaux produits régionaux, ses menus à prix doux... et bien entendu son "escalier" du 16e s. qui mène aux salles de l'étage.

Formule 15 € - Menu 21/34 € - Carte 23/48 €

9 pl. du Dauphin - 02 37 96 05 52 (réservation conseillée) - Fermé dim. soir, lundi soir et mardi

BROUILLAMNON - 18 (Cher) → Voir Charost

LES BROUZILS

85260 (Vendée) - 2 666 hab. - Alt. 64 m - Carte régionale n° **18**-B3

Paris 427 km - Cholet 77 km - Nantes 46 km - La Roche-sur-Yon 37 km

Carte Michelin 316-I6

Manoir de la Thébline

FAMILIAL • COSY Dans un grand parc verdoyant - avec un étang -, une jolie demeure du 15e, 16e et 19e s. Ici, tout est pensé pour la détente : billard, bibliothèque, piscine et, évidemment, des chambres de facture classique, spacieuses, coquettes et parfaitement tenues. Idéal pour un séjour découverte de la région.

3 chambres - 98/130 € 98/130 €

2 km au Nord-Ouest par D7, rte de l'Herbergement - 06 77 71 67 25 - www.manoirthebline.com

BRUAILLES - 71 (Saône-et-Loire) → Voir Louhans

BRUÈRE-ALLICHAMPS - 18 (Cher) → Voir St-Amand-Montrond

BRUGAIROLLES

✉ 11300 (Aude) - 258 hab. - Alt. 182 m - Carte régionale n° **12**-A3
Paris 770 km - Carcassonne 33 km - Castelnaudary 32 km - Castres 82 km
Carte Michelin 344-D4

Domaine Gayda

CUISINE MODERNE • ÉLÉGANT Au-dessus du chai de ce domaine viticole, on découvre une jolie salle avec une véranda donnant sur les Pyrénées et les vignes. L'assiette varie avec les saisons ; le chef belge mitonne des plats pleins de spontanéité, et n'hésite pas à se montrer créatif à l'occasion ! Bons crus du domaine pour accompagner le tout.

Formule 24 € - Menu 32 € /46 € - Carte 40/57 €

rte de Malviés - 04 68 20 65 87 - www.maisongayda.com - Fermé janv., lundi et mardi

BRUYÈRES-ET-MONTBÉRAULT - 02 (Aisne) → Voir Laon

BRY-SUR-MARNE - 94 (Val-de-Marne) → Voir Autour de Paris

BUELLAS

✉ 01310 (Ain) - 1 714 hab. - Alt. 225 m - Carte régionale n° **24**-E1
Paris 424 km - Annecy 120 km - Bourg-en-Bresse 9 km - Lyon 69 km
Carte Michelin 328-D3 - Guide Vert Michelin Lyon et sa région

L'Auberge Bressane de Buellas

CUISINE TRADITIONNELLE • AUBERGE Le meilleur de la Bresse, mais aussi de la Provence ! Dans cette auberge (une ex-boulangerie), on se régale de belles recettes du terroir avec un zeste de saveurs du Sud et une dose d'inventivité. En prime, le service est attentionné et les prix raisonnables.

Formule 15 € - Menu 22/47 € - Carte 28/46 €

13 chambres - 85/205 € 105/205 €

10 rte de Buesle (pl. du Prieuré) - 04 74 24 20 20 - www.auberge-buellas.com - Fermé vacances de la Toussaint, dim. soir et merc.

BUIS-LES-BARONNIES

✉ 26170 (Drôme) - 2 257 hab. - Alt. 365 m - Carte régionale n° **23**-B3
Paris 685 km - Carpentras 39 km - Nyons 29 km - Orange 50 km
Carte Michelin 332-E8 - Guide Vert Michelin Alpes du Sud

Les Arcades-Le Lion d'Or

FAMILIAL • PERSONNALISÉ Passez sous les arcades de la place principale (15e s.) pour entrer dans l'hôtel... Les amateurs de couleurs vives apprécieront les chaleureuses chambres provençales. Aux beaux jours, il fait bon profiter de la terrasse, face à la piscine, ou du charmant jardin intérieur à l'ombre d'une glycine.

12 chambres - 61/91 € 71/91 € - 1 suite - 11 €

pl. du Marché - 04 75 28 11 31 - www.hotelarcades.fr - Ouvert 15 mars-30 nov.

LE BUISSON-CORBLIN - 61 (Orne) → Voir Flers

LE BUISSON-DE-CADOUIN

✉ 24480 (Dordogne) - 2 086 hab. - Alt. 63 m - Carte régionale n° **2**-C3
Paris 532 km - Bergerac 38 km - Brive-la-Gaillarde 81 km - Périgueux 52 km
Carte Michelin 329-G6

Auberge de l'Espérance

CUISINE TRADITIONNELLE • CONVIVIAL Âmes désespérées, courez dans cette adresse qui saura vous redonner foi en la vie ! L'accueil de la patronne n'est que sourire et chaleur, et la cuisine est pleine de jolies attentions, alliant fraîcheur et franche gourmandise. Voilà qui rappelle que les plaisirs simples sont parfois les plus marquants...

Formule 18 € - Menu 29 € (semaine)/46 € - Carte 48/61 €

3 av. des Sycomores - 05 53 74 23 66 - Fermé vacances de Février, mardi et merc. sauf juil.-août

à Paleyrac 4 km au Sud-Est par D25 et rte secondaire - 24480

Le Clos Lascazes

FAMILIAL • PERSONNALISÉ Ces trois maisons, issues de trois siècles différents, abritent des chambres confortables et lumineuses. On s'y repose au grand calme. Et durant la journée, du premier au dernier rayon de soleil, on profite du parc et de la piscine. Bon petit-déjeuner.

5 chambres - 79/107 € 79/168 € - 11 €

- 05 53 74 33 94 - www.clos-lascazes.com - Ouvert de mars à mi-nov.

BULGNEVILLE

88140 (Vosges) - 1 477 hab. - Alt. 350 m - Carte régionale n° **14**-B3

Paris 342 km - Belfort 133 km - Épinal 55 km - Langres 71 km

Carte Michelin 314-D3

La Marmite Beaujolaise

CUISINE MODERNE • AUBERGE S'il y a une chose qu'on ne peut reprocher au chef Rémi Lebouc, c'est de se reposer sur ses acquis ! Dans cette auberge du 18e s. installée au pied de l'église, au centre du village, il propose une cuisine de plus en plus créative au fil des ans, sans pour autant renier ses bases traditionnelles. Prix maîtrisés.

Menu 16 € (déj. en semaine), 23/41 € - Carte 40/56 €

34 r. de l'Hôtel-de-Ville - 03 29 09 16 58
- www.restaurant-lamarmitebeaujolaise.com - Fermé 1 semaine en oct., 1 semaine en janv., dim. soir, mardi soir et lundi

Benoit Breton

MAISON DE MAÎTRE • PERSONNALISÉ Antiquaire de son métier, monsieur Breton a donné une âme à sa maison : chambres spacieuses, meubles et bibelots raffinés. Petits-déjeuners campagnards devant la jolie cheminée.

4 chambres - 80 € 85 €

74 r. des Récollets - 03 29 09 21 72 - www.benoitbreton.fr

BURCIN

38690 (Isère) - 426 hab. - Alt. 520 m - Carte régionale n° **23**-C2

Paris 548 km - Bourg-en-Bresse 142 km - Grenoble 40 km - Lyon 80 km

Carte Michelin 333-F5

Relais St-Hubert

CUISINE TRADITIONNELLE • TENDANCE Sous l'œil de saint Hubert, patron des chasseurs, on se lance à la poursuite des bonnes saveurs dans cette chaleureuse ferme dauphinoise transformée en restaurant. Gibier, champignons et autres produits du cru : le jeune chef, passionné, nous régale d'une cuisine traditionnelle rythmée par les saisons.

Formule 15 € - Menu 25/45 € - Carte 34/52 €

1 pl. de l'Eglise - 04 76 65 00 36 - www.relais-sthubert.com - Fermé 1er-21 août, 26-31 déc., 1er-9 janv., mardi soir, merc. soir, jeudi soir et lundi

BURNHAUPT-LE-HAUT

68520 (Haut-Rhin) - 1 677 hab. - Alt. 300 m - Carte régionale n° **1**-A3

Paris 454 km - Altkirch 16 km - Belfort 32 km - Mulhouse 17 km

Carte Michelin 315-G10

Le Coquelicot

FAMILIAL • FONCTIONNEL Dans une zone commerciale, non loin d'axes routiers fréquentés, cet hôtel-restaurant dispose de chambres confortables et impeccablement tenues, dans un style hôtelier fonctionnel.

26 chambres - 80/90 € 80/90 € - 12 € - ½ P

24 r. du Pont d'Aspach, au Pont d'Aspach, 1 km au Nord - 03 89 83 10 10 - www.lecoquelicot.fr - Fermé 23 déc.-2 janv.

BUSNES - 62 (Pas-de-Calais) ➜ Voir Béthune

BUSSEAU-SUR-CREUSE

23150 (Creuse) - Ahun - Carte régionale n° **13**-C1

Paris 368 km - Aubusson 27 km - Guéret 17 km

Carte Michelin 325-J4 - Guide Vert Michelin Limousin Berry

Le Viaduc

CUISINE MODERNE • RUSTIQUE XX Rustique et sympathique, cette petite auberge de pays domine la vallée de la Creuse et offre une belle vue sur le viaduc de style Eiffel... On y déguste une cuisine actuelle généreuse et, pour l'étape, les chambres sont bien pratiques !

Formule 14 € - Menu 24/50 € - Carte 40/58 €

5 chambres - 48 € 48/65 € - 7 €

9 Busseau Gare - 05 55 62 57 20 - www.restaurant-leviaduc.com - Fermé 1 semaine en juin, 2 semaines en janv., jeudi soir, dim. soir et lundi

LA BUSSIÈRE-SUR-OUCHE

21360 (Côte-d'Or) - 138 hab. - Alt. 320 m - Carte régionale n° **4**-C2

Paris 297 km - Dijon 34 km - Chalon-sur-Saône 63 km - Beaune 34 km

Carte Michelin 320-I6 - Guide Vert Michelin Bourgogne

1131

CUISINE MODERNE • CLASSIQUE XXX Dans le cadre exceptionnel de cette ancienne abbaye se joue une partition culinaire de haut vol... Guillaume Royer, le chef, met tout son talent au service du terroir bourguignon, qu'il magnifie dans des assiettes savoureuses et techniquement impeccables. Quant à la carte des vins, elle recèle bien des trésors !

➜ Écrevisses pattes rouges de nos rivières. Paleron de bœuf charolais. Miel toute fleur de l'Abbaye.

Menu 95/120 € - Carte 130/145 €

D33 - 03 80 49 02 29 - www.abbayedelabussiere.fr - Fermé 2 janv.-10 fév., lundi, mardi et le midi sauf dim.

Le Bistrot des Moines (N)

CUISINE TRADITIONNELLE • HISTORIQUE X Un bistrot sympathique, où l'on retrouve les créations inspirées de Guillaume Royer, M.O.F. 2015, qui met en valeur le marché du jour et l'envie du moment. On se régale de cette cuisine de terroir pleine de saveurs, généreuse à souhait ; à plus forte raison lorsqu'il fait beau que l'on est installé en terrasse, face au parc...

Formule 28 € - Menu 32/36 €

Hôtel Abbaye de la Bussière - 03 80 49 02 29 - www.abbayedelabussiere.fr - Fermé 2 janv.-10 fév., lundi et mardi de nov. à mars et le soir sauf lundi et mardi d'avril à oct.

Abbaye de la Bussière

DEMEURE HISTORIQUE • GRAND LUXE Une abbaye cistercienne du 12e s. noyée dans la verdure. Si le cloître des moines a disparu, la quiétude reste entière : architectures gothiques, pièce d'eau, chambres luxueuses et... gourmandises !

20 chambres - 225/450 € 225/600 € - 25 € - ½ P

D33 - 03 80 49 02 29 - www.abbayedelabussiere.fr - Fermé 2 janv.-10 fév.

1131 • **Le Bistrot des Moines** - voir les restaurants ci-dessus

BUXY

✉ 71390 (Saône-et-Loire) - 2 175 hab. - Alt. 263 m - Carte régionale n° **4**-C3
Paris 351 km - Chagny 25 km - Chalon-sur-Saône 17 km - Montceau-les-Mines 33 km
Carte Michelin 320-I9

Aux Années Vins

CUISINE CLASSIQUE • TRADITIONNEL XX Dans les anciennes fortifications du village, cette auberge chic est une ode aux jolis nectars. Sans remonter aux années 1920, la cuisine cultive un certain classicisme, avec même un beau choix de fromages affinés. L'hiver, on s'installe au coin du feu pour un repas des plus chaleureux.

Formule 20 € - Menu 32/59 € - Carte 46/74 €

2 Grande-Rue - 03 85 92 15 76 - www.aux-annees-vins.com - Fermé 28 août-10 sept., vacances de fév., mardi et merc.

BUZANÇAIS

✉ 36500 (Indre) - 4 481 hab. - Alt. 111 m - Carte régionale n° **6**-B3
Paris 286 km - Le Blanc 47 km - Châteauroux 25 km - Chatellerault 78 km
Carte Michelin 323-E5

L'Hermitage

CUISINE MODERNE • CLASSIQUE XX Entouré d'un parc baigné par l'Indre, un Hermitage gourmand pour se régaler d'une jolie cuisine traditionnelle. Le foie gras, notamment, est une réussite ! Et aux beaux jours, on s'installe sous la pergola pour profiter du doux bruissement de la rivière... Une adresse de qualité où les clients sont choyés.

Formule 18 € - Menu 31/60 € - Carte 40/70 €

1 chemin de Vilaine - 02 54 84 03 90 (réservation conseillée) - www.lhermitagehotel.com - Fermé 2-25 janv., lundi sauf le soir de mai à oct. et dim. soir

L'Hermitage

FAMILIAL • CLASSIQUE Cette maison de maître 1900 est bucolique à souhait : les chambres, parfaitement tenues, donnent sur le grand jardin, où coule l'Indre... Apaisant et très accueillant !

10 chambres - †75/100 € ††75/100 € - ☕ 11 € - ½ P

1 chemin de Vilaine - 02 54 84 03 90 - www.lhermitagehotel.com - Fermé 2-25 janv. et dim. soir

L'Hermitage - voir les restaurants ci-dessus

LES CABANNES

✉ 09310 (Ariège) - 344 hab. - Alt. 535 m - Carte régionale n° **15**-C3
Paris 790 km - Foix 28 km - Toulouse 113 km
Carte Michelin 343-I8

La Maison Lacube

VIANDES • BISTRO X Bienvenue à l'ambassade gourmande des produits ariégeois ! Au pied du plateau de Beille, en Haute-Ariège, veille le patron de ce petit établissement, éleveur de bœuf gascon, qui met à l'honneur sa production. Carte simple, produits locavores, convivialité et air vivifiant : le bonheur.

Formule 15 € - Menu 20/29 € - Carte 28/42 €

3 pl. des Platanes - 05 34 09 09 09 - www.lamaisonlacube.com - fermé 2 en semaine en nov., dim. soir, lundi soir et mardi soir sauf vacances scolaires

CABESTANY

- 66 (Pyrénées-Orientales) → Voir Perpignan

CABOURG

✉ 14390 (Calvados) - 3 712 hab. - Alt. 3 m - Carte régionale n° **17**-B2
Paris 220 km - Caen 24 km - Deauville 23 km - Lisieux 35 km
Carte Michelin 303-L4 - Guide Vert Michelin Normandie Vallée de la Seine

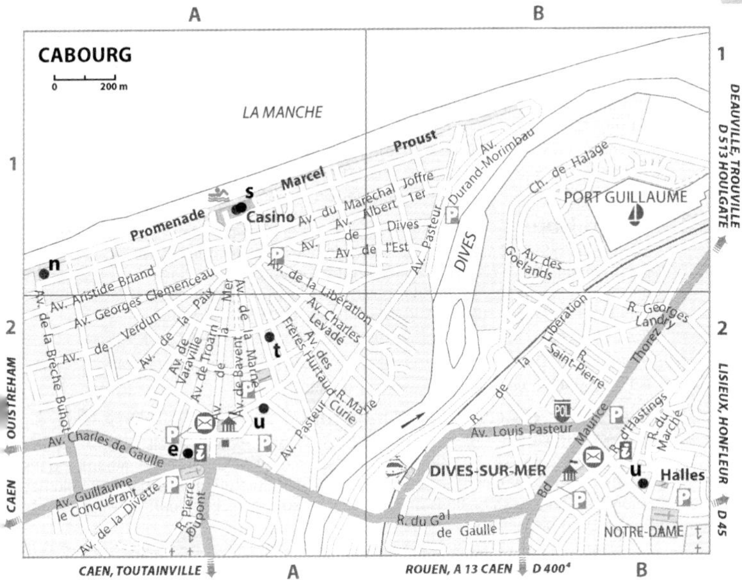

Le Balbec

CUISINE TRADITIONNELLE · ÉLÉGANT XXX La belle salle Marcel Proust vous attend ; y retrouverez-vous le temps perdu ? Le restaurant du Grand Hôtel de Cabourg met toujours à l'honneur la sole meunière, les rougets en filet ou encore le lapin ; autant d'assiettes précises et raffinées, qui regorgent de belles saveurs. Sans oublier les intemporelles madeleines...

Menu 69/105 € – Carte 73/85 €

Plan : A1-s – *Grand Hôtel, prom. Marcel-Proust – ☎ 02 31 91 01 79 – www.sofitel.com – Fermé le midi sauf sam. et dim.*

Le Beau Site

CUISINE CLASSIQUE · CONVIVIAL XX Entrez donc dans cette maison superbement située sur le front de mer et profitez de la vue sur la plage ! En toute logique, le poisson et les crustacés sont ici à l'honneur : le restaurant travaille avec les mareyeurs de la région... mais n'oublie pas ceux qui n'ont pas le pied marin avec quelques plats du terroir.

Menu 23 € (déj. en semaine)/38 € – Carte 45/80 €

Plan : A1-n – *30 av. Foch (promenade Marcel-Proust) – ☎ 02 31 24 42 88 – www.lebeausite.fr – Fermé mi-déc. à mi-janv. et mardi*

Le Bouche à Oreille

CUISINE TRADITIONNELLE · COSY XX Juste en face du marché de Cabourg, cette maison vit au rythme d'une famille de bons professionnels : père et fils réalisent aux fourneaux une honnête cuisine de tradition – huîtres de la région, foie gras, homard, sole meunière, soufflé au Grand Marnier... Le décor est chaleureux ; le service est aimable et souriant.

Formule 19 € – Menu 22 € (déj. en semaine), 29/37 € – Carte 47/80 €

Plan : A2-u – *10 av. des Dunettes – ☎ 02 31 91 26 80 – www.boucheaoreille-cabourg.fr – Fermé janv., dim. soir, mardi midi et lundi sauf vacances scolaires*

Le Baligan

POISSONS ET FRUITS DE MER • BISTRO Cannes à pêche, lithographies, fresques, etc. Dans ce bistrot au décor marin, on vous propose les produits de la criée locale : fraîcheur garantie ! Et pour les amateurs, le chef a fait de la cuisson à la plancha une de ses spécialités. Aux beaux jours, on peut même manger en terrasse.

Menu 19 € (déj. en semaine), 30/58 € - Carte 26/63 €

Plan : A2-t - *8 av. Alfred-Piat - 02 31 24 10 92 - www.lebaligan.fr - Fermé 30 nov.-27 déc., merc. sauf de juin à sept. et vacances scolaires*

Grand Hôtel

LUXE • CLASSIQUE Ce palace du front de mer, hanté par le souvenir de Proust, a retrouvé son lustre dans une version ultracontemporaine : lignes épurées, mobilier haut de gamme... Le temps retrouvé ! D'avril à septembre, la Plage propose salades et poissons sur une superbe terrasse posée sur le sable.

68 chambres - 195/695 € 195/695 € - 3 suites - 27 € - ½ P

Plan : A1-s - *prom. Marcel-Proust - 02 31 91 01 79 - www.sofitel.com*

Le Balbec - voir les restaurants ci-dessus

Les Bains de Cabourg Thalazur

SPA ET BIEN-ÊTRE • DESIGN Né en 2013, l'établissement a fait l'événement avec ses 10 000 m² de surface - dont 600 consacrés au spa - dans un parc de 6 ha face à la mer... Sa belle architecture moderne, ses volumes impressionnants, ses balcons ouvrant sur la plage (dans la plupart des chambres) : tout inspire bien-être et confort !

151 chambres - 139/700 € 139/700 € - 14 suites - 21 €

Hors plan - *44 av. Charles-de-Gaulle - 02 50 22 10 00 - www.thalazur.fr/hotel-cabourg/ - Fermé 3-8 janv.*

Mercure Hippodrome

HÔTEL DE CHAÎNE • FONCTIONNEL Dans cette région où le cheval est roi, rien d'étonnant à ce que ces deux bâtiments récents - d'inspiration normande - jouxtent l'hippodrome. Certaines chambres donnent même sur le champ de courses ! Et pour se relaxer, il y a l'espace détente.

77 chambres - 85/205 € 85/345 € - 16 €

Hors plan - *av. Michel-d'Ornano, par av. Hippodrome - 02 31 24 04 04 - www.mercure.com*

à Dives-sur-Mer Sud du plan - 14160 - 5 867 hab. - Alt. 3 m

Chez le Bougnat

CUISINE TRADITIONNELLE • BISTRO Cette ancienne quincaillerie est devenue un bistrot convivial. De vieilles affiches aux murs et un étonnant bric-à-brac d'objets chinés donnent le ton pour une cuisine bistrotière enlevée et généreuse, avec des classiques tels que les harengs pommes à l'huile et la tête de veau. Un conseil : réservez !

Menu 18 € (semaine)/29 € - Carte 25/55 €

Plan : B2-u - *27 r. Gaston-Manneville - 02 31 91 06 13 (réservation conseillée) - www.chezlebougnat.fr - Fermé 2 semaines en janv. et le soir du dim. au merc. de sept. à Paques sauf vacances scolaires*

au Hôme 2 km à l'Ouest par D514 - 14390

Au Pied des Marais

CUISINE TRADITIONNELLE • CONVIVIAL À la sortie de Cabourg, un établissement où l'on s'installe dans une ambiance chaleureuse, près de la cheminée ou dans la véranda. On y apprécie des plats traditionnels, des spécialités (dont de fameux pieds de cochon) et des grillades au feu de bois. Une table où l'on passe un vrai bon moment !

Formule 20 € - Menu 38/58 € - Carte 43/89 €

26 av. du Prés.-Coty 14390 Varanville - 02 31 91 27 55 - www.aupieddesmarais.com - Fermé 18 janv.-10 fév., 20-30 juin, 12-27 déc., mardi et merc. sauf le soir en juil.-août

CABRIÈRES-D'AVIGNON

✉ 84220 (Vaucluse) - 1 734 hab. - Alt. 167 m - Carte régionale n° **22**-E1
▶ Paris 715 km - Aix-en-Provence 74 km - Avignon 34 km - Marseille 88 km
Carte Michelin 332-D10 - Guide Vert Michelin Provence

La Bastide de Voulonne

AUBERGE • PERSONNALISÉ Au milieu des vignes et des arbres fruitiers, une ravissante bastide de 1764. Chambres coquettes et soignées, possibilité de séjours à thèmes (huile d'olive, truffes...). Le soir, les produits du terroir sont à la fête avec le menu unique de la table d'hôte.

14 chambres - 110/217 € 110/217 € - 13 € - ½ P

2133 rte des Beaumettes, 2,5 km au Sud-Ouest par D148 - ✆ 04 90 76 77 55 - www.bastide-voulonne.com - Ouvert de mi-mars à mi-nov.

CABRIS - 06 (Alpes-Maritimes) ➜ Voir Grasse

LA CADIÈRE-D'AZUR

✉ 83740 (Var) - 5 448 hab. - Alt. 144 m - Carte régionale n° **21**-B3
▶ Paris 815 km - Aix-en-Provence 66 km - Brignoles 53 km - Marseille 45 km
Carte Michelin 340-J6 - Guide Vert Michelin Côte d'Azur

Hostellerie Bérard (Jean-François Bérard)

CUISINE MODERNE • CLASSIQUE XXX À la suite de son père René, Jean-François Bérard a repris le flambeau de la table familiale. Jus corsés et émulsions subtiles, produits de qualité (dont les légumes et herbes du jardin)... du beau travail au service du goût, entre héritage et nouveauté !

➜ Huître en velouté au foie gras, menthe poivrée et citron confit. Poulette de Bresse farcie à la brousse d'herbes et rôtie à la broche, jus aux pignons de pin. Calisson glacé comme un parfait à l'orange confite.

Menu 36 € (déj. en semaine), 58/169 € - Carte 90/145 €

6 av. Gabriel-Péri - ✆ 04 94 90 11 43 - www.hotel-berard.com - Fermé 8 janv.-10 fév., mardi sauf le soir du 10 juil. au 15 sept. et lundi

Le Bistrot de Jef

CUISINE PROVENÇALE • CONVIVIAL X Un bistrot convivial et accueillant, où une jeune équipe dynamique assure notre bonheur. La cuisine sent bon la Provence et la Méditerranée, et ces couleurs du Sud prennent d'autant plus de relief dans la véranda, où l'on jouit d'une vue superbe sur la vallée environnante !

Formule 20 € - Menu 32 € - Carte 37/54 €

Hostellerie Bérard, 16 av. Gabriel-Péri - ✆ 04 94 90 11 43 - www.hotel-berard.com - Fermé 8 janv.-10 fév., jeudi sauf le soir du 1er juil. au 15 sept. et merc.

Hostellerie Bérard

FAMILIAL • PERSONNALISÉ Une de ces adresses de tradition de l'hôtellerie française... Elle réunit plusieurs maisons de ce joli village perché : charme des vieilles pierres, de l'esprit provençal et d'un accueil prévenant - sans compter les plaisirs gastronomiques -, sous l'égide de toute une famille animée par le désir de la qualité.

38 chambres - 103/218 € 103/376 € - 22 € - ½ P

6 av. Gabriel-Péri - ✆ 04 94 90 11 43 - www.hotel-berard.com - Fermé 8 janv.-10 fév.

Hostellerie Bérard • **Le Bistrot de Jef** - voir les restaurants ci-dessus

CADILLAC

✉ 33410 (Gironde) - 2 713 hab. - Alt. 16 m - Carte régionale n° **2**-B2
▶ Paris 607 km - Bordeaux 41 km - Langon 12 km - Libourne 40 km
Carte Michelin 335-J7 - Guide Vert Michelin Aquitaine

Château de la Tour

CUISINE MODERNE • ÉLÉGANT Sous une belle charpente ou dans le joli parc verdoyant donnant sur le château des ducs d'Épernon, on savoure une agréable cuisine actuelle branchée sur le terroir et réglée sur les saisons. Une bonne adresse.

Menu 16 € (déj. en semaine), 31/50 € - Carte 46/56 €

2 av. de la Libération, D10 - 05 56 76 92 00
- www.hotel-restaurant-chateaudelatour.com

Château de la Tour

BUSINESS • PERSONNALISÉ Entre le château et la Garonne, au cœur d'un joli parc dominé par quatre cèdres de l'Atlas tricentenaires, cet hôtel propose des chambres contemporaines et fraîches (côté parc). Sauna, belle piscine... On se sent bien !

32 chambres - 82/107 € 97/232 € - 11 € - ½ P

2 av. de la Libération, D10 - 05 56 76 92 00
- www.hotel-restaurant-chateaudelatour.com

Château de la Tour - voir les restaurants ci-dessus

ON AIME...

La Manufacture, une double adresse : bistrot convivial d'un côté, "gastro" cosy de l'autre ! **Le Dauphin**, pour sa spécialité : les tripes à la mode de Caen. **L'Accolade**, le rendez-vous de la jeunesse dans le quartier du Vaugueux. **Initial**, son cadre aussi tendance que sa cuisine. **L'Auberge de l'Île Enchantée**, un îlot de fraîcheur et de saveurs...

CAEN

✉ 14000 (Calvados) - 108 365 hab. - Agglo. 196 688 hab. - Alt. 25 m - Carte régionale n° **17**-B2
▶ Paris 236 km - Alençon 105 km - Cherbourg 125 km - Le Havre 91 km
Carte Michelin 303-J4 - Guide Vert Michelin Normandie Cotentin

Restaurants

✿ Ivan Vautier

CUISINE MODERNE • DESIGN XXX Limpidité, précision, maîtrise : dans ce restaurant élégant, sobre et contemporain, les assiettes ont du style, et ce sans renier la nature et la saveur des produits, au contraire... Ivan Vautier a du talent et sa cuisine de saison en témoigne !

➜ Chaud-froid de homard, grenobloise exotique, mayonnaise de mangue, pomme et câpres. Paleron de veau cuit 36 heures, croquette de pied de veau et jus truffé. Variation de texture autour des agrumes.

Menu 34 € (déj. en semaine), 61/102 € - Carte 80/110 €

Plan : A2-v - *Hôtel Ivan Vautier, 3 av. Henry-Chéron*
- *✆ 02 31 73 32 71 - www.ivanvautier.com*
- *Fermé dim. soir et lundi*

✿ Stéphane Carbone

CUISINE CRÉATIVE • DESIGN XXX Non, cette cuisine ne peut passer "incognito" ! À deux pas du port de plaisance, la table de Stéphane Carbone est une valeur sûre, où la gastronomie se décline avec créativité et délicatesse. Le confort des lieux, élégants et contemporains, ajoute au plaisir du repas.

➜ Saumon de Cherbourg mariné à la betterave et fumé, fenouil confit au gingembre. Ris de veau cuit au sautoir, pommes de terre parfumées à l'huile de truffe blanche. Biscuit au chocolat mokaya et crémeux mangaro.

Formule 26 € - Menu 29 € (déj. en semaine), 35/98 €
- Carte environ 92 €

Plan : E2-u - *14 r. de Courtonne*
- *✆ 02 31 28 36 60 - www.stephanecarbone.fr*
- *Fermé 6-21 août, sam. midi, dim. et lundi*

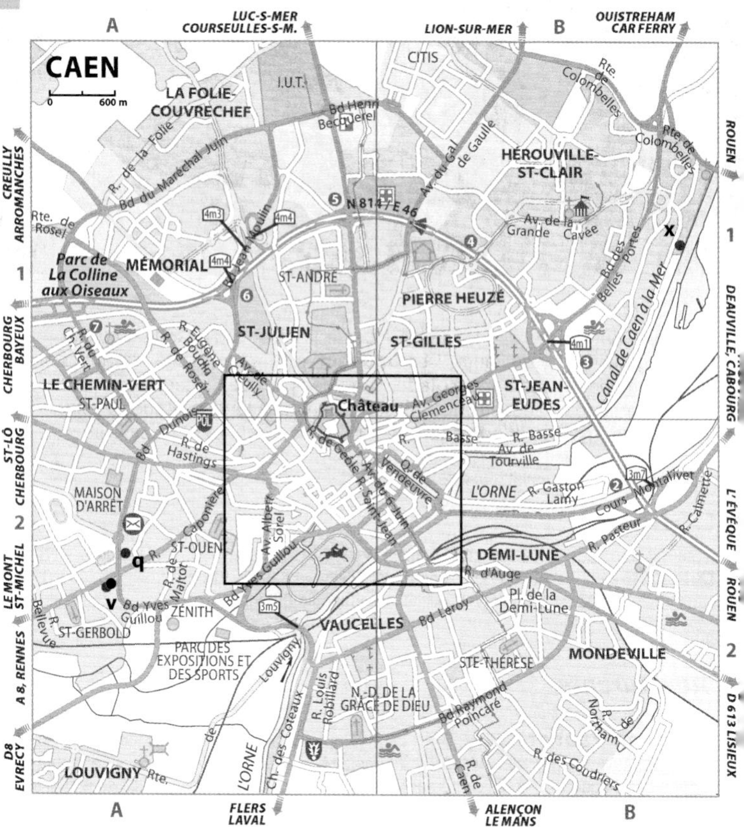

Initial (Yohann Lemonnier)

CUISINE CRÉATIVE • TENDANCE Créé en 2013 dans une ancienne boutique proche de l'Abbaye-aux-Hommes, ce restaurant est né de la volonté de deux jeunes associés. Leur crédo : une cuisine créative et variée, préparée avec beaucoup d'attention, et déclinée au dîner en 4, 6 ou 8 plats. Le tout accompagné de vins bien choisis !

➜ Cuisine du marché.

Formule 19 € – Menu 28 € (déj. en semaine), 46/70 €

Plan : C2-z – *24 r. St-Manvieu – ✆ 02 50 53 69 86 – www.initial-restaurant.com – Fermé 1 semaine en avril, août, 1er-15 janv., dim. et lundi*

À Contre Sens (Anthony Caillot)

CUISINE MODERNE • COSY Jolie ironie dans le nom de ce bistrot contemporain, qui cultive non pas le contresens, mais bien l'exactitude... et sans doute aussi la malice ! Anthony Caillot est un excellent cuisinier, dont le style est enlevé, précis et audacieux – sans dérouter. Sa table rencontre un grand succès : réservation impérative !

➜ Bouillon fumant à l'andouille, foie gras poêlé, kimchi et battous de sarrasin. Bœuf de race normande et tripes à la mode aux dix épices, mousseline de châtaigne. Cheesecake au potimarron, céréales au caramel, glace légère au foin.

Menu 26 € (déj.), 44/64 € – Carte environ 65 €

Plan : D2-r – *8 r. des Croisiers – ✆ 02 31 97 44 48 (réservation conseillée) – www.acontresenscaen.fr – Fermé vacances de printemps, mi-juil. à mi-août, début janv., mardi midi, dim. et lundi*

Le Dauphin

CUISINE MODERNE • ROMANTIQUE XXX Amateurs de produits normands, cette adresse est faite pour vous ! Huîtres de la baie d'Isigny-sur-Mer, pigeon de la Suisse normande, andouille de Vire, etc. Les saveurs de la région ont la part belle, mais le chef sait aussi composer des recettes plus originales… Décor élégant et lumineux.

Formule 20 € – Menu 25/62 € – Carte 57/79 €

Plan : D1_2-a – *Hôtel Le Dauphin, 29 r. Gémare – ✆ 02 31 86 22 26 – www.le-dauphin-normandie.com – Fermé 18 juil.-8 août, sam. midi et dim.*

ArchiDona

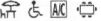

CUISINE MODERNE • CONVIVIAL XX ArchiDona ? Du nom du village andalou dont est originaire le propriétaire de cet agréable restaurant. Une toute jeune chef, formée ici même, œuvre dorénavant aux fourneaux : son pressé de joue de bœuf au foie gras ou son lapin farci au pistou confirment la vocation gourmande de la maison !

Formule 18 € – Menu 22 € (semaine), 29/39 € – Carte 36/47 €

Plan : D2-h – *17 r. Gémare – ✆ 02 31 85 30 30 – www.archidona.fr – Fermé dim. et lundi*

Villa Eugène

CUISINE MODERNE • BRANCHÉ XX Le décor, original et chaleureux, mêle design contemporain, fauteuils en velours et lumière naturelle ; la terrasse verdoyante est protégée de la rue par des arbustes. Dans l'assiette, tartare de kipper à la bretonne, capuccino de butternut, risotto d'épeautre et potimarron… Délicieux et furieusement tendance !

Formule 17 € – Menu 22 € (déj.) – Carte 35/52 €

Plan : A2-q – *75 bd André-Detolle – ✆ 02 31 75 12 12 – www.villa-eugene.fr – Fermé sam. midi et dim.*

Le Carlotta

CUISINE TRADITIONNELLE • BRASSERIE XX Agréable adresse que cette grande brasserie d'esprit Art déco, qui fait face au port de plaisance. Tout y respire le sérieux, et en premier lieu la cuisine, qui honore viandes et produits de la mer.

Formule 19 € – Menu 25 € (semaine), 31/40 € – Carte 34/60 €

Plan : E2-m – *16 quai Vendeuvre – ✆ 02 31 86 68 99 – www.lecarlotta.fr – Fermé dim.*

La Manufacture

CUISINE MODERNE • ÉLÉGANT XX Une équipe jeune et motivée a investi ce bel hôtel particulier et y propose une cuisine parfumée et goûteuse qui n'ennuie jamais, à l'instar de ces encornets, gambas et coques juste snackés. N'hésitez pas à tester le bar et le bistrot contemporain : c'est confortable, chaleureux mais jamais guindé ! Service attentionné.

Formule 15 € – Menu 20 € (déj.), 26/39 € – Carte 29/52 €

Plan : C2-a – *29 pl. St-Sauveur – ✆ 02 31 28 72 01 – www.la-manufacture-caen.fr – Fermé dim. et lundi*

L'Accolade

CUISINE MODERNE • COSY XX Pierre Lefebvre, finaliste de l'émission MasterChef en 2012, a installé son restaurant en plein cœur du quartier piéton du Vaugueux, à deux pas du château. Armé des meilleurs produits du terroir normand (huîtres et fromages, légumes bio de la Manche), il compose une cuisine goûteuse et ingénieuse. Belle sélection de vins.

Formule 18 € – Menu 22 € (déj.), 32/65 € – Carte 38/67 €

Plan : E1-a – *18 r. Porte-au-Berger – ✆ 02 31 80 30 44 – www.laccolade.fr – Fermé 3 semaines en août, sam. et dim.*

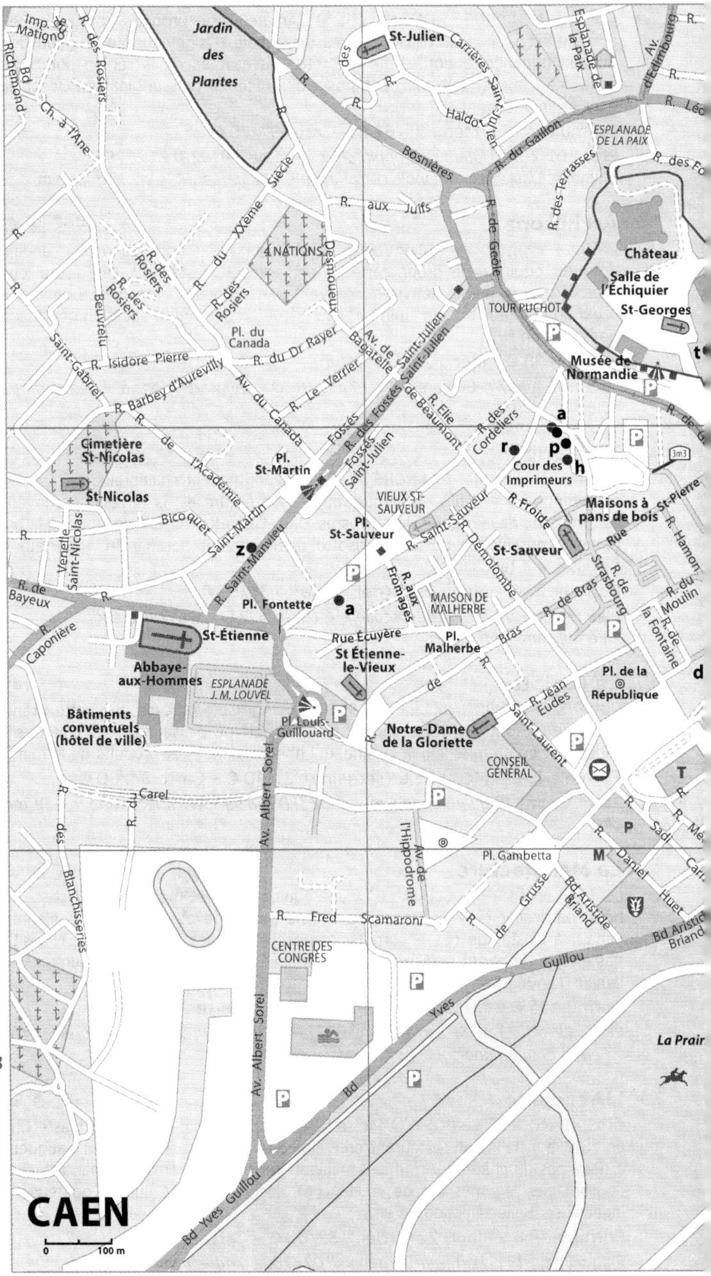
CAEN
0 100 m
C
D
1
2
3
Jardin des Plantes
St-Julien
Château
Salle de l'Échiquier
St-Georges
Musée de Normandie
TOUR PUCHOT
ESPLANADE DE LA PAIX
Esplanade de la Paix
4 NATIONS
Pl. du Canada
Cimetière St-Nicolas
St-Nicolas
Pl. St-Martin
VIEUX ST-SAUVEUR
Pl. St-Sauveur
Cour des Imprimeurs
Maisons à pans de bois
St-Sauveur
Pl. Fontette
St-Étienne
Abbaye-aux-Hommes
Bâtiments conventuels (hôtel de ville)
ESPLANADE J. M. LOUVEL
Pl. Louis-Guillouard
Rue Écuyère
St Étienne-le-Vieux
MAISON DE MALHERBE
Pl. Malherbe
Notre-Dame de la Gloriette
Pl. de la République
CONSEIL GÉNÉRAL
Pl. Gambetta
CENTRE DES CONGRÈS
La Prair
Bd Yves Guillou
Av. Albert Sorel
R. Fred Scamaroni
Av. de l'Hippodrome
R. de Bosnières
R. aux Juifs
R. de Geôle
R. du Gaillon
R. des Terrasses
R. Saint-Pierre
R. Froide
R. Saint-Sauveur
R. Démolombe
R. aux Fromages
R. de Bras
R. de Strasbourg
R. Saint-Laurent
R. Jean Eudes
R. Daniel Huet
Bd Aristide Briand
R. Isidore Pierre
R. Barbey d'Aurevilly
R. du Dr Rayer
R. Le Verrier
Av. du Canada
Av. de Bagatelle
R. de l'Académie
R. Saint-Martin
R. Saint-Manvieu
Fossés Saint-Julien
R. des Fossés Saint-Julien
R. Elie de Beaumont
R. des Cordeliers
R. du XXème Siècle
R. Desmoueux
R. des Rosiers
R. de Bayeux
R. Caponière
R. Bicoquet
Venelle Saint-Nicolas
R. Saint-Gabriel
R. Beuvrelu
Bd Richemond
Imp. de Matignon
Ch. à l'Âne
R. Carel
R. du Carel
R. des Blanchisseries
R. de Grusse
R. de la Fontaine
R. du Moulin
R. Hamon
R. Sadi Carnot
Av. d'Édimbourg
Carrières Saint-Julien
R. Haldot
z
a
r
p
h

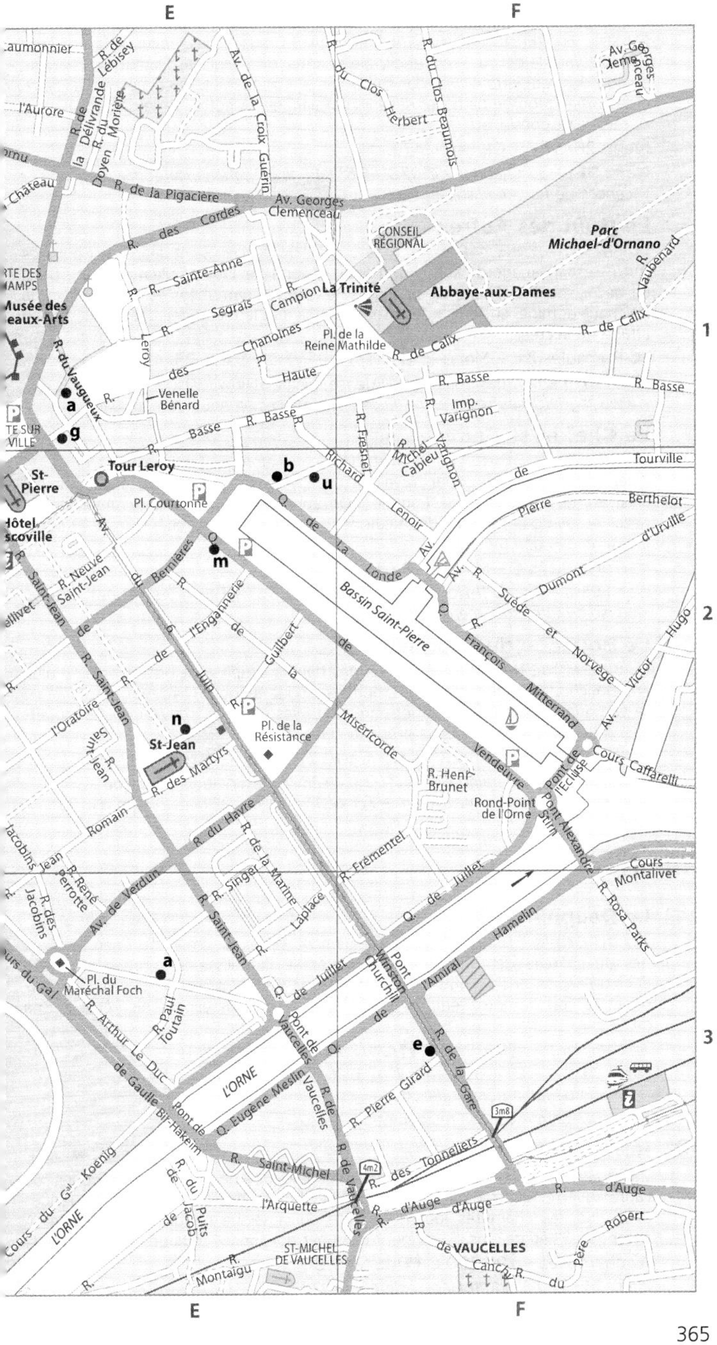
E
F
1
2
3
Musée des Beaux-Arts
Tour Leroy
St-Pierre
Hôtel Escoville
La Trinité
Abbaye-aux-Dames
CONSEIL RÉGIONAL
Parc Michael-d'Ornano
Pl. de la Reine Mathilde
Pl. Courtonne
Bassin Saint-Pierre
St-Jean
Pl. de la Résistance
Rond-Point de l'Orne
Pl. du Maréchal Foch
L'ORNE
ST-MICHEL DE VAUCELLES
VAUCELLES
Av. Georges Clemenceau
R. de la Pigacière
R. des Cordes
R. Sainte-Anne
R. Segrais
R. Campion
R. des Chanoines
R. Haute
R. de Calix
R. Basse
R. du Vaugueux
Venelle Bénard
Imp. Varignon
R. Fresnel
R. Michel Cabieu
R. Varignon
R. Richard Lenoir
Q. de la Londe
Q. Vendeuvre
Q. François Mitterrand
Av. de Suède et Norvège
R. Dumont d'Urville
Av. Victor Hugo
Cours Caffarelli
Pont de l'Écluse
Pont Alexandre Stirn
Cours Montalivet
R. Rosa Parks
Q. Amiral Hamelin
Q. de Juillet
Pont Winston Churchill
R. de la Gare
R. Pierre Girard
Q. Eugène Meslin
Pont de Vaucelles
R. de Vaucelles
R. des Tonneliers
R. d'Auge
R. Saint-Michel
R. de l'Arquette
R. du Puits de Jacob
R. Montaigu
R. du Père Robert
R. du Clos Herbert
R. du Clos Beaumois
Av. de la Croix Guérin
R. de Lébisey
R. de la Délivrande
R. du Doyen Morière
R. Vaubenard
Av. du 6 Juin
R. de Bernières
R. de l'Engannerie
R. de Guilbert
R. de la Miséricorde
R. Henri Brunet
R. Frémentel
R. Laplace
R. de la Marine
R. Singer
R. du Havre
R. des Martyrs
R. Saint-Jean
R. Neuve Saint-Jean
R. de l'Oratoire
R. Romain
R. Jean Romain
R. des Jacobins
R. René Perrotte
Av. de Verdun
R. Paul Toutain
R. Arthur Le Duc
Cours du Gal de Gaulle
Pont de Bir-Hakeim
Cours du Gal Koenig
Tourville
Berthelot
3m8
4m2

Café Mancel

CUISINE MODERNE • CONVIVIAL Le café du musée des Beaux-Arts de Caen – lequel vaut le détour – est une vraie gourmandise : sur l'esplanade du château, à l'abri des remparts élevés par Guillaume le Conquérant, le calme est délicieux, et la cuisine regorge de belles saveurs normandes ! À noter : le lieu organise aussi soirées jazz, poésie, etc.

Menu 26/37 € – Carte 31/47 €

Plan : D1-t – *au Château – 02 31 86 63 64 – www.cafemancel.com – Fermé vacances de fév., dim. soir et lundi*

Le Goût des Autres

CUISINE MODERNE • TENDANCE Au pied de l'église Saint-Jean, ce Goût des Autres est à l'image de son chef, Benoît Majorel : enjoué et plein d'allant ! Dans un décor sobre et épuré, on se régale de recettes parfumées et originales, où la fraîcheur domine. Le tout à des prix réjouissants : le menu déjeuner est la bonne affaire du secteur.

Formule 12 € – Menu 16 € (déj.), 29/39 € – Carte 23/45 €

Plan : E2-n – *17 r. des Equipes-d'Urgence – 02 31 86 43 30 – www.legoutdesautrescaen.fr – Fermé 3 semaines en août, dim. et lundi*

Le Chef et sa Femme

CUISINE TRADITIONNELLE • CONVIVIAL Éric et Anne Darcy avaient envie de créer une petite affaire pour travailler tous les deux – et rien que tous les deux : ainsi est né Le Chef et sa Femme... On appréciera la charmante simplicité du décor et les doux parfums de la cuisine, inspirée par le marché. Qualité et petits prix font très bon ménage !

Formule 15 € – Menu 19 € (déj.)/25 €

Plan : E3-a – *11 r. du 11-Novembre – 02 31 84 46 53 – Fermé 2 semaines en août, lundi soir, mardi soir, merc. soir et dim.*

Le Bouchon du Vaugueux

CUISINE MODERNE • BISTRO Sous des dehors simples, ce bistrot a l'âme d'un vrai bouchon lyonnais (comptoir, repas au coude-à-coude) ; toutefois, le chef ne se cantonne pas à la tradition et agrémente ses plats de trouvailles plus modernes. Jolie sélection de vins de producteurs.

Formule 16 € – Menu 22/34 € – Carte 27/37 €

Plan : E1-g – *12 r. Graindorge – 02 31 44 26 26 (réservation conseillée) – www.bouchonduvaugueux.com – Fermé 1er-12 sept., 22 déc.-2 janv., dim. et lundi*

Hôtels

Le Dauphin

TRADITIONNEL • PERSONNALISÉ Idéalement situé au cœur de Caen, à deux pas du château de Guillaume le Conquérant, l'établissement prend ses aises dans un ancien prieuré du 15e s. Les chambres associent charme des vieilles pierres et confort de notre temps ; on profite d'un superbe espace bien-être, le Spa du Prieuré...

37 chambres – 90/220 € 120/230 € – 16 € – ½ P

Plan : D1_2-a – *29 r. Gémare – 02 31 86 22 26 – www.le-dauphin-normandie.com*

Le Dauphin – voir les restaurants ci-dessus

Hôtel Moderne

URBAIN • PERSONNALISÉ Dans un immeuble datant des reconstructions de l'après-guerre, à deux pas du théâtre, cet hôtel offre un confort sûr ; tenues avec soin, les chambres jouent la carte du classique ou du contemporain. À noter : au 5e étage, la salle du petit-déjeuner domine les toits de la ville...

42 chambres – 95/190 € 145/270 € – 16 €

Plan : D2-d – *116 bd du Mar.-Leclerc – 02 31 86 04 23 – www.bestwestern-moderne-caen.com*

Mercure Port de Plaisance

HÔTEL DE CHAÎNE • FONCTIONNEL Très bon confort dans ce Mercure qui jouit d'une belle situation, face au port de plaisance - un quartier aujourd'hui en plein renouveau, à deux pas du centre-ville.

122 chambres - 109/159 € 109/159 € - 4 suites - 16 €

Plan : E2-b - *1 r. de Courtonne - 02 31 47 24 24 - www.accorhotels.com*

Ivan Vautier

TRADITIONNEL • DESIGN Certes un peu excentré, cet hôtel cultive le goût d'aujourd'hui avec réussite : on se sent bien dans son décor design et épuré, au chic "so international". L'adresse garde aussi le sens du terroir : dans le hall, la boutique fait la part belle aux produits de Normandie !

19 chambres - 114/265 € 140/265 € - 18 €

Plan : A2-v - *3 av. Henry-Chéron*
- 02 31 73 32 71 - www.ivanvautier.com

Ivan Vautier - voir les restaurants ci-dessus

Hôtel des Quatrans

BUSINESS • PERSONNALISÉ Au cœur de la ville, près du château, cet hôtel traditionnel abrite des chambres chaleureuses et très bien tenues - à préférer sur l'arrière pour plus de quiétude. À noter : le restaurant ArchiDona appartient au même propriétaire.

47 chambres - 59/119 € 59/119 € - 10 €

Plan : D2-p - *17 r. Gemare - 02 31 86 25 57 - www.hotel-des-quatrans.com*
- Fermé 24 déc.-3 janv.

Hôtel de France

URBAIN • PERSONNALISÉ À deux pas de la gare, des chambres pratiques et très bien tenues, dont certaines familiales. Parfait pour un voyage d'affaires comme pour une étape d'agrément.

47 chambres - 73/103 € 73/103 € - 10 €

Plan : F3-e - *10 r. de la Gare*
- 02 31 52 16 99 - www.hoteldefrance-caen.com

à Hérouville St-Clair 3 km au Nord-Est - ✉ 14200 - 21 411 hab. - Alt. 20 m

L'Espérance

CUISINE MODERNE • AUBERGE XX Pressé de jarret de veau au foie gras et à la sauce au raifort, paleron de bœuf à l'andouille de Vire, fraises rôties accompagnées d'une onctueuse mousse vanillée : on mange fort bien dans ce restaurant bucolique et charmant. Quant à la vue sur le canal, elle est si reposante...

Formule 17 € - Menu 23 € (semaine), 30/59 € - Carte 41/51 €

Plan : B1-x - *512 r. Abbé-Alix (au bord du canal)*
- 02 31 44 97 10 - www.restaurant-esperance.com
- Fermé 2 semaines en août et en janv., dim. soir, mardi soir et lundi

à Bénouville 10 km au Nord-Est par D515 - ✉ 14970 - 2 099 hab. - Alt. 8 m

La Glycine

CUISINE TRADITIONNELLE • CONVIVIAL XX Face à l'église de Bénouville, cette auberge traditionnelle se révèle accueillante : derrière une jolie façade en pierre de Caen, on découvre une salle contemporaine et une cuisine valorisant l'esprit du terroir et les produits de la mer. L'étape est intéressante à 7 km de la côte.

Menu 19 € (semaine), 29/59 € - Carte 35/71 €

11 pl. du Commando-N° 4 (face à l'église)
- 02 31 44 61 94 - www.la-glycine.com
- Fermé 2 semaines à Noël et dim. soir d'oct. à mai

Manoir Hastings

CUISINE MODERNE • COSY XX Cette belle bâtisse en pierre, datant du 17e s., a trouvé une seconde jeunesse sous la houlette d'un couple sympathique et travailleur. Le chef travaille de savoureux produits frais qu'il agrémente dans des plats généreux et goûteux ; on se régale dans un intérieur chaleureux, mariant l'ancien et la modernité.

Formule 20 € - Menu 26 € (déj. en semaine), 30/44 € - Carte 52/68 €

4 chambres - 140 € 140 € - 12 €

18 av. de la Côte-de-Nacre - 02 31 44 62 43 - www.manoirdhastings.fr - Fermé lundi et mardi

La Glycine

AUBERGE • PERSONNALISÉ Près du fameux Pegasus Bridge (où débutèrent les opérations du D-Day), voici une base tout indiquée pour partir à l'exploration des plages du Débarquement. Rien de figé derrière les murs de cette maison en pierre couverte de glycine : toutes les chambres ont été rénovées avec soin (également une annexe moderne).

34 chambres - 72 € 82 € - 9 € - ½ P

11 pl. du Commando-N° 4 (face à l'église) - 02 31 44 61 94 - www.la-glycine.com - Fermé 2 semaines à Noël et dim. soir d'oct. à mai

La Glycine - voir les restaurants ci-dessus

à Fleury-sur-Orne 4 km au Sud par D562A - 14123 - 4 299 hab. - Alt. 33 m

Auberge de l'Île Enchantée

CUISINE MODERNE • COSY XX Face à l'Orne et à une toute petite île sauvage, cette auberge (ancien bar de pêcheur dans les années 1930) a été entièrement rénovée... Outre la jolie vue sur la rivière, on appréciera aussi le sérieux travail du chef, Stéphane Jacq, qui revisite les recettes classiques à l'aide de beaux produits.

Formule 17 € - Menu 20 € (déj. en semaine), 27/45 € - Carte 45/62 €

1 r. St-André (au bord de l'Orne) - 02 31 52 15 52 - www.ileenchantee.fr - Fermé dim. soir, lundi et mardi

CAGNES-SUR-MER

06800 (Alpes-Maritimes) - 46 686 hab. - Alt. 20 m - Carte régionale n° **22**-E2

Paris 915 km - Antibes 11 km - Cannes 21 km - Grasse 25 km

Carte Michelin 341-D6 - Guide Vert Michelin Côte d'Azur

Domaine Cocagne

TRADITIONNEL • CONTEMPORAIN Des palmiers, de la verdure, des chambres d'une blancheur immaculée mais aussi un restaurant design servant une cuisine du marché, et dont la véranda donne sur la piscine... Sud et tendance, ce beau pays de cocagne !

27 chambres - 130/1000 € 150/1000 € - 6 suites - ½ P

Hors plan - *30 chemin du Pain-de-Sucre, colline de la rte de Vence - 04 92 13 57 77 - www.sandton.eu/cocagne/ - Fermé 1er nov.-1er avril*

au Haut-de-Cagnes - 06800

Château Le Cagnard

CUISINE PROVENÇALE • CLASSIQUE XX De beaux produits frais, une réjouissante cuisine de saison aux accents méditerranéens : voilà ce que l'on sert dans cette maison installée sur les remparts du bourg médiéval. Détail qui ajoute au charme des lieux : l'élégante salle à manger dispose d'un toit coulissant pour laisser entrer la lumière par beau temps !

Menu 68/80 €

Plan : C1_2-d - *Hôtel Château Le Cagnard 54 r. Sous-Barri - 04 93 20 73 22 (réservation conseillée) - www.lecagnard.com - Fermé 1er janv.-12 fév., lundi et mardi d'oct. à déc.*

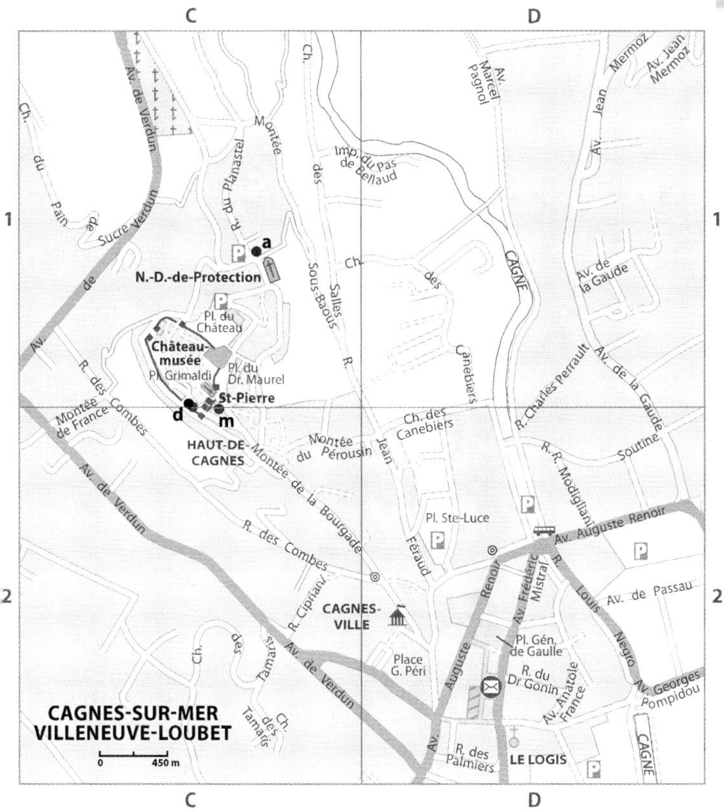

Fleur de Sel

A/C

CUISINE TRADITIONNELLE • BISTRO ✗ Dans ce charmant restaurant d'esprit très Sud, on savoure une cuisine méditerranéenne fraîche, colorée et généreuse. Vous vous souviendrez par exemple de cette pintade fermiere cuisinée aux agrumes et au chorizo iberico : la création d'un chef expérimenté, qui ne manque pas d'inspiration !

Menu 35/68 € – Carte 45/80 €

Plan : C1_2-m – *85 montée de la Bourgade*
– ✆ 04 93 20 33 33 – www.restaurant-fleurdesel.com
– Fermé 11-25 juin, 1er-8 oct., 17-26 déc., 3-13 janv., jeudi d'oct. à avril, merc. sauf juil.-août et le midi

Josy-Jo

A/C

CUISINE PROVENÇALE • RUSTIQUE ✗ Un endroit rustique et chaleureux, tenu par Josy Bandecchi et sa fille Valérie. Ici, convivialité rime avec simplicité : service sans tralala, fameuses grillades et petits plats provençaux.

Menu 35 € – Carte 49/89 €

Plan : C1-a – *2 r. Planastel*
– ✆ 04 93 20 68 76 – www.restaurant-josyjo.com
– Ouvert 1er mars-31 oct. et fermé dim. sauf juil.-août et le midi

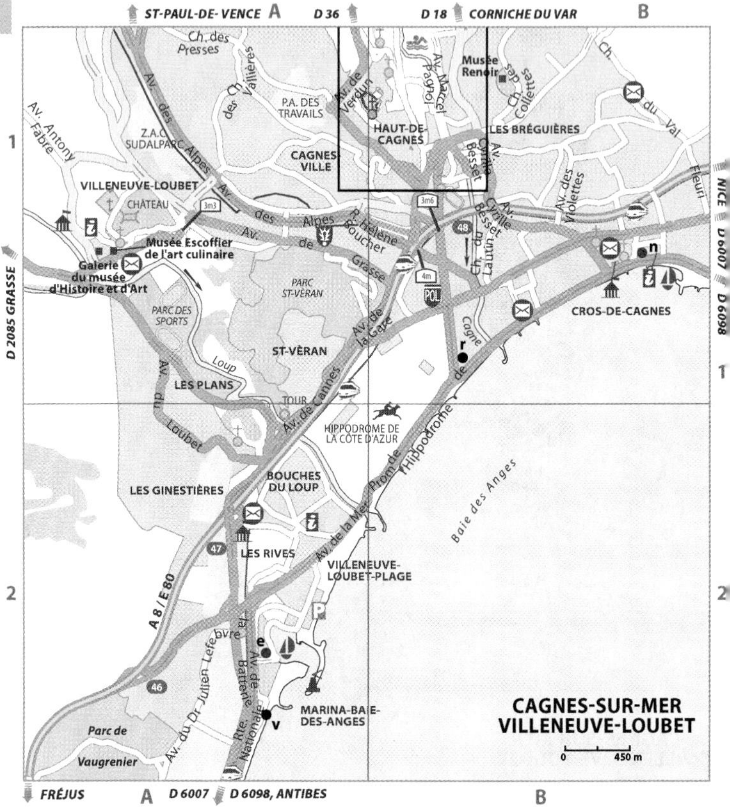

Château Le Cagnard

HISTORIQUE • PERSONNALISÉ Perchée sur les remparts de ce bourg médiéval, cette belle bâtisse du 13e s. domine les environs. Chambres et parties communes sont empreintes de caractère et d'élégance, avec des touches provençales. Beauvoir, Saint-Exupéry, Pagnol : ils sont nombreux à s'être laissés séduire...

28 chambres – 121/250 € 146/550 € – 1 suite – 20 € – ½ P

Plan : C1_2-d – *54 r. Sous-Barri – 04 93 20 73 22 – www.lecagnard.com – Fermé 1er janv.-12 fév.*

Château Le Cagnard – voir les restaurants ci-dessus

CAHORS

46000 (Lot) – 19 991 hab. – Alt. 135 m – Carte régionale n° **15**-B1

Paris 575 km – Agen 85 km – Albi 110 km – Brive-la-Gaillarde 98 km

Carte Michelin 337-E5

L'Ô à la Bouche

CUISINE MODERNE • CONTEMPORAIN À la tête de cette attachante adresse, un couple de passionnés qui a sillonné les contrées lointaines avant de jeter l'ancre à Cahors. Jean-François concocte des plats gourmands, comme ce marbré de lapereau, déclinaison de betterave et crème au wasabi ; ou ce dos de cabillaud rôti, écrasée de pommes de terre et poivrons confits.

Formule 22 € – Menu 28/42 € – Carte 35/48 €

Plan : B2-a – *56 allée Fénelon – 05 65 35 65 69 – www.loalabouche-restaurant.com – Fermé vacances de Pâques et de la Toussaint, dim. et lundi*

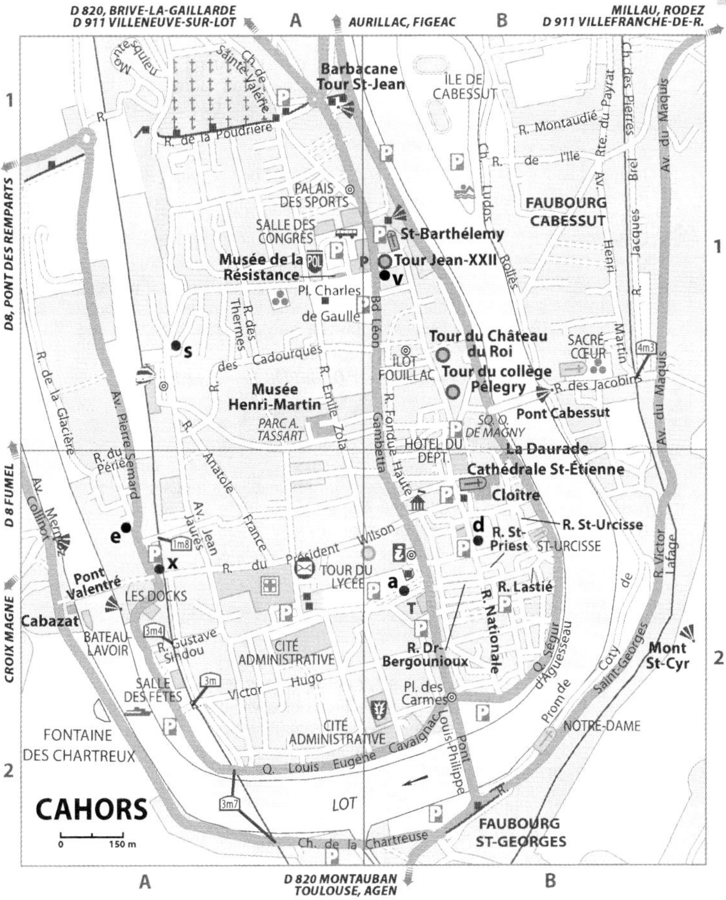

Le Balandre

CUISINE MODERNE • BOURGEOIS XXX Vitraux, belle hauteur sous plafond, moulures... Le cadre de ce restaurant, propriété familiale depuis 100 ans, vaut le détour ! Aux fourneaux, on trouve Alexandre, le fils de la famille : il revisite la cuisine traditionnelle avec brio. Et la cave, supervisée par son père Gilles, recèle des merveilles !

Menu 23 € (déj. en semaine), 45/70 € – Carte 50/67 €

Plan : A1-s – *5 av. Charles-de-Freycinet – ✆ 05 65 53 32 00 – www.balandre.com – Fermé 1 semaine en mai, 15-30 nov., dim. sauf fériés et lundi*

Le Marché

CUISINE MODERNE • CONTEMPORAIN XX Si vous allez au marché – mercredi et samedi matin – profitez-en pour déjeuner à côté ! Dans ce restaurant, où la carte change souvent, on ne sert que des produits frais. À apprécier dans un cadre à l'élégance toute contemporaine.

Formule 21 € – Menu 26 € (déj. en semaine), 28/61 €

Plan : B2-d – *27 pl. Jean-Jacques-Chapou – ✆ 05 65 35 27 27 – www.restaurantlemarche.com – Fermé 1 semaine en avril, vacances de la Toussaint, dim. et lundi*

Au Fil des Douceurs

CUISINE TRADITIONNELLE • CONVIVIAL Après 23 années passées dans son bateau-restaurant sur le Lot, le chef du Fil des Douceurs a posé pied à terre et pris ses quartiers dans cette petite maison colorée, au cadre contemporain, face au superbe pont de Valentré (14e s.). Sa bonne cuisine traditionnelle, à prix doux, nous fait toujours voyager !

Menu 20/36 € – Carte 37/65 €

Plan : A2-x – *32 av. André-Breton – 05 65 22 13 04 – Fermé 2 semaines en juin, 3 semaines en janv., dim. et lundi*

Divona

URBAIN • CONTEMPORAIN En bordure du Lot, à côté du pont de Valentré, cette construction contemporaine et épurée en béton, verre et pierre, propose des chambres sobres et confortables, tournées vers la rivière. La bar se pare d'un charme d'inspiration 1950. Jolie piscine couverte, et espace bien-être.

38 chambres – 109/229 € 129/415 €

Plan : A2-e – *113 av. André-Breton – 05 65 21 18 39 – www.hoteldivona.fr*

Jean XXII

FAMILIAL • TRADITIONNEL Voici un point de chute pratique et calme, au pied de la tour Jean XXII. Les murs de ce palais (13e s.), édifié par la famille du pontife, abritent des chambres fonctionnelles et irréprochables, à petits prix. Vos bagages posés, partez à la découverte de la cité !

9 chambres – 58/68 € 70/79 € – 8 €

Plan : B1-v – *2 r. E.-Albe – 05 65 35 07 66 – www.hotel-jeanxxii.com – Fermé dim. de la Toussaint à Pâques*

à Mercuès 10 km au Nord par D811 – 46090 – 1 036 hab. – Alt. 133 m

Château de Mercuès

CUISINE MODERNE • CLASSIQUE Ce superbe château du 13e s., posté sur les hauteurs de Cahors, abrite une table ô combien valeureuse : les produits de la région sont célébrés dans des préparations goûteuses, qui réactualisent la tradition de fort belle manière et s'accompagnent des bons vins de la propriété. Terrasse dans la cour d'honneur.

→ Gros escargots, velouté à l'ail fumé sur tresse. Selle d'agneau fermier du Quercy rôtie, petits farcis d'oignons nouveaux et croquettes d'artichaut. Pêche rôtie au thym citron, crème à la vanille Bourbon et sablé noisette.

Menu 89/149 € – Carte 87/102 €

Hôtel Château de Mercuès – 05 65 20 00 01 – www.chateaudemercues.com – Ouvert 24 mars-12 nov. et fermé le midi sauf dim., dim. soir et lundi

Château de Mercuès

DEMEURE HISTORIQUE • ÉLÉGANT Ses imposantes tours rondes se dressent au-dessus de la vallée du Lot... La majesté de l'Histoire en ce château du 13e s., encore annobli par les interventions du designer François Champsaur, élégantes et inspirées. Appétissante formule au bistrot du Château, le midi.

24 chambres – 330/660 € 330/660 € – 6 suites – 27 € – ½ P

– 05 65 20 00 01 – www.chateaudemercues.com – Ouvert 24 mars-12 nov.

Château de Mercuès – voir les restaurants ci-dessus

Le Mas Azemar

MAISON DE CAMPAGNE • PERSONNALISÉ Les propriétaires de cette maison de maître du 18es., ancienne dépendance du château de Mercuès, sont passionnés d'art et de mobilier ancien. Une belle atmosphère... Cuisine traditionnelle familiale dans un cadre chaleureux et rustique : poutres, murs en pierre, cheminée, etc. Une adresse authentique.

5 chambres – 117 € 117 €

r. du Mas-de-Vinssou – 05 65 30 96 85 – www.masazemar.com

à Caillac 13 km au Nord, rte de Bergerac et D145 – ✉ 46140 – 592 hab. – Alt. 161 m

Le Vinois

CUISINE MODERNE • CONTEMPORAIN Au cœur du vignoble de Cahors, ne ratez pas cette étonnante auberge au décor résolument contemporain et sa goûteuse cuisine, actuelle et soignée, appuyée sur de solides bases classiques. La spécialité de la maison : le canard à la presse, réalisé sous vos yeux avec une authentique presse en argent du 18e s. Quelques chambres confortables.

Formule 23 € – Menu 26 € (déj. en semaine), 42/79 € – Carte 62/77 €

10 chambres – †86/150 € ††90/150 € – ☕ 12 €

pl. de la Croix (Le Bourg) – ✆ 05 65 30 53 60 – www.levinois.com – Fermé 10-24 oct., 2-24 janv., dim. soir, mardi midi et lundi

rte de Brive au Nord par D820 – ✉ 46000 Cahors :

La Garenne

CUISINE TRADITIONNELLE • AUBERGE Mangeoires, murs en pierre, charpentes apparentes, objets paysans... Ces anciennes écuries cultivent de glorieux temps oubliés ! Voilà qui se marie harmonieusement avec la cuisine du chef : des recettes tantôt classiques tantôt régionales, tels les magrets de canard ou les escalopes de foie gras poêlées au verjus...

Menu 19 € (déj. en semaine), 31/43 € – Carte 37/55 €

St-Henri, à 7 km – ✆ 05 65 35 40 67 – www.la-garenne-cahors.com – Fermé fév., 28 juin-5 juil., 15-22 nov., lundi soir, mardi soir et merc.

à Cieurac 8,5 km au Sud-Est par D6 – ✉ 46230 – 462 hab. – Alt. 247 m

La Table de Haute-Serre

CUISINE MODERNE • CONTEMPORAIN Dans l'ancien chai d'un château, ce restaurant au cœur des vignes dévoile un charme authentique. Dans la salle, en revanche, la déco est résolument contemporaine : sol en béton, mobilier en alu... On savoure une cuisine ancrée dans son époque, à l'instar de cette poitrine de cochon dorée au sautoir, épeautre au safran du Quercy et jus réduit...

Formule 23 € – Menu 29/42 €

Château de Haute-Serre – ✆ 05 65 20 80 20 – www.hauteserre.fr – Fermé 3 semaines en mars, 25 nov.-8 janv., jeudi hors saison, dim. soir et merc.

CAHUZAC-SUR-VÈRE

✉ 81140 (Tarn) – 1 072 hab. – Alt. 240 m – Carte régionale n° **15**-C2

Paris 655 km – Albi 28 km – Gaillac 11 km – Montauban 60 km

Carte Michelin 338-D7

Château de Salettes

CUISINE MODERNE • ÉLÉGANT Ce restaurant est installé dans un château du 13e s., en plein cœur d'un domaine viticole du gaillacois... Un emplacement de choix ! La cuisine, bien dans l'air du temps, est basée sur de beaux produits ; la jolie carte des vins propose les crus du Château de Salettes. Aux beaux jours, la terrasse ne manque pas de charme.

Formule 29 € – Menu 39/90 € – Carte environ 90 €

3 km au Sud par D922 – ✆ 05 63 33 60 60 – www.chateaudesalettes.com – Fermé 16 oct.-1er nov., 2-22 janv., dim. soir, mardi et merc. midi d'oct. à avril et lundi

Château de Salettes

DEMEURE HISTORIQUE • DESIGN Il faut rentrer dans la cour pour découvrir ce beau château du 13e s. au milieu des vignes, entièrement remanié au fil du temps. À l'intérieur, une déco résolument contemporaine et design, des chambres spacieuses avec murs en pierres apparentes... Charme et personnalité, en toute quiétude !

16 chambres – †145/290 € ††145/290 € – 2 suites – ☕ 19 €

3 km au Sud par D922 – ✆ 05 63 33 60 60 – www.chateaudesalettes.com – Fermé 16 oct.-1er nov. et 2-22 janv.

Château de Salettes – voir les restaurants ci-dessus

à Donnazac 5 km au Nord-Est par D922 et rte secondaire - ✉ 81170 - 80 hab. - Alt. 291 m

Les Vents Bleus

FAMILIAL • PERSONNALISÉ Au cœur du vignoble de Gaillac, une fière maison de maître (1844) flanquée d'un pigeonnier. Les chambres, aménagées dans le chai de la propriété, mêlent l'ancien et le confort d'aujourd'hui avec raffinement. Convivial et paisible !

5 chambres - 90/120 € 100/160 €

rte de Caussade - ✆ 05 63 56 86 11 - www.lesventsbleus.com - Ouvert 1er avril-31 déc.

CAILLAC - 46 (Lot) → Voir Cahors

CAIRANNE

✉ 84290 (Vaucluse) - 1 013 hab. - Alt. 136 m - Carte régionale n° **21**-A2
Paris 650 km - Avignon 43 km - Bollène 47 km - Montélimar 51 km
Carte Michelin 332-C8 - Guide Vert Michelin Provence

Côteaux et Fourchettes

CUISINE MODERNE • CLASSIQUE XX Jolie enseigne... Dans cet ancien caveau, le terroir s'exprime aussi bien par l'assiette - savoureuse - que par le flacon - excellent choix de vins locaux. Agréable décor contemporain, terrasse ouverte sur le vignoble.

Formule 21 € - Menu 24 € (déj. en semaine), 32/68 € - Carte 36/58 €

3340 rte de Carpentras, rte de Violès, croisement de la Courançonne (D8 et D975) - ✆ 04 90 66 35 99 - www.coteauxetfourchettes.com - Fermé 2-17 oct., dim. soir, lundi soir sauf de mi-juil. à mi-août et jeudi

Le Tourne au Verre

CUISINE MODERNE • BAR À VIN X Voilà un bar à vins coloré et convivial ! Restauration sur le pouce au déjeuner, spécialités maison le soir - foie gras, confit de joue de bœuf en daube - accompagnées d'une belle sélection de vins. Petite épicerie également (huiles d'olive, moutardes, épices, etc.). En saison, belle terrasse sous les platanes.

Formule 16 € - Menu 18 € (déj.) - Carte 26/46 €

rte de Ste-Cécile - ✆ 04 90 30 72 18 - www.letourneauverre.com - Fermé 15 janv.-5 fév., mardi, merc., jeudi de nov. à mars, dim. soir et lundi d'avril à oct. sauf fériés

CAJARC

✉ 46160 (Lot) - 1 138 hab. - Alt. 160 m - Carte régionale n° **15**-C1
Paris 586 km - Cahors 52 km - Figeac 25 km - Rocamadour 59 km
Carte Michelin 337-H5

Jeu de Quilles

CUISINE MODERNE • BISTRO X Porc noir gascon, volaille du Gers, agneau et veau aveyronnais... Bien à l'inverse d'un chien dans un Jeu de Quilles, on se lèche les babines devant les délicieux produits dénichés par le chef ! Il les utilise à merveille dans des plats simples et nets, accompagnés de bons légumes bio... et de bons vins naturels.

Menu 20 € (déj.), 31/36 €

7 bd Tour-de-Ville - ✆ 05 65 33 71 40 - Fermé 3 semaines en janv., 1 semaine en juil., 1 semaine en oct., dim. et lundi

L'Allée des Vignes

CUISINE CRÉATIVE • CONTEMPORAIN XX Dans cet ancien presbytère, les gourmands sont les nouveaux enfants de chœur... À la tête du restaurant, un couple voyageur et dynamique souhaite faire partager une nouvelle vision de la gastronomie, légère et ludique. Le soir, la carte est déclinable en portions dégustation et demi-plats : de quoi démultiplier les plaisirs !

Formule 19 € - Menu 34/72 € - Carte 39/60 €

32 bd Tour-de-Ville - ✆ 05 65 11 61 87 - www.alleedesvignes.com - Fermé merc. hors saison, dim. soir, lundi et mardi

Cajarc Blue Hôtel

FAMILIAL • FONCTIONNEL Adresse détente dans ce village qui vit naître Françoise Sagan. Cet hôtel moderne est agréable à vivre, avec ses chambres confortables et bien tenues. Le Lot est à deux pas, et une aire de pique-nique a même été aménagée au bord de la rivière...

24 chambres - 78/125 € 78/125 € - 11 € - ½ P

380 av. François-Mitterrand, rte de Capdenac - 05 65 40 65 35 - www.lasegaliere.com - Ouvert avril-oct.

CALACUCCIA - 2B (Haute-Corse) → Voir Corse

CALAIS

62100 (Pas-de-Calais) - 72 589 hab. - Agglo. 96 571 hab. - Alt. 5 m - Carte régionale n° **16**-A1

Paris 290 km - Boulogne-sur-Mer 35 km - Dunkerque 46 km - St-Omer 43 km

Carte Michelin 301-E2

Au Côte d'Argent

POISSONS ET FRUITS DE MER • ÉLÉGANT Embarquement immédiat pour un voyage gourmand, riche en saveurs iodées ! Dans un cadre inspiré des cabines de bateau, les amateurs de poisson se régalent de la pêche locale : viennoise de cabillaud au basilic, soupe de moules du pays... Intéressante carte des vins, dont une belle sélection de bordeaux.

Formule 18 € - Menu 22 € (semaine), 32/42 € - Carte 34/68 €

Plan : A1-f - *1 digue Gaston-Berthe - 03 21 34 68 07 - www.cotedargent.com - Fermé 28 août-12 sept., 23 déc.-4 janv., merc. soir de sept. à mars, dim. soir et lundi*

Histoire Ancienne

CUISINE TRADITIONNELLE • BISTRO Au cœur du centre-ville, ce bistrot rétro n'est pas de l'histoire ancienne ! La cuisine traditionnelle et les plats canailles y conservent toute leur fraîcheur : tête de veau sauce gribiche, cassoulet, etc. C'est goûteux, généreux et pas onéreux.

Formule 18 € - Menu 21 € (semaine)/32 € - Carte 39/54 €

Plan : A2-x - *20 r. Royale - 03 21 34 11 20 - www.histoire-ancienne.com - Fermé lundi sauf le midi hors saison et dim.*

Le Channel

POISSONS ET FRUITS DE MER • CONTEMPORAIN À Calais, ce restaurant est une institution. Décor élégant, cuisine classique empreinte de modernité, produits de la mer issus de la pêche locale, et très belle carte des vins (cave ouverte sur la salle)... Voilà une plaisante escale avant la traversée du "channel" !

Formule 18 € - Menu 22/59 € - Carte 40/105 €

Plan : A2-e - *3 bd de la Résistance - 03 21 34 42 30 - www.restaurant-lechannel.com - Fermé dim. soir et mardi*

Aquar'aile

POISSONS ET FRUITS DE MER • TRADITIONNEL L'atout de cet agréable restaurant, situé au 4e étage d'un immeuble ? Son panorama unique sur la Manche et les côtes anglaises ! La cuisine met en valeur la pêche locale : cocotte de homard, bar en croûte de sel, sole meunière... À déguster avec un bon vin issu de la carte (500 références) en regardant passer les bateaux.

Formule 26 € - Menu 33 € (semaine)/48 € - Carte 50/87 €

Hors plan - *255 r. Jean-Moulin (4e étage) - 03 21 34 00 00 - www.aquaraile.fr - Fermé dim. soir*

Le Grand Bleu

CUISINE MODERNE • CONTEMPORAIN Le chef, Matthieu Colin, met à profit son expérience dans des maisons étoilées. Dans un intérieur entièrement rénové en 2016, il continue de rendre un joli hommage à la pêche locale, mais aussi aux produits du terroir, à travers des recettes qui aiment cultiver la différence. Service aimable et efficace.

Formule 19 € - Menu 22 € (semaine), 32/42 € - Carte 40/58 €

Plan : A2-n - *8 r. Jean-Pierre-Avron - 03 21 97 97 98 - www.legrandbleu-calais.com - Fermé 15 fév.-1er mars, 16 août-7 sept., dim. soir, mardi soir et merc.*

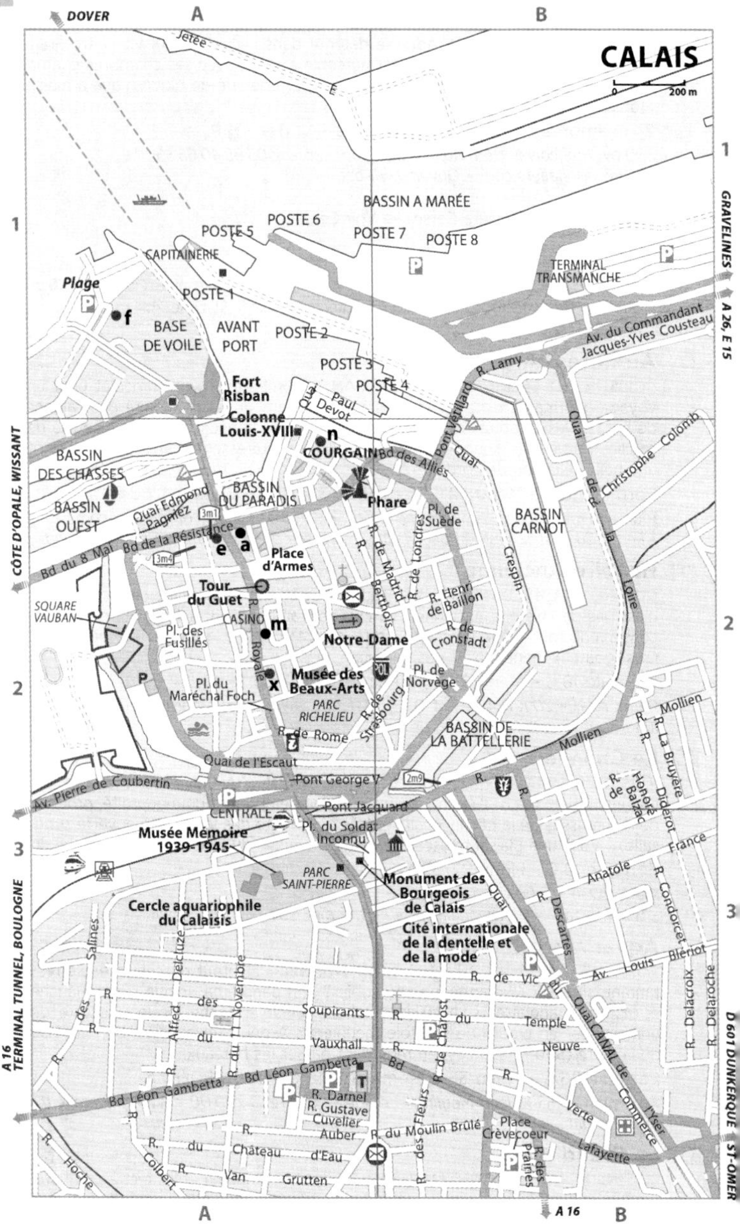
CALAIS
0
200 m
DOVER
A
B
1
2
3
Jetée
BASSIN A MARÉE
POSTE 5
POSTE 6
POSTE 7
POSTE 8
CAPITAINERIE
TERMINAL TRANSMANCHE
Plage
f
POSTE 1
BASE DE VOILE
AVANT PORT
POSTE 2
POSTE 3
POSTE 4
Av. du Commandant Jacques-Yves Cousteau
R. Lamy
Fort Risban
Quai Paul Devot
Colonne Louis-XVIII
n
COURGAIN
Bd des Alliés
Pont Vétillard
Quai
BASSIN DES CHASSES
BASSIN DU PARADIS
Phare
Quai de la Loire
R. Christophe Colomb
BASSIN OUEST
Quai Edmond Pagniez
Pl. de Suède
BASSIN CARNOT
Bd du 8 Mai
Bd de la Résistance
e
a
Place d'Armes
R. de Madrid
R. de Londres
Crespin
Tour du Guet
R. Berthois
R. Henri de Baillon
SQUARE VAUBAN
CASINO
m
Pl. des Fusillés
R. Royale
Notre-Dame
R. de Cronstadt
POL
Musée des Beaux-Arts
Pl. de Norvège
Pl. du Maréchal Foch
x
PARC RICHELIEU
R. de Strasbourg
BASSIN DE LA BATTELLERIE
R. Mollien
R. de Rome
R. La Bruyère
Quai de l'Escaut
Av. Pierre de Coubertin
Pont George V
R. de Honoré Balzac
Diderot
CENTRALE
Pont Jacquard
Pl. du Soldat Inconnu
Musée Mémoire 1939-1945
France
Anatole
R. Condorcet
PARC SAINT-PIERRE
Monument des Bourgeois de Calais
Quai
R. Descartes
Cercle aquariophile du Calaisis
Cité internationale de la dentelle et de la mode
Av. Louis Blériot
R. des Salines
R. Alfred Delcluze
R. du 11 Novembre
R. de Vic
R. Delacroix
R. Delaroche
R. des Soupirants
R. du Temple
R. du Vauxhall
R. de Charost
R. Neuve
Quai CANAL de Commerce
Bd Léon Gambetta
Bd Léon Gambetta
R. Darnel
R. Gustave Cuvelier
R. Auber
R. du Moulin Brûlé
Place Crèvecoeur
Bd Lafayette
Verte
l'Yser
R. du Château d'Eau
R. des Fleurs
R. des Prairies
R. Colbert
R. Van Grutten
R. Hoche
GRAVELINES
A 26, E 15
CÔTE D'OPALE, WISSANT
A 16 TERMINAL TUNNEL, BOULOGNE
D 601 DUNKERQUE
ST-OMER
A 16
3m1
3m4
2m9

Holiday Inn

TRADITIONNEL • FONCTIONNEL En face du port de plaisance, cette bâtisse imposante dispose de chambres fonctionnelles et confortables. La moitié d'entre elles donnent sur la mer.

63 chambres - 98/203 € 98/203 € - 15 €

Plan : A2-a - *bd des Alliés - 03 21 34 69 69 - www.holidayinn.fr/calais-nord*

Ibis Styles

HÔTEL DE CHAÎNE • CONTEMPORAIN Voilà un jeune hôtel qui n'a rien à envier à ses aînés ! Au cœur de la ville, l'immeuble ancien abrite un intérieur résolument design ; les chambres sont plutôt confortables, et les tarifs vraiment compétitifs.

92 chambres - 65/125 € 70/175 €

Plan : A2-m - *46 r. Royale - 03 21 97 45 00 - www.accorhotels.com*

à Coquelles 6 km a l'Ouest par av. R. Salengro - 62231 - 2 311 hab. - Alt. 5 m

Holiday Inn

HÔTEL DE CHAÎNE • FONCTIONNEL Ce complexe, créé en 1994 à 3 km de la gare Eurostar de Calais-Fréthun, propose des chambres spacieuses et confortables, joliment rénovées en 2016. Avant le voyage, il fait bon se détendre à l'espace forme : sauna, hammam, club de gym, squash, piscine couverte...

118 chambres - 99/135 € 117/150 € - 16 €

2099 av. Charles-de-Gaulle - 03 21 46 60 60 - www.hicoquelles.com

CALALONGA (PLAGE DE) - 2A (Corse-du-Sud) ➜ Voir Corse (Bonifacio)

CALA-ROSSA - 2A (Corse-du-Sud) ➜ Voir Corse (Porto-Vecchio)

CALLAS

83830 (Var) - 1 829 hab. - Alt. 398 m - Carte régionale n° **21**-C3

Paris 872 km - Castellane 51 km - Draguignan 14 km

Carte Michelin 340-O4 - Guide Vert Michelin Côte d'Azur

rte de Muy 7 km au Sud-Est par D25 - 83830 Callas :

Hostellerie Les Gorges de Pennafort

CUISINE MODERNE • CONTEMPORAIN XXX Un élégant décor contemporain, une terrasse sous les tilleuls... Le cadre séduit, la cuisine plus encore : fleurs, épices, herbes et touches personnelles du chef marient tradition et générosité.

➜ Raviolis de foie gras et parmesan. Carré d'agneau rôti au jus, thym et petits légumes. Millefeuille à la vanille et glace minute.

Formule 59 € - Menu 85/160 € - Carte 115/160 €

D25 - 04 94 76 66 51 - www.hostellerie-pennafort.com
- Fermé 20 janv.-23 mars, 24 déc.-2 janv., lundi sauf le soir du 18 juil. au 22 août, dim. soir du 16 juil. au 20 août et merc. midi

Hostellerie Les Gorges de Pennafort

LUXE • CONTEMPORAIN Le calme est envoûtant dans ce site naturel qui ravit l'œil : les gorges de Pennafort, escarpées, rouges et noyées sous la végétation... Un véritable cocon de verdure ! Confort aux couleurs de la Provence ; belle piscine et espace bien-être de l'autre côté de la route.

13 chambres - 230/290 € 230/290 € - 2 suites - 20 € - ½ P

D25 - 04 94 76 66 51 - www.hostellerie-pennafort.com
- Fermé 20 janv.-23 mars et 24 déc.-2 janv.

Hostellerie Les Gorges de Pennafort - voir les restaurants ci-dessus

CALVINET

15340 (Cantal) - 506 hab. - Alt. 600 m - Carte régionale n° **3**-A3

Paris 576 km - Aurillac 34 km - Entraygues-sur-Truyère 32 km - Figeac 40 km

Carte Michelin 330-C6

Beauséjour

CUISINE CLASSIQUE • ÉLÉGANT Le chef, Louis-Bernard Puech, le dit lui-même : il est un enfant du pays passionné par les produits de son terroir. Il aime donc à revisiter la tradition locale au gré de son inspiration ; c'est concocté avec justesse et sans esbroufe... Une table qui cultive l'essentiel ! Attention : sur réservation uniquement.

Menu 35 €

6 chambres - 90/100 € 90/100 € - 4 suites

r. Châtaigneraie - 04 71 49 91 68 (réservation conseillée) - www.cantal-restaurant-puech.com - Fermé de mi-nov. à mars, jeudi midi, dim. soir, lundi, mardi et merc.

CAMARET-SUR-MER

29570 (Finistère) - 2 602 hab. - Alt. 4 m - Carte régionale n° **5**-A2

Paris 597 km - Brest 68 km - Châteaulin 45 km - Crozon 11 km

Carte Michelin 308-D5 - Guide Vert Michelin Bretagne Nord

Thalassa

TRADITIONNEL • CONTEMPORAIN Thalassa, divinité marine de la mythologie grecque, veille sûrement sur cet hôtel idéalement situé sur le port. L'établissement a été entièrement rénové en 2013 : esprit contemporain et confort sont au rendez-vous. En façade, les chambres offrent une jolie vue sur la mer ; piscine et jacuzzi vous tendent les bras...

49 chambres - 68/138 € 68/138 € - 12 €

quai Styvel - 02 98 27 86 44 - www.hotel-thalassa.com - Ouvert d'avril à sept.

Hôtel de France

TRADITIONNEL • FONCTIONNEL Sur le quai, un hôtel familial aux chambres fonctionnelles, bien tenues et insonorisées. On a le choix entre la vue sur les bateaux ou un maximum de calme sur l'arrière du bâtiment. Fruits de mer au restaurant.

20 chambres - 70/135 € 70/135 € - 11 € - ½ P

quai G.-Toudouze - 02 98 27 93 06 - www.hotel-france-camaret.com - Ouvert 1er avril-30 nov.

LA CAMBE

14230 (Calvados) - 636 hab. - Alt. 25 m - Carte régionale n° **17**-B2

Paris 289 km - Bayeux 26 km - Caen 56 km - Saint-Lô 31 km

Carte Michelin 303-F3 - Guide Vert Michelin Normandie Cotentin

Ferme Savigny

MAISON DE CAMPAGNE • TRADITIONNEL Un corps de ferme couvert de vigne vierge (16e-17e s.) : dans la tourelle se cache le bel escalier à vis qui dessert les chambres, joliment champêtres. Pour le petit-déjeuner, on se régale de confitures et de madeleines maison.

4 chambres - 55/80 € 60/85 €

2,5 km par D613 et D113 (direction Grandcamp-Maisy) - 02 31 21 12 33 - www.ferme-de-savigny.fr

CAMBO-LES-BAINS

64250 (Pyrénées-Atlantiques) - 6 636 hab. - Alt. 67 m - Carte régionale n° **2**-A3

Paris 783 km - Biarritz 21 km - Pau 115 km

Carte Michelin 342-D4 - Guide Vert Michelin Pays Basque et Navarre

Le Bellevue

CUISINE MODERNE • TENDANCE La salle est claire, et la carte courte. Deux raisons de s'attarder dans ce restaurant décoré avec goût. La cuisine traditionnelle y est revisitée avec entrain et un sens aigu de la gourmandise, à l'image de cette terrine de pieds de porcs désossés, ou en dessert, ce soufflé chaud à l'eau de vie de poire.

Menu 15 € (déj. en semaine), 25/35 € - Carte 35/50 €

Hôtel Le Bellevue, r. des Terrasses - 05 59 93 75 75 - www.hotel-bellevue64.fr - Fermé 8 janv.-12 fév., jeudi soir sauf juil.-août, dim. soir et lundi

Auberge Chez Tante Ursule

CUISINE BASQUE • RUSTIQUE Il est des proches qu'on apprécie plus que d'autres... Chez Tante Ursule, on est sûr de se régaler de bonnes recettes régionales ! Au sein de cette maison basque du 19e s., voisine du fronton, la salle a été aménagée dans un ancien atelier de menuiserie. Original et authentique.

Menu 28 € - Carte 34/47 €

fronton du Bas-Cambo, 2 km au Nord - 05 59 29 78 23 - www.auberge-tante-ursule.com - Fermé merc.

Le Bellevue

FAMILIAL • FONCTIONNEL Dans cette maison du 19e s., bien rénovée, on trouve des suites familiales d'esprit contemporain, spacieuses et bien tenues. Jardin verdoyant et transats autour de la piscine. Pour une étape coquette.

7 suites - 60/115 € - 8 €

r. des Terrasses - 05 59 93 75 75 - www.hotel-bellevue64.fr - Fermé 8 janv.-12 fév.

Le Bellevue - voir les restaurants ci-dessus

CAMBRAI

59400 (Nord) - 32 847 hab. - Alt. 53 m - Carte régionale n° **16**-C3
Paris 179 km - Amiens 98 km - Arras 36 km - Lille 77 km
Carte Michelin 302-H6

Maison Demarcq

CUISINE MODERNE • ÉLÉGANT Cette demeure bourgeoise a été marquée par l'histoire de la ville : Napoléon y a séjourné - tout près de l'endroit où aurait été signée la fameuse Paix des Dames (1529). Le décor cultive un élégant classicisme, et la cuisine se révèle inventive et soignée. Une belle adresse dans la capitale des "bêtises".

Formule 36 € - Menu 47/70 € - Carte 54/61 €

Plan : A1-a - *2 r. St-Pol - 03 27 37 77 78 - www.maisondemarcq.com - Fermé 2 semaines en août, mardi soir, sam. midi, dim. soir et lundi*

Au Fil de l'Eau

CUISINE TRADITIONNELLE • CONVIVIAL Sympathique petit restaurant près d'une écluse du canal de St-Quentin. Ici, convivialité rime avec déco colorée et saveurs traditionnelles iodées. Pour cause, la propriétaire est originaire du Morbihan !

Formule 24 € - Menu 30/54 € - Carte 33/54 €

Plan : A1-f - *1 bd Dupleix - 03 27 74 65 31 - Fermé 20-28 fév., 14 juil.-12 août, dim. soir, merc. soir, jeudi soir et lundi*

Beatus

TRADITIONNEL • PERSONNALISÉ Légèrement excentré, cet hôtel familial est niché dans un joli parc fleuri. Ici, on vient et revient pour l'accueil chaleureux et les chambres au calme (les plus récentes étant en outre très cosy). Le soir, les résidents profitent du restaurant traditionnel.

31 chambres - 78/116 € 84/116 € - 11 € - ½ P

Hors plan - *718 av. de Paris, 1,5 km au Sud par D644 - 03 27 81 45 70 - www.beatus-cambrai.com*

Le Clos St-Jacques

FAMILIAL • PERSONNALISÉ "La maison aurait accueilli la confrérie de St-Jacques-de-Compostelle", dixit monsieur qui est un conteur né et ne manque pas d'anecdotes... Quant à madame, elle a su insuffler une âme "déco" à ce bel hôtel particulier, tout en préservant son cachet originel. En prime, le petit-déjeuner est excellent. Les hôtes sont ravis !

4 chambres - 90/100 € 90/120 €

Plan : B2-e - *9 r. St-Jacques - 03 27 74 37 61 - www.leclosstjacques.com - Fermé 14-25 août*

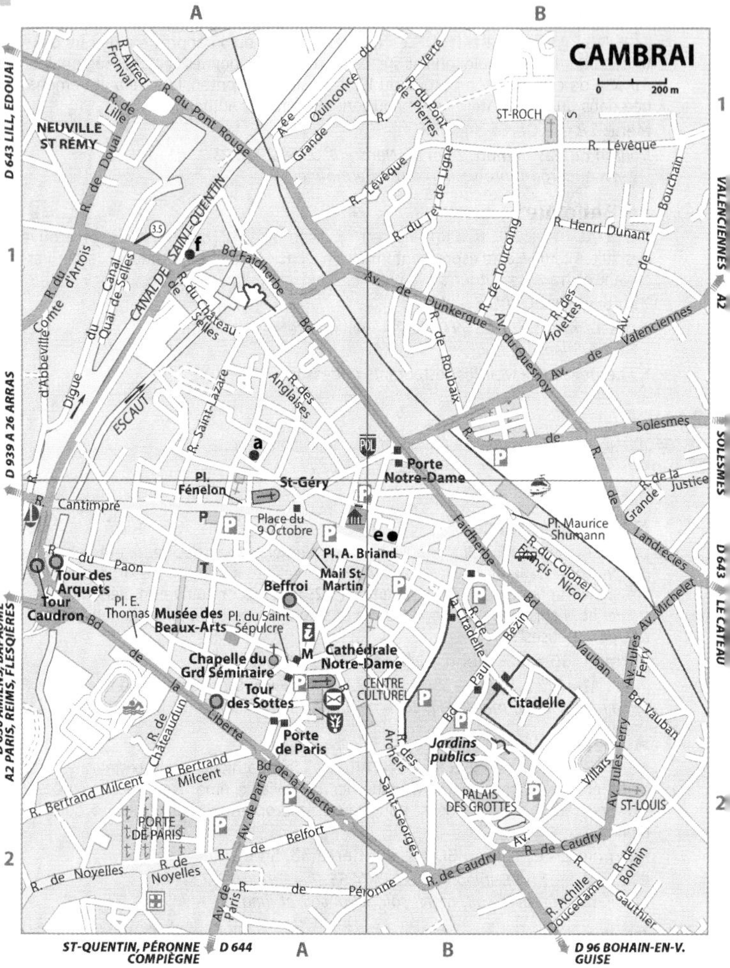

CAMON

✉ 09500 (Ariège) – 159 hab. – Alt. 349 m – Carte régionale n° **15**-C3
▶ Paris 780 km – Carcassonne 63 km – Pamiers 37 km – Toulouse 103 km
Carte Michelin 343-J6

L'Abbaye-Château de Camon

DEMEURE HISTORIQUE • PERSONNALISÉ Le temps semble s'être arrêté dans ce site enchanteur. L'abbaye s'adosse toujours à l'église mais les chambres n'ont plus rien de monacal, tandis que la beauté du jardin invite à la méditation. Le soir, on se dirige vers le cloître pour célébrer les sens autour d'un menu dégustation…

5 chambres – 🚹135/195 € 🚹🚹135/275 € – ☕ 18 €
– *✆ 05 61 60 31 23 – www.chateaudecamon.com – Ouvert 1er avril-31 oct.*

CAMPAGNE - 24 (Dordogne) ➜ Voir Bugue

CAMPIGNY - 27 (Eure) ➜ Voir Pont-Audemer

CAMPSEGRET

✉ 24140 (Dordogne) - 390 hab. - Alt. 130 m - Carte régionale n° **2**-C1
Paris 578 km - Agen 103 km - Bordeaux 117 km - Périgueux 36 km
Carte Michelin 329-E6

La Libertie

FAMILIAL • CONTEMPORAIN Ouvrir une maison d'hôtes, tel était le rêve de ce couple de Suédois tombé sous le charme du Sud-Ouest... et passionné de gastronomie ! Leur choix s'est porté sur cette belle maison en pierre du pays de Bergerac, où ils proposent des chambres au charme simple (de plain-pied sur le joli jardin), ainsi que... d'intéressants cours de cuisine. Une certaine idée de La Libertie.

5 chambres - †95/105 € ††95/105 €

- ✆ 05 53 61 66 45 - www.lalibertie.com - Fermé 21 déc.-3 janv.

CANAPVILLE - 14 (Calvados) ➜ Voir Deauville

CANCALE

✉ 35260 (Ille-et-Vilaine) - 5 231 hab. - Alt. 50 m - Carte régionale n° **5**-D1
Paris 398 km - Avranches 61 km - Dinan 35 km - Fougères 73 km
Carte Michelin 309-K2 - Guide Vert Michelin Bretagne Nord

✿ Le Coquillage (Olivier et Hugo Roellinger)

POISSONS ET FRUITS DE MER • ÉLÉGANT XX Poissons et coquillages d'une grande fraîcheur, relevés de savants mélanges d'épices : la figure tutélaire d'Olivier Roellinger plane sur cette table, où il travaille désormais en collaboration avec son fils, Hugo. Charmantes salles à manger tournées vers la baie du Mont St-Michel et plaisant salon marin.

➜ Taille au couteau de dorade, herbes de l'estran et moutarde celtique. Homard au cacao, piment et Xérès (hommage au Cancalais de La Ravardière). La roulante des gourmandises.

Menu 35 € (déj. en semaine), 68/139 €

Hors plan *- Hôtel Les Maisons de Bricourt - Château Richeux, lieu-dit Le Buot, par rte du Mont-St-Michel : 7 km par D76, D155 et voie secondaire - ✆ 02 99 89 64 76 (réservation conseillée) - www.maisons-de-bricourt.com - Fermé 15 janv.-2 mars*

✿ La Table Breizh Café

CUISINE CRÉATIVE • ÉPURÉ X À l'étage même d'une crêperie à laquelle elle est associée, cette table gastronomique est menée par un chef japonais ! Sa cuisine porte la marque de l'archipel (condiments, techniques de cuisson) et se révèle aussi soignée que séduisante ; la salle offre une superbe vue sur la baie du Mont-St-Michel. Belle expérience.

➜ Nanbanzuke de pintade, vinaigre de mangue, pistou de basilic et sarrasin. Carré de cochon fermier rôti, harumaki de museau et coulis de miso blanc. Fraises marinées, sablé breton au sésame et crème à la rhubarbe.

Menu 38 € (déj. en semaine), 75/135 €

Plan : B2-b *- 7 quai Thomas (1er étage) - ✆ 02 99 89 56 46 (réservation conseillée) - www.breizhcafe.com - Fermé janv., mardi et merc.*

Côté Mer

CUISINE TRADITIONNELLE • ÉLÉGANT XX Un charmant petit port, des maisons de pêcheurs, l'air iodé du large... À Cancale, impossible de ne pas regarder Côté Mer ! Dans ce restaurant, face à la baie, les poissons, coquillages et crustacés ont le vent en poupe à travers une cuisine goûteuse et soignée. Un bon rapport qualité-prix.

Formule 25 € - Menu 30/78 € - Carte 43/79 €

Plan : A2-a *- 4 r. Ernest-Lamort, rte de la corniche - ✆ 02 99 89 66 08 - www.restaurant-cotemer.fr - Fermé vacances de fév., 1 semaine fin juin, nov., mardi soir, dim. soir hors saison et merc.*

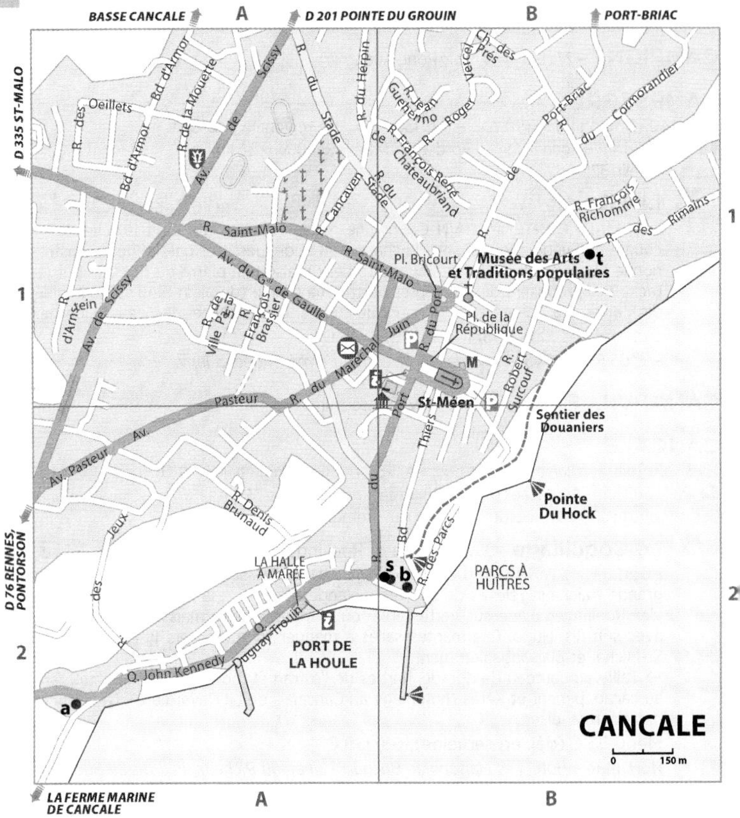

L'Ormeau

POISSONS ET FRUITS DE MER • TRADITIONNEL XX Ce restaurant au cadre élégant (une salle récemment rénovée, avec vue sur la flottille de pêche) comblera les amateurs de poisson et de fruits de mer. En effet, comment refuser un plateau d'huîtres de Cancale, un filet de saint-pierre ou... des ormeaux ?

Formule 24 € - Menu 29/47 € - Carte 40/85 €

Plan : B2-s - *Hôtel Le Continental, 4 quai Thomas - 02 99 89 60 16 - www.hotel-cancale.com - Ouvert 10 mars-20 nov., fermé mardi et merc. sauf le soir en été*

Breizh Café

CUISINE BRETONNE • CONVIVIAL X Sur le port de Cancale, ce Breizh Café n'a qu'une devise : "La crêpe autrement." Et pour cause : il est né... au Japon ! Son patron, Bertrand Larcher, a le premier exporté la galette bretonne à Tokyo, et après plusieurs enseignes nippones, a récidivé au sein de la mère patrie. La qualité est au rendez-vous.

Carte 16/35 €

5 chambres - 98/108 € 108/118 €

Plan : B2-b - *7 quai Thomas (rez-de-chaussée) - 02 99 89 61 76 - www.breizhcafe.com - Fermé jeudi et vend. sauf vacances scolaires*

La Ferme du Vent

MAISON DE CAMPAGNE • ÉLÉGANT Sur le vaste domaine du château Richeux, au-dessus d'une anse dévoilant une vue splendide sur la baie du Mont-Saint-Michel, ces belles maisons en pierre locale abritent cinq chambres, dont les matériaux (bois brut, granit) réalisent la synthèse parfaite entre âme bretonne et design campagnard chic. Très bel espace de remise en forme. Enivrant.

5 chambres – 275/465 € 275/465 € – 24 €

Hors plan – *lieu-dit Le Buot, par rte du Mont-St-Michel : 7 km par D76, D155 et voie secondaire ✉ 35350 Saint-Méloir-des-Ondes – ✆ 02 99 89 64 76 – www.maisons-de-bricourt.com – Fermé 15 janv.-2 mars*

Les Maisons de Bricourt - Château Richeux

DEMEURE HISTORIQUE • PERSONNALISÉ Au calme d'un vaste parc, accueillant potager, plantes aromatiques et animaux, dominant la baie du Mont-St-Michel, cette superbe villa de 1920 a été aménagée avec un sens aigu du raffinement. Léon Blum y séjourna. Un lieu pétri d'histoire et de charme...

11 chambres – 195/365 € 195/365 € – 2 suites – 24 €

Hors plan – *Lieu-dit Le Buot, par rte du Mont-St-Michel : 7 km par D76, D155 et voie secondaire – ✆ 02 99 89 64 76 – www.maisons-de-bricourt.com – Fermé 15 janv.-2 mars*

Le Coquillage – voir les restaurants ci-dessus

Hostellerie de la Motte Jean

MAISON DE CAMPAGNE • COSY Au jardin ou au bord de l'étang, profitez des plaisirs de la campagne cancalaise ! Corps de ferme de 1707 doté de chambres classiques et romantiques ; accueil charmant.

13 chambres – 98/170 € 98/170 € – 11 €

Hors plan – *4 km à l'Ouest et D355 – ✆ 02 99 89 41 99 – www.hotel-mottejean.com – Fermé 1er oct.-1er avril*

Le Continental

FAMILIAL • FONCTIONNEL Une petite adresse sympathique : situation privilégiée face au port, chambres confortables et très bien tenues et, pour les gourmands, confitures maison au petit-déjeuner...

17 chambres – 95/165 € 95/185 € – 17 € – ½ P

Plan : B2-s – *4 quai Thomas – ✆ 02 99 89 60 16 – www.hotel-cancale.com – Ouvert 1er mars-20 nov.*

L'Ormeau – voir les restaurants ci-dessus

Le Manoir des Douets Fleuris et Le Chatelier

DEMEURE HISTORIQUE • TRADITIONNEL Ce petit manoir abrite des chambres feutrées, façon "campagne chic". Les résidents peuvent profiter de l'âtre monumental au salon, et du calme du parc : voilà une demeure qui a une âme !

20 chambres – 73/199 € 83/199 € – 3 suites – 13 €

Hors plan – *2 km à l'Ouest et D355 – ✆ 02 23 15 13 81 – www.manoirdesdouetsfleuris.com – Ouvert mars-nov.*

Les Rimains

MAISON DE MAÎTRE • COSY Olivier Roellinger a fait de ce ravissant cottage des années 1930 – ceint d'un jardin surplombant la mer et longeant le chemin des douaniers –, une charmante maison d'hôtes. Chambres raffinées (meubles chinés).

4 chambres – 195/375 € 195/375 € – 24 €

Plan : B1-t – *62 r. des Rimains – ✆ 02 99 89 64 76 – www.maisons-de-bricourt.com – Fermé de mi-janv. à fin fév.*

CANCON

✉ 47290 (Lot-et-Garonne) – 1 330 hab. – Alt. 199 m – Carte régionale n° **2**-C2

Paris 581 km – Agen 51 km – Bergerac 40 km – Bordeaux 134 km

Carte Michelin 336-F2

à St-Eutrope-de-Born 9 km au Nord-Est par D124 et D153 – ✉ 47210 – 692 hab. – Alt. 95 m

Domaine du Moulin de Labique

FAMILIAL • PERSONNALISÉ Tissus Liberty, toile de Jouy, meubles patinés par les ans... Un beau domaine au bord d'un ruisseau, dans un style "campagne chic" vraiment ravissant. Pour ne rien gâcher, les propriétaires sont très conviviaux et, au petit-déjeuner, rien de meilleur qu'une confiture maison ! Étang pour les amateurs de pêche.

5 chambres – †75/85 € ††110/140 € – ½ P

2 km au Nord-Est, rte de Villeréal – ✆ 05 53 01 63 90 – www.moulin-de-labique.net – Fermé 24-31 déc.

CANDÉ-SUR-BEUVRON

✉ 41120 (Loir-et-Cher) – 1 514 hab. – Alt. 70 m – Carte régionale n° **6**-A1

Paris 199 km – Blois 15 km – Chaumont-sur-Loire 7 km – Montrichard 21 km

Carte Michelin 318-E7

Auberge de la Caillère

CUISINE MODERNE • ÉLÉGANT XX L'ancienne ferme (1788), agrandie et progressivement rénovée, est aujourd'hui un restaurant tout à fait remarquable ! Dans une veine plutôt actuelle, les assiettes proposées sont soignées et plaisantes, avec de belles variations de goût ; quant à la carte des vins, elle fait la part belle au Val de Loire.

Menu 35 € (semaine), 52/75 €

36 rte de Montils – ✆ 02 54 44 03 08 – www.aubergedelacaillere.com – Fermé 1er janv.-13 fév., mardi et merc.

Auberge de la Caillère

TRADITIONNEL • PERSONNALISÉ Après avoir travaillé en Australie et au Canada, Aurélie et Éric ont repris en 2013 cet hôtel-restaurant de tradition. Entièrement rénovée, la fermette conserve un certain cachet, et les chambres – dans une extension plus récente – sont bien tenues.

16 chambres – †75/90 € ††75/90 € – 12 € – ½ P

36 rte de Montils – ✆ 02 54 44 03 08 – www.aubergedelacaillere.com – Fermé 1er janv.-13 fév.

Auberge de la Caillère – voir les restaurants ci-dessus

LE CANET – 13 (Bouches-du-Rhône) → Voir Aix-en-Provence

CANET

✉ 11200 (Aude) – 1 546 hab. – Alt. 30 m – Carte régionale n° **12**-B2

Paris 804 km – Carcassonne 48 km – Montpellier 108 km – Perpignan 77 km

Carte Michelin 344-I3

Château des Fontaines

DEMEURE HISTORIQUE • PERSONNALISÉ Pour l'anecdote, le lustre en verre de Murano du grand escalier pèse plus de 400 kg et en dit long sur la magnificence de cette maison de maître, sertie par un superbe jardin ! Tentures, marbres et objets d'art trouvent tout naturellement leur place dans les salons et les chambres. Tout l'art de vivre à la française...

5 chambres – †95/180 € ††115/240 €

2 av. de la Distillerie – ✆ 04 68 49 72 48 – www.chateaudesfontaines.com – Ouvert mai-oct.

CANET-EN-ROUSSILLON

✉ 66140 (Pyrénées-Orientales) – 12 602 hab. – Alt. 11 m – Carte régionale n° **12**-B3

Paris 849 km – Argelès-sur-Mer 21 km – Narbonne 66 km – Perpignan 11 km

Carte Michelin 344-J6

à Canet-Plage - ✉ 66140

L'Horizon

CUISINE MÉDITERRANÉENNE • ÉLÉGANT Envie d'admirer l'horizon ? Rendez-vous dans ce restaurant en bord de mer, d'où la vue est superbe ! En toute logique, les plats sont résolument méditerranéens ; un menu diététique est aussi proposé.

Formule 25 € - Menu 46/65 € - Carte environ 50 €

Hôtel les Flamants Roses, 1 voie des Flamants-Roses, au Sud par D81 - ✆ 04 68 51 60 60 - www.hotel-flamants-roses.com

Le Don Quichotte

CUISINE TRADITIONNELLE • SIMPLE Dans ce restaurant, point de moulins à vent mais une belle cuisine traditionnelle à l'accent catalan ! Et si peu que vous soyez un amateur de vin, vous apprécierez la sélection de crus issus des quatre coins de la France. Bref, tout pour passer un bon moment.

Formule 18 € - Menu 20 € (déj. en semaine) - Carte 34/50 €

22 av. de Catalogne - ✆ 04 68 80 35 17 - www.ledonquichotte.com - Fermé mardi et merc.

Les Flamants Roses

SPA ET BIEN-ÊTRE • CONTEMPORAIN Cet établissement récent borde la plage et est couplé à un centre de thalasso qui ravira les adeptes du genre : piscines intérieures, hammam et soins de qualité ! Quant aux chambres, ouvertes sur les flots ou le jardin, elles sont très chaleureuses.

60 chambres - 165/780 € 165/780 € - 3 suites - 19 € - ½ P

1 voie des Flamants-Roses, au Sud par D81 - ✆ 04 68 51 60 60 - www.hotel-flamants-roses.com

L'Horizon - voir les restaurants ci-dessus

CANGEY

✉ 37530 (Indre-et-Loire) - 1 084 hab. - Alt. 85 m - Carte régionale n° **6**-A1

Paris 210 km - Amboise 12 km - Blois 28 km - Montrichard 26 km

Carte Michelin 317-P4 - Guide Vert Michelin Châteaux de la Loire

Le Fleuray

MAISON DE CAMPAGNE • COSY Une ferme restaurée, si charmante avec son verger et sa piscine ! On vous accueille avec le sourire, et les chambres, coquettes, ont des noms de fleurs... Restaurant "Le Colonial" façon jardin d'hiver, avec une belle vue sur la campagne.

24 chambres - 98/166 € 98/166 € - 1 suite - 15 € - ½ P

7 km au Nord, par D74 rte de Dame-Marie-les-Bois - ✆ 02 47 56 09 25 - www.lefleurayhotel.com - Fermé 22 nov.-5 déc. et 21-25 déc.

ON AIME...

Chanter les louanges du **Bistrot des Anges** et du **Bistrot Saint-Sauveur**, deux Bib Gourmand sympathiques du Cannet. Déguster de beaux poissons du marché Forville chez **Kashiwa**, dans la plus pure tradition japonaise. Aller s'attabler au **Da Laura** : les meilleures pâtes fraîches de Cannes ! Profiter de la vue sur la Croisette depuis la terrasse du **Park 45**...

CANNES

✉ 06400 (Alpes-Maritimes) - 73 603 hab. - Alt. 2 m - Carte régionale n° **22**-E2
▶ Paris 898 km - Aix-en-Provence 149 km - Marseille 160 km - Nice 33 km
Carte Michelin 341-D6 - Guide Vert Michelin Côte d'Azur

Restaurants

✿✿ La Palme d'Or

CUISINE CRÉATIVE • **LUXE** XXXX Dans le somptueux cadre Art déco du Martinez, on domine la Croisette et la baie de Cannes... tout en atteignant des hauteurs gastronomiques. Dans ce restaurant au luxe discret et raffiné, le chef, Christian Sinicropi, signe une cuisine très créative et sophistiquée, gorgée de soleil, qui mérite bien sa Palme d'Or !

➜ Les légumes en mouvement. L'agneau en mouvement. Le miel en mouvement.

Menu 78 € 🍷 (déj.), 195/215 € - Carte 150/250 €

Plan : E2-n - *Hôtel Grand Hyatt Martinez, 73 bd de la Croisette*
- ✆ 04 92 98 74 14 - www.cannesmartinez.grand.hyatt.com
- Fermé 2 janv.-1er mars, mardi sauf de juin à oct., dim. et lundi

✿ Le Park 45

CUISINE MODERNE • **ÉLÉGANT** XXX Riche d'une belle expérience, le chef exécute une cuisine toute de fraîcheur et de saveurs, et met le produit en valeur avec un plaisir évident. Le décor du restaurant, élégant et plein de couleurs, ajoute encore au plaisir du repas. Et depuis la terrasse, on apprécie la vue sur le parc...

➜ Poulpe de Méditerranée, burrata, piquillos et câpres de Sicile. Tartare de ventrêche de sériole, salade de cerises, le dos en cuisson douce et haricots coco. Calisson, financier, confit d'orange et marmelade de citron.

Formule 39 € - Menu 56/145 € - Carte 80/135 €

Plan : D1-b - *Le Grand Hôtel, 45 bd de la Croisette*
- ✆ 04 93 38 15 45 - www.grand-hotel-cannes.com
- Fermé 5 déc.-30 janv., le midi en juil.-août, dim. et lundi sauf juil.-août

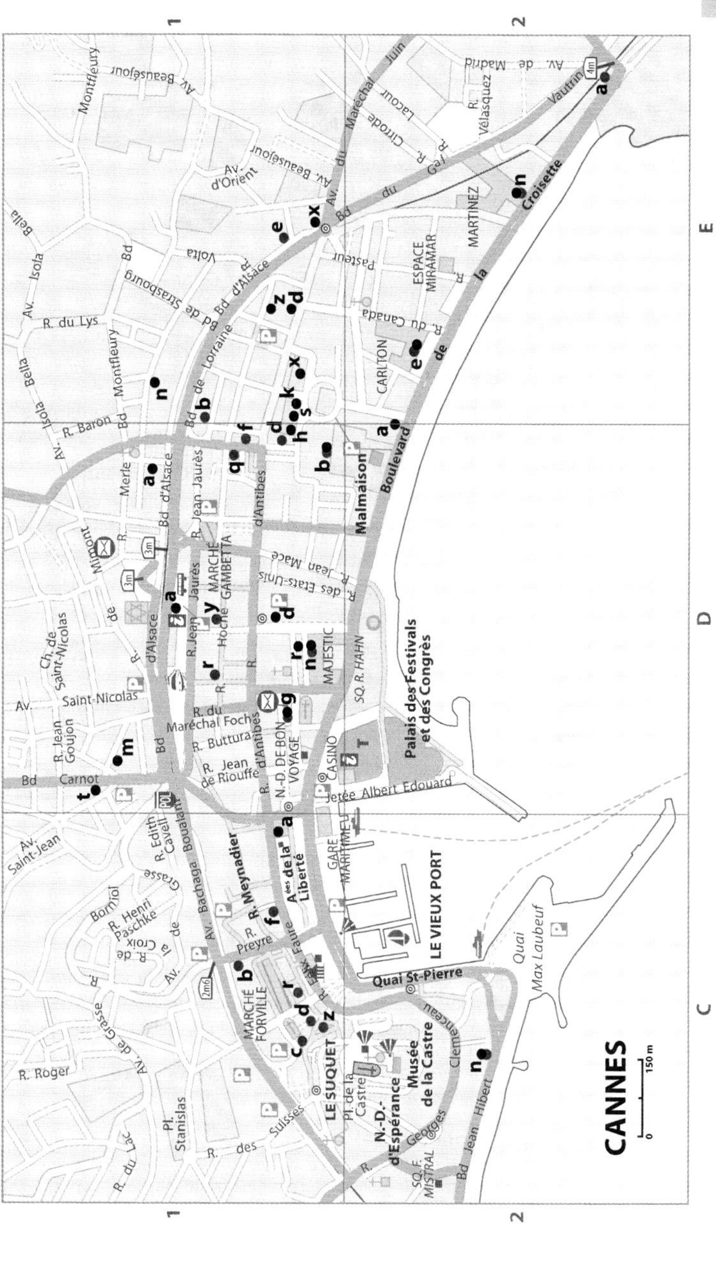
CANNES
150 m
LE SUQUET
LE VIEUX PORT
Palais des Festivals et des Congrès
Musée de la Castre
N.-D.-d'Espérance
MARCHÉ FORVILLE
MARCHÉ GAMBETTA
GARE MARITIME
CASINO
MAJESTIC
SQ. R. HAHN
CARLTON
ESPACE MIRAMAR
MARTINEZ
Quai St-Pierre
Quai Max Laubeuf
Jetée Albert Edouard
Boulevard de la Croisette
Malmaison
R. d'Antibes
Bd Carnot
Bd d'Alsace
Bd de Lorraine
Av. Bachaga Boualam
R. Meynadier
Allées de la Liberté
Bd Jean Hibert
R. Jean Jaurès
Av. Saint-Nicolas
Bd Montfleury
Bd du Maréchal Juin
Bd de Strasbourg
R. des États-Unis
R. Jean Macé
R. du Canada
Pasteur
Volta
R. du Lys
Av. Isola Bella
R. Roger
Pl. Stanislas
R. des Suisses
Av. de Grasse
R. du Lac

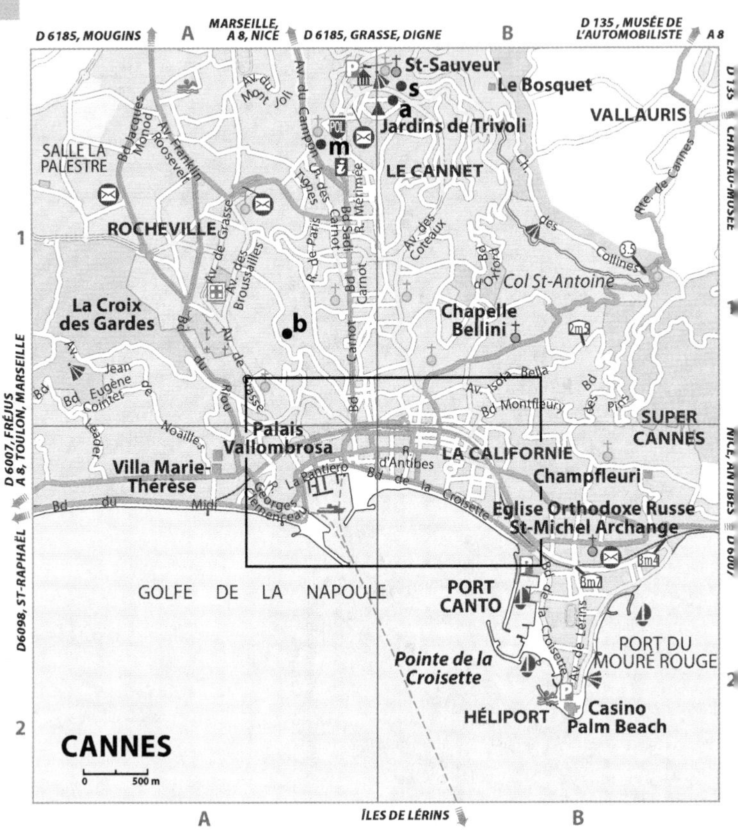

Fouquet's Cannes by Pierre Gagnaire

CUISINE TRADITIONNELLE • **ÉLÉGANT** XXX Fauteuils bleu nuit, dorures et moulures créent une ambiance très chic. La carte, aux accents du sud, célèbre les incontournables des brasseries haut de gamme, sous l'œil toujours avisé de Pierre Gagnaire... À ceci près qu'ici, la terrasse sous le soleil est éminemment cannoise !

Formule 42 € – Menu 79 € – Carte 73/156 €

Plan : D1-n – *Hôtel Majestic Barrière, 10 bd de la Croisette – 04 92 98 77 05 – www.majestic-barriere.com – Fermé 11 fév.-10 mars*

Table 22 par Noël Mantel

CUISINE PROVENÇALE • **ÉLÉGANT** XX Le nouveau décor, avec cuisine ouverte sur la salle, donne un coup de jeune à cette sympathique table traditionnelle. On y met en avant de bons produits et de jolies saveurs provençales : beignets de fleurs de courgette et sauce légère au safran, tartare de dorade aux agrumes, ou encore saumon mariné à la maison...

Menu 35/80 € – Carte 65/94 €

Plan : C1-c – *22 r. St-Antoine – 04 93 39 13 10 – www.restaurantmantel.com – Fermé merc. de nov. à fév.*

La Toque d'Or

CUISINE CRÉATIVE • COSY XX Tout a commencé par un voyage en Thaïlande, et tout a fini... dans l'assiette ! Fasciné par les saveurs asiatiques – mais pas seulement –, le chef imagine une cuisine pleine de peps et d'inventivité, savoureuse et colorée : escalope de foie gras à la fraise, turbot sauvage au jus safrané et vanille de Madagascar...

Formule 20 € – Menu 30 € (déj.), 49/75 € – Carte 55/70 €

Plan : C1-b – *11 r. Louis-Blanc – ✆ 04 93 39 68 08 (réservation conseillée) – www.latoquedor-restaurant-cannes.fr – Fermé 2 semaines fin janv. à début fév., dim. soir, lundi soir et mardi soir de nov. à mars et lundi d'avril à oct.*

Da Bouttau - Auberge Provençale

CUISINE TRADITIONNELLE • MÉDITERRANÉEN XX Sur la route qui monte au Suquet, une auberge fondée par Alexandre Bouttau... en 1860 ! On s'y installe dans l'une des petites salles de style classique pour apprécier de bonnes recettes traditionnelles, bien faites et parfumées. Entre les plats, on regarde des photos de célébrités ayant fréquenté cette table...

Formule 24 € – Menu 33 € – Carte 52/88 €

Plan : C1-d – *10 r. St-Antoine – ✆ 04 92 99 27 17 – www.dabouttau.com*

Yo'mo Lounge

CUISINE MÉDITERRANÉENNE • COSY XX Un mot, d'abord, sur l'ambiance : la déco mêle mobilier des années 1950, touches asiatiques et art contemporain. C'est réussi ! Du côté des assiettes, le métissage est aussi de rigueur avec des recettes à tendance méditerranéenne qui passent par le Liban, la Grèce ou l'Italie. De quoi donner des envies de grand départ...

Menu 20 € (déj. en semaine)/48 € – Carte 37/55 €

Plan : D1-y – *25 r. Hoche – ✆ 04 93 39 50 00 – www.yomolounge.com – Fermé lundi soir hors saison et dim.*

Le Restaurant Arménien

CUISINE ARMÉNIENNE • CONVIVIAL XX Le menu du jour – un bel assortiment de mezze frais et subtils – mène sur les routes parfumées d'Arménie... Un joli voyage ! En outre, on sert jusqu'à minuit, la carte des vins est attrayante et l'on peut même manger végétarien. Le tout dans un nouvel écrin, actuel et feutré, pour fêter les 30 ans de la maison.

Menu 48 €

Plan : E2-a – *82 bd de la Croisette – ✆ 04 93 94 00 58 – www.lerestaurantarmenien.com – Fermé lundi hors saison et le midi sauf dim.*

Relais des Semailles

CUISINE PROVENÇALE • COSY XX Une vieille maison datant de la fin du 17e s., avec poutres apparentes, bibelots, cheminée et meubles anciens. L'atmosphère est cosy, apaisante, et recèle un charme indéfinissable, presque romantique... L'endroit idéal pour déguster de sympathiques plats traditionnels à l'accent provençal !

Menu 24 € (déj.), 32/49 € – Carte 50/85 €

Plan : C1-z – *9 r. St-Antoine – ✆ 04 93 39 22 32 – www.lerelaisdessemailles.fr – Fermé lundi midi*

L'Affable

CUISINE TRADITIONNELLE • TENDANCE XX Dans le centre de Cannes, ce bistrot contemporain a le vent en poupe et dévoile de beaux atouts... au premier rang desquels sa carte, qui change avec le marché : calamars poêlés aux olives et tomates, rognon de veau à la moutarde de Meaux, sans oublier le soufflé au Grand Marnier, un best-seller de la maison !

Formule 25 € – Menu 29 € (déj.)/46 € – Carte 69/94 €

Plan : D1-d – *5 r. La Fontaine – ✆ 04 93 68 02 09 – www.restaurant-laffable.fr – Fermé août et dim.*

Le Relais

CUISINE MÉDITERRANÉENNE • CONVIVIAL XX Une atmosphère décontractée règne dans cette brasserie moderne rattachée au célébrissime Martinez… ou comment allier esprit palace et ambiance informelle. La carte marie habilement les influences locales, la tradition et des touches plus actuelles.

Formule 30 € – Menu 36 € (déj. en semaine)/65 € – Carte 70/100 €

Plan : E2-n – *Hôtel Martinez, 73 bd de la Croisette – 04 92 98 74 12 – www.cannesmartinez.grand.hyatt.com*

Le 360°

CUISINE MODERNE • ÉLÉGANT XX Un cadre zen et épuré, une salle panoramique offrant une vue époustouflante – 360° oblige ! – sur la baie de Cannes et le massif de l'Esterel… Une situation de choix pour apprécier une savoureuse cuisine, dans l'air du temps, qui marie habilement produits de la région et horizons lointains, notamment asiatiques.

Formule 32 € – Menu 50/79 € – Carte 70/90 €

Plan : C2-n – *Radisson Blu 1835 Hotel & Thalasso, 1 bd Jean-Hibert – 04 92 99 73 10 – www.restaurant-le-360.com*

La Petite Maison de Nicole

CUISINE PROVENÇALE • MÉDITERRANÉEN XX Pissaladière, petits farcis niçois, beignets de fleurs de courgette… Une cuisine niçoise parfumée et généreuse, au sein du célèbre hôtel Majestic. Le décor ancre lui aussi résolument dans la région : voilages blancs, meubles en ferronnerie, vieux parquet, etc. On dirait le Sud !

Carte 60/134 €

Plan : D1-n – *Hôtel Majestic Barrière, 10 bd de la Croisette – 04 92 98 77 00 – www.majestic-barriere.com – Fermé 11 fév.-10 mars et le midi*

SeaSens

CUISINE MODERNE • ÉLÉGANT XX Le jeune chef Arnaud Tabarec, passé par de prestigieuses maisons, propose une cuisine créative, influencée par sa passion des voyages. Menu adapté pour la clientèle d'affaires au déjeuner. Terrasse sur le toit.

Menu 45 € (semaine), 65/115 € – Carte 75/129 €

Plan : D1-g – *Hôtel Five Seas, 1 r. Notre-Dame – 04 63 36 05 06 – www.fiveseashotel.com – Fermé 11 déc.-23 janv., dim., lundi et le midi*

Carlton Restaurant

CUISINE CLASSIQUE • ÉLÉGANT XX Dans l'enceinte du mythique Carlton, ce restaurant distille son charme classique et ensoleillé : véranda, terrasse braquée sur la Croisette. Un bel écrin pour découvrir une agréable cuisine traditionnelle et méridionale, à l'instar de ces fleurs de courgettes farcies, ou de la cocotte de homard Belle Otero…

Carte 78/128 €

Plan : E2-e – *Hôtel InterContinental Carlton, 58 bd de la Croisette – 04 93 06 40 21 – www.intercontinental-carlton-cannes.com*

Da Laura

CUISINE ITALIENNE • CONVIVIAL X Quel bonheur de découvrir ce petit restaurant convivial aux parfums de l'Italie ! Pâtes fraîches, jambons maturés… pas de m'as-tu-vu, rien que du "delicioso" dans un cadre retro. Le chef passionné ne travaille que des produits frais autour d'une carte courte et appétissante. Service adorable et "cucina autentica" garantie !

Carte 28/80 €

Plan : D1-r – *8 r. du 24-Août (angle r. Hoche) – 04 93 38 40 51 (réservation conseillée) – Fermé dim. et le soir sauf juil.-août*

Bistro Les Canailles

CUISINE TRADITIONNELLE • BISTRO Ce bistrot est un rendez-vous apprécié des Cannois... Chic ? Oui, mais également décontracté et sympathique. Au comptoir, atmosphère de bar à vins autour de jolis nectars proposés au verre. Et à l'ardoise ? D'incontournables plats bistrotiers et canailles, ainsi qu'une jolie cuisine du marché, fraîche et tout simplement bonne.

Carte 30/52 €

Plan : E1-b - *12 r. Jean-Daumas - 04 93 68 12 10 - www.bistro-lescanailles.com - Fermé dim. et lundi*

Caveau 30

CUISINE TRADITIONNELLE • BRASSERIE Ce Caveau, au décor des années 1930, met à l'honneur les plats typiques de la brasserie française – fruits de mer compris ! En été, la vaste véranda devient une terrasse et l'on profite d'autant mieux de l'ambiance animée... Un lieu sympathique.

Formule 19 € - Menu 28/39 € - Carte 37/81 €

Plan : C1-f - *45 r. Félix-Faure - 04 93 39 06 33 - www.lecaveau30.com*

La Table du Chef

CUISINE TRADITIONNELLE • BISTRO À deux pas de la rue d'Antibes, ce discret petit bistrot gagne à être connu. Ses principaux atouts : un accueil prévenant et une cuisine de qualité – version bistronomie –, avec une formule du jour au déjeuner et, le soir, un unique "menu surprise" en quatre plats. Une vraie table de chef !

Formule 26 € - Menu 45 €

Plan : D1-f - *5 r. Jean-Daumas - 04 93 68 27 40 (réservation conseillée) - Fermé 8-20 avril, 2 semaines en juil., 2 semaines en oct., mardi soir, merc. soir, dim. et lundi*

L'Antidote - Christophe Ferré

CUISINE MÉDITERRANÉENNE • FAMILIAL Une ancienne maison de maître du début du 20e s., que l'on rejoint en traversant une petite cour aménagée en terrasse pour les beaux jours. Au menu : des plats d'inspiration méditerranéenne, cuisinés par le chef au gré du marché, avec de nombreuses touches personnelles et modernes. Tout cela dans une ambiance conviviale !

Menu 34 € (dîner)/54 € - Carte 25/40 € déjeuner

Plan : E1-e - *60 bd d'Alsace - 04 93 43 32 19 - www.lantidote-christopheferre.fr - Fermé de fin déc. à fin janv., lundi sauf le soir en saison et dim.*

La Cave

CUISINE TRADITIONNELLE • BISTRO Un vrai petit bistrot convivial, avec banquettes et repas au coude-à-coude de rigueur. Les classiques ne manquent pas à l'appel (chou farci "Mamie Jeanne", ris de veau aux morilles, aïoli aux légumes de saison, etc.) et le chef, passionné de bons crus, a même constitué une admirable cave de près de 250 références !

Formule 24 € - Menu 37 € - Carte 39/87 €

Plan : D1-q - *9 bd de la République - 04 93 99 79 87 - www.lacavecannes.com - Fermé lundi midi, sam. midi et dim. du 1er sept. au 30 juin, lundi midi, merc. midi, jeudi midi et dim. midi du 1er juil. au 31 août*

Aux Bons Enfants

CUISINE PROVENÇALE • BISTRO Le patron de ce sympathique bistrot ? Un vrai passionné, qui cultive avec bonheur l'art de recevoir et concocte une belle cuisine provençale, ainsi que des plats canailles bien gourmands. Pas de téléphone et paiement en liquide, mais les lieux rendent bon enfant !

Menu 22 € (déj.)/30 € - Carte 35/45 €

Plan : C1-r - *80 r. Meynadier (réservation conseillée) - Fermé 26 nov.-1er janv., lundi hors vacances scolaires et dim.*

Hôtels

Grand Hyatt Martinez

PALACE • ART DÉCO Un véritable monument ! Majestueusement dressée face à la Méditerranée, sa façade Art déco immaculée (1929) porte en elle l'histoire de la villégiature version Côte d'Azur et... du festival de cinéma. Du spa, au dernier étage, jusqu'à la plage, confort exquis et prestations haut de gamme cultivent le mythe de la Croisette !

395 chambres – 240/1700 € 240/1700 € – 14 suites – 40 €

Plan : E2-n – *73 bd de la Croisette – 04 93 90 12 34*
– www.cannesmartinez.grand.hyatt.com

La Palme d'Or • **Le Relais** – voir les restaurants ci-dessus

Majestic Barrière

PALACE • GRAND LUXE Face au palais des Festivals, son imposante façade toute blanche évoque le faste des Années folles. Les lieux rivalisent de luxe, de confort et de raffinement contemporain, pour un séjour chic et exclusif, bien à l'image de la cité azuréenne !

259 chambres – 195/1669 € 195/1669 € – 90 suites – 42 €

Plan : D1-n – *10 bd de la Croisette*
– 04 92 98 77 00 – www.majestic-barriere.com
– Fermé 11 fév.-10 mars

Fouquet's Cannes by Pierre Gagnaire • **La Petite Maison de Nicole** – voir les restaurants ci-dessus

InterContinental Carlton

HISTORIQUE • GRAND LUXE Faut-il encore présenter le Carlton ? Inauguré en 1913, l'établissement s'est hissé parmi les hôtels mythiques de la Riviera. L'histoire imprègne ses murs, où sont passés plusieurs générations d'hôtes illustres. Le classicisme est la marque des lieux !

304 chambres – 199/1365 € 199/1365 € – 39 suites – 30 € – ½ P

Plan : E2-e – *58 bd de la Croisette – 04 93 06 40 06*
– www.carlton-cannes.com

Carlton Restaurant – voir les restaurants ci-dessus

Le Grand Hôtel

LUXE • DESIGN Un établissement de caractère sur la Croisette, au calme derrière un superbe îlot de verdure... On le sait, les années 1970 sont aujourd'hui à la mode, et les chambres jouent cette carte "revival" avec raffinement et élégance (mobilier design, tons vintage) : une réussite qui convertira même les plus rétifs.

72 chambres – 180/840 € 180/840 € – 3 suites – 36 €

Plan : D1-b – *45 bd de la Croisette*
– 04 93 38 15 45 – www.grand-hotel-cannes.com
– Fermé 5 déc.-30 janv.

Le Park 45 – voir les restaurants ci-dessus

JW Marriott

LUXE • DESIGN Photos noir et blanc d'acteurs mythiques, tons reposants : les chambres, très confortables, évoquent le cinéma... Et pour cause : face à la mer, ce bel hôtel contemporain a été créé en lieu et place de l'ancien palais des Festivals ! Pour se restaurer, un élégant steakhouse.

211 chambres – 149/1500 € 149/1500 € – 50 suites – 35 €

Plan : DE2-a – *50 bd de la Croisette*
– 04 92 99 70 00
– www.jwmarriottcannes.fr

Five Seas

LUXE • PERSONNALISÉ À deux pas de la Croisette, cet hôtel n'a rien d'impersonnel : décor soigné jusque dans les détails, belles ambiances (principalement sur le thème du voyage), équipements dernier cri, salon de thé – avec de délicieuses pâtisseries –, petite piscine au 5e étage... Une très agréable villégiature !

45 chambres – 185/1050 € 185/1050 € – 22 suites – 35 €

Plan : D1-g – *1 r. Notre-Dame*
– *04 63 36 05 05 – www.fiveseashotel.com*
– *Fermé 11 déc.-23 janv.*

SeaSens – voir les restaurants ci-dessus

Gray d'Albion

URBAIN • CONTEMPORAIN Entre la Croisette et la rue d'Antibes, cet hôtel est une valeur sûre pour tous ceux – hommes d'affaires ou touristes – qui sont en quête d'un haut niveau de confort et de prestations contemporaines. Beau restaurant de plage en saison.

175 chambres – 129/1399 € 129/1399 € – 24 suites – 29 €

Plan : D1-d – *38 r. des Serbes – 04 92 99 79 79 – www.gray-dalbion.com*
– *Fermé 9-29 déc.*

Radisson Blu 1835 Hotel & Thalasso

SPA ET BIEN-ÊTRE • PERSONNALISÉ À la pointe du vieux port, véritable figure de proue, l'hôtel domine la baie de Cannes. Les chambres allient grand confort, esprit contemporain et... vue sur le large : un cocktail séduisant. De plus, on dispose d'un accès (payant) aux thermes marins avec bain japonais, hammam, etc.

117 chambres – 130/1200 € 130/1200 € – 16 suites – 32 €

Plan : C2-n – *2 bd Jean-Hibert – 04 92 99 73 10*
– *www.radissonblu.com/hotel-cannes*

Le 360° – voir les restaurants ci-dessus

Le Canberra

BUSINESS • PERSONNALISÉ Une jolie bâtisse traditionnelle au charme un peu rétro, avec un jardin verdoyant. Les chambres arborent un décor contemporain plutôt plaisant et se révèlent confortables, même si certaines sont plus petites. Le must : côté piscine, on jouit d'une vue dégagée et d'un bel ensoleillement...

30 chambres – 119/785 € 119/785 € – 5 suites – 22 €

Plan : E1-k – *120 r. d'Antibes – 04 97 06 95 00*
– *www.hotel-cannes-canberra.com*

Montaigne & Spa

URBAIN • CONTEMPORAIN Un hôtel situé dans une ruelle proche du boulevard Carnot. Les chambres jouent la carte contemporaine, dans un dégradé de tons blanc ou beige... Et pour la détente, direction l'espace spa au sous-sol, avec sa piscine chauffée ! Jolies recettes italiennes au restaurant.

96 chambres – 109/559 € 109/559 € – 18 € – ½ P

Plan : D1-m – *4 r. Montaigne – 04 97 06 03 40 – www.hotel-montaigne.com*
– *Fermé 8-28 janv.*

Villa Garbo

HÔTEL PARTICULIER • ÉLÉGANT Cette villa Belle Époque (1884) cultive son charme luxueux et raffiné, ainsi qu'un certain esprit maison d'hôtes... Elle abrite non pas des chambres, mais de véritables appartements, design et cosy, avec un bel équipement high-tech. Enchanteur, ce Garbo !

10 suites – 220/1070 € – 2 chambres

Plan : E1-x – *64 bd d'Alsace – 04 93 46 66 00 – www.villagarbo-cannes.com*
– *Fermé 4 déc.-31 mars*

Le Patio des Artistes

URBAIN • CONTEMPORAIN Dans une ruelle tranquille du centre-ville, on découvre d'abord le ravissant patio, idéal pour un moment de détente, avant de gagner les chambres – toutes très confortables et chaleureuses. Autres atouts : le nouvel espace bien-être et le toit-terrasse dominant la ville... Solaire !

64 chambres – 100/380 € 100/380 € – 9 suites – 20 €

Plan : E1-z – *6 r. de Bône – 04 97 06 99 00 – www.lepatiodesartistes.fr*

Eden Hôtel & Spa

BUSINESS • FONCTIONNEL Des chambres sobres et élégantes (murs camel, parquets en teck...) dont certaines avec balcon ; un bel espace détente, avec deux piscines (dont une petite sur le toit), un hammam, un solarium, etc. Cet Éden a un petit goût de paradis...

116 chambres – 110/800 € 110/1000 € – 1 suite – 20 €

Plan : E1-d – *133 r. d'Antibes – 04 93 68 78 00 – www.eden-hotel-cannes.com*

Cavendish

HISTORIQUE • COSY Un hôtel de tradition au fonctionnement haut de gamme. Il est certes situé sur un boulevard très passant, mais les chambres sont bien insonorisées, leur décor soigné, et le service se révèle aux petits soins. Autres atouts : le bar à discrétion pour les résidents et le délicieux petit-déjeuner avec gâteaux maison !

34 chambres – 110/310 € 110/310 €

Plan : D1-t – *11 bd Carnot – 04 97 06 26 00 – www.cavendish-cannes.com – Fermé 4 déc.-18 mars*

Splendid

TRADITIONNEL • CLASSIQUE À deux pas du palais des Festivals – un emplacement de choix –, ce bel hôtel (1871) cultive l'atmosphère de l'hôtellerie traditionnelle à la française. Bon à savoir : les chambres sont plus spacieuses et lumineuses sur l'avant, et toisent le port de plaisance...

60 chambres – 93/825 € 93/825 € – 2 suites – 19 €

Plan : C1-a – *4 r. Félix-Faure – 04 97 06 22 22 – www.splendid-hotel-cannes.com*

Hôtel de Paris

BUSINESS • CONTEMPORAIN Près d'un axe fréquenté, cet hôtel Belle Époque, bien insonorisé, a été rénové dans un élégant style contemporain. Les chambres sont bien tenues ; dans une maison voisine, on découvre sept beaux appartements, parfaits pour les longs séjours.

47 chambres – 115/265 € 115/315 € – 10 suites – 18 €

Plan : D1-a – *34 bd d'Alsace – 04 93 38 30 89 – www.hoteldeparis.fr – Fermé 10-27 déc.*

Cézanne

BUSINESS • CONTEMPORAIN Un hôtel de bon standing niché derrière un joli jardin, qui l'isole de la circulation automobile sur le boulevard. Bien insonorisées et confortables, les chambres sont résolument modernes et colorées. On peut prendre le petit-déjeuner en terrasse aux beaux jours.

28 chambres – 139/499 € 139/599 € – 17 €

Plan : E1-n – *40 bd d'Alsace – 04 92 59 41 00 – www.hotel-cezanne.com*

America

BUSINESS • PERSONNALISÉ Dans une petite rue calme proche de la Croisette, cet hôtel a quelque chose de ces jolies maisons de vacances chic de la côte Est des États-Unis... Les chambres, cosy et dans l'air du temps, sont bien insonorisées. Good Morning America !

29 chambres – 100/500 € 100/500 € – 15 €

Plan : D1-r – *16 r. Notre Dame – 04 93 06 75 75 – www.hotel-america.com – Fermé 15 déc.-15 janv.*

Château de la Tour

HISTORIQUE • PERSONNALISÉ En périphérie de Cannes, un castel provençal (19e s.) dans un beau jardin, où l'on cultive l'art de la quiétude. Les chambres ont été décorées dans un style contemporain cossu et glamour, qui prête au confort. Et l'on peut profiter de la très belle terrasse du restaurant face à la piscine...

34 chambres – 84/560 € 84/560 € – 17 € – ½ P

Hors plan – *10 av. Font-de-Veyre – ✆ 04 93 90 52 52 – www.hotelchateaudelatour.com – Fermé 15 janv.-3 mars*

Okko

BUSINESS • DESIGN A deux pas de la gare, le nouvel Okko de Cannes se distingue par son blanc immaculé, son intérieur design et épuré, et un concept novateur : petit-déjeuner et verre de bienvenue sont inclus dans le prix des chambres (identiques mais confortables). Le bon plan du moment.

125 chambres – 95/500 € 95/500 €

Plan : D1-a – *6 bis pl. de la Gare – ✆ 04 92 98 30 30 – www.okkohotels.com*

Hôtel de Provence

FAMILIAL • PERSONNALISÉ Cet hôtel entièrement rénové, et devancé d'un joli jardinet, propose des chambres propres et agréables. Préférez celles du côté sud, avec vue dégagée, et prenez votre petit-déjeuner en terrasse, au calme.

37 chambres – 75/139 € 100/309 € – 11 €

Plan : E1-s – *9 r. Molière – ✆ 04 93 38 44 35 – www.hotel-de-provence.com – Fermé 16 janv.-19 fév.*

Idéal Séjour

FAMILIAL • PERSONNALISÉ Cette villa au calme, loin du centre-ville, pourrait vous surprendre... Cinéma, bande dessinée, commedia dell'arte : la propriétaire, passionnée de littérature, a laissé libre cours à son imagination pour décorer les chambres. Pour un séjour original !

16 chambres – 75/99 € 99/180 € – 12 €

Plan : A1-b – *6 allée du Parc-des-Vallergues (par l'av. Jean-de-Lattre-de-Tassigny) – ✆ 04 93 39 16 66 – www.hotel-ideal-sejour.com – Fermé 11 janv.-11 fév.*

Molière

URBAIN • CONTEMPORAIN Un établissement tendance, décoré dans des tons brun, beige et taupe. Côté sud, les chambres avec balcon permettent de prendre un vrai bain de soleil cannois. Au réveil, le petit-déjeuner est servi en terrasse, dans un décor de verdure... Séduisant !

24 chambres – 90/240 € 90/240 € – 11 €

Plan : D1-h – *5 r. Molière – ✆ 04 93 38 16 16 – www.hotel-moliere.com – Fermé début déc. à fin mars*

au Cannet 3 km au Nord – ✉ 06110 – 43 115 hab. – Alt. 80 m

Villa Archange (Bruno Oger)

CUISINE MODERNE • ROMANTIQUE XXX Une jolie bâtisse du 18e s. décorée avec beaucoup de goût (parquets, tableaux, mobilier chiné...) : un antre charmant pour découvrir la cuisine de Bruno Oger, qui signe des plats très parfumés, savamment composés et extrêmement précis dans leur exécution. Voilà qui fait pousser des ailes à la gastronomie méridionale !

➜ Cappuccino de grenouilles et de palourdes à l'échalote et au vin jaune. Jarret de veau cuisiné vingt-quatre heures, pommes écrasées au beurre demi-sel. Traou mad aux fraises des bois.

Menu 68 € (déj.), 110/210 € – Carte 140/275 €

Plan : A1-m – *r. de l'Ouest (par av. Campon), D6285 – ✆ 04 92 18 18 28 (réservation conseillée) – www.bruno-oger.com – Fermé 12-27 fév., dim., lundi et le midi sauf vend. et sam.*

Bistrot St-Sauveur

CUISINE TRADITIONNELLE • TENDANCE Fauteuils noirs, rideaux blancs : le décor est contemporain, dans un style épuré et séduisant, jamais tape-à-l'œil. La cuisine bistrotière du chef se déguste avec bonheur : pâté en croûte "grande tradition", filet de veau Wellington, millefeuille à la vanille... Tout est bon : le plus difficile sera de choisir !

Formule 19 € - Menu 28 € (déj. en semaine), 32/35 € - Carte 38/54 €

Plan : B1-s - *87 r. St-Sauveur - 04 93 94 42 03 (réservation conseillée) - www.bistrotsaintsauveur.fr - Fermé 1 semaine en fév., 3 semaines en juil., dim. soir et lundi*

Bistrot des Anges

CUISINE TRADITIONNELLE • DESIGN Dans l'échelle séraphique, l'équipe de la Villa Archange pense brasserie : ici, décor moderne et élégant, formules ensoleillées et chariot de douceurs... angéliques.

Formule 27 € - Menu 32/52 € - Carte 46/96 €

Plan : A1-m - *r. de l'Ouest (par av. Campon), D6285 - 04 92 18 18 28 - www.bruno-oger.com - Fermé dim. soir de sept. à avril*

Kashiwa

CUISINE JAPONAISE • SIMPLE Ne vous fiez pas à l'enseigne : ce petit restaurant nippon (kashiwa signifie feuille de chêne), installé dans un ancien atelier de tapissier, offre une jolie palette de gastronomie japonaise, des éternels sushis à des plats plus travaillés, à l'instar de ces crevettes sautées, épices et soba (nouilles sautées). Petite terrasse.

Formule 15 € - Carte 25/115 €

Plan : B1-a - *12 bd Gambetta - 09 53 97 99 67 (réservation conseillée) - www.kashiwa.sitew.com - Fermé dim. et lundi*

LE CANNET - 06 (Alpes-Maritimes) → Voir Cannes

CAPBRETON

40130 (Landes) - 8 238 hab. - Alt. 6 m - Carte régionale n° **2**-A3

Paris 749 km - Bayonne 22 km - Biarritz 29 km - Mont-de-Marsan 90 km

Carte Michelin 335-C13 - Guide Vert Michelin Aquitaine

La Cuisine

CUISINE MODERNE • CONVIVIAL Au centre du bourg, la cuisine est bel et bien à l'honneur : le chef, Johann Dubernet - secondé en salle par sa compagne Isabelle - signe des assiettes colorées, parfumées et visuelles : stick croustillant de langoustine à la bergamote ; pluma ibérique et purée d'igname au citron vert... Subtilité et gourmandise !

Formule 16 € - Menu 45 € - Carte 41/52 €

26 r. du Général-de-Gaulle - 05 58 43 66 58 - www.restaurantlacuisine.fr - Fermé 2 semaines en mars, lundi et mardi hors saison

quartier la Pêcherie

Le Regalty

POISSONS ET FRUITS DE MER • CLASSIQUE Au pied d'un immeuble moderne, une salle chaleureuse, en partie ouverte sur les cuisines. Un mur végétal borde la terrasse. Menu homard, belle carte des vins.

Menu 20/37 € - Carte 45/60 €

au port de plaisance (quai Mille-Sabords) - 05 58 72 22 80 - www.leregalty.fr - Fermé déc., merc. soir et dim. soir de sept. à juin et lundi

Le Fou à Pieds Rouges

CUISINE MODERNE • BISTRO En face du port, ce bistrot branché et plutôt cosy (banquettes avec coussins colorés, tables en bois blond) est le fief d'un chef californien et de son épouse française. Lui, en cuisine, compose des assiettes fraîches et spontanées, pas prétentieuses pour un sou, et ose par instants quelques associations originales.

Menu 27 € (déj.) - Carte 30/42 €

1 quai de la Pêcherie - 09 82 28 30 96 - www.lefouapiedsrouges.com - Fermé mi-fév. à mi-mars, merc. midi, jeudi midi, vend. midi, dim. soir, mardi sauf le soir en juil.-août et lundi

CAP COZ - 29 (Finistère) → Voir Fouesnant

CAP-d'AGDE - 34 (Hérault) → Voir Agde

CAP d'AIL

06320 (Alpes-Maritimes) - 4 741 hab. - Alt. 51 m - Carte régionale n° **22**-E2
Paris 945 km - Monaco 3 km - Menton 14 km - Monte-Carlo 4 km
Carte Michelin 341-F5 - Guide Vert Michelin Côte d'Azur

Voir plan de Monaco (Principauté de)

Marriott Riviera La Porte de Monaco

BUSINESS • CONTEMPORAIN À deux pas de la marina de Cap-d'Ail, la porte de l'établissement ouvre sur... Monaco ! Cet hôtel d'esprit international séduira la clientèle d'affaires comme les touristes soucieux d'un confort sûr. Les chambres les plus agréables donnent sur le port et la mer.

171 chambres - 149/649 € 149/999 € - 15 suites - 26 €

Plan : A2-n - *av. du Port - 04 92 10 67 67 - www.marriottportedemonaco.com*

CAP d'ANTIBES - 06 (Alpes-Maritimes) → Voir Antibes

CAPDENAC-LE-HAUT - 46 (Lot) → Voir Figeac

CAP-FERRET

33970 (Gironde) - Alt. 11 m - Carte régionale n° **2**-B2
Paris 650 km - Arcachon 66 km - Bordeaux 71 km - Lacanau-Océan 55 km
Carte Michelin 335-D7 - Guide Vert Michelin Aquitaine

Le Pinasse Café

POISSONS ET FRUITS DE MER • BISTRO Avec sa terrasse idyllique donnant sur les flots, ce restaurant contemporain est une ode au bassin et à la dune du Pilat ! Poissons et crustacés du cru sont à l'honneur (huître en tête) et, pour l'anecdote iodée, la pinasse est le bateau traditionnel du littoral arcachonnais.

Formule 39 € - Menu 44 € - Carte 45/70 €

- 05 56 03 77 87 - Fermé le soir en semaine de mi-nov. à début-fév. sauf vacances de Noël

La Frégate

FAMILIAL • CONTEMPORAIN Autour d'une agréable piscine, ces deux maisons arborent un joli style balnéaire, chic et sobre à la fois... Beaucoup de blanc, deux appartements pour les séjours en famille et des parties communes chaleureuses : un endroit plaisant.

29 chambres - 65/195 € 65/195 € - 10 €

34 av. de l'Océan - 05 56 60 41 62 - www.hotel-la-fregate.net - Fermé déc. et janv.

CAPINGHEM - 59 (Nord) → Voir Lille

CAPPELLE-LA-GRANDE - 59 (Nord) → Voir Dunkerque

CARANTEC

29660 (Finistère) - 3 150 hab. - Alt. 37 m - Carte régionale n° **5**-B1
Paris 552 km - Brest 71 km - Lannion 53 km - Morlaix 14 km
Carte Michelin 308-H2 - Guide Vert Michelin Bretagne Nord

Patrick Jeffroy

CUISINE CRÉATIVE • ÉLÉGANT XXX C'est peu dire que la vue sur la baie de Morlaix y est superbe... Quel meilleur écrin pour l'une des plus belles cuisines bretonnes ! Patrick Jeffroy allie avec art classicisme et inventivité, mariant magnifiquement produits du terroir et pêche locale. Et la qualité du service rehausse encore le caractère du repas...

→ Pressé de tourteau, artichaut, wakamé et lait de coco au curry thaï. Poisson noble au beurre d'herbes ou beurre de truffe noire. Tarte Tatin de mangue safranée au miel de bruyère.

Formule 49 € – Menu 58 € (déj. en semaine), 86/148 €
- Carte 110/175 €

L'Hôtel de Carantec, 20 r. du Kelenn - 02 98 67 00 47 (réservation conseillée) - www.hoteldecarantec.com - Fermé 24 déc.-7 fév., mardi sauf fériés et sauf le soir en saison, dim. soir hors saison et lundi

L'Hôtel de Carantec

LUXE • CONTEMPORAIN Cette charmante maison de 1936 surplombe la baie de Morlaix. Les chambres, contemporaines et épurées, donnent toutes sur la Manche (terrasses au 2e étage). Le jardin descend vers la mer et l'on peut s'y installer, serein, pour lire, boire un verre... avant de profiter de la très belle table de Patrick Jeffroy.

12 chambres - 98/195 € 120/236 € - 18 €

20 r. du Kelenn - 02 98 67 00 47 - www.hoteldecarantec.com - Fermé 24 déc.-7 fév., dim. soir, lundi et mardi hors saison

Patrick Jeffroy - voir les restaurants ci-dessus

La Baie de Morlaix

FAMILIAL • CONTEMPORAIN Un établissement bien situé, au cœur de la ville, dans une rue commerçante. Il abrite de petites chambres pratiques, tout en sobriété et bien tenues. La plage n'est pas très loin, on peut y descendre à pied.

16 chambres - 62/100 € 65/100 € - 9 €

17 bis r. Albert-Louppe - 02 98 67 07 64 - www.hotel-baiedemorlaix.com - Fermé 3-15 oct. et 2-14 janv.

ON AIME...

Le charme du **Domaine d'Auriac**, une hostellerie de tradition au cœur d'un joli parc. La fougue de **Robert Rodriguez**, un bistrot atypique et convivial. Sans oublier les audaces de **Comte Roger**, une jolie table au cœur de la célèbre Cité...

CARCASSONNE

✉ 11000 (Aude) - 47 068 hab. - Alt. 110 m - Carte régionale n° **12**-B2
Paris 768 km - Albi 110 km - Narbonne 61 km - Perpignan 114 km
Carte Michelin 344-F3 - Guide Vert Michelin Roussillon Pays Cathare

Restaurants

✿✿ Le Parc Franck Putelat

CUISINE MODERNE • DESIGN XXX Du grand art que celui de Franck Putelat ! Technique, inventivité, respect des produits (de grande qualité), effets visuels : sa cuisine est un concentré de justesse, de textures et de saveurs. Et le cadre très contemporain de cette villa, au pied de la citadelle, ajoute au caractère de l'expérience... d'autant que de belles chambres ont été inaugurées en 2013.

→ Tartare-frite, huître Tabouriech, filet de bœuf et pommes de terre soufflées. Filet de bœuf "Bocuse d'Argent 2003". Tarte soufflée aux fraises mara des bois et persil.

Menu 40 € (déj. en semaine), 80/160 € - Carte 105/150 €

7 chambres - †210/240 € ††270/330 € - ☕ 25 €

Hors plan - *80 chemin des Anglais, au Sud de la Cité - ✆ 04 68 71 80 80 - www.franck-putelat.com - fermé dimanche et lundi*

Le Clos Occitan

CUISINE TRADITIONNELLE • RUSTIQUE XX Une petite table sympathique, créée dans... un ancien garage, transformé dans un esprit plutôt rustique. La cuisine joue tout simplement la carte de la tradition, et les prix sont attractifs - on fait d'ailleurs souvent salle comble au déjeuner. Mention spéciale pour l'agréable terrasse.

Formule 18 € - Menu 26 €/38 € - Carte 34/44 €

Plan : A2-s - *68 bd Barbès - ✆ 04 68 47 93 64 - www.restaurant-carcassonne-closoccitan.com - Fermé sam. midi, dim. soir et lundi*

Robert Rodriguez

CUISINE CLASSIQUE • BISTRO XX Un bistrot authentique, convivial et joliment rétro (objets chinés, vieux comptoir...), pour une cuisine résolument dans le ton. Le chef privilégie les produits bio et ses plats fleurent bon la générosité, avec même quelques belles canailles : cassoulet, parmentier, etc. En bref, on se régale !

Carte 47/94 €

Plan : B2-z - *39 r. Coste-Reboulh - ✆ 04 68 47 37 80 (réservation conseillée) - www.restaurantrobertrodriguez.com - Fermé merc. et dim.*

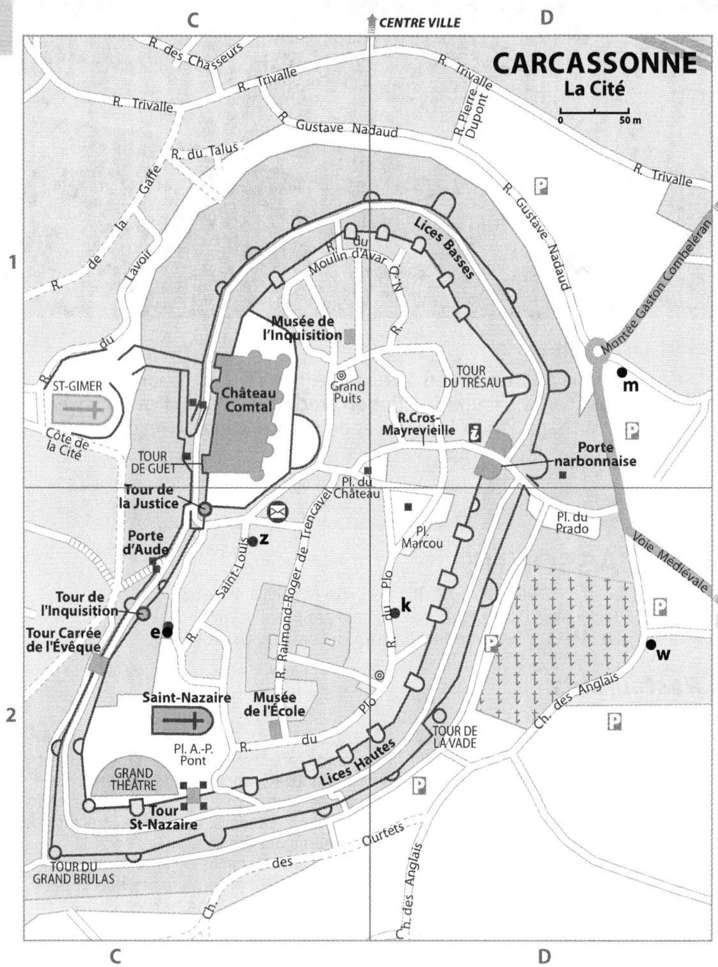

La Cantine de Robert - Côté Italie

CUISINE ITALIENNE • BISTRO Charcuteries, pâtes fraîches, pizzas à la farine bio : les saveurs italiennes sont à l'honneur chez Robert, dont la Cantine fait de l'œil à la maison mère. Mobilier rétro, bibelots et plaques émaillées composent un lieu gourmand plein de caractère.

Menu 14 € (déj. en semaine), 18/27 € – Carte 27/37 €

Plan : B2-c – *1 pl. de Lattre-de-Tassigny – 04 68 77 57 74 – restaurantrobertrodriguez.com – Fermé dim. et lundi*

à l'entrée de la Cité près porte Narbonnaise

Mercure Porte de la Cité

HÔTEL DE CHAÎNE • FONCTIONNEL Aux portes de la cité, un Mercure dans un quartier résidentiel. Les chambres, un peu petites mais joliment épurées, donnent – pour certaines – sur la piscine et les remparts tout proches.

80 chambres – 92/226 € 92/226 € – 17 € – ½ P

Hors plan – *04 68 11 92 82 – www.mercure-carcassonne.fr*

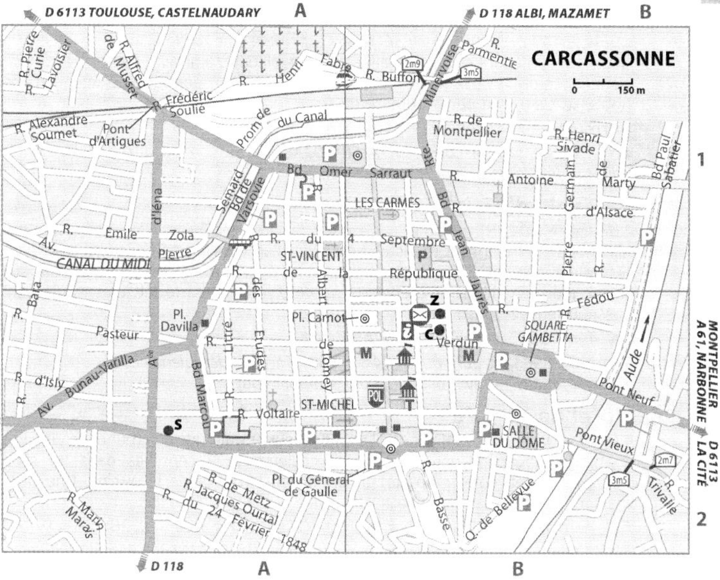

Hôtel du Château

URBAIN • PERSONNALISÉ Dans un îlot de verdure à l'abri de l'agitation touristique, cette belle demeure mêle l'ancien et le design avec raffinement. Au programme : hammam, massage et farniente, au pied du défilé des remparts... Les petits plus : le petit-déjeuner qui met en avant les produits locaux et le bar ouvert 24h/24.

17 chambres – 🚹147/320 € 🚹🚹147/320 € – ☕ 15 €

Plan : D1-m – *2 r. Camille-St-Saëns – ✆ 04 68 11 38 38 – www.hotelduchateau.net*

Pont Levis Hôtel

HISTORIQUE • DESIGN Au pied des remparts de la cité, l'adresse, née en 2013, prend ses aises dans l'ancien musée du Moyen-Âge. Désormais, la décoration est résolument tournée vers le 21e s. (acier, béton, etc.) même si dans certaines chambres, les lits sont suspendus par des chaînes... façon pont-levis !

12 chambres – 🚹170/315 € 🚹🚹170/315 € – ☕ 15 €

Plan : D2-w – *40 chemin des Anglais – ✆ 04 68 72 08 08 – www.pontlevishotel.com*

Montmorency

FAMILIAL • DESIGN Une charmante maison de maître, dont la terrasse offre une vue imprenable sur les remparts de la Cité. Les chambres, contemporaines ou plus champêtres, sont toutes colorées et accueillantes.

29 chambres – 🚹72/380 € 🚹🚹72/380 € – 1 suite – ☕ 15 €

Plan : D1-m – *2 r. Camille-St-Saëns – ✆ 04 68 11 96 70 – www.hotelmontmorency.com*

dans la Cité - Circulation réglementée en été

La Barbacane

CUISINE CLASSIQUE • ÉLÉGANT XXX Vitraux, armoiries, confessionnal en bois sculpté, etc. Un décor néogothique tout à fait dans le ton de Carcassonne la médiévale ! La cuisine met en avant le terroir régional, avec des produits de bonne qualité : on passe un agréable moment.

Formule 39 € 🍷 – Menu 85/150 € – Carte 95/130 €

Plan : C2-e – *Hôtel De La Cité, pl. Auguste-Pierre-Pont – ✆ 04 68 71 98 71 – www.hoteldelacite.com – Fermé 16 janv.-10 fév.*

Comte Roger

CUISINE TRADITIONNELLE • TENDANCE Dans une ruelle animée de la cité, un décor tout en épure contemporaine, avec un joli patio empreint de fraîcheur. Monsieur le comte sait recevoir et sa cuisine épouse l'époque avec une certaine noblesse. La bonne petite adresse du cœur touristique !

Formule 24 € - Menu 30 € (déj.)/41 € - Carte 44/65 €

Plan : C2-z - *14 r. St-Louis - 04 68 11 93 40 - www.comteroger.com - Fermé fév., dim. et lundi*

La Table d'Alaïs

CUISINE MODERNE • SIMPLE Au cœur la cité médiévale, voici votre meilleur allié contre les pièges à touristes ! Au bout d'un escalier, on découvre trois petites salles joliment décorées ; au bout, une cour-terrasse où l'on s'attable aux beaux jours. Tradition et modernité se côtoient à la carte, et les saveurs sont aussi au rendez-vous !

Menu 20/35 € - Carte 43/55 €

Plan : D2-k - *32 r. du Plô - 04 68 71 60 63 - www.latabledalais.fr - Fermé 4 janv.-4 fév., merc. et jeudi sauf juil.-août*

Hôtel de La Cité

GRAND LUXE • PERSONNALISÉ Luxe, douceur et quiétude au cœur de la cité. Les chambres dégagent une atmosphère chaleureuse - certaines dans un style médiéval ! - et, côté remparts, on profite du jardin et de la piscine. Une belle manière de vivre Carcassonne...

52 chambres - †209/1035 € ††209/1035 € - 7 suites - 28 € - ½ P

Plan : C2-e - *pl. Auguste-Pierre-Pont - 04 68 71 98 71 - www.hoteldelacite.com*

La Barbacane - voir les restaurants ci-dessus

à Aragon 12 km au Nord-Ouest par rte de Toulouse et D203 - ✉ 11600 - 415 hab. - Alt. 195 m

La Bergerie

CUISINE MODERNE • COSY Dans les premiers contreforts de la montagne Noire, le jeune chef continue de rendre hommage à la gastronomie avec générosité. Sa cuisine, déclinée au fil d'une carte assez courte, se déguste dans un intérieur sobre et élégant.

Menu 30 €

allée Pech-Marie - 04 68 26 10 65 - www.labergeriearagon.com - Fermé 1er fév.-14 fév., 17 oct.-1er nov., dim. et lundi et le midi en semaine

La Bergerie

AUBERGE • FONCTIONNEL À l'orée de ce pittoresque village perché, cette bâtisse méridionale domine le vignoble de Cabardès. L'accueil est sympathique et prévenant, tout en restant décontracté ; les chambres, bien agréables, donnent sur les vignes... Nul besoin de compter les moutons pour s'endormir dans cette Bergerie !

8 chambres - †100/130 € ††100/130 €

allée Pech-Marie - 04 68 26 10 65 - www.labergeriearagon.com - Fermé 1er fév.-14 fév. et 17 oct.-1er nov.

La Bergerie - voir les restaurants ci-dessus

au hameau de Montredon 4 km au Nord-Est - ✉ 11000 Carcassonne

Château Saint-Martin

CUISINE CLASSIQUE • RUSTIQUE Amateurs de vieilles pierres, vous serez séduits par cette demeure très ancienne, flanquée d'une tour du 12e s. ! Au menu : des mets classiques et raffinés, aux ingrédients bien choisis et subtilement cuisinés. Un joli moment de gastronomie que l'on peut notamment partager sur la terrasse verdoyante et fleurie, bien au calme...

Formule 28 € - Menu 37/70 € - Carte 50/70 €

17 av. de St-Martin - 04 68 71 09 53 - www.chateausaintmartin.net - Fermé 6-20 mars, 2 semaines en nov., 2-6 janv., dim. soir, lundi midi et merc.

La Bastide Saint-Martin

FAMILIAL • TRADITIONNEL Dans un hameau proche de Carcassonne, au cœur d'un parc paisible, cette jolie maison a des airs de bastide et ses chambres, dans une veine rustique et champêtre, sont charmantes... Le matin, on peut prendre son petit-déjeuner face à la piscine avant de faire son premier plongeon de la journée !

15 chambres – 89/149 € 89/149 € – 12 €

av. de St-Martin – 04 68 47 44 41 – www.hotelbastidesaintmartin.com – fermé 2 janv.-1 er fév.

au Sud 3 km par D104 – 11000 Carcassonne :

Domaine d'Auriac

CUISINE CLASSIQUE • ROMANTIQUE XXX Une demeure distinguée, au cadre éminemment bourgeois : un décor qui sert à merveille une assiette tout en classicisme – mais relevée d'une pointe de modernité – et de belle facture. Quand le temps le permet, on s'installe sur la terrasse ouvrant sur le parc. Plaisirs intemporels...

→ Anchois de Collioure en habit de saison. Cassoulet du domaine. Soufflé au Grand Marnier.

Menu 49 € (déj. en semaine), 70/120 € – Carte 100/130 €

2535 rte de St-Hilaire – 04 68 25 72 22 – www.domaine-d-auriac.com – Fermé 1er-7 fév., 5-20 nov., 3-31 janv., dim. soir et lundi d'oct. à juin sauf fériés

Bistrot d'Auriac

CUISINE TRADITIONNELLE • BISTRO X La grande terrasse domine le parcours de golf et son trou numéro 1 : une belle situation ! On se régale de bonnes spécialités régionales et de plats typiques de bistrot (choix plus restreint le soir), réalisés avec de bons produits frais. Une adresse idéale pour se mettre au vert !

Menu 22 € (déj.)/24 € – Carte 35/50 € dîner

2535 rte de St-Hilaire – 04 68 25 37 19 – www.domaine-d-auriac.com – Fermé mardi soir, merc. soir et lundi d'oct. à Pâques et dim. soir

Domaine d'Auriac

MAISON DE MAÎTRE • PERSONNALISÉ Un grand parc arboré, un golf 18 trous et cette très belle maison de maître du 19e s. en pierre blonde. Toutes différentes et confortables, les chambres jouent la carte du classicisme bourgeois ou de la simplicité méridionale... Certaines, très spacieuses, sont idéales pour les familles.

23 chambres – 150/450 € 150/450 € – 25 € – ½ P

2535 rte de St-Hilaire – 04 68 25 72 22 – www.domaine-d-auriac.com – Fermé 1er-7 fév., 5-20 nov., 3-31 janv., dim. soir et lundi d'oct. à juin sauf fériés

Domaine d'Auriac • **Bistrot d'Auriac** – voir les restaurants ci-dessus

à Cavanac 7 km au Sud par rte de St-Hilaire – 11570 – 918 hab. – Alt. 138 m

Château de Cavanac

CUISINE TRADITIONNELLE • RUSTIQUE XX En lieu et place des écuries du château, cette auberge se révèle très pittoresque. Mangeoires et poutres anciennes, cuisiniers "en vitrine" s'activant sous l'œil amusé des gourmands, et sympathique menu unique arrosé des vins du domaine : on cultive la tradition...

Menu 45 €

r. Etienne Guizard – 04 68 79 61 04 – www.chateau-de-cavanac.fr – Fermé 8 janv.-7 mars et 14 nov.-2 déc. , mardi, merc. , jeudi et le midi sauf dim.

Château de Cavanac

DEMEURE HISTORIQUE • PERSONNALISÉ Sur le domaine viticole du propriétaire, ce castel du 17e s. est ravissant. Les chambres portent des noms de fleurs et distillent, avec leur mobilier d'époque et leurs lits à baldaquin, un charme romantique et bucolique... Du cachet aux portes de Carcassonne.

22 chambres – 68/190 € 100/210 € – 4 suites – 13 €

– 04 68 79 61 04 – www.chateau-de-cavanac.fr – Fermé 8 janv.-7 mars et 14 nov.-2 déc.

Château de Cavanac – voir les restaurants ci-dessus

à Moussoulens 14 km au Nord-Ouest par rte de Toulouse et D629 – ✉ 11170 – 976 hab. – Alt. 175 m

La Rougeanne

MAISON DE CAMPAGNE • PERSONNALISÉ Une maison qui met le cap au sud, en regardant amoureusement la Malepère et les Pyrénées. Olivier, Tomette, Romarin... les chambres sentent bon la garrigue et évoquent les jours heureux des vacances familiales. On prend le petit-déjeuner dans la belle orangerie ou le jardin. Du soleil et du style !

5 chambres – 100/120 € 110/130 €

8 allée du Parc – 04 68 24 46 30 – www.larougeanne.com – Fermé janv.-mars

CARGÈSE – 2A (Corse-du-Sud) → Voir Corse

CARIGNAN

✉ 08110 (Ardennes) – 2 987 hab. – Alt. 174 m – Carte régionale n° **7**-C1

Paris 264 km – Charleville-Mézières 43 km – Mouzon 8 km – Montmédy 24 km

Carte Michelin 306-N5

La Gourmandière

CUISINE MODERNE • ÉLÉGANT Cette maison bourgeoise de 1890 choie ses convives : cuisine gourmande et généreuse (à base de produits du potager), belle carte des vins, et espace lounge. La chef est désormais épaulée par son fils qui réalise de savoureuses pâtisseries.

Formule 24 € – Menu 35/78 € – Carte 60/96 €

19 av. de Blagny – 03 24 22 20 99 – Fermé 2 semaines fin juin-début juil., 2 semaines fin sept.-début oct., 2 semaines fin janv.-début fév., dim. soir et lundi sauf fériés

CARLA-BAYLE

✉ 09130 (Ariège) – 782 hab. – Alt. 354 m – Carte régionale n° **15**-B3

Paris 742 km – Foix 33 km – Toulouse 67 km

Auberge Pierre Bayle

CUISINE TRADITIONNELLE • RUSTIQUE L'auberge emprunte son nom à un philosophe du 16e s. natif du village ; il y a fort à parier que Pierre Bayle aurait apprécié cette cuisine de saison qui fait la part belle aux produits locaux, à l'instar de ce parmentier de canard aux panais. A l'étage, jolie vue panoramique sur les Pyrénées.

Formule 14 € – Menu 16 € (déj. en semaine), 27/44 € – Carte 35/50 €

– 05 61 60 63 95 – www.aubergepierrebayle.com – Fermé 28 déc.- fin janv., dim. soir, mardi soir et merc. soir de sept. à mars et lundi

CARNAC

✉ 56340 (Morbihan) – 4 204 hab. – Alt. 16 m – Carte régionale n° **5**-B3

Paris 490 km – Auray 13 km – Lorient 49 km – Quiberon 19 km

Carte Michelin 308-M9 – Guide Vert Michelin Bretagne Sud

La Côte

CUISINE CRÉATIVE • TENDANCE Une salle dédiée au vin, une autre résolument contemporaine et ouvrant sur un jardin japonisant : cette ferme proche du site mégalithique de Kermario vit avec son temps. De même la carte, qui allie bons produits et imagination.

Menu 28 € (déj. en semaine), 37/83 €

Hors plan – *3 impasse er Forn (alignements de Kermario), 2 km au Nord par D119 – 02 97 52 02 80 – www.restaurant-la-cote.com – Fermé 21-28 nov., 3 janv.-10 fév., dim. soir de sept. à juin, mardi midi et lundi*

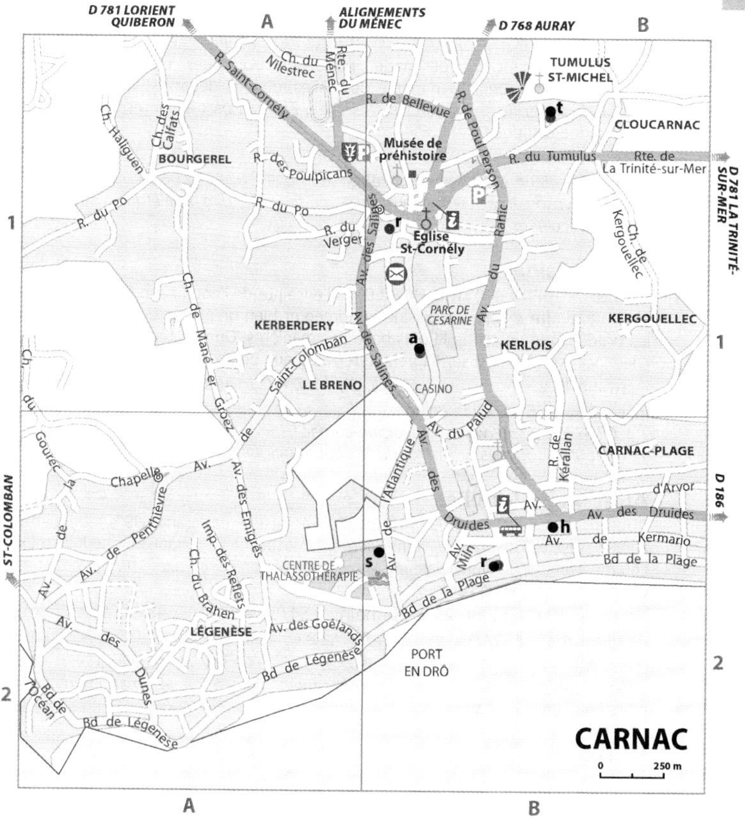

Tumulus

CUISINE MODERNE · CLASSIQUE XX La salle à manger, lumineuse, offre une vue panoramique sur le jardin et la piscine, mais aussi Carnac : voilà qui met en condition. Quant à l'assiette, elle régale avec des recettes actuelles où le poisson est en bonne place : bar rôti, velouté de coquillages au romarin, lotte braisée au combava...

Formule 25 € – Menu 45/85 € – Carte 50/70 €

Plan : B1-t – *Hôtel Tumulus, chemin du Tumulus*
– ✆ 02 97 52 08 21 – www.hotel-tumulus.com
– Fermé 12 nov.-9 fév., lundi midi et mardi midi

Les Marquises

POISSONS ET FRUITS DE MER · CLASSIQUE XX Devant la plage, on se délecte d'un homard, d'une sole meunière ou de fruits de mer, que le chef agrémente selon son inspiration du moment. Les amateurs de rhum ne manqueront pas la boutique attenante, où plus de 300 références sont proposées.

Formule 20 € – Menu 36/71 € – Carte 53/80 €

Plan : B2-r – *Hôtel Le Diana, 21 bd de la Plage*
– ✆ 02 97 52 05 38 – www.lediana.com
– Ouvert 15 avril-30 sept. et fermé le midi sauf dim. et fériés

La Calypso

POISSONS ET FRUITS DE MER • CONVIVIAL Les habitués ne s'y trompent pas : dans ce charmant bistrot marin, poissons, coquillages et crustacés sont d'une grande fraîcheur. Dans l'une des salles, dont le décor est à l'unisson, on fait même griller les mets dans la cheminée. Face au parc à huîtres, une adresse authentique à souhait !

Carte 38/79 €

Hors plan – *158 r. du Pô, zone ostréïcole du Pô – ✆ 02 97 52 06 14 – www.calypso-carnac.com – Fermé d'oct. à fin mars, dim. soir et lundi sauf vacances scolaires*

Côté Cuisine

CUISINE MODERNE • TENDANCE Dans l'enceinte de l'hôtel Lann Roz, un couple réalise à quatre mains une cuisine parfumée et bien goûteuse, qui met en valeur les produits régionaux de la plus belle des manières. On s'en régale au coin de la cheminée, en hiver, ou sur l'agréable terrasse aux beaux jours.

Formule 19 € – Menu 23 € (déj.), 31/40 € – Carte environ 50 €

Plan : B1-a – *36 av. de la Poste – ✆ 02 97 57 50 35 – www.cotecuisine-carnac.fr – Fermé 22-30 juin, janv., mardi du 15 sept. au 15 juin et lundi*

Auberge le Râtelier

CUISINE TRADITIONNELLE • AUBERGE La façade en granit (19es.) de cette auberge est recouverte de vigne vierge. Une touche bucolique qui séduit, tout comme l'ambiance conviviale et la cuisine, régionale et axée sur le poisson. Chambres rustiques à l'étage.

Formule 20 € – Menu 24 € (semaine), 34/52 € – Carte 43/79 €

8 chambres – 🚹52/71 € 🚹🚹52/71 € – ☕ 8 €

Plan : B1-r – *4 chemin du Douet – ✆ 02 97 52 05 04 – www.le-ratelier.com – Fermé mi-nov. à mi-déc., janv., mardi et merc. d'oct. à Pâques, mardi midi et merc. midi en juin et sept.*

Le Diana

TRADITIONNEL • CLASSIQUE Atmosphère cossue dans cet hôtel à l'architecture d'inspiration bretonne. Les chambres, plutôt spacieuses, donnent sur l'océan ou – plus au calme – sur la cour, et leur entretien est impeccable. Pour se détendre, direction l'espace bien-être !

38 chambres – 🚹133/385 € 🚹🚹149/385 € – 3 suites – ☕ 22 € – ½ P

Plan : B2-r – *21 bd de la Plage – ✆ 02 97 52 05 38 – www.lediana.com – Ouvert 15 avril-30 sept.*

Les Marquises – voir les restaurants ci-dessus

Le Churchill

TRADITIONNEL • PERSONNALISÉ Winston Churchill a promis un jour du sang, de la sueur et des larmes... Rassurez-vous : rien de tout cela ici ! Cet hôtel totalement rénové est confortable et bien tenu, avec d'agréables chambres donnant sur la mer. Espace bien-être et piscine.

28 chambres – 🚹75/285 € 🚹🚹75/350 € – ☕ 16 €

Hors plan – *70 bd de la Plage, 1 km à l'Est par D186 – ✆ 02 97 52 50 20 – www.lechurchill.com – Ouvert de fév. à mi nov.*

Celtique

TRADITIONNEL • CONTEMPORAIN À proximité de la plage, cet hôtel abrite des chambres fonctionnelles. Agréable espace bien-être : piscine couverte, sauna, spa, hammam... Au restaurant, on sert une cuisine d'aujourd'hui.

49 chambres – 🚹76/209 € 🚹🚹106/269 € – 6 suites – ☕ 17 € – ½ P

Plan : B2-h – *82 av. des Druides – ✆ 02 97 52 14 15 – www.hotel-celtique.com*

Lann Roz

BOUTIQUE HÔTEL • CONTEMPORAIN Cette maison familiale, fondée en 1967, a su évoluer avec son temps : c'est aujourd'hui un bel hôtel design et contemporain. Dans les chambres, le blanc des murs contraste avec les multiples couleurs des fauteuils et canapés... Original !

15 chambres – 79/155 € 79/155 € – 10 €

Plan : B1-a – *36 av. de la Poste – 02 97 52 68 00 – www.lannroz.fr – Fermé janv.*

Tumulus

MAISON DE MAÎTRE • PERSONNALISÉ Bien au calme, ce petit manoir des années 1920 est perché sur les hauteurs de Carnac. On loge dans des chambres confortables ; préférez les plus spacieuses, qui disposent d'une terrasse.

22 chambres – 80/220 € 80/300 € – 2 suites – 16 € – ½ P

Plan : B1-t – *chemin du Tumulus – 02 97 52 08 21 – www.hotel-tumulus.com – Fermé 12 nov.-9 fév.*

Tumulus – voir les restaurants ci-dessus

Carnac Thalasso & Spa Resort

HÔTEL DE CHAÎNE • CONTEMPORAIN Accès direct à la thalasso, piscine d'eau de mer, spa moderne, fitness, tennis et chambres avenantes : voilà un hôtel ressourçant ! Cuisine dans l'air du temps au Clipper, diététique aux Secrets de Cuisine.

211 chambres – 114/575 € 114/575 € – 16 € – ½ P

Plan : B2-s – *av. de l'Atlantique – 02 97 52 53 54 – hotel.thalasso-carnac.com – Fermé 3-16 déc.*

CARNON-PLAGE

34280 (Hérault) – Carte régionale n° **12**-C2

Paris 758 km – Aigues-Mortes 20 km – Montpellier 20 km – Nîmes 56 km

Carte Michelin 339-I7 – Guide Vert Michelin Languedoc

Le Trident

CUISINE MODERNE • CONTEMPORAIN XX Alors que le dieu des mers brandissait sa fourche lors de ses colères homériques, l'hôtel Neptune, sur le port de plaisance de Carnon, dévoile, lui, un Trident en forme de table amicale, autour de fringantes langoustines et asperges vertes, ou d'un vigoureux Saint-Pierre, attendri par sa fondue de poireaux. Terrasse face aux bateaux.

Menu 20 € (déj.), 27/33 €

Hôtel Neptune, au port de plaisance – 04 67 50 92 57 – www.restaurant-trident.fr – Fermé 16 déc.-9 janv., dim. soir, lundi midi et mardi midi sauf juil.-août

Neptune

TRADITIONNEL • CONTEMPORAIN Pour vivre l'agglomération montpelliéraine côté mer, cet hôtel moderne jouit d'une situation avantageuse directement sur le port de plaisance de Carnon. Chambres lumineuses et confortables, belle piscine et plage à moins de cinq minutes.

53 chambres – 80/140 € 80/140 € – 12 € – ½ P

au port de plaisance – 04 67 50 88 00 – www.hotel-neptune.fr – Fermé 16 déc.-9 janv.

Le Trident – voir les restaurants ci-dessus

CARPENTRAS

84200 (Vaucluse) – 28 520 hab. – Alt. 102 m – Carte régionale n° **22**-E1

Paris 679 km – Avignon 30 km – Digne-les-Bains 139 km – Gap 146 km

Carte Michelin 332-D9 – Guide Vert Michelin Provence

Chez Serge

CUISINE TRADITIONNELLE • BISTRO Serge Ghoukassian aime le vin (une passion et un métier, car il est un sommelier exigeant), les truffes et la gourmandise ; rien d'étonnant si son restaurant a autant de goût et de nez ! Le flacon séduit également : un joli décor de bistrot contemporain dans des murs du 16e s. parfaitement vieillis.

Formule 15 € – Menu 17 € (déj.), 27/97 € – Carte 35/75 €

Plan : B2-a – *90 r. Cottier – 04 90 63 21 24 – www.chez-serge.com – Fermé 23-30 oct.*

à Beaumes-de-Venise 10 km au Nord par D7 puis D21 – 84190 – 2 388 hab. – Alt. 100 m

Dolium

CUISINE MODERNE • CONTEMPORAIN Au cœur des grands bâtiments de la cave-coopérative, Dolium – du nom de ces énormes amphores de l'époque antique – est plus que jamais la maison des bonnes saveurs provençales ; la carte des vins est à l'unisson avec de nombreux crus des caves voisines. Succès garanti !

Formule 23 € – Menu 32 € – Carte 48/58 €

rte de Vaison la Romaine (Cave des Vignerons) – 04 90 12 80 00 – www.dolium-restaurant.com – Fermé dim. soir, mardi soir et merc. hors saison

Le Clos Saint Saourde

MAISON DE CAMPAGNE • PERSONNALISÉ Isolé dans la campagne, un mas du 18e s. tout en raffinement et caractère ! On hésite entre les chambres taillées dans la roche – superbes – et l'agréable piscine avec une jolie vue sur les Dentelles de Montmirail. Un lieu idéal pour jouer aux Robinson provençaux...

5 chambres – 180/320 € 180/320 €

1769 rte de St-Véran, 3 km au Sud-Est par D21 et rte secondaire – 04 90 37 35 20 – www.leclossaintsaourde.com

Les Remparts

MAISON DE CAMPAGNE • PERSONNALISÉ Une maison du 16e s. bâtie sur les anciens remparts de la cité... Voilà qui ne manque pas de cachet ! Les chambres – confortables et bien tenues – adoptent le style provençal avec élégance. Dès les premiers rayons de soleil, on profite du patio et de la piscine. Une belle adresse, authentique à souhait.

5 chambres – 190/290 € 190/290 €

74 cours Louis-Pasteur – 04 90 62 75 49 – www.lamaisondesremparts.com

à Mazan 7 km à l'Est par D942 – 84380 – 5 804 hab. – Alt. 100 m

L'Ingénue

CUISINE MODERNE • ÉLÉGANT Une cuisine à l'accent provençal, qui évolue très régulièrement : voilà ce qui vous attend dans cette belle demeure du 18e s., au cadre délicieux en salle (hauts plafonds à moulures) comme en terrasse, sous les platanes. L'été, un soir par semaine, on profite d'un chaleureux buffet champêtre.

Formule 19 € – Menu 25 € (déj.)/39 € – Carte 58/68 €

Hôtel Châteai de Mazan, pl. Napoléon – 04 90 69 62 61 – www.chateaudemazan.com – Fermé 2 janv.-9 mars, lundi hors saison et mardi

Château de Mazan

LUXE • PERSONNALISÉ Cette demeure de 1720 appartint au marquis de Sade. Moulures, tomettes, objets chinés, baignoires à l'ancienne : toute l'élégance d'une maison de famille provençale, noble et pure. À noter : les chambres en rez-de-jardin disposent d'une terrasse.

28 chambres – 159/450 € 159/450 € – 2 suites – 19 € – ½ P

pl. Napoléon – 04 90 69 62 61 – www.chateaudemazan.com – Fermé 2 janv.-10 mars

L'Ingénue – voir les restaurants ci-dessus

CARROS

✉ 06510 (Alpes-Maritimes) - 11 497 hab. - Alt. 400 m - Carte régionale n° **22**-E2
▶ Paris 943 km - Marseille 197 km - Monaco 40 km - Nice 25 km
Carte Michelin 341-E5 - Guide Vert Michelin Côte d'Azur

La Forge

CUISINE MODERNE • RUSTIQUE Le restaurant est installé dans l'ancienne forge de ce village médiéval niché dans l'un des vallons de l'arrière-pays niçois. Karine, en cuisine, revisite les classiques "à l'instinct", avec une touche féminine assumée (assaisonnements, présentations...). Son péché mignon ? La truffe et son menu spécial... À découvrir !

Formule 18 € - Menu 25 € (déj. en semaine), 33/65 € - Carte 38/62 €

av. Fernand-Barbary, à Carros-Village - ✆ 04 93 29 31 50 - www.restolaforge.com - Fermé 1 semaine en juin, vacances de Noël, mardi soir et merc. hors saison, lundi midi et mardi midi en juil.-août

LES CARROZ-D'ARÂCHES

✉ 74300 (Haute-Savoie) - Alt. 1 140 m - Carte régionale n° **25**-F1
▶ Paris 580 km - Annecy 67 km - Bonneville 25 km - Chamonix-Mont-Blanc 47 km
Carte Michelin 328-M4 - Guide Vert Michelin Alpes du Nord

Les Servages

CUISINE MODERNE • ÉLÉGANT Une chose est sûre : le chef aime son métier, et cette passion est communicative. Il réalise une cuisine actuelle, soignée et généreuse, avec des produits de superbe qualité : poissons frais, crustacés, etc. Son pageot de ligne et calamars, comme son cabillaud côtier, en sont de délicieux exemples... parmi d'autres.

Formule 35 € - Menu 70 € - Carte 46/90 €

Hôtel les Servages d'Armelle, 841 rte des Servages - ✆ 04 50 90 01 62 - www.servages.com - Ouvert juil.-sept., déc.-avril et fermé mardi et merc. hors saison et lundi

La Croix de Savoie

CUISINE MODERNE • DESIGN Envie d'un grand bol de Savoie ? C'est exactement ce que propose Edwige Tiret, la chef expérimentée du "gastro" de la Croix de Savoie. Elle a le chic pour revisiter intelligemment la tradition, au fil de son inspiration et des produits qu'elle a sélectionnés. Une franche réussite !

Menu 29 € (déj.), 36/71 € - Carte environ 64 €

768 rte du Pernand - ✆ 04 50 90 00 26 - www.lacroixdesavoie.fr

Les Servages d'Armelle

LUXE • MONTAGNARD Sur les hauteurs de la station, ce superbe chalet ancien a été transformé en un hôtel de grand charme. Une dizaine de chambres et de suites spacieuses, toutes en matériaux de prestige : vieux planchers, poutres, meubles polis par les ans... et vraies cheminées !

8 chambres - 🚹135/565 € 🚹🚹135/565 € - 2 suites - ☕ 25 € - ½ P

841 rte des Servages - ✆ 04 50 90 01 62 - www.servages.com - Ouvert juil.-sept. et déc.-avril

Les Servages - voir les restaurants ci-dessus

La Croix de Savoie

FAMILIAL • DESIGN Derrière cette façade de bois, très contemporaine, se cache un hôtel "bioclimatique", où tout a été conçu dans le souci de l'environnement. Calme, écolo et high-tech ! Dans les chambres, lumineuses et bien équipées, les mariages de couleurs sont de mise ; on s'y sent comme chez soi. Préférez celles avec balcon donnant sur la vallée.

28 chambres - 🚹103/171 € 🚹🚹103/267 € - ☕ 18 € - ½ P

768 rte du Pernand - ✆ 04 50 90 00 26 - www.lacroixdesavoie.fr

La Croix de Savoie - voir les restaurants ci-dessus

CARRY-LE-ROUET

✉ 13620 (Bouches-du-Rhône) - 6 197 hab. - Alt. 5 m - Carte régionale n° **21**-B3
Paris 765 km - Aix-en-Provence 39 km - Marseille 34 km - Martigues 20 km
Carte Michelin 340-F6 - Guide Vert Michelin Provence

Le Madrigal

CUISINE PROVENÇALE • ÉLÉGANT XX Un madrigal, c'est historiquement une pièce musicale profane et galante. Et oui, ce Madrigal-là invite à la romance, en particulier sa terrasse qui offre une vue superbe sur la Grande Bleue ! Dans l'assiette, pieds et paquets d'agneau à la marseillaise, soupe de poisson ou poissons grillés... On se régale.

Formule 19 € - Menu 35 € - Carte 44/63 €

4 av. du Dr.-Gérard-Montus - ✆ 04 42 44 58 63 - www.restaurant-lemadrigal.com - Fermé 22-26 déc., dim. soir et lundi de sept. à avril

CARSAC-AILLAC

✉ 24200 (Dordogne) - 1 540 hab. - Alt. 80 m - Carte régionale n° **2**-D3
Paris 536 km - Brive-la-Gaillarde 59 km - Gourdon 18 km - Sarlat-la-Canéda 9 km
Carte Michelin 329-I6 - Guide Vert Michelin Périgord Quercy

La Villa Romaine

CUISINE MODERNE • RUSTIQUE XX En plus d'être un agréable hôtel, la Villa propose une cuisine actuelle réglée sur les saisons, réalisée avec les bons produits de la région (bio de préférence), et une jolie carte de vins naturels. On profite même d'une terrasse au cœur de la villa, pour prendre son repas aux beaux jours...

Menu 39 €

St-Rome, 3 km par rte de Gourdon - ✆ 05 53 28 52 07 (réservation conseillée) - www.lavillaromaine.com - Ouvert 1er mai-4 nov. et fermé mardi et merc. sauf du 14 juil. au 20 août et le midi

La Villa Romaine

FAMILIAL • PERSONNALISÉ Bâtie sur un site gallo-romain proche de la Dordogne, cette ancienne métairie a effectivement un petit air italien, avec ses cyprès ! Terrasses, jardin et piscine sont très agréables.

15 chambres - 125/205 € 125/205 € - 2 suites - 17 € - ½ P

St-Rome, 3 km par rte de Gourdon - ✆ 05 53 28 52 07 - www.lavillaromaine.com - Fermé mi-fév. à mi-mars et 12 nov.-12 déc.

La Villa Romaine - voir les restaurants ci-dessus

CARTERET - 50 (Manche) → Voir Barneville-Carteret

CASAMOZZA - 2B (Haute-Corse) → Voir Corse

CASCASTEL-DES-CORBIÈRES

✉ 11360 (Aude) - 222 hab. - Alt. 140 m - Carte régionale n° **12**-B3
Paris 835 km - Carcassonne 70 km - Narbonne 48 km - Perpignan 52 km
Carte Michelin 344-H5

Domaine Grand Guilhem

FAMILIAL • PERSONNALISÉ Cette demeure en pierre (19e s.), au cœur d'une exploitation viticole, a tout d'une maison de famille. Les chambres y sont coquettes et impeccablement tenues. Au petit-déjeuner, on se régale de bons produits locaux : miel, fruits, jambon cru, viennoiseries... Et le propriétaire vigneron peut faire déguster ses vins !

4 chambres - 95/110 € 95/110 €

1 chemin du Col-de-la-Serre - ✆ 04 68 45 86 67 - www.grandguilhem.fr

CASSEL

✉ 59670 (Nord) - 2 287 hab. - Alt. 175 m - Carte régionale n° **16**-B2
Paris 250 km - Calais 58 km - Dunkerque 30 km - Hazebrouck 11 km
Carte Michelin 302-C3

Haut Bonheur de la Table (Eugène Hobraiche)

CUISINE CRÉATIVE • ÉLÉGANT XX Sympathique et atypique, ce mini-restaurant (six tables à peine !) installé sur la grand-place du village. Le chef, ancien de chez Régis Marcon, réalise une cuisine appliquée et bien en place, volontiers technique, et se montre créatif sans excès : on passe un excellent moment, d'autant que les prix sont mesurés.

→ Cuisine du marché.

Menu 22 € (déj. en semaine), 33/43 €

18 Grand-Place – ✆ 03 28 40 51 03 – www.hautbonheurdelatable.com – Fermé 18-26 fév., 2 semaines en août, dim. soir, lundi soir, mardi soir et merc.

Fenêtre sur Cour

CUISINE MODERNE • COSY XX Fricassée de gambas, légumes croquants et pesto ; pluma de cochon ibérique... Le chef propose une cuisine au goût du jour, au gré des saisons. La salle en mezzanine sur l'arrière (et sa fenêtre sur cour) sert de terrasse aux beaux jours.

Formule 22 € – Menu 39/62 €

5 r. du Mar.-Foch – ✆ 03 28 42 03 19 – www.restaurant-fenetresurcour.com – Fermé merc. et le soir sauf vend. et sam.

Châtellerie de Schoebeque

HISTORIQUE • PERSONNALISÉ Ce bel hôtel particulier (18e s.) hébergea d'illustres personnalités, dont le roi George V et le maréchal Foch. C'est désormais à votre tour de profiter de son charme paisible, de ses jolies chambres thématiques et de son centre de soins... Et quoi de plus normal, en tant qu'hôtes de marque !

12 chambres – †159/229 € ††159/229 € – ☕ 18 €

32 r. du Mar.-Foch – ✆ 03 28 42 42 67 – www.schoebeque.com

CASSIS

✉ 13260 (Bouches-du-Rhône) – 7 560 hab. – Alt. 10 m – Carte régionale n° **21**-B3

▶ Paris 800 km – Aix-en-Provence 51 km – La Ciotat 10 km – Marseille 30 km

Carte Michelin 340-I6 – Guide Vert Michelin Provence

La Villa Madie (Dimitri Droisneau)

CUISINE MODERNE • DESIGN XXX Vue sur le large et les pins, cadre design et épuré, terrasse dominant la mer : un lieu exceptionnel, tourné tout entier vers la Grande Bleue, pour une cuisine qui sublime... les saveurs méditerranéennes. De superbes produits, une vraie finesse, des recettes à la fois subtiles et percutantes : un régal !

→ Légumes de nos maraîchers et cueillette du moment dans une tartelette. Ris de veau, courgettes à l'écorce de cédrat. Chocolat manjari onctueux et chaud, reine-des-prés glacée.

Menu 95 € (déj. en semaine), 145/215 € – Carte 125/155 €

av. du Revestel (anse de Corton), au Sud-Est par D41A – ✆ 04 96 18 00 00 – www.lavillamadie.com – Fermé 2 janv.-12 fév., mardi hors saison et lundi

Le Bistrot La Petite Cuisine – voir les restaurants ci-dessous

La Presqu'île

CUISINE MODERNE • MÉDITERRANÉEN XX L'endroit, au bout d'une presqu'île entre Cassis et ses célèbres calanques, est tout simplement magique ! La villa, comme posée sur les rochers face au cap Canaille, s'encanaille dans l'assiette entre saveurs méditerranéennes et touches plus modernes.

Menu 39 € (déj. en semaine), 59/75 € – Carte 59/79 €

av. Notre-Dame - esplanade Port Miou, par rte des Calanques – ✆ 04 42 01 03 77 – www.restaurant-la-presquile.fr – Fermé 1er janv.-10 fév., le soir du lundi au jeudi en nov., déc., dim. soir et lundi

Le Bistrot La Petite Cuisine

CUISINE MODERNE • ÉPURÉ À l'étage du restaurant gastronomique La Villa Madie, cette Petite Cuisine joue la carte de la simplicité, autour de plats cuits au feu de bois et de saveurs du marché. Aux beaux jours, on profite de la terrasse face à la jolie crique aux eaux turquoise...

Menu 37 € (semaine), 45/70 €

Restaurant La Villa Madie, av. du Revestel (anse de Corton), Sud-Est par D41A – ✆ 04 96 18 00 00 – www.lavillamadie.com – Fermé 2 janv.-12 fév., sam., dim. et le soir de mi-sept. à mi-juin, dim. soir et lundi soir de mi-juin à mi-sept.

La Brasserie de la Plage (N)

CUISINE PROVENÇALE • CONVIVIAL Ne vous fiez pas à son nom générique : cette brasserie-là est habitée par la passion de Virginie (aux fourneaux) et Michel. La cuisine provençale y est mitonnée avec cœur et générosité ; calamars farcis, soupe de poissons et tarte Tatin s'y dégustent sur la belle terrasse ouverte aux beaux jours. Une denrée rare à deux pas du port.

Formule 17 € – Menu 26 € – Carte 33/62 €

4 pl. Montmorin – ✆ 04 42 72 23 57 – Fermé fév., dim. soir hors saison et lundi

Royal Cottage

FAMILIAL • CONTEMPORAIN Bâtisse moderne sur les hauteurs disposant de chambres sobres avec balcon ou terrasse. Préférez celles avec vue sur le port. Belle piscine au milieu d'une luxuriante végétation.

25 chambres – 110/325 € 110/325 € – 14 €

6 av. du 11-Novembre – ✆ 04 42 01 33 34 – www.royal-cottage.com – Fermé 5-27 déc.

La Méduse (N)

LUXE • DESIGN Cette demeure contemporaine, à deux pas du centre et en léger surplomb du port, propose cinq chambres au décor minimaliste mais aux vues spectaculaires. Le must ? Le grand jacuzzi sur le toit-terrasse face au Cap Canaille et au château de Cassis.

5 chambres – 200 € 390 €

10 av. Amiral-Ganteaume – ✆ 09 67 08 27 59 – Ouvert mars-nov.

CASTAGNÈDE – 64 (Pyrénées-Atlantiques) ➜ Voir Salies-de-Béarn

CASTANET-TOLOSAN – 31 (Haute-Garonne) ➜ Voir Toulouse

CASTELGINEST

✉ 31780 (Haute-Garonne) – 9 369 hab. – Alt. 130 m – Carte régionale n° **15**-B2
Paris 670 km – Albi 73 km – Montauban 46 km – Toulouse 15 km
Carte Michelin 343-G2

La Villa des Chimères

CUISINE MODERNE • RUSTIQUE Le jardin, avec ses marronniers et sa végétation luxuriante, permet de s'attabler pendant les beaux jours... et que dire de l'assiette ! Franck Groseil, le chef, mitonne une bonne cuisine dans l'air du temps, parfumée et soignée ; il travaille en priorité avec les producteurs de la région.

Formule 18 € – Menu 35/43 € – Carte 42/60 €

12 r. du Pont-Fauré – ✆ 05 61 70 96 44 – www.lavilladeschimeres.com – Fermé 2-16 janv., dim. soir, lundi et mardi

CASTELJALOUX

✉ 47700 (Lot-et-Garonne) – 4 662 hab. – Alt. 52 m – Carte régionale n° **2**-C2
Paris 674 km – Agen 55 km – Langon 55 km – Marmande 23 km
Carte Michelin 336-C4 – Guide Vert Michelin Aquitaine

La Vieille Auberge

CUISINE CLASSIQUE • RUSTIQUE XXX Charmante maison de pierre bordant une ruelle de la bastide. Le décor est bourgeois et, côté papilles, on se régale d'une cuisine classique, gourmande et soignée. Incontournables de la maison : les ris de veau et le baba au rhum. En prime, la carte des vins propose un large choix de crus.

Menu 24 € (semaine), 34/70 € - Carte 48/78 €

11 r. Posterne - ✆ 05 53 93 01 36 - www.la-vieille-auberge-47.com - Fermé 20-27 fév., 7-17 juil., 27 nov.-11 déc., dim. soir, merc. soir et lundi

CASTELLANE

✉ 04120 (Alpes-de-Haute-Provence) - 1 557 hab. - Alt. 730 m - Carte régionale n° **21**-C2
Paris 797 km - Digne-les-Bains 54 km - Draguignan 59 km - Grasse 64 km
Carte Michelin 334-H9 - Guide Vert Michelin Alpes du Sud

à la Garde 6 km par D559 et D4085 - ✉ 04120 - 85 hab. - Alt. 928 m

Auberge du Teillon

CUISINE MODERNE • RUSTIQUE XX Des produits au top, des assiettes qui débordent de saveurs : cette auberge décline une carte moderne, avec un bel accent du Sud : ris de veau au porto, poulpe et jambon d'agneau, baba à l'ananas... Accueil tout sourire et ambiance conviviale. À l'étage, quelques petites chambres fraîches, pratiques pour l'étape.

Formule 22 € - Menu 29/59 € - Carte 40/59 €

7 chambres - †65/80 € ††65/90 € - ☕ 9 €

rte Napoléon - ✆ 04 92 83 60 88 - www.auberge-teillon.com - Ouvert 26 mars-10 nov. et fermé dim. soir hors saison, mardi midi en juil.-août et lundi

LE CASTELLET

✉ 83330 (Var) - 4 083 hab. - Alt. 252 m - Carte régionale n° **21**-B3
Paris 816 km - Aubagne 30 km - Marseille 46 km - Toulon 23 km
Carte Michelin 340-J6 - Guide Vert Michelin Côte d'Azur

La Goguette (N)

CUISINE MODERNE • FAMILIAL X Le chef va chaque matin au port de Saint-Cyr ou de Sanary chercher son poisson.... ses viandes, quand à elles, viennent généralement d'Auvergne. Il n'y a que du bon dans l'assiette, jusqu'au rapport qualité-prix ! Tout cela dans le cadre délicieux d'une maison en pierre, au cœur d'un village piétonnier...

Menu 42/65 €

1 impasse de l'Homme-de-Paille (accès piétonnier) - ✆ 04 94 90 71 96 (réservation conseillée) - fermé vend. midi, merc., jeudi et le midi en juil.-août

au Circuit Paul Ricard 11 km au Nord par D226, D26 et DN8 - ✉ 83330 Le Beausset

Christophe Bacquié

CUISINE MODERNE • LUXE XXXX Ici, on célèbre la grande cuisine dans une atmosphère feutrée ! Sous la conduite de Christophe Bacquié, cette table mérite assurément le détour, à deux pas du circuit du Castellet. Des produits choisis avec passion, un beau travail sur les textures et les saveurs, sublimé par une salle à manger épurée, ouverte sur le jardin méditerranéen. Un délice !

→ Petite pêche de gangui, prise en beignet et kumquat confit. Merlu de ligne cuisiné au beurre mousseux, pommes de terre, truffes et condiments. Souvenir d'enfance, tarte au citron de Provence revisitée.

Menu 110/210 €

Hôtel du Castellet, 3001 rte des Hauts-du-Camp - ✆ 04 94 98 29 69 - www.hotelducastellet.com - Fermé 10 déc.-10 fév., lundi et mardi

San Felice

CUISINE MODERNE • BISTRO XX La San Felice n'est pas qu'un roman de Dumas, c'est aussi – au sein de l'hôtel du Castellet – un bistrot chic et inventif ! Asperges au lard de Colonnata, agneau allaiton au jus de viande truffé et aux légumes d'hiver, baba au rhum : la carte est volontairement courte et met en avant de délicieux produits de saison.

Formule 39 € – Menu 49 € – Carte 70/110 €

Hôtel du Castellet, 3001 rte des Hauts-du-Camp – 04 94 98 29 58 – www.hotelducastellet.com – Fermé 7 déc.-8 fév.

Hôtel & Spa du Castellet

SPA ET BIEN-ÊTRE • PERSONNALISÉ Trois cents hectares de pinède dominant l'arrière-pays varois, avec la Méditerranée à l'horizon. Si tous les paradis sont perdus, l'hôtel du Castellet en a conservé le goût : coursives, bassins, parterres de lavande... et un nouveau spa de 700 m^2. Félicité à la provençale !

33 chambres – 250/475 € 250/475 € – 9 suites – 36 € – ½ P

3001 rte des Hauts-du-Camp – 04 94 98 37 77 – www.hotelducastellet.com – Fermé 17 déc.-8 fév.

Christophe Bacquié • **San Felice** – voir les restaurants ci-dessus

CASTELNAUDARY

11400 (Aude) – 11 748 hab. – Alt. 175 m – Carte régionale n° **12**-A2

Paris 735 km – Carcassonne 42 km – Foix 70 km – Pamiers 49 km

Carte Michelin 344-C3

Le Tirou

CUISINE RÉGIONALE • AUBERGE XX Une jolie ménagerie dans le jardin, des mets du terroir 100 % maison – le cassoulet, notamment, est délicieux –, des produits et des vins du cru : cette auberge champêtre et familiale a tout pour plaire... et l'on peut aussi acheter les conserves du chef. Difficile de faire plus authentique !

Menu 25 € (déj. en semaine), 34/45 € – Carte 45/70 €

90 av. Mgr-de-Langle – 04 68 94 15 95 – www.letirou.com – Fermé 20-27 juin, 20 déc.-20 janv. et lundi

CASTELNAU-DE-LÉVIS – 81 (Tarn) → Voir Albi

CASTELNAU-DE-MONTMIRAL

81140 (Tarn) – 1 005 hab. – Alt. 287 m – Carte régionale n° **15**-C2

Paris 645 km – Cordes-sur-Ciel 22 km – Gaillac 12 km – Toulouse 69 km

Carte Michelin 338-C7

Hôtel des Consuls

FAMILIAL • PERSONNALISÉ Bienvenue dans l'un des plus beaux villages de France, avec sa pittoresque bastide du 13e s. ! Ses propriétaires ont entièrement rénové ce lieu chargé d'histoire (deux maisons anciennes de 1630) ; l'endroit se révèle un véritable havre de paix et de repos.

16 chambres – 63/66 € 113/117 € – 11 €

pl. des Arcades – 05 63 33 17 44 – www.hoteldesconsuls.com – Fermé 20 déc.-20 mars

CASTELNAU-LE-LEZ – 34 (Hérault) → Voir Montpellier

CASTÉRA-VERDUZAN

32410 (Gers) – 938 hab. – Alt. 114 m – Carte régionale n° **15**-A2

Paris 720 km – Agen 61 km – Auch 26 km – Condom 20 km

Carte Michelin 336-E7

Le Florida

CUISINE TRADITIONNELLE • SIMPLE XX Cette maison traditionnelle, située à la sortie de la station thermale, rend un vibrant hommage au patrimoine. On s'y régale de spécialités locales, près d'un bon feu de cheminée, l'hiver, ou sur la terrasse ombragée et fleurie, l'été. Deux chambres spacieuses, joliment décorées, en font une étape appréciée.

Menu 14 € (déj. en semaine)/65 € - Carte 30/59 €

2 chambres - †125/165 € ††125/165 €

2 r. du Lac - 05 62 68 13 22 - www.restaurant-florida.fr - Fermé 27 fév.-7 mars, 26 juin-4 juil., 25 sept.-3 oct., 1er-10 janv., 22-31 janv. , dim. soir d'oct. à Pâques, lundi et mardi

CASTERINO - 06 (Alpes-Maritimes) → Voir Tende

CASTILLON-DU-GARD - 30 (Gard) → Voir Pont-du-Gard

CASTRES

81100 (Tarn) - 41 529 hab. - Alt. 170 m - Carte régionale n° **15**-C2

Paris 718 km - Albi 43 km - Béziers 107 km - Carcassonne 70 km

Carte Michelin 338-F9

La Part des Anges

CUISINE MODERNE • SIMPLE X Une cuisine du marché mâtinée de saveurs contemporaines - fruits de la passion, combawa, badiane -, voilà ce que mitonne le chef de cette adresse installée non loin de l'Agout. Pressé de caille au foie gras poêlé, bar de ligne snacké au bouillon de langoustines... Les saveurs sont au rendez-vous !

Menu 18 € (déj. en semaine), 28/33 € - Carte 36/52 €

Plan : B2-h - *7 r. d'Empare - 05 63 51 65 25 - Fermé 2 semaines en août, 1 semaine début janv., dim. et lundi*

Mandragore

CUISINE TRADITIONNELLE • CONVIVIAL XX Une maison toute simple dans le vieux Castres, où dominent bois blond et verre dépoli. Le chef concocte une bonne cuisine traditionnelle, et privilégie les produits du cru : foie gras, canard, lentilles du Tarn... Le rapport qualité-prix est bon : telle est la vertu de cette mandragore-là, sans nulle magie !

Formule 15 € - Menu 23 € (dîner en semaine) - Carte 25/45 €

Plan : B1-e - *1 r. Malpas - 05 63 59 51 27 - Fermé 1 semaine en mars, 1 semaine en sept., dim. et lundi*

Bistrot Saveurs

CUISINE MODERNE • COSY X Messieurs les Anglais... cuisinez les premiers ! Voilà ce qu'on pourrait s'exclamer en découvrant les assiettes de Simon Scott, dont l'expérience l'a mené de Londres à la Provence, avant de s'installer dans le Tarn. Il travaille des produits de belle qualité, et les prix sont vraiment raisonnables.

Formule 26 € - Menu 35 € (dîner en semaine), 46/80 €

Plan : B1-a - *5 r. Ste-Foy - 05 63 50 11 45 - www.bistrotsaveurs.com - Fermé 1 semaine en mars, 3 semaines en août, 1 semaine en nov., sam. et dim.*

La Table du Sommelier

CUISINE TRADITIONNELLE • BISTRO X Un néobistrot dédié au vin, juste en face du musée Jean-Jaurès... Côté déco, des casiers et des bouteilles, et, côté papilles, une cuisine du marché qui s'accorde avec de jolis nectars. Joli choix de vins au verre, et menu associant mets et thés. Avec en prime une boutique proposant près de 200 références de vins !

Formule 12 € - Menu 23/45 €

Plan : A1-t - *6 pl. Pélisson - 05 63 82 20 10 - www.latabledusommeliercastres.fr - Fermé dim. et lundi*

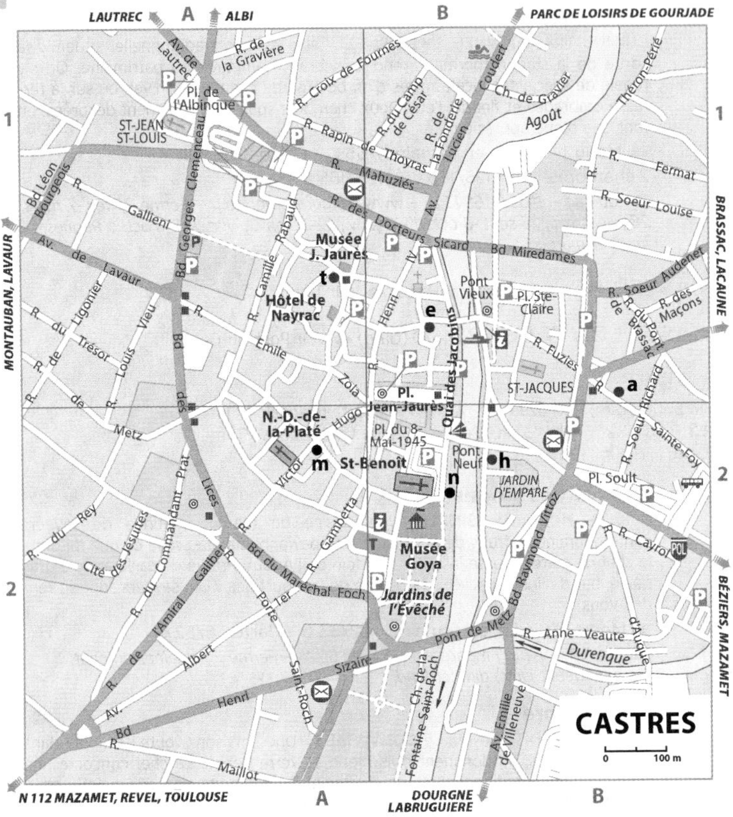

Grand Hôtel

BUSINESS • ÉLÉGANT À deux pas de la cathédrale, un vrai "Grand Hôtel" ! Ce lieu classique connaît une nouvelle jeunesse, ses propriétaires en ayant fait un endroit élégant, design et épuré... Bois précieux, matériaux choisis, excellente insonorisation : les chambres ont beaucoup de style, sans ostentation.

50 chambres – 92 € 97 € – 3 suites – 13 €

Plan : B2-n – *11 r. de la Libération* – *05 63 37 82 20* – *www.grandhoteldecastres.com*

Occitan

FAMILIAL • FONCTIONNEL Ce vaste hôtel-restaurant se situe à l'entrée de la ville, sur un axe passant, mais il est très bien insonorisé. Les chambres sont toutes climatisées, impeccablement tenues, arborant un style contemporain très frais. Pour la détente, on profite de la piscine et du sauna...

62 chambres – 86/130 € 93/140 € – 12 € – ½ P

Hors plan – *201 av. Ch.-de-Gaulle (rte de Mazamet par D612)* – *05 63 35 34 20* – *www.hotel-restaurant-l-occitan.fr* – *Fermé 22 déc.-1er janv.*

Renaissance

HISTORIQUE • PERSONNALISÉ Derrière cette belle façade à colombages du 17e s. se cache un hôtel éclectique et charmant : les chambres ont toutes leur style (Empire, Napoléon III, Savane, New York, etc.) et foisonnent de tableaux, meubles chinés et bibelots. Un lieu cosy !

22 chambres - 78/90 € 95/220 € - 2 suites - 13 €

Plan : A2-m - *17 r. Victor-Hugo - 05 63 59 30 42 - www.hotel-renaissance.fr*

Ibis Styles

BUSINESS • FONCTIONNEL Dans cette zone d'activité commerciale récente, le hall coloré de cet hôtel est déjà un gage de modernité ! De l'entrée jusqu'aux chambres, l'ensemble est impeccablement tenu ; on profite de produits frais de la région au buffet-restaurant. Tarifs imbattables.

45 chambres - 65/75 € 70/120 €

Hors plan - *r. Jean-Souterene - Le Siala Bas, rte de Mazamet par D612 - 05 63 35 40 00 - www.hotel-ecosweet.com*

aux Salvages 5 km au Nord par D89 - 81100 Castres

Les Mets d'Adélaïde

CUISINE MODERNE • ÉLÉGANT XX Nulle envie de retourner à l'école ? Parions que vous allez changer d'avis ! Ces Mets d'Adélaïde prennent leurs aises dans l'ancienne école du village. Mais point de nostalgie : le décor est épuré et le chef délivre une jolie leçon de gastronomie d'aujourd'hui. L'accueil mérite aussi une bonne appréciation !

Formule 19 € - Menu 29/59 €

36 av. Georges-Alquier - 05 63 35 78 42 (réservation conseillée) - Fermé dim. soir de nov. à mai, lundi et mardi

Louis N

CUISINE MODERNE • CONTEMPORAIN XX Le chemin n'est pas loin depuis le Castel de Burlats, où travaillait auparavant le jeune couple en charge de ce restaurant. Ils ont fait de cette ancienne laiterie une table au cadre contemporain, avec sa belle terrasse sur la nature ; ils y servent une cuisine fraîche et spontanée, concoctée à partir des bons produits locaux.

Formule 23 € - Menu 32/55 € - Carte 48/64 €

26 av. du Sidrobre - 05 63 35 05 98 - www.restaurantlouis.fr - Fermé dim. soir, lundi et mardi

CASTRIES - 34 (Hérault) → Voir Montpellier

LE CATELET

02420 (Aisne) - 196 hab. - Alt. 90 m - Carte régionale n° **19**-C1

Paris 170 km - Cambrai 22 km - Le Cateau-Cambrésis 29 km - Laon 66 km

Carte Michelin 306-B2

La Coriandre

CUISINE TRADITIONNELLE • RUSTIQUE XX Entre St-Quentin et Cambrai, une auberge bien appréciée dans la région. Le chef, Sébastien Monatte, travaille au plus près des saisons et aime enrichir son répertoire gastronomique de notes méditerranéennes, tout en honorant les grands classiques, à l'image de ce succulent millefeuille à la vanille de Madagascar...

Formule 22 € - Menu 39/70 €

68 r. du Gén.-Augereau - 03 23 66 21 71 (réservation conseillée) - www.restaurant-la-coriandre.com - Fermé 1er-23 août, 2-10 janv., dim. soir et lundi

CAUDEBEC-EN-CAUX

76490 (Seine-Maritime) - 2 265 hab. - Alt. 6 m - Carte régionale n° **17**-C1

Paris 162 km - Lillebonne 17 km - Le Havre 53 km - Rouen 37 km

Carte Michelin 304-E4 - Guide Vert Michelin Normandie Vallée de la Seine

G.a. au Manoir de Rétival (David Goerne)

CUISINE MODERNE • CONVIVIAL Le Manoir est un somptueux écrin pour cette "table d'hôtes gastronomique" où l'on s'installe en cuisine, presque comme à la maison... On se délecte ensuite des préparations d'un jeune chef allemand mordu de gastronomie française : ses assiettes, inventives, ludiques et parfumées, laissent de beaux souvenirs !

➜ Cuisine du marché.

Menu 98 €/149 €

2 r. St-Clair - 06 50 23 43 63 (réservation conseillée) - www.restaurant-ga.fr - Fermé 2 semaines en janv., sam. midi, dim. soir, lundi et mardi

Manoir de Rétival

LUXE • PERSONNALISÉ Un charme indéniable se dégage de ce manoir, avec sa tourelle, ses colombages, son beau jardin et sa chapelle. Les chambres cultivent un bel esprit maison de famille (parquet, jonc de mer, mobilier chiné) et l'accueil est chaleureux.

4 chambres - 180/680 € 220/680 €

2 r. St-Clair - 06 50 23 43 63 - www.restaurant-ga.fr - Fermé 2 semaines en janv., dim., lundi et mardi

CAUSSADE

82300 (Tarn-et-Garonne) - 6 701 hab. - Alt. 109 m - Carte régionale n° **15**-C2

Paris 606 km - Cahors 38 km - Gaillac 51 km - Montauban 28 km

Carte Michelin 337-F7

à Monteils 3 km au Nord-Est par D17 - 82300 - 1 321 hab. - Alt. 120 m

Le Clos Monteils

CUISINE TRADITIONNELLE • RUSTIQUE Françoise et Bernard Bordaries ont fait de ce presbytère de 1771 un lieu convivial et intime, telle une maison de famille. Elle vous accueille avec gentillesse, tandis que lui s'active aux fourneaux. Son credo : cuisiner sur des bases simples et mettre en avant le produit avec des recettes vraiment bien ficelées. On se régale !

Formule 19 € - Menu 32/57 €

7 chemin du Moulin - 05 63 93 03 51 (réservation conseillée) - Fermé 2-8 nov., mi-janv. à mi-fév., dim. soir, lundi et mardi

CAUTERETS

65110 (Hautes-Pyrénées) - 1 063 hab. - Alt. 932 m - Carte régionale n° **15**-A3

Paris 880 km - Argelès-Gazost 17 km - Lourdes 30 km - Pau 75 km

Carte Michelin 342-L7

L'Abri du Benques

CUISINE MODERNE • TENDANCE Sur la route du pont d'Espagne, dans un cadre magique - entre montagne et torrents -, ce restaurant au décor contemporain propose une cuisine actuelle signée par un jeune chef du pays.

Menu 25/48 € - Carte 30/46 €

2 km au Sud par D920 au lieu-dit la Raillère - 05 62 92 50 15 - www.benques.com - Fermé 1er-20 déc., 1er-15 janv., lundi soir, mardi soir et merc. sauf vacances scolaires

Lion d'Or

FAMILIAL • PERSONNALISÉ Hôtel familial construit au 19es. (portes-fenêtres, balconnets en fer forgé...). Chambres douillettes à la décoration soignée (objets chinés). Confitures et tourtes maison au petit-déjeuner. Cuisine de tradition servie dans une salle à manger ancienne.

18 chambres - 76/155 € 80/162 € - 12 € - ½ P

12 r. Richelieu - 05 62 92 52 87 - www.liondor.eu - Fermé 23 avril-12 mai et 7 oct. à fin nov.

Le Bois Joli

FAMILIAL • MONTAGNARD Au cœur de la station, bâtisse du 19e s. au cachet préservé. Chambres d'esprit chalet, très colorées et décorées suivant quatre thèmes : fleurs, animaux, arbres et monts.

14 chambres - 100/130 € 105/140 € - 11 €

1 pl. du Mar.-Foch - 05 62 92 53 85 - www.hotel-leboisjoli.com - Fermé 22 avril-3 juin et 8 oct.-6 déc.

CAVAILLON

84300 (Vaucluse) - 25 289 hab. - Alt. 75 m - Carte régionale n° **22**-E1
Paris 702 km - Aix-en-Provence 60 km - Arles 44 km - Avignon 25 km
Carte Michelin 332-D10 - Guide Vert Michelin Provence

Maison Prévôt (Jean-Jacques Prévôt)

CUISINE MODERNE • ÉLÉGANT XXX Dans cette sympathique maison familiale, on célèbre avec passion le melon de Cavaillon - un menu entier lui est même dédié en saison. Truffes et légumes du pays occupent aussi une place de choix sur la carte, qui sait mettre de beaux produits en valeur. Un travail de qualité, sans fioritures, au service des saveurs !

→ Œuf surprise croquant et coulant de mascarpone à la truffe noire. Melon garni d'une bouillabaisse de homard mitonné au four. Crémeux de framboises et de poivron rouge, mousse à la vanille Bourbon et sablé au spéculos.

Menu 34 € (déj.), 56/95 € - Carte environ 82 €

353 av. de Verdun - 04 90 71 32 43 - www.maisonprevot.com - Fermé 2 semaines en mars et en oct., dim. et lundi sauf fériés

Carte sur Table

CUISINE MODERNE • COSY X Oui, on joue ici Carte sur Table ! Les bons produits du marché sont à l'honneur, et l'on ne peut mettre en doute le professionnalisme des jeunes et charmants propriétaires, qui ont fondé l'adresse après un parcours dans de belles maisons. En prime, un accueil... plein de franchise.

35 r. Gustave-Flaubert - 04 90 78 15 27 - www.restaurant-carte-sur-table.com - Fermé 1 semaine en août, vacances de Noël, dim. et lundi

CAVALIÈRE

83980 (Var) - Le Lavandou - Alt. 4 m - Carte régionale n° **21**-C3
Paris 880 km - Draguignan 68 km - Fréjus 55 km - Le Lavandou 7 km
Carte Michelin 340-N7 - Guide Vert Michelin Côte d'Azur

Le Club de Cavalière & Spa

CUISINE MODERNE • ÉLÉGANT XXX Rougets en filets, pistou d'herbes et fenouil confit ; loup de pleine mer rôti sur la peau ; soufflé chaud aux fruits de la passion... De beaux produits de la mer (et quelques viandes), cuisinés avec finesse. À apprécier face aux flots !

Menu 53 € (déj.), 80/98 € - Carte 69/152 €

30 av. du Cap-Nègre - 04 98 04 34 34 - www.clubdecavaliere.com - Ouvert 5 mai-1er oct.

Smash Club N

CUISINE CLASSIQUE • CONVIVIAL X Insolite, ce restaurant situé au cœur d'un club de tennis... Mais ne vous fiez pas aux apparences : on sert ici une délicieuse cuisine aux accents provençaux, à la fois généreuse et soignée, déjà plébiscitée par la population locale. Le menu change régulièrement mais certains classiques demeurent, dont un réjouissant baba au rhum.

Menu 38 €

av. du Golf (au tennis de Cavalière) - 04 94 05 84 31 - fermé le midi en juil.-août

Le Club de Cavalière & Spa

LUXE • TRADITIONNEL Une demeure élégante ouverte sur la plage. Du style, assurément : un vrai esprit bourgeois – très confortable – décliné dans une veine contemporaine. Piscine, spa, sauna, jacuzzi, fitness, bateau privé... Détente assurée !

32 chambres – 355/975 € 805/1225 € – 5 suites – ½ P

30 av. du Cap-Nègre – 04 98 04 34 34 – www.clubdecavaliere.com – Ouvert 5 mai-1er oct.

Le Club de Cavalière & Spa – voir les restaurants ci-dessus

CAVANAC – 11 (Aude) → Voir Carcassonne

CAYRON – 32 (Gers) → Voir Beaumarchés

CEILLAC

05600 (Hautes-Alpes) – 298 hab. – Alt. 1 640 m – Carte régionale n° **21**-C1

Paris 729 km – Briançon 50 km – Gap 75 km – Guillestre 14 km

Carte Michelin 334-I4 – Guide Vert Michelin Alpes du Sud

La Cascade

FAMILIAL • MONTAGNARD Dans ce village au cœur de la vallée, cette belle affaire familiale voisine les remontées mécaniques. Chambres et parties communes ont été rénovées dans un esprit de chalet de montagne : l'ensemble est coquet et chaleureux, parfait pour les nuits d'hiver !

21 chambres – 65/76 € 65/76 € – 10 € – ½ P

au pied du Mélezet, 2 km au Sud-Est – 04 92 45 05 92 – www.hotel-la-cascade.com – Ouvert 1er juin -20 sept. et 20 déc.-30 mars

CEILLOUX

63520 (Puy-de-Dôme) – 159 hab. – Alt. 615 m – Carte régionale n° **3**-C2

Paris 464 km – Clermont-Ferrand 50 km – Cournon-d'Auvergne 36 km – Riom 62 km

Carte Michelin 326-I9

Domaine de Gaudon

FAMILIAL • HISTORIQUE Le Domaine de Gaudon, bordé d'un parc de 5 ha planté d'arbres centenaires et abritant plus de 400 espèces de plantes, vit en symbiose avec la nature. Quant à la bâtisse du 19e s., elle offre un décor délicieusement classique. Bel espace bien-être (jacuzzi, hammam, sauna...).

5 chambres – 95/120 € 95/120 €

4 km au Nord par D304 – 04 73 70 76 25 – www.domainedegaudon.fr

LA CELLE

83170 (Var) – 1 353 hab. – Alt. 260 m – Carte régionale n° **21**-C3

Paris 812 km – Aix-en-Provence 63 km – Draguignan 62 km – Marseille 65 km

Carte Michelin 340-L5

Hostellerie de l'Abbaye de la Celle

CUISINE MÉDITERRANÉENNE • HISTORIQUE XXX En cette demeure de charme, gérée par le groupe Ducasse, la cuisine méridionale éclate de saveurs. Rien d'extravagant, une certaine simplicité même, mais tous les produits – dont de beaux légumes – s'expriment avec justesse. On passe un délicieux moment sur la terrasse, à l'ombre de vieux marronniers...

→ Légumes des jardins de Provence en barigoule, brousse du Rove et basilic. Merlu de ligne rôti, anchois, romarin et garniture riviera. Croustillant chocolat.

Formule 40 € – Menu 50 € (déj. en semaine), 74/98 € – Carte 75/100 €

10 pl. du Gén.-de-Gaulle – 04 98 05 14 14 – www.abbaye-celle.com – Fermé 2 janv.-4 fév., mardi et merc. de mi-oct. à mi-avril sauf fériés

Hostellerie de l'Abbaye de la Celle

MAISON DE MAÎTRE • PERSONNALISÉ Cette ancienne hostellerie d'abbaye distille un bel esprit d'antan avec ses murs du 18e s. et son décor provençal bourgeois. Le matin, le soleil filtre à travers les grands arbres, et l'on découvre avec bonheur le jardin environnant, avec son potager et son conservatoire des vignes - 88 cépages différents !

10 chambres - 200/550 € 200/550 € - 24 € - ½ P

10 pl. du Gén.-de-Gaulle - 04 98 05 14 14 - www.abbaye-celle.com
- Fermé 2 janv.-4 fév., mardi et merc. de mi-oct. à mi-avril sauf fériés

Hostellerie de l'Abbaye de la Celle - voir les restaurants ci-dessus

LA CELLE-LES-BORDES

78720 (Yvelines) - 885 hab. - Alt. 125 m - Carte régionale n° **10**-B2
Paris 62 km - Évry 49 km - Nanterre 49 km - Versailles 36 km
Carte Michelin 311-H4

L'Auberge de l'Élan

CUISINE TRADITIONNELLE • CONVIVIAL Au cœur de la vallée de Chevreuse, une maison de village où se mêlent déco rustique et objets modernes. Le chef et patron concocte une bonne cuisine du marché : ris de veau aux morilles, tournedos de bœuf Rossini... Voilà pour les plats incontournables ! Petite terrasse toute indiquée pour les beaux jours.

Menu 50/70 €

5 r. du Village (Les Bordes)
- 01 34 85 15 55 - www.laubergedelelan.fr
- Fermé 20-24 fév.,15-24 août, 26 sept.-5 oct., 19-28 déc., dim. soir, lundi, mardi et merc.

CELLES-SUR-BELLE

79370 (Deux-Sèvres) - 3 736 hab. - Alt. 117 m - Carte régionale n° **20**-B2
Paris 400 km - Couhé 37 km - Niort 22 km - Poitiers 69 km
Carte Michelin 322-E7 - Guide Vert Michelin Poitou-Charentes

Hostellerie de l'Abbaye

CUISINE MODERNE • AUBERGE De la viande au poisson, les produits sont très frais et de qualité, et le chef démontre un vrai tour de main, revisitant la tradition au gré des saisons. Formule brasserie au déjeuner. Le tout à savourer dans une salle des plus chaleureuses ou sur la terrasse. Une bonne adresse.

Menu 14 € (déj. en semaine), 33/52 € - Carte 40/60 €

1 pl. des Époux-Laurant
- 05 49 26 03 18 - www.hostellerie-de-abbaye.fr
- Fermé 22-30 déc., sam. midi et dim. soir

Hostellerie de l'Abbaye

TRADITIONNEL • FONCTIONNEL Cette hostellerie traditionnelle s'épanouit au pied du clocher de la belle abbatiale (17e s.). Derrière ses murs en pierre, on découvre des chambres tout à fait contemporaines, fonctionnelles et confortables (certaines restent plus classiques).

21 chambres - 69/79 € 79/180 € - 10 € - ½ P

1 pl. des Époux-Laurant - 05 49 26 03 18 - www.hostellerie-de-abbaye.fr
- Fermé 22-30 déc.

Hostellerie de l'Abbaye - voir les restaurants ci-dessus

CELLES-SUR-DUROLLE

63250 (Puy-de-Dôme) - 1 767 hab. - Alt. 660 m - Carte régionale n° **3**-C2
Paris 460 km - Clermont-Ferrand 55 km - Moulins 140 km - Saint-Étienne 101 km
Carte Michelin 326-I7

Auberge du Palais

FAMILIAL • FONCTIONNEL Impossible de manquer cette auberge qui, sans être un palais, sait attirer l'attention ! Ainsi sa façade ocre, rappelant la terre d'Afrique, reste la meilleure des invitations. Les chambres y sont confortables et impeccablement tenues. Terroir revisité au restaurant.

13 chambres – 83/103 € 96/116 € – ½ P

4 pl. du Palais – 04 73 51 89 15 – www.aubergedupalais.com – Fermé 24-31 août et 16 janv.-16 fév.

CELLETTES

41120 (Loir-et-Cher) – 2 295 hab. – Alt. 78 m – Carte régionale n° **6**-A1

Paris 189 km – Blois 9 km – Orléans 68 km – Romorantin-Lanthenay 36 km

Carte Michelin 318-F6

La Vieille Tour

CUISINE MODERNE • CONVIVIAL La vieille tour de cette maison du 15e s., visible de loin, vous guidera vers cette halte gourmande. Là, le patron vous régalera d'une cuisine actuelle bien troussée, réalisée avec de bons produits, et régulièrement réinventée au fil des saisons. À votre Tour !

Formule 19 € – Menu 27/55 € – Carte 35/45 €

7 r. Nationale – 02 54 74 67 15 – www.restaurant-la-vieille-tour-blois.com – Fermé dim. soir, lundi soir et merc.

CELONY – 13 (Bouches-du-Rhône) → Voir Aix-en-Provence

CENON – 33 (Gironde) → Voir Bordeaux

CERDON

45620 (Loiret) – 994 hab. – Alt. 145 m – Carte régionale n° **6**-C2

Paris 185 km – Fleury-les-Aubrais 63 km – Olivet 59 km – Orléans 73 km

Carte Michelin 318-L6

Les Vieux Guays

FAMILIAL • PERSONNALISÉ Superbe relais de chasse des années 1950, dans un parc avec étang, piscine et tennis. Les chambres y sont confortables, bien tenues et décorées avec raffinement. Un cadre rustique, où l'on apprécie une cuisine de saison, inspirée par le terroir.

5 chambres – 90 € 135 €

rte des Hauteraults, 3 km au Sud-Ouest par D65 et rte secondaire – 06 80 16 53 76 – www.lesvieuxguays.com – Fermé 1er fév.-31 mars

CÉRET

66400 (Pyrénées-Orientales) – 7 621 hab. – Alt. 153 m – Carte régionale n° **12**-B3

Paris 875 km – Gerona 81 km – Perpignan 34 km – Port-Vendres 37 km

Carte Michelin 344-H8

L'Atelier de Fred

CUISINE MÉDITERRANÉENNE • BISTRO Une "place to be" dans la région depuis son ouverture en 2013. Le sens de l'accueil de Fred, la cuisine méditerranéenne goûteuse et gorgée de soleil de David, son associé... Tous les ingrédients sont réunis pour passer un bon moment. De plus, la carte est renouvelée régulièrement : une bonne raison de revenir !

Formule 20 € – Menu 25 € (déj. en semaine)/39 € – Carte 40/59 €

12 r. St-Férreol – 04 68 95 47 41 (réservation conseillée) – Fermé 1 semaine fin juin, 20 déc.-début févier, dim. et lundi

Le Chat qui Rit

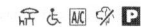

CUISINE CATALANE • FAMILIAL Côte de veau de Cerdagne avec légumes de saison, saucisson de porc bio accompagné d'une sauce à l'ail grillé... Non loin de Céret, cette maison met les produits et saveurs catalans à l'honneur, à déguster dans une grande salle à manger ou sur la terrasse fleurie aux beaux jours. On donne volontiers sa langue au Chat !

Formule 16 € – Menu 19 € (déj. en semaine), 30 €/45 € – Carte 38/60 €

1 rte de Céret (à la Cabanasse), 2 km par rte d'Amélie – 04 68 87 02 22 – www.restaurant-le-chat-qui-rit.fr – Fermé 25 fév.-10 mars, 18-24 nov., 23-29 déc., 7-13 janv., dim. soir, mardi soir et merc.

Le Mas Trilles

MAISON DE CAMPAGNE • PERSONNALISÉ Niché dans un vallon, ce beau mas du 17e s. possède le sens de l'accueil, et ses chambres – la plupart avec terrasse ou jardin – cultivent un certain charme d'antan... Autres avantages : la piscine domine le Tech et, au petit-déjeuner, on se régale des fruits des vergers alentour.

9 chambres – 85/250 € 85/250 € – 2 suites – 14 €

au Pont de Reynès, 3 km direction Amélie-les-Bains – 04 68 87 38 37 – www.le-mas-trilles.com – Ouvert 14 avril-16 oct.

CERGY - 95 (Val-d'Oise) → Voir Autour de Paris (Cergy-Pontoise)

CERNANS

39110 (Jura) – 139 hab. – Alt. 645 m – Carte régionale n° **9**-B2
Paris 433 km – Besançon 54 km – Lons-le-Saunier 58 km – Neuchâtel 122 km
Carte Michelin 321-F5

La Grange Combaret

TRADITIONNEL • FONCTIONNEL Cette ancienne ferme se trouve au cœur d'une exploitation laitière dont les propriétaires ne sont autres que les éleveurs ! Les chambres sont confortables et bien tenues. Ici, qu'on se le dise, l'atmosphère est très familiale. Côté gourmandises, bon petit-déjeuner et table d'hôte sur réservation.

4 chambres – 50 € 68 €

21 rte de Salins – 03 84 73 52 90 – www.grange-combaret.com

CERNAY

68700 (Haut-Rhin) – 11 398 hab. – Alt. 275 m – Carte régionale n° **1**-A3
Paris 461 km – Altkirch 26 km – Belfort 39 km – Colmar 37 km
Carte Michelin 315-H10

Hostellerie d'Alsace

CUISINE TRADITIONNELLE • CONVIVIAL Dans cette grande maison à colombages, le chef propose une cuisine d'aujourd'hui valorisant le terroir local : carré d'agneau rôti en croûte d'herbes, lasagnes de Saint-Jacques, etc. Pour l'étape, des chambres fonctionnelles et d'un bon rapport qualité-prix.

Menu 24 € (semaine), 38/68 € – Carte 47/76 €

10 chambres – 59/65 € 75/80 € – 10 €

61 r. Poincaré – 03 89 75 59 81 – www.hostellerie-alsace.fr – Fermé 20-26 fév., 17-23 avril, 15 juil.-6 août, 24-31 déc., sam. et dim.

CERNAY-LA-VILLE - 78 (Yvelines) → Voir Autour de Paris

CÉRON

71110 (Saône-et-Loire) – 288 hab. – Alt. 290 m – Carte régionale n° **4**-B3
Paris 377 km – Clermont-Ferrand 126 km – Dijon 187 km – Mâcon 91 km
Carte Michelin 320-D12

Château de la Frédière

DEMEURE HISTORIQUE • HISTORIQUE Un domaine de plus de 60 ha avec un magnifique golf : voilà le cadre de cette élégante demeure du 19e s. Les chambres - mobilier massif, tissus choisis, cheminée et parquet - ont beaucoup de caractère. Et on appréciera... le grand calme !

12 chambres - 100/180 € 180/200 €

golf de Céron - 03 85 25 17 79 - www.golfdeceron.fr - Ouvert 15 mars-26 nov.

CERVIONE - 2B (Haute-Corse) → Voir Corse

CESSON - 22 (Côtes-d'Armor) → Voir St-Brieuc

CESSON-SÉVIGNÉ - 35 (Ille-et-Vilaine) → Voir Rennes

CESTAYROLS

81150 (Tarn) - 477 hab. - Alt. 233 m - Carte régionale n° **15**-C2
Paris 660 km - Albi 19 km - Castres 59 km - Toulouse 71 km
Carte Michelin 338-D7

Lou Cantoun

CUISINE TRADITIONNELLE • RUSTIQUE XX L'intérieur de cette maison de village, rustique aux touches actuelles, n'est pas dénué de charme, et la terrasse est très plaisante. Œufs pochés, lentilles vertes et poitrine croustillante ; magret de canard aux fruits rouges et légumes de saison... Une cuisine traditionnelle actualisée, goûteuse et colorée !

Formule 16 € - Menu 26/55 € - Carte 37/55 €

4 rte d'Albi (Le village) - 05 63 53 28 39 - www.loucantoun.fr - Fermé mardi et merc.

CEVINS

73730 (Savoie) - 674 hab. - Alt. 400 m - Carte régionale n° **25**-F2
Paris 629 km - Aix-les-Bains 79 km - Annecy 57 km - Chambéry 63 km
Carte Michelin 333-L4

La Fleur de Sel

CUISINE MODERNE • CONVIVIAL XX Sur la route des stations, cette maison récente met en avant une appétissante cuisine de saison, servie par des produits de qualité. Côté décor, on joue la carte du contemporain chic, avec quelques œuvres d'artistes locaux et une belle cheminée qui crépite au milieu de la pièce... Délicieux.

Menu 22 € (déj. en semaine), 32/62 € - Carte 51/97 €

15 rte du Portelin - 04 79 37 49 98 - www.restaurant-fleurdesel.fr - Fermé mardi soir, dim. soir et lundi

CHABLIS

89800 (Yonne) - 2 273 hab. - Alt. 135 m - Carte régionale n° **4**-B1
Paris 181 km - Auxerre 21 km - Avallon 39 km - Tonnerre 18 km
Carte Michelin 319-F5 - Guide Vert Michelin Bourgogne

Au Fil du Zinc

CUISINE MODERNE • BISTRO X Ryo Nagahama, chef japonais passé par les cases Robuchon et Alléno, revisite ici l'héritage bistrotier avec précision et créativité, et fait mouche avec de délicieux produits locaux : légumes d'un maraîcher de Noyers, cochon de la ferme de Clavisy, truites locales... le tout accompagné de bons chablis.

Formule 26 € - Menu 32/60 €

18 r. des Moulins - 03 86 33 96 39 (réservation conseillée) - www.restaurant-chablis.com - Fermé 2 semaines en mars, mardi et merc.

Hostellerie des Clos

CUISINE CLASSIQUE • ÉLÉGANT Une certaine intimité règne dans ce clos, au décor élégant et feutré. On y déguste des vins de Chablis évidemment, et une cuisine empreinte de classicisme qui leur sied bien.

Menu 35 € (déj. en semaine), 45/90 € - Carte 79/101 €

Hostellerie des Clos, 18 r. Jules-Rathier - 03 86 42 10 63 - www.hostellerie-des-clos.fr - Fermé 18 déc.-20 janv.

Hostellerie des Clos

TRADITIONNEL • COSY Une agréable hostellerie au cœur de Chablis. On peut prendre ses aises au salon - avec feu de cheminée l'hiver - avant de gagner l'une des chambres, traditionnelles et cosy (préférez les plus récentes). En annexe, un sympathique bistrot servant des plats régionaux.

36 chambres - 74/168 € 74/168 € - 4 suites - 14 € - ½ P

18 r. Jules-Rathier - 03 86 42 10 63 - www.hostellerie-des-clos.fr - Fermé 22 déc.-22 janv.

Hostellerie des Clos - voir les restaurants ci-dessus

Hôtel du Vieux Moulin

TRADITIONNEL • PERSONNALISÉ Au cœur même du village de Chablis, cet hôtel, installé dans un moulin à grain du 18e s., réalise une subtile alliance de tradition (poutres, pierres) et de modernité (salles de bain design, écrans plats)... Une certaine idée du luxe, sans ostentation.

7 chambres - 120/145 € 120/145 € - 2 suites - 12 €

18 r. des Moulins - 03 86 42 47 30 - www.larochehotel.fr

CHAGNY

71150 (Saône-et-Loire) - 5 657 hab. - Alt. 215 m - Carte régionale n° **4**-A3

Paris 327 km - Autun 44 km - Beaune 15 km - Chalon-sur-Saône 20 km

Carte Michelin 320-I8

Maison Lameloise (Eric Pras)

CUISINE MODERNE • ÉLÉGANT Entouré par une équipe de grande valeur, Éric Pras dévoile des créations subtiles et réinterprète avec brio les classiques qui ont fait la réputation de cette illustre maison... Au cœur de la gastronomie française, l'enseigne brille toujours d'un superbe éclat, pour un moment d'exception.

→ Langoustines marinées et croustillantes au riz soufflé, céleri, pomme verte, crème de moutarde et caviar. Homard bleu dans l'esprit d'un bourguignon, queue rôtie et sauce civet. Le citron sur l'idée d'une tarte et biscuit au miel d'acacia.

Menu 82 € (déj.), 145/215 € - Carte 155/200 €

Hôtel Maison Lameloise, 36 pl. d'Armes - 03 85 87 65 65 (réservation conseillée) - www.lameloise.fr - Fermé 28 fév.-8 mars, mi-déc. à mi-janv., mardi et merc.

Pierre & Jean

CUISINE MODERNE • CONVIVIAL Il ne s'agit pas du roman de Maupassant, mais de "la maison d'en face" du prestigieux Lameloise, du nom de ses fondateurs. Une "annexe" un rien canaille qui explore avec finesse la cuisine du moment et revisite les recettes des ancêtres. Les classiques de la maison : pâté en croûte tradition, entremets tout chocolat...

Formule 20 € - Menu 32/35 €

2 r. de la Poste - 03 85 87 08 67 - www.pierrejean-restaurant.fr - Fermé de mi-déc. à mi-janv., lundi et mardi

Maison Lameloise

HISTORIQUE • PERSONNALISÉ Cette haute maison bourguignonne – un ancien relais de poste datant du 15e s. – incarne la grande hôtellerie de tradition ! Les chambres à l'élégance toute classique, le restaurant qui vaut le voyage, le service dévoué aux clients : tout honore l'art de recevoir.

16 chambres – 150/380 € 150/380 € – 26 €

36 pl. d'Armes – 03 85 87 65 65 – www.lameloise.fr – Fermé 28 fév.-8 mars, mi-déc. à mi-janv., mardi et merc.

Maison Lameloise – voir les restaurants ci-dessus

rte de Chalon 2 km au Sud-Est par N6 et rte secondaire – 71150 Chagny :

Hostellerie du Château de Bellecroix

DEMEURE HISTORIQUE • HISTORIQUE Cette ancienne propriété des chevaliers de Malte en impose ; de même que son restaurant, avec sa cheminée et ses boiseries ouvragées. Au choix : le château du 18e s. ou la commanderie du 12e s. Au restaurant, le chef met en valeur les bons produits du terroir.

19 chambres – 98/250 € 98/250 € – 1 suite – 14 € – ½ P

20 chemin de Bellecroix – 03 85 87 13 86 – www.chateau-bellecroix.com – Fermé 18 déc.-13 fév.

CHAILLY-SUR-ARMANÇON – 21 (Côte-d'Or) ➜ Voir Pouilly-en-Auxois

CHAINTRÉ

71570 (Saône-et-Loire) – 531 hab. – Alt. 284 m – Carte régionale n° **4**-C3
Paris 397 km – Bourg-en-Bresse 45 km – Lyon 70 km – Mâcon 10 km
Carte Michelin 320-I12

La Table de Chaintré (Sébastien Grospellier)

CUISINE MODERNE • INTIME Un restaurant élégant et contemporain, au cœur du vignoble de Pouilly-Fuissé, du rouge cardinal sur les murs, de beaux produits du marché aux couleurs délicieuses, des recettes plutôt tendance, un menu unique renouvelé chaque semaine... Le tout accompagnée de beaux nectars de Bourgogne et du Beaujolais !

➜ Homard bleu de Normandie. Lièvre à la royale. Sablé aux figues et sorbet au thé.

Menu 38 € (déj. en semaine)/60 €

72 pl. du Luminaire – 03 85 32 90 95 (réservation conseillée) – www.latabledechaintre.com – Fermé 19 août-6 sept., 2-18 janv., dim. soir, lundi et mardi sauf fériés

LA CHAISE-DIEU

43160 (Haute-Loire) – 695 hab. – Alt. 1 080 m – Carte régionale n° **3**-C3
Paris 503 km – Ambert 29 km – Brioude 35 km – Issoire 59 km
Carte Michelin 331-E2 – Guide Vert Michelin Auvergne

L'Écho et l'Abbaye

CUISINE TRADITIONNELLE • RUSTIQUE Si l'on peut être... décontenancé par le décor ultra-classique des lieux – fauteuils Louis XIII, platerie en porcelaine, verres en cristal –, on est en revanche séduit par la cuisine traditionnelle réalisée par le patron, et par la belle carte des vins, dont un bon choix de bordeaux. Quelques chambres sobres et rustiques.

Formule 19 € – Menu 34/49 € – Carte 35/55 €

5 chambres – 44 € 49/135 € – 9 €

pl. Écho – 04 71 00 00 45 (réservation conseillée) – www.echo-et-abbaye.com – Ouvert 26 mars-6 nov. et fermé merc. sauf juil.-août

CHALLANGES - 21 (Côte-d'Or) → Voir Beaune

CHALLANS

✉ 85300 (Vendée) - 19 107 hab. - Alt. 8 m - Carte régionale n° **18**-A3
▶ Paris 436 km - Cholet 84 km - Nantes 58 km - La Roche-sur-Yon 42 km
Carte Michelin 316-E6 - Guide Vert Michelin Pays de la Loire

L'Apart

CUISINE MODERNE • TENDANCE Il est des destins tout tracés, comme celui de ce restaurant installé dans un ancien magasin de cuisines... Xavier Yvernogeau, le chef, y compose des assiettes bien d'aujourd'hui, pleines de fraîcheur et d'allant, en agençant de beaux produits ; son menu homard est l'un des "must" de la maison !

Formule 19 € - Menu 21 € (déj. en semaine), 31/60 €

38 rte de Soullans - ☎ 02 51 68 00 66 - www.apart-restaurant-challans.fr - Fermé 1er-8 mai, 6-27 août, lundi soir, merc. soir et dim.

L'Antiquité

TRADITIONNEL • PERSONNALISÉ Une maison vendéenne avenante dans une rue tranquille, pour une étape sympathique. Les chambres donnent toutes sur le patio et la piscine et sont vraiment jolies (mobilier chiné ou patiné...) ; celles de l'annexe sont spacieuses et particulièrement soignées.

20 chambres - †64/150 € ††64/150 € - ☕ 12 €

14 r. Galliéni - ☎ 02 51 68 02 84 - www.hotelantiquite.com - Fermé 24 déc.-2 janv.

à la Garnache 6,5 km au Nord-Est - ✉ 85710 - 4 630 hab. - Alt. 28 m

Le Petit St-Thomas

CUISINE MODERNE • ÉLÉGANT C'est une petite maison vendéenne aux volets bleus, mais l'image d'Épinal s'arrête là... car sa déco est résolument contemporaine ! Le chef s'absente le temps du marché pour sélectionner les meilleurs produits, avant de mitonner de belles recettes traditionnelles, parfois revisitées, toujours généreuses. On se régale...

Formule 20 € - Menu 29/56 € - Carte 46/68 €

25 r. de Lattre-de-Tassigny - ☎ 02 51 49 05 99 - www.restaurant-petit-st-thomas.com - Fermé 26 juin-12 juil., 2-22 janv., dim. soir, merc. soir et lundi

rte de St-Gilles-Croix-de-Vie - ✉ 85300 Challans

Château de la Vérie

CUISINE MODERNE • CLASSIQUE Boiseries sculptées, cheminées anciennes, tentures dans une veine 18e s., etc. Cet auguste château vendéen se prête à un moment élégant et romantique ! Au menu : une gastronomie d'aujourd'hui, qui puise directement aux sources des saisons.

Formule 19 € - Menu 35/59 € - Carte 53/66 €

rte de Soullans, 2,5 km au Sud par D69 - ☎ 02 51 35 33 44 - www.chateau-de-la-verie.com - Fermé dim. soir, mardi midi et lundi

Château de la Vérie

DEMEURE HISTORIQUE • CLASSIQUE Une rivière, un étang, un parc immense (17 ha), et soudain apparaît ce beau château du 16e s. (classé monument historique), digne d'une rêverie romantique. Les chambres, d'esprit classique, sont agréables et douillettes... pour rêver encore.

21 chambres - †75/108 € ††82/190 € - ☕ 15 € - ½ P

rte de Soullans, 2,5 km au Sud par D69 - ☎ 02 51 35 33 44 - www.chateau-de-la-verie.com

Château de la Vérie - voir les restaurants ci-dessus

CHALLES-LES-EAUX - 73 (Savoie) → Voir Chambéry

CHÂLONS-EN-CHAMPAGNE

✉ 51000 (Marne) - 45 225 hab. - Alt. 83 m - Carte régionale n° **7**-B2
Paris 188 km - Dijon 259 km - Metz 157 km - Nancy 162 km
Carte Michelin 306-I9 - Guide Vert Michelin Champagne Ardenne

Jérôme Feck

CUISINE CLASSIQUE • ÉLÉGANT Jérôme Feck – qui officiait auparavant à l'hostellerie de la Briqueterie, à Vinay – a succédé à Jacky Michel aux fourneaux de la table gastronomique de l'hôtel d'Angleterre. Entre tradition et modernité, il perpétue dans l'assiette l'héritage de cette table emblématique de la ville.

Menu 59/90 € - Carte 87/100 €

Plan : B1_2-g - *Hôtel D'Angleterre, 19 pl. Mgr-Tissier - 03 26 68 21 51 - www.hotel-dangleterre.fr - Fermé 1er-15 août, vacances de Noël, lundi midi, sam. midi, dim. et fériés*

Au Carillon Gourmand

CUISINE MODERNE • TENDANCE Dans cette adresse chic et élégante, volontiers design, le carillon marque l'heure de la tradition revisitée. Hamburger de foie gras à la mangue caramélisée, râble de lapin farci aux pruneaux... voilà qui sonnera sans doute très bien aux oreilles des gourmands !

Formule 24 € - Menu 30/54 € - Carte 42/54 €

Plan : B1-e - *15 bis pl. Mgr-Tissier*
- 03 26 64 45 07
- Fermé 1 semaine en fév., 3 semaines en août, dim. soir, merc. soir et lundi

Les Temps Changent

CUISINE TRADITIONNELLE • BRASSERIE L'annexe du gastro propose de généreuses recettes traditionnelles qui suivent les saisons. Le tout à apprécier dans un cadre coloré et chaleureux où l'ambiance est, de fait, conviviale. Alors oui, Les Temps Changent, et c'est très bien ainsi !

Formule 29 € - Menu 36 € (semaine)/40 €

Plan : B1_2-g - *Hôtel d'Angleterre, 1 r. Garinet*
- 03 26 66 41 09 - www.hotel-dangleterre.fr
- Fermé 1er-17 août, vacances de Noël, lundi midi, sam. midi, dim. et fériés

Hôtel D'Angleterre

TRADITIONNEL • FONCTIONNEL Rien de perfide dans cette Albion, bien au contraire : les chambres sont très confortables, parfaitement tenues, de style classique ou chalet pour certaines... Et le personnel se révèle très aimable.

25 chambres - 100/180 € 110/220 € - 16 €

Plan : B1_2-g - *19 pl. Mgr-Tissier*
- 03 26 68 21 51 - www.hotel-dangleterre.fr
- Fermé 1er-15 août, vacances de Noël et dim.

Jérôme Feck • **Les Temps Changent** - voir les restaurants ci-dessus

Le Renard

URBAIN • CONTEMPORAIN Sur la place de la République, un Renard rusé et résolument design ! Ici, les chambres ont adopté un style contemporain, sobre et épuré, et les bâtiments (datant du 15e s.) sont reliés entre eux par un patio, protégé par une grande verrière. Cuisine dans l'air du temps au restaurant.

38 chambres - 101/119 € 109/132 € - 11 € - ½ P

Plan : A2-r - *24 pl. de la République*
- 03 26 68 03 78 - www.le-renard.com

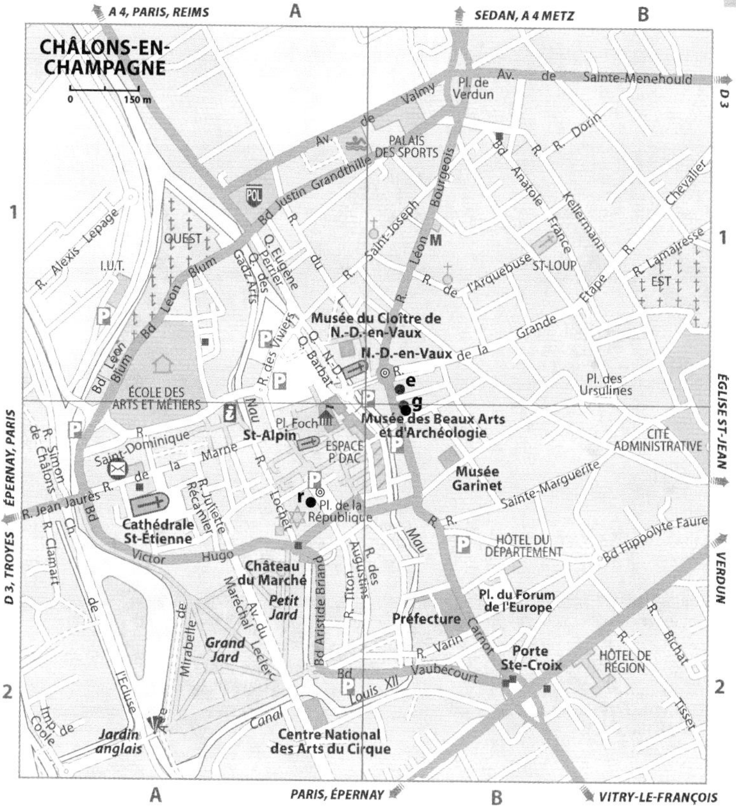

à Matougues 11 km à l'Ouest par D3 - ✉ 51510 - 673 hab. - Alt. 82 m

Auberge des Moissons

AUBERGE · PERSONNALISÉ Dans cette ancienne ferme-auberge, on cultive l'art de recevoir de génération en génération. Les chambres, contemporaines, sont tout ce qu'il y a de plus confortable ; quant au restaurant, il réserve de belles surprises... D'octobre à décembre, on ne passe pas à côté du menu truffe concocté avec la récolte de la maison !

35 chambres - †77/82 € ††90/150 € - ☕ 11 € - ½ P

RD 3 - 8 rte Nationale
- ✆ 03 26 70 99 17 - www.auberge-des-moissons.com
- Fermé 23 juil.-7 août et 22 déc.-13 janv.

CHALON-SUR-SAÔNE

✉ 71100 (Saône-et-Loire) - 44 564 hab. - Agglo. 73 400 hab. - Alt. 180 m
- Carte régionale n° **4**-C3

▶ Paris 335 km - Besançon 132 km - Dijon 68 km - Lyon 125 km

Carte Michelin 320-J9 - Guide Vert Michelin Bourgogne

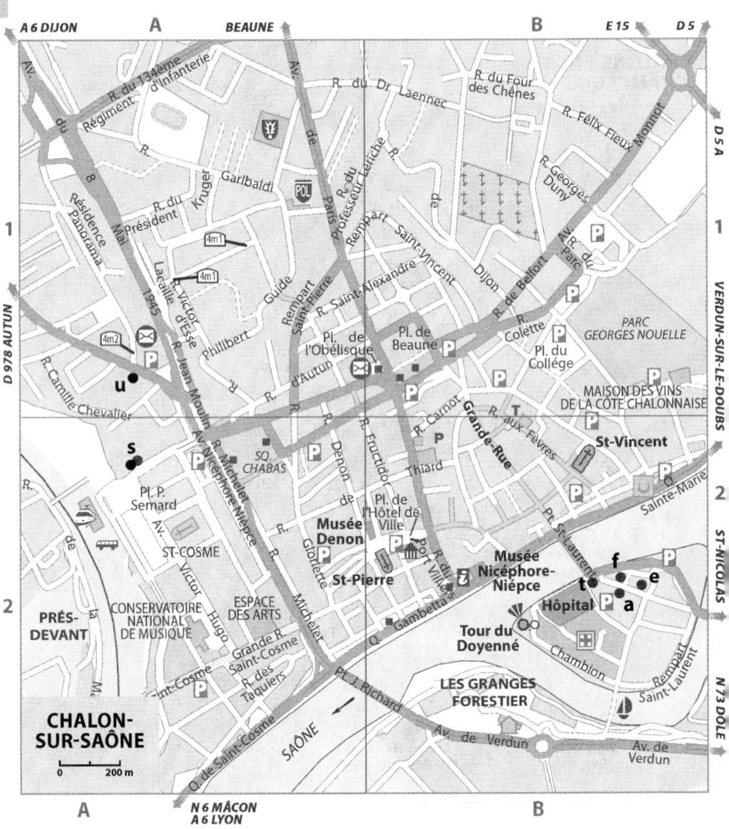

Le Bistrot

CUISINE MODERNE • BISTRO Ce beau néobistrot est vraiment chaleureux... Entre ce marbré de foie gras aux échalotes confites et saumon fumé, ces noix de Saint-Jacques au jus d'agrumes, ces légumes et fruits rouges du jardin (le chef possède deux potagers en dehors de la ville) et ces beaux bourgognes de la cave vitrée, on se régale !

Menu 28/59 € – Carte 50/60 €

Plan : B2-f – *31 r. de Strasbourg – ✆ 03 85 93 22 01*
– Fermé sam. et dim.

Chez Jules

CUISINE TRADITIONNELLE • FAMILIAL Tradition ! Sur l'île St-Laurent, ce Jules très sympathique fait la part belle aux spécialités locales... Et pour les amoureux du sucré, un beau choix de desserts est proposé. On appréciera également l'ambiance animée.

Menu 20/36 € – Carte 31/44 €

Plan : B2-e – *11 r. de Strasbourg*
– ✆ 03 85 48 08 34 – www.restaurant-chezjules.com
– Fermé 29 juil.-12 août, jeudi et dim.

Le St-Georges

CUISINE TRADITIONNELLE • TENDANCE Le St-Georges ? Une agréable brasserie, dont le chef – sous la houlette de Georges Blanc – concocte une cuisine traditionnelle faisant la part belle au terroir, ainsi qu'aux bons petits plats bistrotiers. Ne pas manquer l'incontournable volaille de Bresse, servie toute l'année !

Menu 21 € (déj. en semaine), 34/47 € – Carte 39/70 €

Plan : A2-s – *Hôtel Le St-Georges, 32 av. Jean-Jaurès – 03 85 90 80 50 – www.le-saintgeorges.fr*

Aromatique

CUISINE CRÉATIVE • CONVIVIAL Ici, c'est en couple que l'on Aromatise ! Lui, en cuisine, compose une cuisine créative et inspirée avec de bons produits frais... et une petite touche d'épices pour ne rien gâcher ; elle, en salle, accueille chaleureusement la clientèle. Aucun risque de déjà-vu : le menu – à deux choix – est renouvelé chaque mois.

Menu 23 € (déj. en semaine), 41/55 €

Plan : B2-a – *14 r. de Strasbourg – 03 58 09 62 25 (réservation conseillée) – www.aromatique-restaurant.com – fermé dim. et lundi*

Parcours N

CRÉATIVE • CONVIVIAL Dans une agréable rue piétonne, tout près des quais de Saône, une agréable adresse. Le chef, sérieux et appliqué, maîtrise bien son sujet ; ses assiettes, bien dans l'air du temps, mettent en valeur de beaux produits de saison.

Menu 20 € (déj. en semaine), 26/55 € – Carte 41/51 €

Plan : B2-t – *32 r. de Strasbourg – 03 85 93 91 38 – www.restaurantparcours.com – Fermé 1 semaine en fév., 2 semaines en juil., 1 semaine vacances de la Toussaint, merc. et dim.*

Le St-Georges

TRADITIONNEL • CONTEMPORAIN Près de la gare SNCF, derrière une belle façade classique, des chambres feutrées et contemporaines, associant beaux matériaux et esprit design. Sans oublier l'espace séminaire bien équipé. Idéal pour un voyage d'affaires.

57 chambres – †95/138 € ††138/168 € – 14 € – ½ P

Plan : A2-s – *32 av. Jean-Jaurès – 03 85 90 80 50 – www.le-saintgeorges.fr*

Le St-Georges – voir les restaurants ci-dessus

À La Villa Boucicaut

FAMILIAL • PERSONNALISÉ Un lieu reposant, à cinq minutes du centre-ville et tout près de la gare. Les propriétaires ont su créer un hôtel élégant et charmant, dont l'esprit évoque une bonbonnière aussi bien qu'une maison de famille. Le petit-déjeuner, excellent – ah, ces confitures maison ! –, est servi en terrasse aux beaux jours.

16 chambres – †80/90 € ††80/110 €

Plan : A1-u – *33 bis av. Boucicaut – 03 85 90 80 45 – www.la-villa-boucicaut.fr – Fermé vacances de Noël*

à St-Loup-de-Varennes 7 km au Sud par N6 – 71240 – 1 132 hab. – Alt. 186 m

Le Saint-Loup

CUISINE TRADITIONNELLE • FAMILIAL Poulet de Bresse aux morilles, ris de veau, œufs en meurette... Recettes du terroir et producteurs locaux sont à l'honneur dans ce Saint-Loup entièrement rénové dans un style contemporain, mais qui conserve toutefois son joli plafond à la française ! Le tout à deux pas du musée de la photographie Nicéphore-Niépce.

Formule 20 € – Menu 24 € (déj. en semaine), 32/62 € – Carte 39/68 €

13 rte Nationale 6 – 03 85 44 21 58 – www.lesaintloup.fr – Fermé vacances de fév., merc. soir, dim. soir et lundi

à St-Rémy 4 km à l'Ouest (rte du Creusot) N6, N80 et rte secondaire – ✉ 71100 – 6 476 hab. – Alt. 187 m

✿ L'Amaryllis (Cédric Burtin)

CUISINE CRÉATIVE • ÉLÉGANT XXX Un paisible moulin du 19e s. baigné par son bief. Cédric Burtin a repris en 2010 cette table bien connue dans la région, avec un nouveau nom de fleur... pour laisser s'épanouir une cuisine empreinte d'inventivité, de fraîcheur, et magnifiée par un dressage très travaillé. Bon choix de bourgognes.

➜ Foie gras de canard, émulsion balsamique. Bœuf de Charolles maturé, légumes biologiques. Chocolat en jeux de textures.

Menu 28 € (déj. en semaine), 56/97 € – Carte 82/95 €

chemin de Martorey – ✆ 03 85 48 12 98 – www.lamaryllis.com – Fermé 30 oct.-7 nov., 1er-9 janv., mardi midi, dim. soir et lundi

rte de Givry 4 km à l'Ouest sur D69 – ✉ 71880 Châtenoy-le-Royal

Auberge des Alouettes

CUISINE TRADITIONNELLE • CONVIVIAL XX Cette Auberge, reprise en 2016 par un couple venu d'Albertville, n'a rien d'un miroir aux alouettes ! L'intérieur est chaleureux et la cuisine célèbre la belle tradition à prix raisonnables : quenelle de brochet au coulis d'écrevisses, filet de bar à l'espuma de lard fumé, crème brûlée à la réglisse...

Formule 17 € – Menu 22/36 € – Carte 36/60 €

1 rte de Givry – ✆ 03 85 48 32 15 – Fermé 20 juil.-10 août, 4-18 janv., dim. soir, mardi soir et merc.

à Dracy-le-Fort 6 km au Nord-Ouest et D978 – ✉ 71640 – 1 307 hab. – Alt. 180 m

La Garenne

CUISINE TRADITIONNELLE • ÉLÉGANT XX Une bien belle Garenne, où l'on se régale d'une volaille de Bresse au vin jaune, d'un pain perdu d'escargots et fondue de tomates, ou encore d'un palet au chocolat noir et au vin de Maury... Pour ne rien gâcher, le décor est sobre et élégant, avec quelques jolies reproductions des œuvres d'Alain Thomas.

Menu 22 € (déj. en semaine), 29/45 € – Carte 45/58 €

Hôtel Le Dracy, 4 r. du Pressoir – ✆ 03 85 87 81 81 – www.ledracy.com

Le Dracy

FAMILIAL • CONTEMPORAIN Un ensemble moderne dans un environnement calme et verdoyant. Les chambres associent décor soigné et confort contemporain, certaines jouissant même d'une terrasse privative face au jardin. Agréable pour une parenthèse au vert.

47 chambres – †99/165 € ††99/165 € – ☕ 13 € – ½ P

4 r. du Pressoir – ✆ 03 85 87 81 81 – www.ledracy.com

La Garenne – voir les restaurants ci-dessus

à Sassenay 9 km au Nord-Est par D5, rte de Seurre – ✉ 71530 – 1 566 hab. – Alt. 178 m

Le Magny

CUISINE TRADITIONNELLE • RUSTIQUE XX Cette auberge de village est fort avenante et l'on y mange bien. Chou farci aux escargots de Bourgogne, filets de pigeonneau rôti, nem fondant au chocolat et espuma au café... Avec de beaux produits, le chef concocte une cuisine régionale alléchante et soignée ; à apprécier, en toute logique, dans un décor rustique.

Formule 15 € – Menu 24 € (semaine), 35/38 € – Carte environ 46 €

29 Grande-Rue – ✆ 03 85 91 61 58 – www.lemagny.com – Fermé 3-10 janv., 16-23 avril, 1er-20 août, dim. soir, mardi soir et lundi

CHAMAGNE - 88 (Vosges) → Voir Charmes

CHAMALIÈRES - 63 (Puy-de-Dôme) → Voir Clermont-Ferrand

CHAMANT

✉ 60300 (Oise) - 920 hab. - Alt. 90 m - Carte régionale n° **19**-B3
▶ Paris 57 km - Amiens 111 km - Beauvais 57 km - Bobigny 44 km
Carte Michelin 305-G5

L'Aunette Cottage

FAMILIAL • PERSONNALISÉ Nul besoin de partir en Angleterre pour goûter au charme d'un cottage ! Au cœur du village, cet hôtel dispose de chambres confortables, calmes et cosy. Le matin, on prend le petit-déjeuner devant la cheminée. Et dans la journée, on profite du joli jardin. Une bonne adresse.

14 chambres - 106/152 € 136/199 € - 12 €

9 r. A-de-Rothschild - ✆ 03 44 72 73 47 - www.launettecottage.com

CHAMBÉRY

✉ 73000 (Savoie) - 58 039 hab. - Agglo. 180 974 hab. - Alt. 270 m - Carte régionale n° **25**-F2
▶ Paris 562 km - Annecy 50 km - Grenoble 55 km - Lyon 101 km
Carte Michelin 333-I4 - Guide Vert Michelin Alpes du Nord

La Maniguette

CUISINE MODERNE • RUSTIQUE Fort de son expérience, le chef Christophe Rochard a repris en 2014 ce restaurant situé au pied du château. La vieille demeure est charmante - murs anciens, poutres massives - et la cuisine délicieuse : langoustines et couteaux rôtis ; volaille contisée de truffes, jus de cèpes... Menu renouvelé deux fois par mois.

Formule 20 € - Menu 34/65 € - Carte 40/51 €

Plan : A2-u - *99 r. de la Juiverie - ✆ 04 79 62 25 26 - www.lamaniguette.fr - fermé dim. et lundi*

Les Barjots

CUISINE TRADITIONNELLE • BRASSERIE Dans cette grande brasserie contemporaine tenue, entre autres, par deux anciens Barjots - surnom des membres de l'équipe de France de handball -, que les gourmands se rassurent : ça tourne rond ! À table, on savoure une bonne cuisine de brasserie, actuelle et bien ficelée. Spécialité : les viandes à la plancha.

Formule 14 € - Menu 18 € (déj. en semaine), 29/39 € - Carte 30/78 €

Hors plan - *688 av. Les Follaz (face au phare), 2 km au Nord-Ouest par D1A - ✆ 04 79 75 27 99 - www.brasserielesbarjots.fr - Fermé 2 semaines en août, lundi, mardi soir, dim. et fériés*

Onze Grandes et Trois Petites

CUISINE MODERNE • CONVIVIAL Depuis sa réouverture, cette table récolte tous les suffrages, et pour cause ! A peine arrivé, le jeune chef propose une cuisine canaille et sans chichis, en utilisant surtout les bons produits des halles voisines. L'ambiance est franchement cordiale ; quant au nom mystérieux du restaurant, c'est une autre histoire...

Formule 17 € - Menu 20 € (déj. en semaine)/35 € - Carte 30/50 €

Plan : A2-b - *16 r. Jean-Pierre-Veyrat - ✆ 04 79 62 66 74 - www.onzegrandes.fr - Fermé 20 juil.-20 août, dim. et lundi*

Ô Pervenches

CUISINE MODERNE • AUBERGE À deux pas du musée Jean-Jacques Rousseau, dans un vallon bucolique, ce restaurant est désormais le fief d'un jeune couple motivé. La cuisine, bien travaillée et actuelle, s'autorise quelques incursions asiatiques. Pour l'étape, des chambres fraîches et fonctionnelles. Terrasse pour les jours d'été.

Formule 17 € - Menu 28 € (semaine)/46 € - Carte 36/48 €

9 chambres - 70/85 € 70/118 € - 9 €

Hors plan - *600 chemin des Charmettes - ✆ 04 79 33 34 26 - www.opervenches73.fr - Fermé 24 août-6 sept., 22 déc.-11 janv., mardi midi, dim. soir et lundi*

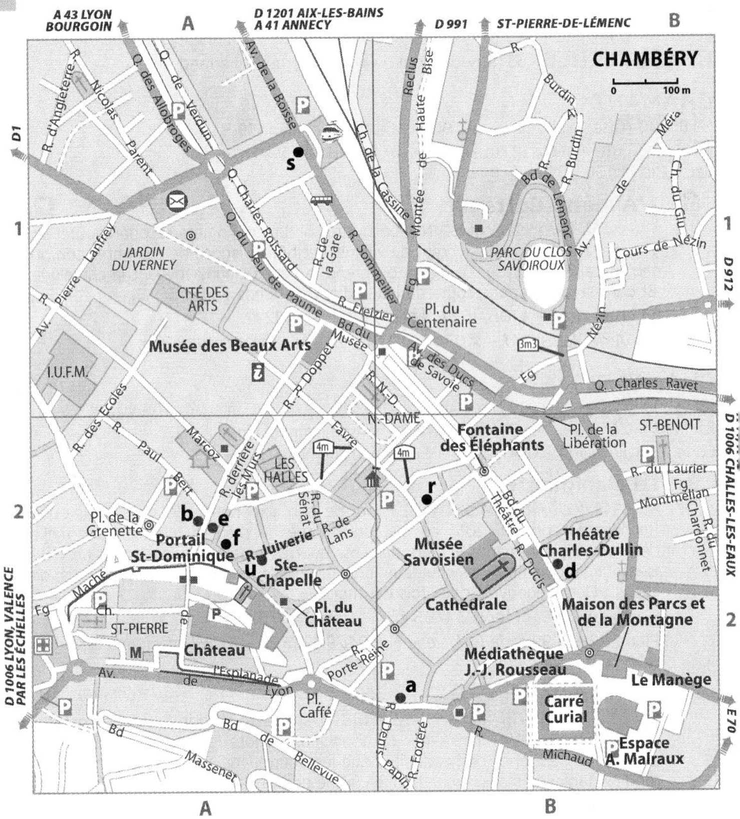

L'Émulsion

CUISINE MODERNE • CONVIVIAL La devanture en arc de pierre incite à pousser la porte... Bonne idée ! Voilà une table moderne et conviviale, orchestrée par un jeune chef passionné. Il prépare une alléchante cuisine du marché : rouget grillé, déclinaison de carottes, suprême de pintade contisé au pesto, artichauts en deux façons...

Menu 23/57 € – Carte environ 47 €

Plan : A2-e – *41 r. Jean-Pierre-Veyrat*
– 04 79 84 24 15 – www.restaurant-lemulsion.fr
– Fermé 3 semaines en août, dim. et lundi

Le Carré des Sens (N)

CUISINE MODERNE • BISTRO Joliment située sur l'une des places centrales de la ville, cette maison propose une cuisine traditionnelle revisitée par un jeune trentenaire, auparavant chef d'Ô Pervenches. Aux beaux jours, la terrasse est prise d'assaut.

Formule 17 € – Menu 32/39 € – Carte 40/48 €

Plan : B2-a – *32 pl. Monge*
– 04 79 65 98 07 – www.carredessens-chambery.com
– Fermé dim. et lundi

Le Bistrot

CUISINE DU MARCHÉ • TRADITIONNEL Au menu de ce bistrot tout proche de la fontaine aux éléphants, du théâtre et de la cathédrale : pâté en croûte, poissons du lac, soupe de poule faisane et brioche façon pain perdu... Une cuisine du marché basée sur de jolis produits, rendus dans toute leur vérité. Tarifs intéressants.

Formule 15 € – Menu 18 € (déj. en semaine), 32/48 € – Carte 45/55 €

Plan : B2-d – *6 r. du Théâtre – 09 82 32 10 78 – www.restaurant-lebistrot.com – Fermé 2 semaines en juil. , 24 déc.-3 janv., dim. et lundi*

Petit Hôtel Confidentiel

HÔTEL PARTICULIER • ÉLÉGANT Ce joli hôtel de charme du centre-ville de Chambéry, installé dans un bâtiment du 15e s., diffuse l'atmosphère feutrée que seuls les siècles savent patiner : la vitre rencontre le parquet massif dans un esprit loft. C'est à la fois chaleureux et racé : les habitués espèrent qu'il restera confidentiel...

18 chambres – 150/300 € 210/650 € – 25 €

Plan : A2-f – *10 r. de la Trésorerie – 04 79 26 24 17 – www.petithotelconfidentiel.com*

Hôtel des Princes

FAMILIAL • PERSONNALISÉ Nul doute que vous serez reçu, ici, comme un prince ! Au cœur de la cité, cet ancien monastère est devenu un hôtel aux faux airs de chalet scandinave. Nouvel espace bien-être (massage, jacuzzi, sauna) et chambres cosy, régulièrement rénovées.

45 chambres – 77/108 € 77/108 € – 12 €

Plan : B2-r – *4 r. de Boigne – 04 79 33 45 36 – www.hoteldesprinces.com*

Mercure

BUSINESS • FONCTIONNEL Face à la gare, un hôtel à l'architecture résolument moderne (verre et béton). On s'y repose dans des chambres modernes, spacieuses et bien insonorisées. Lumineuse salle de petit-déjeuner. Cette adresse s'adapte aussi bien à la clientèle d'affaires que touristique.

81 chambres – 89/189 € 109/209 € – 19 €

Plan : A1-s – *183 pl. de la Gare – 04 79 62 10 11 – www.mercure.com*

à St-Alban-Leysse 4 km à l'Est par D1006 et rte secondaire – 73230 – 5 663 hab. – Alt. 285 m

L'Or du Temps

CUISINE MODERNE • CONVIVIAL Enseigne poétique pour cette table qui cultive le goût des produits les plus frais et des recettes dans l'air du temps. Les ingrédients sont bien travaillés, les présentations soignées, et les saveurs au rendez-vous. Sur la grande terrasse à l'ombre des mûriers, on oublie le temps qui passe...

Menu 18 € (déj. en semaine), 24 €/36 € – Carte 32/57 €

Hôtel L'Or du Temps, 814 rte de Plainpalais – 04 79 85 51 28 – www.or-du-temps.com – Fermé 10-31 août, 1er-10 janv., sam. midi, dim. soir et lundi

L'Or du Temps

FAMILIAL • TRADITIONNEL Au pied du massif des Bauges, au calme d'un quartier résidentiel, cette ancienne ferme accueille des chambres simples et colorées, bien tenues, bref : idéales pour une étape !

17 chambres – 75/90 € 75/90 € – 8 € – ½ P

814 rte de Plainpalais – 04 79 85 51 28 – www.or-du-temps.com – Fermé 10-31 août et 1er-10 janv.

L'Or du Temps – voir les restaurants ci-dessus

à Barberaz 3 km à l'Est par N201 (sortie 19 : La Ravoire) – ✉ 73000 – 4 572 hab. – Alt. 315 m

La Maison Rouge

BUSINESS • DESIGN Orange, vert, rouge, cet hôtel récent voit la vie en technicolor ! Fauteuils Louis XVI revisités par Starck, écrans plats, grand spa, restaurant d'esprit lounge et quelques chambres familiales dans l'annexe voisine.

36 chambres – †98/160 € ††98/160 € – 10 suites – ☕ 13 €

61 r. de la République – ✆ 04 79 60 05 00
– www.hotel-lamaisonrouge-chambery.com

à Challes-les-Eaux 7 km au Sud-Ouest par D1006 et rte secondaire – ✉ 73190 – 5 050 hab. – Alt. 310 m

Château des Comtes de Challes

CUISINE MODERNE • CLASSIQUE XXX Cheminée gothique, poutres anciennes, rideaux épais : un décor cossu et chaleureux, qui se prête idéalement au banquet qui s'annonce ! On se régale d'une cuisine gastronomique empreinte de classicisme, valorisant les produits nobles et régionaux.

Formule 19 € – Menu 29 € (semaine), 46/62 € – Carte 66/81 €

247 montée du Château – ✆ 04 79 72 72 72
– www.chateaudescomtesdechalles.com – Fermé vacances de la Toussaint

Château des Comtes de Challes

DEMEURE HISTORIQUE • CLASSIQUE Dans le village de Challes-les-Eaux, on reconnaît ce château du 15e s. à ses deux tours en façade. Arbres centenaires, chapelle et, dans trois bâtiments différents, des chambres spacieuses alliant le cachet de l'histoire et le confort moderne. Et au chai, dégustation et vente de bons crus !

58 chambres – †94/114 € ††128/268 € – 6 suites – ☕ 12 € – ½ P

247 montée du Château – ✆ 04 79 72 72 72
– www.chateaudescomtesdechalles.com – Fermé vacances de la Toussaint

Château des Comtes de Challes – voir les restaurants ci-dessus

à Chambéry-le-Vieux 5 km au Nord par N 201 et rte secondaire (sortie Chambéry-le-Haut) – ✉ 73000

Château de Candie

DEMEURE HISTORIQUE • ÉLÉGANT Dans cette maison forte bâtie au 14e s. par des croisés, l'esprit chevaleresque a laissé place au sens de l'accueil. Les chambres, cosy, allient styles classique et contemporain. À noter : la superbe suite avec jacuzzi dans la tour, et la piscine, agréable à souhait.

21 chambres – †120/260 € ††160/260 € – 4 suites – ☕ 22 €

533 r. du Bois-de-Candie – ✆ 04 79 96 63 00 – www.chateaudecandie.com

CHAMBOLLE-MUSIGNY

✉ 21220 (Côte-d'Or) – 311 hab. – Alt. 280 m – Carte régionale n° **4**-D1
Paris 326 km – Beaune 28 km – Dijon 17 km
Carte Michelin 320-J6 – Guide Vert Michelin Bourgogne

Le Millésime

CUISINE MODERNE • TENDANCE XX Dans ce bistrot de village métamorphosé en restaurant contemporain, le jeune chef, aussi talentueux que sympathique, n'a pas son pareil pour vous mettre en appétit. Il prépare une cuisine actuelle, savoureuse et gourmande, à prix doux ; on l'accompagne de jolis vins de la région. Un bon Millésime !

Formule 20 € – Menu 32/65 € – Carte 40/64 €

1 r. Traversière – ✆ 03 80 62 80 37 – www.restaurant-le-millesime.com – Fermé 1er-15 août, 1er-15 janv., dim. et lundi

Le Chambolle

CUISINE TRADITIONNELLE • RUSTIQUE Un lieu chaleureux et rustique (imposante cheminée) pour s'attabler autour de petits plats de terroir accompagnés de vins du village. Les spécialités maison : foie gras de canard aux griottines, sandre sauce à l'époisses, ou encore tarte au chocolat chaud ! Accueil tout sourire.

Menu 26/37 € – Carte 30/55 €

28 r. Caroline-Aigle – 03 80 62 86 26 (réservation conseillée) – www.restaurant-lechambolle.com – Fermé 18 déc.-13 fév., dim. soir de déc. à mars, jeudi soir et merc.

Château du Petit Musigny

DEMEURE HISTORIQUE • PERSONNALISÉ Le luxe sans tapage du style Régence, pour une belle demeure seigneuriale du 18e s. Les chambres regorgent de fresques, tableaux et mobilier de style ; le bar à vins, élégant comme il se doit, offre à chaque client une dégustation gratuite. Que de délicates attentions !

8 chambres – 200/420 € 200/420 € – 2 suites

6 r. Traversière – 03 80 62 41 62 – www.chateaudupetitmusigny.com – Fermé 30 nov.-15 mars

LE CHAMBON-SUR-LIGNON

43400 (Haute-Loire) – 2 609 hab. – Alt. 967 m – Carte régionale n° **3**-D3

Paris 573 km – Annonay 48 km – Lamastre 32 km – Privas 75 km

Carte Michelin 331-H3 – Guide Vert Michelin Ardèche Drôme

Bel Horizon

TRADITIONNEL • CONTEMPORAIN Atmosphère décontractée et... priorité aux loisirs, avec un centre de remise en forme très complet (jacuzzi, sauna, salle de sport, soins, etc.). Côté repos, des chambres d'esprit contemporain et des chalets confortables. Cuisine actuelle au restaurant.

30 chambres – 90/120 € 90/120 € – 13 € – ½ P

chemin de Molle – 04 71 59 74 39 – www.belhorizon.fr – Ouvert 2 mars-29 nov. et fermé dim. soir et lundi sauf juil.-août

à l'Est 3,5 km par D157 et D185 – 43400 Chambon-sur-Lignon :

Clair Matin

FAMILIAL • CONTEMPORAIN Ce chalet isolé est vraiment accueillant, et la vue sur les Cévennes des plus agréables. Pour l'anecdote, la salle à manger est chauffée avec un impressionnant poêle scandinave. Les chambres, quant à elles, ont été rénovées dans un style contemporain. Quiétude et air pur garantis !

25 chambres – 85/135 € 85/135 € – 13 € – ½ P

Les Barandons – 04 71 59 73 03 – www.hotelclairmatin.com – Fermé 15 nov.-15 fév., lundi et mardi hors saison

CHAMBRETAUD

85500 (Vendée) – 1 509 hab. – Alt. 214 m – Carte régionale n° **18**-B3

Paris 373 km – Angers 85 km – Bressuire 50 km – Cholet 21 km

Carte Michelin 316-K6

La Table du Boisniard

CUISINE MODERNE • ROMANTIQUE Dans les anciennes granges de ce château du 15e s., La Table du Boisniard vous réserve des assiettes inventives et bien dans l'air du temps. Un exemple ? Cet œuf de poule bio poché, poulpe grillé, chou-fleur et chorizo... Une cuisine animée par l'envie de bien faire.

Formule 33 € – Menu 42/72 € – Carte 59/80 €

Hôtel Château du Boisniard – 02 51 67 50 01 – www.chateau-boisniard.com – Fermé 15 fév.-1er mars, 23 oct.-13 nov., 1er-6 janv., mardi midi, dim. soir et lundi

Château du Boisniard

DEMEURE HISTORIQUE • PERSONNALISÉ Tout près du Puy du Fou, un château du 15e s. avec ses étangs, ses chambres au charme bourgeois et ses belles maisons en châtaignier naturel construites sur pilotis, avec terrasse privative donnant sur le parc... Pour les amoureux d'échappées vertes !

27 chambres – 140/320 € 140/520 € – 26 €

– 02 51 67 50 01 – www.chateau-boisniard.com

La Table du Boisniard – voir les restaurants ci-dessus

CHAMESOL

25190 (Doubs) – 406 hab. – Alt. 730 m – Carte régionale n° **9**-C2

Paris 453 km – Besançon 91 km – Belfort 43 km – Montbéliard 30 km

Carte Michelin 321-K2

Mon Plaisir (Christian Pilloud)

CUISINE MODERNE • COSY À l'entrée du village, cette accueillante maison de pays est tout entière dédiée à votre plaisir : ambiance cosy (confortable salon, élégante salle à manger bourgeoise) et belle cuisine du chef, fine et harmonieuse.

➜ Cuisine du marché.

Menu 45/90 €

22 lieu-dit Journal – 03 81 92 56 17 – www.restaurant-mon-plaisir.com
– Fermé 28 août-12 sept., 18-26 déc., dim. soir, lundi et mardi sauf midi fériés

ON AIME...

Profiter de l'accueil chaleureux des **Chalets de Philippe** (au Lavancher), un endroit unique aux allures de table d'hôte. Humer les petits plats mijotés et les bons desserts de la **Maison Carrier**, au sein du Hameau Albert 1er. Enfin, se régaler de la goûteuse cuisine du **Matafan**, au sein de l'hôtel Mont-Blanc...

CHAMONIX-MONT-BLANC

✉ 74400 (Haute-Savoie) - 8 882 hab. - Alt. 1 040 m - Carte régionale n° **23**-D1
▶ Paris 610 km - Albertville 65 km - Annecy 97 km - Aosta 57 km
Carte Michelin 328-O5 - Guide Vert Michelin Alpes du Nord

Restaurants

✿✿ Albert 1er (Pierre Maillet)

CUISINE CLASSIQUE • ÉLÉGANT XXXX De la subtilité et de l'exigence, des bases classiques interprétées avec finesse, de beaux produits : cette cuisine raffinée est un plaisir pour les sens, et attire une clientèle de tous horizons. On se souviendra par exemple de ces savoureuses noix de Saint-Jacques sur un carpaccio aux légumes...

➜ Risotto à la truffe blanche d'Alba. Omble chevalier du lac Léman au miel de bourgeons de sapin et pain d'épice, carottes et citron confit. Soufflé chaud à la Chartreuse jaune, glace réglisse.

Formule 42 € - Menu 66 € (semaine), 92/156 € - Carte 125/180 €

Plan : D1-f - *Hôtel Hameau Albert 1er, 38 rte du Bouchet - ✆ 04 50 53 05 09 - www.hameaualbert.fr - Fermé 7-24 mai, 5 nov.-8 déc., mardi midi, jeudi midi et merc.*

La Maison Carrier

CUISINE SAVOYARDE • RUSTIQUE XX Une ferme typique, reconstruite pièce par pièce au sein du luxueux Hameau Albert Ier. Lorsque l'on a goûté aux délicieux petits plats mitonnés ici, l'on est totalement envoûté : élaborés avec de superbes produits du terroir, ils sont généreux, nobles et savoureux, comme l'étaient les recettes de nos grands-mères...

Formule 20 € - Menu 25 € (déj. en semaine), 31/42 € - Carte 46/68 €

Plan : D1-r - *Hôtel Hameau Albert 1er, 44 rte du Bouchet - ✆ 04 50 53 00 03 - www.hameaualbert.fr - Fermé 29 mai-17 juin, 5 nov.-8 déc., lundi sauf juil.-août et fériés*

Atmosphère

CUISINE TRADITIONNELLE • TENDANCE XX Dans le centre-ville, cette adresse qui surplombe l'Arve ne manque pas d'atmosphère : une belle salle claire et des produits travaillés avec justesse, entre tradition savoyarde et fine cuisine d'aujourd'hui. Fondant de saumon "label Rouge" ; dos de cabillaud, nouilles chinoises et bouillon asiatique... On est conquis.

Formule 21 € - Menu 25 € (déj.), 30/38 € - Carte 38/70 €

Plan : C1-n - *123 pl. Balmat* - *✆ 04 50 55 97 97* - *www.restaurant-atmosphere.com*

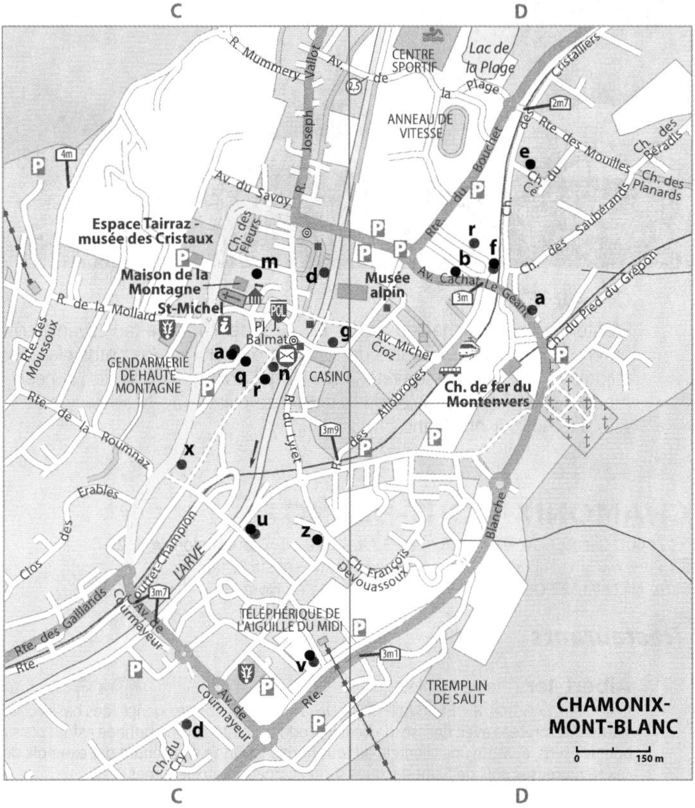

La Télécabine

CUISINE TRADITIONNELLE • **BRASSERIE** XX Au-dessus de l'entrée, une télécabine (un "œuf", devrait-on plutôt dire) est suspendue : le décor est planté ! L'intérieur est résolument montagnard et la grande terrasse donne sur le massif du Mont-Blanc, en adéquation parfaite avec la cuisine proposée, goûteuse et généreuse.

Formule 21 € – Menu 28/38 € – Carte 35/65 €

Plan : C1-g – *27 r. de la Tour – ✆ 04 50 47 04 66*
– www.restaurant-latelecabine.fr

Rèvolâ

CUISINE TRADITIONNELLE • **SIMPLE** X Le rèvolâ ? En patois savoyard, c'est le repas servi aux ouvriers agricoles pendant les moissons… C'est avec cette idée d'une cuisine qui se partage que les deux associés, Jérôme et Éric, ont lancé ce restaurant ; leurs assiettes, traditionnelles ou plus inventives, font mouche à tous les coups. Réjouissant !

Formule 21 € – Menu 32/56 € – Carte 38/57 €

Plan : D1-a – *263 av. Cachat-le-Géant – ✆ 06 30 69 27 55*
– www.revola-chamonix.fr – Fermé 2 semaines en mai, 2 semaines en nov., lundi midi et dim.

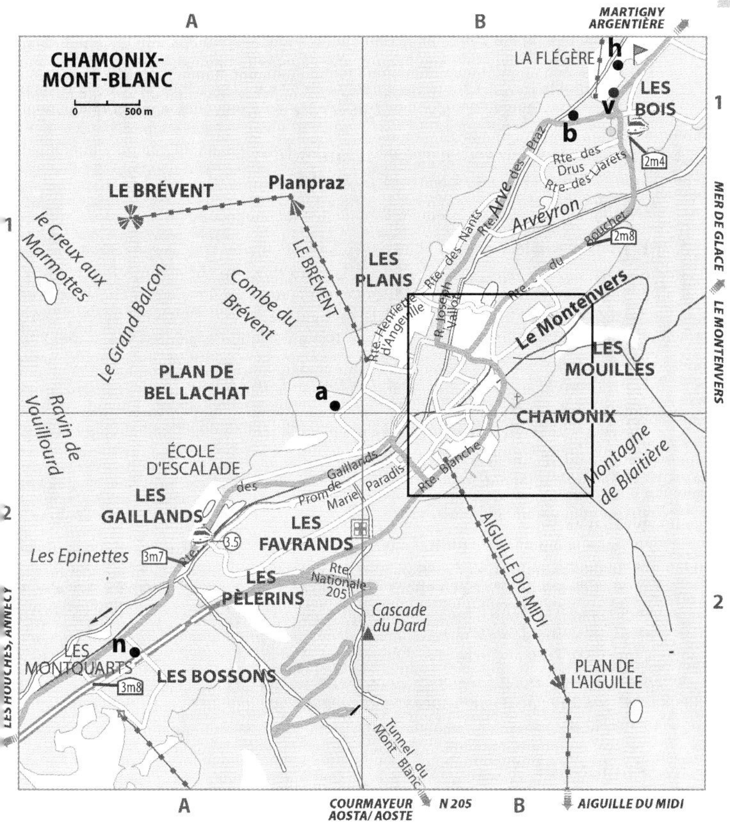

Le Matafan

CUISINE MODERNE · ÉLÉGANT Une salle à manger chaleureuse – la cheminée centrale doit y être pour quelque chose –, un nouveau chef en la personne de Michaël "Mickey" Bourdillat : ce Matafan ne manque pas d'allure ! Les beaux produits de saison sont toujours à la carte, travaillés dans le respect des saveurs ; le service est convivial.

Formule 23 € – Menu 34 € (déj. en semaine)/45 € – Carte 56/86 €

Plan : C1-a – *Hôtel Mont-Blanc, 62 allée du Majestic*
– ✆ 04 50 53 05 64 – http://www.hotelmontblancchamonix.com
– Fermé 12-24 nov.

Le Bistrot

CUISINE MODERNE · DESIGN Le chef Daniele Raimondi est désormais aux commandes de ce Bistrot bien connu dans la station. Sa carte, au croisement du classicisme et de l'actuel, s'appuie sur de bons produits de saison et fait de fréquents clins d'œil à l'Italie, son pays d'origine.

Formule 21 € – Menu 35/55 €

Plan : C2-u – *Hôtel Le Morgane, 151 av. de l'Aiguille-du-Midi*
– ✆ 04 50 53 57 64
– www.lebistrotchamonix.com

Le Cap Horn

CUISINE MODERNE • CONVIVIAL XX Un concept original, un restaurant à deux visages : sushi-bar d'un côté, spécialités savoyardes et produits de la mer de l'autre. Un choix varié qui fait la force de l'adresse ! Dans tous les cas, la cuisine est goûteuse, simple et légère, et le service et l'ambiance sont agréablement décontractés.

Formule 22 € – Menu 30/39 € – Carte 40/70 €

Plan : C1-d – *74 r. des Moulins – ✆ 04 50 21 80 80*
– www.caphorn-chamonix.com

L'Impossible

CUISINE ITALIENNE • RUSTIQUE XX À la carte de cette chaleureuse ferme du 18e s., beaucoup d'herbes et d'épices pour une cuisine italienne qui met à l'honneur de superbes produits bio : escalope de loup de mer et sauce au safran ; carré d'agneau en croûte d'herbes farci à la truffe ; salade de gambas bio et pomme verte... Tout est possible !

Formule 38 € – Menu 42/88 € 🍷 – Carte 52/68 €

Plan : C2-d – *9 chemin du Cry*
– ✆ 04 50 53 20 36 (réservation conseillée)
– www.restaurant-impossible.com
– Fermé nov., mardi hors saison et le midi en semaine

L'Héliopic

CUISINE MODERNE • ÉPURÉ X Comme l'hôtel, le restaurant nous accueille dans un beau décor tout en épure scandinave, égayé de touches colorées. Au dîner, on se délecte de vraies créations de cuisinier, exigeantes et finement réalisées : poireaux à l'étouffée et sauce carbonara, dos de truite laqué aux épices douces, perle du Japon coco vanille...

Menu 35/70 € – Carte 44/72 €

Plan : C2-v – *Hôtel L'Héliopic, 50 pl. de l'Aiguille-du-Midi*
– ✆ 04 50 54 55 56 – www.heliopic-hotel-spa.com
– Fermé 8-23 mai, nov. et le midi

Panier des 4 Saisons

CUISINE TRADITIONNELLE • RUSTIQUE X Les quatre saisons s'illustrent avec gourmandise dans ce chaleureux restaurant, qui nous accueille dans un décor de bois délicieusement montagnard. On se régale d'un filet de bœuf Simmental en croûte de poivre, ou d'un soufflé chaud au chocolat noir et sorbet Passion... Traditionnel et bien ficelé !

Menu 34 € – Carte 42/62 €

Plan : C2-x – *262 r. Dr-Paccard*
– ✆ 04 50 53 98 77
– www.restaurant-panierdes4saisons.com
– Fermé de fin avril à mi-juin, fin oct. à mi-déc., mardi et le midi

Hôtels

Hameau Albert 1er

LUXE • PERSONNALISÉ Ce véritable hameau associant plusieurs chalets constitue un délicieux havre montagnard, sous un beau tapis de neige l'hiver, tout en vert tendre aux beaux jours... Noblesse des matériaux (dont des boiseries de vieux chalets d'alpage) et chic contemporain, confort extrême et spa d'exception : un sommet de luxe !

36 chambres – 🚹160/685 € 🚹🚹160/685 € – 4 suites – ☕ 25 €

Plan : D1-f – *38 rte du Bouchet – ✆ 04 50 53 05 09 – www.hameaualbert.fr*
– Fermé 5 nov.-8 déc.

✿✿ **Albert 1er** • ☺ **La Maison Carrier** – voir les restaurants ci-dessus

Mont-Blanc

LUXE • ÉLÉGANT Renaissance de cet hôtel historique, après une rénovation de pied en cap. La décoratrice Sybille de Margerie a su mettre en valeur tous ses charmes, révélant la beauté des moulures anciennes et du grand escalier, et jouant partout la carte d'un chic à la fois contemporain et intemporel… À redécouvrir !

40 chambres – 210/530 € 215/1510 € – 29 €

Plan : C1-a – *62 allée du Majestic – 04 50 53 05 64 – www.hotelmontblancchamonix.com – Fermé 12-24 nov.*

Le Matafan – voir les restaurants ci-dessus

Grand Hôtel des Alpes

HISTORIQUE • ÉLÉGANT Ce "grand hôtel" mythique, bâti en 1840, a été merveilleusement restauré. Le résultat est à la fois intime et raffiné : hall cossu, bar feutré, élégants salons, chambres raffinées et des suites tout en bois rustique. Le tout au cœur de la station.

27 chambres – 190/600 € 190/600 € – 3 suites – 20 €

Plan : C1-r – *75 r. du Dr-Paccard – 04 50 55 37 80 – www.grandhoteldesalpes.com – Fermé 8 avril-9 juin et 1er oct.-14 déc.*

Auberge du Bois Prin

FAMILIAL • PERSONNALISÉ Ce joli chalet perche sur les hauteurs de la station, offrant une vue imprenable sur Chamonix et le massif du Mont-Blanc… et c'est d'un calme olympien ! Les chambres, toutes de mobilier classique et de lambris, ont le goût de la simplicité ; deux suites plus contemporaines ont été aménagées dans un chalet voisin.

9 chambres – 190/335 € 220/335 € – 4 suites – 22 €

Plan : B1-a – *69 chemin de l'Hermine, aux Moussoux – 04 50 53 33 51 – www.boisprin.com – Fermé 17 avril-11 mai et 23 oct.-7 déc.*

Le Morgane

TRADITIONNEL • DESIGN La nature est ici pleinement respectée : engagement environnemental (zéro carbone), cadre épuré et beaux matériaux (bois brut, pierre, coton bio)… L'hôtel de montagne du 21e s. en quelque sorte ! En sous-sol, on trouve spa, hammam, sauna, et bassin de relaxation.

56 chambres – 90/450 € 100/650 € – 15 € – ½ P

Plan : C2-u – *145 av. de l'Aiguille-du-Midi – 04 50 53 57 15 – www.morgane-hotel-chamonix.com*

Le Bistrot – voir les restaurants ci-dessus

L'Héliopic

TRADITIONNEL • DESIGN Au départ du téléphérique de l'aiguille du Midi, ces deux grands chalets de pierre et de bois nous plongent dans un décor contemporain, parsemé de clins d'œil à l'alpinisme des années 1950. Plaids, coussins et rideaux donnent aux chambres une délicieuse touche vintage ; on passe de longs moments dans le superbe spa…

102 chambres – 90/360 € 100/660 € – 15 € – ½ P

Plan : C2-v – *50 pl. de l'Aiguille-du-Midi – 04 50 54 55 56 – www.heliopic-hotel-spa.com – Fermé 8-23 mai et nov.*

L'Héliopic – voir les restaurants ci-dessus

Chalet Hôtel Hermitage

FAMILIAL • COSY Tout le charme de la tradition montagnarde, réinterprétée dans une veine contemporaine des plus séduisantes. Certaines chambres offrent une très belle vue sur le massif : le tableau est alors complet ! On peut également opter pour les belles suites familiales nichées dans deux petits chalets voisins.

21 chambres – 163/187 € 234/267 € – 7 suites – 18 €

Plan : D1-e – *63 chemin du Cé – 04 50 53 13 87 – www.hermitage-paccard.com – Ouvert 17 juin-17 sept. et 16 déc.-2 avril*

Auberge du Manoir

FAMILIAL • COSY Un hôtel qui a su conserver son charme savoyard ! L'ensemble est décoré avec beaucoup de goût, mêlant boiseries et beaux tissus chaleureux... Au réveil, le petit-déjeuner privilégie les produits régionaux.

13 chambres – †100/151 € ††126/270 € – ☕ 15 €

Plan : D1-b – *8 rte du Bouchet – ☎ 04 50 53 10 77 – www.aubergedumanoir.com – Fermé mi-avril à fin-mai et fin sept. à mi-déc.*

L'Oustalet

FAMILIAL • COSY Un hôtel sympathique, à la fois chaleureux et moderne, qui cultive totalement l'esprit montagne. Le petit-déjeuner est copieux et de qualité : charcuterie, fromage, œufs, bonnes viennoiseries et yaourt maison. Idéal en famille.

15 chambres – †100/155 € ††120/200 € – ☕ 14 €

Plan : C2-z – *330 r. du Lyret – ☎ 04 50 55 54 99 – www.hotel-oustalet.com – Fermé mi-mai à mi-juin et mi-oct. à mi-déc.*

Park Hotel Suisse

FAMILIAL • CLASSIQUE Voilà un hôtel familial aux chambres spacieuses, rénovées dans un style contemporain. Au dernier étage, avec vue panoramique sur le mont Blanc, on trouve sauna, hammam et salon de détente ; puis on plonge dans l'eau délicieusement chaude de la piscine...

64 chambres – †93/360 € ††119/362 € – 2 suites – ☕ 18 €

Plan : C1-q – *75 allée du Majestic – ☎ 04 50 53 07 58 – www.chamonix-park-hotel.com – Ouvert 7 juin-27 sept. et 17 déc.-12 avril*

Le Faucigny

TRADITIONNEL • COSY En centre-ville, un sympathique petit hôtel aux tons gris, sobre et contemporain, avec un mobilier de style scandinave ; au retour des pistes de ski, on profite du superbe salon-bibliothèque et de l'espace détente avec jacuzzi et sauna.

28 chambres – †65/220 € ††80/280 € – ☕ 12 €

Plan : C1-m – *118 pl. de l'Église – ☎ 04 50 53 01 17 – www.hotelfaucigny-chamonix.com – Fermé 8-23 mai et 1er-24 nov.*

à Argentière 10 km au Nord par D1506 – ✉ 74400 – Alt. 1 252 m

La Remise

CUISINE MODERNE • COSY XX Nouveau chef (britannique) mais qualité inchangée pour cette Remise aussi chaleureuse que moderne, où l'on retrouve l'atmosphère conviviale des gastro-pubs de Londres, et de jolis plats comme ce velouté de butternut, œuf de ferme coulant et crème de noisettes ! So delicious !

Formule 24 € – Menu 27 € (déj. en semaine), 45/75 € – Carte 45/80 €

1124 rte d'Argentière – ☎ 04 50 34 06 96 – www.laremise.eu – Fermé 8-27 mai, 18 sept.-1er déc., dim. soir et lundi

Montana

FAMILIAL • FONCTIONNEL Un chalet vert à l'entrée de la station, à l'atmosphère familiale. Toutes les chambres ont été joliment rénovées dans un style montagnard, à la fois chic et contemporain. Piscine chauffée, jacuzzi, sauna et hammam offrent un parfait moment de détente.

13 chambres ☕ – †170/220 € ††180/399 € – 6 suites – ½ P

24 clos du Montana – ☎ 04 50 54 14 99 – www.hotel-montana.fr – Ouvert 19 déc.-10 avril et 20 juin-25 sept.

Grands Montets

TRADITIONNEL • MONTAGNARD Non loin du téléphérique et au calme, ce beau chalet distille le charme patiné des demeures savoyardes d'antan. Chambres décorées dans un esprit montagnard cosy, mais aussi piscine couverte, fitness, hammam et jacuzzi... pour une atmosphère très cocooning.

36 chambres ☕ – †150/298 € ††165/313 € – 6 suites

340 chemin des Arberons – ☎ 04 50 54 06 66 – www.hotel-grands-montets.com – Ouvert 17 juin-10 sept. et 16 déc.-22 avril

aux Tines 4 km au Nord par D1506 et rte secondaire – ✉ 74400 Chamonix Mont Blanc

Excelsior

TRADITIONNEL • CONTEMPORAIN Réouvert à l'été 2015 après un changement de propriétaires, l'Excelsior nous présente un tout nouveau visage ! Les chambres confortables, la salle à manger en véranda, la terrasse et la piscine offrant une vue imprenable sur les montagnes... Une plaisante adresse.

78 chambres – 149/229 € 149/229 € – 1 suite – 17 €

251 chemin de St-Roch – 04 50 53 18 36 – www.hotelexcelsior-chamonix.com

au Lavancher 6 km au Nord par D1506 et rte secondaire – ✉ 74400 Chamonix Mont Blanc

Les Chalets de Philippe

CUISINE MODERNE • ÉLÉGANT XXX On découvre avec bonheur ces deux belles tables d'hôtes superbement décorées – verres en cristal, assiettes et plateaux réalisés par des artisans locaux – et fleuries. Le chef (un ancien de l'Auberge de l'Ill) régale les convives avec des créations bien dans l'air du temps : le point d'orgue d'un séjour d'exception !

Menu 57 € (déj.), 85/160 € – Carte environ 90 €

Hôtel Les Chalets de Philippe, 700-718 rte du Chapeau – 04 50 96 17 69 (réservation conseillée) – www.chaletsphilippe.com

Le Rosebud

CUISINE MODERNE • ÉLÉGANT XX Le voyage commence face aux montagnes que l'on aperçoit à travers les baies vitrées puis continue à table, entre spécialités régionales, grands classiques et saveurs du monde, presque toujours rehaussés d'herbes et d'épices. Mention spéciale pour le dos d'agneau fermier cuit sur l'os, en croûte parfumée...

Menu 35/59 € – Carte 47/68 €

Hôtel Le Jeu de Paume, 705 rte du Chapeau – 04 50 54 03 76 – www.jeudepaumechamonix.com – Ouvert 15 juin-15 sept., 20 déc.-20 avril et fermé mardi midi et merc. midi

Le Jeu de Paume

TRADITIONNEL • COSY En haut d'un hameau pris entre vallée et hauts sommets, cet hôtel possède de nombreux atouts : piscine couverte, sauna, jacuzzi, salons avec cheminée, billard... Son décor traditionnel "tout bois" est plutôt raffiné, et assure à la clientèle un repos sans faille.

23 chambres – 130/250 € 165/250 € – 15 € – ½ P

705 rte du Chapeau – 04 50 54 03 76 – www.jeudepaumechamonix.com – Ouvert 15 juin-15 sept. et 20 déc.-20 avril

Le Rosebud – voir les restaurants ci-dessus

Les Chalets de Philippe

LUXE • PERSONNALISÉ Insolite, unique, marquant... Voilà bien un hôtel exclusif ! Cet ensemble de superbes chalets, accrochés à flanc de montagne parmi les sapins, porte l'esprit savoyard à des sommets de charme et de luxe : bois ancien, objets rares, détails délicats, dans un esprit quasi baroque mais avec un goût toujours sûr... Enivrant !

20 chambres – 110/350 € 130/370 € – 18 € – ½ P

700-718 rte du Chapeau – 06 07 23 17 26 – www.chaletsphilippe.com

Les Chalets de Philippe – voir les restaurants ci-dessus

aux Praz-de-Chamonix 2,5 km au Nord - ✉ 74400 Chamonix Mont Blanc - Alt. 1 060 m

La Cabane des Praz

CUISINE MODERNE • TENDANCE XX Superbement rénovée, cette élégante cabane en rondins est à la fois chic et décontractée. L'ambiance est chaleureuse, que ce soit dans le salon avec cheminée ou sur la terrasse. En cuisine, le registre actuel rencontre la tradition et le terroir : tarte fine au reblochon, agneau fondant au miel… Efficace !

Formule 24 € - Menu 32 € (semaine)/42 € - Carte 37/59 €

Plan : B1-v - *23 rte du Golf - ☎ 04 50 53 23 27 - www.restaurant-cabane.com - Fermé 11 nov.-1er déc.*

Le Labrador

TRADITIONNEL • MONTAGNARD Ce grand chalet tout en bois, aux allures scandinaves, est situé en plein cœur du golf de Chamonix. Les chambres sont habillées de matériaux nobles, la vue sur le mont Blanc et la vallée est superbe. Un grand bol d'oxygène !

33 chambres - 🚹99/299 € 🚹🚹99/299 € - 2 suites - ☕14 €

Plan : B1-h - *au golf - ☎ 04 50 55 90 09 - www.hotel-labrador.com - Fermé 16 avril-5 mai et 15 oct.-15 déc.*

Les Lanchers

FAMILIAL • FONCTIONNEL Des fresques typiques de la région égayent la façade de ce petit hôtel familial qui a trouvé un nouveau souffle à travers une rénovation complète et même la création d'une extension d'esprit contemporain. Cuisine traditionnelle au restaurant.

19 chambres - 🚹75/105 € 🚹🚹85/130 € - ☕12 € - ½ P

Plan : B1-b - *1459 rte des Praz - ☎ 04 50 53 47 19 - www.hotel-lanchers-chamonix.com - Fermé 13 nov.-16 déc.*

aux Bossons 3,5 km au Sud - ✉ 74400 Chamonix Mont Blanc - Alt. 1 005 m

Aiguille du Midi

AUBERGE • VINTAGE Les propriétaires de cet hôtel, bâti en 1908, ont le souci de rénover régulièrement les chambres ; dans un style montagnard contemporain, sobres et bien aménagées, elles sont très confortables. Le salon panoramique offre une magnifique vue sur le glacier des Bossons.

40 chambres - 🚹70/165 € 🚹🚹78/220 € - ☕13 € - ½ P

Plan : A2-n - *479 chemin Napoléon - ☎ 04 50 53 00 65 - www.hotel-aiguilledumidi.com - Fermé 2 avril-17 mai et 17 sept.-23 déc.*

CHAMOUILLE - 02 (Aisne) ➜ Voir Laon

CHAMPAGNAC-DE-BELAIR - 24 (Dordogne) ➜ Voir Brantôme

CHAMPAGNÉ

✉ 72470 (Sarthe) - 3 819 hab. - Alt. 53 m - Carte régionale n° **18**-D1

Paris 205 km - Alençon 67 km - Le Mans 14 km - Nantes 204 km

Carte Michelin 310-L6

Le Cochon d'Or

CUISINE TRADITIONNELLE • CLASSIQUE XX Le marché, les saisons, la tradition et le sens des produits : voilà le credo du chef, Thierry Janvier, qui concocte une cuisine traditionnelle et généreuse. Quelques exemples : le saumon fumé "maison", les noix de Saint-Jacques aux endives caramélisées, ou encore les rognons de veau à la moutarde… Et l'accueil est en or !

Formule 18 € - Menu 22 € (déj. en semaine), 32/37 € - Carte 44/59 €

49 rte de Paris, D323 - ☎ 02 43 89 50 08 - Fermé 25 juil.-16 août, lundi et le soir sauf sam.

CHAMPAGNEUX - 73 (Savoie) → Voir St-Genix-sur-Guiers

CHAMPAGNEY - 70 (Haute-Saône) → Voir Ronchamp

CHAMPAGNOLE

✉ 39300 (Jura) - 7 938 hab. - Alt. 541 m - Carte régionale n° **9**-B3
Paris 420 km - Besançon 66 km - Dole 68 km - Genève 86 km
Carte Michelin 321-F6 - Guide Vert Michelin Franche-Comté Jura

Le Bois Dormant

BUSINESS • FONCTIONNEL Dans un parc arboré, un hôtel au décor chaleureux. Bois blond, tons pastel... les chambres sont actuelles et pratiques ; il y a aussi une très jolie piscine côté jardin (avec jacuzzi, hammam et sauna) et un restaurant traditionnel.

40 chambres - ½ P seult 91/106 €

rte de Pontarlier, 1,5 km - ✆ 03 84 52 66 66 - www.bois-dormant.com - Fermé 21-27 déc.

CHAMPAGNY-EN-VANOISE

✉ 73350 (Savoie) - 633 hab. - Alt. 1 240 m - Carte régionale n° **23**-D2
Paris 625 km - Albertville 44 km - Chambéry 94 km - Moûtiers 19 km
Carte Michelin 333-N5 - Guide Vert Michelin Alpes du Nord

L'Ancolie

FAMILIAL • TRADITIONNEL La fleur sauvage a prêté son nom à cet hôtel perché sur les hauteurs, dernier lieu de vie avant les pistes ! L'étape est toute trouvée pour les skieurs et les randonneurs, qui apprécieront là un hébergement à la fois fonctionnel et confortable, avec un restaurant d'esprit savoyard.

31 chambres - †51/130 € ††71/163 € - ☕ 12 € - ½ P

Les Hauts du Crey - ✆ 04 79 55 05 00 - www.hotel-ancolie.com - Ouvert 17 juin-2 sept. et 24 déc.-16 avril

Les Glières

FAMILIAL • MONTAGNARD Non loin de la télécabine, dans un groupement de chalets bordant la station, des chambres mignonnes et chaleureuses, où dominent le bois et la couleur rouge. Après une journée sportive, il fait bon s'installer devant la cheminée du salon...

18 chambres - †90/132 € ††102/168 € - ☕ 12 € - ½ P

à Planchamp - ✆ 04 79 55 05 52 - www.hotel-champagny-en-vanoise.com - Ouvert 1er juil.-20 août et 16 déc.-17 avril

CHAMPCEVINEL - 24 (Dordogne) → Voir Périgueux

CHAMPEIX

✉ 63320 (Puy-de-Dôme) - 1 335 hab. - Alt. 456 m - Carte régionale n° **3**-B2
Paris 440 km - Clermont-Ferrand 30 km - Condat 49 km - Issoire 14 km
Carte Michelin 326-F9 - Guide Vert Michelin Auvergne

à Montaigut-le-Blanc 3 km à l'Ouest par D996 - ✉ 63320 - 808 hab. - Alt. 500 m

Le Chastel Montaigu

DEMEURE HISTORIQUE • PERSONNALISÉ L'originalité de cette maison d'hôtes haut perchée : ses superbes chambres (lits à baldaquin) situées dans un donjon crénelé, avec vue plongeante sur les monts Dore et le Forez.

4 chambres ☕ - †140/150 € ††150/160 €

au château - ✆ 04 73 96 28 49 - www.lechastelmontaigu.com - Ouvert d'avril à oct.

CHAMPIGNÉ

✉ 49330 (Maine-et-Loire) - 2 073 hab. - Alt. 25 m - Carte régionale n° **18**-C2
▶ Paris 287 km - Angers 24 km - Château-Gontier 24 km - La Flèche 41 km
Carte Michelin 317-F3

au Nord-Ouest 3 km par D768 et D190

Château des Briottières

DEMEURE HISTORIQUE • CLASSIQUE Un raffinement très 18e s. règne dans ce château familial entouré d'un parc avec un étang. Chambres et salons sont décorés avec style et, le soir, on dîne aux chandelles.

17 chambres - †149/210 € ††149/365 € - ☕ 20 €

voie Hercule-Charnacé, 4 km au Nord-Ouest par D768, D190 et rte secondaire
- ✆ 02 41 42 00 02 - www.briottieres.com
- Ouvert avril-nov.

CHAMPILLON - 51 (Marne) → Voir Épernay

CHAMPLIVE

✉ 25360 (Doubs) - 262 hab. - Alt. 404 m - Carte régionale n° **9**-C1
▶ Paris 438 km - Besançon 24 km - Lausanne 121 km
Carte Michelin 321-H3

Auberge du Château de Vaite

CUISINE TRADITIONNELLE • DESIGN XX Une ancienne ferme au cœur du village ? Oui, mais surtout un restaurant moderne, dont le mur végétal en fait une curiosité dans la région ! Dans l'assiette, on retrouve toujours la même cuisine traditionnelle bien tournée (truites, grenouilles, etc.). Thèmes décalés dans les chambres (blanc, nature, salle de jeux...).

Menu 13 € (déj. en semaine), 26/40 € - Carte 25/60 €

9 chambres - †62 € ††62 € - ☕ 9 €

17 Grande Rue - ✆ 03 81 55 20 66 - www.auberge-chateau-vaite.com
- Fermé 18 déc.-15 janv. et lundi soir

CHAMP-SUR-LAYON

✉ 49380 (Maine-et-Loire) - 969 hab. - Alt. 74 m - Carte régionale n° **18**-C2
▶ Paris 322 km - Angers 31 km - Nantes 107 km - Niort 126 km
Carte Michelin 317-F5

La Table de la Bergerie (David Guitton)

CUISINE MODERNE • TENDANCE XX Pas de carte ici, mais un court menu branché sur les saisons. Le jeune chef se fournit chez les producteurs locaux (viande, poisson, fruits et légumes) pour composer des recettes fines et délicates, que l'on n'oubliera pas de sitôt ! Quelques vins au verre pour découvrir la production du domaine.

→ Cuisine du marché.

Formule 19 € - Menu 23 € (déj. en semaine), 33/47 €

La Bergerie, 1,5 km à l'Ouest par D54 et rte secondaire
- ✆ 02 41 78 30 62 (réservation conseillée) - www.latable-bergerie.fr
- Fermé 6-21 mars, 6-22 août, 22-31 janv., mardi sauf le soir en juin-juil., dim. soir et lundi

CHAMPTOCEAUX

✉ 49270 (Maine-et-Loire) - 2 400 hab. - Alt. 68 m - Carte régionale n° **18**-B2
▶ Paris 357 km - Ancenis 9 km - Angers 65 km - Beaupréau 30 km
Carte Michelin 317-B4 - Guide Vert Michelin Châteaux de la Loire

Le Champalud

TRADITIONNEL • FONCTIONNEL Dans ce petit village des bords de Loire, on reconnaît cet hôtel sympathique à sa longue véranda verte faisant face à l'église. D'apparence moderne, il abrite des chambres ayant gardé un caractère classique et atypique, avec leurs poutres et leurs vieilles pierres. Restaurant et bar-brasserie pour les repas.

19 chambres - 72/116 € 72/116 € - 10 € - ½ P

1 pl. du Chanoine-Bricard - 02 40 83 50 09 - www.lechampalud.com

CHANCELADE - 24 (Dordogne) → Voir Périgueux

CHANDAI

61300 (Orne) - 658 hab. - Alt. 200 m - Carte régionale n° **17**-C3
Paris 129 km - L'Aigle 10 km - Alençon 72 km - Chartres 71 km
Carte Michelin 310-N2

L'Écuyer Normand

CUISINE MODERNE • AUBERGE Le pays du percheron n'est pas si loin et cet Écuyer - une jolie auberge en brique et pierre - pourrait très bien arborer sur son blason cet animal emblématique, qui incarne autant la puissance que la douceur : de fait, la carte exalte le goût du terroir avec finesse et élégance. Le chef est un vrai artisan... À cheval !

Formule 17 € - Menu 21 € (déj. en semaine), 31/45 € - Carte 48/58 €

23 rte de Paris, D926 - 02 33 24 08 54 (réservation conseillée) - www.ecuyer-normand.com - Fermé merc. soir, dim. soir et lundi

CHANDOLAS

07230 (Ardèche) - 482 hab. - Alt. 115 m - Carte régionale n° **23**-A3
Paris 662 km - Alès 43 km - Aubenas 34 km - Privas 66 km
Carte Michelin 331-H7

Auberge les Murets

CUISINE TRADITIONNELLE • RUSTIQUE Des voûtes et... le terroir ! La cuisine du chef, préparée en toute simplicité, joue agréablement avec la tradition et, l'été, il fait bon s'installer sous le mûrier.

Menu 21/42 € - Carte 30/40 €

quartier Langarnayre, D104 - 04 75 39 08 32 - www.aubergelesmurets.com - Fermé 30 nov.-18 déc., 5 janv.-6 fév., lundi sauf le soir d'avril à oct. et mardi de nov. à mars

Auberge les Murets

AUBERGE • TRADITIONNEL Les vignes et la nature à perte de vue pour cette jolie ferme cévenole du 18e s., avec ses chambres pimpantes, dont trois plus spacieuses et contemporaines. Le petit-déjeuner pantagruélique propose un buffet de produits locaux. Bel espace détente : sauna, jacuzzi...

10 chambres - 77/88 € 77/96 € - 12 € - ½ P

quartier Langarnayre, D104 - 04 75 39 08 32 - www.aubergelesmurets.com - Fermé 30 nov.-18 déc. et 5 janv.-6 fév.

Auberge les Murets - voir les restaurants ci-dessus

CHANTEMERLE - 05 (Hautes-Alpes) → Voir Serre-Chevalier

CHANTILLY

60500 (Oise) - 11 215 hab. - Alt. 59 m - Carte régionale n° **19**-B3
Paris 51 km - Beauvais 55 km - Compiègne 44 km - Meaux 53 km
Carte Michelin 305-F5 - Guide Vert Michelin Île-de-France

La Table du Connétable

CUISINE MODERNE • ÉLÉGANT Au sein de la luxueuse Auberge du Jeu de Paume, sur le domaine du château, cette table feutrée et distinguée cultive l'excellence : Clément Leroy, chef au beau parcours (notamment dans le groupe Guy Savoy), travaille de superbes produits dans une cuisine dans l'air du temps, précise et harmonieuse.

→ Maquereau brûlé et radis rose. Saint-pierre confit, jus court au vinaigre balsamique et navet. Chocolat sura, praliné et noisette.

Formule 67 € – Menu 115/190 € – Carte 115/165 €

Auberge du Jeu de Paume, 4 r. du Connétable – 03 44 65 50 00 – www.aubergedujeudepaumechantilly.fr – Fermé 3 semaines en août, 2 semaines en janv., mardi midi, merc. midi, jeudi midi, dim. et lundi

Auberge du Jeu de Paume

LUXE • ÉLÉGANT Beaucoup de raffinement dans ce luxueux établissement en bordure du Domaine de Chantilly, entre les Grandes Écuries et le château. Les chambres spacieuses et à l'élégance classique (avec vue sur la ville ou le parc), les deux restaurants, le spa de 600 m^2... tout est princier.

78 chambres – 235/1200 € 235/1200 € – 14 suites – 32 €

4 r. du Connétable – 03 44 65 50 00 – www.aubergedujeudepaumechantilly.fr

La Table du Connétable – voir les restaurants ci-dessus

Hôtel du Parc

URBAIN • DESIGN À deux pas du centre-ville, cet hôtel a bénéficié d'une véritable cure de jouvence ! L'ensemble est désormais contemporain et élégant ; les chambres sont sobres et confortables, avec quelques clins d'œil équestres – celles donnant sur le jardin sont les plus calmes.

57 chambres – 80/765 € 90/815 € – 15 €

36 av. du Mar.-Joffre – 03 44 58 20 00 – www.hotel-parc-chantilly.com

Apremont 6 km au Nord par D606 – 60300 – 704 hab. – Alt. 118 m

Auberge La Grange aux Loups

CUISINE CLASSIQUE • AUBERGE Cette auberge villageoise doit sa renaissance à un couple passionné, qui a complètement rénové les lieux dans une veine contemporaine. Le chef revisite joyeusement les classiques et y met un soin de tous les instants ; ses savoureuses assiettes se dégustent sur la terrasse d'été, aux beaux jours.

Formule 28 € – Menu 32/69 € – Carte 60/75 €

4 chambres – 85 € 85 € – 10 €

8 r. du 11-Novembre – 03 44 25 33 79 – www.lagrangeauxloups.com – Fermé 20 fév.-5 mars, 14-31 août, 2-8 janv., sam. midi, dim. soir et lundi

rte d'Apremont au Nord-Est par D606

Donatello

CUISINE MODERNE • BISTRO Au cœur du Dolce Chantilly Resort, ce Donatello continue son bonhomme de chemin... et s'est mis à l'heure de la bistronomie ! Dans un cadre toujours aussi plaisant – mise en place simple, jolie vue sur le golf –, on déguste une cuisine fraîche et bien réalisée, qui évolue au rythme des saisons.

Menu 39 € – Carte environ 49 €

Hôtel Dolce Chantilly, à 3 km – 03 44 58 47 57 – www.donatello-restaurant.fr – Fermé vacances de Noël et le midi

Dolce Chantilly

BUSINESS • FONCTIONNEL Dans ce resort avec golf, espace détente et salles de séminaire, on se met au vert... Et dans les chambres de ce grand bâtiment d'inspiration classique, spacieuses et modernes, un fil rouge logique vers Chantilly : le cheval.

200 chambres – †165/465 € ††165/465 € – 24 € – ½ P

à 3 km – 03 44 58 47 77 – www.dolcechantilly.com/fr – Fermé vacances de Noël

Donatello – voir les restaurants ci-dessus

à Montgrésin 5 km au Sud-Est par D924^A – 60560 Orry la Ville

Relais d'Aumale

CUISINE MODERNE • ÉLÉGANT XX La grande salle à manger – une lumineuse véranda au cadre cosy et feutré – n'attend plus que vous ! Vous y dégusterez la cuisine d'un jeune chef bien dans son époque, qui n'oublie jamais ses bases traditionnelles.

Menu 39 € – Carte environ 50 €

37 pl. des Fêtes-Delaunay – 03 44 54 61 31 – www.relais-aumale.fr – Fermé 1er-20 août, 23 déc.-2 janv., lundi midi, mardi midi, merc. midi et dim.

Relais d'Aumale

TRADITIONNEL • CLASSIQUE Cet ancien pavillon de chasse du duc d'Aumale se niche dans un jardin, à l'orée de la forêt de Chantilly. Les chambres sont confortables et ont été joliment décorées par Stafan Lauters, un designer suédois (tons passés, velours). Et l'on profite du calme !

22 chambres – †89/165 € ††89/220 € – 2 suites – 14 €

37 pl. des Fêtes-Delaunay – 03 44 54 61 31 – www.relais-aumale.fr – Fermé 1er-20 août et 23 déc.-2 janv.

Relais d'Aumale – voir les restaurants ci-dessus

à Gouvieux 4 km à l'Ouest par D909 – 60270 – 9 166 hab. – Alt. 26 m

Château de la Tour

CUISINE MODERNE • ÉLÉGANT XXX Dans cette superbe bâtisse de style anglo-normand, hauts plafonds ouvragés et cheminées en pierre blanche servent de cadre à une cuisine au goût du jour : velouté de potiron, œufs de caille et chips de chorizo, dos de cabillaud rôti et spaghettis à la coriandre, pain perdu à la sauce caramel et beurre salé...

Formule 30 € – Menu 50/98 € – Carte 52/73 €

Hôtel Château de la Tour, chemin du Château-de-la-Tour – 03 44 62 38 38 – www.lechateaudelatour.fr – Fermé merc. midi, jeudi midi et vend. midi

Château de la Tour

DEMEURE HISTORIQUE • PERSONNALISÉ Pour se mettre au vert pas trop loin de Paris, cette belle demeure du début du 20e s., cachée dans un joli parc de 5 ha, est tout indiquée. À l'intérieur, un salon très "british", avec fauteuil club, bar en bois et billard, et des chambres classiques et spacieuses.

47 chambres – †115/269 € ††115/269 €

chemin du Château-de-la-Tour – 03 44 62 38 38 – www.lechateaudelatour.fr

Château de la Tour – voir les restaurants ci-dessus

rte de Creil 4 km au Nord – 60740 St-Maximin

Le Verbois

CUISINE MODERNE • COSY XXX À l'orée de la forêt, cet ancien relais de chasse (1886) a délaissé les oripeaux bourgeois pour un intérieur sobre et contemporain, toujours élégant. Dans la belle véranda cernée par le jardin, on se régale d'une cuisine au goût du jour, rythmée par les saisons.

Menu 30 € (déj. en semaine), 39/82 € – Carte 73/106 €

6 r. La Grande-Folie, D1016 – 03 44 24 06 22 – www.leverbois.com – Fermé 3 semaines en août, 2 semaines en janv., dim. soir et lundi

CHAOURCE

✉ 10210 (Aube) - 1 154 hab. - Alt. 150 m - Carte régionale n° **7**-B3
Paris 196 km - Auxerre 66 km - Bar-sur-Aube 58 km - Châtillon-sur-Seine 52 km
Carte Michelin 313-E5 - Guide Vert Michelin Champagne Ardenne

Le Cadusia

FAMILIAL • FONCTIONNEL À la sortie de Chaource, sur la route de Troyes, cet hôtel créé en 2010 propose des chambres fonctionnelles, au style résolument contemporain, et abrite un restaurant doublé d'une rôtisserie. Une étape utile.

19 chambres - †67/70 € ††70/75 € - ☕ 12 € - ½ P

21 rte de Troyes - ✆ 03 25 42 10 10 - www.le-cadusia.com

à Maisons-lès-Chaource 6 km au Sud-Est par D34 - ✉ 10210 - 190 hab. - Alt. 235 m

Aux Maisons

FAMILIAL • CONTEMPORAIN Au centre du village, la même famille tient cet hôtel-restaurant traditionnel depuis quatre générations ! Les chambres sont confortables, fonctionnelles et donnent sur la piscine ou les prairies, où gambadent parfois des chevaux.

19 chambres - †70/80 € ††78/120 € - ☕ 12 € - ½ P

1 r. des AFN - ✆ 03 25 70 07 19 - www.logis-aux-maisons.com - Fermé dim. soir

CHAPAIZE

✉ 71460 (Saône-et-Loire) - 136 hab. - Alt. 211 m - Carte régionale n° **4**-C3
Paris 375 km - Bourg-en-Bresse 71 km - Lyon 106 km - Mâcon 40 km
Carte Michelin 320-I10 - Guide Vert Michelin Bourgogne

La Table de Chapaize

CUISINE MODERNE • TRADITIONNEL L'église romane, bâtie vers l'an mil, est l'une des plus vieilles d'Europe et fait la réputation de ce village... mais elle a de la concurrence. Cette charmante maison, tenue par deux autodidactes, met les produits locaux à l'honneur ; tout est fait maison, y compris les glaces. Et le menu change tous les mois !

Formule 21 € - Menu 27/34 € - Carte 38/52 €

Le Bourg - ✆ 03 85 38 07 18 - www.latabledechapaize.fr - Fermé 2 janv.-2 fév., du lundi au jeudi en hiver, lundi et jeudi

LA CHAPELLE-AUX-CHASSES

✉ 03230 (Allier) - 208 hab. - Alt. 225 m - Carte régionale n° **3**-C1
Paris 294 km - Bourbon-Lancy 22 km - Decize 25 km - Moulins 21 km
Carte Michelin 326-I2

Auberge de la Chapelle aux Chasses

CUISINE MODERNE • AUBERGE De cet ancien presbytère, les gourmands ont fait leur repaire ! Dans un cadre rustique, on déguste une appétissante cuisine du moment, qui évolue au gré des saisons : lasagnes de jarret de veau mijoté à la tomate, risotto aux langoustines et asperges... L'été, on profite de la terrasse ouverte sur le jardin.

Formule 18 € - Menu 24 € (déj. en semaine), 32/72 €

- ✆ 04 70 43 44 71 (réservation conseillée)
- www.aubergedelachapelleauxchasses.com - Fermé vacances de fév., de la Toussaint, mardi et merc.

LA CHAPELLE-D'ABONDANCE

✉ 74360 (Haute-Savoie) - 858 hab. - Alt. 1 020 m - Carte régionale n° **25**-F1
Paris 600 km - Annecy 108 km - Châtel 6 km - Évian-les-Bains 29 km
Carte Michelin 328-N3 - Guide Vert Michelin Alpes du Nord

Les Gentianettes

CUISINE MODERNE • CONVIVIAL XX La neige, la montagne, l'envie de paresser près de la cheminée autour de jolis plats... Ici, pas d'esbroufe, mais une cuisine traditionnelle pleine de finesse : les travers de porc laqués, accompagnés de confit de cochon fermier de la vallée, sont fameux. Et côté carnotzet, honneur aux spécialités savoyardes.

Formule 22 € - Menu 33/45 € - Carte 42/78 €

Hôtel Les Gentianettes, rte de Chevenne - ✆ 04 50 73 56 46 - www.gentianettes.fr - Ouvert de mi-juin à mi-sept. et de mi-déc. à fin mars et fermé lundi midi, mardi midi et merc. midi

L'Ensoleillé

CUISINE TRADITIONNELLE • RUSTIQUE XX Cet imposant chalet n'a pas volé son nom : il jouit de l'ensoleillement exceptionnel de la vallée. On y apprécie une bonne cuisine du terroir alpin, revisitée au fil des inspirations du patron. Formule brasserie le midi.

Formule 17 € - Menu 24 € (semaine), 26/45 € - Carte 35/65 €

Hôtel L'Ensoleillé - ✆ 04 50 73 50 42 - www.hotel-ensoleille.com - Ouvert de mi-mai à mi-sept. et de mi-déc. à mi-avril et fermé le mardi

Les Cornettes

CUISINE TRADITIONNELLE • CLASSIQUE XX Avis aux Pantagruel : le terme "copieux" semble avoir été inventé pour cette adresse, où l'on reprend son souffle, lorsqu'après une entrée à base de charcuteries (jambon cru, saucisson fumé, etc.), arrive la potée savoyarde... La qualité est au rendez-vous, c'est simple et bon, et l'ambiance est rustique à souhait !

Menu 25 € (semaine)/46 € - Carte 47/85 €

Hôtel Les Cornettes - ✆ 04 50 73 50 24 - www.lescornettes.com - Fermé de mi-avril à début mai et de mi-oct. à mi-déc.

Les Cornettes

TRADITIONNEL • VINTAGE Une affaire de famille depuis 1894 : cinq générations ont forgé cet hôtel-restaurant plein de vie, qui abrite même un musée savoyard ! Les chambres sont accueillantes et bien tenues, le restaurant honore le terroir local. Une corne d'abondance...

45 chambres - 80/100 € 125/140 € - 16 € - ½ P

- ✆ 04 50 73 50 24 - www.lescornettes.com - Fermé de mi-avril à début mai et de mi-oct. à mi-déc.

Les Cornettes - voir les restaurants ci-dessus

Les Gentianettes

FAMILIAL • MONTAGNARD Meubles en sapin sculpté, cloches de vache et objets anciens célébrant la vie montagnarde : ce chalet a du cachet ! Les chambres sont charmantes, bien équipées, et l'accueil et le service sont particulièrement agréables.

34 chambres - 119/199 € 119/299 € - 14 € - ½ P

rte de Chevenne - ✆ 04 50 73 56 46 - www.gentianettes.fr - Ouvert de mi-juin à mi-sept. et de mi-déc. à fin mars

Les Gentianettes - voir les restaurants ci-dessus

L'Ensoleillé

FAMILIAL • FONCTIONNEL Aux commandes de ce chalet ? Une famille dynamique qui entretient de belles chambres spacieuses, au style contemporain et montagnard ; pour se remettre en forme, on profite d'un hammam et d'une piscine couverte. Un agréable moment !

35 chambres - 95/155 € 100/190 € - 14 € - ½ P

- ✆ 04 50 73 50 42 - www.hotel-ensoleille.com - Ouvert de mi-mai à mi-sept. et de mi-déc. à mi-avril

L'Ensoleillé - voir les restaurants ci-dessus

LA CHAPELLE-DES-MARAIS

✉ 44410 (Loire-Atlantique) - 3 901 hab. - Alt. 5 m - Carte régionale n° **18**-A2
▶ Paris 442 km - Nantes 67 km - Rennes 96 km - Vannes 53 km
Carte Michelin 316-C3 - Guide Vert Michelin Pays de la Loire

Le Penlys

CUISINE TRADITIONNELLE • AUBERGE De cet ancien "routier" au cœur d'un village de Brière, ses actuels propriétaires ont su faire un petit restaurant sans prétention, mais tout à fait sérieux : on y apprécie des recettes traditionnelles cuisinées sans chichis, dans une ambiance familiale qui va bien au décor, tout simple. Prix raisonnables.

Menu 17 € (déj. en semaine), 19/31 €

41 r. de Penlys - ✆ 02 40 53 91 44 - www.restaurantlepenlys.com - Fermé 21-28 août, 22 déc.-3 janv., lundi et le soir

LA CHAPELLE-EN-SERVAL

✉ 60520 (Oise) - 2 946 hab. - Alt. 104 m - Carte régionale n° **19**-B3
▶ Paris 41 km - Beauvais 64 km - Chantilly 10 km - Compiègne 43 km
Carte Michelin 305-G6

L'Opéra

CUISINE MODERNE • ÉLÉGANT Un lieu superbe, au charme très classique : l'ancienne salle de bal du château, construite en rotonde et ornée de boiseries, lustres à pendeloques, etc. La cuisine gastronomique, fine et délicate, y magnifie de délicieux produits de saison.

Menu 75/105 € - Carte 72/104 €

Hôtel Mont Royal, 1 km à l'Est par D118, rte de Plailly - ✆ 03 44 54 50 91 - http://montroyal-chantilly.tiara-hotels.com - Fermé août, vacances scolaires, dim., lundi et le midi

Mont Royal

DEMEURE HISTORIQUE • HISTORIQUE Ce superbe château de 1909 se dresse au milieu d'un grand parc arboré et s'inspire des châteaux du 18e s. Dès l'entrée, hauts plafonds, miroirs et mobilier de style donnent le ton : luxe et raffinement. Un havre de paix !

104 chambres - 🚹250/410 € 🚹🚹250/410 € - 4 suites - ☕ 32 € - ½ P

1 km à l'Est par D118, rte de Plailly - ✆ 03 44 54 50 50 - http://montroyal-chantilly.tiara-hotels.com

L'Opéra - voir les restaurants ci-dessus

LA CHAPELLE-ST-MESMIN - 45 (Loiret) ➜ Voir Orléans

LA CHAPELLE-TAILLEFERT - 23 (Creuse) ➜ Voir Guéret

CHARBONNIÈRES-LES-BAINS - 69 (Rhône) ➜ Voir Lyon

CHARETTE

✉ 38390 (Isère) - 469 hab. - Alt. 250 m - Carte régionale n° **23**-B1
▶ Paris 479 km - Aix-les-Bains 68 km - Belley 39 km - Grenoble 100 km
Carte Michelin 333-F3

Auberge du Vernay

CUISINE MODERNE • TRADITIONNEL Perdue en pleine campagne, au grand calme, cette ferme du 18e s. dégage une atmosphère campagnarde authentique et conviviale. On y déguste une cuisine imaginative et pleine de saveurs, réalisée par un chef qui prouve chaque jour qu'il a un beau parcours derrière lui...

Formule 14 € - Menu 29 € (semaine)/52 € - Carte 42/54 €

7 chambres - 🚹70/76 € 🚹🚹70/76 € - ☕ 9 €

2411 rte d'Optevoz, D52 - ✆ 04 74 88 57 57 - www.auberge-du-vernay.fr - Fermé dim. soir et lundi sauf hôtel

CHARLEVILLE-MÉZIÈRES

✉ 08000 (Ardennes) - 49 759 hab. - Agglo. 60 979 hab. - Alt. 145 m
- Carte régionale n° **7**-B1
Paris 230 km - Luxembourg 168 km - Reims 85 km - Sedan 26 km
Carte Michelin 306-K4 - Guide Vert Michelin Champagne Ardenne

La Table d'Arthur "R"

CUISINE MODERNE • CONVIVIAL Cette table à la mode propose deux formules. Recettes traditionnelles et beaux flacons dans la cave voûtée ; au rez-de-chaussée, bistrot contemporain et grands classiques (tête de veau, steak tartare, etc.). Décontracté et original !

Formule 15 € - Menu 28/33 € - Carte 32/51 €

Plan : B1-a - *9 r. Bérégovoy - 03 24 57 05 64 - www.latabledarthur.fr - Fermé vacances de printemps, 3 semaines en août, lundi soir, merc. soir, dim. et fériés*

La Clef des Champs

CUISINE MODERNE • COSY Prenez la clef des champs près de la place Ducale, vous tomberez sous le charme de cette demeure du 17e s. Parquet, briques et poutres apparentes séduisent, tout comme la belle gastronomie contemporaine, teintée de touches japonisantes.

Formule 15 € - Menu 20 € (déj. en semaine), 27/57 € - Carte 52/82 €

Plan : B1-e - *33 r. du Moulin - 03 24 56 17 50 - www.laclefdeschamps.fr - Fermé dim. soir et merc.*

La Papillote

CUISINE TRADITIONNELLE • TENDANCE Tout près de la place Ducale, en face du théâtre, ce bistrot est aussi moderne dans son décor - résolument moderne - que traditionnel dans l'assiette : le chef utilise volontiers les produits du terroir pour composer ses assiettes. Deux suites confortables pour l'étape.

Menu 22 € (déj. en semaine), 30/38 € - Carte 35/65 €

Plan : AB1-b - *6 pl. du Théatre - 03 24 37 41 34 - www.lapapillote08.fr - Fermé 2 semaines en août, 2 semaines en janv., dim. soir, mardi soir et lundi*

Amorini

CUISINE ITALIENNE • SIMPLE Un petit restaurant italien, sur la place Ducale, avec un menu au diapason : antipasti, charcuterie, bonnes pâtes et vins transalpins. Il y a même une petite épicerie ouverte pendant le service !

Carte 23/31 €

Plan : B1-t - *46 pl. Ducale - 03 24 37 48 80 - Fermé 9-24 avril, 3 semaines en août, dim., lundi et le soir sauf vend. et sam.*

Le Dormeur du Val

URBAIN • DESIGN Ode à la poésie rimbaldienne dans cette ancienne imprimerie... Ici, le design et l'originalité arty sont de mise ; les chambres se font "Rime", "Strophe" ou "Poème".

17 chambres - 71/180 € 71/180 € - 13 €

Plan : B1-d - *32 bis r. de la Gravière - 03 24 42 04 30 - www.hotel-dormeur-du-val.com*

Kyriad

HÔTEL DE CHAÎNE • FONCTIONNEL Un hôtel récent situé à quelques minutes à pied du centre-ville. Les chambres y sont confortables et fonctionnelles. Buffet au petit-déjeuner. Enfin, les clients disposent d'un garage : pratique !

54 chambres - 68/140 € 68/140 € - 10 €

Plan : A1-n - *pl. Bozzi - 03 24 26 32 32 - www.kyriad.fr*

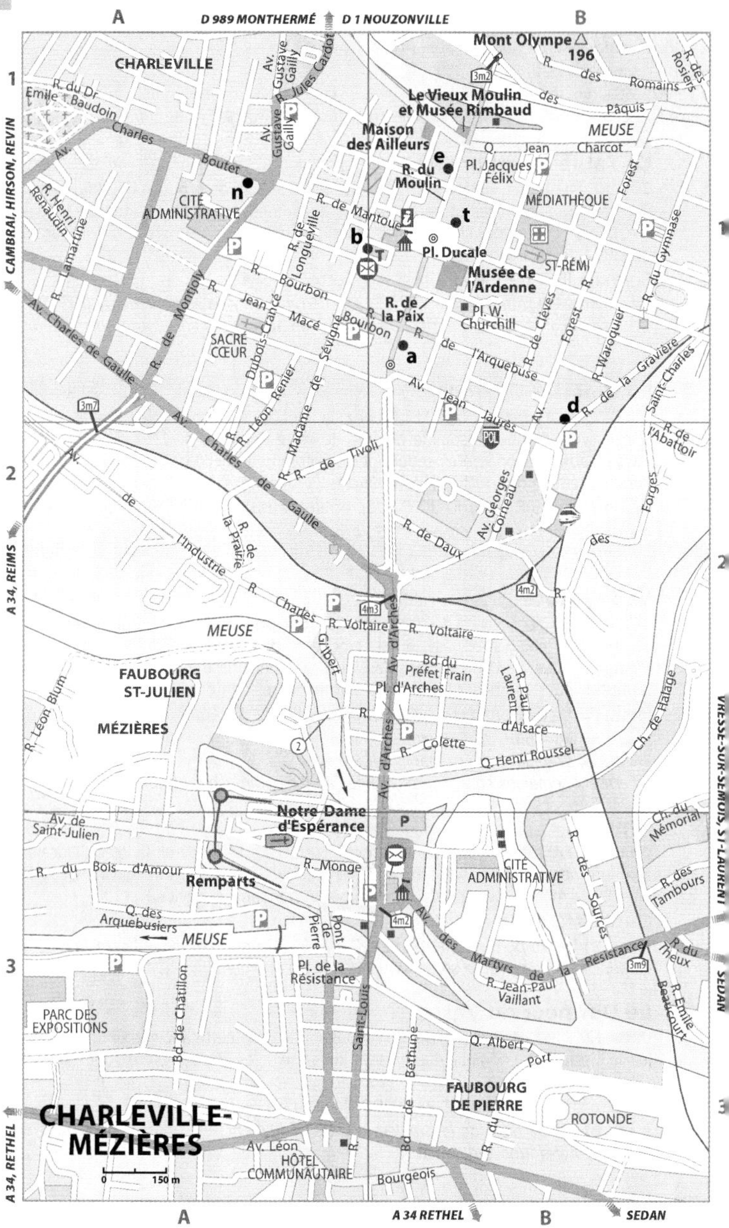
A
D 989 MONTHERMÉ
D 1 NOUZONVILLE
B
1
2
3
CAMBRAI, HIRSON, REVIN
A 34, REIMS
A 34, RETHEL
A 34 RETHEL
SEDAN
VRESSE-SUR-SEMOIS, ST-LAURENT
CHARLEVILLE
Mont Olympe 196
Le Vieux Moulin et Musée Rimbaud
Maison des Ailleurs
R. du Moulin
Pl. Jacques Félix
MEUSE
Q. Jean Charcot
R. des Romains
R. des Pâquis
R. des Rosiers
MÉDIATHÈQUE
Pl. Ducale
Musée de l'Ardenne
ST-RÉMI
R. de la Paix
Pl. W. Churchill
R. de Mantoue
R. Bourbon
R. Jean Macé
SACRÉ CŒUR
CITÉ ADMINISTRATIVE
R. du Dr Emile Baudoin
Av. Charles Boutet
Av. Gustave Gailly
R. Jules Cardot
R. Henri Renaudin
R. Lamartine
R. de Montjoly
R. de Longueville
R. Dubois-Crancé
R. Léon Renier
R. Madame de Sévigné
R. de Tivoli
R. de l'Arquebuse
Av. Jean Jaurès
R. de Clèves
R. Forest
R. Waroquier
R. du Gymnase
R. de la Gravière
R. Saint-Charles
R. de l'Abattoir
Av. Charles de Gaulle
Av. de l'Industrie
R. de la Prairie
R. de Daux
Av. Georges Corneau
R. des Forges
R. Charles Gilbert
R. Voltaire
Bd du Préfet Frain
Pl. d'Arches
Av. d'Arches
R. Paul Laurent
R. d'Alsace
R. Colette
Q. Henri Roussel
Ch. de Halage
FAUBOURG ST-JULIEN
MÉZIÈRES
R. Léon Blum
Notre-Dame d'Espérance
Remparts
Av. de Saint-Julien
R. du Bois d'Amour
R. Monge
Q. des Arquebusiers
MEUSE
Pont de Pierre
CITÉ ADMINISTRATIVE
R. des Sources
Ch. du Mémorial
R. des Tambours
Av. des Martyrs de la Résistance
R. du Theux
R. Jean-Paul Vaillant
R. Emile Beaucourt
Pl. de la Résistance
R. Saint-Louis
PARC DES EXPOSITIONS
Bd de Châtillon
Q. Albert / Port
Bd de Béthune
FAUBOURG DE PIERRE
ROTONDE
Av. Léon Bourgeois
HÔTEL COMMUNAUTAIRE
CHARLEVILLE-MÉZIÈRES
0 150 m
3m2
3m7
4m2
4m3
3m9
a
b
d
e
n
t

à Montcy-Notre-Dame 4 km au Nord par D1 – ✉ 08090 – 1 607 hab. – Alt. 144 m

L'Auberge du Laminak

CUISINE MODERNE • AUBERGE XX Dans cette charmante auberge en lisière de forêt, le Pays basque – origine du chef – rencontre les beaux produits des Ardennes. Résultat, des recettes savoureuses, parfaitement maîtrisées, telle cette entrée pleine de fraîcheur, associant crabe, avocat et gaspacho, ou cette côte de veau aux girolles et pommes grenaille...

Menu 16 € (déj. en semaine)/30 € – Carte 35/45 €

3 chambres – 75/95 € 75/95 €

rte de Nouzonville
– ✆ 03 24 33 37 55 (réservation conseillée) – www.auberge-ardennes.com
– Fermé 9-31 août, dim. soir, merc. soir et lundi

CHARLIEU

✉ 42190 (Loire) – 3 705 hab. – Alt. 265 m – Carte régionale n° **23**-A1
Paris 398 km – Mâcon 77 km – Roanne 18 km – St-Étienne 102 km
Carte Michelin 327-E3 – Guide Vert Michelin Bourgogne

Relais de l'Abbaye

CUISINE MODERNE • ÉPURÉ XX Ce Relais de facture moderne, ouvert sur les prés environnants, est bien ancré dans son terroir. Aux fourneaux, on trouve un jeune chef passionné de beaux produits, qui célèbre la production régionale (andouille de Charlieu, viande charolaise, fromage, etc.) dans des assiettes généreuses et soignées.

Menu 20 € (déj. en semaine), 26/69 € – Carte 39/97 €

415 rte du Beaujolais – ✆ 04 77 60 00 88
– www.relais-abbaye.fr

Relais de l'Abbaye

FAMILIAL • CONTEMPORAIN Un hôtel moderne à la sortie de la localité, avec sur l'arrière un grand jardin verdoyant (jeux pour les enfants). Deux générations de chambres coexistent : préférez les plus récentes, même si toutes sont bien tenues. Une bonne étape.

30 chambres – 55/185 € 55/185 € – 13 €

415 rte du Beaujolais – ✆ 04 77 60 00 88 – www.relais-abbaye.fr

Relais de l'Abbaye – voir les restaurants ci-dessus

rte de Pouilly 2,5 km au Sud-Ouest par D487 et rte secondaire

L'Atelier Rongefer

CUISINE MODERNE • CONTEMPORAIN XX Carine et Fabien Gautier ont su marier l'esprit industriel de cette ancienne usine textile – poutrelles métalliques, verrière zénithale – et le confort d'un intérieur très contemporain : une vraie réussite. On y apprécie toujours une cuisine gastronomique vive et colorée, réglée sur les saisons, dont un menu homard.

Formule 18 € – Menu 22 € (déj. en semaine), 33/69 € – Carte 44/74 €

22 r. Jean-Jaurès
– ✆ 04 77 60 01 57 – www.atelierrongefer.fr
– Fermé 20 fév.-10 mars, 16 août-10 sept., dim. soir, mardi et merc.

CHARMES

✉ 88130 (Vosges) – 4 653 hab. – Alt. 282 m – Carte régionale n° **14**-C3
Paris 381 km – Épinal 31 km – Lunéville 40 km – Nancy 43 km
Carte Michelin 314-F2

à Chamagne 4 km au Nord par D9 – ✉ 88130 – 457 hab. – Alt. 265 m

Le Chamagnon

CUISINE MODERNE • CONTEMPORAIN Dans le village de Claude Gellée dit Le Lorrain, ce bistrot chaleureux propose une cuisine privilégiant le terroir – fricassée de rognons de veau, tournedos de magret, menu truffe ou cèpes, etc. – comme la modernité – sashimis de thon, par exemple. Le point commun de tout cela ? La qualité des produits et de jolis vins !

Menu 12 € (déj. en semaine), 23/60 € – Carte 40/50 €

236 r. du Patis – ✆ 03 29 38 14 74 – www.lechamagnon.fr – Fermé 10-24 juil., 17 oct.-2 nov., mardi soir, merc. soir, dim. soir et lundi

à Vincey 4 km au Sud-Est par N57 – ✉ 88450 – 2 244 hab. – Alt. 297 m

Relais de Vincey

TRADITIONNEL • FONCTIONNEL Cet hôtel est dans la famille depuis les années 1960, et n'a pas cessé d'évoluer depuis ! Deux piscines (extérieure et intérieure), des chambres fonctionnelles (les plus récentes sont spacieuses et contemporaines), un court de tennis et des VTT à disposition... Cuisine traditionnelle au restaurant.

41 chambres – 66/110 € 76/149 € – 13 € – ½ P

33 r. de Lorraine – ✆ 03 29 67 40 11 – www.relaisdevincey.fr

CHARMES-SUR-RHÔNE

✉ 07800 (Ardèche) – 2 534 hab. – Alt. 112 m – Carte régionale n° **23**-B3
Paris 571 km – Crest 23 km – Montélimar 44 km – Valence 11 km
Carte Michelin 331-K4 – Guide Vert Michelin Ardèche Drôme

Le Carré d'Alethius (Olivier Samin)

CUISINE MODERNE • TENDANCE Au cœur du village, cette table vit au rythme de la cuisine d'Olivier Samin, jeune chef expérimenté (ancien second d'Anne-Sophie Pic à Valence). Il compose ici une cuisine au gré du marché, avec un sacré sens de l'équilibre : cuissons précises, veloutés et crèmes d'une légèreté aérienne... Carrément délicieux !

→ Boudin blanc de volaille à la truffe noire et émulsion de pomme de terre. Pigeon de la Drôme, jus réduit au miel de tournesol et au sésame torréfié, légumes cuits au foin. Coque meringuée pêche et abricot, fraîcheur de verveine.

Formule 22 € – Menu 28 € (déj. en semaine), 50/94 € – Carte environ 80 €
9 chambres – 75/105 € 75/125 € – 11 €

4 r. Paul-Bertois – ✆ 04 75 78 30 52 – www.lecarredalethius.com – Fermé 20 fév.-6 mars, 21 août-4 sept., 1er-8 janv., dim. soir, mardi midi, merc. midi et lundi

CHARNY-SUR-MEUSE – 55 (Meuse) → Voir Verdun

CHAROLLES

✉ 71120 (Saône-et-Loire) – 2 773 hab. – Alt. 279 m – Carte régionale n° **4**-C3
Paris 374 km – Autun 80 km – Chalon-sur-Saône 67 km – Mâcon 55 km
Carte Michelin 320-F11 – Guide Vert Michelin Bourgogne

Frédéric Doucet

CUISINE MODERNE • ÉLÉGANT Le jeune chef a repris le restaurant familial il y a quelques années et, à force de passion, l'a fait entrer de plain-pied dans le 21e siècle. On passe un beau moment à cette table où techniques classiques et produits de tradition (le bœuf charolais, évidemment) se déclinent avec finesse et imagination.

→ Œufs en meurette à ma façon. Entrecôte charolaise maturée 40 jours. Baba au rhum flambé devant vous.

Menu 32 € (semaine), 80/95 € – Carte 70/120 €

Hôtel de la Poste, 2 av. de la Libération (près de l'église) – ✆ 03 85 24 11 32 – www.hotel-laposte-doucet.com – Fermé 1 semaine en fév., 2 semaines en nov., dim. soir et lundi

Hôtel de la Poste

FAMILIAL • CONTEMPORAIN Cet hôtel-restaurant jouit d'une solide réputation - méritée - dans la région. Les chambres, réparties dans plusieurs maisons, sont spacieuses et résolument contemporaines ; le petit-déjeuner, copieux, permet de découvrir les fromages et charcuteries locales !

19 chambres - 130/320 € 130/320 € - 17 €

2 av. de la Libération (près de l'église) - ✆ 03 85 24 11 32 - www.hotel-laposte-doucet.com - Fermé 1 semaine en fév., 2 semaines en nov., dim. soir et lundi

Frédéric Doucet - voir les restaurants ci-dessus

Le Clos de l'Argolay

MAISON DE MAÎTRE • PERSONNALISÉ Dans la "Petite Venise" charolaise, une belle demeure du 18e s. avec son jardin odorant, ses suites et son duplex rivalisant de charme. Au petit-déjeuner, on se régale du bon chèvre de la fromagerie familiale... quoi de plus bucolique ?

3 chambres - 95/105 € 115/125 €

21 quai de la Poterne - ✆ 03 85 24 10 23 - www.closdelargolay.fr - Fermé déc.-janv.

CHARQUEMONT

25140 (Doubs) - 2 515 hab. - Alt. 864 m - Carte régionale n° **9**-C2

Paris 478 km - Basel 98 km - Belfort 66 km - Besançon 75 km

Carte Michelin 321-K3

Au Bois de la Biche

CUISINE TRADITIONNELLE • CONVIVIAL XX Avis aux amoureux de la montagne : en pleine nature, cet hôtel-restaurant offre une vue incomparable sur la vallée du Doubs et le Jura suisse... La cuisine est à la hauteur, au cœur de belles saveurs de la région ! Et qui sait, entre deux bouchées, peut-être apercevrez-vous une biche sortant du bois ? Accueil charmant.

Menu 24 € (semaine), 36/48 € - Carte 34/61 €

3 chambres - 67 € 67 € - 8,50 €

5 km au Sud-Est par D10E et rte secondaire - ✆ 03 81 44 01 82 - www.boisdelabiche.fr - Fermé 2 janv.-4 fév., dim. soir sauf juil.-août et lundi

CHARROUX

03140 (Allier) - 388 hab. - Alt. 420 m - Carte régionale n° **3**-B1

Paris 344 km - Clermont-Ferrand 61 km - Montluçon 68 km - Moulins 52 km

Carte Michelin 326-F5 - Guide Vert Michelin Auvergne

Ferme Saint-Sébastien

CUISINE MODERNE • AUBERGE XX Dans cette authentique ferme bourbonnaise du milieu du 19 e s., entièrement rénovée, il fait bon s'attabler autour des petits plats concoctés par la maîtresse des lieux... On y apprécie une cuisine d'aujourd'hui fleurant bon le terroir. Une bonne adresse.

Formule 17 € - Menu 26 € (semaine), 31/53 € - Carte 30/50 €

chemin de Bourion - ✆ 04 70 56 88 83 (réservation conseillée) - www.fermesaintsebastien.fr - Fermé 26 juin-6 juil., 18 déc.-24 janv., mardi sauf juil.-août et lundi

La Table du Prince

CUISINE MODERNE • AUBERGE X Dans ce beau village médiéval, prenez place à la table du Prince, dans une maison dont les vieilles pierres et le décor racontent cinq siècles d'histoire (13e - 18e s.). On y propose une alléchante cuisine du marché, composée par un chef connaissant son métier sur le bout des doigts. Une délicieuse étape.

Formule 20 € - Menu 27/65 € - Carte 40/75 €

5 chambres - 74/160 € 79/160 €

1 r. Poulaillerie - ✆ 04 70 56 81 36 - www.maison-conde.com - Fermé 1er-15 oct., 2 janv.-10 fév., lundi et mardi d'oct. à Pâques, jeudi de Pâques à sept. et merc.

à Valignat 8 km à l'Ouest sur D183 - ✉ 03330 - 80 hab. - Alt. 420 m

Château de l'Ormet

TRADITIONNEL • PERSONNALISÉ "Champêtre", "Renaissance", "Romantique"... les chambres de cette gentilhommière bourbonnaise du 18e s. ont du caractère ! Toutes donnent sur le parc, où s'épanouit un potager bio et un insolite miniréseau ferroviaire, la passion du patron.

3 chambres ☕ - 🚹85 € 🚹🚹92 €

L'Ormet - ✆ 04 70 58 57 23 - www.chateaudelormet.com - Ouvert juil.-août

CHARTRES

✉ 28000 (Eure-et-Loir) - 38 889 hab. - Agglo. 89 103 hab. - Alt. 142 m
- Carte régionale n° **6**-B1

▶ Paris 89 km - Évreux 78 km - Le Mans 120 km - Orléans 80 km

Carte Michelin 311-E5 - Guide Vert Michelin Île-de-France

Le Georges

CUISINE MODERNE • COSY XXX Cette table a su garder le goût feutré de la tradition. Le cadre est cossu, idéal pour la gastronomie classique que l'on vient y goûter. L'accent est mis sur de beaux produits, souvent locaux, et sur les grands crus.
➜ Pâté en croûte au foie gras de canard "Pantin de Chartres". Côte de veau Grand Monarque. Soufflé chaud au Grand Marnier.

Menu 54/95 € - Carte 80/95 €

Plan : A2-e - *Hôtel Le Grand Monarque, 22 pl. des Épars - ✆ 02 37 18 15 15 - www.monarque.fr - Fermé dim. et lundi*

Le St-Hilaire

CUISINE CLASSIQUE • RUSTIQUE XX Prenez un jeune couple, installez-le dans une vieille bâtisse du 16e s., à deux pas de l'église St-Pierre, et goûtez la savoureuse cuisine traditionnelle qu'ils réalisent avec de bons produits régionaux : ris de veau, fromage de la ferme, escargots du Perche... Priorité à la fraîcheur !

Formule 19 € - Menu 30/47 € - Carte 36/50 €

Plan : B2-g - *11 r. du Pont St-Hilaire - ✆ 02 37 30 97 57 (réservation conseillée) - www.restaurant-saint-hilaire.fr - Fermé 14-30 août, 1er-9 janv., dim. et lundi*

Esprit Gourmand

CUISINE TRADITIONNELLE • BISTRO X Dans une petite rue proche de la cathédrale, cet accueillant bistrot, tenu par un jeune couple charmant, a vraiment l'esprit gourmand. Cuisine traditionnelle à déguster dans le calme de la cour intérieure quand le temps le permet.

Menu 25 € - Carte 28/47 €

Plan : A1-h - *6 r. du Cheval-Blanc - ✆ 02 37 36 97 84 - Fermé 31 mars-20 avril, 3 semaines en oct., dim. soir, lundi et mardi*

La Cour du Monarque

CUISINE TRADITIONNELLE • BISTRO X Il faut traverser le hall de l'hôtel du Grand Monarque pour entrer dans sa "Cour". On vient dans cette jolie salle sous verrière pour savourer une cuisine de saison misant sur les beaux produits.

Formule 26 € 🍷 - Menu 30 € 🍷 (déj. en semaine) - Carte 27/70 €

Plan : A2-e - *Hôtel Le Grand Monarque, 22 pl. des Épars - ✆ 02 37 18 15 07 - www.monarque.fr*

Le Grand Monarque

SPA ET BIEN-ÊTRE • PERSONNALISÉ L'hôtel de tradition par excellence, déjà recommandé par le guide Michelin 1900 ! Chambres spacieuses, élégantes et contemporaines, ou plus classiques. Un tour au luxueux spa s'impose avant d'aller dîner au Georges.

58 chambres - 🚹149 € 🚹🚹275 € - 6 suites - ☕16 €

Plan : A2-e - *22 pl. des Épars - ✆ 02 37 18 15 15 - www.monarque.fr*

Le Georges • **La Cour du Monarque** - voir les restaurants ci-dessus

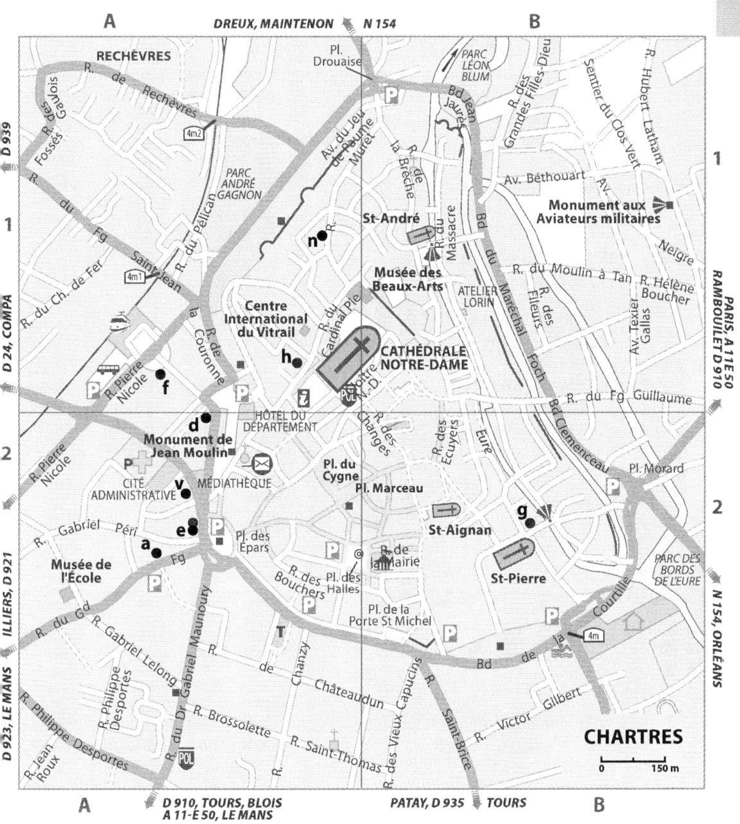

Jehan de Beauce

URBAIN · ART DÉCO Dans cet hôtel Art déco, situé dans le centre-ville de Chartres, les chambres évoquent l'élégance des années 1930 : tout simplement charmant ! Espace détente et massage au sous-sol.

34 chambres – 🚹105/195 € 🚹🚹105/240 € – 1 suite – ☕16 €

Plan : A1-f – *1 pl. Pierre-Semard* – *✆ 02 37 21 01 41* – *www.jehandebeauce.fr*

Mercure Cathédrale

HÔTEL DE CHAÎNE · CONTEMPORAIN Une situation avantageuse en centre-ville, des chambres modernes et bien insonorisées (avec vue sur la cathédrale pour la catégorie Privilège) : cet hôtel récent a de nombreux atouts. La nuit, on remarque de loin sa façade illuminée.

67 chambres – 🚹98/250 € 🚹🚹98/250 € – ☕15 €

Plan : A2-v – *3 r. du Gén.-Koenig* – *✆ 02 37 33 11 11* – *www.mercure.com*

Le Bœuf Couronné

URBAIN · PERSONNALISÉ Existant depuis 1900, tenu par la même famille depuis 1953, cet établissement chartrais fait figure d'institution... Les chambres, de style classique, sont confortables et bien tenues ; on commence la soirée au bar avant de profiter du sympathique restaurant !

17 chambres – 🚹77/96 € 🚹🚹89/121 € – ☕10 € – ½ P

Plan : A2-d – *15 pl. Châtelet* – *✆ 02 37 18 06 06* – *www.leboeufcouronne.com* – *Fermé 23 déc.-9 janv. et dim. soir de nov. à avril*

Maison Ailleurs

URBAIN • COSY Au cœur de la ville, à deux pas de la cathédrale et du quartier piéton, cet ancien évêché reconverti en maison d'hôte de charme (adorable jardin de roses) offre trois chambres au confort moderne. Fermez les yeux, respirez : seul le tintement des cloches parviendra jusqu'à vous...

3 chambres - 125/179 € 135/179 €

Plan : A1-n - *17 r. Muret - 06 09 47 75 48 - www.maisonailleurs.com*

LA CHARTRE-SUR-LE-LOIR

72340 (Sarthe) - 1 466 hab. - Alt. 55 m - Carte régionale n° **18**-D2

Paris 217 km - La Flèche 57 km - Le Mans 49 km - St-Calais 30 km

Carte Michelin 310-M8 - Guide Vert Michelin Pays de la Loire

Hôtel de France

TRADITIONNEL • PERSONNALISÉ Au bord du Loir, l'un de ces hôtels-restaurants traditionnels bien appréciés des touristes étrangers : il y règne en effet une authentique atmosphère vieille France. Les chambres, toutes rénovées, ne manquent pas de cachet – lits à baldaquin, mobilier chiné...

21 chambres - 85/140 € 85/140 € - 10 € - ½ P

20 pl. de la République - 02 43 44 40 16 - www.lhoteldefrance.fr - Fermé 26 déc.-11 janv.

CHASSAGNE-MONTRACHET

21190 (Côte-d'Or) - 330 hab. - Alt. 200 m - Carte régionale n° **4**-A3

Paris 327 km - Beaune 16 km - Dijon 64 km - Lons-le-Saunier 125 km

Carte Michelin 320-I8

Ed.Em (Edouard Mignot)

CUISINE MODERNE • ÉLÉGANT XX Ed.Em ? La contraction d'Édouard et Émilie, qui ont investi les locaux de l'ancien restaurant Chassagne. Lui, jeune chef au bon parcours, allie personnalité et subtilité dans de savoureux menus, où la délicatesse est toujours au rendez-vous ; elle, pâtissière, garantit des fins de repas délicieuses. On accourt !

➜ Émietté de tourteau breton sur un fine gelée de tomate, glace de tagète. Maigre de ligne aux coquillages, fines feuilles de gaudes à l'huile de pistache. Chocolat Caraïbes en déclinaison, crémeux et glace à la reine-des-prés.

Formule 35 € - Menu 42 € (semaine), 60/100 € - Carte 90/110 €

4 impasse Chenevottes - 03 80 21 94 94 - www.restaurant-edem.com - Fermé 1 semaine en août, 1 semaine vacances de Noël, lundi et mardi

Château de Chassagne-Montrachet

DEMEURE HISTORIQUE • DESIGN Les amateurs d'œnotourisme se réjouiront de découvrir ce ravissant château (fin 18e s.) et de visiter ses magnifiques caves, datant des 11e et 14e s. Les belles chambres mêlent mobilier design et vieilles pierres ; expositions d'art contemporain dans les salons.

5 chambres - 275 € 275 €

5 chemin du Château - 03 80 21 98 57 - www.chateaudechassagnemontrachet.com - Fermé 23 déc.-2 janv.

CHASSELAY

69380 (Rhône) - 2 687 hab. - Alt. 220 m - Carte régionale n° **24**-E1

Paris 443 km - L'Arbresle 15 km - Lyon 21 km - Villefranche-sur-Saône 18 km

Carte Michelin 327-H4

✿✿ Guy Lassausaie

CUISINE MODERNE • ÉLÉGANT XXXX Ce restaurant a été créée en 1906 par l'arrière-grand-père du chef, du temps où l'on jouait aux boules à côté de la maison, entre deux services... Aujourd'hui, Guy Lassausaie propose une cuisine d'une grande finesse, revisitant les classiques et magnifiant les saveurs. Et la carte des vins réserve de belles surprises !

→ Gâteau de tourteau et d'avocat, velouté de brebis à la menthe fraîche. Filet de pigeon rôti, galette de sarrasin et cuisses confites au thym citron. Carpaccio d'ananas à la badiane, dacquoise coco, sorbet et tuile de pomme de terre.

Menu 69/120 € - Carte 80/90 €

r. de Belle-Sise - ✆ 04 78 47 62 59 - www.guy-lassausaie.com - Fermé 20 fév.-1er mars, 31 juil.-24 août, mardi et merc.

CHASSE-SUR-RHÔNE - 38 (Isère) → Voir Vienne

CHASTELLUX-SUR-CURE - 89 (Yonne) → Voir Avallon

CHÂTEAU-ARNOUX-ST-AUBAN

✉ 04160 (Alpes-de-Haute-Provence) - 5 184 hab. - Alt. 440 m - Carte régionale n° **21**-C2

▶ Paris 719 km - Digne-les-Bains 26 km - Forcalquier 30 km - Manosque 42 km

Carte Michelin 334-E8 - Guide Vert Michelin Alpes du Sud

✿ La Bonne Étape (Jany Gleize)

CUISINE PROVENÇALE • ÉLÉGANT XXX On y apprécie une partition classique, à la croisée de la tradition gastronomique française et des incontournables de la cuisine provençale. Le cadre - belle interprétation bourgeoise du répertoire local - ajoute à l'agrément du moment.

→ Calmar farci aux herbes vertes et aux pignons de pin. Agneau de Sisteron rôti à feu d'enfer, jus aux herbes de la garrigue. Crème glacée au miel de lavande dans sa ruche.

Menu 35 € (déj.), 75/115 € - Carte 70/100 €

chemin du Lac - ✆ 04 92 64 00 09 - www.bonneetape.com - Fermé 2 janv.-10 fév., lundi et mardi hors saison sauf fériés

La Magnanerie

CUISINE MODERNE • ÉLÉGANT XX Une équipe jeune et passionnée fait souffler un vent de modernité sur cet hôtel-restaurant : à midi, une formule bistrot, le soir, des recettes plus créatives, et maîtrisées. Idéal pour les pressés comme pour les gourmets.

Formule 24 € - Menu 35/89 € - Carte 57/83 €

9 chambres - †78/110 € ††78/110 € - ☕ 13 €

Les Fillières, 2 km au Nord par N85 - ✆ 04 92 62 60 11 - www.la-magnanerie.net - Fermé 26 fév.-13 mars, 22 oct.-6 nov., 24-30 déc., dim. soir d'oct. à juin et lundi

Au Goût du Jour

CUISINE PROVENÇALE • VINTAGE X Ne cherchez pas des plats particulièrement au goût du jour... Ici, le chef réalise une goûteuse cuisine du terroir. Dans l'assiette, les produits du marché et du jardin défilent au gré des saisons. Cadre tout en simplicité, aux couleurs de la Provence.

Menu 20 € - Carte 23/37 €

14 av. du Gén.-de-Gaulle - ✆ 04 92 64 48 48 - www.bonneetape.com/bistrot.html - Fermé 2 janv.-10 fév.

La Bonne Étape

FAMILIAL • CLASSIQUE Comment ne pas tomber sous le charme de cette demeure du 18e s. qui fleure bon la Provence ? Un beau jardin fleuri, un grand potager bio, des chambres spacieuses, du mobilier d'époque : une Bonne Étape dont on ne veut repartir !

18 chambres - †150/170 € ††175/590 € - ☕ 24 € - ½ P

chemin du Lac - ✆ 04 92 64 00 09 - www.bonneetape.com - Fermé 2 janv.-10 fév.

✿ **La Bonne Étape** - voir les restaurants ci-dessus

CHÂTEAUBOURG

⊠ 35220 (Ille-et-Vilaine) - 6 310 hab. - Alt. 50 m - Carte régionale n° **5**-D2
Paris 329 km - Angers 114 km - Châteaubriant 52 km - Fougères 44 km
Carte Michelin 309-N6

Ar Milin' - Le Restaurant Panoramique

CUISINE TRADITIONNELLE • DESIGN Dans cet ancien moulin, on profite d'une vue panoramique sur la Vilaine et l'immense parc. Vous passerez devant la cuisine ouverte avant de rejoindre une salle au cadre moderne et coloré, cohabitant avec de vieilles poutres. Le menu change tous les mois.

Menu 29/39 € - Carte 33/47 €

30 r. de Paris - ✆ 02 99 00 30 91 - www.armilin.com - Fermé 18 déc.-3 janv., dim. soir d'oct. à mars et sam. midi

Ar Milin'

TRADITIONNEL • FONCTIONNEL Un authentique moulin en pierre du 19e s., un parc immense où sont disséminées de monumentales œuvres d'art contemporain... et des chambres cosy réparties dans deux bâtiments (préférez cependant celles du moulin) : une douce idée de la tranquillité !

32 chambres - †90/144 € ††100/220 € - ☕ 13 € - ½ P

30 r. de Paris - ✆ 02 99 00 30 91 - www.armilin.com - Fermé 18 déc.-3 janv. et week-ends d'oct. à mars

Ar Milin' - Le Restaurant Panoramique - voir les restaurants ci-dessus

CHÂTEAU-CHALON

⊠ 39210 (Jura) - 153 hab. - Alt. 420 m - Carte régionale n° **9**-B3
Paris 409 km - Besançon 73 km - Dole 51 km - Lons-le-Saunier 14 km
Carte Michelin 321-D6 - Guide Vert Michelin Franche-Comté Jura

Le Relais des Abbesses

FAMILIAL • PERSONNALISÉ Les propriétaires ont craqué pour cette maison de village surplombant les vignes et la vallée. Les chambres, baptisées Agnès, Marguerite et Eugénie offrent une superbe vue sur la Bresse ; Violette fait les yeux doux à Château-Chalon... Du cachet !

5 chambres ☕ - †75/90 € ††95/110 €

36 r. de la Roche - ✆ 03 84 44 98 56 - www.relais-des-abbesses.fr

LE CHÂTEAU D'OLÉRON

17 (Charente-Maritime) → Voir Île d'Oléron

CHÂTEAU-D'OLONNE

85 (Vendée) → Voir Sables-d'Olonne

CHÂTEAUDUN

⊠ 28200 (Eure-et-Loir) - 13 039 hab. - Alt. 140 m - Carte régionale n° **6**-B2
Paris 131 km - Blois 57 km - Chartres 45 km - Orléans 53 km
Carte Michelin 311-D7 - Guide Vert Michelin Châteaux de la Loire

Aux Trois Pastoureaux

CUISINE TRADITIONNELLE • CLASSIQUE Si Jean-François Lucchese est un ancien pâtissier, il se définit surtout comme un "artisan du goût", soucieux des associations d'ingrédients, des cuissons et des assaisonnements. Ses recettes pétillent de saveurs ! Le "menu médiéval" plonge droit dans la tradition...

Formule 22 € - Menu 27 € (semaine), 30/65 € - Carte 35/77 €

31 r. André-Gillet - ✆ 02 37 45 74 40 - www.aux-trois-pastoureaux.fr - Fermé 1er-22 août, mardi midi, dim. et lundi

Entre Beauce et Perche

URBAIN • CONTEMPORAIN Entre Beauce et Perche en effet, voilà un hôtel sobre et engageant. Les chambres sont claires et fonctionnelles ; préférez celles situées côté jardin. L'ensemble convient à une étape touristique ou un voyage d'affaires. Bon point, le parking sécurisé.

65 chambres - 68/103 € 68/103 € - 10 €

9 La Varenne-Hodier, 3 km au Nord par rte de Chartres N10 - 02 37 66 30 00 - www.hotelchateaudunlogis.fr

CHÂTEAUFORT - 78 (Yvelines) → Voir Autour de Paris

CHÂTEAU-GAILLARD

01500 (Ain) - 1 881 hab. - Alt. 253 m - Carte régionale n° **23**-B1

Paris 464 km - Bourg-en-Bresse 32 km - Grenoble 140 km - Lyon 53 km

Carte Michelin 328-E5

La Villa L

CUISINE MODERNE • FAMILIAL XX Mélusine, Clochette et Morgane : ces trois fées prêtent leur nom aux attrayants menus de ce restaurant. Aux fourneaux, la chef réalise une cuisine inspirée, dans laquelle le terroir (ris de veau, filet mignon, foie gras, etc.) rencontre des épices de toutes sortes. Et la carte des vins sort de l'ordinaire !

Menu 25/52 € - Carte 33/62 €

130 chemin des Vignes
- 04 74 39 96 86 - www.lavillal.fr
- Fermé 1 semaine en juin , 3 semaines en nov. , dim. et lundi

CHÂTEAU-GONTIER

53200 (Mayenne) - 11 759 hab. - Alt. 33 m - Carte régionale n° **18**-C1

Paris 288 km - Angers 50 km - Châteaubriant 56 km - Laval 30 km

Carte Michelin 310-E8 - Guide Vert Michelin Pays de la Loire

L'Aquarelle

CUISINE MODERNE • CONTEMPORAIN XX Croustillant d'avocat farci à la truite fumée et à l'aneth ; quasi de veau, jus réduit et légumes bio... Au bord de la Mayenne – visible de la salle et à portée de main en terrasse –, la carte navigue entre tradition et notes originales, au rythme des saisons. Une adresse qui a ses habitués.

Formule 12 € - Menu 15 € (déj. en semaine), 24/36 € - Carte 26/42 €

2 r. Félix-Marchand, 1 km au Sud par D267, rte de Ménil
- 02 43 70 15 44 - www.restaurant-laquarelle.com
- Fermé 2-5 juin, 20-25 oct., sam. midi, dim. soir et lundi

Parc Hôtel & Spa

FAMILIAL • PERSONNALISÉ Cette maison de maître du 19e s., entourée d'un parc arboré, propose des chambres classiques, mansardées au dernier étage (plus petites et modernes dans l'annexe). On profite de l'espace détente avec jacuzzi, hammam, fitness, salle de massage et piscine chauffée.

20 chambres - 85/155 € 85/155 € - 1 suite - 12 €

46 av. Joffre, au Sud par N162 - 02 43 07 28 41 - www.parchotel.fr
- Fermé 10-26 fév.

CHÂTEAUMEILLANT

18370 (Cher) - 2 002 hab. - Alt. 247 m - Carte régionale n° **6**-C3

Paris 313 km - Argenton-sur-Creuse 58 km - Châteauroux 55 km - La Châtre 19 km

Carte Michelin 323-J7 - Guide Vert Michelin Limousin Berry

La Goutte Noire

CUISINE MODERNE • CONVIVIAL Du nom du ruisseau qui coule dans le village, cette table ne manque pas d'attraits : une grande véranda très lumineuse, une cuisine qui explore le terroir avec goût et générosité (bons vins et fromages régionaux) et un accueil délicat. Chambres coquettes à l'étage.

Formule 15 € - Menu 26/39 €

7 chambres - 55 € 68 € - 8 €

21 r. du Château
- 02 48 96 98 87 - www.la-goutte-noire.fr
- Fermé dim. soir et lundi sauf fériés

CHÂTEAUNEUF-DE-GADAGNE

84470 (Vaucluse) - 3 279 hab. - Alt. 90 m - Carte régionale n° **22**-E1
Paris 694 km - Arles 47 km - Avignon 13 km - Marseille 95 km
Carte Michelin 84-C10

La Maison de Celou

CUISINE MODERNE • COSY Cette Maison, perchée sur les remparts du vieux village, incarne à merveille les douceurs provençales... et pour cause ! Un jeune chef talentueux y compose des assiettes enlevées, savoureuses : suprême de pintade, farce fine et gratin de macaronis ; sole meunière ; crêpe Suzette flambée en salle, devant vos yeux...

Menu 18 € (déj. en semaine), 32/45 € - Carte 43/83 €

impasse de l'Alouette (Portail du Thor)
- 04 90 16 08 61 - www.lamaisondecelou.com
- Fermé vacances de fév. et de la Toussaint, sam. midi et dim. midi en juil.-août, dim. soir et merc. soir de sept. à juin et lundi

CHÂTEAUNEUF-DU-PAPE

84230 (Vaucluse) - 2 179 hab. - Alt. 87 m - Carte régionale n° **22**-E1
Paris 667 km - Alès 82 km - Avignon 19 km - Carpentras 22 km
Carte Michelin 332-B9 - Guide Vert Michelin Provence

Le Verger des Papes

CUISINE PROVENÇALE • RUSTIQUE Belle situation pour ce restaurant adossé aux remparts du château et dont la terrasse réserve une vue à couper le souffle. La cuisine provençale est à l'honneur : biscuit de saumon cru bio mariné à l'huile d'olive, côte de taureau de Camargue grillée, vacherin au citron... Bons produits et vins de la vallée du Rhône.

Menu 22 € (déj. en semaine)/32 € - Carte 45/56 €

au château - 04 90 83 50 40 - www.vergerdespapes.com - Fermé 21 déc.-1er mars, dim. soir, lundi et mardi soir hors saison

Hostellerie Château des Fines Roches

DEMEURE HISTORIQUE • PERSONNALISÉ Étonnante vision... À la fois médiéval, provençal et maure, ce castel du 19e s. ceint de tours crénelées surgit tel un mirage au milieu du fameux vignoble ! Un lieu raffiné, propice - si l'on souhaite - à une certaine fantaisie.

11 chambres - 124/326 € 124/362 € - 20 € - ½ P

rte de Sorgues et voie privée - 04 90 83 70 23 - www.chateaufinesroches.com
- Fermé dim. soir et lundi de mi-oct. à fin avril

CHÂTEAUNEUF-VILLEVIEILLE

06390 (Alpes-Maritimes) - 896 hab. - Alt. 600 m - Carte régionale n° **21**-D2
Paris 957 km - Menton 42 km - Nice 22 km - Puget-Théniers 81 km
Carte Michelin 341-E5

La Parare

MAISON DE CAMPAGNE • PERSONNALISÉ Une superbe bergerie du 17e s., isolée parmi de magnifiques oliviers et restaurée par un couple polyglotte : Sydney est franco-hollandais et Karin, suédoise ! La décoration, tout de béton ciré et de marbres bruts, fait de fréquents détours par l'Asie ; belle piscine en pierre sur la terrasse.

4 chambres - 140/170 € 140/170 €

67 Calade du Pastre - 04 93 79 22 62 - www.laparare.com - Fermé 20 nov.-20 déc.

CHÂTEAUROUX

36000 (Indre) - 44 960 hab. - Alt. 155 m - Carte régionale n° **6**-C3

Paris 265 km - Blois 101 km - Bourges 65 km - Limoges 125 km

Carte Michelin 323-G6 - Guide Vert Michelin Limousin Berry

Jeux 2 Goûts

CUISINE MODERNE • ÉLÉGANT De retour dans sa région natale après plusieurs années passées dans de belles maisons parisiennes, Christophe Marchais chatouille les papilles de Châteauroux. L'homme aime l'Asie et cela se sent : ses assiettes, goûteuses et créatives, sont teintées de belles influences japonaises. Et le service est charmant !

Formule 17 € - Menu 25/49 € - Carte 32/47 €

Plan : AB1-t - *42 r. Grande - 02 54 27 66 28 - www.jeux2gouts.fr - Fermé vacances de fév., 2 semaines en août, dim. et lundi*

Le P'tit Bouchon

CUISINE TRADITIONNELLE • RUSTIQUE On apprécie son bon rapport qualité-prix, sa chaleur (le décor fourmille d'objets hétéroclites) et... ses propriétaires, grands épicuriens : le patron conseille les vins, son épouse tient la crèmerie attenante et, en cuisine, le fiston fait mijoter de jolis petits plats bistrotiers !

Formule 16 € - Menu 19 € (déj. en semaine)/29 € - Carte 26/37 €

Plan : A1-e - *64 r. Grande - 02 54 61 50 40 - www.leptitbouchon.fr - Fermé 3 semaines en août, dim., lundi et fériés*

Le Bistrot Gourmand

CUISINE TRADITIONNELLE • RUSTIQUE Au cœur de la vieille ville, un bistrot de quartier où l'on va comme en voisin, pour profiter, à prix justes, d'une côte de bœuf limousin, de rognons de veau ou de profiteroles au chocolat. La tradition est respectée, le goût au rendez-vous ! Aux beaux jours, direction le patio fleuri, sur l'arrière.

Formule 18 € - Menu 26/35 € - Carte 30/65 €

Plan : A1-a - *10 r. du Marché - 02 54 07 86 98 - www.lebistrotgourmand36.com - Fermé 2 semaines en fév., 3 semaines en août , dim., lundi et fériés*

Colbert

BUSINESS • CONTEMPORAIN L'ancienne manufacture de tabac est aujourd'hui un hôtel moderne et soigné. Des chambres spacieuses et bien agencées, bénéficiant d'une insonorisation optimale, des tarifs très raisonnables : sûrement le meilleur hôtel de la ville !

74 chambres - 99/204 € 114/219 € - 16 suites - ½ P

Plan : B1-a - *3 av. de la Châtre - 02 54 35 70 00 - www.hotel-colbert.fr*

CHÂTEAU-SUR-ALLIER

03320 (Allier) - 178 hab. - Alt. 180 m - Carte régionale n° **3**-B1

Paris 282 km - Bourges 63 km - Clermont-Ferrand 133 km - Moulins 38 km

Carte Michelin 326-F2

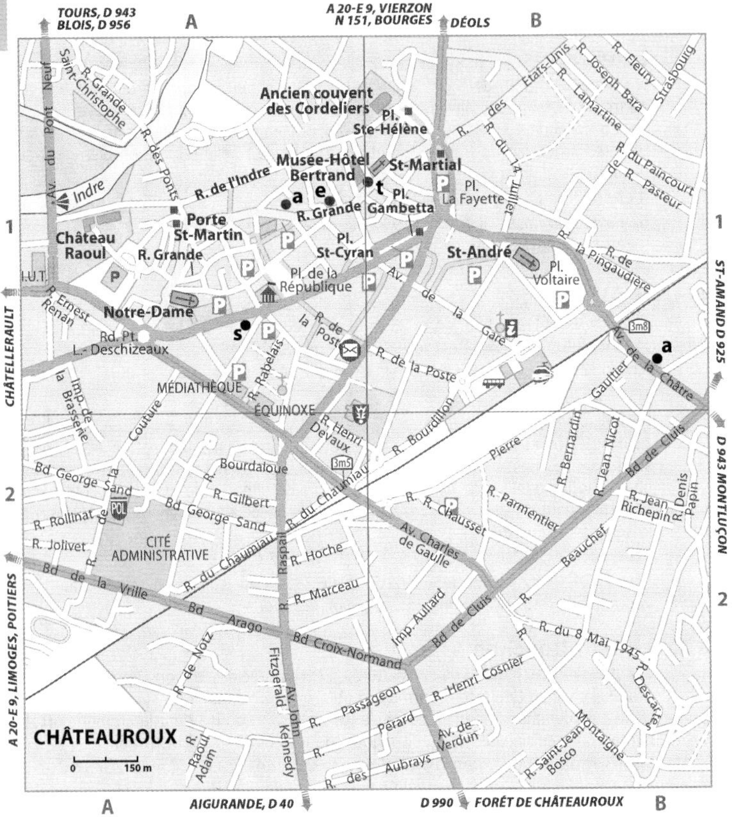

Château Saint-Augustin

DEMEURE HISTORIQUE • PERSONNALISÉ Imaginez un cerf passant sous vos fenêtres... Dans ce château classé de 1730, au cœur d'une forêt de 1 000 ha, la nature n'a pas perdu ses droits. Dans les chambres, on se repose parmi les meubles d'époque et les tableaux de valeur. À table, on apprécie les produits du potager, mis en exergue par la cuisine traditionnelle et régionale. Une adresse historique et authentique.

4 chambres – 🚹135/280 € 🚹🚹135/280 € – 1 suite – ☕13 €

St-Augustin, 4 km à l'Est par D13 et rte secondaire – ✆ 04 70 66 42 01 – www.chateau-saint-augustin.fr – Fermé 3-31 janv.

CHÂTEAU-THÉBAUD – 44 (Loire-Atlantique) → Voir Nantes

CHÂTEAU-THIERRY

✉ 02400 (Aisne) – 14 329 hab. – Alt. 63 m – Carte régionale n° **19**-C3

▶ Paris 95 km – Épernay 56 km – Meaux 48 km – Reims 58 km

Carte Michelin 306-C8 – Guide Vert Michelin Champagne Ardenne

Île de France

BUSINESS • PERSONNALISÉ Hôtel surplombant la vallée de la Marne. Mobilier en fer forgé, rustique ou plus contemporain dans les chambres, douillettes et confortables. Spa et centre de remise en forme. Au restaurant, la carte change avec les saisons ; agréable terrasse panoramique.

37 chambres – 🚹95/115 € 🚹🚹95/165 € – 8 suites – ☕13 €

60 r. Léon-Lhermitte, rte de Soissons – ✆ 03 23 69 10 12 – www.hotel-iledefrance.com

CHÂTEL

✉ 74390 (Haute-Savoie) - 1 179 hab. - Alt. 1 180 m - Carte régionale n° **25**-F1
Paris 578 km - Annecy 113 km - Évian-les-Bains 34 km - Morzine 38 km
Carte Michelin 328-O3 - Guide Vert Michelin Alpes du Nord

Le Vieux Four

CUISINE TRADITIONNELLE • RUSTIQUE XX Rustique et chaleureuse, cette vieille ferme (1852) joue la carte de l'authenticité et ravit ses hôtes. On admire les figurines nichées dans les mangeoires de l'étable, tout en se régalant de petits plats savoyards et du terroir.

Formule 16 € - Menu 28/49 € - Carte 45/55 €

55 rte du Boude - ✆ 04 50 73 30 56 - Ouvert 3 déc.-16 avril, 17 juin-9 sept. et fermé lundi

La Poya

CUISINE TRADITIONNELLE • FAMILIAL X La Poya ? C'est le nom de ces peintures locales représentant la montée des troupeaux aux alpages. Situé au cœur de la station, ce restaurant propose de savoureuses recettes traditionnelles où les produits du terroir jouent les stars. Une bonne adresse pour reprendre des forces après quelques descentes !

Formule 18 € - Menu 36/49 € - Carte 44/74 €

196 rte de Vonnes
- ✆ 04 50 81 19 34 - www.lapoya.fr
- Fermé 2 semaines en juin, de mi-sept. à mi-oct., dim. soir et lundi hors saison

Macchi

TRADITIONNEL • MONTAGNARD Derrière une jolie façade arborant des fresques tyroliennes, un hôtel charmant dont les chambres portent le nom de grands champions de ski alpin. Beau spa indien, piscine couverte... Cosy, élégant et dépaysant !

28 chambres - †80/600 € ††90/600 € - ☕ 16 € - ½ P

94 chemin de l'Etringa - ✆ 04 50 73 24 12 - www.hotelmacchi.com - Ouvert 15 juin-15 sept. et 15 déc.-20 avril

Fleur de Neige

TRADITIONNEL • MONTAGNARD En haut de la station, un hôtel dans l'esprit chalet bucolique des années 1960... Certaines chambres ont été décorées dans un style contemporain plutôt réussi. On profite pleinement de l'espace balnéo avec piscine, sauna et hammam, et d'une bonne cuisine traditionnelle au restaurant.

23 chambres - †110/280 € ††110/280 € - ☕ 15 € - ½ P

564 rte de Vonnes - ✆ 04 50 73 20 10 - www.hotel-fleurdeneige.fr - Ouvert de mi-juin à fin oct. et de mi-déc. à mi-avril

Belalp

FAMILIAL • MONTAGNARD C'est un joli chalet aux volets verts, on y vient à ski et on y trouve un repos bien mérité dans une petite chambre, mignonne et très bien tenue (préférez-la côté vallée). Espace bien-être. Plats savoyards au coin de la cheminée ou dans la salle panoramique offrant une vue à tomber !

25 chambres - †75/150 € ††75/160 € - ☕ 10 € - ½ P

382 rte de Vonnes - ✆ 04 50 73 24 39 - www.hotelbelalp.com
- Ouvert 20 juil.-20 août et 24 déc.-1er avril

CHÂTEL-GUYON

✉ 63140 (Puy-de-Dôme) - 6 100 hab. - Alt. 430 m - Carte régionale n° **3**-B2
Paris 411 km - Clermont-Ferrand 21 km - Gannat 31 km - Vichy 43 km
Carte Michelin 326-F7 - Guide Vert Michelin Auvergne

Spa Thermalia

THERMAL • CLASSIQUE Au bout d'une impasse en centre-ville, une grande villa du début du 20e s., au charme classique et dont les chambres sont confortables et bien insonorisées : tranquillité garantie ! Le spa (piscine, jacuzzis, massages, fitness...) est la clé de voûte de l'ensemble.

26 chambres - 77/102 € 82/107 € - 10 € - ½ P

20 av. Baraduc - 04 73 86 00 11 - www.hotel-spa-thermalia.com

CHÂTELAILLON-PLAGE

17340 (Charente-Maritime) - 5 937 hab. - Alt. 3 m - Carte régionale n° **20**-A2

Paris 482 km - Niort 74 km - Rochefort 22 km - La Rochelle 19 km

Carte Michelin 324-D3 - Guide Vert Michelin Poitou-Charentes

Les Flots

POISSONS ET FRUITS DE MER • BISTRO Une jolie maison bleu et blanc (1890) face à la plage. Deux options ici : le bistrot d'autrefois, plein de charme, et le bistrot contemporain avec sa somptueuse vue sur... les Flots ! Quel que soit votre choix, vous vous régalerez d'une bonne cuisine marine, faisant la part belle aux produits de saison et à la pêche locale.

Formule 17 € - Menu 25/30 € - Carte 36/67 €

Hôtel Les Flots, 52 bd de la Mer - 05 46 56 23 42 - www.les-flots.fr - Fermé mardi

Les Flots

FAMILIAL • FONCTIONNEL Sur le front de mer, cet hôtel datant du 19e s., tenu en famille, a fait sa mue en 2015 : il accueille désormais de nouvelles chambres contemporaines et fonctionnelles, dont la plupart sont tournées vers l'océan. Agréable !

23 chambres - 80/197 € 80/280 € - 12 € - ½ P

52 bd de la Mer - 05 46 56 23 42 - www.les-flots.fr

Les Flots - voir les restaurants ci-dessus

Mercure Les Trois Îles

HÔTEL DE CHAÎNE • CONTEMPORAIN Oléron, Aix et Ré... de bien jolies îles à l'horizon. Les chambres sont contemporaines et confortables ; certaines, en duplex, sont plus spacieuses. Évidemment, on craque pour celles qui donnent sur la mer ! Cuisine marine traditionnelle au restaurant.

73 chambres - 95/190 € 95/280 € - 17 € - ½ P

à la Falaise, 1,5 km - 05 46 56 14 14 - mercure-chatelaillon-plage.com

LE CHÂTELARD

73630 (Savoie) - 659 hab. - Alt. 750 m - Carte régionale n° **25**-F2

Paris 595 km - Chambéry 47 km - Genève 75 km - Lyon 143 km

Carte Michelin 333-J7 - Guide Vert Michelin Alpes du Nord

Auberge Les Clarines

CUISINE RÉGIONALE • AUBERGE Au cœur du massif des Bauges, une ancienne ferme au cadre chaleureux... L'adresse est prisée des randonneurs - et de tous les bons vivants en général ! - qui s'y régalent d'une bonne cuisine régionale. Mention spéciale pour la truite à l'ache (une plante d'altitude). Chambres à la fois modernes et montagnardes.

Formule 16 € - Menu 22/34 € - Carte 26/44 €

6 chambres - 70/90 € 70/90 € - 11 €

Les Granges - 04 79 54 80 80 - www.hotel-les-clarines.fr - Fermé avril, nov., dim. soir, mardi hors vacances scolaires et lundi

CHÂTELLERAULT

86100 (Vienne) - 31 537 hab. - Alt. 52 m - Carte régionale n° **20**-C1

Paris 304 km - Châteauroux 98 km - Cholet 134 km - Poitiers 36 km

Carte Michelin 322-J4 - Guide Vert Michelin Poitou-Charentes

La Gourmandine

CUISINE CRÉATIVE • ÉLÉGANT XXX Hauts plafonds, moulures, boiseries... une maison de maître estampillée 1905, à l'ambiance feutrée et élégante. Le service, de qualité, comme les recettes, créatives, lui vont bien ! Et pour la nuit, des chambres aussi confortables que contemporaines (Sérénade, Bambou, Romance, Chinoise, etc.).

Formule 17 € - Menu 36/66 € - Carte 40/85 €

Plan : A2-x - *Hôtel La Gourmandine, 22 av. du Président-Wilson - ✆ 05 49 21 05 85 - www.la-gourmandine.com - Fermé 2-12 janv., dim. soir et lundi midi*

La Gourmandine

FAMILIAL • PERSONNALISÉ Tout près du centre-ville, en retrait d'une avenue, cette maison de maître de 1905 nous accueille dans des chambres cosy et feutrées, décorées par thèmes : la Chinoise, la Boudoir, la Romance, la Baroque... Un établissement qui ne manque pas de cachet.

13 chambres - 108/158 € 108/158 € - 14 €

Plan : A2-x - *22 av. du Président-Wilson - ✆ 05 49 21 05 85 - www.la-gourmandine.com - Fermé 2-12 janv.*

La Gourmandine - voir les restaurants ci-dessus

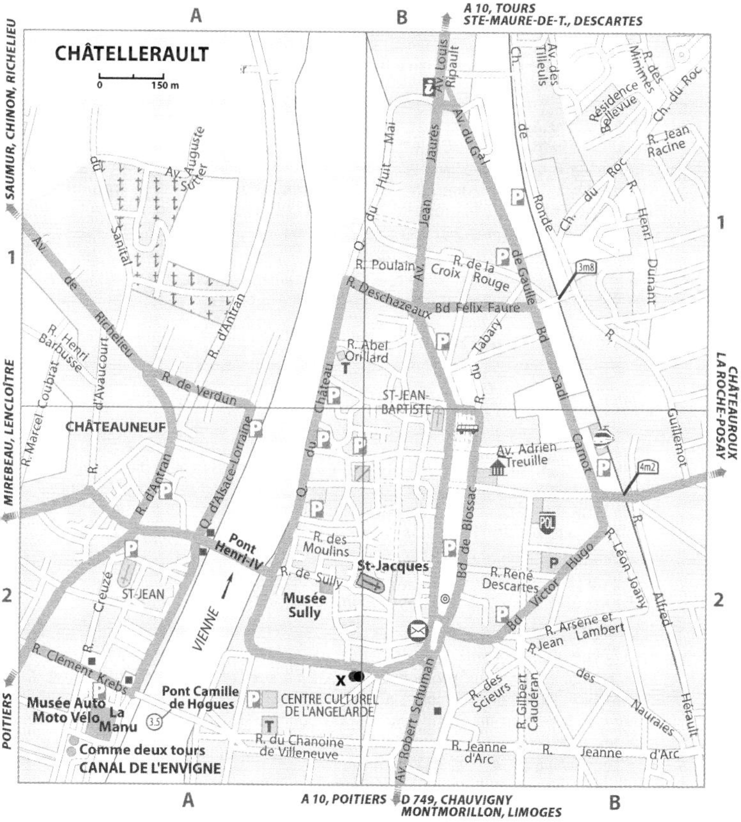

CHÂTILLON - 92 (Hauts-de-Seine) ➜ Voir Autour de Paris

CHÂTILLON-SUR-CHALARONNE

✉ 01400 (Ain) - 4 957 hab. - Alt. 177 m - Carte régionale n° **24**-E1
Paris 418 km - Bourg-en-Bresse 28 km - Lyon 55 km - Mâcon 28 km
Carte Michelin 328-C4 - Guide Vert Michelin Lyon et sa région

La Tour

CUISINE MODERNE • ROMANTIQUE XX Derrière une belle façade à colombages, on s'installe dans un décor "classieux" et cosy, où les bibelots abondent. Dans l'assiette, volaille de Bresse aux morilles, noix de ris de veau doré au sautoir, pavé de bar en émulsion d'oursin marquent les esprits des gourmets de passage...

Formule 19 € - Menu 26 € (semaine), 35/49 € - Carte 63/78 €

pl. de la République - 04 74 55 05 12 - www.hotel-latour.com - Fermé 2-19 janv., dim. soir et lundi

La Tour

HISTORIQUE • PERSONNALISÉ Charme et confort caractérisent cette superbe demeure du 14e s., dont le style oscille entre cabinet de curiosités et esprit déco : tissus choisis, ciels de lit, objets chinés, salles de bains parfois ouvertes, etc. L'accueil est professionnel et chaleureux. Une jolie adresse pour découvrir la Dombes et ses mille étangs...

32 chambres - 95/175 € 109/175 € - 12 €

pl. de la République - 04 74 55 05 12 - www.hotel-latour.com - Fermé 2 -19 janv.

La Tour - voir les restaurants ci-dessus

à l'Abergement-Clémenciat 5 km au Nord-Ouest par D7 et D64C - ✉ 01400 - 777 hab. - Alt. 250 m

St-Lazare

CUISINE MODERNE • ÉLÉGANT XXX Cette maison est dans la famille depuis 1899 ! Elle a du charme avec sa salle à manger lumineuse, sa jolie terrasse qui donne sur un jardin méditerranéen et sa cuisine à base de produits frais. Et dans l'ancienne Épicerie de la grand-mère, on sert des formules rapides le midi...

Formule 19 € - Menu 29/100 €

le Bourg - 04 74 24 00 23 (réservation conseillée) - www.lesaintlazare.fr - Fermé 1 semaine vacances de fév., 2 semaines en juil.-août, 1 semaine vacances de Noël, dim. soir, mardi et merc.

CHÂTILLON-SUR-INDRE

✉ 36700 (Indre) - 2 730 hab. - Alt. 115 m - Carte régionale n° **6**-B3
Paris 261 km - Le Blanc 43 km - Châteauroux 47 km - Orléans 175 km
Carte Michelin 323-D5 - Guide Vert Michelin Limousin Berry

Auberge de la Tour

CUISINE TRADITIONNELLE • AUBERGE X Après un joli parcours dans de grandes maisons, Éric Souverin est rentré chez lui pour fonder son propre restaurant... Ici, il réinterprète les saveurs de son enfance selon l'inspiration du moment. Son leitmotiv ? Faire plaisir... Pari réussi !

Menu 17 € (semaine), 27/40 € - Carte 20/49 €

2 rte du Blanc - 02 54 38 44 20 - www.auberge-de-la-tour36.fr - Fermé 20 sept.-5 oct., 4-19 janv., mardi d'oct. à mars, dim. soir et lundi

La Poignardière

DEMEURE HISTORIQUE • CLASSIQUE Certaines demeures distillent un charme indéfinissable. Est-ce la promenade en barque sur l'étang, la beauté des arbres centenaires ou l'élégance sobre de cette demeure 1900 ? Est-ce la piscine intérieure, le hammam flambant neuf, ou la bonne cuisine traditionnelle ? Peut-être un peu tout cela...

5 chambres - 115 € 125 €

3 km au Nord et à l'Est par D975 et D28 direction Le Tranger et rte secondaire - 02 54 38 78 14 - www.lapoignardiere.fr - Ouvert de mars à nov.

LA CHÂTRE

✉ 36400 (Indre) - 4 352 hab. - Alt. 210 m - Carte régionale n° **6**-C3
Paris 298 km - Bourges 69 km - Châteauroux 37 km - Guéret 53 km
Carte Michelin 323-H7 - Guide Vert Michelin Limousin Berry

À l'Escargot

CUISINE TRADITIONNELLE • RUSTIQUE Pour la petite histoire, les parents de George Sand se seraient connus dans cet ancien relais de poste des 15e-16e s. Auraient-ils succombé à la sympathique cuisine traditionnelle qu'on y sert aujourd'hui, et la sobriété toute rustique de la décoration ? Certainement !

Formule 18 € - Menu 24/44 € - Carte environ 45 €

pl. du Marché - ✆ 02 54 48 03 85 - www.auberge-escargot.com - Fermé vacances de fév., fin août-début sept., jeudi en hiver, dim. soir et lundi

à Pouligny-Notre-Dame 12 km au Sud par D940 - ✉ 36160 - 631 hab. - Alt. 376 m

Les Dryades

BUSINESS • CONTEMPORAIN Dans la mythologie grecque, les dryades étaient les nymphes protectrices de la forêt... Un nom tout trouvé pour ce bel hôtel contemporain donnant sur un golf 18 trous très verdoyant. Tons clairs et apaisants dans les chambres, spa très agréable.

80 chambres - 99/139 € 99/139 € - 5 suites - 13 € - ½ P

28 r. du Golf - ✆ 02 54 06 60 60 - www.les-dryades.fr

CHAUBLANC - 71 (Saône-et-Loire) → Voir St-Gervais-en-Vallière

CHAUDEFONDS-SUR-LAYON

✉ 49290 (Maine-et-Loire) - 960 hab. - Alt. 45 m - Carte régionale n° **18**-C2
Paris 325 km - Angers 30 km - Laval 101 km - Nantes 89 km
Carte Michelin 317-E5

La Table du Square

CUISINE MODERNE • COSY Au cœur du domaine viticole familial (Saint-Pierre, sur les coteaux du Layon), surplombant les vignes, le restaurant joue la carte des saveurs de saison - fort joliment tournées - et, évidemment, des vins du cru. Après le repas, il est même possible de visiter les chais et la cave. Vins et gastronomie ne font qu'un !

Menu 19 € (déj. en semaine), 40 € /52 €

au Domaine St-Pierre - ✆ 02 41 78 04 21 (réservation conseillée) - www.latabledusquare.com - Fermé dim. soir et lundi

CHAUDES-AIGUES

✉ 15110 (Cantal) - 927 hab. - Alt. 750 m - Carte régionale n° **3**-B3
Paris 538 km - Aurillac 94 km - Espalion 54 km - St-Chély-d'Apcher 30 km
Carte Michelin 330-G5 - Guide Vert Michelin Auvergne

Serge Vieira

CUISINE CRÉATIVE • DESIGN Depuis son vaisseau contemporain (pierre, fer et verre), à l'aplomb d'une forteresse des 14 et 16e s., Serge Vieira joue dans la cour des grands. Sa cuisine, graphique et moderne, fait notamment la part belle aux herbes sauvages. Une adresse délicieuse, jusqu'aux superbes chambres avec vue sur les monts du Cantal.

→ Langoustine panée à la farine de lentilles, cannelloni de poireau, sauce gribiche et sabayon. Bœuf de Salers mariné au charbon de bois, berlingot de betterave et carottes à l'orange. Clafoutis aux myrtilles, sorbet romarin et myrtille.

Menu 85/145 €

3 chambres - 240 € 240 € - 20 €

Château du Couffour, 2,5 km au Sud par rte de Rodez (D921) - ✆ 04 71 20 73 85 - www.sergevieira.com - Ouvert 7 avril-27 nov. et fermé mardi et merc.

Beauséjour

FAMILIAL • CLASSIQUE Une grande bâtisse blanche près du centre thermal. Les chambres, simples, claires et confortables, donnent pour la grande majorité sur la rivière toute proche, au calme ; pour l'agrément, une piscine chauffée bien appréciable et sa jolie terrasse.

39 chambres – 🚹60/68 € 🚹🚹75/95 € – ☕ 8,50 € – ½ P

9 av. Georges-Pompidou – ✆ 04 71 23 52 37
– www.hotel-beausejour-chaudes-aigues.com – Ouvert 1er avril-25 nov.

CHAUMONT

✉ 52000 (Haute-Marne) – 22 678 hab. – Alt. 318 m – Carte régionale n° **7**-C3
▶ Paris 264 km – Épinal 128 km – Langres 35 km – St-Dizier 74 km
Carte Michelin 313-K5 – Guide Vert Michelin Champagne Ardenne

Ibis Styles

HÔTEL DE CHAÎNE • CONTEMPORAIN Tenu par la même famille depuis 60 ans, situé à l'entrée d'une zone piétonne du centre-ville, cet hôtel propose des chambres confortables et bien équipées (air conditionné, TV, wifi). Idéal pour la clientèle d'affaires.

43 chambres ☕ – 🚹88/114 € 🚹🚹114/134 € – ½ P

Plan : B2-s – *25 r. Toupot-de-Béveaux – ✆ 03 25 03 01 11 – www.ibisstyles.com*

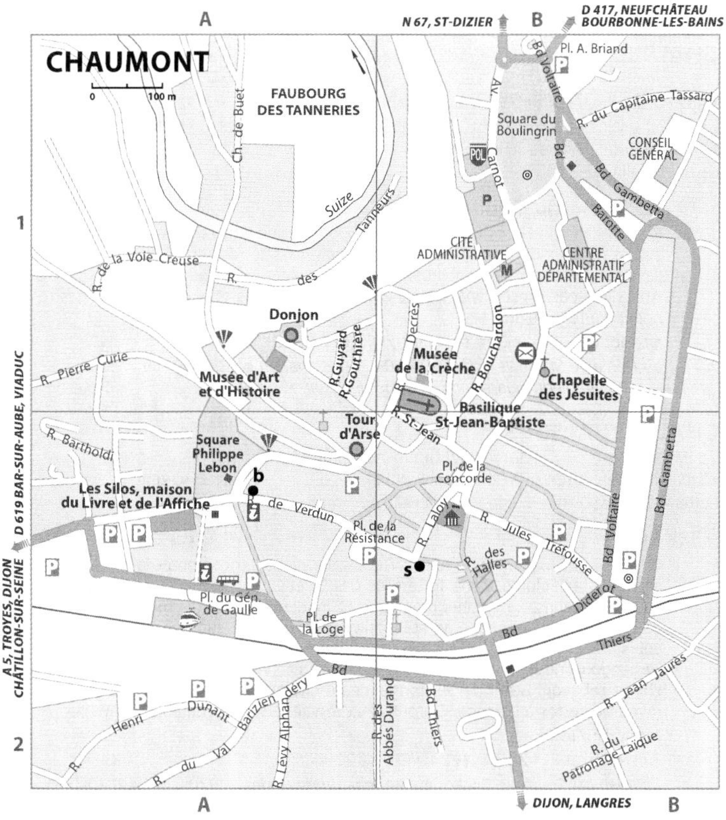

Les Remparts

TRADITIONNEL • FONCTIONNEL En face d'un joli parc, des chambres colorées et confortables, agencées dans plusieurs immeubles. Un côté "labyrinthe" qui fait le charme du lieu… À noter aussi, un petit salon et un bar où il fait bon siroter un cocktail.

17 chambres - 82/120 € 98/130 € - 12 €

Plan : A2-b - 72 r. de Verdun - 03 25 32 64 40 - www.hotel-les-remparts.fr - Fermé dim.

CHAUMONT-SUR-AIRE

55260 (Meuse) - 153 hab. - Alt. 250 m - Carte régionale n° **14**-A2
Paris 270 km - Bar-le-Duc 24 km - St-Mihiel 25 km - Verdun 33 km
Carte Michelin 307-C5

Auberge du Moulin Haut

CUISINE TRADITIONNELLE • AUBERGE XX Des pierres, des poutres apparentes, une cheminée… Cette auberge nous accueille dans une atmosphère chaleureuse et authentique. Sur la terrasse, bercée par le doux bruissement de la rivière, on savoure une bonne cuisine traditionnelle. Un endroit charmant !

Formule 17 € - Menu 30/62 € - Carte 35/67 €

Hôtel le Chantoiseau, 1 km à l'Est sur rte de St-Mihiel - 03 29 70 66 46 - www.moulinhaut.fr - Fermé vacances de fév. et de la Toussaint , dim. soir et lundi

Le Chantoiseau

FAMILIAL • CONTEMPORAIN À la sortie du village se trouve cette belle propriété ; prenez le temps d'observer le moulin et l'auberge familiale, datant de 1787 ! Dans l'annexe, bien plus récente, vous trouverez des chambres modernes et bien équipées, dont certaines donnent sur la rivière…

10 chambres - 85/99 € 85/99 € - 12 € - ½ P

1 km à l'Est sur rte de St-Mihiel - 03 29 70 66 46 - www.moulinhaut.fr - Fermé dim. soir

Auberge du Moulin Haut - voir les restaurants ci-dessus

CHAUMONT-SUR-LOIRE

41150 (Loir-et-Cher) - 1 089 hab. - Alt. 69 m - Carte régionale n° **6**-A1
Paris 201 km - Amboise 21 km - Blois 18 km - Montrichard 19 km
Carte Michelin 318-E7 - Guide Vert Michelin Châteaux de la Loire

Hostellerie du Château

TRADITIONNEL • PERSONNALISÉ Au pied du château féodal de Chaumont, une maison dont l'élégance tient dans la simplicité du décor, et dans la gentillesse des propriétaires. Les chambres sont bien entretenues ; certaines donnent sur la Loire ou sur la piscine à l'arrière, d'autres sur le village.

15 chambres - 74/87 € 78/95 € - 12 € - ½ P

2 r. du Mar.-de-Lattre-de-Tassigny - 02 54 20 98 04 - www.hostellerie-du-chateau.com - Ouvert 18 mars-17 nov.

CHAUMONT-SUR-THARONNE

41600 (Loir-et-Cher) - 1 111 hab. - Alt. 122 m - Carte régionale n° **6**-C2
Paris 165 km - Blois 52 km - Orléans 35 km - Romorantin-Lanthenay 32 km
Carte Michelin 318-I6 - Guide Vert Michelin Châteaux de la Loire

Le Mousseau

MAISON DE CAMPAGNE • PERSONNALISÉ Magnifique gentilhommière du 19es. dans un immense parc au cœur de la Sologne sauvage. Les chambres sont cosy et soigneusement décorées : tissus choisis, mobilier de style… Une belle adresse.

5 chambres - 210/270 € 210/270 €

3 km par D922 et rte secondaire - 02 54 88 53 92 - www.demeure-lemousseau.com

CHAUMOUSEY - 88 (Vosges) ➔ Voir Épinal

CHAUSEY (ÎLES) - 50 (Manche) ➔ Voir Îles Chausey

LA CHAUSSÉE-D'IVRY

✉ 28260 (Eure-et-Loir) - 1 041 hab. - Alt. 57 m - Carte régionale n° **6**-B1

▶ Paris 75 km - Chartres 60 km - Évreux 35 km - Orléans 141 km

Carte Michelin 311-E2

Le Gingko

TRADITIONNEL • PERSONNALISÉ Cette maison de maître du 19e s. - aux dépendances plus récentes - est parfaite pour les golfeurs : elle jouxte directement le golf. Chambres spacieuses et confortables, cuisine traditionnelle au restaurant : tout est réuni pour un bon séjour sportif.

20 chambres - 81/205 € 81/205 € - 10 €

404 r. des Moulins (golf Parc de Nantilly) - 02 37 64 01 11 - www.hotel-gingko.com - Fermé 3-11 janv.

CHAUSSENAC

✉ 15700 (Cantal) - 232 hab. - Alt. 692 m - Carte régionale n° **3**-A3

▶ Paris 536 km - Aurillac 51 km - Clermont-Ferrand 133 km - Limoges 166 km

Carte Michelin 330-B3

La Fournio

FAMILIAL • TRADITIONNEL Cette maison appartenait à la grand-mère du propriétaire. La voilà qui revit, décorée dans un charmant style maison de campagne (poutres, meubles de famille, objets chinés). Un lieu délicieux, parfait pour un week-end en amoureux.

3 chambres - 75/90 € 80/95 €

Escladines - 04 71 69 02 68 - www.lafournio.fr

CHAUSSIN

✉ 39120 (Jura) - 1 658 hab. - Alt. 191 m - Carte régionale n° **9**-A2

▶ Paris 354 km - Beaune 52 km - Besançon 76 km - Chalon-sur-Saône 56 km

Carte Michelin 321-C5

Chez Bach

CUISINE TRADITIONNELLE • FAMILIAL XX Soupière d'escargots de Bourgogne aux morilles, véritable poulet de Bresse cuit à basse température au vin jaune d'Arbois... Ce Bach-là décline un menu sur des bases traditionnelles avec un rien de tendance ; à déguster dans un cadre cossu.

Formule 16 € - Menu 20 € (semaine), 29/36 € - Carte 32/64 €

4 pl. Ancienne-Gare - 03 84 81 80 38 (réservation conseillée) - www.hotel-bach.com - Fermé 20 déc.-10 janv., vend. soir sauf du 14 juil. au 31 août, dim. soir et lundi midi

Chez Bach

FAMILIAL • FONCTIONNEL À la sortie de ce village situé aux confins de la Bresse, de la Bourgogne et du Jura, un hôtel-restaurant familial, avec des chambres classiques et douillettes. Une étape bien agréable.

22 chambres - 69/97 € 79/97 € - 11 € - ½ P

4 pl. Ancienne-Gare - 03 84 81 80 38 - www.hotel-bach.com - Fermé 20 déc.-10 janv., vend. soir sauf du 14 juil. au 31 août et dim. soir

Chez Bach - voir les restaurants ci-dessus

CHAVAGNAC

✉ 15300 (Cantal) - 108 hab. - Alt. 1 095 m - Carte régionale n° **3**-B3

▶ Paris 525 km - Aurillac 59 km - Clermont-Ferrand 108 km - Le Puy-en-Velay 116 km

Carte Michelin 330-F4

Instants d'Absolu

SPA ET BIEN-ÊTRE • PERSONNALISÉ Cet hôtel-restaurant, "écolodge" du bout du monde, cultive une vraie façon de vivre : ici, pas de téléphone ni de télévision, mais un observatoire ornithologique et un jacuzzi extérieur, face au lac. Les chambres n'utilisent que des matériaux bruts (bois, cuir, pierre). Espace bien-être, sauna et hammam.

11 chambres - 140/180 € 160/265 € - 1 suite - 15 € - ½ P

Le Lac du Pêcher - 04 71 20 83 09 - www.ecolodge-france.com - Fermé 15 nov.-18 déc., 20 mars-15 avril

CHAVANOZ

38230 (Isère) - 4 323 hab. - Alt. 234 m - Carte régionale n° **23**-B1

Paris 494 km - Grenoble 101 km - Lyon 49 km - Villeurbanne 38 km

Carte Michelin 333-E3

Aux Berges du Rhône

CUISINE MODERNE • ÉLÉGANT Sur les bords du Rhône, l'adresse offre l'occasion d'une expérience culinaire inventive et moderne. Gelée de lapin au basilic, épaule d'agneau en pastilla et jus au cumin, grenouilles en persillade... des exemples parmi d'autres d'un alléchant registre actuel. Pour faire une étape, des chambres confortables au décor épuré.

Formule 19 € - Menu 26 € (semaine), 39/79 € - Carte 54/71 €

7 chambres - 112/120 € 137/150 €

hameau de Grange-Rouge, 2 km au Sud-Est par D55 rte de Loyettes - 04 72 02 02 50 - www.antonin-restaurant.com - Fermé dim. soir, merc. soir et lundi

CHAVIGNOL - 18 (Cher) → Voir Sancerre

CHAZELLES-SUR-LYON

42140 (Loire) - 5 137 hab. - Alt. 630 m - Carte régionale n° **23**-A2

Paris 487 km - Lyon 46 km - Montbrison 28 km - Roanne 70 km

Carte Michelin 327-F6 - Guide Vert Michelin Lyon et sa région

Château Blanchard (Sylvain Roux)

CUISINE MODERNE • ÉLÉGANT Séduisante, cette grande maison des années 1920, dont l'architecture s'inspire de la renaissance italienne : peintures mythologiques en façade, marbre, mosaïques... Dans l'élégante salle à manger, sous les hauts plafonds, on savoure de réjouissantes assiettes qui mettent en valeur les produits du terroir.

→ Omble chevalier des Cévennes fumé au bois de hêtre et chèvre frais à l'huile de colza grillé. Volaille fermière de Polignac au lard de Colonnata, risotto au masala. Tarte au citron revisitée, sorbet orange-mandarine.

Formule 24 € - Menu 46/78 € - Carte 55/75 €

36 rte de St-Galmier - 04 77 54 28 88 - www.hotel-chateau-blanchard.com - Fermé vacances de fév., 3 semaines en août, vend. soir, dim. soir et lundi

Château Blanchard

TRADITIONNEL • FONCTIONNEL Située à mi-chemin entre Lyon et St-Étienne, cette imposante villa des années 1920, entourée d'un parc, ne manque pas d'allure : architecture inspirée de la Renaissance italienne, haute façade blanche ornée de sgraffites, jardin verdoyant... Quelle élégance !

12 chambres - 67/77 € 67/84 € - 8 €

36 rte de St-Galmier - 04 77 54 28 88 - www.hotel-chateau-blanchard.com - Fermé vacances de fév., 3 semaines en août et dim. soir

Château Blanchard - voir les restaurants ci-dessus

CHAZEY-SUR-AIN

01150 (Ain) - 1 555 hab. - Alt. 235 m - Carte régionale n° **23**-B1

Paris 469 km - Bourg-en-Bresse 45 km - Chambéry 87 km - Lyon 43 km

Carte Michelin 328-E5

Les Chalets de Maramour

TRADITIONNEL • À LA CAMPAGNE Un ensemble original à deux pas du parc du Cheval Rhône-Alpes : dix petits chalets en rondins de bois, tous équipés de kitchenettes et d'une petite terrasse, et recouverts d'un toit végétal. À l'intérieur, le décor est contemporain et sobre, et l'on est au calme : un bon plan !

10 chambres - 69/78 € 79/90 € - 9 €

Le Luizard, 3 km au Sud par D62 et rte secondaire - 04 74 38 89 68 - www.hotelmaramour.com

à Ste-Julie 2 km au Sud-Est par D40 - 01150 - 934 hab. - Alt. 220 m

Les Chambres de la Renaissance

DEMEURE HISTORIQUE • DESIGN Blotti à côté de l'église, ce beau château du 12e s. aux allures de maison d'hôtes abrite dix chambres confortables, au design moderne. Les anciennes écuries ont été joliment aménagées. Renaissance assurée après une bonne nuit de sommeil !

14 chambres - 68/130 € 78/150 € - 9 €

montée de l'Église - 04 74 37 13 07 - www.leschambresdelarenaissance.com

CHECY

45430 (Loiret) - 8 585 hab. - Alt. 112 m - Carte régionale n° **6**-C2

Paris 142 km - Olivet 28 km - Orléans 10 km

Carte Michelin 318-J4 - Guide Vert Michelin Châteaux de la Loire

Le Week-End

CUISINE MODERNE • CONVIVIAL XX Poisson en arrivage direct des Sables-d'Olonne, viande de Sologne, légumes de maraîchers locaux : la maison porte une vraie attention à la qualité des produits et sait les mettre en valeur ! Mention spéciale pour le beau plateau de fromages et la carte des vins, notamment du Val de Loire (dégustations et ventes à la cave).

Menu 27/65 € - Carte environ 60 €

1 pl. du Cloître - 02 38 86 84 93 - www.restaurant-leweekend.com - Fermé 2 semaines en mars, 2 semaines en août, dim. soir, lundi et mardi

CHÉNAS

69840 (Rhône) - 539 hab. - Alt. 253 m - Carte régionale n° **24**-E1

Paris 407 km - Bourg-en-Bresse 45 km - Lyon 59 km - Mâcon 18 km

Carte Michelin 327-H2 - Guide Vert Michelin Lyon et sa région

Les Platanes de Chénas

CUISINE TRADITIONNELLE • AUBERGE XX Dans ce joli village viticole dominant le Beaujolais, cette ancienne ferme a tout pour plaire : évidemment, il y a une terrasse sous les platanes - charmante -, mais aussi de vastes salles feutrées et accueillantes, où l'on sert une cuisine régionale - andouillette de queue de bœuf, foie gras au sel - très goûteuse.

Formule 21 € - Menu 28/51 € - Carte 42/57 €

aux Deschamps, 2 km au Nord par D68 - 03 85 36 79 80 - www.platanes-chenas.fr - Fermé fév., mardi et merc. sauf en été

Un classement passé en rouge désigne une maison particulièrement charmante : .

CHÉNÉRAILLES

✉ 23130 (Creuse) - 765 hab. - Alt. 537 m - Carte régionale n° **13**-C1
Paris 369 km - Aubusson 19 km - La Châtre 63 km - Guéret 32 km
Carte Michelin 325-K4 - Guide Vert Michelin Limousin Berry

Le Coq d'Or

CUISINE MODERNE • FAMILIAL XX Une déco très... coquette, et pour cause : on trouve ici moults coqs rapportés des quatre coins du monde par les clients ! Dans l'assiette ? Une cuisine fine et maîtrisée, alliant saveurs du terroir et créativité... qui donne décidément envie de chanter "cocorico" !

Formule 15 € - Menu 24/53 € - Carte 38/62 €

7 pl. du Champ-de-Foire - ✆ 05 55 62 30 83 - www.restaurant-coqdor-23.com - Fermé 22 juin-5 juil., 21 sept.-3 oct., 1er-22 janv., mardi soir d'oct. à avril, dim. soir, merc. soir et lundi

CHENONCEAUX

✉ 37150 (Indre-et-Loire) - 360 hab. - Alt. 62 m - Carte régionale n° **6**-A1
Paris 234 km - Amboise 12 km - Château-Renault 36 km - Loches 31 km
Carte Michelin 317-P5 - Guide Vert Michelin Châteaux de la Loire

Auberge du Bon Laboureur (Antoine Jeudi)

CUISINE MODERNE • ÉLÉGANT XXX Cette valeur sûre creuse un sillon très fertile : celui de la finesse et de la subtilité, au service du produit et des saisons. Le chef signe une cuisine sans fausse note, savoureuse et généreuse ; le tout accompagné d'un joli choix de vins. Une belle table dans un cadre élégant.

➜ Homard bleu, millefeuille de tomates cerise, tuile aux herbes et crème à l'aneth. Ris et tête de veau au présent et au passé, jus de veau et sauce gribiche. Omelette norvégienne aux fruits rouges et vanille.

Formule 27 € - Menu 32 € (déj. en semaine), 54/106 € - Carte 65/105 €

6 r. Dr-Bretonneau - ✆ 02 47 23 90 02 - www.bonlaboureur.com - Fermé 3 janv.-12 fév., 11 nov.-22 déc. et mardi midi

Auberge du Bon Laboureur

TRADITIONNEL • COSY Près du "château des Dames", un véritable hameau de jolies maisonnettes couvertes de vigne vierge : chaque chambre y distille un charme particulier, comme si tout un pittoresque village se faisait demeure de famille...

17 chambres - 🚹136/316 € 🚹🚹136/316 € - 9 suites - ☕ 19 €

6 r. Docteur-Bretonneau - ✆ 02 47 23 90 02 - www.bonlaboureur.com - Fermé 3 janv.-12 fév. et 11 nov.-22 déc.

Auberge du Bon Laboureur - voir les restaurants ci-dessus

La Roseraie

FAMILIAL • TRADITIONNEL Cet hôtel, tapissé de vigne vierge, ne manque pas de charme. Les chambres (progressivement rénovées) y sont coquettes et fleuries, comme le jardin, mais quoi de plus normal pour une Roseraie... Quant à la piscine, elle invite à la détente. Ambiance chaleureuse et familiale.

22 chambres - 🚹68/138 € 🚹🚹72/138 € - ☕ 12 € - ½ P

7 r. Dr-Bretonneau - ✆ 02 47 23 90 09 - www.hotel-chenonceau.com - Ouvert 16 mars-15 nov.

CHENÔVE - 21 (Côte-d'Or) ➜ Voir Dijon

CHERBOURG-EN-COTENTIN

✉ 50100 (Manche) - 37 121 hab. - Agglo. 117 855 hab. - Alt. 10 m - Carte régionale n° **17**-A1
Paris 359 km - Brest 399 km - Caen 125 km - Laval 224 km
Carte Michelin 303-C2 - Guide Vert Michelin Normandie Cotentin

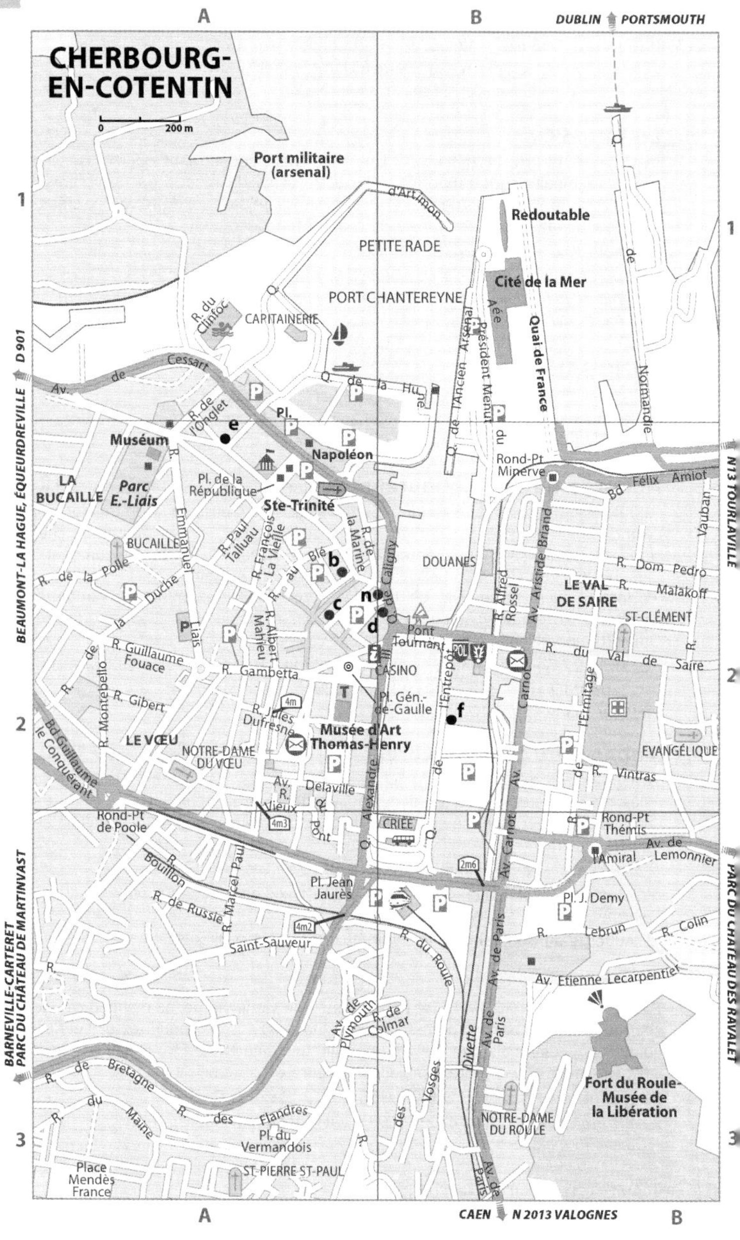
CHERBOURG-EN-COTENTIN
0 200 m
A
B
1
2
3
DUBLIN PORTSMOUTH
BEAUMONT-LA HAGUE, ÉQUEURDREVILLE D 901
N13 TOURLAVILLE
BARNEVILLE-CARTERET PARC DU CHÂTEAU DE MARTINVAST
PARC DU CHÂTEAU DES RAVALET
CAEN N 2013 VALOGNES
Port militaire (arsenal)
Redoutable
PETITE RADE
Cité de la Mer
PORT CHANTEREYNE
CAPITAINERIE
Quai de France
Muséum
Napoléon
Pl. de la République
Ste-Trinité
LA BUCAILLE
Parc E.-Liais
BUCAILLE
DOUANES
LE VAL DE SAIRE
ST-CLÉMENT
CASINO
Pl. Gén.-de-Gaulle
Musée d'Art Thomas-Henry
LE VŒU
NOTRE-DAME DU VŒU
EVANGÉLIQUE
CRIÉE
Rond-Pt de Poole
Rond-Pt Minerve
Rond-Pt Thémis
Pont Tournant
Pl. Jean Jaurès
Pl. J. Demy
Fort du Roule-Musée de la Libération
NOTRE-DAME DU ROULE
Pl. du Vermandois
Place Mendès France
ST-PIERRE ST-PAUL
Av. de Cessart
Bd Félix Amiot
R. Dom Pedro
R. Malakoff
R. du Val de Saire
R. Gambetta
R. Guillaume Fouace
R. Gibert
R. Montebello
Bd Guillaume le Conquérant
R. de la Duché
R. de la Polle
R. Emmanuel Liais
R. Paul Talluau
R. François La Vieille
R. Albert Mahieu
R. de la Marine
Q. de Caligny
Q. Alexandre III
Q. de l'Entrepôt
R. Alfred Rossel
Av. Aristide Briand
Av. Carnot
Av. de Paris
Av. Delaville
R. Jules Dufresne
R. du Vieux Pont
R. Bouillon
R. de Russie
R. Marcel Paul
R. Saint-Sauveur
R. du Roule
Av. de Plymouth
R. de Colmar
R. des Vosges
Divette
Av. Étienne Lecarpentier
R. Lebrun
R. Colin
Av. de l'Amiral Lemonnier
R. Vintras
R. de l'Ermitage
R. de Bretagne
R. du Maine
R. des Flandres
R. de l'Onglet
R. du Clinfoc
Q. de la Hune
Q. de l'Ancien Arsenal
Allée du Président Menut
Q. de Normandie
Vauban
4m
4m2
4m3
2m6
e
b
c
n
d
f

Le Pily (Pierre Marion)

CUISINE CRÉATIVE • TENDANCE XX "Pily" ou Pierre en cuisine et Lydie en salle... Une histoire d'initiales, mais surtout une grande complicité : ce jeune couple a créé une jolie table contemporaine, entièrement dévouée au goût. La carte est conçue au plus près des saisons ; elle évolue tous les mois et met en avant les petits producteurs et pêcheurs locaux.

→ Cuisine du marché.

Formule 29 € - Menu 45/80 €

Plan : A2-b - *39 Grande-Rue - ✆ 02 33 10 19 29 (réservation conseillée) - www.le-pily.com - Fermé 3 semaines en sept., 1 semaine en janv., dim. sauf le midi d'oct. à mai et lundi sauf le soir de juin à sept.*

Café de Paris

POISSONS ET FRUITS DE MER • BRASSERIE XX Une vraie brasserie de la mer ! On y vient pour ses plateaux de fruits de mer et ses poissons de la pêche locale, que l'on dévore en profitant de la vue sur le port à l'étage - avec, à l'heure de la marée, le spectacle des chalutiers gorgés de poissons et crustacés... Vivifiant.

Formule 19 € - Menu 23/40 € - Carte 34/55 €

Plan : AB2-d - *40 quai Caligny - ✆ 02 33 43 12 36 - www.restaurantcafedeparis.com - Fermé 3 semaines en mars, 3 semaines en nov., lundi midi et dim.*

Le Vauban

CUISINE MODERNE • TENDANCE XX Ce restaurant fait face au port de pêche mais... on n'y mange pas que du poisson ! Géré par un couple accueillant et dynamique (lui en cuisine, elle en salle), Le Vauban propose des recettes bien dans l'air du temps, pleines de saveurs : légumes du maraîcher, viandes locales et produits de la mer sont cuisinés avec soin.

Formule 17 € - Menu 24/44 € - Carte 42/64 €

Plan : AB2-n - *22 quai Caligny - ✆ 02 33 43 10 11 - www.levauban-cherbourg.fr - Fermé 20 fév.-début-mars, fin août-début-sept., sam. midi, dim. soir et lundi*

Le Pommier

CUISINE TRADITIONNELLE • TENDANCE X Original et cosy : le décor de ce Pommier très contemporain séduit... Bien installé sur une banquette en moleskine noire, on déguste une bonne cuisine au goût du jour, avec quelques suggestions à l'ardoise. Terrasse sur la rue.

Menu 26/32 € - Carte environ 36 €

Plan : A2-c - *15 bis r. Notre-Dame - ✆ 02 33 53 54 60 - Fermé dim. et lundi*

Mercure

HÔTEL DE CHAÎNE • CONTEMPORAIN Cette grande structure de verre et d'acier est installée sur le port, à côté du centre commercial Les Eléis : le centre-ville n'est qu'à quelques minutes à pied. Les chambres, modernes et spacieuses, sont parfaitement équipées ; on profite d'un beau fitness, d'un bar et d'un restaurant. Une excellente étape.

94 chambres - 🚹96/217 € 🚹🚹96/217 € - ☕16 €

Plan : B2-f - *13 quai de l'Entrepôt - ✆ 02 33 44 01 11 - www.mercure.com*

Le Louvre

TRADITIONNEL • FONCTIONNEL Une situation aussi centrale que le Louvre à Paris, avec bien sûr beaucoup moins d'espace et de luxe. Mais pour les prix, les chambres se révèlent confortables et parfaitement tenues. De plus, l'accueil est charmant !

40 chambres - 🚹72/82 € 🚹🚹79/89 € - ☕10 €

Plan : A2-e - *2 r. Henri-Dunant - ✆ 02 33 53 02 28 - www.hotel-le-louvre.com - Fermé 22 déc.-7 janv.*

CHERISY - 28 (Eure-et-Loir) ➔ Voir Dreux

CHEVAGNES

✉ 03230 (Allier) - 683 hab. - Alt. 224 m - Carte régionale n° **3**-C1
Paris 309 km - Bourbon-Lancy 18 km - Decize 31 km - Digoin 43 km
Carte Michelin 326-I3

Le Goût des Choses

CUISINE TRADITIONNELLE • **CONVIVIAL** XX Venez donc vous abriter dans cette jolie salle lumineuse et pleine de couleurs ! Dans l'assiette, la cuisine mêle tradition et modernité ; le patron met un point d'honneur à travailler de bons produits locaux. Et en cas de grosse fatigue, deux belles chambres d'hôtes vous tendent les bras...

Formule 17 € - Menu 27/65 € - Carte 43/57 €

12 rte Nationale - 04 70 43 11 12 - www.legoutdeschoses-03.com - Fermé 1 semaine vacances de printemps et de la Toussaint, dim. soir, lundi et mardi

CHEVERNY - 41 (Loir-et-Cher) ➔ Voir Cour-Cheverny

CHEVREUSE - 78 (Yvelines) ➔ Voir Autour de Paris

CHILLE - 39 (Jura) ➔ Voir Lons-le-Saunier

CHILLEURS-AUX-BOIS

✉ 45170 (Loiret) - 1 850 hab. - Alt. 125 m - Carte régionale n° **6**-C2
Paris 96 km - Chartres 71 km - Étampes 47 km - Orléans 30 km
Carte Michelin 318-J3

Le Lancelot

CUISINE MODERNE • **COSY** XX Au centre du village, cette accueillante maison fleurie avec jardin et terrasse - et une belle collection de rosiers - est un véritable havre de tranquillité ! La patronne propose ses créations personnelles, avec une spécialité qui met l'eau à la bouche : l'œuf cocotte à la crème de foie gras et miettes de truffe...

Formule 19 € - Menu 29 € (semaine), 32/78 € - Carte 44/71 €

12 r. des Déportés - 02 38 32 91 15 (réservation conseillée) - www.restaurantlelancelot.com - Fermé 15-27 fév., 7-28 août, merc. soir, dim. soir et lundi

CHINAILLON - 74 (Haute-Savoie) ➔ Voir Grand-Bornand

CHINON

✉ 37500 (Indre-et-Loire) - 7 928 hab. - Alt. 40 m - Carte régionale n° **6**-A3
Paris 285 km - Châtellerault 51 km - Poitiers 80 km - Saumur 29 km
Carte Michelin 317-K6 - Guide Vert Michelin Châteaux de la Loire

L'Océanic

POISSONS ET FRUITS DE MER • **COSY** XXX Le vent de l'Océan souffle jusqu'à Chinon ! Comme l'enseigne l'indique, les produits de la mer sont ici à l'honneur. En cuisine, le chef prépare des poissons très frais, y ajoutant un zeste d'originalité. En saison, les menus homard, et Saint-Jacques, sont les spécialités maison. Bon rapport qualité-prix.

Formule 19 € - Menu 28/42 € - Carte 36/61 €

Plan : B1-u - *13 r. Rabelais - 02 47 93 44 55 - www.loceanic-chinon.com - Fermé 22 fév.-8 mars, 28 août-6 sept., 1er-12 janv., dim. et lundi*

Au Chapeau Rouge

CUISINE DU TERROIR • CLASSIQUE XX Chapeau Rouge, comme celui que portaient les cochers des messageries royales. Le château de Chinon est, en effet, tout proche de ce restaurant devant lequel murmure une fontaine. On y déguste une belle cuisine fidèle aux saisons, avec des produits du terroir triés sur le volet. Menu truffe en hiver.

Menu 24 € (déj. en semaine), 29/58 € – Carte 40/70 €

Plan : B1-v – *49 pl. du Gén.-de-Gaulle – ✆ 02 47 98 08 08 – www.auchapeaurouge.fr – Fermé 3 semaines en fév. et en oct.-nov., mardi midi, dim. soir et lundi*

Les Années Trente

CUISINE MODERNE • ÉLÉGANT XX Ne vous fiez pas au nom de cet établissement ! Ici, point d'esprit années 1930 mais un décor chaleureux : tuffeau, poutres et même une cheminée... Les gourmands y apprécient une appétissante cuisine centrée sur les produits frais. Terrasse pour les beaux jours.

Formule 20 € 🍷 – Menu 27/48 € – Carte 40/60 €

Plan : A1-t – *78 r. Haute-Saint-Maurice – ✆ 02 47 93 37 18 – www.lesannees30.com – Fermé 3 semaines en juin, 2 semaines fin nov., mardi sauf le soir du 14 juil. au 31 août et merc.*

L'Ardoise

CUISINE MODERNE • BISTRO X Entièrement rénovée, cette Ardoise vous accueille dans un intérieur de bistrot chic. Passionné d'Asie, le chef signe des recettes bien ficelées, aux saveurs marquées. L'accueil et le service sont aux petits soins, et l'on profite même de deux terrasses de part et d'autre du restaurant.

Formule 12 € – Menu 15 € (déj. en semaine), 30/30 € – Carte 33/48 €

Plan : B1-a – *42 r. Rabelais – ✆ 02 47 58 48 78 – lardoisechinon.com – Fermé 1 semaine en août, 31 déc.-6 janv., dim. et lundi*

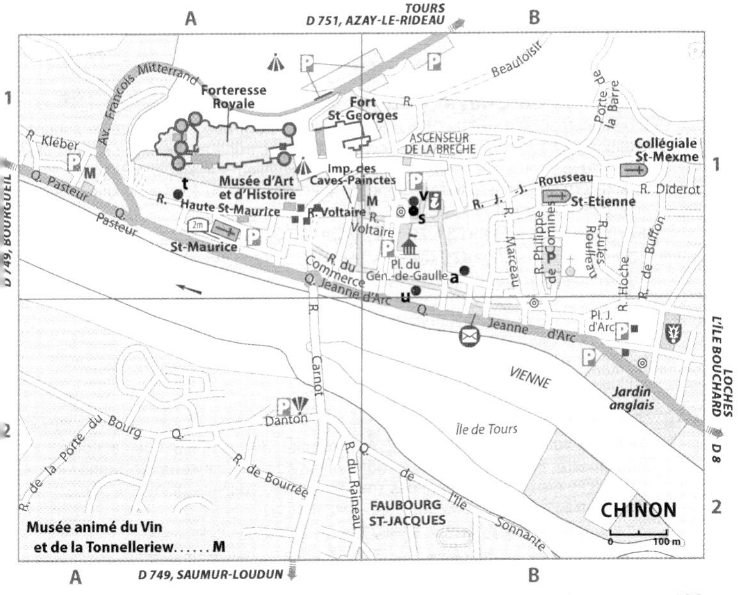

Hôtel de France

TRADITIONNEL • FONCTIONNEL Dans ces deux maisons mitoyennes du 16e s., près du centre historique, les chambres sont confortables et certaines donnent sur le château. Jolie terrasse intérieure.

28 chambres – 85/185 € 89/195 € – 2 suites – 13 €

Plan : B1-s – *47 pl. Gén.-de-Gaulle – 02 47 93 33 91 – www.bestwestern-hoteldefrance-chinon.com – Fermé 2 semaines en mars, 3 semaines en déc., dim. soir de nov. à mars*

à Marçay 9 km au Sud et D116 – 37500 – 478 hab. – Alt. 65 m

La Table de Marçay

CUISINE MODERNE • CLASSIQUE XXX On accède au château par une allée privée et la silhouette de ses tours transporte dans un roman de l'amour courtois. Le cadre est élégant et chaleureux, la cuisine empreinte de jolies saveurs et... auréolée de vins de Loire, bien sûr. Attention, uniquement au dîner, excepté le week-end.

Formule 30 € – Menu 48 € (dîner), 69/108 € – Carte 60/95 €

Hôtel Château de Marçay, rte du Château – 02 47 93 03 47 – www.chateaudemarcay.com – Fermé 4 janv.-4 fév., 15 fév.-3 mars, 14 nov.-8 déc., lundi et mardi de nov. à mars sauf fériés

Château de Marçay

DEMEURE HISTORIQUE • PERSONNALISÉ De nobles tours rondes, une belle pierre blanche... ce château des 12e-15e s. a fière allure ! Tout autour : le calme d'un grand parc et des vignes (dégustations), en face desquelles se dresse une annexe. Centre équestre depuis peu... pour un séjour à l'image de la région.

28 chambres – 195/332 € 195/332 € – 4 suites – 24 € – ½ P

– 02 47 93 03 47 – www.chateaudemarcay.com – Fermé 4 janv.-4 fév., 15 fév.-3 mars, 14 nov.-8 déc., lundi et mardi de nov. à mars sauf fériés

La Table de Marçay – voir les restaurants ci-dessus

CHISSAY-EN-TOURAINE – 41 (Loir-et-Cher) → Voir Montrichard

CHISSEAUX

37150 (Indre-et-Loire) – 630 hab. – Alt. 58 m – Carte régionale n° **6**-A1

Paris 235 km – Amboise 14 km – Loches 33 km – Tours 37 km

Carte Michelin 317-P5

Auberge du Cheval Rouge

CUISINE MODERNE • TRADITIONNEL XX Noble nom que celui de cette auberge située sur la route des châteaux de la Loire. La cuisine est occupée par un chef au beau parcours (le Meurice à Paris, le Richelieu sur l'île de Ré), qui signe des recettes appétissantes : terrine de pied de porc au foie gras, bouillon crémeux de homard et langoustines...

Formule 25 € – Menu 31/70 € – Carte 46/64 €

30 r. Nationale – 02 47 23 86 67 – www.auberge-duchevalrouge.com – Fermé janv., mardi et merc.

CHITENAY

41120 (Loir-et-Cher) – 1 037 hab. – Alt. 90 m – Carte régionale n° **6**-A1

Paris 196 km – Blois 15 km – Orléans 72 km – Romorantin-Lanthenay 39 km

Carte Michelin 318-F7

Auberge du Centre

TRADITIONNEL • PERSONNALISÉ À proximité des châteaux de la Loire, une engageante auberge de village dont la façade est couverte de vigne vierge. Chambres propres et mignonnes (motifs floraux, couleurs gaies) ; jardin arboré. Cuisine traditionnelle dans un cadre frais et cosy.

25 chambres – 65/163 € 65/163 € – 14 € – ½ P

34 Grande-Rue (pl. de l'Église) – 02 54 70 42 11 – www.auberge-du-centre.com – Fermé fév.

CHOLET

49300 (Maine-et-Loire) - 54 181 hab. - Alt. 91 m - Carte régionale n° **18**-B2

Paris 353 km - Ancenis 49 km - Angers 64 km - Nantes 60 km

Carte Michelin 317-D6 - Guide Vert Michelin Pays de la Loire

Le Pouce Pied

CUISINE MODERNE • SIMPLE Un restaurant de poche un peu excentré, où les tables sont décorées de pouces-pieds ! La cuisine est alléchante et gorgée de saveurs, le tout à prix raisonnable.

Menu 20 € (déj. en semaine), 32/36 € - Carte environ 50 €

Plan : B1-a - *1 r. du Lait-au-Beurre - 02 41 58 50 03 (réservation conseillée) - www.lepoucepied.com - Fermé 12-19 juin, sam. midi, dim. soir et lundi*

La Grange

CUISINE MODERNE • AUBERGE Côté pile, l'image d'Épinal, les poutres apparentes et la cheminée qui rappellent l'ancienne ferme du pays. Côté face, des touches de couleur, de l'épure et du design, bref : la modernité ! À cheval sur tout cela, bien en équilibre : la savoureuse cuisine du chef, inspirée et respectueuse des saisons.

Menu 19 € (semaine), 31/59 € - Carte 52/67 €

Hors plan - *64 r. de St-Antoine - 02 41 62 09 83 - www.lagrangecholet.fr - Fermé dim. soir, merc. soir et lundi*

La Touchetière

CUISINE TRADITIONNELLE • RUSTIQUE Cette vieille auberge a su préserver son cachet rustique : poutres blanchies, cheminée allumée en hiver, terrasse fleurie... pour une cuisine traditionnelle teintée de modernité.

Formule 21 € - Menu 28/64 € - Carte 39/71 €

Hors plan - *41 r. du Dr-Roux - 02 41 62 55 03 - www.restaurant-cholet.com - Fermé 1er-8 mai, 1er-21 août, sam. midi, dim. soir et lundi*

L'Ourdissoir

CUISINE TRADITIONNELLE • INTIME De beaux murs en pierre, témoins du travail des tisserands de la ville du mouchoir. Le chef propose un menu découverte selon son inspiration et les propositions du marché.

Formule 16 € - Menu 20 € (déj. en semaine), 31/59 € - Carte 46/52 €

Plan : B2-b - *40 r. St-Bonaventure - 02 41 58 55 18 - Fermé 1 semaine en mai, 3 semaines en août, dim. et lundi*

Mercure

HÔTEL DE CHAÎNE • PERSONNALISÉ Sur la grande place centrale de Cholet, l'ancien théâtre de la ville est désormais un hôtel contemporain, aux lignes épurées et élégantes. Les chambres sont confortables, bien équipées - climatisation, douches italiennes - et s'articulent autour d'une belle cour intérieure.

68 chambres - †95/159 € ††95/159 € - 2 suites - 14 €

Plan : A1-g - *81 pl. Travot - 02 41 29 40 25 - www.mercure.com*

San Benedetto

BUSINESS • DESIGN C'est le plus ancien hôtel de la ville. Désormais, tout est très moderne, voire tendance, avec de beaux volumes. Les chambres, immaculées, sont ponctuées de touches colorées. Aux beaux jours, on prend le petit-déjeuner dans le joli patio.

50 chambres - †89/130 € ††99/167 € - 13 €

Plan : A1-e - *26 bd Gustave-Richard - 02 41 62 07 20 - www.sanbenedetto-hotel.com*

Park Hotel

TRADITIONNEL • FONCTIONNEL Chambres fonctionnelles et bien insonorisées, grande salle de réunion et petit-déjeuner buffet : une adresse pratique et bien tenue, près de la patinoire de Cholet et du parc de Moine.

54 chambres - †73/88 € ††73/88 € - 9 €

Plan : A2-x - *4 av. Anatole-Manceau - 02 41 62 65 45 - www.park-hotel-cholet.fr - Fermé 21 déc.-6 janv.*

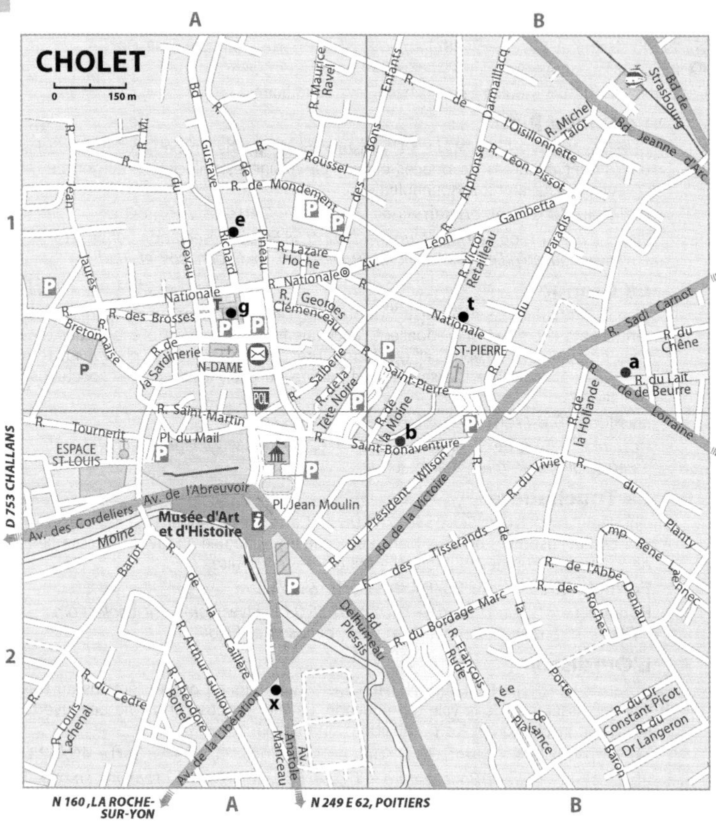

Demeure l'Impériale

FAMILIAL • CLASSIQUE Accueil charmant dans cet hôtel particulier de 1860. Chambres lumineuses (fleurs, linge luxueux, parquet). Petit-déjeuner sous une verrière avec confiture et gâteaux maison.

4 chambres – 70/80 € 80/150 €

Plan : B1-t – *28 r. Nationale* – *02 41 58 84 84*
– *www.demeure-imperiale.com*

à Maulévrier 13 km au Sud-Est et D20 – 49360 – 3 210 hab. – Alt. 130 m

Château Colbert

CUISINE MODERNE • ROMANTIQUE Quelle allure ! Au sein de ce beau château classique, les hauts plafonds et les lustres en cristal Grand Siècle rehaussent encore l'expérience gastronomique. Le chef signe une cuisine actuelle bien maîtrisée, inspirée par le terroir et les légumes du potager...

Menu 32/82 € – Carte environ 62 €

pl. du Château
– *02 41 55 51 33* – *www.chateaucolbert.com*
– *Fermé 15-27 fév., 17-24 avril, 18 déc.-4 janv. et dim. soir*

Château Colbert

DEMEURE HISTORIQUE • PERSONNALISÉ Ce château du 17e s. veille jalousement sur ses chambres meublées d'ancien. Celles du 1er étage sont magnifiques et donnent sur un splendide jardin japonais. Une belle manière de prolonger le rêve...

20 chambres – 97/180 € 97/250 € – 1 suite – 12 € – ½ P

pl. du Château – 02 41 55 51 33 – www.chateaucolbert.com – Fermé 15-27 fév., 17-24 avril, 18 déc.-4 janv. et dim. soir

Château Colbert – voir les restaurants ci-dessus

CHOMELIX

43500 (Haute-Loire) – 488 hab. – Alt. 910 m – Carte régionale n° **3**-C3

Paris 519 km – Ambert 36 km – Brioude 52 km – Le Puy-en-Velay 30 km

Carte Michelin 331-E2

Auberge de l'Arzon

CUISINE TRADITIONNELLE • FAMILIAL XX Au cœur du village, cette bâtisse en pierre invite à un joli repas traditionnel, avec en vedette les champignons du pays. Le patron ramasse lui-même ses morilles ! Une dépendance située à l'arrière abrite des chambres très bien tenues.

Menu 23/50 € – Carte 28/45 €

9 chambres – 60/82 € 65/85 € – 8 €

pl. Fontaine – 04 71 03 62 35 – www.auberge-de-larzon.com – Ouvert de début mai à début oct. et fermé lundi et mardi sauf juil.-août et le midi

CHONAS-L'AMBALLAN – 38 (Isère) → Voir Vienne

CHORGES

05230 (Hautes-Alpes) – 2 714 hab. – Alt. 864 m – Carte régionale n° **21**-C1

Paris 717 km – Digne-les-Bains 98 km – Gap 18 km – Marseille 193 km

Carte Michelin 334-F5 – Guide Vert Michelin Alpes du Sud

Ax'Hôtel

SPA ET BIEN-ÊTRE • CONTEMPORAIN Né en 2010, un édifice entièrement habillé de bois clair, au calme, près de Gap. La décoration est contemporaine, rehaussée d'illustrations évoquant les beautés naturelles – à l'unisson des montagnes environnantes. Le superbe spa ajoute à l'intérêt de l'établissement, unique dans la région.

39 chambres – 85/115 € 85/230 € – 1 suite – 13 € – ½ P

ZA La Grande-Ile – 04 92 21 45 17 – www.ax-hotel.com

CIBOURE – 64 (Pyrénées-Atlantiques) → Voir St-Jean-de-Luz

CIEURAC – 46 (Lot) → Voir Cahors

LA CIOTAT

13600 (Bouches-du-Rhône) – 34 063 hab. – Carte régionale n° **21**-B3

Paris 802 km – Aix-en-Provence 53 km – Brignoles 62 km – Marseille 32 km

Carte Michelin 340-I6 – Guide Vert Michelin Provence

Vieux Port

BUSINESS • CONTEMPORAIN La Ciotat – dont la gare est entrée dans l'histoire en 1895 grâce à Louis Lumière – peut aussi s'enorgueillir de sa baie, de ses calanques et... de son hôtel du Vieux Port ! Des chambres spacieuses avec balcon, une piscine (avec jacuzzi) sur le toit, offrant une vue imprenable sur la mer : que demander de plus ?

62 chambres – 99/269 € 99/399 € – 1 suite – 16 €

252 quai François-Mitterrand – 04 42 04 00 00 – www.bestwestern-laciotat.com

au Liouquet 6 km à l'Est par D559 (rte de Bandol) – ✉ 13600 La Ciotat

✿ La Table de Nans (Nans Gaillard)

CUISINE MÉDITERRANÉENNE • ÉPURÉ XX Nans Gaillard, enfant du pays et jeune chef exigeant, avait un rêve de gamin : ouvrir son adresse à la Ciotat, au bord de l'eau. C'est chose faite ! Sa cuisine, d'une très belle facture et fort savoureuse, rappelle qu'il a fait ses armes chez les grands. Depuis la terrasse, on se délecte devant les flots bleus : divin...

➜ Légumes de Provence cuits et crus, robiola frais et herbes potagères. Homard, confit de carottes au gingembre et citron vert, ravioli et sauce à la vanille de Madagascar. Fraisier, sorbet bergamote.

Menu 29 € (déj. en semaine), 48/105 € – Carte 66/93 €

126 corniche du Liouquet
– ✆ 04 42 83 11 06 – www.latabledenans.com
– Fermé 8-30 nov., 23 janv.-5 fév., dim. sauf le midi de sept. à juin, lundi sauf le soir en juil.-août et merc. soir de sept. à juin

Roche Belle

CUISINE PROVENÇALE • RUSTIQUE X Dans un chaleureux cadre provençal, une maisonnette couverte de vigne vierge et sa terrasse plantée d'oliviers. La cuisine est goûteuse, ensoleillée, et fleure bon le Midi.

Formule 22 € – Menu 37 € – Carte 45/60 €

Corniche du Liouquet
– ✆ 04 42 71 47 60 (réservation conseillée) – www.roche-belle.fr
– Fermé 20 fév.-12 mars, 21 oct.-5 nov., dim. et lundi

CLAMECY

✉ 58500 (Nièvre) – 4 097 hab. – Alt. 144 m – Carte régionale n° **4**-B2
▶ Paris 208 km – Auxerre 42 km – Avallon 38 km – Cosne-Cours-sur-Loire 52 km
Carte Michelin 319-E7 – Guide Vert Michelin Bourgogne

Deux Pièces Cuisine

CUISINE MODERNE • ROMANTIQUE X Une véritable petite bonbonnière dont l'origine remonte à 1396, où se côtoient bibelots, oursons et même coucou suisse... L'âme cosy des lieux a conquis la clientèle locale. Cuisine actuelle.

Formule 19 € – Menu 21 €

7 r. de la Monnaie – ✆ 03 86 27 25 07 (réservation conseillée)
– www.2pieces-cuisine.fr
– Fermé janv.-mars et 15 nov.-20 déc.

Angélus

CUISINE MODERNE • BISTRO X Une maison à colombages au pied de l'église. On y savoure une bonne cuisine résolument centrée sur le produit (les fournisseurs sont choisis avec soin), à l'image de ce paleron de charolais fondant et sa crème légère à la moutarde. Aux beaux jours, on profite de la jolie terrasse.

Menu 23 € (semaine), 30/37 € – Carte 33/59 €

11 pl. St-Jean – ✆ 03 86 27 33 98 (réservation conseillée)
– www.restaurantlangelus.com
– Fermé vacances de la Toussaint, de Noël, de fév., lundi sauf juil.-août, dim. soir et merc. soir

Hostellerie de la Poste

FAMILIAL • TRADITIONNEL Au cœur de cette jolie bourgade, tout près du palais de justice, une grande bâtisse où l'on sait recevoir : chambres confortables (rustiques ou plus contemporaines), accueil dynamique et petit patio pour prendre le petit-déjeuner aux beaux jours...

24 chambres – †72/103 € ††82/103 € – ☕ 10 € – ½ P

9 pl. Emile-Zola – ✆ 03 86 27 01 55
– www.hostelleriedelaposte.fr

CLARA - 66 (Pyrénées-Orientales) ➜ Voir Prades

LES CLAUX - 05 (Hautes-Alpes) ➜ Voir Vars

CLÉCY

✉ 14570 (Calvados) - 1 254 hab. - Alt. 100 m - Carte régionale n° **17**-B2
Paris 268 km - Caen 39 km - Condé-sur-Noireau 10 km - Falaise 31 km
Carte Michelin 303-J6 - Guide Vert Michelin Normandie Cotentin

Au Site Normand

CUISINE MODERNE • COSY XX Langoustines aux saveurs d'agrumes et choucroute de fenouil, suprême de poulet et cuisse farcie au goût normand : le chef revisite la tradition avec maîtrise, au rythme des saisons ! À déguster dans une salle à manger cosy qui ne manque pas de cachet : poutres peintes, cheminée... Service charmant.

Formule 25 € - Menu 36/67 €

2 r. des Chatelets - ☎ 02 31 69 71 05 - www.hotel-clecy.com - Fermé 19-31 déc., 1er -26 janv., dim. soir, mardi midi et lundi

Au Site Normand

TRADITIONNEL • CONTEMPORAIN C'est l'histoire d'un enfant du pays qui désirait ouvrir un hôtel-restaurant à son image : charmant et accueillant. Voilà qui est chose faite ! Les chambres ne sont certes pas très grandes mais fonctionnelles et confortables. Parfait pour une étape gourmande.

17 chambres - †70/85 € ††95/125 € - ☕ 12 € - ½ P

2 r. des Chatelets - ☎ 02 31 69 71 05 - www.hotel-clecy.com - Fermé 19-31 déc., 1er-26 janv.

Au Site Normand - voir les restaurants ci-dessus

CLÈRES

✉ 76690 (Seine-Maritime) - 1 374 hab. - Alt. 113 m - Carte régionale n° **17**-D1
Paris 155 km - Dieppe 45 km - Forges-les-Eaux 35 km - Neufchâtel-en-Bray 36 km
Carte Michelin 304-G4 - Guide Vert Michelin Normandie Vallée de la Seine

à Frichemesnil 4 km au Nord-Est par D6 et D100 - ✉ 76690 - 433 hab. - Alt. 150 m

Au Souper Fin (Eric Buisset)

CUISINE MODERNE • TENDANCE XX Des mariages de saveurs réfléchis et flatteurs, des produits de qualité, très frais, beaucoup de soin... L'enseigne ne ment pas et c'est logique, tant le chef et son épouse veillent à satisfaire toujours davantage leurs clients ! Cette excellente adresse propose aussi de jolies petites chambres... pour rester un jour de plus ?

➜ Langoustines, mousseline de cresson et émulsion au vinaigre d'agrumes. Côte de veau à la crème et aux morilles. Millefeuille à la vanille Bourbon.

Formule 30 € - Menu 36 € (semaine), 50/59 € - Carte 65/80 €

4 chambres - †65/80 € ††80/100 € - ☕ 12 €

1 rte de Clères - ☎ 02 35 33 33 88 - www.souperfin.com - Fermé vacances de printemps, 7-31 août, vacances de Noël, dim. soir, merc. et jeudi

au Sud 2 km sur D155 - ✉ 76690 Clères :

Auberge du Moulin

CUISINE MODERNE • COSY XX Une sympathique auberge tournée vers un vieux moulin, bordé par une petite rivière dont le cours est ponctué de cressonnières. On prend plaisir à déguster la cuisine dans l'air du temps concoctée par Marc Halbourg, qui valorise joliment marée et terroir normands. Agréable terrasse pour les beaux jours.

Formule 22 € - Menu 31/51 € - Carte 42/60 €

36 r. des Moulins-du-Tot - ☎ 02 35 33 62 76 - www.aubergedumoulin.org - Fermé 21 août-8 sept., dim. soir, lundi et mardi

CLERMONT

✉ 60600 (Oise) - 10 862 hab. - Alt. 125 m - Carte régionale n° **19**-B2
Paris 79 km - Amiens 83 km - Beauvais 27 km - Compiègne 34 km
Carte Michelin 305-F4

à Étouy 7 km au Nord-Ouest par D151 - ✉ 60600 - 795 hab. - Alt. 85 m

L'Orée de la Forêt (Nicolas Leclercq)

CUISINE MODERNE • ÉLÉGANT XXX Une belle demeure bourgeoise de la fin du 19e s., dans un paisible parc arboré. L'intérieur, feutré et élégant, ne laisse pas de séduire ; le grand potager approvisionne la table en légumes frais. Il en résulte une belle cuisine, aux saveurs franches et harmonieuses. Et le millefeuille vanillé est divin !

→ Comme dans un jardin, légumes, herbes et fleurs. Pigeonneau rôti au barbecue, légumes du potager. Millefeuille vanillé.

Formule 38 € - Menu 58/110 € - Carte environ 105 €

255 r. de la Forêt - ☎ 03 44 51 65 18 - www.loreedelaforet.fr - Fermé 22 juil.-23 août, 2-15 janv., sam. midi, dim. soir, vend. et fériés le soir

ON AIME...

Le Pré-Xavier Beaudiment, sa cuisine d'auteur sur la route de la Baraque. **L'Ostal**, où un enfant du pays réalise une jolie cuisine actuelle. **SmØrrebrØd**, un bistrot chic et moderne. Le **Saint Eutrope**, pour un moment de bistronomie dans un décor vintage. Enfin, **Apicius**, qui nous accueille sur le toit du marché St-Pierre...

CLERMONT-FERRAND

✉ 63000 (Puy-de-Dôme) - 141 569 hab. - Agglo. 261 926 hab. - Alt. 401 m
- Carte régionale n° **3**-B2
▶ Paris 420 km - Lyon 172 km - Moulins 106 km - ST-Étienne 147 km
Carte Michelin 326-F8 - Guide Vert Michelin Auvergne

Restaurants

✿ **Apicius** (Arkadiusz Zuchmanski)

CUISINE MODERNE • ÉPURÉ XXX Au cœur de la ville, à l'étage du marché Saint-Pierre, ce restaurant chic (tables espacées, salons privatifs) n'a pas sacrifié le goût à l'originalité du lieu : les produits, nobles, sont toujours rendus dans leur vérité. Au déjeuner, chariot de viandes et découpe en salle par le chef. A déguster sur la grande terrasse, l'été venu !

➜ Polenta crémeuse parfumée à la truffe noire, pied de porc en samossa. Homard rôti, cèpes en fricassée et légumes au vadouvan. Soufflé chaud au chocolat.

Formule 45 € - Menu 67/115 € - Carte 92/141 €

Plan : F2-b - *pl. du Marché-St-Pierre (à l'étage)*
- ✆ 04 73 91 13 61 - www.apicius-clermont.com
- Fermé 25-30 avril, août, dim., lundi et fériés

✿ **Jean-Claude Leclerc**

CUISINE MODERNE • ÉLÉGANT XXX Dans cet établissement proche du palais de justice, point de convocation à une audience, mais une invitation à l'épicurisme ! Voilà une table clermontoise très appréciée : tout en équilibre et très maîtrisées, les assiettes pétillent de saveurs... Atmosphère élégante et terrasse ombragée.

➜ Brochette d'escargots au beurre vert. Saint-pierre, céleri blanc et vert comme un risotto. Fraîcheur de pamplemousse en rosace de chocolat noir et sorbet pomélo.

Menu 36 € (déj. en semaine), 55/105 € - Carte 80/120 €

Plan : F2-k - *12 r. St-Adjutor*
- ✆ 04 73 36 46 30 - www.restaurant-leclerc.com
- Fermé 26 fév.-6 mars, 21-29 mai, 6-30 août, dim. et lundi

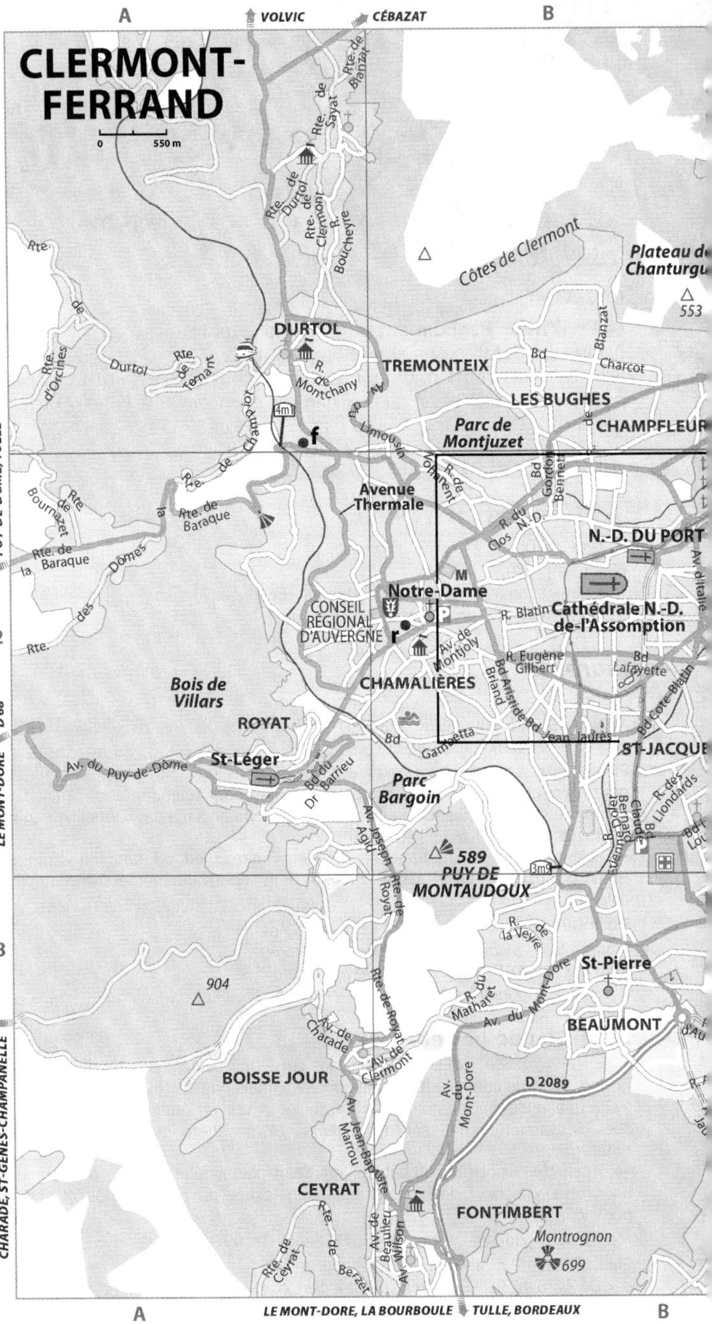
CLERMONT-FERRAND
0 550 m
A
B
1
2
3
VOLVIC
CÉBAZAT
LIMOGES, BORDEAUX PUY-DE-DOME, TULLE
LA BOURBOULE LE MONT-DORE
D 68
CIRCUIT AUTOMOBILE DE CHARADE, ST-GENÈS-CHAMPANELLE
LE MONT-DORE, LA BOURBOULE
TULLE, BORDEAUX
Côtes de Clermont
Plateau de Chanturgue
553
DURTOL
TREMONTEIX
LES BUGHES
CHAMPFLEURY
Parc de Montjuzet
Avenue Thermale
N.-D. DU PORT
Notre-Dame
CONSEIL RÉGIONAL D'AUVERGNE
Cathédrale N.-D. de-l'Assomption
CHAMALIÈRES
Bois de Villars
ROYAT
St-Léger
Parc Bargoin
ST-JACQUES
589 PUY DE MONTAUDOUX
904
St-Pierre
BEAUMONT
BOISSE JOUR
D 2089
CEYRAT
FONTIMBERT
Montrognon
699
Av. du Puy-de-Dôme
Bd Gambetta
R. Blatin
Bd Lafayette
Av. de Montjoly
R. Eugène Gilbert
Bd Aristide Briand
Bd Jean Jaurès
Av. Joseph Agid
Rte. de Royat
Av. du Mont-Dore
Av. de Charade
Av. de Clermont
Av. Jean-Baptiste Marrou
Av. de Beaulieu
Av. Wilson
Rte. de Ceyrat
Rte. de Berzet
Bd Charcot
R. de Montchany
Av. du Limousin
Rte. de Durtol
Rte. de Sayat
Rte. de Blanzat
Rte. de Baraque
R. du Matharet
R. de la Veyre
R. des Liondards
Bd Côte-Blatin
4m1
3m9
f
r
M
P

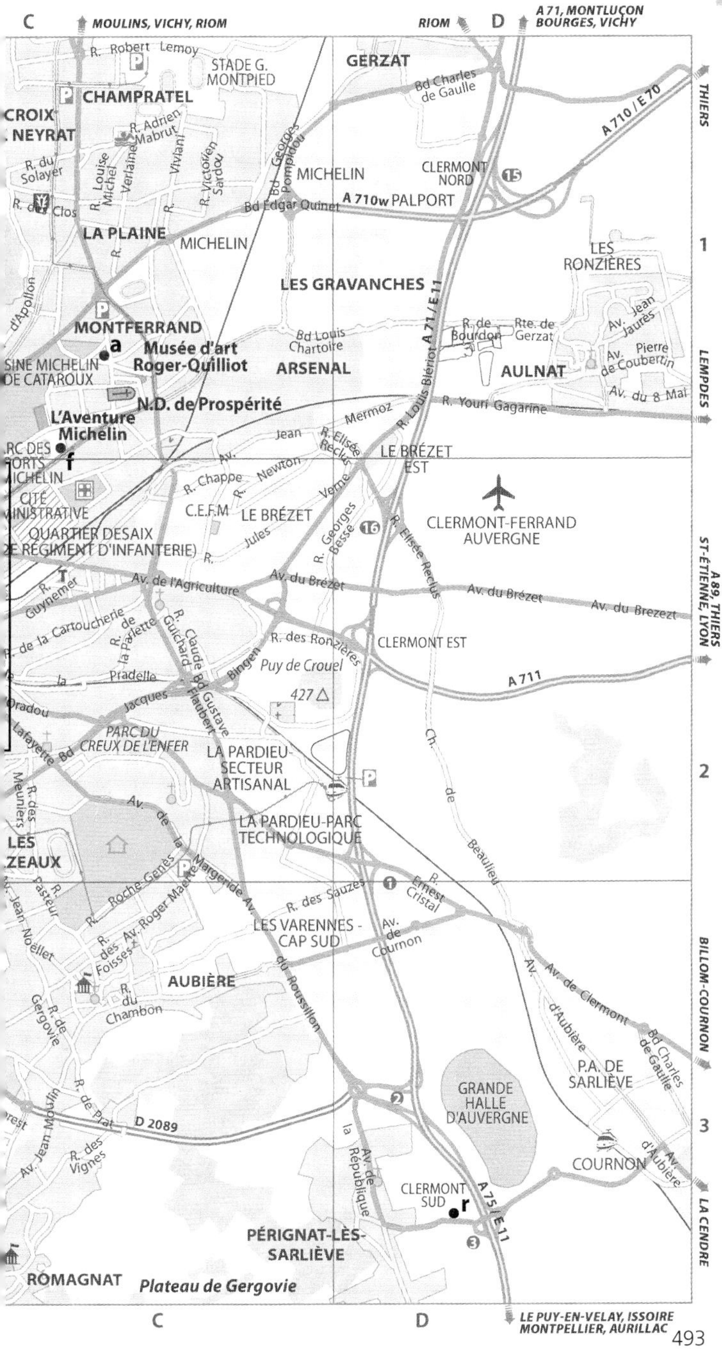
C
MOULINS, VICHY, RIOM
RIOM
D
A 71, MONTLUÇON
BOURGES, VICHY
THIERS
LEMPDES
A 89, THIERS
ST-ÉTIENNE, LYON
BILLOM-COURNON
LA CENDRE
LE PUY-EN-VELAY, ISSOIRE
MONTPELLIER, AURILLAC
1
2
3
R. Robert Lemoy
STADE G.
MONTPIED
GERZAT
Bd Charles
de Gaulle
A 710 / E 70
CHAMPRATEL
CROIX
NEYRAT
R. Adrien
Mabrut
R. du
Solayer
R. Louise
Michel
Verlaine
Vivian
R. Victorien
Sardou
Bd Georges
Pompidou
MICHELIN
CLERMONT
NORD
15
R. des Clos
A 710w PALPORT
Bd Edgar Quinet
LA PLAINE
MICHELIN
LES
RONZIÈRES
LES GRAVANCHES
A 71 / E 11
d'Apollon
MONTFERRAND
a
Musée d'art
Roger-Quilliot
Bd Louis
Chartoire
ARSENAL
R. de
Bourdon
Rte. de
Gerzat
Av. Jean
Jaurès
Av. Pierre
de Coubertin
AULNAT
SINE MICHELIN
DE CATAROUX
N.D. de Prospérité
L'Aventure
Michelin
Av. du 8 Mai
R. Youri Gagarine
Mermoz
R. Louis Blériot
Jean
R. Elisée
Reclus
LE BRÉZET
EST
RC DES
ORTS
ICHELIN
f
Av.
R. Chappe
R. Newton
Verne
CITÉ
INISTRATIVE
C.E.F.M
LE BRÉZET
R. Georges
Besse
16
R. Elisée Reclus
CLERMONT-FERRAND
AUVERGNE
QUARTIER DESAIX
E RÉGIMENT D'INFANTERIE)
Jules
R.
R.
Guynemer
Av. de l'Agriculture
Av. du Brézet
Av. du Brézet
Av. du Brezezt
de la Cartoucherie
R. de la Parlette
R. Guichard
R. Claude
Bd Gustave
Flaubert
Bingen
R. des Ronzières
CLERMONT EST
Puy de Crouel
Pradelle
la
A 711
427
Oradou
Jacques
Lafayette Bd
PARC DU
CREUX DE L'ENFER
LA PARDIEU-
SECTEUR
ARTISANAL
Ch. de Beaulieu
R. des
Meuniers
Av. de la Margeride
LA PARDIEU-PARC
TECHNOLOGIQUE
LES
ZEAUX
R. Roche Genès
R. Pasteur
Jean Noëllet
R. Av. Roger Maerte
1
R. des Sauzes
R. Ernest Cristal
LES VARENNES -
CAP SUD
Av. de Cournon
R. des Foisses
Av. du Roussillon
Av.
Av. de Clermont
d'Aubière
AUBIÈRE
R. du Chambon
R. de Gergovie
Bd Charles de Gaulle
P.A. DE
SARLIÈVE
GRANDE
HALLE
D'AUVERGNE
2
R. de Prat
D 2089
Av. Jean Moulin
R. des Vignes
Av. de la République
Av. d'Aubière
COURNON
CLERMONT
SUD
r
A 75 / E 11
3
PÉRIGNAT-LÈS-
SARLIÈVE
ROMAGNAT
Plateau de Gergovie
C
D

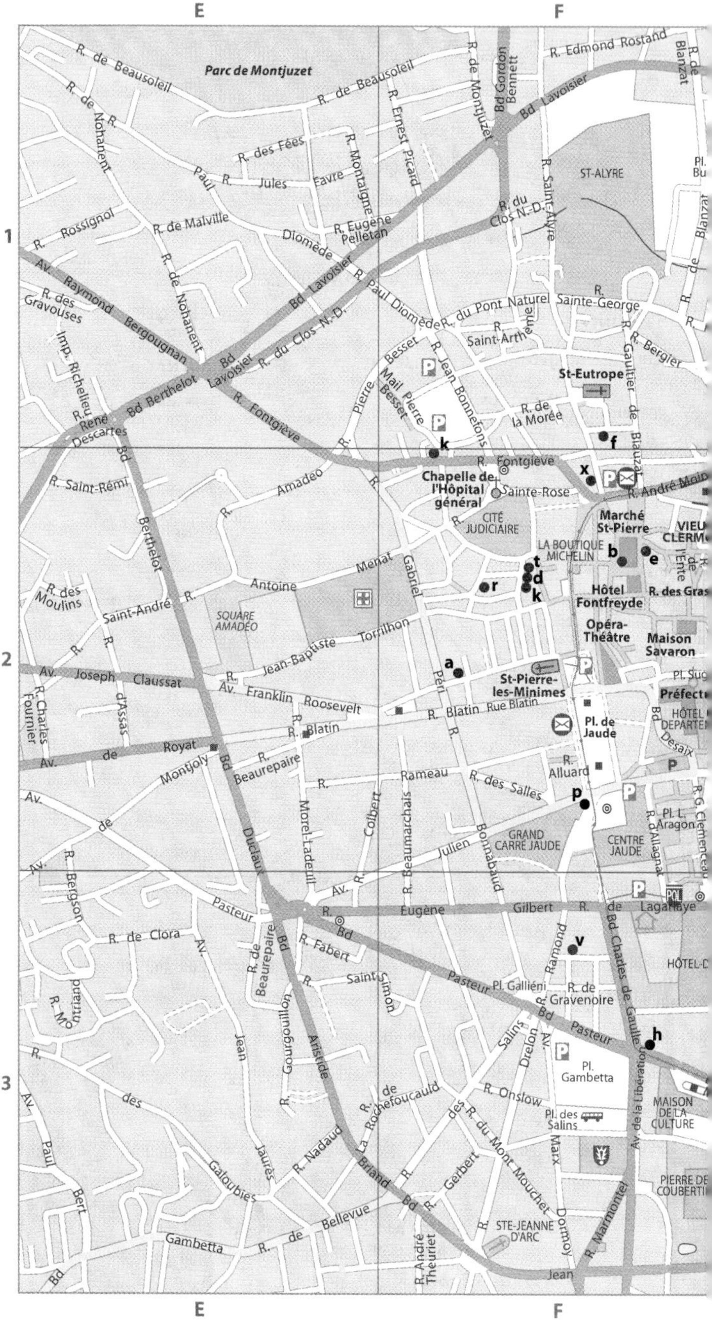
E
F
1
2
3
Parc de Montjuzet
R. de Beausoleil
R. de Nohanent
R. des Fées
R. Jules Favre
R. Paul Diomède
R. Montaigne
R. Ernest Picard
R. de Montjuzet
Bd Gordon Bennett
R. Edmond Rostand
R. de Blanzat
Bd Lavoisier
ST-ALYRE
R. Saint-Alyre
R. du Clos N.-D.
R. Rossignol
R. de Malville
R. Eugène Pelletan
Av. Raymond Bergougnan
R. des Gravouses
Imp. Richelieu
R. du Pont Naturel
R. Sainte-George
R. Saint-Arthème
R. Gaultier de Biauzat
R. Bergier
St-Eutrope
R. Pierre Besset
Mail Pierre Besset
R. Jean Bonnefons
R. de la Morée
Bd Berthelot
R. René Descartes
R. Fontgiève
R. Saint-Rémi
R. Amadeo
Chapelle de l'Hôpital général
Sainte-Rose
CITÉ JUDICIAIRE
R. André Moinier
Marché St-Pierre
VIEUX CLERMONT
LA BOUTIQUE MICHELIN
R. de l'Ente
R. Antoine Menat
R. Gabriel Péri
R. des Moulins
R. Saint-André
SQUARE AMADEO
Hôtel Fontfreyde
R. des Gras
Opéra-Théâtre
Maison Savaron
R. Jean-Baptiste Torrilhon
St-Pierre-les-Minimes
Pl. Sugny
Préfecture
Av. Joseph Claussat
Av. Franklin Roosevelt
R. Charles Fournier
R. d'Assas
R. Blatin
Rue Blatin
Pl. de Jaude
HÔTEL DU DÉPARTEMENT
R. Desaix
Av. de Royat
R. Montjoly
R. Beaurepaire
R. Rameau
R. des Salles
R. Alluard
Av. de ...
Bd Duclaux
R. Morel-Ladeuil
R. Colbert
R. Beaumarchais
R. Bonnabaud
GRAND CARRÉ JAUDE
CENTRE JAUDE
R. G. Clemenceau
Pl. L. Aragon
R. d'Allagnat
Av. Julien
R. Bergson
Av. Pasteur
R. Eugène Gilbert
R. de Lagarlaye
R. de Clora
R. de Beaurepaire
R. Fabert
R. Saint-Simon
R. Ramond
Bd Charles de Gaulle
HÔTEL-D...
Pl. Gallieni
R. de Gravenoire
Bd Pasteur
R. Gourgouillon
Av. Jean Jaurès
Bd Aristide Briand
R. Salins
R. Drelon
Av. Marx Dormoy
Pl. Gambetta
R. Onslow
Pl. des Salins
MAISON DE LA CULTURE
Av. de la Libération
R. de la Rochefoucauld
R. Nadaud
R. des Galoubies
R. du Mont Mouchet
R. Gerbert
Av. Paul Bert
R. Marmontel
PIERRE DE COUBERTIN
STE-JEANNE D'ARC
R. André Theuriet
R. Gambetta
Bd de Bellevue
Av. Jean ...
k
f
x
b
e
t
d
r
a
p
v
h

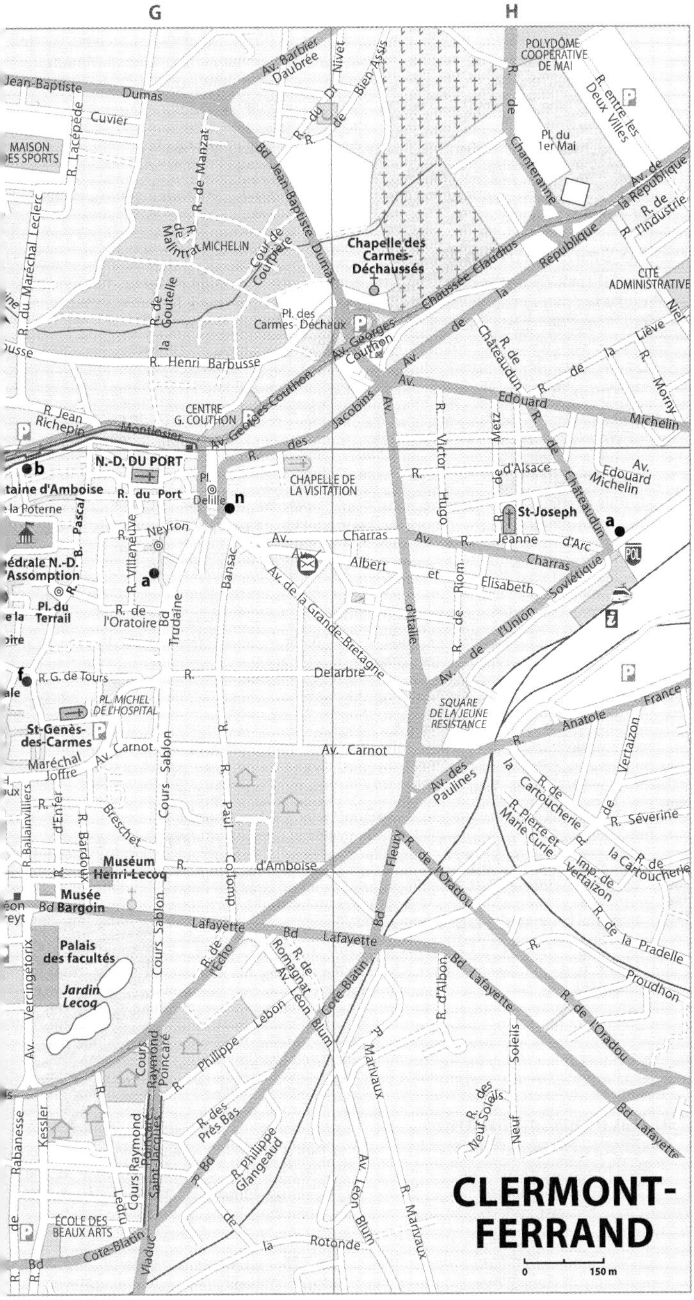
G
H
1
2
3
CLERMONT-FERRAND
0
150 m
POLYDÔME COOPÉRATIVE DE MAI
Pl. du 1er Mai
MAISON DES SPORTS
MICHELIN
Chapelle des Carmes-Déchaussés
Pl. des Carmes-Déchaux
CITÉ ADMINISTRATIVE
CENTRE G. COUTHON
N.-D. DU PORT
CHAPELLE DE LA VISITATION
St-Joseph
Pl. Delille
Cathédrale N.-D. de l'Assomption
Pl. du Terrail
PL. MICHEL DE L'HOSPITAL
St-Genès-des-Carmes
SQUARE DE LA JEUNE RÉSISTANCE
Muséum Henri-Lecoq
Musée Bargoin
Palais des facultés
Jardin Lecoq
ÉCOLE DES BEAUX ARTS
Bd Jean-Baptiste Dumas
Av. de la République
Av. Georges Couthon
Av. Edouard Michelin
Av. Charras
Av. Albert et Elisabeth
Av. de la Grande-Bretagne
Av. d'Italie
Av. de l'Union Soviétique
Av. Carnot
Av. des Paulines
R. Anatole France
Bd Lafayette
R. de l'Oradou
Av. Vercingétorix
Cours Sablon
Bd Trudaine
Cours Raymond Poincaré
Viaduc Saint-Jacques
Bd Côte-Blatin
Av. Léon Blum
R. Marivaux
R. de la Rotonde
R. de Châteaudun
R. Victor Hugo
R. de Riom
R. Jeanne d'Arc
R. d'Alsace
R. de Metz
R. Delarbre
R. Paul Collomp
R. d'Amboise
R. Bansac
R. Neyron
R. du Port
R. des Jacobins
R. Montlosier
R. Jean Richepin
R. Henri Barbusse
R. de Chanteranne
Chaussée Claudius
R. entre les Deux Villes
R. de la Cartoucherie
R. Pierre et Marie Curie
R. de Vertaizon
Imp. de Vertaizon
R. de la Pradelle
R. Proudhon
R. Séverine
R. des Neuf Soleils
R. d'Albon
R. Philippe Lebon
R. de l'Écho
R. de Romagnat
R. des Prés Bas
R. Philippe Glangeaud
R. Kessler
R. Rabanesse
R. Ledru
R. Ballainvilliers
R. Bardoux
R. d'Enfer
R. Breschet
Av. Maréchal Joffre
R. G. de Tours
R. de l'Oratoire
R. Villeneuve
R. Pascal
R. du Maréchal Leclerc
R. Lacépède
R. Cuvier
R. de Manzat
R. de Malintrat
R. de la Goutelle
Cour de Courpière
R. du Dr Nivet
R. de Bien-Assis
Av. Barbier Daubrée
R. de l'Industrie
R. Niel
R. de la Liève
R. Morny
R. Fleury

Smørrebrød

CUISINE MODERNE • ÉPURÉ L'équipe du B2K6 (Lempdes) a ouvert cette adresse qui promet de rythmer la vie gastronomique clermontoise ! Modernité, voici le maître mot, de la déco scandinave à la cuisine, qui met en avant de bons produits de saison et s'accompagne d'une belle sélection de vins. Petite terrasse dans la rue.

Formule 16 € – Menu 20 € (déj.)/32 € – Carte 34/44 €

Plan : G2-a – *10-12 r. des Archers – 04 73 90 44 02 – www.restaurant-smorrebrod.com – Fermé 5 août-1er sept., lundi soir, sam. midi et dim.*

Le Saint Eutrope

CUISINE MODERNE • BISTRO On adore l'intérieur vintage de ce bistrot tenu par un sympathique couple de quadras britanniques. En cuisine, Harry célèbre le marché avec des plats bien sentis (betteraves-anchois-orange, seiches à la vénitienne, canard-aubergines), et l'on accompagne ces créations de vins "nature" bien choisis. Réjouissant !

Formule 18 € – Menu 21 € (déj.)/32 €

Plan : F1-f – *4 r. St-Eutrope – 04 73 34 30 41 – www.sainteutrope.com – Fermé août, vacances de Noël, sam., dim., lundi et le soir sauf jeudi et vend.*

L'Écureuil

CUISINE MODERNE • SIMPLE Lui voulait renouer avec ses origines en s'installant en Auvergne, elle y a apporté l'entrain de ses racines italiennes, assurant un service pétillant... Benoît et Monika ont imaginé cet Écureuil chaleureux et gourmand. Au menu : une bien jolie cuisine du marché ! Attention, formule simplifiée au déjeuner.

Menu 14 € (déj. en semaine), 26/42 € – Carte 32/50 €

Plan : F2-t – *18 r. St-Adjutor – 04 73 37 83 86 – Fermé 29 juil.-4 sept., 23 déc.-4 janv., merc., dim. et fériés*

L'Ostal

CUISINE MODERNE • ÉPURÉ Descendez la petite rue pentue, derrière la cathédrale : vous voilà à "L'Ostal" – la maison, en occitan auvergnat. Ici, tout est volcanique ; des couleurs (tissus orange pour la lave, vert pour les prairies) à la cuisine, d'une grande finesse, à base de produits de la région.

Menu 29 € (déj. en semaine), 49/69 € – Carte environ 37 €

Plan : G2-b – *16 r. Claussmann – 04 73 27 77 86 (réservation conseillée) – www.lostal-restaurant.fr – Fermé 1 semaine en mars, 3 semaines en août, 1 semaine à Noël, sam. midi, dim. et lundi*

Amphitryon Capucine

CUISINE MODERNE • CLASSIQUE Aux commandes de cette table clermontoise œuvre un chef venu de... Marseille ! Il signe de jolies recettes du moment, marquées par l'esprit du Sud, fort bien cuisinées et riches en saveurs, à l'instar de ce filet de turbot poêlé et chorizo "noir de Bigorre". Cadre classique et feutré.

Formule 21 € – Menu 31/52 € – Carte 56/68 €

Plan : F1_2-k – *50 r. de Fontgiève – 04 73 31 38 39 – www.amphitryoncapucine.com – Fermé 23 juil.-9 août, dim. sauf fériés et lundi*

Pavillon Lamartine

CUISINE MODERNE • CHIC Près de la place de Jaude, poussez la grille de ce Pavillon et découvrez un restaurant à l'élégance toute contemporaine. La cuisine, savoureuse et gourmande, s'inscrit dans l'air du temps. Et qui sait ? Peut-être aurait-elle inspiré le poète Alphonse de Lamartine !

Formule 21 € – Carte 35/80 €

Plan : F2-a – *17 r. Lamartine – 04 73 93 52 25 – www.pavillonlamartine.com – Fermé 23 avril-2 mai, 30 juil.-21 août, 24 déc.-1er janv., dim. et le soir sauf jeudi et vend.*

Goûts et Couleurs

CUISINE MODERNE • DESIGN XX Sur une petite place, à l'abri des regards, un sympathique restaurant pour déguster une cuisine respectant le rythme des saisons. Dans la salle voûtée, l'ambiance est bigarrée juste ce qu'il faut. Ainsi donc, goûts et couleurs sont bien au rendez-vous !

Formule 22 € – Menu 34/58 € – Carte 52/71 €

Plan : F2-r – *6 pl. du Changil – ✆ 04 73 19 37 82 – www.restaurantgoutsetcouleurs.com – Fermé 1er-7 mai, 7-28 août, 2-8 janv., lundi midi, sam. midi et dim.*

Le Duguesclin

CUISINE MODERNE • SIMPLE X Ce petit restaurant, situé face aux vestiges de la maison d'octroi, propose un sympathique menu le midi (tartare de tomates, glace à l'huile d'olive ; filet de daurade, caviar d'aubergines), et des plats plus élaborés le soir (omble chevalier en croûte d'argile, mijoté de navet rave et citronnelle). Terrasse ombragée sur l'arrière.

Formule 17 € – Menu 19 € (déj. en semaine), 36/60 € – Carte 46/60 €

Plan : C1-a – *3 pl. des Cordeliers – ✆ 04 73 25 76 69 – http://colombierx.wix.com/le-duguesclin-resto – Fermé 1 semaine vacances de fév., 3 semaines en août, 1 semaine vacances de la Toussaint, 25-31 déc., lundi soir, mardi soir, merc. soir et dim.*

Bath's

CUISINE TRADITIONNELLE • CONVIVIAL X Dans une zone piétonne au pied du marché St-Pierre, il fait bon s'installer en terrasse... À l'intérieur, la cuisine traditionnelle est servie dans une ambiance de brasserie contemporaine. L'Espagne est à l'honneur avec un menu et des vins ibériques. Un lieu très vivant !

Formule 19 € – Menu 30/38 € – Carte 41/64 €

Plan : F2-e – *pl. du Marché-St-Pierre – ✆ 04 73 31 23 22 – www.baths.fr – Fermé 1 semaine en mars, 18 août-6 sept., dim., lundi et fériés*

Alfred

CUISINE MODERNE • BISTRO X Un espace ouvert sur deux niveaux façon loft, un escalier de fer en colimaçon et de beaux parquets : l'endroit a du style ! Dans l'assiette, Saint-Jacques d'Erquy et risotto d'orge au cantal, écume aux cèpes séchés : une cuisine originale, fraîche et maison, à prix raisonnable... Alfred gagne à être connu !

Formule 15 € – Menu 19 € (déj.), 37/43 € – Carte 30/50 €

Plan : F3-v – *5 r. du Puits-Artésien – ✆ 04 73 35 32 06 – www.restaurant-alfred.fr – Fermé 1er-9 mai, 1er-22 août, 24 déc.-2 janv., dim. et lundi*

La Suite

CUISINE TRADITIONNELLE • BISTRO X La Suite du parcours de Jean-Claude Leclerc qui a ouvert cette adresse à côté de son restaurant éponyme. Dans un décor de bistrot urbain, on déguste une cuisine simple et goûteuse : œufs brouillés à la truffe, Saint-Jacques en coquilles parfumées, pot-au-feu et ses légumes d'hiver.

Formule 13 € – Menu 25/35 € – Carte 32/49 €

Plan : F2-d – *16 r. St-Adjutor – ✆ 04 73 37 72 56 – www.restolasuite.com – Fermé dim.*

Le Comptoir des Saveurs

CUISINE MODERNE • CONVIVIAL X Les deux propriétaires de cette petite adresse du centre-ville préparent menus surprise et portions dégustations, inspirés par les produits du marché Saint-Pierre, tout proche. Plats à emporter.

Menu 22 € (déj. en semaine), 30/44 €

Plan : F2-x – *5 r. Ste-Claire – ✆ 04 73 37 10 31 – www.le-comptoir-des-saveurs.fr – Fermé 2 semaines en août, 1 semaine en janv., mardi soir, merc. soir, dim. et lundi*

L'En-but

CUISINE MODERNE • CONVIVIAL Menus "en avant", "grand chelem" ou "chistera" : les amateurs de rugby seront aux anges, d'autant que le restaurant est situé à l'intérieur même du stade Marcel-Michelin ! La cuisine, bien dans l'air du temps, met en avant les produits du Massif central.

Formule 22 € – Menu 27/60 € – Carte 50/68 €

Plan : C1-f – *107 av. de la République (accès par la porte A puis par ascenseur porte 20) – 04 73 90 68 15 – www.lenbut.com – Fermé 30 juil.-14 août , dim. et lundi*

L'Instantané

CUISINE MODERNE • CONVIVIAL Ce bistrot contemporain situé dans le quartier des galeristes propose quelques instantanés de pure gourmandise, imaginés par un chef au beau parcours (Ritz, Lasserre, Plaza). Tronçons de canard rôti, fondant de bœuf cuit 12 heures, ballotine de cabillaud, poire croustillante choco-praliné... Un régal jusqu'au dessert !

Formule 14 € – Menu 27 € – Carte 35/45 €

Plan : G2-f – *2 r. Abbé-Girard – 04 73 91 97 19 – Fermé 2 semaines en août, 1 semaine à Noël, sam. et dim.*

Hôtels

Mercure

HÔTEL DE CHAÎNE • CONTEMPORAIN Sur la place de Jaude, voilà un pied-à-terre de choix : on est accueilli – de jour comme de nuit – dans un grand hall lumineux, avec sa baie vitrée donnant sur la place ; les chambres spacieuses (au moins $24m^2$) sont sobrement décorées, et l'on s'y sent bien !

125 chambres – 130/220 € 130/220 € – 18 €

Plan : F2-p – *1 av. Julien – 04 63 66 21 00 – www.mercure-clermont-ferrand-centre.com*

Océania

BUSINESS • CONTEMPORAIN Entièrement rénové en 2013, ce confortable hôtel aux belles prestations (chambres spacieuses et modernes ouvrant parfois sur la salle de bains) séduira la clientèle d'affaires et de loisirs (grâce aux chambres familiales). Espace bien-être avec hammam et jacuzzi.

129 chambres – 110/200 € 120/250 € – 1 suite – 16 €

Plan : F3-h – *82 bd François-Mitterrand – 04 73 29 59 59 – www.oceaniahotels.com*

Hôtel des Puys

BUSINESS • FONCTIONNEL Si vous êtes perdu, demandez votre chemin aux Clermontois : ils connaissent tous la place Delille. Cet hôtel offre confort, modernité et... vue imprenable sur le puy de Dôme depuis la salle du petit-déjeuner, au 6e étage !

63 chambres – 89/229 € 89/229 € – 16 €

Plan : G2-n – *16 pl. Delille – 04 73 91 92 06 – www.hoteldespuys.com*

Lafayette

BUSINESS • FONCTIONNEL Hall contemporain, chambres fonctionnelles (tons pastel, meubles de qualité) et bonne insonorisation caractérisent cet hôtel indépendant situé à 50 m de la gare.

48 chambres – 74/150 € 74/150 € – 11 €

Plan : H2-a – *53 av. de l'Union-Soviétique – 04 73 91 82 27 – www.hotel-le-lafayette.com – Fermé 24 déc.-3 janv.*

à Chamalières - ✉ 63400 - 17 480 hab. - Alt. 450 m

✿ Radio

CUISINE MODERNE • ÉLÉGANT XXX Dans ce bel hôtel qui a conservé son cachet Art déco, le restaurant plaira aux amateurs du style : lignes modernistes, alliance du verre et du miroir, sobriété du noir et blanc... Une source d'inspiration pour le chef ? Ses assiettes se révèlent esthétiques et recherchées, sans effets inutiles : de belles saveurs au menu.

→ Grosses langoustines rôties, avocat, condiment au raifort et sorbet roquette. Ris de veau cuit au beurre mousseux, girolles et légumes auvergnats, jus gingembre-citronnelle. Rhubarbe, fraises de pays et verveine.

Menu 30 € (déj. en semaine), 60/95 € - Carte 85/105 €

Plan : voir RoyatB1-w - *Hôtel Radio, 43 av. Pierre-et-Marie-Curie - ✆ 04 73 30 87 83 - www.hotel-radio.fr - Fermé 23 oct.-3 nov., 1er-15 janv., lundi midi, sam. midi et dim.*

Ô Gré des Saveurs

CUISINE MODERNE • SIMPLE X C'est à une jolie pérégrination qu'invite cette enseigne, où se cache aussi - l'avez-vous vu ? - un ogre. Le chef, venu de Bretagne, propose une cuisine du marché généreuse. Généreux, l'homme l'est aussi : attaché à la transmission du savoir-faire, il forme de nombreux apprentis au "fait maison".

Formule 15 € - Menu 26/49 € - Carte 32/62 €

Plan : B2-r - *22 r. du Pont-de-la-Gravière - ✆ 04 73 36 99 35 - www.ogredesaveurs.com - Fermé 31 juil.-15 août, 1er-9 janv., mardi soir, dim. soir et lundi*

Radio

FAMILIAL • ART DÉCO Héritage des années 1930, cet hôtel des hauteurs de Chamalières offre un beau témoignage du style Art déco - celui des années radio ! À l'exception des chambres, spacieuses, décorées de manière contemporaine.

24 chambres - †98/155 € ††108/165 € - ☕ 15 €

Plan : voir RoyatB1-w - *43 av. Pierre-et-Marie-Curie - ✆ 04 73 30 87 83 - www.hotel-radio.fr - Fermé 23 oct.-3 nov. et 1er-15 janv.*

✿ **Radio** - voir les restaurants ci-dessus

à Pérignat-lès-Sarliève 8 km - ✉ 63170 - 2 650 hab. - Alt. 364 m

Gergovie

BUSINESS • CONTEMPORAIN Proche du Zénith et de la Grande Halle d'expositions, cet hôtel confortable propose des chambres bien équipées, avec balcon ou terrasse... D'où vous entendrez peut-être monter les rumeurs guerrières de la guerre des Gaules ! Restaurant traditionnel.

59 chambres - †80/200 € ††80/200 € - ☕ 13 €

Plan : D3-r - *25 allée du Petit-Puy - ✆ 04 73 79 09 95 - www.hotel-gergovie.com*

rte de la Baraque - ✉ 63830 Durtol

✿✿ Le Pré - Xavier Beaudiment

CUISINE CRÉATIVE • ÉLÉGANT XXX Pas de carte chez Xavier Beaudiment, mais un menu unique élaboré selon l'inspiration du moment, avec la complicité de tout un réseau de petits producteurs et... les herbes sauvages de la région. Une "cuisine d'instinct", alliée à un vrai sens des saveurs, qui fait mouche ! Quelques jolies chambres contemporaines pour l'étape.

→ Escargots et jus au tilleul. Truite, sous-bois et sabayon acide. Fraises, citron et menthe.

Menu 39 € (déj.), 69/99 €

Plan : A1-f - *rte de la Baraque - ✆ 04 73 19 25 00 - www.restaurant-lepre.com - Fermé dim. soir, lundi et mardi*

à Lempdes 10 km à l'Est par D771 - ✉ 63370 - 8 348 hab. - Alt. 330 m

B2K6

CUISINE MODERNE • CONVIVIAL Ce sympathique bistrot est né de la rencontre de deux jeunes passionnés : Jérôme Bru, ancien second d'Anne-Sophie Pic, et Romain Billard, sommelier, passé également par de fameuses maisons. Au menu : une belle cuisine, rythmée par les saisons et les produits locaux, accompagnée des vins adéquats. Une belle complicité !

Formule 19 € - Menu 32/54 € - Carte 48/59 €

6 r. du Caire, sortie Lempdes-centre - ✆ 04 73 61 74 71 - www.b2k6.fr - Fermé août, dim. et lundi

à Orcines 8 km à l'Ouest par D941 - ✉ 63870 - 3 296 hab. - Alt. 810 m

Auberge de la Baraque

CUISINE TRADITIONNELLE • BOURGEOIS Cette Baraque-là, tout comme les plats qu'on y prépare, n'est pas faite de bric et de broc ! Dans le cadre à l'ancienne - moulures, lustres à pampilles, tapis orientaux - de ce relais de diligence (1800), on apprécie une cuisine de qualité, savoureuse et bien présentée. Prix raisonnables et jolie carte des vins.

Formule 23 € - Menu 31/60 €

2 rte de Bordeaux - ✆ 04 73 62 26 24 - www.laubrieres.com - Fermé 18-26 avril, 10 juil.-3 août, 23 oct.-2 nov., lundi, mardi et merc.

Auberge de la Fontaine du Berger

CUISINE TRADITIONNELLE • AUBERGE Cette maison de pays aux volets rouges regarde le puy de Dôme et le Pariou. On y apprécie une jolie cuisine où les produits frais ont la part belle, à l'image de ces nems de saumon fumé maison, de cette raviole de joue de porc au foie gras... et d'un succulent paris-brest maison ! Poissons en direct de Bretagne.

Menu 17 € (déj. en semaine)/32 € - Carte 36/56 €

167 rte de Limoges - ✆ 04 73 62 10 52 - www.auberge.fr - Fermé 30 mai-5 juin, 28 août-3 sept., 22 déc.-15 janv., dim. soir, mardi soir et merc.

CLERVAL

✉ 25340 (Doubs) - 1 054 hab. - Alt. 285 m - Carte régionale n° **9**-C2

Paris 459 km - Besançon 58 km - Delémont 103 km - Neuchâtel 111 km

Carte Michelin 321-I2 - Guide Vert Michelin Franche-Comté Jura

La Bonne Auberge

CUISINE TRADITIONNELLE • CONVIVIAL Voilà une enseigne qui donne le ton ! Dans cette belle maison en pierre, à la sortie du village à deux pas du Doubs, on savoure de bons petits plats traditionnels ; les préparations sont maîtrisées, les produits de qualité. Et les chambres, d'esprit contemporain, sont parfaites pour passer la nuit...

Formule 12 € - Menu 18/35 € - Carte 29/45 €

6 chambres - 75/85 € 75/85 € - 9 €

2 rte de Besançon - ✆ 03 81 97 81 01 - www.hotellabonneauberge.com - Fermé 1 semaine en fév., 1 semaine en juin, 1 semaine en août, 1 semaine en oct., 1 semaine à Noël, sam. midi, dim. soir et vend.

CLÉRY-ST-ANDRÉ

✉ 45370 (Loiret) - 3 313 hab. - Alt. 94 m - Carte régionale n° **6**-C2

Paris 155 km - Blois 49 km - Chartres 99 km - Orléans 16 km

Carte Michelin 318-H5 - Guide Vert Michelin Châteaux de la Loire

Villa des Bordes

TRADITIONNEL • FONCTIONNEL Une demeure du 19e s. – ancienne institution religieuse – à l'orée du village. Entièrement rénovées en 2014, les chambres arborent un style fonctionnel et des tonalités douces. Cuisine traditionnelle au restaurant. Sachez que l'on peut louer des vélos pour aller se balader au bord de la Loire toute proche...

9 chambres – 55/90 € 70/120 € – 11 € – ½ P

9 r. des Bordes – 02 38 46 94 60 – www.villadesbordes.com – Fermé 20-27 fév., 23 oct.-6 nov., 2-24 janv.

CLESSÉ

71260 (Saône-et-Loire) – 822 hab. – Alt. 240 m – Carte régionale n° **4**-C3
Paris 397 km – Dijon 127 km – Lyon 85 km – Mâcon 15 km
Carte Michelin 320-I11 – Guide Vert Michelin Bourgogne

Château de Besseuil

CUISINE MODERNE • ÉLÉGANT Dans l'une des dépendances du château, ce restaurant met en valeur les produits bourguignons avec une patte moderne et créative – mention spéciale au bœuf charolais et au pigeon ! Les menus sont variés et la carte des vins de la côte mâconnaise est joliment fournie.

Formule 15 € – Menu 39/129 € – Carte 49/74 €

rte de Rousset – 03 85 36 92 49 – www.chateaudebesseuil.com – Fermé dim. soir , mardi midi et lundi hors saison

Château de Besseuil

HISTORIQUE • ÉLÉGANT Une superbe demeure du 16e s., posée en plein cœur d'un domaine viticole de quatre hectares, où le calme est roi. Dans ce cadre magnifique, on découvre des chambres épurées et colorées, qui raviront notamment les adeptes du design nordiste.

14 chambres – 79/199 € 99/199 € – 6 suites – 14 € – ½ P

rte de Rousset – 03 85 36 92 49 – www.chateaudebesseuil.com – Fermé dim. soir , mardi midi et lundi hors saison

Château de Besseuil – voir les restaurants ci-dessus

CLICHY – 92 (Hauts-de-Seine) → Voir Autour de Paris

CLIOUSCLAT

26270 (Drôme) – 651 hab. – Alt. 235 m – Carte régionale n° **23**-B3
Paris 586 km – Montélimar 24 km – Valence 31 km
Carte Michelin 332-C5

La Treille Muscate

CUISINE MODERNE • COSY La terrasse, au cœur du village, dégage le charme de l'authenticité ; la salle voûtée est très cosy... Produits frais, saveurs régionales revisitées par le chef : l'assiette est au diapason. Tout est fait maison et cela se sent !

Formule 15 € – Menu 20 € (déj. en semaine), 31/35 € – Carte 20/50 €

Le village – 04 75 63 13 10 – www.latreillemuscate.com – Fermé 4 déc.-10 fév. et lundi

La Fontaine

CUISINE TRADITIONNELLE • BISTRO Un bistrot de village sympathique. On aperçoit depuis la salle le chef s'activer en cuisine autour de produits du cru... Ici, on concocte une bonne cuisine régionale. Jolie terrasse sur la rue.

Formule 14 € – Menu 21 € (déj. en semaine), 30/39 € – Carte 35/45 €

Le village – 04 75 63 07 38 – www.lafontaine-cliousclat.fr – Fermé vacances de Noël et de fév., dim. soir et mardi soir de sept. à mi-juin et merc.

La Treille Muscate

FAMILIAL • COSY Cette belle bâtisse en pierre est tout imprégnée de douceur provençale : le jardin ouvre sur les vergers alentour, les chambres sont raffinées... La tranquillité avec l'accent du Sud.

11 chambres - 70/160 € 70/160 € - 2 suites - 12 €

Le village - 04 75 63 13 10 - www.latreillemuscate.com - Fermé 4 déc.-10 fév.

La Treille Muscate - voir les restaurants ci-dessus

CLISSON

44190 (Loire-Atlantique) - 6 633 hab. - Alt. 34 m - Carte régionale n° **18**-B2
Paris 396 km - Nantes 31 km - Niort 130 km - Poitiers 151 km
Carte Michelin 316-I5 - Guide Vert Michelin Pays de la Loire

La Bonne Auberge

CUISINE CLASSIQUE • ROMANTIQUE XXX Dans cette jolie maison bourgeoise datant de 1850, située non loin de la gare, la tradition est reine ! Avec des produits de qualité, le chef réalise une cuisine bonne et généreuse, qui régale les habitués et tous les gourmands de passage. Une table qui porte bien son nom.

Formule 16 € - Menu 23 € (déj. en semaine), 49/77 € - Carte 68/95 €

1 r. Olivier-de-Clisson - 02 40 54 01 90 - Fermé 7-30 août, 2-18 janv., dim. soir, merc. soir, lundi et mardi

Villa Saint-Antoine (N)

CUISINE MODERNE • BRASSERIE X Dans l'ancienne filature des bords de Sèvre nantaise, on s'accommode bien de cet intérieur de brasserie chic (banquettes en velours rouge, baies vitrées) et de la partition du chef, goûteuse, gourmande et particulièrement soignée. Sans oublier, bien sûr, le service assuré par une jeune équipe dynamique...

Formule 16 € - Menu 22 € (déj. en semaine), 25/41 € - Carte 35/50 €

Hôtel Villa St-Antoine, 8 r. St-Antoine - 02 40 85 46 46 - www.hotel-villa-saint-antoine.com

Villa Saint-Antoine

BUSINESS • COSY Au cœur de Clisson - cité connue pour son architecture d'inspiration toscane -, cette ancienne filature (18e s.) propose de belles chambres contemporaines rendant hommage à l'art italien. Terrasse au bord de l'eau, piscine et espace bien-être avec sauna et hammam.

43 chambres - 92/168 € 92/168 € - 14 € - ½ P

8 r. St-Antoine - 02 40 85 46 46 - www.hotel-villa-saint-antoine.com

Villa Saint-Antoine - voir les restaurants ci-dessus

CLOHARS-FOUESNANT - 29 (Finistère) → Voir Bénodet

CLUNY

71250 (Saône-et-Loire) - 4 712 hab. - Alt. 248 m - Carte régionale n° **4**-C3
Paris 384 km - Mâcon 25 km - Chalon-sur-Saône 49 km - Montceau-les-Mines 44 km
Carte Michelin 320-H11 - Guide Vert Michelin Bourgogne

Hostellerie d'Héloïse

CUISINE TRADITIONNELLE • VINTAGE XX Cet établissement convivial a été récemment rénové dans des tons clairs et lumineux : une vraie cure de jouvence ! Les Héloïse et Abélard d'aujourd'hui pourront y savourer une cuisine traditionnelle et régionale d'une belle finesse... Et pour l'étape, quelques chambres bien tenues.

Formule 20 € - Menu 27/52 € - Carte 37/48 €

13 chambres - 63/82 € 71/82 € - 10 €

7 rte de Mâcon - 03 85 59 05 65 - www.hostelleriedheloise.com - Fermé 25 juin-7 juil., 20 déc.-31 janv., dim. soir, jeudi midi et merc.

Hostellerie le Potin Gourmand

FAMILIAL • PERSONNALISÉ Sur la Place du Champ de Foire, l'ancienne fabrique de poteries est devenu un hôtel élégant et haut-de-gamme, dont les chambres sont décorées par thème : chalet de montagne, romantisme, ou encore médiéval – l'une des passions du propriétaire. Une étape de choix !

12 chambres – 172/232 € 232/282 € – ½ P

4 pl. du Champ-de-Foire – 03 85 59 02 06 – www.potingourmand.com – Fermé janv.

Hôtel de Bourgogne

FAMILIAL • CLASSIQUE En face de la célèbre abbaye, une maison de caractère où Lamartine avait jadis ses habitudes. Les chambres sont classiques, spacieuses et parfaitement tenues. À cela s'ajoute un accueil fort aimable. En résumé, la bonne adresse de la cité.

14 chambres – 89/136 € 99/136 € – 2 suites – 11 €

pl. de l'Abbaye – 03 85 59 00 58 – www.hotel-cluny.com – Fermé 1er déc.-18 fév. et 13-25 fév.

LA CLUSAZ

74220 (Haute-Savoie) – 1 818 hab. – Alt. 1 040 m – Carte régionale n° **25**-F1
Paris 564 km – Albertville 40 km – Annecy 32 km – Chamonix-Mont-Blanc 60 km
Carte Michelin 328-L5 – Guide Vert Michelin Alpes du Nord

Le 5

CUISINE MODERNE • ÉLÉGANT XXX Ce restaurant chic, au cœur de la station, propose un grand choix de poissons et de viandes. Aux beaux jours, préférez la terrasse pour déguster langoustines ou turbot sauvage.

Menu 75/120 €

Hôtel Au Cœur du Village, 26 Montée du Château – 04 50 01 50 01 – http://www.hotel-aucoeurduvillage.fr/fr/restaurants-le-cinq-152 – Fermé mi avril-début juil., fin août-mi déc., dim., lundi et le midi

L'Ourson

CUISINE MODERNE • MONTAGNARD XX Ce restaurant typiquement savoyard se trouve derrière l'Office de tourisme. Cuisine au goût du jour inspirée du terroir, servie dans une salle agrémentée de boiseries.

Menu 19 € (déj. en semaine), 35/56 € – Carte 50/80 €

27 passage du Mont Blanc – 04 50 68 64 89 (réservation conseillée) – www.resto-ourson-laclusaz.fr – Fermé 2 semaines en mai, nov., jeudi hors saison et merc.

Au Cœur du Village

LUXE • ÉLÉGANT Une harmonieuse variation sur les matières – bois, métal, grès – et les styles – design, alpestre : voici la principale réussite de cet hôtel, peut-être le meilleur de la station. Piscine couverte, hammam, sauna : le luxueux spa 5 Mondes offre les prestations les plus pointues en matière de détente.

37 suites – 330/860 € – 20 chambres – ½ P

26 Montée du Château – 04 50 01 50 01 – www.hotel-aucoeurduvillage.fr – Fermé mi avril-début juil. et fin août-mi déc.

Le 5 – voir les restaurants ci-dessus

Beauregard

TRADITIONNEL • MONTAGNARD Un grand chalet typique, très confortable, au pied des pistes. Après une journée de ski, on se détend au salon ou dans la vaste piscine intérieure aux larges baies vitrées. Pratique : le restaurant, traditionnel, propose au déjeuner un buffet de hors-d'œuvre et de desserts.

95 chambres – 105/295 € 105/295 € – 15 € – ½ P

90 sentier du Bossonet – 04 50 32 68 00 – www.hotel-beauregard.fr

Les Sapins

TRADITIONNEL • FONCTIONNEL Le charme d'un joli chalet familial surplombant le village... Bois blond et tomettes au salon, accès direct aux pistes : rien ne manque – même pas l'espace bien-être – et l'on se sent bien. Un grand creux ? On se repaît de tartiflettes et de fondues en profitant de la vue sur les pentes enneigées.

24 chambres – 70/260 € 70/260 € – 13 € – ½ P

105 chemin des Riffroids – 04 50 63 33 33 – www.clusaz.com – Ouvert 10 juin-10 sept. et 15 déc.-15 avril

Alp'Hôtel

FAMILIAL • FONCTIONNEL Un imposant chalet au cœur de la station ! Dans les chambres (toutes avec balcon) règne une agréable atmosphère savoyarde. Piscine intérieure avec murs en pierre, hammam et jacuzzi. Un établissement chaleureux !

15 chambres – 80/255 € 80/275 € – 13 € – ½ P

192 rte du col des Aravis – 04 50 02 40 06 – www.clusaz.com – Ouvert 10 juin-17 sept. et 10 déc.-23 avril

CLUSES

74300 (Haute-Savoie) – 17 525 hab. – Alt. 486 m – Carte régionale n° **25**-F1

Paris 570 km – Annecy 56 km – Chamonix-Mont-Blanc 41 km – Thonon-les-Bains 59 km

Carte Michelin 328-M4 – Guide Vert Michelin Alpes du Nord

Le St-Vincent

CUISINE MODERNE • TENDANCE XX Le chef de cette auberge moderne compose des plats soignés et précis, tant au niveau des cuissons que des saveurs, construits autour de produits triés sur le volet. Certaines assiettes portent l'empreinte de la cuisine savoyarde – comme ce suprême de poulet jaune et jus de mondeuse –, et toutes se révèlent très savoureuses.

Formule 20 € – Menu 32/44 € – Carte 41/55 €

14 r. du Faubourg-St-Vincent, au Sud-Est par rte de Chamonix – 04 50 96 17 47 – www.le-saint-vincent.com – Fermé 11-24 août, sam. et dim.

La Ferme du Lac

TRADITIONNEL • BUSINESS Dans un quartier calme, face aux lacs de Thyez, ce chalet cossu et fonctionnel est parfait pour une étape. Bois et équipements high-tech : les chambres sont confortables et propices au repos.

20 chambres – 79/114 € 99/210 € – 13 €

550 av. Louis-Coppel, lacs de Thyez – 04 50 18 94 00 – www.fermedulac.com – Fermé août et 1 semaine vacances de Noël

COCURÈS – 48 (Lozère) → Voir Florac

COËX – 85 (Vendée) → Voir St-Gilles-Croix-de-Vie

COGNAC

16100 (Charente) – 18 626 hab. – Alt. 25 m – Carte régionale n° **20**-B3

Paris 478 km – Angoulême 45 km – Bordeaux 120 km – Niort 83 km

Carte Michelin 324-I5 – Guide Vert Michelin Poitou-Charentes

Les Pigeons Blancs

CUISINE CLASSIQUE • CLASSIQUE XX Séparé du centre-ville par la Charente, un relais de poste du 17e s. dédié à la tradition, tenu par une famille très attachée au lieu. La cuisine se déguste dans un intérieur rustique (poutres, cheminée, pierres apparentes) ou sur la terrasse ouverte sur le jardin fleuri... Délicieux.

Formule 27 € – Menu 38/59 € – Carte 53/75 €

6 chambres – 65/85 € 75/115 € – 13 €

Plan : A1-d – *110 r. Jules-Brisson – 05 45 82 16 36 – www.pigeons-blancs.com – Fermé dim. soir et lundi midi*

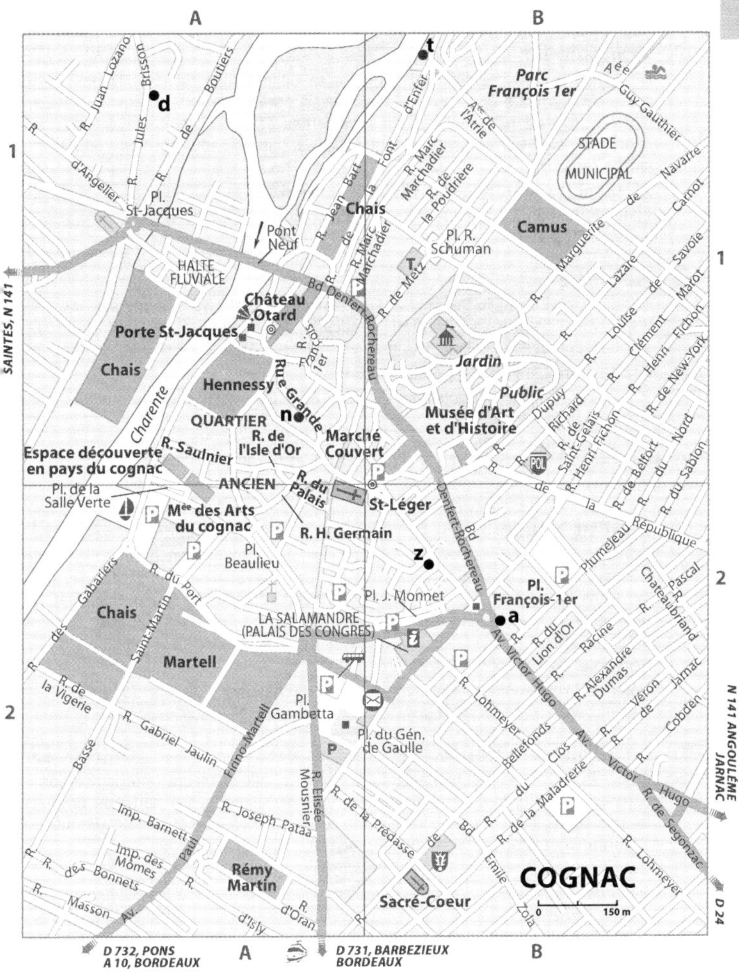

Le Bistro de Claude

CUISINE TRADITIONNELLE · BISTRO Vous ne connaissez pas Claude ? Son bistro est à son image : chaleureux, franc et... gourmand, avec de belles assiettes fort bien mijotées (lotte rôtie à l'espagnole, entrecôte du Limousin à la plancha, etc.). Tout Cognac connaît Claude !

Menu 20 € (déj. en semaine), 25/35 € – Carte 39/121 €

Plan : A1-n – *35 r. Grande – 05 45 82 60 32 – www.bistro-de-claude.com – Fermé 25 juil.-15 août, sam. et dim.*

La Courtine

CUISINE TRADITIONNELLE · RUSTIQUE Pour s'encanailler sur les rives de la Charente, une ancienne guinguette dans un site préservé... Le décor tout en bois fait remonter le temps, de même que la cuisine simple et traditionnelle, aux prix mesurés. À noter : la jolie terrasse face au ponton.

Menu 20/29 € – Carte 42/59 €

Plan : B1-t – *allée Fichon, parc François-1er – 05 45 82 34 78 – www.restaurant-la-courtine.fr – Fermé 24 déc.-10 janv.*

François 1er

HISTORIQUE • CONTEMPORAIN Derrière sa belle façade de style Napoléon III, cet hôtel mythique du centre-ville a réouvert après plusieurs années de travaux. On y trouve de grandes chambres modernes et impeccablement tenues, une réception et un bar élégants et feutrés, une piscine au sous-sol : on voudrait ne jamais repartir !

21 chambres – 165/222 € 165/244 € – 4 suites – 18 €

Plan : B2-a – *3 pl. François-1er – 05 45 80 80 80 – www.hotelfrancoispremier.fr – Fermé 16 déc.-1er janv.*

Héritage

TRADITIONNEL • PERSONNALISÉ Des couleurs très flashy, une myriade de styles, plein de contrastes... Cet hôtel particulier du Second Empire (1865) bouscule son héritage avec décalage, jeunesse et chaleur. Cuisine classique au restaurant.

19 chambres – 68 € 73 € – 8 €

Plan : B2-z – *25 r. d'Angoulême – 05 45 82 01 26 – www.hheritage.com – Fermé 18 fév.-6 mars*

au Sud-Est 3 km au Sud-Est, rte d'Angoulême et rte de Rouillac (D5) – ✉ 16100 Châteaubernard :

Le P'tit Yeuse

CUISINE MODERNE • CONVIVIAL Cette engageante maison bourgeoise laisse le choix entre le gastro et ce bistrot qui propose une cuisine généreuse, d'un excellent rapport qualité-prix. Calamars façon romaine et sauce aïoli, filet de dorade grise snackée et risotto au citron confit, île flottante... Ce P'tit Yeuse a tout d'un grand !

Formule 25 € – Menu 30/39 €

Hôtel de l'Yeuse, 65 r. de Bellevue (quartier l'Échassier) – 05 45 36 82 60 – www.yeuse.fr – Fermé 20 déc.-1er fév., lundi, sam. et le soir

La Table de l'Yeuse

CUISINE MODERNE • TENDANCE Dans cette jolie demeure bourgeoise dominant la Charente, le chef réalise des préparations précises à partir de produits de qualité, qu'il sélectionne grâce à son réseau de producteurs locaux. Beaucoup d'harmonie et d'élégance : une belle maison.

Carte 64/83 €

Hôtel de l'Yeuse, 65 r. de Bellevue (quartier l'Échassier) – 05 45 36 82 60 – www.yeuse.fr – Fermé 20 déc.-1er fév., dim. sauf du 14 juil. au 31 août, lundi hors saison et le midi

L'Yeuse

LUXE • PERSONNALISÉ Atmosphère romantique en cette gentilhommière du 19e s. agrandie d'une aile moderne. Mobilier ancien et décor raffiné dans les chambres ; belle collection de cognacs dans le salon : beaucoup de charme !

21 chambres – 140/320 € 140/425 € – 3 suites – 20 € – ½ P

65 r. de Bellevue (quartier l'Échassier) – 05 45 36 82 60 – www.yeuse.fr – Fermé 20 déc.-1er fév.

Le P'tit Yeuse • **La Table de l'Yeuse** – voir les restaurants ci-dessus

Domaine de l'Échassier

TRADITIONNEL • PERSONNALISÉ En périphérie de Cognac, une construction des années 1980, d'esprit classique. Les chambres sont spacieuses et calmes, certaines avec balcon ou terrasse face au joli jardin. Le restaurant gastronomique ouvre lui aussi sur la verdure... pour une cuisine rythmée par les saisons.

26 chambres – 85/135 € 105/155 € – 13 € – ½ P

72 r. de Bellevue (quartier l'Échassier) – 05 45 35 01 09 – www.echassier.com – Fermé 25 oct.-4 nov., 21-30 déc., 22 fév.-4 mars et dim. d' oct. à avril

COGOLIN

✉ 83310 (Var) - 11 186 hab. - Alt. 20 m - Carte régionale n° **21**-C3
Paris 864 km - Fréjus 33 km - Ste-Maxime 13 km - Toulon 60 km
Carte Michelin 340-O6 - Guide Vert Michelin Côte d'Azur

La Grange des Agapes

CUISINE FRANÇAISE MODERNE • ÉLÉGANT XX Comme tout véritable passionné, Thierry Barot est au four et au moulin. Non content de proposer une cuisine savoureuse et d'appétissants menus thématiques (tout légumes, provençal, asperges, truffe...), il a ouvert une petite boutique-épicerie et donne des cours de cuisine... Quelles agapes !

Formule 17 € - Menu 28 € (semaine), 34/60 € - Carte 45/65 €

7 r. du 11-Novembre (pl. de la Mairie) - ✆ 04 94 54 60 97 - www.grangeagapes.com - Fermé 25 juil.-11 août, 23 déc.-5 janv., dim. et lundi

Grain de Sel

CUISINE TRADITIONNELLE • BISTRO X Au cœur de Cogolin, un jeune couple dirige ce bistrot de poche qui ne manque pas de sel. Julien est en cuisine - ouverte sur la salle - et réalise de bons plats traditionnels, où la Provence occupe une bonne place ; en salle, Émilie est aussi accueillante qu'efficace. Une agréable adresse !

Formule 23 € - Menu 30 € - Carte 43/54 €

6 r. du 11-Novembre (derrière la mairie) - ✆ 04 94 54 46 86 (réservation conseillée) - www.graindesel-cogolin.fr - Fermé vend. midi en juil.-août, dim. et lundi sauf le soir en juil. août

COISE-ST-JEAN-PIED-GAUTHIER

✉ 73800 (Savoie) - 1 185 hab. - Alt. 292 m - Carte régionale n° **25**-F2
Paris 582 km - Albertville 32 km - Chambéry 23 km - Grenoble 55 km
Carte Michelin 333-J4

Château de la Tour du Puits

DEMEURE HISTORIQUE • PERSONNALISÉ Ce gracieux château rebâti au 18ᵉs. dresse sa tour en poivrière au milieu d'un superbe parc arboré. Chambres décorées avec soin (boutis, mobilier chiné...). Héliport. Fine cuisine actuelle réalisée avec de bons produits ; jolie terrasse sous une tonnelle.

7 chambres - †190/290 € ††190/330 € - ☕ 26 € - ½ P

1 km par rte du Puits - ✆ 04 79 28 88 00 - www.chateaupuit.fr - Ouvert 15 mai-15 sept.

COL BAYARD

✉ 05000 (Hautes-Alpes) - Gap - Alt. 1 248 m - Carte régionale n° **21**-C1
Paris 658 km - Gap 7 km - La Mure 56 km - Sisteron 60 km
Carte Michelin 334-E5 - Guide Vert Michelin Alpes du Sud

à Laye 2,5 km au Nord par N85 - ✉ 05500 - 245 hab. - Alt. 1 170 m

La Laiterie du Col Bayard

CUISINE TRADITIONNELLE • AUBERGE X Tout près du col Bayard, une étape incontournable pour les amateurs de fromage ! Au menu, fondues, raclettes, plateau de plus de 60 fromages (la plupart des Alpes), mais aussi quelques plats régionaux comme les fameux tourtons du Champsaur et autres oreilles d'âne... une savoureuse plongée dans la tradition locale.

Menu 18/45 € 🍷 - Carte 20/50 €

- ✆ 04 92 50 50 06 - www.laiterie-col-bayard.com - Fermé 6 nov.-17 déc., mardi soir, merc. soir et lundi sauf vacances scolaires

COL DE CUREBOURSE - 15 (Cantal) ➜ Voir Vic-sur-Cère

COL DE LA CROIX-FRY - 74 (Haute-Savoie) ➜ Voir Manigod

COL DE LA MACHINE - 26 (Drôme) ➜ Voir St-Jean-en-Royans

COL DE LA SCHLUCHT

(Vosges) - Alt. 1 258 m - Carte régionale n° **14**-D3
Paris 441 km - Colmar 37 km - Épinal 56 km - Gérardmer 16 km
Carte Michelin 314-K4

Le Collet

CUISINE MODERNE • MONTAGNARD XX Une "cuisine du terroir relookée", selon les propres mots du chef, qu'inspirent les choses "vraies", les légumes du potager et les produits de la ferme. Le goût des bonnes choses, dans un joli décor montagnard.

Formule 18 € - Menu 32/68 € - Carte 38/49 €

9937 rte de Colmar (au Collet), 2 km sur rte de Gérardmer - 03 29 60 09 57 - www.chalethotel-lecollet.com

Le Collet

TRADITIONNEL • MONTAGNARD Un beau chalet, au cœur du parc régional des Ballons des Vosges. Les chambres, très douillettes, fourmillent de détails soignés (tissu des Vosges brodé, bois, pierre) et les environs... de sapins !

19 chambres - 88/122 € 98/122 € - 6 suites - 15 € - ½ P

9937 rte de Colmar (au Collet), 2 km sur rte de Gérardmer - 03 29 60 09 57 - www.chalethotel-lecollet.com

Le Collet - voir les restaurants ci-dessus

COLIGNY

01270 (Ain) - 1 166 hab. - Alt. 298 m - Carte régionale n° **23**-B1
Paris 407 km - Bourg-en-Bresse 24 km - Lons-le-Saunier 39 km - Mâcon 57 km
Carte Michelin 328-F2

Au Petit Relais

CUISINE TRADITIONNELLE • COSY XX Ce Petit Relais propose une cuisine particulièrement goûteuse, assez sophistiquée, où se côtoient homard, poissons nobles, spécialités de la Bresse et vins choisis. La salle à manger est chaleureuse et l'été, on dresse la terrasse dans la cour intérieure.

Menu 22 € (déj. en semaine), 32/77 € - Carte 50/82 €

Grande-Rue - 04 74 30 10 07 (réservation conseillée) - www.aupetitrelais.fr - Fermé 18-27 avril, 23 sept.-5 oct., 4-7 déc., dim. soir, merc. soir et jeudi soir

LA COLLE-SUR-LOUP

06480 (Alpes-Maritimes) - 7 726 hab. - Alt. 90 m - Carte régionale n° **22**-E2
Paris 919 km - Antibes 15 km - Cagnes-sur-Mer 7 km - Cannes 26 km
Carte Michelin 341-D5 - Guide Vert Michelin Côte d'Azur

Alain Llorca

CUISINE MODERNE • ROMANTIQUE XX Ceux qui connaissaient déjà Alain Llorca, en particulier au Moulin de Mougins, ont le plaisir de le retrouver ici chez lui, signant une véritable ode à la cuisine méditerranéenne, revisitée avec finesse et sensibilité. À noter : spécialité de viandes et crustacés rôtis sur le gril. Terrasse panoramique.

➜ Fleurs de courgettes farcies aux champignons et truffe. Homard à la plancha, strozzapreti à la niçoise et jus de presse. Baba au rhum et chantilly vanille.

Menu 42 € (déj.), 70/140 € - Carte 75/170 €

Hôtel Alain Llorca, 350 rte de St-Paul - 04 93 32 02 93 - www.alainllorca.com

Le Blanc Manger

CUISINE PROVENÇALE • AUBERGE XX Ce restaurant méridional est l'antre de Brigitte Guignery, une chef passionnée par la cuisine provençale, qui a à cœur de "donner du sens au goût". Sa cuisine porte autant sa marque que celle de la région, avec une réelle sincérité et en toute simplicité. Et le soir, le restaurant devient bar à vins !

Formule 25 € - Menu 30 € (déj.)/45 € - Carte 42/60 €

1260 rte de Cagnes - ✆ 04 93 22 51 20 (réservation conseillée) - www.leblancmanger.fr - Fermé dim. soir, lundi midi, merc. midi et mardi

L'Atelier des Saveurs

CUISINE MODERNE • SIMPLE X C'est fort d'une solide expérience que Francis Scordel a créé cet Atelier des Saveurs, où la cuisine reste en effet un artisanat : soucieux de la fraîcheur des produits – au gré du marché et des herbes et fleurs du jardin –, le chef prône le fait maison... et le fait bien.

Formule 18 € - Menu 28/52 € - Carte 45/62 €

51 r. Georges-Clemenceau - ✆ 04 93 59 75 71 (réservation conseillée) - Fermé 16-29 oct., 20-30 nov., 1er-10 déc., lundi et mardi

Alain Llorca

AUBERGE • PERSONNALISÉ Un "hôtel de chef", idéal pour parfaire l'expérience de la cuisine d'Alain Llorca. Pour décor : un jardin à flanc de colline ; pour horizon : la campagne provençale et le village de St-Paul-de-Vence... Beaux volumes et matériaux de qualité font toute l'élégance des chambres.

10 chambres - 175/600 € 175/600 € - 20 €

350 rte de St-Paul - ✆ 04 93 32 02 93 - www.alainllorca.com

Alain Llorca - voir les restaurants ci-dessus

Marc Hély

FAMILIAL • FONCTIONNEL Cette grande maison, un peu en retrait de la route de Cagnes, offre une vue imprenable sur St-Paul-de-Vence et les monts alentour. Les chambres sont calmes, bien tenues et décorées dans un style provençal parfaitement accordé à cet environnement...

9 chambres - 80/100 € 95/145 € - 12 €

535 rte de Cagnes, 800 m au Sud-Est par D6 - ✆ 04 93 22 64 10 - www.hotel-marc-hely.com - Fermé janv.

COLLIAS - 30 (Gard) → Voir Pont-du-Gard

COLLIOURE

66190 (Pyrénées-Orientales) - 3 082 hab. - Alt. 2 m - Carte régionale n° **12**-B3
Paris 879 km - Argelès-sur-Mer 7 km - Céret 36 km - Perpignan 30 km
Carte Michelin 344-J7

La Balette

CUISINE MODERNE • COSY XXX Sur la route de Port-Vendres, tous les parfums de la région catalane se donnent rendez-vous dans les assiettes de ce restaurant baigné de soleil, qui regarde la belle Collioure les pieds dans l'eau... Respect des produits, poisson de première fraîcheur, intéressante carte des vins : cette table sort du lot.

→ Sphère de foie gras de canard, griottes et chèvre frais du pays. Rougets de la Côte Vermeille, émulsion d'oursins. Biscuit Sacher au chocolat manjari et ganache mentholée.

Formule 30 € - Menu 49/105 € - Carte 80/115 €

Plan : B2-n - *Hôtel Relais des Trois Mas, rte de Port-Vendres - ✆ 04 68 82 05 07 - www.relaisdestroismas.com - Fermé 1er janv.-15 mars, mardi d'oct. à avril et lundi de sept. à juin*

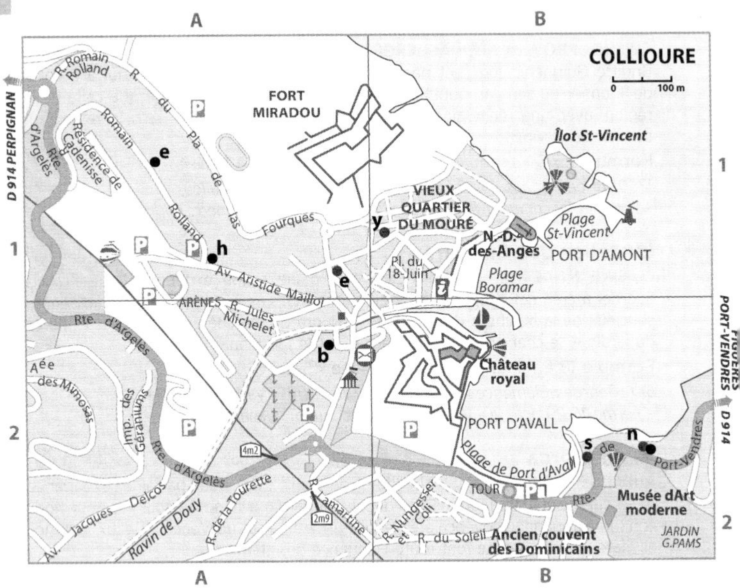

Le Neptune

CUISINE MODERNE · MÉDITERRANÉEN Exceptionnel ! Face au vieux port, un lieu magique avec ses terrasses nichées dans la roche, au cœur d'un beau jardin. Un restaurant ? Plutôt trois ! Selon son envie, on dînera d'une belle cuisine locale, de plats plus simples d'esprit brasserie, ou – en saison – de jolies spécialités de la mer (espace lounge).

Formule 29 € – Menu 39/99 € – Carte 52/86 €

Plan : B2-s – *rte de Port-Vendres – 04 68 82 02 27 – www.leneptune-collioure.com – Fermé mardi de nov. à mars et merc. d'oct. à avril*

Le 5ème Péché

CUISINE MODERNE Un chef tokyoïte passionné de mets français et de vins... et sa petite table du vieux Collioure : quand le Japon rencontre la Catalogne ! Alors bien sûr, on déguste ici une cuisine fusion, où le poisson ultrafrais est roi.

Formule 19 € – Menu 25 € (déj. en semaine), 39/62 €

Plan : B1-y – *16 r. de la Fraternité – 04 68 98 09 76 (réservation conseillée) – www.le5peche.com – Fermé 2 semaines en fév., 2 semaines en nov., dim. et lundi*

Relais des Trois Mas

FAMILIAL · PERSONNALISÉ De ces mas enchâssés dans la roche, la vue est imprenable sur la baie de Collioure et Notre-Dame-des-Anges ! Les chambres s'égayent de tissus catalans ; la terrasse et sa magnifique piscine complètent ce décor paradisiaque.

21 chambres – 100/175 € 160/255 € – 2 suites – 20 € – ½ P

Plan : B2-n – *rte de Port-Vendres – 04 68 82 05 07 – www.relaisdestroismas.com – Fermé 1er janv.-15 mars*

La Balette – voir les restaurants ci-dessus

Casa Païral

TRADITIONNEL • PERSONNALISÉ Une jolie demeure catalane du 19e s. avec son traditionnel patio à l'andalouse, son jardin planté de magnolias et d'essences méditerranéennes... Les chambres, plutôt sobres, sont néanmoins très soignées. Du caractère et un vrai parfum de vacances !

27 chambres - 95/299 € 95/299 € - 16 €

Plan : A2-b - *imp. des Palmiers - 04 68 82 05 81 - www.hotel-casa-pairal.com - Ouvert 10 fév.-5 nov.*

Madeloc

FAMILIAL • FONCTIONNEL Sur les hauteurs de la ville, dans un quartier résidentiel, un hôtel pratique et frais, avec des chambres agréables (certaines avec terrasse), un jacuzzi, une piscine panoramique et même un jardin à flanc de colline.

25 chambres - 79/179 € 95/279 € - 13 €

Plan : A1-e - *24 r. Romain-Rolland - 04 68 82 07 56 - www.madeloc.com - Ouvert début fév.-11 nov.*

Méditerranée

FAMILIAL • FONCTIONNEL Pratique ! Un petit hôtel coquet, datant des années 1970, proposant des chambres simples et très propres, toutes avec balcon ou petite terrasse. Pour le farniente, on profite du solarium et du jardin en terrasses.

23 chambres - 85/109 € 99/120 € - 10 €

Plan : A1-h - *av. A.-Maillol - 04 68 82 08 60 - www.mediterranee-hotel.com - Ouvert avril-nov.*

COLLOBRIÈRES

83610 (Var) - 1 854 hab. - Alt. 154 m - Carte régionale n° **21**-C3

Paris 862 km - Marseille 108 km - Toulon 44 km

Carte Michelin 340-M6 - Guide Vert Michelin Côte d'Azur

Notre Dame

AUBERGE • CONTEMPORAIN Au cœur du massif des Maures, on atteint le village par de jolies petites routes bordées de vignobles. La demeure (18e s.) n'est pas moins charmante ; elle revit sous l'égide de propriétaires passionnés (elle ancienne styliste de mode, lui ancien vigneron), qui en ont fait un vrai cocon, coloré et attachant...

16 chambres - 89/195 € 89/195 € - 12 € - ½ P

15 av. de la Libération - 04 94 48 07 13 - www.hotel-collobrieres.com - Fermé 1er déc.-1er mars

COLLONGES-AU-MONT-D'OR - 69 (Rhône) → Voir Lyon

COLLONGES-LA-ROUGE

19500 (Corrèze) - 480 hab. - Alt. 230 m - Carte régionale n° **13**-C3

Paris 505 km - Brive-la-Gaillarde 21 km - Cahors 105 km - Figeac 75 km

Carte Michelin 329-K5 - Guide Vert Michelin Périgord Quercy

Relais St-Jacques de Compostelle

CUISINE TRADITIONNELLE • CONVIVIAL Dans cette bâtisse du 15e s., ancienne étape pour les pèlerins sur la route de Compostelle, on fait le plein de saveurs en découvrant les bons produits du terroir local - entre Dordogne, Corrèze et Lot - et l'on peut aussi profiter de l'une des jolies chambres pour passer la nuit.

Formule 21 € - Menu 26/42 € - Carte 35/52 €

10 chambres - 73/83 € 78/98 € - 8,50 €

- 05 55 25 41 02 - www.hotel-stjacques.com - Fermé de mi-nov. à mi-mars et merc.

ON AIME...

Logan Laug, pour sa cuisine fine et créative, à déguster en terrasse... sur le toit ! **La Maison des Têtes**, une belle demeure historique aménagée en brasserie. **La Palette**, à Wettolsheim, sa cuisine de tradition et son cadre élégant. **Le Quatorze**, un hôtel design et confortable. **L'Épicurien**, un bistrot attachant pour ses recettes canailles et son bon vin...

COLMAR

✉ 68000 (Haut-Rhin) - 67 257 hab. - Agglo. 91 950 hab. - Alt. 194 m
- Carte régionale n° **1**-C2
▶ Paris 450 km - Basel 68 km - Freiburg-im-Breisgau 51 km - Nancy 140 km
Carte Michelin 315-I8 - Guide Vert Michelin Alsace Vosges

Restaurants

✿✿ **JY'S** (Jean-Yves Schillinger)

CUISINE CRÉATIVE • DESIGN XX JY'S pour Jean-Yves Schillinger ! Dans cette jolie maison de 1750 à la façade en trompe-l'œil se cache l'adresse branchée de Colmar, où officie ce chef inventif et bouillonnant d'idées. Décor ultracontemporain signé Olivier Gagnère. Aux beaux jours, on profite de la terrasse au bord de la Lauch.

➜ Ventrèche de thon rouge snackée et filet en fines nouilles marinées à l'huile de sésame. Ris de veau et pain perdu légèrement épicé, gnocchis de pomme de terre et sauce masala. Fine tartelette au citron déstructurée, sorbet au saké.

Menu 47 € (déj. en semaine), 72/104 € - Carte 87/117 €

Plan : C3-g - *17 r. de la Poissonnerie*
- ✆ 03 89 21 53 60 - www.jean-yves-schillinger.com
- Fermé 12 fév.-2 mars, 10-18 sept., dim. et lundi

✿ **Girardin** Ⓝ (Éric Girardin)

CUISINE MODERNE • DESIGN XXX À l'attrait historique de cette superbe demeure bâtie au 17e s. sur les vestiges du mur d'enceinte de Colmar, s'ajoute le raffinement d'un élégant décor... et la réjouissante cuisine d'Éric Girardin : intensité des saveurs, maîtrise des contrastes dans l'assiette, sauces d'un superbe classicisme... On est conquis.

➜ Tourteau poché en rémoulade de céleri et pomme granny smith, nage glacée de crustacés. Carré de veau rôti, purée d'artichaut, condiment kumquat et jus de veau. Traditionnel millefeuille à la vanille Bourbon.

Menu 90/110 € - Carte 80/135 €

Plan : C2-y - *Hôtel La Maison des Têtes, 19 r. des Têtes - ✆ 03 89 24 43 43 - www.la-maison-des-tetes.com - Fermé 15 janv.-15 fév., lundi midi, mardi midi, merc. et jeudi*

L'Atelier du Peintre (Loïc Lefebvre)

CUISINE MODERNE • TENDANCE XX Dans cet Atelier élégant, où les murs s'égayent de nombreux tableaux, le chef, Loïc Lefebvre, brosse un portrait convaincant de la gastronomie française actuelle. Une jolie palette de saveurs contemporaines !

→ Langoustines en cru et cuit, textures de chou-fleur, caramel de yuzu et caviar d'Aquitaine. Bar sauvage grillé, poivron, petits pois et pâtes safranées au poulpe. Tarte aux pommes à l'alsacienne "inédite".

Formule 25 € - Menu 45 € (semaine), 65/80 € - Carte 75/80 €

Plan : C2-v - *1 r. Schongauer - ✆ 03 89 29 51 57 - www.atelier-peintre.fr - Fermé 3 semaines en août, 2 semaines en fév., mardi midi, dim. et lundi sauf déc.*

Côté Cour

CUISINE TRADITIONNELLE • TENDANCE XX Au cœur de la vieille ville, on entre dans cette maison précisément... côté cour. Une vaste salle à manger au décor soigné, un service dynamique, de la convivialité et de belles saveurs : quenelle de brochet, écrevisses et fondue de poireaux, sauce nantua ; volaille fermière au vin jaune et morilles, etc. Un bon moment !

Menu 29 € - Carte 31/52 €

Plan : C2-g - *1 r. St-Martin (pl. de la Cathédrale) - ✆ 03 89 21 19 18 - www.cotecour-cotefour.fr - Fermé dim.*

A l'Échevin

CUISINE CLASSIQUE • ROMANTIQUE XXX Cet Échevin - du nom des anciens magistrats municipaux - comblera les amateurs de classicisme. Langoustines marinées au gingembre et citronnelle, bouillon aux champignons ; matelote de poisson d'eau douce au riesling ; fleischnaka de ris de veau aux cèpes... À déguster, l'été, sur la terrasse au bord de l'eau !

Formule 19 € - Menu 29 € (déj. en semaine), 35/80 € - Carte 42/62 €

Plan : C3-b - *Hostellerie Le Maréchal, 4 pl. des Six-Montagnes-Noires - ✆ 03 89 41 60 32 - www.le-marechal.com - Fermé mardi midi et merc. midi de janv. à mars*

Aux Trois Poissons

POISSONS ET FRUITS DE MER • CONVIVIAL XX Cette belle maison à colombages (16e s.) de la "Petite Venise" est toujours fidèle au poste : une bonne nouvelle, car l'on ne voudrait pas se priver de son ambiance chaleureuse et de sa cuisine gourmande aux airs de... pêche miraculeuse ! Huîtres de Marennes-Oléron, sole, dorade, quenelles de brochet, etc.

Menu 25 € (semaine), 36/56 € - Carte 40/70 €

Plan : C3-t - *15 quai de la Poissonnerie - ✆ 03 89 41 25 21 - www.aux-trois-poissons.fr - Fermé 2 semaines en août, dim. et lundi*

Le Théâtre

CUISINE CLASSIQUE • BRANCHÉ XX Face au théâtre, ce restaurant animé a été repris il y a quelques années par M. Staub (les cocottes...). Le lieu s'inspire des bistrots à l'ancienne et joue la carte de la tradition, avec de nombreux objets chinés et autres vieilles affiches publicitaires. Et dans l'assiette, les saveurs ne font pas dans la figuration !

Carte 30/50 €

Plan : C2-a - *1 r. des Bains - ✆ 03 89 29 29 29 - www.restaurantletheatre.net*

Logan Laug

CUISINE MODERNE • COSY XX Le jeune chef, Logan Laug, a baigné dans la restauration depuis sa plus tendre enfance : ses parents sont à la tête d'une auberge à Gérardmer. En 2010, il a repris les rênes de cette maison quadricentenaire ; un parfait écrin pour sa cuisine, intelligente, inspirée et pleine de saveurs. Une adresse qui va droit au cœur !

Formule 21 € - Menu 41/75 € - Carte 53/68 €

Plan : C3-c - *21 quai de la Poissonnerie - ✆ 03 90 50 58 90 - www.restaurant-frichtis.com - Fermé 4-27 janv., lundi et mardi*

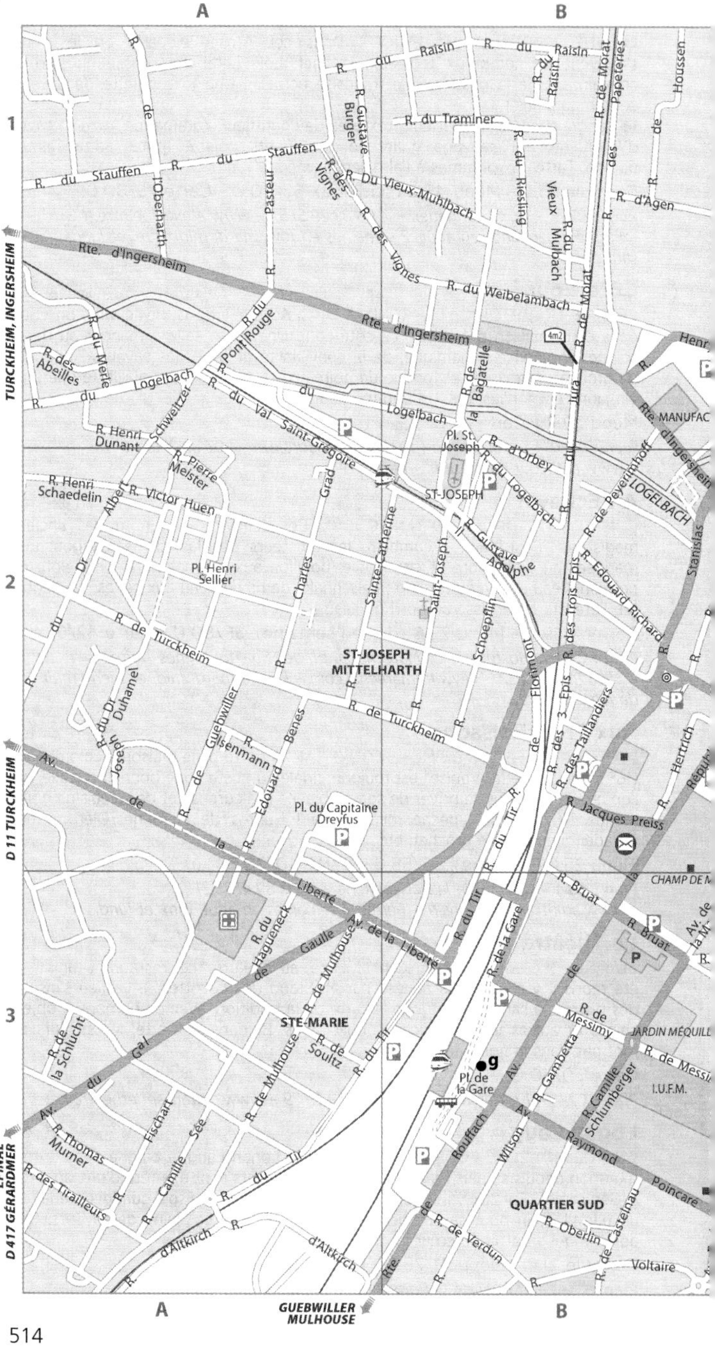
A
B
1
2
3
TURCKHEIM, INGERSHEIM
D 11 TURCKHEIM
ÉPINAL
D 417 GÉRARDMER
GUEBWILLER
MULHOUSE
R. du Raisin
R. du Raisin
R. de Morat
R. des Papeteries
R. de Houssen
R. Gustave Burger
R. du Traminer
R. du Riesling
Vieux Mulbach
R. du Vieux Mulbach
R. d'Agen
R. du Stauffen
R. de l'Oberharth
R. Pasteur
R. des Vignes
R. Du Vieux-Muhlbach
Rte. d'Ingersheim
R. du Weibelambach
R. du Pont Rouge
R. des Abeilles
R. du Merle
R. du Logelbach
R. du Val Saint-Grégoire
R. du Logelbach
R. de la Bagatelle
R. du Jura
Henr
MANUFAC
R. Henri Dunant
R. Schweitzer
R. Pierre Meister
Pl. St. Joseph
R. d'Orbey
R. du Logelbach
R. de Peyerimhoff
LOGELBACH
Rte. d'Ingersheim
R. Henri Schaedelin
R. Albert
R. Victor Huen
R. Grad
ST-JOSEPH
R. Sainte-Catherine
R. Saint-Joseph
R. Gustave Adolphe
R. Edouard Richard
Stanislas
Pl. Henri Sellier
R. Charles
R. du Dr
R. de Turckheim
R. Schoepflin
R. Florimont
R. des Trois Epis
ST-JOSEPH
MITTELHARTH
R. des 3 Epis
R. du Dr. Duhamel
R. Joseph
R. de Guebwiller
R. Isenmann
R. Benes
R. Edouard
R. de Turckheim
R. des Taillandiers
R. Hertrich
Républ
Av. de la Liberté
Pl. du Capitaine Dreyfus
R. du Tir
R. Jacques Preiss
CHAMP DE M
R. Bruat
R. Bruat
Av. de la M
R. du Hagueneck
Av. de la Liberté
Av. du Gal de Gaulle
R. de Mulhouse
R. du Tir
R. de la Gare
R. de Messimy
R. de la Schlucht
STE-MARIE
R. de Soultz
R. de Mulhouse
R. du Tir
JARDIN MÉQUILL
R. de Messi
g
Pl. de la Gare
Av. Gambetta
R. Camille Schlumberger
I.U.F.M.
R. Fischart
R. Camille Sée
Av. Wilson
Av. Raymond Poincaré
R. Thomas Murner
R. des Tirailleurs
R. du Tir
Rte. de Rouffach
QUARTIER SUD
R. d'Altkirch
R. d'Altkirch
R. de Verdun
R. Oberlin
R. de Castelnau
Voltaire
4m2

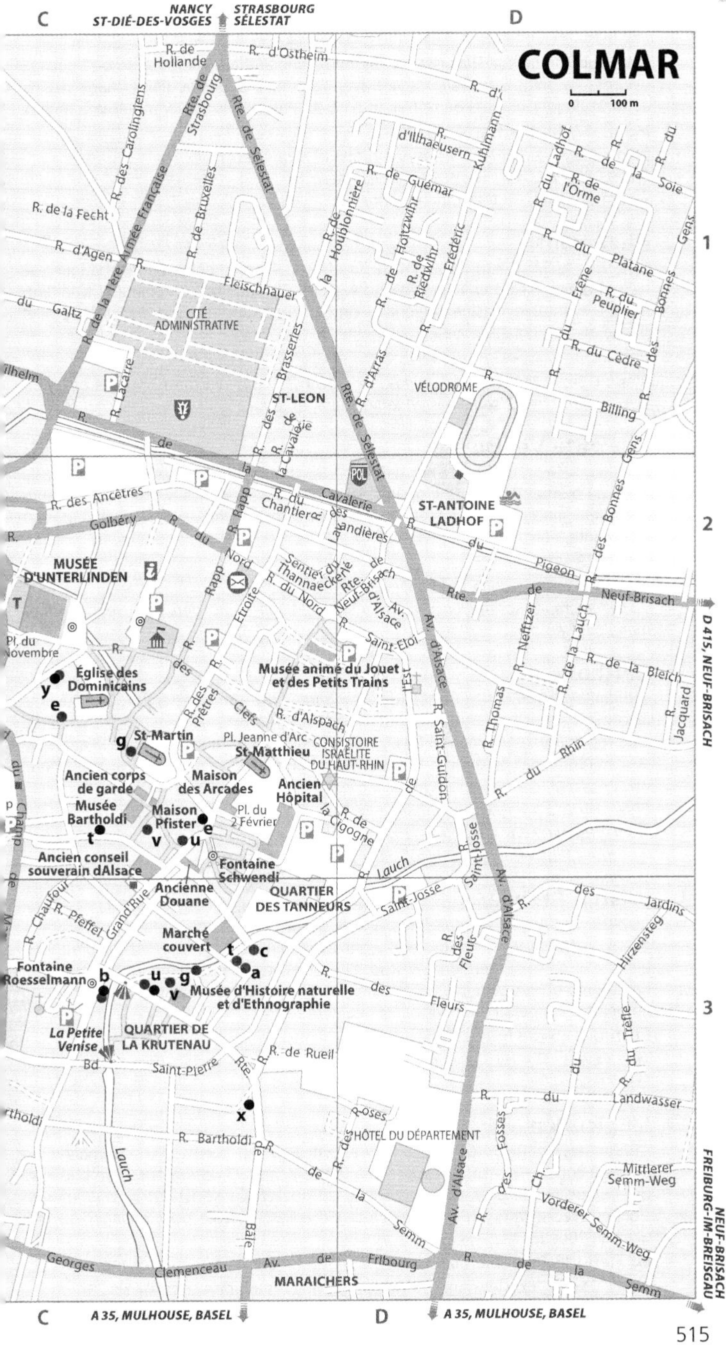
COLMAR
0
100 m
C
D
1
2
3
NANCY
ST-DIÉ-DES-VOSGES
STRASBOURG
SÉLESTAT
D 415, NEUF-BRISACH
NEUF-BRISACH
FREIBURG-IM-BREISGAU
A 35, MULHOUSE, BASEL
A 35, MULHOUSE, BASEL
CITÉ ADMINISTRATIVE
ST-LEON
VÉLODROME
ST-ANTOINE LADHOF
MUSÉE D'UNTERLINDEN
Pl. du Novembre
Église des Dominicains
St-Martin
Pl. Jeanne d'Arc
St-Matthieu
CONSISTOIRE ISRAÉLITE DU HAUT-RHIN
Musée animé du Jouet et des Petits Trains
Ancien corps de garde
Maison des Arcades
Ancien Hôpital
Musée Bartholdi
Maison Pfister
Pl. du 2 Février
Ancien conseil souverain dAlsace
Fontaine Schwendi
Ancienne Douane
QUARTIER DES TANNEURS
Marché couvert
Fontaine Roesselmann
Musée d'Histoire naturelle et d'Ethnographie
La Petite Venise
QUARTIER DE LA KRUTENAU
HÔTEL DU DÉPARTEMENT
MARAICHERS
Mittlerer Semm-Weg
Vorderer Semm-Weg
R. de Hollande
R. d'Ostheim
Rte. de Strasbourg
Rte. de Sélestat
R. des Carolingiens
R. de la Fecht
R. d'Agen
R. de la 1ère Armée Française
R. de Bruxelles
R. Fleischhauer
R. du Galtz
R. Lacarre
R. des Brasseries
R. de la Cavalerie
R. d'Illhaeusern
R. de Guémar
R. de la Houblonnière
R. de Holtzwihr
R. de Riedwihr
R. Frédéric Kuhlmann
R. d'Arras
R. du Ladhof
R. de la Soie
R. de l'Orme
R. du Platane
R. du Peuplier
R. du Frêne
R. du Cèdre
R. des Bonnes Gens
R. Billing
R. des Ancêtres
R. Golbéry
R. Rapp
R. du Chantier
R. des Lavandières
R. du Pigeon
R. du Nord
Sentier du Thannaeckerle
Rte. de Neuf-Brisach
Av. d'Alsace
R. Étroite
R. Saint-Eloi
R. Nefftzer
R. de la Lauch
R. de la Bleich
R. Jacquard
R. des Clefs
R. des Prêtres
R. d'Alspach
R. de l'Est
R. Saint-Guidon
R. Thomas
R. du Rhin
R. de la Cigogne
Lauch
R. Saint-Josse
R. des Jardins
Hirzensteg
R. Chauffour
R. Pfeffel
Grand'Rue
R. des Fleurs
R. de Rueil
Bd Saint-Pierre
Rte. de Bâle
R. du Trèfle
R. du Landwasser
R. des Roses
R. Bartholdi
R. de la Semm
Ch. des Fosses
Av. Georges Clemenceau
Av. de Fribourg
R. de la Semm

La Maison des Têtes - Historique

CUISINE CLASSIQUE • VINTAGE XX Dans le cœur historique de la ville, cette sublime façade Renaissance dissimule une authentique adresse de bouche ! L'adresse a pris un nouveau départ avec l'arrivée d'Éric Girardin ; il marie cuisine au goût du jour et plats du terroir, et n'hésite pas à revisiter librement la tradition.

Menu 47/115 € – Carte 45/70 €

Plan : C2-y – *Hôtel La Maison des Têtes, 19 r. des Têtes – 03 89 24 43 43 – www.maisondestetes.com – Fermé 15 janv.-15 fév., dim. et lundi*

Chez Hansi

CUISINE ALSACIENNE • RUSTIQUE X Cette maison à colombages typique du vieux Colmar est un vrai concentré d'Alsace ! On vous sert en costume traditionnel une véritable cuisine régionale, simple et savoureuse : choucroute, poulet poché au riesling, spaetzle...

Menu 22/42 € – Carte 35/45 €

Plan : C2-u – *23 r. des Marchands – 03 89 41 37 84 – Fermé 1 semaine en juin, 1 semaine en nov., 2 semaines en janv., merc. et jeudi*

La Petite Venise

CUISINE TRADITIONNELLE • FAMILIAL X Dans la Petite Venise, cette maison du 17e s. du même nom invite à goûter des recettes alsaciennes transmises de génération en génération, préparées au gré des saisons. Une adresse nostalgique et attachante, entre bistrot et winstub.

Carte 28/45 €

Plan : C3-v – *4 r. de la Poissonnerie – 03 89 41 72 59 – www.restaurantpetitevenise.com – Fermé 24 juin-8 juil., dim. midi, jeudi midi et merc. sauf en déc.*

Bartholdi

CUISINE ALSACIENNE • RUSTIQUE X Amoureux des vins alsaciens, vous trouverez forcément votre bonheur dans cette maison aux allures de winstub : le choix de crus régionaux est immense. La cuisine, classique, sait faire la part belle aux spécialités régionales au gré des saisons. Attention vous êtes ici dans une institution !

Menu 25/55 € – Carte 26/67 €

Plan : C2-e – *2 r. des Boulangers – 03 89 41 07 74 – www.restaurant-bartholdi.fr – Fermé 17 juil.-31 juil., vacances de fév., dim. soir et lundi*

Wistub Brenner

CUISINE ALSACIENNE • CONVIVIAL X Le décor fait désormais place à divers chapeaux melon, hauts-de-forme et autres luminaires ; on est toujours aussi bien dans cette authentique Wistub, qui a également une sympathique terrasse. La cuisine, on ne peut plus régionale, est à l'avenant : presskopf (hure de porc en gelée), salade au munster pané, choucroute !

Formule 25 € – Menu 30 €

Plan : C3-u – *1 r. de Turenne – 03 89 41 42 33 – www.wistub-brenner.fr – Fermé 13-23 nov.*

L'Épicurien

CUISINE MODERNE • CONVIVIAL X Ce bistrot à vin convivial – on mange au coude à coude – est tout proche de la Petite Venise. Un cadre aussi sympathique que la cuisine du chef et ses produits de qualité. La sélection de vins impressionne, avec environ 200 références. Une adresse idéale pour changer un peu des winstubs !

Menu 16 € (déj. en semaine), 25/36 € – Carte 40/55 € dîner

Plan : C3-a – *11 r. Wickram – 03 89 41 14 50 (réservation conseillée) – www.epicurien-colmar.com – Fermé 6-28 juin, 23 déc.-3 janv. , dim. et lundi*

Hôtels

La Maison des Têtes

TRADITIONNEL • CLASSIQUE Le couple Girardin a entièrement rénové cette superbe demeure, bâtie au 17e s. sur les vestiges du mur d'enceinte de Colmar. Le charme historique des lieux est intact ; on apprécie l'élégance intemporelle des chambres, ainsi que l'agréable salle de petit-déjeuner.

21 chambres - 180/320 € 180/320 € - 22 €

Plan : C2-y - *19 r. des Têtes - 03 89 24 43 43 - www.la-maison-des-tetes.com - Fermé 15 janv.-15 fév.*

Girardin • **La Maison des Têtes - Historique** - voir les restaurants ci-dessus

Grand Hôtel Bristol

TRADITIONNEL • CLASSIQUE Face à la gare de Colmar, cet immeuble Belle Époque est fort engageant. Beaucoup de confort dans les chambres, contemporaines ou plus classiques, et de beaux espaces, que ce soit pour les séminaires ou la détente. Et à l'heure du repas, direction l'Auberge.

91 chambres - 92/290 € 92/290 € - 17 € - ½ P

Plan : B3-g - *7 pl. de la Gare - 03 89 23 59 59 - www.grand-hotel-bristol.com*

Le Colombier

URBAIN • DESIGN Qui pourrait croire que cette bâtisse régionale du 15e s., pleine de charme avec son escalier Renaissance et son patio, dissimule... pareille modernité ? L'intérieur a été entièrement repensé par un designer italien et c'est une réussite.

40 chambres - 109/275 € 109/275 € - 1 suite - 13 €

Plan : C3-u - *7 r. de Turenne - 03 89 23 96 00 - www.hotel-le-colombier.fr*

Hostellerie Le Maréchal

TRADITIONNEL • COSY Les chambres de ces maisons de la Petite Venise sont garnies de meubles de style (Louis XV, Louis XVI) et répondent aux noms évocateurs de Lully, Mozart, Bizet... Quant au petit-déjeuner, copieux à souhait, il ne joue pas les arlésiennes. Et le personnel se montre très à l'écoute des clients !

30 chambres - 95/225 € 115/285 € - 17 € - ½ P

Plan : C3-b - *4 pl. des Six-Montagnes-Noires - 03 89 41 60 32 - www.le-marechal.com*

A l'Échevin - voir les restaurants ci-dessus

St-Martin

FAMILIAL • PERSONNALISÉ Dans le quartier historique, ces quatre maisons des 14e et 17e s. s'ordonnent autour d'une cour intérieure avec tourelle et escalier à vis Renaissance. Les chambres, toutes différentes, ont le charme un peu rétro du style alsacien. Pittoresque... et idéalement situé pour découvrir la vieille ville !

40 chambres - 75/125 € 85/180 € - 12 €

Plan : C2-e - *38 Grand'Rue - 03 89 24 11 51 - www.hotel-saint-martin.com - Fermé 23-26 déc. et 1er janv.-18 mars*

Quatorze

URBAIN • PERSONNALISÉ Un boutique-hôtel urbain et contemporain, en plein cœur de la vieille ville. Les propriétaires ont entièrement transformé le bâtiment - qui accueillait une pharmacie - en privilégiant les dégradés de blanc et de gris, allant même jusqu'à dessiner le mobilier. Produits bio au petit-déjeuner.

14 chambres - 105/125 € 120/260 € - 18 €

Plan : C2-t - *14 r. des Augustins - 03 89 20 45 20 - www.hotelquatorze.com*

à Horbourg 4 km à l'Est par rte de Neuf-Brisach - ✉ 68180 Horbourg Wihr - 5 243 hab. - Alt. 188 m

L'Europe

BUSINESS • FONCTIONNEL Cet imposant hôtel de style néo-alsacien, un peu en dehors de la ville, propose des chambres très confortables. Mention spéciale pour les deux belles suites, plus design. Tout est parfaitement conçu pour l'organisation de séminaires mais les loisirs ne sont pas en reste : piscine, restaurant et brasserie, etc.

116 chambres - 79/185 € 79/185 € - 4 suites - 15 € - ½ P

15 rte de Neuf-Brisach - 03 89 20 54 00 - www.hotel-europe-colmar.com - Fermé janv.

à Wettolsheim 4,5 km à l'Ouest par D417 et D1bis II - ✉ 68920 - 1 682 hab. - Alt. 220 m

La Palette

CUISINE MODERNE • TENDANCE Le chef a beau être savoyard, on déguste ici une belle cuisine traditionnelle alsacienne qui ne dédaigne pas les clins d'œil à la modernité. La carte des vins est très complète et met à l'honneur les vignerons du village. Chambres claires et fraîches pour l'étape. Une bonne adresse.

Formule 19 € - Menu 25 € (déj. en semaine), 39/69 € - Carte 44/64 €

16 chambres - 84/145 € 84/145 € - 11 €

9 r. Herzog - 03 89 80 79 14 - www.lapalette.fr - Fermé 2-9 janv., 20 fév.-6 mars, dim. soir, mardi midi et lundi

à Ingersheim 4 km au Nord-Ouest - ✉ 68040 - 4 621 hab. - Alt. 220 m

La Taverne Alsacienne

CUISINE TRADITIONNELLE • AUBERGE Dirigée par la famille Guggenbuhl depuis 1964, cette taverne à la façade rouge typique mérite amplement sa réputation. Même ceux qui ne connaissent rien à la cuisine alsacienne seront conquis par sa divine choucroute traditionnelle (entre autres délices) ; le tout accompagné de beaux vins d'Alsace !

Formule 14 € - Menu 24/56 € - Carte 40/64 €

99 r. de la République - 03 89 27 08 41 - www.tavernealsacienne-familleguggenbuhl.com - Fermé 24 juil.-16 août, 27 déc.-12 janv., jeudi soir, dim. soir et lundi

LA COLMIANE

✉ 06420 (Alpes-Maritimes) - Valdeblore - Alt. 1 500 m - Carte régionale n° **21**-D2

Paris 844 km - Marseille 244 km - Monaco 86 km - Nice 72 km

Carte Michelin 341-E3 - Guide Vert Michelin Côte d'Azur

Le Green

TRADITIONNEL • PERSONNALISÉ Dans l'arrière-pays niçois, à l'orée du Mercantour, se cache cet écolodge qui sort – littéralement – des sentiers battus. Ici, on est "green" à tous les niveaux : déco en bois récupéré, nature omniprésente, menu bio au restaurant. Toute une expérience !

6 chambres - 100/140 € 100/140 € - 15 € - ½ P

rte du Télésiège - 04 93 03 00 00 - www.greenecolodge.com

COLOMBES - 92 (Hauts-de-Seine) → Voir Autour de Paris

COLOMBEY-LES-DEUX-ÉGLISES

✉ 52330 (Haute-Marne) - 663 hab. - Alt. 353 m - Carte régionale n° **7**-C3

Paris 248 km - Bar-sur-Aube 16 km - Châtillon-sur-Seine 63 km - Chaumont 26 km

Carte Michelin 313-J4 - Guide Vert Michelin Champagne Ardenne

Hostellerie la Montagne (Jean-Baptiste Natali)

CUISINE MODERNE • ÉLÉGANT Dans ce paisible village cher à de Gaulle, les beaux produits de nos terroirs... mais surtout un savoir-faire sans nostalgie, car la cuisine est ici affaire d'invention. La gastronomie française à l'heure contemporaine - et de même pour le décor !

➜ Carpaccio de cèpe et cèpes rôtis au lard de Colonnata. Homard bleu et filet de féra braisé, ravioles au beurre de truffe, cébettes et girolles. Abricot aux saveurs Méditerranéennes.

Menu 28 € (déj. en semaine), 56/88 € - Carte 90/115 €

10 r. Pisseloup
- ✆ 03 25 01 51 69 - www.hostellerielamontagne.com
- Fermé 19-27 déc., 4 janv.-3 fév., lundi et mardi

À La Table du Général

CUISINE TRADITIONNELLE • BISTRO Envie de déguster les plats préférés du général de Gaulle ? Poussez donc la porte de ce petit bistrot qui fait de la résistance pour proposer, intactes, les bonnes recettes de la tradition (blanquette de veau et daube de bœuf étaient les chouchous du grand homme). Un endroit sympathique où les prix le sont tout autant.

Menu 21 €

57 r. du Général-de-Gaulle
- ✆ 03 25 01 51 69
- Ouvert 1er avril-30 nov., fermé lundi et mardi hors saison et le soir

Hostellerie la Montagne

LUXE • COSY Jardin et verger, décor à l'ancienne plein d'élégance (mobilier en chêne, cheminées, salles de bains rétro...), chambres mariant décor à l'ancienne et notes plus feutrées, plus cosy : cette demeure en pierre cultive joliment les charmes de la France éternelle.

8 chambres - 110/160 € 110/160 € - 1 suite - 14 €

10 r. Pisseloup
- ✆ 03 25 01 51 69 - www.hostellerielamontagne.com
- Fermé 4 janv.-3 fév., lundi et mardi

Hostellerie la Montagne - voir les restaurants ci-dessus

COLOMBIERS

34440 (Hérault) - 2 337 hab. - Alt. 25 m - Carte régionale n° **12**-B2
Paris 779 km - Béziers 10 km - Montpellier 78 km - Narbonne 23 km
Carte Michelin 339-D9 - Guide Vert Michelin Languedoc Roussillon

Au Lavoir

CUISINE MÉDITERRANÉENNE • ÉLÉGANT Voisine du canal du Midi, cette belle maison jaune semble rayonner, particulièrement quand le soleil baigne son jardin verdoyant (avec terrasse). Pleinement inspirée par la Méditerranée, la cuisine fait la part belle au produit et embaume les parfums du Sud. N'hésitez pas à réserver l'une des élégantes chambres de l'étage.

Formule 23 € - Menu 30/59 € - Carte environ 44 €
4 chambres - 100/150 € 100/150 €

r. du Lavoir - ✆ 04 67 26 16 15 - www.au-lavoir.com

COLOMIERS - 31 (Haute-Garonne) ➜ Voir Toulouse

COLROY-LA-ROCHE

67420 (Bas-Rhin) - 486 hab. - Alt. 475 m - Carte régionale n° **1**-A2
Paris 412 km - Lunéville 70 km - St-Dié 33 km - Sélestat 31 km
Carte Michelin 315-H6

Hostellerie La Cheneaudière

CUISINE MODERNE • ÉLÉGANT XXX Dans cet établissement élégant, les salles à manger affichent clairement un style cossu. La carte, courte et raffinée, fait d'alléchantes propositions : variations autour du foie gras, fricassée de homard, pigeon de ferme rôti et farci…

Menu 75/95 €

3 r. du Vieux-Moulin – ✆ 03 88 97 61 64 – www.cheneaudiere.com – Fermé en mars, le midi sauf week-ends et fériés

Hostellerie La Cheneaudière

SPA ET BIEN-ÊTRE • ÉLÉGANT À flanc de colline, cette imposante demeure d'esprit traditionnel se révèle chic et accueillante. Que ce soit dans les chambres spacieuses aux teintes apaisantes ou dans le superbe spa (2000 m2) sur le thème de la nature, on ressent comme un sentiment d'exclusivité…

32 chambres – 🚹185/550 € 🚹🚹185/550 € – 6 suites – ☕ 25 € – ½ P

3 r. du Vieux-Moulin – ✆ 03 88 97 61 64 – www.cheneaudiere.com – Fermé en mars

Hostellerie La Cheneaudière – voir les restaurants ci-dessus

COLY – 24 (Dordogne) ➜ Voir Lardin-St-Lazare

LA COMBE – 73 (Savoie) ➜ Voir Aiguebelette-le-Lac

COMBEAUFONTAINE

✉ 70120 (Haute-Saône) – 548 hab. – Alt. 259 m – Carte régionale n° **9**-B1

▶ Paris 336 km – Besançon 72 km – Épinal 83 km – Gray 40 km

Carte Michelin 314-D6

Le Balcon

CUISINE TRADITIONNELLE • AUBERGE XX Digne héritier de son père, le jeune chef, Jean-Philippe Gauthier, perpétue la tradition de cette belle maison, avec ses incontournables – terrine de volaille campagnarde, sandre rôti sur la peau, ou encore le fameux poulet au vin jaune –, que l'on savoure dans une salle alliant caractère et authenticité. Délicieux !

Menu 29/64 € – Carte 42/67 €

14 chambres – 🚹65/85 € 🚹🚹65/85 € – ☕ 9 €

2 Grande-Rue – ✆ 03 84 92 11 13 – www.le-balcon-70.fr – Fermé 26 juin-6 juil., 2-5 oct., 26 déc.-18 janv., dim. soir, mardi midi et lundi sauf jours fériés

COMBLOUX

✉ 74920 (Haute-Savoie) – 2 079 hab. – Alt. 980 m – Carte régionale n° **25**-F1

▶ Paris 593 km – Annecy 80 km – Bonneville 37 km – Chamonix-Mont-Blanc 31 km

Carte Michelin 328-M5 – Guide Vert Michelin Alpes du Nord

Aux Ducs de Savoie

FAMILIAL • MONTAGNARD Un vaste chalet tout en bois dans un superbe cadre alpin. Atmosphère conviviale et feutrée, piscine face au mont Blanc, sauna, jacuzzi et restaurant de tradition dans une salle panoramique : une sympathique villégiature.

50 chambres – 🚹150/250 € 🚹🚹150/250 € – ☕ 18 € – ½ P

253 rte du Bouchet – ✆ 04 50 58 61 43 – www.ducs-de-savoie.com – Ouvert de début juin à début oct. et de mi-déc. à fin avril

Au Cœur des Prés

TRADITIONNEL • MONTAGNARD Sur les hauts de Combloux, un beau chalet traditionnel tenu en famille, avec des chambres fraîches et pimpantes, dans un esprit montagnard et bucolique. L'espace bien-être met à disposition sauna, hammam avec chromothérapie, etc. Les habitués sont nombreux et on les comprend !

30 chambres – ½ P seult 110/165 €

152 chemin du Champet – ✆ 04 50 93 36 55 – www.hotelaucoeurdespres.com – Ouvert de début juin à fin sept. et de mi-déc. à début avril

Le Coin Savoyard

TRADITIONNEL • MONTAGNARD Une ancienne ferme datant du 19e s., où règne une délicieuse atmosphère rustique. Elle abrite de confortables chambres, qui donnent toutes sur les monts. À l'heure du repas, spécialités régionales devant la cheminée ou sur la terrasse.

14 chambres – 90/130 € 108/170 € – 12 € – ½ P

300 rte de la Cry (Cuchet) – 04 50 58 60 27 – www.coin-savoyard.com – Ouvert 10 juin-18 sept. et 16 déc.-9 avril

COMBOURG

35270 (Ille-et-Vilaine) – 5 739 hab. – Alt. 45 m – Carte régionale n° **5**-D2
Paris 387 km – Avranches 58 km – Dinan 25 km – Fougères 49 km
Carte Michelin 309-L4 – Guide Vert Michelin Bretagne Nord

Hôtel du Château

FAMILIAL • COSY Une belle bâtisse ancienne au pied du château célébré par Chateaubriand... Les chambres ont été rénovées dans un style sobre et contemporain, ou plus bucolique ; au restaurant, on sert entre autres le célèbre chateaubriand.

32 chambres – 71/89 € 83/165 € – 11 € – ½ P

1 pl. Chateaubriand – 02 99 73 00 38 – www.hotelduchateau.com

COMPIÈGNE

60200 (Oise) – 40 028 hab. – Agglo. 69 439 hab. – Alt. 41 m – Carte régionale n° **19**-B2
Paris 81 km – Amiens 80 km – Beauvais 61 km – St-Quentin 74 km
Carte Michelin 305-H4

Les Beaux Arts

TRADITIONNEL • FONCTIONNEL Nul besoin d'être artiste dans l'âme pour séjourner dans cet hôtel sur les quais de l'Oise. Les chambres sont confortables ; certaines, plus spacieuses, sont idéales pour une halte en famille. Autre avantage : le garage, bien pratique en centre-ville.

50 chambres – 86/126 € 96/146 € – 13 suites – 12 €

Plan : A1-t – *33 cours Guynemer – 03 44 92 26 26 – www.hotellesbeauxarts.com*

à Rethondes 10 km au Sud-Est par D973 – 60153 – 743 hab. – Alt. 38 m

Auberge du Pont de Rethondes

CUISINE MODERNE • ÉLÉGANT XXX Sa jolie façade traditionnelle exprime le charme de ce village des bords de l'Aisne. Elle cache une salle à l'atmosphère classique et feutrée (tables rondes, nappes blanches, mobilier de style, etc.), parfaite pour un repas porté par l'imagination du chef et les bons produits de la saison... Terrasse côté jardin.

Menu 29 € (semaine), 35 € /82 € – Carte 56/120 €

21 r. du Mar.-Foch – 03 44 85 60 24 – www.aubergedupont-rethondes.fr – Fermé dim. soir, lundi et mardi

à Vieux-Moulin 10 km au Sud par D332 et D14 – 60350 – 614 hab. – Alt. 49 m

Auberge du Mont St-Pierre

CUISINE TRADITIONNELLE • AUBERGE XX À l'orée de la forêt, cette auberge des années 1930 a été rénovée dans un style plutôt contemporain : tons gris et blanc, rideaux, luminaires, etc. Belle quiétude en terrasse, pour déguster de bonnes assiettes rythmées par les saisons, à l'image de ce cœur de ris de veau escalopé aux morilles.

Formule 24 € – Menu 32/49 € – Carte 55/75 €

27 r. des Étangs – 03 44 85 60 00 – www.aubergedumontsaintpierre.fr – Fermé 3 semaines en août, vacances de fév., mardi soir, merc. soir, jeudi soir, dim. soir et lundi

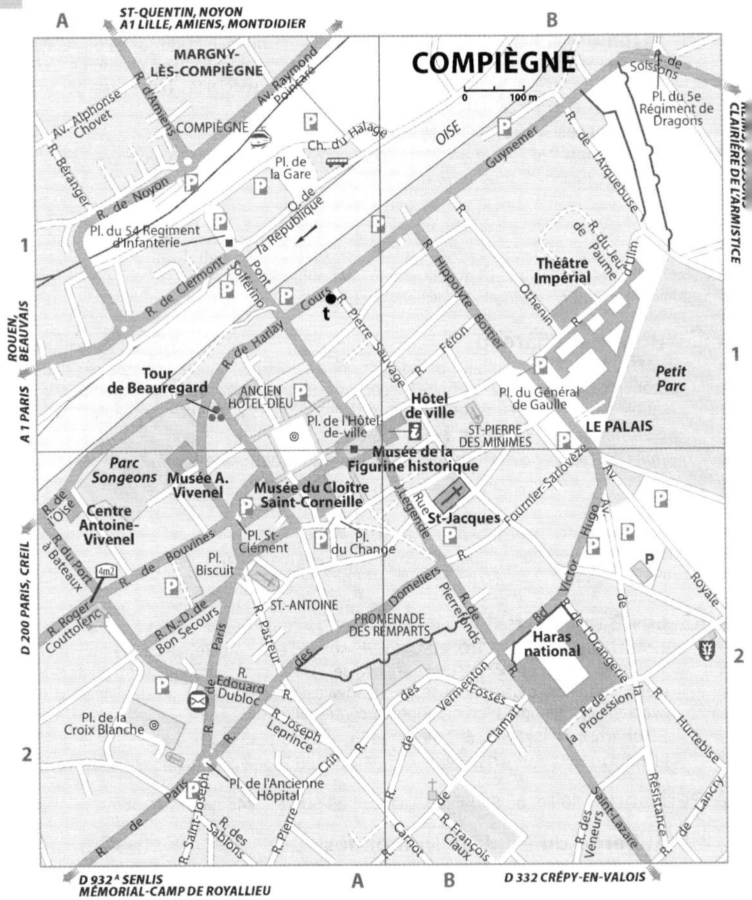

au Meux 11 km à l'Ouest – ✉ 60880 – 2 060 hab. – Alt. 50 m

Auberge de la Vieille Ferme

CUISINE TRADITIONNELLE • AUBERGE Dans ce petit village non loin de Compiègne, l'ancienne ferme est aujourd'hui un hôtel-restaurant très couru. En cuisine, tout est fait maison, et le jeune chef excelle dans la réinterprétation des grands classiques : sole meunière, tête de veau… avec, parfois, quelques influences plus exotiques. Très recommandable.

Formule 23 € – Menu 33 € – Carte 39/72 €

58 r. de la République – ✆ 03 44 41 58 54 – www.hotel-restaurant-oise.com – Fermé 3 semaines en août, 24 déc.- 3 janv., sam. midi, dim. soir et lundi

Un important déjeuner d'affaires ou un dîner entre amis ?
Le symbole ⇔ vous signale les salons privés.

Auberge de la Vieille Ferme

AUBERGE • TRADITIONNEL Direction la vallée de l'Oise et cette ancienne ferme en briques rouges, aux chambres fonctionnelles et bien tenues, aménagées de part et d'autre des deux cours intérieures. L'ambiance, résolument familiale, vous réjouira !

14 chambres – 70/82 € 86/102 € – 8 € – ½ P

58 r. de la République – 03 44 41 58 54 – www.hotel-restaurant-oise.com – Fermé 3 semaines en août et 24 déc.-3 janv.

Auberge de la Vieille Ferme – voir les restaurants ci-dessus

COMPS-LA-GRAND-VILLE

12120 (Aveyron) – 563 hab. – Alt. 670 m – Carte régionale n° **15**-C1

Paris 678 km – Montpellier 181 km – Rodez 20 km – Toulouse 152 km

Le Clos d'Albray

HISTORIQUE • CLASSIQUE Ce petit château en pierre (1772) ne laisse pas indifférent : serait-ce le mobilier chiné, les chambres colorées, la majestueuse cheminée dans la salle du petit-déjeuner, la bibliothèque ou le ravissant jardin ? C'est tout cela, mais aussi ce supplément d'âme qu'on nomme le caractère...

4 chambres – 85/115 € 95/130 €

3 pl. Notre-Dame – 05 65 74 38 77 – www.chambre-dhotes-aveyron.com

COMPS-SUR-ARTUBY

83840 (Var) – 334 hab. – Alt. 898 m – Carte régionale n° **21**-C2

Paris 892 km – Castellane 29 km – Digne-les-Bains 82 km – Draguignan 31 km

Carte Michelin 340-O3 – Guide Vert Michelin Alpes du Sud

Grand Hôtel Bain

FAMILIAL • TRADITIONNEL Inscrite dans le Livre des records, cette auberge traditionnelle, peinte d'une diligence, est exploitée par la même famille depuis... 1737 ! Chambres rustiques et bien tenues, terrasse sous les platanes.

17 chambres – 68 € 68 € – 10 € – ½ P

av. de Fayet – 04 94 76 90 06 – www.grand-hotel-bain.fr – Ouvert 1er mars-11 nov.

CONCARNEAU

29900 (Finistère) – 18 557 hab. – Alt. 4 m – Carte régionale n° **5**-B2

Paris 546 km – Brest 96 km – Lorient 49 km – Quimper 22 km

Carte Michelin 308-H7 – Guide Vert Michelin Bretagne Sud

Le Flaveur

CUISINE MODERNE • INTIME XX Ce restaurant se niche dans une petite rue calme, légèrement en retrait du port de plaisance et de la ville close. Aux commandes, le jeune chef fait preuve d'une inventivité rafraîchissante, à l'image de ce lieu jaune, écume iodée, cromesquis d'huître et pamplemousse marin...

Formule 16 € – Menu 19 € (déj. en semaine), 27/52 € – Carte 45/100 €

Plan : C2-a – *4 r. Duquesne – 02 98 60 43 47 – Fermé 15-30 nov., 1 semaine en janv., sam. midi, dim. soir et lundi*

Le Nautile

POISSONS ET FRUITS DE MER • TENDANCE XX Bienvenue dans cette brasserie chic et feutrée, dont la baie vitrée offre une vue imprenable sur l'océan ! La mer est également dans l'assiette, avec une cuisine mettant joliment en avant les poissons et les crustacés. Agréable terrasse.

Formule 18 € – Menu 22 € (déj.), 32/40 € – Carte 32/54 €

Plan : A1-n – *Hôtel Les Sables Blancs, plage des Sables-Blancs – 02 98 50 10 12 – www.hotel-les-sables-blancs.com*

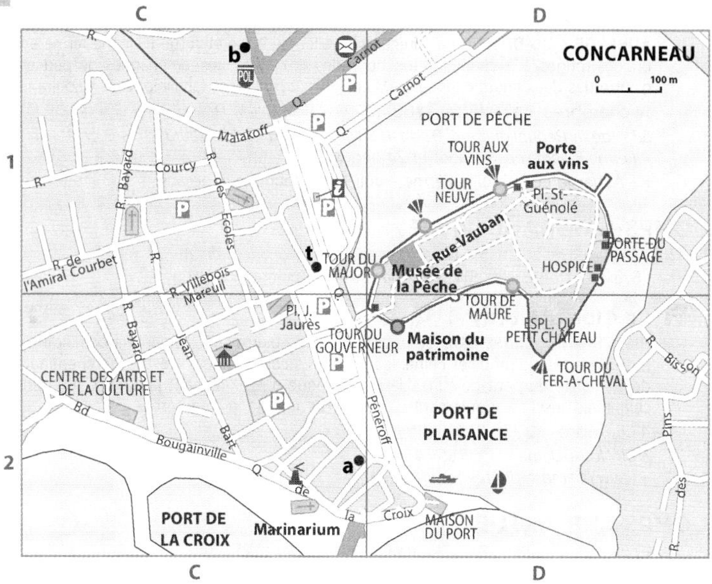
CONCARNEAU
0 100 m
C
D
1
2
PORT DE PÊCHE
TOUR AUX VINS
Porte aux vins
TOUR NEUVE
Pl. St-Guénolé
Rue Vauban
PORTE DU PASSAGE
HOSPICE
TOUR DU MAJOR
Musée de la Pêche
TOUR DE MAURE
ESPL. DU PETIT CHÂTEAU
TOUR DU GOUVERNEUR
Maison du patrimoine
TOUR DU FER-A-CHEVAL
PORT DE PLAISANCE
MAISON DU PORT
PORT DE LA CROIX
Marinarium
CENTRE DES ARTS ET DE LA CULTURE
Pl. J. Jaurès
R. de l'Amiral Courbet
R. Villebois Mareuil
R. des Ecoles
R. Bayard
Courcy
Malakoff
Q. Carnot
Bd Bougainville
Q. de la Croix
Pénéroff
R. Jean Bart
R. Bisson
R. des Pins
b
t
a

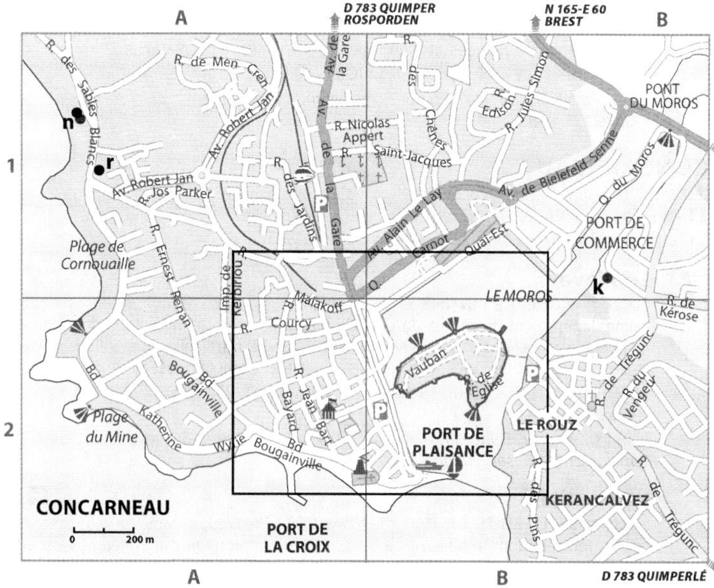
D 783 QUIMPER ROSPORDEN
N 165-E 60 BREST
A
B
1
2
R. des Sables Blancs
R. de Men Cren
Av. Robert Jan
Av. Robert Jan Jos Parker
R. Nicolas Appert
R. Saint-Jacques
R. des Chênes
R. Edison
R. Jules Simon
PONT DU MOROS
Av. de Bielefeld Senne
Q. du Moros
PORT DE COMMERCE
Av. de la Gare
R. des Jardins
Av. Alain Le Lay
Q. Carnot
Quai-Est
Plage de Cornouaille
R. Ernest Renan
Imp. de Kerbiriou
Malakoff
Coursy
LE MOROS
R. de Kérose
Vauban
R. de l'Eglise
R. de Trégunc
R. du Vengeur
LE ROUZ
PORT DE PLAISANCE
KERANCALVEZ
R. des Pins
Bd Bougainville
Bd Katherine Wylie
Plage du Mine
R. Jean Bart
R. Bayard
CONCARNEAU
0 200 m
PORT DE LA CROIX
D 783 QUIMPERLÉ
n
r
k

L'Amiral

POISSONS ET FRUITS DE MER • BRASSERIE XX Un restaurant vraiment engageant, tout en boiseries sombres et allusions marines élégantes. Bien situé, face à la ville close, il propose tous les grands classiques d'une cuisine de la mer. Avec une spécialité : la grande cocotte de l'Amiral, une version chaude de l'incontournable plateau de fruits de mer !

Formule 18 € - Menu 21 € (semaine), 30/45 € - Carte 36/60 €

Plan : C1-t - *1 av. Pierre-Guéguin - ✆ 02 98 60 55 23 - www.restaurant-amiral.com - Fermé 12-26 fév., 3 semaines en nov., dim. soir et lundi sauf juil.-août*

La Coquille

POISSONS ET FRUITS DE MER • TENDANCE XX Nouveau décor et nouvelle jeunesse pour cette véritable institution locale, située en plein milieu du port de pêche. Le décor est désormais contemporain, avec des matériaux naturels - parquet brut, murs de bois brossé ; quant à la cuisine, elle fait toujours la part belle aux produits de la mer et à la tradition.

Menu 20 € (semaine), 30/47 € - Carte 44/90 €

Plan : B1-k - *1 quai du Moros - ✆ 02 98 97 08 52 - www.lacoquille-concarneau.com - Fermé 1 semaine à noël, dim. soir et lundi*

Les Sables Blancs

TRADITIONNEL • CONTEMPORAIN Les vagues déferlent sur la plage des Sables-Blancs, au pied de cet hôtel dont les chambres, claires et tendance, ont toutes un balcon qui donne sur le large. De quoi prendre un véritable bain d'iode et de lumière !

21 chambres - 89/215 € 99/275 € - 3 suites - 15 € - ½ P

Plan : A1-n - *plage des Sables-Blancs - ✆ 02 98 50 10 12 - www.hotel-les-sables-blancs.com*

Le Nautile - voir les restaurants ci-dessus

Hôtel de l'Océan

TRADITIONNEL • FONCTIONNEL L'Océan ! Voilà l'atout majeur de cet imposant bâtiment moderne. Dans le salon, comme au restaurant (cuisine de la mer) et dans les chambres - avec un balcon pour celles qui donnent sur la plage -, il est partout. Fonctionnel, spacieux et bien équipé : un hôtel pour un séjour reposant.

70 chambres - 90/210 € 90/210 € - 13 € - ½ P

Plan : A1-r - *plage des Sables-Blancs - ✆ 02 98 50 53 50 - www.hotel-ocean.com*

Hôtel de France et d'Europe

FAMILIAL • FONCTIONNEL Voici un hôtel familial, idéalement placé pour aller visiter à pied la ville et le port de plaisance. Les chambres, fonctionnelles et de tailles diverses, sont régulièrement rénovées. Un agréable pied-à-terre !

22 chambres - 80/105 € 87/135 € - 12 €

Plan : C1-b - *9 av. de la Gare - ✆ 02 98 97 00 64 - www.hotel-france-europe.com - Fermé 23 déc.-23 janv.*

CONCHES-EN-OUCHE

27190 (Eure) - 4 994 hab. - Alt. 123 m - Carte régionale n° **17**-D2

Paris 118 km - Bernay 34 km - Dreux 49 km - Évreux 18 km

Carte Michelin 304-F8 - Guide Vert Michelin Normandie Vallée de la Seine

La Grand'Mare

CUISINE MODERNE • AUBERGE X La grande mare se trouve juste à côté - c'est même un étang - et ajoute à l'esprit rustique de cette maison à colombages du 19e s., située au cœur de Conches. Côté cuisine, la tradition est de mise, entremêlée de recettes plus contemporaines. Quelques chambres modernes sont disponibles pour l'étape.

Menu 15 € (déj. en semaine), 23/43 € - Carte 45/75 €

9 chambres - 58 € 63 € - 9 €

13 av. Croix-de-Fer - ✆ 02 32 30 23 30 - www.lagrandmare.com - Fermé mardi soir, lundi (sauf hôtel) et dim. soir

CONCREMIERS

36300 (Indre) - 653 hab. - Alt. 82 m - Carte régionale n° **6**-B3
Paris 337 km - Châteauroux 66 km - Châtellerault 65 km - Orléans 212 km
Carte Michelin 323-C7

Château de Forges

DEMEURE HISTORIQUE • PERSONNALISÉ Un authentique château fort, érigé à la fin du 15e s. par l'ancêtre des actuels propriétaires ! On remonte le temps lorsque l'on en franchit le porche couronné de mâchicoulis, avant de découvrir le superbe donjon... Et le confort des lieux n'a rien de médiéval (hammam, bain balnéo, savoureuse table d'hôtes, etc.). Unique !

3 chambres - 162 € 174 €

1 km à l'Ouest par D53 - 02 54 37 40 03 - www.chateaudeforges.fr

CONDÉ-NORTHEN

57220 (Moselle) - 644 hab. - Alt. 208 m - Carte régionale n° **14**-C1
Paris 350 km - Metz 21 km - Pont-à-Mousson 52 km - Saarlouis 38 km
Carte Michelin 307-J4

La Grange de Condé

CUISINE TRADITIONNELLE • RUSTIQUE Dans cette ancienne grange qui fait également hôtel, la tradition règne en maître : plats en cocotte, terrines et viandes rôties à la broche. C'est copieux et généreux.

Formule 12 € - Menu 30/55 € - Carte 45/62 €

41 r. des Deux-Nieds - 03 87 79 30 50 - www.lagrangedeconde.com

La Grange de Condé

AUBERGE • CLASSIQUE Un ancien corps de ferme familial (1682) sur la route traversant le village. Les chambres y sont spacieuses avec des lits de belle ampleur. Pour se détendre, on profite du sauna, du jacuzzi ou du hammam. Cuisine traditionnelle au restaurant.

18 chambres - 135/320 € 135/320 € - 4 suites - 14 € - ½ P

41 r. des Deux-Nieds - 03 87 79 30 50 - www.lagrangedeconde.com

La Grange de Condé - voir les restaurants ci-dessus

CONDETTE

62360 (Pas-de-Calais) - 2 574 hab. - Alt. 35 m - Carte régionale n° **16**-A2
Paris 245 km - Amiens 117 km - Arras 125 km - Lille 128 km
Carte Michelin 301-C4

L'Orée du Bois

CUISINE MODERNE • COSY Ce chef, au parcours sans faute, a posé ses valises à L'Orée du Bois. Non pas qu'il eut peur d'entrer dans la forêt... Avec ses savoureuses recettes dans l'air du temps, il est capable d'appâter n'importe qui. Mais voilà, Antoine Ducrocq est de ceux qui régalent les gourmands avec de beaux produits de saison !

Formule 20 € - Menu 30/50 € - Carte 37/54 €

20 r. de la Marne - 03 21 87 34 73 (réservation conseillée) - www.restaurant-loreedubois.com - Fermé mardi soir et jeudi soir d'oct. à juin, merc. soir, dim. et lundi

CONDOM

32100 (Gers) - 6 927 hab. - Alt. 81 m - Carte régionale n° **15**-A2
Paris 729 km - Agen 41 km - Mont-de-Marsan 80 km - Toulouse 121 km
Carte Michelin 336-E6

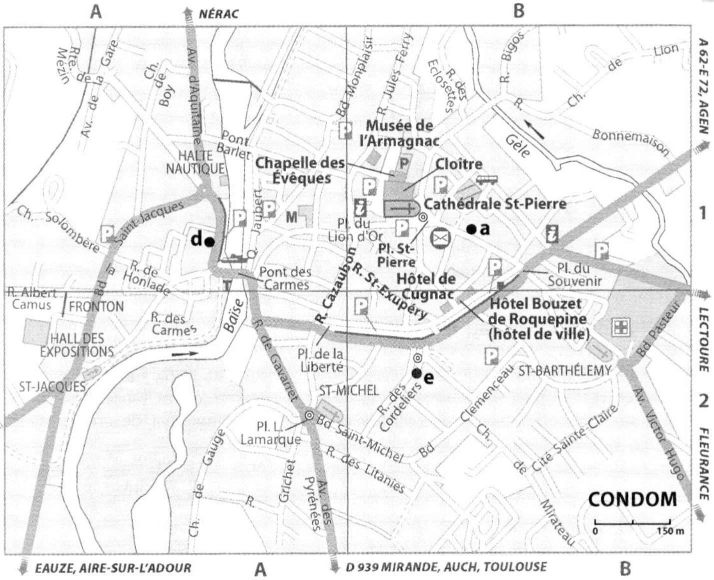

La Table des Cordeliers (Éric Sampietro)

CUISINE MODERNE • ÉLÉGANT Un endroit rare que cet ancien couvent niché dans la verdure, avec sa chapelle du 13e s. sous les voûtes de laquelle on prend place pour le repas… Le talentueux Éric Sampietro a su lui redonner ses lettres de noblesse : face à la finesse, l'inventivité et la justesse des assiettes, l'évidence est là, c'est un régal.

→ Cuisine du marché.

Menu 35 € (semaine), 62/90 € – Carte 75/80 €

Plan : B2-e – *1 r. des Cordeliers*
– *05 62 68 43 82 – www.latabledescordeliers.com*
– *Fermé 3 semaines en janv., dim. et lundi*

Côté Bistrot – voir les restaurants ci-dessous

Côté Bistrot

CUISINE MODERNE • BRANCHÉ Ce Côté Bistrot est une aubaine : un excellent rapport qualité-prix et des plats qui invitent à se lécher les babines, comme ces asperges en vinaigrette, mousseline au persil ; ce sandre rôti, fricassée de légumes, thym émulsionné ; ou encore le tiramisu à la pomme caramélisée et glace vanille.

Menu 23 €

Plan : B2-e – *Restaurant La Table des Cordeliers, 1 r. des Cordeliers*
– *05 62 68 43 84 – www.latabledescordeliers.com*
– *Fermé 3 semaines en janv., dim. et lundi*

Les Trois Lys

HÔTEL PARTICULIER • PERSONNALISÉ Cet élégant hôtel particulier du 18es. abrite des chambres confortables et personnalisées (certaines châtelaines, d'autres colorées dans un esprit colonial), et dispose d'une jolie piscine au calme.

12 chambres – 65/115 € 80/200 € – 10 €

Plan : B1-a – *38 r. Gambetta*
– *05 62 28 33 33 – www.lestroislys.com*
– *Fermé mi-déc. à fin janv.*

Continental

BUSINESS • FONCTIONNEL La Baïse coule au pied de cet hôtel. Les chambres, confortables et bien tenues, donnent pour la plupart sur un joli jardin paysagé. Plats traditionnels dans un décor actuel, clair et lumineux.

27 chambres – 56/149 € 56/149 € – 1 suite – 9 € – ½ P

Plan : A1-d – *20 r. du Mar.-Foch – ✆ 05 62 68 37 00 – www.lecontinental.net*

CONDRIEU

69420 (Rhône) – 3 856 hab. – Alt. 150 m – Carte régionale n° **23**-B2

Paris 497 km – Annonay 34 km – Lyon 41 km – Rive-de-Gier 21 km

Carte Michelin 327-H7 – Guide Vert Michelin Lyon et sa région

Hôtellerie Beau Rivage

CUISINE CLASSIQUE • ÉLÉGANT XXX Une table classique et soignée, où les mets tirent partie des produits régionaux : fleur de courgette farcie à la mousseline de brochet et beurre d'estragon, côte de bœuf cuite au foin et sauce à la fourme d'Ambert... Enfin, les baies vitrées et la terrasse permettent de profiter d'une vue exquise sur le fleuve.

Menu 40 € (déj. en semaine), 64/98 € – Carte 73/107 €

2 r. Beau-Rivage – ✆ 04 74 56 82 82 – www.hotel-beaurivage.com

Hôtellerie Beau Rivage

LUXE • PERSONNALISÉ Dans l'un des plus fameux vignobles des côtes du Rhône, cet hôtel familial semble rêvasser au bord du fleuve... Une douceur de vivre que l'on retrouve au jardin et dans les chambres, élégantes. Une belle manière de découvrir cette région viticole !

19 chambres – 110/340 € 110/340 € – 10 suites – 19 €

2 r. du Beau-Rivage – ✆ 04 74 56 82 82 – www.hotel-beaurivage.com

Hôtellerie Beau Rivage – voir les restaurants ci-dessus

CONFLANS-STE-HONORINE – 78 (Yvelines) → Voir Autour de Paris

CONILHAC-CORBIÈRES

11200 (Aude) – 939 hab. – Alt. 125 m – Carte régionale n° **12**-B3

Paris 802 km – Béziers 59 km – Carcassonne 31 km – Montpellier 120 km

Carte Michelin 344-H3

Auberge Côté Jardin

CUISINE MODERNE • AUBERGE XX Cette auberge a beau se trouver sur la nationale, elle n'en est pas moins en pleine nature. Le potager et le poulailler, situés à l'arrière, sont une source régulière de bons produits ! Quelques chambres pour l'étape.

Formule 18 € – Menu 20 € (déj. en semaine), 29/60 € – Carte 55/70 €

12 chambres – 79/155 € 79/155 € – 12 €

7 av. 113 – ✆ 04 68 27 08 19 – www.auberge-cotejardin.com – Fermé dim. soir d'oct. à avril, lundi sauf le soir en saison et mardi midi

CONLEAU – 56 (Morbihan) → Voir Vannes

CONNELLES

27430 (Eure) – 198 hab. – Alt. 15 m – Carte régionale n° **17**-D2

Paris 111 km – Les Andelys 13 km – Évreux 34 km – Rouen 33 km

Carte Michelin 304-H6

Le Moulin de Connelles

CUISINE CLASSIQUE • ROMANTIQUE XXX Dans cet ancien et superbe moulin surplombant un petit bras de la Seine, on se croirait presque à Chenonceau. Ici, le décor comme l'assiette ne sont qu'élégance, classicisme de bon aloi et douceur feutrée... Un joli songe à faire tout éveillé !

Menu 36 € (semaine), 46/75 €

40 rte d'Amfreville-sous-les-Monts - ✆ 02 32 59 53 33 - www.moulin-de-connelles.fr - Fermé le midi en semaine et lundi hors saison

Le Moulin de Connelles

LUXE • PERSONNALISÉ Sur un bras de la Seine, cet authentique manoir anglo-normand est un vrai joyau romantique ! Ses tourelles et colombages se reflètent dans le fleuve, le parc arboré est ravissant, l'accueil charmant, et les chambres d'un goût exquis. La délicatesse incarnée...

9 chambres - 🚹150 € 🚹🚹230/250 € - 3 suites - ☕17 €

40 rte d'Amfreville-sous-les-Monts - ✆ 02 32 59 53 33 - www.moulin-de-connelles.fr

Le Moulin de Connelles - voir les restaurants ci-dessus

CONQUES

✉ 12320 (Aveyron) - 262 hab. - Alt. 350 m - Carte régionale n° **15**-C1

Paris 601 km - Aurillac 53 km - Espalion 42 km - Figeac 43 km

Carte Michelin 338-G3

Auberge St-Jacques

CUISINE TRADITIONNELLE • RUSTIQUE X Les visiteurs de ce village magnifique, comme les pélerins sur la route historique de St-Jacques-de-Compostelle, trouveront dans cette maison de pays rustique une cuisine d'inspiration régionale actualisée, qui privilégie la fraîcheur. Depuis la terrasse, on admire l'abbatiale romane et ses vitraux signés Soulage !

Menu 21/45 € - Carte 29/48 €

r. Gonzague-Florent - ✆ 05 65 72 86 36 - www.aubergestjacques.fr - Fermé janv., dim. soir et lundi de nov. à mars

Ste-Foy

AUBERGE • PERSONNALISÉ Au cœur de ce superbe et célèbre village niché dans les gorges de l'Ouche, cette demeure du 17e s. (belle façade à colombages) contemple la sublime abbatiale Ste-Foy. Aux beaux jours, le patio sent la glycine et il fait bon y entendre bruire la fontaine ; les chambres sont rustiques et charmantes : tout est plaisant !

17 chambres - 🚹85/187 € 🚹🚹85/187 € - ☕13 € - ½ P

r. Principale - ✆ 05 65 69 84 03 - www.hotelsaintefoy.com - Ouvert 1er mai-12 oct.

au Sud 3 km sur D901 - ✉ 12320 Conques :

Hervé Busset

CUISINE CRÉATIVE • ÉLÉGANT XXX Épure contemporaine et élégance au service d'une cuisine de chef créative, maîtrisée et soignée. Hervé Busset, passionné par les herbes, les plantes régionales et les beaux produits, n'a de cesse d'innover : il varie les garnitures et superpose les saveurs, poudres, émulsions, avec aplomb... Une réussite !

➜ Shabu shabu de foie gras de canard poché à l'oseille sauvage. Pigeon et caramel de berce. Mélilot en omelette norvégienne, comme un hérisson.

Menu 40 € (déj. en semaine), 62/110 €

Domaine de Cambelong - ✆ 05 65 72 84 77 - www.moulindecambelong.com - Ouvert 1er avril-31 oct. et fermé mardi midi, merc. midi, jeudi midi et lundi hors saison

Hervé Busset

AUBERGE • CONTEMPORAIN Dans l'un des derniers moulins à eau du 18e s. en bordure du Dourdou, les chambres jouent la carte du contraste, additionnant les couleurs, affichant un style résolument contemporain et design... Calme, reposant et singulier.

8 chambres – 150/270 € 150/270 € – 1 suite – 20 €

Domaine de Cambelong – 05 65 72 84 77 – www.moulindecambelong.com – Ouvert 1er avril-31 oct.

Hervé Busset – voir les restaurants ci-dessus

LE CONQUET

29217 (Finistère) – 2 719 hab. – Alt. 30 m – Carte régionale n° **5**-A2

Paris 619 km – Brest 24 km – Brignogan-Plages 59 km – St-Pol-de-Léon 85 km

Carte Michelin 308-C4 – Guide Vert Michelin Bretagne Nord

à la Pointe de St-Mathieu 4 km au Sud – 29217 Plougonvelin

Hostellerie de la Pointe St-Mathieu

POISSONS ET FRUITS DE MER • RUSTIQUE XX Vieilles pierres, cheminée monumentale et poutres se marient admirablement avec un mobilier franchement contemporain. Saint-Jacques, ormeaux, homard, foie gras de Bretagne : la chef met en valeur toute la noblesse du terroir. Avec, en prime, un chariot d'une quinzaine de desserts, qui clôt le repas en beauté !

Formule 18 € – Menu 25 € (déj. en semaine), 33/88 € – Carte 50/100 €

– 02 98 89 00 19 – www.pointe-saint-mathieu.com – Fermé mardi midi, dim. soir et lundi

Hostellerie de la Pointe St-Mathieu

FAMILIAL • PERSONNALISÉ Phare, sémaphores, vestiges d'abbaye... Pas de doute, c'est bien la pointe ouest de la Bretagne, et ses paysages de tempête. Heureusement, cette maison de pays élégante et contemporaine, tout en teintes douces, est un refuge de choix !

43 chambres – 95/300 € 95/300 € – 14 € – ½ P

– 02 98 89 00 19 – www.pointe-saint-mathieu.com

Hostellerie de la Pointe St-Mathieu – voir les restaurants ci-dessus

Vent d'Iroise

TRADITIONNEL • CONTEMPORAIN Idéalement placé pour partir en balade sur les sentiers de la pointe St-Mathieu, cet hôtel récent conviendra à ceux qui recherchent un maximum de calme. Un style dépouillé et plaisant, pour communier avec la mer.

24 chambres – 54/145 € 54/145 € – 10 €

r. du Lavoir – 02 98 89 45 00 – www.hotel-vent-iroise.com

LES CONTAMINES-MONTJOIE

74170 (Haute-Savoie) – 1 193 hab. – Alt. 1 164 m – Carte régionale n° **25**-F1

Paris 606 km – Annecy 93 km – Bonneville 50 km – Chamonix-Mont-Blanc 33 km

Carte Michelin 328-N6 – Guide Vert Michelin Alpes du Nord

L'Ô à la Bouche

CUISINE MODERNE • TENDANCE XX Un lieu, deux atmosphères, mais toujours l'eau à la bouche... Au rez-de-chaussée, cadre contemporain autour d'une cuisine gastronomique fraîche et goûteuse ; au sous-sol (et seulement l'hiver), raclettes, fondues, grillades et convivialité toute montagnarde !

Formule 19 € – Menu 33/70 €

510 rte Notre-Dame-de-la-Gorge – 04 50 47 81 67 (réservation conseillée) – www.lo-contamines.com – Fermé 25 mai-15 juin, 8 nov.-15 déc. et lundi hors saison

Gai Soleil

FAMILIAL • TRADITIONNEL Un joli chalet dominant la station, superbement fleuri en saison, tout comme son agréable jardin. Les chambres, d'esprit montagne, sont simples et d'une tenue parfaite ; dans la salle rustique et chaleureuse du restaurant, on sert des petits plats traditionnels.

18 chambres - 105/125 € 120/150 € - ½ P

288 chemin des Loyers - 04 50 47 02 94 - www.gaisoleil.com - Ouvert 15 juin-19 sept. et 16 déc.-13 avril

CONTES

06390 (Alpes-Maritimes) - 7 187 hab. - Alt. 250 m - Carte régionale n° **21**-D2

Paris 954 km - Antibes 43 km - Marseille 206 km - Nice 21 km

Carte Michelin 341-E5 - Guide Vert Michelin Côte d'Azur

La Fleur de Thym

CUISINE MODERNE • FAMILIAL Si vous passez par le pays des Paillons, autorisez-vous une pause dans cette petite maison à la façade ocre, et à l'agréable décor de bistrot contemporain. La cuisine, soignée, suit le marché et les saisons, et les légumes proviennent des maraîchers locaux.

Formule 17 € - Menu 37/55 € - Carte 35/55 €

3 bd Charles Alunni - 04 93 79 47 33 - www.fleurdethym.contes.fr - Fermé 15-31 août, 23 déc.-5 janv., dim. et lundi

CONTEVILLE

27210 (Eure) - 942 hab. - Alt. 33 m - Carte régionale n° **17**-A3

Paris 181 km - Évreux 102 km - Le Havre 34 km - Honfleur 15 km

Carte Michelin 304-C5 - Guide Vert Michelin Normandie Vallée de la Seine

Auberge du Vieux Logis

CUISINE CLASSIQUE • AUBERGE Au cœur de ce charmant village normand, une façade à colombages fleurie de géraniums en été, un décor de poutres, de briques et de cuivres : une parfaite auberge de tradition ! La carte cultive le classicisme, et fait notamment la part belle à la pêche locale.

Menu 30 € - Carte 83/106 €

48 rte de l'Estuaire - 02 32 57 60 16 - http://aubergeduvieuxlogis27.fr - Fermé 2 semaines en oct., 1 semaine en janv., mardi sauf juil.-août, dim. soir et lundi

CONTRES

41700 (Loir-et-Cher) - 3 463 hab. - Alt. 98 m - Carte régionale n° **6**-A1

Paris 203 km - Blois 22 km - Châteauroux 79 km - Montrichard 23 km

Carte Michelin 318-F7

La Botte d'Asperges

CUISINE MODERNE • AUBERGE Avec son joli nom, ce restaurant joue la carte d'une cuisine savoureuse et faite dans les règles : fumaison de foie gras de canard, chutney de pommes ; dos de bar à la crème d'asperges et chorizo… Cerise sur le gâteau : le service et l'accueil sont aux petits soins !

Formule 20 € - Menu 25/46 € - Carte 40/50 €

52 r. Pierre-Henri-Mauger - 02 54 79 50 49 - www.labotte-dasperges.com - Fermé 2 semaines fin août, 2 semaines début janv., merc. soir, dim. soir et lundi

Le Manoir de Contres

DEMEURE HISTORIQUE • PERSONNALISÉ Il ne s'agit pas ici d'être pour ou Contres ! Dans ce ravissant manoir (1818), près des châteaux de la Loire et à 20mn du zoo de Beauval, il suffit de poser ses bagages. Les chambres sont cossues, spacieuses et très confortables. Restauration traditionnelle à apprécier, aux beaux jours, sur la terrasse.

9 chambres - 110/145 € 170/190 € - ½ P

23 r. des Combattants-en-Afrique-du-Nord - 02 54 78 45 39 - www.manoirdecontres.com - Fermé janv.-fév.

CONTREVOZ - 01 (Ain) ➜ Voir Belley

CONTREXÉVILLE

✉ 88140 (Vosges) - 3 317 hab. - Alt. 342 m - Carte régionale n° **14**-B3
▶ Paris 337 km - Épinal 47 km - Langres 75 km - Nancy 83 km
Carte Michelin 314-D3

Cosmos

SPA ET BIEN-ÊTRE • CLASSIQUE L'atmosphère vieille France de cet hôtel aux chambres confortables nous transporte à la Belle Époque. Un endroit idéal pour les adeptes de fitness et de balnéothérapie. Menus classiques et diététiques servis au restaurant.

77 chambres - †69/96 € ††69/96 € - 6 suites - ☕13 € - ½ P

13 r. de Metz - ✆ 03 29 07 61 61 - www.hotelcontrexeville.com - Ouvert mars-oct.

COQUAINVILLIERS - 14 (Calvados) ➜ Voir Lisieux

COQUELLES - 62 (Pas-de-Calais) ➜ Voir Calais

CORBEIL-ESSONNES - 91 (Essonne) ➜ Voir Autour de Paris

CORDES-SUR-CIEL

✉ 81170 (Tarn) - 964 hab. - Alt. 279 m - Carte régionale n° **15**-C2
▶ Paris 655 km - Albi 25 km - Rodez 78 km - Toulouse 82 km
Carte Michelin 338-D6

Hostellerie du Vieux Cordes

HISTORIQUE • FONCTIONNEL Un monastère du 13e s. au cœur de la cité médiévale. Le bel escalier à vis, les chambres fraîches conservant leur petit cachet ancien, le joli patio et sa superbe glycine odorante, et surtout la terrasse avec sa superbe vue sur la vallée... Tout cela est bien agréable.

18 chambres - †68/148 € ††68/148 € - ☕8,50 € - ½ P

21 r. St-Michel - ✆ 05 63 53 79 20 - www.hotelcordes.com - Fermé 1er janv.-13 fév.

CORDON

✉ 74700 (Haute-Savoie) - 1 002 hab. - Alt. 871 m - Carte régionale n° **25**-F1
▶ Paris 589 km - Annecy 76 km - Bonneville 33 km - Chamonix-Mont-Blanc 32 km
Carte Michelin 328-M5 - Guide Vert Michelin Alpes du Nord

Les Roches Sweet Hôtel & Spa

TRADITIONNEL • COSY Perché sur les hauteurs de Cordon, ce chalet est ravissant et la vue y est superbe ! Décor chaleureux (boiseries et élégant mobilier régional ancien), restaurant feutré, chambres douillettes et jolie piscine, idéale après une journée sur les pistes... Une certaine idée du luxe made in Savoie !

21 chambres - †120/240 € ††140/340 € - 3 suites - ☕18 € - ½ P

90 rte de la Scie - ✆ 04 50 58 06 71 - www.les-roches-hotel.com - Fermé nov. à mi-déc.

Le Chamois d'Or

TRADITIONNEL • CLASSIQUE Piscine, tennis, fitness, sauna, jacuzzi, billard, restaurant traditionnel... Dans ce fier chalet, tenu par la même famille depuis les années 1960, tout est pensé pour la détente. Quiétude et douceur dans les chambres et suites, dans un esprit montagnard élégant (tissus choisis).

27 chambres - †120/180 € ††170/240 € - 1 suite - ☕18 € - ½ P

4080 rte de Cordon - ✆ 04 50 58 05 16 - www.hotel-chamoisdor.com - Ouvert de juin à mi-sept. et de mi-déc. à début avril

Le Cordonant

AUBERGE • TRADITIONNEL Un grand et beau chalet d'esprit familial, de jolies chambres avec des meubles en bois peint, un jardin et une terrasse donnant sur la vallée de Sallanches, les aiguilles de Varens et le massif du Mont-Blanc... Une bonne adresse pour un séjour montagnard.

16 chambres - 80/95 € 95/110 € - 12 € - ½ P

120 rte des Miaz - 04 50 58 34 56 - www.lecordonant.fr - Ouvert de mi-mai à fin sept. et de mi-déc. à mi-avril

CORENC - 38 (Isère) → Voir Grenoble

CORMEILLES

27260 (Eure) - 1 146 hab. - Alt. 80 m - Carte régionale n° **17**-A3

Paris 181 km - Bernay 26 km - Lisieux 19 km - Pont-Audemer 17 km

Carte Michelin 304-C6 - Guide Vert Michelin Normandie Vallée de la Seine

Gourmandises

CUISINE MODERNE • CONVIVIAL Salle à manger rustique et plats canailles pour cette table installée dans l'ancienne fromagerie du bourg : fricassée de rognons, navarin de veau aux petits légumes, lapin au vin rouge... Le buffet de desserts est un régal. Une maison qui mérite son nom.

Formule 15 € - Menu 29/35 € - Carte 30/50 €

29 r. de l'Abbaye - 02 32 20 63 42 - fermé merc. midi, lundi et mardi

L'Auberge du Président

AUBERGE • PERSONNALISÉ L'enseigne rend hommage au président René Coty qui fit halte dans l'auberge. La façade à colombages n'a pas changé depuis la IVe République, mais les chambres respirent la fraîcheur, dans une jolie veine cosy et romantique. On peut aussi profiter de l'espace détente (sauna, jacuzzi, fitness) et du restaurant du terroir.

15 chambres - 78/95 € 88/110 € - 13 € - ½ P

70 r. de l'Abbaye - 02 32 57 80 37 - www.hotel-cormeilles.com - Fermé 3-10 janv.

Pour bien utiliser votre guide, consultez son mode d'emploi situé en pages d'introduction : symboles, classements, abréviations et autres signes n'auront plus de mystère pour vous !

CORMERY

37320 (Indre-et-Loire) - 1 706 hab. - Alt. 59 m - Carte régionale n° **6**-B2

Paris 254 km - Blois 63 km - Château-Renault 48 km - Loches 22 km

Carte Michelin 317-N5 - Guide Vert Michelin Châteaux de la Loire

Auberge du Mail

CUISINE TRADITIONNELLE • COSY Dans cette maison de pays, proche de l'abbaye - célèbre pour ses macarons -, on déguste une cuisine de tradition avec de beaux produits frais. Mention spéciale pour la décoration, cossue et élégante, qui ne manque pas de cachet ! L'été, on s'installe sur la terrasse à l'ombre des tilleuls et de la glycine.

Formule 19 € - Menu 23 € (semaine), 34/46 € - Carte 29/54 €

2 pl. du Mail - 02 47 43 40 32 - www.aubergedumail-cormery.com - Fermé 1er-4 juin, 18 oct.- 2 nov., 20-31 déc., le soir de mi-oct. à fin mars sauf vend. et sam., merc. et jeudi

CORRENÇON-EN-VERCORS - 38 (Isère) → Voir Villard-de-Lans

CORRÈZE

19800 (Corrèze) - 1 143 hab. - Alt. 455 m - Carte régionale n° **13**-C3
Paris 480 km - Aubusson 96 km - Brive-la-Gaillarde 45 km - Tulle 19 km
Carte Michelin 329-M3 - Guide Vert Michelin Limousin Berry

Mercure Corrèze La Seniorie

HÔTEL DE CHAÎNE • CONTEMPORAIN À quelques kilomètres de l'autoroute, sur les hauteurs du village, impossible de manquer cette élégante demeure du 19e s. Cet ancien pensionnat, fort heureusement transformé dans sa totalité, recèle des chambres spacieuses, confortables et bien équipées.

29 chambres - 80/154 € 96/169 € - 17 €

11 r. St-Martial - 05 55 21 22 88 - www.mercure.com - Ouvert de mars à nov.

CORSE

Que dire sur l'île de Beauté qui n'ait déjà été dit ? Son histoire riche et mouvementée, la variété et la magnificence de ses paysages – villages au-dessus des criques, montagnes arborées – en font une perle rare au cœur de la Méditerranée. Les bons restaurants ne manquent pas sur l'île, proposant de nombreux produits issus de l'agriculture locale : élevage (porc, brebis, veau), mais aussi agrumes et olives... accompagnés, bien sûr des nombreux vins ensoleillés qui font la fierté des Corses.

Les spécialités culinaires :
veau corse, *brocciu* (fromage de chèvre), *fiadone* (gâteau typique de l'île), *figatellu* (saucisse à base de foie de porc), langouste aux spaghettis...

Et pour boire :
l'île peut s'enorgueillir d'une production viticole importante, avec près de **7000 hectares** cultivés. L'appellation la plus fameuse est certainement le patrimonio, mis en bouteille autour de Saint-Florent, mais d'autres se distinguent également : sartène, figari, ajaccio...

- 305 674 hab.
- Carte régionale n° 8
- Carte Michelin 345
- Guide Vert Michelin Corse

Westend 61/hemis.fr

ON AIME...

Seym, pour son atmosphère apaisante et ses assiettes pétillantes. **Mani**, près de la citadelle, le rendez-vous des épicuriens de la ville ! Enfin, sur la route des Sanguinaires, le **Palm Beach**, lieu idyllique où l'on se régale les pieds dans l'eau...

AJACCIO

✉ 20000 (Corse-du-Sud) - 66 245 hab. - Alt. 12 m - Carte régionale n° **8**-A3
▶ Bastia 147 km - Bonifacio 131 km - Calvi 166 km - Corte 80 km
Carte Michelin 345-B8

Restaurants

A Nepita

CUISINE MODERNE • CONVIVIAL Dans ce petit établissement, un chef d'expérience concocte chaque jour un menu unique autour de deux plats au choix, au gré du marché et de ses envies. Fraîcheur et saveur !

Formule 24 € - Menu 29 € (déj.)/42 €

Plan : B1-f - *4 r. San-Lazaro*
- ✆ 04 95 26 75 68 (réservation conseillée)
- Fermé août, 22 déc.-4 janv., 1 semaine vacances de fév., lundi soir, mardi soir, merc. soir, sam. midi et dim.

Le Bistrot Gourmand

CUISINE TRADITIONNELLE • INTIME Amuse-bouches et produits bien sélectionnés pour une cuisine aux parfums de la Méditerranée. Cadre intime et service prévenant.

Formule 29 € - Menu 39 €

Plan : A2-s - *3 bd Pugliesi-Conti - ✆ 04 95 52 11 43*
- Fermé dim. et lundi

SeyM (N)

CUISINE MODERNE • ÉLÉGANT Ce petit restaurant éloigné de l'agitation du centre-ville distille, autour de sa cheminée, une atmosphère de quiétude bienheureuse. Confortablement installés, place à la gourmandise : produits frais, légumes du jardin, variations terre et mer se rencontrent et s'associent dans une assiette pétillante de saveurs.

Formule 27 € - Menu 31 €

Plan : A2-t - *16 cours du Gén.-Leclerc*
- ✆ 04 95 70 20 52 - Fermé dim.

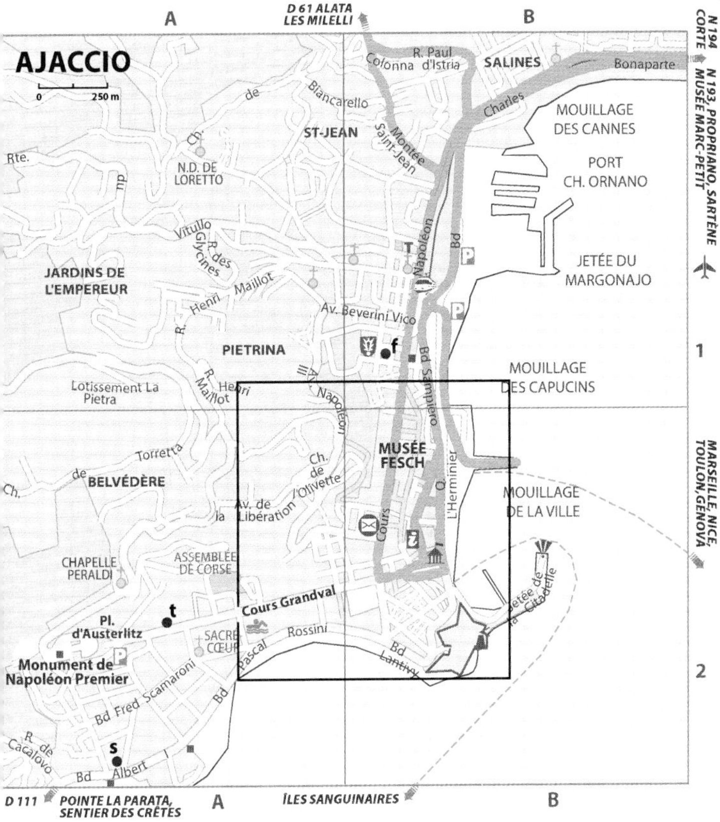

Mani

CUISINE CORSE • CONVIVIAL Situé non loin de la citadelle, dans une rue semi-piétonne, ce restaurant, avec terrasse et tonneaux en guise de tables, est le rendez-vous des épicuriens de la cité. Recettes enlevées, tapas, instinct, fraîcheur et créativité : cette cuisine-là a toujours quelque chose à dire. Irrésistiblement corse, en somme. On applaudit des deux mains !

Carte 31/63 €

Plan : D2-b – *7 r. du Roi-de-Rome – ✆ 04 95 50 10 42 – www.mani.fr – Fermé dim. de nov. à avril*

Hôtels

Les Mouettes

LUXE • COSY A deux pas du centre ville, cette grande demeure rose de 1880 offre une vue superbe sur la piscine et la plage privée. Chambres sobres et spacieuses, la plupart avec loggia, pour rêver en regardant les mouettes. Et au soir venu, les pieds dans la mer, les yeux plantés dans les étoiles.

27 chambres – †100/700 € ††100/700 € – ☕ 21 €

Hors plan – *9 cours Lucien-Bonaparte – ✆ 04 95 50 40 40 – www.hotellesmouettes.fr – Ouvert 30 mars-5 nov.*

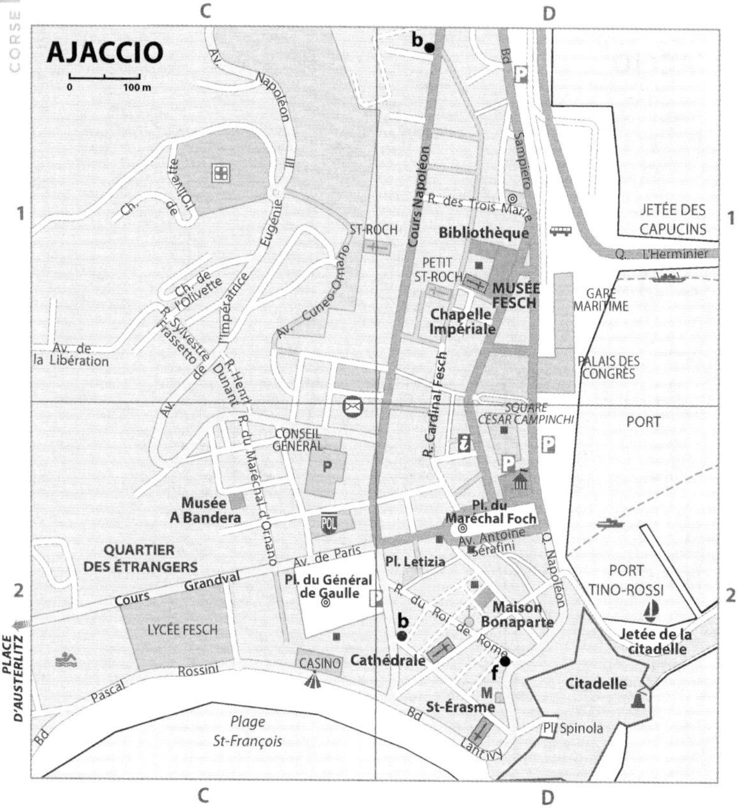

Amirauté

HÔTEL DE CHAÎNE · FONCTIONNEL Vaste immeuble moderne en sortie de ville, vers l'aéroport. Les chambres y sont fonctionnelles. Piscine et terrasse tournées vers la mer.

129 chambres – 75/199 € 85/279 € – 12 €

Hors plan – *20 bd Georges-Pompidou* – *04 95 27 22 57* – *www.corsica-hotels.fr*

San Carlu Citadelle

TRADITIONNEL · FONCTIONNEL Au cœur du vieil Ajaccio et à deux pas de la plage St-François, cet hôtel offre une vue superbe sur la citadelle et la mer. Les chambres, au décor épuré, disposent d'un équipement complet.

40 chambres – 55/200 € 55/200 € – 14 €

Plan : D2-f – *8 bd Casanova* – *04 95 21 13 84* – *www.hotel-sancarlu.com*

Kallisté

TRADITIONNEL · URBAIN Cet édifice (19e s.) du cours Napoléon a conservé ses murs de brique et de granit et ses plafonds voûtés. Chambres petites et fonctionnelles, idéales pour une étape ou un court séjour.

45 chambres – 47/87 € 59/99 € – 9 €

Plan : D1-b – *51 cours Napoléon* – *04 95 51 34 45* – *www.hotel-kalliste-ajaccio.com*

Plaine de Cuttoli 15 km par rte de Bastia, rte de Cuttoli (D1) puis rte de Bastelicaccia - ✉ 20167 Mezzavia

U Licettu

CUISINE TRADITIONNELLE • RUSTIQUE XX Une villa dominant le golfe et noyée sous les fleurs, quelques chambres face au jardin, un accueil charmant, une cuisine corse copieuse et savoureuse (charcuteries maison, viandes rôties dans la cheminée, brocciu frais du matin même...) : autant de bonnes raisons de ne pas prendre le maquis !

Menu 42 €

5 chambres - 70/85 € - 8 €

- ✆ 04 95 25 61 57 (réservation conseillée) - www.u-licettu.com - Fermé 1er janv.-15 fév., dim. soir et lundi

à Pisciatello 12 km par N196 - ✉ 20117 Cauro

Auberge du Prunelli

CUISINE TRADITIONNELLE • AUBERGE X Charcuterie, fromages et miel de la vallée, légumes du potager, petits plats mijotés des heures sur le coin du fourneau, tartes concoctées avec les fruits du verger... Nul doute : si cette auberge née en 1870 est perdue en dehors d'Ajaccio, c'est pour mieux retrouver la tradition corse ! Authentique et intemporel.

Formule 20 € - Menu 34 € - Carte 27/46 €

- ✆ 04 95 20 02 75 - www.auberge-du-prunelli.fr - Fermé mardi

rte des îles Sanguinaires - ✉ 20000 Ajaccio :

Palm Beach

CUISINE MODERNE • ÉLÉGANT XX Le restaurant embrasse le golfe d'Ajaccio, la Grande Bleue vient caresser sa terrasse... Dans ce lieu idyllique, on savoure une cuisine gastronomique raffinée, mettant en valeur les beaux produits du terroir. Menu plus simple au déjeuner au Sari. Chambres confortables face à la mer.

➜ Ceviche de daurade royale des Îles Sanguinaires, jus de pomme verte foisoné aux agrumes. Côte de veau bio cuite au beurre mousseux, texture de légumes d'autrefois. Soufflé au Grand Marnier.

Carte 90/115 €

14 chambres - 90/350 € 110/450 € - 18 €

à 5 km - ✆ 04 95 52 01 03 - www.palm-beach.fr - Ouvert d'avril à oct. et fermé le midi

Dolce Vita

LUXE • PERSONNALISÉ La vie est douce dans cet hôtel à fleur d'eau : beau jardin, piscine et plage privée. Chambres spacieuses et contemporaines, toutes avec vue sur la Méditerranée...

32 chambres - 120/520 € 120/520 € - 21 € - ½ P

à 9 km - ✆ 04 95 52 42 42 - www.hotel-dolcevita.com - Ouvert d'avril à decembre

Cala di Sole

TRADITIONNEL • FONCTIONNEL Pour un séjour tonique les pieds dans l'eau : piscine, fitness, plongée, jet-ski et planche à voile. Chambres avec terrasse ou loggia donnant sur la mer. En saison, grillades et salades servies midi et soir à la paillotte de l'hôtel, située sur la plage.

31 chambres - 95/315 € 135/355 € - 16 €

à 6 km - ✆ 04 95 52 01 36 - www.caladisole.fr - Ouvert d'avril à oct.

ALÉRIA

✉ 20270 (Haute-Corse) - 2 191 hab. - Alt. 20 m - Carte régionale n° **8**-B2

Bastia 71 km - Corte 50 km - Porto Vecchio 72 km

Carte Michelin 345-G7

L'Empereur

FAMILIAL • FONCTIONNEL À trois minutes de la plage, au bord de la nationale qui traverse le village, cette construction de style motel propose des chambres spacieuses et fonctionnelles donnant pour la plupart sur la piscine. Les duplex conviendront particulièrement aux vacances en famille.

32 chambres – 44/100 € 54/110 € – 8 € – ½ P

320 av. St-Alexandre-Sauli, N198 – 04 95 57 02 13 – www.hotel-empereur.com

ALGAJOLA

20220 (Haute-Corse) – 293 hab. – Alt. 2 m – Carte régionale n° **8**-A1

Bastia 76 km – Calvi 16 km – L'Ile-Rousse 10 km

Carte Michelin 345-C4

Stellamare

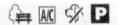

FAMILIAL • PERSONNALISÉ Sur les hauteurs de la station, un beau jardin très engageant, puis cette grande maison qui abrita jadis les locaux de l'ORTF. Chambres plaisantes et cosy donnant sur la mer ou la montagne.

16 chambres – 106/163 € 118/175 €

chemin Santa-Lucia – 04 95 60 71 18 – www.stellamarehotel.com – Ouvert 1er mai-8 oct.

Serenada

FAMILIAL • CONTEMPORAIN Presque les pieds dans l'eau, un hôtel récent vraiment accueillant. Les chambres sont très confortables – avec une préférence pour celles qui donnent sur la mer –, bien insonorisées et décorées dans un style sobre et contemporain.

12 chambres – 100/250 € 100/250 € – 7 €

r. de la Marine – 04 95 36 43 64 – www.hotel-serenada.com – Ouvert avril-oct.

AULLÈNE

20116 (Corse-du-Sud) – 184 hab. – Alt. 825 m – Carte régionale n° **8**-B3

Ajaccio 73 km – Bonifacio 84 km – Corte 103 km – Porto-Vecchio 59 km

Carte Michelin 345-D9

San Larenzu

AUBERGE • FAMILIAL En route pour le GR 20 ? Laurent propose des chambres bien tenues et... vend aussi sa charcuterie artisanale ! Bon petit-déjeuner (miel et confitures corses), sauna et jacuzzi... face aux montagnes. Pourquoi se priver ?

5 chambres – 80 € 90/115 €

Pasta di Grano (près de la poste) – 04 95 78 63 12 – www.sanlarenzu.com – Ouvert 15 mars-30 nov.

BARCAGGIO

20275 (Haute-Corse) – Ersa – Carte régionale n° **8**-B1

Bastia 55 km

Carte Michelin 345-F1

Petra Cinta

FAMILIAL • COSY Dans cette jolie maison blanche, en retrait du pittoresque port, les chambres sont décorées avec goût, vraiment avenantes, et certaines sont même conçues pour les familles. Tout est doux et reposant, à prix raisonnable. Petite restauration.

9 chambres – 65/125 € 75/130 € – 7,50 €

au port – 04 95 36 87 45 – http://hotelpetracinta.free.fr – Ouvert mai-sept.

BASTELICA

✉ 20119 (Corse-du-Sud) - 537 hab. - Alt. 800 m - Carte régionale n° **8**-B2
▶ Ajaccio 43 km - Corte 69 km - Propriano 70 km - Sartène 82 km
Carte Michelin 345-D7

Chez Paul

CUISINE TRADITIONNELLE • RUSTIQUE Dans cette auberge, on se régale d'une bonne cuisine corse (charcuterie maison, daube de veau, cannellonis au brocciu) depuis quatre générations ! Dans l'assiette, c'est généreux et savoureux. Aux beaux jours, on profite de la terrasse avec vue plongeante sur le village et la vallée du Prunelli.

Menu 12/34 € - Carte 24/35 € dîner

quartier Stazzone - ✆ 04 95 28 71 59

Artemisia

BOUTIQUE HÔTEL • DESIGN Le charme de la différence ! Cet hôtel associe architecture contemporaine et esprit loft. Dans les chambres, les lits placés devant de grandes baies tutoient la montagne. Le patron, enfant du village, conseille balades et adresses d'artisanat. Recettes corses à l'heure du dîner. Détente absolue...

10 chambres - †97/197 € ††97/197 € - ☕ 15 €

Boccialacce, rte du Col de Scalella - ✆ 04 95 28 19 13 - www.hotel-artemisia.com - Fermé oct.-janv.

ON AIME...

Céder aux sirènes de la **Table du Marché St-Jean**, avec ses poissons et fruits de mer tout juste pêchés. Se régaler des savoureux produits corses de **La Corniche**, à San-Martino-di-Lota. Enfin, profiter de son balcon face à la mer à l'hôtel **Pietracap**, à Pietranera...

BASTIA

✉ 20200 (Haute-Corse) - 43 479 hab. - Alt. 18 m - Carte régionale n° **8**-B1
▶ Ajaccio 148 km - Bonifacio 171 km - Calvi 92 km - Corte 69 km
Carte Michelin 345-F3

Restaurants

Chez Huguette

POISSONS ET FRUITS DE MER • **FAMILIAL** XX Un restaurant épuré, installé depuis 1969 face à l'église Saint-Jean-Baptiste. Cet agréable voisinage donne le ton à la cuisine, qui met à l'honneur fruits de mer et poisson frais... et pour cause : trois à quatre fois par semaine, on va directement se fournir chez les pêcheurs des environs !

Carte 46/61 €

Plan : A3-t - *quai Sud, au Vieux-Port*
- *☎ 04 95 31 37 60 - www.chezhuguette.fr*
- *Fermé 1er-15 déc. et dim. sauf le soir du 15 juin au 15 sept.*

La Table du Marché St Jean

POISSONS ET FRUITS DE MER • **CONVIVIAL** XX Un jeune chef plein d'allant, une équipe dynamique... Cette Table a la charme de la vivacité. Poissons et fruits de mer extrafrais, petits plats préparés en toute simplicité, jolie terrasse sous les platanes et banc d'écailler : on passe un bon moment.

Menu 30/72 € - Carte 41/82 €

Plan : A2-a - *pl. du Marché - ☎ 04 95 31 64 25 - Fermé 15 déc.-5 janv. et dim.*

Le Pêchoir

POISSONS ET FRUITS DE MER • **FAMILIAL** XX La terrasse de ce restaurant ? Un petit paradis avec une superbe vue sur la mer... Sans parler du décor résolument contemporain, de l'atmosphère chaleureuse et - bien sûr - de la bonne cuisine méditerranéenne du chef, concoctée avec de beaux poissons et légumes (souvent bio) de l'île.

Menu 18 € (déj. en semaine) - Carte 33/53 €

Plan : B3-v - *8 r. St-Michel (La Citadelle) - ☎ 04 95 47 39 91*
- *www.restaurantavista.com - Fermé 15 janv.-14 fév.*

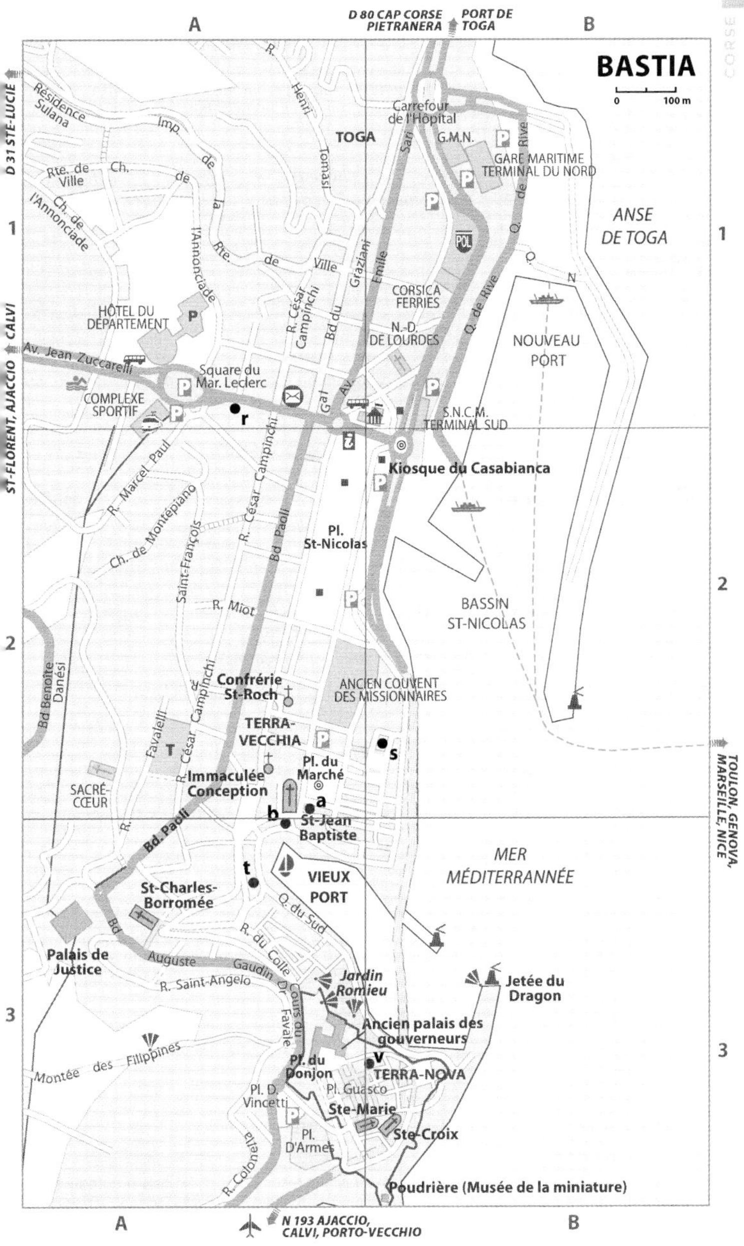
BASTIA
0
100 m
A
B
D 80 CAP CORSE
PIETRANERA
PORT DE
TOGA
D 31 STE-LUCIE
ST-FLORENT, AJACCIO CALVI
TOULON, GENOVA,
MARSEILLE, NICE
N 193 AJACCIO,
CALVI, PORTO-VECCHIO
1
2
3
Résidence Sulana
Imp. de la Rte. de Ville
Rte. de Ville
Ch. de l'Annonciade
R. Henri Tomasi
Carrefour de l'Hôpital
TOGA
G.M.N.
GARE MARITIME
TERMINAL DU NORD
ANSE
DE TOGA
Q. de Rive
Q. N.
Bd du Graziani
Av. Emile Sari
R. César Campinchi
CORSICA
FERRIES
N.-D.
DE LOURDES
NOUVEAU
PORT
HÔTEL DU
DÉPARTEMENT
Av. Jean Zuccarelli
Square du
Mar. Leclerc
COMPLEXE
SPORTIF
Av. Gal
S.N.C.M.
TERMINAL SUD
r
Kiosque du Casabianca
R. Marcel Paul
Ch. de Montepiano
R. César Campinchi
Bd Paoli
Pl.
St-Nicolas
Saint-François
R. Miot
BASSIN
ST-NICOLAS
Bd Benoîte Danési
Confrérie
St-Roch
ANCIEN COUVENT
DES MISSIONNAIRES
Favalelli
TERRA-
VECCHIA
s
Pl. du
Marché
Immaculée
Conception
SACRÉ-
CŒUR
a
b
St-Jean
Baptiste
MER
MÉDITERRANÉE
Bd. Paoli
t
VIEUX
PORT
St-Charles-
Borromée
Q. du Sud
R. du Colle
Palais de
Justice
Bd Auguste Gaudin
R. Saint-Angelo
Jardin
Romieu
Jetée du
Dragon
Cours du Dr. Favale
Ancien palais des
gouverneurs
Montée des Filippines
Pl. du
Donjon
v
TERRA-NOVA
Pl. Guasco
Pl. D.
Vincetti
Ste-Marie
Ste-Croix
Pl.
D'Armes
R. Colonella
Poudrière (Musée de la miniature)

Col Tempo

CUISINE MODERNE • BISTRO Sur le quai de l'ancien port de Bastia, ce restaurant est le repaire "bistronomique" d'un jeune chef formé à bonne école, Clément Calendini. Salade exotique de gambas sauvages lardées à la pancetta, dos de merlu cuit vapeur façon aïoli : une cuisine savoureuse, faite avec de bons produits... Une belle surprise !

Carte 40/56 €

Plan : A2_3-b – *4 bis r. St-Jean (au vieux Port) – 04 95 58 14 22 (réservation conseillée) – Fermé 25 fév.-18 mars, 24-30 nov., dim. soir hors saison, lundi et le midi en juil.-août*

Hôtels

Les Voyageurs

TRADITIONNEL • CONTEMPORAIN Entre le port et la gare, cet hôtel accueille les voyageurs – touristes et clientèle d'affaires – depuis plus d'un siècle ! Chaque chambre arbore un décor différent, sur le thème de l'ailleurs ou du cinéma. Sympathique.

23 chambres – 65/127 € 78/144 € – 12 €

Plan : A1-r – *9 av. du Mar.-Sébastiani – 04 95 34 90 80 – www.hotel-lesvoyageurs.com*

Posta Vecchia

TRADITIONNEL • URBAIN Au cœur de Terra-Vecchia (la vieille ville bastiaise), cette ancienne poste centrale du 18e s. rehaussée de volets bleus et d'une belle teinte terre de Sienne propose des chambres petites, mais coquettes et avenantes.

36 chambres – 52/97 € 52/107 € – 9 €

Plan : B2-s – *8 r. Posta-Vecchia – 04 95 32 32 38 – www.hotel-postavecchia.com – Fermé 17 déc.-3 janv.*

à Palagaccio 3 km au Nord par D80 – 20200 San Martino di Lota

L'Archipel

CUISINE TRADITIONNELLE • CONVIVIAL Pâtes aux langoustes, loup en croûte de sel... Cette cuisine du Sud est très appétissante, et on la déguste dans un cadre magique, face à l'archipel toscan et presque les pieds dans l'eau. Une impression de bout du monde, peut-être la plus belle terrasse de Bastia !

Carte 47/61 €

Hôtel L'Alivi, rte du Cap Corse, 3 km au Nord – 04 95 55 00 10 – www.hotel-alivi.com – Ouvert 15 avril-30 sept. et fermé le midi

L'Alivi

FAMILIAL • CONTEMPORAIN La vie en bleu ! À 5mn du centre-ville, en direction du cap Corse, cet hôtel est une ode à la mer. Accès direct à la plage et vue plongeante sur les flots, qu'on paresse au solarium, crawle dans la piscine ou prenne l'air sur la terrasse de sa jolie chambre...

36 chambres – 80/220 € 95/400 € – 1 suite – 15 € – ½ P

rte du Cap Corse, 3 km au Nord – 04 95 55 00 00 – www.hotel-alivi.com – Ouvert 1er avril-31 oct.

L'Archipel – voir les restaurants ci-dessus

à Pietranera 3 km au Nord – 20200 San Martino di Lota

Pietracap

FAMILIAL • FONCTIONNEL Parc luxuriant, vue sur la mer... un havre de paix ! Les chambres sont spacieuses, et disposent toutes d'un balcon donnant sur la verdure et la Grande Bleue. Au petit-déjeuner, goûtez la bonne confiture d'orange maison (avec les agrumes du jardin).

39 chambres – 97/223 € 97/223 € – 13 €

20 rte de San-Martino, 3 km au Nord sur D131 – 04 95 31 64 63 – www.pietracap.com – Ouvert avril-oct.

à San-Martino-di-Lota 13 km au Nord par D80 et D131 – ✉ 20200 – 2 882 hab. – Alt. 350 m

La Corniche

CUISINE CLASSIQUE • MÉDITERRANÉEN XX Une maison chaleureuse accrochée à la montagne et donnant sur la mer, une belle terrasse sous les platanes… et une cuisine qui régale nos papilles, tels ces beignets de fromage corse ou cette côte d'agneau grillée aux légumes et aux herbes du maquis. Le tout accompagné de vieux millésimes de l'île. Réjouissant !

Menu 32/71 € – Carte 34/73 €

Hôtel La Corniche, hameau de Castagneto – ✆ 04 95 31 40 98 – www.hotel-lacorniche.com – Fermé 1er janv.-13 fév., dim. soir de fin oct. à fin avril, lundi sauf le soir de mi-juil. à fin août et mardi midi

La Corniche

FAMILIAL • CLASSIQUE Perchée sur les hauteurs du village, à flanc de colline, cette jolie maison toute jaune offre une vue à couper le souffle sur la vallée, la mer et, au loin, l'île d'Elbe. Déco colorée dans les chambres, jolie piscine et… prix assez doux.

21 chambres – 🚹60/135 € 🚹🚹60/135 € – ☕13 € – ½ P

hameau de Castagneto – ✆ 04 95 31 40 98 – www.hotel-lacorniche.com – Fermé 1er janv.-13 fév.

La Corniche – voir les restaurants ci-dessus

Château Cagninacci

FAMILIAL • HISTORIQUE À flanc de montagne et au grand calme, ce joli couvent du 17e s. cultive un certain esprit monacal et hors du temps. Les chambres sont spacieuses, meublées à l'ancienne, et donnent – comme la terrasse – sur la mer et l'île d'Elbe… Un cachet fou !

4 chambres ☕ – 🚹119/156 € 🚹🚹119/156 €

Hameau de Mola – ✆ 06 78 29 03 94 – www.chateaucagninacci.com – Ouvert 15 mai-1er oct.

rte d'Ajaccio 4 km au Sud – ✉ 20600 Bastia

Ostella

BUSINESS • CONTEMPORAIN Ne vous fiez pas à son aspect un peu banal dans la banlieue de Bastia, cet hôtel est vraiment sympathique : agréable spa, joli jardin, piscine couverte, solarium, restaurant tendance, chambres fraîches et colorées…

52 chambres – 🚹80/155 € 🚹🚹95/500 € – 2 suites – ☕13 € – ½ P

av. Sampiero-Corso – ✆ 04 95 30 97 70 – www.hotel-ostella.com

rte de l'aéroport de Bastia-Poretta 18 km au Sud par N193 et D507 ✉ 20290 Lucciana

Poretta

FAMILIAL • FONCTIONNEL En retrait de la route, un hôtel récent dissimulé derrière des palmiers. Les chambres, de style contemporain, sont fonctionnelles et propres. Également des duplex, bien pratiques lors d'une étape en famille.

43 chambres – 🚹70/80 € 🚹🚹80/95 € – ☕9 €

rte de l'Aéroport – ✆ 04 95 36 09 54 – www.hotel-poretta.com – Fermé 19 déc.-3 janv.

BELGODÈRE

✉ 20226 (Haute-Corse) – 525 hab. – Alt. 320 m – Carte régionale n° **8**-A1

Bastia 68 km – Calvi 40 km – Corte 55 km – L'Ile-Rousse 15 km

Carte Michelin 345-D4

au Golf du Reginu 13 km au Sud-Ouest par N2131, N137 et D113

I Salti

CUISINE MODERNE • COSY Dans la vallée du Reginu, non loin du golf, on emprunte un chemin sur quelques kilomètres avant de découvrir cette jolie maison au calme... L'ardoise annonce de beaux produits de Balagne, et met l'eau à la bouche. Confirmation ensuite dans l'assiette, soignée et colorée : un véritable carrefour de saveurs !
➜ Cuisine du marché.

Carte 60/75 €

rte du Reginu - 04 95 34 35 59 (réservation conseillée) - Ouvert 16 avril-23 oct. et fermé le midi en juil.-août et lundi

BONIFACIO

20169 (Corse-du-Sud) - 2 950 hab. - Alt. 55 m - Carte régionale n° **8**-B3
Ajaccio 132 km - Corte 150 km - Sartène 50 km
Carte Michelin 345-D11

L' A Cheda

CUISINE MODERNE • MÉDITERRANÉEN Bois, pierre, mosaïque... Un restaurant intime et une terrasse charmante, face à la piscine ! Les produits de l'île sont les stars de la carte : poissons sauvages, langoustes et homards de Bonifacio, veau bio corse, légumes frais du potager... agrémentés dans des assiettes soignées et hautes en couleurs.

Menu 52/85 € - Carte 60/74 €

Hôtel A Cheda, rte de Porto-Vecchio, 2 km au Nord-Est par N198 - 04 95 73 03 82 - www.acheda-hotel.com - Fermé le midi et mardi d'oct. à mai

Le Voilier

POISSONS ET FRUITS DE MER • ÉLÉGANT Voguez sans crainte vers cette étape gourmande ! Décor élégant et terrasse sur la marina, cuisine iodée d'une grande fraîcheur, embellie de légumes et d'herbes aromatiques.

Formule 25 € - Menu 35 € - Carte 48/107 €

quai Comparetti - 04 95 73 07 06 - www.restaurant-levoilier-bonifacio.com - Fermé 14 janv.-14 fév., dim. soir et merc. hors saison

Stella d'Oro

CUISINE CORSE • FAMILIAL Une maison ancienne (poutres, pressoir à olives et meule en pierre) dans la vieille ville. Cuisine savoureuse faisant la part belle au terroir corse, ainsi qu'à la pêche locale et aux langoustes.

Formule 20 € - Menu 29 € - Carte 65/90 €

7 r. Doria (ville haute) - 04 95 73 03 63 - www.restaurant-stelladoro-bonifacio.com - Ouvert d'avril à oct.

L'An Faim N

CUISINE MODERNE • CONVIVIAL Installé au bout de la marina, au pied des escaliers grimpant à la citadelle, ce petit restaurant prolongé d'une terrasse est un repaire d'habitués : au programme, une cuisine du marché haute en couleurs et en saveurs, qui pétille au gré d'assiettes épurées. Autant d'hommages à la production locale, comme ce succulent dos de pagre.

Carte 56/67 €

7 Montée Rastello - 04 95 73 09 10 (réservation conseillée) - www.lanfaim.fr - Fermé vacances de Pâques, de Noël et merc.

Genovese

BOUTIQUE HÔTEL • PERSONNALISÉ Dans les remparts du fort, un établissement au minimalisme chic et moderne, propice à la détente. Les chambres, décorées avec goût, sont réparties autour de la cour, orientées côté marina ou citadelle. Trois superbes suites sont aussi disponibles sur le port, où un chauffeur pourra vous conduire !

15 chambres - 140/420 € 140/420 € - 3 suites - 20 €

quartier de la Citadelle (ville haute) - 04 95 73 12 34 - www.hotel-genovese.com - Fermé 15 nov.-15 janv.

A Cheda

TRADITIONNEL · COSY L'accueil aimable et l'ambiance paisible font de cet hôtel une destination de choix pour se couper du vacarme... Jardin planté d'essences du Sud et chambres délicieuses (terrasse privative, sauna) dans des maisonnettes.

13 chambres - 153/630 € 153/630 € - 5 suites - 23 € - ½ P

rte de Porto-Vecchio, 2 km au Nord-Est par N198 - 04 95 73 03 82 - www.acheda-hotel.com

L' A Cheda - voir les restaurants ci-dessus

Santa Teresa

TRADITIONNEL · PERSONNALISÉ Hôtel imposant surplombant les falaises. Chambres contemporaines très soignées ; certaines offrent une vue plongeante sur la Grande Bleue, avec la Sardaigne au loin !

42 chambres - 105/295 € 105/295 € - 17 €

quartier St-François (ville haute) - 04 95 73 11 32 - www.hotel-santateresa.com - Ouvert 7 avril-15 oct.

A Madonetta

TRADITIONNEL · FONCTIONNEL Un hôtel récent, situé à 200 m de la marina et assez calme. Chambres contemporaines et fonctionnelles, certaines avec mezzanine. Les tarifs restent raisonnables.

24 chambres - 72/199 € 72/280 € - 2 suites - 14 €

r. Paul-Nicolaï - 04 95 10 36 39 - www.amadonetta.com

à Gurgazu 6 km au Nord-Est par rte de Santa-Manza - 20169 Bonifacio

Hôtel du Golfe

AUBERGE · FONCTIONNEL Cette affaire familiale nichée dans un site sauvage du golfe de Santa Manza, à 50 m de la mer, séduit les amateurs de quiétude et de simplicité. Les chambres, entièrement refaites en 2014, sont parfaitement tenues, et la formule demi-pension proposée est intéressante (cuisine régionale).

9 chambres - 75/180 € 75/180 € - 8 € - ½ P

Golfe Sant' Amanza - 04 95 73 05 91 - www.hoteldugolfe-bonifacio.com - Ouvert d'avril à mi-nov.

au Nord-Est 10 km par rte de Porto-Vecchio (N198) et rte secondaire - 20169 Bonifacio :

U Capu Biancu

CUISINE TRADITIONNELLE · MÉDITERRANÉEN XX Il y a le soleil, la mer et la Corse tout entière dans cet agréable restaurant... Le chef travaille des produits nobles et marie harmonieusement le terroir et les saveurs iodées ; il réalise des plats de tradition très appétissants.

Carte 60/120 €

Domaine de Pozzoniello, 10 km - 04 95 73 05 58 - www.ucapubiancu.com - Ouvert 29 avril-14 oct.

U Capu Biancu

LUXE · PERSONNALISÉ Dans un splendide parc méditerranéen, au-dessus des eaux turquoise du golfe de Santa Manza, des suites luxueuses et des chambres ouvrant sur la mer ou le maquis, une piscine à débordement, un agréable espace détente... Nul doute : voilà un endroit idyllique !

41 chambres - 240/1065 € 240/1065 € - 30 €

Domaine de Pozzoniello, 10 km - 04 95 73 05 58 - www.ucapubiancu.com - Ouvert 29 avril-14 oct.

U Capu Biancu - voir les restaurants ci-dessus

Version Maquis

BOUTIQUE HÔTEL • MÉDITERRANÉEN Dans le calme du maquis corse, loin de la foule, une imposante demeure où l'on trouve de belles chambres confortables et climatisées. Le matin, on emprunte à pied le chemin menant à la mer, à une demi-heure de là... Dépaysement garanti !

10 chambres – 180/550 € 180/550 €

lieu-dit Canetto-Pertuso, 8 km – 04 95 71 05 30 – www.hotelversionmaquis.com – Ouvert début avril-début nov.

CALACUCCIA

20224 (Haute-Corse) – 296 hab. – Alt. 830 m – Carte régionale n° **8**-A2
Bastia 78 km – Calvi 97 km – Corte 35 km – Piana 68 km
Carte Michelin 345-D5

Auberge Casa Balduina

FAMILIAL • FONCTIONNEL Nichée dans un joli jardin, cette maison propose des chambres petites mais coquettes. Idéal pour une étape entre randonnée et canyoning.

7 chambres – 68/85 € 68/85 € – 10 €

lieu-dit Le Couvent – 04 95 48 08 57 – www.casabalduina.com – Ouvert 1er mai-15 oct.

Acqua Viva

TRADITIONNEL • FONCTIONNEL Au débouché de la Scala di Santa Regina – taillée, dit-on, par la Vierge en personne –, un petit hôtel familial simple et engageant, avec des chambres d'une tenue irréprochable. Aux beaux jours, le petit-déjeuner est servi sous la glycine...

14 chambres – 65/85 € 69/85 € – 10 €

– 04 95 48 06 90 – www.acquaviva-fr.com – Fermé 23-27 déc.

CALVI

20260 (Haute-Corse) – 5 514 hab. – Alt. 23 m – Carte régionale n° **8**-A1
Bastia 92 km – Corte 88 km – L'Ile-Rousse 25 km – Porto 73 km
Carte Michelin 345-B4

La Table by La Villa

CUISINE MODERNE • ÉLÉGANT Au sein de la Villa, dont le luxueux décor s'efface devant la majesté du panorama – la baie, la forteresse, les montagnes... –, cette Table cultive les beautés de l'île. Saint-pierre, viandes ou agrumes : le chef, Laurent Renard, travaille chaque produit avec originalité, toujours dans le respect des saveurs. Doux moment...

→ Aiguillettes de saint-pierre, tagliatelles de seiche et céleri "al vongole". Côte de veau Corse dorée au sautoir, croûte de noisette de Cervione. Soufflé au citron.

Menu 98/150 € – Carte 110/130 €

Hôtel La Villa, chemin de Notre-Dame-de-la-Serra, 1 km au Sud-Ouest par rte de l'Ile-Rousse – 04 95 65 83 60 – www.hotel-lavilla.com – Ouvert 22 avril-8 oct. et fermé dim. soir et le midi

U Fanale

CUISINE CORSE • FAMILIAL Sur la route de Porto, un endroit idéal si l'on cherche une bonne cuisine traditionnelle : jolis produits et poissons locaux sont travaillés avec une pointe de créativité... et les prix sont raisonnables ! La salle, simplement décorée, réserve une belle vue sur la baie et le phare de la Revelatta.

Menu 23/29 € – Carte 45/65 €

rte de Porto – 04 95 65 18 82 – www.ufanale.com – Ouvert 1er avril-31 déc. et fermé mardi midi d'avril à sept., le mardi en oct. et du lundi au merc. en nov. et déc.

La Villa

GRAND LUXE · ÉLÉGANT La vieille ville et toute la baie semblent se prosterner devant cette Villa juchée sur les hauteurs ! Ce palace au luxe discret, digne d'un couvent comme d'une villa romaine, distille l'essence de l'Île de Beauté...

41 chambres – 280/1360 € 280/1360 € – 9 suites – ½ P

chemin de Notre-Dame-de-la-Serra, 1 km au Sud-Ouest par rte de l'Ile-Rousse – 04 95 65 10 10 – www.hotel-lavilla.com – Ouvert 22 avril-8 oct.

La Table by La Villa – voir les restaurants ci-dessus

Hostellerie de l'Abbaye

URBAIN · CLASSIQUE Une abbaye franciscaine du 16e s. couverte de lierre, son beau jardin ombragé et odorant... et, en son sein, des chambres classiques et confortables. Un bon hôtel de tradition.

43 chambres – 125/325 € 125/325 € – 18 €

rte de Santore – 04 95 65 04 27 – www.hostellerie-abbaye.com – Ouvert avril-oct.

Casa Bianca

MAISON DE MAÎTRE · CONTEMPORAIN Cherchez le platane centenaire ! Cette ancienne villa des années 1950, rénovée avec goût, propose quelques chambres claires et bien tenues, dont quatre suites. Préférez celles disposant d'un balcon.

7 chambres – 70/150 € 140/300 € – 4 suites – 12 €

chemin San-Francesco, rte du stade – 04 95 60 08 33 – www.hotel-casa-bianca.com – Ouvert de mi-mars à début nov.

L'Onda

FAMILIAL · FONCTIONNEL À proximité de la plage et de la pinède, un petit immeuble ouvert en 1990, engageant avec sa façade jaune vif. Chambres simples et un peu rétro (mobilier en bois cérusé), très bien tenues, toutes avec balcon. Parfait pour une étape.

24 chambres – 65/150 € 65/150 € – 9 €

av. Christophe-Colomb, 1 km au Sud-Ouest par N197 – 04 95 65 35 00 – www.hotel-londa.com – Ouvert de mai à mi-oct.

au Sud-Ouest 5 km par rte de l'aéroport et chemin privé – 20260 Calvi

La Palmeraie

CUISINE MODERNE · MÉDITERRANÉEN XXX Esprit boudoir, terrasse donnant sur un superbe jardin méridional : d'une élégance rare, le cadre est parfait pour profiter de cette cuisine locale, terrienne et marine, où cuissons et préparations sont bien maîtrisées. Raviole d'araignée, veau corse cuit au sautoir... De beaux produits pour un plaisir sincère !

Carte 70/130 €

Hôtel La Signoria, rte de la Forêt-de-Bonifato – 04 95 65 93 00 – www.hotel-la-signoria.com – Ouvert début avril à fin oct. et fermé le midi

La Signoria

LUXE · PERSONNALISÉ Nichée dans une pinède, cette demeure du 18e s. incarne à elle seule la Méditerranée : de l'ocre, du bleu, un mobilier corse d'époque, un beau jardin paysager et... des senteurs infinies, dans la plus grande quiétude ! Piscine, jacuzzi, sauna, hammam etc.

17 chambres – 260/680 € 260/680 € – 12 suites

rte de la Forêt-de-Bonifato – 04 95 65 93 00 – www.hotel-la-signoria.com – Ouvert début avril à fin oct.

La Palmeraie – voir les restaurants ci-dessus

CASAMOZZA

20290 (Haute-Corse) – Lucciana – Carte régionale n° **8**-B1

Bastia 20 km – Corte 49 km – Vescovato 6 km

Carte Michelin 345-F4

Chez Walter

TRADITIONNEL • FONCTIONNEL Non loin de l'aéroport de Bastia-Poretta, un complexe hôtelier récent au cœur d'un jardin méditerranéen. Plats traditionnels et pizzas au restaurant, piscine, tennis et fitness : les loisirs à l'honneur... et un grand espace séminaires.

62 chambres – 88/90 € 100/135 € – 2 suites – 10 € – ½ P

N193 – 04 95 36 00 09 – www.hotel-chez-walter.com

CERVIONE

20221 (Haute-Corse) – 1 719 hab. – Alt. 350 m – Carte régionale n° **8**-B2

Bastia 52 km – Ajaccio 140 km – Biguglia 45 km – Corte 78 km

Carte Michelin 345-F6

à Prunete 5,5 km à l'Est par D71 – 20221

Casa Corsa

FAMILIAL • MÉDITERRANÉEN Une étape idéale sur la côte, entre Bastia et Aléria. Dans cette villa typiquement méditerranéenne, les chambres ont un petit côté provençal. Au programme : petit-déjeuner sous la tonnelle, promenade parmi les arbres fruitiers...

5 chambres – 64/73 € 64/73 €

Acqua Nera – 04 95 38 01 40 – www.casa-corsa.net

CORTE

20250 (Haute-Corse) – 7 280 hab. – Alt. 396 m – Carte régionale n° **8**-B2

Bastia 69 km – Bonifacio 150 km – Calvi 88 km – L'Ile-Rousse 63 km

Carte Michelin 345-D6 – Guide Vert Michelin Corse

Le 24

CUISINE MODERNE • BRANCHÉ Sur le cours Paoli, une adresse sympathique dont le décor oscille entre touches contemporaines et vieilles pierres ; dans l'assiette, on sert surtout des produits corses, comme ces beaux poissons bien choisis et ces langoustes en vivier. Le verre n'est pas en reste avec une très belle sélection de vins locaux !

Carte 30/52 €

24 cours Paoli – 04 95 46 02 90 – www.restaurant-le24.fr – Fermé 2 semaines en fév. et dim midi

Duc de Padoue

FAMILIAL • FONCTIONNEL Au cœur de la ville et tout près de la citadelle, une jolie bâtisse 1900, avec de belles chambres d'esprit contemporain, aux couleurs douces et reposantes. Un bon hôtel.

11 chambres – 65/92 € 76/123 € – 1 €

2 pl. de Padoue – 04 95 46 01 37 – www.ducdepadoue.com – Ouvert 1er avril-15 nov.

dans les Gorges de La Restonica Sud-Ouest sur D623 – 20250 Corte

Dominique Colonna

MAISON DE CAMPAGNE • ÉLÉGANT À l'entrée des gorges, dans l'arrière-pays de Corte, un hôtel paisible entre rochers et pins : les amoureux de la nature seront sous le charme ! Le confort est total, des jolies chambres à cette splendide terrasse qui surplombe les flots tumultueux de la rivière...

28 chambres – 100/350 € 100/350 € – 2 suites – 16 €

Vallée de la Restonica, à 2 km 20250 Corte – 04 95 45 25 65 – www.dominique-colonna.com – Ouvert avril-nov.

COTI-CHIAVARI

20138 (Corse-du-Sud) – 737 hab. – Alt. 625 m – Carte régionale n° **8**-A3

Ajaccio 42 km – Propriano 38 km – Sartène 50 km

Carte Michelin 345-B9

Le Belvédère

FAMILIAL · FONCTIONNEL Véritable nid d'aigle dans le maquis, cette maison familiale offre une vue époustouflante sur le golfe d'Ajaccio ! C'est peu dire que l'on est ici accueilli "comme à la maison", en particulier au restaurant, où mère et filles proposent une cuisine des plus authentiques : daube de veau, travers de porc au miel, etc.

13 chambres - 60/75 € 60/75 € - 6 € - ½ P

- 04 95 27 10 32 - www.lebelvederedecoti.com - Ouvert 1er mars-11 nov.

ERBALUNGA

20222 (Haute-Corse) - Carte régionale n° **8**-B1

Bastia 11 km - Rogliano 30 km

Carte Michelin 345-F3

Le Pirate

CUISINE MODERNE · CONVIVIAL XX Dans ce petit restaurant du port, original et pittoresque, le chef concocte une belle cuisine d'aujourd'hui, fine et précise. Le meilleur de la pêche locale, la viande des petits producteurs alentour : on ne triche pas avec les produits et cela se sent ! Et pour l'anecdote, le capitaine Crochet veille sur les lieux...

→ Œuf parfait, saint-pierre fumé et crustacés. Rouget, pêche et topinambour. Vacherin fraise, melon et persil.

Menu 42 € (déj.), 75/90 € - Carte 79/92 €

au port - 04 95 33 24 20 - www.restaurantlepirate.com - Ouvert de mi-mars à fin oct. et fermé lundi et mardi hors saison

Castel Brando

MAISON DE MAÎTRE · ÉLÉGANT Dans cette maison de maître édifiée par un médecin des armées napoléoniennes, tout est ravissant : le jardin luxuriant et ses jolis palmiers, les chambres raffinées (certaines dans des villas annexes), les piscines, l'espace forme et massage, la véranda... On aimerait rester toujours !

38 chambres - 119/319 € 119/319 € - 6 suites - 15 €

rte du Cap - 04 95 30 10 30 - www.castelbrando.com - Ouvert avril-nov.

ERSA

20275 (Haute-Corse) - 152 hab. - Alt. 454 m - Carte régionale n° **8**-B1

Bastia 48 km - Ajaccio 195 km

Carte Michelin 345-F2

Le Saint-Jean

FAMILIAL · PERSONNALISÉ Au bout du cap Corse, cette maison de maître a été joliment rénovée ! Mexicaine, Maroc, Mer, etc. : les chambres sont toutes différentes et dominent le maquis et le cap. La terrasse, presque entièrement recouverte d'une verrière, fait face à l'île de la Giraglia...

9 chambres - 70/90 € 70/155 € - 10 €

Botticella - 04 95 47 71 71 - www.lesaintjean.net - Ouvert de début avril à fin oct.

FAVONE

20135 (Corse-du-Sud) - Conca - Carte régionale n° **8**-B3

Ajaccio 128 km - Bonifacio 58 km

Carte Michelin 345-F9

U Dragulinu

FAMILIAL · FONCTIONNEL Cet hôtel familial jouit d'un emplacement idyllique, idéal pour un séjour balnéaire. Chambres fonctionnelles ouvertes sur le parc ou la plage...

32 chambres - 100/200 € 120/230 €

- 04 95 73 20 30 - www.hoteludragulinu.com - Ouvert 1er mai-15 oct.

FELICETO

✉ 20225 (Haute-Corse) - 204 hab. - Alt. 350 m - Carte régionale n° **8**-A1
▶ Bastia 76 km - Calvi 26 km - Corte 72 km - L'Ile-Rousse 15 km
Carte Michelin 345-C4

Cas'Anna Lidia

MAISON DE CAMPAGNE • PERSONNALISÉ Ce joli petit hôtel borde le village, en surplomb de la vallée : on y jouit d'une vue superbe ! Dans les chambres, spacieuses et toutes différentes, la décoration contemporaine côtoie tissus corses et mobilier cérusé... Une belle étape.
10 chambres - 115/175 € 115/175 € - 15 €
au village - ✆ 04 95 61 81 24 - www.hoteldecharme-corse.com - Ouvert 1er mai-30 sept.

Mare e Monti

FAMILIAL • COSY Fortune faite dans la canne à sucre, les ancêtres de la famille revinrent de Porto Rico et édifièrent cette jolie maison de maître (1870), entre mer et montagne. Bel escalier, fresques et voûtes : un hôtel qui a du caractère.
16 chambres - 85/139 € 85/180 € - 13 €
- ✆ 04 95 63 02 00 - www.hotel-maremonti.com - Ouvert 25 avril-8 oct.

L'ÎLE-ROUSSE

✉ 20220 (Haute-Corse) - 3 740 hab. - Carte régionale n° **8**-A1
▶ Bastia 67 km - Calvi 25 km - Corte 63 km
Carte Michelin 345-C4

Pasquale Paoli

CUISINE CORSE • ÉLÉGANT XX On célèbre ici Pascal Paoli, ce général corse qui mena, au 18e s., la lutte des insulaires contre les armées de Louis XV. Dans l'assiette, on valorise les produits locaux avec justesse et sans esbroufe. Sur la terrasse, la vie est belle...
Formule 16 € - Menu 26/55 € - Carte 68/92 € - carte simplifiée le midi
2 pl. Paoli - ✆ 04 95 47 67 70 (réservation conseillée) - www.pasquale-paoli.fr - Fermé de mi-déc. à mi-avril, dim. et lundi d'oct. à fin mai

Le Bistrot de la Place

CUISINE MODERNE • RUSTIQUE X Sur la place Paoli - si typique -, un restaurant rustique et chaleureux. On sert une sympathique cuisine du marché, ainsi que des plats de tradition incontournables, tels les abats. Le tout avec les conseils avisés de la propriétaire en matière de vins.
Carte 46/75 €
3 pl. Paoli - ✆ 04 95 60 12 90 - Fermé dim. soir et lundi

Liberata

LUXE • PERSONNALISÉ À deux pas de la mer, on est arrêté par la grande façade bordeaux - aux volets verts ! - de cette magnifique demeure seigneuriale. On y pénètre par un beau lobby noir et blanc, délicieusement Art nouveau ; les chambres sont cosy, décorées en beige, chocolat et turquoise... Du goût !
22 chambres - 100/430 € 100/430 € - 18 €
La Marinella - ✆ 04 95 62 03 62 - www.hotel-liberata.com - Fermé de mi-déc. à fin fév.

Perla Rossa

FAMILIAL • DESIGN Au cœur de la cité balnéaire, cette belle maison du 18e s. a du caractère, avec ses grandes chambres contemporaines, lumineuses et épurées. Sur la terrasse, très belle vue sur la baie, pour s'émerveiller d'être en Corse !
8 chambres - 140/590 € 140/590 € - 1 suite - 18 €
30 r. Notre-Dame - ✆ 04 95 48 45 30 - www.hotelperlarossa.com - Ouvert de fin avril à fin oct.

Santa Maria

TRADITIONNEL • COSY Sur la langue de terre conduisant à la presqu'île de la Pietra (le joyau de l'Île-Rousse), un hôtel moderne bien agréable, avec des chambres confortables et raffinées dont la plupart donnent sur la mer ou le jardin méditerranéen. Accès direct à une petite plage aménagée.

56 chambres – 85/460 € 85/460 € – 15 €

rte du Port – 04 95 63 05 05 – www.hotelsantamaria.com

Cala di l'Oru

TRADITIONNEL • PERSONNALISÉ Un hôtel décoré avec goût et proposant des chambres avenantes, très bien entretenues, donnant sur la mer ou la montagne. Les fils de la propriétaire exposent photos et œuvres d'art contemporain, et il y a aussi un joli jardin méridional.

26 chambres – 66/105 € 69/140 € – 9 €

bd Pierre-Pasquini – 04 95 60 14 75 – www.hotel-caladiloru.com – Ouvert mars-oct.

L'Amiral

FAMILIAL • FONCTIONNEL Embarquez à bord de cet hôtel très marin, presque les pieds dans l'eau : terrasse en teck, esprit bateau et chambres agréables et fonctionnelles, plus contemporaines côté plage.

18 chambres – 85/160 € 85/160 € – 11 €

bd Ch.-Marie-Savelli – 04 95 60 28 05 – www.hotel-amiral.com – Ouvert avril-oct.

La Pietra

FAMILIAL • FONCTIONNEL Sur la route du phare de la Pietra, juste après le port, un hôtel-restaurant des années 1970, entièrement rénové en 2013 ; les chambres ont toutes un balcon donnant sur la mer ou la tour génoise (15e s.). Un lieu calme et sympathique.

42 chambres – 80/155 € 80/155 € – 13 € – ½ P

chemin du Phare – 04 95 63 02 30 – www.hotel-lapietra.com – Ouvert d'avril à mi-oct.

Escale Côté Sud

FAMILIAL • DESIGN Juste en face de la mer, dans un quartier riche en restaurants et boutiques, un hôtel d'esprit contemporain avec de petites chambres confortables ; les quelques-unes donnant sur le large sont un peu plus spacieuses ! Au bar, on peut manger sur le pouce.

19 chambres – 85/210 € 85/470 € – 1 suite – 12 €

22 r. Notre-Dame – 04 95 63 01 70 – www.hotel-ilerousse.com

à Monticello 4,5 km au Sud-Est par D63 – 20220 – 1 740 hab. – Alt. 220 m

A Pasturella

CUISINE CORSE • DESIGN XX Sur la place de ce beau village perché trône ce restaurant familial très apprécié dans la région. On y honore le poisson (pêche du jour) et la tradition ; pour les petits appétits, tous les plats sont disponibles en demi-portion... Pour prolonger l'étape, des chambres sobres et élégantes.

Menu 35/63 € – Carte 40/70 €

12 chambres – 68/102 € 78/115 € – 12 €

pl. du Village – 04 95 60 05 65 – www.a-pasturella.com – Fermé de début nov. à mi-déc.,1 semaine vacances de fév., dim. soir de déc. à mars

A Piattatella

LUXE • PERSONNALISÉ Piattatella, ou "cachette" en langue corse. Un nom tout trouvé pour ce bel hôtel niché sur les hauteurs du village, qui ne fait qu'un avec la nature environnante... Les paysages de Balagne, l'élégance sobre et reposante, et ce parfait sentiment d'exclusivité : tout est là !

17 chambres – 168/358 € 168/358 € – 18 €

chemin St-François – 04 95 60 07 00 – www.apiattatella.com – Ouvert avril-oct.

à Pigna 8 km au Sud-Ouest par N197 et D151 – ✉ 20220 – 100 hab. – Alt. 400 m

A Mandria di Pigna

CUISINE CORSE • AUBERGE Cette bergerie contemporaine est à l'image du village qui l'accueille : attachante ! Courgettes, tomates et herbes aromatiques du potager, agneau cuit et cochon de lait, en grillades ou à la broche... le terroir corse est à l'honneur. Et, le midi, on peut se rabattre sur des salades et des plats plus légers.

Menu 32 € – Carte 31/67 €

– ☎ 04 95 32 71 24 – www.amandria.com – Ouvert d'avril à oct. et fermé lundi sauf juil.-août

Palazzu Pigna

HISTORIQUE • PERSONNALISÉ Au cœur de Pigna, cette belle maison de maître du 17e s. offre une vue superbe sur la plaine et la mer. Toutes les chambres sont empreintes de charme et de sérénité, et certaines ont même une terrasse ; à table, on se régale d'une cuisine simple au milieu des vieilles poutres... Authentique et chaleureux.

5 chambres – †143/158 € ††220/290 € – ☕ 16 €

– ☎ 04 95 47 32 78 – www.hotel-palazzu.com – Ouvert avril-oct.

LEVIE

✉ 20170 (Corse-du-Sud) – 737 hab. – Alt. 645 m – Carte régionale n° **8**-B3

▶ Ajaccio 101 km – Bonifacio 57 km – Porto-Vecchio 39 km – Sartène 28 km

Carte Michelin 345-D9

A Pignata

CUISINE TRADITIONNELLE • RUSTIQUE Dans ce restaurant rustique, en pleine nature, la cuisine familiale a le bon goût de la tradition... et de la simplicité, avec ce menu unique renouvelé tous les jours. Les produits sont d'une qualité exceptionnelle ; d'ailleurs, la charcuterie est fabriquée à partir des cochons de l'exploitation familiale !

Menu 48 €

Hôtel A Pignata, 5 km au Nord rte des sites Archéologiques de Cucuruzzu et Capula – ☎ 04 95 78 41 90 – www.apignata.com – Ouvert avril-déc.

La Pergola

CUISINE CORSE • RUSTIQUE Dans cette discrète adresse, le chef concocte des spécialités corses (gigot d'agneau et cannellonis au brocciu, charcuterie, fiadone maison...) en utilisant des produits bien choisis : le résultat est simple et bon ! Mais ce n'est pas tout : par beau temps, on prend son repas sur la petite terrasse, sous... la pergola.

Formule 17 € – Menu 21 €

r. Sorba – ☎ 04 95 78 41 62 (réservation conseillée) – Ouvert avril-oct.

A Pignata

AUBERGE • PERSONNALISÉ Pour se ressourcer au grand calme, plusieurs maisons en pierre de pays, en pleine forêt... Les chambres, élégantes (gris et bruns chauds), ouvrent sur la verdure du massif de Bavella ; deux d'entre elles sont même perchées dans les arbres !

18 chambres ☕ – †110/275 € ††110/275 € – ½ P

5 km au Nord rte des sites Archéologiques de Cucuruzzu et Capula – ☎ 04 95 78 41 90 – www.apignata.com – Ouvert avril-déc.

A Pignata – voir les restaurants ci-dessus

LUMIO

✉ 20260 (Haute-Corse) – 1 212 hab. – Alt. 150 m – Carte régionale n° **8**-A1

▶ Bastia 82 km – Calvi 10 km – L'Ile-Rousse 16 km

Carte Michelin 345-B4

Chez Charles

CUISINE MODERNE • BRANCHÉ Un restaurant au décor contemporain, une jolie terrasse : un cadre idéal pour déguster une cuisine qui respire la Méditerranée et le terroir corse. Le chef signe une cuisine au goût du jour, fine et pleine de parfums, où les plats sont parfaitement maîtrisés... Bon et généreux !

→ Langoustines en tartare, rôties, jus des têtes, consommé aux agrumes et citrons confits. Saint-pierre poché à l'huile de citron corse, chlorophylle, coquillages et huîtres. Chocolat, crème brûlée au piment et compotée de poivron.

Menu 78/130 € - Carte 90/110 €

Hôtel Chez Charles, rte de Calvi - 04 95 60 61 71 - www.hotelcorse-chezcharles.com - Ouvert 13 avril-15 oct. et fermé mardi midi, merc. midi et lundi

Le Matahari

CUISINE MODERNE • MÉDITERRANÉEN Posée sur la plage de l'Arinella, cette Matahari est une séductrice pleine d'exotisme : les pieds dans le sable, à la lueur des bougies, on se régale de bons produits de la mer, d'incontournables spécialités insulaires et de plats aux influences asiatiques... Le soir, réservation indispensable.

Menu 42 € (dîner) - Carte 47/75 €

plage de l'Arinella - 04 95 60 78 47 (réservation conseillée) - www.lematahari.com - Ouvert de début avril à fin sept. et fermé lundi soir

Chez Charles

FAMILIAL • CONTEMPORAIN Agréable escapade en cet hôtel au décor contemporain et design, ouvrant sur le golfe de Calvi et la montagne (chambres avec balcon, piscine à débordement). Et à l'heure des gourmandises, faites donc un tour au restaurant...

29 chambres - 130/350 € 140/360 € - 20 €

rte de Calvi - 04 95 60 61 71 - www.hotelcorse-chezcharles.com - Ouvert 13 avril-15 oct.

Chez Charles - voir les restaurants ci-dessus

MACINAGGIO

20248 (Haute-Corse) - Carte régionale n° **8**-B1

Bastia 37 km - Ajaccio 184 km

Carte Michelin 345-F2

U Ricordu

TRADITIONNEL • FONCTIONNEL Après une balade vivifiante sur le sentier des douaniers, on regagne sa chambre fraîche et pimpante avec plaisir, côté piscine ou côté montagne... Une bonne adresse pour une étape au cap Corse !

60 chambres - 84/184 € 98/198 € - ½ P

RD80 - 04 95 35 40 20 - www.hotel-uricordu.com - Ouvert 15 mars-1er nov.

U Libecciu

AUBERGE • FONCTIONNEL Près du port, un petit hôtel d'esprit pension de famille propose des chambres simples et spacieuses (avec terrasse), ainsi que des appartements loués à la semaine. Agréable piscine dans le jardin.

30 chambres - 66/94 € 70/165 € - 8 suites - 9 €

rte de la Plage - 04 95 35 43 22 - www.u-libecciu.com - Ouvert 1er avril-15 oct.

MARINE-D'ALBO

20217 (Haute-Corse) - 104 hab. - Alt. 110 m - Carte régionale n° **8**-B1

Bastia 40 km - Ajaccio 181 km

Carte Michelin 345-F3

Morganti

CUISINE TRADITIONNELLE • CONVIVIAL Un restaurant tout simple, avec une jolie terrasse bordée de mûriers-platanes. Ici, on cuisine du poisson extrafrais en arrivage direct de Balagne et du cap Corse, ainsi que les langoustes du vivier ; les assiettes se révèlent généreuses, pleines de saveurs, et vraiment respectueuses du produit. On y court !

Formule 17 € - Carte 37/62 €

Marina D'albu 20217 Ogliastro - 04 95 37 85 10 - www.restaurantmorganti.com - Fermé 20 déc.-12 fév. et du dim. soir au vend. midi de début nov. à fin mars

MURO

20225 (Haute-Corse) - 235 hab. - Alt. 350 m - Carte régionale n° **8**-A1

Bastia 105 km - Ajaccio 160 km

Carte Michelin 345-C4

Casa Théodora

HISTORIQUE • PERSONNALISÉ Ce palazzo réhabilité du 16e s. porte le nom de l'éphémère (et unique) roi de l'histoire de la Corse, Théodore de Neuhoff, hôte des lieux en 1736. Architecture génoise, fresques et trompe-l'œil diffusent une atmosphère baroque. Petite piscine intérieure.

9 chambres - 115/160 € 160 € - 15 €

Piazza a u Duttore - 04 95 61 78 32 - www.a-casatheodora.com - Ouvert mai-oct.

NONZA

20217 (Haute-Corse) - 72 hab. - Alt. 100 m - Carte régionale n° **8**-B1

Bastia 33 km - Rogliano 49 km - Saint-Florent 20 km

Carte Michelin 345-F3

Boccafine

CUISINE MODERNE • AUBERGE Difficile d'égaler un décor plus champêtre que celui-ci : entre mer et montagne, sur la place centrale d'un petit village, sous les platanes et la vigne vierge, face à une fontaine, la Boccafine propose une cuisine ensoleillée au goût du jour. Réservé aux fines bouches !

Carte 54/62 €

pl. des Platanes-et-de-la-Fontaine - 06 80 95 85 07 - www.boccafine.fr - Ouvert mi-avril à mi-oct. et fermé lundi hors saison

Casa Maria

FAMILIAL • CLASSIQUE Au pied d'une tour génoise et au cœur de ce joli village piétonnier, cette maison de maître (18e s.) est une bien agréable étape sur la route du cap : accueil chaleureux, chambres fraîches, mobilier ancien et... belle vue sur la mer.

5 chambres - 75/95 € 75/95 €

au pied de la tour génoise - 04 95 37 80 95 - www.casamaria.fr - Ouvert avril-oct.

OLETTA

20232 (Haute-Corse) - 1 533 hab. - Alt. 250 m - Carte régionale n° **8**-B1

Bastia 18 km - Calvi 78 km - Corte 72 km - L'Ile-Rousse 53 km

Carte Michelin 345-F4

A Magina

CUISINE CORSE • ÉLÉGANT Une vue à couper le souffle sur le golfe de St-Florent, pour une vraie cuisine corse préparée en famille et servie dans un cadre contemporain. Les beignets au fromage frais - l'une des spécialités de la maison - sont légers et croustillants, bref... délicieux ! Le soir, depuis la terrasse, sublime coucher de soleil...

Menu 32 € - Carte 43/69 €

Quartier Salicetu - 04 95 39 01 01 - Ouvert 12 fév.-12 nov. et fermé lundi et mardi sauf en été

U Palazzu Serenu

LUXE • DESIGN Embrassant le golfe de St-Florent et les paysages superbes du Nebbio, ce palais florentin (17e s.) est un joyau ! Œuvres d'art contemporain et grand style, tout se mêle avec raffinement. Le chef propose une cuisine méditerranéenne fraîche et épurée (sur réservation), à déguster sur la splendide terrasse...

6 chambres - 170/570 € 170/570 € - 2 suites - ½ P

- ✆ 04 95 38 39 39 - www.upalazzuserenu.com - Fermé 9 janv.-12 fév.

OLMETO

✉ 20113 (Corse-du-Sud) - 1 213 hab. - Alt. 320 m - Carte régionale n° **8**-A3

Ajaccio 64 km - Propriano 8 km - Sartène 20 km

Carte Michelin 345-C9

à Olmeto-Plage 9 km au Sud-Ouest par D157 - ✉ 20113

Ruesco

TRADITIONNEL • FONCTIONNEL Dans une crique privée à l'issue d'une route étroite... Cet hôtel dispose de suites luxueuses et de chambres classiques ouvrant sur la mer et le jardin. La paillotte, entre piscine et plage, propose une carte simple mais aussi de la langouste et des poissons nobles.

26 chambres - 135/225 € 135/490 € - 2 suites - 13 €

Capicciolo - ✆ 04 95 76 70 50 - www.hotel-ruesco.com - Ouvert de mi-avril à fin sept.

au Sud 5 km par N196 et rte secondaire - ✉ 20113 Olmeto

La Verrière

CUISINE MODERNE • ÉLÉGANT XXX Il y a des trésors que l'on aimerait garder pour soi ; cette Verrière en fait partie ! Derrière les fourneaux, le chef s'inspire de sa Bretagne natale pour travailler de jolis produits de la mer, comme cet encornet, caviar d'aubergine, chutney de tomates et artichaut. Cadre élégant et jolie vue en terrasse.

Formule 45 € - Menu 64/110 € - Carte 68/125 €

Hôtel Marinca, lieu-dit Vitricella - ✆ 04 95 70 09 00 - www.hotel-marinca.com - Ouvert 1er mai-7 oct. et fermé le midi

Marinca

LUXE • PERSONNALISÉ Au bord d'une crique, dans un parc fleuri, avec trois piscines à débordement descendant vers la plage privée, cet hôtel est un véritable îlot de confort... Le décor mêle les influences (Maroc, Indonésie...) et les chambres offrent une superbe vue sur la mer !

54 chambres - 295/660 € 295/2990 € - 6 suites - 35 € - ½ P

lieu-dit Vitricella - ✆ 04 95 70 09 00 - www.hotel-marinca.com - Ouvert 1er mai-7 oct.

La Verrière - voir les restaurants ci-dessus

PATRIMONIO

✉ 20253 (Haute-Corse) - 689 hab. - Alt. 100 m - Carte régionale n° **8**-B1

Bastia 16 km - St-Florent 6 km - San-Michele-de-Murato 22 km

Carte Michelin 345-F3

Vignoble

FAMILIAL • COSY Au cœur du village, une belle maison de 1846 confortable et chaleureuse avec ses murs patinés, ses meubles en fer forgé et sa boutique permettant de découvrir les vins de l'exploitation familiale. Possibilité de goûter aux produits de la mer, ou plats corses.

12 chambres - 55/110 € 55/110 € - 8 €

Santa Maria - ✆ 04 95 37 18 48 - www.hotel-du-vignoble.com - Ouvert 15 avril-16 oct.

PERI

20167 (Corse-du-Sud) - 1 750 hab. - Alt. 450 m - Carte régionale n° **8**-A2
Ajaccio 26 km - Corte 71 km - Propriano 82 km - Sartène 94 km
Carte Michelin 345-C7

Chez Séraphin

CUISINE TRADITIONNELLE • FAMILIAL Une maison corse typique dans un charmant village à flanc de montagne. La patronne y travaille de bons produits du terroir avec simplicité ; elle les agrémente des fruits, légumes et herbes du jardin. Inusable Séraphin !

Menu 50 €

au village - 04 95 25 68 94 (réservation conseillée) - Ouvert début avril à début oct. et fermé lundi

PIANA

20115 (Corse-du-Sud) - 479 hab. - Alt. 420 m - Carte régionale n° **8**-A2
Ajaccio 72 km - Calvi 85 km - Évisa 33 km - Porto 13 km
Carte Michelin 345-A6

Le Neptune

CUISINE TRADITIONNELLE • CONVIVIAL Votre poisson, vous le désirez rôti, grillé ou vapeur ? Voilà la seule pensée qui doit vous préoccuper lorsque vous vous attablez au Neptune. Ne manquez pas la spécialité "Les Belles Pièces" (le poisson pêché dans le golfe), et la langouste grillée. A déguster sur la terrasse avec vue sur le golfe de Porto.

Carte 50/100 €

Hôtel Capo Rosso, rte des Calanche - 04 95 27 82 40 - www.caporosso.com - Ouvert début avril-20 oct.

Capo Rosso

TRADITIONNEL • ÉLÉGANT Vue imprenable sur le golfe de Porto et les calanques depuis la piscine et les vastes chambres, toutes avec balcon et décorées dans un élégant style contemporain. Au restaurant panoramique, cuisine de qualité à base de pêche locale et de produits du terroir.

43 chambres - 120/380 € 150/450 € - ½ P

rte des Calanche - 04 95 27 92 40 - www.caporosso.com - Ouvert début avril-20 oct.

Le Neptune - voir les restaurants ci-dessus

Le Scandola

FAMILIAL • PERSONNALISÉ Au cœur d'un site exceptionnel, face à la presqu'île de Scandola. Une vue superbe dont on ne se lasse pas dans les chambres, elles-mêmes décorées avec soin et une pointe de romantisme...

19 chambres - 80/125 € 80/230 €

rte de Cargèse - 04 95 27 80 07 - www.hotelscandola.com - Ouvert 1er mars-8 janv.

PORTICCIO

20166 (Corse-du-Sud) - Carte régionale n° **8**-A3
Ajaccio 19 km - Sartène 68 km
Carte Michelin 345-B8

L'Arbousier

CUISINE CLASSIQUE • CLASSIQUE Savourer des langoustines, du homard et des poissons de petits pêcheurs locaux en regardant la mer... quel délice ! Une institution locale.

Menu 85 € (dîner) - Carte 82/112 €

Hôtel Le Maquis, 585 bd Marie-Jeanne Bozzi - 04 95 25 05 55 - www.lemaquis.com - Fermé janv. et fév.

Le Maquis

LUXE • CLASSIQUE Cette demeure d'inspiration génoise, nichée dans un jardin luxuriant, est un petit bijou. Chambres spacieuses, décorées de mobilier ancien, avec une vue superbe sur la mer ; splendides piscines... Prenons le Maquis !

20 chambres – 160/860 € 180/980 € – 5 suites – 28 €

585 bd Marie-Jeannne-Bozzi – 04 95 25 05 55 – www.lemaquis.com – Fermé janv. et fév.

L'Arbousier – voir les restaurants ci-dessus

Sofitel Thalassa

HÔTEL DE CHAÎNE • ÉLÉGANT Thalassa, déesse grecque de la mer, est bien la figure tutélaire de ce complexe hôtelier : situation isolée à la pointe du cap de Porticcio, institut de thalassothérapie, piscine à débordement, sports nautiques, chambres tournées vers la Méditerranée, et produits de la mer au restaurant lui aussi face aux flots...

96 chambres – 195/855 € 195/855 € – 2 suites – 29 € – ½ P

domaine de la Pointe – 04 95 29 40 40 – www.sofitel.com – Fermé 11 déc.-18 déc., 10 janv.-10 fév.

à Agosta-Plage 2 km au Sud – 20128 Albitreccia

Radisson Blu

BUSINESS • CONTEMPORAIN Inauguré en 2012 face à la plage, l'établissement compte le plus grand nombre de chambres en Corse. Tout en lignes épurées et confort, elles ouvrent sur la baie d'Ajaccio – et les Sanguinaires à l'horizon – ou le maquis. Spa de 900 m², club enfants, salles de séminaires, restaurant, etc. De belles prestations.

165 chambres – 108/640 € 108/640 € – 5 suites – 20 €

– 04 95 77 97 97 – www.radissonblu.fr/resort-ajacciobay – Fermé 2 nov.-18 mars

Kallisté

TRADITIONNEL • FONCTIONNEL Une villa sur les hauteurs, avec une belle vue sur le golfe d'Ajaccio. Chambres sobres, meublées de teck, certaines avec terrasse. Grande piscine et jardin face à la mer.

7 chambres – 79/219 € 99/249 € – 12 €

rte du Vieux-Molini – 04 95 25 54 19 – www.hotel-kalliste-porticcio.com – Ouvert 1er avril-1er nov.

PORTO

20150 (Corse-du-Sud) – Ota – 544 hab. – Alt. 45 m – Carte régionale n° **8**-A2

Ajaccio 84 km – Calvi 73 km – Corte 93 km – Évisa 23 km

Carte Michelin 345-B6

Le Subrini

TRADITIONNEL • FONCTIONNEL Tout près de la mer, face à la tour génoise, un établissement créé dans les années 1980 mais respectant l'architecture locale avec sa façade en pierre. Décoration simple et chambres fonctionnelles avec vue sur la marina. Parking privé à deux pas.

24 chambres – 70/170 € 80/170 € – 9 €

à la Marine – 04 95 26 14 94 – www.hotels-porto.com – Ouvert 23 avril-30 oct.

Le Belvédère

TRADITIONNEL • FONCTIONNEL Au pied de la tour de Porto, un hôtel en pierre rouge, à l'entrée discrète. Chambres confortables au style actuel, certaines avec vue sur le port et les montagnes.

20 chambres – 55/146 € 55/146 € – 10 €

à la Marine – 04 95 26 12 01 – www.hotelrestaurant-lebelvedere-porto.com – Ouvert 1er avril-31 oct.

Bella Vista

AUBERGE • COSY L'enseigne ne ment pas : la vue est belle, c'est incontestable, sur le Capo d'Orto... En outre, il règne dans ce petit hôtel une ambiance familiale. Chambres accueillantes et bon petit-déjeuner. L'une des adresses les plus plaisantes de Porto.

17 chambres - 60/140 € 70/155 € - 12 €

rte de Calvi - 04 95 26 11 08 - www.hotel-corse.com

Le Romantique

TRADITIONNEL • FONCTIONNEL Cet hôtel dispose de chambres spacieuses et bien tenues ; les balcons donnent tous sur une petite marina et un bois d'eucalyptus.

8 chambres - 72/98 € 72/98 € - 9 €

à la Marine - 04 95 26 10 85 - www.hotel-romantique-porto.com - Ouvert avril-10 oct.

PORTO-POLLO

20140 (Corse-du-Sud) - Alt. 140 m - Carte régionale n° **8**-A3

Ajaccio 52 km - Sartène 31 km

Carte Michelin 345-B9

Le Golfe

TRADITIONNEL • CONTEMPORAIN Un bâtiment récent juste à côté du port. Les chambres sont sobres et élégantes, avec une jolie vue sur le golfe de Valinco où l'on peut se promener avec le bateau de l'hôtel. Cuisine régionale et produits de la mer à la brasserie, véritable cantine du golfe.

14 chambres - 190/440 € 190/440 € - 4 suites - 15 € - ½ P

- 04 95 74 01 66 - www.hotel-porto-pollo.com - Ouvert d' avril à oct.

Les Eucalyptus

TRADITIONNEL • FONCTIONNEL Cet hôtel familial, situé en léger retrait de la route, domine le golfe de Valinco. De la plupart des chambres, on contemple la plage, toute proche...

32 chambres - 68/150 € 68/150 € - 12 €

- 04 95 74 01 52 - www.hoteleucalyptus.com - Ouvert 1er mai-10 oct.

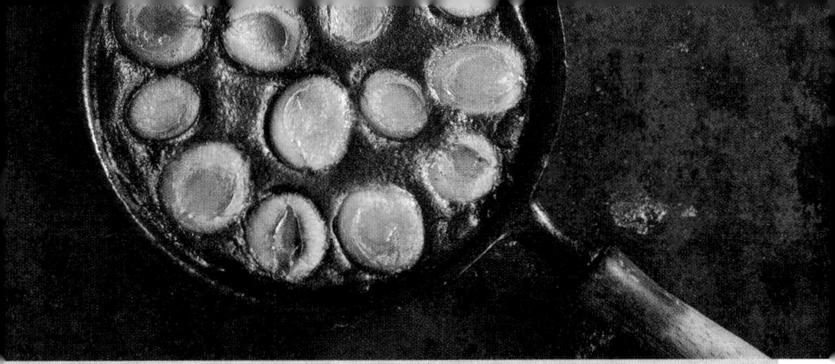

ON AIME...

Se laisser emporter par la beauté du **golfe de Santa Giulia**, et de sa plage. S'attabler au **Terraméa**, entre le arbres, et déguster de beaux poissons bien préparés. Sur la presqu'île de Benedettu, se régaler des plats italiens du **Grill**, à l'hôtel la Plage Casadelmar...

PORTO-VECCHIO

✉ 20137 (Corse-du-Sud) - 10 064 hab. - Alt. 40 m - Carte régionale n° **8**-B3
▶ Ajaccio 141 km - Bonifacio 28 km - Corte 121 km - Sartène 59 km
Carte Michelin 345-E10

Restaurants

✿✿ Casadelmar

CUISINE MODERNE • LUXE XXXX Dans le cadre ultracontemporain de ce superbe hôtel, cette table place la mer au cœur de tout : la vue sur la baie ensorcelle, et la cuisine semble plonger au sein même de la Méditerranée ! Fabio Bragagnolo met tout son talent et sa créativité au service des meilleurs produits, entre Corse et Italie. Une élégance d'orfèvre...

→ Poissons, crustacés et coquillages marinés à la moutarde de Cremone au gingembre et meringue. Saint-pierre cuit à l'huile d'olive, lentilles corail, burrata et émulsion d'eau de tomate. Cube à la réglisse-citron, sorbet limoncello.

Menu 130/195 € - Carte 135/160 €

Hôtel Casadelmar, 7 km par rte de la plage de Palombaggia
- ✆ 04 95 72 34 34 - www.casadelmar.fr
- Ouvert 14 avril-5 oct. et fermé le midi et le dim.

Le Belvédère

CUISINE MODERNE • ROMANTIQUE XXX La mer vient flirter avec les tables, les monts se découpent sur le ciel lointain... la terrasse est idyllique ! Au cœur du golfe de Porto-Vecchio, cette enclave discrète joue la carte des beaux produits et de la gastronomie d'aujourd'hui.

Menu 55 € (déj. en semaine), 70/95 € - Carte 71/86 €

Hôtel Belvédère, 5 km par rte de la plage de Palombaggia
- ✆ 04 95 70 54 13 - www.hbcorsica.com
- Ouvert 29 avril-30 nov. et fermé lundi et mardi en oct. et nov.

Un important déjeuner d'affaires ou un dîner entre amis ?
Le symbole ⌂ vous signale les salons privés.

Don Cesar

CUISINE MODERNE • ÉLÉGANT Avec son décor luxueux et raffiné, et ses larges baies vitrées ouvertes sur la terrasse, le restaurant de l'hôtel Don Cesar ne manque pas de charme ! On y sert une cuisine entre France et Italie, soignée et pleine de saveurs, qui fait la part belle aux produits de la mer (déclinaison de calamars, bouillabaisse...).

Menu 55 € (dîner) - Carte 76/102 €

Hôtel Don César, r. du Cdt.-Quilici (au rond-point du centre commercial Leclerc prendre la direction de la clinique) - 04 95 76 09 09 - www.hoteldoncesar.com - Ouvert 19 mai-5 oct.

Terraméa

CUISINE MODERNE • TENDANCE Ah, le Terraméa ! Au milieu des arbres, sur les hauteurs de la baie de Porto-Vecchio, on comprend qu'il ait conquis le cœur des gourmands de cette partie de la Corse : on y mange de délicieux poissons bien préparés (sardines, saint-pierre, etc.) et de bons produits du terroir local.

Carte 49/63 €

7 km par rte de Palombaggia - 04 95 50 03 94 - Ouvert avril-nov. et week-ends en déc. et janv. et fermé le midi et le dim. sauf juil.-août

La Table de Mina N

CUISINE MODERNE • MÉDITERRANÉEN Installé confortablement au bord de la piscine, sous un toit de tuiles, on profite de la jolie vue sur la mer... et on se délecte des préparations inventives, un brin exotiques, d'un chef qui a fait une bonne partie de sa carrière à la Réunion.

Menu 52/105 € - Carte 55/98 €

Hôtel Les Bergeries de Palombagia - 04 95 70 03 23 - www.hotel-palombaggia.com - Ouvert mi-avril à mi-oct. et fermé lundi et le midi

Tamaricciu

POISSONS ET FRUITS DE MER • MÉDITERRANÉEN Sur la sublime plage de Palombaggia, face à la mer turquoise, on déguste des pâtes fraîches, des poissons frais du jour et de délicieux desserts. Ambiance détendue le midi et plus raffinée le soir.

Carte 50/161 €

15 km par rte de la plage de Palombaggia - 04 95 70 49 89 - Ouvert de mai à mi-oct. et fermé le soir sauf du 21 juin au 31 août

Hôtels & maisons d'hôtes

Casadelmar

GRAND LUXE • DESIGN Un long parallélépipède de bois, dans un parc planté de figuiers, de grenadiers et d'oliviers. Des lignes géométriques étudiées, des espaces design... et partout - notamment de la piscine à débordement -, une vue magique sur la baie de Porto-Vecchio : la Corse à l'heure contemporaine *"and so chic"* !

20 suites - 820/3100 € - 14 chambres - ½ P

7 km par rte de la plage de Palombaggia - 04 95 72 34 34 - www.casadelmar.fr - Ouvert 14 avril-5 nov.

Casadelmar - voir les restaurants ci-dessus

Don Cesar

LUXE • PERSONNALISÉ Dans cet hôtel créé en 2012 dans l'esprit méditerranéen, le luxe a donné rendez-vous au raffinement. Les chambres sont superbes et spacieuses (50 m² au minimum) et leurs balcons se tournent vers le golfe de Porto-Vecchio... pour rêver éveillé. Piscine, spa, jardin paysager, etc., ajoutent à la beauté des lieux.

39 chambres - 390/2500 € 390/2500 € - 2 suites - 35 € - ½ P

r. du Cdt.-Quilici (au rond-point du centre commercial Leclerc prendre la direction de la clinique) - 04 95 76 09 09 - www.hoteldoncesar.com - Ouvert 19 mai-5 oct.

Don Cesar - voir les restaurants ci-dessus

Le Belvédère

LUXE • PERSONNALISÉ Franchissez le lourd portail en bois sculpté et pénétrez dans une oasis de verdure. Les chambres sont disséminées dans plusieurs pavillons : l'île de Beauté en toute tranquillité. Outre le restaurant gastronomique, jolie formule à la Brocherie (cabri et cochon de lait au feu de bois).

15 chambres - 120/350 € 120/350 € - 4 suites - 20 € - ½ P

5 km par rte de la plage de Palombaggia - 04 95 70 54 13 - www.hbcorsica.com - Ouvert 29 avril-30 nov.

Le Belvédère - voir les restaurants ci-dessus

Les Bergeries de Palombaggia

LUXE • ÉLÉGANT Parmi les oliviers et les cyprès, plusieurs maisonnettes construites dans l'esprit des anciennes bergeries, mais très confortables... luxueuses même ! Matériaux bruts, vue sur la mer (en étage), etc. : pour une belle et discrète villégiature à deux pas de la célèbre plage de Palombaggia.

10 chambres - 199/695 € 199/695 € - 7 suites - 25 € - ½ P

12 km par rte de Palombaggia - 04 95 70 03 23 - www.hotel-palombaggia.com - Ouvert mi-avril à fin-oct.

La Table de Mina - voir les restaurants ci-dessus

Le Goéland

TRADITIONNEL • PERSONNALISÉ Cet hôtel agréable a le pied marin : lampes-tempêtes, meubles aux peintures patinées... mais aussi plage privée et ponton d'amarrage ! Le restaurant s'ouvre totalement sur le golfe et le jardin ; cuisine traditionnelle, au gré du marché et des saisons.

34 chambres - 120/490 € 120/490 € - ½ P

à la Marina - 04 95 70 14 15 - www.hotelgoeland.com - Ouvert de fin mars à début nov.

Golfe Hôtel

TRADITIONNEL • CONTEMPORAIN Sur la route du port, cet hôtel propose des chambres décorées avec soin (mobilier épuré, tons gris et blanc) disséminées autour de la piscine et du jardin. Produits du terroir, grillades et recettes du sud au restaurant.

45 chambres - 84/311 € 102/368 € - ½ P

r. du 9-Septembre-1943 - 04 95 70 48 20 - www.golfehotel-corse.com - Fermé vacances de Noël

San Giovanni

FAMILIAL • PERSONNALISÉ L'hôtel de loisirs par excellence, charmant et familial, au calme dans un très beau jardin fleuri. La plupart des chambres ont une terrasse ou un petit jardin privatif. Mieux vaut réserver ! Petit-déjeuner et cuisine traditionnelle servis sous la pergola.

30 chambres - 70/190 € 70/190 € - 14 € - ½ P

rte d'Arca, 3 km au Sud-Ouest par D659 - 04 95 70 22 25 - www.hotel-san-giovanni.com - Ouvert 9 janv.-27 nov.

Alcyon

TRADITIONNEL • FONCTIONNEL Un établissement moderne en centre-ville, abritant des chambres fonctionnelles et bien rénovées. Certaines, plus spacieuses, peuvent convenir aux familles.

40 chambres - 80/240 € 107/320 € - 15 €

9 r. du Mar.-Leclerc (près de la poste) - 04 95 70 50 50 - www.hotel-alcyon.com

Les Jardins de Mathieu

MAISON DE CAMPAGNE • PERSONNALISÉ Une sympathique maison au cœur du maquis corse. Depuis les chambres, à l'épure toute contemporaine, on aperçoit le golfe de Porto-Vecchio... Piscine chauffée, jacuzzi, etc. Idéal pour se ressourcer dans un écrin de verdure ! Recettes du terroir et produits du potager autour de la table d'hôte.

4 chambres - 120/250 € 120/250 € - ½ P

Pascialella de Muratello, 12 km à l'Ouest par D159 et rte secondaire - 04 95 26 78 41 - www.lesjardinsdemathieu.net - Ouvert 1er avril-15 nov.

au golfe de Santa Giulia 8 km au Sud par N198 et rte secondaire – ✉ 20137 Porto-Vecchio

U Santa Marina

CUISINE MODERNE • ROMANTIQUE La vue sur le golfe y est délicieuse, et le soir venu, l'on pourrait presque croquer le soleil couchant... Un bel endroit, donc, pour un repas placé sous les auspices de la Méditerranée : langoustines du cap Corse en sablé, denti aux fèves et asperges, etc. Restauration légère sur la plage le midi, grill côté piscine.

Menu 59/135 € – Carte 74/102 €

Marina di Santa Giulia (plage) – 04 95 70 45 00 – www.usantamarina.com – Ouvert 1er avril-25 nov. et fermé le midi

Les Hauts de Santa Giulia

CUISINE MODERNE • INTIME La chef, ancienne antiquaire et cuisinière autodidacte, réalise ici une bonne cuisine à base de produits soigneusement sélectionnés et parsème ses assiettes d'influences diverses (Méditerranée, principalement). Jolie terrasse.

Carte 60/93 €

Les Hauts de Santa Giulia dans la résidence – 04 95 70 40 84 (réservation conseillée) – Ouvert juin-sept. et fermé lundi et le midi

Moby Dick

TRADITIONNEL • CONTEMPORAIN Emplacement idyllique, sur la lagune, pour cet hôtel séparé du golfe aux couleurs polynésiennes par une plage de sable fin. Chambres spacieuses à choisir côté mer ou côté jardin. Grand buffet pour le déjeuner, cuisine méditerranéenne à l'honneur le soir.

45 chambres – †158/539 € ††174/596 € – ½ P

– 04 95 70 70 00 – www.sud-corse.com – Ouvert de mi-avril à mi-oct.

Alivi

BOUTIQUE HÔTEL • CONTEMPORAIN Pour passer ses vacances au calme, un hôtel contemporain entre mer et maquis, aux chambres reposantes avec une petite terrasse. Piscine circulaire face à la baie de Santa Giulia.

10 chambres – †165/465 € ††165/465 €

Baie de Santa Giulia – 04 95 52 01 68 – www.santa-giulia.fr – Ouvert 13 avril-23 oct.

à Cala Rossa 10 km au Nord-Est par N198 et D468 – ✉ 20137 Lecci

Grand Hôtel de Cala Rossa

CUISINE MODERNE • MÉDITERRANÉEN La grande salle à manger, avec ses arcades et ses voûtes, ouvre sur une agréable terrasse ombragée : l'endroit parfait pour déguster des préparations simples et gourmandes, servies avec décontraction par une équipe efficace.

Carte 80/110 €

– 04 95 71 61 51 – www.cala-rossa.com – Ouvert 12 avril-1er nov.

Grand Hôtel de Cala Rossa

GRAND LUXE • PERSONNALISÉ À demeure d'exception, écrin splendide : un jardin luxuriant, un ponton privé sur la plage et un spa luxueux. Cet hôtel empreint de classicisme a quelque chose d'intemporel...

31 chambres – †145/600 € ††215/765 € – 9 suites

– 04 95 71 61 51 – www.cala-rossa.com – Ouvert 12 avril-1er nov.

Grand Hôtel de Cala Rossa – voir les restaurants ci-dessus

à la presqu'île du Benedettu 10 km au Nord-Est par N198 et D468

Le Grill

POISSONS ET FRUITS DE MER • DESIGN XX La salle et la terrasse sont posées juste au-dessus d'une plage discrète du golfe de Porto-Vecchio. Comment se lasser de la vue sur la côte et la mer ? Au sein de ce bel hôtel contemporain, la cuisine, confiée à une chef d'origine sicilienne, se veut résolument transalpine. Une réussite.

Carte 58/91 €

Hôtel La Plage Casadelmar - ✆ 04 95 71 02 30 - www.laplagecasadelmar.fr - Ouvert mai-mi oct.

La Plage Casadelmar

LUXE • ÉLÉGANT Fermez les yeux et imaginez une superbe plage de sable fin en accès direct... Tel est l'un des atouts de ce bel établissement niché sur un petit cap du golfe de Porto-Vecchio. Un lieu à part, dont le design contemporain cultive un minimalisme chic et apaisant...

12 chambres - †500/2000 € ††500/2000 € - 3 suites - ½ P

- ✆ 04 95 71 02 30 - www.laplagecasadelmar.fr - Ouvert mai-mi oct.

Le Grill - voir les restaurants ci-dessus

PROPRIANO

✉ 20110 (Corse-du-Sud) - 3 622 hab. - Alt. 5 m - Carte régionale n° **8**-A3

Ajaccio 74 km - Bonifacio 62 km - Corte 139 km - Sartène 13 km

Carte Michelin 345-C9

Le Lido

CUISINE CORSE • MÉDITERRANÉEN XXX Une superbe escale face aux flots, un accueil prévenant, un menu unique et très bien ficelé pour une cuisine délicate et pleine de saveurs... Le Lido ? Le goût de la Corse, entre terre, mer et création contemporaine.

➜ Poulpe roulé sur lui-même, émulsion de vuleta corse. Filet de veau, jus corsé à la myrte et wasabi. Pavlova au pomélo, acide, amère, sucrée et poivrée.

Menu 85/190 € - Carte 80/180 €

Hôtel Le Lido, 42 av. Napoléon-III - ✆ 04 95 76 06 37 (réservation conseillée) - www.le-lido.com - Ouvert de mai à sept. et fermé le midi

Chez Parenti

POISSONS ET FRUITS DE MER XX Envie de poisson frais ou de homard ? Ce restaurant, tenu depuis 1935 par la famille Parenti, est exactement ce qu'il vous faut. Tartare de lotte aux légumes verts, sar grillé avec son jus de crustacés : de bons produits pleins de fraîcheur, à déguster confortablement installé sur la terrasse, face au port de plaisance.

Menu 48 € (déj.)/58 € - Carte 58/140 €

10 av. Napoléon-III - ✆ 04 95 76 12 14 - www.chezparenti.fr - Ouvert mi-mars-début nov. et fermé lundi sauf le soir en saison et dim. soir

Tempi Fà

CUISINE CORSE • BISTRO X Tempi fà ou « au temps d'avant » en corse... C'est exactement là où ramène cette épicerie-bistrot ! On entre par la boutique, dont le décor original reproduit une place de village, avec un vrai marché local (charcuteries, fromages, vin de myrte, etc.). Et tous ces beaux produits sont proposés à la dégustation...

Formule 25 € - Menu 35 €

7 av. Napoléon-III - ✆ 04 95 76 06 52 - www.tempi-fa.com - Ouvert 1er avril-1er nov.

Terra Cotta

POISSONS ET FRUITS DE MER • COSY Dans ce charmant petit restaurant du port, le frère du patron fournit la pêche du jour. Pagre, liche, chapon, mustelle et autres poissons frais sont préparés avec grand soin.

Formule 24 € - Menu 52 € - Carte 52/62 €

31 av. Napoléon-III - ✆ 04 95 74 23 80 - Ouvert de fin mars à mi-oct. et fermé dim. sauf le soir en juil.-août

Miramar Boutique Hôtel

LUXE • PERSONNALISÉ Au cœur d'un parc luxuriant, cette villa aux murs chaulés offre une vue plongeante sur le golfe de Valinco. Beaucoup de charme : objets chinés, espace et raffinement... Carte simple et légère le midi ; poisson à la plancha, terroir corse et langouste grillée le soir.

21 chambres - 290/990 € 290/990 € - 5 suites - 25 €

rte de la Corniche - ✆ 04 95 76 06 13 - www.miramarboutiquehotel.com - Ouvert de mai à fin sept.

Le Lido

AUBERGE • PERSONNALISÉ Sur une presqu'île, une maison les pieds dans l'eau, fondée en 1932... Bois exotique, objets chinés et mosaïques portugaises dans les chambres, qui donnent directement sur la plage ou sur le patio.

11 chambres - 130/500 € 130/500 € - 18 €

42 av. Napoléon-III - ✆ 04 95 76 06 37 - www.le-lido.com - Ouvert de mai à sept.

Le Lido - voir les restaurants ci-dessus

ST-FLORENT

20217 (Haute-Corse) - 1 609 hab. - Alt. 8 m - Carte régionale n° **8**-B1

Bastia 22 km - Calvi 70 km - Corte 75 km - L'Ile-Rousse 45 km

Carte Michelin 345-E3

La Roya

CUISINE MODERNE • ÉLÉGANT Atmosphère contemporaine et raffinée, terrasse dans le joli jardin, face à la plage : un cadre idyllique au service d'une cuisine fine et créative, au goût du jour, concoctée par un jeune chef... breton. Le personnel, souriant et attentionné, rend cette expérience plus agréable encore... Royal !

→ Œuf, caviar et noisette de Cervione. Poisson de pêche locale en deux façons. Fraises de Murato.

Menu 55/90 € - Carte environ 75 €

Hôtel La Roya, plage de la Roya, 1 km par rte de Calvi puis rte secondaire - ✆ 04 95 37 00 40 - www.hotelroya.com - Ouvert 23 mars-31 oct.

La Rascasse

CUISINE MODERNE • CLASSIQUE Envie d'un dîner gastronomique honorant les beaux produits et le poisson ? La Rascasse s'ouvre à vous, face au port. Langoustes exclusivement corses - la spécialité de la maison -, rouget ou chapon : tout est d'une belle fraîcheur et travaillé avec passion par le jeune chef.

Menu 38 € - Carte 55/75 €

quai d'Honneur (au port de Plaisance) - ✆ 04 95 37 06 09 - www.larascasse.corsica - Ouvert d'avril à mi-oct. et fermé lundi sauf de juin à août

La Gaffe

POISSONS ET FRUITS DE MER • CONVIVIAL Ici, les poissons frétillent presque dans l'assiette, et pour cause : le bateau d'un pêcheur local approvisionne chaque jour la Gaffe en produits de la mer et langoustes. Fritures et denti sont à déguster sur la terrasse d'été ; la belle carte des vins contient plus de 700 appellations, dont de nombreux corses.

Menu 29 € (déj.), 39/119 € - Carte 56/134 €

promenade des Quais (quai des pêcheurs) - ✆ 04 95 37 00 12 - www.restaurant-saint-florent.com - Ouvert mi-mars à mi-nov. et fermé merc. sauf juin à sept.

Demeure Loredana

LUXE • PERSONNALISÉ Une demeure de caractère qui rivalise de détails raffinés. La déco mêle les styles... avec style et, dans le salon douillet et cossu, on se prend à rêver de l'Empire des Indes. Et que dire de la vue sur la mer et de la piscine à débordement ?

18 chambres - 195/350 € 195/490 € - 5 suites - 23 €

Cisterninu-Suttanu (Promenade Vincenti) - 04 95 37 22 22 - www.demeureloredana.com - Ouvert 1er mai-25 oct.

La Dimora

LUXE • PERSONNALISÉ Matériaux nobles, authenticité et luxe contemporain discret... Dans l'arrière-pays, cette villa du 18e s. vous reçoit en ami ; la piscine, l'espace bien-être et le jardin invitent délicatement au farniente. Difficile d'imaginer derrière cette maison de caractère la ferme en ruine, qui appartint au Comte de Rolas...

15 chambres - 145/350 € 145/450 € - 2 suites - 21 €

rte de St-Florent, 6 km par D82 et rte d'Oletta - 04 95 35 22 51 - www.ladimora.fr - Ouvert 27 avril-22 oct.

La Roya

TRADITIONNEL • COSY Sur la plage de sable fin de la Roya (accès direct) et dans un jardin ravissant embaumant les senteurs méditerranéennes, cet hôtel récent est un havre de paix. Les lits sont si douillets qu'on pourrait ne plus quitter la chambre, mais la Corse est si belle...

27 chambres - 140/450 € 140/600 € - 5 suites - 25 € - ½ P

plage de la Roya, 1 km par rte de Calvi puis rte secondaire - 04 95 37 00 40 - www.hotelroya.com - Ouvert 25 mars-19 nov.

La Roya - voir les restaurants ci-dessus

Dolce Notte

FAMILIAL • PERSONNALISÉ En bord de mer, une maison corse avec des chambres donnant toutes sur les flots (balcon ou terrasse). Certaines arborent un style marin ; d'autres sont plus contemporaines (galets, voûtes, bois flotté) et toutes sont plaisantes.

20 chambres - 85/176 € 85/176 € - 9 €

rte de Bastia - 04 95 37 06 65 - www.hotel-dolce-notte.com - Ouvert avril-oct.

Tettola

FAMILIAL • FONCTIONNEL Un petit hôtel d'esprit familial donnant sur une plage de galets. Accueil aimable et chambres claires et bien tenues, plus calmes et spacieuses côté mer. Pratique pour l'étape.

29 chambres - 85/156 € 105/186 € - 12 €

1 km au Nord par D81 - 04 95 37 08 53 - www.hoteltettola.com - Ouvert avril-oct.

La Florentine

TRADITIONNEL • PERSONNALISÉ Jardin fleuri, piscine chauffée, plage privée aménagée, chambres fraîches et confortables avec terrasse privative... Autant d'atouts pour ce sympathique établissement de bord de mer.

20 chambres - 60/290 € 60/290 € - 14 €

1 km au Nord par D81 - 04 95 37 00 99 - www.hotellaflorentine.com - Ouvert avril-oct.

Maxime

TRADITIONNEL • FAMILIAL Au cœur de la ville et au bord d'un petit canal (amarrage possible), une bâtisse blanche aux volets bleus et des propriétaires fort accueillants ! Chambres simples, pratiques et propres, le plus souvent avec une loggia ou un balcon.

19 chambres - 59/87 € 59/87 € - 10 €

centre ville - 04 95 37 05 30 - Ouvert début mars-mi nov.

STE-LUCIE-DE-PORTO-VECCHIO

⊠ 20144 (Corse-du-Sud) – Carte régionale n° **8**-B3
▶ Ajaccio 157 km – Ghisonaccia 42 km – Porto-Vecchio 16 km – Sartène 76 km
Carte Michelin 345-F9 – Guide Vert Michelin Corse

La Fleur de Sel

CUISINE MODERNE • CLASSIQUE XX Face à la Méditerranée, une terrasse romantique noyée sous les jasmins, les roses et les oliviers. Cuisine terre et mer réalisée avec des produits triés sur le volet. Le tout à prix doux.

Menu 22 € – Carte 37/52 €

Marine de Pinarello, 3,5 km au Sud-Est par D168 – ☏ 04 95 71 06 49 (réservation conseillée) – Ouvert 1er avril-30 oct.

Le Pinarello

LUXE • CONTEMPORAIN Bel ensemble au luxe discret dans un cadre de rêve. Chambres et suites contemporaines, magnifique vue sur le golfe, centre de soins... et belle piscine couverte ! Au déjeuner, salades et charcuteries corses servies sur la terrasse face à la plage.

28 chambres – †225/1103 € ††240/1154 € – 5 suites – ☕ 26 €

Marine de Pinarello, 3,5 km au Sud-Est par D168 – ☏ 04 95 71 44 39 – www.lepinarello.com – Ouvert de mi-avril à mi-oct.

SANT'ANTONINO

⊠ 20220 (Haute-Corse) – 107 hab. – Alt. 500 m – Carte régionale n° **8**-A1
▶ Bastia 99 km – Ajaccio 155 km – Corte 74 km
Carte Michelin 345-C4

I Scalini

CUISINE CORSE • CONVIVIAL X Dans ce superbe village de Balagne, on accède à ce restaurant par un escalier étroit, avant de s'installer en terrasse sur le toit – réservation impérative ! De là-haut, la vue est tout simplement éblouissante, et l'on se régale des incontournables saveurs corses traditionnelles, ou de plats plus osés... Une adresse à part.

Carte 37/54 €

haut du village – ☏ 04 95 47 12 92 (réservation conseillée) – www.i-scalini.com – Ouvert de mai à sept., fermé le merc. et dim. soir sauf juil.-août

SOLENZARA

⊠ 20145 (Corse-du-Sud) – 1 169 hab. – Carte régionale n° **8**-B3
▶ Ajaccio 118 km – Bonifacio 68 km – Sartène 77 km
Carte Michelin 345-F8

A Mandria

CUISINE TRADITIONNELLE • AUBERGE X L'adresse parfaite pour déguster une bonne cuisine typique de l'île, tant au niveau des viandes – comme cette côte de porc bien parfumée – que de ces belles langoustines fraîches et goûteuses. Quant au décor, il porte fièrement l'héritage de la Corse rurale : mobilier rustique, outils agricoles, charcuteries suspendues...

Menu 25/35 € – Carte 40/55 €

1 km au Nord par rte de Bastia (N198) – ☏ 04 95 57 41 95 – Ouvert de fév. à oct. et fermé dim. soir et lundi hors saison

La Solenzara

TRADITIONNEL • PERSONNALISÉ Grande demeure de style génois (18e s.) entourée d'un jardin. Chambres spacieuses, claires et sobres ; vue sur la mer à l'arrière. Espace bien-être, belle piscine à débordement.

28 chambres – †90/160 € ††90/160 € – ☕ 13 €

quartier du Palais – ☏ 04 95 57 42 18 – lasolenzara.com – Ouvert début avril à fin oct.

Maison Rocca Serra

FAMILIAL • TRADITIONNEL Une grande villa dans un jardin parfaitement entretenu. Avec leur mobilier de famille ou chiné et leurs terrasses privatives, les chambres sont séduisantes... mais le must, c'est l'accès direct aux petites criques situées en contrebas : la Méditerranée est à soi !

4 chambres - 100 € 100 €

Scaffa Rossa, 1,5 km au Nord par rte de Bastia (T10) - 04 95 57 44 41 - Fermé déc. et janv.

ZONZA

20124 (Corse-du-Sud) - 2 482 hab. - Alt. 780 m - Carte régionale n° **8**-B3

Ajaccio 93 km - Bonifacio 67 km - Porto-Vecchio 40 km - Sartène 38 km

Carte Michelin 345-E9

Le Tourisme

AUBERGE • FONCTIONNEL Cet ancien relais de diligences (1875) a conservé sa fontaine d'origine. Chambres sobres et colorées avec balcon. Jardin et belle piscine chauffée avec vue sur la forêt de Zonza. Accueil charmant.

16 chambres - 89/149 € 99/159 € - 12 €

rte de Quenza - 04 95 78 67 72 - www.hoteldutourisme.fr - Ouvert d'avril à oct.

CORTE - 2B (Haute-Corse) ➔ Voir Corse

COSNE-COURS-SUR-LOIRE

✉ 58200 (Nièvre) - 10 551 hab. - Carte régionale n° **4**-A2
Paris 186 km - Auxerre 83 km - Bourges 61 km - Montargis 76 km
Carte Michelin 319-A7 - Guide Vert Michelin Bourgogne

Au Bistrot d'Anatole

CUISINE CLASSIQUE • CONVIVIAL Un bistrot contemporain dans une petite rue du centre-ville. On y savoure des classiques du genre comme ce pressé de poireaux, girolles et canard confit, ou ce médaillon de lotte rôti et caponata de légumes. L'accueil souriant et l'ambiance conviviale achèvent de nous convaincre de la sympathie de l'adresse !

Formule 18 € - Menu 21 € (déj. en semaine), 25/30 €

6 r. Anatole-France - ✆ 03 86 27 12 95 - www.chez-anatole.com - Fermé dim. soir, mardi soir, merc. soir et lundi

à Villechaud 4 km au Sud par D243 - ✉ 58200

Le Chat

CUISINE MODERNE • BISTRO Comment un ancien bar de village - baptisé Le Chat depuis 1856, tout de même - se mue-t-il en bonne table ? Demandez donc au chef, aussi sympathique que travailleur, qui sait faire rimer créativité et convivialité. On en ronronne de plaisir.

Formule 20 € - Menu 24 € (déj. en semaine), 27/45 €

42 r. des Guérins - ✆ 03 86 28 49 03 - Fermé 1 semaine en sept. et en janv., dim. soir, lundi et mardi

LE COTEAU - 42 (Loire) ➔ Voir Roanne

LA CÔTE-ST-ANDRÉ

✉ 38260 (Isère) - 4 838 hab. - Alt. 370 m - Carte régionale n° **23**-B2
Paris 525 km - Grenoble 50 km - Lyon 67 km - La Tour-du-Pin 33 km
Carte Michelin 333-E5 - Guide Vert Michelin Lyon et sa région

Hôtel de France

CUISINE MODERNE • ÉLÉGANT Ce restaurant du cœur de la cité natale de Berlioz se révèle une table de qualité, où le chef compose de belles assiettes modernes en s'appuyant sur les meilleurs produits du terroir local. On se régale d'un homard en nage d'agrumes au sauternes et citrus, ou d'un pigeonneau en croûte d'herbes... Une bonne adresse.

Menu 25 € (déj. en semaine), 36/69 €

15 chambres - †58/87 € ††66/87 € - ☕ 10 €

16 pl. de l'Église - ✆ 04 74 20 25 99 - www.hoteldefrance-csa.fr - Fermé 1 semaine en mai, 1 semaine en juil., 1 semaine à Noël, sam. midi d'oct. à avril, dim. soir et lundi

COTI-CHIAVARI - 2A (Corse-du-Sud) ➔ Voir Corse

COTIGNAC

✉ 83570 (Var) - 2 026 hab. - Alt. 262 m - Carte régionale n° **21**-C3
Paris 834 km - Marseille 84 km - Toulon 69 km - Hyères 73 km
Carte Michelin 340-L4

Le Mas de Cotignac

FAMILIAL • TENDANCE Une maison d'hôtes aux chambres joliment décorées, entourée d'oliviers. Les températures douces permettent de profiter de la piscine chauffée (jacuzzi, sauna). Table d'hôtes le soir, garnie des fruits et légumes du potager. Confitures maison et figues au sirop du jardin au petit-déjeuner.

4 chambres ☕ - †100/125 € ††100/125 €

2930 rte de Carcès - ✆ 06 80 30 36 55 - www.lemasdecotignac.fr

COTINIÈRE - 17 (Charente-Maritime) ➜ Voir Île d'Oléron

COUDEKERQUE-BRANCHE - 59 (Nord) ➜ Voir Dunkerque

COUËRON - 44 (Loire-Atlantique) ➜ Voir Nantes

COUILLY-PONT-AUX-DAMES

✉ 77860 (Seine-et-Marne) - 2 169 hab. - Alt. 50 m - Carte régionale n° **10**-C2
Paris 45 km - Coulommiers 20 km - Lagny-sur-Marne 12 km - Meaux 9 km
Carte Michelin 312-G2 - Guide Vert Michelin Île-de-France

✿ Auberge de la Brie (Alain Pavard)

CUISINE MODERNE · ÉLÉGANT XX Parmi les atouts que compte cette coquette maison briarde : son cadre contemporain raffiné, sa délicieuse cuisine actuelle personnalisée et son accueil tout sourire.

➜ Tourteau émietté, mangue et mousseline d'avocat, pain de mie croustillant. Ris de veau braisé au jus, champignons de saison et mijotée de légumes. Chocolat et praliné en crousti-fondant.

Formule 40 € - Menu 55/85 € - Carte 80/100 €

14 av. Alphonse-Boulingre, D436
- ✆ 01 64 63 51 80 (réservation conseillée) - www.aubergedelabrie.net
- Fermé 30 avril-9 mai, 30 juil.-29 août, 24 déc.-2 janv., mardi midi, dim. et lundi

COUIZA

✉ 11190 (Aude) - 1 155 hab. - Alt. 228 m - Carte régionale n° **12**-B3
Paris 785 km - Carcassonne 41 km - Foix 75 km - Perpignan 88 km
Carte Michelin 344-E5

Château des Ducs de Joyeuse

CUISINE MODERNE · RUSTIQUE XX Revisiter la tradition et célébrer la gourmandise : tel est le crédo du jeune chef de cette sympathique maison. En bon passionné, il privilégie les produits locaux (truite de Gesse, légumes et fromages bio des environs). Le passé rencontre le présent, et c'est une réussite !

Menu 36/83 € - Carte 54/86 €

allée Georges Roux
- ✆ 04 68 74 23 50 - www.chateau-des-ducs.com
- Ouvert 8 avril-1er nov. et fermé le midi sauf sam. et dim.

Château des Ducs de Joyeuse

DEMEURE HISTORIQUE · TRADITIONNEL Construit sous la Renaissance (16e s.), ce beau château fortifié n'en est pas moins totalement médiéval. Tours, pierres, poutres, baldaquins, salles voûtées... le tableau est complet. Et le parc, qui longe joliment la rivière, ne met pas moins en joie ! Insolite : le caveau de dégustation dans l'ancienne chapelle.

35 chambres - †118/156 € ††118/275 € - ☕ 16 € - ½ P

allée Georges Roux - ✆ 04 68 74 23 50 - www.chateau-des-ducs.com
- Ouvert 8 avril-1er nov.

Château des Ducs de Joyeuse - voir les restaurants ci-dessus

COULANDON - 03 (Allier) ➜ Voir Moulins

COULANGES-LA-VINEUSE

✉ 89580 (Yonne) - 916 hab. - Alt. 193 m - Carte régionale n° **4**-B1
Paris 180 km - Auxerre 15 km - Avallon 42 km - Clamecy 33 km
Carte Michelin 319-E5

J'MCA N

CUISINE MODERNE • CONVIVIAL Une cuisine actuelle soignée, goûteuse et bien ficelée, qui laisse s'épanouir librement d'excellents produits : voilà ce qui vous attend dans cette maison familiale installée à deux pas de l'église et de la place du village. Quant au décor, avec tableaux contemporains et plantes vertes, il ne manque pas non plus de charme.

Formule 15 € - Menu 18 € (déj. en semaine), 24/40 € - Carte 30/40 €

12 r. André-Vildieu - 03 86 34 33 41 - www.jmca-restaurant.fr - Fermé vacances de fév., 2 semaines en août, dim. soir, mardi soir, merc. soir et lundi

COULOMBIERS

86600 (Vienne) - 1 081 hab. - Alt. 141 m - Carte régionale n° **20**-C2

Paris 352 km - Couhé 25 km - Lusignan 8 km - Parthenay 44 km

Carte Michelin 322-H6

Auberge Le Centre Poitou

CUISINE TRADITIONNELLE • RUSTIQUE Depuis 1870, la même famille tient cet auberge qui fut autrefois un relais de poste et y cultive le sens de l'accueil. Dans l'assiette, on se régale d'une cuisine plutôt classique, concoctée avec des produits soigneusement choisis. Tout est fait maison, même les viennoiseries du petit-déjeuner pour les résidents...

Formule 17 € - Menu 31/85 € - Carte 59/76 €

13 chambres - 55/95 € 60/130 € - 12 €

39 r. Nationale - 05 49 60 90 15 - www.centre-poitou.com - Fermé 20 fév.-7 mars, 25-29 juin, 26 sept.-12 oct., mardi midi, dim. soir et lundi

COULON

79510 (Deux-Sèvres) - 2 238 hab. - Alt. 6 m - Carte régionale n° **20**-B2

Paris 418 km - Fontenay-le-Comte 25 km - Niort 11 km - La Rochelle 63 km

Carte Michelin 322-C7 - Guide Vert Michelin Poitou-Charentes

Le Central

CUISINE MODERNE • AUBERGE Pour une escapade champêtre au cœur de la Venise verte : poutres blanchies, mobilier patiné par les ans... La cuisine navigue entre tradition et tendances, autour de quelques produits fétiches : anguilles, escargots, fromage de chèvre, etc. Une valeur sûre, petite boussole dans la géographie gourmande poitevine.

Formule 18 € - Menu 22 € (semaine), 31/46 € - Carte 40/57 €

Hôtel Le Central, 4 r. d'Autremont - 05 49 35 90 20 - www.hotel-lecentral-coulon.com - Fermé 13 fév.-7 mars, 2-16 oct., dim. soir et lundi

Le Central

AUBERGE • COSY Au cœur de ce charmant petit village de la Venise verte, des chambres chaleureuses, revues dans un esprit campagnard chic (mobilier patiné, ciels de lit ou boiseries, etc.) : cette auberge familiale - depuis trois générations - a su évoluer avec son temps !

13 chambres - 67/73 € 78/97 € - 10 € - ½ P

4 r. d'Autremont - 05 49 35 90 20 - www.hotel-lecentral-coulon.com - Fermé 1 semaine fin fév.

Le Central - voir les restaurants ci-dessus

Au Marais

TRADITIONNEL • FONCTIONNEL Face à l'embarcadère pour le Marais mouillé, deux anciennes maisons de bateliers transformées en hôtel. Agréables chambres mêlant classique et contemporain, certaines avec vue sur la Sèvre.

18 chambres - 72/79 € 82/93 € - 9 €

46 quai Louis-Tardy - 05 49 35 90 43 - www.hotel-marais-poitevin.com - Fermé 1er nov. -31 mars

COUPELLE-VIEILLE

✉ 62310 (Pas-de-Calais) - 598 hab. - Alt. 147 m - Carte régionale n° **16**-A2
Paris 232 km - Abbeville 58 km - Arras 64 km - Boulogne-sur-Mer 48 km
Carte Michelin 301-F4

Le Fournil

CUISINE TRADITIONNELLE • COSY Les apparences sont parfois trompeuses ! Ainsi, Le Fournil n'est pas installé dans une ancienne boulangerie mais dans un relais de poste du 19e s. On y savoure une cuisine traditionnelle accompagnée de bons vins... Terrasse avec vue sur le jardin.

Formule 17 € - Menu 20 € (semaine), 28/38 € - Carte 34/56 €

r. de St-Omer - ✆ 03 21 04 47 13 - www.restaurant-lefournil.com - Fermé mardi soir, dim. soir et lundi

COURBAN

✉ 21520 (Côte-d'Or) - 169 hab. - Alt. 262 m - Carte régionale n° **4**-C1
Paris 252 km - Dijon 101 km - Chaumont 43 km - Langres 58 km
Carte Michelin 320-I2

Château de Courban

CUISINE TRADITIONNELLE • ÉLÉGANT Un chef japonais, Takashi Kinoshita, officie depuis 2015 aux fourneaux de ce Château de Courban où l'élégance est la règle. Fort d'une expérience riche et variée, il compose une cuisine bien dans l'air du temps, et n'hésite pas pour cela à s'appuyer sur les bons produits du terroir bourguignon... Une réussite !

Menu 47/89 € - Carte 64/100 €

7 r. du Lavoir - ✆ 03 80 93 78 69 - www.chateaudecourban.com - fermé le midi

Château de Courban

DEMEURE HISTORIQUE • PERSONNALISÉ Charmante, champêtre, authentique et confortable : telle est cette belle gentilhommière de 1837. Les jardins, la piscine à débordement et le spa ajoutent encore au cachet du lieu. Et l'on est reçu comme dans une maison de famille... Sympathique !

24 chambres - 99/399 € 99/399 € - 19 € - ½ P

7 r. du Lavoir - ✆ 03 80 93 78 69 - www.chateaudecourban.com

Château de Courban - voir les restaurants ci-dessus

COURCELLES-DE-TOURAINE

✉ 37330 (Indre-et-Loire) - 511 hab. - Alt. 85 m - Carte régionale n° **6**-A2
Paris 267 km - Angers 74 km - Chinon 46 km - Saumur 46 km
Carte Michelin 317-K4

au golf 7 km à l'Est dir. Ambillou puis Château La Vallière - ✉ 37330 Courcelles-de-Touraine :

Château des Sept Tours

DEMEURE HISTORIQUE • CLASSIQUE Ce beau château du 15e s., entouré d'un golf 18 trous, est impressionnant avec ses... sept tours ! Chambres agréables et fonctionnelles. Cuisine gastronomique servie dans une salle bourgeoise ou sous la véranda. Petite restauration au Club House, situé dans une ancienne chapelle.

22 chambres - 119/229 € 119/229 € - 17 € - ½ P

Le Vivier des Landes, D34 - ✆ 02 47 24 69 75 - www.7tours.com - Fermé 1er déc.- 4 janv.

COURCELLES-SUR-VESLE

✉ 02220 (Aisne) - 365 hab. - Alt. 75 m - Carte régionale n° **19**-C2
Paris 122 km - Fère-en-Tardenois 20 km - Laon 35 km - Reims 39 km
Carte Michelin 306-D6

Château de Courcelles

CUISINE MODERNE • CLASSIQUE Noble demeure que ce château hérité du Grand Siècle, fastueux sans être opulent, et recélant un beau jardin d'hiver, d'inspiration Second Empire. Ce décor prête à un élégant moment, autour de recettes inspirées par les tendances et accompagnées d'un impressionnant choix de vins.

Formule 55 € – Menu 60/165 € – Carte 115/137 €

8 r. du Château – 03 23 74 13 53 – www.chateau-de-courcelles.fr

Château de Courcelles

DEMEURE HISTORIQUE • CLASSIQUE De longues enfilades de fenêtres, des toits à la Mansart, des allées de buis taillé... la parfaite image d'un château français du 17e s., fréquenté en leurs temps par Crébillon, Rousseau ou encore Cocteau. Grand style dans les chambres et belles prestations.

15 chambres – 225/475 € 225/475 € – 3 suites – 25 € – ½ P

8 r. du Château – 03 23 74 13 53 – www.chateau-de-courcelles.fr

Château de Courcelles – voir les restaurants ci-dessus

ON AIME...

Ce rassemblement de**tables étoilées** à très haute altitude : unique au monde ! Le célébrissime **Chabichou**, et son bistrot le **Chabotté**, ouverts hiver comme été. **Le Génépi**, son chef originaire d'ici et son ambiance conviviale et chaleureuse. **Le Farçon**, véritable antidote local contre le bling-bling...

COURCHEVEL

✉ 73120 (Savoie) - Carte régionale n° **23**-D2
▶ Paris 660 km - Albertville 52 km - Chambéry 99 km - Moûtiers 25 km
Carte Michelin 333-M5 - Guide Vert Michelin Alpes du Nord

à Courchevel 1850 - ✉ 73120 - Alt. 1 850 m

✿✿✿ Le 1947

CUISINE MODERNE • DESIGN XXXX 1947 : le millésime mythique du Cheval Blanc... et le nombre de superlatifs dont on aurait besoin pour célébrer cette table à sa juste valeur. Yannick Alléno y délivre une superbe partition de cuisine contemporaine, où la créativité et l'audace technique (avec, notamment, de sublimes sauces) sont tout entières guidées par la recherche des saveurs. Une leçon !

➜ Navet blanc en soupe freneuse moderne et Saint-Jacques en vapeur florale. Agneau élevé sous la mère, diamant noir en surprise, et crozets voilés de fontine. Charlotte savoyarde flambée à la gnole de coing.

Menu 395 € - Carte 170/345 €

Plan : AB3-m - *Hôtel Cheval Blanc, au Jardin Alpin*
- *✆ 04 79 00 50 50 - www.chevalblanc.com*
- *Ouvert 9 déc.-9 avril*

✿✿ Pierre Gagnaire pour les Airelles

CUISINE CRÉATIVE • CHIC XXXX Dans le décor fastueux des Airelles, rendant hommage à Sissi, une avalanche de saveurs ! Rien ne semble pouvoir brider l'inventivité de Pierre Gagnaire et de ses équipes : produits rares et superbes, mariages subtils et inattendus, etc. Une leçon de liberté, mais qui a un prix.

➜ Jardin marin. Le "grand menu Pierre Gagnaire". Biscuit soufflé pistache.

Menu 265 € - Carte 315/375 €

Plan : B3-h - *Hôtel Les Airelles, au Jardin Alpin*
- *✆ 04 79 00 38 38 - www.airelles.fr*
- *Ouvert 15 déc.-2 avril et fermé sam., dim. et le midi*

Une bonne table sans se ruiner ? Repérez les Bib Gourmand ☺.

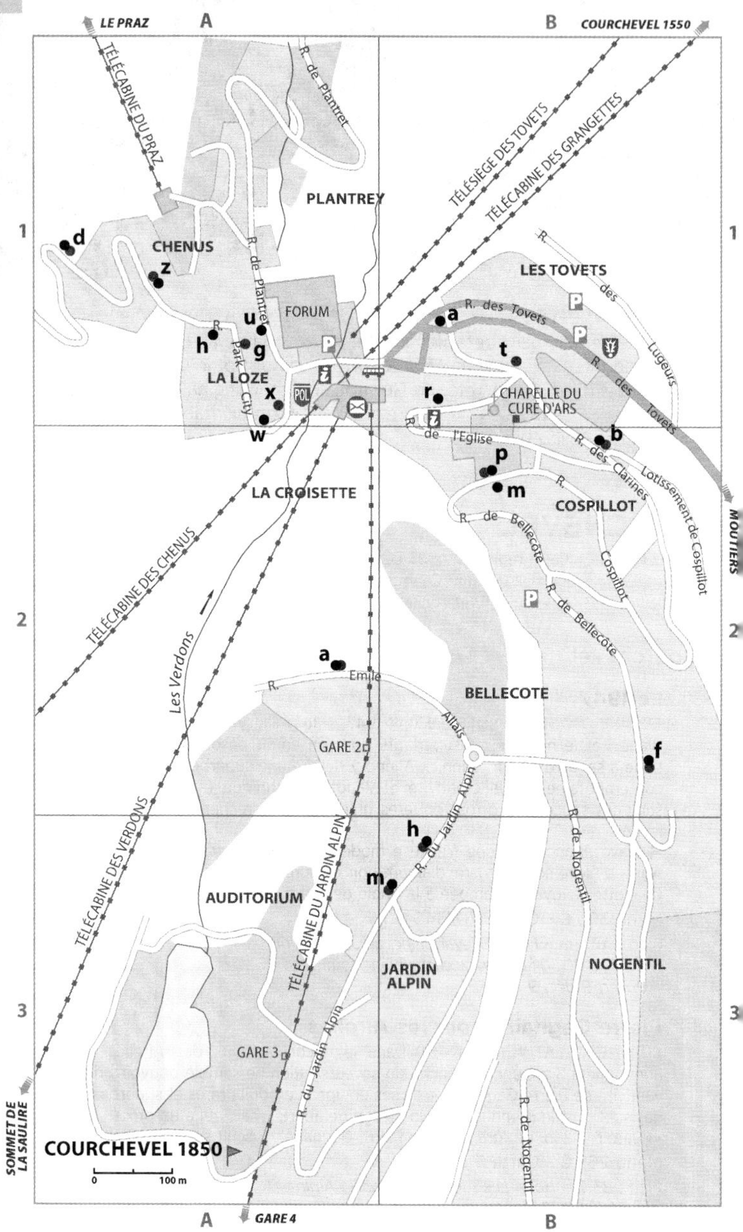
LE PRAZ
A
B
COURCHEVEL 1550
TÉLÉCABINE DU PRAZ
R. de Plantret
PLANTREY
TÉLÉSIÈGE DES TOVETS
TÉLÉCABINE DES GRANGETTES
CHENUS
LES TOVETS
R. des Lugeurs
FORUM
R. de Plantret
R. des Tovets
R. Park City
LA LOZE
CHAPELLE DU CURÉ D'ARS
R. de l'Eglise
R. des Clarines
Lotissement de Cospillot
LA CROISETTE
COSPILLOT
R. de Bellecôte
MOUTIERS
TÉLÉCABINE DES CHENUS
Les Verdons
R. Emile Allais
BELLECOTE
GARE 2
TÉLÉCABINE DES VERDONS
TÉLÉCABINE DU JARDIN ALPIN
R. du Jardin Alpin
R. de Nogentil
AUDITORIUM
JARDIN ALPIN
NOGENTIL
GARE 3
SOMMET DE LA SAULIRE
COURCHEVEL 1850
0
100 m
GARE 4
1
2
3
d
z
u
h
g
x
w
a
t
r
b
p
m
f
h
m
a

✿✿ Le Kintessence

CUISINE MODERNE • INTIME XXXX Qualité des ingrédients, harmonie des recettes, agencement harmonieux des saveurs, esthétique des assiettes : cette cuisine séduit, qui joue avec subtilité l'alliance du terroir et de certains produits nobles (truffe d'alba, homard bleu). On apprécie également l'ambiance feutrée des lieux et la discrétion du service.

➜ Poireau cuit à l'étouffé, féra de lac fumée, grenobloise à l'angélique. Agneau de Tarentaise confit et laqué au jus de navarin, navet glacé et agastache. Crème au safran des Bauges, sorbet pamplemousse rouge-bière blanche.

Menu 195/300 € - Carte 190/290 €

Plan : B2-b - *Hôtel le K2, 238 r. des Clarines - ✆ 04 79 40 08 80 - www.lek2palace.com - Ouvert de mi-déc. à mi-avril et fermé le midi et lundi*

✿✿ Le Montgomerie

CUISINE CRÉATIVE • ÉLÉGANT XXX Une vue magnifique sur les sommets et... une cuisine qui s'en approche également ! Des produits de grande qualité, une technique impeccable, des accords de saveurs imparables : les sens sont à la fête. Le service prévenant et le cadre chaleureux (bois brut, cheminée, bel espace) ajoutent à l'agrément du moment.

➜ Saint-Jacques et huître crue, cédrat au gingembre et caviar de Sologne. Cochon de lait ibérique rôti et confit, sablé de champignons au parmesan. Chocolat de Cuba mousseux et crémeux, sorbet gingembre-orange.

Menu 195/300 € - Carte 185/275 €

Hors plan - *Hôtel K2 Altitude, 356 rte de l'Altiport - ✆ 04 79 01 46 46 - www.lek2altitude.com - Ouvert de mi-déc. à mi-avril et fermé le midi et sam.*

✿✿ Le Chabichou (Michel Rochedy)

CUISINE CLASSIQUE • ÉLÉGANT XXX Le Chabichou, c'est avant tout une cuisine empreinte de classicisme, où les produits nobles tiennent le premier rang et où les mets sont composés dans les règles de l'art : au service des saveurs, tout simplement. Décor montagnard, comme il se doit.

➜ Poireau de Cognin servi tiède en vinaigrette de truffes, huîtres chaudes poêlées. Poitrine de cochon de nos montagnes confite et caramélisée à la verveine. Petit macaron mont-blanc, crème de mascarpone et glace au vieux rhum.

Menu 70 € (déj.), 105/230 € - Carte 205/255 €

Plan : A1-z - *Hôtel Le Chabichou, 90 rte des Chenus - ✆ 04 79 08 00 55 - www.chabichou-courchevel.com - Ouvert juil.-août et déc.-avril*

✿ Le Strato

CUISINE MODERNE • ÉLÉGANT XXX Le ski alpin pourrait symboliser la cuisine du Strato, qui slalome avec précision et élégance entre influences hivernales et inspirations provençales, la table étant affiliée au fameux Oustaù de Baumanière, des Baux-de-Provence. À noter : au déjeuner, on profite d'une formule plus décontractée.

➜ Ravioles de homard à la mangue et à l'estragon. Gigot d'agneau de lait à la broche piqué d'ail et d'anchois, gratin dauphinois. Millefeuille Baumanière.

Menu 220 € - Carte 140/200 €

Plan : B2-f - *Hôtel Le Strato, rte de Bellecôte - ✆ 04 79 41 51 80 - www.hotelstrato.com - Ouvert 9 déc.-2 avril*

1850

CUISINE TRADITIONNELLE • ÉLÉGANT XXX En haut de la station, ce chalet de bois et de pierre a l'art de séduire en toute discrétion ! Le chef rend hommage aux bons produits, agrémentés parfois d'une touche méditerranéenne, comme avec ce bar de ligne et langoustines, risotto de pommes de terre au citron confit et coques, et bâtonnets de chorizo juste poêlés.

Menu 70/125 € - Carte 90/165 €

Plan : A1-d - *Hôtel La Sivolière, r. des Chenus - ✆ 04 79 08 08 33 - www.hotel-la-sivoliere.com - Ouvert 16 déc.-17 avril et fermé le midi*

Le Comptoir de l'Apogée

CUISINE MODERNE • LUXE XXX Dans le cadre exceptionnel de l'hôtel Apogée, cette brasserie chic tient ses promesses, à travers une cuisine soignée et savoureuse ; on profite aussi des excellents vins et fromages des caves maison, et d'un service aimable et efficace.

Carte 123/240 €

Plan : A2-a – *Hôtel L'Apogée, 5 r. Emile Allais (au Jardin Alpin) – ☎ 04 79 04 01 04 – www.lapogeecourchevel.com – Ouvert 11 déc.-3 avril et fermé le midi*

La Table du Lana

CUISINE MODERNE • ÉLÉGANT XXX Rénovée et redécorée, la table gastronomique du Lana conserve toujours un charme particulier. Au menu, on trouve une bonne cuisine actuelle se basant notamment sur des produits nobles. Belle carte des vins.

Menu 80 € (dîner) – Carte 90/160 €

Plan : B2-p – *Hôtel Le Lana, rte de Bellecôte – ☎ 04 79 08 01 10 – www.lelana.com – Ouvert de mi-déc. à mi-avril*

La Saulire

CUISINE TRADITIONNELLE • AUBERGE XX Un décor tout de bois blond, rehaussé de vieux objets montagnards... C'est dans ce cadre authentique et chaleureux qu'il faut être vu à Courchevel, en atteste le passage de la jet-set et des têtes couronnées ! Carte traditionnelle au déjeuner, plus sophistiquée au dîner, où la truffe du Périgord est à l'honneur.

Formule 28 € – Menu 36 € (déj.) – Carte 64/139 €

Plan : B1-t – *pl. du Rocher – ☎ 04 79 08 07 52 – www.lasaulire.com – Ouvert 1er déc.-25 avril*

O'Boya N

STEAKHOUSE • MONTAGNARD X O'Boya, c'est le bœuf en savoyard. Un nom qui ne doit rien au hasard : la carte, très courte, ravira les amateurs de filets et autres côtes de bœuf... pratiquement toujours cuits à la cheminée ! Et il y a aussi du poisson, à l'instar de ce tartare de saumon minute d'une saisissante fraîcheur.

Carte 58/99 €

Plan : A1-g – *r. Park-City – ☎ 04 79 04 23 17 – Ouvert 10 déc.-20 avril et fermé le midi*

Le Chabotté

CUISINE TRADITIONNELLE • CONVIVIAL X Le Chabotté du Chabichou ? Une formule assez futée, créée dans une extension contemporaine construite... sous les pistes de ski. Après l'effort, le réconfort : tartiflette, raclette et viandes à la broche (entrecôte, gigot d'agneau, etc.).

Formule 27 € – Menu 31 € – Carte 45/70 €

Plan : A1-z – *Hôtel Le Chabichou, 90 rte des Chenus – ☎ 04 79 01 46 86 – www.chabichou-courchevel.com – Fermé 1er mai-15 juin*

Le K 2

PALACE • DESIGN C'est incontestablement l'un des joyaux de la station ! Personnel d'un grand professionnalisme et prestations d'excellence attendent les clients de cet établissement de 20 000 m², qui s'enorgueillit d'un superbe spa, d'une salle de cinéma, et de belles chambres au luxe sans ostentation. Un vrai paradis montagnard...

34 chambres – †900/7700 € ††900/7700 € – 8 suites – ½ P

Plan : B2-b – *238 r. des Clarines – ☎ 04 79 40 08 80 – www.lek2palace.com – Ouvert de mi-déc. à mi-avril*

✿✿ **Le Kintessence** – voir les restaurants ci-dessus

Les Airelles

PALACE • PERSONNALISÉ Le palace des neiges par excellence. Derrière le ballet des voituriers en tenue de chasseur alpin et la magnifique façade de style austro-hongrois, tout n'est que luxe et raffinement : un superbe univers à la tyrolienne, ouaté comme un tapis de neige et... infiniment chaleureux. Quant au service, il est bien digne d'un tel établissement.

37 chambres – ½ P seult 1100/2700 € – 15 suites

Plan : B3-h – *au Jardin Alpin – ✆ 04 79 00 38 38 – www.airelles.fr – Ouvert 15 déc.-2 avril*

✿✿ **Pierre Gagnaire pour les Airelles** – voir les restaurants ci-dessus

Cheval Blanc

PALACE • PERSONNALISÉ Du nom du célèbre château bordelais, un hôtel très "grand cru" ! Au sortir des pistes, on se réfugie avec plaisir dans ce chalet aménagé dans un superbe esprit contemporain, qui investit et réinvente tout l'imaginaire de l'hiver... Luxe et confort dans les moindres détails, avec un spa délicieux et deux restaurants pour toutes les envies.

32 chambres – †1635/2195 € ††2000/3165 € – 4 suites – ½ P

Plan : AB3-m – *au Jardin Alpin – ✆ 04 79 00 50 50 – www.chevalblanc.com – Ouvert 9 déc.-9 avril*

✿✿✿ **Le 1947** – voir les restaurants ci-dessus

L'Apogée

LUXE • MONTAGNARD La déco de cet établissement flambant neuf est signée par les fameux Joseph Dirand et India Mahdavi, au style inimitable : lignes rétro tout en rondeurs et notes colorées ! Après une journée sur les pistes – dont l'accès est direct –, le refuge se révèle aussi raffiné que cosy.

35 suites – ½ P seult 950/8800 € – 20 chambres

Plan : A2-a – *5 r. Emile Allais (au Jardin Alpin) – ✆ 04 79 04 01 04 – www.lapogeecourchevel.com – Ouvert 16 déc.-2 avril*

Le Comptoir de l'Apogée – voir les restaurants ci-dessus

Le K2 Altitude

GRAND LUXE • COSY Bois vieillis, tissus chauds, cheminées... Tout le charme des Alpes est ici rendu avec un grand raffinement : ainsi culmine ce K2 Altitude, véritable hameau de montagne constitué d'une collection de chalets. Équipements high-tech et confort absolu : un sommet pour les sports d'hiver.

32 chambres – †790/6600 € ††790/6600 € – 18 suites – ½ P

Hors plan – *356 rte de l'Altiport – ✆ 04 79 01 46 46 – www.lek2altitude.com – Ouvert de mi-déc. à mi-avril*

✿✿ **Le Montgomerie** – voir les restaurants ci-dessus

Le Strato

GRAND LUXE • CONTEMPORAIN À quelques pas du centre de la station, ce chalet associe luxe, grand confort et esprit sportif : spa de 800 m², mobilier design, pièces anciennes, décor mélangeant contemporain et baroque, vue sur la vallée et... accès direct aux pistes. Pour les rois de la glisse !

14 suites – ½ P seult 980/4610 € – 12 chambres

Plan : B2-f – *rte de Bellecôte – ✆ 04 79 41 51 60 – www.hotelstrato.com – Ouvert 9 déc.-2 avril*

✿ **Le Strato** – voir les restaurants ci-dessus

Le Lana

GRAND LUXE • CONTEMPORAIN L'un des premiers hôtels de la station ! Un soin tout particulier a été apporté aux décors – design et ultracossus – des chambres et des suites. Quant au spa, il est si agréable qu'il en ferait presque oublier les joies du ski...

55 chambres – ½ P seult 345/605 € – 30 suites

Plan : B2-p – *rte de Bellecôte – ✆ 04 79 08 01 10 – www.lelana.com – Ouvert mi-déc. à mi-avril*

La Table du Lana – voir les restaurants ci-dessus

Annapurna

LUXE • MONTAGNARD Cet Annapurna-là n'a presque rien à envier à celui de l'Himalaya ! L'hôtel – le plus haut de la station – tutoie les cimes, dans un environnement immaculé. Décor d'esprit montagnard dans les chambres, qui dominent les pistes côté sud. Depuis la grande salle du restaurant ou sa terrasse, on admire la Saulire tout en reprenant des forces (cuisine traditionnelle).

63 chambres – 575/1455 € 590/1455 € – 8 suites – ½ P

Hors plan – *rte de l'Altiport (Plan : Z) – 04 79 08 04 60 – www.annapurna-courchevel.com – Ouvert de mi-déc. à mi-avril*

Saint-Roch

LUXE • MONTAGNARD Un hôtel ostensiblement chic et moderne, au décor parfois détonant et à la personnalité bien affirmée ! Dans les chambres règne une ambiance de chalet feutré ; chacune d'entre elles possède son propre hammam et des équipements high-tech... Dépaysant !

19 suites – ½ P seult 295/1005 € – 5 chambres

Plan : B2-m – *rte de Bellecôte – 04 79 08 02 66 – www.lesaintroch.com – Ouvert de mi-déc. à mi-avril*

Le Chabichou

LUXE • PERSONNALISÉ Telle une hermine qui se pare de blanc l'hiver venu, un grand chalet immaculé comme la neige... Jolie osmose avec la montagne pour cet hôtel cossu, au décor très savoyard et chaleureux (omniprésence du bois). Et après une journée de ski, rien de tel pour se délasser qu'un passage au spa de 1 200 m^2 !

36 chambres – 144/2190 € 180/2190 € – 5 suites

Plan : A1-z – *90 rte des Chenus – 04 79 08 00 55 – www.chabichou-courchevel.com – Ouvert juil.-août et déc.-avril*

Le Chabichou • **Le Chabotté** – voir les restaurants ci-dessus

Les Suites de la Potinière

GRAND LUXE • ÉLÉGANT Luxe discret, raffinement et élégance en cet hôtel contemporain proche de la Croisette. Suites spacieuses dont certaines avec cheminée, œuvres d'art dans le hall, etc. Midi et soir, les skieurs peuvent se restaurer au séduisant bar-lounge.

12 chambres – 1000/2800 € 1000/2800 € – 4 suites – 39 €

Plan : A1-u – *r. de Plantret – 04 79 08 00 16 – www.suites-potiniere.com – Ouvert 10 déc.-10 avril*

La Sivolière

GRAND LUXE • ÉLÉGANT Sur les hauteurs de la station, au grand calme, ce chalet de caractère distille un charme sûr. Décor contemporain et raffiné dans les espaces communs ; montagnard et cosy dans les chambres. Les must : le spa et la piscine face à la forêt.

23 chambres – 555/1240 € 590/1390 € – 12 suites – ½ P

Plan : A1-d – *r. des Chenus – 04 79 08 08 33 – www.hotel-la-sivoliere.com – Ouvert 16 déc.-17 avril*

1850 – voir les restaurants ci-dessus

White 1921 (N)

TRADITIONNEL • DESIGN Au cœur de Courchevel 1850, ce petit dernier du groupe LVMH, dessiné par Jean-Michel Wilmotte, joue l'épure et le minimalisme autour d'une couleur référente : le blanc. Certaines chambres disposent de balcons ou terrasses, avec vue sur la Saulire au sud, ou sur la vallée au nord.

26 chambres – 300/1100 € 300/1100 €

Plan : B1-r – *r. du Rocher – 04 79 00 27 00 – www.white1921.com – Ouvert 15 déc.-9 avril*

La Loze

TRADITIONNEL · MONTAGNARD Hôtel tourné vers les pistes, autrichien dans l'âme : bois couleur pain d'épice, chambres cosy ornées de frises et personnel en costume tyrolien. En rentrant du ski, les skieurs peuvent même profiter d'un bon goûter... Une certaine idée du bonheur !

28 chambres - 240/640 € 240/640 € - 1 suite

Plan : A1-w - *r. Park-City - 04 79 08 28 25 - www.la-loze.com - Ouvert 9 déc.-17 avril*

Hôtel des Trois Vallées

TRADITIONNEL · ÉLÉGANT À deux pas de l'animation du centre de "Courch'", cet hôtel a été entièrement rénové dans un esprit vintage, avec quelques éléments de mobilier rappelant les années 1950. Une décoration harmonieuse, des chambres confortables avec balcon... et les pistes juste devant la porte !

31 chambres - 350/2480 € 350/2480 € - 17 €

Plan : A1-h - *r. Park-City - 04 79 08 00 12 - www.hoteldestroisvallees.com - Ouvert 11 déc.-fin avril*

Les Monts Charvin

FAMILIAL · COSY Un petit hôtel familial et authentique, au cœur même de la station : coquette décoration alpestre, salon avec feu de cheminée, tenue impeccable.

19 chambres - 65/195 € 95/450 € - 17 €

Plan : B1-a - *impasse des Verdons - 04 79 04 19 10 - www.lesmontscharvin-courchevel1850.com - Fermé 18 avril-1er juin*

La sélection de ce guide s'enrichit avec vous : vos découvertes et vos commentaires nous intéressent ! Coup de coeur ou coup de colère, écrivez-nous sur notre site Michelin Restaurants : restaurant.michelin.fr

à Courchevel-Moriond 1650 4 km à l'Est

Manali

LUXE · CONTEMPORAIN Du nom d'un village himalayen, un luxueux chalet mâtiné d'exotisme : au gré des chambres, le bois montagnard rencontre des inspirations indiennes (frises sculptées) ou canadiennes (rondins de bois), et le restaurant décline le thème Bollywood. Dépaysement garanti !

33 chambres - 440/1810 € 450/1820 € - 4 suites - ½ P

r. de la Rosière - 04 79 08 07 07 - www.hotelmanali.com - Ouvert 16 déc.-2 avril

Le Portetta

TRADITIONNEL · MONTAGNARD Aux pieds des pistes, cet hôtel offre un décor montagnard on ne peut plus cosy, avec espace détente (fitness, hammam, spa, sauna, etc.), terrasse ensoleillée, accueil aimable... Un bien agréable refuge. Cuisine italienne (avec four à pizza) au restaurant.

38 chambres - ½ P seult 220/420 € - 6 suites

r. du Marquis - 04 79 08 01 47 - www.leportetta.com - Ouvert 10 déc.-15 avril

Le Seizena

TRADITIONNEL · CONTEMPORAIN Un hommage original et réussi au Cessna et à l'aéronautique : chambres modernes évoquant des cabines, salles de bains façon cockpit, hélices, maquettes d'avions...

20 chambres - 240/375 € 240/375 €

- 04 79 08 26 36 - www.hotelseizena.com - Ouvert de mi-déc. à mi-avril

au Praz (Courchevel 1300) 8 km à l'Est - ✉ 73120 St Bon Tarentaise

Azimut (François Moureaux)

CUISINE MODERNE • RÉGIONAL XX Une adresse sympathique, aux prix mesurés, où l'on déguste une cuisine très sûre, simple et actuelle, à base d'excellents produits. Le tout accompagné de bons vins du Jura – région où l'établissement prend ses quartiers d'été. Accueil très aimable.

➜ Filet de féra cuit au four, mousseux au vin jaune et émulsion au curry. Mignon de veau cuit à basse température, sauce à la reine-des-prés et strates de légumes. Flocon des îles, noix de coco, ananas et mangue.

Menu 35 € (déj.), 49/95 € - Carte 60/100 €

Immeuble l'Or Blanc - ✆ 04 79 06 25 90 (réservation conseillée) - www.restaurantazimut.com - Ouvert de mi-déc. à fin avril et fermé lundi midi et merc. midi

Le Bistrot du Praz

CUISINE MODERNE • MONTAGNARD X Un ancien second du Cheval Blanc (à Courchevel) a repris les rênes de cette maison sympathique, située légèrement en retrait de la route. Dans l'assiette, on trouve une cuisine gourmande et soignée, qui oscille entre plats savoyards et créations plus exotiques ; le chef maîtrise bien son sujet et cela se sent !

Menu 35 € - Carte 40/75 €

- ✆ 04 79 08 41 33 - www.bistrotdupraz.fr - Fermé 3 semaines en mai, 2 semaines en oct., lundi midi, mardi soir et dim.

Les Peupliers

FAMILIAL • MONTAGNARD Cet hôtel familial situé à deux pas d'un petit lac abrite des chambres chaleureuses et lambrissées ; elles sont dotées de balcons côté sud. Accueil sympathique. Jolies boiseries savoyardes et plats traditionnels à La Table de mon Grand-Père.

35 chambres - †90/250 € ††120/470 € - ☕ 20 € - ½ P

- ✆ 04 79 08 41 47 - www.lespeupliers.com - Fermé mai-juin et les week-ends de sept. à nov.

à la Tania 12 km à l'Est - ✉ 73120

Le Farçon (Julien Machet)

CUISINE MODERNE • MONTAGNARD XX Si l'agréable décor façon chalet (dû au père du chef, menuisier de son état) honore la Savoie, la cuisine explore un territoire de saveurs plus large, avec inventivité, soin et finesse. Pour une savoureuse escapade à l'écart de Courchevel.

➜ Langoustine juste saisie, taboulé aux herbes de montagne et jus de crustacés. Porc fermier de Savoie, tatin d'oignon doux des Cévennes et parmesan. Soupe d'ananas et glace à la lie de noix d'Aigueblanche.

Menu 38 € (déj.), 90/110 €

Immeuble le Kalinka - ✆ 04 79 08 80 34 - www.lefarcon.fr - Ouvert de mi-juin à mi-sept. et de mi-nov. à fin avril et fermé lundi en été

COUR-CHEVERNY

✉ 41700 (Loir-et-Cher) - 2 715 hab. - Alt. 86 m - Carte régionale n° **6**-AB1

Paris 194 km - Blois 14 km - Châteauroux 88 km - Orléans 73 km

Carte Michelin 318-F6

Relais des Trois Châteaux

TRADITIONNEL • ÉLÉGANT Ce relais est idéal pour partir à la découverte des châteaux de Blois, Chambord et Cheverny, les joyaux de la Loire ! Une partie des chambres appartenait à un ancien presbytère ; l'ensemble est cosy et décoré avec goût, avec notamment de beaux objets faits à la main en Italie.

36 chambres - †100/255 € ††120/255 € - ☕ 16 € - ½ P

1 pl. Victor-Hugo - ✆ 02 54 79 96 44 - www.relaisdestroischateaux.com

à Cheverny 1 km au Sud - ✉ 41700 - 975 hab. - Alt. 110 m

Château du Breuil

DEMEURE HISTORIQUE • PERSONNALISÉ Visitez Cheverny et logez au Breuil : un parc arboré de 45 ha préserve ce petit château du monde extérieur. Décor soigné ; quelques belles chambres dans l'ancien corps de ferme, côté verger. Cuisine traditionnelle au restaurant.

34 chambres - †120/195 € ††150/255 € - 5 suites - ☕ 16 €

23 rte de Fougères, 3 km à l'Ouest par D52 et voie privée - ✆ 02 54 44 20 20 - www.chateau-hotel-du-breuil.com - Fermé janv.

COURCOURONNES - 91 (Essonne) ➜ Voir Autour de Paris (Évry)

COURLANS - 39 (Jura) ➜ Voir Lons-le-Saunier

COURLAOUX - 39 (Jura) ➜ Voir Lons-le-Saulnier

COURSEULLES-SUR-MER

✉ 14470 (Calvados) - 4 200 hab. - Alt. 5 m - Carte régionale n° **17**-B2
Paris 252 km - Arromanches-les-Bains 14 km - Bayeux 24 km - Cabourg 41 km
Carte Michelin 303-J4 - Guide Vert Michelin Normandie Cotentin

La Pêcherie

POISSONS ET FRUITS DE MER • CONVIVIAL XX Derrière la façade à colombages, un intérieur empreint de nostalgie : horloges, portraits, poutres, jolie verrière... Poissons et crustacés sont à la fête, préparés par un chef qui aime son métier. Quelques chambres, coquettes et personnalisées, sont disponibles pour rester tout près de la plage !

Menu 20 € (semaine), 30/38 € - Carte 36/68 €
7 chambres - †90/150 € ††90/180 € - ☕ 12 €

pl. 6-Juin - ✆ 02 31 37 45 84 - www.la-pecherie.fr - Fermé 5 janv.-27 fév.

LA COURTEIX - 63 (Puy-de-Dôme) ➜ Voir Pontgibaud

COURTENAY

✉ 45320 (Loiret) - 4 075 hab. - Alt. 146 m - Carte régionale n° **6**-D2
Paris 118 km - Auxerre 56 km - Nemours 44 km - Orléans 101 km
Carte Michelin 318-P3

à Ervauville 9 km au Nord-Ouest par N60, D32 et D34 - ✉ 45320 - 573 hab. - Alt. 152 m

Le Gamin

CUISINE MODERNE • ROMANTIQUE XX Pour une soirée romantique, une épicerie du début du 20es. transformée en élégante auberge, avec terrasse et joli jardin. La cuisine, séduisante, emploie volontiers des produits nobles.

Menu 60 € 🍷

Le Bourg - ✆ 02 38 87 22 02 (réservation conseillée) - www.restaurant-le-gamin.fr - Fermé 1er-16 juil., 2-25 nov., dim. soir, lundi, mardi, merc. et jeudi

LA COURTINE

✉ 23100 (Creuse) - 715 hab. - Alt. 789 m - Carte régionale n° **13**-D2
Paris 424 km - Aubusson 38 km - La Bourboule 53 km - Guéret 80 km
Carte Michelin 325-K6

Au Petit Breuil

CUISINE TRADITIONNELLE • CLASSIQUE XX Un restaurant contemporain et lumineux ouvrant sur la verdure, tenu par la même famille depuis sept générations. Salade de ris de veau, foie gras chaud et, en saison, champignons : dans l'assiette, de jolies spécialités traditionnelles et régionales. Chambres fonctionnelles pour l'étape.

Formule 14 € - Menu 18 € (déj. en semaine), 28/48 € - Carte 26/45 €
9 chambres - 58/68 € 58/68 € - 8 €

rte de Felletin - 05 55 66 76 67 - www.lepetitbreuil.com - Fermé 22 déc.-28 janv., vend. soir, dim. soir et lundi

COUTANCES

50200 (Manche) - 9 114 hab. - Alt. 91 m - Carte régionale n° **17**-A2
Paris 335 km - Avranches 52 km - Cherbourg 76 km - St-Lô 28 km
Carte Michelin 303-D5 - Guide Vert Michelin Normandie Cotentin

Côté Saint-Pierre

CUISINE MODERNE • INTIME X À côté de l'église St-Pierre - d'où le nom -, cette maison du 17e s. abrite un sympathique bistrot ! Suggestions à l'ardoise le midi et menus courts le soir mettent en valeur les recettes du chef où les produits de saison côtoient ceux du terroir normand. Cadre rustique.

Formule 15 € - Menu 18 € (déj. en semaine), 25/35 €

55 r. Geoffroy-de-Montbray - 02 33 47 94 78 (réservation conseillée) - www.cote-saint-pierre.fr - Fermé dim. et lundi

Cositel

BUSINESS • FONCTIONNEL Sur les hauteurs de la ville, cet hôtel moderne se révèle agréable : un ensemble bien pensé, fonctionnel et lumineux. Les chambres y sont peu à peu rénovées ; préférez celles qui donnent sur le jardin. Cuisine traditionnelle au restaurant... où l'on a une jolie vue sur la cité.

55 chambres - 50/143 € 50/143 € - 11 € - ½ P

29 r. de St-Malo - 02 33 19 15 00 - www.cositel.fr

Manoir de L'Ecoulanderie

FAMILIAL • HISTORIQUE Un enchantement ! Cette demeure blanche (17e s.) et son jardin, tout en fleurs et bassins, dominent la ville et sa superbe cathédrale. On peut même en admirer les tours effilées depuis la piscine ! "Sous-bois", "La Source", "La Suite" : les chambres sont idéales pour une romance au charme d'antan...

4 chambres - 140/180 € 160/200 €

r. de la Broche - 02 33 45 05 05 - www.l-b-c.com

à Gratot 4 km à l'Ouest et D244 - 50200 - 656 hab. - Alt. 83 m

Le Tourne-Bride

CUISINE TRADITIONNELLE • RUSTIQUE X Près des ruines romantiques du château de Gratot, ce restaurant - et bar-tabac - fait œuvre de tradition : le chef cultive les classiques (telles les tripes à la mode de Caen) avec bonhomie et fraîcheur. Une cuisine généreuse qui ravira les bons mangeurs, et que l'on peut même acheter à emporter !

Formule 14 € - Menu 20/40 € - Carte 30/55 €

85 r. d'Argouges - 02 33 45 11 00 - www.letournebridegratot.com - Fermé 11-27 fév., 8-25 juil., dim. soir et lundi

LA CRAU

83260 (Var) - 16 786 hab. - Alt. 36 m - Carte régionale n° **21D**-C3
Paris 847 km - Brignoles 41 km - Draguignan 71 km - Hyères 9 km
Carte Michelin 340-L7

Auberge du Fenouillet

CUISINE MODERNE • TENDANCE Ici, le légume frais est roi ! Le chef tire haricots verts, courgettes et tomates de son potager personnel, et les agrémente dans des assiettes savoureuses, bien dans l'air du temps. On les accompagne d'un bon choix de vins régionaux, en profitant de l'agréable décor (plafond à la française, vue sur la cuisine...).

Formule 22 € - Menu 42/82 € - Carte 50/70 €

20 av. du Gén.-de-Gaulle - 04 94 66 76 74 - www.restaurant-fenouillet.com - Fermé lundi soir et le midi en juil.-août, et dim. soir et lundi de juin à sept.

CRÈCHES-SUR-SAÔNE - 71 (Saône-et-Loire) → Voir Mâcon

CRÉDIN

56580 (Morbihan) - 1 507 hab. - Alt. 124 m - Carte régionale n° **5**-C2

Paris 451 km - Pontivy 19 km - Vannes 49 km - Rennes 100 km

Carte Michelin 308-O6

La Maison Blanche aux Volets Bleus

FAMILIAL • PERSONNALISÉ Une Maison Blanche aux Volets Bleus dans un joli hameau... C'est dans cette atmosphère cosy que les Delanghe - un charmant couple de Belges - vous reçoivent. Passionnés de cuisine, ils organisent des ateliers culinaires... Esprit de famille à la table d'hôte.

4 chambres - ½ P seult 290/310 €

à Blézouan, 2,5 km à l'Est par D11 et rte secondaire - 02 97 38 58 61 - www.lamaisonblancheauxvoletsbleus.com - Fermé 2 semaines en déc., 2 semaines en janv. et 3 semaines en fév.

CRÉMIEU

38460 (Isère) - 3 334 hab. - Alt. 200 m - Carte régionale n° **23**-B2

Paris 488 km - Belley 49 km - Bourg-en-Bresse 64 km - Grenoble 86 km

Carte Michelin 333-E3 - Guide Vert Michelin Lyon et sa région

Au Pré d'Chez Vous

CUISINE MODERNE • CONVIVIAL Passé par de belles tables - notamment la Pyramide, à Vienne, où il fut chef pâtissier -, François-Xavier Bouvet est revenu sur les terres de son enfance pour y faire chanter le terroir ! Les produits frais du coin, bio si possible, sont les stars de ses assiettes, et ses desserts sont (évidemment) à tomber...

Menu 36/42 € - Carte environ 54 €

15 r. Porcherie - 09 83 99 23 28 (réservation conseillée) - www.aupredchezvous.fr - Fermé merc. midi, jeudi midi, vend. midi, lundi, mardi

CRENEY-PRÈS-TROYES - 10 (Aube) → Voir Troyes

CREON

33670 (Gironde) - 4 333 hab. - Alt. 110 m - Carte régionale n° **2**-B1

Paris 597 km - Arcachon 88 km - Bordeaux 25 km - Langon 32 km

Carte Michelin 335-I6 - Guide Vert Michelin Aquitaine

Château Camiac

DEMEURE HISTORIQUE • CLASSIQUE Un beau château des 18e et 19e s., au cœur du vignoble bordelais et d'un parc de 8 ha. Meubles de style, confort et authenticité : une étape pleine de charme... Les sportifs sauront sans nul doute profiter de la grande piscine.

13 chambres - 160/280 € 160/360 € - 1 suite - 16 €

rte de la Forêt (D121) - 05 56 23 20 85 - www.chateaucamiac.com - Ouvert 2 juin-1er oct.

CRÉPON

✉ 14480 (Calvados) - 218 hab. - Alt. 52 m - Carte régionale n° **17**-B2
Paris 257 km - Bayeux 13 km - Caen 23 km - Deauville 66 km
Carte Michelin 303-I4 - Guide Vert Michelin Normandie Cotentin

Ferme de la Rançonnière

CUISINE TRADITIONNELLE • **RUSTIQUE** XX Un cadre historique admirablement préservé : grande cheminée, belles voûtes en pierre... Le cadre idéal pour une cuisine traditionnelle et raffinée : terrine de pavé d'Isigny, gourmandise de lotte en aïoli, etc.

Formule 25 € - Menu 32 € - Carte 37/63 €

rte d'Arromanches-les-Bains - ☎ 02 31 22 21 73 - www.ranconniere.fr

Ferme de la Rançonnière-Manoir de Mathan

FAMILIAL • CLASSIQUE Charme et caractère ! Imaginez une ferme médiévale fortifiée qui aurait conservé tout son cachet : pierres robustes, poutres patinées, mobilier d'époque... Les chambres sont à l'avenant et dégagent un luxe discret et authentique. Au cœur du Bessin.

60 chambres - †75/265 € ††75/265 € - 3 suites - ☕ 13 € - ½ P

rte d'Arromanches-les-Bains - ☎ 02 31 22 21 73 - www.ranconniere.fr

Ferme de la Rançonnière - voir les restaurants ci-dessus

CREST

✉ 26400 (Drôme) - 8 095 hab. - Alt. 196 m - Carte régionale n° **23**-B3
Paris 585 km - Die 37 km - Gap 129 km - Grenoble 114 km
Carte Michelin 332-D5 - Guide Vert Michelin Ardèche Drôme

Le Kléber (Sébastien Bonnet)

CUISINE MODERNE • **ÉLÉGANT** XXX Dans cette maison du centre-ville, on sait réveiller les papilles ! De l'entrée au dessert, le jeune chef redouble d'efforts pour satisfaire les gourmands avec des plats fins et goûteux, à déguster dans un cadre contemporain.

➜ Terrine de foie gras. Suprême de pigeonneau fumé au bois de hêtre et jus à la verveine. Desserts en trois services.

Menu 35 € (déj. en semaine), 59/109 € - Carte 95/105 €

6 r. Aristide-Dumont
- ☎ 04 75 25 11 69 - www.le-kleber.com
- Fermé 14-23 mai, 4-19 sept., 2-17 janv., dim. soir de sept. à mai, lundi et mardi

Len' K

CUISINE TRADITIONNELLE • **SIMPLE** X Dans la grande rue piétonne du centre-ville, cet ancien magasin de légumes a été métamorphosé en restaurant par le talentueux Sébastien Bonnet - chef du Kléber voisin. La tradition y règne, à l'image du pintadeau aux olives et son gratin dauphinois, spécialité de la maison. Petite terrasse dans la rue.

Formule 21 € - Menu 25/32 € - Carte environ 48 €

27 r. de la République - ☎ 04 75 25 77 02 - www.lenk.fr - Fermé sam. midi, dim. et lundi

La Saleine

FAMILIAL • FONCTIONNEL Entre la vallée du Rhône et le massif du Vercors, cet hôtel-restaurant est idéal pour sillonner la région. Les chambres, sobres et lumineuses, permettent de se reposer avant de repartir pour de nouvelles découvertes ! Restaurant traditionnel.

20 chambres - †69/76 € ††80/88 € - ☕ 12 € - ½ P

quartier Saleine, 1 km à l'Ouest par D93
- ☎ 04 75 57 90 68 - www.la-saleine.com

à La Répara-Auriples 8 km au Sud par D538 et D166 rte d'Autichamp – ✉ 26400 – 240 hab. – Alt. 350 m

Le Prieuré des Sources

MAISON DE CAMPAGNE • PERSONNALISÉ Zen, restons zen... Dans cet ancien prieuré, l'ambiance monacale a laissé place à une déco venue d'Asie. Les grandes et belles chambres, la salle voûtée ou la piscine donnant sur les champs sont autant d'invitations au repos. On y déguste une cuisine réalisée avec soin, et des produits frais. Authentique et exotique.

5 chambres – †125/235 € ††125/235 € – ☕ 15 € – ½ P

lieu-dit Bouchassagne – ✆ 04 75 25 03 46 – www.prieuredessources.com

CREST-VOLAND

✉ 73590 (Savoie) – 390 hab. – Alt. 1 230 m – Carte régionale n° **25**-F1
▶ Paris 588 km – Albertville 24 km – Annecy 53 km – Chamonix-Mont-Blanc 47 km
Carte Michelin 333-M3 – Guide Vert Michelin Alpes du Nord

Le Caprice des Neiges

CUISINE MODERNE • COSY X Un restaurant de style savoyard, avec des baies vitrées donnant sur le massif des Aravis. Paleron de bœuf de 10h, parfait glacé à la polenta, sauce cacao : le chef trouve son inspiration entre terroir et tradition.

Menu 35/45 € – Carte 35/62 €

1175 rte des Saisies, à 1 km – ✆ 04 79 31 62 95 – www.hotel-capricedesneiges.com – Ouvert mi-mai à fin sept. et de mi- déc. à mi-avril et fermé le midi du lundi au jeudi

Le Caprice des Neiges

FAMILIAL • MONTAGNARD Un grand chalet fleuri en été, couvert de neige ouatée en hiver, à l'atmosphère chaleureuse et familiale. Les chambres sont habillées de bois brut et, après le ski, on se prélasse devant la cheminée. Sympathique caprice !

16 chambres – †73/140 € ††73/140 € – ☕ 13 € – ½ P

1175 rte des Saisies, à 1 km – ✆ 04 79 31 62 95 – www.hotel-capricedesneiges.com – Ouvert mi-mai à fin sept. et de mi-déc. à mi-avril

Le Caprice des Neiges – voir les restaurants ci-dessus

CRÉTEIL – 94 (Val-de-Marne) → Voir Autour de Paris

CREULLY

✉ 14480 (Calvados) – 1 733 hab. – Alt. 27 m – Carte régionale n° **17**-B2
▶ Paris 253 km – Bayeux 14 km – Caen 20 km – Deauville 62 km
Carte Michelin 303-I4 – Guide Vert Michelin Normandie Cotentin

Hostellerie St-Martin

CUISINE TRADITIONNELLE • RUSTIQUE XX Il a du caractère ce restaurant avec ses belles salles voûtées du 16e s., autrefois anciennes halles du village. La cuisine est traditionnelle : fruits de mer, feuilleté d'andouille, faisan au chou, etc. À l'étage, des chambres toutes simples, parfaites pour cette étape gastronomique.

Menu 18 € (semaine), 24/36 € – Carte 23/68 €

12 chambres – †63/80 € ††63/80 € – ☕ 8 €

6 pl. Edmond-Paillaud – ✆ 02 31 80 10 11 – www.hostelleriesaintmartin.com – Fermé 18 déc.-8 janv.

LE CREUSOT

✉ 71200 (Saône-et-Loire) – 22 574 hab. – Agglo. 89 795 hab. – Alt. 348 m – Carte régionale n° **4**-C3
▶ Paris 316 km – Autun 30 km – Beaune 46 km – Chalon-sur-Saône 38 km
Carte Michelin 320-G9 – Guide Vert Michelin Bourgogne

à Montcenis 3 km à l'Ouest par D784 - ✉ 71710 - 2 201 hab. - Alt. 400 m

Le Montcenis

CUISINE MODERNE • COSY XX Du cachet dans le décor (cave voûtée, pierres et poutres) comme dans l'assiette. Le chef, Laurent Dufour, propose une cuisine généreuse et sincère, réalisée avec de beaux produits ; il change sa carte cinq fois par an, histoire de titiller les gourmands. Et l'hiver, il rend hommage à la truffe, sa passion !

Formule 18 € - Menu 24 € (déj. en semaine), 32/62 € - Carte 40/53 €

2 pl. du Champ-de-Foire - ✆ 03 85 55 44 36 (réservation conseillée) - www.restaurantlemontcenis.fr - Fermé dim. soir, lundi et mardi

à St-Sernin-du-Bois 2 km au Nord-Est par D138 - ✉ 71200 - 1 845 hab. - Alt. 447 m

Le Restaurant du Château

CUISINE MODERNE • TRADITIONNEL X Château du 11e s. au centre du village, face au lac. La salle à manger rustique (voûtes, pierres, mobilier en bois et murs blancs) se marie bien à la cuisine traditionnelle revisitée servie ici. Agréable terrasse.

Formule 16 € - Menu 27/44 €

2120 rte de St-Sernin - ✆ 03 85 78 28 42 - www.le-restaurant-du-chateau-st-sernin-du-bois.com - Fermé 19-26 oct., mardi soir, merc. et dim.

à Torcy 4 km au Sud par D28 - ✉ 71210 - 3 169 hab. - Alt. 310 m

Le Vieux Saule

CUISINE TRADITIONNELLE • VINTAGE XX Millefeuille de gigot d'agneau et pommes gourmandes, foie de veau poêlé et sauce aigre-douce, paris-brest à la façon du chef... On vient ici pour la tradition et l'on n'est pas déçu ! Une immersion canaille dans la France d'antan.

Menu 21 € (semaine), 37/58 € - Carte 49/72 €

lieu-dit le Vieux-Saule - ✆ 03 85 55 09 53 - www.restaurant-vieux-saule.com - Fermé 2 semaines en janv. et fév., 1 semaine début mai, 3 semaines fin juil.-début août, dim. soir et lundi

CREUTZWALD

✉ 57150 (Moselle) - 13 607 hab. - Alt. 210 m - Carte régionale n° **14**-C1
Paris 376 km - Metz 53 km - Neunkirchen 61 km - Saarbrücken 37 km
Carte Michelin 307-L3

Auberge Richebourg

CUISINE MODERNE • TENDANCE XX Façade rouge brique et décor contemporain, cette table suit la tendance. Et dans l'assiette, le même mouvement : pigeon au chutney de cerises, joue de bœuf mijotée, pastilla au chocolat... Quant à la terrasse, elle est bien agréable lorsque les beaux jours arrivent.

Formule 17 € - Menu 30 € (semaine), 47/62 € - Carte 45/60 €

17 r. de la Houve - ✆ 03 87 90 17 54 - www.aubergerichebourg.com - Fermé 17 juil.-4 août, mardi soir, dim. soir et lundi

CREUZIER-LE-VIEUX - 03 (Allier) ➜ Voir Vichy

CRICQUEBOEUF - 14 (Calvados) ➜ Voir Honfleur

CRILLON-LE-BRAVE

✉ 84410 (Vaucluse) - 465 hab. - Alt. 340 m - Carte régionale n° **22**-E1
Paris 687 km - Avignon 41 km - Carpentras 14 km - Nyons 37 km
Carte Michelin 332-D9 - Guide Vert Michelin Provence

Restaurant Jérôme Blanchet

CUISINE PROVENÇALE • ÉLÉGANT Niché au cœur d'un village tout en pierres, devant un grand morceau de Provence (quelle vue depuis la terrasse !), ce restaurant très élégant cultive évidemment le goût du Sud. Les produits locaux sont à la carte, comme avec ce carpaccio de loup au piment d'Espelette, croustillant de petits gris et caviar...

Menu 75/105 € - Carte 75/90 €

Hôtel Crillon le Brave, pl. de l'Église - 04 90 65 61 61 - www.crillonlebrave.com - Fermé 3-20 déc., 2 janv.-22 fév. et le midi

Crillon le Brave

LUXE • PERSONNALISÉ Un village perché, le mont Ventoux pour horizon et ces belles bastides en pierre... Les chambres sont tout imprégnées de Provence et le jardin à l'italienne descend jusqu'à la piscine... Une élégance rare ! Pour se restaurer, on choisit entre la table gastronomique et le bistrot.

29 chambres - 305/1015 € 305/1040 € - 7 suites - ½ P

pl. de l'Église - 04 90 65 61 61 - www.crillonlebrave.com - Fermé 3-20 déc., 2 janv.-22 fév. et le midi

Restaurant Jérôme Blanchet - voir les restaurants ci-dessus

CRISENOY - 77 (Seine-et-Marne) → Voir Melun

LE CROISIC

44490 (Loire-Atlantique) - 4 040 hab. - Alt. 6 m - Carte régionale n° **18**-A2

Paris 459 km - La Baule 9 km - Nantes 86 km - Redon 66 km

Carte Michelin 316-A4 - Guide Vert Michelin Pays de la Loire

Le Saint-Alys

CUISINE MODERNE • CONVIVIAL Face au port de plaisance, dans cette maison balayée par les vents, les papilles s'arriment aux bons petits plats du chef ! Ravioles de langoustines parfumées à l'estragon, carré d'agneau mi-fumé poêlé à l'ail rose, etc. Les présentations sont soignées et les saveurs tiennent le cap.

Formule 24 € - Menu 32/47 € - Carte 47/60 €

Plan : B1-d - *3 quai Hervé-Rielle - 02 40 23 58 40 (réservation conseillée) - Fermé 30 juin-8 juil., 6-19 oct., 19-25 déc., 31 janv.-13 fév., dim. soir, lundi en juil.-août, mardi soir et merc. d'oct. à juin*

L'Océan

POISSONS ET FRUITS DE MER • ÉLÉGANT Quelle vue ! La verrière - de 30 m de long - face au large offre un panorama à couper le souffle. Ici, on savoure les produits de la mer "tout frais pêchés". Mention spéciale pour le bar en croûte de sel et la sole meunière. Et le soir, on dîne tout en regardant le soleil se coucher sur les flots...

Carte 63/142 €

Plan : A2-v - *Hôtel L'Océan, à Port-Lin - 02 40 62 90 03 - www.restaurantlocean.com - Fermé 4 janv.-3 fév.*

Le Lénigo

POISSONS ET FRUITS DE MER • CONVIVIAL Face à la criée, embarquez dans ce restaurant tenu par toute une famille très sympathique. Atmosphère marine (bois vernis, hublots) et cuisine de la mer fraîche et soignée.

Menu 31/45 € - Carte 42/69 €

Plan : A1-b - *11 quai Lénigo - 02 40 23 00 31 - www.le-lenigo.fr - Ouvert 15 fév.-2 nov. et fermé mardi sauf en août et lundi*

Le Bistrot de l'Océan

POISSONS ET FRUITS DE MER • BISTRO Petit frère de L'Océan, le bistrot est également calé sur les horaires des marées. Toujours aussi frais, les poissons sont en revanche cuisinés avec plus de simplicité. Le tout à prix raisonnables.

Carte 32/54 €

Plan : A2-v - *Hôtel l'Océan, à Port-Lin - 02 40 62 90 03 - www.restaurantlocean.com - Fermé 4 janv.-3 fév.*

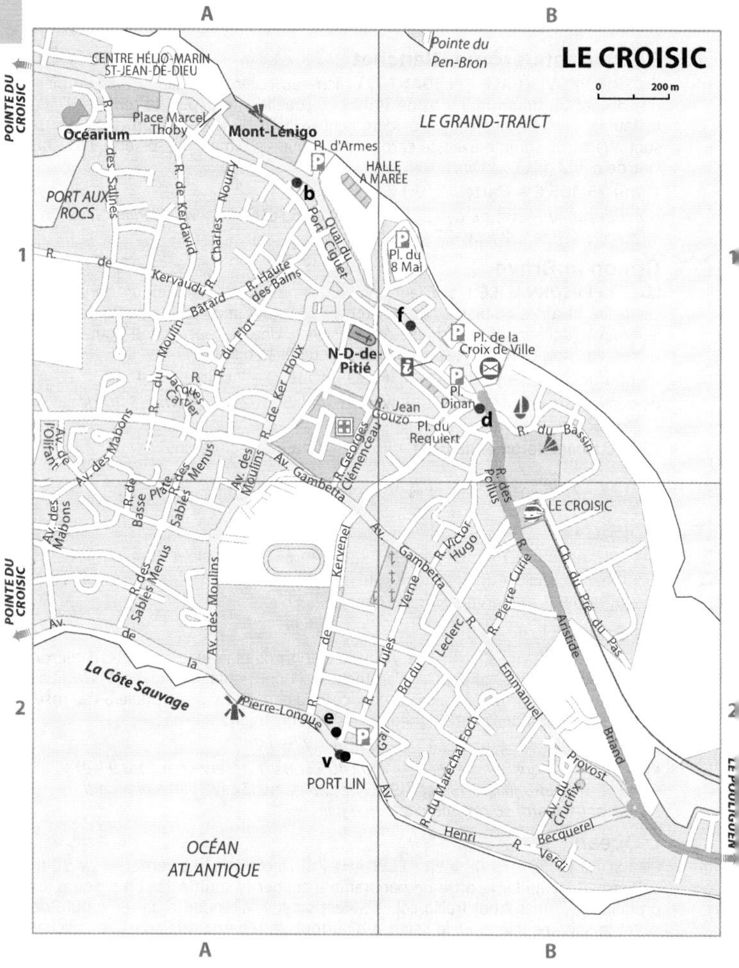

Le Ty Mad

CUISINE FRANÇAISE · BISTRO Sur le port du Croisic, en face de l'ancienne criée, voici l'endroit idéal pour se régaler de produits iodés – choucroute aux trois poissons, plateaux de fruits de mer –, mais pas seulement : bonnes volailles fermières et autres filets de bœuf sont aussi de la partie... C'est simple et frais : on passe un excellent moment.

Formule 17 € – Menu 20 € (semaine)/40 € – Carte 29/52 €

Plan : B1-f – *3 quai de la Petite-Chambre – 02 40 23 02 77 – www.ty-mad.com – Fermé vend. sauf le soir en été, jeudi soir et dim. soir*

Le Fort de l'Océan

LUXE · ÉLÉGANT Un fortin en granit (18e s.) isolé sur la côte sauvage : dans les chambres très confortables et feutrées (joli décor à l'ancienne), on admire à loisir l'océan se déchaînant sur les chaos de rochers... et le contraste est délicieux.

9 chambres – 200/290 € 290/360 € – 21 €

Hors plan – *pointe du Croisic – 02 40 15 77 77 – www.hotelfortocean.com – Fermé janv.*

L'Océan

FAMILIAL • CONTEMPORAIN Une situation unique pour cet hôtel, à même les rochers de la côte sauvage, magnifiquement illuminés le soir venu. Il abrite des chambres spacieuses, élégantes et confortables ; toutes disposent d'un grand balcon donnant sur les flots. Une séduisante adresse.

10 chambres - 120/485 € 120/485 € - 14 € - ½ P

Plan : A2-v - à Port-Lin - 02 40 62 90 03 - www.restaurantlocean.com - Fermé 4 janv.-3 fév.

Le Bistrot de l'Océan • **L'Océan** - voir les restaurants ci-dessus

Les Vikings

TRADITIONNEL • CLASSIQUE Un bâtiment moderne au Croisic, en retrait de l'océan, mais la plupart des chambres - avec balcon ou bow-window - dominent la côte sauvage. Assez soigné et lumineux.

23 chambres - 72/129 € 72/129 € - 14 €

Plan : A2-e - à Port-Lin - 02 40 62 79 05 - www.hotel-les-vikings.com - Fermé 4 janv.-3 fév.

LA CROIX-FRY (COL DE) - 74 (Haute-Savoie) → Voir Manigod

LA CROIX-ST-LEUFROY

27490 (Eure) - 1 091 hab. - Alt. 24 m - Carte régionale n° **17**-D2
Paris 98 km - Évreux 18 km - Mantes-la-Jolie 47 km - Rouen 46 km
Carte Michelin 304-H7 - Guide Vert Michelin Normandie Vallée de la Seine

Le Cheval Blanc

CUISINE TRADITIONNELLE • RUSTIQUE XX Terrine de foies de volaille au banyuls et sa salade de mâche aux cranberries, désossé de caille farcie et crème de morille, camembert au calvados pour honorer la région... Aucun doute, dans cette maison de pays joliment rustique, la tradition gourmande est au rendez-vous !

Formule 20 € - Menu 29/40 € - Carte 38/47 €

27 r. de Louviers - 02 32 34 82 86 - www.lechevalblanc-restaurant.fr - Fermé 22 déc.-17 janv., 20-23 fév., dim. soir, mardi soir et merc.

LA CROIX-VALMER

83420 (Var) - 3 509 hab. - Alt. 120 m - Carte régionale n° **21**-C3
Paris 873 km - Draguignan 48 km - Fréjus 35 km - Le Lavandou 27 km
Carte Michelin 340-O6 - Guide Vert Michelin Côte d'Azur

L'Orangeraie

HISTORIQUE • PERSONNALISÉ Couvent, puis orphelinat, puis hôtel à la Belle Époque... Passé le hall majestueux, on découvre de vastes chambres au charme désuet, la plupart tournées vers la palmeraie et la mer. Avec même une jolie piscine pour échapper à la chaleur.

36 chambres - 99/435 € 99/435 € - 20 €

545 bd Georges-Selliez (rte de Ramatuelle)
- 04 94 55 27 27 - www.hotel-lorangeraie.com
- Ouvert 14 avril-7 oct.

Les Trois Îles

FAMILIAL • PERSONNALISÉ En face des îles d'Or, cette belle villa récente niche dans un charmant jardin fleuri, à flanc de colline. Les chambres sont chic et de bon goût, et les hôtes, charmants, sont aux petits soins !

5 chambres - 149/460 € 149/460 €

1799 bd du Littoral, Le Vergeron, rte de Gigaro - 04 94 49 03 73
- www.3iles.com - Ouvert mi-mars à mi-oct.

à Gigaro 5 km au Sud-Est par rte secondaire – ✉ 83420 La Croix Valmer

❀ La Palmeraie

CUISINE MODERNE • ROMANTIQUE XXX Un joli savoir-faire de cuisinier dans cette charmante hostellerie. Entre légumes du potager et accents méditerranéens, la cuisine du chef ne laisse pas indifférent. Avec un vrai souci du détail (les dressages en témoignent !), il dévoile des saveurs marquées, précises, complémentaires. Jolie terrasse.

➜ Légumes de saison simplement crus et cuits aux parfums d'ici. Loup de Méditerranée en tronçons, céleri-rave, carottes du potager et petits encornets. Tartelette gourmande au citron jaune, meringue croustillante.

Carte 85/110 €

Hôtel Château de Valmer, 81 bd de Gigaro – ☎ 04 94 55 15 17 – www.chateauvalmer.com – Ouvert de début mai à début-oct. et fermé le midi

La Pinède-Plage

CUISINE MÉDITERRANÉENNE • MÉDITERRANÉEN XX Plaisir d'un repas en bord de mer, sur une plage privée – avec en prime une belle vue sur les îles d'Or –, autour d'une jolie cuisine méridionale, mêlant poisson, terroir provençal et spécialités italiennes... La carte est simplifiée au déjeuner (salades, grillades, etc.).

Carte 66/115 €

Hôtel La Pinède-Plage, 382 bd de Gigaro – ☎ 04 94 55 16 14 – www.pinedeplage.com – Ouvert mai à sept.

Château de Valmer

LUXE • MÉDITERRANÉEN Une belle allée de palmiers qui se fraie un chemin entre les vignes : la première image offerte par ce domaine viticole du 19e s. Tout y confirme l'impression liminaire : raffinement, lumière, esprit azuréen... et pour une nuit très romantique, deux magnifiques cabanes perchées dans les arbres !

41 chambres – †300/1025 € ††300/1025 € – ☕ 29 € – ½ P

81 bd de Gigaro – ☎ 04 94 55 15 15 – www.chateauvalmer.com – Ouvert de début mai à début oct.

❀ **La Palmeraie** – voir les restaurants ci-dessus

La Pinède-Plage

LUXE • BORD DE MER Cet hôtel-restaurant porte bien son nom : ombragé de pins parasols et directement sur la plage, face aux îles d'Or ! Un établissement avec beaucoup de charme et de belles chambres ouvertes sur le large... Impression d'être loin de tout : parfait pour les vacances.

29 chambres – †280/1050 € ††280/1050 € – 3 suites – ☕ 29 € – ½ P

382 bd de Gigaro – ☎ 04 94 55 16 16 – www.pinedeplage.com – Ouvert fin avril à début oct.

La Pinède-Plage – voir les restaurants ci-dessus

LE CROTOY

✉ 80550 (Somme) – 2 138 hab. – Alt. 1 m – Carte régionale n° **19**-A1

Paris 210 km – Abbeville 22 km – Amiens 75 km – Berck-sur-Mer 29 km

Carte Michelin 301-C6

Auberge de la Marine

CUISINE MODERNE • BISTRO X Un jeune couple plein d'allant préside aux destinées de cette petite maison régionale, proche des quais. Dans l'assiette : nems de Saint-Jacques, langue de bœuf aux légumes, velouté de rouget... Une cuisine simple et bien maîtrisée, un service aux petits soins : une bonne adresse !

Menu 40/68 € – Carte 40/53 €

7 chambres – †85/115 € ††85/115 € – ☕ 11 €

1 r. Florentin-Lefils – ☎ 03 22 27 92 44 – www.aubergedelamarine.com – Fermé janv., 25 juin-1er juil., 12-19 nov., merc. sauf le soir en juil.-août et mardi

Bellevue

POISSONS ET FRUITS DE MER • SIMPLE La table ne pouvait pas mieux porter son nom : la vue sur la baie de Somme est tout simplement superbe. En accord avec cette situation, le chef met en avant les beaux poissons et fruits de mer des environs (moules et coques de la baie, crevettes grises, mulet, etc.). Les amateurs seront ravis.

Menu 33/40 € - Carte 35/60 €

526 digue Jules-Noiret - 03 22 27 86 42 - www.bellevuelecrotoy.fr - Fermé début déc. à fin janv., merc. et jeudi sauf fériés

CROZANT

23160 (Creuse) - 487 hab. - Alt. 263 m - Carte régionale n° **13**-C1

Paris 329 km - Argenton-sur-Creuse 31 km - La Châtre 46 km - Guéret 41 km

Carte Michelin 325-G2 - Guide Vert Michelin Limousin Berry

Auberge de la Vallée

CUISINE FRANÇAISE MODERNE • CONVIVIAL Viandes d'éleveurs locaux (agneau, veau, bœuf), fromages de la région (chèvre, surtout !) et légumes de son grand potager... Le chef aime les produits du terroir, et cela se sent : il en tire une délicieuse cuisine dans l'air du temps, que l'on apprécie dans un joli décor rustique. Une sympathique auberge de campagne !

Menu 20 € (semaine), 23/56 € - Carte 54/67 €

14 r. Guillaumin - 05 55 89 80 03 - www.laubergedelavallee.fr - Fermé vacances de fév., vacances de la Toussaint, mardi et merc. de sept. à avril

CROZET

01170 (Ain) - 1 964 hab. - Alt. 540 m - Carte régionale n° **25**-F1

Paris 537 km - Bourg-en-Bresse 105 km - Genève 16 km - Lyon 153 km

Carte Michelin 328-J3

Jiva Hill Resort

CUISINE MODERNE • BRANCHÉ Ce restaurant est décoré dans un style lodge, comme l'hôtel où il se situe ; sa terrasse panoramique face au mont Blanc impressionne... Un lieu dans l'air du temps, comme sa goûteuse cuisine.

Menu 40 € (déj. en semaine), 71/110 € - Carte 89/113 €

rte d'Harée - 04 50 28 48 48 - www.jivahill.com - Fermé 2-18 janv.

Jiva Hill Resort

LUXE • DESIGN Raffinement, luxe et lignes contemporaines à 10mn de l'aéroport de Genève. Cet hôtel, pensé comme un lodge sud-africain, est placé sous le signe de la sophistication chic. Les amateurs d'art apprécieront notamment les 200 œuvres disséminées dans tout l'établissement !

33 chambres - †265/450 € ††390/645 € - 27 € - ½ P

rte d'Harée - 04 50 28 48 48 - www.jivahill.com - Fermé 2-18 janv.

Jiva Hill Resort - voir les restaurants ci-dessus

CROZON

29160 (Finistère) - 7 692 hab. - Alt. 85 m - Carte régionale n° **5**-A2

Paris 587 km - Brest 60 km - Châteaulin 35 km - Douarnenez 40 km

Carte Michelin 308-E5 - Guide Vert Michelin Bretagne Sud

Le Mutin Gourmand

CUISINE MODERNE • AUBERGE Pas de mutinerie en vue parmi la clientèle de ce restaurant, qui occupe les locaux de l'ancienne poste de Crozon. On cuisine de bons produits frais de saison, avec quelques touches exotiques : tartare de thon rouge, citron confit et coriandre ; porc fermier de Landévennec... Avec un beau choix de vins !

Formule 18 € - Menu 29/78 € - Carte 47/88 €

Hôtel de la Presqu'île, pl. de l'Église - 02 98 27 06 51 - www.lemutingourmand.fr - Fermé 3 semaines en mars, 3 semaines en nov., dim. soir, lundi sauf le soir en saison et mardi midi hors saison

Hôtel de la Presqu'île

TRADITIONNEL • FAMILIAL Sur la place de l'église, où se tient un marché tous les matins, cette maison bretonne abritait autrefois la mairie de Crozon. C'est aujourd'hui un hôtel familial, décoré avec goût, proposant des petites chambres fraîches et fonctionnelles.

13 chambres – 62/65 € 70/95 € – 11 € – ½ P

pl. de l'Église – 02 98 27 29 29 – www.hotel-lapresquile.fr – Fermé 3 semaines en mars et 3 semaines en nov.

Le Mutin Gourmand – voir les restaurants ci-dessus

au Fret 5,5 km au Nord par D155 et D55 – 29160 Crozon

Hostellerie de la Mer

CUISINE MODERNE • TENDANCE XX Le chef propose une cuisine bien en phase avec l'époque, mariant à merveille le poisson de la pêche locale et les produits du terroir breton, à l'image de cette royale de fenouil du Léon aux langoustines... Les cuissons sont précises et magnifient des produits bien choisis !

Formule 19 € – Menu 29/76 € – Carte 38/76 €

11 quai du Fret – 02 98 27 61 90 – www.hostelleriedelamer.com – Fermé 1er janv.-6 fév., sam. midi, dim. soir et lundi sauf juil.-août

Hostellerie de la Mer

TRADITIONNEL • FONCTIONNEL Une hostellerie bretonne logée dans un petit port tranquille face à la rade de Brest ; on y propose des chambres simples mais fraîches, assez coquettes, dont certaines donnent sur la mer. Parfait pour profiter de cette presqu'île pittoresque.

24 chambres – 58/130 € 58/140 € – 11 € – ½ P

11 quai du Fret – 02 98 27 61 90 – www.hostelleriedelamer.com

Hostellerie de la Mer – voir les restaurants ci-dessus

CRUGNY

51170 (Marne) – 605 hab. – Alt. 100 m – Carte régionale n° **7**-B2

Paris 135 km – Châlons-en-Champagne 71 km – Reims 28 km – Soissons 39 km

Carte Michelin 306-E7 – Guide Vert Michelin Champagne Ardenne

La Maison Bleue

FAMILIAL • PERSONNALISÉ Au milieu d'un parc paisible baigné par un étang, cette accueillante maison se prête à un séjour agréable : piscine, jacuzzi et chambres confortables ; la plus spacieuse, sous les toits, donnant sur la vallée de l'Ardre... À la table d'hôte, cuisine traditionnelle mâtinée d'exotisme.

6 chambres – 85/110 € 90/130 €

46 r. Haute – 03 26 50 84 63 – www.la-maison-bleue.com

CRUIS

04230 (Alpes-de-Haute-Provence) – 637 hab. – Alt. 728 m – Carte régionale n° **21**-B2

Paris 732 km – Digne-les-Bains 42 km – Forcalquier 22 km – Manosque 42 km

Carte Michelin 334-D8 – Guide Vert Michelin Alpes du Sud

Auberge de l'Abbaye

CUISINE MODERNE • COSY X Une sympathique auberge familiale avec sa terrasse ombragée face à l'église. En cuisine, le chef concocte de bons petits plats où les produits du terroir sont à l'honneur. Parmi les spécialités : lasagnes de homard et pigeonneau à la royale. Chambres impeccablement tenues. Une adresse authentique !

Formule 27 € – Menu 36/59 €

8 chambres – 55/75 € 55/85 € – 12 €

– 04 92 77 01 93 (réservation conseillée) – www.auberge-abbaye-cruis.fr – Fermé vacances de la Toussaint et de mi-déc. à mi-mars

CRUSEILLES

74350 (Haute-Savoie) - 4 103 hab. - Alt. 781 m - Carte régionale n° **25**-F1
Paris 537 km - Annecy 19 km - Bellegarde-sur-Valserine 44 km - Bonneville 37 km
Carte Michelin 328-J4 - Guide Vert Michelin Alpes du Nord

aux Avenières 6 km au Nord par D41 et rte secondaire - 74350 Cruseilles

Château des Avenières- La Maison des Écureuils

DEMEURE HISTORIQUE • PERSONNALISÉ Bâti en 1907, ce manoir baroque semble nimbé de mystère. Son parc représentant un papillon, ses chambres de caractère – l'une d'elles dispose même d'un observatoire ! –, son annexe au chic très contemporain, sans parler de la vue imprenable sur la chaîne des Aravis. Bref, tout ici est romantique et romanesque.

14 chambres - 120/550 € 120/550 € - 6 suites - 18 €

1060 rte du Château, lieu-dit Chenaz - 04 50 44 02 23 - www.avenieres.com - Fermé 22 oct.-8 nov. et 2-19 janv.

au Nord 5 km par D1201 - 74350 St-Blaise

La Clef des Champs

CUISINE TRADITIONNELLE • VINTAGE XX Juste en face de l'hôtel Rey, prenez la clef des champs ! Le cadre est chaleureux et la cuisine traditionnelle : œuf cuit à 62°C, carottes aux épices et lardons de sanglier ; tartare de féra du Léman et gibier en saison... Dans l'assiette, c'est généreux et gourmand, et l'été, on s'installe sur la petite terrasse.

Formule 21 € - Menu 24 € (déj. en semaine), 37/49 € - Carte environ 61 €

121 rte d'Annecy, au col du Mont-Sion - 04 50 44 13 11 - www.laclefdeschamps-restaurant.com - Fermé 2-23 janv., mardi midi, dim. soir et lundi

Rey

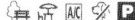

BUSINESS • FONCTIONNEL Séparé de la route par le jardin et le court de tennis, à deux pas de la maison du Père Noël, cet hôtel dispose de chambres fonctionnelles et bien tenues. Parfait pour un voyage d'affaires comme pour un séjour sportif.

30 chambres - 87/120 € 87/124 € - 11 €

131 rte d'Annecy, au col du Mont-Sion - 04 50 44 13 29 - www.hotel-rey.com - Fermé 26 déc.-5 janv.

CRUZY

34310 (Hérault) - 990 hab. - Alt. 92 m - Carte régionale n° **12**-B2
Paris 787 km - Albi 130 km - Carcassonne 59 km - Montpellier 98 km
Carte Michelin 339-C8

Le Terminus

CUISINE TRADITIONNELLE • BISTRO X Terminus ! Tous les gourmands sont invités à descendre dans cette gare reconvertie en un petit bistrot convivial. Il est des arrêts indispensables, celui-ci en est un avec sa généreuse cuisine traditionnelle : croustillant de pied de cochon, purée maison, baba au rhum... Bon rapport saveurs-prix !

Formule 16 € - Menu 20 € (déj. en semaine), 30/40 € - Carte 37/47 €

av. de la Gare, 1,5 km au Sud-Est, rte de Quarante par D37 - 04 67 89 71 26 - www.leterminus-cote-gare.fr - Fermé 2 semaines en mars, vacances de la Toussaint, merc. soir, dim. soir et mardi hors saison, mardi midi en été et lundi

CUBLAC

19520 (Corrèze) - 1 722 hab. - Alt. 100 m - Carte régionale n° **13**-B3
Paris 496 km - Limoges 107 km - Périgueux 55 km - Tulle 50 km
Carte Michelin 329-I5

Les Collines

MAISON DE CAMPAGNE • CONTEMPORAIN Installée au milieu des arbres, au sommet d'une... colline, cette belle demeure en pierre apparentes accueille les voyageurs dans de belles chambres spacieuses et personnalisées. La vue dégagée sur les environs, le grand jardin, la piscine : rien ne manque !

7 chambres – 70/144 € 70/144 € – 11 € – ½ P

lieu-dit La Morétie, 4 km au Nord par D2 – 05 55 85 19 79 – www.hotel-restaurant-lescollines19.fr – Fermé 16-31 oct.

CUCUGNAN

11350 (Aude) – 133 hab. – Alt. 310 m – Carte régionale n° **12**-B3

Paris 847 km – Carcassonne 77 km – Limoux 79 km – Perpignan 42 km

Carte Michelin 344-G5

Auberge du Vigneron

CUISINE TRADITIONNELLE • AUBERGE XX Terroir et tradition sont les deux piliers de cette agréable auberge : dans la salle, trois énormes tonneaux rappellent la vocation viticole des lieux. En terrasse, avec vue sur le vignoble, on déguste une fricassée de lapin à l'ancienne ou une crépine de pied de porc... En prime : quelques chambres joliment arrangées.

Menu 24/39 € – Carte 40/53 €

5 chambres – 90/120 € 90/120 € – 12 €

2 r. Achille-Mir – 04 68 45 03 00 – www.auberge-vigneron.com – Fermé lundi

La Table du Curé

CUISINE TRADITIONNELLE • BISTRO X Fruits et légumes cathares, agneau catalan, pâtes de Cucugnan : voici quelques exemples des beaux produits utilisés par le chef. Avec le terroir comme boussole, il réalise une généreuse cuisine traditionnelle ; aux beaux jours, on peut la déguster sur une vaste terrasse ombragée.

Formule 16 € – Menu 20/30 € – Carte 26/54 €

3 chambres – 60/80 € 60/80 € – 8 €

25 r. Alphonse-Daudet – 04 68 45 01 46 – www.auberge-la-table-du-cure.com – Fermé 11 nov.-31 janv. et merc. sauf juil.-août

La Tourette

MAISON DE CAMPAGNE • PERSONNALISÉ Une jolie maison bourgeoise, nichée au cœur de ce village pittoresque, au calme. "Prune", "Indigo", "Turquoise" : la couleur est le leitmotiv des chambres. Au petit-déjeuner – servi l'été dans le joli patio à l'ombre d'un olivier –, on se régale de préparations maison. Cosy et chaleureux !

3 chambres – 90/110 € 100/120 €

4 passage de la Vierge – 06 09 64 60 47 – www.latourette.eu

CUCURON

84160 (Vaucluse) – 1 809 hab. – Alt. 350 m – Carte régionale n° **22**-E1

Paris 739 km – Apt 25 km – Cavaillon 39 km – Digne-les-Bains 109 km

Carte Michelin 332-F11 – Guide Vert Michelin Provence

La Petite Maison de Cucuron (Eric Sapet)

CUISINE MODERNE • RUSTIQUE XX Il était une fois une petite maison jaune, près d'un étang, dans laquelle un excellent cordon bleu magnifiait les produits du marché. À sa table, tous revenaient aussi souvent qu'ils le pouvaient, y compris le samedi pour suivre les cours du chef. Gare à ceux qui oubliaient de réserver : l'adresse affichait souvent complet !

→ Tarte fine de champignons et fromage frais aux truffes. Lièvre à la royale en deux services. Vacherin glacé aux fruits de saison.

Menu 60/90 €

pl. de l'Étang – 04 90 68 21 99 (réservation conseillée) – www.lapetitemaisondecucuron.com – Fermé lundi et mardi

Le Pavillon de Galon

HISTORIQUE • PERSONNALISÉ Un magnifique parc classé (jardin à la française, vignes, verger, buis, oliviers et autres arbres plusieurs fois centenaires...) entoure ce pavillon de chasse du 18e s. Un domaine très privé, aux chambres raffinées.

3 chambres - 240/410 € 250/420 €

chemin de Galon - 06 13 39 17 31 - www.pavillondegalon.com - Ouvert mars-oct.

CUERS

83390 (Var) - 10 452 hab. - Alt. 140 m - Carte régionale n° **21**-C3

Paris 834 km - Brignoles 25 km - Draguignan 59 km - Marseille 84 km

Carte Michelin 340-L6

Le Mas du Lingousto

CUISINE MODERNE • CONTEMPORAIN Bons produits du marché et d'un petit potager "maison", recettes classiques revisitées avec générosité : voici les arguments de ce restaurant ancré dans sa région ! La partition méditeranéenne est jouée avec enthousiasme par le chef, arrivé en 2016. Sans oublier, bien sûr, la jolie terrasse en bordure de ruisseau...

Formule 28 € - Menu 35/76 € - Carte 50/60 €

Hôtel le Mas du Lingousto, 934 av. Eugénie-et-Henri-Majastre, 2 km à l'Est par rte de Pierrefeu - 04 94 28 69 10 - www.lingousto.fr - Fermé dim. soir

Le Mas du Lingousto

MAISON DE CAMPAGNE • PERSONNALISÉ Une charmante bastide - rénovée en 2011 - au beau milieu des vignes. Les chambres y sont confortables et bien tenues ; certaines disposent même d'une terrasse. Piscine, fitness... Idéal pour goûter à l'art de vivre provençal !

15 chambres - 99/120 € 120/150 € - 13 € - ½ P

934 av. Eugénie-et-Henri-Majastre, 2 km à l'Est par rte de Pierrefeu - 04 94 28 69 10 - www.lingousto.fr

Le Mas du Lingousto - voir les restaurants ci-dessus

CUGNAUX

31270 (Haute-Garonne) - 16 314 hab. - Alt. 165 m - Carte régionale n° **15**-B2

Paris 690 km - Auch 79 km - Montauban 67 km - Toulouse 18 km

Domaine de Dubac

FAMILIAL • PERSONNALISÉ Cette maison de famille est nichée dans un parc, au milieu d'arbres séculaires... L'endroit a du caractère. Les belles chambres sont soigneusement décorées, toutes avec une mezzanine et une terrasse. Le matin, on se régale de gâteaux maison et d'œufs du poulailler, avant d'aller faire un plongeon dans la piscine !

3 chambres - 94/105 € 94/165 €

80 rte de Tournefeuille - 05 61 92 58 42 - www.domainededubac.com

CUISERY

71290 (Saône-et-Loire) - 1 685 hab. - Alt. 211 m - Carte régionale n° **4**-C3

Paris 367 km - Chalon-sur-Saône 35 km - Lons-le-Saunier 50 km - Mâcon 38 km

Carte Michelin 320-J10 - Guide Vert Michelin Bourgogne

Hostellerie Bressane

FAMILIAL • CLASSIQUE Une hostellerie de tradition dans une bâtisse du 19e s. Les chambres, fonctionnelles et bien tenues, sont plus spacieuses dans le bâtiment annexe, qui donne sur le jardin. Quant au restaurant, sans prétention, il propose une cuisine d'inspiration bourguignonne et bressane.

15 chambres - 70/110 € 70/125 € - 12 € - ½ P

56 rte de Tournus - 03 85 32 30 66 - www.hostellerie-bressane.fr - Fermé 25 déc.-16 janv.

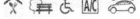

CUQ-TOULZA

✉ 81470 (Tarn) - 693 hab. - Alt. 203 m - Carte régionale n° **15**-C2
▶ Paris 713 km - Albi 72 km - Castelnaudary 35 km - Toulouse 47 km
Carte Michelin 338-D9

Cuq en Terrasses

CUISINE MODERNE • COSY Sur les hauteurs du village, cette charmante maison du 18e s. est un havre de paix : insolite jardin en terrasses, accueil familial... Le chef y met en valeur les produits du potager et la cuisine méditerranéenne ; depuis la véranda et la terrasse, on profite d'une vue imprenable sur la plaine du Lauragais.

Menu 38 €

5 chambres - 95/155 € 100/160 €

8 chemin du Château (à Cuq-le-Château), 2,5 km au Sud par rte d'Aguts (D45) - 05 63 82 54 00 - www.cuqenterrasses.com - Ouvert 4 mai-4 nov. et fermé merc. et le midi

CUREBOURSE (COL DE) - 15 (Cantal) → Voir Vic-sur-Cère

CURZAY-SUR-VONNE

✉ 86600 (Vienne) - 449 hab. - Alt. 125 m - Carte régionale n° **20**-C1
▶ Paris 364 km - Lusignan 11 km - Niort 54 km - Parthenay 34 km
Carte Michelin 322-G6

La Cédraie

CUISINE MODERNE • CLASSIQUE Dans le décor noble et altier de ce château du 18e s., une cuisine bien menée, qui joue la carte des saisons en lien avec le terroir poitevin et le littoral atlantique. Aux beaux jours, profitez de la terrasse installée au pied du monument, face aux frondaisons du parc...

Menu 59 € - Carte 75/85 €

Hôtel Château de Curzay, rte de Jazeneuil - 05 49 36 17 00 - www.chateau-curzay.com - Fermé 2 janv.-13 fév., lundi et mardi sauf juil.-août et fériés et le midi

Château de Curzay

DEMEURE HISTORIQUE • CLASSIQUE Superbe château (1710) au cœur d'un beau parc de 120 ha traversé par une rivière et abritant un haras. Chambres classiques au port tout aristocratique, bien-être et détente... on se rêve châtelain(e) !

20 chambres - 155/465 € 155/465 € - 2 suites - 27 € - ½ P

rte de Jazeneuil - 05 49 36 17 00 - www.chateau-curzay.com - Fermé 2 janv.-13 fév.

La Cédraie - voir les restaurants ci-dessus

CUTS

✉ 60400 (Oise) - 936 hab. - Alt. 79 m - Carte régionale n° **19**-C2
▶ Paris 115 km - Chauny 16 km - Compiègne 26 km - Noyon 10 km
Carte Michelin 305-J3

Auberge Le Bois Doré

CUISINE TRADITIONNELLE • AUBERGE Sur la façade, une belle fresque en faïence représente l'établissement au début du 20e s. Voilà qui dit tout de l'esprit de cette maison plus que centenaire, où l'on cultive sans faillir la tradition gastronomique française !

Formule 16 € - Menu 19 € (déj. en semaine), 21/38 € - Carte 35/51 €

5 r. de la Ramée, D934 - 03 44 09 77 66 - www.leboisdore.fr - Fermé 24-31 juil., 23-31 oct., dim. soir, mardi soir et lundi

CUTXAN - 32 (Gers) ➜ Voir Barbotan-les-Thermes

CUVES

✉ 50670 (Manche) - 316 hab. - Alt. 78 m - Carte régionale n° **17**-A2
▶ Paris 334 km - Avranches 23 km - Domfront 42 km - Fougères 47 km
Carte Michelin 303-F7

Le Moulin de Jean

CUISINE MODERNE • COSY XX Situé dans un site bucolique, cet ancien moulin donne dans le rustique chic, avec ses pierres et poutres apparentes, sa petite cheminée et sa mise en place soignée… Attablé, on admire la belle cave à vins, derrière une vitre, avant qu'arrive la spécialité de la maison : le pied de porc farci au boudin noir !

Formule 17 € - Menu 39/56 €

La Lande, 2 km au Nord-Est sur D48 - ✆ 02 33 48 39 29 - www.lemoulindejean.com - Fermé 2 semaines en janv. et lundi

CUZANCE

✉ 46600 (Lot) - 572 hab. - Alt. 233 m - Carte régionale n° **15**-C1
▶ Paris 507 km - Cahors 80 km - Sarlat-la-Canéda 40 km - Tulle 61 km
Carte Michelin 337-F2

Manoir de Malagorse

FAMILIAL • PERSONNALISÉ Ce domaine de 5 ha situé en pleine campagne vous promet un séjour mémorable : chambres personnalisées et salon-bibliothèque cosy logés dans une bâtisse régionale en pierre (19e s.). La table d'hôte met à l'honneur les fruits et légumes du Causse.

5 chambres - 160/200 € 290/450 €

4,5 km au Sud-Ouest par D103 rte de Rignac - ✆ 06 89 33 54 45 - www.manoir-de-malagorse.fr - Ouvert 1er avril-1er nov.

DACHSTEIN

✉ 67120 (Bas-Rhin) - 1 702 hab. - Alt. 160 m - Carte régionale n° **1**-A1
▶ Paris 477 km - Molsheim 6 km - Saverne 28 km - Sélestat 40 km
Carte Michelin 315-J5

Auberge de la Bruche

CUISINE MODERNE • AUBERGE XX On est immédiatement séduit par cette auberge fleurie, presque adossée à la porte du village et longée par un charmant ruisseau (la fameuse "Bruche"). Les plats, savoureux et bien pensés, achèvent de nous convaincre : pâté en croûte de canard, schniderspadles au foie gras…

Formule 18 € - Menu 32/75 € - Carte 44/68 €

1 r. Principale - ✆ 03 88 38 14 90 - www.auberge-bruche.com - Fermé 1er-10 août, 27 déc.-5 janv., sam. midi, dim. soir et merc.

DAGLAN

✉ 24250 (Dordogne) - 558 hab. - Alt. 101 m - Carte régionale n° **2**-D2
▶ Paris 558 km - Bordeaux 203 km - Cahors 51 km - Sarlat-la-Canéda 23 km
Carte Michelin 329-I7 - Guide Vert Michelin Périgord Quercy

Le Petit Paris

CUISINE MODERNE • RUSTIQUE XX Au cœur d'un charmant village périgourdin, une table sympathique devancée par une grande terrasse. Ici, le chef - un enfant du pays - met un point d'honneur à valoriser les produits de sa région. Nem de confit de canard, sauce betterave-wasabi ; quasi de veau aux artichauts… Frais et savoureux !

Formule 25 € - Menu 31/45 €

au bourg - ✆ 05 53 28 41 10 (réservation conseillée) - www.le-petit-paris.fr - Ouvert 14 fév.-11 nov. et fermé sam. midi et dim. soir de sept. à juin et lundi

DAMGAN

✉ 56750 (Morbihan) – 1 632 hab. – Carte régionale n° **5**-B3
▶ Paris 469 km – Muzillac 10 km – Redon 46 km – La Roche-Bernard 25 km
Carte Michelin 308-P9

Hôtel de la Plage

TRADITIONNEL • CONTEMPORAIN Cet hôtel n'est séparé de la plage que par une petite rue. Les chambres, peu à peu redécorées dans un style épuré, donnent sur la mer. Salle de détente (sauna et soins). Par beau temps, petit-déjeuner en terrasse.

17 chambres – †85/180 € ††85/180 € – ☕ 14 € – ½ P

38 bd de l'Océan – ✆ 02 97 41 10 07 – www.hotel-morbihan.com – Ouvert 10 fév.-5 nov.

DAMPIERRE-EN-YVELINES – 78 (Yvelines) → Voir Autour de Paris

DAMPMART – 77 (Seine-et-Marne) → Voir Autour de Paris

LES DAMPS – 27 (Eure) → Voir Pont-de-L'Arche

DANIZY

✉ 02800 (Aisne) – 591 hab. – Alt. 54 m – Carte régionale n° **19**-C2
▶ Paris 148 km – Amiens 111 km – Laon 32 km – Saint-Quentin 28 km
Carte Michelin 306-C5

Domaine Le Parc

FAMILIAL • CLASSIQUE Belle demeure du 18e s. nichée dans un magnifique parc boisé. Esprit classique et romantique dans les chambres, dont certaines regardent la vallée de l'Oise. Séduisante cuisine familiale concoctée par le sympathique propriétaire, originaire de Hollande.

5 chambres ☕ – †75/95 € ††75/95 €

r. du Quesny – ✆ 03 23 56 55 23 – www.domaineleparc.fr – Fermé 22 déc.-4 janv.

DANJOUTIN – 90 (Territoire de Belfort) → Voir Belfort

DARDILLY – 69 (Rhône) → Voir Lyon

DAX

✉ 40100 (Landes) – 20 364 hab. – Alt. 12 m – Carte régionale n° **2**-B3
▶ Paris 727 km – Biarritz 61 km – Bordeaux 144 km – Mont-de-Marsan 54 km
Carte Michelin 335-E12 – Guide Vert Michelin Aquitaine

L'Amphitryon

CUISINE TRADITIONNELLE • CONTEMPORAIN XX Installé dans une maison centenaire aux pierres apparentes, l'Amphitryon propose une cuisine traditionnelle aux beaux accents marins... dans un cadre habillé de nombreuses essences de bois. Les assiettes sont généreuses et soignées : idéal pour faire le plein d'énergie !

Menu 32/45 € – Carte 38/56 €

Plan : C2-e – *56 cours Mal.-Joffre – ✆ 05 58 74 58 05 (réservation conseillée) – Fermé 20-30 juin, 20 août-7 sept., janv., dim. soir, lundi et mardi*

La Tête de l'Art

CUISINE TRADITIONNELLE • CONVIVIAL X "Si l'art avait une tête, quelle serait-elle ?" Voilà une question digne de l'épreuve de philo au bac ! Rassurez-vous, ici, on ne vous demandera pas de disserter mais de savourer une agréable cuisine traditionnelle. Mention spéciale pour les viandes cuites à la broche et les poissons à la plancha. Terrasse sur cour.

Formule 17 € – Menu 19 € (déj.) – Carte 31/47 €

Plan : C2-v – *2 pl. Camille-Bouvet (marché couvert) – ✆ 05 58 74 00 13 – Fermé 13-20 juil., 24-31 août, 24-31 déc., mardi soir, merc. soir, dim. soir et lundi*

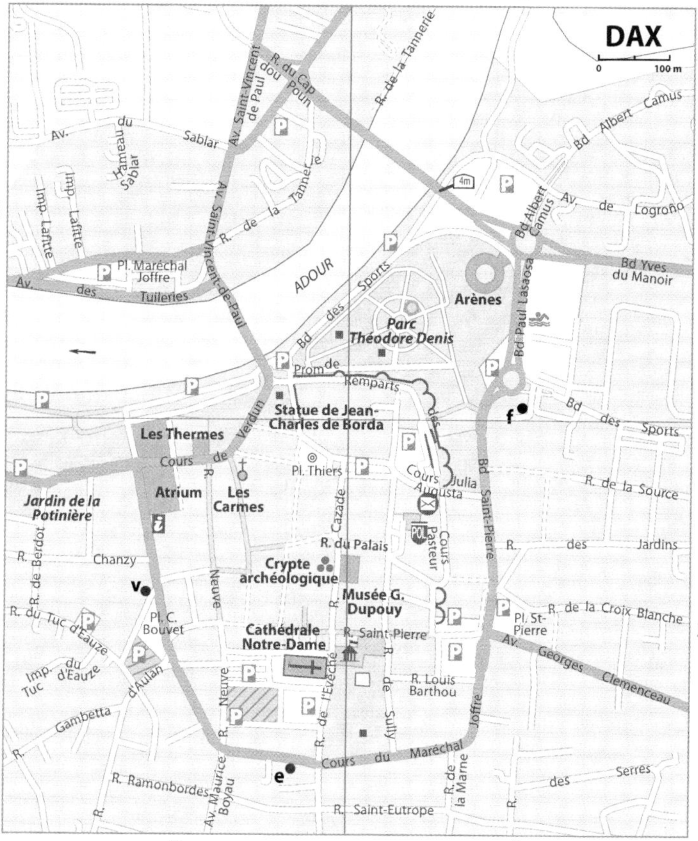

Le Grand Hôtel

THERMAL • FONCTIONNEL Au cœur de la cité, cet établissement fera le bonheur des curistes. Ici, nul besoin de sortir pour faire ses soins : il suffit de descendre au sous-sol pour accéder aux thermes. Les chambres, simples et bien tenues, disposent pour certaines d'une kitchenette. Restauration traditionnelle.

128 chambres – 61/105 € 70/137 € – 1 suite – 10 € – ½ P

Plan : D1-f – *r. de la Source* – *05 58 90 53 00* – *www.thermes-dax.com* – *Fermé 20 déc.-10 janv.*

à Hinx 10 km à l'Est par D947 et D32 – 40180 – 1 849 hab. – Alt. 42 m

Au Ferléo

CUISINE MODERNE • TENDANCE L'acier corten qui orne la devanture du restaurant tranche dans le décor et annonce la couleur : il sera ici question de modernité et d'inventivité. Le chef renouvelle régulièrement sa carte, et met en valeur de beaux produits : Saint-Jacques, entrecôte de blonde d'Aquitaine, carré d'agneau… Bonne pioche !

Formule 13 € – Carte 30/40 €

51 rte de Dax – 05 58 77 60 74 – Fermé merc. soir, dim. soir et lundi

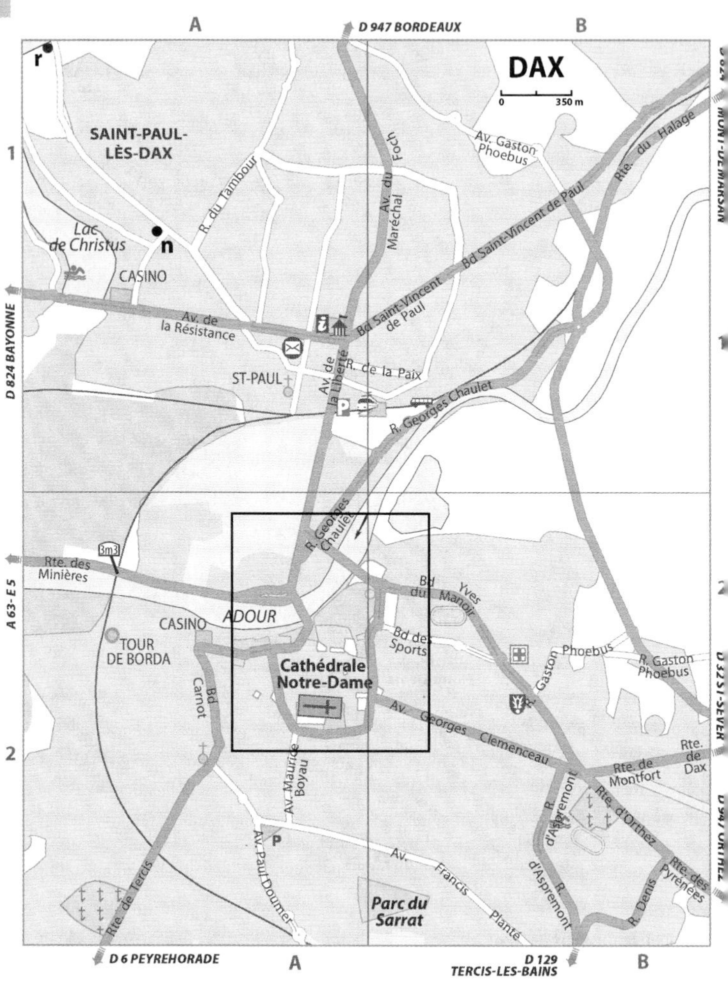

à St-Paul-lès-Dax - ✉ 40990 - 13 139 hab. - Alt. 21 m

🍴 Le Moulin de Poustagnacq

CUISINE MODERNE • CONVIVIAL XXX Envie de manger au bord de l'eau ? Dans ce cas, faites un tour dans cet ancien moulin ! Le chef travaille les produits frais et livre une cuisine traditionnelle teintée d'un joli accent régional. Aux beaux jours, installez-vous sur la terrasse face au lac. Ambiance bucolique garantie.

Menu 31/81 € - Carte 79/89 €

Plan : A1-r - - ✆ *05 58 91 31 03*

- www.moulindepoustagnacq.com

- Fermé vacances de Noël, mardi midi, dim. soir et lundi

Sourcéo

THERMAL • FONCTIONNEL Architecture originale pour cet hôtel des années 1990 qui a la forme d'un calice ! Avec son centre de balnéothérapie intégré, cet établissement fait la joie des curistes. Les chambres, dont un grand nombre de suites, sont fonctionnelles. Restauration traditionnelle ou diététique. Le tout au cœur de la forêt des Landes.

148 suites – 95/133 € – 47 chambres – 12 €

Plan : A1-n – *355 r. du Centre-Aéré, au lac de Christus* – *05 58 90 66 00* – *www.thermes-dax.com*

ON AIME...

La cuisine créative et marine de **Maximin Hellio** : la table qu'il manquait à Deauville ! La renaissance du **Normandy Barrière**, hôtel de légende superbement rénové. **Le Spinnaker**, une référence sérieuse et gourmande. Le travail à quatre mains d'un couple franco-coréen à **L'Essentiel**...

DEAUVILLE

✉ 14800 (Calvados) - 3 775 hab. - Alt. 2 m - Carte régionale n° **17**-A3
▶ Paris 202 km - Caen 50 km - Évreux 101 km - Le Havre 44 km
Carte Michelin 303-M3 - Guide Vert Michelin Normandie Vallée de la Seine

Restaurants

Maximin Hellio Ⓝ

CUISINE MODERNE • **CONTEMPORAIN** Le chef Maximin Hellio, anciennement étoilé à Sables-d'Or-les-Pins en Bretagne, tient désormais ce petit restaurant intimiste, au cadre contemporain. Il cuisine les produits de la mer avec brio, se distinguant autant par sa créativité que par sa maîtrise technique ; on pourra même accompagner son repas d'un bon vin à prix raisonnable.

➜ Foie gras de canard, fruits confits. Homard bleu "de mon papa". Soufflé à la poire williams.

Menu 35 € (déj.), 57/84 € - Carte 75/120 €

Plan : B2-a - *64 r. Gambetta*
- ✆ 02 31 49 19 89 (réservation conseillée) - www.maximindeauville.fr
- Fermé 1 semaine en nov., 2 semaines en janv., mardi sauf le soir en juil.-août et lundi

La Flambée

CUISINE MODERNE • **CONVIVIAL** Pourquoi "La Flambée" ? Sans doute à cause de la grande cheminée où l'on prépare de belles grillades sous vos yeux... mais l'adresse aurait aussi pu s'appeler "Le Homard", qui est son autre spécialité ! Derrière les fourneaux, le chef réalise des recettes soignées, qui vont à l'essentiel ; le service est aux petits soins...

Formule 22 € - Menu 31/53 € - Carte 40/89 €

Plan : A2-t - *81 r. du Gén.-Leclerc*
- ✆ 02 31 88 28 46 - www.laflambee-deauville.com

Si vous recherchez un hébergement particulièrement agréable pour un séjour de charme, préférez les établissements signalés en rouge : ...

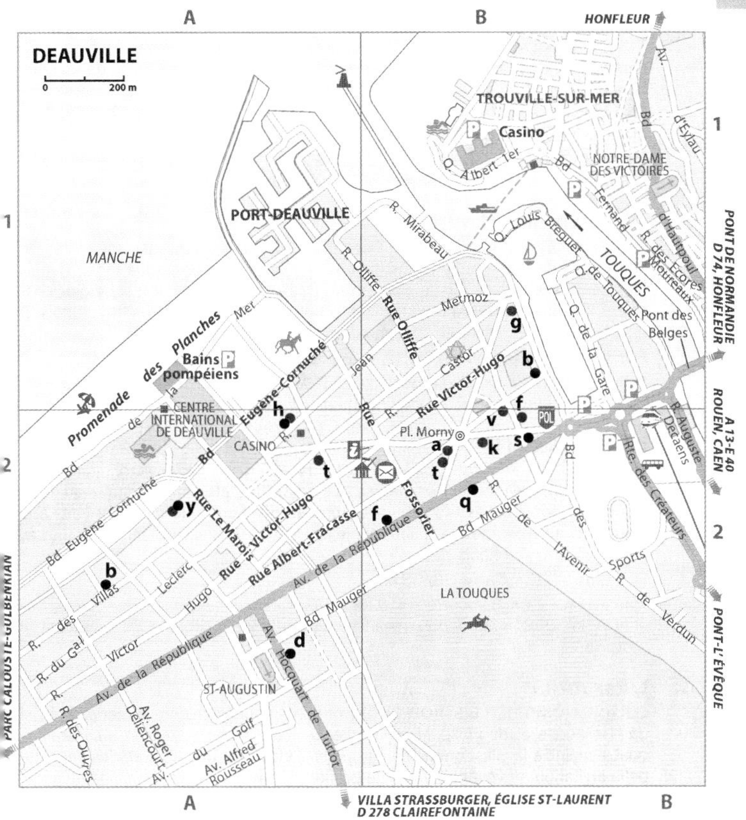

Côté Royal

CUISINE TRADITIONNELLE • ÉLÉGANT XXX Une salle à manger élégante et cossue – haut plafond, boiseries, lustres et tentures – pour découvrir les plats du chef, qui agrémente la tradition d'éléments plus modernes. Ravioli ouvert de homard, bisque et blanquette de champignons ; sole meunière au beurre demi-sel... On passe un bon moment.

Menu 65 € – Carte 65/94 €

Plan : A2-y – *Hôtel Royal-Barrière, bd Eugène-Cornuché – ✆ 02 31 98 66 33 – www.lucienbarriere.com – Ouvert 29 avril à mi-nov. et fermé le midi*

La Belle Époque

CUISINE MODERNE • CHIC XXX Au cœur d'un grand hôtel chargé d'histoire, ce restaurant Belle Époque a des allures de brasserie chic ; il se prolonge d'une lumineuse verrière ouvrant sur la cour fleurie. On propose ici une cuisine actuelle de bonne facture ; le dimanche, on se presse pour le brunch, l'un des plus courus de la région.

Menu 36 € – Carte 52/75 €

Plan : A2-h – *Hôtel Normandy-Barrière, 38 r. Jean-Mermoz – ✆ 02 31 98 66 22 – www.lucienbarriere.com*

Le Spinnaker

CUISINE MODERNE • DESIGN Une valeur sûre que ce Spinnaker. Loin des sentiers battus, on s'installe dans un cadre moderne et épuré ; la cuisine de Frédéric Lesieur, au goût du jour, est savoureuse et soignée, à l'instar de ces ormeaux grillés au beurre d'algues et shiso... et le service est aux petits oignons. On se régale !

Menu 32 € (déj.)/65 € - Carte 63/90 €

Plan : B1_2-v - *52 r. Mirabeau - ✆ 02 31 88 24 40 - www.spinnakerdeauville.com - Fermé 1 semaine en nov. et en janv., lundi et mardi sauf juil.-août*

Augusto Chez Laurent

POISSONS ET FRUITS DE MER • CONVIVIAL Connue pour ses spécialités de homard et de poisson, cette institution tient le cap de la cuisine iodée depuis plus de 35 ans ! On se régale d'un tartare de bar posé sur un lit d'aubergines rissolées à l'huile d'olive ou d'un filet de turbot enrobé dans un crumble de noisettes et d'amandes. Décor chic façon bateau.

Formule 19 € - Menu 25 € (déj.), 36/58 € - Carte 50/95 €

Plan : B2-k - *27 r. Désiré-Le-Hoc - ✆ 02 31 88 34 49 - www.restaurant-augusto.com - Fermé mardi sauf vacances scolaires et lundi*

L'Étoile des Mers

POISSONS ET FRUITS DE MER • CONVIVIAL Sole, saint-pierre, turbot et dorade... Avis de pêche miraculeuse sur ce bistrot attachant, installé au fond d'une poissonnerie. Les produits de la mer, de première fraîcheur, sont cuits à la plancha et agrémentés avec talent par le jeune chef, un ancien client des lieux. Les amateurs seront conquis !

Formule 20 € - Carte 38/68 €

Plan : B2-t - *74 r. Gambetta - ✆ 02 14 63 10 18 - Fermé 2-16 janv., 1 semaine en juin, 15-30 nov., mardi hors vacances scolaires, merc. pendant les vacances scolaires et le soir*

L'Essentiel

CUISINE MODERNE • BISTRO Ce bistrot contemporain célèbre le mariage réussi de l'Hexagone et de l'Asie. Mira - coréenne - et Charles - français - œuvrent à quatre mains à la ville comme en cuisine et concoctent de jolis plats fusion... Une belle invitation au voyage ! L'été, on profite du patio.

Formule 22 € - Menu 30 € (déj. en semaine)/60 € - Carte 53/60 €

Plan : B2-f - *29-31 r. Mirabeau - ✆ 02 31 87 22 11 - www.lessentiel-deauville.com - Fermé 2 semaines en janv., mardi et merc. hors saison et fériés*

Le Comptoir et la Table

CUISINE TRADITIONNELLE • DE QUARTIER Un bistrot dans son jus "fifties" : fresque au plafond évoquant la vie trouvillaise, comptoir en bois et... de la convivialité à revendre. Voilà le lieu idéal pour savourer des petits plats sans chichis, réalisés avec de beaux produits frais de qualité. On se régale !

Formule 15 € - Menu 20 € (déj. en semaine)/30 € - Carte 48/115 €

Plan : B1-g - *1 quai de la Marine - ✆ 02 31 88 92 51 - www.lecomptoiretlatable.fr - Fermé 3 semaines en déc. et merc. hors saison*

Hôtels & maisons d'hôtes

Normandy Barrière

GRAND LUXE • ÉLÉGANT Ce fier manoir anglo-normand, édifié en 1912, est devenu l'emblème de la station ! L'établissement a été entièrement rénové mais l'esprit des chambres, cosy et raffinées, demeure : toile de Jouy, boiseries... Pour se détendre, on peut profiter du Spa nouvellement créé. Un hôtel mythique.

257 chambres - 249/1869 € 249/1869 € - 14 suites - 37 €

Plan : A2-h - *38 r. Jean-Mermoz - ✆ 02 31 98 66 22 - www.lucienbarriere.com*

La Belle Époque - voir les restaurants ci-dessus

Royal Barrière

GRAND LUXE • CLASSIQUE Imposante bâtisse 1900 appréciée par la jet-set et les stars de cinéma. Dans les chambres, luxueuses et chaleureuses, on se sent comme dans un petit palace ; certaines donnent sur la mer. Du style et du caractère, sans conteste !

209 chambres – 239/949 € 239/949 € – 36 suites – 35 €

Plan : A2-y – *bd Eugène-Cornuché – 02 31 98 66 33 – www.lucienbarriere.com – Ouvert 29 avril à mi-nov.*

Côté Royal – voir les restaurants ci-dessus

Almoria

URBAIN • PERSONNALISÉ En plein centre-ville, cet hôtel récent a fait du confort et de l'épure son crédo. Préférez toutefois les chambres donnant sur le patio, où l'on prend son petit-déjeuner aux beaux jours. Accueil aimable.

60 chambres – 65/325 € 65/325 € – 13 €

Plan : B2-q – *37 av. de la République – 02 31 14 32 32 – www.almoria-deauville.com – Fermé 2-16 janv.*

Mercure Deauville Centre

HÔTEL DE CHAÎNE • PERSONNALISÉ Une bâtisse de style régional, pour un Mercure fonctionnel et contemporain donnant sur un jardin intérieur – où les chambres sont plus calmes – et sur la marina. Au petit-déjeuner, on peut même se régaler de produits bio !

53 chambres – 109/229 € 109/229 € – 17 €

Plan : B1-b – *2 r. Breney – 02 31 87 30 00 – www.mercure.com/2876*

L'Augeval

TRADITIONNEL • FONCTIONNEL Près de l'hippodrome et des haras, un agréable manoir normand, un brin rétro, et une villa d'esprit contemporain, le Trait d'Union... Après une journée de balade, rendez-vous près de la piscine ou au sauna.

40 chambres – 85/199 € 85/239 € – 2 suites – 16 €

Plan : A2-d – *15 av. Hocquart-de-Turtot – 02 31 81 13 18 – www.augeval.com*

Continental

TRADITIONNEL • PERSONNALISÉ Construit en 1865 sur une avenue animée, cet hôtel est l'un des pionniers de la station. Les chambres y sont assez spacieuses, confortables et bien tenues. Et pour le petit côté "couleur locale", on vend même de bons produits régionaux !

42 chambres – 75/130 € 75/140 € – 13 €

Plan : B2-s – *1 r. Désiré-Le-Hoc – 02 31 88 21 06 – www.hotel-continental-deauville.com*

Villa Joséphine

MAISON DE MAÎTRE • PERSONNALISÉ Dans un quartier résidentiel – à quelques pas de la mer et un peu en retrait du centre-ville –, une charmante villa normande classée (fin 19e s.), entourée d'un jardin ravissant. Entre les couleurs poudrées, le mobilier de style, les portraits de famille, tout y est cosy et délicat, dans un esprit maison d'hôtes.

9 chambres – 135/155 € 145/255 € – 22 €

Plan : A2-b – *23 r. des Villas – 02 31 14 18 00 – www.villajosephine.fr – Fermé janv.*

Marie-Anne

TRADITIONNEL • PERSONNALISÉ Une villa à deux pas du casino, du golf et de l'hippodrome... Les chambres y sont spacieuses et élégantes, plus calmes sur l'arrière ou dans l'annexe qui donne sur un jardinet. Un établissement bien tenu.

25 chambres – 89/255 € 89/255 € – 13 €

Plan : B2-f – *142 av. de la République – 02 31 88 35 32 – www.hotelmarieanne.com – Fermé 3-31 janv.*

Manoir de Benerville

MAISON DE CAMPAGNE • PERSONNALISÉ Sur les hauteurs de Deauville, cette villa anglo-normande (1874) cultive un style qui fait très "maison de poupée" : du rose, des fleurs, la mer ou le joli parc en toile de fond... Avec les chambres, on vous propose même des soins pour encore mieux vous détendre. Le tout au grand calme !

5 chambres – 250/310 € 250/310 €

Hors plan – *chemin de Touques – 02 31 14 68 80 – www.manoirbenerville.com*

à Touques 2,5 km au Sud-Est – 14800 – 3 920 hab. – Alt. 10 m

L'Achillée

CUISINE MODERNE • CONVIVIAL Ils se sont rencontrés chez Hélène Darroze et l'assiette s'en ressent : ce jeune couple sympathique (madame en pâtisserie, monsieur en cuisine) cajole les produits, les saveurs et... les plantes. Dorade grise, cannellonis de céleri, coulis de cresson et huile d'argan : pour une première affaire, c'est un coup de maître !

Formule 25 € – Menu 35/59 €

90 r. Louvel-et-Brière – 02 31 87 41 08 – www.lachillee.com – Fermé 14-29 juin, 4-26 janv.,merc. et jeudi

à Canapville 6 km au Sud-Est par D677 – 14800 – 209 hab. – Alt. 10 m

Auberge du Vieux Tour

CUISINE TRADITIONNELLE • RUSTIQUE Une chaumière rustique près de la départementale, mais au calme et très accueillante ! Les patrons – de vrais passionnés – font surtout appel aux producteurs locaux et vous concoctent une sympathique cuisine de tradition : asperges à la polonaise, sole meunière avec une purée maison, tarte aux pommes, etc. Un régal !

Menu 28 € (semaine), 32/57 € – Carte 45/75 €

36 rte départementale 677 – 02 31 65 21 80 – www.levieuxtour.com – Fermé vacances de fév., 1 semaine en juin, 3-19 janv., mardi sauf juil.-août et merc. sauf fériés

au New Golf 3 km au Sud par D278 – 14800 Deauville :

Le Club House

CUISINE TRADITIONNELLE • CONVIVIAL Un Club House tout près du golf, où il fait bon se restaurer d'une sympathique cuisine traditionnelle : tartares, salades, pâtes, etc. Formule snacking servie jusqu'à 17 h.

Carte 35/50 €

Hôtel du Golf – 02 31 14 24 23 – www.lucienbarriere.com – Fermé 2 semaines en déc., mardi et jeudi hors saison

Hôtel du Golf

TRADITIONNEL • PERSONNALISÉ Surplombant la côte et en pleine campagne, ce superbe hôtel typiquement normand (1929) est un havre de paix ! Les chambres, très spacieuses, sont progressivement rénovées dans un style moderne et feutré ; l'ensemble ne manque pas d'élégance. Golf de 27 trous, vue sur la mer, restaurant et club-house, etc.

159 chambres – 200/1119 € 200/1119 € – 11 suites – 29 €

– 02 31 14 24 00 – www.lucienbarriere.com – Ouvert 3 mars-13 nov.

Le Club House – voir les restaurants ci-dessus

au Sud 6 km par D278 – 14800 Deauville :

1899

CUISINE TRADITIONNELLE • RUSTIQUE Le 1899 ? Un restaurant chic, sobre et gourmand. Au déjeuner, la carte est volontairement courte (plats légers, snacking), mais à l'heure du dîner, l'assiette se pare de jolis mets cuisinés sur des bases traditionnelles. En prime, la terrasse donne sur un joli patio !

Carte 55/85 €

Hôtel Les Manoirs de Tourgéville, chemin de l'Orgueil – 02 31 14 48 68 – www.lesmanoirstourgeville.com – Fermé dim. et lundi de sept. à mi-avril et le midi

Les Manoirs de Tourgéville

LUXE • PERSONNALISÉ En plein bocage du pays d'Auge, ce manoir est vraiment séduisant : chambres raffinées, apaisantes et spacieuses (nombreux duplex et triplex). Pour se détendre, il y a l'embarras du choix : piscine, vélo, massage, tennis, cinéma. Se lasser d'un tel endroit ? Impossible !

35 suites - 230/600 € - 22 chambres - 23 € - ½ P

chemin de l'Orgueil - 02 31 14 48 68 - www.lesmanoirstourgeville.com

1899 - voir les restaurants ci-dessus

LA DÉFENSE - 92 (Hauts-de-Seine) → Voir Autour de Paris

DELME

57590 (Moselle) - 1 052 hab. - Alt. 220 m - Carte régionale n° **14**-C2

Paris 364 km - Château-Salins 12 km - Metz 33 km - Nancy 36 km

Carte Michelin 307-J5

À la 12

CUISINE MODERNE • FAMILIAL XX La famille François tient les rênes de cette maison depuis sa création en 1954. Depuis 2016, Thomas (la troisième génération) et Laura, sa compagne, y insufflent leur jeunesse et leur motivation. Il apporte une touche de modernité à la cuisine, qu'il veut toujours en mouvement ; elle, de son côté, assure le service en salle et veille sur la cave.

Formule 12 € - Menu 32/85 € - Carte 47/53 €

6 pl. de la République - 03 87 01 30 18 - www.ala12.fr - Fermé dim. soir, mardi soir et lundi

A la 12

AUBERGE • FONCTIONNEL Une auberge accueillante, tenue par la même famille depuis 1954 ! Les chambres, fonctionnelles et bien tenues, sont très appréciées par la clientèle d'affaires en semaine. À noter, quelques chambres familiales plus spacieuses.

15 chambres - 66/80 € 66/80 € - 8,50 € - ½ P

6 pl. de la République - 03 87 01 30 18 - www.ala12.fr - Fermé dim. soir

À la 12 - voir les restaurants ci-dessus

DERCHIGNY

76370 (Seine-Maritime) - 561 hab. - Alt. 100 m - Carte régionale n° **17**-D1

Paris 206 km - Barentin 64 km - Dieppe 10 km - Rouen 74 km

Carte Michelin 304-H2

Manoir de Graincourt

FAMILIAL • HISTORIQUE Pour l'anecdote, Renoir séjourna dans cet ancien couvent typiquement normand (19e s.). Les chambres, thématiques (meubles de famille ou chinés, beaux tissus, etc.), donnent sur un joli jardin clos ; la table d'hôte permet de savourer des plats traditionnels dans la belle cuisine rustique, mais pensez à réserver !

5 chambres - 90/119 € 90/119 €

10 pl. Ludovic-Panel - 02 35 84 12 88 - www.manoir-de-graincourt.fr

DEUIL-LA-BARRE - 95 (Val-d'Oise) → Voir Autour de Paris

LES DEUX-ALPES (Alpes de Mont-de-Lans et de Vénosc)

38860 (Isère) - Carte régionale n° **23**-C2

Paris 640 km - Le Bourg-d'Oisans 26 km - Grenoble 78 km

Carte Michelin 333-J7 - Guide Vert Michelin Alpes du Nord

✿ Le P'tit Polyte

CUISINE MODERNE · RUSTIQUE XX Le P'tit Polyte a tout d'un grand ! Cette ancienne ferme d'alpage convertie en noble chalet réserve une expérience gastronomique de haute volée. Homard, mangue et yuzu ; pigeon de Pornic ; chocolat au lait et caramel… Les cuissons sont justes, les saveurs maîtrisées. Belle carte des vins et terrasse d'été.

➜ Homard au chutney d'ananas, combava, sauce curry vert et curry noir. Féra, bouillon de bœuf, girolles, lard de Colonnata et raviole au maïs. Fraises et chocolat, sablé chocolat, mousse fraise-gingembre.

Menu 56/89 € – Carte 80/90 €

Plan : A2-n – *Hôtel Chalet Mounier, 2 r. de la Chapelle*
– *✆ 04 76 80 56 90*
– *www.chalet-mounier.com*
– *Ouvert 1er juil.-24 août et 22 déc.-20 avril et fermé dim., lundi et le midi*

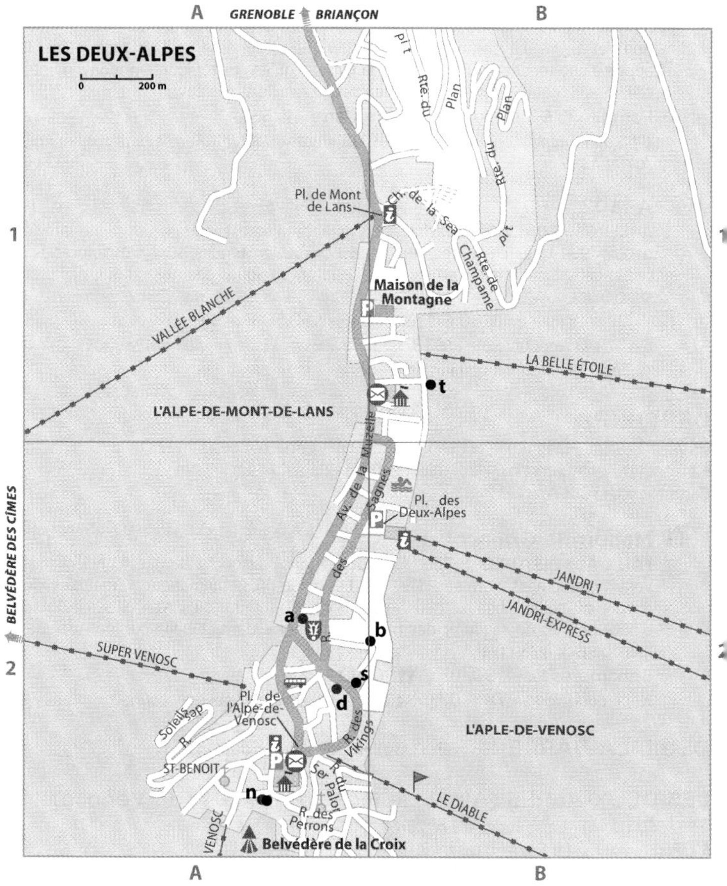

L'Entracte

CUISINE MODERNE • COSY X Dans ce restaurant résolument alpin, fait de bois brut et de pierre, Benoît Lorlut compose une cuisine à son image : fine et légère, techniquement très au point, avec notamment un superbe travail sur les légumes. De l'entrée au dessert, on va de réjouissance en réjouissance... Un Entracte qui fait le plus grand bien !

Formule 16 € - Menu 28/37 € - Carte 31/65 €

Plan : A2-d – *19 r. des Vikings – ✆ 09 53 56 30 83 – Ouvert juil.-août, de nov. à avril et fermé merc. midi*

Le Diable au Cœur

CUISINE TRADITIONNELLE • CONVIVIAL X Direction les cimes ! Empruntez le télésiège pour aller déjeuner dans ce diable de restaurant, perché à 2 400 m d'altitude... Dans le cadre agréable d'un chalet en bois clair, face à la Muzelle, la cuisine ne souffre pas du vertige : gourmande et soignée, elle mêle avec brio tradition et spécialités régionales. Du cœur !

Formule 26 € - Menu 32 € - Carte 30/50 €

Hors plan – *7 r. des Gorges, au sommet du télésiège du Diable – ✆ 04 76 79 99 50 (réservation conseillée) – www.lediableaucoeur.com – Ouvert 1er juil.-31 août, 3 déc.-29 avril et fermé le soir*

Le Raisin d'Ours

CUISINE MODERNE • RUSTIQUE X Le Raisin d'Ours ? Un arbuste du sud des Alpes et un écho à la vigne : double clin d'œil aux origines des jeunes propriétaires. Lui, en cuisine, est natif de la station ; elle, enfant du Beaujolais, est sommelière. Le résultat : une cuisine fine et travaillée, et une sélection de vins qui ne doit rien au hasard !

Formule 20 € 🍷 - Menu 26 € - Carte 35/60 €

Plan : Hors plan-a – *98 av. de la Muzelle – ✆ 04 76 79 29 56 – www.leraisindours.fr – Fermé mai, sept. et oct.*

Chalet Mounier

TRADITIONNEL • ÉLÉGANT Tout en haut des Deux-Alpes, sur le site d'une ferme d'alpage, l'aîné des hôtels de la station, né dans les années 1930 : les lieux ont la tradition de l'accueil chevillée au corps – des chevilles en bois, évidemment ! Tout pour un beau séjour à la montagne : grand confort, piscines, sauna, fitness...

37 chambres – 🚹161/364 € 🚹🚹230/520 € – 6 suites – ☕ 20 € – ½ P

Plan : A2-n – *2 r. de la Chapelle – ✆ 04 76 80 56 90 – www.chalet-mounier.com – Ouvert 24 juin-25 août et 14 déc.-22 avril*

✿ **Le P'tit Polyte** – voir les restaurants ci-dessus

Côte Brune

TRADITIONNEL • MONTAGNARD La famille Bel a mis – et met encore – beaucoup de soin dans la rénovation et l'entretien de cet hôtel situé aux pied des pistes. L'ensemble est chaleureux et accueillant, synthèse idéale entre rustique montagnard et confort moderne. Hammam, sauna et jacuzzi.

18 chambres – ½ P seult 85/130 €

Plan : AB2-b – *6 r. Côtes-Brunes – ✆ 04 76 80 54 89 – www.hotel-cotebrune.fr – Ouvert 26 juin-28 août et 3 déc.-30 avril*

Souleil'Or

FAMILIAL • MONTAGNARD Skieurs en hiver, randonneurs en été : au pied des pistes, ce grand chalet vit montagne ! La plupart des chambres ouvrent sur un balcon, pour un bol d'air maximal... Une de ces adresses où lambrissé et simplicité riment avec douillet.

42 chambres ☕ – 🚹97/189 € 🚹🚹122/254 € – ½ P

Plan : B1-t – *10 r. Grand-Plan – ✆ 04 76 79 24 69 – www.le.souleil-or.fr – Ouvert 20 juin-31 août et 2 déc.-23 avril*

Les Mélèzes

FAMILIAL • MONTAGNARD L'expression "au pied des pistes" n'est pas galvaudée : on pourrait littéralement entrer dans l'hôtel les skis aux pieds ! Après avoir traversé un grand salon cosy, on découvre, à l'étage, des chambres où règnent le bois et un agréable esprit contemporain.

34 chambres – 99/159 € 151/274 € – ½ P

Plan : A2-s – *17 r. des Vikings – 04 76 80 50 50 – www.hotelmelezes.com – Ouvert 16 déc.-26 avril*

DIEBOLSHEIM

67230 (Bas-Rhin) – 660 hab. – Alt. 163 m – Carte régionale n° **1**-B2
Paris 529 km – Colmar 55 km – Freiburg im Breisgau 59 km – Strasbourg 44 km
Carte Michelin 315-J7

Ambiance Jardin

FAMILIAL • PERSONNALISÉ De cette grange, les propriétaires ont fait une charmante maison d'hôtes, qui foisonne d'antiquités. Chambres aux tons pastel, spacieuses et cosy, et superbe jardin.

4 chambres – 78/88 € 88/98 €

12 r. de L'Abbé-Wendling – 03 88 74 84 85 – www.ambiance-jardin.com

DIEFMATTEN

68780 (Haut-Rhin) – 288 hab. – Alt. 300 m – Carte régionale n° **1**-A3
Paris 450 km – Belfort 25 km – Colmar 48 km – Mulhouse 21 km
Carte Michelin 315-G10

Auberge du Cheval Blanc

CUISINE MODERNE • AUBERGE La déclinaison de foie gras ? L'un des grands classiques de cette élégante maison alsacienne, où la cuisine gastronomique épouse les saisons – notamment autour de menus à thème (truffe, bouillabaisse, etc.) et de vins bien choisis. Pour l'étape, d'agréables chambres fonctionnelles.

Formule 17 € – Menu 23 € (déj. en semaine), 28/75 € – Carte 44/77 €

5 chambres – 65/85 € 75/95 € – 12 €

17 r. Hecken – 03 89 26 91 08 – www.auchevalblanc.fr – Fermé 17 juil.-2 août, 2-10 janv., lundi et mardi sauf fériés le midi

DIEPPE

76200 (Seine-Maritime) – 30 632 hab. – Alt. 6 m – Carte régionale n° **17**-D1
Paris 197 km – Abbeville 68 km – Caen 176 km – Le Havre 111 km
Carte Michelin 304-G2 – Guide Vert Michelin Normandie Vallée de la Seine

Les Voiles d'Or (Tristan Arhan)

CUISINE MODERNE • DESIGN À la barre de cette table perchée sur la falaise du Pollet, un chef amoureux fou des beaux produits de la mer. Salade de raie généreuse et succulente, aiguillette de bar à la cuisson parfaite : les préparations sont raffinées, et l'équilibre des saveurs est au rendez-vous. À noter : quelques chambres originales dans un pavillon importé de Bali !

➜ Homard du cap Gris-Nez, courgette glacée et mirepoix de petits condiments parfumés à la passion. Aiguillettes de saint-pierre rôti aux artichauts, coulis de poivron doux. Croustillant aux fraises, fine mousseline de cassis.

Menu 38 € (déj. en semaine)/55 € – Carte 70/85 €

3 chambres – 130 € 150 €

Plan : B1-c – *2 chemin de la Falaise, par rte du Tréport puis direction chapelle N.-D.-de-Bon-Secours – 02 35 84 16 84 (réservation conseillée) – www.lesvoilesdor.fr – Fermé 18 déc.-18 janv., dim. soir, lundi et mardi*

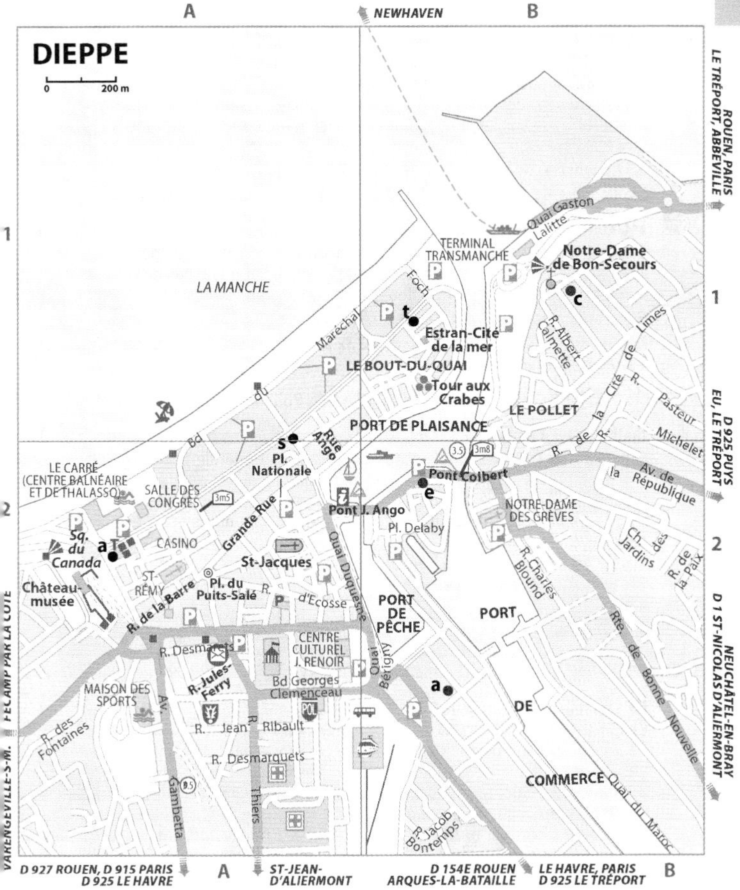

Bistrot du Pollet

POISSONS ET FRUITS DE MER • BISTRO Qu'on se le dise : dans ce bistrot, c'est la mer qui décide, et les plats dépendent directement des arrivages de la pêche locale. Encornets, foie gras du pêcheur, sole du bistrot, noix de Saint-Jacques aux lentilles : la qualité et la fraîcheur sont au rendez-vous, et quelle générosité dans les préparations !

Formule 23 € – Menu 30 € – Carte 28/46 €

Plan : B2-e – *23 r. Tête-de-Bœuf – ✆ 02 35 84 68 57 (réservation conseillée) – www.bistrotdupollet.fr – Fermé 1 semaine en avril, 2 semaines en sept. et en janv., dim. et lundi*

Comptoir à Huîtres

POISSONS ET FRUITS DE MER • VINTAGE Loin de l'agitation du front de mer, le long des quais, ce comptoir est la nouvelle coqueluche des Dieppois. Après que l'on vous a présenté la pêche du jour, sans chichi, vient l'heure du choix. Quel poisson ? Entier, coupé ? À la plancha ? À moins que vous ne préfériez la carte des huîtres... Que de fraîcheur !

Formule 20 € – Carte 40/50 €

Plan : B2-a – *12 cours de Dakar (quai de Norvège) – ✆ 02 35 84 19 37 – Fermé vacances de fév., 3 semaines en août, dim. et lundi*

Mercure la Présidence

HÔTEL DE CHAÎNE • CONTEMPORAIN Près du casino et du centre de thalasso, ne vous laissez pas intimider par la façade un peu ingrate de cet hôtel : les chambres sont décorées avec goût (parquet, mobilier design et tons chatoyants) et la moitié ont vue sur les flots… Une ambiance marine qui se confirme au restaurant de l'établissement.

85 chambres – 95/175 € 95/175 € – 17 €

Plan : A2-a – *1 bd de Verdun – 02 35 84 31 31 – www.hotel-la-presidence.com*

Hôtel de l'Europe

BUSINESS • FONCTIONNEL Sur le front de mer, du bois, du béton et… de l'allure ! À l'intérieur, les chambres, grandes, colorées et meublées de rotin, regardent la Manche et ses flots aux couleurs sans cesse changeantes.

60 chambres – 80/149 € 99/169 € – 10 €

Plan : B1-t – *63 bd de Verdun – 02 32 90 19 19 – www.hotel-europe-dieppe.com – Ouvert 25 mars à mi-nov.*

à Martin-Église 6 km au Sud-Est par D1 – 76370 – 1 527 hab. – Alt. 11 m

Auberge du Clos Normand

CUISINE TRADITIONNELLE • RUSTIQUE XX Dans un jardin bordé par une rivière, cet ancien relais de poste (15e s.) est le repaire idéal des amateurs de cuisine traditionnelle ! Devant la grande cheminée en brique de Dieppe, on déguste huîtres, ris de veau et autres magrets… Quelques chambres calmes et feutrées dans les dépendances.

Menu 28/38 € – Carte 41/51 €

12 chambres – 79 € 79 € – 10 €

22 r. Henri-IV – 02 35 40 40 40 – www.closnormand.fr – Fermé 15 fév.-9 mars, 13 nov.-7 déc., mardi midi, merc. midi et lundi

à Offranville 6 km au Sud par D927 et D54 – 76550 – 3 309 hab. – Alt. 80 m

Le Colombier (Laurent Kleczewski)

CUISINE MODERNE • RUSTIQUE XX Une vénérable maison normande en colombages (16e s.) aux portes de Dieppe. La proximité de la Manche, l'écrin des prairies voisines et… le savoir-faire du chef, Laurent Kleczewski : tout est réuni pour une ode aux beaux produits – le poisson au premier rang –, à travers des assiettes fines, harmonieuses et pétillantes !

→ Velouté d'huîtres, tartare à l'oignon rouge, à la coriandre et au citron confit. Filet de turbot, groseille à maquereau et cardamome verte. Tube chocolat et ganache au citron vert.

Formule 25 € – Menu 32 € (semaine), 46/80 €

r. Loucheur (parc du Colombier) – 02 35 85 48 50 – www.lecolombieroffranville.fr – Fermé 15 fév.-2 mars, 26 juin-19 juil., mardi sauf juil.-août, dim. soir et merc.

à Neuville-lès-Dieppe 1,4 km à l'Est par av. de la République – 76370 Dieppe

Auberge du Vieux Puits

CUISINE MODERNE • AUBERGE X Sur les hauteurs, face à la mer, une auberge à l'ancienne qui ne manque pas de sel ! Huîtres d'Isigny gratinées à la mimolette, pavé de turbot rôti au vin blanc, soufflé au Grand Marnier… Une cuisine goûteuse et généreuse, réalisée par un chef maîtrisant parfaitement sa partition.

Menu 28/50 € – Carte 38/59 €

8 chambres – 115/140 € 115/140 €

15 av. Alexandre-Dumas – 02 35 84 47 35 – www.puys.fr – Fermé 5 janv.-12 fév., mardi et merc. d'oct. à avril

DIEULEFIT

26220 (Drôme) – 3 030 hab. – Alt. 366 m – Carte régionale n° **23**-B3

Paris 614 km – Crest 30 km – Montélimar 29 km – Nyons 30 km

Carte Michelin 332-D6 – Guide Vert Michelin Ardèche Drôme

au Poët-Laval 5 km à l'Ouest par D540 – ✉ 26160 – 933 hab. – Alt. 311 m

Les Hospitaliers

CUISINE MODERNE • CLASSIQUE XX Déguster un thon comme un tataki ou un tourteau en rillettes au pied de la Commanderie de l'ordre de Malte, c'est possible aux Hospitaliers, dans une salle élégante. L'immense terrasse, sur les toits, divulgue une vue à 360 degrés. L'assiette a du goût et de l'allure : une adresse décidément charmante.

Formule 20 € – Menu 40/62 € – Carte 53/61 €

– ✆ 04 75 46 22 32 – www.hotel-les-hospitaliers.com – Ouvert 1er avril-5 nov. et fermé lundi midi et mardi midi sauf juil.-août

Les Hospitaliers

AUBERGE • TRADITIONNEL Référence aux Hospitaliers qui, au 12e s., s'installèrent dans le village. L'établissement, composé d'un bel ensemble de maisons en pierre sèche, abrite des chambres de caractère. Cuisine de saison au restaurant.

20 chambres – †76/160 € ††85/160 € – ☕ 14 € – ½ P

– ✆ 04 75 46 22 32 – www.hotel-les-hospitaliers.com – Ouvert 1er avril-5 nov.

Les Hospitaliers – voir les restaurants ci-dessus

DIGNE-LES-BAINS

✉ 04000 (Alpes-de-Haute-Provence) – 16 844 hab. – Alt. 608 m
– Carte régionale n° **21**-C2
▶ Paris 744 km – Aix-en-Provence 109 km – Avignon 167 km – Cannes 135 km
Carte Michelin 334-F8 – Guide Vert Michelin Alpes du Sud

Le Grand Paris

CUISINE CLASSIQUE • VINTAGE XXX Une maison pleine de cachet, avec un petit côté "à l'ancienne" tout à fait plaisant. La chef revisite les recettes classiques de son père (jadis aux fourneaux) ; ses plats sont savoureux. Ici, la tradition se perpétue d'une bien jolie façon.

Formule 29 € – Menu 39/76 € – Carte 68/91 €

19 bd Thiers – ✆ 04 92 31 11 15 – www.hotel-grand-paris.com – Ouvert 1er avril-30 nov. et fermé lundi midi, mardi midi, merc. midi et jeudi midi hors saison

rte de Nice 2 km par N85 – ✉ 04000 Digne-les-Bains :

Villa Gaïa

FAMILIAL • VINTAGE Cette accueillante maison de maître du début du 18e s. a conservé son charme d'antan : un grand parc, une bibliothèque et des chambres de style rétro (sans TV, quel bonheur !). Un menu régional est même proposé pour les gourmands. A déguster sur la terrasse ombragée.

10 chambres – †79/130 € ††95/150 € – ☕ 13 € – ½ P

24 rte de Nice – ✆ 04 92 31 21 60 – www.hotel-villagaia-digne.com – Ouvert 17 avril-25 oct.

DIGOIN

✉ 71160 (Saône-et-Loire) – 8 119 hab. – Alt. 232 m – Carte régionale n° **4**-B3
▶ Paris 337 km – Autun 69 km – Charolles 26 km – Moulins 57 km
Carte Michelin 320-D11 – Guide Vert Michelin Bourgogne

à Vigny-les-Paray 9 km au Nord-Est par D994 et D52 – ✉ 71160

Auberge de Vigny

CUISINE MODERNE • RUSTIQUE X Dans cette ancienne salle de classe décorée avec soin, on sert désormais une cuisine qui joue habilement de la tradition et du passage des saisons. La carte est changée régulièrement ; la jolie terrasse donne sur le jardin et le potager... pour une douce étape champêtre.

Formule 18 € – Menu 26/41 € – Carte 39/49 €

– ✆ 03 85 81 10 13 – www.aubergedevigny.fr – Fermé 9-30 oct., 24 déc.-20 janv., dim. soir de nov. à mars, lundi et mardi

ON AIME...

DZ'envies, sur la place des halles, où le chef fait son marché. La **Maison des Cariatides** : une maison historique proposant une cuisine... actuelle ! **William Frachot**, dont le remarquable sommelier met bien en valeur sa superbe carte des vins. Enfin, les irréstistibles créations chocolatées de Fabrice Gillotte au **Parrain Généreux**...

DIJON

✉ 21000 (Côte-d'Or) - 152 071 hab. - Agglo. 237 920 hab. - Alt. 245 m - Carte régionale n° **4**-D1

▶ Paris 311 km - Auxerre 152 km - Besançon 94 km - Genève 192 km

Carte Michelin 320-K6 - Guide Vert Michelin Bourgogne

Restaurants

✿✿ William Frachot

CUISINE CRÉATIVE • DESIGN XXX Un décor contemporain qui puise aux sources de la nature, très minéral et très végétal, orné notamment de troncs d'arbre... Un bel écrin pour la cuisine de William Frachot, éprise d'essentiel, inspirée, voyageuse et aboutie. Écorce des saveurs, saveurs corsées !

➜ Tête de veau croustillante et langoustines saisies. Gigot d'agneau de lait de l'Aveyron rôti et pommes de terre fondantes. Soufflé au Grand Marnier, sorbet Grand Marnier et orange.

Menu 55 € (déj. en semaine), 90/150 € - Carte 119/150 €

Plan : B2-a - *Hostellerie du Chapeau Rouge, 5 r. Michelet*
- ✆ 03 80 50 88 88 - www.chapeau-rouge.fr
- Fermé 6-21 août, 1er-22 janv., dim. et lundi

✿ Stéphane Derbord

CUISINE MODERNE • ÉLÉGANT XXX Stéphane Derbord a donné son propre nom à son restaurant, et c'est justice : sa cuisine porte en effet sa marque, très personnelle, revisitant avec une subtile créativité le répertoire bourguignon. À la tête d'une équipe efficace, son épouse assure un service sympathique et appliqué. Une bien belle table !

➜ Marbré de bœuf charolais au vin de Vougeot et moutarde. Cannelloni de brochet cuit à la vapeur, velouté d'écrevisses, fenouil confit et tuile à l'époisses. Pain perdu aux mûres caramélisées, glace au lait de sauge.

Menu 28 € (déj. en semaine), 53/102 € - Carte 80/95 €

Plan : C3-b - *10 pl. Wilson*
- ✆ 03 80 67 74 64
- www.restaurantstephanederbord.fr
- Fermé 19 fév.-6 mars, 6-21 août, 1er-4 janv., dim. et lundi

La Maison des Cariatides

CUISINE MODERNE • BRANCHÉ Dans cette belle maison (1603) du quartier des antiquaires, la salle évoque... un loft très contemporain : le contraste séduit ! Un très jeune chef y propose des plats soignés, frais et bien dans leur époque, accompagnés de bons bourgognes – à prix mesurés. L'une des adresses les plus agréables en ville.

➜ Foie gras rôti, chou-rave et gingembre. Pintade fermière, cèpes et maïs. Chocolat et sésame noir.

Formule 24 € – Menu 29 € (déj.)/65 €

Plan : C2-e – *28 r. Chaudronnerie*
– ✆ 03 80 45 59 25 – www.lamaisondescariatides.fr
– Fermé 3 semaines en août, 2 semaines en janv., mardi soir d'oct. à mars, dim. et lundi

Loiseau des Ducs

CUISINE MODERNE • TENDANCE Près du palais ducal, cette table du groupe Loiseau s'abrite dans l'hôtel de Talmay, du 16e s. La cuisine, réalisée par un jeune chef formé à bonne école, associe racines bourguignonnes, touches créatives et suaves parfums ; le tout s'accompagne d'une très belle sélection de grands crus servis au verre !

➜ Cuisses de grenouilles rôties, mousseline d'ail et purée de persil. Pigeon rôti, rhubarbe fondante et jus au poivre de Tasmanie. Tartelette au chocolat grand cru, sucre muscovado, florentin et crème glacée aux fèves de cacao.

Formule 23 € – Menu 29 € (déj. en semaine), 51/95 € – Carte 76/122 €

Plan : B2-u – *3 r. Vauban*
– ✆ 03 80 30 28 09 – www.bernard-loiseau.com
– Fermé 18 fév.-13 mars, 26 août-4 sept., dim. et lundi

DZ'envies

CUISINE MODERNE • BRANCHÉ Des envies ? Faites confiance à David Zuddas et à ses initiales ! Dans son restaurant aux airs de cantine branchée, le chef laisse s'exprimer son amour du métier et des beaux produits. On se souviendra de ces légumes bio du moment, et de ce dos de cabillaud et écrasé de pomme de terre aux herbes... Ses envies, notre plaisir !

Formule 17 € – Menu 20 € (déj.), 31/37 € – Carte 32/53 €

Plan : B1-a – *12 r. Odebert*
– ✆ 03 80 50 09 26 (réservation conseillée) – www.dzenvies.com
– Fermé 20 fév.-2 mars, 1er-10 janv., dim. et fériés

So

CUISINE MODERNE • ÉPURÉ Épaulé en salle par Rié, sa compagne, le chef japonais, So Takahashi, seul aux fourneaux après avoir œuvré dans de belles maisons, travaille les produits qu'il achète directement au marché voisin. Le résultat : une cuisine française traversée d'inspirations nippones, finement exécutée, légère et parfumée... So good !

Formule 15 € – Menu 18 € (déj.), 23/35 €

Plan : B2-v – *15 r. Amiral-Roussin – ✆ 03 80 30 03 85 (réservation conseillée)*
– Fermé août, 2-9 janv., dim. et lundi

Le Pré aux Clercs

CUISINE CLASSIQUE • ÉLÉGANT L'heure de la passation a sonné ! Alexis Billoux a repris les rênes de la maison familiale... mais son père Jean-Pierre y distille toujours une présence bienveillante. La cuisine tient le cap de la belle tradition, le tout sur l'élégante place de la Libération, signée Hardouin-Mansart.

Menu 32 € (déj. en semaine), 59/105 € – Carte 80/120 €

5 chambres – 130/170 € 150/250 €

Plan : B2-n – *13 pl. de la Libération – ✆ 03 80 38 05 05*
– www.jeanpierrebilloux.com – Fermé dim. sauf fériés et lundi

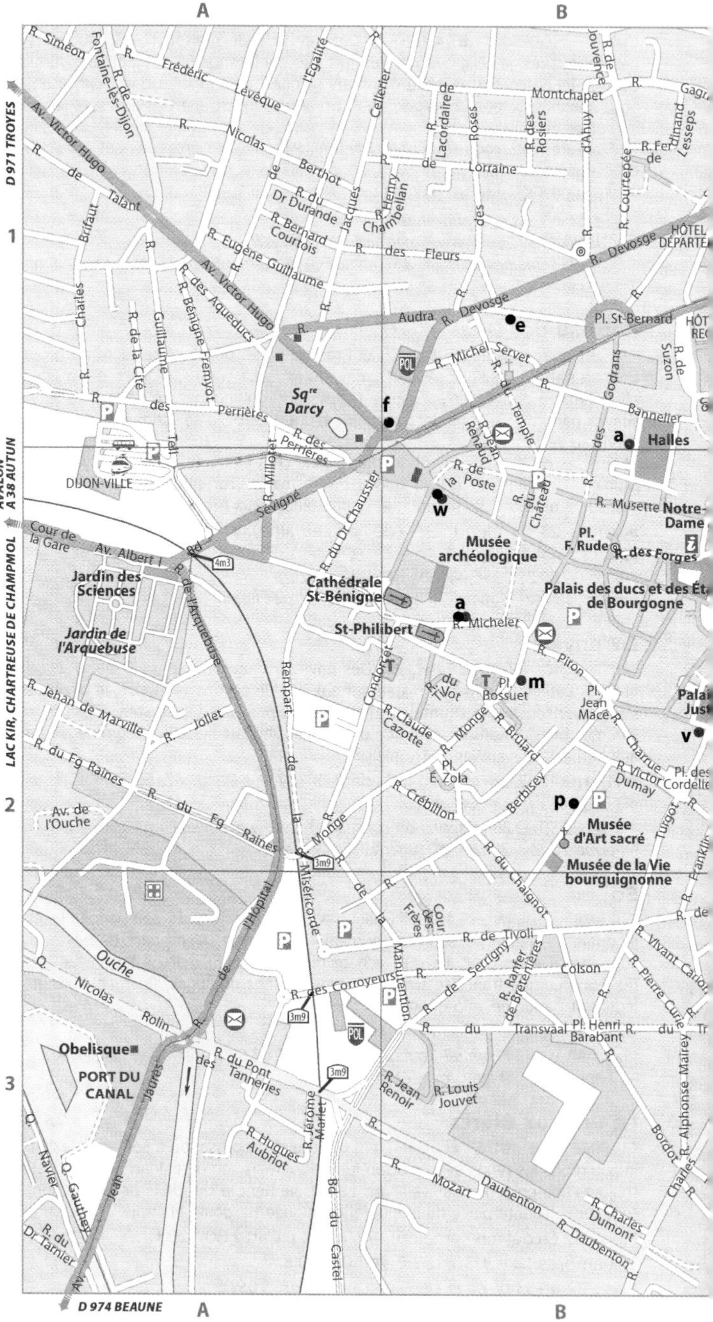
A
B
1
2
3
D 971 TROYES
AVALON A 38 AUTUN
LAC KIR, CHARTREUSE DE CHAMPMOL
D 974 BEAUNE
R. Siméon
R. de Fontaine-lès-Dijon
R. Frédéric Lévêque
R. de l'Égalité
R. Cellerier
R. Nicolas Berthot
R. de Jacques
R. du Dr Durande
R. Bernard Courtois
R. Eugène Guillaume
R. Henry Chambellan
R. des Fleurs
R. de Lacordaire
R. de Roses
R. de Lorraine
R. des Rosiers
R. Montchapet
R. de Jouvence
R. d'Ahuy
R. Courtepée
R. Ferdinand de Lesseps
R. Gagnereaux
R. Devosge
HÔTEL DÉPARTEMENTAL
Av. Victor Hugo
R. de Talant
R. Brifaut
R. Charles
R. de la Cité
R. Guillaume Tell
R. des Aqueducs
R. Bénigne Fremyot
R. des Perrières
Sqre Darcy
R. Audra
R. Michel Servet
R. du Temple
Pl. St-Bernard
HÔTEL RÉGIONAL
R. de Suzon
R. Godrans
R. Bannelier
Halles
R. Jean Renaud
R. de la Poste
R. du Château
R. Musette
Notre-Dame
Pl. F. Rude
R. des Forges
DIJON-VILLE
Sévigné
R. Millotet
R. du Dr Chaussier
Musée archéologique
Palais des ducs et des États de Bourgogne
Cour de la Gare
Av. Albert Ier
Bd de Sévigné
4m3
Jardin des Sciences
Jardin de l'Arquebuse
R. de l'Arquebuse
Cathédrale St-Bénigne
St-Philibert
R. Michelet
R. Piron
R. Condorcet
R. du Tivoli
Pl. Bossuet
Pl. Jean Macé
Palais de Justice
R. Jehan de Marville
R. Jollet
R. Claude Cazotte
R. Monge
R. Brûlard
R. Charrue
R. Victor Dumay
Pl. des Cordeliers
R. du Fg Raines
Av. de l'Ouche
Pl. É. Zola
R. Crébillon
R. Berbisey
Musée d'Art sacré
Musée de la Vie bourguignonne
R. Turgot
R. Franklin
R. du Chaignot
Rempart de la Miséricorde
3m9
R. de la Manutention
R. Cour des Frères
R. de Tivoli
R. de Serrigny
R. Ranfer de Bretenières
R. Colson
R. Vivant Carion
R. Pierre Curie
Ouche
Q. Nicolas Rolin
Bd de l'Hôpital
R. des Corroyeurs
R. du Transvaal
Pl. Henri Barabant
R. Alphonse Mairey
Obelisque
PORT DU CANAL
Av. Jean Jaurès
R. du Pont des Tanneries
R. Jérôme Marlet
R. Jean Renoir
R. Louis Jouvet
R. Hugues Aubriot
Bd du Castel
R. Mozart
R. Daubenton
R. Charles Dumont
R. Bordot
Q. Navier
Q. Gauthey
R. du Dr Tarnier
a
e
f
w
m
p
v
P
T
POL

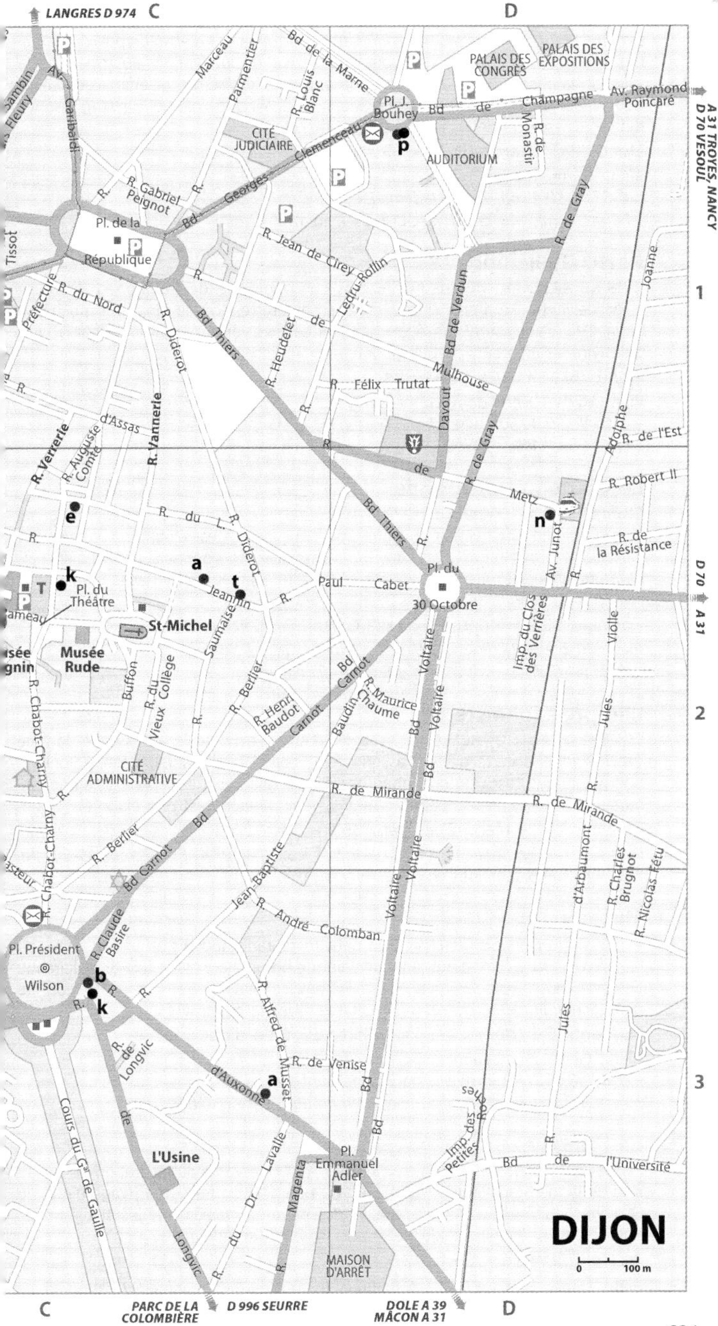
LANGRES D 974
C
D
A 31 TROYES, NANCY
D 70 VESOUL
PALAIS DES CONGRÈS
PALAIS DES EXPOSITIONS
Pl. J. Bouhey
Bd de Champagne
Av. Raymond Poincaré
CITÉ JUDICIAIRE
AUDITORIUM
Bd Georges-Clemenceau
R. de Monastir
R. Louis Blanc
Bd de la Marne
R. Parmentier
R. Marceau
Av. Garibaldi
R. Gabriel Peignot
Pl. de la République
R. du Nord
R. Préfecture
R. Jean de Cirey
R. Ledru-Rollin
Bd de Verdun
R. de Gray
R. Joanne
1
R. Diderot
Bd Thiers
R. Heudelet
R. de Mulhouse
R. Félix Trutat
Bd Davout
R. d'Assas
R. Verrerie
R. Auguste Comte
R. Vannerie
R. de Metz
R. Adolphe
R. de l'Est
R. Robert II
R. du L.
R. de la Résistance
Av. Junot
Pl. du 30 Octobre
R. Paul Cabet
R. Jeannin
R. Saumaise
Pl. du Théâtre
St-Michel
Musée Rude
D 70
A 31
Imp. du Clos des Verrières
R. Violle
R. Buffon
R. du Vieux Collège
R. Berlier
R. Henri Baudot
Bd Carnot
R. Baudin
R. Maurice Chaume
Bd Voltaire
R. Jules
2
R. Chabot-Charny
CITÉ ADMINISTRATIVE
R. de Mirande
R. d'Arbaumont
R. Charles Brugnot
R. Nicolas Fétu
R. Jean-Baptiste
R. André Colomban
Pl. Président Wilson
R. Claude Basire
R. Alfred de Musset
R. de Venise
R. d'Auxonne
R. de Longvic
Cours du Gal de Gaulle
Imp. des Petites Roches
Bd de l'Université
3
L'Usine
Pl. Emmanuel Adler
R. du Dr. Lavalle
Bd Magenta
MAISON D'ARRÊT
DIJON
0
100 m
PARC DE LA COLOMBIÈRE
D 996 SEURRE
DOLE A 39
MÂCON A 31

La Dame d'Aquitaine

CUISINE MODERNE • ÉLÉGANT XXX Un lieu étonnant ! Cette crypte du 13e s. frappe l'imagination avec ses voûtes, ses jeux de lumière et, au milieu de la salle, un imposant piano à queue ; une ambiance éminemment intime et romantique... qui convient bien aux créations du chef : carpaccio de langoustines fumées, cassolette de lasagnes au foie gras, etc.

Menu 37 € - Carte 40/70 €

Plan : B2-m - *23 pl. Bossuet*
- 03 80 30 45 65 - www.ladamedaquitaine.fr
- Fermé le midi du 15 juil. au 30 août, lundi midi et dim.

Porte Guillaume

CUISINE TRADITIONNELLE • CLASSIQUE XX Une table de tradition chaleureuse et accueillante. Au menu, donc : œufs en meurette, coq au vin, poire pochée à la vanille... L'adresse abrite également un caveau voûté en guise de bar à vins, qui ravira les amateurs de bourgogne.

Menu 25/46 € - Carte 33/58 €

Plan : B2-w - *Hôtel du Nord, pl. Darcy*
- 03 80 50 80 50 - www.hotel-nord.fr
- Fermé vacances de Noël

Le Château Bourgogne

CUISINE TRADITIONNELLE • ÉLÉGANT XX En guise d'accueil, un couloir en forme de vinothèque : bienvenue en Bourgogne ! Le design est élégant et conviendra parfaitement aux repas d'affaires. Dans l'assiette, les bonnes surprises s'enchaînent : fraîcheur des produits, variété de la carte, plateau de fromages bien affinés et imposant chariot de desserts...

Formule 30 € - Menu 35/69 € - Carte 50/85 €

Plan : D1-p - *Hôtel Mercure-Centre Clemenceau, 22 bd de la Marne*
- 03 80 72 31 13 - www.hotel-mercure-dijon.com

L'Impressionniste N

CUISINE TRADITIONNELLE • CONTEMPORAIN X La nouvelle adresse de Jérôme Brochot joue la carte de la brasserie, avec une cuisine traditionnelle, volontiers bourguignonne (escargots, jambon persillé), servie dans un cadre contemporain, ou sur la terrasse. Prix aimables à midi. Le soir, le menu est plus élaboré.

Formule 17 € - Menu 21 € (déj.)/35 € - Carte 35/57 €

Plan : B1-r - *6 r. Bannelier (pl. du Marché) - 03 80 27 47 83 - l-impressionniste.com - Fermé 3 semaines en déc.*

Masami

CUISINE JAPONAISE • INTIME X Un petit restaurant japonais au cadre épuré, où l'on savoure une cuisine authentique. Filet de bœuf charolais et foie gras, karaage de crabe mou... Voici les belles spécialités mises en avant par le chef ! Et pour ne rien gâcher, l'accueil est très sympathique et les tarifs mesurés.

Menu 15 € (déj.), 24/54 € - Carte 30/56 € dîner

Plan : C2-t - *79 r. Jeannin*
- 03 80 65 21 80 - www.restaurantmasami.com
- Fermé 2 semaines en août, 1 semaine en déc., dim. et fériés

La Fringale

POISSONS ET FRUITS DE MER • CONVIVIAL X Une véritable institution de la cuisine de la mer dans la ville. Au menu : du bon poisson frais en arrivage direct du Guilvinec, cuisiné avec savoir-faire, et des desserts maison simples et bien faits. Pour remédier à une fringale, cette adresse est tout indiquée !

Menu 18/45 € - Carte 43/123 €

Plan : C2-a - *53 r. Jeannin - 03 80 67 69 37 - Fermé 28 juil.-8 sept., dim. et lundi*

Chez Septime

CUISINE MODERNE • TENDANCE Un cadre très tendance (avec Superman qui vole sur un mur), une cuisine du moment à base de produits frais : œufs en meurette au vin blanc et morilles, hamburger "le Septime", moelleux au chocolat... Ce restaurant contemporain attire les branchés comme les gourmets !

Formule 14 € - Menu 17 € (déj. en semaine) - Carte 35/47 €

Plan : D2-n - *11 av. Junot - 03 80 66 72 98 - www.chezseptime.fr - Fermé dim. et lundi*

Hôtels

Grand Hôtel de la Cloche

HÔTEL DE CHAÎNE • CLASSIQUE Il fait toujours aussi bon vivre dans cette bâtisse Belle Époque (1884), entièrement rénovée en 2015 ! Les chambres, aménagées dans un style contemporain chic, sont spacieuses et confortables ; on profite d'un bel espace bien-être et d'une formule bistrot chic au restaurant (le gastronomique est uniquement ouvert le soir).

83 chambres - 175/275 € 175/360 € - 5 suites - 23 € - ½ P

Plan : AB1-f - *14 pl. Darcy - 03 80 30 12 32 - www.hotel-lacloche.com*

Hostellerie du Chapeau Rouge

TRADITIONNEL • PERSONNALISÉ Une élégante "hostellerie" créée en 1863, mais toujours pleine de fraîcheur avec ses chambres au décor soigné, certaines très contemporaines. Le must : profiter de l'espace bien-être - massage, sauna, hammam - avant un bon dîner.

28 chambres - 100/300 € 100/300 € - 3 suites - 18 €

Plan : B2-a - *5 r. Michelet - 03 80 50 88 88 - www.chapeau-rouge.fr*

William Frachot - voir les restaurants ci-dessus

Mercure-Centre Clemenceau

HÔTEL DE CHAÎNE • CONTEMPORAIN Un hôtel de grand confort, tout près de l'auditorium, des palais des congrès et des expositions. Les chambres sont spacieuses et décorées avec personnalité, dans des tons gris et noirs ; dans la cour centrale, la piscine vous tend les bras... Un ensemble chaleureux.

123 chambres - 99/199 € 99/199 € - 19 €

Plan : D1-p - *22 bd de la Marne - 03 80 72 31 13 - www.hotel-mercure-dijon.com*

Le Château Bourgogne - voir les restaurants ci-dessus

Philippe Le Bon

TRADITIONNEL • CLASSIQUE Dans le centre ancien, trois superbes hôtels particuliers des 15e et 18e s., autour d'une jolie cour de style gothique... L'un des bâtiments accueille des chambres luxueuses et spacieuses. Décor typiquement bourguignon au restaurant.

41 chambres - 99/249 € 99/249 € - 15 € - ½ P

Plan : B2-p - *18 r. Ste-Anne - 03 80 30 73 52 - www.maisonphilippelebon.com*

Wilson

TRADITIONNEL • CLASSIQUE Des pierres apparentes, des poutres, une grande cheminée où le feu crépite en hiver et des chambres sobres et plaisantes, bien insonorisées : le charme de l'ancien - logique pour un relais de poste du 17e s. - et tout le confort moderne !

27 chambres - 95/145 € 95/145 € - 14 €

Plan : C3-k - *1 r. de Longvic - 03 80 66 82 50 - www.wilson-hotel.com*

Hôtel du Nord

BUSINESS • CLASSIQUE Atmosphère, Atmosphère ? Cet Hôtel du Nord-là, tenu par la même famille depuis quatre générations, est idéalement situé dans le cœur piétonnier du Dijon animé et commerçant. Et les chambres ? Elles sont fonctionnelles et bien insonorisées.

27 chambres – 95/115 € 108/128 € – 13 € – ½ P

Plan : B2-w – *pl. Darcy – 03 80 50 80 50 – www.hotel-nord.fr – Fermé vacances de Noël*

Porte Guillaume – voir les restaurants ci-dessus

Hôtel des Ducs

FAMILIAL • FONCTIONNEL Gageons que les ducs de Bourgogne, du temps de leur domination dans la région, auraient goûté le repos en cette jolie adresse. Les chambres, spacieuses, et les prix, très raisonnables, en font une étape de choix, en plein cœur de la ville.

35 chambres – 72/140 € 72/140 € – 12 €

Plan : C2-k – *5 r. Lamonnoye – 03 80 67 31 31 – www.hoteldesducs.com*

Montigny

FAMILIAL • FONCTIONNEL Non loin du centre-ville, avec un parking fermé. Les chambres, d'une tenue irréprochable, sont fonctionnelles et bien insonorisées. Simple, accueillant et pratique.

37 chambres – 75 € 75 € – 10 €

Plan : B1-e – *8 r. de Montigny – 03 80 30 96 86 – www.hotelmontigny.com – Fermé vacances de Noël*

à Messigny-et-Vantoux 10 km au Nord par D996, D903 puis D974 – 21380 – 1 552 hab. – Alt. 312 m

Auberge des Tilleuls

CUISINE TRADITIONNELLE • RUSTIQUE C'est une évidence : il souffle un vent nouveau sur cette auberge, reprise en 2016 par un jeune couple. Le chef remet au goût du jour les bons plats bistrotiers qui ont fait l'histoire de la maison : joue de bœuf, œufs pochés en meurette, tourte au riesling, ris de veau à l'armagnac... Attention : c'est souvent complet !

Formule 18 € – Menu 21/31 €

8 pl. de l'Église – 03 80 35 45 22 – www.auberge-destilleuls.fr – Fermé 2 semaines fin déc., août, mardi soir, merc. soir, jeudi soir, dim. et lundi

à Chenôve 6 km au Sud par av. Jean-Jaurès – 21300 – 13 959 hab. – Alt. 263 m

Auberge du Vieux Pressoir

CUISINE TRADITIONNELLE • BISTRO Un néobistrot sympathique, entre vieilles pierres et décoration contemporaine. On y profite du travail d'un chef bien connus de nos services, puisqu'il officiait auparavant au restaurant Simon, à Flagey-Echezeaux.

Formule 17 € – Menu 20 € (déj. en semaine)/28 € – Carte 30/40 €

2 pl. Anne-Laprévote – 03 80 27 17 39 – www.aubergeduvieuxpressoir.com – Fermé 3 semaines en août, lundi soir, mardi soir, merc. soir, jeudi soir et dim.

à Marsannay-la-Côte 8 km au Sud par av. Jean-Jaurès – 21160 – 5 192 hab. – Alt. 275 m

Les Gourmets

CUISINE MODERNE • ÉLÉGANT En toute discrétion, cette table se cache à l'ombre du clocher de ce joli village de la côte de Nuits. Bien que tenue par un jeune chef, l'adresse joue tous les codes d'un restaurant gastronomique très classique, en particulier dans son décor. Avis aux amateurs.

Formule 20 € – Menu 31/51 €

8 r. Puits-de-Têt (près de l'église) – 03 80 52 16 32 – www.les-gourmets.com – Fermé 23 juil.-10 août, lundi, mardi et dim. soir sauf d'avril à sept.

à Talant 4 km - ✉ 21240 - 11 204 hab. - Alt. 354 m

La Bonbonnière

FAMILIAL • COSY Dans un charmant village à quelques minutes du centre de Dijon, ce petit hôtel familial domine la ville et le lac Kir. Avec des chambres spacieuses, bien tenues, un agréable jardin et... des viennoiseries maison, l'étape est sympathique !

23 chambres - 85/95 € 85/95 € - 11 €

Hors plan - *24 r. des Orfèvres (au vieux village) - ✆ 03 80 57 31 95 - www.labonbonnierehotel.fr*

à Velars-sur-Ouche 11 km à l'Ouest par N5 et A38 - ✉ 21370 - 1 734 hab. - Alt. 280 m

L'Auberge Gourmande

CUISINE TRADITIONNELLE • AUBERGE Cette auberge de campagne s'est offert un coup de jeune avec une nouvelle décoration, dans des tons gris et rouge : bien dans l'air du temps ! Les patrons - de vrais passionnés d'œnologie - savent dénicher de bons vins pour accompagner une généreuse cuisine traditionnelle.

Menu 23 € (semaine), 32/59 € - Carte 32/60 €

17 allée de la Cude - ✆ 03 80 33 62 51 - www.auberge-velars.com - Fermé 9 août-9 sept., 2-15 janv., dim. soir, mardi et merc.

à Prenois 12 km au Nord-Ouest par D971 et D104 - ✉ 21370 - 399 hab. - Alt. 485 m

Auberge de la Charme (Nicolas Isnard et David Le Comte)

CUISINE MODERNE • AUBERGE Dans un village réputé gourmand, cette ancienne forge cultive l'esprit d'invention et la surprise ! À quatre mains, ses jeunes propriétaires réalisent une cuisine délicate, spontanée, précise, directement inspirée par le marché. Il suffit de se laisser guider à travers le menu imposé qui se dévoile au fil du service...

→ Vichyssoise d'huîtres. Soupe à l'oignon revisitée. Poire Belle-Hélène soufflée.

Menu 36 € (déj. en semaine), 53/99 €

12 r. de la Charme - ✆ 03 80 35 32 84 (réservation conseillée) - www.aubergedelacharme.com - Fermé 21-28 déc., dim. soir, lundi et mardi

à Hauteville-lès-Dijon 6 km au Nord par D107F - ✉ 21121 - 1 173 hab. - Alt. 402 m

La Musarde

CUISINE TRADITIONNELLE • TENDANCE On peut musarder sans retenue dans cet hôtel-restaurant situé au calme, dans une ancienne ferme du 19e s. rénovée dans un esprit contemporain. En famille, on y joue pleinement la carte de la tradition : cocotte d'escargots façon bourguignonne, tournedos de filet de bœuf charolais et sauce au pinot noir... Savoureux !

Formule 20 € - Menu 32/60 € - Carte 43/59 €

13 chambres - 55/85 € 60/90 € - 11 €

7 r. des Riottes - ✆ 03 80 56 22 82 - www.lamusarde.fr - Fermé 24 déc.-9 janv., mardi midi, dim. soir et lundi

DINAN

✉ 22100 (Côtes-d'Armor) - 10 768 hab. - Alt. 92 m - Carte régionale n° **5**-C2

Paris 400 km - Rennes 54 km - St-Brieuc 61 km - St-Malo 32 km

Carte Michelin 309-J4 - Guide Vert Michelin Bretagne Nord

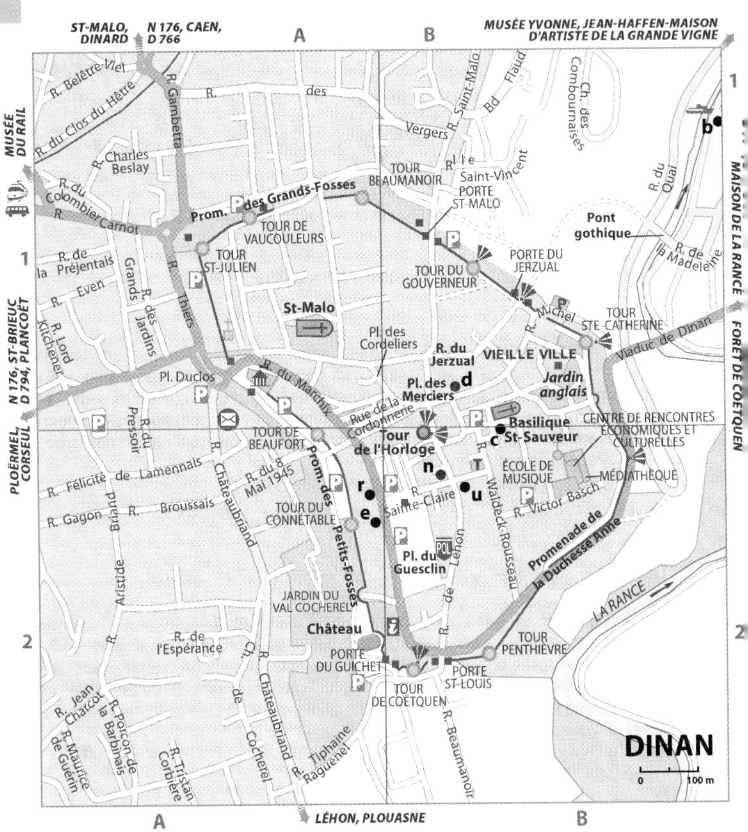

L'Auberge du Pélican

CUISINE TRADITIONNELLE • CLASSIQUE Au détour de l'une des vieilles rues du centre historique de Dinan, un restaurant traditionnel sympathique, où l'on profite d'une agréable terrasse aux beaux jours. Côté assiette, la carte fait honneur aux produits marins : soupe de poisson maison, choucroute de la mer… De quoi se rêver pélican !

Formule 15 € – Menu 23/60 € – Carte 30/56 €

Plan : B1-d – *3 r. Haute-Voie*
– *02 96 39 47 05*
– *Fermé 5 janv.-3 fév., jeudi soir et lundi sauf juil.-août*

Le Cantorbery

VIANDES • RUSTIQUE Mobilier rustique, chaises en bois et paille, et, au menu, terrines de foie gras et autres assiettes de fruits de mer… Cette maison de ville du 17e s. a le goût de la tradition ! Dans l'une des salles, on fait même rôtir les grillades dans une grande cheminée en pierre…

Formule 15 € – Menu 19 € (déj.), 33/43 € – Carte 35/52 €

Plan : B2-n – *6 r. Ste-Claire*
– *02 96 39 02 52*
– *Fermé 2 semaines fin fév.-début mars, 2 semaines en nov., dim. hors saison et merc.*

Mercure

HÔTEL DE CHAÎNE • CONTEMPORAIN Face au port, le long de la Rance, un hôtel très confortable : derrière la façade traditionnelle (pierre et ardoise), les chambres se révèlent spacieuses, contemporaines et feutrées ; le restaurant chaleureux. Fitness et piscine pour les sportifs !

52 chambres - 65/165 € 65/165 € - 15 €

Plan : B1-b - *26 quai des Talards (au port) - 02 96 87 02 02 - www.mercure.com*

Le d'Avaugour

TRADITIONNEL • CLASSIQUE Cette belle bâtisse en pierre du pays, adossée aux remparts de la ville, abrite de jolies chambres, décorées dans un style simple et romantique d'esprit breton. Aux beaux jours, on prend son petit-déjeuner dans le charmant jardin fleuri.

24 chambres - 98/240 € 98/240 € - 15 €

Plan : A2-r - *1 pl. du Champ - 02 96 39 07 49 - www.avaugourhotel.com - Ouvert 1er mars-31 oct.*

Arvor

HISTORIQUE • PERSONNALISÉ Un portail Renaissance sculpté donne accès à ce bâtiment du 17e s. qui fut autrefois un couvent, et cultive aujourd'hui un certain romantisme. Les chambres comme le salon sont décorés avec des meubles chinés chez les antiquaires.

24 chambres - 82/145 € 82/145 € - 12 €

Plan : B2-u - *5 r. Auguste-Pavie - 02 96 39 21 22 - www.hotelarvordinan.com - Fermé 15 janv.-11 fév.*

La Maison Pavie

HISTORIQUE • PERSONNALISÉ Un charme indéniable ! Cette demeure du 15e s., classée monument historique, a été rénovée avec un goût sûr, dans un esprit contemporain mâtiné de références voyageuses (les chambres portent les noms d'Angkor, Vinh Long, Champassak...). Elle offre un cadre rare au cœur même du Dinan historique.

5 chambres - 75/155 € 85/155 €

Plan : B2-c - *10 pl. St-Sauveur - 02 96 84 45 37 - www.lamaisonpavie.com*

DINARD

35800 (Ille-et-Vilaine) - 10 141 hab. - Alt. 25 m - Carte régionale n° **5**-C1

Paris 408 km - Dinan 22 km - Dol-de-Bretagne 31 km - Rennes 73 km

Carte Michelin 309-J3 - Guide Vert Michelin Bretagne Nord

Au Bouchon Breton (N)

CUISINE TRADITIONNELLE • BISTRO Charline et Jérôme ont métamorphosé cette ancienne crêperie du centre-ville de Dinard, et le résultat est ce Bouchon Breton où ils célèbrent la tradition bistrotière de belle manière. C'est savoureux, mitonné avec soin, et ils nous offrent même, il faut le noter, d'excellents desserts... Un vrai bon plan.

Formule 16 € - Menu 30 € - Carte 32/46 €

Plan : B1-z - *20 r. du Mar.-Leclerc - 02 99 46 85 95 (réservation conseillée) - Fermé 1 semaine en juin et en nov., janv., merc. et jeudi*

Didier Méril

CUISINE MODERNE • CONTEMPORAIN Si vous aimez les beaux paysages, installez-vous dans la salle panoramique de ce restaurant : la vue sur la baie du Prieuré y est superbe ! Les yeux rivés sur le large, les gourmands apprécient la cuisine plutôt créative du chef, à l'écoute des saisons. Chambres cosy à l'étage.

Menu 29 € (semaine), 49/90 € - Carte environ 60 €

6 chambres - 65/150 € 65/150 € - 15 €

Plan : B2-n - *1 pl. Gén.-de-Gaulle - 02 99 46 95 74 - www.restaurant-didier-meril.com*

Le Blue B

CUISINE TRADITIONNELLE • COSY Moulures, grand miroir : l'élégance du Second Empire revue et corrigée par le décorateur Jacques Garcia. C'est dans ce cadre opulent qu'on savoure la belle cuisine du moment du chef et... la vue sur la mer.

Menu 42/54 € – Carte 55/110 €

Plan : B1-v – *Grand Hôtel Barrière, 46 av. George-V*
– *02 99 88 26 26*
– *www.hotelsbarriere.com*
– *Ouvert 31 mars-5 nov. et 28 déc.-7 janv. et fermé le midi*

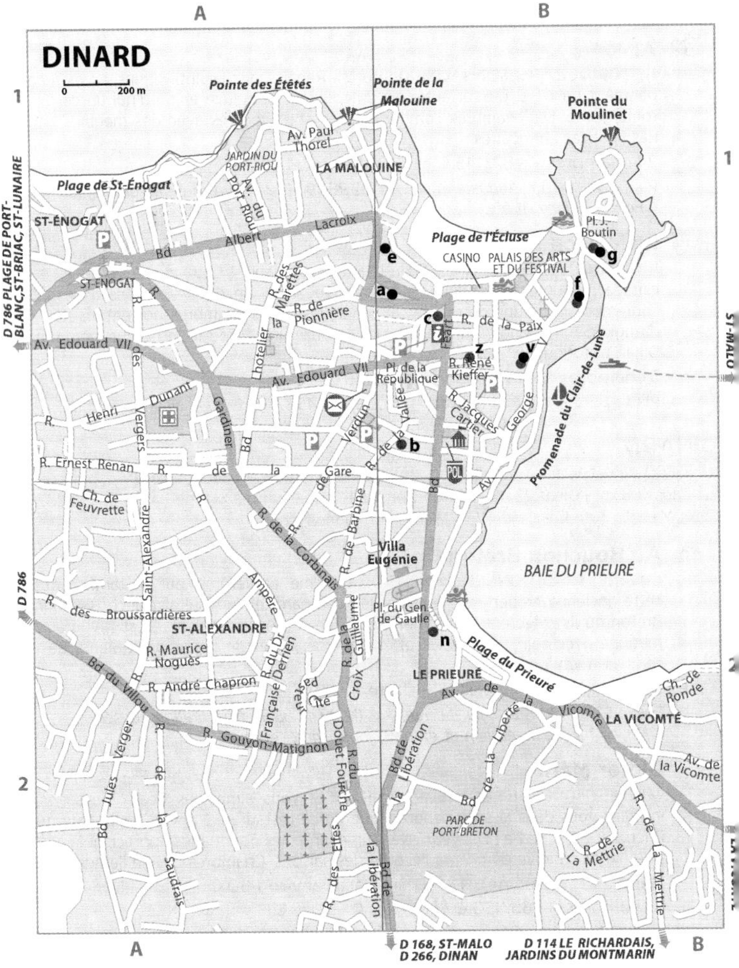

Le Pourquoi Pas

CUISINE MODERNE • COSY XX Le restaurant de l'hôtel Castelbrac porte le nom du bateau du commandant Charcot, célèbre marin et explorateur des zones polaires. En cuisine, le jeune chef privilégie les produits du terroir local et de la pêche côtière, qu'il agrémente de manière ambitieuse ; ses présentations sont nettes et soignées.

Formule 28 € - Menu 35 € (déj. en semaine), 55/105 € - Carte 60/105 €

Plan : B1-f - *Hôtel Castelbrac, 17 av. George-V - 02 99 80 30 00 (réservation conseillée) - www.castelbrac.com - Fermé 20 fév.-16 mars, 23 nov.-2 déc., dim. soir et lundi d'oct. à mars*

Le Café Rouge

POISSONS ET FRUITS DE MER • BRASSERIE XX Toute la famille Leroux - père et mère, fils et belle-fille - s'active avec professionnalisme pour le plaisir des clients. Le banc d'écailler posé à l'entrée annonce l'esprit de la carte : cap sur des fruits de mer et poisson d'une belle fraîcheur ; la qualité est au rendez-vous.

Formule 17 € - Menu 20 € (déj. en semaine), 28/54 € - Carte 40/70 €

Plan : B1-c - *3 bd Féart - 02 99 46 70 52 - www.lecaferouge-dinard.fr - Fermé 2 semaines en janv., 1 semaine en juin et en sept. et lundi sauf fériés*

La Vallée

POISSONS ET FRUITS DE MER • CONTEMPORAIN XX Si la salle est agréable avec ses grandes baies vitrées, on ne résiste pas à la terrasse, orientée plein sud juste au-dessus de la pittoresque cale du Bec de la Vallée. Idéal pour déguster de beaux produits de la mer, cuisinés avec tout le respect qui leur est dû.

Formule 22 € - Menu 29 € (déj. en semaine), 43/65 € - Carte 43/66 €

Plan : B1-g - *Hôtel La Vallée, 6 av. George-V - 02 99 46 94 00 - www.hoteldelavallee.com - Fermé 21-25 déc., 4 janv.-10 fév., dim. soir, lundi, mardi sauf juil.-août et fériés*

Le Balafon

CUISINE MODERNE • BISTRO X Ce restaurant est installé dans une petite maison en granit, typique de l'architecture de la station. À l'intérieur, c'est un vrai bistrot : tables en bois, petites chaises, ardoises... On y sert une cuisine moderne et spontanée, faisant la part belle aux produits du marché. Convivial et sans prétention !

Formule 16 € - Menu 18 € (déj. en semaine), 29/39 € - Carte 32/46 €

Plan : B1-b - *31 r. de la Vallée - 02 99 46 14 81 - www.lebalafon-restaurant-dinard.fr - Fermé 1 semaine en mars, en juin et en sept., 3 semaines fin nov.-début déc., jeudi soir hors saison, dim. soir et lundi*

Grand Hôtel Barrière

TRADITIONNEL • BORD DE MER Ce "grand hôtel" du 19e s., qui domine la promenade maritime du Clair-de-Lune, accueille les stars de cinéma lors du Festival du film britannique. Les chambres sont aménagées avec sobriété et classicisme.

88 chambres - 190/870 € 190/870 € - 1 suite - 25 € - ½ P

Plan : B1-v - *46 av. George-V - 02 99 88 26 26 - www.hotelsbarriere.com - Ouvert 31 mars-5 nov. et 28 déc.-7 janv.*

Le Blue B - voir les restaurants ci-dessus

Royal Emeraude

DEMEURE HISTORIQUE • PERSONNALISÉ Agatha Christie aurait aimé ce bel hôtel en pierre et brique rouge de 1876, dont l'intérieur est vêtu de boiseries sombres, et de fauteuils clubs. Quatre thèmes décorent les chambres : paquebot, aviation, Orient Express et Indes britanniques.

47 chambres - 125/697 € 150/697 € - 21 €

Plan : B1-a - *1 bd Albert-1er - 02 99 46 19 19 - www.royalemeraudedinard.com*

Castelbrac

DEMEURE HISTORIQUE • ÉLÉGANT Cette demeure du 19e s., qui accueillait autrefois un muséum d'histoire naturelle, est installée juste au-dessus des flots : une situation exceptionnelle ! Les chambres, modernes et chaleureuses, offrent toutes une vue splendide sur la baie du Prieuré et St-Malo.

21 chambres – 270/620 € 270/620 € – 4 suites – 24 €

Plan : B1-f – *17 av. George-V – 02 99 80 30 00 – www.castelbrac.com – Fermé 20 fév.-16 mars*

Le Pourquoi Pas – voir les restaurants ci-dessus

Novotel Thalassa

HÔTEL DE CHAÎNE • FONCTIONNEL Sur la pointe de St-Énogat – quel cadre ! –, cet hôtel dispose d'un superbe centre de thalassothérapie. Reposez-vous dans des chambres contemporaines (préférez celles en rez-de-jardin, dotées de petites terrasses). Cuisine diététique les yeux rivés sur la Manche : telle est la carte du restaurant.

106 chambres – 210/290 € 210/290 € – 19 € – ½ P

Hors plan – *1 av. du Château-Hébert – 02 99 16 78 10 – www.accorthalassa.com – Fermé 26 nov.-25 déc.*

Villa Reine Hortense

HISTORIQUE • CLASSIQUE Toute la splendeur de la Belle Époque revit dans cette villa typique de la "perle" de la Côte d'Émeraude. Les chambres, élégantes, portent les noms de reines et de princesses, et dévoilent de superbes vues sur la plage et la mer. Jardin coquet et accès direct à la plage. Comme un sentiment de privilège.

7 chambres – 178/278 € 178/278 € – 1 suite – 19 €

Plan : B1-e – *19 r. de la Malouine – 02 99 46 54 31 – www.villa-reine-hortense.com – Ouvert de mi-avril à fin sept.*

La Vallée

FAMILIAL • CONTEMPORAIN Près de la plage de l'Écluse, une bâtisse de 1892 au charme typique des stations balnéaires... Les chambres, contemporaines, arborent une couleur différente selon l'étage (rouille, turquoise, vert anis) et ouvrent pour la plupart sur la mer.

23 chambres – 80/230 € 80/230 € – 15 € – ½ P

Plan : B1-g – *6 av. George-V – 02 99 46 94 00 – www.hoteldelavallee.com – Fermé 2 janv.-9 fév.*

La Vallée – voir les restaurants ci-dessus

à St-Lunaire 5 km à l'Ouest par D786 – 35800 – 2 301 hab. – Alt. 20 m

Le Décollé

POISSONS ET FRUITS DE MER • CONVIVIAL La carte fait la part belle aux produits de la mer, tandis que le sobre décor s'efface devant la vue superbe sur la Côte d'Émeraude... L'établissement jouit d'une situation privilégiée sur la pointe du Décollé ! En terrasse, le spectacle est total.

Formule 22 € – Menu 32/45 € – Carte 44/76 €

1 Pointe-du-Décollé – 02 99 46 01 70 (réservation conseillée) – www.restaurantdudecolle.com – Fermé de mi-nov. à début fév., merc. et jeudi en fév. et mars, mardi sauf juil.-août et lundi

Villa Christilla

DEMEURE HISTORIQUE • PERSONNALISÉ Non loin d'une jolie plage, une villa construite à la fin du 19e s. par un marin cap-hornier. Tout l'esprit d'une maison de maître version bord de mer : un bel endroit, particulièrement dans les chambres nichées sous les toits ! Et ses propriétaires, originaires du Nord, sauront vous faire partager leur amour de la région...

4 chambres – 100/120 € 120/180 €

319 bd de la Plage – 02 99 16 62 71 – www.villa-christilla.fr – Ouvert de mi-mars à mi-nov.

DIOU - 36 (Indre) ➜ Voir Issoudun

DIRAC - 16 (Charente) ➜ Voir Angoulême

DISNEYLAND RESORT PARIS - 77 (Seine-et-Marne) ➜ Voir Autour de Paris (Marne-La-Vallée)

DISTRÉ - 49 (Maine-et-Loire) ➜ Voir Saumur

DIVES-SUR-MER - 14 (Calvados) ➜ Voir Cabourg

DIVONNE-LES-BAINS

✉ 01220 (Ain) - 8 615 hab. - Alt. 486 m - Carte régionale n° **25**-F1
▶ Paris 488 km - Bourg-en-Bresse 129 km - Genève 18 km - Gex 9 km
Carte Michelin 328-J2 - Guide Vert Michelin Franche-Comté Jura

Château de Divonne

CUISINE MODERNE • CLASSIQUE La salle de ce château est vraiment élégante mais le point fort reste toutefois la terrasse panoramique... Un enchantement ! Côté assiette, les préparations respectent le rythme des saisons. Crème brûlée au foie gras, pigeon...

Formule 32 € - Menu 52/110 € - Carte 92/107 €

Hôtel Château de Divonne, 115 r. des Bains - ✆ 04 50 20 00 32 - www.chateau-divonne.com

Le Grand Hôtel

LUXE • ART DÉCO Ce "palace" de 1931 se dresse au cœur d'un parc (5 ha) planté d'immenses cèdres. Un cadre très Art déco, style qui domine aussi dans certaines chambres ; d'autres sont plus contemporaines, mais tout aussi raffinées et spacieuses. Le tout à côté du casino et du golf.

121 chambres - †149/285 € ††149/285 € - 12 suites - ☕ 19 €

av. des Thermes - ✆ 04 50 40 34 34 - www.domainedivonne.com

Château de Divonne

DEMEURE HISTORIQUE • CLASSIQUE Perchée au-dessus de la ville, cette imposante demeure du 19e s. se niche au cœur d'un superbe parc arboré. Belle hauteur sous plafond, escalier monumental, élégant salon avec sa bibliothèque, mobilier ancien dans les chambres. En résumé, un style très châtelain !

29 chambres - †200/795 € ††200/795 € - 4 suites - ☕ 24 € - ½ P

115 r. des Bains - ✆ 04 50 20 00 32 - www.chateau-divonne.com

Château de Divonne - voir les restaurants ci-dessus

La Villa du Lac

BUSINESS • CONTEMPORAIN Un ensemble moderne et fonctionnel, au calme, entre lac et ville. Les chambres - toutes avec balcon - sont confortables et bien tenues, sans oublier les salles de séminaire dernier cri et le spa très complet. Un établissement qui s'adapte aussi bien aux déplacements professionnels qu'aux virées touristiques !

88 chambres ☕ - †131/306 € ††131/306 € - ½ P

93 chemin du Chatelard - ✆ 04 50 20 90 00 - www.lavilladulac.com

Le Divona

FAMILIAL • FONCTIONNEL Cet hôtel, situé au centre-ville, propose des chambres fonctionnelles et bien tenues. Petite terrasse.

19 chambres - †80/140 € ††100/160 € - ☕ 12 €

37 av. de Genève - ✆ 04 50 20 00 91 - www.hotel-le-divona.com

à Grilly 6 km au Sud par D15 – ✉ 01220 – 779 hab. – Alt. 515 m

Les Lumières de Genève

MAISON DE CAMPAGNE • TRADITIONNEL C'est indéniable : la vue sur Genève est lumineuse ! Perchée sur les hauteurs, cette imposante bâtisse de pierre dévoile une vue à couper le souffle sur le lac Léman, le jet d'eau de Genève et le Mont-Blanc. Les chambres, spacieuses et parfaitement tenues, se partagent ce somptueux panorama.

3 chambres – 130/185 € 130/185 €

2b chemin du Mont – 04 50 99 09 29 – www.lumieresdegeneve.com

Si vous recherchez un hébergement particulièrement agréable pour un séjour de charme, préférez les établissements signalés en rouge : ....

DIZY – 51 (Marne) → Voir Épernay

DOLANCOURT

✉ 10200 (Aube) – 140 hab. – Alt. 112 m – Carte régionale n° **7**-B3

Paris 229 km – Châlons-en-Champagne 92 km – Saint-Dizier 63 km – Troyes 45 km

Carte Michelin 313-H4 – Guide Vert Michelin Champagne Ardenne

Moulin du Landion

FAMILIAL • PERSONNALISÉ Un moulin du 17e s., à proximité du parc d'attraction Nigloland. Les chambres sont confortables, avec des balcons donnant sur le parc ou la rivière. Et depuis le restaurant, les curieux pourront admirer la roue à aube et son mécanisme...

18 chambres – 71/119 € 71/154 € – 13 € – ½ P

5 r. St-Léger – 03 25 27 92 17 – www.moulindulandion.com – Fermé 3 semaines en janv.

DOL-DE-BRETAGNE

✉ 35120 (Ille-et-Vilaine) – 5 412 hab. – Alt. 20 m – Carte régionale n° **5**-D2

Paris 378 km – Alençon 154 km – Dinan 26 km – Fougères 54 km

Carte Michelin 309-L3 – Guide Vert Michelin Bretagne Nord

à Mont-Dol 3 km au Nord par D155 – ✉ 35120 – 1 173 hab. – Alt. 10 m

Château de Mont-Dol

MAISON DE CAMPAGNE • COSY Une délicieuse demeure bourgeoise du 19e s. située entre le Mont-St-Michel et St-Malo. Les chambres sont élégantes et cosy, avec leur mobilier de famille ou chiné ; l'accueil des propriétaires est véritablement charmant. Une maison qui sort de l'ordinaire !

5 chambres – 105/115 € 105/115 €

1 r. de la Mairie – 02 99 80 74 24 – www.chateaumontdol.com – Fermé 15 nov.-12 fév.

Le Jardin des Simples

MAISON DE CAMPAGNE • COSY Les chambres de ce magnifique presbytère, datant de 1773, ont gardé leur charme d'antan : parquets en chêne, beaux tissus, mobilier chiné... À table, les produits de la mer et les légumes du potager sont à l'honneur, sous la houlette d'un chef au beau parcours. Enchanteur, tout simplement !

5 chambres – 115/125 € 115/125 € – ½ P

2 ruelle Chanoine-Descottes – 02 99 80 74 24 – www.jardin-des-simples.com – Fermé 12 nov.-12 fév.

DOLE

✉ 39100 (Jura) - 23 685 hab. - Alt. 220 m - Carte régionale n° **9**-B2
▶ Paris 363 km – Beaune 65 km – Besançon 55 km – Dijon 50 km
Carte Michelin 321-C4 – Guide Vert Michelin Franche-Comté Jura

✿ La Chaumière (Joël Césari)

CUISINE CRÉATIVE • ÉLÉGANT XXX Cachet des pierres apparentes et style contemporain : une élégante auberge du 21e s. La cuisine de Joël Césari, inventive et renouvelée au gré du marché, s'accompagne de beaux crus du Jura ou de vins naturels, choisis par un sommelier ravi de prodiguer ses conseils avisés...

→ Tarte friable aux escargots, crème glacée à la gentiane et émulsion de persil. Poulette aux morilles et vin jaune, carottes, gingembre, olives et anchois. Crème brûlée au vin jaune, croquant aux morilles et glace au curry.

Formule 27 € 🍷 – Menu 40 € (semaine), 68/100 € – Carte 85/110 €

Hors plan – *Hôtel La Chaumière, 346 av. du Mar.-Juin, 3 km au Sud – ✆ 03 84 70 72 40 – www.lachaumiere-dole.fr – Fermé 29 oct.-5 nov., 21 déc.-9 janv., lundi midi, sam. midi et dim. sauf juil.-août*

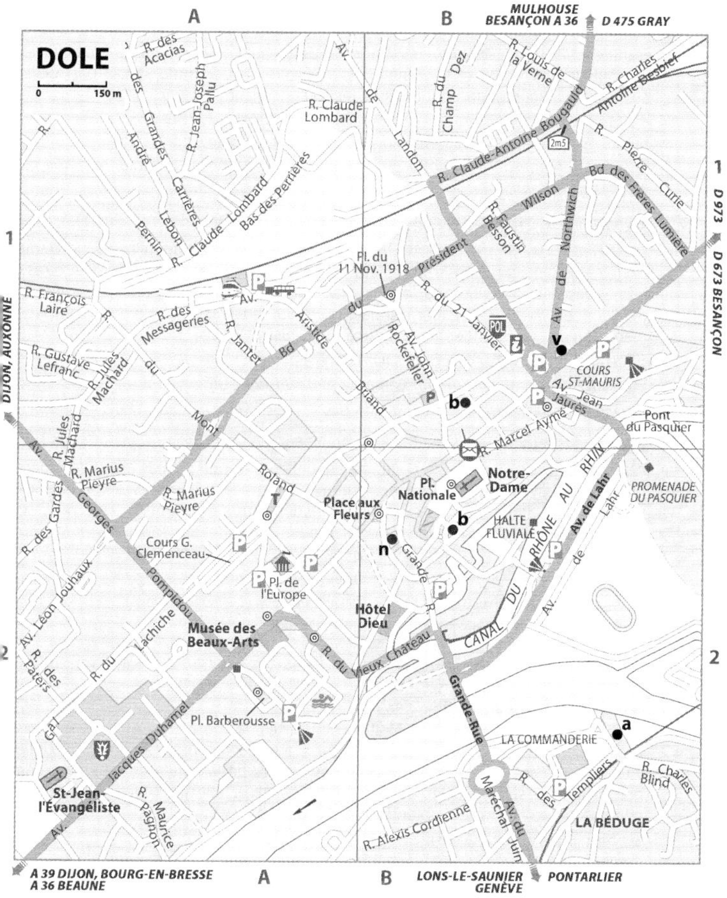

Grain de Sel

CUISINE MODERNE • SIMPLE XX Un cadre plutôt zen, une terrasse ombragée et des recettes originales, soignées et savoureuses (queue de homard sur son lit de quinoa aux zestes d'agrumes ; côte de porc rôtie au foin, pommes nouvelles et fèves…) : le jeune chef fait des merveilles, et l'on a beau être au Grain de Sel, la note n'est pas salée !

Formule 17 € – Menu 21 € (déj. en semaine), 27/50 €

Plan : B2-b – *67 r. Pasteur – ✆ 03 84 71 97 36 – www.restaurant-graindesel.fr – Fermé 2 semaines en avril et en oct., dim. soir sauf juil.-août, mardi midi et lundi*

Iida-Ya

CUISINE JAPONAISE • DESIGN X Un époustouflant gigot d'agneau mariné au sel de shiso et pané à la japonaise, des sushis, makis ou tempura… Dans son restaurant zen et chic – et sous vos yeux –, le jeune chef nippon concocte des mets d'un raffinement absolu, et d'une rare créativité. De quoi réveiller les papilles de Dole ! Belle carte de sakés.

Formule 18 € – Menu 21 € (déj. en semaine), 28/55 € – Carte 27/57 €

Plan : B1-b – *18 r. Arney – ✆ 03 84 70 98 73 – www.iida-ya.fr – Fermé 18 déc.-2 janv., dim. et lundi*

La Romanée

CUISINE TRADITIONNELLE • VINTAGE XX Cette boucherie de 1717 est pleine de charme (salle voûtée) et le jeune chef, originaire de Guérande, fait la part belle au… poisson, sans pour autant laisser les fous de viande au port.

Menu 20 € (déj. en semaine), 29/45 € – Carte 32/50 €

Plan : B2-n – *13 r. des Vieilles-Boucheries – ✆ 03 84 79 19 05 – www.laromanee.info – Fermé 2 semaines en juil., vacances de Noël, dim. soir, mardi soir et merc.*

Au Moulin des Écorces

TRADITIONNEL • FONCTIONNEL Minimaliste et chic ! Ce moulin au bord du Doubs – où les écorces des arbres étaient broyées pour tanner le cuir – a été restauré avec beaucoup de goût et ses chambres cultivent un bel esprit contemporain. On peut aussi y déjeuner tranquillement sur la terrasse, bercé par le bruissement de l'eau, ou manger sur le pouce (côté bistrot).

18 chambres – 🚹95/130 € 🚹🚹100/190 € – ☕ 13 €

Plan : B2-a – *14 allée du Pont-Roman – ✆ 03 84 72 72 00 – www.aumoulindesecorces.fr*

La Chaumière

AUBERGE • PERSONNALISÉ Voilà une chaumière dont on n'a pas envie de repartir… C'est cosy, confortable et chaleureux ; toutes les chambres ont été rénovées dans un joli style contemporain. Personnel très attentionné. Une adresse idéale pour partir en escapade dans le Jura !

19 chambres – 🚹85/140 € 🚹🚹95/140 € – ☕ 13 €

Hors plan – *346 av. du Mar.-Juin, 3 km au Sud – ✆ 03 84 70 72 40 – www.lachaumiere-dole.fr – Fermé 29 oct.-5 nov. et 21 déc.-9 janv.*

✿ **La Chaumière** – voir les restaurants ci-dessus

à Parcey 8 km au Sud par rte de Lons-le-Saunier – ✉ 39100 – 960 hab. – Alt. 197 m

Les Jardins Fleuris

CUISINE TRADITIONNELLE • FAMILIAL XX Certes, la route est très proche, mais passé le porche de cette maison de pierre au décor contemporain, on l'oublie vite. Ici, on trace une autre voie, celle des plaisirs de la bonne chère : soupe de grenouilles au safran, jarret de bœuf croustillant et son jus réduit au morilles, crumble de poire et raisins blonds, etc. Accueil charmant.

Menu 20 € (semaine), 30/50 € – Carte 38/64 €

35 Route Nationale 5 – ✆ 03 84 71 04 84 – www.restaurant-jardins-fleuris.com – Fermé 3-13 juil., 13 nov.-5 déc., dim. soir, lundi soir et mardi

à Sampans 6,5 km au Nord – ✉ 39100 – 999 hab. – Alt. 222 m

Château du Mont Joly (Romuald Fassenet)

CUISINE MODERNE • ÉLÉGANT XXX Une maison de maître (18e s.) fort bien nommée… L'élégance et le raffinement contemporain servent à merveille une cuisine de haute volée ; la tradition s'habille de modernité pour révéler toute sa subtilité. Après cette belle émotion culinaire, quel plaisir de prolonger son séjour : les chambres sont très agréables et l'on s'y sent vraiment bien !

➜ Escargots poêlés, persil plat et bouillon de fenouil à l'absinthe. Poularde de Bresse en viennoise de marjolaine, cuisse farcie aux morilles et sauce au vin de Château-Chalon. Tartelette pistache aux fruits rouges, sorbet poire et thé matcha.

Menu 45 € (déj. en semaine), 68/98 € – Carte environ 97 €

7 chambres – 100/155 € 100/200 € – 14 €

6 r. du Mont-Joly – 03 84 82 43 43 – www.chateaumontjoly.com – Fermé 1 semaine vacances de Noël, de début janv. à mi-mars, mardi et merc.

DOLUS-D'OLÉRON – 17 (Charente-Maritime) ➜ Voir Île d'Oléron

DOMFRONT-EN-CHAMPAGNE

✉ 72240 (Sarthe) – 1 002 hab. – Alt. 131 m – Carte régionale n° **18**-C1

Paris 216 km – Alençon 54 km – Laval 77 km – Le Mans 20 km

Carte Michelin 310-J6

Restaurant du Midi

CUISINE TRADITIONNELLE • FAMILIAL XX Terrine de campagne maison, ravioles d'escargots, tarte fine aux pommes et glace à la vanille… Dans cette auberge de village, le chef concocte des recettes traditionnelles dans les règles de l'art. Une adresse sympathique.

Formule 12 € – Menu 17 € (déj. en semaine), 26/38 € – Carte 24/40 €

33 r. du Mans, D304 – 02 43 20 52 04 – www.restaurantdumidi.com – Fermé mardi soir, merc. soir, jeudi soir, dim. soir et lundi

DOMMARTEMONT – 54 (Meurthe-et-Moselle) ➜ Voir Nancy

DOMME

✉ 24250 (Dordogne) – 989 hab. – Alt. 250 m – Carte régionale n° **2**-D1

Paris 538 km – Cahors 51 km – Fumel 50 km – Sarlat-la-Canéda 12 km

Carte Michelin 329-I7 – Guide Vert Michelin Périgord Quercy

Cabanoix et Châtaigne

CUISINE MODERNE • CONVIVIAL X Au cœur de cette bastide de carte postale, Cabanoix et Châtaigne exalte les charmes de la région… mais sans traditionalisme. Pour le chef, travailler dans le respect de la terre et des saisons est une priorité, tout autant que leur rendre hommage à travers des recettes qui ont le goût de la nouveauté. Et quel goût !

Formule 26 € – Menu 32/39 €

3 r. Geoffroy-de-Vivans – 05 53 31 07 11 – www.restaurantcabanoix.com – Ouvert debut mars à mi-déc. et fermé 1 semaine en juin, 1 semaine en sept., mardi et merc. sauf juil.-août

L'Esplanade

CUISINE CLASSIQUE • ÉLÉGANT XXX Une belle demeure ancienne, perchée sur les remparts, avec une terrasse sous les tilleuls. La cuisine est sincère, sans artifice, et fait apprécier les saveurs franches de la tradition. Chambres bourgeoises, certaines avec une jolie vue sur la vallée de la Dordogne.

Formule 25 € – Menu 35/65 € – Carte 44/85 €

15 chambres – 80/110 € 80/155 € – 16 €

2 r. Pontcarral – 05 53 28 31 41 – www.esplanade-perigord.com – Fermé 1er nov.-13 fév. et lundi sauf le soir en saison

au Nord-Est 8 km par D46^e et D50

Le Manoir du Rocher

MAISON DE CAMPAGNE • PERSONNALISÉ Le propriétaire, ancien photographe, a quitté Paris pour venir s'installer dans cet ancien relais de chasse en pleine campagne : riche idée ! Les lieux ont une élégance certaine : chambres personnalisées, mobilier chiné, salon avec cheminée, etc.

3 chambres – 140/170 € 140/170 €

rte de Turnac – 05 53 30 25 09 – www.lemanoirdurocher.fr – Fermé 1er déc.-31 janv.

DONCHERY – 08 (Ardennes) → Voir Sedan

DONNAZAC – 81 (Tarn) → Voir Cahuzac-sur-Vère

DONNEMARIE-DONTILLY

77520 (Seine-et-Marne) – 2 876 hab. – Alt. 89 m – Carte régionale n° **10**-D2
Paris 92 km – Créteil 79 km – Evry 67 km – Melun 46 km
Carte Michelin 312-H5

La Croix Blanche

CUISINE MODERNE • ÉLÉGANT Aucun doute, vous allez marquer votre passage dans ce restaurant d'une croix blanche ! Derrière les fourneaux, le chef – originaire du coin – met un point d'honneur à n'utiliser que de beaux produits de saison. Dans l'assiette, le goût est au rendez-vous : une bonne adresse.

Formule 26 € – Menu 41/63 €

2 pl. du Marché – 01 64 60 67 86 – www.restaurantlacroixblanche.fr – Fermé 2 semaines en fév., 2 semaines fin juin-début juil., 1 semaine en oct., dim. soir, lundi soir, mardi soir et merc.

DONON (COL DU) – 67 (Bas-Rhin) → Voir Col du Donon

DONVILLE-LES-BAINS – 50 (Manche) → Voir Granville

DONZENAC

19270 (Corrèze) – 2 584 hab. – Alt. 204 m – Carte régionale n° **13**-B3
Paris 469 km – Brive-la-Gaillarde 11 km – Limoges 81 km – Tulle 27 km
Carte Michelin 329-K4 – Guide Vert Michelin Périgord Quercy

Le Périgord

CUISINE TRADITIONNELLE • RUSTIQUE À l'entrée du bourg, venez vous asseoir dans cet intérieur paré de bois massif, près de l'imposante cheminée. On vous fera goûter la spécialité de la maison : la tête de veau sauce gribiche, indémodable et toujours aussi bonne ! Du rustique comme on l'aime.

Formule 17 € – Menu 23/31 € – Carte 35/55 €

9 av. de Paris – 05 55 85 72 34 – Fermé vacances de fév. et de la Toussaint, dim. soir, lundi soir, mardi soir et merc.

DONZY

58220 (Nièvre) – 1 602 hab. – Alt. 188 m – Carte régionale n° **4**-A2
Paris 203 km – Auxerre 66 km – Bourges 73 km – Clamecy 39 km
Carte Michelin 319-B7 – Guide Vert Michelin Bourgogne

Le Grand Monarque

AUBERGE • À LA CAMPAGNE Dans un paisible village, ancien relais de poste remontant au 16^{e}s. Les chambres sont desservies par un escalier à vis et certaines arborent murs en pierre et ciel de lit. Le restaurant conserve un authentique fourneau à charbon ; plats du terroir.

11 chambres – 49/82 € 59/82 € – 10 € – ½ P

10 r. de l'Étape (près de l'église) – 03 86 39 35 44 – www.legrandmonarque-donzy.fr – Fermé 2 semaines en nov. et 2 semaines en janv.

DOUAI

✉ 59500 (Nord) - 41 732 hab. - Agglo. 508 070 hab. - Alt. 31 m - Carte régionale n° **16**-C2
▶ Paris 194 km - Arras 26 km - Lille 42 km - Tournai 39 km
Carte Michelin 302-G5

à Brebières 6,5 km au Sud-Ouest par D650 et D950 - ✉ 62117 - 4 866 hab. - Alt. 48 m

Air Accueil

CUISINE MODERNE • CONVIVIAL XXX Près de l'aérodrome de Vitry-en-Artois, cette vaste auberge fut autrefois un mess d'officiers. C'est aujourd'hui tout sauf une simple cantine ! On y déguste en effet une délicieuse cuisine dans une salle moderne, où transparaît toute l'expérience de son chef, Franck Gilabert. Les saveurs décollent !

Menu 31/60 € - Carte 46/73 €

D950
- ✆ 03 21 50 01 02 - www.air-accueil-restaurant.com
- Fermé 1 semaine vacances de fév., août, dim. soir, merc. soir et lundi

DOUAINS - 27 (Eure) ➜ Voir Vernon

DOUARNENEZ

✉ 29100 (Finistère) - 14 747 hab. - Alt. 25 m - Carte régionale n° **5**-A2
▶ Paris 585 km - Brest 76 km - Lorient 88 km - Quimper 23 km
Carte Michelin 308-F6 - Guide Vert Michelin Bretagne Sud

Le Clos de Vallombreuse

CUISINE MODERNE • CLASSIQUE XX Cette jolie villa distille un charme classique et bourgeois, mais ne vous y trompez pas : on y sert une cuisine bien en phase avec son époque ! La chef, ancienne de la Grange à Sel - une étoile au Bourget-du-Lac - compose de belles assiettes qui doivent autant au marché qu'aux arrivages de la pêche locale. Frais et bon !

Formule 16 € - Menu 26/75 € - Carte 47/74 €

Plan : A1-x - *Hôtel Le Clos de Vallombreuse, 7 r. d'Estienne-d'Orves*
- ✆ 02 98 92 63 64 - www.closvallombreuse.com - Fermé 23 nov.-7 déc., mardi midi, dim. soir et lundi d'oct. à avril

L'Insolite

CUISINE MODERNE • TENDANCE XX Plutôt séduisants, ce bar de ligne en carpaccio au citron vert et miel, et ce gigot d'agneau de lait en cuisson douce... Ici, le terroir s'offre des présentations originales, et les inventions sont légion. La faute aux deux jeunes chefs, passionnés et formés dans de belles maisons. À découvrir !

Formule 15 € - Menu 32 € (déj. en semaine)/70 € - Carte 44/97 €

Plan : A2-r - *Hôtel de France, 4 r. Jean-Jaurès*
- ✆ 02 98 92 00 02 - www.lafrance-dz.com
- Fermé 1 semaine en fév., 26 oct.-17 nov., 23-30 déc., dim. soir et lundi

Le Kériolet

CUISINE TRADITIONNELLE • CONVIVIAL X Allez, on embarque ! Cuisine traditionnelle, produits du terroir et pêche locale en vue dans ce restaurant discrètement marin. Quelques chambres sont également à disposition, plutôt simples mais bien tenues.

Menu 14 € (semaine), 20/40 € - Carte 28/49 €

8 chambres - †55/68 € ††55/68 € - ☕ 8 €

Plan : B2-a - *29 r. Croas-Talud - ✆ 02 98 92 16 89 - www.hotel-keriolet.com*
- Fermé 1er-10 fév.

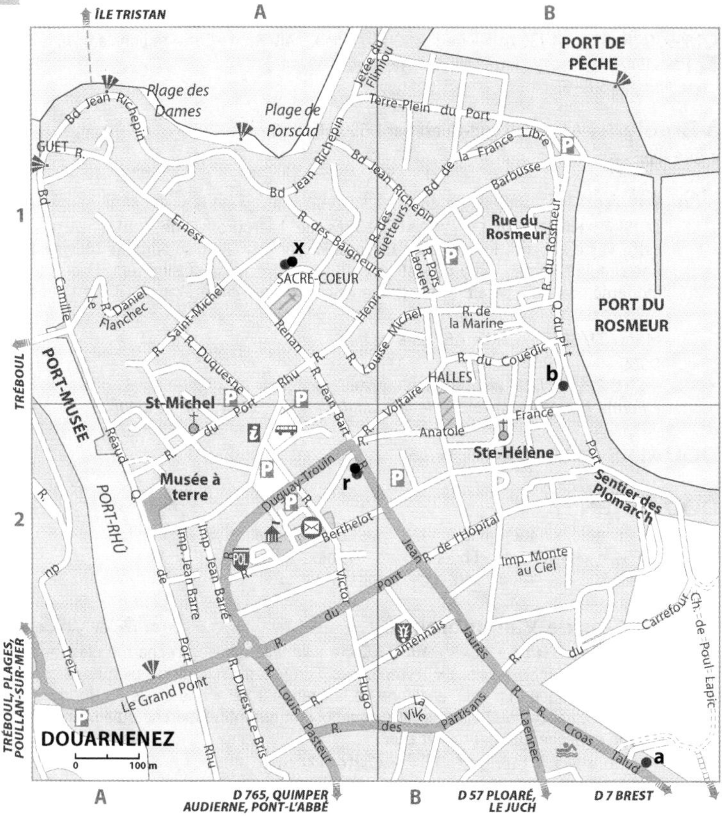

Quai 29

CUISINE TRADITIONNELLE • **BISTRO** C'est un peu la version bistrot de L'Insolite, le restaurant de l'Hôtel de France ; d'ailleurs, les propriétaires sont les mêmes. Bien protégé par la baie vitrée, on nargue la tempête devant tapas, fruits de mer et formule à la plancha. Le tout servi par une jeune équipe motivée, dans une ambiance sympathique !

Formule 15 € – Menu 19 € (déj. en semaine), 26/35 € – Carte 25/45 €

Plan : B1-b – *11 quai du Petit-Port*
– *02 98 92 24 41*
– *Ouvert début avril à début oct. et fermé mardi soir hors saison et merc.*

Le Clos de Vallombreuse

MAISON DE MAÎTRE • **COSY** Derrière l'église, cette belle demeure de 1902 domine la baie de Douarnenez ; les propriétaires ont su préserver son charme classique, tout en assurant un confort optimal dans les chambres. Avec, en prime, un espace bien-être avec sauna et jacuzzi !

30 chambres – 60/180 € 60/180 € – 13 € – ½ P

Plan : A1-x – *7 r. d'Estienne-d'Orves* – *02 98 92 63 64*
– *www.closvallombreuse.com*

Le Clos de Vallombreuse – voir les restaurants ci-dessus

Hôtel de France

TRADITIONNEL • FONCTIONNEL Dans cet Hôtel de France, les chambres jouent les contrastes, mélange de style contemporain dépouillé, de couleurs vives et de mobilier breton. Il souffle un vent de fraîcheur sur cet établissement né en 1878...

22 chambres – 65/85 € 65/85 € – 10 € – ½ P

Plan : A2-r – 4 r. Jean-Jaurès – 02 98 92 00 02 – www.lafrance-dz.com – Fermé 1 semaine en fév., 26 oct.-17 nov. et 23-30 déc.

L'Insolite – voir les restaurants ci-dessus

à Tréboul 3 km au Nord-Ouest – 29100 Douarnenez

Ty Mad

FAMILIAL • PERSONNALISÉ Ty mad : bonne maison en breton. Il faut dire que l'hôtel a du charme avec ses matériaux naturels (pierre et bois) et sa décoration franchement zen ; même la cour a des allures de jardin japonais. Cuisine bio aux herbes fraîches et piscine à contre-courant : on se sent bien.

16 chambres – 80/215 € 80/215 € – 15 €

plage St-Jean (près de la chapelle St-Jean) – 02 98 74 00 53 – www.hoteltymad.com – Ouvert 18 mars-12 nov.

DOUCIER

39130 (Jura) – 300 hab. – Alt. 526 m – Carte régionale n° **9**-B3

Paris 427 km – Champagnole 21 km – Lons-le-Saunier 25 km

Carte Michelin 321-E7 – Guide Vert Michelin Franche-Comté Jura

Le Comtois

CUISINE TRADITIONNELLE • RUSTIQUE XX Une jolie auberge de campagne tenue par un couple charmant... Monsieur réalise son pain et cuisine à base de plantes et d'herbes du pays pour honorer les recettes régionales. Attrayante sélection de vins du Jura et, pour l'étape, chambres simples à l'étage.

Formule 18 € – Menu 30 € – Carte 31/53 €

7 chambres – 45/56 € 45/62 € – 10 €

806 r. des Trois-Lacs – 03 84 25 71 21 (réservation conseillée) – www.lecomtoisdoucier.com – Fermé lundi midi et vend. midi en juil.-août

DOUÉ-LA-FONTAINE

49700 (Maine-et-Loire) – 7 521 hab. – Alt. 75 m – Carte régionale n° **18**-C2

Paris 322 km – Angers 40 km – Châtellerault 86 km – Cholet 50 km

Carte Michelin 317-H5 – Guide Vert Michelin Châteaux de la Loire

Auberge Bienvenue

CUISINE TRADITIONNELLE • CLASSIQUE XX Ici, vous serez toujours le bienvenu ! Confortablement installé sous les poutres et les arcades de la grande salle, on est contraint... de constater que la tradition a toujours du bon, surtout en cuisine. Un conseil : ne passez pas à côté du bœuf au tanin d'Anjou.

Menu 17 € (déj. en semaine), 32/65 € – Carte 49/61 €

104 rte de Cholet (face au zoo) – 02 41 59 22 44 – www.aubergebienvenue.com – Fermé 21 déc.-15 janv., dim. soir et lundi

Auberge Bienvenue

AUBERGE • FONCTIONNEL Entre la Loire et les vignobles d'Anjou, cette auberge abrite des chambres calmes, spacieuses et bien tenues – plus contemporaines dans l'annexe. Piscine couverte, jacuzzi, salle de musculation... Un pied-à-terre idéal pour visiter le zoo local ou découvrir les roseraies.

11 chambres – 74/140 € 74/140 € – 4 suites – 12 € – ½ P

104 rte de Cholet (face au zoo) – 02 41 59 22 44 – www.aubergebienvenue.com – Fermé 21 déc.-15 janv., dim. soir et lundi

Auberge Bienvenue – voir les restaurants ci-dessus

DOURGNE

✉ 81110 (Tarn) - 1 303 hab. - Alt. 250 m - Carte régionale n° **15**-C2
Paris 742 km - Carcassonne 52 km - Castelnaudary 35 km - Toulouse 67 km
Carte Michelin 338-E10

Hostellerie de la Montagne Noire

CUISINE TRADITIONNELLE • SIMPLE Les deux fils du propriétaire ont pris le pouvoir en cuisine, dans ce restaurant situé au centre du village ; ils nous régalent de bonnes créations traditionnelles, simples et sans chichis. Et l'été, ça se passe sur la terrasse, à l'ombre des platanes...

Formule 14 € - Menu 17 € (semaine)/27 € - Carte 30/48 €
8 chambres - 57/65 € 60/65 € - 8 €

15 pl. des Promenades - 05 63 50 31 12 - www.hoteldourgne.fr - Fermé 1 semaine en fév., mardi midi sauf juil.-août, dim. soir et lundi

DOUVAINE

✉ 74140 (Haute-Savoie) - 5 253 hab. - Alt. 428 m - Carte régionale n° **25**-F1
Paris 555 km - Annecy 63 km - Chamonix-Mont-Blanc 87 km - Genève 18 km
Carte Michelin 328-K3

Ô Flaveurs (Jérôme Mamet)

CUISINE MODERNE • ROMANTIQUE Pierres apparentes, poutres, cheminée : un petit château du 15e s. authentique, élégant et romantique à souhait. Autour d'un menu surprise, on découvre la cuisine pleine de saveurs et de fraîcheur d'un chef inventif et talentueux ; à l'image de ce filet de barbue grillé aux pointes d'asperges vertes et blanches... Ô Flaveurs !

→ Crème de chou-fleur, haddock, citron confit et caviar. Saint-pierre de petite pêche, artichauts poivrade aux olives taggiasche. Abricots pochés à la vanille de Madagascar, sablé breton, crème légère à la verveine et sorbet abricot.

Menu 43 € (déj. en semaine), 83/115 €

Château de Chilly, 2 km au Sud-Est par rte de Crépy - 04 50 35 46 55 - www.oflaveurs.com - Fermé mardi et merc.

DRACY-LE-FORT - 71 (Saône-et-Loire) → Voir Chalon-sur-Saône

DRAGUIGNAN

✉ 83300 (Var) - 37 476 hab. - Alt. 178 m - Carte régionale n° **21**-C3
Paris 862 km - Fréjus 30 km - Marseille 124 km - Nice 89 km
Carte Michelin 340-N4 - Guide Vert Michelin Côte d'Azur

Brasserie Bertin

CUISINE TRADITIONNELLE • BRASSERIE Dans cette brasserie du centre-ville, au décor 19es. (carreaux de ciment au sol, belle hauteur sous plafond), reprise par le chef Benjamin Collombat, on sert une cuisine traditionnelle soignée, aux doux accents provençaux : petits farcis maison, andouillette de porc de Callian, baba au rhum... Service agréable.

Formule 17 € - Menu 29/33 € - Carte 33/43 €

Plan : A1-a - *13 bd Maréchal-Foch - 04 94 99 76 60 - www.bertin-brasserie.com - Fermé dim. soir et lundi soir*

La Source Saint-Michel

HISTORIQUE • PERSONNALISÉ À l'écart de la ville, entre champs d'oliviers et allées de platanes, cette demeure bourgeoise toute blanche (19e s.) distille le charme d'antan : tomettes, mobilier d'époque, cheminées, etc. L'accueil charmant et les cours d'œnologie proposés permettent de s'initier à l'art de vivre de la région... et la belle piscine vous tend les bras !

4 chambres - 95/115 € 145/260 €

Hors plan - *299 chemin de Seyran, au Nord direction centre hospitalier puis rte secondaire - 04 94 84 59 05 - www.lasourcesaintmichel.com - Fermé 15 oct.-6 janv.*

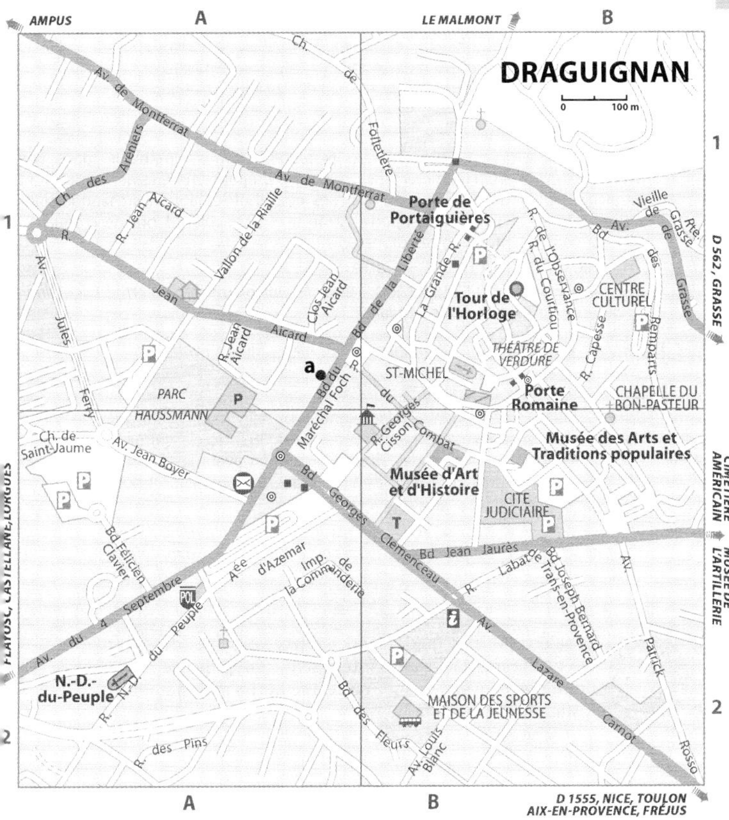

rte de Flayosc 4 km au Sud-Ouest par D557 – ✉ 83300 Draguignan :

Les Oliviers

FAMILIAL • FONCTIONNEL Un jeune couple charmant veille au bon fonctionnement de cet hôtel : si la simplicité est de mise, un vrai esprit chaleureux règne sur les lieux, parfaitement tenus. Le jardin fleuri – avec piscine – accueille, en été, le petit-déjeuner. Dernier atout : des prix mesurés !

12 chambres – 59/85 € 65/85 € – 8 €

av. Salvador-Allende (rte de Flayosc), D557 – ✆ 04 94 68 25 74 – www.les-oliviers.eu

à Flayosc 7 km au Sud-Ouest par D557 – ✉ 83780 – 4 366 hab. – Alt. 310 m

Le Cigalon

CUISINE MODERNE • SIMPLE C'est une maison jaune aux volets verts, située en retrait du village de Flayosc. Elle en salle, lui en cuisine offrent à ce lieu une chaleur qui va au-delà de la gourmandise. Foccacia comme une pissaladière, jambon cru, premières asperges... excepté le pain et les glaces, tout est fait sur place. On dirait le Sud.

Formule 23 € – Menu 30/46 € – Carte 38/57 €

5 bd du Grand-Chemin – ✆ 04 94 68 69 65 – http://lecigalonflayosc.wixsite.com/site – fermé jeudi en hiver et merc.

DREUX

✉ 28100 (Eure-et-Loir) - 31 195 hab. - Alt. 82 m - Carte régionale n° **6**-B1
Paris 78 km - Chartres 36 km - Évreux 44 km - Mantes-la-Jolie 43 km
Carte Michelin 311-E3 - Guide Vert Michelin Normandie Vallée de la Seine

Le Saint-Pierre

CUISINE MODERNE • **ÉLÉGANT** XX Un restaurant bien sympathique, dans une petite rue du quartier commerçant. Le chef y prépare une cuisine moderne et rafraîchissante, jouant habilement avec les épices et les agrumes : langoustines et légumes en carpaccio, vinaigrette citron miel ; chocolat et praliné croquant… de quoi vous ouvrir les portes du paradis !

Formule 15 € - Menu 32 € - Carte 32/62 €

19 r. Sénarmont - ✆ 02 37 46 47 00 - www.lesaint-pierre.com - Fermé 1 semaine en mars et en sept., dim. soir et lundi

à Chérisy 4,5 km par N12 - ✉ 28500 - 1 839 hab. - Alt. 88 m

Le Vallon de Chérisy

CUISINE MODERNE • **COSY** XX L'enseigne ? Un clin d'œil à une ode de Victor Hugo composée dans cette même auberge en 1821. Ici, la cuisine, copieuse et volontiers rustique, s'inspire des saisons et met en avant les produits locaux, en particulier les légumes et les herbes aromatiques… Gourmand et bon !

Menu 31/60 € - Carte 36/70 €

12 rte de Paris - ✆ 02 37 43 70 08 - www.le-vallon-de-cherisy.fr - Fermé 18-25 fév., 18 juil.-3 août, jeudi soir d'oct. à mars, dim. soir, mardi soir et merc.

La sélection de ce guide s'enrichit avec vous : vos découvertes et vos commentaires nous intéressent ! Coup de coeur ou coup de colère, écrivez-nous sur notre site Michelin Restaurants : restaurant.michelin.fr

à Ste-Gemme-Moronval 6 km au Nord-Est par N12, D912 et D308[1] - ✉ 28500 - 1 061 hab. - Alt. 79 m

L'Escapade

CUISINE CLASSIQUE • **COSY** XXX Faites une escapade dans cette auberge champêtre vraiment accueillante : la carte met l'accent sur la fraîcheur et la tradition, et la terrasse est si paisible…

Menu 36 € - Carte 55/95 €

pl. du Dr.-Charles-Jouve - ✆ 02 37 43 72 05 - www.aubergelescapade.fr - Fermé 16 août-7 sept., 1 semaine en janv., dim. soir, lundi soir et mardi

à Vernouillet 2 km au Sud par D311 - ✉ 28500 - 11 899 hab. - Alt. 97 m

Auberge de la Vallée Verte

CUISINE TRADITIONNELLE • **RUSTIQUE** XX Poutres apparentes, cheminée et jolis tableaux participent à l'atmosphère sereine de ce restaurant, où l'on savoure une cuisine de saison réalisée à partir de produits locaux. Les chambres, plus grandes dans l'annexe, sont simples et bien tenues, avec un jardin pour se ressourcer.

Menu 35/58 € 🍷 - Carte 45/76 €

14 chambres - 🚹90/120 € 🚹🚹90/120 € - ☕ 12 €

6 r. Lucien-Dupuis (près de l'église) - ✆ 02 37 46 04 04 - www.aubergevalleeverte.fr - Fermé 30 juil.-22 août, 24-31 déc., 1er- 9 janv., dim. et lundi

DRUBEC

✉ 14130 (Calvados) - 110 hab. - Alt. 125 m - Carte régionale n° **17**-A3
▶ Paris 197 km - Caen 42 km - Evreux 92 km - Rouen 91 km
Carte Michelin 303-M4

La Haie Tondue

CUISINE TRADITIONNELLE • RUSTIQUE XX Gratinée d'escargots, Saint-Jacques et langoustines, blanquette de veau aux pleurotes... Dans cette maison couverte de vigne vierge, la cuisine est traditionnelle et bien tournée. Rustique, le cadre l'est également ! L'été, on profite de la terrasse. Accueil chaleureux.

Formule 19 € - Menu 30 € (déj.)/44 € - Carte 34/48 €

3 rte de Caen (à La Haie Tondue), au Nord-Est sur la D675 - ✆ 02 31 64 85 00 - www.restaurant-la-haie-tondue.fr - Fermé 1 semaine en juin, 1 semaine en nov., 2 semaines en janv., dim., merc. soir de nov. à mars, lundi soir sauf en août et mardi

DRUSENHEIM

✉ 67410 (Bas-Rhin) - 5 089 hab. - Alt. 122 m - Carte régionale n° **1**-B1
▶ Paris 499 km - Haguenau 17 km - Saverne 61 km - Strasbourg 33 km
Carte Michelin 315-L4

Auberge du Gourmet

CUISINE TRADITIONNELLE • AUBERGE XX Une auberge entourée d'un grand jardin l'isolant de la route. La cuisine, traditionnelle, est servie dans une salle chaleureuse. Les chambres - assez spacieuses, claires et fraîches - sont très bien tenues.

Menu 24/42 € - Carte 32/70 €

11 chambres - †49/55 € ††58/65 € - ☕ 8 €

4 rte de Herrlisheim, 1 km au Sud-Ouest - ✆ 03 88 53 30 60 - www.auberge-gourmet.com - Fermé fin janv.-début fév., 1 semaine en juin, 3 semaines en août, sam. midi, mardi soir et merc.

DUCEY

✉ 50220 (Manche) - 2 485 hab. - Alt. 15 m - Carte régionale n° **17**-A3
▶ Paris 348 km - Avranches 11 km - Fougères 41 km - Rennes 80 km
Carte Michelin 303-E8 - Guide Vert Michelin Normandie Cotentin

Auberge de la Sélune

CUISINE MODERNE • CLASSIQUE XX Au bord de la Sélune - connue pour les saumons qui viennent y frayer -, un cadre classique, lumineux, et une cuisine actuelle rythmée par les saisons : ballotine de lapin aux pistaches, lieu jaune et beurre aux coquillages, tarte au chocolat... Les saveurs sont au rendez-vous et les prix restent mesurés !

Formule 18 € - Menu 29 € (déj. en semaine)/55 € - Carte 42/54 €

2 r. St-Germain - ✆ 02 33 48 53 62 - www.selune.com - Fermé fév., 2 semaines en oct., dim. soir et mardi soir de nov. à mars et merc. de fin sept. à début juil.

Moulin de Ducey

TRADITIONNEL • PERSONNALISÉ Entre bief et Sélune, cet ancien moulin semble établi sur une île verdoyante... On y trouve des chambres confortables, à la déco sobre et épurée ; la salle du petit-déjeuner surplombe le vieux pont de pierre, d'où l'on peut pratiquer la pêche au saumon !

27 chambres - †77/165 € ††77/165 € - ☕ 12 €

1 Grande-Rue - ✆ 02 33 60 25 25 - www.moulindeducey.com - Fermé 15 déc.-3 janv.

Auberge de la Sélune

AUBERGE • FONCTIONNEL Sur les bords de la Sélune qui part se jeter dans la baie du Mont-Saint-Michel, une bonne option pour dormir un peu à l'écart du circuit touristique. Les chambres sont simples et bien tenues, côté route ou côté jardin et rivière.

20 chambres – 74/91 € 74/139 € – 10 € – ½ P

2 r. St-Germain – 02 33 48 53 62 – www.selune.com – Fermé fév. et 2 semaines en oct.

Auberge de la Sélune – voir les restaurants ci-dessus

DUHORT-BACHEN

40800 (Landes) – 653 hab. – Alt. 72 m – Carte régionale n° **2**-B3

Paris 710 km – Bordeaux 150 km – Mont-de-Marsan 30 km – Pau 57 km

Carte Michelin 335-J12

Les Arcades

CUISINE TRADITIONNELLE • RUSTIQUE XX Dire que cette adresse porte haut les couleurs du terroir est un euphémisme ! Dans une ambiance champêtre ou installés sous les arcades, les gourmands dégustent de bonnes recettes traditionnelles. On propose même quelques plats d'inspiration tahitienne, où le patron a passé une grande partie de sa vie.

Menu 14 € (déj. en semaine), 27/32 € – Carte 30/40 €

232 pl. de la Mairie – 05 58 71 85 59 – www.restaurant-arcades.fr – Fermé merc. soir et jeudi soir en hiver, mardi soir, dim. soir et lundi en été

DUINGT

74410 (Haute-Savoie) – 874 hab. – Alt. 450 m – Carte régionale n° **25**-F1

Paris 548 km – Albertville 34 km – Annecy 12 km – Megève 48 km

Carte Michelin 328-K6 – Guide Vert Michelin Alpes du Nord

Comptoir du Lac

CUISINE TRADITIONNELLE • DESIGN X Un restaurant aux airs de grande verrière indus' et contemporaine, cerné par la verdure, la montagne et le lac... Un endroit vraiment sympathique, pour une cuisine actuelle qui l'est elle aussi !

Formule 25 € – Menu 45 € – Carte 46/57 €

410 allée de la Plage – 04 50 68 14 10 – www.comptoirdulac.com – Fermé 29 oct.-15déc., dim. soir et merc. de déc. à avril

Clos Marcel

TRADITIONNEL • DESIGN Sur un site privilégié au bord du lac d'Annecy (ponton privé), une architecture repensée dans un esprit écologique, des chambres design et confortables : un Clos Marcel résolument 21e s.

14 chambres – 175/275 € 175/275 € – 1 suite – 16 €

410 allée de la Plage – 04 50 68 67 47 – www.closmarcel.com – Fermé 29 oct.-15déc.

Comptoir du Lac – voir les restaurants ci-dessus

DUNES

82340 (Tarn-et-Garonne) – 1 216 hab. – Alt. 120 m – Carte régionale n° **15**-B2

Paris 655 km – Agen 21 km – Auvillar 13 km – Miradoux 12 km

Carte Michelin 337-A7

Les Templiers

CUISINE MODERNE • FAMILIAL XX Au centre de cette jolie bourgade, dans une maison du 16e s. au charme préservé. Les grands principes du chef : "la tradition, qui garantit la qualité" et "l'innovation, qui préserve de la routine". Un gage d'authenticité et de surprise... L'été, on se régale en profitant de la terrasse sous les arcades.

Menu 22 € (déj. en semaine), 32/42 € – Carte 48/60 €

1 pl. des Martyrs – 05 63 39 86 21 – Fermé vacances de la Toussaint, dim. soir, lundi et mardi

DUNIÈRES

✉ 43220 (Haute-Loire) - 2 898 hab. - Alt. 760 m - Carte régionale n° **3**-D3
Paris 549 km - Le Puy-en-Velay 52 km - St-Agrève 30 km - St-Étienne 37 km
Carte Michelin 331-I2

La Tour

CUISINE DU TERROIR • FAMILIAL XX Les produits locaux (lentilles vertes du Puy, escargots de Grazac, pintade fermière, etc.) se transforment en mets alléchants sous l'impulsion du chef. C'est bon, soigné, généreux, avec en prime, un beau chariot de fromages auvergnats. Tout est sympathique, y compris les chambres, bien pratiques.

Formule 18 € - Menu 28/60 € - Carte 43/78 €

11 chambres - †64/70 € ††64/70 € - ☕10 €

7 ter rte du Fraisse, D61 - ✆ 04 71 66 86 66 - www.hotelrestaurantlatour.com - Fermé 18 fév.-12 mars, 26 août-3 sept., 13-19 nov., 1er-7 janv., vend. soir de sept. à juin, dim. soir et lundi

DUNKERQUE

✉ 59140 (Nord) - 90 995 hab. - Agglo. 177 270 hab. - Alt. 4 m - Carte régionale n° **16**-B1
Paris 288 km - Amiens 205 km - Calais 47 km - Ieper 56 km
Carte Michelin 302-C1

Le Vent d'Ange

CUISINE MODERNE • CLASSIQUE XX Vent d'Ange ? Tout d'abord parce que le décor s'inspire des jolis angelots du baroque italien… et parce que la cuisine, fraîche comme un petit vent de printemps, fleure bon l'air du temps.

Formule 16 € - Menu 24/42 €

Hors plan - *1449 av. de Petite-Synthe - ✆ 03 28 25 28 98 - www.leventdange.com - Fermé 20 fév.-6 mars, 16 août-1er sept., mardi soir, merc. soir, dim. soir et lundi*

L'Estouffade

CUISINE MODERNE • ÉLÉGANT XX Royale de moules, noix de Saint-Jacques aux endives caramélisées… Tout près du port, ce restaurant met l'eau à la bouche et la mer à l'honneur ! Accueil charmant.

Formule 18 € - Menu 22 € (déj. en semaine), 32/54 € - Carte 38/47 €

Plan : A2-r - *2 quai de la Citadelle - ✆ 03 28 63 92 78 - www.estouffade.com - Fermé 27 fév.-5 mars, dim. soir et lundi*

L'Auberge de Jules

POISSONS ET FRUITS DE MER • CONVIVIAL X Près du port de plaisance, un bistrot gourmand, convivial et… familial. La patronne accommode le poisson tout frais pêché par son frère : la fraîcheur est au rendez-vous ! Quant à son "jules", il s'occupe des desserts…

Formule 24 € - Menu 28/36 € - Carte 30/54 €

Plan : A2-a - *9 r. de la Poudrière - ✆ 03 28 63 68 80 - Fermé 2 semaines en août, 1 semaine début janv., sam., dim. et fériés*

Borel

BUSINESS • FONCTIONNEL Tout près du port de plaisance, cet hôtel est idéalement placé. On s'y repose dans des chambres parfaitement tenues, qui ont toutes été rénovées ces dernières années. Une bonne adresse pour un déplacement professionnel ou une escapade en ville.

48 chambres - †86/145 € ††97/145 € - ☕12 €

Plan : A2-u - *6 r. L'Hermite - ✆ 03 28 66 51 80 - www.hotelborel.fr*

Ibis

HÔTEL DE CHAÎNE • FONCTIONNEL Non loin du port de plaisance, un hôtel de chaîne avec des chambres fonctionnelles et une offre de restauration toute simple mais pratique.

120 chambres - †69/95 € ††69/95 € - ☕10 €

Plan : A2-s - *13 r. Leughenaer - ✆ 03 28 66 29 07 - www.ibishotel.com*

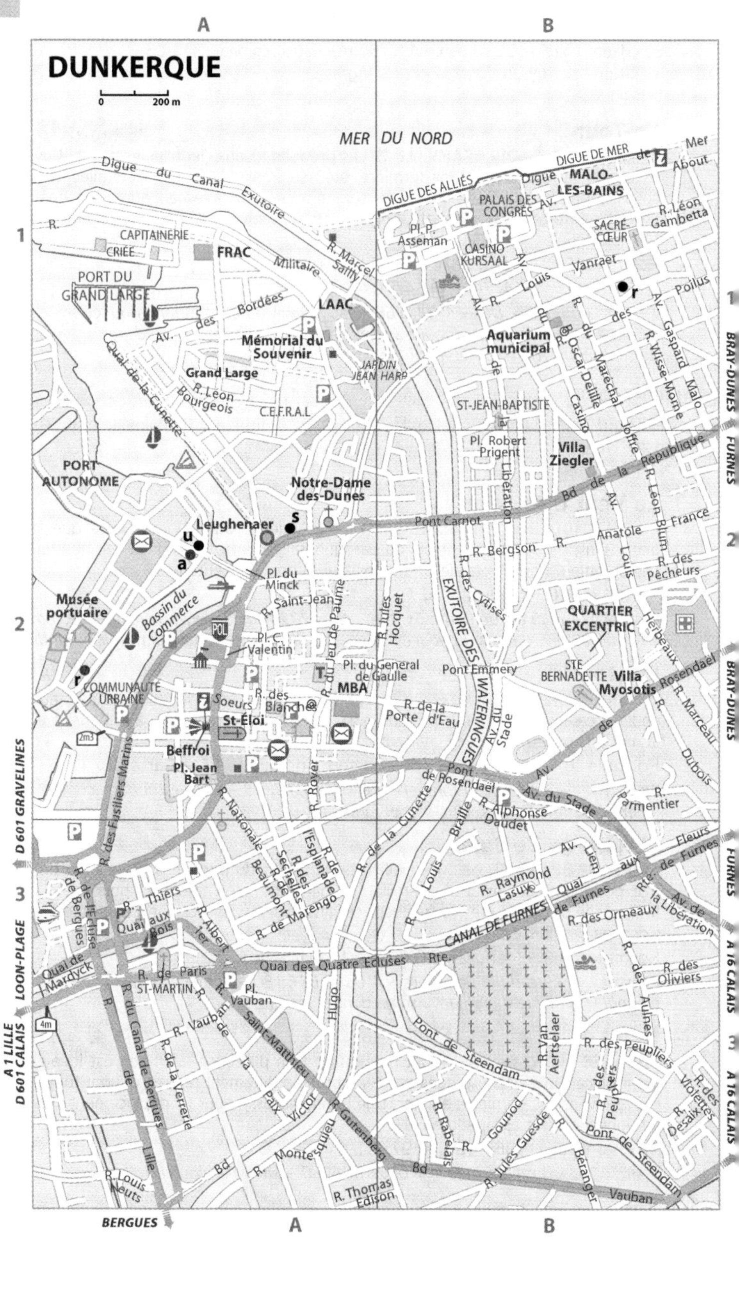
A
B
DUNKERQUE
0
200 m
MER DU NORD
DIGUE DE MER
Digue du Canal Exutoire
DIGUE DES ALLIÉS
MALO-LES-BAINS
PALAIS DES CONGRÈS
CASINO KURSAAL
SACRÉ-CŒUR
CAPITAINERIE
CRIÉE
FRAC
PORT DU GRAND LARGE
LAAC
Mémorial du Souvenir
Grand Large
JARDIN JEAN HARP
C.E.F.R.A.L.
Aquarium municipal
ST-JEAN-BAPTISTE
Pl. Robert Prigent
Villa Ziegler
PORT AUTONOME
Notre-Dame des-Dunes
Leughenaer
Pont Carnot
Musée portuaire
Bassin du Commerce
QUARTIER EXCENTRIC
STE BERNADETTE
Villa Myosotis
COMMUNAUTÉ URBAINE
St-Éloi
MBA
Beffroi
Pl. Jean Bart
Pl. du Général de Gaulle
Pont Emmery
EXUTOIRE DES WATERINGUES
CANAL DE FURNES
Quai des Quatre Écluses
ST-MARTIN
Pl. Vauban
BRAY-DUNES
FURNES
A 16 CALAIS
D 601 GRAVELINES
LOON-PLAGE
A 1 LILLE
D 601 CALAIS
BERGUES
1
2
3

à Malo-les-Bains - ✉ 59240

L'Hirondelle

FAMILIAL • FONCTIONNEL Au cœur de la petite station balnéaire, un sympathique hôtel familial, aux chambres contemporaines et sobres, aussi plaisantes que l'accueil réservé par les charmants propriétaires. Au restaurant, honneur aux produits de la mer.

50 chambres - 70/94 € 85/121 € - 10 € - ½ P

Plan : B1-r - *46 av. Faidherbe - 03 28 63 17 65 - www.hotelhirondelle.com*

à Téteghem 6 km au Sud-Est par D601 - ✉ 59229 - 6 995 hab. - Alt. 1 m

La Meunerie

TRADITIONNEL • PERSONNALISÉ Cette maison régionale, située en bordure de rond-point, est tenue en famille ; on s'y repose dans des chambres modernes et bien tenues, avec tout le confort nécessaire.

9 chambres - 90/199 € 90/199 € - 11 € - ½ P

Hors plan - *au Galghouck, 2 km au Sud-Est par D4 - 03 28 26 14 30 - www.lameunerie.fr*

à Coudekerque-Branche - ✉ 59210 - 22 077 hab. - Alt. 1 m

Le Soubise

CUISINE CLASSIQUE • AUBERGE XXX Une table élégante, où l'on se régale d'une cuisine pleine d'authenticité et de générosité... à l'image du maître des lieux, Michel Hazebroucq. Connue et reconnue pour sa gentillesse, cette figure de Dunkerque a déjà passé plus de cinquante ans derrière les fourneaux. Une bien belle carrière !

Formule 28 € - Menu 32/57 €

Hors plan - *49 rte de Bergues - 03 28 64 66 00 - www.restaurant-soubise.com - Fermé 6-18 avril, 27 juil.-22 août, 21 déc.-9 janv., sam. et dim.*

à Cappelle-la-Grande 5 km au Sud sur D916 - ✉ 59180 - 8 022 hab.

Fleur de Sel

CUISINE TRADITIONNELLE • TENDANCE XX Le long du canal, l'adresse prend ses aises dans un ancien corps de ferme du 17e s., mêlant agréablement pierres apparentes et esprit contemporain. Au menu : une cuisine traditionnelle concoctée avec fraîcheur et générosité. Une adresse sympathique !

Formule 16 € - Menu 30/50 €

Hors plan - *48 rte de Bergues - 03 28 64 21 80 - www.fleurdesel-restaurant.com - Fermé 26 déc.-2 janv., dim. soir, merc. soir et lundi*

DURAS

✉ 47120 (Lot-et-Garonne) - 1 318 hab. - Alt. 122 m - Carte régionale n° **2**-C2

Paris 577 km - Agen 90 km - Marmande 23 km - Périgueux 88 km

Carte Michelin 336-D1 - Guide Vert Michelin Aquitaine

Hostellerie des Ducs

CUISINE TRADITIONNELLE • FAMILIAL XX Dans la cuisine des ducs, le père et le fils s'activent aux fourneaux et vous concoctent des plats du terroir généreux et appétissants, avec de beaux produits. Le tout à accompagner d'un vin de Duras... forcément. Quant au grand-père, il prépare le pain maison. Classique et authentique !

Menu 18 € (semaine), 38/60 € - Carte 40/80 €

bd. J.-Brisseau - 05 53 83 74 58 - www.hostellerieducs-duras.com - Fermé lundi midi de juil. à sept., dim. soir et lundi d'oct. à juin et sam. midi

Hostellerie des Ducs

FAMILIAL • FONCTIONNEL Un couvent du 18e s., une forge du début du 20e s. et un poste des gardes du… 13e s. : ici, l'histoire vous contemple ! Poutres et vieilles pierres sont omniprésentes, et il faut bien avouer que les chambres tirent joliment parti du caractère des lieux.

18 chambres - 59/130 € 90/189 € - 11 € - ½ P

bd. J.-Brisseau - 05 53 83 74 58 - www.hostellerieducs-duras.com

Hostellerie des Ducs - voir les restaurants ci-dessus

DURTAL

49430 (Maine-et-Loire) - 3 395 hab. - Alt. 39 m - Carte régionale n° **18**-C2

Paris 261 km - Angers 38 km - La Flèche 14 km - Laval 66 km

Carte Michelin 317-H2 - Guide Vert Michelin Châteaux de la Loire

Restaurant des Plantes

CUISINE MODERNE • TENDANCE XX Au bord d'une voie passante, ce restaurant est le repaire d'un couple motivé et attentionné. Au long d'un menu unique renouvelé tous les mois, ils proposent une cuisine actuelle pleine de saveurs : maquereau et andouille, moutarde basilic, salicorne ; pièce de bœuf, tomates et légumes croquants, jus à l'orientale…

Menu 18 € (déj. en semaine), 29/60 €

54 av. d'Angers - 02 41 76 41 57 - www.restaurantdesplantes.com - Fermé dim. soir, mardi soir et merc.

DURY - 80 (Somme) → Voir Amiens

EAUCOURT-SUR-SOMME

80580 (Somme) - 411 hab. - Alt. 6 m - Carte régionale n° **19**-A1

Paris 174 km - Amiens 46 km - Arras 87 km - Lille 137 km

Carte Michelin 301-E7

L'Auberge du Moulin

CUISINE TRADITIONNELLE • COSY XX Nicolas Vo Ngoc, jeune chef autodidacte aux origines vietnamiennes est un hôte surprenant ! Avec de bons produits locaux (fromage le Rollot, agneau d'Estran) et quelques pincées d'Asie, il revisite les plats de la région à sa sauce. On se régale en profitant de la superbe vue sur la vallée de la Somme…

Formule 12 € - Carte 27/54 €

lieu-dit du Moulin - 03 22 31 89 86 - www.auberge-moulin-eaucourt.fr - Fermé 2 semaines en janv., 2 semaines en fév., lundi et mardi

EAUZE

32800 (Gers) - 3 949 hab. - Alt. 164 m - Carte régionale n° **15**-A2

Paris 719 km - Auch 58 km - Mont-de-Marsan 64 km - Toulouse 131 km

Carte Michelin 336-C6

La Vie en Rose

CUISINE TRADITIONNELLE • AUBERGE X L'intérieur de ce restaurant a du charme et invite à apprécier, en toute sérénité, une cuisine mettant à l'honneur le terroir. Vins de Gascogne et accueil convivial.

Menu 15 € (semaine), 29/45 € - Carte 47/54 €

22 r. St-July - 05 62 09 83 29 - www.restaurant-la-vie-en-rose.com - Fermé vacances de printemps et de la Toussaint, mardi soir et merc.

EBERSMUNSTER

67600 (Bas-Rhin) - 479 hab. - Alt. 165 m - Carte régionale n° **1**-C1

Paris 508 km - Obernai 23 km - St-Dié-des-Vosges 55 km - Strasbourg 40 km

Carte Michelin 315-J7

Restaurant des Deux Clefs

CUISINE TRADITIONNELLE • AUBERGE XX Ici, les poissons d'eau douce sont à l'honneur ; la grande spécialité de la maison est la matelote, que l'on déguste dans un restaurant au sobre décor alsacien, agrémenté d'une salle winstub.

Formule 22 € - Menu 37/40 € - Carte 40/55 €

23 r. du Gén.-Leclerc - ✆ 03 88 85 71 55 - www.restaurantauxdeuxclefs.fr - Fermé 2 semaines en juil., 24 déc.-10 janv., lundi et merc. sauf fériés

ECCICA-SUARELLA - 2A (Corse-du-Sud) → Voir Corse

LES ÉCHELLES

✉ 73360 (Savoie) - Les Echelles - 1 197 hab. - Alt. 386 m - Carte régionale n° **23**-C2

Paris 552 km - Chambéry 24 km - Grenoble 40 km - Lyon 92 km

Carte Michelin 333-H5 - Guide Vert Michelin Alpes du Nord

à St-Christophe-la-Grotte 5 km au Nord-Est par D1006 et rte secondaire -

✉ 73360 - 518 hab. - Alt. 425 m

La Ferme Bonne de la Grotte

FAMILIAL • COSY Cette ancienne ferme du 18es. adossée à une falaise est le point de départ d'une randonnée vers la superbe grotte de St-Christophe. Chambres coquettes et chaleureuses. Plats régionaux servis dans un charmant cadre rehaussé de meubles authentiquement savoyards.

4 chambres - †90/106 € ††90/106 €

2027 rte du Pont-Romain - ✆ 04 79 36 59 05 - www.gites-savoie.com

ECHENEVEX - 01 (Ain) → Voir Gex

LES ÉCHETS

✉ 01700 (Ain) - Miribel - Alt. 276 m - Carte régionale n° **24**-E1

Paris 454 km - L'Arbresle 28 km - Bourg-en-Bresse 47 km - Lyon 20 km

Carte Michelin 328-C5

Christophe Marguin

CUISINE CLASSIQUE • CLASSIQUE XXX Une table élégante de la région lyonnaise, avec des boiseries, une bibliothèque et une cave riche en bordeaux et bourgognes. Cuisine classique et spécialités régionales (grenouilles, volaille à la crème, cervelle de canut...).

Formule 23 € - Menu 28 € (semaine), 40/85 € - Carte 59/88 €

916 rte de Strasbourg - ✆ 04 78 91 80 04 - www.christophe-marguin.com - Fermé en août, 19 déc.-2 janv., sam. midi, dim. soir et lundi

ECLOSE

✉ 38300 (Isère) - 710 hab. - Alt. 500 m - Carte régionale n° **23**-B2

Paris 521 km - Bourg-en-Bresse 115 km - Grenoble 59 km - Lyon 54 km

Carte Michelin 333-E5

Auberge d'Éclose

CUISINE TRADITIONNELLE • AUBERGE X Une maison dauphinoise en pisé, nichée dans une rue calme du village. Le chef travaille avec maîtrise de bons produits frais, pour un résultat séduisant : une cuisine qui fleure bon le marché (avec une prédilection pour les épices, les champignons et le gibier en saison), fraîche et goûteuse !

Formule 14 € - Menu 17 € (déj. en semaine), 43/60 € - Carte 51/60 €

61 r. Sordette - ✆ 04 74 27 98 98 - www.laubergedeclose.fr - Fermé 1 semaine en mai, 2 semaines en août, dim. soir et lundi

ÉCOUVIEZ

✉ 55600 (Meuse) - 495 hab. - Alt. 196 m - Carte régionale n° **14**-A1

Paris 296 km - Bar-le-Duc 131 km - Metz 95 km - Luxembourg 68 km

Carte Michelin 307-D1

Les Épices Curiens

CUISINE MODERNE • SIMPLE En se baladant dans les parages, on passe facilement en Belgique sans s'en rendre compte... mais l'ancienne gare de ce village frontalier, transformée en un sympathique restaurant, saura vous retenir en France. On y déguste une cuisine inspirée et bien tournée, accompagnée de bons petits vins. Beaucoup de goût !

Formule 23 € – Menu 32/52 € – Carte 55/75 €

4 chambres – 59/79 € 59/79 € – 9 €

3b pl. de la Gare – 03 29 86 84 58 (réservation conseillée) – www.lesepicescuriens.com – Fermé 1 semaine vacances de Pâques, 2 semaines en août, 1 semaine vacances de la Toussaint, 1 semaine en janv., dim. soir sauf en été, lundi soir, mardi soir et merc.

ÉCULLY – 69 (Rhône) → Voir Lyon

EGUISHEIM

68420 (Haut-Rhin) – 1 747 hab. – Alt. 210 m – Carte régionale n° **1**-C2
Paris 452 km – Belfort 68 km – Colmar 7 km – Gérardmer 52 km
Carte Michelin 315-H8

La Grangelière

CUISINE TRADITIONNELLE • COSY Des poules, il y en a partout dans cette sympathique auberge : sur les murs, les rideaux, les tables... un peu comme dans la salle à manger d'une grand-tante collectionneuse. D'ailleurs, il règne ici une authentique atmosphère familiale, et l'on se régale d'une cuisine du terroir gourmande et inspirée !

Menu 30/49 € – Carte 30/57 €

59 r. du Rempart-Sud – 03 89 23 00 30 – www.lagrangeliere.fr – Fermé jeudi de janv. à avril, dim. soir et merc.

Au Vieux Porche

CUISINE TRADITIONNELLE • AUBERGE Cette demeure typique (1707) est installée sur le domaine viticole de la famille de la gérante. Son compagnon concocte de bons plats classiques et régionaux, mais il est également vigneron... Autant dire qu'on se délecte de bons vins locaux !

Menu 26/49 € – Carte 34/60 €

16 r. des Trois-Châteaux – 03 89 24 01 90 – www.auvieuxporche.fr – Fermé 15 fév.-15 mars, mardi et merc. sauf le soir de mai à sept.

Auberge des Trois Châteaux

CUISINE TRADITIONNELLE • RUSTIQUE Quel meilleur décor qu'Eguisheim pour un repas ancré dans la tradition ? Dans l'esprit de cette jolie cité, on met ici en avant les recettes de toujours et les bons produits de la région. Le tout à déguster dans une salle au décor alsacien... Évidemment !

Menu 20/36 € – Carte 32/50 €

10 chambres – 60/75 € 65/80 € – 9 €

26 Grand'Rue – 03 89 23 11 22 – www.auberge-3-chateaux.com – Fermé 2 semaines en janv., 1 semaine en juil., 1 semaine en nov., mardi soir et merc.

Le Pavillon Gourmand

CUISINE MODERNE • FAMILIAL Dans cette maison de village (1683), rustique comme il se doit, on savoure une cuisine traditionnelle et régionale soignée. Terrine de campagne aux pépites de foie gras, poulet au riesling, tarte flambée aux myrtilles... Gourmandises !

Formule 19 € – Menu 24/67 € – Carte 28/57 €

101 r. du Rempart-Sud – 03 89 24 36 88 – www.pavillon-gourmand.fr – Fermé 10 janv.-15 fév., 4-12 juil., mardi et merc.

Hostellerie du Château

FAMILIAL • PERSONNALISÉ Sur une petite place pittoresque, cette demeure à colombages cache un hôtel qui sort du lot : ses chambres, d'inspiration ethnique, sont lumineuses et très accueillantes. Un établissement idéal pour partir à la découverte de la vieille ville.

10 chambres - 76/131 € 76/154 € - 12 €

2 r. du Château - 03 89 23 72 00 - www.hostellerieduchateau.com

St-Hubert

FAMILIAL • ÉLÉGANT Les vignes, la quiétude... pour un hôtel aux airs de gros pavillon, où l'on cultive avec bonheur l'esprit maison d'hôtes. Dormez tranquille sous l'œil bienveillant de St-Hubert (le patron des chasseurs, dont la statue trône dans l'entrée) : les chambres sont agréables et certaines disposent même d'une petite terrasse.

13 chambres - 81/104 € 111/127 € - 2 suites - 12 €

6 r. des Trois-Pierres - 03 89 41 40 50 - www.hotel-st-hubert.com - Fermé 8 janv.-9 mars, 25 juin-6 juil. et 12-23 nov.

ELBEUF

76500 (Seine-Maritime) - 17 315 hab. - Alt. 6 m - Carte régionale n° **17**-D2

Paris 121 km - Evreux 44 km - Pontoise 109 km - Rouen 24 km

Carte Michelin 304-G6 - Guide Vert Michelin Normandie Vallée de la Seine

Le 1900

CUISINE CLASSIQUE • CONVIVIAL Proche du centre-ville, une jolie maison à colombages ; au plafond, des fresques Belle Époque représentant d'élégantes bourgeoises du temps jadis, et sur les tables un nappage froissé rouge et or... Un classicisme qui répond à celui de l'assiette, traditionnelle, soignée, et servie avec le sourire !

Formule 18 € - Menu 21 € (déj. en semaine), 24/36 € - Carte 33/49 €

33 r. Guynemer, angle de la r. Henry - 02 35 77 07 27 - www.restaurantle1900.com - Fermé jeudi soir, sam. midi, dim. soir et lundi

ELNE

66200 (Pyrénées-Orientales) - 8 275 hab. - Alt. 30 m - Carte régionale n° **12**-B3

Paris 864 km - Argelès-sur-Mer 8 km - Céret 29 km - Perpignan 14 km

Carte Michelin 344-I7 - Guide Vert Michelin Languedoc Roussillon

Au Remp'Arts

CUISINE TRADITIONNELLE • SIMPLE Si vous passez par Elne, arrêtez-vous dans ce restaurant sur les hauteurs de la ville. Derrière les fourneaux, le chef concocte une cuisine colorée, sans chichi, avec de beaux produits ; l'été, on profite de la jolie terrasse végétalisée. Cerise sur le gâteau, les prix sont très raisonnables !

Menu 16 € (déj. en semaine)/27 € - Carte 30/50 €

3 pl. Colonel-Roger - 04 68 22 31 95 - www.remparts.fr - Fermé 12 nov.-4 déc., 2-19 janv., mardi soir, merc. soir et dim. soir sauf juil.-août et lundi

EMBRUN

05200 (Hautes-Alpes) - 6 143 hab. - Alt. 871 m - Carte régionale n° **21**-C1

Paris 706 km - Barcelonnette 55 km - Briançon 48 km - Digne-les-Bains 97 km

Carte Michelin 334-G5 - Guide Vert Michelin Alpes du Sud

Château La Robéyère

DEMEURE HISTORIQUE • FONCTIONNEL Cette splendide bâtisse du 18e s., construite à même le roc, ouvre sur une cour intérieure et surplombe la vallée de la Durance. On y trouve des chambres chaleureuses, toutes refaites à neuf, ainsi qu'un petit espace bien-être avec sauna et bain scandinave en extérieur.

37 chambres - 69/124 € 79/134 € - 11 € - ½ P

quartier La Robéyère - 04 92 51 90 78 - www.chateaularobeyere.com

rte de Gap 3 km au Sud-Ouest par N94 – ✉ 05200 Embrun :

La Table de Paul

CUISINE TRADITIONNELLE • COSY XX Cannelloni de truite et brousse des Hautes-Alpes, petit carré d'agneau en croûte d'herbes fraîches… Une cuisine de tradition bien copieuse dans ce sympathique hôtel-restaurant, au décor très nature. Et l'on n'oublie pas la cave bien fournie, avec près de 300 vins référencés !

Formule 21 € – Menu 25/48 € – Carte 35/50 €

Hôtel Les Bartavelles, Clos des Pommiers, N94 – ☏ 04 92 43 20 69 – www.latabledepaul.com/ – Fermé 2-16 janv., dim. soir et lundi midi d'oct. à mai

Les Bartavelles

BUSINESS • MONTAGNARD Mélèze sculpté et pierres sèches locales : décor typé dans cette maison et ses trois bungalows… Chambre ou duplex, on a le choix ; quant au spa, il se révèle des plus agréables !

42 chambres – 97/118 € 97/161 € – 1 suite – 12 € – ½ P

Clos des Pommiers, N94 – ☏ 04 92 43 20 69 – www.bartavelles.com – Fermé 2-16 janv.

La Table de Paul – voir les restaurants ci-dessus

ENGHIEN-LES-BAINS – 95 (Val-d'Oise) ➜ Voir Autour de Paris

ENNORDRES

✉ 18380 (Cher) – 216 hab. – Alt. 166 m – Carte régionale n° **6**-C2

Paris 191 km – Bourges 44 km – Orléans 102 km – Vierzon 38 km

Carte Michelin 323-K2

Les Chatelains

FAMILIAL • PERSONNALISÉ Au carrefour du Berry et de la Sologne, une ferme restaurée du 18e s. où le charme d'antan (mobilier d'antiquaire et esprit brocante) rivalise avec la gentillesse des propriétaires des lieux.

5 chambres – 80/110 € 88/118 €

lieu-dit les Chatelains, D971, 7 km à l'Est par D171 – ☏ 02 48 58 40 37 – www.leschatelains.com

ENSISHEIM

✉ 68190 (Haut-Rhin) – 7 336 hab. – Alt. 217 m – Carte régionale n° **1**-A3

Paris 487 km – Basel 44 km – Colmar 27 km – Strasbourg 100 km

Carte Michelin 315-I9 – Guide Vert Michelin Alsace Vosges

La Villa du Meunier

CUISINE TRADITIONNELLE • ÉLÉGANT XXX Imaginez une ancienne maison de meunier, authentique à souhait, dont l'une des salles abrite une très jolie cheminée… parfaite pour les repas d'hiver. Côté assiette, on savoure les bonnes recettes traditionnelles du chef, qui évoluent au rythme des saisons. Et l'été, on s'installe en terrasse !

Formule 16 € – Menu 23 € (semaine), 27/65 € – Carte 33/68 €

Le Domaine du Moulin, 44 r. de la 1ère-Armée – ☏ 03 89 81 15 10 – www.hotel-domainedumoulin-alsace.com – Fermé sam. midi

Le Domaine du Moulin

FAMILIAL • FONCTIONNEL Le jardin, l'étang, la piscine et… cette grande maison récente et confortable, d'esprit alsacien, située au cœur du village. Dans les chambres, spacieuses et confortables, les meubles en bois, conçus sur mesure, évoquent l'univers des moulins.

65 chambres – 108/170 € 124/190 € – 17 € – ½ P

44 r. de la 1ère-Armée – ☏ 03 89 83 42 39 – www.hotel-domainedumoulin-alsace.com

La Villa du Meunier – voir les restaurants ci-dessus

ENTRAYGUES-SUR-TRUYÈRE

✉ 12140 (Aveyron) - 1 059 hab. - Alt. 236 m - Carte régionale n° **15**-C1

Paris 600 km - Aurillac 45 km - Figeac 58 km - Rodez 43 km

Carte Michelin 338-H3

Le Chou Rouge - Le Petit Chou

CUISINE MODERNE • BISTRO Sur la place centrale de la ville, au rez-de-chaussée d'une bâtisse traditionnelle, ce petit bistrot "à la parisienne" - déco personnalisée, mobilier et objets chinés - propose une belle cuisine du marché, volontiers locavore. Tout, ou presque, est fait maison ! En prime, quatre jolies chambres pour l'étape.

Formule 27 € - Menu 34/38 €

4 chambres - 83/118 € 83/118 €

3-4 pl. de la République - 05 65 48 58 03 - www.lepetitchou.fr - Fermé 2 semaines en mars, 2-8 oct., vacances de Noël, le midi du mardi au sam., dim. soir et lundi

La Rivière

BUSINESS • CONTEMPORAIN Cet hôtel des bords de la Truyère cultive son style local (toit en lauzes) et... le goût de l'époque : les chambres, lumineuses et épurées, se révèlent fort agréables à vivre, avec vue sur la rivière pour certaines. Une belle étape dans la région.

31 chambres - 71/87 € 97/127 € - 12 € - ½ P

60 av. du Pont-de-Truyère - 05 65 66 16 83 - www.hotellariviere.com - Fermé 2 semaines en fév. et 2 semaines en déc.

au Fel 10 km à l'Ouest par D107 et D573 - ✉ 12140 - 157 hab. - Alt. 530 m

Auberge du Fel

CUISINE TRADITIONNELLE • AUBERGE Dans cette agréable auberge, pounti, truffade, chevreau à l'oseille, poulet fermier et fricassée de chou vous attendent. Tout est fait maison et cela fleure bon le terroir ! Une halte sympathique dans ce joli petit village de vignerons.

Menu 23 € (dîner en semaine), 27/45 €

Le Fel - 05 65 44 52 30 - www.auberge-du-fel.com - Ouvert 4 avril-3 nov. et fermé le midi sauf dim.

Auberge du Fel

FAMILIAL • COSY Dans un hameau surplombant le Lot, une maison coiffée de lauzes avec une agréable terrasse sous une treille ; les chambres sont joliment arrangées, confortables et impeccablement tenues. Et quel calme !

10 chambres - 62/73 € 62/73 € - 9 € - ½ P

Le Fel - 05 65 44 52 30 - www.auberge-du-fel.com - Ouvert 15 avril-5 nov.

Auberge du Fel - voir les restaurants ci-dessus

ENTZHEIM - 67 (Bas-Rhin) → Voir Strasbourg

ÉPAIGNES

✉ 27260 (Eure) - 1 434 hab. - Alt. 159 m - Carte régionale n° **17**-A3

Paris 175 km - Le Grand-Quevilly 63 km - Le Havre 50 km - Rouen 69 km

Carte Michelin 304-C6

Auberge de la Houssaye

CUISINE TRADITIONNELLE • ÉLÉGANT C'est peu dire qu'on s'approvisionne ici en circuit (très) court : les propriétaires sont eux-mêmes éleveurs de volaille et producteurs de foie gras, entre autres ! Au menu, donc : une cuisine qui puise à la source du terroir, mais aussi originale et bien ficelée. Autre atout de l'auberge : des chambres soigneusement tenues.

Formule 14 € - Menu 29 € - Carte 24/57 €

7 chambres - 54 € 74 € - 8,50 €

1 rte des Anglais - 02 32 20 46 83 - www.hotelepaignes.com - Fermé dim. soir, mardi soir et lundi

ÉPENOUX - 70 (Haute-Saône) ➜ Voir Vesoul

ÉPERNAY

✉ 51200 (Marne) - 23 529 hab. - Alt. 75 m - Carte régionale n° **7**-B2
▶ Paris 143 km - Châlons-en-Champagne 35 km - Château-Thierry 57 km - Reims 28 km
Carte Michelin 306-F8 - Guide Vert Michelin Champagne Ardenne

Les Berceaux (Patrick Michelon)

CUISINE CLASSIQUE • ÉLÉGANT XXX Le chef Patrick Michelon s'attache à faire ressortir le meilleur de la gastronomie champenoise, dans une veine authentiquement classique et avec maîtrise : qualité des produits, finesse des préparations... Le cadre est tout aussi élégant. Quant au rapport qualité-prix, il est excellent !
➜ Risotto aux girolles et noisettes torréfiées, pointes d'asperges. Homard bleu rôti aux cocos demi-secs de Paimpol et amandes fraîches. Mirabelles poêlées, madeleine et glace bergamote.

Menu 45 € (déj. en semaine), 75/89 € - Carte environ 90 €

Plan : A2-a - *Hôtel Les Berceaux, 13 r. des Berceaux - ☎ 03 26 55 28 84 - www.lesberceaux.com - Fermé 13 fév.-5 mars, 14-27 août, lundi et mardi*

Le Théâtre

CUISINE TRADITIONNELLE • BRASSERIE XX Près du théâtre, le rideau s'ouvre sur l'une des plus anciennes brasseries d'Épernay - début du 20e s. -, tout en moulures et hauts plafonds. Derrière les fourneaux, le chef fait rimer tradition et produits de saisons... Idéal pour se restaurer après avoir assisté à une pièce !

Formule 20 € - Menu 26 € (déj. en semaine), 32/51 € - Carte 48/62 €

Plan : B1-f - *8 pl. Pierre-Mendès-France - ☎ 03 26 58 88 19 - www.epernay-rest-letheatre.com - Fermé 17 fév.-11 mars, 13 juil.-3 août, 22-27 déc., dim. soir, mardi soir et merc.*

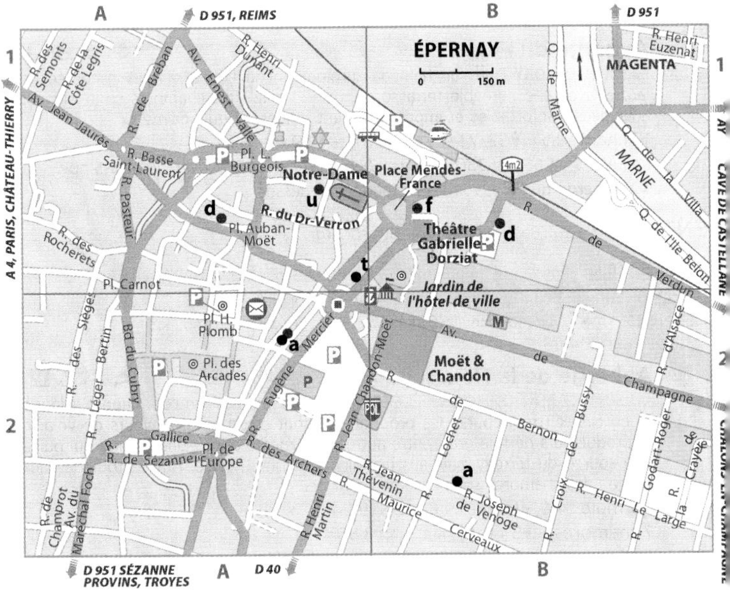

Cook'in

CUISINE MODERNE • CONVIVIAL X Ce restaurant est le lieu de rencontre entre les univers français (lui, en cuisine) et thaïlandais (elle, en salle). Le résultat est une délicieuse cuisine fusion, réalisée avec de beaux produits – légumes de petits producteurs, poissons sauvages, viandes de la région –, à des tarifs plutôt imbattables.

Formule 16 € – Menu 19 € (déj.), 32/35 € – Carte 34/45 €

Plan : A1-d – *18 r. Porte-Lucas – 03 26 54 89 80 – www.restaurant-cookin.com – Fermé 15-31 août, lundi soir, sam. midi et dim.*

La Table Kobus

CUISINE TRADITIONNELLE • BRASSERIE XX Un sympathique restaurant décoré dans un esprit de brasserie à l'ancienne – sa façade date tout de même de 1900 –, où l'on déguste une cuisine traditionnelle revisitée. Une preuve de la qualité de l'adresse ? C'est simple : les Sparnaciens s'y précipitent.

Formule 20 € – Menu 27 € (semaine), 40/58 €

Plan : A1-u – *3 r. du Dr-Rousseau – 03 26 51 53 53 – www.latablekobus.com*

La Grillade Gourmande

VIANDES • COSY XX Les spécialités de ce restaurant ? Poêlée d'écrevisses au champagne, pigeonneau au foie gras, ris de veau à la bourgeoise... et des grillades préparées en salle, dans la cheminée ! Côté décor : la sobriété et l'élégance priment. Aux beaux jours, on profite du jardin d'été.

Menu 21 € (semaine), 33/59 € – Carte 31/60 €

Plan : B1-d – *16 r. de Reims – 03 26 55 44 22 – www.lagrilladegourmande.com – Fermé 3 semaines en août, 1 semaine à Noël, vacances de fév., dim. et lundi*

Bistrot le 7

CUISINE TRADITIONNELLE • BISTRO XX Aux Berceaux, il y a aussi l'option Bistrot ! Foie gras maison, sole meunière, escargots persillés, picatta de veau... le 7 ou la simplicité dans le raffinement. À noter également la belle sélection de champagnes.

Formule 26 € – Menu 32 € – Carte 53/63 €

Plan : A2-a – *Hôtel Les Berceaux, 13 r. des Berceaux – 03 26 55 28 84 – www.lesberceaux.com*

La Villa Eugène

LUXE • PERSONNALISÉ Cette belle demeure bourgeoise appartenait à un certain Eugène... Mercier, de la célèbre maison champenoise ! À méditer au bar à champagne, puis dans les chambres Louis XVI ou plus modernes. On prend son petit-déjeuner sous une jolie verrière, face à la piscine et au jardin.

15 chambres – 160/398 € 160/398 € – 21 €

Hors plan – *84 av. de Champagne, 1 km à l'Est par D3 – 03 26 32 44 76 – www.villa-eugene.com – Fermé 1 semaine à Noël*

Jean Moët & Spa

URBAIN • CONTEMPORAIN Un bel hôtel particulier situé en plein centre d'Épernay, non loin du théâtre et du jardin de l'Hôtel-de-Ville, où l'on "bulle" avec plaisir dans des chambres raffinées et confortables. Leurs noms ? Jéroboam, Salmanazar... On ne se refait pas !

12 chambres – 140/205 € 140/260 € – 15 €

Plan : A1-t – *7 r. Jean-Moët – 03 26 32 19 22 – www.hoteljeanmoet.com*

Les Berceaux

AUBERGE • FONCTIONNEL Au cœur de la pétillante cité, voilà un hôtel qui annonce la couleur dès le hall d'entrée : le sol vitré révèle de mousseuses bouteilles... Les chambres sont confortables, surtout après une belle étape gastronomique, qu'elle soit bistrot ou gastro.

28 chambres – 82 € 98 € – 13 € – ½ P

Plan : A2-a – *13 r. des Berceaux – 03 26 55 28 84 – www.lesberceaux.com*

Les Berceaux • **Bistrot le 7** – voir les restaurants ci-dessus

à Dizy 3 km au Nord – ✉ 51530 – 1 561 hab. – Alt. 77 m

Les Grains d'Argent

CUISINE MODERNE • ÉLÉGANT À look contemporain, cuisine dans l'air du temps ; tel est la combinaison gagnante de ce restaurant ! Et avec de belles saveurs de saison – en été par exemple, on se régale d'une salade de homard aux truffes –, le champagne de vigneron indépendant fait merveille.

Formule 27 € – Menu 53/78 € – Carte 63/91 €

1 allée du Petit-Bois – ✆ 03 26 55 76 28 – www.lesgrainsdargent.fr – Fermé 24 déc.-12 fév., sam. midi et dim.

Les Grains d'Argent

FAMILIAL • CONTEMPORAIN Un petit peu en dehors d'Épernay, face aux vignobles, il fait bon s'arrêter dans cette hôtellerie contemporaine. Les chambres sont plutôt plaisantes et c'est avec une certaine effervescence que l'on gagne le bar à champagne, feutré à souhait, ou la boutique pour constituer sa réserve de produits régionaux.

20 chambres – †110/121 € ††110/121 € – ☕ 15 € – ½ P

– ✆ 03 26 55 76 28 – www.lesgrainsdargent.fr – Fermé 24 déc.-12 fév.

Les Grains d'Argent – voir les restaurants ci-dessus

à Ay 4 km au Nord-Est par D201 – ✉ 51160 – 4 004 hab. – Alt. 76 m

Le Vieux Puits - Clos St-Georges

CUISINE TRADITIONNELLE • ÉLÉGANT Blottie au cœur d'un jardin ombragé et fleuri, cette jolie maison de maître cultive une douce atmosphère bourgeoise. On y apprécie de bons petits plats traditionnels accompagnés d'un beau choix de champagnes. Chambres confortables, pour prolonger l'étape.

Formule 25 € – Menu 43 € (semaine), 58/69 € – Carte 52/75 €

4 chambres ☕ – †117/160 € ††117/160 €

7 r. Jules-Lobet – ✆ 03 26 56 96 53 (réservation conseillée) – www.levieuxpuits.com – Fermé 2 semaines en sept., de fin déc. à mi-janv., dim. soir, merc. soir et lundi

Castel Jeanson

TRADITIONNEL • COSY Lire, se reposer, siroter un thé ou un verre de champagne du domaine, voilà l'art de vivre auquel on aime s'adonner dans cet hôtel particulier du 19e s. Remarquable, la superbe verrière de style Art nouveau, côté piscine.

17 chambres – †127/217 € ††127/238 € – 2 suites – ☕ 15 €

24 r. Jeanson – ✆ 03 26 54 21 75 – www.casteljeanson.fr – Fermé 20 déc.-31 janv.

Le Manoir des Charmes

FAMILIAL • PERSONNALISÉ Cette jolie maison bâtie en 1906 porte bien son nom. "Paradis", "Romance", "Songes", "Secrète" : chaque chambre a été décorée avec soin par la propriétaire. Quant au petit-déjeuner, il se prend sous une magnifique verrière. Que d'attentions !

5 chambres ☕ – †130/150 € ††130/150 €

83 bd Charles-de-Gaulle – ✆ 03 26 54 58 49 – www.lemanoirdescharmes.com

à Mutigny 8 km au Nord-Est par D201 et rte secondaire – ✉ 51160 – 208 hab. – Alt. 221 m

Manoir de Montflambert

FAMILIAL • CLASSIQUE Il a belle allure, ce manoir du 17e s. dans son grand parc. Les chambres, romantiques – meubles patinés, tentures fleuries, baldaquins – donnent sur la cour, la forêt ou... les vignes ; on a même la possibilité de déguster la production des propriétaires, qui sont aussi vignerons !

5 chambres ☕ – †117/132 € ††125/137 €

– ✆ 03 26 52 33 21 – www.manoirdemontflambert.fr

à Vinay 6 km au Sud-Ouest par D40 et D951 – ✉ 51530 – 571 hab. – Alt. 102 m

Hostellerie La Briqueterie

CUISINE MODERNE • CLASSIQUE XXX À la sortie d'Épernay, sur la route de Sézanne, arrêtez-vous dans ce restaurant au cœur des vignes. Dans un décor très cossu et classique, on apprécie une cuisine gastronomique soignée, qui met l'accent sur des produits nobles. Sans oublier la belle de carte de champagnes.

➜ Tartare de langoustines au citron de Menton, crème double et caviar. Tajine de pigeon aux épices douces, citron et artichauts. Biscuit roulé à la menthe poivrée, fraises mara des bois et zéphyr acidulé.

Menu 40 € (déj. en semaine), 65/120 € – Carte 90/110 €

4 rte de Sézanne – ✆ 03 26 59 99 99 – www.labriqueterie.fr – Fermé 15-26 fév. et sam. midi

Hostellerie La Briqueterie

LUXE • PERSONNALISÉ Un havre de paix raffiné et cosy au cœur du vignoble ! Au salon, l'ambiance est feutrée, presque "british", parfait pour déguster une coupe de champagne en toute tranquillité. Dans les chambres, teintes douces et belles matières... pour faire de beaux rêves.

40 chambres – 210/480 € 210/480 € – 25 € – ½ P

4 rte de Sézanne – ✆ 03 26 59 99 99 – www.labriqueterie.fr – Fermé 15-26 fév.

Hostellerie La Briqueterie – voir les restaurants ci-dessus

à Avize 10 km au Sud-Est par D40 et D10 – ✉ 51190 – 1 791 hab. – Alt. 114 m

Les Avisés

CUISINE MODERNE • DESIGN X Au cœur du domaine Selosse, réputé pour son champagne, le restaurant Les Avisés cultive l'esprit d'une table d'hôte, autour d'un menu unique concocté avec soin et évidemment accompagné de crus de choix, de la propriété et d'ailleurs. Aux beaux jours, on profite de la grande terrasse...

Menu 39 € (déj.)/62 €

59 r. de Cramant – ✆ 03 26 57 70 06 (réservation conseillée) – www.selosse-lesavises.com – Fermé 20 déc.-11 janv., 13-22 fév., 7-23 août, mardi et merc.

Les Avisés

LUXE • PERSONNALISÉ Au cœur de la côte des Blancs – berceau du chardonnay –, au sein même d'une célèbre maison de champagne, une demeure néoclassique confortable et élégante, dont la déco a été signée par l'architecte Bruno Borrione. Le must : une chambre avec vue sur le vignoble. Une personne avisée en vaut deux : voilà une adresse de charme !

10 chambres – 250 € 390 € – 20 €

59 r. de Cramant – ✆ 03 26 57 70 06 – www.selosse-lesavises.com – Fermé 20 déc.-11 janv., 13-22 fév., 7-23 août

Les Avisés – voir les restaurants ci-dessus

ÉPINAL

✉ 88000 (Vosges) – 32 387 hab. – Alt. 324 m – Carte régionale n° **14**-C3

Paris 385 km – Belfort 96 km – Colmar 88 km – Mulhouse 106 km

Carte Michelin 314-G3

Les Ducs de Lorraine (Claudy Obriot et Stéphane Ringer)

CUISINE MODERNE • ÉLÉGANT XXX La grande salle (avec des clins d'œil très mode), les tables soigneusement dressées, la fine gastronomie, le délicieux chariot de desserts : une belle image d'Épinal ! Rien de figé en cette table lorraine renommée, mais une inspiration sans cesse renouvelée, beaucoup de fraîcheur et une exécution minutieuse.

➜ Déclinaison de foie gras. Ris de veau caramélisé, queue de langoustine rôtie et concentré de porto. Grand chariot de desserts.

Menu 44 € (déj. en semaine), 74/115 € – Carte 110/155 €

Plan : B2-n – *5 av. de Provence – ✆ 03 29 29 56 00 – www.restaurant-ducsdelorraine.com – Fermé 30 juil.-21 août, 1er-8 janv. et dim.*

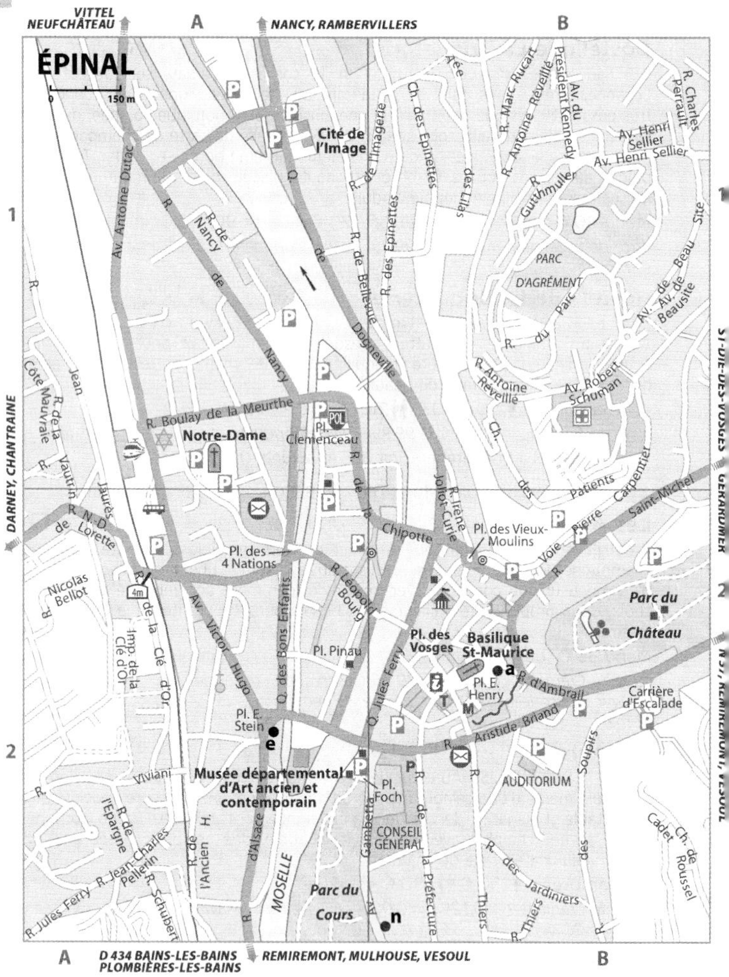

In Extremis

CUISINE MODERNE • ÉPURÉ Excellente surprise que ce petit restaurant de poche (18 couverts à peine) déniché *in extremis* sur une petite place au pied de la basilique St-Maurice. Le jeune chef, Nicolas Grandclaude, y compose une carte concise avec des plats tout en finesse et en subtilité, qui magnifient de bons produits de saison.

Menu 23 € (déj. en semaine), 32/49 € – Carte environ 53 €

Plan : B2-a – *7 pl. de l'Atre*
– *03 29 35 46 41 (réservation conseillée)*
– *www.restaurant-inextremis.com*
– *Fermé 2 semaines en juil.-août, dim. soir, lundi et mardi*

Mercure

HÔTEL DE CHAÎNE • FONCTIONNEL À deux pas du musée d'Art et de la Moselle, bordé par un canal sur l'arrière, cet immeuble abrite des chambres confortables, mais surtout très fonctionnelles. Agréables prestations : piscine, sauna, hammam, jacuzzi, restaurant traditionnel, etc.

61 chambres - †89/180 € ††89/180 € - 18 €

Plan : A2-e - 13 pl. Émile-Stein - 03 29 29 12 91 - www.mercure.com

au Nord 3 km au Nord par D46 - 88000 Épinal :

La Fayette

BUSINESS • FONCTIONNEL Aux portes d'Épinal, dans une zone commerciale, cet hôtel moderne mérite attention : il recèle de beaux espaces, feutrés et confortables, un spa agréable (bassin à contre-courant, sauna, jacuzzi), le tout parfaitement tenu. Restaurant traditionnel.

57 chambres - †117/145 € ††117/145 € - 1 suite - 13 € - ½ P

3 r. Bazaine (Le-Saut-le-Cerf) - 03 29 81 15 15 - www.epinalhotellafayette.com

à Chaumousey 10 km à l'Ouest par D460 - 88390 - 878 hab. - Alt. 360 m

Le Calmosien

CUISINE TRADITIONNELLE • ÉLÉGANT XX Tout près de l'église de ce village vosgien - la campagne à 10mn d'Épinal -, une jolie maison de maître dont l'intérieur classique est parsemé de touches plus modernes (lustres, peintures). Quant à la cuisine, elle est de facture traditionnelle : sole meunière, carré d'agneau au thym, tarte fine aux pommes...

Menu 24/64 € - Carte 45/55 €

37 r. d'Épinal - 03 29 66 80 77 - www.calmosien.com - Fermé 8-23 juil., dim. soir et lundi

à Fontenay 13 km au Nord-Est par D420 - 88600 - 519 hab. - Alt. 390 m

La Grange

MAISON DE CAMPAGNE • PERSONNALISÉ Japonaise, africaine, indienne, mauresque... Chaque chambre invite au voyage, avec beaucoup de goût ! Ce n'est pas le moindre attrait de cette villa contemporaine, lumineuse et paisible, dont la charmante propriétaire prend grand soin.

5 chambres - †99 € ††125/175 € - ½ P

chemin de Framont - 06 98 40 27 72 - www.lagrange-vosges.com

ÉPINEAU-LES-VOVES - 89 (Yonne) → Voir Joigny

ERBALUNGA - 2B (Haute-Corse) → Voir Corse

ERMITAGE-DU-FRÈRE-JOSEPH - 88 (Vosges) → Voir Ventron

ERQUY

22430 (Côtes-d'Armor) - 3 898 hab. - Alt. 12 m - Carte régionale n° **5**-C1

Paris 451 km - Dinan 46 km - Dinard 39 km - Lamballe 21 km

Carte Michelin 309-H3 - Guide Vert Michelin Bretagne Nord

L'Escurial

CUISINE MODERNE • ÉLÉGANT XX Idéalement situé face à la plage et au port d'Erquy, cet Escurial perpétue l'esprit de la maison, avec une cuisine dans l'air du temps, valorisant de beaux produits. La mer est la vraie vedette des lieux, avec des menus dédiés au homard et aux Saint-Jacques. Un travail soigneux !

Formule 23 € - Menu 42 € (déj.)/97 € - Carte 56/103 €

29 bd de la Mer - 02 96 72 31 56 - restaurant-lescurial.fr - Fermé 3 semaines en janv., jeudi soir et dim. soir hors saison et lundi

Beauséjour

TRADITIONNEL • PERSONNALISÉ À 100 m de la plage, cet hôtel familial abrite des chambres plutôt petites, mais colorées, coquettes et bien tenues. À noter : la moitié donne sur le port de pêche. De plus, l'accueil est agréable !

15 chambres – 69/108 € 69/108 € – 12 €

21 r. de la Corniche – 02 96 72 30 39 – www.beausejour-erquy.com – Ouvert 1er avril-1er nov.

à St-Aubin 3 km au Sud-Est par rte secondaire – 22430 Erquy

Relais Saint-Aubin

CUISINE TRADITIONNELLE • RUSTIQUE XX Charmant et si bucolique, ce prieuré en pierre (17e s.) recouvert de vigne vierge ! Le jardin est ravissant et la déco – entre mobilier rustique et juke-box ! – est très originale ; quant à l'assiette, elle fait honneur aux viandes grillées et à de beaux poissons frais. En face, trois chambres d'hôtes accueillent les gourmands repus...

Formule 19 € – Menu 25 € (semaine), 30/46 € – Carte 30/64 €

3 chambres – 88/125 € 88/125 €

D68 – 02 96 72 13 22 – www.relais-saint-aubin.fr – Fermé 15 janv.-13 fév., 15 nov.-15 déc., mardi sauf juil.-août et lundi

ERSA – 2B (Haute-Corse) → Voir Corse

ERSTEIN

67150 (Bas-Rhin) – 10 764 hab. – Alt. 150 m – Carte régionale n° **1**-B2

Paris 514 km – Colmar 49 km – Molsheim 24 km – St-Dié 69 km

Carte Michelin 315-J6

Jean-Victor Kalt

CUISINE CLASSIQUE • ÉLÉGANT XXX Le chef aime son métier et le prouve : il élabore, au gré du marché, une belle cuisine classique et, lorsqu'il vient saluer ses hôtes, il prodigue de judicieux conseils. La carte des vins, avec ses 1400 références issues de nombreux vignobles de France, est tout simplement exceptionnelle.

Formule 26 € – Menu 30/65 € – Carte 50/78 €

41 av. de la Gare – 03 88 98 09 54 (réservation conseillée) – www.jean-victor-kalt.fr – Fermé 2 semaines en août, dim. soir et lundi sauf fériés

ERVAUVILLE – 45 (Loiret) → Voir Courtenay

ESCOURCE

40210 (Landes) – 633 hab. – Alt. 75 m – Carte régionale n° **2**-B2

Paris 681 km – Bordeaux 96 km – Mont-de-Marsan 61 km

Carte Michelin 335-E10

La Table d'Escource

CUISINE DU TERROIR • MAISON DE CAMPAGNE X Une grande bâtisse à colombages, non loin de la sortie de l'autoroute : voici le nouvel emplacement de cette adresse conviviale et joyeuse, menée par une patronne à l'énergie communicative. La gourmandise est toujours au menu, qui honore le terroir avec beaucoup de générosité et de goût.

Formule 14 € – Menu 35 € – Carte 25/50 €

rte d'Escource (Z.A Cap de Pin) – 05 58 04 31 15 – Fermé lundi soir et dim.

ESPALION

12500 (Aveyron) – 4 291 hab. – Alt. 342 m – Carte régionale n° **15**-D1

Paris 592 km – Aurillac 72 km – Figeac 93 km – Mende 101 km

Carte Michelin 338-I3

Le Méjane

CUISINE MODERNE • CONVIVIAL XX Le Méjane, c'est d'abord un endroit agréable et feutré, d'une sobre élégance contemporaine. Et c'est surtout une cuisine qui ravit, soignée, fraîche et savoureuse : poêlée de ris d'agneau au citron confit, croustillant de pied de cochon et sablé au boudin noir...

Formule 21 € - Menu 30/64 €

r. Méjane - ✆ 05 65 48 22 37 - www.restaurant-mejane.fr - Fermé 19-24 juin, janv., merc. sauf juil.-août, dim. soir et lundi

La Tour

CUISINE CRÉATIVE • ÉLÉGANT XX Au rez-de-chaussée, traversez le bistrot pour atteindre l'escalier : le restaurant est à l'étage ! Là-haut, le chef réalise une cuisine volontiers créative, dans laquelle les saveurs sont toujours au rendez-vous. On se régale dans un cadre élégant et contemporain, propice à la gourmandise...

Menu 39/59 €

3 pl. St-Georges - ✆ 05 65 44 03 30 - www.restaurant-la-tour.fr - Fermé 3 semaines en janv., merc. midi, dim. soir, lundi et mardi

ESPALY-ST-MARCEL - 43 (Haute-Loire) → Voir Puy-en-Velay

ESPELETTE

✉ 64250 (Pyrénées-Atlantiques) - 2 038 hab. - Alt. 77 m - Carte régionale n° **2**-A3

▶ Paris 775 km - Bordeaux 215 km - Pau 134 km - Donostia-San Sebastián 78 km

Carte Michelin 342-D2 - Guide Vert Michelin Pays Basque et Navarre

Euzkadi

FAMILIAL • CONTEMPORAIN Dans la capitale du piment, une belle façade à la gloire du pays. La plupart des chambres arborent un style basque épuré : murs blancs et poutres. La piscine est agréable...

27 chambres - †53/71 € ††67/92 € - ☕ 10 € - ½ P

285 Karrika-Nagusia
- ✆ 05 59 93 91 88 - www.hotel-restaurant-euzkadi.com
- Fermé 15 nov.-15 déc., 15 fév.-15 mars, mardi hors saison et lundi

ESTAING

✉ 12190 (Aveyron) - 593 hab. - Alt. 313 m - Carte régionale n° **15**-D1

▶ Paris 602 km - Aurillac 63 km - Conques 33 km - Espalion 10 km

Carte Michelin 338-I3

Le Manoir de la Fabrègues

TRADITIONNEL • PERSONNALISÉ Les propriétaires ont insufflé l'esprit d'une maison d'hôtes à ce manoir du 15e s. (pierres du pays, poutres apparentes, cantou). Quant aux chambres, elles ont toute leur style : baroque, Empire, etc. Cuisine locale et menu unique le soir.

10 chambres ☕ - †80/100 € ††90/110 € - ½ P

rte d'Espalion, 3 km
- ✆ 05 65 66 37 78 - www.manoirattitude.com
- Ouvert de début mars à fin nov.

L'Auberge St-Fleuret

TRADITIONNEL • FONCTIONNEL Face à la mairie, ce relais de poste du 19e s. est désormais une sympathique auberge de tradition, avec des chambres colorées et pratiques. Par beau temps, on profite de la terrasse surplombant la piscine. Mets régionaux à prix doux au restaurant !

14 chambres - †48/58 € ††48/58 € - ☕ 9 € - ½ P

- ✆ 05 65 44 01 44 - www.auberge-st-fleuret.com - Ouvert d'avril à oct.

ESTIVAREILLES - 03 (Allier) ➔ Voir Montluçon

ESTRABLIN - 38 (Isère) ➔ Voir Vienne

ESTRÉES-ST-DENIS

✉ 60190 (Oise) - 3 604 hab. - Alt. 70 m - Carte régionale n° **19**-B2
▶ Paris 81 km - Beauvais 46 km - Clermont 21 km - Compiègne 17 km
Carte Michelin 305-G4

Le Moulin Brûlé

CUISINE MODERNE • **AUBERGE** XX Nul incendie à déplorer dans cette ancienne épicerie, devenue un restaurant contemporain à l'âme rustique (poutres apparentes, cheminée). La cuisine du chef - originaire de Touraine - est rythmée par les saisons ; on la déguste dans une lumineuse véranda ouverte sur le jardin ! Bon choix de vins de Loire.

Formule 18 € - Menu 23 € (semaine), 36/60 € - Carte 44/64 €

70 av. de Flandre - ✆ 03 44 41 97 10 - www.lemoulinbrule.fr - Fermé 2-11 mai, 8-31 août, 1er-8 janv., dim. soir, lundi et mardi

ÉTAMPES

✉ 91150 (Essonne) - 24 320 hab. - Alt. 80 m - Carte régionale n° **10**-B3
▶ Paris 51 km - Chartres 59 km - Évry 35 km - Fontainebleau 45 km
Carte Michelin 312-B5 - Guide Vert Michelin Île-de-France

à Ormoy-la-Rivière 5 km au Sud par D49 et rte secondaire - ✉ 91150 - 933 hab. - Alt. 81 m

Le Vieux Chaudron

CUISINE MODERNE • **AUBERGE** X Une petite auberge face à l'église, au cadre campagnard agrémenté d'une belle cheminée et d'une terrasse au calme. Appétissantes recettes dans l'air du temps et gibier en saison.

Formule 28 € - Menu 39 € (déj. en semaine)

45 Grande-Rue - ✆ 01 64 94 39 46 - www.levieuxchaudron.com - Fermé 31 juil.-14 août, 1er-8 janv., dim. soir et lundi

à Boutervilliers 9 km à l'Ouest par D191 - ✉ 91150 - 388 hab. - Alt. 151 m

Le Bouche à Oreille (Aymeric Dreux)

CUISINE MODERNE • **ÉLÉGANT** XXX Un intérieur moderne, dont les murs portent de beaux épis de blé en hommage à la campagne environnante... Mais surtout, les assiettes d'Aymeric Dreux, qui portent la gourmandise à une autre dimension : précises et maîtrisées, elles mettent en valeur de beaux produits dans toute la force de leur goût.

➔ Burger de homard et foie gras poêlé. Pigeon rôti, bâton de rhubarbe confite et girolles. Framboise en croquant chocolat et crème banane.

Formule 24 € - Menu 34/48 € - Carte 55/106 €

11 r. de la Chapelle - ✆ 01 64 95 69 50 - www.bao-restaurant.fr - Fermé dim. soir, lundi soir et mardi

ÉTANG-DE-HANAU - 57 (Moselle) ➔ Voir Philippsbourg

LES ÉTANGS-DES-MOINES - 59 (Nord) ➔ Voir Fourmies

ÉTAPLES

✉ 62630 (Pas-de-Calais) - 11 213 hab. - Alt. 10 m - Carte régionale n° **16**-A2
▶ Paris 228 km - Abbeville 55 km - Arras 101 km - Calais 67 km
Carte Michelin 301-C4

Aux Pêcheurs d'Étaples

POISSONS ET FRUITS DE MER • CONVIVIAL Au rez-de-chaussée, une grande poissonnerie ; au premier étage, un restaurant de poissons et fruits de mer... Difficile de faire plus frais ! Mention spéciale pour la bouillabaisse du pêcheur et le blanc de turbot grillé ou vapeur du chef. En prime : vue sur l'aérodrome du Touquet... entre ciel et mer.

Formule 19 € - Menu 21/53 € - Carte 31/79 €

quai de la Canche - 03 21 94 06 90 - www.auxpecheursdetaples.fr - Fermé 3 semaines en janv. et dim. soir du 25 sept. au 26 mars

ÉTOGES

51270 (Marne) - 415 hab. - Alt. 177 m - Carte régionale n° **7**-B2
Paris 123 km - Châlons-en-Champagne 41 km - Laon 115 km - Troyes 96 km
Carte Michelin 306-F9 - Guide Vert Michelin Champagne Ardenne

Le Château d'Étoges

DEMEURE HISTORIQUE • PERSONNALISÉ Vivez la vie de château... au moins pour quelques nuits ! Ce château familial du 17e s., lové au sein d'un parc aux arbres centenaires, dévoile de vastes intérieurs au charme désuet. Les chambres, avec leurs lits à baldaquins, sont meublées avec goût ; on profite d'un agréable spa.

27 chambres - 119/199 € 149/320 € - 1 suite - 18 € - ½ P

4 r. Richebourg - 03 26 59 30 08 - www.etoges.com - Fermé 23 janv.-12 fév.

ÉTOUY - 60 (Oise) → Voir Clermont

ÉTRÉAUPONT

02580 (Aisne) - 926 hab. - Alt. 127 m - Carte régionale n° **19**-D1
Paris 184 km - Avesnes-sur-Helpe 24 km - Hirson 16 km - Laon 44 km
Carte Michelin 306-F3

Le Clos du Montvinage

TRADITIONNEL • CLASSIQUE Dans ce village traversé par la N 2 (Laon-Maubeuge), une hôtellerie traditionnelle parfaite pour une étape : cette demeure du 19e s., typique de la région avec ses briques rouges et ses dépendances, abrite des chambres avenantes et bien tenues, plus calmes côté jardin. Restaurant, salle de billard, tennis, vélos, jeu de croquet...

20 chambres - 70/95 € 82/115 € - 12 € - ½ P

8 r. Albert-Ledant
- 03 23 97 91 10 - www.hotel-clos-du-montvinage.com
- Fermé 7-21 août, 22 déc.-6 janv. et dim. soir

ÉTRETAT

76790 (Seine-Maritime) - 1 440 hab. - Alt. 8 m - Carte régionale n° **17**-C1
Paris 206 km - Bolbec 30 km - Fécamp 16 km - Le Havre 29 km
Carte Michelin 304-B3 - Guide Vert Michelin Normandie Vallée de la Seine

Domaine Saint Clair - Restaurant W

CUISINE MODERNE • ÉLÉGANT Au sein du beau Domaine Saint Clair et de son élégant manoir normand, se cache ce bon restaurant ! Le chef y réalise une cuisine bien tournée, soignée et généreuse ; on se souviendra notamment des associations homard et concombre, lotte et chorizo, framboise et romarin...

Menu 29 € (déj.), 35/75 € - Carte 75/89 €

Hôtel Domaine St-Clair, chemin de St-Clair
- 02 35 27 08 23 - www.hoteletretat.com
- Fermé le midi sauf week-ends

Dormy House

MAISON DE MAÎTRE • ÉLÉGANT Une situation idyllique : à flanc de falaise, cette House domine Étretat et la falaise d'Amont... Les chambres, élégantes, se répartissent entre le manoir de 1870 et plusieurs dépendances. Dans le jardin, la vue à travers les pins se révèle poétique tandis que résonnent, au loin, les bruits de la plage. Toute une atmosphère...

61 chambres – 100/340 € 100/340 € – 2 suites – 17 €

rte du Havre – 02 35 27 07 88 – www.dormy-house.com

Domaine Saint Clair

DEMEURE HISTORIQUE • PERSONNALISÉ Sur les hauteurs, à l'issue d'un chemin tortueux, un lieu à part, où l'on renoue avec les plaisirs de la Belle Époque... Le domaine réunit un castel et une villa : autant d'espaces intimes et charmants, décorés dans un esprit baroque, canaille ou moderne ! Les échappées sur la côte invitent, elles, à la contemplation...

21 chambres – 90/390 € 90/390 € – 15 € – ½ P

chemin de St-Clair – 02 35 27 08 23 – www.hoteletretat.com

Domaine Saint Clair - Restaurant W – voir les restaurants ci-dessus

Hôtel Ambassadeur

TRADITIONNEL • COSY Cette jolie villa du 19e s., avec sa façade en briques rouges et ses balcons blancs, se trouve à un jet de pierre du Clos Lupin, la maison-musée du "gentleman cambrioleur". Les chambres se révèlent douillettes et personnalisées... Le tout a fière allure.

24 chambres – 59/175 € 59/175 € – 11 €

10 av. de Verdun – 02 35 27 00 89 – www.hoteletretat.net

Villa sans Souci

MAISON DE MAÎTRE • PERSONNALISÉ Dans un grand parc arboré, cette villa du début du siècle est tenue par un couple passionné par le cinéma. Baptisées "Certains l'aiment chaud" ou "Out Of Africa", les chambres, confortables, fourmillent d'objets chinés en hommage aux grands films de l'histoire. Tant de caractère, ce n'est pas du cinéma !

5 chambres – 65/85 € 99/165 €

27 ter r. Guy-de-Maupassant – 02 35 28 60 14 – www.villa-sans-souci.fr

ÉTUPES - 25 (Doubs) → Voir Sochaux

EU

76260 (Seine-Maritime) – 7 270 hab. – Alt. 19 m – Carte régionale n° **17**-D1

Paris 176 km – Abbeville 34 km – Amiens 88 km – Dieppe 33 km

Carte Michelin 304-I1 – Guide Vert Michelin Normandie Vallée de la Seine

La Cour Carrée

TRADITIONNEL • PERSONNALISÉ Cette ancienne briqueterie, devenue ferme puis hôtel, est située au bord de la route de Dieppe, juste après la sortie d'Eu. On y trouve des chambres à thèmes – champêtre, ethnique, par exemple –, confortables et plutôt spacieuses. Le tout autour d'une cour carrée.

28 chambres – 75/99 € 89/115 € – 11 €

rte de Dieppe – 02 35 50 60 60 – www.hotel-courcarree-eu.fr

Manoir de Beaumont

FAMILIAL • PERSONNALISÉ Dans cette demeure située à un saut de biche de la forêt d'Eu et à 5mn des plages, les propriétaires vous accueillent en amis. Les chambres, délicieusement rétro, le salon Louis XVI et le joli parc contribuent tous au charme du lieu. On se sent vraiment chez soi !

3 chambres – 41/54 € 54/67 €

rte de Beaumont, 3 km par D49 puis direction Ferme de Beaumont – 02 35 50 91 91 – www.demarquet.eu – Fermé janv.

EUGÉNIE-LES-BAINS

✉ 40320 (Landes) - 427 hab. - Alt. 65 m - Carte régionale n° **2**-B3
Paris 731 km - Aire-sur-l'Adour 12 km - Dax 71 km - Mont-de-Marsan 26 km
Carte Michelin 335-I12 - Guide Vert Michelin Aquitaine

Les Prés d'Eugénie - Michel Guérard

CUISINE CLASSIQUE • ÉLÉGANT Une signature à jamais associée à l'aventure de la Nouvelle Cuisine ! Une œuvre sensible, légère et inventive... une véritable ode aux saveurs, rendues dans une veine naturaliste. Mention spéciale pour la magie des lieux, occasion d'une véritable parenthèse bucolique.

→ Pomme de terre "Palace" au caviar. Opulente pintade de Chalosse sur les braises. Crêpe pralinée "à la paresseuse", voilée d'armagnac.

Menu 140 € (semaine), 195/240 € - Carte 150/190 €

pl. de l'Impératrice - ✆ 05 58 05 06 07 - www.michelguerard.com - Fermé 3 janv.-16 mars, lundi soir et le midi en semaine sauf du 13 juil. au 27 août et sauf fériés

La Ferme aux Grives

CUISINE TRADITIONNELLE • AUBERGE Cette vieille auberge de village a retrouvé ses couleurs d'antan. Jardin potager, vieilles poutres et tomettes... Un cadre idéal pour savourer une cuisine du terroir joliment ressuscitée. Suites exquises, pour des nuits paisibles.

Menu 52/92 €

4 suites - 570/700 € - 45 €

pl. de l'Impératrice - ✆ 05 58 05 05 06 - www.michelguerard.com - Fermé 3 janv.-9 fév., mardi sauf le soir du 13 juil.-29 août, merc. sauf fériés

Les Prés d'Eugénie

GRAND LUXE • PERSONNALISÉ Les Prés du bonheur ! Loin d'être le simple écrin hôtelier de la célèbre table de Michel Guérard, cette demeure du 19e s., ainsi que ses annexes - le Couvent des Herbes et la "ferme thermale" -, dessinent un havre de charme, mêlant intimement raffinement et goût de la nature, plaisir et forme. Un lieu magique et hors du temps...

21 chambres - 360/700 € 360/700 € - 16 suites - 45 €

pl. de l'Impératrice - ✆ 05 58 05 06 07 - www.michelguerard.com - Fermé 3 janv.-16 mars

Les Prés d'Eugénie - Michel Guérard - voir les restaurants ci-dessus

La Maison Rose

MAISON DE CAMPAGNE • COSY À côté des thermes, cette maison à la façade rose a des allures de guesthouse ! Les chambres sont confortables et bien tenues. Fleurs fraîches et meubles en rotin ajoutent au romantisme des lieux.

26 chambres - 180/260 € 180/260 € - 5 suites - 22 €

- ✆ 05 58 05 06 07 - www.michelguerard.com - Fermé 11 déc.-31 janv.

ÉVIAN-LES-BAINS

✉ 74500 (Haute-Savoie) - 8 527 hab. - Alt. 370 m - Carte régionale n° **25**-F1
Paris 577 km - Genève 44 km - Montreux 40 km - Thonon-les-Bains 10 km
Carte Michelin 328-M2 - Guide Vert Michelin Alpes du Nord

Au Jardin d'Eden

CUISINE TRADITIONNELLE • BISTRO Ce restaurant d'angle prolongé d'une petite terrasse en teck réunit bien des qualités : un chef-patron au beau parcours - dont 15 ans passés au Grand Véfour -, un retour aux sources à Évian (sans jeu de mots), une cuisine attentive aux produits et aux saisons, et un service attentionné. L'Éden n'est pas loin !

Formule 24 € - Menu 32/51 € - Carte 46/57 €

Plan : A1-d - *1 av. Gén.-Dupas - ✆ 04 50 38 62 26 - Fermé mardi midi, dim. soir et lundi*

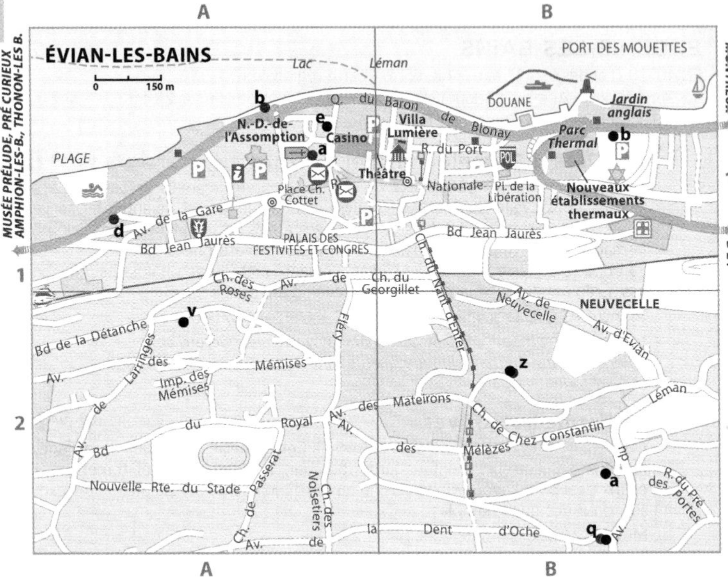

Les Fresques

CUISINE MODERNE • LUXE Installez-vous dans l'élégante salle à manger de ce luxueux palace entièrement rénové, pour profiter des superbes fresques et d'une belle assiette au goût du jour. Les produits nobles y sont à la fête, à l'instar de ces écrevisses du lac Léman en royale de foie gras, écume parfumée au safran…

Menu 75/120 € – Carte 85/110 €

Plan : B2-z – *Hôtel Royal, 13 av. des Mateirons – ✆ 04 50 26 85 00 – www.evianresort.com – Fermé dim., lundi et le midi*

La Fourchette de l'Église

CUISINE TRADITIONNELLE • SIMPLE Après avoir roulé sa bosse en Irlande et en Nouvelle-Zélande, le jeune chef a posé ses valises dans ce restaurant, juste derrière l'église. Et, très vite, le bouche-à-oreille a fait le reste… Dans l'assiette, les plats, traditionnels, sont teintés d'une certaine originalité. Et aux beaux jours, on profite de la terrasse.

Formule 13 € – Menu 29 € – Carte 38/45 €

Plan : A1-b – *5 r. Bugnet – ✆ 04 50 79 93 43 – www.lafourchettedeleglise.fr – Fermé dim. et lundi*

Instant Gourmand

CUISINE MODERNE • ÉPURÉ Dans ce restaurant de poche vibrionne un chef multifonctions, assurant à la fois le service et la cuisine. Qu'on se rassure : la qualité n'en pâtit pas, bien au contraire ! Sa cuisine se concentre sur les produits de saison, et révèle ses origines lorraines ; en prime, on aperçoit la cuisine depuis la salle.

Menu 19 € (déj. en semaine), 24/39 € – Carte 32/46 €

Plan : A1-a – *10 r. de l'Église – ✆ 04 50 04 74 98 (réservation conseillée) – Fermé dim. et lundi*

Royal

PALACE • HISTORIQUE Ce luxueux palace né en 1907, véritable mythe, a fait peau neuve pour retrouver l'esprit villégiature des années 1930, cet art de vivre à la française, entre fresques et coupole. Son splendide parc, sa vue imparable sur le lac et les montagnes, ont un goût d'éternité !

128 chambres – 340/1140 € – 32 suites – 35 €

Plan : B2-z – *13 av. des Mateirons – ✆ 04 50 26 85 00 – www.evianresort.com*

Les Fresques – voir les restaurants ci-dessus

Ermitage

LUXE • ÉLÉGANT Cet imposant hôtel est installé dans un bel écrin de verdure sur les hauteurs du lac Léman. À l'intérieur, le style est épuré avec des matériaux évoquant la nature : bois précieux, ardoise, galets, etc. Côté papilles, deux options : le gastro La Table ou La Bibliothèque et ses recettes dans l'air du temps.

80 chambres – 165/625 € 165/760 € – 6 suites – 30 € – ½ P

Plan : B2-a – *1230 av. du Léman – 04 50 26 85 00 – www.evianermitage.com*

Hilton

HÔTEL DE CHAÎNE • CONTEMPORAIN Un bâtiment imposant, au cadre design et ultracontemporain. La majorité des chambres disposent d'un balcon face au lac. Un endroit parfait pour le farniente chic, avec en prime une belle piscine et un superbe espace fitness.

165 chambres – 139/375 € 139/400 € – 5 suites – 25 €

Plan : B1-b – *27 quai Paul-Léger – 04 50 84 60 00 – www.evianlesbains.hilton.com*

La Verniaz et ses Chalets

TRADITIONNEL • CLASSIQUE Cet ensemble de maisons et de chalets disséminés dans un très beau parc, noyé sous les fleurs, dégage un charme vieille France. De grandes chambres, des meubles anciens, la vue sur le lac... Ici, le temps semble suspendre son vol.

33 chambres – 90/150 € 110/450 € – 7 suites – ½ P

Plan : B2-q – *1417 av. du Léman-Neuvecelle – 04 50 75 04 90 – www.verniaz.com*

Le Littoral

TRADITIONNEL • COSY Pour trouver cet hôtel des années 1990, cherchez le casino, il est situé juste à côté. L'ensemble est cosy et chaleureux, dans un esprit montagne contemporain (bois et boutis dans les chambres) : comme une invitation au cocooning... Difficile à décliner !

30 chambres – 95/123 € 95/123 € – 11 €

Plan : A1-e – *9 av. de Narvik – 04 50 75 64 00 – www.hotel-littoral-evian.com – Fermé 17-27 mars et 27 oct.-20 nov.*

L'Oasis

FAMILIAL • PERSONNALISÉ Sur les hauteurs d'Évian, un hôtel charmant aux chambres coquettes et cosy, dont certaines font face au lac. Le jardin est bien agréable et de la terrasse, où l'on prend le petit-déjeuner en saison, la vue est magnifique ! Accueil aimable.

16 chambres – 88/134 € 88/210 € – 13 €

Plan : A2-v – *11 bd Bennevy – 04 50 75 13 38 – www.oasis-hotel.com – Ouvert 1er avril-30 sept.*

à Maxilly-sur-Léman 4 km à l'Est par D1005 – 74500 – 1 332 hab. – Alt. 450 m

La Maison de Mathilde

FAMILIAL • PERSONNALISÉ Mathilde Jacquier (fille d'un célèbre pêcheur du Léman) tient cette jolie maison d'hôtes à la situation exceptionnelle : les pieds dans l'eau, avec plage privée et transats... En cuisine, elle concocte des plats aux accents régionaux - carpaccio de féra, oeuf cocotte aux morilles etc. Chambres confortables.

4 chambres – 75/110 € 105/160 € – ½ P

lieu-dit Le Torrent - 1345 rte Départementale – 04 50 83 07 10 – www.lamaisondemathilde.com

ÉVOSGES

01230 (Ain) – 144 hab. – Alt. 750 m – Carte régionale n° **23**-C1

Paris 481 km – Aix-les-Bains 69 km – Belley 37 km – Bourg-en-Bresse 57 km

Carte Michelin 328-F5

L'Auberge Campagnarde

CUISINE TRADITIONNELLE • AUBERGE L'auberge porte bien son nom, avec sa salle à manger champêtre à souhait et sa terrasse fleurie. Les produits sont frais et la cuisine, à la fois généreuse et féminine, a l'accent du terroir !

Formule 20 € – Menu 34/70 € – Carte 42/77 €

Le village – ✆ 04 74 38 55 55 – www.auberge-campagnarde.com – Ouvert de mars à déc. et fermé mardi soir et merc.

L'Auberge Campagnarde

AUBERGE • TRADITIONNEL Dans ce village perché du Bugey, cette auberge créée avant 1900, détruite pendant la guerre puis reconstruite, est tenue par la même famille depuis cinq générations. L'accueil est toujours aussi chaleureux et l'on vient pour se reposer dans des chambres simples, rustiques mais impeccables. Minigolf, piscine.

11 chambres – 🚹77/155 € 🚹🚹77/155 € – ☕10 € – ½ P

Le village – ✆ 04 74 38 55 55 – www.auberge-campagnarde.com – Ouvert de mars à déc.

L'Auberge Campagnarde – voir les restaurants ci-dessus

ÉVREUX

✉ 27000 (Eure) – 49 634 hab. – Alt. 64 m – Carte régionale n° **17**-D2

▶ Paris 100 km – Alençon 119 km – Caen 135 km – Chartres 78 km

Carte Michelin 304-G7 – Guide Vert Michelin Normandie Vallée de la Seine

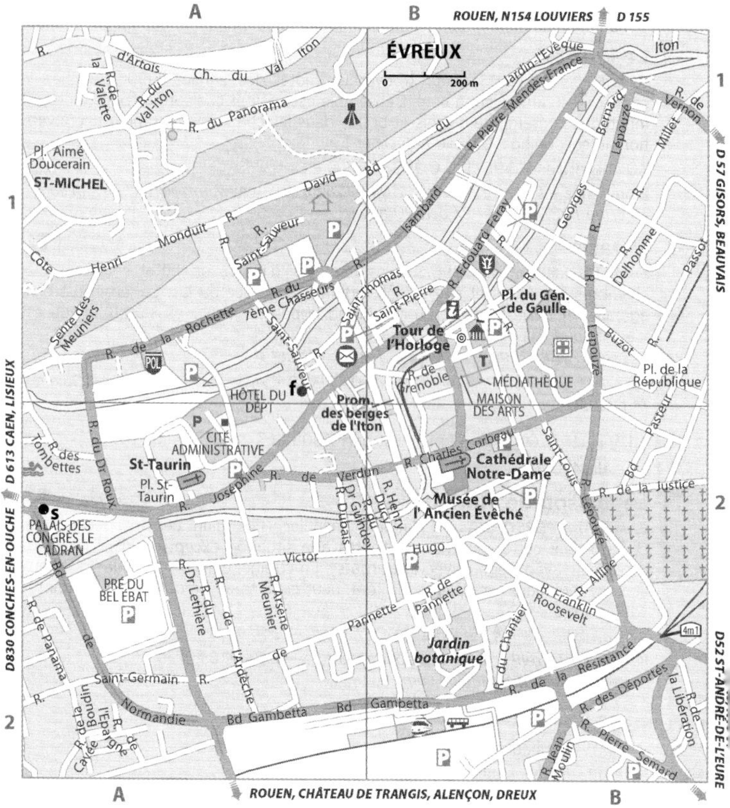

La Gazette

CUISINE MODERNE • TENDANCE XX Une valeur sûre que ce restaurant dont le décor mêle harmonieusement le contemporain et l'ancien, entre teintes claires et poutres centenaires... Aux fourneaux, Xavier Buzieux s'attache à mettre en valeur les petits producteurs locaux et à suivre les saisons. De quoi faire parler les gazettes !

Formule 21 € - Menu 24/54 € - Carte 47/57 €

Plan : A1-f - *7 r. St-Sauveur - ✆ 02 32 33 43 40 - www.restaurant-lagazette.fr - Fermé 6-28 août, sam. midi, dim. et lundi*

Best Western Palais des Congrès

BUSINESS • FONCTIONNEL Près du palais des congrès, à la sortie de la ville, cet établissement contemporain se révèle agréable : beaux espaces, déco design et colorée, restaurant proposant une carte traditionnelle... Le meilleur hôtel des environs.

60 chambres - †79/129 € ††79/135 € - ☕14 €

Plan : A2-s - *bd de Normandie - ✆ 02 32 38 77 77 - www.bw-evreux.com*

ÉVRON

✉ 53600 (Mayenne) - 7 121 hab. - Alt. 114 m - Carte régionale n° **18**-C1
▶ Paris 250 km - Alençon 58 km - La Ferté-Bernard 98 km - Laval 32 km
Carte Michelin 310-G6 - Guide Vert Michelin Pays de la Loire

rte de Mayenne 6 km par D7

Au Relais du Gué de Selle

AUBERGE • FONCTIONNEL Sur une route de campagne, cette ancienne ferme (1843) devenue hôtel-restaurant est parfaite pour un séjour en famille : des chambres de tous les styles (certaines en duplex), un lac pour pêcher, une piscine chauffée... et des cabanes perchées dans les arbres où l'on peut même dormir ! Sympathique formule bistrot du mardi au samedi.

27 chambres - †65/132 € ††88/206 € - ☕12 € - ½ P

rte de Mayenne - ✆ 02 43 91 20 00 - www.relais-du-gue-de-selle.com - Fermé 10-27 fév., 16 oct.-2 nov., 23 déc.-9 janv., vend. soir, dim. soir et lundi du 15 sept. au 31 mai

ÉVRY - 91 (Essonne) ➜ Voir Paris, Environs

EYBENS - 38 (Isère) ➜ Voir Grenoble

EYGALIÈRES

✉ 13810 (Bouches-du-Rhône) - 1 761 hab. - Alt. 134 m - Carte régionale n° **22**-E1
▶ Paris 701 km - Avignon 28 km - Cavaillon 14 km - Marseille 83 km
Carte Michelin 340-E3 - Guide Vert Michelin Provence

Bistrot l'Aubergine

CUISINE MODERNE • BISTRO X Une belle terrasse, un décor de bistrot cosy, des produits de qualité cuisinés sans chichis. Il n'en faut pas plus pour passer un agréable moment... Dans l'assiette, c'est frais et parfumé, telle cette belle tranche de thon en croûte d'épices bien relevée. Attention, carte réduite au déjeuner l'été, avec de copieuses salades.

Carte 38/61 €

4 chambres - †165/180 € ††165/180 € - ☕15 €

34 av. Jean-Jaurès - ✆ 04 90 95 98 89 - www.laubergine-eygalieres.com - Ouvert de mars à mi-nov. et fermé merc. sauf le soir en juil.-août

La Bastide d'Eygalières

MAISON DE CAMPAGNE • MÉDITERRANÉEN Une charmante bastide aux volets bleus. Les chambres, de style provençal, sont des plus calmes. Joli jardin avec piscine, donnant sur les Alpilles. Au restaurant, la cuisine privilégie les légumes et les produits bio.

14 chambres - 85/134 € 85/182 € - 1 suite - 13 € - ½ P

rte Orgon (D24B) et chemin de Pestelade - 04 90 95 90 06 - www.hotellabastide.com

Mas du Pastre

MAISON DE CAMPAGNE • PERSONNALISÉ Cette ancienne bergerie a l'âme d'une "guesthouse" un peu insolite : décoration provençale à l'ancienne, meubles et bibelots chinés, jardin aux essences d'Eygalières, et bassin à poisson rouge !

12 chambres - 120/190 € 120/190 € - 2 suites - 15 €

quartier St-Sixte, 1,5 km par rte Orgon (D24B) - 04 90 95 92 61 - www.masdupastre.com - Fermé 15 nov.-1er mars

EYMET

24500 (Dordogne) - 2 616 hab. - Alt. 54 m - Carte régionale n° **2**-C2

Paris 560 km - Arcachon 72 km - Bayonne 239 km - Bordeaux 101 km

Carte Michelin 329-D8 - Guide Vert Michelin Périgord Quercy

La Cour d'Eymet

CUISINE CLASSIQUE • BOURGEOIS XX Sur la rue principale du bourg, une maison de style régional, flanquée d'une petite cour où l'on dresse quelques tables aux beaux jours. Les gourmands s'y régalent d'une cuisine soignée à base d'excellents produits. Enfin, le tout est accompagné de bons petits vins du pays.

Formule 19 € - Menu 22 € (déj. en semaine), 25/45 € - Carte 39/68 €

2 chambres - 80 € 100 €

32 bd National - 05 53 22 72 83 (réservation conseillée) - Fermé 15 fév.-15 mars, fin juin-début juil., dim. soir, lundi, mardi, merc. sauf d'avril à oct.

EYRAGUES - 13 (Bouches-du-Rhône) → Voir St-Rémy-de-Provence

LES EYZIES-DE-TAYAC

24620 (Dordogne) - 822 hab. - Alt. 70 m - Carte régionale n° **2**-C3

Paris 536 km - Brive-la-Gaillarde 62 km - Fumel 62 km - Périgueux 47 km

Carte Michelin 329-H6 - Guide Vert Michelin Périgord Quercy

Le Bistro des Glycines N

CUISINE MODERNE • CONTEMPORAIN X L'un des atouts indéniables de cet excellent hôtel : son bistrot ! Dans la jolie salle en véranda, joliment décorée (tables en bois brut, chaises de style "shaker"...), on se régale de plats dans l'air du temps, à bon rapport qualité-prix : œuf bio cuit en cocotte, tomates du potager, oignons et jambon noir de Bigorre... Miam.

Menu 17 € (déj.)/29 € - Carte 33/62 €

Hôtel Les Glycines, 4 av. de Laugerie, rte de Périgueux - 05 53 06 97 07 - www.les-glycines-dordogne.com - Fermé 26 fév.-7 mars, 12 nov.-27 déc., lundi et mardi de nov. à mars, le soir d'avril à janv. et dim. sauf le midi en fév. et mars

Le 1862

CUISINE MODERNE • CHIC XXX Des assiettes colorées et originales, aux cuissons impeccables et réalisées avec des produits de qualité, dont les légumes du potager : voici ce qui vous attend au 1862, la table principale de l'hôtel Les Glycines. Un exemple ? Ce foie gras de canard du Périgord, confit aux fraises, rhubarbe du jardin et hibiscus...

Menu 62/110 € - Carte 78/105 €

Hôtel Les Glycines, 4 av. de Laugerie, rte de Périgueux - 05 53 06 97 07 - www.les-glycines-dordogne.com - Fermé 26 fév.-7 mars, 12 nov.-27 déc., dim. soir, lundi et mardi de nov. à avril et le midi sauf dim. en saison

Au Vieux Moulin

CUISINE TRADITIONNELLE • AUBERGE XX Une roue à aubes, le doux bruissement de l'eau et un décor rustique à souhait... Ce moulin est charmant et l'on y savoure une cuisine de tradition goûteuse et bien tournée. Aux beaux jours, on dresse les tables au bord de la rivière pour un repas des plus bucoliques.

Menu 21/58 € - Carte 42/110 €

20 chambres - 70/90 € 70/90 € - 12 €

2 r. du Moulin-Bas - 05 53 06 94 33 - www.moulindelabeune.com - Ouvert mi avril-mi oct. et fermé mardi midi, merc. midi et sam. midi

Les Glycines

TRADITIONNEL • CONTEMPORAIN Cet ancien relais de poste au bord de la Vézère embaume la nature avec son parc, sa tonnelle de glycine et son potager. Les chambres se révèlent charmantes et confortables, en particulier les junior suites et les "écolodges". Spa avec petit bassin et salles de soins.

26 chambres - 129/345 € 129/345 € - 17 € - ½ P

4 av. de Laugerie, rte de Périgueux - 05 53 06 97 07
- www.les-glycines-dordogne.com - Fermé 26 fév.-7 mars et 12 nov.-27 déc.

Le Bistro des Glycines • **Le 1862** - voir les restaurants ci-dessus

ÈZE

06360 (Alpes-Maritimes) - 2 535 hab. - Alt. 390 m - Carte régionale n° **22**-E2

Paris 938 km - Cap d'Ail 6 km - Menton 17 km - Monaco 8 km

Carte Michelin 341-F5 - Guide Vert Michelin Côte d'Azur

La Chèvre d'Or

CUISINE MODERNE • LUXE XXX Perchée sur ce nid d'aigle qu'est Èze, la table gastronomique du célèbre Château de la Chèvre d'Or jouit d'une situation paradisiaque, face à l'azur de la mer et du ciel... Pendant ce temps, en cuisine, Arnaud Faye confirme son grand talent avec une cuisine éminemment subtile, qui s'ancre superbement dans le terroir régional.

→ Melon rôti sans cuisson, homard et hysope. Agneau de Sisteron à l'épeautre de Sault, aubergine et jus aux herbes des falaises. Vision d'un citron de pays, basilic.

Menu 85 € (déj. en semaine), 145/240 € - Carte 170/250 €

Hôtel Château de la Chèvre d'Or, r. du Barri (accès piétonnier) - 04 92 10 66 61 (réservation conseillée) - www.chevredor.com - Ouvert 4 mars-5 nov. et fermé lundi midi, mardi midi, merc. midi en juil.-août et lundi en mars

Château Eza

CUISINE MODERNE • ROMANTIQUE XXX Évidemment, il y a le panorama éblouissant, ces variations du paysage en contrebas, le massif qui plonge ses forêts de pins dans la Méditerranée. Mais il y a aussi une cuisine de qualité, des saveurs harmonieuses, des cuissons précises.

Menu 52 € (déj.), 62/120 € - Carte 90/125 €

Hôtel Château Eza, r. de la Pise (accès piétonnier) - 04 93 41 12 24
- www.chateaueza.com - Fermé 1er nov.-23 déc., lundi et mardi de janv. à mars

Les Remparts

CUISINE PROVENÇALE • ROMANTIQUE XX Une cuisine méridionale chic, servie le midi en saison sur une terrasse sublime, posée en bordure de falaise et offrant une vue magique sur la Grande Bleue, St-Jean-Cap-Ferrat, la baie des Anges... Pour un déjeuner d'exception !

Carte 70/125 €

Hôtel Château de la Chèvre d'Or, r. du Barri (accès piétonnier)
- 04 92 10 66 61 - www.chevredor.com
- Ouvert d'avril à oct. et fermé le soir

L'Alchimie

CUISINE MODERNE • ÉPURÉ Le jeune chef, originaire du village, est passé par de belles maisons (La Réserve à Beaulieu, Mirazur à Menton), et cela se sent... ou plutôt cela se goûte ! Sa courte carte, à forte connotation méridionale, met en avant légumes de saison, herbes et plantes aromatiques : on passe un bon moment.

Formule 18 € – Menu 41 € (dîner) – Carte 45/60 €

197 av. de Verdun
– 04 93 41 12 79 (réservation conseillée) – www.restaurant-lalchimie.com
– Fermé 2 semaine en fév., dim. et lundi

Château de la Chèvre d'Or

LUXE • GRAND LUXE Exceptionnel, divin, enchanteur... Un îlot céleste, agrippé aux rochers en surplomb de la Méditerranée. La plupart des chambres, disséminées dans le village, jouissent d'une vue splendide, tout comme les restaurants. Un petit paradis sur terre... au-dessus de la mer !

32 chambres – 310/420 € 310/920 € – 8 suites – 45 €

r. du Barri (accès piétonnier)
– 04 92 10 66 66 – www.chevredor.com
– Ouvert 4 mars-5 nov.

La Chèvre d'Or • **Les Remparts** – voir les restaurants ci-dessus

Château Eza

LUXE • ÉLÉGANT Dans cette demeure du 14e s. perchée entre ciel et mer, la vue sur la côte est littéralement... époustouflante ! Quant à la décoration des chambres, elle mêle charme des pierres anciennes et raffinement contemporain : c'est élégant et subtil. Et l'on vit le mythe de la Riviera...

12 chambres – 200/700 € 200/1300 € – 2 suites – 25 €

r. de la Pise (accès piétonnier)
– 04 93 41 12 24 – www.chateaueza.com
– Fermé 1er nov.-23 déc.

Château Eza – voir les restaurants ci-dessus

au Col d'Èze 3 km au Nord-Ouest – 06360 Eze

Hermitage

TRADITIONNEL • PERSONNALISÉ À deux pas du parc de la Grande-Corniche, cette maison d'architecture traditionnelle est chaleureuse : les chambres sont petites mais propres, très bien insonorisées et non dénuées de charme... La propriétaire aime chiner et s'est chargée de la déco !

24 chambres – 70/120 € 80/270 € – 15 €

1951 av. des Diables-Bleus, par la D2564 (Grande Corniche) direction Nice
– 04 93 17 31 00 – www.restaurant-le-v.com

La Bastide aux Camélias

FAMILIAL • PERSONNALISÉ Une belle bastide provençale noyée dans une végétation méditerranéenne luxuriante... Les chambres sont élégantes et décorées avec soin, et l'on profite à loisir de la piscine, du hammam, du sauna, du jacuzzi, etc. Une maison d'hôtes très agréable !

5 chambres – 120/160 € 120/280 €

23c rte de l'Adret
– 04 93 41 13 68 – www.bastideauxcamelias.com
– Ouvert de début avril à mi-nov.

ÈZE-BORD-DE-MER

06360 (Alpes-Maritimes) – Eze – Carte régionale n° **22**-E2
Paris 959 km – Menton 22 km – Monaco 8 km – Nice 14 km
Carte Michelin 341-F5 – Guide Vert Michelin Côte d'Azur

La Table de Patrick Raingeard

CUISINE MODERNE • LUXE Dans le cadre luxueux de l'hôtel Cap Estel, cerné par la mer, Patrick Raingeard rend un bel hommage à la Méditerranée et ses rives : la qualité des produits, l'exécution soignée, la pointe d'inventivité qui rehausse l'ensemble, tout invite à un repas privilégié...

→ Gamberoni du golfe de Gênes au caviar, carpaccio d'ananas et huile de verveine. Chapon, émulsion anis, jeunes poireaux fumés, pommes de terre grenaille, jus de persil et palourdes. Galet Èzasque chocolat noir et cactus.

Formule 49 € – Menu 120/150 € – Carte 100/140 €

Hôtel Cap Estel, 1312 av. Raymond-Poincaré – 04 93 76 29 29 – www.capestel.com – Fermé 1er janv.-9 mars, 28 juil.-29 août, dim. soir, mardi midi et lundi en mars, oct., nov. et déc. sauf fériés et le midi de mi-mai à mi-sept.

Cap Estel

GRAND LUXE • ÉLÉGANT Sur une presqu'île privée, cette villa enchanteresse, construite par un prince russe à la fin du 19e s, cultive l'art du luxe discret. Ses salons magnifiques, ses chambres et suites somptueuses, son spa, son parc et sa piscine à débordement au-dessus de la mer... tout invite à un séjour de rêve, à l'abri des regards.

19 suites – 580/10900 € – 9 chambres – ½ P

1312 av. Raymond-Poincaré – 04 93 76 29 29 – www.capestel.com – Fermé 1er janv.-9 mars et 28 juil.-29 août

La Table de Patrick Raingeard – voir les restaurants ci-dessus

FALAISE

14700 (Calvados) – 8 413 hab. – Alt. 132 m – Carte régionale n° **17**-B2

Paris 264 km – Argentan 23 km – Caen 36 km – Flers 37 km

Carte Michelin 303-K6 – Guide Vert Michelin Normandie Cotentin

La Fine Fourchette

CUISINE MODERNE • ROMANTIQUE Voilà une adresse qui n'en finit pas de s'offrir une nouvelle jeunesse. La jeune chef-patronne propose une cuisine du terroir "moderne et actuelle", à l'instar du foie gras de Freddy, parfumé au safran, et sa brioche maison. Sensibilité, personnalité : une Fine Fourchette, assurément !

Formule 15 € – Menu 19/60 € – Carte 38/62 €

52 r. Georges-Clemenceau – 02 31 90 08 59 – Fermé 2 semaines en janv. et mardi soir hors saison

Ô Saveurs

CUISINE MODERNE • CLASSIQUE Cette adresse fait le bonheur des habitués, et pour cause : le jeune chef-patron signe une cuisine délicate et colorée, réglée sur les saisons, à l'instar de cette lotte de petite pêche, petits pois et tomate confite façon tatin... Goûteux et maîtrisé ! Quelques chambres sobres et bien tenues pour l'étape.

Menu 21 € (semaine), 30/65 € – Carte 38/70 €

15 chambres – 60/110 € 60/110 € – 8 €

38 r. Georges-Clemenceau – 02 31 90 13 14 – www.hoteldelaposte-osaveurs.com – Fermé 1er-23 janv., dim. soir et lundi

L'Attache

CUISINE TRADITIONNELLE • AUBERGE À la sortie de la ville, sur la route de Caen, on découvre cette maison bien avenante. Le chef, passionné de plantes et de légumes oubliés (panais, blettes, cerfeuil tubéreux...), a même publié des livres sur le sujet. Son credo : tradition, fraîcheur et simplicité ! De quoi s'attacher très vite à cette adresse.

Menu 20/62 € – Carte 50/70 €

rte de Caen, 1,5 km au Nord par N158 – 02 31 90 05 38 (réservation conseillée) – Fermé 8-30 sept., mardi et merc. sauf fériés

FALICON

✉ 06950 (Alpes-Maritimes) - 1 920 hab. - Alt. 396 m - Carte régionale n° **22**-E2
▶ Paris 935 km - Cannes 42 km - Nice 12 km - Sospel 41 km
Carte Michelin 341-E5 - Guide Vert Michelin Côte d'Azur

Parcours Live

CUISINE MODERNE • **DESIGN** XX Du restaurant, bien situé au cœur du village perché de Falicon, le regard parcourt les vallons environnants, Nice et même la Méditerranée... Mais le spectacle est aussi en cuisine, dont l'activité est retransmise "en live" par un écran. Voilà qui exprime l'esprit de la carte : créative et fondée sur les produits locaux.

Formule 25 € - Menu 45/85 €

1 pl. Marcel-Eusebi (près de la mairie) - ✆ 04 93 84 94 57 - www.restaurant-parcours.com - Fermé 4-12 janv., 27 juin-12 juil., dim. soir, lundi et mardi

FARROU - 12 (Aveyron) → Voir Villefranche-de-Rouergue

LA FAUCILLE (COL DE) - 01 (Ain) → Voir Col de la Faucille

FAUCON

✉ 84110 (Vaucluse) - 425 hab. - Alt. 350 m - Carte régionale n° **21**-B2
▶ Paris 673 km - Avignon 58 km - Marseille 147 km - Valence 120 km
Carte Michelin 332-D8

Le Gastrobar Ⓝ

CUISINE CLASSIQUE • **SIMPLE** X Aïoli avec légumes, bulots et persil ; dessert autour de la myrtille... On réalise ici des plats classiques, rehaussés de touches créatives. La salle offre l'occasion d'observer le chef au travail. Aux jours estivaux, on se déplace sur la terrasse, qui offre une jolie vue sur les vignobles.

rte de Vaison - ✆ 07 89 77 19 39 (réservation conseillée) - www.gastrobar.fr - Ouvert mai-sept.; fermé mardi et merc.

LE FAUGA

✉ 31410 (Haute-Garonne) - Alt. 200 m - Carte régionale n° **15**-B2
▶ Paris 706 km - La Massana 165 km - Toulouse 33 km
Carte Michelin 343-F4

Le Château de la Mandre

CUISINE TRADITIONNELLE • **COSY** XX Dans cette imposante bâtisse bourgeoise, le chef - qui a notamment travaillé au Maupertu à Paris - concocte une belle cuisine traditionnelle, qu'il fait évoluer au gré des saisons. Un agréable repas, une bonne adresse !

Menu 20 € (déj. en semaine)/38 €

4 r. Cazaleres - ✆ 05 61 56 74 94 - www.lechateaudelamandre.com - Fermé 1er-23 août, 21 déc.-4 janv., dim. soir, mardi soir et lundi

FAUGÈRES

✉ 07230 (Ardèche) - 110 hab. - Alt. 328 m - Carte régionale n° **23**-A3
▶ Paris 639 km - Lyon 205 km - Mende 92 km - Privas 62 km
Carte Michelin 331-G7

Domaine de Chalvêches Ⓝ

LUXE • **PERSONNALISÉ** Ceux qui recherchent le silence et la nature adoreront cet hôtel moderne dont les chambres, disséminées dans le jardin, allient luxe et personnalisation. L'un des atouts de l'établissement est son exceptionnelle piscine, avec une superbe vue sur les bois et les collines alentours...

5 chambres - †180/455 € ††180/455 € - 5 suites - ☕ 22 €

- ✆ 04 75 35 76 16 - www.domaine-chalveches.fr - Fermé janv.

FAULQUEMONT

✉ 57380 (Moselle) - 5 459 hab. - Alt. 275 m - Carte régionale n° **14**-C1
Paris 367 km - Metz 38 km - Château-Salins 29 km - Pont-à-Mousson 46 km
Carte Michelin 307-K4

au Nord 3 km par rte de St-Avold et golf - ✉ 57380 Faulquemont

Toya (Loïc Villemin)

CUISINE MODERNE • DESIGN XXX Toya ? Un célèbre lac volcanique au nord du Japon et... cette table tendance zen (grande ouverte sur la verdure) pour une éruption de saveurs ! Beaux produits, technique soignée, inspiration maîtrisée, etc. Le jeune chef, Loïc Villemin, sait associer savoir-faire, sagesse et finesse.
→ Cuisine du marché.

Menu 40 € (déj. en semaine), 55/110 €

Hostellerie du Chambellan, av. Jean-Monnet (au golf de Faulquemont)
- ✆ 03 87 89 34 22
- www.toya-restaurant.fr
- Fermé 1er-15 août, 17-31 déc., dim. soir, lundi et mardi

Hostellerie du Chambellan

BUSINESS • FONCTIONNEL Juste à côté du golf de Faulquemont, ce bâtiment récent propose des chambres à la fois sobres, contemporaines et confortables, dont certaines ont vue sur les greens. Deux options pour se restaurer : fine gastronomie au Toya, ou cuisine de brasserie et pizzas à la Mezzanine.

44 chambres - †80/99 € ††85/130 € - ☕ 11 €

av. Jean-Monnet (au golf de Faulquemont)
- ✆ 03 87 00 10 80 - www.lechambellan.fr
- Fermé 1 semaine en août et 17-31 déc.

Toya - voir les restaurants ci-dessus

FAVERGES

✉ 74210 (Haute-Savoie) - 6 970 hab. - Alt. 507 m - Carte régionale n° **23**-C1
Paris 562 km - Albertville 20 km - Annecy 27 km - Megève 35 km
Carte Michelin 328-K6 - Guide Vert Michelin Alpes du Nord

Florimont

CUISINE MODERNE • FAMILIAL XX De beaux produits, des cuissons et des techniques maîtrisées, de la recherche et du caractère : la cuisine du chef est gourmande et pleine de saveurs ; à l'image de ce filet de lieu jaune accompagné d'asperges et d'une mousse d'artichaut. Quant au cadre, d'esprit montagnard, il ne manque pas de chaleur.

Formule 20 € - Menu 32/50 € - Carte 56/80 €

Hôtel Florimont, 1006 r. du Champ-Canon, rte d'Albertville
- ✆ 04 50 44 50 05 - www.hotelflorimont.com
- Fermé 2 déc.-10 janv., dim. soir, lundi midi et sam.

Florimont

FAMILIAL • FONCTIONNEL Le Florimont ? Un mot-valise composé de "fleur" et "mont" pour une enseigne qui dit vrai. Vue sur le mont Blanc, situation privilégiée près d'un golf et, pour ne rien gâcher, des chambres parfaitement tenues, un copieux petit-déjeuner où l'on savoure les délicieuses confitures maison, et un restaurant bien gourmand !

27 chambres - †78/87 € ††92/120 € - ☕ 11 € - ½ P

1006 r. du Champ-Canon, rte d'Albertville
- ✆ 04 50 44 50 05 - www.hotelflorimont.com
- Fermé 2 déc.-10 janv.

Florimont - voir les restaurants ci-dessus

au Tertenoz 4 km au Sud-Est par D12 et rte secondaire – ✉ 74210 Seythenex

Au Gay Séjour

CUISINE TRADITIONNELLE • ÉLÉGANT XX Cette ferme-auberge du 17e s. a fière allure : belle vue sur la vallée, décor contemporain haut en couleurs... pour une cuisine traditionnelle fort alléchante, à l'instar de la féra de nos lacs alpins, écrasé de pomme de terre et crème au tamié de l'Abbaye, ou de ce joli carré d'agneau d'Aiton en Savoie rôti !

Formule 35 € – Menu 42/88 € – Carte 50/75 €

11 chambres – †88/108 € ††112/132 € – ☕ 15 €

58 rte de Tertenoz – ✆ 04 50 44 52 52 – www.hotel-gay-sejour.com – Fermé dim. soir et lundi

FAVERNEY

✉ 70160 (Haute-Saône) – 928 hab. – Alt. 235 m – Carte régionale n° **9**-B1

▶ Paris 364 km – Besançon 70 km – Lure 48 km – Vesoul 21 km

Carte Michelin 314-E6 – Guide Vert Michelin Franche-Comté Jura

à Breurey-lès-Faverney 3 km au Sud-Est par D434 et D6 – ✉ 70160 – 580 hab. – Alt. 233 m

Château de la Presle

DEMEURE HISTORIQUE • GRAND LUXE Vous rêvez d'un week-end de charme à la campagne ? Ce château du 19es., dans un parc de 6 ha, devrait vous plaire ! Les chambres sont ravissantes (toile de Jouy, style gustavien, etc.), sans parler du salon avec piano, du billard sous les combles et de l'espace bien-être. Cuisine bourgeoise servie dans une salle élégante.

5 chambres ☕ – †110/135 € ††120/155 €

3 r. Louis-Pergaud – ✆ 03 84 91 41 70 – www.chateaudelapresle.com

FAVIÈRES

✉ 80120 (Somme) – 462 hab. – Alt. 1 m – Carte régionale n° **19**-A1

▶ Paris 212 km – Abbeville 22 km – Amiens 77 km – Berck-Plage 27 km

Carte Michelin 301-C6

Les Saules

TRADITIONNEL • PERSONNALISÉ Envie d'une étape au calme, après avoir visité le parc ornithologique du Marquenterre ? Ces Saules sont tout indiqués ! Les chambres, bien équipées, ont vue sur le jardin ou la campagne environnante. Espace spa avec jacuzzi, hammam, sauna...

21 chambres – †99/134 € ††99/155 € – ☕ 12 € – ½ P

1075 r. des Forges – ✆ 03 22 27 04 20 – www.hotel-baie-somme.com

FAVONE – 2A (Corse-du-Sud) ➔ Voir Corse

FAYENCE

✉ 83440 (Var) – 5 460 hab. – Alt. 350 m – Carte régionale n° **21**-C3

▶ Paris 884 km – Castellane 55 km – Draguignan 30 km – Fréjus 36 km

Carte Michelin 340-P4 – Guide Vert Michelin Côte d'Azur

La Table d'Yves

CUISINE MODERNE • ÉLÉGANT X Les vignes et le village de Fayence pour décor ! L'été, on s'installe sur la terrasse de cette jolie maison en laissant le temps filer... Douce quiétude et agréables saveurs : Yves Merville concocte de bonnes recettes aux accents du terroir, avec de jolis produits du marché. On se régale !

Menu 32/62 € – Carte 43/78 €

1357 rte de Fréjus, 2 km par D563 – ✆ 04 94 76 08 44 – www.latabledyves.com – Fermé jeudi sauf le soir en saison et merc.

La Farigoulette

CUISINE TRADITIONNELLE • RUSTIQUE Des murs en pierre, des poutres... et une collection de cocottes anciennes (une passion du chef) : cette ancienne bergerie, postée sur les hauteurs du vieux village, cultive le sens de la tradition ! Au menu, de bonnes recettes du terroir cuisinées avec des produits frais.

Formule 20 € – Menu 30/40 € – Carte 40/75 €

1 pl. du Château – 04 94 84 10 49
– Fermé 22 janv.-10 fév., 2-10 avril, 20 nov.-7 déc., mardi sauf le soir en juil.-août et merc.

Le Temps des Cerises

CUISINE TRADITIONNELLE • CONVIVIAL Une terrasse sous la tonnelle, des cuisines ouvertes sur la salle et des tableaux peints par le père du chef : l'ambiance est chaleureuse et provençale, même si ce dernier est d'origine hollandaise ! Tarte tatin de foie gras, tartare d'huîtres, rognon de veau : on y chante "le temps des cerises" sans nostalgie.

Menu 30 € (déj.)/43 € – Carte 48/54 €

2 pl. de la République
– 04 94 76 01 19 – www.restaurantletempsdescerises.fr
– Fermé 8 nov.-14 déc., mardi et merc.

à l'Ouest par rte de Seillans (D19) et rte secondaire – 83440 Fayence :

Le Castellaras (Quentin Joplet)

CUISINE PROVENÇALE • CONVIVIAL Cette maison, avec son jardin arboré à flanc de colline avec le village pour toile de fond, propose une table aux couleurs de la Provence, inspirée par le marché et les saisons – ainsi ce tartare de bar, mangue et betterave. Quelques chambres pour l'étape.

→ Œuf de nos poules mollet sur un lit de pois chiche bio de Rocbarron. Pigeonneau fermier cuit sur coffre découpé en salle. Soufflé chaud au parfum de saison.

Menu 45 € (déj.), 65/89 € – Carte environ 80 €

4 chambres – 120 € 150 €

461 chemin Peymeyan, à 4 km
– 04 94 76 13 80 – www.restaurant-castellaras.com
– Fermé 2 janv.-13 fév., lundi et mardi de sept. à juin. En juil.-août fermé lundi et le midi en semaine

L'Escourtin

CUISINE TRADITIONNELLE • RUSTIQUE L'Escourtin, c'est ce panier utilisé pour ramasser la pâte, après la presse des olives. La carte est dans le ton de cet ancien moulin à huile : rustique et provençale. Parmi les classiques indémodables : fleurs de courgettes en farce de gamberoni, casserole de homard rôti aux légumes de saison, soufflé au Grand Marnier.

Formule 24 € – Menu 36/69 € – Carte 47/79 €

9 chambres – 60/98 € 88/148 € – 1 suite – 11 €

Hôtel Moulin de la Camandoule, chemin de Notre-Dame, à 2 km
– 04 94 76 00 84 – www.camandoule.com
– Fermé lundi midi et mardi midi en juil.-août, jeudi sauf le soir de mai à sept. et merc. sauf le soir en juil.-août

LE FAYET – 74 (Haute-Savoie) → Voir St-Gervais-les-Bains

FÉCAMP

76400 (Seine-Maritime) – 19 262 hab. – Alt. 15 m – Carte régionale n° **17**-C1
Paris 201 km – Amiens 165 km – Caen 113 km – Dieppe 66 km
Carte Michelin 304-C3 – Guide Vert Michelin Normandie Vallée de la Seine

La Marée

POISSONS ET FRUITS DE MER • CONVIVIAL Cette Marée se trouve au premier étage d'une maison donnant grand sur le port : qui dit mieux ? Le chef fait la preuve de son savoir-faire à travers une cuisine de la mer pleine de fraîcheur et exécutée dans les règles : pot de hareng traditionnel, sole et pommes de terre vapeur... On fait le plein d'iode !

Formule 19 € – Menu 24 € (semaine) – Carte 34/53 €

Plan : A1-v – *77 quai Bérigny (1er étage) – 02 35 29 39 15 – www.restaurant-maree-fecamp.fr – Fermé janv., jeudi soir, dim. soir et lundi hors saison*

Auberge de la Rouge

CUISINE TRADITIONNELLE • COSY La Rouge ? L'histoire raconte que c'est la dame à chevelure rousse qui ouvrit cette auberge en 1894... On y vient aujourd'hui pour profiter d'une bonne cuisine traditionnelle ; les menus sont alléchants, tout comme les prix !

Formule 17 € – Menu 25/58 € – Carte 60/110 €

8 chambres – 69 € 69 € – 9 €

Hors plan – *445 rte du Havre, à l'Est 2 km par D925 – 02 35 28 07 59 – www.auberge-rouge.com – Fermé dim. soir et lundi*

Le Vicomté

CUISINE TRADITIONNELLE • BISTRO Non loin des riches façades du palais Bénédictine, une petite maison qui cultive la bonhomie et la simplicité : affiches humoristiques, vieilles photos... sans oublier le patron en salle avec son grand tablier. Beaucoup de cœur dans l'accueil comme dans la cuisine de la patronne, inspirée du marché !

Menu 21 €

Plan : A1-e – *4 r. du Président-René-Coty – 02 35 28 47 63 (réservation conseillée) – Fermé vacances du printemps, 21 août-3 sept., 17-31 déc., dim., merc. et fériés*

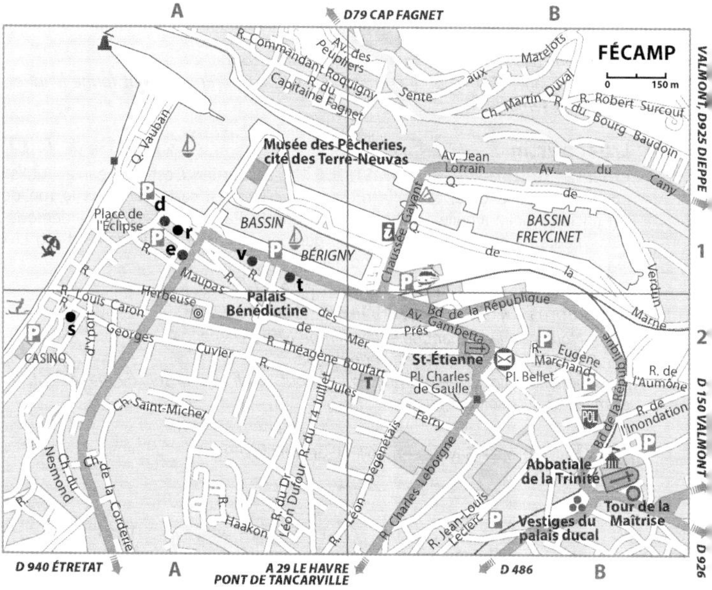

La Marine

POISSONS ET FRUITS DE MER • RUSTIQUE Une adresse simple et sympathique, menée par une équipe soucieuse du plaisir des clients. L'enseigne dit tout : priorité au poisson et aux fruits de mer ! La salle de l'étage réserve une petite vue sur le port de plaisance.

Menu 15 € (semaine), 22/36 € - Carte 30/45 €

Plan : A1-d - *23 quai de la Vicomté - 02 35 28 15 94 - Fermé 1 semaine en juin , 2 semaines en janv., mardi soir de sept. à juin et merc.*

Le Piano de Jean-Noël

CUISINE MODERNE • BISTRO Après avoir travaillé auprès d'Alexandre Bourdas à Honfleur, Jean-Noël Ganachas a décidé de se lancer en solo. C'est au marché qu'il puise, chaque matin, son inspiration. Le chef a de l'instinct : fines et créatives, fraîches et savoureuses, ses assiettes font mouche... Joli choix de vins de propriétaires.

Menu 22 € (déj. en semaine)/27 € - Carte 28/50 €

Plan : A1-t - *63 quai Bérigny - 02 35 10 86 06 - Fermé lundi et mardi*

Le Grand Pavois

BUSINESS • CONTEMPORAIN Sa façade moderne pavoise sur les quais : une situation idéale ! Les prestations sont de qualité : décor contemporain et boisé, confort (excellente literie, bonne insonorisation), accueil aimable... et le petit-déjeuner se prend face aux bateaux. L'un des meilleurs hôtels de la région.

35 chambres - 103/229 € 103/229 € - 17 €

Plan : A1-r - *15 quai de la Vicomté - 02 35 10 01 01 - www.hotel-grand-pavois.com*

Hôtel d'Angleterre

TRADITIONNEL • COSY Un hôtel accueillant, non loin de la plage : les chambres, gaies et cosy, sont agréables après une journée de baignade. Au rez-de-chaussée, on trouve un pub très fréquenté et une crêperie non moins sympathique !

25 chambres - 75/103 € 75/103 € - 2 suites - 8,50 € - ½ P

Plan : A2-s - *91 r. de la Plage - 02 35 28 01 60 - www.hotelangleterre.com*

FEILLENS

01570 (Ain) - 3 147 hab. - Alt. 186 m - Carte régionale n° **23**-B1
Paris 398 km - Bourg-en-Bresse 36 km - Lyon 80 km - Mâcon 8 km
Carte Michelin 328-C2

La Feillentine

CUISINE TRADITIONNELLE • DESIGN Juste à côté de l'église du village, entrez donc dans la cour de cette bâtisse en pierres apparentes, installez-vous sur la terrasse ombragée et laissez-vous servir... Au menu : une cuisine traditionnelle et goûteuse, réalisée par un jeune chef qui a déjà acquis une belle expérience dans la région.

Menu 18 € (déj. en semaine), 26/44 € - Carte 37/49 €

210 rte de l'Église - 03 85 30 03 53 - www.lafeillentine.fr - Fermé août, sam. midi, dim. soir, mardi soir, merc. soir et lundi

LE FEL - 12 (Aveyron) → Voir Entraygues-sur-Truyères

FELDBACH

68640 (Haut-Rhin) - 461 hab. - Alt. 410 m - Carte régionale n° **1**-A3
Paris 461 km - Altkirch 14 km - Basel 34 km - Belfort 46 km
Carte Michelin 315-H11

Cheval Blanc

CUISINE TRADITIONNELLE • ÉLÉGANT XX Dans cette maison typique du Sundgau, la cuisine est une passion qui se transmet de génération en génération. À la suite de son père, le jeune chef est désormais seul aux fourneaux. Il y réalise de belles recettes traditionnelles teintées de modernité, avec un penchant particulier pour le gibier... Très beau choix de vins.

Menu 14 € (déj. en semaine), 22/53 € - Carte 26/53 €

1 r. Bisel - 03 89 25 81 86 - www.cheval-blanc-feldbach.fr - Fermé 16 fév.-2 mars, 5-20 juil., mardi et merc.

FELICETO - 2B (Haute-Corse) → Voir Corse

FENOUILLET

31150 (Haute-Garonne) - 5 121 hab. - Alt. 125 m - Carte régionale n° **15**-B2
Paris 671 km - Albi 82 km - Montauban 49 km - Toulouse 13 km
Carte Michelin 343-G2

Le Virgil

CUISINE TRADITIONNELLE • COSY XX "Virgil", c'est la contraction de Virginie et Gilles, le charmant couple aux commandes. Dans un intérieur cosy, on se retrouve autour de plats du terroir, simples et copieux : cassoulet toulousain, selle d'agneau rôtie au jus de thym et son gratin dauphinois... Goûteux et gourmand !

Formule 17 € - Menu 30/37 € - Carte environ 45 €

40 r. Jean-Jaurès - 05 61 09 14 72 - www.levirgil.com - Fermé 2-20 août, sam. midi, dim. soir, mardi soir, merc. soir et lundi

FÈRE-EN-TARDENOIS

02130 (Aisne) - 3 191 hab. - Alt. 180 m - Carte régionale n° **19**-C3
Paris 111 km - Château-Thierry 23 km - Laon 55 km - Reims 50 km
Carte Michelin 306-D7

Château de Fère

CUISINE MODERNE • ÉLÉGANT XXX Noblesse des vieilles pierres et d'un parc soigné, élégance de salles en enfilade tout en boiseries et parquet d'origine, fresques à la gloire des fables de la Fontaine, mobilier classique, etc. : un lieu plein de cachet, pour une cuisine gastronomique actuelle associée à une superbe carte de vins, notamment de champagnes...

Menu 38 € (déj. en semaine), 68/90 € - Carte 76/92 €

rte de Fismes, 3 km au Nord par D967 - 03 23 82 21 13 - www.chateaudefere.com - Ouvert avril-déc. et fermé lundi midi, mardi midi et merc. midi

Château de Fère

HISTORIQUE • GRAND LUXE Non loin se dressent les vestiges du château d'Anne de Montmorency. En pleine forêt et au grand calme, cette belle demeure du 16e s. est chargée d'histoire, mais vit au présent : piscine, spa, chambres confortables...

27 chambres - 240/720 € 240/720 € - 2 suites - 25 € - ½ P

rte de Fismes, 3 km au Nord par D967 - 03 23 82 21 13 - www.chateaudefere.com - Ouvert avril-déc.

Château de Fère - voir les restaurants ci-dessus

FERNEY-VOLTAIRE

01210 (Ain) - 8 844 hab. - Alt. 430 m - Carte régionale n° **25**-F1
Paris 499 km - Bellegarde-sur-Valserine 37 km - Genève 10 km - Gex 10 km
Carte Michelin 328-J3 - Guide Vert Michelin Franche-Comté Jura

Restaurant de France

CUISINE MODERNE • COSY Il est des lieux où l'on se sent bien dès la porte franchie ; tel est le cas du restaurant de l'hôtel de France. Ici, le chef propose une cuisine plutôt actuelle, qui change au gré des saisons, et célèbre les produits des marchés du pays de Gex, du Léman et de Bresse. Aux beaux jours, on profite de la terrasse ombragée.

Formule 16 € - Menu 32 € (déj. en semaine), 49/75 € - Carte 58/77 €

Hôtel de France, 1 r. de Genève - 04 50 40 63 87 - www.hotelfranceferney.com - Fermé 29 juil.-21 août, 23 déc.-8 janv., sam. midi, dim. et lundi

Hôtel de France

HISTORIQUE • COSY Cette maison du 18e s. a su conserver le charme de l'ancien (pierres et poutres, escalier d'époque). Les chambres sont confortables et coquettes avec leurs boutis et leurs meubles de famille ; on profite d'un copieux petit déjeuner sous forme de buffet.

14 chambres - 79/115 € 99/130 € - 10 € - ½ P

1 r. de Genève - 04 50 40 63 87 - www.hotelfranceferney.com - Fermé 28 juil.-21 août et 23 déc.-8 janv.

Restaurant de France - voir les restaurants ci-dessus

FERRALS-LES-CORBIÈRES

11200 (Aude) - 1 174 hab. - Alt. 60 m - Carte régionale n° **12**-B3
Paris 807 km - Albi 145 km - Montpellier 119 km - Perpignan 85 km
Carte Michelin 344-H4

En Catimini

CUISINE MODERNE • CLASSIQUE L'archétype de l'hôtel particulier (1884) avec son grand escalier, ses moulures, et même un patio. Une mère et sa fille y concoctent "des plats qui voyagent", où les produits régionaux rencontrent le wasabi ou le lait de coco... A déguster sur la jolie terrasse, accompagnés des vins choisis par le patron sommelier.

Formule 19 € - Menu 22 € (déj. en semaine), 40/90 € - Carte 44/80 €

16 pl. de la République - 04 68 41 62 53 - www.en-catimini.fr - Fermé 1er janv.- 20 mars, 1 semaine début sept., sam. midi, dim. soir et lundi sauf août

FERRETTE

68480 (Haut-Rhin) - 779 hab. - Alt. 470 m - Carte régionale n° **1**-A3
Paris 467 km - Altkirch 20 km - Basel 28 km - Belfort 52 km
Carte Michelin 315-H12

à Moernach 5 km à l'Ouest par D473 - 68480 - 542 hab. - Alt. 470 m

Aux Deux Clefs

CUISINE MODERNE • TRADITIONNEL Jolie maison à colombages typique du Sundgau. Salle à manger cossue ornée de tableaux et carte traditionnelle. Accueillantes chambres fonctionnelles dans l'annexe voisine.

Menu 13 € (déj. en semaine), 19/75 € - Carte 36/74 €

7 chambres - 48/85 € 65/85 € - 11 €

218 r. Hennin-Blenner - 03 89 40 80 56 - www.aux2clefs.com - Fermé 10 jours en juil., 1 semaine en nov., 2 semaines en fév., merc. et jeudi

à Lutter 8 km au Sud-Est par D23 - ✉ 68480 - 291 hab. - Alt. 428 m

L'Auberge Paysanne

CUISINE TRADITIONNELLE • FAMILIAL XX Non loin de la frontière suisse, une maison pleine d'âme (vieilles photos, poêle en faïence, etc.), tenue en famille. Le chef, d'origine méditerranéenne, concocte une cuisine traditionnelle aux légères fragrances du Sud. Besoin de repos ? L'ancienne ferme voisine vous réserve d'agréables chambres d'esprit campagnard.

Formule 12 € - Menu 14 € (déj. en semaine), 28/48 € - Carte 29/54 €
15 chambres - 🚹60/80 € 🚹🚹60/80 € - ☕10 €

1 r. de Wolschwiller - ✆ 03 89 40 71 67 - www.auberge-hostellerie-paysanne.com - Fermé 27 juin-11 juil., 19 déc.-10 janv., dim. soir de fin oct. à fin mars, mardi midi et lundi

LA FERRIÈRE-AUX-ÉTANGS - 61 (Orne) → Voir Flers

FERRIÈRES-EN-GÂTINAIS

✉ 45210 (Loiret) - 3 530 hab. - Alt. 96 m - Carte régionale n° **6**-D2
▶ Paris 99 km - Auxerre 81 km - Fontainebleau 40 km - Montargis 12 km
Carte Michelin 318-N3 - Guide Vert Michelin Bourgogne

L'Abbaye

TRADITIONNEL • FONCTIONNEL Cet hôtel doit son nom à l'abbaye bénédictine de St-Pierre-et-St-Paul. L'ensemble est rustique, exceptées certaines chambres récemment rénovées. Parfait pour un court séjour dans la région. Des fresques rappellent le combat de Pépin le Bref contre un lion dans les douves de Ferrières.

31 chambres - 🚹80/89 € 🚹🚹80/125 € - ☕10 € - ½ P

carrefour des Trois-Platanes - ✆ 02 38 96 53 12 - www.hotel-abbaye.fr

LA FERTÉ-BEAUHARNAIS

✉ 41210 (Loir-et-Cher) - 529 hab. - Alt. 101 m - Carte régionale n° **6**-C2
▶ Paris 183 km - Blois 46 km - Orléans 45 km - Vierzon 56 km
Carte Michelin 318-I6 - Guide Vert Michelin Châteaux de la Loire

Auberge le Beauharnais (N)

CUISINE TRADITIONNELLE • AUBERGE X Dans un petit bourg de Sologne, cette auberge est tenue en famille : père et fils composent une cuisine de saison fidèle à ses racines, mais tournée vers la modernité. Côté produits, ils privilégient les livraisons de petits fournisseurs (légumes, poissons de la Loire, viandes), pour notre plus grand plaisir.

Formule 21 € - Menu 28 € (déj. en semaine), 34/55 €

18 r. Napoléon-III - ✆ 02 54 83 64 36 - www.aubergelebeauharnais-restaurant-41.fr - Fermé lundi soir, mardi soir et merc.

Château de la Ferté Beauharnais

DEMEURE HISTORIQUE • PERSONNALISÉ Ce château fut la résidence de la famille de Beauharnais, et notamment de Joséphine, première épouse de Napoléon. On s'y repose dans des chambres de style (parquet, moulures, cheminée). Grand parc où il fait bon se promener.

4 chambres ☕ - 🚹145 € 🚹🚹145 €

172 r. du Prince-Eugène - ✆ 02 54 83 72 18 - www.chateaudebeauharnais.com

LA FERTÉ-BERNARD

✉ 72400 (Sarthe) - 9 074 hab. - Alt. 90 m - Carte régionale n° **18**-D1
▶ Paris 164 km - Alençon 56 km - Chartres 79 km - Châteaudun 65 km
Carte Michelin 310-M5 - Guide Vert Michelin Pays de la Loire

Restaurant du Dauphin

CUISINE MODERNE • TENDANCE XX Cette jolie demeure du 16e s. au pied de la porte St-Julien propose une cuisine maison et dans l'air du temps, avec quelques touches exotiques – ce ceviche de thon au lait de coco-gingembre en est un bon exemple –, à déguster dans une salle aux tons gris et framboise. Belle sélection de vins au verre.

Formule 19 € – Menu 22 € (semaine), 32/85 € – Carte 46/60 €

3 r. d'Huisne (accès piétonnier) – ✆ 02 43 93 00 39 – www.restaurant-du-dauphin.com – Fermé 1 semaine vacances de Pâques, 2 semaines en août, jeudi soir, dim. soir et lundi

Au Bistronome

CUISINE TRADITIONNELLE • BISTRO X L'intérieur, lumineux et haut de plafond, est décoré à la façon d'un bistrot contemporain. Même philosophie dans l'assiette, qui met en avant la tradition avec notamment de bonnes grillades au charbon de bois – côte de bœuf, entrecôte, andouillette, thon, sole... – préparées directement dans la salle. Simple et généreux !

Formule 18 € – Menu 22 € (déj. en semaine)/32 € – Carte 36/66 €

11 r. Bourgneuf – ✆ 02 43 93 21 58 – Fermé 2 semaines en août et dim.

LA FERTÉ-ST-AUBIN

45240 (Loiret) – 7 199 hab. – Alt. 114 m – Carte régionale n° **6**-C2

Paris 153 km – Blois 62 km – Orléans 23 km – Romorantin-Lanthenay 45 km

Carte Michelin 318-I5 – Guide Vert Michelin Châteaux de la Loire

L'Orée des Chênes

MAISON DE CAMPAGNE • PERSONNALISÉ Un agréable parc, un étang, une piscine et... ces jolies maisons solognotes, avec des chambres accueillantes, feutrées, chics et bucoliques. Quiétude, verdure et confort !

26 chambres – 114/170 € 130/180 € – 16 € – ½ P

3,5 km au Nord-Est par rte de Marcilly – ✆ 02 38 64 84 00 – www.loreedeschenes.com

LA FERTÉ-ST-CYR

41220 (Loir-et-Cher) – 1 042 hab. – Alt. 82 m – Carte régionale n° **6**-C2

Paris 170 km – Blois 32 km – Orléans 37 km – Romorantin-Lanthenay 35 km

Carte Michelin 318-H6

La Diligence

TRADITIONNEL • CONTEMPORAIN Ne manquez pas cette Diligence ! Sur l'axe principal de la ville, sa façade a du cachet ; derrière, le petit jardin à la française a beaucoup de charme. Les chambres, parées de couleurs vives, se révèlent confortables et bien entretenues.

11 chambres – 95/105 € 95/105 € – 12 € – ½ P

13 r. du Bourg – ✆ 02 54 87 90 14 – www.hotel-ladiligence.com

FEURS

42110 (Loire) – 7 893 hab. – Alt. 343 m – Carte régionale n° **23**-A2

Paris 433 km – Lyon 69 km – Montbrison 24 km – Roanne 38 km

Carte Michelin 327-E5 – Guide Vert Michelin Lyon et sa région

Chalet de la Boule d'Or

CUISINE TRADITIONNELLE • TRADITIONNEL XX Au menu de ce restaurant traditionnel, une cuisine bien maîtrisée et sûre de ses classiques : filet de bœuf et gratin dauphinois aux morilles, homard thermidor, rognons à la moutarde, etc. Les habitués vous le diront : il ne faut pas manquer de profiter du menu déjeuner, à l'excellent rapport qualité-prix.

Formule 14 € – Menu 19 € (semaine), 29/47 € – Carte 43/61 €

42 r. Cassin (rte de Lyon) – ✆ 04 77 26 20 68 (réservation conseillée) – www.chaletlabouledor.com – Fermé 1 semaine en fév., 1 semaine en mai, 24 juil.-13 août, merc. soir, dim. soir et lundi

Etésia

TRADITIONNEL • FONCTIONNEL À la sortie de la ville, cet hôtel fonctionnel de plain pied est très bien tenu. L'accueil sympathique des propriétaires ajoute à l'intérêt de l'étape, comme le jardin arboré. Bon rapport qualité-prix.

15 chambres - 60/67 € 66/73 € - 10 €

4 chemin des Monts, rte de Roanne - 04 77 27 07 77 - www.hoteletesia.fr

FEYTIAT

87220 (Haute-Vienne) - 6 125 hab. - Alt. 365 m - Carte régionale n° **13**-B2

Paris 398 km - Limoges 9 km - Saint-Junien 41 km - Panazol 5 km

Carte Michelin 325-E6

Prieuré du Puy Marot

FAMILIAL • PERSONNALISÉ Surplombant la vallée de la Valoine, ce prieuré du 12e s., plusieurs fois remanié, coule des jours paisibles au milieu d'un beau jardin. Du style, un accueil charmant et ce petit supplément d'âme qui fait la différence. Le soir, cuisine traditionnelle.

3 chambres - 85 € 95 €

8 allée du Puy-Marot, 2 km au Nord-Est par rte de St-Just-le-Martel (D98) - 05 55 48 33 97

FIGEAC

46100 (Lot) - 9 783 hab. - Alt. 214 m - Carte régionale n° **15**-C1

Paris 578 km - Aurillac 64 km - Rodez 66 km - Villefranche-de-Rouergue 36 km

Carte Michelin 337-I4

La Cuisine du Marché

CUISINE TRADITIONNELLE • TRADITIONNEL XX La vieille ville est un bel écrin pour ce restaurant agréable, dont le nom est déjà un manifeste ! On utilise de bons produits du marché pour réaliser une cuisine simple et goûteuse, mâtinée de quelques touches espagnoles - origines du chef obligent.

Formule 19 € - Menu 32/52 € - Carte 44/50 €

Plan : B1-b - *15 r. de Clermont - 05 65 50 18 55 - www.lacuisinedumarchefigeac.com - Fermé 4 janv.-13 fév., lundi midi et dim.*

La Dînée du Viguier

CUISINE CLASSIQUE • HISTORIQUE XX Au cœur de la cité médiévale, dans l'ancienne salle des gardes du château du Viguier : haut plafond de poutres peintes, cheminée au manteau sculpté... et cuisine d'un beau classicisme : carpaccio de homard aux légumes, ravioles de foie de canard, tourte quercynoise (foie gras, morilles, truffes)...

Formule 24 € - Menu 33/80 € - Carte 65/80 €

Plan : B1-s - *4 r. Boutaric - 05 65 50 08 08 - www.ladineeduviguier.fr - Fermé 17-30 nov., 19 janv.-8 fév., dim. soir, sam. midi et lundi*

Le Pont d'Or

BUSINESS • FONCTIONNEL Cet hôtel borde le Célé, face à la vieille ville. Les chambres y sont confortables ; préférez celles avec vue sur la rivière. Sauna, piscine et fitness sur le toit. Agréable bar à vins.

35 chambres - 70/180 € 70/180 € - 12 € - ½ P

Plan : B2-x - *2 av. Jean-Jaurès - 05 65 50 95 00 - www.hotelpontdor.com*

Le Quatorze

HÔTEL PARTICULIER • CONTEMPORAIN Sur une petite place au cœur du vieux Figeac, ce joli hôtel accueille quatorze chambres confortables et simplement décorées, avec un beau mobilier - frêne, châtaignier - et tout le confort nécessaire. Au petit-déjeuner, on profite des bons produits bio du terroir.

14 chambres - 67/105 € 67/105 € - 12 €

Plan : B1-a - *14 pl. de l'Estang - 05 65 14 08 92 - www.le-quatorze.fr - Fermé 16 déc.-16 janv.*

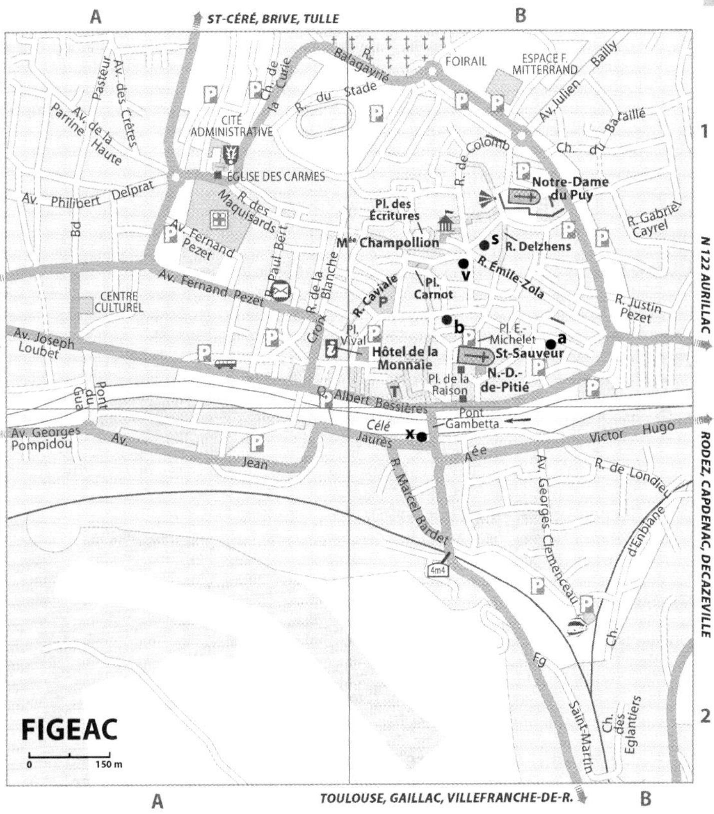

Le Champollion

URBAIN • CONTEMPORAIN Une maison médiévale sur la jolie place Champollion, face au "moucharabieh typographique" (2009) qui rehausse la façade du musée éponyme. Chambres simples et épurées, avec futons à la façon japonaise.

10 chambres – 53/56 € 60/62 € – 8 €

Plan : B1-v – *3 pl. Champollion – 05 65 34 04 37*

à Capdenac-le-Haut 5 km à l'Est par D840 – 46100

Le Relais de la Tour

FAMILIAL • PERSONNALISÉ Cette maison villageoise du 15e s., entièrement restaurée, fait face à une tour médiévale qui surplombe la vallée du Lot. Esprit contemporain dans les chambres et plats du terroir au restaurant.

11 chambres – 59/67 € 67/93 € – ½ P

pl. Lucter – 05 65 11 06 99 – www.lerelaisdelatour.fr – Fermé 20 fév.-7 mars et les vacances de la Toussaint

FITOU

11510 (Aude) – 1 013 hab. – Alt. 38 m – Carte régionale n° **12**-B3

Paris 823 km – Carcassonne 90 km – Narbonne 40 km – Perpignan 29 km

Carte Michelin 344-I5

Le Toit Vert

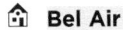

CUISINE MODERNE • CONVIVIAL Sur les hauteurs d'un village viticole, cette maison récente a été conçue avec des matériaux écologiques : le restaurant doit son nom à son toit végétalisé. Le chef propose des recettes au gré de ses découvertes chez les producteurs locaux : il en résulte une cuisine fraîche et sympathique. Quelques chambres.

Menu 27/33 €

3 chambres - 55 € 70 €

chemin les Pujades - 04 68 70 47 38 - www.letoitvert.com - Ouvert fin mars-fin sept. et fermé mardi, merc. et jeudi

FLAGEY-ÉCHEZEAUX - 21 (Côte-d'Or) → Voir Vougeot

FLAMANVILLE

50340 (Manche) - 1 739 hab. - Alt. 74 m - Carte régionale n° **17**-A1

Paris 371 km - Barneville-Carteret 23 km - Cherbourg 27 km - Valognes 36 km

Carte Michelin 303-A2 - Guide Vert Michelin Normandie Cotentin

Bel Air

TRADITIONNEL • COSY Une jolie dépendance du château, appréciée pour son grand calme. Les chambres, toutes différentes, sont propres et coquettes, dans un esprit province. Accueil charmant.

11 chambres - 90/120 € 90/120 € - 12 €

2 r. du Château - 02 33 04 48 00 - www.hotelbelair-normandie.com - Fermé 20 déc.-15 fév.

FLAYOSC - 83 (Var) → Voir Draguignan

LA FLÈCHE

72200 (Sarthe) - 14 963 hab. - Alt. 33 m - Carte régionale n° **18**-C2

Paris 244 km - Angers 52 km - Laval 70 km - Le Mans 44 km

Carte Michelin 310-I8 - Guide Vert Michelin Pays de la Loire

Le Moulin des Quatre Saisons (Camille Constantin)

CUISINE MODERNE • TENDANCE Une flèche en plein cœur, au cœur de La Flèche : au centre de la ville, Cupidon semble veiller sur ce beau moulin du 17e s. posé sur les eaux du Loir ! Un cadre enchanteur... pour une cuisine actuelle, rythmée par les saisons et accompagnée de beaux vins, certains d'Autriche - pays d'origine de la propriétaire.

→ Sphère de foie gras mi-cuit, chapelure de pain d'épice et pistaches. Ris de veau aux morilles légèrement crémées. Soufflé au Cointreau et sa glace, tuile craquante.

Formule 28 € - Menu 33 € (déj. en semaine), 43/92 € - Carte 75/100 €

Plan : B1-e - *r. Gallieni - 02 43 45 12 12 - www.camilleconstantin.com - Fermé vacances de fév. et de la Toussaint, merc. soir, dim. soir et lundi*

Le Gentleman

URBAIN • PERSONNALISÉ Sens de l'accueil, élégance et raffinement : un véritable hôtel de gentlemen ! Les chambres, toutes personnalisées, rivalisent de style et de confort ; le salon-bibliothèque, avec son canapé, ses boiseries et sa cheminée, est également plein de charme.

14 chambres - 75/115 € 85/125 € - 11 €

Plan : B1-b - *17 r. de la Tour-d'Auvergne - 02 43 45 89 36 - www.legentleman.fr*

FLERS

61100 (Orne) - 14 968 hab. - Alt. 270 m - Carte régionale n° **17**-B2

Paris 234 km - Alençon 73 km - Argentan 42 km - Caen 60 km

Carte Michelin 310-F2 - Guide Vert Michelin Normandie Cotentin

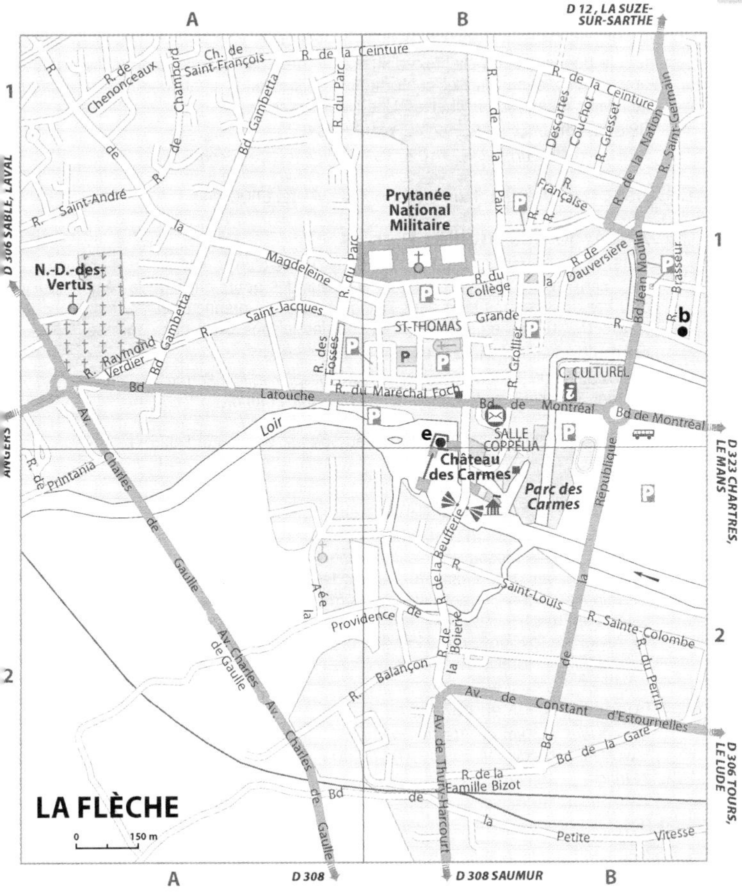

Au Bout de la Rue

CUISINE MODERNE • COSY XX Gagnez le Bout de la Rue pour découvrir cette maison tenue par un jeune couple dynamique, Anaïs en salle et Yohan aux fourneaux. Ce dernier, passé par de belles maisons, signe des recettes pétillantes et maîtrisées : panacotta de Pont-l'Evêque, tartare de bœuf coupé au couteau... Du joli travail.

Formule 19 € – Menu 24/48 € – Carte 30/50 €

60 r. de la Gare – ☏ 02 33 65 31 53 – www.auboutdelarue.com
– Fermé 30 avril-9 mai, 30 juil.-20 août, 2-7 janv., merc. soir, sam. midi et dim.

L'Atelier

CUISINE MODERNE • TENDANCE XX Dans un cadre contemporain et épuré, on apprécie une cuisine du marché déclinée au gré d'une carte resserrée, avec quelques créations plus élaborées le soir venu... Et, plus non négligeable, le chef donne même des cours de cuisine !

Formule 13 € – Menu 18 € (déj. en semaine)/29 €

115 r. Schnetz, à l'Ouest – ☏ 02 33 65 23 89 – www.restaurantlatelier.net
– Fermé 20 juil.-8 août, dim. et lundi

Ibis Styles

HÔTEL DE CHAÎNE • FONCTIONNEL Non loin de la petite gare de Flers, cet hôtel fera le bonheur de la clientèle d'affaires et des touristes de passage. Les chambres sont fonctionnelles et confortables, et l'accueil sympathique ; on se détend au bar en jouant aux fléchettes. Une étape de choix !

58 chambres - 85/120 € 99/135 €

23 r. Jacques-Durmeyer - 02 33 98 45 45 - ibisstyles.com

au Buisson-Corblin 4 km à l'Est par D924 - 61100 Flers

Auberge des Vieilles Pierres

CUISINE MODERNE • AUBERGE XXX Sous l'égide d'un couple de bons professionnels, cette auberge a su conquérir le cœur des gourmands de la région. On y déguste des recettes bien dans l'air du temps qui prennent leur origine dans la cuisine traditionnelle ; le tout rythmé par les saisons. Une bonne adresse.

Formule 18 € - Menu 28/65 € - Carte 45/64 €

- 02 33 65 06 96 - www.aubergedesvieillespierres.fr - Fermé 3 semaines en août, vacances de fév., dim. soir, mardi soir et lundi

à La Ferrière-aux-Étangs 10 km au Sud-Est par D18 et D825 - 61450 - 1 512 hab. - Alt. 304 m

Auberge de la Mine (Hubert Nobis)

CUISINE MODERNE • INTIME XX Ce tout petit coin de Normandie connut la prospérité après la découverte d'un filon de fer... Dans l'ancienne cantine des mineurs, Hubert Nobis cultive toujours les richesses de la terre avec une main de velours : technique éprouvée, parfums équilibrés... le terroir normand cuisiné comme un trésor.

➜ Ravioli de foie gras, émulsion de pomme de terre et truffe. Ris de veau piqué à l'andouille et braisé au foin. Pomme en cuisson de sept heures, sorbet riz au lait.

Formule 21 € - Menu 27 € (déj. en semaine), 39/97 € - Carte 70/76 €

le Gué-Plat, à 3 km par rte de Dompierre - 02 33 66 91 10 - www.aubergedelamine.com - Fermé 10 juil.-1er août, 2-23 janv., dim. soir, lundi et mardi

FLEURIE

69820 (Rhône) - 1 259 hab. - Alt. 320 m - Carte régionale n° **24**-E1

Paris 410 km - Bourg-en-Bresse 46 km - Lyon 58 km - Mâcon 22 km

Carte Michelin 327-H2 - Guide Vert Michelin Lyon et sa région

Auberge du Cep

CUISINE CLASSIQUE • CONVIVIAL XX Bienvenue dans cette maison emblématique du Beaujolais. Aux fourneaux, le jeune chef fait chanter le terroir régional : meurette d'œufs pochés au beaujolais, matelote d'anguille braisée, pigeonneau cuisiné en cocotte et salmis... De beaux moments gourmands en perspective.

Formule 20 € - Menu 32/58 € - Carte 64/78 €

pl. de l'Église - 04 74 04 10 77 - Fermé 25 sept.-8 oct., 2-22 janv., dim. soir et lundi

Hôtel des Grands Vins

FAMILIAL • FONCTIONNEL Le jardin borde les vignes, et l'on est vraiment au calme dans ce petit hôtel tenu en famille, aux chambres fonctionnelles et bien tenues. On profite du bassin de nage à contre-courant et, après ces quelques brasses, on peut déguster et acheter les vins du domaine.

20 chambres - 75/89 € 75/89 € - 11 €

r. de la Grappe-Fleurie, 1 km au Sud par D119E - 04 74 69 81 43 - www.hoteldesgrandsvins.com - Fermé 10 déc.-8 fév.

FLEURVILLE

✉ 71260 (Saône-et-Loire) - 484 hab. - Alt. 174 m - Carte régionale n° **4**-C3
Paris 375 km - Cluny 26 km - Mâcon 18 km - Pont-de-Vaux 8 km
Carte Michelin 320-J11 - Guide Vert Michelin Bourgogne

Château de Fleurville

DEMEURE HISTORIQUE • CLASSIQUE Dans son ravissant parc, un petit château du 17e s. en pierre bourguignonne, flanqué d'une jolie tour. Tissus tendus et meubles anciens ajoutent au caractère et à la patine des chambres. Autres agréments : la piscine (chauffée), le tennis et le restaurant gastronomique.

15 chambres - †130/250 € ††160/280 € - ☕ 18 € - ½ P

r. du Glamont - ✆ 03 85 27 91 30 - www.chateau-de-fleurville.com - Ouvert mi-avril à mi-oct.

à Mirande 3 km au Nord-Ouest - ✉ 71260

La Marande (Philippe Michel)

CUISINE MODERNE • ÉLÉGANT XX "Marander" en patois local signifie... aller manger. En cette belle maison bourgeoise, à l'élégance contemporaine, la cuisine est avant tout un art : le chef fait montre de maîtrise et de délicatesse à travers des assiettes particulièrement graphiques. Cerise(s) sur le gâteau : le beau choix de bourgognes et la superbe terrasse !

→ Fraîcheur de homard et de tourteau au quinoa et en tempura. Entrecôte de porc ibérique, haricots verts et tomate séchée. Biscuits moelleux, pâte à choux à l'abricot et son sorbet, crème lavande.

Menu 30 € (déj. en semaine), 44/85 € - Carte environ 68 €

5 chambres - †80/120 € ††80/120 € - ☕ 12 €

rte de Lugny - ✆ 03 85 33 10 24 - www.hotel-restaurant-la-marande.com - Fermé vacances de la Toussaint, 3 semaines en janv., mardi sauf le soir en juil.-août et lundi

FLEURY-SUR-ANDELLE

✉ 27380 (Eure) - 1 894 hab. - Alt. 29 m - Carte régionale n° **17**-D2
Paris 103 km - Evreux 54 km - Pontoise 69 km - Rouen 24 km

Château de Bonnemare

DEMEURE HISTORIQUE • HISTORIQUE Renaître à l'époque de la Renaissance, telle est l'expérience unique à laquelle invite cet ensemble : le châtelet d'entrée, les dépendances, la chapelle, le château lui-même, tout transporte au milieu du 16e s. ! Décors historiques, fresques, tableaux et mobilier des 17e et 18e s. : l'art de vivre dans la permanence...

5 chambres ☕ - †110/210 € ††120/235 €

à Bonnemare, 990 chemin de Bacqueville, 3,5 km par D321 et rte secondaire - ✆ 02 32 49 03 73 - www.bonnemare.com - Fermé 1er déc.-14 fév.

FLEURY-SUR-ORNE - 14 (Calvados) → Voir Caen

FLORAC

✉ 48400 (Lozère) - 1 958 hab. - Alt. 542 m - Carte régionale n° **12**-C1
Paris 622 km - Alès 65 km - Mende 38 km - Millau 84 km
Carte Michelin 330-J9

L'Adonis

CUISINE MODERNE • CONVIVIAL XX De bons produits cévenols (pélardon et châtaignes du cru, agneau et bœuf de Lozère, truite d'élevage local, coupétade...) pour une cuisine actuelle ; un service très attentionné et une jolie sélection de vins régionaux : un Adonis tout en gourmandise, feutré et accueillant.

Formule 23 € - Menu 27/55 € - Carte 42/50 €

Hôtel Gorges du Tarn, 48 r. Pêcher - ✆ 04 66 45 00 63 - www.hotel-gorgesdutarn.com - Ouvert de Pâques à la Toussaint et fermé merc. et jeudi

Gorges du Tarn

FAMILIAL • TRADITIONNEL Une sympathique auberge de village à l'entrée (ou à la sortie) des célèbres gorges du Tarn. Les chambres, très coquettes, ont été joliment décorées par une artiste locale. Dans l'annexe, six autres chambres et quatre duplex.

23 chambres – 64/98 € 64/98 € – 10 € – ½ P

48 r. Pêcher – 04 66 45 00 63 – www.hotel-gorgesdutarn.com – Ouvert de Pâques à la Toussaint et fermé merc.

L'Adonis – voir les restaurants ci-dessus

à Cocurès 5,5 km au Nord-Est par D806 et D998 – 48400 – 201 hab. – Alt. 600 m

La Lozerette

CUISINE MODERNE • ÉLÉGANT XX Dans cette charmante auberge, la propriétaire est sommelière : elle se fera un plaisir de vous guider dans l'accord de votre nectar avec la cuisine du chef, concoctée à base des meilleurs produits régionaux. Le plateau de fromages est superbe... Savoureux !

Menu 20 € (dîner en semaine), 28/55 € – Carte 37/46 €

– 04 66 45 06 04 – www.lalozerette.com – Ouvert 1er avril-12 nov. et fermé lundi midi hors saison, mardi sauf le soir en saison et merc. midi

La Lozerette

FAMILIAL • PERSONNALISÉ Dans ce hameau cévenol, une jolie demeure avec des chambres d'esprit chalet, lumineuses et toutes avec un petit balcon en bois. Une déco simple mais vraiment mignonne, pour un lieu attachant.

20 chambres – 67/100 € 67/100 € – 10 € – ½ P

– 04 66 45 06 04 – www.lalozerette.com – Ouvert 1er avril-12 nov.

La Lozerette – voir les restaurants ci-dessus

FLORANGE

57190 (Moselle) – 11 516 hab. – Alt. 170 m – Carte régionale n° **14**-B1

Paris 329 km – Grevenmacher 60 km – Luxembourg 35 km – Metz 30 km

Carte Michelin 307-H3

Villa Castellino

CUISINE ITALIENNE • TENDANCE XX Entre Florange et Thionville, non loin de l'autoroute, une belle bâtisse crème aux volets rouges, qui détonne dans le paysage ! Mais asseyons-nous en terrasse, et concentrons-nous sur la cuisine. Antipasti (carpaccio de bœuf, beignets de scampi, nems de chèvre), risotto et autres bruschettas : l'Italie n'est pas loin...

Formule 25 € – Carte 37/56 €

121 r. de l'Étoile – 03 82 82 64 89 – www.lavillacastellino.com – Fermé 21-27 fév., 29 juil.-18 août, 23 déc.-2 janv., sam. midi, dim. soir et lundi

FLUMET

73590 (Savoie) – 821 hab. – Alt. 920 m – Carte régionale n° **25**-F1

Paris 582 km – Albertville 22 km – Annecy 51 km – Chamonix-Mont-Blanc 43 km

Carte Michelin 333-M3 – Guide Vert Michelin Alpes du Nord

Cœur de Marie

FAMILIAL • PERSONNALISÉ Les mains vertes sauront que le "cœur de Marie" est une jolie fleur ancienne... Doux auspices pour ce chalet de 1810, qui se révèle très cosy, tout en bois doré, rideaux brodés et bibelots choisis. À l'étage, au coin du feu, la table d'hôte honore les spécialités savoyardes.

5 chambres – 60/70 € 70/85 €

aux Glières, 3664 route des Aravis, 5 km au Nord par D909 rte de la Giettaz – 04 79 31 38 84 – www.chalet-marie.com – Fermé en mai

FOIX

✉ 09000 (Ariège) - 9 756 hab. - Alt. 375 m - Carte régionale n° **15**-C3
Paris 762 km - Andorra-la-Vella 102 km - Carcassonne 89 km - St-Girons 45 km
Carte Michelin 343-H7

Phoebus

CUISINE MODERNE • CONVIVIAL XX Ici, le chef donne la priorité aux produits régionaux et concocte des recettes dans l'air du temps, déclinées dans une carte variée et bien composée. En prime, les gourmands profitent de la vue imprenable sur l'Ariège et le château : un vrai décor de carte postale !

Formule 19 € - Menu 29/89 € - Carte 42/56 €

3 cours Irénée-Cros - ✆ 05 61 65 10 42 - www.ariege.com/le-phoebus - Fermé de mi-juil. à mi-août, sam. midi, dim. soir et lundi

FONDAMENTE

✉ 12540 (Aveyron) - 321 hab. - Alt. 430 m - Carte régionale n° **15**-D2
Paris 679 km - Albi 109 km - Millau 43 km - Montpellier 98 km
Carte Michelin 338-K7

Baldy

CUISINE TRADITIONNELLE • RUSTIQUE X Truffes, tripoux, melsat grillé (saucisse épicée à la mie de pain et aux œufs)... Dans cette sympathique auberge familiale, le chef, ancien boucher, mise sur la fraîcheur des produits et propose une carte régionale, courte mais très alléchante. Goûtez à l'aligot à la tomme de brebis et à la poitrine de mouton farcie - un régal !

Formule 20 € - Menu 32/74 €

5 chambres - †52/56 € ††52/56 € - ☕ 10 €

Vallée de Sorgues (Bourg Fondamente) - ✆ 05 65 99 37 38 (réservation conseillée) - www.hotel-sorgues.com - ouvert Pâques-11 nov. et fermé dim. soir, lundi et mardi

FONT-ROMEU-ODEILLO-VIA

✉ 66120 (Pyrénées-Orientales) - 2 003 hab. - Alt. 1 800 m - Carte régionale n° **12**-A3
Paris 858 km - Andorra la Vella 73 km - Ax-les-Thermes 56 km - Bourg-Madame 18 km
Carte Michelin 344-D7

La Chaumière

CUISINE CATALANE • AUBERGE XX Rangez les skis ! À l'entrée de la station, on ne résiste pas à cette sympathique chaumière où le bois domine. Au menu : une belle sélection de mets catalans et de bons vins régionaux. Le patron est un amoureux des bonnes choses (viandes de choix, légumes locaux) et a même créé... une cave à jambons !

Formule 17 € - Menu 23 € (déj. en semaine), 32/59 € - Carte 39/64 €

96 av. Emmanuel-Brousse - ✆ 04 68 30 04 40 - www.restaurantlachaumiere.fr - Ouvert de juil. à sept., de déc. à avril et fermé dim. soir et lundi hors vacances scolaires

Le Grand Tétras

TRADITIONNEL • MONTAGNARD Au cœur de la station, cet hôtel familial est vraiment plaisant. Les chambres sont décorées dans un esprit contemporain et montagnard, certaines avec balcon et vue sur les Pyrénées... et il y a même un jacuzzi extérieur et une piscine couverte sur le toit.

32 chambres - †93/148 € ††93/148 € - ☕ 11 €

14 av. Emmanuel-Brousse - ✆ 04 68 30 01 20 - www.hotelgrandtetras.fr

FONTAINEBLEAU

✉ 77300 (Seine-et-Marne) - 14 908 hab. - Alt. 75 m - Carte régionale n° **10**-C3
Paris 64 km - Melun 18 km - Montargis 51 km - Orléans 89 km
Carte Michelin 312-F5 - Guide Vert Michelin Île-de-France

L'Axel (Kunihisa Goto)

CUISINE MODERNE • ÉLÉGANT XX Kunihisa Goto, le chef japonais de l'Axel, peut être fier de son travail : sa maison affiche souvent complet ! Il revisite magnifiquement la gastronomie française (oursins, soupe de truffes, langoustines), avec finesse et subtilité, au plus près des saisons. Et côté Fuumi, son annexe, les plats japonais sont cuisinés au teppanyaki devant vos yeux.

→ Œuf translucide, écume de foie gras et noisettes râpées. Ris de veau en croûte de pistache, oignon et crème de polenta. Bulle soufflée aux fruits exotiques et mousse de chocolat blanc à la vanille.

Menu 33 € (déj. en semaine), 55/98 € – Carte 100/150 €

Plan : A2-t – *43 r. de France – ✆ 01 64 22 01 57 – www.laxel-restaurant.com – Fermé 3 semaines en août, 2 semaines en janv., merc. midi, lundi et mardi*

La Table du Parc Ⓝ

CUISINE MODERNE • CONTEMPORAIN XX Mise en avant de la production locale, célébration de la tradition et du terroir : tel est le pari de cette Table du Parc, dont la cuisine a été confiée à une chef allemande au beau parcours. Ses assiettes sont justes et bien maîtrisées : on passe un bon moment.

Formule 25 € – Menu 32 € (déj. en semaine), 47/58 € – Carte 46/98 €

Plan : B2-f – *6 r. d'Avon – ✆ 01 60 70 20 00 – www.lademeureduparc.fr*

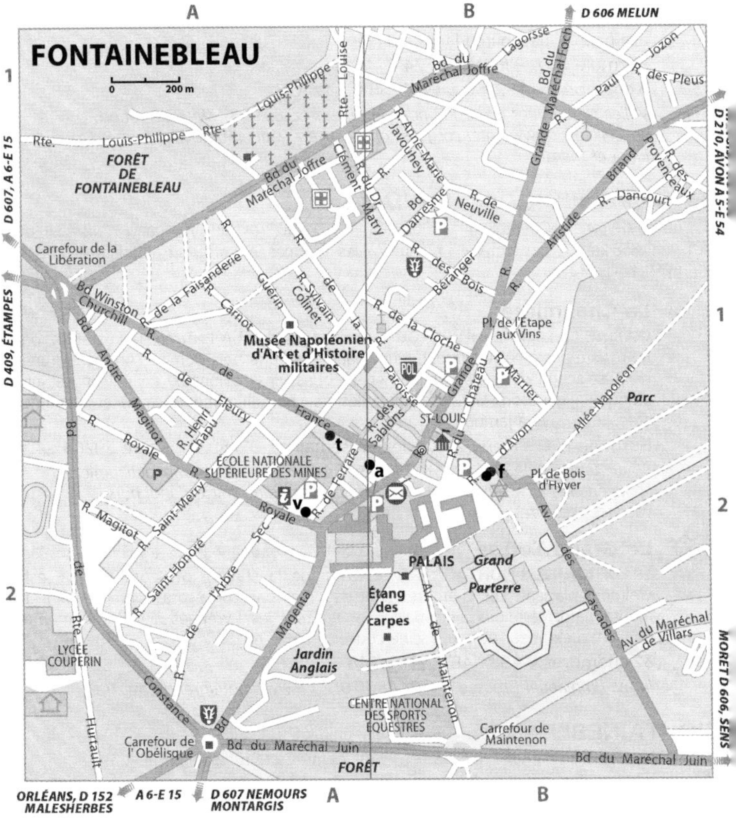

Aigle Noir

HISTORIQUE • CLASSIQUE Tout près du château, cet hôtel particulier construit au 18e s. cultive une ambiance feutrée et élégante. Les chambres ont été décorées avec soin, en particulier avec quelques beaux meubles de style Empire.

49 chambres – 113/190 € 149/299 € – 4 suites – 20 €

Plan : AB2-a – *27 pl. Napoléon-Bonaparte – 01 60 74 60 00 – www.aiglenoirhotel.com*

La Demeure du Parc

BOUTIQUE HÔTEL • DESIGN Ambiance design et contemporaine dans cet élégant boutique-hôtel du centre-ville. Les chambres, épurées et lumineuses, jouent sur les matières – bois, notamment –, et certaines d'entre elles disposent d'un balcon ou d'un petit jardin privatif.

20 chambres – 120/190 € 380/398 € – 7 suites – 18 €

Plan : B2-f – *6 r. d'Avon – 01 60 70 20 00 – www.lademeureduparc.fr*

La Table du Parc – voir les restaurants ci-dessus

Hôtel de Londres

TRADITIONNEL • PERSONNALISÉ Cet hôtel, face au château, existe depuis le 16e s. Chambres amples et insonorisées, élégamment décorées : beaux tissus, meubles rustiques et de style, gravures de chasse. Un conseil : optez pour celles qui donnent sur le château !

16 chambres – 118/180 € 138/228 € – 16 €

Plan : A2-v – *1 pl. du Gén.-de-Gaulle – 01 64 22 20 21 – www.hoteldelondres.com – Fermé 23 déc.-1er janv.*

FONTAINE-DE-VAUCLUSE

84800 (Vaucluse) – 653 hab. – Alt. 75 m – Carte régionale n° **22**-E1
Paris 697 km – Apt 34 km – Avignon 33 km – Carpentras 21 km
Carte Michelin 332-D10 – Guide Vert Michelin Provence

Philip

CUISINE TRADITIONNELLE • FAMILIAL Au pied de la célèbre fontaine d'où jaillit la Sorgue, cette adresse sait jouer de ses charmes bucoliques, en particulier en terrasse... Père et fille (la maison est dans la famille depuis 1926 !) travaillent à quatre mains de beaux produits : truites fraîches, asperges, truffes, fraises... Bon rapport qualité-prix.

Menu 31/48 € – Carte 48/70 €

chemin de la Fontaine – 04 90 20 31 81 – Ouvert 1er avril-30 sept. et fermé le soir sauf du 16 juin au 31 août

Chez Dominique

CUISINE RÉGIONALE • COSY Bienvenue chez Dominique ! Ici, le prénom est féminin, car c'est bien une "cheffe" qui œuvre en cuisine. Parmi ses spécialités : la souris d'agneau confite aux épices douces, et la marmite de Saint-Jacques et crevettes. Aux beaux jours, prenez place sur le balcon donnant sur la Sorgue.

Menu 28/42 € – Carte 35/47 €

6 pl. de la Colonne – 04 90 20 33 26 – www.chezdominique.wifeo.com – Fermé merc. soir et jeudi de nov. à avril

Hôtel du Poète

TRADITIONNEL • MÉDITERRANÉEN Ce charmant moulin du 19e s. est entouré d'un jardin luxuriant, traversé par la Sorgue. Chambres aux notes provençales : "Temps des Cerises", "Transhumance", "Brin de lavande", etc. On prend le petit-déjeuner au bord de l'eau.

24 chambres – 98/325 € 98/325 € – 17 €

– 04 90 20 34 05 – www.hoteldupoete.com – Ouvert de mars à nov.

FONTAINE-SOUS-JOUY

✉ 27120 (Eure) - 801 hab. - Alt. 35 m - Carte régionale n° **17**-D2
Paris 90 km - Évreux 17 km - Rouen 55 km - Versailles 80 km
Carte Michelin 304-H7

Clos de Mondétour

MAISON DE CAMPAGNE • COSY Dans ce petit village tranquille de la vallée de l'Eure, au sein d'un jardin arboré, trône cette belle demeure du 16e s. restaurée avec goût. Toile de Jouy, objets chinés, superbe cheminée dans le salon : il y règne un esprit familial plein de charme, que prolonge le petit-déjeuner proustien (confiture, financier et madeleine maison).

4 chambres - 100/140 € 100/140 €

17 r. de la Poste - ✆ 06 71 13 11 57 - www.closdemondetour.com

FONTANGES - 15 (Cantal) → Voir Salers

FONTANS

✉ 48700 (Lozère) - 213 hab. - Alt. 1 030 m - Carte régionale n° **12**-C1
Paris 560 km - Mende 35 km - Montpellier 216 km - Le Puy-en-Velay 79 km
Carte Michelin 330-I6

La Grange d'Émilie

MAISON DE CAMPAGNE • COSY De la ferme familiale, Émilie et son mari ont fait une maison d'hôtes accueillante et une table honorant le terroir. Bois, pierres et poutres : la décoration, raffinée, mêle le charme rustique, l'esprit champêtre et l'épure contemporaine ; les équipements (sauna, hammam) ajoutent au plaisir du séjour. Un lieu attachant !

5 chambres - 95/115 € 105/125 € - ½ P

Le Comte de Fontans, 500 m à l'Est au croisement D7 et D4 - ✆ 04 66 47 30 82 - www.chambrehote-emilie.com - Ouvert 29 avril-22 oct.

FONTENAI-SUR-ORNE - 61 (Orne) → Voir Argentan

FONTENAY - 88 (Vosges) → Voir Épinal

FONTENAY-LE-COMTE

✉ 85200 (Vendée) - 14 044 hab. - Alt. 21 m - Carte régionale n° **18**-B3
Paris 442 km - Cholet 103 km - La Rochelle 51 km - La Roche-sur-Yon 64 km
Carte Michelin 316-L9 - Guide Vert Michelin Pays de la Loire

Le Vieux Pressoir

CUISINE TRADITIONNELLE • FAMILIAL XX Tenu par un couple accueillant, ce Vieux Pressoir fait honneur à la tradition et aux bonnes spécialités régionales, comme en témoignent ce samoussa d'escargot croustillant à souhait, ou cette savoureuse andouillette au vin de Pisotte. Le tout à apprécier dans une salle confortable, au décor rustique.

Formule 18 € - Menu 26 € (déj. en semaine)/40 € - Carte 34/50 €

5 r. du Dr-René-Laforge - ✆ 02 51 69 47 90 - www.levieux-pressoir.com - Fermé 29 juil.-21 août, 26 déc.-2 janv., mardi soir, merc. soir, dim. soir et lundi

Le Rabelais

TRADITIONNEL • FONCTIONNEL Une bâtisse de style vendéen en léger retrait du centre-ville, proposant des chambres fonctionnelles et bien tenues. Le confort et le bien-être règnent jusque dans l'espace détente, et l'on profite aussi d'une jolie piscine aux beaux jours !

54 chambres - 85/110 € 90/160 € - 10 €

19 r. de l'Ouillette - ✆ 02 51 69 86 20 - www.le-rabelais.com

Le Logis de la Clef de Bois

HÔTEL PARTICULIER • PERSONNALISÉ Un hôtel particulier raffiné (17e s. et 18e s.) avec parquet et cheminées d'origine, bibliothèque, billard, etc. "Simenon", "Queneau", "Ragon" : les chambres ont du caractère et la suite "Rabelais" évoque la commedia dell'arte avec originalité. Aux beaux jours, on profite de l'agréable jardin et de sa piscine.

4 chambres - 100/115 € 135/213 €

5 r. du Département - 02 51 69 03 49 - www.clef-de-bois.com - Ouvert 1er mai-15 sept.

à Velluire 11 km au Sud par D938ter et D68 - 85770 - 619 hab. - Alt. 9 m

Auberge de la Rivière

CUISINE MODERNE • AUBERGE Le frémissement de la rivière toute proche, le lierre qui court sur la façade : cette auberge vendéenne invite à la rêverie... et à la gourmandise ! Beaux produits, herbes aromatiques, assaisonnements : on sent chez le chef la patte d'un vrai passionné de gastronomie. Et pour l'étape, des chambres sobres et épurées.

Formule 25 € - Menu 32/60 € - Carte 58/68 €

11 chambres - 60/105 € 75/105 € - 11 €

2 r. du Port-de-la-Fouarne - 02 51 52 32 15 - www.hotel-riviere-vendee.com - Fermé 15 fév.-9 mars, 14-30 nov., dim. soir d'oct. à mars, mardi midi du 15 sept. au 15 juin et lundi

FONTETTE - 89 (Yonne) → Voir Vézelay

FONTEVRAUD-L'ABBAYE

49590 (Maine-et-Loire) - 1 548 hab. - Alt. 75 m - Carte régionale n° **18**-C2

Paris 296 km - Angers 78 km - Chinon 21 km - Loudun 22 km

Carte Michelin 317-J5 - Guide Vert Michelin Châteaux de la Loire

Fontevraud Le Restaurant

CUISINE CRÉATIVE • DESIGN Au cœur du domaine de l'abbaye de Fontevraud, le chef Thibaut Ruggeri (Bocuse d'Or 2013) enchante avec une cuisine créative misant sur les produits du terroir local (volaille de Racan, fromage de Ste-Maure...) ainsi que les herbes et légumes du potager du domaine. Côté vins, le Val de Loire est à l'honneur !

→ Cuisine du marché.

Menu 58/95 €

Fontevraud L'Hôtel, 38 r. St-Jean-de-L'Habit - 02 46 46 10 10 - www.fontevraud.fr - Fermé 13-28 fév., dim. soir, lundi, mardi et le midi sauf dim.

La Licorne

CUISINE MODERNE • ÉLÉGANT Pas de vraie licorne dans cette demeure du 18e s. (tuffeau, poutres) mais la terrasse et le jardin fleuri sont délicieux. On y savoure des recettes traditionnelles cuisinées avec soin et une touche d'originalité, avec l'aide du verger et du potager pour l'approvisionnement en fruits et légumes frais !

Formule 19 € - Menu 26/65 € - Carte 45/70 €

allée Ste-Catherine - 02 41 51 72 49 (réservation conseillée) - Fermé 15 déc.-26 janv., merc. soir, dim. soir et lundi d'oct. à avril

Le Plantagenêt

CUISINE MODERNE • CONTEMPORAIN Dans l'une des pièces, une grande fresque représente Aliénor d'Aquitaine, femme de pouvoir et épouse illustre d'Henri II Plantagenêt... Pour autant, cette table ne regarde pas vers le passé ! La cuisine est actuelle, soignée, et respecte le rythme des saisons. Par beau temps, on profite d'une jolie terrasse.

Formule 18 € - Menu 27 € (dîner) - Carte 32/49 €

Hostellerie La Croix Blanche, 7 pl. des Plantagenets - 02 41 51 71 11 - www.hotel-croixblanche.com - Fermé 18-27 déc.

Fontevraud L'Hôtel

HISTORIQUE • CONTEMPORAIN Après quelques années de fermeture, l'hôtel du prieuré St-Lazare, au sein même de la célèbre abbaye de Fontevraud, accueille de nouveau les voyageurs ! Un cadre unique, habilement mis en valeur à travers un style contemporain affirmé, dont la sobriété respecte parfaitement l'esprit monacal des lieux. Élégant et apaisant...

54 chambres – 139/199 € 139/199 € – 16 €

38 r. St-Jean-de-L'Habit – 02 46 46 10 10 – www.fontevraud.fr

Fontevraud Le Restaurant – voir les restaurants ci-dessus

Hostellerie La Croix Blanche

AUBERGE • PERSONNALISÉ On vient depuis plus de trois cents ans dans cette auberge, située juste en face de la célèbre abbaye royale (12e s.). Les chambres sont modernes et confortables, et certaines se distinguent par un décor moins standardisé (sur les thèmes de l'abbaye, de la France ou de l'Angleterre, de la chasse, etc.).

24 chambres – 75/165 € 75/165 € – 14 € – ½ P

– 02 41 51 71 11 – www.hotel-croixblanche.com – Fermé 18-27 déc.

Le Plantagenêt – voir les restaurants ci-dessus

FONTJONCOUSE

11360 (Aude) – 149 hab. – Alt. 298 m – Carte régionale n° **12**-B3

Paris 822 km – Carcassonne 56 km – Narbonne 32 km – Perpignan 65 km

Carte Michelin 344-H4 – Guide Vert Michelin Languedoc Roussillon

Auberge du Vieux Puits (Gilles Goujon)

CUISINE CRÉATIVE • DESIGN Le produit est la star de cette cuisine ludique et inspirée, qui porte certaines émotions gustatives à l'incandescence. Saisons, terroir, invention : Gilles Goujon excelle dans l'équilibre des saveurs et la maîtrise des techniques culinaires ; il s'est, en outre, entouré d'une équipe efficace et proche du client.

➜ Œuf de poule pourri de truffes, briochine tiède et cappuccino à boire. Rouget barbet, pomme bonne bouche fourrée d'une brandade en "bullinada". Citron de Menton cassant, sorbet citrus bergamote et kumquat.

Menu 110 € (déj. en semaine), 165/195 € – Carte 165/190 €

8 chambres – 255/325 € 255/325 € – 27 €

5 av. St-Victor – 04 68 44 07 37 – www.aubergeduvieuxpuits.fr – Ouvert 24 mars-1er déc. et fermé lundi sauf le soir en août, mardi sauf le soir en juil.-août, et dim. soir de sept. à juin

La Maison des Chefs

FAMILIAL • PERSONNALISÉ Dans ce village niché au cœur des reliefs audois, cette maison traditionnelle est située à quelques pas de l'Auberge du Vieux Puits. On y trouve six petites chambres charmantes, avec leurs tomettes vertes et orange, leurs murs multicolores et leur mobilier rustique.

6 chambres – 165 € 165 € – 27 €

r. de l'Église (au bourg) – 04 68 44 07 37 – www.aubergeduvieuxpuits.fr – Ouvert 24 mars-1er déc., fermé dim. et mardi sauf en juil.-août et lundi

FONTVIEILLE

13990 (Bouches-du-Rhône) – 3 653 hab. – Alt. 20 m – Carte régionale n° **22**-E1

Paris 712 km – Arles 12 km – Avignon 30 km – Marseille 92 km

Carte Michelin 340-D3 – Guide Vert Michelin Provence

Le Patio

CUISINE PROVENÇALE • MÉDITERRANÉEN Cette jolie bergerie du 18e s. s'égaye d'un bien agréable patio planté d'acacias et de palmiers. La spécialité ? Le gigot d'agneau cuit au foin de Crau, et la cuisse de lapereau confite à l'huile d'olive des Baux... La Provence dans tous ses états !

Formule 21 € – Menu 31 € (déj.), 43/49 € – Carte 60/70 €

117 rte du Nord – 04 90 54 73 10 – www.lepatio-alpilles.com – Fermé vacances de fév., de la Toussaint, dim. soir hors saison, mardi sauf le midi hors saison et merc.

Villa Regalido

LUXE • PERSONNALISÉ Ce vieux moulin à huile, blotti au cœur d'un jardin fleuri, rappelle les photos sépia de notre enfance. La plupart des chambres, sobres et élégantes, sont prolongées par un balcon... et l'on prend son petit-déjeuner sur une belle terrasse verdoyante.

15 chambres - 99/380 € 99/380 € - 18 €

r. Frédéric-Mistral - 04 90 54 60 22 - www.villa-regalido.com

Hostellerie de la Tour

FAMILIAL • FONCTIONNEL Près de la tour des Abbés, un peu à l'extérieur du centre-ville, une sympathique auberge familiale. Les chambres, fonctionnelles et confortables, entourent la piscine et le coquet jardin. Formule demi-pension à prix doux.

12 chambres - 68/70 € 79/93 € - 12 € - ½ P

3 r. Plumelets - 04 90 54 72 21 - www.hotel-delatour.com - Ouvert 1er avril-3 nov.

FORBACH

57600 (Moselle) - 21 475 hab. - Agglo. 85 811 hab. - Alt. 222 m - Carte régionale n° **14**-C1

Paris 385 km - Metz 59 km - St-Avold 23 km - Sarreguemines 21 km

Carte Michelin 307-M3

Le Schlossberg

CUISINE TRADITIONNELLE • ÉLÉGANT Deux tourelles en pierre, un porche et quelques créneaux : le bâtiment a des allures de petit château et il jouxte le parc du Schlossberg, face auquel il dévoile une belle terrasse. La cuisine, bien que traditionnelle, se pare de touches contemporaines. Accueil chaleureux.

Menu 21 € (déj. en semaine), 32/56 € - Carte 57/70 €

13 r. du Parc - 03 87 87 88 26 - www.restaurantleschlossberg.com - Fermé 24 juil.-11 août, dim. soir, mardi soir et merc. sauf fériés

à Stiring-Wendel 3 km au Nord-Est par D603 - 57350 - 12 606 hab. - Alt. 240 m

La Bonne Auberge (Lydia Egloff)

CUISINE CRÉATIVE • ÉLÉGANT L'antre de deux sœurs de talent, Lydia et Isabelle Egloff : la première œuvre en cuisine, où elle signe des recettes inventives et parfumées, tandis que la seconde supervise le service, d'un grand charme. Une serre en guise de jardin d'hiver, une salle lumineuse et originale, une belle carte des vins : l'enseigne dit la vérité !

→ Pascaline d'escargots en pistou d'herbes fraîches, velouté végétal intense. Homard "thé au lait". Crème soufflée à l'irish-coffee.

Menu 48 € (déj. en semaine), 75/120 € - Carte 80/95 €

15 r. Nationale - 03 87 87 52 78 - Fermé 14-30 août, 27 déc.-3 janv., sam. midi, dim. soir et lundi

à Rosbrück 6 km au Sud-Ouest - 57800 - 766 hab. - Alt. 200 m

Auberge Albert Marie

CUISINE TRADITIONNELLE • AUBERGE Une salle un rien bourgeoise, un plafond à caissons, des boiseries sombres... La tradition - savoureuse - est également à l'honneur sur la carte. Depuis quarante ans, cette maison enchante ses hôtes et n'usurpe pas sa belle réputation !

Menu 22 € (déj. en semaine), 37/45 € - Carte 48/78 €

1 r. Nationale - 03 87 04 70 76 - Fermé sam. midi, dim. soir et lundi

FORCALQUIER

04300 (Alpes-de-Haute-Provence) - 4 775 hab. - Alt. 550 m - Carte régionale n° **21**-B2

Paris 747 km - Aix-en-Provence 80 km - Apt 42 km - Digne-les-Bains 50 km

Carte Michelin 334-C9 - Guide Vert Michelin Provence

Les Terrasses de la Bastide

CUISINE PROVENÇALE • CONVIVIAL Entendez-vous les cigales chanter ? Installés sur la belle terrasse, face au jardin, les gourmands se régalent d'une bonne cuisine méditerranéenne. La spécialité du chef : les pieds et paquets. Et si d'aventure le temps n'était pas de la partie, réfugiez-vous dans la salle décorée sur le thème de l'olive.

Formule 21 € – Menu 28/35 € – Carte 31/51 €

quartier Beaudine, rte de Banon – 04 92 73 32 35 – www.lesterrassesdelabastide.fr – Fermé 5 déc.-6 janv., dim. soir d'oct. à avril, lundi sauf le soir de mai à sept., merc. midi de mai à sept. et mardi midi

La Bastide Saint Georges

SPA ET BIEN-ÊTRE • PERSONNALISÉ Beaucoup de charme en ce domaine ! Les chambres sont décorées avec goût – et au naturel : bois, pierre, lin –, la plupart avec terrasse. Piscine, spa et massages. Idéal pour un séjour farniente.

25 chambres – 135/350 € 135/350 € – 2 suites – 20 €

rte de Banon, 2 km par D950 – 04 92 75 72 80 – www.bastidesaintgeorges.com – Ouvert 12 mars-12 nov.

à l'Est 4 km par D4100 et rte secondaire – 04300 :

Auberge Charembeau

FAMILIAL • À LA CAMPAGNE Une ferme du 18e s. dans un charmant parc vallonné. On s'y repose, au grand calme, dans des chambres de style provençal. Tennis, piscine : comme une invitation à la détente...

25 chambres – 87/130 € 87/160 € – 12 €

Lieu-dit Charambau, rte de Niozelles – 04 92 70 91 70 – www.charembeau.com – Ouvert 1er mars-15 nov.

à Mane 4 km au Sud par D4100 – 04300 – 1 386 hab. – Alt. 500 m

Le Cloître

CUISINE CRÉATIVE • DESIGN Dans le Cloître de l'ancien couvent des Minimes, le chef Jérôme Roy voue un véritable culte... aux mariages de saveurs. Sa cuisine, volontiers créative, nous emmène de surprise en surprise ; on passe un excellent moment sur la terrasse ombragée. Difficile de repartir !

→ Couteaux au beurre d'épicéa, girolles et pignons de pin torréfiés. Agneau de Provence rôti à la lavande, mousseline et crêpe de pois chiche au safran. Textures de citron, biscuit limoncello, écume, crème et sorbet.

Menu 79/145 €

Hôtel Couvent des Minimes, chemin des Jeux-de-Maï – 04 92 74 77 77 – www.couventdesminimes-hotelspa.com – Fermé 2 janv.-10 fév., lundi, mardi et le midi sauf sam. et dim.

Couvent des Minimes

LUXE • PERSONNALISÉ Somptueux écrin que cet ancien couvent des Minimes de 1862, niché au cœur de la campagne. Les chambres, au décor sobre ou plus design, y sont ravissantes. Profitez des senteurs provençales du jardin, de l'imposant spa signé L'Occitane, ou du sympathique bistrot "Le Pesquier", ouvert tous les jours. Délicieux.

46 chambres – 225/595 € 445/1785 € – 3 suites – 31 € – ½ P

chemin des Jeux-de-Maï – 04 92 74 77 77 – www.couventdesminimes-hotelspa.com – Fermé 2 janv.-10 fév.

Le Cloître – voir les restaurants ci-dessus

Mas du Pont Roman

TRADITIONNEL • PERSONNALISÉ Suivez la route bordée de platanes, près d'un vieux pont roman, vous trouverez ce mas en pierre du 18e s. au cœur d'un joli jardin. Les chambres, de style provençal, sont ravissantes et bien tenues. Terrain de pétanque et piscine viendront à bout des plus stressés.

10 chambres – 80/100 € 100/145 € – 10 €

chemin de Châteauneuf, rte d'Apt – 04 92 75 49 46 – www.maspontroman.com

LA FORÊT-FOUESNANT

✉ 29940 (Finistère) - 3 276 hab. - Alt. 19 m - Carte régionale n° **5**-B2
▶ Paris 552 km - Concarneau 8 km - Pont-l'Abbé 22 km - Quimper 16 km
Carte Michelin 308-H7 - Guide Vert Michelin Bretagne Sud

Auberge Saint-Laurent

CUISINE TRADITIONNELLE • AUBERGE XX Il est bon, parfois, de se délasser loin des circuits touristiques, et de s'attarder dans une auberge aux petites salles rustiques cosy et intimes. Le chef aime travailler le foie gras et la langoustine du Guilvinec ; sa cuisine est traditionnelle mais teintée de notes plus actuelles.

Formule 14 € - Menu 27/44 € - Carte 38/56 €

6 rte de Beg-Menez, 2 km par rte de Concarneau, par la côte - ☎ 02 98 56 98 07 - https://fr-fr.facebook.com/aubergedusaintlaurent - Fermé lundi et mardi sauf juil.-août

FORGES-LES-EAUX

✉ 76440 (Seine-Maritime) - 3 499 hab. - Alt. 161 m - Carte régionale n° **17**-D1
▶ Paris 117 km - Abbeville 73 km - Amiens 72 km - Rouen 44 km
Carte Michelin 304-J4 - Guide Vert Michelin Normandie Vallée de la Seine

Le Continental

THERMAL • CONTEMPORAIN Cet édifice des années 1920 se trouve à deux pas du parc thermal et du casino. Les chambres sont spacieuses et contemporaines ; quant au salon et à la salle de petit-déjeuner, ils sont bien agréables. Une belle maison normande.

44 chambres - †67/90 € ††67/90 € - ☕ 10 €

av. des Sources, rte de Dieppe - ☎ 02 32 89 50 50 - www.domainedeforges.com

FORT-MAHON-PLAGE

✉ 80120 (Somme) - 1 234 hab. - Alt. 2 m - Carte régionale n° **19**-A1
▶ Paris 225 km - Abbeville 41 km - Amiens 90 km - Berck-sur-Mer 19 km
Carte Michelin 301-C5

Auberge Le Fiacre

CUISINE TRADITIONNELLE • AUBERGE XX Dans cet ancien relais du 18ᵉs., les fiacres ne s'arrêtent plus depuis longtemps ! En revanche, les gourmands sont toujours aussi nombreux à venir déguster une savoureuse cuisine traditionnelle.

Menu 32/52 €

à Routhiauville, 2 km au Sud-Est par rte de Rue - ☎ 03 22 23 47 30 - www.hotel-le-fiacre.fr - Fermé 1er janv.-17 mars, 12 nov.-31 déc., et le midi du lundi au vend.

Auberge Le Fiacre

AUBERGE • PERSONNALISÉ Idéal pour se mettre au vert et découvrir la baie de Somme ! Dans cet ancien relais de poste du Marquenterre, on apprécie les chambres douillettes et le joli jardin. Sans oublier la piscine, même si la mer n'est pas très loin.

12 chambres - †90/145 € ††90/145 € - 2 suites - ☕ 16 € - ½ P

à Routhiauville, 2 km au Sud-Est par rte de Rue - ☎ 03 22 23 47 30 - www.hotel-le-fiacre.fr - Fermé janv.

Auberge Le Fiacre - voir les restaurants ci-dessus

LA FOSSETTE (PLAGE DE) - 83 (Var) → Voir Le Lavandou

FOUDAY

✉ 67130 (Bas-Rhin) - 358 hab. - Carte régionale n° **1**-A2
▶ Paris 412 km - St-Dié 34 km - Saverne 55 km - Sélestat 37 km
Carte Michelin 315-H6 - Guide Vert Michelin Alsace Vosges

Julien

CUISINE TRADITIONNELLE • ÉLÉGANT XX Personnel en costume traditionnel, décor typique des Vosges (tout en bois) : on célèbre ici le folklore local dans ce qu'il a de meilleur. Dans une ambiance animée mais raffinée, on dévore de goûteuses – et copieuses – préparations régionales : choucroute, rognons et ris de veau, bouchées à la reine... Réjouissant !

Formule 15 € – Menu 23 € (semaine), 32/58 € – Carte 32/57 €

rte de Strasbourg, D1420 – ✆ 03 88 97 30 09 – www.hoteljulien.com – Fermé 9 janv.-2 fév., mardi et merc.

Julien

SPA ET BIEN-ÊTRE • PERSONNALISÉ Un bien beau chalet, impressionnant dans son magnifique parc fleuri traversé par la Bruche. Les chambres sont raffinées, mariant la chaleur du bois à la richesse des étoffes, certaines avec jacuzzi. Le spa est superbe ! Succès oblige, pensez à réserver à l'avance.

68 chambres – 🚹143/242 € 🚹🚹143/242 € – ☕ 18 € – ½ P

rte de Strasbourg, D1420 – ✆ 03 88 97 30 09 – www.hoteljulien.com – Fermé 9 janv.-2 fév.

Julien – voir les restaurants ci-dessus

FOUESNANT

✉ 29170 (Finistère) – 9 174 hab. – Alt. 30 m – Carte régionale n° **5**-B2

▶ Paris 555 km – Carhaix-Plouguer 69 km – Concarneau 11 km – Quimper 16 km

Carte Michelin 308-G7 – Guide Vert Michelin Bretagne Sud

au Cap Coz 2,5 km au Sud-Est par rte secondaire – ✉ 29170 Fouesnant

La Pointe du Cap Coz

CUISINE MODERNE • CLASSIQUE XX Une petite maison blanche qui semble posée sur l'océan... C'est là, presque au bout du monde, qu'on apprécie la cuisine du chef, à la fois ambitieuse et bien maîtrisée. Elle valorise les produits de la pêche et du terroir, avec des présentations soignées et des cuissons précises. En un mot : délicieux !

Menu 32/74 € – Carte 51/89 €

Hôtel La Pointe du Cap Coz, 153 av. de la Pointe-du-Cap-Coz – ✆ 02 98 56 01 63 – www.hotel-capcoz.com – Fermé 25-30 nov., 1er janv.-12 fév., dim. soir, lundi et mardi de sept. à juin, lundi midi, mardi midi et merc. en juil.-août

Belle-Vue

POISSONS ET FRUITS DE MER • ÉLÉGANT XX De la salle du restaurant, on peut apercevoir la plage, les eaux cristallines et les arbres courbés par le vent... Féérique ! Au menu : une cuisine au goût du jour, orientée poissons et fruits de mer, que le chef travaille avec précision, en n'oubliant jamais d'y mettre une touche personnelle.

Formule 18 € – Menu 29/48 € – Carte 35/75 €

Hôtel Belle-Vue, 30 descente Belle-Vue – ✆ 02 98 56 00 33 – www.hotel-belle-vue.com – Ouvert 1er mars-30 oct., fermé lundi et mardi

Belle-Vue

TRADITIONNEL • FONCTIONNEL Quelle vue sur la baie de la Forêt-Fouesnant ! Les chambres, parfaitement tenues, sont pimpantes avec leurs couleurs claires et, bien entendu, elles donnent sur les flots ou le jardin. S'installer en terrasse face à la plage est un vrai bonheur... et l'accueil est charmant.

17 chambres – 🚹74/116 € 🚹🚹77/116 € – ☕ 13 € – ½ P

30 descente Belle-Vue – ✆ 02 98 56 00 33 – www.hotel-belle-vue.com – Ouvert 1er mars-30 oct.

Belle-Vue – voir les restaurants ci-dessus

La Pointe du Cap Coz

TRADITIONNEL • FONCTIONNEL Ses chambres sont décorées sobrement, dans un esprit bord de mer (certaines sont plus petites et plus simples), mais l'essentiel est ailleurs : cette bâtisse bretonne se dresse à l'extrémité de la pointe du Cap-Coz, cette bande de sable prise entre l'Atlantique et l'anse de Port-la-Forêt !

17 chambres - 72/118 € 83/118 € - 14 € - ½ P

153 av. de la Pointe-du-Cap-Coz - 02 98 56 01 63 - www.hotel-capcoz.com - Fermé 25-30 nov. et 1er janv.-12 fév.

La Pointe du Cap Coz - voir les restaurants ci-dessus

à Beg-Meil 5 km au Sud par D45 - 29170

Bistrot Chez Hubert

CUISINE TRADITIONNELLE • RUSTIQUE XX Un bistrot de famille : c'est l'arrière-grand-mère du chef qui le fonda en 1903. La cuisine bourgeoise y a toujours cours : poisson, gibier en saison et, en spécialité, pied de porc désossé farci au foie gras. La tradition est respectée ! En prime, une formule tapas est proposée au bar, pour les amateurs.

Formule 16 € - Menu 18 € (déj. en semaine) - Carte 35/55 €

16 r. des Glénan - 02 98 94 98 04 - www.bistrotchezhubert.fr - Fermé 12-29 mars, 15-30 juin, 15-28 nov., lundi et mardi sauf août

à la Pointe de Mousterlin 6 km au Sud-Ouest par D145 et D134 - 29170 Fouesnant

L'Intemporel

CUISINE TRADITIONNELLE • CLASSIQUE XX Le chef a beau être anglais, sa cuisine a l'accent du terroir... marin, mais pas seulement. Oui, il y a les fruits de mer, le poisson frais, mais aussi du lapin braisé, de l'andouille aux pommes caramélisées, etc. Et, petit plus non négligeable, le pain et les glaces sont faits maison !

Formule 20 € - Menu 32/60 € - Carte 32/53 €

Hôtel de la Pointe de Mousterlin, 108 rte de la Pointe - 02 98 56 04 12 - www.hoteldelapointefouesnant.com - Fermé 14 nov.-11 déc., 31 janv.-21 fév., dim. soir, vend. soir et le midi du lundi au vend. hors saison

Hôtel de la Pointe de Mousterlin

TRADITIONNEL • FONCTIONNEL À la pointe de Mousterlin, une dune plantée de pins et puis... la plage. L'hôtel est grand, avec des chambres spacieuses et fonctionnelles, et les familles y trouveront quantité de loisirs (tennis, piscine chauffée, salle de jeux, salle de fitness...).

42 chambres - 67/82 € 90/200 € - 1 suite - 13 € - ½ P

108 rte de la Pointe - 02 98 56 04 12 - www.hoteldelapointefouesnant.com - Fermé 14 nov.-11déc., 31 janv.-21 fév. et dim. soir hors saison

L'Intemporel - voir les restaurants ci-dessus

FOUGÈRES

35300 (Ille-et-Vilaine) - 20 040 hab. - Alt. 115 m - Carte régionale n° **5**-D2

Paris 326 km - Avranches 44 km - Laval 53 km - Le Mans 132 km

Carte Michelin 309-O4 - Guide Vert Michelin Bretagne Nord

Haute Sève

CUISINE MODERNE • DESIGN XX Derrière une façade à colombages, une salle à l'ambiance intime et feutrée. Le chef sait cuisiner les bons produits du terroir et propose, au fil des saisons, des accords terre et mer bien au diapason de la nature bretonne.

Formule 22 € - Menu 30 € (déj. en semaine)/46 € - Carte 38/49 €

Plan : B1-z - *37 bd Jean-Jaurès - 02 99 94 23 39 - www.lehauteseve.fr - Fermé 14 juil.-15 août, dim. soir et lundi*

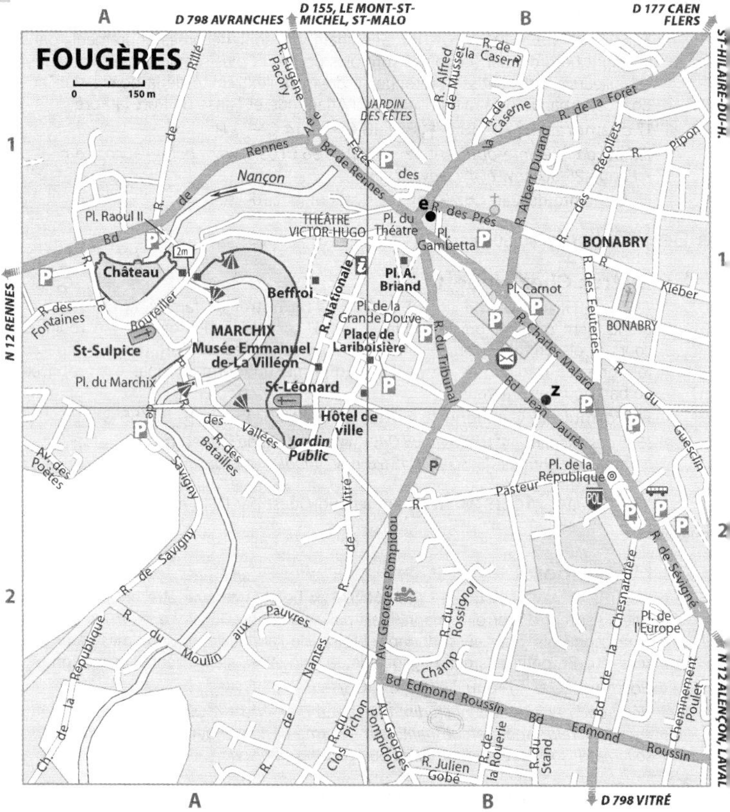

Hôtel des Voyageurs

TRADITIONNEL • CONTEMPORAIN Cet établissement centenaire, tout de brique rouge vêtu, est situé au cœur de la ville haute. Les chambres, entièrement rénovées, sont chaleureuses et agréables. Un ensemble confortable.

30 chambres – 👤62/168 € 👥62/168 € – ☕ 11 €

Plan : B1-e – *10 pl. Gambetta – ✆ 02 99 99 08 20 – www.hotel-fougeres.fr*

LA FOUILLOUSE – 42 (Loire) → Voir St-Étienne

FOURAS

✉ 17450 (Charente-Maritime) – 4 083 hab. – Alt. 5 m – Carte régionale n° **20**-A2

▶ Paris 485 km – Châtelaillon-Plage 18 km – Rochefort 15 km – La Rochelle 34 km

Carte Michelin 324-D4 – Guide Vert Michelin Poitou-Charentes

Le Grand Hôtel des Bains

FAMILIAL • COSY Cet ancien relais de poste (1896), à 50 m de la plage, vit une nouvelle jeunesse ! Ses propriétaires en ont fait un charmant hôtel, avec des chambres cosy et feutrées (préférez celles qui donnent sur le patio). Agréable espace bien-être.

34 chambres – 👤66/129 € 👥66/129 € – ☕ 12 €

15 r. du Gén.-Bruncher – ✆ 05 46 84 03 44 – www.grandhotel-desbains.fr – Fermé janv.

FOURMIES

✉ 59610 (Nord) - 12 663 hab. - Alt. 200 m - Carte régionale n° **16**-D3
Paris 214 km - Avesnes-sur-Helpe 16 km - Charleroi 60 km - Hirson 14 km
Carte Michelin 302-M7

aux Étangs-des-Moines 2 km à l'Est par D964 et rte secondaire - ✉ 59610 Fourmies

Ibis

HÔTEL DE CHAÎNE • FONCTIONNEL En lisière de forêt, un agréable hôtel de chaîne dont le propriétaire organise des excursions "moto verte". On se repose dans des chambres fonctionnelles et bien tenues, donnant sur les étangs ou la verdure. Paisible !

31 chambres - †65/73 € ††65/73 € - ☕ 10 €

r. des Étangs-des-Moines - ✆ 03 27 60 21 54 - www.ibis.com

FOURNET-BLANCHEROCHE

✉ 25140 (Doubs) - 347 hab. - Alt. 970 m - Carte régionale n° **9**-C2
Paris 486 km - Besançon 74 km - Delémont 74 km - Neuchâtel 39 km
Carte Michelin 321-K3

L'Authentique

TRADITIONNEL • CONTEMPORAIN Besoin d'un grand bol d'air ? Dans cet agréable chalet, les chambres, toutes de plain-pied, ont une terrasse s'ouvrant sur la forêt ! Il fait bon profiter du coin détente : sauna, jacuzzi... À la table d'hôte, on apprécie une cuisine régionale et familiale. Une adresse auhentique, oui.

5 chambres ☕ - †65 € ††75/80 € - ½ P

4 bis r. du Lt.-Col.-Loichot - ✆ 06 71 92 61 37 - www.chambres-hotes-lauthentique.com

FOURQUEUX - 78 (Yvelines) → Voir Autour de Paris (St-Germain-en-Laye)

FOUSSEMAGNE

✉ 90150 (Territoire de Belfort) - 941 hab. - Alt. 350 m - Carte régionale n° **9**-D1
Paris 451 km - Belfort 14 km - Besançon 110 km - Delémont 57 km
Carte Michelin 315-G11

Le Relais d'Alsace

CUISINE TRADITIONNELLE • AUBERGE XX Tout en pans de bois, ce relais de poste ne peut mentir sur son âge : plus d'un siècle ! Une équipe jeune et dynamique le fait aujourd'hui revivre avec beaucoup de fraîcheur. La carte explore la tradition - mais pas seulement - en privilégiant les produits locaux. Une alliance de choc !

Formule 15 € - Menu 29/39 € - Carte 32/48 €

28 r. d'Alsace - ✆ 03 84 19 40 06 - Fermé 2 semaines en sept., 1 semaine en janv., dim. soir sauf été, lundi et mardi

FOX-AMPHOUX

✉ 83670 (Var) - 496 hab. - Alt. 530 m - Carte régionale n° **21**-C3
Paris 837 km - Dignes-les-Bains 78 km - Marseille 90 km - Toulon 88 km
Carte Michelin 340-L4

La Table de Fanette (N)

CUISINE MODERNE • MAISON DE CAMPAGNE X Perdu en pleine nature, ce mas en pierres du 17e s., entouré d'oliviers et de chênes truffiers, propose une cuisine du marché aux accents provençaux, mettant en valeur (en saison) les truffes du domaine. Chambres au grand calme pour le repos (pas de réseau téléphonique ni de wifi).

Menu 32/79 €

5 chambres ☕ - †99/139 € ††99/139 €

Le Petit-Pouvet - ✆ 04 94 80 72 03 - www.tabledefanette.com - Fermé 1er-15 oct., 23-29 janv., dim. soir et lundi

FRÉHEL

✉ 22240 (Côtes-d'Armor) - 1 624 hab. - Alt. 72 m - Carte régionale n° **5**-C1
▶ Paris 433 km - Dinan 38 km - Lamballe 28 km - St-Brieuc 40 km
Carte Michelin 309-H3 - Guide Vert Michelin Bretagne Nord

Le Victorine

CUISINE TRADITIONNELLE • COSY XX Sur la place du village, un restaurant traditionnel tenu en famille. Le chef, alsacien, fait honneur à ses origines en réalisant une cuisine généreuse et rythmée par les saisons. Les spécialités ? Foie gras maison, ris de veau à la normande... et choucroute en hiver !

Formule 15 € - Menu 17 € (déj. en semaine), 24/39 €
- Carte 25/50 €

3 pl. Chambly
- ☎ 02 96 41 55 55 - www.levictorine.net
- Fermé fin janv.-début fév., 3 semaines fin oct.-mi nov., dim. soir et lundi

FRÉJUS

✉ 83600 (Var) - 52 532 hab. - Alt. 20 m - Carte régionale n° **21**-C3
▶ Paris 868 km - Cannes 40 km - Draguignan 31 km - Hyères 90 km
Carte Michelin 340-P5 - Guide Vert Michelin Côte d'Azur

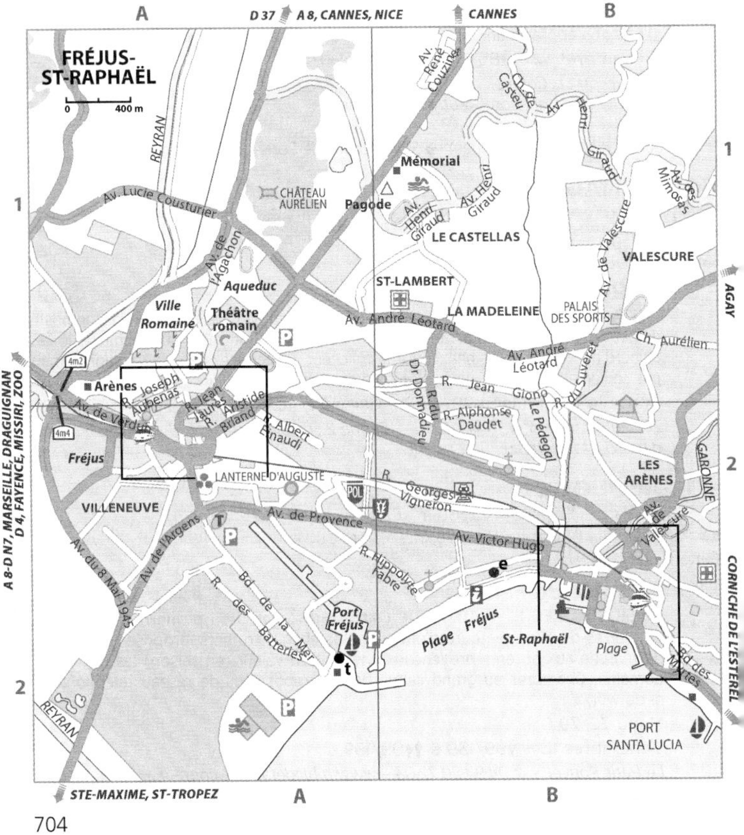

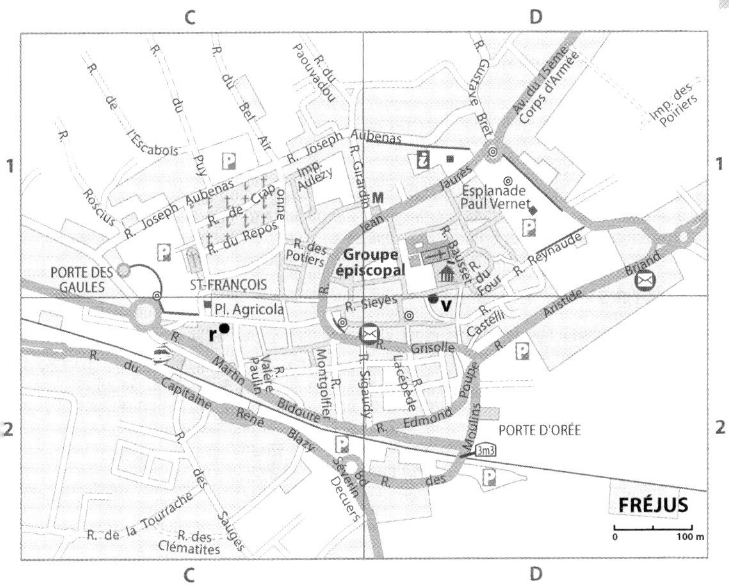

L'Amandier

A/C

CUISINE MODERNE • COSY XX Ravioles de Saint-Jacques et poireaux au curry ; confit de joue de bœuf à la provençale, polenta crémeuse ; biscuit chaud au chocolat… Les jolies recettes proposées par ce couple charmant ont l'accent méridional. Une excellente adresse à prix sages !

Formule 22 € – Menu 30/42 € – Carte 38/52 €

Plan : D1_2-v – *19 r. Marc-Antoine-Desaugiers*
– *✆ 04 94 53 48 77 (réservation conseillée)*
– *www.restaurant-lamandier.com*
– *Fermé 3 semaines en nov., lundi midi, merc. midi et dim.*

Mercure Thalassa Port Fréjus

SPA ET BIEN-ÊTRE • FONCTIONNEL Au bord de la Marina, un grand hall moderne et séduisant, aux tons pastel, et de grandes chambres fonctionnelles, égayées de quelques agréables touches de couleur. Mais on y viendra aussi pour les vastes installations de thalassothérapie.

116 chambres – †79/330 € ††79/330 € – 1 suite – ☕ 19 €

Plan : A2-t – *16 quai Dei-Caravello*
– *✆ 04 94 52 55 00 – www.thalassa.com*

L'Aréna

TRADITIONNEL • PERSONNALISÉ Chambres cosy (tissus régionaux, mobilier peint, faïence…), jolie terrasse donnant sur la verdure, piscine bleu azur : un concentré de Provence dans cette agréable maison proche des arènes. Cuisine du Sud au restaurant.

25 chambres – †77/299 € ††85/299 € – 7 suites – ☕ 17 € – ½ P

Plan : C2-r – *145 r. du Gén.-de-Gaulle*
– *✆ 04 94 17 09 40 – www.hotel-frejus-arena.com*
– *Fermé 29 oct.-26 nov.*

à Fréjus-Plage ✉ 83600 Fréjus

Le Mérou Ardent

POISSONS ET FRUITS DE MER • BISTRO Un sympathique restaurant du front de mer tenu par un jeune couple. Comme l'indique le nom du restaurant, la carte met à l'honneur les recettes de la mer : soupe de poisson, huîtres, sardines poêlées à la fleur de sel, aïoli de morue… Aux beaux jours, service en terrasse, avec la plage en ligne de mire.

Menu 20/37 € – Carte 25/56 €

Plan : B2-e – *157 bd de la Libération – ✆ 04 94 17 30 58 – Fermé 1 semaine en juin, 3 semaines en nov., 2 semaines en déc., 1 semaine en janv., sam. midi, lundi midi et jeudi midi en juil.-août, merc. et jeudi de sept. à juin*

au Nord 3 km au Nord par D37

La Bastide du Clos des Roses

AGRITOURISME • DESIGN Sur un grand domaine viticole, les anciens chais sont devenus cet hôtel de charme avec son petit restaurant attenant. De jolies chambres, une terrasse en face des vignes et des oliviers… Dégustation de vins et soirée jazz une fois par mois. Un endroit où l'on aime la note bleue !

7 chambres – †119/279 € ††179/315 € – ☕ 15 €

1609 rte de Malpasset ✉ 83600 Fréjus – ✆ 04 94 53 32 31 – www.clos-des-roses.com – Fermé vacances de Noël

FRÉLAND

✉ 68240 (Haut-Rhin) – 1 377 hab. – Alt. 425 m – Carte régionale n° **1**-C2
Paris 438 km – Colmar 20 km – Mulhouse 63 km – Strasbourg 91 km
Carte Michelin 315-H7

La Haute Grange

FAMILIAL • PERSONNALISÉ Un indéniable cachet ! Adossée à une colline, cette maison ancienne est bucolique et charmante. Les propriétaires l'ont décorée avec soin, mêlant raffinement contemporain et patine des ans. Après une nuit sereine – les chambres sont épurées et toutes différentes –, on savoure un délicieux petit-déjeuner.

4 chambres ☕ – †95/135 € ††110/150 €

la Chaude Côte – ✆ 03 89 71 90 06 – www.lahautegrange.fr – Fermé janv. et fév.

LE FRENEY-D'OISANS

✉ 38142 (Isère) – 252 hab. – Alt. 926 m – Carte régionale n° **23**-C2
Paris 626 km – Bourg-d'Oisans 12 km – La Grave 16 km – Grenoble 64 km
Carte Michelin 333-J7

à Mizoën 4 km au Nord-Est par N91 et D1091 – ✉ 38142 – 195 hab. – Alt. 1 100 m

Panoramique

TRADITIONNEL • MONTAGNARD Un authentique Panoramique ! Perché sur les hauteurs du village, cet imposant chalet semble tutoyer les sommets… Les balcons sont fleuris en été, l'accueil est charmant (les propriétaires sont d'anciens libraires) et le bois prête sa chaleur à toutes les chambres. La montagne apprivoisée…

9 chambres ☕ – †79/85 € ††102/114 € – ½ P

rte des Aymes – ✆ 04 76 80 06 25 – www.hotel-panoramique.com – Ouvert 15 mai-30 sept. et 26 déc.-17 avril

LE FRENZ – 68 (Haut-Rhin) → Voir Kruth

FRESNAY-EN-RETZ

✉ 44580 (Loire-Atlantique) – 1 249 hab. – Alt. 15 m – Carte régionale n° **18**-A2
Paris 425 km – Nantes 40 km – La Roche-sur-Yon 64 km – Saint-Nazaire 51 km
Carte Michelin 316-E5

Le Colvert

CUISINE MODERNE • COSY XX Nul besoin de se hausser du col pour pénétrer dans ce restaurant gastronomique, qui a opéré une jolie mue : fini la salle rustique, place à un décor contemporain intime et... à des saveurs qui aiment flirter avec la nouveauté. Dans l'annexe, Chez P'tit Père, priorité aux petits plats traditionnels et aux bons vins.

Formule 19 € - Menu 30/56 €

14 rte de Pornic - ✆ 02 40 21 46 79 - www.lecolvert.fr - Fermé 15 août-8 sept., mardi soir, merc. soir, dim. soir et lundi

LE FRET - 29 (Finistère) → Voir Crozon

FRICHEMESNIL - 76 (Seine-Maritime) → Voir Clères

FRONTONAS

✉ 38290 (Isère) - 1 956 hab. - Alt. 260 m - Carte régionale n° **23**-B2
Paris 495 km - Ambérieu-en-Bugey 44 km - Lyon 34 km - La Tour-du-Pin 26 km
Carte Michelin 333-E4

Comptoir et Dépendances

TRADITIONNEL • CONTEMPORAIN Ah ! Quel plaisir pour le voyageur de pousser la porte de cette petite auberge, située sur la place d'un paisible village dauphinois... L'endroit est chaleureux et convivial, les chambres sont modernes et bien tenues : on est ici chez soi. Cuisine bistrotière au restaurant.

8 chambres - †75 € ††75 € - ☕ 8 €

La Place - ✆ 04 74 95 14 14 - www.comptoir-dependances.fr - Fermé dim.

FUISSÉ - 71 (Saône-et-Loire) → Voir Mâcon

LA FUSTE - 04 (Alpes-de-Haute-Provence) → Voir Manosque

FUTEAU - 55 (Meuse) → Voir Ste-Menehould (51 Marne)

LA GACILLY

✉ 56200 (Morbihan) - 2 211 hab. - Alt. 22 m - Carte régionale n° **5**-C2
Paris 415 km - Nantes 96 km - Rennes 64 km - Vannes 65 km
Carte Michelin 308-S8 - Guide Vert Michelin Bretagne Sud

Les Jardins Sauvages

CUISINE MODERNE • CONTEMPORAIN XX La Grée des Landes, hôtel écolo made by Yves Rocher, se devait d'avoir un restaurant en accord avec ses principes. C'est chose faite avec ces Jardins Sauvages, où traçabilité et produits locavores (potager bio) dominent.

Formule 24 € - Menu 29 € (déj. en semaine), 33/72 € - Carte 57/63 €

Hôtel La Grée des Landes, 1,5 km au Sud-Est par rte de Cournon - ✆ 02 99 08 50 50 - www.lagreedeslandes.com - Fermé 3-8 janv.

La Grée des Landes

SPA ET BIEN-ÊTRE • CONTEMPORAIN Un vrai concept que cet "éco-hôtel spa" Yves Rocher : architecture bioclimatique et matériaux bruts (lin, coton, chêne). Soins esthétiques et repos total face à la vallée de l'Aff.

29 chambres - †105/205 € ††105/205 € - ☕ 17 € - ½ P

1,5 km au Sud-Est par rte de Cournon - ✆ 02 99 08 50 50 - www.lagreedeslandes.com - Fermé 1 semaine en janv.

Les Jardins Sauvages - voir les restaurants ci-dessus

GAILLAC

✉ 81600 (Tarn) - 13 820 hab. - Alt. 143 m - Carte régionale n° **15**-C2
Paris 672 km - Albi 26 km - Cahors 89 km - Castres 52 km
Carte Michelin 338-D7

Vigne en Foule

CUISINE TRADITIONNELLE • CONVIVIAL Un sympathique bar-restaurant dans lequel la vigne règne en maître : près de 200 références s'offrent à votre choix. Menu du jour imposé au déjeuner, choix plus étoffé le soir. Agréable terrasse.

Formule 14 € - Menu 17 € (déj. en semaine), 29/43 € - Carte 30/51 €

80 pl. de la Libération - ✆ 05 63 41 79 08 - www.vigneenfoule.fr - Fermé dim. et lundi

La Table du Sommelier

CUISINE TRADITIONNELLE • RUSTIQUE Avec une telle enseigne, nul doute, c'est Bacchus que l'on célèbre dans ce "bistrot-boutique" situé sous les arcades de la place du marché. Les accords mets-vins y sont à l'honneur, bien sûr ! Et l'on ne rechigne pas devant la cuisine du chef, honnête, typiquement bistrot, qui ne triche pas sur la qualité des produits.

Formule 14 € - Menu 25 € (déj. en semaine)/47 € - Carte environ 36 €

34 pl. du Griffoul - ✆ 05 63 81 20 10 - www.latabledusommelier.com - Fermé dim. et lundi

Domaine de Perches

MAISON DE MAÎTRE • COSY Il est des lieux qui traversent les époques sans se démoder : c'est le cas de cette maison de maître, située à quelques kilomètres du centre de Gaillac. Ici, le mobilier ancien côtoie celui d'aujourd'hui, les chambres sont raffinées, élégantes et offrent une jolie vue sur les vignes. Champêtre !

4 chambres - 150/250 € 150/250 €

lieu-dit Perches, 2083 rte de Laborie, 7 km au Nord-Ouest par D4 - ✆ 05 63 56 58 24 - www.domainedeperches.com

GAILLARD - 74 (Haute-Savoie) → Voir Annemasse

GAILLON

27600 (Eure) - 7 175 hab. - Alt. 15 m - Carte régionale n° **17**-D2

Paris 94 km - Les Andelys 13 km - Évreux 25 km - Rouen 48 km

Carte Michelin 304-I7 - Guide Vert Michelin Normandie Vallée de la Seine

à Vieux-Villez 4 km à l'Ouest par D6015 - 27600 - 197 hab. - Alt. 125 m

Château Corneille

HISTORIQUE • CLASSIQUE Est-ce la quiétude du parc planté d'arbres centenaires, le cachet de ce manoir du 18e s., le confort sobre et douillet de ses chambres, ou encore le restaurant traditionnel aménagé dans l'ancienne bergerie ? En tout cas, on prendrait bien racine au Château Corneille !

20 chambres - 78/123 € 98/123 € - 13 € - ½ P

17 r. de l'Église - ✆ 02 32 77 44 77 - www.chateau-corneille.fr

à St-Aubin-sur-Gaillon 2 km au Sud - 27600 - 1 782 hab. - Alt. 130 m

L'Atelier de Jacques

CUISINE MODERNE • BRASSERIE Une brasserie des temps modernes, à la fois conviviale et contemporaine dans son bâtiment cubique et lumineux. Ravioles de homard, assiette du boucher, superbes légumes, etc. L'adresse plaira aux amateurs de cuisine traditionnelle revisitée et de produits de saison !

Formule 12 € - Menu 27 € (dîner)/39 € - Carte 26/43 €

r. du Bois-de-Saint-Paul (ZA des Champs-Chouette), sortie 17 par A13 - ✆ 02 32 54 06 33 - www.erisay-brasserie.fr - Fermé 23 juil.-21 août, 22 déc.-2 janv., le soir du lundi au jeudi, sam. midi et dim.

GAMBSHEIM

67760 (Bas-Rhin) - 4 572 hab. - Alt. 130 m - Carte régionale n° **1**-B1

Paris 491 km - Karlsruhe 67 km - Stuttgart 133 km - Strasbourg 25 km

Carte Michelin 315-L4

Fleur de Sureau

CUISINE MODERNE • CONTEMPORAIN Cette Fleur de Sureau a poussé face à la gare ! À ceci près que son jardinier est un chef qui a fait ses classes auprès de Jean-Georges Klein, à l'Arnsbourg, et qu'il y réalise une cuisine du marché soignée et savoureuse. À noter, un menu surprise avec des plats plus créatifs. Une adresse pour ceux qui ont la main verte... ou pas.

Formule 18 € - Menu 45 € - Carte 41/62 €

22 r. du Chemin-de-Fer - 03 88 21 85 22 - www.fleurdesureau.fr - Fermé 1 semaine en fév., 1 semaine en juil., 1 semaine en août, sam. midi, mardi et merc.

GAP

05000 (Hautes-Alpes) - 40 761 hab. - Alt. 735 m - Carte régionale n° **21**-C1

Paris 665 km - Avignon 209 km - Grenoble 103 km - Sisteron 52 km

Carte Michelin 334-E5 - Guide Vert Michelin Alpes du Sud

Patalain

CUISINE TRADITIONNELLE • CLASSIQUE Un joli jardin, une terrasse sous une glycine, un décor de moulures, de parquet et d'objets anciens... À l'entrée de la ville, cette maison de maître de 1895 conserve un cachet certain. La carte y fait profession de classicisme : quoi de plus logique ? Bonne formule également au Bistro, digne d'un bouchon lyonnais !

Menu 43/48 € - Carte 54/63 €

Plan : B1-d - *2 pl. Ladoucette*
- 04 92 52 30 83 - www.lepatalain.fr
- Fermé 31 déc.-1er fév., dim. et lundi

Le Pasturier

CUISINE TRADITIONNELLE • CLASSIQUE Dans une rue piétonne assez animée, le Pasturier a tout du bon petit restaurant traditionnel : le chef est un sérieux professionnel qui privilégie les produits frais et les approvisionnements locaux. Ses spécialités : noisette d'agneau du pays, tarte à la confiture d'aubergines et coriandre... Sympathique terrasse sur l'arrière.

Formule 22 € - Menu 32/53 € - Carte 50/60 €

Plan : B1-a - *18 r. Pérolière*
- 04 92 53 69 29 - www.restaurantlepasturier.com
- Fermé 19 juin-5 juil., mardi midi, dim. soir et lundi

Le Bouchon

CUISINE MODERNE • BISTRO Des assiettes généreuses et fort bien cuisinées, mettant en valeur des produits de belle qualité (bio et productions locales) : cette table s'impose pour un savoureux repas, et l'ambiance sympathique donne envie de revenir... notamment pour le lièvre à la royale, spécialité du chef (en saison, bien sûr).

Formule 19 € - Carte 35/60 €

Plan : B1-b - *4 La Placette - 04 92 46 02 43 - www.lebouchon-gap.fr - Fermé 2 semaines en mai, 27 août-4 sept., 23 déc.-2 janv., dim. et lundi*

La Menthe Poivrée

CUISINE MODERNE • TRADITIONNEL Un joli petit restaurant au plafond voûté, avec une agréable terrasse au calme. L'adresse est prisée dans la ville et on le comprend : la formule déjeuner offre un excellent rapport qualité-prix et, le soir, le chef met en valeur des produits plus nobles à travers une cuisine plus ambitieuse. Réussite dans les deux cas.

Formule 17 € - Menu 20 € (déj.), 31/44 €

Plan : A2-a - *20 bis r. du Centre - 09 52 77 55 73 - Fermé vacances de printemps, 3 semaines en sept., 26 déc.-3 janv., dim. soir de mi août à mi juil. et lundi*

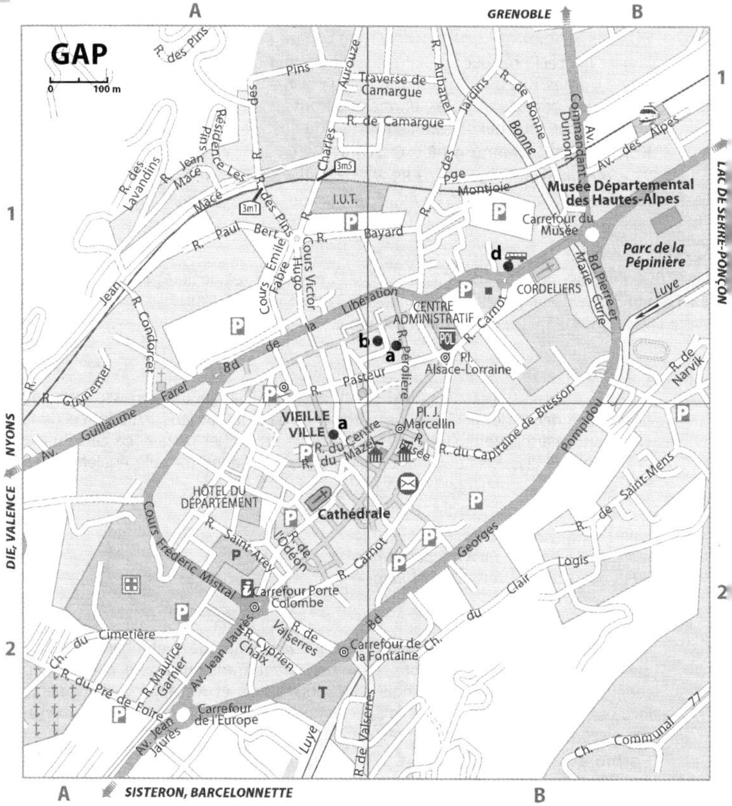

Avantici Citotel

URBAIN · TRADITIONNEL Aux portes de Gap, sur la route Napoléon, un hôtel très fonctionnel, auquel sa propriétaire insuffle un petit supplément d'âme : l'entretien est extrêmement soigné et l'ensemble très fleuri. En outre, le jardin où l'on peut prendre le petit-déjeuner se révèle charmant.

28 chambres – 49/109 € 59/119 € – 10 €

Hors plan – *5 chemin des Matins-Calmes (prés de la piscine), 2,5 km au Sud rte de Sisteron – 04 92 51 57 82 – www.avantici-citotel.com*

à La Bâtie-Neuve 10 km au Nord-Est par N94 – ✉ 05230 – 2 420 hab. – Alt. 852 m

La Pastorale

MAISON DE CAMPAGNE · PERSONNALISÉ Sortez de Gap... et des sentiers battus ! Il faut emprunter de petites routes en lacets pour rallier cette ferme du 16e s. Le trajet est digne d'une pastorale et la bâtisse va bien à cet environnement : entre ses murs épais et biscornus, on découvre des chambres au charme champêtre, à l'unisson du calme alentour.

8 chambres – 82/89 € 82/109 € – 10 €

Les Brès, 4 km au Nord-Est par D214 et D614 – 04 92 50 28 40 – www.lapastorale.net – Ouvert début mai à fin oct.

GARABIT (VIADUC DE) - 15 (Cantal) → Voir Viaduc de Garabit

LA GARDE - 04 (Alpes-de-Haute-Provence) → Voir Castellane

LA GARDE - 48 (Lozère) → Voir St-Chély-d'Apcher

LA GARDE-GUÉRIN

✉ 48800 (Lozère) - Carte régionale n° **12**-C1
Paris 610 km - Alès 59 km - Aubenas 69 km - Florac 71 km
Carte Michelin 330-L8

Auberge Régordane

DEMEURE HISTORIQUE • CLASSIQUE Au cœur d'un village fortifié entouré de lande et interdit à la circulation, cette demeure seigneuriale (16e s.) mêle charme des vieilles pierres et esprit monacal : on remonte le temps... Au restaurant, on admire la salle voûtée et son superbe cantou (cheminée) ; cuisine du terroir.

16 chambres - †69/80 € ††69/80 € - ☕ 11 € - ½ P

Prévenchères - ☎ 04 66 46 82 88 - www.regordane.com - Ouvert 15 avril-1er oct.

LA GARENNE-COLOMBES - 92 (Hauts-de-Seine) → Voir Autour de Paris

GARGAS

✉ 84400 (Vaucluse) - 2 843 hab. - Alt. 275 m - Carte régionale n° **22**-E1
Paris 735 km - Aix-en-Provence 91 km - Avignon 53 km - Marseille 107 km
Carte Michelin 332-F10

La Coquillade - Gourmet

CUISINE MODERNE • LUXE XXX On est un peu au royaume de Bacchus dans ce restaurant situé au cœur d'un domaine viticole : les gourmets honorent les vins du cru et... tous les produits de la terre provençale, auxquels la carte fait la part belle. À l'image de l'hôtel, le décor ne manque pas de superbe (colonnes, charpente).

Menu 80/135 € - Carte environ 125 €

Hôtel Coquillade - Provence Village, hameau le Perrotet, 4,5 km au Sud-Ouest par D83 - ☎ 04 90 74 71 71 - www.coquillade.fr - Ouvert 14 avril-14 oct. et fermé le midi, merc. sauf juil.-août et mardi

La Coquillade - Bistrot

CUISINE TRADITIONNELLE • ÉLÉGANT X Dans le bistrot chic ou dans le jardin au milieu du vignoble l'été... Un fil très rouge, donc, pour cette adresse gourmande : le travail des saisons et le sens du terroir - au sein d'un hôtel qui vaut le coup d'œil !

Menu 42 € - Carte 68/94 €

Hôtel Coquillade - Provence Village, hameau Le Perrotet, 4,5 km au Sud-Ouest par D83 - ☎ 04 90 74 71 71 - www.coquillade.fr - Ouvert 17 mars-12 nov. et fermé le midi

Coquillade - Provence Village

GRAND LUXE • PERSONNALISÉ Un hameau provençal dont les origines remontent au 11e s. : tel est le cadre de ce luxueux domaine hôtelier. Les chambres, réparties au sein de petits mas provençaux, expriment la quintessence des lieux (vieilles pierres, charpentes). On profite même d'un superbe spa, ouvert en 2015... Vendange de plaisirs !

46 chambres - †170/590 € ††200/590 € - 17 suites - ☕ 25 €

hameau Le Perrotet, 4,5 km au Sud-Ouest par D83 - ☎ 04 90 74 71 71 - www.coquillade.fr - Ouvert 17 mars-12 nov.

La Coquillade - Gourmet • **La Coquillade - Bistrot** - voir les restaurants ci-dessus

GARIDECH

⊠ 31380 (Haute-Garonne) - 1 650 hab. - Alt. 180 m - Carte régionale n° **15**-C2
▶ Paris 687 km - Albi 58 km - Auch 96 km - Toulouse 21 km
Carte Michelin 343-H2

Le Club

CUISINE TRADITIONNELLE • RUSTIQUE XX Ici, le goût de la tradition est roi ! Sur la route d'Albi, en pleine campagne (l'une des salles offre une belle vue sur les champs), le cadre est résolument classique, et la cuisine honore les beaux produits du terroir et les saisons. Mention particulière pour le service, souriant et dynamique.

Formule 17 € - Menu 20 € (déj. en semaine), 32/40 € - Carte 49/59 €

7 rte d'Albi - ✆ 05 61 84 20 23 - www.leclubchampetre.com - Fermé 3 semaines en août, sam. midi, dim. soir et lundi

GARNACHE - 85 (Vendée) → Voir Challans

GARONS - 30 (Gard) → Voir Nîmes

GARREVAQUES - 81 (Tarn) → Voir Revel

GASNY

⊠ 27620 (Eure) - 3 076 hab. - Alt. 36 m - Carte régionale n° **17**-D2
▶ Paris 77 km - Évreux 43 km - Mantes-la-Jolie 20 km - Rouen 71 km
Carte Michelin 304-J7

Auberge du Prieuré Normand

CUISINE TRADITIONNELLE • AUBERGE XX Depuis La Roche-Guyon, en suivant les boves crayeuses, votre route vous mènera à Gasny, où cette auberge familiale aussi pittoresque que sympathique anime joliment la place centrale. Produits de qualité, sauces sapides, saveurs franches : la cuisine du chef - un sérieux professionnel, très investi - est généreuse et soignée !

Formule 24 € - Menu 31/49 € - Carte 43/61 €

1 pl. de la République - ✆ 02 32 52 10 01 - www.aubergeduprieurenormand.com - Fermé 24-30 déc., mardi soir et merc.

GASSIN

⊠ 83580 (Var) - 2 818 hab. - Alt. 200 m - Carte régionale n° **21**-C3
▶ Paris 872 km - Fréjus 34 km - Le Lavandou 31 km - St-Tropez 9 km
Carte Michelin 340-O6 - Guide Vert Michelin Côte d'Azur

La Verdoyante

CUISINE TRADITIONNELLE • RUSTIQUE XX Posée au cœur des vignes, cette ancienne ferme rustique jouit d'un très beau panorama... Mais la Verdoyante ne serait rien sans la passion du jeune couple qui en tient les rênes ! Dans un décor coquet ou sur la charmante terrasse, on se régale d'une délicieuse cuisine provençale aux parfums de garrigue.

Menu 29/57 € - Carte 45/89 €

866 chemin vicinal de Coste-Brigade - ✆ 04 94 56 16 23 - www.la-verdoyante.fr - Ouvert de Pâques à mi-oct. et fermé mardi midi et lundi

Bello Visto

CUISINE TRADITIONNELLE • AUBERGE XX Un établissement situé au cœur d'un joli village perché, occupé par les Maures jusqu'au 10e s. Installez-vous sur la superbe terrasse avec vue sur les îles d'Hyères et les sommets alpins pour déguster les spécialités maison : mitonnée de petits poulpes de roche, gnocchis à la truffe, soufflé au grand Marnier...

Menu 31/48 € - Carte 57/81 €

9 chambres - †70/190 € ††70/190 € - ☕ 13 €

pl. dei Barri - ✆ 04 94 56 17 30 - www.bellovisto.eu - Ouvert 7 avril-31 oct. et fermé jeudi d'oct. à mai

GAUJAC

✉ 30330 (Gard) - 1 054 hab. - Alt. 90 m - Carte régionale n° **12**-D2
▶ Paris 673 km - Avignon 39 km - Montpellier 93 km - Nîmes 45 km
Carte Michelin 339-M4

La Maison

CUISINE MODERNE • BISTRO On se sent bien, un peu comme à La Maison, dans cette ancienne demeure de vignerons ! Dans les salles, magnifiques écrins de pierre, on savoure une goûteuse cuisine du marché, réalisée par madame. Monsieur, lui, s'occupe de la belle sélection de vins qui comprend notamment des crus du village. Le tout à petits prix.

Menu 35 €

r. du Presbytère - ✆ 04 66 39 33 08 (réservation conseillée) - www.lamaison.gaujac.com - Fermé mardi midi, merc. midi, jeudi midi, sam. midi et dim.

GAVARNIE

✉ 65120 (Hautes-Pyrénées) - 133 hab. - Alt. 1 350 m - Carte régionale n° **15**-A3
▶ Paris 901 km - Lourdes 52 km - Luz-St-Sauveur 20 km - Pau 96 km
Carte Michelin 342-L8

à Gèdre 9 km au Nord par D921 - ✉ 65120 - 249 hab. - Alt. 1 000 m

Brèche de Roland

TRADITIONNEL • CONTEMPORAIN Au pied des cirques de Gavarnie et de Troumouse, auberge familiale aménagée dans une maison de pays ; les chambres, modernes et bien équipées, sont idéales pour prendre un bon repos avant de partir à la découverte de la nature environnante. Recettes du terroir au restaurant.

24 chambres - †110/120 € ††110/120 € - 1 suite - ☕ 11 € - ½ P

le village - ✆ 05 62 92 48 54 - www.pyrenees-hotel-breche.com - Fermé 25 mars-1er mai et 25 oct.-25 déc.

GAZERAN - 78 (Yvelines) → Voir Rambouillet

GÈDRE - 65 (Hautes-Pyrénées) → Voir Gavarnie

GÉMENOS

✉ 13420 (Bouches-du-Rhône) - 6 198 hab. - Alt. 150 m - Carte régionale n° **21**-B3
▶ Paris 788 km - Aix-en-Provence 39 km - Brignoles 48 km - Marseille 25 km
Carte Michelin 340-I6 - Guide Vert Michelin Provence

Les Arômes

CUISINE DU MARCHÉ • MÉDITERRANÉEN Le restaurant a déménagé en 2014 d'Aubagne à Gémenos, pour cette maison des années 1930 regardant la Sainte-Baume. L'âme d'aubergiste des hôtes, elle, n'a pas changé et Yannick Besset, le chef, régale toujours avec sa cuisine régionale où les produits de saison mêlent leurs arômes à ceux de la garrigue.

Formule 28 € - Menu 32/52 €

230 av. du 2ème Cuirassier - ✆ 09 80 73 06 60 (réservation conseillée) - www.lesaromesgemenos.fr - Fermé mardi soir, merc. soir, dim. et lundi

Relais de la Magdeleine

DEMEURE HISTORIQUE • CLASSIQUE C'est toute la noblesse provençale qui s'exprime dans cette demeure du 18e s. : mobilier ancien, tableaux, tissus... même le chant des cigales semble élégant !

29 chambres - †119/179 € ††119/179 € - ☕ 16 € - ½ P

40 av. du 2ème-Cuirassier, au rond-point de la Fontaine - ✆ 04 42 32 20 16 - www.relais-magdeleine.com - Ouvert 15 mars-15 nov.

GÉNÉRAC

✉ 30510 (Gard) - 4 012 hab. - Alt. 72 m - Carte régionale n° **12**-C2
▶ Paris 730 km - Marseille 119 km - Montpellier 50 km - Nîmes 14 km
Carte Michelin 339-L6

L'Instant du Sud

CUISINE MODERNE • **COSY** Une jolie maison en pierre au cœur de ce village proche du Parc naturel régional de Camargue. Une terrasse sous les canisses, une petite salle à l'atmosphère intime : l'endroit est accueillant et les assiettes du chef achèvent de nous séduire. Bien tournées et actuelles, elles révèlent un excellent rapport qualité-prix !

Formule 26 € - Menu 31/50 €

39 Grand-Rue - ✆ 04 66 02 03 93 - www.instantdusud.fr - Fermé 2 semaines en août, mardi soir, merc. soir, jeudi soir de sept. à juin, mardi midi, merc. midi, jeudi midi en juil.-août, dim. et lundi

Une bonne table sans se ruiner ? Repérez les Bib Gourmand.

GENESTON

✉ 44140 (Loire-Atlantique) - 3 592 hab. - Alt. 28 m - Carte régionale n° **18**-B2
▶ Paris 398 km - Cholet 60 km - Nantes 20 km - La Roche-sur-Yon 47 km
Carte Michelin 316-G5

Le Pélican

CUISINE MODERNE • **CONVIVIAL** Comme le Pélican, ouvrez grand le bec et profitez d'une savoureuse cuisine, mêlant tradition et modernité. L'exemple parfait : un magret de canard cuit à basse température, avec écrasé de pomme de terre fumé… Délicieux et à petit prix : ce Pélican a tout compris !

Formule 21 € - Menu 26/48 € - Carte environ 45 €

13 pl. Georges-Gaudet - ✆ 02 40 04 77 88 - www.restaurantlepelican.fr - Fermé 1 semaine vacances de fév., 26 juil.-20 août, dim. soir, lundi et mardi

GENEUILLE - 25 (Doubs) → Voir Besançon

GÉNIN (LAC) - 01 (Ain) → Voir Oyonnax

GENNES

✉ 49350 (Maine-et-Loire) - 2 211 hab. - Alt. 28 m - Carte régionale n° **18**-C2
▶ Paris 305 km - Angers 33 km - Bressuire 65 km - Cholet 68 km
Carte Michelin 317-H4 - Guide Vert Michelin Châteaux de la Loire

L'Aubergade

CUISINE MODERNE • **AUBERGE** Le chef de cette auberge concocte une cuisine au goût du jour, centrée autour du produit, dans une salle élégante et décorée avec beaucoup de goût. Une très bonne adresse familiale.

Menu 29/49 € - Carte environ 66 €

7 av. des Cadets - ✆ 02 41 51 81 07 - www.restaurant-laubergade.com - Fermé vacances de fév., de la Toussaint

GENNEVILLIERS Hauts-de-Seine → Voir Autour de Paris

GENSAC

✉ 33890 (Gironde) - 848 hab. - Alt. 78 m - Carte régionale n° **2**-C1
▶ Paris 554 km - Bergerac 39 km - Bordeaux 63 km - Libourne 33 km
Carte Michelin 335-L6

au Sud-Ouest 2 km par D18 et D15[E1] - ✉ 33350 Ste Radegonde

Château de Sanse

MAISON DE CAMPAGNE • PERSONNALISÉ Dominant la campagne et les vignobles, cette belle demeure (18e s.) en pierre blonde est vraiment au grand calme ! Parc verdoyant, grande piscine chauffée, restaurant, chambres spacieuses et charmantes : une étape pleine de cachet.

12 chambres - †99/179 € ††99/179 € - 4 suites - ☕ 15 € - ½ P

05 57 56 41 10 - www.chateaudesanse.com - Fermé 1er nov.- 31 mars

GÉRARDMER

✉ 88400 (Vosges) - 8 423 hab. - Alt. 669 m - Carte régionale n° **14**-C3

Paris 425 km - Belfort 78 km - Colmar 52 km - Épinal 40 km

Carte Michelin 314-J4

Le Pavillon Pétrus

CUISINE MODERNE • ÉLÉGANT XXX À l'unisson de l'ambiance feutrée des parties communes (bar, billard, fumoir), la salle de ce Pavillon est spacieuse et élégante - lustres de Murano, fauteuils en velours... On y découvre une belle cuisine gastronomique, tel ce loup de ligne à la peau, minute de courgette et caviar d'aubergine. Que de saveurs !

Menu 48/92 € - Carte 62/110 €

Plan : A2-f - *Le Grand Hôtel, pl. du Tilleul - 03 29 63 06 31 - www.grandhotel-gerardmer.com - Fermé 13-20 nov., jeudi midi, mardi et merc.*

Côté Lac

CUISINE MODERNE • ÉLÉGANT XXX Sa grande terrasse toise évidemment le lac... Belle situation pour ce restaurant très confortable, dont la carte affectionne les bons produits (le chef met un soin particulier dans le choix de ses viandes) et les vins d'Alsace. Une valeur sûre de la gastronomie locale.

Formule 22 € - Menu 27/35 € - Carte 40/60 €

Plan : A2-e - *esplanade du Lac - 03 29 63 22 28 - www.hotel-beaurivage.fr - Fermé lundi sauf vacances scolaires*

La P'tite Sophie

CUISINE MODERNE • COSY XX L'annexe des Jardins de Sophie, avec son cadre boisé et contemporain, n'a pas à rougir de la comparaison avec son grand frère ! On y met en valeur une bonne cuisine du marché - pâté en croûte de canard, jarret de veau cuit 48h, tartelette à la rhubarbe caramélisée -, et l'accueil y est particulièrement sympathique.

Formule 18 € - Menu 23 € (déj. en semaine), 30 € - Carte 41/47 €

Plan : B2-t - *40 r. Charles-de-Gaulle - 03 29 41 76 96 - www.compagnie-des-hotels-des-lacs.fr - Fermé jeudi soir, dim. soir et lundi*

Le Grand Hotel et Spa

SPA ET BIEN-ÊTRE • PERSONNALISÉ Né au 19e s., il cultive sans faillir l'âme de la station vosgienne. Des chambres spacieuses classiques ou contemporaines, de superbes suites tout en bois dans un chalet indépendant, un spa magnifique, trois restaurants... Un fleuron en matière d'accueil et de confort.

62 chambres - †95/150 € ††112/235 € - 14 suites - ☕ 22 € - ½ P

Plan : A2-f - *pl. du Tilleul - 03 29 63 06 31 - www.grandhotel-gerardmer.com - Fermé 13-20 nov.*

Le Pavillon Pétrus - voir les restaurants ci-dessus

Le Manoir au Lac

LUXE • CLASSIQUE Dans son parc escarpé dominant le lac, cet imposant chalet de 1830 fut jadis fréquenté par Maupassant... qui aurait pu écrire un roman sur la beauté du panorama. À l'intérieur, tout n'est que raffinement et confort : mobilier de style, épais édredons sur chaque lit, piscine couverte, etc. Une adresse de charme !

11 chambres - †140/250 € ††140/330 € - 1 suite - ☕ 20 € - ½ P

Hors plan - *59 chemin de la Droite-du-Lac, 1 km à l'Ouest par D417, rte d'Épinal - 03 29 27 10 20 - www.manoir-au-lac.com - Fermé 12 nov.-3 déc.*

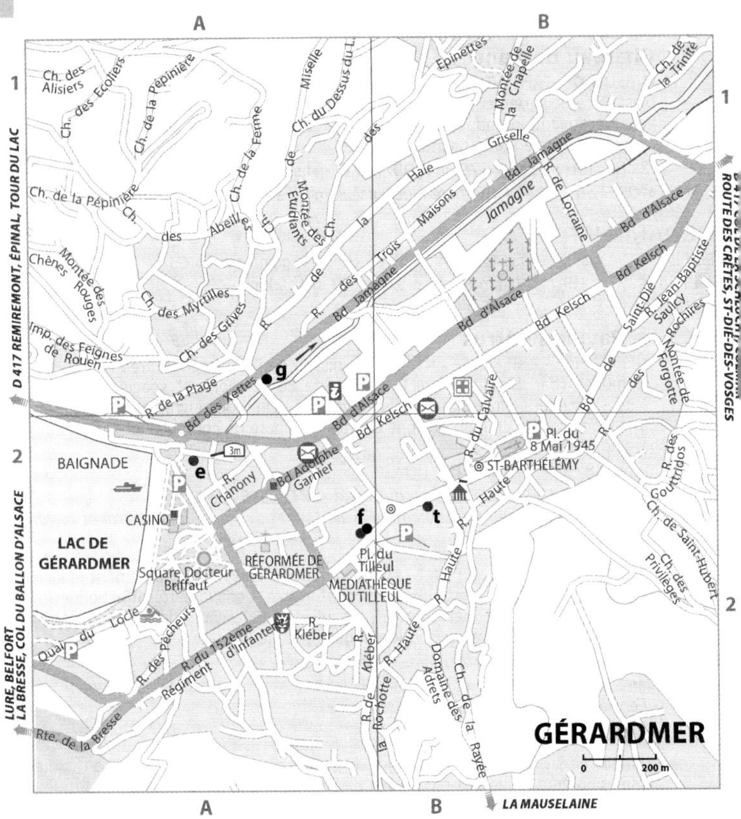

La Jamagne

TRADITIONNEL • FONCTIONNEL Un hôtel-restaurant de tradition, tenu par la même famille depuis 1905. L'établissement est confortable, parfaitement tenu et il sait vivre avec son temps – comme en témoigne son agréable spa, avec une belle piscine traitée à l'ozone.

48 chambres – 65/160 € 70/160 € – 12 € – ½ P

Plan : A1-g – *2 bd de la Jamagne*
– 03 29 63 36 86 – www.jamagne.com
– Fermé 13 nov.-15 déc.

Les Reflets du Lac

FAMILIAL • FONCTIONNEL Son nom ne ment pas : la plupart des chambres – certaines avec balcon – offrent une vue apaisante sur les reflets du lac… Accueil simple et sympathique, décor d'esprit chalet : un établissement où l'on vient volontiers se détendre.

14 chambres – 70/75 € 70/95 € – 9 €

Hors plan – *201 chemin du Tour-du-Lac, au bout du lac, 2,5 km à l'Ouest par D417, rte d'Épinal*
– 03 29 60 31 50 – www.lesrefletsdulac.com
– Fermé 13 nov.-14 déc.

à Xonrupt-Longemer 6 km à l'Est par D417 – ✉ 88400 – 1 568 hab. – Alt. 714 m

Les Jardins de Sophie

CUISINE MODERNE • ÉLÉGANT À l'occasion d'une escapade dans la forêt vosgienne depuis Gérardmer, vous ne serez pas dépourvu quand l'heure du repas sera venue : on trouve ici une cuisine au goût du jour basée sur de bons produits, que l'on déguste en profitant de la jolie vue sur la montagne et l'étendue des sapins.

Menu 35 € (déj. en semaine), 54/94 € – Carte 75/125 €

Domaine de la Moinaudière, rte du Valtin, 4 km au Nord-Ouest par D23 et rte secondaire – ☎ 03 29 63 37 11 – www.hotel-lesjardinsdesophie.com – Fermé mardi et merc. hors saison sauf fériés

Les Jardins de Sophie

SPA ET BIEN-ÊTRE • COSY Sentiment d'exception dans ce chalet luxueux blotti dans une forêt d'épicéas... Ici, l'esprit montagnard n'est que raffinement et douceur, confort et chaleur. Une adresse délicieuse pour profiter pleinement des Vosges !

32 chambres – †130/240 € ††155/289 € – ☕ 17 € – ½ P

Domaine de la Moinaudière, rte du Valtin, 4 km au Nord-Ouest par D23 et rte secondaire – ☎ 03 29 63 37 11 – www.hotel-lesjardinsdesophie.com

Les Jardins de Sophie – voir les restaurants ci-dessus

aux Bas-Rupts 4 km au Sud-Ouest par D486 – ✉ 88400 Gerardmer

Les Bas-Rupts (Michel Philippe)

CUISINE CLASSIQUE • ÉLÉGANT La table des Bas-Rupts est une valeur sûre, idéale pour apprécier une cuisine classique revisitée, réalisée dans les règles de l'art et aux saveurs très flatteuses. Même la rusticité de certains mets – telles les tripes au riesling – se fait raffinement... Superbe carte des vins.

→ Tripes au riesling à la crème et moutarde. Côtelette de caille des Vosges farcie au foie gras. Ruches glacées au miel de montagne, crème à la vanille.

Menu 38 € (déj. en semaine), 52/98 € – Carte 80/110 €

Hôtel Les Bas-Rupts, 181 rte de la Bresse – ☎ 03 29 63 09 25 – www.bas-rupts.com

Les Bas-Rupts

LUXE • COSY Un parfait décor pour un séjour de charme à la montagne : boiseries, cheminées, salons confortables, objets anciens, tableaux, piscine intérieure, etc. – sans compter l'accueil exquis. On ne peut quitter les lieux sans nostalgie...

25 chambres – †150/240 € ††150/340 € – 4 suites – ☕ 24 € – ½ P

181 rte de la Bresse – ☎ 03 29 63 09 25 – www.bas-rupts.com

Les Bas-Rupts – voir les restaurants ci-dessus

Auberge de la Poulcière

AUBERGE • COSY Une auberge en pleine nature, cernée par les jonquilles au printemps... Entre ses murs de 1775, âme rustique et confort contemporain se conjuguent avec charme. Chaque chambre dispose d'une kitchenette, mais vous pouvez aussi profiter du restaurant : le patron ne jure que par les produits frais !

7 chambres – †95/140 € ††95/140 € – 2 suites – ☕ 10 € – ½ P

10 chemin du Bouchot – ☎ 03 29 42 04 33 – www.auberge-poulciere.com – Fermé 15 oct.-20 déc.

au Valtin 14 km au Nord-Est par D417 et D23 – ✉ 88230 – 90 hab. – Alt. 751 m

Auberge du Val Joli

CUISINE TRADITIONNELLE • COSY Au creux de la vallée, cette petite hostellerie met le terroir et la tradition à l'honneur ! Pâté lorrain, truite du vivier – meunière ou fumée minute – au bleu : voici les bonnes spécialités du restaurant, dont l'intérieur a été entièrement rénové. Pour l'étape, quelques chambres confortables et personnalisées.

Formule 18 € – Menu 22 € (semaine), 39/56 € – Carte 30/60 €

10 chambres – †59/124 € ††59/124 € – ☕ 10 €

12 bis le Village – ☎ 03 29 60 91 37 – www.levaljoli.com – Fermé 2-13 janv., dim. soir, lundi soir et mardi midi hors vacances scolaires

GERMAGNY

✉ 71460 (Saône-et-Loire) - 212 hab. - Alt. 265 m - Carte régionale n° **4**-C3
▶ Paris 361 km - Chalon-sur-Saône 27 km - Mâcon 54 km - Montceau-les-Mines 28 km
Carte Michelin 320-H9

Les Vignes

CUISINE TRADITIONNELLE • AUBERGE Escargots de Bourgogne en persillade, volaille de Bresse en deux services, pavé de bœuf charolais : voici les spécialités de la maison ! Dans cette auberge de village à la salle à manger rafraîchie, on sert une cuisine traditionnelle et régionale bien alléchante. Et la viande bovine provient d'un abattoir tout proche.

Formule 14 € - Menu 20 € (déj. en semaine), 24/33 € - Carte 25/45 €

Le Bourg - ✆ 03 85 49 23 23 - www.lesvignes-germagny.fr - Fermé dim. soir d'oct. à fév., mardi soir de sept. à juin et merc.

GERMIGNY-L'ÉVÊQUE - 77 (Seine-et-Marne) → Voir Meaux

GÉTIGNÉ - 44 (Loire-Atlantique) → Voir Clisson

LES GETS

✉ 74260 (Haute-Savoie) - 1 255 hab. - Alt. 1 170 m - Carte régionale n° **25**-F1
▶ Paris 579 km - Annecy 77 km - Bonneville 33 km - Cluses 19 km
Carte Michelin 328-N4 - Guide Vert Michelin Alpes du Nord

Le Labrador

TRADITIONNEL • COSY Sympathique halte près de la cheminée du salon, dans ce chalet à la décoration typiquement savoyarde. À l'étage, les chambres sont habillées de bois, confortables et bien tenues. Au petit-déjeuner, le patron sert les œufs de sa propre ferme !

20 chambres - 95/220 € 130/450 € - 1 suite - ½ P

266 rte du Léry - ✆ 04 50 75 80 00 - www.labrador-hotel.com - Ouvert mi-juin à mi-sept. et mi-déc. à mi-avril

La Marmotte et La Tapiaz

FAMILIAL • COSY Après une journée de ski, détendez-vous près de la cheminée avant de vous faire dorloter dans le superbe spa (750 m²). En sus de la partie traditionnelle de l'établissement, on propose des chambres supplémentaires, tout en vieux bois et très confortables avec leur poêle à bois près duquel paresser comme... une marmotte !

63 chambres - 60/424 € 78/608 € - 18 € - ½ P

61 r. du Chêne - ✆ 04 50 75 80 33 - www.hotel-marmotte.com - Ouvert 10 juin-17 sept. et 16 déc.-15 avril

Alpina

FAMILIAL • COSY Non loin du téléphérique, ce beau chalet familial domine le bourg... Les chambres, de style savoyard, offrent plusieurs conforts différents (familiale, montagnarde ou standard). Le restaurant se révèle sympathique : cuisine aux accents du pays, et vue sur la vallée !

39 chambres - 73/112 € 85/281 € - 13 € - ½ P

55 imp. de la Grange-Neuve - ✆ 04 50 75 80 22 - www.hotelalpina.fr - Ouvert 25 mai-25 sept. et 15 déc.-15 avril

Le Nagano

FAMILIAL • MONTAGNARD Au cœur de la station, à deux pas de la patinoire, cet hôtel familial à la façade en bois propose cinq catégories de chambres, dont certaines disposent d'une kitchenette. Piscine intérieure, espace bien-être, fitness, massage. Quelques chambres avec balcon.

25 chambres - 110/190 € 150/305 € - 14 €

333 r. du Centre - ✆ 04 50 79 71 46 - www.hotel-nagano.com - Fermé de mi-avril à fin juin et de début sept. à mi-déc.

Crychar

TRADITIONNEL • MONTAGNARD Un petit chalet au pied des pistes, chaleureux et confortable. Le feu crépite dans le salon ; les chambres, tout en bois clair, sont pimpantes et jouissent d'un balcon, et le beau spa se révèle idéal pour la relaxation. Un concentré de Savoie !

18 chambres - 85/220 € 100/435 € - 2 suites - 16 € - ½ P

136 imp. de la Grange-Neuve, par rte de la Turche - 04 50 75 80 50 - www.crychar.com - Fermé 10 avril-15 juin et 6 sept.-10 déc.

GEVREY-CHAMBERTIN

21220 (Côte-d'Or) - 3 070 hab. - Alt. 275 m - Carte régionale n° **4**-D1

Paris 315 km - Beaune 33 km - Dijon 13 km - Dole 61 km

Carte Michelin 320-J6 - Guide Vert Michelin Bourgogne

Chez Guy

CUISINE TRADITIONNELLE • TENDANCE XX On peut être moderne en apparence et fidèle à la tradition sur le fond ! La preuve avec ce restaurant au cadre contemporain... dont la cuisine est enracinée dans le terroir : cocotte de joue de bœuf au pinot noir, carottes confites à la cardamome... Sans oublier la remarquable cave qui met toute la Bourgogne à l'honneur.

Formule 18 € - Menu 24 € (déj. en semaine), 32/55 € - Carte 39/50 €

3 pl. de la Mairie - 03 80 58 51 51 - www.chez-guy.fr - Fermé dim. en hiver

Bistrot Lucien

CUISINE TRADITIONNELLE • BRASSERIE X Avec ses pierres apparentes, ses banquettes et son superbe bar en bois, ce bistrot est le complément parfait de l'hôtel qui l'accueille. Au programme, une belle cuisine bourguignonne : jambon persillé maison, escargots en cassolette au beurre persillé et pata negra, tartes aux fruits maison... Simple et bon !

Menu 28 € (déj. en semaine)/48 € - Carte 45/71 €

Hôtel La Rôtisserie du Chambertin, 6 r. du Chambertin - 03 80 34 33 20 - www.rotisserie-chambertin.com - Fermé 1er-14 janv., dim. et lundi

La Rôtisserie du Chambertin

HISTORIQUE • DESIGN Le chef de la Maison des Cariatides, à Dijon, est dorénavant à la tête de cette accueillante bâtisse en pierre située au sud de la ville. On y trouve de belles chambres élégantes et joliment décorées, dont un duplex, et un beau salon avec sa cheminée monumentale pour les longues soirées d'hiver...

9 chambres - 130/154 € 245/340 € - 18 € - ½ P

6 r. du Chambertin - 03 80 34 33 20 - www.thomascollomb.fr - Fermé 1er-14 janv.

Bistrot Lucien - voir les restaurants ci-dessus

GEX

01170 (Ain) - 10 677 hab. - Alt. 626 m - Carte régionale n° **25**-F1

Paris 490 km - Genève 19 km - Lons-le-Saunier 93 km - Pontarlier 110 km

Carte Michelin 328-J3 - Guide Vert Michelin Franche-Comté Jura

à Echenevex 4 km au Sud par D984c et rte secondaire - 01170 - 1 813 hab. - Alt. 580 m

Auberge des Chasseurs

AUBERGE • COSY Une jolie maison recouverte de vigne vierge avec le mont Blanc en toile de fond. À l'intérieur, le décor est scandinave avec des boiseries peintes, des photographies de Cartier-Bresson qui fut jadis un client ! Tout ici respire la sérénité et l'art de vivre... Idéal pour se ressourcer.

14 chambres - 100/130 € 120/160 € - 12 € - ½ P

711 rte de Naz-Dessus - 04 50 41 54 07 - www.aubergedeschasseurs.com - Ouvert de mi-fév. au 1er nov.

GIEN

✉ 45500 (Loiret) - 14 519 hab. - Alt. 162 m - Carte régionale n° **6**-C2
Paris 149 km - Auxerre 85 km - Bourges 77 km - Cosne-Cours-sur-Loire 46 km
Carte Michelin 318-M5 - Guide Vert Michelin Châteaux de la Loire

Côté Jardin (Arnaud Billard)

CUISINE CRÉATIVE • DESIGN XX Sur la rive gauche de la Loire, on s'installe Côté Jardin ! Ici, la fraîcheur vient autant de la brise que des produits sélectionnés avec soin. Au piano, Arnaud Billard signe une savoureuse cuisine du marché, tout en subtiles associations d'ingrédients. La finesse est autant aromatique que visuelle...
→ Cuisine du marché.

Menu 40/95 €

14 rte de Bourges - 02 38 38 24 67 (réservation conseillée) - www.cote-jardin-restaurant.com - Fermé 20 avril-11 mai, 17 août-7 sept., 25 déc.-5 janv., dim. soir, mardi et merc.

Le P'tit Bouchon

CUISINE TRADITIONNELLE • CONVIVIAL X Un vrai repaire bistronomique ! Le chef travaille avec soin de jolis produits de saison, et n'hésite pas à les accompagner d'huiles bien parfumées (notamment à la noisette) et de condiments ou d'épices en tout genre : graines de moutarde, mayonnaise au curry, piment d'Espelette, etc. On ne boude pas son plaisir.

Formule 17 € - Menu 26/29 €

66 r. Bernard-Palissy - 02 38 67 84 40 - www.ptitbouchon.fr - Fermé 20-27 fév., 2-8 mai, 18 août-7 sept., 20-27 nov., dim. et lundi

L'Olivier

CUISINE MÉDITERRANÉENNE • FAMILIAL X Une petite adresse rafraîchissante, menée par un duo complémentaire : Céline pour le salé et Stéphane pour le sucré. Tout est fait minute et les recettes révèlent une belle générosité - le tout avec un accent méridional, le couple s'étant formé dans le sud de la France, d'où le nom choisi pour leur premier restaurant...

Formule 14 € - Menu 17 € (déj. en semaine) - Carte 35/45 €

22 quai Lenoir - 02 38 38 13 45 - Fermé 2 semaines en août, jeudi soir et dim. soir de sept. à juin, jeudi de juin à sept. et merc.

GIFFAUMONT-CHAMPAUBERT

✉ 51290 (Marne) - 261 hab. - Alt. 130 m - Carte régionale n° **7**-C2
Paris 208 km - Bar-le-Duc 53 km - Chaumont 75 km - St-Dizier 25 km
Carte Michelin 306-K11 - Guide Vert Michelin Champagne Ardenne

Le Cheval Blanc

TRADITIONNEL • FONCTIONNEL Cette accueillante maison ne se trouve qu'à 500 m de l'un des plus grands lacs artificiels d'Europe : le lac du Der. Chambres confortables et impeccablement tenues, jardin, jacuzzi : le repos est total ! Cuisine traditionnelle au restaurant.

14 chambres - †75/90 € ††75/135 € - 1 suite - 10 €

21 r. du Lac - 03 26 72 62 65 - www.lecheval-blanc.net - Fermé 3-21 sept. et 1er-18 janv.

GIF-SUR-YVETTE - 91 (Essonne) → Voir Autour de Paris

GIGARO - 83 (Var) → Voir La Croix-Valmer

GIGNAC

✉ 34150 (Hérault) - 5 654 hab. - Alt. 53 m - Carte régionale n° **12**-C2
Paris 719 km - Béziers 58 km - Lodève 25 km - Montpellier 30 km
Carte Michelin 339-G7

✿ Restaurant de Lauzun (Matthieu de Lauzun)

CUISINE MODERNE • CONTEMPORAIN XXX Face à l'esplanade, une maison menée tambour battant par un jeune chef passionné. Décor sobre et soigné à l'image de la cuisine, séduisante et festive, avec ses belles associations de saveurs – originales et bien pensées – et ses assiettes très graphiques. Bon choix de vins locaux.

→ Petit poivron farci au fromage de chèvre, vinaigrette au citron rôti. Lieu de petit bateau, concombre et estragon du Mexique. Buchette chocolat et menthe, sorbet à la menthe glaciale.

Formule 31 € – Menu 51/82 €

3 bd de l'Esplanade – ✆ 04 67 57 50 83 – www.restaurant-delauzun.com – Fermé 2 semaines en fév., en juin et en oct., sam. midi, dim., lundi et fériés

GIGONDAS

✉ 84190 (Vaucluse) – 532 hab. – Alt. 313 m – Carte régionale n° **22**-E1
Paris 662 km – Avignon 40 km – Nyons 31 km – Orange 20 km
Carte Michelin 332-D9 – Guide Vert Michelin Provence

L'Oustalet

CUISINE MODERNE • TENDANCE XX Dans ce village de vignerons, une jolie maison en pierre dont la terrasse déborde sur une placette nantie de vieux platanes. La carte des vins, d'une exceptionnelle variété, accompagne divinement des plats raffinés, d'une extrême élégance. Et n'oublions pas les belles chambres d'hôtes !

Formule 35 € – Menu 39/145 € 🍷 – Carte 51/94 €

3 chambres – 🚹130/210 € 🚹🚹130/210 € – ☕ 15 €

pl. du village – ✆ 04 90 65 85 30 (réservation conseillée) – www.loustalet-gigondas.com – Fermé 3 déc.-10 janv., dim. sauf le soir en juil.-août et lundi

Les Florets

AUBERGE • PERSONNALISÉ Situation rare pour cette hostellerie fondée en 1870 au pied des Dentelles de Montmirail, au cœur du vignoble du Gigondas... Colorées et tranquilles, les chambres sont charmantes, et l'on ne résiste pas à la terrasse du restaurant ombragée de majestueux platanes (produits du terroir, recettes actuelles et vins du domaine).

15 chambres – 🚹105/120 € 🚹🚹120/185 € – ☕ 17 € – ½ P

rte des Dentelles, 2 km à l'Est – ✆ 04 90 65 85 01 – www.hotel-lesflorets.com – Fermé de janv. à mi-mars

GILLY-LÈS-CÎTEAUX – 21 (Côte-d'Or) → Voir Vougeot

GIMBELHOF – 67 (Bas-Rhin) → Voir Lembach

LA GIMOND

✉ 42140 (Loire) – 291 hab. – Alt. 625 m – Carte régionale n° **23**-A2
Paris 485 km – Annonay 67 km – Lyon 58 km – Saint-Étienne 18 km
Carte Michelin 327-F6

Le Vallon du Moulin

CUISINE TRADITIONNELLE • FAMILIAL XX Au cœur du village, ce sympathique restaurant contemporain propose une bonne cuisine – saumon fumé au bois d'hêtre ; rôti de pintade aux champignons – qui suit le rythme des saisons. Preuve d'authenticité : le pain est fait maison avec la farine du moulin voisin !

Formule 14 € 🍷 – Menu 24 € (déj. en semaine), 31/55 €

– ✆ 04 77 30 97 06 – www.le-vallon-du-moulin.com – Fermé vacances de fév., 18-31 août, dim. soir, lundi, mardi soir et merc.

GIMONT

✉ 32200 (Gers) – 2 820 hab. – Alt. 180 m – Carte régionale n° **15**-B2
Paris 701 km – Colomiers 40 km – Toulouse 51 km – Tournefeuille 40 km
Carte Michelin 336-H8

Villa Cahuzac

CUISINE MODERNE • CLASSIQUE XX Une longue galerie scandée de douze piliers, avec de larges baies ouvertes sur un patio verdoyant : tel est le cadre original de ce restaurant, aux allures d'élégant jardin d'hiver. La cuisine valorise les produits du terroir local, avec une formule bistronomique à prix doux à midi et des plats plus élaborés le soir.

Formule 16 € – Menu 20 € (déj. en semaine)/40 €

Hôtel Villa Cahuzac, 1 av. de Cahuzac – 05 62 62 10 00 – www.villacahuzac.com – Fermé 2 semaines en janv., dim. soir

Villa Cahuzac

BUSINESS • PERSONNALISÉ Maison typique de la région (1885) avec des chambres pratiques et soignées (lambris et parquet). Celles du 1er étage ouvrent sur un corridor qui plonge sur le patio fleuri.

11 chambres – 80 € 90 € – ½ P

1 av. de Cahuzac – 05 62 62 10 00 – www.villacahuzac.com – Fermé 2 semaines janv.

Villa Cahuzac – voir les restaurants ci-dessus

GINCLA

11140 (Aude) – 49 hab. – Alt. 570 m – Carte régionale n° **12**-B3

Paris 821 km – Carcassonne 77 km – Foix 88 km – Perpignan 67 km

Carte Michelin 344-E6

Hostellerie du Grand Duc

CUISINE MODERNE • RUSTIQUE XX À la table de l'Hostellerie du Grand Duc, on passe de toute évidence un bon moment. Derrière les fourneaux, la chef compose de belles assiettes dans l'air du temps, qui font la part belle aux produits de la région. Une vraie tournée des grands ducs !

Formule 27 € – Menu 32/86 € – Carte 41/69 €

2 rte de Boucheville – 04 68 20 55 02 – www.hostelleriedugrandduc.com – Ouvert 1er avril-28 oct.

Hostellerie du Grand Duc

MAISON DE CAMPAGNE • PERSONNALISÉ Cette belle maison de maître (18e s.) recouverte de lierre est charmante. Toile de Jouy, mobilier chiné, poutres, pierres apparentes : les chambres ont toutes leur propre style. Sans parler du beau jardin… et de cette précieuse quiétude que rien ne vient troubler.

12 chambres – 70/80 € 86/106 € – 12 € – ½ P

2 rte de Boucheville – 04 68 20 55 02 – www.hostelleriedugrandduc.com – Ouvert 1er avril-28 oct.

Hostellerie du Grand Duc – voir les restaurants ci-dessus

GIRMONT-VAL-D'AJOL – 88 (Vosges) → Voir Remiremont

GISORS

27140 (Eure) – 11 283 hab. – Alt. 60 m – Carte régionale n° **17**-D2

Paris 73 km – Beauvais 33 km – Évreux 66 km – Mantes-la-Jolie 40 km

Carte Michelin 304-K6 – Guide Vert Michelin Normandie Vallée de la Seine

Le Cappeville

CUISINE MODERNE • CLASSIQUE XX Pigeon rôti à la crème de laitue, langoustines et potiron confit, carré de veau et sauce aux épices, etc. : au cœur de la capitale du Vexin normand, le terroir prend un coup de jeune et la carte suit les saisons. Une formule sympathique dans un cadre classique.

Formule 17 € – Menu 31/52 € – Carte 53/72 €

17 r. Cappeville – 02 32 55 11 08 – www.lecappeville.com – Fermé merc. et jeudi

à Bazincourt-sur-Epte 6 km au Nord par D14 - ✉ 27140 - 744 hab. - Alt. 55 m

Château de la Rapée

DEMEURE HISTORIQUE • CLASSIQUE Sommes-nous en Normandie ou... en Angleterre ? À la lisière d'un domaine dédié à l'élevage des chevaux, ce manoir aux allures de cottage anglais tutoie le bocage environnant. Les chambres cultivent le classicisme (de même que le restaurant) : une valeur sûre pour les amateurs de confort bourgeois et de quiétude.

12 chambres - 90/170 € 98/170 € - 14 € - ½ P

2 km à l'Ouest par rte secondaire - ✆ 02 32 55 11 61 - www.hotelrapee.com - Fermé 15 fév.-9 mars et 16 août-1er sept.

GIVERNY

✉ 27620 (Eure) - 501 hab. - Alt. 17 m - Carte régionale n° **17**-D2

Paris 75 km - Cergy 47 km - Évreux 37 km - Rouen 65 km

Carte Michelin 304-I6 - Guide Vert Michelin Normandie Vallée de la Seine

Le Jardin des Plumes

CUISINE CRÉATIVE • COSY XXX On connaît l'inspiration naturaliste d'Éric Guérin à St-Joachim ; cette adresse créée à Giverny est dans l'ordre des choses : où mieux proposer que dans ce fief de l'impressionnisme de nouvelles sensations visuelles et... gustatives ? L'expérience est pleine de finesse et, de plus, la demeure, entre Art déco et vintage, est charmante pour un week-end.

→ Cuisine du marché.

Menu 48 € (semaine)/85 € - Carte 80/90 €

8 chambres - 180/290 € 180/290 € - 17 €

1 r. du Milieu - ✆ 02 32 54 26 35 - www.jardindesplumes.fr - Fermé 2 janv.-1er fév., lundi et mardi

La Réserve

FAMILIAL • PERSONNALISÉ Cette belle demeure familiale à la façade jaune safran, perchée sur les hauts de Giverny, n'est pas sans rappeler la maison de Monet elle-même. Le parc planté de pommiers, les chambres spacieuses et pleines de charme, le salon avec sa cheminée : tout laisse une impression impérissable...

5 chambres - 110/140 € 140/170 €

(près de la mairie), 2 km au Nord par r. Blanche-Hochedé-Monet et C3 direction Bois-Jérôme - ✆ 02 32 21 99 09 - www.giverny-lareserve.com - Ouvert avril-oct.

GIVET

✉ 08600 (Ardennes) - 6 574 hab. - Alt. 103 m - Carte régionale n° **7**-C1

Paris 287 km - Charleville-Mézières 58 km - Fumay 23 km - Rocroi 41 km

Carte Michelin 306-K2 - Guide Vert Michelin Champagne Ardenne

Les Reflets Jaunes

TRADITIONNEL • CLASSIQUE Près du centre historique, cet hôtel en briques rouges - façade typique de la région - dispose de chambres confortables dont une, plus grande, pour les familles. Copieux petit-déjeuner.

17 chambres - 60/96 € 68/135 € - 12 €

2 r. du Gén.-de-Gaulle - ✆ 03 24 42 85 85 - www.les-reflets-jaunes.com - Fermé 20 déc.-5 janv.

GIVORS

✉ 69700 (Rhône) - 19 419 hab. - Alt. 156 m - Carte régionale n° **23**-B2

Paris 480 km - Lyon 25 km - Rive-de-Gier 17 km - Vienne 12 km

Carte Michelin 327-H6 - Guide Vert Michelin Lyon et sa région

à Loire-sur-Rhône 5 km par N86, rte de Condrieu – ✉ 69700 – 2 473 hab. – Alt. 140 m

Mouton-Benoît

CUISINE MODERNE • RUSTIQUE XX Au bord de la route, cet établissement fondé en 1822 abritait autrefois les fourneaux des "mères" Dumas. En hiver, on y déguste la spécialité du chef : le lièvre à la royale selon la recette immortalisée par le sénateur Couteaux... il y a plus d'un siècle ! Enfin, de délicieux desserts viennent conclure ce repas.

Menu 30 € (déj. en semaine), 40/51 € – Carte 42/58 €

1167 rte de Beaucaire – ☎ 04 78 07 96 36 – www.restaurant-moutonbenoit.co – Fermé 3 semaines en août, sam. midi, dim. soir, lundi et mardi

GLAINE-MONTAIGUT

✉ 63160 (Puy-de-Dôme) – 537 hab. – Alt. 350 m – Carte régionale n° **3**-C2
Paris 440 km – Clermont-Ferrand 31 km – Issoire 37 km – Thiers 21 km
Carte Michelin 326-H8

Auberge de la Forge

CUISINE MODERNE • AUBERGE X Face à l'église romane, cette sympathique auberge est l'exacte reproduction de l'ancienne forge du village : murs en pisé, poutres apparentes, soufflet pour attiser le feu de la cheminée ! Le chef régale avec de belles assiettes : linguines d'escargots à la tomate, suprême de pintade fermière fumée...

Menu 18 € (déj.), 23/46 € – Carte 26/55 €

pl. de l'Église – ☎ 04 73 73 41 80 – www.aubergedelaforgeglainemontaigut.com – Fermé 25 oct.-13 nov., dim. soir et merc.

GLANVILLE

✉ 14950 (Calvados) – 174 hab. – Alt. 73 m – Carte régionale n° **17**-A3
Paris 201 km – Caen 42 km – Évreux 124 km – Rouen 95 km
Carte Michelin 303-M4

Le Clos Devalpierre

MAISON DE CAMPAGNE • PERSONNALISÉ Vous voulez vous reposer au grand calme ? Ne cherchez plus : cette belle bâtisse normande, en plein bocage, conviendra à merveille ! Les chambres, à colombages, sont absolument charmantes... Tout comme les propriétaires, amoureux de leur maison et de leur région, qui sauront vous transmettre leur passion.

5 chambres – †105/110 € ††130/135 €

171 rte de Bourgeauville – ☎ 02 31 64 02 66 – www.chambres-dhotes-devalpierre.com

GODEWAERSVELDE

✉ 59270 (Nord) – 2 016 hab. – Alt. 45 m – Carte régionale n° **16**-B2
Paris 263 km – Arras 90 km – Brugge 97 km – Lille 41 km
Carte Michelin 302-D3

L'Estaminet du Centre

CUISINE DU TERROIR • BISTRO X Un estaminet typique et convivial, où l'on se régale encore et toujours de bonnes recettes traditionnelles : harengs, flamiche au maroilles, carbonade... Le chef fait parler avec précision ce terroir qu'il aime tant ! Et en salle, Béatrice, l'âme de la maison, conseille avec chaleur les novices sur la gastronomie du Nord...

Menu 31 € – Carte 30/42 €

11 rte de Steenvoorde – ☎ 03 28 42 21 72 – Fermé 19 déc.-4 janv., lundi soir, mardi et merc.

GOLFE DE SANTA-GIULIA - 2A (Corse-du-Sud) → Voir Corse (Porto-Vecchio)

GOLFE-JUAN

✉ 06220 (Alpes-Maritimes) - Vallauris - Carte régionale n° **22**-E2
Paris 905 km - Antibes 5 km - Cannes 6 km - Grasse 23 km
Carte Michelin 341-D6 - Guide Vert Michelin Côte d'Azur

Nounou

POISSONS ET FRUITS DE MER • MÉDITERRANÉEN XX Nounou vit sur la plage ! Près des baies vitrées, la vue sur le rivage est superbe et, dans l'assiette, on se régale de spécialités telles que la soupe de poissons, la bouillabaisse ou encore la bourride. Une bonne adresse pour les amateurs de saveurs iodées.

Menu 43/78 € - Carte 43/188 €

bd des Frères-Roustan (à la plage) - ✆ 04 93 63 71 73 - www.nounou.fr

à Vallauris 2,5 km au Nord-Ouest par D135 - ✉ 06220 - 26 595 hab. - Alt. 120 m

Café Llorca

soir,

CUISINE MÉDITERRANÉENNE • CONVIVIAL X Le chef Alain Llorca a composé lui-même la carte de ce grand café moderne, situé non loin de la mairie : maquereau en escabèche, épaule d'agneau confite, baba au rhum… Attablé en terrasse, l'œil courant sur la pittoresque place, on se délecte de cette cuisine fraîche et savoureuse, aux fiers accents du Sud.

Formule 20 € - Menu 26 € (déj.)/32 € - Carte 37/64 €

pl. Paul-Isnard - ✆ 04 93 33 11 33 - www.cafellorcavallauris.com - Fermé 1er janv.-8 fév., mardi sauf le soir en juil.-août et lundi

GORBIO

✉ 06500 - 1 304 hab. - Alt. 360 m - Carte régionale n° **22**-E2
Paris 961 km - Marseille 215 km - Monaco 13 km - Nice 27 km
Carte Michelin 341-F5

Le Beau Séjour

CUISINE TRADITIONNELLE • AUBERGE X Au cœur de ce petit village situé sur les hauteurs entre Menton et Monaco, ce Beau Séjour échappe à l'agitation de la côte. Le joli décor, aux teintes claires et lumineuses, donne une patte classique au restaurant ; la cuisine se décline en deux menus composés de plats locaux… Charmant !

Menu 29 € (déj.)/47 € - Carte 40/60 €

20 pl. de la République - ✆ 04 93 41 46 15 - Ouvert 1er avril-10 oct. et fermé merc. et le soir sauf en juil.-août

GORDES

✉ 84220 (Vaucluse) - 2 001 hab. - Alt. 372 m - Carte régionale n° **22**-E1
Paris 712 km - Apt 19 km - Avignon 38 km - Carpentras 26 km
Carte Michelin 332-E10 - Guide Vert Michelin Provence

Les Bories

CUISINE MODERNE • ÉLÉGANT XXX Un cadre idyllique, à la fois secret et grand ouvert sur la garrigue… Les saveurs provençales prennent ici toute leur dimension : parfums sublimés, textures équilibrées, accords harmonieux… le travail du chef est très délicat.

→ Gambero rosso, fleur de courgette farcie, pistou d'estragon et sauce agrumes. Selle d'agneau roulée, espuma de coco vinaigré, croquant de salade à l'ail confit. Millefeuille rhubarbe, sarriette et chocolat blanc à notre façon.

Menu 70/110 € - Carte 95/120 €

Hôtel Les Bories & Spa, rte de l'Abbaye de Sénanque, 2 km - ✆ 04 90 72 00 51 (réservation conseillée) - www.hotellesbories.com - Fermé 2 janv.-10 fév., dim. soir et lundi hors saison et le midi sauf dim.

Pèir

CUISINE CRÉATIVE • ÉLÉGANT XXX L'équipe de Pierre Gagnaire est aux fourneaux, cela ne fait aucun doute : la patte du grand chef est bel et bien présente dans cette cuisine inspirée, percutante et gorgée de parfums. Armé de magnifiques produits, il fait chanter la Provence avec beaucoup d'élégance et de finesse : une expérience à part.

➜ Glace à l'huile d'olive, anchois pilés au basilic et eau de tomate. Veau fermier poêlé aux aromatiques de la garrigue, périgueux de truffe noire et minestrone Richerenches. Le grand dessert.

Menu 75 € (déj.)/135 € – Carte 190/280 €

Hôtel La Bastide de Gordes, r. de la Combe – ✆ 04 90 72 12 12 (réservation conseillée) – www.bastide-de-gordes.com – Ouvert de mai à oct. et fermé lundi et mardi

La Citadelle

CUISINE TRADITIONNELLE • ÉLÉGANT XX Le soir, on s'installe dans la belle salle à manger bourgeoise, très 18e s., ou sur la terrasse panoramique, devant le soleil qui se couche sur le Luberon. On se régale d'assiettes à la gloire de la Provence, ses produits nobles et ses saveurs : asperges, tomates de pays, homard, selle d'agneau rôti...

Carte 60/125 €

Hôtel la Bastide de Gordes, r. de la Combe – ✆ 04 90 72 12 12 – www.bastide-de-gordes.com – Ouvert de mai à oct.et fermé le midi

La Bastide de Gordes

PALACE • CLASSIQUE Cette bastide, dressée à flanc de rocher face aux Alpilles, a rouvert ses portes après d'importants travaux. Plus qu'une simple rénovation, c'est une métamorphose : intérieur somptueux, évoquant avec goût l'esprit des châteaux de famille du 18e s. – tableaux, mobilier chiné –, piscines invitant à la détente...

34 chambres – †210/1075 € ††210/1075 € – 6 suites – ☕ 35 €

r. de la Combe – ✆ 04 90 72 12 12 – www.bastide-de-gordes.com – Ouvert de mai à oct.

Pèir • **La Citadelle** – voir les restaurants ci-dessus

Les Bories & Spa

LUXE • CLASSIQUE Les "bories", ce sont ces cabanes en pierres sèches des anciens bergers de Provence... Un modèle pour l'architecture de ce luxueux établissement, qui semble vivre en communion avec la garrigue, entre lavandes et oliviers. Lumière, raffinement...

32 chambres – †320/540 € ††320/540 € – 2 suites – ☕ 24 € – ½ P

rte de l'Abbaye de Sénanque, 2 km – ✆ 04 90 72 00 51 – www.hotellesbories.com – Fermé 2 janv.-10 fév.

Les Bories – voir les restaurants ci-dessus

Le Mas de Gordes

BOUTIQUE HÔTEL • MÉDITERRANÉEN Posté à l'entrée du village, un mas en pierre sèche frais et charmant. Les chambres, totalement rénovées dans une veine contemporaine, disposent d'une terrasse sur le jardin, où embaument les fleurs et les plantes aromatiques. Agréable piscine.

21 chambres ☕ – †159/345 € ††159/345 €

1,5 km par rte de Cavaillon – ✆ 04 90 72 00 75 – www.masdegordes.com – Ouvert 31 mars-29 oct.

rte d'Apt 2 km à l'Est par D2 – ✉ 84220 Gordes :

La Ferme de la Huppe

CUISINE PROVENÇALE • COSY XX Pigeon fermier en cocotte et jus de cuisson réduit à la truffe noire, "trofie al pesto genovese" : la cuisine provençale est ici à l'honneur, avec quelques plats transalpins en clin d'œil aux origines ligures de la patronne... Saveurs bien marquées, cuissons maîtrisées, service aux petits soins : on se régale !

Menu 47 €

Hôtel La Ferme de la Huppe, 5 km par D156 rte de Goult – ✆ 04 90 72 12 25 – www.lafermedelahuppe.com – Ouvert 15 mars au 15 oct. et fermé le midi

Carcarille

CUISINE PROVENÇALE • MÉDITERRANÉEN Dans cette chaleureuse maison familiale, le temps est comme suspendu ! Sur la belle terrasse, on se régale d'une goûteuse cuisine régionale dans laquelle tout est fait maison : gibelotte de lapin et son jus au thym ; rouget au rôti et petits légumes au pistou ; biscuit et crémeux au citron avec sa marmelade...

Formule 21 € - Menu 26 € (déj.), 41/56 € - Carte 39/70 €

Hôtel Auberge de Carcarille, rte d'Apt, 4 km par D 2 - 04 90 72 02 63 - www.carcarille.com - Fermé 11 nov.-11 fév.

Carcarille

FAMILIAL • MÉDITERRANÉEN Passé l'allée de cyprès, on découvre cette jolie maison en pierre sèche qui embaume le bon air de la Provence. Chaque chambre ouvre sur un balcon ou une terrasse, la piscine est entourée d'oliviers... et les cigales chantent tout l'été.

20 chambres - 83/200 € 83/200 € - 15 € - ½ P

rte d'Apt, 4 km par D2 - 04 90 72 02 63 - www.carcarille.com - Fermé 11 déc.-11 fév.

Carcarille - voir les restaurants ci-dessus

La Ferme de la Huppe

FAMILIAL • PERSONNALISÉ Jolie fermette du 18e s. en pierre sèche. Les chambres fleurent bon le lin et la lavande, comme un rêve provençal. Très jolie piscine parmi les arbustes.

10 chambres - 125/195 € 195/225 € - ½ P

5 km par D156 rte de Goult - 04 90 72 12 25 - www.lafermedelahuppe.com - Ouvert 15 mars au 15 oct.

La Ferme de la Huppe - voir les restaurants ci-dessus

rte des Imberts 4 km au Sud-Ouest par D2 - 84220 Gordes :

Le Mas Tourteron

CUISINE PROVENÇALE • RUSTIQUE Ce joli mas et sa terrasse sous les mûriers dégagent un charme à la Pagnol. Le credo du lieu : une "cuisinière dans sa maison", laquelle régale de recettes provençales aussi soignées que délicieuses. Un petit conseil : laissez-vous tenter par les pieds et paquets à la marseillaise, un modèle du genre...

Menu 35 € (déj. en semaine)/62 € - Carte 68/91 €

chemin de St-Blaise - 04 90 72 00 16 - www.mastourteron.com - Ouvert 11 mars-6 nov. et fermé le midi sauf dim. et fériés et juil.-août, lundi et mardi

L'Estellan

CUISINE PROVENÇALE • FAMILIAL Un restaurant au charme poétique et rétro, dans un mas en pierre. On se régale de pieds et paquets au vin du Luberon et de tagliatelles faites maison, le tout accompagné d'ail, d'olives et de plantes aromatiques... Une goûteuse cuisine provençale.

Formule 21 € - Menu 26 € (déj. en semaine), 39/52 € - Carte 53/65 €

Hôtel Mas de la Senancole, Hameau les Imberts - 04 90 72 04 90 - www.restaurant-estellan.com - Fermé 2 janv.-4 fév., lundi et mardi de nov. à mars

Mas de la Senancole

FAMILIAL • CLASSIQUE La Sénancole coule à proximité de ce petit mas en pierre. Chambres ornées de bois peint et fer forgé, certaines avec terrasse. Jardin bien fleuri.

20 chambres - 99/199 € 99/199 € - 14 € - ½ P

Hameau les Imberts - 04 90 76 76 55 - www.mas-de-la-senancole.com - Fermé 2 janv.-4 fév.

L'Estellan - voir les restaurants ci-dessus

GORGES DE LA RESTONICA - 2B (Haute-Corse) ➜ Voir Corse (Corte)

GOSNAY - 62 (Pas-de-Calais) ➜ Voir Béthune

LA GOUESNIÈRE

✉ 35350 (Ille-et-Vilaine) - 1 678 hab. - Alt. 22 m - Carte régionale n° **5**-D1
▶ Paris 390 km - Dinan 25 km - Dol-de-Bretagne 13 km - Lamballe 65 km
Carte Michelin 309-K3

La Gouesnière

CUISINE MODERNE • TRADITIONNEL XXX Ce restaurant a de nouveau le vent en poupe. À côté des classiques - coquillages, crustacés, poissons meunière -, on sert aussi des recettes plus fines et créatives, concoctées avec un soin particulier. Une cuisine généreuse, qui flatte aussi bien l'œil que le palais : un vrai plaisir.
➜ Nage de homard au bouillon iodé, marinière de coques et couteaux. Filet de rouget barbet, pressé de pied de cochon, foie gras et pimiento del piquillo. Cubisme chocolat guanaja, bénédictine et fraîcheur framboise.

Formule 32 € - Menu 36 € (déj. en semaine), 51/118 € - Carte 65/130 €

Hôtel Maison Tirel-Guérin, 1, lieu-dit Le Limonay (à la gare), 1,5 km par D76, rte de Cancale - ✆ 02 99 89 10 46 (réservation conseillée) - www.tirelguerin.com - Fermé 26 nov.-21 déc., 1er-18 janv., dim. soir de sept à mars, mardi midi et merc. midi de fin nov. à début mars et lundi

Maison Tirel-Guérin

TRADITIONNEL • FONCTIONNEL Face à la gare, dans un environnement pourtant sans attrait, cet ancien relais de poste ne manque pas de séduire : accueil prévenant, espace et confort, piscine couverte... Une adresse familiale d'excellente tenue.

47 chambres - †80/205 € ††80/205 € - 2 suites - ☕ 17 € - ½ P

1, lieu-dit Le Limonay (à la gare), 1,5 km par D76, rte de Cancale - ✆ 02 99 89 10 46 - www.tirelguerin.com - Fermé 26 nov.-21 déc. et 1er-18 janv.

La Gouesnière - voir les restaurants ci-dessus

GOULT

✉ 84220 (Vaucluse) - 1 147 hab. - Alt. 258 m - Carte régionale n° **22**-E1
▶ Paris 714 km - Apt 14 km - Avignon 41 km - Bonnieux 8 km
Carte Michelin 332-E10 - Guide Vert Michelin Provence

La Bartavelle

CUISINE PROVENÇALE • RUSTIQUE XX Le petit Marcel Pagnol et son père bien-aimé auraient apprécié cette salle voûtée avec ses superbes carreaux de terre cuite. Dans une ambiance chaleureuse, on se régale d'une caille fermière du Luberon, croûton de foie gras et morilles, ou d'une selle d'agneau de Haute-Provence à la moutarde en grains... Du bel ouvrage !

Menu 45 €

r. du Cheval-Blanc - ✆ 04 90 72 33 72 (réservation conseillée) - www.bartavelle.free.fr - Fermé mi-nov. à fin fév., le midi, mardi et merc.

Le Carillon

CUISINE MODERNE • ÉLÉGANT X Face au carillon de la grande place de Goult, ce restaurant a été entièrement rénové en 2013. Le menu, où l'on trouve de bons plats de saison, évolue tous les mois et demi. Fraîche terrasse ombragée.

Formule 20 € - Menu 24 € (déj.), 36/48 € - Carte 50/65 €

av. du Luberon - ✆ 04 90 72 15 09 - www.lecarillon-restaurant.com - Fermé 22 déc.-9 fév., mardi sauf le midi de juin à sept. et merc.

GOUMOIS

✉ 25470 (Doubs) - 176 hab. - Alt. 490 m - Carte régionale n° **9**-C2
▶ Paris 513 km - Besançon 92 km - Montbéliard 55 km - Morteau 47 km
Carte Michelin 321-L3 - Guide Vert Michelin Franche-Comté Jura

Taillard

CUISINE CLASSIQUE • VINTAGE XXX La vue sur la vallée est très agréable et la cuisine du terroir concoctée par le chef – savoureuse et très raffinée – n'a rien à lui envier ! Une maison familiale et de tradition.

Menu 28 € (déj.), 40/80 € - Carte 52/95 €

3 rte de la Corniche - 03 81 44 20 75 - www.hotel-taillard.fr - Ouvert 15 mars-8 nov. et fermé merc. soir d'oct. à avril, lundi midi et merc. midi sauf fériés

Taillard

FAMILIAL • PERSONNALISÉ Situé à flanc de colline, un hôtel familial (1875) plaisant avec un très joli jardin, pour les amoureux de la nature. Les chambres, classiques ou plus contemporaines à l'annexe, sont confortables et soignées (meubles chinés, tableaux, etc.).

15 chambres - 90/200 € 90/200 € - 4 suites - 15 € - ½ P

3 rte de la Corniche - 03 81 44 20 75 - www.hotel-taillard.fr - Ouvert 15 mars-8 nov.

Taillard – voir les restaurants ci-dessus

GOUPILLIÈRES

14210 (Calvados) - 177 hab. - Alt. 162 m - Carte régionale n° **17**-B2

Paris 255 km - Caen 24 km - Condé-sur-Noireau 27 km - Falaise 34 km

Carte Michelin 303-J5

Auberge du Pont de Brie

CUISINE TRADITIONNELLE • CONVIVIAL XX Avec ses escarpements et ses jolis points de vue, la vallée de l'Orne mérite une visite ! Faites donc une halte dans cette auberge en pleine campagne, où l'on peut déguster une andouillette de canard, une entrecôte au camembert ou une côte de veau grand-mère... Sympathique et traditionnel !

Formule 16 € - Menu 20 € (semaine), 28/40 € - Carte 32/51 €

Halte de Grimbosq, 1,5 km à l'Est - 02 31 79 37 84 - www.pontdebrie.com - Fermé 3-16 juil., 30 oct.-5 nov., 19 déc.-20 janv., merc. soir, jeudi soir, lundi et mardi sauf du 1er avril à oct.

GOURDON

46300 (Lot) - 4 406 hab. - Alt. 250 m - Carte régionale n° **15**-B1

Paris 543 km - Bergerac 91 km - Brive-la-Gaillarde 66 km - Sarlat-la-Canéda 26 km

Carte Michelin 337-E3

Hostellerie de la Bouriane

CUISINE TRADITIONNELLE • CLASSIQUE XX Cette belle maison de famille quercynoise, tenue par la même famille depuis 1898, a l'élégance et le charme des demeures anciennes. La cuisine, traditionnelle, tire le meilleur des produits de la région (agneau de Quercy, cailles, fromage de Rocamadour), avec une grande spécialité : le tournedos Rossini. Très belle carte des vins.

Menu 31/50 € - Carte 42/82 €

pl. du Foirail - 05 65 41 16 37 - www.hotellabouriane.fr - Fermé 16-25 oct., 20 janv.-20 mars, le midi sauf dim., dim. soir et lundi d'oct. à avril

Hostellerie de la Bouriane

FAMILIAL • CLASSIQUE Cette maison cultive le sens de l'hospitalité depuis 1898 ! Les chambres ont un côté "vieille France" que le patron assume totalement... et qui fait le charme de la maison. Un point de chute parfait pour partir à la découverte de ce village médiéval remarquablement préservé.

20 chambres - 89/130 € 89/130 € - 14 € - ½ P

pl. du Foirail - 05 65 41 16 37 - www.hotellabouriane.fr - Fermé 16-25 oct., 20 janv.-20 mars, dim. soir et lundi d'oct. à avril

Hostellerie de la Bouriane – voir les restaurants ci-dessus

GOURETTE

✉ 64440 (Pyrénées-Atlantiques) - Alt. 1 400 m - Carte régionale n° **2**-B3
Paris 829 km - Argelès-Gazost 35 km - Eaux-Bonnes 9 km - Laruns 14 km
Carte Michelin 342-K7 - Guide Vert Michelin Aquitaine

Boule de Neige

FAMILIAL • TRADITIONNEL Les atouts de cet hôtel : sa situation au pied des pistes, face aux sommets, et ses petites chambres de style chalet (la moitié avec mezzanine). Restaurant contemporain décoré de rondins de bois et de pierres apparentes. Cuisine traditionnelle ; snack à midi.

22 chambres - 🚹55/80 € 🚹🚹65/110 € - ☕ 9 € - ½ P

(accès piétonnier) - ✆ 05 59 05 10 05 - www.hotel-bouledeneige.com - Ouvert 24 juin-3 sept. et 15 déc. à mi-avril

GOURNAY-EN-BRAY

✉ 76220 (Seine-Maritime) - 6 409 hab. - Alt. 94 m - Carte régionale n° **17**-D2
Paris 97 km - Amiens 78 km - Les Andelys 38 km - Beauvais 31 km
Carte Michelin 304-K5 - Guide Vert Michelin Normandie Vallée de la Seine

Le Saint Aubin

BUSINESS • FONCTIONNEL Cette construction en brique rouge, prisée par la clientèle d'affaires (plusieurs salles de réunion), se trouve légèrement en retrait de la route de Dieppe. Les chambres sont fonctionnelles et utiles pour l'étape.

60 chambres - 🚹60 € 🚹🚹68 € - ☕ 8 € - ½ P

550 chemin Vert, 3 km par D915, rte de Dieppe - ✆ 02 35 09 70 97 - www.hotel-saint-aubin.fr

GOUVIEUX - 60 (Oise) → Voir Chantilly

GOUY-ST-ANDRÉ - 62 (Pas-de-Calais) → Voir Hesdin

GRAMAT

✉ 46500 (Lot) - 3 576 hab. - Alt. 305 m - Carte régionale n° **15**-C1
Paris 534 km - Brive-la-Gaillarde 57 km - Cahors 58 km - Figeac 36 km
Carte Michelin 337-G3

Le Relais des Gourmands

CUISINE TRADITIONNELLE • FAMILIAL XX Laissez-vous séduire par la cuisine traditionnelle et canaille du chef britannique Carl Jenner, qui se sent comme un *fish in the water* derrière les fourneaux de cette jolie maison familiale. Aux beaux jours, on savoure un gigot d'agneau fermier du Quercy braisé au citron confit, en terrasse, sous les marronniers.

Formule 18 € - Menu 21 € (déj. en semaine), 23/46 € - Carte 35/73 €
16 chambres - 🚹72/90 € 🚹🚹74/90 € - ☕ 10 €

2 av. de la Gare - ✆ 05 65 38 83 92 - www.relais-des-gourmands.com - Fermé 4-27 fév., 1er-9 oct., 1er-9 janv., dim. soir et lundi sauf en juil.-août

Hostellerie du Causse

TRADITIONNEL • CONTEMPORAIN À l'écart du centre, cette bâtisse récente propose des chambres modernes et fonctionnelles, en bonne partie de plain pied. Au restaurant, cuisine traditionnelle.

31 chambres - 🚹55/70 € 🚹🚹70/82 € - ☕ 10 € - ½ P

rte de Cahors, 2 km par rte de Cahors - ✆ 05 65 10 60 60 - www.hostellerieducausse.com

Moulin de Fresquet

HISTORIQUE • PERSONNALISÉ Ce moulin où cohabitent trois époques (14e, 18e et 19e s.) se dresse au sein d'un jardin baigné par un bief. Meubles, tableaux, tapisseries et objets anciens habillent les chambres, bien décorées et très cosy. Joli jardin.

5 chambres ☕ - 🚹76/89 € 🚹🚹83/119 €

1 km par rte de Figeac - ✆ 05 65 38 70 60 - www.moulindefresquet.com - Ouvert 16 avril-14 oct.

GRAMBOIS

✉ 84240 (Vaucluse) - 1 154 hab. - Alt. 390 m - Carte régionale n° **21**-B2
Paris 759 km - Aix-en-Provence 36 km - Apt 41 km - Digne-les-Bains 82 km
Carte Michelin 332-G11

L'Auberge des Tilleuls

CUISINE PROVENÇALE • FAMILIAL XX Au pied du village, une bâtisse ancienne précédée d'une terrasse sous les tilleuls. La salle est contemporaine et il fait bon y déguster les agréables spécialités régionales préparées par le chef, qui utilise exclusivement des produits frais, légumes et fruits de la région. Petites chambres classiques.

Formule 25 € - Menu 33 € (déj. en semaine) - Carte 56/82 €

5 chambres - 85 € 85 €

au Moulin du Pas, 1,5 km par D122 - ☎ 04 90 77 93 11 - www.tilleuls.com - Fermé 21-29 déc., vacances de fév., mardi midi d'oct. à mars, dim. soir, mardi soir et lundi

LE GRAND-BORNAND

✉ 74450 (Haute-Savoie) - 2 189 hab. - Alt. 934 m - Carte régionale n° **25**-F1
Paris 564 km - Albertville 47 km - Annecy 31 km - Bonneville 23 km
Carte Michelin 328-L5 - Guide Vert Michelin Alpes du Nord

Confins des Sens

CUISINE MODERNE • INTIME XX La spécialité de la maison ? La délicieuse soupe de foie gras au muscat, avec une compotée d'oignons rouges et ses cromesquis. Un bel hommage au terroir, avec la touche de créativité qui fait la différence ; le tout est mis en scène par deux chefs en cuisine (le troisième associé s'occupe de la salle).

Menu 25 € (déj. en semaine), 43/79 € - Carte environ 60 €

Le Villavit - ☎ 04 50 69 94 25 - www.confins-des-sens.com - Fermé 3 semaines en juin, 3 semaines en oct., dim. soir et merc.

Les Écureuils

FAMILIAL • MONTAGNARD À deux pas de la télécabine (parfait pour les skieurs), un chalet dans un style contemporain, chic et original à la fois, dont les chambres décorées de bois clair ont conservé l'esprit montagnard. Le sauna offre même une jolie vue sur l'extérieur...

16 chambres - 80/180 € 90/375 € - 1 suite - ½ P

431 rte de la Vallée du Bouchet, à la télécabine de la Joyère - ☎ 04 50 02 20 11 - www.hotel-les-ecureuils.com - Ouvert de juin à sept. et de mi-déc. à début avril

Les Fermes de Pierre et Anna

FAMILIAL • MONTAGNARD Authentique ! Tel est ce confortable chalet du 18e s. Le golf et les pistes de ski de fond sont à deux pas, tandis que la quiétude et la douceur de vivre sont ici même, chez Pierre et Anna.

8 chambres - 110/151 € 123/173 € - 13 €

4722 rte de la Vallée du Bouchet, 5 km à l'Est par D4e - ☎ 04 50 51 54 99 - www.fermes-pierre-anna.com - Fermé 22 avril-6 mai et 29 oct.-15 déc.

Le Delta

FAMILIAL • MONTAGNARD À la périphérie du village, à côté de la patinoire et du stand de tir du biathlon, un petit hôtel récent aux chambres chic et montagnardes, certaines en duplex. Les amateurs de glisse apprécieront la présence d'une boutique de vente et location de skis.

19 chambres - 70/110 € 79/165 € - 4 suites - 10 €

136 rte de la Patinoire - ☎ 04 50 02 26 25 - www.hotel-delta74.com - Ouvert de juin à sept. et de déc. à avril

Croix St-Maurice

FAMILIAL • FONCTIONNEL Un chalet traditionnel au cœur de la station. On se repose dans de petites chambres chaleureuses, dans le style local, avant de profiter de l'espace bien-être, avec sauna et hammam. Spécialités savoyardes au restaurant.

22 chambres - 74/160 € 74/160 € - 10 € - ½ P

29 pl. de la Grenette - 04 50 02 20 05 - www.hotel-lacroixstmaurice.com - Fermé 24 sept.-21 oct.

Le Chalet 1864

FAMILIAL • MONTAGNARD C'est le dernier chalet, au bout de la route : la promesse d'un nouvel horizon ! Les chambres, vastes et confortables, jouent des matériaux bruts, pierre et bois. En soirée, un chef Meilleur Ouvrier de France cuisine pour les hôtes. Le plus ? Aucune télévision ne vous distraira de votre méditation...

5 chambres - 315/455 € 380/1140 €

2645 rte de Lormay, 8 km à l'Est par D4e - 04 50 02 28 50 - www.chalet1864.com - Ouvert mi-juin à fin sept. et de début déc. à mi-avril

au Chinaillon 5,5 km au Nord par D4 - 74450 Le Grand Bornand

Les Cimes

FAMILIAL • PERSONNALISÉ Au cœur de la station du Chinaillon, ce chalet entièrement rénové cultive un esprit atypique, proche d'une maison d'hôtes. Les chambres sont élégantes avec leurs murs entièrement tapissés de bois et ornés de motifs peints à la main. De véritables cocons de montagne ! Spa et bar lounge.

5 chambres - 99/129 € 139/289 € - 3 suites - 18 €

16 Rouet de la Floria - 04 50 27 00 38 - www.hotel-les-cimes.com - Fermé 24 avril-15 juin et 11 sept.-1er déc.

La Crémaillère

FAMILIAL • FONCTIONNEL Dans les chambres, petites mais très propres, vue sur les pistes ! Et l'on peut même entendre bruire le cours d'eau qui a donné son nom au village. Le patron cuisine de sympathiques plats savoyards, et l'on propose des confitures maison au petit-déjeuner.

15 chambres - 55/125 € 55/125 € - 9 € - ½ P

Le Chinaillon - 04 50 27 02 33 - www.hotel-la-cremaillere.fr - Ouvert 17 juin-15 sept. et 22 déc.-19 avril

GRANDCAMP-MAISY

14450 (Calvados) - 1 769 hab. - Alt. 5 m - Carte régionale n° **17**-B2

Paris 297 km - Caen 63 km - Cherbourg 73 km - St-Lô 40 km

Carte Michelin 303-F3 - Guide Vert Michelin Normandie Cotentin

La Marée

POISSONS ET FRUITS DE MER • CONVIVIAL XX Un ancien bar de pêcheur joliment contemporain, décoré de belles photos ayant pour thème la mer, avec, à l'étage, une vue plongeante sur le port... Le chef n'a qu'à traverser la rue pour se fournir à la criée. Résultat : une cuisine d'une totale fraîcheur.

Formule 16 € - Menu 20/32 € - Carte 43/67 €

5 quai Henri-Chéron - 02 31 21 41 00 (réservation conseillée) - www.restolamaree.com - Fermé 1er janv.-10 fév. et dim. soir hors saison

La Trinquette

CUISINE TRADITIONNELLE • CONVIVIAL XX Le jeune chef passionné de cette table historique, cosy et chaleureuse, vous propose de déguster une cuisine d'une incomparable fraîcheur... avec l'impression de goûter moules, Saint-Jacques, sole ou turbot, au sortir de la barque du pêcheur ! Agréable véranda-salon d'un côté de la maison, et terrasse de l'autre.

Menu 26/40 € - Carte 30/55 €

7 r. Joncal - 02 31 22 64 90 - www.restaurant-la-trinquette.com - Fermé 6 déc.-20 janv., mardi hors saison et lundi

LA GRANDE-MOTTE

✉ 34280 (Hérault) - 8 509 hab. - Alt. 1 m - Carte régionale n° **12**-C2
Paris 747 km - Aigues-Mortes 12 km - Lunel 16 km - Montpellier 28 km
Carte Michelin 339-J7

Les Corallines

SPA ET BIEN-ÊTRE • CONTEMPORAIN Sur le bord de mer, un complexe hôtelier moderne avec centre de thalassothérapie et spa. Chambres avec balcon, belle piscine et terrasse panoramique face au littoral. Au restaurant, cadre contemporain pour une cuisine aux parfums méditerranéens.

39 chambres - 139/202 € 139/210 € - 3 suites - 16 € - ½ P

615 allée de la Plage (Le Point Zéro) - 04 67 29 13 13 - www.thalasso-grandemotte.com - Fermé 23 déc.-11 janv.

Hôtel de la Plage

TRADITIONNEL • CONTEMPORAIN Cet hôtel, à l'architecture typique de la station (bétons arrondis, blanc omniprésent) doit rouvrir en avril 2017 après une rénovation complète. Les chambres, habillées de bois, disposent de larges baies vitrées donnant sur la mer ; on profite aussi d'un spa et d'une plage privée.

26 chambres - 160/350 € 160/350 € - 4 suites - 28 €

52 allé du Levant, direction Grau-du-Roi - 04 67 29 93 00 - www.hp-lagrandemotte.fr - Fermé janv.-avril

Azur Bord de Mer

TRADITIONNEL • BORD DE MER Telle une vigie scrutant la Grande Bleue, un hôtel familial ancré sur le môle fermant le port au sud. Chambres douillettes, au décor classique ou contemporain. Piscine chauffée.

19 chambres - 69/308 € 69/308 € - 1 suite - 14 €

pl. Justin - 04 67 56 56 00 - www.hotelazur.net

GRAND-FOUGERAY

✉ 35390 (Ille-et-Vilaine) - 2 393 hab. - Alt. 40 m - Carte régionale n° **5**-D2
Paris 392 km - Bruz 41 km - Cesson-Sévigné 52 km - Rennes 49 km
Carte Michelin 309-L8

Les Palis

BUSINESS • CONTEMPORAIN Avec sa grande façade blanche (18e s.) sur la place centrale du village, l'établissement a tout de l'hôtel-restaurant d'autrefois, et pourtant... On y découvre des chambres très contemporaines (dont l'une avec un lit rond !), un espace bien-être avec sauna, jacuzzi, etc. Le tout à mi-chemin entre Nantes et Rennes.

16 chambres - 95/160 € 95/160 € - 11 € - ½ P

15 pl. de l'Église - 02 99 08 30 80 - www.hotelcharmebretagne.com

LE GRAND-VILLAGE-PLAGE - 17 (Charente-Maritime) → Voir Île d'Oléron

GRANE

✉ 26400 (Drôme) - 1 792 hab. - Alt. 175 m - Carte régionale n° **23**-B3
Paris 599 km - Lyon 136 km - Montélimar 35 km - Valence 32 km
Carte Michelin 332-C5

La Demeure de Grâne

CUISINE TRADITIONNELLE • AUBERGE XX Sur la place de l'église, cette sympathique auberge propose une cuisine traditionnelle. Aux beaux jours, préférez la terrasse à l'ombre des platanes. Chambres pour l'étape.

Menu 28/45 €

7 chambres - 68 € 68 € - 7 €

2 pl. du Champs de Mars - 04 75 62 60 64 - www.lademeuredegrane.com - Fermé mardi midi, merc. midi, dim. soir, et lundi

GRANGES-LÈS-BEAUMONT - 26 (Drôme) → Voir Romans-sur-Isère

GRANGES-STE-MARIE - 25 (Doubs) → Voir Malbuisson

GRANVILLE

✉ 50400 (Manche) - 13 021 hab. - Alt. 10 m - Carte régionale n° **17**-A2
Paris 342 km - Avranches 27 km - Cherbourg 105 km - St-Lô 57 km
Carte Michelin 303-C6 - Guide Vert Michelin Normandie Cotentin

La Citadelle

POISSONS ET FRUITS DE MER · CLASSIQUE XX Un jeune couple sympathique est à la barre de cette adresse qui se démarque sur le port de Granville. On admire les petits bateaux de plaisance en partance pour les îles, tout en dégustant homards de Chausey et autres crustacés... Cap sur les produits de la mer !

Formule 23 € - Menu 31/80 € - Carte 36/56 €

34 r. du Port - ✆ 02 33 50 34 10 - www.restaurant-la-citadelle.fr - Fermé mardi d'oct. à mars et merc.

L'Edulis

CUISINE MODERNE · DESIGN XX Le décor tout en sobriété du restaurant (taupe, gris, blanc cassé) contraste avec l'assiette, vive et créative ! La jeune équipe en place propose une cuisine bien actuelle, au plus près des saisons : terrine de lapin à la sauge, foie gras et légumes ; dos de cabillaud confit aux deux céleris... Miam !

Formule 20 € - Menu 25 € (déj. en semaine), 37/57 €

8 r. de l'Abreuvoir - ✆ 02 14 13 45 88 - www.restaurantledulis.com - Fermé lundi et mardi

Mercure Le Grand Large

HÔTEL DE CHAÎNE · FONCTIONNEL Dans le centre de Granville, non loin du casino, cet hôtel est perché sur la falaise au-dessus de la plage ; on y jouit d'un panorama somptueux sur la Manche ! Sobriété feutrée dans les chambres, grandes, climatisées et bien équipées. Parfait pour un déplacement professionnel comme pour les vacances.

66 chambres - 🚹79/220 € 🚹🚹79/290 € - ☕ 16 €

5 r. de la Falaise - ✆ 02 33 91 19 19 - www.mercure-granville.com

à St-Pair-sur-Mer 4 km au Sud par D911 - ✉ 50380 - 3 719 hab. - Alt. 30 m

Le Pont Bleu (N)

POISSONS ET FRUITS DE MER · CONVIVIAL XX Poisson d'une petite pêche locale, maraîchers de proximité : dans ce restaurant, situé à 50 m des plages et animé par un couple de passionnés, on affectionne les produits frais. La cuisine, résolument iodée, n'en oublie pas les légumes, dont ceux d'Annie Bertin, une amie.

Formule 22 € - Menu 28/52 € - Carte 44/105 €

6 r. du Pont-Bleu - ✆ 02 33 51 88 30 (réservation conseillée) - www.lepontbleu.com - Fermé merc. et jeudi sauf juil.-août

à Donville-les-Bains 1,5 km au Nord par D911 et D468 - ✉ 50350 - 3 238 hab. - Alt. 40 m

Hôtel de la Baie

THERMAL · CONTEMPORAIN Sur la côte juste au nord de Granville, cet établissement au décor contemporain et épuré - ouvert en 2013 - a de quoi séduire touristes et curistes... puisqu'il est relié au centre de thalassothérapie. Les chambres sont nettes et disposent d'aménagements de choix : douche à l'italienne, literie de qualité...

74 chambres - 🚹85/350 € 🚹🚹105/450 € - 2 suites - ☕ 14 € - ½ P

r. de l'Ermitage - ✆ 02 33 90 31 10 - www.previthal.com - Fermé 2-6 janv.

GRASSE

✉ 06130 (Alpes-Maritimes) - 51 021 hab. - Alt. 250 m - Carte régionale n° **22**-E2
Paris 905 km - Cannes 17 km - Digne-les-Bains 118 km - Draguignan 53 km
Carte Michelin 341-C6 - Guide Vert Michelin Côte d'Azur

La Bastide St-Antoine (Jacques Chibois)

CUISINE PROVENÇALE • LUXE Si Grasse est la cité du parfum, la table de Jacques Chibois - l'un des chefs de file de la "cuisine du soleil" depuis trente ans - est la reine des arômes ! Agrumes, herbes, huile d'olive : chaque assiette exalte les saveurs provençales, et certaines créations, tel le papillon de langoustines, sont de véritables anthologies.

→ Papillon de langoustines en émulsion de pulpe d'orange à l'huile d'olive et au basilic. Saint-pierre cuit à l'étuvée, purée de fenouil et coulis de citron. Petit rucher en vacherin à la fraise ou au coing.

Menu 66 € (déj. en semaine), 155/205 € - Carte 170/235 €

Hôtel La Bastide St-Antoine, 48 av. Henri-Dunant (quartier St-Antoine), 1,5 km au Sud par D6185 rte de Cannes - 04 93 70 94 94 - www.jacques-chibois.com - Fermé nov.

La Bastide St-Antoine

LUXE • MÉDITERRANÉEN Cette imposante bastide du 18e s. trône dans un parc magnifique, doublé d'une immense oliveraie aménagée en restanques. L'image même de la Provence éternelle ! Luxueux mais sans ostentation, l'établissement cultive l'élégance aussi bien que la discrétion : la promesse d'un séjour enchanteur...

11 chambres - †220/465 € ††220/465 € - 5 suites - ☕ 31 € - ½ P

48 av. Henri-Dunant (quartier St-Antoine), 1,5 km au Sud par D6185 rte de Cannes - 04 93 70 94 94 - www.jacques-chibois.com - Fermé nov.

La Bastide St-Antoine - voir les restaurants ci-dessus

Élixir

HÔTEL DE CHAÎNE • FONCTIONNEL Les vertus de cet Élixir situé aux portes de la cité des parfumeurs : des chambres contemporaines confortables et bien aménagées (complètement rénovées en 2013), une agréable piscine, un espace bien-être (jacuzzi, massages) et un restaurant traditionnel. Parfait pour une étape à Grasse.

63 chambres - †99/192 € ††115/252 € - ☕ 16 €

r. Martine-Carol (quartier St-Claude), 2,5 km au Sud par D6185 rte de Cannes - 04 93 70 70 70 - www.bestwestern-elixir-grasse.com

Moulin St-François

MAISON DE CAMPAGNE • PERSONNALISÉ Sur les collines bordant Grasse, dans un parc planté d'oliviers, cette luxueuse demeure, créée sur les fondations d'un moulin du 18e s., cultive charme, raffinement et quiétude... Tout de blanc, le décor intérieur concentre la lumière, crée une atmosphère apaisante et fraîche. Sentiment d'exclusivité...

3 chambres ☕ - †220/350 € ††220/350 €

60 av. Guy-de-Maupassant, 2 km à l'Ouest par rte de St-Cézaire - 04 93 42 14 35 - www.moulin-saint-francois.com

à Magagnosc 5 km à l'Est, rte de Nice - ✉ 06520

Au Fil du Temps (Sébastien Giraud)

CUISINE MODERNE • FAMILIAL Au fil du temps, du marché, des saisons... et avec toutes les couleurs de l'époque. Dans cette maison qui domine le pays de Grasse, on déguste une cuisine savoureuse, sans fioritures, où le terroir provençal s'exprime avec une belle fraîcheur.

→ Foie gras poêlé aux baies de goji. Retour de pêche en aigo boulido. Pavlova pêche et citron.

Menu 42/82 € - menu unique

83 av. Auguste-Renoir - 04 93 36 20 64 (réservation conseillée) - www.restaurantaufildutemps.com - Fermé vacances de la Toussaint, le midi en juil.-août, merc. et dim.

au Sud-Est 5 km par D4 - ✉06130 Grasse

Lou Fassum

CUISINE PROVENÇALE • RUSTIQUE XX De la terrasse dressée sous les tilleuls, la vue sur Mouans-Sartoux et le golfe de Théoule est exceptionnelle. Le chef travaille des produits d'une belle fraîcheur et privilégie les producteurs locaux. Pour un agréable moment...

Formule 30 € - Menu 39 € (déj.) - Carte 80/150 €

381 rte de Plascassier - ✆ 04 93 60 14 44 (réservation conseillée) - www.loufassum.com - Fermé vacances de fév., de la Toussaint, dim. et lundi

au Val du Tignet 8 km au Sud-Ouest par D2562, rte de Draguignan - ✉ 06530 Le Tignet

Madesens

CUISINE MODERNE • AUBERGE XX Les nouveaux propriétaires de cette maison, située en bord de route à la sortie de Peymeinade, lui ont donné un sacré coup jeune : déco modernisée, nouvelle formule bistrot le midi - salade César, thon mariné, burger gourmet... - et, le soir, de belles assiettes au goût du jour. Plus que jamais, une agréable étape.

Formule 25 € - Menu 32 € (déj.), 55/70 € - Carte 37/89 €

291 rte de Draguignan - ✆ 04 93 66 12 33 - www.madesens.fr - Fermé dim. soir et lundi de nov. à avril

à Cabris 5 km à l'Ouest par D4 - ✉ 06530 - 1 384 hab. - Alt. 550 m

Auberge du Vieux Château

CUISINE MODERNE • ROMANTIQUE XX Un charmant restaurant, niché sur une placette médiévale. On profite de ce décor de vieilles pierres en terrasse, ou l'on se réfugie dans la jolie salle provençale ; en cuisine, le marché et la Méditerranée sont à l'honneur, déclinés dans d'appétissantes assiettes. Quant aux chambres, elles sont ravissantes...

Menu 35 € (déj. en semaine), 47/59 €

4 chambres - †89/139 € ††89/139 € - ☕ 9 €

pl. Mirabeau - ✆ 04 93 60 50 12 - www.aubergeduvieuxchateau.com - Fermé 2 semaines en déc., 3 semaines en janv., mardi sauf le soir en juil.-août et lundi

Auberge de la Chèvre d'Or

CUISINE TRADITIONNELLE • AUBERGE X À l'entrée du village, voici une sympathique auberge familiale où déguster une cuisine traditionnelle savoureuse et copieuse. Le décor a été entièrement revu dans un style de bistrot contemporain. Feu de cheminée en hiver et jolie terrasse : vive la Chèvre d'Or de Cabris !

Formule 20 € - Menu 28/38 € - Carte 40/53 €

1 pl. du Puits - ✆ 04 93 60 54 22 - www.lachevredor.fr - Fermé 15 nov.-début mars, mardi et merc. sauf juil.-août

GRATENTOUR

✉ 31150 (Haute-Garonne) - 3 552 hab. - Alt. 174 m - Carte régionale n° **15**-B2

▶ Paris 668 km - Albi 72 km - Montauban 43 km - Toulouse 21 km

Carte Michelin 343-G2

Le Barry

AUBERGE • FONCTIONNEL Une adresse confortable dans un village de la grande banlieue toulousaine. Les chambres sont simples et propres, l'accueil familial, et le restaurant joue la carte rustique mais tonique, avec murs en briques et vieille cheminée. Petit plus : le patio paysagé avec piscine.

22 chambres - †78/154 € ††83/154 € - ☕ 9 € - ½ P

47 r. Barry - ✆ 05 61 82 22 10 - www.lebarry.fr - Fermé 22 déc.-7 janv.

GRATOT - 50 (Manche) → Voir Coutances

LE GRAU-D'AGDE - 34 (Hérault) → Voir Agde

LE GRAU-DU-ROI

✉ 30240 (Gard) - 8 498 hab. - Alt. 2 m - Carte régionale n° **12**-C2
Paris 751 km - Aigues-Mortes 7 km - Arles 55 km - Lunel 22 km
Carte Michelin 339-J7

Le Dauphin

POISSONS ET FRUITS DE MER • BISTRO Sur les quais, un bistrot de la mer tenu par une authentique famille de restaurateurs-pêcheurs - la propriétaire s'occupe du service, son fils œuvre en cuisine et son époux possède un chalutier ! On s'y régale d'un poulpe à la plancha, ou de la fameuse rouille à la Graulenne. Difficile d'espérer poisson plus frais.

Formule 17 € - Menu 22/29 € - Carte 35/45 €

48 quai Général-de-Gaulle - 04 66 53 91 44 - www.restaurantledauphin.fr - Fermé de mi-nov. à mi-fév. et lundi sauf en été

Splendid

TRADITIONNEL • CONTEMPORAIN Face à la mer, un hôtel moderne avec des balcons à tous les étages. Depuis les chambres, la vue est splendide ; n'hésitez pas à demander les plus récentes, lumineuses et confortables. Un ensemble propre, bien tenu, où l'on est bien accueilli.

51 chambres - 85/134 € 85/160 € - 12 € - ½ P

bd Mar.-Alphonse-Juin - 04 66 51 41 29 - www.splendid-camargue.com

à Port Camargue 3 km au Sud par D62B - ✉ 30240 Le Grau du Roi

L'Amarette

POISSONS ET FRUITS DE MER • ÉLÉGANT Près de la plage, ce restaurant dispose d'une terrasse en étage qui offre une belle vue sur la baie d'Aigues-Mortes. Agréable cuisine de la mer.

Formule 27 € - Menu 44/55 € - Carte 43/81 €

8 av. Jean-Lasserre - 04 66 51 47 63 - www.l-amarette.com - Fermé 3-9 avril, 23-29 oct., 17 déc.-27 janv., merc. de sept. à juin et lundi en juil.-août

Spinaker

CUISINE MODERNE • COSY Une cuisine dans l'air du temps à savourer dans une salle moderne ou sur la superbe terrasse ouverte sur la marina et ses bateaux de plaisance.

Formule 38 € - Menu 49 € - Carte 50/90 €

Hôtel Spinaker, pointe de la Presqu'île - 04 66 53 36 37 - www.spinaker.com - Fermé 1 semaine à Noël, 2 janv.-11 fév., lundi et mardi sauf juil.-août et fériés

Spinaker

TRADITIONNEL • PERSONNALISÉ Un hôtel avec ponton privé est amarré à la marina, au bout de la presqu'île. Toutes les chambres donnent de plain-pied sur le jardin et... sur la jolie piscine bordée de palmiers.

16 chambres - 90/162 € 90/265 € - 5 suites - 16 €

pointe de la Presqu'île - 04 66 53 36 37 - www.spinaker.com - Fermé 1 semaine à Noël et 2 janv.-11 fév.

Spinaker - voir les restaurants ci-dessus

Les Bains de Camargue

SPA ET BIEN-ÊTRE • CONTEMPORAIN Détente face aux dunes et à la mer : cet ensemble hôtelier comprend un centre de thalassothérapie et la plupart de ses chambres regardent les flots (toutes avec balcon). Cuisine traditionnelle et recettes allégées au restaurant, perché au 6e étage.

87 chambres - 92/212 € 92/212 € - 16 € - ½ P

227 rte des Marines - 04 66 73 60 60 - www.thalazur.fr

L'Oustau Camarguen

AUBERGE • PERSONNALISÉ Un petit mas camarguais qui a le goût de la Provence : fer forgé, terre cuite, bois patiné... Les chambres sont assez spacieuses et jouissent de terrasses ou de jardins privatifs au calme. Quant au restaurant, il se révèle agréable : on y sert une cuisine régionale à proximité de la piscine.

32 chambres - 85/155 € 85/205 € - 8 suites - 15 € - ½ P

3 rte des Marines - 04 66 51 51 65 - www.oustaucamarguen.com - Ouvert 24 mars-2 nov.

GRAUFTHAL - 67 (Bas-Rhin) → Voir La Petite-Pierre

GRAY

70100 (Haute-Saône) - 5 716 hab. - Alt. 220 m - Carte régionale n° **9**-B2

Paris 336 km - Besançon 45 km - Dijon 50 km - Dole 46 km

Carte Michelin 314-B8 - Guide Vert Michelin Franche-Comté Jura

à Rigny 5 km au Nord-Est par D70 et D2 - 70100 - 605 hab. - Alt. 196 m

Château de Rigny

DEMEURE HISTORIQUE • CLASSIQUE Dans cette demeure du 17e s., nichée au cœur d'un magnifique parc à l'anglaise, le temps semble s'être arrêté. Mobilier d'époque dans les chambres - certaines plus modernes -, superbe salle des gardes, salon avec tapisseries... renvoient 400 ans en arrière !

28 chambres - 98/150 € 98/240 € - 13 € - ½ P

70 r. des Époux-Blanchot - 03 84 65 25 01 - www.chateau-de-rigny.com

ON AIME…

Passer un moment sur la terrasse du **Fantin Latour** et profiter des créations de Stéphane Froidevaux. Profiter de l'ambiance conviviale et des bonnes assiettes de **Zdank**. S'émerveiller de la vue sur la chaîne de Belledonne, depuis la baie vitrée panoramique de **La Corne d'Or**. Enfin, respirer l'air des **Alpages**, fromagerie où l'on trouve le plus beau choix de la région…

GRENOBLE

38000 (Isère) – 158 346 hab. – Agglo. 501 045 hab. – Alt. 213 m – Carte régionale n° **23**-C2
Paris 566 km – Chambéry 55 km – Genève 143 km – Lyon 105 km
Carte Michelin 333-H6 – Guide Vert Michelin Alpes du Nord

Restaurants

Gillio

CUISINE TRADITIONNELLE · SIMPLE Dans un quartier commerçant du centre-ville, Gillio abrite en cuisine un jeune chef discret, originaire de la vallée du Grésivaudan. Sa cuisine, basée sur des produits frais directement issus du marché, séduit surtout par sa simplicité. Originalité de la carte : une savoureuse purée aux pommes de terre brûlées… Miam !

Formule 26 € – Menu 32 €

Plan : E3-a – *16 r. Condorcet – 09 52 15 42 32 – www.restogillio.com – Fermé 3 semaines en août, 1er-10 janv., sam. midi et dim.*

Auberge Napoléon

CUISINE MODERNE · CLASSIQUE La maison entretient le souvenir de Napoléon Bonaparte, son hôte le plus célèbre, avec un décor Empire assez théâtral. Mais dans l'assiette, point de nostalgie ! La chef laisse aller son inspiration et joue sur les textures ; les saveurs sont bien marquées et la délicatesse est au rendez-vous.

Menu 47/75 € – Carte 65/85 €

Plan : F2-b – *7 r. Montorge – 04 76 87 53 64 (réservation conseillée) – www.auberge-napoleon.fr – Fermé 1er-8 janv., 1er-17 mai, 14-31 août, 28-31 oct., dim. et le midi*

Le Fantin Latour - Stéphane Froidevaux

CUISINE CRÉATIVE · TENDANCE Une grande sensibilité, beaucoup de personnalité… On se laisse porter par la cuisine de Stéphane Froidevaux, inspirée et originale, littéralement mise en scène mais toujours sincère. La gastronomie de montagne est pour ainsi dire réinventée ! Et le cachet de cet hôtel particulier du 19e s. séduit tout autant…

Menu 50/85 €

Plan : G2-a – *1 r. Gén.-Beylié – 04 76 24 38 18 – www.fantin-latour.net – Fermé dim., lundi et le midi sauf sam.*

La Brasserie du Fantin Latour – voir les restaurants ci-dessous

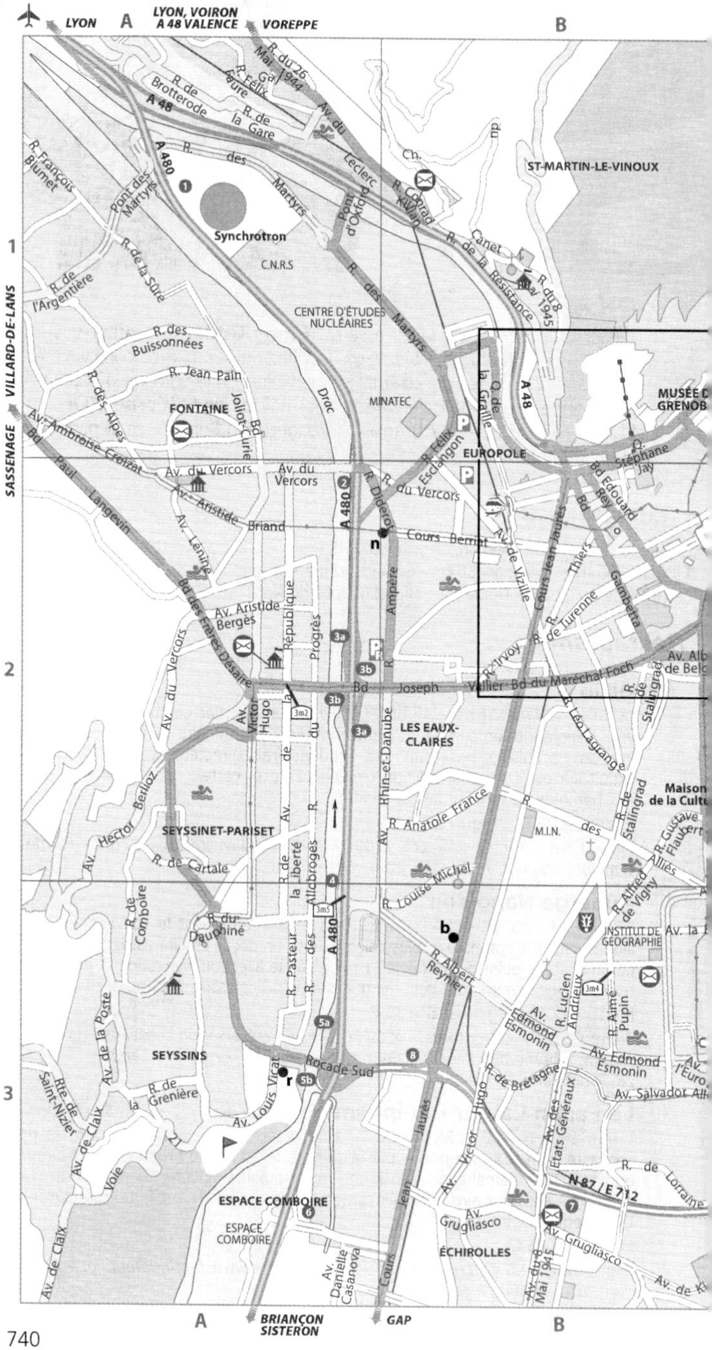
LYON
LYON, VOIRON
A 48 VALENCE
VOREPPE
A
B
1
2
3
SASSENAGE
VILLARD-DE-LANS
ST-MARTIN-LE-VINOUX
MUSÉE D
GRENOB
Synchrotron
C.N.R.S
CENTRE D'ÉTUDES
NUCLÉAIRES
MINATEC
FONTAINE
EUROPOLE
LES EAUX-
CLAIRES
SEYSSINET-PARISET
SEYSSINS
ESPACE COMBOIRE
ÉCHIROLLES
M.I.N.
INSTITUT DE
GÉOGRAPHIE
Maison
de la Cultu
A 48
A 480
N 87 / E 712
R. du 26 Mai 1944
R. Félix Faure
R. de Brotterode
R. de la Gare
Av. du Leclerc
R. des Martyrs
Pont des Martyrs
R. François Blumet
Pont d'Oxford
R. Conrad Kilian
R. de la Résistance
R. du 8 Mai 1945
R. de la Sûre
R. de l'Argentière
R. des Buissonnées
R. Jean Pain
R. des Alpes
Bd Joliot-Curie
Drac
Av. Ambroise Croizat
Bd Paul Langevin
Av. du Vercors
Av. Aristide Briand
Av. Lénine
R. Diderot
R. Félix Esclangon
R. du Vercors
Cours Berriat
Q. de la Graille
Q. Stéphane Jay
Bd Edouard Rey
Bd Thiers
Av. de Vizille
Cours Jean Jaurès
R. de Turenne
Gambetta
R. Irvoy
Bd des Frères Désaire
Av. Aristide Bergès
Av. Victor Hugo
Av. de la République
R. du Progrès
Bd Joseph Vallier
Bd du Maréchal Foch
Av. Alb de Belg
R. de Stalingrad
R. Léo Lagrange
Av. Rhin-et-Danube
R. Ampère
R. Anatole France
R. des Alliés
R. Gustave Flaubert
R. Alfred de Vigny
Av. Hector Berlioz
R. de Cartale
R. de Comboire
R. du Dauphiné
R. Pasteur
R. des Allobroges
R. de la liberté
R. Louise Michel
R. Albert Reynier
Av. Edmond Esmonin
R. Lucien Andrieux
R. Aimé Pupin
Av. la
Av. de l'Euro
Av. Salvador All
Rocade Sud
Av. Louis Vicat
R. de Bretagne
Av. des Etats Généraux
R. de Lorraine
Av. de la Poste
Rte de Saint-Nizier
R. de la Grenière
Av. de Claix
Voie 21
Av. Victor Hugo
Av. Grugliasco
Av. Danielle Casanova
Cours Jean Jaurès
Av. du 8 Mai 1945
Av. de Ki
Ch. du Canet
BRIANÇON
SISTERON
GAP
1
2
3a
3b
4
5a
5b
6
7
8
3m2
3m4
3m5
n
b
r
P

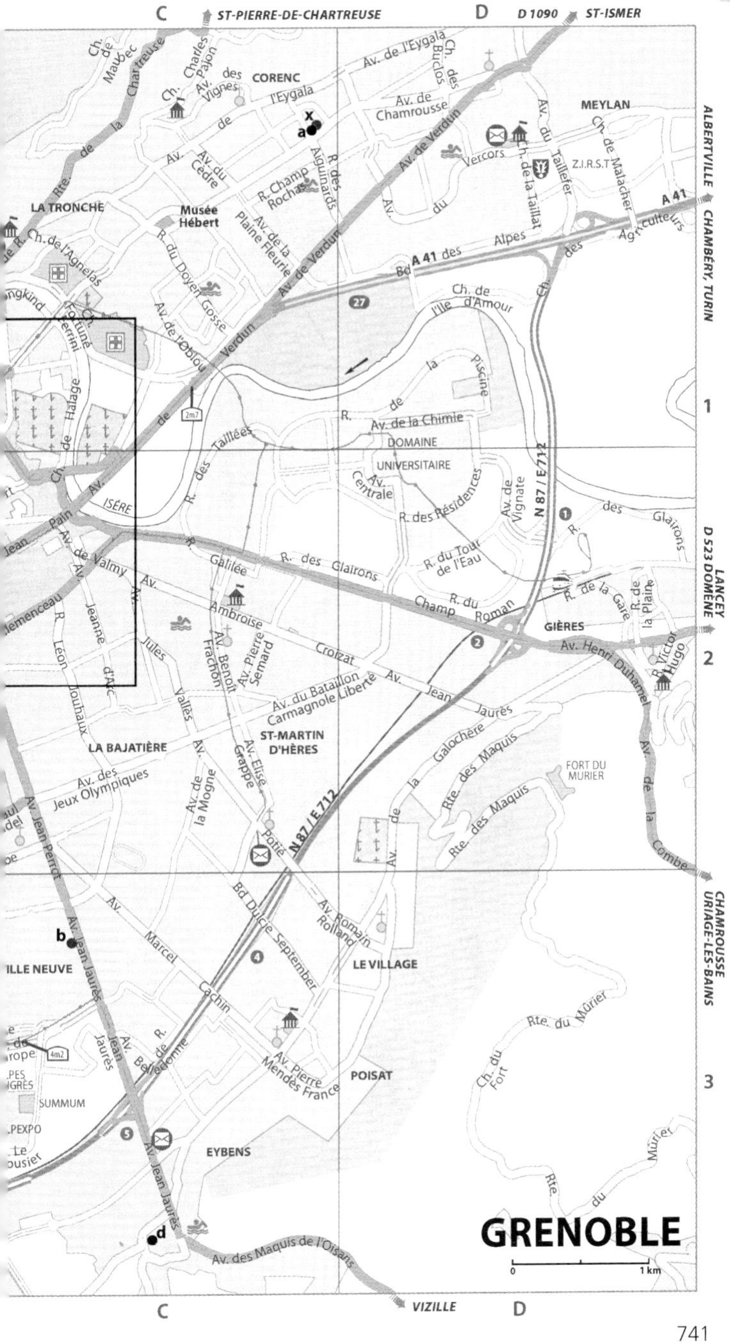
GRENOBLE
ST-PIERRE-DE-CHARTREUSE
D 1090 ST-ISMER
ALBERTVILLE
CHAMBÉRY, TURIN
LANCEY D 523 DOMÈNE
CHAMROUSSE URIAGE-LES-BAINS
VIZILLE
CORENC
MEYLAN
LA TRONCHE
Musée Hébert
DOMAINE UNIVERSITAIRE
GIÈRES
ST-MARTIN D'HÈRES
LA BAJATIÈRE
FORT DU MURIER
LE VILLAGE
POISAT
EYBENS
SUMMUM
ISÈRE
A 41
N 87 / E 712
Av. de Verdun
Bd des Alpes
Av. Jean Jaurès
Av. Jean Perrot
Av. des Maquis de l'Oisans
Av. Henri Duhamel
Av. Gabriel Péri
Av. Ambroise Croizat
Av. Jean Jaurès
R. des Glairons
R. du Champ Roman
Bd Dulcie September
Av. Marcel Cachin
Av. Pierre Mendès France
Av. Romain Rolland
Av. des Jeux Olympiques
Av. du Bataillon Carmagnole Liberté
Rte. du Mûrier
Ch. du Fort
0
1 km

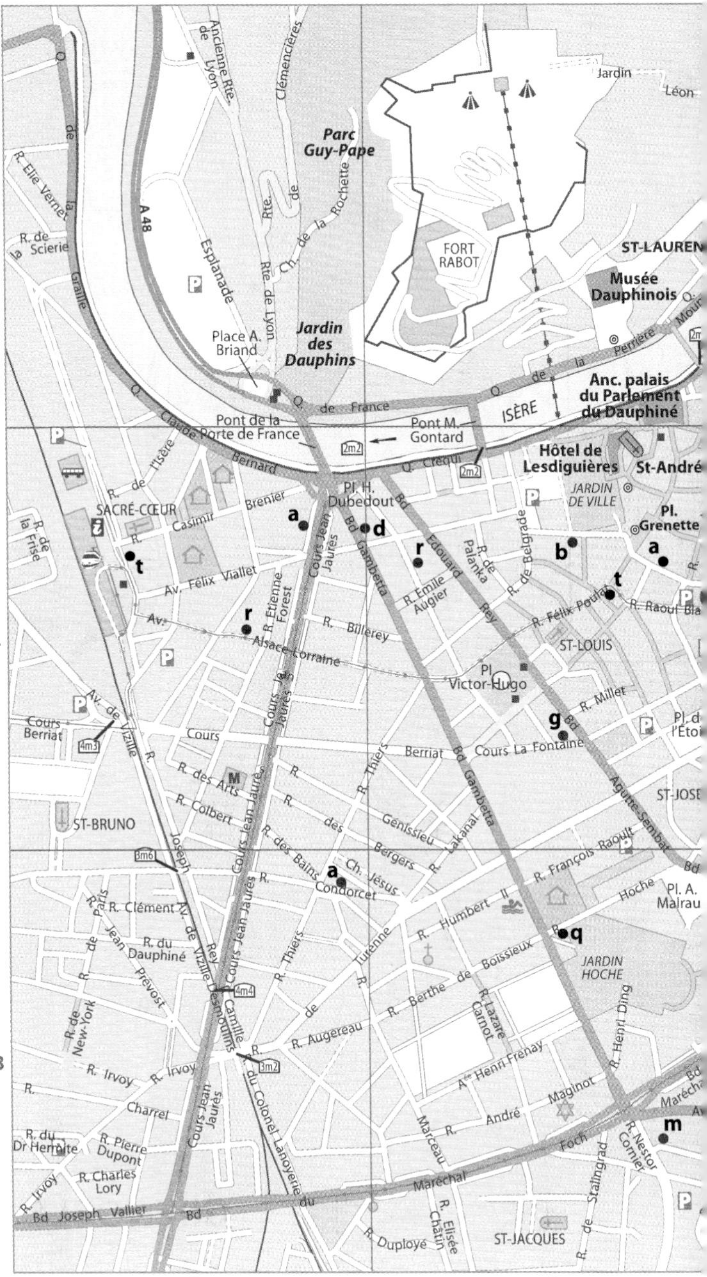
E
F
1
2
3
Parc Guy-Pape
Jardin des Dauphins
FORT RABOT
ST-LAURENT
Musée Dauphinois
Anc. palais du Parlement du Dauphiné
Hôtel de Lesdiguières
St-André
JARDIN DE VILLE
Pl. Grenette
ISÈRE
Place A. Briand
Pont de la Porte de France
Pont M. Gontard
Pl. H. Dubedout
SACRÉ-CŒUR
ST-LOUIS
Pl. Victor-Hugo
ST-BRUNO
JARDIN HOCHE
Pl. A. Malraux
ST-JACQUES
A 48
Esplanade
Cours Jean Jaurès
Bd Gambetta
Bd Edouard Rey
Cours Berriat
Av. Alsace-Lorraine
Av. Félix Viallet
Cours La Fontaine
Bd Joseph Vallier
Bd du Maréchal Foch
Q. Claude Bernard
Q. Créqui
Q. de France
Q. de la Perrière
Av. de Vizille
Av. Jules Ferry
a
d
r
b
t
g
q
m

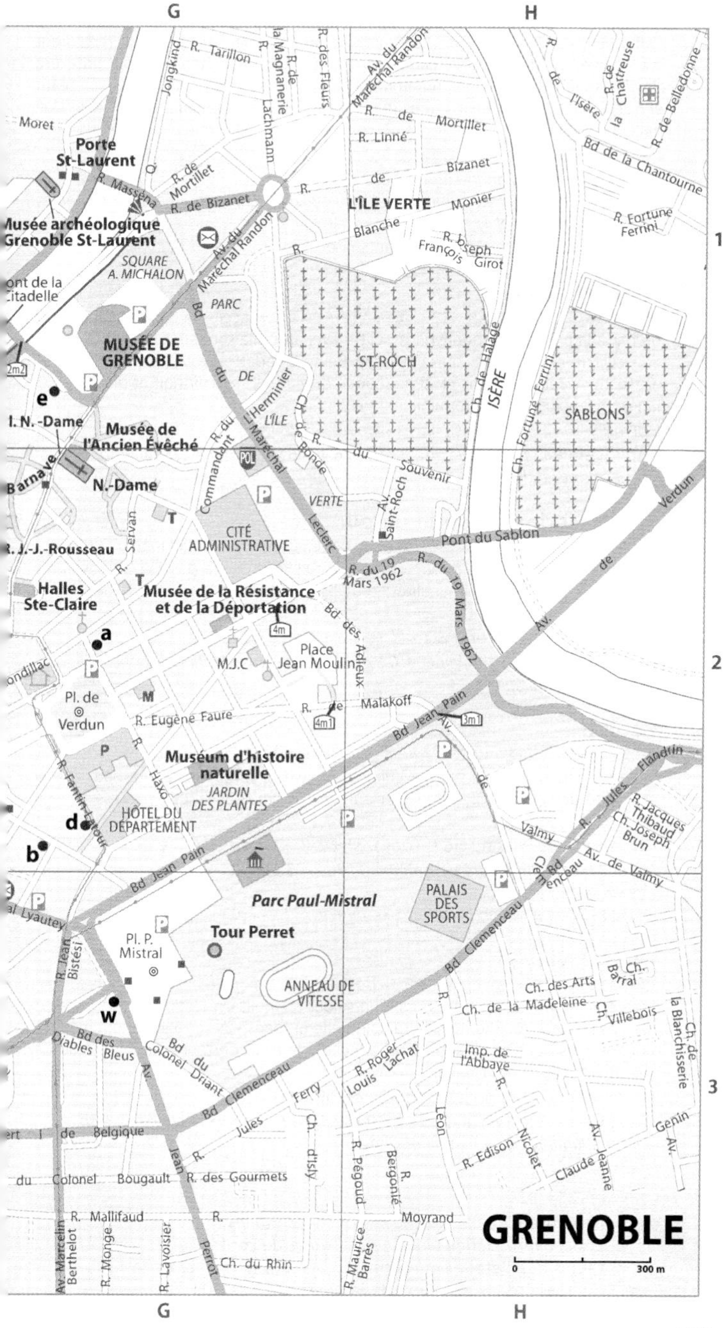
G
H
1
2
3
Porte St-Laurent
Musée archéologique Grenoble St-Laurent
SQUARE A. MICHALON
MUSÉE DE GRENOBLE
Musée de l'Ancien Évêché
N.-Dame
CITÉ ADMINISTRATIVE
Halles Ste-Claire
Musée de la Résistance et de la Déportation
Place Jean Moulin
M.J.C
Pl. de Verdun
Muséum d'histoire naturelle
JARDIN DES PLANTES
HÔTEL DU DÉPARTEMENT
Parc Paul-Mistral
Tour Perret
Pl. P. Mistral
ANNEAU DE VITESSE
PALAIS DES SPORTS
L'ÎLE VERTE
ST-ROCH
SABLONS
ISÈRE
Pont du Sablon
Bd Jean Pain
Bd Clemenceau
Av. de Verdun
Av. de Valmy
Bd Maréchal Leclerc
Av. du Maréchal Randon
Bd des Adieux
R. du 19 Mars 1962
Ch. de Halage
Ch. Fortuné Ferrini
Bd de la Chantourne
R. Jules Flandrin
Bd des Diables Bleus
Bd du Colonel Driant
Av. Jean Perrot
Av. Marcelin Berthelot
R. de Belgique
R. Eugène Faure
R. J.-J.-Rousseau
R. Fantin-Latour
Ch. des Arts
Ch. de la Madeleine
Imp. de l'Abbaye
R. Edison
R. des Gourmets
R. Mallifaud
Ch. du Rhin
R. Maurice Barrès
R. Moyrand
Av. Jeanne
GRENOBLE
0
300 m

Zdank

CUISINE CRÉATIVE • INTIME XX Dans le quartier de la préfecture, ce restaurant est l'œuvre de deux jeunes cuisiniers qui se sont rencontrés à l'école hôtelière de Grenoble. Ils proposent notamment un menu surprise dans un style créatif et surprenant ; les cuissons sont maîtrisées et les saveurs au rendez-vous. Une belle surprise !

Menu 80 € - menu unique

Plan : G2-d - *14 r. Fantin-Latour (au 1er étage) - ✆ 04 76 54 13 93 (réservation conseillée) - www.zdank.com - Fermé 2 semaines en août, sam., dim. et le midi*

Zdank Bistrot - voir les restaurants ci-dessous

Marie Margaux

POISSONS ET FRUITS DE MER • CONVIVIAL XX Carpaccio de Saint-Jacques, filet de bar à la crème de langoustines : cette avenante maison familiale met en avant une cuisine chaleureuse, où le poisson tient la vedette. Quant à la salle, elle a été joliment rénovée dans un style moderne (fauteuils en cuir noir et blanc, carrelage). Plats plus simples le midi.

Formule 16 € - Menu 36/46 € - Carte 45/60 €

Plan : F3-m - *12 r. Marcel-Porte - ✆ 04 76 46 46 46 - Fermé 9-31 août, dim. soir, mardi soir et lundi*

La Brasserie du Fantin Latour

CUISINE MODERNE • TENDANCE XX À la Brasserie du Fantin Latour, Stéphane Froidevaux joue la carte de la convivialité. On retrouve la passion du chef pour les beaux produits et l'originalité : tout est aromatique, parfumé... Une version "bis" très gourmande !

Formule 25 € - Menu 30 € (déj.) - Carte 32/63 €

Plan : G2-a - *1 r. Gén.-Beylié - ✆ 04 76 24 38 18 - www.fantin-latour.net - Fermé dim. soir et lundi soir*

Badine

CUISINE MODERNE • CONVIVIAL XX Cet ancienne bâtisse bourgeoise révèle une table de bon aloi, tenue par un jeune chef plein d'entrain. Ici, on ne badine avec la qualité des produits... À déguster aux beaux jours sur la jolie terrasse envahie de glycine.

Formule 24 € - Menu 28 € (déj.), 31/63 € - Carte 57/73 €

Plan : AB2-n - *168 cours Berriat - ✆ 04 76 21 95 33 - www.restaurant-badine.com - Fermé 2 semaines en août, sam. et dim.*

Chasse-Spleen

CUISINE TRADITIONNELLE • DE QUARTIER XX Le nom d'un vin que Baudelaire lui-même aurait baptisé ainsi lors d'un séjour à Moulis-en-Médoc. Aux murs, poèmes de l'auteur pour la nourriture spirituelle et, dans l'assiette, cuisine généreuse pour le plaisir des sens : petit pain brioché à la chair de tourteaux ; caille désossée et farcie, sauce au xérès...

Formule 18 € - Menu 23 € (déj.), 29/39 € - Carte 40/60 €

Plan : G1-e - *6 pl. de Lavalette - ✆ 04 38 37 03 52 - www.le-chasse-spleen.com - Fermé lundi midi, sam. midi et dim.*

Ne confondez pas les couverts X et les étoiles ✿ !
Les couverts définissent une catégorie de confort et de service, tandis que l'étoile couronne uniquement la qualité de la cuisine, quel que soit le standing de la maison.

Brasserie Chavant

CUISINE TRADITIONNELLE • BRASSERIE En plein centre-ville, cette adresse en impose avec son décor chic et baroque ! Au menu, les bons classiques du genre, comme cette poêlée de calamar et jus de langoustine... Pour l'anecdote : Chavant était le nom des ancêtres du maître des lieux, restaurateurs depuis 1852.

Carte 38/60 €

Plan : F2-g - *2 cours Lafontaine - 04 76 87 61 83 - www.brasserie-chavant.fr*

L'Exception

CUISINE TRADITIONNELLE • CONVIVIAL Une adresse qui ne désemplit pas ; on s'y presse pour cette belle cuisine de terroir, préparée avec soin, et notamment pour le gibier, en saison ! La qualité des produits utilisés est indéniable, et le résultat bluffe par les saveurs franches et la générosité qui s'en dégagent. Dernier atout : la douceur des prix...

Formule 15 € - Menu 28/56 € - Carte 50/67 €

Plan : E2-a - *4 cours Jean-Jaurès - 04 76 47 03 12 - www.restaurant-lexception.com - Fermé 25 juil.-14 août, sam. midi et dim.*

Le Village

CUISINE TRADITIONNELLE • DE QUARTIER Est-ce à cause de la cuisine du chef, de sa passion, ou de la décoration - entre inspiration industrielle et tradition ? Toujours est-il que ce Village a beaucoup de succès. La cuisine est travaillée avec soin et justesse, à base de bons produits. C'est souvent plein : il convient donc de réserver.

Formule 17 € - Menu 21 € (déj. en semaine), 33/48 € - Carte 36/50 €

Plan : G2-b - *20 r. de Strasbourg - 04 76 87 88 44 (réservation conseillée) - Fermé 15 juil.-14 août, 23 déc.-8 janv., dim. et lundi*

Le Grill Parisien

CUISINE TRADITIONNELLE • FAMILIAL Cœur de ris de veau à la sauce citron, salade tiède de poulpe aux pois chiches et coriandre : voilà qui n'est pas si parisien que cela ! C'est plutôt vers le Sud qu'il faut chercher les inspirations des époux Cartillier, les propriétaires de ce lieu indémodable, où les Grenoblois aiment se retrouver à la bonne franquette.

Formule 26 € - Menu 37/45 € - Carte environ 55 €

Plan : E2-r - *34 av. Alsace-Lorraine - 04 76 46 10 16 - Fermé 2-26 août, 1er-6 janv., sam., dim. et fériés*

L'Amélyss

CUISINE MODERNE • ÉPURÉ Un jeune couple a repris l'adresse au début 2014 et en a fait un restaurant attachant, qui bouleverse un peu les codes. Les plats sont pleins de fraîcheur et d'envie, les assaisonnements sont millimétrés et les associations de saveurs subtiles, le tout dans un menu à un prix défiant toute concurrence... Au top !

Formule 17 € - Menu 21 € (déj.), 34/42 €

Plan : EF2-d - *3 bd Gambetta - 04 76 42 35 84 - Fermé 1er-22 août, 23-31 déc., lundi soir, mardi soir, sam. midi et dim.*

Zdank Bistrot

CUISINE TRADITIONNELLE • BISTRO La partie bistrot du Zdank mérite aussi qu'on s'y attarde. Au programme, ambiance conviviale et sans façon, bons petits plats du marché et joli choix de vins régionaux. Très recommandable !

Formule 17 € - Menu 22 € (déj.), 32 € - Carte 40/50 €

Plan : G2-d - *restaurant Zdank, 14 r. Fantin-Latour - 04 76 54 13 93 - Fermé 2 semaines en août, sam. et dim.*

La Girole

CUISINE TRADITIONNELLE • CLASSIQUE Dans une rue commerçante, un restaurant familial avec une salle en pierres apparentes. On y apprécie les recettes traditionnelles du chef, dont la spécialité est la préparation des champignons. Avis aux amateurs en saison ! Accueil et service aux petits soins.

Formule 19 € – Menu 26 € (déj.) – Carte 47/64 €

Plan : F2-r – *15 r. Dr-Mazet – ✆ 04 76 43 09 70 – www.lagirole.com – Fermé août, sam. midi, dim. et lundi*

Hôtels

Park Hôtel

LUXE • ÉLÉGANT En bordure du parc Paul-Mistral, cet hôtel a été magnifiquement rénové par ses propriétaires. Que ce soit dans les chambres, spacieuses et bien équipées, ou dans les parties communes, que d'élégance et que de raffinement ! Avec, en prime, un bel espace détente avec hammam et fitness...

39 chambres – †129/299 € ††129/299 € – ☕ 19 €

Plan : G3-w – *10 pl. Paul-Mistral – ✆ 04 76 85 81 23 – www.park-hotel-grenoble.fr*

Le Grand Hôtel

URBAIN • DESIGN À deux pas de la maison natale de Stendhal, ce "grand hôtel" marie à merveille luxe et design. Pour accéder aux chambres, sobres et contemporaines, on emprunte le magnifique escalier d'époque. Un conseil : ne manquez pas le petit-déjeuner, les fromages sont délicieux !

66 chambres – †99/349 € ††99/349 € – 1 suite – ☕ 19 €

Plan : F2-a – *5 r. de la République – ✆ 04 76 51 22 59 – www.grand-hotel-grenoble.fr*

Okko

HÔTEL DE CHAÎNE • DESIGN Un bâtiment ultra-moderne à la conception originale, un intérieur dans lequel le béton ciré côtoie des touches industrielles et du mobilier de designer : quel caractère ! Grand confort dans les chambres (Nespresso, TV grand écran, etc.) et les parties communes, du salon à l'espace de lecture...

138 chambres ☕ – †70/205 € ††90/225 €

Plan : F3-q – *23 r. Hoche – ✆ 04 85 19 00 10 – www.okkohotels.com*

Lesdiguières

TRADITIONNEL • CLASSIQUE Expérience originale dans cette institution grenobloise, à la fois hôtel et école hôtelière, qui fête son centenaire en 2017 ! Les chambres sont confortables et le service... assidu : une bonne manière de joindre l'utile à l'agréable. Au restaurant, on révise les classiques au fil des saisons.

23 chambres – †73/83 € ††93 € – 1 suite – ☕ 9 € – ½ P

Plan : B3-b – *122 cours de la Libération – ✆ 04 38 70 19 50 – www.hotellesdiguieres.com – Fermé vacances scolaires, vend., sam. et dim.*

Terminus

TRADITIONNEL • FONCTIONNEL Impossible de manquer son train, cet hôtel familial se trouve juste en face de la gare. Les chambres sont décorées simplement et souvent spacieuses – avec une vue sur le Moucherotte et le massif du Vercors aux derniers étages. Sobriété et élégance !

39 chambres – †89/149 € ††89/149 € – ☕ 11 €

Plan : E2-t – *10 pl. de la Gare – ✆ 04 76 87 24 33 – www.terminus-hotel-grenoble.fr*

Europe

TRADITIONNEL • CLASSIQUE Au cœur du vieux Grenoble, l'hôtel le plus ancien de la ville (1820) propose des chambres au style sobre et agréable, et très bien tenues. Et le sourire et l'amabilité de la patronne ajoutent encore au plaisir du séjour !

39 chambres – †64/92 € ††87/124 € – ☕ 10 €

Plan : F2-t – *22 pl. Grenette – ✆ 04 76 46 16 94 – www.hoteleurope.fr*

à Corenc 3,5 km – ✉ 38700 – 3 944 hab. – Alt. 450 m

La Corne d'Or

CUISINE MODERNE • DESIGN XX Depuis la terrasse, le panorama sur Grenoble et la chaîne de Belledonne est pour le moins enchanteur. Le chef, passionné de botanique, invente des recettes embaumant l'humus, le fenouil sauvage, l'ail des ours, la berce, le serpolet et tant d'autres... Ah, les bienfaits des hauteurs !

Formule 22 € – Menu 29 € (déj. en semaine), 55/75 € – Carte 58/78 €

159 rte de Chartreuse, 3,5 km au Nord par D512 – ✆ 04 38 86 62 36 – www.cornedor.fr – Fermé 15-31 août, dim. soir, mardi midi et lundi

Le Provence

POISSONS ET FRUITS DE MER • CONVIVIAL XX Ici, le chef fait lui-même son marché, d'où les suggestions à l'ardoise ; on peut aussi le voir travailler en cuisine via un écran. Sa spécialité : de grosses pièces de poissons cuites entières (pageot, pagre, denti, bar...). Le soleil de la Provence en direct et cuisine à l'huile d'olive !

Menu 28 € 🍷 (déj. en semaine), 49/75 € 🍷 – Carte 48/96 €

Plan : C1-x – *28 av. du Grésivaudan – ✆ 04 76 90 03 38 – www.leprovence.fr – Fermé sam. midi, dim. sauf fériés et lundi*

Les Trois Roses

BUSINESS • CONTEMPORAIN Vaste hall d'accueil lumineux avec parterre en pierre d'Égypte, grand comptoir en bois et marbre : l'élégance de cet établissement s'impose dès les premiers instants ! Même impression dans les chambres, contemporaines et spacieuses, qui offrent tout le confort nécessaire.

50 chambres – †60/120 € ††70/140 € – ☕ 13 €

Plan : C1-a – *32 av. du Grésivaudan – ✆ 04 76 89 39 61 – www.lestroisroses.com*

à Eybens 5 km – ✉ 38320 – 9 944 hab. – Alt. 230 m

La Table du 20

CUISINE TRADITIONNELLE • CONVIVIAL X Situé au rez-de-chaussée d'un hôtel des années 1980, ce bistrot convivial fait le plein sans difficulté. Deux compères sont à l'origine de ce succès : Franck, au piano, propose une belle cuisine canaille, pleine de peps et de saveurs, tandis que Luc, sommelier, a toujours le vin qu'il vous faut... Plaisir garanti !

Formule 18 € – Menu 25 € (déj.), 49/61 € 🍷 – Carte 32/54 €

Plan : C3-b – *20 av. Jean-Jaurès – ✆ 04 76 24 76 93 (réservation conseillée) – www.latabledu20.fr – Fermé 24 avril-1er mai, 7-20 août, 23 déc.-7 janv., sam. et dim.*

Château de la Commanderie

TRADITIONNEL • PERSONNALISÉ Cette ancienne commanderie des Templiers a gardé le charme d'antan – meubles ancestraux, portraits de famille, tapisseries d'Aubusson –, ce qui n'empêche pas certaines chambres d'être contemporaines. Quant au restaurant, il célèbre la tradition et le terroir...

42 chambres – †107/167 € ††107/187 € – ☕ 17 € – ½ P

Plan : C3-d – *17 av. d'Échirolles – ✆ 04 76 25 34 58 – www.commanderie.fr – Fermé 23 déc.-6 janv.*

à Bresson 8 km au Sud par D269c, av. Jean-Jaurès – ✉ 38320 – 686 hab. – Alt. 300 m

Chavant

CUISINE CLASSIQUE • ÉLÉGANT XXX En 2014, un nouveau chef s'est installé dans cette auberge tenue par la famille Chavant depuis 1852. Tourte au faisan à la sauce gourmande, homard "brûleur de loups" – un clin d'œil à l'équipe de hockey-sur-glace grenobloise... Pour le reste, fumoir, cave à vins, piscine, chambres spacieuses : on sait choyer les clients.

Menu 45 € (déj. en semaine), 54/120 € – Carte 65/110 €

6 chambres – †110/140 € ††140/200 € – ☕ 16 €

2 r. Émile-Chavant – ✆ 04 76 25 25 38 – www.chavanthotel.com – Fermé 20-28 déc., sam. midi et dim. soir

à Seyssins 6,5 km - ✉ 38180 - 6 970 hab. - Alt. 330 m

L'Atelier des Gourmets

CUISINE MODERNE • TRADITIONNEL Entre ici, gourmet, cet endroit est le tien ! Cheesecake aux noix de Saint-Jacques et cuit-cru de légumes ; cuisses de pigeon confites, sauce cacao-romarin... L'âme du Dauphiné résonne dans ce restaurant à la décoration moderne et épurée. Le chef est également passionné de vin, et conseille la clientèle avec talent.

Menu 26 € (déj.) - Carte 43/60 €

Plan : A3-r - *8 r. Dr-Schweitzer - ☎ 04 76 21 62 61 - www.atelierdesgourmets.fr - Fermé 9 août-1er sept., 28 déc.-5 janv., merc. soir, sam. midi, dim. et lundi*

GRÉOUX-LES-BAINS

✉ 04800 (Alpes-de-Haute-Provence) - 2 589 hab. - Alt. 386 m - Carte régionale n° **21**-B2
Paris 783 km - Aix-en-Provence 55 km - Brignoles 52 km - Digne-les-Bains 69 km
Carte Michelin 334-D10 - Guide Vert Michelin Alpes du Sud

La Crémaillère

THERMAL • CLASSIQUE À deux pas des thermes troglodytiques, cet hôtel, confortable et chic, est idéal pour se ressourcer. Chambres contemporaines et lumineuses, avec balcon ou loggia. Au restaurant, cuisine "santé nature" pour les curistes. Quant à l'accueil et le service, ils sont tout simplement délicieux...

50 chambres - †105/155 € ††105/160 € - ☕ 14 € - ½ P

776 av. des Thermes, rte de Riez - ☎ 04 92 70 40 04 - www.mascremailleregreoux.com - Ouvert 2 avril-15 déc.

Villa Borghèse

TRADITIONNEL • CLASSIQUE Cette Villa Borghèse, tapissée de vigne vierge, abrite de grandes chambres traditionnelles avec loggia. Sauna, espace beauté et club de bridge. Cuisine provençale au restaurant.

65 chambres - †101/194 € ††101/194 € - ☕ 14 € - ½ P

av. des Thermes - ☎ 04 92 78 00 91 - www.hotel-villaborghese.com - Ouvert 11 mars-12 nov.

Les Alpes

FAMILIAL • CONTEMPORAIN Ce petit hôtel familial, au pied du château des Templiers, dispose de chambres confortables, certaines avec terrasse. Au restaurant, on apprécie les recettes provençales.

26 chambres - †79/153 € ††89/153 € - ☕ 12 € - ½ P

19 av. des Alpes - ☎ 04 92 74 24 24 - www.hoteldesalpes04.fr - Fermé mi-déc. à fin janv.

Le Verdon

TRADITIONNEL • FONCTIONNEL Cet hôtel abrite des chambres fonctionnelles et bien tenues, avec un balcon donnant sur le village ou la garrigue. Agréable jardin avec terrain de pétanque. Recettes dans l'air du temps au restaurant.

64 chambres - †71/91 € ††71/91 € - ☕ 12 € - ½ P

43 av. du Colombier - ☎ 04 92 70 40 03 - www.hotel-le-verdon.fr - Ouvert 6 mars-25 nov.

GRESSE-EN-VERCORS

✉ 38650 (Isère) - 391 hab. - Alt. 1 205 m - Carte régionale n° **23**-C2
Paris 610 km - Clelles 22 km - Grenoble 48 km - Monestier-de-Clermont 14 km
Carte Michelin 333-G8 - Guide Vert Michelin Alpes du Nord

Le Chalet

CUISINE TRADITIONNELLE · RUSTIQUE XX Terrine de lapin aux herbes fraîches ; agneau en deux cuissons ; soufflé glacé à la chartreuse, etc. En deux mots : tradition et générosité. Tels sont les maîtres mots de cette table familiale et confortable.

Formule 15 € - Menu 19 € (semaine), 30/44 € - Carte 35/53 €

Hôtel Le Chalet, Le Village - ✆ 04 76 34 32 08 - www.hotellechalet.fr - Ouvert 7 mai-7 oct., 24 déc.-5 mars et fermé merc. midi hors vacances scolaires

Le Chalet

FAMILIAL · CONTEMPORAIN L'âme du Vercors et de la montagne, déclinée avec fraîcheur et simplicité : un vrai chalet d'aujourd'hui, tenu par une famille animée par le désir de bien faire. Les chambres, dans un style montagnard contemporain, sont jolies et accueillantes ; l'ensemble est impeccablement tenu.

25 chambres - †66/76 € ††81/91 € - ☕ 12 € - ½ P

Le Village - ✆ 04 76 34 32 08 - www.hotellechalet.fr - Ouvert 7 mai-7 oct. et 24 déc.-5 mars

Le Chalet - voir les restaurants ci-dessus

GRÈZES

✉ 46320 (Lot) - 161 hab. - Alt. 312 m - Carte régionale n° **15**-C1

Paris 562 km - Aurillac 84 km - Cahors 50 km - Figeac 21 km

Carte Michelin 337-G4

Le Grézalide

FAMILIAL · PERSONNALISÉ Au cœur de ce village du Quercy, une adresse qui vous entraîne sur les chemins de l'art avec ses chambres dédiées à des artistes (Dalí, Rodin...) et son espace exposition. Une cuisine aux accents du terroir vous attend dans une jolie salle à manger voûtée.

19 chambres - †67/87 € ††87/165 € - ☕ 12 € - ½ P

- ✆ 05 65 11 20 40 - www.grezalide.com - Ouvert mi-mars à fin sept.

GRIGNAN

✉ 26230 (Drôme) - 1 618 hab. - Alt. 198 m - Carte régionale n° **23**-B3

Paris 629 km - Crest 46 km - Montélimar 25 km - Nyons 25 km

Carte Michelin 332-C7 - Guide Vert Michelin Ardèche Drôme

Le Clair de la Plume

CUISINE MODERNE · ÉLÉGANT XX Le Clair de la Plume... ou le raffinement côté Sud ! Le chef, Julien Allano, sait faire partager sa passion du bon : sa cuisine se révèle très expressive et à la fois limpide, sans artifices inutiles, car centrée sur l'authenticité des produits. Le repas est un plaisir, d'autant plus entre ces murs charmants du 18e s.

➜ Risotto de petit épeautre de Sault aux truffes. Cuisse de pintade confite et fumée à la réglisse. Initiation au chocolat.

Menu 69/115 € - Carte environ 75 €

Hôtel Le Clair de la Plume, 2 pl. du Mail - ✆ 04 75 91 81 30 - www.clairplume.com - Fermé le midi sauf dim. et fériés

Le Bistro

CUISINE TRADITIONNELLE · BISTRO X Le "côté bistro" de ce joli hôtel-restaurant qu'est Le Clair de la Plume. On se régale ici d'une cuisine franche, savoureuse et bien pensée, à l'instar de ce cabillaud, haricots blancs et chorizo, ou de l'excellent baba au rhum, concocté par un champion du monde des desserts glacés.

Formule 25 € - Menu 30 € - Carte 37/55 €

Hôtel Le Clair de la Plume, 2 pl. du Mail - ✆ 04 75 91 81 30 - www.clairplume.com - Fermé le soir, dim. et fériés

La Table des Délices

CUISINE PROVENÇALE • ÉLÉGANT La maison, des années 1980, est sur la route de la grotte où Mme de Sévigné aimait se retirer. Le chef concocte une goûteuse cuisine régionale, dans un esprit gastronomique. Belle carte des vins.

Formule 25 € – Menu 29/95 € – Carte 50/65 €

50 chemin de Bessas, 1 km par D541 rte de Montélimar – 04 75 46 57 22 – www.latabledesdelices.com – Fermé 4-16 mars, 15-25 nov., 1er-8 janv., mardi soir hors saison, dim. soir et lundi

Manoir de la Roseraie

CUISINE MODERNE • ÉLÉGANT Une rotonde, une verrière et une terrasse donnant sur le joli parc : un lieu indéniablement cossu. Le chef s'approvisionne en priorité chez les producteurs locaux et concocte une cuisine gastronomique dans l'air du temps.

Formule 22 € – Menu 29 € (déj. en semaine), 39/79 € – Carte environ 61 €

Hôtel Manoir de la Roseraie, 1 chemin des Grands-Prés, rte de Valréas – 04 75 46 58 15 (réservation conseillée) – www.manoirdelaroseraie.com – Ouvert 12 mai-24 sept. et week-ends du 14 janv. au 11 mai et du 25 sept. au 29 oct.

Le Poème de Grignan

CUISINE MODERNE • INTIME Tout un poème, cette maison de village avec ses porcelaines anciennes et ses fleurs ! Ici, tout est soigné, goûteux, fait sur place… et sent bon la Provence. Une invitation aux plaisirs de la région.

Menu 29/53 €

r. St-Louis – 04 75 91 10 90 (réservation conseillée) – www.lepoemedegrignan.com – Fermé 2 semaines en nov., 1 semaine en mars, mardi et merc.

Manoir de la Roseraie

DEMEURE HISTORIQUE • CLASSIQUE Dans un village du Tricastin, ce manoir du 19e s. doit son nom à sa roseraie. Il fait bon se promener dans le joli parc ou faire quelques brasses dans la piscine. Les chambres sont spacieuses et confortables, dans une veine classique.

21 chambres – †170/415 € ††170/415 € – 20 € – ½ P

1 chemin des Grands-Prés, rte de Valréas – 04 75 46 58 15 – www.manoirdelaroseraie.com – Ouvert 12 mai-24 sept. et week-ends du 14 janv. au 11 mai et du 25 sept. au 29 oct.

Manoir de la Roseraie – voir les restaurants ci-dessus

Le Clair de la Plume

HISTORIQUE • PERSONNALISÉ Le nom de cet hôtel aurait plu à Mme de Sévigné, qui résida à Grignan ! Cette demeure provençale du 18e s. propose des chambres ravissantes avec leur mobilier chiné – et plus encore lorsqu'elles donnent sur le joli jardin de curé. Au choix selon l'heure du repas, restaurant gastronomique ou bistrot.

12 chambres – †99/310 € ††175/495 € – 4 suites – 23 € – ½ P

2 pl. du Mail – 04 75 91 81 30 – www.clairplume.com

Le Clair de la Plume • **Le Bistro** – voir les restaurants ci-dessus

La Bastide de Grignan

FAMILIAL • CONTEMPORAIN À 800 m du château de Grignan, cette demeure récente est entourée de chênes truffiers. Dans les chambres, coquettes et provençales, vous passerez des nuits calmes. Agréable piscine dans le jardin.

16 chambres – †115/159 € ††115/159 € – ½ P

120 chemin de Bessas, 1 km par D541 rte de Montélimar – 04 75 90 67 09 – www.labastidedegrignan.com – Fermé 18-25 déc.

Le Pré de l'Aube

MAISON DE CAMPAGNE • ÉLÉGANT Une grande bastide du 17e s., tout en vielles pierres, au cœur d'un hameau entouré de champs de lavande... L'aménagement intérieur, élégant et soigné, met bien en valeur la noblesse provençale des lieux, et le calme comme le confort sont complets.

5 chambres – 135/195 € 135/195 €

hameau le Fraysse, 6 km au Nord-Ouest par D4 – 04 75 92 44 84 – www.lepredelaube.com – Ouvert mars-nov.

GRILLY - 01 (Ain) → Voir Divonne-les-Bains

GRIMAUD

83310 (Var) - 4 041 hab. - Alt. 105 m - Carte régionale n° **21**-C3

Paris 861 km - Fréjus 32 km - Le Lavandou 32 km - St-Tropez 12 km

Carte Michelin 340-O6 - Guide Vert Michelin Côte d'Azur

Les Santons

CUISINE CLASSIQUE • COSY XXX Une belle auberge provençale pleine de caractère, avec ses poutres apparentes, ses compositions florales et sa collection de santons... L'assiette, jamais ennuyeuse, alterne entre cuisine classique et plats actuels joliment travaillés : en témoigne cette crème glacée de petits pois, écrevisses laquées au vinaigre d'hibiscus.

Menu 33 € (déj.)/57 € - Carte 70/150 €

743 rte Nationale
– 04 94 43 21 02 – www.restaurant-les-santons.fr
– Fermé 4-17 déc., le midi en semaine en juil.-août, dim. soir et lundi hors saison

Le Mûrier

CUISINE MODERNE • MÉDITERRANÉEN XX C'est un couple franco-japonais qui préside à la destinée de cette villa escortée par trois mûriers centenaires. La carte, courte et alléchante, propose de bons plats aux inspirations méditerranéennes : beignets de gambas en tempura et sauce soja, marmite du pêcheur façon Marseillaise... À déguster sur la terrasse en été.

Menu 33 € (semaine)/36 € - Carte 45/61 €

177 rte de Ste-Maxime, 1,5 km par D14
– 04 94 56 31 62 – www.restaurant-lemurier.fr
– Fermé 20 fév.-15 mars, dim. soir d'oct. à Pâques et lundi

Fleur de Sel

CUISINE MODERNE • CONVIVIAL X Sur les hauteurs de ce pittoresque village, au détour d'une ruelle, l'ancienne boulangerie du village s'est muée en une séduisante Fleur de Sel... Un jeune couple dynamique y propose une cuisine gourmande et dans l'air du temps. Agréable terrasse à l'ombre d'un bel olivier.

Formule 17 € - Menu 39/49 € - Carte 50/59 €

4 pl. du Cros – 04 94 43 21 54 (réservation conseillée)
– www.fleurdesel-grimaud.com
– Ouvert avril-oct. et fermé sam. midi et lundi

Le Verger Maelvi

MAISON DE CAMPAGNE • À LA CAMPAGNE Un agréable mas champêtre avec son pavillon tout de bois vêtu, au fond du jardin. Les chambres se révèlent coquettes et décorées avec soin ; l'été, odeurs de glycine et copieux petit-déjeuner sous l'agréable pergola, face à la piscine chauffée.

11 chambres – 95/595 € 115/620 € – 1 suite – 17 €

2 km à l'Ouest par D14, rte de Collobrières
– 04 94 55 57 80 – www.hotel-grimaud.com
– Ouvert 7 avril-16 oct.

La Boulangerie

FAMILIAL • NATURE Sur les hauteurs du village, un agréable petit mas niché dans la verdure. Les chambres, simples et confortables, portent le sceau de la Provence ; l'ambiance est détendue et familiale. Résultat : le bien-être est au rendez-vous !

10 chambres - 119/132 € 122/154 € - 1 suite - 12 €

2 km à l'Ouest par D14, rte de Collobrières - 04 94 43 23 16 - www.hotel-laboulangerie.com - Ouvert 30 avril-9 oct.

LA GRIVE - 38 (Isère) → Voir Bourgoin-Jallieu

GROISY

74570 (Haute-Savoie) - 3 243 hab. - Alt. 690 m - Carte régionale n° **25**-F1
Paris 534 km - Annecy 17 km - Bellegarde-sur-Valserine 40 km - Bonneville 29 km
Carte Michelin 328-K4

Auberge de Groisy

CUISINE MODERNE • COSY XX Une jolie ferme du 19e s. revue à la mode d'aujourd'hui : pierres apparentes et poutres pour le cachet ; douceur contemporaine tout en beige et lin. Un endroit charmant pour déguster une cuisine bien dans son temps, qui valorise les produits de la région. Enfin, cerise sur le gâteau, le pain et les glaces sont fait maison.

Menu 25 € (déj. en semaine), 34/89 € - Carte 45/90 €

34 rte du Chef-Lieu - 04 50 68 09 54 (réservation conseillée) - www.auberge-groisy.com - Fermé 1er-15 sept., vacances de Noël, dim. soir, lundi et mardi

GROSROUVRE - 78 (Yvelines) → Voir Montfort-L'Amaury

GRUISSAN

11430 (Aude) - 4 631 hab. - Alt. 2 m - Carte régionale n° **12**-B3
Paris 796 km - Carcassonne 73 km - Narbonne 15 km - Perpignan 76 km
Carte Michelin 344-J4

L'Estagnol

CUISINE TRADITIONNELLE • RUSTIQUE X Face à l'étang, cette authentique maison de pêcheur a fait du poisson la star de ses assiettes ! Les produits sont toujours frais et souvent locaux. Quant à l'ambiance, elle est décontractée et méridionale à souhait.

Formule 14 € - Menu 25/32 € - Carte 30/60 €

quai de l'Étang - 04 68 49 01 27 - Fermé 1 semaine en fév., lundi et le soir en hiver sauf sam.

Hôtel du Casino - Le Phoebus

HÔTEL DE CHAÎNE • FONCTIONNEL Bordant l'étang et intégré au complexe du casino, ce Phoebus prend des airs de motel : toutes les chambres jouissent d'une entrée indépendante, et une bonne partie d'entre elles ont même une petite terrasse avec vue sur l'eau. Confortable et pratique.

50 chambres - 60/120 € 60/120 € - 11 €

bd Planasse (au casino) - 04 68 49 03 05 - www.hotels-gruissan.com

GRUSON - 59 (Nord) → Voir Lille

LE GUA

17600 (Charente-Maritime) - 2 065 hab. - Alt. 3 m - Carte régionale n° **20**-B3
Paris 493 km - Bordeaux 126 km - Rochefort 26 km - La Rochelle 63 km
Carte Michelin 324-E5

Le Moulin de Châlons

CUISINE MODERNE · CONVIVIAL XX Aux fourneaux de cette belle maison historique (en fait, un ancien moulin à marée datant du 18e s.), on trouve un jeune chef aux solides références. Son menu "Inspiration du chef" est renouvelé chaque semaine au gré des arrivages et du marché.

Formule 19 € - Menu 29/56 € - Carte 57/91 €

10 chambres - †90/150 € ††90/150 € - ☕14 €

à Châlons, 1 km à l'Ouest par rte de Royan - ✆05 46 22 82 72 - www.moulin-de-chalons.com - Fermé 13 nov.-6 déc., dim. soir, lundi midi et mardi midi d'oct. à mai

GUEBERSCHWIHR

✉ 68420 (Haut-Rhin) - 832 hab. - Alt. 260 m - Carte régionale n° **1**-A2

▶ Paris 487 km - Colmar 12 km - Guebwiller 18 km - Mulhouse 36 km

Carte Michelin 315-H8

Relais du Vignoble

AUBERGE · FONCTIONNEL Situé à flanc de coteau, cette grande bâtisse jouxte une cave - quoi de plus normal dans un village de vignerons ! Les chambres, fonctionnelles et bien tenues, donnent sur les vignes.

30 chambres - †70/90 € ††89/145 € - ☕10 €

33 r. des Forgerons - ✆03 89 49 22 22 - www.relaisduvignoble.com - Fermé fév.

GUEBWILLER

✉ 68500 (Haut-Rhin) - 11 440 hab. - Alt. 300 m - Carte régionale n° **1**-A3

▶ Paris 474 km - Belfort 52 km - Colmar 27 km - Épinal 96 km

Carte Michelin 315-H9

Les Terrasses

CUISINE MODERNE · TENDANCE XX Un cadre contemporain et soigné, ouvert sur la verdure, et une belle terrasse au bord du plan d'eau : un lieu agréable, où l'on apprécie une cuisine contemporaine et réalisée avec de bons produits frais.

Formule 14 € - Menu 17 € (déj. en semaine), 30/60 € - Carte 45/55 €

Hôtel Domaine du Lac, 244 r. de la République, vers Buhl - ✆03 89 76 15 76 - www.domainedulac-alsace.com - Fermé sam. midi

Domaine du Lac

BUSINESS · DESIGN Deux hôtels en un ! Le Lac, avec de petites chambres colorées, design et fonctionnelles ; les Rives, plus confortables et cosy, dans une belle veine contemporaine. Vue sur le lac ou le ruisseau à l'arrière.

63 chambres ☕ - †77/110 € ††90/199 € - ½ P

244 r. de la République, vers Buhl - ✆03 89 76 15 00 - www.domainedulac-alsace.com

Les Terrasses - voir les restaurants ci-dessus

à Murbach 5 km au Nord-Ouest par D40II - ✉ 68530 - 140 hab. - Alt. 420 m

Le Jardin des Saveurs

CUISINE MODERNE · ÉLÉGANT XX Un coin de nature vosgienne... et de gourmandise ! Sous l'œil du propriétaire - cuisinier de formation -, le chef travaille de beaux produits et concocte des plats réjouissants, qui font la part belle aux saisons et au bio. Le tout à petits prix. Voilà un Jardin rafraîchissant où l'on aimerait prendre racine...

Formule 16 € - Menu 29 € (déj. en semaine), 49/72 € - Carte 43/57 €

Hôtel Le St-Barnabé, 53 r. de Murbach - ✆03 89 62 14 14 - www.le-stbarnabe.com - Fermé 7-23 mars, 2-12 juil., 11-27 janv., dim. soir, jeudi midi et merc.

Le St-Barnabé

TRADITIONNEL • CLASSIQUE En plein cœur de la forêt et au milieu d'un jardin verdoyant, cette maison alsacienne est charmante... Les chambres sont décorées avec soin dans un style coloré et reposant ; quant au spa, il se révèle très plaisant !

26 chambres - 88/155 € 88/155 € - 15 € - ½ P

53 r. de Murbach - 03 89 62 14 14 - www.le-stbarnabe.com - Fermé 7-23 mars et 11-27 janv.

Le Jardin des Saveurs - voir les restaurants ci-dessus

Le Schaeferhof

MAISON DE CAMPAGNE • CLASSIQUE Cette métairie du 17e s. est tout simplement superbe ! Partout, la propriétaire, amoureuse du beau, a imprimé sa patte. Mobilier chiné, tissus raffinés... chaque détail a été soigneusement pensé. Du cachet et une âme authentique ! Avec, en prime, une appétissante table d'hôte et un espace bien-être pour éliminer le tout.

5 chambres - 190/200 € 210/220 €

6 r. de Guebwiller - 03 89 74 98 98 - www.schaeferhof.fr - Fermé 10-30 janv.

à Rimbach-près-Guebwiller 11 km à l'Ouest par D5[I] - ✉ 68500 - 234 hab. - Alt. 550 m

L'Aigle d'Or

CUISINE TRADITIONNELLE • RUSTIQUE X Une vraie auberge champêtre, avec son ravissant jardin, tenue par la même famille depuis 1926. Le chef concocte une cuisine valorisant le terroir et la tradition ; pour prolonger l'étape, on propose des chambres sobres et fraîches.

Formule 12 € - Menu 22/40 € - Carte 24/53 €

15 chambres - 40/55 € 55/85 € - 10 €

5 r. Principale - 03 89 76 89 90 - www.hotelaigledor.com - Fermé lundi sauf fériés

GUENROUËT

✉ 44530 (Loire-Atlantique) - 3 222 hab. - Alt. 30 m - Carte régionale n° **18**-A2

Paris 430 km - Nantes 56 km - Redon 21 km - St-Nazaire 41 km

Carte Michelin 316-E2

Le Relais St-Clair

CUISINE FRANÇAISE MODERNE • ROMANTIQUE XXX Dans cette bâtisse fleurie qui surplombe le canal de Nantes à Brest, on privilégie les menus et les produits locaux (poissons, coquillages). Belle carte des vins. À l'étage inférieur, sous les glycines, formule brasserie (grillades et buffets) au Jardin de l'Isac.

Formule 25 € - Menu 30/101 € - Carte 54/73 €

31 r. de l'Isac, rte de Nozay - 02 40 87 66 11 - www.relais-saint-clair.com - Fermé 1er-14 mars, 1 semaine en nov., dim. soir et lundi

Le Paradis des Pêcheurs

CUISINE TRADITIONNELLE • RUSTIQUE XX Dans son hameau de l'arrière-pays nazairien, cette grande auberge des années 1930 respire le charme provincial : poutres et cheminée, abords verdoyants (on peut se promener dans le parc attenant) et, dans l'assiette, des recettes traditionnelles qui font le bonheur des habitués.

Menu 14 € (déj. en semaine), 27/45 € - Carte environ 41 €

au Cougou, 5 km au Nord-Ouest par D102 - 02 40 87 64 10 - www.restaurant-leparadisdespecheurs.fr - Fermé vacances de fév., de la Toussaint, dim. soir, lundi soir, mardi soir, jeudi soir et merc.

GUER

✉ 56380 (Morbihan) - 6 327 hab. - Alt. 40 m - Carte régionale n° **5**-C2

Paris 398 km - Nantes 99 km - Rennes 48 km - Vannes 71 km

Carte Michelin 308-N7

✿ Auberge Tiegezh (Baptiste Denieul)

CUISINE MODERNE • CONTEMPORAIN XX Tiegezh, c'est "famille" en breton, tout est dit ! Baptiste Denieul, jeune chef talentueux, vous accueille avec sa compagne Marion dans un intérieur élégant et raffiné… bien à l'image de sa cuisine. Il travaille poissons, légumes et produits fermiers avec maîtrise et délicatesse : un régal, tout simplement !

➜ Cocos de Paimpol cuits au bouillon, parmesan et galette de blé noir au cacao. Pigeon confit, poire farcie des cuisses et nougat de foie gras. Figue fraîche, sablé aux zestes d'agrumes, ganache chocolat et sorbet au yuzu.

Menu 25 € (semaine), 30/61 €

7 pl. de la Gare - ✆ 02 97 22 00 26 - www.aubergetiegezh.fr - Fermé 20-26 fév., 26 juin-2 juil., 28 août-3 sept., 2-8 janv., mardi soir, dim. soir et lundi

Tiegezh fait sa Béa - voir les restaurants ci-dessous

Tiegezh fait sa Béa (N)

CUISINE TRADITIONNELLE • BISTRO X Accolé à sa maison-mère l'Auberge Tiegezh, ce bistrot contemporain est toutefois complètement indépendant dans les faits. On trouve à la carte de nombreuses crêpes et galettes, mais aussi des préparations plus classiques réalisées avec de bons produits ; le tout est servi avec le sourire.

Formule 13 € - Menu 15 € (déj. en semaine) - Carte 21/41 €

Auberge Tiegezh, 7 pl. de la Gare - ✆ 02 97 22 00 26 - www.aubergetiegezh.fr - Fermé 20-26 fév., 26 juin-2 juil., 28 août-3 sept., 2-8 janv., lundi soir, mardi soir, merc. soir et dim.

GUÉRANDE

44350 (Loire-Atlantique) - 15 722 hab. - Alt. 54 m - Carte régionale n° **18**-A2

Paris 450 km - La Baule 6 km - Nantes 77 km - St-Nazaire 20 km

Carte Michelin 316-B4 - Guide Vert Michelin Pays de la Loire

La Tête de l'Art

CUISINE MODERNE • COSY X Avant de franchir les remparts de Guérande, faites donc une halte dans les dépendances de ce manoir du 13e s. Le chef signe des plats savoureux et enlevés, tels ce bouillon de homard et ses ravioles aux saveurs asiatiques, ou ce filet de bœuf poêlé et son jus de bœuf à l'huile de truffe. Succès mérité pour cette table !

Carte 25/40 €

11 r. de Porte-Calon (au manoir de Porte Calon, perpendiculaire à la r. Gustave Flaubert) - ✆ 02 40 88 53 40 - www.restaurantlatetedelart.fr - Fermé 2 semaines en avril, 1 semaine en oct., 1 semaine en nov., mardi soir hors saison, dim. et lundi

Hôtel de la Cité

BUSINESS • CONTEMPORAIN Un hôtel à 1 km de la cité, dans une zone d'activités. Literie moelleuse, matériaux contemporains (résine, stuc), photos graphiques… Une adresse où l'on se sent bien !

60 chambres - †59/145 € ††59/145 € - ☕ 12 €

2 pl. Dolgellau (av. Gustave-Flaubert) - ✆ 02 40 22 02 20 - www.hotel-guerande.com

La Guérandière

FAMILIAL • PERSONNALISÉ Cette demeure pleine de charme, au pied des remparts, a été construite en 1870 puis abandonnée au début de la Première Guerre mondiale. Elle offre aujourd'hui des chambres cosy et colorées, dont plusieurs possédant une cheminée. L'été, petit-déjeuner servi dans le jardin ou sous la verrière.

5 chambres - †65/85 € ††65/95 € - ☕ 10 €

5 r. Vannetaise - ✆ 02 40 62 17 15 - www.guerandiere.com

LA GUERCHE-DE-BRETAGNE

✉ 35130 (Ille-et-Vilaine) - 4 273 hab. - Alt. 77 m - Carte régionale n° **5**-D2
▶ Paris 324 km - Châteaubriant 30 km - Laval 53 km - Redon 84 km
Carte Michelin 309-O7 - Guide Vert Michelin Bretagne Sud

La Calèche

CUISINE TRADITIONNELLE • CLASSIQUE XX Proposer une cuisine qui soit "un concentré de l'ADN gastronomique local", tel est le sacerdoce du chef, Gérard Tanvier, depuis vingt ans ! Dans cette maison bourgeoise, il ne ménage pas ses efforts pour choisir des produits de qualité et faire parler son savoir-faire. Le terroir le lui rend bien...

Formule 17 € - Menu 20 € (semaine), 32/42 € - Carte 42/59 €
13 chambres - 57/70 € 70 € - 12 €

16 av. du Gén.-Leclerc - ✆ 02 99 96 21 63 - Fermé août, 25-31 déc., vend. soir, dim. soir et lundi

GUÉRET

✉ 23000 (Creuse) - 13 219 hab. - Alt. 457 m - Carte régionale n° **13**-C1
▶ Paris 351 km - Châteauroux 90 km - Limoges 93 km - Montluçon 66 km
Carte Michelin 325-I3 - Guide Vert Michelin Limousin Berry

Le Coq en Pâte

CUISINE CLASSIQUE • ÉLÉGANT XXX Dans cette maison bourgeoise et cossue (19e s.), on sert une belle cuisine classique qui varie selon les saisons. Mais rassurez-vous : le homard du vivier et le filet de bœuf sont aussi des résidents permanents ! On les accompagne d'un des nombreux bordeaux présents sur la carte... Un agréable moment gastronomique.

Menu 18 € (semaine), 32/60 € - Carte 48/64 €

2 r. de Pommeil - ✆ 05 55 41 43 43 - www.restaurant-lecoqenpate.com - Fermé 20 fév.-7 mars, 2 semaines en juil., dim. soir et lundi

à La Chapelle-Taillefert 8 km au Sud par D940 - ✉ 23000 - 389 hab. - Alt. 497 m

Influence

CUISINE MODERNE • TRADITIONNEL X Pavé de bœuf de la ferme de la Courtine, feuilleté de tête de veau sauce gribiche... Le patron - chef particulier d'un préfet pendant dix ans - aime les beaux produits et nous régale d'une belle cuisine de saison. Le tout à apprécier dans une maison du 18e s. joliment restaurée.

Menu 13 € (déj. en semaine), 24/42 € - Carte 30/37 €

1 r. des Remparts - ✆ 05 55 81 98 32 - www.restaurant-influence.com - Fermé 24 déc.-3 janv., dim. (sauf les 2 premiers de chaque mois) et lundi

GUÉRY (LAC DE) - 63 (Puy-de-Dôme) → Voir Mont-Dore

GUÉTHARY

✉ 64210 (Pyrénées-Atlantiques) - 1 304 hab. - Alt. 15 m - Carte régionale n° **2**-A3
▶ Paris 780 km - Bayonne 19 km - Biarritz 9 km - Pau 125 km
Carte Michelin 342-C4 - Guide Vert Michelin Pays Basque et Navarre

Brikéténia (Martin et David Ibarboure)

CUISINE MODERNE • ÉLÉGANT XXX Dans cette demeure basque des années 1930, père et fils signent une cuisine de grande qualité : assaisonnements subtils, effets de transparence ou de contraste, produits choisis à leur parfaite maturité... Un vrai travail sur le naturel, mis de surcroît en valeur par un service charmant.
→ Œuf cuit à 64°, marmelade de champignons, sauce suprême truffée, artichauts et jambon bellota. Ris de veau laqué, fleur de courgette, abricots et amandes. Tiramisu en sphère soufflée, amaretto, spéculos et café.

Menu 35 € (déj. en semaine), 55/98 € - Carte 75/95 €

Hôtel Brikéténia, 142 r. de l'Église - ✆ 05 59 26 51 34 - www.briketenia.com - Fermé 1er-15 nov. et mardi du 15 sept. au 30 juin

Gétaria

CUISINE MODERNE • CONVIVIAL Le jeune chef de ce bistrot contemporain a été sacré vice-champion du monde de pâté en croûte en 2015... voilà qui en jette ! Le pâté est donc évidemment en bonne place à la carte, aux côtés de produits bien travaillés : persillé de Wagyu et palets de pomme de terre fumée ; pêche plate pochée à la verveine...

Formule 19 € - Menu 43/50 € - Carte 43/52 €

360 av. du Général-de-Gaulle - 05 59 51 24 11 - www.getaria.fr - Fermé 2 semaines en fév., mardi et merc. sauf le soir en juil.-août et lundi midi en juil.-août

Briket' Bistrot

CUISINE MODERNE • TENDANCE L'hôtel de la famille Ibarboure accueille aussi ce sympathique bistrot, indépendant du restaurant gastronomique. Les produits basques dominent la carte, accompagnés de quelques mets exotiques - txangurro gratiné ; canette laquée aux épices, sésame et pak-choï - et les prix sont raisonnables.

Carte 34/40 €

Hôtel Brikéténia, 142 r. de l'Église
- 05 59 26 51 34 - www.briketenia.com
- Fermé de nov. à Pâques, le midi sauf dim., lundi et mardi

Villa Catarie

FAMILIAL • PERSONNALISÉ Ravissante demeure basque de 1830, à deux pas du port et des plages. Chambres cosy, aux tons pastel. L'été, petit-déjeuner servi au jardin. Il règne ici un esprit familial.

16 chambres - 130/265 € 130/265 € - 12 €

415 av. du Gén.-de-Gaulle - 05 59 47 59 00 - www.villa-catarie.com

Balea N

FAMILIAL • COSY Des bâtiments en brique rouge, installés en U autour de la cour ; une fresque murale, peinte par des enfants... oui, nous sommes bien dans une ancienne école ! Les propriétaires en ont fait un hôtel agréable, aux chambres confortables et sobrement décorées.

26 chambres - 69/159 € 69/179 € - 10 €

106 r. Adrien Lahourcade - 05 59 26 08 39 - www.baleahotel.com

Brikéténia

FAMILIAL • ÉPURÉ Sur le site d'une ancienne briqueterie (d'où "Brikéténia"), ce relais de poste du 17e s., blanc et rouge, offre une vue dégagée sur les environs. Refaites à neuf, les chambres allient confort et esprit contemporain : idéal si l'on veut profiter du (bon) restaurant.

14 chambres - 85/210 € 85/210 € - 12 €

142 r. de l'Église - 05 59 26 51 34 - www.briketenia.com - Fermé 1er-15 nov.

Brikéténia • **Briket' Bistrot** - voir les restaurants ci-dessus

Arguibel

MAISON DE MAÎTRE • PERSONNALISÉ Superbe villa de style néobasque, à l'intérieur très raffiné, mariant objets design, meubles traditionnels et toiles d'artistes contemporains... Chaque chambre a sa personnalité.

5 chambres - 129/215 € 185/275 € - 17 €

1146 chemin de Laharraga - 05 59 41 90 46 - www.arguibel.fr
- Fermé 4 janv.-14 fév.

LE GUÉTIN

18150 (Cher) - Carte régionale n° **6**-D3

Paris 252 km - Bourges 58 km - La Guerche-sur-l'Aubois 11 km - Nevers 13 km

Carte Michelin 323-O5

Auberge du Pont-Canal

CUISINE TRADITIONNELLE • FAMILIAL Dans cette petite auberge familiale jouxtant le pont de l'Allier, la tradition est à l'honneur... Ris de veau, cuisses de grenouilles et friture font la fierté de la maison. Le jeune chef travaille les beaux produits avec générosité et simplicité. L'été, on s'attable sur la jolie terrasse avec vue sur la rivière.

Menu 14 € (déj. en semaine), 23/33 € - Carte 26/50 €

37 r. des Écluses - 02 48 80 40 76 - www.auberge-du-pont-canal.fr - Fermé dim. soir et lundi

GUEWENHEIM

68116 (Haut-Rhin) - 1 333 hab. - Alt. 323 m - Carte régionale n° **1**-A3
Paris 458 km - Altkirch 23 km - Belfort 36 km - Mulhouse 21 km
Carte Michelin 315-G10

La Gare

CUISINE TRADITIONNELLE • CONVIVIAL Une très contemporaine institution locale (depuis 1874) ! Ou comment mixer élégance, peps et convivialité ; mêler brasserie sur le pouce et joli repas traditionnel sur la belle terrasse verdoyante... Ou comment présenter l'une des plus belles cartes des vins de France - rien que ça - tout en restant simple.

Menu 11 € (déj. en semaine), 33/48 € - Carte 40/60 €

2 r. de Soppe - 03 89 82 51 29 - Fermé 16 fév.-3 mars, 24 juil.-13 août, mardi soir et merc.

GUICHE

64520 (Pyrénées-Atlantiques) - 933 hab. - Alt. 98 m - Carte régionale n° **2**-B3
Paris 770 km - Bordeaux 184 km - Mont-de-Marsan 102 km - Pau 89 km
Carte Michelin 342-E1 - Guide Vert Michelin Aquitaine

Le Gantxo

CUISINE MODERNE Bienvenue en terre basque ! Ce Gantxo - du nom d'une passe de pelote - donne directement sur le "trinquet", l'aire de jeu du célèbre sport local. En cuisine, le chef revisite la cuisine basque de façon très personnelle ; il compose des plats bien au goût du jour, souvent copieux, toujours goûteux !

Formule 13 € - Menu 29/34 €

quartier du Port (au Trinquet) - 05 59 56 46 63 - www.restaurant-le-gantxo.fr - Fermé mardi sauf juil.-août, dim. soir et lundi

GUIDEL

56520 (Morbihan) - 10 279 hab. - Alt. 38 m - Carte régionale n° **5**-B2
Paris 511 km - Lorient 14 km - Pont-Aven 26 km - Quimper 60 km
Carte Michelin 308-K8

La Table D'eux - Laurent Le Berrigaud

CUISINE MODERNE • CONVIVIAL Ce bistrot du front de mer, à l'esprit contemporain, est tenu par un jeune couple passionné - et cela se sent ! Le chef propose une cuisine du marché dans un esprit locavore. On se régale par exemple d'une cocotte de Saint-Jacques et crème de cèpes. Enfin, l'accueil est chaleureux : décidément, une excellente adresse !

Formule 16 € - Menu 20 € (déj. en semaine), 27/40 € - Carte 54/73 €

La Falaise, rte côtière D152 - 02 97 32 42 07 - www.laurentleberrigaud.com - Fermé 2-15 janv., mardi de sept. à mars et merc.

Le Domaine de Kerbastic

DEMEURE HISTORIQUE • PERSONNALISÉ Colette, Proust, Cocteau... que d'hommes illustres ont séjourné dans cette demeure princière ! Elle s'est entretemps muée en hôtel luxueux, très privé... à votre tour de vous délecter de son charme raffiné ! Au restaurant règnent l'élégance et la tradition.

17 chambres - 99/379 € 159/379 € - 18 € - ½ P

r. de Kerbastic - 02 97 65 98 01 - www.domaine-de-kerbastic.com - Fermé de janv. à mi-fév., dim. soir et lundi hors saison

GUILLESTRE

✉ 05600 (Hautes-Alpes) - 2 367 hab. - Alt. 1 000 m - Carte régionale n° **21**-C1
Paris 715 km - Barcelonnette 51 km - Briançon 36 km - Digne-les-Bains 114 km
Carte Michelin 334-H5 - Guide Vert Michelin Alpes du Sud

Dedans Dehors

CUISINE TRADITIONNELLE • RUSTIQUE Une ruelle médiévale dessert cette cave voûtée : tartines, salades et cuisine du terroir à la plancha, le tout agrémenté de fleurs et d'herbes folles. Un bistrot éclectique !

Carte 35/41 €

ruelle Sani - ☏ 04 92 44 29 07 - Ouvert de juin à août

à Mont-Dauphin 6 km au Nord-Ouest par D37 - ✉ 05600 - 151 hab. - Alt. 1 050 m

La Maison du Guil

MAISON DE CAMPAGNE • DESIGN Au-dessus des gorges du Guil, un ancien prieuré du 16es. restauré avec inspiration : entre vieilles pierres et mobilier design de qualité, le charme est au rendez-vous.

4 chambres - 120/130 € 120/130 €

La Font d'Eygliers - ☏ 04 92 50 16 20 - www.lamaisonduguil.com

GUILLIERS

✉ 56490 (Morbihan) - 1 386 hab. - Alt. 86 m - Carte régionale n° **5**-C2
Paris 418 km - Dinan 66 km - Lorient 91 km - Ploërmel 13 km
Carte Michelin 308-Q6

Au Relais du Porhoët

CUISINE TRADITIONNELLE • AUBERGE Des pierres apparentes, une cheminée monumentale, quelques notes colorées : une âme rustique mais nullement écrasante, pour une cuisine régionale généreuse et bien tournée, dont les prix tout doux font aussi plaisir.

Menu 16 € (semaine), 24/49 € - Carte 25/46 €

11 pl. de l'Église - ☏ 02 97 74 40 17 - www.aurelaisduporhoet.com - Fermé 2 semaines en janv., dim. soir et lundi sauf en juil.-août

Au Relais du Porhoët

AUBERGE • CLASSIQUE Une discrète auberge de village, dont les habitués taisent comme un secret l'entretien sans défaut et les tarifs très compétitifs. La plupart des chambres, classiques, donnent sur l'église.

12 chambres - 47/59 € 51/67 € - 8,50 € - ½ P

11 pl. de l'Église - ☏ 02 97 74 40 17 - www.aurelaisduporhoet.com - Fermé 2 semaines en janv.

Au Relais du Porhoët - voir les restaurants ci-dessus

GUILVINEC

✉ 29730 (Finistère) - 2 938 hab. - Alt. 5 m - Carte régionale n° **5**-A2
Paris 584 km - Douarnenez 44 km - Pont-l'Abbé 10 km - Quimper 30 km
Carte Michelin 308-F8 - Guide Vert Michelin Bretagne

Le Poisson d'Avril

CUISINE MODERNE • CONVIVIAL Dans le port de pêche, à quelques mètres de la criée, ce restaurant est tenu par un jeune couple sympathique : ambiance conviviale garantie ! Le terroir local et le poisson de la pêche sont les deux piliers d'une cuisine goûteuse et soignée, dans laquelle tout est fait maison. En prime, quelques chambres avec terrasse.

Formule 17 € - Menu 29 € - Carte 35/52 €

4 chambres - 79/105 € 79/105 € - 8,50 €

19 r. de Men-Meur - ☏ 02 98 58 23 83 - www.lepoissondavril.fr - Fermé 10 jours en juin, 10 jours en nov., de mi-janv. à mi-fév., dim. soir d'oct. à mars, lundi et mardi

GUINGAMP

✉ 22200 (Côtes-d'Armor) - 7 235 hab. - Alt. 81 m - Carte régionale n° **5**-B1
Paris 484 km - Carhaix-Plouguer 49 km - Lannion 32 km - Morlaix 53 km
Carte Michelin 309-D3 - Guide Vert Michelin Bretagne Nord

Le Clos de la Fontaine

CUISINE TRADITIONNELLE • CLASSIQUE XX Le patron est passionné par le poisson et ne transige pas : dans votre assiette, toute la fraîcheur de la pêche côtière, cuisinée sans chichis et mise en valeur par des sauces délicates et des cuissons précises. Quelques plats rendent aussi hommage au terroir breton, comme le kouign patatez, le traou mad, etc.

Formule 17 € - Menu 30/45 € - Carte 40/50 €

9 r. du Gén.-de-Gaulle - ✆ 02 96 21 33 63 - Fermé 12-27 fév., 12 juil.-1er août, dim. soir, mardi soir et lundi

La Boissière

CUISINE TRADITIONNELLE • TENDANCE X Auparavant installée en périphérie, la Boissière a investi les murs d'un ancien bar à vins du centre-ville. Ses propriétaires y ont insufflé un esprit de brasserie contemporaine, en mêlant l'ancien décor avec des éléments plus modernes ; ils proposent une bonne cuisine de bistrot, agrémentée de quelques plats canailles.

Formule 15 € - Menu 18 € (déj.), 24/42 € - Carte 30/55 €

5 r. St-Nicolas, dir. Tréguier, Plouisy
- ✆ 02 96 21 06 35 - www.restaurantlaboissiere.com
- Fermé vacances de fév., fin août à début sept., dim. et lundi

La Demeure

URBAIN • PERSONNALISÉ Au cœur de la ville, cette belle maison de maître (18e s.) transformée en boutique hôtel hébergea un temps la gendarmerie. Les chambres, élégantes et personnalisées (tissus choisis, atmosphère feutrée), sont d'esprit classique ou bord de mer chic. Salon de thé so british !

10 chambres - †75/145 € ††85/145 € - ☕ 10 €

5 r. du Gén.-de-Gaulle
- ✆ 02 96 44 28 53 - www.demeure-vb.com
- Fermé 1er-22 août, 26 déc.-4 janv. et dim. d'oct. à avril

GUISSENY

✉ 29880 (Finistère) - 2 033 hab. - Alt. 18 m - Carte régionale n° **5**-A1
Paris 591 km - Brest 35 km - Landerneau 27 km - Morlaix 56 km
Carte Michelin 308-E3

Auberge de Keralloret

AUBERGE • FONCTIONNEL Charme, tranquillité et caractère : trio gagnant pour cette ancienne ferme joliment rénovée. Le décor contemporain des chambres, réparties dans plusieurs bâtisses de granit, s'inspire de la région et de son identité, celle de l'estran et du pays pagan. Au restaurant, kig-ha-farz, fruits de mer, etc.

11 chambres - †69/79 € ††69/79 € - ☕ 10 € - ½ P

3 km au Sud par D10 et rte secondaire
- ✆ 02 98 25 60 37 - www.keralloret.com
- Fermé 1er-8 janv.

GUJAN-MESTRAS

✉ 33470 (Gironde) - 20 136 hab. - Alt. 5 m - Carte régionale n° **2**-B2
Paris 638 km - Andernos-les-Bains 26 km - Arcachon 10 km - Bordeaux 56 km
Carte Michelin 335-E7 - Guide Vert Michelin Aquitaine

La Guérinière

CUISINE MODERNE • ÉLÉGANT XXX Après s'être fait connaître à la Table de Montesquieu, au sud de Bordeaux, Christophe Girardot retrouve son bassin d'Arcachon natal en rejoignant cette Guérinière. Il signe une cuisine créative, visuelle et sophistiquée, marquée notamment par des influences asiatiques et le recours aux herbes et aux épices.

Menu 52 € (semaine), 78/125 € - Carte 91/141 €

18 cours de Verdun, à Gujan
- ✆ 05 56 66 08 78 - www.laguerinière.com
- Fermé dim. soir de nov. à avril et sam. midi

Bistro' 50 Ⓝ

CUISINE MODERNE • BRANCHÉ X À 100 m de la plage et du port de la Hume, le chef propose une cuisine moderne et goûteuse, qui s'appuie sur une technique solide (cuissons, bouillons). Avec, comme on l'imagine, un certain penchants pour les produits marins : barbecue de saumon, risotto aux langoustines... Une belle découverte !

Formule 15 € - Menu 17/23 € - Carte 40/65 €

50 av. de la Plage, à La Hume - ✆ 05 57 16 35 43 - Fermé 9 janv.-9 fév., mardi hors saison et merc.

La Guérinière

BUSINESS • CONTEMPORAIN Hôtel d'esprit balnéaire situé au centre du principal port ostréicole du bassin d'Arcachon. Les chambres sont spacieuses, aménagées avec goût dans un esprit zen et épuré ; quant à la terrasse bordant la piscine, elle est très agréable.

25 chambres - †100/180 € ††100/230 € - ☕ 14 € - ½ P

18 cours de Verdun, à Gujan
- ✆ 05 56 66 08 78 - www.laguerinière.com

La Guérinière - voir les restaurants ci-dessus

GUNDERSHOFFEN

✉ 67110 (Bas-Rhin) - 3 586 hab. - Alt. 180 m - Carte régionale n° **1**-B1
Paris 466 km - Haguenau 16 km - Sarreguemines 61 km - Strasbourg 45 km
Carte Michelin 315-J3

Le Cygne Ⓝ

CUISINE MODERNE • CONVIVIAL XXX Cette noble demeure alsacienne a su évoluer avec son temps : on y découvre aujourd'hui une carte de bistrot modernisée, où les bons produits alsaciens sont toujours à l'honneur. La spécialité maison ? Le filet de sandre croûté au raifort et sa choucroute caramélisée... Bon rapport qualité-prix.

Menu 32/55 € - Carte 54/75 €

35 Gd'Rue
- ✆ 03 88 72 96 43 - www.aucygne.fr
- Fermé 19 fév.-6 mars, 9-31 juil., dim. et lundi

Les Jardins du Moulin

CUISINE MODERNE • COSY XX Ce restaurant s'intègre idéalement dans l'environnement du Moulin : à travers les baies vitrées de l'élégante salle à manger, on admire le jardin et la magnifique terrasse... On se régale de créations actuelles, bien tournées et rythmées par les saisons.

Formule 24 € - Menu 28 € (déj. en semaine), 45/65 €

Hôtel le Moulin, 7 r. du Moulin
- ✆ 03 88 07 52 70 - www.les-jardins-du-moulin.fr
- Fermé 15 fév.-1er mars, 30 juil.-16 août, 22-31 oct. et 2-9 janv., sam. midi, mardi et merc.

Le Moulin

MAISON DE CAMPAGNE • PERSONNALISÉ Au bout d'un petit chemin, quelques maisons alsaciennes superbement restaurées ; un ancien moulin entouré d'un parc, avec une rivière où folâtrent quelques cygnes... On se prélasse dans de belles chambres spacieuses et très calmes, décorées avec goût, que l'on ne quitte qu'à regret. Absolument charmant !

11 chambres - 98/285 € 98/285 € - 2 suites - 23 €

7 r. du Moulin - 03 88 07 33 30 - www.hotellemoulin.com - Fermé 15 fév.-1er mars, 30 juil.-16 août, 22-31 oct. et 2-9 janv.

Les Jardins du Moulin - voir les restaurants ci-dessus

HABÈRE-POCHE

74420 (Haute-Savoie) - 1 294 hab. - Alt. 945 m - Carte régionale n° **25**-F1
Paris 564 km - Annecy 63 km - Bonneville 33 km - Genève 37 km
Carte Michelin 328-L3

Tiennolet

CUISINE TRADITIONNELLE • RUSTIQUE Au centre du village, un restaurant de montagne rustique et chaleureux, avec une agréable terrasse exposée plein sud. Les deux chefs apportent une touche toute personnelle à leur jolie cuisine traditionnelle et régionale, comme avec ce menu faisant la part belle aux produits de la mer.

Formule 17 € - Menu 29/43 € - Carte 36/51 €

- 04 50 39 51 01 - Fermé juin, 20 oct.-20 nov., dim. soir, mardi soir et merc. sauf vacances de Noël et de fév., et merc. en juil.-août

La Fontaine d'Argence

FAMILIAL • MONTAGNARD Au cœur de la Vallée verte, une ferme savoyarde restaurée avec goût ; on y trouve des chambres spacieuses et bien tenues. À la table d'hôte, on apprécie la cuisine de madame, à base de produits bio, et le miel de monsieur, apiculteur à ses heures. Bain nordique face aux montagnes.

5 chambres - 50/90 € 60/130 €

au Hameau d'Argence, à 2 km par D12 et D40 - 06 89 29 17 30 - www.lafontainedargence.net

HAGETMAU

40700 (Landes) - 4 546 hab. - Alt. 96 m - Carte régionale n° **2**-B3
Paris 737 km - Aire-sur-l'Adour 34 km - Dax 45 km - Mont-de-Marsan 29 km
Carte Michelin 335-H13 - Guide Vert Michelin Aquitaine

Les Lacs d'Halco

CUISINE TRADITIONNELLE • ÉLÉGANT Un endroit unique : le restaurant prend ses aises dans une rotonde entièrement vitrée et posée à fleur d'eau, dans l'écrin naturel d'un étang aux rives verdoyantes... Et la cuisine n'est pas en reste, célébrant les beaux produits du terroir avec finesse et féminité !

Formule 20 € - Menu 38 € /62 € - Carte 48/63 €

Hôtel les Lacs d'Halco, 3 km au Sud-Ouest par rte de Cazalis - 05 58 79 30 79 - www.hotel-des-lacs-dhalco.fr

Le Jambon

CUISINE TRADITIONNELLE • CLASSIQUE Émincé de magret de canard, caille farcie au foie gras, turbot en papillote, soufflé au Grand Marnier, etc. Le propriétaire concocte une généreuse cuisine traditionnelle et landaise. Cadre raffiné.

Formule 16 € - Menu 29/40 € - Carte 35/55 €

Hôtel le Jambon, 245 av. Carnot - 05 58 79 32 02 - www.hotel-restaurant-lejambon.com - Fermé vend. soir, dim. soir et lundi

Les Lacs d'Halco

TRADITIONNEL • PERSONNALISÉ Dans un cadre naturel préservé, tout au bord d'un étang, une belle architecture contemporaine, dont la structure de verre, bois et métal semble se diluer sur les flots... Chic et design, les chambres ouvrent ou sur la forêt ou sur le plan d'eau. Que de quiétude !

19 chambres – 110/130 € 110/230 € – 15 € – ½ P

3 km au Sud-Ouest par rte de Cazalis – 05 58 79 30 79 – www.hoteldeslacsdhalco.fr

Les Lacs d'Halco – voir les restaurants ci-dessus

Le Jambon

BUSINESS • FONCTIONNEL Cette grande maison du centre-ville héberge des chambres spacieuses, lumineuses, bien insonorisées et d'une tenue scrupuleuse ; toutes donnent sur l'espace piscine joliment fleuri. Un bon plan !

7 chambres – 65/80 € 70/80 € – 10 € – ½ P

245 av. Carnot – 05 58 79 32 02 – www.hotel-restaurant-lejambon.com – Fermé vend. soir, dim. soir et lundi

Le Jambon – voir les restaurants ci-dessus

HAGONDANGE

57300 (Moselle) – 9 428 hab. – Alt. 160 m – Carte régionale n° **14**-B1
Paris 324 km – Luxembourg 49 km – Metz 21 km – Thionville 17 km
Carte Michelin 307-I3

Quai des Saveurs (Frédéric Sandrini)

CUISINE MODERNE • TENDANCE XXX Depuis plusieurs années, Frédéric Sandrini prend un malin plaisir à bousculer la tradition gastronomique locale avec une cuisine en mouvement, qui laisse une grande place à l'imagination. Le tout dans un joli cadre contemporain plutôt sobre, peut-être pour ne pas détourner notre attention de la finesse de l'assiette...

➜ King crab et saumon ora king, céleri et avocat en raviole translucide. Voyage autour de la blonde d'Aquitaine. Soufflé chaud à la mirabelle.

Menu 45 € (déj. en semaine), 55/75 € – Carte 75/105 €

69 r. de la Gare – 03 87 71 24 98 – www.quaidessaveurs.com – Fermé 7-16 mars, 16 août-1er sept., dim. soir, mardi midi et lundi

HAGUENAU

67500 (Bas-Rhin) – 34 406 hab. – Alt. 150 m – Carte régionale n° **1**-B1
Paris 478 km – Baden-Baden 41 km – Sarreguemines 93 km – Strasbourg 33 km
Carte Michelin 315-K4

Le Jardin

CUISINE MODERNE • ÉLÉGANT XXX À l'unisson, père et fils ont composé une carte sagement actuelle, sans jamais oublier les classiques de la maison : soupe de poisson, carpaccio de thon, chateaubriand avec sauce béarnaise et gratin dauphinois... Quant au décor, il se pare de belles notes classiques, avec notamment un superbe plafond Renaissance.

Menu 20/62 € – Carte 48/57 €

Plan : B2-n – *16 r. de la Redoute – 03 88 93 29 39 – www.lejardinhaguenau.fr – Fermé 15-28 fév., 1er-16 août, mardi et merc.*

Grains de Sel (N)

CUISINE MODERNE • COSY X Après 16 ans passés au Cheval Blanc, à Lembach, Gilles Schnoering a franchi le pas et ouvert son propre restaurant tout près de la halle aux Houblons. Au fil d'une courte carte de saison, il dévoile une cuisine fraîche et bien réalisée, qui doit beaucoup à la qualité des produits utilisés. Judicieux accords mets et vins.

Formule 23 € – Menu 31 € (déj.)/50 € – Carte 48/62 €

Plan : B2-a – *113 Grd-Rue – 03 88 90 83 82 – www.restaurant-grainsdesel.fr – Fermé 2 semaines en juil., vacances de Noël, 1 semaine en avril, dim. et lundi*

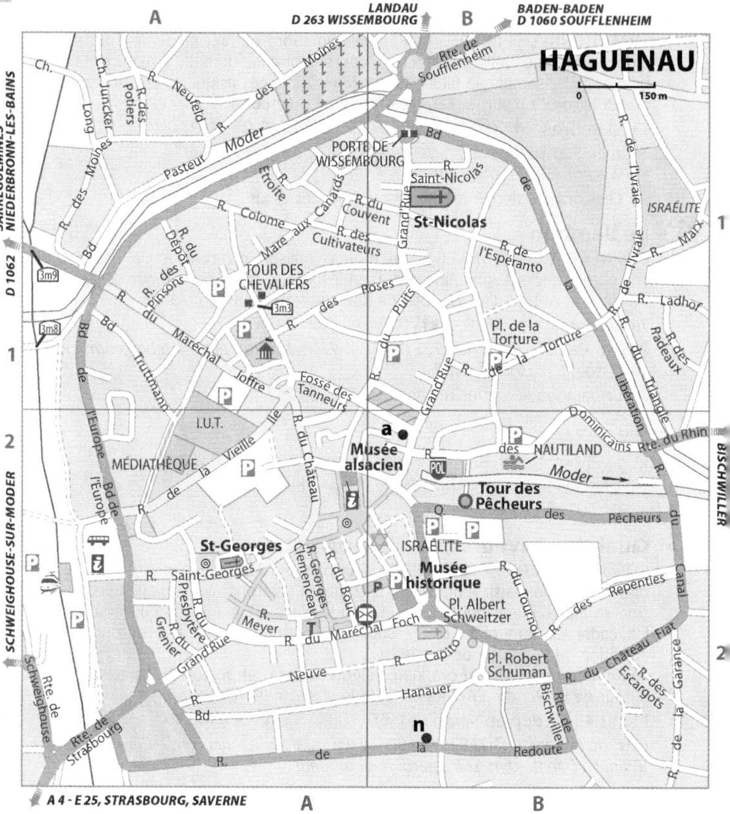

HAMBACH

✉ 57910 (Moselle) - 2 767 hab. - Alt. 230 m - Carte régionale n° **14**-C1
▶ Paris 396 km - Metz 70 km - Saarbrücken 23 km - Sarreguemines 8 km
Carte Michelin 307-N4

Hostellerie St-Hubert

FAMILIAL • FONCTIONNEL Au sein d'un complexe de loisirs verdoyant – plan d'eau pour se baigner, camping et terrain de tennis –, cet hôtel-restaurant dispose de chambres spacieuses et impeccablement tenues. Parfait pour les séminaires et les fêtes de famille.

53 chambres - †62/80 € ††82/100 € - 4 suites - ☕ 9 € - ½ P

30 r. de la Forêt - La Verte Forêt - ☎ 03 87 98 39 55
- www.hostellerie-saint-hubert.com - Fermé 17-30 déc.

HAMBYE

✉ 50450 (Manche) - 1 196 hab. - Alt. 111 m - Carte régionale n° **17**-A2
▶ Paris 316 km - Coutances 20 km - Granville 30 km - St-Lô 25 km
Carte Michelin 303-E6 - Guide Vert Michelin Normandie Cotentin

à l'Abbaye 3,5 km au Sud par D51 – 50450 Hambye :

Auberge de l'Abbaye

CUISINE MODERNE • CLASSIQUE À deux pas des ruines romantiques de l'abbaye de Hambye, cet hôtel-restaurant plutôt classique a été repris par un jeune couple. Le chef y avait commencé son apprentissage (poursuivi dans de bonnes maisons) ; il signe une cuisine savoureuse et sans superflu, aux solides bases traditionnelles. De nouvelles litanies gourmandes !

Formule 18 € - Menu 29/69 € - Carte 42/57 €

6 chambres - 48/70 € 54/85 € - 9 €

5 rte de l'Abbaye - 02 33 61 42 19 - www.aubergedelabbayehambye.com - Fermé 20 fév.-13 mars, 23 oct.-6 nov., dim. soir sauf juil.-août et lundi

HARDELOT-PLAGE

62152 (Pas-de-Calais) - Neufchatel Hardelot - Carte régionale n° **16**-A2
Paris 254 km - Arras 114 km - Boulogne-sur-Mer 15 km - Calais 51 km
Carte Michelin 301-C4

Hôtel du Parc

BUSINESS • FONCTIONNEL Les bâtiments de ce complexe hôtelier ont un petit côté chalet et se fondent parfaitement dans le style de cette jolie station de la Côte d'Opale. Quant aux chambres, elles sont spacieuses et lumineuses ; la moitié d'entre elles disposent d'un balcon. Au restaurant, cuisine traditionnelle dans un cadre feutré.

80 chambres - 80/165 € 80/165 € - 1 suite - 16 € - ½ P

- 03 21 33 22 11 - www.parc.najeti.fr

Les Jardins d'Hardelot

TRADITIONNEL • COSY Créé en 2012, l'hôtel se trouve à seulement 500 m de la plage. On s'y repose dans des chambres très cosy et chaleureuses ; certaines familiales. Appétissant buffet au petit-déjeuner... avant la première baignade de la journée.

39 chambres - 116/136 € 116/136 € - 13 €

451 av. François-1er - 03 21 32 50 40 - www.lesjardinsdhardelot.fr

HATTSTATT

68420 (Haut-Rhin) - 805 hab. - Alt. 200 m - Carte régionale n° **1**-A2
Paris 500 km - Bâle 65 km - Colmar 11 km - Strasbourg 90 km
Carte Michelin 315-H8 - Guide Vert Michelin Alsace Lorraine

L'Altévic

CUISINE MODERNE • DESIGN Dans ce jeune restaurant souffle un vent de nouveauté ! Avec tout le talent et toute l'expérience qu'on lui connaît, Jean-Christophe Perrin propose une cuisine dans l'air du temps, inspirée par le marché, dans laquelle un beau produit de saison suffit souvent à faire recette... Réjouissant !

Formule 17 € - Menu 21 € (déj.), 31/73 € - Carte 60/75 €

4 r. Wiggensbach - 03 89 78 83 56 - www.restaurant-laltevic.fr - Fermé mardi soir, dim. soir et lundi

HAUTE-GOULAINE - 44 (Loire-Atlantique) ➔ Voir Nantes

HAUTELUCE

73620 (Savoie) - 808 hab. - Alt. 1 150 m - Carte régionale n° **23**-D1
Paris 606 km - Albertville 24 km - Annecy 62 km - Chambéry 77 km
Carte Michelin 333-M3 - Guide Vert Michelin Alpes du Nord

La Ferme du Chozal

CUISINE MODERNE • CONVIVIAL Ce restaurant cultive un style montagnard typique : la cuisine n'en n'est pas moins actuelle et appétissante, réalisée avec de beaux produits du terroir. Tubes croustillants au beaufort, soufflé chartreuse, poire confite au caramel... Et une remarquable carte des vins des Alpes françaises, suisses et italiennes !

Menu 32/120 € - Carte 53/70 €

- ✆ 04 79 38 18 18 (réservation conseillée) - www.lafermeduchozal.com - Ouvert de juin à fin sept., mi-déc. à mi-avril et fermé dim. soir et lundi en juin, sept. et oct. et le midi en semaine de juin à début oct.

La Ferme du Chozal

FAMILIAL • MONTAGNARD Voilà comment une ancienne ferme - un beau chalet - devient un hôtel très agréable avec sa piscine extérieure chauffée, ses chambres douillettes habillées de bois blond et son espace bien-être complet... Le tout au calme. Une bonne adresse !

12 chambres - †130/250 € ††130/375 € - 1 suite - ☕ 19 € - ½ P

- ✆ 04 79 38 18 18 - www.lafermeduchozal.com - Ouvert de juin à début oct. et de mi-déc. à mi-avril

La Ferme du Chozal - voir les restaurants ci-dessus

HAUTERIVES

✉ 26390 (Drôme) - 1 759 hab. - Alt. 299 m - Carte régionale n° **24**-E2

Paris 540 km - Grenoble 77 km - Lyon 85 km - Valence 46 km

Carte Michelin 332-D2 - Guide Vert Michelin Ardèche Drôme

Le Relais

AUBERGE • PERSONNALISÉ Les visiteurs du "Palais idéal" édifié par le facteur Cheval pourront faire étape dans cette solide maison à la façade en galets roulés. Chambres bien tenues et trois roulottes au fond du jardin. Petits plats traditionnels servis dans la salle rustique ou en terrasse.

16 chambres - †74 € ††74 € - ☕ 9 € - ½ P

1 pl. Gén.-de-Miribel - ✆ 04 75 68 81 12 - www.hotel-relais-drome.com - Fermé dim. soir et lundi sauf juil.-août

HAUTEVILLE-LÈS-DIJON - 21 (Côte-d'Or) ➜ Voir Dijon

ON AIME...

La Fleur de Sel, qui apporte un peu de piment dans la ville ! Le restaurant de **Jean-Luc Tartarin**, pour son décor chic et ses assiettes ô combien raffinées. **Le Belvédère**, à quelques kilomètres, où l'on profite d'une cuisine gourmande et d'une vue magique sur les falaises normandes...

LE HAVRE

✉ 76600 (Seine-Maritime) - 173 142 hab. - Agglo. 239 566 hab. - Alt. 4 m - Carte régionale n° **17**-C2
Paris 198 km - Amiens 184 km - Caen 90 km - Lille 318 km
Carte Michelin 304-A5 - Guide Vert Michelin Normandie Vallée de la Seine

Restaurants

Jean-Luc Tartarin

CUISINE MODERNE • TENDANCE XXX Saveurs harmonieuses, technique précise, originalité et inspiration : Jean-Luc Tartarin signe une cuisine belle et passionnée, où le modernisme du Havre rencontre l'âme du terroir normand. Quel séduisant alliage ! Et le décor, chic et classieux, ajoute encore à notre plaisir...

→ Œuf au plat en trompe-l'œil, bisque de crustacés à la poudre d'orange caramélisée. Bar en cannelloni herbacé, encornet et huître en persillade. Millefeuille à la vanille Bourbon.

Formule 40 € - Menu 68/178 € - Carte 90/155 €

Plan : F2-t - *73 av. Foch - ✆ 02 35 45 46 20 - www.jeanluc-tartarin.com - Fermé 27 juil.-10 août, 2-15 janv., dim. et lundi*

La Petite Auberge

CUISINE TRADITIONNELLE • RUSTIQUE XX À quelques rues du bord de mer, découvrez cette petite auberge à la façade à colombages, tenue par un jeune couple qui a misé sur l'authenticité : bingo ! Les préparations empruntent certes quelques notes actuelles, mais restent fidèles aux saveurs régionales. Difficile de ne pas craquer !

Formule 25 € - Menu 32/43 € - Carte 43/69 €

Plan : E1-r - *32 r. Ste-Adresse - ✆ 02 35 46 27 32 - www.lapetiteauberge-lehavre.fr - Fermé merc. midi, dim. soir et lundi*

Fleur de Sel

CUISINE MODERNE • CONVIVIAL XX Belle devanture, salle à manger lumineuse et contemporaine, agréable terrasse... On se sent bien dans ce restaurant installé en bordure des quais. Dans l'assiette, la bistronomie est au programme ; c'est franc, goûteux, parfaitement cuit et assaisonné, bref : on se régale !

Formule 16 € 🍷 - Menu 28/34 € - Carte 32/43 €

Plan : G3-a - *50 quai Michel-Feré (quartier St-François) - ✆ 02 35 43 68 10 - Fermé dim. et lundi*

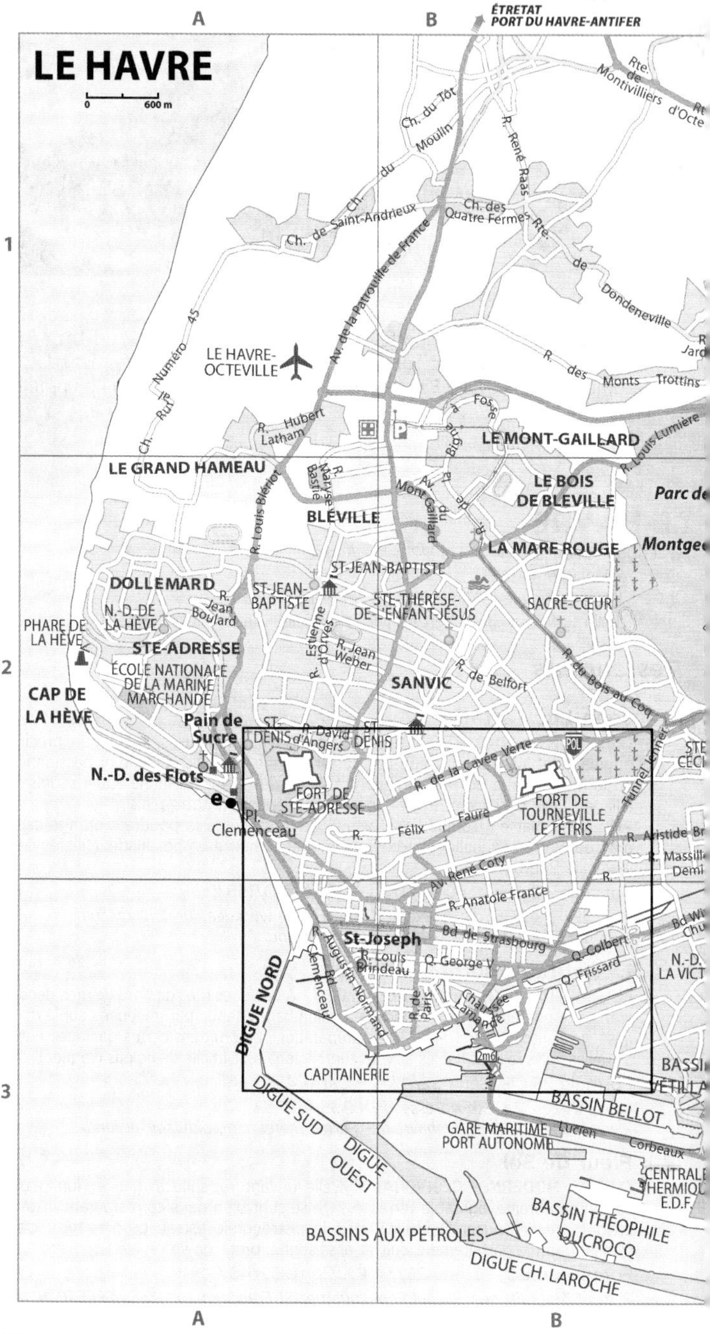
LE HAVRE
0 600 m
A
B
1
2
3
ÉTRETAT
PORT DU HAVRE-ANTIFER
Rte. de Montivilliers
Ch. du Tôt
Ch. du Moulin
R. René Raas
Ch. des Quatre Fermes
Ch. de Saint-Andrieux
Rte. de Dondeneville
Av. de la Patrouille de France
Ch. Rural Numéro 45
LE HAVRE-OCTEVILLE
R. des Monts Trottins
R. Hubert Latham
LE MONT-GAILLARD
R. Louis Lumière
LE GRAND HAMEAU
LE BOIS DE BLEVILLE
Parc de
BLÉVILLE
R. Louis Blériot
R. Maryse Bastié
Av. du Mont Gaillard
LA MARE ROUGE
Montgeo
ST-JEAN-BAPTISTE
DOLLEMARD
R. Jean Boulard
STE-THÉRÈSE-DE-L'ENFANT-JÉSUS
SACRÉ-CŒUR
N.-D. DE LA HÈVE
PHARE DE LA HÈVE
STE-ADRESSE
R. Estienne d'Orves
R. Jean Weber
R. de Belfort
R. du Bois au Coq
ÉCOLE NATIONALE DE LA MARINE MARCHANDE
SANVIC
CAP DE LA HÈVE
Pain de Sucre
ST-DENIS
R. David d'Angers
POL
N.-D. des Flots
R. de la Cavée Verte
FORT DE STE-ADRESSE
FORT DE TOURNEVILLE LE TÉTRIS
Tunnel Jenner
Pl. Clemenceau
R. Félix Faure
R. Aristide Br
R. Massill
Av. René Coty
R. Anatole France
St-Joseph
Bd de Strasbourg
Q. Colbert
Q. Frissard
R. Augustin Normand
R. Louis Brindeau
Q. George V
N.-D. LA VICT
DIGUE NORD
Bd Clemenceau
R. de Paris
Chaussée Lamandé
2m6
CAPITAINERIE
BASSI
VETILLA
BASSIN BELLOT
DIGUE SUD
GARE MARITIME PORT AUTONOME
Lucien Corbeaux
DIGUE OUEST
CENTRALE THERMIQU E.D.F.
BASSIN THÉOPHILE DUCROCQ
BASSINS AUX PÉTROLES
DIGUE CH. LAROCHE

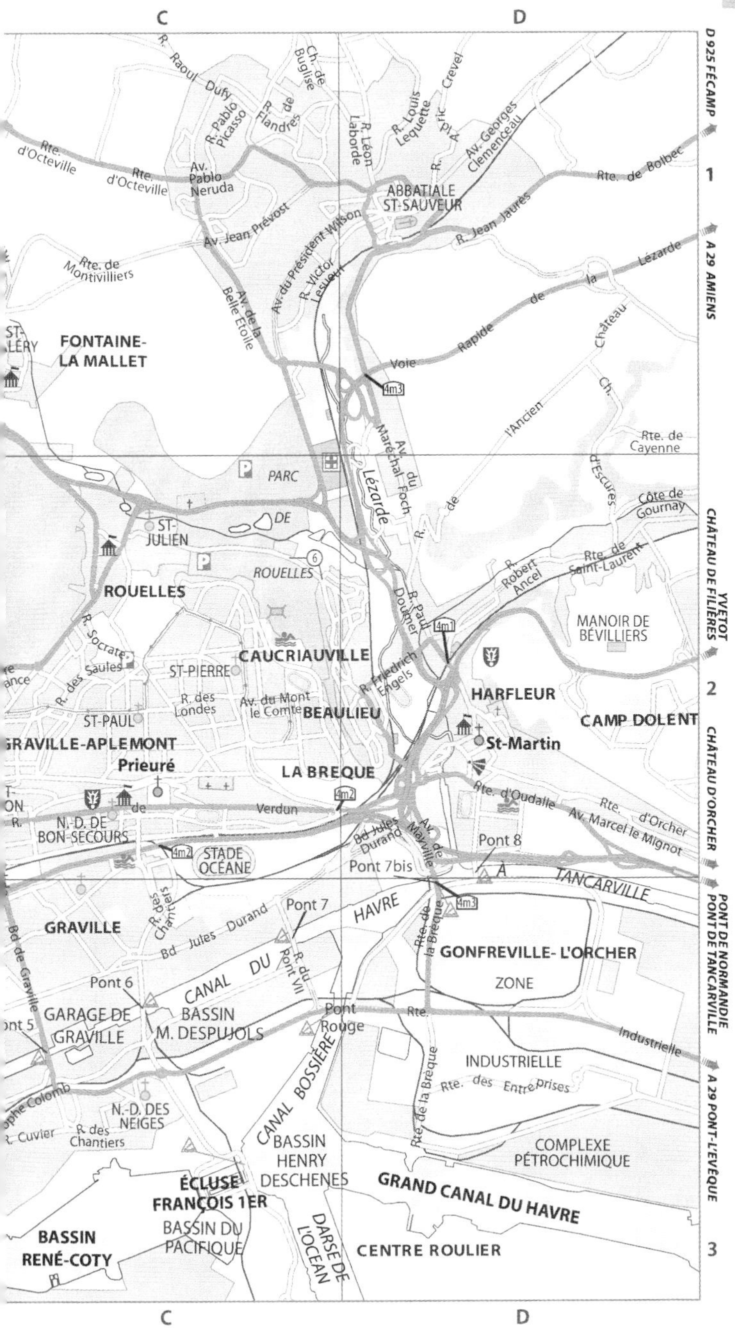
C
D
D 925 FÉCAMP
A 29 AMIENS
YVETOT
CHÂTEAU DE FILIÈRES
CHÂTEAU D'ORCHER
PONT DE NORMANDIE
PONT DE TANCARVILLE
A 29 PONT-L'ÉVÊQUE
1
2
3
R. Raoul Dufy
R. Pablo Picasso
R. de Flandres
Ch. de Buglise
R. Léon Laborde
R. Louis Lequette
Crevet
Av. Georges Clemenceau
Rte. d'Octeville
Av. Pablo Neruda
ABBATIALE ST-SAUVEUR
Rte. de Bolbec
R. Jean Jaurès
Av. Jean Prévost
Av. du Président Wilson
R. Victor Lesueur
Rte. de Montivilliers
Av. de la Belle Etoile
Voie Rapide de la Lézarde
Château
FONTAINE-LA MALLET
4m3
Av. du Maréchal Foch
Ch. de l'Ancien
Rte. de Cayenne
PARC DE ROUELLES
Lézarde
d'Escures
Côte de Gournay
ST-JULIEN
6
R. Robert Ancel
Rte. de Saint-Laurent
ROUELLES
R. Paul Doumer
4m1
MANOIR DE BÉVILLIERS
R. Socrate
CAUCRIAUVILLE
R. des Saules
ST-PIERRE
R. Friedrich Engels
HARFLEUR
R. des Londes
Av. du Mont le Comte
BEAULIEU
CAMP DOLENT
ST-PAUL
GRAVILLE-APLEMONT
St-Martin
Prieuré
LA BREQUE
Rte. d'Oudalle
Rte. d'Orcher
Av. Marcel le Mignot
4m2
de Verdun
N.-D. DE BON-SECOURS
Bd Jules Durand
Av. de Maréville
Pont 8
STADE OCÉANE
Pont 7bis
À TANCARVILLE
R. des Chantiers
Pont 7
HAVRE
Rte. de la Brèque
GRAVILLE
Bd Jules Durand
GONFREVILLE- L'ORCHER
Bd de Graville
CANAL DU
R. du Pont VII
ZONE
Pont 6
BASSIN M. DESPUJOLS
Pont Rouge
Rte. Industrielle
GARAGE DE GRAVILLE
Pont 5
INDUSTRIELLE
Rte. des Entreprises
N.-D. DES NEIGES
R. des Chantiers
R. Cuvier
CANAL BOSSIÈRE
BASSIN HENRY DESCHENES
COMPLEXE PÉTROCHIMIQUE
ÉCLUSE FRANÇOIS 1ER
GRAND CANAL DU HAVRE
BASSIN DU PACIFIQUE
DARSE DE L'OCEAN
BASSIN RENÉ-COTY
CENTRE ROULIER

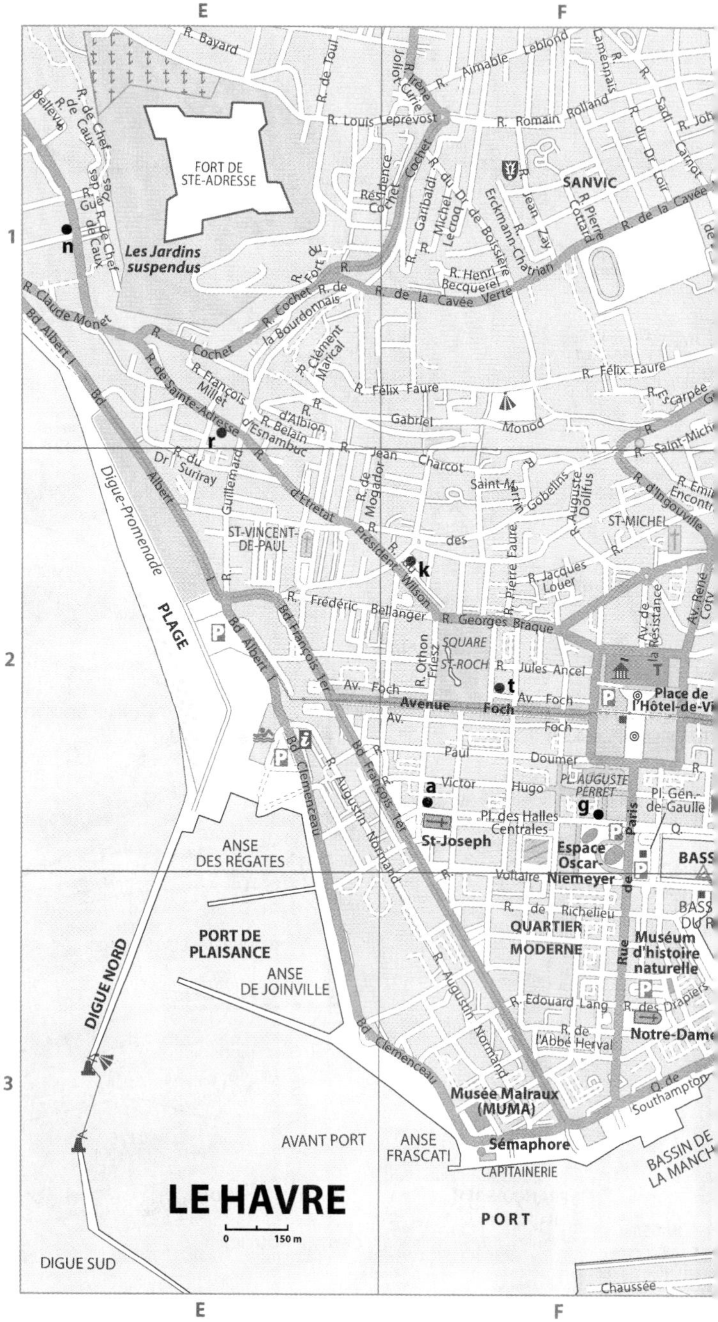

LE HAVRE
0 150 m
E
F
1
2
3
R. Bayard
R. de Toul
R. Aimable Leblond
R. Irène Joliot-Curie
R. Louis Leprévost
R. Romain Rolland
R. Lamennais
R. Sadi Carnot
R. du Dr. Loir
R. Bellevue
R. de Chef de Caux
FORT DE STE-ADRESSE
Les Jardins suspendus
R. Gueudé
sep. R. de Chef de Caux
n
Résidence Cochet
R. Cochet
R. Garibaldi
R. Michel Lecroq
R. du Dr de Boissière
R. Erckmann-Chatrian
R. Jean Zay
SANVIC
R. Pierre Cottard
R. de la Cavée Verte
R. Henri Becquerel
R. du Fort
R. Cochet
R. de la Bourdonnais
R. Claude Monet
Bd Albert I
R. Cochet
R. Clément Marical
R. de Sainte-Adresse
R. François Millet
R. Félix Faure
R. Félix Faure
R. Escarpée
R. d'Albion
R. Belain d'Esnambuc
Gabriel
Monod
R. Saint-Michel
r
R. du Dr Suriray
R. Guillemard
R. Jean Charcot
R. de Mogador
R. d'Etretat
Saint-Marin
R. des Gobelins
R. Auguste Dolfus
R. d'Ingouville
R. Emile Encontre
ST-MICHEL
ST-VINCENT-DE-PAUL
Digue-Promenade
Bd Albert I
R. du Président Wilson
k
R. Pierre Faure
R. Jacques Louer
R. Frédéric Bellanger
R. Georges Braque
Av. de la Résistance
Av. René Coty
PLAGE
Bd François 1er
R. Othon Friesz
SQUARE ST-ROCH
R. Jules Ancel
t
Av. Foch
Avenue Foch
Av. Foch
Place de l'Hôtel-de-Ville
Bd Albert I
Bd Clemenceau
R. Augustin Normand
Bd François 1er
R. Paul Doumer
R. Victor Hugo
a
PL. AUGUSTE PERRET
Pl. Gén.-de-Gaulle
g
Pl. des Halles Centrales
St-Joseph
Espace Oscar-Niemeyer
Rue de Paris
BASS
ANSE DES RÉGATES
R. Voltaire
R. de Richelieu
QUARTIER MODERNE
BASS DU R
Muséum d'histoire naturelle
PORT DE PLAISANCE
ANSE DE JOINVILLE
DIGUE NORD
R. Augustin Normand
R. Edouard Lang
R. des Drapiers
R. de l'Abbé Herval
Notre-Dame
Bd Clemenceau
Musée Malraux (MUMA)
Q. de Southampton
AVANT PORT
ANSE FRASCATI
Sémaphore
CAPITAINERIE
BASSIN DE LA MANCHE
PORT
DIGUE SUD
Chaussée

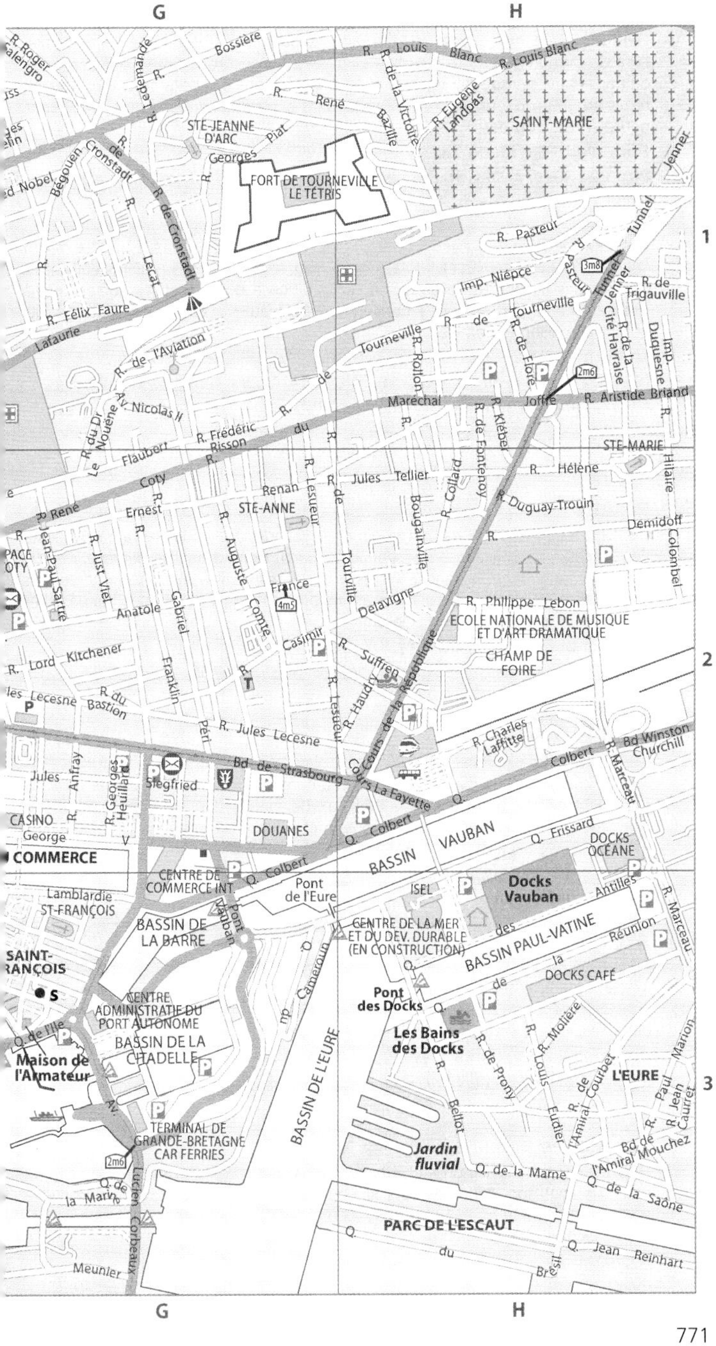

G
H
1
2
3
R. Louis Blanc
SAINT-MARIE
STE-JEANNE D'ARC
FORT DE TOURNEVILLE LE TÉTRIS
R. Pasteur
R. de Cronstadt
R. Félix Faure
R. de l'Aviation
Av. Nicolas II
R. de Tourneville
R. Aristide Briand
Maréchal Joffre
R. Frédéric Bisson
R. René Coty
STE-MARIE
STE-ANNE
R. Jules Tellier
R. Hélène
R. Duguay-Trouin
R. Demidoff
R. Philippe Lebon
ECOLE NATIONALE DE MUSIQUE ET D'ART DRAMATIQUE
CHAMP DE FOIRE
R. Lord Kitchener
R. Jules Lecesne
Cours de la République
Bd de Strasbourg
Cours La Fayette
R. Charles Laffitte
Bd Winston Churchill
Colbert
Siegfried
DOUANES
CASINO
COMMERCE
CENTRE DE COMMERCE INT.
Q. Colbert
Pont de l'Eure
BASSIN VAUBAN
Q. Frissard
DOCKS OCÉANE
ISEL
Docks Vauban
BASSIN DE LA BARRE
Pont Vauban
ST-FRANÇOIS
SAINT-FRANÇOIS
CENTRE DE LA MER ET DU DEV. DURABLE (EN CONSTRUCTION)
BASSIN PAUL-VATINE
DOCKS CAFÉ
CENTRE ADMINISTRATIF DU PORT AUTONOME
BASSIN DE LA CITADELLE
Maison de l'Armateur
Pont des Docks
Les Bains des Docks
L'EURE
BASSIN DE L'EURE
TERMINAL DE GRANDE-BRETAGNE CAR FERRIES
Jardin fluvial
Q. de la Marne
Q. de la Saône
PARC DE L'ESCAUT
Q. Jean Reinhart
Q. du Brésil
Av. Lucien Corbeaux

L'Orchidée

CUISINE MODERNE • CONVIVIAL Saint-Jacques rôties et velouté de butternut, côte de cochon en croûte d'herbes et moelle, ou encore le Paris-Le Havre, sorte de Paris-Brest revisité par le chef : voici quelques-uns des bons plats traditionnels remis au goût du jour que l'on déguste dans cet agréable restaurant. Une bonne petite adresse du port.

Formule 18 € - Menu 24/30 €

Plan : G3-s - *41 r. du Gén.-Faidherbe - 02 76 25 38 03 - Fermé lundi soir et mardi soir*

Le Wilson

CUISINE TRADITIONNELLE • FAMILIAL Magret de canard au miel ; feuillantine de pommes au beurre de cidre... Ici, la tradition a du bon, et les fidèles sont à l'heure pour le plat du jour ! Cerise sur le gâteau : le sourire des patrons, qui gèrent la maison en famille.

Formule 15 € - Menu 20 € (semaine)/29 € - Carte environ 35 €

Plan : F2-k - *98 r. du Prés.-Wilson - 02 35 41 18 28 - Fermé 1 semaine en fév., dim. soir, lundi soir, mardi soir et merc.*

Hôtels

Pasino

BUSINESS • CONTEMPORAIN Témoin de la reconstruction du Havre par Auguste Perret, cette bâtisse classée se découvre par un grand hall desservant aussi le casino et La Brasserie, dont la terrasse donne sur le bassin du Commerce. Les chambres sont confortables, avec un mobilier de qualité, et bien tenues. Les joueurs - et les autres - apprécieront.

45 chambres - 90/250 € 90/250 € - 16 €

Plan : G2-b - *pl. Jules-Ferry (au casino) - 02 35 26 00 00 - www.pasinohotellehavre.com*

Vent d'Ouest

TRADITIONNEL • PERSONNALISÉ Tout près de l'église St-Joseph, signée Perret, un hôtel plein de cachet dont les chambres ont été rénovées dans un style de "yacht club" : meubles cirés, tableaux de marine, fauteuils en cuir patiné... Agréable espace bien-être, avec hammam et salles de massages.

35 chambres - 100/150 € 100/150 € - 15 €

Plan : F2-a - *4 r. Caligny - 02 35 42 50 69 - www.ventdouest.fr*

Art Hôtel

BUSINESS • CONTEMPORAIN Face à l'espace Oscar-Niemeyer et son célèbre Volcan (malicieusement rebaptisé "pot de yaourt" par les Havrais), cet hôtel typique des années 1950 allie sobriété, confort et touches arty. Pour l'anecdote, l'ascenseur est très surprenant ! À découvrir...

31 chambres - 79/159 € 79/159 € - 14 €

Plan : F2-g - *147 r. Louis-Brindeau - 02 35 22 69 44 - www.art-hotel.fr*

Les Voiles

URBAIN • ÉLÉGANT Ici, on met vraiment les voiles... Les chambres et la salle du petit-déjeuner sont tournées vers le large et offrent une vue privilégiée sur le port. La décoration intérieure, inspirée du yachting, ajoute encore à ces promesses de départ !

17 chambres - 80/250 € 80/250 € - 13 €

Plan : A2-e - *3 pl. Clemenceau, à Ste-Adresse 76310 - 02 35 54 68 90 - www.hotel-lesvoiles.com*

Hôtel des Phares

URBAIN • FONCTIONNEL Une villa à 200 m de la plage, où règne le sympathique esprit familial des maisons bourgeoises. Les chambres sont charmantes et cossues (tentures, mobilier de style), ou plus simples dans les pavillons annexes.

25 chambres - 49/120 € 49/120 € - 11 €

Plan : E1-n - *29 r. du Gén.-de-Gaulle, à Ste-Adresse - 02 35 46 31 86 - www.hoteldesphares.com*

HEGENEY

67360 (Bas-Rhin) - 393 hab. - Alt. 175 m - Carte régionale n° **1**-B1

Paris 490 km - Metz 166 km - Saarbrücken 89 km - Strasbourg 43 km

Carte Michelin 315-K3

Belle Vue

CUISINE TRADITIONNELLE • AUBERGE XX Dans cet ancien relais de poste à la décoration typiquement alsacienne, on profite des belles créations de saison d'un jeune chef bien inspiré. Carbonara de rognons de veau relevés à la moutarde de Mietesheim, paleron de veau mijoté 24h et fins macaronis gratinés... Bon rapport qualité-prix.

Formule 13 € - Menu 16 € (déj. en semaine), 25/43 € - Carte 40/55 €

1 rte de Haguenau - 03 88 09 32 28 - www.hegeney-bellevue.fr - Fermé 1 semaine vacances de fév., 3 semaines en août, sam. midi, mardi soir et merc.

HENDAYE

64700 (Pyrénées-Atlantiques) - 16 759 hab. - Alt. 30 m - Carte régionale n° **2**-A3

Paris 799 km - Biarritz 31 km - Pau 143 km - St-Jean-de-Luz 12 km

Carte Michelin 342-B4 - Guide Vert Michelin Pays Basque et Navarre

Serge Blanco

SPA ET BIEN-ÊTRE • CONTEMPORAIN Envie de tout plaquer ? À la tête de cet hôtel et de son centre de thalasso, le célèbre rugbyman Serge Blanco. Les chambres font face à la plage ou au port (quelques-unes sur cour). Parfait pour un séjour détente.

80 chambres - 120/171 € 120/253 € - 10 suites - 14 € - ½ P

125 bd de la Mer - 05 59 51 35 35 - www.thalassoblanco.com - Fermé 3 semaines en déc.

Villa Goxoa

FAMILIAL • CONTEMPORAIN Entre plage et port de plaisance, cette belle maison blanche abrite un élégant "éco-hôtel". Décor épuré dans les chambres, dont le nom en basque évoque la nature (eau, montagne, etc.). Et pour être définitivement zen, on peut profiter des massages proposés par le propriétaire ostéopathe.

6 chambres - 90/160 € 90/160 € - 10 €

32 av. des Magnolias - 05 59 20 32 43 - www.villa-goxoa.com

à Biriatou 4 km au Sud-Est par D811 - 64700 - 1 140 hab. - Alt. 60 m

Les Jardins de Bakéa

CUISINE CLASSIQUE • CONVIVIAL XX La table des Jardins de Bakéa offre une belle vue sur la montagne et une jolie terrasse sous les platanes. Ici, on savoure une cuisine qui va à l'essentiel, à l'image de cette appétissante salade de fonds d'artichaut avec du jambon de pays ou cette nage de fraises à la menthe, rafraîchissante à souhait.

Menu 29 € (semaine), 38/74 € - Carte 52/85 €

1134 chemin Herri-Alde - 05 59 20 02 01 - www.bakea.fr - Fermé 20 nov.-7 déc., 8 janv.-1er fév., mardi sauf le soir d'avril à mi-nov. et lundi

Les Jardins de Bakéa

FAMILIAL • À LA CAMPAGNE Maison régionale du début du 20es., abritant des chambres traditionnelles ou plus contemporaines. Joli jardin. Idéal pour un séjour au calme.

23 chambres – 60/137 € 75/150 € – 13 € – ½ P

1134 chemin Herri-Alde – 05 59 20 02 01 – www.bakea.fr – Fermé 20 nov.-7 déc. et 8 janv.-1er fév.

Les Jardins de Bakéa – voir les restaurants ci-dessus

HENNEBONT

56700 (Morbihan) – 15 779 hab. – Alt. 15 m – Carte régionale n° **5**-B2

Paris 492 km – Concarneau 57 km – Lorient 13 km – Pontivy 51 km

Carte Michelin 308-L8 – Guide Vert Michelin Bretagne Sud

rte de Port-Louis 4 km au Sud par D781 – 56700 Kervignac

Château de Locguénolé

CUISINE MODERNE • ÉLÉGANT XXX Plaisirs gastronomiques dans un décor très classique (tapisseries, lustres à pampilles, chandeliers, etc.), plus champêtre dans une seconde salle (pierres apparentes, vue sur le jardin). Le chef signe ici une cuisine très ouvragée, fondée sur des produits de qualité. Belle carte des vins.

→ Maki de tourteau à la coriandre et citron vert, pressé de tomates confites et chantilly basilic. Saint-pierre glacé au beurre d'algues, riz rond acidulé au vinaigre de riz. Feuilles de chocolat manjari, crémeux au chocolat caramélisé.

Menu 49/99 € – Carte 75/125 €

à Locguénolé – 02 97 76 76 76 – www.chateau-de-locguenole.com – Fermé 1er janv.-10 fév., lundi et le midi sauf dim.

Château de Locguénolé

DEMEURE HISTORIQUE • GRAND LUXE Villégiature à la bretonne… Dans son immense parc, cette belle demeure à l'architecture classique domine la ria du Blavet. De l'enfilade de salons et des chambres garnies de mobilier ancien, on a tout loisir d'admirer le paysage qui change avec les marées…

18 chambres – 159/370 € 159/370 € – 4 suites – 21 € – ½ P

à Locguénolé – 02 97 76 76 76 – www.chateau-de-locguenole.com – Fermé 1er janv.-10 fév.

Château de Locguénolé – voir les restaurants ci-dessus

L'HERBAUDIÈRE – 85 (Vendée) → Voir Île de Noirmoutier

HERBIGNAC

44410 (Loire-Atlantique) – 6 175 hab. – Alt. 18 m – Carte régionale n° **18**-A2

Paris 446 km – La Baule 24 km – Nantes 72 km – Redon 37 km

Carte Michelin 316-C3 – Guide Vert Michelin Pays de la Loire

au Sud 6 km rte de Guérande par D774 – 44410 Herbignac

La Chaumière des Marais

CUISINE MODERNE • RUSTIQUE XX Une jolie chaumière briéronne datant du début du 19e s., aux abords fleuris, et à l'indéniable charme rustique. Le chef met en valeur les produits du terroir – pigeons de Mesquer, par exemple – mais aussi les herbes, les fleurs (capucines), les tomates et les fruits rouges du potager… Un doux parfum d'authenticité !

Menu 18 € (déj. en semaine), 29/65 € – Carte environ 52 €

Kermoureau – 02 40 91 32 36 – www.lachaumieredesmarais.com – Fermé lundi sauf juil.-août et mardi

HÉRÉPIAN - 34 (Hérault) ➜ Voir Bédarieux

HÉROUVILLE - 95 (Val-d'Oise) ➜ Voir Autour de Paris

HÉROUVILLE-ST-CLAIR - 14 (Calvados) ➜ Voir Caen

HESDIN

✉ 62140 (Pas-de-Calais) - 2 178 hab. - Alt. 27 m - Carte régionale n° **16**-A2
Paris 210 km - Abbeville 36 km - Arras 58 km - Boulogne-sur-Mer 65 km
Carte Michelin 301-F5

L'Écurie

CUISINE TRADITIONNELLE • ÉLÉGANT XX À deux pas de l'hôtel de ville, un sympathique restaurant mettant en avant de bons plats traditionnels, francs et sans fioritures. Saumon fumé "maison", escalope de foie gras chaud au pain d'épice perdu : c'est simple et bon, à déguster dans une ambiance conviviale et sans prétention.

Formule 19 € - Menu 25/31 €

17 r. Jacquemont - ✆ 03 21 86 86 86 - www.restaurant-lecurie.com - Fermé dim. soir, lundi et mardi

Trois Fontaines

AUBERGE • FONCTIONNEL En périphérie de la petite ville, cet hôtel propose des chambres bien aménagées, qui donnent toutes sur le jardin. Préférez celles de l'extension, décorées dans un style scandinave chaleureux (lambris, mobilier rustique).

16 chambres - †62/72 € ††69/79 € - ☕ 8 € - ½ P

16 rte d'Abbeville - ✆ 03 21 86 81 65 - www.hotel-les3fontaines.com - Fermé 19 déc.-7 janv.

à Gouy-St-André 14 km à l'Ouest par N39 et D137 - ✉ 62870 - 643 hab. - Alt. 100 m

Le Clos de la Prairie

CUISINE MODERNE • COSY XX En pleine campagne, ce charmant restaurant dégage une douceur bucolique. Derrière les fourneaux, le chef concocte, avec maîtrise, des plats au goût du jour qui suivent le rythme des saisons. L'été, profitez de la terrasse qui donne sur... la prairie, au calme.

Menu 45 € - Carte 52/77 €

17 r. de St-Rémy - ✆ 03 21 90 39 58 (réservation conseillée) - www.leclosdelaprairie.com - Fermé 23-30 déc., merc. et le midi sauf dim.

Le Clos de la Prairie

MAISON DE CAMPAGNE • COSY Dans un corps de ferme du 19e s. entouré de 12 ha de prairies, cet établissement domine la vallée de l'Authie. Les chambres, dans un style "campagne chic" (mobilier cérusé, boutis, rideaux en lin...), sont toutes de plain-pied et s'ouvrent sur la nature.

8 chambres - †95/110 € ††95/145 € - ☕ 15 €

17 r. de St-Rémy - ✆ 03 21 90 39 58 - www.leclosdelaprairie.com - Fermé 23-30 déc.

Le Clos de la Prairie - voir les restaurants ci-dessus

HESDIN-L'ABBÉ - 62 (Pas-de-Calais) ➜ Voir Boulogne-sur-Mer

HÉSINGUE - 68 (Haut-Rhin) ➜ Voir St-Louis

HEUDICOURT-SOUS-LES-CÔTES - 55 (Meuse) ➜ Voir St-Mihiel

HEUGUEVILLE-SUR-SIENNE

✉ 50200 (Manche) - 542 hab. - Alt. 15 m - Carte régionale n° **17**-A2
Paris 342 km - Avranches 52 km - Cherbourg 80 km - Coutances 7 km
Carte Michelin 303-C5

Athome

CUISINE MODERNE • AUBERGE Un jeune couple originaire de la région s'est installé dans ce presbytère du 18e s. Lionel, en cuisine, s'appuie sur une solide expérience (séjours en Australie et au Japon) et de bons produits locaux - maraîcher bio, pêche artisanale - ; Edwige, en salle, se révèle aussi souriante qu'efficace. Succès mérité !

Formule 16 € - Menu 19 € (déj. en semaine), 31/46 €

16 r. de la Sienne - 02 33 47 19 61 (réservation conseillée) - Fermé 12-27 juin, 13-28 nov., 23 janv.-7 fév., dim. soir, lundi et mardi

HEYRIEUX

38540 (Isère) - 4 674 hab. - Alt. 220 m - Carte régionale n° **23**-B2

Paris 487 km - Lyon 30 km - Pont-de-Chéruy 22 km - La Tour-du-Pin 35 km

Carte Michelin 333-D4

L'Alouette

CUISINE TRADITIONNELLE • TENDANCE Voilà un restaurant contemporain bien agréable avec son sol en béton ciré, ses œuvres d'art (à vendre !), son piano à queue et son joli jardin. Le chef concocte une cuisine de saison, fine et goûteuse, à partir des produits du marché. Et pour accompagner cela, la cave offre un choix de plus de 450 références !

Formule 23 € - Menu 41 € (semaine), 54/63 € - Carte 55/76 €

4 chambres - 130/220 € 130/220 € - 15 €

475 rte de Crémieux (rte de St-Jean-de-Bournay), à 3 km - 04 78 40 06 08 - www.restaurant-alouette.com - Fermé 1 semaine en mai, 24 juil.-23 août, 23 déc.-4 janv., sam. midi, dim. soir et lundi

HIERES-SUR-AMBY

38118 (Isère) - 1 200 hab. - Alt. 216 m - Carte régionale n° **23**-B1

Paris 489 km - Bourg-en-Bresse 57 km - Grenoble 107 km - Lyon 61 km

Carte Michelin 333-E3 - Guide Vert Michelin Lyon et sa région

Le Val d'Amby

CUISINE TRADITIONNELLE • CONVIVIAL Sur la place du village, cette jolie maison en pierre se révèle l'endroit idéal pour déguster une bonne cuisine traditionnelle, traversée d'influences méridionales. On cède aisément à ce carré d'agneau rôti au thym, et à sa fricassée de pomme de terre au lard et girolles... Et les propriétaires sont charmants !

Formule 14 € - Menu 27 € (déj. en semaine), 31/65 € - Carte 52/82 €

13 chambres - 60/77 € 71/88 € - 9 €

2 pl. de la République - 04 74 82 42 67 - www.hotel-levaldamby.com - Fermé 14-28 avril, 2-20 août, 23-28 déc., dim. soir et merc.

HILLION

22120 (Côtes-d'Armor) - 4 049 hab. - Alt. 28 m - Carte régionale n° **5**-C1

Paris 443 km - Rennes 94 km - St-Brieuc 13 km - Vannes 124 km

Carte Michelin 309-G3

aux Ponts-Neufs 5 km à l'Est par D46 puis D786 - 22400

La Cascade

CUISINE MODERNE • ÉLÉGANT En jetant un coup d'œil par les larges baies vitrées de ce restaurant cosy et feutré, on peut se laisser captiver par l'étang des Ponts-Neufs et la verdure qui l'entoure... En cuisine, le chef sait capter l'air du temps et privilégie le meilleur de la pêche de la baie, qu'il associe aux produits du terroir breton.

Formule 18 € - Menu 24 € (déj. en semaine), 38/49 € - Carte 38/57 €

4 r. des Ponts-Neufs - 02 96 32 82 20 - www.restaurant-lacascade-22.fr - Fermé mardi soir, merc. soir et jeudi soir de mi-sept. à mi-juin, dim. soir et lundi

HINX - 40 (Landes) → Voir Dax

HOCHSTATT - 68 (Haut-Rhin) → Voir Mulhouse

HOHRODBERG

✉ 68140 (Haut-Rhin) - Alt. 750 m - Carte régionale n° **1**-A2

Paris 462 km - Colmar 26 km - Gérardmer 37 km - Guebwiller 47 km

Carte Michelin 315-G8

Panorama

FAMILIAL • FONCTIONNEL Quel panorama ! Face à la vallée de Munster, une sympathique bâtisse hôtelière avec des chambres confortables (certaines donnant sur les Vosges) qui, par touches, évoquent l'Alsace. Les spécialités régionales sont bien sûr au rendez-vous à table... sur la terrasse panoramique, avec la montagne pour horizon.

32 chambres - †71/98 € ††71/98 € - ☕ 13 € - ½ P

3 rte de Linge-Hohrodberg - ✆ 03 89 77 36 53 - www.hotel-panorama-alsace.com

LE HOHWALD

✉ 67140 (Bas-Rhin) - 509 hab. - Alt. 570 m - Carte régionale n° **1**-C1

Paris 430 km - Lunéville 89 km - Molsheim 33 km - St-Dié 46 km

Carte Michelin 315-H6

La Forestière

MAISON DE CAMPAGNE • CONTEMPORAIN Sur les hauteurs de cette petite station de montagne, avec la forêt toute proche, une grande maison très tranquille : espace, modernité, confort... et saveurs, car ses charmants propriétaires sont passionnés par la cuisine alsacienne et le gibier !

5 chambres ☕ - †81/101 € ††96/116 €

10 A chemin-du-Eck - ✆ 03 88 08 31 08 - www.laforestiere-alsace.fr - Fermé 1 semaine en fév., 1 semaine en avril et 1 semaine en juil.

HOLNON - 02 (Aisne) → Voir St-Quentin

LE HÔME - 14 (Calvados) → Voir Cabourg

ON AIME...

Le charme irrésistible de **La Chaumière**, une grande maison à colombages dominant l'estuaire de la Seine. L'esprit de gourmandise et la modernité de **Fleur de Sel**. Près du port, la convivialité gourmande du **Fleuron**. L'ambiance chaleureuse, au coin du feu ou en terrasse, de la **Maison de Léa**. L'esprit d'invention du talentueux Alexandre Bourdas, au **SaQuaNa**...

HONFLEUR

✉ 14600 (Calvados) - 7 913 hab. - Alt. 5 m - Carte régionale n° **17**-A3
▶ Paris 195 km - Caen 69 km - Le Havre 27 km - Lisieux 38 km
Carte Michelin 303-N3 - Guide Vert Michelin Normandie Vallée de la Seine

Restaurants

✿✿ SaQuaNa (Alexandre Bourdas)

CUISINE CRÉATIVE • DESIGN XX SaQuaNa pour "saveurs, qualité, nature" ou encore "poisson" (*sakana*) en nippon : telle est la formule magique d'Alexandre Bourdas, formé chez Michel Bras et passé par le Japon. Il signe une authentique cuisine d'auteur, millimétrée, très intuitive et inventive, qui mène de découvertes en découvertes... dans un intérieur entièrement rénové en 2016.

➜ Lotte au citron vert, livèche et coriandre, bouillon clair à la noix de coco. Langoustine, galette de sarrasin, radis cru, rhubarbe et yaourt. Baklava glacé, abricot confit et sorbet citron jaune.

Menu 90/130 €

Plan : A1-u - *22 pl. Hamelin*
- ✆ 02 31 89 40 80 (réservation conseillée) - www.alexandre-bourdas.com
- Fermé lundi, mardi et merc.

Le Bréard

CUISINE MODERNE • ÉLÉGANT XX Cadre contemporain et cuisine subtile au menu de ce restaurant, situé dans une ruelle pavée proche de l'église Ste-Catherine. Le chef associe de belles saveurs avec créativité : en témoigne ce cabillaud cuit à basse température, accompagné d'un risotto au combava... Beaucoup de fraîcheur et de générosité !

Menu 32/63 € - Carte 48/69 €

Plan : A1-e - *7 r. du Puits - ✆ 02 31 89 53 40 - www.restaurant-lebreard.com*
- Fermé 2-19 janv., mardi midi, merc. midi, jeudi midi et lundi

À la réservation, faites-vous bien préciser le prix et la catégorie de la chambre.

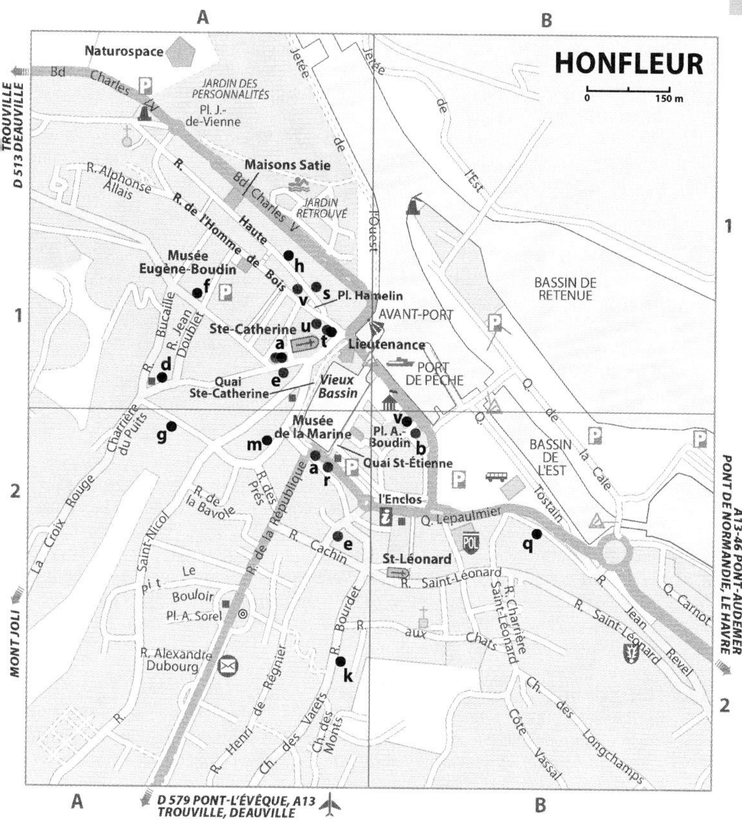

La Fleur de Sel

CUISINE MODERNE • TRADITIONNEL XX Vincent Guyon, ancien de la Ferme Saint-Siméon, réalise ici un travail admirable : cuissons bien maîtrisées, assaisonnements au poil, belles inspirations dans la construction visuelle des plats… L'ensemble dégage une vraie assurance, celle d'un chef qui sait où il va. Et le service est impeccable !

Menu 32/62 €

Plan : A1-v – *17 r. Haute*
– *02 31 89 01 92 – www.lafleurdesel-honfleur.com*
– *Fermé 1 semaine en juil., janv., lundi et mardi*

La Ferme St-Siméon

CUISINE MODERNE • CLASSIQUE XXXX Le parc arboré avec sa roseraie, la vue sur l'estuaire de la Seine… Un cadre enchanteur qui n'empêche pas de se concentrer sur l'assiette ! Le chef signe en effet une belle cuisine contemporaine, précise et finement exécutée, à l'unisson de l'agrément des lieux.

Menu 39 € (déj. en semaine), 75/129 € – Carte 115/160 €

Hors-Plan – *Hôtel La Ferme St-Siméon, 20 r. Adolphe-Marais*
– *02 31 81 78 00*
– *www.fermesaintsimeon.fr*

L'Absinthe

CUISINE MODERNE • **RUSTIQUE** XX Pour déguster un tartare d'huître ou un poisson très frais cuisiné avec soin, cette ancienne maison de pêcheur sur le port (15e-17e s.) est l'endroit idéal. Le décor mêle esprit rustique et élégance, et l'on apprécie la terrasse aux beaux jours...

Formule 20 € – Menu 26/60 € – Carte 60/120 €

Plan : B2-b – *10 quai de la Quarantaine*
– ✆ 02 31 89 39 00 – www.absinthe.fr
– Fermé 15 nov.-15 déc.

Entre Terre et Mer

CUISINE MODERNE • **CONVIVIAL** XX Sur une place près du Vieux-Bassin, ce restaurant navigue entre terre et mer dans l'assiette comme dans le décor, avec des photos de vaches, de moutons et de poissons. Un cadre apaisant et chaleureux, pour une cuisine marquée du sceau de l'authenticité normande.

Formule 25 € 🍷 – Menu 31/57 € – Carte 57/87 €

Plan : A1-t – *12-14 pl. Hamelin – ✆ 02 31 89 70 60*
– www.entreterreetmer-honfleur.com

Les Maisons de Léa

CUISINE FRANÇAISE MODERNE • **COSY** XX Le restaurant, installé dans plusieurs pièces en enfilade, dévoile un esprit chaleureux et du meilleur goût ! La cuisine, bien parfumée et colorée, se base sur de bons produits : on passe un excellent moment gourmand.

Menu 24 € (déj.), 30/58 € – Carte 38/59 €

Plan : A1-a – *Hôtel Les Maisons de Léa, pl. Ste-Catherine – ✆ 02 31 14 49 40*
– www.restaurant-honfleur-lesmaisonsdelea.com – Fermé mardi midi, merc. midi et lundi

L'Endroit

CUISINE MODERNE • **BRANCHÉ** X Difficile d'imaginer ici un tel endroit ! Des allures de loft, une cuisine grande ouverte sur la salle : l'adresse est novatrice. Côté assiette, les recettes sont dans l'air du temps avec des mariages de saveurs réussis et des épices de-ci de-là... The place to be.

Formule 25 € – Menu 30 € – Carte 35/102 €

Plan : A2-e – *3 r. Charles-et-Paul-Bréard – ✆ 02 31 88 08 43*
– www.restarantlendroithonfleur.com – Fermé lundi et mardi d'oct. à mi-avril

Au P'tit Mareyeur

POISSONS ET FRUITS DE MER • **AUBERGE** X Atmosphère intime dans cette sympathique maison, reconnaissable à sa façade bleue. À l'étage, le jeune chef a créé une nouvelle salle cossue et chaleureuse ; on y retrouve toutes ses préparations de la mer avec, comme spécialité, la bouillabaisse honfleuraise. Des saveurs bien marquées, un pur plaisir !

Menu 29 € (déj.)/36 € – Carte 40/75 €

Plan : A1-s – *4 r. Haute – ✆ 02 31 98 84 23 (réservation conseillée)*
– www.auptitmareyeur.com – Fermé 27 juin-5juil., 3 janv.-3 fév., mardi sauf juil.-août et merc.

L'Ecailleur

CUISINE MODERNE • **ÉLÉGANT** X Larguez les amarres ! Ce restaurant face au Vieux-Bassin évoque une vraie cabine de paquebot (boiseries, cordages, hublots, etc.). Le chef est un ancien autodidacte qui sait laisser libre cours à son imagination, à partir de produits de qualité. Il propose une agréable traversée...

Menu 31/48 € – Carte 40/60 €

Plan : A2-a – *1 r. de la République – ✆ 02 31 89 93 34 – www.lecailleur.fr – Fermé 5-21 janv., 20 juin-6 juil., mardi hors saison, merc. et jeudi*

Le Fleuron

CUISINE MODERNE • BISTRO Ce petit restaurant, situé non loin du port, a conservé son âme d'ancienne demeure. Repris par un jeune couple au beau parcours, il propose une cuisine gourmande, à l'ardoise. Poisson d'un bateau de Honfleur, porc basque : ici, on aime les beaux produits. A déguster, aux beaux jours, sur la petite terrasse.

Menu 28 € - Carte 35/70 €

Plan : A2-r - *12 r. Montpensier - 02 31 14 93 94 (réservation conseillée) - Fermé mardi*

Hôtels & maisons d'hôtes

La Ferme St-Siméon

LUXE • PERSONNALISÉ Haut lieu de l'histoire de la peinture, l'auberge que fréquentaient les impressionnistes est devenue un hôtel magnifique ! Le parc domine l'estuaire – et ses lumières changeantes –, les chambres, au calme, réinventent le style rustique... version luxe. Intemporel comme un tableau.

30 chambres - 195/555 € 195/850 € - 4 suites - 28 € - ½ P

Hors-Plan - *20 r. Adolphe-Marais - 02 31 81 78 00 - www.fermesaintsimeon.fr*

La Ferme St-Siméon - voir les restaurants ci-dessus

Le Manoir des Impressionnistes

TRADITIONNEL • PERSONNALISÉ Colombages peints, fenêtres à croisillons, toitures asymétriques, petit parc : ce manoir du 18e s. pourrait inspirer un peintre. On accède aux chambres, très cosy, par un bel escalier de bois, la mer est en contrebas : si romantique...

10 chambres - 190/485 € 190/485 € - 15 € - ½ P

Hors-Plan - *r. Adolphe-Marais - 02 31 81 63 00 - www.manoirdesimpressionnistes.com*

Les Maisons de Léa

TRADITIONNEL • COSY Ces trois anciens logis de pêcheur (16e s.) et leur grenier à sel illustrent parfaitement l'attrait propre à Honfleur. Les chambres, spacieuses et confortables, sont décorées selon quatre thématiques : Campagne, Romance, Baltimore et Capitaine... Un véritable hôtel de charme !

26 chambres - 155/195 € 190/370 € - 8 suites - 18 € - ½ P

Plan : A1-a - *pl. Ste-Catherine - 02 31 14 49 49 - www.lesmaisonsdelea.com*

Les Maisons de Léa - voir les restaurants ci-dessus

L'Écrin

HISTORIQUE • PERSONNALISÉ Écrin précieux que ce véritable petit musée rempli d'objets d'art et d'ornements anciens, assurément atypique ! Dans les chambres cohabitent les styles et les détails d'époque, de la jolie mansarde au grand lit à baldaquin. Et le petit-déjeuner est servi face au jardin...

30 chambres - 120/250 € 120/250 € - 3 suites - 15 €

Plan : A2-g - *19 r. Eugène-Boudin - 02 31 14 43 45 - www.hotel-ecrin.honfleur.com*

La Maison de Lucie

MAISON DE MAÎTRE • COSY Quel charme, quel style ! Des boiseries, des canapés en cuir, une bibliothèque... Cette maison du 18e s. propose toute une gamme de chambres décorées avec le meilleur goût. Un sens du détail et une ambiance feutrée qui donnent envie de revenir très vite !

10 chambres - 170/200 € 170/330 € - 2 suites - 14 €

Plan : A1-f - *44 r. des Capucins - 02 31 14 40 40 - www.lamaisondelucie.com - Fermé 18-22 déc. et 2-13 janv.*

L'Absinthe

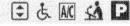

TRADITIONNEL • PERSONNALISÉ La "fée verte" se fait reposante dans cet ancien presbytère du 16e siècle... Matériaux anciens et teintes douces dessinent un cadre plaisant (plus contemporain dans l'annexe, une maison faisant face aux quais) qui pourra... envoûter.

9 chambres – 130/265 € 130/265 € – 2 suites – 13 €

Plan : B2-v – *1 r. de la Ville – 02 31 89 23 23 – www.absinthe.fr – Fermé de mi-nov. à mi-déc.*

Mercure

HÔTEL DE CHAÎNE • FONCTIONNEL En arrivant de l'autoroute ou du pont de Normandie, on a toutes les chances de trouver ce Mercure proche du centre, aux chambres colorées et fonctionnelles. Pour le calme, préférez celles sur l'arrière.

56 chambres – 105/149 € 105/149 € – 16 €

Plan : B2-q – *r. des Vases – 02 31 89 50 50 – www.mercure-honfleur.com*

M Hôtel

HÔTEL DE CHAÎNE • FONCTIONNEL Un hôtel un peu excentré mais très pratique, surtout en période d'affluence. Il a été entièrement rénové dans un esprit contemporain et coloré, et l'on profite désormais d'une agréable piscine couverte, d'un sauna et d'un hammam.

50 chambres – 88/112 € 88/184 € – 12 €

Hors-Plan – *62 cours Albert-Manuel – 02 31 89 41 77 – www.lemhotelhonfleur.com – Fermé 2 janv.-6 fév.*

Entre Terre et Mer

TRADITIONNEL • CLASSIQUE Avec ses vieilles pierres et ses couloirs étroits, cette ancienne maison de pêcheur remonte au 17e s. Classiques et agréables, les chambres vous placent au cœur de la cité ! Autre atout : le bar à huîtres, très sympathique. À ne pas confondre avec le restaurant gastronomique du même nom, juste en face.

14 chambres – 95/171 € 95/171 € – 11 € – ½ P

Plan : A1-t – *28 pl. Hamelin – 02 31 98 83 33 – www.hotel-centre-honfleur.com – Fermé janv.*

La Petite Folie

FAMILIAL • HISTORIQUE Flânez donc dans cette rue animée du vieux Honfleur, vous trouverez cette "folie" douce, authentique maison d'hôtes de charme. Meubles et objets chinés par Penny – la charmante propriétaire d'origine américaine –, tomettes, linge luxueux, petit-déjeuner dans le jardin aux beaux jours.... Superbe !

5 chambres – 165/225 € 165/285 €

Plan : A1-h – *44 r. Haute – 06 43 29 95 09 – www.lapetitefolie-honfleur.com*

À L'École Buissonnière

URBAIN • PERSONNALISÉ Cette école-là possède un cachet fou ! À deux pas du Vieux-Bassin, les salles de classe 1900 sont devenues des chambres délicieuses. La cour avec ses colombages, la superbe cuisine ouverte pour le petit-déjeuner gourmand, l'original bar à fromages... Une leçon de plaisir.

5 chambres – 120/150 € 160/220 €

Plan : A2-m – *4 r. de la Foulerie – 06 16 18 43 62 – www.a-lecole-buissonniere.com*

Le Clos Bourdet

FAMILIAL • PERSONNALISÉ Dans un grand jardin clos à flanc de colline... C'est dire comme cette belle maison bourgeoise du 18e s. est au calme ! Œuvres d'art et meubles chinés lui donnent un style déco très affirmé, et l'on appréciera également les pâtisseries du propriétaire au petit-déjeuner.

5 chambres – 140/150 € 185/195 €

Plan : A2-k – *50 r. Bourdet – 02 31 89 49 11 – www.leclosbourdet.com*

La Cour Ste-Catherine

TRADITIONNEL • PERSONNALISÉ Non loin du Vieux-Bassin et du centre historique, cet ancien couvent du 17e s. – qui fut aussi une cidrerie – abrite des chambres délicieusement tranquilles, décorées avec goût. Le petit-déjeuner est servi dans l'ancien pressoir, un modèle de charme rustique, et le jardin distille un esprit champêtre !

5 chambres – 120/180 € 120/180 €

Plan : A1-d – *74 r. du Puits – ☎ 02 31 89 42 40 – www.coursaintecatherine.com*

à Barneville-la-Bertran 5 km au Sud-Ouest par D62 et D279 – ✉ 14600 – 134 hab. – Alt. 48 m

Auberge de la Source

MAISON DE CAMPAGNE • ÉLÉGANT À l'entrée du village, cette jolie maison en brique rouge et sa longère à colombages semblent incarner l'idéal champêtre : un jardin et ses beaux arbres fruitiers ; des bassins où fraient truites et esturgeons ; des chambres d'esprit nature et cosy... et un restaurant aux airs d'auberge chic. Charmant !

14 chambres – 115/300 € 115/300 € – 1 suite – 15 € – ½ P

chemin du Moulin – ☎ 02 31 89 25 02 – www.auberge-de-la-source.fr

au Nord-Ouest 3 km par rte de Trouville – ✉ 14600 Vasouy :

La Chaumière

MAISON DE CAMPAGNE • PERSONNALISÉ Cette jolie ferme normande du 17e s. se dresse face à l'estuaire de la Seine, dans un parc qui dévale jusqu'à la mer. Là, pourquoi ne pas pique-niquer ? Puis remonter vers les belles chambres, luxueuses, où le bois chaleureux domine... Une adresse exquise !

9 chambres – 235/550 € 235/550 € – 1 suite – 16 € – ½ P

Vasouy, rte du Littoral, par D513 – ☎ 02 31 81 63 20 – www.hotel-chaumiere.fr

au Nord-Ouest 8 km par rte de Trouville et rte secondaire – ✉ 14600 Honfleur :

Le Romantica

TRADITIONNEL • PERSONNALISÉ Sur les hauteurs du village, cette bâtisse régionale offre calme et confort avec ses chambres récemment rénovées et très bien entretenues. Les points forts de la maison : la vue sur la Manche et les deux piscines, intérieure et extérieure.

35 chambres – 60/75 € 75/125 € – 11 €

chemin du Petit-Paris – ☎ 02 31 81 14 00 – www.romantica-honfleur.com – Fermé janv.

à Cricqueboeuf 9 km par rte de Trouville – ✉ 14113 – 230 hab. – Alt. 25 m

Manoir de la Poterie & Spa

LUXE • PERSONNALISÉ Face à la mer ! Dans cette solide bâtisse d'inspiration normande se télescopent les styles baroque, Directoire, marin ou contemporain. Côté vue, vous avez le choix entre l'estran ou la campagne. Et le restaurant se prête à un moment romantique.

23 chambres – 170/325 € 170/325 € – 1 suite – 22 €

chemin Paul-Ruel – ☎ 02 31 88 10 40 – www.manoirdelapoterie.fr

à Villerville 10 km par rte de Trouville – ✉ 14113 – 720 hab. – Alt. 10 m

Le Bellevue

MAISON DE MAÎTRE • PERSONNALISÉ Cette demeure bien nommée – face à la mer – fut, à la fin du 19e s., la villégiature d'un directeur de l'Opéra-Comique de Paris. Parmi les chambres, confortables, certaines ont vue sur la Manche, et le restaurant met à l'honneur les produits de la mer. Séjour marin en vue !

22 chambres – 95/165 € 115/265 € – 4 suites – 14 € – ½ P

12 r. du Gén.-Leclerc, rte d'Honfleur – ☎ 02 31 87 20 22 – www.bellevue-hotel.fr – Fermé 4 janv.-12 fév.

L'HÔPITAL-ST-BLAISE

✉ 64130 (Pyrénées-Atlantiques) - 80 hab. - Alt. 145 m - Carte régionale n° **2**-B3
▶ Paris 796 km - Oloron-Ste-Marie 18 km - Orthez 32 km - Pau 52 km
Carte Michelin 342-H5 - Guide Vert Michelin Pays Basque et Navarre

Auberge du Lausset

CUISINE TRADITIONNELLE • SIMPLE Profitez d'une visite de l'église romane classée (13ᵉs.) de ce village pour faire escale dans cette auberge ! Si son décor n'a rien de particulier, l'assiette, en revanche, met bien en valeur les spécialités du terroir. Tout est fait maison. L'été, arrivez assez tôt, la terrasse est prise d'assaut.

Menu 29 € - Carte 25/44 €

Le Bourg - ✆ 05 59 66 53 03 (réservation conseillée) - Fermé 1 semaine en déc., 1 semaine fin juin, 1 semaine en sept., merc. hors saison et mardi sauf juil.-août

HORBOURG - 68 (Haut-Rhin) → Voir Colmar

HOSSEGOR

✉ 40150 (Landes) - 3 792 hab. - Alt. 4 m - Carte régionale n° **2**-A3
▶ Paris 752 km - Bayonne 25 km - Biarritz 32 km - Bordeaux 170 km
Carte Michelin 335-C13 - Guide Vert Michelin Aquitaine

Jean des Sables

CUISINE CRÉATIVE • DESIGN Cadre épuré pour ce restaurant de plage du chef Jean Cousseau : béton ciré, murs clairs, vivier, vue sur l'Océan... La cuisine est créative et met à l'honneur de belles pièces de poisson de retour de pêche de Capbreton, simplement grillées à la braise... On se régale ! Accueil et service aux petits soins.

Formule 33 € - Menu 60 € (déj. en semaine)/78 € - Carte 56/102 €

121 bd de la Dune - ✆ 05 58 72 29 82 - www.jeandessables.com - Fermé 2 janv.-10 fév., lundi midi, merc. midi et vend. midi en juil.-août, lundi et mardi de sept. à mi-juin

Villa Seren N

LUXE • TENDANCE Cette belle bâtisse, mélange de bois et de béton, s'intègre bien dans son environnement. L'intérieur, superbement décoré, accueille entre autres du mobilier d'artisans de la région ; les chambres, spacieuses et confortables, offrent une vue imprenable sur le lac d'Hossegor.

27 chambres - 120/275 € 120/460 € - 2 suites - 18 €

1111 av. du Touring-Club-de-France - ✆ 05 58 58 00 55 - www.villaseren.fr - Fermé 20 nov.-17 déc.

Les Hortensias du Lac

FAMILIAL • PERSONNALISÉ Trois belles maisons entourées d'une pinède, au bord du lac marin... Dans les chambres, luxe décontracté et décoration d'inspiration 1930. On profite d'un beau jardin planté de pins des Landes et, au réveil, d'un délicieux petit-déjeuner. Un lieu plein de charme.

20 chambres - 105/295 € 105/295 € - 5 suites - 22 €

1578 av. du Tour-du-Lac - ✆ 05 58 43 99 00 - www.hortensias-du-lac.com - Ouvert de mi-mars à mi-nov.

202

BUSINESS • TENDANCE Une jolie villa immaculée, où règne une ambiance assez jeune, et où défile en saison tout le milieu du surf professionnel. Les chambres sont spacieuses et cosy, toutes avec balcon. Terrasse en teck. *The place to be* à Hossegor !

23 chambres - 120/250 € 120/250 € - 2 suites - 14 €

202 av. du Golf - ✆ 05 58 43 22 02 - www.hotel202.fr - Fermé 2 janv.-13 fév.

à Saubion 6 km à l'Est par D33 - ✉ 40230 - 1 376 hab. - Alt. 17 m

Les Échasses Ⓝ

LUXE • DESIGN Ces Échasses consistent en plusieurs "lodges" installée autour d'un étang : des maisonnettes en bois, confortables et design, avec poêle à bois et grandes baies vitrées donnant sur une terrasse au-dessus de l'eau... Une expérience insolite et tout à fait délicieuse.

8 chambres - †250/350 € ††250/350 € - ☕10 €

701 rte des Bruyères - ✆ 06 51 96 55 54 - www.lesechasses.fr

HOUAT (ÎLE D') - 56 (Morbihan) ➔ Voir Île d'Houat

LA HOUBE

✉ 57850 (Moselle) - Dabo - Carte régionale n° **14**-D2

▶ Paris 453 km - Lunéville 86 km - Phalsbourg 18 km - Sarrebourg 27 km

Carte Michelin 307-O7

Vosges

CUISINE TRADITIONNELLE • FAMILIAL Bien sympathique cette petite auberge de village, un peu perdue à l'écart du rocher de Dabo. On y déjeune en admirant la forêt vosgienne, gagné par la beauté du cadre et les saveurs d'une cuisine respectueuse du terroir. Chambres simples pour l'étape.

Formule 11 € - Menu 23/36 € - Carte 26/47 €

9 chambres - †63/70 € ††73/80 € - ☕9 €

41 r. de la Forêt-Brûlée - ✆ 03 87 08 80 44 - www.hotel-restaurant-vosges.com - Fermé 2 fév.-2 mars, 14-28 sept., mardi et merc.

LES HOUCHES

✉ 74310 (Haute-Savoie) - 2 967 hab. - Alt. 1 004 m - Carte régionale n° **25**-F1

▶ Paris 602 km - Annecy 89 km - Bonneville 47 km - Chamonix-Mont-Blanc 9 km

Carte Michelin 328-N5 - Guide Vert Michelin Alpes du Nord

Les Campanules

FAMILIAL • MONTAGNARD Ce grand bâtiment datant de 1947 accueillait autrefois les pupilles de la Nation... Noble héritage ! On s'y repose dans d'agréables chambres au décor montagnard, dont la plupart offrent une vue imprenable sur le massif du Mont-Blanc et sur la station de ski des Houches.

43 chambres - †62/157 € ††62/157 € - ☕11 € - ½ P

450 rte de Coupeau - ✆ 04 50 54 40 71 - www.hotel-campanules.com

Auberge Le Montagny

FAMILIAL • MONTAGNARD En léger retrait de la station - en toute quiétude -, un petit chalet coquet. Du bois partout, des tissus joliment choisis : il règne ici un bel esprit montagne et la tenue des chambres est excellente. Une très bonne petite adresse !

8 chambres - †94 € ††94 € - ☕10 €

490 rte du Pont - ✆ 04 50 54 57 37 - www.aubergedumontagny.com - Ouvert 24 juin-10 sept. et 17 déc.-17 avril

au Prarion par télécabine - ✉ 74310 Les Houches

Le Prarion

AUBERGE • MONTAGNARD Mont-Blanc, massif des Aravis : une vue à couper le souffle dans ce chalet au charme authentique, situé à 1 860 m d'altitude. Chambres en bois brut assez jolies ; repas traditionnels (self en hiver et menu unique au dîner)... Le bel esprit montagne !

12 chambres - ½ P seult 100/140 €

alt.1 860 - ✆ 04 50 54 40 07 - www.prarion.com - Ouvert de mi-juin à mi-sept. et 20 déc.-9 avril

HOUDAN

✉ 78550 (Yvelines) - 3 381 hab. - Alt. 104 m - Carte régionale n° **10**-A2
▶ Paris 60 km - Chartres 55 km - Dreux 20 km - Évreux 52 km
Carte Michelin 311-F3 - Guide Vert Michelin Île-de-France

Le Donjon

CUISINE TRADITIONNELLE • CLASSIQUE XX Du château médiéval ne subsiste que le donjon, voisin de ce restaurant. Cuisine traditionnelle rythmée par les saisons, servie dans une salle classique, de bon confort.

Formule 25 € - Menu 39/61 €

14 r. d'Epernon (près de l'église) - ✆ 01 30 59 79 14 - www.restaurant-ledonjon.fr - Fermé 1 semaine en mars, 2 semaines en août, 1 semaine en nov., dim. soir, jeudi soir et lundi

La Poularde

CUISINE TRADITIONNELLE • CONVIVIAL XX Une authentique adresse de tradition, dont certains pourront juger le décor trop classique et désuet, mais dont on ne peut nier la qualité de la table : le chef honore les recettes de toujours et les produits nobles, tels le homard et les truffes en saison. Mention spéciale également pour la belle collection de whiskys.

Formule 22 € - Menu 29 € (semaine), 45/58 € - Carte 41/76 €

24 av. de la République, rte de Maulette D912
- ✆ 01 30 59 60 50 - www.alapoularde.com
- Fermé 6-15 fév., 7-23 août, dim. soir, lundi et mardi

HOUDEMONT - 54 (Meurthe-et-Moselle) → Voir Nancy

HOULGATE

✉ 14510 (Calvados) - 2 043 hab. - Alt. 11 m - Carte régionale n° **17**-B2
▶ Paris 214 km - Caen 29 km - Deauville 14 km - Lisieux 33 km
Carte Michelin 303-L4 - Guide Vert Michelin Normandie Vallée de la Seine

L'Éden

CUISINE TRADITIONNELLE • COSY XX Deux atmosphères pour cet Éden, une salle cosy ou une véranda - façon jardin d'hiver - avec vue sur les cuisines. Derrière les fourneaux, le chef mitonne avec soin des recettes traditionnelles, justes et généreuses : andouille de Vire et cromesquis de camembert, homard braisé au pommeau... On y revient !

Formule 21 € - Menu 25 € (semaine), 32/42 € - Carte 55/85 €

7 r. Henri-Fouchard - ✆ 02 31 24 84 37
- www.eden-houlgate.com
- Fermé 1 semaine en oct., 1er janv.-6 fév., mardi de sept. à juin et lundi sauf août

Villa les Bains

HÔTEL PARTICULIER • COSY Cet hôtel est devenu l'adresse tendance de Houlgate, en plein cœur de la station. Les chambres, de bon confort, sont réparties sur deux bâtiments séparés par un patio ; celles du dernier étage offrent une très belle vue sur la mer. Rien de tel pour déconnecter !

17 chambres - †98/170 € ††98/170 € - ☕ 12 €

31 r. des Bains - ✆ 02 31 24 80 40 - www.hotelhoulgate.fr - Fermé 11 nov.-18 déc. et 4 janv.-12 fév.

HOUX

✉ 28130 (Eure-et-Loir) - 809 hab. - Alt. 108 m - Carte régionale n° **6**-C1
▶ Paris 86 km - Chartres 22 km - Orléans 96 km - Versailles 58 km
Carte Michelin 311-F4

La Bergerie de l'Aqueduc

MAISON DE MAÎTRE • COSY Cette maison de charme de la fin du 17e s., tenue par un couple d'artistes (les amateurs d'art lyrique reconnaîtront Jean-Philippe Lafont, baryton de renommée internationale), diffuse une atmosphère de romantisme et de raffinement, avec son grand salon accueillant billard et piano. Piscine à eau salée.

4 chambres - 145/235 € 185/355 €

9 r. de l'Aqueduc - 02 37 32 44 04 - www.labergeriedelaqueduc.fr

HUNINGUE - 68 (Haut-Rhin) → Voir St-Louis

HUSSEREN

68470 (Haut-Rhin) - 989 hab. - Alt. 460 m - Carte régionale n° **1**-A3
Paris 465 km - Bâle 69 km - Colmar 59 km - Strasbourg 130 km
Carte Michelin 315-F9

Cuisines et Jardins

CUISINE CLASSIQUE • ÉLÉGANT À l'abri d'une bâtisse du 19e s. surplombant les Jardins de Wesserling, le chef Serge Burckel s'inspire des classiques de la région pour concocter une savoureuse cuisine de saison. À déguster aux beaux jours sur la belle terrasse ombragée de tilleuls.

Menu 21 € (déj. en semaine), 32/49 € - Carte 40/65 €

24 r. du Parc - 03 69 07 37 12 (réservation conseillée) - www.cuisinesetjardins.com - Fermé janv. 1 semaine en nov., dim. soir, lundi, mardi et merc. d'oct. à mai et mardi soir, merc. soir et lundi de juin à sept.

HUSSEREN-LES-CHÂTEAUX

68420 (Haut-Rhin) - 490 hab. - Alt. 380 m - Carte régionale n° **1**-C2
Paris 455 km - Belfort 69 km - Colmar 10 km - Gérardmer 55 km
Carte Michelin 315-H8

Husseren-les-Châteaux

FAMILIAL • CONTEMPORAIN Sur les hauteurs du massif vosgien, un vaste établissement avec de grandes chambres - la plupart avec mezzanine -, dans un style fonctionnel et contemporain. Belle piscine couverte, tennis, brasserie et restaurant, espace séminaire... Idéal pour un séjour en famille comme pour un voyage d'affaires.

37 chambres - 88/135 € 109/145 € - 1 suite - 13 € - ½ P

r. Schlossberg - 03 89 49 22 93 - www.hotel-husseren-les-chateaux.com

HYÈRES

83400 (Var) - 55 402 hab. - Alt. 40 m - Carte régionale n° **21**-C3
Paris 851 km - Aix-en-Provence 102 km - Cannes 123 km - Draguignan 78 km
Carte Michelin 340-L7 - Guide Vert Michelin Côte d'Azur

La Colombe

CUISINE TRADITIONNELLE • ÉLÉGANT Tartine de lisette en escabèche, escargots au vin de Bandol, confit d'agneau de Sisteron... Tel est l'ancrage provençal de la carte ! C'est en sérieux professionnels que Pascal et Nadège Bonamy ont hissé leur restaurant au rang des bonnes tables de la région. Au pied du massif des Maurettes, la finesse des assiettes ne ment pas.

Formule 18 € - Menu 32/68 € - Carte 62/75 €

Plan : A1-b - *663 rte de Toulon, à la Bayorre, 2,5 km à l'Ouest - 04 94 35 35 16 - www.restaurantlacolombe.com - Fermé dim. soir de sept. à juin, mardi midi en juil.-août, sam. midi et lundi*

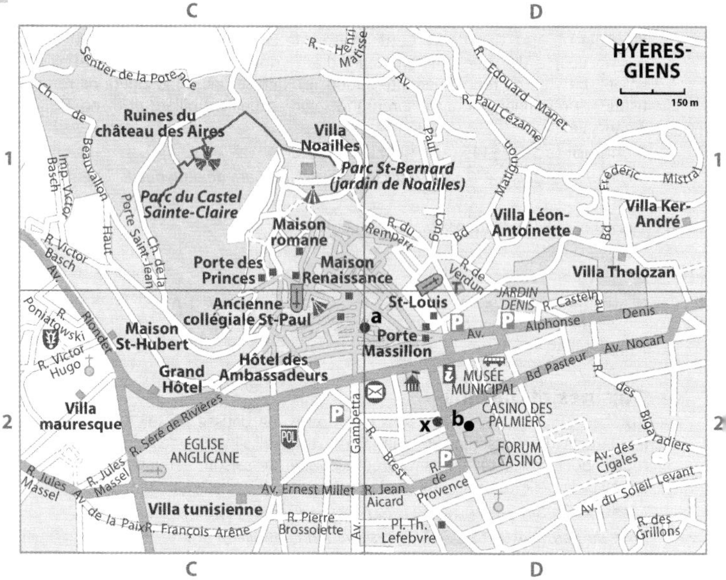

Le Baraza

CUISINE TRADITIONNELLE • **BISTRO** Faites vos jeux dans ce bistrot faisant face au casino ! On vous y sert une cuisine du marché bien ficelée, appuyée sur des produits de qualité et accompagnée de vins bien choisis. Un conseil : goûtez au tartare de bœuf et frites maison, un classique indétrônable du chef !

Formule 19 € - Carte 41/50 €

Plan : D2-x - *2 av. Ambroise-Thomas - 04 94 35 21 01 - www.baraza.fr - Fermé dim. et lundi*

Carte Blanche (N)

CUISINE DU MARCHÉ • **SIMPLE** Cette adresse confidentielle ne s'offre qu'aux piétons : petits choix de plats sur l'ardoise, produits frais de saison, terrasse pour les beaux jours... Le chef donne carte blanche à votre gourmandise, et en salle madame assure le service avec efficacité. Chut, c'est exquis, ne le dites à personne !

Menu 32 € - Carte 35/45 €

Plan : C-D2-a - *3 r. des Porches - 04 94 23 51 56 - www.restaurantcarteblanche.fr - Fermé 10 jours en juin, 2 semaines début nov. , dim., lundi et mardi d'oct. à mai*

Casino des Palmiers

URBAIN • FONCTIONNEL Au cœur de Hyères, un bâtiment datant de la fin du 19e s. accueille le casino de la ville et... l'hôtel qui l'accompagne ! Les chambres, colorées et confortables, disposent d'une terrasse avec, côté sud, une belle vue sur la ville et l'île de Porquerolles.

15 chambres - 79/209 € 79/209 € - 13 €

Plan : D2-b - *1 av. Ambroise-Thomas - 04 94 12 80 80 - www.hotelcasinohyeres.com*

Ibis Styles

HÔTEL DE CHAÎNE • FONCTIONNEL Face à la gare, ce bâtiment du 19e s. est surmonté d'une belle terrasse panoramique : un endroit parfait pour profiter de son petit-déjeuner ! Les chambres, d'esprit zen (tons gris et taupe), se révèlent agréables et fonctionnelles.

41 chambres - 109/140 € 119/160 €

Plan : A1-r - *45 av. Edith-Cavell - 04 94 00 67 77 - www.ibis.com*

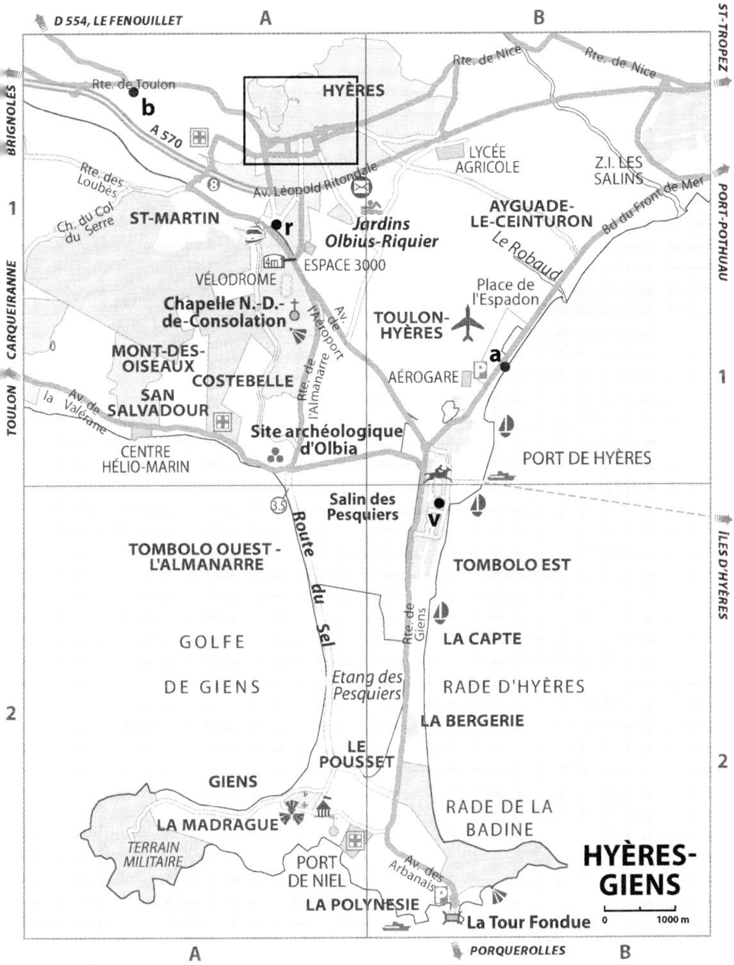

à Hyères-Plage 5 km au Sud-Est – ✉ 83400 Hyeres

Le Marais

CUISINE MÉDITERRANÉENNE • DESIGN Non loin de l'aéroport, un restaurant tendance – avec régulièrement des soirées musicales – auquel on accède par une grande terrasse offrant une vue superbe sur la mer. Dans l'assiette, les recettes méditerranéennes et italiennes sont à l'honneur : risotto à la meule de parmesan, côte de veau à la milanaise, tiramisu...

Carte 40/80 €

Plan : B1-a – *1366 bd de la Marine, près de l'aéroport*
– *✆ 09 54 12 72 09 – www.lemaraisplage.fr*
– *Fermé début janv. à fin mars*

Méditerranée

FAMILIAL • BORD DE MER Un petit hôtel familial en bordure de l'hippodrome, à cinquante mètres de la plage et du port de plaisance. Les chambres sont bien tenues, et l'on peut louer des vélos pour partir en balade aux alentours. Le tout à prix plutôt sage...

14 chambres – 66/101 € 66/101 € – 9 €

Plan : B2-v – *8 av. de la Méditerranée – 04 94 00 52 70 – www.hotel-lemediterranee.com – Fermé déc. et janv.*

IGÉ

71960 (Saône-et-Loire) – 853 hab. – Alt. 265 m – Carte régionale n° **4**-C3
Paris 396 km – Cluny 13 km – Mâcon 14 km – Tournus 34 km
Carte Michelin 320-I11

Château d'Igé

CUISINE CLASSIQUE • ROMANTIQUE Un décor médiéval et châtelain (pierres, poutres, belle et imposante cheminée, tissus tendus, etc.) au service d'une cuisine classique et soignée. Au sein de cette ancienne forteresse féodale devenue très douce, cette table charmante est idéale pour un moment galant...

Menu 37/89 € – Carte 61/82 €

252 r. du Château – 03 85 33 33 99 – www.chateaudige.com – Fermé le vend. midi hors saison et le midi du lundi au jeudi

Château d'Igé

DEMEURE HISTORIQUE • CLASSIQUE En ce château fort (1235) du Mâconnais, caractère et charme vont de pair. Les chambres ne manquent pas de cachet, comme l'attestent les tapisseries, baldaquins et autres voûtes. Quant au jardin avec sa roseraie et sa source, il est tout simplement magnifique !

13 chambres – 100/178 € 100/240 € – 4 suites – 18 € – ½ P

252 r. du Château – 03 85 33 33 99 – www.chateaudige.com

Château d'Igé – voir les restaurants ci-dessus

IGUERANDE

71340 (Saône-et-Loire) – 996 hab. – Alt. 280 m – Carte régionale n° **4**-B3
Paris 399 km – Dijon 184 km – Mâcon 105 km – Roanne 21 km
Carte Michelin 320-E12 – Guide Vert Michelin Bourgogne

La Colline du Colombier

CUISINE MODERNE • TENDANCE En pleine campagne, dominant la Loire, une ferme restaurée dans un style certes champêtre... mais chic et épuré ! Un lieu nature et design, pour déguster une cuisine du terroir raffinée. Et pour prolonger l'étape, on s'installe dans les fameuses "cadoles" sur pilotis !

Menu 44/70 € – Carte environ 90 €

lieu-dit le Colombier, 3,5 km au Sud-Ouest par D9 et rte secondaire – 03 85 84 07 24 – www.troisgros.com – Ouvert de mi-mars à fin nov. et fermé mardi sauf juil.-août et merc.

ÎLE AUX MOINES

56780 (Morbihan) – 619 hab. – Alt. 16 m – Carte régionale n° **5**-A3
Carte Michelin 308-N9 – Guide Vert Michelin Bretagne Sud

Les Embruns

CUISINE TRADITIONNELLE • RUSTIQUE Par mer agitée, il n'est pas rare que ce restaurant soit balayé par les embruns ! Quoi de plus normal sur cette jolie île... où le plaisir des yeux s'allie au plaisir des papilles. Ici, pas de chichi, on savoure tourteaux, poissons frais, huîtres et fruits de mer dans une ambiance conviviale... esprit insulaire oblige !

Menu 20/29 € – Carte 26/40 €

r. du Commerce – 02 97 26 30 86 – www.restaurantlesembruns.com – Fermé 1er-15 oct., fév., le soir en hiver et merc. sauf vacances scolaires

L'ÎLE BOUCHARD

✉ 37220 (Indre-et-Loire) - 1 655 hab. - Alt. 41 m - Carte régionale n° **6**-A3
Paris 284 km - Châteauroux 118 km - Chinon 16 km - Châtellerault 49 km
Carte Michelin 317-L6 - Guide Vert Michelin Châteaux de la Loire

Auberge de l'Île

CUISINE MODERNE • COSY XXX Sur cette île, au milieu de la Vienne, on jouerait volontiers les Robinson Crusoé... À condition de pouvoir manger dans cette auberge tous les jours ! On y savoure de bons produits, cuisinés avec soin, dans un cadre contemporain, ou en terrasse pour regarder passer les bateaux.

Menu 32/54 €

3 pl. Bouchard - ☎ 02 47 58 51 07 - www.aubergedelile.fr - Fermé 2 janv.-7 fév., mardi et merc.

à Sazilly 7 km à l'Ouest par D760 - ✉ 37220 - 255 hab. - Alt. 40 m

Auberge du Val de Vienne

CUISINE MODERNE • COSY XX Sur la route de Chinon, faites une halte gourmande dans cet ancien relais de poste (1870) au cœur du vignoble ! On y apprécie une cuisine traditionnelle actualisée, à base de beaux produits travaillés avec inventivité. Mention spéciale pour le carpaccio de cèpes et foie gras. Belle carte des vins.

Formule 18 € 🍷 - Menu 22 € (semaine), 32/57 € - Carte 51/64 €

30 rte de Chinon - ☎ 02 47 95 26 49 - www.aubergeduvaldevienne.com - Fermé 1 semaine fin nov., 3 semaines en janv., dim. soir et lundi de juin a sept. et jeudi soir

ÎLE-D'AIX

✉ 17123 (Charente-Maritime) - 241 hab. - Alt. 10 m - Carte régionale n° **20**-A2
Carte Michelin 324-C3 - Guide Vert Michelin Poitou-Charentes

Chez Joséphine

POISSONS ET FRUITS DE MER • DESIGN X Au restaurant de l'hôtel Napoléon, le chef réalise une jolie cuisine d'aujourd'hui, dans laquelle les produits de la mer tiennent le haut de l'affiche. Un cadre élégant mêlant design et touches baroques ; une jolie terrasse... Très sympathique !

Formule 25 € - Menu 32 € - Carte 29/56 €

Hôtel Napoléon, 1 r. Gourgaud - ☎ 05 46 84 00 77 - www.hotel-ile-aix.com - Ouvert d'avril à oct.

Napoléon

DEMEURE HISTORIQUE • DESIGN Vingt minutes de bateau et... la quiétude d'une île préservée. Dans cette jolie maison ancienne rénovée dans un bel esprit contemporain, les chambres sont douillettes et confortables. Ici, la défaite de Napoléon eût semblé plus douce.

18 chambres - †80/180 € ††80/180 € - ☕ 12 € - ½ P

1 r. Gourgaud - ☎ 05 46 84 00 77 - www.hotel-ile-aix.com - Ouvert d'avril à oct.

Chez Joséphine - voir les restaurants ci-dessus

ÎLE DE BATZ

✉ 29253 (Finistère) - 506 hab. - Alt. 30 m - Carte régionale n° **5**-B1
Carte Michelin 308-G2 - Guide Vert Michelin Bretagne Nord

Ti Va Zadou

FAMILIAL • PERSONNALISÉ O me da gar, ti va zadoù ! (Que je t'aime, maison de mes pères !) De l'embarcadère, on aperçoit la demeure avec ses volets bleus, à droite de l'église. Comment résister à son authentique charme breton, et à ses chambres adorables, parfaitement tenues, face aux flots ? Un paradis pour les amoureux de la mer Celtique...

4 chambres ☕ - †55 € ††70 €

au bourg - ☎ 02 98 61 76 91 - www.tivazadou-iledebatz.fr - Ouvert 1er fév.-11 nov.

ÎLE DE BRÉHAT

(Côtes-d'Armor) - Carte régionale n° **5**-C1
Carte Michelin 309-D1 - Guide Vert Michelin Bretagne Nord

Bellevue

HISTORIQUE • COSY Dominant l'embarcadère du Port-clos - lieu emblématique de l'île de Bréhat -, on trouve cette belle maison de pays largement centenaire (1904). Les chambres ont été rénovées avec goût et sobriété, et certaines d'entre elles disposent d'une terrasse avec vue sur la pointe de l'Arcouest...

19 chambres - 76/210 € 76/210 € - 12 € - ½ P

Port-Clos - 02 96 20 00 05 - www.hotel-bellevue-brehat.com - Fermé 15 nov.-25 déc. et 6 janv.-14 fév.

ÎLE DE GROIX

(Morbihan) - Carte régionale n° **5**-B2
Carte Michelin 308-K9 - Guide Vert Michelin Bretagne Sud

Le Sémaphore de la Croix

MAISON DE CAMPAGNE • PERSONNALISÉ L'isolement de ce sémaphore du 19e s. le pare de romantisme. Chambres raffinées, certaines d'inspiration marine ; préférez celles avec terrasse. Jardin fleuri et vue superbe sur l'océan font de cette adresse un véritable petit coin de paradis. Mais chut, on ne vous a rien dit !

5 chambres - 165 € 165/205 €

Le Sémaphore - Locmaria-plage, les Sables Rouges - 06 21 55 16 41 - www.semaphoredelacroix.fr - Ouvert de mi-avril à mi-oct.

ÎLE DE NOIRMOUTIER

(Vendée) - Alt. 8 m - Carte régionale n° **18**-A2
Carte Michelin 316-C6 - Guide Vert Michelin Pays de la Loire

L'Herbaudière

85330 (Vendée) - Noirmoutier en l Ile - Carte régionale n° **18**-A2
Paris 469 km - Cholet 140 km - Nantes 85 km - La Roche-sur-Yon 91 km

La Marine (Alexandre Couillon)

CUISINE CRÉATIVE • DESIGN Ne vous fiez pas aux apparences ! Derrière la sage façade de ce restaurant, le cadre est pop, pétillant et contemporain... tout comme la cuisine. Le chef, créatif et talentueux, compose des assiettes subtiles, abouties et raffinées, magnifiant des produits de la mer déjà au top. Menu unique.

→ Le bord de mer : coquillages et crustacés. Turbot de pays, poireau et jus d'oignon. Balade dans le bois de la Chaize : crémeux glacé à la sève de pin, biscuit au thé vert et chocolat.

Menu 72/198 €

3 r. Marie-Lemonnier (sur le port) - 02 51 39 23 09 (réservation conseillée) - www.alexandrecouillon.com - Fermé 1er déc.-20 janv., dim. soir, mardi et merc.

La Table d'Élise - voir les restaurants ci-dessous

La Table d'Élise

POISSONS ET FRUITS DE MER • BISTRO Cette table marine - l'annexe du restaurant gastronomique La Marine - honore les beaux produits iodés. On reconnaît le sens des saveurs et la précision d'exécution du chef, version bistrot et sans façon... Un vrai bon moment en perspective !

Formule 22 € - Menu 29 €

5 r. Marie-Lemonnier (sur le port) - 02 28 10 68 35 (réservation conseillée) - www.alexandrecouillon.com - Fermé 1er déc.-20 janv., dim. soir, mardi et merc.

Noirmoutier-en-l'Île

85330 (Vendée) - 4 547 hab. - Alt. 8 m - Carte régionale n° **18**-A2
Paris 464 km - Cholet 135 km - Nantes 80 km - La Roche-sur-Yon 86 km

Le Grand Four

CUISINE MODERNE • COSY Après une visite du château de Noirmoutier-en-l'Île, arrêtez-vous dans cette belle maison bourgeoise du 18e s. au cadre feutré et cossu. Dans ce Grand Four mijote une savoureuse cuisine du moment qui fait la part belle aux produits de l'Atlantique : huîtres de Noirmoutier, sole de l'Herbaudière, etc. De jolis arômes !

Menu 30/82 € - Carte 56/79 €

1 r. de la Cure (derrière le château) - ✆ 02 51 39 61 97 - www.legrandfour.com - Fermé 1 semaine en nov., 1er-15 janv., jeudi midi et dim. soir hors saison et lundi

Fleur de Sel

POISSONS ET FRUITS DE MER • CONVIVIAL Un restaurant très mer... pour une cuisine dans l'air du temps. Dans l'assiette, les recettes du chef sont bien tournées et donnent, évidemment, une place de choix aux produits iodés. On recommande vivement de goûter à cette savoureuse terrine de maquereau, ou à ce beau filet de daurade... Service tout sourire.

Formule 20 € - Menu 28 € (semaine), 37/47 € - Carte 36/75 €

Hôtel Fleur de Sel, 10 r. des Saulniers - ✆ 02 51 39 09 07 - www.fleurdesel.fr - Ouvert d'avril à fin sept., fermé le midi en semaine hors saison

L'Étier

POISSONS ET FRUITS DE MER • AUBERGE Une maison basse typique de l'île, dont l'intérieur est agréablement rustique ; la véranda, plus moderne, donne sur l'étier - un chenal d'eau de mer - de l'Arceau. On y déguste de beaux produits de la pêche locale : langoustines, filet de sole, etc. Une cuisine de bon artisan, fraîche et savoureuse à souhait.

Formule 19 € - Menu 28/58 € - Carte 51/61 €

rte de L'Épine, 1 km au Sud-Ouest - ✆ 02 51 39 10 28 - www.restaurant-letier.fr - Fermé déc., janv., mardi sauf juil.-août et lundi

Le Petit Banc

CUISINE TRADITIONNELLE • BISTRO Originaires de la région lyonnaise, Véronique et Gilles ont investi cette jolie maison de pays située juste au pied du château de Noirmoutier. On y retrouve l'ambiance du bouchon lyonnais (parquet, tables et chaises chinées) ; ils proposent une cuisine gourmande, réalisée avec de bons produits. En toute simplicité !

Formule 20 € - Menu 26 €

7 r. des Douves - ✆ 02 28 10 93 21 (réservation conseillée) - Fermé 1 semaine en mai, 1 semaine en août, 1 semaine en nov., 1 semaine en fév., dim. et le midi

Fleur de Sel

FAMILIAL • PERSONNALISÉ Un lieu paisible et verdoyant, entre practice de golf, piscine et chambres coquettes au décor soigné, d'esprit marin ou cosy, salon au coin de la cheminée... Ici, calme, confort et détente passent avant tout. Parfait pour un week-end au vert !

34 chambres - 89/169 € 99/229 € - ½ P

10 r. des Saulniers - ✆ 02 51 39 09 07 - www.fleurdesel.fr - Ouvert d'avril à fin sept.

Fleur de Sel - voir les restaurants ci-dessus

La Villa en l'Ile

FAMILIAL • CONTEMPORAIN Sur la route de la plage - mais au calme -, cet établissement a été entièrement rénové. Les chambres, décorées dans un style contemporain, sont fonctionnelles et bien tenues. Entre le sauna et le jacuzzi, c'est sûr, vous allez décompresser !

22 chambres - 65/89 € 65/89 € - 10 €

38 av. de la Victoire - ✆ 02 51 39 06 82 - www.lavillaenlile.com - Fermé janv.

au Bois de la Chaize 2 km à l'Est – ✉ 85330 Noirmoutier en l Ile

Les Prateaux

TRADITIONNEL • COSY Une jolie maison dans la pinède et non loin de la plage ! Les chambres, spacieuses et souvent de plain-pied, sont classiques et très confortables (lits king size). Une douceur de vivre qui ravit les nombreux habitués et autres amateurs de grand air.

20 chambres – 🚹99/140 € 🚹🚹99/212 € – ☕ 15 € – ½ P

8 allée du Tambourin – ✆ 02 51 39 12 52 – www.lesprateaux.com – Fermé 12 nov.-mars

ÎLE DE PORQUEROLLES

✉ 83400 (Var) – Carte régionale n° **21**-C3
Carte Michelin 340-M7 – Guide Vert Michelin Côte d'Azur

Le Mas du Langoustier

CUISINE MODERNE • CLASSIQUE XXX Dans ce mas coupé du monde, avec pour seul vis-à-vis la flore méditerranéenne et la mer, les saveurs prennent sans doute un relief particulier... mais la qualité d'exécution et la générosité des recettes sont bien réelles, et le plaisir évident.

➜ Œuf parfait, senteurs des sous-bois, terre reconstituée et tartare de lentin de chêne. Turbot rôti, câpres, citron confit, pieds et paquets grillés, ravioles de tomates confites. Crémeux au citron, marmelade pétillante aux agrumes.

Menu 77/145 € – Carte 95/120 €

Hôtel Le Mas du Langoustier, 3,5 km à l'Ouest du port – ✆ 04 94 58 34 83 – www.langoustier.com – Ouvert de fin avril à début oct. et fermé lundi et mardi

Le Mas du Langoustier

LUXE • MÉDITERRANÉEN Un petit coin de paradis à la pointe de l'île... Cette belle demeure de style provençal abrite des chambres spacieuses et fraîches. Le vrai luxe ? Le calme et la végétation méditerranéenne d'un site unique ! Navettes régulières avec le continent... qui semble si loin.

47 chambres – ½ P seult 155/385 € – 2 suites

3,5 km à l'Ouest du port – ✆ 04 94 58 30 09 – www.langoustier.com – Ouvert de fin avril à début oct.

✿ **Le Mas du Langoustier** – voir les restaurants ci-dessus

Villa Ste-Anne

FAMILIAL • FONCTIONNEL À côté de la petite église, sur la placette du village, une maison traditionnelle proposant des chambres agréables – simples et classiques dans le bâtiment principal, plus grandes et plus calmes dans l'aile à l'arrière. Au restaurant, la carte met en avant les recettes régionales.

25 chambres – 🚹180/230 € 🚹🚹180/230 € – ☕ 11 € – ½ P

24 pl. d'Armes – ✆ 04 98 04 63 00 – www.sainteanne.com – Ouvert mars-nov.

Auberge des Glycines

TRADITIONNEL • MÉDITERRANÉEN Au cœur du village, un sympathique petit coin de Provence, agréable pour un séjour sur l'île. L'accueil est chaleureux et le décor coloré ; la tradition est à l'honneur au restaurant, et se savoure dans un patio ombragé par un vieux figuier et une belle glycine... Doux moments !

11 chambres ☕ – 🚹120/320 € 🚹🚹120/320 € – ½ P

pl. d'Armes – ✆ 04 94 58 30 36 – www.auberge-glycines.com – Fermé 12 nov.-11 déc.

ON AIME...
L'Ô de Mer (Ars-en-Ré), transformé par un couple belge en rendez-vous très prisé des Rétais. **L'Écailler** (La Flotte), où les spécialités de la mer se dégustent sur la terrasse, face au port. **Chai nous comme Chai vous**, à la Flotte, sûrement la table la plus originale et créative de l'île! Les nombreux **bons hôtels de St-Martin-en-Ré**, à quelques encablures du port...

ÎLE DE RÉ

(Charente-Maritime) - Carte régionale n° **20**-A2
Carte Michelin 324-B2 - Guide Vert Michelin Poitou-Charentes

Ars-en-Ré

17590 (Charente-Maritime) - 1 297 hab. - Alt. 4 m - Carte régionale n° **20**-A2
Paris 506 km - Fontenay-le-Comte 85 km - Luçon 75 km - La Rochelle 34 km

Le Bistrot de Béné

POISSONS ET FRUITS DE MER • CONVIVIAL XX Face au charmant petit port, une adresse qui n'a de bistrot que le nom : le décor est plutôt soigné, voire résolument chic ! La chef, "Béné", tient bon le cap : elle travaille fruits de mer et poissons "nobles" dans les règles de l'art.

Carte 42/100 €

1 quai de la Criée - 05 46 29 40 26 - www.bistrotdebene.fr - Ouvert de mi-mars à mi-nov. et fermé lundi

Ô de Mer

CUISINE MODERNE • ÉLÉGANT X Les propriétaires ? Un couple belge qui, après plusieurs années passées en Australie, a trouvé son coin de paradis à Ars. Philosophie de la maison ? Accueillir, faire plaisir et partager... autour d'une cuisine du marché qui respecte les saisons et s'accompagne d'une belle sélection de bordeaux. Savoureux !

Menu 25 € (déj. en semaine) - Carte 55/72 €

5 r. Thiers - 05 46 29 23 33 (réservation conseillée) - www.odemerbistrotgourmand.fr - Fermé 20 nov.-20 déc., 10 janv.-10 fév., dim. soir et mardi midi hors saison et lundi

Le Bois-Plage-en-Ré

17580 (Charente-Maritime) - 2 353 hab. - Alt. 5 m - Carte régionale n° **20**-A2
Paris 494 km - Fontenay-le-Comte 74 km - Luçon 64 km - La Rochelle 23 km

Les Bois Flottais

FAMILIAL • PERSONNALISÉ Un petit hôtel à l'écart de l'agitation du village. Tomettes, lambris, bibelots marins... Ici, les chambres ont un décor très insulaire ; toutes de plain-pied, elles donnent même sur l'une des piscines. Délicieux produits "maison" - confitures, financiers... - au petit-déjeuner.

19 chambres - †92/162 € ††92/162 € - 14 €

chemin des Mouettes - 05 46 09 27 00 - www.lesboisflottais.com - Ouvert 17 mars-4 nov.

L'Océan

MAISON DE CAMPAGNE • COSY Cette vieille maison de pays, aux murs chaulés, fut jadis la première pension de famille de l'île. Côté déco, courtepointes et tissus brodés distillent le charme intemporel des habitations rhétaises. Les chambres sont très coquettes : on s'y sent bien !

29 chambres – 85/175 € 85/175 € – 14 € – ½ P

172 r. St-Martin – 05 46 09 23 07 – www.re-hotel-ocean.com – Fermé 2 janv.-2 mars et 13 nov.-26 déc.

La Villa Passagère

FAMILIAL • CONTEMPORAIN Sentez-vous ce parfum de lavande et de romarin ? Au cœur d'un jardin odorant, ces petites maisons régionales n'ont pas fini de vous rappeler de bons souvenirs ! Les chambres de plain-pied sont lumineuses et fonctionnelles ; préférez les plus récentes. Idéal pour un passage paisible et plaisant sur l'île.

13 chambres – 90/184 € 90/276 € – 13 €

25 av. du Pas-des-Bœufs – 05 46 00 26 70 – www.hotel-lavillapassagere.fr – Ouvert 1er avril-1er oct.

La Flotte

17630 (Charente-Maritime) – 2 863 hab. – Alt. 4 m – Carte régionale n° **20**-A2

Paris 489 km – Fontenay-le-Comte 68 km – Luçon 58 km – La Rochelle 17 km

Le Richelieu

CUISINE MODERNE • ÉLÉGANT XXX Vue sur le jardin et sur la mer pour cette table classique et élégante où l'on s'installe dans une salle panoramique. Derrière les fourneaux, le chef réalise une agréable cuisine du moment faisant la part belle aux saveurs iodées.

Formule 50 € – Menu 55 € (dîner) – Carte 61/83 € déjeuner

Hôtel Richelieu, 44 av. de la Plage – 05 46 09 60 70 – www.hotel-le-richelieu.com – Fermé le midi d'oct. à mars et lundi midi et mardi midi d'avril à juin

L'Écailler

POISSONS ET FRUITS DE MER • COSY XX Sur le joli petit port, une maison d'armateur datant de 1652 ! À l'intérieur, c'est chaleureux et soigné, avec des boiseries, une cheminée et du parquet ancien. Quant aux recettes, elles honorent la pêche locale… Aux beaux jours, on profite de la terrasse. Une bonne adresse gourmande.

Menu 41 € (déj.), 47/63 € – Carte 52/110 €

3 quai de Sénac – 05 46 09 56 40 – www.lecailler-iledere.com – Ouvert 17 fév.-11 nov. et fermé mardi sauf juil.-août et lundi

Chai nous comme Chai vous

CUISINE MODERNE • TENDANCE X On se sent un peu comme chez soi dans ce restaurant de poche coquet et convivial. Au menu, une jolie cuisine de la mer, des vins bien choisis, une touche d'inventivité et de sympathiques petites attentions… Réservez !

Formule 25 € – Menu 32/49 €

1 r. de la Garde – 05 46 09 49 85 (réservation conseillée) – www.chainouscommechaivous.com – Fermé 12 nov.-14 fév., merc. sauf vacances scolaires et jeudi

Le Richelieu

LUXE • PERSONNALISÉ Face à l'océan, une très belle villa rhétaise, immaculée comme il se doit et portant le nom du cardinal qui fut gouverneur de l'île. Les chambres sont raffinées, dans un esprit classique ou bord de mer chic, certaines avec une terrasse donnant sur les flots. Thalassothérapie, fitness… Un beau moment de détente !

26 chambres – 131/507 € 131/507 € – 3 suites – 22 € – ½ P

44 av. de la Plage – 05 46 09 60 70 – www.hotel-le-richelieu.com

Le Richelieu – voir les restaurants ci-dessus

Rivedoux-Plage

✉ 17940 (Charente-Maritime) - 2 282 hab. - Alt. 2 m - Carte régionale n° **20**-A2
Paris 483 km - Fontenay-le-Comte 63 km - Luçon 53 km - La Rochelle 12 km

Le M

CUISINE MODERNE • TENDANCE XX Ce bistrot chic et contemporain propose une carte dans l'air du temps, courte mais alléchante ; les amateurs se laisseront séduire par le menu homard... Quant au cadre, à votre convenance : à l'intérieur ou sur la terrasse, face à l'Océan et au pont de l'île de Ré. Rien de tel pour se sentir vraiment en vacances !

Formule 25 € - Menu 31/80 € - Carte 47/72 €

Hôtel La Marée, 321 av. Albert-Sarrault, rte de St-Martin - ✆ 05 46 35 39 44 - www.le-m.com

La Marée

TRADITIONNEL • CONTEMPORAIN Un hôtel face à la mer avec des chambres d'esprit cosy et épuré, dont la moitié donne sur les flots... Et pour les amateurs d'eau douce, la piscine et le jacuzzi sont bien agréables. Parfait pour prendre un grand bol d'air frais !

26 chambres - †60/229 € ††60/229 € - ☕ 14 € - ½ P

321 av. Albert-Sarrault, rte de St-Martin - ✆ 05 46 09 80 02 - www.le-m.com

Le M - voir les restaurants ci-dessus

St-Clément-des-Baleines

✉ 17590 (Charente-Maritime) - 692 hab. - Alt. 2 m - Carte régionale n° **20**-A2
Paris 509 km - Fontenay-le-Comte 89 km - Luçon 79 km - La Rochelle 38 km

Le Chat Botté

CUISINE MODERNE • ÉLÉGANT XX Un jeune couple (monsieur en cuisine, madame en salle) a repris cette jolie auberge marine. Les habitués retrouveront le bar en croûte feuilletée au beurre blanc et découvriront des créations plus actuelles, à l'instar de ces makis de langoustines aux aromates. Joli jardin verdoyant et terrasse.

Menu 27 € (déj. en semaine), 40/78 € - Carte 52/80 €

20 r. de la Mairie - ✆ 05 46 29 42 09 - www.restaurant-lechatbotte.com - Fermé 16 nov.-9 fév., mardi en fév., mars, oct., nov. et merc.

Le Chat Botté

FAMILIAL • COSY Dans cette maison de 1933, la troisième génération s'active pour satisfaire les clients, à l'image du petit-déjeuner servi dans l'adorable jardin ou du centre de beauté, agréable à souhait. Une adresse dédiée à la détente et au bien-être !

20 chambres - †87/155 € ††170/249 € - 3 suites - ☕ 13 €

2 pl. de l'Église - ✆ 05 46 29 21 93 - www.hotelchatbotte.com - Fermé 28 nov.-23 déc. et 7 janv.-9 fév.

St-Martin-de-Ré

✉ 17410 (Charente-Maritime) - 2 415 hab. - Alt. 14 m - Carte régionale n° **20**-A2
Paris 493 km - Fontenay-le-Comte 72 km - Luçon 62 km - La Rochelle 22 km

L'Avant Port

POISSONS ET FRUITS DE MER • BISTRO X Cette jolie maison du 17e s. située à l'entrée du port s'est muée en bistrot chic, dont on profite de la lumineuse verrière et d'une - ô combien - plaisante terrasse en été. Un cadre branché pour une cuisine au goût du jour, dans laquelle le produit passe avant tout : poisson extrafrais, légumes de l'île...

Formule 28 € - Menu 34 € (déj. en semaine)/49 € - Carte 53/77 €

8 quai Daniel-Rivaille - ✆ 05 46 68 06 68 - www.lavantport.com - Fermé 1er-25 déc., 1er janv.-8 fév., lundi sauf le soir de mi-juil. à mi-sept., mardi midi de mi-sept. à mi-juil. et dim. soir

Hôtel de Toiras

LUXE • CLASSIQUE Une maison d'armateur datant du 17e s., pleine de charme : décoration soignée, à la fois luxueuse et cosy, chambres très chaleureuses, accueil particulièrement attentionné, et des recettes bien tournées au restaurant, très appréciées des résidents... Pas de doute, cet établissement est une perle rare !

11 chambres - 🚹199/1500 € 🚹🚹199/1500 € - 9 suites - ☕ 24 € - ½ P

1 quai Job-Foran - ✆ 05 46 35 40 32 - www.hotel-de-toiras.com - Fermé 7-23 janv. et 15 nov.-17 déc.

Villa Clarisse

LUXE • PERSONNALISÉ Dans une rue menant au port, une maison modeste en apparence... mais qui se révèle raffinée par la qualité de ses aménagements et l'inspiration de ses décors, dans le bel esprit de l'île. Un petit havre de paix.

6 chambres - 🚹220/995 € 🚹🚹220/995 € - 3 suites - ☕ 24 €

5 r. du Gén.-Lapasset - ✆ 05 46 68 43 00 - www.villa-clarisse.com - Ouvert avril-sept.

Le Clos St-Martin

SPA ET BIEN-ÊTRE • COSY Non loin du port mais au calme, une belle maison dans un superbe jardin verdoyant. Joli hammam en mosaïque, spa, piscines et chambres d'esprit rhétais d'une élégance sobre et très nature... Cet établissement a du charme à revendre !

33 chambres ☕ - 🚹149/605 € 🚹🚹149/605 €

87 cours Pasteur - ✆ 05 46 01 10 62 - www.le-clos-saint-martin.com - Fermé 20 nov.-26 déc.

La Baronnie Hôtel & Spa

HISTORIQUE • PERSONNALISÉ Au cœur d'un beau jardin, ces deux hôtels particuliers du 18e s., restaurés avec goût dans un esprit bourgeois, permettent de se reposer au grand calme. Dans les chambres règne une vraie douceur de vivre, celle des demeures de famille, à la fois cosy et cossues... Une bien belle adresse.

22 chambres - 🚹149/405 € 🚹🚹149/405 € - ☕ 19 €

17-21 r. Baron-de-Chantal - ✆ 05 46 09 21 29 - www.hotel-labaronnie.com - Ouvert 3 fév.-5 mars, 31 mars-26 nov.

Le Galion

TRADITIONNEL • FONCTIONNEL Les remparts de Vauban protègent ce Galion des humeurs de l'Océan ; quant aux chambres, sobres, confortables et très bien tenues, elles donnent pour la plupart sur le large. De quoi donner envie de larguer les amarres pour un voyage au long cours.

29 chambres - 🚹90/160 € 🚹🚹95/165 € - ☕ 14 €

allée de la Guyane - ✆ 05 46 09 03 19 - www.hotel-legalion.com

La Jetée

TRADITIONNEL • CONTEMPORAIN Sur le port, au cœur de l'animation, un hôtel d'esprit contemporain. Les chambres sont avant tout fonctionnelles et néanmoins chaleureuses ; certaines plus design que les autres. En prime, il y a un joli patio, où l'on prend son petit-déjeuner aux beaux jours.

24 chambres - 🚹99/195 € 🚹🚹99/195 € - ☕ 12 €

quai Georges-Clemenceau - ✆ 05 46 09 36 36 - www.hotel-lajetee.com

Ste-Marie-de-Ré

✉ 17740 (Charente-Maritime) - 3 283 hab. - Alt. 9 m - Carte régionale n° **20**-A2

▶ Paris 486 km - Fontenay-le-Comte 66 km - Luçon 55 km - La Rochelle 15 km

Atalante

POISSONS ET FRUITS DE MER • TENDANCE XX Un bistrot chic et chaleureux ouvert sur l'Atlantique ; on y propose une cuisine du moment qui fait la part belle aux produits de la mer, à l'image de cette savoureuse marinière de moules et de coques ou de ce beau filet de maigre poêlé... À conseiller aux amateurs de saveurs iodées !

Formule 28 € - Menu 35/45 € - Carte 50/88 €

Hôtel Atalante, r. Port-Notre-Dame - 05 46 30 22 44 - www.iledere.relaisthalasso.com - Fermé 4-11 déc.

Atalante

SPA ET BIEN-ÊTRE • PERSONNALISÉ Face à la mer, un hôtel au grand calme. Mobilier contemporain et esprit zen dans les chambres, en adéquation avec la vocation de l'établissement, axé sur la thalassothérapie et la détente... En prime, une agréable piscine couverte.

96 chambres - 110/663 € 140/680 €

r. Port-Notre-Dame - 05 46 30 22 44 - www.iledere.relaisthalasso.com - Fermé 4-11 déc.

Atalante - voir les restaurants ci-dessus

Les Vignes de la Chapelle

TRADITIONNEL • ÉCO-RESPONSABLE Face aux vignes et à la mer, cet hôtel de style local est écorespectueux (matériaux naturels, panneaux solaires, etc.) et cultive un bel esprit nature. Les chambres sont de plain-pied avec terrasse. Et pour une détente maximale, on file à l'espace bien-être... Tranquillité, sobriété et confort !

17 suites - 119/450 € - 2 chambres - 15 €

5 r. de la Manne - 05 46 30 20 30 - www.lesvignesdelachapelle.com - Ouvert 31 mars-5 nov.

L'Ile sous le Vent

FAMILIAL • COSY Une belle et grande maison de plain-pied, bien dans l'esprit de l'île. Les chambres, feutrées et décorées avec goût, sont de véritables îlots de sérénité, sans même parler du jardin ou de la piscine... Dans un esprit de table d'hôtes, le restaurant met poissons et produits de saison à l'honneur.

9 chambres - 60/125 € 60/125 € - 11 €

17 bis r. du Petit-Labat - 05 46 09 60 53 - www.ilesouslevent.com - Fermé 11 nov.-12 fév.

ÎLE DE SEIN

29990 (Finistère) - 203 hab. - Carte régionale n° **5**-A2
Carte Michelin 308-B6 - Guide Vert Michelin Bretagne Sud

Ar Men

FAMILIAL • FONCTIONNEL La dernière maison en sortant du bourg, sur la route du phare. Les amoureux de la mer et du calme apprécieront les chambres océanes, presques nues, avec vue sur le large. Tout aussi efficace, la cuisine, qui change au gré de la pêche (ragoût de homard sur réservation). Pain maison, aux algues !

10 chambres - 52/80 € 62/80 € - 9 € - ½ P

rte du Phare - 02 98 70 90 77 - www.hotel-armen.net - Fermé 6-24 mars et 5 nov.-10 fév.

ÎLE DES EMBIEZ

83140 (Var) - Carte régionale n° **21**-B3
Carte Michelin 340-J7 - Guide Vert Michelin Côte d'Azur

Le Garlaban

POISSONS ET FRUITS DE MER • MÉDITERRANÉEN XX Le Garlaban ? Ainsi s'appelait le bateau de Paul Ricard, qui fonda ce restaurant à l'emplacement de l'ancien Yacht Club, face au port de plaisance. La mer est à l'honneur : spécialités de poissons (loup en croûte de sel, par exemple), vivier de crustacés, que l'on dévore dans une ambiance marine... ou sur la délicieuse terrasse.

Carte environ 55 €

face au port – 04 94 32 11 56 – www.lesilespaulricard.com – Ouvert mai-sept. et fermé du lundi au jeudi midi

Hélios

FAMILIAL • CONTEMPORAIN Rien que dix minutes de traversée pour rejoindre cette charmante petite île... Les chambres sont lumineuses et actuelles, toutes résolument modernes ; le spa, avec cabines de soins et hammam, fera la joie des corps harrassés. L'été, cuisine en forme de buffet sur la belle terrasse.

60 chambres – 155/235 € 180/260 € – 1 suite

au port – 04 94 10 66 10 – www.lesilespaulricard.com – Ouvert d'avril à oct.

ÎLE D'OLÉRON

(Charente-Maritime) – Carte régionale n° **20**-A2
Carte Michelin 324-C4 – Guide Vert Michelin Poitou-Charentes

La Cotinière

17310 (Charente-Maritime) – St Pierre d Oleron – Carte régionale n° **20**-A2
Paris 522 km – Marennes 22 km – Rochefort 44 km – La Rochelle 80 km

Île de Lumière

FAMILIAL • FONCTIONNEL Des chambres dans de petits pavillons, sur un site assez sauvage... façon motel. Toutes ont une terrasse privative donnant sur la mer, les dunes ou la piscine : c'est sobre, bien tenu et vraiment calme.

43 chambres – 72/156 € 72/156 € – 9 €

69 av. des Pins – 05 46 47 10 80 – www.moteliledelumiere.com – Ouvert 1er avril-1er oct.

Face aux Flots

FAMILIAL • FONCTIONNEL Un petit hôtel de bord de mer sympathique, avenant et tenu par un couple charmant. Les chambres sont fonctionnelles et impeccables (dont quatre avec un petit balcon), et celles du 2e étage ont une très jolie vue sur les flots... évidemment !

22 chambres – 63/140 € 65/140 € – 12 €

24 r. du Four – 05 46 47 10 05 – www.hotel-faceauxflots-oleron.com – Ouvert 4 fév.-5 nov. et vacances de Noël

à la Ménounière 2 km au Nord par rte secondaire 17310 St-Pierre-d'Oléron

Saveurs des Îles

CUISINE MODERNE • FAMILIAL XX Les propriétaires ont construit eux-mêmes ce joli restaurant ethnique et sa terrasse zen et apaisante... Les plats créatifs de Patrick Daudu se teintent de petites touches asiatiques et mettent en avant la pêche de la Cotinière, tandis que Cécile, son épouse, vous accueille avec le sourire. Une invitation au voyage !

Formule 28 € – Menu 40/75 €

18 r. de la Plage – 05 46 75 86 68 – www.saveursdesiles.fr – Ouvert 1er avril-11 nov. et fermé lundi sauf le soir en juil.-août, merc. midi en juil.-août et mardi midi de sept. à juin

Dolus-d'Oléron

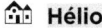

17550 (Charente-Maritime) – 3 207 hab. – Alt. 7 m – Carte régionale n° **20**-A2
Paris 511 km – Rochefort 39 km – La Rochelle 75 km – Saintes 58 km

à la Rémigeasse 2 km à l'Ouest par rte secondaire – ✉ 17550 Dolus d Oleron

Le Grand Large

LUXE • DESIGN Ce fleuron de la villégiature balnéaire des années 1960 a retrouvé sa belle jeunesse en 2011, grâce à ses propriétaires. Tombés sous le charme, ils ont quitté leur Luberon pour Oléron, et bien leur en a pris ! Design, nature et trendy : un lieu chic au bord de l'eau, entre embruns, air du large et évocation de la douceur des sixties.

28 chambres – 140/400 € 140/400 € – 19 € – ½ P

2 av. de l'Océan – 05 46 75 77 77 – www.le-grand-large.fr – Ouvert avril-oct.

à Vert-Bois 4 km au Sud par D26 et D126 – ✉ 17550

Le Vert-Bois

FAMILIAL • PERSONNALISÉ Sous l'impulsion de ses enthousiastes propriétaires, cet hôtel entièrement rénové propose des chambres cosy à l'atmosphère balnéaire... que l'on retrouve à la piscine ou à plage de Vert-Bois, située à 900 mètres. Et l'accueil est charmant !

23 chambres – 60/80 € 70/130 € – 11 €

104 chemin St-James – 05 46 36 87 66 – www.hotel-vert-bois-oleron.com – Ouvert de Pâques à la Toussaint

St-Trojan-les-Bains

✉ 17370 (Charente-Maritime) – 1 423 hab. – Alt. 5 m – Carte régionale n° **20**-A2

Paris 509 km – Marennes 16 km – Rochefort 38 km – La Rochelle 74 km

L'Albatros

POISSONS ET FRUITS DE MER • CONVIVIAL Ce petit restaurant aux allures de bistrot propose une cuisine traditionnelle tournée vers les produits de la mer, et privilégie les producteurs locaux : huîtres du bassin, terrine de cochon de pays rôti au four... Installez-vous sur l'agréable terrasse ombragée, les pieds dans l'eau et les papilles en vacances !

Formule 19 € – Menu 26 € (déj. en semaine), 33/75 € – Carte 45/115 €

Hôtel L'Albatros, 11 bd du Dr-Pineau – 05 46 76 00 08 – www.albatros-hotel-oleron.com – Ouvert 6 fév.-1er nov.

Novotel

HÔTEL DE CHAÎNE • FONCTIONNEL Face à la plage, un hôtel intégré au centre de thalassothérapie et, de fait, dédié à la détente, au bien-être et à la diététique. D'esprit contemporain, les chambres, toutes avec balcon, sont confortables et assez spacieuses. Repos garanti !

109 chambres – 90/285 € 90/285 € – 18 €

plage de Gatseau, 2,5 km au Sud – 05 46 76 02 46 – www.thalassa.com – Fermé 27 nov.-26 déc.

Les Cleunes

FAMILIAL • CLASSIQUE Sur le front de mer, une grande maison vendéenne avec sa piscine donnant sur l'Océan... Les chambres sont confortables et chaleureuses ; plus spacieuses côté mer. Et que dire de l'espace bien-être avec sauna et hammam... Idéal pour décompresser !

41 chambres – 59/275 € 59/275 € – 12 €

25 bd de la Plage – 05 46 76 03 08 – www.hotel-les-cleunes.com

Mer et Forêt

FAMILIAL • FONCTIONNEL Dans un quartier résidentiel et calme, un hôtel balnéaire avec des chambres fonctionnelles et très bien tenues donnant sur la forêt de pins ou sur la mer. Vous préférez l'eau douce au grand large ? Pas de problème : la piscine vous tend les bras.

43 chambres – 59/329 € 59/329 € – 12 €

16 bd Pierre-Wiehn – 05 46 76 00 15 – www.hotel-ile-oleron.com – Ouvert de Pâques à oct.

L'Albatros

FAMILIAL • DESIGN Un hôtel "les pieds dans l'eau" et au grand calme, façon mer d'huile ! Les chambres ont été rénovées dans un esprit frais et contemporain et l'on s'y sent vraiment bien.

13 chambres – 95/118 € 105/225 € – 13 € – ½ P

11 bd du Dr-Pineau – 05 46 76 00 08 – www.albatros-hotel-oleron.com – Ouvert 6 fév.-1er nov.

L'Albatros – voir les restaurants ci-dessus

Le Château-d'Oléron

17480 (Charente-Maritime) – 3 949 hab. – Alt. 9 m – Carte régionale n° **20**-A2
Paris 524 km – Poitiers 190 km – La Rochelle 72 km – Saintes 54 km

Les Jardins d'Aliénor

CUISINE MODERNE • COSY Installé depuis une dizaine d'années dans cet ancien relais de poste du centre-ville, Marc Le Reun a encore de l'inspiration à revendre ! Ses assiettes, joliment présentées, font la part belle aux saveurs marines ; on les déguste dans un intérieur cosy et confortable, ou, aux beaux-jours, sur la jolie petite terrasse.

Formule 21 € – Menu 25 € (déj. en semaine), 49/69 € – Carte 55/60 €
8 chambres – 110/180 € 110/180 € – 16 €

11 r. du Mar.-Foch – 05 46 76 48 30 – www.lesjardinsdalienor.com – Fermé 5-11 juin, 23-29 oct., 2-22 janv., le midi en juil.-août, mardi sauf le soir en saison et lundi

Le Grand-Village-Plage

17370 (Charente-Maritime) – 1 040 hab. – Alt. 6 m – Carte régionale n° **20**-A2
Paris 525 km – Poitiers 191 km – La Rochelle 73 km – Rochefort 36 km

Le Relais des Salines

POISSONS ET FRUITS DE MER • BISTRO Le patron, sympathique et décontracté, n'est sans doute pas étranger à l'atmosphère qui règne dans cette ancienne cabane ostréicole. Il cultive ici un esprit de bistrot marin, avec une terrasse côté marais salants ; à l'ardoise, on trouve une cuisine copieuse et généreuse qui met avant de belles saveurs iodées. Une vraie perle !

Menu 25 € (déj. en semaine) – Carte environ 40 €

port des Salines – 05 46 75 82 42 – www.lerelaisdessalines.com – Ouvert de mi-mars à mi-nov. et fermé lundi sauf vacances scolaires

L'ÎLE-D'OLONNE

85340 (Vendée) – 2 804 hab. – Alt. 5 m – Carte régionale n° **18**-A3
Paris 453 km – Nantes 101 km – La Roche-sur-Yon 33 km
Carte Michelin 316-F8 – Guide Vert Michelin Pays de la Loire

Les Fermes de Terre Neuve - La Girardière

FAMILIAL • PERSONNALISÉ En retrait du littoral, cette ancienne ferme a été rénovée de la plus belle manière. Trois chambres spacieuses, romantiques à souhait, décorées par thème (Dame aux camélias, Kipling, Montgolfière), un beau salon tout en longueur avec mobilier ancien, imposante bibliothèque et piano... Quel charme !

3 chambres – 140/180 € 155/195 €

rte de St-Mathurin, 1,5 km au Nord-Est par D87 – 06 16 72 74 50 – www.lesfermesdeterreneuve.com

ÎLE D'OUESSANT

(Finistère) – Carte régionale n° **5**-A1
Carte Michelin 308-A4 – Guide Vert Michelin Bretagne Sud

Ty Korn

POISSONS ET FRUITS DE MER • BISTRO À Ouessant, tout le monde connaît cette adresse voisine de l'église de Lampaul. Des fruits de mer, des poissons fraîchement pêchés ; c'est convivial et généreux. Un restaurant devenu un rendez-vous incontournable sur l'île pour les amateurs de qualité !

Carte 34/45 €

au bourg de Lampaul - 02 98 48 87 33 (réservation conseillée) - Fermé 8-30 nov., 4-25 janv., dim. et lundi sauf fériés

Ti Jan Ar C' Hafé

MAISON DE CAMPAGNE • PERSONNALISÉ À l'entrée du bourg de Lampaul, un vrai petit hôtel de charme, point de chute parfait pour visiter l'île. Les chambres sont ravissantes, colorées et du meilleur goût. Tout est délicieux : la terrasse, le calme, la nature pleine de poésie...

8 chambres - 79/99 € 79/99 € - 10 €

Kernigou - 06 70 89 29 23 - www.tijan.fr - Fermé 11 nov.-26 déc. et 4 janv.-1er mars

ÎLE D'YEU

(Vendée) - Carte régionale n° **18**-A3

Carte Michelin 316-BC7 - Guide Vert Michelin Pays de la Loire

Port-Joinville

85350 (Vendée) - 4 575 hab. - Carte régionale n° **18**-A3

Paris 457 km - Challans 26 km - Nantes 69 km - La Roche-sur-Yon 70 km

Port Baron

CUISINE TRADITIONNELLE • VINTAGE Vieilles affiches, banquettes et disques anciens : dans cet ancien fournil du début du 20e s. l'atmosphère est celle d'un bistrot à l'ancienne. Le chef concocte une généreuse cuisine traditionnelle, qui varie selon les arrivages... Rétro en diable et convivial. Et il y a même un toit-terrasse, le must !

Menu 20 € (déj. en semaine), 38 €

5 bis r. Georgette - 02 51 59 15 88 - www.restaurant-port-baron.fr - Fermé 2 semaines en oct., de janv. à mi-fév., dim. soir, mardi midi et lundi

L'Escale

FAMILIAL • FONCTIONNEL En retrait du port, une Escale typique de l'île avec sa façade blanche ; les chambres y sont simples et très bien tenues, certaines en rez-de-jardin. Petit plus appréciable sur l'Île d'Yeu, la possibilité de louer des vélos. Bref, tout cela fleure bon les vacances !

29 chambres - 60/100 € 60/100 € - 10 €

14 r. de La Croix-de-Port - 02 51 58 50 28 - www.yeu-escale.fr - Fermé 2 janv.- 27 fév.

L'ILE-ROUSSE - 2B (Haute-Corse) → Voir Corse

LAS ILLAS - 66 (Pyrénées-Orientales) → Voir Maureillas-las-Illas

ILLE-SUR-TÊT

66130 (Pyrénées-Orientales) - 5 354 hab. - Alt. 141 m - Carte régionale n° **12**-B3

Paris 873 km - Canillo 126 km - Montpellier 177 km - Perpignan 26 km

Carte Michelin 344-G6

Saveurs des Orgues

CUISINE MODERNE • SIMPLE Tendez l'oreille... non pas pour entendre le chant des orgues, mais le tintement des casseroles, des couverts et des assiettes ! C'est à un joli moment de gastronomie qu'invite cette table, menée avec soin par un père et son jeune fils. Entre terre et mer, les saveurs sont bien au rendez-vous. Et l'accueil est tout sourire !

Formule 16 € - Menu 30/55 € - Carte 55/70 €

1 r. Guttemberg - 04 68 84 10 48 - www.saveurs-des-orgues.fr - Fermé 30 juin-14 juil., dim. soir, jeudi soir et lundi

Les Buis

MAISON DE MAÎTRE • ÉLÉGANT Comment ne pas succomber au charme de cette demeure bourgeoise de 1896 à la façade ornée de balcons ouvragés ? Flânez entre le salon ancien, l'espace bibliothèque ou la salle à manger, puis gravissez le grand escalier qui mène aux chambres, meublées avec goût. Ravissant jardin à l'arrière.

5 chambres - 85/135 € 95/145 €

37 r. Carnot - 04 68 57 67 43 - www.lesbuis.com

ILLHAEUSERN

68970 (Haut-Rhin) - 669 hab. - Alt. 173 m - Carte régionale n° **1**-C2
Paris 452 km - Artzenheim 15 km - Colmar 19 km - St-Dié 55 km
Carte Michelin 315-I7

Auberge de l'Ill (Marc Haeberlin)

CUISINE CLASSIQUE • LUXE Ce n'était, à l'origine, qu'une petite auberge sur les rives de l'Ill, appréciée pour sa matelote au riesling. Au fil du 20e s., la famille Haeberlin a su l'élever au rang d'institution, et voilà bien un fief de la grande tradition : celle qui a inspiré et inspirera encore des générations de cuisiniers, et qui conserve intacts la fraîcheur et le souffle de l'excellence.

→ Terrine de foie gras d'oie. Mousseline de grenouilles "Paul Haeberlin". La pêche "Haeberlin".

Menu 129 € (déj.)/184 € - Carte 120/300 €

Hôtel des Berges, 2 r. de Collonges-au-Mont-d'Or - 03 89 71 89 00 (réservation conseillée) - www.auberge-de-l-ill.com - Fermé 29 janv.-9 mars, 1er-6 janv., lundi et mardi

Hôtel des Berges

LUXE • PERSONNALISÉ Ce délicieux refuge est niché au bord de l'eau, dans le parc de l'Auberge de l'Ill. Dans ces deux bâtiments rappelant les anciens séchoirs à tabac de la région, les chambres ont un cachet fou - meubles chinés, boiseries, tableaux, sculptures... Un magnifique ensemble, désormais doté d'un imposant spa (800 m²).

18 chambres - 300/360 € 300/450 € - 2 suites - 28 €

4 r. de Collonges-au-Mont-d'Or - 03 89 71 87 87 - www.hoteldesberges.com - Fermé 29 janv.-9 mars, 1er-6 janv., lundi et mardi

Auberge de l'Ill - voir les restaurants ci-dessus

Les Hirondelles

FAMILIAL • TRADITIONNEL Un accueil sympathique vous est réservé dans cette ancienne ferme à la fois rustique et chaleureuse. Les chambres, confortables et bien équipées, se répartissent autour d'une jolie cour. Et aux premières chaleurs, on plonge dans la piscine !

18 chambres - 71/78 € 76/83 € - 8,50 €

33 r. du 25-janvier - 03 89 71 83 76 - www.hotelleshirondelles.com - Fermé 1er janv.-11 mars et 22 août-2 sept.

ILLKIRCH-GRAFFENSTADEN - 67 (Bas-Rhin) → Voir Strasbourg

ILLZACH - 68 (Haut-Rhin) → Voir Mulhouse

INGERSHEIM - 68 (Haut-Rhin) → Voir Colmar

INGRANDES-DE-TOURAINE

37140 (Indre-et-Loire) - 523 hab. - Alt. 48 m - Carte régionale n° **6**-A2
Paris 285 km - Nantes 172 km - Orléans 161 km - Tours 39 km
Carte Michelin 317-K5 - Guide Vert Michelin Châteaux de la Loire

Vincent Cuisinier de Campagne

CUISINE MODERNE • CONVIVIAL Tout est dans le titre... En plein cœur des vignes, on est accueilli en ami dans cette jolie maison, qui cultive une ambiance de ferme à la fois chic et simple (tomettes, pierres et poutres apparentes, natures mortes aux murs). Légumes, volailles, œufs sont produits sur place : qualité garantie !

Formule 18 € – Menu 25/35 €

La Galottière – 02 47 96 17 21 (réservation conseillée) – www.vincentcuisinierdecampagne.blogspot.fr – Fermé 1 semaine en mars et 2 semaines en déc.

IRANCY

89290 (Yonne) – 296 hab. – Alt. 190 m – Carte régionale n° **4**-B1

Paris 184 km – Auxerre 14 km – Dijon 144 km – Troyes 89 km

Carte Michelin 319-E5 – Guide Vert Michelin Bourgogne

Le Soufflot

CUISINE MODERNE • BISTRO Dans le centre-ville d'Irancy, ce bistrot convivial propose une carte au goût du jour, courte et savoureuse (avec une prédilection du chef pour les légumes) et une belle carte de vins, pas uniquement bourguignonne : les Bordelais pourront donc pousser la porte sans frissonner.

Formule 25 € – Menu 28 € (déj.)/30 €

33 r. Soufflot – 03 86 42 39 00 – www.restaurant-irancy.fr – Fermé 3 semaines en janv., lundi et le soir sauf vend. et sam.

IRISSARRY

64780 (Pyrénées-Atlantiques) – 866 hab. – Alt. 170 m – Carte régionale n° **2**-B3

Paris 804 km – Bordeaux 228 km – Pau 123 km

Carte Michelin 342-E3

Art'zain N

CUISINE DU MARCHÉ • CONTEMPORAIN Artzain signifie "berger" en basque – hommage du propriétaire à son père. Située au centre du village, cette ancienne grange, entièrement réhabilitée dans un style rustique et design (le mobilier est l'œuvre de l'artisan basque Alki), propose une cuisine de saison volontiers locavore. Une bonne adresse.

Formule 15 € – Menu 31/57 €

le bourg – 05 59 37 23 83 – www.restaurant-art-zain.fr – Fermé vacances de fév., mardi sauf le soir en juil.-août et lundi.

ISBERGUES – 62 (Pas-de-Calais) → Voir Aire-sur-la-Lys

L'ISLE-ADAM

95290 (Val-d'Oise) – 11 918 hab. – Alt. 28 m – Carte régionale n° **10**-B1

Paris 41 km – Beauvais 49 km – Chantilly 24 km – Compiègne 66 km

Carte Michelin 305-E6 – Guide Vert Michelin Île-de-France

Le Relais Fleuri

CUISINE TRADITIONNELLE • AUBERGE Cette table adamoise connaît une clientèle d'habitués de longue date. Dans un décor aux notes désuètes, on apprécie une vraie cuisine traditionnelle, concoctée avec des produits frais. Agréable terrasse sous les tilleuls.

Formule 28 € – Menu 37 €

61 bis r. St-Lazare – 01 34 69 01 85 – Fermé août, le soir sauf vend. et sam. et mardi

La Villa de l'Écluse

LUXE • COSY Dans le cadre verdoyant des berges de l'Oise, non loin de la plage de l'Isle-Adam, cette belle villa des années 1940, en pierres apparentes, a été transformée en hôtel après 18 mois de travaux ! Les chambres sont de vrais cocons contemporains ; on déguste son petit-déjeuner sous la véranda ou en terrasse... Charmant !

15 chambres - 95/105 € 130/260 € - 13 €

chemin Pierre-Terver - 01 34 73 26 96 - www.lavilladelecluse.fr

L'ISLE-D'ABEAU

38080 (Isère) - 15 944 hab. - Alt. 265 m - Carte régionale n° **23**-B2

Paris 499 km - Bourgoin-Jallieu 6 km - Grenoble 72 km - Lyon 38 km

Carte Michelin 333-E4 - Guide Vert Michelin Lyon et sa région

Le Relais du Çatey

CUISINE MODERNE • TENDANCE Décor et éclairage contemporains soulignent le cachet préservé de cette maison dauphinoise de 1774. Rognon de veau juste poêlé et beurre mousseux au poivre de Sarawak ; mirabelles en tarte fine, verveine et citron vert... Des plats inventifs, servis avec sérieux et professionnalisme.

Menu 28 € (déj. en semaine), 41/66 € - Carte 50/72 €

7 chambres - 70/90 € 70/90 € - 11 €

10 r. Didier - 04 74 18 26 50 - www.le-relais-du-catey.com - Fermé 5-28 août, 30 déc.-8 janv., dim. et lundi

L'ISLE-JOURDAIN

32600 (Gers) - 7 679 hab. - Alt. 116 m - Carte régionale n° **15**-B2

Paris 682 km - Auch 45 km - Montauban 58 km - Toulouse 37 km

Carte Michelin 336-I8

L'Échappée Belle

CUISINE MODERNE • CONVIVIAL La table de L'Échappée Belle est à l'image de l'établissement : dans l'air du temps ! On y déguste une bonne cuisine du marché, à l'instar de cette cuisse de volaille fermière farcie, accompagnée d'une crème de trompettes. La carte a été imaginée par le chef Bernard Bach. Un lieu tendance... mais pas seulement.

Formule 15 € - Menu 19 € (déj. en semaine), 22/40 € - Carte 34/49 €

2 pl. Gambetta - 05 62 07 50 05 - www.echappee-belle.fr

L'Échappée Belle

TRADITIONNEL • CONTEMPORAIN À deux pas de Toulouse et aux portes du Gers, la façade ultramoderne de cet hôtel cache des chambres résolument contemporaines. Il fait bon se détendre dans le joli salon ou dans le patio. Idéal pour une échappée... belle !

27 chambres - 78/168 € 78/168 € - 12 € - ½ P

2 pl. Gambetta - 05 62 07 50 00 - www.echappee-belle.fr

L'Échappée Belle - voir les restaurants ci-dessus

à Pujaudran 8 km à l'Est par N124 - 32600 - 1 387 hab. - Alt. 302 m

Le Puits St-Jacques (Bernard Bach)

CUISINE CRÉATIVE • ÉLÉGANT Cette maison gersoise, jadis relais sur la route de Compostelle, abrite une salle à manger raffinée et un patio à l'atmosphère méridionale. Cuisine séduisante et inspirée, osant les nouvelles tendances.

→ Foie gras de canard mi-cuit au vin de noix, café-poire et craquelin. Carré de porc noir de Bigorre cuit rosé, chou-rave au lard, jus de côte et kumquat. Véritable chocolat liégeois, glace chocolat mi-amer.

Menu 32 € (déj. en semaine), 75/120 € - Carte 90/130 €

av. Victor-Capoul - 05 62 07 41 11 (réservation conseillée) - www.lepuitssaintjacques.fr - Fermé 20 août-8 sept., 1er-19 janv., dim. soir, lundi et mardi

L'ISLE-JOURDAIN

✉ 86150 (Vienne) - 1 179 hab. - Alt. 142 m - Carte régionale n° **20**-C2
▶ Paris 375 km - Confolens 29 km - Niort 104 km - Poitiers 53 km
Carte Michelin 322-K7

à Port-de-Salles 7 km au Sud par D8 et rte secondaire - ✉ 86150

Val de Vienne

TRADITIONNEL • FONCTIONNEL Non loin du circuit automobile du Val-de-Vienne, en pleine campagne, un véritable motel : chaque chambre dispose d'une entrée indépendante et d'une terrasse face au jardin bordé par la Vienne. Le calme est assuré et l'entretien impeccable... Qu'on y vienne !

21 chambres - †92/145 € ††92/195 € - ☕12 €

Port de Salles - ✆ 05 49 48 27 27 - www.hotel-valdevienne.com

L'ISLE-SUR-LA-SORGUE

✉ 84800 (Vaucluse) - 18 902 hab. - Alt. 57 m - Carte régionale n° **22**-E1
▶ Paris 693 km - Apt 34 km - Avignon 23 km - Carpentras 18 km
Carte Michelin 332-D10 - Guide Vert Michelin Provence

Le Vivier

CUISINE MODERNE • TENDANCE XX Voilà une belle table contemporaine : sa terrasse face à la Sorgue et ses rives verdoyantes est un plaisir pour les yeux, plus encore ses assiettes, très graphiques et soignées. Le chef mêle saveurs et textures avec délicatesse et subtilité.

➜ Foie gras à l'anguille fumée et au pedro ximenez. Pithiviers de pigeon, de cèpes et foie gras. Dessert tout chocolat.

Formule 26 € - Menu 32 € (déj. en semaine), 55/80 € - Carte 62/82 €

800 cours Fernande-Peyre, rte de Carpentras - ✆ 04 90 38 52 80 - www.levivier-restaurant.com - Fermé 15 fév.-9 mars, 2 semaines en nov., 1 semaine en janv., dim. soir de mi-sept. à mi-juin, vend. midi, sam. midi et lundi

Le Petit Henri Ⓝ

CUISINE MODERNE • ÉLÉGANT XX La table du Grand Hôtel Henri est dans le prolongement direct de l'établissement qui l'accueille : décor soigné, avec cheminée centenaire et lustres chatoyants, terrasse ombragée de mûriers-platanes autour d'une fontaine... et jolie cuisine de saison à dominante régionale.

Formule 25 € - Menu 32 € (déj. en semaine), 41/64 € - Carte 55/69 €

Hôtel le Petit Henri, 1cours René-Char - ✆ 04 90 38 10 52 (réservation conseillée) - www.grandhotelhenri.com - Fermé 16 janv.-5 fév.

La Prévôté

CUISINE TRADITIONNELLE • INTIME XX Dans un couvent du 17^{e}s. ouvrant sur un bras de la Sorgue, on savoure une cuisine basée sur des produits frais, dans un cadre raffiné (cheminée, poutres apparentes). Chambres très joliment décorées.

Formule 23 € - Menu 41/75 € - Carte 47/71 €

5 chambres ☕ - †150/230 € ††150/230 €

4 bis r. Jean-Jacques-Rousseau (derrière l'église) - ✆ 04 90 38 57 29 (réservation conseillée) - www.la-prevote.fr - Fermé 26 fév.-17 mars, 13 nov.-1er déc., merc. sauf le soir en juil.-août et mardi

Café Fleurs

CUISINE MODERNE • ROMANTIQUE XX Deux salles au décor provençal clair et soigné, une agréable terrasse extérieure avec vue sur la Sorgue : joli cadre pour une cuisine actuelle au charme typiquement méridional. Bonne sélection de vins au verre.

Formule 21 € - Menu 26 € (déj. en semaine), 36/70 € - Carte 48/73 €

9 r. Théodore-Aubanel - ✆ 04 90 20 66 94 - www.cafefleurs.com - Fermé janv., 1 semaine en fév., mardi sauf de mi-juin à mi-sept. et merc.

Le Jardin du Quai

CUISINE PROVENÇALE • BISTRO Avec son jardin ombragé, ses vieux arbres et son intérieur provençal, ce bistrot a quelque chose du charme d'antan. On y propose un menu unique réalisé avec les produits du marché, pour une cuisine goûteuse et soignée, respectueuse des saisons. Bon et sans esbroufe !

Menu 37 € (déj.)/43 €

91 av. Julien-Guigue (près de la gare) - 04 90 20 14 98 - www.danielhebet.com - Fermé 21 déc.-6 janv., mardi et merc. sauf de mai à oct.

La Balade des Saveurs

CUISINE TRADITIONNELLE • COSY Un jeune couple sympathique - Benjamin et Sophie Fabre - règne sur ce restaurant plein de fraîcheur, dont la terrasse borde le cours pittoresque de la Sorgue. Les recettes cultivent aussi bien le caractère que la douceur de la Provence. Cette Balade des Saveurs est aussi... une ballade des gens heureux.

Formule 15 € - Menu 28/38 € - Carte 42/56 €

3 quai Jean-Jaurès - 04 90 95 27 85 - www.balade-des-saveurs.com - Fermé 1 semaine en avril et en nov., janv., lundi et mardi d'oct. à mai

Le Carré d'Herbes

CUISINE RÉGIONALE • BISTRO Pas évident de trouver ce restaurant dans le renfoncement d'une cour... peuplée d'antiquaires. Dans la salle, objets et mobilier chinés dessinent un lieu atypique - sans parler de la terrasse, des plus agréables ! Au menu : une cuisine de saison aux saveurs méridionales.

Formule 19 € - Menu 33/38 € - Carte environ 42 €

13 av. des 4-Otages - 04 90 38 23 97 - www.lecarredherbes.eu - Fermé 4 semaines en déc.-janv., jeudi sauf le soir en juil.-août et merc.

Grand Hôtel Henri (N)

BOUTIQUE HÔTEL • PERSONNALISÉ Au cœur de la ville des antiquaires, on tombe immédiatement sous le charme de cette vénérable maison rénovée en 2015. Escalier en marbre de Carrare, chambres élégamment décorées de lampes et miroirs anciens, tableaux et fauteuils... Un havre de confort, jusqu'au bar à l'ambiance jazzy.

17 chambres - 109/340 € 109/340 € - 17 € - ½ P

1 cours René-Char - 04 90 38 10 52 - www.grandhotelhenri.com - Fermé 16 janv.-5 fév.

Le Petit Henri - voir les restaurants ci-dessus

Artishow

LUXE • DESIGN Mondrian, Cézanne, Vasarely, etc. : tels sont les noms des chambres de cet hôtel particulier transformé par un marchand d'art. Superbe salon avec cheminée, piscine intérieure et ambiance bucolique : l'endroit ne laissera personne indifférent.

5 chambres - 250/520 € 250/520 €

9 r. Denfert-Rochereau - 04 32 61 07 95 - www.maisonartishow.com

Le Clos Violette

FAMILIAL • PERSONNALISÉ Dans cette maison raffinée de 1769, les chambres n'ont jamais aussi bien porté leurs noms : la "Sarah Bernhardt" avec son décor de théâtre, la "Sade" et ses gravures coquines, etc. Au petit-déjeuner, on se régale des confitures et gâteaux maison. Piscine intérieure s'ouvrant sur le jardinet.

5 chambres - 165/285 € 180/300 €

1 r. Pasteur - 04 90 92 69 32 - www.le-clos-violette.fr

La Maison sur la Sorgue

LUXE • PERSONNALISÉ Un très bel hôtel particulier, décoré sur le thème des voyages. Les chambres ont toutes leur cachet : baignoire sur pieds, loggia, vue sur l'église... Délicieux patio et piscine.

4 chambres - 240/390 € 350/410 €

6 r. Rose-Goudard - 06 87 32 58 68 - www.lamaisonsurlasorgue.com

rte d'Apt 6 km au Sud-Est par D901- ✉84800 Lagnes

Le Mas des Grès

CUISINE PROVENÇALE • COSY Aux beaux jours, les tables prennent leurs aises sous la treille ou sous les platanes... Une bouffée de fraîcheur dans ce mas très avenant, qui propose chaque jour sur son ardoise un menu du marché plein de couleurs : poivrons confits et chèvre frais, petits farcis provençaux, gigot d'agneau rôti au feu de bois...

Formule 25 € - Menu 40 €

- ✆ 04 90 20 32 85 (réservation conseillée) - www.masdesgres.com - Ouvert 27 mars-11 nov. et fermé le midi sauf juil.-août

Le Mas des Grès

MAISON DE CAMPAGNE • COSY Ce mas provençal restauré avec goût invite à la détente : jardin, terrasse ombragée, aire de jeux pour les enfants, petit espace fitness... et des chambres coquettes, décorées avec soin. Cerise sur le gâteau : le petit-déjeuner est fort bon.

14 chambres - 90/250 € 120/280 € - ½ P

- ✆ 04 90 20 32 85 - www.masdesgres.com - Ouvert 27 mars-11 nov.

Le Mas des Grès - voir les restaurants ci-dessus

L'ISLE-SUR-SEREIN

✉ 89440 (Yonne) - 731 hab. - Alt. 190 m - Carte régionale n° **4**-B2

Paris 209 km - Auxerre 50 km - Avallon 17 km - Montbard 36 km

Carte Michelin 319-H6

Auberge du Pot d'Étain

CUISINE TRADITIONNELLE • AUBERGE Bonne cuisine aux accents régionaux, exceptionnelle sélection de bourgognes (2 500 appelations, 40 000 bouteilles), chambres coquettes et colorées : une auberge sympathique dans la bucolique vallée du Serein... à deux tours de roue de l'A6 !

Menu 29/60 € - Carte 48/65 €

9 chambres - 65 € 65/98 € - 10 €

24 r. Bouchardat - ✆ 03 86 33 88 10 - www.potdetain.com - Fermé 2 semaines en oct., janv., dim. soir sauf de mi-juin à mi-sept., mardi midi et lundi

ISPE - 40 (Landes) → Voir Biscarrosse

LES ISSAMBRES

✉ 83380 (Var) - Carte régionale n° **21**-C3

Paris 877 km - Draguignan 40 km - Fréjus 11 km - St-Raphaël 14 km

Carte Michelin 340-P5 - Guide Vert Michelin Côte d'Azur

à la calanque des Issambres - ✉83380 Les Issambres

Chante-Mer

CUISINE TRADITIONNELLE • SIMPLE Un nom tout trouvé pour ce restaurant à 300 m du front de mer ! Derrière les fourneaux, un enfant du pays concocte de généreuses recettes traditionnelles. Tout est frais et garanti "maison". Les plats évoluent constamment : seule prime ici la loi du marché.

Menu 28 € - Carte 40/75 €

pl. Ottaviani (au village provençal) - ✆ 04 94 96 93 23 - www.chantemer.com - Fermé lundi et mardi sauf le soir en saison

ISSIGEAC

✉ 24560 (Dordogne) - 728 hab. - Alt. 106 m - Carte régionale n° **2**-C2

Paris 607 km - Agen 75 km - Bordeaux 110 km - Périgueux 65 km

Carte Michelin 329-E7 - Guide Vert Michelin Périgord Quercy

La Brucelière

CUISINE MODERNE • RUSTIQUE Avec ses murs en moellons et son mobilier en bois, sa vaisselle et sa poterie achetées au village, cette authentique auberge de campagne ne manque pas de charme. Le chef met un point d'honneur à cuisiner des produits frais à travers des recettes simples et bonnes. Jolie terrasse sur le jardin, à l'arrière.

Formule 20 € - Menu 29 € - Carte environ 39 €

5 chambres - 50/65 € 65/80 €

pl. de la Capelle - 05 53 73 89 61 - www.labruceliere.com - Fermé vacances de fév., 1 semaine en juil., vacances de la Toussaint, mardi et merc.

Le Relais de l'Ancienne Gare

CUISINE TRADITIONNELLE • BISTRO À la circonférence de cette jolie cité médiévale recroquevillée autour de son église gothique, le type même de la bonne petite adresse de campagne, avec son décor sans surprise et sa cuisine traditionnelle tout simplement franche et bonne. De plus, les prix sont raisonnables et l'engagement des patrons évident.

Menu 18 € (déj. en semaine), 28/45 € - Carte 35/60 €

rte d'Eymet - 05 53 58 70 29 - www.relais-anciennegare.com - Fermé 1 semaine en juin, 5 janv.-7 fév., dim. soir et jeudi

ISSOIRE

63500 (Puy-de-Dôme) - 14 296 hab. - Alt. 400 m - Carte régionale n° **3**-B2

Paris 446 km - Clermont-Ferrand 36 km - Le Puy-en-Velay 94 km - Thiers 56 km

Carte Michelin 326-G9 - Guide Vert Michelin Auvergne

La Table d'Arthur (N)

CUISINE MODERNE • BISTRO Nougat frais de chèvre, tartine de noix et crème de poivron ; daurade royale, risotto de quinoa aux agrumes et écume de gingembre : ce bistrot contemporain du cœur de la vieille ville, tout proche de l'abbatiale Saint-Austremoine, propose une cuisine actuelle de bon aloi.

Formule 17 € - Menu 29/70 € - Carte 47/65 €

35 r. St-Antoine - 04 73 54 95 06 - www.tabledarthur.com - Fermé 1 semaine en juin, 3 semaines en sept., 1 semaine en janv., jeudi soir, dim. soir et lundi

L'Atelier Yssoirien

CUISINE MODERNE • BRANCHÉ Cet Atelier sait vivre avec son temps ! Son déménagement, fin 2016, permet d'offrir aux clients plus d'espace et une déco "nature" avec tables en bois brut et lumière naturelle ; le jeune chef continue d'y proposer de belles assiettes actuelles, originales et parfumées.

Menu 24 € (déj. en semaine), 36/75 € - Carte 51/65 €

39 bd Triozon-Bayle - 04 73 89 44 47 - www.atelier-yssoirien.com - Fermé 2 semaines en août, 2 semaines en janv., dim. et lundi

Le Pariou

BUSINESS • FONCTIONNEL Un peu excentré, cet hôtel-restaurant - bâtisse de 1950 - est idéal pour une étape dans cette localité connue pour abriter l'un des joyaux de l'art roman auvergnat, l'abbatiale St-Austremoine. Chambres avec mobilier design et tons colorés, plus spacieuses dans l'annexe. Agréable jardin.

54 chambres - 66/92 € 78/106 € - 11 € - ½ P

18 av. Kennedy, 1 km au Nord - 04 73 55 90 37 - www.hotel-pariou.com - Fermé 16 déc.-2 janv.

à St-Rémy-de-Chargnat 7 km au Sud-Est par D999 - 63500 - 545 hab. - Alt. 400 m

Château de la Vernède

DEMEURE HISTORIQUE • PERSONNALISÉ Un joli château remanié en 1850, ancien relais de chasse de la reine Margot, où meubles d'époque côtoient tableaux anciens et pièces rares. Beaucoup de goût et de romantisme !

5 chambres - 75/100 € 75/110 €

- 04 73 71 07 03 - www.chateauvernedeauvergne.com - Ouvert avril-nov.

à Sarpoil 10 km au Sud-Est par D999 – ✉ 63490 Saint Jean en Val

✿ La Bergerie (Cyrille Zen)

CUISINE MODERNE • ÉLÉGANT XXX Point d'habitudes moutonnières en cette Bergerie, mais du soin apporté à chaque assiette, de subtils mariages de saveurs, de textures, de couleurs… Une cuisine du terroir à la fois fine et gourmande ! Et peut-être connaissez-vous déjà le chef, Cyrille Zen, ancien finaliste de l'émission Top Chef.

→ Foie gras de canard mi-cuit. Pavé de maigre, fèves et girolles. Streusel noisette et abricot.

Menu 25 € (déj. en semaine), 40/89 € – Carte 60/80 €

– ☎ 04 73 71 02 54 (réservation conseillée) – www.labergeriedesarpoil.com – Fermé 26 juin-5 juil., 25 sept.-4 oct., janv., lundi soir sauf juil.-août, dim. soir, mardi et merc.

à Perrier 5 km à L'Ouest par D996 – ✉ 63500 – 874 hab. – Alt. 415 m

La Cour Carrée

CUISINE MODERNE • CONTEMPORAIN XX Cette ancienne maison de vigneron s'ouvre sur… une cour carrée ! Le chef met le savoir-faire des petits producteurs en avant et signe une jolie cuisine du marché. Chambres élégantes et confortables où dominent le bois et la pierre.

Menu 32/38 €

3 chambres – 🚹98 € 🚹🚹98 € – ☕13 €

17 av. du Tramot – ☎ 04 73 55 15 55 (réservation conseillée) – www.cour-carree.com – Fermé 2 semaines en nov. et en janv., dim. soir, lundi soir et le midi sauf dim.

ISSOUDUN

✉ 36100 (Indre) – 12 661 hab. – Alt. 130 m – Carte régionale n° **6**-C3

Paris 244 km – Bourges 37 km – Châteauroux 29 km – Tours 127 km

Carte Michelin 323-H5 – Guide Vert Michelin Limousin Berry

La Cognette

CUISINE CLASSIQUE • ÉLÉGANT XXX Dans *La Rabouilleuse*, Balzac évoque La Cognette, qui le lui rend bien. Ce joli boudoir, tout à la gloire du grand écrivain, célèbre aussi le classicisme culinaire, les plats du terroir et même quelques créations plus actuelles. Tout un roman !

Formule 25 € – Menu 39/98 € – Carte 60/95 €

Plan : A1-z – *bd Stalingrad – ☎ 02 54 03 59 59 (réservation conseillée) – www.la-cognette.com – Fermé 3 semaines en janv., dim. soir de sept. à juin, mardi midi et lundi*

La Cognette

FAMILIAL • PERSONNALISÉ Répondants aux noms de Lamartine, Napoléon, Liszt, etc., les chambres de ce charmant hôtel, souvent de plain-pied sur le jardin, ne manquent pas de style ! Dans l'annexe, elles sont plus simples et plus contemporaines, mais tout aussi agréables…

16 chambres – 🚹85/125 € 🚹🚹95/150 € – 3 suites – ☕15 € – ½ P

Plan : A1-e – *r. des Minimes – ☎ 02 54 03 59 59 – www.la-cognette.com*

La Cognette – voir les restaurants ci-dessus

Les 3 Rois

TRADITIONNEL • COSY Cet hôtel-restaurant du centre-ville, créé au 19e s., a été entièrement rénové ces dernières années sous l'impulsion de ses nouveaux propriétaires. Les chambres, contemporaines et cosy, sont décorées par thème : Chalet, Nature… Cuisine de tradition au restaurant.

13 chambres – 🚹60/80 € 🚹🚹75/140 € – ☕10 € – ½ P

Plan : A1-s – *3 r. Pierre-Brossolette – ☎ 02 54 21 00 65 – www.les3rois.fr – Fermé 14-28 fév., dim. soir et lundi*

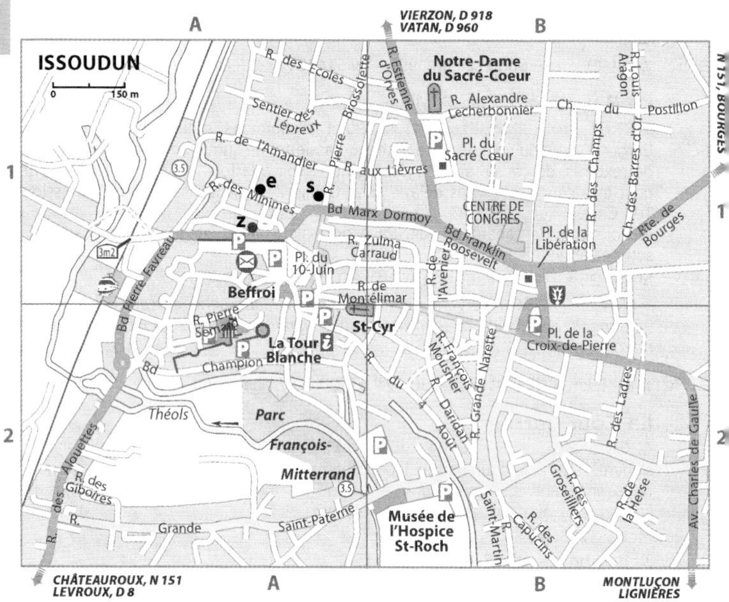

à Diou 12 km au Nord par D918 – ✉ 36260 – 256 hab. – Alt. 130 m

L'Aubergeade

CUISINE MODERNE • ÉLÉGANT XX En amoureux des bons vins, le chef vous propose un tour du monde des jolis crus et vous fait aussi découvrir le très local reuilly. Pour ne rien gâcher, il concocte de bons petits plats dans l'air du temps. Et l'été, on profite de la terrasse !

Formule 24 € – Menu 34/44 € – Carte 44/57 €

rte d'Issoudun – ✆ 02 54 49 22 28 (réservation conseillée) – Fermé merc. soir et dim.

à St-Valentin 11 km à l'Ouest par D8 et D12 – ✉ 36100 – 282 hab. – Alt. 151 m

Au 14 Février

CUISINE MODERNE • ÉLÉGANT XX Au cœur du "village des amoureux", une vraie surprise que cette table tenue par... toute une équipe japonaise. Les saveurs nippones et françaises se mêlent avec art : un mariage très réussi, un amour de cuisine fusion ! Quant au cadre, raffiné, et au charmant service, ils se prêtent à un dîner... à deux.

→ Poêlée de foie gras de canard. Homard breton rôti. Dôme de chocolat blanc.

Formule 35 € – Menu 48/87 €

2 r. du Portail – ✆ 02 54 03 04 96 – www.au14fevrier.com – Fermé 2 semaines en sept. et en janv., merc. midi, jeudi midi, dim. soir, lundi et mardi

IS-SUR-TILLE

✉ 21120 (Côte-d'Or) – 4 365 hab. – Alt. 284 m – Carte régionale n° **4**-C2

Paris 332 km – Chenôve 43 km – Dijon 30 km – Talant 32 km

Carte Michelin 320-K4

Auberge Côté Rivière

CUISINE TRADITIONNELLE • RUSTIQUE XX Cette grange à houblon n'a rien perdu de son cachet d'antan... Selon la saison, on aime se réchauffer près de la belle cheminée ou prendre le frais dans le joli parc. Le chef mitonne de bons plats traditionnels : cassolette d'escargots au vin rouge ; pigeon, foie gras poêlé, pomme mousseline et truffe de Bourgogne...

Formule 17 € – Menu 26 € (déj. en semaine), 30/65 €

3 r. des Capucins – ✆ 03 80 95 65 40 – www.hotel-restaurant-coteriviere.com – Fermé 20 août-5 sept., 24 déc.-5 janv., dim. soir et lundi

à Bourg-Charente 6 km à l'Ouest par N141 et rte secondaire – ✉ 16200 – 800 hab. – Alt. 14 m

✿ La Ribaudière (Thierry Verrat)

CUISINE CRÉATIVE • DESIGN XXX Une grande villa contemporaine, avec un jardin qui descend en pente douce vers la Charente... La terrasse est superbe, la salle très originale – blanche et pop ! Dans le même ton, le chef signe une belle cuisine, où l'invention cultive le naturel. La force tranquille.

➜ Carpaccio de lotte fumée, chantilly wasabi, coques, poutargue et caviar de Gensac. Sole de la Cotinière en croûte de truffe noire de Jarnac. Lingot au chocolat grand cru, sabayon glacé.

Menu 48/110 € – Carte 85/110 €

2 pl. du Port – ✆ 05 45 81 30 54 – www.laribaudiere.com – Fermé vacances de fév., 22 oct.-5 nov., mardi midi, dim. soir et lundi

à Bassac 7 km au Sud-Est par N141 et D22 – ✉ 16120 – 550 hab. – Alt. 20 m

L'Essille

CUISINE TRADITIONNELLE • CONVIVIAL XX On accède au restaurant par un beau salon agrémenté de fûts en chêne et de bouteilles de cognac – près de 200 références, l'une des plus belles collections de la région ! Les bons plats de tradition se dégustent dans une salle à manger lumineuse ou sur l'agréable terrasse aux beaux jours.

Formule 19 € – Menu 32/55 € – Carte 50/62 €

r. de Condé – ✆ 05 45 81 94 13 – www.hotel-restaurant-essille.com – Fermé sam. midi et dim. soir

L'Essille

TRADITIONNEL • FONCTIONNEL Au cœur de ce petit village du pays de Cognac, une ancienne ferme de 1856 qui a toujours bon pied, bon œil ! Les chambres ont été rénovées avec soin : elles se révèlent agréables et bien tenues. À noter la présence d'un espace bien-être avec sauna, hammam et jacuzzi.

19 chambres – †73/78 € ††73/100 € – ☕ 11 € – ½ P

r. de Condé – ✆ 05 45 81 94 13 – www.hotel-restaurant-essille.com

L'Essille – voir les restaurants ci-dessus

JASSANS-RIOTTIER – 01 (Ain) ➜ Voir Villefranche-sur-Saône

JAUSIERS – 04 (Alpes-de-Haute-Provence) ➜ Voir Barcelonnette

JERSEY (ÎLE DE) – JSY (Jersey) ➜ Voir Île de Jersey

JOIGNY

✉ 89300 (Yonne) – 9 800 hab. – Alt. 79 m – Carte régionale n° **4**-B1

Paris 144 km – Auxerre 28 km – Gien 74 km – Montargis 59 km

Carte Michelin 319-D4 – Guide Vert Michelin Bourgogne

✿✿ La Côte Saint-Jacques (Jean-Michel Lorain)

CUISINE MODERNE • ÉLÉGANT XXXX D'une petite couturière audacieuse à son petit-fils globe-trotter, la Côte St-Jacques s'est imposée comme une institution de la gastronomie bourguignonne ! La noblesse des produits, la générosité des assiettes, le caractère intemporel de certaines recettes : une histoire culinaire écrite au fil de l'Yonne toute proche...

➜ Huîtres spéciales en petite terrine océane. Poularde de Bresse à la vapeur de champagne. Glace à la rose en tulipe croustillante et pétales de rose cristallisés.

Menu 78 € (déj. en semaine), 92/238 € – Carte 115/220 €

Plan : A1-r – *Hôtel La Côte St-Jacques, 14 fg de Paris – ✆ 03 86 62 09 70 (réservation conseillée) – www.cotesaintjacques.com – Fermé mardi midi et lundi*

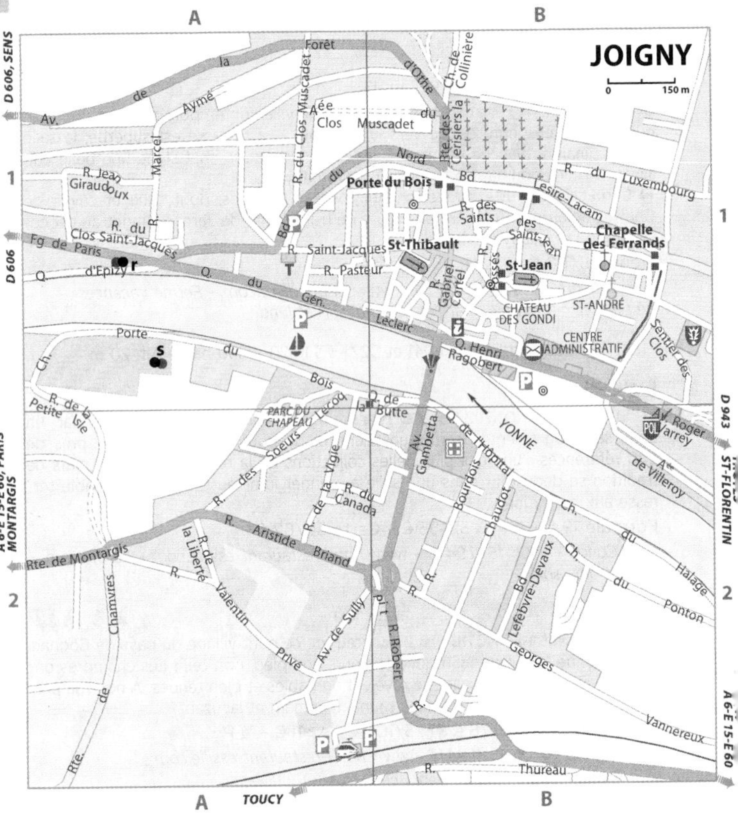

Le Rive Gauche

CUISINE MODERNE • CLASSIQUE Atout charme de cette maison contemporaine dirigée par Catherine Lorain, sœur de Jean-Michel : la terrasse face aux rives de l'Yonne, mais la salle offre également de belles échappées sur la verdure. La carte met à l'honneur les saveurs régionales et la créativité. Spécialité : escargots en persillade et gnocchis aux herbes.

Formule 26 € – Menu 33/51 € – Carte 50/58 €

Plan : A1-s – *Hôtel Le Rive Gauche, r. du Port-au-Bois – 03 86 91 46 66 – www.hotel-le-rive-gauche.fr – Fermé dim. soir d'oct. à Pâques*

La Côte Saint-Jacques

LUXE • PERSONNALISÉ Au bord de l'Yonne, cet hôtel luxueux offre de nombreux agréments : moments de détente à la piscine et au spa avec piscine couverte, hammam, sauna et jacuzzi ; sommeil réparateur dans des chambres raffinées, et beaux plaisirs gastronomiques...

31 chambres – 150/560 € 150/560 € – 1 suite – 29 €

Plan : A1-r – *14 fg de Paris – 03 86 62 09 70 – www.cotesaintjacques.com – Fermé lundi*

La Côte Saint-Jacques – voir les restaurants ci-dessus

Le Rive Gauche

BUSINESS • FONCTIONNEL Sur la rive gauche de l'Yonne, cet établissement construit dans les années 1990 propose des chambres spacieuses, bien équipées et lumineuses, toutes rénovées dans un style contemporain. Le tout au sein d'un grand parc avec plan d'eau...

42 chambres – 95/105 € 95/150 € – 14 € – ½ P

Plan : A1-s – *r. du Port-au-Bois – 03 86 91 46 66 – www.hotel-le-rive-gauche.fr*

Le Rive Gauche – voir les restaurants ci-dessus

à Épineau-les-Voves 7,5 km au Sud-Est par D906 – 89400 – 695 hab. – Alt. 92 m

L'Orée des Champs

CUISINE TRADITIONNELLE • CONVIVIAL XX Dans un village non loin de Joigny, cette maison propose une cuisine traditionnelle bien troussée, qui évolue au fil des saisons. Ne manquez pas les incontournables du chef : les ravioles de volaille et le ris de veau ! Agréable terrasse et jardin pour les beaux jours.

Formule 18 € – Menu 22 € (déj. en semaine), 30/69 € – Carte environ 45 €

D606 – 03 86 91 20 39 – Fermé 18-25 fév., 23 juil.-10 août, lundi et le soir sauf vend. et sam.

JONGIEUX

73170 (Savoie) – 322 hab. – Alt. 300 m – Carte régionale n° **23**-C1

Paris 528 km – Annecy 58 km – Chambéry 25 km – Lyon 103 km

Carte Michelin 333-H3

Les Morainières (Michaël Arnoult)

CUISINE CRÉATIVE • ROMANTIQUE XXX Superbement rénovée en 2015 – grande baie vitrée dominant le coteau planté de vignes et la vallée du Rhône, intérieur élégant et moderne –, la table de Mickaël Arnoult mérite plus que jamais un détour ! Sa cuisine est fine sans être prétentieuse, créative sans être déroutante : il impose son style sans difficulté.

→ Féra du lac cuite au sel, petits pois, girolles, citron et agastache. Ris de veau, mousseline de carotte et cèpes de pays. Myrtille sauvage et tanaisie.

Menu 48 € (déj. en semaine), 85/135 € – Carte 100/125 €

rte de Marétel – 04 79 44 09 39 (réservation conseillée) – www.les-morainieres.com – Fermé 26 déc.-12 janv., lundi et mardi

Château de la Mar

DEMEURE HISTORIQUE • ÉLÉGANT Des chambres confortables et décorées avec soin – portant les noms de cépages locaux –, un mobilier d'époque (Louis XIII et Louis XV), des plafonds à la française, un jacuzzi dans les vignes, une belle piscine : voilà ce qui vous attend dans ce superbe petit château datant de 1244... et qui cache bien son âge !

5 chambres – 220/250 € 250/330 €

Aimavigne – 06 26 56 99 33 – www.chateau-de-la-mar.fr – Ouvert 1er avril-15 oct.

JONS

69330 (Rhône) – 1 354 hab. – Alt. 205 m – Carte régionale n° **24**-E1

Paris 476 km – Lyon 28 km – Meyzieu 10 km – Montluel 8 km

Carte Michelin 327-J5

Le Restaurant du Pont de Jons

CUISINE TRADITIONNELLE • BRANCHÉ X Ambiance de paquebot – plancher en bois exotique, hublots – et esprit lounge pour cette sympathique table installée le long du Rhône. Le chef met en avant de belles spécialités : pâté en croûte de volaille de l'Ain, quenelle de brochet maison, ou encore café liégeois...

Menu 18 € (déj. en semaine), 26/65 € – Carte 45/72 €

rte du Pont – 06 16 26 16 40 – www.restaurant-dupontdejons.fr – Fermé 2 semaines en août, 1 semaine en janv., dim. et lundi

Bridge Hotel

BUSINESS • PERSONNALISÉ Au bord du Rhône, un joli complexe hôtelier avec un ravissant cottage en bois et ses chambres d'esprit chalet, de confortables bungalows familiaux, ou des chambres classiques et contemporaines dans la bâtisse originelle. Côté détente, la piscine est incontournable !

24 chambres – 80/110 € 90/165 € – 2 suites – 13 €

rte du Pont – 04 78 31 29 85 – www.bridgehotel.fr – Fermé 21 déc.-3 janv.

JOSSELIN

56120 (Morbihan) – 2 453 hab. – Alt. 58 m – Carte régionale n° **5**-C2

Paris 428 km – Dinan 86 km – Lorient 76 km – Rennes 79 km

Carte Michelin 308-P7 – Guide Vert Michelin Bretagne Sud

Hôtel du Château

AUBERGE • FONCTIONNEL Cet hôtel-restaurant des bords de l'Oust, créé en 1958, fait face au château des Rohan. Les chambres sont simples et bien tenues, et la moitié d'entre elles donne sur les puissantes murailles. Cuisine traditionnelle dans une salle d'esprit médiéval ou sur la terrasse tournée vers la forteresse.

35 chambres – 76/115 € 89/115 € – 11 € – ½ P

1 r. du Gén.-de-Gaulle – 02 97 22 20 11 – www.hotel-chateau.com – Fermé 18 nov.-15 janv., dim. soir et lundi d'oct. à mars

JOUCAS

84220 (Vaucluse) – 325 hab. – Alt. 263 m – Carte régionale n° **22**-E1

Paris 716 km – Apt 14 km – Avignon 42 km – Carpentras 32 km

Carte Michelin 332-E10

Xavier Mathieu

CUISINE CRÉATIVE • MÉDITERRANÉEN XXX Grandi à Marseille, Xavier Mathieu a la Provence chevillée au corps. Recherche, technique, précision... mais surtout sens des saveurs et inspiration : chaque plat est une variation sur les origines. À découvrir dans le cadre privilégié d'une luxueuse bastide dans la garrigue.

→ Soupe au pistou. Noix de gigot d'agneau dans son sable chaud de garrigue aride. Omelette au rhum de ma Grand-Mère.

Menu 75/160 € – Carte 80/160 €

Hostellerie Le Phébus & Spa, rte de Murs
– 04 90 05 78 83 – www.lephebus.com
– Ouvert 1er avril-15 nov. et fermé mardi midi, merc. midi et jeudi midi

La Table du Mas (N)

MODERNE • ÉLÉGANT XXX Le chef, Xavier Burelle, a repris les commandes de cette table après la longue fermeture de l'établissement pour travaux. Sa cuisine, inventive, revisite la Provence avec brio, et il n'hésite pas à la saupoudrer de quelques saveurs venues d'ailleurs. Belle et grande terrasse ouverte sur la campagne.

Formule 35 € – Menu 65 € (dîner)/95 € – Carte 82/110 €

Hôtel Le Mas des Herbes Blanches, 2,5 km rte de Murs – 04 90 05 79 79 – www.herbesblanches.com – Fermé janv. et fév.

Le Café de la Fontaine

CUISINE PROVENÇALE • RÉGIONAL X La carte de ce Café joue une partition traditionnelle aux influences méditerranéennes : volaille rôtie au citron, tarte aux fruits du marché, etc. Aux beaux jours, le service est assuré sur la terrasse où trône une... fontaine ; par mauvais temps, retour dans les salons de l'hôtel !

Menu 30 € – Carte 45/75 €

Hostellerie Le Phébus & Spa, rte de Murs – 04 90 05 78 83 – www.lephebus.com – Ouvert 1er avril-15 nov. et fermé le soir

Le Mas des Herbes Blanches

LUXE • TENDANCE Une architecture tout en pierres sèches, l'ombre des oliviers sous le soleil du Sud, une superbe piscine... et surtout un panorama grandiose sur la vallée du Luberon. Adossé au plateau de Vaucluse, ce mas est un sommet de Provence !

33 chambres - 179/749 € 179/749 € - 15 suites - 26 € - ½ P

2,5 km rte de Murs - 04 90 05 79 79 - www.herbesblanches.com - Fermé janv. et fév.

La Table du Mas - voir les restaurants ci-dessus

Hostellerie Le Phébus & Spa

LUXE • CLASSIQUE Phébus... l'autre nom d'Apollon - et ce séjour que le dieu de la Beauté n'aurait sans doute pas renié ! Nichée dans la verdure, cette demeure provençale domine le Luberon ; la plupart des chambres jouissent d'un balcon, d'une terrasse voire d'une minipiscine privée. Si loin du monde des hommes...

14 chambres - 230/410 € 230/410 € - 10 suites - 30 € - ½ P

rte de Murs - 04 90 05 78 83 - www.lephebus.com - Ouvert 1er avril-15 nov.

Xavier Mathieu • **Le Café de la Fontaine** - voir les restaurants ci-dessus

Le Mas du Loriot

FAMILIAL • COSY Une maison traditionnelle entourée de lavande, avec le Luberon en toile de fond. Les chambres sont confortables et colorées, et l'on profite de confitures maison au petit-déjeuner. Il y a même un local de rangement pour les cyclistes : ça tombe bien, le mont Ventoux est tout proche !

9 chambres - 82/161 € 82/161 € - 14 €

4 km rte de Murs - 04 90 72 62 62 - www.masduloriot.com - Fermé 15 nov.-12 déc. et 4 janv.-1er mars

JOUILLAT

23220 (Creuse) - 443 hab. - Alt. 396 m - Carte régionale n° **13**-C1

Paris 345 km - Domérat 74 km - Guéret 15 km - Limoges 102 km

Carte Michelin 325-I3 - Guide Vert Michelin Limousin Berry

La Maison Verte

FAMILIAL • PERSONNALISÉ Isolée en pleine verdure, cette ferme du 19e s. ne pourrait être plus au calme ! Jardin, potager, piscine, grandes chambres au décor soigné préservant l'âme des lieux et cuisine traditionnelle préparée par le propriétaire : on se sent bien.

4 chambres - 80/90 € 90/100 €

2 Lombarteix, 2 km au Nord par D940 et rte secondaire - 05 55 51 93 34 - www.chambres-hotes-creuse.com

JOUX

69170 (Rhône) - 650 hab. - Alt. 520 m - Carte régionale n° **23**-A1

Paris 437 km - Lyon 51 km - St-Étienne 102 km - Villeurbanne 60 km

Carte Michelin 327-F4

Le Tilia

CUISINE TRADITIONNELLE • AUBERGE XX Tilia ? C'est le nom latin du... tilleul, dont un spécimen quadri-centenaire trône en face du restaurant. Le chef, qui a notamment travaillé à Boston et en Australie, met en valeur les herbes de son potager et perpétue la tradition lyonnaise : pigeon en habit vert, cannelloni de foie gras aux truffes...

Formule 15 € - Menu 28/78 € - Carte 49/72 €

pl. du Plaisir - 04 74 05 19 46 - www.letilia.com - Fermé 2 semaines en août et en janv., mardi en hiver, dim. soir et lundi

JUAN-LES-PINS

06160 (Alpes-Maritimes) - Alt. 2 m - Carte régionale n° **22**-E2

Paris 910 km - Aix-en-Provence 161 km - Cannes 10 km - Nice 22 km

Carte Michelin 341-D6 - Guide Vert Michelin Côte d'Azur

La Passagère

CUISINE MÉDITERRANÉENNE • ÉLÉGANT XXX Une cuisine élégante, qui met en valeur les mille et une pépites du terroir méditerranéen, un raffinement de tous les instants et une exécution sans faille... Yoric Tièche, le chef, est en totale confiance et ça se voit ! On se délecte de ses créations sur la terrasse, avec une vue exceptionnelle sur la mer et l'Esterel...

➜ Homard breton et coquillages, salade de couteaux, huître et croquettes de pied de porc. Côte de veau dorée au beurre mousseux, cèpes sautés et pêches crues aux amandes fraîches. Soufflé citron et sorbet kalamensi.

Formule 48 € – Menu 55 € (déj. en semaine), 85/125 € – Carte 90/120 €

Plan : B2-d – *Hôtel Belles Rives, 33 bd Édouard-Baudoin – ✆ 04 93 61 02 79 – www.bellesrives.com – Fermé 2 janv.-10 mars, le midi en saison, lundi et mardi hors saison*

Bistrot Terrasse

CUISINE TRADITIONNELLE • COSY XX Pour une incursion gourmande et raffinée dans le superbe hôtel Juana... Ce bistrot joue la carte des belles saveurs italiennes et niçoises, annoncées à l'ardoise ; on se régale sur la jolie terrasse entourée de palmiers... Une belle tranche de Méditerranée !

Formule 23 € – Menu 29/39 € – Carte 38/59 €

Plan : B2-f – *Hôtel Juana, la Pinède, 19 av. G.-Gallice – ✆ 04 93 61 08 70 – www.hotel-juana.com – Fermé 29 oct.-27 déc., dim. soir et merc. hors saison*

Cap Riviera

CUISINE TRADITIONNELLE • MÉDITERRANÉEN XX Sa terrasse, qui offre une vue superbe sur le massif de l'Esterel et la mer Méditerrannée, n'est pas le moindre de ses atouts ! Car on retient aussi ce restaurant pour son cadre clair et lumineux, et cette cuisine aux accents du Sud (poisson, salades, etc.), bien parfumée et réalisée avec de bons produits.

Menu 39 € – Carte 45/75 €

Plan : B2-c – *13 bd Édouard-Baudoin – ✆ 04 93 61 22 30 – www.cap-riviera.fr – Fermé 3 nov.-25 déc. et 6 janv.-28 fév.*

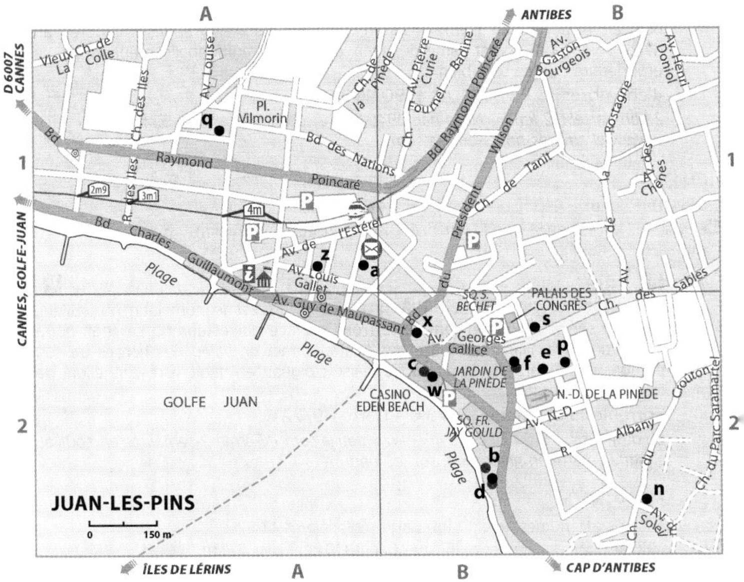

Plage Belles Rives

CUISINE MÉDITERRANÉENNE • CONVIVIAL Un lieu plein de charme, sur la plage du bien nommé Hôtel Belles Rives, face à la Grande Bleue, aux îles de Lérins et même au lointain massif de l'Esterel... Poisson grillé, salades, pâtes : la cuisine méditerranéenne est à l'honneur, tout en simplicité et fraîcheur.

Carte 45/95 €

Plan : B2-b – *Hôtel Belles Rives, 33 bd Édouard-Baudoin – 04 93 61 02 79 – www.bellesrives.com – Ouvert d'avril à oct. et fermé le soir sauf de juin à août*

Belles Rives

LUXE • ART DÉCO Un petit joyau Art déco où vécut Francis Scott Fitzgerald. Bar d'époque classé, chambres joliment décorées (mobilier 1930) – préférez celles côté mer –, restaurant de charme ou table près des flots, ponton et plage privés... Élégance et nostalgie.

38 chambres – 150/1500 € 150/2250 € – 5 suites – 29 €

Plan : B2-d – *33 bd Édouard-Baudoin – 04 93 61 02 79 – www.bellesrives.com – Fermé 2 janv.-10 mars*

La Passagère • **Plage Belles Rives** – voir les restaurants ci-dessus

Juana

LUXE • ART DÉCO Luxueux hôtel des années 1930 où l'on sait cultiver l'art de recevoir. Chambres Art déco exquises, équipements haut de gamme, belle piscine et, pour l'anecdote, magnifique ascenseur en bois... Le charme fou de la French Riviera !

37 chambres – 140/760 € 140/1300 € – 3 suites – 27 €

Plan : B2-f – *la Pinède, 19 av. G.-Gallice – 04 93 61 08 70 – www.hotel-juana.com – Fermé 29 oct.-27 déc.*

Bistrot Terrasse – voir les restaurants ci-dessus

AC Hotel Ambassadeur

BUSINESS • CONTEMPORAIN Style contemporain de bon ton dans les chambres, salles de séminaire et restaurants, plage privée, etc. Ce vaste complexe hôtelier a de quoi séduire vacanciers... et businessmans, d'autant plus qu'il se situe juste en face du nouveau palais des congrès.

196 chambres – 99/350 € 99/350 € – 25 suites – 25 € – ½ P

Plan : B2-s – *50-52 chemin des Sables – 04 92 93 74 10 – www.achoteljuanlespins.fr – Fermé 2 semaines fin déc.-début janv.*

Garden Beach

BUSINESS • FONCTIONNEL En bordure d'une pinède, jouxtant le casino, un hôtel balnéaire récent. La moitié des chambres donnent sur la mer et, pour la détente, plage privée, fitness, sauna, restaurant méditerranéen, etc. De quoi passer des vacances idylliques.

171 chambres – 99/995 € 99/995 € – 4 suites – 25 € – ½ P

Plan : B2-w – *15 bd Édouard-Baudoin – 04 92 93 57 57 – www.hotel-gardenbeach.com – Ouvert 5 mai-22 oct.*

Ste-Valérie

TRADITIONNEL • COSY De belles villas made in Méditerranée ! Les chambres, d'esprit très Sud, donnent sur le jardin luxuriant et sur la petite piscine. Quant à l'accueil, il est des plus aimables... Cossu et raffiné.

24 chambres – 180/650 € 180/650 € – 20 €

Plan : B2-p – *r. de l'Oratoire – 04 93 61 07 15 – www.hotel-sainte-valerie.fr – Ouvert 13 avril-8 oct.*

La Villa Cap d'Antibes

TRADITIONNEL • COSY Le jardin de cette grande villa 1900 est ravissant avec ses palmiers et ses oliviers. Mais il y a aussi la jolie piscine, l'accueil délicieux, ces chambres à la fois sobres et élégantes, le bar et le salon d'esprit balinais où il fait bon musarder... Un bel endroit, au calme.

26 chambres – 89/209 € 109/419 € – 19 €

Plan : B2-n – *23 av. Saramartel – 04 92 93 48 00 – www.hotel-villa-juan.com – Ouvert de mi-mars à oct.*

Astoria

BUSINESS • FONCTIONNEL Près de la gare et à deux pas de la plage, ce petit hôtel récent est vraiment pratique, tant pour un séjour d'affaires que pour l'agrément. Les chambres, qui disposent toutes d'un balcon, sont contemporaines et bien tenues.

49 chambres – 80/145 € 80/180 € – 2 suites – 10 €

Plan : A1-a – *15 av. Mar.-Joffre – 04 93 61 23 65 – www.hotellastoria.com*

Les Strélitzias

BUSINESS • FONCTIONNEL Ce grand complexe, bâti dans les années 1970, est bien situé et propose des chambres spacieuses et fonctionnelles. Pour l'anecdote, quelques scènes du film "De rouille et d'os" ont été tournées ici. Enfin, les prix sont raisonnables pour la station...

69 chambres – 79/118 € 104/197 € – 14 € – ½ P

Plan : A1-q – *2 r. Pierre-Commanay – 04 92 93 64 00 – www.lesstrelitzias.com*

Mademoiselle

URBAIN • PERSONNALISÉ Gold, Afrique, nuages, relais de chasse, romantique, sous-bois scandinave... Un cadavre exquis ? Non, simplement les thèmes des chambres de cet hôtel atypique, situé au cœur de la ville. Rêverie et enchantement sont au programme !

14 chambres – 92/157 € 102/229 € – 15 €

Plan : B2-x – *12 av. Dr-Dautheville – 04 93 61 31 34 – www.hotelmademoisellejuan.com*

Juan Beach

TRADITIONNEL • PERSONNALISÉ Une villa en bleu et blanc... très bord de mer. L'accueil est chaleureux ; on pose ses valises dans des chambres modernes et épurées, où la blancheur dominante est égayée par des rideaux et dessus de lit turquoise. Agréable !

26 chambres – 79/210 € 89/365 € – 3 suites – 15 €

Plan : B2-e – *5 r. de l'Oratoire – 04 93 61 02 89 – www.hoteljuanbeach.com – Ouvert de mi-mars à oct.*

Eden Hôtel

FAMILIAL • CONTEMPORAIN Près de la plage, un hôtel familial datant de 1930, simple et convivial. Les chambres ont été récemment rénovées dans un esprit contemporain. Petit-déjeuner sur une jolie terrasse.

17 chambres – 85/130 € 90/160 € – 9 €

Plan : A1-z – *16 av. Louis-Gallet – 04 93 61 05 20 – www.edenhoteljuan.com – Ouvert de mars à oct.*

JUGY – 71 (Saône-et-Loire) → Voir Tournus

JUIGNÉ-SUR-LOIRE – 49 (Maine-et-Loire) → Voir Angers

JULIÉNAS

69840 (Rhône) – 861 hab. – Alt. 276 m – Carte régionale n° **24**-E1

Paris 403 km – Bourg-en-Bresse 51 km – Lyon 63 km – Mâcon 15 km

Carte Michelin 327-H2 – Guide Vert Michelin Lyon et sa région

Chez la Rose

CUISINE TRADITIONNELLE • ÉLÉGANT XX Dans un cadre très lumineux et résolument contemporain, on savoure une sympathique cuisine traditionnelle qui fait honneur aux produits du terroir, à l'image de ce coq au vin Juliénas "Mère Rose". Le tout accompagné de vins du cru, Beaujolais oblige. Mention spéciale pour la belle terrasse sur l'arrière.

Menu 30 € - Carte 32/50 €

Hôtel Chez la Rose, pl. du Marché - ✆ 04 74 04 41 20 - www.chez-la-rose.fr - Fermé 10 déc.-7 mars, vend. midi, lundi et mardi

La Taverne du Coq

CUISINE TRADITIONNELLE • BISTRO X Un petit bistrot délicieusement rétro (tomettes, comptoir en zinc, belle cheminée et vieilles affiches), où l'on savoure une bonne cuisine du terroir accompagnée de vins des producteurs locaux. Vous vous régalerez d'une volaille fermière de Bourgogne, marinée au vin rouge. Belle sélection de crus du Beaujolais.

Menu 24/28 € - Carte 32/40 €

pl. du Marché - ✆ 04 74 04 41 98 - www.taverneducoq.com - Fermé 1er déc.-1er fév., dim. soir, merc. soir et jeudi

Chez la Rose

FAMILIAL • FONCTIONNEL Un agréable hôtel-restaurant, avec une jolie terrasse et une petite piscine. Les chambres ont fait l'objet d'une rénovation complète ; certaines affichent même un décor tendance ! Une bonne étape dans ce village viticole du Beaujolais.

7 chambres - 69/160 € 69/160 € - 6 suites - 12 €

pl. du Marché - ✆ 04 74 04 41 20 - www.chez-la-rose.fr - Fermé 10 déc.-7 mars

Chez la Rose - voir les restaurants ci-dessus

Les Vignes

FAMILIAL • FONCTIONNEL Un agréable petit hôtel implanté au cœur des vignes, à flanc de coteau ! L'accueil y est aimable, les chambres soignées et aux prix doux, et la terrasse parfaite pour prendre le petit-déjeuner aux beaux jours...

22 chambres - 57/89 € 68/89 € - 10 €

à 0,5 km rte de St-Amour - ✆ 04 74 04 43 70 - www.hoteldesvignes.com - Fermé de déc. à mi-fév.

JULLIÉ

69840 (Rhône) - 420 hab. - Alt. 370 m - Carte régionale n° **24**-E1

Paris 415 km - Bourg-en-Bresse 55 km - Lyon 67 km - Mâcon 20 km

Carte Michelin 327-H2

Domaine de la Chapelle de Vâtre

FAMILIAL • FONCTIONNEL Au sommet d'une colline couverte de vignes, ce beau domaine viticole beaujolais domine la plaine de la Saône. Les propriétaires, d'origine britannique, ont su marier avec goût et simplicité le style contemporain et les vieilles pierres. Au programme : piscine à débordement et découverte des chais...

3 chambres - 70/100 € 85/115 €

Le Bourbon, 2 km au Sud par D68 et D68e - ✆ 04 74 04 43 57 - www.vatre.com - Fermé 19 déc.- 10 janv.

JUMIÈGES

76480 (Seine-Maritime) - 1 769 hab. - Alt. 25 m - Carte régionale n° **17**-C2

Paris 160 km - Caudebec-en-Caux 16 km - Rouen 28 km

Carte Michelin 304-E5 - Guide Vert Michelin Normandie Vallée de la Seine

L'Auberge des Ruines

CUISINE MODERNE • COSY XX Les ruines de l'abbaye voisine rappellent le passé ; ce restaurant, avec son décor chic et contemporain, est quant à lui bien dans son époque ! On y sert une cuisine pointue et élaborée, rythmée par les saisons : huîtres à la pomme et bourgeon de sapin, canard de Rouen à la betterave, cassis et cuisse confite au foin...

Menu 25/97 € - Carte 35/50 €

17 pl. de la Mairie - 02 35 37 24 05 - www.auberge-des-ruines.fr - Fermé janv., dim. soir, merc. et jeudi

Domaine Le Clos des Fontaines

SPA ET BIEN-ÊTRE • PERSONNALISÉ Entre la célèbre abbaye de Jumièges et la Seine, ces quatre magnifiques pavillons normands allient pierre, brique et colombages, au calme d'un grand jardin avec fontaine, piscine et spa... Les chambres, vastes et lumineuses, rendent hommage à des artistes (Monet, Corneille) ou des lieux (Normandie, Fez, Kyoto...). Belle adresse !

19 chambres - 87/287 € 87/287 € - 15 €

191 r. des Fontaines - 02 35 33 96 96 - www.leclosdesfontaines.com - Fermé 19 déc.-10 janv.

JUNGHOLTZ

68500 (Haut-Rhin) - 913 hab. - Alt. 332 m - Carte régionale n° **1**-A3

Paris 475 km - Belfort 62 km - Colmar 32 km - Mulhouse 23 km

Carte Michelin 315-H9

Les Violettes

LUXE • PERSONNALISÉ Dans un cadre verdoyant, une bâtisse imposante aux airs de chalet, dont les chambres et suites, d'esprit alsacien raffiné, se révèlent très confortables (moins cossues à la Gentilhommière). Superbe spa (avec espace fitness et grotte à sel), restaurant... Détente.

57 chambres - 189/397 € 189/422 € - 4 suites - ½ P

rte de Thierenbach, 1 km à l'Ouest - 03 89 76 91 19 - www.les-violettes.com - Fermé 2-12 janv.

JUVIGNAC - 34 (Hérault) → Voir Montpellier

JUVIGNY-SOUS-ANDAINE

61140 (Orne) - 995 hab. - Alt. 200 m - Carte régionale n° **17**-B3

Paris 239 km - Alençon 51 km - Argentan 47 km - Domfront 12 km

Carte Michelin 310-F3 - Guide Vert Michelin Normandie Cotentin

Au Bon Accueil

CUISINE CRÉATIVE • AUBERGE XX L'enseigne ne ment pas ! Dans ce restaurant tenu par un jeune couple, on vous accueille à bras ouverts. Et si le cadre est classique, la cuisine bouscule les habitudes : le chef aime revisiter les recettes du terroir, en y apposant son style original et créatif... Pour prolonger le séjour, on profite de l'hôtel.

Formule 15 € - Menu 18 € (semaine), 31/55 € - Carte 46/61 €

4 chambres - 59/65 € 59/69 € - 11 €

23 pl. St-Michel - 02 33 38 10 04 - www.aubonaccueil-normand.com - Fermé 2 semaines fin juin-début juil., dim. soir et lundi

KATZENTHAL

68230 (Haut-Rhin) - 538 hab. - Alt. 280 m - Carte régionale n° **1**-C2

Paris 445 km - Colmar 8 km - Gérardmer 53 km - Munster 18 km

Carte Michelin 315-H8

À l'Agneau

CUISINE MODERNE • VINTAGE XX Cette jolie maison au décor typiquement alsacien est douce... comme un agneau. On y savoure une cuisine du marché et des spécialités régionales réalisées par un chef, Thierry Hohly, passé par de belles maisons. Le tout accompagné des vins du cru. Pour l'étape, des chambres actuelles joliment rénovées.

Formule 14 € - Menu 19 € (déj. en semaine), 26/51 € - Carte 32/58 €

11 chambres - 67/78 € 67/82 € - 13 €

16 Grand'Rue - 03 89 80 90 25 - www.agneau-katzenthal.com - Fermé 5 fév.-2 mars, 8-15 juil., 12-23 nov., jeudi sauf le soir de juil. à mi-oct. et déc., et merc.

KAYSERSBERG

68240 (Haut-Rhin) - 2 705 hab. - Alt. 242 m - Carte régionale n° 1-C2
Paris 438 km - Colmar 12 km - Gérardmer 46 km - Guebwiller 35 km
Carte Michelin 315-H8

64° Le Restaurant (Olivier Nasti)

CUISINE MODERNE • TENDANCE XXX Un décor chic et trendy, mais surtout une cuisine excellente ! Découpes, cuissons (à 64° C !), assaisonnements, jeux de textures et d'ingrédients : tout est soigneusement réglé dans la cuisine d'Olivier Nasti... Et pourtant, chaque assiette laisse fleurer l'inspiration du chef ! Harmonieux, savoureux, bref : imparable.

→ Œuf cuit à 64°, champignons du moment, vinaigrette à l'huile de sapin et oxalis. Chevreuil aux bourgeons de sapin et miel, framboise et purée de betterave. Coque meringuée au cacao, chocolat guanaja en émulsion, caramel à la fleur de sel.

Menu 50 € (déj. en semaine), 125/178 € - Carte 115/205 €

Hôtel Chambard, 9 r. du Gén.-de-Gaulle - 03 89 47 64 64 - www.lechambard.fr - Fermé 9 janv.-3 fév., mardi sauf le soir de Pâques à déc., merc. midi et lundi

L'Alchémille (Jérôme Jaegle)

CUISINE MODERNE • DESIGN X Jérôme Jaegle, chef alsacien au parcours impressionnant - Olivier Nasti et Christian Têtedoie, notamment - a ouvert son propre restaurant sur ses terres. Son objectif : organiser la rencontre entre la technique culinaire et le végétal, en s'appuyant sur les producteurs locaux. Les saveurs sont au rendez-vous !

→ Cuisine du marché.

Formule 24 € - Menu 38 € (déj. en semaine), 48/58 € - Carte 60/70 €

53 rte de Lapoutroie - 03 89 27 66 41 - www.lalchemille.fr - Fermé 21 janv.-10 fév., dim. soir, lundi et mardi

La Vieille Forge

CUISINE TRADITIONNELLE • AUBERGE XX Dans un décor contemporain, frère et sœur cuisinent à quatre mains de bien jolies symphonies gastronomiques. Royale d'oignons et cromesquis au boudin noir ; filet de bar rôti sur peau, salpicon de topinambours et riz crémeux. C'est frais et maîtrisé : courez-y !

Formule 15 € - Menu 31/76 € - Carte 49/79 €

1 r. des Écoles - 03 89 47 17 51 - www.vieilleforge-kb.com - Fermé 26 juin-10 juil., 14-24 nov., 2-17 janv., mardi et merc.

Winstub

CUISINE ALSACIENNE • RUSTIQUE X La seconde table du Chambard, version winstub. Ici, Olivier Nasti revisite tout ce que le terroir alsacien peut offrir : baeckeoffe et choucroute, tarte à l'oignon, presskopf... Sans oublier cette délicieuse tête de veau et ses pommes de terre écrasées à la muscade : goûteux et généreux, une ode à la gourmandise !

Formule 27 € - Menu 32 € - Carte 40/70 €

Hôtel Chambard, 9 r. du Gén.-de-Gaulle - 03 89 47 10 17 - www.lechambard.fr - Fermé 9 janv.-3 fév.

Au Lion d'Or

CUISINE TRADITIONNELLE • CONVIVIAL Cette maison de 1521, tenue par la même famille depuis 1724, a beaucoup de cachet, et l'on y déguste de savoureux plats traditionnels. De beaux produits et l'envie de bien faire : c'est bon ! L'hiver, on se réchauffe au coin de la cheminée.

Menu 21/28 € - Carte 24/58 €

66 r. du Gén.-de-Gaulle - 03 89 47 11 16 - www.auliondor.fr - Fermé 29 janv.-5 mars, 27 juin-5 juil., mardi sauf le midi de mai à oct. et merc.

Flamme & Co

CUISINE ALSACIENNE • DESIGN Une adresse où la tarte flambée est érigée en concept, et même en concept branché. Four à bois éclairé par des spots fluo, fauteuils zébrés... Et des créations telle que cette flammée foie gras et anguille fumée, ou encore ce pluma ibérique, chorizo, poivron et oignon rouge. Surprenant !

Formule 11 € - Menu 26 € - Carte 29/47 €

Hôtel Chambard, 9 r. du Gén.-de-Gaulle - 03 89 47 16 16 - www.lechambard.fr - Fermé 9-29 janv., lundi et mardi de janv. à Pâques

Chambard

TRADITIONNEL • PERSONNALISÉ Véritable institution dans la cité, le Chambard a fière allure : derrière sa belle façade traditionnelle (18e s.) se cache un décor ultra-contemporain, chic et tendance. Quant aux gourmands, ils ont le choix entre un restaurant de haute gastronomie ou une charmante winstub... et partout un très grand confort.

27 chambres - †205/389 € ††205/389 € - 5 suites - 28 €

9 r. du Gén.-de-Gaulle - 03 89 47 10 17 - www.lechambard.fr - Fermé 9 janv.-3 fév.

64° Le Restaurant • **Winstub** • **Flamme & Co** - voir les restaurants ci-dessus

Les Remparts et Les Terrasses

FAMILIAL • FONCTIONNEL Dans un quartier résidentiel calme, un hôtel familial où le sens de l'accueil n'est pas un vain mot. Les chambres sont fonctionnelles et assez spacieuses, la plupart avec un joli balcon fleuri en saison ; au petit-déjeuner, on se régale de bons produits locaux. De quoi se sentir à la maison !

53 chambres - †62/89 € ††63/99 € - 10 €

4 r. Flieh - 03 89 47 12 12 - www.lesremparts.com

à Kientzheim 3 km à l'Est par D28 - 68240 - 729 hab. - Alt. 225 m

Hostellerie Schwendi

CUISINE TRADITIONNELLE • RUSTIQUE Envie d'un cadre original ? Rendez-vous dans ce restaurant où l'on dîne dans l'ancienne cave à vin de l'auberge. Croquettes de munster, foie gras aux griottes, truite au riesling... Ici, le chef privilégie le meilleur de la gastronomie régionale. En été, on se régale sur la place. Pittoresque à souhait !

Menu 25/64 € - Carte 28/61 €

2 pl. Schwendi - 03 89 47 30 50 - www.schwendi.fr - Fermé 2 janv.-17 mars, jeudi midi et merc.

Hostellerie Schwendi

FAMILIAL • COSY Cette grande maison à pans de bois a vraiment bonne mine sur la petite place du village. L'ambiance est familiale et l'on se sent bien dans ses chambres rustiques et pimpantes. L'annexe "La maison Germaine" est tout aussi agréable.

29 chambres - †78/120 € ††87/120 € - 12 € - ½ P

2 pl. Schwendi - 03 89 47 30 50 - www.schwendi.fr - Fermé 2 janv.-17 mars

Hostellerie Schwendi - voir les restaurants ci-dessus

L'Abbaye d'Alspach

FAMILIAL • PERSONNALISÉ Faire étape dans ce couvent du 11e s. sera l'occasion de découvrir une charmante bourgade médiévale et de profiter du style rustique et cossu d'un hôtel familial. De surcroît, le petit-déjeuner fait la part belle aux produits locaux !

31 chambres - 99/146 € 99/240 € - 5 suites - 13 €

2 r. Mar.-Foch - 03 89 47 16 00 - www.hotel-abbaye-alspach.com - Fermé 3 janv.-15 mars

KEMBS-LOÉCHLÉ

68680 (Haut-Rhin) - Alt. 245 m - Carte régionale n° **1**-B3
Paris 493 km - Altkirch 26 km - Basel 16 km - Belfort 70 km
Carte Michelin 315-J11

Les Écluses

CUISINE TRADITIONNELLE • CONVIVIAL XX Non loin du canal de Huningue et de la "Petite Camargue" alsacienne, on déguste une cuisine traditionnelle qui fait la part belle au poisson, dans une atmosphère chaleureuse et familiale.

Formule 13 € - Menu 18 € (semaine)/40 € - Carte 33/53 €

8 r. Rosenau - 03 89 48 37 77 - www.lesecluses.fr - Fermé vacances de la Toussaint, 3-15 janv., merc. soir, jeudi soir d'oct. à avril, dim. soir et lundi

Le Petit Kembs

CUISINE MODERNE • COSY X Cette jolie maison de village à colombages abrite un intérieur cosy et chaleureux, à l'image des propriétaires des lieux. Dans l'assiette, une trilogie de foie gras, un filet de mignon de veau aux pétales de munster et lard grillé, ou encore un truffon pailleté et chocolat amer... Tout est fait maison : on se régale !

Formule 15 € - Menu 20 € (déj. en semaine), 29/45 € - Carte 55/65 €

49 r. Mar.-Foch - 03 89 48 17 94 - www.lepetitkembs.fr - Fermé 18-27 fév., 21 août- 12 sept., sam. midi, lundi et merc.

KIENTZHEIM - 68 (Haut-Rhin) → Voir Kaysersberg

KILSTETT

67840 (Bas-Rhin) - 2 489 hab. - Alt. 130 m - Carte régionale n° **1**-B1
Paris 489 km - Haguenau 23 km - Saverne 51 km - Strasbourg 14 km
Carte Michelin 315-L4

Au Cheval Noir

CUISINE TRADITIONNELLE • AUBERGE XX C'est au galop qu'on se rend au Cheval Noir ! Derrière la façade de cette maison à colombages (18e s.), deux frères travaillent les beaux produits en tandem. Une cuisine traditionnelle à déguster dans de jolies salles... si tant est qu'on descende de sa monture.

Formule 16 € - Menu 25 € (déj.), 33/50 € - Carte 47/57 €

1 r. du Sous-Lieutenant-Maussire - 03 88 96 22 01 - www.restaurant-cheval-noir.fr - Fermé 2 semaines en juil., 1 semaine en août, 2 semaines en janv., dim. soir, lundi et mardi

Oberlé

TRADITIONNEL • FONCTIONNEL À 15 km de Strasbourg, une imposante maison alsacienne proche de la gare. Les chambres sont simples mais bien insonorisées. Au restaurant, cuisine régionale et atmosphère conviviale.

31 chambres - 58/60 € 75/80 € - 9 € - ½ P

11 rte Nationale - 03 88 96 21 17 - www.hotel-restaurant-oberle.fr - Fermé 20-28 avril, 17 août-1er sept. et 21 janv.-6 fév.

KLINGENTHAL

67530 (Bas-Rhin) - Carte régionale n° **1**-A2
Paris 491 km - Colmar 53 km - Metz 166 km - Strasbourg 38 km
Carte Michelin 315-I6 - Guide Vert Michelin Alsace Vosges

À l'Étoile

CUISINE TRADITIONNELLE • CONVIVIAL Nichée dans un petit village alsacien, sur la route du Mont Sainte-Odile, cette auberge traditionnelle datant de 1920 est aujourd'hui tenue par la 4ème génération. On y déguste une cuisine traditionnelle du marché, proposée à l'ardoise. Quatre chambres douillettes pour l'étape, et terrasse en été.

Formule 16 € - Menu 20 € (déj. en semaine), 29/42 € - Carte 36/63 €
4 chambres - 110/150 € 110/150 €

7 pl. de l'Étoile - 03 88 95 82 90 - www.restaurantaletoile.fr - Fermé 1 semaine en fév. et en août, 24-30 déc., lundi et le soir sauf vend. et sam.

KOENIGSMACKER

57970 (Moselle) - 2 155 hab. - Alt. 150 m - Carte régionale n° **14**-B1
Paris 349 km - Luxembourg 50 km - Metz 39 km - Völklingen 69 km
Carte Michelin 307-I2

Moulin de Méwinckel

FAMILIAL • PERSONNALISÉ Même si la roue à aube tourne toujours, c'est moins un moulin que toute une ferme noyée dans la verdure... Les chambres sont agréables et impeccablement tenues ; les nuits s'y écoulent au rythme de l'eau toute proche. Et au petit-déjeuner, on apprécie confitures maison et bon beurre fermier !

5 chambres - 50 € 60/65 €

chemin de Méwinckel - 03 82 55 03 28

LE KREMLIN-BICÊTRE - 94 (Val-de-Marne) → Voir Autour de Paris

KRUTH

68820 (Haut-Rhin) - 962 hab. - Alt. 498 m - Carte régionale n° **1**-A3
Paris 453 km - Colmar 63 km - Épinal 68 km - Gérardmer 31 km
Carte Michelin 315-F9

au Frenz 5 km à l'Ouest par D 13bis - 68820 - 962 hab. - Alt. 498 m

Les Quatre Saisons

CUISINE MODERNE • COSY Christelle aux fourneaux ; Frédéric choisissant avec soin de jolis crus... Ce couple à la ville forme ici un duo gourmand et gagnant. Dans ce chalet douillet, on se régale d'une délicieuse cuisine de saison, sans fausse note !

Menu 16/39 € - Carte environ 37 €

Hôtel Les Quatre Saisons, 3 rte du Frentz - 03 89 82 28 61 - www.hotel4saisons.com - Fermé 26 juin-3 juil., 13-26 nov., 3-16 janv., mardi et merc.

Les Quatre Saisons

FAMILIAL • COSY On se croirait dans un petit chalet familial au cœur de la forêt : tout est soigné, mignon, accordé avec goût. Les chambres ? De petits nids douillets et chaleureux. Le petit-déjeuner ? Un pur délice, avec des confitures maison, de la charcuterie, du fromage... Et ici, même les prix sont doux.

9 chambres - 66/100 € 96/120 € - ½ P

3 rte du Frentz - 03 89 82 28 61 - www.hotel4saisons.com - Fermé 26 juin-3 juil., 13-26 nov. et 3-16 janv.

Les Quatre Saisons - voir les restaurants ci-dessus

LABAROCHE

68910 (Haut-Rhin) - 2 244 hab. - Alt. 750 m - Carte régionale n° **1**-C2
Paris 441 km - Colmar 17 km - Gérardmer 49 km - Munster 25 km
Carte Michelin 315-H8

La Rochette

CUISINE MODERNE • COSY XX Une belle découverte que ce restaurant contemporain ! Aux fourneaux, père et fils réalisent des plats savoureux et fins, telle une réconfortante matelote au riesling. Et un deuxième fils œuvre en salle… avec sa maman, en tant que sommelier. Une histoire de famille.

Menu 19 € (déj. en semaine), 32/62 € - Carte 37/64 €

Hôtel La Rochette, 500 lieu-dit La Rochette - 03 89 49 80 40 - www.larochette-hotel.fr - Fermé 3 semaines en mars, 12-28 nov., lundi et mardi

La Rochette

AUBERGE • CONTEMPORAIN Au cœur des Ballons des Vosges, cette grosse maison tenue en famille cultive le sens de l'accueil ! Les chambres sont très plaisantes, dans un esprit épuré où domine le bois clair ; quant au restaurant, il réserve son lot de gourmandises…

11 chambres - †75/95 € ††75/95 € - 12 € - ½ P

500 lieu-dit La Rochette - 03 89 49 80 40 - www.larochette-hotel.fr - Fermé 3 semaines en mars et 12-28 nov.

La Rochette - voir les restaurants ci-dessus

LABASTIDE-DE-VIRAC

07150 (Ardèche) - 249 hab. - Alt. 207 m - Carte régionale n° **23**-A3

Paris 675 km - Alès 42 km - Lyon 213 km - Privas 73 km

Carte Michelin 331-I7 - Guide Vert Michelin Ardèche Drôme

Le Mas Rêvé

HISTORIQUE • PERSONNALISÉ À un kilomètre de l'un des plus stupéfiants belvédères donnant sur les gorges, ce joli mas du 16e s. superbement restauré par un sympathique couple flamand, est un concentré de charme provençal : pigeonnier, mobilier d'époque, petit jardin à la française, piscine… Avec accès à pied aux gorges de l'Ardèche !

5 chambres - †110/160 € ††110/160 €

3 km à l'Est par D217 et rte secondaire - 04 75 38 69 13 - www.lemasreve.com - Ouvert 1er mai-30 sept.

LACABARÈDE

81240 (Tarn) - 289 hab. - Alt. 325 m - Carte régionale n° **15**-C2

Paris 754 km - Béziers 71 km - Carcassonne 53 km - Castres 36 km

Carte Michelin 338-H10

Demeure de Flore

MAISON DE MAÎTRE • PERSONNALISÉ Passé l'allée bordée de grands arbres, on découvre cette jolie maison de maître (1890), face à la Montagne noire. Le propriétaire, italien, en a fait un hôtel charmant… Une déco florentine, colorée et atypique, des chambres cosy et confortables : le Sud par voie express !

10 chambres - ½ P seult 105/130 € - 1 suite

106 Grand'rue - 05 63 98 32 32 - www.demeuredeflore.com

LACAUNE

81230 (Tarn) - 2 552 hab. - Alt. 793 m - Carte régionale n° **15**-D2

Paris 708 km - Albi 67 km - Béziers 89 km - Castres 48 km

Carte Michelin 338-I8

Calas

CUISINE TRADITIONNELLE • FAMILIAL XX Quatre générations se sont succédé à la tête de cette institution locale, où l'on se sustente d'une solide cuisine du terroir dans une atmosphère chaleureuse. Le dimanche, le chef propose un "menu des amis". Quelques chambres pour l'étape.

Formule 15 € - Menu 23/45 € - Carte 31/62 €

4 pl. de la Vierge - 05 63 37 03 28 - Fermé 23 déc.-15 janv., vend. soir, sam. midi et dim. d'oct. à Pâques

Le Relais de Fusies

TRADITIONNEL • HISTORIQUE Un ancien relais de diligence, datant du 19e s., qui a gardé de nombreux vestiges d'antan : fresques, parquet, carrelage, et ce superbe escalier en bois pour accéder aux chambres. Ces dernières sont sobres, mais pratiques. Une étape agréable !

30 chambres - †55/75 € ††65/95 € - ☐ 10 € - ½ P

8 r. de la République - ✆ 05 63 37 02 03 - www.hotelfusies.fr - Fermé 5-15 janv.

LACAVE

✉ 46200 (Lot) - 282 hab. - Alt. 130 m - Carte régionale n° **15**-C1

▶ Paris 528 km - Brive-La-Gaillarde 51 km - Cahors 58 km - Gourdon 26 km

Carte Michelin 337-F2

Château de la Treyne

CUISINE CLASSIQUE • HISTORIQUE XXX Quel lieu splendide ! La Dordogne serpente au pied de ce superbe château tout environné de verdure. La vue de la terrasse laisse rêveur... On apprécie d'autant plus le repas, dans une veine classique, élégante et soignée.

→ Religieuse de foie gras de canard mi-cuit, chutney de fraise au poivre du Sichuan. Homard bleu rôti aux pommes de terre de Noirmoutier, jus de viande au beurre de corail. Opéra chocolat, glace au rhum et fève tonka.

Menu 50 € (déj.), 96/130 € - Carte 120/145 €

Hôtel Château de la Treyne, 3 km à l'Ouest par D23, D43 et voie privée - ✆ 05 65 27 60 60 - www.chateaudelatreyne.com - Ouvert 21 mars-10 nov. et 23 déc.-5 janv. et fermé le midi du mardi au vend.

Pont de l'Ouysse (Daniel et Stéphane Chambon)

CUISINE CLASSIQUE • ROMANTIQUE XXX Stéphane en cuisine, Mathieu en salle : les deux frères maintiennent avec passion l'âme généreuse de cette maison des bords de l'Ouysse, dans la famille depuis cinq générations. La cuisine se révèle fine et savoureuse : on travaille avec soin les meilleurs produits du Sud-Ouest. Charmante terrasse sous les tilleuls.

→ Fricassée d'écrevisses à la tomate, ail et persil plat. Pied de porc truffé et crème de pomme de terre. Sphère chocolat, crémeux framboise, biscuit streusel et gelée citronnelle.

Menu 40 € (déj. en semaine), 60/92 € - Carte 80/180 €

Hôtel Pont de l'Ouysse - ✆ 05 65 37 87 04 - www.lepontdelouysse.com - Ouvert 1er avril-1er nov. et fermé lundi sauf le soir en saison et mardi midi sauf fériés

Château de la Treyne

DEMEURE HISTORIQUE • ÉLÉGANT Une situation idyllique, en surplomb de la Dordogne qui lui prête ses reflets... Vivre est un art en ce château des 14e-17e s. ! Le parc abrite un jardin à la française et une chapelle romane (expositions, concerts), les chambres sont somptueuses.

14 chambres - †200/530 € ††200/1200 € - 3 suites - ☐ 28 €

3 km à l'Ouest par D3, D43 et voie privée - ✆ 05 65 27 60 60 - www.chateaudelatreyne.com - Ouvert 21 mars-10 nov. et 23 déc.-5 janv.

✿ **Château de la Treyne** - voir les restaurants ci-dessus

Pont de l'Ouysse

LUXE • PERSONNALISÉ Une séduisante demeure du 19e s., dans un jardin baigné par l'Ouysse, qui a creusé ce vallon escarpé et verdoyant... Beaucoup de charme dans les chambres, mêlant goût de l'ancien et esprit champêtre, et belle attention portée aux clients.

19 chambres - †100/226 € ††100/226 € - ☐ 17 € - ½ P

- ✆ 05 65 37 87 04 - www.lepontdelouysse.com - Ouvert 1er avril-1er nov. et fermé lundi hors saison sauf fériés

✿ **Pont de l'Ouysse** - voir les restaurants ci-dessus

LAC DE LA LIEZ - 52 (Haute-Marne) ➜ Voir Langres

LAC DE PONT - 21 (Côte-d'Or) ➜ Voir Semur-en-Auxois

LAC GÉNIN - 01 (Ain) ➜ Voir Oyonnax

LACQ

✉ 64170 (Pyrénées-Atlantiques) - 722 hab. - Alt. 112 m - Carte régionale n° **2**-B3
▶ Paris 799 km - Bordeaux 220 km - Mont-de-Marsan 65 km - Pau 31 km
Carte Michelin 342-I2

Auberge Panacau

CUISINE TRADITIONNELLE • COSY XX Sur la route de Lacq, faites donc étape dans cette maison rouge ! Derrière les fourneaux, la chef concocte de bons petits plats traditionnels... depuis trois décennies. Un conseil : réservez, c'est souvent complet. Prix raisonnables.

Formule 13 € - Menu 15 € (semaine), 24/35 € - Carte 35/50 €

12 RD817 - ✆ 05 59 60 02 27 - Fermé 3 semaines en août, vacances de Noël, sam. et le soir

LACROIX-FALGARDE - 31 (Haute-Garonne) ➜ Voir Toulouse

LADOIX-SERRIGNY - 21 (Côte-d'Or) ➜ Voir Beaune

LAGARDE-D'APT

✉ 84400 (Vaucluse) - 35 hab. - Alt. 1 100 m - Carte régionale n° **21**-B2
▶ Paris 739 km - Avignon 74 km - Digne-les-Bains 98 km - Marseille 105 km
Carte Michelin 332-F10

Le Bistrot de Lagarde (Lloyd Tropeano)

CUISINE MODERNE • AUBERGE X Le genre de découverte qui marque pour longtemps... Le lieu est perdu, au cœur du plateau d'Albion (1 100 m), sur une ancienne base militaire de lancement de missiles nucléaires ! C'est aujourd'hui un petit havre de délices, porté par l'inspiration d'un jeune chef talentueux, Lloyd Tropeano (ancien de Régis Marcon). Partez à sa rencontre !

➜ Fraîcheur de tomates au basilic, concombre piquant et vaporeux de banon. Filet de bar, crémeux d'aubergine, épeautre croustillant à l'ail et sabayon câpres et basilic. Bulle de fraises ciflorette et de sureau.

Menu 30 € (déj. en semaine), 56/85 €

rte d'Apt, 1 km par D34 - ✆ 04 90 74 57 23 (réservation conseillée) - http://lebistrotdelagarde.free.fr - Fermé 1 semaine en sept., de mi-déc. à mi-mars, lundi et mardi

LAGARDE-ENVAL

✉ 19150 (Corrèze) - 784 hab. - Alt. 480 m - Carte régionale n° **13**-C3
▶ Paris 488 km - Aurillac 71 km - Brive-la-Gaillarde 35 km - Mauriac 66 km
Carte Michelin 329-L4

Auberge du Pays

CUISINE TRADITIONNELLE • RUSTIQUE X Très sympathique, ce restaurant familial qui fait aussi bar-tabac. La cuisine du terroir tulliste est à l'honneur : millassou, mique, tête de veau le mercredi et farcidure le jeudi... C'est généreux et goûteux, une véritable adresse à l'ancienne !

Formule 13 € - Menu 17 € (déj. en semaine), 25/33 € - Carte 33/46 €

rte de l'Étang - ✆ 05 55 27 16 12 - www.aubergedupays.fr - Fermé sept.

LAGORD - 17 (Charente-Maritime) → Voir La Rochelle

LAGRASSE

11220 (Aude) - 566 hab. - Alt. 108 m - Carte régionale n° **12**-B3
Paris 819 km - Carcassonne 51 km - Montpellier 133 km - Perpignan 97 km
Carte Michelin 344-G4

Hostellerie des Corbières

CUISINE RÉGIONALE • SIMPLE Le relais de poste du village a fait peau neuve pour laisser place à un restaurant bien dans son époque, tenu par un jeune couple accueillant. Le savoir-faire du chef fait honneur au terroir et aux beaux produits locaux ! L'été, profitez de la terrasse. Quelques chambres toutes simples pour la nuit.

Menu 17 € (déj. en semaine), 21/39 € - Carte 39/52 €
6 chambres - 70/95 € 70/107 € - 8 €
9 bd de la Promenade - 04 68 43 15 22 - www.hostellerie-des-corbieres.com - Fermé 18-26 fév., 25 juin-6 juil., 21-29 oct., 12-30 nov. et jeudi

LAGRAVE

81150 (Tarn) - 1 952 hab. - Alt. 150 m - Carte régionale n° **15**-C2
Paris 686 km - Albi 16 km - Montauban 63 km - Toulouse 63 km
Carte Michelin 338-D7

Château de Touny

FAMILIAL • ÉLÉGANT Au cœur du vignoble de Gaillac et au bord du Tarn, un beau château (18e et 19e s.) flanqué de deux pigeonniers. Dans le parc s'épanouissent des roses anciennes, et les chambres - mariant les genres avec élégance - respirent la sérénité. Sur le ponton, la gabarre et les kayaks du domaine sont amarrés, qui n'attendent que vous... Un lieu charmant et hors du temps !

4 chambres - 104/129 € 140/177 €
32 chemin de Touny - 05 63 57 90 90 - www.tounylesroses.com

LAGUIOLE

12210 (Aveyron) - 1 230 hab. - Alt. 1 004 m - Carte régionale n° **15**-D1
Paris 571 km - Aurillac 79 km - Espalion 22 km - Mende 83 km
Carte Michelin 338-J2

Gilles Moreau

CUISINE MODERNE • ÉLÉGANT Le restaurant, bien connu dans la région, continue de faire de nombreux émules grâce à l'enthousiasme de Gilles Moreau. Il réalise ici une cuisine bien tournée et savoureuse : de la finesse, de beaux produits et l'envie de bien faire... Avis aux gourmands !

Formule 18 € - Menu 26/59 € - Carte 40/70 €
Hôtel Gilles Moreau, 2 allée de l'Amicale - 05 65 44 31 11 (réservation conseillée) - www.gilles-moreau.fr - Fermé 1er-7 juil., 6 nov.-22 déc., 8 janv.-10 fév., lundi et jeudi en fév.-mars sauf vacances scolaires, mardi et merc. sauf août

Gilles Moreau

FAMILIAL • FONCTIONNEL Une maison de tradition à l'âme hospitalière. Les chambres portent des noms ancrés dans la région (lieux, fleurs, monts...), les plus calmes et les plus confortables donnant sur le jardin. De la verdure, le grand air de l'Aubrac et... une jolie piscine pour faire quelques brasses : le plaisir est complet.

20 chambres - 55/110 € 55/110 € - 13 € - ½ P
2 allée de l'Amicale - 05 65 44 31 11 - www.gilles-moreau.fr - Fermé 1er-7 juil., 6 nov.-22 déc., 8 janv.-10 fév., lundi et jeudi en fév.-mars sauf vacances scolaires, mardi et merc. sauf août

Gilles Moreau - voir les restaurants ci-dessus

Le Relais de Laguiole

HÔTEL DE CHAÎNE • FONCTIONNEL Une bâtisse récente d'esprit régional, sur une petite place commerçante. Ses atouts : des chambres fonctionnelles et spacieuses, une grande piscine couverte, un copieux buffet de petit-déjeuner, un restaurant traditionnel... et un espace bien-être avec cabines de massage et hammam.

33 chambres – 95/117 € 95/204 € – 13 € – ½ P

espace Les Cayres – 05 65 54 19 66 – www.relais-laguiole.com – Ouvert 8 avril-1er nov.

Régis

FAMILIAL • CONTEMPORAIN Au cœur de la cité, un relais de diligence du 19e s., tenu par la même famille depuis trois générations. Les chambres, fraîches et contemporaines, sont agréables, tout comme la piscine.

18 chambres – 59/135 € 59/135 € – 10 €

3 pl. de la Patte-d'Oie – 05 65 44 30 05 – www.hotel-regis-laguiole.com – Ouvert 4 fév.-8 mars et 25 mars-15 nov.

La Ferme de Moulhac

FAMILIAL • CONTEMPORAIN Calme, air pur et repos garantis dans cette ferme familiale. Pour l'anecdote, le propriétaire est un "vrai" agriculteur, toujours en activité. Les chambres mêlent joliment l'ancien et le moderne ; on profite de massages et d'hydrothérapie dans l'espace bien-être. Authentique et sympathique !

5 chambres – 83 € 120/136 €

2,5 km au Nord-Est par rte secondaire – 05 65 44 33 25 – www.fermedemoulhac.fr – Fermé 16 nov.-18 déc. et 2 janv.-5 fév.

à l'Est 6 km par rte de l'Aubrac (D15) – 12210 Laguiole :

Bras (Sébastien Bras)

CUISINE CRÉATIVE • DESIGN Aubrac, Aubrac... Telle est l'incantation qui s'échappe de cette table magique ! Suc du terroir, sève des herbes aromatiques : la patte de Michel Bras... et de son fils Sébastien, qui est désormais seul aux fourneaux. On puise toujours au cœur du produit, et l'on fait chanter la terre comme nulle part ailleurs !

→ Gargouillou de jeunes légumes, herbes et graines germées, filet d'huile d'amandes grillées. Pièce de bœuf de race Aubrac rôtie à la braise, légumes et jus aux truffes de Comprégnac. Biscuit tiède au chocolat coulant.

Menu 145/227 € – Carte 125/175 €

rte de l'Aubrac – 05 65 51 18 20 (réservation conseillée) – www.bras.fr – Ouvert de début avril à mi-nov. et fermé mardi midi et merc. midi sauf juil.-août et lundi

Bras

LUXE • DESIGN Au-dessus de Laguiole, à l'aplomb du plateau de l'Aubrac : plein sud, tout l'Aveyron se déploie à vos pieds ! C'est ici que Michel Bras a décidé de recréer l'auberge familiale, devenue vaisseau contemporain. Dans la transparence du verre, la nature est à vous...

11 chambres – 320/650 € 320/650 € – 2 suites – 33 €

rte de l'Aubrac – 05 65 51 18 20 – www.bras.fr – Ouvert de début avril à mi-nov. et fermé lundi sauf juil.-août

Bras – voir les restaurants ci-dessus

au Golf 12 km à l' Ouest par D541, D213 et rte secondaire

Domaine de Mezeyrac

MAISON DE CAMPAGNE • TRADITIONNEL Cette ancienne bâtisse régionale dévoile son charme et son caractère en pleine nature ! Elle a été transformée en charmant complexe hôtelier, avec un golf de neuf trous et un restaurant dans la jolie grange rustique. Grand calme assuré, bon confort et vue sur les greens.

7 chambres – 69/89 € 79/149 € – 4 suites – 11 € – ½ P

– 05 65 44 41 41 – www.hotel-laguiole.com – Ouvert avril-nov.

LA LAUPIE - 26 (Drôme) ➜ Voir Montélimar

LAMAGDELAINE - 46 (Lot) ➜ Voir Cahors

LAMALOU-LES-BAINS

✉ 34240 (Hérault) - 2 663 hab. - Alt. 200 m - Carte régionale n° **12**-B2
▶ Paris 732 km - Béziers 39 km - Lodève 38 km - Montpellier 79 km
Carte Michelin 339-D7

à Combes 10 km à l'Ouest par D908 et D180 - ✉ 34240 - 351 hab. - Alt. 480 m

Auberge de Combes

CUISINE MODERNE • AUBERGE X Dans cette auberge perchée sur les hauteurs de la vallée de l'Orb, on tire le meilleur du terroir et des produits de saison. Dans l'assiette comme dans le paysage, la suavité brute domine... Excellent rapport qualité-prix.

Menu 25/57 € - Carte 45/65 €

- ✆ 04 67 95 66 55 - www.aubergedecombes.fr - Fermé 2 janv.-8 fév., mardi de nov. à avril, dim. soir sauf juil.-août et lundi

LAMASTRE

✉ 07270 (Ardèche) - 2 426 hab. - Alt. 375 m - Carte régionale n° **23**-B2
▶ Paris 577 km - Privas 55 km - Le Puy-en-Velay 72 km - St-Étienne 90 km
Carte Michelin 331-J4 - Guide Vert Michelin Ardèche Drôme

Château d'Urbilhac

FAMILIAL • PERSONNALISÉ Ce petit château de style néo-Renaissance (bâti au 16e s. et restauré au 19e s.) est prisé pour son parc de 30 ha dominant la vallée du Doux. Belle piscine. À la table d'hôte, on apprécie les recettes provençales de la maîtresse des lieux.

5 chambres ☕ - †160/200 € ††160/300 €

rte de Vernoux, 2 km au Sud-Est par rte de Vernoux-en-Vivarais - ✆ 04 75 06 42 11 - www.chateaudurbilhac.fr

LAMBALLE

✉ 22400 (Côtes-d'Armor) - 12 314 hab. - Alt. 55 m - Carte régionale n° **5**-C2
▶ Paris 431 km - Dinan 42 km - Rennes 81 km - St-Brieuc 21 km
Carte Michelin 309-G4 - Guide Vert Michelin Bretagne Nord

à la Poterie 3,5 km à l'Est par D28 - ✉ 22400 Lamballe

Le Manoir des Portes

CUISINE MODERNE • RUSTIQUE XX Dans ce restaurant joliment rustique, on savoure une cuisine du marché déclinée sur l'ardoise. Savoureux café (torréfié maison !), à déguster aux beaux jours sur l'agréable terrasse.

Formule 25 € - Menu 35 € (déj.), 40/55 € - Carte 65/95 €

- ✆ 02 96 31 13 62 - www.manoirdesportes.com - Fermé sam. midi et dim.

Le Manoir des Portes

FAMILIAL • PERSONNALISÉ Ce manoir du 16e s. tout en pierre ouvre sur un beau jardin fleuri, nanti d'un verger et d'un potager. Les chambres allient éléments anciens (mansardes), décoration très colorée et grand calme. Centre équestre à proximité.

15 chambres - †70/95 € ††94/120 € - ☕ 12 € - ½ P

- ✆ 02 96 31 13 62 - www.manoirdesportes.com

Le Manoir des Portes - voir les restaurants ci-dessus

LAMOTTE-BEUVRON

✉ 41600 (Loir-et-Cher) - 4 782 hab. - Alt. 114 m - Carte régionale n° **6**-C2
▶ Paris 171 km - Blois 59 km - Gien 58 km - Orléans 36 km
Carte Michelin 318-J6 - Guide Vert Michelin Châteaux de la Loire

Tatin

CUISINE TRADITIONNELLE • AUBERGE XX C'est ici que les sœurs Tatin inventèrent leur fameuse tarte aux pommes "renversée". Preuve en est : le fourneau de l'époque, fièrement exposé au bar. Et la tradition perdure... La cuisine du chef respecte les belles recettes d'hier !

Formule 27 € - Menu 35/62 € - Carte 62/72 €

14 chambres - 66/139 € 66/139 € - 10 €

5 av. de Vierzon (face à la gare) - 02 54 88 00 03 - www.hotel-tatin.fr - Fermé 19 mars-11 avril, 1er-15 août, mardi midi, dim. soir et lundi

LAMOTTE-WARFUSEE

80800 (Somme) - 674 hab. - Alt. 90 m - Carte régionale n° **19**-B2
Paris 141 km - Abbeville 72 km - Amiens 22 km - Cambrai 68 km
Carte Michelin 301-I8

Le Saint-Pierre

CUISINE TRADITIONNELLE • RUSTIQUE XX À côté de l'église, le Saint-Pierre vous mène au paradis sans passer par le purgatoire... On s'y régale d'une appétissante cuisine traditionnelle, aux saveurs simples et marquées, que le chef fait évoluer au gré des saisons. Accueil sympathique.

Formule 15 € - Menu 25/31 € - Carte 45/51 €

3 r. Delambre - 03 22 42 26 66 - Fermé le soir de nov. à janv. sauf vend. et sam., dim. soir, merc. soir et lundi

LAMOURA

39310 (Jura) - 554 hab. - Alt. 1 156 m - Carte régionale n° **9**-B3
Paris 477 km - Genève 47 km - Gex 29 km - Lons-le-Saunier 74 km
Carte Michelin 321-F8 - Guide Vert Michelin Franche-Comté Jura

La Spatule

TRADITIONNEL • CONTEMPORAIN Au pied des pistes, un beau chalet avec des chambres pratiques et contemporaines (préférez-les côté prairie), proposées à des tarifs très compétitifs ! Et il y a aussi un restaurant traditionnel où l'on ne manque pas de déguster des spécialités fromagères.

26 chambres - 58/140 € 58/140 € - 10 € - ½ P

Grande'rue - 03 84 41 20 23 - www.hotellaspatule.com - Fermé avril et de mi-oct. à mi-déc.

LAMPAUL-PLOUARZEL

29810 (Finistère) - 2 060 hab. - Alt. 34 m - Carte régionale n° **5**-A1
Paris 615 km - Brest 24 km - Quimper 98 km - Rennes 263 km
Carte Michelin 308-C4

Auberge du Vieux Puits

CUISINE TRADITIONNELLE • AUBERGE XX Elle a du charme cette maison bretonne au centre du village... et le puits est toujours là ! Foie gras breton (maison), lieu de la mer d'Iroise, homard à la lampaulaise, etc. Une cuisine traditionnelle qui profite à plein des bons produits issus de la pêche locale, travaillés avec passion.

Menu 21 € (semaine), 36/56 € - Carte 35/57 €

pl. de l'Église - 02 98 84 09 13 - www.aubergeduvieuxpuits.com - Fermé 20-31 mars, 25 sept.-7 oct., dim. soir, sam. midi et lundi

LANARCE

07660 (Ardèche) - 158 hab. - Alt. 1 180 m - Carte régionale n° **23**-A3
Paris 579 km - Aubenas 44 km - Langogne 18 km - Privas 72 km
Carte Michelin 331-G5

Le Provence

CUISINE TRADITIONNELLE • FAMILIAL XX À mi-chemin entre Aubenas et Le Puy-en-Velay, faites étape dans ce sympathique restaurant ! On y apprécie une cuisine gourmande et généreuse axée sur les produits du terroir : agneau provenant de l'élevage familial, charcuteries, cèpes, myrtilles, etc. Une bonne adresse.

Formule 14 € – Menu 18 € (déj. en semaine), 21/40 € – Carte 25/40 €

N102 – ✆ 04 66 69 46 06 – www.hotel-le-provence.com – Ouvert 1er mars-12 nov.

Le Provence

FAMILIAL • FONCTIONNEL Altitude 1 200 m, en pleine montagne ardéchoise, pays des volcans et des sources : bienvenue aux amoureux de la nature ! Cette bâtisse récente borde un axe fréquenté, mais toutes les chambres ouvrent du côté opposé à la route et sont bien insonorisées. Un établissement bien tenu.

16 chambres – †59/79 € ††59/79 € – ☕ 10 € – ½ P

N102 – ✆ 04 66 69 46 06 – www.hotel-le-provence.com – Ouvet 1er mars-12 nov.

Le Provence – voir les restaurants ci-dessus

LANCIEUX

✉ 22770 (Côtes-d'Armor) – 1 512 hab. – Alt. 24 m – Carte régionale n° **5**-C1

▶ Paris 413 km – Rennes 80 km – Saint-Brieuc 85 km – Saint-Malo 18 km

Carte Michelin 309-J3 – Guide Vert Michelin Bretagne Nord

Hôtel des Bains

TRADITIONNEL • FONCTIONNEL Au cœur de cette station balnéaire, à quelques centaines de mètres du rivage, un hôtel né en 1894 et géré en famille. Les chambres sont fonctionnelles et bien tenues, certaines avec une kitchenette : une adresse utile.

12 chambres – †78/140 € ††80/148 € – ☕ 9 €

20 r. Poncel – ✆ 02 96 86 31 33 – www.hoteldesbains-lancieux.fr

LANDÉDA

✉ 29870 (Finistère) – 3 606 hab. – Alt. 52 m – Carte régionale n° **5**-A1

▶ Paris 604 km – Quimper 94 km – Rennes 253 km

Carte Michelin 308-D3

Le Vioben

POISSONS ET FRUITS DE MER • CONVIVIAL X Poissons de la pêche artisanale, homards et autres fruits de mer sont servis à quelques mètres de la plage, dans un cadre décontracté et contemporain... Cette adresse a la cote localement, et l'on comprend aisément pourquoi !

Formule 17 € – Menu 22 € (déj. en semaine), 25/59 € – Carte 28/83 €

30 Ar Palud (port de l'Aber Wrac'h) – ✆ 02 98 04 96 77 (réservation conseillée) – www.vioben.com – Fermé nov. et janv., sam. midi, dim. soir et lundi sauf juil.-août

LANGEAIS

✉ 37130 (Indre-et-Loire) – 4 157 hab. – Alt. 41 m – Carte régionale n° **6**-A2

▶ Paris 259 km – Angers 101 km – Château-la-Vallière 28 km – Chinon 26 km

Carte Michelin 317-L5 – Guide Vert Michelin Châteaux de la Loire

Au Coin des Halles

CUISINE MODERNE • COSY X Dans la rue qui mène au château de Langeais, arrêtez-vous dans cette jolie maison en tuffeau. Le décor est agréable et la cuisine, inventive et boostée par les produits du terroir, fait mouche ! Aux beaux jours, on profite de l'agréable terrasse. Accueil charmant en prime.

Formule 26 € – Menu 32/55 € – Carte 53/64 €

9 r. Gambetta – ✆ 02 47 96 37 25 – www.aucoindeshalles.com – Fermé de mi-janv. à mi-fév., merc. et jeudi

à St-Patrice 10 km à l'Ouest par rte de Bourgueil – ✉ 37130 – 660 hab. – Alt. 39 m

Château de Rochecotte

CUISINE MODERNE • ÉLÉGANT XXX Dans cet élégant château du Siècle des lumières, proche des vignobles de Bourgueil, la cuisine se décline dans un esprit gastronomique : feuillantine de langoustine et foie gras, tournedos de lotte au safran... À l'aune de son décor 18e s.

Formule 36 € – Menu 50 € – Carte 55/76 €

43 r. Dorothée de Dino – ✆ 02 47 96 16 16 – www.chateau-de-rochecotte.fr – Fermé 15 fév.-6 mars

Château de Rochecotte

DEMEURE HISTORIQUE • CLASSIQUE Le souvenir de la duchesse de Dino et de Talleyrand plane sur cette élégante demeure aristocratique. De l'enfilade des magnifiques salons, aux chambres intimes et raffinées, en passant par le superbe parc, les plaisirs du 18e s. restent intacts !

34 chambres – †155/300 € ††155/330 € – 3 suites – ☕ 21 € – ½ P

43 r. Dorothée-de-Dino – ✆ 02 47 96 16 16 – www.chateau-de-rochecotte.fr – Fermé 15 fév.-6 mars

Château de Rochecotte – voir les restaurants ci-dessus

LANGOËLAN

✉ 56160 (Morbihan) – 403 hab. – Alt. 197 m – Carte régionale n° **5**-B2

Paris 484 km – Rennes 135 km – St-Brieuc 67 km – Vannes 78 km

Carte Michelin 308-L6

L'Atelier Bistrot (N)

CUISINE MODERNE • CONVIVIAL X A 5 mn de Guéméné, dans un paisible village breton, cette jolie maison en pierre abrite un charmant bistrot-auberge. Aux commandes, un jeune couple bourlingueur et passionné, de retour au pays. Les spécialités ne trompent pas : ballottin de foie gras à l'andouille de Guéméné, salade d'oreilles de cochon et œuf poché, etc. On se régale !

Formule 13 € – Carte 29/39 €

24 r. Duchelas – ✆ 02 97 51 37 81

LANGOGNE

✉ 48300 (Lozère) – 2 950 hab. – Alt. 913 m – Carte régionale n° **12**-C1

Paris 577 km – Mende 48 km – Le Puy-en-Velay 42 km – Privas 95 km

Carte Michelin 330-L6 – Guide Vert Michelin Languedoc

Domaine de Barrès

BUSINESS • ÉLÉGANT Au cœur d'un parc de 25 ha, avec un golf 9 trous, une noble demeure du 18e s., entièrement réaménagée par l'architecte Jean-Michel Wilmotte, qui a signé jusqu'au mobilier : un vrai contraste derrière la belle façade tout en pierre !

19 chambres – †79/127 € ††79/127 € – ☕ 13 € – ½ P

rte de Mende, 2 km – ✆ 04 66 46 08 37 – www.domainedebarres.com – Ouvert de avril à mi-nov.

LANGON

✉ 33210 (Gironde) – 7 404 hab. – Alt. 10 m – Carte régionale n° **2**-B2

Paris 624 km – Bergerac 83 km – Bordeaux 49 km – Libourne 54 km

Carte Michelin 335-J7 – Guide Vert Michelin Aquitaine

Claude Darroze

CUISINE CLASSIQUE • FAMILIAL XXX Cet établissement familial sait perpétuer les traditions : on y savoure une délicieuse cuisine du Sud-Ouest, accompagnée de bons bordeaux (600 appellations). Les petits plus appréciables : l'agréable terrasse sous les platanes et les chambres dont certaines ont été refaites récemment.

→ Œuf parfait, espuma de ratte et mouillette à la truffe. Homard rôti au beurre demi-sel, fricassée de girolles et jus des carapaces. Soufflé léger au Grand Marnier

Menu 32 € (déj. en semaine), 50/110 € – Carte 75/110 €

15 chambres – †90/125 € ††100/130 € – ☕ 13 €

95 cours du Gén.-Leclerc – ✆ 05 56 63 00 48 – www.darroze.com – Fermé 24 déc.-24 janv.

Alienor

BUSINESS • FONCTIONNEL Près d'un accès à l'autoroute et dans un environnement calme et verdoyant, un hôtel créé en 2011, d'esprit fonctionnel. Les chambres sont plaisantes et bien insonorisées ; la décoration sobre et de bon goût : une bonne étape !

20 chambres - 64/90 € 69/95 € - 8,50 €

chemin du Pioc - 05 56 62 15 15 - www.hotel-alienorlangon.fr

à St-Macaire 2 km au Nord - 33490 - 2 020 hab. - Alt. 15 m

Abricotier

CUISINE MODERNE • CONVIVIAL XX À deux pas de la cité médiévale, cette maison régionale ravit par son atmosphère décontractée, sa terrasse ombragée par des mûriers centenaires et son appétissante cuisine du marché : croustillant au boudin, crépinettes de canard dans une sauce au vin et champignons, etc. Quelques chambres spacieuses dans l'annexe.

Menu 23/44 € - Carte 38/66 €

3 chambres - 65 € 68 € - 8 €

D1113 - 05 56 76 83 63 - www.restaurant-labricotier.com
- Fermé 27 mars-3 avril, 3-6 juil., 28-31 août, 13 nov.-13 déc., mardi soir et lundi

LANGRES

52200 (Haute-Marne) - 7 905 hab. - Alt. 466 m - Carte régionale n° **7**-C3

Paris 285 km - Chaumont 35 km - Dijon 79 km - Nancy 142 km

Carte Michelin 313-L6 - Guide Vert Michelin Champagne Ardenne

Le Cheval Blanc

CUISINE MODERNE • COSY XX Inutile de se cabrer : ce restaurant n'a que des bonnes choses à vous offrir ! Le chef n'hésite pas à rehausser les recettes traditionnelles de jolies touches d'inventivité, à travers des menus "côté mer" et "côté terre". Une cuisine parfaitement au diapason de la salle à manger, relookée dans un style actuel.

Formule 19 € - Menu 38/50 € - Carte 55/94 €

4 r. de l'Estres - 03 25 87 07 00 - www.hotel-langres.com - Fermé nov. et merc. midi

Le Cheval Blanc

AUBERGE • PERSONNALISÉ Le lieu est chargé d'histoire ! En effet, c'est dans cette église que Bossuet reçut le sous-diaconat. La Révolution en fit une auberge et depuis, on vient se reposer dans des chambres de caractère, plus fonctionnelles à l'annexe.

23 chambres - 75/100 € 85/145 € - 12 € - ½ P

4 r. de l'Estres - 03 25 87 07 00 - www.hotel-langres.com - Fermé nov.

Le Cheval Blanc - voir les restaurants ci-dessus

LANGUIMBERG

57810 (Moselle) - 179 hab. - Alt. 290 m - Carte régionale n° **14**-C2

Paris 411 km - Lunéville 43 km - Metz 79 km - Nancy 65 km

Carte Michelin 307-M6

Chez Michèle (Bruno Poiré)

CUISINE MODERNE • ÉLÉGANT XX Ancien café de village, puis auberge familiale... et enfin table gastronomique reconnue dans la région : une jolie trajectoire pour ce restaurant dorénavant tenu par Bruno Poiré, le fils de Michèle, qui signe une cuisine d'aujourd'hui généreuse et précise. Excellent rapport qualité-prix.

➜ Langoustines en tempura. Rosette d'agneau en écrin d'herbes. Riz au lait à la noix de coco, fraises.

Formule 25 € - Menu 43/93 € - Carte 65/80 €

57 r. Principale - 03 87 03 92 25 - www.chezmichele.fr - Fermé 15-31 oct., 1er-14 janv., lundi soir en hiver, mardi et merc.

LANNEPAX

✉ 32190 (Gers) - 537 hab. - Alt. 168 m - Carte régionale n° **15**-A2
▶ Paris 749 km - Aire-sur-l'Adour 48 km - Auch 41 km - Barbotan-les-Termes 34 km
Carte Michelin 336-D7

Les Caprices d'Antan

CUISINE TRADITIONNELLE • BISTRO Au cœur de la bastide, une auberge chaleureuse avec ses carrelages anciens et ses objets chinés. Un menu appétissant où le produit frais donne le la : foie gras, porc noir, baba au rhum... aucune fausse note et chaque mois un spectacle cabaret !

Menu 16 € (déj. en semaine), 33/43 € - Carte environ 45 €

pl. de la Mairie - 05 62 65 76 92 - www.aubergelescapricesdantan.fr - Fermé 5-20 janv., dim. soir, lundi et mardi

LANNILIS

✉ 29870 (Finistère) - 5 349 hab. - Alt. 48 m - Carte régionale n° **5**-A1
▶ Paris 599 km - Brest 23 km - Landerneau 29 km - Morlaix 63 km
Carte Michelin 308-D3

Les Oliviers

CUISINE TRADITIONNELLE • CONVIVIAL Ces Oliviers-là se plaisent en terre bretonne. Le chef, originaire de Montpellier, travaille des produits du Sud (cochon du Ventoux, taureau de Camargue AOC, etc.), mais aussi de délicieux poissons et toute une variété de légumes oubliés, toujours avec une pointe d'originalité.

Formule 15 € - Menu 20 € (semaine), 30/38 € - Carte 25/50 €

6 r. Carellou - 02 98 04 19 94 - www.les-oliviers-lannilis.fr - Fermé vacances de Noël, mardi sauf juil. août, sam. midi et lundi

LANNION

✉ 22300 (Côtes-d'Armor) - 19 380 hab. - Alt. 12 m - Carte régionale n° **5**-B1
▶ Paris 516 km - Brest 96 km - Morlaix 42 km - St-Brieuc 65 km
Carte Michelin 309-B2 - Guide Vert Michelin Bretagne Nord

L'Anthocyane

CUISINE MODERNE • TENDANCE Un chef expérimenté veille aux destinées de ce restaurant au cadre contemporain et cosy ; il y propose une cuisine du marché autour de courts menus établis au plus près des saisons. Imagination, précision technique, respect des saveurs : trois règles d'or pour un repas qui ne laisse pas indifférent !

Menu 24 € (déj. en semaine), 35/66 €

25 av. Ernest-Renan - 02 96 38 30 49 - www.lanthocyane.com - Fermé 2 semaines en mars, 22-30 juin, 2 semaines en oct., dim. soir et lundi

à La Ville-Blanche 5 km par D786, rte de Tréguier - ✉ 22300 Rospez

La Ville Blanche (Jean-Yves Jaguin)

CUISINE MODERNE • ÉLÉGANT On vient ici pour se faire plaisir ! Dans cette jolie longère, une belle clientèle d'habitués se donne rendez-vous pour savourer une cuisine fine et parfumée, subtilement relevée par les herbes aromatiques du jardin potager. Le décor, d'esprit contemporain, semble à l'unisson de l'inspiration du chef...

→ Huîtres chaudes au bouillon de poule, flan de foie gras et galettes de blé noir. Homard breton rôti au four au beurre salé et ragoût des pinces. Parfait glacé à la menthe et chocolat, tuiles à la réglisse.

Menu 36 € 🍷 (semaine), 49/82 € - Carte environ 75 €

- 02 96 37 04 28 (réservation conseillée) - www.la-ville-blanche.com
- Fermé 26 juin-10 juil., 9-15 oct., 18-31 déc., 3 semaines en janv., merc. sauf août, dim. soir et lundi

LAON

✉ 02000 (Aisne) - 25 317 hab. - Alt. 181 m - Carte régionale n° **19**-D2
Paris 141 km - Reims 62 km - St-Quentin 48 km - Soissons 38 km
Carte Michelin 306-D5

Zorn - La Petite Auberge

CUISINE MODERNE • TENDANCE XX Cette belle auberge contemporaine affiche souvent complet : c'est en effet une valeur sûre de la région ! Un succès mérité pour le chef, Willy Marc Zorn, qui fait montre d'une vraie finesse d'exécution en concoctant de belles assiettes de saison, tout en saveurs franches. Excellent rapport qualité-prix.

Formule 23 € - Menu 32/65 € - Carte 55/80 €

45 bd Brossolette - ✆ 03 23 23 02 38 - www.zorn-lapetiteauberge.com - Fermé 1 semaine vacances de fév., 2 semaines en août, lundi soir, sam. midi et dim. sauf fériés

La Maison des 3 Rois

FAMILIAL • PERSONNALISÉ De l'industrie à l'hôtellerie, il n'y a parfois qu'un pas que le propriétaire des lieux a franchi. Au cœur de la vieille ville, ces deux maisons – dont la partie la plus ancienne remonte au 14e s. – conjuguent charme et douceur. Et certaines chambres offrent une jolie vue sur les toits...

5 chambres - 75/120 € 85/130 €

17 r. St-Martin - ✆ 03 23 20 74 24 - www.lamaisondes3rois.com

à Samoussy 13 km à l'Est par D977 - ✉ 02840 - 344 hab. - Alt. 84 m

Le Relais Charlemagne

CUISINE CLASSIQUE • AUBERGE XXX Berthe au Grand Pied, mère de Charlemagne, serait née à Samoussy, d'où l'enseigne de cette table classique, cachant un agréable jardin sur l'arrière. Parmi les grandes spécialités de la carte, on compte la salade de homard aux agrumes, le foie gras poêlé en aigre-doux et les ris de veau aux morilles.

Formule 28 € - Menu 35 € (semaine), 50/65 € - Carte 57/69 €

4 rte de Laon - ✆ 03 23 22 21 50 - www.lerelaischarlemagne.fr - Fermé 1er-15 août, merc. soir, dim. soir, fériés le soir et lundi

à Chamouille 13 km par D967 - ✉ 02860 - 271 hab. - Alt. 112 m

Hôtel du Golf de l'Ailette

BUSINESS • FONCTIONNEL Sur les rives du lac d'Ailette, entre calme et verdure... Dans ce bâtiment des années 1990, les chambres sont spacieuses et contemporaines, toutes avec un balcon donnant sur l'eau. Golf, sports nautiques : côté détente, rien ne manque !

58 chambres - 99/199 € 99/199 € - 15 € - ½ P

23 r. du Chemin-des-Dames (parc nautique de l'Ailette), 0,5 km au Sud par D 967 - ✆ 03 23 24 84 85 - www.ailette.fr

à Bruyères-et-Montbérault 8 km au Sud par D519 - ✉ 02860 - 1 558 hab. - Alt. 86 m

Le Château de Breuil N

CUISINE TRADITIONNELLE • CONTEMPORAIN XX Ce château, ancienne propriété d'un écrivain (les temps ont bien changé), sis au cœur d'un domaine de 1 hectare, impressionne par la tenue de ses chambres... et de sa gastronomie : la jeune chef y concocte une cuisine du moment, fraîche et gourmande.

Menu 23 € (déj. en semaine)/45 €

4 chambres - 120 € 180 €

lieu-dit Le Breuil - ✆ 03 23 21 15 34 - www.chateaudebreuil.fr - Fermé dim. soir et lundi

LAPALISSE

✉ 03120 (Allier) - 3 122 hab. - Alt. 280 m - Carte régionale n° **3**-C1
▶ Paris 346 km - Digoin 45 km - Mâcon 122 km - Moulins 50 km
Carte Michelin 326-I5 - Guide Vert Michelin Auvergne

Auberge du Moulin Marin

TRADITIONNEL · CONTEMPORAIN En face d'un grand moulin (1854) – qui abrite la partie restaurant, d'esprit traditionnel –, un bâtiment récent au bord de la Besbre. On s'y repose dans des chambres contemporaines et confortables, bercé par le doux clapotis de l'eau.

16 chambres - 72/84 € 99/117 € - 12 €

rte de Varennes-sur-Tèche, 2 km au Nord-Est par D990 et D124 - ☎ 04 70 99 08 53 - www.moulin-marin.com

LAPOUTROIE

✉ 68650 (Haut-Rhin) - 1 924 hab. - Alt. 420 m - Carte régionale n° **1**-A2
▶ Paris 430 km - Colmar 21 km - Munster 31 km - Ribeauvillé 20 km
Carte Michelin 315-H8

Les Alisiers

CUISINE MODERNE · ÉLÉGANT XX La table des Alisiers dispose d'une belle salle panoramique au décor épuré. Ici, on savoure une cuisine qui valorise les produits locaux et se démarque du registre local en mêlant influences et saveurs. De quoi vous donner envie de revenir !

Menu 38 €

Hôtel Les Alisiers, lieu-dit Faudé, 3 km au Sud-Ouest par rte secondaire - ☎ 03 89 47 52 82 (réservation conseillée) - www.alisiers.com - Fermé janv., lundi et mardi d'oct. à mars

Faudé

CUISINE MODERNE · AUBERGE XX Un établissement dans la même famille depuis quatre générations. On y savoure de bonnes recettes d'aujourd'hui, dans un cadre au diapason, avant d'aller visiter, pourquoi pas, le musée des Eaux-de-Vie tout proche !

Formule 10 € - Menu 20/72 € - Carte 35/60 €

Hôtel Faudé, 28 r. Gén. Dufieux - ☎ 03 89 47 50 35 - www.faude.com

Les Alisiers

FAMILIAL · PERSONNALISÉ À 700 m d'altitude, dominant le vallon, cette ancienne ferme du pays welche (datée de 1819) est bourrée de charme ! Les chambres sont chaleureuses – certaines décorées avec soin à la façon d'un chalet contemporain – et l'on s'y sent bien...

12 chambres - 67/140 € 67/180 € - 13 € - ½ P

lieu-dit Faudé, 3 km au Sud-Ouest par rte secondaire - ☎ 03 89 47 52 82 - www.alisiers.com - Fermé janv., lundi et mardi d'oct. à mars

Les Alisiers - voir les restaurants ci-dessus

Faudé

FAMILIAL · FONCTIONNEL Dans un jardin bordé par une rivière, un hôtel et son restaurant : une vraie maison de tradition, aux chambres confortables et bien tenues.

30 chambres - 86/98 € 86/108 € - 2 suites - 13 € - ½ P

28 r. du Gén.-Dufieux - ☎ 03 89 47 50 35 - www.faude.com

Faudé - voir les restaurants ci-dessus

LAQUENEXY

✉ 57530 (Moselle) - 1 058 hab. - Alt. 300 m - Carte régionale n° **14**-C1
▶ Paris 344 km - Metz 17 km - Nancy 63 km - Thionville 43 km
Carte Michelin 307-I4

Les Jardins Fruitiers de Laquenexy

CUISINE MODERNE • SIMPLE Au cœur d'un jardin abritant plus de mille variétés d'arbres fruitiers, ce restaurant – doublé d'une boutique gourmande – s'avère aussi insolite que sympathique ! On y savoure une cuisine légère et bien ficelée, qui fait évidemment la part belle aux fruits et légumes du potager. Une jolie graine...

Menu 24 € (déj.) – Carte environ 27 €

4 r. Bourger-et-Perrin – 03 87 35 01 00 (réservation conseillée) – www.jardinsfruitiersdelaquenexy.com – Ouvert avril-oct. et fermé lundi, mardi et le soir

LAQUEUILLE

63820 (Puy-de-Dôme) – 352 hab. – Alt. 1 000 m – Carte régionale n° **3**-B2

Paris 455 km – Aubusson 74 km – Clermont-Ferrand 40 km – Mauriac 73 km

Carte Michelin 326-D9

au Nord-Est 2 km par D922 et rte secondaire – 63820 Laqueuille :

Auberge de Fondain

AUBERGE • TRADITIONNEL Pour se mettre au vert, une demeure bourgeoise (1903) en pleine nature. Les chambres sont douillettes, rénovées dans un esprit maison de campagne. Espace forme. Cuisine traditionnelle (plats auvergnats) au restaurant.

5 chambres – 60 € 80 € – 10 € – ½ P

Fondain – 04 73 22 01 35 – www.auberge-fondain.com – Fermé nov.

LARAGNE-MONTÉGLIN

05300 (Hautes-Alpes) – 3 579 hab. – Alt. 571 m – Carte régionale n° **21**-B2

Paris 687 km – Digne-les-Bains 58 km – Gap 40 km – Sault 60 km

Carte Michelin 334-C7

L'Araignée Gourmande

CUISINE TRADITIONNELLE • FAMILIAL Installez-vous dans cet intérieur moderne et lumineux pour découvrir le talent de Thierry Chouin : si le chef breton affectionne particulièrement les plats à base de poisson, il ne dédaigne pas l'agneau et la pomme (tous deux de la région), qu'il célèbre dans des assiettes bien tournées. De beaux hommages à la tradition.

Formule 15 € – Menu 18 € (déj. en semaine), 30/40 € – Carte 39/80 €

8 r. de la Paix – 04 92 65 13 39 – www.laraignee-gourmande.fr – Fermé de mi-fév. à début mars, 1 semaine en juil., 17 nov.-3 déc., dim. soir, mardi soir et merc.

LE LARDIN-ST-LAZARE

24570 (Dordogne) – 1 862 hab. – Alt. 86 m – Carte régionale n° **2**-D1

Paris 503 km – Brive-la-Gaillarde 28 km – Lanouaille 38 km – Périgueux 47 km

Carte Michelin 329-I5

à Coly 6 km au Sud-Est par D74 et D62 – 24120 – 228 hab. – Alt. 113 m

Manoir d'Hautegente

CUISINE MODERNE • CLASSIQUE La table du Manoir est à la hauteur de l'écrin qui l'accueille ! Assis dans la belle salle à manger en pierres apparentes, où trône une imposante cheminée, on déguste une cuisine élaborée et pleine de trouvailles. Et aux beaux jours, direction la pergola au bord du bief !

Menu 42/83 €

– 05 53 51 68 03 – www.manoir-hautegente.com – Ouvert 5 mai-1er oct. et fermé jeudi midi sauf en été, mardi midi, merc. midi et lundi

La Table de Jean

CUISINE TRADITIONNELLE • BISTRO Ici, on cultive l'identité locale ! Dans la salle, d'esprit bistrot, des photos retracent l'histoire du village. On apprend ainsi que Jean en a été le maire – et qu'il était visiblement un proche des patrons. Au menu : une cuisine de tradition simple et bonne, agrémentée de quelques herbes du jardin.

Menu 16 € (déj.)/30 €

– 05 53 51 68 08 – www.facebook.com/latabledejean – Ouvert de mai à oct. et fermé sam. midi, dim., mardi et merc.

Manoir d'Hautegente

DEMEURE HISTORIQUE • CLASSIQUE Dans un parc traversé par une rivière, un moulin du 14es. tapissé de vigne vierge. La beauté du site, les meubles anciens et le bar installé dans l'ancienne forge dégagent un charme véritable. Un joli écrin...

17 chambres – 95/275 € 95/275 € – 16 €

– 05 53 51 68 03 – www.manoir-hautegente.com – Ouvert 5 mai-1er oct.

Manoir d'Hautegente – voir les restaurants ci-dessus

LARGENTIÈRE

07110 (Ardèche) – 1 789 hab. – Alt. 240 m – Carte régionale n° **23**-A3

Paris 645 km – Alès 66 km – Aubenas 18 km – Privas 49 km

Carte Michelin 331-H6 – Guide Vert Michelin Ardèche Drôme

à Sanilhac 7 km au Sud par D312 – 07110 – 432 hab. – Alt. 420 m

Auberge de la Tour de Brison

AUBERGE • TRADITIONNEL De cette accueillante auberge bâtie à flanc de colline, la vue plonge sur la vallée et sur le plateau du Coiron. Chambres actuelles, jardin et spa de nage chauffé et couvert (sauf l'été). Au restaurant, cadre chaleureux, terrasse panoramique et recettes du terroir.

14 chambres – 80/125 € 80/125 € – 12 € – ½ P

à la Chapelette – 04 75 39 29 00 – www.belinbrison.com – Ouvert 1er avril-31 oct.

LARMOR-BADEN

56870 (Morbihan) – 875 hab. – Alt. 10 m – Carte régionale n° **5**-A3

Paris 474 km – Auray 15 km – Lorient 59 km – Pontivy 66 km

Carte Michelin 308-N9 – Guide Vert Michelin Bretagne Sud

Auberge du Parc Fétan

FAMILIAL • FONCTIONNEL À proximité de la baie et des sentiers côtiers, un hôtel convivial et parfaitement tenu, doté de chambres plutôt petites, simples et claires, la plupart ouvrant sur le golfe du Morbihan. Produits de la mer et cuisine traditionnelle dans une ambiance bistrot.

24 chambres – 50/60 € 59/145 € – 10 € – ½ P

17 r. de Berder – 02 97 57 04 38 – www.hotel-parcfetan.com – Ouvert 11 mars-13 nov.

LARMOR-PLAGE

56260 (Morbihan) – 8 219 hab. – Alt. 4 m – Carte régionale n° **5**-B2

Paris 510 km – Lorient 7 km – Quimper 74 km – Vannes 66 km

Carte Michelin 308-K8 – Guide Vert Michelin Bretagne Sud

Les Mouettes N

CUISINE MODERNE • CONVIVIAL Depuis la salle à manger et la terrasse, la vue sur l'Atlantique et l'île de Groix est tout simplement imprenable... Dans l'assiette, on trouve de bons produits bien travaillés, et particulièrement des poissons (dorade, saint-pierre, etc.) et des fruits de mer d'une grande fraîcheur. Service efficace et ambiance sympathique.

Formule 20 € – Menu 26/45 € – Carte 40/60 €

Hôtel les Mouettes, r. de Rennes, Anse de Kerguélen, 1,5 km à l'Ouest – 02 97 65 50 30 – www.lesmouettes.com

Les Rives du Ter

BUSINESS • FONCTIONNEL Cet hôtel récent bordant le Ter abrite des chambres spacieuses, au style épuré, avec terrasse ou balcon donnant sur l'étang, bien au calme. Une bonne option pour profiter des jolies plages des environs.

58 chambres – 120/145 € 130/145 € – 16 €

15 bd Jean-Monnet – 02 97 35 33 50 – www.lesrivesduter.com

Les Mouettes

TRADITIONNEL • BORD DE MER Entièrement rénové en 2014, cet établissement donne directement sur la plage, avec vue sur l'océan et l'île de Groix : une situation exceptionnelle ! Les chambres sont fonctionnelles, décorées dans un style contemporain. Une étape très agréable.

20 chambres – 106/113 € 123/126 € – 12 € – ½ P

r. de Rennes, Anse de Kerguélen, 1,5 km à l'Ouest – 02 97 65 50 30 – www.lesmouettes.com

Les Mouettes – voir les restaurants ci-dessus

LARNAC - 30 (Gard) → Voir St-Ambroix

LAROQUE-DES-ALBÈRES

66740 (Pyrénées-Orientales) – 2 148 hab. – Alt. 100 m – Carte régionale n° **12**-B3

Paris 883 km – Figueres 50 km – Montpellier 187 km – Perpignan 39 km

Carte Michelin 344-I7 – Guide Vert Michelin Languedoc Roussillon

Côté Saisons

CUISINE MODERNE • BISTRO C'est au Ritz, à Paris, que le couple s'est rencontré. Elle était en salle, lui en cuisine, comme aujourd'hui dans leur restaurant. Une bâtisse du 19e s. avec un jardin fleuri et une jolie terrasse pour être toujours... Côté Saisons, à l'instar des recettes, savoureuses et bien ficelées ! De plus, le service est tout sourire.

Formule 24 € – Menu 32/40 € – Carte 40/52 €

5 chambres – 65/120 € 65/120 €

10 av. de la Côte-Vermeille – 04 34 12 36 51 (réservation conseillée) – www.cotesaisons.com – Fermé 6-23 nov., janv., jeudi sauf le soir en juil.-août et merc.

LARRAU

64560 (Pyrénées-Atlantiques) – 194 hab. – Alt. 636 m – Carte régionale n° **2**-B3

Paris 832 km – Oloron-Ste-Marie 42 km – Pau 75 km – St-Jean-Pied-de-Port 64 km

Carte Michelin 342-G6 – Guide Vert Michelin Pays Basque et Navarre

Etchemaïté

CUISINE TRADITIONNELLE • RUSTIQUE Dans ces contrées montagneuses aux confins du Pays basque, une maison traditionnelle tout simplement charmante... d'autant qu'on s'y régale : tatin de foie gras aux pommes, poêlée d'anguilles persillées, épaule d'agneau braisé et garbure de haricots-maïs... C'est simple, goûteux et généreux !

Formule 20 € – Menu 26/55 € – Carte environ 53 €

Le Bourg – 05 59 28 61 45 – www.hotel-etchemaite.fr – Fermé 8 janv.-18 fév., dim. soir et lundi du 16 nov. au 14 mai

Etchemaïté

AUBERGE • TRADITIONNEL Simplicité et accueil familial d'une auberge de montagne, dans un hameau de la pittoresque Haute-Soule. Les chambres, confortables et bien tenues, méritent un détour dans ce coin aux airs de bout du monde...

17 chambres – 60/90 € 60/90 € – 10 € – ½ P

Le Bourg – 05 59 28 61 45 – www.hotel-etchemaite.fr – Fermé 8 janv.-18 fév., dim. soir et lundi du 6 nov. au 14 mai

Etchemaïté – voir les restaurants ci-dessus

LASCABANES

46800 (Lot) - 196 hab. - Alt. 180 m - Carte régionale n° **15**-B1
Paris 598 km - Montauban 69 km - Toulouse 120 km - Villeneuve-sur-Lot 61 km
Carte Michelin 337-D5

Le Domaine de Saint-Géry

CUISINE TRADITIONNELLE • ROMANTIQUE XX Autoproclamé "cuisinier-paysan", Patrick Duler ne plaisante pas avec l'origine de ses produits : une grande partie de ce qui est dans l'assiette – jambon de porc noir, truffe, foie gras – vient directement de ses propres champs ! Ses préparations, simples et soignées, révèlent l'âme d'un chef véritablement passionné.

Menu 48/209 €

– 05 65 31 82 51 – www.saint-gery.com – Ouvert 15 avril-1er nov., 30 déc.-28 fév. et fermé le midi

Le Domaine de Saint-Géry

MAISON DE CAMPAGNE • CLASSIQUE Vous voici sur les terres du seigneur de St-Géry... ou plutôt de ses descendants. Au cœur du Quercy, ce domaine de 70 ha permet de se ressourcer dans de confortables chambres campagnardes. Ici, le blé est même ramassé à la main pour faire le pain. Authentique !

5 chambres – 137/385 € 137/385 € – 28 €

– 05 65 31 82 51 – www.saint-gery.com – Ouvert 1er avril-1er nov. et 30 déc.-28 fév.

Un important déjeuner d'affaires ou un dîner entre amis ?
Le symbole vous signale les salons privés.

LASCELLE

15590 (Cantal) - 311 hab. - Alt. 760 m - Carte régionale n° **3**-B3
Paris 555 km - Aurillac 16 km - Bort-les-Orgues 84 km - Brioude 94 km
Carte Michelin 330-D4

Lac des Graves

TRADITIONNEL • FONCTIONNEL Randonneurs, kayakistes et adeptes du VTT apprécieront ce vaste parc aménagé au bord d'un lac. Chalets et cubes en bois au bord de l'eau, roulottes bohème parmi les ânes et les moutons ; l'hébergement est très original !

23 chambres – 52/78 € 52/78 € – 9 € – ½ P

Jaulhac – 04 71 47 94 06 – www.lacdesgraves.com

LASSEUBE

64290 (Pyrénées-Atlantiques) - 1 732 hab. - Alt. 188 m - Carte régionale n° **2**-B3
Paris 797 km - Bordeaux 219 km - Pau 19 km - Tarbes 60 km
Carte Michelin 342-J3 - Guide Vert Michelin Aquitaine

La Ferme Dagué

FAMILIAL • FONCTIONNEL Avec sa superbe cour fermée, cette ferme béarnaise du 18e s. a beaucoup de cachet ! Les chambres sont fonctionnelles et bien tenues, le petit-déjeuner copieux.

5 chambres – 47/65 € 57/67 €

chemin Croix-de-Dagué – 05 59 04 27 11 – www.ferme-dague.com – Ouvert 30 avril-15 oct.

LASTOURS

11600 (Aude) - 166 hab. - Carte régionale n° **12**-B2
Paris 782 km - Carcassonne 19 km - Castres 52 km - Toulouse 107 km
Carte Michelin 344-F3

✿ Le Puits du Trésor (Jean-Marc Boyer)

CUISINE MODERNE · COSY XX Jean-Marc Boyer est un véritable passionné : lors de balades en solitaire dans les collines environnantes, il déniche l'inspiration pour sa cuisine... Herbes aromatiques, asperges sauvages ou ail des ours viennent ainsi agrémenter des plats colorés, pleins de saveurs et bien maîtrisés. Une réussite !

→ Terrine d'huîtres, soupe glacée d'avocat et chair de tourteau. Filet de bœuf rôti, pomme soufflée croquante et jus perlé à l'ail des ours. Baba au marc du Languedoc, crémeux de marron, amandes et noisettes caramélisées.

Menu 47/93 €

21 rte des Quatre-Châteaux
– ✆ 04 68 77 50 24 (réservation conseillée) – www.lepuitsdutresor.com
– Fermé 15 fév.-7 mars, dim. soir, lundi et mardi

L'Auberge du Diable au Thym – voir les restaurants ci-dessous

L'Auberge du Diable au Thym

CUISINE TRADITIONNELLE · BISTRO X Œuf poché et son amourette de salade, velouté de châtaignes aux quenelles de faisan, ou encore épaule d'agneau confite aux gousses d'ail rose de Lautrec... Dans cette seconde adresse, Jean-Marc Boyer recompose chaque jour sa carte au gré des arrivages, et son talent fait mouche à tous les coups. Réjouissant !

Formule 18 € – Menu 22 € – Carte 27/47 €

21 rte des Quatre-Châteaux
– ✆ 04 68 77 50 24 – www.lepuitsdutresor.com
– Fermé 15 fév.-7 mars, dim. soir, lundi et mardi

LATILLÉ

✉ 86190 (Vienne) – 1 515 hab. – Alt. 150 m – Carte régionale n° **20**-C1
▶ Paris 358 km – Niort 65 km – Poitiers 29 km – Tours 122 km
Carte Michelin 322-G5

La Gentilhommière

FAMILIAL · CLASSIQUE Elle porte bien son nom, cette Gentilhommière de 1785 aux superbes atours : tentures, boiseries, mobilier et objets anciens parent des chambres Art déco, Empire ou encore Directoire... Un véritable répertoire de styles, d'un grand raffinement ! Quant au parc, il dégage une douce quiétude...

5 chambres ☕ – †100/110 € ††100/110 €

1 pl. Robert-Gerbier – ✆ 05 49 36 34 20 – www.gentilhommiere.fr

LATTES – 34 (Hérault) → Voir Montpellier

LAURIS

✉ 84360 (Vaucluse) – 3 789 hab. – Alt. 250 m – Carte régionale n° **22**-E1
▶ Paris 735 km – Avignon 58 km – Dignes-les-Bains 113 km – Marseille 67 km
Carte Michelin 332-E11

✿ Le Champ des Lunes

CUISINE MODERNE · DESIGN XX Jérôme Faure, qui obtint sa première étoile à l'âge de 30 ans à peine, est désormais le moissonneur en chef de ce Champ des Lunes. Sa cuisine, résolument moderne, gravite autour de beaux produits du Luberon. Marché oblige, sa carte évolue toutes les semaines ; les belles saveurs, elles, sont toujours au rendez-vous.

→ Cuisine du marché.

Formule 27 € – Menu 34 € (déj. en semaine), 42/105 €

Hôtel Domaine de Fontenille, rte de Roquefraîche – ✆ 04 13 98 00 00
– www.domainedefontenille.com – Fermé 1er janv.-10 fév., dim. soir et mardi hors saison et lundi

La Cuisine d'Amélie

CUISINE MODERNE • BISTRO Sur les terrasses sud de la bastide, ce bistrot décline une carte de petites bouchées a partager, intitulées des "touches de goûts", salées ou sucrées, réalisées autour de produits de la région. Petits pois en velouté froid, thon brûlé à la flamme, agneau confit dans l'esprit d'une pastilla : c'est original et bien exécuté.

Carte 25/30 €

Hôtel Domaine de Fontenille, rte de Roquefraîche – 04 13 98 00 00 – www.domainedefontenille.com – Fermé 1er janv.-10 fév., vend. midi, merc. et jeudi hors saison et mardi en juil.-août

Domaine de Fontenille

LUXE • ÉLÉGANT Sur le versant sud du Luberon, dominant la plaine de la Durance, cette belle bastide provençale a su conserver son charme d'antan ! L'art contemporain est ici partout ; les chambres lumineuses marient parfaitement couleurs régionales et modernité. Et pendant ce temps, tout autour, les platanes centenaires montent la garde...

15 chambres – 158/496 € 158/496 € – 2 suites – 19 €

rte de Roquefraîche – 04 13 98 00 00 – www.domainedefontenille.com – Fermé 1er janv.-10 fév.

Le Champ des Lunes • **La Cuisine d'Amélie** – voir les restaurants ci-dessus

LAUTREC

81440 (Tarn) – 1 798 hab. – Alt. 294 m – Carte régionale n° **15**-C2

Paris 703 km – Albi 31 km – Castelnaudary 55 km – Castres 17 km

Carte Michelin 338-E8 – Guide Vert Michelin Midi-Pyrénées

Le Clos d'Adèle

CUISINE TRADITIONNELLE • BISTRO Une bâtisse ancienne (poutres, pierres apparentes) au cœur de la ville historique, une bonne cuisine du marché réalisée avec des produits d'excellente qualité, et des saveurs qui sautent aux papilles... Avec, à l'arrivée, une addition plutôt raisonnable. Que demander de plus ?

Menu 19/36 € – Carte 30/42 €

6 pl. du Monument – 05 81 43 61 91 – Fermé 19 janv.-9 fév., jeudi midi, merc. hors saison et dim. soir

La Terrasse de Lautrec

HISTORIQUE • GRAND LUXE Jolie demeure bourgeoise du 17e s. au cœur de Lautrec. Le jardin à la française offre une agréable vue sur la campagne. Aux beaux jours, on profite de la petite piscine et les petits-déjeuners se prennent en terrasse. Chambres irréprochables.

4 chambres – 85/120 € 85/140 €

9 r. de l'Église – 05 63 75 84 22 – www.laterrassedelautrec.com – Ouvert 15 avril-15 oct.

LAUZERTE

82110 (Tarn-et-Garonne) – 1 488 hab. – Alt. 224 m – Carte régionale n° **15**-B1

Paris 614 km – Agen 53 km – Auch 98 km – Cahors 39 km

Carte Michelin 337-C6

Hôtel du Quercy

CUISINE MODERNE • TENDANCE Au cœur de ce bourg pittoresque, cette maison de pays possède le charme désuet des auberges de campagne... Les propriétaires se mettent en quatre pour satisfaire leurs hôtes ; on savoure donc de bons petits plats du terroir (dont l'agneau du Quercy). Pour l'étape, des chambres simples et bien tenues.

Formule 14 € – Menu 20/32 € – Carte 33/45 €

9 chambres – 50/60 € 50/60 € – 8 €

fg d'Auriac – 05 63 94 66 36 – www.hotel-du-quercy.fr – Fermé vacances de la Toussaint et de fév., dim. soir sauf juil.-août et lundi

LAVAL

✉ 53000 (Mayenne) - 50 658 hab. - Alt. 65 m - Carte régionale n° **18**-C1
▶ Paris 280 km - Angers 79 km - Le Mans 86 km - Rennes 76 km
Carte Michelin 310-E6 - Guide Vert Michelin Pays de la Loire

Bistro de Paris

CUISINE MODERNE • BISTRO XXX On s'attend presque à voir Émile Gallé entrer dans cette élégante salle Art nouveau ! Au cœur du quartier historique de Laval, ce bistrot chic propose des plats dans l'air du temps, au rythme des saisons. Les incontournables : tête et foie de veau ravigote, boudin blanc aux escargots et soufflé au Grand Marnier.

Menu 18 € (déj. en semaine), 28/70 € – Carte environ 48 €

Plan : B1-k - *67 r. du Val-de-Mayenne*
- ✆ 02 43 56 98 29 - www.lebistro-de-paris.com
- Fermé 1er-21 août, sam. midi, dim. soir et lundi

À la Bonne Auberge

CUISINE MODERNE • DESIGN XX Sur la route de Rennes, on repère cette bâtisse à ses murs entièrement tapissés de vigne vierge, mais les gourmands la connaissent pour sa bonne cuisine : escalopine de lotte et langoustines aux agrumes, soufflé au Grand Marnier, etc. Un travail bien fait ! Quelques chambres bien tenues pour prolonger l'étape.

Menu 18 € (semaine), 26/46 € - Carte environ 50 €

17 chambres - †73/82 € ††84/93 € - ☕10 €

Hors plan - *170 r. de Bretagne, à l'Ouest*
- ✆ 02 43 69 07 81 - www.alabonneauberge.com
- Fermé août, sam. midi et dim.

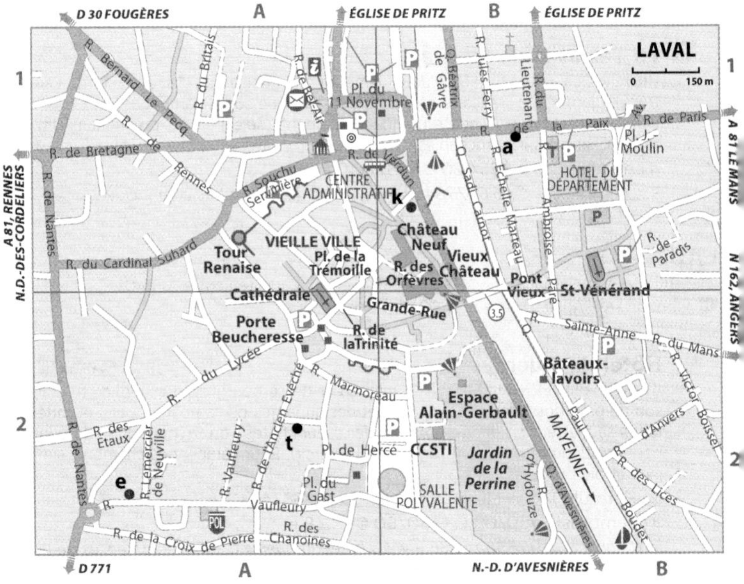

L'Antiquaire

CUISINE MODERNE • AUBERGE XX Amis chineurs, ici, vous ne trouverez ni livres anciens, ni toiles du 19e s., ni objets des années 1930... mais vous n'y perdrez pas au change ! Cet Antiquaire-là est tout à fait plaisant et accueillant, et dans l'assiette, on apprécie une cuisine généreuse et teintée de créativité.

Formule 15 € - Menu 27/52 € - Carte 32/51 €

Plan : A2-e - 64 r. de Vaufleury - ☎ 02 43 53 66 76 - www.restaurant-lantiquaire.fr - Fermé 10-24 avril, 10-31 juil., 1 semaine en janv., sam. midi, dim. soir et lundi

Perier du Bignon

HISTORIQUE • PERSONNALISÉ Ce bel hôtel particulier du 18e s. (classé) s'élève sur les hauteurs de la ville. Les chambres y sont cosy, raffinées et toutes différentes : coquettes et bourgeoises pour certaines, plus contemporaines pour d'autres. Spa, avec hammam et sauna.

36 chambres - †132/370 € ††132/370 € - 6 suites - ☕ 14 € - ½ P

Plan : A2-t - 7 r. du Marchis - ☎ 02 43 49 90 00 - www.hotelperierdubignon.fr

Hôtel de Paris

URBAIN • PERSONNALISÉ Sur l'une des principales artères de la ville, à deux pas de la Mayenne, un hôtel né en 1830, mais détruit en 1944 et reconstruit à l'après-guerre. Les chambres, spacieuses et bien insonorisées, ont bénéficié d'un récent rafraîchissement. L'ensemble est parfaitement tenu.

50 chambres - †65/175 € ††72/180 € - ☕ 10 €

Plan : B1-a - 22 r. de la Paix - ☎ 02 43 53 76 20 - www.hotel-laval.fr - Fermé 22 déc.-3 janv.

à Bonchamp-lès-Laval 6 km à l'Est par D57 et rte secondaire - ✉ 53960 - 5 795 hab. - Alt. 82 m

L'Alliance des Saveurs

CUISINE MODERNE • TENDANCE XXX Ce restaurant, installé dans un quartier pavillonnaire à quelques minutes de Laval, porte bien son nom ! Le chef y compose de belles assiettes entre innovation et tradition, en s'appuyant principalement sur les producteurs locaux.

Menu 26 € (déj. en semaine), 45/71 € - Carte environ 83 €

7 chambres - †125/195 € ††125/225 € - ☕ 12 €

23 chemin du Préfet, 6 km à l'Est par D57 et rte secondaire - ☎ 02 43 90 05 14 - www.lalliancedessaveurs.fr - Fermé 20-27 fév., 7-22 août, 24-30 déc., sam. midi, dim. soir et lundi

LAVALETTE

✉ 31590 (Haute-Garonne) - 665 hab. - Alt. 209 m - Carte régionale n° **15**-C2

▶ Paris 687 km - Albi 71 km - Montauban 63 km - Toulouse 18 km

Carte Michelin 343-H3

Auberge de la Forge

CUISINE MODERNE • COSY X Nichée dans un petit village de la région toulousaine, cette Auberge est le repaire d'un jeune chef talentueux... et bien occupé : il partage son temps entre les fourneaux et la salle ! Ses recettes, teintées d'influences asiatiques, regorgent de belles saveurs et s'appuient sur des produits de première fraîcheur. Bravo !

Menu 20 € (déj. en semaine), 36/46 € - menu unique

8 r. Jean-Parisot (face à l'église) - ☎ 05 61 84 76 00 (réservation conseillée) - Fermé 21 août-5 sept., dim. soir, lundi et mardi

LE LAVANCHER - 74 (Haute-Savoie) ➔ Voir Chamonix

LE LAVANDOU

✉ 83980 (Var) - 5 165 hab. - Alt. 1 m - Carte régionale n° **21**-C3

▶ Paris 873 km - Cannes 102 km - Draguignan 75 km - Fréjus 61 km

Carte Michelin 340-N7 - Guide Vert Michelin Côte d'Azur

Planches & Gamelles

CUISINE MODERNE • BISTRO La carte indique "bouchon provençal, guinguette et vinothèque" : voilà qui annonce la couleur ! Cette sympathique maison, installée face au port de plaisance, propose une chouette cuisine du pays, simple et fraîche, accompagnée d'un bon choix de vins locaux. Bon rapport qualité-prix.

Menu 26/38 € – Carte 36/54 €

46 quai Baptistin-Pins – 09 86 28 65 28 – www.planchesetgamelles.fr – fermé mardi, merc. hors saison et le midi en saison

Baptistin

URBAIN • CONTEMPORAIN Face au port, cet hôtel récent joue la carte de la modernité : formes cubiques et équipements de qualité, ambiance feutrée... Les chambres sont confortables et la plupart d'entre elles disposent d'une terrasse ou d'un balcon.

14 chambres – 95/330 € 95/330 € – 12 €

quai Baptistin-Pins – 04 98 00 44 51 – www.baptistin-hotel-lavandou.com

à St-Clair 2 km par rte de St-Tropez – 83980 Le Lavandou

Bistr'eau Ryon

CUISINE MODERNE • MÉDITERRANÉEN Un joli bistr'eau contemporain, avec une appétissante terrasse face à la plage... Le chef, homme d'expérience, fait varier ses recettes chaque jour en fonction du marché ; on se régale de ses propositions fines et savoureuses !

Menu 31 € – Carte 45/65 €

bd de la Baleine – 04 94 15 26 97 – www.bistreauryon.com – Fermé nov. et janv., dim. soir et lundi hors saison

Les Tamaris - Chez Raymond

POISSONS ET FRUITS DE MER • RUSTIQUE Beignets de courgette, seiche de Méditerranée... et surtout la fameuse bouillabaisse cuite au feu de bois, une rareté : sous la houlette de Raymond, son truculent patron, cette véritable institution locale met à l'honneur les poissons de la pêche du jour. Et l'on ne résiste pas à la terrasse face à la mer...

Carte 40/90 €

bd de la Baleine – 04 94 71 07 22 – Ouvert de mi-mars à fin oct. et fermé mardi

Roc Hôtel

FAMILIAL • FONCTIONNEL Un hôtel situé juste à côté de la plage, les pieds dans l'eau... Les chambres, avec leur terrasse, sont lumineuses : pour un séjour tonique, choisissez-les face au large !

29 chambres – 87/300 € 87/300 € – 2 suites – 11 €

5 bd des Dryades – 04 94 01 33 66 – www.roc-hotel.com – Ouvert de fin mars à mi-oct.

Méditerranée

FAMILIAL • FONCTIONNEL Soleil et plaisirs de la Méditerranée vous attendent au bout de cette plage de sable fin ! Les chambres sont contemporaines et fonctionnelles ; optez pour celles regardant la mer. Agréable ambiance familiale.

19 chambres – 89/99 € 105/154 € – 11 €

5 r. des Dryades – 04 94 01 47 70 – www.hotel-med.fr – Ouvert 25 mars-20 oct.

à Aiguebelle 4,5 km par rte de St-Tropez – 83980 Le Lavandou

Le Grand Pavois

TRADITIONNEL • CONTEMPORAIN En face de la plage d'Aiguebelle, cet hôtel moderne offre tout le confort nécessaire. Dans les chambres, le décor donne dans le minimalisme contemporain ; toutes disposent d'une terrasse ou d'un balcon.

18 chambres – 70/150 € 70/198 € – 10 €

av. des Trois-Dauphins – 04 98 04 35 00 – www.legrandpavois83.com – Ouvert mars-nov.

Les Alcyons

TRADITIONNEL • FONCTIONNEL Dans la mythologie grecque, les alcyons – ces oiseaux marins fabuleux – étaient présage de mer calme... Un heureux augure pour cet hôtel situé sur l'avenue bordant la plage, et dont la plupart des chambres profitent d'une terrasse toisant la Méditerranée. Accueil attentionné.

24 chambres – 64/168 € 64/168 € – 9 €

av. des Trois-Dauphins
– 04 94 05 84 18 – www.hotellesalcyons.com
– Ouvert début avril à fin-oct.

Beau Soleil

FAMILIAL • FONCTIONNEL Aiguebelle ("belle eau") et beau soleil : l'essentiel pour des vacances réussies ! Profitez ici de chambres bien tenues et confortables, en particulier au 1er étage où l'on peut opter pour une terrasse face à la mer. Cuisine traditionnelle au restaurant, avec une agréable terrasse sous les mûriers.

15 chambres – 60/150 € 60/180 € – 8 € – ½ P

av. des Trois-Dauphins – 04 94 05 84 55 – www.hotel-lavandou.com
– Ouvert Pâques-début oct.

LAVANNES

51110 (Marne) – 613 hab. – Alt. 100 m – Carte régionale n° **7**-B2
Paris 161 km – Châlons-en-Champagne 56 km – Épernay 43 km – Reims 14 km
Carte Michelin 306-H7

La Closerie des Sacres

FAMILIAL • PERSONNALISÉ Engageante, l'architecture traditionnelle de cette ancienne ferme ! Les chambres d'hôtes ont été aménagées avec goût dans les écuries, habillées de mobilier ancien, de fer forgé et de tissus bien choisis. Une maison d'une élégante simplicité, dans laquelle on peut se détendre au grand calme.

3 chambres – 85/106 € 106/130 €

7 r. Chefossez – 03 26 02 05 05 – www.closerie-des-sacres.com

LAVARDIN – 41 (Loir-et-Cher) → Voir Montoire-sur-le-Loir

LAVAUDIEU

43100 (Haute-Loire) – 228 hab. – Alt. 465 m – Carte régionale n° **3**-C3
Paris 488 km – Brioude 11 km – Clermont-Ferrand 78 km – Le Puy-en-Velay 56 km
Carte Michelin 331-C2 – Guide Vert Michelin Auvergne

Court La Vigne

CUISINE TRADITIONNELLE • RUSTIQUE Cherchez le cloître médiéval, cette charmante bergerie du 15e s. est juste à deux pas. Tout y est plaisant, le bar et sa cheminée, la galerie d'art et la cour ! Des vins bio locaux accompagnent une cuisine du terroir tout en simplicité.

Menu 19 € (déj. en semaine)/27 € – Carte environ 30 €

– 04 71 76 45 79 (réservation conseillée) – Fermé 20 déc.-28 fév., merc. en juil.-août et mardi

Le Colombier

AUBERGE • PERSONNALISÉ Une maison récente, sur les hauteurs du village – l'un des plus beaux de France. Les chambres – "Velay", "Afrique" (lit à baldaquin en bambou), "Maroc" – sont impeccables. Un pigeonnier classé du 18e s., un joli jardin... et une superbe vue sur la vallée !

4 chambres – 60/80 € 60/80 €

rte des Fontannes, D203 – 04 71 76 09 86 – www.lecolombier-lavaudieu.com
– Ouvert 1er mai-30 sept.

LES LAVAULTS - 89 (Yonne) → Voir Quarré-les-Tombes

LAVELANET

09300 (Ariège) - 6 394 hab. - Alt. 512 m - Carte régionale n° **15**-C3

Paris 784 km - Carcassonne 71 km - Castelnaudary 53 km - Foix 28 km

Carte Michelin 343-J7

à Nalzen 6 km à l'Ouest par D117 - 09300 - 127 hab. - Alt. 632 m

Les Sapins

CUISINE TRADITIONNELLE • RUSTIQUE En retrait de la route, au bord d'une forêt de sapins, cette maison aux airs de chalet abrite un restaurant rustique et chaleureux... La simplicité même ! On vient y apprécier le goût de la tradition, et les saveurs de produits bien frais. Une affaire familiale pleine de charme.

Menu 16 € (déj. en semaine), 25/52 € - Carte 37/63 €

Conte - 05 61 03 03 85 - www.restaurant-lessapins.com - Fermé dim. soir, lundi et mardi sauf juil.-août et fériés

LAVENTIE

62840 (Pas-de-Calais) - 4 924 hab. - Alt. 18 m - Carte régionale n° **16**-B2

Paris 229 km - Armentières 13 km - Arras 45 km - Béthune 18 km

Carte Michelin 301-J4

Le Cerisier (Eric Delerue)

CUISINE MODERNE • COSY Au cœur du pays de l'Alloeu, dont l'emblème est... un cerisier, les amateurs de bonne chère connaissent bien cette adresse ! Finesse et inventivité caractérisent la cuisine du chef dont les menus thématiques ("La promenade du pêcheur", "Le voyage gastronomique", etc.) invitent à un tour d'horizon... gustatif.

→ Foie gras poêlé aux cerises. Saint-Jacques rôties, pain d'épice et endives caramélisées. Biscuit Sacher, crème légère au chocolat au lait et glace au lait.

Menu 37/80 € - Carte 90/120 €

3 r. de la Gare - 03 21 27 60 59 - www.lecerisier.com - Fermé 1 semaine en fév. et en août, merc. soir, sam. midi, dim. soir et lundi

LAVOUX - 86 (Vienne) → Voir Poitiers

LAYE - 05 (Hautes-Alpes) → Voir Col Bayard

LECTOURE

32700 (Gers) - 3 753 hab. - Alt. 155 m - Carte régionale n° **15**-B2

Paris 708 km - Agen 39 km - Auch 35 km - Condom 26 km

Carte Michelin 336-F6

L'Auberge des Bouviers

CUISINE TRADITIONNELLE • RUSTIQUE Au cœur de cette localité gersoise, l'établissement préserve si bien l'esprit "auberge" qu'il faudrait en classer la recette : des murs chaleureux (poutres et pierres), un accueil convivial, et surtout une cuisine généreuse et savoureuse, concoctée par un chef très engagé ! L'avenir appartient encore aux auberges de France...

Formule 17 € - Menu 21 € (déj. en semaine), 28/32 € - Carte 40/80 €

8 r. Montebello - 05 62 68 95 13
- Fermé 26 juin-6 juil., 4-7 sept., 27 nov.-6 déc., 8-18 janv., lundi sauf le soir en juil.-août, sam. midi et dim. soir

Restaurant de Bastard

CUISINE MODERNE • CLASSIQUE Le changement dans la continuité ! Arrivés en 2015, les nouveaux propriétaires de cette maison gersoise ont fait confiance à l'ancien second pour assurer le rôle de chef. La philosophie des lieux est inchangée : avec de bons produits locaux, on réalise une cuisine actuelle légèrement créative et toujours soignée.

Menu 19 € (déj. en semaine), 34/59 € - Carte 43/66 €

r. Lagrange - 05 62 68 82 44 - www.hotel-de-bastard.com - Fermé 24 déc.-25 janv., lundi et mardi midi hors saison et dim. soir

Hôtel de Bastard

MAISON DE MAÎTRE • ÉLÉGANT En plein centre de la cité gersoise, ce bel hôtel particulier du 18e s. abrite des chambres coquettes et confortables – celles du 2e étage sont mansardées et climatisées. L'accueil souriant et professionnel ajoute à l'agrément des lieux.

26 chambres – 68/115 € 68/150 € – 2 suites – 12 € – ½ P

r. Lagrange – 05 62 68 82 44 – www.hotel-de-bastard.com – Fermé 24 déc.-25 janv.

Restaurant de Bastard – voir les restaurants ci-dessus

LEGÉ

44650 (Loire-Atlantique) – 4 350 hab. – Alt. 56 m – Carte régionale n° **18**-B3

Paris 424 km – Nantes 44 km – La Roche-sur-Yon 32 km

Carte Michelin 316-G6

Villa des Forges

FAMILIAL • PERSONNALISÉ Alliance des vieilles pierres et du design le plus contemporain dans cet ancien corps de ferme du 18e s. rénové par son propriétaire architecte. Le nom des chambres : Monte Cristo, Ali Baba, Clark Kent, James Bond... On y est accueilli en héros ! Une agréable étape aux portes de la Vendée.

5 chambres – 85/105 € 85/105 €

Les Forges – 02 40 26 36 58 – www.villadesforges.com

LÉGNY

69620 (Rhône) – 650 hab. – Alt. 297 m – Carte régionale n° **24**-E1

Paris 454 km – Bourg-en-Bresse 94 km – Lyon 32 km – Saint-Étienne 91 km

Carte Michelin 327-G4

Côté Hôtel

BUSINESS • CONTEMPORAIN Les thèmes de la forêt et des appellations beaujolaises sont à l'honneur dans les chambres de cet hôtel né en 2011. Il faut dire qu'à 30mn de Lyon, c'est un bon point de départ pour découvrir la région. Accueil sympathique et prix doux.

26 chambres – 69/79 € 69/135 € – 8,50 €

Les Ponts Tarrets – 04 78 43 09 71 – www.cote-hotel.com – Fermé dim. soir

LEMBACH

67510 (Bas-Rhin) – 1 620 hab. – Alt. 190 m – Carte régionale n° **1**-B1

Paris 470 km – Bitche 32 km – Haguenau 25 km – Strasbourg 58 km

Carte Michelin 315-K2

Auberge du Cheval Blanc (Pascal Bastian)

CUISINE CRÉATIVE • ÉLÉGANT Ce noble relais de poste (18e s.), aujourd'hui mené par Carole et Pascal Bastian, allie charme alsacien et raffinement contemporain : c'est un plaisir que de voir vivre ainsi de telles institutions... Le chef maîtrise aussi bien le classicisme que l'inventivité, sa carte est riche et pleine de finesse : autant de caractère séduit !

→ Langoustine cuite et crue aux senteurs de betterave et raifort d'Alsace. Porcelet laqué au miel et vinaigre balsamique, crémeux de carotte à la graine de moutarde. Le grand dessert du Cheval Blanc.

Formule 52 € – Menu 58/115 € – Carte 90/105 €

Hôtel Auberge du Cheval Blanc, 4 r. de Wissembourg – 03 88 94 41 86 – www.au-cheval-blanc.fr – Fermé mi-fév. à début mars, fin juin à mi-juil., vend. midi, lundi et mardi

D'Rössel Stub

CUISINE ALSACIENNE • WINSTUB Spécialités alsaciennes - civet de chevreuil "Fleckenstein" et spaetzle au beurre, choucroute garnie à l'alsacienne, presskopf, quenelles de brochet à la sauce crustacés - et plats traditionnels de la gastronomie française : voilà ce qui vous attend dans cette "Rössel Stub" au décor rustique et chaleureux.

Formule 15 € - Menu 28/40 € - Carte 30/50 €

Hôtel Auberge du Cheval Blanc, 3 rte de Woerth - 03 88 94 29 02 (réservation conseillée) - www.au-cheval-blanc.fr - Fermé de mi-fév. à début mars, de fin juin à mi-juil., merc. et jeudi

Auberge du Cheval Blanc

AUBERGE • PERSONNALISÉ De nouvelles chambres spacieuses et contemporaines, un salon cossu et confortable, un beau spa avec sa piscine couverte et son sauna : on se sent toujours aussi bien dans cette auberge alsacienne - un ancien relais de poste du 18e s. - située au cœur du village.

21 chambres - 80/150 € 160/300 € - 16 € - ½ P

4 r. de Wissembourg - 03 88 94 41 86 - www.au-cheval-blanc.fr - Fermé mi-fév. à début mars et fin juin à mi-juil.

Auberge du Cheval Blanc • **D'Rössel Stub** - voir les restaurants ci-dessus

à Gimbelhof 10 km au Nord par D3, D925 et rte forestière - 67510 Lembach

Gimbelhof

CUISINE TRADITIONNELLE • RUSTIQUE Cette auberge forestière du "pays des trois frontières", au cœur du massif vosgien, séduira les amoureux de la nature. Ambiance rustique ; cuisine régionale. Pour l'étape, chambres confortables et très bien tenues.

Menu 14 € (semaine), 28/32 € - Carte 19/48 €

10 chambres - 58/76 € 76/93 €

- 03 88 94 43 58 - www.gimbelhof.com - Fermé 1 semaine en fév. et 15 nov.-25 déc., lundi et mardi

LEMPDES - 63 (Puy-de-Dôme) → Voir Clermont-Ferrand

LENS

62300 (Pas-de-Calais) - 32 663 hab. - Agglo. 508 070 hab. - Alt. 38 m
- Carte régionale n° **16**-B2
Paris 199 km - Arras 18 km - Béthune 19 km - Douai 24 km
Carte Michelin 301-J5

L'Atelier de Marc Meurin

CUISINE MODERNE • TENDANCE Étonnant, le bâtiment dessine un cercle tout en verre : son architecture se marie parfaitement au Louvre-Lens voisin ! Loin d'être un simple restaurant de musée, cet Atelier confié aux bons soins de Marc Meurin, fameux chef étoilé de Busnes, met à l'honneur les produits de la région. Tout indiqué en cas de visite...

Menu 32/39 € - Carte 40/60 €

97 r. Paul-Bert (au Louvre-Lens) - 03 21 18 24 90 - www.atelierdemarcmeurin.fr - Fermé dim. soir et mardi

Les Jardins de l'Arcadie

CUISINE TRADITIONNELLE • BRANCHÉ L'emplacement du restaurant - en bordure d'autoroute - ne dissuade pas les clients... et pour cause ! Un chef expérimenté officie en ces lieux et propose une cuisine actuelle sans chichis, fraîche et cohérente. La salle joue la carte du design en noir et blanc. Tous aux Jardins !

Formule 20 € - Menu 25 € (semaine)/30 € - Carte 39/52 €

26 r. de L'Écluse - 03 21 70 20 61 - www.lesjardinsdelarcadie.com - Fermé 31 juil.-15 août, dim. soir, lundi soir, mardi soir, merc. soir et sam. midi

LENT

01240 (Ain) - 1 385 hab. - Alt. 256 m - Carte régionale n° **23**-B1
Paris 440 km - Bourg-en-Bresse 11 km - Genève 110 km - Lyon 59 km
Carte Michelin 328-E4 - Guide Vert Michelin Lyon et sa région

Auberge Lentaise

CUISINE MODERNE • AUBERGE Au centre du village, où trône une petite tour de l'horloge, cette auberge est sans conteste la bonne adresse du coin : le jeune couple qui dirige l'endroit propose des plats de qualité, préparés avec des produits frais et locaux, et servis à l'intérieur ou en terrasse... Une belle découverte !

Menu 28 € (déj. en semaine), 32/65 €

Grande-Rue - 04 74 21 55 05 - www.auberge-lentaise.fr - Fermé 25 avril-18 mai, 26-30 déc., dim. soir, lundi et mardi

LEPUIX-GY - 90 (Territoire de Belfort) → Voir Giromagny

LESCAR - 64 (Pyrénées-Atlantiques) → Voir Pau

LESPONNE - 65 (Hautes-Pyrénées) → Voir Bagnères-de-Bigorre

LEUCATE

11370 (Aude) - 4 148 hab. - Alt. 21 m - Carte régionale n° **12**-B3
Paris 821 km - Carcassonne 88 km - Narbonne 38 km - Perpignan 35 km
Carte Michelin 344-J5

35 B

CUISINE MODERNE • TENDANCE Une belle et bonne cuisine du marché, mettant à l'honneur les produits de saison : flan de foie gras aux langoustines, fondant de pintade farcie aux champignons de foies de volaille, etc. Les assiettes sont colorées, les cuissons maîtrisées et les saveurs bien marquées. Une jolie adresse !

Menu 18 € (déj. en semaine)/32 € - Carte 38/60 €

35 bis pl. de la République
- 04 68 33 92 60
- Ouvert de mars à oct. et fermé mardi soir sauf juil.-août et merc.

Le Grand Cap N

CUISINE MODERNE • DESIGN Au bout du chemin qui mène au phare, cette construction contemporaine vitrée offre une vue splendide sur la mer et la côte. Installez-vous dans les fauteuils turquoise, les yeux dans le bleu, et laissez-vous porter par une cuisine aux accents maritimes, comme avec ce poulpe rafraîchi dans son encre et tomates de caillou...

Menu 32 € (déj. en semaine), 55/85 € - Carte 64/105 €

chemin du Phare - 04 68 48 13 73 - www.restaurant-grand-cap.fr - Fermé janv., 24 oct.-3 nov., mardi sauf juil. août et merc.

Jardin des Filoche

CUISINE TRADITIONNELLE • RUSTIQUE Un agréable restaurant - avec une terrasse fleurie et un jardin - où l'on travaille en famille et dans la bonne humeur. Dans la salle, vue sur les cuisines et les bons plats traditionnels du chef... idéal pour les curieux ! Quant au choix de crus locaux, il est des plus judicieux.

Menu 33 €, 29/33 €

64 av. Jean-Jaurès - 04 68 40 01 12 - Fermé déc. à fév., le midi sauf dim. et fériés, dim. soir, lundi et mardi en mars, oct. et nov.

LEUGNY

89130 (Yonne) - 384 hab. - Alt. 225 m - Carte régionale n° **4**-B1
Paris 173 km - Auxerre 23 km - Dijon 171 km - Nevers 99 km
Carte Michelin 319-D5

La Borde

HISTORIQUE • PERSONNALISÉ La grille en fer forgé ouvre sur un domaine enchanteur, où tout est remarquable : le confort et le raffinement de la bâtisse historique (14e-16e s.), le charme de l'orangerie aménagée en jardin d'hiver, la merveille du parc avec son potager et son arboretum, la quiétude de l'espace bien-être... Un lieu d'exception.

5 chambres - 325/550 € 325/550 €

à La Borde, 2 km à l'Ouest par D52 - 03 86 47 69 01 - www.lbmh.fr - Fermé de mi-déc. à mi-fév.

LEUTENHEIM

67480 (Bas-Rhin) - 855 hab. - Alt. 119 m - Carte régionale n° **1**-B1

Paris 501 km - Haguenau 22 km - Karlsruhe 46 km - Strasbourg 45 km

Carte Michelin 315-M3

Auberge Au Vieux Couvent

CUISINE TRADITIONNELLE • AUBERGE Au fin fond de la forêt, une maison à colombages (fin du 17e s.) simple et rustique... Le chef, Damien Hirschel, y relève le pari d'une cuisine traditionnelle pleine d'à-propos, dans laquelle les spécialités régionales et les produits du potager sont mis à l'honneur. On fait volontiers halte dans cette auberge !

Formule 10 € - Menu 32/43 € - Carte 35/55 €

à Koenigsbruck, 4 km au Nord par D163 - 03 88 86 39 86 - Fermé 2 semaines en août, 27 déc.-4 janv., lundi et mardi

LEVALLOIS-PERRET - 92 (Hauts-de-Seine) → Voir Autour de Paris

LEVERNOIS - 21 (Côte-d'Or) → Voir Beaune

LEVIE - 2A (Corse-du-Sud) → Voir Corse

LEYNES

71570 (Saône-et-Loire) - 501 hab. - Alt. 340 m - Carte régionale n° **4**-C3

Paris 402 km - Bourg-en-Bresse 51 km - Charolles 58 km - Mâcon 15 km

Carte Michelin 320-I12

Le Fin Bec

CUISINE TRADITIONNELLE • BISTRO N'ayez pas le bec fin en visant l'humble décor de ce petit restaurant villageois : l'accueil y est charmant et l'on y déguste les appétissants plats du terroir réalisés par le patron : andouillette beaujolaise, quenelle de brochet, grenouilles fraîches persillées... Le tout à prix raisonnable !

Menu 29/39 € - Carte 39/58 €

pl. de la Mairie - 03 85 35 11 77 (réservation conseillée) - www.lefinbec.com

LÉZARDRIEUX

22740 (Côtes-d'Armor) - 1 603 hab. - Alt. 30 m - Carte régionale n° **5**-C1

Paris 497 km - Rennes 146 km - St-Brieuc 50 km

Carte Michelin 309-D2 - Guide Vert Michelin Bretagne Nord

Auberge du Trieux

CUISINE TRADITIONNELLE • AUBERGE Attaché à faire vivre son auberge, le chef, originaire du pays, propose une cuisine du terroir mâtinée de quelques touches actuelles. Une adresse chaleureuse.

Formule 13 € - Menu 21/50 € - Carte 29/41 €

1 imp. du Four-Neuf - 02 96 20 10 70 - www.auberge-du-trieux.com - Fermé vacances de fév., de la Toussaint, de Noël, mardi soir, merc. et jeudi d'oct. à avril

LEZOUX

✉ 63190 (Puy-de-Dôme) - 5 670 hab. - Alt. 340 m - Carte régionale n° **3**-C2
Paris 434 km - Clermont-Ferrand 33 km - Issoire 43 km - Riom 38 km
Carte Michelin 326-H8 - Guide Vert Michelin Auvergne

Les Voyageurs

CUISINE TRADITIONNELLE • FAMILIAL Un hôtel-restaurant tout simple en apparence... En cuisine, la chef, Annabelle Pillière, rend un joli hommage à la tradition, avec des recettes aussi efficaces que gourmandes, fondées sur le produit. Ambiance champêtre !

Menu 15 € (déj. en semaine), 19/40 € - Carte 32/46 €

17 chambres - 50/66 € 60/66 € - 9 €

2 pl. de la Mairie - ✆ 04 73 73 10 49 - www.hotel-logisvoyageurs.com - Fermé 13 août-4 sept. et 26 déc.-3 janv., vend. soir, dim. soir et sam.

à Bort-l'Étang 8 km au Sud-Est par D223 et D309 - ✉ 63190 - 606 hab. - Alt. 420 m

Château de Codignat

CUISINE MODERNE • ROMANTIQUE Le chef signe une cuisine originale, marquée par le jeu subtil des saveurs. Quant au décor, il est élégant, avec une pointe de faste qui rappelle l'atmosphère des buffets châtelains d'antan... On passe un beau moment en ces lieux.

➜ Tartare de gambas rôties au wasabi, melon et légumes croquants. Poulet du Bourbonnais farci au foie gras, galette de légumes, truffe d'Auvergne et jus concentré. Fraises et verveine aux textures variées.

Menu 57/120 € - Carte environ 105 €

1 km à l'Ouest - ✆ 04 73 68 43 03 (réservation conseillée) - www.codignat.com - Ouvert 5 avril-4 nov. et fermé le midi du lundi au vend. sauf fériés

Château de Codignat

DEMEURE HISTORIQUE • PERSONNALISÉ Les chambres évoquent Barbe-Bleue, Louis XI, Jacques Cœur, etc. Dans toutes, on a l'impression d'être plongé au cœur d'un conte médiéval. Imprimés soyeux, balustres dorées, dais sculptés : ce château du 15e s. n'a rien d'un ogre, mais d'une fée !

14 chambres - 180/480 € 180/670 € - 5 suites - 25 € - ½ P

1 km à l'Ouest - ✆ 04 73 68 43 03 - www.codignat.com - Ouvert 5 avril-4 nov.

Château de Codignat - voir les restaurants ci-dessus

à l'Ouest 5 km par N 89 ✉63190 Seychalles

Chante Bise

CUISINE TRADITIONNELLE • RUSTIQUE "La cigale, ayant chanté tout l'été, se trouva fort dépourvue quand la bise fut venue..." Contrairement à la fable de La Fontaine, ici, point de pénurie ! Toute l'année, les gourmands apprécient une agréable cuisine traditionnelle. Accueil chaleureux et menu déjeuner au tarif imbattable.

Menu 13 € (déj. en semaine), 23/31 € - Carte 30/47 €

à Courcourt - ✆ 04 73 62 91 41 - www.restaurant-chantebise63.com - Fermé 20 fév.- 9 mars, 27 août-14 sept., merc. soir, dim. soir et lundi

Se régaler sans se ruiner ? Repérez les Bib Gourmand. Ils vous aideront à dénicher les bonnes tables sachant marier cuisine de qualité et prix ajustés !

LIBOURNE

✉ 33500 (Gironde) - 23 736 hab. - Alt. 7 m - Carte régionale n° **2**-B1
Paris 576 km - Agen 129 km - Bergerac 64 km - Bordeaux 30 km
Carte Michelin 335-J5 - Guide Vert Michelin Aquitaine

Chez Servais

CUISINE CLASSIQUE • FAMILIAL XX Vous n'aurez aucun mal à trouver cette bonne petite table située sur la place principale de Libourne. Le chef connaît ses classiques et fait la part belle aux produits du marché, et plus encore au poisson. Une adresse généreuse, décontractée, à prix plutôt doux et... au cœur de la bastide !

Formule 20 € – Menu 29/58 € – Carte environ 45 €

14 pl. Decazes – ☎ 05 57 51 83 97 – www.chezservais.fr – Fermé 1er-8 mai, 16-30 août, dim. soir et lundi

Bord d'Eau

CUISINE MODERNE • CONVIVIAL XX Appétissante cuisine du marché à apprécier dans un cadre rétro avec vue imprenable sur la Dordogne ! Il faut dire que la maison, sur pilotis, borde la rivière...

Menu 20 € (semaine), 35/56 € – Carte environ 46 €

Le Poissonet, 1,5 km au Nord-Ouest par D670 – ☎ 05 57 51 99 91 – Fermé 17 fév.-4 mars, 22-29 sept., 17-30 nov., dim. soir, mardi et lundi

à La Rivière 6 km à l'Ouest par D670 – ✉ 33126 – 363 hab. – Alt. 6 m

Château de La Rivière

DEMEURE HISTORIQUE • PERSONNALISÉ Un château de la Renaissance restauré par Viollet-le-Duc. Les chambres, spacieuses et confortables, cultivent évidemment leur esprit... châtelain. Au petit-déjeuner, on se régale de pâtisseries maison et, pour le cachet, on visite les caves souterraines du domaine.

5 chambres ☕ – 🚹137/265 € 🚹🚹159/287 €

à La Rivière, 9 km au Nord-Ouest par D670 et rte secondaire – ☎ 05 57 55 56 51 – www.chateau-de-la-riviere.com – Fermé 15 déc.-15 janv.

LIÈPVRE

✉ 68660 (Haut-Rhin) – 1 710 hab. – Alt. 272 m – Carte régionale n° **1**-C1

▶ Paris 428 km – Colmar 35 km – Ribeauvillé 27 km – St-Dié 31 km

Carte Michelin 315-H7

à La Vancelle (Bas-Rhin) 2,5 km au Nord-Est par D167 – ✉ 67730 – 375 hab. – Alt. 400 m

Auberge Frankenbourg (Sébastien Buecher)

CUISINE MODERNE • AUBERGE XX Dans cette auberge née au début du 20e s. officient deux frères pleins d'allant : Sébastien réalise une cuisine de produits goûteuse et élégante, tandis que Guillaume mène le jeu en salle. Le décor mêle boiseries et esprit zen, et quelques chambres permettent de prolonger l'étape...

➜ Œuf en cuisson douce, truffe melanosporum, blettes au miel de truffe, artichaut et émulsion de volaille. Pigeon d'Alsace en cuisson douce. Gâteau de sorbet citron et noisette, crémeux acidulé et zestes confits.

Menu 40 € (semaine), 62/90 € – Carte 68/81 €

11 chambres – 🚹80 € 🚹🚹90 € – ☕14 €

13 r. du Gén.-de-Gaulle – ☎ 03 88 57 93 90 – www.frankenbourg.com – Fermé 1er fév.-17 mars, 29 juin-14 juil., 7-11 nov., merc. et jeudi

LIESSIES

✉ 59740 (Nord) – 541 hab. – Alt. 165 m – Carte régionale n° **16**-D3

▶ Paris 223 km – Avesnes-sur-Helpe 14 km – Charleroi 48 km – Hirson 24 km

Carte Michelin 302-M7

Le Carillon

CUISINE TRADITIONNELLE • RUSTIQUE XX Une terrasse avec platanes, des poutres apparentes, une cave à vins pour emporter un peu de l'endroit avec soi : cette maison a des atouts à faire valoir ! On y propose une bonne cuisine traditionnelle, ainsi qu'une restauration d'appoint (salades, flamiche au Maroilles), dans un décor rustique et chaleureux... Nord oblige !

Formule 29 € - Menu 32/50 € - Carte 42/53 €

1 r. Roger-Salengro (face à l'église) - ☏ 03 27 61 80 21 (réservation conseillée) - www.le-carillon.com - Fermé 5-27 avril, 23-30 août, 15-29 nov., lundi soir, mardi soir, jeudi soir, dim. soir et merc.

Château de la Motte

TRADITIONNEL • VINTAGE En pleine campagne, cette demeure fut la maison de retraite des moines de l'abbaye voisine ! Difficile de faire plus paisible... Ambiance classique dans les chambres, agréables et fonctionnelles, dont une partie situées dans une annexe.

10 chambres - †70/150 € ††87/247 € - ☕ 12 € - ½ P

14 r. de la Motte, 1 km au Sud par rte secondaire - ☏ 03 27 61 81 94 - www.chateaudelamotte.fr - Fermé 18 déc.-8 fév.

LA LIEZ (LAC DE) - 52 (Haute-Marne) → Voir Langres

LIFFRE

✉ 35340 (Ille-et-Vilaine) - 7 041 hab. - Alt. 95 m - Carte régionale n° **5**-D2

▶ Paris 359 km - Laval 84 km - Rennes 25 km - Saint-Lô 131 km

Carte Michelin 309-M5

L'Escu de Runfao

CUISINE MODERNE • ÉLÉGANT XXX Raviole de crustacés, jeunes légumes et herbes fraîches ; turbot rôti aux coquillages et asperges ; soufflé au Grand Marnier... On vient ici pour déguster une bonne cuisine de saison, ponctuée de touches créatives et fondée sur des produits de qualité. Belle salle à manger moderne, tournée vers la terrasse et le parc.

Menu 27 € (déj. en semaine), 34/59 € - Carte 64/87 €

Hôtel La Reposée, La Quinte, sortie 26 sur A84 - ☏ 02 99 68 31 51 - www.hotel-la-reposee.com - Fermé 5-25août, sam. midi et dim. soir

Hôtel La Reposée

BUSINESS • FONCTIONNEL Près de l'autoroute, certes, mais dans un joli parc verdoyant. Avec ses chambres bien tenues et sa salle de séminaire, cette grande bâtisse d'inspiration bretonne est sympathique et bien pratique.

25 chambres - †75/90 € ††85/135 € - ☕ 12 € - ½ P

La Quinte, sortie 26 sur A84 - ☏ 02 99 68 31 51 - www.hotel-la-reposee.com - Fermé 5-25 août

L'Escu de Runfao - voir les restaurants ci-dessus

ON AIME...

Gabbro, sa bonne cuisine du marché et son ambiance conviviale. **Clarance**, pour un séjour romantique aux portes du Vieux-Lille. **Monsieur Jean**, la fameuse adresse lilloise de Marc Meurin. Enfin, la jeune génération qui prend le pouvoir : Florent Ladeyn à **Bloempot**, attachante cantine flamande, et Steven Ramon au **Rouge Barre**, avec sa terrasse sur les toits...

LILLE

✉ 59000 (Nord) - 228 652 hab. - Agglo. 1 018 809 hab. - Alt. 10 m
- Carte régionale n° **16**-C2
▶ Paris 223 km - Bruxelles 114 km - Gent 75 km - Luxembourg 310 km
Carte Michelin 302-G4 - Guide Vert Michelin Nord Pas-de-Calais

Restaurants

✿ La Table

CUISINE MODERNE • DESIGN XXX Après plusieurs vies – pâtissier chez Meert à Lille, chef étoilé dans le Jura, candidat de Top Chef 2015 – Nicolas Pourcheresse a posé ses valises autour de cette Table chaleureuse. Il y revisite la tradition française de fond en comble, en utilisant notamment les bons légumes de son potager. Ébouriffant !

➜ Pâté en croûte de veau et foie gras. Délice Saint-Antoine selon Brillat-Savarin. L'éclair en Nord.

Menu 31 € (déj. en semaine), 59/79 € - Carte 60/80 €

Plan : 4G2-k - *Hôtel Clarance, 32 r. de la Barre*
- ✆ 03 59 36 35 59 - www.clarancehotel.com
- Fermé dim. soir et lundi

✿ La Laiterie

CUISINE MODERNE • ÉLÉGANT XXX Dans un quartier légèrement excentré, l'occasion d'une tranquille échappée gastronomique, au calme de la terrasse extérieure ou dans le cadre sobre et élégant de la bâtisse, tout en briques. Au menu, de belles saveurs et d'excellents vins (bourgognes et bordeaux)... on boit du petit lait !

➜ Langoustines en carpaccio, bergamote, betterave et câpres de Lipari. Ris de veau doré au sautoir, carottes au jus et sirop de pomme tardive. Poire Belle-Hélène "souvenir de mon enfance".

Menu 38 € (déj. en semaine), 58/118 € - Carte 75/95 €

Plan : 3E1-s - *138 av. de l'Hippodrome, à Lambersart ✉ 59130*
- ✆ 03 20 92 79 73 - www.lalaiterie.fr
- Fermé dim. soir et lundi

La Cense

CUISINE MODERNE • RUSTIQUE XX Dans la périphérie lilloise, cette grange du 17e s. s'inscrit dans la tradition du Nord avec sa belle charpente apparente, ses murs en brique et craie, et ses belles photos de plages nordiques. Un cadre chaleureux pour déguster une cuisine soignée, inspirée par les saisons, dont le rapport qualité-prix fait sens !

Formule 22 € – Menu 29/58 € – Carte 53/59 €

Plan : 3E1-t – *27 r. Auguste-Bonte, à Lambersart ✉ 59130 – ✆ 03 20 92 22 74 – www.la-cense.fr – Fermé sam. midi, dim. soir et lundi*

Gabbro

CUISINE MODERNE • SIMPLE X Une petite salle conviviale, un accueil chaleureux, une envie manifeste de partager... mais surtout, une cuisine fidèle au marché, goûteuse et gourmande, qui met en valeur de bons produits frais : voici les ingrédients du succès de ce Gabbro lillois, que l'on doit à deux – jeunes – anciens de la Laiterie.

Formule 22 € – Menu 28/40 €

Plan : 5J1-e – *55 r. St-André – ✆ 03 20 39 05 51 (réservation conseillée) – Fermé 15-30 avril, 5-20 août, 23 déc.-7 janv., lundi soir, sam. et dim.*

L'Hermitage Gantois

CUISINE MODERNE • ROMANTIQUE XXX Tout près du centre-ville, l'ancien hospice (1460) abrite une table superbe, qui flotte entre des ogives en brique rouge et or, des tableaux anciens et un sol en marbre noir. Dans l'assiette, on trouve des préparations pétillantes et bien maîtrisées : Saint-Jacques snackées, turbot à la grenobloise, parfait glacé...

Formule 40 € – Menu 50/78 € – Carte 50/95 €

Plan : 5J3-a – *Hôtel L'Hermitage Gantois, 224 r. de Paris – ✆ 03 20 85 30 30 – www.hotelhermitagegantois.com – Fermé dim. et lundi*

Les Hauts de Lille

CUISINE MODERNE • TENDANCE XX Au cœur de l'imposant complexe du casino Barrière, une table étonnante. Le chef propose des assiettes résolument modernes, et fait preuve de belles inspirations dans les assaisonnements. Le tout installé dans une salle lumineuse et moderne, avec de grandes baies vitrées donnant sur l'extérieur.

Menu 31/74 € – Carte 54/67 €

Plan : 5K2-a – *Hôtel Barrière Lille, 777 bis Pont-de-Flandres ✉ 59777 – ✆ 03 28 14 45 50 – www.hotel-barriere-lille.com – Fermé sam. midi, dim. et lundi*

Monsieur Jean

CUISINE MODERNE • ÉLÉGANT XX Façade flamande, magnifique escalier, mur en brique orné de sculptures en pierre : une demeure au puissant charme du Nord... C'est l'adresse lilloise de Marc Meurin (doublement étoilé à Busnes), dans laquelle on savoure de belles recettes actuelles, travaillées avec soin et joliment présentées. Très recommandable !

Formule 25 € – Menu 32/39 € – Carte 50/67 €

Plan : 5J2-v – *12 r. de Paris – ✆ 03 28 07 70 72 – www.restaurant-monsieurjean.fr – Fermé 31 juil.-20 août et dim. soir*

Clément Marot

CUISINE TRADITIONNELLE • CONVIVIAL XX Pour l'anecdote, cette maison est tenue par... Clément Marot (lointain descendant de son homonyme, le poète cadurcien) et François Vandeweghe. Les deux chefs sont l'âme de ce classique de la gastronomie lilloise, un lieu idéal pour ceux qui aiment faire rimer cuisine traditionnelle et convivialité.

Formule 23 € – Menu 43 € (semaine) – Carte 53/92 €

Plan : 5J2-n – *16 r. de Pas – ✆ 03 20 57 01 10 – www.clement-marot.com – Fermé dim.*

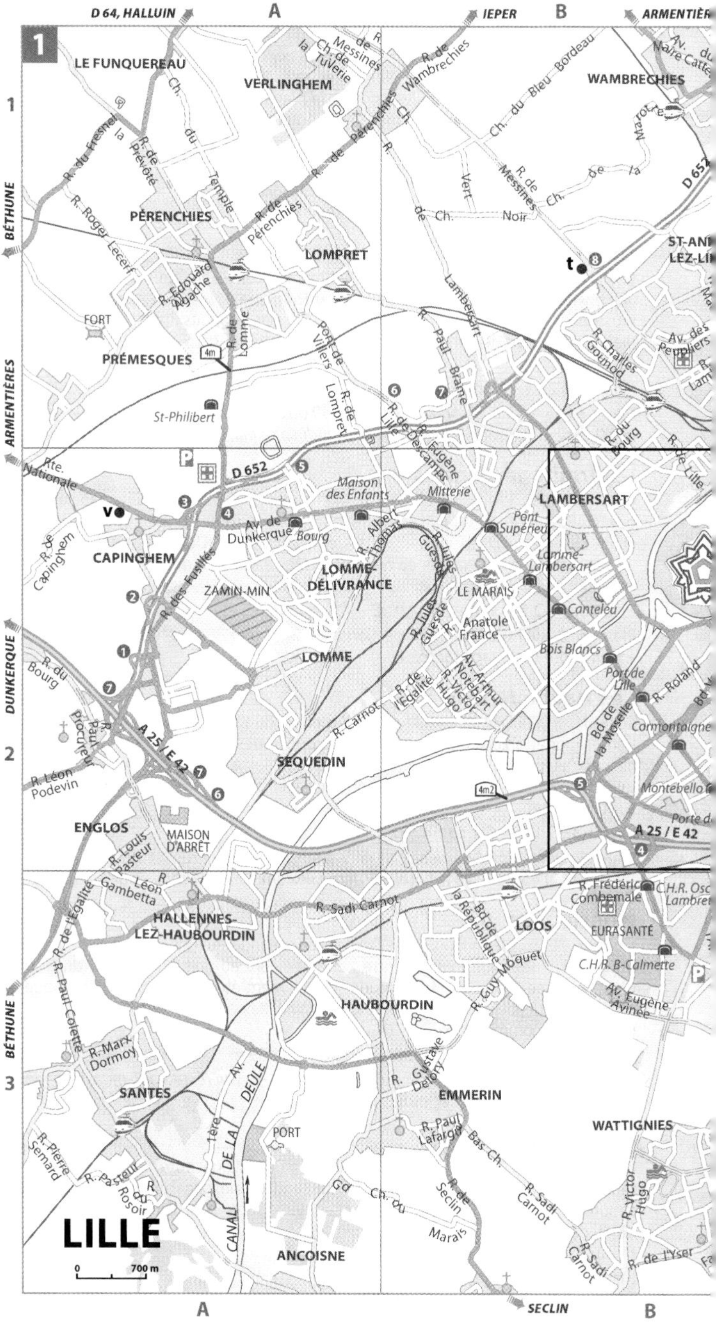
D 64, HALLUIN
A
IEPER
B
ARMENTIÈR
1
LE FUNQUEREAU
VERLINGHEM
WAMBRECHIES
R. de Messines
la Ch. de TuVerie
R. de Wambrechies
Ch. du Bleu Bordeau
Av. du Maire Catte
R. du Fresnel
la Prévôté
R. de Prévôté
Ch. du Temple
R. de Pérenchies
Ch. Vert
R. de Messines
Ch. de la Marotte
D 652
BÉTHUNE
R. Roger Lecerf
PÉRENCHIES
R. de Pérenchies
Ch. Noir
LOMPRET
ST-AN LEZ-LI
R. Edouard Agache
R. de Lomme
Pont de Villers
R. de Lambersart
R. Paul Brame
FORT
PRÉMESQUES
4m
R. Charles Gounod
Av. des Peupliers
ARMENTIÈRES
St-Philibert
R. de Lompret
R. de Lille
R. de Descamps
R. Eugène
R. du Bourg
R. de Lille
Rte. Nationale
D 652
Maison des Enfants
Mitterie
LAMBERSART
V
CAPINGHEM
R. de Capinghem
Av. de Dunkerque
Bourg
R. Albert Thomas
R. Jules Guesde
Pont Supérieur
Lomme-Lambersart
R. des Fusillés
ZAMIN-MIN
LOMME-DÉLIVRANCE
LE MARAIS
Canteleu
R. Anatole France
Bois Blancs
DUNKERQUE
R. du Bourg
LOMME
R. de l'Égalité
Av. Arthur Notebart
R. Victor Hugo
Port de Lille
R. Roland
Bd de la Moselle
Cormontaigne
R. Paul Procureur
R. Carnot
2
A 25 / E 42
SEQUEDIN
R. Léon Podevin
4m2
Montebello
Porte de
ENGLOS
R. Louis Pasteur
MAISON D'ARRÊT
A 25 / E 42
R. Léon Gambetta
R. Frédéric Combemale
C.H.R. Osc Lambret
R. de l'Égalité
HALLENNES-LEZ-HAUBOURDIN
R. Sadi Carnot
Bd de la République
LOOS
EURASANTÉ
R. Guy Môquet
C.H.R. B-Calmette
R. Paul Colette
Av. Eugène Avinée
HAUBOURDIN
BÉTHUNE
R. Marx Dormoy
R. Gustave Delory
3
1ère Av.
DEÛLE
SANTES
EMMERIN
PORT
R. Paul Lafargue
Bas Ch.
WATTIGNIES
R. Pierre Semard
R. Pasteur
R. du Rosoir
CANAL DE LA
Gd Ch. du Marais
R. de Seclin
R. Sadi Carnot
R. Victor Hugo
LILLE
0
700 m
ANCOISNE
R. Sadi Carnot
R. de l'Yser
A
SECLIN
B

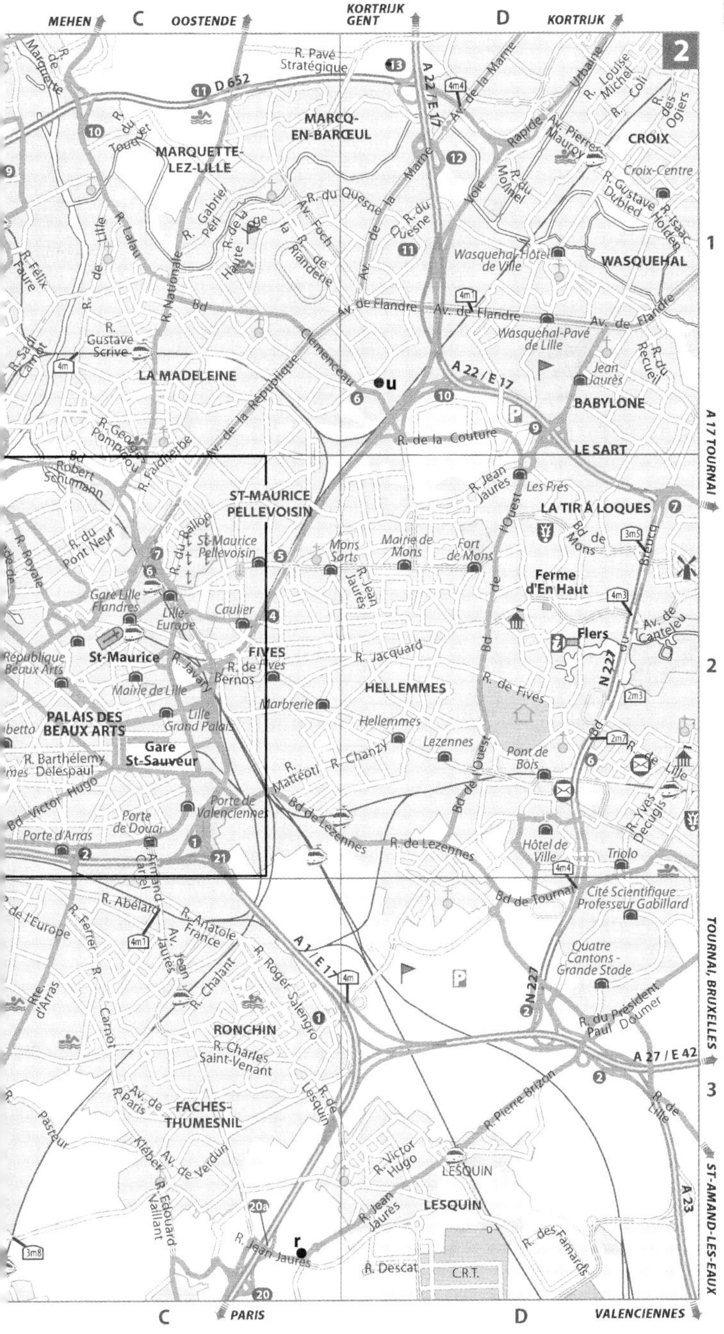
MEHEN
C
OOSTENDE
KORTRIJK GENT
D
KORTRIJK
2
MARCQ-EN-BARŒUL
MARQUETTE-LEZ-LILLE
CROIX
Croix-Centre
WASQUEHAL
Wasquehal-Hôtel de Ville
Wasquehal-Pavé de Lille
LA MADELEINE
BABYLONE
LE SART
A 22 / E 17
D 652
R. Pavé Stratégique
R. de Marquette
R. du Touquet
R. Gabriel Péri
R. de la Haute Loge
R. du Quesne
Av. Foch
R. de la Rianderie
Av. de la Marne
Voie Rapide Urbaine
Av. Pierre Mauroy
R. Louise Michel
R. Coli
R. des Ogiers
R. du Molinel
R. Gustave Dubled
R. Isaac Holden
R. Lalau
R. de Lille
R. Nationale
R. Félix Faure
R. Sadi Carnot
R. Gustave Scrive
Bd Clemenceau
Av. de Flandre
Av. de la République
Jean Jaurès
R. du Recueil
R. de la Couture
R. Georges Pompidou
R. Faidherbe
Bd Robert Schumann
ST-MAURICE PELLEVOISIN
St-Maurice Pellevoisin
R. du Ballon
R. du Pont Neuf
R. Royale
Gare Lille Flandres
Lille-Europe
Caulier
St-Maurice
République Beaux Arts
Mairie de Lille
R. Javary
FIVES
R. de Fives
Bernos
Marbrerie
PALAIS DES BEAUX ARTS
Lille Grand Palais
Gare St-Sauveur
R. Barthélemy Delespaul
Bd Victor Hugo
Porte de Douai
Porte d'Arras
Porte de Valenciennes
Armand Carrel
R. Jean Jaurès
Les Prés
LA TIR À LOQUES
Mons Sarts
Mairie de Mons
Fort de Mons
Bd de l'Ouest
Bd de Mons
R. Brûle Maison
Ferme d'En Haut
Flers
Av. de Canteleu
N 227
R. Jacquard
HELLEMMES
Hellemmes
Lezennes
R. de Fives
Pont de Bois
R. Chanzy
R. Matteoti
Bd de Lezennes
R. de Lezennes
R. de Lille
R. Yves Decugis
Hôtel de Ville
Triolo
Bd de Tournai
Cité Scientifique Professeur Gabillard
Quatre Cantons - Grande Stade
R. du Président Paul Doumer
A 27 / E 42
A 17 TOURNAI
TOURNAI, BRUXELLES
R. Abélard
R. Anatole France
Av. Jean Jaurès
R. Ferrer
R. de l'Europe
Rte. d'Arras
R. Carnot
R. Chalant
R. Roger Salengro
A 1 / E 17
RONCHIN
R. Charles Saint-Venant
FACHES-THUMESNIL
Av. de Paris
R. Pasteur
R. Kléber
Av. de Verdun
R. Édouard Vaillant
R. de Lesquin
R. Pierre Brizon
R. Victor Hugo
LESQUIN
R. Jean Jaurès
R. Descat
C.R.T.
R. des Famards
A 23
ST-AMAND-LES-EAUX
1
2
3
C
PARIS
D
VALENCIENNES

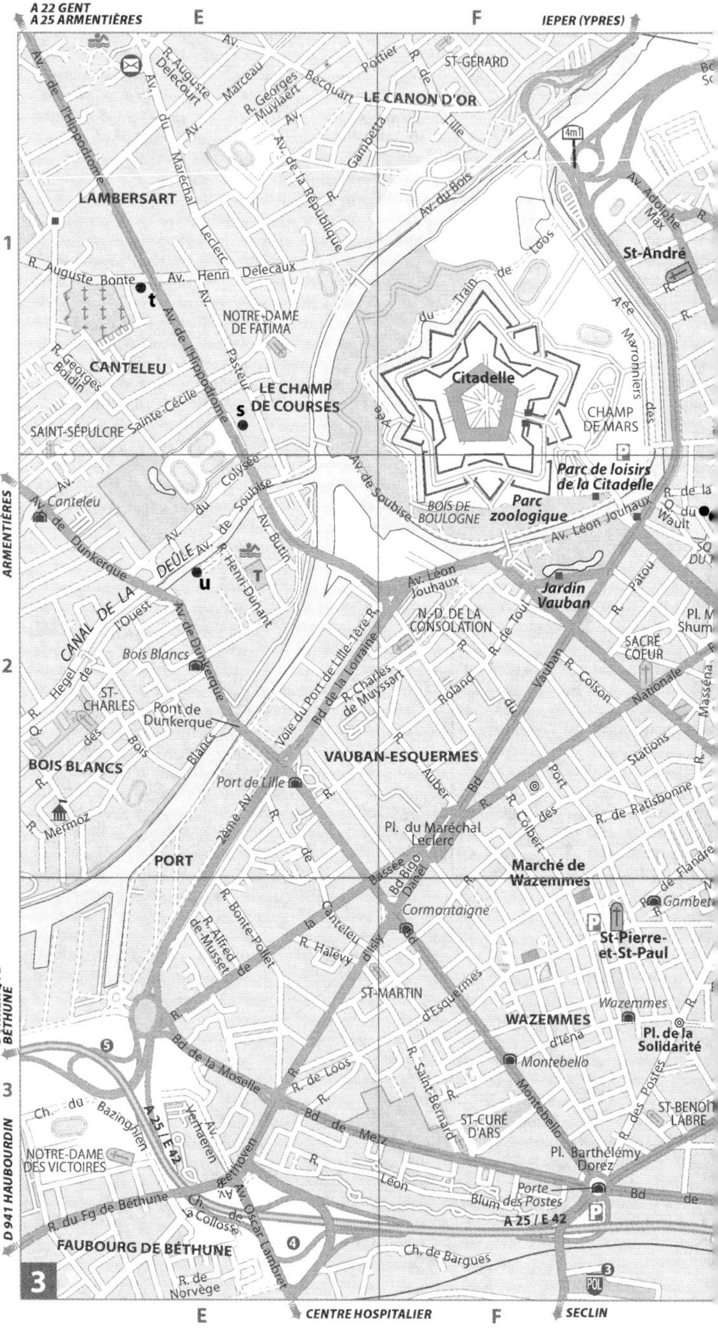
A 22 GENT
A 25 ARMENTIÈRES
IEPER (YPRES)
LE CANON D'OR
ST-GÉRARD
LAMBERSART
St-André
NOTRE-DAME DE FATIMA
CANTELEU
LE CHAMP DE COURSES
SAINT-SÉPULCRE
Citadelle
CHAMP DE MARS
Parc de loisirs de la Citadelle
Parc zoologique
BOIS DE BOULOGNE
LOMME ARMENTIÈRES
CANAL DE LA DEÛLE
Jardin Vauban
N.-D. DE LA CONSOLATION
SACRÉ COEUR
Bois Blancs
ST-CHARLES
Pont de Dunkerque
BOIS BLANCS
VAUBAN-ESQUERMES
Port de Lille
Pl. du Maréchal Leclerc
PORT
Marché de Wazemmes
Cormontaigne
St-Pierre-et-St-Paul
DUNKERQUE BÉTHUNE
ST-MARTIN
WAZEMMES
Wazemmes
Pl. de la Solidarité
Montebello
NOTRE-DAME DES VICTOIRES
ST-CURÉ D'ARS
ST-BENOÎT LABRE
Pl. Barthélémy Dorez
Porte des Postes
A 25 / E 42
D 941 HAUBOURDIN
FAUBOURG DE BÉTHUNE
CENTRE HOSPITALIER
SECLIN
E
F
1
2
3

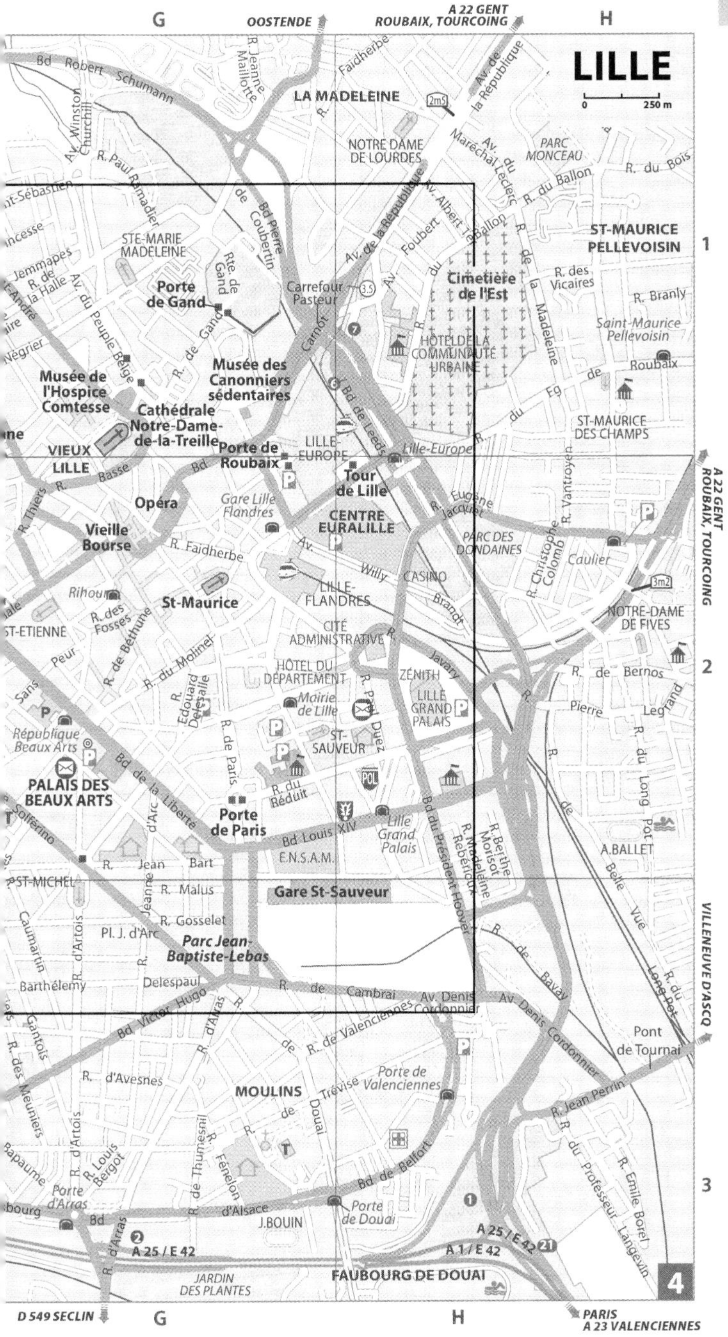
LILLE
0
250 m
G
H
OOSTENDE
A 22 GENT
ROUBAIX, TOURCOING
1
2
3
4
D 549 SECLIN
PARIS
A 23 VALENCIENNES
VILLENEUVE D'ASCQ
LA MADELEINE
NOTRE DAME DE LOURDES
PARC MONCEAU
ST-MAURICE PELLEVOISIN
Saint-Maurice Pellevoisin
STE-MARIE MADELEINE
Porte de Gand
Carrefour Pasteur
Cimetière de l'Est
HÔTEL DE LA COMMUNAUTÉ URBAINE
Musée de l'Hospice Comtesse
Musée des Canonniers sédentaires
Cathédrale Notre-Dame-de-la-Treille
VIEUX LILLE
Porte de Roubaix
LILLE-EUROPE
Lille-Europe
Tour de Lille
ST-MAURICE DES CHAMPS
Opéra
Gare Lille Flandres
CENTRE EURALILLE
Vieille Bourse
PARC DES DONDAINES
Caulier
CASINO
LILLE-FLANDRES
Rihour
St-Maurice
NOTRE-DAME DE FIVES
ST-ETIENNE
CITÉ ADMINISTRATIVE
HÔTEL DU DÉPARTEMENT
ZÉNITH
LILLE GRAND PALAIS
Mairie de Lille
République Beaux Arts
ST-SAUVEUR
PALAIS DES BEAUX ARTS
Porte de Paris
Lille Grand Palais
A.BALLET
E.N.S.A.M.
ST-MICHEL
Gare St-Sauveur
Parc Jean-Baptiste-Lebas
Pl. J. d'Arc
Pont de Tournai
MOULINS
Porte de Valenciennes
Porte d'Arras
Porte de Douai
J.BOUIN
A 25 / E 42
A 1 / E 42
FAUBOURG DE DOUAI
JARDIN DES PLANTES
Bd Robert Schumann
Av. Winston Churchill
R. Paul Ramadier
Bd Pierre de Coubertin
Av. de la République
Av. du Maréchal Leclerc
R. du Ballon
R. du Bois
Bd de Leeds
Av. Willy Brandt
Bd de la Liberté
Bd Louis XIV
Bd du Président Hoover
R. de Cambrai
Av. Denis Cordonnier
Bd Victor Hugo
R. de Valenciennes
R. Jean Perrin
R. du Professeur Langevin
Bd de Belfort
Bd d'Alsace
R. Faidherbe
R. de Paris
R. de Béthune
R. du Molinel
R. Nationale
R. Solférino
R. Gambetta
R. Jean Bart
R. Malus
R. Gosselet
R. d'Arras
R. de Douai
R. d'Avesnes
R. des Meuniers
R. Louis Bergot
R. de Thumesnil
R. Fénelon
R. Émile Borel
R. Pierre Legrand
R. de Bernos
R. du Long Pot
R. Belle Vue
R. de Bavay
R. Berthe Morisot
R. Madeleine Rebérioux
R. Paul Duez
R. du Réduit
R. Edouard Delesalle
R. Christophe Colomb
R. Vantroyen
R. Eugène Jacquet
R. Branly
R. des Vicaires
R. Négrier
R. Thiers
R. Basse
R. de Jemmapes
R. de la Halle
Av. du Peuple Belge
R. des Fossés
R. Barthélemy Delespaul
R. Caumartin
R. Gantois
R. de Bapaume

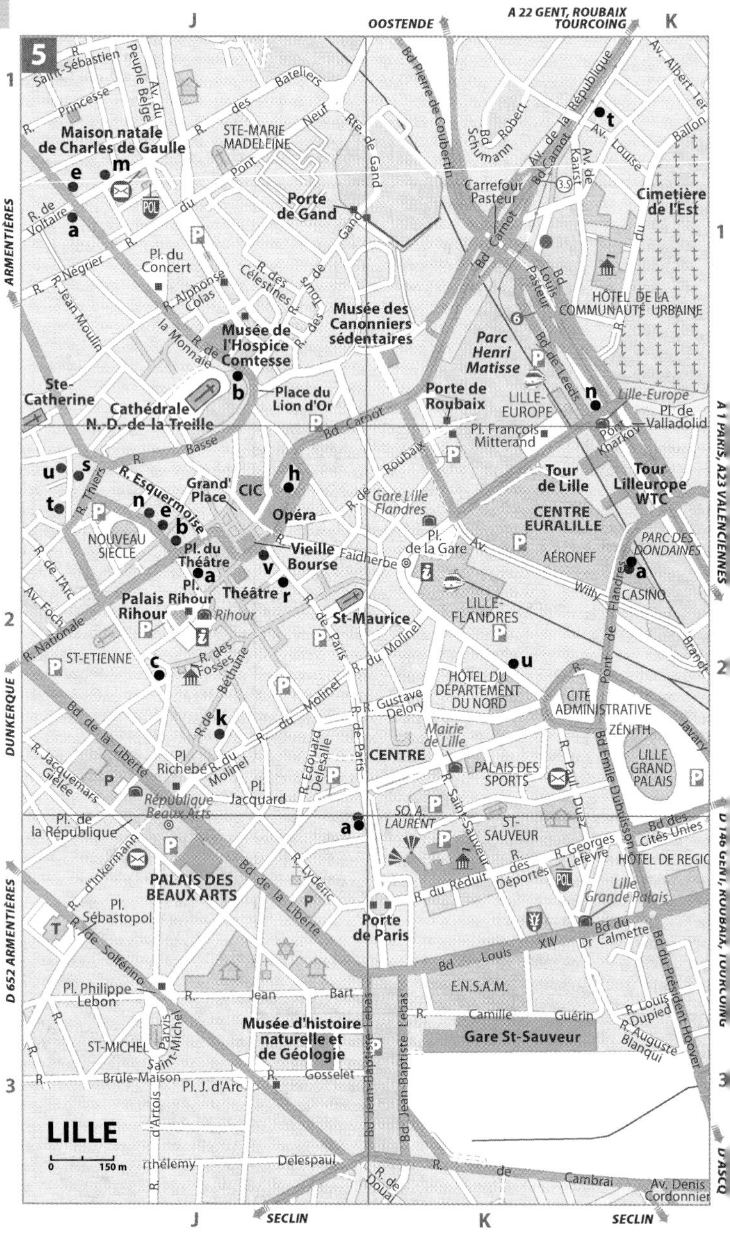

5
LILLE
0 150 m
J
K
1
2
3
OOSTENDE
A 22 GENT, ROUBAIX TOURCOING
ARMENTIÈRES
DUNKERQUE
D 652 ARMENTIÈRES
A 1 PARIS, A23 VALENCIENNES
D 146 GENT, ROUBAIX, TOURCOING
D'ASCQ
SECLIN
Maison natale de Charles de Gaulle
STE-MARIE MADELEINE
Porte de Gand
Pl. du Concert
Musée de l'Hospice Comtesse
Musée des Canonniers sédentaires
Place du Lion d'Or
Ste-Catherine
Cathédrale N.-D.-de-la-Treille
Grand' Place
CIC
Opéra
Vieille Bourse
Pl. du Théâtre
Théâtre
NOUVEAU SIÈCLE
Palais Rihour
Rihour
St-Maurice
ST-ETIENNE
Pl. Richebé
Pl. Jacquard
République Beaux Arts
Pl. de la République
PALAIS DES BEAUX ARTS
Pl. Sébastopol
Pl. Philippe Lebon
ST-MICHEL
Pl. J. d'Arc
Musée d'histoire naturelle et de Géologie
Porte de Paris
CENTRE
Mairie de Lille
PALAIS DES SPORTS
HÔTEL DU DÉPARTEMENT DU NORD
CITÉ ADMINISTRATIVE
ZÉNITH
LILLE GRAND PALAIS
ST-SAUVEUR
SO.A. LAURENT
E.N.S.A.M.
Gare St-Sauveur
HÔTEL DE RÉGION
Lille Grande Palais
Gare Lille Flandres
Pl. de la Gare
LILLE-FLANDRES
Porte de Roubaix
Parc Henri Matisse
LILLE-EUROPE
Lille-Europe
Pl. François Mitterand
Tour de Lille
Tour Lilleurope WTC
CENTRE EURALILLE
AÉRONEF
PARC DES DONDAINES
CASINO
Carrefour Pasteur
Cimetière de l'Est
HÔTEL DE LA COMMUNAUTÉ URBAINE
Pl. de Valladolid
Pont Kharkov
R. Saint-Sébastien
R. Princesse
Av. du Peuple Belge
R. des Bateliers
R. Neuf
Rte. de Gand
R. de Gand
R. de Voltaire
R. du Pont
R. Négrier
R. Jean Moulin
R. Alphonse Colas
R. des Célestines
R. des Tours
R. de la Monnaie
R. Basse
Bd Carnot
R. de Roubaix
R. Thiers
R. Esquermoise
R. de l'Arc
Av. Foch
R. Nationale
R. des Fossés
R. de Béthune
R. de Paris
R. du Molinel
R. Gustave Delory
R. Edouard Delesalle
Bd de la Liberté
R. Jacquemars Giélée
R. d'Inkermann
R. de Solférino
R. Lydéric
R. Jean Bart
Parvis Saint-Michel
R. Brûle-Maison
R. Gosselet
R. d'Artois
Delespaul
Bd Jean-Baptiste Lebas
R. de Douai
R. de Cambrai
Av. Denis Cordonnier
R. Saint-Sauveur
R. du Réduit
R. des Déportés
R. Georges Lefèvre
Bd des Cités Unies
Bd Louis XIV
Bd du Dr Calmette
R. Camille Guérin
R. Louis Dupied
R. Auguste Blanqui
Bd du Président Hoover
Bd Émile Dubuisson
R. Paul Duez
Pont de Flandres
Av. Willy Brandt
R. Javary
Av. Faidherbe
Bd Pierre de Coubertin
Bd Robert Schumann
Av. de la République
Bd Carnot
Av. de Kaarst
Av. Louise
Av. Albert 1er
R. Ballon
Bd Louis Pasteur
Bd de Leeds

L'Écume des Mers

POISSONS ET FRUITS DE MER • TENDANCE XX De cette brasserie, on apprécie le décor contemporain et épuré (notamment à l'étage), l'ambiance animée, la carte axée sur les produits de la mer, les beaux poissons cuisinés avec originalité, l'incontournable banc d'écailler... Et il y a même quelques viandes !

Formule 18 € – Menu 25 € (dîner en semaine) – Carte 40/80 €

Plan : 5J2-e – *10 r. de Pas – ✆ 03 20 54 95 40 – www.ecume-des-mers.com*

Les Toquées

CUISINE MODERNE • COSY XX Cette jolie maison bourgeoise des bords de la Deule s'est donné un nouvel élan au début de 2014, avec l'arrivée du jeune chef japonais Shinichi Miyauchi. Bonne pioche ! Il revisite sans complexe les classiques français (ah, ce pâté en croûte au lapin et trompettes de la mort...) avec une créativité parfaitement maîtrisée.

Formule 27 € – Menu 58/68 € – Carte 57/84 €

Plan : 3E2-u – *110 quai Géry-Legrand – ✆ 03 20 00 12 46 – www.lestoquees.com – Fermé 2 semaines en août, dim. et lundi*

Rouge Barre

CUISINE MODERNE • CONVIVIAL XX Au cœur du vieux Lille, Steven Ramon confirme – après l'aventure Top Chef en 2014 – qu'il faudra désormais compter sur lui. Dans un intérieur intimiste, ce ch'ti pur et dur esquisse des assiettes pétillantes et inspirées, qui magnifient de beaux produits. Terrasse à l'étage. Irrésistible !

Formule 21 € – Menu 28 € (déj. en semaine)/54 € – Carte 45/57 €

Plan : 5J1-m – *50 r. de la Halle – ✆ 03 20 67 08 84 – www.rougebarre.fr – Fermé lundi et dim.*

Jour de Pêche

POISSONS ET FRUITS DE MER • COSY XX En centre-ville, un restaurant à l'atmosphère intime et cosy, repris par un jeune couple sympathique. Comme le nom le laisse penser, le poisson est à l'honneur, décliné à travers une carte courte et réjouissante. À déguster en terrasse, si toutefois le climat l'autorise.

Formule 20 € – Menu 39 € (dîner)/53 € 🍷 – Carte 46/60 €

Plan : 5J2-b – *2 r. de Pas – ✆ 03 20 57 60 59*

Le Court Debout

CUISINE TRADITIONNELLE • INTIME XX De retour à Lille après sept ans passés à Terdeghem, dans les Flandres, Christophe Scherpereel court toujours. Le chef perpétue sa propre tradition, où figurent en bonne place le cabillaud, la langoustine et des légumes "mal-aimés" comme le topinambour ou le rutabaga. Sa cuisine, intuitive, met (encore) dans le mille !

Formule 25 € 🍷 – Menu 35 € – Carte 50/78 €

Plan : 5J2-k – *24 r. du Court-Debout – ✆ 06 34 55 06 76 – www.restaurant-lecourtdebout.com – Fermé 1 semaine en fév., 2 semaines en août, 1 semaine vacances de Noël, dim. et lundi*

L'Atelier Gourmand

CUISINE MODERNE • BISTRO X Filet mignon de porc rôti au thym, ormeaux de Bretagne poêlés en persillade, cheesecake ananas avec glace rhum raisin faite maison... Le chef de cette sympathique petite adresse, au cœur du Vieux-Lille, concocte une savoureuse cuisine du marché.

Formule 22 € – Menu 25 € (déj. en semaine) – Carte 45/55 € dîner

Plan : 5J2-u – *4 r. des Bouchers – ✆ 03 20 37 38 53 (réservation conseillée) – Fermé 3 semaines en août, 1er-8 mai, mardi midi, dim., lundi et fériés*

Bloempot

CUISINE MODERNE • CONVIVIAL Florent Ladeyn, ex-Top Chef et dont l'Auberge du Vert Mont, à Boeschepe, rend un si bel hommage au terroir régional, récidive au cœur même de la capitale des Flandres avec cette "cantine flamande" revendiquée. Décor atypique (un ancien atelier de menuiserie), bons produits nature et recettes originales : rafraîchissant !

Menu 25 € (déj. en semaine), 40/60 €

Plan : 5J2-t - *22 r. des Bouchers - www.bloempot.fr - Fermé mardi soir, dim. et lundi*

Pessoa

CUISINE TRADITIONNELLE • BISTRO Banquettes en moleskine noir, chaises en bois, petites tables serrées et ardoises indiquant les plats et vins... Aucun doute : il s'agit bien d'un petit bistrot contemporain, à la française. La cuisine est à l'avenant : goûteuse et soignée, elle met en valeur les produits du marché, avec des vins choisis.

Formule 23 € - Menu 27 € (déj. en semaine) - Carte 37/52 €

Plan : 5J1-a - *37 r. St-André - 03 28 52 40 68 (réservation conseillée) - www.pessoa-lille.tumblr.com - Fermé 3 semaines en août, merc. midi, sam. midi, dim. et lundi*

L'Estaminet

CUISINE FLAMANDE • BISTRO Le second restaurant de l'Hermitage Gantois recrée l'ambiance typiquement nordiste des estaminets d'antan... Cuisine de bistrot - bavette grillée et gratin dauphinois, sauté de veau marengo, rognon de veau sauce Madère - et service rapide : la simplicité est de rigueur, pour notre plus grand plaisir.

Formule 20 € - Carte 30/55 €

Plan : 5J3-a - *Hôtel L'Hermitage Gantois, 224 r. de Paris - 03 20 85 30 30 - www.hotelhermitagegantois.com*

Oui

CUISINE MODERNE • DESIGN Une cuisine fusion bien marquée en goût, des plats créatifs et bien maîtrisés, faisant la part belle au produit : voilà en quelques mots le programme de cette nouvelle adresse du Vieux Lille, que l'on doit au chef du Cerisier, à Laventie. La clientèle lilloise est au rendez-vous : un grand "oui" bien mérité !

Formule 27 € - Menu 32/55 € - Carte 35/60 €

Plan : 5J2-s - *13 r. des Bouchers - 03 20 38 52 67 - www.leoui.fr - Fermé 2 semaines en août, sam. midi, dim. et lundi*

Hôtels

L'Hermitage Gantois

GRAND LUXE • PERSONNALISÉ Fondé vers 1460, cet ancien hospice est aujourd'hui un bel hôtel. Architectures historiques, nouveau classicisme contemporain, cours et patios intérieurs... de quoi se convertir en ermite ! Le restaurant gastronomique ne manque pas d'élégance, tandis que l'estaminet cultive joliment l'esprit du Nord.

86 chambres - 159/685 € 159/685 € - 3 suites - 23 €

Plan : 5J3-a - *224 r. de Paris - 03 20 85 30 30 - www.hotelhermitagegantois.com*

L'Hermitage Gantois • **L'Estaminet** - voir les restaurants ci-dessus

Barrière Lille

LUXE • CONTEMPORAIN Dans ce grand bâtiment de verre, on peut aller au théâtre, au casino et... regagner en un clin d'œil son hôtel - l'un des derniers-nés du groupe Barrière (2010). Espace, lumière, luxe sans ostentation, restaurant chic et brasserie contemporaine : de très séduisantes prestations.

125 chambres - 125/565 € 125/565 € - 17 suites - 20 €

Plan : 5K2-a - *777 bis Pont-de-Flandres 59777 - 03 28 14 45 00 - www.hotel-barriere-lille.com*

Les Hauts de Lille - voir les restaurants ci-dessus

Crowne Plaza

BUSINESS • CONTEMPORAIN De vastes chambres contemporaines, d'esprit zen et très bien équipées, certaines avec une vue superbe sur Lille et son beffroi. Le choix de salles de réunion et l'emplacement, face à la gare TGV, conviendront parfaitement à la clientèle d'affaires.

121 chambres – 110/245 € 110/245 € – 15 €

Plan : 5K1-n – *335 bd Leeds – 03 20 42 46 46 – www.lille-crowneplaza.com*

Couvent des Minimes Alliance

HISTORIQUE • CONTEMPORAIN Un lieu chargé d'histoire, à deux pas de la citadelle. Dans ce joli couvent du 17e s., on profite de chambres spacieuses et élégantes... Une belle idée du bien-être et de la détente ! Au restaurant, mariage réussi du contemporain et de l'ancien autour d'une carte dans l'air du temps ; piano-bar.

80 chambres – 139/300 € 139/340 € – 3 suites – 19 € – ½ P

Plan : 3F2-d – *17 quai du Wault 59800 – 03 20 30 62 62 – www.alliance-lille.com*

Clarance

LUXE • DESIGN Installé dans un hôtel particulier du 18e s., cet établissement est pour le moins atypique ! L'Albatros, le Cygne, le Balcon ou le Flacon : les chambres, claires et lumineuses, ont pour thème des poèmes de Baudelaire ; la décoration a été en partie réalisée par des artistes et artisans locaux.

18 chambres – 170/560 € 170/600 € – 1 suite – 21 €

Plan : 4G2-k – *32 r. de la Barre – 03 59 36 35 59 – www.clarancehotel.com*

La Table – voir les restaurants ci-dessus

Novotel Lille Centre Gares

HÔTEL DE CHAÎNE • FONCTIONNEL Près de la gare Lille-Flandres et à proximité du Grand Palais et du Zénith, cet hôtel se distingue par ses chambres confortables et fonctionnelles, qui raviront les voyageurs de passage dans la grande métropole du Nord.

96 chambres – 115/220 € 115/220 € – 5 suites – 17 €

Plan : 5K2-u – *49 r. de Tournai 59800 – 03 28 38 67 00 – www.novotel.com*

Mercure Lille Centre Grand Place

HÔTEL DE CHAÎNE • CONTEMPORAIN Un bel immeuble du début du 20e s., en plein centre de la ville, juste derrière l'Opéra. Dans les chambres, rénovées dans un esprit contemporain, les couleurs oscillent entre rouge et blanc, et certains éléments viennent rappeler le caractère du bâtiment (cheminées anciennes, briques, etc.).

101 chambres – 88/280 € 88/280 € – 18 €

Plan : 5J2-h – *2 bd Carnot 59800 – 03 20 14 71 47 – www.mercure-lille-centre-grand-place.com*

Grand Hôtel Bellevue

TRADITIONNEL • VINTAGE Idéal pour profiter pleinement des charmes de la "capitale des Flandres" ! Les chambres, fraîches et pimpantes, ne manquent pas d'allure (mobilier de style Directoire, salles de bains en marbre) et les plus prisées donnent sur la Grand'Place.

60 chambres – 119/250 € 119/250 € – 17 €

Plan : 5J2-a – *5 r. Jean-Roisin – 03 20 57 45 64 – www.grandhotelbellevue.com*

Art Déco Euralille

BUSINESS • ART DÉCO Sur une avenue passante, l'établissement est néanmoins très bien insonorisé et la ligne de tramway permet de rejoindre le centre-ville en un clin d'œil. Les chambres sont agréables, dans un style qui s'inspire de l'Art déco.

56 chambres – 70/190 € 80/210 € – 13 €

Plan : 5K1-t – *110 av. de la République, à la Madeleine – 03 20 14 81 81 – www.hotel-artdecolille.com*

Why

URBAIN • DESIGN Dans un immeuble des années 1970 (avec une façade entièrement percée de grandes fenêtres ovales), un hôtel résolument design, décoré avec soin et sens du confort : parquet en chêne, grands lits avec couettes, douches à l'italienne, etc. On peut se restaurer à midi et profiter du bar le soir. Why not ?

46 chambres – 109/600 € 109/600 € – 16 €

Plan : 5J2-c – *7 bis square Morisson – 03 20 50 30 30 – www.why-hotel.com*

Hôtel de la Treille

TRADITIONNEL • COSY Idéalement placé pour flâner dans le quartier du Vieux-Lille, cet hôtel familial propose des chambres cosy et contemporaines, décorées avec goût et bien agencées ; certaines d'entre elles offrent une jolie vue sur la cathédrale.

40 chambres – 90/160 € 100/180 € – 16 €

Plan : 5J1-b – *7/9 pl. Louise-de-Bettignies – 03 20 55 45 46 – www.hoteldelatreille.com*

Hôtel de la Paix

TRADITIONNEL • CLASSIQUE Bien tenu et central, cet hôtel traditionnel a pour propriétaire une artiste dans l'âme : elle expose des reproductions de tableaux et a réalisé la fresque qui orne la salle du petit-déjeuner, le tout dans un esprit rétro.

36 chambres – 80/130 € 85/150 € – 10 €

Plan : 5J2-r – *46 bis r. de Paris – 03 20 54 63 93 – www.hotel-la-paix.com*

à Bondues – 59910 – 9 828 hab. – Alt. 37 m

Val d'Auge (Christophe Hagnerelle)

CUISINE MODERNE • ÉLÉGANT XXX Ce Val vous tend les bras : le chef fait parler son expérience et réalise une cuisine de saison précise et goûteuse, sans esbroufe, avec une pointe d'inventivité. On s'y régale à la carte ou grâce à la formule déjeuner, au rapport qualité-prix imbattable... Le tout dans une ambiance contemporaine et feutrée !

→ Œuf cocotte à la truffe. Chevreau confit 17 heures. Soufflé au cassis d'Avelin.

Formule 32 € – Menu 55 € (déj. en semaine), 62 € /102 € – Carte 91/102 € dîner

Hors plan – *805 av. du Gén.-de-Gaulle – 03 20 46 26 87 – www.valdauge.com – Fermé 20-27 fév., 17-24 avril, 30 juil.-21 août, 20-28 déc., dim. sauf fériés, sam. midi et lundi*

Auberge de l'Harmonie

CUISINE MODERNE • CLASSIQUE XXX Une jolie auberge du 19e s. tout en harmonie (tons gais, terrasse verdoyante) pour une carte qui s'habille aux couleurs de l'hiver, du printemps, de l'été...

Formule 19 € – Menu 29 € /75 € – Carte 54/80 €

Hors plan – *pl. Abbé-Bonpain – 03 20 23 17 02 – www.aubergeharmonie.fr – Fermé dim. soir, mardi soir, jeudi soir et lundi*

à Marcq-en-Baroeul – 59700 – 39 600 hab. – Alt. 15 m

La Salle à Manger

CUISINE MODERNE • INTIME X Un jeune couple charmant vous reçoit dans cette Salle à Manger à l'atmosphère tamisée, à la fois intime et conviviale. L'ardoise ? Courte, très appétissante et toujours en mouvement, car le chef cuisine en fonction du marché et de ses envies !

Formule 32 € – Menu 38 € (déj.) – Carte 42/50 € dîner

Plan : 2D1-u – *99 r. Jules-Delcenserie – 03 20 65 21 19 (réservation conseillée) – www.restaurant-lasalleamanger.com – Fermé 2 semaines en janv., 2 semaines en août, mardi soir, merc. soir, dim. et lundi*

à Gruson - ✉ 59152 - 1 146 hab. - Alt. 52 m

L'Arbre (Yorann Vandriessche)

CUISINE MODERNE • AUBERGE XX Cet estaminet, tout de rouge vêtu, est installé sur un passage mythique de la course Paris-Roubaix. Mais bien loin de "l'Enfer du Nord", c'est ici le paradis de la gourmandise ! Le chef, Yorann Vandriessche, concocte une cuisine goûteuse et dans l'air du temps ; les saveurs des bons produits de saison sont gagnantes.

→ Tourteau et avocat, tomate confite et œuf brouillé. Ris de veau, mousseline de pomme de terre et jus de volaille. Millefeuille croustillant à la vanille de Polynésie et crème légère à la vanille de Tahiti.

Formule 29 € - Menu 49/64 € - Carte 55/80 €

Hors plan - *1 pavé Jean-Marie Leblanc (croisement chemin de Bourghelles), 1 km à l'Est par D90 - ✆ 03 20 79 55 33 - www.larbre.com - Fermé 6-31 août, 1er-7 janv., merc. soir, dim. et lundi*

à Sainghin-en-Mélantois - ✉ 59262 - 2 524 hab. - Alt. 49 m

La Verdière

FAMILIAL • COSY Une jolie bâtisse bourgeoise nichée dans un grand parc. Pas de doute, on cultive ici l'art du bien-recevoir, ainsi qu'un certain esprit demeure de famille (mobilier chiné patiné par les ans, tons cosy). Au réveil, on se régale de produits maison, avant d'aller se prélasser dans l'espace bien-être (jacuzzi, hammam).

5 chambres ☕ - †95/130 € ††130/180 €

Hors plan - *1839 r. de Lille - ✆ 03 20 05 05 61 - www.la-verdiere.fr*

à l'aéroport de Lille-Lesquin - ✉ 59810 Lesquin

Mercure Aéroport

BUSINESS • CONTEMPORAIN Un hôtel de facture contemporaine, face à l'aéroport, avec un service de navettes gratuites. Les chambres se révèlent spacieuses, confortables et bien équipées. Au restaurant, convivialité, plats régionaux et rôtisserie.

215 chambres - †75/182 € ††75/182 € - ☕ 16 € - ½ P

Plan : 2C3-r - *110 r. Jean-Jaurès - ✆ 03 20 87 46 46 - www.mercure-lille-aeroport.com*

à Capinghem - ✉ 59160 - 1 670 hab. - Alt. 50 m

La Marmite de Pierrot

CUISINE TRADITIONNELLE • BISTRO X Adieu veau, vache... Bonjour cochon, produits tripiers ! Le chef propose une cuisine très généreuse, dans une ambiance bon enfant et familiale. Et cela vaut aussi pour le décor : point de fioritures ici, un bar en bois, des tables au coude-à-coude, et des verres juste assez solides pour tenir le choc. C'est bien suffisant !

Formule 29 € - Menu 31/36 €

Plan : 1A2-v - *93 r. Poincaré - ✆ 03 20 92 12 41 - www.pierrot-de-lille.com - Fermé 22-27 fév., 1er-8 mai, 24 juil.-15 août, dim. soir, mardi soir, merc. soir, jeudi soir et lundi*

à St-André-Lez-Lille - ✉ 59350 - 11 246 hab. - Alt. 20 m

La Quintinie

CUISINE CLASSIQUE • ÉLÉGANT XXX Créateur visionnaire du potager de Louis XIV au château de Versailles, achevé en 1683, Jean-Baptiste de La Quintinie n'aurait pas renié ce ravissant restaurant, situé dans une ancienne orangerie. Le classicisme est de mise sur la carte, assez courte mais bien composée.

Menu 28/35 €

Plan : 1B1-t - *501 av. du Mal.-de-Lattre-de-Tassigny, D 57 - ✆ 03 20 40 78 88 - www.alaquintinie.com - Fermé 25 juil.-22 août, lundi et le soir sauf sam.*

LIMAY

✉ 78520 (Yvelines) - 16 128 hab. - Alt. 16 m - Carte régionale n° **10**-A1
Paris 56 km - Argenteuil 50 km - Boulogne-Billancourt 52 km - Saint-Denis 60 km
Carte Michelin 311-G2

Au Vieux Pêcheur

CUISINE TRADITIONNELLE • COSY XX En face du vieux pont de Limay, sur les quais de Seine. Plusieurs salles et plusieurs ambiances (contemporaine ou plus feutrée) pour déguster une cuisine traditionnelle soignée.

Formule 30 € - Menu 38/68 €

5 quai Albert-1er - ✆ 01 30 92 77 78 - www.au-vieux-pecheur.com - Fermé merc. soir, dim. soir et lundi

LIMERAY - 37 (Indre-et-Loire) ➔ Voir Amboise

LIMOGES

✉ 87000 (Haute-Vienne) - 136 221 hab. - Agglo. 185 555 hab. - Alt. 300 m - Carte régionale n° **13**-B2
Paris 391 km - Angoulême 105 km - Brive-la-Gaillarde 92 km - Châteauroux 126 km
Carte Michelin 325-E6 - Guide Vert Michelin Limousin Berry

Le Vanteaux

CUISINE MODERNE • TENDANCE XX Son chef se définit comme un "agitateur de gourmandises" ! On apprécie sa cuisine ludique et tendance qui revisite les classiques régionaux... À noter : le chariot de mini desserts pour bien conclure le repas et, le midi, la sélection de vins au verre. L'été, on s'installe sur le toit, à l'ombre des canisses.

Menu 26 € (déj. en semaine), 32/46 € - Carte 68/75 € dîner

Hors plan - *162 bd de Vanteaux - ✆ 05 55 49 01 26 - www.levanteaux.com - Fermé 17 avril-1er mai, 1er-15 août, dim. soir et lundi*

Le Cheverny

CUISINE MODERNE • TENDANCE XX En restaurateurs expérimentés, Didier et Marie-Christine Palard ont fait de ce Cheverny limougeaud - installé dans une ancienne usine de fabrication de chaussures - un véritable havre de gourmandise. On s'y régale d'une cuisine cohérente et parfaitement maîtrisée, qui fait la part belle aux produits régionaux.

Formule 19 € - Menu 25 € (semaine), 30/50 € - Carte 29/69 €

Hors plan - *57 av. Baudin - ✆ 05 55 34 50 01 - www.lecheverny.fr - Fermé 1 semaine en mai et en nov., lundi en juil.-août, sam. midi et dim. soir*

Chez Alphonse

CUISINE TRADITIONNELLE • BISTRO X Pourquoi Alphonse ? Parce que chaque jour, comme ses prédecesseurs avant lui, le chef de ce charmant bistrot "fonce aux halles" pour faire son marché... La belle tradition est donc à l'honneur : terrines diverses, crépinette de pied de porc, généreuses pièces de bœuf et pot-au-feu sont à la carte. À table !

Formule 16 € - Menu 21 € (déj. en semaine) - Carte 25/50 €

Plan : A2-e - *5 pl. de la Motte - ✆ 05 55 34 34 14 - www.chezalphonse.fr - Fermé dim. et fériés*

Philippe Redon

CUISINE CRÉATIVE • ÉLÉGANT XX Vous aimez les métissages ? Vous allez être servi... Ici, on réalise des recettes qui oscillent entre bistronomie, air du temps et esprit gastronomique à l'ancienne ; on trouvera par exemple des couteaux persillés avec un risotto, ou encore un turbot sauvage accompagnés d'une fricassée de girolles. Savoureux !

Formule 18 € - Menu 44 € - Carte 38/47 €

Plan : A2-f - *14 r. A.-Dubouché - ✆ 05 55 79 37 50 - www.philippe-redon.com - Fermé dim. et lundi*

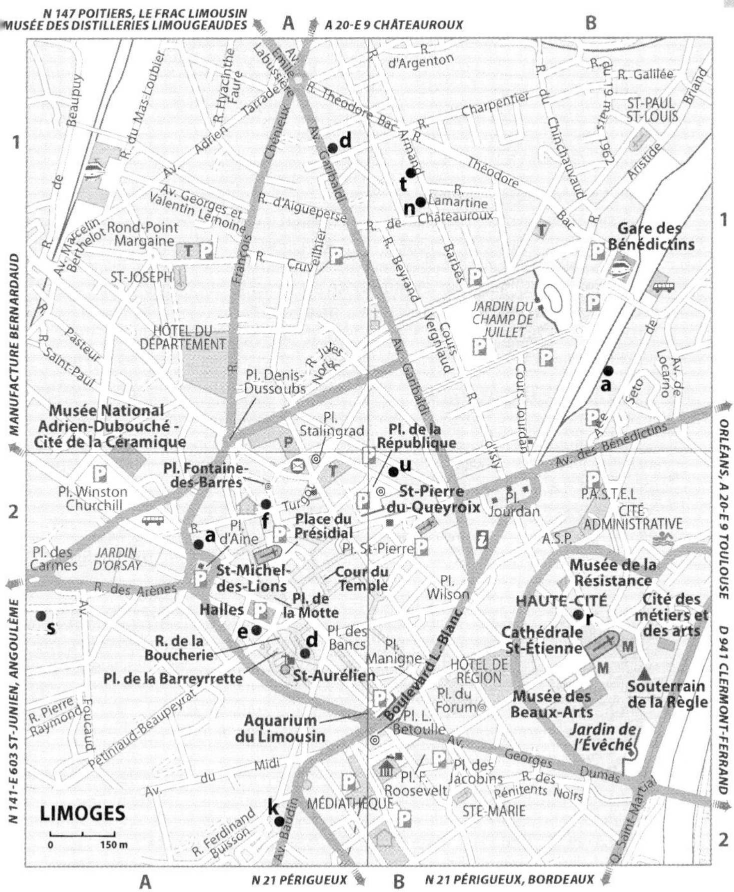

Amphitryon

CUISINE MODERNE • COSY XX Cette jolie maison à pans de bois, au cœur du pittoresque "village" des Bouchers, est désormais le fief du chef Olivier Polla. Il propose à ses clients une cuisine moderne tournée vers le produit : kadaïf de langoustine, lièvre à la royale, croquant de framboise et pastilla de lait... Un plaisir pour les papilles.

Formule 23 € – Menu 28/80 € – Carte 52/84 €

Plan : A2-d – *26 r. de la Boucherie – ✆ 05 55 33 36 39 – www.amphitryon-limoges.fr – Fermé dim. et lundi*

La Cuisine du Cloître (N)

CUISINE MODERNE • ÉPURÉ X Au pied de la cathédrale, cet ancien cloître du 17e s. a du cachet ! Au gré de son envie et des saisons, le chef compose une bonne cuisine du marché. Pas de choix ici : on opte pour le nombre de plats, puis on se laisse porter... Les cuissons sont maîtrisées, les produits de qualité : une expérience sympathique.

Formule 19 € – Menu 23 € (déj. en semaine), 32/52 €

Plan : B2-r – *6 r. des Allois – ✆ 05 55 10 28 29 – www.la-cuisine-du-cloitre.fr – fermé 1 semaine en oct., 2 semaines en janv., mardi midi, dim. soir et lundi*

Le Versailles

CUISINE TRADITIONNELLE • BRASSERIE Brasserie fondée en 1932, en face du palais de justice. Un lieu très vivant et une carte "tout maison" fort sympathique, avec un large choix de viandes limousines.

Formule 19 € - Menu 25/30 € - Carte 26/56 €

Plan : A2-a - *20 pl. d'Aine - 05 55 34 13 39 - www.brasserie-le-versailles-limoges.com*

La Maison des Saveurs

CUISINE MODERNE • COSY Foie gras, magrets fermiers, médaillon de veau cuit au sautoir... Les produits régionaux sont à l'honneur dans cette agréable maison, sous la houlette d'un chef membre de l'association des "Toques Blanches" du Limousin. C'est simple, bon, et l'ambiance est franchement chaleureuse !

Formule 16 € - Menu 28/40 € - Carte 53/70 €

Plan : A1-d - *74 av. Garibaldi - 05 55 79 30 74 - Fermé 16-30 juil., sam. midi, dim. soir et lundi*

La Table du Couvent

CUISINE MODERNE • BRANCHÉ Cet ancien couvent de carmélites cultive des plaisirs intemporels : ceux d'une authentique cuisine "à la cheminée" ! Côte de bœuf, bavette ou entrecôte limousine (viandes locales) sont grillées dans l'âtre, où mijotent aussi de jolies cocottes...

Menu 17 € (déj. en semaine), 25/42 € - Carte 29/54 €

Plan : A2-s - *15 r. Neuve-des-Carmes - 05 55 32 30 66 - www.latableducouvent.com - Fermé 2 semaines en août, dim. soir, mardi midi et lundi*

Richelieu

BUSINESS • CONTEMPORAIN Un hôtel près de la mairie, deux bâtiments, mais dans chaque cas, des chambres contemporaines raffinées, chaleureuses et confortables.

44 chambres - 85/360 € 100/360 € - 2 suites - 15 €

Plan : A2-k - *40 av. Baudin - 05 55 34 22 82 - www.hotel-richelieu.com*

Atrium

BUSINESS • CONTEMPORAIN Un entrepôt des douanes reconverti en hôtel : c'est original ! Les chambres sont pratiques et certaines donnent sur la jolie gare de Limoges et les caténaires, pour les amateurs. Brasserie attenante.

70 chambres - 85/140 € 85/140 € - 12 €

Plan : B1-a - *22 allée de Seto - Parc du Ciel - 05 55 10 75 75 - www.interhotel-atrium.com*

Art Hôtel Tendance

FAMILIAL • PERSONNALISÉ Un petit hôtel dans un quartier résidentiel. Les plus jolies chambres ? Canada, Grèce et Inde. Dépaysement garanti et tenue impeccable !

16 chambres - 59/80 € 59/85 € - 9 €

Plan : B1-t - *37 r. A.-Barbès - 05 55 77 31 72 - www.arthoteltendance.fr*

à St-Martin-du-Fault 13 km à l'Ouest par N141, D941 et D20 - 87510 Nieul

Chapelle Saint-Martin

CUISINE MODERNE • CLASSIQUE Dans ce petit castel cossu et raffiné, le chef et sa brigade sélectionnent rigoureusement de beaux produits régionaux... Ils concoctent alors une savoureuse cuisine classique, qu'ils n'hésitent pas à parsemer d'inventivité.

Formule 39 € - Menu 55/129 € - Carte 70/130 €

- 05 55 75 80 17 (réservation conseillée) - www.chapellesaintmartin.com - Fermé 2 janv.-8 fév., dim. soir, lundi, mardi et merc. du 1er nov.-15 mars

Chapelle Saint-Martin

LUXE • HISTORIQUE Nichée dans un grand parc, tout près d'un bois, cette gentilhommière cultive avec sérénité son élégance bourgeoise : chambres parées d'étoffes colorées, beau mobilier, tentures fleuries et quelques luxueuses suites contemporaines...

10 chambres – 125/790 € 125/790 € – 4 suites – 19 € – ½ P

– 05 55 75 80 17 – www.chapellesaintmartin.com – Fermé 2 janv.-8 fév. et le dim. soir du 1er nov. au 15 mars

Chapelle Saint-Martin – voir les restaurants ci-dessus

LIMOUX

11300 (Aude) – 10 180 hab. – Alt. 172 m – Carte régionale n° **12**-B3
Paris 769 km – Carcassonne 25 km – Foix 70 km – Perpignan 104 km
Carte Michelin 344-E4

Tantine et Tonton

CUISINE MODERNE • CLASSIQUE XX Tantine et Tonton ont changé d'air, et décidé de s'installer sous les hauts plafonds à moulures du Grand Hôtel Moderne et Pigeon. Dans ce décor délicieusement rétro – vieux parquets, lustres et grands miroirs – ou sur la terrasse ombragée, ils proposent une bonne cuisine dans l'air du temps : on passe un agréable moment !

Formule 19 € – Menu 21 € (déj. en semaine), 32/75 € – Carte 45/62 €

Grand Hôtel Moderne et Pigeon, 1 pl. Gén.-Leclerc (près de la poste) – 04 68 31 21 95 – www.tantinetonton.fr – Fermé 1er-10 janv., lundi soir et dim.

Grand Hôtel Moderne et Pigeon

HISTORIQUE • PERSONNALISÉ Dans cette demeure du 16e s., les siècles se suivent et ne se ressemblent pas. Ancienne résidence des parents de Madame du Barry, couvent... puis hôtel, les lieux ne manquent ni d'âme ni de cachet : superbe escalier, fresques, vitraux, ciels de lit ou baldaquins, etc. Une adresse que l'on quitte à regret.

13 chambres – 86/135 € 101/150 € – 1 suite – 13 € – ½ P

1 pl. Gén.-Leclerc (près de la poste) – 04 68 31 00 25 – www.grandhotelmodernepigeon.fr – Fermé 1er-10 janv.

Tantine et Tonton – voir les restaurants ci-dessus

LINGOLSHEIM – 67 (Bas-Rhin) → Voir Strasbourg

LE LIOUQUET – 13 (Bouches-du-Rhône) → Voir La Ciotat

LIRAC

30126 (Gard) – 886 hab. – Alt. 80 m – Carte régionale n° **12**-D2
Paris 683 km – Avignon 19 km – Montpellier 97 km – Nîmes 52 km
Carte Michelin 339-N4

La Dame de Thé

DEMEURE HISTORIQUE • CLASSIQUE Plafonds voûtés, pierres apparentes, tapisseries en tous genres : cette belle bâtisse du 17e s., autrefois caserne royale puis relais de poste, a su conserver son âme ! Les chambres, chaleureuses et joliment meublées, portent le noms d'écrivaines de renom : Colette, George Sand, la marquise de Sévigné... Délicieux.

4 chambres – 105/160 € 115/170 €

24 r. du Pont-de-Nizon – 04 66 82 08 58 – www.damedethe.com – Ouvert 1er mai-30 sept.

LISIEUX

14100 (Calvados) – 21 170 hab. – Alt. 51 m – Carte régionale n° **17**-C2
Paris 179 km – Alençon 94 km – Caen 64 km – Évreux 73 km
Carte Michelin 303-N5 – Guide Vert Michelin Normandie Vallée de la Seine

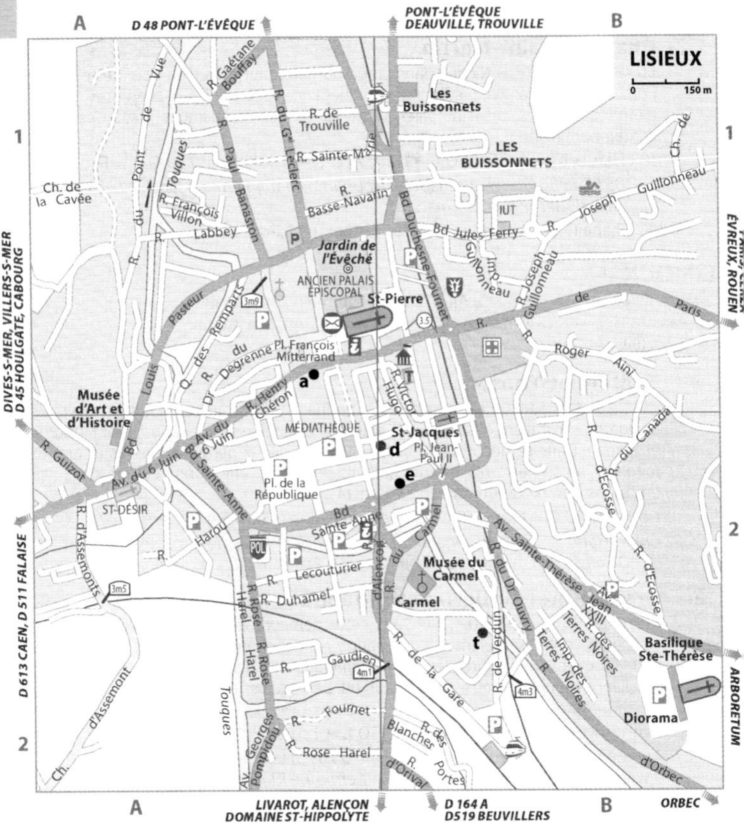

🍴 Aux Acacias

CUISINE TRADITIONNELLE • COSY XX Ces Acacias ont un petit côté zen, voire minimaliste. Derrière les fourneaux, le chef concocte une cuisine traditionnelle bien tournée où les produits du terroir normand figurent en bonne place.

Menu 19 € (semaine), 27/53 € – Carte 40/60 €

Plan : B2-d – *13 r. de la Résistance – ✆ 02 31 62 10 95 – Fermé dim. soir et lundi*

Mercure

HÔTEL DE CHAÎNE • FONCTIONNEL En périphérie de Lisieux, cet établissement dispose de chambres confortables et bien tenues ; celles du dernier étage sont mansardées. L'été, on profite de la terrasse du restaurant et de la piscine.

69 chambres – †85/120 € ††85/120 € – ☕ 17 €

Hors plan – *177 r. Roger-Aini, à 2,5 km au rond-point de l'Espérance, rte de Paris – ✆ 02 31 61 17 17 – www.hotellisieux.com*

L'Espérance

TRADITIONNEL • FONCTIONNEL Cette bâtisse normande à colombages a beau être l'un des plus anciens hôtels de Lisieux, ses chambres n'en sont pas moins contemporaines et cossues. Les groupes de pèlerins apprécient notamment la grande salle Art déco et la cuisine traditionnelle tout en simplicité. Un établissement bien tenu.

90 chambres – †79/129 € ††89/199 € – ☕ 11 €

Plan : B2-e – *16 bd Ste-Anne – ✆ 02 31 62 17 53 – www.lisieux-hotel.com – Ouvert mi-avril à fin oct.*

à Ouilly-du-Houley 10 km à l'Est par D510 et D262 - ✉ 14590 - 218 hab. - Alt. 55 m

Restaurant de la Paquine

CUISINE TRADITIONNELLE • RUSTIQUE En plein bocage normand ! Cette petite auberge fleurie au cadre rustique continue d'honorer la tradition. Attention, le nombre de couverts par service est limité, la réservation est donc conseillée.

Menu 34/50 €

rte de Moyaux (Le Bourg) - ✆ 02 31 63 63 80 (réservation conseillée) - Fermé 2-17 mars, 12 nov.-2 déc., dim. soir, mardi et merc.

à Coquainvilliers 4 km au Nord par D48 - ✉ 14130 - 863 hab. - Alt. 36 m

Sogni D'Italia

CUISINE ITALIENNE • CONVIVIAL Poussez donc la porte de cette petite maison normande à colombages, située en bord de route, et offrez-vous... un véritable plongeon dans l'Italie gourmande ! Le chef réalise ses pâtes fraîches lui-même et s'approvisionne directement dans la péninsule. En dégustant ses gnocchis maison, on ne peut que s'exclamer : *"Delizioso !"*

Formule 13 € - Menu 16 € (déj. en semaine), 23/30 € - Carte 29/55 €

Le Bourg, D48 - ✆ 02 31 62 29 20 - www.sogni-italia.onlc.fr - Fermé 1 semaine à Pâques, en juil. et aux vacances de Noël, dim. soir, mardi soir et merc.

LISSAC-SUR-COUZE

✉ 19600 (Corrèze) - 744 hab. - Alt. 170 m - Carte régionale n° **13**-B3

Paris 489 km - Brive-la-Gaillarde 14 km - Limoges 101 km - Tulle 45 km

Carte Michelin 329-J5 - Guide Vert Michelin Limousin Berry

Château de Lissac

DEMEURE HISTORIQUE • PERSONNALISÉ Un lieu magique ! Le château, construit entre le Moyen-Âge et le 18e s., contemple le lac de Causse de son superbe parc planté de marronniers, de magnolias, de tilleuls... Les chambres sont décorées avec goût ; un vrai supplément d'âme.

5 chambres - 120/160 € 120/160 € - 14 €

au bourg - ✆ 05 55 85 14 19 - www.chateaudelissac.com

LISSES - 91 (Essonne) ➜ Voir Paris, Environs (Évry)

LISTRAC-MEDOC

✉ 33480 (Gironde) - 2 542 hab. - Alt. 40 m - Carte régionale n° **2**-B1

Paris 609 km - Bordeaux 38 km - Lacanau-Océan 39 km - Lesparre-Médoc 31 km

Carte Michelin 335-G4

Les Cinq Sens

MAISON DE MAÎTRE • PERSONNALISÉ Dans un environnement préservé - entre vignes et nature -, cette belle demeure médocaine a été rénovée avec goût. Cachet des vieilles pierres et charme du contemporain : les chambres ont du style. Excellent petit-déjeuner, dégustation des vins de la propriété, espace détente... le luxe et la quiétude !

5 chambres - 95/155 € 120/180 € - 12 €

7 rte du Mayne (Château Mayne-Lalande) - ✆ 05 56 58 27 63 - www.chateau-mayne-lalande.com - Fermé 18 déc.-30 janv.

LIVRY-GARGAN - 93 (Seine-Saint-Denis) ➜ Voir Paris, Environs

LA LLAGONNE - 66 (Pyrénées-Orientales) ➜ Voir Mont-Louis

LLO - 66 (Pyrénées-Orientales) ➜ Voir Saillagouse

LOCHES

✉ 37600 (Indre-et-Loire) - 6 400 hab. - Alt. 80 m - Carte régionale n° **6**-B3

Paris 261 km - Blois 68 km - Châteauroux 72 km - Châtellerault 56 km

Carte Michelin 317-O6 - Guide Vert Michelin Châteaux de la Loire

La Maison de l'Argentier du Roy

HISTORIQUE • PERSONNALISÉ Une maison en tuffeau dans la partie médiévale de la ville, pour un voyage hors du temps. Les chambres, thématiques, se nomment Belle Époque, Jacques Cœur, Gîte du Chevalier et Bibliothèque de Balzac.

5 chambres – 112/185 € 112/185 €

21 r. St-Ours – 02 47 91 62 86 – www.argentier-du-roy.com

LOCMARIAQUER

56740 (Morbihan) – 1 600 hab. – Alt. 5 m – Carte régionale n° **5**-A3

Paris 488 km – Auray 13 km – Quiberon 31 km – La Trinité-sur-Mer 10 km

Carte Michelin 308-N9 – Guide Vert Michelin Bretagne Sud

Hôtel des Trois Fontaines

FAMILIAL • TRADITIONNEL À l'entrée du village, un hôtel engageant avec un beau jardin fleuri. L'agréable salon et les chambres, meublées d'acajou, évoquent le bord de mer. Accueil vraiment charmant.

18 chambres – 78/140 € 78/140 € – 12 €

rte d'Auray – 02 97 57 42 70 – www.hotel-troisfontaines.com – Ouvert 15 fév.-15 nov.

LOCQUIREC

29241 (Finistère) – 1 395 hab. – Alt. 15 m – Carte régionale n° **5**-B1

Paris 534 km – Brest 81 km – Guingamp 52 km – Lannion 22 km

Carte Michelin 308-J2 – Guide Vert Michelin Bretagne Nord

Restaurant du Port

CUISINE MODERNE • TENDANCE XX Après une balade sur la pointe de Locquirec, l'heure des délices sonne avec ce bistrot contemporain sur le port ! Le chef propose une carte courte, collant le plus près possible aux produits de saison, et fait un carton plein : préparations précises, cuissons maîtrisées, présentations soignées... Excellent rapport plaisir-prix.

Formule 17 € – Menu 32/38 € – Carte 45/60 €

5 pl. du Port – 02 98 15 32 98 – www.restaurantduport-locquirec.fr – Fermé vacances de fév., 2 semaines en nov., le soir du mardi au vend. de nov. à mars, dim. soir et lundi

Le Grand Hôtel des Bains

SPA ET BIEN-ÊTRE • ÉLÉGANT Nostalgie, nostalgie, c'est ici que Michel Lang tourna *L'Hôtel de la Plage*. Aucun vestige des années 1970 néanmoins, plutôt un style élégant très Nouvelle-Angleterre : parquets cirés, beaux matériaux, tonalités miel, gris perle, bleu rétro... Face à la baie, spa et restaurant sont tout aussi chic.

36 chambres – 107/296 € 107/296 € – 16 € – ½ P

15 bis r. de l'Église – 02 98 67 41 02 – www.grand-hotel-des-bains.com

LOCRONAN

29180 (Finistère) – 806 hab. – Alt. 105 m – Carte régionale n° **5**-A2

Paris 576 km – Brest 66 km – Briec 22 km – Châteaulin 18 km

Carte Michelin 308-F6 – Guide Vert Michelin Bretagne Sud

Comptoir des Voyageurs

CUISINE TRADITIONNELLE • CONVIVIAL X Le décor, avec ses nombreux objets évoquant le voyage – photos, maquettes d'avions, valises... – ne laisse pas planer le doute : les jeunes propriétaires de ce restaurant sont plutôt du genre... globe-trotters ! Le chef compose une cuisine goûteuse et généreuse avec les produits d'ici : poissons, coquillages, escargots...

Formule 16 € – Menu 20 € (déj. en semaine), 28/51 € – Carte 34/59 €

pl. de l'Église – 02 98 91 70 74 – www.comptoir-des-voyageurs.fr – Fermé de mi-janv. à mi-fév., lundi et mardi de nov. à avril

au Nord-Ouest 3 km par rte secondaire – ✉ 29550 Plonévez-Porzay :

Manoir de Moëllien

HISTORIQUE • CONTEMPORAIN Des pierres grises, une silhouette mystérieuse : un très joli manoir du 17e s., planté dans son grand parc en pleine campagne. Les chambres sont aménagées dans les dépendances, bien au calme, décorées dans un style plus campagnard que châtelain. Les résidents apprécient l'imposant restaurant.

18 chambres – 85/145 € 85/145 € – 12 € – ½ P

– ✆ 02 98 92 50 40 – www.manoirmoellien.fr – Ouvert 1er avril-19 nov.

LODÈVE

✉ 34700 (Hérault) – 7 552 hab. – Alt. 165 m – Carte régionale n° **12**-C2

Paris 695 km – Alès 98 km – Béziers 63 km – Millau 60 km

Carte Michelin 339-E6

Paix

FAMILIAL • FONCTIONNEL Relais de poste converti en hôtel familial (5e génération), aux portes des Grands Causses. Les chambres, fonctionnelles, arborent un style provençal coloré et gai. Au restaurant, on sert une cuisine régionale accompagnée de vins du Languedoc. Une bonne adresse.

25 chambres – 60/70 € 70/150 € – 8 € – ½ P

11 bd Montalangue – ✆ 04 67 44 07 46 – www.hotel-dela-paix.com – Fermé fév., 15-30 nov. et dim. soir d'oct. à juin

LOGONNA-DAOULAS

✉ 29460 (Finistère) – 2 102 hab. – Alt. 45 m – Carte régionale n° **5**-A2

Paris 578 km – Brest 25 km – Morlaix 75 km – Quimper 59 km

Carte Michelin 308-F5

Le Domaine de Moulin Mer

MAISON DE CAMPAGNE • PERSONNALISÉ Sur la route du littoral, cette demeure de 1920, posée dans un beau jardin fleuri planté de palmiers et de magnolias, n'est que raffinement et bon goût : objets d'art, mobilier Empire et Napoléon III... Le jacuzzi, dans le jardin, et l'espace bien-être avec sauna et hammam, achèvent de séduire !

5 chambres – 80/160 € 80/160 €

34 rte de Moulin-Mer, 1 km par D333 – ✆ 02 98 07 24 45 – www.domaine-moulin-mer.com

LOIRÉ

✉ 49440 (Maine-et-Loire) – 914 hab. – Alt. 39 m – Carte régionale n° **18**-B2

Paris 322 km – Ancenis 35 km – Angers 45 km – Châteaubriant 34 km

Carte Michelin 317-D3

Auberge de la Diligence (Michel Cudraz)

CUISINE MODERNE • RUSTIQUE XXX Vieilles pierres et terrasse au jardin : un charmant écrin pour une ambitieuse cuisine contemporaine, relevée par les herbes du potager et quelques notes d'Asie, passion du chef.

→ Huîtres chaudes dans leur jus et baies de sansho, blinis de sarrasin et andouille fumée. Homard rôti, okonomiyaki au chou blanc, jus de coquillages et épices du Japon. Croustillant et compotée de bananes, mousse au chocolat blanc.

Formule 31 € – Menu 45/89 € – Carte 50/80 €

4 r. de la Libération – ✆ 02 41 94 10 04 (réservation conseillée) – www.diligence.fr – Fermé 8-16 avril, 6-27 août, 31 déc.-7 janv., sam. midi, dim. soir et lundi

LOIRE-SUR-RHÔNE - 69 (Rhône) ➜ Voir Givors

LOMENER - 56 (Morbihan) ➜ Voir Ploemeur

LA LONDE-LES-MAURES

✉ 83250 (Var) - 9 116 hab. - Alt. 24 m - Carte régionale n° **21**-C3
▶ Paris 868 km - Marseille 93 km - Toulon 29 km - La Seyne-sur-Mer 35 km
Carte Michelin 340-M7 - Guide Vert Michelin Côte d'Azur

Cédric Gola

CUISINE MODERNE • **BISTRO** XX Cette ancienne épicerie des années 1930 abrite aujourd'hui ce bistrot joliment rétro (beau carrelage d'époque, haut plafond, vieux comptoir...). On y propose une cuisine fine, marquée par le Sud et les saisons, avec notamment un menu truffe qui mérite toute votre attention...

Formule 34 € - Menu 43/68 €

22 av. Georges-Clemenceau - ☎ 04 94 66 97 93 (réservation conseillée) - www.restaurant-cedric-gola.com - Fermé 1 semaine en juin, 21 nov.-26 déc., le midi sauf le dim. de sept. à juin, mardi sauf en juil.-août et lundi

LA LONGEVILLE - 25 (Doubs) ➜ Voir Montbenoît

LONGJUMEAU - 91 (Essonne) ➜ Voir Paris, Environs

LONGNES

✉ 78980 (Yvelines) - 1 464 hab. - Alt. 130 m - Carte régionale n° **10**-A1
▶ Paris 65 km - Pontoise 53 km - Rouen 90 km - Versailles 55 km
Carte Michelin 311-F2

Le Pigeonnier

CUISINE TRADITIONNELLE • **CHAMPÊTRE** X Impossible de se tromper d'adresse avec ce restaurant voisin... d'un pigeonnier ! Sous la belle charpente de la salle, au décor un brin rustique, la carte fait honneur à la tradition : on déguste par exemple une tête de veau sauce gribiche, ou un duo de pigeon et foie gras rôti... Tout simplement bon.

Menu 28 € (semaine), 39/66 € - Carte 52/69 €

7 rte de Bréval - ☎ 01 30 42 41 60 - www.lepigeonnier78.fr - Fermé dim. soir, mardi midi et lundi sauf fériés

LONGUYON

✉ 54260 (Meurthe-et-Moselle) - 5 523 hab. - Alt. 213 m - Carte régionale n° **14**-B1
▶ Paris 314 km - Metz 79 km - Nancy 133 km - Sedan 69 km
Carte Michelin 307-E2

à Rouvrois-sur-Othain (Meuse) 7,5 km au Sud par D618 - ✉ 55230 - 200 hab. - Alt. 223 m

La Marmite

CUISINE TRADITIONNELLE • **RUSTIQUE** XX Dans cette Marmite, uniquement des plats authentiques et savoureux, concoctés avec de bons produits locaux ; le chef fait lui-même ses salaisons. Une ambiance rustique bien agréable pour une belle approche du terroir. Accueil tout sourire.

Menu 15 € (déj. en semaine) - Carte 38/77 €

11 rte Nationale - ☎ 03 29 85 90 79 - Fermé 2-8 sept., 1er-8 janv., merc. soir, dim. soir et lundi

LONS - 64 (Pyrénées-Atlantiques) ➜ Voir Pau

LONS-LE-SAUNIER

✉ 39000 (Jura) - 17 353 hab. - Alt. 255 m - Carte régionale n° **9**-B3
▶ Paris 408 km - Besançon 84 km - Bourg-en-Bresse 73 km - Chalon-sur-Saône 61 km
Carte Michelin 321-D6 - Guide Vert Michelin Franche-Comté Jura

La Comédie

CUISINE TRADITIONNELLE • CONVIVIAL XX Derrière ses fourneaux, le chef célèbre l'art culinaire, et fait honneur aux produits de la mer. Cassolette de moules de bouchot, plancha de queues de langoustes, et poissons sauvages entiers proposés à la carte… Goûteux et extrafrais !

Menu 22/36 € - Carte 45/67 €

65 pl. de la Comédie - 03 84 24 20 66 - www.restaurant-lacomedie.com - Fermé 2 semaines en avril, 3 semaines en août, dim. et lundi

Le Comptoir du Mirabilis

CUISINE MODERNE • BRANCHÉ X Dans le quartier historique, ce restaurant est niché en retrait de la rue Lecourbe ; derrière les fourneaux, le chef prépare une savoureuse cuisine de saison - tourte de boudin noir, pommes et oignons, risotto de gambas à l'espagnole… Le service, efficace et décontracté, ajoute encore à notre plaisir !

Formule 14 € - Carte 24/44 €

9 Galerie Lecourbe - 03 84 25 96 37 - www.lecomptoirdumirabilis.com - Fermé 31 juil.-27 août, dim. et fériés

à Chille 3 km au Nord, rte de Besançon puis D157 - ✉ 39570 - 298 hab. - Alt. 330 m

Parenthèse

CUISINE MODERNE • TRADITIONNEL XX Cet élégant restaurant contemporain propose de bonnes recettes dans l'air du temps : pavé de truite de la "Petite Montagne", volaille de Bresse de la Maison Roussel… Accueil aimable, et clientèle d'habitués.

Formule 15 € - Menu 20 € (semaine), 29/58 € - Carte 49/57 €

186 chemin du Pin - 03 84 47 55 44 - www.hotelparenthese.com - Fermé 21-30 déc., dim. soir sauf juil.-août, sam. midi et lundi midi

Parenthèse

TRADITIONNEL • CONTEMPORAIN Quelques brasses au grand air, une balade dans le parc et un petit somme dans une chambre lumineuse et spacieuse, avant le dîner au restaurant… Une parenthèse enchantée, au calme.

32 chambres - †69/165 € ††69/165 € - ☕ 12 €

186 chemin du Pin - 03 84 47 55 44 - www.hotelparenthese.com - Fermé 21-30 déc.

Parenthèse - voir les restaurants ci-dessus

à Courlans 6 km au Sud-Ouest par D678,rte de Chalon-sur-Saône - ✉ 39570 - 968 hab. - Alt. 227 m

Auberge de Chavannes

CUISINE TRADITIONNELLE • ÉLÉGANT XX Une auberge contemporaine ô combien chaleureuse ! L'assiette est joliment créative ; les chambres, plaisantes, invitent au voyage, et l'accueil est absolument adorable.

Formule 23 € - Menu 28 € (déj. en semaine), 42/88 €

1890 av. de Châlon - 03 84 43 24 34 - www.auberge-de-chavannes.com - Fermé en nov., dim. soir d'oct. à mai, sam. midi, lundi midi et mardi midi

Auberge de Chavannes

AUBERGE • CONTEMPORAIN Entre Bresse et Jura, une agréable maison traditionnelle. Les chambres, décorées sur le thème du voyage - Afrique, Méditerranée, Océanie, Asie, etc. -, sont assez spacieuses, confortables, et la jolie terrasse permet de profiter de la belle saison. En prime, l'accueil est très chaleureux.

10 chambres - †98/118 € ††108/138 € - ☕ 12 €

1890 av. de Châlon - 03 84 43 24 34 - www.auberge-de-chavannes.com - Fermé en nov., dim. soir sauf en saison

Auberge de Chavannes - voir les restaurants ci-dessus

à Courlaoux 8 km au Sud-Ouest par D678, rte de Chalon-sur-Saône – ✉ 39570 – 997 hab. – Alt. 230 m

L'Épicurien

CUISINE MODERNE • FAMILIAL XX Un Épicurien contemporain et décontracté, où la cuisine se révèle particulièrement généreuse : cuisse de canard confite au four dans son jus de bœuf corsé ; suprême de volaille cuit sur sa peau, truffé à la morteau, infusion au vin jeune et morilles... Et l'été, on se fait une place en terrasse !

Formule 16 € – Menu 20 € (déj. en semaine), 29/55 € – Carte 49/63 €

1 r. des Perroux – ✆ 03 84 24 63 91 – www.restaurant-lepicurien.fr – Fermé 1 semaine en avril, 1 semaine en juin, 1 semaine en août, 1 semaine en oct., 1 semaine en janv., dim. soir, lundi et mardi

LE LONZAC

✉ 19470 (Corrèze) – 775 hab. – Alt. 450 m – Carte régionale n° **13**-C2

Paris 479 km – Brive-la-Gaillarde 62 km – Limoges 90 km – Tulle 29 km

Carte Michelin 329-L3

Auberge du Rochefort

CUISINE TRADITIONNELLE • RUSTIQUE X Cette maison à colombages semble tout droit sortie d'une carte postale. L'accueil est à la hauteur de la cuisine, soignée, qui revisite les grands classiques régionaux comme la tête de veau sauce gribiche. Pour prolonger l'étape, quelques chambres assez confortables.

Menu 15 € (déj. en semaine), 25/30 € – Carte 33/51 €

6 chambres – 45/60 € 45/60 € – 7 €

36 av. de la Libération – ✆ 05 55 97 93 42 – www.auberge-du-rochefort.fr – Fermé 2-8 mars, oct. et le soir sauf vend. et sam.

LORAY

✉ 25390 (Doubs) – 489 hab. – Alt. 745 m – Carte régionale n° **9**-C2

Paris 448 km – Baume-les-Dames 35 km – Besançon 46 km – Morteau 22 km

Carte Michelin 321-I4 – Guide Vert Michelin Franche-Comté Jura

Robichon

CUISINE TRADITIONNELLE • FAMILIAL XX Robuste maison régionale située au centre du bourg. Cuisine de tradition servie dans une salle contemporaine (boiseries claires et mobilier coloré). Petites chambres traditionnelles pour l'étape. Au P'tit Bichon, décor façon chalet franc-comtois, plats régionaux, grillades et menu du jour.

Formule 15 € – Menu 29/80 € – Carte 40/72 €

10 chambres – 60/86 € 60/86 € – 9 € – ½ P

22 Grande-Rue – ✆ 03 81 43 21 67 – www.hotel-robichon.com – Fermé sam. midi et dim. soir

LORGUES

✉ 83510 (Var) – 9 047 hab. – Alt. 200 m – Carte régionale n° **21**-C3

Paris 841 km – Brignoles 34 km – Draguignan 12 km – Fréjus 37 km

Carte Michelin 340-N5 – Guide Vert Michelin Côte d'Azur

Bruno (Benjamin Bruno)

CUISINE CLASSIQUE • AUBERGE XXX Une maison doit tant à ses propriétaires... Ce mas provençal, c'est toute la générosité de la famille Bruno – les parents et leurs deux fils –, sous l'égide de la truculente figure paternelle, connue pour son culte de la truffe : toute l'année, un menu est dédié au précieux tubercule (d'hiver et d'été). Une adresse délicieuse et pleine de caractère !

→ Pomme de terre cuite au four, crème de truffe. Épaule d'agneau de lait des Pyrénées confite, jus à l'ail et au thym, râpée de truffe de saison. Voyage improvisé... direction paris-brest.

Menu 76/195 €

6 chambres – 160/320 € 160/320 € – 20 €

2350 rte des Arcs, Campagne-Mariette, 3 km au Sud-Est par rte des Arcs – ✆ 04 94 85 93 93 (réservation conseillée) – www.restaurantbruno.com – Fermé dim. soir et lundi du 15 sept. au 15 juin

L'Estellan

CUISINE DU MARCHÉ • FAMILIAL Cette maisonnette, installée face aux vignes, est désormais le lieu d'expression d'un jeune couple bien dans son métier ! Ces deux-là ont déjà une solide expérience et savent où ils vont : avec de beaux produits régionaux, ils composent une cuisine moderne et savoureuse, déclinée à l'ardoise. Une étape sympathique.

Menu 28 € - Carte 45/74 €

1000 rte de St-Antonin, 1 km à l'Est par D50 - 09 83 43 99 15 - www.estellanlorgues.com - Fermé vacances de Noël, janv., le midi en juil.-août sauf dim., lundi, mardi et merc. midi

au Nord-Ouest 8 km par rte de Salernes, D10 et rte secondaire - 83510 :

Le Jardin de Benjamin

CUISINE MODERNE • ROMANTIQUE Benjamin Collombat n'a pas tardé à trouver ses marques dans cette belle demeure à l'atmosphère mi-provençale mi-toscane. Sa cuisine, réglée sur les saisons, célèbre le terroir haut-varois de superbe manière : légumes du potager, fromages locaux, vins du domaine... Quant au service, il se révèle agréable et appliqué.

→ Grenouilles rôties au beurre, royale d'ail, sauce aux herbes et champignons de saison. Côte de veau cuite au sautoir, gnocchis à la sauge, légumes de saison et jus de viande. Baba à la vanille Bourbon, sorbet kalamensi.

Menu 45 € (déj. en semaine), 59/140 € - Carte 80/125 €

Hôtel Château de Berne, rte de Salernes - 04 94 60 48 88 - www.chateauberne.com - Fermé 1er janv.-14 fév.

Château de Berne

SPA ET BIEN-ÊTRE • PERSONNALISÉ Au bout d'un long chemin serpentant à travers la garrigue, une parenthèse bénie dans un domaine viticole de 600 ha. On partage son temps entre les chambres provençales (avec vue sur les vignes), le spa, les cours de cuisine, les dégustations de vin, les concerts...

25 chambres - 285/925 € 285/925 € - 2 suites - 29 €

rte de Salernes - 04 94 60 48 88 - www.chateauberne.com - Fermé 1er janv.-14 fév.

Le Jardin de Benjamin - voir les restaurants ci-dessus

LORIENT

56100 (Morbihan) - 57 706 hab. - Agglo. 114 332 hab. - Alt. 4 m
- Carte régionale n° **5**-B2
Paris 503 km - Quimper 69 km - St-Brieuc 116 km - St-Nazaire 146 km
Carte Michelin 308-K8 - Guide Vert Michelin Bretagne Sud

Henri et Joseph (Philippe Le Lay)

CUISINE CRÉATIVE • ÉLÉGANT Ni Henri ni Joseph, mais le chef en personne annonce le menu, défini au gré du marché et des saisons. Pas de choix à la carte, mais les associations de textures et de saveurs, créatives et maîtrisées, ravissent nécessairement. Décor contemporain au style sûr.

→ Ormeau sauvage sauté au naturel. Bar de ligne cuit à basse température, bouillon d'araignée de mer. Tartelette au chocolat grand cru, sorbet à la clémentine.

Formule 31 € - Menu 58/88 €

Plan : B2-z - *4 r. Léo-le-Bourgo - 02 97 84 72 12 (réservation conseillée) - www.henrietjoseph.fr - Fermé dim., lundi et mardi*

Le Tire Bouchon

CUISINE TRADITIONNELLE • COSY Dans ce Tire Bouchon, proche de l'arsenal, on ne fait pas que déboucher des bouteilles ! Les gourmands viennent surtout ici pour se régaler d'une goûteuse cuisine de saison. Un bon moment à savourer dans une salle coquette à souhait : grande cheminée, poutres... Accueil souriant.

Formule 15 € - Menu 18 € (déj. en semaine), 28/58 € - Carte 39/66 €

Plan : B2-k - *45 r. Jules-Le-Grand - 02 97 84 71 92 - restaurantalorient.com - Fermé 2 semaines en juin, 1 semaine en sept., 2 semaines en janv., sam. midi, mardi soir et merc.*

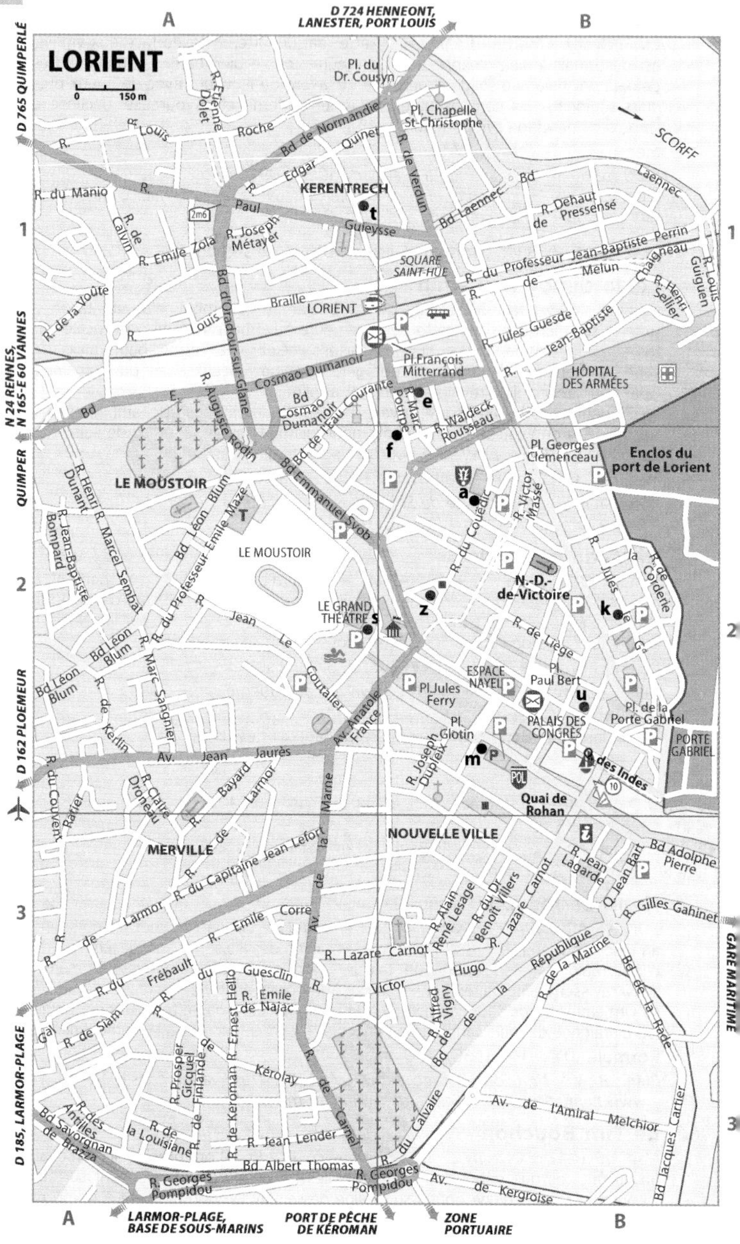
LORIENT
0
150 m
A
B
1
2
3
D 724 HENNEONT, LANESTER, PORT LOUIS
D 765 QUIMPERLÉ
N 24 RENNES, N 165-E 60 VANNES
QUIMPER
D 162 PLOEMEUR
D 185, LARMOR-PLAGE
LARMOR-PLAGE, BASE DE SOUS-MARINS
PORT DE PÊCHE DE KÉROMAN
ZONE PORTUAIRE
GARE MARITIME
SCORFF
KERENTRECH
LE MOUSTOIR
MERVILLE
NOUVELLE VILLE
Enclos du port de Lorient
HÔPITAL DES ARMÉES
SQUARE SAINT-HUE
LORIENT
LE MOUSTOIR
LE GRAND THÉÂTRE
ESPACE NAYEL
PALAIS DES CONGRÈS
N.-D.-de-Victoire
PORTE GABRIEL
Quai de Rohan
Pl. du Dr. Cousyn
Pl. Chapelle St-Christophe
Pl. François Mitterrand
Pl. Georges Clemenceau
Pl. Jules Ferry
Pl. Glotin
Pl. Paul Bert
Pl. de la Porte Gabriel
Bd de Normandie
R. de Verdun
Bd Laennec
R. Dehaut de Pressensé
R. du Professeur Jean-Baptiste Perrin
R. de Melun
R. Chaigneau
R. Henri Sellier
R. Louis Guiguen
R. Jules Guesde
R. Jean-Baptiste
R. Paul Guieysse
R. Edgar Quinet
R. Louis Roche
R. Étienne Dolet
R. du Manio
R. de Calvin
R. Émile Zola
R. Joseph Métayer
R. de la Voûte
R. Louis Braille
Bd d'Oradour-sur-Glane
Bd Cosmao-Dumanoir
R. Auguste Rodin
Bd de l'Eau Courante
R. Marc Potiphe
R. Waldeck Rousseau
Bd Emmanuel Svob
R. du Couëdic
R. Victor Massé
R. Jules la
R. de la Corderie
R. de Liège
R. Henri Dunant
R. Marcel Sembat
R. Jean-Baptiste Bompard
Bd Léon Blum
R. Émile Mazé
R. du Professeur
R. Jean Le Coutaller
Av. Anatole France
R. Marc Sangnier
R. de Kerlin
Av. Jean Jaurès
R. Bayard
R. de Larmor
R. Claire Droneau
R. du Couvent
R. Ratier
R. du Capitaine Jean Lefort
Av. de la Marne
R. Joseph Dupleix
des Indes
R. Jean Lagarde
Q. Jean Bart
Bd Adolphe Pierre
R. Gilles Gahinet
R. Alain René Lesage
R. du Dr Benoît Villers
R. Lazare Carnot
R. Émile Corre
R. Victor Hugo
Bd de la République
R. de la Marine
Bd de la Rade
R. du Frébault
R. du Guesclin
R. Émile de Najac
R. Ernest Hello
R. Alfred de Vigny
R. de Siam
R. Prosper Gicquel
R. de Finlande
R. de Kéroman
R. de Kérolay
R. de Carnel
R. du Calvaire
Av. de l'Amiral Melchior
Bd Jacques Cartier
R. des Antilles
Bd Savorgnan de Brazza
R. de la Louisiane
R. Jean Lender
Bd Albert Thomas
R. Georges Pompidou
Av. de Kergroise
Gal
t
e
f
a
z
s
k
u
m
P
T
POL
2m6
10

L'Alto

CUISINE MODERNE • BRANCHÉ Prenez une atmosphère résolument lounge dans l'enceinte du Grand Théâtre, mettez deux jeunes frères aux commandes et vous obtiendrez… cette cuisine sincère et fraîche, qui fait rimer sapidité et branché. Avec cet Alto-là, on garde le rythme sans se ruiner !

Formule 14 € - Menu 20/40 € - Carte 29/58 €

Plan : A2-s - *pl. de l'Hôtel-de-Ville - 02 97 84 07 57 - www.lalto.fr - Fermé lundi soir, merc. soir et dim.*

Le Sabayon

CUISINE MODERNE • CONVIVIAL Le chef lorientais David Vincent revisite ici la tradition au fil du marché et de son inspiration, avec de beaux jeux de textures et des saveurs qui tombent juste : son cabillaud et risotto de tomates confites, accompagné d'un jus de coquillages au porto blanc, en est un bon exemple… Service impeccable.

Formule 25 € - Menu 29/58 € - Carte 39/55 €

Plan : B1-e - *26 bis r. Blanqui - 02 97 21 19 79 (réservation conseillée) - www.lesabayon.fr - Fermé 6-23 août, merc. midi, sam. midi et dim.*

Le Yachtman

POISSONS ET FRUITS DE MER • CONVIVIAL Sans surprise, les produits de la mer – poissons de la criée, notamment – ont la part belle dans cette jolie adresse située non loin du port de plaisance. Simplicité et justesse sont de mise dans l'assiette ; quant à la salle, elle joue la carte de l'épure et de l'intime.

Formule 18 € - Menu 22 € (semaine), 32/45 € - Carte 35/50 €

Plan : B2-u - *14 r. Poissonnière - 02 97 21 31 91 - www.leyachtmanlorient.fr - Fermé dim.*

Le Jardin Gourmand

CUISINE MODERNE • CONVIVIAL Surprise : derrière la façade de granit s'épanouit un joli lieu contemporain, ouvert sur la verdure. C'est le repaire d'une jeune chef passionnée par les produits bretons (poissons, andouille de Guémené, saucisse de Molène…), auxquels elle consacre aussi des livres, en vente sur place. Belle initiation !

Formule 26 € - Menu 32 € (déj. en semaine), 44/58 €

Plan : A1-t - *46 r. Jules-Simon - 02 97 64 17 24 - www.tropmad.com - Fermé vacances de fév., 1 semaine fin août, merc. et jeudi hors saison, dim. soir, lundi et mardi*

Mercure

HÔTEL DE CHAÎNE • CONTEMPORAIN Face au palais des congrès, cet hôtel est idéalement situé pour découvrir Lorient. Les chambres, agréables et chaleureuses, sont bien tenues. L'adresse s'adapte aussi bien à la clientèle d'affaires que touristique.

58 chambres - 88/219 € 88/219 € - 16 €

Plan : B2-m - *31 pl. Jules-Ferry - 02 97 21 35 73 - www.accorhotels.com*

Escale Océania

URBAIN • FONCTIONNEL Un jeune couple dynamique a repris récemment cet hôtel idéalement situé en centre-ville, entre la gare et le palais des congrès. L'accueil est chaleureux ; les chambres, confortables et bien insonorisées, sont très fonctionnelles.

32 chambres - 69/149 € 69/149 € - 13 €

Plan : B2-a - *30 r. Ducouëdic - 02 97 64 13 27 - www.oceaniahotels.com - Fermé 17 déc.-3 janv.*

Cléria

BUSINESS • FONCTIONNEL À quelques mètres seulement de la gare, bienvenue dans l'intérieur cosy de ce Cléria ! Les chambres, fonctionnelles, sont décorées dans une veine contemporaine ; l'ensemble est régulièrement rénové.

33 chambres - 59/130 € 59/130 € - 10 €

Plan : B2-f - *27 bd Mar.-Franchet-d'Esperey - 02 97 21 04 59 - www.hotel-cleria.com*

au Nord-Ouest 3,5 km par D765 – ✉ 56100 Lorient :

L'Amphitryon (Jean-Paul Abadie)

POISSONS ET FRUITS DE MER • DESIGN Une cuisine d'auteur, ludique, fine et inspirée, donnant aux produits de la mer leurs lettres de noblesse. Le tout magnifié par une superbe sélection de crus confidentiels. Quant au service, exécuté dans un beau cadre contemporain, il est aussi professionnel que charmant... L'Amphitryon triomphe !

→ Cappuccino d'étrilles, gingembre et citron vert. Homard sauté à cru au curry de Ha Long, chutney de poivron et cerise. Chocolat, pomme, vanille et orange.

Menu 50 € (semaine), 88/150 € – Carte 100/160 €

Hors plan – 127 r. du Col.-Müller – ✆ 02 97 83 34 04 – www.amphitryon-abadie.com – Fermé 17 mai-1er juin, 4-19 sept., 1er-7 janv., dim. et lundi

LORIOL-SUR-DRÔME

✉ 26270 (Drôme) – Alt. 100 m – Carte régionale n° **23**-B3
Paris 590 km – Lyon 127 km – Privas 21 km – Valence 29 km
Carte Michelin 332-B5

Les Oliviers

BUSINESS • FONCTIONNEL Avec son jardin planté d'oliviers, cette bâtisse des années 1970 porte bien son nom. Et pour se délasser, rien de mieux que la grande piscine à débordement ! Chambres fonctionnelles, restaurant régional.

63 chambres – †90/131 € ††90/131 € – ☕ 12 € – ½ P

r. Louis-d'Arbalestier – ✆ 04 75 61 00 55 – www.hotel-les-oliviers.fr

LORMONT – 33 (Gironde) → Voir Bordeaux

LORP-SENTARAILLE – 09 (Ariège) → Voir St-Girons

LOUDÉAC

✉ 22600 (Côtes-d'Armor) – 9 661 hab. – Alt. 155 m – Carte régionale n° **5**-C2
Paris 438 km – Carhaix-Plouguer 69 km – Dinan 76 km – Pontivy 24 km
Carte Michelin 309-F5 – Guide Vert Michelin Bretagne Nord

Les Voyageurs

TRADITIONNEL • FONCTIONNEL Bienvenue aux voyageurs ! L'hôtel affiche un style contemporain de bon aloi, l'ensemble est fort bien tenu et le restaurant traditionnel tombe à point nommé pour les résidents. Une bonne adresse de l'Argoat.

30 chambres – †60/98 € ††60/98 € – ☕ 10 € – ½ P

10 r. de Cadélac – ✆ 02 96 28 00 47 – www.hoteldesvoyageurs.fr

LOUDUN

✉ 86200 (Vienne) – 6 819 hab. – Alt. 120 m – Carte régionale n° **20**-C1
Paris 311 km – Angers 79 km – Châtellerault 47 km – Poitiers 55 km
Carte Michelin 322-G2

Renaudot

BUSINESS • CONTEMPORAIN Né à Loudun, Théophraste Renaudot fut le créateur de la "Gazette", en 1631, qui en fit pour l'histoire le créateur de la presse écrite en France. Cet hôtel feutré et moderne lui rend hommage, et propose aux voyageurs des chambres confortables, à la décoration soignée.

29 chambres – †92/186 € ††92/186 € – ☕ 12 €

40 av. de Leuze – ✆ 05 49 98 09 38 – www.hotelrenaudot.com

LOUÉ

✉ 72540 (Sarthe) – 2 184 hab. – Alt. 112 m – Carte régionale n° **18**-C1
Paris 230 km – Laval 59 km – Le Mans 30 km – Rennes 127 km
Carte Michelin 310-I7

Ricordeau

CUISINE MODERNE • ÉLÉGANT XXX Installez-vous sur l'agréable terrasse dressée dans le parc, au bord de la Vègre, et laissez-vous tenter par la bonne cuisine gastronomique du chef. Des plats au goût du jour, sérieux et appliqués, réalisés avec de très bons produits, dont la célèbre volaille de Loué !

Formule 33 € – Menu 44/59 € – Carte 69/84 €

13 r. de la Libération
– ✆ 02 43 88 40 03 – www.hotel-ricordeau.fr
– Fermé 1 semaine vacances de fév. et de la Toussaint, dim. soir, lundi et mardi

Ricordeau

AUBERGE • CLASSIQUE Cet ancien relais de diligence, qui date de la fin du 19e s., est situé dans le centre de Loué. Les chambres, classiques et bien tenues, sont décorées dans un style campagnard chic plutôt agréable. Élégant !

13 chambres – 92/135 € 92/135 € – 15 € – ½ P

13 r. de la Libération – ✆ 02 43 88 40 03 – www.hotel-ricordeau.fr – Fermé 1 semaine vacances de fév.

Ricordeau – voir les restaurants ci-dessus

Un important déjeuner d'affaires ou un dîner entre amis ?
Le symbole vous signale les salons privés.

LOUHANS-CHÂTEAURENAUD

71500 (Saône-et-Loire) – 6 461 hab. – Alt. 179 m – Carte régionale n° **4**-D3
Paris 373 km – Bourg-en-Bresse 61 km – Chalon-sur-Saône 38 km – Dijon 85 km
Carte Michelin 320-L10 – Guide Vert Michelin Bourgogne

Le Moulin de Bourgchâteau

CUISINE TRADITIONNELLE • ROMANTIQUE XX La salle, juste au-dessus de l'eau, a du style avec ses rouages, ses poutres et ses vieilles pierres. Sur la carte, parmi les spécialités traditionnelles comme la volaille de Bresse, on trouve quelques recettes italiennes telles ces délicieuses pâtes maison… origines du chef obligent !

Menu 23 € (déj. en semaine), 28/68 € – Carte 49/63 €

Hôtel Le Moulin de Bourgchâteau, r. Guidon, rte de Chalon – ✆ 03 85 75 37 12 (réservation conseillée) – www.bourgchateau.com – Fermé 20 déc.-6 janv. et lundi

Le Moulin de Bourgchâteau

HISTORIQUE • TRADITIONNEL Ce moulin du 18e s., posé sur un bras de la Seille, est plein de caractère. Ses propriétaires, deux frères d'origine italienne, sont aux petits soins ; dans les chambres, décorées de meubles chinés, on entend le murmure de la rivière… Idéal pour se ressourcer.

19 chambres – 56/67 € 67/150 € – 9 € – ½ P

r. Guidon, rte de Chalon – ✆ 03 85 75 37 12 – www.bourgchateau.com – Fermé 20 déc.-6 janv.

Le Moulin de Bourgchâteau – voir les restaurants ci-dessus

Barbier des Bois

BUSINESS • CONTEMPORAIN Les chambres de cet hôtel-restaurant aux airs de motel, situé en pleine campagne, ont un petit côté zen avec leur terrasse face à la nature. L'ensemble est très bien tenu et le service est à l'image du lieu : efficace et sympathique.

15 chambres – 68/88 € 90/110 € – 10 €

rte de Cuiseaux, 3,5 km au Sud-Est par D996
– ✆ 03 85 75 55 65 – www.barbierdesbois.com
– Fermé 28 juil.-20 août

à Bruailles 8 km au Sud-Est par D972 – ✉ 71500 – 941 hab. – Alt. 198 m

La Ferme de Marie-Eugénie

LUXE • PERSONNALISÉ Cette ferme du 18e s., tout en poutres et torchis, décorée avec goût, est reposante à souhait. Les chambres jouent le contraste : pierre de Bourgogne, bois massif, mobilier contemporain... L'endroit étant un peu isolé, la généreuse table d'hôte constitue une vraie bonne option.

4 chambres – 135 € 135 €

225 allée de Chardenoux – ✆ 03 85 74 81 84 – www.lafermedemarieeugenie.fr – Fermé 23-28 déc.

LA LOUPE

✉ 28240 (Eure-et-Loir) – 3 515 hab. – Alt. 248 m – Carte régionale n° **6**-B1
Paris 136 km – Chartres 41 km – Évreux 72 km – Orléans 119 km
Carte Michelin 311-C5

Le Chêne doré

TRADITIONNEL • CONTEMPORAIN Cet hôtel du cœur du Perche, au centre de la Loupe, nouvellement repris par un jeune couple propose 14 chambres modernes et de très bonne tenue. Cuisine traditionnelle autour de produits frais. Parking privé gratuit sur l'arrière.

14 chambres – 68/88 € 68/88 € – 10 € – ½ P

pl. de l'Hôtel de Ville – ✆ 02 37 81 06 71 – www.lechenedore.com

LOURDES

✉ 65100 (Hautes-Pyrénées) – 14 466 hab. – Alt. 420 m – Carte régionale n° **15**-A3
Paris 850 km – Bayonne 147 km – Pau 45 km – St-Gaudens 86 km
Carte Michelin 342-L6

Alexandra

CUISINE MODERNE • DESIGN Cette discrète maison à la façade rouge est un vrai petit miracle ! Cuisine goûteuse servie dans deux univers singuliers : l'un intime et cosy ; l'autre contemporain et décalé.

Formule 10 € – Menu 15 € (déj. en semaine)/19 € – Carte 30/44 €

Plan : B2-p – *3 r. du Fort – ✆ 05 62 94 31 43 – Fermé dim. soir et lundi*

Gallia et Londres

HISTORIQUE • ÉLÉGANT Ce bel hôtel situé à deux pas des Sanctuaires a réussi sa mue : chambres confortables et décorées avec goût, espace bien-être, sans sacrifier au style 19e s. qui constitue son identité. Sans doute le plus bel hôtel de la ville !

82 chambres – 109/169 € 149/192 € – 3 suites – 16 € – ½ P

Plan : B2-c – *26 av. Bernadette-Soubirous – ✆ 05 62 94 35 44 – www.hotelsvinuales.com/34-hotel-a-lourdes-grand-hotel-galli – Ouvert 7 avril-15 oct.*

Grand Hôtel Moderne

HISTORIQUE • CLASSIQUE Cette construction de 1896, édifiée par un membre de la famille de Bernadette Soubirous, conserve son lustre d'antan : magnifique façade et décor intérieur classique. Cuisine traditionnelle servie dans la salle ornée de boiseries style Majorelle.

106 chambres – 116/286 € 136/286 € – 5 suites – 12 € – ½ P

Plan : A2-y – *21 av. Bernadette-Soubirous – ✆ 05 62 94 12 32 – www.grandhotelmoderne.com – Ouvert Pâques-fin oct.*

Panorama

URBAIN • CONTEMPORAIN Aux portes du sanctuaire, cet hôtel-restaurant a été entièrement repensé. Résultat : une décoration contemporaine, de la luminosité et de beaux espaces. Les chambres y sont confortables et bien tenues. Peut-être le meilleur hôtel de la ville dans sa catégorie.

106 chambres – 98/158 € 125/245 € – 2 suites – 15 € – ½ P

Plan : A2-f – *11 r. Ste-Marie – ✆ 05 62 94 33 04 – www.hotelsvinuales.com*

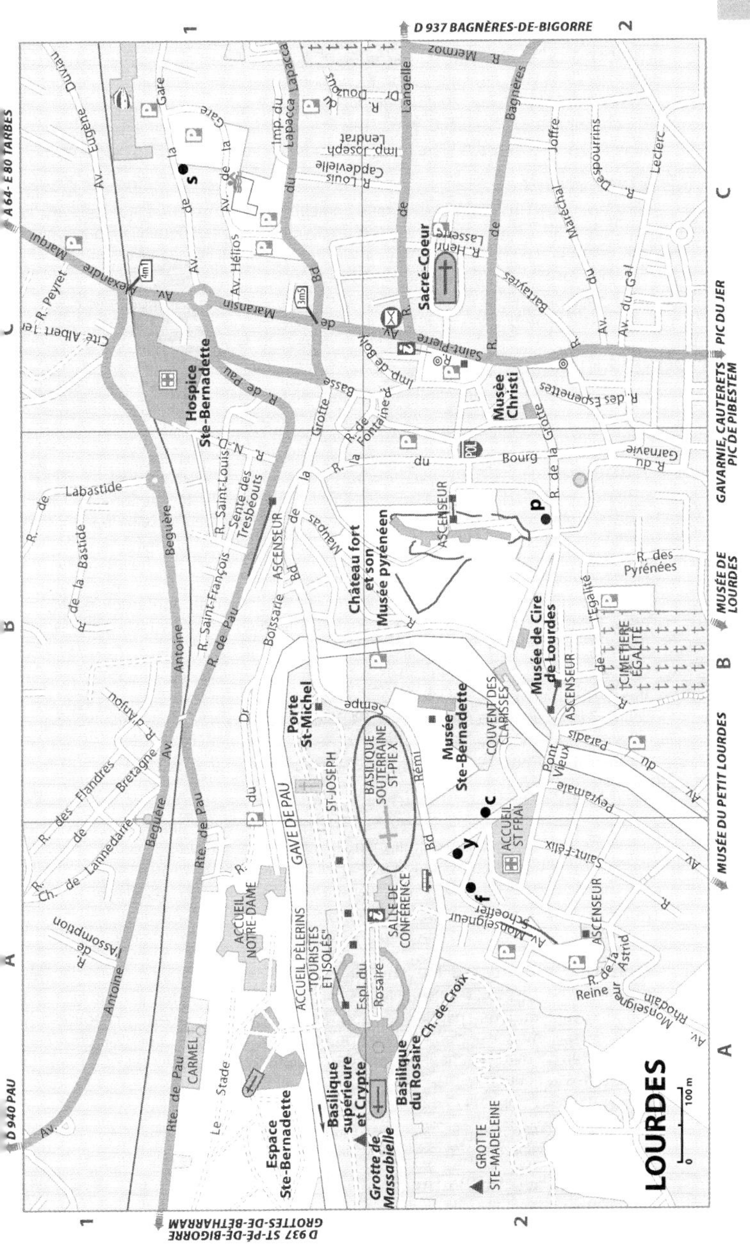
LOURDES
D 937 BAGNÈRES-DE-BIGORRE
A 64 - E 80 TARBES
D 940 PAU
D 937 ST-PÉ-DE-BIGORRE
GROTTES-DE-BÉTHARRAM
GAVARNIE, CAUTERETS
PIC DE PIBESTEM
PIC DU JER
MUSÉE DE LOURDES
MUSÉE DU PETIT LOURDES
Hospice Ste-Bernadette
Sacré-Coeur
Musée Christi
Château fort et son Musée pyrénéen
Musée de Cire de Lourdes
Porte St-Michel
Musée Ste-Bernadette
BASILIQUE SOUTERRAINE ST-PIE X
Basilique supérieure et Crypte
Basilique du Rosaire
Grotte de Massabielle
Espace Ste-Bernadette
GROTTE STE-MADELEINE
ACCUEIL NOTRE-DAME
ACCUEIL PÈLERINS "TOURISTES ET ISOLÉS"
SALLE DE CONFÉRENCE
COUVENT DES CLARISSES
ACCUEIL ST FRAI
CIMETIÈRE ÉGALITÉ
CARMEL
GAVE DE PAU
ST-JOSEPH
ASCENSEUR

Beauséjour

TRADITIONNEL • CLASSIQUE Façade 1900, jardin avec jolie vue sur le château et les toits de la ville, intérieur cossu et chambres avenantes caractérisent cet hôtel-restaurant sympathique, jouxtant la gare.

45 chambres – 72/195 € 82/195 € – 13 € – ½ P

Plan : C1-s – *16 av. de la Gare – 05 62 94 38 18 – www.hotel-beausejour.com*

Méditerranée

URBAIN • CONTEMPORAIN Un grand immeuble un peu excentré, sur les rives du gave de Pau. L'établissement arbore un style très contemporain et fonctionnel. Autre atout : les chambres offrent une vue dégagée sur la ville et ses abords.

171 chambres – 81 € 101 € – 10 € – ½ P

Hors plan – *23 av. du Paradis – 05 62 94 72 15 – www.lourdeshotelmed.com – Ouvert 7 avril-27 oct.*

LOURMARIN

84160 (Vaucluse) – 1 088 hab. – Alt. 224 m – Carte régionale n° **22**-E1

Paris 732 km – Apt 19 km – Aix-en-Provence 37 km – Cavaillon 32 km

Carte Michelin 332-F11 – Guide Vert Michelin Provence

Auberge La Fenière (Reine Sammut)

CUISINE PROVENÇALE • ÉLÉGANT XXX Dans un parc verdoyant face au Grand Luberon, une cuisine fine signée par une "reine" des saveurs, Reine Sammut, et sa fille Nadia. Le duo s'est orienté vers une cuisine entièrement sans gluten, avec des farines triées sur le volet et un menu centré sur les huiles d'olive de Méditerranée...

→ Carpaccio de saint-pierre à l'huile d'olive, émulsion de poutargue de Martigues. Échine et poitrine de cochon confites, houmous et pois chiches grillés, jus parfumé à la sauge. Paris-lourmarin.

Menu 44/110 € – Carte 95/110 €

16 chambres – 100/150 € 130/280 € – 20 € – ½ P

D943, 2 km par rte de Cadenet – 04 90 68 11 79 – www.aubergelafeniere.com – Fermé 2 janv.-8 fév., lundi et mardi

Bistrot La Cour de Ferme – voir les restaurants ci-dessous

Le Moulin de Lourmarin

CUISINE PROVENÇALE • CONVIVIAL XX Dans le cadre de l'ancien moulin – sous les voûtes en pierre de la salle à manger ou sur la belle terrasse –, on se régale d'une cuisine du marché volontiers provençale, élaborée avec soin.

Formule 26 € – Menu 30 € (déj. en semaine), 36/54 € – Carte 55/75 €

Hôtel Le Moulin de Lourmarin, r. du Temple – 04 90 68 06 69 – www.moulindelourmarin.fr – Fermé janv., mardi hors saison et lundi

Bistrot La Cour de Ferme (N)

CUISINE PROVENÇALE • RUSTIQUE X Tartare végétal betterave et oignons rouge ; pêche du jour, spaghetti de courgettes, pistou et roquette ; clafoutis aux fruits de saison : cet ancien relais de poste du 19e s. propose une goûteuse cuisine du terroir méditerranéen, servie dans une ambiance chaleureuse, ou sur la belle terrasse fleurie.

Menu 35 € – Carte 63/74 €

Auberge la Fenière, D943, 2 km par rte de Cadenet – 04 90 68 11 79 – www.aubergelafeniere.com – Ouvert 14 avril-7 oct. et fermé jeudi midi et merc.

Le Moulin de Lourmarin

HISTORIQUE • MÉDITERRANÉEN Un hôtel de charme dans un moulin à huile du 18e s., au cœur de ce ravissant village. Les chambres sont confortables et décorées dans le style provençal.

17 chambres – 100/260 € 100/260 € – 2 suites – 18 € – ½ P

r. du Temple – 04 90 68 06 69 – www.moulindelourmarin.fr – Fermé janv.

Le Moulin de Lourmarin – voir les restaurants ci-dessus

Mas de Guilles

AUBERGE • PERSONNALISÉ Au milieu des vignes, cette ancienne ferme du 17e s. abrite de jolies chambres contemporaines. Dans une jolie salle voûtée ou sur la grande terrasse, on déguste un bon foie gras de canard poêlé, spécialité de la maison... Parfait pour un séjour au grand calme.

26 chambres - 90/250 € 132/334 € - 20 € - ½ P

107 rte de Vaugines, à 2 km - 04 90 68 30 55 - www.guilles.com - Ouvert début avril-fin oct.

La Bastide de Lourmarin

BOUTIQUE HÔTEL • PERSONNALISÉ Derrière les murs de cette bastide se cachent de belles suites et des chambres thématiques (zen, romantique, etc.). Mobilier contemporain, objets chinés, touches ethniques et équipements de pointe créent un style tendance. Agréable spa.

19 chambres - 87/398 € 87/398 € - 15 €

rte de Cucuron - 04 90 07 00 70 - www.hotelbastide.com - Fermé 4 janv.-13 fév.

LE LOUROUX

37240 (Indre-et-Loire) - 487 hab. - Alt. 86 m - Carte régionale n° **6**-B3
Paris 267 km - Orléans 143 km - Poitiers 88 km - Tours 31 km
Carte Michelin 317-N6

Aux Délices du Prieuré

CUISINE MODERNE • BISTRO Au cœur du bourg et à l'entrée du prieuré - que l'on peut visiter -, on pousse avec plaisir la porte de cette petite maison. Le chef réalise ici une cuisine du marché goûteuse et toute en fraîcheur : foie gras maison, onglet de veau, vacherin revisité... Une adresse attachante.

Menu 15 € (déj. en semaine), 27/37 €

2 r. du Château - 02 47 92 94 27 (réservation conseillée) - www.aux-delices-du-prieure.com - Fermé 1 semaine en fév., 2 semaines en août, 1 semaine en oct., lundi et le soir sauf vend. et sam.

LOUVIERS

27400 (Eure) - 17 973 hab. - Alt. 15 m - Carte régionale n° **17**-D2
Paris 104 km - Les Andelys 22 km - Lisieux 75 km - Mantes-la-Jolie 51 km
Carte Michelin 304-H6 - Guide Vert Michelin Normandie Vallée de la Seine

Le Pré St-Germain

CUISINE TRADITIONNELLE • TENDANCE Dans cet hôtel-restaurant, la cuisine allie générosité, fraîcheur et parfums. Foie gras maison, saumon fumé au bois de hêtre et sorbet pamplemousse, tournedos Rossini, tarte fine aux pommes flambée au calvados... On passe un bon moment gourmand ! Jolie terrasse.

Menu 21 € , 24 € /41 € - Carte 28/58 €

7 r. St-Germain - 02 32 40 48 48 - www.le-pre-saint-germain.com - Fermé 29 juil.-21 août, 23 déc.-3 janv., sam. et dim.

Le Pré St-Germain

FAMILIAL • FONCTIONNEL Légèrement excentrée et au calme, cette grande bâtisse blanche cache des chambres spacieuses et contemporaines, tenues avec soin. Une étape pleine de fraîcheur pour visiter Louviers, dont le beau cloître des Pénitents ou l'église Notre-Dame.

34 chambres - 50/98 € 65/118 € - 12 € - ½ P

7 r. St-Germain - 02 32 40 48 48 - www.le-pre-saint-germain.com - Fermé 23 déc.-3 janv.

Le Pré St-Germain - voir les restaurants ci-dessus

à St-Étienne-du-Vauvray 7 km au Nord-Est par N154 et D77 – ✉ 27430 – 825 hab. – Alt. 13 m

La Ferme de la Haute Crémonville

CUISINE TRADITIONNELLE • RUSTIQUE Cette superbe ferme normande, tout en colombages, semble incarner le rêve d'une vie à la campagne ! Bonjour veaux, vaches, cochons et... recettes traditionnelles : la terrine du chef sent bon le terroir, la poule au pot embaume, les volailles sont cuites au feu de bois... De généreux plats mijotés à la sauce champêtre.

Menu 29 € - Carte 30/63 €

rte de Crémonville, 2,5 km au Sud-Ouest par D77 et rte secondaire – ☎ 02 32 59 14 22 (réservation conseillée) – www.restaurant-ferme-haute-cremonville.com – Fermé 10-25 août, merc. soir, sam. midi et dim.

LOUVROIL – 59 (Nord) → Voir Maubeuge

LE LUC

✉ 83340 (Var) – 9 874 hab. – Alt. 160 m – Carte régionale n° **21**-C3
Paris 836 km – Cannes 75 km – Draguignan 29 km – Fréjus 41 km
Carte Michelin 340-M5 – Guide Vert Michelin Côte d'Azur

Le Gourmandin

CUISINE TRADITIONNELLE • RUSTIQUE Dans cette véritable bonbonnière provençale, la tradition est maîtresse aux fourneaux : fleurs de courgettes farcies à la mousse de rascasse ; carré d'agneau rôti en croûte de tapenade... sans oublier les pieds et paquets à la provençale, grand classique de la maison. Des assiettes aussi jolies que généreuses.

Menu 32/50 € - Carte 65/72 €

8 pl. L.-Brunet – ☎ 04 94 60 85 92 (réservation conseillée) – www.legourmandin.com – Fermé 25 fév.-10 mars, 28 août-23 sept., dim. soir, jeudi soir et lundi

LUCELLE

✉ 68480 (Haut-Rhin) – 39 hab. – Alt. 640 m – Carte régionale n° **1**-A3
Paris 472 km – Altkirch 29 km – Basel 41 km – Belfort 56 km
Carte Michelin 315-H12

au Nord-Est : 4,5 km par D41 et rte secondaire – ✉ 68480 Lucelle :

Le Petit Kohlberg

FAMILIAL • TRADITIONNEL En pleine campagne, un hôtel-restaurant au grand calme. Les chambres, confortables et bien tenues, ont été rénovées récemment ; quant à la salle à manger, elle est grande ouverte sur le joli parc, fleuri et boisé.

34 chambres – †75/105 € ††75/122 € – ☕ 12 € – ½ P

– ☎ 03 89 40 85 30 – www.petitkohlberg.com – Fermé vacances de fév., de la Toussaint et 1 semaine vacances de Noël

LA LUCERNE-D'OUTREMER

✉ 50320 (Manche) – 849 hab. – Alt. 70 m – Carte régionale n° **17**-A2
Paris 332 km – Caen 100 km – Saint-Lô 65 km – Saint-Malo 84 km
Carte Michelin 303-D7

Le Courtil de la Lucerne

CUISINE TRADITIONNELLE • FAMILIAL Installé dans l'ancien presbytère d'un petit village normand, ce restaurant, sobrement décoré, propose de bonnes recettes traditionnelles : marmite de poisson, parmentier de canard, etc. Aux beaux jours, on profite de la terrasse.

Formule 14 € – Menu 18 € (semaine), 27/31 € – Carte 30/40 €

17 r. de la Libération (Le Bourg) – ☎ 02 33 61 22 02 – www.le-courtil-de-la-lucerne.fr – Fermé 2 semaines en janv., dim. soir, mardi soir et merc.

LUCEY - 54 (Meurthe-et-Moselle) → Voir Toul

LUCHÉ-PRINGÉ

72800 (Sarthe) - 1 622 hab. - Alt. 34 m - Carte régionale n° **18**-C2
Paris 242 km - Angers 68 km - La Flèche 14 km - Le Lude 10 km
Carte Michelin 310-J8 - Guide Vert Michelin Pays de la Loire

Auberge du Port des Roches

CUISINE TRADITIONNELLE • CLASSIQUE XX Une terrasse et un jardin au fil de l'eau, une salle champêtre et une cuisine traditionnelle pétrie d'authenticité : faites fi de toute morosité dans cette sympathique auberge des bords du Loir ! Pour l'étape, des chambres fraîches et colorées.

Menu 28/59 € - Carte 42/49 €

11 chambres - †66/80 € ††68/90 € - 8 €

au port des roches, 2,5 km à l'Est par D13 et D214 - 02 43 45 44 48 - Fermé 1er fév.-4 mars, 22-26 août, 1 semaine vacances de la Toussaint, 4-13 janv., dim. soir, mardi midi et lundi

LUCHON - 31 (H.-Gar.) → Voir Bagnères-de-Luchon

LUCINGES

74380 (Haute-Savoie) - 1 602 hab. - Alt. 700 m - Carte régionale n° **25**-F1
Paris 559 km - Annecy 49 km - Bonneville 18 km - Thonon-les-Bains 33 km
Carte Michelin 328-k3

Le Bonheur dans Le Pré

CUISINE MODERNE • BISTRO X Dans cette vieille ferme en pleine nature, on joue à fond la carte de l'authenticité ! En cuisine, le chef compose un menu unique à partir de beaux produits locaux. Le tout bien accompagné d'un vin du coin. Dès lors, comment ne pas être convaincu que... Le Bonheur est dans Le Pré !

Menu 31/36 €

7 chambres - †83 € ††83 € - 10 €

2011 rte de Bellevue, 2,5 km au Nord-Est par D183 - 04 50 43 37 77 - www.lebonheurdanslepre.com - Fermé 1 semaine fin août, 1 semaine fin oct., dim., lundi et le midi

LUÇON

85400 (Vendée) - 9 437 hab. - Alt. 8 m - Carte régionale n° **18**-B3
Paris 438 km - Cholet 89 km - Fontenay-le-Comte 30 km - La Rochelle 43 km
Carte Michelin 316-I9 - Guide Vert Michelin Pays de la Loire

La Mirabelle

CUISINE TRADITIONNELLE • CONVIVIAL XXX C'est à un joli repas qu'invite cette maison vendéenne postée sur la route des Sables-d'Olonne, et flanquée d'une terrasse fleurie. La tradition y est reine, et les beaux produits du terroir cuisinés avec un réel savoir-faire et une pointe d'originalité. On croque dans cette Mirabelle !

Formule 21 € - Menu 27/72 € - Carte 55/87 €

89 bis r. de-Gaulle, rte des Sables-d'Olonne - 02 51 56 93 02 - www.restaurant-lamirabelle.com - Fermé 3 semaines en janv., 1 semaine en fév., dim. soir, lundi soir et mardi sauf fériés

Au Fil des Saisons

CUISINE MODERNE • AUBERGE XX Au fil des saisons, on s'installe dans la salle, simple et coquette, ou bien on file dans la véranda ou au jardin... En toute saison, on prend le temps de savourer des petits plats d'aujourd'hui, frais et parfumés. Et pour l'étape, les chambres sont agréables et confortables.

Formule 15 € - Menu 28/41 €

6 chambres - †62/68 € ††72/75 € - 8 €

55 rte de la Roche-sur-Yon - 02 51 56 11 32 - www.aufildessaisons-vendee.fr - Fermé 2 semaines fin août-début sept., 2 semaines début janv., sam. midi, dim. soir et lundi

à Moreilles 11 km au Sud-Est par D949 et D137 – ✉ 85450 – 366 hab. – Alt. 5 m

Château de l'Abbaye et Le Portail en Marais Poitevin

DEMEURE HISTORIQUE • COSY Tissus tendus, mobilier ancien, salons élégants : cette belle demeure, couverte de vigne vierge, semble transporter dans un roman du 19ᵉ s. ! Une petite tête dans la piscine avant de profiter de la table d'hôte ? À l'annexe – un bâtiment du 17ᵉ s. –, esprit plus champêtre mais tout aussi confortable.

5 chambres – 79/219 € 79/329 € – 15 € – ½ P

– ✆ 02 51 56 17 56 – www.chateau-moreilles.com

LUC-SUR-MER

✉ 14530 (Calvados) – 3 134 hab. – Alt. 10 m – Carte régionale n° **17**-B2

Paris 249 km – Arromanches-les-Bains 23 km – Bayeux 29 km – Cabourg 28 km

Carte Michelin 303-J4 – Guide Vert Michelin Normandie Cotentin

Hôtel des Thermes et du Casino

TRADITIONNEL • FONCTIONNEL Une adresse tonique directement sur la promenade, à proximité des thermes et du casino, comme son nom l'indique. Les chambres avec balcon ont vue sur la mer ; c'est tellement bien situé !

48 chambres – 90/150 € 90/150 € – 12 €

5 r. Guyemer – ✆ 02 31 97 32 37 – www.hotelresto-lesthermes.com
– Ouvert 15 mars-31 oct.

LUC-SUR-ORBIEU

✉ 11200 (Aude) – 1 107 hab. – Alt. 46 m – Carte régionale n° **12**-B3

Paris 809 km – Carcassonne 41 km – Montpellier 113 km – Perpignan 82 km

Carte Michelin 344-H3

La Luciole

CUISINE TRADITIONNELLE • BISTRO Le chef a réalisé un rêve d'enfant en rachetant ce café sur la petite place du village... Autodidacte passionné, il réalise avec sa fille une cuisine simple et goûteuse, faisant la part belle aux produits locaux. À déguster en terrasse, à l'ombre des arbres centenaires !

Menu 21/42 € – Carte 34/53 €

3 pl. de la République – ✆ 04 68 40 87 74 – www.restaurantluciole.fr – Fermé dim. soir et merc.

LE LUDE

✉ 72800 (Sarthe) – 3 949 hab. – Alt. 48 m – Carte régionale n° **18**-D2

Paris 244 km – Angers 63 km – Chinon 63 km – La Flèche 20 km

Carte Michelin 310-J9 – Guide Vert Michelin Pays de la Loire

La Renaissance

CUISINE MODERNE • AUBERGE Des produits sarthois et angevins, mais aussi le serpolet, la cardamome, le pavot, la mangue... Ce restaurant traditionnel est à la page, avec sa cuisine qui explore de nouveaux mariages de saveurs. Accueil sympathique.

Formule 14 € – Menu 20 € (semaine), 30/42 € – Carte 42/49 €

8 chambres – 60/85 € 60/85 € – 9 €

2 av. de la Libération – ✆ 02 43 94 63 10 – www.renaissancelelude.com – Fermé 15 oct.-2 nov., 2-16 janv., dim. soir et lundi

LUDES

✉ 51500 (Marne) – 619 hab. – Alt. 140 m – Carte régionale n° **7**-B2

Paris 157 km – Châlons-en-Champagne 52 km – Reims 15 km – Épernay 22 km

Carte Michelin 306-G8

La Villa Champagne Ployez-Jacquemart

FAMILIAL • ÉLÉGANT Pour les adeptes de tourisme viticole, cette belle demeure dédiée au champagne depuis 1930 cultive l'art de vivre à la française. Les chambres sont élégantes et raffinées ; après une dégustation, quoi de mieux qu'une promenade, parmi les vignes ?

5 chambres - 130/140 € 145/160 €

8 r. Astoin - 03 26 61 11 87 - www.ployez-jacquemart.fr - Fermé 19 déc.-13 janv.

LUGON-ET-L'ÎLE-DU-CARNEY

33240 (Gironde) - 1 162 hab. - Alt. 36 m - Carte régionale n° **2**-B1

Paris 565 km - Bordeaux 31 km - Libourne 11 km - St-André-de-Cubzac 10 km

Carte Michelin 335-I5

Manoir d'Astrée

FAMILIAL • ÉLÉGANT Ici, tout n'est que vigne, calme et vallons ombragés. Ce manoir du 18e s., protégé des rumeurs du monde, propose des chambres feutrées, nommées d'après une reine ou un astre, Aliénor, Astrée, Adélaïde... Dans le parc, une piscine d'été achève de transformer votre séjour en parenthèse de volupté.

4 chambres - 115/190 € 115/190 €

lieu-dit Pellet (r. du 8-mai-1945), 2 km au Nord par D138 - 05 57 25 24 25 - www.manoirdastree-bordeaux.com - Fermé mi déc.-fév.

LUMBRES

62380 (Pas-de-Calais) - 3 802 hab. - Alt. 45 m - Carte régionale n° **16**-A2

Paris 261 km - Arras 81 km - Boulogne-sur-Mer 43 km - Calais 44 km

Carte Michelin 301-F3

Hôtel du Golf

BUSINESS • CONTEMPORAIN Au départ du parcours de golf de l'Aa, cet hôtel récent (2008) dominent les greens et la forêt. Grand calme, confort et espace dans les chambres, aménagées avec soin. Parfait pour les golfeurs, mais aussi la clientèle business.

54 chambres - 90/220 € 90/220 € - 16 € - ½ P

chemin des Bois, 2 km au Nord-Ouest par D225, au golf de l'Aa - 03 21 11 42 42 - www.golf.najeti.fr

LUNÉVILLE

54300 (Meurthe-et-Moselle) - 19 855 hab. - Alt. 224 m - Carte régionale n° **14**-C2

Paris 347 km - Épinal 69 km - Metz 95 km - Nancy 36 km

Carte Michelin 307-J7

Les Pages

TRADITIONNEL • FONCTIONNEL Un hôtel au bord de la Meurthe, juste en face du château. Plusieurs catégories de chambres sont proposées, selon leur grandeur et la modernité de leur décor. Bistrot attenant.

38 chambres - 60/110 € 75/130 € - 12 € - ½ P

5 quai des Petits-Bosquets - 03 83 74 11 42 - www.hotel-les-pages.fr

à Moncel-lès-Lunéville 3 km à l'Est par rte de St-Dié (D590) - 54300 - 582 hab. - Alt. 234 m

Relais St-Jean

CUISINE TRADITIONNELLE • CONVIVIAL XX Ce restaurant de la vallée de la Meurthe propose trois salles aux tons différents selon votre humeur du jour. Le chef compose une cuisine traditionnelle soignée, dont on pourra se régaler sur la terrasse à l'arrière. Une adresse agréable !

Formule 16 € - Menu 21/36 € - Carte 28/49 €

22 av. de l'Europe - 03 83 74 08 65 - www.restaurant-moncelleslunevile.fr - Fermé dim. soir, mardi soir, merc. soir et lundi

au Sud 5 km par rte de Rambervillers, puis av. G. Pompidou et cités Ste-Anne – ✉ 54300 Lunéville

Château d'Adoménil (Cyril Leclerc)

CUISINE CRÉATIVE • LUXE XXX Dans cette belle demeure, les tentures et les boiseries sombres sont agrémentées de touches baroques et contemporaines. Un décor de rêve pour déguster une cuisine créative, réalisée avec des produits nobles ; les cuissons sont justes et les saveurs bien au rendez-vous. Et la carte des vins n'est pas en reste...

➜ Grenouilles, œuf bio et nage crémeuse façon thaïe. Poitrine de pigeonneau du terroir Lorrain. Litchi et citron vert en bulle satinée.

Menu 69 € (semaine), 98/140 €

– ☎ 03 83 74 04 81 – www.adomenil.com – Fermé vacances de fév., 2 semaines en juil., 2 semaines en janv., dim. soir, mardi et le midi sauf sam. et dim.

Château d'Adoménil

DEMEURE HISTORIQUE • PERSONNALISÉ On a forcément une bonne raison de loger dans cette belle demeure du 18e s., que ce soit pour son parc boisé, ses chambres bourgeoises ou son cachet historique indéniable. N'en n'oubliez pas pour autant le restaurant !

9 chambres – 🚹190/380 € 🚹🚹190/380 € – 5 suites – ☕ 26 €

– ☎ 03 83 74 04 81 – www.adomenil.com – Fermé vacances de fév., 2 semaines en juil. et en janv., dim. et mardi de sept. à mai et lundi

Château d'Adoménil – voir les restaurants ci-dessus

LURE

✉ 70200 (Haute-Saône) – 8 406 hab. – Alt. 290 m – Carte régionale n° **9**-C1

Paris 387 km – Belfort 37 km – Besançon 77 km – Épinal 77 km

Carte Michelin 314-G6 – Guide Vert Michelin Franche-Comté Jura

à Roye 2 km à l'Est par rte de Belfort – ✉ 70200 – 1 368 hab. – Alt. 301 m

Le Saisonnier (N)

MODERNE • MAISON DE CAMPAGNE XX Dans la traversée du village, cette ancienne ferme n'attire pas particulièrement l'attention, et pourtant. Désormais menée par un jeune chef au beau parcours, elle propose une réjouissante cuisine du marché ; on prend son repas dans une salle moderne, ou sur l'agréable terrasse à l'arrière... Sympathique.

Formule 20 € – Menu 32 € (semaine)/58 € – Carte 57/77 €

56 r. de la Verrerie, N19 – ☎ 03 84 30 46 00 – www.le-saisonnier.fr – Fermé dim. soir, merc. soir et lundi

LUSIGNY-SUR-OUCHE

✉ 21360 (Côte-d'Or) – 113 hab. – Alt. 369 m – Carte régionale n° **4**-A3

Paris 296 km – Beaune 16 km – Dijon 51 km – Mâcon 103 km

Carte Michelin 320-I7

La Saura

AUBERGE • COSY Un ancien relais de poste en bordure de la route de Beaune ; les chambres, chaleureuses et parfaitement entretenues, se trouvent dans les anciennes écuries de la propriété. Dehors, on se repose au calme d'un grand jardin arboré avec piscine... Une halte pour le moins charmante !

4 chambres ☕ – 🚹115/130 € 🚹🚹135/150 €

au village, par D970 – ☎ 03 80 20 17 46 – www.la-saura.com – Ouvert 1er mars-15 déc.

LUSSAC-LES-CHÂTEAUX

✉ 86320 (Vienne) – 2 317 hab. – Alt. 104 m – Carte régionale n° **20**-D2

Paris 355 km – Bellac 42 km – Châtellerault 52 km – Montmorillon 12 km

Carte Michelin 322-K6 – Guide Vert Michelin Poitou-Charentes

Les Orangeries

CUISINE MODERNE · RUSTIQUE XX Voilà une adresse où le terme écolo-responsable" a un sens : on y cuisine presque exclusivement des produits bio, venant soit du potager, soit des producteurs fermiers de la région, et la carte des vins est dans le même esprit. Un respect des saisons et du marché qui se retrouve dans l'assiette !"

Formule 20 € - Menu 32/51 €

12 av. du Dr-Dupont - ✆ 05 49 84 07 07 - www.lesorangeries.fr - Fermé 2 semaines en janv. et en fév., sam. midi et lundi sauf juil.-août

Les Orangeries

FAMILIAL · TRADITIONNEL Cette maison bourgeoise de la fin du 18ᵉ s. est située au cœur du bourg, et arbore fièrement ses façades en pierres apparentes ; à l'arrière, on découvre un grand parc arboré. Du mobilier, chiné chez les antiquaires, au grand salon avec ses billards, on est ici comme à la maison.

11 chambres - 75/165 € 85/180 € - 4 suites - 14 € - ½ P

12 av. du Dr-Dupont - ✆ 05 49 84 07 07 - www.lesorangeries.fr - Fermé 2 semaines en janv. et en fév.

Les Orangeries - voir les restaurants ci-dessus

LUTTER - 68 (Haut-Rhin) → Voir Ferrette

LUXÉ - 16 (Charente) → Voir Mansle

LUXEUIL-LES-BAINS

70300 (Haute-Saône) - 7 052 hab. - Alt. 305 m - Carte régionale n° **9**-C1

Paris 379 km - Épinal 58 km - Vesoul 32 km - Vittel 72 km

Carte Michelin 314-G6 - Guide Vert Michelin Franche-Comté Jura

Le Clos Rebillotte

MAISON DE MAÎTRE · CONTEMPORAIN Faites vos jeux ! Au cœur de la cité thermale, près du casino, cet établissement propose d'agréables chambres contemporaines. Quelques touches de couleurs, beaucoup de velours et un mobilier stylé... Voilà un hôtel qui cultive sa différence.

21 chambres - 62/107 € 62/107 € - 10 €

16 r. des Thermes - ✆ 03 84 93 90 90 - www.clos-rebillotte.com

Les Sources

BUSINESS · CONTEMPORAIN Face aux thermes, cette bâtisse (1860) abrite 41 studios modernes et fonctionnels - avec kitchenette - donnant sur le parc ou la ville. L'adresse où se retrouvent curistes, touristes et clientèle d'affaires en quête de tranquillité...

41 chambres - 60/125 € 60/125 € - 10 €

2 av. Jean-Moulin (face au parc thermal) - ✆ 03 84 93 70 04 - www.70lessources.fr - Fermé 22 déc.-2 janv.

LUYNES

37230 (Indre-et-Loire) - 5 259 hab. - Alt. 60 m - Carte régionale n° **6**-B2

Paris 247 km - Angers 115 km - Chinon 41 km - Langeais 15 km

Carte Michelin 317-M4 - Guide Vert Michelin Châteaux de la Loire

Le XII de Luynes

CUISINE MODERNE · CONTEMPORAIN X Une salle peut en cacher une autre ! Outre une terrasse face au château, ce relais de poste du 17ᵉ s. abrite une grande salle aux racines rustiques, mais aussi une deuxième plus petite, troglodytique et très intime. Avis aux âmes romantiques... D'autant que la cuisine se révèle originale, joliment ficelée et savoureuse.

Formule 18 € - Menu 24 € (déj. en semaine), 32/69 € - Carte 52/66 €

9 chambres - 79/95 € 79/115 € - 10 €

12 r. de la République - ✆ 02 47 26 07 41 - www.le-xii.com - Fermé 1ᵉʳ-10 oct., 22 janv.-5 fév., mardi midi, dim. soir et lundi

Le Louis 13

CUISINE MODERNE • ÉLÉGANT XXX Une grande salle à manger cossue, des salons intimes... pour une agréable cuisine de saison. Cette table gastronomique cultive son élégance bourgeoise avec raffinement.

Menu 37 € (déj. en semaine), 49/78 € – Carte 53/76 € dîner

Hôtel Domaine de Beauvois, 4 km au Nord-Ouest par D49 – ☎ 02 47 55 38 77 – www.restaurant-louis13.fr

Domaine de Beauvois

DEMEURE HISTORIQUE • CLASSIQUE Vaste manoir des 16e et 17e s. au cœur d'un parc arboré avec un étang. Les chambres et leurs belles tentures murales confirment une impression d'élégant classicisme, tout comme le restaurant.

36 chambres – 108/295 € 108/295 € – 23 € – ½ P

4 km au Nord-Ouest par D49 – ☎ 02 47 55 50 11 – www.beauvois.fr

Le Louis 13 – voir les restaurants ci-dessus

LUZY

(Nièvre) – 1 984 hab. – Alt. 275 m – Carte régionale n° **4**-B3

Paris 319 km – Le Creusot 47 km – Dijon 122 km – Nevers 81 km

Carte Michelin 319-G11 – Guide Vert Michelin Bourgogne

La Table de Jérôme

CUISINE CRÉATIVE • CONVIVIAL XX Installé dans les murs de l'ancien Hôtel du Centre, dans un décor à son goût – tout de bois, de verre et de pierre –, Jérôme Raymond décline une cuisine moderne et inventive, renouvelée tous les deux mois. Belle carte des vins (500 références) faisant la part belle à la Bourgogne.

Formule 19 € – Menu 50 € (déj. en semaine)/96 € – Carte 47/83 €

Hôtel du Morvan, 26 r. de la République – ☎ 03 86 30 00 66 – www.hotelrestaurantdumorvan.fr – Fermé 27 août-4 sept., 12-20 nov., 2-17 janv., mardi midi, dim. soir et lundi

Hôtel du Morvan

FAMILIAL • DESIGN Rouvert huit ans après sa fermeture, cet ancien hôtel-restaurant se pare aujourd'hui d'une déco contemporaine et de couleurs vives : une renaissance ! Les chambres ne manquent pas de charme... et l'accueil est tout aussi délicieux. Au Morvan, cuisine de bistrot à petit prix, à midi et le soir.

14 chambres – 90/170 € 90/180 € – 14 € – ½ P

26 r. de la République – ☎ 03 86 30 00 66 – www.hotelrestaurantdumorvan.fr

La Table de Jérôme – voir les restaurants ci-dessus

LYON

Lyon, ce sont d'abord les « bouchons », ces chaleureux estaminets des vieux quartiers, où l'on vient déguster les vins régionaux et la cuisine locale, dans une ambiance... typiquement lyonnaise. C'est aussi, plus généralement, une offre pléthorique de bons restaurants, qui fait dire aux connaisseurs qu'il est presque impossible de mal manger dans la capitale des Gaules. C'est enfin ce projet de Cité Internationale de la Gastronomie, dans le cadre du Grand Hôtel-Dieu, qui devrait voir le jour en 2019.

Les spécialités culinaires :
tablier de sapeur, saucisson truffé ou pistaché, cervelle de canut, quenelles de brochet, bugnes, cardons à la moelle, volaille de Bresse...

Et pour boire :
du vin, bien sûr ! Les côtes-du-rhône septentrionaux (saint-joseph, crozes-hermitage, condrieu, etc.) sont les stars incontestées des tables lyonnaises, mais les beaujolais y ont aussi leur place.

✉ 69000 (Rhône)

- 491 268 hab. – Agglo. 1 567 537 hab. – Alt. 175 m
- Carte régionale n°24-E1
- Carte Michelin 327-I5
- Guide Vert Michelin Lyon et sa région

▶ Paris 458 km – Genève 151 km – Grenoble 106 km
Marseille 314 km

INDEX DES RESTAURANTS

© O. Decker/Michelin

INDEX DES HÔTELS

Vieux-Lyon · Vaise

5° - 9° ARRONDISSEMENT

Restaurants

Têtedoie (Christian Têtedoie)

CUISINE MODERNE · **DESIGN** XXX Sur la colline de Fourvière, cet écrin ultracontemporain est un balcon sur la ville. Christian Têtedoie y explore la tradition française avec talent : son plat emblématique, homard en cocotte et cromesquis de tête de veau, est tout bonnement exquis. Côté Terrasse de l'Antiquaille, la méditerranée est à l'honneur !

→ Foie gras de canard en textures, asperges vertes et marmelade de citron. Cannelloni de tête de veau confite, médaillon, pince et émulsion de homard. Soufflé au Grand Marnier et sorbet à l'orange safrané.

Menu 45 € (déj. en semaine), 65/130 € - Carte 90/130 €

Plan : 5E3-c - *montée du Chemin-Neuf ✉ 69005 Ⓜ Minimes - ✆ 04 78 29 40 10 - www.tetedoie.com*

Les Terrasses de Lyon

CUISINE CLASSIQUE · **ÉLÉGANT** XXX Sur les hauteurs de Fourvière, ces Terrasses ne manquent pas de charme : depuis la salle panoramique, la vue sur la ville est splendide. La cuisine, classique, fait la part belle aux produits du terroir… ce qui n'est jamais pour nous déplaire !

→ Quenelle de langoustines, courgette beurre et morilles au vin jaune. Pigeon fumé aux sarments de vigne, courgettes grises et tomates de pleine terre. Soufflé au chocolat kalapaia, glace à la fève tonka.

Formule 39 € - Menu 49 € (déj.), 89/115 € - Carte 105/125 €

Plan : 3E3-s - *Hôtel Villa Florentine, 25 montée St-Barthélémy ✉ 69005 Ⓜ Fourvière - ✆ 04 72 56 56 02 - www.villaflorentine.com - Fermé dim. et lundi*

Auberge de l'Île Barbe (Jean-Christophe Ansanay-Alex)

soir,

CUISINE CLASSIQUE · **ROMANTIQUE** XXX C'est peu dire que le cadre de cette auberge est idyllique : la verdoyante île Barbe, posée sur la Saône, semble un rêve champêtre en pleine ville. La demeure est charmante avec ses murs de 1601 ; quant à la cuisine, elle puise dans le classicisme son respect du produit…

→ Velouté de cèpe comme un cappuccino, vapeur de foie gras. Selle d'agneau de lait servie comme au dîner de gala du patrimoine de l'Unesco. Soufflé chaud de pêche blanche.

Menu 50 € (déj. en semaine), 128/158 €

Plan : 1B1-e - *pl. Notre-Dame, sur l'Île Barbe ✉ 69009 - ✆ 04 78 83 99 49 - www.aubergedelile.com - Fermé dim. soir et lundi*

Pour bien utiliser votre guide, consultez son mode d'emploi situé en pages d'introduction : symboles, classements, abréviations et autres signes n'auront plus de mystère pour vous !

Les Loges

CUISINE MODERNE · ROMANTIQUE XXX Un cadre enchanteur : sous une verrière contemporaine, une cour florentine cernée par trois étages de galeries. On y dîne à la lueur des bougies et le temps semble s'arrêter ! La cuisine, moderne et inventive, s'appuie sur de très beaux produits, et joue brillamment sur les contrastes de saveurs. La magie opère...

➜ Truffe noire, crème soubise et ris de veau braisé en pithiviers. Pigeonneau, pain croustillant de champignons et fruit épicé. Variation de cacaos grands crus.

Menu 105/125 € - Carte 90/120 €

Plan : 3F3-n – *Hôtel Cour des Loges, 6 r. du Bœuf ✉ 69005 Ⓜ Vieux Lyon – ✆ 04 72 77 44 44 (réservation conseillée) – www.courdesloges.com – Fermé août et le midi sauf dim.*

Au 14 Février (Tsuyoshi Arai)

CUISINE CRÉATIVE · INTIME X On le sait, les gastronomies française et japonaise filent aujourd'hui le parfait amour... Ce 14 Février en est l'un des plus beaux témoignages ! Concocté par un chef nippon plein de talent, le repas émerveille : variété des textures, contrastes doux-amers, etc. Un menu "surprise" remarquablement conduit...

➜ Langoustines, coulis de nectarine et fenouil, vinaigre balsamique blanc. Turbot sauvage poêlé, sauce citron au safran, artichaut et petits pois. Raviolis d'ananas, crème d'avocat, sorbet ananas et fleur de sureau.

Menu 87 € - menu unique

Plan : 3-5F3-d – *6 r. Mourguet ✉ 69005 Ⓜ Vieux Lyon – ✆ 04 78 92 91 39 (réservation conseillée) – www.au14fevrier.com – Fermé 2 semaines en août et en janv., dim., lundi et le midi sauf sam.*

Jérémy Galvan

CUISINE CRÉATIVE · COSY X "Cuisine d'instinct", menu "Interlude", "Lâchez-prise" ou "Parfum" ? La carte donne le ton de la cuisine : originale, créative, ludique, elle sort des sentiers battus mais toujours dans le respect des saisons et de la nature. Quant à la salle à manger, récemment rénovée, elle se révèle très confortable : une réussite !

➜ Cuisine du marché.

Menu 26 € (déj.), 49/85 € - Carte 60/75 €

Plan : 5F3-u – *29 r. du Bœuf ✉ 69005 Ⓜ Vieux-Lyon – ✆ 04 72 40 91 47 – www.jeremygalvanrestaurant.com – Fermé 1 semaine en avril, 3 semaines en août, 1 semaine vacances de Noël, sam. midi, dim. et lundi*

L'Ouest

CUISINE TRADITIONNELLE · BRASSERIE X Parmi les brasseries de Paul Bocuse, celle-ci est tout bonnement immense ! La carte rend hommage à la tradition qui a fait la réputation du grand chef (foie de veau à la Lyonnaise, poulet de Bresse rôti à la broche, sole meunière, etc.). Décor design et jolie terrasse côté Saône.

Formule 23 € - Menu 27 € (semaine)/33 € - Carte 31/69 €

Plan : 3E1-b – *1 quai du Commerce, Nord par bords de Saône (D51) ✉ 69009 Ⓜ Gare de Vaise – ✆ 04 37 64 64 64 – www.nordsudbrasseries.com*

Café-Épicerie

CUISINE MODERNE · BRANCHÉ X Dans le cadre merveilleux de la Cour des Loges, un Café-Épicerie où règne une atmosphère de bistrot branché : mobilier moderne, jolie salle voûtée, et la cuisine réalisée sous l'œil de la clientèle... On vient y apprécier des petits plats bien tournés dont le choix change chaque jour.

Formule 18 € - Carte 40/60 €

Plan : 3F3-n – *Hôtel Cour des Loges, 2 r. du Bœuf ✉ 69005 Ⓜ Vieux Lyon – ✆ 04 72 77 44 44 – www.courdesloges.com*

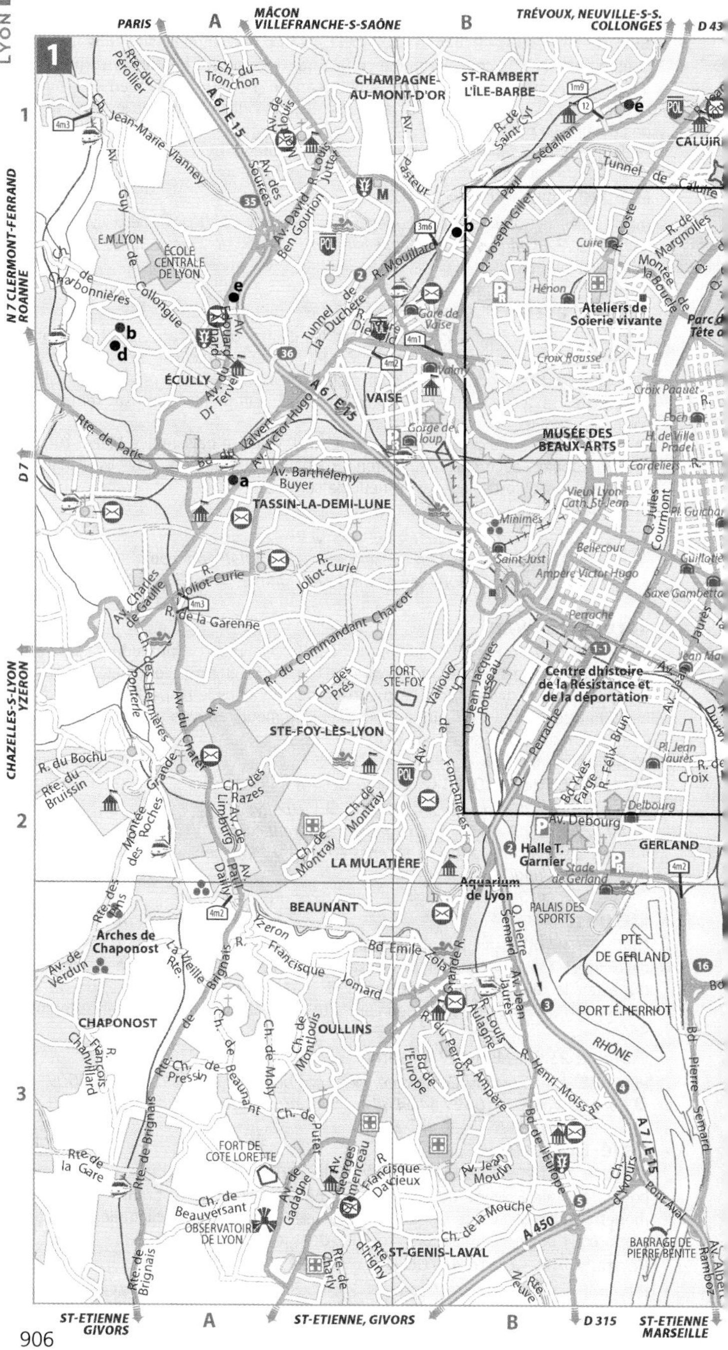
PARIS
A
MÂCON VILLEFRANCHE-S-SAÔNE
B
TRÉVOUX, NEUVILLE-S-S. COLLONGES
D 43
1
N 7 CLERMONT-FERRAND ROANNE
D 7
CHAZELLES-S-LYON YZERON
2
3
CHAMPAGNE-AU-MONT-D'OR
ST-RAMBERT L'ÎLE-BARBE
CALUIRE
Tunnel de Caluire
A 6 / E 15
E.M.LYON
ÉCOLE CENTRALE DE LYON
ÉCULLY
VAISE
Gare de Vaise
Valmy
Gorge de loup
Hénon
Cuire
Ateliers de Soierie vivante
Croix Rousse
Croix Paquet
Foch
H. de Ville L. Pradel
Cordeliers
MUSÉE DES BEAUX-ARTS
Vieux Lyon Cath. St-Jean
Minimes
Saint-Just
Bellecour
Ampère Victor Hugo
Guillotière
Saxe Gambetta
Perrache
Pl. Guichard
Jean Macé
Centre d'histoire de la Résistance et de la déportation
Pl. Jean Jaurès
Croix
Delbourg
TASSIN-LA-DEMI-LUNE
Av. Barthélemy Buyer
R. Joliot-Curie
R. de la Garenne
R. du Commandant Charcot
FORT STE-FOY
STE-FOY-LÈS-LYON
Ch. des Prés
R. du Bochu
Rte. du Bruissin
Montée des Roches
Ch. des Razes
Ch. de Montray
LA MULATIÈRE
Halle T. Garnier
Stade de Gerland
GERLAND
Aquarium de Lyon
PALAIS DES SPORTS
PTE DE GERLAND
PORT É. HERRIOT
RHÔNE
BEAUNANT
Arches de Chaponost
Av. de Verdun
CHAPONOST
R. François Chanvillard
Yzeron
R. Francisque Jomard
Bd Emile Zola
OULLINS
Ch. de Montlouis
Ch. de Moly
Ch. de Beaunant
Ch. de Pressin
Ch. de Putet
FORT DE COTE LORETTE
Rte. de la Gare
Rte. de Brignais
Ch. de Beauversant
OBSERVATOIRE DE LYON
Av. de Gadagne
Av. Georges Clemenceau
R. Francisque Darcieux
Av. Jean Moulin
Ch. de la Mouche
ST-GENIS-LAVAL
A 450
A 7 / E 15
BARRAGE DE PIERRE BÉNITE
Bd Pierre Semard
R. Henri Moissan
Bd de l'Europe
Ch. d'Yvours
Pont Aval
ST-ETIENNE GIVORS
A
ST-ETIENNE, GIVORS
B
D 315
ST-ETIENNE MARSEILLE

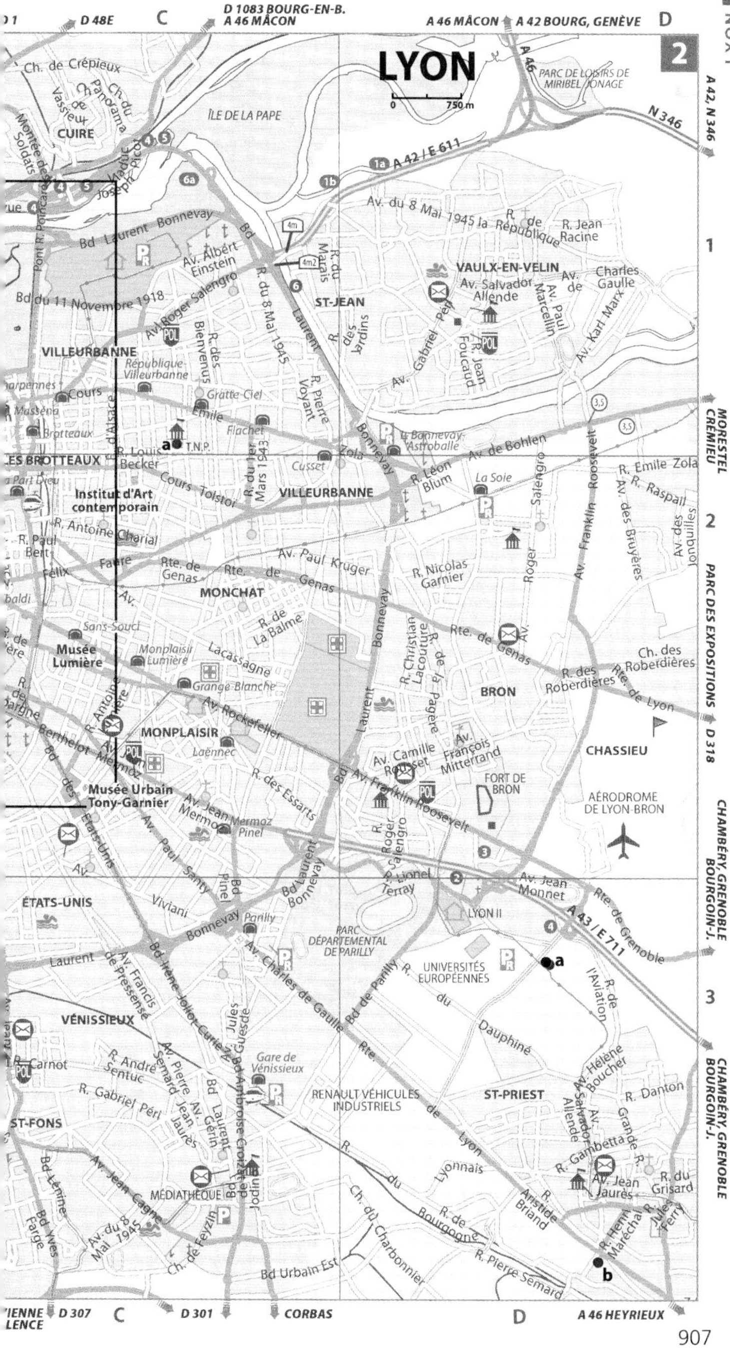
LYON
2
0
750 m
D 48E
C
D 1083 BOURG-EN-B.
A 46 MÂCON
A 46 MÂCON
A 42 BOURG, GENÈVE
D
A 42, N 346
MORESTEL CRÉMIEU
PARC DES EXPOSITIONS
D 318
CHAMBÉRY, GRENOBLE BOURGOIN-J.
CHAMBÉRY, GRENOBLE BOURGOIN-J.
D 307
D 301
CORBAS
A 46 HEYRIEUX
1
2
3
PARC DE LOISIRS DE MIRIBEL JONAGE
ÎLE DE LA PAPE
N 346
A 42 / E 611
CUIRE
Ch. de Crépieux
Montée des Soldats
Viaduc Joseph Picot
Bd Laurent Bonnevay
Bd du 11 Novembre 1918
Pont R. Poincaré
Av. Albert Einstein
Av. Roger Salengro
R. du 8 Mai 1945
R. du Marais
ST-JEAN
R. des Jardins
VAULX-EN-VELIN
Av. du 8 Mai 1945
R. de la République
R. Jean Racine
Av. Salvador Allende
Av. Paul Marcellin
Av. de Gaulle
Charles
Av. Karl Marx
Av. Gabriel Péri
R. Jean Foucaud
VILLEURBANNE
République-Villeurbanne
Gratte-Ciel
Flachet
Cusset
R. des Bienvenus
R. Pierre Voyant
Cours Émile Zola
T.N.P.
Laurent Bonnevay-Astroballe
Av. de Bohlen
R. Léon Blum
La Soie
R. Emile Zola
R. Raspail
Av. des Bruyères
Av. des Jonquilles
LES BROTTEAUX
Brotteaux
Masséna
Charpennes
Bd d'Alsace
R. Louis Becker
Cours Tolstoï
Institut d'Art contemporain
R. du 1er Mars 1943
VILLEURBANNE
R. Antoine Charial
R. Paul Bert
Félix Faure
Av. Paul Kruger
Rte. de Genas
MONCHAT
R. Nicolas Garnier
Roger Salengro
Av. Franklin Roosevelt
R. de la Balme
Sans-Souci
Musée Lumière
Monplaisir Lumière
Av. Lacassagne
Grange Blanche
Av. Rockefeller
MONPLAISIR
Laënnec
R. Antoine Lumière
Berthelot
Av. Mermoz
Musée Urbain Tony-Garnier
Bd des États-Unis
R. Christian Lacouture
R. de la Pagère
BRON
Ch. des Roberdières
R. des Roberdières
Rte. de Lyon
CHASSIEU
Av. Camille Rousset
Av. François Mitterrand
FORT DE BRON
AÉRODROME DE LYON-BRON
Av. Franklin Roosevelt
R. des Essarts
Av. Jean Mermoz
Mermoz Pinel
Av. Paul Santy
R. Roger Salengro
R. Lionel Terray
Av. Jean Monnet
A 43 / E 711
Rte. de Grenoble
LYON II
ÉTATS-UNIS
Viviani
Bd Pinel
Bd Laurent Bonnevay
Parilly
PARC DÉPARTEMENTAL DE PARILLY
UNIVERSITÉS EUROPÉENNES
R. de l'Aviation
Laurent
Av. Francis de Pressensé
Bd Irène Joliot-Curie
Av. Charles de Gaulle
Bd de Parilly
R. du Dauphiné
VÉNISSIEUX
Jules Guesde
Gare de Vénissieux
Carnot
R. André Sentuc
R. Gabriel Péri
Av. Pierre Semard
Av. Jean Jaurès
Av. Gérin
Bd Laurent Gérin
Bd Ambroise Croizat
RENAULT VÉHICULES INDUSTRIELS
Rte. de Lyon
ST-PRIEST
Av. Hélène Boucher
Av. Salvador Allende
R. Danton
Grande R.
R. Gambetta
Av. Jean Jaurès
R. du Grisard
R. Jules Ferry
R. Henri Maréchal
R. Aristide Briand
ST-FONS
Bd Lénine
Av. Jean Cagne
Bd Yves Farge
Av. du 8 Mai 1945
MÉDIATHÈQUE
Ch. de Feyzin
R. du Lyonnais
R. de Bourgogne
Ch. du Charbonnier
R. Pierre Semard
Bd Urbain Est
VIENNE VALENCE

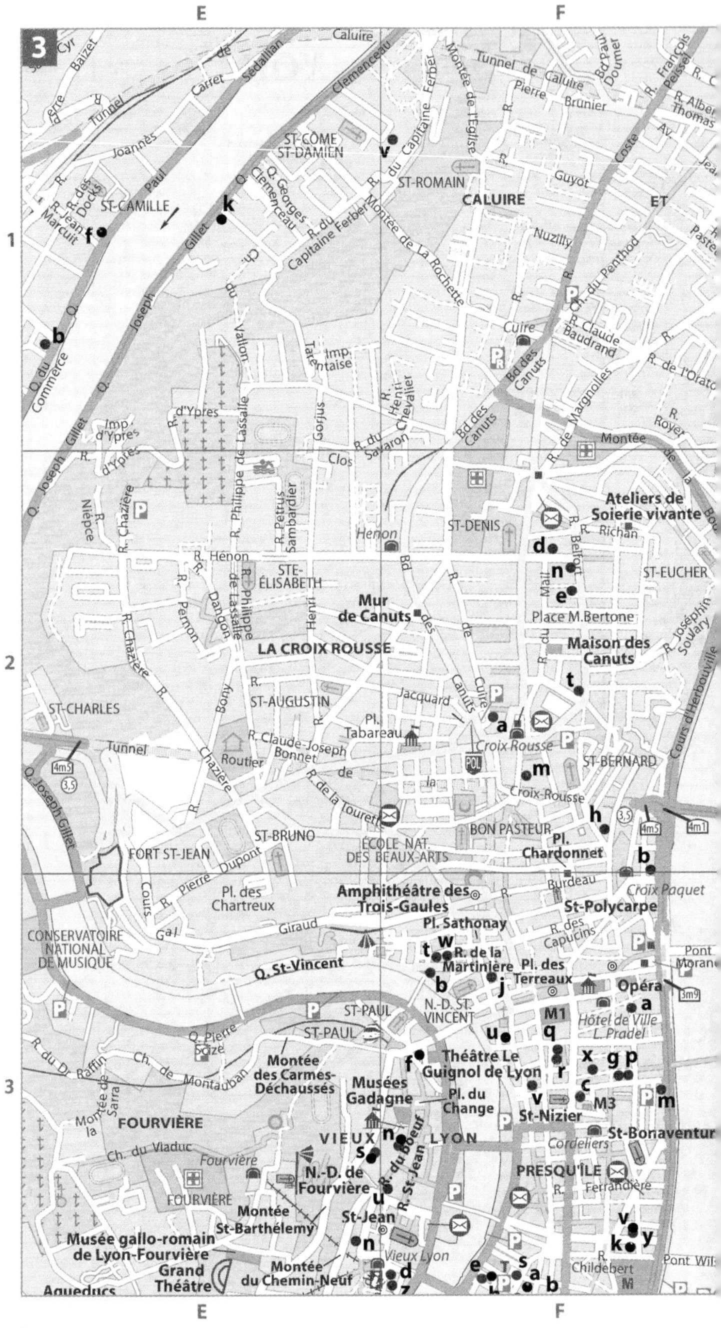
3
E
F
1
2
3
CALUIRE
ST-CÔME ST-DAMIEN
ST-ROMAIN
ST-CAMILLE
Tunnel de Caluire
Q. Joseph Gillet
Q. du Commerce
Q. Clemenceau
Montée de l'Église
Montée de La Rochette
Cuire
Bd des Canuts
Ateliers de Soierie vivante
ST-DENIS
Henon
ST-EUCHER
Mur de Canuts
STE-ÉLISABETH
LA CROIX ROUSSE
Place M.Bertone
Maison des Canuts
ST-CHARLES
ST-AUGUSTIN
Pl. Tabareau
Croix Rousse
ST-BERNARD
R. Claude-Joseph Bonnet
Routier
BON PASTEUR
Pl. Chardonnet
ST-BRUNO
FORT ST-JEAN
ÉCOLE NAT. DES BEAUX-ARTS
Croix Paquet
Amphithéâtre des Trois-Gaules
Pl. des Chartreux
St-Polycarpe
Pl. Sathonay
CONSERVATOIRE NATIONAL DE MUSIQUE
Q. St-Vincent
R. de la Martinière
Pl. des Terreaux
Opéra
Pont Morand
N.-D. ST. VINCENT
ST-PAUL
Hôtel de Ville L. Pradel
Q. Pierre Scize
Montée des Carmes-Déchaussés
Théâtre Le Guignol de Lyon
Musées Gadagne
Pl. du Change
St-Nizier
FOURVIÈRE
VIEUX LYON
St-Bonaventure
Cordeliers
PRESQU'ÎLE
N.-D. de Fourvière
R. Ferrandière
Montée St-Barthélemy
St-Jean
Musée gallo-romain de Lyon-Fourvière
Grand Théâtre
Montée du Chemin-Neuf
Vieux Lyon
Childebert
Pont Wilson
Aqueducs

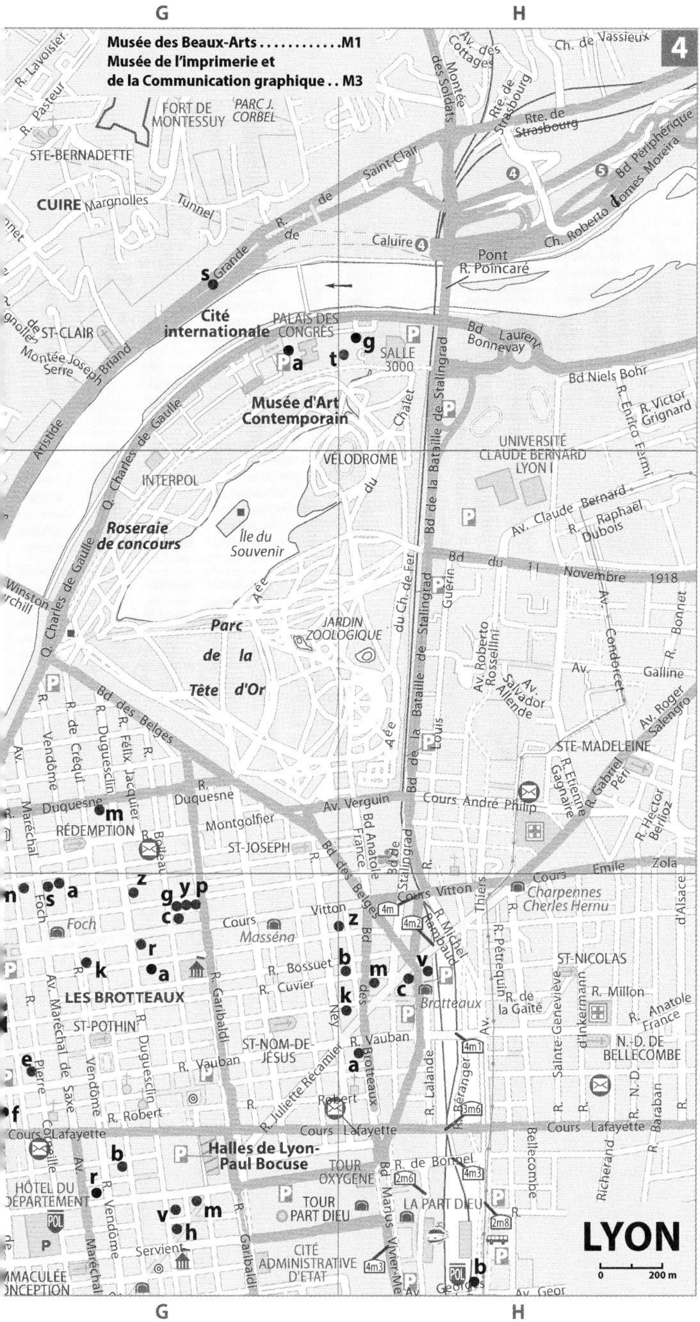
G
H
4
Musée des Beaux-Arts M1
Musée de l'imprimerie et
de la Communication graphique .. M3
1
2
3
FORT DE MONTESSUY
PARC J. CORBEL
STE-BERNADETTE
CUIRE
Cité internationale
PALAIS DES CONGRÈS
SALLE 3000
Musée d'Art Contemporain
VÉLODROME
UNIVERSITÉ CLAUDE BERNARD LYON I
INTERPOL
Roseraie de concours
Île du Souvenir
JARDIN ZOOLOGIQUE
Parc de la Tête d'Or
ST-CLAIR
STE-MADELEINE
RÉDEMPTION
ST-JOSEPH
Charpennes Charles Hernu
ST-NICOLAS
LES BROTTEAUX
ST-POTHIN
ST-NOM-DE-JÉSUS
Brotteaux
N.-D. DE BELLECOMBE
Halles de Lyon-Paul Bocuse
TOUR OXYGÈNE
TOUR PART DIEU
LA PART DIEU
CITÉ ADMINISTRATIVE D'ETAT
HÔTEL DU DÉPARTEMENT
LYON
0
200 m
G
H

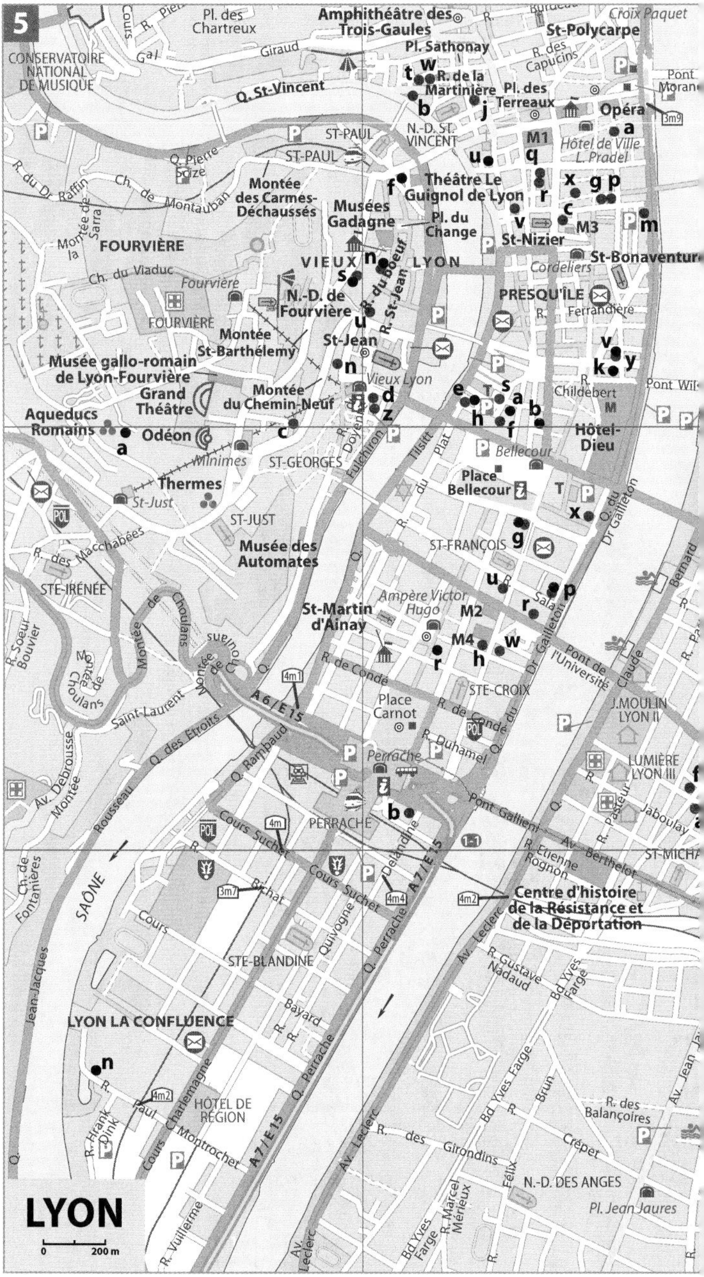
5
E
F
3
4
5
Amphithéâtre des Trois-Gaules
Pl. Sathonay
St-Polycarpe
Croix Paquet
Pl. des Chartreux
CONSERVATOIRE NATIONAL DE MUSIQUE
Q. St-Vincent
R. de la Martinière
Pl. des Terreaux
Opéra
Hôtel de Ville L. Pradel
ST-PAUL
N.-D. ST. VINCENT
Montée des Carmes-Déchaussés
Musées Gadagne
Théâtre Le Guignol de Lyon
Pl. du Change
St-Nizier
FOURVIÈRE
VIEUX LYON
St-Bonaventure
Cordeliers
PRESQU'ÎLE
N.-D. de Fourvière
R. du Boeuf
R. St-Jean
Montée St-Barthélemy
St-Jean
Musée gallo-romain de Lyon-Fourvière
Grand Théâtre
Montée du Chemin-Neuf
Vieux Lyon
Aqueducs Romains
Odéon
Minimes
ST-GEORGES
Hôtel-Dieu
Bellecour
Place Bellecour
Thermes
St-Just
ST-JUST
Musée des Automates
ST-FRANÇOIS
STE-IRÉNÉE
St-Martin d'Ainay
Ampère Victor Hugo
R. de Condé
Place Carnot
STE-CROIX
Pont de l'Université
J.MOULIN LYON II
LUMIÈRE LYON III
Perrache
PERRACHE
A 6 / E 15
A 7 / E 15
Cours Suchet
Pont Galliéni
Av. Berthelot
Centre d'histoire de la Résistance et de la Déportation
SAÔNE
STE-BLANDINE
LYON LA CONFLUENCE
HÔTEL DE RÉGION
N.-D. DES ANGES
Pl. Jean Jaures
R. des Girondins
Q. Perrache
LYON
0
200 m

G H

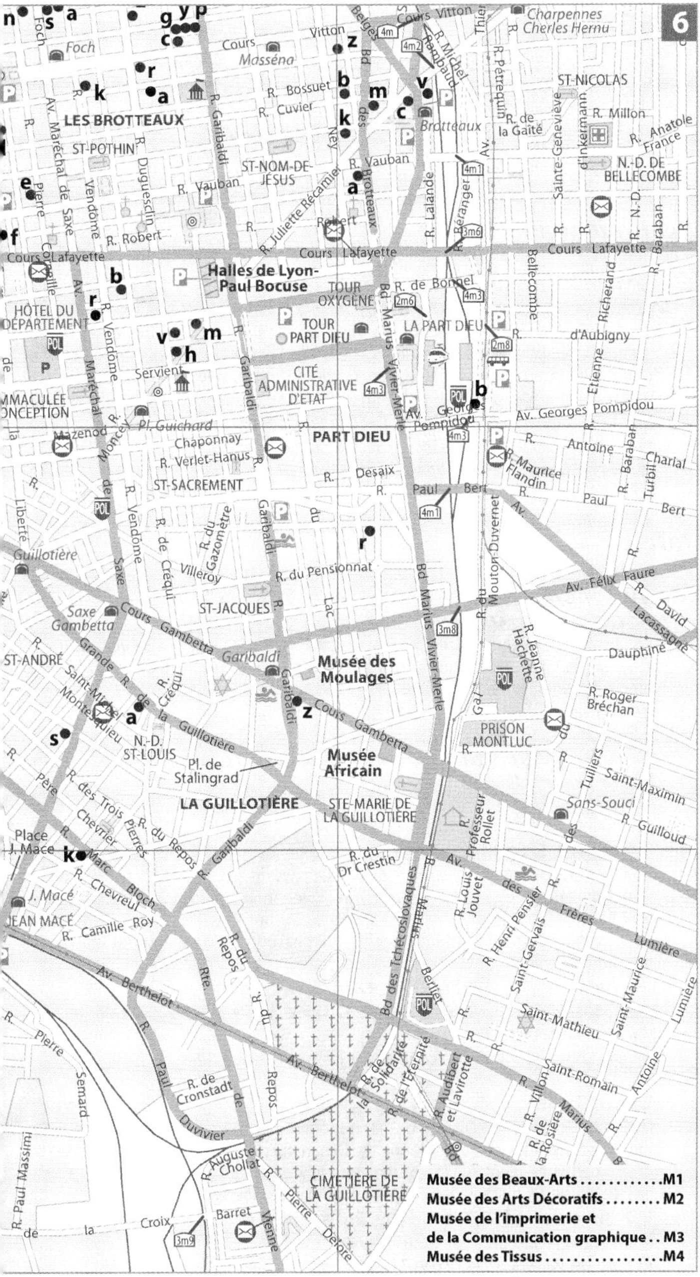
6
LES BROTTEAUX
ST-POTHIN
ST-NOM-DE-JÉSUS
Foch
Masséna
Brotteaux
Charpennes Charles Hernu
ST-NICOLAS
N.-D. DE BELLECOMBE
Halles de Lyon-Paul Bocuse
TOUR OXYGÈNE
TOUR PART DIEU
LA PART DIEU
CITÉ ADMINISTRATIVE D'ETAT
HÔTEL DU DÉPARTEMENT
IMMACULÉE CONCEPTION
PART DIEU
ST-SACREMENT
ST-JACQUES
Guillotière
Saxe Gambetta
Garibaldi
ST-ANDRÉ
Musée des Moulages
N.-D. ST-LOUIS
Pl. de Stalingrad
Musée Africain
LA GUILLOTIÈRE
STE-MARIE DE LA GUILLOTIÈRE
PRISON MONTLUC
Sans-Souci
Place J. Macé
J. Macé
JEAN MACÉ
CIMETIÈRE DE LA GUILLOTIÈRE
Cours Vitton
Cours Lafayette
Cours Gambetta
Av. Georges Pompidou
Av. Félix Faure
Av. des Frères Lumière
Av. Berthelot
Bd des Brotteaux
Bd Marius Vivier-Merle
Bd des Tchécoslovaques
R. Garibaldi
R. Vendôme
R. Duguesclin
R. Paul Bert
R. de la Guillotière
R. Paul Duvivier
Rte de Vienne
Musée des Beaux-Arts M1
Musée des Arts Décoratifs M2
Musée de l'imprimerie et
de la Communication graphique .. M3
Musée des Tissus M4

3
4
5

G H

Cinq Mains

CUISINE MODERNE • BISTRO Dans ce quartier très touristique en bord de Saône, cette maison en pierre apparente est désormais le fief de Grégory Cuilleron, entouré de son frère et d'un ami. La cuisine penche nettement du côté bistronomique et moderne, et s'accompagne d'une sélection de petits vins bien choisis - la passion des trois associés.

Formule 16 € - Menu 19 € (déj. en semaine)/28 € - Carte 32/49 € dîner

Plan : 5F3-z - *12 r. Mgr-Lavarenne ✉ 69005 - ✆ 04 37 57 30 52*

Les Bouchons

Daniel et Denise Saint-Jean

CUISINE LYONNAISE • BOUCHON LYONNAIS À deux pas de la cathédrale St-Jean, ce bouchon emblématique du Vieux Lyon est aujourd'hui mené par le chef Joseph Viola (Meilleur Ouvrier de France en 2004), déjà connu pour son Daniel et Denise du 3e arrondissement. Au menu de cet opus, une cuisine lyonnaise non moins gourmande, généreuse et goûteuse : on se régale !

Formule 21 € - Menu 31/50 € - Carte 35/54 €

Plan : 5E3-n - *32 r. Tramassac ✉ 69005 Ⓜ Vieux Lyon - ✆ 04 78 42 24 62 - www.daniel-et-denise.fr - Fermé 31 déc.-3 janv., dim. et lundi*

Hôtels

Villa Florentine

HISTORIQUE • ROMANTIQUE Sur la colline de Fourvière, ce beau bâtiment Renaissance, devenu couvent et agrandi aux 18e-19e s., jouit d'une vue incomparable sur la ville. Les chambres dévoilent un raffinement rare. Voilà bien l'un des établissements les plus agréables de la ville…

24 chambres - 195/1200 € 195/1200 € - 5 suites - 27 € - ½ P

Plan : 3E3-s - *25 montée St-Barthélémy ✉ 69005 Ⓜ Fourvière - ✆ 04 72 56 56 56 - www.villaflorentine.com*

Les Terrasses de Lyon - voir les restaurants ci-dessus

Cour des Loges

LUXE • PERSONNALISÉ Voûtes, galeries, passages… tout le charme de la Renaissance au cœur du vieux Lyon, l'élégance contemporaine en prime. Ces cinq bâtiments anciens, reliés entre eux par des traboules, forment un ensemble cossu, sans même parler du bistrot et du restaurant gastronomique.

56 chambres - 222/422 € 244/704 € - 4 suites

Plan : 3F3-n - *6 r. du Bœuf ✉ 69005 Ⓜ Vieux Lyon - ✆ 04 72 77 44 44 - www.courdesloges.com*

Les Loges • **Café-Épicerie** - voir les restaurants ci-dessus

Lyon Ouest

BUSINESS • CONTEMPORAIN Un hôtel moderne dans un quartier en plein développement, sur les quais de Saône. Les chambres sont spacieuses et bien agencées ; certaines d'entre elles offrent une jolie vue sur la rivière. Le tout à deux pas de plusieurs restaurants et d'un complexe de cinémas.

102 chambres - 59/210 € 59/210 € - 15 €

Plan : 3E1-f - *50 quai Professeur Paul-Sédaillan ✉ 69009 Ⓜ Gare de Vaise - ✆ 04 72 66 01 01 - www.hotellyonouest.com*

Fourvière Hôtel

DEMEURE HISTORIQUE • DESIGN Sur la colline de Fourvière, à deux pas du théâtre antique, cet hôtel en briques rouges et pierres dorées a investi un ancien couvent du 19e s. : réception dans la magnifique chapelle, quand les chambres et le restaurant s'articulent autour du cloître. Une expérience presque mystique !

71 chambres - 104/299 € 104/399 € - 4 suites - 20 €

Plan : 5E4-a - *23 r. Roger Radisson* ✉ *69005* Ⓜ *Fourvière* - *04 74 70 07 00*
- *www.ehotels-lyon.com*

Dock Ouest

URBAIN • CONTEMPORAIN Un hôtel bien situé dans ce quartier flambant neuf, juste en face du "fast-food" de Paul Bocuse et d'un cinéma. Dans cet environnement accueillant, les chambres sont sobres et confortables (avec un coin kitchenette). Petit-déjeuner gourmand.

43 chambres - 75/242 € 75/242 € - 13 €

Plan : 1B1-b - *39 r. des Docks* ✉ *69009* Ⓜ *Gare de Vaise* - *04 78 22 34 34*
- *www.dockouest.com*

Collège

BUSINESS • PERSONNALISÉ Pupitres, cheval d'arçon, cartes géographiques : tout ici évoque l'école d'antan, dans un esprit design. Les chambres, dont certaines sont équipées d'un balcon ou d'une terrasse, sont d'une blancheur immaculée ; on peut aussi profiter du sympathique bar à goneries - les tapas lyonnaises !

40 chambres - 130/175 € 130/175 € - 17 €

Plan : 3F3-f - *5 pl. St-Paul* ✉ *69005* Ⓜ *Vieux Lyon* - *04 72 10 05 05*
- *www.college-hotel.com*

Presqu'Île · Croix-Rousse

1°-2°-4° ARRONDISSEMENTS

Restaurants

Mère Brazier (Mathieu Viannay)

CUISINE MODERNE • ÉLÉGANT XXX Figure tutélaire de la cuisine lyonnaise, Eugénie Brazier (1895-1977) s'est sans doute penchée sur le berceau de Mathieu Viannay, Meilleur Ouvrier de France. Il insuffle son talent et son inspiration au cœur de cette maison emblématique, entre classicisme de haute volée et esprit de création. Quelle belle continuité !

➜ Artichaut et foie gras. Poularde de Bresse demi-deuil. Paris-brest.

Formule 70 € - Menu 100/160 € - Carte 130/170 €

Plan : 3F2-a - *12 r. Royale* ✉ *69001* Ⓜ *Hôtel de Ville* - *04 78 23 17 20*
- *www.lamerebrazier.fr - Fermé 1 semaine en fév., 3 semaines en août, sam. et dim.*

Les Trois Dômes

CUISINE MODERNE • TENDANCE Au dernier étage de l'hôtel, une cuisine pleine de hauteur, jouant sur de somptueux accords mets et vins. D'une terrine de pot-au-feu de foie gras à un gigotin d'agneau du Limousin, les classiques sont revisités sans faute. Quant à la salle, élégante et épurée, elle offre une vue sur Lyon tout simplement magique...

➜ Quenelles de brochet, sauce écrevisse et pousses d'épinard. Filet de bœuf Salers, foie gras chaud, artichauts violets et sauce vin rouge. Macaron au chocolat nyangbo, glace safran.

Menu 47 € (déj.), 81/125 € – Carte 100/180 €

Plan : 5F4-p – *Hôtel Sofitel Lyon Bellecour, 20 quai Gailleton (8ème étage)*
69002 Ⓜ Bellecour
– 04 72 41 20 97 – www.les-3-domes.com
– Fermé août, dim. et lundi

Prairial (Gaëtan Gentil)

CUISINE MODERNE • DESIGN Gaëtan Gentil a repris au printemps 2015 ce restaurant de la Presqu'île, avec son cadre agréable – tables en bois brut, mur végétal... Il y décline ce qu'il appelle une "gastronomie décomplexée" : une cuisine de l'instant, résolument créative, dans laquelle le végétal domine.

➜ Cuisine du marché.

Formule 28 € – Menu 33 € (déj. en semaine), 53/79 €

Plan : 3-5F3-v – *11 r. Chavanne 69001 Ⓜ Cordeliers*
– 04 78 27 86 93 – www.prairial-restaurant.com – Fermé 19 fév.-6 mars, 27 août-18 sept., dim. et lundi

Balthaz'art

CUISINE MODERNE • BISTRO Presque au sommet de la Croix-Rousse, ce restaurant – l'ancien QG du PCF – se mérite ! Le rouge est omniprésent (comme il se doit), et l'œil se pose sur des reproductions de Picasso ou Modigliani : il y a de la fantaisie et de la beauté dans la déco comme dans l'assiette... et la carte change tous les deux mois.

Menu 17 € (déj. en semaine), 29/34 € – Carte 33/46 €

Plan : 3F2-m – *7 r. des Pierres-Plantées 69001 Ⓜ Croix-Rousse*
– 04 72 07 08 88 – www.restaurantbalthazart.com – Fermé 6-21 août, 24 déc.-1er janv., mardi midi, merc. midi, dim. et lundi

Les Saveurs de Py

CUISINE MODERNE • CONVIVIAL En plein cœur du quartier animé de la Croix-Rousse, l'un de ces petits bistrots contemporains, conviviaux et colorés comme on les aime. Aux fourneaux, un chef qui travaille avec talent des produits du marché, en osant de belles touches japonisantes ; les saveurs sont franches, et le rapport qualité-prix excellent.

Formule 16 € – Menu 18 € (déj.), 31/39 €

Plan : 3F2-n – *8 r. Pailleron 69004 Ⓜ Hénon*
– 04 78 28 80 86 – www.saveursdepy.fr
– Fermé août, dim. et lundi

Le Jean Moulin

CUISINE MODERNE • CONVIVIAL Très bon rapport qualité-prix dans ce bistrot élégant et chaleureux où officie Grégoire Baratier, jeune chef formé à bonne école (Bocuse, Viannay, Pic, etc.). Sa cuisine est à son image : à la fois vive, sérieuse, goûteuse, colorée et généreuse... On mange sans faim et sans chichis !

Formule 23 € – Menu 26 € (déj. en semaine)/29 €

Plan : 3F3-m – *22 r. Gentil 69002 Ⓜ Cordeliers*
– 04 78 37 37 97 – www.lejeanmoulin-lyon.com
– Fermé 3 semaines en août, dim. et lundi

Le Bistrot des Voraces

CUISINE TRADITIONNELLE • BISTRO Êtes-vous simplement gourmand... ou franchement vorace ? Dans tous les cas, ce bistrot de quartier de la Croix-Rousse saura vous combler : son jeune chef, Cédric Blin, a fait ses classes chez Gérard Boyer et Jean-Paul Lacombe, avant de se lancer ici en solo... Comme il a bien fait : le rapport plaisir-prix est excellent !

Formule 21 € - Menu 25/36 €

Plan : 3F2-t - *13 r. d'Austerlitz ✉ 69004 Ⓜ Croix-Rousse - ✆ 04 72 07 71 86 - www.bistrotdesvoraces.fr - Fermé 3 semaines en août, sam., dim. et féries*

L'Ourson qui Boit

CUISINE MODERNE • CONVIVIAL Le Tout-Lyon est fan de cet ourson ! C'est qu'il est craquant avec son décor de bistrot contemporain épuré comme une estampe... Un signe ? Le chef, Akira Nishigaki, a fait ses classes dans de belles maisons françaises. Résultat, la tradition lyonnaise et l'excellence japonaise fusionnent à prix imbattables ! Réservez à l'avance...

Menu 18 € (déj.)/32 €

Plan : 3F2-b - *23 r. Royale ✉ 69001 Ⓜ Croix-Paquet - ✆ 04 78 27 23 37 - Fermé 4 semaines en juil.-août, 2 semaines en déc., merc., dim. et fériés*

Brasserie Léon de Lyon

CUISINE TRADITIONNELLE • BRASSERIE Cette institution lyonnaise, fondée en 1904, a conservé son cadre cossu et son atmosphère conviviale. Pâté en croûte maison à l'ancienne, quenelle de brochet cuite au four, tarte aux pralines roses de Saint-Genix : difficile de résister à cette bonne cuisine, dans la droite ligne de la tradition lyonnaise !

Formule 23 € - Menu 26 € - Carte 43/52 €

Plan : 5F3-r - *1 r. Pleney (angle r. du Plâtre) ✉ 69001 Ⓜ Hôtel de Ville - ✆ 04 72 10 11 12 - www.leondelyon.com*

Le Passage

CUISINE CLASSIQUE • COSY Un Passage chaleureux, fait de boiseries, de tapisseries pourpres et de lustres en cristal. Honneur à la cuisine classique : tournedos de bœuf et foie gras poêlé, pâté de lapin en croûte, ou fricassée de Saint-Jacques aux épinards frais font partie des incontournables de la maison. Jolie terrasse.

Formule 22 € - Menu 45 € - Carte 47/90 €

Plan : 3-5F3-q - *8 r. Plâtre ✉ 69001 Ⓜ Hôtel de Ville - ✆ 04 78 28 11 16 - www.le-passage.com - Fermé dim., lundi et fériés*

La Tassée

CUISINE TRADITIONNELLE • ÉLÉGANT Une institution locale, tenue par la même famille depuis trois générations. Les incontournables de la maison : raie aux câpres, volaille fermière au vinaigre, gras double sauté à la lyonnaise... Ici, on cultive l'art de mêler tradition, terroir et esprit contemporain sans perdre son âme !

Menu 25 € (déj. en semaine), 32/81 € - Carte 43/82 €

Plan : 5F4-u - *20 r. de la Charité ✉ 69002 Ⓜ Bellecour - ✆ 04 72 77 79 00 - www.latassee.fr - Fermé 3 semaines en août, sam. en juil. et dim.*

La Voûte - Chez Léa

CUISINE TRADITIONNELLE • CONVIVIAL L'un des plus vieux restaurants de Lyon ! Une équipe dynamique accueille la clientèle avec le sourire ; dans cette chaleureuse atmosphère, on perpétue avec brio la tradition (saucisson chaud, tablier de sapeur, cervelle de canut, poulet au vinaigre de vin vieux...). Une valeur sûre !

Formule 21 € - Menu 30 € - Carte 36/46 €

Plan : 5F3-e - *11 pl. A.-Gourju ✉ 69002 Ⓜ Bellecour - ✆ 04 78 42 01 33 - www.lavoutechezlea.com*

Brasserie Georges

CUISINE TRADITIONNELLE • BRASSERIE XX "Bonne bière et bonne chère depuis 1836" : un slogan qui ne se dément pas ! La bière est effectivement brassée sur place ; on apprécie le cadre Art déco jalousement préservé et la spécialité de choucroute – un hommage aux origines alsaciennes du fondateur... Une véritable institution pour tous les Lyonnais.

Menu 23/28 € – Carte 28/50 €

Plan : 5F4-b – *30 cours de Verdun ✉ 69002 Ⓜ Perrache – ✆ 04 72 56 54 54 – www.brasseriegeorges.com*

Le Vivarais

CUISINE TRADITIONNELLE • CONVIVIAL XX Avant 1789, le pays de Vivarais couvrait l'actuelle Ardèche, au sud de Lyon ; plus de deux cents ans ont passé, mais ce terroir est toujours vivant ! Ici, le patron et sa fille cuisinent à quatre mains, proposant pâté en croûte maison, fond d'artichaut des Mères lyonnaises au foie gras et quenelle sauce Nantua... Miam !

Formule 23 € – Menu 29/39 € – Carte 37/61 €

Plan : 3-5F4-s – *1 pl. Gailleton ✉ 69002 Ⓜ Bellecour – ✆ 04 78 37 85 15 – www.restaurant-levivarais.fr – Fermé dim.*

L'Institut

CUISINE TRADITIONNELLE • ÉLÉGANT X Place Bellecour, le restaurant d'application de l'Institut Paul-Bocuse n'a rien d'une école ! Dans un décor très contemporain signé Pierre-Yves Rochon, avec des cuisines ouvertes sur la salle, les élèves délivrent une prestation exigeante. Les assiettes, fort bien maîtrisées, méritent une bonne note.

Carte 48/65 €

Plan : 5F4-g – *Hôtel Le Royal, 20 pl. Bellecour ✉ 69002 Ⓜ Bellecour – ✆ 04 78 37 23 02 (réservation conseillée) – www.institutpaulbocuse.com – Fermé 6-28 août, 24 déc.-8 janv., dim. et lundi*

Augusto

CUISINE ITALIENNE • COSY X Difficile de ne pas s'enthousiasmer devant le travail d'Augusto, le jeune chef brésilien – très investi – aux commandes de ce restaurant... italien ! De beaux produits, une exécution précise, des assiettes parfumées et colorées comme il se doit : séduisant jusque dans les détails, sans parler de l'accueil, charmant.

Formule 17 € – Menu 29 € (dîner) – Carte 35/49 € dîner

Plan : 5F3-g – *6 r. Neuve ✉ 69002 Ⓜ Cordelier – ✆ 04 72 19 44 29 (réservation conseillée) – Fermé 3 semaines en août, dim. et lundi*

Fond Rose

CUISINE CLASSIQUE • BRASSERIE X Une maison bourgeoise des années 1920 transformée en brasserie chic par le groupe Bocuse, avec sa terrasse entourée d'arbres centenaires : une certaine idée de la quiétude. La cuisine se révèle généreuse et savoureuse, dans la tradition des bords de Saône : grenouilles, quenelles, etc. Une certaine idée du goût !

Formule 27 € – Menu 31 € (semaine)/35 € – Carte 38/55 €

Plan : 3F1-v – *23 chemin de Fond-Rose ✉ 69300 Caluire-et-Cuire – ✆ 04 78 29 34 61 – www.nordsudbrasseries.com*

Le Sud

CUISINE MÉDITERRANÉENNE • BRASSERIE X Il y a quelque chose de l'élégance grecque dans le décor blanc et bleu de cette brasserie Bocuse située à deux pas de la place Bellecour. Et ce n'est pas un hasard : ici, c'est le Sud, les *penne rigate* à l'italienne, la soupe marseillaise et le tajine à l'orientale... Et ça l'est encore plus en été, en terrasse !

Formule 24 € – Menu 27 € (semaine)/33 € – Carte 39/65 €

Plan : 5F4-x – *11 pl. Antonin-Poncet ✉ 69002 Ⓜ Bellecour – ✆ 04 72 77 80 00 – www.nordsudbrasseries.com*

Le Centre

VIANDES • TENDANCE Georges Blanc, le célèbre chef de Vonnas, est à l'initiative de cette brasserie contemporaine. L'adresse est dédiée à la viande – de belles viandes : charolais, bœuf Wagyu, côtelettes d'agneau de Sisteron ou encore volaille de Bresse –, accompagnées d'un grand choix de garnitures et de sauces. Avis aux carnivores !

Formule 20 € – Menu 24 € (déj. en semaine), 26/32 € – Carte 45/76 €

Plan : 3F3-y – *14 r. Grolée 69002 Cordeliers – 04 72 04 44 44 – www.lespritblanc.com*

Le Potager des Halles

CUISINE TRADITIONNELLE • BISTRO Une table sympathique, entre quais de la Saône et halles de la Martinière. Foie gras poêlé, navet, orange et épices ; poitrine de cochon basque, hélianthe, salsifis, condiment airelles-grenade : les produits bio et la cuisine de marché sont à la fête !

Formule 17 € – Menu 39 € – Carte environ 46 €

Plan : 3F3-t – *3 r. de la Martinière 69001 Hôtel de Ville – 04 72 00 24 84 – www.lepotagerdeshalles.com – Fermé 3 semaines en août, dim. et lundi*

Substrat

CUISINE MODERNE • CONVIVIAL "Produits de la cueillette et vins à boire" : voici la promesse de cette table entre maison de campagne et atelier d'artisan... La promesse est tenue : ail des ours, airelles, cèpes, bolets et autres myrtilles accompagnent des assiettes savoureuses et débordantes de nature, accompagnées de beaux cépages. On se régale !

Formule 19 € – Menu 21 € (déj.), 32/62 € – Carte environ 38 €

Plan : 3F2-d – *7 r. Pailleron 69004 Hénon – 04 78 29 14 93 – www.substrat-restaurant.com – Fermé 1 semaine en mars, 3 semaines en août, sam. de juin à oct. et dim.*

Thomas

CUISINE MODERNE • BISTRO Sous l'égide d'un jeune chef à la passion communicative, une cuisine fine et savoureuse (carte renouvelée chaque mois) dans un bistrot contemporain et cosy. Le gibier est en bonne place sur la carte ; on y (re)trouve aussi l'un des classiques de la maison : le pain perdu.

Formule 17 € – Menu 21 € (déj.), 33/45 €

Plan : 5F4-w – *6 r. Laurencin 69002 Bellecour – 04 72 56 04 76 – www.restaurant-thomas.com – Fermé 24 déc.-2 janv., sam. et dim.*

Le Nord

CUISINE TRADITIONNELLE • VINTAGE La plus petite (façon de parler !) des brasseries Bocuse, organisée en plusieurs espaces dont une véranda sur la rue et des salons privatifs à l'étage. En cuisine, la brigade a évidemment été à bonne école : la fraîcheur des produits est un dogme, et la tradition rime avec générosité et saveur. Une valeur sûre.

Formule 24 € – Menu 27 € (semaine)/33 € – Carte 36/62 €

Plan : 5F3-p – *18 r. Neuve 69002 Hôtel de Ville – 04 72 10 69 69 – www.nordsudbrasseries.com*

Café Terroir

CUISINE DU TERROIR • ÉPURÉ Dénicher les meilleurs produits de la région et en faire de belles assiettes gourmandes : tel est le crédo des deux jeunes patrons de ce Café Terroir, installé près du théâtre des Célestins. Les classiques maison : parmentier de volaille fermière de l'Ain, saucisson chaud pistaché, cervelle de canut...

Formule 15 € – Menu 21 € – Carte 28/43 €

Plan : 5F3-f – *14 r. d'Amboise 69002 Bellecour – 09 53 36 08 11 – www.cafeterroir.fr – Fermé dim. midi et lundi*

L'Ébauche

CUISINE MODERNE • BISTRO À deux pas des quais de Saône et des halles de la Martinière, ce repaire bistronomique est l'œuvre d'un jeune chef qui a été à bonne école (Mathieu Viannay, Guy Savoy, Pierre Gagnaire à Londres). Il décline une cuisine du marché simple et franche, avec par exemple un délicieux pâté en croûte... déjà un classique de la maison !

Formule 15 € – Menu 18 € (déj. en semaine)/30 €

Plan : 3F3-b – *4 r. de la Martinière ✉ 69001 Ⓜ Hôtel de Ville – ✆ 04 78 58 12 58 – Fermé dim. midi, mardi midi et lundi*

Le Canut et les Gones

CUISINE MODERNE • BAR À VIN Sur le plateau de la Croix-Rousse, un étonnant bistrot resté "dans son jus" : la salle à manger est couverte de pendules de toutes sortes, et l'on découvre des plats canaille où les produits frais sont à l'honneur, comme ce carpaccio de tête de veau et gratin d'andouillette... Accompagné d'un bon cru, beaujolais ou bourgogne !

Formule 18 € – Menu 20 € (déj. en semaine)/29 € – Carte environ 37 €

Plan : 3F2-e – *29 r. Belfort ✉ 69004 Ⓜ Croix Rousse – ✆ 04 78 29 17 23 – www.lecanutetlesgones.com – Fermé dim. et lundi*

Envie de partir à la dernière minute ? Visitez les sites Internet des hôtels pour bénéficier de promotions tarifaires.

L'Atelier des Augustins

CUISINE MODERNE • TENDANCE Passé par de belles maisons et ancien chef des ambassades de France à Londres et à Bamako, Nicolas Guilloton a quitté les ors protocolaires pour créer cet Atelier empreint de sobriété, mais où la cuisine reste une affaire capitale : il signe de jolies recettes, colorées et pleines de parfum, d'une belle modernité !

Formule 20 € – Menu 24 € (déj. en semaine), 33/41 € – Carte 40/57 €

Plan : 3F3-j – *11 r. des Augustins ✉ 69001 Ⓜ Hôtel de Ville – ✆ 04 72 00 88 01 – www.latelierdesaugustins.com – Fermé 1 semaine en mai, 2 semaines en août, 1 semaine à Noël, sam. midi, dim. et lundi*

Maison Villemanzy

CUISINE TRADITIONNELLE • BISTRO Perchée sur les pentes de la Croix-Rousse, cette maison offre en terrasse une vue splendide sur la ville. On y déguste les recettes familiales de la maison, comme cette spécialité estivale : les courgettes rondes farcies comme en Provence et jus de tomate au basilic... Une adresse qui tourne rond !

Formule 15 € – Menu 29 €

Plan : 3F2-h – *25 montée St-Sébastien ✉ 69001 Ⓜ Croix-Paquet – ✆ 04 72 98 21 21 (réservation conseillée) – www.maison-villemanzy.com – Fermé 1er-15 août, 23 déc.-6 janv., lundi midi et dim.*

La Terrasse St-Clair

CUISINE TRADITIONNELLE • BISTRO Hommage à la Fanny – tant redoutée des boulistes ! – dans ce restaurant sympathique et convivial, aux allures de guinguette. Bonne cuisine de tradition (tout est fait sur place, y compris les glaces !), terrasse sous les platanes et... terrain de pétanque évidemment.

Menu 29 €

Plan : 4G1-s – *2 Grande-Rue-St-Clair ✉ 69300 Caluire-et-Cuire – ✆ 04 72 27 37 37 – www.terrasse-saint-clair.com – Fermé 5-22 août, 23 déc.-7 janv., dim. et lundi*

Les bouchons

Daniel et Denise Croix-Rousse

CUISINE LYONNAISE • BOUCHON LYONNAIS Ce Daniel et Denise Croix-Rousse – le troisième du genre, après la rue de Créqui et le quartier St-Jean – rencontre le même succès que ses grands frères ! Il faut dire que Joseph Viola n'a pas son pareil pour proposer une cuisine lyonnaise fraîche et soignée, dans un délicieux décor de bouchon...

Menu 21 € (déj. en semaine)/31 € – Carte 37/52 €

Plan : 3F2-a – *8 r. de Cuire* Ⓜ *Croix-Rousse – ✆ 04 78 28 27 44 – www.daniel-et-denise.fr – Fermé dim. et lundi*

Le Garet

CUISINE LYONNAISE • BISTRO Une véritable institution bien connue des amateurs de cuisine lyonnaise : tête de veau, tripes, quenelles ou andouillettes se dégustent en toute convivialité dans un cadre exemplaire du genre. Le tout est complété par une ardoise du jour avec des plats du marché, aux prix raisonnables.

Menu 19 € (déj.)/27 € – Carte 24/42 €

Plan : 3F3-a – *7 r. du Garet ✉ 69001* Ⓜ *Hôtel de Ville – ✆ 04 78 28 16 94 (réservation conseillée) – Fermé 21 juil.-22 août, sam. et dim.*

Le Musée

CUISINE LYONNAISE • BISTRO Un bouchon sincère et authentique ! Nappes à carreaux, tables au coude-à-coude, et une sacrée ambiance : le décor est planté. En cuisine, le jeune chef réalise les classiques avec un vrai savoir-faire : saucisson pistaché brioché fait maison (il est aussi boulanger), langue d'agneau sauce ravigote... Que du bon !

Menu 24 € (déj.)/29 € – Carte environ 31 €

Plan : 5F3-c – *2 r. des Forces ✉ 69002* Ⓜ *Cordeliers – ✆ 04 78 37 71 54 (réservation conseillée) – Fermé août, 24 déc.-2 janv., sam. soir, dim. et lundi*

Le Poêlon d'or

CUISINE LYONNAISE • BISTRO On ne sait si le chef utilise effectivement un poêlon d'or ; en tout cas, il doit avoir un secret pour si bien revisiter le terroir lyonnais, et proposer une cuisine aussi goûteuse et parfaitement ficelée. Du gâteau de foie de volaille et coulis de tomate, à la quenelle de brochet en gratin et sauce béchamel... À découvrir !

Formule 17 € – Menu 20/32 € – Carte 26/50 €

Plan : 5F4-h – *29 r. des Remparts-d'Ainay ✉ 69002* Ⓜ *Ampère – ✆ 04 78 37 65 60 (réservation conseillée) – www.lepoelondor-restaurant.fr – Fermé 5-20 août, sam. et dim.*

Le Bouchon des Filles

CUISINE LYONNAISE • BISTRO À côté de la charmante place Sathonay, dans une petite rue pavée, une poignée de Filles tiennent ce bouchon de carte postale, aussi mignon que chaleureux. Côté cuisine, elles revisitent des plats de tradition lyonnaise avec une pointe de légèreté : c'est simple, frais, goûteux et généreux !

Menu 26/29 €

Plan : 3-5F3-w – *20 r. Sergent-Blandan ✉ 69001* Ⓜ *Hôtel de Ville – ✆ 04 78 30 40 44 – Fermé vacances de Noël et le midi sauf sam. et dim.*

La Meunière

CUISINE LYONNAISE • BISTRO Œuf meurette, quenelle de brochet, tête de veau sauce gribiche et tablier de sapeur : la plupart des spécialités du bouchon lyonnais sont au rendez-vous de cette vénérable maison. Le tout mis en orbite par deux associés – Franck Delhoum et Olivier Canal – déjà connus des gourmets de la région !

Formule 17 € – Menu 19 € (déj. en semaine), 29/36 € – Carte 32/45 €

Plan : 5F3-x – *11 r. Neuve ✉ 69001* Ⓜ *Hôtel de Ville – ✆ 04 78 28 62 91 – Fermé 3 semaines en août, 1 semaine à Noël, dim. et lundi*

Hôtels

Sofitel Lyon Bellecour

BUSINESS • CONTEMPORAIN Un Sofitel luxueux et élégant, de facture contemporaine, où la soie – fierté des célèbres canuts lyonnais – est à l'honneur ! Pour l'anecdote, Bill Clinton a séjourné dans la suite présidentielle. Deux options à l'heure des repas : les Trois Dômes ou le Silk (carte internationale, cadre zen).

135 chambres – 205/1200 € 205/1200 € – 29 suites – 26 €

Plan : 5F4-p – *20 quai Gailleton ✉ 69002 Ⓜ Bellecour – ✆ 04 72 41 20 20 – www.sofitel.com*

Les Trois Dômes – voir les restaurants ci-dessus

Lyon Métropole

BUSINESS • FONCTIONNEL Avis aux sportifs : cet hôtel abrite une piscine olympique et de nombreux équipements (fitness, courts de tennis et de squash, practices, superbe spa, etc.). Un vrai resort urbain ! Au restaurant, la carte met les produits de la mer à l'honneur.

174 chambres – 99/360 € 99/360 € – 20 € – ½ P

Plan : 3E1-k – *85 quai J.-Gillet ✉ 69004 – ✆ 04 72 10 44 44 – www.lyonmetropole.com*

Le Royal

LUXE • ÉLÉGANT Inauguré en 1912, le Royal séduit alors par son confort et son raffinement. Cent ans plus tard, cette institution n'a rien perdu de son charme et de son chic... Moulures, toiles de Jouy, mobilier bourgeois : l'élégance, tout simplement.

72 chambres – 140/500 € 160/500 € – 5 suites – 25 €

Plan : 5F4-g – *20 pl. Bellecour ✉ 69002 Ⓜ Bellecour – ✆ 04 78 37 57 31 – www.sofitel.com*

L'Institut – voir les restaurants ci-dessus

Carlton

BUSINESS • ART DÉCO Entièrement restauré en 2013, cet illustre établissement téléporte ses hôtes dans une atmosphère 1930, tout en dominantes de rouges. Les chambres sont spacieuses et bien aménagées, et l'ascenseur d'époque est magnifique. Le mariage du confort et du charme !

80 chambres – 155/530 € 155/530 € – 25 €

Plan : 5F3-v – *4 r. Jussieu ✉ 69002 Ⓜ Cordeliers – ✆ 04 78 42 56 51 – www.mgallery.com*

Globe et Cécil

TRADITIONNEL • CLASSIQUE Un hôtel de la fin du 19e s. à deux pas de la place Bellecour, avec des chambres charmantes (parquet et cheminée dans certaines) et bien tenues. Le grand hall et le salon offrent un confort de premier ordre.

60 chambres – 116/220 € 126/270 € – 18 €

Plan : 5F3_4-b – *21 r. Gasparin ✉ 69002 Ⓜ Bellecour – ✆ 04 78 42 58 95 – www.globeetcecilhotel.com*

Novotel Confluence

HÔTEL DE CHAÎNE • CONTEMPORAIN Dans ce quartier flambant neuf des bords de Saône, vous ne pouvez manquer cet hôtel à l'architecture résolument contemporaine. Un grand hall chaleureux, un restaurant au look design avec terrasse sur la rivière, de belles chambres aux équipements dernier cri...

150 chambres – 95/250 € 95/250 € – 3 suites – 17 €

Plan : 5E5-n – *3 r. Paul-Montrochet ✉ 69002 Ⓜ Perrache – ✆ 04 37 23 64 00 – www.accorhotel.com/7325*

Grand Hôtel des Terreaux

TRADITIONNEL • CLASSIQUE Chambres décorées avec goût, petite piscine intérieure sous des voûtes anciennes et service attentif : ce relais de poste du 19e s. est propice à un séjour rassérénant, au cœur de la ville.

53 chambres - 95/175 € 115/275 € - 16 €

Plan : 3F3-u - *16 r. Lanterne ✉ 69001 Ⓜ Hôtel de Ville - ✆ 04 78 27 04 10 - www.hotel-lyon-grandhoteldesterreaux.fr*

Hôtel des Artistes

BUSINESS • CONTEMPORAIN Impossible de manquer les trois coups depuis cet hôtel voisin du théâtre des Célestins, en plein centre-ville ! Et quand l'heure du repos a sonné, on file dans une chambre fraîche et bien entretenue.

45 chambres - 70/190 € 90/190 € - 14 €

Plan : 5F3-h - *8 r. Gaspard-André ✉ 69002 Ⓜ Bellecour - ✆ 04 78 42 04 88 - www.hoteldesartistes.fr*

Mercure Plaza République

BUSINESS • FONCTIONNEL Un agréable hôtel de chaîne situé tout près des quais du Rhône, dont toutes les chambres ont été récemment rénovées dans un style épuré et contemporain. Un coup de jeune salutaire !

82 chambres - 109/219 € 109/219 € - 20 €

Plan : 5F3-k - *5 r. Stella ✉ 69002 Ⓜ Cordeliers - ✆ 04 78 37 50 50 - www.mercure.com*

Alexandra

TRADITIONNEL • CONTEMPORAIN Entre Bellecour et Perrache, un hôtel dont la décoration fait la part belle aux plus beaux monuments de la ville. Les chambres sont plutôt cosy, et certaines d'entre elles offrent même une jolie vue sur les toits de la cité.

34 chambres - 109/299 € 109/299 € - 18 €

Plan : 5F4-r - *49 r.Victor-Hugo ✉ 69002 Ⓜ Ampère - ✆ 04 78 37 75 79 - www.hotel-alexandra-lyon.fr*

Hôtel des Célestins

TRADITIONNEL • FONCTIONNEL Entre la place Bellecour et les Célestins, un hôtel situé dans un immeuble d'habitation. Original ! Chambres agréables, dont trois jolies junior suites au 5e étage (grande douche à l'italienne, écran plat...).

29 chambres - 81/169 € 81/169 € - 11 €

Plan : 5F3-a - *4 r. des Archers ✉ 69002 Ⓜ Bellecour - ✆ 04 72 56 08 98 - www.hotelcelestins.com*

Les Brotteaux · La Part-Dieu · La Guillotière · Gerland

3e-6e-7e-8e ARRONDISSEMENTS

Restaurants

✿✿ Le Neuvième Art (Christophe Roure)

CUISINE CRÉATIVE • DESIGN XXX Dans sa nouvelle adresse lyonnaise, Christophe Roure a préservé le meilleur. Subtile inventivité, précision dans les mariages de saveurs, intelligence des textures : c'est de l'art ! Aucune faute de goût non plus dans la très belle carte des vins, avec près de 400 références.

➜ Royale de tourteau, râpée de poutargue et pois gourmands. Bœuf Wagyu cuit au feu de bois, céleri en croûte de sel et poudre de menthe. Soufflé chaud à la pistache, crème glacée pistache et guimauve vaporeuse.

Formule 48 € – Menu 88/148 € – Carte environ 105 €

Plan : 4H3-b – *173 r. Cuvier ✉ 69006 Ⓜ Brotteaux*
– ✆ 04 72 74 12 74 – www.leneuviemeart.com
– Fermé 19 fév.-6 mars, 6-29 août, dim. et lundi

✿ Pierre Orsi

CUISINE CLASSIQUE • BOURGEOIS XXXX Venez profiter de l'élégance et du confort cossu d'une opulente maison bourgeoise ! La grande tradition est à l'honneur dans l'assiette – foie gras, homard, turbot au beurre citronné, pigeonneau en cocotte – et le verre n'est pas en reste : la carte des vins, avec ses 1 000 références, est tout simplement exceptionnelle.

➜ Ravioles de foie gras de canard au jus de porto et truffes. Filet de bœuf au poivre vert de Madagascar. Crêpes Suzette au beurre d'orange.

Menu 65 € (déj. en semaine), 115/135 € – Carte 85/190 €

Plan : 4-6G3-c – *3 pl. Kléber ✉ 69006 Ⓜ Masséna*
– ✆ 04 78 89 57 68 – www.pierreorsi.com
– Fermé dim. et lundi sauf fériés

✿ Le Gourmet de Sèze (Bernard Mariller)

CUISINE CLASSIQUE • ÉLÉGANT XXX Son déménagement – un saut de puce dans la rue de Sèze – n'a en rien entamé l'appétit de ce Gourmet ! Dans un intérieur spacieux et chaleureux, on continue de profiter de l'inventivité et du sens du détail du chef, Bernard Mariller ; il rend toujours un bel hommage à ses maîtres, parmi lesquels Robuchon et Chavent.

➜ Coquilles Saint-Jacques d'Erquy. Poitrine de poulet fermier farci de ris de veau, racines de légumes et sauce poulette au fois gras. Fraîcheur de menthe dans une tarte aux fruits rouges.

Formule 38 € – Menu 56/120 €

Plan : 4GH3-z – *125 r. de Sèze ✉ 69006 Ⓜ Masséna*
– ✆ 04 78 24 23 42 (réservation conseillée)
– www.le-gourmet-de-seze.com
– Fermé 15-18 fév., 29 juil.-24 août, dim., lundi et fériés

Un important déjeuner d'affaires ou un dîner entre amis ?
Le symbole ⯐ vous signale les salons privés.

Takao Takano

CUISINE CRÉATIVE • DESIGN Comment ne pas être séduit par le sens de la précision du chef japonais Takao Takano, l'humilité du chef devant les produits, l'absolu respect des saveurs, la subtilité de ses compositions ? Attention, c'est exquis. La réservation s'impose.

→ Langoustine, concombre et raifort. Rouget barbet, persil et encornet. Mirabelle, fromage blanc et tilleul.

Menu 35 € (déj. en semaine), 60/90 €

Plan : 4G3-n – *33 r. Malesherbes ✉ 69006 Ⓜ Foch – ✆ 04 82 31 43 39 (réservation conseillée) – www.takaotakano.com – Fermé 3 semaines en août, dim. et lundi*

L'Alexandrin (Laurent Rigal)

CUISINE MODERNE • TRADITIONNEL Cet Alexandrin fait rimer originalité avec générosité, sur la base de beaux produits du terroir. Végétarien, répertoire lyonnais revisité, ou pure création : chaque menu propose une variation gourmande dans une ambiance feutrée. Nouveauté : la table d'hôte de quatre convives située en cuisine, au cœur de l'action !

→ Salade de tête de veau panée, escargots en persillade et petits poireaux en vinaigrette. Volaille de Bresse au vinaigre, girolles sautées et petits légumes glacés. Madeleines au chocolat guanaja, marmelade d'orange confite.

Formule 28 € – Menu 38 € (déj. en semaine), 60/115 €

Plan : 4G3-h – *83 r. Moncey ✉ 69003 Ⓜ Place Guichard – ✆ 04 72 61 15 69 – www.lalexandrin.fr – Fermé 30 juil.-23 août, dim. et lundi*

Maison Clovis (Clovis Khoury)

CUISINE MODERNE • CONTEMPORAIN Mobilier en bois exotique, tons gris métallisé : l'endroit est design et élégant, sans être guindé. Fin cuisinier, Clovis Khoury signe des créations de saison franchement originales et au moins aussi savoureuses, dans lesquelles infusent ses origines libanaises...

→ Oursin d'Islande servi dans sa coque, cuisses de grenouilles et raviole de champignons. Lotte confite et marinée servie dans l'esprit d'un tajine. Soufflé chocolat grand cru et menthe poivrée.

Formule 32 € – Menu 59/95 € – Carte 60/110 €

Plan : 4H3-m – *19 bd Brotteaux ✉ 69006 Ⓜ Brotteaux – ✆ 04 72 74 44 61 – www.maisonclovis.com – Fermé 30 avril-8 mai, 6-28 août, 1er-8 janv., dim. et lundi*

Le Passe Temps (Younghoon Lee)

CUISINE CRÉATIVE • ÉPURÉ M. Lee, natif de Séoul, a apporté un peu de son pays natal dans le quartier des Brotteaux : avec un sens aigu de l'esthétisme et des saveurs, il réinterprète la cuisine française en l'habillant de touches coréennes. Sa spécialité, le foie gras aux racines et légumes dans un bouillon de soja, est tout simplement délicieuse !

→ Foie gras, bouillon de soja et oignon cébette. Agneau de lait, ail des ours et courgette. Fraises au thé vert, mascarpone.

Menu 30 € (déj. en semaine), 50/70 €

Plan : 4G3-y – *52 r. Tronchet ✉ 69006 Ⓜ Masséna – ✆ 04 72 82 90 14 (réservation conseillée) – www.lepassetemps-restaurant.com – Fermé août, dim., lundi et fériés*

Miraflores (Carlos Camino)

CUISINE PÉRUVIENNE • INTIME Le jeune chef, natif du Pérou, vous entraîne dans un réjouissant voyage culinaire franco-péruvien. Tous les produits péruviens sont bio, comme le aji (piment), camu camu (fruit) ou huacatay (menthe noire). Le nom de ces ingrédients ne vous dit rien ? En fin de carte, un lexique est là pour vous éclairer...

→ Ceviche de maigre mariné au citron vert, coriandre, aji limo, maïs chulpe et camu camu. Pigeonneau rôti, sauce à la bière malta, huacatay, risotto de quinoa noir et blanc. Velours et contrastes de cacao péruvien.

Menu 47/90 € – Carte 60/80 €

Plan : 4G3-p – *60 r. Garibaldi ✉ 69006 Ⓜ Massena – ✆ 04 37 43 61 26 (réservation conseillée) – www.restaurant-miraflores.com – Fermé 3 semaines en août, dim., lundi et le midi*

33 Cité

CUISINE TRADITIONNELLE • BRASSERIE Trois chefs de talent – Mathieu Viannay (MOF en 2004), Christophe Marguin et Frédéric Berthod (passé par la "case" Bocuse) – se sont associés pour créer cette brasserie sympathique et gourmande, ouvrant sur le parc de la Tête-d'Or. Au menu : les belles spécialités du genre !

Formule 22 € – Menu 27 € – Carte 33/59 €

Plan : 4H1-t – *33 quai Charles-de-Gaulle ✉ 69006 – ✆ 04 37 45 45 45 – www.33cite.com – Fermé 3 semaines en août*

Imouto

FUSION • DESIGN Originaire du Vietnam, Gaby Didonna a ouvert son Imouto ("petite sœur", en japonais) dans un quartier populaire de Lyon. Il y cuisine en duo, avec Guy Kendell, son second australien. Résultat : de savoureuses recettes fusion, entre tradition française et influences nippones. Goûteux et toujours bluffant !

Menu 21 € (déj.), 32/64 €

Plan : 6F4-n – *21 r. Pasteur ✉ 69007 Ⓜ Guillotière – ✆ 04 72 76 99 53 (réservation conseillée) – Fermé dim. et lundi*

Jour de Marché

CUISINE MODERNE • BISTRO Ce petit restaurant bistronomique, situé à deux pas des quais, porte bien son nom : le menu évolue jour après jour en fonction du marché, et séduit par son tempérament ludique, presque primesautier. Le service, attentionné, apporte la touche finale. Réjouissant !

Formule 19 € – Menu 22 € (déj.), 32/38 € – Carte 34/59 €

Plan : 4G3-d – *14 r. Molière ✉ 69006 Ⓜ Foch – ✆ 04 78 24 74 59 – Fermé 1 semaine vacances de Noël, lundi soir, mardi soir, sam. midi, dim. et fériés*

M Restaurant

CUISINE DU MARCHÉ • BRANCHÉ Voilà un lieu qui met de bonne humeur : pan de mur orangé, fauteuils design, tables en chêne brut, on s'y sent bien... En cuisine, la partition est dirigée par un ancien de Léon de Lyon, qui a su adapter son savoir-faire et son sérieux à l'air du temps, et proposer notamment un appétissant menu du marché : on M !

Formule 19 € – Menu 26/36 € – Carte environ 43 €

Plan : 4G3-s – *47 av. Foch ✉ 69006 Ⓜ Foch – ✆ 04 78 89 55 19 – www.mrestaurant.fr – Fermé 18-26 fév., 31 juil.-20 août, sam. et dim.*

L'Art et la Manière

CUISINE TRADITIONNELLE • BISTRO Un bistrot qui célèbre l'amitié, la cuisine du marché et ces vins gouleyants que l'on boit à prix doux. Une belle manière de découvrir le quartier de la Guillotière. Les habitués sont nombreux, pensez à réserver !

Formule 17 € – Menu 21 € (déj.), 30/45 €

Plan : 6G4-a – *102 Gde-Rue de la Guillotière ✉ 69007 Ⓜ Saxe-Gambetta – ✆ 04 37 27 05 83 (réservation conseillée) – www.art-et-la-maniere.fr – Fermé 3 semaines en août, sam. et dim.*

Danton

CUISINE MODERNE • CONVIVIAL Alexis Pouly, originaire des environs de Roanne, a travaillé dans de belles maisons avant de créer ce néobistrot convivial. Ses recettes vont à l'essentiel, dans une belle version canaille et gourmande (avec une carte des vins faisant honneur à la région, mais pas que). Sa marotte ? Les cuissons à basse température...

Formule 22 € – Menu 28/48 € – Carte 32/50 €

Plan : 6H4-r – *8 r. Danton ✉ 69003 Ⓜ Part Dieu – ✆ 04 37 48 00 10 – Fermé août, 1 semaine vacances de Noël, sam., dim. et fériés*

Les Bonnes Manières

CUISINE LYONNAISE • BISTRO X Attention à respecter les Bonnes Manières ! Règle n° 1 : bien choisir parmi de délicieux plats de bouchon lyonnais : andouillette à la fraise de veau ou tête de veau sauce ravigote ? Règle n° 2 : se régaler en profitant de l'ambiance animée et conviviale. Règle n° 3 : en sortant, prévoir de revenir au plus tôt !

Formule 15 € - Menu 20 € (déj.), 23/27 € - Carte 27/34 €

Plan : 6G4-a - *104 Gde-Rue de la Guillotière ✉ 69007 Ⓜ Saxe-Gambetta - ✆ 09 84 03 64 90 (réservation conseillée) - www.les-bonnesmanieres.fr - Fermé 3 semaines en août, lundi soir, sam. et dim.*

Le Kitchen Café

CUISINE MODERNE • BRANCHÉ X Dans le quartier des facultés Louis Lumière et Jean Moulin, ce Kitchen Café s'annonce comme un "must". Le cadre est minimaliste, avec huit petites tables carrées ; on savoure des assiettes faisant la part belle aux produits bio - notamment légumes - de la région... et de délicieux desserts !

Formule 19 € - Menu 23 € (semaine)/29 €

Plan : 5F4-a - *34 r. Chevreul ✉ 69007 Ⓜ Jean Macé - ✆ 06 03 36 42 75 (réservation conseillée) - www.lekitchencafe.com - Fermé lundi, mardi et le soir*

Sauf Imprévu

CUISINE TRADITIONNELLE • SIMPLE X Félix Gagnaire mène cet accueillant bistrot dont l'œil est rivé sur la tradition. Terrine "Marguerite" en hommage à son arrière-grand-mère, cocos de Paimpol aux coquillages, côte de bœuf grillée avec frites maison : la clientèle se régale de ces plats gourmands et copieux. Tout est frais et fait maison, tout tombe juste... et les prix sont raisonnables !

Formule 22 € - Menu 25 € - Carte environ 34 €

Plan : 4G3-e - *40 r. Pierre-Corneille ✉ 69006 Ⓜ Foch - ✆ 04 78 52 16 35 - Fermé 2 semaines en août, sam., dim. et le soir sauf jeudi*

Cazenove

CUISINE TRADITIONNELLE • COSY XX Un décor "so British", avec une ronde de sculptures en bronze et fauteuils Chesterfield... Dans cette atmosphère très chaleureuse, le jeune chef, d'origine chinoise, propose une cuisine de bistrot chic, classique et maîtrisée. L'adresse fait régulièrement salle comble !

Menu 38/48 € - Carte 52/127 €

Plan : 4-6G3-g - *75 r. Boileau ✉ 69006 Ⓜ Masséna - ✆ 04 78 89 82 92 - www.le-cazenove.com - Fermé août, 24 déc.-5 janv., sam. et dim.*

La Table 101

CUISINE MODERNE • CONTEMPORAIN X À côté des halles Paul-Bocuse, une table où les bons produits sont à la fête ! Dans l'assiette, le résultat est sans appel : une cuisine goûteuse, avec une touche créative maîtrisée. On est enthousiasmé jusqu'au dernier coup de fourchette, et l'addition, légère, achève de nous convaincre. Belle carte des vins.

Formule 21 € 🍷 - Menu 26 € (déj.), 31/46 € - Carte 46/56 €

Plan : 4G3-m - *101 r. Moncey ✉ 69003 Ⓜ Place Guichard - ✆ 04 78 60 90 23 - www.latable101.fr - Fermé 18-26 fév., 29 juil.-21 août, sam., dim. et fériés*

Café Sillon

CUISINE MODERNE • BISTRO X Retour gagnant pour Mathieu Rostaing-Tayard ! Après un tour du monde à la découverte des saveurs - de l'Italie au Pérou -, le jeune chef a créé ce restaurant aussi convivial qu'un bistrot de quartier. Son pari : partager ses recettes autour d'une cuisine de l'instant, fraîche et saisonnière, qui ne s'endort jamais !

Formule 19 € - Menu 23 € (semaine), 38/45 €

Plan : 6G4-s - *46 av. Jean-Jaurès ✉ 69007 Ⓜ Saxe Gambetta - ✆ 04 78 72 09 73 (réservation conseillée) - www.cafe-sillon.com - Fermé vacances de Noël, sam. midi, dim. et lundi*

Le Splendid

CUISINE TRADITIONNELLE • BRASSERIE Cette brasserie chic et confortable est marquée de l'empreinte de Georges Blanc (le grand chef de Vonnas). On lui doit les orientations de cette généreuse cuisine du terroir : grenouilles, volaille de Bresse, quenelles de brochet, etc. Aux murs, de grandes fresques murales évoquent les fameuses "mères" lyonnaises... La filiation, toujours !

Formule 24 € – Menu 26/57 € – Carte 45/60 €

Plan : 4H3-c – *3 pl. Jules-Ferry ✉ 69006 Ⓜ Brotteaux – ✆ 04 37 24 85 85 – www.lespritblanc.com*

L'Est

CUISINE TRADITIONNELLE • BRASSERIE Le charme ferroviaire ! Dans cette ancienne gare devenue une brasserie vivante et conviviale, des trains miniatures tournent au-dessus des têtes... Les grandes cuisines sont ouvertes sur la salle ; il en sort des plats du marché voyageurs et savoureux. L'une des brasseries "cardinales" de Paul Bocuse.

Formule 24 € – Menu 27/33 € – Carte 36/72 €

Plan : 4H3-v – *14 pl. Jules-Ferry (gare des Brotteaux) ✉ 69006 Ⓜ Brotteaux – ✆ 04 37 24 25 26 – www.poldeveloppement.com*

La Toscane

CUISINE ITALIENNE • BISTRO Une cuisine traditionnelle italienne à peine francisée, savoureuse, qui se fonde sur des produits frais et respecte les saisons ; le tout exécuté avec brio par un chef qui connaît son métier (un ancien de chez Georges Blanc). Le cadre, coloré et agréable, sait se faire discret, et le service est très sympathique.

Formule 18 € – Menu 22 € (déj. en semaine)/31 € – Carte 36/55 €

Plan : 4G2-m – *26 bis r. Duquesne ✉ 69006 Ⓜ Foch – ✆ 04 78 93 20 91 – Fermé 1 semaine en fév., 2-18 sept., sam. en juil.-août, lundi soir, mardi soir et dim.*

En Mets Fais ce Qu'il te Plaît

CUISINE MODERNE • BISTRO Plutôt bohème, ce restaurant ne se soucie guère des apparences : ses propriétaires japonais nous accueillent un peu comme à la maison... mais que l'on ne s'en formalise pas : dans l'assiette, on découvre de beaux produits, des sauces et cuissons millimétrées, des saveurs subtiles... D'une désarmante sincérité qui fait craquer !

Menu 28/52 €

Plan : 6F4-f – *43 r. Chevreul ✉ 69007 Ⓜ Jean Macé – ✆ 04 78 72 46 58 (réservation conseillée) – www.enmetsfaiscequilteplait.com – Fermé 3 semaines en août, vacances de Noël, sam. midi, dim. et fériés*

Le Bouchon Sully

CUISINE LYONNAISE • BISTRO Un petit bistrot ouvert par Julien Gautier (propriétaire du M Restaurant voisin) dans un esprit de bouchon modernisé : gâteau de foies de volaille, foie de veau en persillade et tête de veau sauce ravigote sont à l'ardoise, pour notre plus grand plaisir. C'est gourmand et bien exécuté.

Formule 18 € – Menu 22 € (semaine) – Carte 30/41 €

Plan : 4G3-a – *20 r. Sully ✉ 69006 Ⓜ Foch – ✆ 04 78 89 07 09 – www.lebouchonsully.com – Fermé 1er-8 mai, 31 juil.-22 août, sam. et dim.*

Bernachon Passion

CUISINE TRADITIONNELLE • SIMPLE On ne présente plus la célèbre chocolaterie lyonnaise Bernachon, dont le fils du fondateur a épousé l'aînée de Paul Bocuse. Les petits-enfants du grand chef sont aux commandes ! Au menu, de bonnes recettes traditionnelles (telles les quenelles de brochet et le pâté en croûte) et des pâtisseries... Bernachon, évidemment.

Menu 30 € – Carte 36/54 €

Plan : 4G3-r – *42 cours Franklin-Roosevelt ✉ 69006 Ⓜ Foch – ✆ 04 78 52 23 65 (réservation conseillée) – www.bernachon.com – Fermé 23 juil.-22 août, dim., lundi, fériés et le soir*

Le Café du Peintre

CUISINE LYONNAISE • BISTRO Ici règnent l'esprit bouchon et la grande tradition régionale. L'ambiance est familiale, animée et chaleureuse : en cuisine, Florence prépare une cuisine digne des mères lyonnaises (terrine maison, quenelles de brochet, tête de veau braisée au vin rouge) tandis que son fils Maxime assure l'animation en salle. Belle sélection de crus servis au pot lyonnais.

Menu 21 € (déj.)/25 € - Carte 33/40 €

Plan : 6H3-a - *50 bd des Brotteaux ✉ 69006 Ⓜ Brotteaux - ✆ 04 78 52 52 61 (réservation conseillée) - www.lecafedupeintre.com - Fermé 1 semaine en fév., 1 semaine mai, 3 semaines en août, sam., dim. et le soir sauf jeudi et vend.*

L'Argot

VIANDES • DE QUARTIER Belle idée que celle de Philippe et Audrey, les propriétaires des lieux : le client choisit sa pièce de viande dans l'armoire vitrée - bœuf limousin, de Galice, d'Aubrac, agneau de l'Aveyron, charcuteries basques... - et le chef l'accompagne de la garniture du jour. Simple et savoureux : une véritable boucherie !

Menu 15 € (déj. en semaine) - Carte 32/59 €

Plan : 4H3-k - *132 r. Bugeaud ✉ 69006 Ⓜ Brotteaux - ✆ 04 78 24 57 88 - Fermé dim., lundi et le soir sauf jeudi et vend.*

L'Âme Sœur

CUISINE MODERNE • SIMPLE On aime l'animation de ce repaire "bistronomique", qui emprunte son nom à un vin de Côte-Rôtie, produit par un ami du chef. La cuisine, au goût du jour, justifie le succès de l'endroit ; des menus à thèmes sont proposés selon les saisons : truffe, gibier, asperges... C'est savoureux et servi avec le sourire !

Menu 22 € (semaine), 34/58 € - Carte 30/62 €

Plan : 4G3-v - *209 r. Dugesclin ✉ 69003 Ⓜ Place Guichard - ✆ 04 78 42 47 78 (réservation conseillée) - Fermé août, lundi soir, sam. et dim.*

Chez Terra

CUISINE JAPONAISE • AUBERGE Encore un chef japonais installé à Lyon... mais celui-ci a choisi d'honorer non la cuisine française mais nippone ! Il a recréé une vraie izakaya, l'un de ces bistrots simples et conviviaux que l'on trouve partout au Japon. Au menu : salades, sashimis, ragoût, sushis... C'est fin, soigné et plein de saveurs.

Formule 12 € - Menu 15 € (déj.), 24/55 € - Carte 20/43 € dîner

Plan : 4G3-z - *81 r. Duguesclin ✉ 69006 Ⓜ Foch - ✆ 04 78 89 05 04 - Fermé 3 semaines en août, vacances de Noël, dim. et lundi*

Clos...Bis Ⓝ

CUISINE MODERNE • BAR À VIN Bonne nouvelle ! Voilà l'annexe "bar à vins" de Clovis Khoury (d'où le Clos... bis), située à deux pas de la maison mère. Installez-vous sur la grande table en chêne, et dégustez un verre de vin (500 références) accompagné de charcuterie, ou le menu du jour (escargots, seiche à la plancha) pour les grignoteurs ambitieux.

Formule 20 € - Menu 24 € (déj.), 28/39 € - Carte 31/39 €

Plan : 4H3-m - *19 bd des Brotteaux ✉ 69006 Ⓜ Brotteaux - ✆ 04 78 24 26 49 - fermé sam. et dim.*

Le Suprême Ⓝ

CUISINE CLASSIQUE • TRADITIONNEL Cette adresse va enchanter les Lyonnais. Un couple franco-coréen ayant travaillé chez Daniel Boulud, à New York, vient d'ouvrir ce bistrot éloigné des quartiers touristiques. On y sert une excellente cuisine bourgeoise, dont le gallinacé est l'invité d'honneur : gâteau de foie blond, suprême de volaille de Bresse...

Carte 38/54 €

Plan : 6G4-z - *106 cours Gambetta ✉ 69007 Ⓜ Garibaldi - ✆ 04 78 72 32 68 - fermé 3 semaines en août, 1 semaine en mars, sam. midi, dim. et lundi*

Les Apothicaires

CUISINE CRÉATIVE • BISTRO Tabata, jeune chef d'origine brésilienne et ex-Top Chef, a rencontré Ludovic Mey dans l'une des brasseries lyonnaises de Paul Bocuse. Ces deux-là ne se quittent plus ; dans une ambiance joyeuse de bistrot bobo (bibliothèque, banquettes), ils proposent une cuisine simple et bonne à midi, plus élaborée – voire créative – le soir.

Formule 22 € – Menu 26 € (déj. en semaine), 42/52 €

Plan : 4G3-k – *23 r. de Sèze ✉ 69006 Ⓜ Foch – ✆ 04 26 02 25 09 – www.lesapothicairesrestaurant.com – Fermé 31 juil.-23 août et 25 déc.-3 janv.*

Bouchons

Daniel et Denise Créqui

CUISINE LYONNAISE • BOUCHON LYONNAIS Joseph Viola – Meilleur Ouvrier de France – règne sur ce petit bouchon au décor sensiblement modernisé en 2015. Il propose des recettes traditionnelles parfaitement réalisées, à base de superbes produits, avec quelques suggestions de saison. Son plat fétiche ? Le pâté en croûte au ris de veau et foie gras...

Formule 21 € – Menu 31/50 € 🍷 – Carte 27/52 €

Plan : 4G3-b – *156 r. de Créqui ✉ 69003 Ⓜ Place Guichard – ✆ 04 78 60 66 53 (réservation conseillée) – www.daniel-et-denise.fr – Fermé sam., dim. et fériés*

Hôtels

Marriott Cité Internationale

HÔTEL DE CHAÎNE • CONTEMPORAIN Entre le Rhône et le parc de la Tête-d'Or, cet imposant hôtel en verre et brique rouge porte désormais la "griffe" Marriott. Les chambres sont toujours bien équipées, spacieuses et contemporaines ; on profite de grandes salles de réunions et d'un espace fitness.

199 chambres – 🚹90/450 € 🚹🚹90/450 € – 5 suites – ☕ 24 €

Plan : 4G1-a – *70 quai Charles-de-Gaulle ✉ 69006 – ✆ 04 78 17 50 50 – www.marriottlyon.com*

Crowne Plaza Cité Internationale

HÔTEL DE CHAÎNE • CONTEMPORAIN Un immeuble contemporain au sein de la Cité internationale (quartier d'affaires) dessinée par Renzo Piano, avec des chambres lumineuses, chaleureuses et bien conçues. Esprit bistronomique au restaurant.

156 chambres – 🚹85/440 € 🚹🚹85/440 € – 7 suites – ☕ 22 €

Plan : 4H1-g – *22 quai Charles-de-Gaulle ✉ 69006 – ✆ 04 78 17 86 86 – www.crownplaza.com/lyonciteintl*

Mercure Lyon Centre Saxe Lafayette

HÔTEL DE CHAÎNE • CONTEMPORAIN Cet ancien garage, bâti en 1932, est situé entre le quartier de la Part-Dieu et les quais du Rhône : un emplacement très pratique ! Les chambres sont spacieuses et élégantes, et le sous-sol abrite une petite piscine intérieure avec un fitness.

156 chambres – 🚹95/270 € 🚹🚹95/270 € – ☕ 19 € – ½ P

Plan : 4G3-r – *29 r. Bonnel ✉ 69003 Ⓜ Place Guichard – ✆ 04 72 61 90 90 – www.mercure-lyon-saxe-lafayette.com*

Okko

BUSINESS • DESIGN L'ancienne préfecture abrite ce nouvel établissement au mobilier design, qui regarde la colline de Fourvière. Le petit-déjeuner est de qualité (charcuterie et fromages lyonnais), les softdrinks sont compris dans le prix des chambres, aux draps en lin froissé. Salon de détente pour boire un verre.

85 chambres ☕ – 🚹110/180 € 🚹🚹110/230 €

Plan : 4G3-f – *14 bis quai Gén.-Sarrail ✉ 69006 Ⓜ Foch – ✆ 04 28 00 02 50 – http://lyonlafayette.okkohotels.com/*

Mama Shelter

BUSINESS • DESIGN Comme ses cousines de Paris et Marseille, cette Mama Shelter met en avant une déco branchée (béton brut, objets design, détails décalés...) et des chambres résolument contemporaines, tendance minimaliste. Quant au brunch, le dimanche, il ravira les amateurs !

156 chambres – 69/129 € 89/269 € – 16 €

Plan : 6G4_5-k – *13 r. Domer ✉ 69007 Ⓜ Jean Macé – ✆ 04 78 02 58 58 – www.mamashelter.com*

Ibis Styles La Part-Dieu

HÔTEL DE CHAÎNE • FONCTIONNEL Jouxtant la gare de la Part-Dieu, cet hôtel de chaîne dispose d'atouts notables : des chambres fonctionnelles et colorées, une insonorisation parfaite, et un parking public directement au sous-sol – ce qui se révèle précieux dans le quartier. Accueil aimable.

99 chambres – 79/199 € 89/209 € – ½ P

Plan : 6H3-b – *54 r. de la Villette ✉ 69003 Ⓜ Gare Part-Dieu – ✆ 04 72 68 25 40 – www.ibis-styles-lyon.com*

Autour de Lyon

à Collonges-au-Mont-d'Or 12 km au Nord par bords de Saône (D433, D51) – ✉ 69660 – 3 860 hab. – Alt. 176 m

Paul Bocuse

CUISINE CLASSIQUE • ÉLÉGANT XXXXX Temple de la grande cuisine, institution du service à l'ancienne... Le restaurant de Paul Bocuse est un véritable monument. Classique parmi les classiques, chaque assiette incarne l'une des plus belles pages de la gastronomie française. Le grand chef est entré dans l'Histoire : quel meilleur hommage que ces trois étoiles portées depuis 1965 !

➜ Soupe aux truffes noires V.G.E. Rouget en écailles de pommes de terre. Crème brûlée à la cassonade.

Menu 165/260 € – Carte 145/240 €

Plan : 1B1 – *40 quai de la Plage – ✆ 04 72 42 90 90 – www.bocuse.fr*

à St-Cyr-au-Mont-d'Or 10 km au Nord par rte de St-Cyr – ✉ 69450 – 5 480 hab. – Alt. 320 m

Le Comptoir Saint-Cyr

CUISINE MODERNE • AUBERGE X D'une salade d'été à un crémeux au chocolat, une bonne cuisine au goût du jour, préparée avec soin et générosité. On sent une vraie rigueur dans la sélection des produits. Le tout servi dans la chaleureuse ambiance d'une charmante auberge de village !

Formule 18 € – Menu 33/43 € – Carte 34/54 €

17 rte de Lyon – ✆ 04 78 83 30 52 – www.lecomptoirrestaurant.fr – Fermé dim. soir

L'Ermitage

BOUTIQUE HÔTEL · DESIGN Cet hôtel ne manque pas d'atouts : vue extraordinaire sur Lyon et les Monts-d'Or, cadre design et épuré pour une sérénité à son zénith. Dans la "cuisine à manger", on savoure de belles spécialités lyonnaises... Et la terrasse suspendue est superbe !

26 chambres – 100/235 € 100/235 € – 1 suite – 17 €

chemin de l'Ermitage, 2,5 km au sommet du Mont-Cindre – 04 72 19 69 69 – www.ermitage-college-hotel.com

à Villeurbanne 4 km à l'Est – 69100 – 146 282 hab. – Alt. 168 m

33 TNP

CUISINE TRADITIONNELLE · BRASSERIE Au sein du Théâtre National Populaire, une grande et belle brasserie avec un seul slogan : "Le meilleur à la portée de tous et de toutes les bourses." L'ambiance est conviviale et... populaire ; on bavarde en dévorant les bons classiques maison, tartare de bœuf, épaule d'agneau confite et œufs à la neige aux pralines...

Formule 16 € – Menu 19 € – Carte 31/45 €

Plan : 2C1-a – *8 pl. Lazare-Goujon Ⓜ Gratte-Ciel – 04 78 37 37 37 – www.33tnp.com – Fermé août, dim. et lundi*

à St-Priest 13 km au Sud-Est par D318 – 69800 – 42 488 hab. – Alt. 208 m

Le Cocon

CUISINE MODERNE · TENDANCE Au sein d'un hôtel très high-tech, cette table joue à 100% la carte du locavore : les fruits et légumes viennent majoritairement des productions locales (nombreux produits bio)... et du potager maison ! De jolies présentations, une cuisine bien appliquée : une bonne adresse.

Formule 20 € – Menu 36 € (semaine) – Carte 30/69 €

Plan : 2D3-a – *Golden Tulip Lyon Millénaire, 160 cours du 3e-Millénaire – 04 37 25 21 07 – www.lecocon-restaurant.com – Fermé 3 semaines en août, vend. soir, sam. et dim.*

Le Restaurant

CUISINE LYONNAISE · BISTRO Ce restaurant-bistrot au cadre simple et contemporain est situé à deux minutes chrono de la rocade Est de l'agglomération lyonnaise. Habitués et voyageurs de passage y dégustent une généreuse cuisine de tradition qui évolue tous les mois : gâteau de foie blond de volaille, paleron de veau braisé et légumes primeurs...

Menu 22/30 €

Plan : 2D3-b – *9 bis av. de la Gare – 04 78 21 14 43 – www.le-restaurant69.fr – Fermé lundi soir, mardi soir, merc. soir, sam. et dim.*

Golden Tulip Lyon Eurexpo

BUSINESS · CONTEMPORAIN Une architecture impressionnante, véritable mille-feuille de pierre, de bois et de verre ! Sur le site du parc technologique, cet hôtel labellisé Haute Qualité Environnementale offre espace, clarté et confort optimal. Très innovant.

133 chambres – 380/500 € 380/500 € – 2 suites – 17 €

Plan : 2D3-a – *160 cours du 3e-Millénaire – 04 37 25 25 25 – www.goldentuliplyon.com*

Le Cocon – voir les restaurants ci-dessus

à Tassin-la-Demi-Lune 5 km à l'Ouest (A6, sortie n° 36) – 69160 – 21 024 hab. – Alt. 220 m

Brasserie Halles 9

CUISINE LYONNAISE · BRASSERIE Dans un nouveau quartier de Tassin, cette brasserie – ouverte en 2012 – donne dans la modernité. Le cadre est résolument design ; on déguste par exemple du saumon frais fumé maison (le fumoir est visible à l'entrée du restaurant) ou un tartare 100% bœuf du Limousin haché au couteau. Ambiance décontractée.

Formule 21 € – Carte 30/54 €

Plan : 1A2-a – *3 promenade des Tuileries (angle av. Général-Leclerc) – 04 78 36 99 99 – www.halles9.com*

à Écully 7 km à l'Ouest (A6, sortie n° 36) - ✉ 69130 - 17 742 hab. - Alt. 240 m

Saisons

CUISINE TRADITIONNELLE • ÉLÉGANT XXX Ce château du 19e s., bordé d'un parc, abrite l'école hôtelière internationale patronnée par Paul Bocuse. Le restaurant n'a rien d'une mauvaise copie, au contraire : secondés par des professeurs de talent, dans un agréable cadre bourgeois, les élèves ne trichent ni avec les règles de la tradition, ni avec... les saisons !

Menu 32 € (déj. en semaine), 37/54 €

Plan : 1A1-b - *Château du Vivier, 1A chemin de Calabert - ✆ 04 72 18 02 20 (réservation conseillée) - www.institutpaulbocuse.com - Fermé 3 semaines en août, 2 semaines en déc., merc. soir, sam. et dim.*

Maison d'Anthouard

MAISON DE MAÎTRE • CLASSIQUE Située non loin de l'autoroute, dans le centre historique d'Écully, cette belle maison de maître aurait appartenu au général d'Anthouard, de l'armée napoléonienne... Cela explique peut-être les dimensions "impériales" de l'escalier, qui distribue fièrement des chambres élégantes et colorées.

16 chambres - †140/390 € ††140/390 € - ☕ 17 €

Plan : 1A1-e - *2 rte de Champagne - ✆ 04 78 36 56 89 - www.ma-hotel.com*

Les Hautes Bruyères

MAISON DE CAMPAGNE • PERSONNALISÉ Charme patiné, authenticité et sérénité à 10mn de l'effervescence lyonnaise : cette demeure de jardinier (19e s.), jadis rattachée au château voisin, cultive avec raffinement son esprit "maison de famille". Avec, en prime, une charmante chambre-roulotte dans le jardin.

5 chambres - †120/205 € ††135/280 € - ☕ 15 €

Plan : 1A1-d - *5 chemin des Hautes-Bruyères - ✆ 06 08 48 69 50 - www.lhb-hote.fr*

à Charbonnières-les-Bains 8 km au Nord-Ouest et N7 - ✉ 69260 - 4 851 hab. - Alt. 233 m

La Rotonde

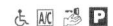

CUISINE MODERNE • ÉLÉGANT XXXX Moment de gastronomie dans ce beau domaine aux portes de la ville, à l'étage du casino Le Lyon vert, bel héritage de la période Art déco. La carte est empreinte de classicisme, mêlant recettes indémodables (du grand répertoire lyonnais) et influences plus originales.

➜ Pâté en croûte "Champion du Monde 2013". Turbot confit et escargots, pomme charlotte, céleri et sauce cresson. Finger praliné au citron, noisettes et crème glacée au chocolat gianduja.

Formule 37 € - Menu 45 € (déj.), 78/135 € - Carte 105/125 €

20 av. du Casino (Domaine du Lyon Vert) ✉ 69260 La Tour de Salvagny - ✆ 04 78 87 00 97 - www.restaurant-rotonde.com - Fermé 30 juil.-23 août, 2-9 janv., mardi midi, sam. midi, dim. et lundi

Le Pavillon de la Rotonde

LUXE • CONTEMPORAIN À deux pas du casino et dans un beau parc arboré, cet hôtel luxueux mêle contemporain et discrètes touches Art déco. Certaines chambres disposent d'un hammam et d'une terrasse... et l'on sert un copieux brunch le dimanche ! Une très belle adresse en périphérie de Lyon.

16 chambres - †150/570 € ††150/570 € - ☕ 22 € - ½ P

3 av. Georges-Bassinet - ✆ 04 78 87 79 79 - www.pavillon-rotonde.com - Fermé 30 juil.-23 août et 2-9 janv.

✿ **La Rotonde** - voir les restaurants ci-dessus

à Dardilly 13 km au Nord-Ouest par A6 puis D307 rte de Paris – ✉ 69570 – 8 519 hab. – Alt. 338 m

Bol d'Air

CUISINE TRADITIONNELLE • CONVIVIAL Dans cette jolie bâtisse de tradition, installée face à la mairie, le chef travaille de beaux produits frais en fonction du marché, déclinant sans complexe une cuisine canaille comme on l'aime, goûteuse et généreuse. Et l'hiver, en bon Chaurien, c'est le cassoulet de Castelnaudary qu'il ajoute à sa carte… Fameux.

Formule 16 € – Menu 19 € (déj.) – Carte 25/48 €

77 av. de Verdun – ✆ 04 78 66 14 55 – www.restoboldair.com – Fermé 3 semaines en août, vacances de Noël, lundi soir, sam. et dim.

LYONS-LA-FORÊT

27480 (Eure) - 744 hab. - Alt. 88 m - Carte régionale n° **17**-D2
Paris 104 km - Beauvais 57 km - Mantes-la-Jolie 66 km - Rouen 35 km
Carte Michelin 304-I5 - Guide Vert Michelin Normandie Vallée de la Seine

La Licorne Royale

CUISINE MODERNE • ÉLÉGANT Des produits de qualité, une technique soignée, des associations de saveurs équilibrées et subtiles, au service du goût : la promesse d'un repas délicieux, de surcroît dans un cadre intime et charmant, associant avec réussite rustique et contemporain.

➜ Foie gras de canard à l'anguille fumée, pomme granny smith et caramel. Ris de veau braisé, jus crémeux de pomme de terre à la cardamome. Tarte fine sablée au café et au chocolat noir.

Formule 49 € - Menu 59/169 € - Carte 75/100 €

Hôtel La Licorne, 27 pl. Isaac-Bensarade - 02 32 48 24 24 - www.hotel-licorne.com - Fermé merc. et le midi sauf sam. et dim.

Le Bistrot du Grand Cerf

CUISINE TRADITIONNELLE • BISTRO L'endroit possède un indéniable cachet avec ses colombages, ses briques, ses grosses poutres au plafond et son agréable terrasse dans la cour pavée. Escalope de foie gras de canard poêlée, blanquette de veau de nos grands-mères, etc. : la tradition bistrotière est de mise, sans oublier les fromages du pays !

Formule 20 € - Menu 33/45 € - Carte 36/56 €

Hôtel Le Grand Cerf, 31-32 pl. Isaac-Bensarade - 02 32 49 50 50 - www.grandcerf.fr - Fermé lundi et mardi

La Licorne

AUBERGE • PERSONNALISÉ Au cœur du joli village de Lyons et non loin de la superbe forêt domaniale, cette authentique Licorne normande a de beaux secrets à faire partager : ses chambres sont d'un raffinement très contemporain (douches à l'italienne, baignoires sur pieds, parquet...) et le spa Nuxe est une petite merveille !

21 chambres - 180/345 € 180/345 € - 5 suites - 18 € - ½ P

27 pl. Isaac-Bensarade - 02 32 48 24 24 - www.hotel-licorne.com

La Licorne Royale - voir les restaurants ci-dessus

Le Grand Cerf

AUBERGE • PERSONNALISÉ Sur la pittoresque place du village, célèbre pour sa halle du 18e s., ce Grand Cerf - arborant de beaux colombages - abrite des chambres au charme champêtre, voire "forestier", avec leur décor de branchages et même de bois de cerf ! Insolite et très cosy... À noter : on peut accéder au délicieux spa de l'hôtel La Licorne.

13 chambres - 170/295 € 170/295 € - 2 suites - 18 € - ½ P

31-32 pl. Isaac-Bensarade - 02 32 49 50 50 - www.grandcerf.fr

Le Bistrot du Grand Cerf - voir les restaurants ci-dessus

Les Lions de Beauclerc

AUBERGE • PERSONNALISÉ Meubles chinés et bibelots, tissus imprimés, atmosphère classique : au cœur du village, cette jolie maison en brique se révèle chaleureuse à souhait. On rugit de plaisir !

6 chambres - 90/115 € 90/115 € - 13 € - ½ P

7 r. de l'Hôtel-de-Ville - 02 32 49 18 90 - www.lionsdebeauclerc.com

LYS-ST-GEORGES

36230 (Indre) - 264 hab. - Alt. 200 m - Carte régionale n° **6**-C3
Paris 287 km - Argenton-sur-Creuse 29 km - Bourges 80 km - Châteauroux 29 km
Carte Michelin 323-G7 - Guide Vert Michelin Limousin Berry

Auberge La Forge

CUISINE TRADITIONNELLE • RUSTIQUE XX Cheminée, tomettes, poutres apparentes et tonnelle ombragée : rien ne manque dans cette auberge champêtre, étape incontournable sur le circuit "George Sand"... surtout si vous êtes amateur de saveurs du terroir. Les producteurs locaux sont à l'honneur ; la carte est vraiment alléchante et les prix très doux !

Menu 20 € (déj. en semaine), 32/51 € - Carte 46/64 €

7 r. du Château - 02 54 30 81 68 - Fermé 4-11 juil., 27 sept.-13 oct., 2-26 janv., dim. soir, mardi sauf juil.-août et lundi

MACHILLY

74140 (Haute-Savoie) - 983 hab. - Alt. 525 m - Carte régionale n° **25**-F1
Paris 548 km - Annemasse 11 km - Genève 21 km - Thonon-les-Bains 20 km
Carte Michelin 328-K3

Le Refuge des Gourmets (Jean-Marie et Hubert Chanove)

CUISINE CRÉATIVE • COSY XXX Ce restaurant cossu, d'inspiration Belle Époque, est un vrai refuge de gourmets ! Le chef et son fils concoctent une jolie cuisine classique rehaussée de touches créatives ; les menus sont déclinés autour d'une saison ou d'un produit (chasse, homard, morilles, truffe noire...).

→ Foie gras de canard mi-cuit et déclinaison de figue de Solliès. Lapin fourré aux cèpes, panais, sauce café, légèreté de pomme de terre. Café "imparfait" glacé, croquant et crémeux citron.

Menu 28 € (déj. en semaine), 46/90 € - Carte 95/120 €

90 rte des Framboises - 04 50 43 53 87 - www.refugedesgourmets.com - Fermé 27 fév.-8 mars, 14 août-6 sept., dim. soir, mardi midi et lundi

LA MACHINE (COL DE) - 26 (Drôme) → Voir St-Jean-en-Royans

MACINAGGIO - 2B (Haute-Corse) → Voir Corse

MÂCON

71000 (Saône-et-Loire) - 32 917 hab. - Alt. 175 m - Carte régionale n° **4**-C3
Paris 391 km - Bourg-en-Bresse 38 km - Chalon-sur-Saône 59 km - Lyon 71 km
Carte Michelin 320-I12 - Guide Vert Michelin Bourgogne

Pierre (Christian Gaulin)

CUISINE CLASSIQUE • ÉLÉGANT XXX Une grande cheminée, des pierres apparentes, des poutres ; la récente rénovation de la salle à manger n'a rien enlevé au charme des lieux ! Dans l'assiette, même élégance : Christian Gaulin marie classicisme, terroir et modernité... et le fait bien. Un hommage subtil rendu à la Bresse et à la Bourgogne.

→ Homard breton et truffe fraîche aux petits légumes, pointes d'asperges vertes épicées. Tournedos charolais au foie gras poêlé, sauce périgourdine et variation de légumes. Soufflé chaud aux griottines confites, sorbet et sauce à la liqueur.

Menu 28 € (déj. en semaine), 51/95 € - Carte 73/94 €

Plan : B2-k - *7 r. Dufour - 03 85 38 14 23 - www.restaurant-pierre.com - Fermé 6-14 mars, 26 juin-18 juil., mardi midi, dim. soir et lundi*

Le Poisson d'Or

CUISINE MODERNE • ÉLÉGANT XX Père et fils concoctent une jolie cuisine d'aujourd'hui, fine et précise, où un saumon d'Écosse fumé maison et écrasé de patates douces à l'huile d'olive, côtoie un pavé de sandre aux escargots sur un lit d'épinards frais. L'élégance de ces plats va à merveille avec la modernité du décor : on passe un beau moment.

Menu 28/82 € - Carte 61/84 €

Hors plan - *allée du Parc, au Nord par les bords de Saône - 03 85 38 00 88 - www.lepoissondor.com - Fermé 18-26 avril, 21 août-3 sept., 2-14 janv., lundi soir sauf de mai à sept., dim. soir, mardi soir et merc.*

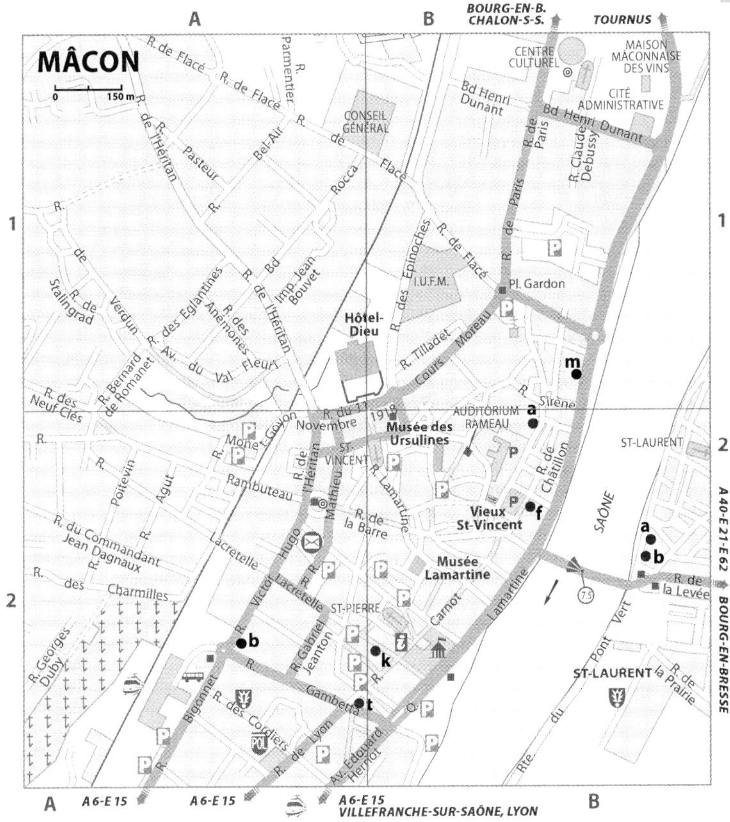

L'Ambroisie

CUISINE MODERNE • BISTRO Le classique de la maison ? Un filet de bœuf fumé au bois de hêtre et sa poêlée de champignons forestiers... La carte est "bistronomique" – comme le revendique le jeune patron – et évolue en fonction des saisons. Côté service, amabilité et attention sont de mise dans ce décor chaleureux et plutôt soigné.

Formule 15 € – Menu 17 € (déj. en semaine), 25/45 € – Carte 33/51 €

Hors plan – *103 r. Marcel-Paul (rd-pt de l'Europe), au Sud – 03 85 38 12 21 – www.lambroisie.fr – Fermé dim.*

L'Ardoise

CUISINE DU TERROIR • CONVIVIAL Les produits régionaux sont ici à l'honneur ! Aux manettes, le chef, Stéphane Chevauchet, concocte avec maîtrise toute une série de jolis plats du terroir, du jambon persillé à la cassolette de poulet de Bresse, en passant par le tournedos charolais... Le service est soigné et plein de gentillesse.

Formule 15 € – Menu 26/32 € – Carte 31/40 €

Plan : B2-f – *19 r. Franche – 03 85 31 62 26 – Fermé 6-21 août, 1er-9 janv., dim. et lundi*

Ma Table en Ville

CUISINE MODERNE • ÉLÉGANT Voilà peut-être l'archétype du bistrot du XXIe s. Dans un intérieur urbain et sobre, avec son éclairage composé d'ampoules suspendues à une ancienne tuyauterie, on choisit son plat et son vin sur une... tablette ! Le chef, épaulé par son épouse, a le souci du bon produit et réalise une cuisine séduisante et goûteuse.

Formule 19 € - Menu 25 € (déj. en semaine), 38/57 € - Carte 37/50 €

Plan : B2-a - *50 r. de Strasbourg - 03 85 30 99 91 - www.matableenville.fr - Fermé 1 semaine en mars, 1 semaine en juin, 1 semaine en sept. et 1 semaine en déc.*

L'Ethym'Sel

CUISINE TRADITIONNELLE • DESIGN Tout près des quais, un joli restaurant contemporain et reposant, où il fait bon s'attabler. On découvre une carte bien étoffée, au service d'une cuisine au goût du jour et d'inspiration traditionnelle. De quoi se laisser séduire, d'autant que contrairement aux plats, les prix ne font pas d'étincelles...

Formule 17 € - Menu 19 € (semaine), 34/53 € - Carte 40/51 €

Plan : A2-t - *10 r. Gambetta - 03 85 39 48 84 - Fermé 24 juil.-11 août, mardi soir et merc. de sept. à juin, dim. sauf le midi de sept. à juin et lundi en juil.-août*

Hôtel d'Europe et d'Angleterre

BUSINESS • CONTEMPORAIN Fondé en 1804, très couru entre les deux guerres - avec un restaurant trois étoiles ! -, ce fameux hôtel des bords de Saône a été rénové du sol au plafond. Décor moderne dans le hall, meubles contemporains et bons équipements dans les chambres : c'est une petite résurrection.

37 chambres - 78/229 € 78/229 € - 14 €

Plan : B1-m - *92 quai Jean-Jaurès - 03 85 38 27 94 - www.hotel-europeangleterre-macon.com*

Ibis Styles

BUSINESS • FONCTIONNEL En plein centre-ville, un bel immeuble en pierre dont l'intérieur a été entièrement rénové dans un style plutôt pop, avec des couleurs acidulées et un mobilier moderne. Côté cour, on découvre une grande piscine extérieure, au calme. Reposant !

56 chambres - 85/150 € 95/160 €

Plan : A2-b - *91 r. Victor-Hugo - 03 85 39 17 11 - www.accorhotels.com*

à St-Laurent-sur-Saône (01Ain) - 01750 - 1 770 hab. - Alt. 176 m

L'Autre Rive

CUISINE CLASSIQUE • ÉLÉGANT Nous voici sur "l'autre rive" de la Saône, face à Mâcon, où la vue sur les quais est imprenable ! On appréciera aussi le décor du restaurant, jouant sur des tons pastel, très tendance. Le chef est passionné par les vins - qu'il aime conseiller en salle - et sa cuisine honore les viandes du terroir comme les produits de la mer.

Formule 20 € - Menu 28/42 € - Carte 32/46 €

Plan : B2-a - *143 quai Bouchacourt - 03 85 39 01 02 - www.lautrerive.fr - Fermé 24 avril- 1er mai, 19-29 août, 23-30 déc., mardi midi, dim. soir et lundi*

Le Saint-Laurent

CUISINE TRADITIONNELLE • COSY Cette brasserie chic et rétro accueillit Mitterrand et Gorbatchev ! S'assirent-ils dans un coin de la grande terrasse, admirant la Saône et le vieux pont qui l'enjambe à cet endroit ? Se régalèrent-ils d'une poêlée de grenouilles en persillade ou d'un poulet de Bresse ? D'une jolie cuisine canaille, c'est certain.

Formule 18 € - Menu 22 € (déj. en semaine), 25/57 € - Carte 41/70 €

Plan : B2-b - *1 quai Bouchacourt - 03 85 39 29 19 - www.lespritblanc.com*

à Sennecé-lès-Mâcon 7,5 km au Nord – ✉ 71000 Macon

Auberge de la Tour

CUISINE TRADITIONNELLE • RUSTIQUE XX Le patron de cette auberge – un passionné du terroir – concocte une généreuse cuisine régionale, et l'établissement a tout le charme d'une vieille maison de province. Volaille de Bresse, chevreuil ou sanglier en civet et autre pigeonneau en crapaudine s'accompagnent d'un beau choix de vins du Mâconnais.

Formule 15 € – Menu 26/56 € – Carte 33/66 €

604 r. Vrémontoise
– ✆ 03 85 36 02 70 – www.auberge-tour.fr
– Fermé 14 fév.-7 mars, 29 mai-7 juin, 23 oct.-8 nov., dim. soir, mardi midi et lundi

Auberge de la Tour

AUBERGE • TRADITIONNEL Une sympathique auberge familiale et rustique, tout près de la tour de guet (la curiosité du village). Les chambres sont impeccablement tenues. L'occasion d'une étape viticole : la cave de la commune se trouve juste en face.

24 chambres – †60/75 € ††72/98 € – ☕ 12 € – ½ P

604 r. Vrémontoise – ✆ 03 85 36 02 70 – www.auberge-tour.fr
– Fermé 5 fév.-10 mars, 1er-8 juin, 24 oct.-9 nov., dim. soir, lundi et mardi midi

Auberge de la Tour – voir les restaurants ci-dessus

à Crèches-sur-Saône 8 km au Sud par N6 – ✉ 71680 – 2 887 hab. – Alt. 180 m

Hostellerie du Château de la Barge

CUISINE MODERNE • ÉLÉGANT XX L'équipe de cet élégant restaurant se met en quatre pour interpréter les classiques de la gastronomie du terroir. Au menu par exemple : volaille de Bresse, escargots, grenouilles... et un beau choix de pouilly-fuissé.

Formule 19 € – Menu 23 € (semaine), 30/96 € – Carte 60/80 €

rte des Bergers, 1 km au Nord-Ouest par D89
– ✆ 03 85 23 93 23 – www.chateaudelabarge.fr
– Fermé 23-27 déc.

Hostellerie du Château de la Barge

HISTORIQUE • CLASSIQUE Cette vaste demeure du 17e s. est cernée par un joli parc avec piscine, au pied des vignes. On vient s'y reposer dans une atmosphère qui balance entre classicisme et modernité, les chambres étant décorées dans un esprit contemporain. Une association de styles atypique.

22 chambres – †100/130 € ††120/180 € – 3 suites – ☕ 15 € – ½ P

rte des Bergers, 1 km au Nord-Ouest par D89
– ✆ 03 85 23 93 23 – www.chateaudelabarge.fr
– Fermé 23-27 déc.

Hostellerie du Château de la Barge – voir les restaurants ci-dessus

à Davayé 5 km au Sud-Ouest par D54 et D89 – ✉ 71960 – 677 hab. – Alt. 225 m

Auberge de la Patte d'Oie

CUISINE TRADITIONNELLE • SIMPLE X Estelle et David sont aux commandes de cet ancien restaurant ouvrier, situé sur la route de la Roche de Solutré (à 6 km). François Mitterrand y aurait sûrement fait étape en découvrant la généreuse et savoureuse cuisine d'Estelle, concoctée avec de beaux produits frais. Tout est fait maison, même le pain !

Menu 19/30 € – Carte 25/45 €

La Patte-d'Oie – ✆ 03 85 35 86 50 – www.lapattedoie.net
– Fermé 24 avril-4 mai, 5-19 août, lundi soir, mardi soir et merc.

à Fuissé 8,5 km au Sud-Ouest par D172 puis D54 – ✉ 71960 – 384 hab. – Alt. 290 m

L'O des Vignes

CUISINE MODERNE • TENDANCE XX Une charmante maison du début du 20e s., typique de la région. Dans une salle moderne et spacieuse, on déguste une cuisine actuelle, évoluant selon les saisons et le marché ; on peut aussi opter pour le petit bar à vins adjacent, où choucroute, blanquette et charcuteries régionales sont à l'ardoise.

Menu 26 € (déj. en semaine)/69 € – Carte 62/80 €

5 chambres – 95/135 € 95/135 €

r. du Bourg – 03 85 38 33 40 – www.lodesvignes.fr – Fermé vacances de la Toussaint, mardi et merc.

LA MADELAINE-SOUS-MONTREUIL – 62 (Pas-de-Calais) → Voir Montreuil

MADIRAN

✉ 65700 (Hautes-Pyrénées) – 443 hab. – Alt. 125 m – Carte régionale n° **15**-A2

Paris 753 km – Pau 51 km – Tarbes 41 km – Toulouse 154 km

Carte Michelin 342-L1

Le Prieuré

CUISINE MODERNE • ÉLÉGANT XX Cet ancien monastère du 11e s. abrite un restaurant au décor élégant (tons chocolat et vanille, toiles contemporaines, terrasse ombragée, etc.), mais aussi la maison des vins de Madiran. Des crus tout indiqués pour accompagner une cuisine qui honore les produits de la région avec finesse et originalité.

Menu 20 € (déj. en semaine), 34/50 € – Carte environ 45 €

9 chambres – 80/90 € 80/140 € – 10 €

4 r. de l'Église – 05 62 31 44 52 – www.leprieure-madiran.fr – Fermé 2 semaines en oct., 2-15 janv., dim. soir, mardi midi et lundi sauf juil.-août

MAGAGNOSC – 06 (Alpes-Maritimes) → Voir Grasse

LA MAGDELEINE – 16 (Charente) → Voir Barbézieux-St-Hilaire

MAGESCQ

✉ 40140 (Landes) – 1 935 hab. – Alt. 28 m – Carte régionale n° **2**-B2

Paris 722 km – Bayonne 45 km – Biarritz 52 km – Castets 13 km

Carte Michelin 335-D12 – Guide Vert Michelin Aquitaine

Relais de la Poste (Jean Coussau)

CUISINE CLASSIQUE • ÉLÉGANT XXX Une valeur très sûre : de père en fils, on cultive ici le classicisme de main de maître. Une partition exécutée dans les règles de l'art, au service de produits superbes et de saveurs pleines de naturel. Pour un grand repas, face à la pinède.

→ Variation de foie gras à la truffe. Filet de palombe rôti à l'os, salmis des cuisses, purée de châtaignes, et champignons sauvages. Soufflé au Grand Marnier et à l'orange sanguine.

Menu 57 € (semaine)/127 € – Carte 105/125 €

24 av. de Maremne – 05 58 47 70 25 (réservation conseillée) – www.relaisposte.com – Fermé 11 nov.-18 déc., 3-15 janv., jeudi midi en juil.-août, mardi sauf le soir en juil.-août et lundi

Côté Quillier

CUISINE MODERNE • BISTRO X Un élégant bistrot, entièrement dévolu à une bonne cuisine du marché ! Croustillant de pied de cochon, boudin noir sauce moutarde et purée de pommes de terre agria, tiramisu de fruits rouges, etc. On se régale sur la terrasse, avant de rejoindre le jardin où vous attend un jeu... de quilles. Ambiance conviviale.

Formule 22 € – Menu 26/43 € – Carte 27/48 €

26 av. de Maremne – 05 58 47 79 50 – www.relaisposte.com – Fermé 12 nov.-18 déc. et 3-15 janv.

Relais de la Poste

MAISON DE CAMPAGNE • PERSONNALISÉ Des tapis de fleurs, un verger, des ceps de vignes, de belles allées de pins, une superbe piscine... On ne se lasse pas de ce parc de 8 ha, ni des chambres d'ailleurs, spacieuses et très confortables. Un castel landais plein de caractère.

14 chambres – 220/520 € 220/520 € – 2 suites – 25 € – ½ P

24 av. de Maremne – 05 58 47 70 25 – www.relaisposte.com – Fermé 11 nov.-18 déc., 3-15 janv., lundi et mardi sauf juil.-août

Relais de la Poste – voir les restaurants ci-dessus

MAGNY-LE-HONGRE – 77 (Seine-et-Marne) → Voir Autour de Paris, (Marne-la-Vallée)

MAÎCHE

25120 (Doubs) – 4 331 hab. – Alt. 777 m – Carte régionale n° **9**-C2
Paris 498 km – Besançon 75 km – Belfort 60 km – Montbéliard 42 km
Carte Michelin 321-K3 – Guide Vert Michelin Franche-Comté Jura

à Mancenans-Lizerne 2,5 km à l'Est par D464 et D272 – 25120 – 186 hab. – Alt. 720 m

Au Coin du Bois

CUISINE TRADITIONNELLE • ÉLÉGANT XX Un joli chalet, à la fois simple et soigné, entouré de sapins et avec une agréable terrasse. Le jeune chef signe une cuisine soignée, réalisée avec de bons produits frais.

Formule 17 € – Menu 29/62 € – Carte 32/68 €

4 r. Sous-le-Rang, La Lizerne – 03 81 64 00 55 – www.restaurant-aucoindubois.com – Fermé 1er-9 fév., 29 juil.-8 août, 31 oct.-7 nov., merc. soir, dim. soir et lundi

MAILLANE – 13 (Bouches-du-Rhône) → Voir St-Rémy-de-Provence

MAINTENON

28130 (Eure-et-Loir) – 4 473 hab. – Alt. 109 m – Carte régionale n° **6**-C1
Paris 90 km – Chartres 19 km – Évry 77 km – Orléans 104 km
Carte Michelin 311-F4 – Guide Vert Michelin Île-de-France

Café Vauban (N)

CUISINE MODERNE • ÉLÉGANT XX Une bien agréable table que ce Café Vauban, qui donne joyeusement dans la bistronomie ! Avec des produits pleins de fraîcheur, le chef compose une bonne cuisine dans l'air du temps : grecque de légumes à la féta, assiette gourmande aux artichauts et foie gras, noisette d'agneau au pistou...

Formule 23 € – Menu 30 €

1 r. de la Ferté – 02 34 40 00 50 – www.castelmaintenon.com – Fermé sam. midi, dim. soir et lundi midi

Castel Maintenon (N)

RESORT • ÉLÉGANT Difficile de rivaliser avec ce superbe établissement, situé à deux pas du château de Maintenon, comprenant hôtel, restaurant, spa de 1000 m², golf et même une piscine d'eau de mer avec nage à contre-courant ! Les chambres, contemporaines, sont spacieuses. Carte bistronomique de qualité au restaurant.

80 chambres – 123/205 € 123/450 € – 4 suites – 18 € – ½ P

1 r. de la Ferté – 02 34 40 14 14 – www.castelmaintenon.com

Café Vauban – voir les restaurants ci-dessus

MAISONS-ALFORT - 94 (Val-de-Marne) ➔ Voir Autour de Paris

MAISONS-LAFFITTE - 78 (Yvelines) ➔ Voir Autour de Paris

MAISONS-LÈS-CHAOURCE - 10 (Aube) ➔ Voir Chaource

MALAUCÈNE

84340 (Vaucluse) - 2 684 hab. - Alt. 333 m - Carte régionale n° **21**-B2
Paris 673 km - Avignon 45 km - Carpentras 18 km - Vaison-la-Romaine 10 km
Carte Michelin 332-D8 - Guide Vert Michelin Provence

La Chevalerie

CUISINE TRADITIONNELLE • RUSTIQUE Près de l'église, une imposante bâtisse du 16e s. au charme simple : jardin de curé abondamment fleuri, terrasse couverte de glycine, décor provençal (chaises paillées, crépis ocre, etc.). Sans chichis, le chef joue la carte de la générosité : pissaladière de rouget, pieds et paquets, confit d'agneau en croûte d'herbes...

Formule 21 € - Menu 32/48 € - Carte 40/56 €

53 pl. de l'Église (Les Remparts) - 04 90 65 11 19 (réservation conseillée) - www.la-chevalerie.net - Fermé 1er-15 déc., 2-15 janv., mardi et merc. de janv. à mars, dim. soir et lundi

Le Domaine des Tilleuls

FAMILIAL • TRADITIONNEL Une magnanerie du 18e s. décorée dans le style provençal et très appréciée des randonneurs et des cyclistes. Préférez les chambres donnant sur le parc planté de platanes et de... tilleuls !

19 chambres - 76/110 € 76/110 € - 13 €

rte du Mont-Ventoux - 04 90 65 22 31 - www.hotel-domainedestilleuls.com - Ouvert de fin mars à début nov.

MALBUISSON

25160 (Doubs) - 757 hab. - Alt. 900 m - Carte régionale n° **9**-C3
Paris 456 km - Besançon 74 km - Champagnole 42 km - Pontarlier 16 km
Carte Michelin 321-H6 - Guide Vert Michelin Franche-Comté Jura

Le Bon Accueil (Marc Faivre)

CUISINE MODERNE • COSY Bon accueil et art de recevoir depuis quatre générations ! On fait une belle étape dans cette maison régionale, chaleureuse et confortable. À l'heure des repas, plaisirs de haute gastronomie : Marc Faivre signe une cuisine fine et savoureuse, où le terroir révèle une belle fraîcheur.

➔ Tarte fine à la saucisse de Morteau, étuvée de poireau et œuf poché. Féra du lac Léman à l'absinthe de Pontarlier. Sorbet à la gentiane, macaronade au pamplemousse.

Menu 47/85 € - Carte 80/105 €

13 chambres - 90/110 € 140 € - 13 €

32 Grande-Rue - 03 81 69 30 58 - www.le-bon-accueil.fr - Fermé 26 juin-10 juil., 30 oct.-15 nov., 18 déc.-18 janv., dim. soir sauf août, mardi midi et lundi

Le Lac

FAMILIAL • VINTAGE Postée sur la rue principale de Malbuisson, cette imposante maison cache un jardin qui descend vers le lac... L'établissement est dans la même famille depuis trois générations et ne cesse d'évoluer, mêlant esprit rétro et modernité - le tout fort bien tenu. Copieux petit-déjeuner, pâtisseries maison au salon de thé, fondues et raclettes au bien nommé Restaurant du Fromage.

53 chambres - 60/76 € 74/192 € - 3 suites - 12 € - ½ P

65 Grande-Rue - 03 81 69 34 80 - www.hotel-le-lac.fr - Fermé 21-27 oct. et 13 nov.-8 déc.

La Poste

FAMILIAL • À LA CAMPAGNE Un sympathique petit hôtel familial, dont les chambres arborent un style champêtre, une partie donnant sur le lac de St-Point, bien au calme. Cuisine du terroir au restaurant.

10 chambres - 55/68 € 60/68 € - 12 € - ½ P

61 Grande-Rue - 03 81 69 79 34 - www.hotel-le-lac.fr - Fermé 13 nov.-13 déc.

Beau Site

FAMILIAL • FONCTIONNEL Surplombant le lac St-Point, ce beau bâtiment d'architecture italienne abrite des chambres simples et fonctionnelles. On y propose de nombreux services bien utiles : parking privé, local à vélos, piscine... et bibliothèque !

17 chambres - 40/55 € 40/62 € - 12 €

67 Grande-Rue - 03 81 69 70 70 - www.hotel-le-lac.fr - Fermé 13 nov.-8 déc.

aux Granges-Ste-Marie 2 km au Sud-Ouest - 25160 Labergement Ste Marie

Auberge du Coude

AUBERGE • TRADITIONNEL Lovée près d'un coude du lac de St-Point, cette maison en pierre (1826) s'intègre tout naturellement au paysage verdoyant du haut Doubs. Les chambres sont simples et bien tenues. Nature autant que chaleureux !

11 chambres - 75/95 € 75/95 € - 9 € - ½ P

1 r. du Coude - 03 81 69 31 57 - www.aubergeducoude.com - Fermé 14 nov.-15 déc.

LA MALÈNE

48210 (Lozère) - 158 hab. - Alt. 450 m - Carte régionale n° **12**-C1

Paris 609 km - Florac 41 km - Mende 41 km - Millau 44 km

Carte Michelin 330-H9

au Nord-Est 5,5 km sur D907bis - 48210 Ste-Énimie :

Château de la Caze

DEMEURE HISTORIQUE • PERSONNALISÉ Sur les rives du Tarn, un superbe château fortifié construit au 15e s. Mobilier ancien, tours crénelées, baldaquins et vieilles pierres : rien ne manque ! Une atmosphère résolument châtelaine au cœur d'une nature préservée.

16 chambres - 134/320 € 134/320 € - 8 suites - 16 € - ½ P

rte des Gorges-du-Tarn - 04 66 48 51 01 - www.chateaudelacaze.com - Ouvert d'avril à début nov. et fermé merc. et jeudi hors saison

MALICORNE-SUR-SARTHE

72270 (Sarthe) - 1 953 hab. - Alt. 39 m - Carte régionale n° **18**-C2

Paris 236 km - Château-Gontier 52 km - La Flèche 16 km - Le Mans 32 km

Carte Michelin 310-I8 - Guide Vert Michelin Pays de la Loire

La Petite Auberge

CUISINE MODERNE • RUSTIQUE L'été, on s'attable en terrasse, à fleur d'eau, et l'hiver, on se réfugie auprès de la belle cheminée du 13e s., dans un cadre délicieusement vieille France. Popcorn de foie gras et crème de maïs ; noix de Saint-Jacques au yuzu... Les produits du terroir sont joliment agrémentés : une petite auberge comme on les aime !

Formule 21 € - Menu 32/59 € - Carte 42/58 €

5 pl. Duguesclin - 02 43 94 80 52 - www.petite-auberge-malicorne.fr - Fermé 23 déc.-28 fév., le soir sauf sam. de sept. à avril, mardi soir en mai et juin et lundi

MALLEMORT

13370 (Bouches-du-Rhône) - 6 197 hab. - Alt. 120 m - Carte régionale n° **21**-B2

Paris 723 km - Avignon 45 km - Marseille 72 km - Nîmes 96 km

Carte Michelin 340-G3

Moulin de Vernègues

SPA ET BIEN-ÊTRE • CONTEMPORAIN Adossé au golf du Pont-Royal, cet ancien moulin à grain abrite des chambres sobres et fonctionnelles, dont certaines ont gardé le cachet de l'ancien (vieilles pierres). Le joli spa avec sauna et hammam, ainsi que l'espace fitness, en font une étape très appréciable.

100 chambres – 139/399 € 130/399 € – 15 € – ½ P

Domaine et golf de Pont-Royal – 04 90 59 12 00 – www.moulindevernegues.com

MALLING

57480 (Moselle) – 603 hab. – Alt. 158 m – Carte régionale n° **14**-B1
Paris 352 km – Luxembourg 35 km – Metz 43 km – Trier 63 km
Carte Michelin 307-I2

à Petite Hettange 1 km à l'Est sur D654 – 57480

Olmi

CUISINE CLASSIQUE • AUBERGE Oubliez le relais routier, vous êtes désormais dans une auberge contemporaine. Le chef élabore une carte volontairement réduite, d'esprit classique, influencée par ses origines italiennes. Autre agrément : la terrasse sous les arbres !

Menu 25 € (déj. en semaine) – Carte 48/68 €

11 rte Nationale – 03 82 50 10 65 – www.olmi-restaurant.fr – Fermé dim. soir, lundi et mardi

MALO-LES-BAINS – 59 (Nord) → Voir Dunkerque

MANCENANS-LIZERNE – 25 (Doubs) → Voir Maîche

MANCEY – 71 (Saône-et-Loire) → Voir Tournus

MANDELIEU

06210 (Alpes-Maritimes) – 22 714 hab. – Alt. 4 m – Carte régionale n° **22**-E2
Paris 890 km – Brignoles 86 km – Cannes 9 km – Draguignan 53 km
Carte Michelin 341-C6 – Guide Vert Michelin Côte d'Azur

La Napoule – 06210

L'Oasis (Stéphane, Antoine et François Raimbault)

CUISINE CRÉATIVE • LUXE Luxuriant patio, cadre élégant, délicieuses recettes méridionales aux accents orientaux, caravane des desserts, ateliers gourmands (cuisine, pâtisserie, œnologie) : cette oasis fraternelle n'a rien d'un mirage !

→ Soleil levant de poisson cru "Souvenir d'Osaka". Loup en croûte dorée exquisé d'estragon. Caravane des desserts.

Formule 49 € – Menu 69 € (déj.), 89/282 € – Carte 150/280 €

Plan : C2-r – *r. J.-H.-Carle – 04 93 49 95 52 – www.oasis-raimbault.com – Fermé de mi-déc. à mi-janv., dim. et lundi*

Le Bistrot l'Étage – voir les restaurants ci-dessus

Le Bistrot l'Étage

CUISINE PROVENÇALE • RUSTIQUE À l'Étage – bien nommé – du restaurant gastronomique L'Oasis, on se régale de plats bistrotiers soignés et parfois oubliés : persillé de lapin aux carottes, saumon à l'oseille, curry d'agneau, ou encore choux à la crème... à déguster, aux beaux jours, sous la tonnelle. Un bel hommage à la Côte d'Azur !

Menu 32 € – Carte 34/63 €

Plan : C2-r – *Restaurant L'Oasis, r. J.-H.-Carle – 04 93 49 95 52 – www.oasis-raimbault.com – Fermé de mi-déc. à mi-janv., dim. et lundi*

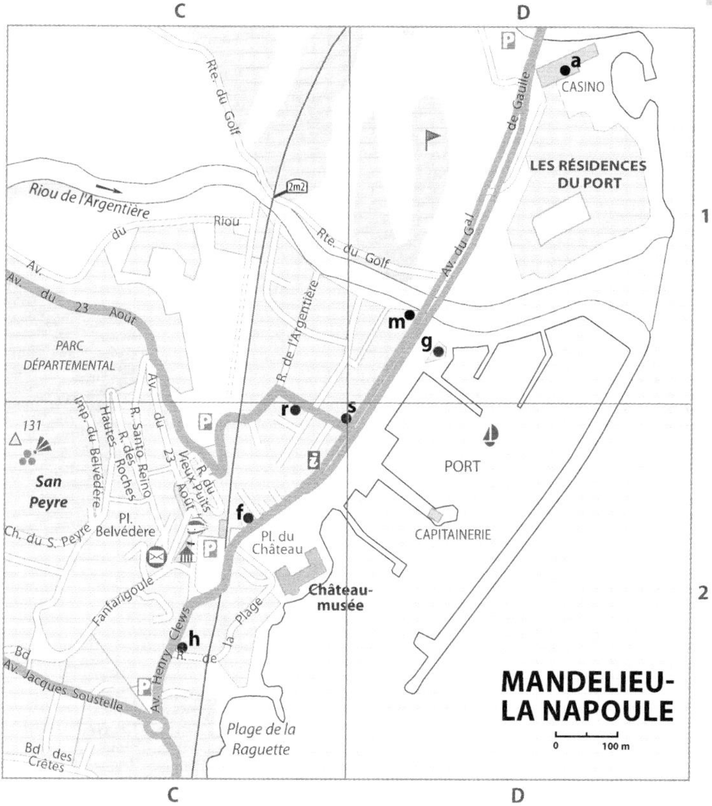

Les Bartavelles

CUISINE TRADITIONNELLE · SIMPLE XX Le restaurant fait face au château de La Napoule. Derrière les fourneaux, le chef propose une généreuse cuisine traditionnelle. Côté ambiance, vous choisirez entre la bonne ambiance de bistrot de l'intérieur, ou le calme de la terrasse sous les platanes. Bon choix de vins au verre.

Formule 18 € – Menu 30/48 € – Carte 34/65 €

Plan : C2-f – *1 pl. du Château*
– *04 93 49 95 15 – www.restaurantlesbartavelles.com*
– *Fermé vacances de la Toussaint, 2 semaines en janv., mardi et merc. de mi-sept. à Pâques*

La Brocherie

POISSONS ET FRUITS DE MER · MÉDITERRANÉEN XX Une bonne adresse de poissons et fruits de mer ; les premiers arrivent de l'Atlantique ou de la pêche locale, les seconds sont fournis par l'un des meilleurs écaillers. La vue de la terrasse est vraiment magnifique !

Formule 29 € – Menu 40 € – Carte 55/92 €

Plan : D1-g – *11 av. Henri-Clews (au port)* – *04 93 49 80 73*
– *www.restaurantlabrocherie.com*

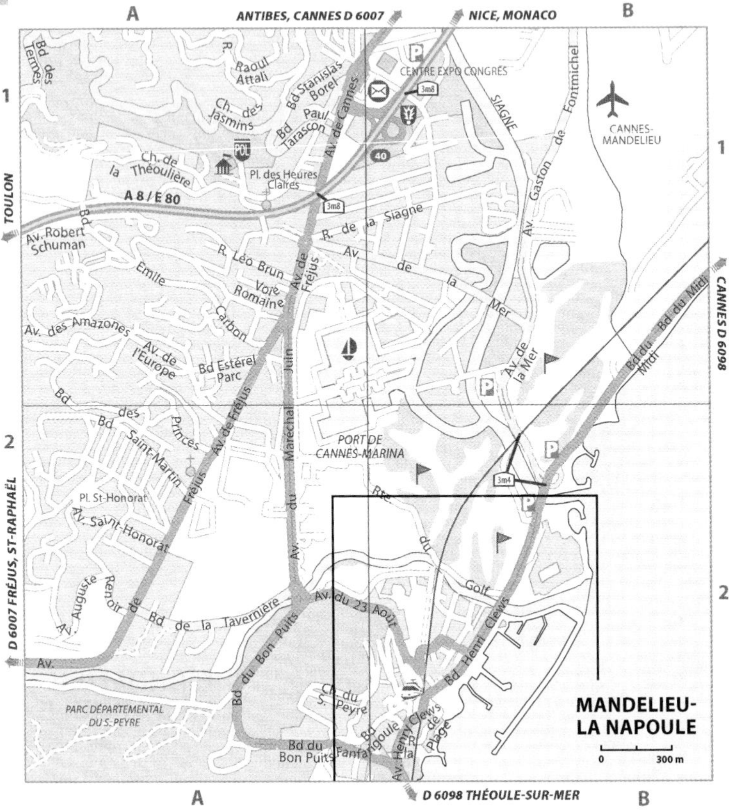

La Palméa

A/C

POISSONS ET FRUITS DE MER · FAMILIAL XX Place au poisson et aux saveurs du Sud dans ce restaurant situé sur l'avenue du port de plaisance. L'accueil est prévenant, et de la véranda, on contemple les bateaux.

Formule 26 € – Menu 33 € (semaine)/50 € – Carte 47/85 €

Plan : CD2-s – *198 av. Henri-Clews*
– *04 92 19 22 50 – www.restaurant-palmea.com*
– *Fermé dim. soir et lundi*

Pullman Royal Casino

A/C P

HÔTEL DE CHAÎNE · CONTEMPORAIN Hors saison, c'est l'hôtel idéal pour le business et lorsqu'arrivent les beaux jours, c'est une possibilité d'hébergement grand confort. Les chambres sont modernes et plaisantes, la piscine et la plage sont sympathiques ; sur la terrasse du restaurant, face à la mer, on déguste de belles recettes méditerranéennes !

213 chambres – †140/760 € ††140/760 € – 2 suites – ☕ 25 € – ½ P

Plan : D1-a – *605 av. Gén.-de-Gaulle, D6098*
– *04 92 97 70 00*
– *www.pullman-mandelieu.com*

L'Ermitage du Riou

Cette demeure de la baie de Cannes d'inspiration italienne, à la façade ocre et brique, est l'ancien relais d'hiver des moines des îles de Lérins. Les chambres y sont confortables ; certaines d'entre elles contemplent la mer, d'autres donnent sur le golf ou la rivière Riou.

32 chambres – 109/450 € 130/490 € – 2 suites – 19 €

Plan : D1-m – *av. Henri-Clews – 04 93 49 95 56 – www.ermitage-du-riou.fr – Ouvert mi-mars à mi-nov.*

MANE – 04 (Alpes-de-Haute-Provence) → Voir Forcalquier

MANIGOD

74230 (Haute-Savoie) – 1 011 hab. – Alt. 950 m – Carte régionale n° **25**-F1

Paris 558 km – Albertville 39 km – Annecy 25 km – Chamonix-Mont-Blanc 67 km

Carte Michelin 328-L5

rte du col de la Croix-Fry 5 ,5 km – 74230 Manigod

La Maison des Bois-Marc Veyrat (N)

CUISINE CRÉATIVE • MONTAGNARD XXXX Marc Veyrat is back ! Et il demeure un grand cuisinier. Créatif en diable, il joue des saveurs et des textures, magnifie la nature locale (fleurs, herbes de la montagne) pour une partition minérale et pastorale. Le phénix des hôtes de ces bois propose aussi des nuits dans un authentique et luxueux chalet savoyard. L'ombre d'un chapeau plane sur Manigod...

→ Yaourt virtuel de foie gras et myrrhe odorante. Pigeon cuit dans la terre de bruyère d'ici et d'argile, cresson sauvage de Sevrier. L'avalanche des desserts.

Menu 295/395 €

5 suites – 750/1200 € – 1 chambre – 90 €

au Col de la Croix-Fry – 04 50 60 00 00 (réservation conseillée) – www.marcveyrat.fr – Fermé 15 oct.-30 nov., 15 avril-5 juin, lundi, mardi, merc. et jeudi midi sauf hôtel

La Table de Marie-Ange

CUISINE TRADITIONNELLE • INTIME XX La terrasse panoramique face aux Aravis est tout simplement magique, et il est difficile de quitter la Table de Marie-Ange... On s'y régale d'une jolie cuisine pétrie d'authenticité régionale et concoctée avec de beaux produits. Le pain est même fait dans un vrai four à bois, c'est dire !

Menu 66 € – Carte 77/97 €

Chalet Hôtel Croix-Fry – 04 50 44 90 16 – www.hotelchaletcroixfry.com – Ouvert 17 déc.-10 avril, 1er juil.-9 sept. et fermé merc. midi, lundi et mardi

Chalet Hôtel Croix-Fry

LUXE • COSY Dans un cadre idyllique, au milieu des alpages, un beau chalet tenu par la même famille depuis des décennies (accueil charmant). Magnifiquement restauré, il révèle un bel intérieur montagnard... Un lieu superbe !

8 chambres – 180/190 € 190/510 € – 1 suite – 22 € – ½ P

4910 rte du Col de la Croix-Fry – 04 50 44 90 16 – www.hotelchaletcroixfry.com – Ouvert 17 déc.-10 avril et 1er juil.-9 sept.

La Table de Marie-Ange – voir les restaurants ci-dessus

Les Sapins

Un chalet situé sur le col de la Croix Fry, à deux pas des remontées mécaniques. Les chambres mêlent style contemporain et esprit montagnard. Au restaurant, on apprécie autant les spécialités savoyardes que la superbe vue depuis la terrasse. Parfait pour prendre un grand bol d'air !

23 chambres – 92/332 € 104/344 € – ½ P

6762 rte du Col de la Croix-Fry – 04 50 44 90 29 – www.les-sapins.fr – Fermé 18 avril-2 mai et 21 oct.-19 nov.

MANOM - 57 (Moselle) → Voir Thionville

MANOSQUE

✉ 04100 (Alpes-de-Haute-Provence) - 22 099 hab. - Alt. 387 m - Carte régionale n° **21**-B2
▶ Paris 758 km - Aix-en-Provence 57 km - Avignon 91 km - Digne-les-Bains 61 km
Carte Michelin 334-C10 - Guide Vert Michelin Provence

✿ Dominique Bucaille

CUISINE MODERNE • TENDANCE XX Une bastide du 18e s. sur le site d'anciennes cultures maraîchères... La salle, contemporaine et élégante, la terrasse face au jardin, le potager : tout est charmant. Et plus encore la cuisine, signée par Dominique Bucaille et sa fille Julia, qui mettent très joliment en valeur les saveurs de la Provence.

→ Vitello tonnato revisité, confit de légumes bio et sorbet végétal. Selle d'agneau en croûte d'herbes, jus simple et gnocchis de pommes de terre. Fruits de nos vergers et miel de lavande en crème glacée, sablé croustillant.

Menu 50/110 € - Carte 80/95 €

715 av. des Savels - ✆ 04 92 77 59 37 (réservation conseillée) - www.restaurant-bucaille.com - Fermé 15 fév.-1er mars, dim. soir sauf juil.-août, lundi et mardi

Sens & Saveurs

CUISINE MODERNE • MÉDITERRANÉEN XX D'abord monastère, puis filature, ensuite entrepôt à grains au 17es. et enfin théâtre : la grande salle voûtée de ce restaurant a traversé les époques sans prendre une ride. Le rideau se lève désormais sur un lieu à l'ambiance familiale, où le chef réalise des recettes à l'accent méridional. Petite terrasse.

Formule 18 € - Menu 29/59 € - Carte 42/56 €

43 bd des Tilleuls - ✆ 04 92 75 00 00 - www.sensetsaveurs.com - Fermé 19 fév.- 8 mars, 27 août-13 sept., jeudi soir, dim. soir et lundi

Le Bistronomique (N)

CUISINE CLASSIQUE • CONTEMPORAIN XX Ne vous fiez pas à l'emplacement un peu improbable de ce restaurant, dans une zone d'affaires : il se trouve en effet qu'on y déguste une généreuse cuisine de tradition, dans laquelle tout est fait maison à partir d'excellents produits. Cerise sur le gâteau : le service, aimable et efficace.

Formule 22 € - Menu 35/49 € - Carte 60/70 €

180 av. Régis-Ryckebush - ✆ 04 92 72 41 86 - www.bistronomiquerestaurant.fr - Fermé dim.

Pré St-Michel

TRADITIONNEL • MÉDITERRANÉEN Cette bâtisse régionale abrite des chambres spacieuses, de style provençal. Préférez celles avec terrasse privative. En prime, vue sur les toits de Manosque.

24 chambres - †67/200 € ††67/200 € - ☕ 13 €

435 montée de la Mort-d'Imbert, 1,5 km au Nord par bd M.-Bret et rte de Dauphin - ✆ 04 92 72 14 27 - www.presaintmichel.com

Les Monges

FAMILIAL • À LA CAMPAGNE Une imposante bergerie en pierre sur les hauteurs, au grand calme. Les chambres sont fonctionnelles et bien tenues. Au petit-déjeuner, on apprécie les confitures maison, et la vue sur un champ de lavandin. Jolie piscine et petit potager, où les hôtes, en saison, peuvent se servir en tomates.

5 chambres ☕ - †70/90 € ††70/90 €

3627 rte d'Apt, 4 km au Nord-Ouest par D907 et rte secondaire - ✆ 04 92 72 68 41 - www.lesmonges.com - Ouvert 28 avril-1er oct.

LE MANS

⊠ 72000 (Sarthe) - 143 599 hab. - Agglo. 208 807 hab. - Alt. 80 m
- Carte régionale n° **18**-D1
Paris 206 km - Angers 97 km - Le Havre 213 km - Nantes 184 km
Carte Michelin 310-K6 - Guide Vert Michelin Pays de la Loire

Le Beaulieu (Olivier Boussard)

CUISINE MODERNE • ÉLÉGANT XXX Des produits d'excellente qualité, des jus savamment réduits, un nombre limité d'ingrédients... que le chef décline joliment au gré de vos envies, en deux, trois, ou quatre plats ! La technique et l'épure au service des saveurs, dans ce Beaulieu élégant et feutré.

→ Homard, langoustine, croustillant parmesan et jus safrané. Poule Le Mans en deux cuissons. Déclinaison de fraises de la Sarthe.

Formule 29 € - Menu 55 € (déj.), 69/88 €

Plan : B2-r - *34 bis pl. de la République (1er étage) - 02 43 87 78 37 - www.restaurantlebeaulieu.com - Fermé 5-20 août, sam. et dim.*

Le Grenier à Sel

CUISINE MODERNE • ÉLÉGANT XX À l'entrée de la cité Plantagenêt, cet ancien grenier à sel a été repris en 2014 par deux associés, avec un mot d'ordre : se faire plaisir et faire plaisir aux clients ! Au menu, de beaux produits - homard, turbot, foie gras... - et des saveurs appuyées... le tout accompagné de jolis vins du Rhône, de Loire et de Bordeaux.

Formule 19 € - Menu 40/58 € - Carte 48/55 €

Plan : A2-t - *26 pl. de l'Éperon - 02 43 23 26 30 - Fermé 26 juil.-16 août, merc. soir, sam. midi et dim.*

Place des Saveurs

CUISINE TRADITIONNELLE • TENDANCE X Derrière la gare, une toute petite adresse tenue par un patron qui a le don d'ubiquité : il est à la fois à l'accueil, au service... et aux fourneaux ! Il réalise des assiettes traditionnelles pleines de fraîcheur : brandade de cabillaud, pièce du boucher, tarte au citron déstructurée, etc. Le tout à prix doux.

Formule 13 € - Menu 17 € - Carte 25/36 €

Plan : A3-n - *23 av. Henri-Lefeuvre - 02 43 72 06 64 - Fermé 3 semaines en juil., lundi et dim.*

Le Tablier de Jaurès

CUISINE MODERNE • TENDANCE X Non loin du centre-ville, cet agréable restaurant est niché dans une ancienne cordonnerie, à deux pas du tramway. Après dix ans passés dans l'agriculture, le patron revient à ses premières amours et compose une belle cuisine dans l'air du temps, où le terroir est en bonne place. Service sympathique.

Formule 20 € - Menu 25 € (déj. en semaine), 39/55 € - Carte environ 44 €

Hors plan - *138 av. Jean-Jaurès - 02 43 78 93 81 - letablierdejaures.fr - Fermé mardi soir, dim. soir et merc.*

La Ciboulette

CUISINE TRADITIONNELLE • COSY X Dans le vieux Mans, derrière une façade à colombages, une sympathique petite adresse au décor cosy. La carte fait profession de tradition, et met en avant les spécialités de la maison : rillettes du Mans aux noix, trilogie de lapin composée d'un parmentier, d'un râble confit et d'une blanquette au riesling.

Formule 14 € - Menu 18 € (déj. en semaine), 22/59 € - Carte 32/49 €

Plan : A2-x - *14 r. de la Vieille-Porte - 02 43 24 65 67 - www.lacibouletteleman s.com - Fermé 1 semaine en janv., 1er-15 sept. et mardi*

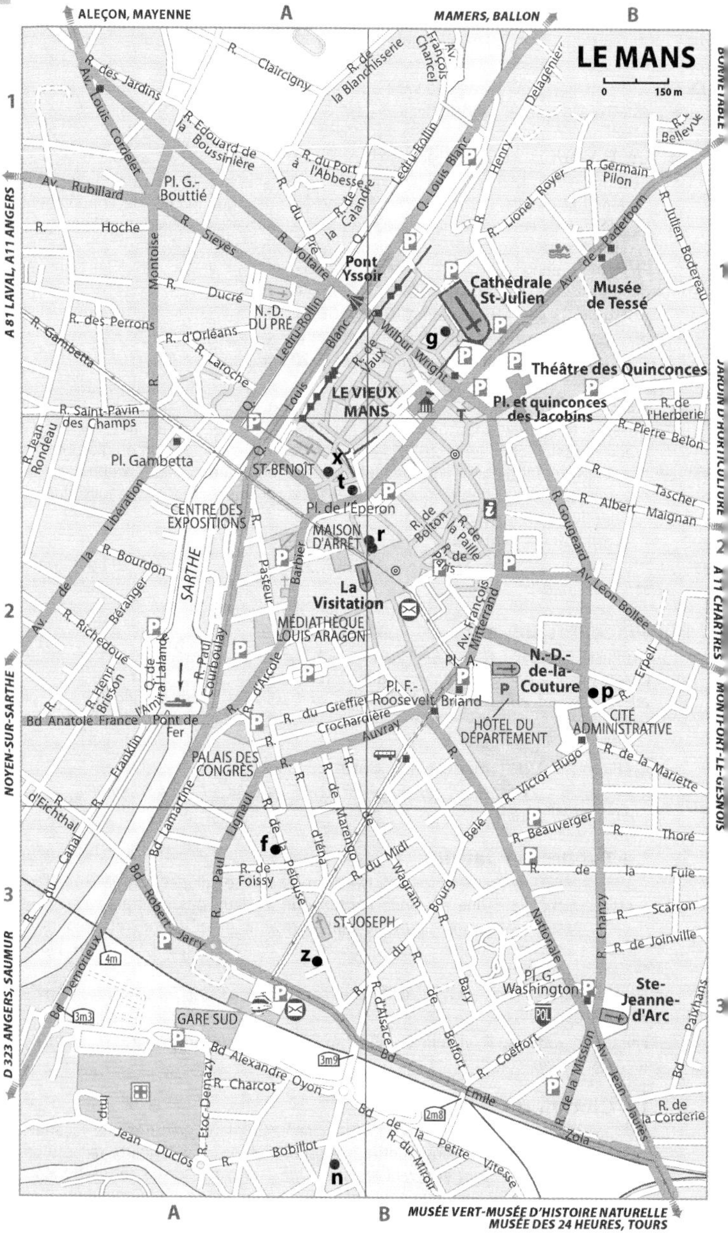
LE MANS
0
150 m
ALEÇON, MAYENNE
MAMERS, BALLON
A
B
1
2
3
A 81 LAVAL, A11 ANGERS
NOYEN-SUR-SARTHE
D 323 ANGERS, SAUMUR
A 11 CHARTRES
MONTFORT-LE-GESNOIS
MUSÉE VERT-MUSÉE D'HISTOIRE NATURELLE
MUSÉE DES 24 HEURES, TOURS
Cathédrale St-Julien
Musée de Tessé
Théâtre des Quinconces
Pl. et quinconces des Jacobins
LE VIEUX MANS
Pont Yssoir
ST-BENOÎT
Pl. de l'Éperon
MAISON D'ARRÊT
La Visitation
MÉDIATHÈQUE LOUIS ARAGON
CENTRE DES EXPOSITIONS
SARTHE
N.-D. DU PRÉ
Pl. G.-Bouttié
Pl. Gambetta
N.-D.-de-la-Couture
HÔTEL DU DÉPARTEMENT
CITÉ ADMINISTRATIVE
Pl. A.
Pl. F.-Roosevelt
Briand
PALAIS DES CONGRÈS
Pont de Fer
Bd Anatole France
ST-JOSEPH
GARE SUD
Pl. G. Washington
Ste-Jeanne-d'Arc
Av. Rubillard
R. Hoche
R. des Jardins
Av. Louis Cordelet
R. Edouard de la Boussinière
R. Sieyès
R. Montoise
R. Ducré
R. des Perrons
R. Gambetta
R. d'Orléans
R. Laroche
R. Saint-Pavin des Champs
R. Jean Rondeau
Av. de la Libération
R. Bourdon
R. Béranger
R. Richedoué
R. Henri Brisson
Q. de l'Amiral Lalande
R. Paul Courboulay
R. Pasteur
R. Barbier
R. d'Arcole
R. Claircigny
R. de la Blanchisserie
Av. François Chancel
R. du Port à l'Abbesse
R. de la Calandre
R. du Pré
R. Voltaire
Ledru-Rollin
Q. Louis Blanc
R. Ledru-Rollin
Henry Delagenière
R. Lionel Royer
R. Germain Pilon
R. Bellevue
R. Julien Bodereau
Av. de Paderborn
R. de Vaux
Wilbur Wright
R. de l'Herberie
R. Pierre Belon
R. Tascher
R. Albert Maignan
R. Gougeard
Av. Léon Bollée
R. de Bolton
R. de la Paille
R. de Paris
Av. François Mitterrand
R. Erpell
R. du Greffier
R. Crochardière
Auvray
R. de la Mariette
R. Victor Hugo
R. Beauverger
R. Thoré
R. de la Fuie
R. Scarron
R. de Joinville
R. Chanzy
R. Nationale
Bd Lamartine
R. Franklin
R. d'Eichthal
R. du Canal
Bd Robert Jarry
Bd Demorieux
R. Paul Ligneul
R. de la Pelouse
R. de Foissy
R. d'Iéna
R. de Marengo
R. de Wagram
R. du Midi
R. du Bourg Belé
R. de Bary
R. de Belfort
R. Coëffort
R. d'Alsace
Bd Alexandre Oyon
R. Charcot
R. Etoc-Demazy
Bd Jean Duclos
R. Bobillot
Bd de la Petite Vitesse
R. du Miroir
Bd Émile Zola
R. de la Mission
Av. Jean Jaurès
Bd Paixhans
R. de la Corderie
4m
3m3
3m9
2m8
g
x
t
r
p
f
z
n

Mercure Centre

HÔTEL DE CHAÎNE • CONTEMPORAIN Ce bel immeuble néoclassique (19e s.) abritait autrefois... le siège des Mutuelles du Mans ! Ses garanties ? Un bon niveau de confort, un certain esprit contemporain et du calme, à deux pas du centre-ville.

73 chambres – 78/199 € 78/199 € – 16 €

Plan : B2-p – *19 r. Chanzy – 02 43 40 22 40 – www.mercure.com*

Chantecler

TRADITIONNEL • FONCTIONNEL Un hôtel traditionnel entre gare et centre-ville. Mention spéciale à la salle des petits-déjeuners, aux airs de jardin d'hiver. On séjourne dans des chambres sobres et particulièrement bien tenues, et un parking est à la disposition des clients : pratique !

35 chambres – 85/150 € 85/150 € – 12 €

Plan : A3-f – *50 r. de la Pelouse – 02 43 14 40 00 – www.hotelchantecler.fr – Fermé 3 semaines en août et 24 déc.-1er janv.*

Le Charleston

TRADITIONNEL • FONCTIONNEL Un petit hôtel aux tarifs mesurés, à deux pas de la gare. Les chambres, fonctionnelles et bien tenues, ont été entièrement rénovées. L'été, les petits-déjeuners sont servis dans la cour fleurie.

31 chambres – 52/78 € 56/84 € – 9 €

Plan : A3-z – *18 r. Gastelier – 02 43 24 87 46 – www.lecharlestonhotel.com – Fermé vacances de Noël*

à Arnage 10 km au Sud – 72230 – 5 143 hab. – Alt. 42 m

Auberge des Matfeux

CUISINE CLASSIQUE • ÉLÉGANT Des motifs abstraits aux murs, une vaisselle signée par un artiste local : l'élégance du restaurant annonce celle de l'assiette. Avec une solide maîtrise technique, le chef compose de savoureux plats dans l'air du temps, qui gardent toujours un œil sur la tradition. Très belle carte des vins.

Menu 42/78 € – Carte 41/120 €

289 av. Nationale, au Sud par D147 – 02 43 21 10 71 – www.aubergedesmatfeux.fr – Fermé 17-25 avril, 24 juil.-22 août, 2-17 janv., dim. et lundi

MANSLE

16230 (Charente) – 1 639 hab. – Alt. 65 m – Carte régionale n° **20**-C2

Paris 421 km – Angoulême 26 km – Cognac 53 km – Limoges 93 km

Carte Michelin 324-L4 – Guide Vert Michelin Poitou-Charentes

à Luxé 6 km à l'Ouest par D739 – 16230 – 755 hab. – Alt. 70 m

Auberge du Cheval Blanc

CUISINE TRADITIONNELLE • CLASSIQUE Sur la place de la gare, cette sympathique auberge centenaire vous invite à déguster une cuisine généreuse et soignée, qui met en valeur les produits régionaux dans le respect du cycle des saisons. Huîtres de Marennes-Oléron façon bordelaise, cabillaud aux pieds de cochon... le tout servi avec le sourire !

Formule 15 € – Menu 23 € (déj. en semaine), 39/54 € – Carte 45/55 €

r. du Cheval-Blanc (à la gare) – 05 45 22 23 62 – www.auberge-cheval-blanc.com – Fermé 1er fév.-2 mars, 29 août-7 sept., dim. soir, lundi et mardi

MANTES-LA-JOLIE

78200 (Yvelines) – 43 515 hab. – Alt. 34 m – Carte régionale n° **10**-A1

Paris 56 km – Beauvais 69 km – Chartres 78 km – Évreux 46 km

Carte Michelin 311-G2 – Guide Vert Michelin Île-de-France

Rive Gauche

CUISINE MODERNE • COSY XX Au pied de la collégiale, faites une halte dans ce restaurant cosy et chaleureux ! Son chef-patron y propose une cuisine fine et goûteuse, qui évolue au fil du marché et porte discrètement la marque de ses nombreux voyages – Hong Kong, Californie, Australie... Service attentionné.

Formule 19 € – Menu 42 € (déj.) – Carte environ 52 €

1 r. du Fort – ✆ 01 30 92 30 16 – Fermé vacances de févier, 3 semaines en août, sam. midi, dim. et lundi

à Mantes-la-Ville 2 km au Sud-Est par N183 – ✉ 78711 – 19 944 hab. – Alt. 36 m

Le Moulin de la Reillère

CUISINE CLASSIQUE • ÉLÉGANT XXX Belle auberge aménagée dans un ancien moulin du 18e s. Un cadre bourgeois, avec sa terrasse et son ravissant jardin fleuri ; une cuisine classique bien réalisée.

Formule 19 € – Menu 28 € (semaine), 38/42 € – Carte 41/63 €

171 rte de Houdan – ✆ 01 30 92 22 00 – www.lemoulindelareillere.fr – Fermé 1 semaine en mai, 3 semaines en août, 1 semaine en janv., sam. midi, dim. soir et lundi

MARÇAY – 37 (Indre-et-Loire) → Voir Chinon

LES MARCHES

✉ 73800 (Savoie) – 2 480 hab. – Alt. 328 m – Carte régionale n° **25**-F2
Paris 580 km – Chambéry 14 km – Genève 98 km – Lyon 112 km
Carte Michelin 333-I5

Le K'ozzie

CUISINE MODERNE • COSY X Ce restaurant accueillant – et cosy ! – est le repaire de Maude et Sébastien, qui se sont rencontrés en Australie, pays des "Aussies" ou... "Ozzies". Sébastien concocte des plats fins et délicats, au fil de son inspiration : porc de Savoie au jus court, baba au gin, agrumes et poivre du Timut... On se régale à petit prix.

Menu 20 € (déj. en semaine), 32/51 €

20 rte de Francin – ✆ 04 79 36 91 76 (réservation conseillée) – www.lekozzie.com – Fermé août, 18 déc.-2 janv., mardi midi, dim. et lundi

MARCIAC

✉ 32230 (Gers) – 1 243 hab. – Alt. 150 m – Carte régionale n° **15**-A2
Paris 801 km – Auch 50 km – Bordeaux 189 km – Toulouse 129 km
Carte Michelin 336-C8

La Villa Toscane

TRADITIONNEL • CONTEMPORAIN Inauguré en 2014, l'hôtel a été créé dans une ancienne école et offre assurément une belle leçon de chic et de confort, des chambres, décorées avec soin – dans une veine cosy et légèrement baroque –, à l'espace bien-être, avec bassin de nage, sauna, hammam, etc. Une véritable invitation à l'école buissonnière...

13 chambres – 🚹110/150 € 🚹🚹130/210 € – 1 suite – ☕ 15 €

41 r. St-Pierre – ✆ 05 62 08 22 22 – www.lavillatoscane-marciac.fr – Ouvert avril-oct.

La Baguenaude

MAISON DE CAMPAGNE • PERSONNALISÉ Les amoureux du jazz pourront baguenauder vers cette jolie maison du 19e s., ils ne seront pas déçus ! Décoration éclectique et élégante, cour intérieure, fontaine : lénifiant.

4 chambres ☕ – 🚹85/185 € 🚹🚹85/185 €

9 r. de Juillac – ✆ 05 62 09 57 03 – www.labaguenaude.fr – Fermé 20 déc.-5 janv.

MARCOLÈS

✉ 15220 (Cantal) - 594 hab. - Alt. 710 m - Carte régionale n° **3**-A3
Paris 571 km - Aurillac 25 km - Clermont-Ferrand 178 km - Rodez 74 km
Carte Michelin 330-C6

Auberge de la Tour

CUISINE MODERNE • RUSTIQUE XXX Une charmante bâtisse en pierre datant du 17e s., avec sa tour d'angle et son escalier à vis... On est accueilli dans deux jolies salles, cosy et chaleureuses. Le chef travaille de beaux produits frais et réalise une cuisine fine et goûteuse, qui conjugue le terroir aux épices d'ici et d'ailleurs. Quelques chambres agréables.

Formule 22 € - Menu 39/80 € - Carte 50/62 €

7 chambres - †63/140 € ††63/140 € - ☕ 12 €

pl. de la Fontaine - ✆ 04 71 46 99 15 - www.aubergedela-tour.com - Fermé 10 fév.-6 mars, 17-26 oct., 14-30 nov., mardi et merc.

MARCQ-EN-BAROEUL - 59 (Nord) → Voir Lille

MARGAUX

✉ 33460 (Gironde) - 1 523 hab. - Alt. 16 m - Carte régionale n° **2**-B1
Paris 599 km - Bordeaux 29 km - Lesparre-Médoc 42 km
Carte Michelin 335-G4

à Arcins 6 km au Nord-Ouest par D2 - ✉ 33460 - 439 hab. - Alt. 10 m

Le Lion d'Or

CUISINE TRADITIONNELLE • BISTRO X Sur la route du Médoc, une auberge de village (19e s.) au cadre patiné par les ans - boiseries, casiers à bouteilles... On y savoure une jolie cuisine du marché et de copieux plats du terroir dans une atmosphère résolument chaleureuse.

Menu 18 € - Carte 34/58 €

11 rte de Pauillac - ✆ 05 56 58 96 79 (réservation conseillée) - www.leliondor-arcins.fr - Fermé 17 déc.-10 janv., dim. et lundi sauf fériés

MARGENCEL

✉ 74200 (Haute-Savoie) - 1 945 hab. - Alt. 432 m - Carte régionale n° **25**-F1
Paris 572 km - Annecy 71 km - Genève 31 km - Lyon 180 km
Carte Michelin 328-L2

Le Jolla

CUISINE TRADITIONNELLE • SIMPLE X Les yeux dans le Léman ! Face au lac, dans la petite salle ou sur la vaste terrasse surmontée d'une pergola, cette belle adresse propose une cuisine généreuse et goûteuse, autour des produits du lac, dont les fameuses féras...

Menu 30/42 € - Carte 42/62 €

1 rte des Mouettes (Port de Sechex) - ✆ 04 50 72 63 06 - www.lejolla.com - Ouvert 15 avril-15 oct. et fermé mardi

MARGÈS

✉ 26260 (Drôme) - 1 006 hab. - Alt. 282 m - Carte régionale n° **24**-E2
Paris 551 km - Grenoble 92 km - Hauterives 14 km - Romans-sur-Isère 13 km
Carte Michelin 332-D3

Auberge Le Pont du Chalon

FAMILIAL • CONTEMPORAIN Ambiance chaleureuse et familiale dans cet hôtel à l'esprit contemporain, niché derrière un rideau de platanes. Dans les chambres, joliment meublées, les nuits sont douces... Et côté restaurant, la tradition est de mise - avec une jolie terrasse sous la pergola.

9 chambres - †71/91 € ††81/130 € - ☕ 10 €

50 rte des Dauphins, 2 km au Sud par D538 - ✆ 04 75 45 62 13 - www.pontduchalon.com - Fermé 20 fév.-6 mars et 18 avril-2 mai

MARIGNANE

✉ 13700 (Bouches-du-Rhône) - 34 405 hab. - Alt. 10 m - Carte régionale n° **21**-B3
Paris 753 km - Aix-en-Provence 24 km - Marseille 26 km - Martigues 16 km
Carte Michelin 340-G5 - Guide Vert Michelin Provence

à l'aéroport de Marseille-Provence au Nord

Golden Tulip Marseille Airport

HÔTEL DE CHAÎNE • CONTEMPORAIN Inauguré en 2011, à proximité de l'aéroport - mais aussi de la gare de Vitrolles -, un hôtel très fonctionnel, aux chambres d'esprit chaleureux (tons chauds, effets bois). Le tout évidemment impeccable.

97 chambres - †75/190 € ††89/220 € - 9 suites - ☕ 14 €

7-8 impasse Pythagore (zone de la Couperigne - direction gare de Vitrolles)
✉ 13127 Vitrolles - ✆ 04 42 15 09 30 - www.goldentulipmarseilleairport.com

MARIGNY-ST-MARCEL

✉ 74150 (Haute-Savoie) - 676 hab. - Alt. 404 m - Carte régionale n° **25**-F1
Paris 536 km - Aix-les-Bains 22 km - Annecy 19 km - Bellegarde-sur-Valserine 43 km
Carte Michelin 328-I6

Blanc

CUISINE TRADITIONNELLE • CONVIVIAL XX Deux options au sein de cette auberge familiale : brasserie au décor de chalet tout en bois, où les spécialités fromagères savoyardes sont reines (mais aussi les grenouilles et la perche), ou restaurant, plus contemporain et élégant, bénéficiant d'une carte plus travaillée. Du plaisir dans les deux cas.

Formule 19 € - Menu 33/120 € - Carte 44/81 €

90 av. Sindeldorf - ✆ 04 50 01 09 50 - www.blanc-hotel-restaurant.fr
- Fermé 26 déc.-9 janv.

Blanc

TRADITIONNEL • MONTAGNARD À mi-chemin entre Annecy et Aix-les-Bains, cet hôtel-restaurant dispose de deux types de chambres : montagnard contemporain (bois brut, couleurs décalées, etc.) dans l'annexe, plus classiques dans l'hôtel. Autre atout : l'espace bien-être.

26 chambres - †95/150 € ††95/180 € - ☕ 12 € - ½ P

90 av. Sindeldorf - ✆ 04 50 01 09 50 - www.blanc-hotel-restaurant.fr - Fermé 26 déc.-9 janv.

Blanc - voir les restaurants ci-dessus

MARINE-D'ALBO - 2B (Haute-Corse) → Voir Corse

MARINGUES

✉ 63350 (Puy-de-Dôme) - 2 776 hab. - Alt. 315 m - Carte régionale n° **3**-C2
Paris 409 km - Clermont-Ferrand 32 km - Lezoux 16 km - Riom 22 km
Carte Michelin 326-G7 - Guide Vert Michelin Auvergne

Le Carrousel (Olivier Said)

CUISINE MODERNE • BOURGEOIS XX Le chef-patron, originaire de Béziers, réalise une jolie cuisine moderne avec de franches inspirations sudistes. Produits de qualité, cuissons et assaisonnements impeccables, bon rapport qualité-prix… les raisons ne manquent pas de grimper dans ce Carrousel !

→ Gambas sauvages poêlées, espuma de bouillabaisse et chips d'artichaut violet. Bar de ligne rôti, fricassée de chipirons à la crème d'ail. Gelée de fruits rouges au vin de Faugères, crémeux au citron de Nice et meringue au thym frais.

Menu 28 € (déj. en semaine), 35/69 € - Carte 75/90 €

14 r. du Pont-de-Morge - ✆ 04 73 68 70 24 - www.restaurant-lecarrousel.com
- Fermé 2 semaines en juil. et en janv., dim. soir, lundi soir, mardi et merc.

Le Clos Fleuri

CUISINE TRADITIONNELLE • CONTEMPORAIN XX Décor actuel dans cette maison tenue par la même famille depuis trois générations ; on admire le beau jardin tout en savourant une bonne cuisine traditionnelle. Et au déjeuner, une formule bistrot dans une salle ayant accueilli le tournage du film *Uranus*, avec Gérard Depardieu !

Formule 15 € - Menu 29/48 € - Carte 31/52 €

14 chambres - 52/58 € 58/62 € - 9 €

rte de Clermont
- 04 73 68 70 46 - www.hotelleclosfleuri.com
- Fermé 20 fév.-12 mars, 31juil.-8 août, vend. soir et dim. soir de sept. à juin et lundi sauf le soir en juil.-août

MARLENHEIM

67520 (Bas-Rhin) - 3 906 hab. - Alt. 195 m - Carte régionale n° **1**-A1
Paris 468 km - Haguenau 50 km - Molsheim 13 km - Saverne 18 km
Carte Michelin 315-I5

Le Cerf (Michel Husser)

CUISINE MODERNE • ÉLÉGANT XXX Le chef signe une cuisine très maîtrisée, avec quelques plats régionaux revisités avec finesse (choucroute, bouchées à la reine), et d'autres puisant leur inspiration dans les voyages (bouillon de sashimi de bœuf). Une valeur sûre de la gastronomie alsacienne, dont on ne se lasse pas !

→ Presskopf de tête de veau poêlé dans une feuille de brick croustillante, sauce gribiche. Bouchée à la reine de mon arrière grand-père Paul Wagner. Vacherin glacé aux fruits rouges d'Alsace.

Menu 47 € (déj. en semaine), 67/85 € - Carte 70/100 €

30 r. du Gén.-de-Gaulle - 03 88 87 73 73 - www.lecerf.com - Fermé 2-11 janv., mardi et merc.

Le Cerf

TRADITIONNEL • PERSONNALISÉ Cet ancien relais de poste ne manque pas d'élégance : jolie cour fleurie, espace détente avec sauna, hammam et massages, chambres raffinées (d'esprit alsacien ou contemporain), accueil très professionnel... Un cerf doux comme un agneau !

16 chambres - 75/150 € 95/290 € - 2 suites - 21 € - ½ P

30 r. du Gén.-de-Gaulle
- 03 88 87 73 73 - www.lecerf.com
- Fermé 2-11 janv.

Le Cerf - voir les restaurants ci-dessus

MARLY-LE-ROI - 78 (Yvelines) → Voir Autour de Paris

MARMANDE

47200 (Lot-et-Garonne) - 18 458 hab. - Alt. 30 m - Carte régionale n° **2**-C2
Paris 666 km - Agen 67 km - Bergerac 57 km - Bordeaux 90 km
Carte Michelin 336-C2 - Guide Vert Michelin Aquitaine

Boat aux Saveurs

CUISINE MODERNE • ÉLÉGANT XX Point de mal de mer sur ce Boat aux Saveurs ! Dans cette élégante chartreuse transformée en restaurant, les gourmands se régalent d'une cuisine dans l'air du temps. La jeune chef met un point d'honneur à tout faire maison et à se fournir chez les producteurs locaux. Une bonne adresse.

Menu 25 € (déj. en semaine), 43/62 € - Carte 68/76 €

36-38 av. Jean-Jaurès - 05 53 64 20 35 - www.restaurantboatauxsaveurs.fr
- Fermé dim. soir, mardi midi, sam. midi et lundi

à Samazan 9 km au Sud-Ouest par D933 et D289 – ✉ 47250

Le Léopard d'Or

CUISINE MODERNE • SIMPLE Pour l'anecdote, au 12e s. le village fut acheté 12 000 léopards d'or par un Anglais... d'où le nom de ce restaurant. Dans cette grande maison en pierre, on savoure une cuisine dans l'air du temps à base de beaux produits frais, pour la plupart issus de producteurs locaux. Simple et bon !

Carte 30/63 €

pl. de l'Église – ✆ 05 53 84 58 79 – Fermé 26 août-3 sept., 30 déc.-7 janv., lundi et mardi

MARMANHAC

✉ 15250 (Cantal) – 711 hab. – Alt. 650 m – Carte régionale n° **3**-B3

Paris 566 km – Aurillac 17 km – Clermont-Ferrand 154 km – Saint-Flour 69 km

Carte Michelin 330-C4

Château de Sédaiges

DEMEURE HISTORIQUE • PERSONNALISÉ Un vrai château de conte de fées, bel exemple d'architecture troubadour (12e-19e s.), dans un parc plein de noblesse. Escalier monumental en bois, superbes tapisseries des Flandres ; les chambres ont le charme reposant du temps jadis...

5 chambres – 130 € 130/150 €

– ✆ 04 71 47 30 01 – www.chateausedaiges.com – Ouvert 1er mai-30 sept.

MARNE-LA-VALLÉE Île-de-France → Voir Autour de Paris

MARQUAY

✉ 24620 (Dordogne) – 582 hab. – Alt. 175 m – Carte régionale n° **2**-D3

Paris 530 km – Brive-la-Gaillarde 55 km – Périgueux 60 km – Sarlat-la-Canéda 12 km

Carte Michelin 329-H6 – Guide Vert Michelin Périgord Quercy

Maison de Marquay

FAMILIAL • COSY Un havre de paix au cœur du bourg... Derrière les murs en pierre du jardin, on se prélasse au bord de la piscine et on profite du grand confort des lieux, où dialoguent joliment l'ancien et le moderne. Accueil très agréable ! Monsieur, ancien chef cuisinier, œuvre rien que pour vous à la table d'hôte.

5 chambres – 95/140 € 95/140 €

Le Bourg – ✆ 05 53 59 53 59 – www.maisondemarquay.fr – Ouvert 15 mars-15 déc.

MARSANNAY-LA-CÔTE – 21 (Côte-d'Or) → Voir Dijon

ON AIME...

L'Épuisette, au ras des flots, pour une subtile cuisine marine. **L'Arôme**, ses hommages à la Méditerranée et ses prix canons. Dans le quartier du Prado, les petites assiettes gorgées de soleil d'**Otto**. À l'écart du tumulte, **l'Hôtel 96**, un établissement à l'âme artiste. Enfin, le **Ventre de l'Architecte**, une belle table au cœur de la Cité radieuse de Le Corbusier...

MARSEILLE

✉ 13000 (Bouches-du-Rhône) - 852 516 hab. - Agglo. 1 038 940 hab. - Alt. 2 m - Carte régionale n° **21**-B3

▶ Paris 769 km - Lyon 314 km - Nice 189 km - Torino 373 km

Carte Michelin 340-H6 et 114-28 - Guide Vert Michelin Provence

Restaurants

✿✿✿ Le Petit Nice (Gérald Passédat)

POISSONS ET FRUITS DE MER · ÉLÉGANT XXXX "Ma cuisine est d'ici, du Sud, définitivement." Le style Passédat, c'est la Provence et le mistral, la vie du port et le goût du voyage, la liberté dans l'ancrage ! Et plus encore la Méditerranée, "mon potager"... On redécouvre les richesses de cette mer rêvée, ainsi qu'un magnifique symbole : la bouillabaisse.

➜ Anémone de mer en beignets légers et onctueux iodé. Loup Lucie Passédat. Chrysalide de caramel de chocolat empli d'Abysse Noir, orange et mandarine impériale.

Menu 100 € (déj. en semaine), 200/370 € - Carte 240/360 €

Plan : 1A3-d - *Hôtel Le Petit Nice, anse de Maldormé (hauteur 160 Corniche J.-F.-Kennedy) ✉ 13007 - ✆ 04 91 59 25 92 - www.passedat.fr - Fermé 1er-15 janv., merc. midi de mi-nov. à mi-mars, dim. et lundi*

✿ Alcyone

CUISINE MODERNE · LUXE XXXX Lionel Lévy, à la barre de cet Alcyone (du nom de la fille du dieu Éole) né en 2013 au sein du fameux Hôtel-Dieu, fait un fier capitaine. Son idée : proposer une cuisine résolument méditerranéenne, balayée par les épices et faisant la part belle aux poissons locaux, tout cela dans une ambiance chic et sobre. Le cap est tenu !

➜ Thon rouge de Méditerranée servi cru et vinaigrette aux baies de manakara. Saint-pierre cuit en vapeur d'algues, fleurs de courgettes et jus de kalamansi. Vacherin aux fruits rouges et poivre voatsiperifery.

Menu 99/189 € 🍷 - Carte 120/150 €

Plan : 3F1-v - *Intercontinental-Hôtel Dieu, 1 pl. Daviel ✉ 13002 - ✆ 04 13 42 43 43 - www.marseille.intercontinental.com - Fermé 1 semaine en fév., 2 semaines en août, 1 semaine en janv., dim., lundi et le midi*

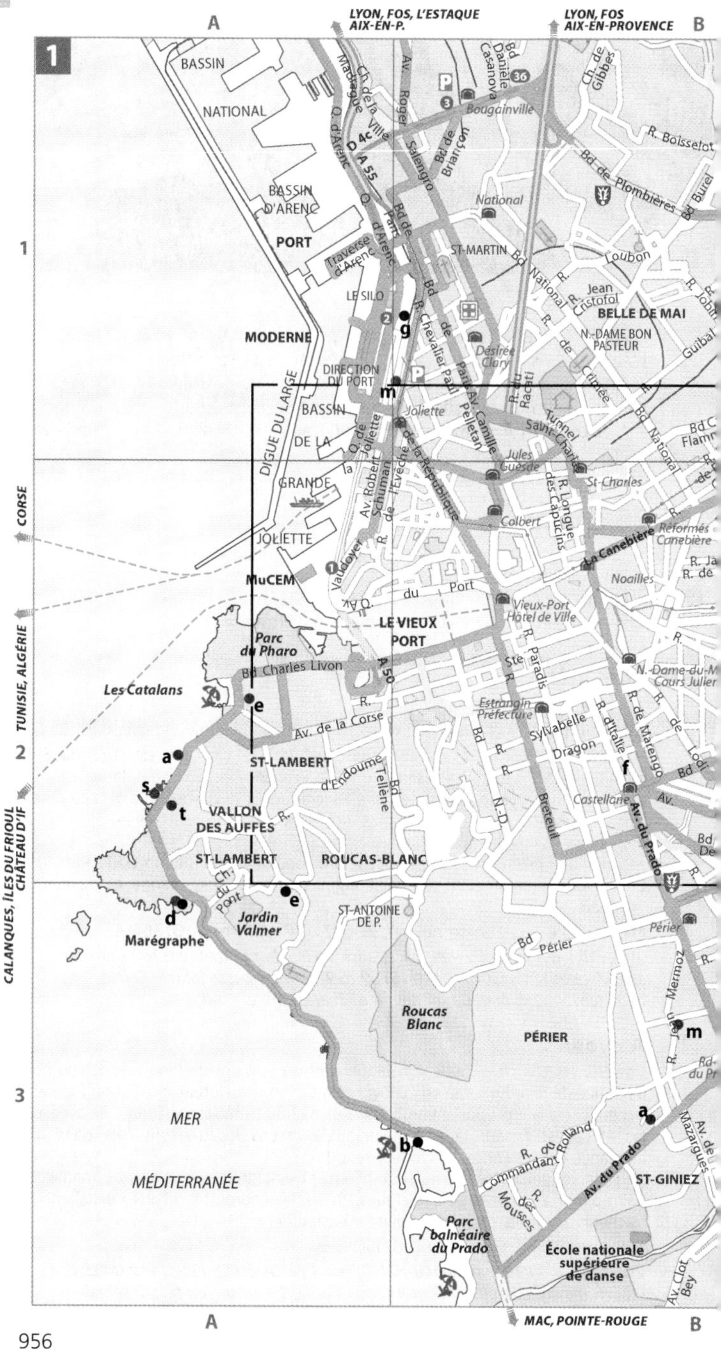

LYON, FOS, L'ESTAQUE
AIX-EN-P.
LYON, FOS
AIX-EN-PROVENCE
A
B
1
2
3
BASSIN
NATIONAL
BASSIN
D'ARENC
PORT
MODERNE
DIRECTION
DU PORT
LE SILO
BASSIN
DE LA
GRANDE
JOLIETTE
DIGUE DU LARGE
MuCEM
LE VIEUX
PORT
Parc
du Pharo
Bd Charles Livon
Les Catalans
Av. de la Corse
ST-LAMBERT
VALLON
DES AUFFES
ST-LAMBERT
ROUCAS-BLANC
Jardin
Valmer
Marégraphe
ST-ANTOINE
DE P.
Roucas
Blanc
PÉRIER
MER
MÉDITERRANÉE
Parc
balnéaire
du Prado
École nationale
supérieure
de danse
ST-GINIEZ
Av. du Prado
ST-MARTIN
BELLE DE MAI
N.-DAME BON
PASTEUR
Bougainville
National
Désirée
Clary
Joliette
Jules
Guesde
St-Charles
Colbert
Réformés
Canebière
La Canebière
Noailles
Vieux-Port
Hôtel de Ville
N.-Dame-du-M
Cours Julien
Estrangin
Préfecture
Castellane
Périer
Tunnel
Saint-Charles
Bd National
Bd de Plombières
R. Boisselot
Ch. de Gibbes
Bd Danièle Casanova
Av. Roger Salengro
Bd de Briançon
Bd de Paris
Bd National
R. Loubon
R. Jean Cristofol
R. de Crimée
Bd de Paris
Av. Camille Pelletan
Bd Charles Nédelec
R. Chevalier Paul
R. de la République
Av. Robert Schuman
R. de l'Évêché
R. Vaudoyer
Q. de la Joliette
Traverse d'Arenc
Q. d'Arenc
D 4c
A 55
A 50
Q. du Port
Q. de Rive Neuve
R. Paradis
R. Ste
R. Sylvabelle
R. Dragon
R. d'Italie
R. de Marengo
R. de Lodi
Bd Notre-Dame
R. Breteuil
R. d'Endoume
Bd Tellène
Ch. du Pont
Bd Périer
R. Jean Mermoz
Av. de Mazargues
R. du Commandant Rolland
R. des Mousses
Av. Clot Bey
R. Longue des Capucins
CORSE
TUNISIE, ALGÉRIE
CALANQUES, ÎLES DU FRIOUL
CHÂTEAU D'IF
MAC, POINTE-ROUGE

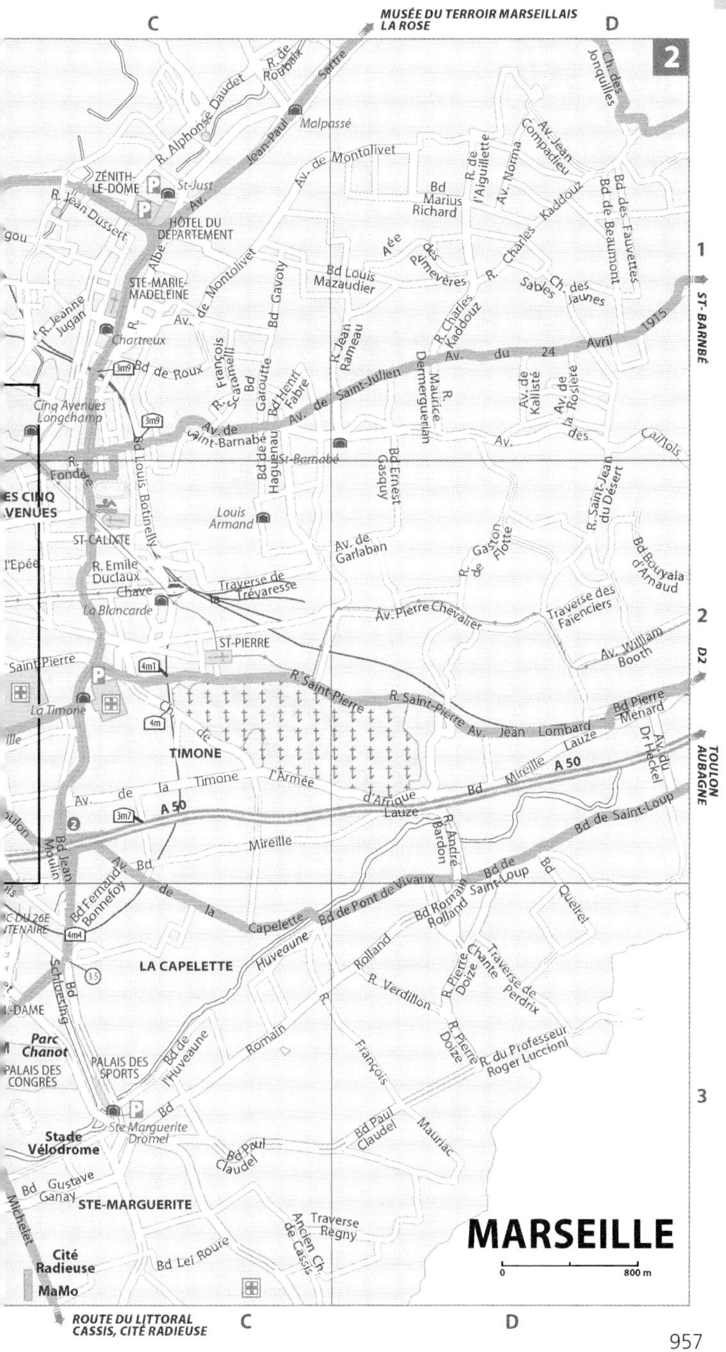
MUSÉE DU TERROIR MARSEILLAIS
LA ROSE
C
D
2
Ch. des Jonquilles
R. de Roubaix
Sartre
R. Alphonse Daudet
Malpassé
Av. Jean-Paul
Av. de Montolivet
Av. Jean Compadieu
R. de l'Aiguillette
Av. Norma
Bd Marius Richard
ZÉNITH-LE-DÔME
St-Just
R. Jean Dussert
HÔTEL DU DÉPARTEMENT
Bd des Fauvettes
Bd de Beaumont
R. Charles Kaddouz
Aée des Primevères
Bd Louis Mazaudier
Ch. des Sables Jaunes
1
ST-BARNBÉ
STE-MARIE-MADELEINE
Albe
Av. de Montolivet
Bd Gavoty
R. Jeanne Jugan
Chartreux
R. Jean Rameau
R. Charles Kaddouz
Av. du 24 Avril 1915
Bd de Roux
R. François Scaramelli
Bd Garoutte
Bd Henri Fabre
Av. de Saint-Julien
R. Maurice Dermerguerian
Av. de Kallisté
Av. de la Rosière
Av. des Caillols
Cinq Avenues Longchamp
Av. de Saint-Barnabé
Bd de Haguenau
St-Barnabé
Bd Ernest Gasquy
R. Saint-Jean du Désert
R. Fondère
Bd Louis Botinelly
ES CINQ
VENUES
Louis Armand
ST-CALIXTE
Av. de Garlaban
R. de Gaston Flotte
Bd Bouyala d'Arnaud
l'Épée
R. Emile Duclaux
Chave
Traverse de la Trévaresse
La Blancarde
Av. Pierre Chevalier
Traverse des Faïenciers
2
Av. William Booth
ST-PIERRE
Saint-Pierre
D2
R. Saint-Pierre
R. Saint-Pierre
Av. Jean Lombard
Bd Pierre Ménard
La Timone
Ch. de l'Armée d'Afrique
TIMONE
Bd Mireille Lauze
A 50
Av. du Dr Heckel
TOULON
AUBAGNE
Av. de la Timone
A 50
Lauze
R. André Bardon
Bd de Saint-Loup
Mireille
Bd Jean Moulin
Av. de la Capelette
Bd Fernand Bonnefoy
Bd de Saint-Loup
Bd Quetrel
Bd de Pont de Vivaux
Bd Romain Rolland
Capelette
Huveaune
Rolland
LA CAPELETTE
R. Pierre Chante Dozie
Traverse de Perdrix
R. Verdillon
Bd Schloesing
-DAME
Parc Chanot
Bd de l'Huveaune
Romain
R. François Mauriac
R. Pierre Doize
R. du Professeur Roger Luccioni
PALAIS DES CONGRÈS
PALAIS DES SPORTS
3
Bd
Stade Vélodrome
Ste-Marguerite Dromel
Bd Paul Claudel
Bd Paul Claudel
Bd Gustave Ganay
STE-MARGUERITE
Michelet
Traverse Regny
Ancien Ch. de Cassis
MARSEILLE
Cité Radieuse
Bd Lei Roure
0
800 m
MaMo
ROUTE DU LITTORAL
CASSIS, CITÉ RADIEUSE
C
D

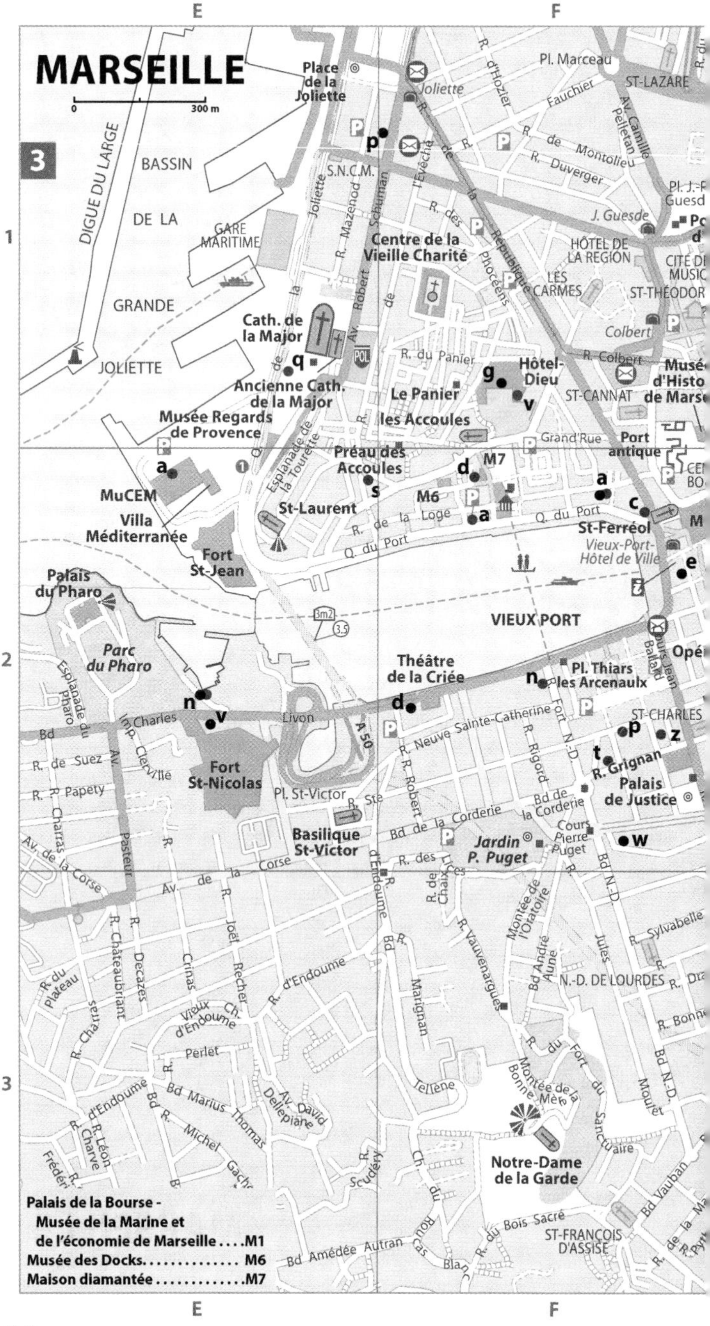
MARSEILLE
0
300 m
3
E
F
1
2
3
DIGUE DU LARGE
BASSIN
DE LA
GRANDE
JOLIETTE
GARE MARITIME
Place de la Joliette
Joliette
S.N.C.M.
Pl. Marceau
ST-LAZARE
R. d'Hozier
R. Fauchier
R. de Montolieu
R. Duverger
Av. Camille Pelletan
R. de l'Evêché
R. de la République
R. des Phocéens
R. Mazenod
Av. Robert Schuman
J. Guesde
HÔTEL DE LA RÉGION
LES CARMES
CITÉ DE LA MUSIQUE
ST-THÉODORE
Colbert
R. Colbert
Centre de la Vieille Charité
Cath. de la Major
Ancienne Cath. de la Major
Musée Regards de Provence
R. du Panier
Le Panier
les Accoules
Hôtel-Dieu
ST-CANNAT
Grand'Rue
Port antique
Préau des Accoules
Esplanade de la Tourette
St-Laurent
M7
M6
R. de la Loge
Q. du Port
St-Ferréol
Vieux-Port-Hôtel de Ville
MuCEM
Villa Méditerranée
Fort St-Jean
Palais du Pharo
Parc du Pharo
Esplanade du Pharo
VIEUX PORT
Théâtre de la Criée
Pl. Thiars les Arcenaux
Cours Jean Ballard
Bd Charles Livon
A 50
Fort St-Nicolas
Imp. Clerville
R. de Suez
R. Papety
R. Charras
Av. Pasteur
Av. de la Corse
R. Neuve Sainte-Catherine
R. Robert
R. Rigord
R. Fort N.-D.
ST-CHARLES
R. Grignan
Palais de Justice
Pl. St-Victor
R. Ste
Basilique St-Victor
Bd de la Corderie
Jardin P. Puget
Cours Pierre Puget
R. des Lices
R. de Chaix
R. d'Endoume
Bd N.-D.
Montée de l'Oratoire
R. Vauvenargues
Bd André Aune
R. Sylvabelle
N.-D. DE LOURDES
R. Bonne
R. Jules Moulet
R. Châteaubriant
R. Decazes
R. Crinas
R. Joël Recher
R. du Plateau
R. Charras
Vieux Ch. d'Endoume
R. Perlet
Bd Marius Thomas
R. Michel Gachet
Av. David Dellepiane
R. Léon Charve
R. Tellène
Montée de la Bonne Mère
R. du Fort du Sanctuaire
Notre-Dame de la Garde
R. du Bois Sacré
ST-FRANÇOIS D'ASSISE
Bd Vauban
Bd Amédée Autran
Ch. du Roucas Blanc
R. Scudéry
R. Marignan
Palais de la Bourse - Musée de la Marine et de l'économie de Marseille....M1
Musée des Docks.............. M6
Maison diamantée M7

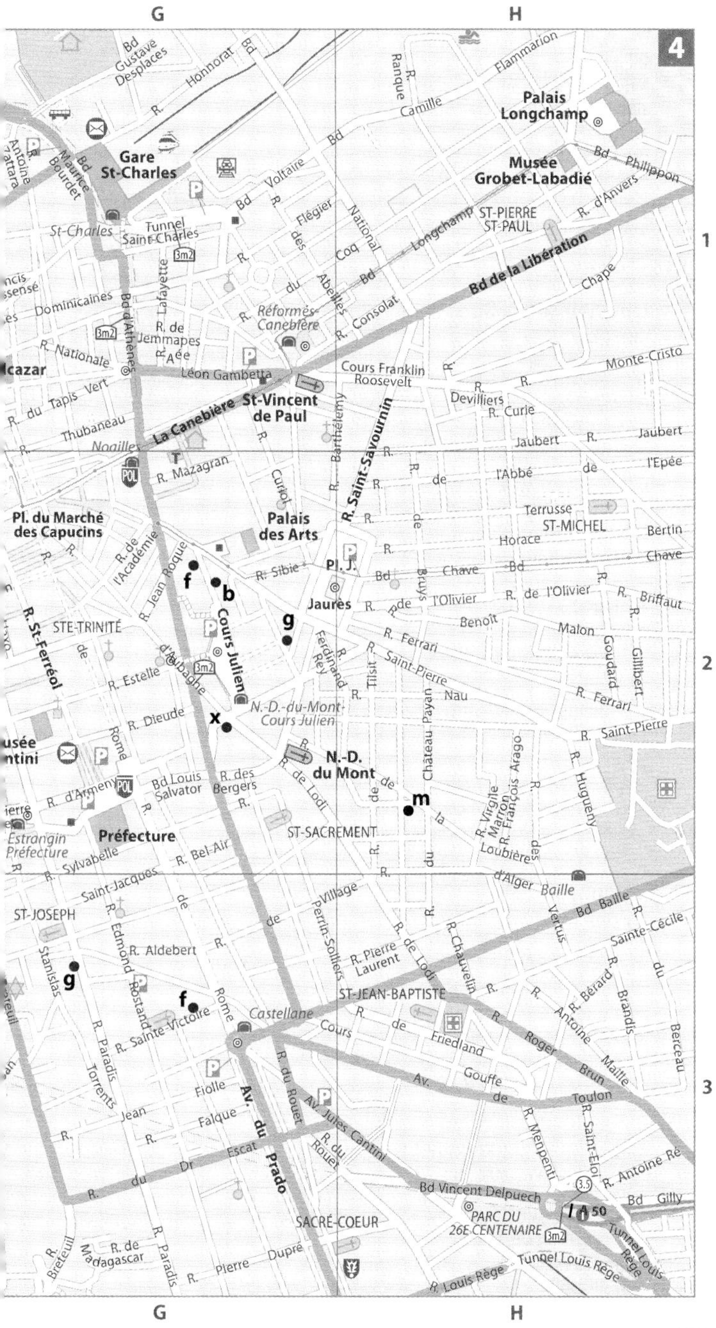
G
H
4
1
2
3
Palais Longchamp
Musée Grobet-Labadié
Gare St-Charles
St-Charles
Tunnel Saint-Charles
Bd Gustave Desplaces
R. Honnorat
Bd Voltaire
Bd Maurice Bourdet
R. Flammarion
R. Camille
Bd Philippon
R. d'Anvers
ST-PIERRE ST-PAUL
Bd de la Libération
Bd Longchamp
R. Consolat
R. Flégier
R. des Abeilles
R. du Coq
Bd National
R. Dominicaines
Bd d'Athènes
R. Lafayette
R. de Jemmapes
Allée Léon Gambetta
Réformés-Canebière
R. Nationale
Alcazar
R. du Tapis Vert
R. Thubaneau
Noailles
La Canebière
St-Vincent de Paul
Cours Franklin Roosevelt
R. Monte-Cristo
R. Devilliers
R. Curie
R. Jaubert
R. Chape
R. Mazagran
R. Curiol
R. Barthélemy
R. Saint-Savournin
R. de l'Abbé de l'Epée
R. Terrusse
ST-MICHEL
R. Horace Bertin
R. Chave
Bd Chave
Pl. du Marché des Capucins
R. de l'Académie
Palais des Arts
Pl. J. Jaurès
R. Sibie
R. de Bruys
R. de l'Olivier
R. Briffaut
R. Jean Roque
Cours Julien
STE-TRINITÉ
R. St-Ferréol
R. Benoît Malon
R. Ferrari
R. Saint-Pierre
R. Goudard
R. Gillibert
R. Ferdinand Rey
R. Tilsit
R. Château Payan
R. Nau
R. d'Aubagne
R. Estelle
R. Dieude
R. de Rome
N.-D.-du-Mont-Cours Julien
N.-D. du Mont
Musée Cantini
R. de Lodi
R. de la Loubière
R. Virgile Marron
R. François Arago
R. Huguen
R. d'Armeny
Bd Louis Salvator
R. des Bergers
Estrangin Préfecture
Préfecture
ST-SACREMENT
R. Bel-Air
R. Sylvabelle
R. Saint-Jacques
ST-JOSEPH
R. Edmond Rostand
R. Aldebert
R. Stanislas Torrents
R. du Village
R. Perrin-Solliers
R. Pierre Laurent
R. Chauvelin
R. d'Alger
Baille
Bd Baille
R. Vertus
R. Sainte-Cécile
R. Bérard
R. Brandis
R. du Berceau
ST-JEAN-BAPTISTE
R. Sainte-Victoire
Castellane
Cours de Friedland
R. Roger Brun
R. Antoine Maille
R. Paradis
Av. du Prado
R. du Rouet
Av. Jules Cantini
R. Fiolle
R. Falque
R. Jean
R. du Dr Escat
Av. de Toulon
R. Gouffe
R. Menpenti
R. Saint-Eloi
R. Antoine Ré
Bd Vincent Delpuech
Bd Gilly
PARC DU 26E CENTENAIRE
A 50
SACRÉ-COEUR
R. Breteuil
R. de Madagascar
R. Pierre Dupré
Tunnel Louis Rège
R. Louis Rège
f
b
g
x
m
3m2

L'Épuisette

POISSONS ET FRUITS DE MER • MÉDITERRANÉEN XXX Une Épuisette dans les rochers, quoi de plus évident ? Comme posée sur les récifs du vallon des Auffes - un cadre enchanteur -, cette table vit en intimité avec la mer... Le menu Fanny, signature de la maison, éblouit comme un soleil de juillet. Une délicieuse escale.

➜ Rossini d'un thon et foie gras aux framboises, crudités de carottes multicolores. Pieds et paquets maritime. Chocolat dulcey, café et glace aux pignons de pins caramélisés.

Menu 70 € (déj. en semaine), 90/135 € - Carte 100/120 €

Plan : 1A2-s - *158 Vallon des Auffes ✉ 13007*
- ✆ 04 91 52 17 82 - www.l-epuisette.com
- Fermé 7-16 fév., 7-31 août, dim. et lundi

Une Table au Sud (Ludovic Turac)

CUISINE CRÉATIVE • ÉLÉGANT XXX Aux commandes de cette table résolument ancrée dans le Sud : Ludovic Turac, tout jeune cuisinier passé notamment par l'émission Top Chef. Ses recettes, inventives et sûres, cultivent avec art l'esprit de la région - légumes provençaux et pêche locale - à l'unisson du panorama sur le Vieux Port et la "Bonne Mère" !

➜ Ma version de l'aïoli. "Bouille-abaisse". Le citron feuille comme une tarte au citron.

Menu 48/169 € 🍷 - Carte 80/100 €

Plan : 3F2-c - *2 quai du Port (1er étage) ✉ 13002*
- ✆ 04 91 90 63 53 - www.unetableausud.com
- Fermé 2 semaines en août, 1er-8 janv., dim. soir et lundi

AM par Alexandre Mazzia

CUISINE MODERNE • DESIGN X Attention, talent ! Dans cette zone chic et résidentielle de Marseille, Alexandre Mazzia suit son bonhomme de chemin et affine sa personnalité culinaire : une dominante végétale, de beaux produits de la mer, quelques influences africaines (il a vécu au Congo jusqu'à l'âge de 14 ans)... et une seule règle : l'audace !

➜ Anguille fumée et chocolat. Merlu de ligne, aubergine brûlée et jus animal. Mirabelle fermentée, passion, safran et huile de chorizo.

Menu 35 € (déj.), 69/110 € - menu unique

Plan : 2B3-a - *9 r. François-Rocca ✉ 13008*
- ✆ 04 91 24 83 63 (réservation conseillée) - www.alexandremazzia.com
- Fermé 18-29 juil., 20-27 oct., 24-30 déc., dim. et lundi

Schilling

CUISINE MODERNE • SIMPLE X Que fait un jeune Écossais, originaire d'un village de pêcheurs, en arrivant par hasard à Marseille ? Il ouvre un restaurant. Le Schilling, installé entre le Vieux Port et le Panier, célèbre la rencontre entre la Méditerranée et l'Écosse au gré d'une cuisine parfumée... et d'une jolie carte de whiskys !

Formule 21 € - Menu 31/55 € - Carte 32/40 €

Plan : 3E2-s - *37 r. Caisserie ✉ 13002*
- ✆ 04 91 01 81 39 (réservation conseillée) - Fermé 2 semaines en août, vacances de Noël, dim. soir, mardi et merc.

L'Arôme (N)

CUISINE MODERNE • SIMPLE X Dans une rue colorée typiquement marseillaise, ce petit restaurant aux airs de salle d'école décline une cuisine méditerranéenne, savoureuse et soignée, à l'instar de ces cromesquis de veau aux olives noires ou de la canette rôtie et purée de basilic. Ici, on cuisine des produits bio, et locaux. Un sans faute.

Formule 22 € - Menu 28 €

Plan : 4G2-g - *9 r. des 3 Rois ✉ 13006 - ✆ 04 91 42 88 80 - Fermé 2 semaines en août, dim. et le midi*

Le Malthazar

CUISINE MÉDITERRANÉENNE • BRASSERIE X On fait volontiers halte dans cette brasserie située tout près du Vieux Port. Ici, point de très haute gastronomie, mais toujours beaucoup de gourmandise : blanquette de veau mijotée en cocotte, fricassée de blancs de seiche à l'ail et poivrons rouges... servis par une équipe jeune et souriante !

Formule 19 € – Menu 22 € (déj. en semaine)/32 € – Carte 40/54 € dîner

Plan : 3F2-z – *19 r. Fortia ✉ 13001 – ☎ 04 91 33 42 46 – www.malthazar.fr*

La Cantinetta

CUISINE ITALIENNE • TRATTORIA X Depuis l'enfance, Pierre-Antoine Denis est un fougueux passionné de la cuisine transalpine. Secondé par Luigi, un vieil Italien qui confectionne les pâtes, il se rend régulièrement dans la péninsule pour dénicher les meilleurs producteurs. Chaleureuse et gourmande, sa Cantinetta est une vraie trattoria !

Carte 30/40 €

Plan : 4G2-f – *24 cours Julien ✉ 13006 – ☎ 04 91 48 10 48 (réservation conseillée) – www.restaurantlacantinetta.fr – Fermé dim.*

Otto N

CUISINE MÉDITERRANÉENNE • CONVIVIAL X Attenzione, italien survolté ! Dans le quartier du Prado, le petit frère de la Cantinetta fait déjà salle comble et comble les gosiers, avec une formule éprouvée : de bons petits plats méditerranéens aux accents italiens. Caponata d'aubergines, bruschetta de sardines fumées etc. Terrasse en saison.

Carte 25/40 €

Plan : 1B3-m – *150 r. Jean-Mermoz ✉ 13008 – ☎ 04 91 71 16 52 (réservation conseillée) – Fermé 2 semaines en août et dim.*

Les Trois Forts

CUISINE MODERNE • ÉLÉGANT XXX Tout Marseille est là : le Vieux Port et sa myriade de mâts, les quais qui fourmillent au loin, le ciel azuré... Au 7e étage du Sofitel, le panorama est sublime. L'assiette rend également un bel hommage à la cité phocéenne, entre inspirations provençales et saveurs d'ailleurs. Beau moment !

Menu 50 € (déj. en semaine), 75/95 € – Carte 75/100 €

Plan : 3E2-n – *Hôtel Sofitel Vieux Port, 36 bd Charles-Livon ✉ 13007 – ☎ 04 91 15 59 56 – www.sofitel-marseille-vieuxport.com – Fermé 1 semaine mi-août, dim. et lundi*

Michel - Brasserie des Catalans

POISSONS ET FRUITS DE MER • VINTAGE XX Ambiance 100 % rétro dans cette institution (1946) de la plage des Catalans. Ici, la bouillabaisse – marseillaise, évidemment – est une religion... Au menu, donc, la pêche du jour, bourride, soupions, poissons grillés : admirez le poisson exposé dans le "pointu" à l'entrée.

Carte 70/110 €

Plan : 1A2-e – *6 r. des Catalans ✉ 13007 – ☎ 04 91 52 30 63 – www.restaurant-michel.com – Fermé 23 déc.-10 janv.*

Albertine N

CUISINE MÉDITERRANÉENNE • COSY XX Au sein des docks de Marseille nouvellement aménagés, le chef Gérald Passédat rend hommage à sa mère Albertine, dans un décor chaleureux de bastide contemporaine, autour d'une cuisine subtile. La terre rencontre la mer pour une sarabande gastronomique de haute volée, à l'image de la daurade royale comme une carbonara.

Formule 49 € – Menu 59/79 € – Carte environ 71 €

Plan : 1B1-m – *r. des Docks (au Docks Village, Entrée D) ✉ 13002 – ☎ 04 91 35 75 15 – www.passedat.fr – Fermé 2 semaines en août , dim. , merc. soir et sam. midi*

Le Relais 50

CUISINE PROVENÇALE • DESIGN XX Carrelage, appliques, chaises, etc. : ce Relais joue la carte "revival" avec malice et élégance. Au menu, une cuisine créative qui puise dans les traditions de la Méditerranée, et que l'on peut savourer sans se ruiner. Autre attrait : la terrasse sur le Vieux-Port, avec la "Bonne Mère" en ligne de mire !

Formule 19 € – Menu 23 € (déj.), 39/65 € – Carte 40/54 €

Plan : 3F2-a – *Hôtel Résidence du Vieux Port, 18 quai du Port ✉ 13002 – ✆ 04 91 52 52 50 – www.relais50.com – Fermé lundi*

Chez Fonfon

POISSONS ET FRUITS DE MER • CONVIVIAL XX Fraîcheur : le maître mot de cette institution familiale fondée en 1952 par Alphonse, dit "Fonfon". Bourride et bouillabaisse sont encore et toujours au menu, réalisées avec le poisson sorti tout droit des "pointus" en bois que l'on aperçoit en face dans le petit port. L'adresse niche en effet dans le beau vallon des Auffes...

Carte 51/86 €

3 chambres – †100/180 € ††100/180 € – ☕ 10 €

Plan : 1A2-t – *140 Vallon-des-Auffes ✉ 13007 – ✆ 04 91 52 14 38 – www.chez-fonfon.com*

La Table du Fort

CUISINE MODERNE • COSY XX Dans une rue étroite qui part du Vieux Port, au sein d'un bâtiment ancien joliment mis en valeur (beau plafond de poutres, œuvres d'art contemporain, etc.), un restaurant à la fois feutré, chaleureux et gourmand. La "faute" à ses propriétaires, un jeune couple plein d'allant !

Menu 19 € (déj.), 36/50 € – Carte 44/59 €

Plan : 3F2-n – *8 r. Fort-Notre-Dame ✉ 13007 – ✆ 04 91 33 97 65 – www.latabledufort.fr – Fermé sam. midi, lundi midi et dim.*

Péron

CUISINE MODERNE • MÉDITERRANÉEN XX Sur la Corniche, cette bâtisse accrochée à la roche offre une vue à couper le souffle sur la baie de Marseille, ses îles, le château d'If... Un vent chargé d'embruns méditerranéens souffle sur la carte : bouillabaisse, chipirons farcis, etc. Amis locavores, cette table est pour vous !

Menu 69/82 € – Carte 72/81 €

Plan : 1A2-a – *56 Corniche J.-F.-Kennedy ✉ 13007 – ✆ 04 91 52 15 22 – www.restaurant-peron.com*

Le Ventre de l'Architecte - Le Corbusier

CUISINE MODERNE • DESIGN X Au sein de la Cité radieuse de Le Corbusier, ce restaurant et ses chambres attirent les aficionados du "fada" : voilà bien un monument historique du modernisme, jusqu'au mobilier signé Prouvé et Jacobsen. En cuisine, on trouve le chef Jérôme Caprin, passé par de belles maisons marseillaises. Un régal pour les férus d'architecture.

Menu 29 € (déj.)/61 €

21 chambres – †79/158 € ††79/158 € – ☕ 12 €

Hors plan – *280 bd Michelet (Cité Radieuse, 3ème étage) ✉ 13008 – ✆ 04 91 16 78 00 – www.hotellecorbusier.com – Fermé 3 semaines en août, 1 semaine en janv., dim. et lundi*

Le Môle Passedat - La Table

CUISINE MÉDITERRANÉENNE • DESIGN X Le grand chef marseillais Gérald Passédat signe ici une cuisine de bistrot chic face à la Méditerranée, sa muse gastronomique... que l'on savoure dans l'assiette, avec notamment la pêche du moment en antiboise, risotto d'épeautre et légumes sautés de saison. Une jolie occasion de profiter de la superbe enceinte du Mucem.

Menu 55 € (déj.)/75 € – Carte environ 85 €

Plan : 3E2-a – *1 espl. du J4 (toit terrasse MuCEM) ✉ 13002 – ✆ 04 91 19 17 80 (réservation conseillée) – www.passedat.fr – Fermé dim. soir et mardi*

L'Escapade Marseillaise

CUISINE PROVENÇALE • CONVIVIAL La clientèle d'affaires de Marseille a trouvé ici un repaire idéal ! La jeune équipe entretient dans cette Escapade une ambiance détendue et "pro" à la fois ; la cuisine porte clairement l'empreinte de la Provence, tant au niveau de la patte du chef que du choix des produits. Et par beau temps, direction la vaste terrasse...

Menu 20 € (déj. en semaine), 45/50 € - Carte 44/51 €

Plan : 4G3-g - *134 r. du Paradis ✉ 13002 Ⓜ Estrangin Préfecture - ✆ 04 91 31 61 69 - www.lescapademarseillaise.com - Fermé 1 semaine en fév., lundi soir, mardi soir, merc. soir et dim.*

Saisons

CUISINE MODERNE • CONVIVIAL Un duo de choc est aux commandes de l'ancien restaurant Axis, joliment rebaptisé Saisons : Julien Diaz, jeune chef de retour de Corse, et Guillaume Bonneaud, sommelier. Trente couverts environ, une déco épurée (bois, fer, matériaux bruts), une cuisine bien dans l'air du temps : attention, succès en vue !

Formule 24 € - Menu 29 € (déj.), 55/85 €

Plan : 4G3-f - *8 r. Ste-Victoire ✉ 13006 - ✆ 09 51 89 18 38 - www.restaurant-saisons.com - Fermé lundi soir, sam. et dim.*

L'Embarcadère

CUISINE MODERNE • TENDANCE Cette nouvelle brasserie, moderne et chic, a pris ses quartiers sur la place des Voûtes de la Major : elle valorise les beaux produits locaux, terre et mer, accordant une attention particulière à la pêche de méditerranée et à la viande de petits producteurs. Bon rapport qualité-prix. Ouvert 7 jours sur 7.

Formule 20 € - Menu 25 € (déj. en semaine)/32 € - Carte 32/56 €

Plan : 3E1-q - *pl. Albert-Londres ✉ 13002 - ✆ 09 67 58 05 19 - www.brasserielembarcadere.fr*

Bistro du Cours

CUISINE MODERNE • BISTRO L'engageante devanture rouge et grise de ce bistrot installé sur le cours Julien invite à pousser la porte. A l'origine, deux associés trentenaires : l'un, en cuisine, réalise des plats pleins de fraîcheur ; son compère, en salle, propose de bons vins d'accompagnement. Dernier né, un bar à manger prolonge la convivialité.

Formule 17 € - Menu 20 € (déj. en semaine), 32/45 € - Carte 43/57 €

Plan : 4G2-b - *13 cours Julien ✉ 13006 - ✆ 04 86 97 59 11 - www.bistroducours.com - Fermé août, dim. et lundi*

Le Poulpe

CUISINE MÉDITERRANÉENNE • CONVIVIAL Avec sa belle terrasse donnant sur le Vieux-Port, la nouvelle adresse de Michel Portos fleure bon la Méditerranée... Le chef met un point d'honneur à favoriser les produits locaux (presque tous achetés à moins de 200 km de Marseille) et les valorise dans des plats simples et goûteux.

Formule 19 € - Menu 22 € (déj. en semaine) - Carte 38/51 €

Plan : 3F2-a - *82 quai du Port ✉ 13002 - ✆ 04 95 09 15 91 - www.lepoulpe-marseille.com/ - Fermé mardi et merc. de nov. à mars*

Lauracée

CUISINE MODERNE • CONTEMPORAIN C'est bien clair, le patron de cette maison en retrait du Vieux-Port ne sert que des produits frais : "je ne sais pas faire autre chose !" Sa cuisine a l'accent du Sud... Quant au cadre, entièrement modernisé - murs taupe, nouveau mobilier -, il se révèle aussi bien agréable.

Formule 19 € - Menu 23 € (déj. en semaine), 36/54 € - Carte 46/90 €

Plan : 3F2-t - *96 r. de Grignan ✉ 13001 - ✆ 04 91 33 63 36 - www.lelauracee.com - Fermé août, lundi soir, sam. midi et dim.*

Le Café des Épices

CUISINE MODERNE • BISTRO Derrière l'hôtel de ville, un restaurant que l'on découvre par sa grande terrasse bordée d'oliviers. Le chef propose une cuisine saine et fraîche, volontiers voyageuse : ravioles de Saint-Jacques et bouillon d'épices, poitrine de veau caramélisée et purée de patates douces... Une table réjouissante !

Formule 25 € - Menu 30 € (déj.)/45 €

Plan : 3F2-d - *4 r. Lacydon ✉ 13002 - ✆ 04 91 91 22 69 - www.cafedesepices.com - Fermé sam. soir, dim., lundi et fériés*

Le Goût des Choses

CUISINE TRADITIONNELLE • COSY Le (vrai) goût des choses... Une jolie ambition pour ce sympathique restaurant, tenu par un couple de professionnels installés ici après de nombreuses expériences à travers le monde. Au menu, produits du marché et réminiscences de saveurs lointaines.

Formule 17 € - Menu 38 € - Carte environ 46 €

Plan : 4G2-x - *4 pl. Notre-Dame-du-Mont ✉ 13006 - ✆ 04 91 48 70 62 - www.legoutdeschoses.fr - Fermé 21-25 déc., lundi et mardi*

La Poule Noire

CUISINE MODERNE • COSY La Poule noire se mérite ! Dissimulée derrière une étroite entrée, ce restaurant, fréquenté par les habitués, joue la fraîcheur et la nouveauté (le menu du jour change quotidiennement). La surprise des propriétaires, Sophie et Frank ? Une élégante mini-terrasse de douze places, habillée de bois clair.

Formule 17 € - Menu 20 € (déj. en semaine), 39/59 € - Carte environ 41 €

Plan : 3F2-p - *61 r. Sainte ✉ 13001 - ✆ 04 91 55 68 86 - www.restaurant-lapoulenoire.com - Fermé 3 semaines en août, lundi soir, mardi soir, sam. midi et dim.*

Hôtels & maisons d'hôtes

Intercontinental-Hôtel Dieu

GRAND LUXE • CONTEMPORAIN Sous l'œil bienveillant de la Bonne Mère" qu'il toise en droite ligne, cet ancien et fameux hôpital est devenu hôtel en 2013. Derrière la monumentale façade (18-19e s.), les lieux rivalisent d'espace, de sobriété et d'élégance - avec tous les services d'un établissement de luxe. Voilà qui fera date !"

191 chambres - 220/450 € 220/450 € - 3 suites - 29 €

Plan : 3F1-g - *1 pl. Daviel ✉ 13002 - ✆ 04 13 42 42 42 - http://marseille.intercontinental.com*

Alcyone - voir les restaurants ci-dessus

Sofitel Vieux Port

LUXE • CONTEMPORAIN Sur les hauteurs du Pharo, dominant les forts, la passe... et tout le Vieux Port ! Plus d'une vingtaine de chambres jouissent d'une terrasse ouvrant sur le bassin. Le grand confort au cœur du mythe marseillais.

134 chambres - 216/570 € 223/570 € - 3 suites - 27 €

Plan : 3E2-n - *36 bd Charles-Livon ✉ 13007 - ✆ 04 91 15 59 00 - www.sofitel-marseille-vieuxport.com*

Les Trois Forts - voir les restaurants ci-dessus

Pullman Palm Beach

BUSINESS • CONTEMPORAIN Sous la route de la Corniche, un grand vaisseau moderne face à la mer... La piscine d'eau de source qui regarde la baie, les chambres à la fois design et d'esprit marin, les nombreuses terrasses qui contemplent la Méditerranée : tout invite au repos.

160 chambres - 130/580 € 130/580 € - 25 €

Plan : 1B3-b - *200 Corniche J.-F.-Kennedy ✉ 13007 - ✆ 04 91 16 19 00 - www.pullmanhotels.com*

Radisson Blu Vieux Port

HÔTEL DE CHAÎNE • FONCTIONNEL Imposant et moderne : tel est ce Radisson Blu installé sur le Vieux Port, à côté du théâtre de la Criée. Toutes les prestations d'un grand hôtel international : chambres spacieuses et confortables, équipements de qualité, restaurant, petite piscine sur le toit et... boulodrome, Marseille oblige !

177 chambres – 150/225 € 175/250 € – 12 suites

Plan : 3F2-d – *38 quai Rive-Neuve ✉ 13007 – ✆ 04 88 44 52 00 – www.radissonblu.com/hotel-marseille*

Le Petit Nice

LUXE • PERSONNALISÉ Sur la Corniche, ces architectures néoclassiques des années 1910 (la maison fête ses 100 ans en 2017 !) semblent lancer des œillades à la mer et à ses îles immaculées. Toute la lumière du Sud, toute la magie du site de Marseille, que l'on admire à loisir dans le plus grand confort...

16 chambres – 185/410 € 195/1490 € – 37 € – ½ P

Plan : 1A3-d – *anse de Maldormé (hauteur 160 Corniche J.-F.-Kennedy) ✉ 13007 – ✆ 04 91 59 25 92 – www.passedat.fr*

Le Petit Nice – voir les restaurants ci-dessus

C2

LUXE • DESIGN Légèrement en retrait du vieux port, cet ancien hôtel particulier (1860) est à la pointe de la branchitude phocéenne ! Il abrite des chambres design et luxueuses ainsi qu'un salon-bar, et accueille régulièrement des expos photos ou des concerts de jazz... Incontournable.

20 chambres – 199/479 € 199/479 € – 27 €

Plan : 3F2-w – *48 r. Roux-de-Brignoles ✉ 13006 – ✆ 04 95 05 13 13 – www.c2-hotel.com*

Grand Hôtel Beauvau

LUXE • HISTORIQUE Cet élégant hôtel du Vieux-Port, où Chopin, Lamartine et Cocteau posèrent leurs valises, serait le premier de Marseille (1816). Les chambres, spacieuses, fourmillent de détails réjouissants (tête de lit en cordage, tissus colorés, mobilier Napoléon III), et l'ensemble possède un charme indéniable.

71 chambres – 105/385 € 105/385 € – 2 suites – 26 €

Plan : 3F2-e – *4 r. Beauvau ✉ 13001 – ✆ 04 91 54 91 00 – www.sofitel.com*

Golden Tulip Euromed

BUSINESS • BORD DE MER Au cœur du nouveau quartier des docks, en pleine expansion, cet hôtel aux courbes pures propose des chambres spacieuses et lumineuses, face au port. Métro, tramway, salle de concert et théâtre à proximité. Une alternative novatrice à l'hôtellerie traditionnelle.

202 chambres – 88/225 € 88/225 € – 8 suites – 19 €

Plan : 1B1-g – *6 pl. Henri-Verneuil ✉ 13002 – ✆ 04 88 91 22 70 – www.goldentulipmarseilleeuromed.com*

New Hotel of Marseille

URBAIN • CONTEMPORAIN Orné d'œuvres d'artistes contemporains marseillais, très design, ce New Hotel possède une vraie personnalité. On découvre des chambres spacieuses, certaines avec balcon. Dernier atout : un bel emplacement près du Pharo.

100 chambres – 135/240 € 145/260 € – 16 € – ½ P

Plan : 3E2-v – *71 bd Charles-Livon ✉ 13007 – ✆ 04 91 31 53 15 – www.newhotelofmarseille.com*

Résidence du Vieux Port

URBAIN • PERSONNALISÉ Une décoration fort inspirée, en hommage aux années 1950. Les amateurs de Prouvé, Perriand ou Lurçat seront aux anges ! Les chambres, qui marient confort et simplicité, offrent une magnifique vue sur le Vieux-Port et Notre-Dame-de-la-Garde.

51 chambres – 160/366 € 160/366 € – 4 suites

Plan : 3F2-a – *18 quai du Port ✉ 13002 – ✆ 04 91 91 91 22 – www.hotel-residence-marseille.com*

Le Relais 50 – voir les restaurants ci-dessus

New Hotel Bompard

MAISON DE MAÎTRE • PERSONNALISÉ Idéal pour qui souhaite fuir la foule, cet établissement du début du 19e s. est perché sur les hauteurs de la Corniche, dans un beau jardin fleuri et arboré. Au choix : des chambres modernes ou provençales (dans un mas séparé). À noter : l'accès peut s'avérer difficile par les ruelles étroites environnantes.

50 chambres – 110/220 € 120/240 € – 12 € – ½ P

Plan : 1A3-e – *2 r. Flots-Bleus ✉ 13007 – ✆ 04 91 99 22 22 – www.new-hotel.com*

Hôtel 96 Ⓝ

MAISON DE CAMPAGNE • CONTEMPORAIN Aux portes des Calanques, cette charmante maison familiale, agrémentée d'un jardin au calme et d'une piscine, se fond avec bonheur dans le bucolique quartier de Mazargues. Chambres spacieuses et buffet de petit-déjeuner pantagruélique. Un vrai coup de cœur.

13 chambres – 89/189 € 89/189 € – 14 €

Hors plan – *96 av. de la Soude ✉ 13009 – ✆ 04 91 71 90 22 – www.hotel96.com*

Mama Shelter

URBAIN • DESIGN Vous aimez tout ce qui est branché ? Dans ce cas, cet hôtel ultramoderne, créé en 2012 dans un quartier populaire de la cité phocéenne, est tout indiqué ! Sous la signature de Philippe Starck, la déco joue une carte design assumée : murs et plafonds en béton brut, aplats de blanc, mobilier minimaliste...

126 chambres – 69/299 € 179/699 € – 1 suite – 16 €

Plan : 4H2-m – *64 r. de la Loubière ✉ 13006 – ✆ 04 84 35 20 00 – www.mamashelter.com*

La Joliette

BUSINESS • PERSONNALISÉ Juste en face des docks rénovés, dans un quartier de la Joliette en pleine mutation, on embarque dans cet hôtel dont le décor s'inspire du thème des paquebots et des voyages en mer. Petite salle de fitness et sauna au sous-sol.

32 chambres – 99/169 € 119/209 € – 14 €

Plan : 3EF1-p – *49 av. Robert-Schuman ✉ 13002 – ✆ 04 96 11 49 49 – www.hotel-joliette.com*

aux Goudes 12 km au Sud par rte des Goudes – ✉ 13008

L'Esplaï du Grand Bar des Goudes Ⓝ

POISSONS ET FRUITS DE MER • SIMPLE Ce restaurant de poissons, ancré dans le pittoresque village des Goudes, est pris d'assaut : la truculence du patron n'a d'égal que la fraîcheur des produits et le professionnalisme du personnel en marinière. Sous la pergola en bois, face au petit port, on se régale d'une soupe de poisson, de bourride ou de rougets, tout juste pêchés. Réservez !

Menu 42 € /65 € – Carte 42/76 €

28-29 r. Désirée-Pélaprat ✉ 13008 – ✆ 04 91 73 43 69 (réservation conseillée) – grandbardesgoudes.com – Fermé janv., lundi et mardi de mi-nov. à mi-fév. et merc.

MARSOLAN

✉ 32700 (Gers) - 458 hab. - Alt. 171 m - Carte régionale n° **15**-B2
▶ Paris 721 km - Agen 49 km - Auch 43 km - Toulouse 115 km
Carte Michelin 336-F6

Lous Grits

LUXE • ÉLÉGANT On se sent comme chez soi dans cette maison qui cultive l'art de vivre à la gasconne (meubles de famille, bibelots, faïences et mosaïques, peintures). Goût, raffinement et... entretien impeccable ! Au restaurant, cuisine traditionnelle pour les résidents uniquement.

6 chambres - 248/375 € 248/375 € - 20 €

au village - ✆ 05 62 28 37 10 - www.hotel-lousgrits.com

MARTEL

✉ 46600 (Lot) - 1 665 hab. - Alt. 225 m - Carte régionale n° **15**-C1
▶ Paris 510 km - Brive-la-Gaillarde 33 km - Cahors 79 km - Figeac 59 km
Carte Michelin 337-F2

Relais Ste-Anne

CUISINE MODERNE • TRADITIONNEL XX Charmant, tel est l'adjectif qui vient immédiatement à l'esprit en entrant dans ce restaurant ! Un écrin de pierre où, l'hiver venu, les gourmands s'installent devant la cheminée. On s'y régale d'une cuisine dans l'air du temps où le foie gras et le magret ont la part belle. Accueil et service aux petits soins.

Menu 30 € - Carte environ 47 €

r. du Pourtanel - ✆ 05 65 37 40 56 (réservation conseillée) - www.relais-sainte-anne.com - Ouvert de mi-avril à mi-nov. et fermé le midi sauf dim. et fériés

Saveurs des Halles

CUISINE RÉGIONALE • CONVIVIAL X Ravioles de Saint-Jacques aux petits légumes ; tourte de confit de canard aux cèpes ; moelleux au chocolat, coulis à l'orange... Une cuisine simple et bonne qui va à l'essentiel : voilà ce que l'on trouve dans cette petite adresse pleine de charme, tenue par un couple de trentenaires originaires d'Agen et du Pays basque.

Menu 28/70 € - Carte 37/74 €

r. Sans-Lys - ✆ 05 65 37 35 66 - Fermé 12 nov.-31 janv., merc. et jeudi hors saison

Relais Ste-Anne

FAMILIAL • CLASSIQUE Ce charmant relais, ceint d'un beau parc fleuri où se dresse une chapelle, est un ancien pensionnat de jeunes filles. Chambres de tailles diverses, toutes au grand calme.

14 chambres - 49/275 € 80/275 € - 5 suites - 13 €

r. du Pourtanel - ✆ 05 65 37 40 56 - www.relais-sainte-anne.com - Ouvert de mi-avril à mi-nov.

Relais Ste-Anne - voir les restaurants ci-dessus

MARTIGNARGUES

✉ 30360 (Gard) - 412 hab. - Alt. 120 m - Carte régionale n° **12**-C2
▶ Paris 709 km - Mende 121 km - Montpellier 64 km - Nîmes 35 km
Carte Michelin 339-K4

La Maison du Passage

LUXE • PERSONNALISÉ Une demeure du 13e s. au cœur d'un superbe petit village. Ses propriétaires, éminemment sympathiques, en ont fait l'objet de leur reconversion : après une rénovation d'un grand soin, elle est devenue luxueuse maison d'hôtes, mêlant charme de l'ancien et grand confort. Mention spéciale pour la terrasse avec vue à 360° et jacuzzi !

4 chambres - 110/230 € 120/240 € - ½ P

127 r. de l'Église - ✆ 04 66 25 62 91 - www.lamaisondupassage.fr - Fermé 3 janv.- 13 mars

MARTIGUES

✉ 13500 (Bouches-du-Rhône) - 47 624 hab. - Alt. 1 m - Carte régionale n° **21**-B3
▶ Paris 769 km - Aix-en-Provence 45 km - Arles 53 km - Marseille 40 km
Carte Michelin 340-F5 - Guide Vert Michelin Provence

Le Garage

CUISINE MODERNE • **TENDANCE** XX Pour ce jeune chef, la cuisine était tout sauf une voie de garage ! Il suffit de le voir dresser ses assiettes – les cuisines sont ouvertes sur la salle – pour reconnaître le travail d'un passionné. Soucieux du bon produit (dans un démarche locavore assumée), il aime créer, surprendre... et séduire.

Menu 27 € (déj. en semaine), 40/49 € - Carte environ 47 €

20 av. Frédéric-Mistral - ✆ 04 42 44 09 51 (réservation conseillée) - www.restaurantmartigues.com - Fermé 30 juil.-20 août, 31 déc.-14 janv., dim. et lundi

Le Bouchon à la Mer

CUISINE PROVENÇALE • **COSY** XX Au bord du canal, la terrasse de ce charmant restaurant martégal n'est pas loin de flotter sur les eaux ! Au son d'un clapotis, on découvre une cuisine variée, d'inspiration provençale : soupe de favouilles, dos de loup poêlé aux échalotes et jeunes poireaux, moelleux au chocolat... Et la note est légère.

Menu 25 € (semaine)/40 € - Carte 52/58 €

19 quai Lucien-Toulmond - ✆ 04 42 49 41 41 - www.lebouchonalamer.fr - Fermé dim. soir et lundi

Gusto Caffe Ⓝ

CUISINE ITALIENNE • **TRATTORIA** X Devant le port de plaisance du canal Baussengue, une sympathique trattoria où serveurs et clients s'interpellent dans une ambiance joyeuse et très... italienne ! Pâtes maison (spaghettis, gnocchis, etc.), *prosciutto di parma* découpé à la trancheuse, grands classiques transalpins... Tout simplement irrésistible.

Formule 17 € - Menu 20 € (déj.)/29 € - Carte 30/50 €

4 quai Paul-Doumer - ✆ 04 42 43 97 85 - www.restaurantmartigues.com - Fermé 24 déc.-mi janv., dim. et lundi

MARTILLAC - 33 (Gironde) → Voir Bordeaux

MARTIN-ÉGLISE - 76 (Seine-Maritime) → Voir Dieppe

LA MARTRE

✉ 83840 (Var) - 198 hab. - Alt. 984 m - Carte régionale n° **21**-C2
▶ Paris 808 km - Castellane 19 km - Digne-les-Bains 73 km - Draguignan 50 km
Carte Michelin 340-O3

Château de Taulane

LUXE • **CLASSIQUE** Château du 18e s. situé en pleine nature, au cœur d'un superbe golf : un lieu plein de caractère, comme hors du temps. Chambres spacieuses et confortables (rénovées dans le manoir), piscine couverte, salle de fitness, soins esthétiques.

43 chambres - †135/215 € ††165/430 € - 3 suites - ½ P

Le Logis du Pin, au golf, 4 km au Nord-Est par D6085 - ✆ 04 93 40 60 80 - www.chateau-taulane.com - Ouvert d'avril à oct.

MARTRES-TOLOSANE

✉ 31220 (Haute-Garonne) - 2 223 hab. - Alt. 268 m - Carte régionale n° **15**-B3
▶ Paris 737 km - Auch 133 km - Tarbes 94 km - Toulouse 62 km
Carte Michelin 343-E5

Le Castet

CUISINE MODERNE • ÉLÉGANT XX Qui pourrait croire que ce lieu contemporain, situé en retrait du centre-ville, fut jadis le café de la gare ? Le chef et son second y concoctent une cuisine du marché fraîche et colorée, sans esbroufe, qui mise sur le beau produit avec simplicité. On en sort régalé et ravi ! Un conseil : réservez, c'est souvent complet...

Menu 19 € (déj. en semaine), 32/65 € - Carte 69/92 €

44 av. de la Gare - 05 61 98 80 20 - www.hotelcastet.fr - Fermé merc. soir d'oct. à juin, dim. soir et lundi

MARVEJOLS

48100 (Lozère) - 4 950 hab. - Alt. 650 m - Carte régionale n° **12**-C1
Paris 580 km - Espalion 83 km - Mende 28 km - Montpellier 178 km
Carte Michelin 330-H7

L'Auberge Domaine de Carrière

CUISINE MODERNE • BRANCHÉ XX Épuré, design... Un lieu contemporain et tendance, dans les anciennes écuries du domaine. La carte n'est pas en reste, puisque le chef concocte une cuisine fraîche et dans l'air du temps, déclinée autour de trois menus uniques. Pour prolonger l'étape, les chambres sont élégantes et spacieuses.

Menu 20/42 €

5 chambres - 100 € 100 €

av. Montplaisir, 2 km à l'Est par D1 - 04 66 32 47 05 - www.domainedecarriere.com - Fermé merc. soir, dim. soir et lundi

MASSANGIS

89440 (Yonne) - 410 hab. - Alt. 265 m - Carte régionale n° **4**-B2
Paris 213 km - Auxerre 48 km - Dijon 132 km - Nevers 169 km
Carte Michelin 319-G6

Carpe Diem

MAISON DE CAMPAGNE • PERSONNALISÉ De ce corps de ferme (18e-19e s.) situé dans un paisible village, les propriétaires ont fait un lieu charmant, cosy et élégant : mobilier de famille, boiseries et parquet, jardin fleuri... À la table d'hôte, cuisine traditionnelle et classicisme de bon aloi.

5 chambres - 64/87 € 72/105 €

53 Grande-Rue - 03 86 33 89 32 - www.chambre-hote-de-charme-bourgogne.com - Fermé 20 janv.-16 fév.

MASSERET

19510 (Corrèze) - 678 hab. - Alt. 380 m - Carte régionale n° **13**-B2
Paris 432 km - Guéret 132 km - Limoges 45 km - Tulle 48 km
Carte Michelin 329-K2 - Guide Vert Michelin Limousin Berry

Hôtel de la Tour

FAMILIAL • CONTEMPORAIN Sur les hauteurs de ce bourg limousin - gage de tranquillité -, un hôtel familial qui propose des chambres simples et bien tenues, rénovées avec goût et bien équipées. De la terrasse, on a une jolie vue sur... la tour !

25 chambres - 55/80 € 55/80 € - 9 €

7 pl. Marcel-Champeix - 05 55 73 40 12 - www.hoteldelatourmasseret.com - Fermé dim. soir sauf juil.-août

MASSIAC

15500 (Cantal) - 1 793 hab. - Alt. 534 m - Carte régionale n° **3**-B3
Paris 484 km - Aurillac 84 km - Brioude 23 km - Issoire 38 km
Carte Michelin 330-H3 - Guide Vert Michelin Auvergne

La Colombière

FAMILIAL • FONCTIONNEL Ses grandes chambres fonctionnelles (mobilier moderne, sanitaires bien équipés, tenue exemplaire) font de cet hôtel récent une étape pratique sur la route des gorges de l'Alagnon. La terrasse, donnant sur le jardin, est particulièrement sympathique.

30 chambres – 52/72 € 60/82 € – 8 €

4 rte de Clermont-Ferrand, 1 km au Nord par D909 – 04 71 23 18 50 – www.hotel-lacolombiere.com – Fermé 24 déc.- janv. et 18 fév.-6 mars

MASSIGNAC

16310 (Charente) – 392 hab. – Alt. 240 m – Carte régionale n° **20**-C3
Paris 445 km – Angoulême 46 km – Nontron 36 km – Rochechouart 17 km
Carte Michelin 324-N5 – Guide Vert Michelin Poitou-Charentes

Dyades au Domaine des Étangs

CUISINE MODERNE • ÉLÉGANT Aux fourneaux de ces Dyades, on trouve Fabien Beaufour, chef talentueux ayant notamment travaillé à New-York et à Londres. Sa cuisine, fine et goûteuse, met en avant les herbes, fleurs, fruits et légumes du potager ; le tout est servi dans le cadre raffiné et luxueux des anciennes écuries du château. Réjouissant !

→ Pousses et racines du Domaine des Étangs. Bœuf de Coutancie, poireau grillé et jus à la moelle. Yaourt, rose et coriandre glacées.

Formule 30 € – Menu 35 € (déj. en semaine), 49/98 € – Carte 60/115 €

– 05 45 61 85 00 – www.restaurant-dyades.com – Fermé 20 déc.-28 fév.

Le Domaine des Étangs

DEMEURE HISTORIQUE • PERSONNALISÉ Le cadre, un parc de 1000 ha entre verdure et étangs, est tout bonnement exceptionnel. On y trouve de belles chambres composites (bois, verre, pierre), sept suites dans le magnifique château datant du 11e s., ainsi que des thermes aménagés dans les anciennes caves... Élégance et faste n'ont jamais fait si bon ménage !

29 chambres – 500/3000 € 500/3000 € – 14 suites

– 05 45 61 85 00 – www.domainedesetangs.com – Fermé 20 déc.-28 fév.

Dyades au Domaine des Étangs – voir les restaurants ci-dessus

MASSY – 91 (Essonne) → Voir Autour de Paris

LES MATELLES

34270 (Hérault) – 1 943 hab. – Alt. 42 m – Carte régionale n° **12**-C2
Paris 750 km – Mende 200 km – Montpellier 18 km – Nîmes 64 km
Carte Michelin 339-H6

Le Pic Saint-Loup (N)

CUISINE MODERNE • AUBERGE Cet ancien chai transformé en restaurant propose une cuisine au goût du jour, soignée et locavore. Aux beaux jours, on court s'installer sur l'agréable terrasse à l'ombre des micocouliers, où l'on accompagne son repas d'un bon verre de Pic Saint-Loup...

Formule 19 € – Menu 38 € – Carte 38/48 €

176 rte de Montpellier – 04 67 84 35 18 – www.lepicsaintloup.fr – Fermé dim. soir, lundi et mardi

MATIGNICOURT-GONCOURT

51300 (Marne) – 135 hab. – Alt. 114 m – Carte régionale n° **7**-C2
Paris 194 km – Bar-le-Duc 46 km – Châlons-en-Champagne 44 km – Troyes 73 km
Carte Michelin 306-k10

Ô Délices des Papilles

CUISINE TRADITIONNELLE • COSY XX À la sortie du village, faites donc une halte Ô Délices des Papilles. Dans un intérieur contemporain et boisé, on célèbre la production locale (asperges, petits pois, rhubarbe, escargots...) au gré de délicieux petits plats de tradition. Et côté vin, faites confiance à l'expérience du sommelier !

Menu 27/65 € - Carte 60/83 €

11 r. du Château-d'Eau - 03 26 72 51 60 - www.odelicesdespapilles.fr - Fermé 27 avril-5 mai, 14 août-1er sept., 2-18 janv., lundi et mardi

MATOUGUES - 51 (Marne) → Voir Châlons-en-Champagne

MAUBEC

84660 (Vaucluse) - Maubec - 1 867 hab. - Alt. 120 m - Carte régionale n° **22**-E1

Paris 717 km - Avignon 36 km - Marseille 84 km - Valence 156 km

Carte Michelin 332-D10

La Bastide du Bois Bréant

MAISON DE CAMPAGNE • COSY Au milieu d'une chênaie, cette bastide a préservé son âme. On opte pour des chambres d'inspiration provençale, trois cabanes perchées dans les arbres, ou même une roulotte tout confort ! Jacuzzi et sauna ; menu unique le soir, réservé aux résidents.

13 chambres - 170/320 € 170/320 € - ½ P

501 chemin du Puits-de-Grandaou - 04 90 05 86 78 - www.hotel-bastide-bois-breant.com

MAUBEUGE

59600 (Nord) - 30 994 hab. - Agglo. 112 406 hab. - Alt. 134 m - Carte régionale n° **16**-D2

Paris 242 km - Mons 21 km - St-Quentin 114 km - Valenciennes 39 km

Carte Michelin 302-L6

L'Atelier 117

BUSINESS • CONTEMPORAIN Un hôtel contemporain situé légèrement à l'extérieur de la ville ; on y dort dans de petites chambres parfaitement équipées : iDock, grand écran, bonne literie, plateau de courtoisie... Et au restaurant, une sympathique carte de style brasserie !

42 chambres - 70/130 € 70/150 € - 12 € - ½ P

117 av. Jean-Jaurès - 03 27 62 15 00 - www.latelier117.com

au Sud par rte d'Avesnes-sur-Helpe - 59330 Beaufort

Le Relais de Beaufort

CUISINE TRADITIONNELLE • AUBERGE XX Une auberge, deux atmosphères - rustique ou contemporaine -, mais surtout une généreuse cuisine traditionnelle : fricassée de Saint-Jacques à la crème d'ail, carré d'agneau rôti au romarin, et un plateau de fromages qui vaut son pesant d'or... Une adresse agréable.

Menu 31/45 € - Carte 32/70 €

8 km au Sud par N2 - 03 27 63 50 36 - Fermé 16 août-3 sept., dim. soir, mardi soir et lundi

à Louvroil 3 km au Sud par N2 - 59720 - 6 637 hab. - Alt. 133 m

La Table d' Éric

CUISINE CLASSIQUE • CONVIVIAL X Un jeune couple est à la tête de cette sympathique affaire située en plein cœur du village. Tous deux restaurateurs de métier, ils composent une cuisine traditionnelle bien tournée, qui met en valeur de bons produits frais. L'ambiance est conviviale : on passe un bon moment.

Formule 18 € - Menu 22 € (déj. en semaine)/32 € - Carte 39/58 €

21 rte d'Avesnes - 03 27 61 44 56 - latablederic.com - Fermé 1 semaine en avril, 2 semaines en août, 24-31 déc., mardi soir, sam. midi, dim. soir et lundi

MAULÉVRIER - 49 (Maine-et-Loire) ➜ Voir Cholet

MAURIAC

✉ 15200 (Cantal) - 3 753 hab. - Alt. 722 m - Carte régionale n° **3**-A3

▶ Paris 490 km - Aurillac 53 km - Clermont-Ferrand 113 km - Le Mont-Dore 77 km

Carte Michelin 330-B3 - Guide Vert Michelin Auvergne

Auv'Hôtel

FAMILIAL • CLASSIQUE Située à côté de la basilique romane Notre-Dame-des-Miracles, une sympathique petite adresse aux fenêtres fleuries. Les chambres, coquettes et bien tenues, sont parfaites pour les petits budgets. Les plus récentes ont été rénovées dans un style contemporain.

11 chambres - 60/67 € 65/80 € - 9 €

4 r. du 11-Novembre - ✆ 04 71 68 19 10 - www.auv-hotel.fr - Fermé 15 mars-9 avril, 24 sept.-8 oct. et 18-26 nov.

MAUROUX - 46 (Lot) ➜ Voir Puy-l'Évêque

MAUSSANE-LES-ALPILLES

✉ 13520 (Bouches-du-Rhône) - 2 242 hab. - Alt. 32 m - Carte régionale n° **22**-E1

▶ Paris 712 km - Arles 20 km - Avignon 30 km - Marseille 81 km

Carte Michelin 340-D3 - Guide Vert Michelin Provence

Ou Ravi Prouvençau

CUISINE PROVENÇALE • RUSTIQUE XX Jean-François Richard, en cuisine depuis 40 ans, concocte une cuisine aussi authentique que généreuse, servie dans cette gracieuse maison méridionale : daube, pieds et paquets marseillais, mais aussi soupe au pistou (en été) et carré d'agneau à l'ail et sauge... A l'arrière, la terrasse est incontournable.

Menu 55 € 🍷 - Carte 45/70 €

34 av. de la Vallée-des-Baux - ✆ 04 90 54 31 11 - www.restaurantalpilles.fr - Fermé 22-30 juin, 15 déc.-15 janv., mardi et merc.

Le Clos St-Roch

CUISINE DU MARCHÉ • RÉGIONAL XX Tatin d'artichauts marinés, dorade royale ou crémeux au chocolat au lait et poire Williams pochée : cette cuisine dans l'air du temps, d'inspiration méditerranéenne, est l'œuvre d'un chef ayant longtemps travaillé aux États-Unis. L'hiver, demandez une table à côté de la cheminée et, l'été, profitez de la terrasse !

Formule 23 € - Menu 30 € - Carte 36/55 €

87 av. de la Vallée-des-Baux - ✆ 04 90 98 77 15 - www.leclosaintroch.com - Fermé vacances de fév., 1 semaine vacances de Noël, merc. et jeudi

Aux Ateliers (N)

CUISINE TRADITIONNELLE • BISTRO X Ce bistrot détendu et chaleureux ne désemplit pas : le chef, un Normand amoureux des Alpilles, taquine votre gourmandise au gré d'une savoureuse cuisine sans afféterie : dos de cabillaud rôti, légumes au pistou ; épaule d'agneau confite, riz au lait... Terrain de pétanque à l'extérieur.

Formule 25 € - Menu 30 € 🍷 (déj. en semaine) - Carte 30/45 €

115 av. de la Vallée-des-Baux - ✆ 04 90 49 96 58 (réservation conseillée) - Fermé janv., 1 semaine en oct. , 1 semaine en nov., lundi et mardi

Le Pré des Baux

FAMILIAL • FONCTIONNEL Les chambres de plain-pied entourent la piscine et le jardin méridional, au calme. Petit-déjeuner (fruits frais, confitures artisanales) servi sur les terrasses privatives.

10 chambres - 95/125 € 110/140 € - 13 €

r. du Vieux-Moulin - ✆ 04 90 54 40 40 - www.lepredesbaux.com - Ouvert 7 avril-30 oct.

Val Baussenc

TRADITIONNEL • RÉGIONAL Une maison au décor provençal qui magnifie avec originalité la pierre calcaire des Baux. Les chambres, presque toutes avec terrasse ou balcon, profitent du calme de la campagne environnante. Petite salle à manger, treille et cuisine aux couleurs du Sud.

25 chambres – 77/162 € 88/162 € – 13 € – ½ P

122 av. de la Vallée-des-Baux – 04 90 54 38 90 – www.valbaussenc.com – Ouvert 1er mars-31 oct.

au Paradou 2 km à l'Ouest par D17, rte d'Arles – ✉ 13520 – 1 638 hab. – Alt. 21 m

Nancy Bourguignon

CUISINE MODERNE • MÉDITERRANÉEN XX Légumes primeurs provençaux, poisson de ligne... Dans ce charmant restaurant, la chef, autodidacte et passionnée, concocte de fines et subtiles recettes, très parfumées. Agréable terrasse entourée de végétation méditerranéenne.

Carte 53/94 €

Hôtel Du Côté des Olivades, lieu-dit de Bourgeac – 04 90 54 56 78 (réservation conseillée) – www.ducotedesolivades.com – Fermé mardi midi et lundi

Le Bistrot du Paradou

CUISINE PROVENÇALE • BISTRO X Cette maison aux volets bleus est une véritable institution locale. Aïoli, volaille de Bresse à la broche, tête de veau sauce ravigote et tartes maison : on y célèbre le répertoire provençal avec des plats généreux et goûteux, à dévorer dans une ambiance joyeuse et bon enfant. Attention, menu unique !

Menu 51 € (déj.)/57 €

57 av. de la Vallée-des-Baux – 04 90 54 32 70 (réservation conseillée) – Fermé vacances de fév., vacances de Noël, le soir hors saison, dim. et lundi

B design & Spa

LUXE • DESIGN La modernité au service du confort et du bien-être résume l'esprit de cet hôtel, à l'entrée de la propriété. Vastes suites dessinées par un designer, terrasses, espace de remise de forme. Pour un beau séjour au calme...

15 chambres – 190/585 € 190/585 € – 14 suites – 21 €

lieu-dit de Bourgeac – 04 90 54 58 66 – www.hotelbdesign.com

Du Côté des Olivades

MAISON DE CAMPAGNE • MÉDITERRANÉEN Cette bastide contemporaine, nichée au milieu des oliviers, abrite des chambres de style provençal. Agréable piscine et remarquable petit-déjeuner.

10 chambres – 183/215 € 183/325 € – 21 € – ½ P

lieu-dit de Bourgeac – 04 90 54 56 78 – www.ducotedesolivades.com

Nancy Bourguignon – voir les restaurants ci-dessus

MAUZAC-ET-ST-MEYME-DE-ROZENS

✉ 24150 (Dordogne) – 896 hab. – Alt. 49 m – Carte régionale n° **2**-C3

Paris 596 km – Agen 116 km – Bordeaux 151 km – Périgueux 64 km

Carte Michelin 329-F6

La Métairie

MAISON DE CAMPAGNE • CLASSIQUE Un hôtel charmant et romantique, installé dans une maison du 19e s., au cœur d'un superbe parc de 3 ha. Les chambres ont beaucoup de classe et, le plus souvent, une terrasse privative. Restaurant au cadre rustique pour une cuisine s'inspirant du terroir.

10 chambres – 135/330 € 135/330 € – 1 suite – 20 € – ½ P

lieu-dit Millac – 05 53 22 50 47 – www.la-metairie.com – Ouvert 1er avril-1er nov.

MAXILLY-SUR-LÉMAN - 74 (Haute-Savoie) ➜ Voir Évian-les-Bains

MAYENNE

✉ 53100 (Mayenne) - 13 257 hab. - Alt. 124 m - Carte régionale n° **18**-C1
Paris 283 km - Alençon 61 km - Flers 56 km - Fougères 47 km
Carte Michelin 310-F5 - Guide Vert Michelin Pays de la Loire

L'Éveil des Sens (Nicolas Nobis)

CUISINE MODERNE • TENDANCE XX Des cuissons et assaisonnements précis, une créativité bien maîtrisée, des produits de qualité : cette table réveille les papilles et y laisse une empreinte durable. Décor sobre et moderne.

➜ Foie gras à la badiane et fenouil confit. Saint-pierre, étuvée de chou-rave et coquillages. Croustillant chocolat et praline, glace au café blanc.

Formule 21 € - Menu 24 € (déj. en semaine), 39/69 €

429 bd Paul-Lintier - ✆ 02 43 30 42 17 (réservation conseillée) - www.restaurant-leveildessens.fr - Fermé 11-31 août, 24 déc.-5 janv., mardi midi, dim. soir et lundi

rte de Laval au Sud par N162 - ✉ 53100 Mayenne :

La Marjolaine

CUISINE TRADITIONNELLE • ÉLÉGANT XXX Au sein de ce domaine verdoyant, dans un cadre élégant - dont une agréable terrasse -, une cuisine qui honore la tradition à travers des recettes telles que ces escargots de Cornille, bouillon de foie gras ou encore cette langue de bœuf braisée et jus de truffe.

Formule 18 € - Menu 21 € (déj. en semaine), 33/48 € - Carte 50/70 €

au domaine du Bas-Mont, à 6,5 km - ✆ 02 43 00 48 42 - www.lamarjolaine.fr - Fermé vacances de fév. et de Noël, vend. soir, sam. midi et dim. soir du 1er oct. à Pâques

Beau Rivage

CUISINE TRADITIONNELLE • AUBERGE XX Au bord de la Mayenne, avec une jolie terrasse, l'adresse a des airs de guinguette, et c'est avec plaisir que l'on atteint les rivages de la gourmandise grâce à l'appétissante cuisine traditionnelle du chef... et sa rôtissoire, où l'on voit cuire doucement brochettes de poisson, gigots de lotte, pigeons et autres cailles.

Formule 15 € - Menu 19/38 € - Carte 32/51 €

8 chambres - †68 € ††81/91 € - ☕ 9 €

rte de St-Baudelle, à 4 km - ✆ 02 43 00 49 13 - www.restaurantbeaurivage.com - Fermé dim. soir et lundi

La Marjolaine

TRADITIONNEL • PERSONNALISÉ Près de Mayenne, mais en pleine nature : dans le parc aux arbres centenaires coule une rivière... On peut loger dans le joli château (17e s.) ou dans les différents pavillons disséminés dans la verdure. Les chambres arborent des styles variés, du classique au contemporain avec sauna privatif ! Espace détente, prêt de vélos.

41 chambres - †63/125 € ††63/125 € - ☕ 11 € - ½ P

au domaine du Bas-Mont, à 6,5 km - ✆ 02 43 00 48 42 - www.lamarjolaine.fr - Fermé vacances de fév. et de Noël

La Marjolaine - voir les restaurants ci-dessus

MAZAMET

✉ 81200 (Tarn) - 10 093 hab. - Alt. 241 m - Carte régionale n° **15**-C2
Paris 739 km - Albi 64 km - Carcassonne 50 km - Castres 21 km
Carte Michelin 338-G10

La Villa de Mazamet

MAISON DE MAÎTRE • ÉLÉGANT Les propriétaires ? Deux Anglais tombés amoureux du Sud et de cette très belle maison de maître (1935), avec son grand escalier en pierre, ses moulures, ses cheminées en marbre, etc. Les chambres, spacieuses et lumineuses, sont raffinées ; l'accueil est charmant... Une superbe adresse.

5 chambres - 110/190 € 110/190 €

4 r. Pasteur - 05 63 97 90 33 - www.villademazamet.com - Ouvert 1er avril-31 oct.

MAZAN - 84 (Vaucluse) ➜ Voir Carpentras

MAZAYE

63230 (Puy-de-Dôme) - 715 hab. - Alt. 760 m - Carte régionale n° **3**-B2

Paris 441 km - Clermont-Ferrand 23 km - Le Mont-Dore 32 km - Pontaumur 27 km

Carte Michelin 326-E8

Auberge de Mazayes

CUISINE TRADITIONNELLE • RUSTIQUE Au cœur du parc des volcans, cette ancienne étable séduit d'abord par son décor champêtre et la patine authentique de ses salles à manger. Pour notre plus grand bonheur, l'assiette célèbre l'Auvergne : feuilleté au Cantal, truffade, etc. Quelques chambres coquettes pour une étape avant de partir à l'assaut de la chaîne des Puys.

Formule 21 € - Menu 26/36 € - Carte 30/54 €

15 chambres - 79/88 € 92/104 € - 10 €

à Mazayes-Basses - 04 73 88 93 30 - www.auberge-mazayes.com - Fermé 17 déc.-28 janv., dim. soir et lundi d'oct. à mars, lundi midi en avril et en sept. et mardi midi

MAZEROLLES - 40 (Landes) ➜ Voir Mont-de-Marsan

MEAULNE

03360 (Allier) - 773 hab. - Alt. 185 m - Carte régionale n° **3**-B1

Paris 307 km - Clermont-Ferrand 126 km - Moulins 96 km - Montluçon 31 km

Carte Michelin 326-C3 - Guide Vert Michelin Auvergne

Manoir du Mortier

HISTORIQUE • PERSONNALISÉ En pleine nature, à l'orée d'une forêt, manoir familial du 18e s. joliment restauré. Ciels de lit, tentures, objets anciens : les chambres sont très romantiques. Repas sur réservation, servi devant la cheminée ou en terrasse. Et même, pour les cavaliers, un box pour accueillir leur monture !

4 chambres - 140/150 € 140/260 €

Le Mortier : 5 km Est par D 312 - 06 30 34 06 40 - www.manoirdumortier.fr - Ouvert avril à mi-nov.

MEAUX

77100 (Seine-et-Marne) - 53 623 hab. - Alt. 51 m - Carte régionale n° **10**-C1

Paris 54 km - Compiègne 68 km - Melun 56 km - Reims 98 km

Carte Michelin 312-G2 - Guide Vert Michelin Île-de-France

La Grignotière

CUISINE TRADITIONNELLE • COSY Rénovée dans un style contemporain, cette Grignotière séduit avec son intérieur cosy et sa cheminée en état de marche... Au fil de l'année, on se régale par exemple d'huîtres, de coquillages et de beaux plateaux de fruits de mer, ou, pour les carnivores, de ris de veau aux morilles et de foie gras poêlé. Plaisant !

Formule 29 € - Menu 39/55 € - Carte 66/88 €

36 r. de la Sablonnière - 01 64 34 21 48 - Fermé août, sam. midi, mardi et merc.

à Germigny-l'Évêque 8 km au Nord-Est par D405 et D97 - ✉ 77910 - 1 359 hab. - Alt. 49 m

Le Gonfalon

CUISINE MODERNE • ÉLÉGANT XXX Fraîcheur et charme inondent la terrasse romantique de cette auberge en bord de Marne. On y apprécie une cuisine d'aujourd'hui, ambitieuse et joliment présentée, servie l'hiver au coin du feu, dans une salle cosy et intime... Au calme côté rivière, les chambres se révèlent bien confortables.

Menu 39 € (semaine), 56/80 € - Carte 60/90 €

8 chambres - †85/155 € ††90/175 € - ☕ 12 €

2 r. de l'Église - ✆ 01 64 33 16 05 - www.restaurantgonfalon.com - Fermé 16-28 fév., mardi midi de nov. à avril, dim. soir et lundi

MEAUZAC

✉ 82290 (Tarn-et-Garonne) - 1 298 hab. - Alt. 76 m - Carte régionale n° **15**-B2

▶ Paris 628 km - Cahors 57 km - Montauban 16 km - Toulouse 67 km

Carte Michelin 337-D7

Manoir des Chanterelles

FAMILIAL • PERSONNALISÉ Un beau manoir flanqué de tourelles au cœur d'un parc et d'un verger de pommiers. Savane, Française, Orientale, Romantique et Zen : les chambres, confortables, offrent un décor bigarré et opulent. Piscine, tennis et espace bien-être pour la détente.

5 chambres ☕ - †90/120 € ††120/150 €

à Bernon-Boutounelle, 2170 rte de Castelsarrasin, 2 km au Nord par D45 - ✆ 05 63 24 60 70 - www.manoirdeschanterelles.com - Fermé 25 déc.-31 janv. et dim. hors saison

LES MÉES

✉ 04190 (Alpes-de-Haute-Provence) - 3 548 hab. - Alt. 410 m - Carte régionale n° **21**-B2

▶ Paris 733 km - Avignon 155 km - Digne-les-Bains 22 km - Marseille 115 km

Carte Michelin 334-D8

La Marmite du Pêcheur

CUISINE MODERNE • CONTEMPORAIN XX Au pied des Pénitents, ces célèbres rochers pointus, les gourmands n'ont pas à faire profil bas ! Dans cet ancien moulin, on se régale de spécialités de poisson et de produits de la mer (bouillabaisse sur commande). La roue à aubes trône toujours dans la salle à manger aux tons sable.

Formule 20 € - Menu 25 € (déj. en semaine), 38/58 € - Carte 52/96 €

bd des Tilleuls - ✆ 04 92 34 35 56 - www.lamarmitedupecheur.com - fermé mardi et merc.

ON AIME...

La cuisine authentique du **Refuge**, à Leutaz. L'esprit trappeur du **Lodge Park**, "the place to be" pour l'apéritif ! Les remarquables spécialités savoyardes du **Vieux Megève**. L'emplacement idéal, en plein cœur de la station, du célèbre **Hôtel Mont-Blanc**. Le superbe spa des **Fermes de Marie**, l'un des plus beaux de Haute-Savoie...

MEGÈVE

✉ 74120 (Haute-Savoie) - 3 326 hab. - Alt. 1 113 m - Carte régionale n° **25**-F1
Paris 598 km - Albertville 32 km - Annecy 60 km - Chamonix-Mont-Blanc 33 km
Carte Michelin 328-M5 - Guide Vert Michelin Alpes du Nord

Restaurants

✿✿ 1920

CUISINE MODERNE • ÉLÉGANT XXX Dans ce luxueux domaine créé par les Rothschild en 1920, les plaisirs de la table se déclinent en produits nobles et recettes originales, sans oublier les grands classiques, tel le soufflé tradition Rothschild. Le tout accompagné d'une belle carte des vins où les célèbres crus de la famille sont à l'honneur !

→ Gamberonis du golfe de Gênes rafraîchies au caviar et crème Dubarry. Grosses langoustines de casier croustillantes, butternut, noisettes et truffe noire. Soufflé tradition "Rothschild" au Grand-Marnier.

Menu 70 € (déj. en semaine), 95/140 € - Carte 125/175 €

Plan : B1-p - *Hôtel Chalet du Mont d'Arbois, 447 chemin de la Rocaille, par rte Edmond-de-Rothschild - ✆ 04 50 21 25 03 - www.mont-darbois.fr - Ouvert de mi-juin à mi-sept. et de mi-déc. à mi-avril et fermé dim. soir, mardi midi et lundi sauf vacances scolaires*

✿ La Table de l'Alpaga

CUISINE MODERNE • ÉLÉGANT XX Qu'il est déjà plaisant de prendre place dans cet endroit sobre et chic... En lisant la carte, très attrayante, on comprend bien la volonté du chef : proposer une cuisine pleinement ancrée dans notre époque, faire découvrir des saveurs oubliées, travailler des produits régionaux, jouer la légèreté... Un délicieux programme !

→ Omble chevalier façon gravlax au caviar. Pigeon, carottes des sables et géranium. Faisselle aux fruits rouges et tagète.

Menu 95/125 € - Carte 85/120 €

Hors plan - *Hôtel Alpaga, 66 allée des Marmousets -rte du Prariand, 1,5 km par D1212 et rte secondaire - ✆ 04 50 91 48 70 - www.alpaga.com - Ouvert mi-juin à mi-sept. et début déc. à mi-avril et fermé merc. midi, jeudi midi, vend. midi, lundi et mardi*

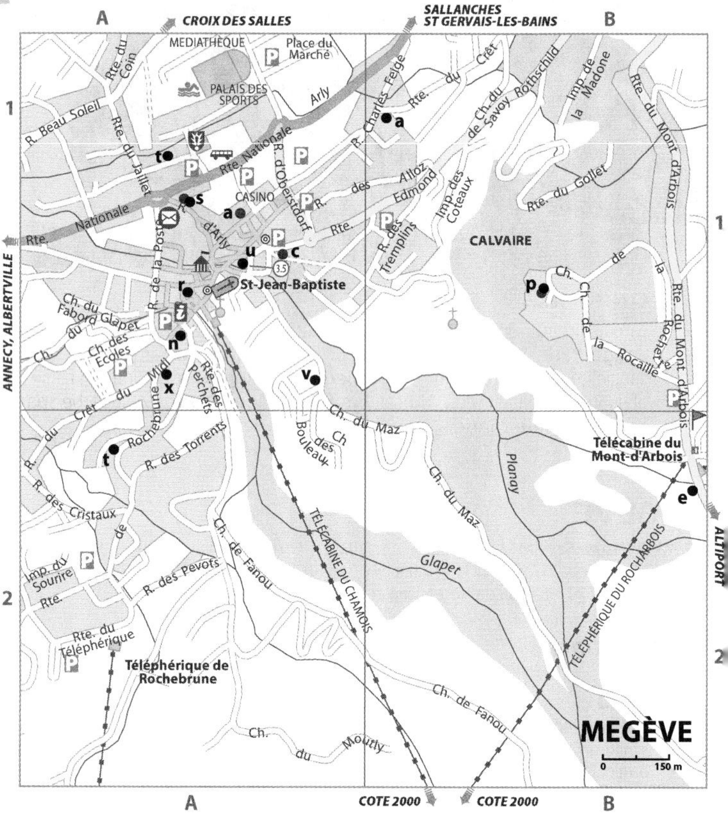

Flocons Village

CUISINE MODERNE · AUBERGE XX La deuxième adresse d'Emmanuel Renaut, le chef bien connu des Flocons de Sel (Leutaz). Ces Flocons-ci font fondre de plaisir avec une cuisine actuelle soignée et des plats du terroir d'une grande finesse : terrine de volaille maison à la confiture d'oignons au vin rouge, paleron de bœuf braisé à la mondeuse... Fameux !

Menu 32 € – Carte 37/61 €

Plan : A1-a – *75 r. St-François – ✆ 04 50 78 35 01 – www.floconsdesel.com*

Beef Lodge

CUISINE CLASSIQUE · ÉLÉGANT XX Un vrai repaire de carnivores, au décor très "animal" : trophées, peaux de bête, cuir... Dans la lignée des steakhouses américains, on y propose des viandes de grande qualité, sélectionnées – et maturées – avec soin : bœuf Black Angus ou Simmental, premium du Texas... Le tout dans les règles de l'art : avis aux amateurs !

Carte 60/120 €

Plan : A1-s – *Hôtel Lodge Park, 100 r. d'Arly – ✆ 04 50 93 05 03 – www.lodgepark.com – Ouvert 16 déc.-26 mars et juin-sept.*

Le Restaurant Alpin

CUISINE SAVOYARDE • COSY Dans une salle tout en bois, au son d'un limonaire, on se régale de délicieuses fondues (savoyarde, bourguignonne, suisse ou chablaisienne...) et d'autres belles spécialités alpines. Qualité des produits, professionnalisme du service : on passe un bon moment.

Carte 62/81 €

Hors plan - *Hôtel Les Fermes de Marie, 163 chemin de la Riante-Colline, par D1212 - 04 50 93 03 10 - www.fermesdemarie.com - Fermé 1er avril-31 mai et le midi*

Le Vieux Megève

CUISINE SAVOYARDE • RUSTIQUE Authenticité montagnarde : le credo de ce Vieux Megève, une institution familiale depuis 1965. Fondues bourguignonne et savoyarde, brasérade, reblochonnade et charcuteries en tous genres : les portions sont généreuses, sans pour autant négliger le goût. Et l'ambiance est rustique à souhait...

Carte 26/67 €

Plan : A1-c - *58 pl. de la Résistance - 04 50 21 16 44 - www.restaurant-vieux-megeve.fr - Ouvert 11 juil.-31 août et 11 déc.-30 mars et fermé lundi en hiver, mardi midi en janv. et mars*

Hôtels

Les Fermes de Marie

LUXE • PERSONNALISÉ On se verrait bien vivre dans ce hameau de fermes savoyardes reconstituées. Les chambres sont délicieusement montagnardes, boisées, décorées avec goût dans le style de la famille Sibuet, reconnaissable entre mille... Et le spa est superbe. Un véritable paradis des neiges !

60 chambres - 329/1185 € 358/1338 € - 10 suites - ½ P

Hors plan - *163 chemin de la Riante-Colline, par D1212 - 04 50 93 03 10 - www.fermesdemarie.com - Fermé avril et mai*

Le Restaurant Alpin - voir les restaurants ci-dessus

Le Fer à Cheval

LUXE • MONTAGNARD Pourquoi le Fer à Cheval ? En hommage au forgeron du village, qui bâtit ce superbe chalet en 1938. Ici, l'esprit alpin est sublimé : entre bois et objets montagnards, tout n'est que chaleur et raffinement... Autres atouts : un spa grandiose et une table où l'on célèbre les spécialités savoyardes !

38 chambres - 465/890 € 465/890 € - 15 suites - ½ P

Plan : B1-a - *36 rte Crêt-d'Arbois - 04 50 21 30 39 - www.feracheval-megeve.com - Ouvert de fin juin à début sept. et de mi-déc. à mi-avril*

Lodge Park

LUXE • PERSONNALISÉ Atypique, chic et hors du temps : ce Lodge Park est tout cela à la fois. L'ambiance ? Celle d'une maison de trappeur dans le Grand Nord. Trophées de chasse, peaux de bêtes aux murs, cornes et bustes bovins... depuis les chambres, élégantes et chaleureuses, jusqu'au superbe spa "Pure Altitude" !

38 chambres - 360/850 € 380/870 € - 11 suites - ½ P

Plan : A1-s - *100 r. d'Arly - 04 50 93 05 03 - www.lodgepark.com - Ouvert 16 déc.-26 mars et juin-sept.*

Beef Lodge - voir les restaurants ci-dessus

M de Megève

LUXE • MONTAGNARD L'esprit savoyard et le grand confort se sont donné rendez-vous dans cet imposant chalet du cœur de Megève ! Le bois y est omniprésent, notamment dans les chambres, chic et chaleureuses ; on profite également d'un superbe spa, d'un hammam et d'une piscine avec jacuzzi.

22 suites - 350/1250 € - 20 chambres - 28 €

Plan : A1-x - *15 rte de Rochebrune - 04 50 21 41 09 - www.mdemegeve.com - Ouvert 1er juil.-28 août et 15 déc.-15 avril*

Chalet du Mont d'Arbois

LUXE • MONTAGNARD Sous l'égide de la famille Rothschild, trois grands chalets très chic, chaleureux et raffinés, avec une vue sublime sur les sommets : toute la féerie de Megève. Ou l'art d'apprécier le luxe d'une piscine intérieure-extérieure chauffée à 30° C, comme celui d'un dîner romantique...

41 chambres – 207/1050 € 207/1050 € – 8 suites – 32 €

Plan : B1-p – *447 chemin de la Rocaille, par rte Edmond-de-Rothschild – 04 50 21 25 03 – www.mont-darbois.fr – Ouvert de mi-juin à mi-sept. et de mi-déc. à mi-avril*

1920 – voir les restaurants ci-dessus

Le Chalet Zannier

LUXE • MONTAGNARD Un ensemble de trois superbes chalets savoyards, possédant un joli centre de détente avec piscine, hammam et sauna. L'esprit de luxe montagnard règne dans les chambres, sobres et chic, jamais tape-à-l'œil, et dans les nombreux services (navette privée vers la station).

9 chambres – 550/4000 € 550/4000 € – 3 suites – ½ P

Hors plan – *367 rte du Crêt – 04 50 21 01 01 – www.lechaletzannier.com – Ouvert mi-déc. à mi-avril*

Alpaga

LUXE • MONTAGNARD Ce hameau de chalets très chic cultive sa différence à l'écart de la station : les chambres sont superbes dans leur esprit épuré – et néanmoins chaleureux –, loin des chalets les plus traditionnels. Mention spéciale pour le délicieux spa et son bain suédois avec vue sur le massif du Mont-Blanc...

22 chambres – 345/6800 € 345/6800 € – 11 suites

Hors plan – *rte du Prariand (66 allée des Marmousets), 1,5 km par D1212 et rte secondaire – 04 50 91 48 70 – www.alpaga.com – Ouvert mi-juin à mi-sept. et début déc. à mi-avril*

La Table de l'Alpaga – voir les restaurants ci-dessus

Mont-Blanc

LUXE • GRAND LUXE Le mythique doyen des hôtels megèvans, magnifiquement illuminé le soir venu : le "21e arrondissement de Paris" selon Cocteau, qui y a laissé son empreinte. Du faste, un bar à champagne, le charme des sports d'hiver... la belle vie, très mondaine, en plein cœur de la station !

35 chambres – 240/740 € 260/1120 € – 3 suites – ½ P

Plan : A1-r – *29 r. Ambroise-Martin (pl. de l'Église) – 04 50 21 20 02 – www.hotelmontblanc.com – Ouvert 2 déc.-2 avril*

Chalet St-Georges

TRADITIONNEL • PERSONNALISÉ Des livres anciens disséminés un peu partout ? Oui ! On peut les consulter dans le ravissant salon à l'atmosphère "so British", ou douillettement lové dans son lit. Boiseries, viandes rôties, joli choix de poissons et belle carte des vins à la Table du Trappeur.

19 chambres – 226/450 € 246/610 € – 5 suites – ½ P

Plan : A1-n – *159 r. Mgr-Conseil – 04 50 93 07 15 – www.chaletsaintgeorges.com – Ouvert de fin juin à mi-sept. et de mi-déc. à mi-avril*

La Ferme du Golf

TRADITIONNEL • COSY Au pied des remontées mécaniques, un sympathique hôtel – jadis une ferme – avec des chambres bien tenues, plus calmes côté vallée. Dans un joli salon décoré à l'écossaise, on dispute une partie de billard non loin de la cheminée, avant de rejoindre, pourquoi pas, le jacuzzi... Quelques duplex pour les familles.

19 chambres – 95/405 € 95/405 € – 17 €

Plan : B2-e – *3048 rte Edmond-de-Rothschild – 04 50 21 14 62 – www.mont-darbois.fr – Ouvert juil. à mi- sept. et mi-déc. à mi-avril*

Au Cœur de Megève

FAMILIAL • COSY Un hôtel idéalement situé au cœur de la station. Déco montagnarde et actuelle dans les chambres ; vue sur les pistes ou sur le village et le torrent. Typique, pratique et bien tenu ! Au restaurant, place à la tradition.

36 chambres – 95/265 € 95/370 € – 7 suites – 13 €

Plan : A1-u – *44 av. Charles-Feige – 04 50 21 25 30 – www.hotel-megeve.com*

La Grange d'Arly

FAMILIAL • FONCTIONNEL Hôtel familial impeccablement tenu. Les chambres sont assez spacieuses (quelques-unes mansardées ou en duplex) et le bois naturel domine. Une valeur simple et sûre ! Au restaurant, cuisine traditionnelle et spécialités savoyardes.

22 chambres – 123/230 € 140/385 €

Plan : A1-t – *10 r. des Allobroges – 04 50 58 77 88 – www.grange-darly.com – Ouvert de fin juin à début-sept. et de mi-déc. à fin mars*

La Chaumine

FAMILIAL • FONCTIONNEL À 300 m du village et de la télécabine du Chamois, une ferme du 19e s. joliment restaurée à la mode savoyarde. On entre par un petit salon coquet, typiquement megèvan, un vrai cocon de montagne. Les chambres sont douillettes et... très au calme !

11 chambres – 113/133 € 113/133 € – 12 €

Plan : A1-v – *36 chemin des Bouleaux (par chemin du Maz) – 04 50 21 37 05 – www.hotel-lachaumine-megeve.com – Ouvert de mi-juin à mi-sept. et de mi-déc. à mi-avril*

Au Coin du Feu

FAMILIAL • COSY Des cheminées, de jolis motifs floraux habillant toutes les chambres : une atmosphère authentique, familiale et chic. Petit espace bien-être avec salle de massage. Spécialités traditionnelles et fromagères servies dans une élégante taverne montagnarde.

22 chambres – 85/345 € 85/345 € – 15 €

Plan : A2-t – *252 rte de Rochebrune – 04 50 21 04 94 – www.coindufeu.com – Ouvert de mi-juin à mi sept. et de mi-déc. à mi-avril*

à Leutaz 4 km au Sud-Ouest par rte du Bouchet – 74120 Megeve

Flocons de Sel (Emmanuel Renaut)

CUISINE CRÉATIVE • ÉLÉGANT XXX Plusieurs chalets au-dessus de Megève... Suivez les sommets, vous rencontrerez Emmanuel Renaut. Voilà bien un grand cuisinier, habité par la passion de la montagne : si ses recettes possèdent une vraie signature, elles apparaissent aussi infiniment proches de la nature !

→ Jaune d'œuf de poule fumé, champignons de paris de Savoie au café. Féra du lac Léman cuite au sel, servie froide, jus d'oseille et berce. Tarte soufflée à la Chartreuse.

Menu 140 € (déj.)/250 € – Carte 135/255 €

1775 rte du Leutaz – 04 50 21 49 99 – www.floconsdesel.com – Fermé 17 avril-2 juin, 6 nov.-8 déc., mardi et merc.

La Sauvageonne - Chez Nano

CUISINE TRADITIONNELLE • COSY XX Comme prévu, cette Sauvageonne marque les esprits par son extravagance. L'ambiance est très showbiz : bar lounge avec DJ, salon fumoir, et une clientèle d'habitués qui sont ici chez eux... À l'étage, on déguste une cuisine française préparée avec de beaux produits, complétée par une courte carte asiatique.

Carte 63/93 €

– 04 50 91 90 81 – www.restaurant-sauvageonne.com – Ouvert 10 déc.-15 avril et fermé le midi

Le Refuge

CUISINE TRADITIONNELLE • AUBERGE XX Un charmant Refuge, typique et convivial, sur les hauteurs de la station. On y sert une vraie cuisine de chef, fine et goûteuse, et les incontournables savoyards bien sûr.

Formule 24 € - Menu 29 € (déj.) - Carte 41/62 €

2615 rte du Leutaz - ✆ 04 50 21 23 04 - www.refuge-megeve.com - Fermé mai, mi-oct. à mi-déc., dim. soir, lundi, mardi et merc. hors saison

Flocons de Sel

LUXE • DESIGN Les Flocons de Sel sont aussi un hôtel charmant ! Les chambres, réparties dans trois chalets, dévoilent le meilleur du chic montagnard : bois omniprésent, grands lits, salles de bains design... Le spa (avec sauna et hammam), la piscine couverte et le bain suédois achèvent d'en faire un lieu à part.

10 chambres - 270/580 € 270/580 € - 6 suites - 30 € - ½ P

1775 rte du Leutaz, 4 km au Sud-Ouest par rte du Bouchet - ✆ 04 50 21 49 99 - www.floconsdesel.com - Fermé 17 avril-2 juin et 6 nov.-8 déc.

✿✿✿ **Flocons de Sel** - voir les restaurants ci-dessus

MEILLONNAS

✉ 01370 (Ain) - 1 295 hab. - Alt. 271 m - Carte régionale n° **23**-B1

Paris 432 km - Bourg-en-Bresse 12 km - Mâcon 47 km - Nantua 37 km

Carte Michelin 328-F3 - Guide Vert Michelin Lyon et sa région

Auberge Au Vieux Meillonnas

CUISINE TRADITIONNELLE • AUBERGE X Dans ce charmant village, cette ferme bressane offre un cadre délicieusement champêtre : carreaux en ciment, pierres et poutres, grand jardin... sans parler des plats, très joliment ficelés. Le chef maîtrise un large répertoire, authentiquement régional ou plus moderne, et son menu surprise permet de démultiplier les plaisirs !

Menu 18 € (déj. en semaine), 26/40 € - Carte 32/64 €

Le Mollard - ✆ 04 74 51 34 46 - www.auvieuxmeillonnas.fr - Fermé 1 semaine vacances de fév. et de printemps, 16 août-4 sept., mardi soir, dim. soir et merc.

MEISENTHAL

✉ 57960 (Moselle) - 691 hab. - Alt. 380 m - Carte régionale n° **14**-D2

Paris 440 km - Haguenau 47 km - Sarreguemines 38 km - Saverne 40 km

Carte Michelin 307-P5

Auberge des Mésanges

AUBERGE • TRADITIONNEL Au cœur du parc naturel des Vosges du Nord, une auberge familiale dans une maison centenaire postée à la lisière de la forêt. Au programme : des petites chambres toutes simples et une cuisine traditionnelle au restaurant (tartes flambées le soir). Parfait pour visiter le centre international d'Art verrier.

20 chambres - 57/75 € 63/75 € - 10 € - ½ P

r. des Vergers - ✆ 03 87 96 92 28 - www.aubergedesmesanges.fr - Fermé 6-21 fév. et 23 déc.-2 janv.

MÉJANNES-LÈS-ALÈS - 30 (Gard) ➜ Voir Alès

MELLE

✉ 79500 (Deux-Sèvres) - 3 673 hab. - Alt. 138 m - Carte régionale n° **20**-C2

Paris 394 km - Niort 30 km - Poitiers 60 km - St-Jean-d'Angély 45 km

Carte Michelin 322-F7 - Guide Vert Michelin Poitou-Charentes

Les Glycines

CUISINE MODERNE • COSY XX La jolie véranda de ce restaurant couvert de glycines dissimule un décor contemporain et cossu. On y revisite les plats régionaux - cassolette d'escargots, filet mignon de porc, tarte au café liégeois - et il y a un menu du jour à la brasserie. Chambres coquettes.

Formule 22 € - Menu 29/45 € - Carte 42/63 €

7 chambres - 59/74 € 65/80 € - 9 €

5 pl. René-Groussard - 05 49 27 01 11 - www.hotel-lesglycines.com - Fermé 6-15 janv., vend. soir, sam. midi de nov. à fevrier et dim. soir

La Table de L'Argentière

CUISINE MODERNE • COSY XX Un cadre séduisant, cosy et feutré - tendance mais sans excès -, pour cette Table qui propose une cuisine dans l'air du temps et, au déjeuner en semaine, une formule brasserie.

Formule 13 € - Menu 22 € (déj. en semaine)/47 € - Carte 41/53 €

à St-Martin, 2 km sur rte de Niort - 05 49 29 13 74 - www.restaurantlargentiere.fr - Fermé 24 déc.-2 janv., dim. soir et lundi

MELUN

77000 (Seine-et-Marne) - 40 503 hab. - Agglo. 107 705 hab. - Alt. 43 m - Carte régionale n° **10**-C2

Paris 47 km - Fontainebleau 18 km - Orléans 104 km - Troyes 128 km

Carte Michelin 312-E4 - Guide Vert Michelin Île-de-France

La Bodega

CUISINE ESPAGNOLE • CONVIVIAL X On vient ici pour retrouver l'esprit de l'Espagne, en particulier celle des Asturies, d'où est originaire la famille propriétaire. Au menu, des produits de belle qualité, de succulentes recettes ibériques - paella bodega, bacalao aïoli, chipirones fritos, etc. - et quelques plats plus actuels. On est comblé !

Formule 19 € - Carte 36/54 €

Plan : A2-d - *18 quai Hippolyte-Rossignol - 01 64 37 10 57 - www.bodega-melun.fr - Fermé 13 août-4 sept., 24 déc.-2 janv., sam. midi, dim. et lundi*

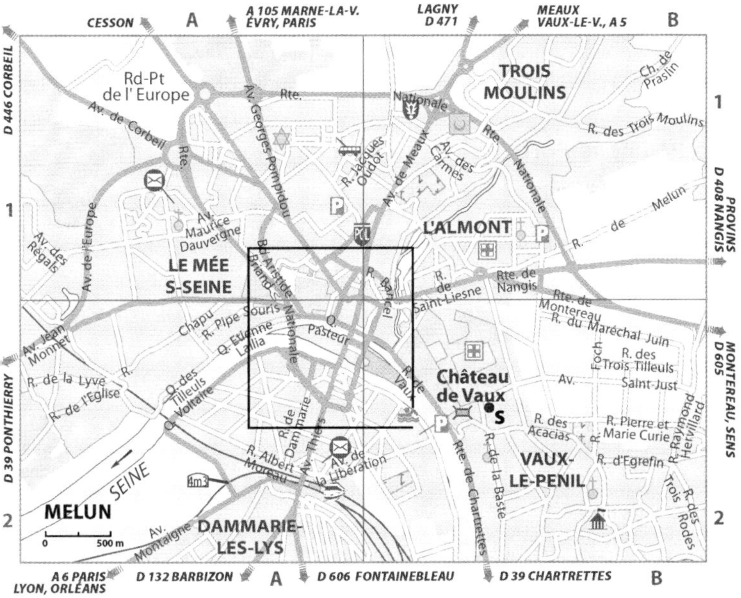

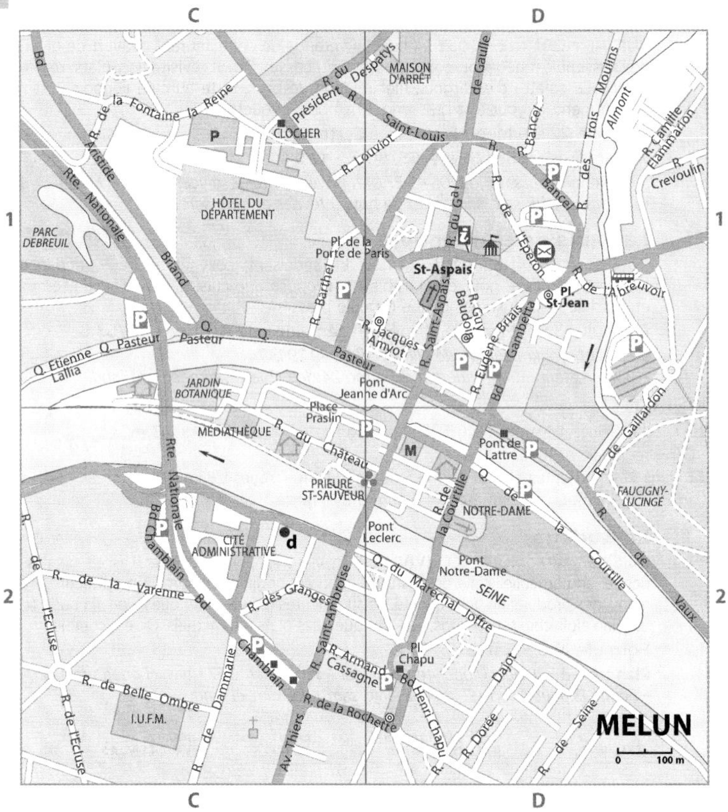

à Pouilly-le-Fort 7 km au Nord par A105 – ✉ 77240

Le Pouilly

CUISINE MODERNE • RUSTIQUE On se sent bien, dans l'ancienne grange de cette vieille ferme briarde... Le décor est charmant (pierres apparentes, poutres, etc.) et l'on savoure une agréable cuisine d'aujourd'hui.

Menu 31 € (déj. en semaine), 50/90 € – Carte 77/98 €

1 r. de la Fontaine – ✆ 01 64 09 56 64 – www.lepouilly.fr – Fermé 13 août-8 sept., 22-27 déc., dim. soir, lundi et mardi

à Crisenoy 10 km au Nord par D636 – ✉ 77390 – 635 hab. – Alt. 89 m

Auberge de Crisenoy

CUISINE TRADITIONNELLE • ÉLÉGANT Au cœur d'un petit village, cette auberge a une belle âme : pierre brute, poutres, cheminée... autour d'une cuisine marquée du sceau de la tradition. Une adresse qui compte une clientèle fidèle d'habitués.

Menu 25 € (déj. en semaine), 35/53 € – Carte 45/59 €

23 r. Grande – ✆ 01 64 38 83 06 – Fermé 1 semaine en fév., 31 juil.-22 août, 22-30 déc., dim. soir, lundi et mardi

à Vaux-le-Pénil 3 km au Sud-Est – ✉ 77000 – 10 730 hab. – Alt. 60 m

La Table St-Just

CUISINE MODERNE • ÉLÉGANT XXX Belle atmosphère dans cette ancienne ferme dépendant du château de Vaux-le-Pénil, où dominent les pierres et les poutres apparentes – dont une haute charpente en chêne dans la salle principale. Au menu, une cuisine gastronomique dans l'air du temps.

Formule 35 € – Menu 53/115 € – Carte 71/95 €

Plan : B2-s – *r. de la Libération (près du château) – ✆ 01 64 52 09 09 – www.restaurant-latablesaintjust.com – Fermé 22-30 mai, 7-29 août, 24 déc.-3 janv., dim., lundi et fériés*

MENDE

✉ 48000 (Lozère) – 11 908 hab. – Alt. 731 m – Carte régionale n° **12**-C1
Paris 584 km – Alès 102 km – Aurillac 150 km – Gap 305 km
Carte Michelin 330-J7

Restaurant de France

CUISINE MODERNE • ROMANTIQUE XX Gratin de langoustines, julienne de légumes et béarnaise minceur ; tournedos de pied de cochon en crépinette, sauce ravigote légère... Le chef concocte une bonne cuisine du marché qui fait la part belle aux produits du terroir, et l'équipe compétente et motivée rend ce moment agréable. Un lieu sympathique !

Menu 32/58 € – Carte 42/53 €

Plan : B1-v – *Hôtel de France, 9 bd Lucien-Arnault – ✆ 04 66 65 00 04 – www.hoteldefrance-mende.com – Fermé 24 déc.-9 janv., lundi midi hors saison et sam. midi*

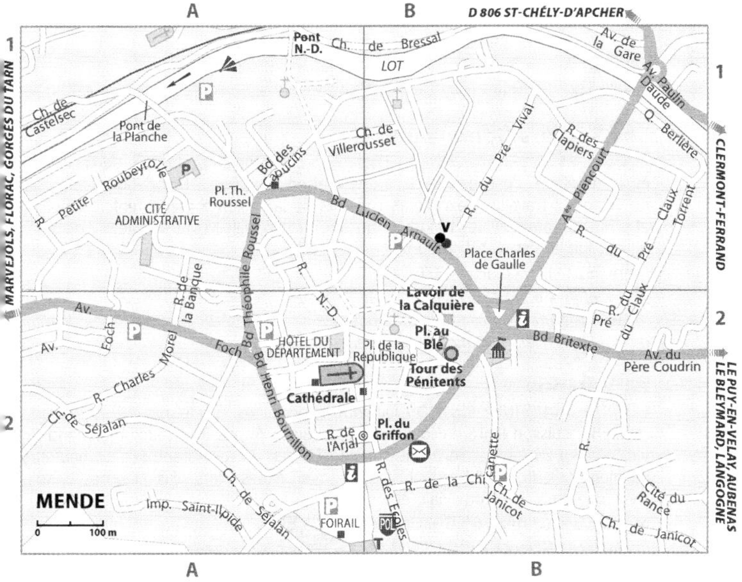

Hôtel de France

FAMILIAL • CONTEMPORAIN Un beau toit de lauze, des pierres : cette maison des années 1730 a du caractère et se révèle très accueillante. Fer forgé, bois wengé, tomettes, chambres aux lignes épurées : tout est charmant. On profite même d'un solarium, avec une superbe vue sur les toits et les collines environnantes...

38 chambres – 98/120 € 105/130 € – 8 suites – 15 € – ½ P

Plan : B1-v – *9 bd Lucien-Arnault*
– 04 66 65 00 04 – www.hoteldefrance-mende.com
– Fermé 24 déc.-9 janv.

Restaurant de France – voir les restaurants ci-dessus

Le Pont Roupt

FAMILIAL • FONCTIONNEL Au bord du Lot, une maison gérée en famille, avec des chambres fonctionnelles et bien tenues, ainsi qu'un restaurant traditionnel. Le plus : la piscine intérieure.

24 chambres – 71/143 € 71/143 € – 13 € – ½ P

Hors plan – *av. du 11-Novembre – 04 66 65 01 43 – www.hotel-pont-roupt.fr*
– Fermé fév. et 22-29 déc.

à Chabrits 5 km à l'Ouest par D42 – 48000 Mende

La Safranière

CUISINE MODERNE • FAMILIAL XX Une étape gourmande sur les premières marches du Gévaudan, sur le site d'une ancienne exploitation de safran. Dans un décor frais et coloré, on apprécie une jolie cuisine de saison ; les vins et fromages de la région sont à l'honneur.

Formule 20 € – Menu 25 € (semaine), 30/50 €

hameau de Chabrits – 04 66 49 31 54 (réservation conseillée)
– www.restaurant-la-safraniere.fr – Fermé 13 fév.-13 mars, 4-11 sept., merc. midi sauf juil.-août, dim. soir et lundi

MÉNERBES

84560 (Vaucluse) – 1 019 hab. – Alt. 224 m – Carte régionale n° **22**-E1
Paris 713 km – Aix-en-Provence 59 km – Apt 23 km – Avignon 40 km
Carte Michelin 332-E11 – Guide Vert Michelin Provence

Les Saveurs Gourmandes N

CUISINE MÉDITERRANÉENNE • INTIME X Le chef, ancien professeur de cuisine en école hôtelière, s'est installé dans une maison en partie troglodytique, au cœur du village. Il travaille d'excellents produits de la région à grand renfort d'épices et d'herbes, avec un sens aigu du dosage. Nos papilles sont à la fête... d'autant que l'addition est plutôt mesurée.

Menu 32/41 € – Carte 43/65 €

51 r. Kléber – 04 32 50 20 53
– www.restaurantlessaveursgourmandes.com – Fermé 2-18 janv., dim. sauf le midi de nov. à avril et le midi de lundi à sam.

La Véranda

CUISINE MODERNE • BISTRO X Quelques spécialités : sole meunière, daurade royale en cuisson lente au four, entrecôte Black Angus à la sauce marchand de vin... Dans cette ancienne droguerie transformée en restaurant, sur les hauteurs de Ménerbes, la carte va du bistrot, le midi, à des plats plus élaborés le soir. Avec une ambiance conviviale en prime.

Menu 39 € (dîner)/65 € – Carte environ 60 €

av. Marcellin-Poncet – 04 90 72 33 33 – www.cafe-veranda.com – Fermé 23-26 déc., dim. soir de mi-oct. à fév. et lundi

La Bastide de Marie

LUXE • PERSONNALISÉ Cette superbe bastide au cœur des vignes incarne l'esprit de la Provence. Pierres apparentes, meubles anciens, tissus nobles, coins et recoins... font le caractère de chaque chambre. Romantique et charmant, idéal pour se retrouver !

9 chambres – 185/494 € 178/518 € – 6 suites – ½ P

64 chemin des Peirelles (rte de Bonnieux) – 04 90 72 30 20 – www.labastidedemarie.com – Fermé 3 janv.-13 avril

La Bastide de Soubeyras

MAISON DE CAMPAGNE • PERSONNALISÉ Cette belle demeure en pierre sèche, perchée sur une colline, domine le village. Ravissantes chambres d'esprit bastide ; jardin et piscine pour le farniente.

5 chambres – 115/200 € 115/200 €

chemin des Alafoux, 2,5 km au Nord par rte des Beaumettes – 04 90 72 94 14 – www.bastidesoubeyras.com

MÉNESTÉROL - 24 (Dordogne) → Voir Montpon-Ménestérol

MÉNESTREAU-EN-VILLETTE

45240 (Loiret) – 1 472 hab. – Alt. 122 m – Carte régionale n° **6**-C2

Paris 160 km – La Ferté-St-Aubin 7 km – Orléans 30 km – Salbris 33 km

Carte Michelin 318-J5 – Guide Vert Michelin Châteaux de la Loire

Le Relais de Sologne

CUISINE MODERNE • CONTEMPORAIN XX Cette auberge a beau avoir été rénovée dans un esprit très contemporain, elle garde son âme d'antan ! Le chef y tient tout particulièrement, lui qui signe une cuisine dans l'air du temps, avec du gibier en saison – Sologne oblige –, et agrémentée de notes exotiques...

Menu 29/49 € – Carte 53/63 €

63 pl. du 8-Mai-1945 – 02 38 76 97 40 – www.le-relais-de-sologne.com – Fermé 2 semaines en fév., 1 semaine en août et aux vacances de Noël, dim. soir, lundi soir, mardi soir et merc.

La Ferme des Foucault

MAISON DE CAMPAGNE • PERSONNALISÉ Ancienne ferme à colombages nichée au cœur de la forêt. Ses chambres, coquettes et très spacieuses, sont meublées dans un style rustique ; l'une d'elles dispose d'une terrasse.

3 chambres – 90/95 € 95/100 €

Les Foucault, au Nord-Est par D17, D64 et rte secondaire – 02 38 76 94 41 – www.ferme-des-foucault.com – Fermé 11 nov.-1er mars sauf Noël et jour de l' An

LE MÉNIL - 88 (Vosges) → Voir Le Thillot

LA MÉNOUNIÈRE - 17 (Charente-Maritime) → Voir Île d'Oléron

MENTHON-ST-BERNARD

74290 (Haute-Savoie) – 1 894 hab. – Alt. 482 m – Carte régionale n° **25**-F1

Paris 548 km – Albertville 37 km – Annecy 10 km – Bonneville 50 km

Carte Michelin 328-K5 – Guide Vert Michelin Alpes du Nord

Le Confidentiel

CUISINE MODERNE • COSY X Au cœur de ce village dominant le lac, une petite adresse qui gagne à ne pas rester confidentielle : la cuisine, délicate et subtile, ravit les papilles ! On se régale, par exemple, de l'œuf cuit à basse température, façon meurette ou du cabillaud, bouillon de crustacés et légumes acidulés. Une excellente adresse.

Menu 32 €

24 rte des Moulins – 04 50 44 00 68 (réservation conseillée) – www.restaurant-leconfidentiel.fr – Fermé 1 semaine en avril, 15-31 août, 1 semaine en janv., dim. et lundi

Le Viù

CUISINE MODERNE • TENDANCE De la couleur, une vue imprenable sur le lac... Un restaurant chic, trendy et terriblement cosy, au service d'une cuisine d'aujourd'hui, fine et goûteuse. À noter qu'aux beaux jours, le Beach Palace, situé au bord du lac, prend le relais.

Formule 25 € – Menu 48 €

Hôtel Palace de Menthon, 665 rte des Bains – 04 50 64 83 01 – www.palacedementhon.com – Fermé juin, juil. et août

Palace de Menthon

TRADITIONNEL • FONCTIONNEL Entre lac et montagne, cet imposant hôtel de 1911 a un vrai cachet et cultive avec élégance l'art de recevoir... Le parc verdoyant et délicieux, les chambres confortables (mobilier de style), les restaurants, la belle piscine couverte creusée dans la roche, le sauna, le hammam : tout invite à la détente !

66 chambres – 129/320 € 129/320 € – 6 suites – 18 €

665 rte des Bains – 04 50 64 83 01 – www.palacedementhon.com

Le Viù – voir les restaurants ci-dessus

La Vallombreuse

FAMILIAL • PERSONNALISÉ Tout le cachet et la patine de l'ancien dans cette belle maison du 16e s. Les chambres sont grandes et joliment arrangées, dans un esprit classique ou savoyard ; le beau jardin est un véritable havre de tranquillité. Coup de foudre garanti !

5 chambres – 86/137 € 99/150 €

534 rte des Moulins, 700 m à l'Est par rte du Col de Bluffy – 04 50 60 16 33 – www.la-vallombreuse.com

MENTON

06500 (Alpes-Maritimes) – 29 073 hab. – Alt. 12 m – Carte régionale n° **22**-E2

Paris 956 km – Cannes 63 km – Cuneo 102 km – Monaco 11 km

Carte Michelin 341-F5 – Guide Vert Michelin Côte d'Azur

Mirazur (Mauro Colagreco)

CUISINE CRÉATIVE • DESIGN Un lieu d'exception ! C'est d'abord un bel écrin, perché sur la corniche, grand ouvert sur l'azur de la Méditerranée et du ciel... C'est surtout une table excellente, portée par un chef inspiré : l'Argentin Mauro Colagreco signe un hymne unique aux plantes aromatiques, aux fleurs, aux légumes de son potager, aux agrumes, etc. Les saisons, la région sont illuminées.

➜ Carpaccio de gamberonis de San Remo et vierge au citron de Menton. Poisson de la pêche du jour, mousseline de topinambour et noisettes du Piémont. "Naranjo en flor" : crème de safran, espuma d'amandes et sorbet orange.

Menu 65 € (déj. en semaine), 115/160 € – Carte 155/175 €

Plan : B1-m – *30 av. Aristide-Briand – 04 92 41 86 86 (réservation conseillée) – www.mirazur.fr – Fermé 12 déc.-9 fév., mardi sauf le soir en juil.-août et lundi*

Le Bistrot des Jardins

CUISINE TRADITIONNELLE • FAMILIAL "Ma ville est un jardin, mon restaurant est un jardin", revendique le chef, dont la carrière a débuté chez Ledoyen au début des années 1970. Nul doute, cet homme de métier sait cuisiner les produits – et l'esprit – du terroir méditerranéen ! Le repas est d'autant plus convivial en terrasse, aux airs de... jardin en ville.

Formule 24 € – Menu 31 € (déj. en semaine)/38 € – Carte 40/63 €

Plan : C1-e – *14 av. Boyer – 04 93 28 28 09 – www.lebistrotdesjardins.com – Fermé 13 nov.-12 déc., dim. soir et lundi*

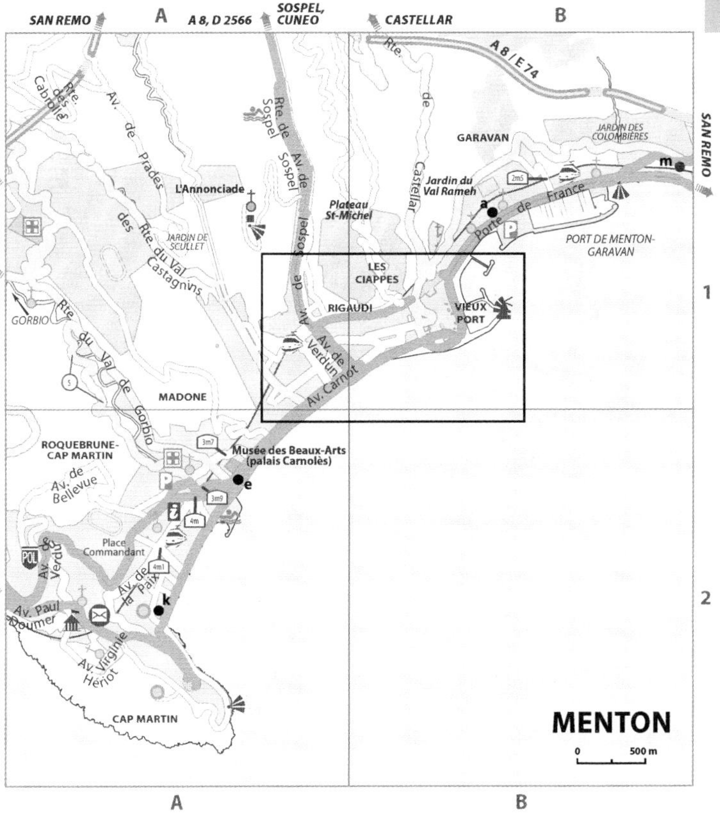

Napoléon

URBAIN • CONTEMPORAIN Un hôtel très Riviera ! Dans une atmosphère élégante et contemporaine, les chambres rendent de charmants hommages à leurs hôtes illustres (Cocteau, Sutherland) et leur décoration est très soignée. Certaines, avec terrasse, donnent sur la mer : que demander de plus ?

44 chambres – 95/330 € 95/450 € – 14 €

Plan : B1-a – *29 Porte-de-France – 04 93 35 89 50 – www.napoleon-menton.com*

Riva

SPA ET BIEN-ÊTRE • CONTEMPORAIN Un vrai lieu de vie, contemporain et lumineux : du hall, très design, jusqu'au toit, où l'on trouve un bel espace de remise en forme, un certain esprit balnéaire baigne les lieux ! Les chambres, décorées avec sobriété, dominent la Méditerranée en façade. L'appel du farniente...

41 chambres – 106/169 € 106/169 € – 13 €

Plan : C2-n – *600 promenade du Soleil – 04 92 10 92 10 – www.rivahotel.com*

Princess et Richmond

FAMILIAL • CONTEMPORAIN Tellement Côte d'Azur : une plage de galets au pied du bâtiment, un solarium et un jacuzzi sur le toit, des chambres très lumineuses... Certaines sont braquées sur la Grande Bleue : une vraie carte postale !

44 chambres – 90/210 € 90/310 € – 2 suites – 12 €

Plan : C2-s – *617 promenade du Soleil – 04 93 35 80 20 – www.princess-richmond.com – Fermé 7 nov.-18 déc.*

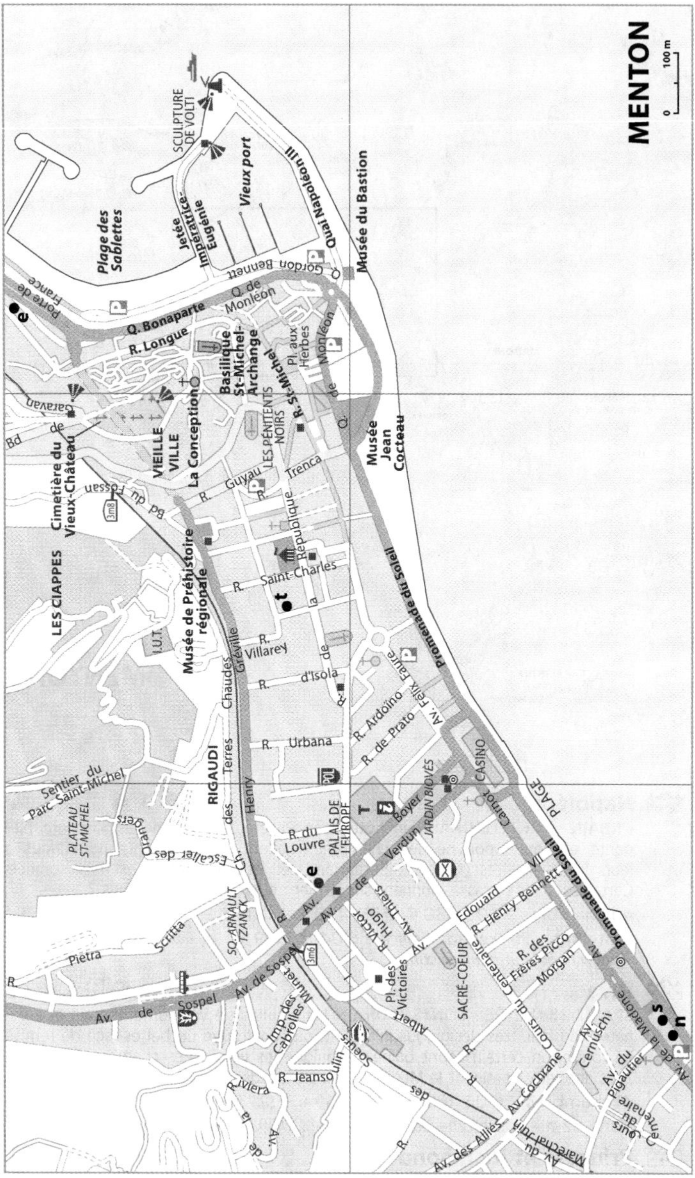
MENTON
0
100 m
C
D
E
F
1
2
Plage des Sablettes
Jetée Impératrice-Eugénie
Vieux port
SCULPTURE DE VOLTI
Quai Napoléon III
Musée du Bastion
Porte de France
Q. Bonaparte
R. Longue
Q. de Monléon
Gordon Bennett
Basilique St-Michel-Archange
Pl. aux Herbes
Monléon
Bd de Garavan
Cimetière du Vieux-Château
VIEILLE VILLE
La Conception
LES PÉNITENTS NOIRS
R. St-Michel
Q. de Monléon
Musée Jean Cocteau
Bd du Fossan
R. Guyau
R. Trenca
LES CIAPPES
I.U.T.
Musée de Préhistoire régionale
R. de la République
R. Saint-Charles
R. Villarey
R. d'Isola
Promenade du Soleil
Av. Félix Faure
R. Ardoïno
R. de Prato
R. Urbana
RIGAUDI
Ch. des Terres Chaudes
Henry Gréville
Sentier du Parc Saint-Michel
PLATEAU ST-MICHEL
Escalier des Orangers
R. du Louvre
PALAIS DE L'EUROPE
JARDIN BIOVÈS
CASINO
Boyer
Av. de Verdun
Carnot
PLAGE
Av. Édouard VII
R. Henry Bennett
Promenade du Soleil
SQ. ARNAULT TZANCK
R. Pietra Scritta
Av. de Sospel
R. Victor Hugo
Av. Thiers
Pl. des Victoires
SACRÉ-COEUR
Cours du Centenaire
R. des Frères Picco
Morgan
Av. de la Madone
Av. Cernuschi
Av. du Pigautier
Cours du Centenaire
Av. Cochrane
Av. des Alliés
Av. du Maréchal Juin
Imp. des Cabrolles
R. Jeanso
R. Riviera
R. des Soeurs Munet
Av. de la
Albert
3m6
3m8

Prince de Galles

DEMEURE HISTORIQUE • FONCTIONNEL Comment imaginer que ce beau bâtiment rose (19e s.) fut jadis une caserne de carabiniers des princes de Monaco ? C'est aujourd'hui un agréable hôtel, au confort très contemporain, où chaque chambre semble tutoyer la Méditerranée...

63 chambres - 69/247 € 69/247 € - 13 € - ½ P

Plan : A2-e - *4 av. Gén.-de-Gaulle - 04 93 28 21 21 - www.hotel-menton.net*

Ibis Styles

HÔTEL DE CHAÎNE • FONCTIONNEL Des lignes épurées, des touches très colorées, un sympathique esprit contemporain : telle est la signature de cet hôtel situé au cœur de Menton. Avis aux amateurs : on propose, au dernier étage, un superbe penthouse dominant la ville...

43 chambres - 90/150 € 100/160 € - 4 suites

Plan : D1-t - *10 r. de Villarey - 04 92 10 95 25 - www.ibisstyles.com*

Palm Garavan

FAMILIAL • CONTEMPORAIN Sur le front de mer, entre vieille ville et... Italie, cet hôtel tout juste rénové se révèle agréable et d'un bon rapport qualité-prix : la simplicité domine dans le décor, tout blanc et relevé de pièces de mobilier design bien choisies. Préférez évidemment les chambres côté mer, les plus agréables...

19 chambres - 60/150 € 60/150 € - 7 €

Plan : E1-e - *3 Porte-de-France - 04 93 78 80 67 - www.hotelpalm.fr - Fermé 22 oct.-10 nov.*

LES MENUIRES

73440 (Savoie) - St Martin de Belleville - Alt. 1 400 m - Carte régionale n° **25**-F2

Paris 632 km - Albertville 51 km - Chambéry 101 km - Moûtiers 27 km

Carte Michelin 333-M6 - Guide Vert Michelin Alpes du Nord

L'Atelier

CUISINE ITALIENNE • CONTEMPORAIN Installé au sein du chalet du Mont Vallon, le restaurant est notamment accessible par la piste bleue située sous le télésiège de Reberty. Le chef italien et sa compagne, pâtissière, proposent une cuisine transalpine inspirée, déroulée au fil d'une carte courte et efficace. Légèreté, saveurs : on se régale.

Carte 35/65 €

Les Bruyères (au Chalet du Mont-Vallon) - 04 88 36 08 27 - www.hotel-montvallon-menuires.com - Ouvert 8 déc.-22 avril

Chalet Hôtel Kaya

LUXE • PERSONNALISÉ À 2 000 m d'altitude, cet hôtel donne directement sur les pistes. Les chambres déclinent un style épuré et contemporain, rehaussé par la chaleur du bois. Le spa et la piscine sont bien agréables, tout comme le restaurant, qui joue dans la tendance.

50 chambres - 169/409 € 169/409 € - 4 suites - 23 € - ½ P

à Reberty - 04 75 75 21 91 - www.hotel-kaya.com - Ouvert 9 déc.-17 avril

L'Ours Blanc

FAMILIAL • MONTAGNARD Venez vous réchauffer auprès de cet Ours Blanc, un grand chalet familial des années 1990, situé sur les pistes. Salon avec cheminée, chambres de style montagnard avec un balcon, carte actuelle et alléchante.

53 chambres - ½ P seult 115/150 €

à Reberty - 04 79 00 61 66 - www.hotel-ours-blanc.com - Ouvert 15 déc.-14 avril

MERCATEL - 62 (Pas-de-Calais) → Voir Arras

MERCUER - 07 (Ardèche) → Voir Aubenas

MERCUÈS - 46 (Lot) → Voir Cahors

MÉREAU - 18 (Cher) → Voir Vierzon

MÉRIBEL

✉ 73550 (Savoie) - Carte régionale n° **25**-F2
Paris 621 km - Albertville 41 km - Annecy 85 km - Chambéry 90 km
Carte Michelin 333-M5 - Guide Vert Michelin Alpes du Nord

L'Ekrin by Laurent Azoulay

CUISINE MODERNE • LUXE XXX Dans ce chalet feutré et élégant, dont le luxe le dispute à l'élégance, cet Ekrin trouve parfaitement sa place : on y prend l'apéritif au coin du feu, avec en fond de jolies notes échappées du piano. Puis on se délecte de la cuisine de Laurent Azoulay, fine et délicate... Irrésistible !
→ Truffe noire en croûte de truffe. Sole de petit bateau en viennoise de sudachi. "Ekrin" de chocolat.

Menu 95/195 € - Carte 105/215 €

Plan : A1-b - *Hôtel Le Kaïla, rte de la Montée - ✆ 04 79 41 69 35 - www.lekaila.com - Ouvert de mi-déc. à début avril et fermé le midi*

Le Cèpe

CUISINE TRADITIONNELLE • COSY X Cette adresse chaleureuse est tenue par un couple motivé et attentionné. Au menu, des plats goûteux mijotés en cocotte, de très beaux poissons frais livrés en direct depuis les lacs voisins... et, bien sûr, plusieurs recettes à base de cèpes cueillis dans les montagnes environnantes. Gourmand et généreux !

Formule 26 € - Menu 32 € - Carte 48/80 €

Plan : B1-y - *Immeuble Les Merisiers (Le Plateau) - ✆ 04 79 22 46 08 - Ouvert juil.-août et de déc. à avril*

Le Grand Cœur & Spa

CUISINE MODERNE • CLASSIQUE XXX Avec ses arcades et ses boiseries claires, la grande salle a de l'allure, et le midi, en terrasse, on peut rêver face à la piste olympique... La cuisine est gourmande et raffinée, tout à l'honneur de superbes produits. Très belle carte des vins.

Menu 80 € (dîner)/98 € - Carte 66/136 €

Plan : A1-a - *Hôtel Le Grand Cœur & Spa, chemin du Grand-Cœur - ✆ 04 79 08 60 03 - www.legrandcoeur.com - Ouvert 16 déc.-26 mars*

Le Plantin

CUISINE MODERNE • CONVIVIAL XX Un très beau chalet, tout en bois sablé, pierre, objets agrestes et touches contemporaines. La cuisine, savoureuse et généreuse, met en avant les produits nobles : crustacés, ris de veau, bœuf Wagyu... À déguster avec l'un des grands crus de la cave.

Formule 38 € - Menu 50 € - Carte 60/125 €

Hors plan - *rte de la Tania, 3,5 km au Nord-Ouest par D90 - ✆ 04 79 04 12 11 - www.leplantin.com - Ouvert 12 déc.-15 avril*

Le Blanchot

CUISINE MODERNE • COSY XX Dans ce chalet, bordé par les pistes et le golf, le chef signe une délicieuse cuisine traditionnelle aux accents régionaux. Foie gras poêlé, omble chevalier, risotto au vieux parmesan, macarons au caramel... On se régale, bien installé dans la salle, cosy, ou en terrasse, face à la forêt. Belle carte des vins.

Menu 41 € - Carte 50/75 €

Hors plan - *3,5 km par rte de l'Altiport - ✆ 04 79 00 55 78 - www.leblanchot.com - Ouvert juil.-août et de mi-déc. à mi-avril et fermé lundi soir hors vacances scolaires*

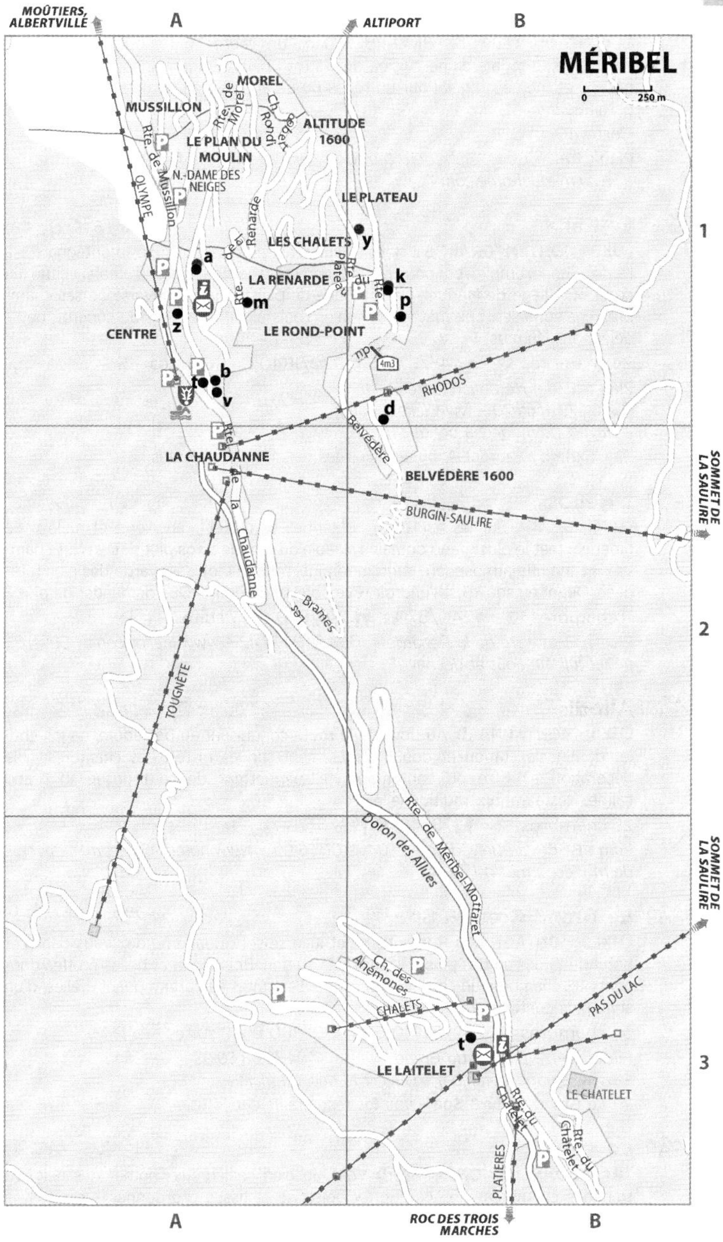
MÉRIBEL
0
250 m
MOÛTIERS, ALBERTVILLE
ALTIPORT
A
B
1
2
3
MOREL
MUSSILLON
ALTITUDE 1600
LE PLAN DU MOULIN
N.-DAME DES NEIGES
LE PLATEAU
LES CHALETS
LA RENARDE
LE ROND-POINT
CENTRE
LA CHAUDANNE
BELVÉDÈRE 1600
RHODOS
BURGIN-SAULIRE
SOMMET DE LA SAULIRE
TOUGNÈTE
OLYMPE
Rte. de Mussillon
Rte. de Morel
Ch. de Rondi
Rte. de la Renarde
Rte. du Plateau
Rte. Belvédère
Rte. de la Chaudanne
Les Brames
Doron des Allues
Rte. de Méribel-Mottaret
Ch. des Anémones
CHALETS
PAS DU LAC
LE LAITELET
LE CHATELET
Rte. du Châtelet
PLATIERES
ROC DES TROIS MARCHES
a
m
z
b
t
v
y
k
p
d
np
4m3

Le Bistrot de l'Orée

CUISINE DU TERROIR • BRANCHÉ Dans un cadre contemporain, design et coloré, on se régale d'une cuisine de bistrot : plats régionaux, spécialités fromagères… et même pizzas. Pour un repas ou un en-cas, voilà un endroit bien sympathique !

Carte 40/51 €

Plan : B1-k – *rte du Belvédère (au rd-pt des Pistes) – 04 79 00 31 29 – www.meribel-oree.com*

Le Kaïla

LUXE • CONTEMPORAIN S'il fallait illustrer l'expression "luxe montagnard" à l'aide d'un exemple, on pourrait allégrement choisir ce grand chalet, situé au cœur du village de Méribel. On ronronne de plaisir à la découverte de ses chambres chaleureuses, aux matériaux nobles (bois alpin, lauze), et du superbe petit-déjeuner… Un must !

24 chambres – 445/875 € 930/1840 € – 16 suites – ½ P

Plan : A1-b – *rte de la Montée – 04 79 41 69 20 – www.lekaila.com – Ouvert de mi-déc. à début avril*

L'Ekrin by Laurent Azoulay – voir les restaurants ci-dessus

L'Hélios

LUXE • DESIGN Sur les hauteurs de Méribel, ce chalet – en pierre et mélèze de Sibérie – met le plus grand domaine skiable du monde à vos pieds ! Dans les chambres règne une atmosphère contemporaine, nordique ou savoyarde des plus raffinées. Quant au spa, c'est l'endroit rêvé pour se détendre. Que demander de plus ?

11 chambres – 240/570 € 320/570 € – 7 suites – ½ P

Plan : A1-m – *rte de la Renarde – 04 79 24 22 42 – www.lhelios.com – Ouvert début juil.-fin août et déc.-avril*

Allodis

LUXE • MONTAGNARD Au bout de la route conduisant au belvédère, ce joli chalet domine la station et donne directement sur les pistes. Les chambres, à la décoration alpestre ou contemporaine, permettent de se reposer au grand calme. Restauration traditionnelle.

29 chambres – 278/481 € 376/766 € – 13 suites – ½ P

Plan : B1-d – *au Belvédère – 04 79 00 56 00 – www.hotelallodis.com – Ouvert de mi-déc. à mi-avril*

Le Grand Cœur & Spa

LUXE • MONTAGNARD Romantisme et luxe se sont donné rendez-vous dans cet hôtel de 1952, l'un des plus anciens de la station. Bois blond et belles étoffes donnent aux chambres un charme indéniable. Les suites se parent, quant à elles, d'un style plus contemporain. Accueil prévenant.

34 chambres – 275/610 € 300/860 € – 9 suites – ½ P

Plan : A1-a – *chemin du Grand-Cœur – 04 79 08 60 03 – www.legrandcoeur.com – Ouvert 16 déc.-26 mars*

Le Grand Cœur & Spa – voir les restaurants ci-dessus

Le Yéti

TRADITIONNEL • MONTAGNARD Voilà un bien chaleureux "home" des neiges ! Dans les chambres, la décoration – boiseries et tissus coordonnés – est cosy à souhait. À l'instar du salon, où il fait bon s'asseoir pour lire ou converser au coin du feu. Terrasse plein sud, idéale à l'heure du déjeuner.

30 chambres – 193/452 € 268/530 € – ½ P

Plan : B1-p – *rte du Belvédère, au rd-pt des Pistes – 04 79 00 51 15 – www.hotel-yeti.com – Ouvert 1er juil.-3 sept. et 10 déc.-23 avril*

Le Savoy

TRADITIONNEL • MONTAGNARD Cet hôtel est situé en face de l'office de tourisme, en plein cœur de la station : pratique ! Les chambres, contemporaines, sont de bon confort. Après une journée sur les pistes, vous pourrez vous détendre au petit espace bien-être ou profiter du beau restaurant sous charpente.

38 chambres - 240/500 € 240/500 € - 5 suites - ½ P

Plan : A1-z - *pl. du Centre (rte de la Montée) - 04 79 55 55 50 - www.hotel-savoy-meribel.com - Ouvert début déc. à début avril*

Le Tremplin

FAMILIAL • CONTEMPORAIN A 50 mètres du départ des pistes, ce petit hôtel entièrement rénové abrite quarante chambres décorées dans un esprit contemporain. Petit espace bien-être et piscine extérieure chauffée. Un bon "tremplin" pour un séjour dans les Trois-Vallées.

40 chambres - 190/590 € 190/590 € - 25 €

Plan : A1-t - *rte Albert-Gacon - 04 79 08 89 17 - www.hoteltremplin.com - Ouvert déc.-avril*

La Chaudanne

FAMILIAL • MONTAGNARD Voilà un hôtel fonctionnel, bien équipé, aux chambres rénovées d'une touche sobre et contemporaine. On prendra le temps de déguster un plat au restaurant le 80, dont la carte est supervisée par Laurent Azouley.

64 chambres - 295/585 € 295/585 € - ½ P

Plan : A1-v - *rte de la Montée - 04 79 08 61 76 - www.chaudanne.com - Ouvert mi-déc. à mi-avril*

L'Orée du Bois

TRADITIONNEL • MONTAGNARD Sur les hauteurs de la station, dominant la vallée et les pistes, ce grand chalet familial est accueillant et confortable ; ses chambres cultivent l'esprit savoyard. En hiver, on apprécie les flambées dans la cheminée du salon. Cuisine soignée à la Table de l'Orée.

35 chambres - 165/250 € 230/330 € - ½ P

Plan : B1-k - *rte du Belvédère, au rd-pt des Pistes - 04 79 00 50 30 - www.meribel-oree.com - Ouvert de mi-déc. à mi-avril*

à Méribel-Mottaret 6 km - 73550

Alpen Ruitor

TRADITIONNEL • MONTAGNARD Juste au pied des pistes, ce grand chalet chic et cossu a subi une belle cure de jouvence ! Le décor très cosy rend toujours hommage à l'Autriche - fresques, mobilier, costumes du personnel -, les chambres sont élégantes et confortables. Côté cuisine, spécialités savoyardes ou viandes argentines.

43 chambres - 315/570 € 315/570 € - 1 suite - ½ P

Plan : B3-t - *Le Laitelet - 04 79 00 48 48 - www.alpenruitor.com - Ouvert de mi-déc. à mi-avril*

MÉRIGNAC - 33 (Gironde) → Voir Bordeaux

MÉRIGNIES

59710 - 2 632 hab. - Alt. 44 m - Carte régionale n° **16**-C2

Paris 220 km - Arras 48 km - Lille 21 km - Mons 79 km

Carte Michelin 302-G4

L'Engrenage

CUISINE TRADITIONNELLE • DESIGN XX L'intérieur chaleureux, avec ses poutres apparentes et sa décoration réalisée par un architecte d'intérieur, met tout de suite à l'aise. Puis le plaisir continue dans l'assiette, avec une cuisine dans l'air du temps, goûteuse et bien réalisée ; le chef maîtrise bien son sujet et nous fait passer un agréable moment.

Formule 27 € - Menu 31/98 € - Carte 42/60 €

1245 av. du Golf - 03 20 79 37 95 - www.merigniesgolf.com - Fermé 3 semaines en août, sam. midi et mardi

MERKWILLER-PECHELBRONN

✉ 67250 (Bas-Rhin) - 970 hab. - Alt. 160 m - Carte régionale n° **1**-B1
▶ Paris 496 km - Haguenau 17 km - Strasbourg 51 km - Wissembourg 18 km
Carte Michelin 315-K3

Auberge Baechel-Brunn

CUISINE MODERNE • **COSY** XX Lui aux fourneaux, elle en salle : chez les Limmacher, la cuisine est une histoire familiale ! Côté assiette, la finesse est au rendez-vous, entre grands classiques et recettes nouvelles. Côté cadre, la grange d'antan a laissé place à l'épure contemporaine.

Formule 22 € - Menu 26 € (déj. en semaine), 45/55 € - Carte 55/65 €
5 chambres - †50/60 € ††70/85 €

3 rte de Soultz - ✆ 03 88 80 78 61 - www.baechel-brunn.com - Fermé 3 semaines en août, 2 semaines en janv., dim. soir, lundi et mardi

MERLETTE - 05 (Hautes-Alpes) → Voir Orcières

MEROUX - 90 (Territoire de Belfort) → Voir Belfort

MERRY-SUR-YONNE

✉ 89660 (Yonne) - 212 hab. - Alt. 150 m - Carte régionale n° **4**-B2
▶ Paris 203 km - Auxerre 44 km - Avallon 32 km - Dijon 139 km
Carte Michelin 319-E6 - Guide Vert Michelin Bourgogne

Le Charme Merry

FAMILIAL • **DESIGN** Dans cette maison de vigneron (1647), il fait bon flâner près de la piscine ou musarder dans les superbes chambres contemporaines (pierre de pays, grandes photos prises par le patron, salles d'eau design).

4 chambres - †130/150 € ††130/150 €

30 rte de Compostelle - ✆ 03 86 81 08 46 - www.lecharmemerry.com - Fermé janv.-mars

MÉRY-SUR-OISE - 95 (Val-d'Oise) → Voir Autour de Paris, (Cergy-Pontoise)

MESNIL-ST-PÈRE

✉ 10140 (Aube) - 440 hab. - Alt. 131 m - Carte régionale n° **7**-B3
▶ Paris 200 km - Bar-sur-Aube 32 km - Châtillon-sur-Seine 55 km - St-Dizier 74 km
Carte Michelin 313-G4 - Guide Vert Michelin Champagne Ardenne

Au Vieux Pressoir

CUISINE TRADITIONNELLE • **RUSTIQUE** XXX Sur la route du lac d'Orient, cette maison à colombages, typique de la Champagne humide, a conservé son charme simple et rustique. La cuisine est fine et joue avec la tradition : foie gras à la plancha et bouillon fève tonka ; veau, butternut et réglisse... Avec, en prime, une belle sélection de vins de Bordeaux.

Formule 20 € - Menu 45/90 € - Carte 76/113 €

5 r. du 28-août-1944 - ✆ 03 25 41 27 16 - www.auberge-du-lac.fr - Fermé 3-22 janv., dim. soir, lundi midi du 20 nov. au 30 mars et mardi midi

Auberge du Lac

AUBERGE • **CLASSIQUE** Cette auberge, dans une jolie maison à colombages, est tenue par la même famille depuis une quarantaine d'années. Une fidélité confirmée par la tenue impeccable des chambres ! Au petit- déjeuner, on déguste des confitures maison...

21 chambres - †85/149 € ††85/230 € - 15 € - ½ P

5 r. du 28-août-1944 - ✆ 03 25 41 27 16 - www.auberge-du-lac.fr - Fermé 3-22 janv.

Au Vieux Pressoir - voir les restaurants ci-dessus

MESQUER

✉ 44420 (Loire-Atlantique) - 1 759 hab. - Alt. 6 m - Carte régionale n° **18**-A2
Paris 460 km - La Baule 16 km - Nantes 86 km - St-Nazaire 29 km
Carte Michelin 316-B3

La Vieille Forge

CUISINE MODERNE • RUSTIQUE XX Dans cette ancienne forge du 18e s., le piano a remplacé l'enclume ! Mais tout comme le forgeron, Ludovic Favrel ne ménage pas sa peine, toujours à la recherche des bons produits (telles les huîtres de Kercabellec) et des meilleures saveurs... le tout à petit prix.

Formule 15 € - Menu 20 € (déj. en semaine), 31/60 € - Carte 45/57 €

32 r. d'Aha - ✆ 02 40 42 62 68 - www.vieilleforge.fr - Fermé 2 semaines en juin, vacances de la Toussaint, 2 semaines en janv., lundi soir, mardi soir, merc. de sept. à juin, dim. soir de nov. à avril, mardi midi et lundi en juil.-août

MESSANGES

✉ 40660 (Landes) - 965 hab. - Alt. 8 m - Carte régionale n° **2**-A2
Paris 717 km - Bayonne 46 km - Bordeaux 157 km - Mont-de-Marsan 92 km
Carte Michelin 335-C12

La Maison de la Prade

FAMILIAL • PERSONNALISÉ Près d'une plage sauvage et cerné par une forêt de pins, un bâtiment Art déco réaménagé en hôtel contemporain. Chambres spacieuses et claires ; terrasse au bord de la piscine.

16 chambres - 104/150 € 120/240 € - 13 €

16 av. de l'Océan - ✆ 05 58 48 38 96 - www.lamaisondelaprade.com - Ouvert de mars à nov.

MESSERY

✉ 74140 (Haute-Savoie) - 2 135 hab. - Alt. 428 m - Carte régionale n° **25**-F1
Paris 560 km - Annecy 68 km - Annemasse 23 km - Thonon-les-Bains 17 km
Carte Michelin 328-K2

L'Atelier des Saveurs

CUISINE TRADITIONNELLE • CONVIVIAL XX Quel amateur de vin ne trouverait pas son bonheur ici, dans ce "temple" dédié à Bacchus ? Ici, les bouteilles tapissent littéralement les murs du sol au plafond - il y a aussi une boutique -, tandis que l'assiette se pare de belles saveurs traditionnelles réinterprétées par un chef passionné... Convivial et bon !

Menu 32 € (semaine), 38/60 € - Carte environ 51 €

7 chemin Sous-les-Prés - ✆ 04 50 94 73 40 (réservation conseillée) - www.atelier-saveurs-messery.com - Fermé vacances de la Toussaint, mardi midi, dim. et lundi

MESSIGNY-ET-VANTOUX - 21 (Côte-d'Or) → Voir Dijon

MÉTABIEF

✉ 25370 (Doubs) - 1 089 hab. - Alt. 960 m - Carte régionale n° **9**-C3
Paris 466 km - Besançon 78 km - Champagnole 45 km - Morez 49 km
Carte Michelin 321-I6 - Guide Vert Michelin Franche-Comté Jura

Étoile des Neiges

FAMILIAL • FONCTIONNEL Hôtel familial très bien tenu dans une station prisée, été comme hiver, des "vététistes", randonneurs et skieurs. Jolies chambres lambrissées avec balcon fleuri. Cuisine régionale soignée à déguster dans une sobre salle habillée de bois.

23 chambres - 64/105 € 64/105 € - 8 € - ½ P

4 r. du Village - ✆ 03 81 49 11 21 - www.hoteletoiledesneiges.fr

METZ

✉ 57000 (Moselle) - 119 551 hab. - Agglo. 288 025 hab. - Alt. 173 m
- Carte régionale n° **14**-B1
Paris 330 km - Luxembourg 62 km - Nancy 57 km - Saarbrücken 69 km
Carte Michelin 307-I4

Le Magasin aux Vivres (Christophe Dufossé)

CUISINE MODERNE • TENDANCE La meilleure table de Metz ne doit pas son nom au hasard : nous sommes ici dans une ancienne citadelle militaire, transformée en bel hôtel contemporain ! Les vivres d'aujourd'hui sont des produits nobles de grande qualité : foie gras, homard, truffe, Saint-Jacques, etc. Le tout préparé avec soin et une touche de créativité.
➜ Les cassolettes gourmandes. Volaille de Bresse en trois temps. Biscuit crémeux et streusel aux noisettes du Piémont.

Menu 51 € (déj. en semaine), 84/125 € - Carte 120/175 €

Plan : C2-y - *Hôtel La Citadelle, 5 av. Ney - ✆ 03 87 17 17 17 (réservation conseillée) - www.citadelle-metz.com - Fermé 13-26 fév., 24 juil.-6 août, sam. midi, dim. et lundi*

Le Chat Noir

CUISINE TRADITIONNELLE Chaises léopard, tons chocolat et... sculptures de chats noirs assis, composent le décor exotique de cette adresse à mi-chemin entre la brasserie chic et le bistrot. La cuisine est traditionnelle mais se nuance de notes contemporaines, avec notamment de jolis plateaux de fruits de mer.

Menu 33 € (déj. en semaine), 38/59 € - Carte 49/72 €

Plan : A3-e - *30 r. Pasteur - ✆ 03 87 56 99 19 - www.restaurantlechatnoir.com - Fermé 24 déc.-3 janv., sam. midi, dim. soir et lundi*

Le GourMetz

CUISINE MODERNE • TENDANCE Non loin de la gare ferroviaire, cette ancienne chocolaterie se découvre d'abord par sa façade vitrée entourée d'inox, délicieusement seventies. Le décor, truffé de figurines comics, annonce la modernité décontractée de la cuisine : salade César au homard, bar en croûte de pommes de terre... De bons mets.

Menu 29 € (déj.), 39/65 € - Carte 37/60 €

Plan : C2-a - *11 r. Pasteur - ✆ 03 87 52 25 34 - www.gourmetz.fr - Fermé 3 semaines en août, mardi soir, merc. soir, sam. midi, dim. et lundi*

El Theatris

CUISINE TRADITIONNELLE • BRASSERIE Dans l'un des plus beaux quartiers de la ville, tout contre l'Opéra-Théâtre, une salle tout en longueur où se déploient colonnes, moulures, et miroirs monumentaux... L'endroit est superbe ! Dans l'assiette, on revisite les classiques de brasserie avec beaucoup de soin, en utilisant de bons produits. Belle terrasse.

Formule 21 € - Menu 27/56 € - Carte 45/56 €

Plan : C1-r - *2 pl. de la Comédie - ✆ 03 87 56 02 02 - www.eltheatris.fr - Fermé 1er-8 janv. et dim. soir*

Thierry "Saveurs et Cuisine"

CUISINE MODERNE • COSY Au sein de la vieille ville, on vous accueille dans cet ancien hôtel particulier du 16e s. Dans une ambiance de bistrot chic, le chef mêle les influences françaises, orientales, asiatiques, caribéennes, etc. Et la carte des vins met aussi en avant les crus du monde entier ! Agréable terrasse dans la petite cour.

Formule 23 € - Menu 30 € (semaine)/40 € - Carte 37/67 €

Plan : D1-a - *5 r. des Piques, "Maison de la Fleure de Ly" - ✆ 03 87 74 01 23 - www.restaurant-thierry.fr - Fermé merc. et dim.*

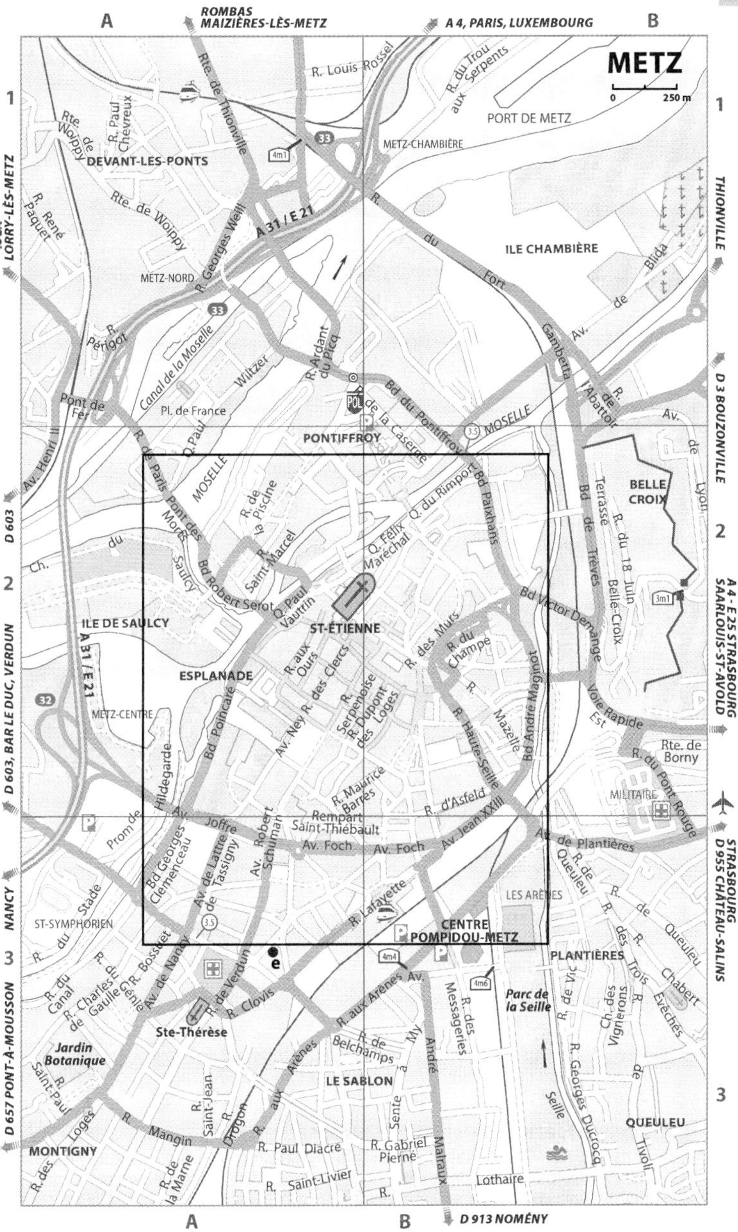
METZ
0
250 m
A
B
1
2
3
ROMBAS
MAIZIÈRES-LÈS-METZ
A 4, PARIS, LUXEMBOURG
LORRY-LÈS-METZ
THIONVILLE
D 3 BOUZONVILLE
A 4 - E 25 STRASBOURG
SAARLOUIS-ST-AVOLD
STRASBOURG
D 955 CHÂTEAU-SALINS
D 603
D 603, BAR LE DUC, VERDUN
NANCY
D 657 PONT-À-MOUSSON
D 913 NOMÉNY
DEVANT-LES-PONTS
METZ-NORD
METZ-CHAMBIÈRE
PORT DE METZ
ILE CHAMBIÈRE
PONTIFFROY
BELLE CROIX
ILE DE SAULCY
ESPLANADE
ST-ÉTIENNE
METZ-CENTRE
MILITAIRE
ST-SYMPHORIEN
CENTRE POMPIDOU-METZ
LES ARÈNES
PLANTIÈRES
Ste-Thérèse
Jardin Botanique
LE SABLON
QUEULEU
MONTIGNY
Parc de la Seille
A 31 / E 21
MOSELLE
Canal de la Moselle
Pl. de France
Pont de Fer
R. Louis Rossel
R. du Trou aux Serpents
Rte. de Thionville
R. Paul Chevreux
Rte. de Woippy
R. René Paquet
R. Georges Weill
R. Périgot
Wiltzer
R. Ardant du Picq
Bd du Pontiffroy
R. de la Caserne
R. du Fort
Gambetta
Av. de Blida
R. de l'Abattoir
Av. de Lyon
Av. Henri II
Ch. du Saulcy
R. de Paris
Pont des Morts
Q. Paul
R. de la Piscine
R. Saint-Marcel
Bd Robert Serot
Q. Paul Vautrin
Q. Félix Maréchal
Q. du Rimport
Bd Paixhans
Bd de Trèves
Terrasse
R. du 18 Juin
Belle-Croix
Bd Victor Demange
Voie Rapide Est
R. aux Ours
R. des Clercs
R. Serpenoise
R. Dupont des Loges
R. des Murs
R. du Champé
R. Mazelle
R. Haute-Seille
Bd André Maginot
Av. Ney
Bd Poincaré
Hildegarde
R. Maurice Barrès
Rempart Saint-Thiébault
R. d'Asfeld
Av. Jean XXIII
Av. Joffre
Av. Foch
Prom. de
Bd Georges Clemenceau
Av. de Lattre de Tassigny
Av. Robert Schuman
R. Lafayette
Av. de Plantières
R. de Queuleu
Rte. de Borny
R. du Pont Rouge
R. du Stade
R. Bosquet
R. du Génie
Av. de Nancy
R. de Verdun
R. Clovis
R. du Canal
R. Charles de Gaulle
R. aux Arènes
Av. aux Arènes
R. de Belchamps
Sente à My
R. des Messageries
Av. André Malraux
R. de Vic
Ch. des Vignerons
R. des Trois Évêchés
R. Chabert
R. de Tivoli
R. Georges Ducrocq
Seille
R. Saint-Paul
R. des Loges
R. Mangin
R. Saint-Jean
R. Drogon
R. de la Marne
R. Paul Diacre
R. Gabriel Pierné
R. Saint-Livier
R. Lothaire
POL
e
33
32
3.5
4m1
3m1
4m4
4m6

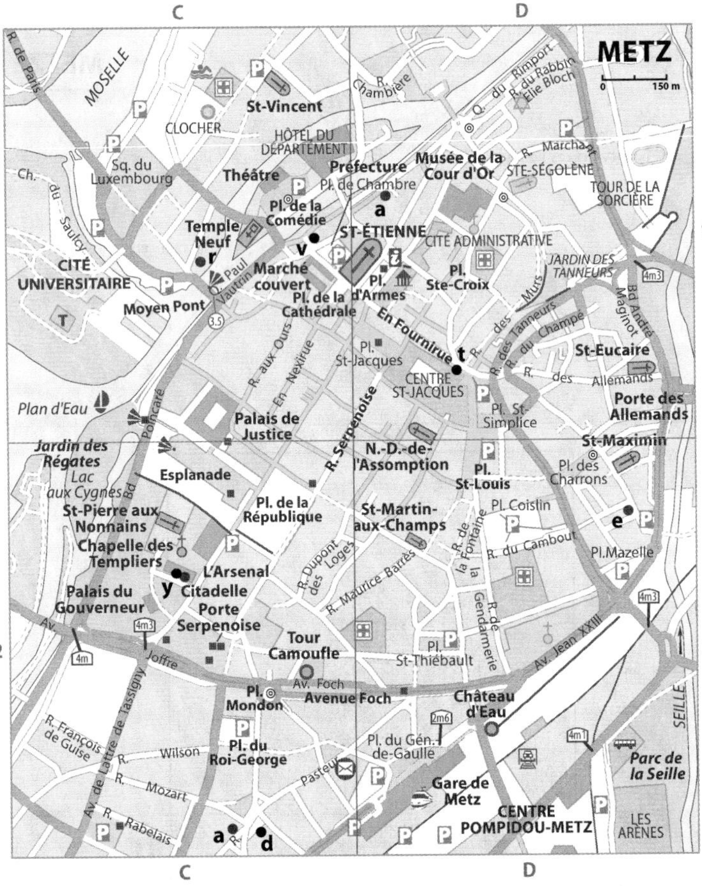

83 Restaurant

CUISINE ITALIENNE • TENDANCE À 15mn à pied du Centre Pompidou-Metz, ce restaurant sympathique met à l'honneur la gastronomie italienne, à travers des produits triés sur le volet (charcuteries, burrata, pâtes, poissons sauvages, viandes de race). Et pour accompagner tout cela, une belle sélection de vins transalpins !

Carte 43/62 €

Plan : D2-e – *83 r. Mazelle – ✆ 03 87 75 20 20 (réservation conseillée) – www.83restaurant.com – Fermé 2 semaines en août, 1 semaine vacances de Noël, lundi soir, sam. midi et dim.*

La Brasserie Christophe Dufossé

CUISINE TRADITIONNELLE • CONVIVIAL Christophe Dufossé, du Magasin aux Vivres, s'est lancé dans cette nouvelle aventure avec le même entrain qu'au premier jour. Le programme : aller toujours à l'essentiel en respectant le produit. Quiche lorraine, bar au basilic et tomates confites, steak de thon à la plancha, pintade rôtie au sésame... Tout simplement délicieux.

Formule 22 € – Menu 29 € – Carte environ 35 €

Hors plan – *Hôtel La Citadelle, 5 av. Ney – ✆ 03 87 17 17 17 – www.citadelle-metz.com*

La Citadelle

LUXE • CONTEMPORAIN Ce luxueux hôtel du centre-ville a su marier les contrastes : ses spacieuses chambres prennent leurs aises dans... un bâtiment militaire du 16e s. ! L'ensemble, aménagé dans un esprit contemporain feutré, est parfait pour un week-end chic à Metz.

68 chambres - 260/498 € 260/498 € - 24 €

Plan : C2-y - *5 av. Ney - 03 87 17 17 17 - www.citadelle-metz.com*

Le Magasin aux Vivres • **La Brasserie Christophe Dufossé** - voir les restaurants ci-dessus

Novotel Centre

HÔTEL DE CHAÎNE • CONTEMPORAIN L'hôtel est directement accessible depuis un parking public, près de la cathédrale et du centre commercial St-Jacques. Les chambres sont spacieuses, très modernes et, malgré l'emplacement au cœur de la ville, étonnamment calmes.

120 chambres - 75/215 € 75/215 € - 17 €

Plan : D1-t - *pl. des Paraiges - 03 87 37 38 39 - www.accorhotels.com*

Cathédrale

HISTORIQUE • PERSONNALISÉ Cette maison du 17e s. peut s'enorgueillir d'avoir reçu de belles plumes : Madame de Staël et Chateaubriand. Les chambres (une partie dans une demeure voisine) sont toutes d'une belle élégance : parquet, poutres apparentes, meubles chinés...

29 chambres - 72/120 € 89/120 € - 11 €

Plan : C1-v - *25 pl. de Chambre - 03 87 75 00 02 - www.hotelcathedrale-metz.fr - Fermé 1er-7 janv.*

Escurial

FAMILIAL • FONCTIONNEL Une adresse simple et fonctionnelle, non loin de la gare ; les chambres sont fraîches, toutes aménagées de la même manière, et soigneusement tenues.

36 chambres - 80/95 € 90/105 € - 10 €

Plan : C2-d - *18 r. Pasteur - 03 87 66 40 96 - Fermé 26 déc.-8 janv.*

à Borny 3 km à l'Est par D955 et rte de Strasbourg - 57070 Metz

Le Jardin de Bellevue

CUISINE MODERNE • ÉLÉGANT XXX Une belle clientèle plébiscite cette maison centenaire de la périphérie messine (à 2 km du centre Pompidou), tenue par Nathalie et Philippe Jung. Lui, en cuisine, travaille des produits frais et propose des plats attractifs, au goût du jour. Elle, comme la jeune équipe qui l'entoure, assure un accueil charmant et souriant !

Menu 31 € (déj. en semaine), 47/72 € - Carte 66/87 €

58 r. Claude-Bernard (près du Technopole Metz 2000) - 03 87 37 10 27 - www.lejardindebellevue.com - Fermé 18-27 avril, 14-29 août, 27 déc.-6 janv., sam. midi, dim. soir, mardi soir et lundi

à Plappeville 7 km par av. Henri II - 57050 - 2 085 hab. - Alt. 280 m

La Vigne d'Adam

CUISINE MODERNE • TENDANCE X Au cœur du village, cette ancienne maison de vigneron a été transformée en un restaurant-bar à vins contemporain ! La cuisine suit les saisons et valorise de très bons produits, respectant la devise du lieu : "Simplement bon." Avec, bien sûr, une riche carte de vins (de Moselle et d'Alsace, mais aussi de Champagne).

Menu 28/90 € - Carte 34/77 €

50 r. du Gén.-de-Gaulle - 03 87 30 36 68 - www.lavignedadam.com - Fermé mi-août à début sept., vacances de Noël, dim. et lundi

METZERAL

⊠ 68380 (Haut-Rhin) - 1 090 hab. - Alt. 480 m - Carte régionale n° **1**-A2
Paris 464 km - Colmar 25 km - Gérardmer 39 km - Guebwiller 41 km
Carte Michelin 315-G8

Les Clarines d'Argent

CUISINE TRADITIONNELLE • **RUSTIQUE** XX Dans ce restaurant, à côté d'un étang, pas de problème de traçabilité ! À titre d'exemple, la truite tout juste pêchée se retrouve directement dans votre assiette. À part ça, le chef concocte une bonne cuisine traditionnelle, à apprécier dans un cadre rustique. Accueil aimable.

Formule 13 € - Menu 24/50 € - Carte 30/75 €

Hôtel Aux Deux Clefs, 12 r. Altenhof - ✆ 03 89 77 61 48 - www.aux-deux-clefs.com - Fermé lundi

Aux Deux Clefs

FAMILIAL • FONCTIONNEL Perché sur les hauteurs du village, au bord d'un petit étang, cet hôtel-restaurant de tradition est très tranquille : il règne ici un sympathique esprit de maison d'hôtes. Les chambres, régulièrement rafraîchies, sont fonctionnelles et bien tenues. Le tout au cœur des Vosges !

19 chambres - †50/80 € ††70/100 € - ☕ 12 € - ½ P

12 r. Altenhof - ✆ 03 89 77 61 48 - www.aux-deux-clefs.com - Fermé lundi

Les Clarines d'Argent - voir les restaurants ci-dessus

MEUCON - 56 (Morbihan) → Voir Vannes

MEUDON - 92 (Hauts-de-Seine) → Voir Autour de Paris

MEURSAULT

⊠ 21190 (Côte-d'Or) - 1 503 hab. - Alt. 243 m - Carte régionale n° **4**-A3
Paris 326 km - Dijon 55 km - Lons-le-Saunier 117 km - Mâcon 86 km
Carte Michelin 320-I8 - Guide Vert Michelin Bourgogne

Le Chevreuil

CUISINE TRADITIONNELLE • **TENDANCE** XX Côté cuisine, on se régale encore avec la fameuse "terrine chaude de la mère Daugier", spécialité de la maison depuis 1870 (et secret bien gardé !) ; le chef réalise aussi de savoureux plats au goût du jour, tout en équilibre de saveurs. Côté décor, c'est résolument moderne et dynamique... Un cocktail gagnant !

Formule 22 € - Menu 25/63 € - Carte 51/77 €

10 chambres - †79/90 € ††80/100 € - ☕ 10 €

pl. de l'Hôtel-de-Ville - ✆ 03 80 21 23 25 - www.lechevreuil.fr - Fermé 15 fév.-6 mars, 13-20 août, 17-27 déc., merc. et dim.

Château de Cîteaux-La Cueillette

CUISINE TRADITIONNELLE • **ÉLÉGANT** XXX Une Cueillette élégante et raffinée. Dans la salle d'un superbe classicisme - moulures, dorures, fresque représentant une allégorie de l'Amour -, on cultive l'air du temps et les saveurs de jolis produits, comme avec ce foie gras de canard au naturel, chutney de cassis. Terrasse panoramique, avec vue sur les vignes...

Menu 51 € (semaine), 62/89 € - Carte 74/93 €

Hôtel Château de Cîteaux-La Cueillette, 18 r. de Cîteaux - ✆ 03 80 20 62 80 - www.lacueillette.com - Fermé 2 janv.-2 fév., lundi soir de nov. à mi-avril et le midi

Chez Richard

CUISINE TRADITIONNELLE • **TRADITIONNEL** X Pâté en croûte à l'ancienne, joue de bœuf braisée à la bourguignonne, pied de porc ou encore gambas... Voici les spécialités de cette petite adresse tenue par un jeune couple. Le décor - murs blancs et rouges, tables carrées en bois, chaises en cuir noir - et l'agréable terrasse ombragée ne manquent pas de séduire.

Carte 37/65 €

8 RD 974 - ✆ 03 80 26 12 48 - Fermé dim. soir, lundi et mardi

Château de Cîteaux-La Cueillette

DEMEURE HISTORIQUE • HISTORIQUE Un joli château des 18e et 19e s. dans cette localité célèbre pour ses vins blancs ! Les chambres y sont spacieuses et contemporaines, et il fait bon se ressourcer dans l'espace détente : sauna, hammam, jacuzzi et soins de fruitithérapie.

19 chambres - 155/185 € 195/365 € - 19 € - ½ P

18 r. de Cîteaux - 03 80 20 62 80 - www.lacueillette.com

Château de Cîteaux-La Cueillette - voir les restaurants ci-dessus

Les Charmes

TRADITIONNEL • CLASSIQUE Au cœur du village, une grosse maison de viticulteur (18e s.) avec son jardin arboré et ses chambres contemporaines. Une bonne adresse où l'accueil est charmant.

13 chambres - 85/128 € 95/138 € - 13 €

10 pl. du Murger - 03 80 21 63 53 - www.hotellescharmes.com - Fermé 6-22 janv., 8-14 fév. et dim. soir de nov. à mars

LE MEUX - 60 (Oise) → Voir Compiègne

MEYLAN - 38 (Isère) → Voir Grenoble

MEYMAC

19250 (Corrèze) - 2 449 hab. - Alt. 702 m - Carte régionale n° **13**-C2

Paris 443 km - Aubusson 57 km - Limoges 96 km - Neuvic 30 km

Carte Michelin 329-N2 - Guide Vert Michelin Limousin Berry

Chez Françoise

CUISINE TRADITIONNELLE • RUSTIQUE Dans cette maison rustique (16e s.), la patronne met à l'honneur les spécialités corréziennes : farcidure, millassou, tourtous, confits... C'est généreux et goûteux ! Et que dire de cette magnifique carte de grands vins, de Cahors à Bordeaux ? Des chambres bien tenues et spacieuses permettent de prolonger l'étape.

Menu 14 € (déj. en semaine), 29/35 € - Carte 25/58 €

5 chambres - 60/90 € 70/90 € - 9 €

24 r. Fontaine-du-Rat - 05 55 95 10 63 - www.chezfrancoise.fr - Fermé 24 déc.-1er fév., dim. soir et lundi

MEYRONNE

46200 (Lot) - 292 hab. - Alt. 130 m - Carte régionale n° **15**-C1

Paris 524 km - Brive-la-Gaillarde 47 km - Cahors 76 km - Figeac 54 km

Carte Michelin 337-F2

La Terrasse

CUISINE TRADITIONNELLE • CLASSIQUE La terrasse, qui domine la Dordogne, est parfaite pour un dîner romantique, et l'hiver on peut se réfugier sous les voûtes médiévales de cette ancienne place forte du 11e s. Au menu : une cuisine aux parfums bien marqués, avec quelques clins d'œil aux saveurs du Sud. Charmant !

Menu 20 € (déj. en semaine), 29/55 € - Carte 42/68 €

pl. de l'Église - 05 65 32 21 60 - www.hotel-la-terrasse.com - Ouvert 19 mars-1er nov. et fermé mardi midi

La Terrasse

DEMEURE HISTORIQUE • PERSONNALISÉ Pour se rêver en seigneur du Lot, un château du 11e s. dressé fièrement au-dessus de la Dordogne. Vieilles pierres, poutres et bon confort : charme et caractère, en toute simplicité !

11 chambres - 90/145 € 90/145 € - 4 suites - 13 € - ½ P

pl. de l'Église - 05 65 32 21 60 - www.hotel-la-terrasse.com - Ouvert 19 mars-1er nov.

La Terrasse - voir les restaurants ci-dessus

MEYRUEIS

✉ 48150 (Lozère) - 814 hab. - Alt. 698 m - Carte régionale n° **12**-C1
Paris 643 km - Florac 36 km - Mende 57 km - Millau 43 km
Carte Michelin 330-I9

Family Hôtel

FAMILIAL • FONCTIONNEL Parfait pour les familles, comme son nom l'indique. Bordant le Bétuzon (un affluent de la Jonte), l'hôtel dispose de chambres pratiques, bien tenues et confortables. On y trouve aussi jardin et piscine avec jacuzzi, sauna, hammam, etc. Bonne cuisine du terroir au restaurant.

44 chambres - 51/65 € 51/85 € - 8 € - ½ P

4 r. de la Barrière - 04 66 45 60 02 - www.hotel-restaurant-family-48-12.com - Ouvert 1er avril-4 nov.

MÈZE

✉ 34140 (Hérault) - 10 917 hab. - Alt. 20 m - Carte régionale n° **12**-C2
Paris 746 km - Agde 21 km - Béziers 43 km - Lodève 52 km
Carte Michelin 339-G8

Les Palmiers

CUISINE MODERNE • ÉLÉGANT On monte quelques marches pour accéder à la terrasse de ce restaurant bordé de palmiers. Tout, dans cette maison du 18e s., respire l'élégance (mobilier en rotin, pierre de pays au sol), et le restaurant ne fait pas exception : on s'y régale des créations fines et pétillantes d'un jeune chef plein de talent.

Formule 17 € - Menu 23 € (déj. en semaine), 34/67 € - Carte environ 55 € dîner

5 chambres - 74/117 € 82/125 €

31 bis av. de Montpellier - 04 34 53 55 65 - www.villa-lespalmiers.fr - Fermé 1 semaine vacances de fév., vacances de la Toussaint, 1 semaine vacances de Noël, sam. midi, merc. soir et dim.

Le Coquillou (N)

CUISINE MODERNE • SIMPLE Située sur le port, cette sympathique adresse bénéficie de l'enthousiasme d'un jeune chef, qui concocte une cuisine moderne et soignée, aux accents du sud, à l'instar de ce tataki de magret de canard, ou du dos de cabillaud, accompagné de son rouleau de légumes de saison.

Menu 21/38 € - Carte 38/51 €

14 bis quai Augustin-Descournout - 04 67 18 87 50 - www.restaurant-le-coquillou.fr - Fermé 1 semaine en juin, 2 semaines en déc., mardi midi, merc. midi et lundi, ouvert lundi soir en juil.-août

Hôtel de la Pyramide

FAMILIAL • MÉDITERRANÉEN Cette jolie demeure provençale est nichée au cœur d'un petit parc. Les chambres, très confortables, ont été décorées tout en épure (murs blancs, mobilier en fer forgé), et bénéficient de balcons ouverts sur l'étang de Thau. Quelques chambres contemporaines (aluminium et verre) face à l'étang.

26 chambres - 70/110 € 70/110 € - 1 suite - 10 €

8 promenade Sergent-Jl.-Navarro - 04 67 46 61 50 - www.hoteldelapyramide.fr - Fermé 1 semaine en nov. et de mi-déc. à fin janv.

à Bouzigues 4 km au Nord-Est par D613 et rte secondaire - ✉ 34140 - 1 724 hab. - Alt. 3 m

La Côte Bleue

POISSONS ET FRUITS DE MER • CLASSIQUE À la bien nommée Côte Bleue, on déguste une sympathique cuisine de la mer (dont les fameuses huîtres de Bouzigues). Aux beaux jours, il fait bon s'installer sous les pins de la terrasse !

Formule 19 € - Menu 29 € (semaine), 34/42 € - Carte 40/62 €

Hôtel La Côte Bleue, av. Louis-Tudesq - 04 67 78 30 87 - www.la-cote-bleue.fr - Fermé 15-25 nov., 11 janv.-11 fév. et merc. hors saison

La Côte Bleue

FAMILIAL • CLASSIQUE Au bord de l'étang de Thau, une grande piscine, des chambres agréables et assez spacieuses (avec balcon)... et les flots pour horizon. Une belle invitation au farniente et à la détente !

32 chambres - 68/110 € 68/110 € - 11 €

av. Louis-Tudesq - 04 67 78 30 87 - www.la-cote-bleue.fr

La Côte Bleue - voir les restaurants ci-dessus

À La Voile Blanche

FAMILIAL • PERSONNALISÉ Au bord de l'étang, ses parcs à huîtres et son petit port, une maison au décor contemporain. Certaines chambres ont une terrasse. Côté restaurant, ambiance décontractée et cuisine méridionale privilégiant poissons et coquillages à la plancha.

8 chambres - 70/195 € 70/195 € - 9 € - ½ P

1 av. Louis-Tudesq - 04 67 78 35 77 - www.alavoileblanche.com

MÉZIDON

14270 (Calvados) - 4 958 hab. - Alt. 25 m - Carte régionale n° **17**-B2

Paris 202 km - Alençon 107 km - Caen 27 km - Rouen 119 km

Carte Michelin 303-L5

Le Saint-Pierre

CUISINE MODERNE • DESIGN XX Acidulé, vitaminé, élégant... Tel est ce Saint-Pierre ! Le décor comme la cuisine sont à l'avenant ; le jeune chef ose par exemple le steak tartare de canard, les rillettes de lapin aux poires, etc. Ses recettes sont soignées, les produits choisis. En bref, une adresse à suivre.

Formule 12 € - Menu 16 € (déj. en semaine), 33/43 €
- Carte 30/40 €

74 pl. Charles-de-Gaulle - 02 31 40 47 94 - www.lesaint-pierre.fr - Fermé 24 déc.-2 janv., sam. midi, dim. soir et lundi midi

Le Saint-Pierre

TRADITIONNEL • DESIGN Résolument design ! Transformation réussie pour cette imposante bâtisse qui affiche désormais des couleurs flashy ou profondes, lignes épurées et toiles abstraites, ainsi qu'un bar très concept.

13 chambres - 63 € 76 € - 12 € - ½ P

74 pl. Charles-de-Gaulle - 02 31 40 47 94 - www.lesaint-pierre.fr - Fermé 24 déc.-2 janv.

Le Saint-Pierre - voir les restaurants ci-dessus

MÉZOS

40170 (Landes) - 847 hab. - Alt. 23 m - Carte régionale n° **2**-B2

Paris 684 km - Bordeaux 124 km - Dax 58 km - Mont-de-Marsan 107 km

Carte Michelin 335-E10

La Maison de Mézos

FAMILIAL • PERSONNALISÉ Dans un petit village landais, coquette maison à l'ambiance familiale, entre hôtel et chambre d'hôtes (mobilier chiné). Pavillon et roulottes dans le grand jardin. Piscine.

14 chambres - 65/135 € 65/135 € - 10 €

av. de l'Océan - 05 58 42 61 38 - www.hotel-mezos.com - Ouvert mi-fév. à mi-déc.

MÉZY-MOULINS

02650 (Aisne) - 525 hab. - Alt. 81 m - Carte régionale n° **19**-C3

Paris 103 km - Amiens 221 km - Laon 92 km - Reims 55 km

Carte Michelin 306-D8

Le Moulin Babet

CUISINE TRADITIONNELLE • AUBERGE XX Cet ancien moulin à eau tout en pierre (19e s.) profite du seul voisinage de la verdure et du Surmelin, affluent de la Marne. En terrasse au bord du cours d'eau ou dans la grande salle, à la fois rustique et élégante, la cuisine de tradition prend des accents bucoliques. Et dans les chambres, pas un bruit...

Formule 22 € – Menu 28 € (déj. en semaine), 34/63 € – Carte 54/80 €

7 chambres – 72/94 € 72/94 € – 10 €

8 r. du Moulin-Babet, à Moulins , N3 – 03 23 71 44 72 – www.hotel-moulinbabet.com – Fermé 20-31 août, 24-31 déc., dim. soir (sauf hôtel), mardi et merc.

MIEUSSY

74440 (Haute-Savoie) – 2 118 hab. – Alt. 636 m – Carte régionale n° **25**-F1

Paris 563 km – Annecy 62 km – Bonneville 21 km – Chamonix-Mont-Blanc 59 km

Carte Michelin 328-M4 – Guide Vert Michelin Alpes du Nord

Vacca Park

TRADITIONNEL • CONTEMPORAIN Au milieu des pâturages et des pistes, un chalet moderne avec des chambres coquettes et chaleureuses, ainsi qu'un restaurant traditionnel et savoyard. Pour l'anecdote, il y a une photo de vache (presque grandeur nature) sur chaque porte... Et oui, en latin, vacca signifie "vache" !

15 chambres – 85/148 € 85/239 € – 12 € – ½ P

2 rte du Col de la Ramaz (Plateau de Sommand), Praz de Lys 1 420 m – 04 50 34 20 88 – www.vaccapark.com – Fermé 3 avril-4 juin et 3 nov.-16 déc.

MILHAC-D'AUBEROCHE

24330 (Dordogne) – 570 hab. – Alt. 165 m – Carte régionale n° **2**-C1

Paris 532 km – Bordeaux 146 km – Limoges 141 km – Périgueux 22 km

Carte Michelin 329-G5

La Vieille Forge

CUISINE MODERNE • AUBERGE X Certes, le village est reculé et cette ancienne forge est plutôt rustique... mais dans l'assiette, quelle belle surprise : de la cuisine, de la vraie ! Tout est soigné, glacé au jus, assaisonné finement, cuit avec justesse ; les produits sont de qualité, les recettes originales : le chef, Vincent Cardoso, sait réchauffer les cœurs.

Menu 30 € – Carte 42/51 €

Le Bourg – 05 53 04 11 27 (réservation conseillée) – Fermé 20 fév.-10 mars, sam. midi, dim. soir et lundi

MILLAU

12100 (Aveyron) – 22 013 hab. – Alt. 372 m – Carte régionale n° **15**-D2

Paris 636 km – Albi 106 km – Mende 95 km – Montpellier 114 km

Carte Michelin 338-K6

Cévenol Hôtel

BUSINESS • FONCTIONNEL Cet hôtel, situé dans un quartier résidentiel excentré, proche du Tarn, a bénéficié d'une belle rénovation. Ses chambres, fonctionnelles, bien équipées et soigneusement tenues, se révèlent agréables. Cuisine traditionnelle au restaurant.

42 chambres – 60/86 € 60/95 € – 10 € – ½ P

Plan : B1-k – *115 r. Rajol – 05 65 60 74 44 – www.cevenol-hotel.fr – Fermé 15 déc.-8 janv.*

Ibis

HÔTEL DE CHAÎNE • FONCTIONNEL Idéalement situé en plein centre-ville et plutôt confortable. Pratique, le parking fermé.

46 chambres – 66/114 € 66/114 € – 12 €

Plan : A1-b – *r. du Sacré-Cœur – 05 65 59 29 09 – www.ibishotel.com*

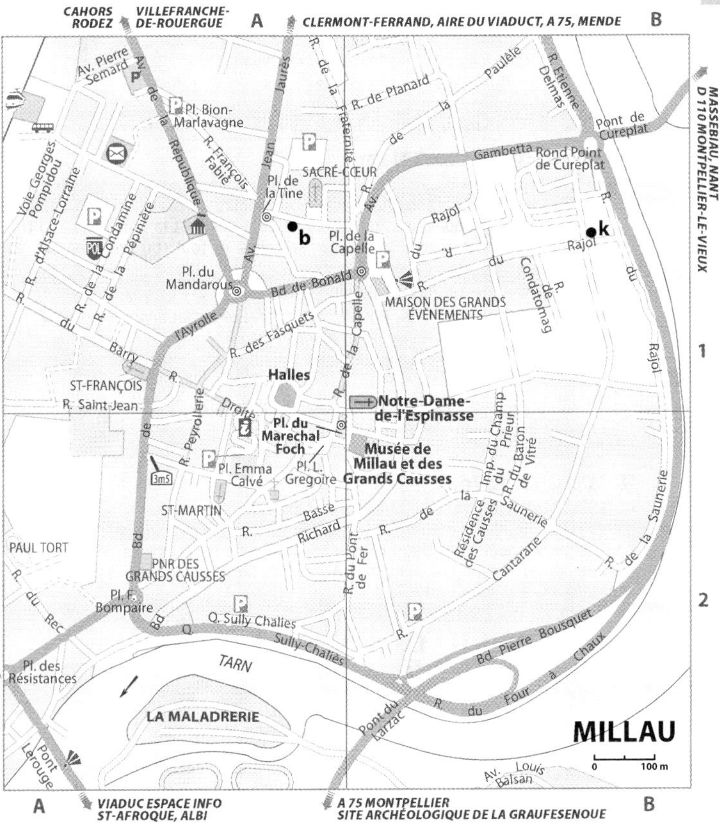

au Sud 2 km au Sud par D41 rte de St-Affrique – ✉12100 Millau

Château de Creissels

CUISINE TRADITIONNELLE • ÉLÉGANT XX Du caractère, c'est indéniable ! Dans ce château perché sur les hauteurs, il y a de jolies voûtes en pierre, une terrasse panoramique sur l'ancien chemin de ronde, et une belle salle cossue, où l'on savoure une sympathique cuisine traditionnelle. Pas d'inquiétude : le chef, présent depuis 20 ans, connaît son affaire !

Formule 16 € – Menu 19/58 € – Carte 42/53 €

pl. du Prieur – ☎ 05 65 60 31 79 – www.chateau-de-creissels.com – Fermé janv., fév., dim. soir d'oct. à avril et lundi midi

Château de Creissels

DEMEURE HISTORIQUE • HISTORIQUE Un château du 12e s. sur un piton rocheux à l'écart de Millau, auquel on accède par une petite route. Les chambres mêlent avec élégance meubles anciens et style contemporain, avec du cachet dans la bâtisse principale, un esprit plus actuel dans son extension. La propriété ne manque pas de charme...

26 chambres – †71/162 € ††71/162 € – ☕ 12 € – ½ P

pl. du Prieur – ☎ 05 65 60 16 59 – www.chateau-de-creissels.com – Fermé janv., fév. ,dim. soir de nov. à mars

Château de Creissels – voir les restaurants ci-dessus

MILLY-LA-FORÊT

✉ 91490 (Essonne) - 4 788 hab. - Alt. 68 m - Carte régionale n° **10**-B3
Paris 58 km - Étampes 25 km - Évry 31 km - Fontainebleau 19 km
Carte Michelin 312-D5 - Guide Vert Michelin Île-de-France

à Auvers (S.-et-M.) 4 km au Sud par D948 - ✉ 77123 Noisy sur Ecole

Auberge d'Auvers Galant

CUISINE TRADITIONNELLE • **RUSTIQUE** XX Cet ancien relais de poste du 19e s. doit une bonne partie de son charme au jeune couple de professionnels qui en a repris les rênes il y a quelques années. Leurs assiettes font la part belle à la tradition tout en se parant de touches plus actuelles, et tout (ou presque) est fait maison : on passe un bon moment.

Formule 22 € - Menu 26 € (semaine), 40/54 € - Carte 55/72 €

7 r. d'Auvers - ✆ 01 64 24 51 02 - www.aubergedauversgalant.com - Fermé 3 semaines en fév., 2 semaines en août, lundi et mardi

MINERVE

✉ 34210 (Hérault) - 134 hab. - Alt. 227 m - Carte régionale n° **12**-B2
Paris 812 km - Béziers 45 km - Carcassonne 44 km - Narbonne 33 km
Carte Michelin 339-B8

Relais Chantovent

CUISINE TRADITIONNELLE • **AUBERGE** X Une charmante petite auberge en pays cathare... Ici, point de voiture ; les gourmands, tels des pèlerins, viennent à pied pour déguster poêlée de champignons, dos de canette, et autres délicieux plats réalisés avec les produits des marchés locaux. Le must : la terrasse et sa vue plongeante sur la vallée du Briant.

Menu 22/62 € - Carte 37/57 €

5 chambres - †45/53 € ††45/53 € - ☕ 8 €

17 Grand'Rue - ✆ 04 68 91 14 18 - www.relaischantovent-minerve.fr - Fermé janv., dim. soir, mardi soir et merc.

MIRAMAR - 06 (Alpes-Maritimes) → Voir Théoule-sur-Mer

MIRAMBEAU

✉ 17150 (Charente-Maritime) - 1 504 hab. - Alt. 59 m - Carte régionale n° **20G**-B3
Paris 515 km - Bordeaux 72 km - Angoulême 73 km - Cognac 48 km
Carte Michelin 324-G7

✿ Château de Mirambeau Ⓝ

CUISINE CLASSIQUE • **ÉLÉGANT** XXX Des beaux produits, des préparations fines et savoureuses dans une veine plutôt classique, des sauces intenses : au sein de ce château néogothique du 19e s., cette table gastronomique propose une partition enthousiasmante. Et depuis la terrasse, on profite d'une jolie vue sur l'estuaire de la Gironde...

→ Raviole de foie gras et langoustine, bouillon de crustacés comme un beurre blanc. Cabillaud cuit à basse température, coquillages, écrasé d'échalote à l'estragon. Génoise, crème vanille, rhubarbe et fraises.

Formule 50 € - Menu 60/100 € - Carte 75/100 €

Hôtel Château de Mirambeau, 1 av. des Comtes-Duchatel - ✆ 05 46 04 91 20 - www.chateaumirambeau.com - Fermé 1er fév.-1er avril et 6 nov.-31 janv.

Château de Mirambeau Ⓝ

LUXE • **HISTORIQUE** Charme et élégance caractérisent ce superbe château du 19e s. Un agréable spa est venu s'ajouter au parc immense, aux fastueux salons, ainsi qu'à la piscine couverte. Un havre de plénitude.

36 chambres - †180/550 € ††180/550 € - 4 suites - ☕ 30 €

1 av. des Comtes-Duchatel - ✆ 05 46 04 91 20 - www.chateaumirambeau.com - Fermé 1er fév.-1er avril et 6 nov.-31 janv.

✿ **Château de Mirambeau** - voir les restaurants ci-dessus

MIRANDE - 71 (Saône-et-Loire) → Voir Fleurville

MIREBEL

✉ 39570 (Jura) - 247 hab. - Alt. 580 m - Carte régionale n° **9**-B3
Paris 419 km - Champagnole 17 km - Lons-le-Saunier 17 km
Carte Michelin 321-E6

Le Bouchon du Château

CUISINE MODERNE • BISTRO XX En passant par Mirebel, arrêtez-vous dans ce restaurant. Le chef, passé par de belles maisons, revisite les bonnes recettes du temps jadis avec vitalité et gourmandise, à l'instar de cette épaule d'agneau confite, pommes Charlotte écrasées aux herbes potagères et chorizo ibérique. Un délice !

Formule 14 € - Menu 20 € (déj. en semaine), 28/48 € - Carte 40/65 €

34 r. de Viseney - ✆ 03 84 25 18 60 - www.lebouchonduchateau.com - Fermé 18 août-2 sept., 24 déc.-6 janv., mardi soir, merc. soir, jeudi soir, sam. midi, dim. soir et lundi

Mirabilis

CUISINE MODERNE • CONVIVIAL XX Quand Mirebel rime avec Mirabilis ("admirable" en latin), on obtient une bonne adresse. Dans cette chaleureuse maison ancienne (1760), le chef concocte une cuisine goûteuse et colorée, sur de belles bases régionales : aumônière d'escargots, magret de canard aux pêches, vacherin glacé... On en redemande !

Formule 14 € - Menu 21/36 € - Carte 28/48 €

41 Grande-Rue - ✆ 03 84 48 24 36 - www.lemirabilis.com - Fermé janv., merc., jeudi de sept. à juin, lundi et mardi

MIREPOIX

✉ 09500 (Ariège) - 3 123 hab. - Alt. 308 m - Carte régionale n° **15**-C3
Paris 753 km - Carcassonne 52 km - Castelnaudary 34 km - Foix 37 km
Carte Michelin 343-J6

Les Minotiers

FAMILIAL • FONCTIONNEL Espace, confort, lumière : dans cette ancienne minoterie - une usine de préparation des farines -, on fait rimer simplicité et qualité. Les chambres sont fonctionnelles et bien équipées, et le restaurant met en avant les produits régionaux.

40 chambres - †60/150 € ††60/150 € - ☕ 8 € - ½ P

av. du Mar.-Foch - ✆ 05 61 69 37 36 - www.lesminotiers.com

La Maison des Consuls

HISTORIQUE • PERSONNALISÉ L'hôtel est situé sur une ravissante place de cette cité médiévale : un emplacement de choix ! Les chambres, bien tenues, sont décorées dans un esprit "antiquaire", avec de jolis meubles chinés ; on retrouve cet esprit sous la verrière où l'on prend son petit-déjeuner.

7 chambres - †90/140 € ††100/150 € - ☕ 12 €

6 pl. du Mar.-Leclerc - ✆ 05 61 68 81 81 - www.maisondesconsuls.com

MIRMANDE

✉ 26270 (Drôme) - 504 hab. - Alt. 204 m - Carte régionale n° **23**-B3
Paris 603 km - Lyon 141 km - Romans-sur-Isère 61 km - Valence 42 km
Carte Michelin 332-C5 - Guide Vert Michelin Ardèche Drôme

La Capitelle (N)

CUISINE MODERNE • AUBERGE X Cette Capitelle ne manque pas d'atouts : une courte ardoise changée tous les deux ou trois jours, garnie de produits de qualité (locaux, autant que possible) ; des recettes traditionnelles remises au goût du jour ; des cuissons maîtrisées ; une jolie salle à manger voûtée, où trône une imposante cheminée...

Formule 12 € - Menu 20 € (déj.)/32 € - Carte 37/45 €

Le Rempart - r. du Boulanger - ✆ 04 75 63 02 72 - www.lacapitelle.com - Fermé nov., 1er-15 janv., dim. soir et lundi sauf juil.-août

Hôtel de Mirmande

FAMILIAL • PERSONNALISÉ Jolie reconversion pour cette ancienne épicerie transformée en un charmant hôtel. Vous y découvrirez de spacieuses chambres à la déco cosy : coussins, boutis, meubles et objets en bois cérusé... Une adresse sympathique.

9 chambres – 70/140 € 70/140 € – 11 €

Le village – 04 75 63 13 18 – www.hotelmirmande.fr

La Capitelle

TRADITIONNEL • RÉGIONAL Cette ancienne magnanerie, située au cœur du vieux village, fut la résidence du cubiste André Lhote. Les meubles d'antiquaire, dans les chambres, et la cheminée monumentale, dans la salle voûtée, ajoutent au cachet de cette demeure de caractère. Belle vue sur les vergers et les collines depuis la terrasse.

11 chambres – 70/90 € 70/155 € – 12 € – ½ P

Le Rempart - r. du Boulanger – 04 75 63 02 72 – www.lacapitelle.com – Fermé nov., 1er-15 janv., dim. soir et lundi sauf juil.-août

La Capitelle – voir les restaurants ci-dessus

MISSILLAC

44780 (Loire-Atlantique) – 5 016 hab. – Alt. 44 m – Carte régionale n° **18**-A2

Paris 436 km – Nantes 62 km – Redon 24 km – St-Nazaire 37 km

Carte Michelin 316-D3 – Guide Vert Michelin Pays de la Loire

Le Montaigu

CUISINE MODERNE • ÉLÉGANT XXX Arrivé en mars 2015, Thierry Karakachian met en valeur son expérience dans de belles tables de la côte d'Azur – notamment Joël Robuchon et Yoshi à Monaco. Sa cuisine, parsemée de notes asiatiques, met joliment en valeur les nombreux produits du terroir breton. Un havre de gourmandise dans le magnifique domaine de la Bretesche !

➜ Œuf frit au nori, crémeux d'oursins et caviar. Pigeon en trois cuissons, foie gras, lard blanc et pommes soufflées. Le tout chocolat dans son fauteuil.

Menu 56/105 € – Carte 95/115 €

Hôtel du Domaine de la Bretesche – 02 51 76 86 96 – www.bretesche.fr – Fermé 5 fév.-2 mars, lundi et mardi de nov. à janv. et le midi sauf dim.

Domaine de La Bretesche

DEMEURE HISTORIQUE • PERSONNALISÉ Dans les dépendances du château de Missillac, dont les jolies tours se reflètent dans le lac contigu, un établissement cossu et feutré : mobilier de style et détails tendance, salon dans les anciennes écuries, espace bien-être... à deux pas du golf 18 trous (club-house). Bonne cuisine de bistrot au Club.

30 chambres – 166/570 € 166/570 € – 6 suites – 24 € – ½ P

– 02 51 76 86 96 – www.bretesche.fr

Le Montaigu – voir les restaurants ci-dessus

MITTELBERGHEIM

67140 (Bas-Rhin) – 660 hab. – Alt. 220 m – Carte régionale n° **1**-C1

Paris 499 km – Barr 2 km – Erstein 24 km – Molsheim 23 km

Carte Michelin 315-I6

Gilg

CUISINE TRADITIONNELLE • AUBERGE XX Route des vins, Mittelbergheim, Gilg : accès direct au charme authentique de l'Alsace ! Dans cette maison rhénane rustique à souhait, ouverte en 1641, on découvre de bonnes spécialités du terroir et autres plats bourgeois, revisités à la sauce du chef, comme ce feuilleté chaud du vigneron... Fameux !

Formule 19 € – Menu 19 € (déj. en semaine), 35/56 € – Carte 44/69 €

17 chambres – 68/88 € 68/98 € – 9 €

1 r. Rotland – 03 88 08 91 37 – www.hotel-gilg.com – Fermé 26 juin-12 juil., 9 janv.-2 fév., mardi et merc.

Am Lindeplatzel

CUISINE TRADITIONNELLE • CONVIVIAL Au cœur d'un charmant village alsacien, cette ancienne maison de vigneron est aujourd'hui un restaurant très attachant. Thierry et Sylvie, les propriétaires, y proposent une bonne cuisine traditionnelle, avec une pointe d'exotisme par instants. Les produits du terroir alsacien sont à la fête... et nos estomacs aussi !

Formule 10 € – Menu 28/52 € – Carte 36/50 €

71 r. Principale – 03 88 08 10 69 – www.am-lindeplatzel.fr – Fermé 17 mai-1er juin, 1er-17 août, 8-30 nov., 1er-12 fév., lundi midi, merc. soir et jeudi

MITTELHAUSEN

67170 (Bas-Rhin) – 556 hab. – Alt. 185 m – Carte régionale n° **1**-B1

Paris 478 km – Haguenau 21 km – Saverne 22 km – Strasbourg 24 km

Carte Michelin 315-J4

À l'Étoile

CUISINE TRADITIONNELLE • AUBERGE Dans la chaleureuse salle à manger décorée de boiseries, c'est toute l'Alsace qui vous donne rendez-vous. Entendez par là toutes ses saveurs, ses vins et son terroir, comme ce pot-au-feu à l'alsacienne, dos de porcelet farci sur lit de choucroute, pressé de tête de porc et vinaigrette moutardée.

Formule 15 € – Menu 24/46 € – Carte 35/50 €

12 r. de la Hey – 03 88 51 28 44 – www.hotel-etoile.fr – Fermé 10 juil.-3 août, 1er-13 janv., dim. soir et lundi

À l'Étoile

AUBERGE • FONCTIONNEL Nous voilà dans le pays de la Zorn, également appelé "pays de l'or vert", autrement dit du houblon ! Cette maison de pays (1888) a conservé son charme traditionnel alsacien, tandis que l'annexe, plus récente, ose le style contemporain. Agréable espace bien-être ; bon rapport qualité-prix.

31 chambres – 70/81 € 77/100 € – 11 € – ½ P

12 r. de la Hey – 03 88 51 28 44 – www.hotel-etoile.fr – Fermé 9-30 juil. et 1er-10 janv.

À l'Étoile – voir les restaurants ci-dessus

MITTELWIHR

68630 (Haut-Rhin) – 831 hab. – Alt. 210 m – Carte régionale n° **1**-C2

Paris 445 km – Colmar 10 km – Kaysersberg 6 km – Sélestat 20 km

Carte Michelin 315-H8

La Table de Mittelwihr

CUISINE MODERNE • TENDANCE Le clientèle locale se presse dans ce restaurant chaleureux, animé par un patron passionné. Sa générosité se découvre dans l'assiette, comme avec ce foie gras au cacao et coriandre, gelée de coing et brioche salée. À noter, la terrasse, très agréable en été.

Menu 21 € (déj. en semaine), 35/60 € – Carte 57/69 €

19a rte du Vin – 03 89 78 61 40 – www.la-table-de-mittelwihr.com – Fermé 1 semaine en nov., 3 semaines en janv., dim. soir de janv. à mars, lundi et mardi

Le Mandelberg

FAMILIAL • CONTEMPORAIN Pourquoi ne pas s'arrêter dans ce village du "Midi de l'Alsace" pour y voir fleurir les amandiers ? Ce sera l'occasion de profiter des chambres confortables de cette grande bâtisse de style néo-alsacien.

18 chambres – 78/116 € 89/132 € – 14 €

chemin du Mandelberg – 03 89 49 09 49 – www.hotelmandelberg.fr – Fermé janv.

Le Mittelwihr

FAMILIAL • CONTEMPORAIN Sur la route des vins, cette maison colorée propose des chambres reposantes, au cœur du village vigneron. Détail important, elles sont climatisées, car il peut faire chaud en Alsace ! Petit-déjeuner vraiment copieux, servi dans une salle coquette.

15 chambres - 71/104 € 77/122 € - 12 €

19 rte du Vin - 03 89 49 09 90 - www.hotelmittelwihr.fr - Fermé fév.

MIZOËN - 38 (Isère) → Voir Freney-d'Oisans

MODÈNE

84330 (Vaucluse) - 449 hab. - Alt. 250 m - Carte régionale n° **22**-E1
Paris 694 km - Avignon 37 km - Marseille 123 km - Valence 134 km
Carte Michelin 332-D9

La Villa Noria

FAMILIAL • PERSONNALISÉ Une maison de maître du 18e s. avec son jardin arboré et... sa noria toujours en état de marche - une curiosité à découvrir. Dans les chambres - mansardées au 2e étage -, mobilier chiné et de famille dégagent un charme suranné. Dernier détail savoureux : brioche, pain et confitures sont faits maison...

5 chambres - 75/170 € 75/170 €

4 rte de Mazan - 04 90 62 50 66 - www.villa-noria.com

MOËLAN-SUR-MER

29350 (Finistère) - 7 002 hab. - Alt. 58 m - Carte régionale n° **5**-B2
Paris 523 km - Carhaix-Plouguer 66 km - Concarneau 27 km - Lorient 27 km
Carte Michelin 308-J8 - Guide Vert Michelin Bretagne Sud

Le Raphaël

CUISINE MODERNE • ROMANTIQUE XX On a réellement l'impression de dîner à fleur d'eau dans le cadre atypique de cet ancien moulin à la grâce pastorale. La cuisine terre et mer suit la tendance actuelle, au gré du cycle des saisons, les produits travaillés sont de grande qualité, et le service est aux petits oignons...

Menu 45/89 € - Carte 65/92 €

Hôtel Les Moulins du Duc, rte des Moulins, 2 km au Nord-Ouest par rte secondaire - 02 98 96 52 52 - www.hotel-moulins-du-duc.com - Ouvert 1er mars-30 nov. et fermé le midi sauf sam. et dim.

Manoir de Kertalg

DEMEURE HISTORIQUE • PERSONNALISÉ Une altière demeure du 19e s. dans un superbe parc forestier. Proportions monumentales, richesse des matériaux, chambres spacieuses et raffinées : un bel exemple de classicisme. Le peintre Brann, propriétaire des lieux, y expose ses œuvres d'inspiration surréaliste.

8 chambres - 130/280 € 130/280 € - 17 €

Le Guily, rte de Riec-sur-Belon, 3 km à l'Ouest par D24 et chemin privé - 02 98 39 77 77 - www.manoirdekertalg.com - Ouvert 25 avril-4 nov.

Les Moulins du Duc

MAISON DE CAMPAGNE • PERSONNALISÉ Quel charme bucolique, quelle fraîcheur ! Une rivière serpente, des canards s'ébattent dans l'étang. Beaucoup de poésie naturelle pour ce moulin du 16e s. où les chambres sont réparties dans de petits cottages en pierre à travers le domaine. Un lieu hors du temps...

20 chambres - 81/250 € 81/350 € - 5 suites - 19 € - ½ P

rte des Moulins, 2 km au Nord-Ouest par rte secondaire - 02 98 96 52 52 - www.hotel-moulins-du-duc.com - Ouvert 1er mars-30 nov.

Le Raphaël - voir les restaurants ci-dessus

MOERNACH - 68 (Haut-Rhin) → Voir Ferrette

MOIRAX - 47 (Lot-et-Garonne) → Voir Agen

MOISSAC

✉ 82200 (Tarn-et-Garonne) - 12 470 hab. - Alt. 76 m - Carte régionale n° **15**-B2
Paris 632 km - Agen 57 km - Auch 87 km - Cahors 63 km
Carte Michelin 337-C7

Le Florentin

CUISINE TRADITIONNELLE • BISTRO Dans le département - et au-delà -, la réputation du Florentin n'est plus à faire ! Son chef est un amoureux du beau produit (sélectionné auprès des fournisseurs locaux) et de la tradition. Dans l'assiette, c'est gourmand et goûteux à souhait. La terrasse offre une vue imprenable sur la belle abbatiale.

Menu 23/56 € - Carte 23/62 €

8 pl. Roger-Delthil - 05 63 04 19 18 - www.leflorentin-bistrotgourmand.fr - Ouvert 1er mars-23 oct. et fermé le soir de mars à mi-avril

L'Armateur

HÔTEL PARTICULIER • CONTEMPORAIN Près du canal, dans l'ancien quartier des marins, cette maison bourgeoise du 18e s. a été entièrement restaurée dans un esprit contemporain épuré. Minimalisme fluide, blancheur immaculée, murs en brique : élégant ! Côté jardin, les chambres sont très au calme.

16 chambres - 110/140 € 110/140 € - 12 € - ½ P

1 r. François-Raynal - 05 63 32 85 10 - www.hotelarmateur.fr - Fermé 20 déc.- 10 janv.

Le Moulin de Moissac

HISTORIQUE • FONCTIONNEL Sur les bords du Tarn, un moulin du 15e s. aux chambres sobres et actuelles, d'esprit mer, campagne ou montagne. Les plus spacieuses offrent une jolie vue sur la rivière et, pour la détente, on profite d'un spa très complet.

36 chambres - 105/150 € 105/180 € - 14 € - ½ P

esplanade du Moulin - 05 63 32 88 88 - www.lemoulindemoissac.com

au Nord 9 km par D7 - ✉ 82400 St-Paul-Espis

Le Manoir St-Jean

CUISINE TRADITIONNELLE • CLASSIQUE Une grande salle à manger bourgeoise, plaisante et raffinée, pour une cuisine qui l'est tout autant. Avec les bons produits des fournisseurs locaux, le chef concocte des plats sains et goûteux, qui fleurent bon le Sud-Ouest... Les saveurs sont au rendez-vous !

Menu 39/80 €

à St-Jean-de-Cornac - 05 63 05 02 34 (réservation conseillée) - www.manoirsaintjean.com - Fermé 20 déc.-5 janv., dim. soir et lundi sauf en été

Le Manoir St-Jean

DEMEURE HISTORIQUE • PERSONNALISÉ Cette belle maison de maître (19e s.), à la décoration très soignée - mobilier chiné, trompe-l'œil, etc. -, a du cachet et une âme... Les chambres sont toutes différentes et décorées par thèmes (Asie, Venise, Toscane...). Le jardin se révèle agréable, comme la jolie piscine.

9 suites - 160/200 € - 1 chambres - 15 € - ½ P

à St-Jean-de-Cornac - 05 63 05 02 34 - www.manoirsaintjean.com - Fermé 20 déc.-5 janv.

Le Manoir St-Jean - voir les restaurants ci-dessus

MOISSAC-BELLEVUE - 83 (Var) → Voir Aups

MOISSIEU-SUR-DOLON

38270 (Isère) - 700 hab. - Alt. 350 m - Carte régionale n° **23**-B2
Paris 511 km - Grenoble 78 km - Lyon 55 km - La Tour-du-Pin 53 km
Carte Michelin 333-C5

Domaine de la Colombière

TRADITIONNEL · PERSONNALISÉ Cette demeure bourgeoise de 1820 est entourée d'un parc arboré, où l'on trouve aussi un petit château en pierre avec son beau pigeonnier… Les vastes chambres sont bien équipées, et décorées sur le thème des peintres célèbres. Du cachet !

21 chambres - 80/169 € 109/169 € - 14 € - ½ P

45 Montée des Remparts (Château de Moissieu) - 04 74 79 50 23 - www.lacolombiere.com

MOLITG-LES-BAINS

66500 (Pyrénées-Orientales) - 212 hab. - Alt. 607 m - Carte régionale n° **12**-B3
Paris 896 km - Perpignan 50 km - Prades 7 km - Quillan 56 km
Carte Michelin 344-F7

Château de Riell

CUISINE MODERNE · ÉLÉGANT Un restaurant raffiné et largement ouvert sur la forêt, où la carte célèbre la belle cuisine catalane. Les chefs ont été formés chez Michel Guérard et leur cuisine en est le reflet ; on passe un beau moment en terrasse, dégustant de délicieux plats en contemplant la cime enneigée du mont Canigou, au loin…

Menu 58/79 € - Carte 80/86 €

Hôtel Château de Riell - 04 68 05 04 40 - www.chateauderiell.com - Ouvert 30 mars-11 nov. et fermé mardi et le midi sauf week-ends, fériés et juil.-août

Café Casals

CUISINE TRADITIONNELLE · ÉLÉGANT Dans ce restaurant aux couleurs du Sud et de la Catalogne, où trône le portrait de Pablo Casals (qui était habitué des lieux), curistes et gourmands peuvent ripailler ensemble. Deux types de cuisine sont proposés, signés Michel Guérard : "Santé Nature" - réservé aux résidents -, ou "d'Appétit", pour les gourmands.

Menu 22 € (déj. en semaine)/35 € - Carte environ 48 €

Le Grand Hôtel - 04 68 05 00 50 - www.grandhotelmolitg.com - Ouvert 26 mars-3 déc. et fermé dim.

Château de Riell

DEMEURE HISTORIQUE · PERSONNALISÉ Malgré ses faux airs de nid d'aigle, ce château se révèle baroque et chaleureux. Les chambres sont décorées avec goût et originalité, la luxuriance du parc est un vrai bonheur, et l'on prend son petit-déjeuner dans une datcha… sans parler de la vue sur le Canigou !

19 chambres - 165/500 € 165/500 € - 22 € - ½ P

- 04 68 05 04 40 - www.chateauderiell.com - Ouvert 30 mars-11 nov.

Château de Riell - voir les restaurants ci-dessus

Le Grand Hôtel

THERMAL · CLASSIQUE Un hôtel thermal raffiné et apaisant : les tons clairs dominent dans les chambres, paisibles et chaleureuses, et le jardin s'épanouit dans un beau décor de rocailles naturelles. Fait remarquable, le marbre des Pyrénées s'impose partout dans les bains.

38 chambres - 100/225 € 100/225 € - 5 suites - 14 € - ½ P

- 04 68 05 00 50 - www.grandhotelmolitg.com - Ouvert 26 mars-3 déc.

Café Casals - voir les restaurants ci-dessus

MOLLÉGÈS

✉ 13940 (Bouches-du-Rhône) – 2 534 hab. – Alt. 55 m – Carte régionale n° **22**-E1
Paris 704 km – Avignon 24 km – Cavaillon 9 km – Marseille 80 km
Carte Michelin 340-E3

Mas du Capoun

CUISINE MODERNE • ÉLÉGANT XX Mas raffiné où l'on mange dans une salle lumineuse et épurée ou, en été, sous la charpente d'une superbe grange restaurée. Belle cuisine actuelle, réalisée à partir de produits frais. Chambres confortables avec terrasse privative.

Formule 19 € – Menu 25 € (déj. en semaine)/39 €

6 chambres – 85/95 € 95/195 €

166 av. des Paluds – 04 90 26 07 12 (réservation conseillée) – www.masducapoun.fr – Fermé 25 oct.-10nov., de mi-fév. à mi-mars, mardi soir, sam. midi et merc.

MOLLKIRCH

✉ 67190 (Bas-Rhin) – 969 hab. – Alt. 320 m – Carte régionale n° **1**-A2
Paris 485 km – Molsheim 11 km – Saverne 35 km – Strasbourg 40 km
Carte Michelin 315-I5

Fischhutte

TRADITIONNEL • FONCTIONNEL Au cœur de la vallée de la Magel, cette ancienne ferme tenue par la même famille depuis 1950 propose des chambres confortables et sobrement décorées, dont certaines offrent une vue sur la forêt vosgienne... Tranquillité garantie ! Au restaurant, carte régionale avec gibier en saison.

18 chambres – 80/98 € 90/175 € – 14 € – ½ P

30 rte de la Fischhutte, 3,5 km, rte de Grendelbruch – 03 88 97 42 03 – www.fischhutte.com – Fermé 27 mars-12 avril, 28 août-5 sept. et 2-17 janv.

MOLSHEIM

✉ 67120 (Bas-Rhin) – 9 227 hab. – Alt. 180 m – Carte régionale n° **1**-A1
Paris 477 km – Lunéville 94 km – St-Dié 79 km – Saverne 28 km
Carte Michelin 315-I5

Diana

BUSINESS • CONTEMPORAIN Un hôtel ouvert en 1975 et agrémenté de nombreuses œuvres d'art. Chambres actuelles avec mobilier et déco design. Pour le bien-être : spa, superbe fitness, jardin. Au restaurant, carte dans l'air du temps et belle cave.

67 chambres – 99/195 € 99/195 € – 3 suites – 14 € – ½ P

14 r. Ste-Odile – 03 88 38 51 59 – www.hotel-diana.com

LES MOLUNES

✉ 39310 (Jura) – 146 hab. – Alt. 1 274 m – Carte régionale n° **9**-B3
Paris 485 km – Genève 49 km – Gex 30 km – Lons-le-Saunier 74 km
Carte Michelin 321-F8

Le Pré Fillet

CUISINE TRADITIONNELLE • VINTAGE XX Au beau milieu des champs et des bois, un restaurant simple et authentique. Derrière les fourneaux, le chef concocte de bonnes recettes copieuses, dans lesquelles le terroir se taille la part du lion ; on les déguste dans une salle ouverte sur la nature. Et l'accueil est aux petits oignons !

Formule 13 € – Menu 24/48 € – Carte 20/69 €

Hôtel Le Pré Fillet, rte des Moussières – 03 84 41 62 89 (réservation conseillée) – www.hotel-leprefillet.com – Fermé 23 avril-2 mai, 16-20 juin, 20 oct.-12 déc., dim. soir et lundi

Le Trappeur

FAMILIAL • FONCTIONNEL Ce petit chalet est idéal pour se mettre au vert en famille, au grand calme. Atmosphère conviviale, chambres impeccables et pratiques ; cuisine du terroir et – les vendredis, samedis et dimanches soirs – pizzas cuites au feu de bois... C'est simple, mais de qualité !

10 chambres – 69/81 € 69/81 € – 8 € – ½ P

Le Manon – 03 84 41 21 26 – www.hoteltrappeur.com – Fermé lundi

Le Pré Fillet

FAMILIAL • VINTAGE Pour un séjour très "nature", une hôtellerie de moyenne montagne dans laquelle on est accueilli avec beaucoup de gentillesse et de prévenance. Les chambres sont bien tenues ; sauna et jacuzzi offrent une belle vue sur la campagne... Duplex disponible pour les familles.

15 chambres – 64 € 70 € – 10 € – ½ P

rte des Moussières – 03 84 41 62 89 – www.hotel-leprefillet.com – Fermé 23 avril-2 mai, 16-20 juin, 14 oct.-19 déc., dim. soir et lundi

Le Pré Fillet – voir les restaurants ci-dessus

MONACO (PRINCIPAUTE DE) → Voir en fin de guide

MONCEL-LÈS-LUNÉVILLE – 54 (Meurthe-et-Moselle) → Voir Lunéville

MONDEMENT-MONTGIVROUX – 51 (Marne) → Voir Sézanne

MONDRAGON

84430 (Vaucluse) – 3 727 hab. – Alt. 40 m – Carte régionale n° **21**-A2

Paris 640 km – Avignon 45 km – Montélimar 40 km – Nyons 41 km

Carte Michelin 332-B8

La Beaugravière

CUISINE PROVENÇALE • AUBERGE Une jolie cuisine provençale, des préparations maison – y compris le pain et les glaces –, une belle carte de vins de la région : tout cela se déguste paisiblement à l'ombre des arbres, en saison. L'hiver, la truffe noire du Vaucluse est à l'honneur... à condition, évidemment, d'y mettre le prix.

Menu 19 € (déj. en semaine), 32/135 € – Carte 52/147 €

9 chambres – 98/135 € 98/135 € – 12 €

N7 – 04 90 40 82 54 – www.beaugraviere.com – Fermé 15-30 sept., dim. soir et lundi

MONEIN

64360 (Pyrénées-Atlantiques) – 4 466 hab. – Alt. 154 m – Carte régionale n° **2**-B3

Paris 799 km – Navarrenx 20 km – Oloron-Ste-Marie 21 km – Pau 23 km

Carte Michelin 342-I3 – Guide Vert Michelin Aquitaine

L'Auberge des Roses

CUISINE MODERNE • RUSTIQUE Une auberge en pierre dans un nid de verdure, près des vignes de Jurançon. Le cadre est chaleureux et la terrasse champêtre à souhait ! Voilà qui est sympathique pour apprécier une appétissante et fraîche cuisine : piments doux farcis à la morue, dos de merlu au beurre blanc citronné, crème brûlée au miel et pignons de pin...

Menu 30 € – Carte 32/54 €

chemin de Cambus (quartier Loupien) – 05 59 21 45 63 – auberge-des-roses.com – Fermé 2 semaines en fév., 3 semaines fin juin-début juil., dim. soir et lundi

MONESTIER

24240 (Dordogne) – 379 hab. – Alt. 100 m – Carte régionale n° **2**-C1

Paris 612 km – Agen 109 km – Bordeaux 117 km – Périgueux 71 km

Carte Michelin 329-C7

Les Fresques

CUISINE MODERNE • CLASSIQUE Classique, feutré, élégant : le cadre sied à la dégustation d'une cuisine raffinée et parfumée, où brillent les produits nobles (truffe en saison) et les vins locaux, à commencer par ceux du vignoble de la propriété.

→ Ris de veau, foie gras poêlé, crème d'échalote et jus au vinaigre de figue. Pigeon au sautoir, ravioles d'échalotes, pommes bouchons à l'ail noir et jus café-noix. L'abricot, de la chair au noyau.

Menu 49 € (déj.), 69/109 € – Carte environ 100 €

Hôtel Château des Vigiers, au golf des Vigiers – 05 53 61 50 00 – www.vigiers.com – Ouvert 13 avril-12 nov. et fermé merc. et dim.

Château des Vigiers

LUXE • PERSONNALISÉ En bordure du golf et dans un beau parc arboré, ce château du 16e s. est si paisible... Les chambres affichent un style élégant et classique, tandis que, dans l'annexe – une jolie bâtisse aux airs de séchoir à tabac –, elles sont plus contemporaines... Raffinement et verdure !

80 chambres – 100/420 € 100/420 € – 26 € – ½ P

au golf des Vigiers – 05 53 61 50 00 – www.vigiers.com – Ouvert de mars à nov.

Les Fresques – voir les restaurants ci-dessus

MONESTIER-DE-CLERMONT

38650 (Isère) – 1 355 hab. – Alt. 825 m – Carte régionale n° **23**-C2
Paris 598 km – Grenoble 36 km – La Mure 29 km – Serres 72 km
Carte Michelin 333-G8 – Guide Vert Michelin Alpes du Nord

Au Sans Souci

CUISINE TRADITIONNELLE • RUSTIQUE Digne héritier de la famille Maurice – maîtresse des lieux depuis 1934 –, c'est aujourd'hui Julien qui œuvre aux fourneaux, avec une envie intacte de bien faire. Ravioles du Vercors aux cèpes et écrevisses, filet d'omble chevalier du pays au gratin dauphinois, etc. : les saveurs sont au rendez-vous !

Menu 17 € (semaine), 21/46 € – Carte 27/50 €

Le Bourg, à St-Paul-lès-Monestier, 2 km au Nord-Ouest par D8 – 04 76 34 03 60 – www.au-sans-souci.com – Fermé 17 déc.-28 janv., dim. soir et lundi

Au Sans Souci

FAMILIAL • TRADITIONNEL Une ancienne scierie au cœur du Vercors : comme l'on dit en Suisse, pour "scier du bois" toute la nuit, l'adresse est idéale... d'autant qu'il y règne un grand calme et une ambiance chaleureuse. Un séjour sans souci, assurément.

12 chambres – 56 € 72 € – 9 € – ½ P

Le Bourg, à St-Paul-lès-Monestier, 2 km au Nord-Ouest par D8 – 04 76 34 03 60 – www.au-sans-souci.com – Fermé 17 déc.-28 janv., dim. soir et lundi

Au Sans Souci – voir les restaurants ci-dessus

LE MONÊTIER-LES-BAINS – 05 (Hautes-Alpes) → Voir Serre-Chevalier

LA MONGIE

65200 (Hautes-Pyrénées) – Bagneres de Bigorre – Carte régionale n° **15**-A3
Paris 853 km – Bagnères-de-Bigorre 25 km – Bagnères-de-Luchon 72 km – Tarbes 48 km
Carte Michelin 342-N5

au Nord-Est 8 km par D918 – 65710 Campan

La Maison d'Hoursentut

FAMILIAL • TRADITIONNEL Dans un hameau, cet hôtel-restaurant surprend par son décor contemporain plutôt minimaliste... avec par exemple des rondins de bois en guise de tables de nuit. Les chambres conviennent aussi bien aux couples qu'aux familles. Restaurant traditionnel.

13 chambres – 65 € 65 € – 8 € – ½ P

lieu-dit Hoursentut – 05 62 91 89 42 – www.maison-hoursentut.com – Fermé avril et nov.

MONNAIE

✉ 37380 (Indre-et-Loire) - 4 166 hab. - Alt. 113 m - Carte régionale n° **6**-B2
▶ Paris 227 km - Château-Renault 15 km - Tours 16 km - Vouvray 10 km
Carte Michelin 317-N4

L'Épicurien

CUISINE MODERNE • CONVIVIAL XX Un restaurant sur l'axe principal du bourg. La cuisine est actuelle, presque sophistiquée, et réalisée avec de bons produits.

Formule 19 € - Menu 27/45 € - Carte 43/57 €

53 r. Nationale - ✆ 02 47 56 10 34 - www.restaurant-lepicurien.com - Fermé jeudi soir, dim. soir et lundi

MONPAZIER

✉ 24540 (Dordogne) - 506 hab. - Alt. 180 m - Carte régionale n° **2**-C2
▶ Paris 575 km - Bergerac 47 km - Périgueux 75 km - Sarlat-la-Canéda 50 km
Carte Michelin 329-G7 - Guide Vert Michelin Périgord Quercy

Eléonore

CUISINE MODERNE • ÉLÉGANT XX Une table élégante dans un joli petit château et un menu carte qui change chaque jour, au gré de l'inspiration du chef. Ce dernier travaille de bons produits périgourdins, et cela se sent !

Menu 31/51 €

Hôtel Edward 1er, 5 r. St-Pierre - ✆ 05 53 22 44 00 (réservation conseillée) - www.restauranteleonore.com - Ouvert de mi-mars à mi-nov., fermé merc. sauf juil.-août et le midi

Bistrot 2

CUISINE MODERNE • BISTRO X Une partie de l'équipe de l'Edward 1er a investi ce bistrot contemporain. Ici, les gourmands apprécient les classiques du genre. Et à la belle saison, on profite de la terrasse à l'ombre de la glycine.

Formule 17 € - Menu 21 € (déj. en semaine), 25/29 € - Carte 32/38 €

Foirail Nord - ✆ 05 53 22 60 64 - www.bistrot2.fr - Fermé de mi-nov. à mi-déc. et vend. sauf juil.-août

Edward 1er

DEMEURE HISTORIQUE • PERSONNALISÉ Une belle gentilhommière du 19e s. et... les joies de la vie de château ! Tout est charmant, romantique et raffiné : moulures, meubles de style, ciels de lit et... chambres avec vue sur la nature, le jardin ou le village.

17 chambres - †68/203 € ††83/218 € - ☕ 14 € - ½ P

5 r. St-Pierre - ✆ 05 53 22 44 00 - www.hoteledward1er.com - Ouvert de mi-mars à mi-nov.

Eléonore - voir les restaurants ci-dessus

MONTAGNAC - 34 (Hérault) ➔ Voir Pézenas

MONTAGNAC

✉ 04500 (Alpes-de-Haute-Provence) - 411 hab. - Alt. 614 m - Carte régionale n° **21**-C2
▶ Paris 799 km - Avignon 151 km - Digne-les-Bains 51 km - Marseille 105 km
Carte Michelin 334-E10 - Guide Vert Michelin Alpes du Sud

La Maison du Bois Doré

FAMILIAL • CONTEMPORAIN Pour vivre loin de tout... Cette ancienne ferme apicole est entourée de champs de lavande et de chênes truffiers. Décor zen et moderne dans les chambres, avec terrasse. Au petit-déjeuner, ne passez pas à côté de la confiture et du miel maison.

4 chambres ☕ - †79 € ††89 €

Lieu-dit Plan-de-Croix, 2 km au Nord-Ouest par D11, rte de Riez et chemin secondaire - ✆ 04 92 78 05 87 - www.lamaisonduboisdore.fr - Ouvert d'avril à oct.

MONTAGNAT

✉ 01250 (Ain) - 1 748 hab. - Alt. 262 m - Carte régionale n° **23**-B1
Paris 447 km - Bourg-en-Bresse 8 km - Lyon 84 km - Mâcon 55 km
Carte Michelin 328-E3

Au Pot de Grès

CUISINE TRADITIONNELLE · AUBERGE Cette jolie maison de campagne dissimule une terrasse fleurie, où l'on déguste aux beaux jours les spécialités de la carte, comme ce filet de bœuf aux girolles simplement poêlées. La carte est courte et appétissante, les produits de Bresse scrupuleusement sélectionnés et l'accueil adorable.

Formule 16 € - Menu 27 € (semaine), 30/49 € - Carte 39/59 €

2013 rte du Village - ✆ 04 74 51 67 05 - Fermé 27 août-17 sept., mardi soir, merc. soir, dim. soir et lundi

MONTAGNE-DU-SEMNOZ

✉ 74000 (Haute-Savoie) - Carte régionale n° **25**-F1
Paris 552 km - Aix-les-Bains 43 km - Albertville 60 km - Annecy 17 km
Carte Michelin 328-J6 - Guide Vert Michelin Alpes du Nord

Les Rochers Blancs

AUBERGE · FONCTIONNEL Au cœur du massif des Bauges, un panorama exceptionnel à 1 650 m d'altitude et... une grande quiétude ! Ce chalet typiquement savoyard, tenu en famille, a des airs de sympathique auberge fromagère. Chambres simples et chaleureuses, petits plats régionaux : un lieu accueillant.

15 chambres - †62/67 € ††78/98 € - ☕10 € - ½ P

Le Semnoz (près du sommet, alt. 1 650), par D41 ✉ 74000 Annecy - ✆ 04 50 01 23 60 - www.lesrochersblancs.com - Fermé 18 avril-25 mai et 23 oct.-2 déc.

MONTAGNIEU - 38 (Isère) → Voir La Tour-du-Pin

MONTAGNY-LÈS-BEAUNE - 21 (Côte-d'Or) → Voir Beaune

MONTAGUDET

✉ 82110 (Tarn-et-Garonne) - 215 hab. - Alt. 180 m - Carte régionale n° **15**-B1
Paris 622 km - Agen 48 km - Montauban 42 km - Toulouse 92 km
Carte Michelin 337-C6

Le Belvédère

SPA ET BIEN-ÊTRE · FONCTIONNEL Au cœur de la forêt, à seulement 10 mn du magnifique village de Lauzerte, cet établissement propose des chambres fonctionnelles et bien tenues. Pour se détendre, on profite de la piscine à débordement, offrant une très jolie vue sur la vallée...

22 chambres - †71/250 € ††71/250 € - 7 suites - ☕15 € - ½ P

2 km au Nord par D60 - ✆ 05 63 95 51 10 - www.lebelvedere.biz

MONTAIGU

✉ 85600 (Vendée) - 5 098 hab. - Alt. 40 m - Carte régionale n° **18**-B3
Paris 389 km - Cholet 36 km - Fontenay-le-Comte 88 km - Nantes 37 km
Carte Michelin 316-I6

La Robe (Xavier Giraudet)

CUISINE MODERNE · COSY La Robe... n'est plus seulement l'indispensable des élégantes, ici, elle est aussi le "must have" des gourmands ! Derrière les fourneaux, le chef concocte une cuisine bien dans l'air du temps - le menu change tous les jours -, soignée et savoureuse, à apprécier dans un cadre sobre et contemporain. Agréable !

→ Foie gras de Vendée cuit au vin rouge épicé, figue de Solliès, épine-vinette et pain muesli. Ris de veau doré au beurre mousseux, céleri-rave glacé, noix et beurre d'herbes. Pomme cuite au cidre façon Tatin, sorbet granny smith.

Formule 24 € - Menu 29 € (déj. en semaine), 40/65 € - Carte 55/85 €

3 pl. Reveillère-Lepeaux - ✆ 02 51 47 79 27 - www.restaurant-la-robe.com - Fermé 7-21 août, merc. soir, sam. midi, dim. soir et lundi

à St-Georges-de-Montaigu 4 km au Sud par D137 – ✉ 85600 – 4 081 hab. – Alt. 40 m

Le Petit St-Georges

CUISINE MODERNE • **BISTRO** Repris en 2013 par un couple expérimenté, venu de St-Michel-Mont-Mercure, le Petit St-Georges est devenu un bistrot sobre et épuré, bien dans son époque. En cuisine, monsieur propose une cuisine de saison pleine d'à-propos, privilégiant les produits du terroir vendéen ; en salle, madame assure un service impeccable.

Formule 14 € – Menu 17 € (déj. en semaine), 29/35 € – Carte environ 36 €

5 r. Durivum – ✆ 02 51 42 03 17 – www.lepetitstgeorges.com – Fermé 2 semaines en mars et en sept., mardi soir sauf juil.-août, dim. soir et lundi

MONTAIGUT-LE-BLANC – 63 (Puy-de-Dôme) → Voir Champeix

MONTAILLEUR

✉ 73460 (Savoie) – 661 hab. – Alt. 415 m – Carte régionale n° **24G**-F2
Paris 609 km – Chambéry 43 km – Genève 127 km – Lyon 148 km
Carte Michelin 333-K4

Suites de la Tour

MAISON DE CAMPAGNE • **ROMANTIQUE** Cette charmante maison d'hôte haut-de-gamme dissimule quelques surprises (le miroir au-dessus du lit, une rareté !) que les voyageurs apprécieront. La seule évocation du nom des chambres – Tentation, Romantique, Sensuelle – invite à les rejoindre. Jacuzzi personnel dans les cinq chambres.

5 chambres – 210/290 € 210/290 €

400 impasse de Pacoret – ✆ 04 79 37 91 59 – www.suites-de-la-tour.com

MONTANGES

✉ 01200 (Ain) – 333 hab. – Alt. 602 m – Carte régionale n° **23**-C1
Paris 498 km – Bourg-en-Bresse 65 km – Genève 56 km – Lyon 106 km
Carte Michelin 328-H4

L'Auberge du Pont des Pierres

CUISINE MODERNE • **FAMILIAL** Cette auberge a été créée par un enfant du pays et ne désemplit pas ! Le jeune chef ne manque pas de talent pour cuisiner les produits du cru, soigneusement choisis : poisson du lac Léman, porc et volaille de l'Ain, etc. Tout est fait maison (pain et glace compris) et l'on se régale... à petits prix.

Formule 23 € – Menu 32/37 € – Carte environ 40 €

754 r. Paul-de-Vanssay – ✆ 04 50 56 36 35 (réservation conseillée) – www.pontdespierres.fr – Fermé 2 semaines en sept., 2 semaines en janv., mardi et merc.

MONTARCHER

✉ 42380 (Loire) – 66 hab. – Alt. 1 160 m – Carte régionale n° **23**-A2
Paris 491 km – Clermont-Ferrand 154 km – Lyon 109 km – Le Puy-en-Velay 68 km
Carte Michelin 327-C7 – Guide Vert Michelin Lyon et sa région

Le Clos Perché

CUISINE CRÉATIVE • **AUBERGE** Il était une fois une auberge qui jouait à chat perché sur les hauts plateaux du Forez, à 1150 mètres d'altitude. C'est ici, à l'entrée de ce minuscule village, que Julien Magne a posé ses valises. Derrière les fourneaux, ce jeune chef réalise une cuisine colorée, inventive et ludique, pour laquelle on se fait volontiers souris !

Menu 31/43 €

4 chambres – 65 € 65 €

Le bourg – ✆ 04 77 50 00 08 (réservation conseillée) – www.leclosperche.blogspot.com – Fermé merc. sauf juil.-août et mardi

MONTAREN-ET-ST-MÉDIERS - 30 (Gard) → Voir Uzès

MONTARGIS

✉ 45200 (Loiret) - 14 490 hab. - Alt. 95 m - Carte régionale n° **6**-D2
Paris 109 km - Auxerre 81 km - Bourges 117 km - Orléans 73 km
Carte Michelin 318-N4 - Guide Vert Michelin Châteaux de la Loire

La Gloire (Jean-Claude Martin)

CUISINE MODERNE • ÉLÉGANT XXX Cette Gloire, datant de 1910, n'a rien de dépassée : ce restaurant, littéralement recouvert d'orchidées, vous réserve un accueil charmant ! Derrière les fourneaux, le chef revisite la tradition gastronomique de manière subtile et généreuse ; en témoigne la savoureuse caravane des desserts ! Chambres confortables pour l'étape.

→ Salade de homard, vinaigrette de crustacés. Côte de veau, tagliatelles de légumes et pâtes fraîches. Chariot de desserts.

Menu 32 € (semaine), 44/60 € – Carte 62/105 €

10 chambres - †68 € ††68/85 € - ☕9 €

74 av. du Gén.-de-Gaulle
- ✆ 02 38 85 04 69 - www.lagloire-montargis.com
- Fermé 15 fév.-9 mars, 16 août-2 sept., mardi et merc.

L'Orangerie du Lac

CUISINE TRADITIONNELLE • CLASSIQUE XX Nul besoin d'être amateur d'agrumes pour apprécier la généreuse cuisine traditionnelle de ce restaurant. Les gourmands s'installent dans l'une des jolies petites salles ou sous la véranda aux allures de jardin d'hiver. Une sympathique halte en Gâtinais !

Formule 38 € - Menu 40/46 € - Carte environ 49 €

57 r. Jean-Jaurès - ✆ 02 38 93 33 83 - www.restaurant-orangerie-montargis.com
- Fermé 15-30 juil., dim. soir, lundi et mardi

à Amilly 5 km au Sud par D943 - ✉ 45200 - 11 785 hab. - Alt. 110 m

Le Saint-Martin

CUISINE MODERNE • COSY XX C'est ici que l'on retrouve Marc Delion, qui avait fait les belles heures de la Clé des Champs à Courtenay. Dans cette jolie petite maison qui brille comme un sou neuf, on renoue avec le plat signature du chef - ris de veau, cœur à la crème de vanille et à l'oseille - et plus largement des recettes savoureuses et inspirées.

Formule 18 € - Menu 36 €

60 r. de la Mairie - ✆ 02 38 90 01 26 - Fermé 16-27 fév., 7-21 août, 18-27 déc., dim. soir, merc. soir et lundi

rte de Ferrières au Nord par N7 et rte secondaire - ✉ 45210 Fontenay-sur-Loing :

Domaine de Vaugouard

DEMEURE HISTORIQUE • CLASSIQUE Joli château du 18e s. situé au cœur d'un parcours de golf. Les chambres, plus grandes dans les dépendances, distillent un délicat charme bourgeois et permettent de se ressourcer en toute quiétude, avant de faire quelques brasses, putts ou smashs.

42 chambres - †80/260 € ††80/260 € - ☕16 € - ½ P

chemin des Bois - ✆ 02 38 89 79 00 - www.vaugouard.com
- Fermé 22 déc.-2 janv.

MONTAUBAN

✉ 82000 (Tarn-et-Garonne) - 56 887 hab. - Alt. 98 m - Carte régionale n° **15**-B2
Paris 627 km - Agen 86 km - Albi 73 km - Auch 86 km
Carte Michelin 337-E7

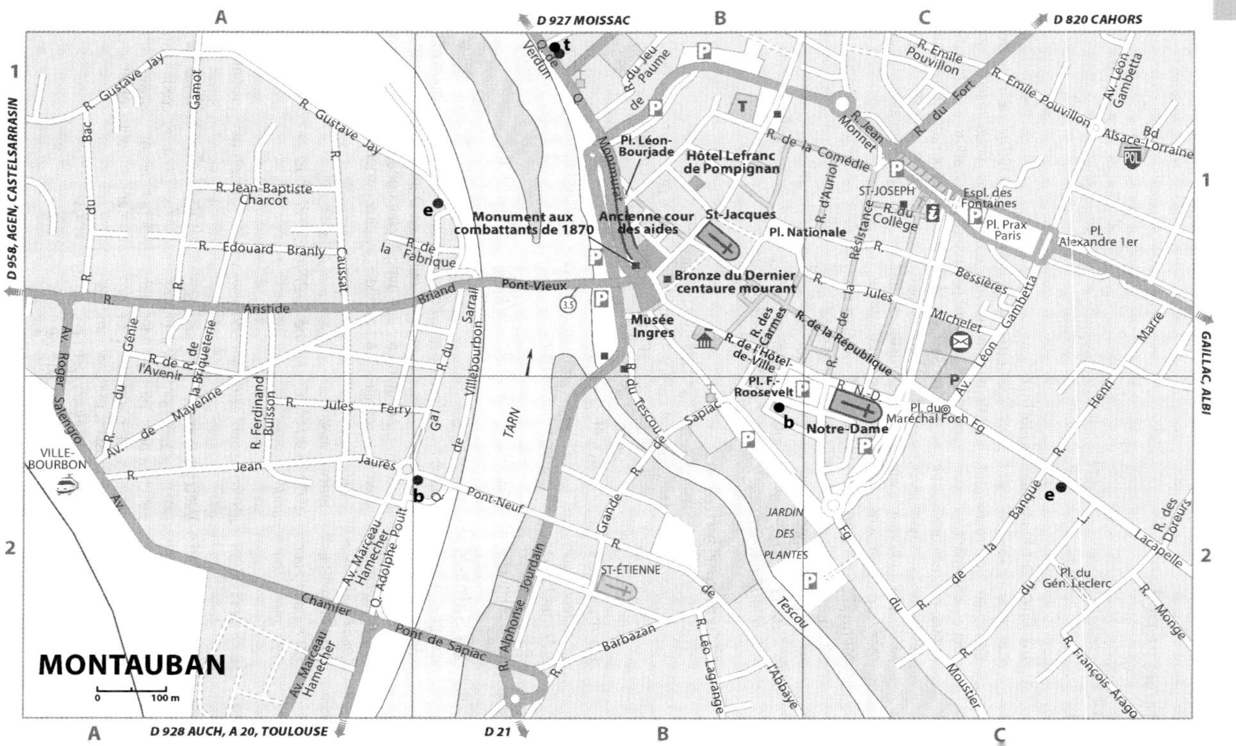

MONTAUBAN
0
100 m
D 927 MOISSAC
D 820 CAHORS
GAILLAC, ALBI
D 958, AGEN, CASTELSARRASIN
D 928 AUCH, A 20, TOULOUSE
D 21
A
B
C
1
2
Monument aux combattants de 1870
Ancienne cour des aides
St-Jacques
Pl. Nationale
Pl. Léon-Bourjade
Hôtel Lefranc de Pompignan
Bronze du Dernier centaure mourant
Musée Ingres
Pl. F.-Roosevelt
Notre-Dame
Pl. du Maréchal Foch
ST-JOSEPH
Espl. des Fontaines
Pl. Prax Paris
Pl. Alexandre 1er
ST-ÉTIENNE
JARDIN DES PLANTES
VILLE-BOURBON
TARN
Pont-Vieux
Pont-Neuf
Pont de Sapiac
Q. de Verdun
R. du Jeu de Paume
R. de la Comédie
R. Jean Monnet
R. du Fort
R. Emile Pouvillon
Av. Léon Gambetta
Bd Alsace-Lorraine
R. d'Auriol
R. du Collège
R. de la Résistance
R. Jules Michelet
R. Bessières
R. de la République
R. des Carmes
R. de l'Hôtel-de-Ville
R. N.-D.
R. du Tescou
R. de Sapiac
R. Henri Marre
Fg Lacapelle
R. des Doreurs
R. Monge
R. François Arago
Pl. du Gén. Leclerc
R. de la Banque
R. du Moustier
Tescou
R. Grande
R. de l'Abbaye
R. Léo Lagrange
R. Barbazan
R. Alphonse Jourdain
Montmurat
R. Gustave Jay
R. Jean-Baptiste Charcot
R. Edouard Branly
R. Caussat
R. de la Fabrique
R. du Bac
R. Gamot
R. Aristide Briand
R. du Génie
R. de l'Avenir
R. de la Briqueterie
Av. de Mayenne
R. Ferdinand Buisson
R. Jules Ferry
R. Jean Jaurès
R. du Gal Sarrail
Q. de Villebourbon
Q. Adolphe Poult
Av. Marceau Hamecher
Av. Roger Salengro
Av. Chamier
e
b
t
T
P
POL
3.5

Au Fil de l'Eau

CUISINE MODERNE • TENDANCE XX Au bord du Tarn, cette maison régionale cache un restaurant coloré. Outre la carte de saison, le chef propose des menus du marché, renouvelés plusieurs fois par semaine au fil de ses trouvailles. Généreux et savoureux !

Formule 15 € – Menu 17 € (déj. en semaine), 28/58 € – Carte 42/63 €

Plan : B1-e – *14 quai Dr-Lafforgue – ✆ 05 63 66 11 85 – www.aufildeleau82.com – Fermé 1 semaine en fév. et en juil., dim. et lundi*

Bistrot des Capucins

CUISINE TRADITIONNELLE • BISTRO X Par beau temps, ce bistrot chic déploie sa terrasse à l'intérieur même du cloître de l'abbaye des Capucins. Un bel endroit pour apprécier une cuisine simple et savoureuse : salades fraîches, omelettes, risotto, osso-buco...

Formule 21 € – Menu 39 € (déj. en semaine) – Carte 32/62 €

Plan : B1-t – *Hôtel Abbaye des Capucins Spa & Resort, 6-8 quai de Verdun – ✆ 05 63 22 00 00 – www.abbayedescapucins.fr*

Faubourg 73

CUISINE TRADITIONNELLE • BISTRO X Un sympathique bistrot où les habitués viennent nombreux. On les comprend : le chef réalise les classiques du genre en y ajoutant une pointe d'accent basque, et il en résulte une cuisine copieuse et bien réalisée, à dévorer dans une ambiance bien conviviale. Et pour choisir le vin... On demande conseil au patron !

Formule 18 € – Menu 20 € (déj.)/50 € – Carte 30/45 €

Plan : C2-e – *73 fg Lacapelle – ✆ 05 63 93 55 54 – www.faubourg73.fr – Fermé 2 semaines en août, mardi soir, merc. soir, sam. midi, dim. et lundi*

Abbaye des Capucins Spa & Resort

HISTORIQUE • CONTEMPORAIN Pour apaiser corps et esprit... Ce couvent classé (1630), proche du centre-ville, s'est mué en un hôtel d'un grand raffinement, harmonieux mariage de murs anciens – la brique domine – et de décors contemporains. Des chambres au spa, le confort et la quiétude ne sont pas de vains mots...

81 chambres – †109/349 € ††109/349 € – 4 suites – ☕ 15 € – ½ P

Plan : B1-t – *6-8 quai de Verdun – ✆ 05 63 22 00 00 – www.abbayedescapucins.fr*

Bistrot des Capucins – voir les restaurants ci-dessus

à Montech 13 km au Sud-Ouest par D928 – ✉ 82700 – 5 954 hab. – Alt. 100 m

Bistrot Constant

CUISINE TRADITIONNELLE • TENDANCE X La pimpante maison éclusière, installée au bord du canal latéral à la Garonne, abrite aujourd'hui un bistrot de chef de très bonne tenue. Pomme de terre au pied de cochon, choucroute et millefeuille y sont au menu : du grand classique effectué dans les règles de l'art, comme on l'aime !

Formule 19 € – Menu 23 € (déj. en semaine), 32/38 €

25 r. de L'Usine – ✆ 05 63 24 63 02 – www.maisonconstant.com

MONTAULIEU - 26 (Drôme) → Voir Nyons

MONTAUROUX

✉ 83440 (Var) - 6 019 hab. - Alt. 364 m - Carte régionale n° **21**-C3

Paris 890 km – Cannes 36 km – Draguignan 37 km – Fréjus 30 km

Carte Michelin 340-P4 - Guide Vert Michelin Côte d'Azur

Le Carré d'Ange

CUISINE MODERNE • ROMANTIQUE XX Une jolie auberge provençale, lumineuse et modernisée, où la cuisine du sud est savoureuse et mâtinée de soleil... Il n'y a qu'à voir ce homard bleu servi froid, accompagné de sa crème légère de lingots blancs bio. À déguster aux beaux jours sur la jolie terrasse. Un nouveau départ réussi !

Formule 31 € – Menu 36 € (déj. en semaine), 55/80 € – Carte 70/81 €

2169 quartier Narbonne, au Sud-Est du village, par CD37 – ✆ 04 94 47 71 65 – www.restaurant-carredange.fr – Fermé 10 janv.-10 fév., dim. soir hors saison, mardi midi et lundi

MONTBARD

✉ 21500 (Côte-d'Or) - 5 437 hab. - Alt. 221 m - Carte régionale n° **4**-C2
Paris 240 km - Autun 87 km - Auxerre 81 km - Dijon 81 km
Carte Michelin 320-G4 - Guide Vert Michelin Bourgogne

à St-Rémy 3 km à l'Ouest par D905 - ✉ 21500 - 770 hab. - Alt. 207 m

La Mirabelle

CUISINE TRADITIONNELLE • **RUSTIQUE** XX Près du canal, cette ancienne grange à sel abrite une salle pleine de cachet, avec une jolie voûte et des pierres apparentes. Plusieurs clients passent la tête dans l'ouverture donnant sur les cuisines ; ils peuvent ainsi voir Gilles Muzel, le chef, élaborer ses recettes tout en finesse et travailler de bons produits.

Menu 20 € (semaine), 32/43 € - Carte 47/62 €

1 r. de la Brenne - ✆ 03 80 92 40 69 (réservation conseillée) - Fermé 16 août-5 sept., 23 déc.-12 janv., dim. soir, mardi soir et merc.

MONTBAZON

✉ 37250 (Indre-et-Loire) - 4 022 hab. - Alt. 59 m - Carte régionale n° **6**-B2
Paris 247 km - Châtellerault 59 km - Chinon 41 km - Loches 33 km
Carte Michelin 317-N5 - Guide Vert Michelin Châteaux de la Loire

Restaurant Olivier Arlot

CUISINE MODERNE • **COSY** XX Une jolie maison régionale au cœur de la localité, dissimulant un cadre contemporain sobre et chic. Ce dernier annonce des plaisirs gastronomiques originaux : le chef, Olivier Arlot, revisite la tradition à travers des recettes actuelles et épurées.

Formule 32 € - Menu 38/79 €

1 pl. des Marronniers - ✆ 02 47 26 00 67 - www.olivierarlot.fr - Fermé 2-11 mai, 2-9 janv., dim. et lundi

Domaine de la Tortinière

CUISINE MODERNE • **ÉLÉGANT** XX Sur la terrasse, face au superbe parc qui s'étend en contrebas, on profite d'une cuisine actuelle et attrayante, réalisée à quatre mains par deux chefs expérimentés. Des produits de qualité, un cadre enchanteur : que demander de mieux ?

Formule 30 € - Menu 36/83 € - Carte 40/70 €

Hôtel Domaine de la Tortinière, rte de Ballan-Veigné, 2 km au Nord par D910 et D287 - ✆ 02 47 34 35 00 (réservation conseillée) - www.tortiniere.com - Fermé 19 déc.-28 fév.

Château d'Artigny

DEMEURE HISTORIQUE • **GRAND LUXE** Cet imposant château, dont le parc boisé et les jardins à la française surplombent l'Indre, fut créé dans les années 1920 par le parfumeur Coty, qui rendit ainsi un superbe hommage à l'architecture du 18e s. Des chambres au restaurant, le classicisme et le faste des lieux cultivent l'art de vivre à française !

57 chambres - †120/365 € ††190/550 € - 2 suites - ☕ 24 € - ½ P

92 r. de Monts, 2 km au Sud-Ouest par D17 - ✆ 02 47 34 30 30 - www.artigny.fr

Domaine de la Tortinière

DEMEURE HISTORIQUE • **PERSONNALISÉ** Ce château du Second Empire se dresse au cœur d'un parc dominant l'Indre. Les chambres ont beaucoup de charme, certaines dans un style contemporain, et offrent une magnifique vue sur la vallée. Et aux beaux jours vous attend une agréable piscine.

27 chambres - †119/190 € ††119/460 € - 5 suites - ☕ 20 € - ½ P

rte de Ballan-Veigné, 2 km au Nord par D910 et D287 - ✆ 02 47 34 35 00 - www.tortiniere.com - Fermé 19 déc.-28 fév.

Domaine de la Tortinière - voir les restaurants ci-dessus

à l'Ouest 2 km, au lieu-dit Moulin Fleuri – ✉ 37250 Montbazon

Le Moulin Fleuri

CUISINE MODERNE • AUBERGE XX Voilà un moulin (16^{e}s.) où fleurissent les bons petits plats ! Au bord de l'Indre, les gourmands se délectent d'une cuisine dans l'air du temps, bien ficelée, goûteuse et généreuse. Le tout accompagné d'une belle carte des vins. Chambres, côté rivière ou jardin, pour prolonger l'étape.

Formule 24 € – Menu 33 €

10 chambres – 🚹75/91 € 🚹🚹87/96 € – ☕ 11 €

– ✆ 02 47 26 01 12 – www.moulin-fleuri.com – Fermé 13-26 fév., 23-29 oct., 2-15 janv., jeudi sauf le soir en juil.-août et merc.

MONTBÉLIARD

✉ 25200 (Doubs) – 26 084 hab. – Agglo. 108 561 hab. – Alt. 325 m – Carte régionale n° **9**-C1

▶ Paris 477 km – Belfort 22 km – Besançon 76 km – Mulhouse 60 km

Carte Michelin 321-K1 – Guide Vert Michelin Franche-Comté Jura

Le St-Martin (Olivier Prévôt-Carme)

CUISINE MODERNE • INTIME XXX Olivier Prévôt-Carme signe une cuisine riche de parfums, où le produit est roi. Pas de superflu, mais une justesse des recettes, cuissons et assaisonnements qui rehausse la saveur de chaque ingrédient. Rien de prétentieux, rien de compliqué... que du plaisir !

➜ Déclinaison de foie gras. Volaille de Bresse, risotto au vieux comté. Chariot de desserts.

Menu 29 € (déj.)/78 € – Carte 59/77 €

Plan : D1-u – *1 r. du Gén.-Leclerc*

– ✆ 03 81 91 18 37 – www.le-saint-martin.fr

– Fermé 6-12 mars, 8-14 mai, 24 juil.-15 août, sam. midi, dim. et lundi

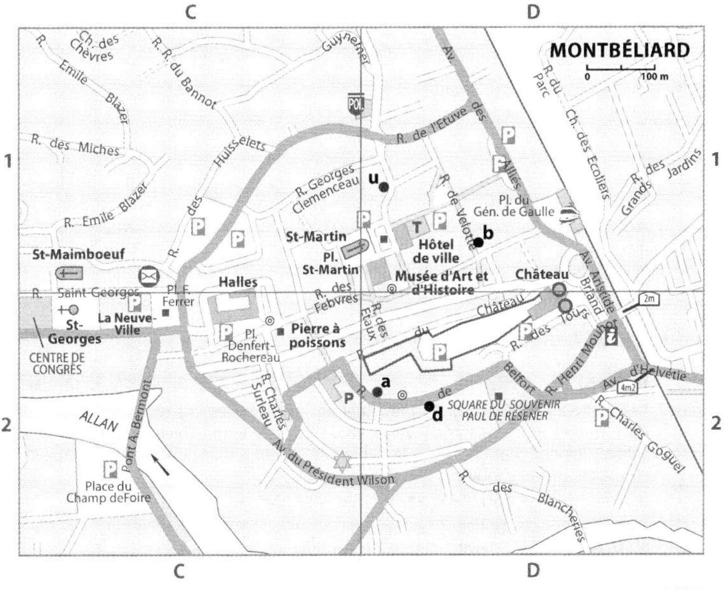

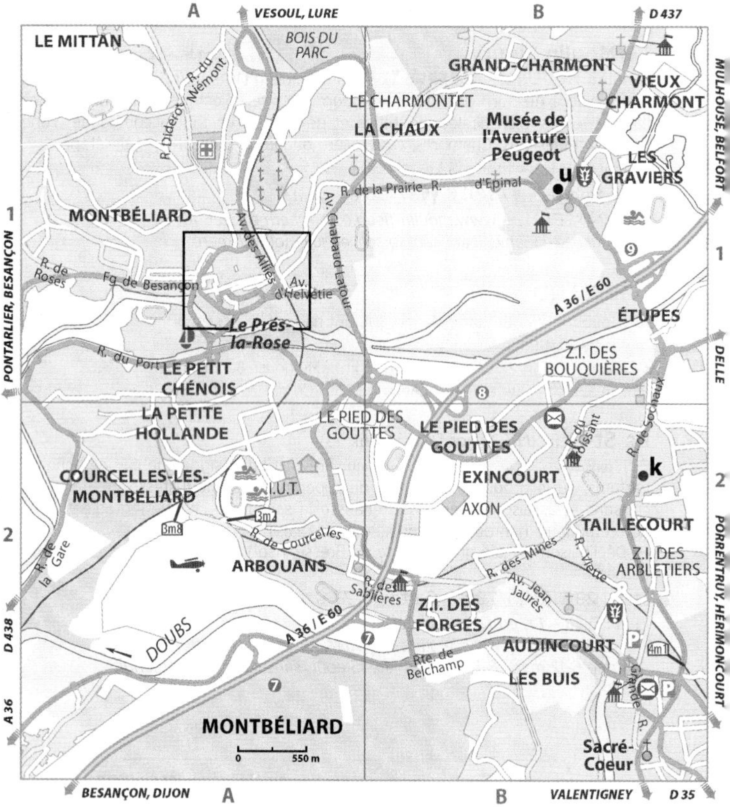

Joseph

CUISINE TRADITIONNELLE • DESIGN XX Langoustines, ris de veau français et cromesquis d'escargots de la région... Produits frais et belles saveurs sont au menu de cette table gastronomique, tenue par un chef qui maîtrise son sujet. Malgré des prix un peu élevés, le plaisir est au rendez-vous : on se régale !

Menu 60/90 € – Carte 60/75 €

Plan : D2-a – *17 r. de Belfort – ✆ 03 81 91 20 02*
– Fermé 1 semaine en août, dim., lundi et fériés

Bristol

BUSINESS • PERSONNALISÉ Une situation centrale, des chambres modernes et confortables, une piscine couverte et un parking fermé (bien utile dans cette ville largement piétonne) : sur le papier, ce Bristol a tout pour plaire ; l'étape se révèle en effet agréable.

48 chambres – †69/89 € ††69/95 € – ☕ 10 €

Plan : D1-b – *2 r. de Velotte*
– ✆ 03 81 94 43 17 – www.hotel-bristol-montbeliard.com
– Fermé 24 déc.-2 janv.

La Balance

URBAIN • COSY Cette élégante demeure du 16e s., avec ses beaux volumes et ses charmants détails anciens – là un parquet d'origine, ici une belle mosaïque du 19e s. – a rouvert en 2014 après une rénovation particulièrement soignée. Souci du détail, esprit cosy... et âme historique, car elle abrita le QG du maréchal de Tassigny en 1944 !

45 chambres – 65/85 € 65/85 € – 9 €

Plan : D2-d – *40 r. de Belfort – 03 81 96 77 41 – www.hotellabalance.com*

MONTBENOÎT

25650 (Doubs) – 396 hab. – Alt. 804 m – Carte régionale n° **9**-C2

Paris 464 km – Besançon 61 km – Morteau 17 km – Pontarlier 15 km

Carte Michelin 321-I5 – Guide Vert Michelin Franche-Comté Jura

à La Longeville 5,5 km au Nord par D131 – 25650 – 717 hab. – Alt. 900 m

Le Crêt l'Agneau

FAMILIAL • TRADITIONNEL Au milieu des pâturages, cette ferme du 17e s., tenue par un couple dynamique, distille le charme douillet des maisons de la région. Des chambres, très soignées, au petit-déjeuner, avec les fameuses confitures de Lili, en passant par la table d'hôte (recettes du terroir, pain et jambon maison), on se régale !

5 chambres – 95 € 100/125 € – ½ P

Les Auberges – 06 89 93 24 49 – www.lecret-lagneau.com

à Ville-du-Pont 2 km au Nord-Est par D437 – 25650 – 298 hab. – Alt. 780 m

L'Entre-Roches

CUISINE TRADITIONNELLE • AUBERGE XX Au cœur du Saugeais (cette amusante "République" autoproclamée à la frontière suisse), un imposant chalet que ses propriétaires portent avec envie, n'ayant cessé de l'amender, côté décor – contemporain et soigné – et côté cuisine – melon caramélisé et foie gras de canard poêlé, brochette de gambas en bâton de citronnelle, etc.

Formule 20 € – Menu 39/80 € – Carte 34/67 €

1 r. Principale – 03 81 38 10 92 – www.restaurant-entre-roches.fr – Fermé 15-28 fév., 1er- 8 mai et 14 juil.-5 août

MONTBOUCHER-SUR-JABRON – 26 (Drôme) → Voir Montélimar

MONTBRISON

42600 (Loire) – 15 414 hab. – Alt. 391 m – Carte régionale n° **23**-A2

Paris 444 km – Lyon 103 km – Le Puy-en-Velay 99 km – Roanne 68 km

Carte Michelin 327-D6 – Guide Vert Michelin Lyon et sa région

Apicius N

CUISINE MODERNE • CONTEMPORAIN X Cadre contemporain et épuré pour cette adresse du centre-ville, tenue par un jeune couple passé par de belles maisons. Cuisine du marché le midi en semaine, mais plus élaborée (riche en produits du terroir, fleurs et plantes sauvages) le soir. En un mot : généreux !

Formule 15 € – Menu 17 € (déj. en semaine), 32/45 €

29 r. Martin-Bernard – 09 82 38 34 65 – www.restaurantapicius.net – Fermé 2 semaines en août, 2 semaines en janv., lundi soir, mardi soir, merc. et dim.

à Savigneux 2 km à l'Est par D496 – 42600 – 3 353 hab. – Alt. 382 m

Yves Thollot

CUISINE CLASSIQUE • TRADITIONNEL XX Si la bâtisse est moderne, son décor est bien dans la tradition (armoires, rideaux fleuris). Même esprit dans la cuisine d'Yves Thollot, qui travaille en artisan : ainsi un désossé de grenouilles à la crème d'ail, un turbot meunière...

Menu 24/67 € – Carte 40/58 €

93 rte de Lyon – 04 77 96 10 40 – www.yves-thollot.com – Fermé vacances de fév., 2-20 août, 4-8 janv., dim. soir, mardi soir et lundi

Marytel

BUSINESS • CONTEMPORAIN Cet hôtel moderne, en périphérie de la ville, propose des chambres fonctionnelles avec douches à l'italienne. Expositions d'œuvres d'artistes locaux... et la fameuse fourme de Montbrison (fromage bleu) au petit-déjeuner. Une bonne étape, notamment pour la clientèle d'affaires.

45 chambres - 69/75 € 75/97 € - 10 €

95 rte de Lyon - 04 77 58 72 00 - www.hotel-marytel.com

MONTBRON

16220 (Charente) - 2 141 hab. - Alt. 141 m - Carte régionale n° **39**-C3

Paris 476 km - Angoulême 37 km - Limoges 73 km - Poitiers 137 km

Carte Michelin 324-N5

Moulin de la Tardoire

CUISINE MODERNE • COSY XX L'ancien moulin à farine est aujourd'hui un restaurant bucolique et charmant, installé entre rivière et verdure. Le chef, Matthieu Brudo, propose une cuisine de saison fine et bien réalisée, faisant la part belle au terroir : escargots charentais, truite de Magnac, pigeonneau et magrets de canard de Nontron... Savoureux !

Formule 19 € - Menu 32/49 € - Carte 40/60 €

lieu-dit La Forge, 1,5 km au Nord-Est par D16 et rte secondaire - 05 45 66 41 46 - www.moulindelatardoire.fr - Fermé 21 nov.-30 déc., 9 janv.-1er fév., mardi soir, dim. soir et lundi sauf juil.-août

MONTBRUN-LES-BAINS

26570 - 413 hab. - Alt. 600 m - Carte régionale n° **23**-C3

Paris 708 km - Avignon 81 km - Marseille 150 km - Valence 148 km

Carte Michelin 332-F8 - Guide Vert Michelin Ardèche Drôme

L'O des Sources (N)

CUISINE TRADITIONNELLE • BISTRO X Ne vous laissez pas intimider par le lieu et son château ! Au cœur d'un parc de 4 ha, tout près des anciens thermes, ce bistrot moderne propose une cuisine traditionnelle de bon aloi, à prix sage. Aux beaux jours, installez-vous sur la terrasse, face au mont Ventoux. En sus, une jolie sélection de vins, disponibles à la vente.

Formule 16 € - Menu 20 € (déj. en semaine), 24/42 € - Carte 30/48 €

(à côté des thermes) - 04 75 27 11 09 - www.o-des-sources.com - Fermé de fin nov. à mi-mars et lundi hors saison

MONTCEAU-LES-MINES

71300 (Saône-et-Loire) - 18 956 hab. - Agglo. 89 795 hab. - Alt. 285 m - Carte régionale n° **4**-C3

Paris 333 km - Autun 47 km - Chalon-sur-Saône 46 km - Mâcon 69 km

Carte Michelin 320-G9 - Guide Vert Michelin Bourgogne

Jérôme Brochot

CUISINE MODERNE • FAMILIAL XXX Le chef Jérôme Brochot travaille de superbes produits (essentiellement bio) et revisite intelligemment ses classiques pour élaborer des mets raffinés et sagement inventifs. Ancrage régional, générosité et gourmandise sont à l'honneur. Pour le déjeuner, installez-vous à la table d'hôte avec vue sur les cuisines...

→ Filet de bœuf confit aux aromates. Veau de lait façon milanaise au vin jaune du Jura. Soufflé chaud au cassis.

Formule 23 € - Menu 29 € (semaine), 55/110 € - Carte 60/95 €

4 chambres - 55/95 € 65/115 € - 12 €

7 pl. Beaubernard - 03 85 67 95 30 - www.jeromebrochot.com - Fermé sam. midi, dim. soir et lundi

Konine

BUSINESS • DESIGN Un grand hall élégant et contemporain, des chambres spacieuses et reposantes, dont certaines donnent sur le canal... Ce Konine - d'après le nom d'une ville polonaise d'où provenaient les mineurs de Montceau - est une étape de choix !

49 chambres - 73/159 € 73/159 € - 7 € - ½ P

av. Maréchal-Leclerc - 03 85 57 49 49 - www.konine.fr

à Blanzy 2 km au Sud-Est par D980 - 71450 - 6 481 hab. - Alt. 288 m

Le Plessis

CUISINE TRADITIONNELLE • FAMILIAL XX Œufs en meurette, escargots de Bourgogne : on vient ici pour... la tradition. Le chef concocte une cuisine gourmande et goûteuse, qui met en valeur les produits régionaux. Et l'été, il fait bon paresser sur la terrasse en jetant un coup d'œil au plan d'eau, un peu plus loin en face.

Menu 19 € (déj. en semaine) - Carte 28/42 €

33 rte de Mâcon - 03 85 57 46 08 - www.restaurant-le-plessis.com - Fermé 1 semaine en avril, 2 semaines en août et en janv., dim. soir et lundi

MONTCENIS - 71 (Saône-et-Loire) → Voir Creusot

MONTCHAUVET

78790 (Yvelines) - 274 hab. - Alt. 100 m - Carte régionale n° **10**-A2

Paris 67 km - Dreux 33 km - Évreux 47 km - Mantes-la-Jolie 16 km

Carte Michelin 311-F2

La Jument Verte

CUISINE TRADITIONNELLE • AUBERGE XX Un cadre digne du roman éponyme de Marcel Aymé : maison à pans de bois, terrasse sur la place du village et intérieur rustique (pierres, poutres, cheminée). Plats traditionnels.

Formule 25 € - Menu 33/45 € - Carte 40/55 €

6 pl. de l'Église - 01 30 93 43 60 - Fermé vacances de fév. et 1er-15 sept.

MONTCHENOT - 51 (Marne) → Voir Reims

MONTCUQ

46800 (Lot) - 1 258 hab. - Alt. 205 m - Carte régionale n° **15**-B1

Paris 605 km - Agen 67 km - Cahors 27 km - Montauban 81 km

Carte Michelin 337-D5

Four

FAMILIAL • DESIGN Dans ce village médiéval, cette demeure de caractère allie authenticité et style contemporain. Les chambres personnalisées, avec mobilier design, draps en lin et petites terrasses, ont un charme fou. Recettes à base de truffe (en saison) à la table d'hôte. Jolie vue sur le village médiéval.

4 chambres - 135/185 € 135/185 €

4 r. de Montmartre - 05 65 21 23 08 - www.4ruemontmartre.com

MONTCY-NOTRE-DAME - 08 (Ardennes) → Voir Charleville-Mézières

MONT-DAUPHIN-GARE - 05 (Hautes-Alpes) → Voir Guillestre

MONT-DAUPHIN - 05 (Hautes-Alpes) → Voir Guillestre

MONT-DE-MARSAN

40000 (Landes) - 31 018 hab. - Alt. 43 m - Carte régionale n° **2**-B2

Paris 706 km - Agen 120 km - Bayonne 106 km - Bordeaux 131 km

Carte Michelin 335-H11 - Guide Vert Michelin Aquitaine

Les Clefs d'Argent (Christophe Dupouy)

CUISINE CRÉATIVE • FAMILIAL Les Clefs d'Argent ? Un restaurant en or, où décoration et cuisine rivalisent de goût. Épure contemporaine pour l'une ; couleurs et inventivité pour l'autre. Le chef signe des préparations originales et soignées, dont la clef est le beau produit landais... et la patronne distille sa bonne humeur en salle !

➜ Variation de tomates anciennes, homard et burrata. Thon rouge de Méditerranée, piment doux au goût d'une salade. Chocolat à l'état pur.

Menu 25 € (déj. en semaine), 56/107 € – Carte environ 78 €

333 av. des Martyrs-de-la-Résistance – 05 58 06 16 45 (réservation conseillée) – www.clefs-dargent.com – Fermé 3 semaines en août, 23-30 déc., 2-5 janv., dim. sauf fériés et lundi

Villa Mirasol (N)

CUISINE MODERNE • COSY La Villa Mirasol a confié les destinées de sa table au chef landais Armando Nogueira, l'ancien de la Table du Lavoir, aux Sources de Caudalie. Les plats s'articulent autour d'un menu-carte au prix alléchant. Carpaccio de truite, suprême de volaille farci et miel d'arbousier... Produits frais garantis !

Formule 17 € – Menu 30/40 € – Carte 28/48 €

Hôtel Villa Mirasol, 2 bd Ferdinand-de-Candau – 05 58 44 14 14 – www.villamirasol.fr – Fermé dim. soir et lundi

Richelieu

CUISINE TRADITIONNELLE • BRASSERIE En plein centre, cet hôtel-restaurant de tradition est la propriété de la même famille depuis 1900 ! La salle arbore de faux airs de brasserie, et la cuisine joue la carte des produits du Sud-Ouest et des recettes indémodables...

Formule 21 € – Menu 25 € (semaine), 35/49 € – Carte environ 60 €

Hôtel Richelieu, 3 r. Wlérick – 05 58 06 10 20 – www.hotel-richelieu-montdemarsan.com – Fermé 1er-5 janv., vend. soir en août, dim. soir et sam.

Villa Mirasol (N)

HÔTEL PARTICULIER • ÉLÉGANT Sur l'une des rives de la Midouze, cet hôtel particulier datant de la Belle Époque ne manque pas d'attraits : un bel intérieur tout de boiseries ciselées et de mobilier chiné, des chambres bien équipées et confortables... sans oublier la terrasse donnant sur la rivière.

5 chambres – 110/180 € 110/180 € – 2 suites – 15 €

2 bd Ferdinand-de-Candau – 05 58 44 14 14 – www.villamirasol.fr

Villa Mirasol – voir les restaurants ci-dessus

Le Renaissance

BUSINESS • PERSONNALISÉ En périphérie de Mont-de-Marsan, derrière une grande façade blanche d'inspiration classique, un intérieur contemporain et des chambres spacieuses et confortables. Restaurant dans l'air du temps, grande terrasse et piscine pour les beaux jours.

30 chambres – 80/130 € 87/130 € – 11 € – ½ P

225 av. de Villeneuve, 2 km – 05 58 51 51 51 – www.le-renaissance.com

Richelieu

BUSINESS • FONCTIONNEL L'histoire ne dit pas si Richelieu aurait apprécié les sculptures du musée Despiau-Wlérick tout proche ! Dans cet hôtel, au cœur de la vieille ville, les chambres sont petites mais très bien tenues. Idéal pour une escapade dans la capitale landaise.

21 chambres – 63/78 € 72/92 € – 11 € – ½ P

3 r. Wlérick – 05 58 06 10 20 – www.hotel-richelieu-montdemarsan.com

Richelieu – voir les restaurants ci-dessus

à Mazerolles 6,5 km à l'Est par D1 et rte secondaire – ✉ 40090 – 699 hab. – Alt. 84 m

Auberge de la Pouillique

CUISINE MODERNE • RUSTIQUE X En chemin pour une partie de pelote basque au trinquet, nombreux sont ceux à s'arrêter dans cette ancienne ferme du 19ᵉs. Ici, point de fronton mais des plats traditionnels qui ravissent les gourmands. En hiver, on s'installe près de la cheminée ; l'été, sur la terrasse face au jardin. Prix raisonnables.

Formule 16 € – Menu 22/42 € – Carte environ 45 €

656 chemin de la Pouillique – ✆ 05 58 75 22 97 – www.restaurant-auberge-lapouillique.com – Fermé 1er-16 sept., mardi soir, merc. soir, dim. soir et lundi

MONT-DOL – 35 (Ille-et-Vilaine) → Voir Dol-de-Bretagne

LE MONT-DORE

(Puy-de-Dôme) – 1 329 hab. – Alt. 1 050 m – Carte régionale n° **3**-B2

Paris 462 km – Aubusson 87 km – Clermont-Ferrand 43 km – Issoire 49 km

Carte Michelin 326-D9 – Guide Vert Michelin Auvergne

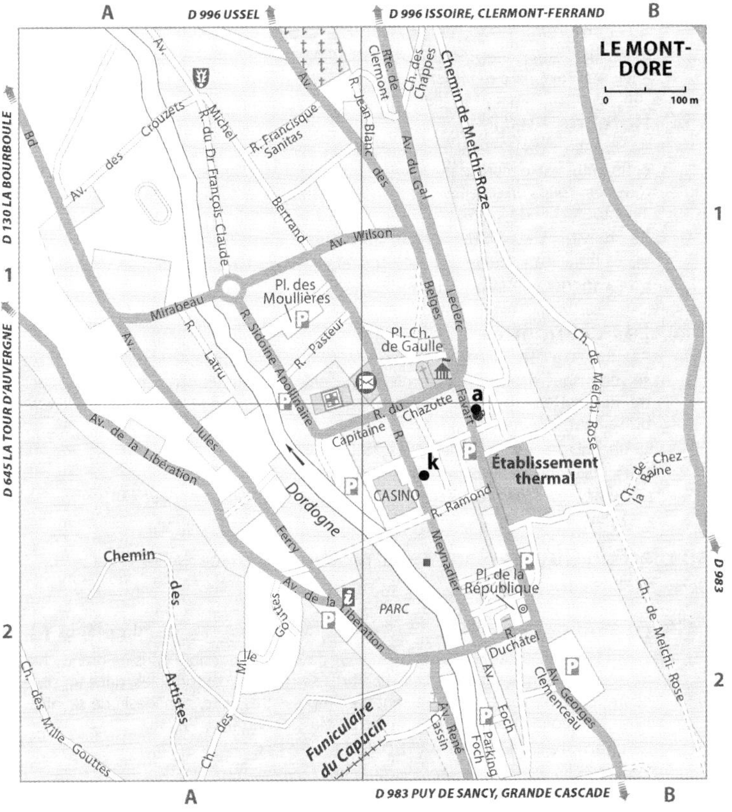

Le 1050

CUISINE DU TERROIR • BISTRO La cuisine est à l'image du décor : chaleureuse, généreuse, montagnarde. Les spécialités régionales, parfois servies dans leur récipient de cuisson, sont à l'honneur : chou farci, potée auvergnate, viande de Salers...

Carte 30/45 €

Plan : B2-a – *Hôtel de Russie, 3 r. Favart – 04 73 65 05 97 – www.lerussie.com – Fermé 10 nov.-15 déc. et le midi en semaine hors saison*

La Golmotte

CUISINE TRADITIONNELLE • AUBERGE Authenticité garantie dans cette auberge postée sur la route de Clermont-Ferrand ! La salle est une ancienne étable : voyez notamment l'auge qui fait office de présentoir à vins. Au menu : des produits frais, bien cuisinés, et des assiettes copieuses. Le tout à petits prix...

Menu 18/39 € – Carte 30/45 €

Hors plan – *Le Barbier, 2,5 km au Sud-Est par D983 – 04 73 65 05 77 (réservation conseillée) – www.aubergelagolmotte.com – Fermé 30 sept.-18 oct., dim. soir, lundi et mardi sauf vacances scolaires*

Parc

FAMILIAL • CONTEMPORAIN Un immeuble centenaire au cœur de cette station thermale où déjà à l'Antiquité, on venait prendre les eaux. Belle hauteur sous plafond, moulures, salle de jeux... Chambres fonctionnelles et bien tenues, plus spacieuses et résolument contemporaines dans l'aile adjacente.

59 chambres – 60/64 € 71/76 € – 9 € – ½ P

Plan : B2-k – *11 r. Meynadier – 04 73 65 02 92 – www.hotelduparc-montdore.com – Ouvert 2 mai-8 oct. et 22 déc.-20 mars*

Hôtel de Russie

FAMILIAL • CONTEMPORAIN Au cœur du Mont-Dore, tout près des thermes, ce petit hôtel est décoré dans un esprit montagnard "branché" qui fait mouche à tous les coups. Accueil sympathique, chambres actuelles bien équipées : un incontournable de la station.

33 chambres – 61/119 € 61/119 € – 11 € – ½ P

Plan : B2-a – *3 r. Favart – 04 73 65 05 97 – www.lerussie.com*

Le 1050 – voir les restaurants ci-dessus

Les Charmettes

FAMILIAL • FONCTIONNEL Les propriétaires sont amoureux de leur hôtel, et cela se voit jusque dans le mobilier en bois... percé de cœurs ! À trois minutes du centre-ville, cette petite maison en pierre dispose d'un jardin et d'un parking. Un établissement agréable.

19 chambres – 57/65 € 60/73 € – 7 €

Hors plan – *30 av. Georges-Clemenceau – 04 73 65 05 49 – www.hotellescharmettes.com – Fermé 3 semaines fin mai début juin et 3 nov.-16 déc.*

au pied du Puy de Sancy 3 km par D983 – 63240 Le Mont Dore – Alt. 1 885 m

Le Puy Ferrand

FAMILIAL • MONTAGNARD Skier au saut du lit, c'est possible dans ce grand chalet situé au pied des pistes ! Les chambres se révèlent confortables, dans un style contemporain ; sport et nature sont bien représentés avec le magasin de ski attenant. Une bonne option pour profiter du Massif central.

28 chambres – 75/105 € 80/135 € – 12 €

– 04 73 65 18 99 – www.hotel-puy-ferrand.com – Fermé 1er nov.-15 déc.

MONTECH - 82 (Tarn-et-Garonne) ➔ Voir Montauban

MONTEILS - 82 (Tarn-et-Garonne) ➔ Voir Caussade

MONTÉLIMAR

(Drôme) - 35 704 hab. - Alt. 90 m - Carte régionale n° **23**-B3
Paris 602 km - Avignon 83 km - Nîmes 108 km - Le Puy-en-Velay 132 km
Carte Michelin 332-B6 - Guide Vert Michelin Ardèche Drôme

Aux Gourmands

CUISINE TRADITIONNELLE • BISTRO Sur la place du Marché, ce bistrot est bien connu des amateurs de vins ! La carte compte près de 600 références (grandes maisons et petits propriétaires), qui vont bien à la cuisine, d'esprit traditionnel. Le tout dans un décor au diapason : casiers à bouteilles contre les murs et tables collées serrées.

Formule 26 € - Menu 32/55 €

Plan : B1-f - *8 pl. du Marché - 04 75 01 16 21 - www.aux-gourmands.fr - Fermé 23 août-5 sept., dim. et lundi*

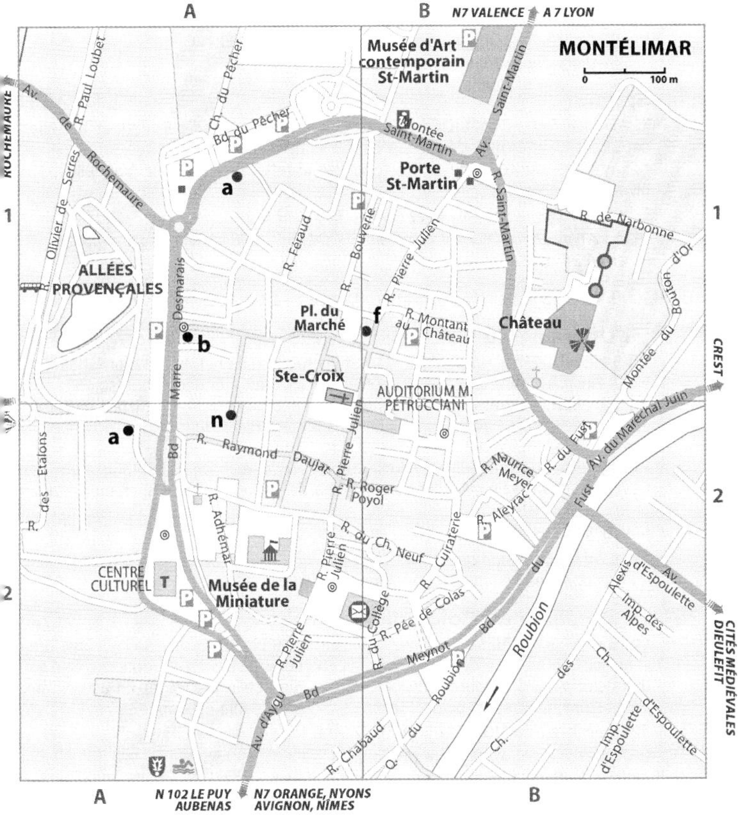

Petite France

CUISINE TRADITIONNELLE • CLASSIQUE X À moins d'être initié, ce restaurant ne se trouve pas facilement : il faut aller le dénicher dans une impasse de la vieille ville. Dans la salle voûtée et chaleureuse, on déguste une cuisine traditionnelle... made in Petite France. Ambiance familiale.

Menu 25/38 € - Carte 34/65 €

Plan : A2-n - *34 imp. Raymond-Daujat - ☎ 04 75 46 07 94 - Fermé 16 juil.-21 août, 24 déc.-2 janv., dim. et lundi*

Le Moderne (N)

CUISINE MODERNE X Ce sympathique jeune couple propose une cuisine au goût du jour : en témoignent la côte de cochon, généreuse et servie rosée, mais aussi la Tatin d'abricot, à déguster en terrasse dès les beaux jours.

Menu 17 € (déj. en semaine), 26/37 € - Carte 35/59 €

Plan : A1-a - *25 bd Aristide-Briand - ☎ 04 75 01 31 90 - www.restaurant-lemoderne.fr - Fermé 1 semaine en fév., 1 semaine en mai, 2 semaines en sept., 1 semaine en nov., dim. soir, lundi et mardi*

Hôtel du Parc

TRADITIONNEL • COSY Cet hôtel a été construit dans les années 1860, en même temps que la gare toute proche. Il dispose de charmantes petites chambres, bien tenues. Aux beaux jours, on prend son petit-déjeuner en terrasse... non loin du parc de Montélimar.

16 chambres - †56/134 € ††56/134 € - ☕ 9 €

Plan : A2-a - *27 av. Charles-de-Gaulle - ☎ 04 75 01 00 73 - www.hotelduparc-montelimar.com*

Sphinx

TRADITIONNEL • CLASSIQUE La jolie cour, la chaleur des parquets et boiseries confèrent un charme indéniable à cet hôtel particulier (17e s.) situé sur les allées provençales, au cœur de la vie montilienne, et à la fois assez tranquille. Bon niveau de confort.

24 chambres - †65/80 € ††75/105 € - ☕ 9 €

Plan : A1-b - *19 bd Marre-Desmarais - ☎ 04 75 01 86 64 - www.sphinx-hotel.fr - Fermé 24 déc. -3 janv.*

au Sud 9 km au Sud par N7 et D844, rte Donzère - ✉ 26780 Malataverne :

Le Domaine du Colombier (Cyril Fressac)

CUISINE MODERNE • ÉLÉGANT XXX Sur les ruines d'un hermitage monastique, on aime s'installer dans les salles en enfilade - voûtées, à la décoration soignée - et sur l'apaisante terrasse de ce restaurant. La cuisine, fine et ancrée dans son époque, révèle des cuissons millimétrées et une technique solide : nos papilles sont ravies !

→ Gigolettes de grenouilles meunière, purée d'ail rose de la Drôme. Lièvre des Cévennes à la royale et gnocchis aux épinards. Marron ardéchois, crémeux cassis et biscuit noisette.

Menu 35 € (déj. en semaine), 58/89 € - Carte 75/105 €

270 Chemin de Malombre, rte de Donzère - ☎ 04 75 90 86 86 - www.domaine-colombier.com - Fermé 2-15 janv.

Le Domaine du Colombier

LUXE • PERSONNALISÉ Imaginez une bastide du 15e s. au cœur de la Drôme provençale. Une adresse de charme où les chambres rivalisent de douceur et d'authenticité. À cela s'ajoutent un parc arboré, une belle piscine et un accueil aux petits soins. Tout est si paisible, propice à une agréable échappée !

22 chambres - †110/220 € ††110/260 € - 2 suites - ☕ 18 €

270 chemin de Malombre, rte de Donzère - ☎ 04 75 90 86 86 - www.domaine-colombier.com - Fermé 2-15 janv.

Le Domaine du Colombier - voir les restaurants ci-dessus

Le Trésor des Templiers

MAISON DE CAMPAGNE • PERSONNALISÉ Cette vieille ferme fortifiée du 18e s. offre une vue dégagée sur les vignes et les montagnes. Les cinq chambres tranchent avec l'atmosphère "vieilles pierres" du bâtiment : style oriental pour la Mirage, américain pour l'Évasion, etc. Piscine avec pool house. Plats traditionnels à la table d'hôte et copieux petit-déjeuner.

5 chambres - 135/185 € 135/185 €

245 rte de Donzère - 09 61 23 13 68 - www.letresordestempliers.com - Fermé en janvier

à St-Marcel-lès-Sauzet 7 km au Nord-Est par D6 - 26740 - 1 171 hab. - Alt. 110 m

Le Prieuré

CUISINE TRADITIONNELLE • AUBERGE XX Ce Prieuré se trouve, comme il se doit, à côté de l'église ! Dans la salle de cette maison en pierre trône une collection de coqs et autres gallinacés. En leur compagnie, on déguste une généreuse cuisine régionale, avec notamment un menu dédié à la truffe durant l'hiver. Agréable terrasse ombragée.

Formule 20 € - Menu 26 € (semaine), 29/52 € - Carte 38/68 €

au village - 04 75 46 78 68 - www.restau-le-prieure.com - Fermé dim. soir et lundi

à La Laupie 11 km au Nord-Est par D129 puis D6 - 26740 - 738 hab. - Alt. 143 m

La Laùpio

FAMILIAL • PERSONNALISÉ Au milieu des champs et de grands arbres, cette belle ferme d'esprit provençal a été entièrement réhabilitée par ses propriétaires. Vieilles pierres, joli décor, espace et confort : les chambres séduisent. Fruits du verger, jus pressés et confitures maison au petit-déjeuner.

5 chambres - 85/115 € 85/115 €

15 impasse des Marronniers - 04 75 92 39 01 - www.lalaupio-chambresdhotes.fr

MONTENACH - 57 (Moselle) → Voir Sierck-les-Bains

MONTENDRE

17130 (Charente-Maritime) - 3 226 hab. - Alt. 90 m - Carte régionale n° **20**-B3

Paris 522 km - Bordeaux 74 km - Poitiers 186 km - La Rochelle 138 km

Carte Michelin 324-H8 - Guide Vert Michelin Poitou-Charentes

La Quincaillerie

CUISINE MODERNE • BISTRO X Un bel escalier et une galerie de style Eiffel, du parquet... Isabelle et Frédéric Milan ont eu un coup de cœur pour cette ancienne quincaillerie au cœur de Montendre. La carte est courte, car ce chef-artisan revendiqué travaille uniquement des produits frais et fait son marché chaque matin. Saveurs et générosité !

Formule 19 € - Menu 22 € (déj. en semaine), 32/65 €

30 r. de l'Hôtel-de-Ville - 05 46 70 42 41 - www.restaurant-laquincaillerie.fr - Fermé 17-25 fév., 1er-9 sept., 26 oct.-8 nov., mardi soir, dim. soir et lundi

MONTESQUIEU-DES-ALBÈRES - 66 (Pyrénées-Orientales) → Voir Le Boulou

MONTESQUIOU

32320 (Gers) - 590 hab. - Alt. 214 m - Carte régionale n° **15**-A2

Paris 783 km - Auch 33 km - Tarbes 60 km - Toulouse 112 km

Carte Michelin 336-D8

Maison de la Porte Fortifiée

MAISON DE CAMPAGNE • PERSONNALISÉ Deux belles maisons anciennes situées près de la porte fortifiée (13[e]s.) du village. Les chambres, décorées de mobilier chiné, ont beaucoup de charme, et la journée commence avec l'odeur des croissants frais. Table d'hôte aux saveurs d'ici et d'ailleurs.

4 chambres – 75/110 € 90/130 €

r. Nationale, près de la porte fortifiée – 05 62 70 97 06 – www.porte-fortifiee.eu – Fermé 3 janv.-24 mars

MONTEUX

84170 (Vaucluse) – 11 436 hab. – Alt. 42 m – Carte régionale n° **22**-E1
Paris 685 km – Avignon 22 km – Marseille 109 km – Nîmes 65 km
Carte Michelin 332-C9 – Guide Vert Michelin Provence

Le Saule Pleureur

CUISINE MODERNE • ÉLÉGANT XX Un beau jardin fleuri, une grande villa... On oublie immédiatement la route toute proche pour jouir de l'essentiel : une cuisine aux couleurs provençales, généreuse et gorgée de soleil, qui fait la part belle aux saveurs méditerranéennes.

Menu 37 € (semaine), 55/95 € – Carte 62/78 €

145 chemin de Beauregard, 2 km au Sud-Ouest sur la voie rapide Avignon-Carpentras – 04 90 62 01 35 (réservation conseillée) – www.le-saule-pleureur.com – Fermé mardi midi, dim. soir et lundi

MONTFAUCON – 25 (Doubs) → Voir Besançon

MONTFORT-L'AMAURY

78490 (Yvelines) – 3 073 hab. – Alt. 185 m – Carte régionale n° **10**-A2
Paris 46 km – Dreux 36 km – Houdan 18 km – Mantes-la-Jolie 31 km
Carte Michelin 311-G3 – Guide Vert Michelin Île-de-France

St-Laurent

HÔTEL PARTICULIER • ÉLÉGANT À vous de choisir votre décor : le superbe hôtel particulier du 17e s., les chambres plus récentes du pavillon situé dans le jardin, ou le grand luxe de la Résidence. Et au petit-déjeuner, il est vivement recommandé de goûter le cake fait maison et les viennoiseries de la boulangerie voisine...

19 chambres – 95/170 € 95/170 € – 12 €

2 pl. Lebreton – 01 34 57 06 66 – www.hotelsaint-laurent.com – Fermé 31 juil.-21 août

à Grosrouvre 3 km à l'Ouest par D172 – 78490 – 961 hab. – Alt. 120 m

Auberge du Chasseur N

CUISINE TRADITIONNELLE • BISTRO X Un jeune couple sympa et dynamique rythme le quotidien de cette auberge du centre du village. Ils y servent une cuisine de tradition avec quelques petites touches plus modernes : c'est gourmand, et la carte évolue quotidiennement au gré des trouvailles du marché du jour. Jolie carte des vins.

Menu 20 € (déj. en semaine) – Carte 32/54 €

4 chambres – 85/95 € 85/95 € – 10 €

1 rte de la Surie – 01 34 57 02 19 – www.aubergeduchasseur.fr – Fermé 1er-21 août, merc. midi, dim. soir et lundi

MONTFURON

04110 (Alpes-de-Haute-Provence) – 207 hab. – Alt. 669 m – Carte régionale n° **21G**-B2
Paris 766 km – Avignon 85 km – Dignes-les-Bains 72 km – Marseille 80 km
Carte Michelin 334-C9

Chez Éric (N)

CUISINE TRADITIONNELLE • BISTRO Sur la place d'un charmant village, cette maison en pierre sèche a tout ce qu'il faut là où il faut, de la terrasse ombragée à la déco de bistrot. Pour couronner le tout, les petits plats provençaux se révèlent goûteux. Soupe de pistou, joues de cochon braisées, baba au rhum crème fouettée : miam, n'est-ce pas ?

Menu 35 €

pl. Daniel-Viguier – 04 92 77 75 32 – Fermé mardi midi et lundi

MONTGENEVRE

05100 (Hautes-Alpes) – 511 hab. – Alt. 1 850 m – Carte régionale n° **21**-C1

Paris 757 km – Briançon 13 km – Gap 99 km – Marseille 274 km

Carte Michelin 334-I3 – Guide Vert Michelin Alpes du Sud

Anova (N)

FAMILIAL • MONTAGNARD Tout près de la frontière italienne, on passe d'agréables moments dans cet imposant chalet contemporain. On y profite notamment d'une flopée de services bien pensés – skishop et casiers à skis, location de VTT, salle de jeux, espace spa – et de chambres confortables.

37 chambres – 130/270 € 130/390 € – 3 suites – 14 € – ½ P

pl. de l'Obélisque – 04 92 54 48 04 – www.anova-hotel.com – Ouvert 2 juil.-9 sept. et 2 déc.-15 avril

MONTGIBAUD

19210 (Corrèze) – 234 hab. – Alt. 460 m – Carte régionale n° **13**-B2

Paris 434 km – Arnac-Pompadour 15 km – Limoges 47 km – St-Yrieix-la-Perche 23 km

Carte Michelin 329-J2

Le Tilleul de Sully

CUISINE MODERNE • CONVIVIAL C'est là, à l'ombre du vieux tilleul, que se trouve cette auberge de campagne. Fleurs de courgette, choux pommelés, groseilles, etc., abondent dans le potager et le chef sait les préparer ! Une savoureuse cuisine du terroir corrézien, gourmande et généreuse, à déguster devant la cheminée ou dehors, face aux arbres fruitiers.

Formule 22 € – Menu 30/47 € – Carte 40/52 €

– 05 55 98 01 96 (réservation conseillée) – Fermé 1 semaine en juin et en sept., 20 déc.-18 janv., mardi hors saison, dim. soir et lundi sauf fériés

MONTGRÉSIN – 60 (Oise) → Voir Chantilly

LES MONTHAIRONS – 55 (Meuse) → Voir Verdun

MONTHIEUX

01390 (Ain) – 646 hab. – Alt. 295 m – Carte régionale n° **24**-E1

Paris 443 km – Bourg-en-Bresse 38 km – Lyon 31 km – Meximieux 26 km

Carte Michelin 328-C5 – Guide Vert Michelin Lyon et sa région

Le Gouverneur

HÔTEL DE CHAÎNE • CONTEMPORAIN Cet hôtel en pleine campagne n'est autre que l'ancien domaine du gouverneur de la Dombes (14e s.). Parfait pour des activités de plein air comme le golf (9 et 18 trous) ou la pêche grâce aux nombreux étangs. Chambres fonctionnelles et confortables ; restaurant, club-house, etc.

53 chambres – 99/215 € 119/280 € – 14 € – ½ P

Château du Breuil, D6 – 04 72 26 42 00 – www.domainedugouverneur.fr – Fermé 23 déc.-4 janv.

MONTHION - 73 (Savoie) → Voir Albertville

MONTIGNAC

✉ 24290 (Dordogne) - 2 804 hab. - Alt. 77 m - Carte régionale n° **2**-D1
Paris 513 km - Brive-la-Gaillarde 39 km - Limoges 126 km - Périgueux 54 km
Carte Michelin 329-H5 - Guide Vert Michelin Périgord Quercy

Hostellerie la Roseraie

TRADITIONNEL • CLASSIQUE Au cœur du village médiéval, une demeure du 19e s. sur les bords de la Vézère. Les chambres sont coquettes et portent des noms de roses ; deux jolies suites familiales sont installées dans une maison au bord de l'eau...

14 chambres - 79/113 € 89/215 € - 3 suites - 14 € - ½ P

11 pl. d'Armes - ✆ 05 53 50 53 92 - www.laroseraie-hotel.com - Ouvert 20 mars-2 nov.

MONTIGNY-LA-RESLE

✉ 89230 (Yonne) - 596 hab. - Alt. 155 m - Carte régionale n° **4**-B1
Paris 170 km - Auxerre 14 km - St-Florentin 19 km - Tonnerre 32 km
Carte Michelin 319-F4

Le Soleil d'Or

CUISINE TRADITIONNELLE • FAMILIAL XX Une chose est sûre, le chef connaît ses gammes : il travaille avec beaucoup de soin et de justesse, modernisant la tradition de fort belle manière. Biscuit de brochet aux écrevisses, sauce au safran de l'Yonne ; feuilleté de ris de veau aux champignons... sans oublier l'incontournable tête de veau ! Quelques chambres aménagées à l'arrière.

Formule 18 € - Menu 30 € (semaine), 51/58 € - Carte 35/80 €

3 rte d'Auxerre, N77 - ✆ 03 86 41 81 21 - www.lesoleil-dor.com - Fermé dim. soir de nov. à mai et lundi midi

Le Soleil d'Or

AUBERGE • FONCTIONNEL Ancien relais de poste situé en bordure de route nationale. Les chambres, fonctionnelles et climatisées, sont aménagées façon "motel" dans les granges situées sur l'arrière. Il fait bon se détendre dans le petit salon orné de boiseries. Restaurant traditionnel.

16 chambres - 72 € 86 € - 12 € - ½ P

3 rte d'Auxerre, N77 - ✆ 03 86 41 81 21 - www.lesoleil-dor.com - Fermé dim. soir de nov. à mai et lundi midi

Le Soleil d'Or - voir les restaurants ci-dessus

MONTIGNY-LE-CHARTIF

✉ 28120 (Eure-et-Loir) - 643 hab. - Alt. 178 m - Carte régionale n° **6**-B1
Paris 126 km - Blois 88 km - Chartres 34 km - Orléans 85 km
Carte Michelin 311-C6

Montigny St-Pierre

CUISINE MODERNE • INTIME XX Au cœur du Perche, le chaleureux et passionné Jean-Jacques Jouteux a enfin ouvert sa "salle à manger" ! Il y transmet sa passion des bons mets, sous la forme d'une cuisine intuitive et locavore, qu'il réinvente chaque jour selon son inspiration. Carte des vins courte mais de qualité.

Formule 15 € - Menu 28 € (déj. en semaine), 48/110 €

2 r.d'Illiers - ✆ 02 37 26 21 80 (réservation conseillée) - Fermé 1er-15 mars, 19-26 déc., dim. et lundi

MONTIGNY-SUR-LOING

✉ 77690 (Seine-et-Marne) - 2 766 hab. - Alt. 82 m - Carte régionale n° **10**-C3
Paris 80 km - Créteil 76 km - Melun 28 km - Orléans 92 km
Carte Michelin 312-F5

Le DIV'20

CUISINE CRÉATIVE • BISTRO Ce discret bistrot contemporain propose une bonne cuisine inventive, comme le prouve ce suprême de pintade à la crème réglisse et légumes méditerranéens. On fait le plein de goûts et de saveurs, avec d'autant plus de plaisir que le service est efficace et chaleureux.

Formule 16 € - Menu 20 € (déj. en semaine), 27/67 € - Carte 33/69 €

20 r. du Loing - 01 64 45 76 79 - www.restaurantlediv20.fr - Fermé mardi soir, merc. soir, dim. soir et lundi

Petit déjeuner compris ? La tasse suit directement le nombre de chambres.

MONTIPOURET

36230 (Indre) - 577 hab. - Alt. 200 m - Carte régionale n° **6**-C3
Paris 295 km - Châteauroux 28 km - Issoudun 37 km - Orléans 169 km
Carte Michelin 323-H7

à La Brande 5 km au Nord-Est par D49 et rte secondaire - 36230

Maison Voilà

FAMILIAL • COSY En pleine campagne, cette ferme du 19e s. est tout simplement cosy. Un jardin planté d'arbres fruitiers, un repas pris en compagnie des propriétaires sur la terrasse ou près de la cheminée... Voilà, tout est dit.

4 chambres - 60/80 € 80/135 €

- 02 54 31 17 91 - www.maisonvoila.com

MONTJEAN-SUR-LOIRE

49570 (Maine-et-Loire) - 3 067 hab. - Alt. 44 m - Carte régionale n° **18**-B2
Paris 324 km - Angers 28 km - Ancenis 30 km - Châteaubriant 64 km
Carte Michelin 317-D4 - Guide Vert Michelin Châteaux de la Loire

Le Fief des Cordeliers

FAMILIAL • CLASSIQUE Toute la douceur angevine imprègne cet ancien couvent du 15e s., qui domine la Loire et la vallée (belvédère dans le parc). Chambres de bon confort, au mobilier classique. La propriétaire des lieux expose même ses propres toiles dans la maison !

4 chambres - 59/69 € 89/149 € - 9 €

lieu-dit Bellevue - 02 41 43 96 09 - http://logis.lefiefdescordeliers.com

MONTJOI

82400 (Tarn-et-Garonne) - 177 hab. - Alt. 160 m - Carte régionale n° **15**-B1
Paris 640 km - Agen 30 km - Montauban 55 km - Toulouse 92 km
Carte Michelin 337-B6

La Cage aux Oiseaux

CUISINE MODERNE • CONVIVIAL On se laisse volontiers enfermer dans cette Cage aux Oiseaux ! On y déguste une bonne cuisine de produits - ravioles de gambas, foie de veau poêlé - dans un agréable intérieur climatisé ou sur la terrasse.

Menu 25 € - Carte 32/49 €

pl. de la République - 05 63 29 29 29 - www.cageauxoiseaux.com - Fermé 1 semaine vacances de Noël, lundi, mardi et merc. en hiver

MONTLIVAULT

41350 (Loir-et-Cher) - 1 337 hab. - Alt. 77 m - Carte régionale n° **6**-B2
Paris 180 km - Blois 13 km - Olivet 58 km - Orléans 56 km
Carte Michelin 318-F6

La Maison d'à Côté (Christophe Hay)

CUISINE MODERNE • TENDANCE Le chef, Christophe Hay, peut savourer la réussite de cette Maison d'à Côté... Tout y séduit : l'accueil chaleureux – l'équipe de cuisine n'hésite pas à venir en salle pour présenter les plats –, la générosité des assiettes, leur créativité tout en subtilité, la mise en avant des bons produits de la Loire... Agréables chambres contemporaines.

→ Œuf fermier cuit à basse température, langoustines rôties et mayonnaise allégée. Carpe de Loire, truffe, lard de Colonnata, écrevisses, champignons et vin de Cheverny. Soufflé chaud à la liqueur de Chambord.

Menu 42 € (déj. en semaine), 68/124 € – Carte 70/120 €

12 chambres – †85/185 € ††85/199 € – 10 € – ½ P

17 r. de Chambord – 02 54 20 62 30 – www.lamaisondacote.fr – Fermé 1 semaine en nov., 3 semaines en janv., mardi de sept. à avril et merc.

Côté Bistro – voir les restaurants ci-dessous

Côté Bistro

CUISINE TRADITIONNELLE • BISTRO La carte de ce bistrot, composée par Christophe Hay, met en valeur les bons producteurs de la Loire et fait la part belle à la tradition. C'est exécuté simplement, sans chichis : on se régale ! Quant à la décoration, entre esprit loft et industriel, parée de bois et de fer, elle se révèle particulièrement accueillante.

Formule 20 € – Menu 26 €

25 r. de Chambord – 02 54 33 53 06 – www.lamaisondacote.fr – Fermé 2 semaines en fév., mardi midi hors saison, dim. soir et lundi

MONT-LOUIS

66210 (Pyrénées-Orientales) – 185 hab. – Alt. 1 565 m – Carte régionale n° **12**-A3

Paris 867 km – Andorra-la-Vella 90 km – Font-Romeu-Odeillo-Via 10 km – Perpignan 81 km

Carte Michelin 344-D7

à la Llagonne 3 km au Nord par D118 – 66210 – 238 hab. – Alt. 1 600 m

Corrieu

AUBERGE • FONCTIONNEL Cette grande bâtisse de style régional se révèle être l'hôtel familial par excellence, avec les Pyrénées en toile de fond. Deux types de chambres : simples et sobres pour les moins chères ; plus confortables pour les "lodges" mansardés. Une bouffée d'oxygène !

20 chambres – †72/158 € ††76/240 € – 3 suites – 12 € – ½ P

Carrer de la Quillane
– 04 68 04 22 04 – www.hotel-corrieu.fr
– Ouvert 6 janv.-25 mars,8 juin-25 sept. et 22 déc.-7 janv.

MONTLOUIS-SUR-LOIRE

37270 (Indre-et-Loire) – 10 643 hab. – Alt. 60 m – Carte régionale n° **6**-B2

Paris 235 km – Amboise 14 km – Blois 49 km – Château-Renault 32 km

Carte Michelin 317-N4 – Guide Vert Michelin Châteaux de la Loire

La Cave

CUISINE MODERNE • RUSTIQUE À la recherche d'un lieu atypique ? Ce restaurant troglodytique, sur les rives de la Loire, est tout indiqué ! En cuisine, le chef signe une cuisine dans l'air du temps qui valorise joliment le terroir. Ses plats sont généreux et goûteux à souhait. Vins du domaine ; ambiance chaleureuse.

Formule 18 € – Menu 23 € (déj. en semaine), 36/48 € – Carte 42/59 €

69 quai Albert-Baillet – 02 47 45 05 05 – www.restaurant-la-cave.com
– Fermé 2 semaines en fév.-mars, lundi soir et mardi soir de janv. à mars et dim. soir

Château de la Bourdaisière

HISTORIQUE • PERSONNALISÉ Ce superbe château des 14e-16e s. porte le cachet de l'histoire – il vit naître Gabrielle d'Estrées, la favorite d'Henri IV – mais il vit surtout au rythme de la nature : son parc de 55 ha abrite de superbes collections de végétaux, dont plus de 600 variétés de tomates (menu spécial au restaurant). Le temps passe autrement en ces lieux…

29 chambres – 110/315 € 110/345 € – 16 € – ½ P

25 r. de la Bourdaisière – 02 47 45 16 31 – www.chateaulabourdaisiere.com – Fermé 4 janv. -18 mars et 15 nov. -25 déc.

MONTLUÇON

03100 (Allier) – 38 072 hab. – Alt. 220 m – Carte régionale n° **3**-B1

Paris 327 km – Bourges 97 km – Clermont-Ferrand 112 km – Limoges 155 km

Carte Michelin 326-C4 – Guide Vert Michelin Auvergne

Grenier à Sel

CUISINE MODERNE • ÉLÉGANT Au cœur de Montluçon, voilà bien une charmante demeure : murs du 15es. recouverts de lierre, décor raffiné (parquet, moulures…). Les beaux produits sont travaillés avec soin. L'été, profitez de la terrasse, c'est un petit coin de paradis !

Menu 25 € (semaine), 39/75 € – Carte 52/93 €

7 chambres – 90/135 € 120/165 € – 14 €

Plan : B2-n – *pl. des Toiles – 04 70 05 53 79 – www.legrenierasel.com – Fermé 20 fév.-13 mars, 1er-10 mai, 2-12 nov., sam. midi, merc. midi, dim. soir et lundi sauf le soir en juil.-août*

Safran d'Or

CUISINE TRADITIONNELLE • CLASSIQUE Ici, tout est fait maison, même le pain ! En cuisine, le chef concocte une agréable cuisine traditionnelle. Le tout avec un bon rapport qualité-prix, ce qui fait de ce restaurant une adresse… en or !

Formule 19 € – Menu 26/50 € – Carte 54/62 €

Plan : B2-u – *12 r. Place-des-Toiles – 04 70 05 09 18 – Fermé sept., dim. soir, mardi soir et lundi*

Les Enfants Terribles (N)

CUISINE MODERNE • BISTRO Foie gras de canard, cervelle d'agneau aux câpres, omelette norvégienne… Le chef, un enfant du pays, réalise une belle cuisine de tradition et sait choyer sa clientèle. Un conseil : revenez-y souvent, la carte change tous les jours au gré des saisons et du marché !

Carte 19/25 €

Plan : A2-t – *7 r. Porte-St-Pierre – 06 59 45 90 96 – Fermé dim. et lundi*

Hôtel des Bourbons

BUSINESS • CONTEMPORAIN Face à la gare et à deux pas du château des ducs de Bourbon, cet établissement à la belle façade fin 19e s. est idéal pour une étape dans la cité médiévale. Chambres de bon confort.

42 chambres – 68/74 € 71/83 € – 9 € – ½ P

Plan : A2-a – *47 av. Marx-Dormoy – 04 70 05 28 93 – www.hotel-des-bourbons.com*

à St-Victor 7 km au Nord par D2144 – 03410 – 2 075 hab. – Alt. 212 m

Le Jardin Délice

CUISINE MODERNE • TENDANCE Une belle cuisine du marché, colorée et généreuse, servie dans un décor des plus agréables – une salle avec de grandes baies vitrées et sa terrasse ouvrant sur le jardin –, voilà un délicieux programme ! Le service est sérieux et professionnel, et quelques chambres permettent de faire étape.

Menu 18 € (semaine), 28/59 € – Carte 39/74 €

6 rte de Paris – 04 70 28 80 64 – www.jardindelice.fr – Fermé 1 semaine en juin, 2 semaines en juil., vacances de la Toussaint, vacances de fév., dim. soir, lundi midi et merc.

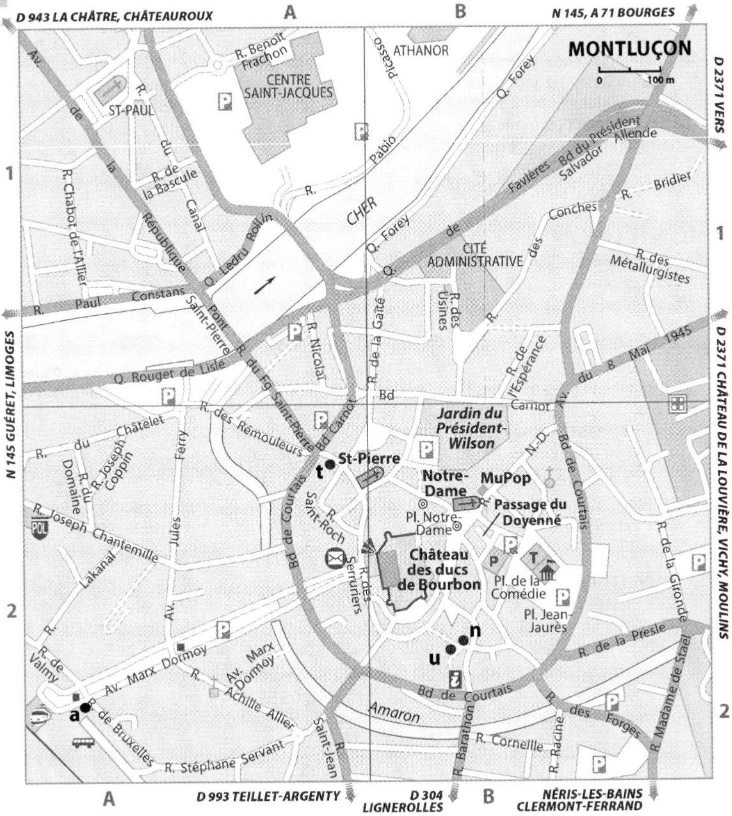

Le Jardin Délice

BUSINESS • FONCTIONNEL Au nord de Montluçon, un hôtel en bordure de route, dont les chambres donnent sur la campagne ou le jardin... Un endroit parfait pour qui recherche un peu de verdure !

20 chambres - 55/58 € 75/100 € - 9 € - ½ P

6 rte de Paris - 04 70 28 80 64 - www.jardindelice.fr - Fermé 1 semaine en juin, 2 semaines en juil., vacances de la Toussaint et vacances de fév.

Le Jardin Délice – voir les restaurants ci-dessus

à Estivareilles 10 km au Nord par D2144 – 03190 – 1 127 hab. – Alt. 200 m

Le Lion d'Or

CUISINE CLASSIQUE • TRADITIONNEL Une bâtisse centenaire bordant la route nationale. De belles poutres font le caractère de la salle, tandis que la terrasse donne sur un parc arboré. Derrière les fourneaux, le chef signe une cuisine généreuse et goûteuse d'inspiration classique. Quelques chambres pour prolonger le séjour.

Formule 20 € - Menu 28 € (semaine), 38/60 € - Carte 37/56 €

23 rte de Paris - 04 70 06 00 35 - www.hotel-leliondor.net - Fermé 27 fév.-14 mars, 21-30 août, dim. soir, lundi soir et mardi

MONTLUEL

01120 (Ain) - 7 112 hab. - Alt. 190 m - Carte régionale n° **24**-E1
Paris 472 km - Bourg-en-Bresse 59 km - Chalamont 20 km - Lyon 26 km
Carte Michelin 328-D5 - Guide Vert Michelin Lyon et sa région

Le Petit Casset

TRADITIONNEL • COSY Une maison installée au calme dans un quartier résidentiel. Les chambres sont fonctionnelles, bien tenues, et certaines d'entre elles disposent d'une terrasse. Et dans le jardin, piscine, transats et parasols vous tendent les bras !

18 chambres - 84/150 € 89/160 € - 11 €

96 imp. du Petit-Casset, à La Boisse, 2 km au Sud-Ouest - 04 78 06 21 33 - www.lepetitcasset.fr

MONTMARAULT

03390 (Allier) - 1 503 hab. - Alt. 480 m - Carte régionale n° **3**-B1
Paris 346 km - Gannat 41 km - Montluçon 31 km - Moulins 47 km
Carte Michelin 326-E5

France

CUISINE MODERNE • CLASSIQUE Dans cet ancien couvent de 1850, la litanie des prières a laissé place à une toute autre musique... Derrière le piano, le chef joue une bien jolie partition, où la cuisine traditionnelle actualisée est à l'honneur. Chambres confortables, idéales pour l'étape.

Formule 19 € - Menu 23 € (semaine), 32/65 € - Carte 35/62 €
8 chambres - 62/86 € 62/102 € - 11 €

1 r. Marx-Dormoy - 04 70 07 60 26 - www.hoteldefrance-montmarault.com - Fermé 17-24 avril, 12 nov.-5 déc., dim. soir et lundi

MONTMÉLARD

71520 (Saône-et-Loire) - 338 hab. - Alt. 522 m - Carte régionale n° **4**-C3
Paris 393 km - Mâcon 43 km - Montceau-les-Mines 56 km - Paray-le-Monial 34 km
Carte Michelin 320-G12

Le Saint-Cyr

CUISINE TRADITIONNELLE • FAMILIAL Des plats traditionnels avec une pointe de modernité, voici ce que l'on trouve dans son assiette ici : volaille à la crème, croustillant d'escargots, poulet fermier à la crème... C'est tout simplement bon, et le tout se déguste avec vue sur la campagne bourdonnaise. Chambres chaleureuses et reposantes.

Formule 14 € - Menu 17 € (déj. en semaine), 25/44 € - Carte 27/43 €
9 chambres - 58/68 € 65/75 € - 8 €

Le Bourg - 03 85 50 20 76 - www.lesaintcyr.fr - Fermé 2 semaines en janv., vacances de fév., vend. soir et dim. soir de nov. à mars, lundi midi et mardi midi

MONTMERLE-SUR-SAÔNE

01090 (Ain) - 3 847 hab. - Alt. 170 m - Carte régionale n° **24**-E1
Paris 419 km - Bourg-en-Bresse 44 km - Lyon 48 km - Mâcon 34 km
Carte Michelin 328-B4

Émile Job

CUISINE CLASSIQUE • TRADITIONNEL Que vous soyez résident ou non de l'hôtel, il y a fort à parier que vous apprécierez les grands classiques qui valorisent le terroir : grenouilles, poissons de lac, poulette de Bresse, etc. Le tout à savourer dans un agréable cadre bourgeois. Aux beaux jours, on s'installe sur la terrasse qui donne sur la Saône.

Formule 21 € - Menu 32 € (semaine), 39/61 € - Carte 42/98 €

12 r. du Pont - 04 74 69 33 92 - www.hotelemilejob.com - Fermé 27 fév.-15 mars, 30 oct.-23 nov., dim. soir du 15 sept. au 15 juin, mardi midi et lundi

Émile Job

FAMILIAL • COSY Sur les bords de Saône, il règne dans cette imposante maison régionale une atmosphère familiale et chaleureuse, depuis... trois générations ! Les chambres sont colorées, la terrasse sous les vieux tilleuls invite à la plénitude : une étape confortable.

14 chambres – 67/77 € 77/87 € – 10 € – ½ P

12 r. du Pont – 04 74 69 33 92 – www.hotelemilejob.com – Fermé 27 fév.-15 mars, 30 oct.-23 nov., dim. soir du 15 sept. au 15 juin, mardi midi et lundi

Émile Job – voir les restaurants ci-dessus

MONTMEYRAN

26120 (Drôme) – 2 888 hab. – Alt. 189 m – Carte régionale n° **23**-B3

Paris 581 km – Grenoble 105 km – Privas 39 km – Valence 17 km

Carte Michelin 332-C5

La Grande Maison

MAISON DE CAMPAGNE • ÉLÉGANT Une belle maison bourgeoise héritée du 19e s. Ses propriétaires, anciens architectes, ont mené une superbe restauration, insufflant au caractère des lieux un esprit contemporain des plus séduisants : parquets peints, bois brut, détails déco... Et leur accueil, en particulier autour des repas (recettes régionales), est charmant !

5 chambres – 95/150 € 95/240 €

quartier les Granges – 04 75 59 31 68 – www.lagrandemaisondrome.com – Fermé 10 déc.-10 janv.

MONTMIRAIL – 84 (Vaucluse) → Voir Vacqueyras

MONTMORENCY – 95 (Val-d'Oise) → Voir Autour de Paris

MONTMORILLON

86500 (Vienne) – 6 258 hab. – Alt. 100 m – Carte régionale n° **20**-D2

Paris 354 km – Bellac 43 km – Châtellerault 56 km – Limoges 88 km

Carte Michelin 322-L6 – Guide Vert Michelin Poitou-Charentes

Le Lucullus

CUISINE MODERNE • COSY Général romain au 1er s. av. J.-C., Lucullus est passé à la postérité en raison du faste de sa table... Heureux présage ! Installez-vous dans ce cadre cosy et feutré pour déguster une cuisine ciselée mettant joliment en valeur les produits locaux, réinterprétés avec finesse. Jolie terrasse aux beaux jours.

Menu 25/65 €

Hôtel de France, 4 bd de Strasbourg – 05 49 84 09 09 – www.hoteldefrance-lelucullus.fr – Fermé vacances de la Toussaint, dim. soir, lundi et mardi

Bistrot de Lucullus

CUISINE TRADITIONNELLE • SIMPLE Ce bistrot joue la carte d'une déco seventies – symbole : le fauteuil pivotant – et c'est sympathique ! Tradition dans l'assiette : une cuisine bien tournée, où les saveurs n'ont rien de psychédélique.

Menu 14 € – Carte 25/37 €

Hôtel de France, 4 bd de Strasbourg – 05 49 84 09 09 – www.hoteldefrance-lelucullus.fr – Fermé vend. soir, dim. midi et sam.

Hôtel de France

TRADITIONNEL • FONCTIONNEL Les propriétaires, un jeune couple sympathique, se sont installés ici après une dizaine d'années passées au Cameroun. Un retour aux sources : les lieux respirent la tradition hôtelière française, des salles à manger aux chambres. Et les projets ne manquent pas...

36 chambres – 55/69 € 62/69 € – 8,50 € – ½ P

4 bd de Strasbourg – 05 49 84 09 09 – www.hoteldefrance-lelucullus.fr

Le Lucullus • **Bistrot de Lucullus** – voir les restaurants ci-dessus

MONTNER

✉ 66720 (Pyrénées-Orientales) - 311 hab. - Alt. 127 m - Carte régionale n° **12**-B3
▶ Paris 860 km - Amélie-les-Bains-Palalda 60 km - Font-Romeu-Odeillo-Via 82 km - Perpignan 28 km
Carte Michelin 344-H6

✿ **Auberge du Cellier** (Pierre-Louis Marin)

CUISINE MODERNE • AUBERGE XX Dans cette charmante maison locale, Pierre-Louis Marin - un enfant du pays revenu aux sources - s'approvisionne surtout chez les petits producteurs locaux et concocte une cuisine délicate, sincère et éclatante de saveurs. Un régal pour les yeux et les papilles ! Quant aux chambres, elles sont simples mais agréables.

→ Foie gras de canard mi-cuit, beurre d'anchois. Homard et foie gras poêlé, beurre au vinaigre blanc. Schiste de Montner, chocolat, caramel et praliné.

Menu 19 € (déj. en semaine), 36/73 € - Carte 60/75 €

4 chambres - 🚹65 € 🚹🚹79 € - ☕10 €

1 r. Ste-Eugénie - ✆ 04 68 29 09 78 - www.aubergeducellier.com
- Fermé 27 fév.-8 mars, 23 oct.-23 nov., lundi d'oct. à avril, mardi et merc.

ON AIME...

La délicieuse cuisine du marché de **Leclere**, au cœur de l'Écusson. Les menus mystère du **Pastis**, qui nous réservent de belle surprises. **Anga**, où trois jeunes associés choisissent avec soin leurs produits. La salle à manger du **Cellier Morel**, installée sous de superbes voûtes du 13e s...

MONTPELLIER

✉ 34000 (Hérault) - 268 456 hab. - Agglo. 400 470 hab. - Alt. 27 m - Carte régionale n° **12**-C2
▶ Paris 758 km - Marseille 173 km - Nice 330 km - Nîmes 55 km
Carte Michelin 339-I7 - Guide Vert Michelin Languedoc

Restaurants

La Réserve Rimbaud (Charles Fontes)

CUISINE MODERNE • ÉLÉGANT XXX Des compositions judicieuses, centrées sur le produit, pleines de fraîcheur et gorgées de soleil ! Cette table rend hommage au Sud... et prend tout son sens sur la belle terrasse au bord du Lez, sous les platanes.
→ Thon rouge de Méditerranée, sabayon à l'anguille fumée, avocat. Filet de pigeon grillé aux épices, semoule de chou-fleur, carotte et navet boule d'or. Citron, thym et sorbet fromage blanc.

Menu 40 € (déj. en semaine), 75/100 € - Carte environ 77 €

Plan : C1-w - *820 av. St-Maur - ✆ 04 67 72 52 53 - www.reserve-rimbaud.com - Fermé sam. midi, dim. soir et lundi*

L'Artichaut

CUISINE MODERNE • CONVIVIAL X Ouvert en 2013 par un chef à la passion communicative, voici le temple de la cuisine de saison. Les recettes du marché s'y déclinent sous forme d'un menu-carte renouvelé régulièrement. Produits frais, préparations maison, vins régionaux : un restaurant qui fera fondre les cœurs... d'Artichaut !

Formule 21 € - Menu 24 € (déj. en semaine)/32 € - Carte 44/52 €

Plan : E2-n - *15 bis r. St-Firmin - ✆ 04 67 67 91 86 - www.artichaut-restaurant.com - Fermé 1 semaine en avril, 3 semaines en août, 1 semaine en janv., dim. et lundi*

Anga (N)

CUISINE MODERNE • ÉPURÉ X Anga signifie vapeur en suédois. Ici, on cuisine au four vapeur à haute pression (un poisson est cuit en 2 secondes !) et l'effet est époustouflant : les aliments conservent leurs valeurs nutritives, leurs goûts et textures. Que ceux qui préfèrent un carré d'agneau au four se rassurent : chez Anga, on est aussi très ouvert... à la tradition !

Menu 21/29 € - Carte 24/31 €

Plan : E2-m - *19 r. du Palais-des-Guilhem - ✆ 04 67 60 61 65 - Fermé 2 semaines en avril, 2 semaines en oct., dim., lundi et mardi*

Cellier-Morel

CUISINE CRÉATIVE • ÉLÉGANT C'est l'histoire d'une amitié, celle de deux gourmets ! Dans la Maison de la Lozère, sous de superbes voûtes du 13e s., on déguste une cuisine multifacettes – tantôt classique, tantôt plus créative – et toujours goûteuse. Une valeur sûre, notamment côté desserts !

Formule 38 € – Menu 59/95 €

Plan : F2-d – *27 r. de l'Aiguillerie (Maison de la Lozère) – 04 67 66 46 36 – www.celliermorel.com – Fermé 1er-15 août, lundi midi, merc. midi et dim.*

1789 (N)

CUISINE CLASSIQUE • TENDANCE Avec l'aide précieuse du chef Clément Bruno, grand amateur de truffe, le jeune patron a composé une carte appétissante autour de trois variétés du "diamant noir" : brumale, aestivum, et mélanosporum. La spécialité de la maison : la pomme de terre cuite au four et crème de truffe... Les amateurs seront ravis !

Formule 25 € – Menu 30 € (déj.), 45/65 € – Carte 54/80 €

Plan : E2-a – *2 impasse Périer – 04 67 02 17 89 – www.1789-restaurant.com – Fermé dim. et lundi*

Castel Ronceray

CUISINE TRADITIONNELLE • CLASSIQUE Dans un parc ombragé, une maison de maître d'esprit Napoléon III (boiseries, velours, etc.) pour savourer une agréable cuisine gastronomique concoctée avec des produits régionaux. Le plus : l'épouse du chef est une sommelière passionnée !

Formule 29 € – Menu 35 € (déj. en semaine), 54/85 € – Carte 50/80 €

Hors plan – *130 r. Castel-Ronceray, au Sud-Ouest par av. de Toulouse – 04 67 42 46 30 – www.lecastelronceray.fr – Fermé 15 août-5 sept, dim. et lundi*

Le Petit Jardin

CUISINE MODERNE • CLASSIQUE Qu'il est doux de venir s'attabler dans ce restaurant prisé des Montpelliérains ! On y profite de petits plats joliment tournés, qui évoluent au fil des saisons ; le "must" est évidemment de s'installer sur la terrasse, nichée dans un... Petit Jardin très calme, et abritée par de grands parasols blancs.

Formule 21 € – Menu 39/55 € – Carte 48/67 €

Plan : E1-d – *20 r. J.-J.-Rousseau – 04 67 60 78 78 – www.petit-jardin.com – Fermé 24 déc.-10 janv., dim. et lundi de nov. à mars*

Terminal #1 (N)

CUISINE MODERNE • BRANCHÉ Les frères Pourcel ont réhabilité cet ancien chai, situé sur la route de l'aéroport. La vaste salle à manger mêle joliment pierre, acier et bois, dans un esprit d'atelier chic ; la carte met en avant les produits locaux et s'autorise quelques touches exotiques. Service aimable et efficace.

Formule 25 € – Menu 38 € (déj. en semaine), 45/87 € – Carte 40/60 €

Hors plan – *1408 av. de la Mer – 04 99 58 38 38 – www.terminalpourcel.com – Fermé août, dim. et lundi*

La Table d'Ott (N)

CUISINE MODERNE • SIMPLE L'ancien chef exécutif du Kremlin a quitté le palais de Poutine pour satisfaire ceux des Montpelliérains. Il concocte une cuisine authentique et soignée, à l'instar de ces asperges vertes et œuf bio poché, ou de cette cuisse de lapin confite avec ses girolles. Nul besoin d'aller à Moscou pour se régaler.

Formule 25 € – Menu 35/50 € – Carte 32/40 €

Plan : E2-r – *4 r. du Puits-des-Esquilles – 04 67 58 97 42 – www.table-ott.fr – Fermé sam. midi, dim. midi et lundi*

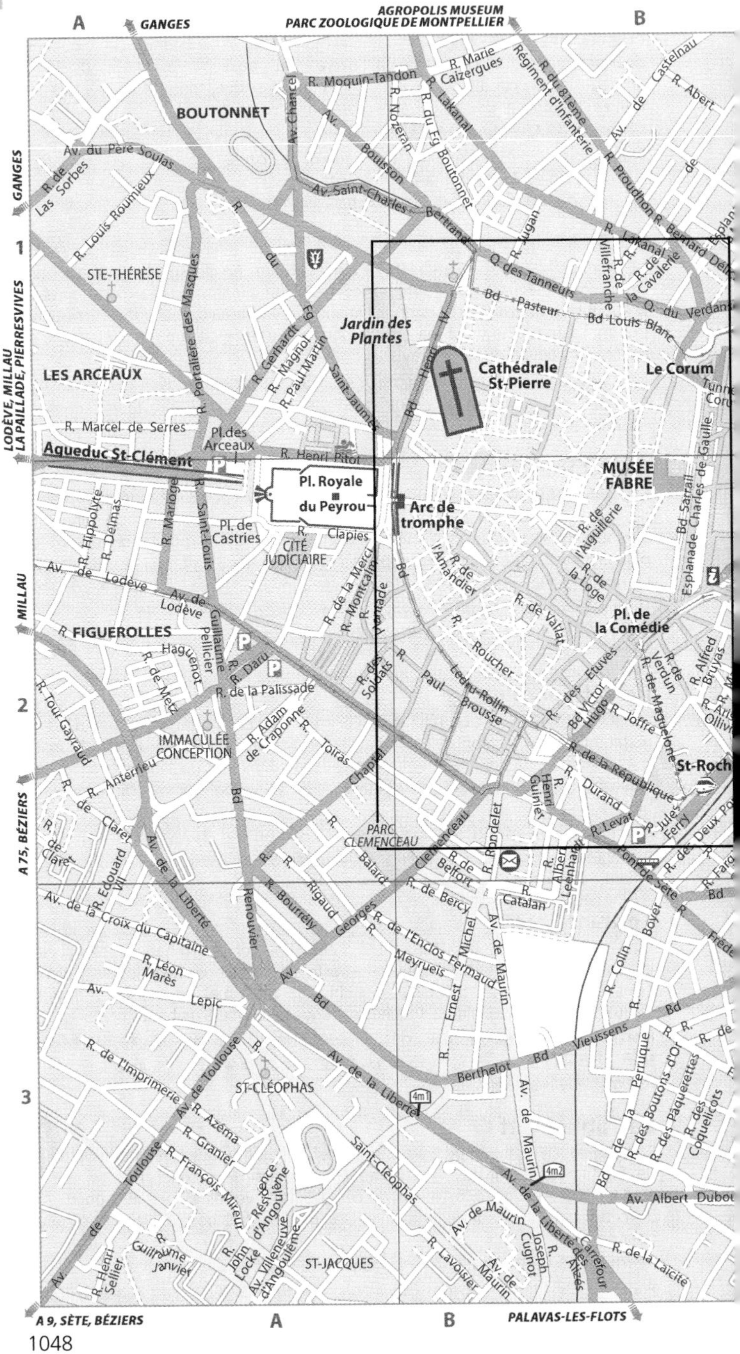
AGROPOLIS MUSEUM
PARC ZOOLOGIQUE DE MONTPELLIER
GANGES
A
B
1
2
3
BOUTONNET
STE-THÉRÈSE
LES ARCEAUX
FIGUEROLLES
IMMACULÉE CONCEPTION
CITÉ JUDICIAIRE
ST-CLÉOPHAS
ST-JACQUES
Jardin des Plantes
Cathédrale St-Pierre
Le Corum
MUSÉE FABRE
Pl. Royale du Peyrou
Arc de triomphe
Aqueduc St-Clément
Pl. des Arceaux
Pl. de Castries
Pl. de la Comédie
St-Roch
PARC CLEMENCEAU
LODÈVE, MILLAU
LA PAILLADE, PIERRESVIVES
MILLAU
A 75, BÉZIERS
A 9, SÈTE, BÉZIERS
PALAVAS-LES-FLOTS
R. Moquin-Tandon
R. Marie Caizergues
R. Lakanal
R. du 81ème Régiment d'infanterie
Av. de Castelnau
R. Abert
Av. du Père Soulas
R. de Las Sorbes
R. Louis Roumieux
R. Portalière des Masques
Av. Bouisson
Av. Saint-Charles
R. Nozeran
R. du Fg Boutonnet
R. Proudhon
R. Bernard Delicieux
Q. des Tanneurs
Bd Pasteur
Bd Louis Blanc
Q. du Verdanson
Bd Henri IV
R. du Fg Saint-Jaumes
R. Gerhardt
R. Magnol
R. Paul Martin
R. Marcel de Serres
R. Henri Pitot
R. Hippolyte
R. Delmas
R. Marioge
R. Saint-Louis
R. Clapiès
Av. de Lodève
R. Haguenot
R. de Metz
R. Daru
R. Guillaume Pellicier
R. de la Palissade
R. Tour Gayraud
R. Anterrieu
R. de Claret
R. Adam de Craponne
R. Toiras
R. de la Merci
R. Montcalm
Promenade des Soldats
Bd Ledru-Rollin
R. Paul Brousse
R. de l'Amandier
R. Roucher
R. de Vallat
R. de l'Aiguillerie
R. de la Loge
Bd Sarrail
Esplanade Charles de Gaulle
R. des Étuves
Bd Victor Hugo
R. Joffre
R. de Verdun
R. de Maguelone
R. Alfred Bruyas
R. de la République
R. Henri Guinier
R. Durand
R. Levat
R. Jules Ferry
Pont de Sète
R. Chaptal
Bd Renouvier
Av. Georges Clemenceau
R. Rigaud
R. Bourrély
R. Balard
R. de Belfort
R. Rondelet
R. de Bercy
R. Catalan
R. Albert Leenhardt
R. de l'Enclos Fermaud
R. Meyrueis
R. Ernest Michel
Av. de Maurin
Av. de la Liberté
Av. de la Croix du Capitaine
R. Léon Marès
Av. Lepic
R. Edouard VII
R. de l'Imprimerie
Av. de Toulouse
R. Azéma
R. Granier
R. François Mireur
Résidence d'Angoulême
Av. Villeneuve d'Angoulême
R. Saint-Cléophas
R. Lavoisier
R. Joseph Cugnot
R. des Alizés
Carrefour
R. de la Laïcité
Av. Albert Dubout
Bd Berthelot
Bd Vieussens
R. Collin
R. Boyer
R. de la Perruque
R. des Boutons d'Or
R. des Paquerettes
R. des Coquelicots
R. John Locke
R. Guillaume Janvier
R. Henri Sellier
4m1
4m2

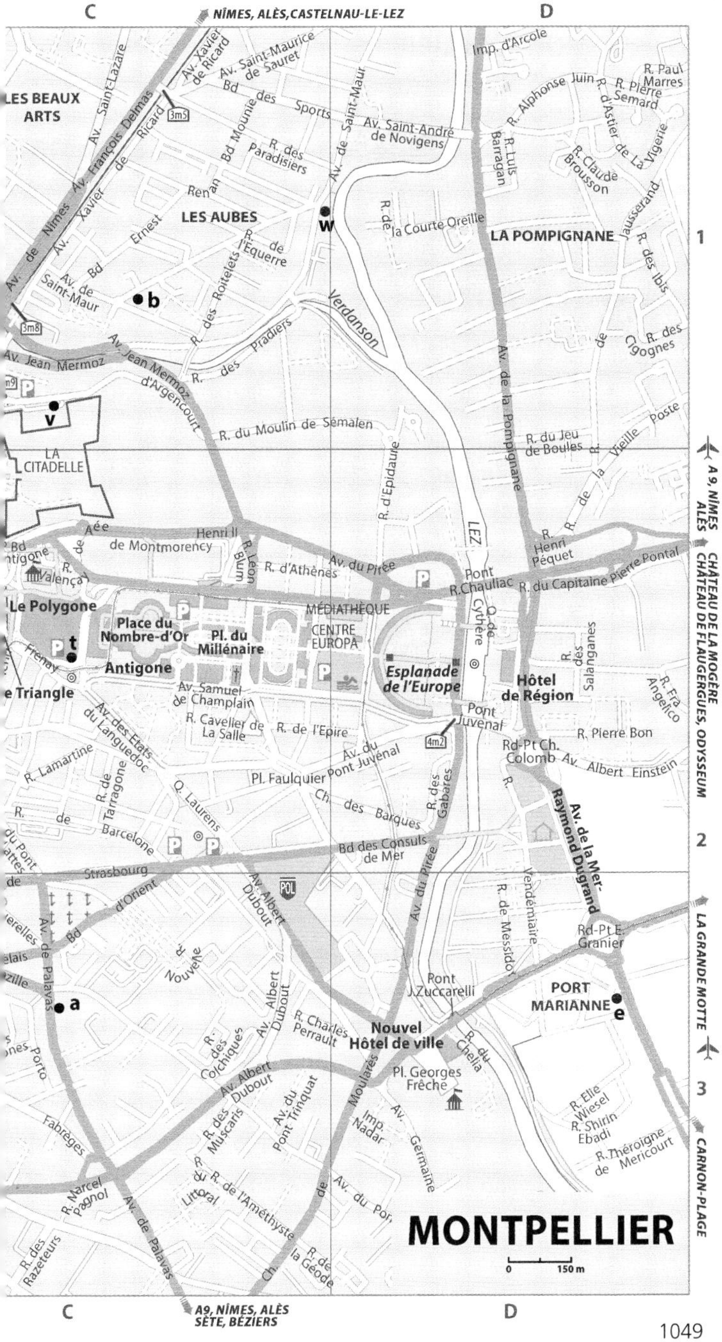
MONTPELLIER
NÎMES, ALÈS, CASTELNAU-LE-LEZ
A9, NÎMES, ALÈS SÈTE, BÉZIERS
A 9, NÎMES ALÈS
CHÂTEAU DE LA MOGÈRE CHÂTEAU DE FLAUGERGUES, ODYSSEUM
LA GRANDE MOTTE
CARNON-PLAGE
LES BEAUX ARTS
LES AUBES
LA POMPIGNANE
LA CITADELLE
Le Polygone
Place du Nombre-d'Or
Pl. du Millénaire
Antigone
Le Triangle
MÉDIATHÈQUE
CENTRE EUROPA
Esplanade de l'Europe
Hôtel de Région
PORT MARIANNE
Nouvel Hôtel de ville
Pl. Georges Frêche
Verdanson
LEZ
0 150 m

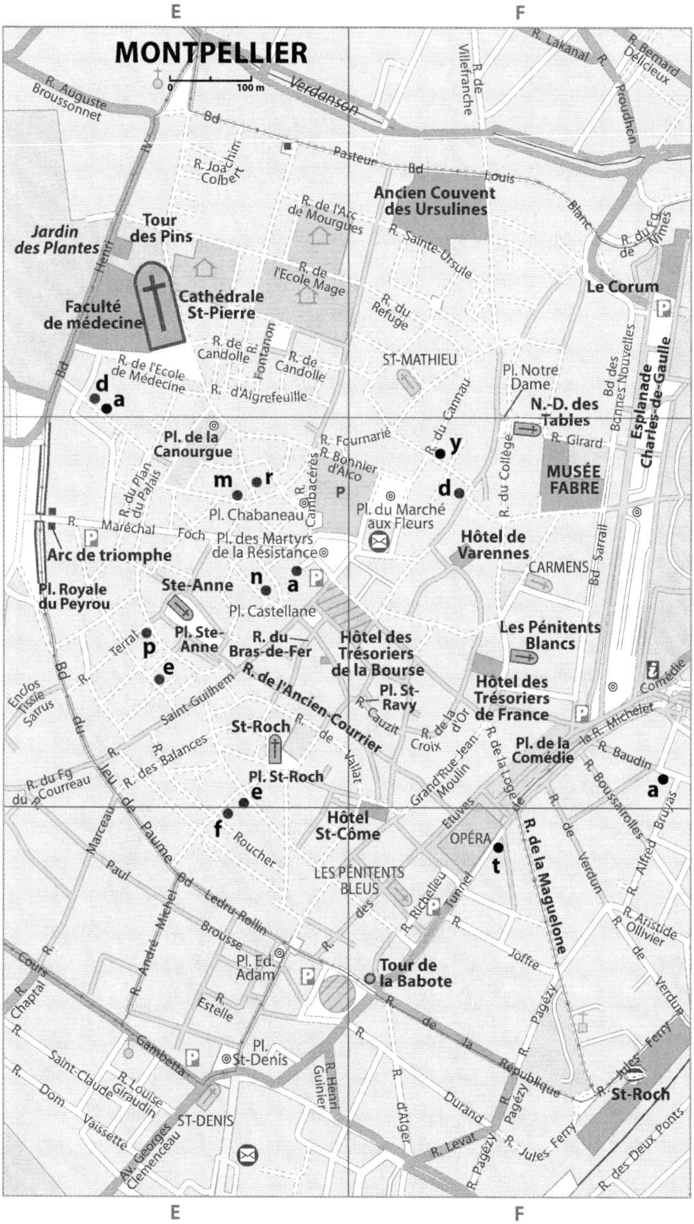

E
F
1
2
3
MONTPELLIER
0
100 m
R. Auguste Broussonnet
Verdanson
Bd Pasteur
Bd Louis Blanc
R. Lakanal
R. Bernard Délicieux
R. Proudhon
R. de Villefranche
R. Joachim Colbert
Ancien Couvent des Ursulines
R. de l'Arc de Mourgues
R. Sainte-Ursule
R. du Fg de Nîmes
Tour des Pins
Jardin des Plantes
Bd Henri IV
Faculté de médecine
Cathédrale St-Pierre
R. de l'Ecole Mage
R. du Refuge
Le Corum
R. de Candolle
R. Fontanon
ST-MATHIEU
Bd des Bonnes Nouvelles
Esplanade Charles-de-Gaulle
R. de l'Ecole de Médecine
R. d'Aigrefeuille
Pl. Notre Dame
N.-D. des Tables
R. du Cannau
R. Fournarié
R. Girard
Pl. de la Canourgue
R. Bonnier d'Alco
R. du Plan du Palais
R. Cambacérès
MUSÉE FABRE
R. du Collège
Pl. Chabaneau
Pl. du Marché aux Fleurs
R. Maréchal Foch
Pl. des Martyrs de la Résistance
Arc de triomphe
Hôtel de Varennes
CARMENS
Bd Sarrail
Ste-Anne
Pl. Royale du Peyrou
Pl. Castellane
Pl. Ste-Anne
R. du Bras-de-Fer
Hôtel des Trésoriers de la Bourse
Les Pénitents Blancs
R. Terral
R. de l'Ancien-Courrier
Pl. St-Ravy
Hôtel des Trésoriers de France
Enclos Tissié Sarrus
R. Saint-Guilhem
R. Cauzit
R. de la Croix d'Or
Comédie
Bd du Jeu de Paume
St-Roch
R. de Vallat
R. des Balances
Grand'Rue Jean Moulin
R. de la Loge
Pl. de la Comédie
R. Baudin
R. Michelet
R. du Fg du Courreau
Pl. St-Roch
R. Boussairolles
R. Alfred Bruyas
Hôtel St-Côme
R. Roucher
R. de la Maguelone
R. de Verdun
Bd Paul Marceau
R. des Etuves
OPÉRA
LES PÉNITENTS BLEUS
R. Richelieu
Tunnel
R. Aristide Ollivier
Bd Ledru-Rollin
R. André Michel
R. Brousse
R. Joffre
Pl. Ed. Adam
Tour de la Babote
R. Pagézy
Cours Gambetta
R. Chaptal
R. Estelle
R. de la République
R. Jules Ferry
Pl. St-Denis
R. Saint-Claude
R. Louise Giraudin
R. Henri Guinier
R. d'Alger
R. Durand
St-Roch
R. Dom Vaissette
ST-DENIS
Av. Georges Clemenceau
R. Levat
R. des Deux Ponts

Leclere (N)

CUISINE MODERNE • INTIME "Une cuisine d'arrivage" : c'est en ces termes que le jeune chef talentueux qualifie sa façon de mettre en valeur les produits, en privilégiant fraîcheur et circuits courts (poissons venus de Sète, framboises de Dordogne). L'endroit ne désemplit pas et c'est amplement mérité.

Formule 20 € - Menu 26 € (déj.), 35/39 €

Plan : E2-e - *41 r. de la Valfère - 04 67 56 90 23 (réservation conseillée) - www.restaurantleclere.com - Fermé vacances de fév., de la Toussaint et de Noël, mardi midi, merc. midi et lundi de sept. à juin, tous les midis en juil.-août et dim.*

L'Alliance des Plaisirs

CUISINE MODERNE • INTIME Goûteuse cuisine que celle de ce jeune chef passé par les établissements des frères Pourcel ! Derrière les fourneaux, mais à la vue des clients, il travaille les produits frais avec un soin évident. Accueil sympathique.

Menu 42/49 €

Plan : E2_3-e - *8 b r. du Petit-Saint-Jean - 04 34 26 50 94 (réservation conseillée) - www.lalliancedesplaisirs.fr - Fermé 1 semaine en avril, août, dim. et le midi*

Pastis

CUISINE MODERNE • INTIME À deux pas de la promenade du Peyrou, on se faufile dans l'étroite rue Terral pour accéder à ce restaurant de poche. Et pour peu que vous aimiez les surprises, vous allez être conquis par le menu "les yeux fermés", variant au gré du marché et de l'inspiration du chef. Jolie terrasse au pied de l'église.

Formule 25 € - Menu 38/53 €

Plan : E2-p - *3 r. Terral - 04 67 66 37 26 (réservation conseillée) - www.pastis-restaurant.com - Fermé 1 semaine en avril, 3 semaines en août, 1 semaine fin déc., dim. et lundi*

La Factory

CUISINE MODERNE • BRANCHÉ La décoration mi-Art déco, mi entrepôt industriel donne à cette Factory un look résolument à part. Côté assiette, on retrouve une bonne cuisine dans l'air du temps, entre touches lyonnaises et bourguignonnes - quenelle de brochet, œufs en meurette - et belles viandes d'ailleurs : bœuf Angus, cochon de bigorre... Miam !

Carte 35/60 €

Plan : D3-e - *598 av. Raymond-Dugrand (Port Marianne) - 04 67 20 20 60 - www.lafactory-restaurant.fr - Fermé 17 déc.-3 janv., sam. sauf en juil.-août et dim.*

L'Idée Saveurs (N)

CUISINE MODERNE • SIMPLE Dans le centre historique de la ville, cette table de poche - 20 couverts - affiche souvent complet... et pour cause : le chef-patron, M. Juste, y concocte des plats goûteux et bien ficelés, et choisit ses produits avec la plus grande attention. Un restaurant qui ne manque pas de suite dans les Idées !

Formule 27 € - Menu 30/37 €

Plan : E3-f - *5 r. du Four-des-Flammes - 04 67 29 88 62 - Fermé 2 semaines en sept., 2 semaines en janv., mardi midi, merc. midi, jeudi midi, dim. et lundi*

Hôtels & maisons d'hôtes

Pullman Centre

HÔTEL DE CHAÎNE • CONTEMPORAIN Au sein du quartier d'affaires dessiné par l'architecte catalan Ricardo Bofill, cet hôtel est résolument contemporain. De belles prestations : chambres spacieuses, salles de séminaire, piscine et restaurant sur le toit... et service attentionné.

86 chambres - 155/680 € 155/680 € - 2 suites - 26 € - ½ P

Plan : C2-t - *1 r. des Pertuisanes - 04 67 99 72 72 - www.pullmanhotels.com*

Crowne Plaza Corum

HÔTEL DE CHAÎNE • CONTEMPORAIN Un hôtel d'affaires récent, face au centre des congrès. Les chambres se révèlent confortables et élégantes, avec des références originales – et colorées – à l'Asie, l'Afrique, etc. Réussi !

140 chambres – 99/350 € 99/350 € – 4 suites – 23 € – ½ P

Plan : C1-v – *190 r. d'Argencourt – 04 67 72 22 22 – www.crowneplaza.com/montpellier*

Baudon de Mauny

HISTORIQUE • PERSONNALISÉ Beautés d'hier et d'aujourd'hui... Dallage ancien, portes sculptées, hauts plafonds, mais aussi mobilier design et aménagement très contemporain : au cœur de la ville, cet hôtel particulier du 18e s. arbore une mine superbe !

9 chambres – 145/365 € 145/365 € – 17 €

Plan : F2-y – *1 r. de la Carbonnerie – 04 67 02 21 77 – www.baudondemauny.com – Fermé 2 semaines en fév. et 1 semaine en août*

Grand Hôtel du Midi (N)

BUSINESS • URBAIN À un entrechat de la place de la Comédie, face au théâtre, ce bel immeuble du début du 20e s. (vitraux, mosaïques) a été entièrement rénové sur le thème de la danse contemporaine. Les chambres sont chaleureuses et élégantes : une vraie réussite !

41 chambres – 99/450 € 99/450 € – 3 suites – 17 €

Plan : F3-t – *22 bd Victor-Hugo – 04 67 92 69 61 – www.grandhoteldumidimontpellier.com*

Aragon

TRADITIONNEL • CLASSIQUE Dans une rue calme, un petit hôtel confortable, avec des détails charmants : meubles de style, cheminées, fenêtres à espagnolette... Le petit-déjeuner sous la verrière est agréable.

12 chambres – 74/200 € 88/200 € – 15 €

Plan : F2-a – *10 r. Baudin – 04 67 10 70 00 – www.hotel-aragon.fr – Fermé 20 déc.-15 janv.*

Le Guilhem

TRADITIONNEL • CLASSIQUE Près du Peyrou, cinq maisons des 16e et 17e s. mêlant caractère et esprit cosy : portes anciennes, alcôves, jolis imprimés... Certaines chambres toisent les tours de la cathédrale, alors que l'une est aménagée dans l'ancienne cave voûtée. Ainsi donc, de la terre au ciel, il n'y a qu'un pas !

35 chambres – 65/250 € 65/250 € – 12 €

Plan : E1-a – *18 r. J.-J. Rousseau – 04 67 52 90 90 – www.leguilhem.com*

Ulysse

FAMILIAL • CONTEMPORAIN Heureux qui comme Ulysse... Dans un quartier pavillonnaire, cet hôtel sympathique propose des chambres chaleureuses et impeccablement tenues. Copieux petit-déjeuner.

28 chambres – 80/150 € 90/160 € – 13 €

Plan : C1-b – *338 av. de St-Maur – 04 67 02 02 30 – www.hotel-ulysse.fr*

Clos de l'Herminier

FAMILIAL • PERSONNALISÉ Cultivez les charmes d'antan dans cette ancienne propriété vinicole du 19e s., isolée dans un quartier en construction. On oublie la ville dans le joli parc arboré (avec piscine), les chambres aux notes champêtres et autour du petit-déjeuner, avec confitures maison...

4 chambres – 90/100 € 100/130 €

Hors plan – *201 r. du Mas-de-Nègre (face au stade Yves du Manoir), 3 km au Sud-Ouest par av. de Toulouse – 04 67 07 98 88 – www.closdelherminier.com*

Mon Jardin en Ville

URBAIN • CONTEMPORAIN Joli métissage architectural pour cette bâtisse de 1892 et ses extensions contemporaines ! À 10mn de la place de la Comédie, dans un parc boisé de 2500 m², cet élégant établissement – décor baroque et design – est parfait pour se reposer après une visite de la ville. Ne passez pas à côté du petit-déjeuner maison !

3 chambres – 108/140 € 126/160 €

Plan : C3-a – *23 av. de Palavas – 06 16 24 20 77 – www.monjardinenville.com*

à Castries 8 km au Nord par D66 et D613 – 34160 – 5 873 hab. – Alt. 70 m

Disini

BOUTIQUE HÔTEL • PERSONNALISÉ Disini ou "ici" en balinais... Dans une forêt de chênes verts, cet hôtel récent mêle touches ethniques (Asie et Afrique) et confort high-tech, dans une ambiance feutrée et reposante. Et l'esprit de Bali règne aussi sur la salle du restaurant gastronomique.

15 chambres – 95/255 € 95/255 € – 1 suite – 15 € – ½ P

1 r. des Carrières – 04 67 41 97 86 – www.disini-hotel.com

à Castelnau-le-Lez 7 km au Nord par D66 et D613 – 34170 – 16 664 hab. – Alt. 60 m

Domaine de Verchant

CUISINE MODERNE • ÉLÉGANT XX Un lieu contemporain pour une cuisine dans l'air du temps. On sert les vins du domaine. Petit dernier, le restaurant la Plage propose une carte de brasserie de bel aloi, face aux vignes et à la piscine à débordement. Dépaysement assuré.

Menu 48 € (déj. en semaine), 65/98 € – Carte 95/114 €

1 bd Philippe-Lamour, par r. de la Vieille-Poste – 04 67 07 26 00 (réservation conseillée) – www.domainedeverchant.com – Fermé mardi sauf août et merc.

Domaine de Verchant

LUXE • DESIGN Une allée de platanes mène à cette belle propriété viticole du 16e s. cernée par les vignes... Les chambres sont superbes (design italien, équipements high-tech, charpente et vieilles pierres), le spa exquis, et la piscine à débordement ne connaît d'autre horizon que la mer de vignes.

21 chambres – 260/950 € 260/950 € – 5 suites – 27 € – ½ P

1 bd Philippe-Lamour, par r. de la Vieille-Poste – 04 67 07 26 00 – www.domainedeverchant.com

Domaine de Verchant – voir les restaurants ci-dessus

à Baillargues 8 km au Nord par D66 et D613 – 34670 – 6 548 hab. – Alt. 23 m

Golf Hôtel de Massane

BUSINESS • FONCTIONNEL Vaste complexe hôtelier doté de nombreux équipements pour les loisirs et la détente. Les chambres, spacieuses et colorées, regardent pour certaines la piscine. Salle à manger contemporaine tournée vers le golf ; cuisine actuelle et vins régionaux.

32 chambres – 119/135 € 139/163 € – 12 € – ½ P

au golf de Massane – 04 67 87 87 87 – www.massane.com

à Lattes 5 km Sud par D986 – 34970 – 15 719 hab. – Alt. 3 m

Le Mazerand

CUISINE CLASSIQUE • ÉLÉGANT XXX Cette propriété, dont l'origine remonte au 17e s., marie avantageusement vieilles pierres et décor moderne. On y déguste une cuisine régionale goûteuse, comme cette poêlée de girolles ou ce filet de bœuf d'Aubrac... en terrasse si les cieux sont cléments.

Formule 25 € – Menu 31/68 € – Carte 45/80 €

Mas de Causse, CD172 – 04 67 64 82 10 – www.le-mazerand.com – Fermé 4-20 fév., sam. midi, dim. soir et lundi

Le Bistrot d'Ariane

CUISINE TRADITIONNELLE • BISTRO Sur le port, un grand et chaleureux bistrot (comptoir en bois, luminaires anciens) dont la cuisine canaille et bistrotière fait le bonheur des habitués. Les patrons annotent – avec pertinence – la carte des vins, où dominent les crus régionaux.

Formule 18 € – Menu 22 € (semaine), 34/44 € – Carte 34/52 €

5 r. des Chevaliers-de-Malte, à Port Ariane – 04 67 20 01 27 – www.bistrot-ariane.fr – Fermé 17 déc.-3 janv. et dim.

Sensation

CUISINE CRÉATIVE • CONTEMPORAIN Sensation, impression, émotion... Tout ce que recherche ce jeune chef très créatif (pâtissier de formation – on le ressent), qui s'est lancé ici avec sa compagne. Et pour les amateurs de plats plus traditionnels (salade de gésiers, souris d'agneau, etc.), direction le Bistronomik, juste à côté !

Menu 25 € (déj. en semaine)/85 €

2 r. des Consuls, à Port Ariane – 04 67 50 39 31 – www.restaurantsensation.fr – Fermé sam. midi, dim. et lundi

à Juvignac 6 km à l'Ouest, rte de Millau – 34990 – 7 865 hab. – Alt. 32 m

Hôtel Golf de Fontcaude Juvignac

BUSINESS • FONCTIONNEL Après avoir testé la régularité de votre swing sur le parcours 18 trous, cap sur cet hôtel dont la majorité des chambres (certaines avec terrasse) ouvrent sur les greens. Un ensemble de standing – golf oblige –, lumineux et très confortable !

46 chambres – 65/140 € 95/180 € – 40 suites – 14 € – ½ P

38 av. des Hameaux-du-Golf (au golf international) – 04 67 45 90 00 – http://www.qualityhotelgolfmontpellier.com/

Vichy Spa Hôtel N

SPA ET BIEN-ÊTRE • CONTEMPORAIN Cet hôtel du groupe Vichy a été fondé en 2014 à proximité des sources de Fontcaude, dont l'eau – naturellement chaude – est utilisé pour les soins thermaux. Son principal atout est sans doute son immense spa, avec ses nombreux équipements ultra-modernes.

48 chambres – 95/265 € 95/265 € – 41 suites – 16 € – ½ P

1292 allée des Thermes – 04 67 41 04 20 – www.vichyspahotel.com

à St-Gély-du-Fesc 13 km au Nord-Ouest par D986 – 34980 – 9 222 hab. – Alt. 95 m

Le Clos des Oliviers

CUISINE MODERNE • CLASSIQUE Du goût, de la simplicité, des produits de qualité bien travaillés : on apprécie ici une bonne cuisine, sans complications inutiles, et on se fait plaisir ! À noter : la carte des vins est réalisée avec le caviste voisin. L'été, on profite de la terrasse à l'ombre des canisses.

Formule 20 € – Menu 25 € (déj. en semaine), 30/68 € – Carte 40/61 €

53 r. de l'Aven – 04 67 84 36 36 – www.clos-des-oliviers.com – Fermé dim. soir et lundi

MONTRABÉ – 31 (Haute-Garonne) → Voir Toulouse

MONTRÉAL

32250 (Gers) – 1 197 hab. – Alt. 131 m – Carte régionale n° **15**-A2

Paris 725 km – Agen 57 km – Auch 59 km – Condom 16 km

Carte Michelin 336-D6

Daubin

CUISINE TRADITIONNELLE • BISTRO Terrasse sous les platanes, cuisine du terroir pleine de goût, produits de première qualité, dégustation de vins régionaux... Côté bar, on mange à la bonne franquette, bien calé sur des tonneaux. Quant à l'accueil, il est sans pareil. Une adresse authentique où l'on vient non pas en client mais en ami !

Formule 20 € - Menu 35/50 € - Carte 48/100 €

3 r. Aurensan (face à l'église) - 05 62 29 44 40 - www.bernarddaubin.com - Fermé vacances de fév., dim. soir, lundi et mardi

MONTREDON - 11 (Aude) ➜ Voir Carcassonne

MONTREUIL

62170 (Pas-de-Calais) - 2 191 hab. - Alt. 54 m - Carte régionale n° **16**-A2

Paris 232 km - Abbeville 49 km - Arras 86 km - Boulogne-sur-Mer 38 km

Carte Michelin 301-D5

Château de Montreuil (Christian Germain)

CUISINE CLASSIQUE • ÉLÉGANT Les assiettes sont belles à regarder, plus encore à déguster... Joli moment de gastronomie au cœur de Montreuil, sous l'égide d'un chef amoureux du produit et précis dans son travail. Décor classique.
➜ Brochette d'ormeaux en persillade et soupe de tomates glacées. Chair de lotte à l'huile de paprika, boulgour et fenouil, sauce choron. Jardin de pistaches aux fruits rouges, sorbet framboise.

Formule 28 € - Menu 37 € (déj.), 78/100 €

Hôtel Château de Montreuil, 4 chaussée des Capucins - 03 21 81 53 04 - www.chateaudemontreuil.com - Fermé 18 déc.-31 janv., mardi midi et lundi sauf juil.-août et jeudi midi

Anecdote

CUISINE TRADITIONNELLE • BISTRO Alexandre Gauthier, chef de la Grenouillère près du Touquet, revient ici aux fondamentaux : bouillon de crevettes grises, entrecôte béarnaise, crêpes Suzette, tarte Tatin... avec même certains plats en hommage à son père. Bons produits, belles présentations, saveurs et générosité : une table loin d'être anecdotique.

Formule 17 € - Menu 22 € (déj.) - Carte 39/65 €

1 r. des Juifs (pl. de l'Église) - 03 21 86 65 80 - www.anecdote-restaurant.com - Fermé 2 semaines en janv. , merc. en juil.-août, dim. et lundi de sept. à juin

Le Bistronome N

CUISINE MODERNE • BISTRO L'ancien Atelier 26 a été repris par le chef François Granderie, qui en a fait un Bistronome à son image : sobre et chaleureux. Il mise tout sur la simplicité et met en avant de bons produits frais, dans des recettes au goût du jour avec un solide ancrage dans la tradition. Et en prime, les prix sont raisonnables !

Formule 15 € - Menu 25 € - Carte environ 34 €

26 r. d'Hérambault - 03 21 06 04 23 - www.restaurant-le-bistronome.fr - Fermé merc. et mardi soir

Château de Montreuil

LUXE • PERSONNALISÉ Dans la partie haute de la ville, une grande et élégante demeure toute blanche (années 1920) dans un jardin clos, à l'abri des remparts... et du monde extérieur. Beaucoup de calme et de raffinement en ces lieux, dans une veine "so British".

8 chambres - 245/300 € 245/300 € - 2 suites - 19 €

4 chaussée des Capucins - 03 21 81 53 04 - www.chateaudemontreuil.com - Fermé 18 déc.-31 janv. et lundi sauf juil.-août et fériés

Château de Montreuil - voir les restaurants ci-dessus

Coq Hôtel

TRADITIONNEL • FONCTIONNEL Cette maison bourgeoise dresse sa belle façade en brique rouge sur une placette du centre. Les chambres sont spacieuses et coquettes : parfait pour une étape dans cette petite ville médiévale.

19 chambres – 90/125 € 90/125 € – 12 €

2 pl. de la Poissonnerie – 03 21 81 05 61 – www.coqhotel.fr – Fermé 20 déc.-début fév.

à Attin 4 km au Nord-Ouest par N39 – 62170 – 696 hab. – Alt. 11 m

Au Bon Accueil

CUISINE TRADITIONNELLE • BISTRO On ne compte plus ces anciennes auberges auxquelles de jeunes associés offrent une seconde jeunesse... Ici encore, le pari est gagnant ! Dans un intérieur de bistrot contemporain, on savoure une bonne cuisine faite maison, qui célèbre les produits du marché. Le tout à prix doux : que demander de plus ?

Menu 20/36 €

52 RN39 – 03 21 06 93 55 – www.au-bon-accueil-attin.fr – fermé 2 semaine en fév., 2 semaines en juin, 2 semaines en nov., dim. soir et lundi

à La Madelaine-sous-Montreuil 3 km à l'Ouest par D139 et rte secondaire – 62170 – 172 hab. – Alt. 7 m

La Grenouillère (Alexandre Gauthier)

CUISINE MODERNE • DESIGN L'écrin est splendide : deux chapiteaux métalliques aux lignes épurées couronnent une salle ouverte sur la nature et les fourneaux. Le chef alchimiste Alexandre Gauthier asticote les saveurs au gré d'assiettes tranchantes : autant d'instantanés de créativité, où le produit chante les louanges des saisons. Ébouriffant.

→ Grenouilles grillées. Pigeon au blé vert. Bulle du marais.

Menu 95/125 € – Carte 80/105 €

19 r. de la Grenouillère – 03 21 06 07 22 – www.lagrenouillere.fr – Fermé janv., lundi midi et jeudi midi de sept. à juin, mardi sauf le soir en juil.-août, merc. midi sauf juil.-août et merc. soir de nov. à mars

La Grenouillère

AUBERGE • DESIGN De l'hôtel-restaurant familial – une ancienne ferme picarde dans les champs –, Alexandre Gauthier a fait... un lieu d'avant-garde. À l'image de sa cuisine tout en recherches, les chambres jouent une carte très contemporaine, notamment les "huttes" créées dans le jardin par l'architecte Patrick Bouchain, au luxe sauvage !

12 chambres – 140/280 € 140/280 € – 23 €

19 r. de la Grenouillère – 03 21 06 07 22 – www.lagrenouillere.fr – Fermé janv.

La Grenouillère – voir les restaurants ci-dessus

au Moulinel 8 km à l'Ouest par D139 – 62170

Auberge du Moulinel

CUISINE TRADITIONNELLE • AUBERGE Un petit air de campagne chic, non loin du Touquet. Soufflé au Grand Marnier, salade de homard... Le chef réalise une alléchante cuisine traditionnelle. Tout est fait maison, y compris le pain et les glaces !

Formule 20 € – Menu 31 € (semaine), 45/63 € – Carte 50/75 €

116 chaussée de l'Avant-Pays – 03 21 94 79 03 – www.aubergedumoulinel.com – Fermé 3 semaines en janv., lundi et mardi sauf juil.-août et dim. soir

MONTREUIL – 93 (Seine-Saint-Denis) → Voir Autour de Paris

MONTREVEL-EN-BRESSE

01340 (Ain) – 2 415 hab. – Alt. 215 m – Carte régionale n° **23**-B1

Paris 395 km – Bourg-en-Bresse 18 km – Mâcon 25 km – Pont-de-Vaux 22 km

Carte Michelin 328-D2 – Guide Vert Michelin Lyon et sa région

Le Comptoir

CUISINE TRADITIONNELLE • BISTRO Envie d'un verre au Comptoir ? Ce café de village joue la carte de la nostalgie, façon Gabin et Verneuil : banquettes, affiches, miroirs et... spécialités bistrotières, sans oublier quelques plats régionaux. Vous y reviendrez forcément !

Formule 17 € - Menu 21/34 € - Carte 29/39 €

9 Grande-Rue - 04 74 25 45 53 - Fermé dim. soir sauf juil.-août, mardi soir et merc.

rte de Bourg-en-Bresse 2 km au Sud sur D975 - 01340 Montrevel-en-Bresse :

Les Vallons

CUISINE TRADITIONNELLE • TRADITIONNEL Pourquoi ne pas se laisser tenter par le restaurant de l'hôtel Pillebois ? Au menu, des recettes traditionnelles réalisées avec une pointe d'originalité : filet de turbot, sauce champagne ; grenouilles fraîches sautées en persillade ; souris d'agneau caramélisée... Aux beaux jours, on s'installe dans le patio !

Menu 16 € (déj. en semaine), 25/56 € - Carte 22/57 €

Hôtel Le Pillebois - 04 74 25 48 44 - www.hotellepillebois.com - Fermé 2 déc.-5 janv., dim. soir et lundi midi

Le Pillebois

BUSINESS • FONCTIONNEL Cette bâtisse moderne, de style bressan, abrite des chambres fonctionnelles et bien tenues, toutes dans un style contemporain. La piscine découverte et la terrasse sont propices au farniente, et l'espace fitness permet de garder la forme !

30 chambres - 72/160 € 72/160 € - 1 suite - ½ P

- 04 74 25 48 44 - www.hotellepillebois.com - Fermé 22 déc.-5 janv.

Les Vallons - voir les restaurants ci-dessus

MONTRICHARD

41400 (Loir-et-Cher) - 3 383 hab. - Alt. 62 m - Carte régionale n° **6**-A1

Paris 220 km - Blois 37 km - Châteauroux 85 km - Châtellerault 95 km

Carte Michelin 318-E7 - Guide Vert Michelin Châteaux de la Loire

à Chissay-en-Touraine 4 km à l'Ouest par D176 - 41400 - 1 157 hab. - Alt. 63 m

Château de Chissay

DEMEURE HISTORIQUE • CLASSIQUE Louis XI, le général de Gaulle : ce château du 15es. a accueilli d'illustres personnages ! Chambres classiques ; la troglodytique et le duplex du donjon ne manquent pas d'originalité... Au restaurant : voûtes, boiseries, mobilier Louis XIII et... cuisine actuelle.

32 chambres - 140/215 € 140/310 € - 2 suites - 17 € - ½ P

- 02 54 32 32 01 - www.chateaudechissay.com - Ouvert avril-nov.

MONTRICOUX

82800 (Tarn-et-Garonne) - 1 082 hab. - Alt. 113 m - Carte régionale n° **15**-C2

Paris 618 km - Cahors 51 km - Gaillac 39 km - Montauban 25 km

Carte Michelin 337-F7

Les Gorges de l'Aveyron

CUISINE MODERNE • CONVIVIAL Au cœur d'un parc verdoyant baigné par l'Aveyron, cette villa cossue est une véritable invitation à savourer une cuisine de saison agréable et bien ficelée. La grande terrasse se révèle incontournable aux beaux jours.

Menu 15 € (déj. en semaine), 29/75 €

5 chambres - 85/160 € 85/160 € - 13 €

Le Bugarel-Bruniquel - 05 63 24 50 50 - www.gorges-aveyron.com - Fermé mars, 2-31 janv., mardi sauf du 15 juin au 15 sept. et lundi

MONTROND-LES-BAINS

✉ 42210 (Loire) - 5 270 hab. - Alt. 356 m - Carte régionale n° **23**-A2
▶ Paris 447 km - Lyon 69 km - Montbrison 15 km - Roanne 58 km
Carte Michelin 327-E6 - Guide Vert Michelin Lyon et sa région

Carré Sud

CUISINE TRADITIONNELLE • FAMILIAL XX Agneau en croûte de persillade, soufflé glacé au Grand Marnier... En dépit de son jeune âge, le chef cuisine sans complexe : ses préparations, plutôt traditionnelles, se révèlent bien tournées. Menu dégustation le soir et le week-end ; agréable jardin.

Menu 18 € (déj. en semaine), 28/51 €

55 av. de la gare - ✆ 04 77 54 42 71 - www.carre-sud.fr - Fermé 2 semaines en sept., 2 semaines en mars, dim. soir et merc.

MONTROUGE - 92 (Hauts-de-Seine) ➜ Voir Autour de Paris

MONTS

✉ 37260 (Indre-et-Loire) - 7 246 hab. - Alt. 50 m - Carte régionale n° **6**-B2
▶ Paris 254 km - Azay-le-Rideau 13 km - Chenonceaux 48 km - Chinon 33 km
Carte Michelin 317-M5

Au Carrousel des Saveurs

CUISINE TRADITIONNELLE • CONVIVIAL X Le jeune chef, après un parcours dans de belles maisons, a posé ses valises dans cette petite auberge familiale des bords de l'Indre pour en faire... un carrousel de jolies saveurs ! Au coin de la cheminée, on se régale d'une bonne cuisine du marché, réalisée avec de bons produits. Très bon rapport qualité-prix.

Formule 14 € - Menu 25/49 €

2 r. Jean-Colin - ✆ 02 47 26 76 86 - www.aucarrouseldessaveurs.fr - Fermé 3-16 juil., 2-23 janv., dim. soir et lundi

MONT-SAINT-JEAN

✉ 21320 (Côte-d'Or) - 254 hab. - Alt. 478 m - Carte régionale n° **4**-C2
▶ Paris 265 km - Dijon 62 km - Mâcon 146 km - Nevers 183 km
- Guide Vert Michelin Bourgogne

Les Roches

DEMEURE HISTORIQUE • HISTORIQUE Lustres à pampilles, moulures, mobilier chiné : cette maison bourgeoise (1901) cultive son style châtelain avec une certaine élégance. Le jardin est charmant, tout comme la vue sur le Morvan et l'accueil des propriétaires. Le soir, les résidents - et les autres ! - dînent autour de petits plats de tradition.

5 chambres ☕ - 🚹129/169 € 🚹🚹139/179 €

r. de Glanot - ✆ 03 80 84 32 71 - www.lesroches-burgundy.com

LE MONT-ST-MICHEL

✉ 50170 (Manche) - 41 hab. - Alt. 10 m - Carte régionale n° **17**-A3
▶ Paris 359 km - Alençon 135 km - Avranches 23 km - Dinan 58 km
Carte Michelin 303-C8 - Guide Vert Michelin Normandie Cotentin, Bretagne

à la Digue 2 km au Sud sur D976 - ✉ 50170 Le Mont-St-Michel

Le Relais Saint-Michel

TRADITIONNEL • CONTEMPORAIN Pour les touristes et les pélerins d'aujourd'hui, une étape confortable... face à la silhouette du Mont : dans ce relais contemporain (1995), la quasi totalité des chambres ouvrent par de grandes baies - et avec balcon ou terrasse - sur l'étendue des herbus et l'abbaye. Restaurant panoramique.

32 chambres - 🚹170/525 € 🚹🚹170/525 € - 7 suites - ☕ 19 € - ½ P

- ✆ 02 33 89 32 00 - www.relais-st-michel.fr

Mercure

HÔTEL DE CHAÎNE • FONCTIONNEL Tous les avantages de la chaîne Mercure juste à côté du Couesnon, à l'amorce de la voie d'accès au Mont. Un ensemble confortable et bien tenu.

100 chambres – 103/178 € 103/178 € – 15 €

– 02 33 60 14 18 – www.hotelmercure-montsaintmichel.com

Le Relais du Roy

TRADITIONNEL • FONCTIONNEL À l'entrée de la digue, une ancienne ferme de la fin du 18e s. toute en pierre, et son extension plus récente. Les chambres, fonctionnelles et bien tenues, ouvrent pour certaines (les plus calmes) sur le Couesnon.

27 chambres – 88/126 € 88/126 € – 11 € – ½ P

– 02 33 60 14 25 – www.le-relais-du-roy.com – Fermé 16 janv.-1er fév.

MONTSALVY

15120 (Cantal) – 877 hab. – Alt. 800 m – Carte régionale n° **3**-B3

Paris 586 km – Aurillac 31 km – Entraygues-sur-Truyère 14 km – Figeac 57 km

Carte Michelin 330-C6 – Guide Vert Michelin Auvergne

L'Auberge Fleurie

CUISINE MODERNE • AUBERGE XX Avis aux amateurs : ici, on a la passion du terroir et des bons vins ! Quenelle de saumon aux moules sur bisque de langoustine, côtelette de porc fermier "Lou Téchou" à la graine de moutarde... Dans cette auberge couverte de vigne vierge, le chef revisite joliment la tradition. Quelques chambres à l'étage.

Menu 16 € (déj. en semaine), 26/46 € – Carte 36/61 €

7 chambres – 50/70 € 50/70 € – 9 €

pl. du Barry – 04 71 49 20 02 – www.auberge-fleurie.com – Ouvert de mi-mars à mi-nov. et fermé dim. soir et lundi sauf juil.-août

MONT-SAXONNEX

74130 (Haute-Savoie) – 1 592 hab. – Alt. 1 000 m – Carte régionale n° **25**-F1

Paris 572 km – Annecy 57 km – Genève 38 km – Lyon 189 km

Carte Michelin 328-L4 – Guide Vert Michelin Alpes du Nord

Jalouvre

FAMILIAL • COSY Bien au calme dans un village de montagne, un hôtel confortable et avenant, dont les chambres sont décorées dans un bel esprit de chalet contemporain – certaines ont un balcon donnant sur la vallée. Côté cuisine, carte de spécialités régionales.

14 chambres – 60/70 € 75/105 € – 9 € – ½ P

45 rte Gorge-du-Cé – 04 50 96 90 67 – www.lejalouvre.com – Fermé 2 semaines mi août

MONTSOREAU

49730 (Maine-et-Loire) – 465 hab. – Alt. 77 m – Carte régionale n° **18**-C2

Paris 292 km – Angers 75 km – Châtellerault 65 km – Chinon 18 km

Carte Michelin 317-J5 – Guide Vert Michelin Pays de la Loire

Diane de Méridor

CUISINE MODERNE • ÉLÉGANT XX Une grande salle avec vue sur la Loire... Des murs en tuffeau et quelques touches contemporaines s'accordant parfaitement avec la cuisine dans l'air du temps du chef. Le tout ponctué de quelques recettes régionales. Voilà une adresse qui sait conjuguer passé et présent !

Formule 19 € – Menu 29/95 € – Carte environ 58 €

12 quai Philippe-de-Commines – 02 41 51 71 76
– www.restaurant-dianedemeridor.com – Fermé 5-25 janv., mardi et merc.

La Marine de Loire

LUXE • PERSONNALISÉ Un hôtel de charme décoré avec goût : les chambres, aux noms poétiques, sont confortables et bien tenues. Il fait bon se promener dans le jardin d'agrément, avant d'aller se prélasser dans l'espace bien-être, avec hammam et cabines de soins...

11 chambres - 159/199 € 159/259 € - 4 suites - 15 €

9 av. de la Loire - 02 41 50 18 21 - www.hotel-lamarinedeloire.com

MOOSCH

68690 (Haut-Rhin) - 1 721 hab. - Alt. 390 m - Carte régionale n° **1**-A3

Paris 469 km - Colmar 53 km - Mulhouse 29 km - Strasbourg 128 km

Carte Michelin 315-G9

Aux Trois Rois

CUISINE MODERNE • VINTAGE XX Pâté en croûte, tête de veau... Ici, les éternels bistrotiers sont rois, mais ils partagent volontiers leur couronne avec les produits de la mer. À l'ardoise, des propositions sans cesse renouvelées et des vins qui sont de vraies petites trouvailles : un royaume du goût, de la qualité et de la convivialité !

Formule 15 € - Menu 37/65 € - Carte 43/51 €

35 r. du Gén.-de-Gaulle - 03 89 82 34 66 - www.aux-trois-rois.com - Fermé 2 semaines fin juin-début juil., 28 déc.-8 janv., lundi et mardi

MOREILLES - 85 (Vendée) → Voir Luçon

MORESTEL

38510 (Isère) - 4 261 hab. - Alt. 220 m - Carte régionale n° **23**-C2

Paris 506 km - Lyon 65 km - Vénissieux 63 km - Villeurbanne 64 km

Carte Michelin 333-F3 - Guide Vert Michelin Lyon et sa région

Auberge du Fouron

CUISINE MODERNE • SIMPLE X Des herbes aromatiques, des fleurs comestibles, des légumes du potager et des épices en tous genres : la recette du bonheur selon cette auberge. On se laisse donc facilement tenter par un pavé de merlu rôti au jus de viande et côtes de blettes, ou un jubilé de cerises et blanc-manger... Fameux !

Formule 17 € - Menu 25 € (déj. en semaine), 35/50 € - Carte 42/46 € dîner

254 chemin de Malissole, N75, rte de Bourg - 04 74 80 28 69 - www.aubergedufouron.com - Fermé 24 fév.-6 mars, 21 avril-2 mai, sam. midi de sept. à juin, mardi en juil. et août, dim. soir et lundi

MORET-SUR-LOING

77250 (Seine-et-Marne) - 4 305 hab. - Alt. 50 m - Carte régionale n° **10**-C3

Paris 74 km - Fontainebleau 11 km - Melun 28 km - Nemours 17 km

Carte Michelin 312-F5 - Guide Vert Michelin Île-de-France

Hostellerie du Cheval Noir

TRADITIONNEL • PERSONNALISÉ À l'entrée de la cité médiévale, un ancien relais de poste dont les chambres, confortables et bien équipées (mini-bar, écran plat, wifi) sont régulièrement rénovées.

11 chambres - 90/300 € 90/300 € - 16 € - ½ P

47 av. Jean-Jaurès - 01 60 70 80 20 - www.chevalnoir.fr

MOREY-ST-DENIS

21220 (Côte-d'Or) - 688 hab. - Alt. 275 m - Carte régionale n° **4**-D1

Paris 318 km - Beaune 30 km - Dijon 16 km

Carte Michelin 320-J6

Castel de Très Girard

CUISINE MODERNE • ÉLÉGANT Dans ce restaurant mêlant élégamment charme rustique et douceur contemporaine, le chef réalise une belle cuisine, faite de fraîcheur de saison, de saveurs du terroir et de modernité... L'art de la conjugaison !

Formule 19 € - Menu 49/68 € - Carte 35/62 €

7 r. de Très-Girard - 03 80 34 33 09 - www.castel-tres-girard.com

Castel de Très Girard

TRADITIONNEL • PERSONNALISÉ Une très belle maison de maître du 18e s. au cœur de ce village typiquement bourguignon. Les chambres, cossues et spacieuses, sont idéales pour se prélasser, tout comme la belle terrasse, le jardin et la piscine...

8 chambres - 190/310 € 190/310 € - 16 € - ½ P

7 r. de Très-Girard - 03 80 34 33 09 - www.castel-tres-girard.com

Castel de Très Girard - voir les restaurants ci-dessus

MORGAT

29160 (Finistère) - Crozon - 7 535 hab. - Carte régionale n° **5**-A2

Paris 590 km - Brest 62 km - Châteaulin 38 km - Douarnenez 42 km

Carte Michelin 308-E5 - Guide Vert Michelin Bretagne Nord

Saveurs et Marée

POISSONS ET FRUITS DE MER • BRASSERIE Une cuisine "dans le vent" pour cette maison conviviale, au cœur de la station balnéaire. Marée et saveurs sont au rendez-vous avec des spécialités comme le poisson au beurre blanc, la marmite de homard, etc.

Formule 16 € - Menu 20 € (déj. en semaine), 24/55 € - Carte 30/56 €

52 bd de la Plage - 02 98 26 23 18 - www.saveurs-et-maree.com - Fermé de mi-janv. à mi- fév. et lundi

Hôtel de la Baie

FAMILIAL • FONCTIONNEL Au cœur de Morgat, l'établissement offre une vue imprenable sur la plage... Les chambres, d'esprit actuel, gaies et soignées, sont d'un bon rapport qualité-prix, tout comme les quelques studios et chambres avec kitchenette et coin salon. Une adresse où l'on se sent bien.

24 chambres - 65/98 € 65/98 € - 10 €

46 bd de la Plage
- 02 98 27 07 51 - www.hoteldelabaie-crozon-morgat.com
- Fermé 2 semaines en déc.

MORILLON - 74 (Haute-Savoie) → Voir Samoëns

MORLAIX

29600 (Finistère) - 15 507 hab. - Alt. 7 m - Carte régionale n° **5**-B1

Paris 538 km - Brest 61 km - Quimper 78 km - St-Brieuc 86 km

Carte Michelin 308-H3 - Guide Vert Michelin Bretagne Nord

Le Viaduc

CUISINE TRADITIONNELLE • COSY Cette maison compte parmi les plus vieilles du secteur de l'église St-Mélaine. Les spécialités du chef, dont le père était boucher : la viande, les abats et le célèbre kig-ha-farz, le pot-au-feu breton. Mais il y a aussi du poisson, bien sûr !

Formule 17 € - Menu 24 € (semaine)/32 € - Carte 28/58 €

Plan : A1-s - *3 rampe St-Mélaine - 02 98 63 24 21 - www.le-viaduc.com*
- Fermé dim. soir et lundi sauf juil.-août

L'Evidence

CUISINE MODERNE • BISTRO X Un bistrot contemporain au cadre coloré – orange, noir, blanc –, situé dans le vieux Morlaix, et qui s'impose... comme une Évidence ! On y déguste une cuisine dans l'air du temps, qui évolue au fil des saisons ; le chef propose une formule attractive pour déjeuner. Spécialité de la maison : le pigeonneau rôti au chou.

Formule 16 € – Menu 22 € (déj. en semaine), 27/70 € – Carte environ 51 €

Plan : B2-a – *4 r. Basse – 02 98 15 58 25 – www.levidence.eu – Fermé 1 semaine en janv., 1 semaine en mai, 1 semaine en sept., dim. et lundi*

L'Hermine

CUISINE BRETONNE • RUSTIQUE X Poutres, tables en bois ciré, objets rustiques : une crêperie bien sympathique dans un pittoresque quartier piétonnier, avec une petite terrasse... On peut choisir parmi une cinquantaine de crêpes au sarrasin et au froment, avec une spécialité : la Godaille, une galette au thon, au beurre d'ail et aux algues.

Carte 11/117 €

Plan : A1-d – *35 r. Ange-de-Guernisac – 02 98 88 10 91 – www.restaurantmorlaix.com – Fermé 1er-15 juin et dim.*

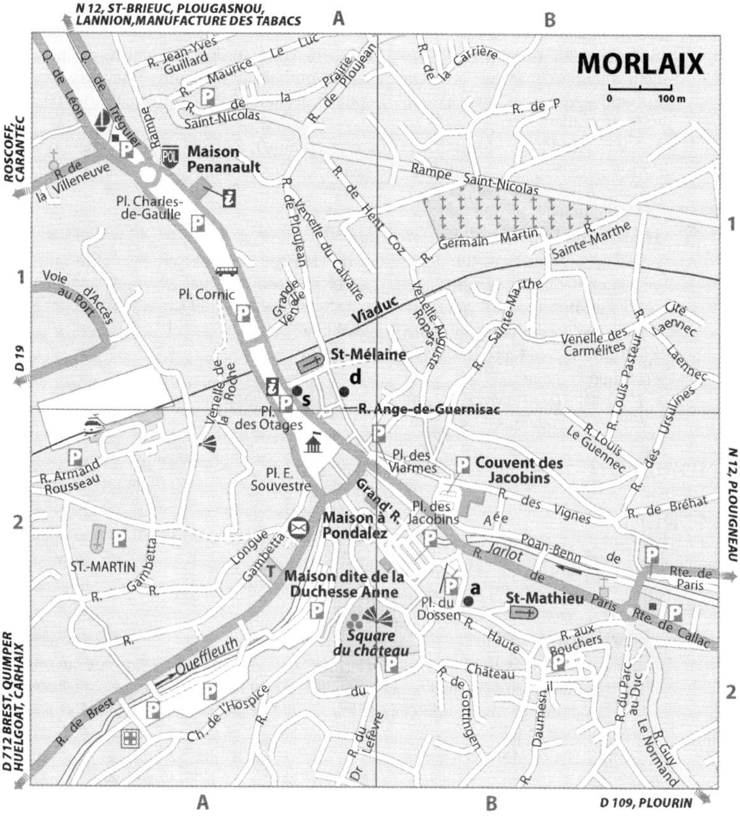

Cozy Hôtel

BUSINESS · CONTEMPORAIN En léger retrait de la route, une construction cubique des années 1970, qui abrite des chambres fonctionnelles, joliment rénovées dans un style contemporain. L'accueil est sympathique et les prix raisonnables.

30 chambres - 60/90 € 60/95 € - 10 €

Hors plan - *3 km par rte de Plouigneau Est sur D712 - 02 98 88 08 68 - www.hotel-morlaix.com - Fermé 16 déc.-2 janv.*

MORNAC-SUR-SEUDRE

17113 (Charente-Maritime) - 839 hab. - Alt. 5 m - Carte régionale n° **20**-A3

Paris 510 km - Angoulême 109 km - Poitiers 177 km - La Rochelle 70 km

Carte Michelin 324-D5 - Guide Vert Michelin Poitou-Charentes

Les Basses Amarres

CUISINE MODERNE · BISTRO Dans ce petit bourg typique de l'estuaire de la Seudre, marqué par la tradition ostréicole, ce bistrot marin transmet joyeusement la tradition : huîtres du cru et nombreux plats du large (raviole ouverte de coques et crevettes, maigre sauce bouillabaisse...) sont pleins de goût, pour le meilleur de la pêche locale.

Menu 29/34 € - Carte 43/62 €

5 r. des Basses-Amarres (au port) - 05 46 22 63 31 - www.restaurant-mornac.com - Fermé 1 semaine en oct., 1 semaine vacances de Noël, 2 semaines en janv.-fév., lundi et mardi sauf juil.-août

MOROGUES

18220 (Cher) - 415 hab. - Alt. 216 m - Carte régionale n° **6**-C2

Paris 217 km - Bourges 27 km - Nevers 72 km - Orléans 121 km

Carte Michelin 323-L3

Au Grès des Ouches

CUISINE TRADITIONNELLE · TRADITIONNEL Au centre de la commune, une auberge où l'on s'installe dans une atmosphère chaleureuse et familiale. Le chef donne dans la belle tradition avec des assiettes goûteuses et généreuses : tête de veau, terrine de jarret de porc et de foie gras, saumon fumé maison... avec quelques propositions plus actuelles.

Formule 14 € - Menu 18 € (déj. en semaine), 27/30 € - Carte 37/50 €

2 Grande-Rue - 02 48 64 17 51 - www.augresdesouches.fr - Fermé 1 semaine vacances de la Toussaint, jeudi soir de sept. à juin, dim. soir, lundi soir, mardi soir et merc.

MORSBRONN-LES-BAINS

67360 (Bas-Rhin) - 742 hab. - Alt. 200 m - Carte régionale n° **1**-B1

Paris 489 km - Haguenau 11 km - Sarreguemines 68 km - Strasbourg 44 km

Carte Michelin 315-K3

La Source des Sens

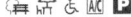

CUISINE MODERNE · CONTEMPORAIN Le cadre est résolument contemporain - mobilier design et vue sur les fourneaux via un écran plasma - et la cuisine se fait volontiers créative : foie gras à la plancha et rhubarbe rôtie au miel, lotte bretonne dans un bouillon de coques au lait de coco... Des recettes qui ont du sens !

Formule 17 € - Menu 26 € (déj. en semaine), 46/70 € - Carte 50/62 €

19 rte d'Haguenau - 03 88 09 30 53 - www.lasourcedessens.fr - Fermé dim. soir, mardi midi et lundi

La Source des Sens

SPA ET BIEN-ÊTRE • CONTEMPORAIN Un hôtel-restaurant très agréable dans cette station thermale du nord de l'Alsace. Chambres tendance au design sobre – plus calmes sur l'arrière du bâtiment –, espace bien-être complet avec un magnifique spa de 2 000 m² : tous les sens sont flattés.

32 chambres – 150/290 € 180/290 € – ½ P

19 rte d'Haguenau – 03 88 09 30 53 – www.lasourcedessens.fr – Fermé 2 semaines en juil. et en janv.

La Source des Sens – voir les restaurants ci-dessus

MORTAGNE-AU-PERCHE

61400 (Orne) – 4 059 hab. – Alt. 260 m – Carte régionale n° **17**-C3

Paris 153 km – Alençon 39 km – Chartres 80 km – Lisieux 89 km

Carte Michelin 310-M3 – Guide Vert Michelin Normandie Vallée de la Seine

Restaurant du Tribunal

CUISINE MODERNE • ÉLÉGANT XX Le décor, élégant et cossu, ne manque pas d'attrait, mais c'est la cuisine du tout jeune chef qui interpelle : portés par son entrain et son inventivité, les produits du terroir épousent la tendance... Les spécialités régionales ne sont pas oubliées, tels le boudin noir (la grande spécialité de Mortagne) et la teurgoule !

Formule 17 € – Menu 32/60 € – Carte 46/78 €

4 pl. du Palais – 02 33 25 04 77 – www.hotel-tribunal.fr – Fermé de fin déc. à mi-janv.

Hôtel du Tribunal

AUBERGE • PERSONNALISÉ Une ravissante maison fleurie (13e-18e s.), parfaite pour partir à la découverte de la cité et des collines du Perche. Classiques ou joliment contemporaines, les chambres allient fraîcheur et confort. Avec en prime un accueil très sympathique.

21 chambres – 64/150 € 75/150 € – 13 € – ½ P

4 pl. du Palais – 02 33 25 04 77 – www.hotel-tribunal.fr – Fermé de fin déc. à mi-janv.

Restaurant du Tribunal – voir les restaurants ci-dessus

au Pin-la-Garenne 9 km au Sud par rte Bellême sur D938 – 61400 – 733 hab. – Alt. 158 m

La Croix d'Or

CUISINE TRADITIONNELLE • AUBERGE XX Une auberge accueillante comme une maison de famille... La demeure appartenait déjà à l'arrière-grand-mère du chef ! Après avoir fait ses classes dans de grands établissements, il est revenu au pays avec son épouse – originaire du Sud-Ouest comme l'indique son accent chantant – ; ensemble, ils ont créé un véritable repaire gourmand. La tradition a du bon !

Formule 14 € – Menu 17 € (déj. en semaine), 27/47 € – Carte 31/55 €

6 r. de la Herse – 02 33 83 80 33 – lacroixdor.free.fr – Fermé vacances de fév. et de la Toussaint, mardi et merc.

MORTEAU

25500 (Doubs) – 6 779 hab. – Alt. 780 m – Carte régionale n° **9**-C2

Paris 468 km – Basel 121 km – Belfort 88 km – Besançon 65 km

Carte Michelin 321-J4 – Guide Vert Michelin Franche-Comté Jura

Auberge de la Roche

CUISINE TRADITIONNELLE • CONVIVIAL XX Une table de tradition, nichée dans la verte campagne du Haut-Doubs. Madame et Monsieur Feuvrier mettent tout leur cœur à satisfaire les clients, elle en salle, assurant un accueil très attentif ; lui aux fourneaux, jouant la carte du classicisme et des généreuses saveurs franc-comtoises...

Menu 27/85 € – Carte 66/93 €

9 r. du Pont-de-la-Roche, 3 km au Sud-Ouest par D437 25570 – 03 81 68 80 05 – www.aubergedelaroche.com – Fermé 1 semaine en juil., 1 semaine en janv., mardi soir, dim. soir et lundi

Jacques Alexandre

CUISINE TRADITIONNELLE • CONVIVIAL Un sympathique bistrot dans une maison de pays. Vue alléchante sur les cuisines depuis la salle "Comptoir" ; carte faisant honneur aux spécialités du genre et à la tradition.

Formule 16 € – Menu 25/35 € – Carte 32/56 €

34 Grande-Rue – 03 81 43 14 19 – www.jacques-alexandre.com

La Guimbarde

URBAIN • CONTEMPORAIN Un imposant édifice du 19e s. en plein centre-ville. Les chambres, de style contemporain, sont spacieuses et bien tenues, et l'on peut profiter de l'espace bien-être (jacuzzi, sauna, fitness). Le week-end, piano-bar au salon... sans guimbarde !

25 chambres – 59/110 € 64/110 € – 8,50 €

10 pl. Carnot – 03 81 67 14 12 – www.la-guimbarde.com

MORZINE

74110 (Haute-Savoie) – 2 889 hab. – Alt. 960 m – Carte régionale n° **25**-F1

Paris 586 km – Annecy 84 km – Cluses 26 km – Genève 58 km

Carte Michelin 328-N3 – Guide Vert Michelin Alpes du Nord

L'Atelier

CUISINE MODERNE • ÉLÉGANT Au sein de l'hôtel Samoyède, un cadre montagnard chic, pour une cuisine inspirée directement par les produits du marché, rehaussée de jolies influences exotiques et déclinée à travers une courte carte et un menu dégustation.

Menu 60 €

Plan : A2-g – *Hôtel Le Samoyède, 9 pl. de l'Office-du-Tourisme – 04 50 79 00 79 – www.hotel-lesamoyede.com – Ouvert de mi-déc. à mi-avril et fermé mardi et le midi*

Le Restaurant du Chalet

CUISINE MODERNE • CHAMPÊTRE Saint-Jacques, tourteaux et croustillant de légumes, carré d'agneau de Sisteron, côte de bœuf charolais et embeurrée de pomme de terre... Une cuisine actuelle, réalisée à partir de bons produits : voilà ce que l'on peut déguster dans ce restaurant certes un peu excentré, mais où l'on se réfugie avec plaisir.

Carte 46/55 €

Plan : B2-b – *Hôtel Chalet Philibert, 480 rte des Putheys – 04 50 79 25 18 (réservation conseillée) – www.chalet-philibert.com – Ouvert 1er déc.-20 avril et fermé le midi*

La Ferme de la Fruitière

FROMAGES, FONDUES-RACLETTES • CONVIVIAL Dans cette salle boisée, une belle cheminée crépite sous vos yeux ; vous attendez l'arrivée de votre Berthoud, entre autres spécialités fromagères. Tournez la tête : à travers la vitre, la cave d'affinage de la fruitière voisine affiche ses meules d'Abondance, tommes et reblochons... Au cœur de la tradition !

Carte 44/73 €

Plan : A2-d – *337 rte de la Plagne – 04 50 79 77 70 – www.alpage-morzine.com – Ouvert 20 juin-15 sept. et 15 déc.-15 avril, fermé lundi fin juin et début sept.*

Les Vents d'Anges

CUISINE TRADITIONNELLE • SIMPLE Laissez les vents vous porter jusqu'à cette petite adresse du "bas" de Morzine, à deux pas de la mairie. Le chef, originaire de Bretagne, réalise une cuisine goûteuse et maîtrisée, qu'il agrémente volontiers d'agrumes ; il propose aussi quelques plats nordiques, un clin d'œil aux origines picardes de sa compagne.

Carte 32/62 €

Plan : B2-m – *10 chemin du Moulin – 04 50 37 66 71 – Fermé 30 avril-29 juin et 10 sept.-20 nov.*

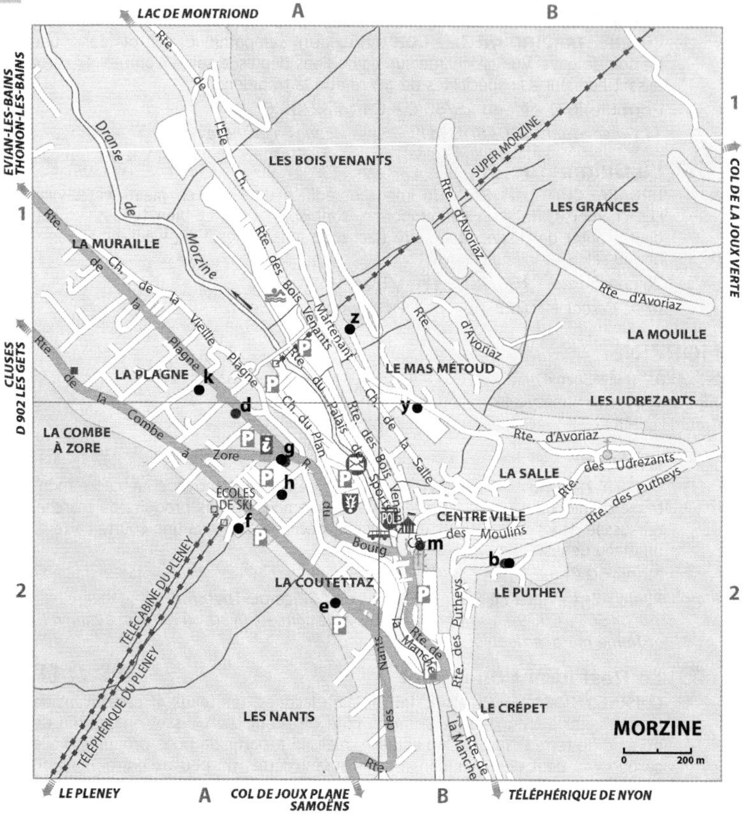

Le Samoyède

TRADITIONNEL · ÉLÉGANT Au cœur de la station, un grand chalet plein de charme. Du skieur en solitaire à la famille nombreuse, tout le monde trouvera une chambre à son goût ; en bois blond ou contemporaines, elles donnent pour la plupart sur la montagne. Un cocon chic et chaleureux !

30 chambres ☕ – 🚹69/140 € 🚹🚹133/368 € – 1 suite – ½ P

Plan : A2-g – *9 pl. de l'Office-du-Tourisme – ✆ 04 50 79 00 79 – www.hotel-lesamoyede.com – Ouvert de mi-juin à mi-sept. et de mi-déc. à mi-avril*

L'Atelier – voir les restaurants ci-dessus

Le Dahu

TRADITIONNEL · MONTAGNARD Contrairement au dahu, dont la légende a traversé les siècles (avec ses pattes plus courtes d'un côté), ce grand chalet n'a rien d'imaginaire ! L'hôtel domine la vallée et dévoile une atmosphère joliment montagnarde dans les chambres, ainsi qu'une bonne cuisine au goût du jour au restaurant.

29 chambres – 🚹100/180 € 🚹🚹150/380 € – 8 suites – ☕ 18 €

Plan : A1-z – *293 chemin du Mas-Métout – ✆ 04 50 75 92 92 – www.dahu.com – Ouvert 22 juin-3 sept. et 16 déc.-8 avril*

Champs Fleuris

TRADITIONNEL · MONTAGNARD Hôtel idéalement situé au pied du téléphérique du Pléney. Dans le salon crépite la cheminée et, après une journée de ski, on a plaisir à regagner sa chambre, si douillette ! On pourra également profiter de l'agréable spa avec sa piscine sensorielle.

52 chambres – ½ P seult 108/268 €

Plan : A2-f – *247 rte du Téléphérique – ✆ 04 50 79 14 44 – www.hotel-champs-fleuris.com – Ouvert 24 juin-4 sept. et 17 déc.-10 avril*

La Bergerie

TRADITIONNEL · MONTAGNARD Un chalet sympathique où règne une ambiance familiale : chambres cosy et presque toutes équipées d'une kitchenette, jeux pour les enfants et piscine chauffée. À l'intérieur ou en terrasse, bon choix de fromages savoyards pour le petit-déjeuner.

27 chambres – 🕴150/480 € 🕴🕴180/480 € – 2 suites – ☕ 18 €

Plan : A2-h – *103 rte du Téléphérique – ✆ 04 50 79 13 69 – www.hotel-bergerie.com – Ouvert de fin juin à mi-sept. et fin déc. à mi-avril*

Chalet Philibert

TRADITIONNEL · MONTAGNARD Chalet rénové dans le respect de l'authenticité savoyarde, avec de beaux matériaux anciens (bois, pierre) glanés dans les fermes voisines. Les chambres sont confortables et chaleureuses ; celles de l'annexe sont plus sommaires (peu de mobilier et pas de téléphone) et privatisables sur demande.

26 chambres – ½ P seult 96/195 €

Plan : B2-b – *480 rte des Putheys – ✆ 04 50 79 25 18 – www.chalet-philibert.com – Ouvert 15 juin-15 sept. et 1er déc.-20 avril*

Le Restaurant du Chalet – voir les restaurants ci-dessus

La Clef des Champs

FAMILIAL · MONTAGNARD Un chalet au pied des pistes, dont les balcons en bois semblent découpés dans une fine dentelle. Les chambres, de style montagnard, sont joliment arrangées et très bien tenues ; pour la relaxation, un petit détour s'impose par le hammam et le grand bassin à jets...

30 chambres – 🕴90/155 € 🕴🕴90/215 € – ☕ 15 € – ½ P

Plan : A2-e – *40 Taille de Mas du Chateau (av. Joux-Plane) – ✆ 04 50 79 10 13 – www.clefdeschamps.com – Ouvert 1er juil.-1er sept. et 18 déc.-9 avril*

Fleur des Neiges

FAMILIAL · TRADITIONNEL La Fleur des Neiges ? Une jolie plante tenue par un couple franco-canadien accueillant et jovial. C'est chaleureux, typique et bien entretenu ! Côté sport et détente : fitness, sauna, tennis et piscine. Cuisine traditionnelle (menu unique).

31 chambres ☕ – 🕴70/100 € 🕴🕴105/214 € – ½ P

Plan : A1-k – *227 Taille de Mas de Nant-Crue – ✆ 04 50 79 01 23 – www.hotelfleurdesneigesmorzine.com – Ouvert 1er juil.-3 sept. et 18 déc.-10 avril*

L'Hermine Blanche

FAMILIAL · MONTAGNARD Près de la route d'Avoriaz, un chalet dont les chambres sont fraîches et accueillantes ; une partie d'entre elles a été rénové dans un style cosy et contemporain. L'été, on sort profiter de la piscine chauffée et de l'espace détente (jacuzzi, sauna), avant d'aller marcher sur les hauteurs de Morzine...

25 chambres – 🕴77/99 € 🕴🕴90/160 € – ☕ 10 € – ½ P

Plan : B1_2-y – *414 chemin du Mas-Metout – ✆ 04 50 75 76 55 – www.hermineblanche.com – Ouvert 24 juin-3 sept. et 23 déc.-15 avril*

MOSNAC - 17 (Charente-Maritime) → Voir Pons

MOSNES

✉ 37530 (Indre-et-Loire) – 740 hab. – Alt. 70 m – Carte régionale n° **6**-A1

Paris 211 km – Blois 26 km – Orléans 86 km – Tours 37 km

Carte Michelin 317-P4

Domaine des Thômeaux

DEMEURE HISTORIQUE • PERSONNALISÉ Ce château tourangeau en brique et tuffeau abrite des chambres thématiques sur les villes du monde. Détente et loisirs garantis avec le spa et le parc Fantasy Forest. La salle à manger est vraiment grande ! On y sert une cuisine traditionnelle, teintée de saveurs du monde.

34 chambres – 70/180 € 70/180 € – 13 € – ½ P

12 r. des Thômeaux – 02 47 30 40 14 – www.domainedesthomeaux.fr – Fermé dim.

LA MOTHE-ACHARD

85150 (Vendée) – 2 825 hab. – Alt. 20 m – Carte régionale n° **18**-B3

Paris 446 km – Challans 40 km – Nantes 90 km – La Roche-sur-Yon 25 km

Carte Michelin 316-G8

Domaine de Brandois

CUISINE MODERNE • DESIGN XX Moulures, parquet et mobilier design : on est immédiatement saisi par le charme châtelain et le raffinement contemporain de l'endroit. Dans l'assiette, on découvre une cuisine sobre, basée sur de bons produits, qui mêle habilement la tradition et l'air du temps... Un moment agréable !

Formule 25 € – Menu 30/48 € – Carte 35/45 €

La Forêt, proche du potager extraordinaire – 02 51 06 24 24 – www.domainedebrandois.com – Fermé sam. midi et dim. soir

Domaine de Brandois

DEMEURE HISTORIQUE • PERSONNALISÉ Au cœur d'un immense parc boisé, en pleine nature, ce petit château du 19e s. et ses dépendances cultivent l'art de la convivialité. Patine du temps, charme historique et... élégance résolument contemporaine et design. Du style !

26 chambres – 110/210 € 110/210 € – 12 € – ½ P

La Forêt, proche du potager extraordinaire – 02 51 06 24 24 – www.domainedebrandois.com

Domaine de Brandois – voir les restaurants ci-dessus

Question de standing : n'attendez pas le même service dans un X ou un que dans un XXXXX ou un .

MOTTEVILLE – 76 (Seine-Maritime) → Voir Yvetot

MOUGINS

06250 (Alpes-Maritimes) – 17 884 hab. – Alt. 260 m – Carte régionale n° **22**-E2

Paris 902 km – Antibes 13 km – Cannes 8 km – Grasse 12 km

Carte Michelin 341-C6 – Guide Vert Michelin Côte d'Azur

Paloma

CUISINE CRÉATIVE • ÉLÉGANT XXX Cette colombe – "paloma" en espagnol – s'est posée au pied du village de Mougins... pour le plus grand plaisir des gastronomes. Dans un cadre baroque, ou sur la belle terrasse, on se régale d'une saisissante cuisine méridionale, qui fait des merveilles aussi bien dans la tradition que dans la création.

→ Rouget de roche au basilic et olives taggiasche, aïoli citronné et piquillo. Marinière de homard breton aux linguine, crémeux basilic thaï. Crêpe flambée aux pommes et caramel, crème légère au calvados.

Formule 49 € – Menu 95/155 € – Carte 125/195 €

47 av. du Moulin-de-la-Croix – 04 92 28 10 73 – www.restaurant-paloma.com – Fermé dim. et lundi

✿ Le Candille

CUISINE MODERNE • COSY XXX Une table élégante, avec une belle vue en terrasse... Ici, le chef et sa brigade réalisent une cuisine subtile, avec d'excellents produits du marché, en faisant régulièrement des clins d'œil aux traditions asiatiques. Fraîcheur, finesse et précision : une belle expérience !

→ Thon blanc de ligne mi-cuit en chapelure verte, tartare de tomate ananas et sauge. Raviole ouverte de homard, embeurrée de poireau au galanga. Parfait glacé au citron vert, sablé breton et citron caviar.

Menu 45 € (déj.), 62/135 € - Carte 90/110 €

Hôtel Le Mas Candille, bd C.-Rebuffel - ✆ 04 92 28 43 43 - www.lemascandille.com - Fermé 2 janv.-3 fév., lundi et mardi sauf le soir de mai à sept.

L'Amandier de Mougins

CUISINE PROVENÇALE • AUBERGE XX Aux portes de ce village cher à Picasso, cette maison cultive un charme provençal plein de fraîcheur et d'élégance. Au piano, un chef au beau parcours joue une savoureuse musique niçoise : artichauts à la barigoule, aïoli traditionnel, tarte au citron confit... Et la superbe terrasse domine Grasse et ses collines !

Formule 22 € 🍷 - Menu 29 € (déj.), 32/55 € - Carte 62/78 €

48 av. Jean-Charles-Mallet (au vieux village) - ✆ 04 93 90 00 91 - www.amandier.fr

La Place de Mougins

CUISINE CRÉATIVE • ÉLÉGANT XX Sur la place du village, évidemment ! Dans ce charmant restaurant règne une atmosphère chic et cosy, tandis qu'en cuisine, c'est l'ébullition autour d'un chef créatif et passionné ; chaque mois, il met en valeur un produit de saison, magnifiant la truffe, l'asperge, etc.

Formule 29 € - Menu 65 € (déj.)/130 € - Carte 81/138 €

41 pl. du Cdt-Lamy (au vieux village) - ✆ 04 93 90 15 78 - www.laplacedemougins.com - Fermé 7-12 fév., 22 nov.-7 déc., mardi et merc. de sept. à juin

Le Clos St-Basile

CUISINE MODERNE • MÉDITERRANÉEN XX Nouveau départ en 2014 pour ce restaurant, avec l'arrivée d'un couple aussi professionnel que dynamique. Le chef excelle dans la confection d'une cuisine du marché savoureuse et inventive ; la patronne, sommelière, a d'excellents vins à vous conseiller. Enfin, la belle terrasse est idéale pour les beaux jours !

Formule 22 € - Menu 27 € (déj. en semaine), 42/65 € - Carte 50/76 €

351 av. St-Basile - ✆ 04 92 92 93 03 (réservation conseillée) - www.clossaintbasile.fr - fermé 28 juin-4 juil., 24-31 oct., 3-26 janv., mardi et merc. hors saison

Le Mas Candille

GRAND LUXE • PERSONNALISÉ Ce superbe mas du 18e s. et sa bastide récente ne sont que douceur et quiétude : chambres raffinées, suites mêlant élégamment le contemporain à l'esprit Sud, délicieux spa japonisant et parc immense aux doux effluves méridionaux...

38 chambres - †320/1455 € ††320/1455 € - 7 suites - ☕ 30 € - ½ P

bd C.-Rebuffel - ✆ 04 92 28 43 43 - www.lemascandille.com - Fermé 2 janv.-3 fév.

✿ **Le Candille** - voir les restaurants ci-dessus

Royal Mougins Golf Resort

LUXE • DESIGN Tout ici est dernier cri, et pour cause : l'établissement est surtout fréquenté par une clientèle privilégiée qui vient profiter du golf privé, l'un des plus exigeants et sélects au monde. Une ode au luxe contemporain, y compris sur la superbe terrasse du restaurant qui domine les greens.

29 suites - ††250/480 € - ☕ 28 € - ½ P

424 av. du Roi - ✆ 04 92 92 49 69 - www.royalmougins.fr

Hôtel de Mougins

TRADITIONNEL • MÉDITERRANÉEN Le jardin fleure bon l'oranger, la lavande et le romarin... Au détour d'une senteur, on trouve refuge dans quatre charmantes bastides, dont une datant du 18e s. Les chambres affichent un style provençal chic – très apprécié de la clientèle étrangère – et la piscine est délicieuse !

50 chambres – 195/395 € 195/395 € – 1 suite – 22 €

205 av. du Golf, 2,5 km par rte d'Antibes – 04 92 92 17 07 – www.hotel-de-mougins.com – Fermé 22 déc.-9 fév.

Le Mas du Golf

BUSINESS • CONTEMPORAIN Cet établissement, inauguré en 2012, joue à la fois la carte du confort et du minimalisme contemporain (murs clairs, peintures unies, mobilier design). À noter : certaines chambres bénéficient d'une terrasse privative. Un hôtel pratique et néanmoins agréable !

24 chambres – 79/149 € 79/189 € – 13 €

348 av. de la Valmasque, D35D – 04 92 28 88 20 – www.lemasdugolf.com – Fermé 1er déc.-4 janv.

MOULIN-DE-MALFOURAT – 24 (Dordogne) ➔ Voir Bergerac

LE MOULINEL – 62 (Pas-de-Calais) ➔ Voir Montreuil

MOULINS

03000 (Allier) – 18 959 hab. – Alt. 240 m – Carte régionale n° **3**-C1

Paris 294 km – Bourges 101 km – Clermont-Ferrand 105 km – Nevers 56 km

Carte Michelin 326-H3 – Guide Vert Michelin Auvergne

Le Bistrot de Guillaume N

CUISINE MODERNE • CONVIVIAL En plein cœur de Moulins, la petite salle claire et intimiste donne déjà le "la", et l'on s'y attable sans se faire prier. Mais le meilleur est encore à venir : dans sa petite cuisine, le chef-patron compose des préparations à la fois fines et bien pensées, qui sont un ravissement pour les papilles.

Menu 21 € (déj. en semaine), 31/35 € – Carte 42/50 €

Plan : B2-b – *13 r. de Pont – 04 43 51 23 82 – Fermé 5 juin-5 juil., dim. soir et lundi*

Restaurant des Cours

CUISINE TRADITIONNELLE • COSY Il serait dommage de sécher les Cours ! Un restaurant traditionnel, vrai de vrai, dans le décor (vaisselle de Gien, lustre en cristal...) comme dans l'assiette.

Menu 24 € (semaine), 32/58 € – Carte 40/72 €

Plan : B1-x – *36 cours Jean-Jaurès – 04 70 44 25 66 – www.restaurant-des-cours.com – Fermé 2 semaines en mars, 2 semaines en sept., dim. soir, mardi soir sauf juil.-août et merc.*

Le Clos de Bourgogne

CUISINE MODERNE • DESIGN On revient volontiers dîner dans cette gentilhommière du 18e s. ! L'intérieur, récemment modernisé, se révèle bien agréable ; à la carte, on retrouve de bons petits plats bien dans l'air du temps, qui sont régulièrement renouvelés en fonction de la saison.

Formule 20 € – Menu 30/70 € – Carte 49/69 €

Plan : B1-n – *Hôtel Le Clos de Bourgogne, 83 r. de Bourgogne – 04 70 44 03 00 – www.clos-de-bourgogne.com – Fermé 3 semaines en août, 2 semaines en déc., dim. et lundi*

Le Trait d'Union

CUISINE MODERNE • TENDANCE Trait d'union entre l'agréable cadre contemporain (fauteuils design, tableaux modernes, fleurs et soliflores) et la cuisine du jeune chef (fraîche, sérieuse et bien présentée), ce restaurant est dans le ton !

Menu 23 € (déj. en semaine)/42 € – Carte 48/77 €

Plan : B2-t – *16 r. Gambetta – 04 70 34 24 61 – www.traitdunion-restaurant.fr – Fermé 15-23 fév., 15-31 juil., dim. et lundi*

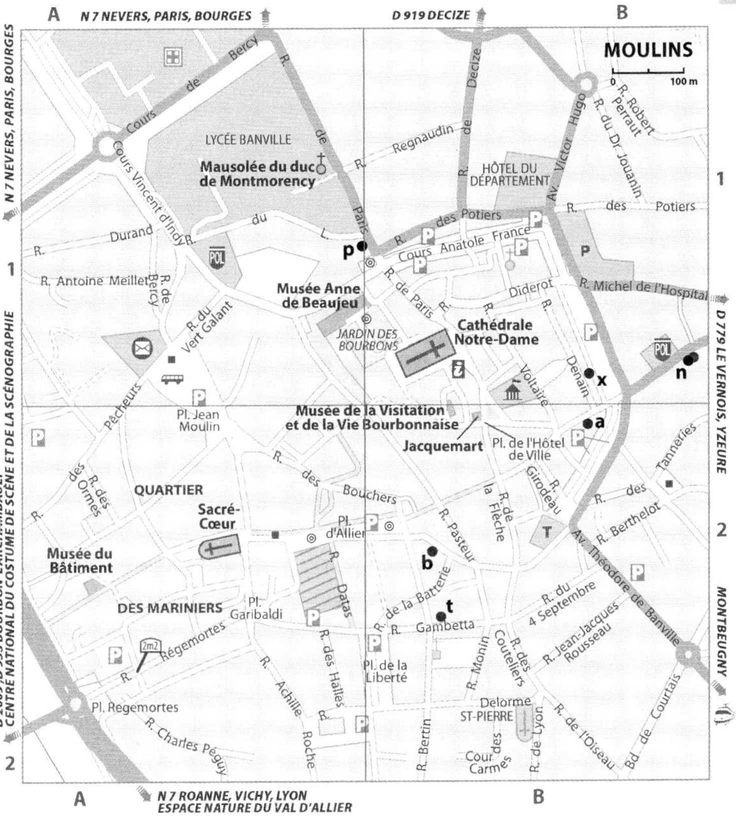

🍴 9/7 Olivier Mazuelle

CUISINE MODERNE · TENDANCE Au n° 97, le décor est zen et épuré (murs vert pastel, tables en bois, plantes...). Le jeune chef signe une cuisine soignée, à la mode des bistrots gourmands : de bons produits, de belles saveurs !

Formule 25 € – Menu 28/36 € – Carte 38/55 €

Plan : B2-a – *97 r. d'Allier*
– ☎ 04 70 35 01 60 – www.restaurant-9-7.com
– Fermé sam. midi, lundi soir et dim.

Hôtel de Paris

TRADITIONNEL · ÉLÉGANT À 100 m de la cathédrale, cet hôtel-restaurant, créé en 1834, fait figure d'institution ! Il se distingue notamment par de très jolies chambres (mobilier de style, moulures...) et une salle de réception aménagée dans une superbe chapelle du 19e s. Bel endroit !

30 chambres – 🛉98/350 € 🛉🛉98/350 € – 2 suites – ☕ 16 € – ½ P

Plan : AB1-p – *21 r. de Paris – ☎ 04 70 44 00 58*
– www.hoteldeparis-moulins.com

Le Clos de Bourgogne

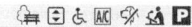

DEMEURE HISTORIQUE • PERSONNALISÉ Un superbe hôtel particulier du 18e s., installé au cœur d'un écrin de verdure, et légèrement excentré du centre-ville. Les chambres sont spacieuses et confortables ; on y accède par un magnifique escalier d'époque. Quel charme !

11 chambres – 80/170 € 120/250 € – 13 € – ½ P

Plan : B1-n – *83 r. de Bourgogne – 04 70 44 03 00 – www.clos-de-bourgogne.com – Fermé 3 semaines en août, 2 semaines en déc. et dim. soir*

Le Clos de Bourgogne – voir les restaurants ci-dessus

Le Parc

FAMILIAL • CLASSIQUE Tout près de la gare et d'un petit parc, cet établissement est tenu par la même famille depuis plusieurs générations. Les chambres sont claires, les salles de bains très colorées.

25 chambres – 65/90 € 65/90 € – 10 € – ½ P

Hors plan – *31 av. du Gén.-Leclerc – 04 70 44 12 25 – www.hotel-moulins.com – Fermé 21 déc.-5 janv.*

rte de Paris 8 km au Nord par N7 – 03460 Trevol

Mercure

BUSINESS • CONTEMPORAIN L'hôtel borde un axe passant, mais les chambres tournent le dos à la route et font face au jardin et à la piscine. Le restaurant propose une cuisine traditionnelle. Aux premiers rayons de soleil, profitez de la terrasse !

42 chambres – 88/98 € 98/108 € – 15 € – ½ P

RN7 – 04 70 46 84 84 – www.mercure.com

à Coulandon 8 km au Sud-Ouest par D945 – 03000 – 687 hab. – Alt. 250 m

La Grande Poterie

FAMILIAL • PERSONNALISÉ Dans cette ancienne grange du milieu du 19e s., la douceur de vivre se niche partout. On profite de la quiétude des chambres, décorées avec soin, ou du parc fleuri, au bord de la piscine... La table d'hôte honore les spécialités auvergnates. Réservez !

4 chambres – 80/85 € 90/95 €

9 r. de la Grande-Poterie, 4 km au Sud-Ouest par D925 et rte secondaire – 04 70 44 30 39 – www.lagrandepoterie.com – Ouvert 15 mars-30 sept.

MOULON

33420 (Gironde) – 982 hab. – Alt. 8 m – Carte régionale n° **2**-C1

Paris 603 km – Agen 126 km – Bordeaux 41 km – Périgueux 108 km

Carte Michelin 335-J5

5 Lasserre

LUXE • DESIGN En pleine nature, cette ferme a été rénovée luxueusement dans un esprit contemporain chic... Les chambres sont grandes et très raffinées ; la piscine à débordement donne sur la Dordogne et il y a même une vraie salle de cinéma. Un lieu d'exception !

5 chambres – 160/250 € 180/275 €

5 lieu-dit La Serre – 05 57 51 46 77 – www.5lasserre.com

MOUMOUR

64400 (Pyrénées-Atlantiques) – 848 hab. – Alt. 210 m – Carte régionale n° **2**-B3

Paris 834 km – Bordeaux 255 km – Pau 38 km – Tarbes 81 km

Carte Michelin 342-I3

Château de Lamothe

DEMEURE HISTORIQUE • PERSONNALISÉ Cette ancienne résidence d'été des évêques d'Oloron, dont les origines remontent au 13e s., s'épanouit dans un vaste jardin verdoyant, face aux Pyrénées... Un cadre superbe : abondance d'antiquités et de tentures, salle de cinéma, fitness, etc. Le patron signe en outre une jolie cuisine classique, accompagnée de vins choisis avec goût.

5 chambres ☕ - 🚹225/285 € 🚹🚹225/295 € - ½ P

14 r. de l'Embarry - ✆ 06 88 28 38 61 - www.chateau-de-lamothe.eu

MOURIÈS

✉ 13890 (Bouches-du-Rhône) - 3 484 hab. - Alt. 13 m - Carte régionale n° **22**-E1
▶ Paris 713 km - Avignon 36 km - Arles 29 km - Marseille 75 km
Carte Michelin 340-E3

Terriciaë

FAMILIAL • RÉGIONAL Cet hôtel pimpant propose des chambres fonctionnelles et confortables - esprit provençal -, dont deux duplex et deux junior suites, donnant pour certaines sur la grande piscine. Jardin d'oliviers et terrasse. Tenue impeccable.

31 chambres - 🚹98/175 € 🚹🚹119/204 € - ☕ 12 €

rte de Maussane, D17 - ✆ 04 90 97 06 70 - www.hotel-terriciae.fr
- Fermé 18 déc.-5 janv.

Le Vallon du Gayet

AUBERGE • TRADITIONNEL Agréable auberge familiale dans un mas au pied des Alpilles. Les chambres, confortables, sont toutes de plain-pied et donnent sur le parc. Préférez celles - plus spacieuses - dans le pavillon. Au restaurant, on apprécie des grillades et pizzas cuites au feu de bois.

29 chambres - 🚹100/110 € 🚹🚹110/130 € - ☕ 12 €

rte de Servannes - ✆ 04 90 47 50 63 - www.levallondegayet.com - Fermé 15 déc.-15 janv.

MOUSSEY - 10 (Aube) → Voir Troyes

MOUSSOULENS - 11 (Aude) → Voir Carcassonne

MOUSTIERS-STE-MARIE

✉ 04360 (Alpes-de-Haute-Provence) - 691 hab. - Alt. 631 m - Carte régionale n° **21**-C2
▶ Paris 783 km - Aix-en-Provence 90 km - Digne-les-Bains 47 km - Draguignan 61 km
Carte Michelin 334-F9 - Guide Vert Michelin Alpes du Sud

La Bastide de Moustiers

CUISINE PROVENÇALE • ROMANTIQUE XXX En cette belle bastide - propriété d'Alain Ducasse -, on déguste une cuisine méditerranéenne et légumière pleine des senteurs du marché et du superbe potager, dont deux jardiniers s'occupent à plein temps (ne manquez pas le jardin des simples attenant). Une cure de jouvence, autant qu'un joli résumé de la Provence.

→ Petit épeautre de Sault cuisiné aux tomates de notre jardin. Poche de veau farcie au maigre et primeurs de nos paysans. Vacherin contemporain aux fraises de Salon-de-Provence.

Formule 40 € - Menu 50 € (déj. en semaine), 64/82 € - Carte 80/110 €

Hôtel La Bastide de Moustiers, chemin de Quinson, au Sud du village, par D952 et rte secondaire
- ✆ 04 92 70 47 47 (réservation conseillée)
- www.bastide-moustiers.com - Ouvert 2 mars-31 oct. et fermé mardi et merc. de mi-oct. à mi-avril sauf fériés

La Ferme Ste-Cécile

CUISINE MODERNE • ROMANTIQUE Poussez la grille et empruntez la belle allée pavée… au bout de laquelle cette ancienne ferme du 18e s. fait le bonheur des gourmands ! Derrière les fourneaux, le chef concocte avec délicatesse et subtilité une savoureuse cuisine du Sud, accompagnée d'une belle carte des vins. L'une des meilleures tables de Moustiers.

Formule 30 € – Menu 39 €

1,5 km par rte de Castellane – 04 92 74 64 18 – www.ferme-ste-cecile.com – Fermé 15 nov.-début mars, dim. soir sauf juil.-août et lundi

La Treille Muscate

CUISINE PROVENÇALE • TENDANCE Au pied des falaises, voilà un sympathique bistrot provençal, où l'on se régale d'une cuisine à l'accent du Sud, à l'instar de la spécialité maison, les "pieds et paquets comme les faisait Mémé Antoinette". Aux beaux jours, on profite de la terrasse, à l'ombre d'un platane qui fêtera bientôt ses 200 ans.

Menu 26 € (déj. en semaine), 32/50 € – Carte 53/72 €

pl. de l'Église – 04 92 74 64 31 – www.restaurant-latreillemuscate.fr – Fermé 1er déc.-5 fév., merc. soir et jeudi sauf juil.-août

Les Santons

CUISINE TRADITIONNELLE • COSY Claude Terrier et Sylvie De Backer ont voulu leur fief tout en contrastes : le moderne (chaises bariolées, tableaux contemporains) y côtoie l'ancien (poutres et plafonds boisés) ; la cuisine est traditionnelle, ancrée dans la région, mais ne recule pas devant quelques touches plus actuelles. Goûteux et charmant !

Menu 35/66 € – Carte 47/80 €

pl. Pomey (près de l'église) – 04 92 74 66 48 (réservation conseillée) – www.lessantons.com – Fermé de mi-nov. à début fév., mardi sauf juil.-août et lundi

La Bastide de Moustiers

AUBERGE • PERSONNALISÉ Un petit chemin, une grille en fer forgé, des arbres fruitiers, des vieilles pierres, des faïences régionales, des draps en lin, un grand potager aromatique, un âne, des chevaux, un poney… Plus qu'un inventaire à la Prévert, le charme irrésistible d'une bastide du 17e s. !

11 chambres – 215/800 € 215/800 € – 2 suites – 24 €

chemin de Quinson, au Sud du village, par D952 et rte secondaire – 04 92 70 47 47 – www.bastide-moustiers.com – Ouvert 2 mars-31 oct. et fermé mardi et merc. de mi-oct. à mi-avril sauf fériés

La Bastide de Moustiers – voir les restaurants ci-dessus

Les Restanques de Moustiers

FAMILIAL • FONCTIONNEL Cette bâtisse domine la vallée. On s'y repose dans des chambres sobres et bien tenues ; celles du rez-de-chaussée disposent d'une terrasse. Le matin, on prend son petit-déjeuner dans la salle, ornée de faïences locales, ou sur la jolie terrasse.

20 chambres – 90/130 € 90/130 € – 10 €

rte des Gorges-du-Verdon, à 500 m par rte de Castellane – 04 92 74 93 93 – www.hotel-les-restanques.com – Ouvert 25 mars-4 nov.

La Ferme Rose

MAISON DE CAMPAGNE • PERSONNALISÉ Sympathique ambiance guesthouse dans cette ancienne ferme située au pied du village. Meubles chinés, bibelots et collections diverses en font un petit musée vivant au charme incroyable ! Une adresse pour les chineurs… et les autres.

12 chambres – 85/160 € 85/160 € – 12 €

chemin de Peyrengue, au Sud du village, par rte Ste-Croix-du-Verdon – 04 92 75 75 75 – www.lafermerose.com – Ouvert avril-oct.

Le Colombier

FAMILIAL • FONCTIONNEL Hôtel situé à 400 m du charmant village. Les chambres sont coquettes et colorées, la plupart avec terrasse. Beau jardin avec petite piscine (à contre-courant) et jacuzzi.

21 chambres - 80/115 € 90/130 € - 1 suite - 11 €

quartier Saint-Michel, à 500 m par rte de Castellane - 04 92 74 66 02 - www.le-colombier.com - Ouvert 8 avril-4 nov.

Le Clos des Iris

FAMILIAL • RÉGIONAL Un hôtel, au milieu des fleurs, où il fait bon poser ses valises dans les jolies chambres provençales et s'installer sur sa terrasse privative pour profiter du soleil. Le charme d'une maison à la campagne... Accueil au diapason.

9 chambres - 75/89 € 75/165 € - 12 €

chemin de Quinson, au Sud du village, par D952 et rte secondaire - 04 92 74 63 46 - www.closdesiris.fr - Ouvert 1er mars-22 nov.

MOÛTIERS

73600 (Savoie) - 3 811 hab. - Alt. 480 m - Carte régionale n° **25**-F2
Paris 607 km - Albertville 26 km - Chambéry 76 km - St-Jean-de-Maurienne 85 km
Carte Michelin 333-M5 - Guide Vert Michelin Alpes du Nord

Le Coq Rouge

CUISINE MODERNE • FAMILIAL Inutile de se lever au chant du coq pour goûter à la cuisine traditionnelle de ce restaurant ! Derrière les fourneaux, le chef travaille les produits frais avant de retourner à ses pinceaux... Passionné de peinture, il a décoré la salle - cosy - avec ses toiles.

Formule 16 € - Menu 34/46 € - Carte 41/69 €

115 pl. A.-Briand - 04 79 24 11 33 - www.lecoqrouge.fr - Fermé 26 juin-30 juil., lundi soir, jeudi soir, et dim.

MOUTIERS-AU-PERCHE

61110 (Orne) - 434 hab. - Alt. 190 m - Carte régionale n° **17**-C3
Paris 152 km - Alençon 73 km - Caen 178 km - Rouen 147 km
Carte Michelin 310-O4

Villa Fol Avril

MAISON DE CAMPAGNE • COSY Un vrai hôtel de charme au cœur du parc naturel du Perche... Telle une maison de campagne cosy et feutrée, cet ancien relais de poste (19e s.) associe matériaux naturels (bois, chaux, terre cuite, lin), mobilier chiné et tons apaisants. Au restaurant, la tradition est à l'honneur. Idéal pour une échappée bucolique !

12 chambres - 90/180 € 90/180 € - 13 € - ½ P

2 r. des Fers-Chauds - 02 33 83 22 67 - www.villafolavril.fr - Fermé 1er janv.-9 fév.

MOUTIERS-SOUS-CHANTEMERLE

79320 (Deux-Sèvres) - 604 hab. - Alt. 190 m - Carte régionale n° **20**-B1
Paris 411 km - Poitiers 92 km - Nantes 114 km - Niort 51 km
Carte Michelin 322-C4

Le Domaine de Chantemerle

TRADITIONNEL • FONCTIONNEL Sur la route du Puy du Fou, arrêtez-vous dans cet ancien relais de chasse du 19e s., au cœur d'un parc de 2 ha. Les chambres sont confortables et spacieuses (quelques familiales), l'ambiance évoque une maison d'hôtes. Idéal pour se ressourcer au grand calme.

7 chambres - 65/94 € 70/103 € - 10 €

30 r. de la Vendée - 05 49 74 19 18 - www.hotel-chantemerle.com

MUHLBACH-SUR-MUNSTER

✉ 68380 (Haut-Rhin) - 739 hab. - Alt. 460 m - Carte régionale n° **1**-A2
▶ Paris 462 km - Colmar 24 km - Gérardmer 37 km - Guebwiller 45 km
Carte Michelin 315-G8

Perle des Vosges

CUISINE MODERNE • ÉLÉGANT XX Le chef, formé dans de grandes maisons, est une perle ! Ses assiettes, gorgées de saveurs, copieuses et joliment présentées, honorent la région et les grands classiques de la gastronomie française. Et l'été, on file en terrasse...

Formule 18 € - Menu 25/59 € - Carte 35/50 €

22 rte Gaschney - ✆ 03 89 77 61 34 - www.perledesvosges.net - Fermé 12-20 mars, 2 janv.-2 fév. et lundi midi

Perle des Vosges

FAMILIAL • FONCTIONNEL Au pied du Hohneck, cet hôtel tenu en famille - les deux fils ont repris le flambeau, mais leur mère n'est jamais loin - est bien agréable : les chambres, spacieuses et pratiques, donnent très souvent sur les Vosges ; on se détend au fitness panoramique et... l'on se régale au restaurant !

45 chambres - †68/145 € ††68/145 € - ☕ 11 € - ½ P

22 rte Gaschney - ✆ 03 89 77 61 34 - www.perledesvosges.net - Fermé 13-20 mars et 2 janv.-2 fév.

Perle des Vosges - voir les restaurants ci-dessus

MUIDES-SUR-LOIRE

✉ 41500 (Loir-et-Cher) - 1 348 hab. - Alt. 82 m - Carte régionale n° **6**-B2
▶ Paris 169 km - Blois 20 km - Châteauroux 109 km - Orléans 48 km
Carte Michelin 318-G5

Auberge du Bon Terroir

CUISINE TRADITIONNELLE • RUSTIQUE XX Dans cette auberge de village, la patronne - une véritable passionnée de gastronomie ! - concocte une agréable cuisine traditionnelle, où les herbes du potager tiennent une bonne place. Son mari, maître-sommelier de son état, vous accueille tout sourire. Charmante terrasse à l'ombre des tilleuls.

Menu 23 € (déj. en semaine), 33/58 €

20 r. du 8-Mai-1945 - ✆ 02 54 87 59 24 - www.auberge-bon-terroir.fr - Fermé 13 nov.-3 déc., 2 semaines en janv., dim. soir, lundi et mardi sauf juil.-août

Château de Colliers

DEMEURE HISTORIQUE • HISTORIQUE Au bout de l'allée bordée de tilleuls, de frênes et de marronniers... ce beau château de la Loire (18e s.). Peintures classées, mobilier de style dans les chambres : du cachet !

5 chambres ☕ - †136/169 € ††136/169 €

rte de Blois, RD951 - ✆ 02 54 87 50 75 - www.chateau-colliers.com

MULHOUSE

✉ 68100 (Haut-Rhin) - 110 755 hab. - Agglo. 243 894 hab. - Alt. 240 m - Carte régionale n° **1**-A3
▶ Paris 465 km - Basel 34 km - Belfort 43 km - Freiburg-im-Breisgau 59 km
Carte Michelin 315-I10 - Guide Vert Michelin Alsace Vosges

Il Cortile (Stefano D'Onghia)

CUISINE ITALIENNE • ÉLÉGANT XXX Autodidacte passionné par les saveurs de son pays natal, Stefano D'Onghia cosigne avec son fils des assiettes vibrantes de couleurs et de parfums, en une réinterprétation très personnelle de la cuisine de la Botte. En outre, la carte de vins transalpins et la terrasse sont enchanteresses...

➜ Palourdes façon vongole, cannelloni au jus de persil plat et céleri, caviar d'esturgeon blanc. Saint-pierre confit à l'huile d'olive, asperge verte et tellines, émulsion pignons de pin. Tiramisu au poivron jaune confit et chocolat.

Menu 40 € (déj. en semaine), 95/110 € - Carte 105/140 €

Plan : D1-a - *11 r. des Franciscains - ✆ 03 89 66 39 79 - www.ilcortile-mulhouse.fr - Fermé 17-24 avril, 14-28 août, 9-23 janv., dim. et lundi*

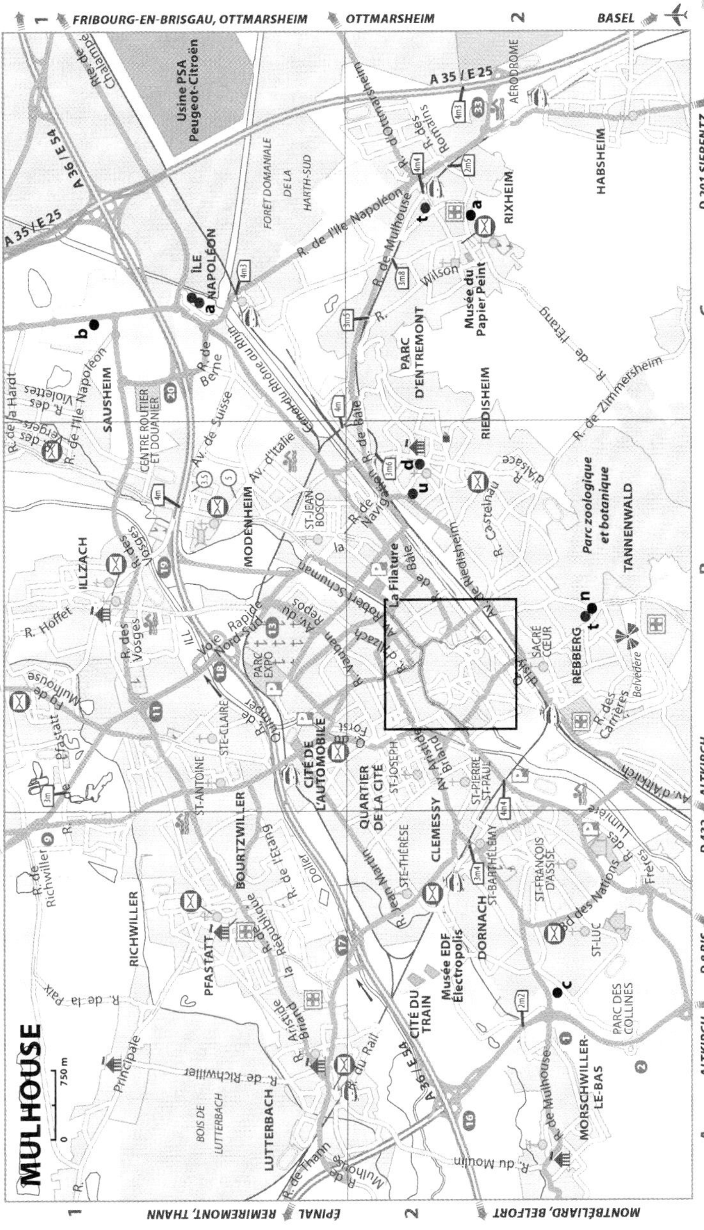
MULHOUSE
750 m
FRIBOURG-EN-BRISGAU, OTTMARSHEIM
OTTMARSHEIM
BASEL
VISITEURS ACCÈS USINES PSA
STRASBOURG, COLMAR
ENSISHEIM
D 430 GUEBWILLER
REMIREMONT, THANN
ÉPINAL
MONTBÉLIARD, BELFORT
D 201 SIERENTZ
ALTKIRCH
D 432
D 8 BIS
Usine PSA Peugeot-Citroën
FORÊT DOMANIALE DE LA HARTH-SUD
ÎLE NAPOLÉON
SAUSHEIM
ILLZACH
MODENHEIM
CENTRE ROUTIER ET DOUANIER
RIXHEIM
HABSHEIM
AÉRODROME
Musée du Papier Peint
PARC D'ENTREMONT
RIEDISHEIM
Parc zoologique et botanique
TANNENWALD
REBBERG
La Filature
PARC EXPO
CITÉ DE L'AUTOMOBILE
QUARTIER DE LA CITÉ
CLEMESSY
DORNACH
Musée EDF Électropolis
CITÉ DU TRAIN
BOURTZWILLER
PFASTATT
RICHWILLER
LUTTERBACH
BOIS DE LUTTERBACH
MORSCHWILLER-LE-BAS
PARC DES COLLINES
Canal du Rhône au Rhin
A 35 / E 25
A 36 / E 54
Voie Rapide Nord-Sud

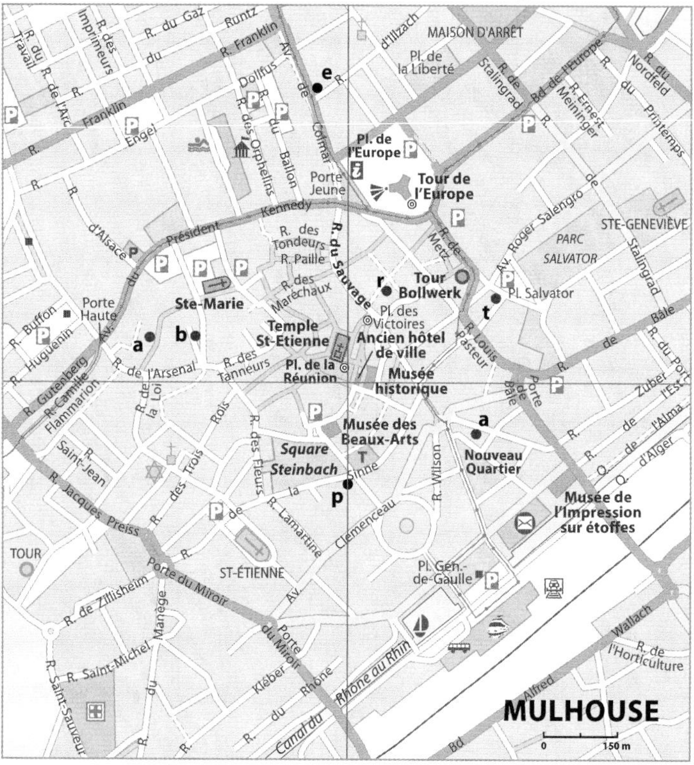

L'Estérel

CUISINE MODERNE • AUBERGE XX Et oui, Mulhouse aussi possède son Estérel... Dans ce restaurant posté sur la route qui monte au zoo, on savoure une agréable cuisine du marché 100 % maison. Un exemple ? Ce millefeuille de filet mignon et ris de veau aux girolles et trompettes de la mort... Miam ! L'été, la terrasse ombragée est prise d'assaut.

Formule 16 € – Menu 26 € (semaine)/56 € – Carte 47/71 €

Plan : B2-t – *83 av. de la 1ère-Division-Blindée – 03 89 44 23 24 – www.esterel-weber.fr – Fermé vacances de fév., 1 semaine en mai, 2 semaines fin août, 1 semaine vacances de la Toussaint, dim. soir, merc. soir et lundi*

La Table de Michèle

CUISINE MODERNE • COSY XX Michèle Brouet est une figure de la gastronomie locale. Sa table est à son image, généreuse et enjouée, tout comme l'atmosphère de la maison, très chaleureuse avec son décor d'objets hétéroclites et de bouquets de fleurs. Gourmandise et plaisir sont au rendez-vous !

Formule 20 € – Menu 26 € (déj.) – Carte 50/60 €

Plan : E1-t – *16 r. de Metz – 03 89 45 37 82 – www.latabledemichele.fr – Fermé 15-31 août, sam. midi, dim. et lundi*

Chez Auguste

CUISINE TRADITIONNELLE • INTIME Derrière sa façade boisée et joliment rétro, cette maison chaleureuse est un lieu de ralliement pour les amateurs de plats de tradition. Poêlée de pleurotes à l'ail, terrine de foie gras et chutney à la pomme, joues de porc confites façon grand-mère... C'est soigné, goûteux, et servi avec le sourire : on en redemande.

Formule 20 € - Menu 25 € - Carte 29/40 €

Plan : E2-a - *11 r. Poincaré - 03 89 46 62 71 - www.chezauguste.com - Fermé dim. et lundi*

Le 4

CUISINE MODERNE • CONVIVIAL Le 4, comme le croisement des initiales de Lionel et Tatiana, le jeune couple à la tête de ce petit restaurant du cœur de Mulhouse. Leurs plats sont colorés et inventifs, et font de réguliers clins d'œil aux produits et épices découverts lors de leurs nombreux voyages à l'autre bout du monde... Rafraîchissant !

Formule 16 € - Menu 19 € - Carte environ 49 €

Plan : D1-b - *5 r. Bonbonnière - 03 89 44 94 11 (réservation conseillée) - www.restaurantle4.com - Fermé dim. soir et lundi*

Le Petit Paris

CUISINE MODERNE • BISTRO Dans une rue piétonne du centre-ville, on découvre d'abord la terrasse d'été entourée de fleurs. À l'intérieur, dans un décor sobre et contemporain, on profite d'une cuisine actuelle bien maîtrisée, au gré de menus renouvelés plusieurs fois dans l'année.

Menu 28/62 €

Plan : E1-r - *12 r. de Moselle - 03 89 61 17 85 - www.lepetitparis.pro - Fermé dim.*

Hôtel du Parc

TRADITIONNEL • VINTAGE Luxueux palace dans les années 1930, cet hôtel a conservé son charme rétro et son esprit Art déco. Un incontournable parmi les hôtels de la ville ! Et c'est un vrai lieu de vie également, en particulier avec son Charlie's Bar, où résonnent tous les soirs des mélodies jazzy...

74 chambres - 110/350 € 160/350 € - 2 suites - 23 €

Plan : DE2-p - *26 r. Sinne - 03 89 66 12 22 - www.hotelduparc-mulhouse.com*

Holiday Inn

HÔTEL DE CHAÎNE • CONTEMPORAIN Dans une zone d'affaires aux portes de la ville, un complexe d'esprit contemporain et international : lounge bar, chambres confortables, agréable espace bien-être et, pour se restaurer, une brasserie du groupe Flo.

75 chambres - 104/244 € 104/244 € - 5 suites - 16 €

Plan : A2-c - *34 r. Paul-Cézanne - 03 89 60 44 44 - www.holidayinn-mulhouse.com*

Bristol

BUSINESS • PERSONNALISÉ À deux pas du centre historique, cet hôtel bourgeois et cossu est une valeur sûre. Ses nombreuses salles de séminaire sont prisées : n'oublions pas que Mulhouse se trouve à la croisée de la France, de l'Allemagne et de la Suisse !

85 chambres - 60/150 € 69/210 € - 6 suites - 10 €

Plan : D1-e - *18 av. de Colmar - 03 89 42 12 31 - www.hotelbristol.com*

Villa Éden

TRADITIONNEL • PERSONNALISÉ Sur les hauteurs de Mulhouse, cette belle villa bourgeoise ne manque pas de superbe : toit à la Mansart, beau jardin, superbes volumes, nombreuses œuvres d'art contemporain, etc. Les chambres, très confortables, déclinent chacune une thématique originale, de l'esprit chalet... aux notes rock ! Un nouvel Éden...

5 chambres - 170/190 € 195/230 €

Plan : B2-n - *99 av. de la 1ère-Division-Blindée - 03 89 44 50 72 - www.villa-eden.fr*

à Sausheim 3 km au Nord par D38 – ✉ 68390 – 5 454 hab. – Alt. 238 m

Golden Tulip

BUSINESS • FONCTIONNEL L'art du feng shui a inspiré l'aménagement de cet hôtel. Le décor de chaque étage s'inspire d'un thème original : le métal, la terre, le feu, le bois... On l'aura compris : l'esprit des lieux est résolument zen et nature – et le confort est excellent.

99 chambres – 89/245 € 89/245 € – 2 suites – 16 € – ½ P

Plan : C1-b – *r. des Cévennes (Ile Napoléon), RD201 – 03 89 61 87 87 – www.goldentulipmulhousebasel.com/fr*

à Illzach 3 km au Nord – ✉ 68110 – 14 812 hab. – Alt. 239 m

La Bistronomie

CUISINE TRADITIONNELLE • DESIGN Imaginez une maison centenaire noyée dans la verdure... cachant une extension ultra-contemporaine, tout en hautes verrières ! C'est là que se cache cette Bistronomie, qui renouvelle les codes de la gourmandise. Avis aux amateurs de poisson : le chef travaille en direct avec la criée des Sables-d'Olonne...

Menu 31 € – Carte 34/63 €

Plan : C1-a – *Restaurant La Closerie, 6 r. Henry-de-Crousaz – 03 89 61 88 00 – www.closerie.fr – Fermé 29 juil.-21 août, 23 déc.-2 janv., dim., lundi et le midi*

La Closerie

CUISINE MODERNE • ÉLÉGANT Le fond et la forme ; la légèreté et l'harmonie ; les mets et les vins ; la finesse et le goût de la qualité... Dans cette maison centenaire baignée de verdure, à l'élégance toute naturelle, on ne plaisante pas avec la gastronomie !

Menu 31 € (déj.), 52/78 € – Carte 57/108 €

Plan : C1-a – *6 r. Henry-de-Crousaz – 03 89 61 88 00 – www.closerie.fr – Fermé 29 juil.-21 août, 23 déc.-2 janv., sam. midi, lundi soir et dim.*

La Bistronomie – voir les restaurants ci-dessus

à Baldersheim 8 km au Nord-Est par D201 – ✉ 68390 – 2 603 hab. – Alt. 226 m

Au Cheval Blanc

FAMILIAL • TRADITIONNEL La tradition est de mise dans cet établissement couvert de géraniums aux beaux jours. Parfaitement tenues, les chambres dégagent fraîcheur et confort, et se révèlent particulièrement lumineuses ; celles de l'annexe sont pourvues de kitchenettes – idéal pour les longs séjours !

80 chambres – 79/150 € 79/165 € – 3 suites – 14 €

27 r. Principale – 03 89 45 45 44 – www.hotel-cheval-blanc.com – Fermé 24 déc.- 2 janv.

à Rixheim 3 km au Sud-Est par D66 – ✉ 68170 – 13 632 hab. – Alt. 240 m

Le 7ème Continent (Laurent Haller)

CUISINE MODERNE • ÉLÉGANT Un véritable continent gastronomique ! Le chef, Laurent Haller, est un passionné : cours de cuisine, menus à thème... tout est bon pour partager son amour de la bonne chère. Quant à sa carte, renouvelée tous les mois, elle est une véritable ode au marché et aux produits.

→ Fausses cerises de foie gras. Côte de veau au fenouil, gnocchis au safran et jus de pied de cochon. Figues sur pain de Gênes, crémeux au chèvre frais et sorbet figue.

Formule 29 € – Menu 56/88 € – Carte 70/75 €

Plan : C2-t – *35 av. du Gén.-de-Gaulle – 03 89 64 24 85 (réservation conseillée) – www.le7emecontinent.com – Fermé sam. midi, dim. soir et lundi*

La Grange à Élise

FAMILIAL · TRADITIONNEL Rose, Lys, Iris... Les chambres de cette charmante demeure – une ancienne grange – évoquent un joli jardin fleuri. Objets chinés, boutis, bibelots et confort douillet : cet esprit "maison de poupée" ravira les amateurs !

5 chambres – 81 € 108 €

Plan : C2-a – *66 Grand'rue Pierre-Braun – 03 89 54 20 71 – www.grange-elise.com*

à Riedisheim 2 km au Sud-Est par D56 et D432 – 68400 – 12 012 hab. – Alt. 225 m

La Poste (Jean-Marc Kieny)

CUISINE MODERNE · ÉLÉGANT XXX Dans ce chaleureux relais de poste (1850) se transmettent depuis six générations les secrets de la bonne cuisine ! Aujourd'hui aux commandes, Jean-Marc Kieny revisite la tradition alsacienne avec brio, inspiration et finesse... L'histoire de la maison s'écrit au présent, et le plaisir est de chaque instant.

→ Tartare de bœuf et persillade d'escargots, coulis de poivron rouge. Suprême de pigeonneau, bouillon parfumé au gingembre et gyoza d'épinard. Tarte au citron meringuée.

Menu 33 € (semaine), 48/95 € – Carte 77/96 €

Plan : B2-d – *7 r. du Gén.-de-Gaulle – 03 89 44 07 71 – www.restaurant-kieny.com – Fermé 3 semaines en août, dim. soir, mardi midi et lundi*

Auberge de la Tonnelle

CUISINE MODERNE · CONVIVIAL XX Dans un quartier résidentiel un peu excentré, cette auberge ravit ses habitués : ils y savourent une cuisine classique accompagnée de jolis crus (bourgognes et vins de petits producteurs) ; l'été, on les retrouve sur la terrasse.

Menu 32 € (semaine), 50/70 € – Carte 60/86 €

Plan : B2-u – *61 r. du Mar.-Joffre – 03 89 54 25 77 (réservation conseillée) – www.aubergedelatonnelle.fr – Fermé dim. soir*

à Zimmersheim 5 km au Sud par D56 – 68440 – 1 114 hab. – Alt. 290 m

Aromi & Sapori

CUISINE ITALIENNE · ÉLÉGANT XX Cette maison située en bord de route est désormais un repaire de la belle gastronomie italienne ! Tagliolini aux olives noires, risotto aux algues, langoustines ou encore nuage de mascarpone : à travers des plats raffinés, pleins de goût et de couleurs, le jeune chef fait souffler un joyeux vent d'Italie en pays alsacien.

Formule 18 € – Menu 55 € – Carte 50/60 €

5 r. de Mulhouse – 03 89 36 05 01 – Fermé sam. midi, dim. soir et lundi

à Hochstatt 7 km au Sud-Ouest par D8III – 68720 – 2 085 hab. – Alt. 286 m

Au Cheval Blanc

CUISINE MODERNE · FAMILIAL XX Dans ce petit village aux portes du Sundgau, on se délecte de plats soignés et gourmands – foie gras à l'anguille fumée et fruits secs, carrelet rôti sur l'arête et polenta moelleuse à la truffe – réalisés par le chef au fil de son inspiration et du marché. Une adresse pour le moins appétissante...

Menu 27 € (déj. en semaine), 38/60 € – Carte 51/70 €

55 Grande-Rue – 03 89 06 27 77 – www.au-cheval-blanc-hochstatt.com – Fermé 24 déc.-3 janv., dim. soir, lundi soir, mardi soir et merc.

MUNSTER

68140 (Haut-Rhin) – 4 791 hab. – Alt. 400 m – Carte régionale n° **1**-A2

Paris 458 km – Colmar 19 km – Guebwiller 40 km – Mulhouse 60 km

Carte Michelin 315-G8

Verte Vallée

CUISINE MODERNE • ÉLÉGANT XXX Terrine de hareng, rémoulade de céleri et pomme granny smith ; médaillon de lotte lardé sur lit de choucroute, sauce vin blanc au genièvre... Le chef concocte une savoureuse cuisine d'aujourd'hui et le sommelier se fait un plaisir de vous parler de ses jolis crus. Inutile d'aller voir si la vallée est plus verte ailleurs !

Formule 20 € – Menu 31/54 € – Carte environ 50 €

Hôtel Verte Vallée, 10 r. A. Hartmann (parc de la Fecht)
– 03 89 77 15 15 – www.vertevallee.com
– Fermé 8 janv.-1er fév.

À l'Agneau d'Or

CUISINE TRADITIONNELLE • CONVIVIAL XX Quenelles de truite aux écrevisses et beurre blanc au riesling, choucroute... Dans cette chaleureuse maison régionale, le chef revisite à sa façon la tradition et le terroir. Gibier en saison.

Menu 37/48 € – Carte 43/63 €

2 r. St-Grégoire – 03 89 77 34 08 (réservation conseillée)
– www.martinfache.com – Fermé lundi et mardi

Verte Vallée

FAMILIAL • ÉLÉGANT Dans un grand jardin bordant la Fecht, cette bâtisse est un îlot de quiétude et de détente. Les chambres, classiques ou contemporaines, sont spacieuses et cosy... Et pour barboter sereinement dans la piscine à jets, il y a même une garderie d'enfants.

104 chambres – 73/135 € 93/180 € – 7 suites – 17 € – ½ P

10 r. A.-Hartmann (parc de la Fecht)
– 03 89 77 15 15 – www.vertevallee.com
– Fermé 8 janv.-1er fév.

Verte Vallée – voir les restaurants ci-dessus

Deybach

FAMILIAL • FONCTIONNEL Accueil souriant, atmosphère chaleureuse et familiale, chambres agréables et bien tenues, copieux petit-déjeuner et... excellent rapport qualité-prix ! Un petit hôtel vivement recommandé.

16 chambres – 52/70 € 60/80 € – 11 €

4 r. du Badischhof, 1 km par rte de Colmar, D417 – 03 89 77 32 71
– www.hotel-deybach.com

à Wihr-au-Val 6 km à l'Est par D417 – 68230 – 1 271 hab. – Alt. 330 m

La Nouvelle Auberge (Bernard Leray)

CUISINE CLASSIQUE • AUBERGE XX Dans cette Nouvelle Auberge, élégante et attachante, les propriétaires jouent un délicieux "double jeu" culinaire ! Gastronomie à l'étage, avec une fine cuisine classique parfaitement maîtrisée par le chef ; bistrot alsacien au rez-de-chaussée... et ses savoureuses spécialités régionales.

➜ Rouget tiédi, macédoine de mangue à la coriandre, noisettes grillées et sauce iodée. Pigeon au jus, cuisses en fleischnaka comme un chou farci et escalope de foie gras chaud. Soufflé au marc de gewurztraminer, sorbet thé vert et citron.

Menu 41/90 € – Carte 59/98 €

9 rte Nationale – 03 89 71 07 70 – www.nauberge.com – Fermé 6-17 mars, 10-25 juil., 6-17 nov., dim. soir, lundi et mardi

MURAT

15300 (Cantal) – 1 911 hab. – Alt. 930 m – Carte régionale n° **3**-B3
Paris 520 km – Aurillac 48 km – Brioude 59 km – Issoire 74 km
Carte Michelin 330-F4 – Guide Vert Michelin Auvergne

à l'Est 4 km par N122, rte de Clermont-Ferrand

Le Jarrousset

CUISINE MODERNE • CONVIVIAL XX Dans un environnement verdoyant, cette auberge traditionnelle cultive le goût des produits locaux : le chef s'approvisionne auprès d'un réseau de fermes sélectionnées avec soin. Quant à l'ambiance, chapeau : le décor est épuré et moderne, et le mobilier et la vaisselle ont été réalisés par des artisans locaux.

Formule 13 € 🍷 - Menu 24/75 € 🍷 - Carte 44/53 €

- ✆ 04 71 20 10 69 - www.restaurant-le-jarrousset.com - Fermé janv., dim. soir, mardi, merc. sauf juil.-août et lundi

LA MURAZ

✉ 74560 (Haute-Savoie) - 1 051 hab. - Alt. 630 m - Carte régionale n° **25**-F1

▶ Paris 545 km - Annecy 33 km - Annemasse 11 km - Thonon-les-Bains 41 km

Carte Michelin 328-K4

L'Angélick

CUISINE CRÉATIVE • DESIGN XX Un restaurant gastronomique, où le chef travaille de bons produits du terroir et ose des mariages audacieux, aux accents asiatiques. On se régale par exemple d'un filet d'agneau étuvé au foin, accompagné de ses légumes du moment rôtis "à la paysanne", dans une salle au décor épuré et design. À découvrir !

Formule 27 € - Menu 55/85 €

160 Centre-Village - ✆ 04 50 94 51 97 - www.angelick.fr
- Fermé 13-29 août, 23 déc.-8 janv., dim., lundi, mardi et le midi en semaine

La Brasserie - voir les restaurants ci-dessus

La Brasserie

CUISINE TRADITIONNELLE • BISTRO X Le midi en semaine, la Brasserie ouvre ses portes aux gourmands de passage ; on y fait dans la simplicité, avec une bonne cuisine de bistrot et une carte des vins minimaliste, composée de coups de cœur des propriétaires.

Formule 15 € - Menu 28 €

Restaurant L'Angélick, 160 Centre-Village
- ✆ 04 50 94 51 97 - www.angelick.fr
- Fermé 13-29 août, 23 déc.-8 janv., sam., dim. et le soir en semaine

MURBACH - 68 (Haut-Rhin) → Voir Guebwiller

MUR-DE-BARREZ

✉ 12600 (Aveyron) - 800 hab. - Alt. 790 m - Carte régionale n° **15**-D1

▶ Paris 567 km - Aurillac 38 km - Rodez 73 km - St-Flour 56 km

Carte Michelin 338-H1

Auberge du Barrez

CUISINE TRADITIONNELLE • CONVIVIAL XX Attention, poème : "Une table précieuse, un endroit attachant / Où règnent sympathie et générosité / Madame, pâtissière, accueille les clients / Pendant que son mari est aux fourneaux rivé / Terroir aveyronnais, plats copieux, beaux produits / On déguste cela dans un bel intérieur / On s'installe en terrasse quand le soleil luit / Et l'on chérit l'instant... l'âme emplie de bonheur !"

Formule 13 € - Menu 15 € (déj. en semaine), 24/42 € - Carte 28/47 €

av. du Carladez
- ✆ 05 65 66 00 76 - www.aubergedubarrez.com
- Fermé 4 janv.-13 fév., mardi midi sauf du 1er juil. au 30 sept. et lundi midi

Auberge du Barrez

FAMILIAL • FONCTIONNEL On est accueilli à bras ouverts dans cette maison située à l'écart du centre-ville, entourée d'un joli jardin et d'un potager. Les chambres sont fraîches et bien tenues (certaines avec terrasse) et, à l'heure du repas, la table réserve de jolis plaisirs...

18 chambres - 58/89 € 78/114 € - 10 € - ½ P

av. du Carladez - 05 65 66 00 76 - www.aubergedubarrez.com - Fermé 4 janv.-13 fév.

Auberge du Barrez – voir les restaurants ci-dessus

MÛR-DE-BRETAGNE

22530 (Côtes-d'Armor) - 2 106 hab. - Alt. 225 m - Carte régionale n° **5**-C2

Paris 457 km - Carhaix-Plouguer 50 km - Guingamp 47 km - Loudéac 20 km

Carte Michelin 309-E5 - Guide Vert Michelin Bretagne Nord

Auberge Grand'Maison

CUISINE CRÉATIVE • DESIGN XXX En utilisant les nombreux produits de l'Armor et l'Argoat, Christophe Le Fur dessine des assiettes contemporaines et originales – voire parfois déroutantes, à l'image de ces langoustines, noix de coco et curry ! La cuisine de cet habile technicien est servie dans un cadre moderne, et le service est charmant.

Menu 30 € (déj. en semaine), 58/90 €

6 chambres - 50/90 € 50/90 € - 12 €

1 r. Léon-le-Cerf - 02 96 28 51 10 - www.auberge-grand-maison.com - Fermé 11-27 fév., 25 juin-2 juil., 2 semaines en oct., 2-10 janv., dim. soir, lundi et mardi

MURET-LE-CHÂTEAU

12330 (Aveyron) - 338 hab. - Alt. 540 m - Carte régionale n° **15**-C1

Paris 621 km - Aurillac 75 km - Rodez 19 km - Toulouse 166 km

Carte Michelin 338-H4

L'Auberge du Château

CUISINE MODERNE • FAMILIAL XX Dans ce village de l'Aveyron, face à la mairie, l'adresse est bien connue des gourmands, qui s'y régalent d'une cuisine qui donne la priorité aux herbes, à la fraîcheur et aux produits bio, sur lesquels le chef ne transige pas ! Dans l'assiette, couleurs et saveurs sont au rendez-vous. Terrasse joliment fleurie.

Formule 28 € - Menu 43/70 €

7 chambres - 82/92 € 98/108 € - 12 €

Le Bourg - 05 65 47 71 57 - www.laubergeduchateau.com - Fermé janv., fév., dim. soir, lundi, mardi, et merc. sauf juil.-août

MUTIGNY - 51 (Marne) → Voir Épernay

LE MUY

83490 (Var) - 9 327 hab. - Alt. 27 m - Carte régionale n° **21**-C3

Paris 861 km - Antibes 59 km - Marseille 132 km - Toulon 77 km

Carte Michelin 340-O5 - Guide Vert Michelin Côte d'Azur

au Nord 3 km par rte de Callas

Château des Demoiselles

LUXE • PERSONNALISÉ Ce pourrait être un hôtel de charme d'un beau standing, et c'est une maison d'hôtes au cœur d'un domaine viticole... De la majestueuse allée d'entrée bordée de platanes, jusqu'aux chambres de la demeure – une superbe bastide de 1830 –, s'incarne tout l'art de vivre de la Provence !

5 chambres - 135/155 € 140/165 €

2040 rte de Callas - 04 94 99 50 31 - www.chateaudesdemoiselles.com - Fermé 30 nov.-13 déc. et 5 janv.-6 fév.

NAJAC

✉ 12270 (Aveyron) - 731 hab. - Alt. 315 m - Carte régionale n° **15**-C1
Paris 629 km - Albi 51 km - Cahors 85 km - Gaillac 51 km
Carte Michelin 338-D5

L'Oustal del Barry

CUISINE MODERNE • RUSTIQUE XX Dans ce charmant restaurant rustique, le chef met à l'honneur la région et le terroir en travaillant de beaux produits, à l'instar de ce ris d'agneau ou de ce filet de bœuf... Ici, même la pâte feuilletée est "maison" ! Depuis l'une des salles, on peut admirer le potager : tout simplement délicieux.

Formule 16 € - Menu 26 € /61 € - Carte environ 63 €

2 pl. Sol de Barry - 05 65 29 74 32 - www.oustaldelbarry.com - Ouvert 1er avril-12 nov. et le midi du 12 nov. au 31 déc.

L'Oustal del Barry

FAMILIAL • TRADITIONNEL Nichée au cœur de ce magnifique village médiéval dominé par sa forteresse du 11e s., une maison accueillante avec des chambres sobres et douillettes, donnant sur le bourg ou la vallée.

17 chambres - 51/54 € 60/82 € - 12 € - ½ P

2 pl. Sol-de-Barry - 05 65 29 74 32 - www.oustaldelbarry.com - Ouvert 1er-12 nov.

L'Oustal del Barry - voir les restaurants ci-dessus

Le Belle Rive

AUBERGE • FONCTIONNEL Une histoire de famille... depuis cinq générations ! Cet hôtel-restaurant borde l'Aveyron et abrite des chambres traditionnelles, simples et propres. Grande terrasse fleurie et ombragée pour profiter de la cuisine régionale du chef.

20 chambres - 58/69 € 58/69 € - 10 € - ½ P

4 r. Roc-du-Pont, 3 km au Nord-Ouest par D39 - 05 65 29 73 90 - www.lebellerive.com - Ouvert d'avril à fin oct. et fermé dim. soir et lundi en oct.

NALZEN - 09 (Ariège) → Voir Lavelanet

ON AIME...

La Villa 1901, pour son mobilier vintage et son ambiance délicieusement Belle époque. **La Maison dans le Parc**, pour profiter de la cuisine-vérité de Françoise Mutel et de la belle terrasse. **La Maison de Myon**, une superbe demeure du 18e s. proche de la cathédrale. Et, bien entendu, les fameuses **bergamotes**, la spécialité locale !

NANCY

✉ 54000 (Meurthe-et-Moselle) - 105 067 hab. - Agglo. 279 365 hab. - Alt. 206 m - Carte régionale n° **14**-B2

▶ Paris 314 km - Dijon 216 km - Metz 57 km - Reims 209 km

Carte Michelin 307-I6 - Guide Vert Michelin Lorraine

Restaurants

✿ La Maison dans le Parc (Françoise Mutel)

CUISINE MODERNE • DESIGN XX L'une des meilleures tables dans les parages. Le long corridor d'entrée, aux pierres savamment éclairées, instaure une ambiance solennelle ; la salle est chic. Pourtant, la cuisine de Françoise Mutel illumine par... sa simplicité. Car cette autodidacte passionnée sait cuisiner l'essentiel : le goût ! Belle terrasse face au parc.

➜ Foie gras de canard autour de la mûre. Tataki de filet de bœuf Black Angus, wok de nouilles, de légumes et de champignons shiitake. Sablé au citron vert, crémeux yuzu et sorbet citron.

Menu 37 € (déj. en semaine), 69/98 €

Plan : D1-n - *3 r. Ste-Catherine - ✆ 03 83 19 03 57 - www.lamaisondansleparc.com - Fermé 1er-10 mai, 13-23 août, 2-19 janv., dim. soir, lundi et mardi*

La Toq'

CUISINE CLASSIQUE • ÉLÉGANT XX Avec ou sans toque, le chef de cet élégant restaurant est un sérieux professionnel, qui signe de savoureuses assiettes en se basant sur de beaux produits. Le tout accompagné d'une carte des vins de plus de 300 références, et toc ! À déguster dans un décor mêlant voûtes en pierre séculaire et aménagement contemporain.

Menu 22 € (déj. en semaine), 32/75 € - Carte 57/77 €

Plan : C1-z - *1 r. Mgr-Trouillet - ✆ 03 83 30 17 20 - www.latoqueblanche.fr - Fermé 1 semaine vacances de fév. et de printemps, 3 semaines en août, dim. soir et lundi*

Envie de partir à la dernière minute ? Visitez les sites Internet des hôtels pour bénéficier de promotions tarifaires.

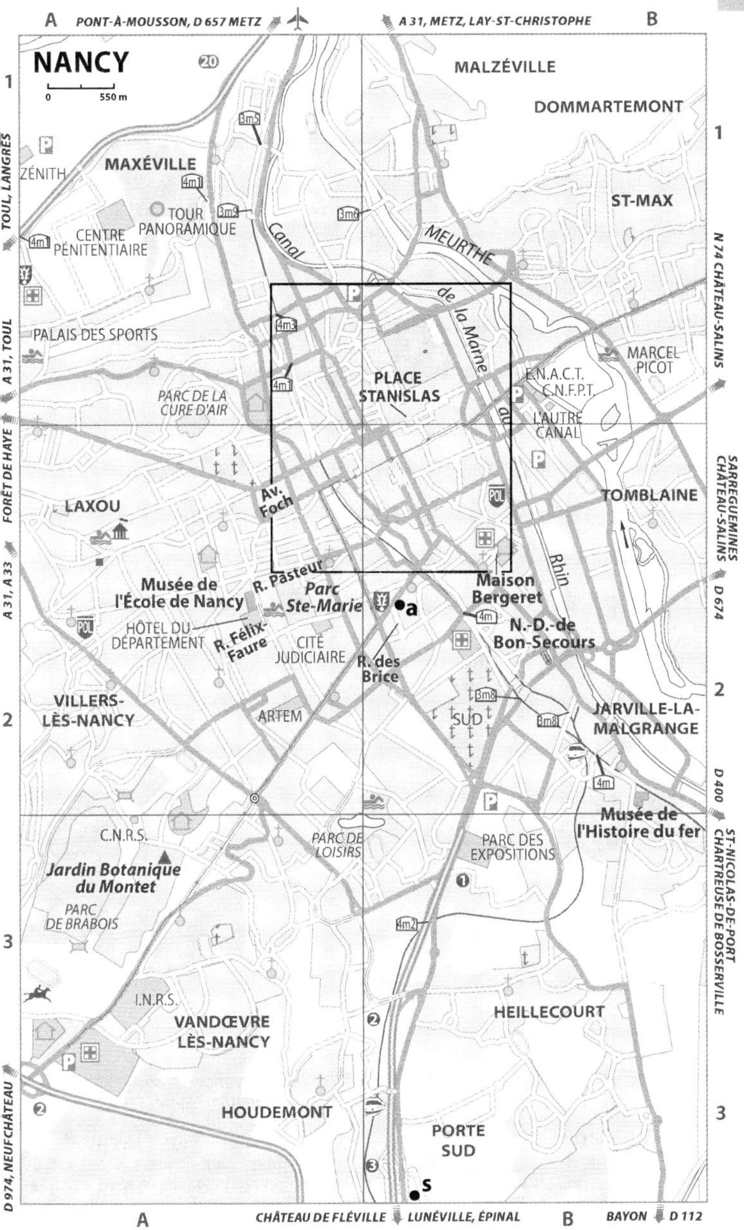
NANCY
0
550 m
A
PONT-À-MOUSSON, D 657 METZ
A 31, METZ, LAY-ST-CHRISTOPHE
B
1
MALZÉVILLE
DOMMARTEMONT
MAXÉVILLE
ZÉNITH
TOUR PANORAMIQUE
CENTRE PÉNITENTIAIRE
ST-MAX
Canal
MEURTHE
de la Marne
au Rhin
PALAIS DES SPORTS
MARCEL PICOT
PLACE STANISLAS
E.N.A.C.T.
C.N.F.P.T.
L'AUTRE CANAL
PARC DE LA CURE D'AIR
TOMBLAINE
LAXOU
Av. Foch
R. Pasteur
Parc Ste-Marie
Musée de l'École de Nancy
Maison Bergeret
N.-D.-de Bon-Secours
HÔTEL DU DÉPARTEMENT
R. Félix-Faure
CITÉ JUDICIAIRE
R. des Brice
a
VILLERS-LÈS-NANCY
ARTEM
SUD
JARVILLE-LA-MALGRANGE
2
Musée de l'Histoire du fer
C.N.R.S.
PARC DE LOISIRS
PARC DES EXPOSITIONS
Jardin Botanique du Montet
PARC DE BRABOIS
3
I.N.R.S.
VANDŒUVRE LÈS-NANCY
HEILLECOURT
HOUDEMONT
PORTE SUD
s
CHÂTEAU DE FLÉVILLE
LUNÉVILLE, ÉPINAL
BAYON
D 112
TOUL, LANGRES
A 31, TOUL
FORÊT DE HAYE
A 31, A 33
D 974, NEUFCHÂTEAU
N 74 CHÂTEAU-SALINS
SARREGUEMINES CHÂTEAU-SALINS
D 674
D 400
ST-NICOLAS-DE-PORT CHARTREUSE DE BOSSERVILLE

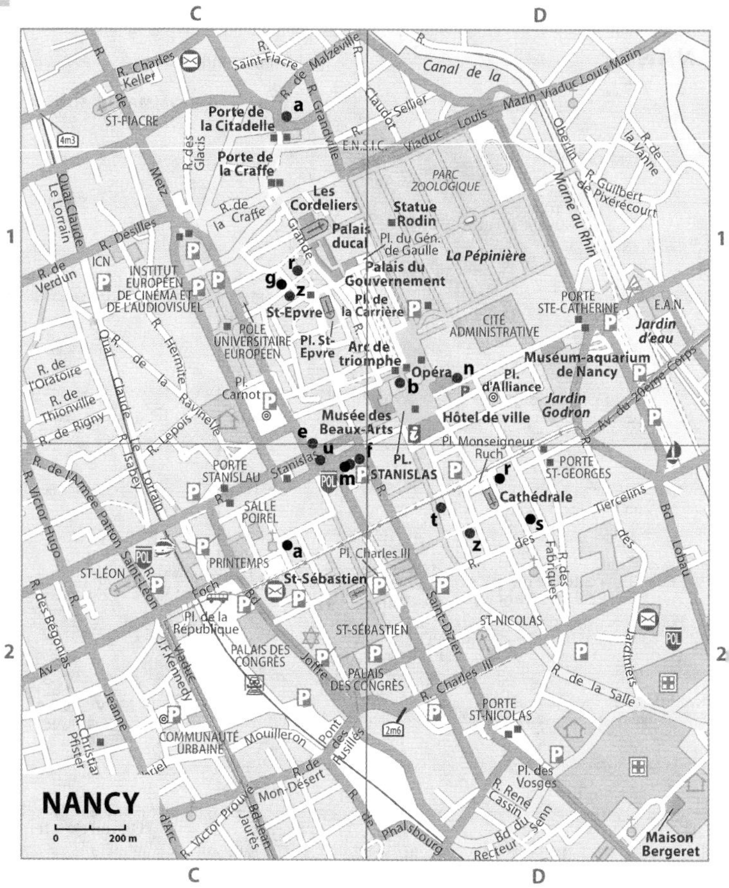

V Four

CUISINE MODERNE • INTIME Disciple de Gérard Vessière, Bruno Faonio crée une cuisine actuelle et soignée, associant fraîcheur des produits, harmonie des saveurs, belles présentations… Sa compagne assure le service – à la fois attentif et souriant. Inutile de dire qu'on joue souvent à guichets fermés et qu'il vaut mieux réserver !

Formule 21 € – Menu 32/65 € – Carte 50/78 €

Plan : C1-r – *10 r. St-Michel – ✆ 03 83 32 49 48 (réservation conseillée) – www.levfour.fr – Fermé 8-15 mars, 30 août-6 sept., dim. soir et lundi*

Le Cap Marine

CUISINE MODERNE • ÉLÉGANT Cette institution nancéienne – née il y a 60 ans – a pris un nouveau cap avec une rénovation complète, de la salle aux fourneaux. On découvre un décor chic et contemporain, tout en tons chocolat et bois blond, et une belle cuisine de la mer, tel ce bar de ligne en tournedos grillé à la plancha… Un régal.

Formule 20 € – Menu 30/70 € – Carte 60/87 €

Plan : C1_2-e – *60 r. Stanislas – ✆ 03 83 37 05 03 – www.restaurant-capmarine.fr – Fermé 2 semaines en août, 24 déc.-2 janv., sam. midi, dim. et fériés*

Le Capu

CUISINE CLASSIQUE • TENDANCE XX Une table en vue dans la ville : ici, on apprécie le décor, au chic contemporain affirmé, rehaussé de notes baroques et de tons originaux, et la cuisine, inventive et généreuse. Et après un passage en semaine, on revient bruncher le dimanche !

Formule 27 € - Menu 36/80 € - Carte 46/68 €

Plan : C2-m - *31 r. Gambetta - ✆ 03 83 35 26 98 - www.lecapu.com - Fermé vacances de fév., 2 semaines en août, dim. sauf le midi de sept. à juin et lundi*

Madame

CUISINE MODERNE • CONVIVIAL XX En face de la citadelle, c'est un plaisir de revenir dans ce restaurant éminemment sympathique. La cuisine est pensée au jour le jour, au fil des saisons et du marché : tartare de tomates bio, épaule d'agneau confite au jus de safran... C'est bon, tout simplement. Merci Madame !

Formule 22 € - Menu 27 € (déj. en semaine), 37/55 €

Plan : C1-a - *52 r. Henri-Deglin - ✆ 03 83 22 37 18 - www.madamerestaurant.fr - Fermé 1er-9 mai, 1er-15 août, 1er-8 janv., sam. midi, dim. soir et lundi*

Les Agaves

CUISINE PROVENÇALE • CONVIVIAL XX Cap au Sud pour ce restaurant élégant qui flirte avec l'esprit bistrot. Le chef mêle influences méditerranéennes, provençales et italiennes ; même la carte des vins fait la part belle aux crus transalpins. La Botte en Lorraine !

Formule 27 € - Menu 32 € - Carte 50/60 €

Plan : C2-u - *2 r. des Carmes - ✆ 03 83 32 14 14 - www.les-agaves-nancy.fr - Fermé 1er-15 août, lundi soir, merc. soir et dim.*

Les Petits Gobelins

CUISINE CRÉATIVE • CONVIVIAL XX C'est dans une rue piétonne derrière la cathédrale, au pied d'une demeure du 18e s., qu'on déniche cet agréable restaurant familial. C'est le territoire de la famille Grosse : Patrice, chef, met l'accent sur le choix des produits et l'originalité des recettes, tandis que sa fille, sommelière, choisit les vins adéquats !

Formule 18 € - Menu 28 € (semaine), 40/72 € - Carte 40/63 €

Plan : D2-z - *18 r. de la Primatiale - ✆ 03 83 35 49 03 - www.lespetitsgobelins.fr - Fermé 1er-23 août, 2-6 janv., dim. et lundi*

La Taverne du Roy

CUISINE CLASSIQUE • VINTAGE X Joël Roy a repris cette ancienne taverne à deux pas de la place Stanislas. La salle séduit par son décor cosy et coloré, et le chef compose une cuisine dans l'air du temps, au meilleur du marché : millefeuille parmesan et langoustines, saint-pierre en foin d'herbes aromatiques... Agréable terrasse.

Formule 16 € - Menu 30 € - Carte 37/54 €

Plan : D1-b - *17 r. Héré - ✆ 03 83 32 27 87 - Fermé 26-déc. -9 janv., merc. soir, dim. soir et lundi*

Le 27 Gambetta (N)

CUISINE MODERNE • CONVIVIAL X Ris de veau, bavette black angus : cette cuisine actuelle repose sur de bons produits. Une valeur sûre, à deux pas de l'hôtel Mercure Centre Stanislas.

Formule 19 € - Menu 25/38 € - Carte 35/48 €

Plan : C2-f - *27 r. Gambetta - ✆ 03 83 35 81 33 - Fermé 2 semaines en juil. et dim.*

La Poule Ange

CUISINE MODERNE • TENDANCE X Quand on dit que la valeur n'attend pas le nombre des années... Le tout jeune Jérémy Grosdidier, "ancien" de l'Excelsior et du Jules Verne, à Paris, a créé ce restaurant qui revisite les classiques avec dynamisme. Du même propriétaire, essayez son bistrot canaille, "Le Coq En Fer". Là encore, une réussite !

Formule 20 € - Menu 25 € (dîner), 35/55 €

Plan : D2-t - *74 r. St-Julien - ✆ 03 83 34 19 62 - www.lapouleange.fr - Fermé dim.*

Hôtels & maisons d'hôtes

Hôtel d'Haussonville

HISTORIQUE • CLASSIQUE Les amateurs de demeures classées seront comblés par ce splendide hôtel particulier du 16e s. Ici, tout n'est que raffinement : cheminées et parquets d'époque, beau salon avec piano à queue, antiquités… Quel charme !

7 chambres – 149/239 € 149/239 € – 17 €

Plan : C1-g – *9 r. Mgr-Trouillet – 03 83 35 85 84 – www.hotel-haussonville.fr – Fermé 1er-12 janv.*

Hôtel des Prélats

FAMILIAL • PERSONNALISÉ Cet hôtel particulier du 17e s., adossé à la cathédrale, est idéalement situé pour visiter la ville. Les chambres, spacieuses, rivalisent de classicisme et de raffinement (lits à baldaquin, vitraux, objets chinés), et la junior suite vaut le détour…

41 chambres – 69/249 € 109/249 € – 13 €

Plan : D2-r – *56 pl. Mgr-Ruch – 03 83 30 20 20 – www.hoteldesprelats.com – Fermé vacances de Noël*

Mercure Centre Stanislas

HÔTEL DE CHAÎNE • FONCTIONNEL Au cœur de Nancy, l'établissement est tout proche de la célèbre place Stanislas. Les chambres, fonctionnelles et climatisées, sont bien équipées (écran LCD, minibar, coffre-fort…). Le grand parking privé souterrain est idéal dans le quartier.

80 chambres – 80/230 € 80/230 € – 17 €

Plan : C2-m – *5 r. des Carmes – 03 83 30 92 60 – www.mercure-nancy-centre-stanislas.com*

Crystal

FAMILIAL • CONTEMPORAIN Voilà un établissement idéalement situé ! Quelques minutes suffisent pour rejoindre la gare ou le Palais des Congrès à pied, aller au musée ou faire les magasins. Les chambres sont agréables et bien tenues, avec un mobilier contemporain et de bons équipements.

58 chambres – 49/209 € 49/239 € – 14 €

Plan : C2-a – *5 r. Chanzy – 03 83 17 54 00 – www.bwcrystal.com – Fermé 22 déc.-2 janv.*

La Villa 1901

TRADITIONNEL • DESIGN À 15mn à pied du centre de Nancy, cette demeure de 1901 distille une ambiance rare… À son charme de maison de ville, intime et confidentielle, s'ajoute un aménagement très étudié, où dominent le mobilier industriel et le design vintage. Un sommet de style jusque dans les détails ! Et le petit-déjeuner est excellent…

5 chambres – 145/165 € 165/185 €

Plan : B2-a – *63 av. du Général-Leclerc – 06 30 03 21 62 – www.lavilla1901.fr*

Maison de Myon

HÔTEL PARTICULIER • PERSONNALISÉ Dans cette demeure du 18e s., proche de la cathédrale, tout est du meilleur goût : chambres et salons mêlent meubles anciens et design, tissus élégants, œuvres d'art, objets précieux, etc. Même l'ancienne écurie s'est transformée en belle bibliothèque ! On propose aussi cours de cuisine, dégustations de vins, table d'hôte…

5 chambres – 115 € 140 €

Plan : D2-s – *7 r. Mably – 03 83 46 56 56 – www.maisondemyon.com – Fermé 11-18 fév.*

à Houdemont - ✉ 54180 - 2 301 hab. - Alt. 270 m

Ibis Styles Nancy Sud

HÔTEL DE CHAÎNE • CONTEMPORAIN À la croisée des autoroutes Nancy-Paris-Strasbourg, faire une halte dans cet hôtel peut s'avérer salutaire. La plupart des chambres, spacieuses, ont adopté un style épuré. Parfaite pour se détendre avant de reprendre la route, la terrasse du restaurant au bord de la piscine.

86 chambres - †91/161 € ††101/171 € - ½ P

Plan : B3-s - *8 allée de la Genelière (près du centre commercial) - ✆ 03 83 56 10 25 - www.ibisstyles.com*

à Vandoeuvre-lès-Nancy - ✉ 54500 - 30 569 hab. - Alt. 300 m

Cottage-Hôtel

BUSINESS • FONCTIONNEL Nous voici au cœur du technopôle de Nancy-Brabois, près de l'hippodrome et à deux minutes de l'autoroute... Pratique ! Les chambres sont progressivement rénovées dans un style contemporain et se révèlent très fonctionnelles. On apprécie également le grand parking privé devant l'hôtel.

64 chambres - †62/113 € ††62/113 € - 12 € - ½ P

4 allée de Bourgogne - ✆ 03 83 44 69 00 - www.groupe-mengin.com - Fermé 29 juil.-16 août et 23-31 déc.

à Neuves-Maisons 14 km au sud-Ouest par D974 - ✉ 54230 - 7 067 hab. - Alt. 230 m

L'Union

CUISINE TRADITIONNELLE • FAMILIAL XX Cette jolie petite maison colorée, autrefois café du village, propose une cuisine traditionnelle bien sympathique : râble de lapin à la truffe, fricassée de volaille au champagne, tête de veau, etc. Et puis, il y a la terrasse ombragée...

Formule 15 € - Menu 29/39 € - Carte 37/49 €

1 r. A.-Briand - ✆ 03 83 47 30 46 - www.restaurantlunion.com - Fermé 15-31 août, mardi soir, merc. soir, jeudi soir et lundi

ON AIME...

Déjeuner chez **Clémence**, en bord de Loire, dans la grande tradition nantaise : c'est ici qu'a été inventé le beurre blanc ! Savourer l'air du temps chez **Lulu Rouget**, un bistrot sympathique. Plonger dans les douces saveurs iodées de **L'Océanide**, et se réjouir des élans créatifs de l'**U.Ni**. Enfin, poser ses valises au **Sozo Hôtel**, dans une ancienne chapelle...

NANTES

✉ 44000 (Loire-Atlantique) - 291 604 hab. - Agglo. 597 879 hab. - Alt. 8 m - Carte régionale n° **18**-B2

▶ Paris 381 km - Angers 88 km - Bordeaux 325 km - Quimper 233 km

Carte Michelin 316-G4 - Guide Vert Michelin Bretagne Sud

Restaurants

✿ L'Atlantide 1874 - Maison Guého

CUISINE MODERNE • DESIGN XXX Désormais installée dans une belle maison du 19e s. surplombant la Loire, cette Atlantide recèle toujours de beaux trésors : Jean-Yves Guého signe une cuisine très exacte et d'une belle finesse, qui fait la part belle au poisson. Intéressante carte de vins de Loire. Quelques chambres pour l'étape.

➜ Burger de homard, oignon doux et tomate épicée. Turbot en viennoise d'épices cantonnaises, jeunes primeurs nantais. Mojito imaginé comme un dessert.

Formule 32 € - Menu 40 € (déj. en semaine), 70/100 € - Carte 80/90 €

4 chambres - †130/150 € ††130/150 € - ☕ 15 €

Plan : 1B2-a - *5 r. de l'Hermitage ✉ 44100 - ✆ 02 40 73 23 23 - www.restaurant-atlantide.net - Fermé 3 semaines en août, 2-7 janv., dim. et fériés*

Le Rive Gauche

CUISINE MODERNE • TRADITIONNEL XX Direction la rive gauche de la Loire, au sud de l'île Beaulieu, où le fleuve prend des accents presque champêtres... Autre atout de cette ancienne guinguette : une terrasse sur l'arrière, face à la verdure d'un jardin ensoleillé. Au menu : une cuisine soignée, associée à un joli choix de vins du Val de Loire.

Formule 17 € - Menu 23 € (déj. en semaine), 32/85 €

Plan : 2C2-e - *10 Côte-St-Sébastien - ✆ 02 40 34 38 52 - www.lerivegauche-restaurant.com*

Un important déjeuner d'affaires ou un dîner entre amis ?
Le symbole ⯐ vous signale les salons privés.

L'Instinct Gourmand

CUISINE TRADITIONNELLE • SIMPLE Deux jeunes professionnels se sont associés pour créer ce bistrot "sans étiquette", qui trace son sillon loin de tout formalisme : ici, la simplicité et la fraîcheur sont les seuls mots d'ordre. Le menu, présenté à l'ardoise, est réalisé chaque jour au gré du marché et réserve de savoureuses surprises… Pari gagnant !

Formule 14 € - Menu 16 € (déj. en semaine)/32 €

Plan : 4G2-g - *14 r. St-Léonard - 02 40 47 41 64 (réservation conseillée) - www.linstinctgourmand.com - Fermé 1 semaine en mai, 2 semaines fin août-début sept., vacances de Noël, dim., lundi et fériés*

L'Océanide

POISSONS ET FRUITS DE MER • VINTAGE Filets cuits sur la peau ou coquilles dorées au beurre : cette Océanide-là est bien nymphe de la mer. C'est en voisin que le chef va faire ses achats au célèbre marché de Talensac, et la fraîcheur du poisson, parfaitement travaillé, ne trompe pas ! Cadre agréable au charme désuet.

Menu 22 € (déj. en semaine), 30/85 € - Carte 40/67 €

Plan : 4G1-n - *2 r. Paul-Bellamy - 02 40 20 32 28 - www.restaurant-oceanide.com - Fermé 22 juil.-15 août, dim. et lundi*

L'Abélia

CUISINE MODERNE • INTIME Légèrement excentrée du centre-ville, cette demeure bourgeoise du début du 20e s., restaurée avec goût (parquet, tomettes, pierres apparentes, jardin d'hiver…), jouit d'une clientèle fidèle. Il faut dire que la carte honore la région nantaise, entre légumes du marché et poisson de la côte !

Formule 27 € - Menu 36 € (semaine), 38/54 €

Plan : 2C2-t - *125 bd des Poilus - 02 40 35 40 00 - www.restaurantlabelia.com - Fermé 30 avril-8 mai, 30 juil.-24 août, 24 déc.-5 janv., dim. et lundi*

L'U.ni

CUISINE CRÉATIVE • COSY Histoires d'univers, d'unité, d'unicité… Son premier restaurant (ouvert fin 2011), Nicolas Guiet l'a voulu sur un mode singulier. Laissant libre cours à son imagination, tout en gardant la tête bien posée sur les épaules, il cuisine autant qu'il cherche à surprendre. De belles découvertes en perspective.

Formule 19 € - Menu 42/62 € - Carte 60/71 €

Plan : 4H3-y - *36 r. Fouré - 02 40 75 53 05 (réservation conseillée) - Fermé 1er-16 mai, 3 semaines en août, dim. midi, lundi et mardi*

La Cigale

CUISINE TRADITIONNELLE • BRASSERIE Véritable institution que cette brasserie née en 1895, face à l'opéra : son décor classé (céramiques, miroirs) illustre toute l'ivresse ornementale du Modern Style. Pour un repas plein de superbe !

Menu 15 € (déj. en semaine)/29 € - Carte 32/54 €

Plan : 3F2-d - *4 pl. Graslin - 02 51 84 94 94 - www.lacigale.com*

Le 1

CUISINE MODERNE • BRASSERIE On peut être dans un nouveau quartier (celui de l'île de Nantes), arborer un décor très design, ludique et coloré, et faire honneur à la tradition : cabillaud sauce hollandaise, tartare de bœuf au couteau et frites maison, côte de bœuf sauce béarnaise… Une belle brasserie d'aujourd'hui !

Formule 18 € - Menu 27 € (semaine)/29 € - Carte 33/84 €

Plan : 4G3-c - *1 r. Olympe-de-Gouges (à l'angle du quai F.-Mitterrand) - 02 40 08 28 00 - www.leun.fr*

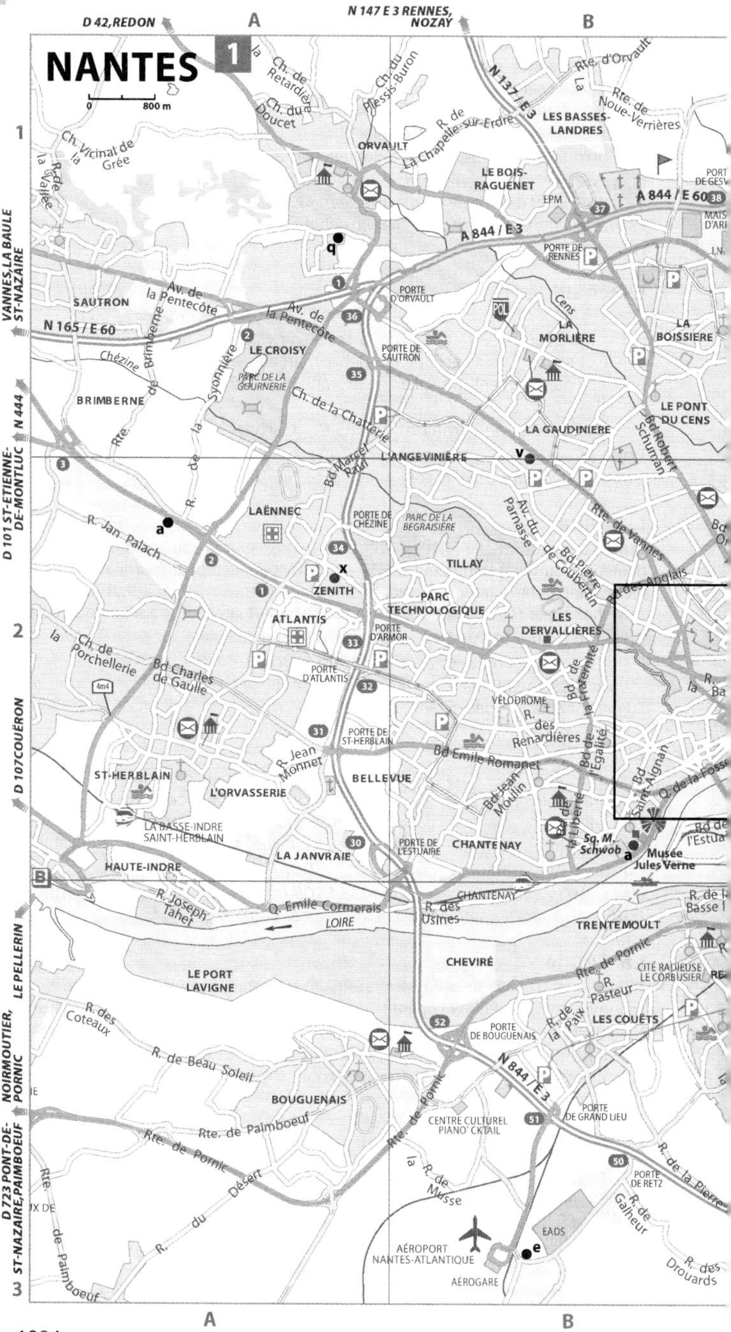
NANTES
1
0
800 m
D 42, REDON
N 147 E 3 RENNES, NOZAY
A
B
1
2
3
VANNES, LA BAULE ST-NAZAIRE
N 444
D 101 ST-ETIENNE-DE-MONTLUC
D 107 COUËRON
LE PELLERIN
NOIRMOUTIER, PORNIC
D 723 PONT-DE-ST-NAZAIRE, PAIMBOEUF
Ch. de la Retardière
Ch. du Plessis-Buron
Ch. du Doucet
R. de La Chapelle-sur-Erdre
Rte. d'Orvault
Rte. de la Noue-Verrières
N 137 / E 3
LES BASSES-LANDRES
ORVAULT
LE BOIS-RAGUENET
EPM
A 844 / E 60
A 844 / E 3
PORTE DE RENNES
Ch. Vicinal de la Grée
R. de la Vallée
SAUTRON
Av. de la Pentecôte
N 165 / E 60
PORTE D'ORVAULT
LA MORLIÈRE
LA BOISSIERE
LE CROISY
PARC DE LA GOURNERIE
PORTE DE SAUTRON
Chézine
R. de Brimberne
BRIMBERNE
Rte. de la Syonnière
Ch. de la Chatterie
LA GAUDINIERE
LE PONT DU CENS
Bd Robert Schuman
Bd Marcel Paul
L'ANGEVINIÈRE
LAËNNEC
PORTE DE CHÉZINE
PARC DE LA BEGRAISIÈRE
Av. du Parnasse
Bd Pierre de Coubertin
Rte. de Vannes
R. Jan Palach
TILLAY
ZENITH
PARC TECHNOLOGIQUE
Bd des Anglais
ATLANTIS
PORTE D'ARMOR
LES DERVALLIÈRES
Ch. de la Porchellerie
Bd Charles de Gaulle
PORTE D'ATLANTIS
Bd de la Fraternité
VELODROME
R. des Renardières
PORTE DE ST-HERBLAIN
R. Jean Monnet
Bd Emile Romanet
Bd de l'Egalité
ST-HERBLAIN
BELLEVUE
L'ORVASSERIE
Bd Jean Moulin
Bd de la Liberté
Bd Saint-Aignan
Q. de la Fosse
LA BASSE-INDRE SAINT-HERBLAIN
HAUTE-INDRE
LA JANVRAIE
PORTE DE L'ESTUAIRE
CHANTENAY
Sq. M. Schwob
Musée Jules Verne
R. Joseph Taher
Q. Emile Cormerais
R. des Usines
LOIRE
TRENTEMOULT
CHEVIRÉ
Rte. de Pornic
CITÉ RADIEUSE LE CORBUSIER
LE PORT LAVIGNE
R. Pasteur
R. de la Paix
LES COUËTS
R. des Coteaux
R. de Beau Soleil
PORTE DE BOUGUENAIS
N 844 / E 3
BOUGUENAIS
Rte. de Palmboeuf
CENTRE CULTUREL PIANO' CKTAIL
PORTE DE GRAND LIEU
Rte. de Pornic
R. de la Musse
R. du Désert
PORTE DE RETZ
R. de Galheur
R. de la Pierre
EADS
Rte. de Paimboeuf
AÉROPORT NANTES-ATLANTIQUE
AÉROGARE
R. des Drouards

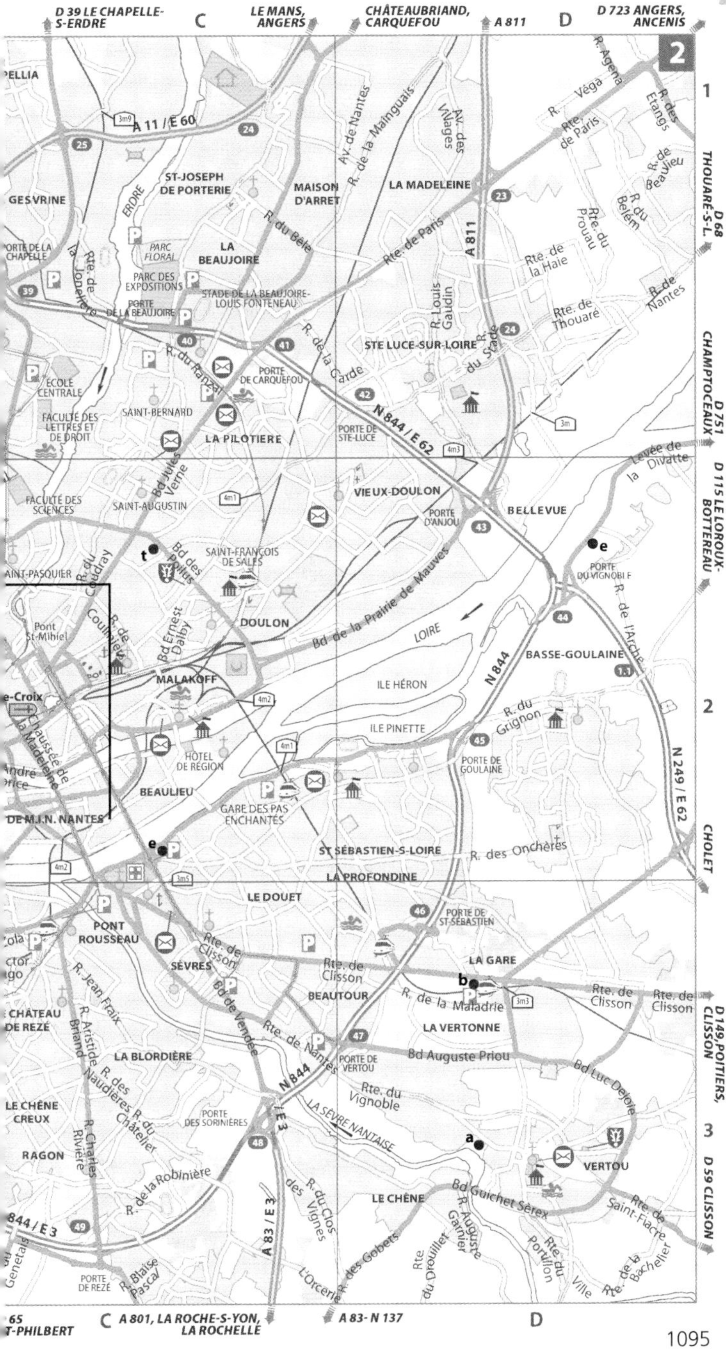
D 39 LE CHAPELLE-S-ERDRE
C
LE MANS, ANGERS
CHÂTEAUBRIAND, CARQUEFOU
A 811
D
D 723 ANGERS, ANCENIS
2
1
THOUARÉ-S-L. D 68
D 751 CHAMPTOCEAUX
D 115 LE LOROUX-BOTTEREAU
2
CHOLET
D 149, POITIERS, CLISSON
3
D 59 CLISSON
65 T-PHILBERT
C
A 801, LA ROCHE-S-YON, LA ROCHELLE
A 83 - N 137
D
A 11 / E 60
GESVRINE
ST-JOSEPH DE PORTERIE
MAISON D'ARRET
LA MADELEINE
LA BEAUJOIRE
PARC FLORAL
PARC DES EXPOSITIONS
STADE DE LA BEAUJOIRE-LOUIS FONTENEAU
PORTE DE LA BEAUJOIRE
PORTE DE LA CHAPELLE
ECOLE CENTRALE
FACULTÉ DES LETTRES ET DE DROIT
SAINT-BERNARD
LA PILOTIERE
PORTE DE CARQUEFOU
PORTE DE STE-LUCE
STE LUCE-SUR-LOIRE
N 844 / E 62
FACULTÉ DES SCIENCES
SAINT-AUGUSTIN
VIEUX-DOULON
PORTE D'ANJOU
BELLEVUE
PORTE DU VIGNOBLE
SAINT-PASQUIER
SAINT-FRANÇOIS DE SALES
DOULON
Pont St-Mihiel
MALAKOFF
LOIRE
ILE HÉRON
ILE PINETTE
BASSE-GOULAINE
N 844
N 249 / E 62
PORTE DE GOULAINE
HÔTEL DE RÉGION
BEAULIEU
GARE DES PAS ENCHANTÉS
DE M.I.N. NANTES
ST SÉBASTIEN-S-LOIRE
LA PROFONDINE
LE DOUET
PORTE DE ST-SÉBASTIEN
PONT ROUSSEAU
SÈVRES
LA GARE
BEAUTOUR
LA VERTONNE
CHATEAU DE REZÉ
LA BLORDIÈRE
PORTE DE VERTOU
LE CHÊNE CREUX
PORTE DES SORINIÈRES
LA SÈVRE NANTAISE
RAGON
VERTOU
LE CHÊNE
PORTE DE REZÉ
844 / E 3
A 83 / E 3
R. Agena
R. Véga
Rte. de Paris
R. des Etangs
R. de Beaulieu
R. du Belém
Rte. du Prouau
Rte. de la Haie
R. de Nantes
Rte. de Thouaré
R. Louis Gaudin
R. du Stade
Av. des Villages
Av. de Nantes
R. de la Mainguais
R. du Bêle
R. de la Garde
R. du Ranzay
Rte. de la Jonelière
Bd Jules Verne
R. du Coudray
Bd des Poilus
R. de Coulmiers
Bd Ernest Dalby
Bd de la Prairie de Mauves
Levée de la Divatte
R. de l'Arche
R. du Grignon
R. des Onchères
Chaussée de la Madeleine
Rte. de Clisson
R. de la Maladrie
Bd Auguste Priou
Bd Luc Dejoie
Rte. de Nantes
Bd de Vendée
Rte. du Vignoble
R. Jean Fraix
R. Aristide Briand
R. des Naudières
R. du Châtelier
R. Charles Rivière
R. de la Robinière
R. du Clos des Vignes
R. des Gobets
Bd Guichet Sérex
R. Auguste Garnier
Rte du Drouillet
Rte. du Portillon
Rte. de Saint-Fiacre
Rte. de la Bachelier
R. Blaise Pascal
ERDRE

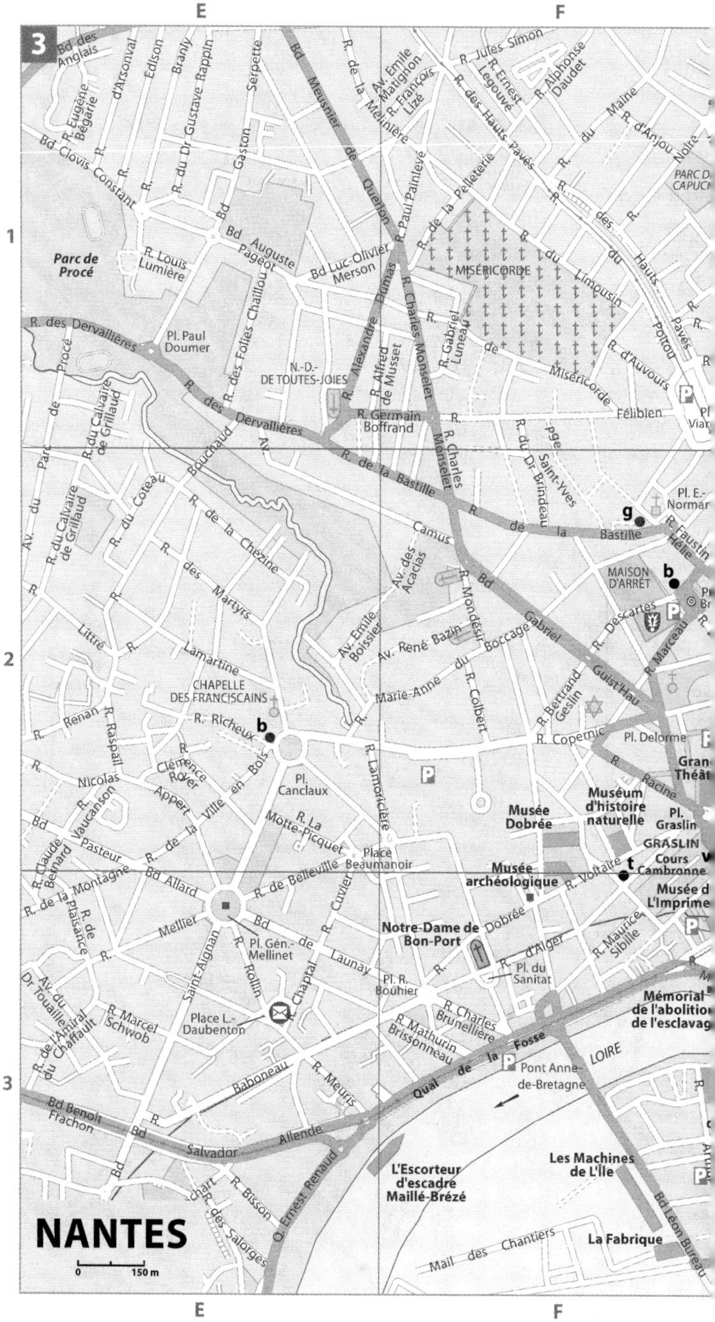
E
F
1
2
3
3
NANTES
0
150 m
Bd des Anglais
R. Eugène Bégarie
Bd Clovis Constant
d'Arsonval
Edison
Branly
R. du Dr Gustave Rappin
Gaston
Serpette
Bd Meusnier de Querlon
R. de la Mélinière
Av. Emile Matignon
R. François Lizé
R. Jules Simon
R. Ernest Legouvé
R. Alphonse Daudet
R. des Hauts Pavés
R. du Maine
R. d'Anjou
Notre
PARC DES CAPUCINS
R. Paul Painlevé
R. de la Pelleterie
R. des Hauts Pavés
R. du Limousin
Poitou
Parc de Procé
R. Louis Lumière
Bd Auguste Pageot
Bd Luc-Olivier Merson
MISÉRICORDE
R. des Dervallières
Pl. Paul Doumer
R. des Folies Chaillou
R. Alexandre Dumas
R. Charles Monselet
R. Gabriel Luneau
R. de Miséricorde
R. d'Auvours
N.-D.-DE TOUTES-JOIES
R. Alfred de Musset
R. Germain Boffrand
Félibien
Pl. Viarme
Av. de Procé
R. du Calvaire de Grillaud
Bouchaud
R. des Dervallières
R. de la Bastille
R. Charles Monselet
R. du Dr Brindeau
Pge Saint-Yves
Pl. E.-Normand
Av. du Parc
R. du Coteau
R. de la Chézine
Camus
R. de la Bastille
R. Faustin Hélie
R. du Calvaire de Grillaud
R. des Martyrs
Av. des Acacias
R. Mondésir
Bd Gabriel Guist'Hau
MAISON D'ARRÊT
R. Descartes
R. Marceau
Littré
R. Lamartine
Av. Emile Boissier
Av. René Bazin
Boccage
CHAPELLE DES FRANCISCAINS
R. Marie-Anne du Boccage
R. Colbert
R. Bertrand Geslin
R. Renan
R. Raspail
R. Richeux
R. Copernic
Pl. Delorme
R. Clémence Royer
Pl. Canclaux
R. Lamoricière
R. Racine
Grand Théâtre
R. Nicolas Appert
R. de la Ville en Bois
Musée Dobrée
Muséum d'histoire naturelle
Pl. Graslin
GRASLIN
Bd Vaucanson
R. La Motte-Picquet
Bd Pasteur
Place Beaumanoir
R. Voltaire
Cours Cambronne
R. Claude Bernard
R. de la Montagne
Bd Allard
R. de Belleville
R. Cuvier
Musée archéologique
Musée de L'Imprimerie
R. de Plaisance
Mellier
Bd de Launay
Pl. Gén.-Mellinet
Notre-Dame de Bon-Port
R. Dobrée
R. d'Alger
R. Maurice Sibille
R. Saint-Aignan
R. Rollin
R. Chapral
Pl. R. Bouhier
Pl. du Sanitat
Av. du Dr Touaille
R. de l'Amiral du Chaffault
R. Marcel Schwob
Place L.-Daubenton
R. Charles Brunellière
R. Mathurin Brissonneau
Mémorial de l'abolition de l'esclavage
Quai de la Fosse
Pont Anne-de-Bretagne
LOIRE
R. Baboneau
R. Meuris
Bd Benoît Frachon
Bd Salvador Allende
Q. Ernest Renaud
L'Escorteur d'escadre Maillé-Brézé
Les Machines de L'Île
R. Bisson
R. des Salorges
Mail des Chantiers
La Fabrique
Bd Léon Bureau

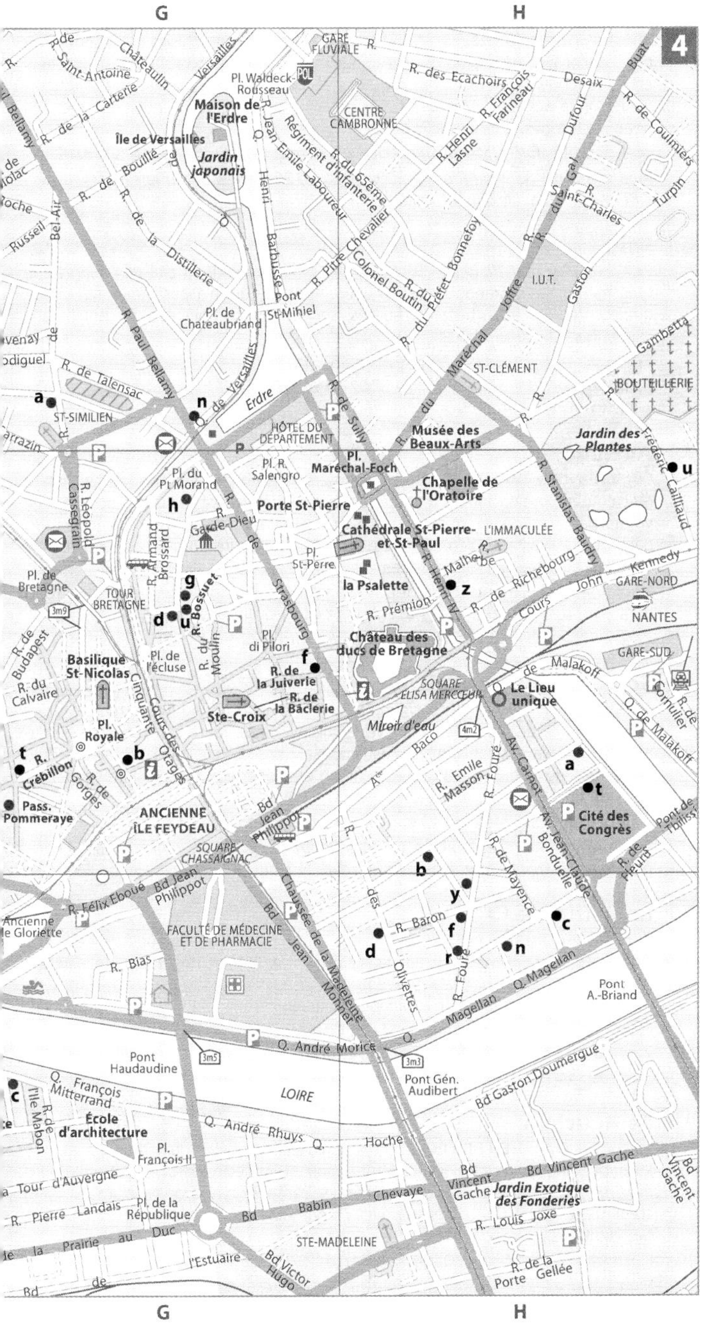
G
H
4
1
2
3
GARE FLUVIALE
Pl. Waldeck-Rousseau
CENTRE CAMBRONNE
Maison de l'Erdre
Île de Versailles
Jardin japonais
R. des Ecachoirs
R. François Farineau
Desaix
R. de Coulmiers
R. Saint-Antoine
Châteaulin
Versailles
R. de la Carterie
R. de Bouillé
R. de la Distillerie
Russeil
Bel-Air
Bellamy
Q. Henri Barbusse
R. Jean Emile Laboureur
Régiment d'Infanterie
R. du 65ème
R. Henri Lasne
Dufour
R. Saint-Charles
Turpin
R. du Gal
R. Pitre Chevalier
Colonel Boutin
R. du Préfet Bonnefoy
I.U.T.
Gaston
Joffre
Maréchal
Gambetta
Pont St-Mihiel
Pl. de Chateaubriand
R. Paul Bellamy
Q. de Versailles
Erdre
R. de Talensac
ST-SIMILIEN
ST-CLÉMENT
BOUTEILLERIE
R. de Sully
HÔTEL DU DÉPARTEMENT
Musée des Beaux-Arts
Jardin des Plantes
Frédéric Cailliaud
Pl. R. Salengro
Pl. Maréchal-Foch
Pl. du Pt Morand
Chapelle de l'Oratoire
Porte St-Pierre
R. Garde-Dieu
R. Stanislas Baudry
R. Léopold Cassegrain
Cathédrale St-Pierre-et-St-Paul
L'IMMACULÉE
R. Armand Brossard
Pl. St-Pierre
R. Malherbe
Pl. de Bretagne
TOUR BRETAGNE
R. Bossuet
la Psalette
R. Henri IV
R. de Richebourg
Cours John Kennedy
GARE-NORD
NANTES
R. Prémion
R. de Strasbourg
R. du Moulin
Pl. di Pilori
Château des ducs de Bretagne
R. de Budapest
Basilique St-Nicolas
Pl. de l'écluse
R. de la Juiverie
SQUARE ELISA MERCŒUR
Le Lieu unique
GARE-SUD
R. de Malakoff
R. du Calvaire
Cours des Cinquante Otages
Ste-Croix
R. de la Bâclerie
Miroir d'eau
Q. de Malakoff
Cornulier
Pl. Royale
R. Crébillon
R. de Gorges
Baco
R. Emile Masson
R. Fouré
Av. Carnot
Pass. Pommeraye
ANCIENNE ÎLE FEYDEAU
Bd Jean Philippot
Cité des Congrès
Av. Jean-Claude Bonduelle
Pont de Tbilissi
SQUARE CHASSAIGNAC
R. de Mayence
R. de Fleuriot
R. Félix Éboué
Ancienne de Gloriette
R. des Olivettes
R. Baron
FACULTÉ DE MÉDECINE ET DE PHARMACIE
Chaussée de la Madeleine
Bd Jean Monnet
R. Bias
Q. Magellan
Pont A.-Briand
Q. André Morice
Pont Haudaudine
Pont Gén. Audibert
Bd Gaston Doumergue
Q. François Mitterrand
LOIRE
R. de l'Île Mabon
École d'architecture
Q. André Rhuys
Q. Hoche
Pl. François II
Bd Vincent Gache
R. Tour d'Auvergne
Jardin Exotique des Fonderies
R. Pierre Landais
Pl. de la République
Bd Babin Chevaye
R. Louis Joxe
R. de la Prairie au Duc
STE-MADELEINE
Bd de l'Estuaire
Bd Victor Hugo
R. de la Porte Gellée
3m9
4m2
3m5
3m3
a
n
u
h
g
d
u
f
z
t
b
a
t
b
y
f
d
r
n
c
c

Maison Baron Lefèvre

CUISINE TRADITIONNELLE • CONVIVIAL XX Le genre de maison qui a tout compris : décor à la pointe du goût d'aujourd'hui (un ancien entrepôt de maraîchers en brique, bois et métal), bons produits, cocottes en fonte et plats de tradition... Ce Baron-là achète même des bêtes entières (cochon, veau) pour préparer ses boudins, terrines, etc. Verdict : salle comble !

Formule 16 € – Menu 19 € (déj. en semaine)/26 € – Carte 37/53 €

Plan : 4H3-n – *33 r. de Rieux – ✆ 02 40 89 20 20 – www.baron-lefevre.fr – Fermé 1er-15 août, dim. et lundi*

Félix

CUISINE TRADITIONNELLE • BRASSERIE XX Tout près de la cité des congrès, le type même de la grande brasserie contemporaine qui n'a pas oublié ses classiques : produits frais, tartares, huîtres, service 7j/7, ambiance... En prime, une jolie vue sur le canal St-Félix.

Formule 18 € – Menu 27 € – Carte 35/51 €

Plan : 4H2-a – *1 r. Lefèvre-Utile – ✆ 02 40 34 15 93 – www.brasseriefelix.com*

Analude

CUISINE MODERNE • TENDANCE XX Derrière l'ancien palais de justice, ce restaurant contemporain, doublé d'une épicerie gourmande, est l'une des adresses en vogue dans la ville, et c'est justice. Son chef, Christophe Levet, est un autodidacte, qui travaille les produits du marché selon son inspiration, à grand renfort d'herbes et d'épices. Une réussite !

Formule 18 € – Menu 21 € (déj. en semaine), 49/64 € 🍷 – Carte 38/46 €

Plan : 3F2-g – *2 r. de la Bastille – ✆ 02 53 55 65 46 – www.analude.fr – Fermé 27 juil. -23 août, mardi soir, lundi, sam., dim. et fériés*

Song, Saveurs & Sens

CUISINE CRÉATIVE • COSY X Nhung Phung a changé de vie pour créer son restaurant. Autodidacte, certes, mais vraie cuisinière ! La faute à ses racines vietnamiennes ? À sa passion pour la gastronomie ? À sa sensibilité ? Sa table séduit, entre Asie du Sud-Est et France, tradition et modernité, épices subtiles et produits de qualité...

Formule 15 € – Menu 19 € (déj.)/33 € – Carte 34/54 €

Plan : 4G2-a – *5 r. Santeuil – ✆ 02 40 20 88 07 – www.restaurant-song.fr – Fermé 1 semaine en mai, 3 semaines en août, dim. et lundi*

La Raffinerie (N)

CUISINE FRANÇAISE • BISTRO X Tables aux coudes à coudes, look de petit bistrot et cuisine ouverte face au public invitent à la curiosité. En guise d'acteur principal, un jeune chef talentueux épuise le terroir de sa région : poissons de criée, légumes de pleine terre, pigeonneaux... Percutant et raffiné !

Menu 21 € (déj. en semaine)/31 € – Carte 33/48 €

Plan : 4H3-r – *54 r. Fouré – ✆ 02 40 74 81 05 – www.restaurantlaraffinerie.fr – Fermé sam. et dim.*

Le Bouchon

CUISINE MODERNE • BISTRO X Sa bonne cuisine dans l'air du temps, réinventée jour après jour ; son intérieur joliment décoré (tommettes au sol, poutres anciennes, miroirs) ; sa terrasse incontournable, véritable havre de verdure en plein cœur de la ville... On comprend mieux pourquoi cette adresse est aussi prisée des Nantais !

Formule 17 € – Menu 30/34 € – Carte 35/55 €

Plan : 4G2-u – *7 r. Bossuet – ✆ 02 40 20 08 44 (réservation conseillée) – Fermé sam. midi, dim. et lundi*

LuluRouget

CUISINE MODERNE • CONVIVIAL Parfumée et savoureuse, précise et incisive, originale et bien pensée : telle est la cuisine de Lulu Rouget, sympathique bistrot contemporain créé par un jeune chef passé par quelques belles maisons. Très bon rapport plaisir-prix, en toute convivialité !

Formule 20 € – Menu 24 € (déj. en semaine), 27/41 €

Plan : 4G2-d – *1 r. du Cheval-Blanc – 02 40 47 47 98 (réservation conseillée) – Fermé 1 semaine en mai, 3 semaines en août, 1 semaine à Noël, sam. midi, dim. et lundi*

Le Canclaux

CUISINE MODERNE • BISTRO Grande-Bretagne, Suisse, Espagne, Maroc... Pendant 20 ans, Henri Berthaud a exercé son métier de chef aux quatre coins du monde. En 2013, il s'est associé à son frère pour créer cette table sympathique, où il mitonne une cuisine du marché agrémentée de saveurs exotiques. Sans chichi, et tout simplement bon !

Formule 22 € – Menu 26/32 €

Plan : 3E2-b – *7 pl. Canclaux – 09 52 76 27 62 – www.lecanclaux.com – Fermé août, vacances de Noël, lundi soir, mardi soir, merc. soir, sam. et dim.*

L'Atelier d'Alain

CUISINE MODERNE • CONVIVIAL Alain Ruffault a créé son Atelier dans l'ancienne boucherie de ses parents, aujourd'hui métamorphosée. Signes distinctifs des lieux : une bonne cuisine, à la fois gourmande et soignée, et de la décontraction ! Belle carte de vins du Val de Loire et de Bordeaux.

Carte 25/55 €

Plan : 4H3-d – *24 r. des Olivettes – 02 40 84 38 66 (réservation conseillée) – www.atelieralain.fr – Fermé août, sam. midi et dim.*

Les Chants d'Avril

CUISINE TRADITIONNELLE • BISTRO Christophe François est le type même du chef passionné... et passionnant. Il cultive ici l'esprit de bistrot en toute simplicité : vieux parquet, comptoir en formica, bibelots... Côté cuisine, idem : il décline un menu unique au gré de son humeur et du marché du jour, en utilisant de beaux produits de la région. Rafraîchissant !

Formule 19 € – Menu 23/29 €

Plan : 4H2-b – *2 r. Laennec – 02 40 89 34 76 – www.leschantsdavril.fr – Fermé vacances de fév., vacances de printemps, 3 semaines en août, 25 déc.-1er janv., lundi soir, mardi soir, merc. soir, sam. et dim.*

Au Plaisir

CUISINE MODERNE • CONVIVIAL Dans l'une des rues du vieux Nantes, au cœur de l'animation, ce restaurant sympathique tient sa promesse : le plaisir est au rendez-vous ! Ris de veau caramélisé à la façon du chef, filet de bœuf grillé aux huîtres bretonnes... On se régale de cette cuisine de caractère, qui évolue au gré des saisons.

Formule 14 € – Menu 26/48 € – Carte environ 38 €

Plan : 4G2-h – *10 r. Léon-Blum – 02 40 89 41 56 – www.restaurant-au-plaisir.com – Fermé 4-28 août, mardi soir, merc. soir, dim. et lundi*

Le Gressin

CUISINE TRADITIONNELLE • RUSTIQUE Dans ce quartier proche de la Cité des congrès, se trouve ce vrai bon petit restaurant familial, tenu par deux frères sympathiques. On fait son choix dans un menu-carte tourné vers la tradition, avec notamment la spécialité de la maison : le sandre au beurre blanc nantais !

Menu 18 € (déj. en semaine), 26/31 €

Plan : 4H3-f – *40 bis r. Fouré – 02 40 48 26 24 – Fermé 3 semaines en août, lundi soir, sam. midi et dim.*

Les Bouteilles

CUISINE TRADITIONNELLE • BISTRO À côté du marché de Talensac, un bistrot à vins épatant : décor sympathique honorant Bacchus, belle cuisine de produits (charcuteries corses, plats canailles, poisson de la marée...) sans oublier – enseigne oblige – une mémorable carte des vins (700 appellations !) faisant notamment honneur à la Bourgogne.

Carte 25/53 €

Plan : 4G1-a – *11 r. de Bel-Air – 02 40 08 27 65 – Fermé 1 semaine en fév., 3 semaines en août, sam. midi, dim. et lundi*

Hôtels

Radisson Blu

BUSINESS • DESIGN Un beau bâtiment classique dont le fronton central reste sculpté des mots Palais de Justice" : c'est bel et bien dans un ancien tribunal – en activité jusqu'en 2000 – qu'a été créé ce Radisson Blu ! Esprit contemporain, grand confort et belles prestations seront les juges de vos nuits."

137 chambres – 139/500 € 139/500 € – 5 suites – 19 €

Plan : 3F2-b – *6 pl. Aristide-Briand – 02 72 00 10 00 – www.radissonblu.com/hotel-nantes*

Mercure Centre

HÔTEL DE CHAÎNE • FONCTIONNEL Derrière la belle façade du 19e s., un hall sous verrière, un lounge bar flambant neuf et même des salles "easy-work" réservables à l'heure, idéales pour une réunion d'affaires improvisée. Les chambres sont confortables et bien équipées.

161 chambres – 79/219 € 79/219 € – 5 suites – 19 €

Plan : 4G2-b – *4 r. du Couëdic – 02 51 82 10 00 – www.mercure.com*

Novotel Cité des Congrès

HÔTEL DE CHAÎNE • FONCTIONNEL Créé en 1992, il jouxte la cité des congrès. Ses chambres se révèlent confortables et spacieuses, pour le bénéfice de la clientèle d'affaires comme des familles. Novotel Café pour se restaurer.

103 chambres – 99/209 € 129/259 € – 2 suites – 16 € – ½ P

Plan : 4H2-t – *3 r. de Valmy – 02 51 82 00 00 – www.novotel.com*

Océania Hôtel de France

URBAIN • PERSONNALISÉ Après de longs travaux, cet hôtel particulier du 18e s., dont le porche est classé monument historique, a rouvert ses portes. Et il n'a rien perdu de son charme ! Les fresques murales et hauts plafonds sont toujours d'actualité ; les chambres, bien rénovées dans un style contemporain, sont particulièrement agréables.

72 chambres – 89/259 € 89/259 € – 15 €

Plan : 3F2-f – *24 r. Crébillon – 02 40 73 57 91 – www.oceaniahotels.com*

Sozo Hotel

HISTORIQUE • PERSONNALISÉ Né en 2012 près de la gare, cet hôtel a été créé dans une ancienne chapelle du 19e s. ! Chambres dans les absidioles ou le chœur, vitraux pour fenêtre, clés de voûte en guise de tête de lit et, partout, un aménagement des plus design... Le cachet d'un monument historique associé à l'épure contemporaine : unique !

23 chambres – 111/347 € 111/347 € – 1 suite – 17 €

Plan : 4H2-u – *16 r. Frédéric-Cailliaud – 02 51 82 40 00 – www.sozohotel.fr*

Okko

URBAIN • DESIGN Sur un boulevard passant, ce bâtiment du début du 20e s. – ancienne fabrique à chaussures – a été choisi pour accueillir le premier des hôtels Okko, nouvelle chaîne hôtelière à vocation "urbaine". Design, espace, confort : un concept réussi !

80 chambres – 95/205 € 115/225 €

Plan : 4G2-f – *15 bis r. de Strasbourg – 02 52 20 00 70 – www.okkohotels.com*

Graslin

TRADITIONNEL · PERSONNALISÉ Près de l'opéra, cet hôtel propose deux catégories de chambres, décorées dans un esprit contemporain alliant fonctionnalité et notes Art déco.

47 chambres – 58/200 € 58/350 € – 13 €

Plan : 3F2-v – *1 r. Piron – 02 40 69 72 91 – www.hotel-graslin.com*

L'Hôtel

BUSINESS · DESIGN Accueil très aimable dans cet Hôtel où l'on prend facilement ses aises. Vue sur le château en façade, le jardin à l'arrière ; décor contemporain aux notes rétro (références aux fifties), salon feutré : une agréable villégiature au cœur de la ville.

31 chambres – 81/160 € 81/160 € – 13 €

Plan : 4H2-z – *6 r. Henri-IV – 02 40 29 30 31 – www.nanteshotel.com*

Pommeraye

BUSINESS · FONCTIONNEL Une situation idéale en centre-ville – à côté du célèbre passage Pommeraye et des boutiques de la rue Crébillon – pour cet hôtel contemporain élégant et feutré, tenu avec soin. À noter : produits bio et locaux au petit-déjeuner.

50 chambres – 64/169 € 64/169 € – 11 €

Plan : 4G2-t – *2 r. Boileau – 02 40 48 78 79 – www.hotel-pommeraye.com*

Belfort

FAMILIAL · FONCTIONNEL Non loin des quais de la Loire, cet établissement a tout du petit hôtel moderne d'aujourd'hui, à la fois fonctionnel et coloré. Au dernier étage, certaines chambres jouissent d'un balcon dominant la ville.

50 chambres – 71/102 € 71/108 € – 11 €

Plan : 4H3-c – *1 r. de Belfort – 02 40 47 05 57 – www.hotel-belfort-nantes.fr*

Voltaire Opéra

BUSINESS · FONCTIONNEL Tout près de la place Graslin et du cours Cambronne, cette ancienne pension de famille (datant de 1855) est aujourd'hui un hôtel résolument contemporain. Les chambres sont confortables et bien tenues ; petit-déjeuner gourmand, avec confitures artisanales.

40 chambres – 64/144 € 64/144 € – 11 €

Plan : 3F2_3-t – *10 r. Gresset (quartier Graslin) – 02 40 73 31 04 – www.hotelvoltaireoperanantes.com*

ENVIRONS

à Sucé-sur-Erdre 16 km au Nord, sortie n° 23 et D37 – 44240 – 6 473 hab. – Alt. 14 m

Les Arbres Rouges

URBAIN · DESIGN Dans un quartier résidentiel, une grande maison d'architecte à la décoration pointue, véritable précis de savoir-vivre contemporain. Piscines intérieur-extérieur, matériaux de qualité, équipements high-tech... Un certain luxe, sans ostentation.

5 chambres – 99/129 € 109/139 €

570 rte de Carquefou – 02 51 81 15 00 – www.lesarbresrouges.com

au Bord de l'Erdre 11 km par D178 ou sortie n° 24 autoroute A11 et rte de la Chantrerie

Manoir de la Régate

CUISINE MODERNE · CONVIVIAL XXX Une élégante demeure toute blanche et couverte de vigne vierge (19e s.), dans un cadre très bucolique. L'escapade charme aux portes de Nantes. Au menu, une gastronomie d'aujourd'hui, qui évolue au gré des saisons. Agréable terrasse.

Menu 22 € (semaine), 36/60 € – Carte 47/59 €

Hôtel de la Régate, 155 rte de Gachet 44300 Nantes – 02 40 18 02 97 – www.manoirdelaregate.com – Fermé dim. soir et fériés

Auberge du Vieux Gachet

CUISINE MODERNE • CONVIVIAL XX Cette ancienne ferme – entièrement rénovée en 2013 – rappelle la campagne d'antan, à deux pas de la ville : au bord de l'Erdre, face aux flots, la vue se révèle très nature. La carte a le parfum de la tradition : croustillant de homard à la sauce armoricaine, mignon de porc en croûte au romarin et citron confit...

Menu 21 € (déj. en semaine), 31/59 € – Carte 48/108 €

rte de Gachet ✉ 44470 Carquefou – ✆ 02 40 25 10 92
– www.aubergeduvieuxgachet.com – Fermé dim. soir et lundi

La Régate

HÔTEL DE CHAÎNE • CONTEMPORAIN Près de l'Erdre, au calme, le bâtiment (2009) respecte les dernières normes environnementales et a reçu l'Écolabel européen. Toit végétalisé, panneaux solaires, structure de béton aux motifs de bambou... La planète est zen, les clients aussi !

42 chambres – 1 pers. 89/230 € 2 pers. 89/230 € – ☕ 14 € – ½ P

155 rte de Gachet ✉ 44300 Nantes – ✆ 02 40 50 22 22
– www.hotel-nantes-laregate.com

Manoir de la Régate – voir les restaurants ci-dessus

Petit déjeuner compris ? La tasse ☕ suit directement le nombre de chambres.

rte des Bords de Loire par D751, sortie 44 Porte du Vignoble

La Divate

CUISINE TRADITIONNELLE • RUSTIQUE XX Alors qu'on flâne au fil de la Loire, cette ancienne maison de pêcheurs tombe à point nommé pour une pause repas : anguilles et grenouilles en persillade, sandre au beurre blanc... Le bon goût de la tradition ! Côté décor, pierres, poutres et vieux objets de pêche parfont le spectacle des flots paisibles...

Formule 16 € – Menu 20/37 € – Carte environ 53 €

Hors plan – *28 Levée-de-la-Divate, à Boire-Courant, 11 km – ✆ 02 40 54 19 66*
– www.restaurantladivate.com.sitew.com – Fermé vacances de fév., 3 semaines en juil., lundi soir en hiver, dim. soir, mardi et merc.

Villa Mon Rêve

CUISINE MODERNE • ÉLÉGANT XX Dans un grand jardin protégé par une levée de la Loire, une jolie maison bourgeoise de la fin du 19e s., au cadre élégant et feutré. Une nouvelle direction en a repris les rênes : le chef cale ses recettes sur les saisons et les produits frais ; une jolie suite...

Formule 22 € – Menu 35/43 € – Carte 45/70 €

Plan : 2D2-e – *2 Levée-de-la-Divate, à 9 km – ✆ 02 40 03 55 50*
– www.villa-mon-reve.com – Fermé dim. soir, lundi et mardi

Clémence

CUISINE TRADITIONNELLE • CONVIVIAL XX C'est en cette auberge ligérienne que Clémence Lefeuvre (1860-1932) créa le fameux beurre blanc ! Le chef lui rend un savoureux hommage, mêlant tradition, produits frais et invention. Une bonne étape sur la route des bords de Loire.

Formule 15 € 🍷 – Menu 21 € 🍷 (semaine), 33/56 € – Carte 42/53 €

Hors plan – *91 levée de la Divatte, à 15 km, à la Chebuette – ✆ 02 40 36 03 18*
– www.restaurantclemence.com – Fermé 1 semaine vacances de fév., 25 juil.-10 août, merc. soir, dim. soir et lundi

à Haute-Goulaine 14 km au Sud-Est par D119 – ✉ 44115 – 5 539 hab. – Alt. 41 m

✿✿ Manoir de la Boulaie (Laurent Saudeau)

CUISINE CRÉATIVE • ÉLÉGANT XXX À 15 km de Nantes, un beau domaine des années 1920 au cœur des vignobles du muscadet... Derrière les fourneaux, Laurent Saudeau signe une cuisine très inventive, toujours recherchée, parfois complexe, mêlant produits d'ici et épices d'ailleurs. Décor contemporain et coloré.
➜ Saint-Jacques rôties, céleri fumé aux sarments de vigne et croquant de pomme verte. Saint-pierre cuit à l'huile de coco, pulpe d'ail noir au vinaigre de riz. Chocolat et cacahouète, crème glacée pop-corn.

Menu 44 € (déj. en semaine), 88/150 € – Carte environ 100 €

33 r. de la Chapelle-St-Martin – ☏ 02 40 06 15 91 – www.manoir-de-la-boulaie.fr – Fermé 30 juil.-25 août, 23 déc.-12 janv., dim. soir, lundi et mardi

à Vertou 10 km par D59 sortie porte de Vertou – ✉ 44120 – 22 307 hab. – Alt. 32 m

Monte-Cristo

CUISINE MODERNE • COSY XX On dit que c'est dans cette maison ancienne (450 ans) qu'Alexandre Dumas père commença l'écriture de son Comte de Monte-Cristo ! Mais point de tragique vengeance en ce lieu paisible où l'on vient déguster une bonne cuisine actuelle, près de la véranda ou sur la terrasse, face à la Sèvre...

Formule 17 € – Menu 20 € (déj. en semaine), 29/65 €

Plan : 2D3-a – *11 quai Chaussée-des-Moines – ☏ 02 40 34 40 36 – www.monte-cristo.fr – Fermé 1 semaine en fév., 1 semaine en sept., vacances de la Toussaint, 1 semaine à Noël, merc. soir, dim. soir et lundi*

Le Laurier Fleuri

CUISINE MODERNE • TRADITIONNEL XX Un jeune couple fait souffler un vent de renouveau sur cet ancien relais de diligence d'aspect très traditionnel ! C'est après un solide parcours dans des maisons de renom que le chef a repris les rênes des fourneaux. On sent dans chaque assiette un réel travail et une vraie envie de surprendre et de faire plaisir...

Formule 17 € – Menu 21 € (semaine), 31/41 € – Carte 40/51 €

10 chambres – †68/81 € ††72/81 €

Plan : 2D3-b – *460 rte de Clisson – ☏ 02 51 79 01 01 – www.lelaurierfleuri.fr – Fermé 29 juil.-21 août, dim. et lundi*

à Château-Thébaud 18 km au Sud-Est par D149, D74 et D63 – ✉ 44690 – 2 926 hab. – Alt. 58 m

Auberge La Gaillotière

CUISINE TRADITIONNELLE • RUSTIQUE XX Pour un tête-à-tête avec le vignoble nantais... Les alignements de ceps viennent presque caresser les murs de cet ancien chai ! Anjou, muscadet, bourgueil, etc. : le Val de Loire est aussi à l'honneur à la carte. Quant à la cuisine, du terroir, généreuse et soignée, elle finit de convertir aux bienfaits de la région.

Menu 15 € (déj. en semaine), 22/28 €

La Gaillotière – ☏ 02 28 21 31 16 – www.auberge-la-gaillotiere.fr – Fermé 6-27 fév., 30 juil.-21 août, dim. et lundi

à St-Fiacre-sur-Maine 10 km au Sud-Est par D59 – ✉ 44690 – 1 165 hab. – Alt. 46 m

La Demeure de Saint-Fiacre

FAMILIAL • PERSONNALISÉ Cette Demeure est l'œuvre de Thomas, un jeune Allemand qui a entièrement rénové cette bâtisse ancienne, au cœur des vignes du muscadet sur lie. Espaces et volumes ne manquent pas de séduire, alliant vieilles pierres et aménagements très contemporains. Et au petit-déjeuner, on profite des œufs et du miel maison... Avis aux amateurs !

3 chambres – †100/120 € ††130/220 €

Les Gras-Moutons – ☏ 02 40 43 46 33 – www.lademeure.fr

à l'aéroport international Nantes-Atlantique sortie 51 porte de Grandlieu-Bouguenais – ✉ 44340 Bouguenais

Océania

BUSINESS • FONCTIONNEL Une navette relie directement l'hôtel à l'aéroport tout proche. Architecture moderne (1989), chambres fonctionnelles et très confortables, brasserie face à la piscine.

85 chambres – †94/183 € ††94/183 € – 2 suites – ☕15 €

Plan : 1B3-e – *r. de L'Aviation – ✆ 02 40 05 05 66 – www.oceaniahotels.com*

à Coueron 15 km par D107, sortie porte de l'Estuaire – ✉ 44220 – 19 765 hab. – Alt. 13 m

Le François II

CUISINE TRADITIONNELLE • CONVIVIAL XX L'enseigne rend hommage au duc de Bretagne, père d'Anne, mort à Couëron. Ici, la tradition est reine, et le couple de propriétaires – d'origine bretonne – sait la faire vivre ! Le chef aime s'approvisionner dans la région et travaille en véritable artisan : tout est fait maison. Une adresse attachante.

Formule 14 € – Menu 16 € (déj. en semaine), 31/57 € – Carte 35/50 €

Hors plan – *5 pl. Aristide-Briand – ✆ 02 40 38 32 32 – www.francois2.com – Fermé 4-10 avril, 25 juil.-15 août, 1er-7 janv., lundi et le soir sauf vend. et sam.*

à St-Herblain 8 km à l'Ouest – ✉ 44800 – 43 287 hab. – Alt. 8 m

Les Caudalies

CUISINE MODERNE • COSY XX Savez-vous que les caudalies mesurent la durée de persistance aromatique du vin en bouche ? Un véritable programme pour cette table gastronomique tenue par un couple complémentaire : lui chef, elle sommelière. Au menu : de beaux accords mets-vins, pour une cuisine elle-même inventive et soignée.

Menu 22 € (semaine), 30/52 € – Carte 33/55 €

Plan : 1B1_2-v – *229 rte de Vannes, sortie N° 35 – ✆ 02 40 94 35 35 – www.restaurant-lescaudalies.com – Fermé 1er-21 août, 15-23 fév., merc. soir, dim. et lundi*

Les Pellières

CUISINE TRADITIONNELLE • RUSTIQUE XX Un petit coin de campagne dans une zone aujourd'hui urbanisée, tout près du Zénith... On remonte le temps dans cette ferme du 16e s. (avec une extension en bois et verre), où l'on déguste une cuisine de tradition très généreuse, valorisant produits du terroir, herbes et légumes du potager, au plus près des saisons.

Formule 16 € – Menu 19 € (déj. en semaine)/26 € – Carte 33/47 €

Plan : 1A2-x – *esplanade Georges-Brassens (parking P1 du Zénith) – ✆ 02 40 65 08 88 – www.baron-lefevre.fr – Fermé lundi soir et dim.*

Le Colisée

BUSINESS • CONTEMPORAIN Ne vous arrêtez pas à l'environnement de cet hôtel-restaurant, créé en 2012 dans une zone industrielle à côté de la voie rapide menant à St-Nazaire ! Ce Colisée n'est certes pas à Rome, mais il dispose de chambres spacieuses et très fonctionnelles. Bel espace détente.

48 chambres ☕ – †94/114 € ††104/124 € – 2 suites – ½ P

Plan : 1A2-a – *29 r. Bobby-Sands – ✆ 02 28 27 07 00 – www.hotel-lecolisee.com*

à Orvault 6 km par N137 sortie porte de Rennes – ✉ 44700 – 24 761 hab. – Alt. 45 m

Hôtel du Parc

TRADITIONNEL • FONCTIONNEL Parfait pour une étape, un petit hôtel familial fort bien tenu et sympathique, entouré d'un parc boisé qui invite à la promenade (ou, pourquoi pas, au jogging). Petite restauration proposée le soir.

30 chambres – †59/76 € ††59/76 € – ☕8,50 €

Plan : 1A1-q – *92 r. de la Garenne – ✆ 02 40 63 04 79 – www.hotel-du-parc-nantes.com – Fermé 8-23 août et 24 déc.-3 janv.*

NANTHEUIL

✉ 24800 (Dordogne) - 988 hab. - Alt. 210 m - Carte régionale n° **2**-C1
Paris 458 km - Bordeaux 168 km - Limoges 64 km - Périgueux 35 km
Carte Michelin 329-G3

Domaine de la Brugère

MAISON DE MAÎTRE • ÉLÉGANT Le charme intact d'une superbe demeure provinciale ! Le parc verdoyant traversé par une rivière, la longue façade couverte de vigne vierge, les décors admirablement préservés (parquets, carreaux de ciment, papiers peints à l'ancienne... jusqu'à la robinetterie rétro) : tout semble intemporel. Et la table d'hôte est fort séduisante !

4 chambres - 90/140 € 90/140 €

Lieu-dit la Brugère, 3,5 km au Nord-Est par D81 - 05 53 62 03 57 - www.labrugere.com - Fermé 1er janv.-28 fév.

NANTUA

✉ 01130 (Ain) - 3 588 hab. - Alt. 479 m - Carte régionale n° **23**-C1
Paris 476 km - Aix-les-Bains 79 km - Annecy 67 km - Bourg-en-Bresse 52 km
Carte Michelin 328-G4 - Guide Vert Michelin Franche-Comté Jura

L'Embarcadère

CUISINE CLASSIQUE • TENDANCE XX Les atouts de cet Embarcadère gourmand ? Sa situation près du lac bien entendu, sans oublier sa vue panoramique, mais surtout sa cuisine ! Entre spécialités du terroir bressan et quenelles de brochet de Nantua, on apprécie le travail propre et méticuleux du chef, ainsi que la fraîcheur des produits utilisés.

Formule 19 € - Menu 25 € (semaine), 49/75 € - Carte 48/77 €

13 av. du Lac - 04 74 75 22 88 - www.hotelembarcadere.com - Fermé 19 déc.-3 janv.

L'Embarcadère

TRADITIONNEL • BUSINESS Cette vaste bâtisse est posée en bordure du lac de Nantua, tout environné de collines boisées. Le panorama offre une véritable bouffée d'air pur, mais on ne rechigne pas à regagner son lit : les chambres sont spacieuses, fonctionnelles et bien tenues.

47 chambres - 68/83 € 68/83 € - 11 € - ½ P

13 av. du Lac - 04 74 75 22 88 - www.hotelembarcadere.com - Fermé 19 déc.-3 janv.

L'Embarcadère - voir les restaurants ci-dessus

à Brion 5 km au Nord-Ouest par D1084 et D979 - ✉ 01460 - 517 hab. - Alt. 475 m

Bernard Charpy

POISSONS ET FRUITS DE MER • CLASSIQUE XX Une haute charpente, des tons gris et lavande, de grandes baies ouvrant sur la verdure... Le ton est contemporain, mais la cuisine cultive le meilleur de la tradition. Mention spéciale au choix de poissons, d'eau douce comme d'eau salée (carrelet, turbot, barbue, etc.). Une bonne adresse locale.

Formule 21 € - Menu 24 € (déj. en semaine), 32/59 € - Carte 30/78 €

r. Croix Chalon - 04 74 76 24 15 - www.restaurant-bernard-charpy.fr - Fermé 1er-9 mai, 7 août-4 sept., 26 déc.-3 janv., sam. midi, dim. soir, mardi soir et lundi

LA NAPOULE - 06 (Alpes-Maritimes) → Voir Mandelieu

NARBONNE

✉ 11100 (Aude) - 51 869 hab. - Alt. 13 m - Carte régionale n° **12**-B3
Paris 787 km - Béziers 28 km - Carcassonne 61 km - Montpellier 96 km
Carte Michelin 344-J3

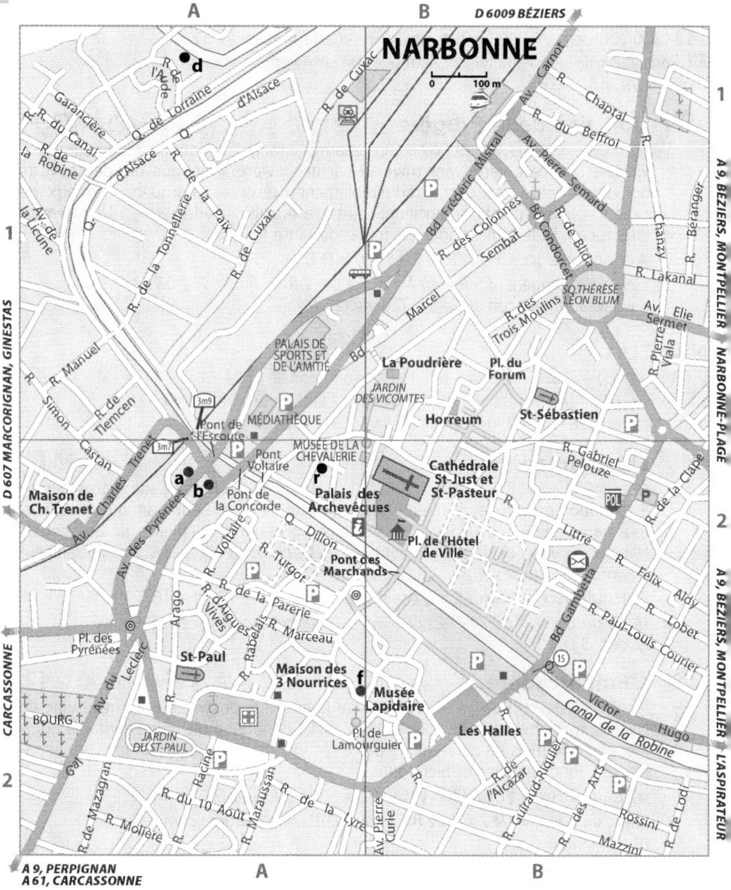

✿ **La Table Saint-Crescent** (Lionel Giraud)

CUISINE CRÉATIVE • ÉLÉGANT XXX On oublie vite l'environnement peu guilleret, en bordure de route, pour se concentrer sur l'essentiel : un lieu plaisant, contemporain et raffiné, dans un ancien oratoire médiéval ; une cuisine inventive, passionnée, respectueuse de l'âme des produits et accompagnée de bons vins régionaux. Cette table séduit !

➜ Maquereau laqué au jus de yuzu, raviole de pomme de terre confite à l'huile d'olive. Poulpe cuit sur la braise, sucs de poissons de roche, purée d'une garniture aromatique. Fraises des bois, pain de Gênes moelleux à la fleur d'oranger.

Menu 35 € (déj. en semaine), 60/90 € – Carte 70/86 €

Hors plan – *68 av. du Gén.-Leclerc, au Palais du Vin au Sud par rte de Perpignan*
– ✆ 04 68 41 37 37 (réservation conseillée)
– www.la-table-saint-crescent.com
– Fermé 17 sept.-10 oct., mardi sauf de juil. à sept. et en déc., dim. soir et lundi

Le Petit Comptoir

CUISINE TRADITIONNELLE · VINTAGE XX Un bistrot au cachet 1930 où l'on célèbre les bons produits (charcuterie et poissons notamment) et la cuisine… bistrotière. La riche cave – 350 références, essentiellement régionales – et le bar à vins feront le bonheur des amateurs de nectars !

Formule 17 € – Carte 35/60 €

Plan : A2-b – *4 bd Mar-Joffre – ✆ 04 68 42 30 35 – www.petitcomptoir.com – Fermé mi- juil. à mi-août, 1 semaine en janv., dim. et lundi*

La Table des Cuisiniers Cavistes

CUISINE TRADITIONNELLE · BISTRO X Cuisiniers et cavistes, même combat ! Dans une ambiance de bar à vins, avec quelques tables formées de tonneaux en bois, cette table privilégie le marché et les produits locaux labellisés, dans l'assiette comme dans le verre. Les saveurs sont mises en valeur avec simplicité : on passe un bon moment.

Menu 21 € (déj.), 31/80 € 🍷 – Carte 49/67 €

Plan : A2-f – *4 pl. Lamourguier – ✆ 04 68 32 96 45 – www.cuisiniers-cavistes.com – Fermé dim. et lundi*

Gaïa Ⓝ

CUISINE MODERNE · BRANCHÉ X L'ancienne partie restauration du Botafogo est désormais un restaurant à part entière : déco moderne (carreaux de ciment, tabourets industriels, tables en bois blond, cuisine ouverte) et bonne cuisine actuelle réalisée par un chef attentif aux saisons et à la qualité des produits.

Formule 15 € – Menu 18 € (déj. en semaine), 24/42 € – Carte 40/50 €

Plan : A2-a – *8 av. des Pyrénées – ✆ 04 68 48 36 86 – www.gaia-narbonne.fr – Fermé sam. midi, lundi et mardi*

Clarion Suites Île du Gua

BUSINESS · CONTEMPORAIN Entendez-vous le clapotis de l'eau ? Sur les rives du canal de la Robine – classé au patrimoine mondial de l'Unesco –, cet hôtel associe architecture en bois, jardin aquatique et vue sur la verdure (toutes les chambres jouissent d'une terrasse). Avec, dans un moulin datant du 11e s., une brasserie !

54 chambres – †128/278 € ††128/278 € – ☕ 17 € – ½ P

Plan : A1-d – *28 r. de l'Aude – ✆ 04 68 41 44 14 – www.moulindugua.com*

La Résidence

TRADITIONNEL · PERSONNALISÉ Jean Marais, Louis de Funès, Georges Brassens, Michel Serrault… un prestigieux livre d'or ! Salons aux notes baroques, grand escalier en marbre : l'esprit de cet immeuble du 19e s. a été préservé, tout en actualisant peu à peu les chambres. Entre passé et présent, un établissement dans l'air du temps.

26 chambres – †85/105 € ††115/165 € – ☕ 12 €

Plan : A2-r – *6 r. du 1er-Mai – ✆ 04 68 32 19 41 – www.hotel-laresidence-narbonne.fr*

Le Clos des Chevaliers

DEMEURE HISTORIQUE · PERSONNALISÉ Belle surprise que cet îlot de quiétude et de verdure. Les propriétaires, artistes dans l'âme, ont créé de toutes pièces des chambres insolites : mobilier argenté dans l'une, œuvres en métal dans l'autre, etc. Toutes disposent d'un accès direct sur le jardin. Un Clos original et décalé !

5 chambres ☕ – †120/140 € ††120/140 €

Hors plan – *21 impasse Hélène-Boucher, Les Hauts-de-Narbonne (5 km au Sud) – ✆ 04 68 41 50 79 – www.leclosdeschevaliers.com*

à l'Hospitalet 10 km à l'Est par D168, rte de Narbonne-Plage – 11100 Narbonne

Château l'Hospitalet

TRADITIONNEL • COSY En pleine garrigue et au cœur d'un domaine viticole, ce complexe hôtelier cultive l'art de l'hospitalité. Les chambres arborent un agréable style contemporain et tout invite à la détente : expos d'art, boutiques d'artisanat, restaurant valorisant les vins du domaine... Un lieu qui bouge !

38 chambres – 130/250 € 130/250 € – 15 € – ½ P

rte de Narbonne-Plage – 04 68 45 28 50 – www.chateau-hospitalet.com – Fermé 2 semaines fin déc.-début janv.

LA NARTELLE - 83 (Var) → Voir Ste-Maxime

NASBINALS

48260 (Lozère) – 505 hab. – Alt. 1 180 m – Carte régionale n° **12**-B1
Paris 573 km – Aurillac 105 km – Aumont-Aubrac 24 km – Mende 57 km
Carte Michelin 330-G7

La Borie de l'Aubrac

FAMILIAL • DESIGN Il est aveyronnais, elle est espagnole et, après un joli parcours hôtelier, ils ont eu envie d'ouvrir leur maison d'hôtes de charme. Cette ferme sur le plateau de l'Aubrac était le lieu idéal : ils en ont fait un havre raffiné, mêlant habilement vieilles pierres et épure contemporaine. Une réussite !

5 chambres – 75/115 € 95/135 €

La Grange des Enfants, 4,5 km au Sud par D900 et rte secondaire – 04 66 45 76 97 – www.borie-aubrac.com

Une bonne table sans se ruiner ? Repérez les Bib Gourmand.

NATZWILLER

67130 (Bas-Rhin) – 586 hab. – Alt. 500 m – Carte régionale n° **1**-C1
Paris 422 km – Barr 25 km – Molsheim 31 km – St-Dié 43 km
Carte Michelin 315-H6

Auberge Metzger

CUISINE TRADITIONNELLE • ÉLÉGANT XX Cuissons précises, produits de qualité, accompagnements soignés : Yves Metzger mitonne une cuisine régionale tout simplement délicieuse... et bon marché ! Une raison de plus pour faire étape dans cette auberge accueillante de la vallée de la Bruche.

Formule 17 € – Menu 25/70 € – Carte 37/60 €

55 r. Principale – 03 88 97 02 42 – www.hotel-aubergemetzger.com – Fermé 3-10 juil., 20-25 déc., 3-27 janv., dim. soir et lundi

Auberge Metzger

AUBERGE • COSY Cette jolie maison fleurie fait l'unanimité et cela se comprend ! L'accueil est charmant, les chambres spacieuses et confortables, la tenue exemplaire, les prix mesurés. On quitte les lieux avec regret...

15 chambres – 88/98 € 88/98 € – 15 € – ½ P

55 r. Principale – 03 88 97 02 42 – www.hotel-aubergemetzger.com – Fermé 3-10 juil., 20-25 déc., 3-27 janv., dim. soir et lundi

Auberge Metzger – voir les restaurants ci-dessus

NAUCELLE

12800 (Aveyron) – 1 954 hab. – Alt. 490 m – Carte régionale n° **15**-C1
Paris 690 km – Albi 41 km – Rodez 32 km – Toulouse 119 km
Carte Michelin 338-G5

L'Aromatique

CUISINE MODERNE • COSY Les jolies histoires commencent souvent ainsi : un jeune couple, passé par de prestigieuses maisons, décide de redonner de l'allant à une ancienne pizzeria – et y parvient ! Décor chaleureux, produits frais et menu unique le midi (cuisine plus travaillée le soir et le week-end). Ici, tout est fait maison !

Formule 14 € – Menu 17 € (déj. en semaine), 28/42 €

7 bd Eugène-Viala
– 05 65 42 49 64 – www.laromatique-naucelle.fr
– Fermé 26 juin-12 juil., 15 nov.-1er déc., 22-27 déc.. Ouvert le midi du merc. au dim., jeudi soir de juin à août, vend. soir et sam. soir

NÉAC

33500 (Gironde) – 392 hab. – Alt. 39 m – Carte régionale n° **2**-C1
Paris 586 km – Agen 137 km – Bordeaux 42 km – Périgueux 94 km
Carte Michelin 335-J5

La Maison de Tournefeuille

MAISON DE MAÎTRE • ÉLÉGANT Cette maison pleine de caractère surplombe les prestigieux vignobles de St-Émilion et Pomerol. Les chambres ne manquent ni de goût ni de raffinement, et les amateurs de grand air se laisseront tenter par une tournée en barque ou une partie de pêche… L'adresse de charme par excellence !

5 chambres – 100/120 € 100/120 €

24 r. de l'Église – 06 47 23 20 29 – www.chateau-tournefeuille.com

NEAUPHLE-LE-CHÂTEAU

78640 (Yvelines) – 3 044 hab. – Alt. 185 m – Carte régionale n° **10**-A2
Paris 38 km – Dreux 42 km – Mantes-la-Jolie 32 km – Rambouillet 24 km
Carte Michelin 311-H3 – Guide Vert Michelin Île de France

Domaine du Verbois

TRADITIONNEL • PERSONNALISÉ On ferait bien une halte romantique dans cette belle demeure bourgeoise de la fin du 19e s. : terrasse entourée de balustrades dominant la vallée de la Mauldre, jardin bien tenu, chambres cosy – préférez celles du 1er étage. Le classique a du bon !

21 chambres – 99/159 € 99/159 € – 12 € – ½ P

38 av. de la République
– 01 34 89 11 78 – www.hotelverbois.com
– Fermé 2 semaines en août

Le Clos St-Nicolas

FAMILIAL • CLASSIQUE Atmosphère familiale dans cette belle et noble maison de 1830. Chambres d'esprit classique, aux teintes variées (jaune, vert, rouge). Agréable véranda pour le petit-déjeuner.

5 chambres – 102/109 € 127/131 €

33 r. St-Nicolas – 01 34 89 76 10 – www.clos-saint-nicolas.com

NÉGREVILLE

50260 (Manche) – 838 hab. – Alt. 70 m – Carte régionale n° **17**-A1
Paris 342 km – Caen 22 km – Cherbourg 72 km – Saint-Lô 108 km
Carte Michelin 303-C3

au Nord-Est 5 km par D146 et D62 – 50260 Négreville

Château de Pont Rilly

DEMEURE HISTORIQUE • PERSONNALISÉ C'est au bout d'une longue allée que se dévoilent ce superbe château du 18e s. et son grand jardin à la française… Boiseries, cheminée en pierre de Valognes, mobilier ancien et belle cuisine rustique où l'on prend le petit-déjeuner : un cadre plein de quiétude et de caractère !

3 chambres – 130 € 150 €

– 02 33 40 47 50 – www.chateau-pont-rilly.com

NÉRONDES

18350 (Cher) - 1 599 hab. - Alt. 200 m - Carte régionale n° **6**-D3
Paris 240 km - Bourges 37 km - Montluçon 84 km - Nevers 33 km
Carte Michelin 323-M5

Le Lion d'Or

CUISINE TRADITIONNELLE • AUBERGE XX Sur une place du village, ce Lion d'Or se tient avenant et fier. Entrez donc : l'accueil est charmant, et le décor rustique et coquet. Aux odeurs qui s'échappent des cuisines, nos papilles s'affolent déjà : c'est que le chef cuisine la tradition avec finesse et goût. De quoi rugir de plaisir !

Menu 21 € (semaine), 32/40 €

10 chambres - †62 € ††62 € - 9 €

6 pl. de L'Hôtel-de-Ville - 02 48 74 87 81 - www.lion-dor.net - Fermé 27 janv.-24 fév., merc. midi, dim. soir et lundi

NESTIER

65150 (Hautes-Pyrénées) - 161 hab. - Alt. 500 m - Carte régionale n° **15**-A3
Paris 789 km - Auch 74 km - Bagnères-de-Luchon 45 km - Lannemezan 14 km
Carte Michelin 342-O6

Relais du Castéra

CUISINE TRADITIONNELLE • FAMILIAL XX Une auberge de tradition, tenue par le même couple de professionnels depuis de longues années. Les recettes, qui mettent à l'honneur le terroir et les produits de qualité, sont alléchantes. Quelques chambres, confortables et simplement arrangées, pour l'étape.

Menu 20 € (déj. en semaine), 32/58 €

6 chambres - †65/80 € ††65/80 € - 10 €

pl. du Calvaire - 05 62 39 77 37 - www.hotel-castera.com - Fermé 2-30 janv., dim. soir, mardi midi et lundi

La sélection de ce guide s'enrichit avec vous : vos découvertes et vos commentaires nous intéressent ! Coup de coeur ou coup de colère, écrivez-nous sur notre site Michelin Restaurants : restaurant.michelin.fr

LE NEUBOURG

27110 (Eure) - 4 141 hab. - Alt. 130 m - Carte régionale n° **17**-C2
Paris 122 km - Évreux 26 km - Rouen 47 km - Versailles 112 km
Carte Michelin 304-F7 - Guide Vert Michelin Normandie Vallée de la Seine

La Longère

CUISINE MODERNE • TENDANCE X Cette ancienne longère normande, reconvertie en restaurant sous l'impulsion d'un jeune couple passionné, propose une savoureuse cuisine du marché, déclinée au fil des saisons, dans un cadre de bistrot contemporain.

Formule 19 € - Menu 30/69 € - Carte 42/52 €

1 C r. du Dr-Couderc - 02 32 60 29 83 - www.restaurant-la-longere.fr - Fermé dim. soir et lundi

NEUF-BRISACH

68600 (Haut-Rhin) - 1 997 hab. - Alt. 197 m - Carte régionale n° **1**-C2
Paris 475 km - Basel 63 km - Belfort 80 km - Colmar 17 km
Carte Michelin 315-J8

à Biesheim 3 km au Nord par D468 – ✉ 68600 – 2 506 hab. – Alt. 189 m

Aux Deux Clefs

FAMILIAL • CLASSIQUE Cette belle maison régionale est presque aussi fleurie que son jardin ! Les chambres, assez spacieuses, sont fonctionnelles et bien tenues. Deux clefs pour les affamés, une brasserie traditionnelle et un restaurant d'esprit plus gastronomique.

25 chambres – 67/96 € 83/116 € – 11 €

50 Grand-Rue – 03 89 30 30 60 – www.deux-clefs.com

NEUFCHÂTEL-EN-BRAY

✉ 76270 (Seine-Maritime) – 4 866 hab. – Alt. 99 m – Carte régionale n° **17**-D1
Paris 133 km – Abbeville 57 km – Amiens 72 km – Rouen 50 km
Carte Michelin 304-I3 – Guide Vert Michelin Normandie Vallée de la Seine

Les Airelles

CUISINE MODERNE • CLASSIQUE XX Dans cette avenante demeure traditionnelle du centre-ville, le registre culinaire est actuel, mais n'oublie pas le terroir : trou normand, croustillant de Neufchâtel, camembert... En été, on s'attarde sur la terrasse fleurie et, pour l'étape, il y a même quelques chambres d'une fraîcheur immaculée.

Menu 17 € (semaine), 25/45 € – Carte 36/49 €

14 chambres – 65/72 € 65/72 € – 10 €

2 passage Michu (près de l'église) – 02 35 93 14 60 – www.les-airelles-neufchatel.com – Fermé vacances de fév. et vacances de la Toussaint, dim. soir, lundi midi et mardi midi sauf juil.-août

NEUFCHÂTEL-SUR-AISNE

✉ 02190 (Aisne) – 402 hab. – Alt. 59 m – Carte régionale n° **19**-D2
Paris 163 km – Laon 46 km – Reims 22 km – Rethel 33 km
Carte Michelin 306-G6

Le Jardin

CUISINE TRADITIONNELLE • AUBERGE XX Un authentique restaurant familial et, comme disent certains citadins, "provincial". Loin des modes, on y apprécie des recettes de toujours 100 % maison (jusqu'au pain et aux sorbets). Spécialités : ris de veau aux morilles, filet de bœuf au ratafia et... le croustillant de Picardie (un parfait glacé à la confiture de lait).

Formule 16 € – Menu 19 € (déj. en semaine), 29/65 € – Carte 52/63 €

22 r. Principale – 03 23 23 82 00 – www.restaurant-le-jardin.com – Fermé 1 semaine en mai, 27 août-10 sept., 2 semaines en janv., dim. soir, lundi et mardi

NEUILLÉ-LE-LIERRE

✉ 37380 (Indre-et-Loire) – 809 hab. – Alt. 92 m – Carte régionale n° **6**-B2
Paris 217 km – Amboise 16 km – Château-Renault 10 km – Montrichard 34 km
Carte Michelin 317-O3

Auberge de la Brenne

CUISINE TRADITIONNELLE • RUSTIQUE XX Andouillette et sa tarte à l'échalote, lapin délicatement mijoté dans une sauce au sauvignon : la tradition et les bons produits ont trouvé leur repaire tourangeau. Accueil charmant. À 50 m du restaurant, maison des années 1900 disposant de chambres confortables.

Formule 18 € – Menu 32/66 € – Carte 46/76 €

5 chambres – 67/77 € 89/125 € – 12 €

19 r. de la République – 02 47 52 95 05 (réservation conseillée) – www.auberge-brenne.com – Fermé dim. soir de mi-sept. à mi-juin, mardi et merc.

NEUILLY-SUR-SEINE - 92 (Hauts-de-Seine) → Voir Autour de Paris

NEUVES-MAISONS - 54 (Meurthe-et-Moselle) → Voir Nancy

NEUVILLE-BOSC

✉ 60119 (Oise) - 533 hab. - Alt. 139 m - Carte régionale n° **19**-A3
▶ Paris 57 km - Amiens 89 km - Beauvais 33 km - Rouen 87 km
Carte Michelin 305-D5

Le Clos des Vignes

MAISON DE CAMPAGNE · PERSONNALISÉ Au cœur du Vexin, entre prés et étangs, ce corps de ferme abrite aujourd'hui un hôtel de charme quasi confidentiel... Les chambres sont de vrais cocons, spécialement les grandes suites (L'Indonésienne, La Nature, La Nuptiale, etc.), sans oublier la piscine, le sauna, les jacuzzis... Idéal pour un séjour à deux.

6 suites - ††260/380 € - 4 chambres - ☕12 € - ½ P

13 r. des Vignes - ✆ 03 44 22 36 90 - www.leclosdesvignes.fr

NEUVILLE-DE-POITOU

✉ 86170 (Vienne) - 5 265 hab. - Alt. 116 m - Carte régionale n° **20**-C1
▶ Paris 335 km - Châtellerault 36 km - Parthenay 41 km - Poitiers 16 km
Carte Michelin 322-H4

St-Fortunat

CUISINE MODERNE · COSY XX Dans le centre de Neuville, un restaurant familial et intime. Fabien et Aurélie Dupont y accueillent leurs fidèles clients avec une cuisine rythmée par les saisons... à déguster, aux beaux jours, sur l'agréable terrasse !

Formule 18 € - Menu 26 € (semaine), 48/70 €

4 r. Bangoura-Moridé - ✆ 05 49 54 56 74 - www.saintfortunat.com - Fermé dim., lundi et fériés

La Roseraie

FAMILIAL · PERSONNALISÉ Le jardin est évidemment fleuri de roses et l'ensemble de cette maison de maître (19e s.) dégage un frais et élégant parfum, simple et soigné (mobilier ancien, tons clairs). Esprit international autour de la table d'hôte : les propriétaires sont originaires du Zimbabwe et d'Angleterre !

5 chambres ☕ - †65/90 € ††70/95 € - ½ P

78 r. Armand-Caillard - ✆ 05 49 54 16 72 - www.laroseraiefrance.fr - Fermé de mi-nov. à janv.

NEUVILLE-LÈS-DIEPPE - 76 (Seine-Maritime) → Voir Dieppe

NÉVACHE

✉ 05100 (Hautes-Alpes) - 366 hab. - Alt. 1 640 m - Carte régionale n° **21**-C1
▶ Paris 693 km - Briançon 21 km - Le Monêtier-les-Bains 35 km - Montgenèvre 25 km
Carte Michelin 334-H2 - Guide Vert Michelin Alpes du Sud

Le Chalet d'En Hô

FAMILIAL · MONTAGNARD Là-haut dans la montagne... Environnement naturel privilégié pour ce chalet, qui a tout d'un petit cocon d'altitude : quiétude, décor de bois très chaleureux, mais aussi sauna et jacuzzi pour récupérer après une randonnée en été - ou un tour de ski de fond en hiver ! Restaurant traditionnel.

14 chambres - †102/158 € ††140/158 € - ☕13 € - ½ P

hameau des Chazals - ✆ 04 92 20 12 29 - www.chaletdenho.fr - Ouvert 3 juin-17 sept. et 23 déc.-2 avril

NEVERS

✉ 58000 (Nièvre) - 35 327 hab. - Agglo. 61 062 hab. - Alt. 194 m - Carte régionale n° **4**-A2
▶ Paris 236 km - Bourges 70 km - Clermont-Ferrand 161 km - Orléans 167 km
Carte Michelin 319-B10 - Guide Vert Michelin Bourgogne

Jean-Michel Couron

CUISINE CRÉATIVE · COSY XX Une valeur sûre de la gastronomie nivernaise, menée depuis de longues années par le chef Jean-Michel Couron, dont la cuisine associe bons produits, jolis visuels et notes d'invention. L'intérieur a été entièrement repensé dans une veine contemporaine, et l'on peut dîner sous les voûtes du 14e s. d'un ancien cloître !

Formule 24 € – Menu 36/58 € – Carte 57/74 €

Plan : B1-r – *21 r. St-Étienne – ✆ 03 86 61 19 28 (réservation conseillée) – www.jm-couron.com – Fermé 20 fév.-7 mars, 17 juil.-8 août, dim. soir, lundi et mardi*

Comptoir St-Sébastien

CUISINE TRADITIONNELLE · BISTRO X Au cœur de la ville, la petite salle n'est pas sans rappeler l'intérieur d'un bistrot parisien... Même esprit dans la cuisine, simple et généreuse, qui révèle de belles saveurs : escargots sautés aux champignons des bois, entrecôte charolaise à la sauce au poivre, etc. Une franche réussite.

Formule 15 € – Menu 27/30 € – Carte 30/62 €

Plan : B1-c – *9 pl. St-Sébastien – ✆ 03 86 36 26 44 – www.comptoirsaintsebastien.com – Fermé dim. soir*

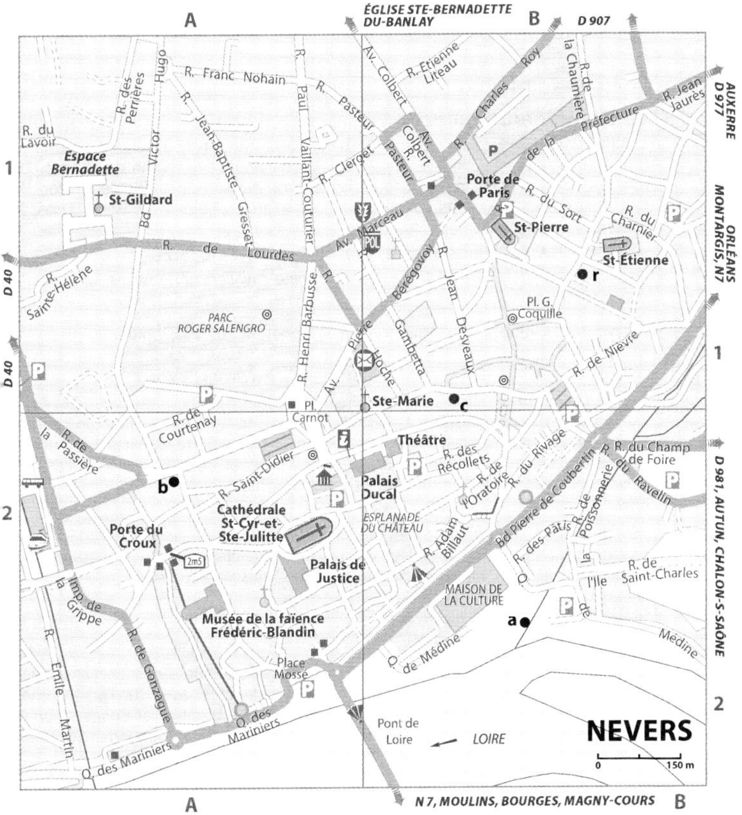

Mercure Pont de Loire

HÔTEL DE CHAÎNE • FONCTIONNEL Hôtel bien situé au bord de la Loire. Chambres agréables, certaines offrant une belle perspective sur le fleuve. Repas dans la salle panoramique ou sur la vaste terrasse ; carte des vins inspirée par la région.

59 chambres – 68/152 € 98/152 € – 15 € – ½ P

Plan : B2-a – *quai Médine – 03 86 93 93 86 – www.mercure.com*

Diane

URBAIN • CLASSIQUE Dans cette demeure ancienne, tout près de la gare, les chambres sont vastes, bien entretenues et meublées avec soin. La salle du petit-déjeuner occupe une tour du 14e s.

29 chambres – 83/103 € 83/103 € – 14 € – ½ P

Plan : A2-b – *38 r. du Midi – 03 86 57 28 10 – www.bestwesterndiane-nevers.com – Fermé 16 déc.-2 janv.*

rte d'Orléans par D907 – 58640 Varennes-Vauzelles :

Le Bengy

CUISINE MODERNE • CONVIVIAL XX Sur un rond-point à deux pas du circuit Nevers-Magny-Cours, ce restaurant a pignon sur rue ! On s'y rend avec plaisir : le chef et son équipe concoctent une bonne cuisine avec des produits de qualité, et font évoluer la carte chaque mois. Une bonne adresse.

Formule 17 € – Menu 20 € (semaine), 24/34 € – Carte 36/51 €

25 rte de Paris, à 4,5 km par D907 – 03 86 38 02 84 – www.le-bengy-restaurant.com – Fermé 19 fév.-7 mars, 30 juil.-22 août, 1er-5 janv., dim. et lundi

au Nord-Est 4 km par D207

La Fontaine Cavalier

CUISINE MODERNE • AUBERGE X Au menu de cet ancien corps de ferme transformé en restaurant, une savoureuse cuisine de produits : terrine de canard au foie gras vinaigrette, carré de veau en croûte de basilic et pignons de pin torréfiés, cheesecake aux fruits rouges... Le tout à prix raisonnables. Belle terrasse ouverte sur la nature.

Menu 19 € (déj. en semaine), 29/39 € – Carte 30/50 €

58130 Urzy – 03 86 57 41 71 – www.fontaine-cavalier.com – Fermé lundi soir, mardi soir et merc.

à Sauvigny-les-Bois 10 km au Sud-Est par D978 et D18 – 58160 – 1 536 hab. – Alt. 210 m

Moulin de l'Étang

CUISINE TRADITIONNELLE • CONVIVIAL XX Une ancienne ferme de la fin du 19e s., voisine d'un étang cerné par les bois... Ce cadre champêtre est à l'unisson de la cuisine du chef, qui cultive le goût du produit frais et de la tradition : fricassée d'escargots aux artichauts, turbot rôti au thym, filet de bœuf aux jeunes légumes... Agréable terrasse face à la nature.

Formule 20 € – Menu 23 € (semaine), 28/48 € – Carte 46/60 €

64 rte de l'Étang – 03 86 37 10 17 – www.moulindeletang.fr – Fermé vacances de fév., 30 juil.-20 août, 28-31 déc., merc. soir, dim. soir et lundi

rte de Moulins 3 km au Sud par N7 – 58000 Challuy :

La Gabare

CUISINE TRADITIONNELLE • RUSTIQUE XX Sur la route de Lyon, une ancienne ferme simple en apparence, mais champêtre et élégante, avec sur l'arrière une charmante terrasse arborée. Le chef fait profession de tradition et donne sa préférence au poisson, dont il soigne particulièrement la cuisson – en particulier avec sa spécialité, le saumon de douze heures.

Formule 22 € – Menu 28 € – Carte 35/60 €

171 rte de Lyon – 03 86 37 54 23 – Fermé en juil., dim. et merc.

à Saincaize-Meauce 13 km au Sud-Ouest par D907 et D149 - ✉ 58470 - 416 hab. - Alt. 210 m

Château le Sallay

DEMEURE HISTORIQUE • ÉLÉGANT Résidence d'été des ducs de Nevers puis propriété de la famille Clemenceau, ce château du 16ᵉ s. dessine un charmant tableau avec sa tour de façade effilée, ses dépendances des 18ᵉ-19ᵉ s. et son parc de 4 ha. Les chambres, élégamment décorées, portent des noms évocateurs : Empire, Renaissance, Art déco, Roi soleil...

11 chambres - 138/178 € 138/178 € - 15 € - ½ P

lieu-dit Le Sallay - 03 86 61 10 10 - www.lesallay.com - Fermé 23 déc.-18 janv.

Petit déjeuner compris ? La tasse suit directement le nombre de chambres.

NÉVEZ

✉ 29920 (Finistère) - 2 717 hab. - Alt. 40 m - Carte régionale n° **5**-B2

Paris 547 km - Lorient 51 km - Quimper 40 km - Rennes 196 km

Carte Michelin 308-I8

au Port-de-Kerdruc 3 km à l'Est par D77 et rte secondaire ✉ 29920 Nevez

Le Bistrot de l'Écailler

POISSONS ET FRUITS DE MER • BISTRO Un joli bistrot marin assis sur le petit port de Kerdruc, au bord de l'Aven. À la carte, de beaux fruits de mer – la propriétaire est la fille d'un célèbre ostréiculteur de la région –, une sole meunière ou une belle entrecôte accompagnée de non moins belles frites maison. Et en bonus, une terrasse bien abritée !

Menu 45 € - Carte 42/52 €

au port - 02 98 06 78 60 - Ouvert de mi-avril à mi-sept. et fermé mardi et merc. sauf le soir en juil.-août

à Raguenès-Plage 4 km au Sud par rte secondaire - ✉ 29920

Ar Men Du

CUISINE MODERNE • TENDANCE À vos pieds, la lande sauvage est battue par l'océan, et à quelques encablures, les rochers de l'îlot de Raguenès brillent au soleil. Au calme, vous découvrez les créations de Jean-Marie Le Guen, qui rend, à la suite de son père Patrick, un hommage émouvant au terroir. Soin d'exécution, produits de qualité : c'est tout bon !

→ Tartare de bar aux cinq saveurs. Turbot sauvage en croûte de pomme de terre et son fond de veau. Millefeuille tout vanille.

Menu 49/130 € - Carte 65/120 €

47 r. des Îles - 02 98 06 84 22 (réservation conseillée) - www.men-du.com - Fermé 7 janv.-1ᵉʳ mars, 5 nov.-15 déc., mardi midi et merc. midi

Ar Men Du

TRADITIONNEL • PERSONNALISÉ Sur une lande sauvage cernée par l'océan (site classé), cette maison néobretonne vibre avec les éléments : décor des chambres façon clipper, vue sur les flots et l'île Raguenès... Bol d'air et évasion garantis !

17 chambres - 90/185 € 115/185 € - 14 €

47 r. des Îles - 02 98 06 84 22 - www.men-du.com - Fermé 7 janv.-1ᵉʳ mars et 5 nov.-15 déc.

Ar Men Du - voir les restaurants ci-dessus

NÉVILLE

✉ 76460 (Seine-Maritime) - 1 154 hab. - Alt. 80 m - Carte régionale n° **17**-C1

▶ Paris 191 km - Caen 148 km - Évreux 120 km - Rouen 61 km

Carte Michelin 304-E3

Nature et Lin

MAISON DE CAMPAGNE · PERSONNALISÉ Rosaline, Élise, Aurore, etc. : chaque chambre porte le nom d'une variété de lin. Hommage aux cultures environnantes mais aussi aux matériaux naturels, au blanc et à l'écru… Cette ancienne ferme respire le bien-être - et la piscine couverte est délicieuse ! Pour le petit-déjeuner, pain aux graines de lin, bien sûr.

4 chambres - 140/160 € 140/160 €

9 r. de la Bergerie - 02 35 57 07 66 - www.nature-lin.com

NEYRAC-LES-BAINS

✉ 07380 (Ardèche) - Carte régionale n° **23**-A3

▶ Paris 606 km - Alès 92 km - Aubenas 16 km - Montélimar 56 km

Carte Michelin 331-H5 - Guide Vert Michelin Ardèche Drôme

Brioude

CUISINE MODERNE · TRADITIONNEL Près des thermes, cette auberge familiale vous régale depuis 1887 d'une cuisine soignée et locavore : carpaccio de truite d'Ardèche, tartine de légumes croquants ; bœuf fin gras du Mézenc longuement braisé, carottes confites au miel… Terrasse sous les platanes.

Formule 20 € - Menu 30/70 €

Meyras - 04 75 36 41 07 - www.hotel-levant.com
- Fermé 22 fév.-3 mars, 21 nov.-10 déc., mardi soir et dim. soir de sept. à juin, dim. midi, mardi midi et lundi

NÉZIGNAN-L'ÉVÈQUE - 34 (Hérault) → Voir Pézenas

ON AIME...

La Réserve, sans doute l'un des plus beaux spots sur la mer ! **L'Empire**, relancé par une jeune équipe dynamique. **Le Café Léa**, où la convivialité est la seule règle. **Jan**, pour découvrir la cuisine raffinée d'un talentueux chef sud-africain. Et le mythique **Negresco**, cela va sans dire...

NICE

✉ 06000 (Alpes-Maritimes) - 343 629 hab. - Agglo. 943 665 hab. - Alt. 6 m - Carte régionale n° **22**-E2

Paris 927 km - Cannes 33 km - Genova 192 km - Lyon 471 km

Carte Michelin 341-E5 et 115-]26 - Guide Vert Michelin Côte d'Azur

Restaurants

✿✿ Chantecler

CUISINE MODERNE • LUXE XXXX Boiseries, tapisserie d'Aubusson, rideaux en damas ou en lampas de soie : un magnifique décor Régence ! Les mets, fins et délicats, ne sont pas en reste : sélectionnant les meilleurs produits, Jean-Denis Rieubland fait montre d'une superbe ambition dans la création. Les sens sont à la fête...

→ Tomates anciennes rouges et jaunes, burrata à l'huile d'olive. Côte de bœuf de l'Aubrac maturée, girolles poêlées et pommes soufflées. Soufflé au cassis de Bourgogne flambé à l'eau-de-vie, poêlée de pêche blanche et sorbet.

Menu 110/230 € - Carte 135/185 €

Plan : 3F3-k - *Hôtel Le Negresco, 37 promenade des Anglais*
- ✆ 04 93 16 64 00 - www.lenegresco.com
- Fermé janv., dim., lundi et le midi

✿ Flaveur (Gaël et Mickaël Tourteaux)

CUISINE MODERNE • DESIGN XX Passion, fraîcheur et personnalité résument cette table créée par deux frères qui associent leurs talents en cuisine. Mariages d'ingrédients très étudiés, jeux sur les textures, recherche et finesse... On ne résiste pas à ces belles flaveurs, qui plus est orchestrées dans un décor très original.

→ Rouget de Méditerranée et feuille de riz, fenouil et cébette. Pêche niçoise du jour, jus d'arêtes, livèche et poireau brûlé. Ananas pain de sucre, tapioca, vanille, coriandre et vieux rhum.

Formule 58 € - Menu 75/130 €

Plan : 4G2-x - *25 r. Gubernatis*
- ✆ 04 93 62 53 95 (réservation conseillée)
- www.flaveur.net - Fermé 1 semaine en août, sam. midi, dim. et lundi

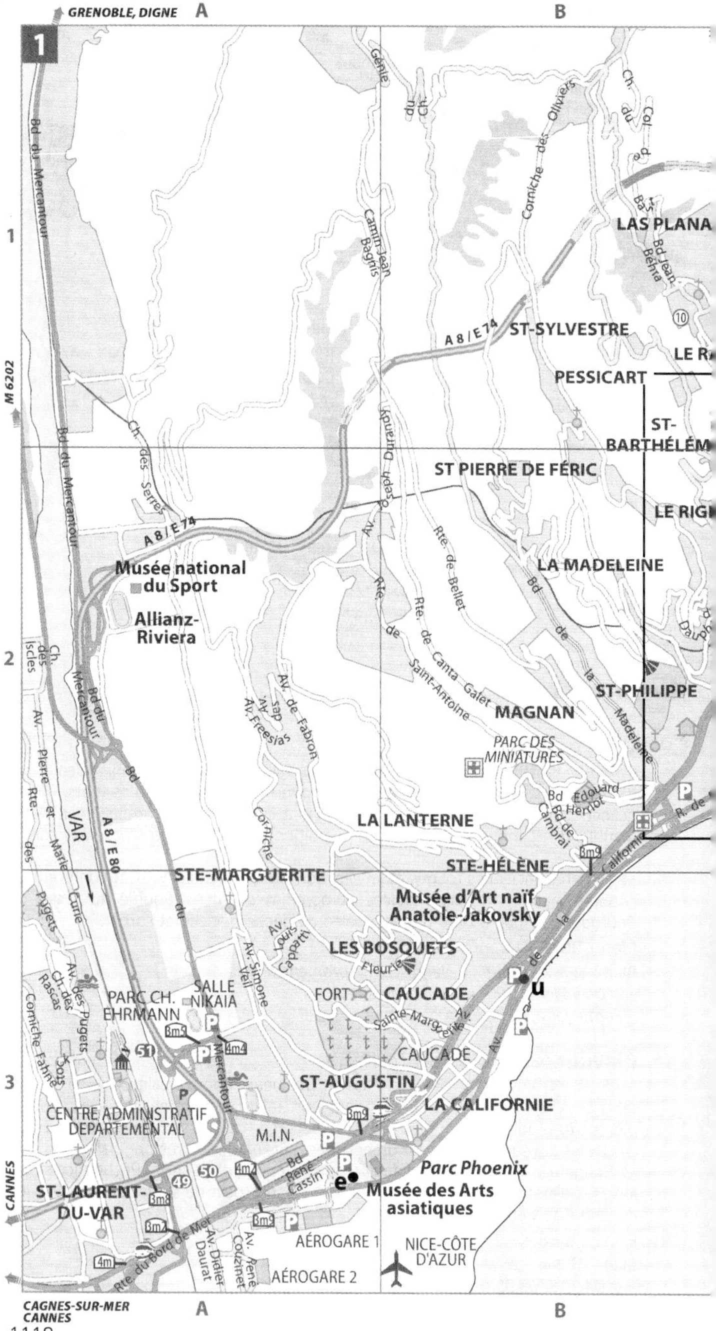
GRENOBLE, DIGNE
A
B
1
LAS PLANA
ST-SYLVESTRE
A 8 / E 74
PESSICART
ST-BARTHÉLÉM
ST PIERRE DE FÉRIC
Musée national du Sport
Allianz-Riviera
LA MADELEINE
ST-PHILIPPE
MAGNAN
PARC DES MINIATURES
LA LANTERNE
STE-HÉLÈNE
STE-MARGUERITE
Musée d'Art naïf Anatole-Jakovsky
LES BOSQUETS
CAUCADE
SALLE NIKAIA
PARC CH. EHRMANN
ST-AUGUSTIN
LA CALIFORNIE
CENTRE ADMINISTRATIF DEPARTEMENTAL
M.I.N.
Parc Phoenix
Musée des Arts asiatiques
ST-LAURENT-DU-VAR
AÉROGARE 1
AÉROGARE 2
NICE-CÔTE D'AZUR
VAR
A 8 / E 80
Bd du Mercantour
Ch. des Serres
Camin Jean Baghis
Corniche des Oliviers
Rte. de Bellet
Rte. de Saint-Antoine
Rte. de Canta Galet
Bd de la Madeleine
Bd Édouard Herriot
Bd de Cambrai
Av. de Fabron
Av. des Freesias
Av. Louis Cappatti
Av. Simone Veil
Bd René Cassin
Rte. du Bord de Mer
Av. Didier Daurat
Av. René Coutinet
Av. Pierre et Marie Curie
Rte. des Pugets
Av. des Pugets
Corniche Fahnestock
M 6202
2
3
CANNES
CAGNES-SUR-MER
CANNES
A
B

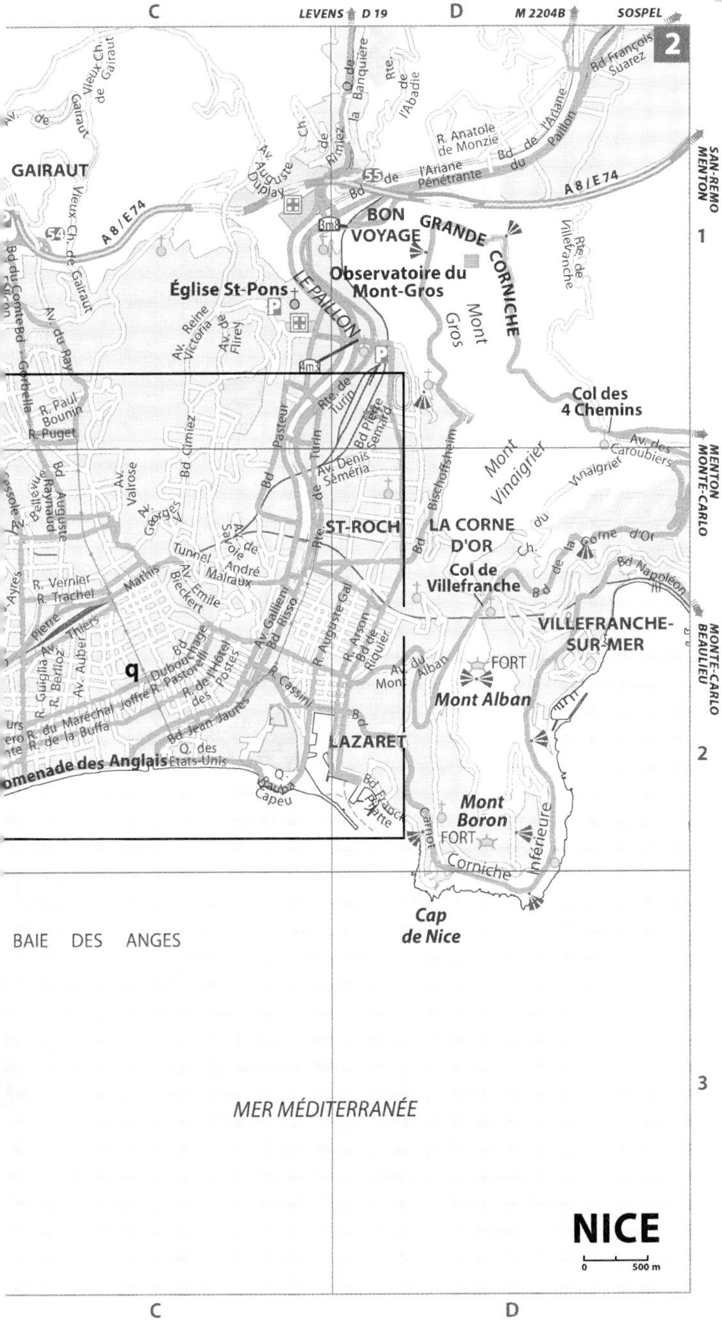

C
D
LEVENS D 19
M 2204B
SOSPEL
2
SAN-REMO MENTON
MENTON MONTE-CARLO
MONTE-CARLO BEAULIEU
1
2
3
GAIRAUT
A 8 / E 74
BON VOYAGE
GRANDE CORNICHE
Observatoire du Mont-Gros
Église St-Pons
LE PAILLON
Mont Gros
Col des 4 Chemins
Mont Vinaigrier
ST-ROCH
LA CORNE D'OR
Col de Villefranche
VILLEFRANCHE-SUR-MER
FORT
Mont Alban
LAZARET
Mont Boron
Cap de Nice
Promenade des Anglais
BAIE DES ANGES
MER MÉDITERRANÉE
NICE
0
500 m

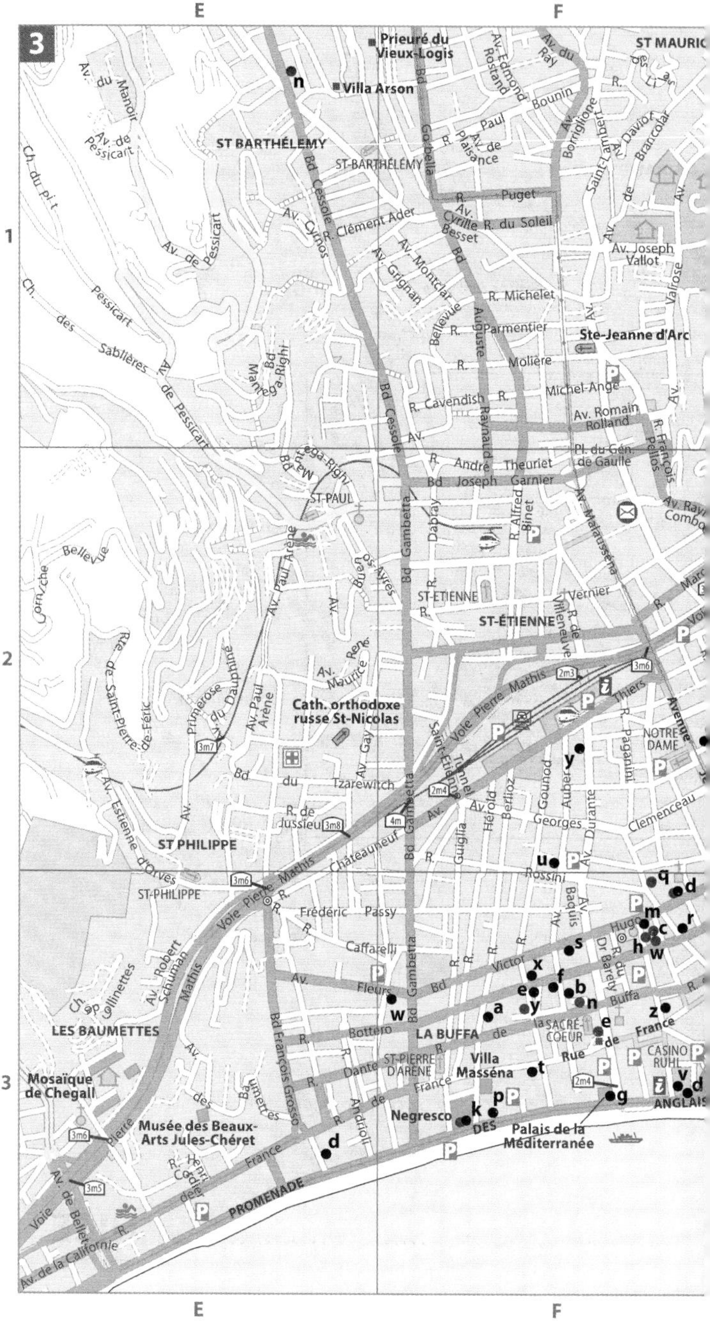
3
E
F
1
2
3
Prieuré du Vieux-Logis
Villa Arson
ST MAURIC
ST BARTHÉLEMY
ST-BARTHÉLEMY
Av. du Manoir
Av. de Pessicart
Ch. du pi t
Ch. des Sablières
Ch. de Pessicart
Av. de Pessicart
Bd Cessole
Av. Cyrnos
R. Clément Ader
Av. Grignan
Av. Montclar
Bd Gorbella
R. Puget
Av. Cyrille Besset
R. du Soleil
Bd Auguste Raynaud
R. Michelet
R. Parmentier
R. Molière
Michel-Ange
Av. Edmond Rostand
Av. du Ray
R. Bounin
Av. Borriglione
R. Paul
Av. de Plaisance
Saint-Lambert
Av. Daviot
Av. de Brancolar
Av. Joseph Vallot
Valrose
Ste-Jeanne d'Arc
Bd Mantega-Righi
Bellevue
R. Cavendish
Av. Romain Rolland
R. François Pellos
Pl. du Gén. de Gaulle
R. André Theuriet
Bd Joseph Garnier
Bd Gambetta
Av. Malausséna
ST-PAUL
Dabray
R. Alfred Binet
Av. Rayi Combo
Av. Paul Arène
Av. Buenos-Ayres
Corniche Bellevue
Rte de Saint-Pierre-de-Féric
ST-ETIENNE
ST-ÉTIENNE
R. Vernier
R. de Villeneuve
Voie Pierre Mathis
Thiers
Av. René Maurice
Av. Primerose
Av. du Dauphiné
Cath. orthodoxe russe St-Nicolas
Av. Gay
Bd du Tzarewitch
R. de Jussieu
Saint-Etienne
Tunnel
R. Paganini
NOTRE DAME
Avenue
Clemenceau
Av. Georges
Hérold
Berlioz
Gounod
Auber
Av. Durante
Guiglia
Av. Estienne d'Orves
ST PHILIPPE
ST-PHILIPPE
Châteauneuf
R. Rossini
R. Frédéric Passy
R. Caffarelli
Av. Baquis
Hugo
Dr Barety
R. du
Av. Robert Schuman
Mathis
Ch. de Collinettes
LES BAUMETTES
Av. Fleurs
Bd Victor
R. Bottero
LA BUFFA
R. de la Buffa
SACRÉ-COEUR
Rue de France
Bd François Grosso
R. Dante
ST-PIERRE D'ARÈNE
Villa Masséna
CASINO RUHL
ANGLAIS
Mosaïque de Chegall
Av. des Baumettes
R. Andrioli
Negresco
DES
Palais de la Méditerranée
Musée des Beaux-Arts Jules-Chéret
R. Henri Cordier
PROMENADE
Voie
Av. de Bellet
Av. de la Californie
3m7
3m8
3m6
3m5
2m3
2m4
4m
a b c d e f g h k m n p q r s t u v w x y z

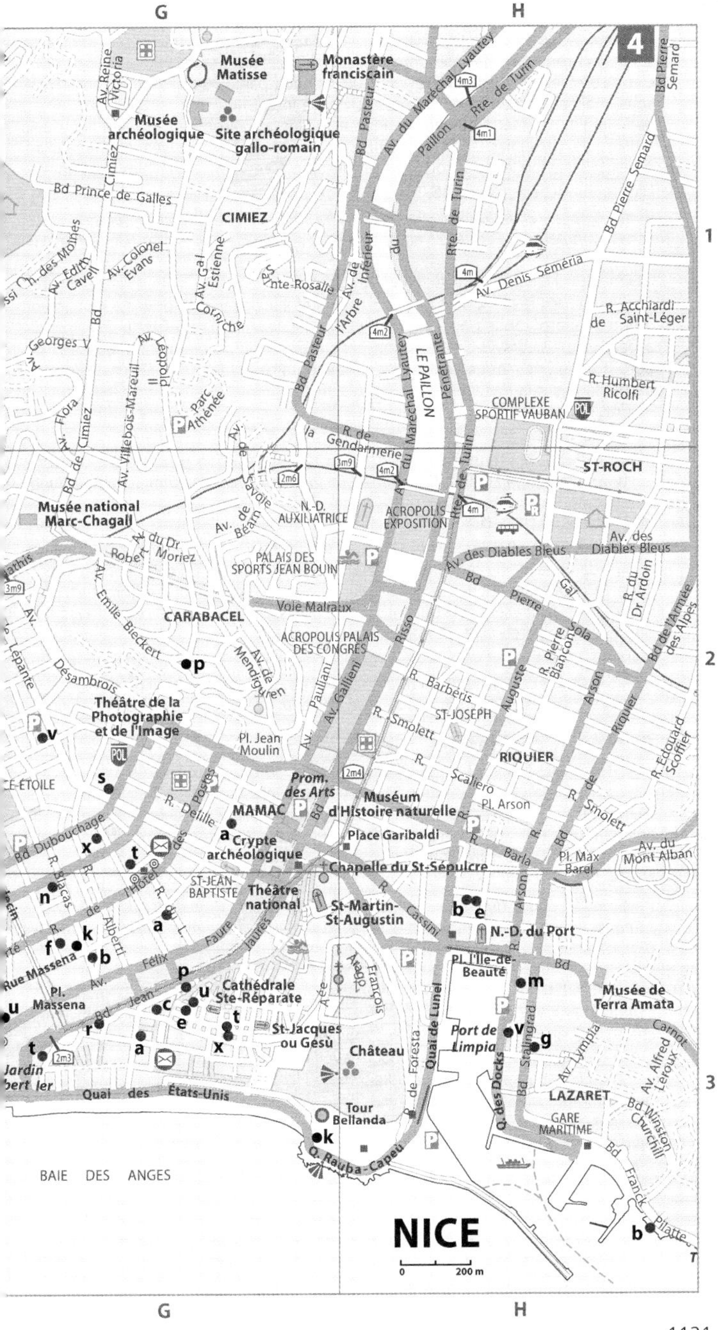
G
H
4
1
2
3
Musée Matisse
Monastère franciscain
Musée archéologique
Site archéologique gallo-romain
Av. Reine Victoria
Bd Prince de Galles
CIMIEZ
Av. Edith Cavell
Av. Colonel Evans
Av. Gal Estienne
Corniche
Sainte-Rosalie
Av. Georges V
Av. Léopold
Av. Flora
Bd de Cimiez
Av. Villebois-Mareuil
Parc Athénée
Bd Pasteur
Av. de l'Arbre Inférieur
Av. du Maréchal Lyautey
Rte. de Turin
Paillon
Av. Denis Séméria
Bd Pierre Semard
R. Acchiardi de Saint-Léger
R. Humbert Ricolfi
COMPLEXE SPORTIF VAUBAN
LE PAILLON
Pénétrante
R. de la Gendarmerie
ST-ROCH
Av. de Savoie
Av. de Béarn
Musée national Marc-Chagall
N.-D. AUXILIATRICE
ACROPOLIS EXPOSITION
Av. des Diables Bleus
Av. du Dr Moriez
Robert
PALAIS DES SPORTS JEAN BOUIN
Voie Malraux
Bd Pierre Sola
Gal
R. du Dr Ardoin
Bd de l'Armée des Alpes
Av. Emile Bieckert
CARABACEL
Av. de Mendiguren
ACROPOLIS PALAIS DES CONGRÈS
Risso
Av. Gallieni
Pauliani
R. Barbéris
R. Pierre Blanconi
Auguste
Arson
Riquier
R. Edouard Scoffier
Désambrois
Lépante
Théâtre de la Photographie et de l'Image
Pl. Jean Moulin
R. Smolett
ST-JOSEPH
RIQUIER
Prom. des Arts
Muséum d'Histoire naturelle
R. Scaliero
Pl. Arson
R. de Smolett
MAMAC
R. Delille
R. des Postes
Place Garibaldi
Bd Dubouchage
Crypte archéologique
Chapelle du St-Sépulcre
R. Barla
Pl. Max Barel
Av. du Mont Alban
R. Blacas
R. de l'Hôtel des Postes
ST-JEAN-BAPTISTE
Théâtre national
St-Martin-St-Augustin
R. Cassini
N.-D. du Port
R. Alberti
Bd Jean Jaurès
Faure
Félix
Pl. l'Ile-de-Beauté
Bd
Musée de Terra Amata
Rue Massena
Pl. Massena
Av. Jean Médecin
Cathédrale Ste-Réparate
Allée François Aragon
Quai de Lunel
Port de Limpia
Bd Stalingrad
Av. Lympia
Carnot
Av. Alfred Leroux
St-Jacques ou Gesù
Château
R. de Foresta
Q. des Docks
LAZARET
Jardin Albert Ier
Quai des États-Unis
Tour Bellanda
GARE MARITIME
Bd Winston Churchill
Bd Franck Pilatte
Q. Rauba-Capeù
BAIE DES ANGES
NICE
0
200 m
POL
4m
4m1
4m2
4m3
3m9
2m6
2m4
2m3
a
b
c
e
f
g
k
m
n
p
r
s
t
u
v
x

L'Aromate (Mickaël Gracieux)

CUISINE CRÉATIVE • **ROMANTIQUE** Une table tenue par un couple amoureux de la gastronomie... Préparations délicates, assiettes graphiques : Mickaël Gracieux se révèle perfectionniste – le fruit d'un joli parcours dans de grandes maisons, mais aussi d'un indéniable talent. Cadre intime.

➜ Pélamide de Méditerranée marinée et grillée aux aromates. Bar de ligne aux feuilles de citronnier, sabayon soufflé au poivre et lime, étuvée printanière au basilic. Pêche jaune en cocotte lutée, consommé verveine et ravioles d'agrumes.

Menu 65/90 € – Carte 85/95 €

Plan : 4G2-v – *20 av. du Mar.-Foch – ✆ 04 93 62 98 24 (réservation conseillée) – www.laromate.fr – Fermé 1 semaine en août, 2 semaines en janv., dim., lundi et le midi*

JAN (Jan Hendrik van der Westhuizen)

CUISINE MODERNE • **COSY** Tour à tour chef sur des yachts privés à Monaco et reporter-photographe pour un grand magazine, le jeune Sud-Africain Jan Hendrik a déjà eu plusieurs vies... Dans son petit repaire intime et romantique, près du port, il signe une cuisine créative et contemporaine qui fait le bonheur des clients de passage sur la Riviera !

➜ Cuisine du marché.

Formule 30 € – Menu 42 € (déj.), 88/144 €

Plan : 4H3-b – *12 r. Lascaris – ✆ 04 97 19 32 23 (réservation conseillée) – www.restaurantjan.com – Fermé mardi midi, merc. midi, jeudi midi, dim. et lundi*

Bistrot d'Antoine

CUISINE TRADITIONNELLE • **BISTRO** C'est l'accent du Sud qui chante dans ce bistrot de copains, où règne une ambiance très conviviale. En cuisine, c'est l'ébullition ! Cocotte de cochon à l'ancienne, langue de bœuf sauce raifort, tarte aux pommes : tout sent si bon, tout est si soigné... Bondé, vous avez dit bondé ? Antoine connaît un franc succès.

Carte 30/46 €

Plan : 4G3-x – *27 r. de la Préfecture – ✆ 04 93 85 29 57 (réservation conseillée) – Fermé vacances de printemps, 3 semaines en août, vacances de Noël, dim. et lundi*

Comptoir du Marché

CUISINE TRADITIONNELLE • **BISTRO** Le nom de ce joli bistrot rétro dit tout du travail du jeune chef, Loïs Guenzati, dont les créations sont pleines des couleurs et des parfums du marché. Raviolis de joue de bœuf et émulsion de truffes, tartines de rougets et riquette, rognon de veau cuit sur le grill... Comme prévu, le restaurant fait souvent salle comble !

Carte 29/45 €

Plan : 4G3-p – *8 r. du Marché – ✆ 04 93 13 45 01 (réservation conseillée) – Fermé 1 semaine vacances de printemps, 3 semaines en août, 1 semaine vacances de Noël, dim. et lundi*

La Merenda

CUISINE PROVENÇALE • **FAMILIAL** Un petit restaurant "à l'ancienne", d'une charmante simplicité... Son chef n'est pas inconnu : Dominique Le Stanc, autrefois étoilé au Negresco, a voulu ici renouer avec la confection de bons petits plats de la région (sardines farcies, tarte au citron de Menton, etc.). Attention, pas de téléphone : il faut passer pour réserver !

Carte 30/45 €

Plan : 4G3-a – *4 r. Raoul-Bosio (réservation conseillée) – www.lamerenda.net – Fermé 13-25 fév., 5-18 juin, 13-27 juil., 4-17 déc., sam., dim. et fériés*

Se régaler sans se ruiner ? Repérez les Bib Gourmand. Ils vous aideront à dénicher les bonnes tables sachant marier cuisine de qualité et prix ajustés !

Bar des Oiseaux

CUISINE TRADITIONNELLE • CONVIVIAL X Armand Crespo a encore frappé... Dans cette petite maison d'angle, son programme tient en une seule ligne : des pâtes ! Linguine, coquillette, casarecce et bien d'autres, issues d'un petit artisan du Vieux-Nice, sont arrangées dans des recettes savoureuses et pleines de fraîcheur. On gazouille de plaisir !

Formule 20 € – Carte 28/48 €

Plan : 4G3-u – *5 r. St-Vincent – ☎ 04 93 80 27 33 – Fermé vacances de printemps, 3 semaines en août, vacances de Noël, dim. et lundi*

Olive et Artichaut

CUISINE MODERNE • ÉLÉGANT X Originaire de Nice, le jeune chef est venu s'installer dans la région avec son épouse après plusieurs expériences à l'étranger. Il met les produits locaux à l'honneur dans une cuisine festive et gourmande, "entre mer et montagne" : fine tarte à la sardine, superbe assiette de thon blanc... Divin !

Menu 32 € – Carte 32/49 €

Plan : 4G3-t – *6 r. Ste-Réparate – ☎ 04 89 14 97 51 (réservation conseillée) – www.oliveartichaut.com – Fermé 6-22 fév., 19-27 juin, lundi et mardi*

L'Âne Rouge

CUISINE MÉDITERRANÉENNE • ÉLÉGANT XXX C'est directement sur le port de Nice que Michel Devillers a décidé de s'installer : pour ce chef autant passionné par son métier que par le poisson, rendre hommage à la Méditerranée est un sacerdoce ! Les produits viennent en direct de petits pêcheurs et sont travaillés avec finesse... Cet Âne-là a le pied marin.

Formule 22 € – Menu 27/68 € – Carte 59/76 €

Plan : 4H3-m – *7 quai Deux-Emmanuel – ☎ 04 93 89 49 63 – www.anerougenice.com – Fermé jeudi midi et merc.*

Le Rolancy's

CUISINE CLASSIQUE • COSY XXX Atmosphère feutrée dans ce restaurant, idéal pour déguster une belle cuisine de la mer : menus autour du homard ou du turbot, grands classiques tels que la sole meunière... Si l'on ajoute que Jacques Rolancy, Meilleur Ouvrier de France, sélectionne de superbes poissons, on comprendra qu'on tient là une valeur sûre !

Formule 29 € – Menu 44/69 € – Carte 43/101 €

Plan : 3F3-q – *22 r. Alphonse-Karr – ☎ 04 93 16 00 48 – www.les-viviers-nice.com – Fermé dim. et feriés*

Le Bistrot des Viviers – voir les restaurants ci-dessous

La Pescheria

CUISINE ITALIENNE • ÉLÉGANT XXX Un vrai concentré de plaisir que cette Pescheria (du nom des anciennes poissonneries de Venise) nichée au sein de l'ultradesign hôtel Boscolo Exedra. La carte marie recettes italiennes de tradition et produits de la marée, comme ce carpaccio de la mer au loup, gambas et langoustines...

Formule 25 € 🍷 – Menu 50/130 € – Carte 46/79 €

Plan : 3F3-d – *Hôtel Boscolo Exedra, 12 bd Victor-Hugo – ☎ 04 97 03 89 72 – www.nice.boscolohotels.com/restaurant-et-bars*

La Réserve de Nice

CUISINE MODERNE • ÉLÉGANT XX À l'écart de la ville, cette belle demeure jouit d'une situation exceptionnelle, en surplomb de la mer, face à la baie des Anges et au ballet des ferries reliant la Corse. Avec ses accents Art déco, la salle a l'allure d'un paquebot... et l'on embarque pour une croisière gastronomique raffinée, ancrée en Méditerranée.

Formule 35 € – Menu 38 € (déj. en semaine), 58/85 € – Carte 76/124 €

Plan : 4H3-b – *60 bd Franck-Pilatte – ☎ 04 97 08 14 80 – www.lareservedenice.com – Fermé janv. et fév.*

La Rotonde

CUISINE TRADITIONNELLE • BRASSERIE XX Un décor unique : celui d'un véritable carrousel, orné de chevaux de bois et d'automates. Avec sa terrasse ouverte sur la promenade des Anglais, la brasserie chic du mythique Negresco fait tourner les têtes ! Au menu : une cuisine traditionnelle de bonne facture.

Formule 25 € - Menu 39 € - Carte 46/85 €

Plan : 3F3-k - *Hôtel Le Negresco, 37 promenade des Anglais - ☎ 04 93 16 64 00 - www.lenegresco.com*

Le Bistro Gourmand

CUISINE MODERNE • ÉPURÉ XX Une jolie adresse contemporaine, lumineuse avec son décor où le blanc domine... La cuisine n'en a que plus de couleur : pensée au gré du marché, elle mêle sans complexe bons produits et créativité.

Formule 23 € - Menu 38 € (dîner en semaine), 55/145 € 🍷
- Carte 54/69 €

Plan : 4G3-t - *3 r. Desboutin*
- ☎ 04 92 14 55 55 (réservation conseillée) - www.lebistrogourmand.fr
- Fermé 1 semaine vacances de Noël, merc. et dim.

Le Séjour Café

CUISINE MODERNE • COSY XX Des étagères garnies de livres, de bibelots et de plantes vertes, des tableaux et des photos aux murs... On se croirait dans la salle de séjour d'une jolie maison particulière ! Et que dire du charme exercé par la cuisine, inspirée par le marché et mitonnée avec soin ? On aimerait vivre ici...

Formule 15 € - Carte 37/54 €

Plan : 3F3-w - *11 r. Grimaldi - ☎ 04 97 20 55 35 (réservation conseillée)*
- www.lesejourcafe.fr - Fermé 2 semaines en août et 3 semaines en nov., dim. et lundi

Les Deux Canailles

CUISINE MODERNE • ÉPURÉ XX Ces Deux Canailles niçoises vont tambour battant, sous la houlette d'un chef japonais qui ne manque ni d'expérience ni de passion. La cuisine ? Méridionale et épurée, fraîche et d'une belle finesse, elle se pare de jolies touches nippones. Bilan : un bon moment !

Formule 23 € - Menu 29 € (déj. en semaine), 49/68 €

Plan : 4G3-b - *6 r. Chauvain - ☎ 09 53 83 91 99 - www.lesdeuxcanailles.com*
- Fermé dim. et sam. midi

Les Épicuriens

CUISINE TRADITIONNELLE • FAMILIAL XX Un digne représentant de la bistronomie ! Dans un cadre contemporain, on déguste des petits plats estampillés "retour du marché" et de jolis classiques (foie gras chaud aux cèpes, joue de bœuf braisée, etc.). Avec en prime un beau choix de vins au verre, tous les épicuriens seront satisfaits...

Formule 19 € - Menu 26 € (déj.)/39 € - Carte 37/59 €

Plan : 4G2-t - *6 pl. Wilson - ☎ 04 93 80 85 00 - Fermé dim.*

Les Pêcheurs

POISSONS ET FRUITS DE MER • RUSTIQUE XX De grosses poutres en bois vieilli, des murs vert océan, une grande terrasse sur les quais... Voilà qui donne envie de partir sur les traces du capitaine Nemo ! D'autant que la carte aime voyager en Méditerranée : bouillabaisse, soupe de poisson, loup en croûte de sel, etc. Ces Pêcheurs-là ramènent à terre un bien beau butin.

Menu 32/43 € - Carte 42/78 €

Plan : 4H3-v - *18 quai des Docks*
- ☎ 04 93 89 59 61 (réservation conseillée) - www.lespecheurs.com
- Fermé 1 semaine en janv., mardi midi et lundi

Keisuke Matsushima

CUISINE CRÉATIVE • ÉPURÉ XX Le décor est minimaliste, à la japonaise, mais la cuisine est bien française ! Passionné par la gastronomie de l'Hexagone, Keisuke Matsushima la revisite au fil de son inspiration ; les produits sont de bonne qualité et l'interprétation séduit.

Formule 23 € – Menu 30 € (déj.), 48/99 € – Carte 80/100 €

Plan : 3F3-e – *22 ter r. de France – ✆ 04 93 82 26 06 – www.keisukematsushima.com – Fermé lundi midi, sam. midi et dim.*

Les Sens

CUISINE MODERNE • CONVIVIAL XX Étonnante, cette salle aux allures de loft, avec ses murs en brique rouge et ses fauteuils clubs ! Cabillaud à la plancha, daurade rôtie, carré et poitrine de porcelet gratinée aux blettes et parmesan : tout est fait maison dans ces assiettes bien tournées, qui flirtent avec la bistronomie. À essayer d'urgence.

Formule 18 € – Menu 24 € (semaine)/38 € – Carte 43/57 €

Plan : 4G3-n – *37 r. Pastorelli – ✆ 09 81 06 57 00 – www.les-sens-nice.fr – Fermé merc. soir, sam. midi et dim.*

L'Empire (N)

CUISINE MODERNE • CONTEMPORAIN XX Une jolie devanture, prolongée d'une terrasse : bienvenue à l'Empire, pour déguster une cuisine colorée et parfumée, à l'instar de cette fricassée de poulpes et barigoule d'artichauts au jus d'orange et olives, ou de la selle d'agneau laquée à la rhubarbe et pommes de terre fondantes... Une adresse très sympathique.

Formule 19 € – Menu 25 € (déj. en semaine), 39/58 € – Carte 40/61 €

Plan : 4G3-r – *54 bd Jean-Jaurès – ✆ 04 93 01 30 40 – www.empire-nice.com – Fermé dim. soir et lundi*

Le Mesclun

CUISINE MODERNE • ÉLÉGANT XX Depuis dix ans, deux excellents professionnels sont à la tête de ce petit restaurant de quartier. Ils proposent une cuisine bien tournée, soignée et pleine de fraîcheur, que l'on déguste dans un intérieur élégant – mobilier en bois massif, argenterie et porcelaine – ou sur la terrasse. Une adresse attachante !

Formule 24 € – Menu 40/72 € – Carte 55/77 €

Plan : 1B3-u – *215 av. de la Californie – ✆ 04 93 83 81 21 – www.le-mesclun-nice.com – Fermé 22 déc. au 23 janv. et dim.*

Vino & Cucina

CUISINE ITALIENNE • ÉPURÉ X "Una cucina deliziosa", diraient les Italiens ! Fabio, originaire des Pouilles, a les saveurs de la Botte dans le sang et il justifie d'un sérieux parcours professionnel. Quand on découvre par exemple son lapin du Piémont façon porchetta, relevé d'herbes aromatiques, on dit "Bravo !", en italien comme en français.

Formule 15 € – Menu 42 € (dîner) – Carte 38/56 €

Plan : 3E1-n – *118 bis bd de Cessole – ✆ 04 93 52 28 08 – www.vinocucina.eu – Fermé 1 semaine à Pâques, 10-26 août, 22-27 déc., lundi midi, sam. midi et dim.*

L'Atelier

CUISINE MODERNE • BISTRO X Originaire de Vendée, le jeune chef de cette maison doit être un peu "fada" ! Pensez-donc, oser revisiter la socca, cette indétrônable galette réalisée à base de farine de pois chiche... Et pourtant, quel succès ! Filet de bœuf, Saint-Jacques et gambas sont aussi au rendez-vous : c'est frais et bon, on se régale.

Formule 18 € – Menu 22 € (déj.) – Carte 48/55 €

Plan : 4G2-a – *17 r. Gioffredo – ✆ 04 93 85 50 74 – Fermé 1 semaine en avril, 1er-15 juil., 1 semaine à Noël, dim. et lundi*

HANgoût

CUISINE MODERNE • COSY Filet de bœuf sauté et sa sauce soja et oignons, poisson du jour poêlé ou en risotto, magret rôti au miso : rien à redire à ces assiettes parfaitement maîtrisées ! On les doit à un jeune chef japonais, ancien second du Château Eza, qui applique quelques touches nippones à la tradition française. Une franche réussite !

Menu 39 € – Carte 38/48 €

Plan : 4G3-e – *5 r. du Moulin – 04 22 16 99 26 – www.hangout-nice.com – Fermé le midi*

Carré Llorca

CUISINE PROVENÇALE • TENDANCE Dans une ruelle du vieux Nice, une ancienne boulangerie transformée en restaurant. La carte, courte, est axée sur les recettes régionales : fleurs de courgettes à la niçoise, raviolis de veau à la ricotta et aux olives, poisson du jour au basilic et à la tapenade... Ici, pas de doute, le Sud est dans l'assiette !

Formule 18 € – Menu 26 € (déj. en semaine) – Carte 35/50 €

Plan : 4G3-c – *3 r. de la Préfecture – 04 93 92 95 86 – www.carrellorca.com – Fermé dim. et lundi*

Agua

POISSONS ET FRUITS DE MER • BISTRO Ce petit bistrot, près du port de Nice, est tenu par deux frères, Alexis et Serge. Le premier, en cuisine, réalise une appétissante cuisine de la mer où la pêche du jour a la part belle. Le résultat est à l'image de ce dos de cabillaud aux poivrons et risotto : frais, bien réalisé et parfumé ! Ambiance conviviale.

Formule 19 € – Carte 50/75 €

Plan : 4H3-g – *41 bd Stalingrad – 04 97 19 08 15 – www.restaurant-agua.fr – Fermé dim. et lundi*

Le Canon

CUISINE PROVENÇALE • BISTRO Séduisante adresse que ce Canon, ouvert en 2014, proposant une cuisine à la fois simple et exigeante : brandade de corb au citron Meyer, rosbif de limousine et taboulé aux herbes du pays... Des fournisseurs locaux triés sur le volet, quelques clins d'œil à la Méditerranée, de jolis vins 100 % nature : on se régale.

Carte 24/53 €

Plan : 3F3-y – *23 r. Meyerbeer – 04 93 79 09 24 – Fermé 2 semaines en fév., 15 août-4 sept., merc. midi, sam. et dim.*

Le Bistrot des Viviers

POISSONS ET FRUITS DE MER • BISTRO Ce Bistrot est attaché au fameux restaurant de la mer, Le Rolancy's. On profite ici, avec plus de simplicité, de l'expertise de la maison mère et de la qualité de ses poissons et fruits de mer, venus directement de Vendée et de Bretagne... Air marin au menu !

Formule 20 € – Menu 35 € (dîner en semaine) – Carte 37/72 €

Plan : 3F3-q – *Restaurant le Rolancy's, 22 r. A.-Karr – 04 93 16 00 48 – www.les-viviers-nice.com – Fermé dim. et fériés*

Mon Petit Café

CUISINE MODERNE • BISTRO Dans sa petite cuisine ouverte sur la salle, l'ancien chef du Jardin des Plumes (Giverny) s'entoure des meilleurs légumes du marché pour composer des assiettes pleines de fraîcheur et de sincérité. On opte pour l'une des propositions de l'ardoise ; l'ambiance de bistrot contemporain ajoute au plaisir du moment.

Formule 15 € – Carte 37/48 €

Plan : 3F3-c – *11 bis r. Grimaldi – 04 97 20 55 36 – Fermé nov., dim. et lundi*

L'École de Nice

CUISINE PROVENÇALE • ÉPURÉ En association avec une célèbre galerie de la ville, des œuvres de l'École de Nice – fameux courant d'art moderne – ornent la salle du restaurant, par ailleurs très simple. Elle n'a décidemment rien de banal, cette cantine provençale, créée par le chef Keisuke Matsushima, bien connu dans la cité et... vrai gage de qualité.

Formule 17 € – Menu 27 € – Carte 31/52 €

Plan : 3F3-n – *16 r. de la Buffa – 04 93 81 39 30 – www.lecoledenice.com – Fermé sam. midi et dim.*

Vinivore

CUISINE TRADITIONNELLE • BISTRO Situé dans le quartier du port, ce petit "bistroquet" aux murs en pierre et poutres apparentes propose une cuisine du marché d'une grande fraîcheur, concoctée par un Niçois pur jus. Côté vins, jolie sélection au verre de petits producteurs (200 références).

Formule 16 € – Menu 35 € (dîner) – Carte 37/50 €

Plan : 4H3-e – *10 r. Lascaris – 04 93 14 68 09 – www.vinivore.fr*

Café Léa (N)

CUISINE MODERNE • CONVIVIAL Ce bistrot, convivial et particulièrement "looké", propose une cuisine du marché parfumée, au gré de petits plats goûteux : on ne citera que ce risotto au gorgonzola et poires, ou ces joues de cochon et légumes du marché, tendres et fondantes...

Carte 29/53 €

Plan : 4G3-a – *31 r. Gioffredo – 09 83 56 57 59 (réservation conseillée) – Fermé sam., dim. et le soir sauf merc., jeudi et vend.*

Hôtels

Le Negresco

PALACE • GRAND LUXE Bâti en 1912 par Henri Negresco, cet établissement mythique regorge d'œuvres d'art exceptionnelles et cultive la démesure dans un choc des styles qui n'appartient qu'à lui. De l'emphase, de la majesté et des restaurants tout aussi somptueux... Cet "hôtel-musée" est assurément unique !

110 chambres – 145/1050 € 145/1050 € – 7 suites – 30 € – ½ P

Plan : 3F3-k – *37 promenade des Anglais – 04 93 16 64 00 – www.lenegresco.com*

Chantecler • **La Rotonde** – voir les restaurants ci-dessus

Boscolo Exedra

LUXE • DESIGN Une façade Belle Époque éclatante pour un vaisseau grandiose et immaculé, tout en luxe et sobriété... Comment résister au charme de ce design très italien, au spa, à la piscine ? Le Boscolo Exedra, ou l'art de vivre la Côte d'Azur à l'heure internationale et urbaine !

109 chambres – 200/980 € 200/1400 € – 3 suites – 30 €

Plan : 3F3-d – *12 bd Victor-Hugo – 04 97 03 89 89 – www.nice.boscolohotels.com*

La Pescheria – voir les restaurants ci-dessus

Hyatt Regency Palais de la Méditerranée

LUXE • DESIGN Un véritable palais dédié à la Méditerranée... Derrière sa façade Art déco, grandiose face à la Grande Bleue, on découvre un ensemble éminemment contemporain, aussi stylé que luxueux. Les suites sont superbes, la vue sur les flots divine (au dernier étage), et le restaurant joue la carte du bistrot très chic. Toute l'allure d'une villégiature *made in* promenade des Anglais !

187 chambres – 159/1034 € 159/1165 € – 11 suites – 28 € – ½ P

Plan : 3F3-g – *13 promenade des Anglais – 04 93 27 12 34 – www.nice.regency.hyatt.com*

La Pérouse

LUXE • PERSONNALISÉ Une ligne d'horizon qui suit les courbes de la baie des Anges, des terrasses en surplomb de la Méditerranée, un beau jardin planté de citronniers... On est aux anges dans cette demeure un peu secrète, qui cultive une charmante simplicité, arrimée au rocher du château !

54 chambres – 225/2500 € 225/2500 € – 2 suites – 24 € – ½ P

Plan : 4G3-k – *11 quai Rauba-Capéu 06300 – 04 93 62 34 63 – www.hotel-la-perouse.com*

Goldstar Resort

URBAIN • CONTEMPORAIN Cinquante véritables petits appartements, modernes et chaleureux – dominantes de bois et granit –, particulièrement propices aux séjours en famille. Sur la terrasse, il fait bon profiter du fitness, de la piscine et du solarium...

46 suites – 120/1500 € – 3 chambres – 20 €

Plan : 3F3-e – *45 r. du Maréchal-Joffre – 04 93 16 92 77 – www.hotel-goldstar-nice.com*

AC by Marriott

BUSINESS • DESIGN Sobriété contemporaine : telle est la marque de ce grand hôtel, dont l'architecture moderne (lignes géométriques, verre fumé) cache des chambres d'une grande neutralité, tout en blanc et beige, entièrement rénovées en 2013. Plus qu'un style, un parti pris !

141 chambres – 119/429 € 129/499 € – 2 suites – 21 €

Plan : 3E3-d – *2 r. Honorée-Sauvan – 04 93 97 90 90 – www.achotelnice.com*

Mercure Promenade des Anglais

HÔTEL DE CHAÎNE • CONTEMPORAIN Très belle situation, sur la promenade des Anglais, pour ce Mercure qui a récemment bénéficié d'une complète rénovation. Les lieux sont agréables (esprit design, touches colorées), avec, de-ci de-là, de jolies échappées sur le front de mer...

124 chambres – 102/479 € 102/479 € – 19 €

Plan : 3F3-v – *2 r. Halévy – 04 93 82 62 22 – www.mercure.com*

Masséna

FAMILIAL • FONCTIONNEL Tout près de la place Masséna, un hôtel à la jolie façade Belle Époque. Passé le hall, original avec ses fresques signées par la propriétaire, qui est aussi artiste, on découvre des chambres sobres et très bien tenues, certaines avec terrasse au 6e étage. Une confortable option pour résider au cœur même de Nice.

109 chambres – 199/659 € 199/659 € – 1 suite – 17 €

Plan : 4G3-k – *58 r. Gioffredo – 04 92 47 88 88 – www.hotel-massena-nice.com*

Hi Hotel

URBAIN • DESIGN Attention, concept ! Cet hôtel est l'œuvre de la designer Matali Crasset, connue pour son style hyper original. Elle a conçu un décor insolite, ludique et coloré, des chambres épurées et hyper-connectées : cette véritable création ne peut laisser indifférent...

38 chambres – 75/200 € 75/350 € – 1 suite – 17 € – ½ P

Plan : 3F3-w – *3 av. des Fleurs – 04 97 07 26 26 – www.hi-hotel.net*

Excelsior

HISTORIQUE • PERSONNALISÉ Voiture, bateau, train et avion : à chaque étage sa thématique ! Les voyageurs de tout poil aimeront faire escale dans cet hôtel entièrement rénové en 2013 : derrière une belle façade fin 19e, la décoration, colorée, originale et aboutie, transporte de plaisir...

42 chambres – 79/250 € 89/260 € – 17 €

Plan : 3F2-y – *19 av. Durante – 04 93 88 18 05 – www.excelsiornice.com*

Villa Victoria

URBAIN • ÉLÉGANT Dans un immeuble ancien du quartier chic de la ville, des chambres lumineuses, gaies, colorées et originales. Mais le principal atout de l'hôtel, c'est son grand jardin méditerranéen, où l'on prend le petit-déjeuner aux beaux jours ! On y trouve même un terrain de pétanque...

38 chambres – 80/280 € 80/300 € – 15 €

Plan : 3F3-s – *33 bd Victor-Hugo – 04 93 88 39 60 – www.villa-victoria.com*

Mercure Centre Notre-Dame

BUSINESS • FONCTIONNEL Des chambres confortables et fonctionnelles, plus calmes côté jardin, mais surtout idéalement situées en plein cœur de Nice – l'atout principal de ce Mercure.

198 chambres – 86/339 € 86/339 € – 3 suites – 19 €

Plan : 3F2-q – *28 av. Notre-Dame – 04 93 13 36 36 – www.mercure.com*

Windsor

URBAIN • PERSONNALISÉ L'hôtel se revendique "espace de création" : de fait, un grand nombre de ses chambres ont été décorées par des artistes contemporains (Ben, Basserole, François Morellet, etc.). Avis aux amateurs ! Mention spéciale pour le jardin planté de bambous et de bougainvillées, où l'on dîne les soirs d'été...

57 chambres – 92/215 € 92/215 € – 14 € – ½ P

Plan : 3F3-f – *11 r. Dalpozzo – 04 93 88 59 35 – www.hotelwindsornice.com*

Roosevelt

URBAIN • FONCTIONNEL Dans un immeuble de la fin du 19e s., en centre-ville, un bon hôtel d'aujourd'hui, au décor contemporain chaleureux. Certaines chambres sont idéalement aménagées pour recevoir des familles. Le rapport qualité-prix est intéressant.

46 chambres – 68/138 € 98/178 € – 12 €

Plan : 3F3-r – *16 r. Mar.-Joffre – 04 93 87 94 71 – www.hotelroosevelt.fr*

Petit Palais

HÔTEL PARTICULIER • PERSONNALISÉ Ce "Petit Palais", où vécut Sacha Guitry, se dresse sur la colline de Cimiez. Certaines chambres offrent une vue plongeante sur la baie des Anges ! On profite à loisir du calme des lieux, qui distillent un agréable charme bourgeois...

25 chambres – 110/145 € 150/295 € – 18 €

Plan : 4G2-p – *17 av. Émile-Bieckert – 04 93 62 19 11 – www.petitpalaisnice.fr*

Aria

FAMILIAL • FONCTIONNEL Dans le quartier des Musiciens, face au square Mozart, l'hôtel Aria est aujourd'hui la propriété... d'une compositrice de musique ! Les chambres sont simples et très bien tenues, plus calmes sur l'arrière. Un intéressant point de chute.

30 chambres – 64/106 € 74/186 € – 12 €

Plan : 3F2-u – *15 av. Auber – 04 93 88 30 69 – www.hotel-aria.fr*

Les Cigales

FAMILIAL • FONCTIONNEL Derrière la façade raffinée de cet hôtel particulier niçois ? Des chambres colorées et fonctionnelles, mansardées au dernier étage. Et sur le toit ? Une jolie petite terrasse. L'ensemble impeccablement tenu.

19 chambres – 70/140 € 73/185 € – 11 €

Plan : 3F3-b – *16 r. Dalpozzo – 04 97 03 10 70 – www.hotel-lescigales.com – Fermé 13-27 déc. et 10-24 janv.*

Hôtel de la Fontaine

FAMILIAL • CONTEMPORAIN La fontaine murmure dans le charmant patio fleuri, où l'on prend son petit-déjeuner en saison... Les chambres qui ouvrent sur cette cour sont les plus agréables, car plus calmes. Une bonne petite adresse, très centrale.

29 chambres – 75/105 € 102/210 € – 12 €

Plan : 3F3-t – *49 r. de France – 04 93 88 30 38 – www.hotel-fontaine.com – Fermé 11-26 déc. et 8-23 janv.*

Villa Rivoli

FAMILIAL • COSY De cet hôtel particulier Belle Époque, devenu un temps pension de famille, la propriétaire a fait un hôtel charmant. Toile de Jouy, antiquités, boutis : un joli esprit bonbonnière règne sur les lieux... Agréable terrasse pour le petit-déjeuner.

26 chambres – 72/208 € 83/225 € – 12 €

Plan : 3F3-a – *10 r. Rivoli – 04 93 88 80 25 – www.villa-rivoli.com*

à l'aéroport de Nice-Côte-d'Azur 7 km – 06200 Nice

Novotel Arenas

HÔTEL DE CHAÎNE • FONCTIONNEL Ce Novotel fait face à l'aéroport. Avec sa bonne insonorisation et ses salles de séminaire, il est idéal pour la clientèle d'affaires ou un transit.

131 chambres – 84/350 € 84/350 € – 18 €

Plan : 1A3-e – *455 promenade des Anglais – 04 93 21 22 50 – www.novotel.com*

à l'Aire St-Michel 9 km au Nord par bd de Cimiez

Au Rendez-vous des Amis

CUISINE PROVENÇALE • AUBERGE Accueil chaleureux et ambiance amicale... évidemment ! Un couple très aimable vous donne ici rendez-vous : elle signe les entrées et les desserts, lui les plats chauds. L'ensemble donne un véritable amour de cuisine niçoise ! Et l'été, on profite de la terrasse à l'ombre d'un tilleul...

Formule 22 € – Menu 29 € – Carte 37/52 €

176 av. Rimiez 06100 Nice
– 04 93 84 49 66 – www.rdvdesamis.fr
– Fermé 12-29 fév., 23 oct.-15 nov., mardi sauf juil.-août et merc.

à St-Roman-de-Bellet 13 km au Nord par bd Carlone et rte de Canta Galet – 06200

Villa Kilauea

FAMILIAL • COSY Sur les hauteurs de Nice, une charmante villa et son parc de 6000 m². Les chambres marient style provençal et touches plus actuelles ; elles disposent toutes d'une petite terrasse. Dehors, au calme, on profite de la vue sur la chapelle de Bellet, les collines de Gattières et le Mercantour... Un régal !

4 chambres – 135/185 € 135/220 €

6 chemin du Candeu – 06 25 37 21 44 – www.villakilauea.com – Fermé vacances de Noël

NIEDERBRONN-LES-BAINS

67110 (Bas-Rhin) – 4 327 hab. – Alt. 190 m – Carte régionale n° **1**-B1
Paris 460 km – Haguenau 23 km – Sarreguemines 55 km – Saverne 40 km
Carte Michelin 315-J3

L'Atelier du Sommelier

CUISINE MODERNE • CONTEMPORAIN Sur les hauteurs de la ville, à l'orée de la forêt, ce restaurant est dédié à Bacchus : il vous sera possible de repartir avec sous le bras une ou deux bouteilles de vins d'Alsace – mais aussi d'ailleurs. Le chef compose une bonne cuisine actuelle avec les plantes et les fleurs du jardin.

Formule 19 € – Menu 25 € (déj. en semaine), 35/59 € – Carte 40/65 €

35 r. des Acacias (proche du complexe sportif), à 2 km – 03 88 09 06 25 – www.atelierdusommelier.com – Fermé 17 juil.-1er août, 26 oct.-1er nov., 1er-17 janv., dim. soir, lundi et mardi

Muller

SPA ET BIEN-ÊTRE • CONTEMPORAIN Cet hôtel-restaurant est tenu par la même famille depuis sa fondation, en 1871 ! Au grand calme, on y profite de chambres spacieuses et bien équipées, ainsi que d'une gamme de services de premier ordre : grand spa avec piscine intérieure, sauna et hammam, salle de jeux...

42 chambres - 72/82 € 88/98 € - 4 suites - 11 € - ½ P

16 av. de la Libération - 03 88 63 38 38 - www.hotelmuller.com

NIEDERSCHAEFFOLSHEIM

67500 (Bas-Rhin) - 1 315 hab. - Alt. 185 m - Carte régionale n° **1**-B1

Paris 473 km - Haguenau 7 km - Saverne 35 km - Strasbourg 28 km

Carte Michelin 315-K4

Au Bœuf Rouge

CUISINE MODERNE • ÉLÉGANT Aucun doute que ce restaurant, géré par la même famille depuis 1880, est une institution locale. On y déguste une cuisine au goût du jour et rythmée par les saisons, à l'image de cette selle de veau de lait et ris de veau croustillant, girolles et cosses truffées... Accueil chaleureux.

Menu 38 € (semaine), 42/83 € - Carte 64/81 €

39 r. du Gén.-de-Gaulle - 03 88 73 81 00 - www.boeufrouge.com - Fermé 13-28 fév.-16 juil.-7 août, mardi midi, dim. soir et lundi

Au Bœuf Rouge

TRADITIONNEL • PERSONNALISÉ Cette hostellerie traditionnelle, tenue par la même famille depuis 1880, n'est pas figée dans le passé, loin de là ! Aux chambres principales, classiques et bien tenues, s'ajoutent désormais six chambres contemporaines et lumineuses, qui portent le nom de personnalités alsaciennes.

19 chambres - 92/160 € 92/160 € - 14 € - ½ P

39 r. du Gén.-de-Gaulle - 03 88 73 81 00 - www.boeufrouge.com - Fermé 13-28 fév. et 16 juil.-27 août

Au Bœuf Rouge - voir les restaurants ci-dessus

Les maisons d'hôtes ne proposent pas les mêmes services qu'un hôtel : l'accueil, l'atmosphère, la décoration des lieux font son caractère et son charme, qui reflètent la personnalité de ses propriétaires.

NIEDERSTEINBACH

67510 (Bas-Rhin) - 143 hab. - Alt. 225 m - Carte régionale n° **1**-B1

Paris 460 km - Bitche 24 km - Haguenau 33 km - Lembach 8 km

Carte Michelin 315-K2 - Guide Vert Michelin Alsace Lorraine

Au Cheval Blanc

CUISINE RÉGIONALE • TRADITIONNEL L'âme d'une winstub... et le goût du pays porté avec amour : quiche lorraine, truite du vivier au riesling, mousse au kirsch, etc. Même esprit côté décor, tout en boiseries et composé de deux "stuben", ces salles rustiques typiquement régionales. Enfin, mention spéciale pour l'accueil, tout à fait exemplaire !

Menu 31/61 € - Carte 30/70 €

Hôtel Au Cheval Blanc, 11 r. Principale - 03 88 09 55 31 - www.hotel-cheval-blanc.fr - Fermé 22 juin-6 juil., 27 nov.-7 déc., 30 janv.-9 mars et jeudi

Au Cheval Blanc

TRADITIONNEL • PERSONNALISÉ Toute une famille passionnée tient les rênes de ce Cheval Blanc posté sur l'axe principal du village. Derrière la façade à colombages, on trouve des chambres coquettes et confortables, dont certaines ont conservé un décor alsacien typique, ainsi que d'autres plus contemporaines.

31 chambres - 52/86 € 82/124 € - 2 suites - 14 € - ½ P

11 r. Principale - 03 88 09 55 31 - www.hotel-cheval-blanc.fr - Fermé 22 juin-6 juil., 27 nov.-7 déc. et 30 janv.-9 mars

Au Cheval Blanc - voir les restaurants ci-dessus

à Wengelsbach 5 km au Nord-Ouest par D190 - 67510

Au Wasigenstein

CUISINE TRADITIONNELLE • AUBERGE Une auberge de montagne toute simple, située dans un vallon de la forêt vosgienne. Gibier, atmosphère rustique (trophées de chasse), terrasse... un lieu prisé des randonneurs.

Menu 13 € (déj. en semaine), 22/32 € - Carte 19/37 €

32 r. Principale - 03 88 09 50 54 - www.restaurantwasigenstein.com - Fermé de mi-janv. à mi-fév., merc. et jeudi en hiver, lundi et mardi

NIEUIL

16270 (Charente) - 918 hab. - Alt. 150 m - Carte régionale n° **20**-C2

Paris 434 km - Angoulême 42 km - Confolens 24 km - Limoges 66 km

Carte Michelin 324-N4

à l'Est 2 km par D739 et rte secondaire - 16270 Nieuil

La Grange aux Oies

CUISINE MODERNE • TENDANCE Dans les écuries du Château de Nieuil, ce restaurant associe avec bonheur déco tendance et vieilles pierres. La cuisine met en avant les herbes aromatiques et autres légumes du potager ; on profite de la belle terrasse face au château, avant de conclure son repas avec l'un des nombreux cognacs proposés... Un plaisir !

Formule 26 € - Menu 56 € - Carte 44/75 €

dans le parc du château - 05 45 71 81 24 - www.grange-aux-oies.com - Fermé 27 mars-7 avril, 2 nov.-1er déc., mardi sauf le soir de Pâques à la Toussaint, dim. soir et lundi

Château de Nieuil

DEMEURE HISTORIQUE • CLASSIQUE Cet ancien domaine de chasse royal appartient à la même famille depuis 1937 ; le château se dresse fièrement dans un vaste parc arboré, au grand calme. Piscine, tennis, jardin à la française, belles chambres de style Empire et Art déco... Détente et élégance !

12 chambres - 130/378 € 145/420 € - 2 suites - 15 €

- 05 45 71 36 38 - www.chateaunieuilhotel.com - Ouvert de mai à fin sept. et week-ends de d'oct. à avril

ON AIME...

Se laisser porter par la cuisine tout en fraîcheur de **Skab**. Admirer les dressages millimétrés et la superbe cave à fromages de Jérôme **Nutile**, au Mas de Boudan. Découvrir l'atmosphère familiale du **Patio Littré**, dont le chef s'approvisionne aux halles de la ville...

NÎMES

✉ 30000 (Gard) - 146 709 hab. - Agglo. 178 503 hab. - Alt. 39 m
- Carte régionale n° **12**-C3
▶ Paris 706 km - Lyon 251 km - Marseille 123 km - Montpellier 58 km
Carte Michelin 339-L5 - Guide Vert Michelin Languedoc

Restaurants

✿ Jérôme Nutile - Le Mas de Boudan

CUISINE MODERNE • ÉLÉGANT XXX C'est dans un quartier d'affaires du sud de Nîmes que Jérôme Nutile a décidé d'enchanter le terroir, au gré d'une déambulation de saveurs. Maîtrise technique, sens esthétique, superbe cave à fromages : les bonnes surprises se multiplient tout au long du repas.

➜ Gelée d'agrumes infusés à la citronnelle et au gingembre, homard au poivre du Sichuan. Volaille de Bresse pochée et rôtie à la flouve odorante, céleri légèrement fumé. Cristalline de framboises de pays aux éclats de pistaches caramélisées.

Menu 45 € (déj. en semaine), 62/165 € - Carte 105/150 €
3 chambres - †140/175 € ††250/309 € - 1 suite - ☕ 18 €

Hors plan - *351 chemin Bas-du-Mas-de-Boudan (au Parc Georges-Besse)*
- ✆ 04 66 40 65 65 - www.jerome-nutile.com
- Fermé 5-13 fév., 29 août-5 sept., 22 oct.-7 nov., mardi et merc.

✿ Skab

CUISINE MODERNE • CONTEMPORAIN XXX Derrière les arènes, ce repaire de gourmandise associe un sommelier et un chef passionnés. Dans l'assiette, une cuisine pleine de fraîcheur et de vivacité ! Dès les premiers rayons de soleil, on s'installe dans le patio à l'ombre des érables.

➜ Cuisine du marché.

Formule 31 € - Menu 35 € (déj.), 59/80 € - Carte 70/105 €

Plan : D2-b - *7 r. de la République*
- ✆ 04 66 21 94 30 - www.restaurant-skab.fr
- Fermé 3 semaines en août, 2 semaines en janv., dim. et lundi

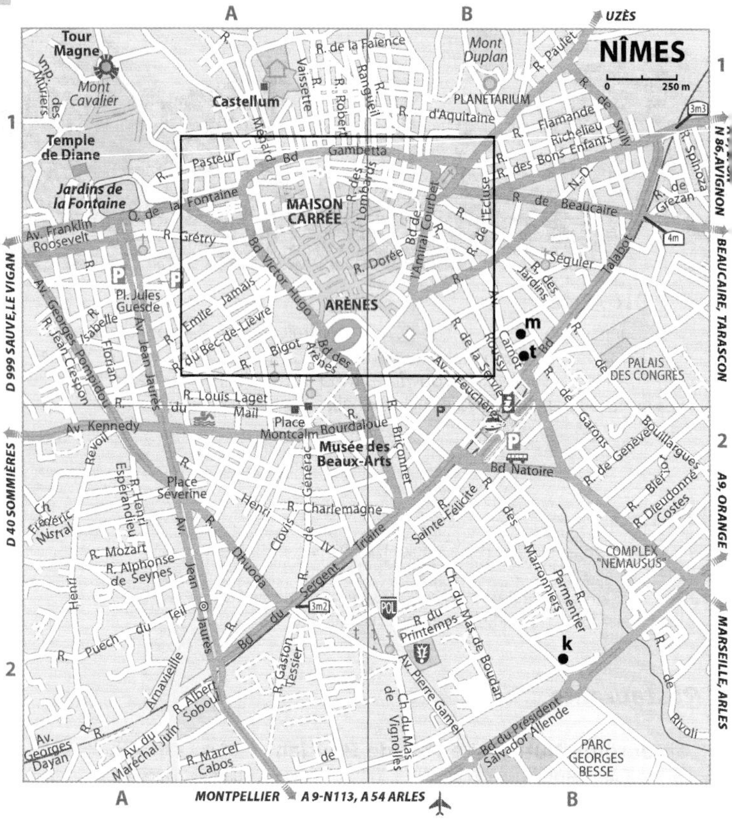

Aux Plaisirs des Halles

CUISINE TRADITIONNELLE · CONVIVIAL XX Pour l'hiver, une salle moderne habillée de bois ; pour l'été, un joli patio ; toute l'année, une cuisine du marché simple et bien tournée. Admirez la belle galerie de photos sur les murs : celles des vignerons languedociens qui composent l'impressionnante carte des vins !

Formule 17 € – Menu 23 € (semaine), 25/50 € – Carte 49/72 €

Plan : C1-r – *4 r. Littré – ✆ 04 66 36 01 02 – www.auxplaisirsdeshalles.com – Fermé 1 semaine en avril, 4-19 oct., 4-19 janv., mardi soir en hiver, dim. sauf le midi en hiver et lundi*

Tendances Lisita

CUISINE MODERNE · CLASSIQUE XX Manger en terrasse face aux arènes de Nîmes et, la nuit venue, voir le monument s'illuminer... C'est tous les sens en éveil que l'on s'attable ici. Au menu, une cuisine régionale gorgée de soleil, soignée et généreuse, accompagnée d'un joli choix de vins. Plaisir des pupilles et des papilles !

Formule 29 € – Menu 32/52 € – Carte 54/64 €

Plan : C2-h – *2 bd des Arènes – ✆ 04 66 67 29 15 – www.lelisita.com – Fermé dim. et lundi sauf juil.*

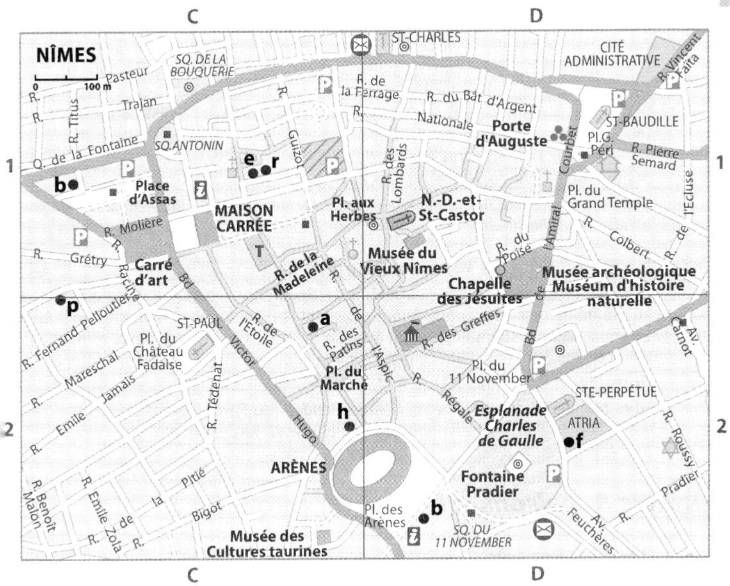

Vincent Croizard

CUISINE CRÉATIVE · ÉLÉGANT Dans une rue étroite près du Carré d'Art, il faut d'abord sonner à la porte de cette discrète maison de ville. Surprise : celle-ci cache une salle lumineuse et contemporaine, ouverte sur un patio. Atmosphère feutrée et jolie cuisine créative, osant des mariages inédits.

Formule 23 € – Menu 28 € (déj. en semaine), 48/80 € – Carte 62/90 €

Plan : C2-p – *17 r. des Chassaintes – ✆ 04 66 67 04 99 – www.restaurantcroizard.com – Fermé 24 déc.-8 janv., 28 août-12 sept., dim. soir et lundi*

L'Imprévu

CUISINE TRADITIONNELLE · CONTEMPORAIN Faites face à L'Imprévu et vous verrez que le hasard a du bon ! Une grande terrasse sur une jolie place à deux pas de la Maison Carrée, une salle colorée avec un patio intérieur, une bonne cuisine traditionnelle à l'accent du Sud : cette brasserie contemporaine a fait provision d'atouts.

Formule 17 € – Menu 21 € (semaine)/24 € – Carte 33/47 €

Plan : C1-b – *6 pl. d'Assas – ✆ 04 66 38 99 59 – www.l-imprevu.com – Fermé vacances de fév., vacances Noël, mardi en hiver et merc.*

Le Passage de Virginie

CUISINE TRADITIONNELLE · CONVIVIAL Voilà un passage où l'on aime s'arrêter... Au cœur de la vieille ville, sa cuisine méridionale embaume de doux parfums. Au choix pour s'attabler : la salle voûtée, très cosy, ou la toute petite terrasse. Un bistrot du Sud typique et animé.

Menu 15 € (déj. en semaine) – Carte 33/49 €

Plan : C2-a – *15 imp. Fresque – ✆ 04 66 38 29 26 (réservation conseillée) – Fermé vacances de fév., 1 semaine en mai et en sept., vacances de la Toussaint, mardi soir en hiver, dim. et lundi*

Le Patio Littré

CUISINE MODERNE • SIMPLE Le jeune chef, ancien second d'Alain Passard (L'Arpège, Paris), est venu s'installer dans la région d'origine de son épouse. Bien lui en a pris ! Imprégnées par le souci du produit, ses recettes sont tout simplement épatantes. Quant au patio annoncé par l'enseigne, il est parfait pour les beaux jours… Tout cela à petit prix !

Formule 17 € – Menu 19 € (déj.)/32 € – Carte 35/53 €

Plan : C1-e – *10 r. Littré – 04 66 67 22 50 – www.restaurant-patio-littre-nimes.com – Fermé 1 semaine en sept., 2 semaines en janv., lundi et mardi*

Le Bistr'Au - Le Mas de Boudan

CUISINE MODERNE • BISTRO Jérôme Nutile propose ici une ardoise composée au gré du marché ; ses préparations revisitent les classiques et fleurent bon la bistronomie. À déguster au comptoir, avec un œil sur les fourneaux, ou au calme de la terrasse, qui offre une belle échappée sur le jardin et un platane multi-centenaire…

Formule 18 € – Menu 23/32 € – Carte 40/55 €

Hors plan – *351 chemin Bas-du-Mas-de-Boudan (au Parc Georges-Besse) – 04 66 40 60 75 (réservation conseillée) – www.jerome-nutile.com – Fermé 5-12 fév., 27 août-3 sept., 29 oct.-5 nov. et dim.*

Hôtels & maisons d'hôtes

Jardins Secrets

LUXE • PERSONNALISÉ Exquis et confidentiel… Au cœur de la ville, cet hôtel est une parenthèse : au sein d'un jardin semé de mille essences, le décor, imaginé par une propriétaire pleine de talents, puise dans tous les raffinements du 18e s. Le spa est très beau.

10 chambres – 250/550 € 250/550 € – 4 suites – 28 €

Plan : B1-m – *3 r. Gaston-Maruejols – 04 66 84 82 64 – www.jardinssecrets.net*

Vatel

BUSINESS • CONTEMPORAIN Rien ne le laisse soupçonner, mais c'est ici que les élèves de l'école hôtelière voisine se forment ! Cet immeuble contemporain est très agréable pour jouer au client : ambiance feutrée, chambres modernes, espace bien-être… et même deux restaurants : gastronomique et bistrot. Des bonnes notes en vue !

42 chambres – 138/159 € 150/182 € – 4 suites – 16 €

Hors plan – *140 r. Vatel, par av. Kennedy – 04 66 62 57 57 – www.hotelvatel.fr*

Novotel Atria Nîmes Centre

HÔTEL DE CHAÎNE • FONCTIONNEL Comme son nom l'indique, ce Novotel est au cœur de la ville ! Situé à deux pas des arènes et du centre des congrès, l'hôtel réjouira autant les touristes que la clientèle d'affaires. Grand garage très pratique.

112 chambres – 90/200 € 130/250 € – 7 suites – 17 €

Plan : D2-f – *5 bd de Prague – 04 66 76 56 56 – www.novotel.com*

L'Orangerie

FAMILIAL • PERSONNALISÉ Un hôtel familial dans un quartier d'affaires, rien de tel pour se sentir comme à la maison lors d'un déplacement professionnel ! Dans cette maison des années 1980, avec jardin et piscine, le décor des chambres varie : provençal, contemporain, exotique…

37 chambres – 71/199 € 71/199 € – 13 €

Plan : B2-k – *755 r. Tour-de-l'Évêque – 04 66 84 50 57 – www.hotel-orangerie-nimes.fr*

La Maison de Sophie

HÔTEL PARTICULIER • PERSONNALISÉ Hall en marbre, bel escalier, vitraux d'époque, salons cosy, bibliothèques... Sophie vous accueille dans sa maison, une demeure bourgeoise imprégnée par l'esprit des années 1900 !

5 chambres - 168/328 € 225/345 €

Plan : B1-t - *31 av. Carnot - 04 66 70 96 10 - www.hotel-nimes-gard.com - Fermé 24 déc.-3 janv. et 3 fév.-12 mars*

à Garons 9 km au Sud par D42 et D442 - 30128 - 4 617 hab. - Alt. 90 m

Alexandre (Michel Kayser)

CUISINE MODERNE • ÉLÉGANT XXXX Dès le printemps, le jardin dévoile tous ses charmes, sous la lumière filtrée par des cèdres du Liban centenaires... Diaphane et émouvante : telle est aussi la cuisine de Michel Kayser, qui signe des assiettes à la fois créatives et très maîtrisées.

→ Île flottante aux truffes de Provence sur un velouté de cèpes des Cévennes. Poitrine de pigeon rôtie, fricassée de jeunes légumes parfumés à l'origan et jus à l'huile d'argan. L'écrin de gourmandises "Alexandre".

Formule 52 € - Menu 82 € (semaine), 118/178 € - Carte 118/166 €

2 r. Xavier-Tronc - 04 66 70 08 99 - www.michelkayser.com - Fermé 20 fév.-14 mars, 27 août-12 sept., dim. sauf le midi et mardi de sept. à juin et lundi

Le Mas de l'Espérance

LUXE • ÉLÉGANT Dans un parc environné de pins, d'oliviers et d'arbres fruitiers - les propriétaires sont aussi arboriculteurs -, cette auguste demeure de 1780 vaut le coup d'œil ! Beaux volumes, esprit cosy, terrasses privatives dans chaque chambre - et même un lodge indonésien avec bain à remous privatif...

5 chambres - 175/410 € 175/410 €

lieu-dit St-Bénézet, 10 km au Sud par D42 et rte secondaire - 04 66 70 01 51 - www.mas-esperance.com

à Uchaud 15 km au Sud-Ouest par D107, N113 et N106 - 30620 - 4 203 hab. - Alt. 26 m

Le Huit

LUXE • PERSONNALISÉ Face à l'église, une façade discrète cache ce petit havre de paix et de confort... Murs anciens, chambres spacieuses, décor contemporain, belles salles de bains et invitations à la détente (espace bien-être, piscine). Un ensemble de grande qualité, d'une tenue parfaite.

5 chambres - 190/320 € 190/320 €

8 pl. de l'Église - 04 66 77 93 69 - www.le-huit.com - Ouvert de mars à oct.

NIORT

79000 (Deux-Sèvres) - 57 607 hab. - Alt. 24 m - Carte régionale n° **20**-B2

Paris 408 km - Bordeaux 184 km - Nantes 142 km - Poitiers 76 km

Carte Michelin 322-D7 - Guide Vert Michelin Poitou-Charentes

La Belle Étoile

CUISINE TRADITIONNELLE • CLASSIQUE XXX Au bord de la Sèvre, une élégante maison bourgeoise d'esprit cosy, avec une terrasse ombragée. Cuisine plutôt classique, accompagnée d'une jolie collection de vieux millésimes.

Formule 22 € - Menu 35/72 € - Carte 50/84 €

Hors plan - *115 quai Maurice-Métayer, près du périphérique Ouest : 2,5 km - 05 49 73 31 29 - www.la-belle-etoile.fr - Fermé 2 semaines en août, sam. midi, dim. soir et lundi*

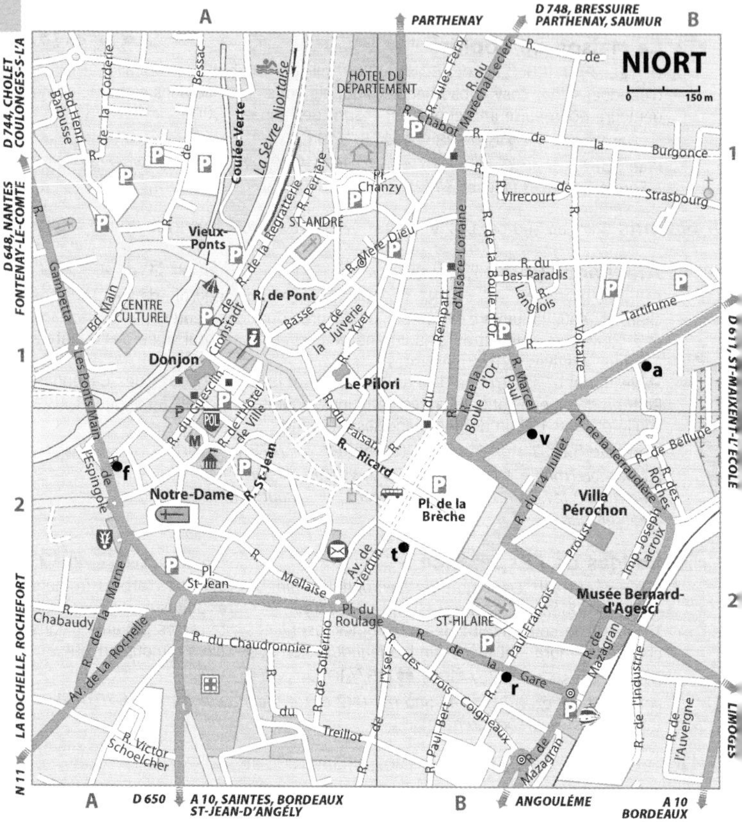

Hôtel de la Brèche

BUSINESS · FONCTIONNEL Un hôtel entièrement rénové en 2012, à deux pas de l'office de tourisme. Les chambres arborent des tons apaisants et allient confort et fonctionnalité. Une bonne adresse, idéale pour découvrir la vieille ville ou la Coulée verte (sur les berges de la Sèvre Niortaise).

47 chambres – 65/161 € 75/161 € – 2 suites – 12 €

Plan : B2-t – *9 av. Jacques-Bujault – 05 49 35 11 11 – www.niorthoteldelabreche.com*

Mercure

HÔTEL DE CHAÎNE · FONCTIONNEL Des chambres soignées et de bonne ampleur dans cet hôtel contemporain à deux pas du centre-ville. Jardin avec piscine. Restaurant sous une verrière, chaleureux et moderne. En été, on peut dîner à l'ombre des arbres.

99 chambres – 80/150 € 80/150 € – 15 €

Plan : B1-a – *80 bis av. de Paris – 05 49 24 29 29 – www.mercure.com*

La Chamoiserie

LUXE · PERSONNALISÉ Une très belle demeure de famille de la fin du 19e s. Joli parquet, moulures pleines de charme et ravissant jardin ; les chambres sont décorées dans le style contemporain en vogue.

16 chambres – 88/138 € 98/138 € – 12 €

Plan : A2-f – *10 r. de l'Espingole – 05 49 78 07 07 – www.hotelparticulierniort.com – Fermé 16 déc.-2 janv., 7-12 juil., 11-15 août et week-ends d'oct. à avril*

Moka

BUSINESS · FONCTIONNEL En plus de sa proximité (100 m) avec la gare de Niort, ce Moka dispose de nombreux atouts qui en font une étape de choix : un intérieur moderne, entièrement rénové en 2014, des chambres fonctionnelles et bien équipées, un bon buffet sucré-salé pour le petit-déjeuner... Onctueux !

33 chambres – 65/99 € 65/99 € – 10 €

Plan : B2-r – *84 r. de la Gare – 05 49 76 15 15 – www.mokahotelniort.com*

Ibis Styles

BUSINESS · FONCTIONNEL Un établissement central, pratique pour sillonner la ville. Les chambres sur rue sont spacieuses et cosy, d'autres donnent sur le petit jardin. Buffet au petit-déjeuner.

39 chambres – 75/125 € 85/135 €

Plan : B2-v – *32 av. de Paris – 05 49 24 22 21 – www.ibis.fr*

Sandrina

FAMILIAL · FONCTIONNEL Adresse familiale du centre proposant des chambres fonctionnelles, colorées et d'une tenue irréprochable. Parking fermé à disposition.

18 chambres – 58/62 € 58/62 € – 7 €

Hors plan – *43 av. St-Jean-d'Angély, 200 m au Sud par D106E – 05 49 79 28 42 – www.hotel-sandrina.com – Fermé 14-20 août et 22 déc.-7 janv.*

à Bessines 3 km au Sud-Ouest par D611 – 79000 – 1 608 hab. – Alt. 20 m

L'Adress...

CUISINE CRÉATIVE · DESIGN XX Un long parallélépipède de verre prolongé par une belle terrasse face à la verdure : voilà pour le cadre, moderne et élégant ! Quant à la cuisine du chef, elle ne souffre d'aucun reproche : recettes qui font mouche, cuissons parfaitement ajustées, belles associations de saveurs... Impeccable, tout simplement.

Formule 16 € – Menu 35/70 € – Carte 50/74 €

1 r. des Iris – 05 49 79 41 06 – www.restaurant-ladress.fr – dim. et lundi

à St-Liguaire 4,5 km à l'Ouest par D9 et rte secondaire – 79000 Niort

Auberge de la Roussille

CUISINE MODERNE · AUBERGE XXX On tombe forcément sous le charme de cette belle maison d'éclusier, installée dans le cadre bucolique des bords de Sèvre... un environnement enchanteur qui ne saurait masquer l'essentiel : la cuisine du chef, soignée et bien calibrée, dans laquelle les produits sont au top et agrémentés sans superflu. Un vrai bonheur.

Formule 21 € – Menu 34/69 € – Carte 63/76 €

impasse de la Roussille – 05 49 06 98 38 – www.laroussille.com – Fermé 24 fév.-6 mars, 5-8 mai, 2-10 juil., 23 oct.-2 nov., dim. sauf le midi et mardi hors saison et lundi

à St-Symphorien 7 km au Sud par rte de St-Jean-d'Angély, D650 et D174 – 79270 – 1 851 hab. – Alt. 28 m

Auberge de Crespé

CUISINE TRADITIONNELLE · RUSTIQUE X Cuisine traditionnelle confectionnée selon le marché et les saisons ; on grille la côte de bœuf à la cheminée dans la salle à manger rustique. Agréable terrasse dominant le parc.

Formule 19 € – Menu 24 €

99 rte d'Aiffres – 05 49 32 97 61 – Fermé 13 juil.-5 août, mardi soir, dim. et lundi

NISSAN-LEZ-ENSERUNE

34440 (Hérault) – 3 844 hab. – Alt. 21 m – Carte régionale n° **12**-B2

Paris 774 km – Béziers 12 km – Capestang 9 km – Montpellier 82 km

Carte Michelin 339-D9

Résidence

FAMILIAL • TRADITIONNEL Près du cœur du village, cette imposante demeure bourgeoise du 19e s. abrite des chambres confortables, rehaussées pour certaines de mobilier chiné et de cheminées d'époque. Côté restaurant, cuisine au goût du jour et terrasse ombragée face à la piscine.

23 chambres – 59/147 € 69/169 € – 12 € – ½ P

35 av. Cave – 04 67 37 00 63 – www.hotel-residence.com – Fermé 20 déc.-5 janv.

NITRY

89310 (Yonne) – 375 hab. – Alt. 240 m – Carte régionale n° **4**-B1

Paris 195 km – Auxerre 36 km – Avallon 23 km – Vézelay 31 km

Carte Michelin 319-G5

Auberge La Beursaudière

HISTORIQUE • PERSONNALISÉ Les dépendances de ce prieuré du 12es. ne manquent pas de caractère : pierres apparentes, tomettes et poutres dans les chambres, pigeonnier médiéval… Authentique ! Cuisine du terroir servie en costume régional, dans un cadre joliment rustique. Belle cave.

11 chambres – 85/125 € 85/125 € – 13 € – ½ P

9 chemin de Ronde – 03 86 33 69 69 – www.beursaudiere.com – Fermé 3 semaines en janv. (sauf restaurant)

NOAILHAC

81490 (Tarn) – 836 hab. – Alt. 222 m – Carte régionale n° **15**-C2

Paris 730 km – Albi 55 km – Béziers 99 km – Toulouse 90 km

Carte Michelin 338-G9

Hostellerie d'Oc

CUISINE TRADITIONNELLE • RUSTIQUE Au cœur du village, un petit restaurant de campagne au charme rustique… Et dans l'assiette, une cuisine régionale simple et copieuse.

Menu 13 € (déj. en semaine), 20/37 € – Carte 26/47 €

av. Charles-Tailhades – 05 63 50 50 37 – www.restaurant-noailhac.fr – Fermé 4-21 sept., merc. soir et lundi

NOAILHAC

19500 (Corrèze) – 373 hab. – Alt. 400 m – Carte régionale n° **13**-B3

Paris 502 km – Cahors 100 km – Limoges 113 km – Tulle 42 km

Carte Michelin 329-K5

La Bastidie

CUISINE MODERNE • COSY Poussez la porte de cette ancienne bâtisse en pierre, joliment restaurée. On y vient pour l'agréable restaurant, où le chef propose des menus courts et fait évoluer sa cuisine au gré des saisons. En bonus, quatre chambres spacieuses, pleines de charme et décorées avec goût. Une adresse très recommandable !

Menu 20 € (déj. en semaine), 36/59 €

4 chambres – 100/140 € 110/150 € – 10 €

1 r. des Écoles – 05 55 88 22 88 – www.la-bastidie.fr – Fermé janv.-mi-fév., 1er-16 mai, sam. midi, dim. soir, lundi et mardi

NOCÉ – 61 (Orne) → Voir Bellême

NŒUX-LES-MINES

62290 (Pas-de-Calais) – 12 300 hab. – Alt. 29 m – Carte régionale n° **16**-B2

Paris 208 km – Arras 28 km – Béthune 5 km – Bully-les-Mines 8 km

Carte Michelin 301-I5

Le Cercle

CUISINE MODERNE • COSY XX Des assiettes maîtrisées, une cuisine au goût du jour pas piquée des hannetons : qu'il fait bon s'asseoir autour de ce Cercle ! Les produits sont de qualité et le menu change tous les jours ; quant au cadre, à la fois chic et cosy, il se pare d'élégants tableaux contemporains. Service souriant.

Formule 20 € - Menu 28 € (semaine)/41 € - Carte 40/65 €

Hôtel La Maison Rouge, 374 r. Nationale - ✆ 03 21 61 65 65 - www.hotel-lamaisonrouge.com

L'Atelier des Saveurs

CUISINE MODERNE • TRADITIONNEL XX Créée par un jeune couple de la région, cette table est une bonne surprise ! Le chef se livre à un joli travail autour du goût ; il travaille de beaux produits et fait preuve d'un savoir-faire indéniable. Une expérience d'autant plus agréable que le décor est intime et chaleureux.

Formule 17 € - Menu 21 € (semaine), 29/38 €

94 r. Nationale - ✆ 03 21 26 74 74 - www.restaurant-latelierdessaveurs.fr - Fermé 1 semaine en avril, 3 semaines en août, 1 semaine en janv., dim. soir et lundi

La Maison Rouge

TRADITIONNEL • CONTEMPORAIN Dans cette ancienne localité minière située entre Béthune et Lens, cette imposante Maison Rouge - tout en briques - abrite un confortable hôtel-restaurant. Les chambres, spacieuses et fonctionnelles, sont parfaites pour un séjour dans la région, entre le Musée de la mine voisin et le Louvre-Lens à 15 km.

40 chambres - 110/140 € 110/140 € - 13 €

374 r. Nationale - ✆ 03 21 61 65 65 - www.hotel-lamaisonrouge.com

Le Cercle - voir les restaurants ci-dessus

NOGARO

32110 (Gers) - 1 966 hab. - Alt. 98 m - Carte régionale n° **15**-A2

Paris 729 km - Agen 88 km - Auch 63 km - Mont-de-Marsan 45 km

Carte Michelin 336-B7

Solenca

CUISINE TRADITIONNELLE • CONVIVIAL X Les beaux produits du terroir gersois sont ici à l'honneur, mais pas seulement eux : homard et autres ingrédients nobles ont les faveurs du chef, qui sait les mettre en valeur à travers des recettes bien pensées, généreuses et soignées. Le cadre est aussi sympathique avec sa haute charpente apparente.

Menu 14/54 € - Carte 31/59 €

rte d'Auch - ✆ 05 62 09 09 08 - www.solenca.com

Solenca

BUSINESS • PERSONNALISÉ Une étape sympathique et conviviale au cœur du pays gersois. Les chambres sont fonctionnelles et actuelles, relevées de couleurs vives. Agréable piscine entourée d'un jardin arboré. L'établissement est certifié Ecolabel.

49 chambres - 74/82 € 74/82 € - 10 € - ½ P

rte d'Auch - ✆ 05 62 09 09 08 - www.solenca.com

Solenca - voir les restaurants ci-dessus

NOGENT-LE-ROI

28210 (Eure-et-Loir) - 4 133 hab. - Alt. 93 m - Carte régionale n° **6**-B1

Paris 77 km - Ablis 35 km - Chartres 28 km - Dreux 19 km

Carte Michelin 311-F4 - Guide Vert Michelin Île-de-France

Le Relais des Remparts

CUISINE TRADITIONNELLE • AUBERGE XX Les clés du succès de ce restaurant ? Une cuisine traditionnelle et goûteuse, un service aimable et efficace, un cadre agréable et des tarifs abordables. Une adresse assurément sympathique !

Formule 17 € - Menu 20 € (semaine), 34/39 € - Carte 36/49 €

2 r. du Marché-aux-Légumes - 02 37 51 40 47 - www.restaurant-relais-des-remparts.com - Fermé 4-10 fév., 5-30 août, mardi soir, dim. soir et lundi

NOGENT-SUR-SEINE

10400 (Aube) - 5 992 hab. - Alt. 67 m - Carte régionale n° **7**-A2

Paris 105 km - Épernay 83 km - Fontainebleau 66 km - Provins 19 km

Carte Michelin 313-B3 - Guide Vert Michelin Champagne Ardenne

Beau Rivage

CUISINE MODERNE • FAMILIAL XXX Voici un Beau Rivage où il serait dommage de ne pas accoster... Ses atouts : une salle lumineuse ouverte sur une terrasse bucolique bordant la Seine, une cuisine de saison embellie d'épices et d'herbes du jardin et, pour l'étape, des chambres fraîches et confortables.

Formule 20 € - Menu 27/49 € - Carte 54/66 €

10 chambres - 81 € 86 € - 10 €

20 r. Villiers-aux-Choux (près de la piscine) - 03 25 39 84 22 - www.hotel-beaurivage-nogentsurseine.com - Fermé 16 fév.-8 mars, 16 août-2 sept., dim. soir, mardi midi et lundi

NOIRLAC - 18 (Cher) ➜ Voir St-Amand-Montrond

NOIRMOUTIER (ÎLE DE) - 85 (Vendée) ➜ Voir Île de Noirmoutier

NOIZAY

37210 (Indre-et-Loire) - 1 148 hab. - Alt. 56 m - Carte régionale n° **6**-B2

Paris 230 km - Amboise 11 km - Blois 44 km - Tours 21 km

Carte Michelin 317-O4

Château de Noizay

CUISINE MODERNE • INTIME XXX Pour dîner au château, quoi de mieux que ses charmants salons bourgeois avec leurs boiseries d'époque ? Ici, la cuisine joue la carte de la modernité et de la créativité, avec de doux intitulés : herbes fraîches en fine gelée, canette laquée au miel et orange, cuisinée de champignons des bois...

Formule 35 € - Menu 45 € (déj. en semaine), 68/115 € - Carte 83/97 €

124 promenade de Waulsort - 02 47 52 11 01 - www.chateaudenoizay.com - Fermé mi-janv. à mi-mars

Château de Noizay

DEMEURE HISTORIQUE • CLASSIQUE Grand escalier, vitraux, armures : ce château du 16e s., niché dans un parc, domine le village et son vignoble. Les chambres sont confortables et joliment meublées. Préférez celles, plus récentes, dans le Pavillon de l'Horloge. Idéal pour un séjour romantique.

19 chambres - 185/395 € 185/395 € - 25 € - ½ P

124 promenade de Waulsort - 02 47 52 11 01 - www.chateaudenoizay.com - Fermé mi-janv. à mi-mars

Château de Noizay - voir les restaurants ci-dessus

NOLAY

21340 (Côte-d'Or) - 1 496 hab. - Alt. 299 m - Carte régionale n° **4**-A3

Paris 316 km - Autun 30 km - Beaune 20 km - Chalon-sur-Saône 34 km

Carte Michelin 320-H8 - Guide Vert Michelin Bourgogne

Hôtel de la Halle

FAMILIAL · TRADITIONNEL Sur la place centrale, face aux halles et à l'église, deux maisons du 14e s. séparées par une cour intérieure. Les chambres, joliment champêtres, sont très bien tenues (plus spacieuses sur l'arrière).

13 chambres – 70/72 € 72/74 € – 9 €

pl. des Halles – 03 80 21 76 37 – www.hotel-la-halle-nolay.com

NONANCOURT

27320 (Eure) – 2 323 hab. – Alt. 117 m – Carte régionale n° **17**-D2
Paris 97 km – Alençon 97 km – Chartres 51 km – Évreux 35 km
Carte Michelin 304-H9 – Guide Vert Michelin Normandie Vallée de la Seine

Relais du Vieux Château

CUISINE MODERNE · AUBERGE Une simple auberge traditionnelle, bien tranquille sur son bord de route normand ? Que nenni ! Un jeune chef fait ici souffler un vent de fraîcheur sur la tradition. Produits de qualité, cuissons et sauces dans les règles, recettes renouvelées avec tact : tout est mis en œuvre pour révéler un maximum de saveurs, à prix doux…

Formule 20 € – Menu 27/40 € – Carte 27/57 €

39 av. Victor-Hugo – 02 32 58 00 74 – www.lervc.com – Fermé 1 semaine en mars, en août et en sept., merc. soir, dim. soir et lundi

NONZA – 2B (Haute-Corse) → Voir Corse

NOTRE-DAME-DE-BELLECOMBE

73590 (Savoie) – 494 hab. – Alt. 1 150 m – Carte régionale n° **25**-F1
Paris 585 km – Albertville 25 km – Annecy 54 km – Chambéry 76 km
Carte Michelin 333-M3 – Guide Vert Michelin Alpes du Nord

La Ferme de Victorine

CUISINE TRADITIONNELLE · CONVIVIAL Une ferme plus vraie que nature ; l'hiver, depuis la jolie salle rustique, on aperçoit même les vaches dans l'étable… Le chef est un passionné du terroir savoyard, toujours à la recherche des meilleurs fromages et charcuteries. Une table éminemment sympathique et très gourmande !

Formule 25 € – Menu 31/59 € – Carte 44/69 €

Le Planay, 3 km à l'Est par rte des Saisies – 04 79 31 63 46 – www.la-ferme-de-victorine.com – Fermé 6 juin-3 juil., 11 nov.-15 déc., merc. et jeudi sauf en juil.-août et en saison d'hiver

NOTRE-DAME-DE-LIVAYE

14340 (Calvados) – 128 hab. – Alt. 27 m – Carte régionale n° **17**-C2
Paris 185 km – Caen 36 km – Le Havre 86 km – Lisieux 16 km
Carte Michelin 303-M5

Aux Pommiers de Livaye

MAISON DE CAMPAGNE · TRADITIONNEL Une allée de pommiers conduit à cette paisible ferme du 18e s. Dans les chambres, des lits en fer forgé, des tissus fleuris, des armoires de famille… Ici, tout a ce petit côté dépareillé qui fait le charme des maisons authentiques. Petite production de cidre et cuisine régionale : pas de doute, on est bien en Normandie !

5 chambres – 90 € 98/110 €

– 02 31 63 01 28 – chambresnormandie.com – Ouvert de mars à mi-nov.

NOTRE-DAME-DU-HAMEL

27390 (Eure) – 228 hab. – Alt. 200 m – Carte régionale n° **17**-C2
Paris 158 km – L'Aigle 21 km – Argentan 48 km – Bernay 28 km
Carte Michelin 304-D8

Le Moulin de la Marigotière

CUISINE MODERNE • ÉLÉGANT XxX Cet ancien moulin prête son atmosphère bourgeoise à des plats classiques ou plus dans l'air du temps : déclinaisons autour du homard, association fruits et foie gras, risotto aux escargots, etc. Les plus : l'accueil et le joli parc traversé par la Charentonne.

Menu 35 € (déj. en semaine), 48/78 € – Carte 50/80 €

D45 – ✆ 02 32 44 58 11 – www.moulin-marigotiere.com – Fermé vacances de fév., lundi soir sauf juil.-août, dim. soir, mardi soir et merc.

LE NOUVION-EN-THIÉRACHE

02170 (Aisne) – 2 801 hab. – Alt. 185 m – Carte régionale n° **19**-D1

Paris 198 km – Avesnes-sur-Helpe 20 km – Guise 21 km – Hirson 25 km

Carte Michelin 306-E2

La Paix

CUISINE TRADITIONNELLE • CLASSIQUE XX Briques, miroirs et bibelots : un décor agréable, au service d'une appétissante cuisine ! Installé ici depuis plus de trente ans, Didier Pierrart honore la tradition des bons petits plats avec un savoir-faire qui ne se dément pas. Sa spécialité : le pavé de bœuf au maroilles...

Formule 20 € – Menu 25 € (semaine), 30/48 € – Carte 55/70 €

37 r. Jean Vimont-Vicary – ✆ 03 23 97 04 55 – www.hotel-la-paix.fr – Fermé 13 fév.-2 mars, 14 août-2 sept., 23 déc.-3 janv. et dim.

La Paix

TRADITIONNEL • PERSONNALISÉ Un hôtel-restaurant de qualité, où l'on profite à la fois du gîte et du couvert avec plaisir. L'ensemble est parfaitement tenu, l'accueil charmant et les prix mesurés. Et dernier atout : les chambres sont peu à peu rénovées dans un style plus actuel.

16 chambres – 🚹70/88 € 🚹🚹70/88 € – ☕ 10 € – ½ P

37 r. Jean-Vimont-Vicary – ✆ 03 23 97 04 55 – www.hotel-la-paix.fr – Fermé 17 fév.-5 mars, 14-31 août, 22 déc.-3 janv. et dim.

La Paix – voir les restaurants ci-dessus

NOUZERINES – 23 (Creuse) → Voir Boussac

NOVES

13550 (Bouches-du-Rhône) – 5 293 hab. – Alt. 42 m – Carte régionale n° **22**-E1

Paris 688 km – Arles 38 km – Avignon 14 km – Carpentras 33 km

Carte Michelin 340-E2 – Guide Vert Michelin Provence

Auberge de Noves

CUISINE CLASSIQUE • VINTAGE XxX Cette auberge se révèle tout à fait charmante, et sa terrasse sous les arbres idyllique ! À l'image du lieu, la cuisine donne dans le beau classicisme : le chef vous régalera, par exemple, d'un foie gras, d'un tartare de bœuf au couteau, etc. Belle carte des vins de plus de 350 références.

Menu 50 € (déj. en semaine), 75/125 € – Carte 80/125 €

rte de Châteaurenard, 2 km par D28 – ✆ 04 90 24 28 28 – www.aubergedenoves.com – Fermé janv. et fév., lundi et mardi d'oct. à mai

Auberge de Noves

TRADITIONNEL • CLASSIQUE Au bout d'un petit chemin, cette noble demeure du 19e s. dévoile son vaste parc : une certaine idée de l'art de vivre provençal, dans une veine classique. Les chambres sont élégantes et personnalisées ; certaines d'entre elles sont nichées dans l'ancienne chapelle.

23 chambres – 🚹165/490 € 🚹🚹165/490 € – 2 suites – ☕ 25 € – ½ P

rte de Châteaurenard, 2 km par D28 – ✆ 04 90 24 28 28 – www.aubergedenoves.com – Fermé janv. et fév.

Auberge de Noves – voir les restaurants ci-dessus

NOYAL-MUZILLAC

✉ 56190 (Morbihan) - 2 529 hab. - Alt. 52 m - Carte régionale n° **5**-C3
▶ Paris 456 km - La Baule 44 km - St-Nazaire 52 km - Vannes 30 km
Carte Michelin 308-Q9

Manoir de Bodrevan

AUBERGE • PERSONNALISÉ Ce pavillon de chasse du 16ᵉs. en pierre est envahi de verdure. Les chambres tirent leur cachet de ce cadre rustique et élégant. Accueil cordial et calme assuré. Menu du jour, poissons et produits de la mer préparés par le maître des lieux selon le marché.

6 chambres - 96/159 € 96/159 € - 12 € - ½ P

Lieu-dit Bodrevan, 2 km au Nord-Est par D153 et rte secondaire - ☎ 02 97 45 62 26 - www.manoir-bodrevan.com - Fermé 23-27 decembre

NOYALO

✉ 56450 (Morbihan) - 781 hab. - Carte régionale n° **5**-A3
▶ Paris 468 km - La Baule 75 km - Rennes 116 km - Vannes 15 km
Carte Michelin 308-O9

L'Hortensia

CUISINE MODERNE • TENDANCE XX Cette ancienne ferme en pierre du 19ᵉ s., parée de toiles et d'un mobilier contemporains, a un certain cachet. La cuisine, qui fait la part belle aux produits de la mer et au terroir breton, se révèle savoureuse et bien maîtrisée. Pour l'étape, des chambres coquettes décorées sur le thème de l'hortensia.

Menu 22 € (déj. en semaine), 32/98 €

7 chambres - 66 € 66/90 € - 10 €

18 r. Ste-Brigitte - ☎ 02 97 43 02 00 - www.restaurantlhortensia.com - Fermé 2 semaines en oct., dim. soir et lundi

NOYAL-SUR-VILAINE - 35 (Ille-et-Vilaine) → Voir Rennes

NOYANT-DE-TOURAINE - 37 (Indre-et-Loire) → Voir Ste-Maure-de-Touraine

NOYERS

✉ 89310 (Yonne) - 675 hab. - Alt. 175 m - Carte régionale n° **4**-B1
▶ Paris 211 km - Auxerre 46 km - Dijon 129 km - Troyes 82 km
Carte Michelin 319-G5 - Guide Vert Michelin Bourgogne

Les Millésimes

CUISINE TRADITIONNELLE • RUSTIQUE X Ce restaurant champêtre et élégant se tient derrière la boucherie-charcuterie familiale. Le terroir et les vins bourguignons sont à l'honneur... ainsi que les produits maison ! Jambon persillé, tourte à l'époisses et pommes de terre, filet mignon de porc et jus aux oignons nouveaux...

Formule 27 € - Menu 30/38 €

14 pl. de l'Hôtel-de-Ville - ☎ 03 86 82 82 16 - www.maison-paillot.com - Ouvert de début mars à fin janv., fermé le soir sauf le sam. et lundi

NOYON

✉ 60400 (Oise) - 13 658 hab. - Alt. 52 m - Carte régionale n° **19**-C2
▶ Paris 108 km - Amiens 67 km - Compiègne 29 km - Laon 53 km
Carte Michelin 305-J3

Dame Journe

CUISINE TRADITIONNELLE • AUBERGE XX Dans la capitale des fruits rouges, les gourmands ont rendez-vous avec Dame Journe. Dans un cadre très classique, on apprécie une vraie cuisine traditionnelle : saumon fumé maison, rognons de veau, chariot de desserts... Une adresse appréciée dans la ville.

Menu 20 € (déj. en semaine), 25/46 € - Carte 47/86 €

2 bd Mony - ☎ 03 44 44 01 33 - www.restaurant-damejourne-noyon.fr - Fermé 19-25 sept., dim. soir, mardi soir, merc. soir, jeudi soir et lundi

Le Cèdre

TRADITIONNEL • FONCTIONNEL Au cœur de la cité, une longue bâtisse en briques rouges, datant de 1989 mais en harmonie avec l'architecture environnante. Les chambres, chaleureuses et bien équipées, offrent pour la plupart une vue sur la cathédrale, située juste en face.

35 chambres - 69/85 € 75/93 € - 10 €

8 r. de l'Évêché - 03 44 44 23 24 - www.hotel-lecedre.com

NOZAY

44170 (Loire-Atlantique) - 3 894 hab. - Alt. 50 m - Carte régionale n° **18**-B2

Paris 410 km - Angers 124 km - Nantes 43 km - Rennes 68 km

Carte Michelin 316-G2

La Pierre Bleue

CUISINE MODERNE • CONVIVIAL XX Vous cherchez Éric Meunier ? Il est dans sa cuisine, évidemment ! Travailleur infatigable, discret autant que passionné, voilà un chef qui aime son métier, et cela se sent dans ses assiettes. Créations de saison, plats mijotés en hiver, fumaisons maison... Cette Pierre Bleue est une pépite.

Formule 16 € - Menu 28/40 € - Carte 40/50 €

22 r. Alexis-Letourneau - 02 40 79 30 49 - www.restaurantlapierrebleue.com - Fermé 2 semaines en juil., 2 semaines en janv., dim. soir, lundi soir et merc.

NUEIL-LES-AUBIERS

79250 (Deux-Sèvres) - 5 569 hab. - Carte régionale n° **20**-B1

Paris 364 km - Bressuire 15 km - Cholet 29 km - Poitiers 100 km

Carte Michelin 316-M6

Le Moulin de la Sorinière

CUISINE MODERNE • CONVIVIAL XX Les grandes baies vitrées de cette ancienne grange donnent sur un jardin bien agréable, source d'inspiration pour un chef amoureux des produits de saison. Après le repas, une balade digestive près de la rivière s'impose.

Formule 17 € - Menu 19 € (semaine), 30/36 € - Carte environ 40 €

2 km au Sud-Ouest par D33, rte de Cerizay et C3 - 05 49 72 39 20 - www.hotel-moulin-soriniere.com - Fermé 17 avril-2 mai, 1 semaine vacances de la Toussaint, 1er-6 janv., dim. soir et lundi

Le Moulin de la Sorinière

TRADITIONNEL • FAMILIAL Ce vieux moulin du 19e s. a conservé son charme bucolique ; la rivière traverse le jardin et le potager, et les chambres ont des noms de fleurs. Pour les effeuiller au grand calme...

8 chambres - 66/71 € 66/71 € - 9 € - ½ P

2 km au Sud-Ouest par D33, rte de Cerizay et C3 - 05 49 72 39 20 - www.hotel-moulin-soriniere.com - Fermé 17 avril-2 mai, 1 semaine vacances de la Toussaint et 1er-6 janv.

Le Moulin de la Sorinière - voir les restaurants ci-dessus

NUITS-ST-GEORGES

21700 (Côte-d'Or) - 5 566 hab. - Alt. 243 m - Carte régionale n° **4**-D1

Paris 320 km - Beaune 22 km - Chalon-sur-Saône 45 km - Dijon 22 km

Carte Michelin 320-J7 - Guide Vert Michelin Bourgogne

La Cabotte

CUISINE MODERNE • BISTRO X Une cuisine actuelle, fine et gourmande à prix doux, de la convivialité à revendre, un cadre rustique modernisé avec poutres, pierres apparentes et mobilier contemporain... Et même une carte de vins bourguignons étoffée et judicieuse : cette Cabotte en a dans la caboche, et l'on se régale !

Formule 20 € - Menu 30/50 € - Carte 39/61 €

24 Grande-Rue - 03 80 61 20 77 (réservation conseillée) - www.restaurantlacabotte.fr - Fermé dim. et lundi

La Gentilhommière

Vieilles pierres et toits de tuiles vernissées : un beau pavillon de chasse du 16e s., dans un écrin de verdure, non loin du fameux village viticole. Au choix : de jolies chambres contemporaines ou plus originales (Afrique, Oriental, Pop Art...) ; les plus spacieuses se situent dans l'annexe.

31 chambres - 95/115 € 150/200 € - 15 €

13 vallée de la Serrée, rte Concoeur-Meuilley, 2 km à l'Ouest - 03 80 61 12 06 - www.lagentilhommiere.fr - Fermé de mi-déc. à mi-janv.

NYONS

26110 (Drôme) - 6 632 hab. - Alt. 271 m - Carte régionale n° **23**-B3

Paris 653 km - Alès 109 km - Gap 106 km - Orange 43 km

Carte Michelin 332-D7 - Guide Vert Michelin Ardèche Drôme

Une Autre Maison

POISSONS ET FRUITS DE MER • INTIME Dans cette belle maison ancienne au fond d'un divin jardin, le chef concocte une bonne cuisine du marché, et notamment de jolis plats de poisson. Les résidents de l'hôtel sont ravis et les autres aussi !

Formule 17 € - Menu 20 € (déj.)/45 €

Hôtel Une Autre Maison, pl. de la République - 04 75 26 43 09 - www.uneautremaison.com - Fermé de mi-déc. à mi-janv. et le midi sauf du mardi au sam. en saison

Le Verre à Soie

FUSION • CONVIVIAL Après une carrière chez Christian Têtedoie (Lyon), Fei-Hsin et Jérome Lamy ont décidé de reprendre ce Verre à Soie. Lui œuvre toujours comme sommelier, proposant de séduisants accords mets et vins, mettant en valeur la jolie cuisine de son épouse, inspirée par ses origines taïwanaises. Un beau mariage franco-asiatique !

Formule 19 € - Menu 24 € (déj.) - Carte 21/38 €

12 pl. des Arcades - 04 75 26 15 18 - Fermé mardi et merc.

D'un Goût à l'Autre

CUISINE MODERNE • SIMPLE Un tout petit restaurant dans la rue la plus animée de la ville, créé par un jeune couple ayant fait ses classes dans de belles maisons sur la côte. Dès la lecture de la carte, nos papilles sont en éveil, d'autant que le chef privilégie au maximum les produits bio. D'un goût à l'autre, les assiettes sont fort bien composées...

Formule 20 € - Menu 26 € (déj.), 32/48 € - Carte 36/44 €

21 r. des Déportés - 04 75 26 62 27 - www.dungoutalautre.fr - Fermé dim. soir et lundi

Une Autre Maison

FAMILIAL • PERSONNALISÉ Confort, bien-être et élégance : une Maison d'un Autre siècle (fin du 19e s.), vraiment charmante ! Les chambres sont ravissantes et toutes différentes ; la piscine et le jardin tout bonnement délicieux.

10 chambres - 85/145 € 85/165 € - 15 € - ½ P

pl. de la République - 04 75 26 43 09 - www.uneautremaison.com - Fermé de mi-déc. à mi-janv.

Une Autre Maison - voir les restaurants ci-dessus

rte de Gap 7 km par D94 - 26110 Condorcet - 26110

La Charrette Bleue

CUISINE TRADITIONNELLE • RUSTIQUE Impossible de manquer ce relais de poste du 18e s. avec sa charrette bleue devant l'entrée du restaurant ! Joli hommage à René Barjavel, dont l'œuvre du même nom racontait son enfance au pays. L'esprit de la région habite le décor (terrasse sous les canisses) comme la cuisine, soignée et gourmande. Prix doux.

Formule 20 € - Menu 26 € (déj. en semaine), 30/47 € - Carte 36/55 €

- 04 75 27 72 33 - www.lacharrettebleue.net - Fermé 20 oct.-5 nov., 8 janv.-8 fév., dim. soir d'oct. à mars, mardi de sept. à juin et merc.

rte d'Orange 4 km par D94 – ✉ 26110 Nyons :

La Bastide des Monges

FAMILIAL • MÉDITERRANÉEN "Nyons me paraît être le paradis terrestre" disait Jean Giono. Voilà une phrase qui aurait trouvé écho chez les sœurs de cet ancien couvent du 18e s. Les chambres, de style provençal, donnent sur le jardin ou les vignes. Accueil charmant.

9 chambres – †75/195 € ††75/195 € – ☕13 €

– ✆ 04 75 26 99 69 – www.bastidedesmonges.com

à Montaulieu 14 km à l'Est par D94, D64 et D501 – ✉ 26110 – 78 hab. – Alt. 510 m

Les Terrasses

MAISON DE CAMPAGNE • PERSONNALISÉ C'est l'histoire d'un village en ruine revenu à la vie grâce à une bande d'amis. Parmi eux, un couple a restauré cette bâtisse où le charme le dispute à l'authenticité : déco chinée, terrasses et jardins suspendus… Une adresse hors du temps où l'on met la cuisine régionale et les côtes-du-rhône à l'honneur.

3 chambres ☕ – †180/250 € ††200/280 €

au village – ✆ 04 75 27 42 91 – www.lesterrasses-montaulieu.fr – Ouvert 15 avril-15 nov.

OBERHASLACH

✉ 67280 (Bas-Rhin) – 1 773 hab. – Alt. 270 m – Carte régionale n° **1**-A1

▶ Paris 482 km – Molsheim 16 km – Saverne 32 km – St-Dié 57 km

Carte Michelin 315-H5

Hostellerie St-Florent

CUISINE TRADITIONNELLE • AUBERGE XX Il a vraiment du charme, ce restaurant, avec ses jolies boiseries et ses lampes rétro. Dans l'assiette, jarret de porc sur lit de choucroute, foie gras de canard et chutney de fruits de saison, munster flambé au marc de gewurztraminer… on profite d'une bonne cuisine traditionnelle et de quelques spécialités alsaciennes.

Formule 12 € – Menu 27 € – Carte 34/45 €

28 r. du Nideck – ✆ 03 88 50 94 10 – www.hostellerie-saint-florent.com – Fermé 10-19 juil., 6-15 nov., 23-30 janv., sam. midi, dim. soir et lundi sauf le soir d'avril à oct.

Hostellerie St-Florent

AUBERGE • TRADITIONNEL Il règne une ambiance très chaleureuse dans cette maison alsacienne, nichée entre les vignes, au cœur de ce village fleuri du Nideck. Les chambres sont à prix très doux et les jolis chemins aux alentours n'attendent que les randonneurs !

20 chambres – †50/55 € ††57/63 € – ☕12 € – ½ P

28 r. du Nideck – ✆ 03 88 50 94 10 – www.hostellerie-saint-florent.com – Fermé 10-19 juil., 6-15 nov. et 23-30 janv.

Hostellerie St-Florent – voir les restaurants ci-dessus

OBERNAI

✉ 67210 (Bas-Rhin) – 10 822 hab. – Alt. 185 m – Carte régionale n° **1**-A2

▶ Paris 488 km – Colmar 50 km – Molsheim 12 km – Sélestat 27 km

Carte Michelin 315-I6

La Fourchette des Ducs (Nicolas Stamm)

CUISINE CRÉATIVE • ÉLÉGANT XXXX L'hiver, atmosphère cosy (boiseries et poutres apparentes) ; l'été, fraîcheur contemporaine dans une salle ouverte sur la cour intérieure… Et en toute saison, des assiettes de haute volée, dans lesquelles de bons produits sont travaillés avec une pointe de créativité, pour de succulents coups de fourchette.

→ Jambonnettes de cuisses de grenouilles aux herbes, gâteau de foie blond et pâtes à l'alsacienne. Poule noire d'Alsace en deux services. Comme une forêt-noire, crème glacée à la vanille Bourbon.

Menu 120/155 € – Carte 130/185 €

Plan : B1_2-e *– 6 r. de la Gare – ✆ 03 88 48 33 38 (réservation conseillée) – www.lafourchettedesducs.com – Fermé 21 août-5 sept., 1er-10 janv., dim. soir, lundi et le midi sauf dim.*

Le Bistro des Saveurs (Thierry Schwartz)

CUISINE CRÉATIVE • RUSTIQUE Poutres apparentes, cheminée : le cadre est raffiné… et en cuisine, le jeune chef fait des merveilles : avec de bons produits bio ou achetés à des petits producteurs locaux, il concocte des plats remarquables de saveurs et d'imagination. Le tout s'arrose d'un bon vin, choisi parmi les 1200 références de la carte !

➜ L'œuf dans l'œuf. Cabri à la broche. Potimarron, yaourt fermier et caramel au beurre salé.

Formule 29 € - Menu 39 € (déj.), 65/115 € - Carte environ 75 €

Plan : B2-t - *35 r. de Sélestat - ✆ 03 88 49 90 41 (réservation conseillée) - www.bistro-saveurs.fr - Fermé 16-31 juil., 1er-9 janv., dim. et lundi*

Le Restaurant

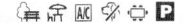

CUISINE MODERNE • ÉLÉGANT Voilà, dans les faubourgs de la ville, une imposante maison alsacienne où les générations se succèdent depuis la création de l'établissement en 1954. Dans l'élégante salle à manger - boiseries couleur miel, plafond à caissons, lustre en cristal -, on se régale d'une bonne cuisine actuelle, fine et bien réalisée.

Menu 58/77 € - Carte 64/74 €

Hors plan - *Hôtel Le Parc, 169 rte d'Ottrott, à l'Ouest par D426 - ✆ 03 88 95 50 08 - www.hotel-du-parc.com - Fermé 1er-10 juil., 20 déc.-10 janv., lundi et le midi*

Le Jardin des Remparts

CUISINE MODERNE • ÉLÉGANT Une adresse de caractère ! Décorée dans un style classique et luxueux, elle propose des plats traditionnels ou plus créatifs : velouté d'escargots, foie gras à la rhubarbe, etc. Agréable terrasse au pied des remparts et belle carte des vins (400 références !).

Menu 52/95 € - Carte 65/92 €

Plan : A2-a - *Hôtel À la Cour d'Alsace, 3 r. de Gail - ✆ 03 88 95 07 00 - www.cour-alsace.com - Fermé 3 août-6 sept., 24 déc.-25 janv., le soir sauf jeudi, vend. et sam. et le midi sauf dim.*

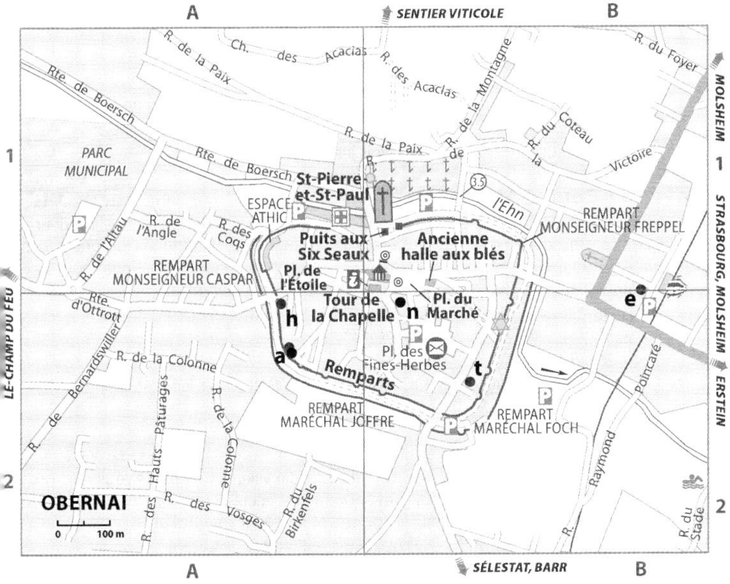

Le Caveau de Gail

CUISINE ALSACIENNE • TRADITIONNEL XX Ce Caveau est en fait une sorte de winstub de luxe ! La cuisine traditionnelle y est à l'honneur, avec de belles allusions au terroir alsacien : truite aux amandes, choucroute aux trois poissons, crème brûlée au marc de gewurztraminer, etc.

Formule 20 € – Menu 34 € – Carte 40/67 €

Plan : A2-a – *Hôtel À la Cour d'Alsace, 3 r. de Gail – ✆ 03 88 95 07 00 – www.cour-alsace.com – Fermé 24 déc.-25 janv., jeudi soir et sam. midi*

La Stub

CUISINE ALSACIENNE • WINSTUB X Le bois qui décore les murs de cette Stub a été récupéré dans d'anciennes fermes ; un cadre chaleureux avec ses alcôves et son poêle en faïence, pour déguster tartare de hareng "grand-mère", pied de porc farci, quenelles de brochet...

Carte 38/50 €

Hors plan – *Hôtel Le Parc, 169 rte d'Ottrott, à l'Ouest par D426 – ✆ 03 88 95 50 08 – www.hotel-du-parc.com – Fermé 1er-10 juil., 20 déc.-10 janv., dim., lundi et le soir*

À l'Agneau d'Or

CUISINE ALSACIENNE • WINSTUB X Près des remparts, une maison typiquement alsacienne, tant d'apparence que de philosophie. Le décor est éminemment chaleureux, avec du mobilier en bois, des plafonds traditionnels et des chaises typiques de l'artisanat local ; quant à l'assiette, elle cultive le goût des bonnes recettes régionales.

Formule 10 € – Menu 26/35 € – Carte 28/52 €

Plan : A2-h – *99 r. du Gén.-Gouraud – ✆ 03 88 95 28 22 – Fermé sam. midi, dim. soir et lundi*

Le Parc

SPA ET BIEN-ÊTRE • ÉLÉGANT Dans cette grande demeure à pans de bois, les chambres et suites adoptent un style régional ou contemporain. Superbe piscine intérieure dans le spa ; toutes sortes de massages sont proposés, dont l'Alsacien aux essences des Vosges !

55 chambres – †139/240 € ††139/240 € – 7 suites – ☕ 22 € – ½ P

Hors plan – *169 rte d'Ottrott, à l'Ouest par D426 – ✆ 03 88 95 50 08 – www.hotel-du-parc.com – Fermé 1er-10 juil. et 20 déc.-10 janv.*

Le Restaurant • **La Stub** – voir les restaurants ci-dessus

À la Cour d'Alsace

TRADITIONNEL • PERSONNALISÉ On pénètre d'abord dans la cour intérieure, non loin du centre historique de la ville. Là, dans cette ancienne propriété des barons de Gail, confort et douceur de vivre sont au rendez-vous. Idéal pour une étape gastronomique ou culturelle. Agréable espace bien-être.

49 chambres – †129/270 € ††129/345 € – 4 suites – ☕ 20 € – ½ P

Plan : A2-a – *3 r. de Gail – ✆ 03 88 95 07 00 – www.cour-alsace.com – Fermé 24 déc.-25 janv.*

Le Jardin des Remparts • **Le Caveau de Gail** – voir les restaurants ci-dessus

Le Colombier

URBAIN • CONTEMPORAIN Au cœur de la vieille ville, cette bâtisse régionale propose des chambres confortables et sobrement décorées, dont celles du 4e étage offrent une jolie vue sur les toits. Également une annexe, Pavillon 7, juste en face.

47 chambres – †89/185 € ††89/185 € – 6 suites – ☕ 13 €

Plan : B2-n – *6 r. Dietrich – ✆ 03 88 47 63 33 – www.hotel-colombier.com*

à Ottrott 4 km à l'Ouest par D426 - ✉ 67530 - 1 589 hab. - Alt. 268 m

À l'Ami Fritz

CUISINE ALSACIENNE • ÉLÉGANT XXX M. Fritz, c'est le chef-patron, mais l'enseigne fait aussi référence au roman d'Erckmann et Chatrian (1854), dont le héros sacrifie tout à la bonne chère. Un sacré patronage pour une cuisine très savoureuse, dans un décor qui porte également haut le charme de la région !

Formule 24 € - Menu 32/72 € - Carte 38/67 €

Hôtel À l'Ami Fritz, Ottrott-le-Haut - ☎ 03 88 95 80 81 - www.amifritz.com - Fermé 2 semaines en janv. et merc.

Hostellerie des Châteaux

CUISINE CLASSIQUE • ÉLÉGANT XXX Un cadre feutré et intime, pour une cuisine classique avec quelques touches plus actuelles : escalope de foie poêlée aux pommes caramélisées, cappuccino de champignons de nos sous-bois, dos de cabillaud sur choucroute croquante...

Menu 49 € (déj. en semaine), 69/92 € - Carte 60/87 €

Hostellerie des Châteaux, 11 r. des Châteaux (Ottrott-le-Haut) - ☎ 03 88 48 14 14 - www.hostellerie-chateaux.fr - Fermé 7-31 janv.

Le Châtelain

CUISINE MODERNE • CONTEMPORAIN XXX Un restaurant qui ouvre sur les bois... En terrasse ou dans la jolie salle contemporaine, on savoure une cuisine non dénuée de créativité, et réglée sur les saisons. Idéal pour se restaurer au vert !

Formule 29 € - Menu 39 € (déj. en semaine), 49/79 € - Carte 73/79 €

Hôtel Le Clos des Délices, 17 rte de Klingenthal, 1 km au Nord-Ouest par D426 - ☎ 03 88 95 81 00 - www.leclosdesdelices.com - Fermé le midi du lundi au jeudi

Hostellerie des Châteaux

SPA ET BIEN-ÊTRE • ÉLÉGANT Cet imposant hôtel vous invite à un grand moment de détente : spa et soins très complets, superbe piscine intérieure, deux restaurants, formule brunch le dimanche... Dans les chambres, spacieuses, l'esprit contemporain se marie au style alsacien. Le chic même !

55 chambres - †139/199 € ††139/349 € - 11 suites - ☕ 22 € - ½ P

11 r. des Châteaux (Ottrott-le-Haut) - ☎ 03 88 48 14 14 - www.hostellerie-chateaux.fr - Fermé 7-31 janv.

Hostellerie des Châteaux - voir les restaurants ci-dessus

Le Clos des Délices

TRADITIONNEL • PERSONNALISÉ Dans un grand parc, on remarque d'abord la jolie façade tapissée de verdure... puis on paresse agréablement dans une chambre raffinée, colorée et bien insonorisée. Espace bien-être.

20 chambres - †99/279 € ††99/279 € - 1 suite - ☕ 20 €

17 rte de Klingenthal, 1 km au Nord-Ouest par D426 - ☎ 03 88 95 81 00 - www.leclosdesdelices.com

Le Châtelain - voir les restaurants ci-dessus

À l'Ami Fritz

TRADITIONNEL • PERSONNALISÉ Une maison régionale avec beaucoup de charme. Le décor des chambres est très soigné, dans une veine contemporaine agréable à vivre ; quatre d'entre elles, spacieuses et design, sont situées dans le pavillon voisin, complété d'un agréable espace bien-être. Un bel ensemble.

24 chambres - †110/140 € ††110/220 € - 2 suites - ☕ 16 € - ½ P

Ottrott-le-Haut - ☎ 03 88 95 80 81 - www.amifritz.com - Fermé 2 semaines en janv.

À l'Ami Fritz - voir les restaurants ci-dessus

OBERSTEINBACH

✉ 67510 (Bas-Rhin) - 237 hab. - Alt. 239 m - Carte régionale n° 1-B1

Paris 458 km - Bitche 22 km - Haguenau 35 km - Strasbourg 68 km

Carte Michelin 315-K2

Anthon

CUISINE MODERNE • COSY XXX Georges Flaig représente la quatrième génération aux fourneaux de cette ravissante maison à colombages, datant de 1860. Nulle nostalgie chez lui : sa cuisine est moderne et savoureuse, et met volontiers en avant les producteurs des environs : bœuf de Highland du Windstein, truite de Wingen...

Menu 26/54 € - Carte 50/65 €

12 chambres - 65/110 € 85/110 € - 12 €

40 r. Principale - 03 88 09 55 01 - www.restaurant-anthon.fr - Fermé janv., mardi et merc.

OBJAT

19130 (Corrèze) - 3 564 hab. - Alt. 131 m - Carte régionale n° **13**-B3

Paris 467 km - Brive-la-Gaillarde 21 km - Limoges 79 km - Tulle 45 km

Carte Michelin 329-J4 - Guide Vert Michelin Limousin Berry

La Tête de L'Art

CUISINE TRADITIONNELLE • SIMPLE X Afin de marier l'art avec le goût, ce restaurant familial expose des toiles d'artistes locaux. En cuisine, le chef prépare des recettes traditionnelles rehaussées d'une pointe d'originalité. Une enseigne appréciée dans la région.

Formule 15 € - Menu 18 € (déj. en semaine), 22/34 € - Carte 37/43 €

53 av. Jean-Lascaux - 05 55 25 50 42 - www.tete-de-lart.fr - Fermé 2 semaines fin juin-début juil., 1 semaine vacances de la Toussaint, merc. soir sauf juil.-août, dim. soir et lundi

OFFENDORF

67850 (Bas-Rhin) - 2 222 hab. - Alt. 125 m - Carte régionale n° **1**-B1

Paris 494 km - Karlsruhe 70 km - Strasbourg 29 km - Karlsruhe 70 km

À la Forêt du Rhin

CUISINE TRADITIONNELLE • RUSTIQUE X Au piano, père et fils jouent une partition à quatre mains, dans laquelle le marché et le terroir sont les thèmes dominants. Pendant ce temps, en salle, l'épouse du premier et mère du second veille à ce que la musique plaise aux gourmands. Une histoire de famille !

Formule 11 € - Menu 29/38 € - Carte 27/47 €

2 r. Principale - 03 88 96 54 04 - www.foret-du-rhin.com - Fermé 2 semaines en sept., mardi soir, merc. soir, lundi

OFFRANVILLE - 76 (Seine-Maritime) → Voir Dieppe

OGNES - 02 (Aisne) → Voir Chauny

OINVILLE-SOUS-AUNEAU

28700 (Eure-et-Loir) - 341 hab. - Alt. 150 m - Carte régionale n° **6**-C1

Paris 77 km - Chartres 20 km - Montigny-le-Bretonneux 50 km - Orléans 88 km

Carte Michelin 311-G5

Moulin de Lonceux

MAISON DE CAMPAGNE • PERSONNALISÉ En pleine campagne, on vient se ressourcer dans la quiétude de cet ancien moulin du 18e s, dont les chambres sont à la fois élégantes et confortables. Au petit-déjeuner, ne passez pas à côté des gâteaux dont la farine est fabriquée sur place. Charmant !

5 chambres - 80/120 € 105/130 €

Hameau de Lonceux - 06 70 00 60 45 - www.moulin-de-lonceux.com

OIZON

18700 (Cher) - 706 hab. - Alt. 230 m - Carte régionale n° **6**-C2

Paris 179 km - Bourges 54 km - Cosne-Cours-sur-Loire 35 km - Gien 29 km

Carte Michelin 323-L2

Les Rives de l'Oizenotte

CUISINE TRADITIONNELLE • CONVIVIAL XX Sur la terrasse avec vue sur l'étang, ou dans la salle joliment décorée sur le thème de la pêche, on déguste une bonne cuisine traditionnelle, qui met en valeur les produits de la région. De quoi laisser sa gourmandise partir à la dérive...

Formule 27 € - Menu 33 €

à l'étang de Nohant, 1 km à l'Est - ✆ 02 48 58 06 20 (réservation conseillée) - www.lesrivesdeloizenotte.fr - Fermé 19-27 juin, 28 août-5 sept., 18 déc.-19 janv., dim. soir de la Toussaint à Pâques, lundi et mardi

OLEMPS - 12 (Aveyron) → Voir Rodez

OLÉRON (ÎLE D') - 17 (Charente-Maritime) → Voir Île d'Oléron

OLIVET - 45 (Loiret) → Voir Orléans

OLLIOULES

83190 (Var) - 13 267 hab. - Alt. 52 m - Carte régionale n° **21**-B3
Paris 829 km - Aix-en-Provence 80 km - Marseille 59 km - Toulon 8 km
Carte Michelin 340-K7 - Guide Vert Michelin Côte d'Azur

L'Atelier du Vigneron

CUISINE CLASSIQUE • ROMANTIQUE XXX Cet Atelier-là est à l'image de son sympathique patron : original et exubérant. Meubles de famille, tableaux anciens, touches rococo... Ce décor foisonnant sert d'écrin à une cuisine de tradition de très bonne facture. Essayez notamment le tournedos Rossini, l'une des spécialités de la maison.

Formule 22 € - Menu 28/45 € - Carte 59/77 €

348 av. de la Résistance - ✆ 04 94 62 42 34 - www.atelier-du-vigneron.fr - Fermé 15 fév.-10 mars, merc. midi, dim. soir et lundi

La Promesse

CUISINE MODERNE • CONVIVIAL XX Ce restaurant cosy et chaleureux est une halte, la promesse d'un instant suspendu au milieu des vignes. Valérie Costa réalise là une cuisine savoureuse et élégante, avec un incontournable : le homard, crème de crustacés et émulsion coco-yuzu. Très jolie cave, qui ne compte pas moins de 400 références.

Formule 35 € - Menu 45/79 € - Carte 69/90 €

724 chemin de la Tourelle (domaine de Terrebrune) - ✆ 04 94 98 79 39 (réservation conseillée) - www.restaurant-lapromesse.fr - Ouvert de mars à nov. et fermé dim. soir et lundi

OLMETO - 2A (Corse-du-Sud) → Voir Corse

OLMETO PLAGE - 2A (Corse-du-Sud) → Voir Corse, Olmeto

OLORON-STE-MARIE

64400 (Pyrénées-Atlantiques) - 10 678 hab. - Alt. 224 m - Carte régionale n° **2**-B3
Paris 809 km - Bayonne 105 km - Mont-de-Marsan 101 km - Pau 34 km
Carte Michelin 342-I5 - Guide Vert Michelin Aquitaine

Alysson

BUSINESS • FONCTIONNEL En bordure d'un axe passant, ce hôtel récent abrite des chambres spacieuses et fonctionnelles (certaines avec baignoire balnéo), rénovées de pied en cap ces dernières années. Le restaurant s'ouvre sur le jardin. Idéal pour la clientèle d'affaires.

47 chambres - †85/115 € ††85/220 € - 1 suite - ☕ 12 € - ½ P

24 bd des Pyrénées - ✆ 05 59 39 70 70 - www.alysson-hotel.fr

OMIÉCOURT

✉ 80320 (Somme) - 237 hab. - Alt. 85 m - Carte régionale n° **19**-B2
Paris 128 km - Amiens 64 km - Compiègne 53 km - Saint-Quentin 39 km
Carte Michelin 301-K9

Château d'Omiécourt

DEMEURE HISTORIQUE · PERSONNALISÉ Dans ce château de famille, entouré d'un parc de 16 ha, on est accueilli par la 5e génération ! Il fait bon se reposer dans les chambres ("1900", "Louis XVI", etc.) au beau mobilier chiné. À noter, le bel espace bien-être (sauna, hammam, jacuzzi...), parfait pour un week-end détente.

5 chambres - 95/135 € 145/165 €

4 r. du Bosquet - 06 59 35 50 53 - www.chateau-omiecourt.com

OMONVILLE-LA-PETITE

✉ 50440 (Manche) - 144 hab. - Alt. 33 m - Carte régionale n° **17**-A1
Paris 380 km - Barneville-Carteret 45 km - Cherbourg 25 km - Nez de Jobourg 7 km
Carte Michelin 303-A1 - Guide Vert Michelin Normandie Cotentin

La Fossardière

FAMILIAL · TRADITIONNEL Dans un paisible hameau, en retrait du village où repose Jacques Prévert, un hôtel qui ne ressemble pas à un hôtel... Les chambres sont réparties dans des petites maisons de pays, toutes plus mignonnes les unes que les autres. Reposant !

8 chambres - 70/91 € 70/91 € - 11 €

au hameau de la Fosse - 02 33 52 19 83 - www.lafossardiere.fr - Ouvert 15 mars-15 oct.

ONET-LE-CHÂTEAU - 12 (Aveyron) → Voir Rodez

ONZAIN

✉ 41150 (Loir-et-Cher) - 3 478 hab. - Alt. 69 m - Carte régionale n° **6**-A1
Paris 201 km - Amboise 21 km - Blois 19 km - Château-Renault 24 km
Carte Michelin 318-E6

Domaine des Hauts de Loire

CUISINE CLASSIQUE · ÉLÉGANT XXXX Dans cet élégant pavillon de chasse du 19e s., du gibier bien sûr (automne-hiver), mais aussi des poissons de la Loire, de beaux légumes et fruits de saison... D'excellents produits et une exécution très fine, avec comme but ultime : le goût.

→ Anguille poêlée, mie de pain dorée aux graines de céleri. Bœuf poché au vin de Montlouis, légumes de saison glacés dans leur jus de cuisson truffé. Violette en crème légère aux framboises, macaron et sorbet champagne à l'eau d'ananas.

Formule 49 € - Menu 85/165 € - Carte 115/170 €

79 r. Gilbert-Navard, rte de Mesland, 3 km au Nord-Ouest par D1 et voie privée - 02 54 20 72 57 - www.domainehautsloire.com - Fermé 17-26 déc., 1er-19 janv., merc. midi, jeudi midi, vend. midi, lundi et mardi d'oct. à avril sauf fériés

Domaine des Hauts de Loire

LUXE · PERSONNALISÉ Dans son parc forestier à mi-chemin entre Chenonceaux, Amboise et Blois, ce castel plus que centenaire (1860) exprime l'âme noble de la région. Objets anciens, imprimés chatoyants, beaux volumes, charpente apparente dans certaines chambres : le savoir-vivre à la ligérienne.

20 chambres - 250/399 € 250/990 € - 11 suites - ½ P

79 r. Gilbert-Navard, rte de Mesland, 3 km au Nord-Ouest par D1 et voie privée - 02 54 20 72 57 - www.domainehautsloire.com - Fermé 17-26 déc. et 1er-19 janv.

Domaine des Hauts de Loire - voir les restaurants ci-dessus

OPIO

✉ 06650 (Alpes-Maritimes) - 2 184 hab. - Alt. 300 m - Carte régionale n° **22**-E2
Paris 911 km - Cannes 17 km - Digne-les-Bains 125 km - Draguignan 74 km
Carte Michelin 341-C5

Le Mas des Géraniums

CUISINE TRADITIONNELLE • AUBERGE XX Une belle auberge sur la colline d'Opio, avec un jardin fleuri et ouvert sur la campagne... Poulet aux écrevisses, foie gras poêlé : comme au bon vieux temps, on déguste ici une authentique cuisine de tradition réalisée dans les règles, avec des ingrédients gorgés de fraîcheur. Comment se lasser de tels plaisirs ?

Formule 19 € - Menu 25 € (semaine), 35/47 € - Carte 41/69 €

1 km à San-Peyre, à l'Est sur D7 - ✆ 04 93 77 23 23 - www.le-mas-des-geraniums.com - Fermé 3 nov.-19 déc., mardi et merc.

ORADOUR-SUR-GLANE

✉ 87520 (Haute-Vienne) - 2 375 hab. - Alt. 275 m - Carte régionale n° **13**-B2
Paris 408 km - Angoulême 85 km - Bellac 26 km - Confolens 33 km
Carte Michelin 325-D5 - Guide Vert Michelin Limousin Berry

Le Milord

CUISINE TRADITIONNELLE • BRASSERIE X Ici règne une atmosphère résolument familiale. Épaulée par ses parents, la jeune cuisinière concocte des plats traditionnels sans fioriture, mais généreux. Allez venez, Milord...

Menu 16/35 € - Carte 22/47 €

10 av. du 10-Juin - ✆ 05 55 03 10 35 - www.restaurantlemilordtraiteur.fr - Fermé dim. soir, mardi soir et lundi

ORANGE

✉ 84100 (Vaucluse) - 28 948 hab. - Alt. 97 m - Carte régionale n° **22**-E1
Paris 655 km - Alès 84 km - Avignon 31 km - Carpentras 24 km
Carte Michelin 332-B9 - Guide Vert Michelin Provence

Le Parvis

CUISINE PROVENÇALE • FAMILIAL XX Fidèle à sa Provence natale, Jean-Michel Berengier concocte, avec les produits de la région, une cuisine du terroir fine et goûteuse. Résultat ? Des saveurs et de l'émotion dans chaque assiette, que ce soit avec le menu autour de la truffe en saison ou les produits tripiers à l'automne... Et tout est fait maison !

Formule 17 € - Menu 20 € (déj. en semaine)/50 € - Carte environ 45 €

Plan : B2-e - *55 cours Pourtoules - ✆ 04 90 34 82 00 - www.restaurant-leparvis-orange.com - Fermé 4-12 sept.,13 nov.-5 déc., 15-30 janv., dim. et lundi*

Au Petit Patio

CUISINE PROVENÇALE • TRADITIONNEL XX À la lisière de la vieille ville, une allée discrète mène à ce petit patio préservé du bruit et du passage. Quelques tables y prennent leurs aises aux beaux jours, mais vous pouvez préférer la salle, élégante et confortable. Le chef aime travailler les produits de Provence et le poisson : jolie palette !

Formule 19 € - Menu 29/39 € - Carte 41/53 €

Plan : A2-b - *58 cours Aristide-Briand - ✆ 04 90 29 69 27 - Fermé 20 août-2 sept., 17 déc.-9 janv., merc. soir, jeudi soir et dim.*

Arène Külm

HISTORIQUE • CLASSIQUE L'hôtel de référence à Orange, agréablement situé sur une place piétonne au cœur de la cité (le bâtiment date du 19e s.). Il offre un bon rapport qualité-prix compte tenu de ses prestations : chambres spacieuses et bien équipées, deux jacuzzis, piscine, etc.

39 chambres - 75/180 € 90/265 € - 14 € - ½ P

Plan : A1-a - *pl. Langes - ✆ 04 90 11 40 40 - www.hotel-arene.fr*

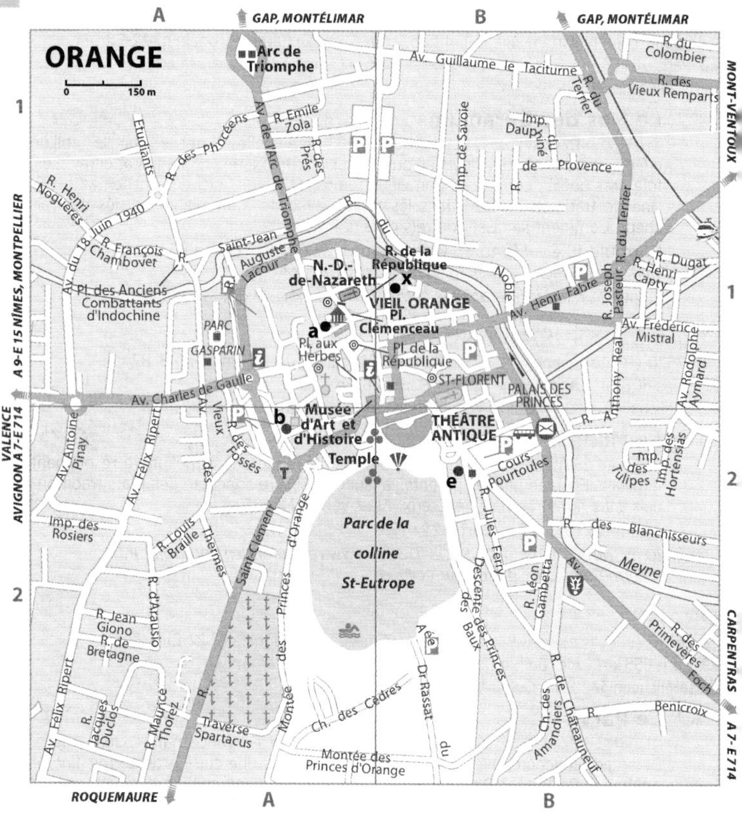

Lou Cigaloun

FAMILIAL · COSY À deux pas du théâtre antique, cet établissement familial a bénéficié en 2013 d'une véritable cure de jouvence, optant pour un décor à la fois sobre et chaleureux. Aux beaux jours, on prend son petit-déjeuner côté patio. Une agréable étape.

24 chambres – 52/92 € 99/144 € – 3 suites – 10 €

Plan : B1-x – *4 r. Caristie – 04 90 34 10 07 – www.hotel-loucigaloun.com*

au Nord 4 km au Nord par N7 et rte secondaire – 84100 Orange :

Le Mas des Aigras - Table du Verger

CUISINE PROVENÇALE · CONTEMPORAIN XX Un charmant mas en pierre, installé tranquillement au milieu des vignes et des champs. Le chef y prépare une goûteuse cuisine de saison, simple et bonne, avec de beaux produits. S'il fait beau, direction l'agréable terrasse. Pour l'étape, quelques chambres décorées dans un esprit contemporain.

Menu 22 € (déj. en semaine), 31/39 € – Carte 46/80 €

9 chambres – 85/120 € 85/120 € – 15 €

chemin des Aigras (Russamp Est) – 04 90 34 81 01 – www.masdesaigras.com – Fermé vacances de fév., de la Toussaint et de Noël, lundi midi, merc. midi et sam. midi de juil. à sept., lundi soir, mardi et merc. d'oct. à déc. et mardi de mai à juin

à Sérignan-du-Comtat 8 km au Nord par N7 et D976 – ✉ 84830 – 2 448 hab. – Alt. 80 m

✿ Le Pré du Moulin (Caroline et Pascal Alonso)

CUISINE TRADITIONNELLE • ÉLÉGANT XX D'abord moulin, puis école communale, cette maison de village en pierre séduit par son atmosphère bucolique... et plus encore par sa cuisine soignée, déclinée en deux parties : une carte gastronomique d'une part, des plats de bistrot d'autre part. La terrasse ombragée par de vieux platanes fleure bon, elle aussi, la Provence !

→ Raviole ouverte de truffes et artichauts sautés à cru. Poêlée de grenouilles façon meunière. Soufflé chaud au Grand Marnier.

Menu 58/105 € – Carte 50/135 €

cours J.-Esteve, rte de Ste-Cécile-les-Vignes – ✆ 04 90 70 14 55 – www.predumoulin.com – Fermé dim. soir de sept. à juin, mardi midi en juil.-août et lundi

Le Pré du Moulin

MAISON DE CAMPAGNE • CONTEMPORAIN Une belle bâtisse en pierre à la sortie du village, dans un jardin paysager avec piscine. Les chambres jouent le contraste avec leur style design et contemporain. Un ensemble confortable et séduisant – notamment pour profiter du savoir-faire gastronomique de la maison...

12 chambres – †85/320 € ††85/320 € – ☕ 20 € – ½ P

cours J.-Esteve, rte de Ste-Cécile-les-Vignes – ✆ 04 90 70 14 55 – www.predumoulin.com

✿ **Le Pré du Moulin** – voir les restaurants ci-dessus

ORBEY

✉ 68370 (Haut-Rhin) – 3 647 hab. – Alt. 550 m – Carte régionale n° **1**-A2

Paris 434 km – Colmar 23 km – Gérardmer 42 km – Munster 21 km

Carte Michelin 315-G8

Bois Le Sire et son Motel

FAMILIAL • FONCTIONNEL Sur la route principale du village, une grande bâtisse colorée et son annexe aux airs de motel. Dans cette dernière, les chambres sont plus grandes et plus calmes, mais partout elles sont pratiques et agréables. Pour la détente, un espace forme (piscine, hammam...). Restaurant traditionnel.

36 chambres – †67/106 € ††67/210 € – 1 suite – ☕ 12 € – ½ P

20 r. Ch.-de-Gaulle – ✆ 03 89 71 25 25 – www.bois-le-sire.fr – Fermé 2 janv.-2 fév.

ORCIÈRES

✉ 05170 (Hautes-Alpes) – 725 hab. – Alt. 1 446 m – Carte régionale n° **21**-C1

Paris 676 km – Briançon 109 km – Gap 32 km – Grenoble 113 km

Carte Michelin 334-F4 – Guide Vert Michelin Alpes du Sud

à Merlette 5 km au Nord par D76 – ✉ 05170 Orcieres

Les Gardettes

CUISINE BIO • RUSTIQUE X Dans cet hôtel-restaurant créé par ses parents dans la ferme familiale, le chef porte haut la continuité, en utilisant les bons produits bio du Champsaur : œufs, saumon, agneau... en osmose avec son terroir ! Côté chambres, beaucoup de simplicité ; savoureuses confitures maison au petit-déjeuner.

Menu 26/36 € – Carte 34/53 €

15 chambres – †71/109 € ††71/109 € – ☕ 8 €

– ✆ 04 92 55 71 11 – www.gardettes.com – Ouvert 3 juin-3 sept. et 15 déc.-23 avril

ORCINES - 63 (Puy-de-Dôme) ➜ Voir Clermont-Ferrand

ORCIVAL

✉ 63210 (Puy-de-Dôme) - 234 hab. - Alt. 840 m - Carte régionale n° **3**-B2
▶ Paris 441 km - Aubusson 82 km - Clermont-Ferrand 27 km - Le Mont-Dore 17 km
Carte Michelin 326-E8 - Guide Vert Michelin Auvergne

Notre Dame

FAMILIAL • FONCTIONNEL Face à la basilique, vous apprécierez l'ambiance familiale qui règne dans cet établissement, dont les chambres sont simples et parfaitement tenues. Cuisine régionale servie dans un décor de bistrot auvergnat. Une adresse sympathique.

7 chambres - 59/90 € 59/90 € - 10 € - ½ P
- ✆ 04 73 65 82 02 - www.hotelnotredame-orcival.com

ORGEVAL - 78 (Yvelines) ➜ Voir Autour de Paris

ORGON

✉ 13660 (Bouches-du-Rhône) - 3 120 hab. - Alt. 90 m - Carte régionale n° **22**-E1
▶ Paris 712 km - Aix-en-Provence 58 km - Avignon 29 km - Marseille 72 km
Carte Michelin 340-F3 - Guide Vert Michelin Provence

Le Potager du Mas

CUISINE TRADITIONNELLE • MÉDITERRANÉEN XX Le potager, c'est le cœur de cette table ensoleillée : fruits et légumes sont cultivés sur la propriété (en bio), les autres ingrédients provenant de petits producteurs locaux. Agneau des Alpilles en habit d'herbes et pignons, asperge verte de Provence sur velouté à l'huile de truffe et œuf mollet... De belles saveurs !

Formule 30 € - Menu 35 € (déj. en semaine), 68/85 € - Carte 88/97 €
Hôtel Le Mas de la Rose, rte d'Eygalières, 4 km au Sud-Ouest par D24b - ✆ 04 90 73 08 90 - www.lepotagerdumas.com - Ouvert 1er avril-13 nov. et fermé dim. soir sauf juil.-août, mardi midi et lundi

Le Mas de la Rose

MAISON DE CAMPAGNE • PERSONNALISÉ Dans un site bucolique, d'anciennes bergeries (17e s.) joliment réaménagées en adresse de charme. Les chambres, décorées avec soin, ont l'accent de la Provence... Superbe jardin paysager avec piscine.

11 chambres - 230/450 € 230/450 € - 3 suites - 26 € - ½ P
rte d'Eygalières, 4 km au Sud-Ouest par D24b - ✆ 04 90 73 08 91 - www.mas-rose.com - Ouvert 1er avril-3 nov.
Le Potager du Mas - voir les restaurants ci-dessus

ORLÉANS

✉ 45000 (Loiret) - 114 286 hab. - Agglo. 270 470 hab. - Alt. 100 m - Carte régionale n° **6**-C2
▶ Paris 132 km - Caen 311 km - Clermont-Ferrand 295 km - Le Mans 143 km
Carte Michelin 318-I4 - Guide Vert Michelin Châteaux de la Loire

Le Lièvre Gourmand (Tristan Robreau)

CUISINE MODERNE • ÉLÉGANT XXX Des fournisseurs choisis avec soin, des jeux de saveurs et de textures qui interpellent, un concept original - pour le plat principal, un même produit est décliné en deux propositions -, etc. Cette maison du 19e s., en bord de Loire, vit avec son époque et se révèle d'autant plus délicieuse...
➜ Truffe, œuf mollet, crème de mozzarella et légumes à la grecque. Ris de veau aux écrevisses, salicornes et langue de veau. Soufflé au nougat.

Menu 35 € (déj.), 45/70 €
Plan : E3-q *- 28 quai du Châtelet - ✆ 02 38 53 66 14 (réservation conseillée) - www.lelievregourmand.com - Fermé 15-30 mai, 3-19 sept., 2-19 janv. et mardi*

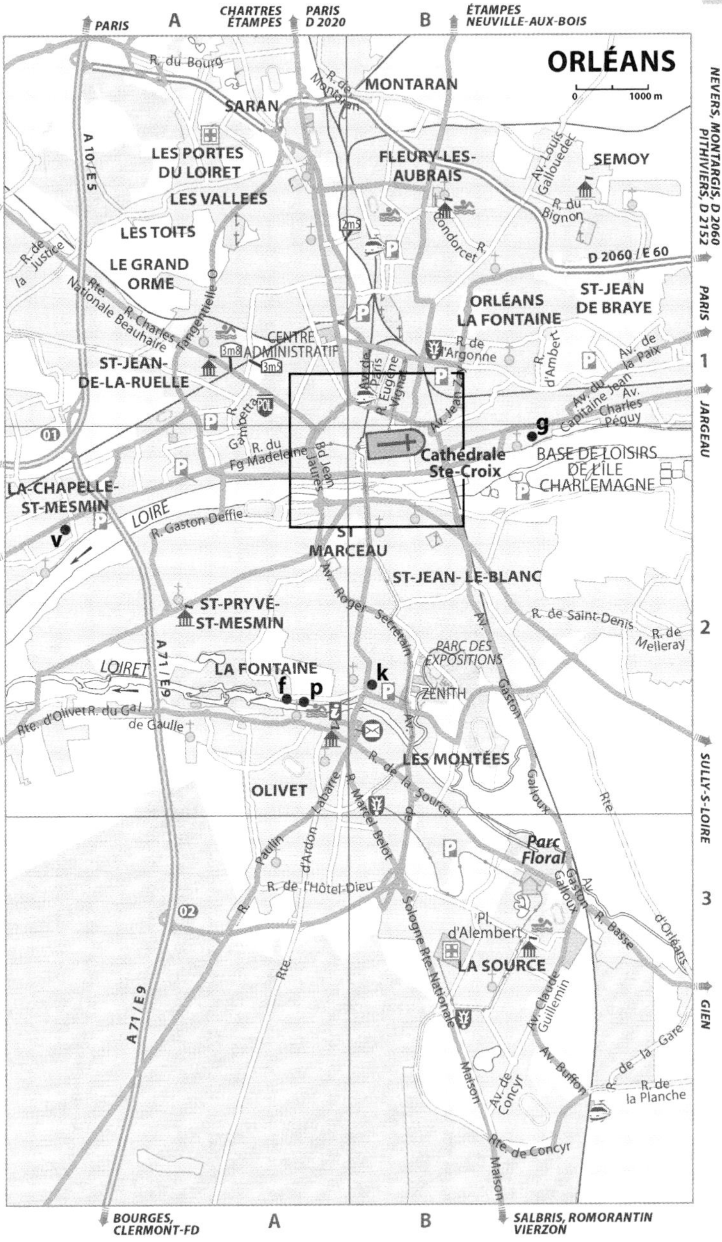
ORLÉANS
0
1000 m
PARIS
CHARTRES ÉTAMPES
PARIS D 2020
ÉTAMPES NEUVILLE-AUX-BOIS
A
B
NEVERS, MONTARGIS, D 2060
PITHIVIERS, D 2152
PARIS
JARGEAU
SULLY-S-LOIRE
GIEN
BOURGES, CLERMONT-FD
SALBRIS, ROMORANTIN VIERZON
1
2
3
R. du Bourg
SARAN
MONTARAN
R. de Montaran
LES PORTES DU LOIRET
LES VALLEES
LES TOITS
LE GRAND ORME
FLEURY-LES-AUBRAIS
SEMOY
Av. Louis Gallouedec
R. du Bignon
Condorcet
R.
D 2060 / E 60
ST-JEAN DE BRAYE
ORLÉANS LA FONTAINE
A 10 / E 5
R. de la Justice
Rte. Nationale Beauhaire
R. Charles Tangentielle
CENTRE ADMINISTRATIF
R. de l'Argonne
R. d'Ambert
Av. de la Paix
Av. du Capitaine Jean
Av. Charles Péguy
ST-JEAN-DE-LA-RUELLE
Av. de Paris
R. Eugène Vignat
Av. Jean Zay
R. Gambetta
R. du Fg Madeleine
Bd Jean Jaurès
Cathédrale Ste-Croix
BASE DE LOISIRS DE L'ÎLE CHARLEMAGNE
LA-CHAPELLE-ST-MESMIN
LOIRE
R. Gaston Deffie
ST MARCEAU
ST-JEAN- LE-BLANC
Av. Roger Secrétain
R. de Saint-Denis
R. de Melleray
ST-PRYVÉ-ST-MESMIN
PARC DES EXPOSITIONS
ZENITH
Av. Gaston
LOIRET
A 71 / E 9
LA FONTAINE
Rte. d'Olivet
R. du Gal de Gaulle
LES MONTÉES
R. de la Source
OLIVET
R. Marcel Belot
Av. Gaston Galloux
Rte.
R. Paulin
Rte. d'Ardon
R. Labarre
Parc Floral
R. de l'Hôtel-Dieu
Sologne Rte. Nationale
R. Basse d'Orléans
Pl. d'Alembert
LA SOURCE
Av. Claude Guillemin
A 71 / E9
Av. Buffon
R. de la Gare
R. de la Planche
Av. de Concyr
Maison
Rte. de Concyr
v
g
k
f
p

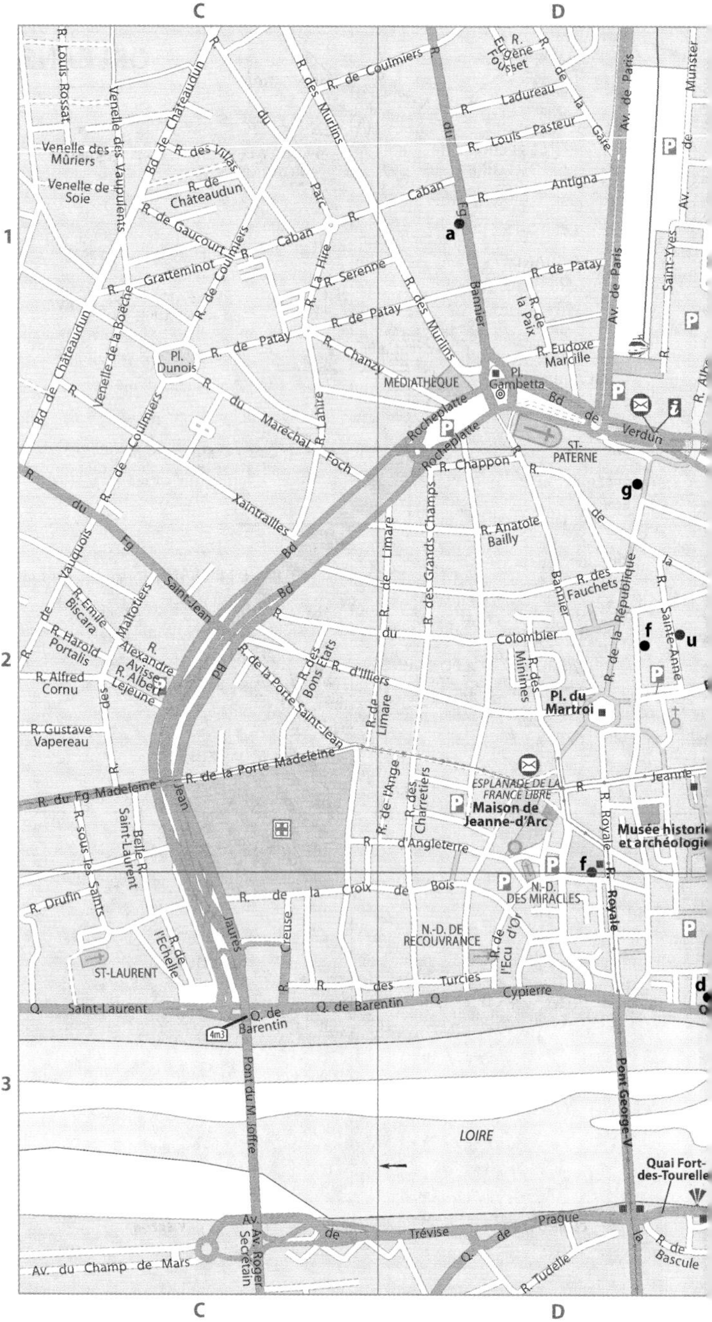
C
D
1
2
3
R. Louis Rossat
Venelle des Mûriers
Venelle de Soie
Venelle des Vaupulents
Bd de Châteaudun
R. des Villas
R. de Châteaudun
R. de Gaucourt
R. Gratteminot
Venelle de la Boëche
R. de Coulmiers
R. du Parc
R. des Murlins
R. de Coulmiers
R. Caban
R. La Hire
R. Serenne
R. de Patay
R. Chanzy
Pl. Dunois
R. du Maréchal Foch
R. Lahire
MÉDIATHÈQUE
Bd Rocheplatte
R. du Fg Bannier
R. Eugène Fousset
R. de la Gare
R. Ladureau
R. Louis Pasteur
R. Antigna
R. de Patay
R. de la Paix
R. Eudoxe Marcille
Pl. Gambetta
Bd de Verdun
Av. de Paris
Av. de Münster
R. Saint-Yves
ST-PATERNE
R. Chappon
R. Anatole Bailly
R. Bannier
R. des Fauchets
R. de la République
R. Sainte-Anne
Bd Rocheplatte
R. Xaintrailles
Bd
R. du Fg Saint-Jean
R. de Vauquois
R. Maltotiers
R. Emile Biscara
R. Harold Portalis
R. Alexandre Avisse
R. Albert Lejeune
R. Alfred Cornu
R. Gustave Vapereau
R. de la Porte Saint-Jean
R. des Bons États
R. d'Illiers
R. de Limare
R. des Grands Champs
R. du Colombier
R. des Minimes
Pl. du Martroi
Bd Jean Jaurès
R. de la Porte Madeleine
R. du Fg Madeleine
R. sous les Saints
R. Saint-Laurent
Belle R.
R. de l'Ange
R. des Charretiers
ESPLANADE DE LA FRANCE LIBRE
Maison de Jeanne-d'Arc
R. Jeanne d'Arc
R. Royale
Musée histori[que] et archéologi[que]
R. d'Angleterre
R. de la Croix de Bois
N.-D. DES MIRACLES
N.-D. DE RECOUVRANCE
R. de l'Écu d'Or
R. Drufin
R. de l'Échelle
ST-LAURENT
R. de la Creuse
R. des Turcies
Q. Saint-Laurent
Q. de Barentin
Q. Cypierre
4m3
Pont du M. Joffre
Pont George-V
LOIRE
Quai Fort-des-Tourelles
Av. de Trévise
Q. de Prague
Av. Roger Secrétain
Av. du Champ de Mars
R. Tudelle
R. de la Bascule
a
f
g
u
d

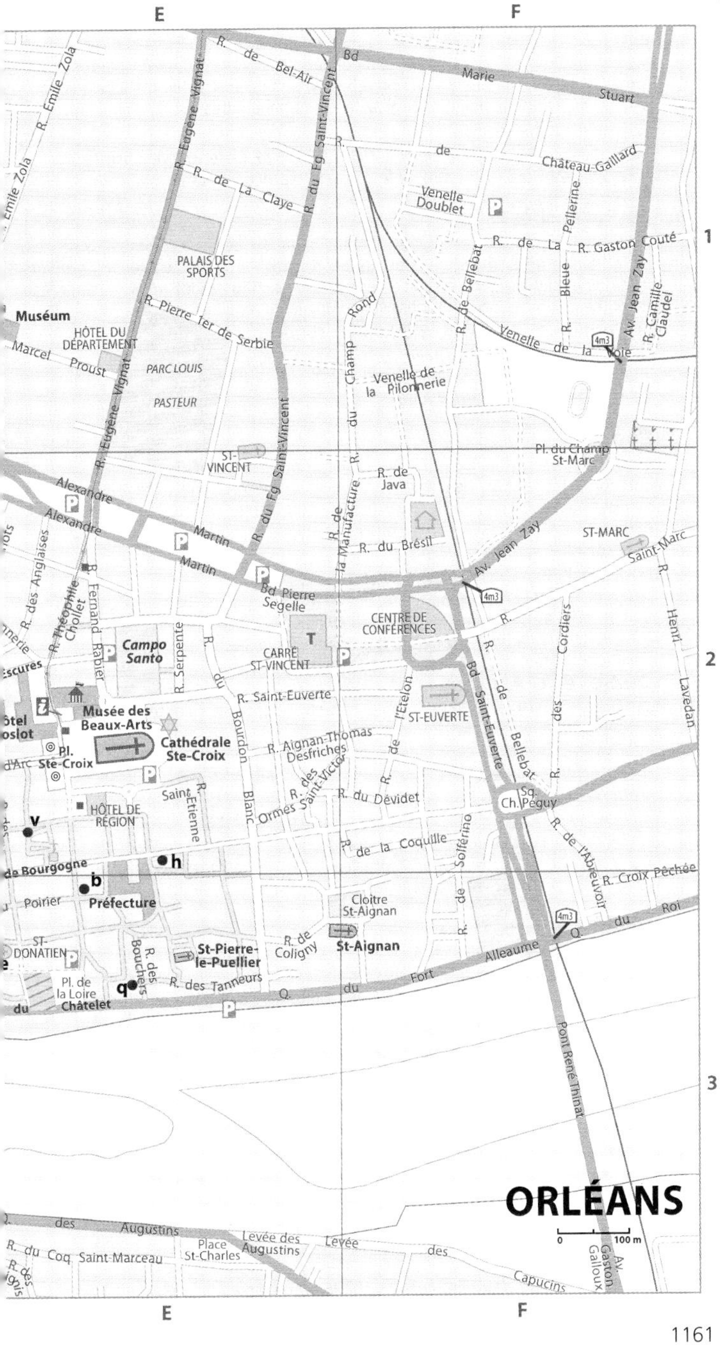
ORLÉANS
E
F
1
2
3
0
100 m
Bd Marie Stuart
R. de Bel-Air
R. de Château-Gaillard
Venelle Doublet
R. de La Pellerine
R. Gaston Couté
R. Bleue
R. de Bellebat
Av. Jean Zay
R. Camille Claudel
Venelle de la Voie
4m3
R. Émile Zola
R. Eugène Vignat
R. de La Claye
R. du Fg Saint-Vincent
PALAIS DES SPORTS
R. Pierre 1er de Serbie
Muséum
HÔTEL DU DÉPARTEMENT
Marcel Proust
PARC LOUIS PASTEUR
R. du Champ Rond
Venelle de la Pilonnerie
ST-VINCENT
Pl. du Champ St-Marc
R. de Java
Alexandre Martin
R. de la Manufacture
R. du Brésil
ST-MARC
R. Saint-Marc
Bd Pierre Segelle
R. des Anglaises
R. Théophile Chollet
R. Fernand Rabier
Campo Santo
R. Serpente
R. du Bourdon Blanc
CARRÉ ST-VINCENT
CENTRE DE CONFÉRENCES
R. des Cordiers
R. Henri Lavedan
Bd Saint-Euverte
R. de Bellebat
Escures
Musée des Beaux-Arts
Cathédrale Ste-Croix
Pl. Ste-Croix
R. Saint-Euverte
R. de l'Ételon
ST-EUVERTE
R. Aignan-Thomas Desfriches
R. des Ormes Saint-Victor
R. du Dévidet
Sq. Ch. Péguy
R. Saint-Étienne
HÔTEL DE RÉGION
R. de la Coquille
R. de Solférino
R. de l'Abreuvoir
v
h
b
de Bourgogne
Poirier
Préfecture
Cloître St-Aignan
R. Croix Pêchée
ST-DONATIEN
R. des Bouchers
St-Pierre-le-Puellier
R. de Coligny
St-Aignan
Q. du Roi
Alleaume
Pl. de la Loire
du Châtelet
q
R. des Tanneurs
Q. du Fort
Pont René Thinat
Q. des Augustins
R. du Coq Saint-Marceau
Place St-Charles
Levée des Augustins
Levée des Capucins
Av. Gaston Galloux

La Dariole

CUISINE MODERNE • TENDANCE X Une véritable bonbonnière que cette maison à colombages (15e s.) près de la cathédrale : tissus, fleurs, poutres, pierres apparentes... Le décor se prête à un bon repas et, de fait, le chef fait mouche à chaque plat : soin, tradition, pointe d'originalité. Une bonne adresse.

Formule 22 € – Menu 27 €

Plan : E2-v – *25 r. Étienne-Dolet – ✆ 02 38 77 26 67 (réservation conseillée) – Fermé 7-28 août, sam., dim. et le soir sauf mardi et vend.*

La Parenthèse

CUISINE TRADITIONNELLE • CONVIVIAL X Avec sa façade à colombages rouges, cette bâtisse de 1597 fait de l'œil aux gourmands ! Assiettes copieuses, produits frais, jus et sauces bien cuisinés... Les saveurs sont au rendez-vous de cette jolie Parenthèse, portée par l'enthousiasme d'une jeune équipe.

Formule 16 € – Menu 19 € (déj. en semaine)/31 €

Plan : D3-a – *26 pl. du Châtelet – ✆ 02 38 62 07 50 – www.restaurant-la-parenthese.com – Fermé 1er-22 août, dim. et lundi*

Eugène

CUISINE MODERNE • COSY XX Désormais, dans le Loiret, les cigales se font entendre ! Ici, les plus beaux produits de saison servent une cuisine aux saveurs méridionales : le chef, Alain Gérard, puise son inspiration dans le Sud, d'où est originaire son épouse. Au final : des plats soignés, goûteux et fins. Le cadre est cosy (mobilier chic, tons pastel...).

Formule 15 € – Menu 27/51 € – Carte 40/64 €

Plan : D2-u – *24 r. Ste-Anne – ✆ 02 38 53 82 64 – www.restauranteugene.fr – Fermé 31 juil.-18 août, 24 déc.-5 janv., sam. et dim.*

De Sel et d'Ardoise (N)

CUISINE MODERNE • BISTRO X Un petit bistrot contemporain, tenu par un jeune couple du métier. Lui, le Normand, est le sel ; elle, l'Ardennaise, est l'ardoise ! Pour vingt couverts au coude-à-coude, ils déclinent une séduisante cuisine de saison, qui doit beaucoup aux légumes bio que leur fournissent les maraîchers des environs. Menu à petit prix à midi.

Formule 17 € – Menu 20 € (déj.) – Carte 34/50 €

Plan : D1-a – *44 r. du Faubourg-Bannier – ✆ 02 34 50 23 40 (réservation conseillée) – Fermé 1 semaine en juin, 15 août-5 sept., merc. soir, dim. et lundi*

L'Hibiscus

CUISINE MODERNE • INTIME X La rue est piétonne et animée, la façade est discrète. Poussez la porte : produits frais, recettes originales, cuisine moderne, le tout emmené par un jeune chef et une patronne débordant de vitalité. On se régale d'un tourteau sur mousse d'avocat ou d'un grondin sur lit de fenouil émincé, à des prix très raisonnables.

Formule 26 € – Menu 30/55 €

Plan : E2-h – *175 r. de Bourgogne – ✆ 02 38 72 74 11 – Fermé 1 semaine en juin, lundi et mardi*

Hikari

CUISINE JAPONAISE • ÉPURÉ X Avec Hikari ("lumière" en japonais), la cuisine du pays du Soleil-Levant brille à Orléans ! Les mets, de qualité, sont cuisinés dans les règles de l'art nippon : subtilité, saveurs au diapason... Une adresse où l'on prend le temps de la dégustation.

Menu 34/51 €

Plan : E3-b – *28 r. Poterne – ✆ 02 38 62 28 00 (réservation conseillée) – Fermé dim., lundi et le midi*

Brasserie Éric Lecerf

CUISINE TRADITIONNELLE • BRASSERIE Nouvelle vie pour Éric Lecerf, après trente années passées dans la galaxie Joël Robuchon à Paris. Une forme de retour aux sources pour ce natif du Loiret, dont la belle expérience s'épanouit dans cette élégante brasserie contemporaine. Sa spécialité résume l'ensemble de la carte : le pâté en croûte de veau et foie gras.

Formule 20 € - Menu 25 € (déj.)/35 € - Carte 32/54 €

Plan : E3-e - *12 r. des Halles - 02 38 54 20 00 - www.brasserie-eric-lecerf.fr - Fermé dim.*

Empreinte N

DEMEURE HISTORIQUE • CONTEMPORAIN Lovée entre Loire et vieille ville, cette ancienne résidence aristocratique du 10e s., un temps Bourse du travail, s'est offerte une mue réussie, du spa aux chambres spacieuses (dont une avec balcon, au dernier étage). La modernité n'a pas effacé l'empreinte de l'histoire.

31 chambres - 130/305 € 130/305 € - 2 suites - 19 €

Plan : D3-d - *80 r. du Châtelet - 02 38 75 10 52 - www.empreintehotel.com*

Hôtel d'Arc

TRADITIONNEL • PERSONNALISÉ Sous le patronage de la pucelle d'Orléans, cet hôtel (1902) ne craint pas le mélange des genres avec sa façade Art nouveau et son mobilier de style Louis-Philippe ! Au cœur de la ville et près de la gare, l'établissement dispose de chambres de bon confort. L'ascenseur d'époque est digne d'un musée !

35 chambres - 95/350 € 95/350 € - 17 €

Plan : D2-g - *37 r. de la République - 02 38 53 10 94 - www.hoteldarc.fr*

Hôtel d'Orléans

URBAIN • CONTEMPORAIN Situé tout près de la place du Martroi, cet hôtel bien connu des Orléanais a fait peau neuve en 2014 et repart de plus belle ! La décoration est désormais contemporaine et soignée, notamment dans les confortables chambres et leurs salles de bains aménagées avec des matériaux de qualité.

19 chambres - 95/130 € 95/130 € - 14 €

Plan : D2-f - *6 r. A.-Crespin - 02 38 53 35 34 - www.hoteldorleans.com*

Ne confondez pas les couverts et les étoiles !
Les couverts définissent une catégorie de confort et de service, tandis que l'étoile couronne uniquement la qualité de la cuisine, quel que soit le standing de la maison.

à Cercottes 10 km au Nord par D2020 - 45520 - 1 343 hab. - Alt. 139 m

Fleur de Sel

CUISINE MODERNE • CONVIVIAL Trois jeunes et sérieux professionnels - dont le chef - se sont associés pour reprendre avec une belle ambition cette table du pays orléanais. La qualité de l'accueil, le caractère du cadre (murs et poutres anciens revus avec fraîcheur) et le plaisir d'une cuisine pensée dans le respect du bon produit : une triade gagnante.

Menu 15 € (semaine), 31/38 €

68, D2020 - 02 38 75 41 11 - www.fleurdeselorleans.fr - Fermé 2 semaines en août, 1 semaine en janv., dimache soir et lundi

à St-Jean-de-Braye 4 km à l'Est – ✉ 45800 – 19 404 hab. – Alt. 108 m

Les Toqués

CUISINE MODERNE • CONVIVIAL XX Parmentier de bœuf au foie gras, papillote de crevettes, baba au rhum (la bouteille est posée sur la table...) et crème légère à la vanille, etc. Pas de doute, le chef en a sous la toque ! Bon à savoir : l'été, la terrasse en bord de Loire est prise d'assaut.

Menu 23 € (déj. en semaine), 34/45 € – Carte 40/55 €

Plan : B2-g – *71 chemin de Halage – ✆ 02 38 86 50 20 – Fermé 12-26 août, dim. et lundi*

à Olivet 5 km au Sud par av. du Loiret et bords du Loiret – ✉ 45160 – 19 807 hab. – Alt. 100 m

Le Rivage

CUISINE TRADITIONNELLE • ROMANTIQUE XXX Cette ancienne guinguette de 1933 offre le spectacle bucolique des rives du Loiret depuis sa véranda ou la terrasse à fleur d'eau. Cuisine traditionnelle de qualité, très goûteuse, fine et visuelle.

Menu 28/68 € – Carte 52/103 €

17 chambres – †75/103 € ††75/130 € – ☕ 13 €

Plan : A2-f – *635 r. de la Reine-Blanche – ✆ 02 38 66 02 93 – www.lerivage-olivet.com – Fermé 25 déc.-21 janv., dim. soir de nov. à Pâques et sam. midi*

Le Pavillon Bleu

CUISINE MODERNE • ROMANTIQUE XX Esprit guinguette pour cette bâtisse de 1903 des bords du Loiret, où il fait bon s'installer à l'ombre de vieux platanes... Pour l'anecdote, la salle est aménagée dans un ancien hangar à bateaux. Côté assiettes, les techniques sont maîtrisées, les assaisonnements équilibrés : c'est savoureux. Très bon choix de vins.

Formule 29 € – Menu 39 € – Carte 58/80 €

6 chambres – †72 € ††92 € – ☕ 12 €

Plan : A2-p – *351 r. de la Reine-Blanche – ✆ 02 38 66 14 30 – www.lepavillonbleu-restaurant.com – Fermé dim. soir et lundi*

La Laurendière

CUISINE TRADITIONNELLE • FAMILIAL XX Ce restaurant de bord de route nous accueille dans un décor épuré et contemporain. Derrière les fourneaux, le chef met le terroir à l'honneur : foie gras chaud au vinaigre balsamique, ris de veau poêlé aux cèpes, etc. Assiettes généreuses, beaucoup de goût et... une carte des vins de plus de 1 400 références !

Menu 29/48 € – Carte 37/66 €

Plan : B2-k – *68 av. du Loiret – ✆ 02 38 51 06 78 – lalaurendiere.pagesperso-orange.fr/menus.htm – Fermé 20 fév.-1er mars, 3-19 juil., lundi soir, mardi soir et merc.*

à la Chapelle-St-Mesmin 4 km à l'Ouest – ✉ 45380 – 9 937 hab. – Alt. 101 m

Côté Saveurs

CUISINE MODERNE • ÉLÉGANT XX Cachet d'une maison bourgeoise du 19e s. et... peps de notre époque ! Ici, on déguste une cuisine fine, franche et savoureuse, qui réserve son lot de belles surprises, tel ce carré d'agneau fumé à la bruyère de Sologne, blettes à l'ail et parmesan, ou la crème brûlée au jasmin. Belle carte des vins.

Formule 23 € – Menu 32/36 € – Carte 47/64 €

Plan : A2-v – *55 rte d'Orléans – ✆ 02 38 72 29 51 – www.cotesaveurs.com – Fermé 16-27 fév., 6-21 août, 24 déc.-4 janv., dim. et lundi*

ORMOY-LA-RIVIÈRE - 91 (Essonne) → Voir Étampes

ORNANS

✉ 25290 (Doubs) - 4 259 hab. - Alt. 355 m - Carte régionale n° **9**-B2
Paris 428 km - Baume-les-Dames 42 km - Besançon 26 km - Morteau 48 km
Carte Michelin 321-G4 - Guide Vert Michelin Franche-Comté Jura

Le Courbet

CUISINE MODERNE • CONVIVIAL XX Au cœur de la "Petite Venise" franc-comtoise, ne manquez pas cette ravissante maison surplombant la Loue. Deux salles s'offrent à vous (bistrot ou classique), et l'on peut même s'installer sur la petite terrasse (au rez-de-chaussée) pour déguster une cuisine du marché délicieuse et pleine de fraîcheur !

Formule 14 € - Menu 29/42 € - Carte 42/58 €

34 r. Pierre-Vernier - ✆ 03 81 62 10 15 - www.restaurantlecourbet.com - Fermé 19 fév.-14 mars, 24 déc.-17 janv., mardi soir, dim. soir et lundi

La Table de Gustave

URBAIN • CONTEMPORAIN Le nom est un clin d'œil à Gustave... Courbet, bien sûr ! Né à Ornans, le célèbre peintre réaliste aimait sa ville natale, et la peignait à l'occasion ; ce sympathique hôtel-restaurant, confortable et bien pratique, est situé à quelques pas seulement du musée qui lui est consacré.

28 chambres - 62/90 € 62/90 € - 10 € - ½ P

11 r. Jacques-Gervais - ✆ 03 81 62 16 79 - www.latabledegustave.fr

à Saules 6 km au Nord-Est par D492 - ✉ 25580 - 226 hab. - Alt. 585 m

La Griotte

CUISINE TRADITIONNELLE • AUBERGE X Un clocher et des champs alentour, une véranda plongeant sur un jardin verdoyant... cette ferme revêt de forts jolis atours ! Tradition, saveurs de saison et spécialités régionales : voilà bien une belle Griotte, tendre et goûteuse. Cerise sur le gâteau : l'accueil souriant et l'addition sans acidité.

Menu 16 € (déj. en semaine), 25/37 € - Carte 31/48 €

3 r. des Cerisiers - ✆ 03 81 57 17 71 (réservation conseillée) - www.lagriotte.fr - Fermé de fin janv. à mi-mars, 27 août-13 sept., mardi de sept. à mai, merc. soir, dim. soir et lundi

ORPIERRE

✉ 05700 (Hautes-Alpes) - 327 hab. - Alt. 682 m - Carte régionale n° **21**-B2
Paris 689 km - Château-Arnoux 47 km - Digne-les-Bains 72 km - Gap 55 km
Carte Michelin 334-C7 - Guide Vert Michelin Alpes du Sud

aux Bégües 4,5 km au Sud-Ouest - ✉ 05700

Le Céans

FAMILIAL • FONCTIONNEL Au sein d'un hameau du massif des Baronnies, deux bâtiments principaux et plusieurs pavillons dispersés dans un parc agreste descendant jusqu'à la rivière, le Céans. Les chambres associent esprit campagne et fonctionnalité, et l'on profite d'une imposante piscine (17m). Cuisine traditionnelle au restaurant.

19 chambres - 63/69 € 71/81 € - 9 € - ½ P

rte des Princes-d'Orange - ✆ 04 92 66 24 22 - www.le-ceans.fr.st - Ouvert 15 mars-31 oct. et fermé merc. du 15 mars au 15 avril

ORTHEVIELLE

✉ 40300 (Landes) - 902 hab. - Alt. 20 m - Carte régionale n° **2**-B3
Paris 764 km - Bordeaux 185 km - Mont-de-Marsan 90 km - Pau 82 km
Carte Michelin 335-E13

La Ferme d'Orthe

CUISINE TRADITIONNELLE • CONVIVIAL Grande cheminée pour griller la côte de bœuf, poutres solides, gros tonneau en guise de table et murs en pierre : le cadre a été rénové, mais ce restaurant de campagne a su garder son âme. À l'unisson de l'atmosphère, les plats servis sont simples et réjouissants : confit maison, parillada, foie gras...

Formule 10 € – Menu 12 € (déj. en semaine)/24 € – Carte 35/51 €

9 r. de la Fontaine – 05 58 73 01 03 – www.lafermedorthe.fr – Fermé 15 avril-1er mai, 2 semaines en sept., 17 déc.-2 janv., mardi soir et merc. soir de sept. à juin, dim. soir et lundi

ORTHEZ

64300 (Pyrénées-Atlantiques) – 10 859 hab. – Alt. 55 m – Carte régionale n° **2**-B3
Paris 765 km – Bayonne 74 km – Dax 39 km – Mont-de-Marsan 57 km
Carte Michelin 342-H4 – Guide Vert Michelin Aquitaine

Au Temps de la Reine Jeanne

FAMILIAL • FONCTIONNEL Face à la maison et au musée Jeanne-d'Albret, mère d'Henri IV, des maisons du 14es. organisées autour d'un joli patio. Préférez les chambres les plus récentes ! Petit espace fitness ; recettes traditionnelles au restaurant, rustique à souhait.

30 chambres – 59/68 € 59/105 € – 11 € – ½ P

44 r. Bourg-Vieux – 05 59 67 00 76 – www.reinejeanne.com

ORVAULT – 44 (Loire-Atlantique) → Voir Nantes

OSTHOUSE

67150 (Bas-Rhin) – 926 hab. – Alt. 155 m – Carte régionale n° **1**-B2
Paris 502 km – Obernai 17 km – Offenburg 35 km – Sélestat 23 km
Carte Michelin 315-J6

À l'Aigle d'Or

CUISINE CLASSIQUE • AUBERGE Accroché à un coin de cette jolie maison de village, un magnifique aigle en fer forgé semble annoncer : "Vous êtes arrivé !" À l'intérieur, on se régale d'une bonne cuisine classique servie dans un cadre alsacien bourgeois et chaleureux. Côté Winstub, plats traditionnels et ambiance plus familiale.

Menu 34 € (semaine), 59/82 € – Carte 48/75 €

14 r. de Gerstheim – 03 88 98 06 82 – www.hotelalaferme.com – Fermé vacances de fév., 3 semaines en août, vacances de Noël, lundi et mardi

À la Ferme

MAISON DE CAMPAGNE • PERSONNALISÉ Calme et sérénité, dans cette ferme du 18e s. et ses séchoirs. Les chambres sont spacieuses et cosy, certaines disposent même d'un balcon ; le beau jardin et la terrasse sont l'endroit parfait pour un petit-déjeuner ensoleillé...

15 chambres – 94/154 € 99/200 € – 16 €

10 r. du Château – 03 90 29 92 50 – www.hotelalaferme.com

OSTWALD – 67 (Bas-Rhin) → Voir Strasbourg

OTTROTT – 67 (Bas-Rhin) → Voir Obernai

OUCHAMPS

41120 (Loir-et-Cher) – 803 hab. – Alt. 92 m – Carte régionale n° **6**-A1
Paris 199 km – Blois 18 km – Montrichard 19 km – Romorantin-Lanthenay 40 km
Carte Michelin 318-E7

Relais des Landes

TRADITIONNEL • PERSONNALISÉ Dans cette belle gentilhommière du 17[e]s. entourée d'un grand parc avec plan d'eau, des chambres confortables, et même des duplex avec terrasse privative... On est au calme ! Dîner dans la salle champêtre (cheminée, fresque) ou la véranda donnant sur le jardin.

28 chambres – 87/139 € 87/179 € – 14 € – ½ P

1,5 km au Nord sur D7 – 02 54 44 40 40 – www.relaisdeslandes.com – Ouvert 24 fév.-26 nov.

OUCQUES

41290 (Loir-et-Cher) – 1 509 hab. – Alt. 127 m – Carte régionale n° **6**-B2

Paris 160 km – Beaugency 30 km – Blois 27 km – Châteaudun 30 km

Carte Michelin 318-E5

Le Commerce

CUISINE MODERNE • COLORÉ XX Voilà un commerce qui tourne bien ! Le chef concocte des recettes bien ficelées avec de beaux produits, pour un résultat flatteur au palais et doux pour le porte-monnaie... Jolie salle au décor contemporain. Chambres confortables et colorées pour prolonger l'étape.

Formule 19 € – Menu 26/62 € – Carte 65/75 €

12 chambres – 83/86 € 89/96 € – 13 €

9 r. de Beaugency – 02 54 23 20 41 (réservation conseillée) – www.hotel-commerce-oucques.com – Fermé 1 semaine en mars, 22 déc.-5 janv., dim. soir et lundi

OUESSANT (ÎLE D') – 29 (Finistère) → Voir Île d'Ouessant

OUILLY-DU-HOULEY – 14 (Calvados) → Voir Lisieux

OUISTREHAM

14150 (Calvados) – 9 452 hab. – Carte régionale n° **17**-B2

Paris 234 km – Arromanches-les-Bains 33 km – Bayeux 44 km – Cabourg 20 km

Carte Michelin 303-K4 – Guide Vert Michelin Normandie Cotentin

La Table d'Hôtes

CUISINE MODERNE • ÉLÉGANT XX Ce restaurant est le repaire d'un jeune couple passé par de belles maisons. Dorénavant maître de ses fourneaux, Yoann Lavalley fait preuve d'un habile savoir-faire à travers des assiettes délicatement composées et finement travaillées. Poisson du jour, viande locale, fromages normands... Les saveurs éclatent en bouche !

Formule 20 € – Menu 32/47 € – Carte 50/61 €

10 av. du Gén.-Leclerc – 02 31 97 18 44 (réservation conseillée) – www.latabledhotes-caen.com – Fermé 13-20 avril, 29 juin-10 juil., mardi soir, dim. soir et merc.

La Mare Ô Poissons

CUISINE MODERNE • BRANCHÉ XX Dans cette Mare plutôt design, la mer et les produits du terroir normand sont à l'honneur : soupe de poisson, andouille de Vire et foie gras, lotte et cabillaud en brochette, caille à la rouennaise... Pas d'esbroufe mais une cuisine à la page, réalisée par un chef sympathique et travailleur.

Formule 17 € – Menu 26 € (déj. en semaine), 31/42 €

68 r. Emile-Herbline – 02 31 25 32 91 – www.restaurant-mareopoissons.com – Fermé dim. soir et lundi midi

La Mare Ô Poissons

TRADITIONNEL • CONTEMPORAIN La Mare, bien connue à l'entrée de Ouistreham, a fait des petits, avec 30 chambres avenantes et contemporaines. L'art est ici à l'honneur, avec des expositions de sculptures et de tableaux. Une adresse dynamique.

30 chambres – 80/105 € 80/115 € – 13 € – ½ P

68 r. Emile-Herbline – 02 31 37 53 05 – www.lamareopoissons.fr

La Mare Ô Poissons – voir les restaurants ci-dessus

à Riva-Bella - ✉ 14150 Ouistreham

Riva Bella

SPA ET BIEN-ÊTRE • DESIGN En bord de plage, à deux pas du casino, ce complexe hôtelier fait partie d'un grand centre de thalassothérapie. Il affiche un décor résolument contemporain et relaxant, surtout dans les chambres donnant sur la mer. Parfait pour les amateurs de séjour "detox".

84 chambres - 109/209 € 129/209 € - 5 suites - 16 € - ½ P

av. du Cdt-Kieffer - 02 31 96 40 40 - www.hotel-rivabella-ouistreham.com - Fermé 1 semaine en déc.

Villa Andry

TRADITIONNEL • PERSONNALISÉ C'est vraiment l'hôtel typique de bord de mer, installé dans une bâtisse de la fin du 19e s., avec un jardin sur l'arrière. Les chambres sont agréables, classiques et bien tenues ; certaines ont vue sur la Manche.

20 chambres - 69/79 € 71/94 € - 10 €

51 av. Andry - 02 31 97 18 79 - www.villa-andry.fr

LES OURSINIÈRES - 83 (Var) → Voir Pradet

OUSSON-SUR-LOIRE

✉ 45250 (Loiret) - 737 hab. - Alt. 158 m - Carte régionale n° **6**-D2

Paris 165 km - Gien 19 km - Montargis 51 km - Orléans 96 km

Carte Michelin 318-N6

Le Clos du Vigneron

CUISINE MODERNE • CONVIVIAL XX Tons pastel, nappes claires, tableaux colorés, etc. Il règne une élégance simple et champêtre dans cette maison à colombages. On y apprécie une cuisine de saison et surtout... de fraîcheur, faisant la part belle au poisson.

Formule 22 € - Menu 33/51 € - Carte 35/50 €

18 rte Nationale 7 - 02 38 31 43 11 - www.hotel-clos-du-vigneron.com - Fermé 8-25 sept., 22 déc.-15 janv., dim. soir, lundi midi, mardi soir et merc.

Le Clos du Vigneron

FAMILIAL • FONCTIONNEL Ses propriétaires choient ce Clos très fleuri et parfaitement tenu. Les chambres se répartissent entre un bâtiment au fond du jardin - où elles sont toutes de plain-pied et assez indépendantes - et une maison voisine, d'esprit plus contemporain. Une bonne étape.

11 chambres - 65/70 € 65/70 € - 10 € - ½ P

18 rte Nationale 7 - 02 38 31 43 11 - www.hotel-clos-du-vigneron.com - Fermé 8-25 sept. et 22 déc.-15 janv.

Le Clos du Vigneron - voir les restaurants ci-dessus

OUZOUER-SUR-LOIRE

✉ 45570 (Loiret) - 2 777 hab. - Alt. 140 m - Carte régionale n° **6**-C2

Paris 151 km - Gien 16 km - Montargis 45 km - Orléans 54 km

Carte Michelin 318-L5

L'Abricotier

CUISINE TRADITIONNELLE • CLASSIQUE XX Ici, point d'abricotier mais un beau conifère sous lequel on se restaure à la belle saison ! Dans cette auberge familiale, le chef concocte une appétissante cuisine traditionnelle : croustillant de ris de veau, escalope de sandre au sésame, parmentier de canard au porto... Une bonne adresse.

Formule 18 € - Menu 26/45 € - Carte 46/52 €

106 r. Gien - 02 38 35 07 11 (réservation conseillée) - Fermé 2 semaines en août, merc. soir, dim. soir et lundi

OYONNAX

01100 (Ain) - 22 436 hab. - Alt. 540 m - Carte régionale n° **23**-C1
Paris 484 km - Bourg-en-Bresse 60 km - Nantua 19 km
Carte Michelin 328-G3 - Guide Vert Michelin Franche-Comté Jura

au Lac Genin 10 km au Sud-Est par D13 - 01130 Charix

Auberge du Lac Genin

CUISINE TRADITIONNELLE • AUBERGE Une charmante petite auberge au bord d'un lac, au milieu de la forêt : l'endroit a mérité son surnom de "petit Canada du Haut-Bugey". Depuis plus de cinquante ans, la cheminée de la salle à manger dore les grillades au feu de bois : on y cuit saucisson au vin rouge, côtes de veau, de porc et faux-filet...

Menu 14 € (déj. en semaine), 20/22 € - Carte 26/39 €

3 chambres - 55/65 € 55/65 € - 7 €

- 04 74 75 52 50 - www.lacgenin.fr - Fermé 17 oct.-2 déc., dim. soir et lundi

Une bonne table sans se ruiner ? Repérez les Bib Gourmand.

OZENAY - 71 (Saône-et-Loire) → Voir Tournus

OZOIR-LA-FERRIÈRE - 77 (Seine-et-Marne) → Voir Autour de Paris

PAILHEROLS

15800 (Cantal) - 137 hab. - Alt. 1 000 m - Carte régionale n° **3**-B3
Paris 558 km - Aurillac 32 km - Entraygues-sur-Truyère 45 km - Murat 39 km
Carte Michelin 330-E5

L'Auberge des Montagnes

CUISINE TRADITIONNELLE • AUBERGE Dans cette ferme située au cœur de ce village isolé, le chef cuisine exclusivement des produits locaux finement choisis. Le terroir est à l'honneur, revisité avec grand soin ! En hiver, le paysage est féerique et invite à la promenade ; cela tombe bien, car la cuisine est très généreuse. Un véritable concentré de Cantal...

Menu 29 € (semaine), 31/35 € - Carte 28/38 €

Le Bourg - 04 71 47 57 01 - www.auberge-des-montagnes.com
- Fermé 19 mars-1er avril, 8 oct.-17 déc. sauf vacances de la Toussaint, mardi midi et lundi

Le Clos des Gentianes

TRADITIONNEL • COSY Un environnement superbe, des chambres calmes et agréables, un soin tout particulier apporté à la décoration : une bouffée d'air pur ! En prime, le spa "Fleur de Montagne" est accessible gratuitement pour les clients de l'hôtel (à 300 m).

10 chambres - 84/105 € 84/105 € - 13 € - ½ P

Le Bourg - 04 71 47 57 01 - www.auberge-des-montagnes.com
- Fermé 20 mars-4 avril et 3 nov.-23 déc.

L'Auberge des Montagnes

AUBERGE • COSY Ce qui frappe d'abord dans cette charmante adresse perdue en pleine montagne, c'est la gentillesse de l'accueil. On vous reçoit en famille et tout est prévu pour un séjour parfait : de jolies chambres, un spa avec piscine, des jeux...

14 chambres - 62/77 € 62/77 € - 10 € - ½ P

Le Bourg - 04 71 47 57 01 - www.auberge-des-montagnes.com
- Fermé 19 mars-1er avril et 8 oct.-17 déc. sauf vacances de la Toussaint

L'Auberge des Montagnes - voir les restaurants ci-dessus

PAIMPOL

✉ 22500 (Côtes-d'Armor) – 7 293 hab. – Alt. 15 m – Carte régionale n° **5**-C1
Paris 494 km – Guingamp 29 km – Lannion 33 km – St-Brieuc 46 km
Carte Michelin 309-D2 – Guide Vert Michelin Bretagne Nord

Restaurant de la Marne

CUISINE MODERNE • TENDANCE XX En bordure du centre touristique de Paimpol, on trouve cette auberge en pierre datant du 19e s., tenue par un jeune couple. Lui, en cuisine, élabore des recettes très inventives et pleines d'allant, où la recherche visuelle occupe une place importante ; elle, en salle, assure un service rapide et efficace !

Formule 19 € – Menu 29 € (semaine), 39/69 € – Carte 62/85 €
9 chambres – 55/100 € 55/100 € – 10 €
30 r. de la Marne – 02 96 16 33 41 – www.hoteldelamarne-paimpol.fr – Fermé 26 juin-3 juil., 2-16 oct., 2-23 janv., sam. midi hors saison, dim. soir et lundi

La Vieille Tour

CUISINE TRADITIONNELLE • VINTAGE XX Un bel exemple du rustique d'aujourd'hui ! La cuisine joue avec la tradition : cabillaud aux asperges et espuma d'andouille fumée, hamburger de tourteaux... Et pour cause, les propriétaires (monsieur aux fourneaux, madame en salle) animent cette belle adresse depuis plus de 40 ans !

Formule 21 € – Menu 35/50 € – Carte 42/70 €
13 r. de l'Église – 02 96 20 83 18 – Fermé 20 juin-5 juil., 14 nov.-1 déc., dim. soir et merc. soir sauf juil.-août et lundi

à Ploubazlanec 3,5 km au Nord par D789 – ✉ 22620 – 3 125 hab. – Alt. 60 m

Les Agapanthes

FAMILIAL • COSY Au cœur d'un petit village sur les hauteurs de Paimpol, cette maison régionale (datant de 1768) accueillait autrefois une épicerie-café. On y propose des chambres cosy et bien tenues, dont certaines ont vue sur la mer. Très agréable jardin.

20 chambres – 70/110 € 70/140 € – 10 €
1 r. Adrien-Rebours – 02 96 55 89 06 – www.hotel-les-agapanthes.com – Fermé 12-19 nov. et 15 janv.-15 fév.

à la Pointe de l'Arcouest 6 km au Nord – ✉ 22620 Ploubazlanec

Le 360°

CUISINE MODERNE • FAMILIAL XX Un restaurant... panoramique, comme son nom le suggère ! Depuis la véranda et la terrasse, la vue sur Bréhat est tout simplement magnifique. Dans un cadre contemporain, on découvre une bonne cuisine de brasserie "marine" – salades, fruits de mer, homard et bar du vivier, Saint-Jacques en saison... et quelques plats actuels.

Formule 13 € – Menu 30/40 € – Carte 37/51 €
Hôtel Les Terrasses de Bréhat, Pointe de l'Arcouest – 02 96 55 77 92 – www.lesterrassesdebrehat.fr – Ouvert de mi-mars à mi-nov.

Les Terrasses de Bréhat

Cet établissement, fondé en 1892, jouxte l'embarcadère et fait face à l'île de Bréhat. Les chambres, confortables et accessibles par des coursives en bois, portent le nom de villes-escales : Gustavia, Le Cap, Bergen, Kayar... La garantie d'une nuit voyageuse !

35 chambres – 60/110 € 90/190 € – 15 € – ½ P
Pointe de L'Arcouest – 02 96 55 77 92 – www.lesterrassesdebrehat.fr – Ouvert de mi-mars à mi-nov.

Le 360° – voir les restaurants ci-dessus

PAIMPONT

✉ 35380 (Ille-et-Vilaine) - 1 622 hab. - Alt. 159 m - Carte régionale n° **5**-C2
Paris 393 km - Bruz 37 km - Cesson-Sévigné 54 km - Rennes 42 km
Carte Michelin 309-I6 - Guide Vert Michelin Bretagne Nord

La Corne de Cerf

MAISON DE CAMPAGNE • PERSONNALISÉ Une longère décorée dans l'esprit d'une maison d'artistes, à deux pas de la forêt de Brocéliande. On apprécie les chambres, lumineuses et printanières, ainsi que le vaste jardin (2500 m²). Au petit-déjeuner, pains, brioches et confitures maison.

3 chambres - 55 € 63 €

Le Cannée, 2 km au Sud par D71 - ✆ 02 99 07 84 19 - www.corneducerf.bcld.net - Ouvert 1er mars-15 déc.

LE PALAIS - 56 (Morbihan) → Voir Belle-Ile-en-Mer

PALAVAS-LES-FLOTS

✉ 34250 (Hérault) - 6 106 hab. - Alt. 1 m - Carte régionale n° **12**-C2
Paris 763 km - Aigues-Mortes 26 km - Montpellier 17 km - Nîmes 60 km
Carte Michelin 339-I7

Le St-Georges

CUISINE MODERNE • CONVIVIAL X Dans son restaurant, situé à deux pas du casino, Paul Courtaux ne joue pas à la roulette avec nos papilles. Il réalise une cuisine pétillante et savoureuse, à l'instar de ce dos de merlu à la plancha, pommes de terre confites, citron, basilic et aïoli. Mention spéciale au baba au rhum servi tiède (miam !) et à l'accueil charmant.

Formule 26 € - Menu 32/43 € - Carte 44/54 €

4 bd du Mar.-Foch (à côté du casino, rive droite)
- ✆ 04 67 68 31 38 - www.restaurant-st-georges.fr
- Fermé lundi et mardi

L'Escale

CUISINE MODERNE • CONVIVIAL XX L'élégante salle à manger et la véranda offrent une belle perspective sur la plage. Le chef choisit ses produits avec soin, comme en témoigne cette galantine de caille aux trompettes noires ou ce tournedos d'espadon. On travaille ici entre amis, et on accueille de la même façon ! Une escale de choix dans la ville.

Formule 19 € - Menu 23 € (déj. en semaine), 33/55 € - Carte 46/82 €

5 bd Sarrail (rive gauche) - ✆ 04 67 68 24 17
- www.restaurant-escale-palavas-les-flots.com - Fermé 2-15 janv., merc. et dim. soir de sept. à juin, merc. midi et jeudi midi en juil.-août

PALEYRAC - 24 (Dordogne) → Voir Buisson-de-Cadouin

LA PALUD-SUR-VERDON

✉ 04120 (Alpes-de-Haute-Provence) - 329 hab. - Alt. 930 m - Carte régionale n° **21**-C2
Paris 796 km - Castellane 25 km - Digne-les-Bains 65 km - Draguignan 60 km
Carte Michelin 334-G10 - Guide Vert Michelin Alpes du Sud

Hôtel des Gorges du Verdon

FAMILIAL • COSY C'est toujours un plaisir de faire une halte dans cet hôtel de charme, à l'écart du vacarme... On s'y repose dans de belles chambres colorées et design (dont quelques beaux duplex familiaux). Beau spa "Cinq Mondes" avec hammam, fitness, salles de massage, sauna et jacuzzi.

27 chambres - 190/350 € 190/350 € - 3 suites - 15 € - ½ P

1 km par rte de la Maline Sud - ✆ 04 92 77 38 26
- www.hotel-des-gorges-du-verdon.fr
- Ouvert mi-avril à mi-oct.

PAMIERS

✉ 09100 (Ariège) - 15 483 hab. - Alt. 280 m - Carte régionale n° **15**-C3
▶ Paris 745 km - Auch 147 km - Carcassonne 76 km - Castres 106 km
Carte Michelin 343-H6

Restaurant Deymier

CUISINE MODERNE • COSY XX Le personnel, dynamique, nous propose une table dans une salle chaleureuse et joliment décorée... Un début prometteur. En pleine maîtrise de son sujet, le chef fait la part belle au terroir et revisite à sa façon quelques fameuses recettes. Harmonie des saveurs, exécution sans défaut : on se régale à petit prix !

Formule 15 € - Menu 18 € (déj. en semaine), 28/54 € - Carte 41/54 €

1 r. Bernard-Saisset - ✆ 05 61 60 08 11
- Fermé dim. et lundi

Hôtel de France

FAMILIAL • FONCTIONNEL Si vous êtes en route vers Andorre ou les stations de ski des Pyrénées, n'hésitez pas à vous arrêter dans cet hôtel proche du centre-ville. Ses chambres sont contemporaines, sobres et bien tenues. Une halte sympathique.

31 chambres - †68/80 € ††75/80 € - ☕ 9 € - ½ P

5 cours Joseph-Rambaud - ✆ 05 61 60 20 88
- www.hotel-de-france-pamiers.com

LE PARADOU - 13 (Bouches-du-Rhône) ➔ Voir Maussane-les-Alpilles

PARAMÉ - 35 (Ille-et-Vilaine) ➔ Voir St-Malo

PARAY-LE-MONIAL

✉ 71600 (Saône-et-Loire) - 9 029 hab. - Alt. 245 m - Carte régionale n° **4**-B3
▶ Paris 360 km - Mâcon 67 km - Montceau-les-Mines 37 km - Moulins 67 km
Carte Michelin 320-E11 - Guide Vert Michelin Bourgogne

L'Apostrophe

CUISINE MODERNE • CONVIVIAL X Dans la cité du Sacré-Cœur, ce restaurant a joué à saute-canal et s'est installé dans une imposante bâtisse proche de la gare ferroviaire. Dans un intérieur moderne, on y propose toujours une cuisine gourmande qui revisite la tradition.

Formule 22 € - Menu 27/42 € - Carte 40/59 €

27 av. de la Gare
- ✆ 03 85 25 45 07 - www.restaurantlapostrophe.fr
- Fermé 9-25 avril, 16-30 août, dim. et lundi

à Poisson 8 km au Sud par D34 - ✉ 71600 - 596 hab. - Alt. 300 m

La Poste et Hôtel La Reconce N

TRADITIONNELLE • ÉLÉGANT XX Parcours atypique que celui de ce chef autodidacte et passionné, qui a passé une partie de sa carrière dans des Club Med à l'étranger avant de revenir en France pour y ouvrir sa propre adresse. Sa cuisine, plutôt traditionnelle, se pare de touches exotiques et de clins d'œil à l'Espagne. C'est coloré, généreux, savoureux : une vraie réussite !

Menu 25/35 €

7 chambres - †60/70 € ††70/80 € - ☕ 12 €

Le bourg (face à l'église)
- ✆ 03 85 81 10 72 - www.lareconce.com
- Fermé 2 semaines en fév. et jeudi

PARÇAY-MESLAY - 37 (Indre-et-Loire) → Voir Tours

PARC du FUTUROSCOPE - 86 (Vienne) → Voir Poitiers

PARCEY - 39 (Jura) → Voir Dole

PARENTIS-EN-BORN

✉ 40160 (Landes) - 5 513 hab. - Alt. 32 m - Carte régionale n° **2**-B2
▶ Paris 658 km - Arcachon 43 km - Bordeaux 76 km - Mimizan 25 km
Carte Michelin 335-E8 - Guide Vert Michelin Aquitaine

Chez Flo

CUISINE MODERNE • BISTRO Un restaurant convivial, avec des photos, des dessins, des objets personnels du patron... Dans l'esprit du lieu, la cuisine est généreuse : sous la houlette d'un jeune chef passionné, tout est fait maison, avec des produits régionaux. Quelques chambres toutes simples pour l'étape.

Formule 13 € - Menu 23 € - Carte environ 28 €

6 chambres - †45 € ††45 € - 7 €

9 r. St-Barthélémy - ✆ 05 58 78 40 21 - Fermé 25 déc.-1er janv., dim. et lundi

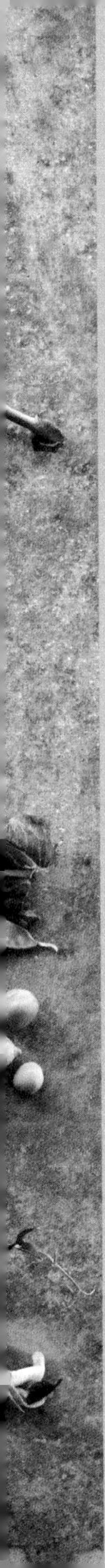

PARIS
ET SES ENVIRONS

Lorsqu'il s'agit des plaisirs de la table, quel bonheur d'être Parisien ! Ce n'est pas un hasard si c'est ici-même qu'a été forgé le concept de restaurant : Paris, plus qu'aucune cité au monde, bat au rythme de sa vie gastronomique. Grandes brasseries centenaires, palaces aux ors inoubliables, tables coréennes, argentines, italiennes, japonaises, maisons historiques ou tout juste apparues, grande tradition française ou créativité : mille surprises vous attendent sur les deux rives de la Seine.

- Carte régionale n° 10 et 11
- Carte Michelin 301-E7 et 101
- Plan de l'agglomération parisienne

Blend Images/hemis.fr

TOUS LES RESTAURANTS

DE A À Z...

A

© Michelin

© O. Decker/Michelin

K

L

M

© O. Decker/Michelin

LES TABLES À NE PAS MANQUER

TOUTES LES ÉTOILES

✿✿✿

Une cuisine unique. Vaut le voyage !

✿✿

Une cuisine d'exception. Vaut le détour !

© Michelin

✿ Une cuisine d'une grande finesse. Vaut l'étape !

BIB GOURMAND

Nos meilleurs rapports qualité-prix

© O. Decker/Michelin

DES TABLES... SELON VOS ENVIES !

LES TABLES PAR TYPE DE CUISINE

Cuisine argentine

Cuisine basque

Cuisine bourguignonne

Cuisine bretonne

Cuisine chinoise

Cuisine classique

Cuisine coréenne

Cuisine créative

Cuisine créole

Cuisine danoise

Cuisine du Sud-Ouest

Cuisine du terroir

Cuisine espagnole

Cuisine flamande

Cuisine grecque

Cuisine indienne

Cuisine italienne

Cuisine japonaise

Cuisine libanaise

Cuisine lyonnaise

Cuisine moderne

Cuisine méditerranéenne

Cuisine nord-africaine

Cuisine portugaise

Cuisine péruvienne

Cuisine russe

Cuisine sud-est asiatique

Cuisine thaïlandaise

Cuisine tibétaine

Cuisine traditionnelle

© O. Decker/Michelin

Cuisine vietnamienne

Poissons et fruits de mer

Viandes

© Fotosearch/GraphicObsession

RESTAURANTS À MOINS DE 30 €

TABLES EN TERRASSE

© Adam Wasilewski/iStock

RESTAURANTS AVEC SALONS PARTICULIERS

© O. Decker/Michelin

RESTAURANTS OUVERTS SAMEDI-DIMANCHE

RESTAURANTS OUVERTS EN AOÛT

© Michelin

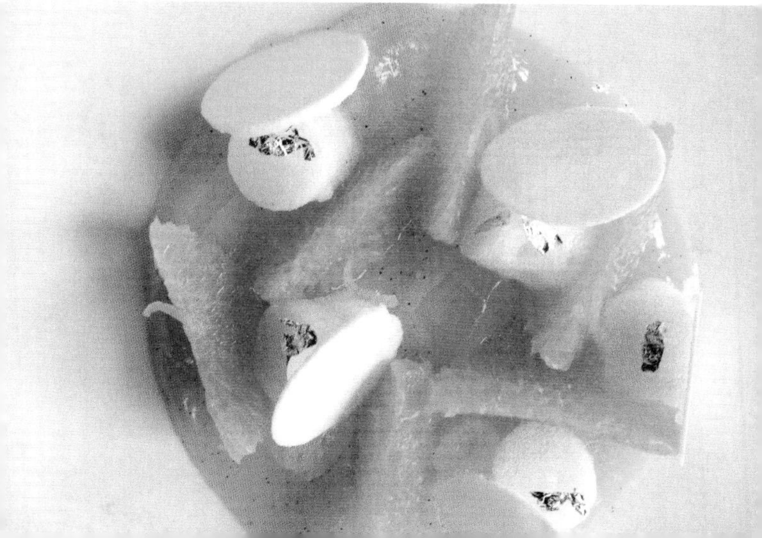

INDEX DES HÔTELS

© XiFotos/iStock

H

I

J

K

L

M

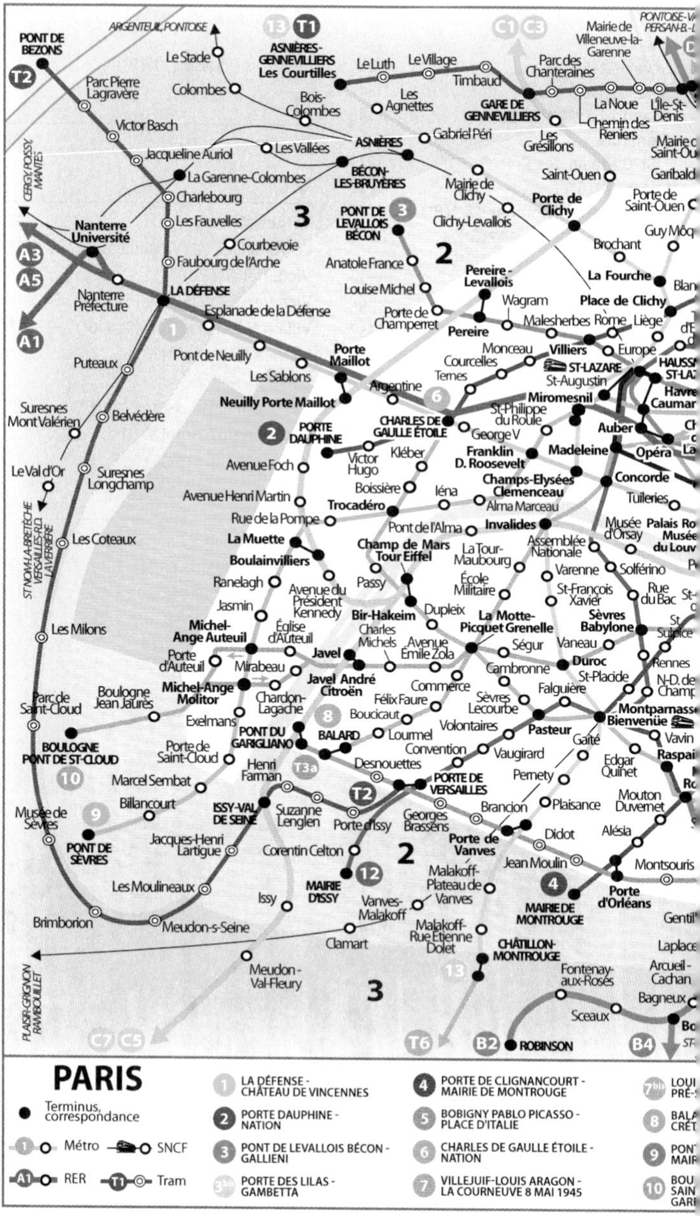
PARIS
Terminus, correspondance
Métro
SNCF
RER
Tram
1 LA DÉFENSE - CHÂTEAU DE VINCENNES
2 PORTE DAUPHINE - NATION
3 PONT DE LEVALLOIS BÉCON - GALLIENI
3bis PORTE DES LILAS - GAMBETTA
4 PORTE DE CLIGNANCOURT - MAIRIE DE MONTROUGE
5 BOBIGNY PABLO PICASSO - PLACE D'ITALIE
6 CHARLES DE GAULLE ÉTOILE - NATION
7 VILLEJUIF-LOUIS ARAGON - LA COURNEUVE 8 MAI 1945
ARGENTEUIL, PONTOISE
PONT DE BEZONS
Le Stade
ASNIÈRES-GENNEVILLIERS Les Courtilles
Le Luth
Le Village
Timbaud
Parc des Chanteraines
Mairie de Villeneuve-la-Garenne
PONTOISE-V. PERSAN-B.-L.
Parc Pierre Lagravère
Colombes
Bois-Colombes
Les Agnettes
GARE DE GENNEVILLIERS
La Noue
L'Île-St-Denis
Chemin des Reniers
Victor Basch
Jacqueline Auriol
Les Vallées
ASNIÈRES
Gabriel Péri
Les Grésillons
La Garenne-Colombes
BÉCON-LES-BRUYÈRES
Mairie de Clichy
Saint-Ouen
Garibaldi
CERGY, POISSY, MANTES
Charlebourg
Les Fauvelles
Nanterre Université
PONT DE LEVALLOIS BÉCON
Clichy-Levallois
Porte de Clichy
Porte de Saint-Ouen
Courbevoie
Faubourg de l'Arche
Anatole France
Brochant
Guy Môquet
Nanterre Préfecture
LA DÉFENSE
Louise Michel
Pereire-Levallois
La Fourche
Esplanade de la Défense
Porte de Champerret
Wagram
Place de Clichy
Pereire
Malesherbes
Rome
Liège
Puteaux
Pont de Neuilly
Les Sablons
Porte Maillot
Monceau
Courcelles
Ternes
Villiers
Europe
ST-LAZARE
St-Augustin
HAUSSMANN ST-LAZARE
Havre Caumartin
Neuilly Porte Maillot
Argentine
Miromesnil
Suresnes Mont Valérien
Belvédère
CHARLES DE GAULLE ÉTOILE
St-Philippe du Roule
George V
Auber
Opéra
PORTE DAUPHINE
Kléber
Franklin D. Roosevelt
Madeleine
Le Val d'Or
Suresnes Longchamp
Avenue Foch
Victor Hugo
Boissière
Champs-Élysées Clemenceau
Concorde
Avenue Henri Martin
Iéna
Tuileries
Trocadéro
Alma Marceau
Rue de la Pompe
Invalides
Musée d'Orsay
Palais Royal Musée du Louvre
ST NOM-LA-BRETÈCHE VERSAILLES-R.D. LA VERRIÈRE
Les Coteaux
La Muette
Pont de l'Alma
Champ de Mars Tour Eiffel
La Tour-Maubourg
Assemblée Nationale
Boulainvilliers
Varenne
Solférino
Ranelagh
Passy
École Militaire
Avenue du Président Kennedy
St-François Xavier
Rue du Bac
Jasmin
Bir-Hakeim
Dupleix
La Motte-Picquet Grenelle
Sèvres Babylone
Les Milons
Michel-Ange Auteuil
Église d'Auteuil
Charles Michels
Avenue Émile Zola
Ségur
Vaneau
St-Sulpice
Porte d'Auteuil
Javel
Cambronne
Duroc
Rennes
Mirabeau
Javel André Citroën
St-Placide
N.-D. des Champs
Michel-Ange Molitor
Commerce
Falguière
Parc de Saint-Cloud
Boulogne Jean Jaurès
Chardon-Lagache
Félix Faure
Sèvres Lecourbe
Montparnasse Bienvenüe
Exelmans
Boucicaut
Pasteur
BOULOGNE PONT DE ST-CLOUD
PONT DU GARIGLIANO
BALARD
Lourmel
Volontaires
Gaîté
Vavin
Porte de Saint-Cloud
Convention
Vaugirard
Edgar Quinet
Raspail
Desnouettes
Henri Farman
Pernety
Marcel Sembat
PORTE DE VERSAILLES
Billancourt
ISSY-VAL DE SEINE
Suzanne Lenglen
Porte d'Issy
Georges Brassens
Brancion
Plaisance
Mouton Duvernet
Musée de Sèvres
PONT DE SÈVRES
Jacques-Henri Lartigue
Porte de Vanves
Didot
Alésia
Corentin Celton
Jean Moulin
Montsouris
Les Moulineaux
MAIRIE D'ISSY
Malakoff-Plateau de Vanves
Porte d'Orléans
Issy
Vanves-Malakoff
MAIRIE DE MONTROUGE
Gentilly
Brimborion
Meudon-s-Seine
Clamart
Malakoff-Rue Étienne Dolet
CHÂTILLON-MONTROUGE
Laplace
Meudon-Val-Fleury
Fontenay-aux-Roses
Arcueil-Cachan
PLAISIR-GRIGNON RAMBOUILLET
Bagneux
Sceaux
ROBINSON

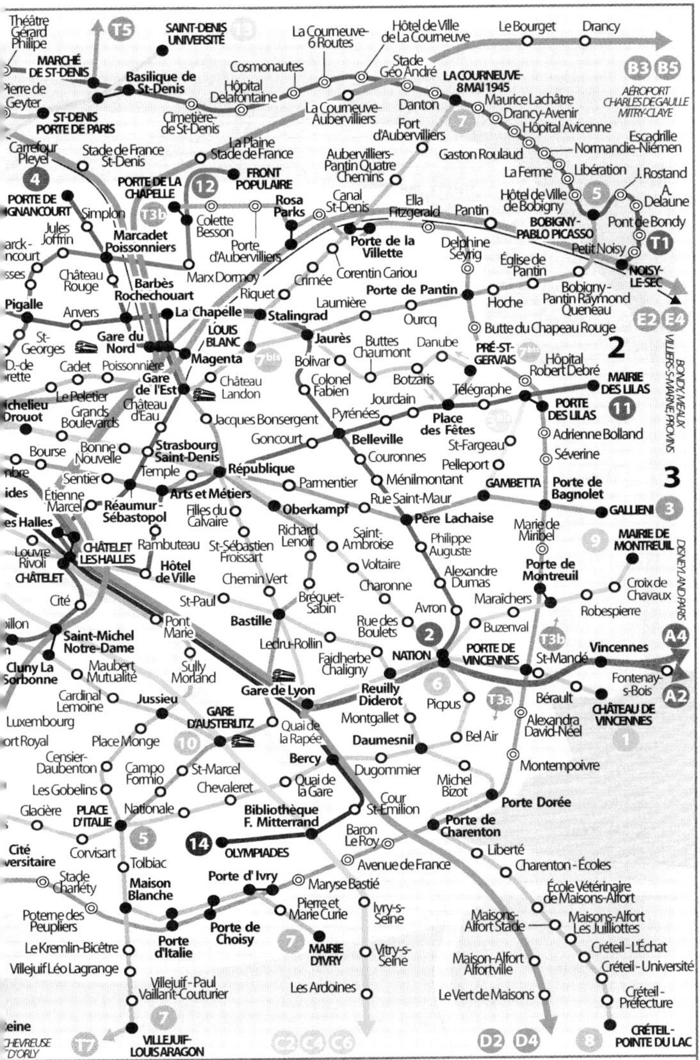

-RVAIS

-TE DU LAC

-RES -
-ONTREUIL

-ONT DE
-
-ERLITZ

11	CHÂTELET - MAIRIE DES LILAS
12	FRONT POPULAIRE - MAIRIE D'ISSY
13	CHÂTILLON MONTROUGE-ST-DENIS UNIVERSITÉ/ASNIÈRES GENNEVILLIERS
14	ST-LAZARE - OLYMPIADES
T1	ASNIÈRES-GENEVILLIERS - NOISY-LE-SEC
T2	PORTE DE VERSAILLES - PONT DE BEZONS
T3a	PONT DU GARIGLIANO - PORTE DE VINCENNES
T3b	PORTE DE VINCENNES - PORTE DE LA CHAPELLE
T5	MARCHÉ DE ST-DENIS - GARGES-SARCELLES
T6	CHÂTILLON-MONTROUGE - VIROFLAY-RIVE DROITE
T7	VILLEJUIF-LOUIS ARAGON - PORTE DE L'ESSONNE
T8	ST-DENIS PORTE DE PARIS - ÉPINAY-ORGEMONT/ VILLETANEUSE-UNIVERSITÉ

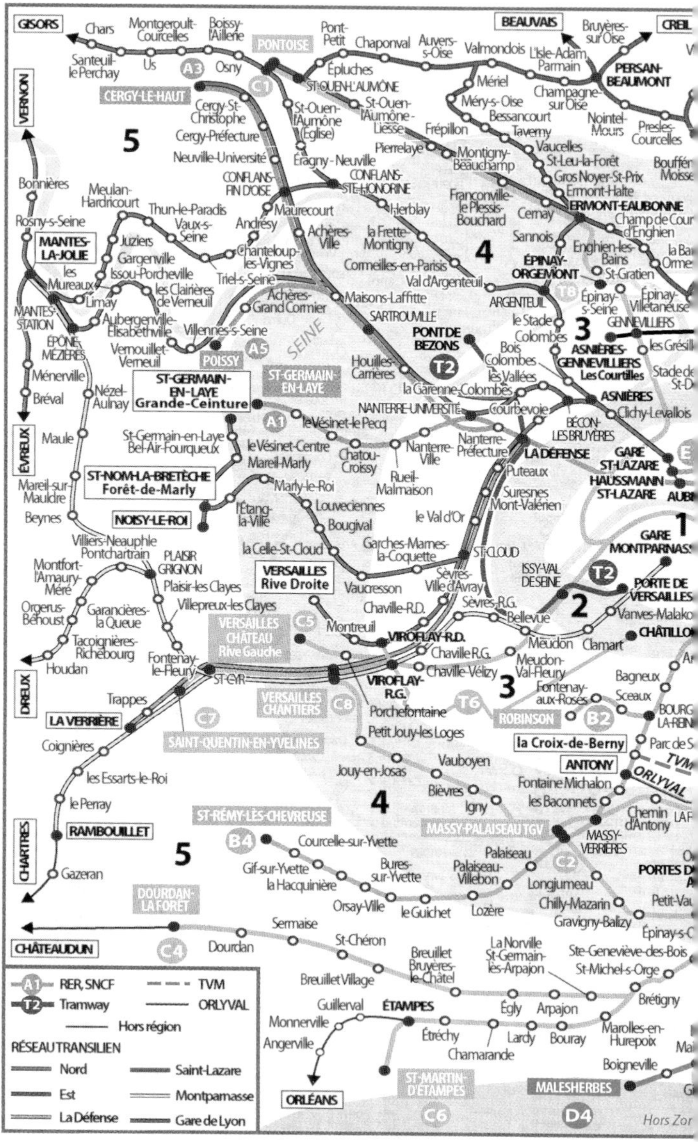

GISORS
Chars
Montgeroult-Courcelles
Boissy-l'Aillerie
Santeuil-le Perchay
Us
Osny
A3
PONTOISE
C1
Pont-Petit
Chaponval
Auvers-s-Oise
Valmondois
BEAUVAIS
L'Isle-Adam Parmain
Bruyères-sur Oise
CREIL
PERSAN-BEAUMONT
Épluches
ST-OUEN-L'AUMÔNE
Mériel
Champagne-sur Oise
Méry-s-Oise
Bessancourt
Nointel-Mours
Presles-Courcelles
Taverny
Vaucelles
St-Leu-la-Forêt
Gros Noyer-St-Prix
Ermont-Halte
ERMONT-EAUBONNE
Champ de Cour
d'Enghien
Frépillon
Pierrelaye
Montigny-Beauchamp
Franconville-le Plessis-Bouchard
Cernay
Sannois
VERNON
5
CERGY-LE-HAUT
Cergy-St-Christophe
Cergy-Préfecture
Neuville-Université
St-Ouen-l'Aumône (Église)
St-Ouen-l'Aumône-Liesse
Éragny-Neuville
CONFLANS-FIN D'OISE
CONFLANS-STE-HONORINE
Herblay
Maurecourt
Andrésy
Achères-Ville
la Frette-Montigny
Cormeilles-en-Parisis
4
Bonnières
Meulan-Hardricourt
Thun-le-Paradis
Vaux-s-Seine
Rosny-s-Seine
MANTES-LA-JOLIE
Juziers
Gargenville
Issou-Porcheville
les Mureaux
Limay
les Clairières de Verneuil
Chanteloup-les-Vignes
Triel-s-Seine
MANTES-STATION
Aubergenville-Elisabethville
Achères-Grand Cormier
Maisons-Laffitte
SARTROUVILLE
Val d'Argenteuil
ARGENTEUIL
ÉPINAY-ORGEMONT
Enghien-les-Bains
St-Gratien
Épinay-s-Seine
Épinay-Villetaneuse
T8
GENNEVILLIERS
le Stade
Colombes
3
ASNIÈRES-GENNEVILLIERS
Les Courtilles
les Grésill
ÉPÔNE-MÉZIÈRES
Vernouillet-Verneuil
Villennes-s-Seine
POISSY
A5
SEINE
PONT DE BEZONS
T2
Bois Colombes
les Vallées
Stade de St-D
Ménerville
Bréval
Nézel-Aulnay
ST-GERMAIN-EN-LAYE Grande-Ceinture
ST-GERMAIN-EN-LAYE
Houilles-Carrières
la Garenne-Colombes
ASNIÈRES
NANTERRE-UNIVERSITÉ
Courbevoie
Clichy-Levallois
A1
le Vésinet-le Pecq
BÉCON-LES BRUYÈRES
ÉVREUX
Maule
St-Germain-en-Laye Bel-Air-Fourqueux
le Vésinet-Centre
Chatou-Croissy
Nanterre-Ville
Nanterre-Préfecture
LA DÉFENSE
GARE ST-LAZARE
Mareil-Marly
Rueil-Malmaison
Puteaux
HAUSSMANN ST-LAZARE
ST-NOM-LA-BRETÈCHE Forêt-de-Marly
Marly-le-Roi
Mareil-sur-Mauldre
Suresnes Mont-Valérien
l'Étang-la-Ville
Louveciennes
Beynes
NOISY-LE-ROI
Bougival
le Val d'Or
1
Villiers-Neauphle Pontchartrain
Garches-Marnes-la-Coquette
la Celle-St-Cloud
ST-CLOUD
GARE MONTPARNASSE
Montfort-l'Amaury-Méré
PLAISIR GRIGNON
ISSY-VAL DE SEINE
Plaisir-les Clayes
VERSAILLES Rive Droite
Vaucresson
Sèvres-Ville d'Avray
PORTE DE VERSAILLES
Orgerus-Béhoust
Garancières-la Queue
Villepreux-les Clayes
Chaville-R.D.
Sèvres-R.G.
2
Bellevue
Vanves-Malako
VERSAILLES CHÂTEAU Rive Gauche
C5
Montreuil
VIROFLAY-R.D.
Meudon
Clamart
CHÂTILLO
Tacoignières-Richebourg
Houdan
Fontenay-le-Fleury
Chaville R.G.
Meudon-Val-Fleury
ST-CYR
Chaville-Vélizy
VIROFLAY-R.G.
Bagneux
DREUX
3
Fontenay-aux-Roses
Sceaux
Trappes
VERSAILLES CHANTIERS
C8
Porchefontaine
T6
ROBINSON
B2
BOURG LA-REIN
LA VERRIÈRE
C7
Petit Jouy-les Loges
la Croix-de-Berny
Parc de S
SAINT-QUENTIN-EN-YVELINES
Coignières
Vauboyen
ANTONY
TVM
Jouy-en-Josas
Fontaine Michalon
ORLYVAL
les Essarts-le-Roi
Bièvres
les Baconnets
le Perray
4
Igny
ST-RÉMY-LÈS-CHEVREUSE
Chemin d'Antony
MASSY-PALAISEAU TGV
MASSY-VERRIÈRES
RAMBOUILLET
B4
Courcelle-sur-Yvette
CHARTRES
5
Palaiseau
C2
Gif-sur-Yvette
Bures-sur-Yvette
Palaiseau-Villebon
PORTES D
Gazeran
la Hacquinière
Longjumeau
DOURDAN-LA FORÊT
Orsay-Ville
le Guichet
Lozère
Chilly-Mazarin
Petit-Vau
Gravigny-Balizy
Sermaise
Épinay-s-O
CHÂTEAUDUN
C4
Dourdan
St-Chéron
Breuillet Bruyères-le-Châtel
La Norville St-Germain-lès-Arpajon
Ste-Geneviève-des-Bois
St-Michel-s-Orge
Breuillet Village
Brétigny
Guillerval
ÉTAMPES
Égly
Arpajon
Monnerville
Étréchy
Lardy
Bouray
Marolles-en-Hurepoix
Angerville
Chamarande
Boigneville
ORLÉANS
ST-MARTIN-D'ÉTAMPES
MALESHERBES
C6
D4
Hors Zor
RER, SNCF
TVM
Tramway
ORLYVAL
Hors région
RÉSEAU TRANSILIEN
Nord
Saint-Lazare
Est
Montparnasse
La Défense
Gare de Lyon

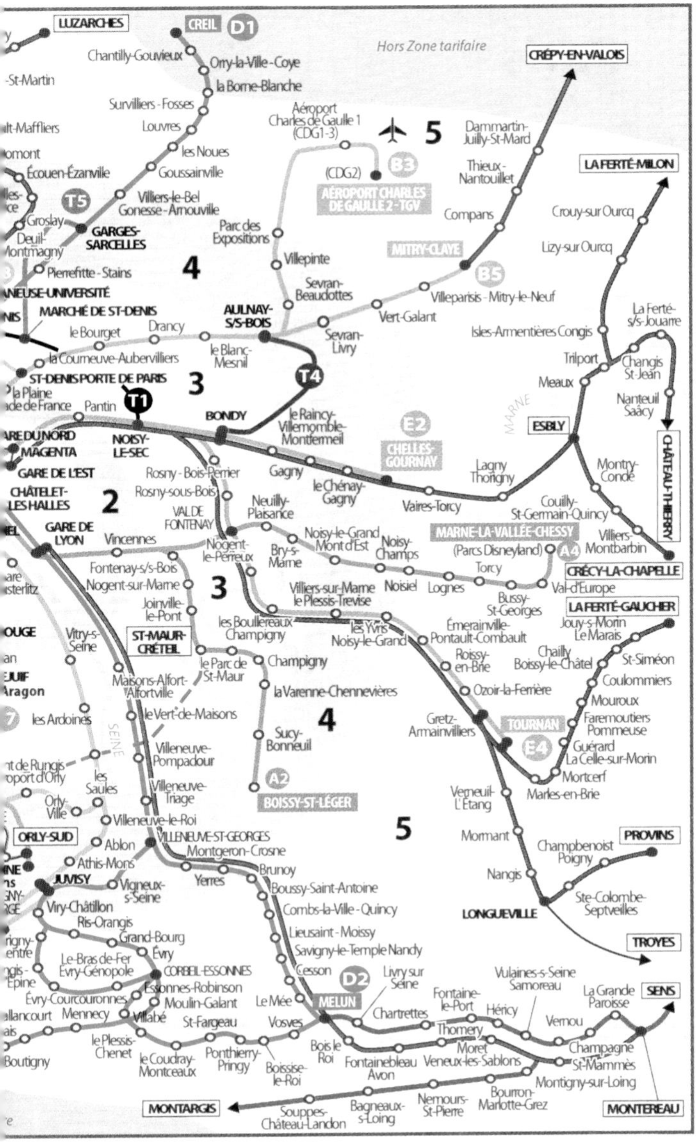
LUZARCHES
CREIL
D1
Chantilly-Gouvieux
Orry-la-Ville-Coye
la Borne-Blanche
Hors Zone tarifaire
CRÉPY-EN-VALOIS
-St-Martin
Survilliers-Fosses
Louvres
Aéroport Charles de Gaulle 1 (CDG1-3)
5
Dammartin-Juilly-St-Mard
les Noues
Goussainville
Écouen-Ézanville
(CDG2)
B3
Thieux-Nantouillet
LA FERTÉ-MILON
AÉROPORT CHARLES DE GAULLE 2 - TGV
T5
Villiers-le-Bel Gonesse-Arnouville
Groslay
Deuil-Montmagny
GARGES-SARCELLES
Parc des Expositions
Compans
Crouy-sur-Ourcq
MITRY-CLAYE
Lizy-sur-Ourcq
Villepinte
Pierrefitte-Stains
4
Sevran-Beaudottes
B5
Villeparisis-Mitry-le-Neuf
MARCHÉ DE ST-DENIS
AULNAY-S/S-BOIS
Vert-Galant
La Ferté-s/s-Jouarre
le Bourget
Drancy
Isles-Armentières Congis
Sevran-Livry
la Courneuve-Aubervilliers
le Blanc-Mesnil
Trilport
Changis St-Jean
T4
ST-DENIS PORTE DE PARIS
3
Meaux
la Plaine
Pantin
T1
Nanteuil Saâcy
MARNE
BONDY
le Raincy-Villemomble-Montfermeil
E2
ESBLY
MAGENTA
NOISY-LE-SEC
CHELLES-GOURNAY
CHÂTEAU-THIERRY
GARE DE L'EST
Rosny-Bois-Perrier
Gagny
Lagny Thorigny
Montry-Condé
CHÂTELET-LES HALLES
Rosny-sous-Bois
le Chénay-Gagny
2
Neuilly-Plaisance
Vaires-Torcy
Couilly-St-Germain-Quincy
VAL DE FONTENAY
GARE DE LYON
Vincennes
Nogent-le-Perreux
Noisy-le-Grand Mont d'Est
Noisy-Champs
MARNE-LA-VALLÉE-CHESSY
Bry-s-Marne
(Parcs Disneyland)
A4
Villiers-Montbarbin
Fontenay-s/s-Bois
Torcy
CRÉCY-LA-CHAPELLE
Nogent-sur-Marne
3
Villiers-sur-Marne le Plessis-Trevise
Noisiel
Lognes
Val d'Europe
Bussy-St-Georges
Joinville-le-Pont
LA FERTÉ-GAUCHER
les Boullereaux Champigny
les Yvris Noisy-le-Grand
Émerainville-Pontault-Combault
Jouy-s-Morin Le Marais
ST-MAUR-CRÉTEIL
Vitry-s-Seine
Roissy-en-Brie
Chailly Boissy-le-Châtel
St-Siméon
le Parc de St-Maur
Champigny
Coulommiers
Maisons-Alfort-Alfortville
la Varenne-Chennevières
Ozoir-la-Ferrière
Mouroux
les Ardoines
le Vert-de-Maisons
4
Gretz-Armainvilliers
TOURNAN
Faremoutiers Pommeuse
SEINE
Villeneuve-Pompadour
Sucy-Bonneuil
E4
Guérard La Celle-sur-Morin
les Saules
Mortcerf
Villeneuve-Triage
A2
Marles-en-Brie
Orly-Ville
BOISSY-ST-LÉGER
Verneuil-l'Étang
Villeneuve-le-Roi
5
ORLY-SUD
Ablon
VILLENEUVE-ST-GEORGES
Mormant
PROVINS
Montgeron-Crosne
Champbenoist Poigny
Athis-Mons
JUVISY
Vigneux-s-Seine
Yerres
Brunoy
Nangis
Boussy-Saint-Antoine
Viry-Châtillon
Combs-la-Ville-Quincy
Ste-Colombe-Septveilles
Ris-Orangis
LONGUEVILLE
Lieusaint-Moissy
Grand-Bourg
Savigny-le-Temple Nandy
TROYES
Évry
Le-Bras-de-Fer Évry-Génopole
CORBEIL-ESSONNES
Cesson
D2
Livry sur Seine
Vulaines-s-Seine Samoreau
Essonnes-Robinson
La Grande Paroisse
SENS
Évry-Courcouronnes
Moulin-Galant
Le Mée
MELUN
Fontaine-le-Port
Mennecy
Villabé
Chartrettes
Héricy
Vernou
St-Fargeau
Vosves
Thomery
le Plessis-Chenet
Bois le Roi
Moret Veneux-les-Sablons
Champagne
St-Mammès
Boutigny
le Coudray-Montceaux
Ponthierry-Pringy
Boissise-le-Roi
Fontainebleau Avon
Montigny-sur-Loing
Bourron-Marlotte-Grez
MONTARGIS
Souppes-Château-Landon
Bagneaux-s-Loing
Nemours-St-Pierre
MONTEREAU

Paris

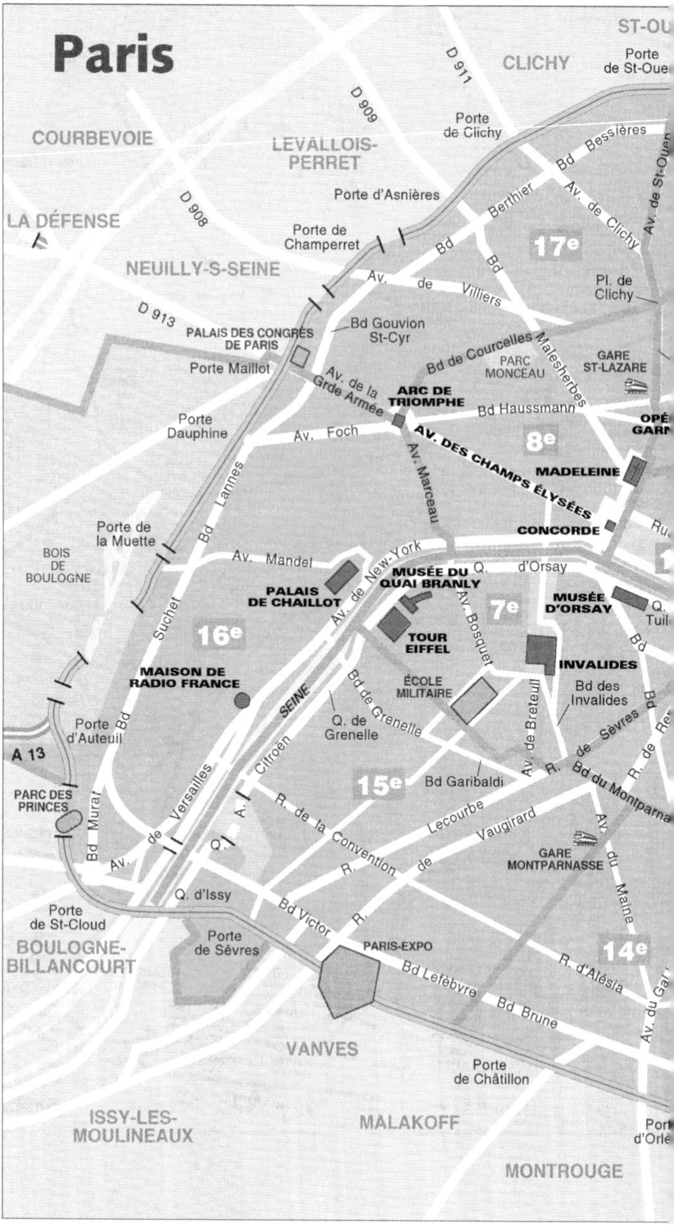

CLICHY
Porte de St-Oue
COURBEVOIE
LEVALLOIS-PERRET
Porte de Clichy
Bd Bessières
Porte d'Asnières
LA DÉFENSE
Bd Berthier
Av. de Clichy
Porte de Champerret
17e
NEUILLY-S-SEINE
Av. de Villiers
Pl. de Clichy
D 913
PALAIS DES CONGRÈS DE PARIS
Bd Gouvion St-Cyr
Bd de Courcelles
PARC MONCEAU
GARE ST-LAZARE
Porte Maillot
Av. de la Grde Armée
ARC DE TRIOMPHE
Bd Haussmann
Malesherbes
Porte Dauphine
Av. Foch
AV. DES CHAMPS ÉLYSÉES
8e
MADELEINE
Av. Marceau
Bd Lannes
CONCORDE
Porte de la Muette
Av. Mandel
Av. de New-York
BOIS DE BOULOGNE
MUSÉE DU QUAI BRANLY
Q. d'Orsay
PALAIS DE CHAILLOT
MUSÉE D'ORSAY
7e
Av. Bosquet
Suchet
16e
TOUR EIFFEL
INVALIDES
MAISON DE RADIO FRANCE
ÉCOLE MILITAIRE
Bd des Invalides
SEINE
Bd de Grenelle
Q. de Grenelle
R. de Sèvres
Porte d'Auteuil
A 13
Av. de Breteuil
Citroën
Bd Garibaldi
Bd du Montparna
PARC DES PRINCES
15e
Bd Murat
Av. de Versailles
R. de la Convention
Lecourbe
R. de Vaugirard
GARE MONTPARNASSE
Av. du Maine
Q. d'Issy
Porte de St-Cloud
Bd Victor
BOULOGNE-BILLANCOURT
Porte de Sèvres
PARIS-EXPO
14e
Bd Lefèbvre
R. d'Alésia
Bd Brune
VANVES
Porte de Châtillon
ISSY-LES-MOULINEAUX
MALAKOFF
MONTROUGE
D 911
D 909
D 908

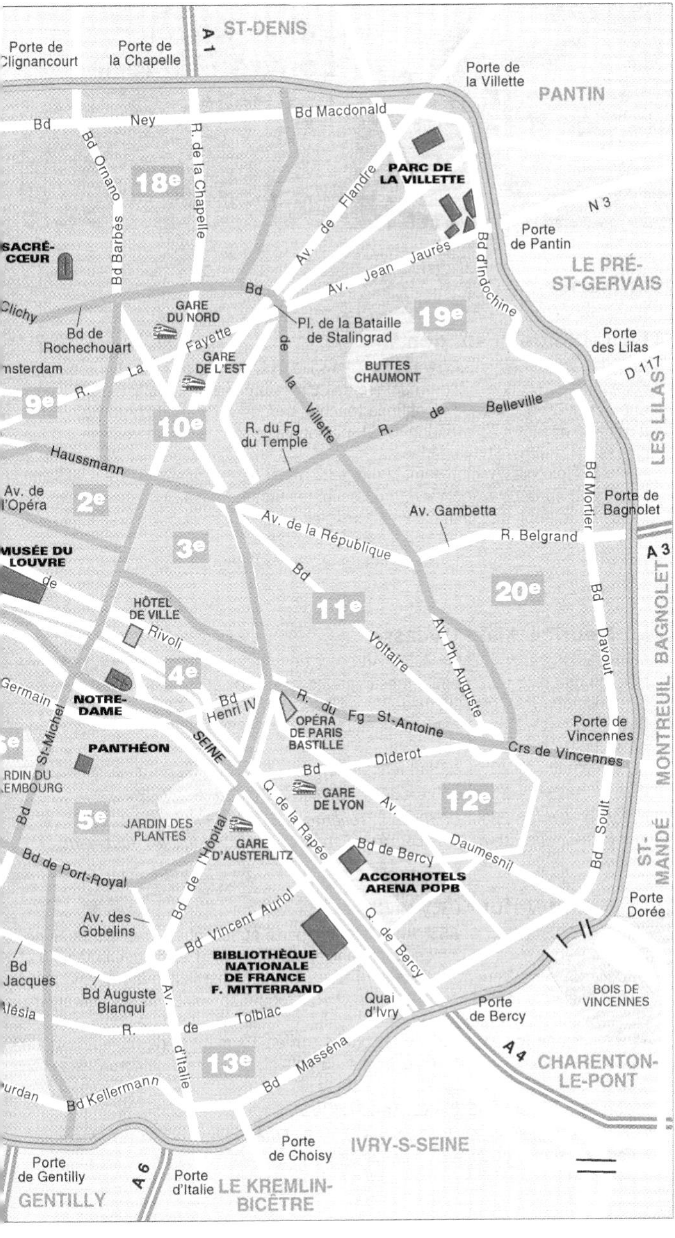
ST-DENIS
A 1
Porte de Clignancourt
Porte de la Chapelle
Porte de la Villette
PANTIN
Bd Macdonald
Bd Ney
Bd Ornano
R. de la Chapelle
18e
PARC DE LA VILLETTE
Av. de Flandre
N 3
Porte de Pantin
Bd d'Indochine
Av. Jean Jaurès
LE PRÉ-ST-GERVAIS
SACRÉ-CŒUR
Bd Barbès
Bd
Clichy
GARE DU NORD
Pl. de la Bataille de Stalingrad
19e
Bd de Rochechouart
R. La Fayette
GARE DE L'EST
Porte des Lilas
BUTTES CHAUMONT
D 117
Amsterdam
9e
R. de la Villette
R. de Belleville
LES LILAS
10e
R. du Fg du Temple
Haussmann
Bd Mortier
Av. de l'Opéra
2e
Porte de Bagnolet
Av. Gambetta
Av. de la République
R. Belgrand
MUSÉE DU LOUVRE
3e
A 3
de
Bd Voltaire
20e
HÔTEL DE VILLE
11e
Bd Davout
BAGNOLET
Rivoli
Av. Ph. Auguste
4e
Germain
NOTRE-DAME
Bd Henri IV
R. du Fg St-Antoine
OPÉRA DE PARIS BASTILLE
Porte de Vincennes
MONTREUIL
St-Michel
SEINE
PANTHÉON
Crs de Vincennes
Bd Diderot
JARDIN DU LUXEMBOURG
GARE DE LYON
12e
Av. Daumesnil
5e
JARDIN DES PLANTES
Q. de la Rapée
Bd Soult
GARE D'AUSTERLITZ
ST-MANDÉ
Bd de l'Hôpital
Bd de Port-Royal
Bd de Bercy
ACCORHOTELS ARENA POPB
Porte Dorée
Av. des Gobelins
Bd Vincent Auriol
Q. de Bercy
Bd Jacques
BIBLIOTHÈQUE NATIONALE DE FRANCE F. MITTERRAND
Bd Auguste Blanqui
BOIS DE VINCENNES
Alésia
Quai d'Ivry
Porte de Bercy
R. de Tolbiac
Av. d'Italie
A 4
13e
Bd Masséna
CHARENTON-LE-PONT
Bd Kellermann
Porte de Choisy
IVRY-S-SEINE
Porte de Gentilly
A 6
Porte d'Italie
GENTILLY
LE KREMLIN-BICÊTRE

Palais-Royal · Louvre · Tuileries · Les Halles

✉ 75001

1er ARRONDISSEMENT

Restaurants

✿✿ La Table de l'Espadon Ⓝ

CUISINE MODERNE • ÉLÉGANT XXXXX La salle, submergée d'ors et de drapés, est éblouissante. Dans cet écrin magique, la cuisine précise de Nicolas Sale étincèle. Choisissez l'appât, puis le fil, enfin la touche : l'annonce des plats regorge de clins d'œil à la pêche et à l'espadon. Goût, personnalité, intensité : un vent de modernité souffle sur le Ritz. Superbe !

→ Air de foie gras, melon semi-confit, lait d'amande et graines de courge. Saint-pierre rôti au beurre de safran, mousseline et barigoule d'artichaut, émulsion de coquillages. Tablettes crémeuse et sorbet chocolat sambirano.

Menu 195/330 € - Carte 186/456 €

Hôtel Ritz, 15 pl. Vendôme Ⓜ Opéra - ✆ 01 43 16 33 74 - www.ritzparis.com - Fermé le midi

✿✿ Le Meurice Alain Ducasse

CUISINE MODERNE • LUXE XXXXX Au cœur du célèbre palace, ce lieu est l'archétype du grand restaurant à la française avec son décor éminemment luxueux, inspiré des appartements royaux de Versailles, et revisité avec talent par le designer Philippe Starck. Sous l'égide d'Alain Ducasse, l'assiette célèbre les plus beaux produits. De l'art, du style !

→ Pâté chaud de pintade. Bar, fenouil et citron. Chocolat de notre manufacture.

Formule 85 € - Menu 110 € (déj.), 130/380 € - Carte 230/340 €

Hôtel Le Meurice, 228 r. de Rivoli Ⓜ Tuileries - ✆ 01 44 58 10 55 - www.alainducasse-meurice.com/fr - Fermé 6-20 fév., 31 juil.-28 août, sam. et dim.

✿✿ Le Grand Véfour (Guy Martin)

CUISINE CRÉATIVE • CLASSIQUE XXXX Bonaparte et Joséphine, Lamartine, Hugo, Sartre... Depuis plus de deux siècles, l'ancien Café de Chartres cultive la légende ! Guy Martin en entretient aujourd'hui l'aura : influencé par les voyages et la peinture - couleurs, formes, textures -, le chef "croque" ses plats comme un artiste, entre invention... et grande histoire.

→ Ravioles de foie gras, crème foisonnée truffée. Parmentier de queue de bœuf aux truffes. Palet noisette et chocolat au lait, glace au caramel brun et sel de Guérande.

Menu 115 € (déj.)/315 € - Carte 230/295 €

17 r. de Beaujolais Ⓜ Palais Royal - ✆ 01 42 96 56 27 - www.grand-vefour.com - Fermé 3 semaines en août, sam. et dim.

Se régaler sans se ruiner ? Repérez les Bib Gourmand ☺. Ils vous aideront à dénicher les bonnes tables sachant marier cuisine de qualité et prix ajustés !

✿✿ Carré des Feuillants (Alain Dutournier)

CUISINE MODERNE • ÉLÉGANT XXXX Atmosphère élégante et contemporaine, sur le site du couvent des Feuillants. Alain Dutournier signe une cuisine raffinée et bien dans son époque, aux jolis accents gascons - lui qui est originaire des Landes. Superbes vins et armagnacs.

→ Fines aiguillettes de bar sauvage, copeaux de poutargue, bonbon de tomate et jus de griotte. Caneton croisé au foie gras, cuisse poudrée d'olive et sauce bigarade. Tarte à la rhubarbe caramélisée, gariguette pistachée et crème glacée vanille.

Menu 60 € (déj.)/178 € - Carte 125/160 €

14 r. de Castiglione Ⓜ Tuileries - ✆ 01 42 86 82 82 - www.carredesfeuillants.fr - Fermé août, sam. et dim.

✿✿ Sur Mesure par Thierry Marx

CUISINE CRÉATIVE • DESIGN XXX Voilà bien un travail d'orfèvre, millimétré et "sur mesure" : Thierry Marx confirme son talent de grand faiseur ; chaque assiette révèle le geste d'un chercheur inlassable, parfois malicieux, toujours exact. Une expérience en soi, à laquelle contribue l'étonnant décor, immaculé et éthéré.

→ Soupe à l'oignon en trompe-l'œil. Bœuf charbon, aubergine grillée, sirop d'érable et vinaigre de feuille de cerisier. Ylang-ylang.

Menu 85 € (déj. en semaine), 180/210 €

Hôtel Mandarin Oriental, 251 r. St-Honoré Ⓜ Concorde - ✆ 01 70 98 71 25 - www.mandarinoriental.fr/paris/ - Fermé de fin-juil. à fin-août, dim. et lundi

✿✿ Kei (Kei Kobayashi)

CUISINE MODERNE • ÉLÉGANT XXX Enfant au Japon, Kei Kobayashi découvre la gastronomie française à la télévision. Une révélation ! La majorité venue, il gagne l'Hexagone pour une formation dans les plus grandes maisons. Ce parcours s'incarne aujourd'hui chez lui, dans des menus métissés, finement composés, qu'il renouvelle régulièrement selon son inspiration.

→ Jardin de légumes croquants, saumon fumé d'Écosse, mousse de roquette, émulsion de citron et crumble d'olives. Bar de ligne rôti sur ses écailles, marmelade d'algue nori. Vacherin aux fraises et au miso.

Menu 56 € (déj.), 99/195 €

5 r. du Coq-Héron Ⓜ Louvre Rivoli - ✆ 01 42 33 14 74 - www.restaurant-kei.fr - Fermé vacances de printemps, 3 semaines en août, vacances de Noël, jeudi midi, dim. et lundi

✿ Les Jardins de l'Espadon Ⓝ

CUISINE MODERNE • ROMANTIQUE XXX Principale nouveauté du Ritz réinventé : cette véranda rétractable, à laquelle on accède par une galerie fleurie, et dorée. À midi, on y déguste les jolies préparations de Nicolas Sale : carte courte, cuisine inventive et réglée sur les saisons, service irréprochable... Une réussite.

→ Cannelloni de langoustine, chou pointu et sauce au vin de Meursault. Merlan de ligne et crème de charlotte grenobloise. Chocolat de Madagascar, textures de meringue et sauce chocolat frappé.

Formule 95 € - Menu 120/145 €

Hôtel Ritz, 15 pl. Vendôme Ⓜ Opéra - ✆ 01 43 16 33 74 - www.ritzparis.com - Fermé sam., dim. et le soir

✿ Le Baudelaire

CUISINE MODERNE • ÉLÉGANT XXX On se sent parfaitement à son aise dans ce restaurant raffiné, niché au cœur d'un jeune palace arty et feutré célébrant le nouveau chic parisien... Le chef Guillaume Goupil (ancien second de Stéphanie Le Quellec au Prince de Galles) y compose une belle cuisine au goût du jour, tout en maîtrise : suaves instants...

→ Foie gras de canard en fines ravioles, bouillon clair, bigorneaux et amarante. Lieu jaune de ligne étuvé aux algues, gnocchis de céleri et jus d'arêtes. Fraises mara des bois, sorbet yaourt et estragon, sablé noisette et meringue craquante.

Formule 54 € - Menu 58 € (déj.), 105/210 € 🍷 - Carte 100/170 €

Hôtel Le Burgundy, 6-8 r. Duphot Ⓜ Madeleine - ✆ 01 71 19 49 11 - www.leburgundy.com - Fermé le midi en août, sam. midi et dim.

PARIS

Restaurant du Palais Royal

CUISINE CRÉATIVE • ÉLÉGANT Dans un cadre exceptionnel – sous les arcades longeant le Palais Royal –, on trouve cet élégant restaurant où officie le jeune chef Philip Chronopoulos, ancien de l'Atelier de Joël Robuchon – Étoile. Il signe une cuisine percutante et tout en raffinement, à la créativité bien maîtrisée : royal, c'est le mot...

➜ Poulpe au piment fumé, pommes grenaille caramélisées. Grosses langoustines saisies, lait d'amande aux herbes et chou-fleur rôti. Citron meringué, crémeux à la noix de coco.

Menu 48 € (déj.)/142 € – Carte 90/115 €

110 galerie de Valois Ⓜ Palais Royal – ✆ 01 40 20 00 27 – www.restaurantdupalaisroyal.com – Fermé dim. et lundi

La Dame de Pic

CUISINE CRÉATIVE • DESIGN Le restaurant parisien d'Anne-Sophie Pic, à deux pas du Louvre. On reconnaît bien le sens des saveurs de la chef valentinoise, l'exactitude de ses créations, sa capacité à associer des ingrédients inédits, à l'image de ces cuisses de grenouilles en fricassée au thé Lapsang Souchong, ou de l'agneau rôti à la chartreuse et légumes primeurs.

➜ Œuf de poule et champignons bruns de Paris, consommé infusé au gingembre et au géranium rosat. Paleron de bœuf Black Angus légèrement fumé au café, girolles au jus. Poire pochée, crème légère et glace à la vanille de Madagascar.

Menu 59 € (déj. en semaine), 105/135 €

20 r. du Louvre Ⓜ Louvre Rivoli – ✆ 01 42 60 40 40 – www.anne-sophie-pic.com – Fermé 7-20 août

Yam'Tcha (Adeline Grattard)

CUISINE CRÉATIVE • ÉLÉGANT C'est dorénavant rue St-Honoré (à 50 m de sa précédente adresse) qu'œuvre Adeline Grattard. Sens du produit remarquable, associations simples et saisissantes – entre France et Asie – pensées en accord avec une sélection d'excellents thés : la jeune chef, formée à l'Astrance et à Hong Kong, cultive la limpidité avec brio !

➜ Cuisine du marché.

Menu 65 € (déj. en semaine)/135 €

121 r. St-Honoré Ⓜ Louvre Rivoli – ✆ 01 40 26 08 07 (réservation conseillée) – www.yamtcha.com – Fermé août, vacances de Noël, mardi midi, dim. et lundi

Jin

CUISINE JAPONAISE • ÉLÉGANT Un écrin de choix pour la gastronomie japonaise, en plein cœur de Paris ! Jin, c'est d'abord – et surtout – le savoir-faire de Takuya Watanabe, chef originaire de Niseko ; il réalise sous vos yeux de délicieux sushis et sashimis, avec des poissons venus de Bretagne, d'Oléron et d'Espagne... Toute la carte est un régal.

➜ Cuisine du marché.

Menu 95 € (déj.)/145 €

6 r. de la Sourdière Ⓜ Tuileries – ✆ 01 42 61 60 71 (réservation conseillée) – Fermé 2 semaines en août, vacances de Noël, dim. et lundi

Café des Abattoirs

VIANDES • BISTRO Le pari de Michel Rostang ? Créer un bistrot à viande en clin d'œil à celui que son aïeul tenait jadis à Pont-de-Beauvoisin, dans l'Isère. De beaux morceaux de choix, tendres et bien maturés – veau du Limousin, agneau de l'Aveyron, bœuf Black Angus –, à accompagner des délicieuses sauces maison... On se régale.

Menu 32/45 €

10 r. Gomboust Ⓜ Pyramides – ✆ 01 76 21 77 60 (réservation conseillée) – www.cafedesabattoirs.com

Zen

CUISINE JAPONAISE · ÉPURÉ ✗ Cette table japonaise séduisante associe un décor contemporain rafraîchissant et une authentique cuisine nippone : la carte, étoffée, est fidèle aux classiques sushis, grillades et autres tempuras, les grandes spécialités de la maison étant les gyozas et le chirashi. Idéal pour un déjeuner sur le pouce ou un dîner zen...

Menu 20 € (déj. en semaine), 30/60 € - Carte 20/40 €

8 r. de L'Échelle Ⓜ Palais Royal - ✆ 01 42 61 93 99 - www.restaurantzenparis.fr - Fermé 2 semaines en août, 31 déc.-5 janv.

Mee

CUISINE CORÉENNE · ÉPURÉ ✗ Le jeune patron a ouvert ce bistrot avec une idée en tête : proposer des plats coréens de qualité à prix serrés. Pari tenu ! On se régale de bouchées (ravioles, beignets), de soupes et de bons plats - basse-côte de bœuf, échine de porc, seiche - préparés à la coréenne. C'est goûteux et relevé : on se régale !

Formule 15 € - Carte 22/30 €

5 r. d'Argenteuil Ⓜ Palais Royal - ✆ 01 42 86 11 85 - www.mee.paris - Fermé dim.

Macéo

CUISINE MODERNE · CLASSIQUE ✗✗✗ Macéo, c'est d'abord un hommage du patron à Maceo Parker, grand saxophoniste américain et ancien acolyte de James Brown... C'est aussi un cadre Second Empire et une cuisine de saison comme on les aime, à l'image de cette canette rôtie et mini légumes aux saveurs ibériques, ou des ravioles de bœuf confit. Menu végétarien et carte de vins du monde.

Formule 28 € - Menu 30 € (déj. en semaine)/40 € - Carte 50/58 €

15 r. Petits-Champs Ⓜ Bourse - ✆ 01 42 97 53 85 - www.maceorestaurant.com - Fermé sam. midi, dim. et fériés

Le Dali

CUISINE MODERNE · CHIC ✗✗ Le "deuxième" restaurant du Meurice, situé au cœur de la vie du palace, à la fois lieu de rendez-vous et... table soignée, qui propose une agréable cuisine de saison aux doux accents méditerranéens. Le beau décor classique - pilastres et miroirs - rend hommage à Dalí, qui fut un hôte fidèle des lieux.

Formule 48 € - Menu 64/78 € - Carte 65/125 €

Hôtel Le Meurice, 228 r. de Rivoli Ⓜ Tuileries - ✆ 01 44 58 10 44 - www.dorchestercollection.com/fr/paris/le-meurice/

Camélia

CUISINE MODERNE · ÉLÉGANT ✗✗ Faire simple, se concentrer sur la saveur de très beaux produits, s'inspirer des classiques de la gastronomie française et les rehausser d'une touche d'Asie : tel est le credo de Thierry Marx pour ce Camélia, un lieu élégant, apaisant, zen... Une réussite indéniable.

Menu 60 € (déj. en semaine)/88 € - Carte 75/130 €

Hôtel Mandarin Oriental, 251 r. St-Honoré Ⓜ Concorde - ✆ 01 70 98 74 00 - www.mandarinoriental.fr/paris/

Le Lulli

CUISINE MODERNE · ÉLÉGANT ✗✗ Décoration végétale et peintures contemporaines : la belle décoration incite à profiter de l'instant ! En cuisine, on trouve Clément Le Norcy, chef au beau parcours, qui compose une cuisine franche au plus près des saisons et des produits. Quant au service, aimable et pro, il achève de nous convaincre !

Formule 29 € - Menu 38 € - Carte 58/72 €

Grand Hôtel du Palais Royal, 4 r. de Valois Ⓜ Palais Royal - ✆ 01 42 96 15 35 - www.grandhoteldupalaisroyal.com - Fermé 31 juil.-27 août, sam., dim. et fériés

Loulou (N)

CUISINE ITALIENNE • COSY XX Le nouveau restaurant italien du musée des Arts décoratifs enchante les jardins du Louvre. C'est chic, cosy, et savoureux – vitello tonnato, poulpe tiède aux agrumes, osso bucco à la milanaise, tarte choco-caramel, etc. Le service, stylé et professionnel, comme l'élégante terrasse, ajoutent à l'exquise expérience.

Carte 38/65 €

107 r. Rivoli (musée des Arts Décoratifs) Ⓜ Palais Royal – ✆ 01 42 60 41 96

Le First

CUISINE MODERNE • ÉLÉGANT XX À deux pas des Tuileries, au sein du Westin, un véritable boudoir aux éclairages veloutés – la griffe Jacques Garcia –, où la cuisine revisite la tradition avec respect. L'été, direction la terrasse dressée dans la cour, si paisible...

Menu 51 € 🍷 – Carte 56/77 €

Hôtel The Westin Paris, 234 r. de Rivoli Ⓜ Tuileries – ✆ 01 44 77 10 40 – www.lefirstrestaurant.com/fr/

Kinugawa Vendôme

soir,

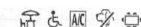

CUISINE JAPONAISE • DESIGN XX Cette table japonaise bien connue s'est métamorphosée sous l'égide du tandem Gilles & Boissier, qui en a repensé le décor, mêlant esprit contemporain et esthétique nippone : une élégante réussite. Au menu : de belles spécialités, tout en fraîcheur et maîtrise. Comptoir à sushis à l'étage.

Formule 36 € – Carte 38/80 €

9 r. du Mont-Thabor Ⓜ Tuileries – ✆ 01 42 60 65 07 – www.kinugawa.fr – Fermé 2 semaines en août

Saudade

CUISINE PORTUGAISE • EXOTIQUE XX Pour un repas au Portugal... en plein Paris ! Gardienne des traditions, Maria De Fatima n'a pas son pareil pour préparer viande de porc aux palourdes, "caldo verde" (soupe au chou) et "arroz doce" (riz au lait à la cannelle). Sans oublier le plat national, la morue, proposée sous toutes ses formes.

Menu 24 € 🍷 (déj. en semaine) – Carte 32/52 €

34 r. des Bourdonnais Ⓜ Pont Neuf – ✆ 01 42 36 03 65 – www.restaurantsaudade.com – Fermé août et dim.

Champeaux (N)

CUISINE TRADITIONNELLE • BRASSERIE X Le restaurant Champeaux, immortalisé par Zola, était situé place de la Bourse, non loin des Halles. Devenue brasserie contemporaine sous la canopée, il appartient à la galaxie Ducasse. Pâté en croûte, œufs mimosa, bavette, blanquette : les classiques sont bien là, goûteux. La carte murale reproduit les annonces de départ de train : soufflé chaud annoncé à 13h15 !

Carte 30/66 €

La Canopée (Forum des Halles-Porte Rambuteau) Ⓜ Les Halles – ✆ 01 53 45 84 50 – www.restaurant.champeaux.com – Fermé août, sam. et dim.

Sequana (N)

CUISINE MODERNE • CONVIVIAL X Eugénie, Sénégalaise, en cuisine, conserve de son enfance le souvenir de plats familiaux ; Philippe excelle au pain et à la pâtisserie. Dans l'assiette, une cuisine virevoltante et d'une fraîcheur absolue, à l'instar de l'ormeau et l'artichaut, la sole et la fleur d'oranger... Le tout en bordure de Seine (ou Sequana, en Celte).

Formule 24 € – Menu 32 € (déj.), 47/67 €

72 quai des Orfèvres Ⓜ Pont Neuf – ✆ 01 43 29 78 81 – www.sequana.paris – fermé dim. et lundi

JanTchi N

A/C

CUISINE CORÉENNE • SIMPLE Jantchi signifie "fête" en coréen. Prenez place dans la (petite) file d'attente sur le trottoir de la rue Thérèse. Ici, pas de réservation mais de grands classiques de la cuisine coréenne : kounmandou (raviolis frits au porc et légumes), bibimbap et barbecue coréen. Simple, convivial, authentique : une fête, vous dit-on !

Formule 13 € - Carte 26/35 €

6 r. Thérèse M Pyramides - 01 40 15 91 07 (sans réservation) - www.jantchi.com - Fermé 2 semaines en août et dim.

Spring

A/C

CUISINE CRÉATIVE • BRANCHÉ Daniel Rose, originaire de Chicago, est un chef décontracté, épicurien et inspiré, à l'image de son chef Gilles Chesneau. Ce lieu convivial leur ressemble. La cuisine, libérée, abolit les conventions sans jamais dérouter, car elle est toujours guidée par le souci des saveurs. Le printemps... en toute saison.

Menu 84 €

6 r. Bailleul M Louvre Rivoli - 01 45 96 05 72 (réservation conseillée) - www.springparis.fr - Fermé le midi, dim. et lundi

Kunitoraya

A/C

CUISINE JAPONAISE • VINTAGE Vieux zinc, miroirs et faïence métro : le Paris des soupers 1900... pour une cuisine nippone soignée à base d'udon, pâtes maison réalisées avec une farine de blé importée du Japon !

Formule 23 € - Menu 32 € (déj. en semaine), 70/100 € - Carte environ 40 €

5 r. Villedo M Pyramides - 01 47 03 07 74 - www.kunitoraya.com - Fermé 2 semaines en août, vacances de Noël, dim. soir et lundi

Les Cartes Postales

A/C

CUISINE TRADITIONNELLE • ÉPURÉ Galette de crabe à la vinaigrette de pamplemousse, turbot mi-cuit mi-cru façon japonaise, croustillant de marron glacé : voilà la savoureuse cuisine française relevée de notes nippones que signe Yoshimasa Watanabe, chef arrivé du Japon il y a une trentaine d'années. Intéressante formule et demi-portions à la carte.

Formule 30 € - Menu 50 € - Carte 45/80 €

7 r. Gomboust M Pyramides - 01 42 61 02 93 - Fermé 3 semaines en août, vacances de Noël, lundi soir, sam. midi et dim.

L'Absinthe

A/C

CUISINE TRADITIONNELLE • BISTRO Un bistrot néorétro plein d'allure, qui rappelle l'époque où la "fée verte" était en vogue (zinc, carrelage ancien, horloge monumentale). Dans l'assiette, plats traditionnels de saison et spécialités de la maison : pâté en croûte et foie gras, ravioles de Romans à la crème de langoustines...

Formule 25 € - Menu 45/50 € - Carte environ 50 €

24 pl. Marché-St-Honoré M Pyramides - 01 49 26 90 04 - www.restaurantabsinthe.com - Fermé sam. midi et dim.

Pirouette

A/C

CUISINE MODERNE • CONVIVIAL À deux pas de la nouvelle "canopée" des Halles, sur une petite place tranquille avec terrasse, une adresse contemporaine aux airs de loft gourmand. Le chef François-Xavier Ferrol, nouvellement arrivé, joue avec les recettes traditionnelles de la cuisine française, y ajoutant espièglerie et pirouettes, à l'instar de ces gnocchis cacahuète croustillants et fondants, chorizo et cèpes.

Formule 20 € - Menu 45/65 € - Carte 45/52 €

5 r. Mondétour M Châtelet-Les Halles - 01 40 26 47 81 - www.restaurantpirouette.com - Fermé 3 semaines en août et dim.

L'Ardoise

CUISINE TRADITIONNELLE • CONVIVIAL Avec ses murs recouverts d'ardoise, ce restaurant porte bien son nom. Voilà un sympathique hommage rendu à l'esprit bistrotier, hommage qui prévaut également dans l'assiette, à l'instar de ce délicieux filet de bœuf sauce bordelaise et pommes anna. Générosité et parfums : on se régale !

Formule 34 € - Menu 38 €

28 r. du Mont-Thabor Concorde - 01 42 96 28 18 - www.lardoise-paris.com - Fermé dim. midi

La Régalade St-Honoré

CUISINE TRADITIONNELLE • VINTAGE Bruno Doucet régale toujours les épicuriens du quartier des Halles avec des recettes à la gloire du terroir et du marché. Après avec patienté avec la délicieuse terrine du chef, régalez-vous de girolles poêlées au jus de viande et œuf poché, ou d'un pigeonneau rôti à la broche... sans oublier l'emblématique riz au lait et soufflé chaud.

Menu 37 €

106 r. St-Honoré Louvre Rivoli - 01 42 21 92 40 (réservation conseillée) - Fermé août, 24 déc.-4 janv., sam. et dim.

Zébulon

CUISINE MODERNE • CONVIVIAL À deux pas du Palais-Royal, la deuxième adresse des associés à l'origine de Pirouette, dans le 1er arrondissement. Ils font à nouveau mouche avec de bonnes recettes classiques revisitées – poêlée de cèpes, palombes déclinaison de pommes de terre – servies dans une belle salle aux allures de loft.

Menu 28 € (déj.), 45/60 € - Carte 46/62 €

10 r. de Richelieu Palais Royal - 01 42 36 49 44 - www.zebulon-palaisroyal.com - Fermé 31 juil.-22 août et dim.

Bistrot Mavrommatis

CUISINE GRECQUE • CONVIVIAL Un petit temple grec à deux pas de l'église de la Madeleine : épicerie au rez-de-chaussée, taverne à l'étage (photos du pays), nombreuses spécialités pour se restaurer à bon compte.

Formule 23 € - Menu 26 € - Carte 32/46 €

18 r. Duphot (1er étage) Madeleine - 01 42 97 53 04 - www.mavrommatis.com - Fermé 3 semaines en août, sam., dim., fériés et le soir

Baan Boran

CUISINE THAÏLANDAISE • EXOTIQUE Juste en face du théâtre du Palais-Royal, un voyage à travers les provinces de la Thaïlande... Voilà la promesse de ce Baan Boran ; on s'y croirait ! Les classiques de la gastronomie thaïe sont préparés au wok et servis dans un cadre contemporain épuré (bois exotique, cuir, tons beige et gris).

Formule 15 € - Menu 17 € (déj.)/40 € - Carte 28/43 €

43 r. Montpensier Palais Royal - 01 40 15 90 45 - www.baan-boran.com - Fermé sam. midi et dim.

Ellsworth

CUISINE MODERNE • BISTRO Dans cette petite adresse aux faux airs de bistrot, un jeune chef canadien compose une cuisine aux multiples influences, bien dans l'air du temps, avec une parfaite maîtrise des saveurs et des assaisonnements. Encornet grillé, poivron rouge et poireau ; merlan, tomates anciennes, céleri et beurre noisette... Simple et bon.

Formule 20 € - Menu 26 € (déj. en semaine) - Carte 29/47 €

34 r. de Richelieu Pyramides - 01 42 60 59 66 - www.ellsworthparis.com - Fermé dim. soir et lundi

Nodaïwa

CUISINE JAPONAISE • ÉPURÉ Cette petite adresse, dont la maison-mère est située à Tokyo, est spécialisée dans un produit atypique... l'anguille ! Elle est travaillée méticuleusement et assaisonnée avec du soja ou du sancho, un poivre asiatique. La grande majorité de la clientèle est japonaise, ce qui en dit long sur la qualité de la cuisine.

Formule 20 € - Menu 24/78 €

272 r. St-Honoré Ⓜ Palais Royal - ✆ 01 42 86 03 42 - www.nodaiwa.com - Fermé 1er-20 août, 30 déc.-10 janv. et dim.

Crudus

CUISINE ITALIENNE • ÉPURÉ Dans ce petit restaurant italien, priorité aux produits bio... Des saveurs naturelles à déguster dans un décor simple et avenant (parquet, murs blancs, tables en plexiglas).

Formule 29 € - Menu 39 € (déj.) - Carte 41/64 €

21 r. St-Roch Ⓜ Pyramides - ✆ 01 42 60 90 29 (réservation conseillée) - Fermé août, sam., dim. et fériés

Sanukiya

CUISINE JAPONAISE • ÉPURÉ Savez-vous ce que sont les udon ? Pour le découvrir, rendez-vous dans ce restaurant de poche : ces nouilles japonaises à base de farine de blé sont la spécialité de cette petite table nippone ! Elles s'accompagnent de galettes de légumes et de crevettes, d'algues, de beignets nature... Simple et authentique.

Carte 12/28 €

9 r. d'Argenteuil Ⓜ Pyramides - ✆ 01 42 60 52 61 - Fermé 2 semaines en août et 31 déc.-5 janv.

Lescure

CUISINE TRADITIONNELLE • CONVIVIAL Une auberge familiale et conviviale tout près de la grandiose place de la Concorde, voilà qui est original ! On trouve ici de quoi se rasséréner, en dégustant, au coude-à-coude à la table commune, de copieuses recettes traditionnelles : pâté en croûte, canard confit, poule au pot farcie...

Menu 26 € 🍷 (semaine) - Carte 25/44 €

7 r. Mondovi Ⓜ Concorde - ✆ 01 42 60 18 91 - www.lescure1919.fr - Fermé août, 23 déc.-3 janv., sam. et dim.

Gwadar

CUISINE INDIENNE • EXOTIQUE Niché sur une banquette en velours, dans un cadre cosy et sobre, on voit défiler de beaux petits plats indo-pakistanais... Et l'on salive en attendant son poulet tandoori...

Menu 16 € (déj.), 21/26 € - Carte 25/40 €

39 r. St-Roch Ⓜ Pyramides - ✆ 01 42 96 28 24 - www.restaurantgwadar.com - Fermé dim.

AG Les Halles Ⓝ

CUISINE MODERNE • CONVIVIAL Chair de tourteau, avocat, courgette et pomelos; quasi de veau aux pêches : on s'installe sous la belle verrière pour déguster les plats soignés d'un chef d'origine libanaise né au Libéria, véritable bourlingueur des saveurs. Ne manquez pas le dessert signature, le No Cheese cake au yuzu et sirop au basilic. Petite terrasse sur rue.

Menu 30/55 € - Carte 34/48 €

14 r. Mondétour Ⓜ Les Halles - ✆ 01 42 61 37 17 - Fermé août, sam. et dim.

Taokan - St-Honoré Ⓝ

CUISINE CHINOISE • COSY Tao, c'est la voie, le chemin ; Kan, signifie "prendre soin" : TaoKan, le lieu où l'on honore les saveurs de la gastronomie cantonaise, matinée de touches taïwanaises - ainsi ces raviolis pékinois grillés, pavé de cabillaud vapeur, julienne de gingembre et sauce au thé blanc (Bai cha xie yu). On se régale !

Menu 28 € (déj.), 38/70 € - Carte 35/67 €

1 r. Mont-Thabor Ⓜ Tuileries - ✆ 01 42 61 97 88 - www.taokan.fr - Fermé dim. midi

Hôtels

Ritz

GRAND LUXE • HISTORIQUE L'hôtel mythique revit après 4 ans de travaux et son luxe laisse toujours rêveur. En 1898, César Ritz inaugura, dans l'écrin légendaire de la place Vendôme, "l'hôtel parfait" : Proust, Hemingway, Coco Chanel en furent les hôtes, séduits par le raffinement incomparable... d'un palace de 28 000m^2 ! Tout y est splendide, du Bar Hemingway au spa de 1500 m^2 ou à la suite Mansard, avec sa grande terrasse plongeant sur la place Vendôme, et dévoilant une vue panoramique à 360° sur tout Paris. La légende continue.

71 chambres - 1200/2300 € 1200/2300 € - 71 suites - 120 €

15 pl. Vendôme Opéra - 01 43 16 30 30 - www.ritzparis.com

La Table de l'Espadon • **Les Jardins de l'Espadon** - voir les restaurants ci-dessus

Le Meurice

PALACE • HISTORIQUE L'un des premiers hôtels de luxe parisiens, né au début du 19e s. Face aux frondaisons du jardin des Tuileries, les lieux sont fastueux, dans un esprit très classique auquel le designer Philippe Starck a su apporter une touche contemporaine. Un spa superbe, un bar très intime, etc. Le Meurice ou l'art du raffinement.

136 chambres - 695/4000 € 695/4000 € - 24 suites - 58 €

228 r. de Rivoli Tuileries - 01 44 58 10 10 - www.dorchestercollection.com/fr/paris/le-meurice/

Le Meurice Alain Ducasse • **Le Dali** - voir les restaurants ci-dessus

Mandarin Oriental

PALACE • ÉLÉGANT Le vaisseau amiral du groupe hongkongais à Paris. Fidèle à ses principes, celui-ci a signé un établissement d'un extrême raffinement, à la croisée de l'élégance française et de la délicatesse... orientale. Jeux de lignes, d'espace, de quiétude, etc. Au cœur de la capitale, un palace capital !

98 chambres - 875/1500 € 875/1500 € - 40 suites - 47 €

251 r. St-Honoré Concorde - 01 70 98 78 88 - www.mandarinoriental.fr/paris/

Sur Mesure par Thierry Marx • **Camélia** - voir les restaurants ci-dessus

Costes

LUXE • PERSONNALISÉ Partout des recoins intimes - avec confidents en poirier et fauteuils crapauds -, des chambres raffinées jusque dans les détails (linge avec monogramme, superbe collection de tableaux, élégants meubles chinés, etc.), un restaurant décoré par Jacques Garcia : ce palace très chic et feutré reste le repaire de la jet-set !

84 chambres - 500/1500 € 600/1500 € - 2 suites - 35 €

239 r. St-Honoré Concorde - 01 42 44 50 00 - www.hotelcostes.com

Le Burgundy

GRAND LUXE • DESIGN Luxueux, feutré et arty... Dans cet hôtel de standing, le chic parisien se décline de manière artistique : meubles design et œuvres d'art contemporain - spécialement créées - émaillent les lieux. Une réussite...

51 chambres - 345/900 € 400/1100 € - 8 suites

6-8 r. Duphot Madeleine - 01 42 60 34 12 - www.leburgundy.com

Le Baudelaire - voir les restaurants ci-dessus

Hôtel de Vendôme

LUXE • GRAND LUXE L'autre hôtel de la place Vendôme ! Dans ce noble bâtiment du 18e s., les meubles anciens et le marbre côtoient les équipements les plus confortables, et l'élégance joue la carte de la discrétion et du beau classicisme. Quant au restaurant, il évoque un boudoir parisien chic et confidentiel...

19 chambres - 390 € 650/920 € - 10 suites - 39 €

1 pl. Vendôme Opéra - 01 55 04 55 00 - www.hoteldevendome.com

Renaissance Paris Vendôme

BUSINESS • COSY Immeuble du 19e s. métamorphosé en boutique-hôtel contemporain. Bois, tons miel et chocolat : les chambres sont élégantes et très confortables ! Et l'on paresse avec ravissement dans le joli bar chinois...

97 chambres – 289/1658 € 289/1658 € – 15 suites – 30 €

4 r. du Mont-Thabor Tuileries – 01 40 20 20 00 – www.renaissanceparisvendome.fr

Castille Paris

LUXE • PERSONNALISÉ Côté "Opéra", un précieux décor contemporain ; côté "Rivoli", un cadre noir et blanc très graphique, en écho à la maison Chanel voisine. Dans les deux cas, un hôtel très haute couture !

94 chambres – 300/600 € 400/800 € – 14 suites – 30 €

33 r. Cambon Madeleine – 01 44 58 44 58 – www.castille.com

The Westin Paris

LUXE • PERSONNALISÉ Entre Tuileries et place Vendôme, cet hôtel haussmannien édifié en 1878 mêle charme historique (fastueux salons Napoléon III) et touches contemporaines... Et pour ne rien gâter, certaines chambres ont vue sur les Tuileries ! Agréable spa.

394 chambres – 315/4465 € 315/4465 € – 34 suites – ½ P

3 r. de Castiglione Tuileries – 01 44 77 11 11 – www.thewestinparis.fr

Le First – voir les restaurants ci-dessus

Regina

HISTORIQUE • VINTAGE Année après année, cet hôtel 1900 préserve son décor Art nouveau et sa belle atmosphère rétro ! Entièrement rénovées en 2015, les chambres (certaines avec une belle vue du Louvre à la tour Eiffel, ou plus calmes côté patio) mêlent touches contemporaines et culture classique... Un charme indémodable.

67 chambres – 350/650 € 350/650 € – 32 suites – 32 €

2 pl. des Pyramides Tuileries – 01 42 60 31 10 – www.regina-hotel.com

Nolinski N

LUXE • ÉLÉGANT Entre l'Opéra et la Comédie Française, un hôtel très chic, lieu d'art et de vie à la française, dont l'élégance haussmannienne illumine l'avenue. Marbre de carrare, mobilier chic, chambres lumineuses : rien n'a été laissé au hasard, jusqu'au splendide spa (hammam, massages, etc.) et la grande piscine couverte. Pour se sustenter, filez à la Brasserie Réjane.

36 chambres – 410/850 € 410/850 € – 9 suites – 34 €

16 av. Opéra Pyramides – 01 42 86 10 10 – www.nolinskiparis.com

Grand Hôtel du Palais Royal

LUXE • CONTEMPORAIN Voisin du Palais-Royal, du ministère de la Culture et du Conseil d'État, cet immeuble du début du 18e s. est impeccablement situé ! À l'intérieur, de l'élégance mais point de faste : les chambres jouent la sobriété avec leurs meubles contemporains et leurs murs blancs. Hammam, fitness et salon de coiffure.

64 chambres – 390/790 € 390/1090 € – 4 suites – 34 €

4 r. de Valois Palais Royal – 01 42 96 15 35 – www.grandhoteldupalaisroyal.com

Le Lulli – voir les restaurants ci-dessus

Cambon

TRADITIONNEL • PERSONNALISÉ Entre le jardin des Tuileries et la rue St-Honoré, cet hôtel compte de nombreux fidèles : accueil charmant, plaisantes chambres mêlant mobilier contemporain et tableaux anciens...

40 chambres – 225/650 € 225/650 € – 23 €

3 r. Cambon Concorde – 01 44 58 93 93 – www.hotelcambon.com

PARIS

Opéra Richepanse

URBAIN • ÉLÉGANT Tchaïkovski avait ses habitudes dans ce bel hôtel, dont l'intérieur Art déco a fait place à un style contemporain du plus bel effet. Les chambres, confortables et très bien équipées, donnent pour certaines sur la Madeleine. Entretien impeccable.

37 chambres – 199/550 € 199/550 € – 2 suites – 22 €

14 r. Chevalier-de-St-George Madeleine – 01 42 60 36 00 – www.richepanse.com

Molière

TRADITIONNEL • CONTEMPORAIN Entre Palais-Royal et Opéra, dans une petite rue calme, cet hôtel de tradition entièrement relooké cultive le souvenir de Molière, né dans le quartier. Les chambres, chaleureuses, invitent au cocooning. Agréable espace bien-être, avec hammam et sauna. Et la comédie française n'est pas loin, profitez-en !

26 chambres – 250/450 € 250/450 € – 3 suites – 17 €

21 r. Molière Palais Royal – 01 42 96 22 01 – www.hotel-moliere.fr

Thérèse

URBAIN • PERSONNALISÉ Une adresse charmante, nichée entre le Palais-Royal et l'avenue de l'Opéra. Son décor se révèle très cosy et chic, avec par exemple des pièces de mobilier inspirées des années 1950 et des références néo-industrielles… Une réussite !

40 chambres – 200/410 € 200/410 € – 15 €

5 r. Thérèse Pyramides – 01 42 96 10 01 – www.hoteltherese.com

Britannique

TRADITIONNEL • COSY Créé par une famille anglaise sous le règne de Victoria, cet hôtel à deux pas de la Seine superpose les influences impériales. Chambres au décor chaleureux ; charmant salon. So British !

39 chambres – 159/219 € 189/345 € – 14 €

20 av. Victoria Châtelet – 01 42 33 74 59 – www.hotel-britannique.fr

Relais St-Honoré

BUSINESS • CLASSIQUE Dans cet hôtel (17e s.), le petit-déjeuner est servi dans les chambres exclusivement ! Le matin, on peut donc musarder tout à son aise, entre poutres (sauf au 1er étage) et meubles anciens.

15 chambres – 150/250 € 150/250 € – 2 suites – 13 €

308 r. St-Honoré Tuileries – 01 42 96 06 06 – www.relaissainthonore.com

Hôtel Odyssey

URBAIN • DESIGN Un voyage dans l'espace tout en restant dans le quartier des Halles, voilà qui est original ! La décoration – signée Ora-Ïto – évoque un vaisseau spatial… et les chambres portent des noms évocateurs : "Cocoon", "Odyssey", "Galileo", etc. Les amateurs de design – et les autres – pousseront des "Oh !"

29 chambres – 109/337 € 149/428 € – 16 €

19 r. Hérold Sentier – 01 42 36 04 02 – www.hotelodysseyparis.com

Hôtel du Continent

TRADITIONNEL • ÉLÉGANT Près des Tuileries, cet hôtel à taille humaine a été entièrement relooké en 2013 par Christian Lacroix, sur le thème des six continents. Élégance, jeux sur les couleurs, cachet de l'ensemble : on parcourt ce nouveau monde avec bonheur…

25 chambres – 129/400 € 142/400 € – 12 €

30 r. Mont-Thabor Tuileries – 01 42 60 75 32 – www.hotelcontinent.com

Le Crayon Rouge

URBAIN • PERSONNALISÉ Dans les chambres, des papiers peints "arty" et du mobilier chiné, des couleurs vives et acidulées et des équipements dernier cri... On aime la personnalité explosive de cet hôtel flambant neuf, situé juste en face de la Banque de France.

17 chambres - 129/311 € 149/347 € - 15 €

42 r. Croix-des-Petits-Champs Palais Royal - 01 42 36 54 19 - www.hotelcrayonrouge.com

Le Crayon

URBAIN • PERSONNALISÉ Le grand frère du Crayon Rouge n'est pas banal non plus ! À mi-chemin entre la demeure d'artiste et la maison de famille, il ose la couleur, le vintage et les contrastes détonants. La décoratrice a elle-même chiné tout le mobilier : chaque chambre est une création originale.

26 chambres - 129/311 € 149/347 € - 7 €

25 r. du Bouloi Palais Royal - 01 42 36 54 19 - www.hotelcrayon.com

Relais du Louvre

BUSINESS • PERSONNALISÉ Derrière cette étroite façade du 18e s., un hôtel de caractère, paisible et bien tenu. Chambres raffinées et confortables ; belle suite au dernier étage, idéale en famille. Petit-déjeuner servi en chambre uniquement !

22 chambres - 99/175 € 125/350 € - 13 €

19 r. Prêtres-St-Germain-l'Auxerrois Louvre Rivoli - 01 40 41 96 42 - www.relaisdulouvre.com

Bourse • Sentier

75002

2e ARRONDISSEMENT

Restaurants

Passage 53 (Shinichi Sato)

CUISINE CRÉATIVE • INTIME XX Dans ce passage couvert où les concepts branchés (restos, cavistes) ont progressivement remplacé les petites boutiques d'antan, une adresse rare... Au gré du marché, le chef japonais Shinichi Sato – formé à l'Astrance – délivre des compositions d'une netteté imparable et millimétrées. Un superbe panorama de cuisine contemporaine !

→ Langoustines, crème et gelée de kombu, lamelles de radis. Turbot et déclinaison de cèpes. Dessert autour du citron.

Menu 120 € (déj.)/180 €

53 passage des Panoramas Grands Boulevards - 01 42 33 04 35 (réservation conseillée) - www.passage53.com - Fermé 2 semaines en août, dim. et lundi

Pur' - Jean-François Rouquette

CUISINE CRÉATIVE • ÉLÉGANT Pure réjouissance à l'heure du dîner : décor contemporain très élégant et mets créatifs concoctés par le chef qui accorde avec soin d'excellents produits. Beau, savoureux et raffiné !

→ Homard, betterave, groseilles et vinaigrette acidulée au shiso. Turbot cuisiné dans un beurre de colombo, crevettes grises, couteaux et salicornes. Calisson glacé de poire et kalamensi, millefeuille caramélisé et crème anglaise.

Menu 145/185 € - Carte 100/230 €

Hôtel Park Hyatt Paris-Vendôme, 5 r. de la Paix Ⓜ Opéra - ✆ 01 58 71 10 60 - www.paris-restaurant-pur.fr - Fermé août et le midi

Saturne (Sven Chartier)

CUISINE CRÉATIVE • BRANCHÉ Saturne : dieu de l'agriculture et anagramme de "natures". Le credo du chef, Sven Chartier : de très bons produits au service d'une cuisine volontiers créative, que l'on découvre au fil d'un menu unique, dans un décor tendance scandinave (mobilier en bois blond, béton ciré). Oui, on peut faire branché et très savoureux !

→ Cuisine du marché.

Menu 45 € (déj.)/90 € - Carte environ 60 €

17 r. N.-D.-des-Victoires Ⓜ Bourse - ✆ 01 42 60 31 90 - www.saturne-paris.fr - Fermé août, vacances de Noël, sam. et dim.

Sushi B Ⓝ

CUISINE JAPONAISE • ÉPURÉ Aux abords de l'agréable square Louvois, ce restaurant de poche (8 places seulement) mérite que l'on s'y attarde. Pour le cadre, zen et dépouillé, bien sûr... mais surtout pour constater par soi-même le grand talent du chef : en excellent artisan, il ne travaille que des produits de qualité et de première fraîcheur, avec une précision chirurgicale.

→ Cuisine du marché.

Menu 58 € (déj. en semaine), 95/160 €

5 r. Rameau Ⓜ Bourse - ✆ 01 40 26 52 87 (réservation conseillée) - www.sushi-b-fr.com - Fermé 2 semaines en août et mardi

Circonstances

soir,

CUISINE TRADITIONNELLE • CONVIVIAL Tout près du métro Grands Boulevards, ce bistrot a été créé par deux associés expérimentés, dont l'objectif est simple : réaliser une bonne cuisine du marché avec de bons produits. Ainsi ces ravioles de crevettes "menthe coriandre", émulsion lait de coco, la brandade de morue à l'huile d'olive, ou la mousse au chocolat noir. Pari réussi.

Formule 30 € - Menu 36/45 €

174 r. Montmartre Ⓜ Grands Boulevards - ✆ 01 42 36 17 05 - www.circonstances.fr - Fermé 3 semaines en août, lundi soir, mardi soir, sam. et dim.

Pascade

CUISINE MODERNE • BISTRO Alexandre Bourdas, chef fameux installé à Honfleur, rend hommage dans cette "cantine-auberge" à sa région d'origine, l'Aveyron, à travers l'une de ses spécialités : la pascade, une délicieuse crêpe déclinée tout au long du menu en salé et sucré, et garnie de bons produits, version gastronomique. Un régal !

Menu 32 € - Carte 35/49 €

14 r. Daunou Ⓜ Opéra - ✆ 01 42 60 11 00 - www.alexandre-bourdas.com - Fermé dim. et lundi

Le Céladon

CUISINE MODERNE • ÉLÉGANT Décor très raffiné au Céladon, entre style Régence, tableaux anciens et notes orientales (vases en céladon : porcelaine chinoise vert pâle). Sur de belles bases classiques, le chef concocte une cuisine dans l'air du temps.

Formule 45 € - Menu 53 € (déj.)/79 € - Carte 85/110 €

Hôtel Westminster, 15 r. Daunou Ⓜ Opéra - ✆ 01 42 61 77 42 - www.leceladon.com - Fermé août, sam., dim. et fériés

Drouant

CUISINE TRADITIONNELLE • ÉLÉGANT XXX Un lieu mythique : on y décerne le prix Goncourt depuis 1914 ! Sous la houlette d'Antoine Westermann, les plats de tradition se parent de modernité. Élégant décor cossu.

Menu 45 € (déj. en semaine)/65 € - Carte 70/100 €

16 pl. Gaillon Ⓜ Quatre Septembre - ✆ 01 42 65 15 16
- www.drouant.com

Le Versance

CUISINE MODERNE • ÉLÉGANT XXX Un cadre épuré où poutres, vitraux et mobilier design font des étincelles. La cuisine du chef globe-trotter n'est pas en reste : ceviche de thon et son mi-cuit, bouillon de poule, verveine citron et combawa... En face, une épicerie fine propose sandwiches maison, et produits rigoureusement sélectionnés.

Formule 35 € 🍷 - Menu 38 € (déj.) - Carte 74/90 €

16 r. Feydeau Ⓜ Bourse
- ✆ 01 45 08 00 08 - www.leversance.fr
- Fermé 1er-22 août, 22 déc.-4 janv., sam. midi, dim. et lundi

Mori Venice Bar

CUISINE ITALIENNE • ÉLÉGANT XX La gastronomie vénitienne est méconnue, et le chef, passionné, la défend avec goût ! Starck a signé le décor, évoquant le raffinement et le secret propres à Venise... Véranda face à la Bourse et comptoir pour prendre un verre autour de quelques antipasti ou d'une délicieuse glace maison.

Menu 40 € (déj. en semaine), 60/70 € - Carte 77/110 €

2 r. du Quatre-Septembre Ⓜ Bourse
- ✆ 01 44 55 51 55 - www.mori-venicebar.com
- Fermé sam. midi et dim.

La Fontaine Gaillon

POISSONS ET FRUITS DE MER • ÉLÉGANT XX Ce bel hôtel particulier du 17e s., qui appartient au comédien Gérard Depardieu, est une vraie fontaine de plaisirs... Cadre feutré (avec une belle collection d'estampes et de dessins), terrasse au pied de la fontaine, cuisine valorisant la mer et plaisante sélection de vins.

Menu 55 € (déj. en semaine)/110 € 🍷 - Carte 67/86 €

pl. Gaillon Ⓜ Quatre Septembre - ✆ 01 47 42 63 22
- www.restaurant-la-fontaine-gaillon.com
- Fermé 3 semaines en août et dim.

Brasserie Gallopin

CUISINE TRADITIONNELLE • BRASSERIE XX Face au palais Brongniart, une véritable institution, créée en 1876 par un certain... Gallopin. Après Arletty et Raimu, Parisiens et touristes s'y pressent pour son beau décor victorien (boiseries en acajou, verrière Belle Époque, etc.) et sa cuisine bistrotière bourgeoise : tête de veau, pavé de turbot de Noirmoutier, omelette norvégienne flambée à l'eau de vie de framboise.

Formule 22 € - Menu 29 € - Carte 40/85 €

40 r. N.-D.-des-Victoires Ⓜ Bourse - ✆ 01 42 36 45 38
- www.brasseriegallopin.com

Ne confondez pas les couverts X et les étoiles ✿ !
Les couverts définissent une catégorie de confort et de service, tandis que l'étoile couronne uniquement la qualité de la cuisine, quel que soit le standing de la maison.

Vaudeville

CUISINE TRADITIONNELLE • **BRASSERIE** XX Grande brasserie Art déco, dans la pure tradition parisienne. Fruits de mer, tagliatelles fraîches aux morilles et beaufort, tête de veau sauce ravigote, andouillette ou choucroute royale sont à la carte... Le jour, "cantine" de nombreux journalistes, et le soir, "relâche" des sorties de théâtres !

Formule 25 € - Menu 32/50 € - Carte 35/65 €

29 r. Vivienne Ⓜ *Bourse*
- ✆ 01 40 20 04 62 - www.vaudevilleparis.com

Caffè Stern

CUISINE ITALIENNE • **ÉLÉGANT** X Dans le passage des Panoramas, l'ancien atelier de gravure Stern a été reconverti en trattoria chic, sans rien perdre de son cachet de l'époque. À la carte, on trouve une cuisine italienne bien troussée et volontiers originale : taglionis à l'aneth, foie "alla veneziana", ou encore pizza à la vapeur...

Formule 38 € - Menu 95/130 € - Carte 63/114 €

47 passage des Panoramas Ⓜ *Grands Boulevards - ✆ 01 75 43 63 10*
- www.caffestern.fr - Fermé 6-28 août, 1er-7 janv. et dim.

Bissac

CUISINE TRADITIONNELLE • **BISTRO** X Damien Boudier, ancien chef du restaurant Loiseau Rive Droite, réalise ici une belle cuisine de tradition : têtes de cèpes farcies, jeunes pousses de salade et jambon de Bayonne ; filet de rascasse, "échaudés" à l'encre de seiche et chanterelles... Le tout dans un décor de bistrot de luxe qui ne manque pas de cachet.

Formule 24 € - Menu 30 € - Carte 46/66 €

10 r. de la Bourse Ⓜ *Bourse - ✆ 01 49 27 01 90 - www.bissac.fr - Fermé 3 semaines en août, sam. midi et dim.*

La Bourse et la Vie

CUISINE TRADITIONNELLE • **BISTRO** X Ce bistrot tenu par un chef américain (patron du restaurant Spring, dans le 1er) connait toujours un franc succès. Sa recette ? Des plats biens français, sagement revisités par le maître des lieux, des produits de qualité et des saveurs ô combien plaisantes...

Carte 35/53 €

12 r. Vivienne Ⓜ *Bourse - ✆ 01 42 60 08 83 (réservation conseillée)*
- www.labourselavie.com - Fermé août, sam. et dim.

Les Affamés Ⓝ

CUISINE MODERNE • **SIMPLE** X A deux pas de la place de la Bourse, cette micro "cantine gastronomique" propose une cuisine fraîche et savoureuse, à l'instar de ce thon rouge grillé et crumble panko, très visuel et épuré, servi à l'assiette par le patron. Chaleureux et savoureux.

Formule 19 € - Menu 22 € (déj. en semaine) - Carte 38/75 €

7 r. St-Augustin Ⓜ *Bourse - ✆ 01 42 60 22 80 - Fermé lundi midi, sam. midi et dim.*

A Noste

CUISINE MODERNE • **ÉPURÉ** X Julien Duboué rend hommage à son Sud-Ouest natal avec cet A Noste ("Chez nous" en patois gascon) double-face. Au rez-de-chaussée, il revisite les tapas façon landaise, dans une ambiance animée ; en haut, à la Table, il laisse aller ses élans créatifs dans une atmosphère plus cosy. Dans les deux cas, on se régale !

Formule 29 € - Menu 38/60 €

6 bis r. du Quatre-Septembre (1er étage) Ⓜ *Bourse*
- ✆ 01 47 03 91 91 - www.a-noste.com
- Fermé 29 juil.-23 août et 23 déc.-4 janv.

Bistro Volnay

CUISINE MODERNE • BISTRO Miroirs, comptoir en bois, banquettes moelleuses... Cet élégant bistrot revisite l'esprit des années 1930. Le jeune chef compose des recettes actuelles, goûteuses et bien réalisées ; à l'instar du tartare de veau et langoustines, en hommage à M. Senderens. On accompagne son repas d'une belle sélection de vins au verre, avec près de 400 références.

Formule 35 € - Menu 40/65 € - Carte 42/63 €

8 r. Volney Ⓜ Opéra
- ✆ 01 42 61 06 65 - www.bistro-volnay.fr
- Fermé 31 juil.-21 août, 24 déc.-2 janv., sam. et dim.

Le Moderne

CUISINE MODERNE • CONVIVIAL À deux pas du palais Brongniart aujourd'hui déserté par les boursicoteurs, ce Moderne permet de se replonger dans l'ambiance toujours affairée du quartier : le midi, l'endroit est bondé, et le soir venu, il se fait intime... Au menu : de beaux produits frais, cuisinés avec goût. Recettes et vins français sont bien cotés !

Formule 31 € - Menu 38/49 €

40 r. N.-D.-des-Victoires Ⓜ Bourse
- ✆ 01 53 40 84 10 - www.le-moderne.fr
- Fermé 3 semaines en août, sam. et dim.

Monsieur K Ⓝ

CUISINE THAÏLANDAISE • CONVIVIAL Si le chef n'est pas un véritable passionné de l'Asie, on ne s'y connaît pas : il a consacré 16 voyages en Thaïlande à goûter à toutes les cuisines, du nord au sud du pays, pour pouvoir reproduire à l'identique les meilleurs plats. Le garçon est un perfectionniste pour la bonne cause : son pad thaï est savoureux.

Formule 21 € - Menu 27/42 € - Carte 30/55 €

10 r. Marie-Stuart Ⓜ Sentier - ✆ 01 42 36 01 09 - www.kapunkaparis.com - Fermé 1 semaine en août et dim.

Aux Lyonnais

CUISINE LYONNAISE • BISTRO Dans ce bistrot fondé en 1890, on se régale d'une savoureuse cuisine qui explore la gastronomie lyonnaise. Cadre délicieusement rétro : zinc, banquettes, miroirs biseautés, moulures...

Menu 34 € (déj. en semaine)/35 € - Carte 46/64 €

32 r. St-Marc Ⓜ Richelieu Drouot - ✆ 01 42 96 65 04 (réservation conseillée)
- www.auxlyonnais.com - Fermé août, sam. midi, dim. et lundi

Liza

CUISINE LIBANAISE • ORIENTAL Originaire de Beyrouth, Liza Asseily met ici la cuisine de son pays à l'honneur. Dans un décor contemporain parsemé de touches orientales, on opte pour un chich taouk, ou pour un kafta méchouiyé (agneau, houmous et tomates confites)... Le soir, les menus dégustation sont servis à la libanaise, c'est à dire avec une générosité proverbiale : un régal !

Formule 19 € - Menu 38 € (dîner)/48 € - Carte 35/65 €

14 r. de la Banque Ⓜ Bourse
- ✆ 01 55 35 00 66 - www.restaurant-liza.com
- Fermé sam. midi et dim. soir

Chez Georges

CUISINE TRADITIONNELLE • VINTAGE À deux pas de la place des Victoires, un vrai bistrot parisien dans son jus rétro ! Au menu : une solide cuisine traditionnelle et des vins bien choisis, à savourer au coude-à-coude. Accueil et service chaleureux.

Carte 37/80 €

1 r. du Mail Ⓜ Bourse - ✆ 01 42 60 07 11
- Fermé 8-23 août, vacances de Noël, sam. et dim.

PARIS

Silk & Spice

CUISINE THAÏLANDAISE • **EXOTIQUE** Atmosphère feutrée et belles saveurs d'inspiration thaïe. Gambas et crevettes dans une réduction à la citronnelle, bœuf mijoté au curry vert : les grands classiques de la maison !

Formule 20 € – Menu 25 € (déj.), 36/45 € – Carte 28/50 €

6 r. Mandar Ⓜ Sentier
– ✆ 01 44 88 21 91 – www.silkandspice.fr
– Fermé sam. midi et dim.

La Marée Jeanne Ⓝ

POISSONS ET FRUITS DE MER • **CONVIVIAL** À deux pas de la rue Montorgueil, derrière une belle devanture bleue, ce restaurant, dont la cuisine-comptoir (carrelage bleu avec banc d'écailler) a été conçue par le bras droit de Jean Nouvel, propose une cuisine axée sur le poisson et les coquillages. Service détendu et atmosphère conviviale. Les dimanche et lundi, tapas uniquement.

Formule 18 € – Menu 33/50 €

3 r. Mandar Ⓜ Sentier – ✆ 01 42 61 58 34 – www.lamareejeanne.com

Frenchie

CUISINE MODERNE • **CONVIVIAL** Drôlement *Frenchy*, le jeune chef Grégory Marchand, lui qui a fait ses classes dans plusieurs grandes tables anglo-saxonnes, avant de prendre ses quartiers dans le Sentier, où son petit restaurant ne désemplit pas. La "faute" à sa cuisine, très contemporaine et... drôlement *savoury !*

Menu 45 € (déj.)/74 €

5 r. du Nil Ⓜ Sentier
– ✆ 01 40 39 96 19 (réservation conseillée) – www.frenchie-restaurant.com
– Fermé 31 juil.-22 août, 22 déc.-2 janv., lundi midi, mardi midi, merc. midi, sam. et dim.

Pollop

CUISINE MODERNE • **BRANCHÉ** Belle surprise que ce Pollop au décor vintage et sans esbroufe, qui s'est installé discrètement dans une rue emblématique du Sentier. À la carte, on trouve une bonne cuisine du marché aux influences asiatiques. Le tout servi avec discrétion et efficacité. Impeccable !

Formule 19 € – Menu 22 € (déj.)/33 €

15 r. d'Aboukir Ⓜ Sentier – ✆ 01 40 41 00 94 – www.pollop.fr – Fermé 2 semaines en août, lundi soir, sam. midi et dim.

Noglu

CUISINE MODERNE • **SIMPLE** Comme son nom l'évoque, Noglu propose une cuisine certifiée "sans gluten". Asperges blanches et truite fumée, sauté de veau aux champignons ou encore parfait au chocolat et orange confite: autant de plats soignées que l'on savoure dans un cadre convivial. Et pour les plus pressés, il est même possible d'emporter !

Formule 19 € – Menu 37 € (dîner) – Carte 35/50 €

16 passage des Panoramas Ⓜ Grands Boulevards
– ✆ 01 40 26 41 24 – www.noglu.fr
– Fermé lundi soir et dim.

Le Dorcia

CUISINE MODERNE • **VINTAGE** À un jet de lingot du palais Brongniart – qui n'abrite plus la Bourse depuis belle lurette ! –, ce restaurant nous replonge dans l'ambiance rétro du Palm Springs des années 1950. Carpaccio de daurade, citron vert et mangue; blanquette de saumon : le chef utilise de bons produits et respecte les saisons. Une bonne adresse !

Formule 20 € – Menu 26 € (déj. en semaine)/35 €

24 r. Feydeau Ⓜ Bourse – ✆ 01 42 36 09 95 – www.ledorcia.fr

MON PREMIER PARTENAIRE, C'EST METRO.
■ Des conseillers passionnés pour accompagner au quotidien les restaurateurs indépendants
■ Une offre unique de plus de 7000 produits locaux et régionaux
■ Des circuits courts pour un maximum de fraîcheur et une traçabilité totale
METRO, PARTENAIRE DES RESTAURATEURS INDÉPENDANTS.
Retrouvez-nous sur :
METRO

MES FRUITS ET LÉGUMES, C'EST METRO.
Des arrivages journaliers pour garantir la fraîcheur des produits
Des producteurs locaux et régionaux respectueux de l'environnement
Des produits constamment contrôlés par nos services qualité
METRO, PARTENAIRE DES RESTAURATEURS INDÉPENDANTS.
Retrouvez-nous sur :
METRO

L'Apibo

CUISINE MODERNE • BISTRO Dans son petit bistrot du quartier Montorgueil, le chef signe une belle cuisine de produits, originale et délicate, tel ce superbe morceau de poitrine de cochon entièrement désossé.

Formule 20 € - Menu 26 € (déj.), 38/55 €

31 r. Tiquetonne Ⓜ Etienne Marcel - ✆ 01 55 34 94 50 - www.restaurant-lapibo.fr - Fermé lundi midi, sam. midi et dim.

Le Nom M'échappe

CUISINE MODERNE • BISTRO Ce sympathique bistrot est l'œuvre de Damien et Catherine Moeuf, que l'on avait connus au Café qui Parle (dans le 18e). Ils proposent ici une cuisine au goût du jour, sans esbroufe, réalisée avec de beaux produits frais - ainsi les couteaux croustillants à l'œuf poché, ou la fricassée de poulpe fumé. Quant au service, convivial et sans prétention, il colle à l'esprit des lieux !

Formule 19 € - Menu 23 € (déj. en semaine) - Carte 41/56 €

28 r. N.D.-des-Victoires Ⓜ Bourse - ✆ 09 82 20 20 41 - www.lenommechappe.fr - Fermé 2 semaines en août, sam. et dim.

Rae's Ⓝ

CUISINE MODERNE • TENDANCE Vous apprécierez l'âme voyageuse et les saveurs affirmées d'une carte aux influences méditerranéennes, des "valeurs sûres" (françaises ou italiennes) aux spécialités d'Amérique du Sud, comme cette entrecôte chimichurri (condiment argentin à base de piment). Agréable bar à l'étage pour prolonger le dîner.

Formule 28 € - Menu 34 € - Carte 40/55 €

39 r. des Jeûneurs Ⓜ Grands Boulevards - ✆ 01 47 03 42 07 - www.raesparis.fr - Fermé dim.

Hôtels

Park Hyatt Paris-Vendôme

LUXE • ÉLÉGANT Ed Tuttle a conçu un hôtel conforme à ses rêves, sur la célèbre rue de la Paix : collection d'art contemporain et classicisme à la française, mobilier mêlant avec subtilité le style Louis XVI et les années 1930, spa et équipements high-tech, restaurants pour toutes les envies... Le grand luxe !

110 chambres - †980 € ††1400 € - 43 suites - 38 €

5 r. de la Paix Ⓜ Opéra - ✆ 01 58 71 12 34 - www.parisvendome.park.hyatt.com

Pur' - Jean-François Rouquette - voir les restaurants ci-dessus

Westminster

LUXE • CLASSIQUE Né en 1809 et aujourd'hui bicentenaire, c'est en 1846 qu'il prit le nom de son plus fidèle client, le duc de Westminster. Ce dernier avait le goût du raffinement à la française ! À noter, le week-end, Céladon devient Petit Céladon : carte plus simple et service décontracté.

85 chambres - †250/550 € ††250/550 € - 17 suites - 30 €

13 r. de la Paix Ⓜ Opéra - ✆ 01 42 61 57 46 - www.hotel-westminster-opera-paris.fr

Le Céladon - voir les restaurants ci-dessus

Édouard VII

LUXE • PERSONNALISÉ Chatoiement des tissus et raffinement dans les chambres "Couture", tandis que les "Edouard VII" se veulent plus sobres... Partout règne une véritable élégance et les suites sont superbes. Bar cosy très plaisant.

59 chambres - †280/490 € ††280/490 € - 10 suites - 30 €

39 av. de l'Opéra Ⓜ Opéra - ✆ 01 42 61 86 11 - www.edouard7hotel.com

PARIS

123 Sébastopol

URBAIN • PERSONNALISÉ Cet hôtel atypique est entièrement dédié au 7e art. Dans l'entrée sont inscrits les noms de Belmondo, Lelouch, Morricone ; aux étages, on trouve de la moquette rouge, des extraits de script et des bandes de film… Mais les confortables chambres, elles, ne sont pas une fiction !

63 chambres - 220/330 € 220/380 € - 14 €

123 bd Sébastopol Ⓜ Réaumur Sébastopol - 01 40 39 61 23 - www.astotel.com

L'Horset Opéra

TRADITIONNEL • CLASSIQUE Dans cet hôtel à deux pas du palais Garnier, l'atmosphère est très feutrée ; dans les chambres, classicisme de bon goût (tentures et tissus assortis, boiseries chaleureuses).

54 chambres - 190/285 € 220/345 € - 16 €

18 r. d'Antin Ⓜ Opéra - 01 44 71 87 00 - www.hotelhorsetopera.com

La Maison Favart

LUXE • ÉLÉGANT Il règne une atmosphère intemporelle dans cet hôtel (1824) où séjourna le peintre Francisco de Goya. Les chambres - certaines tournées vers l'Opéra-Comique - sont agréables, et le sous-sol abrite un délicieux espace détente (fitness, sauna, table massante). Une adresse de charme.

36 chambres - 230/390 € 230/690 € - 3 suites - 24 €

5 r. Marivaux Ⓜ Richelieu Drouot
- 01 42 97 59 83 - www.lamaisonfavart.com

Bachaumont Ⓝ

URBAIN • CONTEMPORAIN Idéalement situé entre la rue Montmartre et la rue Montorgueil, cet hôtel typiquement parisien du début du 20e s., un temps transformé en clinique, renaît avec élégance (porche en verre et fer forgé, couloir en marbre etc.). Les chambres, contemporaines, sont confortables. Cuisine dans l'air du temps, au restaurant. Petit fitness au sous-sol.

49 chambres - 200/400 € 200/700 € - 4 suites

18 r. Bachaumont Ⓜ Sentier
- 01 81 66 47 00 - www.hotelbachaumont.com

Hôtel de Noailles

URBAIN • CONTEMPORAIN Élégance très contemporaine et design derrière une jolie façade 1900. Chambres zen et épurées, ouvertes pour la plupart sur le patio (avec balcon aux 5e et 6e étages).

51 chambres - 200/425 € 200/455 € - 5 suites - 18 €

9 r. de la Michodière Ⓜ Quatre Septembre - 01 47 42 92 90
- www.hotelnoailles.com

Gramont Opéra

URBAIN • COSY Un charmant hôtel près de l'Opéra-Comique… Imprimés floraux, teintes mauve et chocolat : frais, harmonieux et vraiment joli. Duplex avec terrasse donnant sur les toits.

25 chambres - 119/165 € 162/315 € - 14 €

22 r. Gramont Ⓜ Richelieu Drouot - 01 42 96 85 90
- www.hotel-gramont-opera.com

Le Haut Marais · Temple

✉ 75003

3e ARRONDISSEMENT

Restaurants

Raw Ⓝ

CUISINE MODERNE · COSY Raw, comme la "raw-food", autrement dit... la cuisine crue. Le nouveau concept de William Pradeleix (chef de Will, Paris 12) joue le cru contre le cuit, afin de conserver l'apport en vitamines des aliments. L'expérience n'est pas simplement intellectuelle, le goût est là ! Pour preuve, ces coques, beurre d'agrumes et rhubarbe en pickles... Qui l'eût cru ?

Carte 30/40 €

57 r. de Turenne Ⓜ Chemin Vert - ✆ 01 77 18 37 50 - Fermé mardi midi, dim. et lundi

Atelier Vivanda - Marais

VIANDES · BISTRO Vivanda, troisième ! Situé dans une rue du Haut-Marais, cette adresse aligne sa carte sur les deux précédentes : hommage aux belles viandes donc (bœuf persillé Black Angus en tête), dans un cadre associant boucherie et bistrot. Réservation conseillée : les 20 places sont disputées.

Menu 36/71 €

82 r. des Archives Ⓜ Arts et Métiers - ✆ 01 42 71 48 07 (réservation conseillée) - www.ateliervivanda.com - Fermé lundi et mardi

Ambassade d'Auvergne

CUISINE DU TERROIR · CONVIVIAL La carte célèbre les classiques d'une province riche de saveurs (saucisse sèche, lentilles vertes du Puy, l'incontournable aligot), mais s'enrichit de nouveaux produits, aveyronnais notamment, comme l'ail noir, ou ce bœuf de Salers maturé quarante jours.

Formule 23 € - Menu 33 € - Carte 35/65 €

22 r. du Grenier-St-Lazare Ⓜ Rambuteau - ✆ 01 42 72 31 22 - www.ambassade-auvergne.com

Soon Grill

CUISINE CORÉENNE · CONVIVIAL Ouvert en 2015, ce restaurant célèbre la gastronomie coréenne de bien belle manière. Les incontournables sont au rendez-vous - bibimbap servi dans un bol de pierre brûlant, raviolis grillés, bœuf mariné sauce soja -, mais on trouve aussi à la carte quelques préparations plus méconnues. C'est fin et parfumé : un régal !

Formule 16 € - Menu 21 € 🍷 (déj. en semaine), 49/69 € - Carte 40/65 €

78 r. des Tournelles Ⓜ Chemin Vert - ✆ 01 42 77 13 56 - www.soon-grill.com

Elmer Ⓝ

CUISINE MODERNE · BRANCHÉ Tout près de République, on aime ce bistrot très chic où officie un jeune chef au riche parcours (Oustau de Baumanière, Pierre Gagnaire, voyages en Asie et en Amérique latine). Il compose une partition savoureuse et pleine de mordant, avec notamment de belles viandes cuites à la braise ou en rôtissoire.

Formule 24 € - Menu 28 € (déj. en semaine) - Carte 45/60 €

30 r. Notre-Dame-de-Nazareth Ⓜ Temple - ✆ 01 43 56 22 95 - elmer-restaurant.fr - Fermé 3 semaines en août, sam. midi, dim. et lundi

PARIS

Beaucoup

CUISINE MODERNE • TENDANCE Ce Beaucoup mérite quelques superlatifs ! Parfaitement dans le ton de ce Haut Marais aujourd'hui très en vue, il évoque un grand et beau loft post-industriel. Et si tout y est soigneusement designé – fauteuils en bois, suspensions en métal, etc. –, la cuisine ne l'est pas moins, dégageant un vrai parfum de cosmopolitisme !

Carte 38/74 €

7 r. Froissart Ⓜ St-Sébastien Froissart – ✆ 01 42 77 38 47 – www.beaucoup-resto.com – Fermé le midi du lundi au vend.

Breizh Café

CUISINE BRETONNE • SIMPLE Après avoir conquis le Japon avec ses crêperies nouvelle mode (farines bio, bons produits), Bertrand Larcher a ramené en France des crêpiers nippons ! Ils défendent joliment le slogan maison : "La crêpe autrement." Un exemple ? La basquaise : asperges, tomate, chorizo, basilic et fromage fondu. Voilà qui ne tombe pas à plat !

Carte 25/38 €

109 r. Vieille-du-Temple Ⓜ St-Sébastien Froissart – ✆ 01 42 72 13 77 – www.breizhcafe.com – Fermé 3 semaines en août, lundi et mardi

Des Gars dans la Cuisine

CUISINE MODERNE • TENDANCE À deux pas du Marais gay, les gars sont aux commandes et c'est tant mieux : Gil Rosinha en cuisine et Jean-Jacques Delaval en salle forment un duo aussi enjoué que professionnel. La cuisine croque notre époque avec gourmandise ; l'ambiance est branchée et chaleureuse. La belle image d'un restaurant fédérateur et plein de vie !

Formule 16 € – Carte 42/54 €

72 r. Vieille-du-Temple Ⓜ Chemin Vert – ✆ 01 42 74 88 26 – www.desgarsdanslacuisine.com

Pramil

CUISINE MODERNE • BISTRO Des pierres apparentes, un sol en béton ciré, beaucoup de sobriété : le décor met d'autant mieux en valeur la belle générosité de la cuisine du marché d'Alain Pramil, un autodidacte passionné qui, dans une autre vie, était professeur de physique. Jolis vins, prix doux et accueil chaleureux : dans le mille, Pramil !

Formule 24 € – Menu 33 € – Carte 35/45 €

9 r. Vertbois Ⓜ Temple – ✆ 01 42 72 03 60 – www.pramil.fr – Fermé 2-8 mai, 14-28 août, dim. midi et lundi

Glou

CUISINE MODERNE • BISTRO Près du musée Picasso, un bistrot d'esprit loft – décontraction comprise –, où la cuisine du marché se pense avec un joli cru. Beau choix de vins au verre et ardoise du jour très intéressante !

Formule 18 € – Carte 31/51 €

101 r. Vieille-du-Temple Ⓜ St-Sébastien Froissart – ✆ 01 42 74 44 32 – www.glou-resto.com

Au Bascou

CUISINE BASQUE • SIMPLE Dans ce bistrot, véritable institution parisienne, la cuisine chante avec les chauds accents de la terre basque, mais pas seulement. Si de nombreux produits viennent du "pays" (piperades, chipirons, fricassée d'escargots), on se s'interdit pas des assiettes plus actuelles, ni du gibier en saison (lièvre à la royale).

Formule 18 € – Menu 25 € (déj.), 30/60 € – Carte 36/46 €

38 r. Réaumur Ⓜ Arts et Métiers – ✆ 01 42 72 69 25 – www.au-bascou.fr – Fermé août, 1 semaine à Noël, sam. et dim.

Le Mazenay

CUISINE CLASSIQUE • BRASSERIE Ici, l'accent est mis sur la belle cuisson, le bon jus et le beau produit. Pas de tintamarre inutile quand on se régale du homard breton en soupe glacée ou d'un pigeon rôti entier. Mais le chef n'a qu'une hâte : que commence la saison du gibier ! Grouse d'Écosse rôtie, lièvre à la royale... Une adresse pour bons vivants.

Formule 18 € - Menu 24/39 €

46 r. de Montmorency Ⓜ Rambuteau
- 06 42 83 79 52 - www.lemazenay.com
- Fermé 3 semaines en août, sam. midi, dim. et lundi

Hôtels

Pavillon de la Reine

LUXE • HISTORIQUE L'élégance du Paris historique, tout en noble discrétion. Passé les voûtes de la place des Vosges, première illumination à la vision de la belle cour verdoyante. Et le ravissement continue avec les chambres, feutrées et raffinées. Le luxe sans ostentation !

51 chambres - 330/890 € 330/890 € - 5 suites - 35 €

28 pl. des Vosges Ⓜ Bastille
- 01 40 29 19 19 - www.pavillon-de-la-reine.com

Les Bains

URBAIN • PERSONNALISÉ Tel le phénix, les Bains renaissent toujours. Ils prennent aujourd'hui la forme d'un hôtel de caractère, mêlant habilement les styles (contemporain, design, Art déco) jusque dans les chambres, confortables et bien insonorisées. On profite aussi d'un bar à cocktails, de salons privés et... d'un club avec piscine !

37 chambres - 294/490 € 540/830 € - 2 suites - 20 €

7 r. du Bourg-L'Abbé Ⓜ Réaumur - Sébastopol - 01 42 77 07 07
- www.lesbains-paris.com

Le Petit Moulin

LUXE • PERSONNALISÉ Christian Lacroix a imaginé le décor "couleur du temps" de cet hôtel du Marais. C'est inédit, raffiné... entre tradition et modernité. Baignoires à pieds, tons flashy : chaque chambre est un bijou !

17 chambres - 185/495 € 185/495 € - 16 €

29 r. du Poitou Ⓜ St-Sébastien Froissart - 01 42 74 10 10
- www.hoteldupetitmoulin.com

Jules et Jim

URBAIN • CONTEMPORAIN Ne cherchez pas de lien avec le film de François Truffaut... sinon un affichage branché, voire hipster ! Cette ancienne usine du Marais, transformée en hôtel, est l'un des derniers repaires urbains à la mode. Atypiques et confortables, les chambres sont une belle démonstration du goût contemporain, version jeune et épicurienne...

23 chambres - 200/400 € 200/400 € - 19 €

11 r. des Gravilliers Ⓜ Arts et Métiers - 01 44 54 13 13 - www.hoteljulesetjim.com

Little Palace

URBAIN • FONCTIONNEL Un Little Palace "so charming", mêlant avec bonheur les styles vintage, contemporain et un mobilier coloré de type scandinave... Les chambres chaleureuses sont à choisir de préférence aux 6e et 7e étages - pour profiter de la belle vue sur Paris !

49 chambres - 172/265 € 182/265 € - 4 suites - 15 €

4 r. Salomon-de-Caus Ⓜ Réaumur-Sébastopol - 01 42 72 08 15
- www.littlepalacehotel.com

PARIS

Austin's Arts et Métiers

FAMILIAL · FONCTIONNEL Pas de mystère dans les chambres jaunes, rouges ou bleues de ce petit hôtel faisant face au musée des Arts et Métiers : elles sont sobres, chaleureuses et bien tenues.

31 chambres – 99/160 € 110/190 €

6 r. Montgolfier Arts et Métiers
– 01 42 77 17 61 – www.austinsamhotel.com

Hôtel du Vieux Saule

BUSINESS · CONTEMPORAIN Dans une petite rue du haut Marais, on découvre un hôtel familial à l'intérieur zen et coloré ; les chambres y sont petites mais joliment décorées. Il fait bon se détendre au sauna ou dans le salon donnant sur la cour. Puis, direction la place des Vosges et le musée Carnavalet !

26 chambres – 95/175 € 115/345 € – 12 €

6 r. de Picardie Filles du Calvaire
– 01 42 72 01 14 – www.hotelvieuxsaule.com

Jacques de Molay

FAMILIAL · COSY On découvre d'abord cette façade originale, en bois peint, et le nom de l'hôtel : Jacques de Molay, dernier maître de l'ordre des Templiers, au 13e s. Les chambres, élégantes et contemporaines, ne négligent pas le charme de l'ancien, avec leurs belles poutres apparentes.

23 chambres – 129/375 € 139/375 € – 13 €

94 r. des Archives République
– 01 42 72 68 22 – www.hotelmolay.fr

Île de la Cité · Île St-Louis · Le Marais · Beaubourg

75004
4e ARRONDISSEMENT

Restaurants

L'Ambroisie (Bernard Pacaud)

CUISINE CLASSIQUE · LUXE L'ambroisie n'est-elle pas la nourriture des dieux de l'Olympe ? Sans conteste, la cuisine de Bernard Pacaud touche à l'absolu : éclat des saveurs, science des produits, perfection d'exécution. Un classicisme imparable ! Le tout dans l'écrin royal d'un hôtel particulier de la place des Vosges (17e s.). Nourritures immortelles...

➜ Feuillantine de langoustines aux graines de sésame, sauce au curry. Escalopine de bar à l'émincé d'artichaut, caviar golden. Tarte fine sablée au chocolat, glace à la vanille Bourbon.

Carte 205/330 €

9 pl. des Vosges St-Paul
– 01 42 78 51 45 (réservation conseillée) – www.ambroisie-paris.com
– Fermé 5-20 fév., 1er-8 mai, 6-28 août, dim. et lundi

Benoit

CUISINE CLASSIQUE · BISTRO XX Alain Ducasse supervise ce bistrot chic et animé, l'un des plus anciens de Paris... fondé en 1912 ! La cuisine, réalisée dans les règles de l'art, célèbre les trésors de la cuisine française ; on se régale dans une ambiance animée et chaleureuse. Une authentique et belle maison.

➜ Foie gras de canard confit, brioche parisienne toastée. Sauté gourmand de ris de veau, crêtes et rognons de coq, foie gras et jus truffé. Profiteroles Benoit, sauce au chocolat chaud.

Menu 39 € (déj.) - Carte 70/100 €

20 r. St-Martin Ⓜ Châtelet-Les Halles - ✆ 01 42 72 25 76 - www.benoit-paris.com

Restaurant H Ⓝ (Hubert Duchenne)

CUISINE CRÉATIVE · COSY X Une bonne adresse de bouche près de Bastille ? Si, si ! Voilà "H" comme Hubert Duchenne, jeune chef passé chez Akrame Benallal et Jean-François Piège. Vingt couverts, à peine, pour se régaler d'un menu unique (ce jour-là, par exemple, moules, crème de persil et salicorne). Une cuisine inventive et maîtrisée.

➜ Cuisine du marché.

Menu 30 € (déj.), 50/70 €

13 r. Jean-Beausire Ⓜ Bastille - ✆ 01 43 48 80 96 (réservation conseillée) - www.restauranth.com - Fermé 3 semaines en août, 1 semaine vacances de Noël, dim. et lundi

Bofinger

soir,

CUISINE TRADITIONNELLE · BRASSERIE XX Institution de la vie parisienne au remarquable décor alsacien : coupole, marqueteries, miroirs, peintures signées Hansi. Le charme de cette brasserie créée en 1864 opère toujours.

Formule 31 € - Menu 38 € - Carte 40/80 €

5 r. de la Bastille Ⓜ Bastille - ✆ 01 42 72 87 82 - www.bofingerparis.com

GrandCœur

CUISINE MODERNE · COSY XX Les poutres et la pierre, les grands miroirs et le mobilier éclectique, sans oublier l'incontournable terrasse : cette maison installée dans une jolie cour pavée impose son style d'entrée. La cuisine, imaginée par Mauro Colagreco (également associé), agrémente la tradition française d'un peu d'international. Un plaisir !

Formule 23 € - Menu 30 € (déj. en semaine) - Carte 43/65 €

41 r. du Temple Ⓜ Rambuteau - ✆ 01 58 28 18 90 (réservation conseillée) - www.grandcoeur.paris - Fermé dim. soir et lundi

Claude Colliot

CUISINE MODERNE · CONTEMPORAIN X Chez Claude Colliot, point d'énoncés pompeux, mais une cuisine de saison qui traite les produits de qualité avec tous les égards. Les légumes proviennent directement du potager du chef, situé dans le Loiret. Léger, sain et savoureux.

Menu 62/79 € - Carte 52/66 €

40 r. des Blancs-Manteaux Ⓜ Rambuteau - ✆ 01 42 71 55 45 - www.claudecolliot.com - Fermé 2 semaines en août, dim. et lundi

Mon Vieil Ami

CUISINE TRADITIONNELLE · AUBERGE X Vieilles poutres et décor contemporain... Une auberge tendance, où savourer de goûteuses recettes traditionnelles, joliment modernisées. Goûtez aux spécialités maison, le pâté en croûte et le baba au rhum... et profitez des légumes, rigoureusement sélectionnés !

Carte 35/55 €

69 r. St-Louis-en-l'Île Ⓜ Pont Marie - ✆ 01 40 46 01 35 - www.mon-vieil-ami.com - Fermé lundi et mardi

PARIS

Au Bourguignon du Marais

CUISINE BOURGUIGNONNE • BISTRO Dans le quartier du Marais, une enseigne qui dit vrai : on savoure ici de bons petits plats régionaux, tout en générosité. Incontournable bœuf bourguignon, escargots à l'ail et au persil... et jolie carte de vins 100 % bourguignonne !

Formule 19 € - Carte 40/64 €

52 r. François-Miron Ⓜ St-Paul - ✆ 01 48 87 15 40

Les Fous de l'Île

CUISINE TRADITIONNELLE • BISTRO Au cœur de l'île St-Louis, un néobistrot qui fait rimer saveurs et bonne humeur. Chapeau aussi à la déco, entre casiers en bois et collection de poules. Régalé, mais pas plumé !

Formule 20 € - Menu 26 € (déj. en semaine), 30/35 €

33 r. des Deux-Ponts Ⓜ Pont Marie - ✆ 01 43 25 76 67 - www.lesfousdelile.com

Le Gorille Blanc

CUISINE TRADITIONNELLE • BISTRO Gare au Gorille Blanc, il est si gourmand ! Heureusement, dans ce bistrot rétro, le chef concocte une généreuse cuisine bistrotière et ménagère : terrine de campagne aux pistaches grillées, chipirons sautés, fricassée de lapin aux oignons...

Formule 15 € - Carte 34/58 €

4 imp. Guéménée Ⓜ Bastille - ✆ 01 42 72 08 45 - www.restaurantlegorilleblanc.fr - Fermé dim.

Isami

CUISINE JAPONAISE • ÉPURÉ Isami est renommé auprès des Japonais, qui savent où se rendre pour manger "comme chez eux"... Derrière son bar, Katsuo Nakamura réalise en effet des merveilles de sushis et de chirashis, démontrant une maîtrise fascinante des couteaux au service de produits ultrafrais. Un must parmi les adresses nippones de la capitale.

Carte 50/85 €

4 quai d'Orléans Ⓜ Pont Marie - ✆ 01 40 46 06 97 (réservation conseillée) - Fermé août, vacances de Noël, dim. et lundi

Baffo

CUISINE ITALIENNE • TRATTORIA Originaire de la Maremme (au sud de la Toscane) et passionné de cuisine, Fabien Zannier a décidé de changer de vie pour rendre hommage aux saveurs de son enfance. De là cette petite table italienne forte en goût, où priment les produit frais et bio. L'occasion d'un "pranzo con i baffi", un repas à s'en lécher les moustaches !

Menu 50 € - Carte 37/98 €

12 r. Pecquay Ⓜ Rambuteau - ✆ 01 44 59 86 72 - www.baffo.fr - Fermé 6-30 août, 24 déc.-11 janv., mardi midi, dim. et lundi

Hôtels

Jeu de Paume

HISTORIQUE • PERSONNALISÉ Au cœur de l'île St-Louis, cette halle du 17e s., jadis vouée au jeu de paume, s'est muée en hôtel de caractère. Poutres apparentes, belle hauteur sous plafond : une sobre élégance contemporaine dans les chambres.

28 chambres - †195/325 € ††295/450 € - 2 suites - ☕ 18 €

54 r. St-Louis-en-l'Ile Ⓜ Pont Marie - ✆ 01 43 26 14 18 - www.jeudepaumehotel.com

Bourg Tibourg

LUXE • COSY Un hôtel entièrement décoré par Jacques Garcia. Néogothique, oriental... chaque chambre a son propre univers, tout en luxe et raffinement. Une petite perle en plein Marais.

30 chambres - †220/290 € ††290/400 € - 1 suite - ☕ 20 €

19 r. du Bourg-Tibourg Ⓜ Hôtel de Ville - ✆ 01 42 78 47 39 - www.bourgtibourg.com

Duo

URBAIN • CONTEMPORAIN Un passé préservé (escalier classé, cave voûtée du 16e s.) et une atmosphère résolument contemporaine, douce et design : un beau Duo gagnant tenu par la même famille depuis 1918.

57 chambres - 110/250 € 185/460 € - 1 suite - 17 €

11 r. du Temple Ⓜ Hôtel de Ville - 01 42 72 72 22 - www.duoparis.com

Beaubourg

URBAIN • FONCTIONNEL Juste derrière le Centre Pompidou ! Cet hôtel dispose de chambres accueillantes et bien insonorisées, plus grandes et souvent dotées de poutres dans le bâtiment donnant sur la rue.

28 chambres - 90/230 € 90/230 € - 10 €

11 r. Simon-Le-Franc Ⓜ Rambuteau - 01 42 74 34 24 - www.hotelbeaubourg.com

Hôtel de Lutèce

TRADITIONNEL • FONCTIONNEL Un emplacement idéal sur l'île St-Louis, pour les amoureux du Paris historique. Boiseries, poutres et tomettes au salon ; petites chambres cosy et fonctionnelles, tout en sobriété.

23 chambres - 210 € 225/250 € - 14 €

65 r. St-Louis-en-l'Ile Ⓜ Pont Marie - 01 43 26 23 52 - www.hoteldelutece.com

Castex

TRADITIONNEL • CLASSIQUE La clientèle américaine, entre autres, apprécie la mise en scène Grand Siècle de cette demeure. Petites chambres soignées (tomettes, mobilier Louis XIII et rustique).

30 chambres - 199/229 € 229/279 € - 13 €

5 r. Castex Ⓜ Bastille - 01 42 72 31 52 - www.castexhotel.com

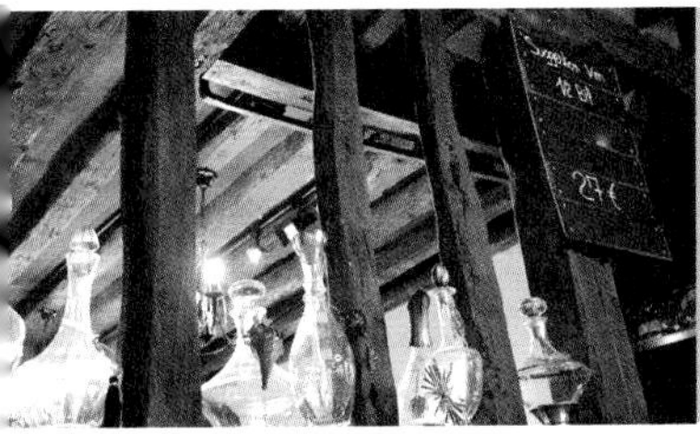

Quartier Latin · Jardin des Plantes · Mouffetard

75005

5e ARRONDISSEMENT

Restaurants

Tour d'Argent

CUISINE MODERNE • LUXE XXXXX Révolution de velours pour cette institution datant de 1582 ! Le chef Philippe Labbé propose une cuisine moderne, vivante, réactualisant les classiques, comme le canard en cinq plats. Service élégant, et cave exceptionnelle de 400 000 bouteilles. Une main de tradition dans un gant de modernité.

➜ Foie gras de canard grillé, tomatillos, tomates anciennes et pourpier. Homard bleu de casier en deux services. Crêpes "mademoiselle" préparées au guéridon, sorbet au caillé de lait cru.

Menu 105 € (déj.), 220/350 € - Carte 175/330 €

15 quai de la Tournelle Ⓜ Maubert Mutualité - 01 43 54 23 31 - www.tourdargent.com - Fermé 2 semaines en août, dim. et lundi

Itinéraires (Sylvain Sendra)

CUISINE MODERNE • TENDANCE XX La cuisine est-elle histoire d'itinéraires ? Sylvain Sendra n'aura pas attendu le nombre des années pour installer son joli restaurant – très clair et lumineux – parmi les bonnes tables de la capitale. Finesse, saveurs, originalité et produits de qualité : l'itinéraire de clients gâtés.

➜ Tarte à l'oignon doux des Cévennes, foie gras et corolle de champignons de Paris. Lieu jaune, purée de navet kabu, salicornes croquantes. Ganache au chocolat noir, condiment cassis, pousses de betteraves et glace à la vanille de Madagascar.

Formule 29 € 🍷 – Menu 49 € (déj.), 65/105 € – Carte 60/95 €

5 r. de Pontoise Ⓜ Maubert Mutualité
– ✆ 01 46 33 60 11 (réservation conseillée) – www.restaurant-itineraires.com
– Fermé 7-13 fév., 6-27 août, sam. midi, dim. et lundi

Alliance Ⓝ (Toshitaka Omiya)

CUISINE MODERNE • CONTEMPORAIN XX Ce restaurant célèbre l'Alliance de Shawn et Toshi, deux anciens de l'Agapé (respectivement maître d'hôtel et cuisinier), désormais complices dans cette nouvelle aventure. Le second, aux fourneaux, ne donne pas dans l'esbroufe ou l'artificiel : il esquisse de vrais éclairs de simplicité, à la fois subtils et bien exécutés : on en redemande.

➜ Pommes de terre "Allians", échalote et champignons. Homard bleu de l'Île Chausey, maïs et sauge. Abricot et romarin.

Menu 39 € (déj.), 75/95 € – Carte 65/110 €

5 r. de Poissy Ⓜ Maubert Mutualité
– ✆ 01 75 51 57 54 (réservation conseillée) – www.restaurant-alliance.fr
– Fermé 5-28 août, sam. et dim.

Sola

CUISINE MODERNE • EXOTIQUE X Tout près des quais donnant sur Notre-Dame et… déjà au Japon ! Le jeune chef, originaire du pays du Soleil-Levant, confirme que les gastronomies française et nippone peuvent fusionner en d'harmonieuses créations. Les produits d'ici sont rehaussés de saveurs originales et présentés avec grâce.

➜ Cuisine du marché.

Menu 65 € (déj.)/98 €

12 r. de l'Hôtel-Colbert Ⓜ Maubert Mutualité – ✆ 01 43 29 59 04
– www.restaurant-sola.com – Fermé 2 semaines en août, 30 déc.-7 janv. et dim.

Bistro des Gastronomes

CUISINE TRADITIONNELLE • BISTRO X Avis aux gastronomes : voici une bonne cantine au cœur du 5e, sous l'égide d'un jeune chef partageur ! Céleri rémoulade, onglet poêlé aux pommes grenaille : les classiques du bistrot, reproduits dans la fraîcheur du dernier marché, et servis dans un décor élégant, avec boiseries et… bocaux de condiments.

Formule 27 € – Menu 33 €

10 r. du Cardinal-Lemoine Ⓜ Cardinal Lemoine – ✆ 01 43 54 62 40 – Fermé dim. et lundi

Aux Verres de Contact

CUISINE TRADITIONNELLE • BISTRO X L'équipe du Jadis – dans le 15e – gère ce sympathique bistrot contemporain et coloré, dont le nom emprunte à l'écrivain et journaliste Antoine Blondin (qui mentionnait "verres de contact" sur ses notes de frais…). On y déguste une bonne et généreuse cuisine du marché, en levant haut son verre. À la vôtre !

Formule 29 € – Menu 35 €

33 r. de Bièvre, angle du bd St-Germain Ⓜ Maubert Mutualité
– ✆ 01 46 34 58 02 – www.auxverresdecontact.com
– Fermé sam. midi et dim.

Kokoro

CUISINE MODERNE • CONVIVIAL Depuis août 2013, un jeune couple franco-japonais (tous deux anciens de chez Passard) travaille d'arrache-pied dans cette adresse à deux pas du métro Cardinal-Lemoine. Leur cuisine, réglée sur les saisons, se révèle à la fois fine, intelligente et subtile, et réserve de belles surprises… Kokoro, c'est "cœur" en japonais !

Formule 20 € – Menu 25 € (déj.), 30/48 € – Carte 38/50 €

36 r. des Boulangers Cardinal Lemoine – 01 44 07 13 29 (réservation conseillée) – www.restaurantkokoro.blogspot.fr – Fermé 10-24 juil., mardi midi, dim. et lundi

Bocca Rossa

CUISINE ITALIENNE • TRATTORIA Cette "bouche rouge" est l'annexe du restaurant Itinéraires, du chef étoilé Sendra, situé à proximité. Les beaux produits transalpins se déclinent dans le pur esprit trattoria – antipasti, carpaccios, salade sicilienne, pasta… Une cuisine italienne de qualité, et des prix aimables.

Formule 14 € – Carte 30/40 €

8 r. de Poissy Maubert Mutualité – 09 51 88 52 44 (réservation conseillée) – Fermé dim.

Mavrommatis

CUISINE GRECQUE • ÉLÉGANT Une autre vision de la gastronomie grecque à Paris ! Si les recettes prennent certaines libertés avec la tradition hellénique, en s'appuyant notamment sur de solides bases de cuisine française, elles se révèlent toujours soignées et parfumées. Un vrai plaisir de dégustation, de surcroît dans un cadre élégant.

Formule 34 € – Menu 42 € (semaine)/75 € – Carte 60/75 €

42 r. Daubenton Censier Daubenton – 01 43 31 17 17 – www.mavrommatis.com – Fermé août, mardi midi, merc. midi, dim. et lundi

Atelier Maître Albert

CUISINE TRADITIONNELLE • COSY Une cheminée médiévale et des rôtissoires cohabitent avec un bel intérieur design signé J.-M. Wilmotte. Guy Savoy a imaginé la carte, avec des produits d'une qualité indéniable. Imaginez une volaille à la peau croustillante, son jus parfumé…

Formule 28 € – Menu 35/70 € – Carte 40/58 €

1 r. Maître-Albert Maubert Mutualité – 01 56 81 30 01 – www.ateliermaitrealbert.com – Fermé 2 semaines en août, vacances de Noël, sam. midi et dim. midi

La Truffière

CUISINE CRÉATIVE • INTIME Au cœur du vieux Paris, cette maison du 17e s. a du caractère. Les assiettes, visuellement soignées, sont franchement créatives : le chef aime surprendre et cela se sent. Menu truffe toute l'année, et remarquable carte des vins, avec pas moins de… 3 200 références, françaises et mondiales.

Menu 40 € (déj.), 65/195 € – Carte 135/195 €

4 r. Blainville Place Monge – 01 46 33 29 82 – www.latruffiere.com – Fermé 17-26 déc., mardi midi en juil.-août, dim. et lundi

L'Initial

CUISINE MODERNE • AUBERGE Le chef japonais, au palmarès étincelant (Robuchon Tokyo, Bernard Loiseau à Saulieu), propose une cuisine française attachée aux saisons, d'une remarquable précision. Ainsi cette chair de tourteau, concombre, céleri, poivron ou le foie gras, passion, pamplemousse. Rapport qualité/prix imbattable (même le soir !) et service aux petits soins.

Menu 36/48 €

9 r. de Bièvre Maubert Mutualité – 01 42 01 84 22 (réservation conseillée) – www.restaurant-linitial.fr – Fermé 3 semaines en août, 1 semaine à Noël, mardi midi, dim. et lundi

PARIS

Moissonnier

CUISINE LYONNAISE • BISTRO Le décor de ce bistrot a résisté à toutes les modes : zinc rutilant, murs patinés, banquettes... Chaussons de ris de veau et autre terrine de queue de bœuf ne sont que quelques exemples parmi les spécialités du chef, qui a un joli tour de main et une prédilection évidente pour les cuisines lyonnaise et franc-comtoise !

Carte 35/64 €

28 r. des Fossés-St-Bernard Ⓜ Jussieu - ✆ 01 43 29 87 65 - Fermé en août, dim. et lundi

Au Moulin à Vent

CUISINE TRADITIONNELLE • BISTRO Depuis 1946, rien n'a changé dans ce bistrot parisien... ou si peu. Le joli décor rétro s'est patiné avec les ans et la cuisine traditionnelle s'est enrichie de spécialités de viandes : steack au couteau, côte de bœuf, etc. Bien sympathique.

Formule 25 € - Menu 29 € (déj. en semaine) - Carte 46/71 €

20 r. des Fossés-St-Bernard Ⓜ Jussieu
- ✆ 01 43 54 99 37 - www.au-moulinavent.com
- Fermé août, lundi midi, sam. midi et dim.

Ciasa Mia

CUISINE ITALIENNE • AUBERGE Le jeune chef est originaire de l'Italie et réalise une cuisine à son image, généreuse, authentique et sincère. Bien installé devant la cheminée, on profite pleinement de ses créations originales. Tout est fait maison, du pain jusqu'aux desserts.

Formule 25 € - Menu 30 € (déj.), 60/82 € - Carte 78/91 €

19 r. Laplace Ⓜ Maubert Mutualité
- ✆ 01 43 29 19 77 (réservation conseillée) - www.ciasamia.com
- Fermé 2 semaines en sept., 2 semaines en janv., sam. midi et dim.

Les Papilles

CUISINE TRADITIONNELLE • BISTRO Bistrot, cave et épicerie : une adresse attachante, où l'on fait pitance entre casiers à vins et étagères garnies de conserves. Le soir, on vous propose un menu unique où les suggestions gourmandes affolent les papilles.

Formule 28 € - Menu 35 € - Carte 47/54 €

30 r. Gay-Lussac Ⓜ Luxembourg - ✆ 01 43 25 20 79 - www.lespapillesparis.com
- Fermé 20 juil.-20 août, vacances de Noël, dim. et lundi

Les Délices d'Aphrodite

CUISINE GRECQUE • EXOTIQUE Dans ce sympathique restaurant aux allures de taverne, on se croirait presque en Grèce ! Poulpe mariné, caviar d'aubergines, moussaka, etc. Cette cuisine fraîche et ensoleillée tire le meilleur parti de produits de qualité.

Formule 23 € - Carte 36/55 €

4 r. Candolle Ⓜ Censier Daubenton
- ✆ 01 43 31 40 39 - www.mavrommatis.fr

Officina Schenatti

CUISINE ITALIENNE • BRANCHÉ Ivan Schenatti, originaire de Lombardie, a choisi cette rue proche de la Seine pour y installer son "officina" - son atelier -, au décor mêlant pierre et mobilier design. Il concocte une savoureuse cuisine des régions italiennes, tels ces raviolis maison farcis aux girolles... Le tout accompagné de bons vins transalpins !

Formule 19 € - Menu 35 € - Carte 56/77 €

15 r. Frédéric-Sauton Ⓜ Maubert Mutualité - ✆ 01 46 34 08 91
- www.officinaschenatti.com - Fermé 3 semaines en août, 24-28 déc., lundi midi et dim.

AT

CUISINE CRÉATIVE • DESIGN A deux pas des quais de Seine et de la Tour d'Argent, ce petit restaurant au décor minimaliste cultive l'âme japonaise : le chef Tanaka, passé chez Pierre Gagnaire, aime la fraîcheur et la précision ; il tient sa clientèle en haleine avec des assiettes créatives et variées. Salle voûtée au sous-sol.

Menu 55 € (déj.)/95 €

4 r. Cardinal-Lemoine Ⓜ Cardinal Lemoine
- ✆ 01 56 81 94 08 - www.atushitanaka.com
- Fermé lundi midi et dim.

L'Agrume

CUISINE MODERNE • CONVIVIAL Ici, on mise sur les saisons, la fraîcheur des produits (le poisson vient de Bretagne et les primeurs des meilleures adresses) et une exécution pleine de finesse. L'assiette pétille de saveurs. Un bon bistrot de chef !

Formule 22 € - Menu 25 € (déj.)/45 € - Carte 45/65 €

15 r. des Fossés-St-Marcel Ⓜ St-Marcel
- ✆ 01 43 31 86 48 - www.restaurantlagrume.fr
- Fermé août, 22 déc.-6 janv., dim. et lundi

Lhassa

CUISINE TIBÉTAINE • EXOTIQUE Une belle occasion de découvrir la cuisine tibétaine. Accroché au murs orangés, le dalaï-lama observe avec bienveillance le repas : raviolis grillés, sauté de bœuf mariné, yaourt maison... Le nirvana ?

Formule 14 € - Menu 20/26 € - Carte 23/29 €

13 r. Montagne-Ste-Geneviève Ⓜ Maubert Mutualité - ✆ 01 43 26 22 19 - Fermé lundi

Bibimbap

CUISINE CORÉENNE • RUSTIQUE Êtes-vous plutôt ssambap ou bap ? Pour en décider, courez vite au Bibimbap, petit restaurant typiquement coréen. Vive, très fraîche, soignée, diététique (pour les initiés : fondée sur l'énergie), sa cuisine est un vrai plaisir ! Côté surprise, ces petites sonnettes, sur chaque table, permettant d'appeler le serveur...

Carte 29/38 €

32 bd de l'Hôpital Ⓜ Gare d'Austerlitz
- ✆ 01 43 31 27 42 - www.bibimbap.fr

Bonvivant Ⓝ

CUISINE TRADITIONNELLE • BISTRO A l'entrée, un grand comptoir en bois ravira les amateurs de vins. A l'étage, vous retrouverez l'ambiance d'un bistrot parisien, autour d'une cuisine du produit - poulpe, yuzu, pamplemousse, radis, ou la spécialité maison, la souris d'agneau en sept heures, aux épices douces. Bons vivants, cette maison est la vôtre !

Formule 14 € - Carte 28/44 €

7 r. des Écoles Ⓜ Cardinal Lemoine
- ✆ 01 43 26 51 34 - www.bonvivant.paris

Lengué Ⓝ

CUISINE JAPONAISE • SIMPLE Ce Lengué (une fleur que l'on trouve dans les rizières) est un charmant restaurant japonais, plus exactement un izakaya, spécialisé dans la cuisine en petites portions. Il excelle dans ce domaine : les préparations sont aussi délicates que délicieuses, accompagnées de bons vins bourguignons. Service attentionné.

Formule 19 € - Carte 20/50 €

31 r. Parcheminerie Ⓜ St-Michel - ✆ 01 46 33 75 10 - lengue.fr - Fermé 3 semaines en août, dim. midi et lundi

Hôtels

La Lanterne

BOUTIQUE HÔTEL • COSY Au cœur du Quartier Latin, entre la cathédrale Notre-Dame et le Panthéon, ce boutique hôtel fort chic propose des chambres confortables (dont quatre dans un petit jardin intérieur). Le plus ? La piscine et l'espace bien-être (hammam, douche sensorielle), rares dans le secteur.

27 chambres - 210/670 € 210/670 € - 1 suite - 19 €

12 r. de la Montagne-Sainte-Geneviève Maubert Mutualité - 01 53 19 88 39 - www.hotel-la-lanterne.com

Les Dames du Panthéon

LUXE • COSY Le Panthéon, la Sorbonne, le jardin du Luxembourg : pas de doute, nous sommes en plein cœur du Quartier latin ! Face au "temple des grands hommes", le décor des chambres s'inspire... de femmes françaises ayant marqué l'histoire : Duras, Gréco, Sand ou encore Piaf. Un hôtel romanesque et raffiné.

35 chambres - 200/450 € 200/450 € - 18 €

19 pl. du Panthéon Luxembourg - 01 43 54 32 95 - www.hoteldupantheon.com

Monge

BOUTIQUE HÔTEL • CONTEMPORAIN Cet hôtel de charme, situé dans le Quartier Latin, devant les arènes de Lutèce, a conservé le charme des maisons bourgeoises du 19e s. (salons en enfilade, moulures, parquet...). La décoration des chambres, entre faune et flore, louche du côté du Jardin des Plantes. Toute l'élégance à la parisienne.

30 chambres - 190/380 € 190/380 € - 18 €

55 r. Monge Place Monge - 01 43 54 55 55 - www.hotelmonge.com

Atmosphères

BUSINESS • DESIGN Un hôtel tout en lignes épurées et mobilier design dernier cri. Dès le hall, on découvre une belle exposition de photos de Thierry des Ouches ; du salon à l'espace détente (avec sauna et fitness), en passant par les chambres, le confort est total. Une réussite.

56 chambres - 150/400 € 200/600 € - 16 €

31 r. des Écoles Maubert Mutualité - 01 43 26 56 02 - www.hotelatmospheres.com

Le Lapin Blanc

URBAIN • DESIGN Comme Alice, l'héroïne de Lewis Carroll, laissez-vous emporter par ce Lapin Blanc ! Les chambres, modernes et feutrées, rappellent par petites touches (papiers peints, téléphones, interrupteurs) le style "so british" de l'époque victorienne... Quelle élégance !

27 chambres - 150/520 € 160/520 € - 15 €

41 bd St-Michel Luxembourg - 01 53 10 27 77 - www.hotel-lapin-blanc.com

Seven

LUXE • PERSONNALISÉ Surprise ! Une fois franchie la porte de ce bâtiment très parisien, on découvre un hôtel ultradesign et presque fantasmagorique. Lumières bleutées, plafonds figurant un ciel nuageux, lits en lévitation, transparences : une expérience ultime.

35 chambres - 167/337 € 167/337 € - 21 €

20 r. Berthollet Les Gobelins - 01 43 31 47 52 - www.sevenhotelparis.com

Hôtel des Grands Hommes

TRADITIONNEL • HISTORIQUE Bel emplacement près du Panthéon pour cet hôtel plein de charme. Les chambres, très bien tenues et aménagées dans un style Empire, ont beaucoup de caractère. De même la vue des balcons et terrasses des 5e et 6e étages !

30 chambres - 180/340 € 190/450 € - 14 €

17 pl. du Panthéon Ⓜ Luxembourg - ✆ 01 46 34 19 60 - www.hoteldesgrandshommes.com

Select

BUSINESS • CONTEMPORAIN Lorsque l'on pénètre dans le hall de cet hôtel très... sélect, on est saisi par son design contemporain. Les chambres, en revanche, marient avec habileté pierres et poutres historiques avec un mobilier tendance. Une adresse de qualité.

66 chambres - 160/324 € 185/456 € - 10 €

1 pl. de la Sorbonne Ⓜ Cluny La Sorbonne - ✆ 01 46 34 14 80 - www.selecthotel.fr

Jardin de Cluny

BUSINESS • PERSONNALISÉ Les voyageurs soucieux de leur environnement apprécieront cet hôtel certifié Écolabel. L'élégance et le confort des chambres ne sont en rien sacrifiés ; la salle voûtée où l'on sert le petit-déjeuner a beaucoup de charme.

39 chambres - 130/360 € 130/360 € - 17 €

9 r. du Sommerard Ⓜ Maubert Mutualité - ✆ 01 43 54 22 66 - www.hoteljardindecluny.com

Hôtel du Levant

URBAIN • PERSONNALISÉ Les chambres de cet hôtel bâti en 1875 sont hautes en couleurs : rouge, jaune, rose vifs... Les bons points : un salon reposant, un bon emplacement pour découvrir la capitale et des prix raisonnables.

46 chambres - 85/160 € 180/430 €

18 r. de la Harpe Ⓜ St-Michel - ✆ 01 46 34 11 00 - www.hoteldulevant.com

Grand Hôtel St-Michel

BUSINESS • CONTEMPORAIN À quelques pas du trépidant boulevard St-Michel, cet hôtel a fait le pari - réussi - du design et du confort : formes épurées, détails originaux et teintes apaisantes. Fitness et hammam permettent de se délasser avant une bonne nuit de sommeil.

46 chambres - 180/360 € 180/440 € - 1 suite - 15 €

19 r. Cujas Ⓜ Luxembourg - ✆ 01 46 33 33 02 - www.hotel-saintmichel-paris.com

Albe Saint-Michel

BUSINESS • CONTEMPORAIN Notre-Dame, le Quartier latin, l'île St-Louis... Paris est à vous ! Outre ces atouts géographiques, cet hôtel se révèle très agréable avec son style clair et design. Les chambres ne sont pas très grandes mais on s'y sent vraiment bien.

43 chambres - 170/230 € 180/360 € - 15 €

1 r. de la Harpe Ⓜ St-Michel - ✆ 01 46 34 09 70 - www.hotelalbestmichel.com

Le Petit Paris

URBAIN • DESIGN Design et ludique, pop et noble à la fois... Les chambres épousent avec raffinement l'époque médiévale, les seventies, les années 1920, les styles Louis XV ou Napoléon III, le tout en technicolor !

20 chambres - 180/420 € 240/500 € - 18 €

214 r. St-Jacques Ⓜ Luxembourg - ✆ 01 53 10 29 29 - www.hotelpetitparis.com

Quartier Latin Panthéon

URBAIN • CONTEMPORAIN Cet hôtel rénové de la tête aux pieds propose une halte appréciable au cœur du quartier du Panthéon, au coin de la rue Monge et de la rue Lacépède. Business corner et hammam.

37 chambres – 135/235 € 135/235 € – 13 €

71 r. Monge Ⓜ Place Monge – 01 43 31 25 64 – www.bestwestern-quartier-latin.com

Sorbonne

URBAIN • DESIGN Couleurs très vives ou aplats de noir profond, mobilier design ou fauteuils Louis XVI habillés d'imprimés flashy, hall gris brillant : le Sorbonne est entré dans le 21e s. Chaque étage célèbre un thème photographique : la Sorbonne, les voyages, l'art, l'Orient...

38 chambres – 94/390 € 94/390 € – 14 €

6 r. Victor-Cousin Ⓜ Cluny La Sorbonne – 01 43 54 58 08 – www.hotelsorbonne.com

Résidence Henri IV

HISTORIQUE • COSY Le souvenir du bon roi Henri plane sur cet hôtel entièrement rénové ces dernières années. Avec leurs ciels de lits, leurs boiseries claires et leurs tissus fleuris, les chambres sont à la fois classiques et contemporaines. Et le quartier est si beau...

13 chambres – 120/299 € 120/299 € – 11 €

50 r. des Bernardins Ⓜ Maubert Mutualité – 01 44 41 31 81 – www.residencehenri4.com

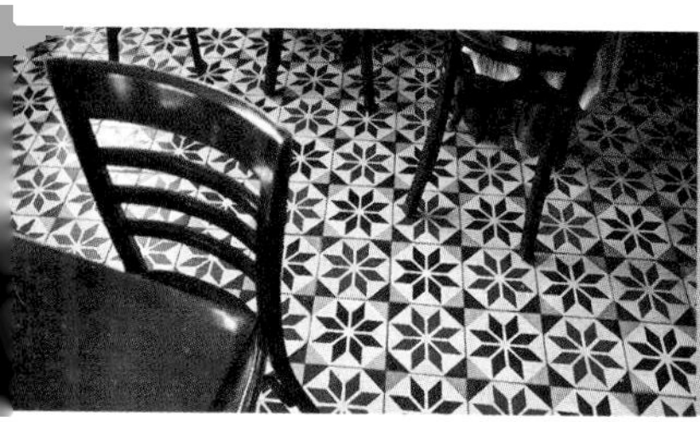

St-Germain-des-Prés • Odéon • Jardin du Luxembourg

✉ 75006

6e ARRONDISSEMENT

Restaurants

Guy Savoy

CUISINE CRÉATIVE • LUXE Guy Savoy, acte II ! En 2015, le chef a pris ses nouveaux quartiers dans l'Hôtel de la Monnaie, sur les bords de Seine. Le cadre est somptueux – six salles parées d'œuvres contemporaines prêtées par François Pinault –, et l'hôte fidèle à lui-même : sincère et passionné, inventif sans excès, d'une générosité sans faille. Irrésistible !

➜ Soupe d'artichaut à la truffe noire, brioche feuilletée aux champignons et aux truffes. Autour du veau, jus classique sous la croûte. Millefeuille à la gousse de vanille.

Menu 385/490 € – Carte 205/335 €

11 quai de Conti Ⓜ St-Michel – 01 43 80 40 61 – www.guysavoy.com – Fermé août, vacances de Noël, sam. midi, dim. et lundi

✿ Hélène Darroze

CUISINE MODERNE • COSY ✗✗✗ Héritière d'une famille de cuisiniers du Sud-Ouest, Hélène Darroze trouve dans ce terroir (Aquitaine, Landes, Pays basque...) la matière première de sa cuisine. Voilà pour l'inné. C'est ensuite l'acquis qui fait la différence : son expérience, son insatiable curiosité, et ce mélange de talent et d'intuition qui la caractérise.

➜ Huître, caviar d'Aquitaine et haricots maïs du Béarn. Homard tandoori, carotte, agrumes et coriandre fraîche. Chocolat et framboises.

Menu 58 € (déj.), 98/185 €

4 r. d'Assas Ⓜ Sèvres Babylone – ✆ 01 42 22 00 11 – www.helenedarroze.com – Fermé dim. et lundi

✿ Relais Louis XIII (Manuel Martinez)

CUISINE CLASSIQUE • ÉLÉGANT ✗✗✗ À deux pas de la Seine, cette maison historique du vieux Paris nous transporte au siècle de Louis XIII... Colombages, pierres apparentes, vitraux : le décor est plein de caractère, et il forme un élégant écrin pour la cuisine de Manuel Martinez, tenante d'un noble classicisme culinaire. Bon rapport qualité-prix au déjeuner.

➜ Quenelle de bar, mousseline de champignons et glaçage au champagne. Canard challandais rôti aux épices, garniture de saison. Millefeuille.

Menu 60 € (déj.), 90/140 € – Carte environ 130 €

8 r. des Grands-Augustins Ⓜ Odéon – ✆ 01 43 26 75 96 – www.relaislouis13.com – Fermé août, 1 semaine en janv., dim. et lundi

✿ Le Restaurant

CUISINE MODERNE • ÉLÉGANT ✗✗ Le "Restaurant" de "L'Hôtel", dont le décor est lui aussi signé Jacques Garcia. Le chef y revisite les classiques de la gastronomie française à travers des créations parfumées, basées sur d'excellents produits ; son épouse, Johanna, réalise de son côté de savoureuses pâtisseries. Un duo gagnant !

➜ Tourteau de Loctudy, mousse avocat et yuzu. Ris de veau "crousti-moelleux" et petits pois à la française. Meringue italienne, biscuit craquant, crémeux et zeste de citron.

Formule 45 € – Menu 55 € (déj.), 110/190 € 🍷 – Carte 100/130 €

Hôtel L'Hôtel, 13 r. des Beaux-Arts Ⓜ St-Germain des Prés – ✆ 01 44 41 99 01 – www.l-hotel.com – Fermé août, 19-26 déc., dim. et lundi

✿ Ze Kitchen Galerie (William Ledeuil)

CUISINE CRÉATIVE • CONVIVIAL ✗ William Ledeuil insuffle ici sa passion pour les saveurs de l'Asie du Sud-Est (Thaïlande, Vietnam, Japon) où il puise son inspiration. Galanga, ka-chaï, curcuma, wasabi, gingembre... Autant d'herbes, de racines, d'épices et de condiments du bout du monde qui relèvent avec brio les recettes classiques françaises.

➜ Thon rouge de ligne, condiment kalamensi. Bœuf Wagyu confit et grillé, condiment tamarin, jus teriyaki. Glace chocolat blanc et wasabi, jus à la fraise et condiment pistache.

Formule 41 € – Menu 48 € (déj.), 85/98 € – Carte environ 85 €

4 r. des Grands-Augustins Ⓜ St-Michel – ✆ 01 44 32 00 32 – www.zekitchengalerie.fr – Fermé 2 semaines en août, 1 semaine en déc., sam. midi et dim.

La Marlotte

CUISINE TRADITIONNELLE • RUSTIQUE ✗ Une "auberge d'aujourd'hui", non loin du Bon Marché, où l'on croise éditeurs et hommes politiques. L'ambiance y est chaleureuse et conviviale, et la cuisine honore la tradition : harengs pommes à l'huile, terrine de foies de volaille, raie à la grenobloise, boudin noir et andouillette, etc. Généreux et de saison.

Formule 24 € – Menu 29 € (déj. en semaine)/34 € – Carte 34/60 €

55 r. du Cherche-Midi Ⓜ St-Placide – ✆ 01 45 48 86 79 – www.lamarlotte.com

PARIS

La Maison du Jardin

A/C

CUISINE TRADITIONNELLE • BISTRO X À deux pas du Luxembourg, ce bistrot explore la tradition avec bonté et simplicité : terrine de lapin "mémé Coupeau" ; cabillaud juste salé, vinaigrette tomate, polenta aux courgettes ; gaufre façon "Lenôtre"... et bouteilles à prix sages.

Formule 22 € – Menu 35 €

27 r. Vaugirard Ⓜ Rennes – ☎ 01 45 48 22 31 (réservation conseillée) – Fermé 3 semaines en août, sam. midi et dim.

Atelier Vivanda - Cherche Midi

A/C

VIANDES • BISTRO X Bienvenue dans l'un des bistrots à viande d'Akrame Benallal ! De superbes pièces de boucher sont évidemment au programme : hampe et persillé de Black Angus, suprême de volaille, ou côte de porc ibérique, sont travaillés avec amour et accompagnés d'un gratin dauphinois ou de pommes dauphine. Férocement bon.

Menu 36/71 €

20 r. du Cherche-Midi Ⓜ Sèvres Babylone
– ☎ 01 45 44 50 44 – www.ateliervivanda.com
– Fermé dim. et lundi

Le Timbre

CUISINE TRADITIONNELLE • BISTRO X Le jeune chef de ce bistrot grand comme un... timbre-poste, a réussi à conserver tout le charme des lieux – tables en bois, banquettes et ambiance à la bonne franquette. Il propose une cuisine du marché originale et goûteuse, que l'on accompagne de bons vins grâce aux conseils d'Agnès, sa compagne.

Formule 23 € – Menu 28 € (déj.), 36/45 €

3 r. Ste-Beuve Ⓜ Notre-Dame des Champs – ☎ 01 45 49 10 40 (réservation conseillée) – www.restaurantletimbre.com – Fermé août, 1er-6 janv., dim. et lundi

Fogón

A/C soir,

CUISINE ESPAGNOLE • TENDANCE XX L'Espagne s'invite sur les quais de la Seine. Charcuteries de Guijuelo, préparations de riz en paëlla – aux légumes, valenciana, aux seiches et calamars, aux langoustines, au jambon... De fort belles spécialités ibériques qui se mettent en scène dans un cadre design chic des plus tendance !

Menu 36 € (déj. en semaine)/51 € – Carte 42/67 €

45 quai des Grands-Augustins Ⓜ St-Michel – ☎ 01 43 54 31 33
– www.restaurantfogon.com – Fermé 3 semaines en août et lundi

Alcazar

A/C

CUISINE MODERNE • BRANCHÉ XX Cet ancien cabaret a fait peau neuve à l'automne 2015, sous la direction de l'architecte et décoratrice Lola Gonzalez. Le végétal domine, donnant à l'ensemble l'élégance intemporelle d'un grand jardin d'hiver ; en cuisine, on compose toujours une alléchante carte de brasserie contemporaine.

Formule 29 € – Menu 34 € (déj.) – Carte 55/65 €

62 r. Mazarine Ⓜ Odéon – ☎ 01 53 10 19 99 – www.alcazar.fr

Les Bouquinistes

A/C

CUISINE MODERNE • TENDANCE XX À l'angle d'une rue, face aux bouquinistes alignés sur les quais de la Seine, un restaurant façon loft new-yorkais, où l'on sert une bonne cuisine qui évolue selon le marché et les saisons. Agréable et typiquement parisien !

Formule 29 € – Menu 36 € – Carte 43/73 €

53 quai des Grands-Augustins Ⓜ St-Michel
– ☎ 01 43 25 45 94 – www.guysavoy.com
– Fermé 2 semaines en août et vacances de Noël

La Méditerranée

POISSONS ET FRUITS DE MER • BRASSERIE XX Dans ce restaurant face au théâtre de l'Odéon, des fresques évoquent la Méditerranée et la cuisine de la mer chante avec l'accent du Sud. Un soin tout particulier est apporté au choix des produits, comme dans ces spécialités maison : bouillabaisse, carpaccio de bar, dorade laquée au miel...

Formule 29 € - Menu 29/36 € - Carte 55/73 €

2 pl. Odéon M Odéon - ✆ 01 43 26 02 30 - www.la-mediterranee.com - Fermé 24-31 déc.

Un Dimanche à Paris

CUISINE MODERNE • TENDANCE XX Un petit passage pavé accueille ce "concept store", où le cacao est roi ! Au restaurant, il relève viandes et poissons de notes épicées, leur donnant un supplément d'élégance et de style. Ensuite, n'hésitez pas à faire un détour par la boutique, dans les locaux qui abritaient autrefois l'imprimerie de Marat...

Formule 25 € - Menu 29 € (déj. en semaine), 37/62 € - Carte 40/64 €

4 cours du Commerce-St-André M Odéon - ✆ 01 56 81 18 18 - www.un-dimanche-a-paris.com - Fermé 1er-22 août, dim. soir et lundi

Caméléon d'Arabian

CUISINE ITALIENNE • CONVIVIAL XX Un restaurant chaleureux et confortable (banquettes en velours, vue sur les fourneaux). Le temps est désormais à la cuisine italienne, avec notamment un menu attractif au déjeuner... mais, bonne nouvelle, le "must" des lieux est toujours à la carte : le châteaubriant de foie de veau - délicieux.

Formule 33 € - Menu 38 € (déj.) - Carte 52/78 €

6 r. Chevreuse M Vavin - ✆ 01 43 27 43 27 - Fermé 8-22 août, sam. midi et dim.

La Rotonde

CUISINE TRADITIONNELLE • BRASSERIE XX À deux pas des théâtres de la rue de la Gaîté, cette Rotonde incarne depuis plus d'un siècle l'essence même de la brasserie parisienne. Un décor typique - très 1930 - avec cuivre et banquettes rouges, et des plats classiques du genre, tartare de bœuf en tête... Et l'on vous accueille jusqu'à 1h du matin !

Formule 24 € 🍷 - Menu 44 € - Carte 30/80 €

105 bd Montparnasse M Vavin - ✆ 01 43 26 68 84 - www.rotondemontparnasse.com

Emporio Armani Caffé N

CUISINE ITALIENNE • ÉLÉGANT XX Au 1er étage de la boutique installée au cœur de ce quartier très chic de la rive gauche, ce Caffé se révèle une excellente surprise. Le chef, ancien second du Casadelmar, à Porto-Vecchio, compose une jolie cuisine italienne (principalement milanaise) avec de très beaux produits. C'est frais, goûteux et bien maîtrisé : de la belle ouvrage.

Menu 90 € - Carte 64/123 €

149 bd St-Germain M St-Germain des Prés - ✆ 01 45 48 62 15 - www.massimomori.com - Fermé dim.

Toyo

CUISINE CRÉATIVE • DESIGN X Dans une autre vie, Toyomitsu Nakayama était le chef privé du couturier Kenzo ; aujourd'hui, il excelle dans l'art d'assembler les saveurs et les textures - paella japonaise aux fruits de mer, cabillaud fumé Ô-cha (au thé)... Une cuisine fraîche et parfumée, servie par une équipe attentive et discrète : impeccable.

Menu 39 € (déj.), 49/130 €

17 r. Jules-Chaplain M Vavin - ✆ 01 43 54 28 03 - www.restaurant-toyo.com - Fermé 2 semaines en août, lundi midi et dim.

Aux Prés

A/C

CUISINE MODERNE • VINTAGE C'est un fait : Cyril Lignac a toujours un projet d'avance ! Changement de nom et de concept, donc, pour son bistrot germanopratin : il y propose désormais une cuisine voyageuse et spontanée, volontiers créative, avec toujours un pied dans le(s) terroir(s) français. Et le dimanche, le brunch rencontre un franc succès...

Formule 35 € – Menu 48 €

27 r. du Dragon Ⓜ St-Germain des Prés – ✆ 01 45 48 29 68 – www.restaurantauxpres.com

Casa Bini

CUISINE ITALIENNE • CONVIVIAL Une trattoria chaleureuse dans une rue calme de St-Germain-des-Prés. Dans une salle aux couleurs de la Toscane, on déguste des plats pleins de saveurs, tels ces linguine *seppie e limone* (aux seiches et citron), ou ce tiramisu au caramel beurre salé. Et soudain le quartier des éditeurs prend des airs de *dolce vita*...

Formule 25 € – Carte 40/60 €

36 r. Grégoire-de-Tours Ⓜ Odéon – ✆ 01 46 34 05 60 – www.casabini.fr

Teppanyaki Ginza Onodera

A/C

CUISINE JAPONAISE • INTIME Dans cette salle intimiste, on s'installe face au teppanyaki – une plaque chauffante utilisée dans la cuisine japonaise – et l'on salive d'avance ! Bar cuit à la vapeur et sauce au safran, bœuf Simmental et riz à l'œuf, oignons et légumes au vinaigre... On se régale !

Menu 85 € (semaine)/150 €

6 r. des Ciseaux Ⓜ Mabillon – ✆ 01 42 02 72 12 (réservation conseillée) – Fermé le midi sauf vend.-sam. et dim.

KGB

A/C

CUISINE CRÉATIVE • DESIGN KGB pour Kitchen Galerie Bis. Il y règne le même esprit qu'à la maison mère, à mi-chemin entre galerie d'art et restaurant peu conventionnel. On s'y régale de "zors d'œuvres" – déclinaisons des hors-d'œuvres à la française –, de pâtes ou de plats cuisinés mêlant tradition hexagonale et assaisonnements asiatiques.

Formule 29 € – Menu 55 € (déj.)/66 € – Carte 49/60 €

25 r. des Grands-Augustins Ⓜ St-Michel – ✆ 01 46 33 00 85 – www.zekitchengalerie.fr – Fermé 1er-20 août, dim. et lundi

Allard

A/C

CUISINE TRADITIONNELLE • BISTRO On pénètre par la cuisine dans cette véritable institution, qui fait désormais partie du groupe Ducasse. Servis dans un décor 1900 pur jus, les plats hésitent entre registre bistrotier et plats canaille : cocotte de cervelas, blanquette de veau – succulente ! –, savarin au rhum en dessert... On se régale.

Menu 34 € (déj.) – Carte 56/104 €

41 r. St-André-des-Arts Ⓜ St-Michel – ✆ 01 43 26 48 23 – www.restaurant-allard.fr

L'Épi Dupin

CUISINE MODERNE • CONVIVIAL Le chef, François Pasteau, a mis en place une démarche écologique et locavore : achat de fruits et légumes en Île-de-France, traitement des déchets organiques, eau filtrée sur place, etc. Un respect de la nature et du "bien-vivre" que l'on retrouve dans ses assiettes, qui revisitent joliment la tradition de nos campagnes.

Formule 28 € – Menu 39/52 €

11 r. Dupin Ⓜ Sèvres Babylone – ✆ 01 42 22 64 56 (réservation conseillée) – www.epidupin.com – Fermé 1er-24 août, lundi midi, sam. et dim.

La Ferrandaise

CUISINE TRADITIONNELLE • BISTRO Dans ce joli restaurant près du Luxembourg, on honore le Puy-de-Dôme. Le patron a même imaginé un partenariat avec des éleveurs de vaches ferrandaises ! Le chef breton concocte une cuisine franche et savoureuse : hure de tête de veau gratinée sauce ravigote, joue de bœuf confite et lentilles blondes de Saint-Flour...

Formule 16 € - Menu 37/55 €

8 r. de Vaugirard Ⓜ Odéon
- ✆ 01 43 26 36 36 - www.laferrandaise.com
- Fermé le soir en août, lundi midi, sam. midi et dim.

Le Cherche Midi

CUISINE ITALIENNE • BISTRO Un authentique bistrot italien ! Pâtes fraîches maison et superbes charcuteries : jambon de Parme (affiné au moins 24 mois), mortadelle, bresaola... Quant à la mozzarella, bien crémeuse, elle arrive par avion deux à trois fois par semaine !

Carte 39/58 €

22 r. du Cherche-Midi Ⓜ Sèvres Babylone - ✆ 01 45 48 27 44 (réservation conseillée) - www.lecherchemidi.fr - Fermé 24 déc.-1er janv.

Quinsou Ⓝ

CUISINE CRÉATIVE • BISTRO En face de la fameuse école Ferrandi chante désormais un pinson (Quinsou en occitan), dont les vocalises gastronomiques réjouissent les palais délicats, du 6e arrondissement et au-delà. Avec par exemple cette lotte, potimarron et sauce curry, Antonin Bonnet, l'ancien chef du Sergent Recruteur, fait gazouiller le produit. Une bien belle adresse.

Formule 28 € - Menu 35 € (déj.), 48/65 €

33 r. de l'Abbé-Grégoire Ⓜ St-Placide - ✆ 01 42 22 66 09 - Fermé août, 2 semaines à Noël, dim. et lundi

Semilla

CUISINE MODERNE • BRANCHÉ Une bonne "graine" (*semilla* en espagnol) que ce bistrot né à l'initiative des patrons de Fish La Boissonnerie, juste en face. Ambiance conviviale, déco branchée et, dans la cuisine ouverte sur la salle, une équipe jeune et passionnée, qui travaille avec des fournisseurs triés sur le volet. Gourmand et bien ficelé !

Formule 23 € - Carte 42/66 €

54 r. de Seine Ⓜ Odéon
- ✆ 01 43 54 34 50 - www.semillaparis.com
- Fermé 2 semaine en août et 23 déc.-2 janv.

Yen

CUISINE JAPONAISE • TENDANCE Un restaurant au décor japonais très épuré pour amateurs de minimalisme zen. La carte fait la part belle à la spécialité du chef : le soba, des nouilles de sarrasin chaudes ou froides, préparées sous vos yeux.

Formule 45 € - Menu 71 € (dîner) - Carte 24/84 €

22 r. St-Benoît Ⓜ St-Germain-des-Prés - ✆ 01 45 44 11 18 - www.yen-paris.fr
- Fermé 2 semaines en août et dim.

Shu

CUISINE JAPONAISE • ÉPURÉ Il faut se baisser pour passer par la porte qui mène à cette cave du 17e s. Dans un décor minimaliste, on découvre une cuisine japonaise authentique et bien maîtrisée, où la fraîcheur des produits met en valeur kushiage, sushis et sashimis.

Menu 38/63 €

8 r. Suger Ⓜ St-Michel - ✆ 01 46 34 25 88 (réservation conseillée)
- www.restaurant-shu.com - Fermé vacances de printemps, 3 semaines en août, dim. et le midi

PARIS

Marco Polo

CUISINE ITALIENNE • TRADITIONNEL Les habitués apprécient l'ambiance à la fois feutrée et conviviale du Marco Polo ; comme ils sont nombreux, mieux vaut réserver. Il faut dire que les antipasti, raviolis aux cèpes et autres risottos du jour sont préparés avec soin.

Formule 21 € - Menu 36 € - Carte 45/65 €

8 r. de Condé Ⓜ Odéon - ✆ 01 43 26 79 63 (réservation conseillée) - www.restaurant-marcopolo.com

Fish La Boissonnerie

CUISINE TRADITIONNELLE • BISTRO La façade en mosaïque de cette ancienne poissonnerie (avec un p !) est un must du quartier. Voilà une dizaine d'années que ce restaurant honore Bacchus et les produits de la mer : vichyssoise aux huîtres, Saint-Jacques aux cocos de Paimpol, dorade aux artichauts barigoule. Convivial !

Formule 17 € - Carte 37/57 €

69 r. de Seine Ⓜ Odéon - ✆ 01 43 54 34 69 - www.laboissonnerie.com - Fermé 1 semaine en août et 23 déc.-2 janv.

Sur la Braise

VIANDES • TENDANCE Carnivore, tu es ici chez toi. Les viandes de bœuf les plus réputées – Blonde de Galice, Black Angus, Wagyu... – sont grillées dans un four à braise et accompagnées de frites maison ou de légumes. Dans l'assiette, la simplicité est de mise : tout le plaisir est dans la qualité des produits et dans la précision des cuissons !

Formule 21 € - Menu 49/69 € - Carte 49/86 €

19 r. Bréa Ⓜ Vavin - ✆ 01 43 27 08 80 - www.surlabraise.com - Fermé 1er-21 août et dim.

Mangetout

CUISINE MODERNE • DESIGN Alain Dutournier est décidément le grand maître d'œuvre de ces tapas à la française, comme le démontre ce plaisant Mangetout, toujours convivial. On picore des chipirons façon pibales ou une terrine pistachée de canard et foie gras des Landes...

Menu 19 € (déj.)/28 € - Carte 36/46 €

82 r. Mazarine Ⓜ Odéon - ✆ 01 43 54 02 11 - www.mangetout.fr - Fermé août, dim. et lundi

Anicia Ⓝ

CUISINE CRÉATIVE • ÉLÉGANT Natif de Haute-Loire, François Gagnaire sélectionne soigneusement les petits producteurs de là-bas, et s'offre une excellente matière première pour sa cuisine : lentille verte du Puy, limousine des Monts-du-Velay, fin gras du Mézenc, fromage de vache aux artisous, bière Vellavia... Ses assiettes sont gourmandes et superbement présentées : on se régale.

Formule 24 € - Menu 29 € (déj. en semaine) - Carte 55/64 €

97 r. du Cherche-Midi Ⓜ St-Placide - ✆ 01 43 35 41 50 - www.anicia-bistrot.com - Fermé en août, 24-30 déc., dim. et lundi

Invictus

CUISINE TRADITIONNELLE • BISTRO De retour à Paris après six ans passés en Afrique du Sud, Christophe Chabanel n'a pas tardé à retrouver les suffrages de la capitale : son bistrot, à deux pas du jardin du Luxembourg, fait salle comble ! À la carte, gambas rôties au soja et sésame, rognon de veau entier cuit au four et jus corsé : un régal.

Menu 38 € 🍷 - Carte 39/58 €

5 r. Ste-Beuve Ⓜ Notre-Dame des Champs - ✆ 01 45 48 07 22 - Fermé 1 semaine début janv., 1 semaine début sept., dim. et lundi midi

L'Altro
A/C

CUISINE ITALIENNE • TENDANCE L'Italie à la carte, dans un décor qui hésite entre loft et bistrot new-yorkais (banquettes noires, carrelage blanc aux murs, cuisines vitrées). L'ambiance est décontractée : idéal pour savourer de bonnes pasta et des antipasti.

Formule 17 € - Menu 22 € (déj. en semaine) - Carte 30/60 €

16 r. du Dragon Ⓜ St-Germain des Prés - ✆ 01 45 48 49 49 - www.laltro.fr
- Fermé 1 semaine en août

Azabu
A/C

CUISINE JAPONAISE • ÉPURÉ Une bonne adresse japonaise au décor sobre et contemporain. On mange à table ou au comptoir, face au teppanyaki. Parmi les spécialités, le king crab à la plancha, le zensai bento (un assortiment d'entrées), le bar grillé ou le bœuf Wagyu au radis râpé.

Menu 19 € (déj. en semaine), 45/68 € - Carte 41/71 €

3 r. André-Mazet Ⓜ Odéon
- ✆ 01 46 33 72 05 (réservation conseillée) - www.azabu.fr
- Fermé 2 semaines en août, dim. midi et lundi

Wadja

CUISINE TRADITIONNELLE • BISTRO Tables serrées, vieux zinc, miroirs, lithographies années 1930 : pas de doute, c'est un bistrot. Un seul menu le midi, d'un bon rapport qualité-prix ; le soir, l'ardoise s'épanouit entre agneau de lait rôti au citron et crêpe fourrée de compote d'aubergines à la cardamome.

Formule 20 € - Menu 42/48 €

10 r. de la Grande-Chaumière Ⓜ Vavin
- ✆ 01 46 33 02 02 - www.wadjarestaurant.fr
- Fermé 3 semaines en août, 1 semaine à Noël, sam., dim. et fériés

Tsukizi

CUISINE JAPONAISE • ÉPURÉ Dans la petite salle de ce restaurant tout simple, on a l'impression d'être au Japon. Le chef prépare sous vos yeux sushis, makis et sashimis à partir de poissons d'une bonne fraîcheur. Oursins et Saint-Jacques en saison.

Formule 20 € - Carte 28/55 €

2 bis r. des Ciseaux Ⓜ St-Germain des Prés - ✆ 01 43 54 65 19 - Fermé 3 semaines en août, dim. midi et lundi

Taokan - St-Germain
A/C

CUISINE CHINOISE • TENDANCE Au cœur de St-Germain-des-Prés, on pousse la porte de ce joli restaurant pour célébrer la cuisine chinoise, et particulièrement cantonaise : incontournables dim-sum, poisson à la vapeur, magret de canard au miel, émincé de poulet caramélisé... De belles présentations, de bons produits : une vraie ambassade !

Menu 24 € (déj.), 29/37 € - Carte 43/66 €

8 r. du Sabot Ⓜ St-Germain des Prés - ✆ 01 42 84 18 36 - www.taokan.fr
- Fermé 1er-16 août et dim. midi

Le Christine

CUISINE MODERNE • CONVIVIAL C'est dans une ruelle plutôt calme que l'on découvre la façade du restaurant, avenante et colorée ; à l'intérieur, on trouve deux salles à manger coquettes. La cuisine, pile dans l'air du temps, se démarque par l'attention portée à chaque plat et par une fraîcheur de tous les instants. Merci Christine !

Formule 22 € - Menu 28 € (déj. en semaine), 42/48 €

1 r. Christine Ⓜ St-Michel
- ✆ 01 40 51 71 64 - www.restaurantlechristine.com
- Fermé sam. midi et dim. midi

PARIS

Le Bon Saint-Pourçain

CUISINE TRADITIONNELLE • BISTRO Planqué derrière l'église St-Sulpice, en plein cœur de St-Germain-des-Prés, cet ancien restaurant bougnat a réouvert ses portes au printemps 2015. La cuisine lorgne vers la tradition bistrotière revisitée : c'est tout simplement délicieux, sans doute grâce à l'utilisation exclusive de bons produits frais. Réservez !

Carte 38/67 €

10 bis r. Servandoni Ⓜ Mabillon - ✆ 01 42 01 78 24 (réservation conseillée) - Fermé dim. et lundi

Café Trama

CUISINE TRADITIONNELLE • BRANCHÉ Tout près du Bon Marché, cette table a tous les atours du bistrot branché, du décor - comptoir, petites tables carrées, banquettes en moleskine et ardoises au mur - à la cuisine : rillettes de la Sarthe, croustillant de boudin noir, croque-monsieur, tartare de bœuf au couteau, gingembre et basilic... Tout simplement bon.

Carte 35/50 €

83 r. du Cherche-Midi Ⓜ St-Placide - ✆ 01 45 43 33 71 - Fermé 3 semaines en août, 24 déc.-3 janv., dim. et lundi

Le Comptoir du Relais

CUISINE TRADITIONNELLE • BISTRO Dans ce sympathique bistrot de poche des années 1930, Yves Camdeborde régale ses clients d'une généreuse cuisine traditionnelle. Le midi, on sert des plats de brasserie tandis que le soir, un menu unique plus raffiné vous est proposé.

Menu 60 € (dîner en semaine) - Carte 26/72 €

Hôtel Relais St-Germain, 5 carr. de l'Odéon Ⓜ Odéon - ✆ 01 44 27 07 50 (réservation conseillée) - www.hotelrsg.com

Boutary Ⓝ

CUISINE MODERNE • CONVIVIAL Poussez donc la porte de ce restaurant, repris par une famille qui élève depuis plusieurs générations son caviar en Bulgarie du sud. On y apprécie, dans un esprit chic, le travail d'un chef nippo-coréen au beau parcours... avec dégustation du caviar à la royale, sur le dos de la main ! Service raffiné et tarifs doux.

Formule 27 € - Menu 32 € (déj.), 69/78 € - Carte 55/75 €

25 r. Mazarine Ⓜ Odéon - ✆ 01 43 43 69 10 (réservation conseillée) - www.boutary-restaurant.com - Fermé août, sam. midi, dim. et lundi

Hôtels

L'Hôtel

LUXE • PERSONNALISÉ C'est à "L'Hôtel" que mourut en 1900 le grand Oscar Wilde. Le décor, signé Jacques Garcia, n'est pas sans rappeler les fastes de l'art pour l'art, avec des allusions aux styles baroque, Empire, oriental... Esthétique et atypique.

20 chambres - †305/1150 € ††305/1150 €

13 r. des Beaux-Arts Ⓜ St-Germain des Prés - ✆ 01 44 41 99 00 - www.l-hotel.com

Le Restaurant - voir les restaurants ci-dessus

Relais Christine

HISTORIQUE • PERSONNALISÉ Une demeure historique ! Les salons feutrés, les chambres joliment décorées, dégagent un charme très particulier, et l'on prend son petit-déjeuner sous des voûtes du 13e s. Très plaisants : le petit espace détente et le prêt de vélos.

42 chambres - †350/1300 € ††350/1300 € - 6 suites - 30 €

3 r. Christine Ⓜ St-Michel - ✆ 01 40 51 60 80 - www.relais-christine.com

Relais St-Germain

TRADITIONNEL • PERSONNALISÉ Au carrefour de l'Odéon, l'animation ne cesse jamais. Raison de plus pour trouver refuge dans cet hôtel raffiné. Poutres patinées, étoffes chatoyantes et meubles anciens lui donnent un réel cachet. De vraies chambres d'écrivains...

22 chambres - 295/460 € 295/460 €

9 carr. de l'Odéon Ⓜ Odéon - ✆ 01 44 27 07 97 - www.hotelrsg.com

Le Comptoir du Relais - voir les restaurants ci-dessus

L'Abbaye

LUXE • PERSONNALISÉ Un hôtel d'un charme rare. Installé dans un ancien couvent du 17e s., il propose des chambres très raffinées, à la fois classiques et lumineuses. Dans la cour verdoyante coule une fontaine, tout est si calme... Personnel attentif et prévenant.

40 chambres - 250/712 € 250/712 € - 4 suites

10 r. Cassette Ⓜ St-Sulpice - ✆ 01 45 44 38 11 - www.hotel-abbaye.com

Esprit St-Germain

URBAIN • PERSONNALISÉ Dans le salon-bibliothèque, les tableaux orientalistes et la moquette léopard donnent le ton : élégance et confort pour un style très lounge. Les chambres sont plus sobres mais une réelle attention est portée à votre bien-être.

23 chambres - 355/530 € 355/690 € - 5 suites - 20 €

22 r. St-Sulpice Ⓜ Mabillon - ✆ 01 53 10 55 55 - www.espritsaintgermain.com

Hôtel d'Aubusson

LUXE • COSY Cet hôtel particulier conserve ce raffinement propre au 17e s. avec son salon, ses beaux parquets, ses tapisseries d'Aubusson... Paradoxalement, les chambres sont d'une sobre modernité. Et selon les jours, on organise des soirées jazz au Café Laurent, où résonnent encore les solos de trompette de Boris Vian !

49 chambres - 435/770 € 435/770 € - 25 €

33 r. Dauphine Ⓜ Odéon - ✆ 01 43 29 43 43 - www.hoteldaubusson.com

Le Six

URBAIN • DESIGN Un hôtel contemporain parfaitement situé, entre le jardin du Luxembourg, St-Germain-des-Prés et Montparnasse. Les chambres, sobres et bien agencées, rendent hommage en photo aux légendes du quartier ; petit spa bien aménagé.

7 chambres - 229/550 € 229/550 € - 4 suites - 19 €

14 r. Stanislas Ⓜ Notre-Dame des Champs - ✆ 01 42 22 00 75 - www.hotel-le-six.com

Bel Ami St-Germain des Prés

URBAIN • CONTEMPORAIN Rien à voir avec le roman de Maupassant même si nous sommes à St-Germain, quartier littéraire s'il en est. Une adresse pour urbains chic, avec un bar tendance et des chambres sobres et contemporaines, rénovées pour certaines. Bel espace détente.

108 chambres - 229/700 € 229/700 € - 7 suites

7 r. St-Benoit Ⓜ St-Germain des Prés - ✆ 01 42 61 53 53 - www.hotel-bel-ami.com

Madison

LUXE • CONTEMPORAIN Camus aimait fréquenter cet établissement, probablement à cause de son emplacement idéal, au cœur de St-Germain-des-Prés. Les chambres ont toutes été rénovées dans un style contemporain assez composite ; certaines ont vue sur l'église.

47 chambres - 220/700 € 220/700 € - 3 suites - 25 €

143 bd St-Germain Ⓜ St-Germain des Prés - ✆ 01 40 51 60 00 - www.hotel-madison.com

PARIS

Ste-Beuve

URBAIN • COSY Cosy et chaleureux : deux adjectifs qui correspondent bien à cet hôtel du meilleur goût. Dans les chambres, les meubles chinés tranchent sur des teintes raffinées et l'on se rafraîchit dans des salles de bains en noir et blanc. Bien agréable.

22 chambres – 165/370 € 165/490 € – 16 €

9 r. Ste-Beuve Ⓜ Notre-Dame des Champs – 01 45 48 20 07 – www.hotelsaintebeuve.com

La Villa St-Germain-des-Prés

URBAIN • DESIGN À mi-chemin entre les Beaux-Arts et l'église St-Germain, cet hôtel discret n'est pas sans évoquer une demeure de famille, version contemporaine : beau parquet en chêne massif, mobilier moderne, étoffes précieuses, lumières douces... Vous êtes ici chez vous.

31 chambres – 185/575 € 185/575 € – 16 €

29 r. Jacob Ⓜ St-Germain des Prés – 01 43 26 60 00 – www.villa-saintgermain.com

Pas de Calais

TRADITIONNEL • PERSONNALISÉ La légende dit que Sartre et Beauvoir auraient séjourné ici, peut-être appréciaient-ils cette rue tranquille ? Les chambres sont régulièrement rénovées dans un style clair et contemporain, avec de beaux matériaux : tissus, bois clairs... Joli mur végétal dans le salon, sous une verrière.

38 chambres – 180/380 € 180/470 € – 15 €

59 r. des Saints-Pères Ⓜ St-Germain des Prés – 01 45 48 78 74 – www.hotelpasdecalais.com

Luxembourg Parc

TRADITIONNEL • CLASSIQUE Nul besoin d'être parisien pour apprécier la poésie du jardin du Luxembourg. L'hôtel est juste en face ! Délicieusement bourgeois, son décor classique ravira les amateurs d'élégance feutrée. Détente assurée dans le salon, près de la cheminée.

23 chambres – 200/370 € 200/540 € – 15 €

42 r. Vaugirard Ⓜ St-Sulpice – 01 53 10 36 50 – www.hotelluxparc.com

Récamier

LUXE • COSY Une rénovation remarquable a fait de cet ancien hôtel particulier un lieu chic et intemporel : décors soignés (différents styles 20e s.), équipements high-tech... Le tout sur la place St-Sulpice, à quelques minutes de marche de la Seine.

24 chambres – 290/530 € 290/530 € – 20 €

3 bis pl. St-Sulpice Ⓜ St-Sulpice – 01 43 26 04 89 – www.hotelrecamier.com

Odéon St-Germain

LUXE • CONTEMPORAIN Un hôtel très bien situé derrière l'Odéon. Les murs sont du 16e s. mais le style, intemporel, est signé Jacques Garcia : tentures en soie, mobilier opulent, ciels de lit damassés... Un confort et un charme indéniables.

27 chambres – 145/210 € 171/480 € – 14 €

13 r. St-Sulpice Ⓜ Odéon – 01 43 25 70 11 – www.hotelosg.com

La Belle Juliette

URBAIN • ÉLÉGANT Chaque étage de l'hôtel est décoré selon un thème différent : Madame Récamier au 1er (la fameuse Juliette), l'Italie au 2e, Chateaubriand au 3e, etc. Un cadre qui marie l'ancien au moderne en restant toujours chaleureux. Un endroit de caractère !

39 chambres – 190/520 € 200/600 € – 6 suites – 22 €

92 r. du Cherche-Midi Ⓜ Vaneau – 01 42 22 97 40 – www.labellejuliette.com

Hôtel des Académies et des Arts

URBAIN • COSY Les corps blancs de Jérôme Mesnager et les sculptures de Sophie de Watrigant se déclinent partout dans cet hôtel dédié à la création. Les chambres, bien que relativement petites, sont chaleureuses. Espace bien-être et salon de thé.

20 chambres - 165/370 € 165/370 € - 16 €

15 r. de la Grande-Chaumière Ⓜ Vavin - ✆ 01 43 26 66 44 - www.hoteldesacademies.com

Hôtel de Sèvres

URBAIN • PERSONNALISÉ Amoureux du shopping, cet hôtel se trouve juste à côté du Bon Marché ! L'ensemble est chaleureux, dominé par des teintes beige et marron. La salle des petits-déjeuners donne sur une courette fleurie. Espace bien-être.

32 chambres - 100/230 € 120/260 € - 1 suite - 13 €

22 r. Abbé-Grégoire Ⓜ St-Placide - ✆ 01 45 48 84 07 - www.hoteldesevres.com

Legend

TRADITIONNEL • DESIGN Un hôtel entièrement rénové en 2012, entre la gare Montparnasse et St-Germain-des-Prés. Ici, la décoration est résolument design et les chambres des plus confortables. Un pied-à-terre idéal pour les personnes arrivant du Grand Ouest... et les autres.

38 chambres - 99/629 € 99/629 € - 16 €

151 bis r. de Rennes Ⓜ Montparnasse - ✆ 01 45 48 97 38 - www.legendhotelparis.com

Apostrophe

URBAIN • DESIGN Osant un design singulier, toutes les chambres de cet hôtel hors normes racontent une histoire : ici des voilages imprimés de photographies, là un papier peint insolite... À noter : les mini-chaînes adaptées aux iPods.

16 chambres - 99/299 € 149/353 € - 11 €

3 r. Chevreuse Ⓜ Vavin - ✆ 01 56 54 31 31 - www.apostrophe-hotel.com

Tour Eiffel · École Militaire · Invalides

✉ 75007

7e ARRONDISSEMENT

Restaurants

✿✿✿ Arpège (Alain Passard)

CUISINE CRÉATIVE • ÉLÉGANT XXX Bois précieux, décor de verre signé Lalique : préférez l'élégante salle contemporaine au caveau, et dégustez l'éblouissante cuisine "légumière" d'un chef-poète du terroir, amoureux des produits et cultivant son beau jardin - en l'occurrence, ses trois potagers spécialement créés dans l'Ouest de la France !

→ Fines ravioles potagères multicolores, consommé aux légumes. Corps-à-corps de volaille haute couture. Tarte aux pommes bouquet de roses.

Menu 145 € (déj.), 320/380 € - Carte 225/305 €

84 r. de Varenne Ⓜ Varenne - ✆ 01 47 05 09 06 - www.alain-passard.com - Fermé sam. et dim.

✿✿ Sylvestre

CUISINE MODERNE • ÉLÉGANT XXX Arrivé en 2015 chez Thoumieux, tout près des Invalides, Sylvestre Wahid n'a pas tardé à gagner les cœurs des gourmets de la capitale. La salle à manger sert d'écrin feutré à cet authentique artiste : tout au long d'une symphonie gourmande et délicate, il nous emporte vers de savoureux territoires... Magique.

→ Œuf de poule, céleri et truffe noire en chaud-froid. Pigeon des Costières à la feuille de sauge, navet glaçon fumé-brûlé. Fine tarte au citron soufflée au chocolat grand cru, sorbet aux agrumes.

Menu 85 € (déj.), 175/250 € - Carte 155/195 €

79 r. St-Dominique (1er étage) Ⓜ La Tour Maubourg - ✆ 01 47 05 79 00 (réservation conseillée) - www.thoumieux.fr - Fermé 1er-28 août, mardi midi, merc. midi, sam. midi, dim. et lundi

✿✿ L'Atelier de Joël Robuchon - St-Germain

CUISINE CRÉATIVE • DESIGN X Un long comptoir flanqué de hauts tabourets, une petite salle confidentielle, des tons rouge et noir, une semi-pénombre étudiée... et toute la lumière portée sur de brillantes assiettes, ciselées avec une précision d'orfèvre. Cet Atelier contemporain signé Joël Robuchon - le premier d'une longue série - est un must du genre !

→ Langoustine en ravioli truffé à l'étuvée de chou vert. Agneau de lait en côtelettes à la fleur de thym. Ganache onctueuse au chocolat araguani, glace au grué de cacao et biscuit Oréo.

Menu 179 € - Carte 80/170 €

5 r. de Montalembert Ⓜ Rue du Bac - ✆ 01 42 22 56 56 - www.joel-robuchon.net - Accueil de 11h30 à 15h30 et de 18h30 à minuit. Réservations uniquement pour certains services : se renseigner.

✿ Le Jules Verne

CUISINE MODERNE • DESIGN XXX Au 2e étage de la tour Eiffel, son décor design atteint des hauteurs, vue magique sur Paris en prime ! Le patrimoine français est à l'honneur : grands plats et vins d'excellence paraissent ici autant de symboles... À noter : les réservations se font uniquement par Internet.

→ Foie gras de canard confit, melon et poivre. Volaille jaune aux champignons des bois, sauce Albufera. Écrou croustillant au chocolat de notre manufacture à Paris.

Menu 105 € (déj. en semaine), 190/230 €

2ème étage Tour Eiffel (Ascenseur privé pilier sud) Ⓜ Bir-Hakeim - ✆ 01 45 55 61 44 - www.lejulesverne-paris.com

✿ Les Climats

soir,

CUISINE MODERNE • VINTAGE XX Mosaïques au sol, luminaires en laiton, marbres verts d'Estours : l'ancienne Maison des Dames des Postes (qui hébergea les opératrices des PTT) ne manque pas de cachet. Sous l'égide du jeune chef, Julien Boscus, la cuisine française n'y a rien de téléphoné : beaux produits et accords créatifs reconnectent tous les sens... et la carte de vins de Bourgogne est remarquable !

→ Tourteau, daurade royale, couteaux et légumes de saison assaisonnés d'une sauce tosazu. Poitrine de pigeonneau rôtie, caillette de cuisse au chou et sauce salmis. Biscuit soufflé chaud parfumé à l'amaretto et sucs de cerises noires.

Menu 45 € (déj.), 110/180 € 🍷 - Carte 95/130 €

41 r. de Lille Ⓜ Rue du Bac - ✆ 01 58 62 10 08 - www.lesclimats.fr - Fermé 12-20 fév., 3 semaines en août, 25 déc.-2 janv., dim. et lundi

✿ Il Vino d'Enrico Bernardo

CUISINE MODERNE • ÉLÉGANT XX "Sur les routes du monde", "Sur les routes de France et d'Italie" : ces menus à thème permettent à Enrico Bernardo, éminent sommelier, de faire découvrir ses coups de cœur du moment, en accompagnement de délicieuses assiettes. Et le décor, avec sarments de vigne peints aux murs et armoire à vins, est tout à fait dans le ton !

→ Menu surprise

Formule 29 € - Menu 38 € (déj. en semaine)/95 € 🍷 - Carte environ 75 €

13 bd La Tour-Maubourg Ⓜ Invalides - ✆ 01 44 11 72 00 - www.enricobernardo.com - Fermé sam. midi, dim. et lundi

Divellec

POISSONS ET FRUITS DE MER • CHIC XX Le célèbre restaurant de Jacques Le Divellec s'offre une nouvelle naissance ! À la barre, le chef Mathieu Pacaud (Hexagone et Histoires à Paris), qui met son grand talent au service d'une impeccable cuisine de la mer. Les délices se succèdent dans l'assiette, porteuse du vent du large : le Divellec est bien de retour !

➜ Minestrone d'écrevisses, nage montée au beurre de basilic. Saint-pierre à l'oseille et cocos de Paimpol à la moutarde de Cremone. Soufflé au chocolat et glace à la vanille Bourbon.

Menu 55 € (déj. en semaine), 90/190 € - Carte 60/110 €

18 r. Fabert Ⓜ Invalides - ✆ 01 45 51 91 96 - www.divellec-paris.fr

David Toutain

CUISINE MODERNE • DESIGN XX Le voici chez lui, David Toutain, qui s'était fait connaître dans de bien belles tables (Arpège, Agapé Substance). C'est tout un parcours qui prend sens ici : la finesse, la créativité, la palette d'expressions révèlent sagesse et singularité, tout en se situant au cœur des tendances culinaires - bel équilibre !

➜ Cuisine du marché.

Menu 55 € (déj.), 80/110 €

29 r. Surcouf Ⓜ Invalides - ✆ 01 45 50 11 10 - www.davidtoutain.com - Fermé sam. et dim.

Le Violon d'Ingres (Christian Constant)

CUISINE TRADITIONNELLE • ÉLÉGANT XX On se bouscule toujours chez Christian Constant, pour qui l'art du restaurant est bien loin d'être un simple violon d'Ingres ! Ses recettes révèlent l'âme d'un authentique cuisinier, dans la droite ligne de la belle tradition, et leur mise en œuvre le savoir-faire d'une équipe de talent. La rénovation récente du décor est l'occasion de redécouvrir cette table...

➜ Œuf de poule mollet roulé à la mie de pain, toast de beurre truffé. Suprême de bar croustillant aux amandes, huile de curry et piquillos. Tarte au chocolat de Christian Constant.

Formule 35 € - Menu 45 € (déj. en semaine)/110 € - Carte 75/90 €

135 r. St-Dominique Ⓜ École Militaire - ✆ 01 45 55 15 05 - www.maisonconstant.com

ES (Takayuki Honjo)

CUISINE MODERNE • ÉPURÉ XX Une adresse créée en 2013 par Takayuki Honjo, jeune chef japonais adepte de cuisine française. Dès les premières bouchées, son talent saute aux papilles ! Foie gras et oursins, pigeon et cacao : toutes les associations fonctionnent sans fausse note, il dompte les saveurs et n'oublie jamais l'harmonie de l'ensemble. Limpide.

➜ Cuisine du marché.

Menu 42 € (déj. en semaine)/105 €

91 r. de Grenelle Ⓜ Solférino - ✆ 01 45 51 25 74 (réservation conseillée) - http://www.es-restaurant.fr - Fermé 3 semaines en août, mardi midi, dim. et lundi

Garance (Guillaume Iskandar)

CUISINE CRÉATIVE • DESIGN XX Deux Guillaume (Muller et Iskandar), anciens de l'Arpège, se sont associés pour créer ce bistrot contemporain près des Invalides. Une réussite, aussi sympathique que savoureuse ! On se régale de belles assiettes où le produit est roi et l'inspiration et le savoir-faire du cuisinier palpables. Garance ? Celle des Enfants du Paradis ?

➜ Cuisine du marché.

Menu 39 € (déj.), 68/88 € - Carte 77/90 €

34 r. St-Dominique Ⓜ Invalides - ✆ 01 45 55 27 56 (réservation conseillée) - www.garance-saintdominique.fr - Fermé sam. et dim.

PARIS

Auguste (Gaël Orieux)

CUISINE MODERNE • ÉLÉGANT Ambiance feutrée, miroirs, murs blancs sculptés et jolis fauteuils... Auguste sied bien à la cuisine de Gaël Orieux, un chef passionné et amoureux des produits. Ses plats ? Une quête d'harmonie et d'inventivité, mêlant finement la terre et la mer. Prix étudiés le midi, grand jeu le soir.

➜ Croustillant de langoustine à la verveine, bavarois de céleri branche et réduction de kumquat. Ris de veau, pralin de cacahouètes caramélisées, girolles aux abricots secs et vin du Jura. Soufflé au chocolat pur Caraïbe, glace au miel.

Menu 37 € (déj.), 88/154 € – Carte 85/113 €

54 r. de Bourgogne Ⓜ Varenne – ✆ 01 45 51 61 09 (réservation conseillée) – www.restaurantauguste.fr – Fermé 1er-15 août, sam. et dim.

Nakatani (Shinsuke Nakatani)

CUISINE MODERNE • INTIME Le chef japonais Shinsuke Nakatani (ancien de chez Hélène Darroze) vole de ses propres ailes ! Avec un sens aigu de l'assaisonnement, des cuissons et de l'esthétique des plats, il compose une belle cuisine française au gré des saisons. Tout cela est servi par un personnel discret et efficace : impeccable !

➜ Caviar et anguille fumée, mousseline de chou-rave et purée de navet. Ris de veau, fèves, aubergine grillée et huile de pépins de courge. Pannacotta au laurier, fraises, rhubarbe, thym citron et huile d'olive.

Menu 40 € (déj.)/135 € – menu unique

27 r. Pierre-Leroux Ⓜ Vaneau – ✆ 01 47 34 94 14 – www.restaurant-nakatani.com – Fermé 3 semaines en août, dim. et lundi

Gaya Rive Gauche par Pierre Gagnaire

POISSONS ET FRUITS DE MER • COSY Avec son décor signé Violaine Jeantet, cette adresse – la seconde de Pierre Gagnaire à Paris – se révèle cosy et raffinée : boiseries en sapelli, mur en écailles de métal... Quant à la cuisine, elle met à l'honneur les produits de la mer avec originalité, mais sans exubérance. Délicieux !

➜ Carpaccio de daurade royale, avocat, céleri branche et groseille. Fine tranche de maigre pimentée et saisie à l'huile d'olive, mousseline de maïs et mousse de concombre. Parfait à la Chartreuse verte, poire et raisins pochés au vin doux.

Formule 48 € – Menu 65 € (déj.) – Carte 55/100 €

44 r. du Bac Ⓜ Rue du Bac – ✆ 01 45 44 73 73 – www.pierre-gagnaire.com – Fermé 2 semaines en août, vacances de Noël, lundi et dim.

Aida (Koji Aida)

CUISINE JAPONAISE • ÉLÉGANT Le cadre, typiquement japonais, est sobre et élégant : on s'assied au comptoir (neuf places !) ou dans la petite salle privée, avec tatami. Cuissons, assaisonnements, découpes, températures : tout est précis et sublime l'expression du produit ; sushis, huîtres et homard sont préparés sous vos yeux par un chef virtuose...

➜ Sashimi. Teppanyaki. Wagashi.

Menu 160/280 €

1 r. Pierre-Leroux Ⓜ Vaneau – ✆ 01 43 06 14 18 (réservation conseillée) – www.aida-paris.net – Fermé 1 semaine en mars, 3 semaines en août, lundi et le midi

Les Fables de La Fontaine

CUISINE MODERNE • BISTRO L'ancienne seconde de ces Fables (qui a repris avec aisance la toque de chef) compose une cuisine moderne, parfumée et pleine de couleurs, preuve d'une impressionnante maturité, et d'un incontestable talent. À déguster dans un décor de bistrot épuré et lumineux, tout en élégance.

➜ Jaune d'œuf croustillant, poireau croquant en vinaigrette d'algues, haddock cru et cuit. Aïoli de lieu, petits légumes de saison glacés et huile d'olive. Sablé breton, crème et sorbet citron, meringue au poivre.

Formule 25 € – Menu 70 € – Carte 45/65 €

131 r. St-Dominique Ⓜ École Militaire – ✆ 01 44 18 37 55 (réservation conseillée) – www.lesfablesdelafontaine.net

Au Bon Accueil

CUISINE MODERNE • BISTRO XX À l'ombre de la tour Eiffel, dans une rue calme, un bistrot au chic discret où l'on sert une appétissante cuisine du marché, sensible au rythme des saisons. Saumon français mariné puis fumé, écrasé de pommes de terre au beurre noisette ; brioche perdue au caramel, sauce mangue et passion...

Formule 28 € - Menu 36/55 € - Carte 69/96 €

14 r. Monttessuy Ⓜ Pont de l'Alma - ✆ 01 47 05 46 11 - www.aubonaccueilparis.com - Fermé 3 semaines en août, sam. et dim.

Chez les Anges

CUISINE CLASSIQUE • ÉLÉGANT XX Une salle élégante pour une cuisine goûteuse et sincère, entre tradition et modernité : assiette de légumes de Joël Thiébault au coulis de citron jaune, pintade fermière, aubergine à l'orange et épeautre au curry ou encore tarte au chocolat noir Venezuela 72 %... Et en accompagnement, une belle carte de vins et whiskys.

Menu 36/55 € - Carte 70/85 €

54 bd de la Tour-Maubourg Ⓜ La Tour Maubourg - ✆ 01 47 05 89 86 - www.chezlesanges.com - Fermé 3 semaines en août, sam. et dim.

Le Clos des Gourmets

CUISINE MODERNE • TENDANCE X Dans ce néobistrot épuré et chaleureux, le chef, en véritable amateur de bonne chère, a le souci de bien faire. Persillé de lapin en gelée parfumée à l'estragon, poulette du Gers rôtie et ses pommes grenaille, tête de cochon croustillante à la vinaigrette d'herbes... Une cuisine franche et pleine de jolies saveurs !

Menu 30 € (déj.), 35/39 € - Carte 44/60 € déjeuner

16 av. Rapp Ⓜ Alma Marceau - ✆ 01 45 51 75 61 - www.closdesgourmets.com - Fermé 1er-25 août, dim. et lundi

Les Cocottes - Tour Eiffel

CUISINE TRADITIONNELLE • TENDANCE X Une création gourmande de Christian Constant, juste à côté de sa maison mère, Le Violon d'Ingres. Le concept ? Il propose ici une cuisine de bistrot joliment revisitée et servie... dans des cocottes : velouté de légumes d'autrefois, terrine de campagne, côte de veau rôtie, etc. Très convivial, mais l'on ne peut pas réserver !

Formule 23 € - Menu 28 € (déj. en semaine) - Carte 35/67 €

135 r. St-Dominique Ⓜ École Militaire - ✆ 01 45 50 10 28 - www.maisonconstant.com

Café Constant

CUISINE TRADITIONNELLE • BISTRO X Cette annexe de Christian Constant conjugue recettes bistrotières et prix doux : œufs mimosa, tartare de saumon, huîtres et bar au gingembre, parmentier de cuisse de canard croisé au vin rouge, pommes gaufrettes, etc. Simple, gourmand, convivial... et sans réservation : premier arrivé, premier servi !

Formule 17 € - Menu 24 € (déj. en semaine) - Carte 36/60 €

139 r. St-Dominique Ⓜ École Militaire - ✆ 01 47 53 73 34 (sans réservation) - www.maisonconstant.com

La Laiterie Sainte-Clotilde

CUISINE TRADITIONNELLE • VINTAGE X Une ancienne laiterie (fin du 19e s.) où l'on cultive un esprit bobo-nostalgique : chaises en formica, grande banquette rouge, et une cuisine mi-bistrot, mi-ménagère. Au menu : soupe de betterave au hareng fumé et estragon, onglet de bœuf grillé et pommes grenailles, merlu rôti à la sauce à l'oseille... À déguster d'une traite !

Formule 22 € - Menu 25 € (déj.) - Carte 35/45 €

64 r. de Bellechasse Ⓜ Solférino - ✆ 01 45 51 74 61 (réservation conseillée) - Fermé 30 juil.-24 août, vacances de Noël, sam. midi et dim.

20 Eiffel

CUISINE TRADITIONNELLE • CLASSIQUE Dans une rue calme à deux pas de la Tour Eiffel, ce restaurant vous accueille dans un cadre sobre mais lumineux. Dans l'assiette, on trouve une cuisine traditionnelle, exécutée à quatre mains ; les belles saveurs sont au rendez-vous, comme avec ce beau filet de lieu jaune sauvage et potimarron. Bon rapport qualité-prix.

Formule 24 € - Menu 31 € - Carte 47/55 €

20 r. de Monttessuy Ⓜ Alma Marceau - ✆ 01 47 05 14 20 - www.restaurant20eiffel.fr - Fermé 14-31 août et dim.

La Ferme St-Simon

CUISINE MODERNE • COSY Cette institution s'est réinventée en club de gentlemen (salle feutrée, fauteuils en cuir, banquettes capitonnées) et séduit la clientèle des ambassades et de l'Assemblée nationale. On s'y laisse porter par une belle cuisine de saisons, qui allie fraîcheur et créativité.

Formule 39 € - Menu 52 € (dîner) - Carte 61/107 €

6 r. St-Simon Ⓜ Rue du Bac - ✆ 01 45 48 35 74 - www.fermestsimon.com - Fermé 2 semaines en août, sam. midi et dim.

Petrossian - Le 144

POISSONS ET FRUITS DE MER • CHIC Un nom mythique pour les amateurs de caviar depuis 1920, quand les frères Petrossian, d'origine arménienne, se lancèrent dans son importation. À l'étage de la boutique, le restaurant honore l'histoire de la maison : caviar, saumon fumé, coupes du tsar, tartare de bœuf en Napoléon, œuf Petrossian... Une valeur sûre.

Menu 39 € (déj.), 95/150 € - Carte 56/96 €

144 r. de l'Université Ⓜ Invalides - ✆ 01 44 11 32 32 - www.petrossian.fr - Fermé août, dim. et lundi

Le Cinq Codet

CUISINE MODERNE • ÉLÉGANT La carte, courte et efficace, met l'eau à la bouche : tataki de thon, vinaigrette à l'orange et au sésame ; carpaccio de maigre mariné, jeunes pousses... De bonnes assiettes à découvrir dans un intérieur design et chaleureux, ou sur le confortable patio, au calme.

Formule 30 € - Carte 44/62 €

Hôtel Le Cinq Codet, 5 r. Louis-Codet Ⓜ Ecole-Militaire - ✆ 01 53 85 15 60 - www.le5codet.com - Fermé dim. soir

Brasserie Thoumieux by Sylvestre

CUISINE MODERNE • BRASSERIE Banquettes rouges et miroirs, actrices et hommes du monde : cette brasserie de 1923 marie Belle Époque et actualité ! Foie gras de canard poêlé aux figues, "big burger XXL", volaille jaune des Landes rôtie : la carte fait de jolies œillades à l'esprit des lieux. Un régal !

Formule 22 € - Menu 29 € (déj. en semaine) - Carte 42/81 €

Hôtel Thoumieux, 79 r. St-Dominique Ⓜ La Tour Maubourg - ✆ 01 47 05 79 00 - www.thoumieux.fr

D'Chez Eux

CUISINE DU SUD-OUEST • RUSTIQUE Poulet rôti "coucou de Rennes" aux girolles, confit de canard, cassoulet, gibiers à l'automne... De copieuses assiettes inspirées du Sud-Ouest et concoctées avec de beaux produits, dans une ambiance d'auberge provinciale avec serveurs en tablier de bougnat. La recette séduit depuis plus de 50 ans et n'a pas pris une ride !

Formule 29 € - Menu 34 € (déj. en semaine) - Carte 46/111 €

2 av. Lowendal Ⓜ École Militaire - ✆ 01 47 05 52 55 - www.chezeux.com

Café de l'Esplanade

CUISINE MODERNE • DESIGN XX Un Café des frères Costes ? Forcément tendance ! Décor signé Jacques Garcia – en phase avec l'hôtel des Invalides tout proche – et carte d'esprit brasserie chic, savoureuse quoiqu'un peu chère. Oubliez les horaires contraignants : on ouvre sans interruption entre 8h et 2h !

Carte 44/112 €

52 r. Fabert Ⓜ La Tour Maubourg – ✆ 01 47 05 38 80

Loiseau rive Gauche

CUISINE CLASSIQUE • ÉLÉGANT XX À deux pas du Palais-Bourbon, une cuisine traditionnelle qui défend (notamment) de belles racines bourguignonnes. Les végétariens y trouveront aussi leur compte avec le menu "Légumes en fête", élaboré par le chef Maxime Laurenson. Boiseries, chaises Louis XV et... étonnante table design (la n° 20) : l'atmosphère est résolument cossue.

Formule 29 € – Menu 39 € (déj.), 45/88 € – Carte 91/136 €

5 r. Bourgogne Ⓜ Assemblée Nationale
– ✆ 01 45 51 79 42 – www.bernard-loiseau.com
– Fermé 3 semaines en août, dim. et lundi

Philippe Excoffier

CUISINE MODERNE • COSY X Philippe Excoffier, chef d'origine savoyarde, a posé sa toque dans un arrondissement où les ambassades sont partout. Il concocte une cuisine gourmande et canaille, à l'instar de ce ris de veau aux champignons des bois, ou de cette cassolette de homard et tatin d'artichauts... Bon rapport qualité-prix.

Formule 24 € – Menu 35 € (déj. en semaine), 40/62 € – Carte 55/70 €

18 r. de l'Exposition Ⓜ Ecole Militaire – ✆ 01 45 51 78 08
– www.philippe-excoffier.fr – Fermé 3 semaines en août, lundi midi et dim.

Tomy & Co Ⓝ

CUISINE MODERNE • CONVIVIAL X Cette adresse, située à deux pas de la rue Saint-Dominique, porte l'empreinte de Tomy Gousset (Meurice, Taillevent), qui affiche tatouages et talent avec une égale ostentation. Il joue une partition gastro-bistrot ancrée dans son temps, jonglant entre simplicité et sophistication, comme avec ce canard façon Apicius.

Formule 25 € – Menu 45/65 €

22 r. Surcouf Ⓜ Invalides – ✆ 01 45 51 46 93 – Fermé en août, 23-30 déc., 1 semaine en fév., sam. et dim.

L'Affable

CUISINE MODERNE • BISTRO X L'Affable, forcément, vous accueille avec amabilité ! L'ambiance est conviviale dans ce bistrot des quartiers chic, qui joue une jolie carte rétro et régale avec savoir-faire : langoustines, légumes verts et passion ; œuf parfait, girolles et fritons de veau ; ris de veau, céleri et anguille fumée... Un conseil : réservez, c'est souvent complet.

Formule 29 € – Carte 55/75 €

10 r. de St-Simon Ⓜ Rue du Bac – ✆ 01 42 22 01 60 – www.laffable.fr – Fermé 3 semaines en août, 25 déc.-1er janv. et dim.

Café Max

CUISINE TRADITIONNELLE • BISTRO X Un restaurant discret à l'atmosphère rococo, où se pressent les habitués, dont de nombreux hommes politiques. La carte est résolument traditionnelle : oreilles de cochon sur salade de lentilles, rognon de veau grillé à la sauce moutarde, andouillette et boudin ; une ode aux – véritables – nourritures terrestres !

Carte 34/69 €

7 av. de la Motte-Picquet Ⓜ École Militaire – ✆ 01 47 05 57 66 – Fermé 3 semaines en août, vacances de Noël, sam. et dim.

PARIS

Bistrot Belhara

CUISINE TRADITIONNELLE • BISTRO Belhara ? Un site célèbre pour ses vagues superbes sur la côte basque. C'est par ce clin d'œil que le chef de ce bistrot rend hommage à ses origines... mais on ne saurait leur résumer son impressionnant parcours (Guérard, Loiseau, Ducasse, etc.) : converti à la mode bistrot, Thierry Dufroux fait des merveilles en revisitant les classiques. En haut de la vague !

Formule 24 € - Menu 34 € (déj.)/52 € - Carte 43/54 €

23 r. Duvivier Ⓜ École Militaire - ✆ 01 45 51 41 77 - www.bistrotbelhara.com - Fermé 31 juil.-25 août, 24-29 déc., dim. et lundi

Le 122

CUISINE MODERNE • DESIGN À deux pas de la mairie du 7e, cette table sympathique attire à chaque repas de nombreux hommes et femmes politiques. Le chef réalise une cuisine savoureuse et bien maîtrisée : noix de Saint-Jacques poêlées, risotto vénéré, poutargue, ou encore filet de saint-pierre, condiments coings et raisins, purée de céleri...

Formule 22 € - Menu 29 € (déj.)/72 € - Carte 50/62 €

122 r. de Grenelle Ⓜ Solférino - ✆ 01 45 56 07 42 - www.le122.fr - Fermé août, sam. et dim.

Fontaine de Mars

CUISINE TRADITIONNELLE • BISTRO Un parfait bistrot des années 1930 (restauré à l'identique), rétro et convivial... Presque une image d'Épinal, ce qui n'est pas pour déplaire aux touristes ! La carte donne dans la vraie tradition : boudin, andouillette, filet de bœuf sauce béarnaise, magret de canard, cassoulet, etc. En un mot : à l'ancienne !

Carte 35/98 €

129 r. St-Dominique Ⓜ École Militaire - ✆ 01 47 05 46 44 - www.fontainedemars.com

L'Escudella

CUISINE MODERNE • CONVIVIAL L'Escudella, c'est évidemment... l'assiette, en occitan ! Paul-Arthur Berlan, le jeune chef, est passé par de belles maison (Michel Sarran, Yannick Alléno) ; il fait ici la liaison entre le terroir francilien et les saveurs languedociennes. De beaux produits frais, des plats bien ficelés : il s'en sort avec les honneurs.

Carte 36/55 €

41 av. de Ségur Ⓜ Ségur - ✆ 09 82 28 70 70 - Fermé 2 semaines en août, 24 déc.-4 janv., sam. et dim.

La Table du Vietnam

CUISINE VIETNAMIENNE • TRADITIONNEL Tout est dans le nom du restaurant ! Noix de Saint-Jacques à la mode de la baie d'Along, banh cuon (raviolis de pâte de riz fourrés aux crevettes), "Saigon ardent" (filet de bœuf grillé à la citronnelle)... Une avalanche de bons plats vietnamiens soignés et parfumés, réalisés avec de beaux produits.

Formule 19 € - Menu 25/65 € - Carte 35/58 €

6 av. Bosquet Ⓜ Pont de l'Alma - ✆ 01 45 56 97 26 - www.tableduvietnam.fr - Fermé août, 24 déc.-1er janv. sam. midi et dim.

Le P'tit Troquet

CUISINE TRADITIONNELLE • BISTRO Ce P'tit Troquet, niché dans une ruelle commerçante du 7e arrondissement, est absolument charmant : salle de bistrot rétro, comptoir en zinc avec percolateur, luminaires du début du 20e s., bibelots et banquettes... Parfait pour déguster tatin d'endives, bœuf bourguignon ou crème brûlée dans une ambiance conviviale !

Formule 18 € - Menu 25 € (déj. en semaine)/35 € - Carte 43/58 €

28 r. de l'Exposition Ⓜ École Militaire - ✆ 01 47 05 80 39 - Fermé 2 semaines en janv., 3 semaines en août, sam. midi et dim.

L'Affriolé

CUISINE MODERNE • TENDANCE Ardoise du jour, menu du mois... Le chef suit de près les arrivages du marché. Le décor, contemporain et chaleureux, ne manque pas d'attirer l'œil ! Et il y a même une formule bento", pour les hommes (et les femmes) pressés."

Menu 39 € - Carte environ 47 €

17 r. Malar Ⓜ Invalides
- ✆ 01 44 18 31 33 - www.laffriole.fr - Fermé 3 semaines en août, dim. et lundi

Florimond

CUISINE TRADITIONNELLE • BISTRO Florimond - du nom du jardinier de Monet à Giverny - a l'esprit bistrotier et convivial... Pour faire honneur à ce prénom chantant, le chef agrémente sa cuisine du terroir (nombreux produits de Corrèze, sa région d'origine) de beaux légumes. Et ce fils de charcutier fait lui-même ses saucisses, boudins et conserves !

Formule 20 € - Menu 25 € (déj.)/38 € - Carte 42/69 €

19 av. de La Motte-Picquet Ⓜ École Militaire - ✆ 01 45 55 40 38
- www.leflorimond.com - Fermé sam. midi et dim.

Le Récamier

CUISINE TRADITIONNELLE • CONVIVIAL Installez-vous sur la belle terrasse d'été de ce sympathique restaurant, situé à deux pas du Bon Marché et de l'hôtel Lutétia, dans une rue calme et piétonne. Ce jour-là, au menu : soufflé au fromage, filet de bœuf sauce au poivre, soufflé Grand Marnier... Une cuisine traditionnelle goûteuse et bien troussée.

Carte 35/50 €

4 r. Récamier Ⓜ Sèvres Babylone - ✆ 01 45 48 86 58 - Fermé dim.

Clover

CUISINE MODERNE • CONVIVIAL Une mini-salle sobre et épurée, au fond de laquelle trois cuisiniers s'agitent aux fourneaux : bienvenue dans la nouvelle adresse de poche de Jean-François Piège, en plein cœur de St-Germain-des-Prés. Au fil d'un menu rondement mené, on se régale d'une cuisine fine, colorée et forte en saveurs. Réservation indispensable.

Menu 35 € (déj. en semaine), 45/73 €

5 r. Perronet Ⓜ St-Germain-des-Prés - ✆ 01 75 50 00 05 (réservation conseillée)
- www.clover-paris.com - Fermé 8-22 août, dim. et lundi

Chez Graff

CUISINE TRADITIONNELLE • BISTRO Tables en bois massif, grand miroir et vieilles photos : un bistrot dans l'esprit des années 1960, relooké façon 2013 ! On y propose une bonne cuisine française - ceviche de bar, poulpe à la coriandre ; carré de porc aux girolles ; mousse au chocolat - et des assiettes de charcuterie et fromage. Ambiance conviviale garantie !

Formule 22 € - Menu 25 € (déj. en semaine) - Carte 35/45 €

62 r. de Bellechasse Ⓜ Solférino - ✆ 01 45 51 33 42
- Fermé dim.

Plume Ⓝ

CUISINE MODERNE • CONVIVIAL Le jeune chef, né à Tunis, ajoute un peu de diversité et beaucoup de talent à cette petite rue voisine du Bon Marché, fort appréciée des chefs nippons. On s'installe dans ce bistrot de poche, au coude-à-coude, pour apprécier une cuisine bien troussée, dans l'air du temps, à l'image de ce thon cerise graffiti et salicorne.

Formule 21 € - Menu 25 € (déj. en semaine) - Carte 48/70 €

24 r. Pierre-Leroux Ⓜ Vanneau - ✆ 01 43 06 79 85 (réservation conseillée)
- www.restaurantplume.com - Fermé en août, dim. et lundi

PARIS

Les Botanistes

CUISINE TRADITIONNELLE • **BISTRO** Foie gras de canard mi-cuit au torchon, chipirons au piment d'Espelette et leur risotto d'épeautre au chorizo, millefeuille d'agneau confit, baba au rhum... De beaux spécimens de cuisine bistrotière, dans leur environnement naturel : banquettes, tables en bois, etc. Sympathique et convivial !

Carte 36/60 €

11 bis r. Chomel Ⓜ Sèvres-Babylone - ✆ 01 45 49 04 54 - www.lesbotanistes.com - Fermé août, dim. et fériés

L'Inconnu Ⓝ

CUISINE MODERNE • **ÉPURÉ** Dans sa première adresse, l'ancien second du Passage 53 concocte une cuisine d'inspiration italienne, aux accents français, sans oublier le Japon, sa terre natale. Carpaccio de maquereau, gelée de concombre et granny-smith ; cabillaud poêlé, consommé de crevettes, courgette : inédit, créatif et d'une grande liberté.

Menu 40 € (déj.)/70 €

4 r. Pierre-Leroux Ⓜ Vanneau
- ✆ 01 53 69 06 03 (réservation conseillée) - www.restaurant-linconnu.fr
- Fermé en août, dim. soir et lundi

Jaïs Ⓝ

CUISINE MODERNE • **BISTRO** Deux frères Jaïs (en cuisine) et Yacine (en salle) régalent les gourmets, venus pousser la porte de ce bistrot chic (l'ancien Petit Thiou). Au menu : une savoureuse cuisine de saison, une grande convivialité, et quelques vins nature pour arroser le tout. Un bonheur.

Formule 27 € - Carte 45/62 €

3 r. Surcouf Ⓜ La Tour Maubourg - ✆ 01 45 51 98 16

Wakaba

CUISINE JAPONAISE • **ÉPURÉ** Une enseigne dont le nom pourrait se traduire par "jeune pousse" : un signe d'humilité de la part de M. Yamada, le patron, entré dans la restauration sur le tard. Il s'appuie sur le savoir-faire d'un chef originaire de Kyoto, dont la cuisine est simple et authentique ; sakés, vins français et thé vert complètent ce bon repas.

Formule 22 € - Menu 28 € (déj.)/35 € - Carte 41/52 €

20 r. de l'Exposition Ⓜ École Militaire - ✆ 01 45 51 90 81 - Fermé dim. midi et lundi

Pottoka

CUISINE BASQUE • **CONVIVIAL** Un bistrot convivial, où il fait bon boire et se régaler, en toute simplicité. Sébastien Gravé, le chef-patron, est originaire du Sud-Ouest et vénère le rugby et les bons produits... Il concocte une cuisine d'inspiration basque, avec de jolies touches contemporaines. Gourmand et généreux !

Formule 23 € - Menu 37/65 €

4 r. de l'Exposition Ⓜ École Militaire - ✆ 01 45 51 88 38 - www.pottoka.fr - Fermé 3 semaines en août

Hôtels

Duc de St-Simon

LUXE • **PERSONNALISÉ** Passé le petit porche apparaît la courette pavée, puis c'est l'émerveillement devant ce bel hôtel particulier du 18e s. Tentures, boiseries, gravures, mobilier d'antiquaire : une vraie demeure bourgeoise d'autrefois, où le charme le dispute à la quiétude !

29 chambres - †250/295 € ††250/295 € - 5 suites - ☕ 19 €

14 r. St-Simon Ⓜ Rue du Bac - ✆ 01 44 39 20 20
- www.hotelducdesaintsimon.com

Le Cinq Codet

LUXE • DESIGN A deux pas des Invalides, ce nouvel hôtel design a tout pour plaire : un emplacement rêvé, un mobilier chic et confortable, des équipements dernier-cri, plus de 400 œuvres d'art contemporain, un espace bien-être... sans oublier la belle terrasse patio. Concierge et voiturier.

59 chambres - 239/2000 € 239/2000 € - 8 suites

5 r. Louis-Codet Ⓜ Ecole-Militaire - 01 53 85 15 60 - www.le5codet.com

Le Cinq Codet - voir les restaurants ci-dessus

Juliana

LUXE • ÉLÉGANT Ce tout nouvel hôtel se distingue par son incontestable élégance - lustre monumental, miroirs extravagants, statues ethniques, console en nacre... Les chambres répondent à la double exigence du bon goût et d'un confort optimal (toilettes japonaises). Belle façade aux fenêtres fleuries en été.

35 chambres - 450/900 € 450/900 € - 5 suites - 29 €

10-12 r. Cognacq-Jay Ⓜ Alma-Marceau - 01 44 05 70 00 - www.hoteljuliana.paris

Le Narcisse Blanc Ⓝ

LUXE • CONTEMPORAIN Jolie reconversion pour cet ancien bâtiment administratif de l'armée, devenu hôtel raffiné, dont la décoration Art nouveau rend hommage à Cléo de Mérode, danseuse et icône de la Belle Époque, surnommée "joli petit narcisse". Elle aura donc inspiré Nadar, Lautrec, Proust... et ce charmant établissement. Agréable spa.

34 chambres - 280/800 € 280/800 € - 3 suites - 39 €

19 bd de la Tour-Maubourg Ⓜ La Tour Maubourg - 01 40 60 44 32 - www.lenarcisseblanc.com

K+K Hotel Cayré

BUSINESS • CONTEMPORAIN Une jolie façade haussmannienne qui contraste avec les salons et les chambres d'esprit contemporain : joli mariage de styles... et grand confort ! Au sous-sol, on profite d'un petit espace de remise en forme, avec sauna et salle de massage.

125 chambres - 410/600 € 410/600 € - 24 €

4 bd Raspail Ⓜ Rue du Bac - 01 45 44 38 88 - www.kkhotels.com/cayre

Montalembert

HISTORIQUE • PERSONNALISÉ Un noble bâtiment Belle Époque (1926) dont les chambres ont été redécorées par Christian Liaigre dans un esprit contemporain chic. Sa situation est idéale, entre la Seine, le musée d'Orsay et St-Germain-des-Prés - la terrasse du restaurant, côté rue, voisine d'ailleurs les éditions Gallimard...

44 chambres - 280/500 € 280/500 € - 6 suites - 30 €

3 r. Montalembert Ⓜ Rue du Bac - 01 45 49 68 68 - www.hotelmontalembert-paris.fr

Le Bellechasse

LUXE • PERSONNALISÉ Un bel hôtel entièrement décoré par Christian Lacroix. Le créateur a signé des chambres design aux touches colorées, résolument contemporaines, souvent oniriques : un "voyage dans le voyage" très mode et plein de caractère !

33 chambres - 159/470 € 159/470 € - 21 €

8 r. de Bellechasse Ⓜ Musée d'Orsay - 01 45 50 22 31 - www.lebellechasse.com

Thoumieux

URBAIN • ÉLÉGANT Élégance, tons bruns ou vert amande : la décoratrice, India Mahdavi, a imaginé des chambres décalées, tout en imprimés chatoyants, et des salles de bains en marbre aux formes courbes. Un style unique, à voir et à vivre...

15 chambres - 190/210 € 220/350 € - 18 €

79 r. St-Dominique Ⓜ La Tour Maubourg - 01 47 05 79 00 - www.thoumieux.fr

Brasserie Thoumieux by Sylvestre - voir les restaurants ci-dessus

PARIS

Le Saint

HISTORIQUE · PERSONNALISÉ Au cœur du Carré Rive gauche, quartier célèbre pour ses antiquaires et ses galeries d'art, cet hôtel particulier chic et feutré (adossé à deux autres établissements) compte de nombreux habitués. Les chambres, soignées et chaleureuses, revisitent l'esprit Napoléon III avec élégance.

54 chambres – 350/850 € 350/850 € – 25 €

3 r. Pré-aux-Clercs Ⓜ Rue du Bac – ✆ 01 42 61 01 51 – www.lesaint-hotelaparis.com

Université

URBAIN · CONTEMPORAIN Dans un immeuble datant du 17e s., près du musée d'Orsay, cet hôtel a joui d'une véritable cure de jouvence : les chambres sont décorées à la mode contemporaine, dans des couleurs bien choisies (taupe, gris, beige), et l'ensemble est moderne et élégant… Une métamorphose !

27 chambres – 150/170 € 220/360 € – 15 €

22 r. de l'Université Ⓜ St-Germain des Prés – ✆ 01 42 61 09 39 – www.universitehotel.com

St-Germain

HISTORIQUE · COSY Papiers peints dans l'esprit de la toile de Jouy, lustres à pendeloques, mobilier ancien… Cet hôtel dégage une atmosphère douce et cosy, à deux pas du Bon Marché, des ministères et de St-Germain-des-Prés. Confortable et plaisant.

29 chambres – 139/350 € 139/350 €

88 r. du Bac Ⓜ Rue du Bac – ✆ 01 49 54 70 00 – www.hotel-saint-germain.fr

Empereur

BUSINESS · PERSONNALISÉ Un hôtel qui a une âme. Mobilier d'inspiration Empire et, côté façade (avec balcon au 5e étage), vue parfaite sur les ors du dôme des Invalides, sous lequel repose l'empereur Napoléon Ier. Pour plus de calme, choisir les chambres sur l'arrière.

31 chambres – 100/290 € 120/290 € – 14 €

2 r. Chevert Ⓜ La Tour Maubourg – ✆ 01 45 55 88 02 – www.hotelempereurparis.com

Muguet

FAMILIAL · CLASSIQUE Dans une rue peu passante, à deux pas des Invalides, un hôtel chaleureux entièrement rénové, où règne une sympathique atmosphère familiale. Le plus : certaines chambres donnent sur un jardinet fleuri, au calme.

40 chambres – 100/190 € 120/290 € – 14 €

11 r. Chevert Ⓜ École Militaire – ✆ 01 47 05 05 93 – www.hotelparismuguet.com

Relais Bosquet

URBAIN · CONTEMPORAIN On pose avec plaisir ses valises dans cet hôtel bien situé, proposant des chambres tout en sobriété. Au petit-déjeuner, on vous propose le choix entre trois formules, selon votre appétit !

40 chambres – 160/295 € 160/295 € – 16 €

19 r. du Champ-de-Mars Ⓜ École Militaire – ✆ 01 47 05 25 45 – www.hotelrelaisbosquet.com

Les Jardins d'Eiffel

URBAIN · CONTEMPORAIN Un hôtel en forme de U, situé dans une rue plutôt calme du quartier du Gros-Caillou. Mobilier d'inspiration scandinave et couleurs douces (gris et beige) dans les parties communes et les chambres, patio sur l'arrière : une adresse de qualité.

81 chambres – 120/300 € 140/330 € – 15 €

8 r. Amélie Ⓜ La Tour Maubourg – ✆ 01 47 05 46 21 – www.hoteljardinseiffel.com

Hôtel de Varenne

FAMILIAL · COSY Entre le musée Rodin et l'Assemblée nationale, un hôtel niché dans une jolie courette, en toute quiétude. L'esprit des lieux ? Très classique (style Louis XVI ou Empire), mais avec des équipements modernes : de quoi séduire les amateurs de charme "made in Paris".

24 chambres – 163/280 € 222/380 € – 2 suites – 15 €

44 r. de Bourgogne Ⓜ Varenne – ✆ 01 45 51 45 55 – www.hoteldevarenne.com

St-Dominique

FAMILIAL • ÉLÉGANT À deux pas des Invalides, cet ancien couvent du 17e s. a été entièrement réhabilité : on y trouve désormais des chambres coquettes et bien équipées (peignoirs, cafetière expresso, etc.), la majorité d'entre elles donnant sur la cour. Très plaisant !

32 chambres - 120/550 € 120/550 € - 9 €

62 r. St-Dominique Ⓜ Invalides - 01 44 18 10 10 - www.hotelstdominique.com

Londres Eiffel

FAMILIAL • PERSONNALISÉ Ce petit hôtel est si douillet avec ses beaux tissus choisis (Liberty, toile de Jouy, etc.), et il y règne un sympathique esprit familial ! Autre atout de taille : le calme, tout près de la très vivante rue St-Dominique...

30 chambres - 140/235 € 150/360 € - 14 €

1 r. Augereau Ⓜ École Militaire - 01 45 51 63 02 - www.londres-eiffel.com

Signature St-Germain des Prés

URBAIN • PERSONNALISÉ Un hôtel idéalement situé, à deux pas du Bon Marché et des autres prestigieuses boutiques de la rue de Sèvres. Les chambres arborent des lignes modernes et personnalisées, avec du mobilier contemporain inspiré des années 1950 : un ensemble chic !

26 chambres - 180/270 € 210/390 € - 12 €

5 r. Chomel Ⓜ Sèvres Babylone - 01 45 48 35 53 - www.signature-saintgermain.com

Champ de Mars

FAMILIAL • COSY Entre le Champ-de-Mars et les Invalides, à deux pas de l'agréable marché de la rue Clerc, un hôtel familial aux chambres charmantes et assez romantiques, avec leur joli décor "Liberty". Les prix restent mesurés, ce qui ne gâte rien.

25 chambres - 110/125 € 130/170 € - 10 €

7 r. du Champ-de-Mars Ⓜ École Militaire - 01 45 51 52 30 - www.hotelduchampdemars.com

Champs-Élysées • Concorde • Madeleine

75008

8e ARRONDISSEMENT

Restaurants

Alain Ducasse au Plaza Athénée

CUISINE CRÉATIVE • LUXE Dans un magnifique écrin, Alain Ducasse donne ses lettres de noblesse au concept de "naturalité" - son graal de cuisinier - et touche à la vérité même du produit. Fondées sur la trilogie poisson-légumes-céréales (le respect de la nature, là encore), certaines recettes sont hors du commun, et la quête semble infinie...

→ Lentilles vertes du Puy et caviar, délicate gelée d'anguille. Turbot du golfe de Gascogne, maïs grand roux et huître de l'étang de Thau. Chocolat et café de notre manufacture, badiane et praliné.

Menu 210 € (déj.)/390 € - Carte 245/350 €

Hôtel Plaza Athénée, 25 av. Montaigne Ⓜ Alma Marceau - 01 53 67 65 00 (réservation conseillée) - www.alain-ducasse.com - Fermé 22 juil.-30 août, 22-31 déc., lundi midi, mardi midi, merc. midi, sam. et dim.

✿✿✿ Le Cinq

CUISINE MODERNE • LUXE XxXxX Après de magnifiques années passées chez Ledoyen, Christian Le Squer a repris les rênes de cette maison de renom. La majesté du décor inspiré du Grand Trianon reste entière, les serveurs en costume jouent toujours un ballet étourdissant, et le savoir-faire du cuisinier fait le reste, dans la droite ligne de la plus belle tradition !

➜ Gratinée d'oignons à la parisienne. Bar de ligne au caviar et lait ribot. Givré laitier au goût de levure.

Menu 145 € (déj.), 210/310 € - Carte 195/395 €

Hôtel Four Seasons George V, 31 av. George V Ⓜ George V - ✆ 01 49 52 71 54 - www.fourseasons.com/paris

✿✿✿ Épicure

CUISINE MODERNE • LUXE XxXxX Moment d'exception au sein du Bristol. Face au jardin, on découvre une salle lumineuse, d'une élégance sobre et racée, où brillent l'art de vivre à la française et... la cuisine d'Éric Frechon, toute de classicisme et de fraîcheur. Ce technicien virtuose fait preuve d'une liberté exigeante à l'égard de la grande tradition, pour les plus belles saveurs !

➜ Macaronis farcis de truffe noire, artichaut et foie gras de canard gratinés au vieux parmesan. Sole farcie aux girolles et persil plat, sucs des arêtes au vin jaune. Chocolat nyangbo, cacao liquide et sorbet doré à l'or fin.

Menu 145 € (déj.)/320 € - Carte 171/365 €

Hôtel Bristol, 112 r. du Faubourg-St-Honoré Ⓜ Miromesnil - ✆ 01 53 43 43 40 - www.lebristolparis.com

✿✿✿ Alléno Paris au Pavillon Ledoyen (Yannick Alléno)

CUISINE MODERNE • LUXE XxXxX Reprise par Yannick Alléno, cette institution parisienne - dans un élégant pavillon Second Empire des jardins des Champs-Élysées - écrit une nouvelle page de son histoire. Le chef réalise un tour de force en imprimant d'emblée sa signature, parvenant avec toute sa maestria à renouveler la grande cuisine, en magnifiant par exemple jus et sauces à travers de savantes extractions. Tout est marquant !

➜ Avocat en millefeuille de céleri, extraction coco aux éclats de chia. Bœuf Wagyu en aiguillettes, onigiri iodé, langues d'oursin et anguille fumée. Charlotte norvégienne moderne aux pommes.

Formule 72 € - Menu 135 € (déj.), 295/380 € - Carte 170/290 €

8 av. Dutuit (carré Champs-Élysées) Ⓜ Champs-Elysées Clemenceau - ✆ 01 53 05 10 01 - www.yannick-alleno.com - Fermé 2 semaines en août, sam. midi et dim.

✿✿✿ Pierre Gagnaire

CUISINE CRÉATIVE • ÉLÉGANT XxxX Le cadre contemporain, chic et feutré, s'efface devant l'avalanche de mets, d'inventivité, de curiosité, d'ouverture d'esprit... Grand amateur de jazz et d'art, Pierre Gagnaire fait chanter saveurs, couleurs et textures ! Une fête pour les sens.

➜ Gambas de Palamos coraillées, raidies au four, pistes, casserons et poulpitos à l'omiza. Saint-pierre pimenté saisi à la poêle, compote de concombre, tomate et txistorra. Le grand dessert de Pierre Gagnaire.

Menu 85 € (déj.)/310 € - Carte 325/405 €

6 r. Balzac Ⓜ George V - ✆ 01 58 36 12 50 - www.pierregagnaire.com - Fermé 3 semaines en août, 1 semaine à Noël, sam. et dim.

Pour bien utiliser votre guide, consultez son mode d'emploi situé en pages d'introduction : symboles, classements, abréviations et autres signes n'auront plus de mystère pour vous !

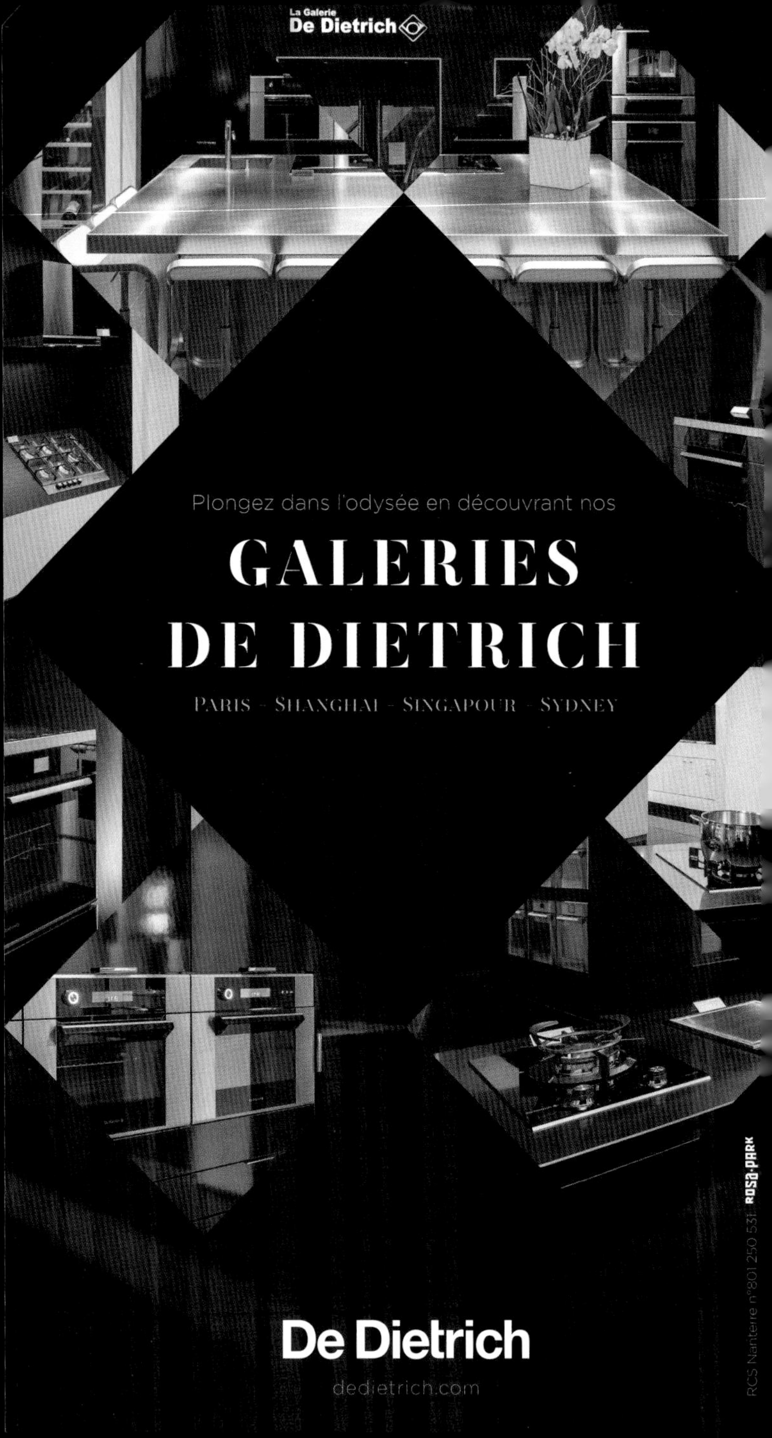
La Galerie De Dietrich
Plongez dans l'odysée en découvrant nos
GALERIES
DE DIETRICH
PARIS - SHANGHAI - SINGAPOUR - SYDNEY
De Dietrich
dedietrich.com
RCS Nanterre n°801 250 531 ROSA·PARK

✿✿ Le Clarence Ⓝ

CUISINE MODERNE • LUXE XXXXX Ce superbe hôtel particulier de 1884 situé à proximité des Champs-Elysées accueille le talent singulier de Christophe Pelé (ancien chef de la Bigarrade, à Paris), artiste de l'association terre et mer. Quant à la somptueuse carte des vins, elle donne le vertige... avant même de boire un verre !

➜ Saint-Jacques, épinards et anchois. Saint-pierre, ris de veau et cocos de Paimpol. Soufflé à la fève de cacao, crème glacée au cognac.

Menu 65 € (déj.), 130/320 € - Carte 120/175 €

31 av. F.-D.-Roosevelt Ⓜ Franklin D. Roosevelt - ✆ 01 82 82 10 10 (réservation conseillée) - www.le-clarence.paris - Fermé dim. et lundi

✿✿ Le Taillevent

CUISINE CLASSIQUE • LUXE XXXXX Son nom évoque l'élégance, la discrétion, l'exigence, le style... Depuis 1946, Taillevent est incontournable dans le paysage de la haute gastronomie française, cultivant un classicisme brillant - et nullement figé.

➜ Rémoulade de tourteau à l'aneth, sauce fleurette citronnée. Bar de ligne étuvé, caviar oscietre, poireau et champagne. Soufflé chaud au chocolat.

Menu 88 € (déj.), 178/218 € - Carte 155/250 €

15 r. Lamennais Ⓜ Charles de Gaulle-Etoile - ✆ 01 44 95 15 01 (réservation conseillée) - www.taillevent.com - Fermé 29 juil.-28 août, sam., dim. et fériés

✿✿ Le Grand Restaurant - Jean-François Piège

CUISINE MODERNE • ÉLÉGANT XXX Jean-François Piège a trouvé ici l'écrin parfait pour le "laboratoire de grande cuisine" dont il rêvait depuis tant d'années. Pour les quelques chanceux attablés en salle (25 couverts au maximum), il compose des assiettes fines et légères, dans lesquelles l'émotion affleure à chaque instant. Le talent, tout simplement !

➜ Pomme de terre agria soufflée craquante en chaud-froid, pulpe foisonnée d'extraits de crustacés, nage concentrée et caviar. Mijoté moderne de ris de veau de lait cuit sur des coques de noix, mousseline de noix. Blanc à manger.

Menu 85 € (déj.), 195/255 € - Carte 165/220 €

7 r. d'Aguesseau Ⓜ Madeleine - ✆ 01 53 05 00 00 (réservation conseillée) - www.jeanfrancoispiege.com - Fermé 31 juil.-22 août, 24 déc.-4 janv., sam. et dim.

✿✿ Le Gabriel

CUISINE MODERNE • ÉLÉGANT XXX Le restaurant se niche dans le cadre élégant de la Réserve - parquet Versailles, cuir de Cordoue patiné à l'or... Jérôme Banctel, chef habitué des grandes maisons parisiennes, y décline une superbe cuisine classique revisitée, mâtinée de touches asiatiques et exécutée dans les règles de l'art : une réussite !

➜ Saumon de Norvège, raviole de daïkon et aubergine fumée. Cabillaud de ligne, curry et riz japonais, avocat bio. Grains de café meringués, crème glacée au sirop de merisier.

Menu 105 € (déj. en semaine)/220 € - Carte 145/255 €

Hôtel La Réserve, 42 av. Gabriel Ⓜ Champs Elysées Clemenceau - ✆ 01 58 36 60 50 - www.lareserve-paris.com - Fermé sam. midi

✿ Lasserre

CUISINE CLASSIQUE • LUXE XXXXX L'un des temples de la gastronomie parisienne... L'élégance du décor (avec son fameux toit ouvrant), les arts de la table, la qualité du service, tout concourt à magnifier la grande cuisine. Et la partition culinaire, composée sous la houlette du chef Michel Roth, est parfaitement en phase avec ce prestigieux héritage.

➜ Macaroni, truffe noire et foie gras de canard. Bœuf Rossini, pommes soufflées. Crêpes Suzette.

Menu 90 € (déj. en semaine), 195/375 € 🍷 - Carte 190/435 €

17 av. F.-D.-Roosevelt Ⓜ Franklin D. Roosevelt - ✆ 01 43 59 02 13 - www.restaurant-lasserre.com - Fermé août, dim. et lundi

PARIS

Laurent

CUISINE CLASSIQUE • ÉLÉGANT XXXXX Classique, la cuisine d'Alain Pégouret cultive les codes de la tradition bleu-blanc-rouge et séduit une clientèle d'habitués – et de célébrités – de longue date ! Le décor néoclassique (pilastres, colonnes, frontons, chapiteaux antiques) se pare désormais de peintures et de tissus muraux plus actuels.

➜ Araignée de mer dans ses sucs en gelée, crème de fenouil. Tronçon de turbot nacré à l'huile d'olive, bardes et légumes verts dans une fleurette iodée. Glace vanille minute.

Menu 95/180 € – Carte 165/250 €

41 av. Gabriel Ⓜ Champs Elysées Clemenceau – ✆ 01 42 25 00 39 – www.le-laurent.com – Fermé vacances de Noël, sam. midi, dim. et fériés

Apicius (Jean-Pierre Vigato)

CUISINE CLASSIQUE • ÉLÉGANT XXXX Dans un hôtel particulier classé (18e s.), Apicius vous accueille dans un décor rénové à la mode contemporaine, où le gris domine. Jean-Pierre Vigato signe ici une "cuisine vérité", personnelle et limpide, qui valorise le produit – prédilection pour les plats canailles – et la tradition bourgeoise, entre classicisme et invention.

➜ Foie gras de canard poêlé et grillé en aigre-doux. Ris de veau rôti, feuilles et jeunes pousses. Soufflé au chocolat guanaja, chantilly sans sucre.

Menu 140 € (déj.), 180/220 € – Carte 125/215 €

20 r. d'Artois Ⓜ St-Philippe du Roule – ✆ 01 43 80 19 66 – www.restaurant-apicius.com – Fermé août, sam., dim. et fériés

Le George

CUISINE ITALIENNE • ÉLÉGANT XXX Aux fourneaux du George depuis 2016, Simone Zanoni y imprime sa patte culinaire, dont l'empreinte a évidemment la forme de la botte transalpine... La cuisine garde ses accents méditerranéens, et mise toujours sur la légèreté et les petites portions. À déguster dans un superbe intérieur, ou sous la haute véranda installée dans la cour.

➜ Consommé de bœuf, tortellini au parmesan. Côte de veau à la milanaise. Dessert caramel au beurre salé.

Formule 65 € – Menu 110/140 € – Carte 70/100 €

Hôtel Four Seasons George V, 31 av. George-V Ⓜ George V – ✆ 01 49 52 72 09 – www.legeorge.com

Il Carpaccio

CUISINE ITALIENNE • ÉLÉGANT XXX On y accède par un couloir orné de milliers de coquillages, qui évoque les nymphées du baroque italien... Même ravissement dans la salle, qui a tout d'un élégant jardin d'hiver. Un bel écrin, donc, pour apprécier une cuisine où resplendit le soleil de l'Italie : beaux produits et saveurs affirmées au menu.

➜ Tartelette d'artichaut, épinard, céleri et vinaigrette de truffe. Noix de veau cuite en calzone, millefeuille de légumes d'automne et fromage. Biscuit cuillère imbibé au café et à l'amaretto, crème de mascarpone.

Formule 59 € – Menu 120/145 € – Carte 100/185 €

Hôtel Le Royal Monceau, 37 av. Hoche Ⓜ Charles de Gaulle-Etoile – ✆ 01 42 99 88 12 – www.leroyalmonceau.com – Fermé 1er-21 août, dim. et lundi

La Scène

CUISINE MODERNE • ÉLÉGANT XXX Au cœur de l'élégant hôtel Prince de Galles, cette Scène braque les projecteurs sur les cuisines, séparées de la salle par un simple comptoir de marbre blanc. Elles sont le domaine de Stéphanie Le Quellec, habituée des feux de la rampe car victorieuse de l'émission Top Chef en 2011. Imaginatives, harmonieuses et précises, ses recettes crèvent l'écran...

➜ Caviar impérial, pain mi-perdu et mi-soufflé, pomme Pompadour. Ris de veau, pomme dorée, morilles et café. Vanille en crème glacée, esprit d'une omelette norvégienne.

Formule 50 € – Menu 65 € (déj.), 110/195 € – Carte 125/165 € déjeuner

Hôtel Prince de Galles, 33 av. George V Ⓜ George V – ✆ 01 53 23 78 50 – www.restaurant-la-scene.fr – Fermé août, sam. midi et dim.

Lucas Carton

CUISINE MODERNE • HISTORIQUE XXX L'histoire continue pour Lucas Carton, la fameuse enseigne de la place de la Madeleine. Le jeune chef, Julien Dumas, sait rendre le meilleur de beaux produits - mention spéciale pour l'agneau de lait ! - et ses assiettes, bien équilibrées, sont portées par un irrésistible souffle méditerranéen.

➜ Chou-fleur croustillant. Noix de ris de veau, jeunes carottes. Île flottante aux pistaches.

Menu 89 € (semaine), 132/182 € - Carte 125/190 €

9 pl. de la Madeleine Ⓜ Madeleine - ✆ 01 42 65 22 90 - www.lucascarton.com - Fermé 3 semaines en août, dim. et lundi

La Table du Lancaster

CUISINE MODERNE • ÉLÉGANT XXX Dans ce bâtiment haussmannien des environs des Champs-Élysées, on apprécie l'atmosphère exclusive et confidentielle d'un restaurant de grand hôtel. La cuisine, basée sur de superbes produits, est joliment présentée ; en été, l'agréable terrasse intérieure offre une expérience inédite.

➜ Foie gras de canard poêlé, verveine et amertume d'abricot. Grillon de ris de veau français aux cèpes et sureau maison. Cylindre de chocolat et mélilot glacé.

Formule 65 € - Menu 75 € (déj.), 175/205 € - Carte 155/185 €

Hôtel Lancaster, 7 r. de Berri Ⓜ George V - ✆ 01 40 76 40 18 - www.hotel-lancaster.fr - Fermé 3 semaines en août, sam., dim. et fériés

Le Chiberta

CUISINE CRÉATIVE • ÉPURÉ XXX Lumière tamisée, décor feutré et dépouillé conçu par J.-M. Wilmotte (tons sombres, insolites "murs à bouteilles") : l'écrin chic d'une cuisine inventive supervisée par Guy Savoy, avec entre autres un menu du marché renouvelé chaque semaine. Bon à savoir : une carte d'huîtres est disponible au comptoir. Avis aux amateurs !

➜ Salade de homard, vinaigrette de corail. Filet de bœuf charolais à la truffe, girolles et pommes noisette, jus truffé. Terrine d'orange et de pamplemousse, tuile au thé earl grey.

Menu 49 € (déj.), 110/165 € - Carte 90/140 €

3 r. Arsène-Houssaye Ⓜ Charles de Gaulle-Etoile - ✆ 01 53 53 42 00 - www.lechiberta.com - Fermé 2 semaines en août, sam. midi et dim.

Helen

POISSONS ET FRUITS DE MER • ÉLÉGANT XXX Une valeur sûre parmi les restaurants de poisson des beaux quartiers. Au menu : uniquement des pièces sauvages issues de la pêche quotidienne de petits bateaux - quelle qualité ! -, mises en valeur avec un respect et une précision tout à fait particuliers. Tout est franc et évident, c'est excellent.

➜ Carpaccio de daurade royale au citron caviar. Bar de ligne aux olives taggiasche. Paris-brest.

Menu 48 € (déj.)/130 € - Carte 76/162 €

3 r. Berryer Ⓜ George V - ✆ 01 40 76 01 40 - www.helenrestaurant.com - Fermé 3 semaines en août, 24 déc.-2 janv., sam. midi, dim. et lundi

Penati al Baretto (Alberico Penati)

CUISINE ITALIENNE • CLASSIQUE XXX Alberico Penati aura d'emblée imposé sa table italienne, née mi-2014, parmi les meilleures de la capitale ! Conformément à la plus belle tradition transalpine, la générosité et le raffinement distinguent chaque recette ; les assiettes débordent de saveurs en explorant tous les terroirs de la Botte. Succulent voyage...

➜ Pressé de lapin de Carmagnola en escabèche aux gambas rouges sautées. Spaghettis di Verrigni aux sardines à la sicilienne. Tiramisu.

Formule 39 € - Menu 45 € (déj.) - Carte 75/120 €

9 r. Balzac Ⓜ George V - ✆ 01 42 99 80 00 - www.penatialbaretto.eu - Fermé sam. midi et dim.

PARIS

L'Arôme

CUISINE MODERNE • CHIC XXX En salle, Éric Martins vous conseille des vins en parfaite harmonie avec les plats de Thomas Boullault. Ce dernier réalise une cuisine française raffinée et inventive, accordant la toute première place aux produits de saison. Chic, chaleureux et... plein d'arômes !

➜ Pressé de tourteau, avocat, riz koshihikari et eau de tomate au piment fumé. Filet de biche rôti aux baies de genièvre, coing poché au romarin et sauce Périgueux. Fruits rouges aux parfums d'agrumes et de citronnelle, croustillant aux amandes.

Menu 59 € (déj.), 99/155 € – Carte 85/110 €

3 r. St-Philippe-du-Roule Ⓜ St-Philippe-du-Roule – ✆ 01 42 25 55 98 – www.larome.fr – Fermé 1 semaine en fév., 3 semaines en août, sam. et dim.

L'Orangerie Ⓝ

CUISINE MODERNE • ÉLÉGANT XX Entre le restaurant La Galerie et la jolie cour de l'hôtel Four Seasons George V, cette table de poche (18 couverts seulement) présente une carte courte et de saison ; la tradition est ici mise au goût du jour harmonieusement, par le biais d'élégantes notes parfumées, et d'un travail délicat sur les saveurs.

➜ Œuf de poule fumé, caviar impérial et cresson. Poulette du Perche, girolles, citronnelle et Chartreuse. Fines feuilles et soufflé, chocolat noir et cardamome.

Menu 95/125 € – Carte 90/150 €

Hôtel Four Seasons George V, 31 av. George-V Ⓜ George V – ✆ 01 49 52 72 24 (réservation conseillée) – www.fourseasons.com/paris

114, Faubourg

CUISINE MODERNE • ÉLÉGANT XX Au sein du Bristol, une brasserie *so chic*, au décor chatoyant (colonnes dorées, motifs floraux, grand escalier, etc.), pour une prestation dans les règles de l'art : on retrouve à la carte les beaux classiques du genre, cuisinés avec soin et beaucoup de goût.

➜ Soupe d'artichaut, escalope de foie gras poêlée, émulsion truffe noire. Merlan frit, sauce tartare, tétragones à l'huile d'olive et citron. Millefeuille à la vanille Bourbon, caramel au beurre demi-sel.

Formule 56 € – Menu 114 € – Carte 85/170 €

Hôtel Bristol, 114 r. du Faubourg-St-Honoré Ⓜ Miromesnil – ✆ 01 53 43 44 44 – www.lebristolparis.com – Fermé 3 semaines en août, sam. midi et dim. midi

Le 39V (Frédéric Vardon)

CUISINE MODERNE • DESIGN XX La température monte au 39 de l'avenue George-V ! Au 6e étage de ce bel immeuble haussmannien – sur les toits de Paris –, dans un décor épuré, on s'enfièvre pour les belles saveurs : le chef signe une cuisine raffinée, sur de solides bases classiques, avec pour clef de voûte d'excellents produits...

➜ Macaronis gratinés, fin ragoût de truffe noire. Saint-pierre de Bretagne aux artichauts cuits et crus en tempura, sucs persillés. Paris-brest.

Formule 40 € – Menu 50 € (déj.), 95/195 € 🍷 – Carte 75/145 €

39 av. George V (6ème étage - entrée par le 17 r. Quentin-Bauchart) Ⓜ George V – ✆ 01 56 62 39 05 – www.le39v.com – Fermé août, sam. et dim.

Akrame Ⓝ (Akrame Benallal)

CUISINE CRÉATIVE • DESIGN XX Akrame Benallal a posé ses valises et ses couteaux dans ce lieu bien protégé des regards, derrière une immense porte cochère. Au fil d'un menu unique bien troussé, il fait preuve d'une grande inventivité pour donner le meilleur de produits d'excellente qualité ; les assiettes sont travaillées avec beaucoup de soin. Bien sûr, le succès est au rendez-vous !

➜ Cuisine du marché.

Menu 60 € (déj.), 115/145 €

7 r. Tronchet Ⓜ Madeleine – ✆ 01 40 67 11 16 (réservation conseillée) – www.akrame.com – Fermé 2 semaines en août, 1 semaine vacances de Noël, sam. et dim.

Dominique Bouchet

CUISINE CLASSIQUE • ÉLÉGANT C'est le genre d'adresse que l'on a envie de recommander à tous ses proches : atmosphère contemporaine et intime joliment rénovée, service alerte, cuisine du marché savoureuse et bien troussée...

➜ Carpaccio de Saint-Jacques, mangue et pomme verte. Gigot d'agneau mitonné au vin rouge, sauce aux fèves de cacao et pomme purée. Pêche pochée sur un granité de champagne, gelée de groseille.

Formule 48 € - Menu 55 € (déj. en semaine), 105/140 € - Carte 80/115 €

11 r. Treilhard Ⓜ Miromesnil - ✆ 01 45 61 09 46 (réservation conseillée) - www.dominique-bouchet.com - Fermé 3 semaines en août, 1 semaine en déc., sam. et dim.

L'Atelier de Joël Robuchon - Étoile

CUISINE CRÉATIVE • DESIGN Paris, Londres, Las Vegas, Tokyo, Taipei, Hong Kong, Singapour et encore une fois Paris... Destin franco-international pour ces Ateliers qui collent à l'époque ! Le grand chef signe là un beau concept : long comptoir avec tabourets, tons rouge et noir... et recettes millimétrées, entre France, Espagne et Asie.

➜ Langoustine en ravioli truffé à l'étuvée de chou vert. Caille caramélisée au foie gras, pomme purée. Chocolat tendance, crémeux onctueux au chocolat araguani, sorbet cacao et biscuit Oréo.

Menu 49 € (déj.), 99/199 € - Carte 95/205 €

133 av. des Champs-Élysées (Publicis Drugstore niveau -1)
Ⓜ Charles de Gaulle-Étoile
- ✆ 01 47 23 75 75 - www.joel-robuchon.com

Pomze

CUISINE MODERNE • ÉPURÉ Adresse originale que cette Pomze, qui invite à un "voyage autour de la pomme" ! De l'épicerie (où l'on trouve cidre et calvados) au restaurant, le "fruit défendu" est le fil rouge de la maison. La cuisine se révèle créative et voyageuse, avec d'originaux accords mets-cidres... et un excellent rapport qualité-prix.

Formule 31 € - Menu 36 € - Carte 48/70 €

109 bd Haussmann (1er étage) Ⓜ St-Augustin
- ✆ 01 42 65 65 83 - www.pomze.com
- Fermé 22 déc.-2 janv., sam. sauf le soir de sept. à juin et dim.

Mandoobar

CUISINE CORÉENNE • SIMPLE Dans une petite salle, raviolis et tartare de bœuf sont réalisés directement sous vos yeux par le chef, Kim Kwang-Loc, qui se révèle aussi agile que précis dans ses préparations. Il réalise une cuisine coréenne fine et parfumée, sans fausse note et joliment relevée... Nul doute, sa table sort du lot !

Carte 24/30 €

7 r. d'Edimbourg Ⓜ Europe - ✆ 01 55 06 08 53 - www.mandoobar.fr - Fermé août, 1 semaine à Noël, dim., lundi et fériés

La Cour Jardin Ⓝ

CUISINE MÉDITERRANÉENNE • ÉLÉGANT On est d'abord émerveillé de découvrir cette cour somptueusement fleurie et arborée, dont les murs se parent de lierre, vigne vierge et géraniums... Puis vient l'assiette : la cuisine, signée par Alain Ducasse, est estivale, légère et parfumée ; les produits sont d'une grande fraîcheur et les saveurs sont au rendez-vous. Service irréprochable.

Menu 64 € - Carte 85/130 €

Hôtel Plaza Athénée, 25 av. Montaigne Ⓜ Alma Marceau - ✆ 01 53 67 66 20 (réservation conseillée)
- www.dorchestercollection.com/paris/hotel-plaza-athenee - Ouvert de mi-mai à mi-sept.

1728

CUISINE CRÉATIVE • ROMANTIQUE XXX Un lieu d'histoire ! Construit en 1728, cet hôtel particulier fut la demeure de La Fayette de 1827 jusqu'à sa mort. Gaëtan Joly (ex-Ze Kitchen Galerie), aux fourneaux, fait preuve d'une inventivité certaine et parsème ses plats de jolies touches asiatiques ; très belle carte des vins.

Formule 35 € - Menu 45 € (déj.), 70/130 € - Carte 61/95 €

8 r. d'Anjou Ⓜ Madeleine
- ✆ 01 40 17 04 77 - www.1728-paris.com
- Fermé sam. midi et dim.

Maison Blanche

CUISINE MODERNE • DESIGN XXX Prenez vos quartiers sur le toit du théâtre des Champs-Élysées, dans ce grand loft design en duplex qui domine Paris, face à la Tour Eiffel ! Cuisine contemporaine aux saveurs méditerranéennes, empreintes du parcours international du chef.

Formule 49 € - Menu 58 € (déj.), 69/125 € - Carte 78/209 €

15 av. Montaigne Ⓜ Alma Marceau
- ✆ 01 47 23 55 99 - www.maison-blanche.fr
- Fermé 2 semaines en août, sam. midi et dim. midi

Le V

CUISINE MODERNE • ÉLÉGANT XXX Au cœur de l'hôtel Vernet, la salle vaut le coup d'œil pour sa superbe verrière ouvragée de la fin du 19e s., signée Gustave Eiffel, typique du charme Belle Époque... La cuisine s'inspire joliment de l'air du temps, sans oublier les classiques.

Formule 39 € - Carte 58/106 €

Hôtel Vernet, 25 r. Vernet Ⓜ Charles de Gaulle-Etoile
- ✆ 01 44 31 98 00 - www.hotelvernet.com
- Fermé août, sam. midi et dim.

Citrus Étoile

CUISINE MODERNE • TENDANCE XXX Dans cette maison décorée avec talent par son épouse Élisabeth, Gilles Épié signe une cuisine originale et bien maîtrisée. Elle témoigne autant de sa solide formation classique que de ses expériences américaines (le couple a vécu en Californie pendant dix ans) et asiatiques. Service souriant et professionnel.

Menu 49/120 € 🍷 - Carte 83/133 €

6 r. Arsène-Houssaye Ⓜ Charles de Gaulle-Étoile - ✆ 01 42 89 15 51
- www.citrusetoile.com - Fermé vacances de Noël, sam., dim. et fériés

Okuda

soir,

CUISINE JAPONAISE • ÉLÉGANT XX Vingt-trois couverts, un décor sobre et élégant, des hôtesses en kimono traditionnel et un silence d'or : c'est dans cet écrin que l'on déguste depuis 2013 les créations "kaiseki" du célèbre chef japonais Toru Okuda.

Menu 85 € (déj.)/198 €

7 r. de la Trémoille Ⓜ Alma Marceau
- ✆ 01 40 70 19 19 (réservation conseillée) - www.okuda.fr
- Fermé 2 semaines en août, mardi midi et lundi

Le Relais Plaza

CUISINE CLASSIQUE • ÉLÉGANT XX Au sein du Plaza Athénée, la cantine chic et feutrée des maisons de couture voisines. Comment résister au charme de cette brasserie au beau décor 1930, inspiré du paquebot Normandie ? Une ambiance unique pour une cuisine qui joue la carte de la belle tradition. Si parisien...

Formule 54 € - Menu 64 € - Carte 80/135 €

Hôtel Plaza Athénée, 21 av. Montaigne Ⓜ Alma Marceau - ✆ 01 53 67 64 00
- www.dorchestercollection.com/paris/hotel-plaza-athenee - Fermé de fin juil. à fin août

Matsuhisa

CUISINE JAPONAISE • DESIGN XX Le chef Nobu Matsuhisa est connu pour être l'inventeur du style péruvo-japonais. Il confie ici au maître sushi Hideki Endo le soin de sublimer les produits japonais – mais aussi français –, comme ces huîtres croustillantes au caviar, wasabi et sauce aïoli. Tout cela dans l'écrin somptueux du Royal Monceau.

Formule 45 € – Menu 130/170 € – Carte 80/200 €

Hôel Le Royal Monceau, 37 av. Hoche Ⓜ Charles de Gaulle-Etoile – ✆ 01 42 99 98 80 – www.leroyalmonceau.com – Fermé sam. midi et dim. midi

Les 110 de Taillevent

CUISINE TRADITIONNELLE • COSY XX Sous l'égide de la prestigieuse maison Taillevent, une brasserie très chic, qui joue la carte des associations mets et vins. Une réussite, aussi bien le choix remarquable de 110 vins au verre, que la cuisine, traditionnelle et bien tournée (pâté en croûte, bavette sauce au poivre, etc.). Cadre élégant et chaleureux.

Menu 44 € – Carte 45/95 €

195 r. du Faubourg-St-Honoré Ⓜ Charles de Gaulle-Etoile – ✆ 01 40 74 20 20 – www.taillevent.com/les-110-de-taillevent-brasserie.com – Fermé 3-24 août

Le 68 - Guy Martin

CUISINE MODERNE • ÉLÉGANT XX Guy Martin, chef du Grand Véfour, à Paris, pilote cette table installée au sein de la maison Guerlain. La courte carte met en avant les produits de la saison, et intègre par petites touches des ingrédients utilisées dans le monde des cosmétiques – hibiscus, mélisse, vanille, tonka, gingembre, épices, etc.

Formule 35 € 🍷 – Menu 48 € – Carte 58/70 €

68 av. des Champs-Élysées Ⓜ Franklin D. Roosevelt – ✆ 01 45 62 54 10 – www.le68guymartin.com – Fermé dim. et lundi

Nubé

CUISINE MODERNE • DESIGN XX Le chef qualifie sa cuisine de "salsa cancan" : ses recettes, métissées, empruntent autant à ses racines sud-américaines (il est colombien) qu'à la tradition culinaire française, qu'il adore également. Le résultat est cette cuisine sans frontières, haute en couleurs et franchement inventive, qu'on déguste dans un décor moderne et plutôt original.

Formule 39 € – Menu 60/80 € – Carte 50/66 €

Hôtel Marignan Champs-Elysées, 12 r. de Marignan Ⓜ Franklin D. Roosevelt – ✆ 01 40 76 34 56 – www.hotelmarignanelyseesparis.com – Fermé dim. soir

Le Marché du Lucas

CUISINE TRADITIONNELLE • CLASSIQUE XX À l'étage du restaurant Lucas Carton, dans un plaisant décor Art Nouveau, le chef Julien Dumas joue la simplicité et la gourmandise, autour d'un menu du jour annoncé verbalement. Côte de porc fermier aux olives noires, boudin noir... un repas d'une belle tenue.

Menu 49 €

Restaurant Lucas Carton, 9 pl. de la Madeleine Ⓜ Madeleine – ✆ 01 42 65 56 66 – www.lucascarton.com – Fermé 3 semaines en août, dim. et lundi

Kinugawa Matignon

CUISINE JAPONAISE • ÉLÉGANT XX La seconde adresse du restaurant Kinugawa Vendôme n'a rien à envier à son aînée : on retrouve ici le même souci de précision, la cuisine d'inspiration japonaise – presque fusion – servie dans un cadre intimiste. Les puristes s'installent au bar à sushi. Très tendance !

Formule 45 € – Menu 65/89 € – Carte 55/100 €

1 bis r. Jean-Mermoz Ⓜ Franklin D. Roosevelt – ✆ 01 42 25 04 23 – www.kinugawa.fr – Fermé 2 semaines en août, sam. et dim.

PARIS

Crom'Exquis

CUISINE MODERNE • COSY XX A la tête de ce Crom'Exquis œuvre Pierre Meneau, fils de Marc – chef fameux de L'Espérance, près de Vézelay. Au menu : une cuisine au goût du jour, réalisée avec des produits de bonne qualité, comme cette langoustine juste rôtie à l'huile d'olive et au vinaigre de Xérès.

Menu 39 € (déj.), 55/79 € – Carte 55/92 €

22 r. d'Astorg Ⓜ St-Augustin
– ☎ 01 42 65 10 74 – www.cromexquis.com
– Fermé 2 semaines en août, sam. midi et dim.

Les Cocottes - Arc de Triomphe

CUISINE TRADITIONNELLE • DESIGN XX Après la Tour Eiffel, les Cocottes de Christian Constant ont traversé la Seine et trouvé un nid douillet au sein de l'hôtel Sofitel - Arc de Triomphe. Le chef y décline son concept de bons petits plats mijotés dans des cocottes en fonte : ravioles de langoustine, pommes de terre caramélisées farcies au pied de porc... Indéniablement miam !

Formule 28 € – Menu 34 € (déj. en semaine) – Carte 39/60 €

Hôtel Sofitel Arc de Triomphe, 2 r. Bertie-Albrecht Ⓜ Charles de Gaulle-Etoile
– ☎ 01 53 89 50 53 – www.lescocottes-arcdetriomphe.com

Marius et Janette

POISSONS ET FRUITS DE MER • MÉDITERRANÉEN XX Un élégant décor façon yacht, des filets de pêche, etc. Ici, les produits de la mer sont évidemment à l'honneur ; la carte est renouvelée chaque jour, au gré des arrivages...

Menu 48 € (déj. en semaine) – Carte 91/180 €

4 av. George-V Ⓜ Alma Marceau
– ☎ 01 47 23 41 88 – www.mariusjanette.com

Loiseau rive Droite

CUISINE MODERNE • COSY XX Côté droit de la Seine, cette maison du groupe Loiseau a bénéficié de nombreuses évolutions ces dernières années. La carte a été repensée dans une veine actuelle : terrine de Saint-Jacques, anguille et poitrine de bœuf braisée... quant au décor, cosy et confortable, il préserve l'esprit des lieux.

Formule 29 € – Menu 39 € (déj.), 45/85 € – Carte 65/85 €

41 r. Boissy-d'Anglas Ⓜ Madeleine
– ☎ 01 42 65 06 85 – www.bernard-loiseau.com
– Fermé 2 semaines en juil.-août, dim. et lundi

Maxan

CUISINE MODERNE • ÉLÉGANT XX C'est donc ici, à deux pas de l'avenue George-V, que l'on retrouve Maxan, autrefois installé près de Miromesnil. On découvre un décor élégant et discret, tout en camaïeu de gris, et on renoue non sans plaisir avec cette cuisine du marché bien parfumée. La formule déjeuner est très intéressante !

Formule 32 € – Menu 40 € – Carte 48/82 €

3 r. Quentin-Bauchart Ⓜ George V – ☎ 01 40 70 04 78 – www.rest-maxan.com
– Fermé 14-19 août, sam. midi et dim.

Nolita

CUISINE ITALIENNE • DESIGN XX Un restaurant chic, au sein du MotorVillage (showroom d'un grand groupe auto italien). Le chef puise dans la grande tradition italienne et compose une carte à se lécher les babines : linguine aux sardines, risotto au jambon italien et champignons, foie de veau à la vénitienne... sans oublier un excellent tiramisu !

Menu 39 € (déj. en semaine) – Carte 58/85 €

1 av. Matignon (Motor Village - 2ème étage) Ⓜ Franklin D. Roosevelt
– ☎ 01 53 75 78 78 – www.nolitaparis.fr – Fermé 2 semaines en août, sam. midi et dim. soir

Le Gaigne

CUISINE MODERNE • ÉLÉGANT XX Derrière l'église Saint-Augustin, le Gaigne (d'après le surnom donné par Frédéric Anton, chef du Pré Catelan, à Mickaël Gaignon) propose une sympathique cuisine d'inspiration traditionnelle, qui évolue au gré des saisons. De bons produits, une exécution soignée : c'est gagné pour le Gaigne !

Formule 33 € – Menu 42/65 € – Carte 64/96 €

2 r. de Vienne Ⓜ St-Augustin
– ✆ 01 45 22 23 62 – www.restaurantlegaigne.fr
– Fermé août, 24 déc.-1er janv., sam. et dim.

Mini Palais

CUISINE MODERNE • TENDANCE XX Au Grand Palais se cache ce Mini Palais, dédié aux plaisirs… du palais ! Honneur aux beaux produits, à la générosité et à la simplicité ; en complément, carte d'en-cas pour grignoter de midi à minuit et salon de thé. La terrasse est plaisante.

Formule 29 € – Carte 35/77 €

Au Grand Palais - 3 av. Winston-Churchill Ⓜ Champs-Elysées Clemenceau
– ✆ 01 42 56 42 42 – www.minipalais.com

La Fermette Marbeuf 1900 Ⓝ

CUISINE TRADITIONNELLE • ÉLÉGANT XX Verrière, vitraux, céramiques, fonte : on est époustouflé par la sublime salle à manger Art nouveau, conçue en 1898. Quant à l'assiette, elle creuse aussi la belle tradition française : ravioles de homard et champignons, fricassée de rognon et ris de veau, soufflé au Grand Marnier… Quelle Belle Époque !

Formule 25 € – Menu 35 € (déj.)/52 € – Carte 48/92 €

5 r. Marbeuf Ⓜ Alma Marceau
– ✆ 01 53 23 08 00 – www.fermettemarbeuf.com

Diep

CUISINE CHINOISE • EXOTIQUE XX Du rouge, du noir, des alcôves et des panneaux sculptés : l'Asie dans le décor, tout comme dans l'assiette, où l'on trouve des spécialités de Hong Kong et de Canton, mais aussi certains plats thaïlandais et vietnamiens. Avis aux amateurs : poissons et crustacés sont à l'honneur !

Carte 40/80 €

55 r. Pierre-Charon Ⓜ George V – ✆ 01 45 63 52 76 – www.diep.fr

Manko Ⓝ

CUISINE PÉRUVIENNE • ÉLÉGANT X Le chef star péruvien Gaston Acurio et le chanteur Garou ont eu un enfant : il s'appelle Manko. Ce restaurant, bar lounge et cabaret du sous-sol du Théâtre des Champs-Elysées propose des recettes péruviennes mâtinées de touches asiatiques et africaines. Une cuisine de partage bien ficelée.

Menu 65 € – Carte 40/80 €

15 av. Montaigne Ⓜ Alma Marceau – ✆ 01 82 28 00 15 – www.manko-paris.com
– Fermé sam. midi et dim.

24 - Le Restaurant Ⓝ

CUISINE MODERNE • TENDANCE X À deux pas du rond-point des Champs-Elysées, cet établissement propose des assiettes bien travaillées, qui n'ont pas besoin d'en mettre plein la vue pour égayer notre gourmandise : en témoigne le filet de bœuf charolais… L'accueil est aussi souriant que professionnel, et le rapport qualité prix excellent.

Formule 29 € – Menu 33 € (déj.), 70/100 € 🍷 – Carte 55/82 €

24 r. Jean-Mermoz Ⓜ Franklin D. Roosevelt – ✆ 01 42 25 24 24
– www.24lerestaurant.fr – Fermé août, sam. et dim.

Marloe

CUISINE MODERNE • BISTRO Ce restaurant, repris par l'équipe de l'Arôme voisin, a des allures de bistrot chic et cosy (tons rouge, blanc et noir, miroirs anciens, etc.). La cuisine ne déçoit pas : cœur de saumon fumé impérial et beurre aux algues, bœuf Black Angus au jus de cassis... Des plats sans esbroufe, nets et précis !

Carte 45/67 €

12 r. du Cdt.-Rivière Ⓜ St-Philippe-du-Roule - ✆ 01 53 76 44 44 - www.marloe.fr - Fermé 1 semaine en fév., 3 semaines en août, sam. et dim.

La Maison de L'Aubrac Ⓝ

VIANDES • CONTEMPORAIN Depuis 1997, Christian Valette, éleveur de bovins à Laguiole, tient à deux pas des Champs-Élysées cette ambassade des produits de l'Aubrac. Ses délicieuses pièces de bœuf, cuisinées de toutes les manières (carpaccio, tartare, burger), s'accompagnent d'un aligot et de bons vins du Languedoc ou du Roussillon... À table !

Carte 34/117 €

37 r. Marbeuf Ⓜ Franklin D. Roosevelt - ✆ 01 43 59 05 14 - www.maison-aubrac.com

Le Boudoir

CUISINE TRADITIONNELLE • BISTRO Meilleur Ouvrier de France en charcuterie, le jeune chef a travaillé dans de belles maisons et exprime aujourd'hui dans ce Boudoir son amour du... boudin. Oui, la charcuterie peut être un art : voyez le pâté en croûte de volaille et foie gras ! Terrines et autres saucisses sont créées sur place. Décor sobre et élégant.

Formule 32 € - Menu 35 € (déj. en semaine)/62 € - Carte 47/66 €

25 r. du Colisée Ⓜ Franklin D. Roosevelt - ✆ 01 43 59 25 29 - www.boudoirparis.fr - Fermé 1er-15 août, sam. et dim.

Makoto Aoki

CUISINE MODERNE • BISTRO Makoto Aoki, chef japonais, réalise une cuisine on ne peut plus française - et de belle tenue ! Brioche aux morilles et ventrêche du Pays basque, filet de bœuf de l'Aubrac et poêlée de légumes de saison, baba au rhum : gourmandise assurée.

Formule 24 € - Menu 38/68 € - Carte 65/85 €

19 r. Jean-Mermoz Ⓜ Mirosmenil - ✆ 01 43 59 29 24 - Fermé août, 25 déc.-8 janv., sam. midi, lundi soir et dim.

Juvia Ⓝ

CUISINE MODERNE • ÉLÉGANT Dans une rue du 8e arrondissement très chic et commerçante, cette adresse se découvre d'abord par sa terrasse animée. On y goûte ensuite une cuisine dans l'air du temps, bien réalisée, où des recettes originales sont servies par de bons produits frais. Il y a du soin et de la franchise là-dedans : on passe un très bon moment.

Formule 29 € - Menu 38 € - Carte 43/71 €

105 r. du Faubourg-St-Honoré Ⓜ St-Philippe-du-Roule - ✆ 09 66 82 41 08 - www.restaurant-juvia.com - Fermé dim. soir

Le Sushi Okuda

CUISINE JAPONAISE • ÉPURÉ Ce bar à sushis, attenant au restaurant Okuda, rappelle les izakayas (les bars) japonais, tant par le cèdre du Japon qui habille les murs que par l'étroitesse du lieu et la fraîcheur des poissons. Menus dépaysants.

Menu 95 € (déj.), 125/155 €

18 r. Boccador Ⓜ Alma Marceau - ✆ 01 47 20 17 18 (réservation conseillée) - www.sushiokuda.com - Fermé 2 semaines en août, mardi midi et lundi

Lazare

soir,

CUISINE TRADITIONNELLE • BRASSERIE Au cœur de la fameuse gare St-Lazare, on doit à Éric Frechon l'idée de cette élégante brasserie "ferroviaire", version 2013, qui respecte les canons du genre : œufs mimosa, quenelles de brochet ou maquereaux au vin blanc, la belle tradition française est sur les rails ! Sympathique et très animé.

Carte 35/90 €

parvis de la gare St-Lazare, r. Intérieure Ⓜ St-Lazare - 01 44 90 80 80 - www.lazare-paris.fr

Le Percolateur

CUISINE TRADITIONNELLE • BISTRO Ce sympathique établissement ne brille pas seulement par sa collection de percolateurs - on s'y régale aussi d'une sympathique cuisine de bistrot, à l'instar de cette terrine maison, ou du dos de saumon "Whis.Er.So.Se", pour whisky, sirop d'érable, soja et sésame... les habitués en redemandent.

Formule 16 € - Menu 30 € - Carte 35/59 €

20 r. de Turin Ⓜ Rome - 01 43 87 97 59 - www.lepercolateur.fr - Fermé 2 semaines en août, sam. midi et dim.

Hôtels

Plaza Athénée

PALACE • CLASSIQUE Palace parisien par excellence, inauguré en 1911, le Plaza Athénée vit merveilleusement le passage des années. Rien n'altère la primauté de l'établissement, véritable sommet de luxe et d'élégance à la française. Un brillant classicisme, des services d'exception, dont le somptueux Spa Christian Dior : le mythe continue...

154 chambres - 990/2150 € 990/2150 € - 54 suites - 60 €

25 av. Montaigne Ⓜ Alma Marceau - 01 53 67 66 65 - www.dorchestercollection.com/paris/hotel-plaza-athenee

Alain Ducasse au Plaza Athénée • **La Cour Jardin** • **Le Relais Plaza** - voir les restaurants ci-dessus

Four Seasons George V

PALACE • ÉLÉGANT Ce palace mythique, né en 1928, s'est paré des splendeurs et raffinements du 18e s. Ses chambres, luxueuses et spacieuses, ses collections d'œuvres d'art, son spa superbe et sa belle cour intérieure - sans parler de son histoire gastronomique - : voilà bien un ensemble d'exception !

185 chambres - 1090/1890 € 1090/1890 € - 59 suites - 70 €

31 av. George-V Ⓜ George V - 01 49 52 70 00 - www.fourseasons.com/paris

Le Cinq • **Le George** • **L'Orangerie** - voir les restaurants ci-dessus

Le Bristol

PALACE • GRAND LUXE Ce palace de 1925, agencé autour d'un magnifique jardin, a conservé toute sa superbe. Les luxueuses chambres de style Louis XV ou Louis XVI cohabitent avec des suites (Lune de miel, Impériale, etc.) aux impressionnantes proportions. Non moins exceptionnelle, la piscine dominant Paris...

148 chambres - 1300/2100 € 1300/2100 € - 42 suites - 60 €

112 r. du Faubourg-St-Honoré Ⓜ Miromesnil - 01 53 43 43 00 - www.lebristolparis.com

Épicure • **114, Faubourg** - voir les restaurants ci-dessus

La Réserve

PALACE • ÉLÉGANT Parquet Versailles, larges canapés, corniches dorées à l'or fin : c'est vers le chic parisien de la Belle Époque que lorgne ce superbe hôtel particulier du 19es., décoré par Jacques Garcia. Suites avec vue sur les jardins de l'Élysée, le Grand Palais ou la Tour Eiffel. Cuisine autour des épices à la Pagode de Cos.

26 suites - 2100/13500 € - 14 chambres - 41 €

42 av. Gabriel Ⓜ Champs Elysées Clemenceau - 01 58 36 60 60 - www.lareserve-paris.com

Le Gabriel - voir les restaurants ci-dessus

Le Royal Monceau

PALACE • DESIGN Ce palace du 21e s., décoré par Philippe Starck, se joue des codes en vigueur : galerie d'art, librairie, salle de cinéma high-tech, spa superbe... Depuis 2016, il accueille un nouveau restaurant : Matsuhisa, concept du chef emblématique Nobu Matsuhisa.

108 chambres – 1200/1600 € 1200/1600 € – 41 suites – 58 €

37 av. Hoche Charles de Gaulle-Etoile – 01 42 99 88 00 – www.leroyalmonceau.com

Il Carpaccio • **Matsuhisa** – voir les restaurants ci-dessus

Prince de Galles

GRAND LUXE • ART DÉCO Ce fleuron légendaire de l'Art déco parisien irradie de son élégance l'avenue George-V. Construit en 1928, nimbé d'une nouvelle fraîcheur, le charme des lieux reste intact, des chambres, luxueuses et raffinées, au bar "Les Heures", où le temps suspend son vol, face au patio classé.

115 chambres – 659/1290 € 659/1290 € – 44 suites – 38 €

33 av. George-V George V – 01 53 23 77 77 – www.hotelprincedegalles.fr

La Scène – voir les restaurants ci-dessus

Fouquet's Barrière

LUXE • PERSONNALISÉ Né en 2006 dans le sillage de la mythique brasserie, ce luxueux hôtel a été décoré par Jacques Garcia : styles Empire et Art déco, foisonnement d'acajou, de soie, de velours... associés à des équipements high-tech et un spa superbe !

48 chambres – 630/1700 € 630/1700 € – 33 suites – 49 €

46 av. George-V George V – 01 40 69 60 00 – www.fouquets-barriere.com

Champs-Élysées Plaza

URBAIN • PERSONNALISÉ Élégance et espace, harmonie des couleurs, mélange des styles, service attentionné, fitness... Cet hôtel est un concentré de luxe feutré et cossu.

35 chambres – 299/1500 € 299/1500 € – 10 suites

35 r. de Berri George V – 01 53 53 20 20 – www.champselyseesplaza.com

Vernet

HISTORIQUE • ÉLÉGANT Un immeuble des Années folles dans une petite rue près des Champs-Élysées... qui abrite un hôtel entièrement rénové ! Il se dégage de ces lieux un je-ne-sais-quoi de très parisien, du hall d'entrée lumineux aux chambres, dont on appréciera le décor soigné et feutré.

41 chambres – 250/890 € 250/890 € – 9 suites – 25 € – ½ P

25 r. Vernet Charles de Gaulle-Etoile – 01 44 31 98 00 – www.hotelvernet.com

Le V – voir les restaurants ci-dessus

Buddha-Bar Hotel

LUXE • PERSONNALISÉ On connaissait le Buddha-Bar, adresse parisienne très branchée ; voici le Buddha-Bar Hotel, créé dans un hôtel particulier du 18e s. Entre boiseries anciennes et décor néo-asiatique, l'ensemble se révèle très glamour et raffiné ! Inédit et exclusif.

37 chambres – 330/1100 € 330/1100 € – 19 suites – 35 €

4 r. d'Anjou Madeleine – 01 83 96 88 88 – www.buddhabarhotelparis.com

Hilton Opéra

HÔTEL DE CHAÎNE • CONTEMPORAIN Entièrement rénové en 2015, cet hôtel renoue avec son passé Belle Époque : hall avec colonnes en marbre et plafond ouvragé à la feuille d'or, grand salon majestueux, avec verrière et fresques... quant aux chambres, lumineuses et contemporaines, elles se révèlent très confortables.

257 chambres – 239/1200 € 239/1200 € – 11 suites

108 r. St-Lazare Saint-Lazare – 01 40 08 44 44 – www.parisopera.hilton.com

Sofitel le Faubourg

LUXE • CONTEMPORAIN Élégant hôtel dans deux demeures des 18e et 19e s. Les chambres ont été entièrement redessinées en 2014 dans un style moderne et épuré, toujours élégant ; on profite d'un salon sous verrière, ainsi que d'un joli fitness avec hammam et salles de massages.

118 chambres - †370/810 € ††370/910 € - 29 suites - ☕ 36 €

15 r. Boissy-d'Anglas Ⓜ Concorde - ✆ 01 44 94 14 14 - www.sofitel-paris-lefaubourg.com

San Régis

LUXE • GRAND LUXE Hôtel particulier de 1850 remanié avec goût : un bel escalier (vitraux et statues) conduit aux chambres, ravissantes et résolument classiques. Le restaurant occupe un luxueux salon feutré – une vraie bonbonnière – et cultive la tradition.

31 chambres - †310/610 € ††425/1100 € - 11 suites - ☕ 35 €

12 r. J.-Goujon Ⓜ Champs-Elysées Clemenceau - ✆ 01 44 95 16 16 - www.hotel-sanregis.fr

Sofitel Arc de Triomphe

LUXE • DESIGN Rénové de A à Z, ce grand hôtel impeccablement situé ne manque pas d'allure : un grand hall clair prolongé par un salon tout en design et en élégance, des chambres spacieuses et décorées sobrement, où l'on séjourne en toute tranquillité... Un bel établissement.

122 chambres - †390/1150 € ††390/1150 € - 2 suites - ☕ 34 €

14 r. Beaujon Ⓜ Charles de Gaulle-Etoile - ✆ 01 53 89 50 50 - www.sofitel.com/1296

Les Cocottes - Arc de Triomphe - voir les restaurants ci-dessus

Lancaster

HISTORIQUE • CLASSIQUE Marlène Dietrich appréciait le charme discret de cet hôtel particulier, construit en 1889 à deux pas des Champs-Élysées : parquets d'époque et cheminées, mobilier des 18e et 19e s., œuvres d'art, etc.

45 chambres - †350/2000 € ††350/2000 € - 11 suites - ☕ 42 €

7 r. de Berri Ⓜ George V - ✆ 01 40 76 40 76 - www.hotel-lancaster.com

La Table du Lancaster - voir les restaurants ci-dessus

Bedford

URBAIN • TRADITIONNEL Cet hôtel fondé en 1848 perpétue avec élégance une certaine idée de la tradition hôtelière. Les chambres sont d'un raffinement discret – préférez celles qui ont été récemment rénovées, plus confortables. Une adresse d'un bon rapport qualité-prix pour le quartier.

131 chambres - †150/346 € ††180/346 € - 10 suites - ☕ 21 €

17 r. de l'Arcade Ⓜ Madeleine - ✆ 01 44 94 77 77 - www.hotel-bedford.com

Marquis Faubourg Saint-Honoré

HISTORIQUE • ÉLÉGANT Inauguré en 2013, ce boutique-hôtel doit son nom au marquis de La Fayette, le "héros des deux mondes", qui vécut dans cet hôtel particulier du 18e s. De vastes chambres, une décoration chic et sobre, de luxueuses salles de bains : l'adresse ne manque ni de charme ni de panache !

10 suites - ††1100/1480 € - 5 chambres - ☕ 39 €

8 r. d'Anjou Ⓜ Madeleine - ✆ 01 44 80 00 00 - www.marquisfaubourgsainthonore.com

Marignan Champs-Elysées

LUXE • CONTEMPORAIN Un luxe discret : voilà le parti pris de cet ancien hôtel particulier, voisin des Champs-Élysées. Toutes les chambres révèlent une décoration élégante et épurée, avec parquet en chêne, mobilier chic des années 1950 et 1960, grandes literies... Du style et de la subtilité !

45 chambres - †270/880 € ††270/880 € - 5 suites - ☕ 40 €

12 r. de Marignan Ⓜ Franklin D. Roosevelt - ✆ 01 40 76 34 56 - www.hotelmarignanelyseesparis.com

Nubé - voir les restaurants ci-dessus

PARIS

Hôtel de Sers

HÔTEL PARTICULIER • ÉLÉGANT Le marquis de Sers ne reconnaîtrait pas son hôtel particulier de la fin du 19e s. Il faut dire qu'il mélange les styles avec succès : si le hall a conservé son caractère d'origine, les chambres, elles, sont résolument contemporaines et tendance. Un "baby palace" élégant...

45 chambres - 350/690 € 500/800 € - 7 suites - 30 €

41 av. Pierre-1er-de-Serbie Ⓜ George V - 01 53 23 75 75 - www.hoteldesers.com

La Maison Champs-Élysées

HISTORIQUE • DESIGN Un hôtel très particulier, où le faste du Second Empire côtoie les lignes épurées d'un design contemporain dû à Martin Margiela. Salon blanc, fumoir noir, équipements dernier cri, restaurant très graphique : une signature.

51 chambres - 250/770 € 250/770 € - 6 suites - 34 €

8 r. Jean-Goujon Ⓜ Franklin D Roosevelt - 01 40 74 64 94 - www.lamaisonchampselysees.com

Intercontinental Avenue Marceau

BUSINESS • CONTEMPORAIN Cet hôtel moderne et design bénéficie d'un emplacement de choix, à deux pas de la place de l'Étoile. Le décor marie haute technologie, meubles contemporains et répliques de fresques et de croquis de la Renaissance italienne.

55 chambres - 279/1600 € 329/1600 € - 30 €

64 av. Marceau Ⓜ George V - 01 44 43 36 36 - www.ic-marceau.com

Le Pavillon des Lettres

URBAIN • ÉLÉGANT Un hôtel littéraire en plein cœur de Paris ? Vingt-six chambres pour les vingt-six lettres de l'alphabet, chacune portant le nom d'un écrivain et déclinant son œuvre dans leur décoration. Élégant et subtil : parfait pour réviser ses classiques et découvrir la ville autrement.

26 chambres - 200/530 € 200/530 € - 26 €

12 r. des Saussaies Ⓜ Miromesnil - 01 49 24 26 26 - www.pavillondeslettres.com

Hôtel du Ministère

BOUTIQUE HÔTEL • PERSONNALISÉ Un hôtel à deux pas du ministère de l'Intérieur, du palais de l'Élysée et du faubourg St-Honoré. Les chambres - confortables et très fonctionnelles - rendent hommage aux années 1970, ce qui ne manquera pas de plaire aux amateurs... ou aux nostalgiques. Accueil charmant.

41 chambres - 150/576 € 170/576 € - 2 suites - 19 €

31 r. de Surène Ⓜ Madeleine - 01 42 66 21 43 - www.ministerehotel.com

François 1er

BOUTIQUE HÔTEL • PERSONNALISÉ Marbre de Carrare, moulures, objets chinés, meubles anciens et tableaux à foison : Pierre-Yves Rochon a imaginé un cadre luxueux et raffiné. Deux types de chambres s'offrent à vous, selon votre humeur : classiques (avec toile de Jouy), ou plus épurées. Copieux petit-déjeuner (buffet).

38 chambres - 209/520 € 209/520 € - 2 suites - 22 €

7 r. Magellan Ⓜ George V - 01 47 23 44 04 - www.the-paris-hotel.com

Hôtel Monsieur Ⓝ

URBAIN • PERSONNALISÉ A quelques encablures du théâtre des Mathurins, cet hôtel tout récent rend un hommage discret au monde du théâtre et à l'une de ses figures tutélaires, Sacha Guitry. Les chambres sont confortables et vraiment chaleureuses - certaines ont même une terrasse. Petit espace fitness.

29 chambres - 180/370 € 180/370 € - 2 suites

62 r. des Mathurins Ⓜ Havre-Caumartin - 01 43 87 17 11 - www.hotelmonsieur.com

Le 123 Elysées

URBAIN • CONTEMPORAIN Mélange des genres, des couleurs et des matières, croquis de stylistes : les chambres de cet hôtel ont du cachet. Pratique pour un séjour shopping dans un faubourg très... mode.

41 chambres - 210/320 € 210/365 € - 14 €

123 r. du Faubourg-St-Honoré M St-Philippe du Roule - 01 53 89 01 23 - www.astotel.com

Chambiges Élysées

TRADITIONNEL • PERSONNALISÉ Le mot "cosy" semble avoir été inventé pour cet hôtel installé dans un immeuble hausmmannien. Tout y est : boiseries, tentures et tissus chaleureux, meubles chinés, jardin fleuri. Une atmosphère romantique et feutrée, tout près des Champs-Élysées.

34 chambres - 290/410 € 290/490 € - 7 suites

8 r. Chambiges M Alma Marceau - 01 44 31 83 83 - www.hotelchambiges.com

Le Mathurin

URBAIN • PERSONNALISÉ La devise de la maison : "Le luxe d'être chez soi." Et l'on aimerait faire de cet hôtel, garni de livres, feutré, élégant et apaisant, son home sweet home !

51 chambres - 160/560 € 160/560 € - 3 suites - 24 €

43 r. des Mathurins M Havre Caumartin - 01 44 94 20 94 - www.le-mathurin.com

Le A

URBAIN • PERSONNALISÉ "A" comme rue d'Artois, Alphabet (il y a 26 chambres) et évidemment Art : cet hôtel moderne et design, imaginé par le plasticien Hyber et l'architecte Méchiche, accueille aussi des expositions. Les chambres, comme les salons, jouent l'épure... avec un "e" majuscule !

26 chambres - 199/499 € 219/639 € - 1 suite - 24 €

4 r. d'Artois M St-Philippe du Roule - 01 42 56 99 99 - www.hotel-le-a.com

Le Marianne

URBAIN • ÉLÉGANT Cette séduisante Marianne se cache dans un immeuble haussmannien, tout près des Champs-Élysées. L'hôtel a des allures de maison particulière ; les chambres, confortables, se parent de matériaux nobles (marbre, laiton) et de beaux dégradés de couleurs.

31 chambres - 200/550 € 200/550 € - 19 €

11 r. Paul-Baudry M St-Philipe du Roule - 01 45 04 30 30 - www.lemarianne.com

Le Swann

URBAIN • PERSONNALISÉ Bienvenue du côté de chez Swann ! Cet hôtel datant de 1889 a accueilli de nombreux artistes et écrivains au long des années ; les chambres rénovées sont confortables et chacune porte le nom d'un personnage de Proust... Très tendance et délicieusement parisien.

74 chambres - 149/549 € 149/549 € - 7 suites - 15 €

15 r. de Constantinople M Europe - 01 45 22 80 80 - www.hotel-leswann.com

West-End

URBAIN • PERSONNALISÉ Lithographies anciennes, copies de tableaux de maîtres et équipements dernier cri vous attendent dans ces chambres classiques, souvent très colorées. Agréable salon.

49 chambres - 199/379 € 229/729 €

7 r. Clément-Marot M Alma Marceau - 01 47 20 30 78 - www.hotel-west-end.com

PARIS

Atlantic

URBAIN • FONCTIONNEL Aquarelles, maquettes de bateaux et déclinaisons de bleu dans les chambres… De subtiles notes marines qui invitent au voyage ! Cela donne un charme certain à cet établissement familial, situé juste derrière la gare St-Lazare.

81 chambres - 74/265 € 105/265 € - 16 €

44 r. de Londres St-Lazare - 01 43 87 45 40 - www.atlantic-hotel-paris.com

Idol

URBAIN • PERSONNALISÉ Mobilier vintage "seventies" et thème "jazzy" habillent cet hôtel proche de la gare Saint-Lazare, rénové en 2014 : quoi de plus évident dans un quartier dédié à la musique, et riche en boutiques de luthiers ? Les chambres s'appellent Lady Soul, Light my fire… Une vraie boîte à musique.

32 chambres - 130/300 € 150/500 € - 17 €

16 r. d'Édimbourg Europe - 01 45 22 14 31 - www.idolhotel-paris.com

Ekta

BOUTIQUE HÔTEL • DESIGN Retour vers le passé avec cet hôtel construit en 2015, mais décoré à la mode seventies, où dominent le blanc et le noir. Les chambres, de taille modeste, sont cependant élégantes et confortables. Un établissement plaisant, original… et bien situé.

25 chambres - 100/625 € 100/625 € - 14 €

52 r. Galilée George V - 01 53 76 09 05 - www.hotelekta.com

Chavanel

URBAIN • ÉLÉGANT Cet hôtel appartient à la même famille depuis 1984. Depuis les voilages en dentelle française des fenêtres, jusqu'aux luminaires, tout détail est étudié. Quant au buffet du petit-déjeuner, 100% bio, il mérite votre appétit !

27 chambres - 160/380 € 180/550 € - 20 €

22 r. Tronchet Madeleine - 01 47 42 26 14 - www.hotelchavanel.com

Elysées 8

URBAIN • CONTEMPORAIN Au cœur du 8e arrondissement, un hôtel dont le salon coloré nous plonge dans les années 1970. Les chambres sont modernes et chaleureuses : moquettes, têtes de lit en bois sculpté, murs joliment carrelés…

34 chambres - 159/449 € 159/449 € - 13 €

16 r. Cambacérès Miromesnil - 01 42 65 71 40 - www.elysees8.com

Alison

FAMILIAL • FONCTIONNEL Près de la Madeleine, ce petit hôtel familial offre un bon rapport qualité-prix. Chambres fonctionnelles et de bon confort. Simple et sympathique.

34 chambres - 120/212 € 142/232 € - 12 €

21 r. de Surène Madeleine - 01 42 65 54 00 - www.hotelalison.com

Opéra · Grands Boulevards

✉ 75009

9e ARRONDISSEMENT

Restaurants

Maloka (N)

CUISINE MODERNE • CONVIVIAL Raphaël Rego, le plus français des chefs brésiliens, poursuit son aventure parisienne avec ce Maloka ("votre maison" en langue amérindienne), où il affirme encore davantage les influences *carioca* de sa cuisine. Il signe des recettes très personnelles, avec de fréquents clins d'œil aux plats de son enfance : on se régale.

Menu 36 €

28 r. Tour-d'Auvergne Ⓜ Cadet
- ✆ 01 45 23 99 13 (réservation conseillée) - www.okaparis.fr
- Fermé août, 23 déc.-5 janv., dim., lundi et le midi sauf sam.

Le Pantruche

CUISINE MODERNE • BISTRO Pantruche, c'est Paris en argot... Un nom tout trouvé pour ce bistrot au décor rétrochic, qui cultive volontiers l'atmosphère gouailleuse et canaille des années 1940-1950. Côté papillles, le chef et sa petite équipe concoctent de jolis plats de saison, pile dans la tendance bistronomique.

Formule 19 € - Menu 36 € - Carte 41/50 €

3 r. Victor-Massé Ⓜ Pigalle
- ✆ 01 48 78 55 60 (réservation conseillée)
- Fermé 1 semaine vacances de printemps, 3 semaines en août, 1 semaine vacances de Noël, sam. et dim.

Braisenville

CUISINE MODERNE • TENDANCE Jeu de mot canaille pour l'enseigne de ce repaire très contemporain, dont la cuisine tourne notamment autour d'un four à braise très affûté. Menu du marché au déjeuner, succession de petits plats façon "raciones" espagnoles le soir... Inventive et pétillante, la formule fait mouche - avec les vins qui lui vont bien.

Formule 18 € - Menu 22 € (déj.)/35 € - Carte 29/38 € dîner

36 r. Condorcet Ⓜ Anvers
- ✆ 09 50 91 21 74 (réservation conseillée) - www.braisenville.com
- Fermé 1 semaine en août, sam. midi et dim.

Le Caillebotte

CUISINE MODERNE • CONVIVIAL Franck Baranger, le chef, compose ces assiettes fraîches et résolument modernes dont il a le secret : langoustines servies crues sur des lasagnes de concombre, thon blanc de St-Gilles et coulis de petits pois mentholés... C'est gourmand, coloré, et colle parfaitement à l'ambiance conviviale des lieux.

Formule 19 € - Menu 36/49 € - Carte 41/50 €

8 r. Hippolyte-Lebas Ⓜ Notre-Dame de Lorette - ✆ 01 53 20 88 70 - Fermé 1 semaine en avril, 3 semaines en août, 26 déc.-2 janv., sam. et dim.

I Golosi

CUISINE ITALIENNE • CONVIVIAL X Un décor coloré et sans âge pour cette authentique trattoria proche de la salle des ventes Drouot. La carte varie chaque semaine et s'accompagne d'une superbe sélection de vins en accord avec les mets du moment... Et le café est excellent, Italie oblige ! On peut aussi faire des provisions à l'épicerie fine.

Carte 25/47 €

6 r. de la Grange-Batelière M Richelieu Drouot – 01 48 24 18 63 – Fermé 2 semaines en août, sam. soir et dim.

Les Canailles

CUISINE MODERNE • BISTRO X Parfaite pour s'encanailler, cette sympathique adresse a été créée par deux Bretons formés à bonne école. Ici, ils jouent la carte de la bistronomie et des recettes de saison. Spécialités : le carpaccio de langue de bœuf et sauce ravigote, et le baba au rhum avec sa chantilly à la vanille... On se régale !

Formule 28 € – Menu 35 € – Carte 52/69 €

25 r. La Bruyère M St-Georges – 01 48 74 10 48 (réservation conseillée) – www.restaurantlescanailles.fr – Fermé 3 semaines en août, sam. et dim.

Richer

CUISINE MODERNE • DESIGN X Ubiquité réussie pour Charles Compagnon, le patron de l'Office (situé juste en face) : l'esprit cantine arty est préservé et l'assiette propose une même cuisine du marché, fraîche et goûteuse. Attention cependant, il n'y a toujours pas de téléphone, le seul moyen de réserver est de se présenter sur place !

Carte 34/40 €

2 r. Richer M Poissonnière (sans réservation) – www.lericher.com – Fermé 30 juil.-21 août et 23 déc.-1er janv.

L'Office

A/C

CUISINE MODERNE • BISTRO X Un bistrot de poche, à deux pas des Folies Bergère... Assis au coude-à-coude, on se régale d'une cuisine qui change au rythme des saisons. Des préparations justes et savoureuses, accompagnées d'un judicieux choix de vins. Le tout à prix serrés.

Formule 21 € – Menu 27 €

3 r. Richer M Poissonnière – 01 47 70 67 31 (réservation conseillée) – www.office-resto.com – Fermé 3 semaines en août, 1 semaine vacances de Noël, sam. et dim.

Le Café de la Paix

A/C

CUISINE MODERNE • ÉLÉGANT XX Fresques, lambris dorés et mobilier inspiré du style Napoléon III : ce luxueux et légendaire restaurant, ouvert de 7h à minuit, reste le rendez-vous du Tout-Paris.

Formule 45 € – Menu 55 € (déj. en semaine)/82 € – Carte 90/110 €

Hôtel Intercontinental Le Grand, 2 r. Scribe M Opéra – 01 40 07 32 32 – www.paris.intercontinental.com

Jean

A/C

CUISINE CRÉATIVE • TRADITIONNEL XX En plein cœur du 9e, Jean nous plonge dans une atmosphère cossue et bourgeoise (motifs floraux au mur, poutres peintes), délicieusement surrannée. La carte met en valeur de bons produits – langoustines, cuisses de grenouilles, noix de Saint-Jacques, omble chevalier – dans des assiettes sagement créatives.

Formule 31 € – Menu 38 € (déj. en semaine)/60 € – Carte 55/65 €

8 r. St-Lazare M Notre-Dame de Lorette – 01 48 78 62 73 – www.restaurantjean.fr – Fermé 8-22 août, sam. et dim.

Prémices

CUISINE MODERNE • TENDANCE XX Financier dans une banque d'affaires, Alexandre Weill est reparti de zéro... pour se livrer à sa passion de la gastronomie et apprendre la cuisine. Bien lui en a pris ! Sa table – au cadre de bon goût – se révèle savoureuse, ses recettes limpides et sans esbroufe, les produits de choix. Et ce ne sont que les prémices...

Formule 24 € – Menu 36 € (déj.), 65/90 € – Carte 55/95 €

24 r. Rodier Ⓜ Cadet – ✆ 01 45 26 86 26 (réservation conseillée) – Fermé 1 semaine en mai, 3 semaines en août, 1 semaine vacances de Noël, lundi midi, sam. et dim.

Le Lumière

CUISINE MODERNE • ÉLÉGANT XX Les frères Lumière firent en ces lieux leur première projection publique. La salle, sous sa grande verrière, leur rend hommage... Quant au chef, il met habilement en scène des produits de qualité. Cadrage, scénario : les assiettes se révèlent savoureuses.

Menu 45 € (déj. en semaine)/95 € – Carte 55/92 €

Hôtel Scribe, 1 r. Scribe Ⓜ Opéra – ✆ 01 44 71 24 24 – www.hotel-scribe.com

Les Comptoirs du Médoc

CUISINE MODERNE • ÉLÉGANT XX Son nom l'indique : les produits du Médoc sont à l'honneur dans ce restaurant imaginé par l'ex-bras droit de Jean-François Piège chez Thoumieux. Le décor est cossu (étonnantes cariatides !), la cave 100% médocaine (160 références) et la cuisine goûteuse, à l'image du filet de canard rôti sur sa carcasse.

Formule 37 € – Menu 45 € (déj.), 65/89 € – Carte 55/67 € déjeuner

93 r. de la Victoire Ⓜ Havre Caumartin – ✆ 01 45 26 61 88 – www.lescomptoirsdumedoc.com – Fermé 2 semaines début août, 2 semaines début janv., sam. et dim.

Panache Ⓝ

CUISINE MODERNE • VINTAGE X Au sein de l'hôtel du même nom, ce Panache, justement, n'en manque pas. Un chef au joli parcours (Racines 2, L'Agapé) y réalise ses assiettes simples et percutantes. Il les décline au gré d'une vraie carte avec du choix (une pratique qui a tendance à se raréfier dans le secteur !), et le résultat est à la hauteur de nos attentes : simplement très bon.

Formule 24 € – Menu 29 € (déj. en semaine) – Carte 35/45 €

Hôtel Panache, 1 r. Geoffroy-Marie Ⓜ Grands Boulevards – ✆ 01 53 34 03 91 – www.hotelpanache.com – Fermé dim. soir

Mamou

CUISINE TRADITIONNELLE • DE QUARTIER X À deux pas des grands magasins, ce restaurant de quartier est tout indiqué pour ponctuer ou conclure une journée de shopping. Comment ne pas reprendre des forces en dégustant un menu aussi généreux : saumon gravlax et poireaux vinaigrette sauce miso, quasi de veau rôti et ganache de spéculos... Vive la cuisine du marché !

Formule 19 € – Carte 40/55 €

42 r. Taitbout Ⓜ Chaussée d'Antin – ✆ 01 44 63 09 25 – Fermé 3 semaines en août, 1 semaine vacances de Noël, lundi soir, mardi soir, sam. midi et dim.

Atelier Rodier

CUISINE MODERNE • TENDANCE X Visibles depuis la salle, les cuisines s'exhibent fièrement... et dévoilent un certain brio dans l'art de cuisiner ! Ici œuvre Santiago Torrijos, un jeune homme passé par de bonnes maisons et tout à fait à l'aise dans son rôle de bistronome en chef. Ses recettes sont créatives, inspirées et pleines de surprises !

Menu 42/95 € 🍷 – Carte 53/77 €

17 r. Rodier Ⓜ Notre-Dame de Lorette – ✆ 09 67 19 94 90 – www.latelier-rodier.com – Fermé août, 1 semaine vacances de Noël, dim., lundi et le midi

Bouillon

CUISINE TRADITIONNELLE • CONVIVIAL Le restaurant rend hommage aux fameux "bouillons parisiens", ces gargotes de quartier dans lesquelles venaient se restaurer les ouvriers. Ici, le cadre est élégant et la cuisine pleine de caractère, à l'instar de ce paleron de bœuf braisé au vin rouge, concocté par un ancien bras droit de J.-F. Piège. Miam !

Formule 21 € - Menu 28/80 € - Carte 43/58 €

47 r. de Rochechouart Ⓜ Cadet - ✆ 09 51 18 66 59 (réservation conseillée) - Fermé 3 semaines en août, 24-30 déc., dim. et lundi

Louis

CUISINE MODERNE • INTIME Situé près des grands magasins dans une rue tranquille, ce restaurant intimiste tenu par un chef breton passé chez Senderens propose des menus en petites portions : ravioles de veau et consommé de coriandre, merlan rôti et jeunes carottes aïoli, volaille de Challans et girolles, etc. Spontané et inventif.

Menu 32 € (déj.), 52/67 €

23 r. de la Victoire Ⓜ Le Peletier - ✆ 01 55 07 86 52 (réservation conseillée) - www.louis.paris - Fermé 3 semaines en août, sam. et dim.

La Régalade Conservatoire

CUISINE MODERNE • TENDANCE Et de trois ! Après ses Régalades des 14e et 1er arrondissements, Bruno Doucet réplique à deux pas des Grands Boulevards, au sein du luxueux hôtel de Nell. L'esprit bistrot se fait chic, et la cuisine du chef toujours aussi enlevée, généreuse et savoureuse. Vivement le nouvel opus !

Menu 37 €

Hôtel de Nell, 7-9 r. du Conservatoire Ⓜ Bonne Nouvelle - ✆ 01 44 83 83 60 (réservation conseillée) - www.charmandmore.com

Comptoir Canailles

CUISINE MODERNE • CONVIVIAL Installez-vous en toute quiétude face à l'armoire vitrée où maturent de belles pièces de bœuf Simmental, vous êtes entre de bonnes mains : ce jeune couple (Alain Ducasse pour lui, Paul Bocuse pour elle) signe une cuisine de bistrot goûteuse, et d'appétissantes cocottes. Vins natures de petits vignerons.

Formule 18 € - Menu 24 € (déj. en semaine), 35 € - Carte 45/80 €

47 r. Rodier Ⓜ Anvers - ✆ 01 53 20 95 56 - www.restaurantcomptoircanailles.com - Fermé août, vacances de Noël, dim. et lundi

La Petite Sirène de Copenhague

CUISINE DANOISE • BISTRO Au-dessus de la devanture flotte un drapeau danois... qui annonce tout de suite la couleur gourmande de cet antre ! Menu du jour sur ardoise et carte plus étoffée (mais plus chère)... pour se régaler d'une cuisine qui s'amuse des contrastes sucré-salé, comme ces harengs à la danoise.

Formule 25 € - Menu 35 € (déj.)/41 € - Carte 50/82 €

47 r. Notre-Dame-de-Lorette Ⓜ St-Georges - ✆ 01 45 26 66 66 (réservation conseillée) - www.lapetitesireneparis.com - Fermé août, 23 déc.-2 janv., sam. midi, dim. et lundi

Encore

CUISINE MODERNE • BRANCHÉ Encore un bistrot branché ? Détrompez-vous, l'affaire n'a rien d'une simple copie, car un vrai chef patron œuvre aux fourneaux ! Il signe une cuisine limpide et respectueuse des produits, rehaussée parfois de touches japonisantes, comme ce lomo de thon dans un bouillon dashi. "Encore !", s'écrient nos gosiers ravis.

Formule 25 € - Menu 30 € (déj.)/42 € - Carte 40/60 €

43 r. Richer Ⓜ Le Peletier - ✆ 01 72 60 97 72 - www.encore-restaurant.fr - Fermé 2 semaines en août, 2 semaines vacances de Noël, sam. et dim.

Hotaru

CUISINE JAPONAISE • RUSTIQUE Un restaurant japonais accueillant, dont le jeune chef concocte une cuisine traditionnelle et familiale qui fait la part belle au poisson. Sushis, makis, sashimis, mais aussi quelques plats mijotés (délicates aubergines chaudes au miso noir, doucement sucrées ; maquereau grillé et laqué).

Menu 24 € (déj.) - Carte 26/53 €

18 r. Rodier Ⓜ Notre-Dame de Lorette - ✆ 01 48 78 33 74 - Fermé 3 semaines en août, 2 semaines en hiver, dim. et lundi

Le Bon Georges

CUISINE TRADITIONNELLE • BISTRO Voilà un bistrot tel qu'on les aime, avec son décor dans son jus (ardoise, vieux plancher, banquettes), son ambiance de quartier... et ses assiettes savoureuses, à l'instar de cette belle terrine au beaujolais, ou du pigeon rôti. L'ardoise ouvre l'appétit, les produits sont frais et la simplicité de rigueur : attachant !

Formule 21 € - Carte 38/61 €

45 r. St-Georges Ⓜ St-Georges - ✆ 01 48 78 40 30 - www.lebongeorges.com - Fermé 3 semaines en août et sam.

Les Affranchis

CUISINE MODERNE • BISTRO L'adresse est séduisante, avec sa déco vintage (banquettes en moleskine, objets chinés et livres de poche) et son ardoise qui se joue joliment des classiques pour élaborer une cuisine goûteuse et inspirée. Une adresse qui va comme un gant à ce 9e arrondissement, aussi bourgeois que bohème.

Formule 30 € - Menu 35 € (déj. en semaine)/42 €

5 r. Henri-Monnier Ⓜ St-Georges - ✆ 01 45 26 26 30 - www.lesaffranchisrestaurant.com - Fermé lundi

Les Saisons

CUISINE TRADITIONNELLE • BISTRO Les bistrots parisiens ont aussi leurs saisons. L'heure du printemps est revenue pour cette adresse au cachet d'antan (bois, moleskine, etc.) sur laquelle le chef souffle un vent de fraîcheur, revisitant les classiques du genre (foie gras poêlé aux framboises, filet de veau) avec générosité et au plus près des saisons.

Formule 17 € - Menu 22 € (déj. en semaine) - Carte 34/50 €

52 r. Lamartine Ⓜ Notre-Dame de Lorette - ✆ 01 48 78 15 18 - www.restaurant-les-saisons.com - Fermé 3 semaines en août, dim. et lundi

Professore

A/C

CUISINE ITALIENNE • BRANCHÉ Un écrin de *buon gusto*, à deux pas de la très animée rue des Martyrs. Décor vintage et atmosphère tamisée pour cette trattoria italienne pur jus. Le chef sicilien concocte un superbe émincé de dorade crue, ou un riz noir vénéré avec moules et palourdes, appelés à devenir des plats signature...

Carte 30/48 €

7 r. Choron Ⓜ Notre-Dame-de-Lorette - ✆ 01 45 26 52 15 (réservation conseillée) - Fermé dim. midi

Kiku

A/C

CUISINE JAPONAISE • INTIME Au Japon, on les appelle des "izakaya", ces bars à saké proposant à la dégustation des petits plats. À deux coups de baguettes des Folies Bergère, le concept est original et totalement convaincant : limpide et très parfumée, cette cuisine fait rimer nippon et très bon.

Formule 14 € - Menu 17/21 € - Carte 17/33 €

56 r. Richer Ⓜ Cadet - ✆ 01 44 83 02 30 - Fermé 1 semaine en août, 1 semaine en déc., sam., dim. et le soir

Le Garde Temps

CUISINE MODERNE • BISTRO Murs en pierres apparentes, comptoir en carrelage de métro : bienvenue au Garde Temps, sympathique bistrot ouvert par un ancien d'Yves Camdeborde : c'est frais et bien travaillé, comme cette royale de carotte, ou le lieu jaune. En saison, l'ardoise s'autorise quelques plats ambitieux (truffe, homard).

Formule 19 € - Menu 35 € (semaine) - Carte 48/70 €

19 bis r. Pierre-Fontaine Ⓜ Blanche - ☎ 09 81 48 50 55 - www.restaurant-legardetemps.fr - Fermé 3 semaines en août, sam. midi et dim.

L'Oriental

CUISINE NORD-AFRICAINE • EXOTIQUE Comme dans la chanson, on l'appelle l'Oriental et on apprécie sa compagnie ! Voyage express pour le Maroc autour de petits plats parfumés, dont les incontournables tajines et couscous...

Formule 17 € 🍷 - Menu 37 € - Carte 33/52 €

47 av. Trudaine Ⓜ Pigalle - ☎ 01 42 64 39 80 - www.loriental-restaurant.com

Bistrot Papillon

CUISINE MODERNE • TENDANCE Ce bistrot contemporain (parquet et pierres grattées) abrite la passion du chef normand Julien Bichot (ancien de la Tour d'Argent). Travail en circuits courts, producteurs sélectionnés avec soin, et poissons impeccablement travaillés.

Formule 23 € - Carte 37/64 €

6 r. Papillon Ⓜ Cadet - ☎ 01 47 70 90 03 (réservation conseillée) - www.bistrotpapillon.fr - Fermé sam. midi et dim. midi

Aspic Ⓝ

CUISINE MODERNE • BISTRO Comme souvent dans le quartier, c'est le mini-bistrot dans toute sa splendeur : esprit rétro, cuisine ouverte sur la salle, etc. Comme parfois, mais pas toujours, dans le quartier, l'assiette mérite qu'on s'y attarde : un menu unique basé sur de supers produits, quelques mariages inattendus de saveurs... C'est tout bon.

Menu 43 €

24 r. de la Tour-d'Auvergne Ⓜ Cadet - ☎ 09 82 49 30 98 - www.aspic-restaurant.com - Fermé août, 1 semaine à Noël, dim., lundi et le midi

Hôtels

Intercontinental Le Grand

HISTORIQUE • GRAND LUXE Né en 1862, il a fêté son 150e anniversaire en 2012. Voilà bien un Grand Hôtel, exemplaire du 19e s., sur la place même de l'Opéra, au cœur du Paris d'Haussmann ! Son Café de la Paix au sublime décor, sa cour intérieure à l'ambiance proustienne, ses chambres de style Second Empire... Un monument parisien.

442 chambres - †335/950 € ††335/950 € - 28 suites - ☕ 45 €

2 r. Scribe Ⓜ Opéra - ☎ 01 40 07 32 32 - www.paris.intercontinental.com

Le Café de la Paix - voir les restaurants ci-dessus

Scribe

LUXE • PERSONNALISÉ Chic, très feutré et tellement parisien... On tombe sous le charme du Scribe, presque confidentiel dans son immeuble haussmannien proche de l'Opéra. En 1895, le public y découvrait en première mondiale le cinématographe des frères Lumière. L'élégance discrète des lieux n'a rien d'un mirage.

204 chambres - †350/800 € ††350/800 € - 9 suites - ☕ 35 € - ½ P

1 r. Scribe Ⓜ Opéra - ☎ 01 44 71 24 24 - www.hotel-scribe.com

Le Lumière - voir les restaurants ci-dessus

W Paris Opéra

LUXE • CONTEMPORAIN Comment être plus au cœur du Paris d'Haussmann, que dans ce bel immeuble de 1870 jouxtant l'Opéra ? Si cet hôtel inauguré en 2012 joue la carte du chic parisien, c'est dans une veine résolument design, alliant luxe et décontraction. Ou comment associer lit circulaire et vue sur le palais Garnier... Très branché, très séduisant.

89 chambres - 750/3200 € 750/3200 € - 2 suites

4 r. Meyerbeer Ⓜ Chaussée d'Antin - 01 77 48 94 94 - www.wparisopera.fr

Hôtel de Nell

LUXE • DESIGN Un fort bel établissement voisin du Conservatoire national supérieur d'Art dramatique. Ferait bien de la comédie qui se plaindrait de ses aménagements, au style affirmé, signés Jean-Michel Wilmotte. Bois brut, tons clairs, lignes épurées... ou tout l'esprit du luxe contemporain.

33 chambres - 180/1200 € 180/1200 € - 21 €

7-9 r. du Conservatoire Ⓜ Bonne Nouvelle - 01 44 83 83 60
- www.charmandmore.com

La Régalade Conservatoire – voir les restaurants ci-dessus

Banke

LUXE • DESIGN Reconversion originale : au cœur du quartier des affaires de la Belle Époque, entre Bourse et Opéra, cet ancien siège bancaire est aujourd'hui un imposant hôtel de luxe... Le hall opulent, sous une immense verrière opaline, mérite le coup d'œil ; les chambres se révèlent aussi confortables que chaleureuses.

104 chambres - 250/530 € 300/705 € - 24 €

20 r. Lafayette Ⓜ Chaussée d'Antin - 01 55 33 22 22 - www.derbyhotels.com

Hôtel Panache Ⓝ

URBAIN • VINTAGE Entre Belle Époque et Art déco, cet hôtel ne manque pas de style ! Les chambres, toutes différentes, se parent de bleu canard, vert émeraude, gris anthracite, et de formes géométriques diverses. Une signature esthétique inimitable qui fait tout le charme de l'établissement.

40 chambres - 95/190 € 120/320 € - 2 suites - 18 €

1 r. Geoffroy-Marie Ⓜ Grands Boulevards - 01 47 70 85 87
- www.hotelpanache.com

Panache – voir les restaurants ci-dessus

The Chess Hotel

LUXE • DESIGN Ambiance chic et exclusive, à deux pas de l'Opéra, pour ce bel établissement qui mise sur la sobriété et l'élégance plutôt que sur l'esbroufe. Les chambres sont des cocons, l'accueil est sur-mesure. Restauration légère à toute heure.

50 chambres - 250/410 € 300/810 € - 22 €

6 r. du Helder Ⓜ Opéra - 01 48 24 10 10 - www.thechesshotel.com

Meyerhold

LUXE • ÉLÉGANT Ce petit hôtel chic, qui doit son nom au célèbre dramaturge russe des années 1920, ravira ceux qui aiment le luxe discret et l'atmosphère des années 1930. Chaque chambre raconte une histoire : Bauhaus, l'architecture... Espace fitness et salon de massage.

29 chambres - 159/399 € 179/599 € - 19 €

4 r. Cadet Ⓜ Cadet - 01 76 76 69 26 - www.monsieurcadet.com/fr/

Athénée

LUXE • COSY Non loin du théâtre de l'Athénée, cet hôtel chic assume un style néobaroque très "opéra"... signé Jacques Garcia. Draperies, velours pourpre, boiseries, chambres décorées sur un thème lyrique ("Traviata", "Faust"...), bar à cocktails et fumoir. Chamarré et précieux !

20 chambres - 200/470 € 200/470 € - 18 €

19 r. Caumartin Ⓜ Havre Caumartin - 01 40 17 99 29 - www.maisonathenee.com

Le Grey

BUSINESS · CONTEMPORAIN On dit que le gris (*grey* en anglais) est une couleur particulière à Paris, entre toits de zinc et ciel brumeux... En en déclinant toutes les nuances du blanc au noir, ce boutique-hôtel est dans le ton de la capitale, jusque dans sa "suite des toits de Paris" ! Confort et esprit arty à deux pas de la place de Clichy.

32 chambres - 130/300 € 150/550 € - 1 suite - 15 €

12 r. de Parme Ⓜ Liège - 01 55 31 93 93 - www.legrey-hotel.com

Triangle d'Or

URBAIN · PERSONNALISÉ Derrière l'Olympia, son décor ne pouvait qu'être musical. Pour repenser les chambres, ses propriétaires ont fait appel à MC Solaar, Manu Katché, Higelin... Textes de chansons et photos, djembés en guise de têtes de lit, etc. Good Vibrations !

47 chambres - 169/209 € 189/349 € - 17 €

6 r. Godot-de-Mauroy Ⓜ Havre Caumartin - 01 47 42 25 05 - www.hoteldutriangledor.com

Pulitzer

BUSINESS · PERSONNALISÉ Le charme d'une bibliothèque so British (fauteuils Chesterfield très confortables) et l'élégance contemporaine du style industriel, le tout au cœur du Paris des théâtres et des grands magasins... Ce Pulitzer mérite le prix de l'originalité.

44 chambres - 110/385 € 115/385 € - 18 €

23 r. du Faubourg-Montmartre Ⓜ Grands Boulevards - 01 53 34 98 10 - www.hotelpulitzer.com

Joyce

URBAIN · DESIGN Têtes de lit, bibliothèques, luminaires et boiseries sont dessinés sur les murs, tel un croquis d'architecte. Du style dans ce boutique-hôtel plein de caractère ! Petit-déjeuner sous une jolie verrière.

44 chambres - 135/200 € 135/280 € - 10 €

29 r. La Bruyère Ⓜ St-Georges - 01 55 07 00 01 - www.astotel.com

Pavillon de Paris

BUSINESS · FONCTIONNEL Dans une rue tranquille, un hôtel sobre et élégant, où règne une atmosphère feutrée (chambres petites mais intimes, avec du bois, des tons chauds...). Le plus : la formule "tout inclus" comprenant notamment le petit-déjeuner et le goûter.

30 chambres - 120/300 € 120/400 € - 15 €

7 r. de Parme Ⓜ Liège - 01 55 31 60 00 - www.pavillonparis.com

Les Trois Poussins

BUSINESS · DESIGN Dans une rue calme, un nid douillet que ces Trois Poussins, entièrement rénovés en 2013. Les chambres allient esprit contemporain et fonctionnalité : un bon point de chute au cœur du joli quartier de la Nouvelle-Athènes. Au dernier étage, on profite en prime de la vue sur Paris.

40 chambres - 100/250 € 120/460 € - 14 €

15 r. Clauzel Ⓜ St-Georges - 01 53 32 81 81 - www.les3poussins.com

Relais Madeleine

TRADITIONNEL · PERSONNALISÉ Un peu comme dans une maison de famille, mais en plein centre de Paris ! Indéniablement, ce petit hôtel a du charme, avec son mobilier chiné, ses teintes chatoyantes et ses tissus choisis... Sans parler de l'accueil attentionné.

23 chambres - 209/549 € 209/549 € - 15 €

11 bis r. Godot-de-Mauroy Ⓜ Havre Caumartin - 01 47 42 22 40 - www.relaismadeleine.fr

Monterosa

URBAIN • CONTEMPORAIN Urbain, sobre et fonctionnel : cet établissement est le petit frère du Joyce (juste en face) et cultive le même esprit frais et lumineux.

36 chambres – 135/200 € 135/200 € – 10 €

30 r. La Bruyère Ⓜ St-Georges – 01 48 74 87 90 – www.astotel.com

9 Hotel

URBAIN • CONTEMPORAIN Non loin de la gare du Nord, dans une rue assez calme, un hôtel contemporain et pratique : les chambres, très épurées (parquet noir, murs blancs), sont petites et néanmoins agréables.

48 chambres – 99/230 € 99/230 € – 15 €

14 r. Papillon Ⓜ Cadet – 01 47 70 78 34 – www.le9hotel.com

Gare de l'Est · Gare du Nord · Canal St-Martin

75010

10e ARRONDISSEMENT

Restaurants

52 Faubourg St-Denis

CUISINE MODERNE • DESIGN Vous aimez les néobistrots ? Vous allez être ravis : béton brut et pierres apparentes, carte courte et efficace, accompagnée de jolis vins et de bière artisanale. Tout est là, tout est bon, même le service. Attention : pas de réservation ni de téléphone. La rançon (et les raisons ?) du succès.

Carte 31/40 €

52 r. du Faubourg-St-Denis Ⓜ Strasbourg-St-Denis (sans réservation) – www.faubourgstdenis.com – Fermé 3 semaines en août

Mamagoto Ⓝ

CUISINE MODERNE • TENDANCE Mamagoto, c'est dinette en japonais. Koji Tsuchiya, chef nippon aguerri, propose une savoureuse sélection d'assiettes à partager, façon dinette, mêlant influences japonaises et basques – ainsi le bœuf de Galice, pimiento et cébette, à accompagner d'une sélection de vins de petits vignerons. Percutant.

Formule 21 € – Menu 25 € (déj.) – Carte 32/50 €

5 r. des Petits-Hôtels Ⓜ Gare du Nord – 01 44 79 03 98 (réservation conseillée) – www.mamagoto.fr – Fermé 3 semaines en août, vacances de Noël, dim. et lundi

Chez Michel

CUISINE TRADITIONNELLE • RUSTIQUE Thierry Breton, chef originaire de Bretagne, propose ici une belle cuisine traditionnelle, canaille et goûteuse, aux influences… bretonnes ! Tartare de Saint-Jacques aux pommes vertes, foie gras rôti, potée bretonne, gibier en saison : voici les plaisirs qui vous attendent, à déguster dans un cadre rustique et chaleureux.

Menu 36/50 €

10 r. Belzunce Ⓜ Gare du Nord – 01 44 53 06 20 – Fermé 3 semaines en août, sam. et dim.

PARIS

Origin Ⓝ

CUISINE MODERNE • TENDANCE XX On profite ici des créations de la chef Bénédicte Van Der Motte, dont le parcours (Alléno, Frechon) en dit déjà beaucoup. Elle décline de jolies assiettes dans l'air du temps, qui rendent hommage à la tradition du bistrot à la française. En témoigne son plat signature, le rôti de bœuf aux échalotes à la cocotte !

Formule 22 € - Menu 26 € (déj. en semaine) - Carte 38/52 €

Hôtel Renaissance République, 40 r. René-Boulanger Ⓜ République - ✆ 01 71 18 20 95 - www.renhotels.com

Porte 12

CUISINE MODERNE • DESIGN X Vincent Crépel, jeune chef français originaire du Pays basque, élabore ici une cuisine d'auteur percutante, résolument contemporaine, inspirée par ses voyages et ses différentes expériences professionnelles (notamment en Asie). Verdict : ses associations audacieuses font mouche à tous les coups.

Menu 35 € (déj.), 48/98 € - menu unique

12 r. des Messageries Ⓜ Poissonnière - ✆ 01 42 46 22 64 (réservation conseillée) - www.porte12.com - Fermé août, vacances de Pâques et de Noël, mardi midi, sam. midi, dim. et lundi

Matière à...

CUISINE MODERNE • ÉPURÉ X On se sent à la maison dans ce restaurant aux allures de loft, avec ses lampes suspendues, sa collection de miroirs et sa table haute en chêne... où tout le monde s'installe ! Dans ses cuisines ouvertes sur la salle, le chef prépare des plats délicats et parfumés, tout en finesse : il y a Matière à revenir souvent.

Formule 21 € - Menu 25 € (déj.)/46 € - Carte environ 46 €

15 r. Marie-et-Louise Ⓜ Goncourt - ✆ 09 83 07 37 85 (réservation conseillée) - Fermé 2-17 août, sam. midi et dim.

Bistro Paradis Ⓝ

CUISINE MODERNE • BISTRO X Le troquet qui se tenait là a laissé la place à un élégant bistrot branché, avec sa salle tout en longueur, habillée de bois clair et de mobilier scandinave. Le chef brésilien, ancien du Pario, marie bases françaises et ingrédients latinos ; le résultat est savoureux et particulièrement soigné. À découvrir d'urgence.

Formule 18 € - Carte 36/55 €

55 r. Paradis Ⓜ Poissonière - ✆ 01 42 26 59 93 (réservation conseillée) - www.bistroparadis.fr - Fermé 3 semaines en août, vacances de Noel, sam. midi , dim. et lundi

À mère

CUISINE CRÉATIVE • TENDANCE X Maurizio Zillo, chef italo-brésilien au parcours scintillant (Bocuse, Alléno, Atala à São Paulo...) dynamite le train-train de la rue de l'Échiquier avec ce bistrot branché, dont le décor est signé Victoria Wilmotte. Les plats regorgent de saveurs, et son inventivité fait mouche à tous les coups : quelle belle surprise !

Formule 28 € - Menu 39/65 € - Carte environ 50 €

49 r. de l'Échiquier Ⓜ Bonne Nouvelle - ✆ 01 48 00 08 28 - www.amere.fr - Fermé 2 semaines en août, sam. et dim.

Haï Kaï

CUISINE MODERNE • TENDANCE X Haï Kaï, c'est la création de deux passionnées, Gabi et Amélie, installées au bord du canal Saint-Martin. La première a créé la carte des vins, riche et variée ; la seconde réalise des plats bien ficelés - plutôt canaille à midi, plus élaborés le soir -, qui doivent tout à son instinct et aux beaux produits qu'elle a choisis.

Menu 65 € - Carte 38/100 €

104 quai Jemmapes Ⓜ Jacques Bonsergent - ✆ 09 81 99 98 88 - www.haikai.fr - Fermé 3 semaines en août, dim. et lundi

Fraîche

CUISINE MODERNE • BISTRO La pétillante Tiffany Depardieu, vue dans l'émission Top Chef, compose une jolie cuisine du marché qui change toutes les semaines, à l'instar de ce bœuf carotte revisité, véritable plat signature. Son associé confectionne de savoureuses pâtisseries : précipitez-vous sur sa déclinaison de chocolats !

Menu 16 € (déj.)/40 € - Carte 35/50 €

8 r. Vicq-d'Azir Ⓜ Colonel Fabien - ✆ 01 40 37 54 23 - www.fraicheparis.fr - Fermé 2 semaines en août, sam. midi, dim. et lundi

Le Galopin

CUISINE MODERNE • BISTRO Dans son bistrot de la place Sainte-Marthe, Romain Tischenko cuisine comme à des amis, avec l'envie de partager ses envies du moment : jeux sur les saveurs, les herbes, les températures... Vous pourrez également tester son annexe, la "Cave à Michel" : simple comptoir, petites assiettes et jolie cave.

Menu 32 € (déj.)/54 € - menu unique

34 r. Ste-Marthe Ⓜ Belleville - ✆ 01 42 06 05 03 (réservation conseillée) - www.le-galopin.com - Fermé 2 semaines en août, 1 semaine vacances de Noël, lundi midi, mardi midi, merc. midi, sam. et dim.

Le Mordant

CUISINE MODERNE • DESIGN À la carte, des plats de saison qui ont toujours la cote : tataki de bœuf, copeaux d'avocat et zeste de citron ; poulpe de Galice grillé, écrasée d'olives vertes et anchois... le tout accompagné d'une belle sélection de vins naturels. Cadre branché et accueil convivial : parfait !

Formule 20 € - Menu 24 € (déj.) - Carte 35/60 €

61 r. de Chabrol Ⓜ Poissonnière - ✆ 09 83 40 60 04 - Fermé 3 semaines en août, sam. midi et dim.

Albion

CUISINE MODERNE • BISTRO Nulle perfidie en cette Albion où œuvre un chef... britannique ! De bons produits, des recettes bien maîtrisées et originales, des saveurs marquées, une jolie sélection de vins de propriétaire et des tarifs raisonnables : on peut s'entraîner à prononcer : *"This bistro is very friendly !"*

Formule 28 € - Menu 34 € (déj.) - Carte 36/50 €

80 r. du Faubourg-Poissonnière Ⓜ Poissonnière - ✆ 01 42 46 02 44 - www.restaurantalbion.fr - Fermé 3 semaines en août, vacances de Noël, sam. et dim.

Philou

CUISINE TRADITIONNELLE • BISTRO Près du canal St-Martin, de grandes et alléchantes ardoises, des miroirs, une affiche d'un film de Marcel Carné : voilà une sympathique adresse bistronomique. Gigot d'agneau et cocos de Paimpol, émietté de tourteau et rémoulade de céleri, paris-brest et kouign amann... On se régale.

Formule 20 € - Menu 25 € (déj. en semaine)/38 €

12 av. Richerand Ⓜ Gouncourt - ✆ 01 42 38 00 13 - www.restophilou.com - Fermé 3 semaines en août, vacances de Noël, dim. et lundi

Paradis

CUISINE MODERNE • CONVIVIAL Joue de cochon confite, pavé de merlu rôti aux herbes fraîches et beurre demi-sel : des assiettes de brasserie généreuses et colorées, que l'on doit à un chef passé par la case Passard. On se régale dans une salle pleine de caractère : une certaine idée du Paradis !

Menu 16 € - Carte 33/60 €

14 r. de Paradis Ⓜ Gare de l'Est - ✆ 01 45 23 57 98 - www.restaurant-paradis.com - Fermé 2 semaines en août, sam. midi, dim. et lundi

PARIS

Chameleon

CUISINE TRADITIONNELLE • **BRANCHÉ** Mobilier chiné, luminaires post-industriels, cuisine bistronomique et terrasse colorée donnant sur une rue semi-piétonne... Cette adresse s'inscrit tout droit dans la tendance urbaine et contemporaine (qui a dit bobo ?). Les deux associés, Valérie et Arnaud, sont passionnés de restauration et amoureux des bons produits. Et cela se sent !

Formule 18 € - Menu 35 € - Carte 40/55 €

70 r. René-Boulanger Ⓜ Strasbourg-St-Denis - ✆ 01 42 08 99 41 - www.chameleonrestaurant.fr - Fermé 6-20 août, sam. midi et dim.

L'Ancienne Maison Gradelle

CUISINE TRADITIONNELLE • **HISTORIQUE** Le décor - plafond en dorures vieillies, murs bordeaux ou suie, ancien monte-charge - a été inspiré par le Ventre de Paris, de Zola : atypique ! Quant à la cuisine, elle donne dans le bourgeois et le gourmand : jarret de veau en cocotte à partager, tarte aux fruits de saison sur une base de pain de Gênes...

Formule 20 € - Menu 25 € (déj.)/37 € - Carte 33/44 €

8 r. du Faubourg-Poissonnière Ⓜ Bonne Nouvelle - ✆ 01 47 70 03 23 - www.anciennemaisongradelle.com - Fermé sam. midi et dim.

Chez Casimir

CUISINE TRADITIONNELLE • **BISTRO** Une sympathique adresse 100 % bistrot, pour une cuisine franche et bien troussée. Les samedi et dimanche midi, c'est traou mad ("bonnes choses" en breton), un brunch renversant de générosité : buffet d'entrées, omelette, soupe, plat en cocotte et dessert... Un conseil, réservez !

Formule 24 € - Menu 28 € (déj. en semaine)/32 €

6 r. Belzunce Ⓜ Gare du Nord - ✆ 01 48 78 28 80

Zerda

CUISINE NORD-AFRICAINE • **ORIENTAL** À la tête de cette institution née dans les années 1940, Jaffar Achour est un spécialiste, voire un démiurge du couscous, toujours à la recherche de combinaisons inédites et très parfumées. Décor arabisant et ambiance partageuse... Une belle graine !

Formule 20 € - Carte 32/48 €

15 r. René-Boulanger Ⓜ Strasbourg-St-Denis - ✆ 01 42 00 25 15 (réservation conseillée) - www.zerdacafe.fr - Fermé lundi midi, sam. midi et dim.

Chez Marie-Louise

CUISINE TRADITIONNELLE • **BISTRO** À deux pas du canal St-Martin, ce néobistrot a conquis le cœur des bobos. Banquettes en moleskine, moulures, etc. : l'ambiance joue la carte rétro, et l'ardoise annonce des plaisirs indémodables. Bisque de crustacé en cappuccino, navarin d'agneau en cocotte, moelleux au chocolat... Réjouissant.

Formule 16 € - Carte 29/38 €

11 r. Marie-et-Louise Ⓜ Goncourt - ✆ 01 53 19 02 04 - www.chezmarielouise.com - Fermé août, 24 déc.-2 janv., dim. et lundi

Abri

CUISINE MODERNE • **SIMPLE** Un Abri minuscule... où l'on se réfugie avec plaisir ! Dans la lignée de tous ces jeunes chefs japonais qui s'installent aujourd'hui à Paris après y avoir travaillé dans de grandes maisons, Katsuaki rend un bel hommage à la cuisine française, avec une sensibilité toute nippone. Très bon rapport qualité-prix !

Menu 26 € (déj.)/49 €

92 r. du Faubourg-Poissonnière Ⓜ Poissonnière - ✆ 01 83 97 00 00 (réservation conseillée) - Fermé août, sam. midi, dim. et lundi

Hôtels

Renaissance République

LUXE • PERSONNALISÉ Bureaux du Crédit Lyonnais, de France-Soir, résidence d'artistes... Riche histoire que celle de ce grand bâtiment aux larges hublots fumés, qui ne ressemble à aucun autre ! L'intérieur est désormais urbain et design, avec de jolies chambres au décor immaculé : c'est très réussi.

120 chambres - 289/509 € 289/509 € - 1 suite - 27 €

40 r. René-Boulanger République - 01 71 18 20 95 - www.renhotels.com

Origin - voir les restaurants ci-dessus

Providence

LUXE • COSY Dans une rue tranquille derrière les grands boulevards, un immeuble haussmannien joliment restauré accueille cet hôtel cosy et plutôt cossu. La déco sur mesure, le mobilier chiné, les chambres avec petit bar à cocktails : l'ensemble est soigné et très avenant !

18 chambres - 170/655 € 170/655 € - 18 € - ½ P

90 r. René-Boulanger Strasbourg-St-Denis - 01 46 34 34 04 - www.hotelprovidenceparis.com

Windsor Opéra

URBAIN • CONTEMPORAIN Dès que l'on passe le hall d'entrée, on est conquis par la décoration design et l'exceptionnelle collection de pièces d'aéronautique. Hélices d'avion, hublots, moteurs... vous incitent à embarquer pour des chambres modernes et élégantes.

24 chambres - 185/300 € 200/360 € - 17 €

10 r. G.-Laumain Bonne Nouvelle - 01 48 00 98 98 - www.hotelwindsor.com

9Hotel République

URBAIN • CONTEMPORAIN Moderne et chaleureux, cet hôtel est un point de ralliement idéal pour nomades branchés ! La place de la République et le canal St-Martin sont à deux pas ; on se repose dans des chambres sobres et élégantes, dont certaines disposent d'un balcon.

48 chambres - 109/649 € 109/649 € - 15 €

7-9 r. Pierre-Chausson Jacques Bonsergent - 01 40 18 11 00 - www.9-hotel-republique-paris.fr

Faubourg Saint-Martin

BUSINESS • PERSONNALISÉ Une bonne situation pour cet hôtel moderne et chaleureux, à mi-chemin entre les gares et le très animé faubourg St-Martin. Les chambres, bien aménagées, déclinent des thèmes aériens : nature, plumes, pois, etc. Confortable et impeccablement tenu.

42 chambres - 110/270 € 110/290 € - 12 €

6 r. Gustave-Goublier Strasbourg St-Denis - 01 40 40 02 02 - www.hotel-faubourg-saint-martin.com

Faubourg 88

TRADITIONNEL • CONTEMPORAIN Attendez-vous à une vraie "claque" visuelle : moquettes composées de codes QR (ces codes-barres de forme carrée), chambres au design minimaliste noir et blanc, têtes de lit en miroir et petits personnages disséminés dans la déco... Cet hôtel ne manque pas de personnalité !

29 chambres - 149/349 € 149/349 € - 14 €

88 r. Faubourg-Poissonnière Poissonnière - 01 53 16 13 10 - www.hotel-faubourg88.com

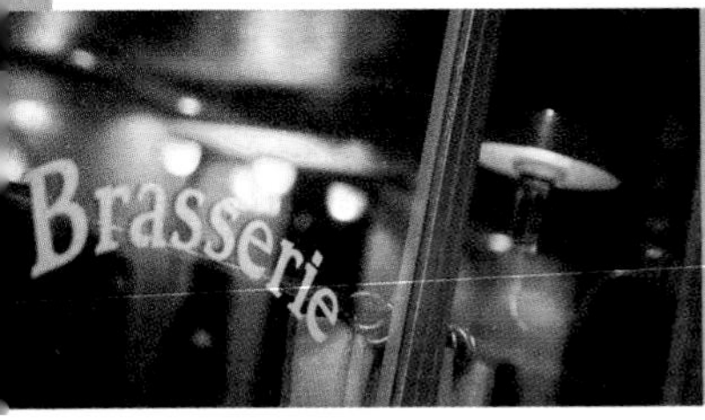

Nation · Voltaire · République

75011

11e ARRONDISSEMENT

Restaurants

Qui plume la Lune (Jacky Ribault)

CUISINE MODERNE · COSY C'est d'abord un joli endroit, chaleureux et romantique. Et c'est aussi, et surtout, une cuisine signée par un passionné, pleine de vitalité et de fraîcheur, inventive, avec des produits triés sur le volet (bio, beaux légumes, etc.). Savoureux moment sous la clarté de cette table aussi lunaire que terrestre...

→ Raviole d'huîtres, citron confit, fromage blanc, herbes et plantes sauvages. Filet de rouget à l'anis vert et au yuzu, sésame noir et mangue fraîche. Sorbet au citron jaune, lait émulsionné, macaron à l'azuki et coriandre fraîche.

Formule 45 € – Menu 60 € (déj. en semaine)/130 €

50 r. Amelot Ⓜ Chemin Vert – ✆ 01 48 07 45 48 (réservation conseillée) – www.quiplumelalune.fr – Fermé 23 juil.-15 août, 1er-9 janv., dim., lundi et mardi

Septime (Bertrand Grébaut)

CUISINE MODERNE · CONTEMPORAIN Des fournisseurs triés sur le volet, beaucoup de fraîcheur et d'aisance, de la passion et même un peu de malice, mais toujours de la précision et de la justesse : mené par le jeune Bertrand Grébaut, Septime symbolise le meilleur de cette nouvelle génération de tables parisiennes à la fois très branchées et... très épicuriennes !

→ Cuisine du marché.

Menu 32 € (déj.)/70 €

80 r. de Charonne Ⓜ Charonne – ✆ 01 43 67 38 29 (réservation conseillée) – www.septime-charonne.fr – Fermé 3 semaines en août, lundi midi, sam. et dim.

Clamato

A/C

POISSONS ET FRUITS DE MER · TENDANCE L'annexe de Septime a tout du "hit" bistronomique, avec ce décor tendance et cette carte courte qui met en avant la mer et les légumes. Les produits sont choisis avec grand soin : on se régale dans une atmosphère franchement conviviale. Attention, la réservation est impossible : premier arrivé, premier servi !

Carte 34/50 €

80 r. de Charonne Ⓜ Charonne – ✆ 01 43 72 74 53 (sans réservation) – www.clamato-charonne.fr – Fermé 3 semaines en août, merc. midi, jeudi midi, vend. midi, lundi et mardi

Astier

A/C

CUISINE TRADITIONNELLE · BISTRO Tables à touche-touche : on se sustente à la bonne franquette dans ce bistrot traditionnel animé. Harengs marinés, pommes rattes en vinaigrette ; joue de porc tendre au lard croustillant... sans oublier le baba au rhum : le menu offre un excellent rapport qualité-prix. Et le classement des vins vaut le détour : vins de soif, de méditation...

Menu 35/45 € – Carte 31/54 €

44 r. Jean-Pierre-Timbaud Ⓜ Parmentier – ✆ 01 43 57 16 35 (réservation conseillée) – www.restaurant-astier.com – Fermé lundi et mardi en juil.-août

Yard

CUISINE MODERNE • BISTRO L'adresse épouse son époque : jolie petite façade, intérieur de bistrot chaleureux, service décontracté... Aux fourneaux, un jeune chef britannique décline une cuisine sans complexe, à l'instar de ces raviolis au lapin maison, selon l'inspiration du moment. La nouveauté ? Un convivial bar à tapas et une terrasse trottoir animée.

Formule 16 € - Menu 19 € (déj.) - Carte 33/49 € dîner

6 r. Mont-Louis Ⓜ Philippe Auguste - ✆ 01 40 09 70 30 (réservation conseillée) - Fermé août, 24-31 déc., sam. et dim.

Villaret

soir,

CUISINE TRADITIONNELLE • CONVIVIAL Les délicieux parfums qui vous accueillent dès la porte d'entrée ne trompent pas : voici une vraie adresse gourmande ! Ce bistrot chic propose des plats de saison attrayants : ragoût de sot-l'y-laisse à la sauge, perdreau rôti, carré d'agneau de Lozère en croûte d'herbes et embeurrée de chou vert... Beau choix de vins.

Menu 27 € (déj.), 35/55 € - Carte 45/59 €

13 r. Ternaux Ⓜ Parmentier - ✆ 01 43 57 75 56 - Fermé 2 semaines en août, sam. midi et dim.

Bon Kushikatsu

CUISINE JAPONAISE • INTIME Pour un voyage express à Osaka, à la découverte de la spécialité culinaire de la ville : les kushikatsu (des minibrochettes panées et frites à la minute). Bœuf au sansho, foie gras poivré, champignon shiitaké : les préparations se succèdent et révèlent de belles saveurs. Et l'accueil délicat finit de transporter au Japon...

Menu 30 € (déj. en semaine)/60 €

24 r. Jean-Pierre-Timbaud Ⓜ Oberkampf - ✆ 01 43 38 82 27 (réservation conseillée) - Fermé dim.

Le Chateaubriand

CUISINE MODERNE • ÉPURÉ Le Chateaubriand, c'est un peu le temple de la mouvance bistronomique, placé sous le feu des projecteurs médiatiques depuis de longues années maintenant. Une institution en somme, qui cultive une formule éprouvée : celle d'un menu unique qui joue sur des associations de saveurs originales. Créativité rime avec branché...

Menu 70/135 €

129 av. Parmentier Ⓜ Goncourt - ✆ 01 43 57 45 95 - www.lechateaubriand.net - Fermé 25 déc.-1er janv., dim., lundi et le midi

Le 6 Paul Bert

CUISINE MODERNE • BISTRO Après le Bistrot et l'Écailler, les gourmets du 11e arrondissement (tendance "hipster" et "foodista") ont jeté leur dévolu sur le 6 Paul Bert... Un nouveau chef australien, Beau Clugston, ancien sous-chef de Noma, à Copenhague mais une même formule : à prix doux le midi, cuisine plus ambitieuse le soir.

Menu 19 € (déj.)/44 € - Carte 45/54 €

6 r. Paul-Bert Ⓜ Faidherbe-Chaligny - ✆ 01 43 79 14 32 (réservation conseillée) - Fermé mardi midi, dim. et lundi

Pierre Sang on Gambey Ⓝ

CUISINE MODERNE • TENDANCE L'établissement haut de gamme de Pierre Sang propose un menu unique à midi, mais plus élaboré en soirée. On retrouve l'attachement du chef aux beaux produits, travaillés avec soin et créativité, à l'instar de cette lotte et chorizo au bœuf wagyu ou du bar de ligne en croûte de sel. Cadre chaleureux de briques rouges.

Formule 20 € - Menu 25 € (déj.), 49/88 € - menu unique

6 r. Gambey Ⓜ Parmentier - ✆ 09 67 31 96 80 - www.pierresangboyer.com - Fermé 3 semaines en août, 1 semaine à Noël, sam. midi, dim. et lundi

Les Déserteurs

CUISINE MODERNE • TENDANCE Ils travaillaient ensemble en tant que second de cuisine et sommelier, ils ont rompu les rangs afin d'ouvrir ce restaurant, baptisé... Les Déserteurs. Leur cuisine, naturelle et saine, adule le produit. C'est créatif et d'une impeccable maîtrise... jusqu'à l'ambitieuse carte des vins (350 références de toute l'Europe).

Menu 30 € (déj.), 50/65 € – menu unique

46 r. Trousseau Ⓜ Ledru-Rollin – 01 48 06 95 85 (réservation conseillée) – www.les-deserteurs.com – Fermé 1 semaine en fév., 1 semaine en avril, 2 semaines en août, vacances de Noël, mardi midi, dim. et lundi

Bistrot Paul Bert

soir,

CUISINE TRADITIONNELLE • VINTAGE Sur la façade de ce sympathique bistrot s'affiche "Cuisine familiale". Traduisez : feuilleté de ris de veau aux champignons, cerf rôti aux airelles et purée de céleri... Des assiettes copieuses et goûteuses, préparées sans tralala. Vous en redemanderez, mais attention à bien garder de la place pour le baba au rhum !

Menu 19 € (déj. en semaine)/41 € – Carte environ 50 €

18 r. Paul-Bert Ⓜ Faidherbe Chaligny – 01 43 72 24 01 (réservation conseillée) – Fermé dim. et lundi

Blue Valentine

CUISINE MODERNE • BISTRO Une enseigne noire où le nom du restaurant se détache en lettres dorées ; à l'intérieur, une grande peinture murale et un look de bistrot... Ce Blue Valentine ne manque pas de cachet ! La cuisine est réalisée par un chef japonais au beau parcours, qui travaille des produits de qualité avec finesse et justesse.

Formule 21 € – Menu 45/105 € – Carte environ 52 €

13 r. de la Pierre-Levée Ⓜ République – 01 43 38 34 72 – www.bluevalentine-restaurant.com – Fermé merc. midi, lundi et mardi

Le Sot l'y Laisse

CUISINE MODERNE • BISTRO Bien sot qui laisserait de côté ce beau bistrot ! Aux fourneaux, Eiji Doihara, originaire d'Osaka, rend un bel hommage à cette gastronomie française qui le passionne : généreuses et gourmandes, ou légères et délicates, ses recettes font mouche à chaque fois. L'adresse remporte un succès mérité.

Formule 19 € – Menu 25 € (déj.) – Carte 51/65 €

70 r. Alexandre-Dumas Ⓜ Alexandre Dumas – 01 40 09 79 20 – Fermé 3 semaines en août, 1 semaine en déc., lundi midi, sam. midi et dim.

Salt Ⓝ

POISSONS ET FRUITS DE MER • CONVIVIAL Vive la cuisine sans frontière ! Ici, la propriétaire australienne assure le service en salle ; aux fourneaux, le jeune chef anglais compose des assiettes bien ficelées qui portent la marque de ses nombreux voyages : on se régale d'un bout à l'autre du repas. Un conseil : essayez de passer à midi, le menu déjeuner est une affaire...

Formule 23 € – Menu 27 € (déj. en semaine)/65 € – Carte 41/76 €

6 r. Rochebrune Ⓜ St-Ambroise – 01 73 71 56 98 (réservation conseillée) – www.salt-restaurant.com – Fermé 8-29 août, dim. et lundi

Le Servan

CUISINE MODERNE • BISTRO À l'angle de la rue St-Maur, le fief de Katia et Tatiana Levha est l'un des bistrots gourmands les plus courus de la place parisienne. L'endroit a fière allure, avec ses fresques d'époque ; Tatiana compose une cuisine fraîche et spontanée, et ne rechigne pas à tenter des associations inattendues. Avec succès !

Menu 25 € (déj.)/45 € – Carte 43/63 €

32 r. St-Maur Ⓜ Rue Saint-Maur – 01 55 28 51 82 – http://leservan.com – Fermé 3 semaines en août, 1ère semaine de janv., lundi midi, sam. et dim.

Clown Bar

CUISINE MODERNE • BISTRO Une véritable sensation que ce Clown Bar installé à deux pas du Cirque d'hiver. Dans des locaux inclassables, ouvertement rétro et kitsch, on se régale de plats millimétrés, dont le pithivier de canard au foie gras, plat signature de la maison... Le succès ne se dément pas : pensez à réserver !

Carte environ 50 €

114 r. Amelot Ⓜ Fille du Calvaire - ✆ 01 43 55 87 35 (réservation conseillée) - Fermé vacances de Noël, lundi et mardi

La Pulpéria

CUISINE MODERNE • BISTRO Elle se situe à Charonne, cette Pulpéria – du nom de ces épiceries qu'on trouve en Amérique latine –, mais elle porte bien cette appellation : c'est l'affaire d'un jeune chef argentin, formé dans de fameuses maisons parisiennes, qui revisite ici les recettes de son pays – dont de belles viandes – et de l'Hexagone. *Bueno !*

Formule 18 € - Menu 22 € (déj.) - Carte 45/60 €

11 r. Richard-Lenoir Ⓜ Voltaire - ✆ 01 40 09 03 70 (réservation conseillée) - www.lapulperia.fr - Fermé août, 31 déc.-6 janv., sam. midi, dim. et lundi

Biondi Ⓝ

CUISINE ARGENTINE • CONVIVIAL Le talentueux chef de la Pulpéria (dans le 11e également) a baptisé ce restaurant en souvenir de Pepe Biondi, un clown argentin célèbre. L'Argentine est au menu : viandes et poissons cuits *a la parrilla*, *empanadas* et *ceviche* du jour... Des préparations soignées, servies par une équipe efficace. Bons vins et bonne humeur parachèvent le tableau.

Carte 40/80 €

118 r. Amelot Ⓜ Oberkampf - ✆ 01 47 00 90 18

Pierre Sang in Oberkampf

CUISINE MODERNE • BRANCHÉ Qui est adepte de l'émission Top Chef connaît forcément Pierre Sang, finaliste de l'édition 2011. On retrouve toute la gentillesse du jeune homme, qui délivre, ici chez lui, une cuisine sensible et partageuse – particulièrement bon marché le midi ! Installez-vous au comptoir, face à la cuisine ouverte, et laissez-vous emporter.

Formule 20 € - Menu 25 € (déj.)/39 €

55 r. Oberkampf Ⓜ Parmentier - ✆ 09 67 31 96 80 (réservation conseillée) - www.pierresangboyer.com

Achille Ⓝ

CUISINE MODERNE • ÉPURÉ Un restaurant de poche d'une vingtaine de places, tout près du Père Lachaise : voici où s'est installé Pierre Jancou à l'été 2016. Avec des ingrédients de très bonne qualité – prosciutto *di Modena*, fromage des Abruzzes –, il réalise une véritable cuisine d'artisan : brute, sans esbroufe ni artifices. Le résultat est là : c'est tout simplement très bon.

Formule 25 € - Menu 32 € (déj. en semaine) - Carte 42/70 €

43 r. Servan Ⓜ rue Saint Maur - ✆ 01 48 06 54 59 (réservation conseillée) - Fermé 3 semaines en août , vacances de Nöel, le midi sauf vend. et sam., dim. et lundi

Tintilou

CUISINE MODERNE • COSY Cet ancien relais de mousquetaires du 16e s. est élégant et original, et la cuisine que l'on y sert rêve de voyages et de parfums... La carte, renouvelée chaque mois, propose des recettes élaborées, inspirées des anciens voyages du chef, et qui mettent volontiers en avant de jolies associations terre-mer.

Formule 17 € - Menu 25 € (déj. en semaine), 36/49 € - Carte 48/60 €

37 bis r. de Montreuil Ⓜ Faidherbe-Chaligny - ✆ 01 43 72 42 32 - www.letintilou.fr - Fermé 1 semaine en janv., 3 semaines en août, lundi midi, sam. midi et dim.

PARIS

Auberge Flora

CUISINE MODERNE • CONVIVIAL Un vrai lieu de vie que cette auberge d'aujourd'hui, créée par la chef Flora Mikula : que l'on réside à l'hôtel ou non, on a l'impression d'être reçu comme à la maison ! La cuisine, pétillante et débordante de soleil et de saveurs, invite à la convivialité. Et l'on peut passer simplement pour grignoter quelques tapas...

Formule 19 € - Menu 23 € (déj. en semaine) - Carte 32/60 €

Hôtel Auberge Flora, 44 bd Richard-Lenoir Ⓜ Bréguet Sabin - ✆ 01 47 00 52 77 - www.aubergeflora.com

La Cantine de l'Embuscade Ⓝ

CUISINE CRÉATIVE • BISTRO Cette Cantine de poche est en quelque sorte l'annexe "solide" de l'Embuscade, un bar bien connu des riverains du boulevard Voltaire. Le produit est la star incontestée des assiettes, qui doivent aussi beaucoup à la créativité du chef. Tout cela est diablement moderne et s'accompagne d'une carte des vins exclusivement nature.

Formule 17 € - Menu 21 € (déj.) - Carte 32/53 €

10 r. du Grand-Prieuré Ⓜ Oberkampf - ✆ 01 71 24 58 44 - Fermé août, vacances de Noël, sam. midi, dim. et lundi

L'Écailler du Bistrot

soir,

POISSONS ET FRUITS DE MER • BISTRO Le point fort de la maison ? Des produits de la mer très frais, et des huîtres en provenance directe de la Bretagne ! Ambiance 100 % marine, ardoise du jour iodée, menu homard toute l'année ou presque et belle carte des vins.

Menu 19 € (déj. en semaine)/55 € - Carte 40/65 €

22 r. Paul-Bert Ⓜ Faidherbe Chaligny - ✆ 01 43 72 76 77 - Fermé août, dim. et lundi

Auberge Pyrénées Cévennes

CUISINE DU TERROIR • AUBERGE Cadre rustique et nappes à carreaux : cette adresse diffuse la chaleur des auberges de province, dont on pousse la porte grinçante, un soir d'orage. L'accueil est inégalable et les assiettes - cuisine lyonnaise et du sud-ouest - débordent de générosité... Réservée aux bons vivants !

Menu 31 € - Carte 30/70 €

106 r. de la Folie-Méricourt Ⓜ République - ✆ 01 43 57 33 78 - Fermé 3 semaines en août, sam. midi, dim. et fériés

Le Chardenoux

CUISINE TRADITIONNELLE • BISTRO Sous l'impulsion de Cyril Lignac, la carte du Chardenoux remet au goût du jour la belle tradition française : terrine de campagne, œuf cocotte aux cèpes, sauté de bœuf aux olives préparé en cocotte... sans oublier de fameux desserts tels que le paris-brest ou le soufflé au chocolat. On en salive d'avance...

Formule 22 € - Menu 27 € (déj. en semaine)/39 €

1 r. Jules-Vallès Ⓜ Charonne - ✆ 01 43 71 49 52 - www.restaurantlechardenoux.com

Mansouria

CUISINE NORD-AFRICAINE • ORIENTAL Tajines, couscous, crème à la fleur d'oranger... Des spécialités très parfumées, préparées par d'habiles cuisinières marocaines, sous la houlette de Fatema Hal, ethnologue, écrivain et véritable figure de la gastronomie nord-africaine.

Formule 16 € - Menu 28/36 € - Carte 35/60 €

11 r. Faidherbe Ⓜ Faidherbe-Chaligny - ✆ 01 43 71 00 16 (réservation conseillée) - www.mansouria.fr - Fermé lundi midi et dim.

Capucine

CUISINE ITALIENNE • SIMPLE L'ancien Caffe Dei Cioppi renaît en "Capucine" grâce à Stefania Melis, originaire de Sardaigne, qui concocte une cuisine transalpine parfumée, avec au choix : soupe froide ou chaude selon la saison, burrata, polpettes (boulettes de viande) ou tiramisu. La salle minuscule favorise la convivialité... à l'italienne !

Carte 30/40 €

159 r. du Faubourg-St-Antoine (passage St-Bernard) Ⓜ Ledru Rollin – ✆ 01 43 46 10 14 (réservation conseillée)

Hôtels

Bastille Boutet

BOUTIQUE HÔTEL • CONTEMPORAIN Les riverains connaissent bien la somptueuse façade en mosaïque de cette ancienne usine, devenue un hôtel de luxe. Les étudiants de l'école Boulle voisine ont conçu une partie du mobilier des chambres, sobres et épurées, dont certaines jouissent d'une très belle terrasse fleurie. Une adresse de référence dans l'Est parisien.

80 chambres – †199/800 € ††199/800 € – ☕ 26 €

22 r. Faidherbe Ⓜ Faidherbe-Chaligny – ✆ 01 40 24 65 65 – www.sofitel.com

Gabriel Paris

BOUTIQUE HÔTEL • DESIGN Cet hôtel ultramoderne joue la carte du haut de gamme dans une atmosphère zen : esprit design, belles finitions, ambiance feutrée, etc. À noter : les chambres sont équipées du système NightCove, ces jeux de lumière avec musique qui accompagnent l'endormissement et préparent à un réveil tout en douceur...

41 chambres – †119/255 € ††119/350 € – ☕ 10 €

25 r. du Grand-Prieuré Ⓜ Oberkampf – ✆ 01 47 00 13 38 – www.hotelgabrielparis.com

Fabric

URBAIN • DESIGN Dans une ancienne fabrique de textiles, à mi-chemin de République et de Bastille, un bel hôtel qui a gardé un peu de son héritage industriel : poutres et luminaires en fer, mobilier ancien, nuances de gris, belle hauteur sous plafond... Et des chambres design et élégantes, pour les amateurs !

33 chambres – †200/380 € ††200/380 € – ☕ 18 €

31 r. de la Folie-Méricourt Ⓜ Saint-Ambroise – ✆ 01 43 57 27 00 – www.hotelfabric.com

Le Général

BOUTIQUE HÔTEL • DESIGN Nulle rigueur militaire chez ce Général-là ! Cet agréable hôtel, proche de la place de la République, est aménagé astucieusement et son décor joue la carte de l'épure ; il abrite des chambres chaleureuses, aménagées avec soin et goût de la couleur.

45 chambres ☕ – †150/290 € ††275/320 € – 1 suite

5 r. Rampon Ⓜ République – ✆ 01 47 00 41 57 – www.legeneralhotel.com

Auberge Flora

TRADITIONNEL • À THÈME Voilà une auberge où l'on se sent bien ! C'est la dernière création de Flora Mikula, cuisinière généreuse qui a décidé d'associer le couvert et le gîte. Les chambres sont joliment décorées, certaines très colorées, et bien confortables. Mention spéciale pour la "chambre gourmande" avec champagne et foie gras...

21 chambres – †101/255 € ††101/255 € – ☕ 14 €

44 bd Richard-Lenoir Ⓜ Bréguet Sabin – ✆ 01 47 00 52 77 – www.aubergeflora.com

Auberge Flora – voir les restaurants ci-dessus

PARIS

Marais Bastille

BUSINESS • CONTEMPORAIN Ambiance cosy dans cet hôtel bordant le boulevard Richard-Lenoir, dont le terre-plein couvrant une partie du canal St-Martin accueille une agréable promenade. Décoration sobre dans les chambres, confortables et élégantes (plus calmes sur l'arrière).

37 chambres – 119/229 € 129/279 € – 13 €

36 bd Richard-Lenoir Ⓜ Bréguet Sabin – ✆ 01 48 05 75 00 – www.maraisbastille.com

Le Patio St-Antoine

BUSINESS • FONCTIONNEL Le point fort de cet hôtel : le calme et la verdure de ses patios fleuris. C'est le lieu idéal pour les longs séjours, notamment grâce à des chambres plutôt spacieuses, équipées d'une kitchenette.

88 chambres – 89/286 € 139/326 € – 18 €

289 bis r. du Faubourg-St-Antoine Ⓜ Nation – ✆ 01 40 09 40 00 – www.lepatiosaintantoine.com

Le 20 Prieuré Hôtel

TRADITIONNEL • CONTEMPORAIN Un hôtel sympathique, qui s'aligne sur le style citadin contemporain et propose de petites chambres agréables : nuances de blancs, mobilier design, immenses photos évoquant Paris...

32 chambres – 99/189 € 99/199 € – 13 €

20 r. Grand-Prieuré Ⓜ Oberkampf – ✆ 01 47 00 74 14 – www.hotel20prieure.com

Bastille · Bercy · Gare de Lyon

✉ 75012

12e ARRONDISSEMENT

Restaurants

Au Trou Gascon

CUISINE DU SUD-OUEST • ÉLÉGANT Cette institution de la cuisine du Sud-Ouest compte de nombreux habitués de longue date. Pâté en croûte au foie gras de canard, lièvre à la royale, tourtière chaude et croustillante, sans oublier l'incontournable cassoulet : la carte bichonne le terroir, avec quelques touches plus contemporaines. Une valeur sûre !

→ Gambas vapeur en crème de tête, chutney de billes de melon et gaspacho safrané au pistou. Agneau de lait rôti, petits farcis en surprise. Pêche blanche de vigne pochée, mini baba et granité Bellini.

Menu 42 € (déj.)/68 € – Carte 65/80 €

40 r. Taine Ⓜ Daumesnil – ✆ 01 43 44 34 26 – www.autrougascon.fr – Fermé août, 1er-7 janv., sam. et dim.

Jouvence

CUISINE MODERNE • VINTAGE Non loin de la rue de Cîteaux, cette ancienne boutique 1900 façon apothicaire ne se repose pas sur ses lauriers décoratifs ; on y sert une cuisine actuelle, riche de produits de qualité. Ainsi cette tempura de crevettes, kimchi de concombre, et jus de céleri. Le jeune chef, passé chez Dutournier (Pinxto), ne manque pas de talent.

Formule 19 € - Menu 24 € (déj.)/55 € - Carte 35/54 €

172 bis r. du Faubourg-St-Antoine Faidherbe-Chaligny - 01 56 58 04 73 (réservation conseillée) - www.jouvence.paris - Fermé 3 semaines en août, dim. et lundi

Il Goto

CUISINE ITALIENNE • TRATTORIA Sympathique, ce restaurant tenu par Marzia et Simone, un couple d'Italiens passionnés. Burrata, trévise et potiron en aigre-douce ; tagliatelles au confit de chèvre de lait et menthe ; "torta" au mascarpone et vanille... Des créations goûteuses et soignées, que l'on accompagne d'un bon rouge transalpin !

Formule 17 € - Menu 21 € (déj. en semaine) - Carte 32/53 €

212 bis r. de Charenton Dugommier - 01 43 46 30 02 - www.ilgoto.fr - Fermé 3 semaines en août, 24 déc.-2 janv., dim. et lundi

Table - Bruno Verjus

CUISINE MODERNE • DESIGN Choisir les plus beaux produits, les cuisiner avec humilité : tel est le credo de Bruno Verjus, étonnant personnage, entrepreneur, blogueur et critique gastronomique... devenu chef ! Dans ses recettes, pleines d'énergie et de saveurs, tout en jeux de textures, l'on devine une passion sincère et... communicative !

Formule 25 € - Carte 62/82 €

3 r. de Prague Ledru Rollin - 01 43 43 12 26 (réservation conseillée) - www.tablerestaurant.fr - Fermé 3 semaines en août, sam. midi et dim.

Passerini

CUISINE ITALIENNE • CONTEMPORAIN Il y a comme un air d'Italie dans cet ancien café joliment rénové, où l'on se régale des bien nommées "grosses pièces" (poisson, volaille) à partager, ou d'autres plats plein de fraîcheur et de bonnes idées : pintade rôtie, poireaux, épinards et noisette, ou encore tagliolini, saint-pierre mariné, sauge et citron.

Formule 24 € - Menu 30 € (déj.)/48 € - Carte 44/92 € dîner

65 r. Traversière Ledru Rollin - 01 43 42 27 56 - www.passerini.paris - Fermé 3 semaines en août, mardi midi, dim. et lundi

Le Cotte Rôti

CUISINE MODERNE • CONTEMPORAIN Un restaurant à l'image de son chef, convivial et bon vivant, qui revisite avec finesse la tradition bistrotière : au gré du marché et de l'humeur du jour, il compose des plats simples et fins, qui vont droit au cœur ! Et pour accompagner le tout, rien de tel que quelques bons crus de la vallée du Rhône...

Formule 22 € - Menu 26 € (déj.)/46 €

1 r. de Cotte Ledru Rollin - 01 43 45 06 37 (réservation conseillée) - Fermé 3 semaines en août, vacances de Noël, sam. midi, dim. et lundi

Tondo

CUISINE CRÉATIVE • BISTRO Les habitués reconnaîtront la façade sombre, à deux pas du marché Aligre : Tondo a remplacé la Gazzetta, sous la houlette d'un ancien de la maison. On s'installe dans la grande salle de bistrot 1930, un brin coloniale, pour déguster une cuisine actuelle et maîtrisée. Petits prix le midi, menu dégustation le soir.

Formule 25 € - Menu 60 € (dîner)

29 r. de Cotte Ledru Rollin - 01 43 47 47 05 - www.tondo-paris.com - Ferme août, vacances de Nöel, mardi midi, merc. midi, dim. et lundi

PARIS

Will

CUISINE MODERNE • **CONTEMPORAIN** Cette maison très tendance est située à deux pas du trépidant marché d'Aligre. Au menu, on trouve les belles recettes de William Pradeleix, jeune chef au beau parcours ; il régale ses clients de créations actuelles à l'âme voyageuse, tel ce maigre rôti, beurre de gingembre, coques, fèves et rhubarbe...

Formule 21 € - Menu 49 € (dîner) - Carte environ 47 €

75 r. Crozatier Ⓜ Ledru Rollin - ✆ 01 53 17 02 44 (réservation conseillée) - www.will-restaurant.com - Fermé 2 semaines août, dim. et lundi

Amarante Ⓝ

CUISINE TRADITIONNELLE • **BISTRO** La façade vitrée annonce : "Cuisine de France". Tout est dit ! On décline ici une partition sans fioritures, au doux parfum d'antan, qui donne toute leur place à des produits bien choisis. Le décor est aussi simple et *vintage* que la cuisine : carrelage au sol, banquettes en skaï rouge, tables en bois. Pourquoi faire compliqué ?

Formule 20 € - Carte 41/57 €

4 r. Biscornet Ⓜ Bastille - ✆ 09 50 80 93 80 - www.amarante.paris - Fermé août, merc. et jeudi

Dersou

CUISINE CRÉATIVE • **ÉPURÉ** Un barman expert en cocktails et un chef nippon, passé par chez Alain Ducasse à Tokyo, proposent une expérience inédite : associer mets et cocktails, sur 5, 6 ou 7 plats. Les produits sont de première qualité (légumes d'Annie Bertin, agneau acheté sur pied, etc.) et la mixologie tient ses promesses. Brunch sans réservation le week-end.

Menu 95 € 🍷/135 € 🍷 - Carte 26/44 € déjeuner

21 r. St-Nicolas Ⓜ Ledru Rollin - ✆ 09 81 01 12 73 (réservation conseillée) - www.dersouparis.com - Fermé 24 juil.-21 août, dim. soir, lundi et le midi en semaine

À La Biche au Bois

CUISINE TRADITIONNELLE • **RUSTIQUE** De nombreux habitués se pressent dans ce discret restaurant, qui n'est pas sans rappeler les bons bistrots d'antan. Dans une ambiance animée, au coude-à-coude, on profite d'un condensé de tradition (terrine maison, coq au vin) et de gibier en saison : sanglier, civet de lièvre et... biche, bien entendu !

Formule 19 € - Menu 25 € 🍷 (déj.)/33 € - Carte 31/43 €

45 av. Ledru-Rollin Ⓜ Gare de Lyon - ✆ 01 43 43 34 38 - Fermé 31 juil.-18 août, 24 déc.-1er janv., lundi midi, sam. midi et dim.

Quincy

CUISINE TRADITIONNELLE • **BISTRO** Une ambiance chaleureuse règne dans ce bistrot indémodable, dominé par "Bobosse", son patron truculent et haut en couleurs. Depuis 40 ans (à la louche !), les amateurs de bonne chère s'y régalent des généreuses et savoureuses spécialités du Berry et de l'Ardèche. Une table comme on n'en fait plus.

Carte 55/80 €

28 av. Ledru-Rollin Ⓜ Gare de Lyon - ✆ 01 46 28 46 76 - www.lequincy.fr - Fermé août, sam., dim. et lundi

Virtus Ⓝ

CUISINE MODERNE • **DESIGN** Au fond de la rue Crozatier, voici le QG d'un couple d'anciens du Mirazur, à Menton - elle d'origine japonaise, lui d'origine argentine. Leur cuisine, tout en épure et en recherche, a le bon goût des choses nouvelles et fera la joie des palais aventureux ; quant à leur formule de midi, elle ravira les porte-monnaie en souffrance...

Formule 17 € - Menu 56 € (dîner) - Carte 27/45 € déjeuner

8 r. Crozatier Ⓜ Reuilly Diderot - ✆ 09 80 68 08 08 - www.virtus-paris.com - Fermé 3 semaines en août, dim. et lundi

Youpi et Voilà en Résidence

CUISINE MODERNE · BAR À VIN Concept original que cette cantine "pop-up" installée par l'ancien chef de Youpi et Voilà (10e arrondissement) dans les locaux d'un ami caviste. Les produits frais y sont agrémentés à la sauce bistrotière : crème de betterave et brebis ; queue de lotte, pleurotes et poitrine fumée... Prix raisonnables.

Formule 15 € – Carte 22/32 €

8 r. de Prague (aux Caves de Prague) Ⓜ Ledru-Rollin – ✆ 01 72 68 07 36 – Fermé 3 semaines en août, vacances de Noël, dim., lundi et le soir

Hôtels

Pullman Paris Centre-Bercy

BUSINESS · CONTEMPORAIN Entre le village de Bercy (avec ses boutiques, cinémas et restaurants) et la Seine, ce grand bâtiment de verre en impose ! Les chambres se révèlent très confortables ; celles des étages les plus élevés offrent une jolie vue sur Paris.

396 chambres – 110/600 € 120/705 € – 20 suites

1 r. de Libourne Ⓜ Cour St-Émilion – ✆ 01 44 67 34 00 – www.pullmanhotels.com

Novotel Gare de Lyon

HÔTEL DE CHAÎNE · CONTEMPORAIN Les chambres sont conformes aux dernières normes de la chaîne, avec des terrasses au 6e étage. Préférez, si possible, celles donnant sur la place Henri-Fresnay, plus calmes. Piscine, fitness et espace enfant bien aménagé.

251 chambres – 150/399 € 150/399 € – 2 suites – 18 €

2 r. Hector-Malot Ⓜ Gare de Lyon – ✆ 01 44 67 60 00 – www.accorhotels.fr

Mercure Gare de Lyon

HÔTEL DE CHAÎNE · CONTEMPORAIN L'architecture récente de cet hôtel contraste avec le beffroi de la gare de Lyon tout proche. Les chambres sont contemporaines et bien équipées. Et le concept "Easy Work" permet de réserver une table de réunion avec connexion Internet, pendant une demi-journée, à petit prix. Pratique !

315 chambres – 112/395 € 112/395 € – 18 €

2 pl. Louis-Armand Ⓜ Gare de Lyon – ✆ 01 43 44 84 84 – www.mercure.com

Paris Bastille

BUSINESS · FONCTIONNEL Décor sobre, tons gris et bordeaux : voilà comment se déclinent les chambres et la salle des petits-déjeuners de cet hôtel moderne et confortable, situé face à l'Opéra Bastille.

37 chambres – 82/332 € 85/332 € – 15 €

67 r. de Lyon Ⓜ Bastille – ✆ 01 40 01 07 17 – www.hotelparisbastille.com

Elysée Gare de Lyon

URBAIN · CONTEMPORAIN Blanc, gris clair et rouge : voilà les teintes dominantes de cet hôtel joyeux, qui décline dans ses chambres le personnage de la Parisienne – chic, élégante et moderne. De quoi dépoussiérer avec brio l'image un peu austère des hôtels de gare !

37 chambres – 199/299 € 219/349 € – 12 €

234 r. de Bercy Ⓜ Gare de Lyon – ✆ 01 43 43 77 77 – www.elyseegaredelyon.com

Hôtel du Printemps

FAMILIAL · PERSONNALISÉ Parquet couleur chêne naturel, chaises style Louis XVI : cet hôtel, situé tout près de la place de la Nation, est chaleureux et impeccablement tenu. Les chambres, quoique peu spacieuses, sont soignées, et offrent un bon rapport qualité-prix pour la capitale.

38 chambres – 81/110 € 93/145 € – 10 €

80 bd de Picpus Ⓜ Picpus – ✆ 01 43 43 62 31 – www.hotel-paris-printemps.com

Place d'Italie · Gare d'Austerlitz · Bibliothèque nationale de France

75013
13e ARRONDISSEMENT

Restaurants

L'Auberge du Roi Gradlon

CUISINE BRETONNE • INTIME Dans la salle à manger (qui porte les marques de l'ancienne abbaye des Cordeliers) ou sur l'agréable terrasse, on s'assied volontiers chez le Roi Gradlon ! Les classiques bretons y sont revisités en mode chic bien léché (kig-ha-farz, kouign amann) et la mer n'est jamais très loin. Quant au rapport qualité-prix, il régale...

Formule 19 € – Menu 48 € – Carte 30/40 €

36 bd Arago Ⓜ Les Gobelins – ✆ 01 45 35 48 71 (réservation conseillée) – www.roigradlon.fr – Fermé 3 semaines en août, 1 semaine vacances de Noël, dim. et lundi

Tempero

CUISINE CRÉATIVE • BISTRO Un petit bistrot sympathique, à l'image de sa chef, Alessandra Montagne, originaire du Brésil et passée par de belles tables parisiennes. Ici chez elle, elle cuisine au gré du marché de beaux produits frais et signe des recettes vivifiantes – et aux prix doux –, à la croisée de la France, du Brésil et de l'Asie. Joli métissage !

Formule 16 € – Menu 21 € (déj.) – Carte 32/47 € dîner

5 r. Clisson Ⓜ Chevaleret – ✆ 09 54 17 48 88 (réservation conseillée) – www.tempero.fr – Fermé août, 1 semaine vacances de Noël, lundi soir, mardi soir, merc. soir, sam. et dim.

Comptoir Tempero Ⓝ

CUISINE CRÉATIVE • BISTRO Dans ce bistrot convivial, où l'on s'installe au coude à coude, Olivier reproduit avec brio ce qui a fait le succès de Tempero, la maison-mère : une cuisine ultra-fraîche, centrée sur le produit, qui puise son inspiration dans les cuisines française et brésilienne, avec même quelques passages fugaces du côté de l'Asie... Irrésistible, tout simplement.

Formule 16 € – Menu 21 € (déj.) – Carte 34/46 €

124 bd Vincent-Auriol Ⓜ Nationale – ✆ 01 45 84 15 35 (réservation conseillée) – www.tempero.fr – Fermé août, 1 semaine vacances de Noël, lundi soir, mardi soir, merc. soir, sam. et dim.

Impérial Choisy

CUISINE CHINOISE • SIMPLE Au cœur du Chinatown parisien, un restaurant chinois apprécié par de nombreux Asiatiques qui en ont fait leur cantine. Dans une salle qui ne désemplit pas (service non-stop, voire un peu expéditif !), on se régale au coude-à-coude de belles spécialités cantonaises. Un vrai goût d'authenticité, sans se ruiner !

Carte 19/40 €

32 av. de Choisy Ⓜ Porte de Choisy – ✆ 01 45 86 42 40

Pho Tai

A/C

CUISINE VIETNAMIENNE • SIMPLE X Dans une rue isolée du quartier asiatique, ce petit restaurant vietnamien sort du lot : tout le mérite en revient à son chef, Monsieur Te, arrivé en France en 1968 et fort bel ambassadeur de la cuisine du Vietnam. Raviolis, poulet croustillant au gingembre frais, bo bun et soupes phô : tout est parfumé et plein de saveurs !

Carte 25/35 €

13 r. Philibert-Lucot Ⓜ Maison Blanche - ✆ 01 45 85 97 36 - www.facebook.com/photaiparis - Fermé août et lundi

Au Petit Marguery

A/C

CUISINE TRADITIONNELLE • BOURGEOIS XX Un décor Belle Époque authentique, plaisant et convivial. La carte est dans la grande tradition : terrines maison, tête de veau ravigote, gibier en saison... Juste à côté, le Comptoir Marguery se la joue canaille, façon bistrot à sensation. Une adresse qui a une âme !

Formule 24 € - Menu 29/42 € 🍷 - Carte 48/68 €

9 bd de Port-Royal Ⓜ Les Gobelins - ✆ 01 43 31 58 59 - www.petitmarguery.com

L'Ourcine

CUISINE TRADITIONNELLE • BISTRO X Qualité et modestie résument bien l'esprit de l'Ourcine, où l'on sert une cuisine gourmande, inspirée et liée aux saisons, dans une chouette ambiance bistrotière. Menu du jour et ardoise "coups de cœur" regorgent de belles propositions...

Formule 28 € - Menu 38 €

92 r. Broca Ⓜ Les Gobelins - ✆ 01 47 07 13 65 - www.restaurant-lourcine.fr - Fermé 3 semaines en août, dim. et lundi

Basilic & Spice

A/C

CUISINE THAÏLANDAISE • EXOTIQUE X Au cœur du Chinatown parisien, ce restaurant propose une carte essentiellement thaïlandaise, où s'invitent quelques recettes du Cambodge voisin. Salade de papaye aux crevettes, poulet sauté au curry rouge, ou encore bar entier grillé dans une feuille de bananier à la façon khmère... Le plaisir est au rendez-vous !

Formule 14 € - Menu 22/48 € - Carte 25/56 €

88 av. de Choisy Ⓜ Tolbiac - ✆ 01 45 85 19 30 - www.basilicspice.com - Fermé 6-22 août et lundi

Sukhothaï

A/C

CUISINE THAÏLANDAISE • EXOTIQUE X Dans une ruelle calme à deux pas de la place d'Italie, une savoureuse cuisine thaïe servie dans un décor adéquat... où l'on joue des coudes. Accueil tout sourire.

Formule 14 € 🍷 - Menu 26/30 € - Carte 24/36 €

12 r. du Père-Guérin Ⓜ Place d'Italie - ✆ 01 45 81 55 88 - Fermé 1er-15 août et dim.

Lao Lane Xang 2

♿ A/C

CUISINE SUD-EST ASIATIQUE • SIMPLE X L'histoire parisienne des Siackhasone, originaires du Laos, commence dans les années 1990 avec l'ouverture de deux adresses sur l'avenue d'Ivry. En 2007, Do et Ken - dignes héritiers du savoir-faire familial - ouvrent cette table qui marie spécialités laotiennes, thaïes et vietnamiennes : simplicité et parfums au menu !

Formule 14 € 🍷 - Carte 20/35 €

102 av. d'Ivry Ⓜ Tolbiac - ✆ 01 58 89 00 00 - Fermé jeudi midi et merc.

Variations

CUISINE TRADITIONNELLE • BISTRO X Au menu de ce charmant bistrot : une cuisine traditionnelle osant... les variations au gré du marché et des saisons. Le chef (un ancien pilote de chasse !) est un amoureux du beau produit.

Formule 24 € - Menu 30 € - Carte 42/66 €

18 r. des Wallons Ⓜ Saint-Marcel - ✆ 01 43 31 36 04 - www.restaurantvariations.com - Fermé août, sam. et dim.

Mer de Chine

A/C

CUISINE CHINOISE • EXOTIQUE Dans ce restaurant près de la place d'Italie, on prépare de la cuisine teochew, traduisez : du sud de Canton. Goûteux et accueillant, le tout sur une bande-son bien chinoise !

Menu 15 € (déj. en semaine)/25 € - Carte 18/85 €

159 r. du Château-des-Rentiers Ⓜ Place d'Italie - ✆ 01 45 84 22 49 - Fermé mardi

Hôtels

C.O.Q Ⓝ

BOUTIQUE HÔTEL • CONTEMPORAIN Community of Quality : voilà ce que cache le sigle de ce boutique-hôtel chic et décontracté, proche de la place d'Italie. Les chambres sont confortables et bien décorées ; on profite aussi d'un agréable jardin d'hiver avec verrière et canapés...

50 chambres - 80/350 € 80/350 €

15 r. Édouard-Manet Ⓜ Italie - ✆ 01 45 86 35 99 - www.coqhotelparis.com

OFF Paris Seine Ⓝ

BOUTIQUE HÔTEL • CONTEMPORAIN Montez à bord du premier hôtel flottant de France, arrimé au pied de la gare d'Austerlitz ! À bord, difficile de croire qu'on est sur l'eau, tant le confort des chambres est identique à celui d'un hôtel classique. Un lieu atypique et attachant.

54 chambres - 160/480 € 160/480 € - 4 suites - 19 €

20-22 Port d'Austerlitz Ⓜ Gare d'Austerlitz - ✆ 01 44 06 62 65 - www.offparisseine.com

Mercure Place d'Italie

BUSINESS • CONTEMPORAIN À proximité de la place d'Italie, un hôtel dont les chambres sont décorées dans un style sobre et contemporain, sur le thème de la mode. Elles se révèlent fonctionnelles et bien équipées (écran plat, coffre-fort, wifi).

50 chambres - 99/349 € 109/424 € - 16 €

25 bd Auguste-Blanqui Ⓜ Place d'Italie - ✆ 01 45 80 82 23 - www.mercure-paris-place-italie.com

Henriette Ⓝ

BOUTIQUE HÔTEL • VINTAGE Un boutique-hôtel atypique et détonant, dont les chambres évoquent une foule de styles différents (vintage, scandinave, 70's, 80's, 90's...) et dégagent dans l'ensemble une grande impression de liberté. Le petit plus : ce patio intemporel pour profiter des rayons du soleil...

32 chambres - 69/159 € 89/259 € - 12 €

9 r. des Gobelins Ⓜ Les Gobelins - ✆ 01 47 07 26 90 - www.hotelhenriette.com

Jack's Hôtel

BUSINESS • CONTEMPORAIN Dans une artère assez calme, légèrement en retrait de l'agitation, cet hôtel dispose de chambres fonctionnelles et contemporaines. Pour l'anecdote, l'une d'elles fut celle où l'écrivain Jean Genet passa les derniers moments de sa vie. Prix raisonnables.

30 chambres - 70/250 € 80/280 € - 10 €

19 av. Stephen-Pichon Ⓜ Place d'Italie - ✆ 01 45 85 17 34 - www.jacks-hotel.com

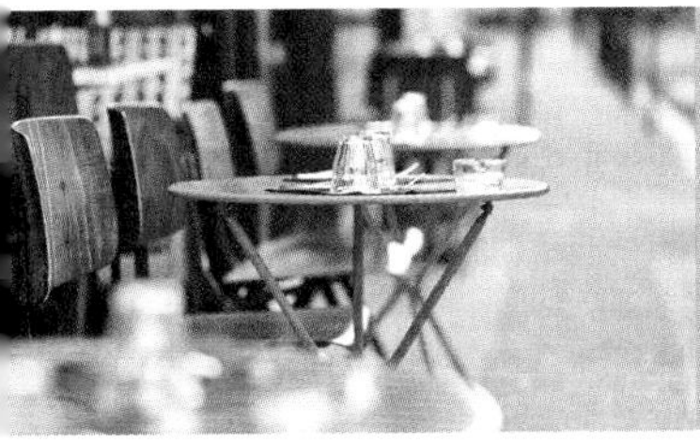

Montparnasse · Denfert Rochereau · Parc Montsouris

✉ 75014

14e ARRONDISSEMENT

Restaurants

✿ Cobéa (Philippe Bélissent)

CUISINE MODERNE · ÉLÉGANT XXX Co comme Jérôme Cobou en salle, Bé comme Philippe Bélissent aux fourneaux et A comme Associés : Cobéa est l'affaire de deux jeunes professionnels passionnés, guidés par le goût du bon. Sens du produit, harmonie et force des saveurs, autour d'un menu imposé en plusieurs plats... selon votre appétit !

➜ Tourteau sauvage de Bretagne. Quasi de veau à la plancha. Framboise et litchi.

Menu 50 € (déj.), 85/120 €

11 r. Raymond-Losserand Ⓜ Gaité
- ✆ 01 43 20 21 39 (réservation conseillée) - www.cobea.fr
- Fermé 1 semaine vacances de printemps et de Noël, août, dim. et lundi

Nina

CUISINE CRÉATIVE · BISTRO X Un choix de produits de qualité (maigre, rascasse, bœuf de Galice...), des cuissons impeccables, voilà déjà de quoi nous réjouir ; mais c'est le travail des légumes qui impressionne vraiment, sous toutes leurs formes, avec une grande variété de textures et une vraie maîtrise technique. Viva Nina !

Menu 19 € (déj. en semaine), 22/39 € - Carte 25/49 €

139 r. du Château Ⓜ Mouton Duvernet - ✆ 09 83 01 88 40
- Ferme dim. et lundi

Bistrotters

CUISINE MODERNE · BISTRO X Une bien jolie maison que ce Bistrotters installé dans le sud du 14e, près du métro Plaisance. On célèbre ici la bistronomie et l'épicurisme avec des plats gourmands, travaillés, et de beaux produits - avec une préférence pour les petits producteurs d'Île-de-France. Cadre de bistrot et service décontracté.

Formule 19 € - Menu 23 € (déj. en semaine)/36 €

9 r. Decrès Ⓜ Plaisance - ✆ 01 45 45 58 59 - www.bistrotters.com - Fermé 24 déc.-2 janv., dim. et lundi

Aux Enfants Gâtés

CUISINE MODERNE · COSY X Aux murs, des citations de grands chefs et quelques recettes montrent que le patron est allé à bonne école... De fait, sa cuisine est bien troussée, avec des jus et bouillons aux saveurs percutantes, et de bons produits du marché qui rafraîchissent les recettes, même les plus traditionnelles. Une jolie petite maison !

Formule 30 € - Menu 36 € - Carte environ 43 €

4 r. Danville Ⓜ Denfert Rochereau
- ✆ 01 40 47 56 81 - www.auxenfantsgates.fr
- Fermé vacances de fév., août, vacances de Noël, sam. midi, dim. et lundi

PARIS

Le Dôme

POISSONS ET FRUITS DE MER · BRASSERIE XXX L'un des temples de la bohème littéraire et artistique des Années folles, dont le cadre Art déco est resté mythique. Poissons et fruits de mer sont d'une grande fraîcheur et préparés dans les règles de l'art.

Carte 70/140 €

108 bd Montparnasse Ⓜ Vavin - ✆ 01 43 35 25 81

Le Duc

POISSONS ET FRUITS DE MER · COSY XX On s'y croirait dans une cabine de yacht, à l'ambiance surannée... Une large clientèle d'habitués de longue date affectionne l'adresse pour ses produits de la mer cuisinés avec soin et simplicité - un beurre émulsionné, une huile d'olive bien choisie, etc. - afin d'en révéler toute la fraîcheur. Un classique.

Menu 55 € (déj.) - Carte 70/172 €

243 bd Raspail Ⓜ Raspail
- ✆ 01 43 20 96 30 - www.restaurantleduc.com
- Fermé 6-28 août, dim. et lundi

La Coupole

soir,

CUISINE TRADITIONNELLE · BRASSERIE XX Faut-il encore présenter cette brasserie mythique, emblème du Montparnasse des Années folles ? Née en 1927, elle eut pour habitués Kessel, Picasso, Man Ray, Sartre... Son splendide cadre Art déco, le ballet de ses serveurs, les incontournables de sa carte (banc d'écailler, curry d'agneau, etc.) : tout est intemporel.

Formule 31 € - Menu 39/60 € - Carte 40/78 €

102 bd Montparnasse Ⓜ Vavin
- ✆ 01 43 20 14 20 - www.lacoupole-paris.com

Kigawa

CUISINE TRADITIONNELLE · ÉLÉGANT XX Kigawa comme Michihiro Kigawa, le chef de cet établissement tout simple. Fort de son expérience dans un restaurant français à Osaka, le voilà à Paris pour vous régaler de pâté en croûte, pigeon rôti et autres beaux classiques de l'Hexagone, revisités avec tact.

Formule 28 € - Menu 47 € - Carte 60/100 €

186 r. du Château Ⓜ Mouton Duvernet
- ✆ 01 43 35 31 61 (réservation conseillée) - www.kigawa.fr
- Fermé lundi et mardi

Maison Courtine

soir,

CUISINE MODERNE · CONVIVIAL XX Jadis bastion de la cuisine du Sud-Ouest bien connu entre Montparnasse et Alésia, la Maison Courtine est désormais un restaurant contemporain et intime. On y savoure une cuisine d'aujourd'hui rehaussée de touches méridionales.

Formule 26 € - Menu 40 € - Carte 38/61 €

157 av. du Maine Ⓜ Mouton Duvernet - ✆ 01 45 43 08 04
- www.lamaisoncourtine.com - Fermé 1 semaine en fév., 3 semaines en août, lundi midi, sam. midi et dim.

Anthocyane Ⓝ

CUISINE MODERNE · CONTEMPORAIN X Un chef italien expérimenté réalise ici une cuisine actuelle réjouissante (poulpe croustillant à la purée au basilic et câpres, blanc de cabillaud et émeraude du jardin, soufflé au chocolat) dans un décor contemporain où l'on se sent bien. Deux cerises sur le gâteau : une jolie carte des vins et des tarifs intéressants - à midi notamment.

Menu 39 € 🍷 (déj. en semaine), 62/97 € 🍷 - Carte 62/70 €

63 r. Daguerre Ⓜ Denfert-Rochereau - ✆ 01 43 27 86 02 - Fermé 3 semaines en août, 1 semaine vacances de Noël, dim. et lundi

Le Cette

CUISINE TRADITIONNELLE • BISTRO "Cette", c'est l'ancienne graphie de Sète et... l'hommage du patron à sa ville d'origine. Il a confié les fourneaux de son restaurant à une équipe japonaise pleine d'allant, qui réalise une merveille de cuisine française : carré de veau, rattes et truffes d'été ; turbot rôti et bouillon de mer... Très savoureux.

Formule 22 € - Menu 42 € (dîner) - Carte 48/79 €

7 r. Campagne-Première Ⓜ Raspail - ✆ 01 43 21 05 47 - www.lecette.fr - Fermé 3 semaines en août, sam. et dim.

Bistrot Augustin

CUISINE TRADITIONNELLE • BISTRO Ce bistrot chic, au cadre intimiste, propose une cuisine du marché (et de saison) aux accents du sud, qui réveille la gourmandise. Un exemple : cette superbe côte de cochon du Périgord... Les produits sont ici à la fête, et nos appétits avec !

Menu 39 € - Carte 46/67 €

79 r. Daguerre Ⓜ Gaîté - ✆ 01 43 21 92 29 - www.augustin-bistrot.fr - Fermé dim.

L'Assiette

CUISINE CLASSIQUE • BISTRO Une adresse franche et généreuse où l'on peut voir ce qui se trame en cuisine. Cassoulet maison, crevettes bleues obsiblue façon tartare, crème caramel au beurre salé, soufflé au chocolat... La cuisine de tradition prend l'accent bistrot chic.

Formule 23 € - Carte 45/65 €

181 r. du Château Ⓜ Mouton Duvernet - ✆ 01 43 22 64 86 (réservation conseillée) - www.restaurant-lassiette.com - Fermé août, 1 semaine vacances de Noël, lundi et mardi

Le Jeu de Quilles

CUISINE TRADITIONNELLE • CONVIVIAL Une adresse minuscule, conviviale et sans prétention... car l'essentiel se joue autour des produits ! On s'y fournit auprès des meilleurs commerçants du quartier : saumon d'Écosse, mousse d'avocat et blinis d'oursin au tarama, tarte fine poire et amande... L'ardoise est courte et savoureuse.

Formule 18 € - Menu 21 € (déj. en semaine), 38/50 € - Carte 32/65 €

45 r. Boulard Ⓜ Mouton Duvernet - ✆ 01 53 90 76 22 (réservation conseillée) - www.jdequilles.fr - Fermé 3 semaines en août, 24-29 déc., mardi midi, dim. et lundi

La Cantine du Troquet Daguerre

CUISINE TRADITIONNELLE • BISTRO Les vertus cardinales du "troquet façon Etchebest" sont ici respectées à la lettre : zinc ouvragé, carrelage à l'ancienne, banquette et mur-ardoise, avec les incontournables œufs mayo. Sans oublier les spécialités, couteaux à la plancha, oreilles de cochon grillées et terrine de pâté de chez Ospital, bien entendu !

Carte 29/43 €

89 r. Daguerre Ⓜ Gaîté - ✆ 01 43 20 20 09 (sans réservation) - Fermé 9-24 août, sam. midi et dim.

La Régalade

CUISINE TRADITIONNELLE • CONVIVIAL Un bistrot convivial, pour une cuisine du marché bien ficelée et généreuse, accompagnée de vins bien choisis. La Régalade ne désemplit pas et l'on sait pourquoi... Réservez !

Menu 37 €

49 av. Jean-Moulin Ⓜ Porte d'Orléans - ✆ 01 45 45 68 58 (réservation conseillée) - www.laregalade.paris - Fermé 31 juil.-20 août, lundi midi, sam. et dim.

PARIS

La Cagouille

POISSONS ET FRUITS DE MER • BISTRO Accord parfait entre le cadre d'inspiration marine et de beaux produits de la mer, à l'image des couteaux grillés au beurre citronné, des calamars frits ail et oignons ou de la dorade farcie à la tapenade... Belle collection de cognacs.

Formule 29 € - Menu 35/85 € - Carte 34/117 €

10 pl. Constantin-Brancusi Gaîté
- 01 43 22 09 01 - www.la-cagouille.fr

La Contre Allée

CUISINE MODERNE • BRASSERIE Sur une discrète contre-allée, l'adresse a tout du restaurant parisien traditionnel... Et pourtant ! On y découvre une vraie cuisine de cuisinier, joliment travaillée et qui fait résonner l'époque avec goût. Ambiance conviviale en prime : à découvrir sans contre-indication.

Menu 31 € - Carte 50/63 €

83 av. Denfert-Rochereau Denfert Rochereau
- 01 43 54 99 86 - www.contre-allee.com
- Fermé 2 semaines en août, 21-27 déc., sam. et dim.

Les Petits Plats

CUISINE TRADITIONNELLE • BISTRO Moulures, miroirs, comptoir en bois, grande ardoise présentant les mets du moment : un petit bistrot élégant, dans son jus 1910, pour une cuisine canaille et familiale, où les belles viandes de l'Aubrac sont notamment à l'honneur. Formule originale : la possibilité de choisir des demi-portions. Joli choix de vins.

Formule 18 € - Carte 40/60 €

39 r. des Plantes Alésia - 01 45 42 50 52 (réservation conseillée)
- Fermé 4-25 août et dim.

L'Essentiel

CUISINE TRADITIONNELLE • BISTRO Vous aimez les ambiances animées ? Ce café-bistrot est pour vous : dans sa petite salle souvent archi-comble, on mange... serrés comme des sardines ! La cuisine aussi invite à la convivialité, entre plats canailles et jolies recettes de saison. Le tout avec une belle sélection de vins. Oui, l'adresse sait cultiver l'Essentiel.

Formule 15 € - Menu 18 € (déj. en semaine) - Carte 27/34 €

168 r. d'Alesia Plaisance
- 01 45 42 64 80 (réservation conseillée)

Les Fils de la Ferme

CUISINE TRADITIONNELLE • BISTRO Deux frères travaillent ici à quatre mains de bons produits de saison, dans un esprit bistrot contemporain. Pelmenis croustillants au gorgonzola, concombre et menthe poivrée ; filet de canette de Challans rôti aux pêches et risotto ; clafoutis amandine aux mirabelles... appétissant !

Formule 25 € - Menu 35 € - Carte environ 42 €

5 r. Mouton-Duvernet Mouton Duvernet
- 01 45 39 39 61 - www.filsdelaferme.com
- Fermé 3 semaines en août, 2 semaines en janv., dim. et lundi

La Cantine du Troquet

CUISINE TRADITIONNELLE • CONVIVIAL Banquettes rouges, tables en bois et ardoise du jour : cette cantine respire la convivialité, et l'on se régale, par exemple, d'une terrine maison, d'oreilles de cochon grillées, de couteaux à la plancha, etc. Pas de réservation.

Menu 34 € - Carte 28/50 €

101 r. de l'Ouest Pernety
- 01 45 40 04 98 (sans réservation) - lacantinedutroquet.com
- Fermé 3 semaines en août, dim. et lundi

La Grande Ourse

CUISINE MODERNE • BISTRO Plutôt séduisant, ce bistrot où le gris le dispute au prune et à l'orange. La carte fait la part belle au poisson, mais pas seulement ; les cuissons sont bien maîtrisées (gambas et morue), les saveurs franches (bouillon de tomate au gingembre), et les produits de toute première qualité. Menu-carte plus étoffé au dîner.

Formule 19 € - Menu 23 € (déj.)/38 €

9 r. Georges-Saché Ⓜ Mouton Duvernet - ✆ 01 40 44 67 85 - www.restaurantlagrandeourse.fr - Fermé août, sam. midi, dim. et lundi

Severo

VIANDES • BISTRO La qualité de la viande - rassise sur place - et de la charcuterie est l'atout majeur de ce chaleureux bistrot, tenu par un ancien boucher. Les carnivores apprécieront également la belle carte des vins, ses bourgognes et ses côtes-du-rhône.

Carte 29/70 €

8 r. des Plantes Ⓜ Mouton Duvernet - ✆ 01 45 40 40 91 (réservation conseillée) - Fermé vacances de printemps, de la Toussaint et de Noël, 25 juil.-17 août, sam. et dim.

Le Cornichon

CUISINE MODERNE • BISTRO L'affaire de deux passionnés : le premier, ingénieur informatique depuis toujours épris de restauration ; le second, jeune chef formé à bonne école. Ensemble, ils ont créé ce bistrot bien d'aujourd'hui. Beaux produits, jolies recettes, riches saveurs, etc. : ce Cornichon est plein de croquant et de peps !

Menu 35 € (déj.)/37 € - Carte environ 59 €

34 r. Gassendi Ⓜ Denfert Rochereau - ✆ 01 43 20 40 19 - www.lecornichon.fr - Fermé août, 1 semaine vacances de Noël, sam. et dim.

Hôtels

Pullman Montparnasse

BUSINESS • CONTEMPORAIN Avec ses 957 chambres et sa cinquantaine de salles de réunion, c'est l'un des plus importants hôtels d'affaires de la capitale. Près de la moitié des chambres offrent une vue panoramique sur Paris ; toutes sont très confortables.

926 chambres - 159/517 € 159/517 € - 31 suites - 26 €

19 r. du Cdt-Mouchotte Ⓜ Montparnasse Bienvenüe - ✆ 01 44 36 44 36 - www.pullmanhotels.com

Concorde Montparnasse

BUSINESS • CONTEMPORAIN Sur la place de Catalogne, dessinée par Ricardo Bofill, cet hôtel contemporain, aux chambres spacieuses et fonctionnelles, est particulièrement adapté aux voyages d'affaires. Parmi ses prestations : un bar lounge, un restaurant (avec formules buffet) et un patio aménagé en terrasse.

354 chambres - 125/500 € 129/500 € - 19 €

40 r. du Cdt-Mouchotte Ⓜ Gaîté - ✆ 01 56 54 84 00 - www.montparnasse.concorde-hotels.fr

Aiglon

URBAIN • PERSONNALISÉ L'immeuble est né pendant les Années folles et a accueilli Giacometti et Buñuel. En accord avec la façade, l'esprit des années 1920 a inspiré la décoration des chambres (motifs rétro, mosaïques des salles de bains, etc.), très chaleureuses et confortables.

36 chambres - 120/360 € 120/360 € - 10 suites - 18 €

232 bd Raspail Ⓜ Raspail - ✆ 01 43 20 82 42 - www.aiglon.com

Mercure Raspail Montparnasse

BUSINESS • CONTEMPORAIN Tout près des brasseries légendaires du boulevard du Montparnasse, cet établissement rénové en 2014 propose des chambres confortables, autour des thèmes de Saint-Germain-des-Prés et des écrivains célèbres. Pour un séjour d'affaires ou week-end dans la capitale.

63 chambres – 119/311 € 139/341 € – 17 €

207 bd Raspail Ⓜ Vavin – ✆ 01 43 20 62 94 – www.mercure.com

Delambre

TRADITIONNEL • FONCTIONNEL Dans cet hôtel proche de la gare Montparnasse, le souvenir d'André Breton et de Paul Gauguin plâne encore... On pourra donc relire Nadja ou méditer sur l'école de Pont-Aven dans une chambre sobre et fonctionnelle, avant une belle promenade.

30 chambres – 95/160 € 95/160 € – 13 €

35 r. Delambre Ⓜ Edgar Quinet – ✆ 01 43 20 66 31 – www.hoteldelambreparis.com

Le M

URBAIN • CONTEMPORAIN Sur l'animée rue de la Gaité, où s'est forgé le mythe du Montparnasse festif, cet hôtel ne lésine pas sur le confort des clients : bonne insonorisation, confort sûr et esprit contemporain... avec même dans quelques chambres des détails canailles, tels une moquette léopard et un escarpin en tableau. Les Montparnos auraient aimé !

61 chambres – 129/430 € 129/430 € – 19 €

20 bis r. de la Gaité Ⓜ Gaieté – ✆ 01 40 47 48 49 – www.hotelmparis.com

Le Fabe

URBAIN • CONTEMPORAIN De grandes photographies colorées veillent sur votre sommeil, donnant à chaque chambre sa personnalité. Un style très moderne et volontiers élégant, proposé à prix sage dans ce petit hôtel du quartier Pernety. Pour rester zen...

17 chambres – 95/170 € 110/200 € – 10 €

113 bis r. de l'Ouest Ⓜ Pernety – ✆ 01 40 44 09 63 – www.lefabehotel.fr

Châtillon Paris Montparnasse

URBAIN • FONCTIONNEL Les habitués de cet hôtel apprécient son calme, il faut dire que les chambres donnent sur un square au fond d'une impasse. Un certain charme donc pour une adresse impeccablement tenue, qui permet de bien se reposer à prix raisonnable. Mais chut...

31 chambres – 169/219 € 169/219 € – 13 €

11 square Châtillon Ⓜ Porte d'Orléans – ✆ 01 45 42 31 17 – www.hotelchatillon.fr

Hôtel de la Paix

TRADITIONNEL • PERSONNALISÉ Une maison de charme, que ses propriétaires décorent avec passion : les lieux regorgent d'objets chinés et de mobilier ancien ! Les chambres affichent un style sage, clair et coquet.

40 chambres – 95/170 € 95/290 € – 10 €

*225 bd Raspail Ⓜ Raspail – ✆ 01 43 20 35 82
– www.paris-montparnasse-hotel.com*

9 Hotel Montparnasse

URBAIN • CONTEMPORAIN Dans la rue Losserand, la façade blanche et épurée donne une idée de l'esprit des lieux : le confort en toute discrétion... Les chambres, sans être particulièrement spacieuses, sont bien équipées et ont du style. Demandez celles sur l'arrière, côté jardin, plus calmes.

42 chambres – 88/280 € 88/280 € – 12 €

*76 r. Raymond-Losserand Ⓜ Pernety – ✆ 01 40 52 12 40
– www.le9hotel-montparnasse.com*

Apollon Montparnasse

URBAIN • FONCTIONNEL Dans ce quartier parisien préservé au sud de la gare Montparnasse, ce petit hôtel familial, entièrement rénové, allie fraîcheur et classicisme. On apprécie l'accueil chaleureux, et le petit-déjeuner pris dans une ancienne cave voûtée. Idéal pour un saut dans la capitale.

33 chambres - 90/130 € 110/170 € - 12 €

91 r. de l'Ouest Ⓜ Pernety - 01 43 95 62 00 - www.apollon-montparnasse.com

Porte de Versailles · Vaugirard · Beaugrenelle

75015

15e ARRONDISSEMENT

Restaurants

Le Quinzième - Cyril Lignac

CUISINE MODERNE • ÉLÉGANT XXX Aucun doute, les assiettes siglées Lignac font belle impression : esthétiquement très abouties, elles révèlent des associations de saveurs originales et flatteuses. Ainsi ces trois superbes noix de Saint-Jacques d'une fraîcheur incomparable, avec leur purée de carotte et clémentines de Corse... Un régal.

→ Foie gras poêlé, condiment citron vert et vinaigrette aigre-douce. Ris de veau rôti au beurre demi-sel, crème au vin jaune et fine raviole de betterave blanche. Poire comice, chantilly légère au citron yuzu, marmelade et sorbet poire.

Menu 65 € (déj.), 130/160 €

14 r. Cauchy Ⓜ Javel - 01 45 54 43 43 - www.restaurantlequinzieme.com - Fermé 3 semaines en août, sam. et dim.

Neige d'Été (Hideki Nishi)

CUISINE MODERNE • ÉPURÉ XX Neige d'Été... Un nom d'une poésie toute japonaise, et pour cause : l'adresse, née mi-2014, est l'œuvre d'un jeune chef nippon, Hideki Nishi, venu du George V. Un nom qui annonce aussi des jeux de contraste et une forme d'épure : un travail en justesse et en contrepoints, qui brille comme la neige en été...

→ Cromesquis de ris de veau. Pigeonneau grillé au charbon de bois japonais. Pêche, mousse au champagne.

Menu 45 € (déj.), 80/135 €

12 r. de l'Amiral-Roussin Ⓜ Avenue Émile Zola - 01 42 73 66 66 (réservation conseillée) - www.neigedete.fr - Fermé 2 semaines en août, 1 semaine vacances de Noël, dim. et lundi

L'Atelier du Parc

CUISINE MODERNE • TENDANCE XX Cet Atelier impose son style contemporain chic et sa belle cuisine inventive dans un quartier inattendu, face au parc des expositions. Saumon mi-fumé par nos soins, poutargue et sorbet granny-smith ; entremet noix de coco et pistache, sorbet griotte, etc. Du travail dans l'assiette et une vraie recherche de la différence !

Formule 22 € - Menu 36/85 € - Carte 50/73 €

35 bd Lefèbvre Ⓜ Porte de Versailles - 01 42 50 68 85 - www.atelierduparc.fr - Fermé 3 semaines en août, lundi midi et dim.

PARIS

Le Pario

CUISINE MODERNE • CONVIVIAL XX Eduardo Jacinto, jeune chef brésilien formé chez Constant, a imaginé ce Pario, une table à égale distance de Paris et Rio. Comment définir son talent ? En parcourant la carte : tartare de bar, saumon et huîtres ; pressé de paleron de bœuf et foie gras aux éclats de noix de cajou, gibier en saison... Fin et équilibré !

Formule 19 € - Carte 35/66 €

54 av. Émile-Zola Ⓜ Charles Michels - 01 45 77 28 82 (réservation conseillée) - www.restaurant-lepario.com

Le Radis Beurre Ⓝ

CUISINE TRADITIONNELLE • BISTRO X C'est boulevard Garibaldi, à Paris, que le chef Jérôme Bonnet a trouvé en 2015 l'endroit dont il rêvait pour monter son propre restaurant. Il propose une cuisine goûteuse et bien ficelée, qui porte la marque de ses origines sudistes. Un exemple ? Ce pied de cochon poêlé au foie gras de canard et jus de viande acidulé, qui mérite toute votre attention...

Formule 25 € - Menu 34 € - Carte environ 41 €

51 bd Garibaldi Ⓜ Sèvres Lecourbe - 01 40 33 99 26 - www.restaurantleradisbeurre.com - Fermé 3 semaines en août, sam. et dim.

Le Troquet

CUISINE TRADITIONNELLE • VINTAGE X Le "troquet" dans toute sa splendeur : décor bistrotier usé par les ans, banquettes en moleskine, ardoises, miroirs, petites tables invitant à la convivialité, etc. On vient ici autant pour l'atmosphère que pour la cuisine. Une cuisine délicieuse, concoctée avec des produits ultrafrais... et l'accent du Sud-Ouest !

Menu 31 € (déj.), 33/41 € - Carte environ 35 € déjeuner

21 r. François-Bonvin Ⓜ Cambronne - 01 45 66 89 00 - Fermé 1 semaine en mai, 3 semaines en août, 1 semaine en déc., dim. et lundi

Beurre Noisette

CUISINE TRADITIONNELLE • CONVIVIAL X Un bistrot chaleureux... et délicieux ! Thierry Blanqui puise son inspiration au marché : pâté en croûte de canard et foie gras, épaule d'agneau de lait mitonnée en cocotte et légumes de saison, et aussi de belles recettes canailles ! Un pied dans la tradition, l'autre dans la nouveauté : on se délecte...

Formule 23 € - Menu 32 € (déj.), 36/55 €

68 r. Vasco-de-Gama Ⓜ Lourmel - 01 48 56 82 49 (réservation conseillée) - Fermé 6-21 août, dim. et lundi

Le Vitis

CUISINE TRADITIONNELLE • BISTRO X Les frères Delacourcelle, que l'on avait connus au Pré Verre (dans le 5e arrondissement), sont aux commandes de ce bistrot de poche. Ils nous régalent de recettes bien tournées, franches et parfumées : hure de cochon snackée servie avec une purée de dattes, cochon de lait fondant aux épices douces... Excellent !

Formule 16 € - Menu 36 € - Carte 40/48 €

8 r. Falguière Ⓜ Falguière - 01 42 73 07 02 (réservation conseillée) - www.levitis.fr - Fermé 2 semaines en août, 24 déc.-3 janv., dim. et lundi

L'Os à Moelle

CUISINE TRADITIONNELLE • CONVIVIAL X Thierry Faucher est toujours aux manettes de cet Os à Moelle, où il s'affirma au début des années 2000 comme l'un des précurseurs de la bistronomie. Caille rôtie au lard paysan et son œuf accompagné de lentilles vertes du Puy, soupe du jour... C'est simple et bon : on se régale !

Menu 35 €

3 r. Vasco-de-Gama Ⓜ Lourmel - 01 45 57 27 27 - Fermé 3 semaines en août, dim. et lundi

Le Casse Noix

CUISINE TRADITIONNELLE • BISTRO X Vieilles affiches, pendules et meubles vintage : le décor est planté. Côté petits plats, l'authenticité prime aussi : charcuteries et boudin en provenance directe de chez le papa du chef, Meilleur Ouvrier de France à Orléans ; délicieuse cuisine canaille, bons vins... Ce Casse Noix casse des briques !

Formule 22 € - Menu 27 € (déj.), 34/50 € - Carte 39/60 €

56 r. de la Fédération Ⓜ Bir-Hakeim - ☎ 01 45 66 09 01 - www.le-cassenoix.fr - Fermé 3 semaines en août, 1 semaine vacances de Noël, sam. et dim.

L'Antre Amis Ⓝ

CUISINE MODERNE • CONTEMPORAIN X Entrez dans cet Antre, dont le chef-patron assure la cuisine avec passion. Avec d'excellents produits de Rungis (viandes, poissons, coquillages...), il compose des assiettes soignées, exécutées avec précision, déclinées dans une carte hyper-courte et accompagnées d'une belle carte des vins - environ 170 références.

Formule 30 € - Menu 35/75 € 🍷

9 r. Bouchut Ⓜ Ségur - ☎ 01 45 67 15 65 - www.lantreamis.com - Fermé août, sam. et dim.

Benkay

CUISINE JAPONAISE • ÉLÉGANT XXX Sur le front de Seine - avec une vue plongeante sur le fleuve -, l'élégant Benkay honore la gastronomie japonaise avec art ! On opte au choix pour le teppanyaki (cette plaque chauffante où les mets sont cuisinés minute) ou la formule "washoku" (service à table). Sans parler du comptoir à sushis, tout simplement divin...

Formule 45 € - Menu 100/160 € - Carte 44/77 €

Novotel Tour Eiffel, 61 quai de Grenelle Ⓜ Bir-Hakeim - ☎ 01 40 58 21 26 - www.restaurant-benkay.com - Fermé 2 semaines en août

Gwon's Dining

CUISINE CORÉENNE • ÉLÉGANT XX Le propriétaire est philosophe, sa femme sociologue : en ouvrant cet établissement élégant, ils ont souhaité faire connaître les saveurs les plus fines de leur pays. Ici, la gastronomie coréenne enchante la diaspora... et les novices !

Carte 45/54 €

51 r. Cambronne Ⓜ Cambronne - ☎ 01 47 34 53 17 - Fermé le midi

La Gauloise

CUISINE TRADITIONNELLE • ÉLÉGANT XX Une brasserie Belle Époque au doux parfum de vie parisienne d'autrefois. Au menu : fricassée d'escargots, œuf mollet et sa frisée aux lardons, pot-au-feu à la viande d'Aubrac, paris-brest, etc. Un lieu qu'on apprécie aussi pour sa jolie terrasse.

Formule 26 € - Menu 31 € - Carte 35/68 €

59 av. La Motte-Picquet Ⓜ La Motte Picquet Grenelle - ☎ 01 47 34 11 64 - Fermé août, sam. et dim.

L'Inattendu

CUISINE TRADITIONNELLE • COSY XX Dans ce restaurant à la fois feutré et élégant œuvrent deux associés expérimentés et férus de qualité. Au menu : ravioles de langoustine à la crème d'estragon, fine tête de veau aux épices, ris de veau poêlé aux morilles, etc. Des propositions canailles, bien ficelées et parfois... inattendues.

Formule 20 € - Menu 25 € (semaine)/37 €

99 r. Blomet Ⓜ Vaugirard - ☎ 01 55 76 93 12 - www.restaurant-inattendu.fr - Fermé dim. et lundi

Fontanarosa

CUISINE ITALIENNE • TRADITIONNEL XX Oubliés le métro aérien et l'agitation urbaine, cap sur l'Italie ! Ici, le soleil s'invite dans l'assiette : honneur aux plats transalpins et aux spécialités sardes... Dont une bonne partie (pâtes, vins, gappa, huile d'olive) est aussi disponible à la boutique.

Menu 21 € (déj.)/30 € - Carte 41/78 €

28 bd Garibaldi Ⓜ Cambronne - ✆ 01 45 66 97 84 - www.restaurant-fontanarosa.eu

Intuition Gourmande

CUISINE TRADITIONNELLE • VINTAGE X Le savoir-faire d'un chef passé par la case Gagnaire, la qualité de ses produits : cela compte bien sûr, mais que seraient ses recettes si elles n'étaient inspirées... par la gourmandise ? Telle est la leçon de ce sympathique bistrot : terrine de lapin, lotte lardée aux légumes de printemps, tiramisu au beurre salé, etc.

Formule 18 € - Menu 35 € - Carte environ 42 €

4 r. Pétel Ⓜ Vaugirard - ✆ 01 45 32 58 76 - www.intuition-gourmande.com - Fermé 2 semaines en août, dim. et lundi

L'Accolade Ⓝ

CUISINE MODERNE • BISTRO X Le jeune chef, qui se destinait d'abord à une carrière de professeur de sport, a changé de cap et appris le métier de cuisinier. Dans une ambiance franchement conviviale, il propose une cuisine goûteuse, renouvelée chaque jour, dans laquelle on croise de nombreux produits du Sud-ouest, mais aussi quelques épices thaïes. Une adresse attachante.

Formule 20 € - Menu 25 € (déj. en semaine)/35 € - Carte 35/50 €

208 r. de la Croix-Nivert Ⓜ Boucicaut - ✆ 01 45 57 73 20 - www.laccoladeparis.fr - Fermé lundi soir, sam. midi et dim.

Ida by Denny Imbroisi

CUISINE MODERNE • BISTRO X Une table petite par la taille... mais grande par la cuisine. Dans un sympathique décor de trattoria, on se régale de recettes composées au gré du marché et rendant hommage aux belles saveurs italiennes et françaises. Quelques touches actuelles viennent couronner le tout : un vrai plaisir de bout en bout !

Menu 30 € (déj. en semaine), 45/89 € - Carte 42/48 €

117 r. de Vaugirard Ⓜ Falguière - ✆ 01 56 58 00 02 (réservation conseillée) - www.restaurant-ida.com - Fermé 3 semaines en août, vacances de Noël et dim.

Le Clos Y

CUISINE CRÉATIVE • DESIGN X Élégamment posés les uns à côté des autres, couverts à la française et baguettes à la japonaise semblent dialoguer sur les tables... Un véritable symbole ! Qualité des produits, soin d'exécution, recherche de la subtilité : Yoshitaka Ikeda révèle, s'il le fallait encore, toutes les affinités des gastronomies française et japonaise.

Formule 26 € - Menu 31 € (déj.), 45/65 €

27 av. du Maine Ⓜ Montparnasse Bienvenüe - ✆ 01 45 49 07 35 - www.leclosy.com - Fermé dim. et lundi

Le Concert de Cuisine

CUISINE CRÉATIVE • ÉPURÉ X La salle de concert ? Très simple, sans chichi ni folklore japonisant. Et le chef d'orchestre ? Sous vos yeux, il réalise une belle cuisine fusion, créant des recettes très personnelles basées sur la technique du teppanyaki. Jolie mélodie !

Formule 27 € - Menu 34 € (déj.), 46/65 €

14 r. Nélaton Ⓜ Bir-Hakeim - ✆ 01 40 58 10 15 (réservation conseillée) - Fermé 3 semaines en août, lundi midi, sam. midi et dim.

Le Grand Pan

VIANDES • BISTRO Un bistrot de quartier qu'aurait pu fréquenter Georges Brassens, qui habita tout près. À l'ardoise, de belles viandes accompagnées de mesclun ou de frites maison, du homard, des Saint-Jacques... des produits d'une indéniable qualité, respectueux de la saison.

Formule 22 € - Menu 31 € (déj.) - Carte 31/58 €

20 r. Rosenwald Ⓜ Plaisance - ✆ 01 42 50 02 50 - www.legrandpan.fr - Fermé 1 semaine en mai, 1er-25 août, vacances de Noël, sam. et dim.

Stéphane Martin

CUISINE MODERNE • CONVIVIAL Une adresse bien connue des gourmets de la rive gauche. Cadre cosy et de bon goût, appétissantes recettes canailles revisitées : c'est un vrai plaisir de s'y attabler pour déguster un émincé de foie gras de canard cru aux herbes folles, un jarret de porc braisé au miel d'épices, ou encore du gibier en saison...

Formule 25 € - Menu 30 € (déj. en semaine)/38 € - Carte 47/71 €

67 r. des Entrepreneurs Ⓜ Charles Michels - ✆ 01 45 79 03 31 - www.stephanemartin.com - Fermé 9-17 avril, 30 juil.-21 août, 23 déc.-2 janv., dim. et lundi

Le Un, Bistrot Gourmand

CUISINE MODERNE • BISTRO Le chef, Christophe Alloy, compose de bonnes recettes qui rendent hommage à la tradition bistrotière, avec quelques touches originales : œuf poché cocotte, aubergine, émulsion au chorizo ; "langue de chat" de bœuf aux échalotes confites et pommes grenailles... Une ode au métissage culinaire et à l'harmonie des saveurs.

Menu 24 € - Carte 35/46 €

1 r. Lefèbvre Ⓜ Porte de Versailles - ✆ 01 42 50 82 16 - www.leunbistrot.fr - Fermé dim.

La Cantine du Troquet Dupleix

CUISINE TRADITIONNELLE • BISTRO Création de Christian Etchebest, cette Cantine du Troquet version Dupleix surfe sur une recette éprouvée : pourquoi s'en plaindre ? Comme dans le 14e, la carte joue sur un registre mi-brasserie mi-bistrot qui mise tout sur des recettes bien tournées... où transparaissent les origines basques du patron. En toute convivialité.

Carte 28/50 €

53 bd de Grenelle Ⓜ Dupleix - ✆ 01 45 75 98 00 - lacantinedutroquet.com

Kohyang Ⓝ

CUISINE CORÉENNE • SIMPLE Les Coréens installés à Paris connaissent bien ce restaurant à la façade en briques. On y dévore de délicieuses spécialités du pays du matin calme : outre le célèbre bibimbap, on se laisse séduire par une aile de raie crue pimentée, ou un tendon sauté. C'est généreux, gourmand : le succès est amplement mérité !

Menu 14/16 € - Carte 29/54 €

6 r. du Gén.-Estienne Ⓜ Charles Michels - ✆ 01 40 59 80 45 (réservation conseillée) - Fermé 2 semaines en août, 2 semaines en déc. et lundi

750g La Table

CUISINE TRADITIONNELLE • SIMPLE Damien Duquesne, fondateur du site de recettes 750g.com, a ouvert ce restaurant pour partager dans le "monde réel" sa passion pour les belles saveurs. Grand bien lui en a pris ! L'idée : proposer des plats sans chichis, à base de produits frais et de saisons, dans un esprit familial et convivial. Pari gagnant.

Formule 16 € - Menu 24 €

397 r. de Vaugirard Ⓜ Porte de Versailles - ✆ 01 45 30 18 47 - www.750glatable.com - Fermé 23 déc.-2 janv., sam. et dim.

PARIS

Axuria

A/C

CUISINE MODERNE • COSY Axuria, c'est l'agneau de lait des Pyrénées, en basque... Et le Pays basque, c'est précisément la région du chef, Olivier Amestoy, qui signe une cuisine fraîche, centrée sur le produit, nourrie de classiques et néanmoins personnelle. Sa spécialité ? L'agneau de lait des Pyrénées rôti au thym et à l'ail, bien sûr !

Formule 22 € – Menu 37 € (dîner)/45 € – Carte environ 46 €

54 av. Félix-Faure Ⓜ Boucicault
– ✆ 01 45 54 13 91 – www.axuria-restaurant.fr

Afaria

A/C

CUISINE TRADITIONNELLE • BAR À VIN On opte pour de belles tapas (uniquement au comptoir), ou pour des plats gourmands et créatifs : terrine d'artichaut au lard fumé et au vieux comté, magret de canard cuit aux sarments de vigne, cuisse de sanglier farcie au chorizo... Afaria signifie "À table" en basque, le message est clair !

Formule 23 € – Menu 27 € (déj. en semaine)/45 € – Carte 37/51 €

15 r. Desnouettes Ⓜ Convention
– ✆ 01 48 42 95 90 – www.afaria.fr
– Fermé 5-30 août, vacances de Noël, dim. et lundi

L'Ardoise du XV

CUISINE MODERNE • BISTRO Os à moelle en tartine, noix de Saint-Jacques de Bretagne cuites à la plancha, volaille rôtie au foie gras, millefeuille à la vanille... Des intitulés bien représentatifs de cette Ardoise nichée à l'ouest du 15e, et qui se révèlent dans des assiettes fraîches et savoureuses ! Décor bistrotier tout en sobriété.

Formule 19 € – Menu 23 € (déj. en semaine)/35 € – Carte 35/58 €

70 r. Sébastien-Mercier Ⓜ Charles Michels – ✆ 01 45 78 91 38
– www.lardoiseduxv.fr – Fermé août, 1 semaine vacances de Noël, dim. soir et lundi

Yanasé

A/C

CUISINE JAPONAISE • EXOTIQUE Yanasé ? C'est un cèdre du sud de l'archipel nippon. Dans un intérieur épuré et serein, on se régale des traditionnels sushis, sashimis et brochettes (de poisson et de viande), mais aussi d'un menu autour de l'anguille. Avec, comme il se doit, le spectacle des cuisiniers qui s'affairent aux fourneaux.

Menu 20 € (déj. en semaine)/50 € – Carte 38/76 €

75 r. Vasco-de-Gama Ⓜ Lourmel – ✆ 01 42 50 07 20 – Fermé 2 semaines en août, dim. et lundi

Le Mûrier

CUISINE TRADITIONNELLE • TRADITIONNEL Le Mûrier séduit avec ses petits airs de chaleureux troquet de quartier, tout simplement convivial... On y sert une cuisine d'esprit traditionnel, goûteuse et soignée, et l'accueil est charmant.

Formule 21 € – Menu 24 € (déj.)/27 €

42 r. Olivier-de-Serres Ⓜ Convention – ✆ 01 45 32 81 88 – Fermé 3 semaines en août, sam. et dim.

Tipaza

CUISINE NORD-AFRICAINE • EXOTIQUE A peine poussée la porte de ce discret restaurant, la magie opère : murs en stuc blanc, tableaux orientaux, parfum de bouillons, de légumes et d'épices... Pas de doute, vous êtes au Maghreb ! Dans l'assiette, couscous berbères ou tajines patiemment mijotés réjouiront vos papilles. Dépaysement garanti.

Formule 15 € – Menu 24 € 🍷/40 € 🍷 – Carte 21/29 €

155 r. St-Charles Ⓜ Boucicault – ✆ 01 45 54 01 17 – www.tipaza.fr

Chez Mademoiselle

CUISINE RUSSE • BISTRO Chez Mademoiselle, les goûts sont sûrs et les rations généreuses ! Et comme il s'agit de cuisine russe et kazakhe, sachez que vous ne sortirez pas de table en ayant faim. Goûtez à la salade russe d'Olivier et au bœuf Strogonoff : tout ici est au service de la gourmandise et de la convivialité. Nazdarovie !

Formule 24 € - Menu 35 €

21 r. Mademoiselle Ⓜ Commerce - ✆ 01 48 28 50 79 - www.chezmademoiselle-parisastana.fr - Fermé août et lundi

Hôtels

Pullman Paris Tour Eiffel

HÔTEL DE CHAÎNE • DESIGN Ce grand bâtiment des années 1960 bénéficie avant tout d'un emplacement exceptionnel, quasiment au pied du plus célèbre monument de Paris ! On y dort dans de grandes chambres épurées et lumineuses, dont certaines disposent d'un balcon avec vue sur la tour. Superbe espace fitness.

421 chambres - 🚹260/1200 € 🚹🚹260/1200 € - 9 suites - ☕ 26 €

18 av. de Suffren Ⓜ Bir-Hakeim - ✆ 01 44 38 56 00 - www.pullmanhotels.com

Novotel Tour Eiffel

HÔTEL DE CHAÎNE • CONTEMPORAIN Le front de Seine et ses tours des années 1970, parmi lesquelles ce Novotel de facture contemporaine disposant d'un centre de conférence high-tech. Le plus : la majorité des chambres donnent sur le fleuve.

758 chambres - 🚹140/375 € 🚹🚹140/375 € - 6 suites - ☕ 20 € - ½ P

61 quai de Grenelle Ⓜ Bir-Hakeim - ✆ 01 40 58 20 00 - www.novotel-paris-toureiffel.com

Benkay - voir les restaurants ci-dessus

Mercure Paris Centre Tour Eiffel

HÔTEL DE CHAÎNE • CONTEMPORAIN Un vaste Mercure rénové dans un esprit d'aujourd'hui, avec un restaurant, des salles de réunion, un fitness ouvert 24h/24... Atout typiquement parisien : les chambres des étages supérieurs offrent une jolie vue sur la tour Eiffel.

394 chambres - 🚹142/320 € 🚹🚹242/420 € - 11 suites - ☕ 20 €

20 r. Jean-Rey Ⓜ Bir-Hakeim - ✆ 01 45 78 50 00 - www.mercure.com

Vice Versa

URBAIN • PERSONNALISÉ Avarice, gourmandise, orgueil, luxure, colère, paresse et envie : les chambres de cet hôtel décoré par Chantal Thomas illustrent les sept péchés capitaux ! Pour y accéder, traversez le hall aux airs de paradis. En revanche, si vous descendez au sous-sol pour profiter du hammam, vous voilà en enfer... Diablement inspiré !

37 chambres - 🚹100/315 € 🚹🚹120/365 € - ☕ 15 €

213 r. de la Croix-Nivert Ⓜ Porte de Versailles - ✆ 01 55 76 55 55 - www.viceversahotel.com

Ares

TRADITIONNEL • PERSONNALISÉ Un soupçon de baroque, une touche de cachet parisien, un bel esprit feutré... pour un hôtel chic et cossu, tout près de la tour Eiffel - certaines chambres donnent d'ailleurs sur la Grande Dame ! On profite aussi d'un accès gratuit à la salle de gym voisine.

40 chambres - 🚹190/650 € 🚹🚹190/650 € - ☕ 18 €

7 r. Général-Larminat Ⓜ La Motte-Piquet Grenelle - ✆ 01 47 34 74 04 - www.ares-paris-hotel.com

Platine

URBAIN • PERSONNALISÉ Blonde... Platine comme Marilyn Monroe à laquelle cet hôtel rend hommage. Les chambres sont confortables et bien tenues ; préférez celles avec un lit rond... Glamour à souhait ! Agréable espace détente au sous-sol. Une bonne adresse pour cultiver la "poupoupidou" attitude.

46 chambres - 139/315 € 149/345 € - 15 €

20 r. de l'Ingénieur-Robert-Keller Ⓜ Charles Michels - ✆ 01 45 71 15 15 - www.platinehotel.fr

Tourisme Avenue

URBAIN • CONTEMPORAIN Une avenante façade blanche, une situation idéale à deux pas de La Motte-Picquet-Grenelle, des chambres soignées et bien isolées : voilà quelques-uns des atouts de cet hôtel familial, rénové en 2014. Et pour les amateurs de "sensations", toilettes à la japonaise !

55 chambres - 99/399 € 99/399 € - 11 €

66 av. La Motte-Picquet Ⓜ La Motte-Picquet Grenelle - ✆ 01 47 34 28 01 - www.hoteltourismeavenue.com

Vic Eiffel

URBAIN • COSY Judicieusement situé au pied du métro Sèvres-Lecourbe, aux frontières du 7e arrondissement, cet hôtel lumineux joue la carte moderne et cosy, avec une salle de petit-déjeuner sous véranda et des chambres confortables aux couleurs apaisantes.

30 chambres - 99/195 € 125/290 € - 14 €

92 bd Garibaldi Ⓜ Sèvres Lecourbe - ✆ 01 53 86 83 83 - www.viceiffel.com

First

URBAIN • DESIGN Face au métro aérien, un décor "black and white" tout en contraste pour cet hôtel à l'esprit résolument design. Les chambres ont du style, c'est indéniable, et certaines (dès le 3eétage) ont vue sur la tour Eiffel...

42 chambres - 119/299 € 139/629 € - 15 €

2 bd Garibaldi Ⓜ Cambronne - ✆ 01 43 06 93 26 - www.firsthotelparis.com

Mercure Paris 15 Porte de Versailles

HÔTEL DE CHAÎNE • CONTEMPORAIN Tout près de la porte de Versailles, mais au calme, un Mercure récent et accueillant, avec des chambres confortables. On prend son petit-déjeuner dans une véranda qui donne sur un jardinet fleuri... Plutôt agréable avant une réunion !

54 chambres - 85/400 € 85/400 € - 2 suites - 17 €

6 r. St-Lambert Ⓜ Boucicaut - ✆ 01 45 58 61 00 - www.mercure.com

Eden

BUSINESS • COSY Situé au cœur du 15e arrondissement, ce petit hôtel a bénéficié d'une rénovation complète pour offrir à sa clientèle le meilleur confort possible. Les chambres sont coquettes et le petit espace fitness bienvenu. Mini patio dans la cour de l'immeuble.

37 chambres - 94/250 € 94/250 € - 11 €

110 r. Blomet Ⓜ Vaugirard - ✆ 01 48 28 13 95 - www.hoteledenparis.com

Trocadéro · Étoile · Passy · Bois de Boulogne

75016

16e ARRONDISSEMENT

Restaurants

Le Pré Catelan

CUISINE CRÉATIVE · LUXE Œil vif, geste sûr : impossible de distinguer, dans les créations de Frédéric Anton, la technique exigeante de l'intuition fulgurante. Si chaque assiette est un chef-d'œuvre, toutes s'érigent en monuments de plaisir – plaisir sensible et communicatif – à déguster, au cœur du bois, dans un décor de fête blanc et argent.

➜ Crabe, crème légère à l'aneth, caviar de France, soupe au parfum de fenouil. Cabillaud aux algues, beurre aux zestes de citron vert. Pomme soufflée croustillante, crème glacée au caramel, cidre et sucre pétillant.

Menu 130 € (déj.), 220/280 € – Carte 250/315 €

au Bois de Boulogne - rte de Suresnes 75016
- 01 44 14 41 14
- www.precatelanparis.com
- Fermé 5-20 fév., 6-28 août, 29 oct.-6 nov., dim. et lundi

Astrance (Pascal Barbot)

CUISINE CRÉATIVE · ÉPURÉ Chaque service est un éblouissement, chaque assiette une symphonie. Le chef-artiste réinvente la cuisine pour une représentation unique : sans carte ni menu, on se laisse surprendre par des créations qui subjuguent les sens, et dont les produits livrent leurs plus belles confidences. Impossible de réserver plus d'un mois à l'avance.

➜ Millefeuille de champignons de Paris, foie gras mariné au verjus et pâte de citron rôti. Légine à la vapeur, coulis raisin et tamarin, poudre de gingembre. Tartelette aux agrumes.

Menu 70 € (déj.), 150/230 €

4 r. Beethoven 75016 Ⓜ Passy
- 01 40 50 84 40 (réservation conseillée)
- www.astrancerestaurant.com – Fermé août, 1 semaine en nov., vacances de Noël, sam., dim., lundi et fériés

L'Abeille

CUISINE MODERNE · LUXE Le "restaurant français" du Shangri-La, baptisé ainsi en hommage à l'emblème napoléonien. La grande tradition hexagonale est logiquement à l'honneur : sous l'égide de Christophe Moret, chef au grand savoir-faire, la carte se fait chantre du beau classicisme et de la noblesse des produits. Une table au goût de miel...

➜ Oursin et caviar en délicate royale. Homard des îles Chausey en cocotte lutée, sucs savoureux. Miel du maquis corse givré aux parfums de citron et d'eucalyptus.

Menu 210 € – Carte 155/215 €

Hôtel Shangri-La, 10 av. d'Iéna 75116 Ⓜ Iéna
- 01 53 67 19 90 – www.shangri-la.com
- Fermé 30 juil.-29 août, 17-30 déc., dim., lundi et le midi

PARIS

✿✿ Mathieu Pacaud - Histoires

CUISINE CRÉATIVE · ÉLÉGANT XXXX Il aura fallu de nombreux mois à Mathieu Pacaud et son équipe pour explorer d'innombrables combinaisons et faire éclore une carte inédite et bien ciselée. Le chef met à profit de nombreuses techniques - infusion, macération, déglaçage, marinade - et réalise des assiettes innovantes : chaque plat est une expérience !

➜ Marquise d'œuf, émulsion d'artichaut breton et truffe noire. Turbot sauvage, fleur de courgette, fumée de romarin et crémeux de chorizo. Grande valse brillante.

Menu 95 € (déj.), 230/350 € - Carte 230/355 €

85 av. Kléber ✉ 75016 Ⓜ Trocadéro - ✆ 01 70 98 16 35 (réservation conseillée) - www.histoires-paris.fr - Fermé août, mardi midi, sam. midi, dim. et lundi

✿ St-James Paris

CUISINE MODERNE · CLASSIQUE XXXX Un établissement exclusif, à l'atmosphère de club privé anglais... Le cadre est superbe, aussi chic qu'élégant avec ses boiseries, ses tissus mordorés, son haut plafond en trompe l'œil et son jardin très secret. La cuisine est à l'avenant, toujours à l'avantage du beau produit. Un lieu qui ne manque pas de goût.

➜ Velouté glacé aux huîtres, pomme de terre et caviar. Homard mijoté, émulsion de jus des carcasses façon cappuccino à l'estragon. Fraîcheur de fruits de saison au parfum de verveine.

Menu 130 € - Carte 95/155 €

Hôtel St-James Paris, 43 av. Bugeaud ✉ 75116 Ⓜ Porte Dauphine - ✆ 01 44 05 81 88 - www.saint-james-paris.com - Fermé dim. soir et le midi

✿ La Grande Cascade

CUISINE MODERNE · CLASSIQUE XXXX Transformé en restaurant pour l'Exposition universelle de 1900, ce charmant pavillon mêle les styles Empire, Belle Époque et Art nouveau, le tout à quelques pas de la Grande Cascade du bois de Boulogne. Déguster une cuisine raffinée sous sa majestueuse rotonde ou sur sa ravissante terrasse est un plaisir d'une élégance rare...

➜ Tourteau de Bretagne au naturel, avocat et caviar osciètre royal. Carré d'agneau du pays d'Oc, tomates, olives de Kalamata et prune noire. Baba au rhum ambré et chantilly.

Menu 89/192 € - Carte 169/216 €

au Bois de Boulogne - allée de Longchamp ✉ 75016 - ✆ 01 45 27 33 51 - www.restaurantsparisiens.com - Fermé 19 déc.-14 janv.

✿ Shang Palace

CUISINE CHINOISE · EXOTIQUE XXX Situé au niveau inférieur du Shangri-La, ce Shang Palace recrée avec grâce le décor d'un luxueux restaurant chinois : colonnes de jade, paravents sculptés, lustres en cristal... La carte fait honneur à la gastronomie cantonaise, authentique et parfumée.

➜ Saumon Lo Hei. Canard laqué façon pékinoise en deux services. Crème de mangue, pomélo et perles de sagou.

Menu 52 € 🍷 (déj.), 78/128 € - Carte 60/230 €

Hôtel Shangri-La, 10 av. d'Iéna ✉ 75116 Ⓜ Iéna - ✆ 01 53 67 19 92 - www.shangri-la.com - Fermé 6-21 fév., 11 juil.-2 août, mardi et merc.

✿ Relais d'Auteuil (Patrick Pignol)

CUISINE MODERNE · INTIME XXX Le cadre intimiste met en valeur de nombreuses peintures et sculptures contemporaines. La belle cuisine au goût du jour s'inspire de produits de qualité (gibier en saison). Superbe livre de cave et beau choix de champagnes.

➜ Encornets farcis aux oignons doux des Cévennes, senteurs de speck. Côte et filet d'agneau des Pyrénées rôtis, jus aux brins de sarriette. Feuillantine croustillante aux fruits de saison parfumés aux épices.

Menu 100 € 🍷 (déj.)/135 € - Carte 90/155 €

31 bd Murat ✉ 75016 Ⓜ Michel Ange Molitor - ✆ 01 46 51 09 54 - www.relaisdauteuil-pignol.fr - Fermé août, vacances de Noël, sam. midi, dim. et lundi

✿ Les Tablettes de Jean-Louis Nomicos

CUISINE MODERNE • ÉLÉGANT XXX Après avoir œuvré chez Lasserre – l'un des temples de la cuisine classique –, Jean-Louis Nomicos a créé ces Tablettes où il a souhaité apposé son nom. C'est dans un décor contemporain original que s'épanouit sa belle cuisine aux accents méditerranéens, marquée à la fois par ses racines marseillaises et son exigeant savoir-faire.

➜ Macaroni, truffe noire, foie gras de canard, céleri et jus de veau. Filet de bœuf de Salers, aubergine brûlée, pommes soufflées et sauce provençale. Granité à la Chartreuse verte, framboises et glace à l'eau de rose.

Menu 42 € (déj.), 80 € 🍷/145 € – Carte 100/150 €

16 av. Bugeaud ✉ 75116 Ⓜ Victor Hugo – ☎ 01 56 28 16 16 – www.lestablettesjeanlouisnomicos.com

✿ Antoine

POISSONS ET FRUITS DE MER • ÉLÉGANT XXX Sous l'égide du chef Thibault Sombardier, une valeur sûre de la cuisine de la mer à Paris. La carte change chaque jour pour offrir le meilleur de la marée, en liaison directe avec les ports bretons, basques ou méditerranéens. Le tout travaillé avec savoir-faire et inspiration : un must. Élégant décor contemporain.

➜ Gamberoni et fins coquillages au naturel, citron noir d'Iran et bouillon de roquette. Aiguillette de saint-pierre de petit bateau, épinards, pomme de mer et sabayon à l'estragon. Galet noisette, compotée de mirabelle.

Menu 48 € (déj. en semaine), 86/155 € – Carte 125/155 €

10 av. de New-York ✉ 75116 Ⓜ Alma Marceau – ☎ 01 40 70 19 28 – www.antoine-paris.fr – Fermé 3 semaines en août, 1 semaine vacances de Noël, dim. et lundi

✿ Le Pergolèse (Stéphane Gaborieau)

CUISINE MODERNE • ÉLÉGANT XXX Une cuisine du soleil joliment revisitée par un chef Meilleur Ouvrier de France qui ne dédaigne pas y apporter quelques notes japonisantes. Le tout dans un décor à la fois sobre et élégant.

➜ Moelleux de filets de sardines marinés aux épices, sorbet à la tomate. Sole façon "Meilleur Ouvrier de France 2004". Soufflé chaud de saison.

Menu 54 € (déj.), 75/125 € – Carte 80/120 €

40 r. Pergolèse ✉ 75116 Ⓜ Porte Maillot – ☎ 01 45 00 21 40 – www.lepergolese.com – Fermé 3 semaines en août, sam. midi et dim.

✿ Hexagone

CUISINE MODERNE • BRANCHÉ XX Après de nombreuses années passées auprès de son père Bernard à l'Ambroisie, Mathieu Pacaud s'est enfin lancé dans une aventure gastronomique en solo. On ne va pas s'en plaindre : il régale ses convives avec des assiettes maîtrisées, construites, composées... en un mot, cuisinées !

➜ Œuf de poule mollet, fine ratatouille et crème glacée de céleri. Limande-sole à la viennoise, poêlée de girolles, amandes fraîches et sauce au vin jaune. Ganache bayano, glace au miel, croquant à la noisette, sarrasin glacé et soufflé.

Menu 59 € (déj. en semaine), 135/185 € – Carte 100/140 €

85 av. Kléber ✉ 75116 Ⓜ Trocadéro – ☎ 01 42 25 98 85 – www.hexagone-paris.fr – Fermé dim. et lundi

✿ Pages (Ryuji Teshima)

CUISINE CRÉATIVE • ÉPURÉ XX Le tartare de veau rencontre le zeste de citron, la poutargue et la crème d'anchois ; le céleri rave épouse la langoustine et le saint-nectaire... Des mariages de saveurs détonants dans ce restaurant tenu par un jeune chef japonais amoureux de la cuisine française. Le tout dans un décor épuré autant à la page !

➜ Cuisine du marché.

Menu 50 € (déj.), 75/90 €

4 r. Auguste-Vacquerie ✉ 75016 Ⓜ Charles de Gaulle-Etoile – ☎ 01 47 20 74 94 (réservation conseillée) – www.restaurantpages.fr – Fermé 3 semaines en août, dim. et lundi

PARIS

L'Archeste (Yoshiaki Ito)

CUISINE MODERNE • ÉPURÉ Cadre épuré et cuisine à l'unisson pour ce restaurant imaginé par l'ancien chef d'Hiramatsu. Bonite, légume et céleri-rave ; pigeon, cèpes, mesclun : pas de carte ici, mais des menus imposés, évoluant chaque jour au gré des saisons et des humeurs du chef. Précis et moderne : un régal.
➜ Cuisine du marché

Menu 38 € (déj. en semaine), 56/96 €

79 r. de la Tour Ⓜ Rue de la Pompe – ☎ 01 40 71 69 68 (réservation conseillée) – www.archeste.com – Fermé sam. midi, dim. et lundi

Atelier Vivanda - Lauriston

VIANDES • BISTRO Le premier "Vivanda" créé par Akrame Benallal, qui célèbre aussi bien la vie que la viande... Au menu : bœuf Black Angus, poulet fermier, etc., au gré du marché et des saisons – le tout servi sur de petites tables façon billot de boucher.

Menu 36/71 €

18 r. Lauriston ✉ 75016 Ⓜ Kléber – ☎ 01 40 67 10 00 (réservation conseillée) – www.ateliervivanda.com – Fermé 2 semaines en août, vacances de Noël, sam. et dim.

N° 41

CUISINE TRADITIONNELLE • BISTRO Dans ce sympathique bistrot de style industriel, on profite d'une cuisine gourmande de qualité, à l'instar de cet œuf cocotte et crème de foie gras. Une table dans l'air du temps, à classer quelque part entre brasserie et bistrot, qui doit son succès à un couple de restaurateurs passionnés et attachants.

Carte 30/50 €

41 av. Mozart ✉ 75016 Ⓜ Ranelagh – ☎ 01 45 03 65 16 – Fermé 2 semaines en août

Lili

CUISINE CHINOISE • ÉLÉGANT Créé par le groupe hôtelier de luxe hongkongais du même nom, le déjà célèbre hôtel Peninsula abrite comme il se doit une table asiatique : Lili, du nom d'une fameuse cantatrice chinoise des années 1920. Dans un décor très théâtral, la longue carte révèle un large éventail de spécialités chinoises. Une véritable ambassade !

Menu 58 € (déj.), 68/150 € – Carte 80/120 €

Hôtel Peninsula, 19 av. Kléber ✉ 75116 Ⓜ Kléber – ☎ 01 58 12 67 50 – http://paris.peninsula.com/fr/ – Fermé 22-29 fév. et 13-30 août

Prunier

POISSONS ET FRUITS DE MER • CLASSIQUE Institution créée en 1925 par l'architecte Boileau, au superbe décor Art déco classé (marbre noir, mosaïques, vitraux). Outre d'excellents produits de la mer, c'est l'occasion de découvrir le caviar maison du Sud-Ouest.

Menu 47 € (déj.), 85/175 € – Carte 62/215 €

16 av. Victor-Hugo ✉ 75116 Ⓜ Charles de Gaulle-Etoile – ☎ 01 44 17 35 85 – www.prunier.com – Fermé août, sam. midi, dim. et fériés

Tsé Yang

CUISINE CHINOISE • EXOTIQUE D'élégantes salles à manger (dominantes de noir, plafond doré) en forme d'écrin pour une cuisine traditionnelle chinoise de Pékin, de Shanghai et du Sichuan. Un lieu dépaysant, où l'on apprécie également un service attentif et stylé.

Menu 34 € 🍷 (déj.), 45/53 € – Carte 45/100 €

25 av. Pierre-1er-de-Serbie ✉ 75016 Ⓜ Iéna – ☎ 01 47 20 70 22

La Table du Baltimore

CUISINE MODERNE • COSY XXX L'hôtel Baltimore, c'est aussi cette Table chic qui associe boiseries anciennes, mobilier contemporain et dessins d'art. Un cadre élégant pour une cuisine qui cultive l'air du temps : tourteau à la tomate séchée et ciboule ; ris et joue de veau aux carottes confites ; ananas comme un sushi à la noix de coco...

Formule 40 € - Carte 80/100 €

Hôtel Baltimore, 1 r. Léo-Delibes ✉ 75016 Ⓜ Boissière - ✆ 01 44 34 54 34 - www.latabledubaltimore.fr - Fermé août, sam., dim. et fériés

L'Oiseau Blanc

CUISINE MODERNE • DESIGN XX La table de "gastronomie française contemporaine" du Peninsula, ce luxueux hôtel né en 2014 près de l'Arc de Triomphe. Sur les toits, où trône une reproduction de l'Oiseau Blanc (l'avion avec lequel Nungesser et Coli tentèrent la traversée de l'Atlantique en 1927), le restaurant semble partir à l'assaut du ciel de Paris !

Formule 59 € - Menu 69 € (déj.), 109/129 €

Hôtel Peninsula, 19 av. Kléber ✉ 75116 Ⓜ Kléber - ✆ 01 58 12 67 30 - http://paris.peninsula.com/fr/

Victoria 1836

CUISINE MODERNE • ÉLÉGANT XX Après dix ans passés auprès de Yannick Alléno au Meurice, Alexandre Auger a pris les rênes de cette superbe brasserie à deux pas de l'Arc de Triomphe. En bon fils de boucher, il ne transige pas sur la qualité des produits ; ses préparations, fines et bien pensées, portent l'empreinte d'un chef perfectionniste.

Formule 36 € - Menu 45 € - Carte environ 100 €

12 r. de Presbourg ✉ 75016 Ⓜ Charles de Gaulle-Etoile - ✆ 01 44 17 97 72 - www.victoria-1836.com - Fermé sam. midi et dim.

Cristal Room Baccarat

CUISINE MODERNE • CHIC XX L'ancien hôtel particulier de Madame de Noailles sert aujourd'hui d'écrin à la célèbre maison Baccarat. La salle du restaurant (fresque peinte, lustres en cristal) a été relookée par Philippe Starck. Un cadre superbe pour une cuisine actuelle.

Formule 56 € - Menu 65 € (déj.)/169 € - Carte 95/115 €

11 pl. des Etats-Unis - Maison Baccarat (1er étage) ✉ 75116 Ⓜ Boissière - ✆ 01 40 22 11 10 - www.cristalroom.fr - Fermé dim. et fériés

Marius

POISSONS ET FRUITS DE MER • ÉLÉGANT XX Près du Parc des Princes, une adresse dédiée aux produits de la mer. L'influence méditerranéenne se fait sentir avec des incontournables comme la bouillabaisse. Dans la salle toute blanche, égayée de vieux gréements, on prend le large...

Carte 45/75 €

82 bd Murat ✉ 75016 Ⓜ Porte de St-Cloud - ✆ 01 46 51 67 80 - www.restaurantmarius.fr - Fermé août, sam. midi et dim.

6 New York

CUISINE MODERNE • DESIGN XX L'enseigne vous dit tout sur l'adresse, avenue de New York... mais rien sur la cuisine : on est loin d'une table nord-américaine ! Saveurs franches et bien marquées, respect des saisons : la cuisine est en parfaite harmonie avec le cadre contemporain et élégant. Et les clients sont accueillis comme à la maison...

Formule 36 € - Menu 45 € (déj.), 70/90 € - Carte 46/76 €

6 av. de New-York ✉ 75016 Ⓜ Alma Marceau - ✆ 01 40 70 03 30 - www.6newyork.fr - Fermé août, sam. midi et dim.

PARIS

Étude

CUISINE MODERNE • ÉLÉGANT XX Une leçon d'épure : voilà ce qu'inspirent les créations du chef, Keisuke Yamagishi. Il a choisi de nommer son restaurant "Étude" parce que c'est ainsi qu'il considère son travail : une recherche inlassable pour atteindre la substance même de la cuisine. Le tout dans un décor lui aussi minimaliste. Une exigence totale.

Menu 45/80 €

14 r. Bouquet-de-Longchamp ✉ 75016 Ⓜ Boissière – ✆ 01 45 05 11 41 (réservation conseillée) – Fermé sam. midi, dim. et lundi

A et M Restaurant

CUISINE MODERNE • ÉLÉGANT XX Un vrai bistrot de chef, au décor chic et chaleureux. Aux fourneaux, on trouve Tsukasa Fukuyama, qui s'approprie avec aisance les grands classiques de la gastronomie de l'Hexagone : pressé de tête de veau tiède et sa sauce ravigote, gigot d'agneau au cumin et jus d'olives noires : on passe un bon moment !

Formule 28 € – Menu 38 € – Carte 46/69 €

136 bd. Murat ✉ 75016 Ⓜ Porte de St-Cloud – ✆ 01 45 27 39 60 – www.am-restaurant.paris – Fermé août, sam. midi et dim.

Terrasse Mirabeau

CUISINE MODERNE • COSY XX Sa terrasse à l'ombre des platanes est bien agréable, tout comme sa cuisine bourgeoise qui varie au fil des saisons. Le chef élabore lui-même ses cuvées (languedoc, côtes-du-rhône, bordeaux) ; servies au verre, elles ont un franc succès.

Formule 25 € – Menu 36/48 € – Carte environ 56 €

5 pl. de Barcelone ✉ 75016 Ⓜ Mirabeau – ✆ 01 42 24 41 51 – www.terrasse-mirabeau.com – Fermé 3 semaines en août, 1 semaine fin déc., sam. et dim.

Le Vinci

CUISINE ITALIENNE • ÉLÉGANT XX La décoration intérieure sympathique et l'amabilité du service font du Vinci un établissement très prisé, à deux pas de l'avenue Victor-Hugo. Le beau choix de pâtes et de risottos, les viandes et poissons à la carte, varient selon le marché.

Menu 38 € – Carte 48/84 €

23 r. Paul-Valéry ✉ 75116 Ⓜ Victor Hugo – ✆ 01 45 01 68 18 – www.restaurantlevinci.fr – Fermé 1er-22 août, sam. et dim.

Conti

CUISINE ITALIENNE • INTIME XX Velours rouge, miroirs et lustres en cristal : le décor intimiste hésite entre club privé et théâtre à l'italienne. La cuisine de la Botte, généreuse et classique, a su séduire de nombreux habitués.

Menu 39 € (déj. en semaine)/47 € – Carte 57/87 €

72 r. Lauriston ✉ 75116 Ⓜ Boissière – ✆ 01 47 27 74 67 – www.leconti.fr – Fermé 31 juil.-20 août, 24 déc.-1er janv., sam., dim. et fériés

Le Metropolitan

CUISINE MODERNE • DESIGN XX L'ancien second du restaurant de l'hôtel Metropolitan est est devenu le chef, et a réorienté la carte vers une belle cuisine traditionnelle revisitée, forte de saveurs bien marquées et de cuissons d'une extrême justesse. Blanquette de veau au riz basmati, chateaubriand à la sauce béarnaise... Fin et goûteux !

Menu 31 € (déj.)/59 € 🍷 – Carte 46/61 €

Hôtel Metropolitan Radisson Blu, 10 pl. de Mexico ✉ 75116 Ⓜ Trocadéro – ✆ 01 56 90 40 04 – www.radissonblu.com/hotel-pariseiffel – Fermé 3 semaines en août, dim. et lundi

Monsieur Bleu

CUISINE MODERNE • ÉLÉGANT XX L'adresse a alimenté la chronique mondaine dès son inauguration au printemps 2013... Il faut dire qu'au sein du palais de Tokyo, elle est superbe avec sa salle Art déco tout en gris, vert et or, et sa terrasse regardant la Seine et la tour Eiffel. L'assiette n'est pas en reste, sophistiquée et savoureuse. Un endroit très en vue !

Carte 42/102 €

20 av. de New-York (Palais de Tokyo) ✉ 75016 Ⓜ Iéna - ✆ 01 47 20 90 47 - www.monsieurbleu.com

Flandrin

CUISINE TRADITIONNELLE • BRASSERIE XX Emplacement original pour ce Flandrin, niché dans une ancienne gare de la Petite Ceinture devenue station du RER C. Au menu : un décor chic, aux allures de brasserie contemporaine, et une cuisine qui sait satisfaire tous les goûts, entre grands classiques et recettes exotiques. Verdict : descendez à la station Henri-Martin !

Carte 45/110 €

80 av. Henri-Martin ✉ 75116 Ⓜ Avenue Henri Martin - ✆ 01 45 04 34 69

Jérémie

CUISINE MODERNE • ÉLÉGANT XX Jérémie Tourdjman a créé cette élégante table en 2014. Le jeune chef est un tenant de la bistronomie, soucieux notamment de mettre en avant le produit de façon simple, franche et directe... mais sans rechigner à livrer un vrai travail de cuisinier (il est passé par les cases Constant et Ducasse). Une partition à encourager !

Menu 40 € - Carte 51/68 €

33 r. de Longchamp ✉ 75116 Ⓜ Boissière - ✆ 01 47 04 96 81 - www.restaurantjeremie.com - Fermé 29 juil.-28 août, sam. midi et dim.

Jamin

CUISINE MODERNE • ÉLÉGANT XX Atmosphère chic et feutrée pour cette table tout en camaïeu de crème et de beige. On y apprécie une cuisine savoureuse et bien troussée, à l'image de ce tartare d'écrevisses aux zestes de citron vert. Pour l'anecdote, les gastronomes avertis se rappelleront que Joël Robuchon fit la célébrité de Jamin dans les années 1980...

Formule 31 € - Menu 37 € - Carte 45/60 €

32 r. de Longchamp ✉ 75116 Ⓜ Iéna - ✆ 01 45 53 00 07 - www.restaurant-jamin.com - Fermé août, sam. midi et dim.

La Causerie

CUISINE MODERNE • ÉLÉGANT XX L'heure du renouveau a sonné pour cette petite institution de La Muette, reprise en 2013 par deux jeunes associés venus du Royal Monceau. La carte, sûre de ses fondamentaux, est aussi carrée que gourmande, et le cadre allie joliment lustre d'antan et esprit contemporain. À (re-)découvrir très vite !

Formule 29 € - Menu 35 € - Carte 38/65 €

31 r. Vital ✉ 75016 Ⓜ La Muette - ✆ 01 45 20 33 00 - www.lacauserie.fr - Fermé 3 semaines en août, sam. midi et dim.

Le Tournesol

CUISINE TRADITIONNELLE • VINTAGE X Une jolie terrasse d'où la vue porte jusque sur la Seine, un beau décor inspiré des années 1920 (murs blanc et or, motifs floraux, banquettes en velours...) et, à la carte, de grands classiques de la brasserie ainsi que des recettes plus originales - mais toujours bien parfumées. Ce Tournesol a déjà fait tourner quelques têtes !

Carte 37/73 €

2 av. de Lamballe ✉ 75016 Ⓜ Avenue du Président Kennedy - ✆ 01 45 25 95 94 - www.le-tournesol.fr - Fermé 1 semaine en août

Passy Mandarin La Muette

CUISINE CHINOISE • **EXOTIQUE** Fondé en 1976, le Passy Mandarin La Muette joue la carte de la permanence : l'authenticité est de mise dans les assiettes, où l'on retrouve les grandes spécialités de la cuisine chinoise – mais aussi thaïlandaise et vietnamienne –, cuisinées avec un savoir-faire éprouvé. Quant au décor, il assume pleinement ses chinoiseries !

Formule 17 € – Menu 50 € – Carte 27/100 €

6 r. Bois-le-Vent ✉ 75016 Ⓜ La Muette – ☎ 01 42 88 12 18 – www.restaurant-passy-mandarin.fr – Fermé août et lundi

Chaumette

CUISINE TRADITIONNELLE • **BISTRO** Un beau bistrot à l'ancienne, tel qu'on se l'imagine : boiseries sombres, tables alignées, comptoir. La clientèle chic du quartier vient y manger au coude-à-coude pot-au-feu et millefeuilles tout à fait recommandables. Canaille et convivial.

Formule 25 € – Menu 29 € (déj.) – Carte 50/65 €

7 r. Gros ✉ 75016 Ⓜ Mirabeau – ☎ 01 42 88 29 27 – www.restaurant-chaumette.com – Fermé 6-22 août, 24-27 déc., 31 déc.-3 janv., sam. midi, dim. et fériés

Le Petit Pergolèse

CUISINE TRADITIONNELLE • **TENDANCE** Entre bistrot chic et galerie d'art contemporain, cette adresse très animée ose une déco branchée, à mi-chemin entre l'univers de David LaChapelle et le pop art. L'alléchante ardoise suggère une cuisine de tradition joliment revisitée.

Carte 44/74 €

38 r. Pergolèse ✉ 75016 Ⓜ Porte Maillot – ☎ 01 45 00 23 66 – Fermé août, sam. et dim.

Le Petit Boileau

CUISINE TRADITIONNELLE • **BISTRO** L'ancien chef du Petel, dans le 15e arrondissement, n'a pas changé de politique : il présente toujours de bonnes recettes bistrotières bien maîtrisées, servies dans une ambiance conviviale, et à des prix très sages... pour notre plus grand plaisir !

Formule 18 € – Carte 30/46 €

98 r. Boileau ✉ 75016 Ⓜ Porte de St Cloud – ☎ 01 42 24 48 67 – www.lapetitboileau.com – Fermé 3 semaines en août, dim. et lundi

116

CUISINE CRÉATIVE • **TENDANCE** Le chef Ryuji Teshima, dit "Teshi", a ouvert cette belle table aux allures de loft juste à côté de son restaurant Pages. Poulpe grillé, thon rouge snacké, salade de poulet crudités : il décline une cuisine simple et fraîche, au fort accent japonais, préparée dans une mini-cuisine très fonctionnelle. Un vrai plaisir.

Formule 18 € – Menu 23 € (déj.) – Carte 25/60 €

2 r. Auguste-Vacquerie Ⓜ Kléber – ☎ 01 47 20 10 45 – Fermé 1er-21 août, sam. et dim.

Il Gusto Sardo

CUISINE ITALIENNE • **CONVIVIAL** Ici, c'est tout le goût de la Sardaigne qui s'exprime ! Aidée de ses fils, Nicoletta œuvre en cuisine. Les habitués apprécient l'ambiance familiale et des classiques comme la saucisse sarde ou les antipastis de thon. Une authentique trattoria.

Carte 45/84 €

18 r. Chaillot ✉ 75016 Ⓜ Alma Marceau – ☎ 01 47 20 08 90 – www.restaurant-ilgustosardo.com – Fermé vacances de printemps, août, vacances de Noël, sam. midi, dim. et fériés

Juan

CUISINE JAPONAISE • ÉPURÉ Une devanture noire, des vitres fumées et une salle minuscule, typiquement nippone. Le soir, on se laisse tenter par le menu shabu-shabu (de fines tranches de bœuf trempées dans un bouillon de légumes), sukiyaki ou omakasé. Le goût du Japon...

Menu 36 € (déj.)/70 €

144 r. de la Pompe 75016 Victor Hugo - 01 47 27 43 51 - Fermé 2 semaines en août, dim., lundi et fériés

Kura

CUISINE JAPONAISE • CONVIVIAL Au cœur de Passy, à deux pas du métro La Muette, une vraie auberge japonaise d'aujourd'hui (mobilier en bois sombre, petit sushi-bar, accueil prévenant, etc.). Réalisée dans les règles de l'art, la cuisine ravit par sa finesse et ses parfums – et l'inventivité des menus du soir. Autre atout : la terrasse ensoleillée.

Menu 39/115 €

56 r. de Boulainvilliers 75016 La Muette - 01 45 20 18 32 - www.kuraparis.com - Fermé dim. en août

La Table Lauriston

CUISINE TRADITIONNELLE • TENDANCE Cette table des quartiers chic mise sur la simplicité et la qualité d'une belle cuisine de bistrot. L'ardoise est alléchante et la carte n'oublie pas les classiques (tripes maison, canard à l'orange, baba au rhum). Sympathique.

Menu 28 € (déj. en semaine) - Carte 42/83 €

129 r. Lauriston 75016 Trocadéro - 01 47 27 00 07 - www.restaurantlatablelauriston.com - Fermé 1er-27 août, sam. midi et dim.

Le Frank

CUISINE MODERNE • DESIGN Le chef étoilé Jean-Louis Nomicos est le conseiller culinaire de cette table au cadre feutré, installée dans la fondation Louis Vuitton. À la carte, des préparations goûteuses et bien réalisées, avec même quelques en-cas dans l'après-midi. L'accès au restaurant est payant : seule les 15 premières réservations sont gratuites.

Formule 28 € - Carte 50/80 €

8 av. Mahatma-Gandhi (Fondation Louis-Vuitton) 75016 - 01 58 44 25 70 - www.restaurantlefrank.fr - Fermé lundi soir, merc. soir, jeudi soir, dim. soir et mardi

La Marée Passy

POISSONS ET FRUITS DE MER • CONVIVIAL Boiseries, tons rouges et allusions à la navigation : le décor sied parfaitement aux recettes iodées de cette adresse vouée à la mer. L'ardoise change en fonction des arrivages en provenance de la côte atlantique. Beaucoup de fraîcheur !

Carte 45/60 €

71 av. Paul-Doumer 75016 La Muette - 01 45 04 12 81 - www.lamareepassy.com

Enclos de la Croix N

CUISINE MODERNE • CONVIVIAL L'Enclos de la Croix n'est pas seulement ce restaurant sympathique, c'est aussi le nom d'un domaine du Languedoc, qui produit des vins aux jolies palettes aromatiques, et accompagne astucieusement les spécialités de la maison. Vous aimerez par exemple ce filet de bar et sa purée aux fines herbes...

Formule 25 € - Menu 33 € (déj.)/55 € - Carte 45/55 €

18 bd Exelmans 75016 Porte de St-Cloud - 01 46 47 50 83 - www.restaurantenclosdelacroix.com - Fermé août, sam. et dim.

PARIS

L'Atelier d'Hugo Desnoyer

VIANDES • CONVIVIAL Les amateurs de belles viandes connaissent en général le nom d'Hugo Desnoyer, boucher attitré d'un grand nombre de grands chefs. Au cœur de la boutique, autour d'une table en bois brut, on se régale en toute simplicité de superbes pièces sélectionnées avec soin. Miam !

Carte 38/88 €

28 r. du Docteur Blanche ✉ 75016 Ⓜ Jasmin - ✆ 01 46 47 83 00 (réservation conseillée) - www.hugodesnoyer.com - Fermé août, le soir, dim. et lundi

Hôtels

Shangri-La

PALACE • GRAND LUXE L'Empire mâtiné d'Asie... La signature de ce palace créé dans l'ancien hôtel du prince Roland Bonaparte (1896). Architectures classiques, salons grandioses, luxe opulent, tables pour toutes les envies, etc. Sentiment d'exclusivité !

75 chambres - 695/1675 € 695/1675 € - 25 suites - 58 €

10 av. d'Iéna ✉ 75116 Ⓜ Iéna - ✆ 01 53 67 19 98 - www.shangri-la.com

L'Abeille • **Shang Palace** - voir les restaurants ci-dessus

The Peninsula Paris

PALACE • ÉLÉGANT C'est donc avec cet établissement que le groupe hongkongais Peninsula a pris pied à Paris en 2014. Un coup de maître ! À deux pas de l'Arc de Triomphe, dans un superbe bâtiment Belle Époque, l'hôtel a tout des plus grands : décors luxueux, équipements high-tech, prestations de haut vol, etc. Un roc, un pic, un cap... une péninsule !

166 chambres - 750/1350 € 750/1350 € - 34 suites - 55 €

19 av. Kléber ✉ 75116 Ⓜ Kléber - ✆ 01 58 12 28 88 - http://paris.peninsula.com/fr/

L'Oiseau Blanc • **Lili** - voir les restaurants ci-dessus

St-James Paris

HISTORIQUE • PERSONNALISÉ Ce superbe hôtel particulier de la fin du 19e s. s'est offert un nouveau look signé Bambi Sloan. De superbes matières, des imprimés chatoyants : le style Napoléon III flirte avec une originalité toute british ! La délicieuse bibliothèque, le majestueux escalier, les volumes harmonieux : l'empreinte d'un lieu unique...

34 suites - 385/1690 € - 15 chambres - 36 €

43 av. Bugeaud ✉ 75116 Ⓜ Porte Dauphine - ✆ 01 44 05 81 81 - www.saint-james-paris.com

St-James Paris - voir les restaurants ci-dessus

Raphael

LUXE • CLASSIQUE Une magnifique galerie d'entrée tout en boiseries, des chambres très raffinées (certaines avec vue sur Paris), un restaurant gastronomique et un bar anglais à l'élégance indéniable : tels sont les trésors du Raphael... Né en 1925 à deux pas de l'Arc de Triomphe, l'un des mythes de la grande hôtellerie parisienne.

83 chambres - 330/455 € 405/665 € - 37 suites - 40 €

17 av. Kléber ✉ 75116 Ⓜ Kléber - ✆ 01 53 64 32 00 - www.raphael-hotel.com

Renaissance Le Parc Trocadéro

LUXE • ÉLÉGANT L'année 2011 fut celle de la "renaissance" pour cet établissement, qui bénéficia alors d'une véritable cure de jouvence. L'idée du jardin à la française a servi d'inspiration pour la décoration contemporaine des chambres. Un ensemble en harmonie avec l'architecture parisienne.

122 chambres - 240/799 € 260/1099 € - 5 suites - 31 €

55-57 av. Raymond-Poincaré ✉ 75116 Ⓜ Victor Hugo - ✆ 01 44 05 66 10 - www.renaissanceleparctrocadero.com

Baltimore

HISTORIQUE • ÉLÉGANT Mobilier épuré, tissus tendance : le décor contemporain des chambres contraste avec l'architecture haussmannienne du 19e s. L'ensemble est chaleureux - mention spéciale pour le bar - et apprécié des hommes d'affaires.

103 chambres - 230/1150 € 236/1185 € - 1 suite - 33 €

88 bis av. Kléber 75116 Boissière - 01 44 34 54 54 - www.sofitel.com

La Table du Baltimore - voir les restaurants ci-dessus

Villa & Hôtel Majestic

LUXE • COSY Luxueuse sans ostentation, très confortable et stylée, cette Villa du 19e s. porte bien son nom. Du cachet, des chambres spacieuses, un spa offrant les meilleures prestations : le bien-être à deux pas des Champs-Élysées !

25 chambres - 308/720 € 308/720 € - 23 suites - 35 €

30 r. La Pérouse 75016 Kléber - 01 45 00 83 70 - www.majestic-hotel.com

Square

LUXE • DESIGN Un hôtel contemporain, juste en face de la Maison de la Radio. Les chambres sont à la fois spacieuses, feutrées et bien insonorisées. L'équipement high-tech et la collection d'art contemporain soulignent son style, très "boutique-hôtel".

22 chambres - 180/660 € 180/660 € - 20 €

3 r. Boulainvilliers 75016 Mirabeau - 01 44 14 91 90 - www.hotelsquare.com

Keppler

LUXE • PERSONNALISÉ Le décor, tout en luxe et raffinement, est signé Pierre-Yves Rochon. Que ce soit dans les salons, la bibliothèque ou les chambres, la magie opère... Hammam, sauna et fitness complètent cet ensemble des plus élégants.

34 chambres - 300/500 € 300/500 € - 5 suites - 22 €

10 r. Keppler 75116 George V - 01 47 20 65 05 - www.keppler.fr

Dokhan's Radisson Blu

LUXE • COSY Ce superbe boutique-hôtel tranche avec le style habituellement "business" des établissements Radisson Blu. L'élégante décoration Empire des chambres, leur confort douillet, le style néoclassique du salon et son mobilier contemporain... Autant de garanties d'un délicieux séjour.

42 chambres - 320/680 € 340/700 € - 3 suites - 20 €

117 r. Lauriston 75116 Trocadéro - 01 53 65 66 99 - www.hotelledokhansparis.com

Sezz

LUXE • DESIGN Cet immeuble à la belle façade ouvragée (1913) a adopté un style ultradesign (pierre grise, mobilier original, équipements high-tech et sauna). À noter : chaque client se voit attribuer un assistant particulier pour la durée de son séjour.

19 chambres - 239/587 € 239/587 € - 7 suites - 30 €

6 av. Frémiet 75016 Passy - 01 56 75 26 26 - www.paris.hotelsezz.com

Molitor

LUXE • DESIGN Véritable emblème de l'Ouest parisien depuis les années 1920, la piscine Molitor est ressuscitée en 2014 sous la forme de cet hôtel de luxe au charme ravageur. Clins d'œil à l'histoire (façade bleue et jaune autour de la piscine, déco du restaurant), épure ultramoderne dans les chambres : le mythe renaît sous nos yeux.

117 chambres - 250/700 € 480/1400 € - 7 suites

2 av. de la Porte-Molitor 75016 Michel Ange Molitor - 01 56 07 08 69 - www.mltr.fr

PARIS

Maison FL

URBAIN • ART DÉCO Décrochés, ferronnerie Art déco : la façade de cet établissement de 1930 est classée monument historique ! L'architecte François Champsaur en a rénové l'intérieur, l'habillant de touches modernes tout en respectant la belle tradition des lieux : une réussite.

61 chambres – 120/230 € 165/390 € – 1 suite – 20 €

6 r. de la Tour ✉ 75016 Ⓜ Passy – ✆ 01 55 74 75 75 – www.maisonfl.com

La Villa Maillot

URBAIN • CONTEMPORAIN À proximité de la porte Maillot, l'établissement a récemment bénéficié d'une complète cure de jouvence. L'architecte Patrick Ribes en a signé le décor, d'un élégant classicisme contemporain. La qualité du service et l'espace bien-être (sauna et hammam) ajoutent encore au confort des lieux.

40 chambres – 210/880 € 210/880 € – 2 suites – 29 €

143 av. Malakoff ✉ 75116 Ⓜ Porte Maillot – ✆ 01 53 64 52 52 – www.lavillamaillot.fr

Le Metropolitan Radisson Blu

BUSINESS • DESIGN Au sein d'un immeuble haussmannien dont la façade en pointe se dresse sur la place de Mexico, un havre apaisant : dominantes de blanc, parquet brut, sobre élégance... Certaines chambres offrent une petite vue sur la tour Eiffel, tout comme le bar qui est parfait pour apprécier un cocktail. Un ensemble très "métropolitain" !

38 chambres – 260/650 € 260/650 € – 10 suites – 30 €

10 pl. de Mexico ✉ 75116 Ⓜ Trocadéro – ✆ 01 56 90 40 04
– www.radissonblu.com/hotel-pariseiffel

Le Metropolitan – voir les restaurants ci-dessus

Garden Élysée

BUSINESS • CONTEMPORAIN Le principal atout de cet hôtel ? Le calme ! Bien qu'à deux pas du Trocadéro, il est situé dans une cour verdoyante, délicieuse en été. Avec sa véranda et ses chambres sobrement contemporaines, l'endroit se révèle très chaleureux.

46 chambres – 175/330 € 175/580 € – 22 €

12 r. St-Didier ✉ 75116 Ⓜ Boissière – ✆ 01 47 55 01 11
– www.paris-hotel-gardenelysee.com

Mon Hôtel

URBAIN • DESIGN Un hôtel rien que pour soi ? Un rêve... Pourtant cette adresse dégage un je-ne-sais-quoi de confidentiel bien appréciable dans pareil quartier ! Chambres très design et confortables ; room service de midi à minuit et petit espace bien-être.

50 chambres – 199/1200 € 199/1200 € – 22 €

1 r. d'Argentine ✉ 75016 Ⓜ Argentine – ✆ 01 45 02 76 76 – www.monhotel.fr

Félicien

URBAIN • DESIGN Du noir, du blanc et quelques touches de rouge : voilà qui habille ce charmant hôtel esprit "haute couture", décoré par Olivier Lapidus, fils du fameux couturier français. Les chambres ont du cachet ; l'espace détente (hammam, sauna) est tout bonnement délicieux.

32 chambres – 159/499 € 159/499 € – 2 suites – 18 €

21 r. Félicien-David ✉ 75016 Ⓜ Mirabeau – ✆ 01 55 74 00 00
– www.hotelfelicienparis.com

Bassano

BUSINESS • CONTEMPORAIN Cet hôtel, situé légèrement en retrait des avenues passantes, arbore un décor ancré dans le 21e s. : chambres élégantes et fonctionnelles, aux tons bleu et gris. Un bon point de chute entre le Trocadéro et les Champs-Élysées.

33 chambres – 195/445 € 195/500 € – 1 suite – 19 €

15 r. Bassano ✉ 75116 Ⓜ George V – ✆ 01 47 23 78 23 – www.hotel-bassano.com

Duret

BUSINESS • CONTEMPORAIN Atmosphère lounge dans le hall, bar cosy, chambres contemporaines spacieuses et colorées (beige, prune, anis...) : cet hôtel proche de la porte Maillot a du caractère. Chaleureux.

25 chambres - 150/280 € 150/280 € - 2 suites - 18 €

30 r. Duret 75116 Argentine - 01 45 00 42 60 - www.hotelduret.com

Passy Eiffel

FAMILIAL • PERSONNALISÉ La rue est animée, commerçante. Un emplacement sympathique pour cet hôtel familial aux chambres fonctionnelles. Décorées dans des styles neutre, chatoyant ou plus design, elles sont toutes bien tenues ; certaines avec vue sur la tour Eiffel.

49 chambres - 98/235 € 98/275 € - 14 €

10 r. de Passy 75016 Passy - 01 45 25 55 66 - www.passyeiffel.com

Trocadéro La Tour

TRADITIONNEL • CLASSIQUE Il règne dans cet hôtel une atmosphère qui n'est pas sans évoquer un club anglais : fauteuils en cuir, lambris d'acajou... Avec leur mobilier d'inspiration Louis XVI et leurs gravures anciennes, les chambres ont un certain cachet.

41 chambres - 139/365 € 139/415 € - 19 €

5 bis r. Massenet 75016 Passy - 01 45 24 43 03 - www.trocaderolatour.com

Résidence Foch

FAMILIAL • CLASSIQUE Entre la porte Maillot et l'avenue Foch, ce petit hôtel familial bien entretenu cultive un sage classicisme. Un charme hors du temps, dans un environnement tranquille.

25 chambres - 70/300 € 80/500 € - 14 €

10 r. Marbeau 75116 Porte Maillot - 01 45 00 46 50 - www.foch-paris-hotel.com

Nicolo

FAMILIAL • PERSONNALISÉ Nuits calmes assurées dans cet hôtel décoré avec goût. Dans les jolies chambres de caractère, les meubles chinés (indonésiens, africains...) et les bibelots asiatiques dépaysent en douceur. Accueil sympathique.

27 chambres - 106/250 € 106/390 € - 16 €

3 r. Nicolo 75116 Passy - 01 42 88 83 40 - www.hotel-nicolo.fr

Chambellan Morgane

BUSINESS • FONCTIONNEL Petit hôtel situé dans une rue calme, à deux pas des Champs-Élysées. Les chambres, intimes et confortables, ont toutes été rénovées avec sobriété. Esprit trendy dans les parties communes !

20 chambres - 100/300 € 120/340 € - 13 €

6 r. Keppler 75016 George V - 01 47 20 35 72 - www.hotelchambellanmorgane.fr

Queen's

FAMILIAL • PERSONNALISÉ Des tableaux d'artistes contemporains ornent le joli hall ainsi que la plupart des chambres. Certaines, plus spacieuses, ont été décorées dans un style chic et agréable. Cette adresse tombe à point dans le quartier d'Auteuil.

17 chambres - 100/219 € 100/219 € - 13 €

4 r. Bastien-Lepage 75016 Michel Ange Auteuil - 01 42 88 89 85 - www.queens-hotel-paris.com

Un important déjeuner d'affaires ou un dîner entre amis ?
Le symbole vous signale les salons privés.

Au Palais de Chaillot

BUSINESS • FONCTIONNEL Bien situé près du Trocadéro, cet hôtel familial a fait entièrement peau neuve. Gaies et colorées, les chambres sont fonctionnelles, bien agencées et jouissent d'une bonne isolation phonique. Accueil sympathique.

31 chambres – 120/180 € 130/220 € – 15 €

35 av. Raymond-Poincaré 75116 Trocadéro – 01 53 70 09 09 – www.hotelpalaisdechaillot.com

Palais des Congrès · Wagram · Ternes · Batignolles

75017

17e ARRONDISSEMENT

Restaurants

Maison Rostang

CUISINE CLASSIQUE • ÉLÉGANT Boiseries, figurines de Robj, œuvres de Lalique et vitrail Art déco composent le décor, à la fois luxueux et insolite. La cuisine, fine et superbement classique, est signée Nicolas Beaumann, qui fait la démonstration de son grand talent sans jamais renier le passé. Ses remarquables compositions s'embellissent d'une magnifique carte des vins.

→ Homard bleu confit, risotto d'artichaut et jus de presse au Condrieu. Ris de veau croustillant, pâtes farcies de champignons et écrevisses au vin jaune. Cigare croustillant au tabac Havane et mousseline Cognac.

Menu 90 € (déj.), 185/225 € – Carte 150/215 €

20 r. Rennequin Ternes – 01 47 63 40 77 – www.maisonrostang.com – Fermé 2 semaines en août, lundi midi, sam. midi et dim.

La Scène Thélème

CUISINE MODERNE • CONTEMPORAIN Une table atypique où le théâtre rejoint la gastronomie. Certains soirs, on peut assister à une représentation théâtrale avant de passer à table. Riche idée ! On est aussi séduit par cette cuisine de produits généreuse et gourmande, réalisée par un jeune chef bien à l'aise dans son rôle. Avec un tel acteur, on ne peut passer qu'un moment mémorable... Allez, en scène !

→ Ravioles de foie gras de canard, artichaut, aubergine et jus de volaille acidulé. Saint-Jacques de plongée, arancini, mouron des oiseaux et marmelade de citron. Crème légère à la vanille tahitensis et poivre de sarawak.

Formule 52 € – Menu 59 € (déj. en semaine), 115/145 € – Carte 110/150 €

18 rue Troyon Charles de Gaulle-Étoile – 01 77 37 60 99 – www.lascenetheleme.fr – Fermé sam. midi, dim. et lundi

Frédéric Simonin

CUISINE MODERNE • COSY Dans ce restaurant proche de la place des Ternes, le décor est très chic, tout de noir et de blanc. Il sied à la cuisine fine et délicate d'un chef au beau parcours... Voilà bel et bien une table raffinée !

→ Langoustines croustillantes, petits pois et fraises des bois, bavarois d'amande. Veau de Normandie cuit en cocotte, condiment truffe noire et jus au macis. Dacquoise croustillante au praliné feuilleté, ganache chocolat-noisette.

Formule 38 € – Menu 49 € (déj.), 86/139 € – Carte 95/155 €

25 r. Bayen Ternes – 01 45 74 74 74 – www.fredericsimonin.com – Fermé 30 juil.-21 août, dim. et lundi

Agapé

CUISINE MODERNE • ÉLÉGANT XX *Agapè... En Grèce ancienne, ce mot désignait* l'amour inconditionnel de l'autre. Ca tombe bien : on se sent aimé en dégustant cette cuisine de grande qualité, qui cultive le classicisme et prend parfois des libertés - cette salade césar à base de ris de veau et écrevisses ! Finesse des saveurs, précision des cuissons : une valeur sûre.

→ Noix de veau fumée au bois de hêtre. Homard des côtes bretonnes, girolles, courgette et sauce homardine. Crêpe dentelle au sarrasin, crémeux au chocolat, chantilly vanille et glace sarrasin.

Menu 44 € (déj.), 99/205 € - Carte 105/160 €

51 r. Jouffroy-D'Abbans Ⓜ Wagram
- ✆ 01 42 27 20 18 - www.agape-paris.fr
- Fermé sam. et dim.

La Fourchette du Printemps (Nicolas Mouton)

CUISINE MODERNE • BISTRO X Le printemps en toute saison ! Ce bistrot contemporain sort du lot : aux commandes, le jeune chef, passé par de belles maisons, cultive le goût du produit sans fard ni détours, pour révéler de jolies saveurs. Le tout dans un décor et avec un service sans chichis. Le goût dans la simplicité...

→ Raviole ouverte de tourteau, mangue, pomme verte, avocat et crumble de fruits secs. Saint-pierre poêlé aux olives taggiasche, risotto crémeux et jus de coques monté au beurre. Sphère citron et verveine.

Formule 25 € - Menu 30 € (déj. en semaine), 55/75 €
- Carte environ 62 €

30 r. du Printemps Ⓜ Wagram
- ✆ 01 42 27 26 97 (réservation conseillée) - www.lafourchetteduprintemps.com
- Fermé août, dim. et lundi

Graindorge

CUISINE FLAMANDE • VINTAGE XX Potjevlesch, bintje farcie, waterzoï aux crevettes grises d'Ostende, kippers de Boulogne, lièvre à la flamande pendant la saison de la chasse... Ici, on se régale d'une généreuse cuisine flamande accompagnée de belles bières artisanales d'outre-Quiévrain (Angélus, Moinette Blonde). Joli cadre Art déco.

Formule 28 € - Menu 32 € (déj.), 36/50 € - Carte 45/65 €

15 r. Arc-de-Triomphe Ⓜ Charles de Gaulle-Étoile - ✆ 01 47 54 00 28
- www.le-graindorge.fr - Fermé 2 semaines en août, sam. midi, lundi midi et dim.

L'Entredgeu

CUISINE TRADITIONNELLE • BISTRO X Accueil souriant, ambiance animée : entraînez-vous à prononcer son nom, l'Entredgeu en vaut la peine ! On raffole des classiques du chef, d'origine béarnaise : maquereau fumé, macaire de boudin noir Béarnais maison, Cabillaud rôti en croute de poivron et risotto de langues d'oiseaux. L'un des meilleurs rapports qualité-prix de la capitale.

Formule 26 € - Menu 36 €

83 r. Laugier Ⓜ Porte de Champerret - ✆ 01 40 54 97 24 (réservation conseillée)
- Fermé dim.

Le Petit Verdot du 17ème

CUISINE TRADITIONNELLE • BISTRO X Deux jeunes trentenaires se sont associés pour donner un coup de fouet à cette antique adresse du quartier des Ternes. Ils déclinent ici une cuisine de bistrot généreuse et sincère, fraîche et goûteuse : escargots en raviole, bouillon de champignons, tartare de bœuf charolais... À dévorer en toute convivialité !

Carte 31/50 €

9 r. Fourcroy Ⓜ Ternes - ✆ 01 42 27 47 42 - Fermé 3 semaines en août, sam. midi et dim.

PARIS

Comme Chez Maman

CUISINE MODERNE • CONVIVIAL Oui, on se sent comme chez maman dans ce bistrot du cœur des Batignolles ! Le jeune chef, Wim Van Gorp, joue la carte des jolies recettes ménagères : rognon de veau grillé aux aromates, gnocchis maison au beurre et à la sauge, gaufre - un délicieux hommage à ses origines flamandes... Généreux et goûteux !

Formule 18 € - Menu 20 € (déj.)/36 € - Carte 38/58 €

5 r. des Moines Ⓜ Brochant - ✆ 01 42 28 89 53 - www.comme-chez-maman.com - Fermé 10-23 août et 23-27 déc.

L'Envie du Jour

CUISINE MODERNE • CONVIVIAL Tout est dans le nom du restaurant ! Sergio Dias Lino fait évoluer chaque jour le menu au gré de son inspiration. Les cuisines, ouvertes sur la petite salle, concentrent toute l'attention : le geste du cuisinier prime, bichonnant de beaux produits afin qu'ils donnent le meilleur. En accompagnement, quelques vins bien choisis.

Formule 24 € - Menu 32/44 €

106 r. Nollet Ⓜ Brochant - ✆ 01 42 26 01 02 - www.lenviedujour.com - Fermé dim. et lundi

Sormani

CUISINE ITALIENNE • ROMANTIQUE Tissus tendus, lustres en verre de Murano, moulures et miroirs : toute l'élégance de l'Italie s'exprime dans ce restaurant chic et feutré. La cuisine de Pascal Fayet (petit-fils d'un ébéniste florentin) rend un hommage subtil à la cuisine transalpine : ravioli de homard ou veau aux cèpes, jusqu'au remarquable dessert, le "gigantesco".

Carte 70/140 €

4 r. Gén.-Lanrezac Ⓜ Charles de Gaulle-Étoile - ✆ 01 43 80 13 91 - www.restaurantsormani.fr - Fermé 3 semaines en août, sam., dim. et fériés

Rech

POISSONS ET FRUITS DE MER • CHIC Cette institution née en 1925, toujours élégante avec son décor repensé dans un esprit épuré (murs blancs, miroirs, sol en mosaïque) fera le bonheur des amateurs de saveurs iodées, à l'instar de cette sole épaisse dorée au beurre demi-sel, pommes de terre de Noirmoutier.

Menu 44 € (déj.), 54/80 € - Carte 80/130 €

62 av. des Ternes Ⓜ Ternes - ✆ 01 45 72 29 47 - www.restaurant-rech.fr - Fermé août, dim. et lundi

Dessirier par Rostang Père et Filles

POISSONS ET FRUITS DE MER • CHIC Contemporain, arty et chic : tel est le Dessirier, mené tambour battant par Michel Rostang et ses filles Caroline et Sophie. On célèbre en 2017 les vingt ans du restaurant, qui continue de faire la part belle aux produits de la mer : bouillabaisse et sole meunière font partie des incontournables du lieu...

Formule 44 € - Menu 52 € - Carte 68/122 €

9 pl. Mar.-Juin Ⓜ Pereire - ✆ 01 42 27 82 14 - www.restaurantdessirier.com - Fermé sam. et dim. en juil.-août

Pétrus

POISSONS ET FRUITS DE MER • BOURGEOIS L'élégance de la façade se retrouve tant dans le cadre, contemporain, que dans l'assiette : on se régale ici d'une cuisine qui fait la part belle aux produits de la mer. Les spécialités maison ? Chair de tourteau, crème de petits pois à la truffe noire du Périgord, ou encore millefeuille à la vanille fraîche... Miam !

Carte 50/105 €

12 pl. du Mar.-Juin Ⓜ Pereire - ✆ 01 43 80 15 95 - www.petrus-restaurant.fr - Fermé 3 semaines en août et sam. midi

Timgad

CUISINE NORD-AFRICAINE • ORIENTAL XX Retrouvez la splendeur passée de la cité de Timgad dans ce cadre mauresque raffiné, tout en mobilier traditionnel et stucs finement sculptés ! La carte est au diapason : riche sélection de couscous (la semoule est d'une rare finesse) et tajines et pastillas appréciés pour leurs mille et un parfums...

Carte 45/90 €

21 r. Brunel Ⓜ Argentine - ✆ 01 45 74 23 70 - www.timgad.fr

Jacques Faussat

CUISINE TRADITIONNELLE • CONTEMPORAIN XX Dans un quartier tranquille, ce restaurant chaleureux et confortable, récemment rénové dans un style contemporain, propose une carte évoluant au gré du marché et selon l'inspiration du chef, gersois d'origine, qui associe savoir-faire traditionnel et registre actuel. Bon rapport qualité-prix au menu déjeuner.

Menu 40 € (déj.), 98/138 € - Carte 66/82 €

54 r. Cardinet Ⓜ Malesherbes - ✆ 01 47 63 40 37 - www.jacquesfaussat.com - Fermé août, 24 déc.-1er janv., sam. sauf le soir d'oct. à avril, dim. et fériés

Le Pré Carré

CUISINE TRADITIONNELLE • TENDANCE XX Dans la salle, deux miroirs face à face reflètent à l'infini l'élégant et chaleureux décor. À la carte, on a de quoi combattre son appétit : salade d'artichauts, carré d'agneau, foie de veau ou encore turbot vapeur... Les produits sont bien choisis, et le plaisir des papilles garanti !

Menu 39 € (dîner) - Carte 44/75 €

Hôtel Splendid Étoile, 1 bis av. Carnot Ⓜ Charles de Gaulle-Étoile - ✆ 01 46 22 57 35 - www.restaurant-le-pre-carre.com - Fermé 3 semaines en août, 1 semaine vacances de Noël, sam. midi et dim.

Coretta

CUISINE MODERNE • DESIGN XX Dans le nouveau quartier Clichy-Batignolles, face au parc Martin-Luther-King (dont l'épouse s'appelait Coretta), cette table se veut éco-responsable. Décor design où domine le chêne, vue sur les cimes à l'étage et belle cuisine de produits signée par deux chefs, Béatriz Gonzalez et Jean-François Pantaleon. Le goût de la nature, oui !

Formule 25 € - Menu 30 € (déj. en semaine)/41 € - Carte 48/62 €

151b r. Cardinet Ⓜ Brochant - ✆ 01 42 26 55 55 - www.restaurantcoretta.com

Samesa

CUISINE ITALIENNE • CONVIVIAL XX La cuisine transalpine se porte bien dans ce restaurant proche de l'Étoile : tagliatelles aux langoustines flambées au cognac, *fregola sarda* torréfiée et poutargue... le tout associé à une belle sélection de vins italiens. On vient pour les saveurs ensoleillées du Sud ; on revient aussi pour la convivialité.

Formule 19 € - Menu 27 € (déj.)/31 € - Carte 43/55 €

13 r. Brey Ⓜ Charles de Gaulle-Étoile - ✆ 01 43 80 69 34 - www.samesa.fr - Fermé 3 semaines en août, sam. midi et dim.

La Maison de Charly

CUISINE NORD-AFRICAINE • CONVIVIAL XX Tout près du palais des congrès, cette maison à la façade ocre rouge est encadrée par deux magnifiques oliviers : une belle entrée en matière... À la carte, on retrouve le traditionnel trio couscous-tajines-pastillas : des préparations soignées et généreuses, à déguster dans une ambiance familiale.

Formule 35 € - Carte 37/54 €

97 bd Gouvion-St-Cyr Ⓜ Porte Maillot - ✆ 01 45 74 34 62 - www.lamaisondecharly.fr - Fermé 3 semaines en août et lundi

PARIS

Papillon

CUISINE MODERNE • BISTRO Tel Papillon, échappé du bagne de Cayenne, Christophe Saintagne a accompli sa mue en s'installant à son compte après avoir dirigé les cuisines du Plaza Athénée, puis du Meurice. Épanoui dans son élégant néo-bistrot, il signe une cuisine racée, qui privilégie toujours le goût et l'équilibre. Un conseil d'ami : réservez !

Formule 28 € – Carte 46/76 €

8 r. Meissonier Ⓜ Wagram
– ✆ 01 56 79 81 88 (réservation conseillée) – www.papillonparis.fr
– Fermé 14 juil.-15 août, sam. et dim.

Homard & Bœuf

CUISINE MODERNE • CONTEMPORAIN Pascal Favre d'Anne, étoilé à Angers, a plus d'un tour dans son sac ! Il a eu l'idée de ce restaurant concentré sur deux produits phares : le homard bleu français et la viande de bœuf française. La qualité des produits, l'attention portée à la cuisson des viandes, l'ambiance générale des lieux : tout cela fait une très agréable adresse.

Formule 34 € – Carte 44/72 €

22 av. de Villiers Ⓜ Villiers – ✆ 01 46 22 06 10
– Fermé dim. et lundi

Caïus

CUISINE CRÉATIVE • CONVIVIAL Chaque saison, le chef particulièrement inventif de ce restaurant chic et feutré concocte une cuisine ludique et parfumée, rehaussée d'épices et de produits "oubliés". La carte des vins est courte, mais de belle qualité.

Menu 42/120 € – Carte 56/110 €

6 r. d'Armaillé Ⓜ Charles de Gaulle-Étoile
– ✆ 01 42 27 19 20 – www.caius-restaurant.fr
– Fermé 3 semaines en août, sam. et dim.

Gare au Gorille

CUISINE MODERNE • BISTRO Marc Cordonnier, "jeune" ancien de Septime et de l'Arpège, sait travailler les produits sans jamais les dénaturer : ravioles de veau, bouillon thaï ; agrumes, crumble aux spéculoos et glace au fromage blanc... Une cuisine franche et originale, qui préfère la personnalité à la posture.

Menu 27 € (déj.) – Carte 36/50 €

68 r. des Dames Ⓜ Rome
– ✆ 06 59 85 22 91 (réservation conseillée)
– Fermé 3 semaines en août, vacances de Noël, sam. et dim.

Caves Pétrissans

CUISINE TRADITIONNELLE • VINTAGE Céline, Abel Gance, Roland Dorgelès aimaient fréquenter ces caves plus que centenaires, à la fois boutique de vins et restaurant. Cuisine bistrotière bien ficelée.

Menu 36 € – Carte 43/84 €

30 bis av. Niel Ⓜ Pereire
– ✆ 01 42 27 52 03 (réservation conseillée) – www.cavespetrissans.fr
– Fermé août, sam., dim. et fériés

Karl & Erick

CUISINE MODERNE • TENDANCE Quand des jumeaux créent un bistrot contemporain, son nom est tout trouvé ! Malgré la ressemblance physique, les rôles sont bien définis : Erick assure l'accueil dans la salle aux airs de loft, tandis que Karl signe un savoureux menu-carte : homard breton et avocat à la coriandre, burger du Limousin, cantal et oignon confit...

Formule 35 € – Menu 41 €

20 r. de Tocqueville Ⓜ Villiers – ✆ 01 42 27 03 71 – Fermé août, sam. midi et dim.

Le Bouchon et l'Assiette

CUISINE TRADITIONNELLE • BISTRO Au déjeuner, l'ardoise du jour propose un joli panaché de petits plats gourmands. Le soir, place à des plaisirs plus subtils, autour d'une cuisine du marché avide de jolies saveurs. Quant à la carte des vins, elle met en avant d'intéressants petits producteurs. Rue Cardinet, le bouchon et l'assiette forment un couple épatant.

Menu 26 € (déj. en semaine)/38 € - Carte 45/91 €

127 r. Cardinet Ⓜ Malesherbes - ✆ 01 42 27 83 93 (réservation conseillée) - Fermé août, 22-28 mai, 31 déc.-10 janv., dim. et lundi

L'Escient

CUISINE MODERNE • TENDANCE Gambas, tarama, daïkon, citron vert et gingembre ; morue fraîche, figues sèches, chorizo et citron confit... Eu menu de cet Escient, les associations originales ne manquent pas, et elles sont toujours faites... à bon escient ! Un savoureux métissage signé par un père et sa fille, dans un décor qui joue la carte de la simplicité.

Formule 28 € - Menu 37/55 € - Carte environ 47 €

28 r. Poncelet Ⓜ Ternes - ✆ 01 47 64 49 13 - www.restaurantescient.fr - Fermé 6-17 août, dim. et fériés

Le Bistrot d'À Côté Flaubert

CUISINE TRADITIONNELLE • BISTRO Cette table est "d'à côté" car elle jouxte le restaurant gastronomique de Michel Rostang, auquel elle appartient également. Aux commandes en ces lieux ? Un jeune chef d'origine japonaise, plein d'enthousiasme, qui réalise une bonne cuisine bistrotière et valorise de beaux produits. Direction la rue Flaubert !

Menu 26 € (déj.)/39 € - Carte 48/81 €

10 r. Gustave-Flaubert Ⓜ Ternes - ✆ 01 42 67 05 81 - www.bistrotflaubert.com - Fermé 3 semaines en août, sam. midi, dim. et lundi

Le Clou de Fourchette

CUISINE MODERNE • BISTRO Voilà un restaurant qui plante fièrement le nom de son propriétaire ! Avec ses associés, Christian Leclou invite à un bon "coup de fourchette" autour de recettes bien mitonnées, à l'instar d'un agneau de l'Aveyron confit, ou d'une belle pièce de gibier à l'automne... On se régale et l'ambiance est conviviale.

Formule 22 € - Carte 35/60 €

121 r. de Rome Ⓜ Rome - ✆ 01 48 88 09 97 - www.lecloudefourchette.com - Fermé 2 semaines en août, 1 semaine fin déc., dim. et lundi

Bistro d'Italie

CUISINE ITALIENNE • CONVIVIAL Une trattoria où l'on prend la question de la gourmandise très au sérieux... comme toujours en Italie ! La carte se divise en deux chapitres principaux : les pizzas (garnies de produits de premier choix) et les pâtes... sans oublier la côte de veau rôtie au jus et ses pommes grenailles. Une cuisine droit dans sa Botte !

Carte 30/55 €

4 r. Gén.-Lanzerac Ⓜ Charles de Gaulle-Étoile - ✆ 01 40 55 90 00 - Fermé sam. midi, dim. et les week-ends en août

Cap

CUISINE MODERNE • CONVIVIAL L'enseigne rend hommage au Cap, en Afrique du Sud, ville d'origine du jeune chef qui a repris cet élégant petit restaurant avec son épouse. On s'en doute, la cuisine est métissée, mariant techniques d'ici, souvenirs sud-africains et même notes d'Asie (fil rouge : le salé-sucré). Des recettes bien tournées !

Formule 28 € - Menu 34 € (déj. en semaine)/56 €

42 bd Péreire Ⓜ Wagram - ✆ 01 44 40 04 15 - www.restaurantcap.fr - Fermé août, mardi soir, sam. midi, dim. et lundi

PARIS

XVII sur Vin

CUISINE TRADITIONNELLE • BISTRO X On traverse une terrasse d'été, protégée du soleil par des buis pour gagner la salle, au décor d'inspiration bistrotière. Bistrotière, la cuisine de Bruno Turbot l'est aussi, à l'instar de cette côte de veau du Limousin et son gratin dauphinois, ou de cette brioche façon pain perdu. Sympathique ardoise du marché.

Carte 45/60 €

99 r. Jouffroy-d'Abbans Ⓜ Wagram - ✆ 01 42 27 26 16 - www.xviisurvin-lebistrot.com - Fermé dim. et lundi

Le Café d'Angel

CUISINE TRADITIONNELLE • BISTRO X Cette petite adresse cultive la nostalgie des bistrots parisiens d'antan : banquettes en skaï, faïences aux murs, plats traditionnels à l'ardoise et cuisine visible derrière le comptoir. On y déguste en toute quiétude une poêlée de supions aux herbes fraîches ou un croustillant de boudin noir et purée de pomme de terre.

Menu 27/33 € - Carte 43/53 €

16 r. Brey Ⓜ Charles de Gaulle-Étoile - ✆ 01 47 54 03 33 - www.lecafedangel.com - Fermé 2-24 août, 24 déc.-2 janv., sam., dim. et fériés

Le Palanquin

CUISINE VIETNAMIENNE • ÉPURÉ X Qualité rime souvent avec simplicité. Parfaite démonstration avec ce petit restaurant vietnamien où l'on savoure une cuisine authentique et très parfumée (brochettes de crevettes, porc épicé à la citronnelle et crème de coco, etc.). Madame Someaud œuvre seule aux fourneaux, tandis que ses enfants assurent un service charmant.

Carte 33/46 €

4 pl. Boulnois Ⓜ Ternes - ✆ 01 43 80 46 90 (réservation conseillée) - Fermé 3 semaines en août, sam. et dim.

Dix-Huit

CUISINE MODERNE • TENDANCE X Julien Péret, le jeune patron de ce Dix-Huit installé dans le... 17e, l'a conçu avec la ferme intention de "casser les codes" de la restauration à la française. Au programme, ambiance bobo chic mais sans prétention, décor moderne et épuré, cuisine savoureuse aux intonations asiatiques... et bon rapport qualité-prix.

Formule 19 € - Menu 24 € (déj.) - Carte 40/60 €

18 r. de Bayen Ⓜ Ternes - ✆ 01 53 81 79 77 - www.dix-huit.fr - Fermé 1er-24 août, 24 déc.-2 janv., sam. midi, dim. et lundi

Les Poulettes Batignolles

CUISINE MODERNE • TENDANCE X Situé dans une rue calme, à deux pas du théâtre Hébertot (boulevard des Batignolles), ce bistrot propose une ardoise appétissante évoluant au gré des saisons et du marché, avec des œillades appuyées à la tradition catalane, comme avec cet œuf bio croustillant, piperade, et crème de pata negra.

Formule 20 € - Carte 45/52 €

10 r. de Chéroy Ⓜ Villiers - ✆ 01 42 93 10 11 - www.lespoulettes-batignolles.fr - Fermé 1 semaine vacances de printemps, 3 semaines en août, 1er-8 janv., dim. et lundi

Hôtels

Renaissance Arc de Triomphe

LUXE • DESIGN À deux pas de la place de l'Étoile, on ne peut pas manquer l'impressionnante façade de cet hôtel dessiné par Christian de Portzamparc. L'originalité et le parti-pris contemporain sont aussi de mise à l'intérieur, des élégantes chambres au vaste hall d'accueil. Essayez le brunch le dimanche.

118 chambres - 🚹234/729 € 🚹🚹234/729 € - 5 suites - ☕ 30 €

39 av. Wagram Ⓜ Ternes - ✆ 01 55 37 55 37 - www.marriott.fr

Regent's Garden

LUXE • ÉLÉGANT Savant mélange d'ancien (cheminée, mobilier de style) et de moderne (teintes sombres, motifs originaux) dans cet hôtel particulier datant de l'époque de Napoléon III. Des espaces feutrés, un délicieux petit jardin japonisant... Quel charme !

39 chambres - 139/510 € 139/750 € - 1 suite - 21 €

6 r. Pierre-Demours Ⓜ Ternes - ✆ 01 45 74 07 30 - www.hotel-regents-paris.com

Splendid Étoile

TRADITIONNEL • PERSONNALISÉ On reconnaît cet hôtel à sa belle façade ouvragée. Les chambres sont d'inspiration Louis XV ou contemporaines ; certaines ont vue sur l'Arc de Triomphe. Un style feutré très plaisant.

55 chambres - 220/430 € 220/430 € - 2 suites - 25 €

1bis av. Carnot Ⓜ Charles de Gaulle-Étoile - ✆ 01 45 72 72 00 - www.hsplendid.com

Le Pré Carré - voir les restaurants ci-dessus

Hidden

LUXE • ÉCO-RESPONSABLE Ambiance "nature" revendiquée pour cet hôtel créé en 2009 et agrandi en 2012 : matériaux nobles comme le bois et l'ardoise, literie en fibres de coco, etc. Un lieu apaisant et très dépaysant, pour vivre un peu caché...

35 chambres - 135/250 € 299/459 € - 19 €

28 r. de l'Arc-de-Triomphe Ⓜ Charles de Gaulle-Étoile - ✆ 01 40 55 03 57 - www.hidden-hotel.com

Les Jardins de la Villa

BOUTIQUE HÔTEL • DESIGN Les "fashion addicts" vont raffoler de ce petit hôtel très couture. Noir, rose shocking, gris... Les références à l'univers de la mode sont nombreuses. Le plus ? Un joli fitness avec sauna et hammam. Original, chic et confortable !

33 chambres - 155/400 € 155/400 € - 22 €

5 r. Bélidor Ⓜ Porte Maillot - ✆ 01 53 81 01 10 - www.jardinsdelavilla.com

Hôtel de Banville

LUXE • PERSONNALISÉ Un véritable hôtel de charme, décoré avec goût. Les chambres (bois patiné, détails précieux) sont séduisantes, certaines avec une vue magique !

38 chambres - 125/350 € 125/350 €

166 bd Berthier Ⓜ Porte de Champerret - ✆ 01 42 67 70 16 - www.hotelbanville.fr

Beauséjour Montmartre

URBAIN • DESIGN Quelques clichés de David LaChapelle, des photos dédicacées de Brigitte Bardot... Un esprit glamour qui fait écho à la place de Clichy voisine, mais auquel on ne saurait résumer cette ancienne pension de famille, transformée en hôtel par un propriétaire issu de la haute couture. Un ensemble très chic et très parisien !

36 chambres - 125/500 € 159/600 € - 18 €

6 r. Lécluse Ⓜ Place de Clichy - ✆ 01 42 93 35 77 - www.b-montmartre.com

Maison Albar Paris-Champs Elysées

URBAIN • FONCTIONNEL Un immeuble haussmannien à deux pas de l'Arc de Triomphe. Entièrement rénové en 2012, cet établissement mêle habilement le style Empire et la décoration contemporaine. Un pied-à-terre parfait pour partir aux quatre coins de Paris.

40 chambres - 680 € 1230 € - 25 €

3 av. Mac-Mahon Ⓜ Charles de Gaulle-Étoile - ✆ 01 43 80 23 00 - www.champselyseesmm.com

Régence Étoile

TRADITIONNEL • FONCTIONNEL À deux pas de l'Arc de Triomphe et des Champs-Élysées, cet établissement bénéficie d'un emplacement de choix pour apprécier les charmes de la Ville Lumière. Les chambres y sont confortables et bien tenues, l'accueil des plus charmants.

38 chambres - 135/260 € 135/260 € - 15 €

24 av. Carnot Ⓜ Charles de Gaulle-Etoile - 01 58 05 42 42 - www.hotelregenceetoile.com

Duette Ⓝ

URBAIN • ÉLÉGANT Cet hôtel a bénéficié en 2016 d'une rénovation complète, avec l'aide de l'architecte Anne Peroux : le résultat est là ! Fonctionnelles, bien insonorisées, archi-modernes dans le décor, les chambres séduisent. Petit-déjeuner au sous-sol.

29 chambres - 120/230 € 140/250 € - 14 €

64 r.de Lévis Ⓜ Villiers - 01 42 27 33 10 - www.hotelduette.com

Star Champs Élysées

BUSINESS • FONCTIONNEL Dans une rue calme près de la place de l'Étoile, cet établissement dispose de chambres certes petites, mais fonctionnelles et bien tenues. Original : la réception avec sa décoration médiévale ! Une bonne adresse qui s'adapte aussi bien à la clientèle d'affaires que touristique.

62 chambres - 100/290 € 120/390 € - 13 €

18 r. de l'Arc-de-Triomphe Ⓜ Charles de Gaulle-Étoile - 01 43 80 27 69 - www.hotelstarchampselysees.com

Montmartre • Pigalle

75018

18e ARRONDISSEMENT

Restaurants

La Table d'Eugène (Geoffroy Maillard)

CUISINE MODERNE • DESIGN XX Sans coup férir, Geoffroy Maillard - passé notamment par la case Frechon - aura hissé sa charmante Table d'Eugène au rang des meilleures. Une heureuse nouvelle pour le 18e et... tous les gastronomes ! Il signe une cuisine très fraîche, pleine de couleurs et de parfums, généreuse même dans sa subtilité. Puissance et finesse...

→ Calamar, chou-fleur et yuzu. Agneau en deux cuissons, jeunes carottes aux épices. Sphère chocolat et fève tonka.

Formule 35 € - Menu 42 € (déj.), 89/120 €

18 r. Eugène-Sue Ⓜ Jules Joffrin - 01 42 55 61 64 (réservation conseillée) - www.latabledeugene.com - Fermé août, 1 semaine vacances de Noël, dim. et lundi

Le Réciproque N

CUISINE TRADITIONNELLE • BISTRO X Niché dans une petite rue derrière la mairie du 18e, ce restaurant est l'œuvre de deux jeunes associés au beau parcours professionnel. L'un, en cuisine, se fend de recettes plutôt traditionnelles, savoureuses et maîtrisées ; l'autre assure en salle un service vivant et courtois. Les prix sont mesurés : un vrai bon plan !

Formule 19 € - Menu 23 € (déj.), 35/49 € - Carte environ 42 €

14 r. Ferdinand-Flocon M Jules Joffrin - 09 86 37 80 77 (réservation conseillée) - www.lereciproque.com - Fermé de mi-juil. à début août, 25-31 déc., dim. et lundi

L'Esquisse

CUISINE MODERNE • BISTRO X Deux jeunes passionnés se sont associés pour créer ici ce bistrot vintage et accueillant : parquet massif, banquettes en bois... On y dévore des assiettes graphiques et sans chichis, qui mettent en valeur la qualité des produits utilisés. Cuissons impeccables, assaisonnements contrastés : on se régale !

Formule 17 € - Menu 22 € (déj. en semaine) - Carte 34/46 €

151 bis r. Marcadet M Lamarck-Caulaincourt - 01 53 41 63 04 - Fermé 3 semaines en août, dim. et lundi

Chamarré Montmartre

CUISINE CRÉATIVE • TENDANCE XX Sur la butte Montmartre, ce restaurant contemporain ose la créativité et le métissage culinaire : filet de bar à la seychelloise, homard au jus de kalamantsi, savarin punché... Une invitation au voyage qui commence dès la jolie terrasse.

Formule 24 € - Menu 32 € (déj.), 45/70 € - Carte 60/80 €

52 r. Lamarck M Lamarck Caulaincourt - 01 42 55 05 42 - www.chamarre-montmartre.com

Le Coq Rico

CUISINE TRADITIONNELLE • ÉLÉGANT XX Cocorico ! La volaille française a trouvé son ambassade à Paris, en cette adresse chic et discrète créée par le fameux chef strasbourgeois, Antoine Westermann. Poulet fermier de Challans, géline de Touraine, volaille de Bresse, etc. Les pièces sont rôties avec art et dégagent de succulents parfums. Les amateurs sont comblés.

Carte 46/84 €

98 r. Lepic M Lamarck Caulaincourt - 01 42 59 82 89 - www.lecoqrico.com

Chez Frezet

CUISINE TRADITIONNELLE • BRASSERIE XX Cette brasserie, fondée en 1946 par un couple de restaurateurs lyonnais, n'a rien perdu de son esprit d'antan. L'équipe actuelle y rend hommage aux grands classiques : tête de veau, rognons, coq au vin... et la star des lieux : le homard, tiré du vivier au fond du restaurant et brûlé au cognac. Un délice !

Formule 17 € - Menu 20 € (semaine), 33/48 € - Carte 41/67 €

181 r. Ordener M Jules Joffrin - 01 46 06 64 20 - www.chezfrezet.com

Ken Kawasaki N

CUISINE CRÉATIVE • ÉPURÉ X Vous êtes invités à venir célébrer ici un beau mariage : celui des cuisines japonaise et française ! Le chef nippon Ken Kawasaki a réuni ici une équipe de choc et propose des petites assiettes éminemment graphiques, savoureuses et originales, élaborées au gré du marché : on passe un excellent moment.

Menu 30 € (déj.), 45/70 €

15 r. Caulaincourt M Blanche - 09 70 95 98 32 (réservation conseillée) - www.kenkawasaki.fr - Fermé 3 semaines en juil., 2 semaines en déc., merc. midi, jeudi midi, sam. midi et dim.

PARIS

L'Arcane

CUISINE MODERNE • COSY Essayons de percer les arcanes de ce restaurant installé derrière le Sacré-Cœur. Le chef revisite la tradition à sa sauce, et il faut bien dire que les bonnes surprises pleuvent tout au long du repas : crevettes en trois façons, aile de raie à le grenobloise, etc. Une adresse attachante, qui devrait séduire bien au-delà de la butte Montmartre.

Formule 29 € - Menu 39/65 €

39 r. Lamarck Lamarck Caulaincourt - 01 46 06 86 00 (réservation conseillée) - www.restaurantlarcane.com - Fermé août, 24-30 déc., mardi et merc.

Le Moulin de la Galette

CUISINE TRADITIONNELLE • BISTRO Revoilà le Moulin de la Galette ! Deux associés ont repris fin 2015 cette maison historique de la butte et y proposent une cuisine fraîche et bien composée. Œuf mollet aux girolles, dos de cabillaud et fenouil cuit-cru, abricots à la crème "diplomate" au miel et coulis basilic... Quant au service, il est assuré par une équipe jeune et efficace.

Formule 23 € - Menu 29 € (déj. en semaine)/38 € - Carte 41/59 €

83 r. Lepic Abbesses - 01 46 06 84 77 - www.lemoulindelagalette.fr

Nomos

CUISINE CRÉATIVE • BRANCHÉ Le 18e attendait impatiemment l'ouverture de ce bistrot branché en lieu et place de l'ancien - et très couru - Chéri Bibi. Le jeune chef - look de rockeur dandy et solides antécédents en pâtisserie - s'est jeté dans l'aventure de toutes ses forces et il a eu raison : son menu unique en 5 ou 9 plats, créatif et inspiré, est une réussite.

Formule 18 € - Menu 45/90 € - Carte 38/76 €

15 r. André-del-Sarte Château Rouge - 01 42 57 29 27 - www.nomosrestaurant.com - Fermé 15-30 août, dim. et lundi

La Rallonge

CUISINE MODERNE • BISTRO La Rallonge de la fameuse Table d'Eugène, plus haut dans la rue ! Le chef décline ici sa cuisine en version tapas, dans un joli décor de bistrot. Risotto de coquillettes à la truffe ou suprêmes de caille et mousseline de potiron sont servis en petites portions et font merveille...

Formule 16 € - Menu 20 € (déj.) - Carte 30/54 €

16 r. Eugène-Sue Jules Joffrin - 01 42 59 43 24 - www.larallonge.fr - Fermé août, vacances de Noël, dim. et lundi

Le Bistrot du Maquis

CUISINE TRADITIONNELLE • BISTRO Dans la fameuse rue Caulaincourt, André Le Letty - ancien chef de l'Anacréon - célèbre les classiques du genre bistrotier : compressé de joue de bœuf au citron confit, rognons de veau à la moutarde, dos de merlu rôti... et, bien sûr, sa spécialité : le canard au sang en deux services. On se régale !

Formule 16 € - Menu 20 € (déj. en semaine)/36 €

69 r. Caulaincourt Lamarck Caulaincourt - 01 46 06 06 64 - lebistrotdumaquis.com - Fermé 3 semaines en août, merc. midi et mardi

Miroir

CUISINE TRADITIONNELLE • CONVIVIAL Vieux carrelage et comptoir à l'ancienne : un bistrot typique et... branché, comme il se doit aux Abbesses ! La qualité du produit est un impératif : légumes bio, poisson sauvage, viande d'origine France... Une bonne cuisine du marché, que l'on accompagne de belles bouteilles.

Formule 20 € - Menu 28/69 €

94 r. des Martyrs Abbesses - 01 46 06 50 73 - www.restaurantmiroir.com - Fermé 3 semaines en août

Hôtels

Terrass' Hôtel

TRADITIONNEL • PERSONNALISÉ Non loin du cimetière de Montmartre, cet hôtel a été entièrement rénové en 2015 : la déco mêle désormais les styles scandinave et industriel, tandis que les chambres s'inspirent de l'esprit artiste et bohème de la butte... Un très bel établissement.

92 chambres – 150/400 € 160/450 € – 6 suites

12 r. J.-de-Maistre Ⓜ Place de Clichy – ✆ 01 46 06 72 85 – www.terrass-hotel.com

Kube

LUXE • DESIGN Ce n'est pas le quartier le plus séduisant de Paris, mais cet hôtel du 21e s., design et high-tech, ravira les amateurs du genre. Jeux sur la transparence et la blancheur, chambres d'esprit loft, livrent une interprétation "on the rocks" de l'hôtellerie. Restaurant et bars, dont le glacial Ice Kube (- 10° C, tenue fournie) à l'étage.

39 chambres – 159/449 € 159/449 € – 18 €

1-5 passage Ruelle Ⓜ La Chapelle – ✆ 01 42 05 20 00 – www.kubehotel-paris.com – Fermé août

Mercure Montmartre

HÔTEL DE CHAÎNE • FONCTIONNEL Difficile de croire que l'on est ici dans un hôtel de chaîne ! Ce Mercure sort de l'ordinaire avec sa décoration atypique et "arty", à l'image du quartier qui l'accueille : le Moulin-Rouge et la place Clichy sont à deux pas. Chambres confortables, dans un esprit contemporain et épuré.

305 chambres – 94/450 € 94/450 € – 20 €

3 r. Caulaincourt Ⓜ Place de Clichy – ✆ 01 44 69 70 70 – www.mercure-paris-montmartre.com

Déclic Ⓝ

BOUTIQUE HÔTEL • PERSONNALISÉ Vous l'aurez deviné à son nom : cet hôtel atypique rend hommage à l'univers de la photographie, depuis son décor (couloirs en noir et blanc, murs tapissés de clichés) jusqu'aux superbes chambres, qui portent les noms de Reflex, Diapositive, Paparazzi... Atypique et attachant.

27 chambres – 129/500 € 149/500 € – 18 €

17 r. Duhesne Ⓜ Lamarck Caulaincourt – ✆ 06 24 72 55 96 – www.declichotel.com

L'Hôtel Particulier Montmartre

LUXE • PERSONNALISÉ Un hôtel très... particulier. À l'issue d'un étroit passage montmartrois, on découvre une demeure Directoire au cœur d'un jardin luxuriant. Salons raffinés, chambres décorées dans un style contemporain aussi séduisant que surprenant, ravissante terrasse : so chic.

5 chambres – 390/590 € 390/590 € – 3 suites – 20 €

23 av. Junot Ⓜ Lamarck Caulaincourt – ✆ 01 53 41 81 40 – www.hotel-particulier-montmartre.com

Relais Montmartre

BUSINESS • COSY Non loin des commerces de la rue Lepic, ce petit hôtel de caractère – inattendu dans un quartier aussi vivant – a le charme d'une maison bourgeoise. Avec leur mobilier de style, les chambres sont bien coquettes. Et quel calme...

26 chambres – 119/249 € 119/249 € – 15 €

6 r. Constance Ⓜ Abbesses – ✆ 01 70 64 25 25 – www.relaismontmartre.fr

Le Chat Noir

BUSINESS • ÉPURÉ L'enseigne fait référence au célèbre cabaret du bas de la Butte ; on retrouve partout le célèbre félin dessiné par Steinlen. Rouge, noir, blanc, graphique et malicieux... le décor joue la carte de l'épure. Apaisant à Pigalle, quartier "noctambule".

40 chambres – 135/399 € 145/599 € – 15 €

68 bd de Clichy Ⓜ Blanche – ✆ 01 42 64 15 26 – www.hotel-chatnoir-paris.com

Lumières

BUSINESS • DESIGN Au nord de l'arrondissement, la butte Montmartre fait écran et préserve le quartier de l'agitation du centre de Paris. Le style de l'hôtel, au design épuré et aux aménagements de qualité, prête également à la tranquillité. Un lieu de séjour séduisant, bien qu'excentré.

36 chambres - 79/215 € 79/240 € - 10 €

110 r. Damrémont Ⓜ Jules Joffrin - ✆ 01 42 64 25 75 - www.hotel-lumieres.com

Parc de la Villette · Parc des Buttes Chaumont

✉ 75019

19e ARRONDISSEMENT

Restaurants

Mensae Ⓝ

CUISINE MODERNE • BISTRO Thibault Sombardier (ex-Top Chef, aujourd'hui chef du restaurant Antoine) a confié les fourneaux de ce bistrot à son complice Kevin d'Andréa. Bonne pioche ! Le jeune chef met tout le monde d'accord avec une cuisine de l'instant, pleine de fraîcheur, dans laquelle les saveurs tombent toujours juste. Une belle découverte.

Formule 20 € - Menu 36 € - Carte 40/55 €

23 r. Mélingue Ⓜ Pyrénées - ✆ 01 53 19 80 98 (réservation conseillée) - www.mensae-restaurant.com - Fermé 3 semaines en août, dim. et lundi

La Table Hugo Desnoyer - Secrétan Ⓝ

VIANDES • CONVIVIAL Hugo Desnoyer, le "boucher des stars", a ouvert son premier restaurant au sein de la halle Secrétan - construite par Baltard en 1868 et entièrement rénovée en 2015. Sans surprise, les viandes (bœuf, veau, agneau) constituent le cœur même d'une cuisine soignée et parfumée. Attention : on affiche souvent complet.

Formule 22 € - Carte 33/120 €

33 av. Secrétan Ⓜ Bolivar - ✆ 01 40 05 10 79 - www.hugodesnoyer.com - Fermé 3 semaines en août et lundi

La Table de Botzaris

CUISINE MODERNE • SIMPLE Le parc des Buttes-Chaumont est à deux pas de cette table contemporaine où la cuisine épouse l'air du temps. Pour un épigramme de saumon aux agrumes ou une brioche façon pain perdu, arrêtez-vous à Botzaris !

Formule 19 € - Carte 31/54 €

10 r. du Gén.-Brunet Ⓜ Botzaris - ✆ 01 40 40 03 30 - www.latabledebotzaris.fr - Fermé 1er-20 août, dim. et lundi

La Violette

CUISINE MODERNE • BRASSERIE Non loin de la Villette, ce restaurant contemporain n'a de violette... que sa banquette. Tourteau crémeux et son eau de tomate ; pavé de thon, mousseline de petits pois à la menthe ; cheesecake aux fruits de saison.

Formule 24 € - Carte 50/59 €

11 av. Corentin-Cariou Ⓜ Corentin Cariou - ✆ 01 40 35 20 45 (réservation conseillée) - www.restaurant-laviolette.com - Fermé 5-27 août, 24 déc.-1er janv., sam. et dim.

Lao Siam

CUISINE THAÏLANDAISE · EXOTIQUE Rien ne distingue Lao Siam des nombreuses cantines asiatiques de Belleville... sinon la file d'attente à l'entrée ! Créé par les parents de l'actuel patron, originaires de Thaïlande et du Laos, il met à l'honneur les cuisines de ces deux pays. Tout est fait maison, fin et parfumé. Nous voilà transporté en Asie – enfin presque !

Carte 20/45 €

49 r. de Belleville Ⓜ Pyrénées – ✆ 01 40 40 09 68 (sans réservation)

Hôtels

Holiday Inn Express Canal de la Villette

BUSINESS · CONTEMPORAIN Les promeneurs du bassin de la Villette connaissent bien cet édifice : son jumeau (un entrepôt de 1853) se dresse toujours sur l'autre rive ; lui, reconstruit en 2008, a été habillé d'une originale gaine métallique. Il abrite cet hôtel chaleureux, aux chambres spacieuses, très prisé des touristes !

144 chambres – 89/299 € 89/299 €

68 quai de Seine Ⓜ Crimée – ✆ 01 44 65 01 01
– www.holidayinnexpress.com/paris-canal

Canal St-Martin

BUSINESS · CONTEMPORAIN Entre le canal St-Martin et le bassin de la Villette, cet hôtel propose plusieurs catégories de chambres dont les "Confort" et "Privilège", modernes et épurées. Une courette fleurie relie les bâtiments entre eux. Le métro est tout proche.

69 chambres – 65/279 € 85/339 € – 12 €

5 av. Secrétan Ⓜ Jaurès – ✆ 01 42 06 62 00
– www.hotel-canal-saint-martin.com

Cimetière du Père Lachaise · Gambetta · Belleville

✉ 75020

20e ARRONDISSEMENT

Restaurants

Le Baratin

CUISINE TRADITIONNELLE · BAR À VIN Pas question de faire du baratin ! L'ardoise est plaisante à lire, les prix sont sages et les vins séduisants. Tourte de morue au lard de pimiento ; artichauts poivrades en barigoule : la chef argentine Raquel Carena propose au déjeuner un menu assez simple et, le soir, un choix plus élaboré qui ravit les habitués.

Menu 19 € (déj.) – Carte 38/60 € dîner

3 r. Jouye-Rouve Ⓜ Pyrénées – ✆ 01 43 49 39 70 (réservation conseillée)
– Fermé 1 semaine en mai, août, 1 semaine en fév., sam. midi, dim. et lundi

Dilia

CUISINE CRÉATIVE • BISTRO Un nouveau départ pour l'ancien Roseval, sous la houlette d'un jeune chef italien aux solides références. Ses assiettes sont parsemées de touches transalpines ; il y dévoile de jolies associations de saveurs (gnocchis à la betterave, huître et raifort) et fait preuve d'une inventivité réjouissante.

Menu 20 € (déj. en semaine), 44/60 €

1 r. d'Eupatoria Ménilmontant - 09 53 56 24 14 - www.dilia.fr - Fermé août, dim. et lundi

Chatomat

CUISINE MODERNE • ÉPURÉ Petite par la taille, mais grande par la qualité ! Nichée dans une ruelle improbable, cette table discrète compte nombre d'aficionados. À sa tête, un couple de talent, qui signe une courte carte aussi vive que savoureuse... Les jeunes gourmets de l'Est parisien en sont "fans" sur les réseaux sociaux, à juste titre.

Menu 40 €

6 r. Victor-Letalle Ménilmontant - 01 47 97 25 77 (réservation conseillée) - Fermé lundi, dim. et le midi

Le Tablier Rouge

CUISINE TRADITIONNELLE • BISTRO Un sympathique bistrot à vins, tenu par un couple franco-britannique. La carte célèbre la tradition française - poitrine de veau farcie, gigot d'agneau rôti, profiteroles - avec une pointe d'Angleterre, of course (fish and chips, notamment) ; le tout s'accompagne d'un beau choix de vins nature à prix doux !

Formule 17 € - Menu 20 € (déj.)/36 € - Carte 36/44 €

40 r. de la Chine Gambetta - 01 46 36 18 30 (réservation conseillée) - www.letablierrouge.com - Fermé 1 semaine début mai, 3 semaines en août, sam. midi, lundi soir et dim.

Lou Tíap

CUISINE DU SUD-OUEST • CONVIVIAL C'est à la tête de ce Lou Tíap dédié à la cuisine du Sud-Ouest que l'on retrouve Anne Escoffier et Olivier Laterrot (ex-L'Hermès, dans le 19e). Ils déclinent de belles recettes de tradition - asperges rôties, côte de cochon noir de Bigorre -accompagnées de jolis vins : une bien sympathique auberge !

Formule 20 € - Menu 35 € - Carte 44/61 €

81 r. de Bagnolet Alexandre Dumas - 01 43 70 77 93 - www.loutiap.fr - Fermé merc. midi, dim. et lundi

Le Petit Vingtième

CUISINE TRADITIONNELLE • DE QUARTIER Un ancien professeur de français, reconverti dans la cuisine, a réhabilité cet atelier textile du quartier Jourdain : parquet et carrelage bleuté au sol, poutres apparentes, mobilier de bistrot... Charmant ! À la carte, une savoureuse cuisine de tradition, qui privilégie le bio et les artisans du quartier (fromager, boucher).

Formule 17 € - Menu 20 € (déj. en semaine) - Carte 30/42 €

381 r. des Pyrénées Jourdain - 01 43 49 34 50 - Fermé 6-23 août, lundi midi, mardi midi et dim.

Bistrot Blanc Bec N

CUISINE MODERNE • BISTRO Ce Blanc Bec nous en fait voir de toutes les couleurs ! On s'y régale d'une cuisine du cœur, enlevée et séduisante, signée par un jeune chef au parcours déjà impressionnant. Maquereau poêlé, tombée de fenouil, tomates cerises et olives noires ; côté dessert, tarte fine aux fruits de saison, crème citron et basilic... Une bonne adresse.

Formule 14 € - Carte 31/46 €

15 r. des Panoyaux Ménilmontant - 01 43 58 45 45 - Fermé dim. et lundi

Le Jourdain

CUISINE TRADITIONNELLE • BISTRO Vieux parquet, mobilier patiné, luminaires d'inspiration *fifties* : aucun doute, c'est le bistrot contemporain dans toute sa splendeur. À midi, belles saveurs du marché à prix modiques ; le soir, sélection de petites assiettes façon tapas, à dominante marine. On sirote un bon petit vin nature... et l'on se réjouit, en partant, des prix doux.

Formule 15 € - Menu 18 € (déj. en semaine) - Carte 20/30 €

101 r. des Couronnes Jourdain - 01 43 66 29 10 (réservation conseillée) - www.restaurantlejourdain.com - Fermé 3 semaines en août, vacances de Noël, dim. et lundi

Hôtels

Mama Shelter

URBAIN • DESIGN Philippe Starck a signé le décor, à la fois épuré, design et fantaisiste, de ce vaste hôtel à la pointe de la modernité. Une ambiance jeune et urbaine, à l'image de ce quartier en plein renouveau. Restaurant ouvert jusqu'à 1h30 du matin.

172 chambres - 79/399 € 89/399 € - 1 suite - 16 €

109 r. de Bagnolet Gambetta - 01 43 48 48 48 - www.mamashelter.com

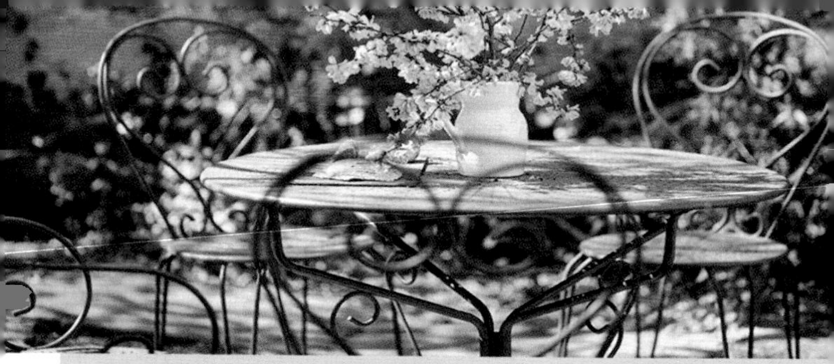

Autour de Paris

40 km autour de Paris
Cartes régionales 10 et 11

ANTONY

✉ 92160 (Hauts-de-Seine) - 61 624 hab. - Alt. 80 m - Carte régionale n° **11**-B3
▶ Paris 13 km - Bagneux 6 km - Corbeil-Essonnes 28 km - Nanterre 23 km
Carte Michelin 311-J3 et 101-25

La Tour de Marrakech

CUISINE NORD-AFRICAINE • EXOTIQUE Un Paris-Marrakech par voie express ! Décor délicieusement mauresque, plats du pays joliment mitonnés – notamment la pastilla de pigeon et amandes, une valeur sûre de la maison –, desserts faits maison... avec, pour ne rien gâcher, un accueil et un service très prévenants.

Formule 22 € - Menu 34 € - Carte 30/50 €

72 av. Division-Leclerc - 01 46 66 00 54 - www.latourdemarrakech.com - Fermé août et lundi

Hôtel de Berny

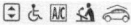

BUSINESS • CONTEMPORAIN Près de la Croix de Berny, hôtel récent avec d'agréables chambres contemporaines (tons chauds, parquet et mobilier en teck...) et quelques suites. Garage bien pratique et salle de séminaire.

40 chambres - 89/179 € 89/179 € - 4 suites - 12 €

129 av. A.-Briand - 01 46 11 43 90 - www.hotel-berny.com

ASNIÈRES-SUR-SEINE

✉ 92600 (Hauts-de-Seine) - 83 845 hab. - Alt. 37 m - Carte régionale n° **11**-B1
▶ Paris 10 km - Argenteuil 6 km - Nanterre 8 km - Pontoise 26 km
Carte Michelin 311-J2 et 101-15 - Guide Vert Michelin Île de France

Le Van Gogh

CUISINE MODERNE • TRADITIONNEL Sur les bords de Seine immortalisés par Van Gogh, presque les pieds dans l'eau ! Sur la jolie terrasse, on voit passer les péniches en se délectant d'une cuisine d'aujourd'hui honorant les poissons de l'Atlantique... Et dans la salle à la déco très "bateau", on apprécie la vue sur les cuisines.

Menu 36/59 € - Carte 48/85 €

1 Port Van-Gogh (accès par le Pont de Clichy) - 01 47 91 05 10 - www.levangogh.com - Fermé 6-24 août, 17-26 déc. et dim. soir

AULNAY-SOUS-BOIS

✉ 93600 (Seine-Saint-Denis) - 81 899 hab. - Alt. 46 m - Carte régionale n° **11**-D1
▶ Paris 19 km - Bobigny 9 km - Lagny-sur-Marne 23 km - Meaux 30 km
Carte Michelin 305-F7 et 101-18

Auberge des Saints Pères (Jean-Claude Cahagnet)

CUISINE CRÉATIVE • ÉLÉGANT Jus de coquillage en gelée, sésame de wasabi et huîtres ; poitrine de cochon et gambas… Des assiettes sophistiquées, originales et techniques, où dialoguent de nombreux ingrédients, accompagnés d'épices et d'herbes : telle est la savoureuse signature de ces Saints Pères, au cadre épuré et élégant.

→ Tranche d'échine séchée, foie gras, melon et céleri. Cabillaud rôti, sarrasin cuisiné comme une paella. Millefeuille chocolat blanc et wasabi.

Formule 32 € - Menu 44/76 €

212 av. de Nonneville - 01 48 66 62 11 - www.auberge-des-saints-peres.fr - Fermé 3 semaines en août, lundi midi, merc. soir, sam. midi et dim.

AUVERS-SUR-OISE

95430 (Val-d'Oise) - 6 846 hab. - Alt. 30 m - Carte régionale n° **10**-B1

Paris 36 km - Beauvais 52 km - Chantilly 35 km - Compiègne 84 km

Carte Michelin 305-E6 et 106-6 - Guide Vert Michelin Île de France

Hostellerie du Nord

CUISINE CLASSIQUE • BOURGEOIS Élégance et confort distinguent cet ancien relais de poste, fréquenté au 19e s. par de nombreux peintres. Le chef, Joël Boilleaut, est une vraie figure, dont le rigoureux savoir-faire s'exprime à travers une palette de recettes sûres et soignées. Idéal pour marcher sur les traces des impressionnistes !

Formule 55 € - Menu 65/85 €

8 chambres - 99/129 € 129/189 € - 15 €

6 r. du Gén.-de-Gaulle - 01 30 36 70 74 - www.hostelleriedunord.fr - Fermé sam. midi, dim. soir et lundi

Auberge Ravoux

CUISINE TRADITIONNELLE • BISTRO Non loin du cimetière où il repose, l'âme de Van Gogh plane encore sur "sa" dernière auberge. Les bons produits du Vexin sont ici travaillés par un chef d'expérience, dans la droite ligne de la tradition : terrine de canard aux pistaches, filets de hareng et saumon mariné à l'ancienne, tarte Tatin…

Menu 34/39 € - Carte 51/63 €

52 r. du Gén.-de-Gaulle (face à la mairie) - 01 30 36 60 60 (réservation conseillée) - www.maisondevangogh.fr - Ouvert début mars à fin nov. et fermé dim. soir, merc. soir, jeudi soir, lundi et mardi

BOIS-COLOMBES

92270 (Hauts-de-Seine) - 28 709 hab. - Alt. 37 m - Carte régionale n° **11**-B1

Paris 12 km - Nanterre 6 km - Pontoise 25 km - St-Denis 11 km

Carte Michelin 311-J2 et 101-15

Le Chefson

CUISINE TRADITIONNELLE • BISTRO Le Chefson ? Tout le quartier en parle ! Si vous ne connaissez pas, imaginez une cuisine traditionnelle simple et généreuse, une atmosphère bistrotière (ou plus cossue dans la deuxième salle), sans oublier de jolies suggestions du marché à l'ardoise. Plutôt rare dans une banlieue résidentielle très paisible.

Formule 24 € - Menu 30/40 €

17 r. Ch.-Chefson - 01 42 42 12 05 (réservation conseillée) - Fermé 1 semaine vacances de fév., août, lundi soir, sam. et dim.

BOUGIVAL

78380 (Yvelines) - 8 498 hab. - Alt. 40 m - Carte régionale n° **11**-A2

Paris 21 km - Rueil-Malmaison 5 km - St-Germain-en-Laye 6 km - Versailles 8 km

Carte Michelin 311-I2 et 101-13 - Guide Vert Michelin Île de France

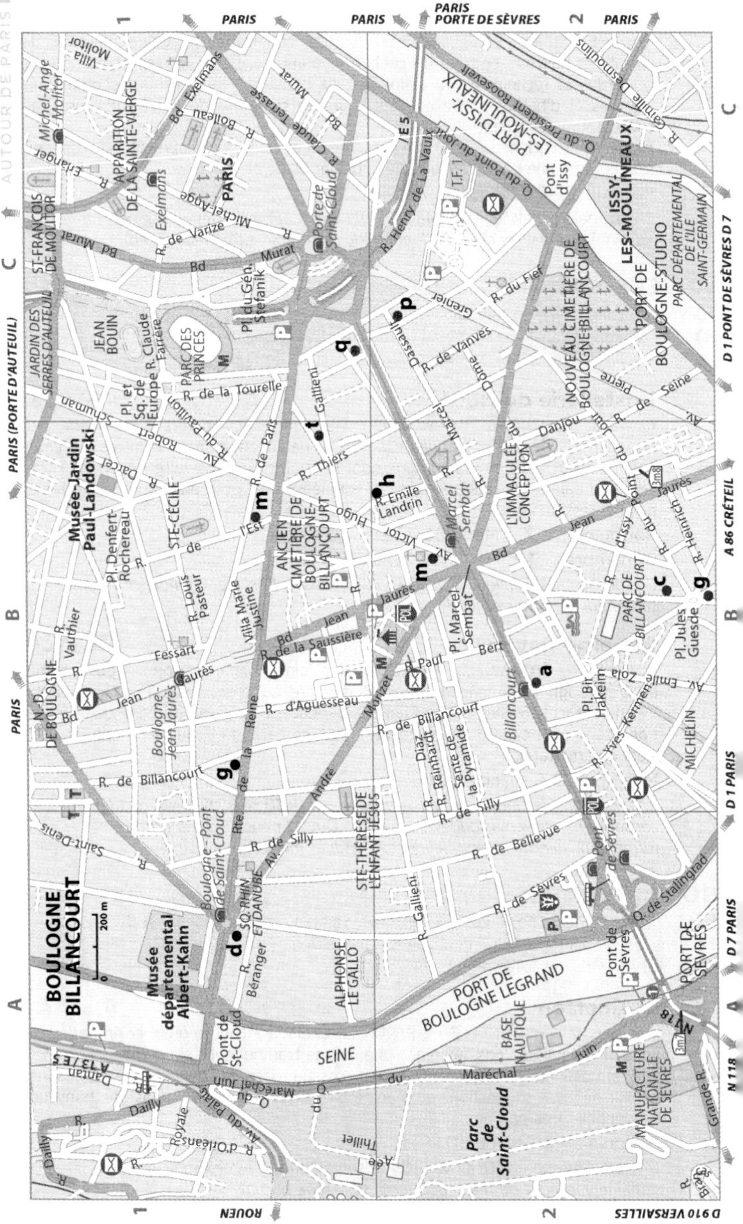
BOULOGNE BILLANCOURT
0
200 m
PARIS
PARIS (PORTE D'AUTEUIL)
PARIS PORTE DE SÈVRES
ROUEN
D 910 VERSAILLES
N 118
D 7 PARIS
D 1 PARIS
A 86 CRÉTEIL
D 1 PONT DE SÈVRES D 7
Musée départemental Albert-Kahn
Musée-Jardin Paul-Landowski
SEINE
PORT DE BOULOGNE LEGRAND
BASE NAUTIQUE
Parc de Saint-Cloud
MANUFACTURE NATIONALE DE SÈVRES
PORT DE SÈVRES
Pont de Sèvres
Pont de St-Cloud
ALPHONSE LE GALLO
STE-THÉRÈSE DE L'ENFANT JÉSUS
ANCIEN CIMETIÈRE DE BOULOGNE-BILLANCOURT
STE-CÉCILE
N.-D. DE BOULOGNE
L'IMMACULÉE CONCEPTION
PARC DE BILLANCOURT
MICHELIN
NOUVEAU CIMETIÈRE DE BOULOGNE-BILLANCOURT
PORT DE BOULOGNE-STUDIO
PARC DÉPARTEMENTAL DE L'ILE SAINT-GERMAIN
ISSY-LES-MOULINEAUX
PORT D'ISSY-LES-MOULINEAUX
Pont d'Issy
PARC DES PRINCES
JEAN BOUIN
JARDIN DES SERRES D'AUTEUIL
ST-FRANÇOIS DE MOLITOR
APPARITION DE LA SAINTE-VIERGE
PARIS
Porte de Saint-Cloud
Pl. du Gén. Stefanik
Pl. Marcel Sembat
Pl. Jules Guesde
Pl. Bir Hakeim
Pl. Denfert-Rochereau
Pl. et Sq. de l'Europe
Boulogne-Jean Jaurès
Boulogne-Pont de Saint-Cloud
Marcel Sembat
Billancourt
Michel-Ange Molitor
Exelmans
Bd Jean Jaurès
R. de Billancourt
Rte de la Reine
Av. André Morizet
R. de Silly
R. d'Aguesseau
R. Gallieni
R. de Sèvres
R. de Bellevue
Q. de Stalingrad
Av. Émile Zola
R. Yves-Kermen
Bd Murat
Av. Victor Hugo
R. Thiers
R. de Vanves
R. Dôme
R. du Fief
R. de Paris
R. de l'Est
R. Fessart
R. de la Tourelle
Av. Robert Schuman
R. du Pavillon
Q. du Point du Jour
Q. du Président Roosevelt
R. Henry de La Vaux
R. Claude Terrasse
Q. du Maréchal Juin
A 13 / E 5
SQ. RHIN ET DANUBE
1
2
A
B
C

✿ Le Camélia (Thierry Conte)

CUISINE MODERNE • ÉLÉGANT XX L'enseigne évoque le passé artistique de cette charmante auberge, récemment transformée dans l'esprit d'un bistrot chic et feutré, avec cuisines ouvertes sur la salle : une métamorphose réussie. On apprécie d'autant mieux l'œuvre du chef : des recettes inventives, suaves et délicates, réalisées au gré du marché.

➜ Salade de homard aux fruits de saison. Sole rôtie au jus d'herbes. Soufflé au citron vert.

Formule 32 € - Menu 49/82 € - Carte 100/130 €

7 quai Georges-Clemenceau - ✆ 01 39 18 36 06 - www.lecamelia.com - Fermé 1 semaine vacances de printemps, 3 semaines en août, 1 semaine vacances de Noël, dim. et lundi

BOULOGNE-BILLANCOURT

✉ 92100 (Hauts-de-Seine) - 117 126 hab. - Alt. 35 m - Carte régionale n° **11**-B2

▶ Paris 10 km - Nanterre 9 km - Versailles 11 km

Carte Michelin 311-J2 et 101-24 - Guide Vert Michelin Île de France

✿ MaSa (Hervé Rodriguez)

CUISINE CRÉATIVE • TENDANCE XX Œuf de Marans, bœuf de Coutancie, canette de Challans... Le chef utilise de bons produits pour composer une cuisine volontiers ludique et créative, qui n'hésite pas à jouer la carte de la surprise. Autant de couleurs et de saveurs ne peuvent laisser indifférent.

➜ Couteau jumbo, chorizo, riz vénéré et kumquat. Pigeonneau, langoustine, betterave et mûre. Chocolat et poivron rouge.

Formule 42 € - Menu 49 € (déj.), 80/125 €

Plan : B2-m - *112 av. Victor-Hugo Ⓜ Marcel Sembat - ✆ 01 48 25 49 20 - www.masa-paris.fr - Fermé 3 semaines en août, 25 déc.-1er janv., sam. et dim.*

Jean Chauvel - Le 3 B Ⓝ

CUISINE MODERNE • CONTEMPORAIN XX Ce chef d'origine bretonne accomplit un retour aux sources en revenant à Boulogne, où il a passé son enfance. Au menu, une cuisine du produit, qui se décline en brasserie d'une part, et en restaurant gastronomique d'autre part. On retiendra notamment les calamars au saté, et en dessert, le pain perdu, qui nous ramène tous en enfance...

Formule 26 € - Menu 34 € (déj.), 76/98 €

Plan : B2-a - *33 av. Général-Leclerc Ⓜ Billancourt - ✆ 01 55 60 79 95 - www.jeanchauvel.fr - Fermé 3 semaines en août, sam. midi, dim. et lundi*

La Table de Cybèle

CUISINE MODERNE • BISTRO X À la tête de ce néobistrot né à Billancourt en 2013 œuvre un couple franco-américain, et c'est Cybèle, née à San Francisco, qui officie en cuisine, signant des recettes originales, axées sur les bons produits. La Table de Cybèle est si jolie...

Formule 26 € - Menu 31 € (déj. en semaine) - Carte 42/56 € dîner

Plan : B2-c - *38 r. de Meudon Ⓜ Billancourt - ✆ 01 46 21 75 90 - www.latabledecybele.com - Fermé dim. et lundi*

La Plantxa

CUISINE MODERNE • CONVIVIAL X Depuis l'arrivée de Juan Arbelaez, jeune chef colombien, la recherche et l'originalité règnent en maîtres dans les cuisines de la Plantxa. En toute décontraction, "comme à la maison", on se régale de ses assiettes percutantes et soignées, où les associations de saveurs tombent toujours juste. Décoiffant !

Formule 32 € - Menu 55 € - Carte 34/49 €

Plan : B1-t - *58 r. Gallieni Ⓜ Porte de St-Cloud - ✆ 01 46 20 50 93 (réservation conseillée) - www.plantxa.com - Fermé 2 semaines en août, dim. et lundi*

Mon Bistrot

CUISINE MODERNE • BISTRO Tourteau décortiqué et flan de crustacés, tarte au citron revisitée à la façon du chef, et, tous les jeudis, viande d'Argentine cuite à la plancha... Un néobistrot convivial et plutôt cosy pour une cuisine bistrotière d'aujourd'hui, fraîche et bien ficelée.

Formule 29 € – Carte 37/57 €

Plan : C2-p – *33 r. Marcel-Dassault Ⓜ Porte de St-Cloud – ✆ 01 47 61 90 10 – www.mon-bistrot.fr – Fermé 1 semaine en fév., 3 semaines en août, sam., dim. et fériés*

La Machine à Coudes

CUISINE MODERNE • SIMPLE La jeune propriétaire, Marlène Alexandre-Buisson, a imaginé ce petit bistrot attachant, avec son décor de briques apparentes, ses vieilles étagères et ses... machines à coudre en guise de tables ! Elle s'est adjoint les services d'un chef talentueux, qui joue la partition néo-bistrot avec finesse et efficacité : on se régale.

Menu 32 € (déj. en semaine), 39/48 € – menu unique

Plan : B2-g – *35 r. Nationale Ⓜ Billancourt – ✆ 01 47 79 05 06 (réservation conseillée) – www.lamachineacoudes.fr – Fermé 1 semaine en août , 1 semaine en déc., sam. midi, dim. et lundi*

Chez Michel

CUISINE TRADITIONNELLE • BISTRO Lasagnes d'asperges vertes, turbot aux girolles, meringue aux fruits rouges... Dans le bistrot de Michel, les plats varient avec le marché : fraîcheur et simplicité. Une adresse sympathique, appréciée par la clientèle d'affaires au déjeuner.

Formule 15 € – Menu 30 €

Plan : C1-q – *4 r. Henry-Martin Ⓜ Porte de St-Cloud – ✆ 01 46 09 08 10 – Fermé août, 24 déc.-2 janv., sam. midi et dim.*

Chez Madeleine

CUISINE LIBANAISE • DE QUARTIER En toute convivialité – on est accueilli ici comme si l'on faisait partie de la famille –, Madeleine régale ses clients d'une cuisine libanaise gorgée de soleil : mezzes chauds et froids, brochettes de viande marinées et grillées, mouhalabieh en dessert, etc. Des préparations goûteuses et pleines de fraîcheur : un régal !

Formule 20 € – Menu 40 € – Carte environ 36 €

Plan : B1-m – *39 r. de Paris Ⓜ Boulogne Jean Jaurès – ✆ 01 46 89 46 57 – Fermé août, lundi soir, sam. midi et dim.*

Courtyard by Mariott

HÔTEL DE CHAÎNE • CONTEMPORAIN Dans une ancienne agence de la Banque de France, voilà une adresse en or. Cet établissement ouvert en 2013 dispose de salons avec une belle hauteur sous plafond, de chambres de style contemporain assez spacieuses, et, sur le toit, d'une terrasse ensoleillée... Le bijou de l'hôtel !

113 chambres – 🚹109/289 € 🚹🚹109/289 € – ☕ 18 €

Plan : B1-g – *114 rte de la Reine Ⓜ Jean-Jaurès – ✆ 01 81 89 06 80 – www.courtyardparisboulogne.fr*

Acanthe

HÔTEL DE CHAÎNE • FONCTIONNEL Près des studios de Boulogne et des beaux jardins du musée Albert-Kahn, voici un hôtel agréable, aux chambres spacieuses, douillettes et bien insonorisées. Joli patio fleuri et buffet au petit-déjeuner.

70 chambres – 🚹91/259 € 🚹🚹91/259 € – ☕ 16 €

Plan : A1-d – *9 rd-pt Rhin-et-Danube Ⓜ Boulogne Pont de Saint-Cloud – ✆ 01 46 99 10 40 – www.hotelacanthe.com*

Alpha Eiffel

BUSINESS • DESIGN Un établissement dans une petite rue à l'écart de l'agitation. Comme son nom l'indique, la décoration a pour thème la tour Eiffel ; les chambres, joliment décorées dans un style contemporain, sont confortables et bien tenues.

34 chambres – 85/210 € 105/235 €

Plan : B2-h – *26 r. Émile-Landrin* Ⓜ *Marcel Sembat – ✆ 01 46 05 80 51 – www.alpha-paris-hotel.com*

BRIE-COMTE-ROBERT

✉ 77170 (Seine-et-Marne) – 16 415 hab. – Alt. 90 m – Carte régionale n° **10**-C2
▶ Paris 30 km – Brunoy 10 km – Évry 20 km – Melun 18 km
Carte Michelin 312-E3 et 101-39 – Guide Vert Michelin Île de France

La Fabrique

CUISINE MODERNE • DESIGN XX Ce loft d'esprit industriel est bien caché au bout d'une petite allée, et il fait bon s'y régaler dans une atmosphère jeune et décontractée... Une adresse d'aujourd'hui, qui décline une cuisine moderne et volontiers créative, avec quelques fulgurances !

Formule 28 € – Menu 35 € (déj.) – Carte 50/65 €

1 bis r. du Coq-Gaulois – ✆ 01 60 02 10 10 – www.restaurantlafabrique.fr – Fermé 1 semaine en mars, août, 24 déc.-2 janv., mardi soir, merc. soir, sam. midi, dim. et lundi

BRY-SUR-MARNE

✉ 94360 (Val-de-Marne) – 16 319 hab. – Alt. 40 m – Carte régionale n° **11**-D2
▶ Paris 16 km – Créteil 12 km – Joinville-le-Pont 5 km – Nogent-sur-Marne 3 km
Carte Michelin 312-E2 et 101-18

Auberge du Pont de Bry - La Grappille

CUISINE MODERNE • AUBERGE XX Aux commandes de cette auberge, un chef de métier qui fait preuve de savoir-faire et sélectionne des ingrédients de qualité pour rehausser les saveurs des recettes – même les plus traditionnelles : tête de veau, kouign amann, cassoulet de homard à l'andouille de Guémené...

Formule 25 € – Menu 35 € (semaine)/65 € – Carte 49/65 €

3 av. du Gén.-Leclerc – ✆ 01 48 82 27 70 – www.lagrappille.fr – Fermé 16-31 août, lundi et mardi

CERGY-PONTOISE

(Val-d'Oise) – 192 859 hab. – Carte régionale n° **10**-B1
▶ Paris 35 km – Mantes-la-Jolie 40 km – Pontoise 3 km – Rambouillet 60 km
Carte Michelin 305-D6 et 106-5 – Guide Vert Michelin Île de France

Méry-sur-Oise – ✉ 95540 – 9 320 hab. – Alt. 29 m

Le Chiquito (Alain Mihura)

CUISINE CLASSIQUE • ÉLÉGANT XXX Tout est plaisir dans cette maison francilienne du 17e s. : le cadre, élégant et plein de cachet ; l'accueil, des plus prévenants... et que dire de la cuisine d'Alain Mihura, sinon qu'elle honore le plus beau classicisme, par sa précision et la finesse de ses saveurs ? Une demeure tout en délicatesse, vivement recommandable...

➜ Tête de veau laquée, médaillons de crevettes sauvages et gribiche d'avocat. Tronçon de turbot rôti, mousseline de chou-fleur et sauce carotte-fenouil. Paris-brest.

Menu 64/77 € – Carte environ 65 €

3 r. de l'Oise, La Bonneville, 1,5 km par D922, rte de Pontoise – ✆ 01 30 36 40 23 – www.lechiquito.fr – Fermé dim. et lundi

Pontoise - ✉ 95000 - 30 164 hab. - Alt. 48 m

Auberge du Cheval Blanc

CUISINE MODERNE • TENDANCE XX L'Auberge du Cheval Blanc, c'est surtout la personnalité de Laurence Ravail, chef truculente et passionnée, intarissable sur les produits et les vignerons qu'elle adore (belle sélection de vins). Ses assiettes ne mentent pas : colorées et savoureuses, elles mêlent recettes nouvelles et ingrédients bio.

Formule 32 € - Menu 43/65 € - Carte 47/78 €

47 r. de Gisors - ☎ 01 30 32 25 05 - Fermé 1er-22 août, sam. midi, dim. et lundi

CERNAY-LA-VILLE

✉ 78720 (Yvelines) - 1 641 hab. - Alt. 170 m - Carte régionale n° **10**-B2
Paris 45 km - Chartres 52 km - Longjumeau 31 km - Rambouillet 12 km
Carte Michelin 311-H3 et 106-29

Abbaye des Vaux de Cernay (N)

CUISINE TRADITIONNELLE • ROMANTIQUE XXX Dans le magnifique cadre de cette abbaye cistercienne, les salles à manger s'ornent de belles voûtes et ogives : un écrin de choix pour la belle cuisine de tradition préparée par le chef. Tourteau à la gelée de mangue et dentelle de sarrasin, bar sauvage à l'ail des ours et risotto aux coquillages... Réjouissant.

Formule 32 € - Menu 55/85 € - Carte 70/95 €

rte d'Auffargis, 2,5 km à l'Ouest par D24 - ☎ 01 34 85 23 00 - www.abbayedecernay.com

Abbaye des Vaux de Cernay

DEMEURE HISTORIQUE • HISTORIQUE On accède par un grand parc à cette abbaye cistercienne, magnifique ensemble architectural du 12es. Salons gothiques, vastes chambres au mobilier ancien ou plus actuel. Cuisine traditionnelle servie dans l'étonnante salle à manger coiffée de superbes voûtes.

57 chambres - †130/660 € ††130/660 € - 3 suites - ☕ 20 € - ½ P

rte d'Auffargis, 2,5 km à l'Ouest par D24 - ☎ 01 34 85 23 00 - www.abbayedecernay.com

Abbaye des Vaux de Cernay - voir les restaurants ci-dessus

CHÂTEAUFORT

✉ 78117 (Yvelines) - 1 401 hab. - Alt. 153 m - Carte régionale n° **11**-A3
Paris 28 km - Arpajon 28 km - Chartres 75 km - Versailles 15 km
Carte Michelin 311-I3 et 101-22

La Belle Époque

CUISINE MODERNE • ÉLÉGANT XXX L'enseigne ne ment pas : derrière une devanture digne d'une auberge d'autrefois, on découvre un décor d'une sobre élégance, au noir et blanc très "début de siècle", assorti d'une jolie terrasse dominant la vallée de Chevreuse. Mais le chef signe une cuisine dans le goût de... notre époque.

Formule 30 € - Menu 39 € (semaine)/75 € - Carte 68/81 €

10 pl. de la Mairie - ☎ 01 39 56 95 48 - www.labelleepoque78.fr - Fermé 2-22 août, dim. et lundi

CHÂTILLON

✉ 92320 (Hauts-de-Seine) - 34 960 hab. - Alt. 115 m - Carte régionale n° **11**-B2
Paris 10 km - Bobigny 25 km - Créteil 19 km - Nanterre 23 km
Carte Michelin 311-J3 et 101-25

Barbezingue

CUISINE TRADITIONNELLE • BISTRO Drôle de nom pour un étonnant concept : le Barbezingue fait restaurant, table d'hôte (buffet à l'étage) et... barbier le vendredi matin ! On y déguste une généreuse cuisine canaille, avec, en prime, une terrasse pour l'apéritif et un terrain de pétanque. Plus qu'un concept, un lieu de vie plein de gourmandise.

Menu 25/42 € - Carte 25/35 €

14 bd de la Liberté - 01 49 85 83 50 - www.barbezingue.com - Fermé 3 semaines en août, dim. soir et lundi

CHEVREUSE

78460 (Yvelines) - 5 750 hab. - Alt. 85 m - Carte régionale n° **10**-B2

Paris 44 km - Évry 42 km - Nanterre 37 km - Versailles 21 km

Carte Michelin 311-I3 et 101-32

Le Clos de Chevreuse

CUISINE MODERNE • TRADITIONNEL Le chef, dont le parcours est évocateur (il a passé sept ans au Bristol, entre autres), compose ici des préparations équilibrées et soignées, autant d'un point de vue des saveurs que sur le plan esthétique. L'été, on court s'installer sur la coquette terrasse fleurie, au calme de la cour.

Formule 20 € - Menu 25 € (déj. en semaine)/45 € - Carte 55/65 €

33 r. de Rambouillet - 01 30 52 17 41 - www.leclosdechevreuse.net - Fermé 9-30 août, dim. soir, mardi soir et merc.

CLICHY

92110 (Hauts-de-Seine) - 59 240 hab. - Alt. 30 m - Carte régionale n° **11**-B1

Paris 9 km - Argenteuil 8 km - Nanterre 9 km - Pontoise 26 km

Carte Michelin 311-J2 et 101-15

La Romantica

CUISINE ITALIENNE • ÉLÉGANT Derrière une porte cochère, une étonnante cour intérieure (avec une terrasse pavée de marbre blanc) et une salle d'une belle élégance, pour un festival de saveurs italiennes. On recommande les pâtes maison, comme ces tagliolinis à la crème légère de sauge, flambées dans une roue de fromage de bufflonne : *gustoso !*

Menu 41 € (déj.), 51/92 € - Carte 50/100 €

73 bd Jean-Jaurès Ⓜ Mairie de Clichy - 01 47 37 29 71 - www.laromantica.fr - Fermé sam. midi et dim.

La Barrière de Clichy

CUISINE TRADITIONNELLE • CLASSIQUE Nappes blanches, argenterie, décor feutré, menu dégustation qui change avec les saisons : un bon restaurant traditionnel, tenu par un couple avenant et animé par le désir de bien faire.

Formule 29 € - Menu 38 € (déj. en semaine), 50/65 € - Carte 45/85 €

1 r. de Paris Ⓜ Mairie de Clichy - 01 47 37 05 18 - www.labarrieredeclichy.com - Fermé août, sam., dim. et fériés

COLOMBES

92700 (Hauts-de-Seine) - 85 357 hab. - Alt. 38 m - Carte régionale n° **11**-B1

Paris 19 km - Boulogne-Billancourt 19 km - Montreuil 23 km - Nanterre 9 km

Carte Michelin 312-C2 et 101-14

Courtyard by Marriott

HÔTEL DE CHAÎNE • CONTEMPORAIN Un bâtiment récent, doté de chambres spacieuses et bien équipées. Hall-salon moderne, réchauffé par une cheminée et accueillant un "market" (boutique self-service). Cuisine méditerranéenne au restaurant.

150 chambres - 99/319 € 99/329 € - 20 €

91 bd Charles-de-Gaulle - 01 47 69 59 49 - www.courtyardcolombes.com

CONFLANS-STE-HONORINE

✉ 78700 (Yvelines) - 35 135 hab. - Alt. 25 m - Carte régionale n° **10**-B1
▶ Paris 38 km - Mantes-la-Jolie 39 km - Poissy 10 km - Pontoise 8 km
Carte Michelin 311-I2 et 101-3 - Guide Vert Michelin Île de France

Au Bord de l'Eau

CUISINE TRADITIONNELLE · FAMILIAL Cet ancien bistrot de bateliers des bords de Seine abrite un sympathique restaurant familial. Le décor intérieur rend hommage à la batellerie conflanaise. Cuisine traditionnelle.

Menu 31 € (déj. en semaine), 45/67 €

15 quai Martyrs-de-la-Résistance - 01 39 72 86 51 - Fermé 3 semaines en août, lundi sauf fériés et le soir sauf sam.

CORBEIL-ESSONNES

✉ 91100 (Essonne) - 46 017 hab. - Alt. 37 m - Carte régionale n° **10**-B2
▶ Paris 36 km - Créteil 27 km - Évry 6 km - Fontainebleau 37 km
Carte Michelin 312-D4 et 101-37

Aux Armes de France

CUISINE MODERNE · COSY Il souffle comme un vent de fraîcheur sur cet ancien relais de poste tenu par un jeune chef passé par plusieurs maisons étoilées. Au menu : des recettes généreuses en saveurs, à l'image de ces macaronis farcis au foie gras et céleri-rave, gratinés au parmesan. Ambiance feutrée, accueil charmant.

Formule 37 € - Menu 49/71 € - Carte 44/58 €

1 bd Jean-Jaurès - 01 60 89 27 10 - www.aux-armes-de-france.fr - Fermé 1er-15 août, lundi soir, sam. midi et dim.

CRÉTEIL

✉ 94000 (Val-de-Marne) - 89 845 hab. - Alt. 48 m - Carte régionale n° **11**-C2
▶ Paris 14 km - Bobigny 22 km - Évry 32 km - Lagny-sur-Marne 29 km
Carte Michelin 312-D3 et 101-27 - Guide Vert Michelin Île de France

Les Mets de Mo

CUISINE CRÉATIVE · ÉLÉGANT Des plats créatifs et instinctifs, aux influences multiples, dans lesquelles les épices sont utilisés à bon escient ; de bons produits frais issus des circuits courts... Pas besoin d'avoir fait de grandes études pour comprendre comment cette table a gagné les cœurs (et les ventres) des Cristoliens. Irrésistible !

Formule 29 € - Menu 32/110 € - Carte 55/72 €

29 av. Pierre-Brossolette - 01 48 98 49 52 - www.lesmetsdemo.com - Fermé 7-21 août, dim. et lundi

CROSNE

✉ 91560 (Essonne) - 9 191 hab. - Alt. 36 m - Carte régionale n° **11**-C-D3
▶ Paris 23 km - Bobigny 28 km - Créteil 10 km - Évry 20 km
Carte Michelin 312-D3 et 101-37

La Maison du Pressoir

CUISINE MODERNE · BISTRO Des recettes pétillantes, qui ne manquent ni de fraîcheur ni de saveurs : on a eu bien raison de pousser la porte de cette Maison du Pressoir, dont la fondation date de la fin du 19e s. Le décor, dans un style de bistrot chic, n'est pas sans charme ; on peut aussi profiter d'une plaisante terrasse au calme.

Formule 21 € - Menu 26 € (déj. en semaine), 31/58 €

34 av. Jean-Jaurès - 01 69 06 49 83 - www.lamaisondupressoir.fr - Fermé 4-13 fév., 29 juil.-22 août, dim. soir, lundi et mardi

DAMPIERRE-EN-YVELINES

✉ 78720 (Yvelines) - 1 087 hab. - Alt. 100 m - Carte régionale n° **10**-B2
Paris 38 km - Chartres 57 km - Longjumeau 32 km - Rambouillet 16 km
Carte Michelin 311-H3 et 101-31

La Table des Blot - Auberge du Château (Christophe Blot)

CUISINE MODERNE • AUBERGE Une belle et élégante auberge du 17e s., où le talent du chef et les saisons rythment la créativité des recettes. L'accueil se révèle chaleureux et, pour prolonger l'étape, on peut réserver une jolie chambre façon maison de campagne.

→ Tête de veau pressée et parfumée au gingembre, sauce ravigote. Homard fumé à la livèche. Soufflé au chocolat, mi-cuit et glacé.

Menu 50/80 € - Carte 57/77 €

6 chambres - 80/120 € 80/120 € - 12 €

1 Grande-Rue - 01 30 47 56 56 - www.latabledesblot.com
- Fermé fév., août, déc., dim. soir, lundi et mardi

DAMPMART

✉ 77400 (Seine-et-Marne) - 3 179 hab. - Alt. 50 m - Carte régionale n° **10**-C2
Paris 37 km - Amiens 155 km - Bobigny 32 km - Melun 51 km
Carte Michelin 312-F2

Le Quincangrogne

CUISINE MODERNE • CONVIVIAL Franck Charpentier, chef passé par de nombreuses tables étoilées, est aux commandes de cet établissement installé en bord de Marne. Il a conçu une carte simple, axée sur les produits régionaux - œuf mollet de la ferme de la Marche, canette de la ferme de Dagny, maigre doré au beurre Bordier... Des préparations précises et convaincantes.

Menu 38/85 € - Carte 72/89 €

7 r. de l'Abreuvoir - 01 64 44 44 80 - www.hotel-restaurant-lequincangrogne.fr
- Fermé 31 juil.-25 août, 1er-11 janv., dim. soir, lundi et mardi

Le Quincangrogne

TRADITIONNEL • CONTEMPORAIN Des chambres confortables et bien équipées, décorées dans une veine contemporaine : voici ce qui vous attend dans cet hôtel ouvert en 2016, dont le joli parc donne directement sur la Marne. Un havre de tranquillité.

22 chambres - 70/120 € 170/190 € - 17 €

7 r. de l'Abreuvoir - 01 64 44 44 80 - www.hotel-restaurant-lequincangrogne.fr

Le Quincangrogne - voir les restaurants ci-dessus

LA DÉFENSE

✉ 92400 (Hauts-de-Seine) - Carte régionale n° **11**-B1
Paris 10 km - Courbevoie 1 km - Nanterre 4 km - Puteaux 2 km
Carte Michelin 311-J2 et 101-14 - Guide Vert Michelin Paris

Sofitel Paris La Défense

LUXE • PERSONNALISÉ Un hôtel d'affaires parfaitement intégré au paysage des tours de la Défense, non loin de la Grande Arche. Chambres chic et feutrées, à l'élégance intemporelle... et cuisine méditerranéenne au restaurant.

151 chambres - 180/435 € 180/435 € - 27 €

34 cours Michelet, par bd circulaire sortie La Défense 4 ✉ 92060 Puteaux
Ⓜ Esplanade de la Défense - 01 47 76 44 43 - www.sofitel-paris-ladefense.com

Melia Paris La Défense

BUSINESS • DESIGN C'est l'un des projets hôteliers les plus ambitieux de l'Ouest parisien. Un grand immeuble en forme de voile de bateau, 369 chambres high-tech et lumineuses, dont la plupart offrent une jolie vue sur Paris, une esthétique d'ensemble très soignée... De la belle ouvrage !

340 chambres - 150/450 € 150/450 € - 29 suites - 25 €

4 esplanade du Gén.-de-Gaulle ✉ 92400 Courbevoie Ⓜ Esplanade de la Défense
- 01 75 57 99 00

Hilton La Défense

BUSINESS • CONTEMPORAIN Hôtel situé dans l'enceinte du Cnit. Certaines chambres ont été pensées pour le bien-être de la clientèle d'affaires : espaces travail, repos, relaxation et salle de bains-jacuzzi. Côté Parvis, cuisine dans l'air du temps et jolie vue sur l'Arche.

153 chambres - 155/450 € 170/465 € - 4 suites - 26 €

2 pl. de la Défense ✉ 92053 Ⓜ La Défense - ✆ 01 46 92 10 10 - www.hiltonparisladefense.com

DEUIL-LA-BARRE

✉ 95170 (Val-d'Oise) - 21 983 hab. - Alt. 25 m - Carte régionale n° **10**-B1

Paris 19 km - Amiens 121 km - Bobigny 16 km - Pontoise 24 km

Carte Michelin 305-E7 et 101-5

Verre Chez Moi

CUISINE MODERNE • INTIME Une belle surprise que cette discrète maison de ville, tenue par un jeune sommelier passionné : à l'unisson de ses vins "coup de cœur" – surtout de petits propriétaires –, on déguste une cuisine très appétissante, fine et parfumée. L'été venu, profitez de la jolie cour sur l'arrière. Arrêt recommandé Verre Chez Moi !

Formule 30 € - Menu 36 € (déj.) - Carte 39/67 €

75 av. de la Division-Leclerc - ✆ 01 39 64 04 34 - www.restaurant-verrechezmoi.com - Fermé vacances de fév., 1 semaine début mai, 3 semaines en août, lundi soir, sam. midi et dim.

ENGHIEN-LES-BAINS

✉ 95880 (Val-d'Oise) - 11 410 hab. - Alt. 45 m - Carte régionale n° **11**-B1

Paris 17 km - Argenteuil 7 km - Chantilly 34 km - Pontoise 22 km

Carte Michelin 305-E7 et 101-5 - Guide Vert Michelin Île de France

Le Grand Hôtel

SPA ET BIEN-ÊTRE • CLASSIQUE Face au lac d'Enghien, ce "grand hôtel" joue la carte d'un classicisme chic et feutré. L'établissement offre un accès direct à un superbe ensemble spa et fitness. Idéal pour une villégiature aux portes de la région parisienne.

43 chambres - 120/311 € 120/311 € - 20 € - ½ P

85 r. du Gén.-de-Gaulle - ✆ 01 39 34 10 00 - www.hotelsbarriere.com - Fermé 16 juil.-20 août et dim. soir

Hôtel du Lac

BUSINESS • FONCTIONNEL Associé au Grand Hôtel Barrière, il offre accès au même spa, l'un des plus grands de France. À deux pas du casino, face au lac, l'adresse est propice à un week-end détente, mais elle satisfait aussi la clientèle d'affaires en semaine, avec son espace séminaires et ses chambres classiques et fonctionnelles.

141 chambres - 120/479 € 120/479 € - 20 € - ½ P

89 r. du Gén.-de-Gaulle - ✆ 01 39 34 11 00 - www.hotelsbarriere.com

LA GARENNE-COLOMBES

✉ 92250 (Hauts-de-Seine) - 28 371 hab. - Alt. 40 m - Carte régionale n° **11**-B1

Paris 13 km - Argenteuil 7 km - Asnières-sur-Seine 5 km - Courbevoie 2 km

Carte Michelin 311-J2 et 101-14

Le St-Joseph

CUISINE TRADITIONNELLE • BISTRO Ce bistrot de quartier ne paie pas de mine, pourtant c'est une pépite. La salle est toute simple, le service sans chichi, mais l'assiette… est à tomber ! Le chef concocte une belle cuisine bistrotière, avec les meilleurs produits de saison. Quant à la sélection de vins, elle est tout à fait judicieuse.

Menu 31 € - Carte 32/46 €

100 bd de la République - ✆ 01 42 42 64 49 - www.restaurantlesaintjoseph.fr - Fermé 2 semaines en mai, 3 semaines en août, sam. midi, dim. et le soir sauf vend. et sam.

GENNEVILLIERS

✉ 92230 (Hauts-de-Seine) - 42 919 hab. - Alt. 28 m - Carte régionale n° **11**-B1
▶ Paris 15 km - Bobigny 14 km - Créteil 31 km - Nanterre 12 km

L'Ambassade des Terroirs

CUISINE CLASSIQUE • BISTRO La philosophie de la maison ? Des produits labellisés rigoureusement sélectionnés, du circuit court, du bio ! Avec tout cela, les deux associés proposent une bonne cuisine du terroir, savoureuse et cuisinée avec application. La bonne adresse des environs.

Formule 20 € - Menu 34 € - Carte 40/70 €

45 r. Pierre-Timbaud - ✆ 01 47 98 39 26 - www.ambassadedesterroirs.com - Fermé 3 semaines en août, sam. midi, lundi soir et dim.

GIF-SUR-YVETTE

✉ 91190 (Essonne) - 20 346 hab. - Alt. 61 m - Carte régionale n° **11**-A3
▶ Paris 34 km - Boulogne-Billancourt 23 km - Évry 37 km - Montreuil 41 km
Carte Michelin 312-B3 et 101-33

Les Saveurs Sauvages

CUISINE MODERNE Face à la petite gare RER de Gif-sur-Yvette, cette adresse entre bistrot et gastro nous accueille dans un bel intérieur contemporain. La cuisine, soignée et goûteuse, est traversée de quelques touches asiatiques - le chef est d'origine vietnamienne. Vous y retournerez avec plaisir : le menu change tous les jours !

Formule 23 € - Menu 31 € (déj.)/44 € - Carte 45/50 €

4 r. Croix-Grignon (face à la gare RER) - ✆ 01 69 07 01 16 - lessaveurssauvages.fr - Fermé 5-25 août, vacances de Noël, dim. et lundi

HÉROUVILLE

✉ 95300 (Val-d'Oise) - 610 hab. - Alt. 120 m - Carte régionale n° **10**-B1
▶ Paris 45 km - Nanterre 41 km - Pontoise 9 km

Les Vignes Rouges

CUISINE TRADITIONNELLE • AUBERGE La tradition est de mise dans cette maison surannée, au cœur de ce village proche d'Auvers-sur-Oise (l'enseigne fait d'ailleurs référence à une œuvre de Van Gogh). De bonnes saveurs au menu : foie gras poêlé, andouillette braisée au chablis...

Menu 38 € - Carte 51/71 €

- ✆ 01 34 66 54 73 - www.vignesrouges.fr - Fermé 1er-10 mai, 3 semaines en août, 2-12 janv., dim. soir, lundi et mardi

ISSY-LES-MOULINEAUX

✉ 92130 (Hauts-de-Seine) - 65 322 hab. - Alt. 37 m - Carte régionale n° **11**-B2
▶ Paris 8 km - Boulogne-Billancourt 3 km - Clamart 4 km - Nanterre 11 km
Carte Michelin 311-J3 et 101-25 - Guide Vert Michelin Île de France

Manufacture

CUISINE MODERNE • BRANCHÉ Cette manufacture de tabac (1904) est devenue un sympathique restaurant design. Petit comptoir, cuisines ouvertes sur la salle, jolie terrasse, carte classique - joue de bœuf braisé au vin rouge, poêlée d'encornets et piments doux - et propositions de saison : reconversion réussie !

Formule 31 € - Menu 39 €

20 espl. Manufacture (face au 30 r. E.-Renan) Ⓜ Corentin-Celton - ✆ 01 40 93 08 98 - www.restaurantmanufacture.com - Fermé 3 semaines en août, sam. et dim.

La Passerelle

CUISINE MODERNE • TENDANCE XX Des produits rigoureusement sélectionnés, une cuisine fine et colorée où la Méditerranée fait de fréquentes incursions, le tout réalisé par un jeune chef talentueux et motivé... On emprunte joyeusement cette Passerelle pour se rendre sur les terres de la gourmandise et des saveurs !

Formule 34 € – Menu 40 € (déj. en semaine), 80 € 🍷/95 € – Carte 63/88 €

172 quai de Stalingrad – ✆ 01 46 48 80 81 – www.lapasserelle-issy.com – Fermé août, dim. et lundi

Le 7 à Issy

CUISINE TRADITIONNELLE • CONVIVIAL XX Jarret et fondant de veau cuits façon pot-au-feu, dos de cabillaud à la plancha et vinaigrette de betterave... Ici, on savoure une cuisine traditionnelle copieuse et bien ficelée. Habitués et hommes d'affaires ne boudent pas leur plaisir !

Formule 28 € – Menu 36/49 € – Carte 42/61 €

7 rond-point Victor-Hugo Ⓜ Corentin-Celton – ✆ 01 46 45 22 12 – www.7aissy.fr – Fermé 1er-25 août, 24-30 déc., lundi soir, sam. midi et dim.

JANVRY

✉ 91640 (Essonne) – 603 hab. – Alt. 160 m – Carte régionale n° **10**-B2
▶ Paris 35 km – Briis s/s Forges 4 km – Dourdan 20 km – Palaiseau 19 km
Carte Michelin 312-B4 et 101-33

Bonne Franquette

CUISINE CLASSIQUE • BISTRO XX Cette petite auberge, située face au château (17e s.) d'un joli village francilien, se distingue par une ambiance éminemment chaleureuse. La cuisine, savoureuse et renouvelée au fil des saisons, s'accompagne de délicieux vins à prix raisonnables. Ne manquez pas la spécialité maison : la cervelle de veau meunière aux câpres.

Formule 33 € – Menu 41 €

1 r. du Marchais – ✆ 01 64 90 72 06 – www.bonnefranquette.fr – Fermé 2 semaines en mai, 26 août-12 sept., 23 déc.- 9 janv., sam. midi, dim. et lundi

LEVALLOIS-PERRET

✉ 92300 (Hauts-de-Seine) – 64 654 hab. – Alt. 30 m – Carte régionale n° **11**-B1
▶ Paris 9 km – Argenteuil 8 km – Nanterre 8 km – Pontoise 27 km
Carte Michelin 311-J2 et 101-15

L'Audacieux

CUISINE CRÉATIVE • DE QUARTIER X "De l'audace, encore de l'audace, toujours de l'audace", disait Danton. De cela, Pierre Lambert, le chef de ce restaurant de poche, n'en manque pas, signant une cuisine inspirée et originale, où les saveurs asiatiques surprennent et la technique sublime le produit. Essayez le menu-surprise, c'est un bol d'air frais !

Menu 42 € (déj. en semaine), 50/82 €

51 r. Danton Ⓜ Anatole France – ✆ 01 47 59 94 17 – www.pierrelambert.fr – Fermé 1 semaine en fév., 3 semaines en août, sam. midi, dim. et lundi

Le Bistrot d'Oscar

CUISINE TRADITIONNELLE • BISTRO X Ici, on joue la carte bistrot ! Cabillaud façon "fish and chips", selle d'agneau farcie à la mozzarella... Les plats sont généreux et bien ficelés, parfumés à souhait, et surfent entre les saveurs d'hier et d'aujourd'hui. Et pour ceux qui veulent profiter du grand air, direction la terrasse !

Formule 22 € – Menu 30 € (déj.) – Carte 34/52 €

1 pl. du Maréchal-de-Tassigny Ⓜ Louise Michel – ✆ 01 47 59 00 82 – Fermé 2 semaines en août, sam., dim. et fériés

Espace Champerret

FAMILIAL • FONCTIONNEL Sobres, chic et bien tenues : telles sont les chambres de cet hôtel proche des quartiers d'affaires et du métro. Aux beaux jours, on prend son petit-déjeuner dans une agréable cour intérieure. Excellent rapport qualité-prix.

39 chambres – 48/135 € 55/151 € – 10 €

26 r. Louise-Michel Ⓜ Louise Michel – 01 47 57 20 71 – www.hotel-espace-champerret.com

LIVRY-GARGAN

93190 (Seine-Saint-Denis) – 42 699 hab. – Alt. 60 m – Carte régionale n° **11**-D1

Paris 19 km – Aubervilliers 14 km – Aulnay-sous-Bois 4 km – Bobigny 8 km

Carte Michelin 305-G7 et 101-18

La Petite Marmite

CUISINE TRADITIONNELLE • CLASSIQUE XX Un auvent couvert de chaume, une salle tout en bois, des banquettes douillettes... Cette Petite Marmite réchauffe les cœurs ! Aux commandes œuvre un duo complémentaire ; monsieur au marché et madame en cuisine : saumon fumé au bois de hêtre, tatin, profiteroles, etc., le tout accompagné de bons bordeaux.

Menu 35 € – Carte 45/134 €

8 bd de la République – 01 43 81 29 15 – www.lapetitemarmite-livrygargan.com – Fermé vacances de fév., 8-31 août, dim. soir et merc.

LONGJUMEAU

91160 (Essonne) – 21 739 hab. – Alt. 78 m – Carte régionale n° **11**-B3

Paris 20 km – Chartres 70 km – Dreux 84 km – Évry 15 km

Carte Michelin 312-C3 et 101-35

à Saulx-les-Chartreux 2,5 km au Sud-Ouest par D118 – 91160 – 5 128 hab. – Alt. 75 m

L'Orée

BUSINESS • PERSONNALISÉ À 20 km au sud de Paris, un établissement tout indiqué pour un séjour au vert ! Dans un parc de 6 ha à l'orée de la forêt du Rocher-de-Saulx, le calme est complet et les occasions de se détendre nombreuses : chambres confortables, courts de tennis, terrains de volley, spa, restaurant face à la nature... Le tout certifié Écolabel !

60 chambres – 119/210 € 119/240 € – 16 €

rte de Montlhéry, par N20, sortie "La Ville du Bois" – 01 64 48 38 38 – www.loree.fr

MAISONS-ALFORT

94700 (Val-de-Marne) – 54 186 hab. – Alt. 37 m – Carte régionale n° **11**-C2

Paris 10 km – Créteil 4 km – Évry 34 km – Melun 39 km

Carte Michelin 312-D3 et 101-27 – Guide Vert Michelin Île de France

La Bourgogne

CUISINE MODERNE • ÉLÉGANT XX La bonne table de Maisons-Alfort et au-delà. Ses atouts : un cadre très moderne, chaleureux et intime, et surtout de belles saveurs. La cuisine est ici une chose sérieuse, fondée sur les meilleurs produits et savoir-faire... sans craindre la nouveauté !

Menu 36/56 € – Carte 51/88 €

164 r. Jean-Jaurès – 01 43 75 12 75 – www.restaurant-labourgogne.com – Fermé 4-22 août, 24 déc.-2 janv., sam. midi et dim.

MAISONS-LAFFITTE

78600 (Yvelines) – 23 215 hab. – Alt. 38 m – Carte régionale n° **11**-A1

Paris 21 km – Mantes-la-Jolie 38 km – Poissy 9 km – Pontoise 17 km

Carte Michelin 311-I2 et 101-13 – Guide Vert Michelin Île de France

Le Tastevin

CUISINE CLASSIQUE • ÉLÉGANT XXX En bordure de parc, cette maison bourgeoise élégamment décorée cultive un certain art de vivre à la française... et chante son amour des beaux produits ! Le chef, d'origine italienne, maîtrise bien son sujet ; il revisite les classiques en y apportant quelques touches méditerranéennes. Jolie carte des vins.

Formule 39 € – Menu 48 € (déj. en semaine)/96 € – Carte 85/106 €

9 av. Eglé – 01 39 62 11 67 – www.letastevin-restaurant.fr – Fermé 2 semaines en août, dim. soir et lundi

La Plancha

CUISINE MODERNE • COSY X Ambiance "voyage" dans ce restaurant à deux pas de la gare du RER A. La carte, assez originale, propose des recettes combinant avec succès les produits français, espagnols et japonais.

Formule 26 € – Menu 36/67 € – Carte 56/69 €

5 av. de St-Germain – 01 39 12 03 75 – Fermé 15 juil.-23 août, dim. soir, mardi et merc.

MARLY-LE-ROI

78160 (Yvelines) – 16 600 hab. – Alt. 90 m – Carte régionale n° **11**-A2
Paris 24 km – Bougival 5 km – St-Germain-en-Laye 5 km – Versailles 9 km
Carte Michelin 312-B2 et 101-12

Le Village (Tomohiro Uido)

CUISINE MODERNE • INTIME XX Une jolie auberge dans une ruelle pittoresque du vieux Marly. Le chef, né au Japon, signe une cuisine très maîtrisée, avec de jolis accords de textures et de saveurs. La France inspire l'Asie, et réciproquement...

→ Goï cuôn de homard breton et foie gras en terrine. Pigeonneau d'Anjou en croûte de gros sel de Guérande aromatisé. Soufflé chaud au yuzu de Kôchi légèrement poivré, sorbet yuzu.

Formule 40 € – Menu 50/132 € – Carte 138/270 €

3 Grande-Rue – 01 39 16 28 14 (réservation conseillée) – www.restaurant-levillage.fr – Fermé 2 semaines en août, 1 semaine en janv., sam. midi, dim. soir et lundi

MARNE-LA-VALLÉE

(Île-de-France) – 295 128 hab. – Carte régionale n° **10**-C2
Paris 27 km – Meaux 29 km – Melun 40 km
Carte Michelin 312-E2 et 101-19 – Guide Vert Michelin Île de France

à Magny-le-Hongre – 77700 – 7 148 hab. – Alt. 117 m

Dream Castle

HÔTEL DE CHAÎNE • CONTEMPORAIN L'architecture et la décoration de cet hôtel font référence à l'univers des châteaux forts. Chambres élégantes et spacieuses, jolie piscine et jardin à la française. Le restaurant The Musketeer's propose le soir des buffets à thème.

387 chambres – 85/300 € 85/300 € – 10 suites – 16 € – ½ P

40 av. de la Fosse-des-Pressoirs (Val de France) – 01 64 17 90 00 – www.vi-hotels.com/dream-castle

MASSY

91300 (Essonne) – 43 524 hab. – Alt. 78 m – Carte régionale n° **11**-B3
Paris 19 km – Arpajon 19 km – Évry 20 km – Palaiseau 4 km
Carte Michelin 312-C3 et 101-25

Mercure

HÔTEL DE CHAÎNE • FONCTIONNEL Face à la gare TGV, des chambres fonctionnelles et confortables, au décor contemporain épuré. Un ensemble qui tient ses promesses.

116 chambres - 99/325 € 99/325 € - 18 € - ½ P

21 av. Carnot (gare T.G.V) - 01 69 32 80 20
- www.loungelessaveurs.fr

MAULE

78580 (Yvelines) - 5 675 hab. - Alt. 40 m - Carte régionale n° **10G**-A1
Paris 43 km - Pontoise 36 km - Rouen 96 km - Versailles 28 km
Carte Michelin 311-H2

La Case de Babette (N)

CUISINE CRÉOLE • ROMANTIQUE XX Babette de Rozières, fameuse chroniqueuse culinaire, a plus d'un tour dans son sac ! Au cœur du joli bourg de Maule, elle rend hommage à sa Guadeloupe natale avec une cuisine ensoleillée, débordante de saveurs. Le service est assuré avec attention et professionnalisme, et l'on mange au son d'une discrète musique des îles...

Formule 24 € - Menu 29 € (déj. en semaine) - Carte 48/70 €

2 r. St-Vincent
- 01 30 90 38 97 (réservation conseillée) - www.lacasedebabette.com
- Fermé 3 semaines en août, dim. et lundi

MEUDON

92190 (Hauts-de-Seine) - 45 107 hab. - Alt. 100 m - Carte régionale n° **11**-B2
Paris 11 km - Boulogne-Billancourt 4 km - Clamart 4 km - Nanterre 12 km
Carte Michelin 311-J3 et 101-24 - Guide Vert Michelin Île de France

L'Escarbille (Régis Douysset)

CUISINE MODERNE • ÉLÉGANT XX Un buffet de gare ? Oui... et non ! Un passé "ferroviaire" certes, mais un présent résolument gourmet, dans une atmosphère chic et contemporaine. Amoureux du beau produit, le chef réalise ici une élégante cuisine du marché : c'est frais, bien tourné et très bon.

→ Tarte de sot-l'y-laisse et de girolles, pannacotta au lard. Pigeon en crapaudine, petits pois à la française et jus lié au foie gras. Soufflé à la pistache de Sicile, sorbet cacao.

Menu 52 € (déj. en semaine), 59/79 €

8 r. Vélizy - 01 45 34 12 03 - www.lescarbille.fr
- Fermé 3 semaines en août, 24 déc.-2 janv., dim. et lundi

Quai de Meudon

CUISINE TRADITIONNELLE • TENDANCE X Cette ancienne gare, avec ses poutres métalliques et ses rivets, vous rappelle quelque chose ? Normal : elle a été bâtie par les équipes d'Eiffel pour l'exposition universelle de 1889... Les plats sont intéressants et bien réalisés ; la terrasse, au deuxième étage, offre une belle vue sur les îles de la Seine... Courez-y !

Formule 26 € - Carte 35/55 €

10 rte des Gardes
- 01 40 95 24 60 - www.quaidemeudon.com
- Fermé 2 semaines en août et dim. soir

MONTMORENCY

95160 (Val-d'Oise) - 20 842 hab. - Alt. 82 m - Carte régionale n° **10**-B1
Paris 19 km - Enghien-les-Bains 4 km - Pontoise 24 km - St-Denis 9 km
Carte Michelin 305-E7 et 101-5 - Guide Vert Michelin Île de France

Au Cœur de la Forêt

CUISINE TRADITIONNELLE • AUBERGE XX À l'issue d'un chemin cahotant, vous voilà bien au cœur de la forêt... Si le dépaysement est garanti, la cuisine suit sans détour la voie de la tradition : au menu, rien que des valeurs sûres, au gré du marché ! Cadre élégant et champêtre, comme il se doit, avec une jolie terrasse face aux frondaisons.

Formule 39 € - Menu 49 €

av. du Repos-de-Diane, accès par chemin forestier - ✆ 01 39 64 99 19 - www.aucoeurdelaforet.com - Fermé 15-25 fév., août, jeudi soir, dim. soir et lundi

MONTREUIL

✉ 93100 (Seine-Saint-Denis) - 103 520 hab. - Alt. 70 m - Carte régionale n° **11**-C2
Paris 11 km - Argenteuil 28 km - Bobigny 10 km - Boulogne-Billancourt 18 km
Carte Michelin 311-K2 et 101-17 - Guide Vert Michelin Île de France

Villa9Trois

CUISINE MODERNE • DESIGN XX Une jolie demeure ancienne, un décor bourgeois et design, une grande terrasse sous les arbres, une cuisine en prise sur les dernières tendances... Cette Villa du "9Trois" est un havre pour une clientèle, disons-le, dorée. Dress code : chic et décontracté.

Menu 39/48 € - Carte 50/70 €

28 r. Colbert Ⓜ Mairie de Montreuil - ✆ 01 48 58 17 37 - www.villa9trois.com - Fermé dim. soir

L'Amourette

CUISINE TRADITIONNELLE • BISTRO X Il se dit que les Parisiens n'aiment pas passer le périph'... Et si les "banlieusards", de leur côté, avaient de bonnes raisons de snober la capitale ? C'est le cas à Montreuil avec cet amour de bistrot, animé et convivial, où l'on sert de belles assiettes de tradition : assiette de cochonnailles, tête de veau...

Formule 15 € - Menu 19 € (déj. en semaine)/30 € - Carte 28/56 €

54 r. Robespierre Ⓜ Robespierre - ✆ 01 48 59 99 94 - www.lamourette.fr - Fermé 1er-8 mai, 3 semaines en août, 24 déc.-1er janv., sam., dim. et fériés

Ibis Paris Mairie Montreuil

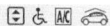

URBAIN • CONTEMPORAIN Moderne, fonctionnel et chaleureux, cet établissement est bien apprécié de la clientèle d'affaires (bureau dans chaque chambre). L'accueil sympathique ajoute à la qualité de l'adresse.

96 chambres - †80/160 € ††80/160 € - ☕ 16 €

15 r. Franklin Ⓜ Mairie de Montreuil - ✆ 01 48 59 00 03 - www.accor.com

MONTROUGE

✉ 92120 (Hauts-de-Seine) - 48 909 hab. - Alt. 75 m - Carte régionale n° **11**-B2
Paris 5 km - Boulogne-Billancourt 8 km - Longjumeau 18 km - Nanterre 16 km
Carte Michelin 311-J3 et 101-25

Mercure

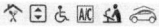

HÔTEL DE CHAÎNE • CONTEMPORAIN En léger retrait du périphérique, un Mercure dédié à la clientèle d'affaires avec ses chambres contemporaines bien insonorisées et ses nombreuses salles de réunion.

188 chambres - †97/225 € ††137/285 € - 7 suites - ☕ 19 €

13 r. François Ory Ⓜ Porte d'Orléans - ✆ 01 58 07 11 11 - www.mercure.com

NEUILLY-SUR-SEINE

✉ 92200 (Hauts-de-Seine) - 62 021 hab. - Alt. 34 m - Carte régionale n° **11**-B1
Paris 9 km - Argenteuil 10 km - Nanterre 6 km - Pontoise 29 km
Carte Michelin 311-J2 et 101-15 - Guide Vert Michelin Île de France

Jarrasse L'Écailler de Paris

POISSONS ET FRUITS DE MER • ÉLÉGANT Un restaurant au décor intimiste et original où les luminaires ont, par exemple, la forme d'oursins. Dans l'assiette, on se régale de produits de la mer en provenance directe des petits bateaux de pêche bretons. Fraîcheur garantie !

Menu 48 € - Carte 66/115 €

4 av. de Madrid Ⓜ Pont de Neuilly - ✆ 01 46 24 07 56 (réservation conseillée) - www.jarrasse.com - Fermé 3 semaines en août, sam. et dim.

La Boutarde

CUISINE TRADITIONNELLE • BISTRO Un vrai bistrot ! Service décontracté, boiseries, ardoise du jour suivant l'inspiration du chef, et belle cuisine traditionnelle dans l'assiette : Saint-Jacques rôties, côte de veau, brioche caramélisée et glace à la vanille... C'est bon, tout simplement.

Formule 30 € - Menu 36/62 €

4 r. Boutard Ⓜ Pont de Neuilly - ✆ 01 47 45 34 55 (réservation conseillée) - www.laboutarde.com - Fermé 3 semaines en août, vacances de Noël, sam. et dim.

Ribote

CUISINE MODERNE • CONVIVIAL Fringant, ce néo-bistrot ouvert au début 2015 ! En cuisine, on trouve un duo de chef trentenaires ; ils composent une cuisine légère et parfumée, bien dans l'air du temps, dans un esprit "so bistronomie" : ceviche de haddock au fenouil, filet de canette au jus de wasabi... Un souffle d'air frais sur Neuilly !

Formule 22 € - Carte 40/50 €

17 r. Paul-Chatrousse Ⓜ Pont de Neuilly - ✆ 01 47 47 73 17 - Fermé 3 semaines en août, 1 semaine à Noël, sam. et dim.

À La Coupole

CUISINE TRADITIONNELLE • FAMILIAL Un lieu chic et sobre, d'esprit feutré (boiseries sombres, tons crème et chocolat), où l'on savoure une bonne cuisine traditionnelle. Parmi les spécialités de la maison : le foie gras et les abats, ris et rognons en tête !

Formule 31 € - Menu 40 €

3 r. de Chartres Ⓜ Porte Maillot - ✆ 01 46 24 82 90 - Fermé vacances de printemps, août, sam., dim. et fériés

Jardin de Neuilly

BUSINESS • CONTEMPORAIN Autour d'un joli jardin fleuri, un bel ensemble de trois bâtiments : un hôtel particulier du 19e s. à l'esprit classique, un cottage très Belle Époque et un édifice des années 1950. Calme, confort et cachet, à 300 m de la porte Maillot.

29 chambres - 🚹70/200 € 🚹🚹90/330 € - ☕15 €

5 r. Paul-Déroulède Ⓜ Porte Maillot - ✆ 01 46 24 22 77 - www.hoteljardindeneuilly.com

Neuilly Park

BUSINESS • CLASSIQUE Dans une rue commerçante du quartier des Sablons, à 5mn de la porte Maillot, un petit hôtel qui ne manque pas de personnalité : chaque chambre est décorée selon un terme différent, mis en scène sans détour et avec couleur (flamenco, Japon, abécédaire, toile de Jouy, etc.).

30 chambres - 🚹120/230 € 🚹🚹120/230 € - ☕13 €

23 r. Madeleine-Michelis Ⓜ Porte Maillot - ✆ 01 46 40 11 15 - www.hotelneuillypark.com

ORGEVAL

✉ 78630 (Yvelines) - 5 978 hab. - Alt. 100 m - Carte régionale n° **10**-B1
▶ Paris 32 km - Mantes-la-Jolie 28 km - Pontoise 22 km - St-Germain-en-Laye 11 km
Carte Michelin 311-H2 et 101-11

Moulin d'Orgeval

CUISINE CLASSIQUE • TRADITIONNEL La grande salle de restaurant donnant sur la pièce d'eau, le mobilier en rotin, les tentures... Tout ici a un petit côté rétro. Plusieurs menus sont proposés (cuisine du monde, de la mer, de saison ; beau chariot de desserts...) et l'on vient là comme à la campagne. Option "brasserie" au déjeuner.

Formule 33 € – Menu 51/64 € – Carte 54/64 €

200 r. de l'Abbaye, 1,5 km au Sud – 01 39 75 85 74 – www.moulindorgeval.com – Fermé 23 déc.-2 janv. et dim. soir

Moulin d'Orgeval

TRADITIONNEL • CLASSIQUE Au cœur d'un grand parc arboré, où les cygnes glissent silencieusement sur le plan d'eau, cet ancien moulin invite à la détente. Les chambres sont classiques, avant tout fonctionnelles ; on organise ici beaucoup de mariages et de séminaires.

14 chambres – 145 € 165 € – 17 €

200 r. de l'Abbaye, 1,5 km au Sud – 01 39 75 85 74 – www.moulindorgeval.com – Fermé 23 déc.-2 janv.

Moulin d'Orgeval – voir les restaurants ci-dessus

OZOIR-LA-FERRIÈRE

77330 (Seine-et-Marne) – 20 074 hab. – Alt. 110 m – Carte régionale n° **10**-C2

Paris 34 km – Coulommiers 42 km – Lagny-sur-Marne 22 km – Melun 29 km

Carte Michelin 312-F3 et 106-33

La Gueulardière

CUISINE CLASSIQUE • ÉLÉGANT En place depuis presque 30 ans, Alain Bureau est un vrai chef à l'ancienne, un authentique artisan, inconditionnel du "fait maison" : foie gras, saumon fumé, ou encore millefeuille caramélisé... Classique par ses racines, actuelle par son inspiration, sa cuisine séduit ! Cadre élégant et raffiné, superbe terrasse.

Menu 39/78 € – Carte 68/120 €

66 av. du Gén.-de-Gaulle – 01 60 02 94 56 – www.la-gueulardiere.com – Fermé dim. soir

LE PERREUX-SUR-MARNE

94170 (Val-de-Marne) – 33 248 hab. – Alt. 50 m – Carte régionale n° **11**-D2

Paris 16 km – Créteil 12 km – Lagny-sur-Marne 23 km – Villemomble 6 km

Carte Michelin 312-E2 et 101-18

Les Magnolias

CUISINE CRÉATIVE • ÉLÉGANT Ces Magnolias se sont imposés en douceur auprès des gourmets du Perreux-sur-Marne. Le chef met un soin particulier dans la présentation de ses plats, goûteux et volontiers créatifs. Autour de lui, en cuisine et dans l'élégante salle, s'affaire une jeune équipe soucieuse de bien faire.

Menu 42 € (déj. en semaine), 58/147 € – Carte environ 68 €

48 av. de Bry – 01 48 72 47 43 – www.lesmagnolias.com – Fermé 7-27 août, sam. midi, dim. et lundi

L'Ardoise

CUISINE TRADITIONNELLE • BISTRO Le credo du patron : "je ne fais que ce que je maîtrise bien." Son baron d'agneau aux herbes, son parmentier de boudin basque ou encore son riz au lait lui donnent raison ! Son petit bistrot – avec le mobilier patiné et les murs couleur beurre frais qui vont bien – est épatant.

Formule 18 € – Carte 30/50 €

22 bd de la Liberté – 01 43 24 18 31 – Fermé août, dim., lundi et fériés

PLAISIR

78370 (Yvelines) – 31 119 hab. – Alt. 111 m – Carte régionale n° **10**-B2

Paris 39 km – Créteil 45 km – Pontoise 37 km – Versailles 19 km

Carte Michelin 311-H3

à Ste-Apolline 5 km au Sud-Est par D30 et D23 - ✉ 78370 Plaisir

La Maison des Bois

CUISINE TRADITIONNELLE • AUBERGE XXX Dans la même famille depuis 1926, cette auberge typique, couverte de vigne vierge, affiche un décor des plus classiques. Même esprit à la carte, avec des recettes traditionnelles et des suggestions du marché. Terrasse ombragée sous un vieux marronnier.

Menu 47 € - Carte 64/80 €

- ✆ 01 30 54 23 17 - www.lamaisondesbois.fr - Fermé dim. soir, mardi soir et merc.

LE PLESSIS-ROBINSON

✉ 92350 (Hauts-de-Seine) - 28 673 hab. - Alt. 130 m - Carte régionale n° **11**-B2

Paris 13 km - Bobigny 25 km - Créteil 21 km - Nanterre 24 km

Carte Michelin 312-E3 et 101-E5

Le Plessis Grand Hôtel

URBAIN • COSY En plein centre-ville, cet établissement propose des chambres fonctionnelles et assez spacieuses. Pour vous détendre, faites donc une halte au salon, cosy et un rien british ! Au restaurant, cuisine traditionnelle suivant le rythme des saisons.

50 chambres - †92/175 € ††92/175 € - 5 suites - ☕ 15 €

51 av. Aristide-Briand - ✆ 01 41 28 16 16 - www.grandhotel-plessis92.com

LE PRÉ ST-GERVAIS

✉ 93310 (Seine-Saint-Denis) - 18 025 hab. - Alt. 82 m - Carte régionale n° **11**-C1

Paris 8 km - Bobigny 6 km - Lagny-sur-Marne 33 km - Meaux 38 km

Carte Michelin 305-F7 et 101-16

Au Pouilly Reuilly

CUISINE TRADITIONNELLE • BISTRO X Un bistrot dans son jus, pour une cuisine qui ne l'est pas moins : ris de veau aux morilles, rognons émincés sauce moutarde, boudin noir grillé, côte de bœuf... Le respect de la tradition, avec des produits de qualité.

Formule 25 € - Menu 32 € - Carte 35/80 €

68 r. André-Joineau - ✆ 01 48 45 14 59 - Fermé août, sam. midi, lundi soir et dim.

PUTEAUX

✉ 92800 (Hauts-de-Seine) - 44 514 hab. - Alt. 36 m - Carte régionale n° **11**-B1

Paris 11 km - Nanterre 4 km - Pontoise 30 km - St-Germain-en-Laye 17 km

Carte Michelin 311-J2 et 101-14

L'Escargot 1903 (N)

MODERNE • COSY X L'escargot 1903 s'est offert une cure de jouvence et accueille un jeune chef aux solides références. Sa cuisine, centrée sur le marché, fait des étincelles : dressages soignés, belle finesse de l'ensemble, associations de saveurs harmonieuses, etc. Le must étant d'en profiter sur l'agréable terrasse, aux beaux jours... Le menu déjeuner est une affaire.

➜ Gnocchis, lard de Colonnata, sauce roquette et yaourt, sésame noir et parmesan. Onglet de bœuf irlandais, pommes soufflées, concassé de tomates au miso blanc. Compotée de prunes au gingembre, crème mirabelle.

Formule 35 € - Menu 39 € (déj.), 59/75 €

18 r. Charles-Lorilleux - ✆ 01 47 75 03 66 - www.lescargot1903.com - Fermé sam. et dim.

Saperlipopette !

CUISINE MODERNE • DESIGN XX N'hésitez pas à venir vous restaurer de ce côté de Puteaux, non loin de la Défense : cette ancienne brasserie a subi un sacré lifting, devenant un restaurant chaleureux et branché. La cuisine, façon bistrot chic - côte de bœuf et côte de veau sont toujours à l'ardoise - est généreuse et bien tournée. Service attentionné.

Formule 25 € - Menu 36/40 € - Carte 47/63 €

9 pl. du Théâtre - ✆ 01 41 37 00 00 (réservation conseillée)
- www.saperlipopette1.fr

Vivaldi

FAMILIAL • FONCTIONNEL Oubliez Les Quatres Saisons... dans une rue tranquille menant au quartier d'affaires de la Défense, ce joli immeuble en brique propose des chambres fonctionnelles, propres et bien insonorisées. L'été, petit-déjeuner servi dans le patio.

27 chambres – 63/232 € 77/292 €

5 r. Roque-de-Fillol – 01 47 76 36 01 – www.hotelvivaldi.com

ROISSY-EN-FRANCE (AÉROPORTS DE PARIS)

95700 (Val-d'Oise) – 2 816 hab. – Alt. 85 m – Carte régionale n° **10**-C1

Paris 26 km – Chantilly 28 km – Meaux 38 km – Pontoise 39 km

Carte Michelin 305-G6 et 101-8

à Roissypole

Hilton

HÔTEL DE CHAÎNE • PERSONNALISÉ Un hall immense sous une verrière vertigineuse, des chambres particulièrement spacieuses, de nombreux équipements (restaurants, piscine, salles de réunion, etc.) : il règne une certaine démesure dans cet établissement de grand confort, véritable ville moderne au cœur de la zone aéroportuaire.

392 chambres – 179/809 € 179/809 € – 25 €

– 01 49 19 77 77 – www.hiltonhotels.com/fr_fr

Pullman Airport

BUSINESS • CONTEMPORAIN Un ensemble moderne et contemporain, qui vient compléter idéalement l'offre hôtelière des environs de l'aéroport. Les chambres sont élégantes et bien équipées – wifi, coffre-fort, fer à repasser, écran plat, etc. –, et l'on trouve sauna, hammam et grand fitness aux étages inférieurs.

294 chambres – 169/450 € 169/450 € – 11 suites – 26 €

3 bis r. de la Haye – 01 70 03 11 63
– www.pullmanhotels.com

à Roissy-Ville

Novotel Convention et Wellness

HÔTEL DE CHAÎNE • CONTEMPORAIN Fonctionnement parfaitement huilé dans cet hôtel habitué à recevoir voyageurs et clientèle d'affaires. Ses services sont à la pointe pour l'organisation de séminaires (vaste espace avec régie intégrée) comme pour la détente (spa, Novotel Café, etc.).

288 chambres – 90/215 € 90/215 € – 7 suites – 20 € – ½ P

10 allée du Verger – 01 30 18 20 00 – www.novotel.com/5418

RUEIL-MALMAISON

92500 (Hauts-de-Seine) – 79 563 hab. – Alt. 40 m – Carte régionale n° **11**-A1

Paris 16 km – Argenteuil 12 km – Nanterre 3 km – St-Germain-en-Laye 9 km

Carte Michelin 311-J2 et 101-14 – Guide Vert Michelin Île de France

Le Patte Noire

CUISINE MODERNE • COSY XX Inutile de montrer patte blanche pour espérer manger dans ce restaurant du centre-ville ! Derrière les fourneaux, le chef réalise une cuisine bien dans l'air du temps avec de beaux produits. Dans l'assiette, les assaisonnements sont bons, les cuissons réussies. Accueil et service tout sourire.

Formule 29 € – Menu 35/99 € – Carte 52/85 €

56 r. du Gué – 09 81 20 81 69 – www.lepattenoire.com – Fermé 14-22 août, 1 semaine en sept., 1er-4 janv., dim. soir et lundi

Les Écuries de Richelieu

CUISINE TRADITIONNELLE • CLASSIQUE X Nichées dans une élégante bâtisse du 17e s., ces Écuries de Richelieu vous accueillent dans une salle voûtée et fraîche, où vous dégusterez une jolie cuisine traditionnelle autour d'un court menu. Bon rapport qualité-prix.

Formule 29 € - Menu 35 €

21 r. du Dr-Zamenhof - ☎ 01 47 08 63 54 - www.ecuries-richelieu.com - Fermé sam. midi, dim. soir et lundi

Renaissance Hippodrome de St-Cloud

BUSINESS • PERSONNALISÉ En bordure de l'hippodrome de Saint-Cloud, un hôtel élégant et huppé dont le décor rend un hommage vibrant aux chevaux et aux courses équestres. Les chambres, spacieuses, donnent sur la verdure ou directement sur le champ de course : so chic !

107 chambres - 140/250 € 180/500 € - 1 suite - 22 €

123 r. du Lt.-Colonel-de-Montbrison - ☎ 01 47 77 64 64 - www.renaissanceparissaintcloud.com

Le Relais de la Malmaison

BUSINESS • CONTEMPORAIN Dans un grand parc et juste à côté du golf, un établissement élégant, avec des chambres contemporaines et de nombreux salons pour les réceptions et séminaires : idéal pour la clientèle d'affaires. Spa avec hammam, sauna, piscine couverte, restaurant... Tout est pensé pour la détente.

60 chambres - 117/380 € 117/380 € - 20 €

93 bd Franklin-Roosevelt - ☎ 01 47 32 01 33 - www.relaismalmaison.fr - Fermé 1er-21 août et 24 déc.-1er janv.

RUNGIS

94150 (Val-de-Marne) - 5 691 hab. - Alt. 80 m - Carte régionale n° **11**-C3
Paris 14 km - Antony 5 km - Corbeil-Essonnes 30 km - Créteil 13 km
Carte Michelin 312-D3 et 101-26

La Grange des Halles

CUISINE MODERNE • CONTEMPORAIN XX Rungis, ce n'est pas seulement le célèbre marché connu de tous les chefs, mais aussi un vieux bourg, où se trouve cette Grange au look atypique – tableaux contemporains, banquettes en velours... Homard du vivier, millefeuille à la vanille de Madagascar : la cuisine est calée sur les saisons et, évidemment, le marché.

Menu 27 € (déj.)/45 € - Carte 48/63 €

28 r. Notre-Dame - ☎ 01 46 87 08 91 - www.la-grange-des-halles.webnode.fr - Fermé 3 semaines en août, lundi soir, sam. midi et dim.

SACLAY

91400 (Essonne) - 3 637 hab. - Alt. 147 m - Carte régionale n° **11**-A3
Paris 27 km - Antony 14 km - Chevreuse 13 km - Montlhéry 16 km
Carte Michelin 312-C3 et 101-24

Novotel

HÔTEL DE CHAÎNE • FONCTIONNEL Dans un ancien corps de ferme dont subsistent la cour pavée et la maison de maître (19e s.), un Novotel conforme aux standards de la chaîne, avec de bons équipements sportifs et un restaurant ouvert sur la piscine.

136 chambres - 99/220 € 99/220 € - 1 suite - 17 €

r. Charles-Thomassin - ☎ 01 69 35 66 00 - www.novotel.com/0392

ST-CLOUD

92210 (Hauts-de-Seine) - 29 436 hab. - Alt. 63 m - Carte régionale n° **11**-B2
Paris 12 km - Nanterre 7 km - Rueil-Malmaison 6 km - St-Germain 16 km
Carte Michelin 311-J2 et 101-14 - Guide Vert Michelin Île de France

Le Garde-Manger

CUISINE TRADITIONNELLE • BISTRO Dans son garde-manger, le chef stocke de beaux produits et concocte une jolie cuisine bistrotière, pile dans la tendance. Et tendance, son restaurant l'est aussi, avec ses grandes ardoises, ses lampes indus' et son comptoir très... néobistrot !

Formule 17 € – Carte 30/40 €

21 r. d'Orléans
– ✆ 01 46 02 03 66 – www.legardemanger.com
– Fermé dim. soir

ST-GERMAIN-EN-LAYE

✉ 78100 (Yvelines) – 39 476 hab. – Alt. 78 m – Carte régionale n° **11**-A1
▶ Paris 25 km – Beauvais 81 km – Dreux 66 km – Mantes-la-Jolie 36 km
Carte Michelin 311-I2 et 101-13 – Guide Vert Michelin Île de France

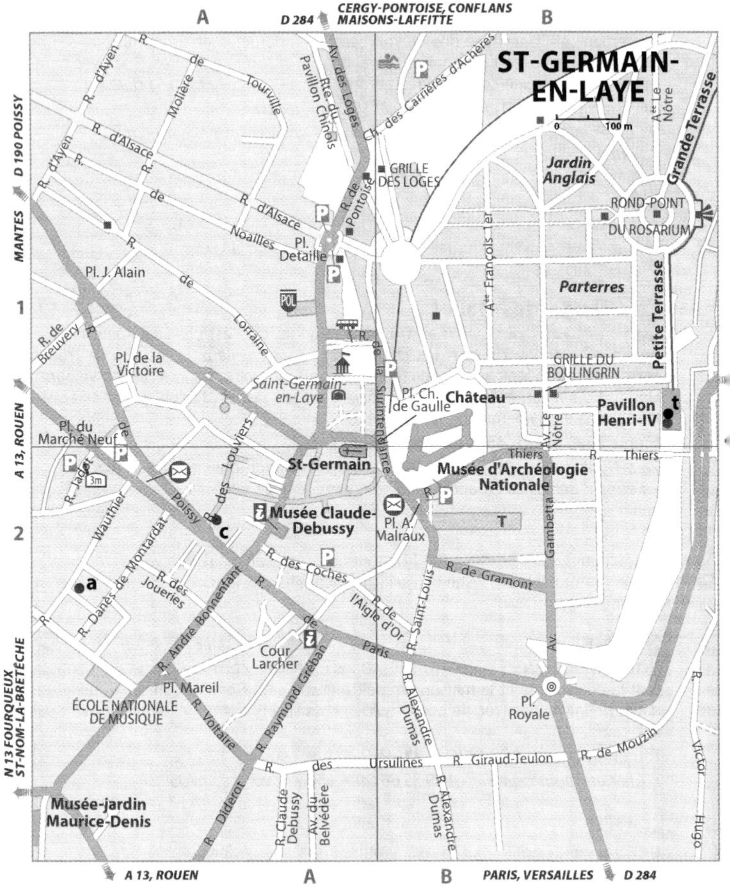

Pavillon Henri IV

CUISINE CLASSIQUE • ÉLÉGANT L'un des atouts de ce restaurant est sans conteste son superbe panorama sur la vallée de la Seine. Un cadre exceptionnel où l'on vient savourer une cuisine classique et de beaux produits ; on y inventa les pommes soufflées et la béarnaise !

Formule 35 € - Menu 57/120 € - Carte 62/88 €

Plan : B1-t - *Hôtel Pavillon Henri IV, 19 r. Thiers - 01 39 10 15 15 - www.pavillonhenri4.fr - Fermé sam. midi et dim. soir*

Le 10

CUISINE MODERNE • ÉPURÉ Ce restaurant lumineux, dont les baies vitrées donnent sur la rue, propose une carte courte où les produits de qualité sont à la fête, et des assiettes modernes qui vont à l'essentiel. Aucun doute : le chef, qui a travaillé pendant six ans à l'hôtel de Matignon, connaît bien son métier.

Menu 35 € (déj. en semaine)/89 € - Carte 47/87 €

Plan : A2-c - *10 r. des Louviers - 01 34 51 04 24 - www.lestablesdegalilee-le10.fr - Fermé dim. soir et lundi*

Le Wauthier by Cagna

CUISINE MODERNE • BISTRO Risotto du Piémont au homard et beurre blanc, escalopes de ris de veau braisées, mousseline de céleri et sauce Albufera... Une cuisine bien dans l'air du temps, réalisée avec de bons produits du marché : voilà la promesse de cette sympathique maison sangermanoise au joli intérieur de bistrot chic. Service attentionné.

Formule 28 € - Menu 35 € (déj. en semaine)/69 € - Carte environ 55 €

Plan : A2-a - *31 r. Wauthier - 01 39 73 10 84 - www.restaurant-wauthier-by-cagna.fr - Fermé 3 semaines en août, 1 semaine en janv., merc. midi, dim. et lundi*

Pavillon Henri IV

HISTORIQUE • CLASSIQUE Achevée en 1604 sous Henri IV, à la lisière du parc du château, cette demeure vit naître Louis XIV. Le décor des chambres fait preuve d'un classicisme de belle fraîcheur, tout comme les salons et la grande galerie (parquet, lustres en cristal). Royal !

42 chambres - 149/210 € 250/365 € - 19 € - ½ P

Plan : B1-t - *21 r. Thiers - 01 39 10 15 15 - www.pavillonhenri4.fr*

Pavillon Henri IV - voir les restaurants ci-dessus

au Nord 2,5 km au Nord par D284 - 78100 St-Germain-en-Laye :

Cazaudehore

CUISINE CLASSIQUE • ÉLÉGANT Ambiance chic et cosy, décor dans l'air du temps, délicieuse terrasse sous les acacias, cuisine soignée et belle carte des vins... Une vraie histoire de famille depuis 1928.

Formule 39 € - Menu 59/110 € - Carte 46/85 €

Hôtel La Forestière, 1 av. du Président-Kennedy - 01 30 61 64 64 - www.cazaudehore.fr - Fermé dim. soir en août et de nov. à mars et lundi

La Forestière

MAISON DE CAMPAGNE • PERSONNALISÉ Charme et confort sont au rendez-vous dans cette séduisante maison entourée de verdure. Beau mobilier contemporain ou ancien, et coloris choisis agrémentent les chambres, toutes uniques.

27 chambres - 155/389 € 155/389 € - 3 suites - 20 € - ½ P

1 av. du Président-Kennedy - 01 39 10 38 38 - www.cazaudehore.fr

Cazaudehore - voir les restaurants ci-dessus

à Fourqueux 2,5 km au Sud par D98 – ✉ 78112 – 4 055 hab. – Alt. 120 m

Au Fulcosa

CUISINE MODERNE • CONVIVIAL Au Moyen Âge, Fourqueux portait le nom de Fulcosa, "fougère" en latin, car la plante tapissait les forêts alentour... Les jeunes propriétaires ont le sens de l'histoire ! Dans un décor chaleureux – mobilier en bois, tableaux en exposition –, ils nous régalent d'une bonne cuisine de saison, entre tradition et innovation.

Formule 14 € – Menu 39 € – Carte 34/44 €

2 r. du Mal.-Foch
– ☎ 01 39 21 17 13 – www.aufulcosa.fr
– Fermé 1 semaine en fév., 1 semaine en juil., 3 semaines en août, dim. et lundi

ST-JEAN-DE-BEAUREGARD

✉ 91940 (Essonne) – 284 hab. – Alt. 164 m – Carte régionale n° **11**-A3
Paris 35 km – Créteil 32 km – Évry 27 km – Nanterre 40 km
Carte Michelin 312-C3 et 101-33

L'Atelier Gourmand

CUISINE TRADITIONNELLE • ÉLÉGANT Au cœur du village, dans une ancienne ferme, une table bien nommée : on y apprécie une cuisine de tradition bien tournée et toute fraîche (le chef s'approvisionne auprès du maraîcher voisin). Cadre classique et agréable, face au jardin clos de murs.

Menu 39 € (semaine), 55/65 € – Carte 53/65 €

5 Grande-Rue – ☎ 01 60 12 31 01 – www.lateliergourmand-restaurant.fr
– Fermé 9-16 avril, 6-27 août, 24 déc.-1er janv., sam. midi et dim.

ST-MANDÉ

✉ 94160 (Val-de-Marne) – 21 846 hab. – Alt. 50 m – Carte régionale n° **11**-C2
Paris 7 km – Créteil 10 km – Lagny-sur-Marne 29 km – Maisons-Alfort 6 km
Carte Michelin 312-D2 et 101-27

L'Ambassade de Pékin

CUISINE CHINOISE • EXOTIQUE Cette Ambassade au décor typique représente non seulement Pékin, mais aussi le Sichuan, le Vietnam, la Thaïlande, etc. Au menu, donc, un joli éventail de spécialités asiatiques, parmi lesquelles les crevettes à l'ail et au poivre, ou le canard laqué.

Menu 13 € (déj. en semaine)/24 € – Carte 20/91 €

6 av. Joffre Ⓜ St-Mandé-Tourelle – ☎ 01 43 98 13 82

ST-MAUR-DES-FOSSÉS

✉ 94100 (Val-de-Marne) – 74 176 hab. – Alt. 38 m – Carte régionale n° **11**-D2
Paris 12 km – Créteil 6 km – Nogent-sur-Marne 6 km
Carte Michelin 312-D3 et 101-27

à La Varenne-St-Hilaire – ✉ 94210

Château des Îles

CUISINE MODERNE • TENDANCE Dans le calme de cette charmante adresse, le chef réalise une cuisine au goût du jour, évoluant au fil des saisons ; on l'accompagne d'un vin de Bordeaux choisi dans une imposante carte. À savourer en terrasse pendant les beaux jours !

Menu 46/80 € – Carte 60/92 €

85 quai Winston-Churchill
– ☎ 01 48 89 65 65 – www.chateau-des-iles.com
– Fermé lundi en août et dim. soir

Faim et Soif

CUISINE MODERNE • DESIGN Un restaurant de poche, cosy et confortable, à la déco colorée : l'endroit parfait pour soigner sa faim et sa soif ! On se retrouve ici pour déguster des mets appétissants, ceux d'une vraie cuisine de produits, bien dans l'air du temps et renouvelée chaque semaine.

Carte 53/75 €

28 r. St-Hilaire - 01 48 86 55 76 - www.faimetsoif.com - Fermé 1 semaine en août, dim. et lundi

Château des Îles

TRADITIONNEL • FONCTIONNEL Dans un paisible secteur résidentiel en bord de Marne, cette demeure familiale entourée de verdure est la promesse d'un séjour ô combien reposant... Les chambres, fonctionnelles et sobrement décorées, profitent pleinement du calme des lieux.

12 chambres - 88/140 € 98/140 € - 12 €

85 quai Winston-Churchill - 01 48 89 65 65 - www.chateau-des-iles.com

Château des Îles - voir les restaurants ci-dessus

ST-OUEN

93400 (Seine-Saint-Denis) - 47 499 hab. - Alt. 36 m - Carte régionale n° **11**-C1

Paris 9 km - Bobigny 12 km - Chantilly 46 km - Meaux 49 km

Carte Michelin 305-F7 et 101-16

Le Coq de la Maison Blanche

CUISINE TRADITIONNELLE • VINTAGE Une cuisine très traditionnelle (tête de veau sauce ravigote, coq au vin, etc.), un authentique décor estampillé 1950, des serveurs efficaces et de nombreux habitués de longue date : cette adresse, incontournable à St-Ouen, ressuscite un film d'Audiard !

Menu 32 € - Carte 43/92 €

37 bd Jean-Jaurès Mairie de St-Ouen - 01 40 11 01 23 - www.lecoqdelamaisonblanche.com - Fermé sam. en juil.-août et dim.

Ma Cocotte

CUISINE TRADITIONNELLE • BRANCHÉ Nichée dans les puces de St-Ouen, une cantine chic signée "by Philippe Starck". La déco joue la carte du loft contemporain chaleureux, la cuisine celle des classiques - bien troussés - dont on ne se lasse pas : poulet fermier à la broche, fish and chips de Portobello, etc. Cette cocotte a la cote !

Formule 26 € - Carte 31/64 €

106 r. des Rosiers Porte de Clignancourt - 01 49 51 70 00 - www.macocotte-lespuces.fr

La Puce

CUISINE MODERNE • BISTRO À un saut de puce des puces de St-Ouen, cette Puce-là ne fait pas faux bond à la qualité : dans ce bistrot sympathique, on apprécie ravioles au foie gras et lentilles à la crème de porto blanc, ch'tiramisu aux spéculos, etc. Des plats bien tournés, aux prix raisonnables, comme les vins. De quoi mettre la puce à l'oreille !

Formule 18 € - Menu 36 € - Carte environ 42 €

17 r. Ernest-Renan Mairie de St-Ouen - 01 40 12 63 75 - Fermé 2-17 avril, 3 semaines en août, dim., lundi et fériés

ST-PRIX

95390 (Val-d'Oise) - 7 214 hab. - Alt. 70 m - Carte régionale n° **10**-B1

Paris 26 km - Cergy 22 km

Carte Michelin 305-E6 et 101-5

Hostellerie du Prieuré

CUISINE TRADITIONNELLE • BISTRO Banquettes, nappes à carreaux, objets anciens... Dans ce village pittoresque, cette jolie auberge ravit les amoureux d'autrefois – et la salle avec sa cheminée, les romantiques ! À la carte, pas de nostalgie : foie gras poêlé aux girolles, fricassée d'écrevisses et ris de veau, macaron glacé au caramel...

Formule 24 € – Carte 47/58 €

74 r. Auguste-Rey – 01 34 27 51 51 – www.restaurantduprieure.com – Fermé 5-20 août, sam. midi, lundi midi et dim.

Hostellerie du Prieuré

AUBERGE • PERSONNALISÉ Sa façade du 17e s. pourrait servir de décor pour un film... Jolie carte postale que cet ancien café de village, qui cache des chambres originales et soignées ("Romance", "Aladin", "Pompadour", etc.). Et St-Prix est idéal pour découvrir le Vexin et la forêt de Montmorency... après un petit-déjeuner bien copieux !

7 chambres – 125/150 € 125/150 € – 1 suite – 15 € – ½ P

74 r. Auguste-Rey – 01 34 27 51 51 – www.hosteldupriure.com – Fermé 5-20 août

Hostellerie du Prieuré – voir les restaurants ci-dessus

ST-QUENTIN-EN-YVELINES

(Yvelines) – 144 419 hab. – Carte régionale n° **10**-B2

Paris 33 km – Houdan 33 km – Palaiseau 28 km – Rambouillet 21 km

Carte Michelin 311-H3 et 101-21 – Guide Vert Michelin Île de France

Voisins-le-Bretonneux – 78960 – 11 470 hab. – Alt. 163 m

La Ferme de Voisins

CUISINE MODERNE • AUBERGE On accède à ce joli corps de ferme du 19e s. par une cour fleurie, qui fait office de terrasse l'été venu. La carte, plutôt courte, met en valeur les incontournables de la maison – sucettes de gambas, tête de veau "irremplaçable" – et recèle des plats goûteux et créatifs. Une belle adresse à découvrir au plus vite.

Formule 31 € – Menu 48/68 €

4 r. Port-Royal – 01 30 44 18 18 – www.lafermedevoisins.fr – Fermé 9-17 avril, 5-21 août, 24-30 déc., sam. midi et dim.

Novotel St-Quentin Golf National

HÔTEL DE CHAÎNE • CONTEMPORAIN Un hôtel idéalement situé sur le golf, au grand calme. Aucune mauvaise surprise : chambres confortables, équipements de détente (piscine, solarium, tennis), Novotel Café, club-house pour les golfeurs...

130 chambres – 99/195 € 109/205 € – 1 suite – 17 €

au Golf National, 2 km à l'Est par D36 78114 – 01 30 57 65 65 – www.novotel.com

STE-GENEVIÈVE-DES-BOIS

91700 (Essonne) – 35 035 hab. – Alt. 78 m – Carte régionale n° **10**-B2

Paris 27 km – Arpajon 10 km – Corbeil-Essonnes 18 km – Étampes 30 km

Carte Michelin 312-C4 et 101-35 – Guide Vert Michelin Île de France

La Table d'Antan

CUISINE DU SUD-OUEST • CLASSIQUE Vous serez d'abord séduit par un accueil prévenant en ce restaurant d'un quartier résidentiel. On y savoure une cuisine classique et des spécialités du Sud-Ouest de qualité.

Formule 26 € – Menu 32/51 € – Carte 46/82 €

38 av. Grande-Charmille-du-Parc (près de l'hôtel de ville) – 01 60 15 71 53 – www.latabledantan.fr – Fermé 7-27 août, dim. soir, mardi soir, merc. soir et lundi sauf fériés

SÉNART

✉ 77127 (Seine-et-Marne) - 10 508 hab. - Alt. 89 m - Carte régionale n° **10**-C2
Carte Michelin 312-E4 et 101-39 - Guide Vert Michelin Île de France

Le Plessis-Picard - ✉ 77550

La Mare au Diable

CUISINE CLASSIQUE • AUBERGE XX Amateurs de vieilles pierres, vous apprécierez cette demeure du 15e s. tapissée de vigne vierge et de glycine, ses poutres, sa grande cheminée, son parc bucolique... Un décor qui charma en son temps George Sand ! Le classicisme est de mise dans l'assiette, mais aussi quelques spécialités italiennes, origines du chef obligent.

Menu 35 € (déj. en semaine)/47 € - Carte 62/92 €

- ✆ 01 64 10 20 90 - www.lamareaudiable.fr - Fermé 3 semaines en août, dim. soir et lundi sauf fériés

SURESNES

✉ 92150 (Hauts-de-Seine) - 47 263 hab. - Alt. 42 m - Carte régionale n° **11**-B2
Paris 12 km - Nanterre 4 km - Pontoise 32 km - St-Germain-en-Laye 13 km
Carte Michelin 311-J2 et 101-14 - Guide Vert Michelin Île de France

Macaille N

CUISINE TRADITIONNELLE • VINTAGE X Sur les quais, à deux pas de la Défense, cette ancienne brasserie a adopté les atours d'un appartement de famille, dont les espaces, modulables et décorés de façon différente, évoquent les pièces d'antan. Betterave et fromage de chèvre, pièce de merlu, tiramisu de fraises... cuisine fraîche de saison, comme à la maison !

Menu 30 € - Carte 40/45 €

29 quai Gallieni - ✆ 01 41 44 77 80 - www.macaille.fr - Fermé dim. et lundi

Au Père Lapin

midi,

CUISINE TRADITIONNELLE • BISTRO X Dîner face à la tour Eiffel, ça vous dit ? Dans ce cas, installez-vous sur la terrasse du Père Lapin, pour savourer une bonne cuisine de bistrot sans prétention. Un conseil : ne passez pas à côté des glaces artisanales. Par mauvais temps, on prend place dans une salle au décor contemporain... et l'on n'est pas malheureux !

Formule 28 € - Menu 34 € (déj. en semaine) - Carte 39/54 €

10 r. du Calvaire - ✆ 01 45 06 72 89 - www.auperelapin.com - Fermé dim. soir

TREMBLAY-EN-FRANCE

✉ 93290 (Seine-Saint-Denis) - 34 081 hab. - Alt. 60 m - Carte régionale n° **11**-D1
Paris 24 km - Aulnay-sous-Bois 7 km - Bobigny 13 km - Villepinte 4 km
Carte Michelin 305-G7 et 101-18

à Tremblay-Vieux-Pays - ✉ 93290 Tremblay en France

La Jument Verte

CUISINE MODERNE • TENDANCE X Dans un hameau qui semble tranquille... et pourtant stratégiquement situé, tout près du parc des expositions de Villepinte et de l'aéroport de Roissy, voici une escale gourmande toute trouvée. On y déguste une belle cuisine tout en fraîcheur et saveurs, recherchée juste comme il faut. Décor à la fois simple et avenant.

Formule 26 € - Menu 30/53 € - Carte 45/70 €

43 rte de Roissy - ✆ 01 48 60 69 90 - www.aubergelajumentverte.fr - Fermé août, sam., dim. et fériés

TRIEL-SUR-SEINE

✉ 78510 (Yvelines) - 11 431 hab. - Alt. 20 m - Carte régionale n° **10**-B1
Paris 39 km - Mantes-la-Jolie 27 km - Pontoise 18 km - Rambouillet 55 km
Carte Michelin 311-I2 et 101-10 - Guide Vert Michelin Île de France

St-Martin

CUISINE TRADITIONNELLE • SIMPLE Proche d'une jolie église gothique du 13e s. et des bords de Seine, un restaurant à l'atmosphère familiale. Au menu, des recettes de tradition ou plus actuelles, et des suggestions qui varient selon le marché. Simple et bien tourné.

Formule 21 € - Menu 30/40 €

2 r. Galande (face à la poste) - 01 39 70 32 00 (réservation conseillée) - www.restaurantsaintmartin.com - Fermé 2 semaines en août, vacances de Noël, merc. et dim.

VERSAILLES

78000 (Yvelines) - 85 424 hab. - Alt. 130 m - Carte régionale n° **11**-A2
Paris 22 km - Beauvais 94 km - Dreux 59 km - Évreux 90 km
Carte Michelin 311-I3 et 101-23 - Guide Vert Michelin Île de France

Gordon Ramsay au Trianon

CUISINE CRÉATIVE • ÉLÉGANT À la lisière du parc du château, un cadre baroque, chic et d'une élégance rare. La carte, signée Gordon Ramsay, mise sur la simplicité et la pertinence des recettes ; belle carte des vins.

→ Pressé de foie gras et canard fumé, pommes vertes, cresson, et gelée au madère. Canard et foie gras rôti, lavande, miel et poivre du Sichuan. Meringue gourmande au chocolat praliné, poire rôtie acidulée au cassis.

Menu 143/199 € - Carte 125/175 €

Plan : C2-r - *Hôtel Trianon Palace, 1 bd de la Reine - 01 30 84 50 18 - www.trianonpalace.com - Fermé 6 août-4 sept., 1er -30 janv., dim., lundi et le midi*

La Table du 11 (Jean-Baptiste Lavergne Morazzani)

CUISINE MODERNE • COSY Le jeune chef, Jean-Baptiste Lavergne-Morazzani, a conquis le cœur (et l'estomac) des gourmets versaillais avec une cuisine résolument "nature", une carte courte et sans fioritures, de bons produits bio issus de l'agriculture durable. À noter que la table devrait déménager en 2017 dans le cadre intemporel de la Cour des Senteurs.

→ Cuisine du marché.

Menu 38 € (déj. en semaine), 65/80 €

Plan : C3-d - *11 r. St -Honoré (transfert prévu 1er trimestre au 8 r. de la Chancellerie) - 09 83 34 76 00 - www.latabledu11.com - Fermé 1 semaine en fév., août, dim. et lundi*

Ore (N)

CUISINE CLASSIQUE • CONTEMPORAIN *Ore*, c'est la bouche, en latin. Un nom d'une simplicité désarmante pour cet endroit tout simplement exceptionnel : un pavillon du 17e s. aménagé au cœur du château de Versailles. Alain Ducasse est le Roi Soleil de ces lieux, y faisant appliquer la loi culinaire qu'on lui connaît : celle de la naturalité, et d'un hommage sans cesse renouvelé au beau produit.

Formule 22 € - Carte 45/70 €

Plan : C2-a - *pl. d'Armes (Pavillon Dufour-Château de Versailles - 1er étage) - 01 30 84 12 96 - www.ducasse-chateauversailles.com - Fermé le soir et lundi*

L'Angélique

CUISINE MODERNE • CONVIVIAL Sur l'avenue de Saint-Cloud, un hôtel particulier du 17e s. abritant en son sein une salle à manger élégante et feutrée... Aucun doute : on est à Versailles ! Dans l'assiette, tout ou presque est fait maison avec de bons produits, si bien que l'on passe un agréable moment.

Menu 52 € (déj. en semaine), 61/81 € - Carte environ 70 €

Plan : D2-e - *27 av. de St-Cloud - 01 30 84 98 85 - www.langelique.fr - Fermé 3 semaines en août, 24 déc.-5 janv., dim. et lundi*

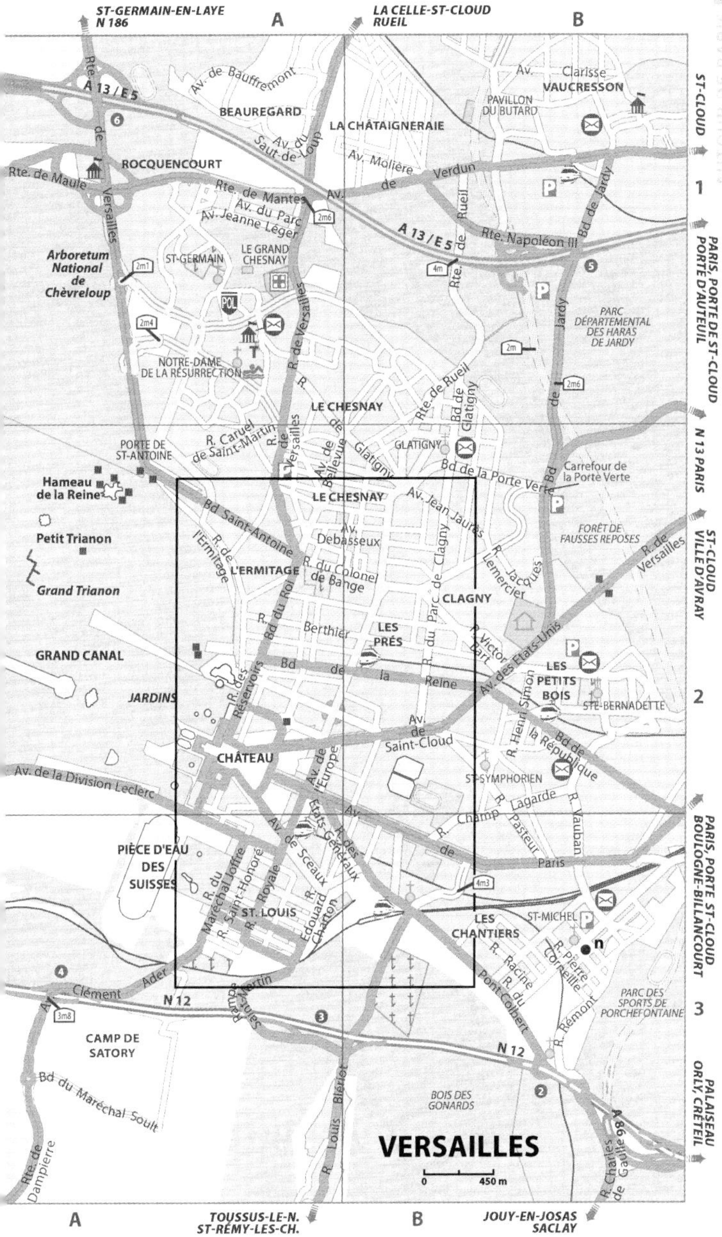
VERSAILLES
ST-GERMAIN-EN-LAYE N 186
LA CELLE-ST-CLOUD RUEIL
A
B
1
2
3
ST-CLOUD
PARIS, PORTE DE ST-CLOUD PORTE D'AUTEUIL
N 13 PARIS
ST-CLOUD VILLE D'AVRAY
PARIS, PORTE ST-CLOUD BOULOGNE-BILLANCOURT
PALAISEAU ORLY, CRÉTEIL
TOUSSUS-LE-N. ST-RÉMY-LES-CH.
JOUY-EN-JOSAS SACLAY
A 13 / E 5
Av. de Bauffremont
BEAUREGARD
LA CHÂTAIGNERAIE
Av. du Saut-de-Loup
Av. Molière
Av. Clarisse
VAUCRESSON
PAVILLON DU BUTARD
ROCQUENCOURT
Rte. de Maule
Rte. de Versailles
Rte. de Mantes
Av. du Parc
Av. Jeanne Léger
Av. de Verdun
Rte. Napoléon III
Bd de Jardy
Rte. de Rueil
Arboretum National de Chèvreloup
ST-GERMAIN
LE GRAND CHESNAY
POL
NOTRE-DAME DE LA RÉSURRECTION
PARC DÉPARTEMENTAL DES HARAS DE JARDY
R. de Versailles
R. de Glatigny
Rte. de Rueil
Bd de Glatigny
LE CHESNAY
GLATIGNY
R. Caruel de Saint-Martin
PORTE DE ST-ANTOINE
Av. de Bellevue
Bd de la Porte Verte
Carrefour de la Porte Verte
Hameau de la Reine
LE CHESNAY
Av. Jean Jaurès
Bd Saint-Antoine
Av. Debasseux
FORÊT DE FAUSSES REPOSES
Petit Trianon
R. de l'Ermitage
L'ERMITAGE
R. du Colonel de Bange
R. Jacques Lemercier
R. de Versailles
Grand Trianon
R. Berthier
R. du Parc de Clagny
CLAGNY
Bd du Roi
LES PRÉS
R. Victor Bart
GRAND CANAL
R. des Réservoirs
Bd de la Reine
Av. des Etats-Unis
LES PETITS BOIS
JARDINS
R. Henri Simon
STE-BERNADETTE
Av. de Saint-Cloud
Bd de la République
CHÂTEAU
Av. de l'Europe
Av. de la Division Leclerc
ST-SYMPHORIEN
R. Champ Lagarde
R. Vauban
R. Pasteur
R. des Etats Généraux
Av. de Sceaux
Av. de Paris
PIÈCE D'EAU DES SUISSES
R. du Maréchal Joffre
R. Saint-Honoré
R. Royale
R. Edouard Charton
ST. LOUIS
LES CHANTIERS
ST-MICHEL
n
R. Pierre Corneille
R. Racine
R. du Pont Colbert
PARC DES SPORTS DE PORCHEFONTAINE
R. Rémont
Ader
Clément
N 12
Rampe Saint-Martin
CAMP DE SATORY
Bd du Maréchal Soult
Rte. de Dampierre
R. Louis Blériot
BOIS DES GONARDS
A 86
R. Charles de Gaulle
0
450 m
2m1
2m4
2m6
4m
2m
4m3
3m8

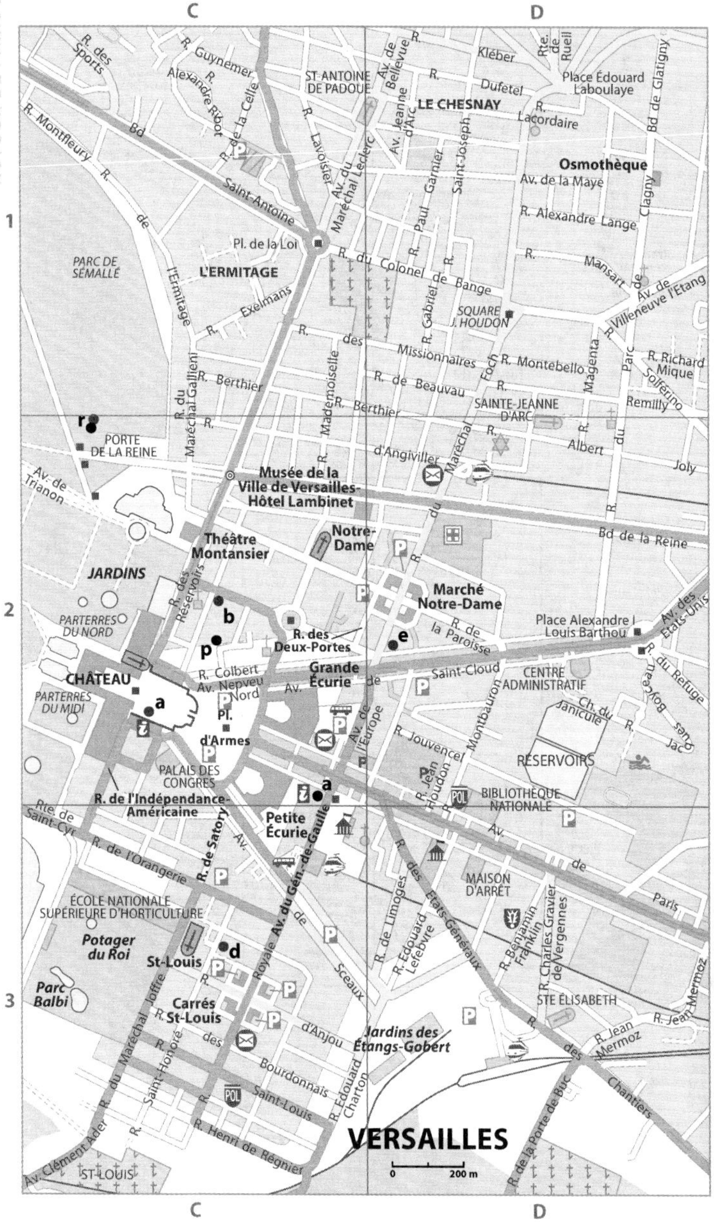
C
D
1
2
3
VERSAILLES
LE CHESNAY
ST-ANTOINE DE PADOUE
L'ERMITAGE
PARC DE SÉMALLÉ
PORTE DE LA REINE
Osmothèque
SQUARE J. HOUDON
SAINTE-JEANNE D'ARC
Musée de la Ville de Versailles-Hôtel Lambinet
Théâtre Montansier
Notre-Dame
Marché Notre-Dame
JARDINS
PARTERRES DU NORD
PARTERRES DU MIDI
CHÂTEAU
Pl. d'Armes
PALAIS DES CONGRES
Grande Écurie
Petite Écurie
CENTRE ADMINISTRATIF
RÉSERVOIRS
BIBLIOTHÈQUE NATIONALE
MAISON D'ARRÊT
ÉCOLE NATIONALE SUPÉRIEURE D'HORTICULTURE
Potager du Roi
Parc Balbi
St-Louis
Carrés St-Louis
Jardins des Étangs-Gobert
STE ÉLISABETH
ST-LOUIS
Place Édouard Laboulaye
Place Alexandre I Louis Barthou
Pl. de la Loi
R. des Sports
R. Guynemer
R. Alexandre Ribot
R. de la Celle
Bd Saint-Antoine
R. Montbauron
R. Montfleury
R. de l'Ermitage
R. Exelmans
R. Lavoisier
Av. du Maréchal Leclerc
Av. Jeanne d'Arc
Av. de Bellevue
R. Kléber
Rte. de Rueil
R. Dufetel
R. Lacordaire
Bd de Glatigny
R. Paul Garnier
R. Saint-Joseph
Av. de la Maye
R. Alexandre Lange
R. Mansart
Clagny
R. du Colonel de Bange
R. Gabriel
Av. de Villeneuve l'Etang
R. des Missionnaires
R. Montebello
R. Magenta
R. Richard Mique
R. de Beauvau
R. Berthier
R. du Maréchal Gallieni
R. Mademoiselle
R. Albert
R. de Remilly
R. Solférino
R. du Parc
R. d'Angiviller
R. du Maréchal Foch
R. Joly
Av. de Trianon
Bd de la Reine
R. des Réservoirs
R. des Deux-Portes
R. de la Paroisse
Av. des États-Unis
R. Colbert
Av. Nepveu
Av. de Saint-Cloud
R. du Refuge
R. Boyceau
R. Jacques
Ch. du Janicule
Av. de l'Europe
R. Jouvencel
R. Jean Houdon
R. de l'Indépendance-Américaine
Rte. de Saint-Cyr
R. de l'Orangerie
R. de Satory
Av. du Gén.-de-Gaulle
Av. de Sceaux
Av. de Paris
R. des États-Généraux
R. de Limoges
R. Edouard Lefebvre
R. Benjamin Franklin
R. Charles Gravier de Vergennes
R. Jean Mermoz
R. des Chantiers
R. de la Porte de Buc
R. Royale
R. d'Anjou
R. des Bourdonnais
R. Saint-Louis
R. Edouard Charton
R. Saint-Honoré
R. du Maréchal Joffre
Av. Clément Ader
R. Henri de Régnier
0
200 m

Zin's à l'Étape Gourmande

CUISINE MODERNE • CONVIVIAL XX Une vraie étape gourmande, dans le quartier de Porchefontaine. Faire le marché tous les deux jours, ne proposer que du fait-maison (à part le pain) et une large collection de vins : tel est le sacerdoce du chef, Alain Zinsmeister ! L'hiver, on mange au coin du feu et, l'été, sur la jolie terrasse à l'arrière...

Formule 30 € - Menu 39/46 € - Carte environ 54 €

Plan : B3-n - *125 r. Yves-Le-Coz - ✆ 01 30 21 01 63 (réservation conseillée) - www.arti-zins.fr - Fermé 2 semaines en août, sam. midi, dim. et lundi*

La Tour

VIANDES • BISTRO X Avis aux amateurs de viande ! Ici, on est expert en la matière : choix des morceaux, maturation, etc. Dans la salle, on a même accroché les plaques émaillées remportées par des éleveurs de bovins. Le cadre est celui d'un bistrot pur jus : tables serrées, comptoir... Ambiance conviviale.

Carte 31/69 €

Plan : C2-b - *6 r. Carnot - ✆ 01 39 50 58 46 - www.restaurant-yvelines.com - Fermé dim. soir*

Trianon Palace

GRAND LUXE • CONTEMPORAIN Tout le monde, ou presque, a entendu parler de cet hôtel luxueux, à la lisière du parc du château. Avec ses très belles chambres, mariant avec aisance l'élégance du design contemporain et le classicisme du lieu, il n'usurpe pas sa réputation !

176 chambres - 🚹229/1200 € 🚹🚹229/1200 € - 23 suites - ☕ 37 € - ½ P

Plan : C2-r - *1 bd de la Reine - ✆ 01 30 84 50 00 - www.trianonpalace.com*

✿ **Gordon Ramsay au Trianon** - voir les restaurants ci-dessus

Pullman

HÔTEL DE CHAÎNE • DESIGN Protégé par son portail d'époque classé, à deux pas du château, cet hôtel élégant aux beaux volumes permet de découvrir en toute quiétude le domaine du Roi Soleil. Bon petit-déjeuner bio et sans gluten.

152 chambres - 🚹150/389 € 🚹🚹150/389 € - 5 suites - ☕ 26 €

Plan : C2-a - *2 bis av. de Paris - ✆ 01 39 07 46 46 - www.pullmanhotels.com*

Le Versailles

TRADITIONNEL • PERSONNALISÉ À deux pas de l'aile du Nord du château, dans une petite rue tranquille, des chambres spacieuses et confortables. Le garage est également un atout de choix à proximité immédiate de la place d'Armes.

45 chambres - 🚹99/209 € 🚹🚹99/209 € - ☕ 17 €

Plan : C2-p - *7 r. Ste-Anne - ✆ 01 39 50 64 65 - www.hotel-le-versailles.fr*

VILLE-D'AVRAY

✉ 92410 (Hauts-de-Seine) - 11 027 hab. - Alt. 130 m - Carte régionale n° **11**-B2

▶ Paris 14 km - Antony 16 km - Boulogne-Billancourt 5 km - Neuilly-sur-Seine 10 km

Carte Michelin 311-J3 et 101-24

✿ Le Corot

CUISINE MODERNE • ÉLÉGANT XXX Le jeune chef, excellent technicien, met un point d'honneur à inscrire pleinement sa cuisine dans l'époque : fraîcheur, légèreté et esthétisme distinguent ses assiettes. Joli moment de gastronomie en ces lieux qui préservent avec élégance le souvenir de Camille Corot, qui immortalisa les étangs voisins...

→ Foie gras rôti, anguille fumée, oxalis et blettes-mûres. Homard bleu de l'atlantique, corps lustré à la bisque. Tarte au citron, sorbet faisselle.

Menu 48 € (déj. en semaine), 95/130 € - Carte 100/145 €

Hôtel Les Étangs de Corot, 55 r. de Versailles - ✆ 01 41 15 37 00 (réservation conseillée) - www.etangs-corot.com - Fermé 3 semaines en août, 2-18 janv., dim. soir, merc. midi, lundi et mardi

Le Café des Artistes

CUISINE MODERNE • BISTRO Gaspacho poivrons tomates et glace basilic, œuf parfait aux girolles et velouté de foie gras, échine de cochon confite au curry... Une cuisine contemporaine goûteuse et inspirée, réalisée avec de beaux produits, que l'on ira volontiers déguster en terrasse, en contemplant distraitement le charmant jardin. Bucolique !

Formule 31 € – Menu 36 €

Hôtel Les Étangs de Corot, 55 r. de Versailles – 01 41 15 37 00 – www.etangs-corot.com

Les Étangs de Corot

LUXE • PERSONNALISÉ Ce ravissant hameau bâti au bord des étangs de Ville-d'Avray inspira le peintre Camille Corot. Il abrite aujourd'hui un hôtel de charme (élégantes chambres au décor soigné) et ses différents restaurants. Le spa est divin... vinothérapie oblige. Un charme bucolique unique aux portes de la capitale !

41 chambres – 210/350 € 210/350 € – 2 suites – 20 € – ½ P

55 r. de Versailles – 01 41 15 37 00 – www.etangs-corot.com

Le Corot • **Le Café des Artistes** – voir les restaurants ci-dessus

VINCENNES

94300 (Val-de-Marne) – 49 831 hab. – Alt. 51 m – Carte régionale n° **11**-C2

Paris 7 km – Créteil 11 km – Lagny-sur-Marne 26 km – Meaux 47 km

Carte Michelin 312-D2 et 101-17

La Rigadelle

POISSONS ET FRUITS DE MER • TRADITIONNEL Spécialité du lieu : le poisson, d'une grande fraîcheur (arrivages de Bretagne) et préparé en aïoli, en bouillabaisse ou en cotriade par un chef qui connaît parfaitement son métier... et qui fait évoluer ses recettes petit à petit, touche par touche, afin de suivre les saisons. Une adresse pleine de goût... et de mérite !

Formule 26 € – Menu 28/58 € – Carte 45/73 €

23 r. de Montreuil Château de Vincennes – 01 43 28 04 23 (réservation conseillée) – Fermé 13 août-7 sept., dim. soir, lundi et mardi

L'Hédoniste N

CUISINE TRADITIONNELLE • INTIME Au centre de Vincennes, ce petit restaurant à l'atmosphère intimiste propose une cuisine du marché et de saison ; les deux associés, bretons, s'autorisent de nombreux clins d'œil à leur région. Spécialité maison : les escargots moelleux au saté et au bleu...

Formule 18 € – Menu 32 € – Carte 35/57 €

26 r. de Montreuil Château de Vincennes – 01 43 74 98 62 (réservation conseillée) – Fermé 3 semaines fin juil.-début août, vacances de Noël, dim. et lundi

St-Louis

URBAIN • PERSONNALISÉ Au cœur de Vincennes, près du château cher à Saint Louis, un hôtel au charme bourgeois (meubles de style, tentures, etc.), parfait pour une clientèle soucieuse de calme et de confort, à deux pas de Paris (le métro est à 100 m).

25 chambres – 110/190 € 120/290 € – 13 €

2 bis r. Robert-Giraudineau Château de Vincennes – 01 43 74 16 78 – www.hotel-paris-saintlouis.com

Daumesnil Vincennes

TRADITIONNEL • PERSONNALISÉ Amoureuse de son établissement, la propriétaire a soigné le décor de chaque chambre, inspiré par la Provence, son charme et sa fraîcheur. Avis aux amateurs ! À noter : le parking, très utile à Vincennes. Accueil charmant.

49 chambres – 80/180 € 90/220 € – 14 €

50 av. de Paris Bérault – 01 48 08 44 10 – www.hotel-daumesnil.com

VIRY-CHÂTILLON

✉ 91170 (Essonne) - 31 221 hab. - Alt. 34 m - Carte régionale n° **11**-C3
▶ Paris 26 km - Corbeil-Essonnes 15 km - Évry 8 km - Longjumeau 10 km
Carte Michelin 312-D3 et 101-36

Le Marcigny

A/C

CUISINE TRADITIONNELLE • FAMILIAL X La Bourgogne mise à l'honneur ! Ce petit restaurant à succès porte le nom du village dont est originaire l'épouse du chef. Plats traditionnels, pain maison et vins régionaux.

Menu 29/39 €

27 r. Danielle-Casanova - ✆ 01 69 44 04 09 (réservation conseillée) - www.lemarcigny.fr - Fermé dim. soir et lundi

WISSOUS

✉ 91320 (Essonne) - 6 624 hab. - Alt. 80 m - Carte régionale n° **11**-C3
▶ Paris 22 km - Créteil 17 km - Évry 19 km - Nanterre 32 km
Carte Michelin 312-C3 et 101-25

La Grange aux Dîmes

P

CUISINE MODERNE • RUSTIQUE XX Vieilles pierres, cheminée monumentale, haute charpente en bois... Cette belle grange aux dîmes du 13e s. transporte dans l'Île-de-France d'hier ! Pour autant, la cuisine joue la carte de la gastronomie d'aujourd'hui, sous l'égide d'un chef venu de grandes maisons parisiennes. Saveurs flatteuses et accueil aimable.

Menu 38 € - Carte environ 65 €

3 r. André-Dolimier - ✆ 01 69 81 70 08 - www.grangeauxdimes.com - Fermé 1 semaine en fév., 1 semaine à Pâques, 3 semaines en août, sam., dim. et fériés

PASSENANS - 39 (Jura) → Voir Poligny

PATRIMONIO - 2B (Haute-Corse) → Voir Corse

ON AIME...

La convivialité et les assiettes gourmandes du **Café Anaïak**. En face de l'église St-Martin, la cuisine épurée de **Lou Esberit**, réalisée par un chef vraiment sympathique. La découverte de très bons vins aux **Papilles Insolites**.

PAU

✉ 64000 (Pyrénées-Atlantiques) - 78 506 hab. - Agglo. 197 157 hab. - Alt. 207 m - Carte régionale n° **2**-B3

▶ Paris 773 km - Bayonne 112 km - Bordeaux 198 km - Toulouse 198 km

Carte Michelin 342-J5 - Guide Vert Michelin Aquitaine

Restaurants

Café Anaïak

CUISINE RÉGIONALE • CONVIVIAL Vive l'esprit de famille ! Anaïak, c'est "frère" en basque : un nom tout trouvé pour ce bistrot tenu par les frères Ithurriague, du Fin Gourmet. Sur le mur, on aperçoit même une photo des parents. Ici, la cuisine honore le Sud-Ouest : poule au pot, confit de canard, gibier en saison... Terrasse pour les beaux jours.

Menu 23 € - Carte 33/41 €

Plan : C3-a - *24 av. Gaston-Lacoste (face à la gare) - ✆ 05 59 27 47 71 - www.restaurant-aufingourmet.com - Fermé 1 semaine en fév., 2 semaines en juil.-août, dim., lundi et le soir*

Au Fin Gourmet

CUISINE MODERNE • CONVIVIAL Au pied du funiculaire, voilà un endroit prisé des amoureux ! La verrière aux allures de jardin d'hiver offre un cadre romantique pour savourer une cuisine de... fin gourmet. Après quoi, vous pourrez vous rendre sur les hauteurs de la ville et admirer la chaîne des Pyrénées.

Menu 29 € (semaine), 40/78 € 🍷 - Carte 55/61 €

Plan : C3-v - *24 av. Gaston-Lacoste - ✆ 05 59 27 47 71 - www.restaurant-aufingourmet.com - Fermé 1 semaine fin fév.-début mars, 1 semaine fin juil.-début août, mardi midi, dim. soir et lundi*

Le Jeu de Paume

CUISINE MODERNE • ÉLÉGANT Bois exotique et meubles design, ce restaurant d'hôtel joue la carte du chic et de l'élégance. La cuisine valorise les produits de saison et du terroir, tout en laissant s'exprimer une belle créativité : délicieuses Saint-Jacques, pavé de cabillaud skrei, soufflé chaud à la menthe... On se régale.

Formule 35 € - Menu 45/90 € - Carte 75/110 €

Plan : D2-b - *Hôtel Parc Beaumont, 1 av. Édouard-VII - ✆ 05 59 11 84 00 - www.hotel-parc-beaumont.com*

Villa Navarre

CUISINE MODERNE • ÉLÉGANT La table est à l'image de l'hôtel Villa Navarre qui l'abrite : raffinée et chaleureuse. Derrière les fourneaux, le chef revisite la cuisine béarnaise en faisant la part belle aux produits du terroir. Belle vue sur le parc.

Formule 22 € - Menu 38 € (déj. en semaine)/95 € - Carte 55/60 €

Hors plan - *Hôtel Villa Navarre, 59 av. Trespoey - 05 59 14 65 65 - www.villanavarre.fr*

Marc Destrade

CUISINE MODERNE • COSY Poussez la porte de cette ancienne ferme paloise, chic et confortable, et installez-vous devant la cheminée pour déguster une appétissante cuisine traditionnelle. Cassolette de ris d'agneau aux girolles, lotte aux légumes : les préparations sont fines et goûteuses, réalisées avec de bons produits frais.

Menu 17 € (déj. en semaine)/35 € - Carte 38/51 €

Plan : B1-s - *30 r. Pasteur - 05 59 27 62 60 - www.restaurant-marc-destrade.fr - Fermé août, mardi soir, merc. soir, dim. soir et lundi*

Les Papilles Insolites

CUISINE TRADITIONNELLE • BISTRO Objets insolites et rétro, petites tables en bois : voilà un bistrot-cave atypique et raffiné ! La courte carte du marché met à profit les terroirs et les petits producteurs français, et se révèle particulièrement appétissante ; belle sélection de vins naturels, vendus à prix "cave" le midi.

Menu 23 € (déj. en semaine)/45 €

Plan : C2-z - *5 r. Alexander-Taylor - 05 59 71 43 79 (réservation conseillée) - www.lespapillesinsolites.blogspot.com - Fermé vacances de fév.,1 semaine en mai, août, dim., lundi et mardi*

La Table d'Hôte

CUISINE MODERNE • CONVIVIAL Dans une impasse du quartier du Hédas, une adresse connue des seuls initiés... Ou comment une ancienne tannerie du 17es. est devenue le repaire des gourmands ! Dans un cadre authentique - briques, poutres, galets -, on apprécie une cuisine dans l'air du temps et les produits frais qui vont avec.

Formule 19 € - Menu 28/33 €

Plan : B2-k - *1 r. du Hédas - 05 59 27 56 06 - Fermé vacances de Noël, dim. et lundi*

Lou Esberit N

CUISINE MODERNE • TENDANCE En béarnais, Lou Esberit signifie "éveillé" et "joyeux", à l'image du chef, très sympathique, et adepte d'une cuisine actuelle épurée : il n'y a qu'à voir ses gambas snackées en vinaigrette d'agrume, caviar d'aubergine, ou son cabillaud poêlé et fenouil. Une jolie adresse qui réveille les papilles, face à l'église Saint-Martin.

Formule 15 € - Menu 18 € (déj. en semaine)/29 € - Carte 37/44 €

Plan : B3-n - *8 r. Adoue - 09 83 97 58 58 - www.restaurant-louesberit.com - Fermé mardi midi, dim. soir et lundi*

La sélection de ce guide s'enrichit avec vous : vos découvertes et vos commentaires nous intéressent ! Coup de coeur ou coup de colère, écrivez-nous sur notre site Michelin Restaurants : restaurant.michelin.fr

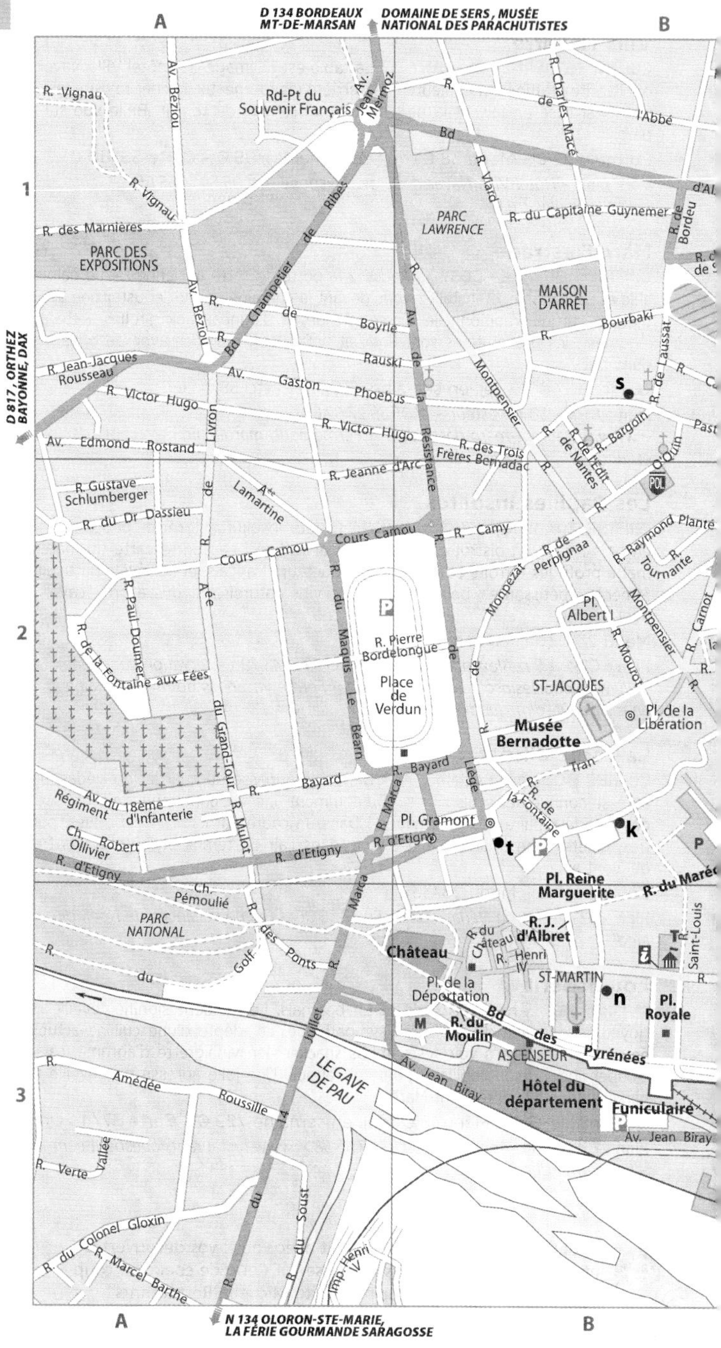
A
B
D 134 BORDEAUX
MT-DE-MARSAN
DOMAINE DE SERS, MUSÉE
NATIONAL DES PARACHUTISTES
D 817, ORTHEZ
BAYONNE, DAX
1
2
3
Rd-Pt du
Souvenir Français
Av. Jean Mermoz
R. Vignau
Av. Béziou
R. de l'Abbé
R. Charles Macé
Bd d'Al
R. Viard
R. des Marnières
PARC DES
EXPOSITIONS
Bd Champetier de Ribes
PARC
LAWRENCE
R. du Capitaine Guynemer
R. de Bordeu
MAISON
D'ARRÊT
R. de Boyrie
R. Bourbaki
R. Rauski
R. de Laussat
R. Jean-Jacques
Rousseau
Av. Gaston Phoebus
R. Victor Hugo
Av. de la Résistance
R. Montpensier
R. Bargoin
s
Av. Edmond Rostand
R. Livron
R. de l'Edit de Nantes
R. des Trois
Frères Bernadac
R. d'Orin
R. Jeanne d'Arc
R. Gustave
Schlumberger
Av. Lamartine
R. du Dr Dassieu
R. Camy
R. Raymond Planté
Cours Camou
R. de Perpignaa
R. Tournante
R. Monpezat
Pl.
Albert I
R. Carnot
R. Paul Doumer
Allée du Grand-Tour
R. Pierre
Bordelongue
Place
de
Verdun
R. du Maquis Le Béarn
R. Mourot
R. de la Fontaine aux Fées
ST-JACQUES
Pl. de la
Libération
Musée
Bernadotte
R. de Liège
R. Tran
R. Bayard
Av. du 18ème
Régiment
d'Infanterie
R. de la Fontaine
R. Marca
Pl. Gramont
k
t
Ch. Robert
Ollivier
R. Mulot
R. d'Etigny
Pl. Reine
Marguerite
R. du Maréc
Ch.
Pémoulié
PARC
NATIONAL
R. des Ponts
R. du Golf
R. du Château
R. J.
d'Albret
R. Henri
IV
Château
ST-MARTIN
R. Saint-Louis
Pl. de la
Déportation
n
Pl.
Royale
M
R. du
Moulin
Bd des Pyrénées
ASCENSEUR
LE GAVE
DE PAU
Av. Jean Biray
Hôtel du
département
Funiculaire
R. Amédée Roussille
R. du 14 Juillet
R. Verte
Vallée
R. du Soust
R. du Colonel Gloxin
R. Marcel Barthe
Imp. Henri IV
N 134 OLORON-STE-MARIE,
LA FÉRIE GOURMANDE SARAGOSSE

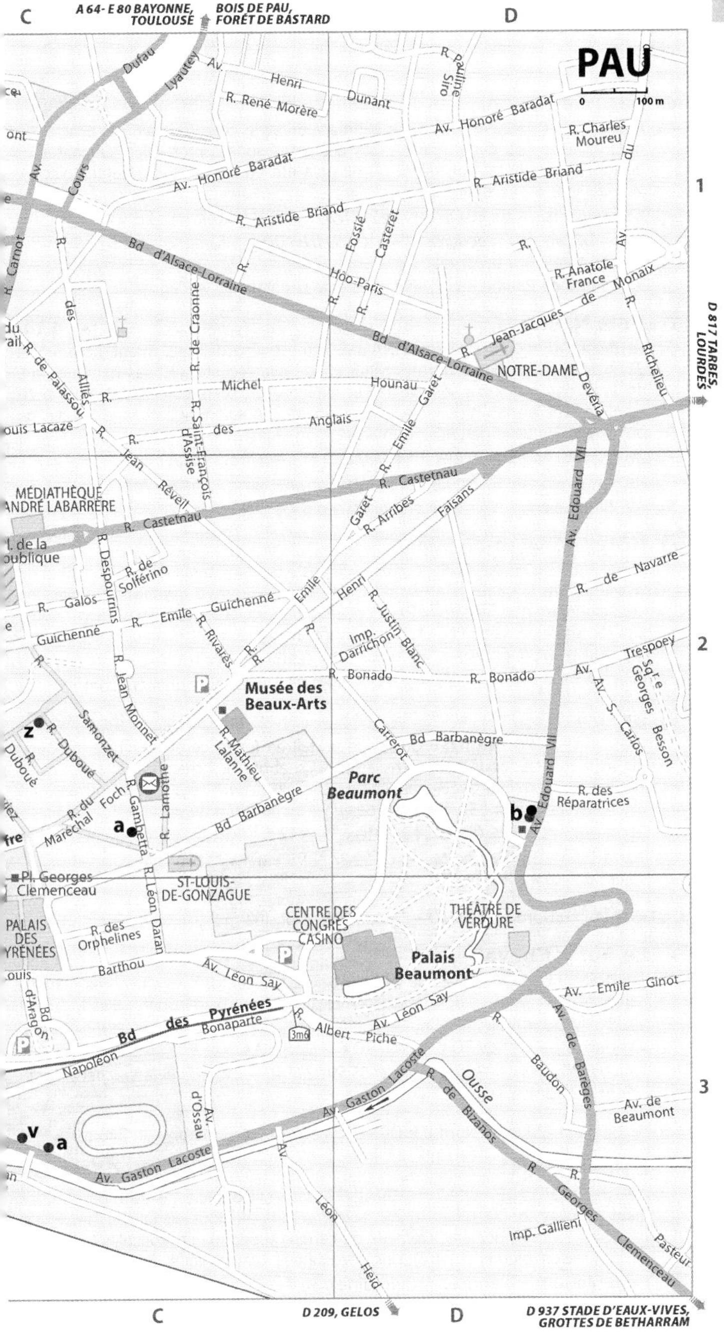
PAU
0
100 m
C
D
1
2
3
A 64- E 80 BAYONNE, TOULOUSE
BOIS DE PAU, FORÊT DE BASTARD
D 817 TARBES, LOURDES
D 209, GELOS
D 937 STADE D'EAUX-VIVES, GROTTES DE BETHARRAM
Av. Henri Dunant
R. René Morère
R. Pauline Siro
Av. Honoré Baradat
R. Charles Moureu
R. Aristide Briand
Cours Lyautey
Dufau
Av. Carnot
Bd d'Alsace-Lorraine
R. Fossié
R. Casteret
R. Hôo-Paris
R. Anatole France
R. Jean-Jacques de Monaix
R. Richelieu
Av. du
NOTRE-DAME
R. Devéria
R. de Craonne
Allées
R. des
R. de Palassou
R. Michel Hounau
R. des Anglais
R. Emile Garet
Louis Lacazé
R. Jean Réveil
R. Saint-François d'Assise
MÉDIATHÈQUE ANDRÉ LABARRÈRE
R. Castetnau
R. Arribes
Faisans
Av. Edouard VII
R. Despourrins
R. de Solférino
R. Galos
Guichenné
R. Emile Guichenné
R. Rivarès
Emile
Henri
R. Justin Blanc
Imp. Darrichon
R. de Navarre
R. Bonado
Av. Trespoey
Sq. r. e Georges Besson
Av. S. Carlos
R. Jean Monnet
Musée des Beaux-Arts
R. Mathieu Lalanne
Carrerot
Bd Barbanègre
R. Samonzet
R. Duboué
Parc Beaumont
R. des Réparatrices
R. du Maréchal Foch
R. Gambetta
R. Lamothe
ST-LOUIS-DE-GONZAGUE
Pl. Georges Clemenceau
R. Léon Daran
CENTRE DES CONGRÈS CASINO
THÉÂTRE DE VERDURE
PALAIS DES PYRÉNÉES
R. des Orphelines
Barthou
Av. Léon Say
Palais Beaumont
Av. Emile Ginot
Bd d'Aragon
Bd des Pyrénées
Bonaparte
Napoléon
R. Albert Piche
3m6
Av. de Barèges
R. Baudon
Ousse
Av. de Beaumont
Av. Gaston Lacoste
R. de Bizanos
Av. d'Ossau
Av. Léon Heid
R. Georges Clemenceau
R. Pasteur
Imp. Gallieni
z
a
b
v

Hôtels

Parc Beaumont

BUSINESS • CONTEMPORAIN Ce bâtiment de style contemporain est proche du parc et du palais des congrès ; ses chambres sont confortables, élégantes et design. Un bel hôtel polyvalent où rien n'a été oublié pour la détente (piscine, jacuzzi, spa) et les affaires.

69 chambres – 290/370 € 290/370 € – 11 suites – 26 €

Plan : D2-b – *1 av. Édouard-VII – 05 59 11 84 00 – www.hotel-parc-beaumont.com*

Le Jeu de Paume – voir les restaurants ci-dessus

Villa Navarre

MAISON DE MAÎTRE • PERSONNALISÉ Atmosphère délicieusement bourgeoise dans cette maison de maître de 1865 et son aile récente, nichées dans un parc de 2 ha. Les chambres sont vastes et lumineuses ; préférez celles dans le bâtiment le plus ancien. Les lecteurs apprécieront le salon-bibliothèque habillé de boiseries. Une belle parenthèse "made in Sud-Ouest".

26 chambres – 179/219 € 189/329 € – 4 suites – 19 €

Hors plan – *59 av. Trespoey – 05 59 14 65 65 – www.villanavarre.fr*

Villa Navarre – voir les restaurants ci-dessus

Hôtel de Gramont

FAMILIAL • PERSONNALISÉ Ce relais de poste du 18e s. serait le plus vieil hôtel de la ville. Entre le château où naquit Henri IV et le musée Bernadotte, voilà une bonne adresse pour découvrir Pau ! Les chambres – bien insonorisées – sont toutes différentes, du classique au plus contemporain. Copieux buffet au petit-déjeuner.

30 chambres – 61/96 € 74/140 € – 3 suites – 11 €

Plan : B2-t – *3 pl. Gramont – 05 59 27 84 04 – www.hotelgramont.com*

Bristol

FAMILIAL • PERSONNALISÉ Ouvrez le portail en fer forgé et traversez la cour... Au cœur de Pau, cette belle bâtisse du 19e s. abrite des chambres spacieuses et lumineuses, certaines avec cheminée. Et sachez qu'au 4e étage, elles offrent une belle vue sur la ville ! En été, petit-déjeuner sur la terrasse.

21 chambres – 79/99 € 89/110 € – 12 €

Plan : C2-a – *3 r. Gambetta – 05 59 27 72 98 – www.hotelbristol-pau.com – Fermé vacances de Noël*

à Lons 2 km au Nord – 64140 – 12 068 hab. – Alt. 162 m

Le Fer à Cheval

BUSINESS • COSY Ce relais de poste vit avec son temps : les chambres marient baroque, classicisme et design avec simplicité, et sont bien insonorisées. L'été, on profite de la terrasse : glycine, tilleul, camélias... Cuisine actuelle au restaurant.

10 chambres – 60/70 € 70/80 € – 8,50 € – ½ P

1 av. des Martyrs-du-Pont-Long – 05 59 32 17 40 – www.hotel-leferacheval.com – Fermé 23 déc.-8 janv.

à Sauvagnon 12 km au Nord par D834 – 64230 – 3 118 hab. – Alt. 248 m

L'Harmonie N

CUISINE MODERNE • CONTEMPORAIN XX Dans cette ancienne trattoria entièrement rénovée, on se régale d'une bonne cuisine au goût du jour, à l'instar de ces Saint-Jacques poêlées, crémeux de cerfeuil tubéreux, et croustillant de boudin (en saison, bien entendu !). Une adresse très sympathique.

Formule 14 € – Menu 26 € (semaine)/38 € – Carte 45/50 €

1 chemin Severou – 05 59 82 17 23 – Fermé 10-20 août, sam. midi, dim. soir et lundi

à Lescar 7,5 km au Nord-Ouest par D817 et D601 - ✉ 64230 - 9 752 hab. - Alt. 179 m

Arraditz

CUISINE MODERNE • CONTEMPORAIN XX Cette maison du 19e s., installée dans une petite ville à la périphérie de Pau, est le fief d'un duo bien préparé : elle, pâtissière, a fait ses armes au Plaza Athénée ; lui, aux fourneaux, a aussi travaillé dans plusieurs maisons étoilées. Leur cuisine, fine et bien exécutée, met en valeur les produits de la région. Courez-y !

Menu 24 € (déj. en semaine), 35/65 € - Carte 51/66 €

2 r. Cachau - ✆ 05 59 32 31 40 - www.arraditz.com - Fermé 2-19 janv., 1er-24 août, sam. midi et dim. soir

à Bizanos 2 km à l'Est - ✉ 64320 - 4 767 hab. - Alt. 186 m

Eden Park

BUSINESS • FONCTIONNEL Ne cherchez pas ici la copie conforme du terrain de rugby d'Auckland ! Au sein de cet ensemble de bâtiments blancs, aux lignes épurées, dans un esprit californien, les chambres se révèlent spacieuses et agréables : coin salon, cuisinette, vue sur la piscine...

26 chambres - †98/118 € ††108/128 € - ☕ 10 €

2 r. de l'Aubisque - ✆ 05 59 40 64 64 - www.hotel-pau.fr - Fermé 20 déc.-5 janv.

PAUILLAC

✉ 33250 (Gironde) - 5 024 hab. - Alt. 20 m - Carte régionale n° **2**-B1

Paris 625 km - Arcachon 113 km - Blaye 16 km - Bordeaux 54 km

Carte Michelin 335-G3 - Guide Vert Michelin Aquitaine

Château Cordeillan Bages

CUISINE CRÉATIVE • DESIGN XXX Une grande salle moderne et feutrée, des tables espacées, et dehors, une terrasse d'été claire et agréable... Le cadre met déjà en joie ! Parfait pour déguster une bonne cuisine authentique, entre classicisme et modernité.

Menu 45 € (déj. en semaine), 90/175 € - Carte 105/185 €

Hôtel Château Cordeillan Bages, 61 rte des Vignerons, 1 km au Sud par D2 - ✆ 05 56 59 24 24 - www.cordeillanbages.com - Ouvert de mars à nov.

Café Lavinal

CUISINE TRADITIONNELLE • BISTRO X Avec son grand comptoir et ses vieilles affiches, ce joli bistrot du cœur de Bages est rétro en diable... On s'installe autour de petits plats bistrotiers ancrés dans le terroir local... Soupe du jour ? Confit de canard ? À vot' convenance !

Formule 12 € - Menu 28/38 € - Carte 35/56 €

à Bages, pl. Desquet - ✆ 05 57 75 00 09 - www.jmcazes.com/fr/cafe-lavinal - Fermé 23 déc.-28 janv. et dim. soir

Château Cordeillan Bages

LUXE • PERSONNALISÉ Une chartreuse du 17e s. alanguie au cœur du vignoble, avec des chambres à l'épure toute contemporaine. Fitness, sauna, massages : ici tout est pensé pour la détente...

28 chambres - †239/609 € ††239/609 € - ☕ 25 € - ½ P

61 rte des Vignerons, 1 km au Sud par D2 - ✆ 05 56 59 24 24 - www.cordeillanbages.com - Ouvert de mars à nov.

Château Cordeillan Bages - voir les restaurants ci-dessus

PAVILLON (COL DU) - 69 (Rhône) → Voir Cours

PÉGOMAS

✉ 06580 (Alpes-Maritimes) - 7 285 hab. - Alt. 18 m - Carte régionale n° **22**-E2

Paris 896 km - Cannes 12 km - Draguignan 59 km - Grasse 9 km

Carte Michelin 341-C6

Hôtel du Bosquet

FAMILIAL • FONCTIONNEL On est au calme dans cet hôtel simple, fonctionnel et très bien tenu. À l'intérieur, le décor est moderne ; dans le parc, oliviers et lauriers roses entourent la piscine et contribuent largement au sentiment de détente. Un bon plan aux prix sages.

22 chambres – ♦70/80 € ♦♦75/85 € – ☕8 €

chemin des Périssols, rte de Mouans-Sartoux – ✆ 04 92 60 21 20 – www.hoteldubosquet.com – Fermé 15 janv.-1er fév.

PEILLON

✉ 06440 (Alpes-Maritimes) – 1 439 hab. – Alt. 200 m – Carte régionale n° **22**-E2

▶ Paris 947 km – Contes 14 km – L'Escarène 14 km – Menton 38 km

Carte Michelin 341-F5 – Guide Vert Michelin Côte d'Azur

Auberge de la Madone

CUISINE PROVENÇALE • MÉDITERRANÉEN XX Cette auberge de tradition semble vivre en symbiose avec l'arrière-pays de Nice... En terrasse, la vue sur le village perché de Peillon est exquise, et les assiettes cultivent le goût du répertoire niçois et des beaux produits locaux. Le plat "phare" met l'eau à la bouche : agneau rôti au four en deux cuissons...

Formule 20 € – Menu 40/65 € – Carte 52/77 €

3 pl. Auguste-Arnulf – ✆ 04 93 79 91 17 – www.auberge-madone-peillon.com – Fermé 1er-12 fév., 7 nov.-23 déc. et merc.

Auberge de la Madone

AUBERGE • PERSONNALISÉ Peillon, village médiéval perché sur son rocher de l'arrière-pays niçois, est délicieux, et, à ses pieds, cette auberge de caractère semble l'admirer ! Dans les chambres, tomettes anciennes et murs colorés expriment l'esprit de la Provence ; au jardin, les odeurs du Sud, les cigales, le calme...

15 chambres – ♦70/180 € ♦♦70/210 € – 2 suites – ☕14 € – ½ P

3 pl. Auguste-Arnulf – ✆ 04 93 79 91 17 – www.auberge-madone-peillon.com – Fermé 1er-12 fév., 7 nov.-23 déc. et merc.

Auberge de la Madone – voir les restaurants ci-dessus

Petit déjeuner compris ? La tasse ☕ suit directement le nombre de chambres.

PEISEY-NANCROIX

✉ 73210 (Savoie) – 652 hab. – Alt. 1 320 m – Carte régionale n° **23**-D2

▶ Paris 635 km – Albertville 55 km – Bourg-St-Maurice 13 km

Carte Michelin 333-N4 – Guide Vert Michelin Alpes du Nord

à Plan-Peisey 4 km à l'Est – ✉ 73210

La Vanoise

FAMILIAL • PERSONNALISÉ Au bord des pistes, à l'écart des habitations, ce grand chalet alpin offre une jolie vue sur le dôme de Bellecôte... Sachez que les chambres au sud disposent d'un balcon, parfait pour prendre le soleil entre deux descentes à ski. Restauration traditionnelle (formule rapide au déjeuner).

30 chambres ☕ – ♦85/135 € ♦♦120/150 € – ½ P

Peisey-Vallandry – ✆ 04 79 07 92 19 – www.hotel-la-vanoise.com – Ouvert 1er juil.-31 août et 16 déc.-26 avril

PENHORS - 29 (Finistère) → Voir Pouldreuzic

PENNEDEPIE - 14 (Calvados) → Voir Honfleur

PENVINS - 56 (Morbihan) → Voir Sarzeau

PERI - 2A (Corse-du-Sud) → Voir Corse

PÉRIGNAT-LÈS-SARLIÈVE - 63 (Puy-de-Dôme) → Voir Clermont-Ferrand

PÉRIGUEUX

✉ 24000 (Dordogne) - 29 906 hab. - Alt. 86 m - Carte régionale n° **2**-C1
▶ Paris 482 km - Agen 138 km - Bordeaux 128 km - Limoges 96 km
Carte Michelin 329-F4 - Guide Vert Michelin Périgord Quercy

✿ L'Essentiel (Eric Vidal)

CUISINE MODERNE • COSY XX Inutile de se perdre en conjectures, mieux vaut aller à L'Essentiel ! Dans ce restaurant familial voisin de la cathédrale, le produit est roi... et le chef son brillant serviteur. C'est donc une explosion de saveurs, rehaussée par une belle sélection de vins au verre. Et un service attentionné, par-dessus le marché !

→ Huîtres en fine gelée de légumes, crémeux de tourteau et tartare de langoustine. Pigeon rôti à la goutte de sang, pastilla des abattis au foie gras. Feuilles croustillantes de pistaches aux fraises du Périgord, crème légère à la vanille.

Formule 29 € - Menu 43/99 € - Carte 65/85 €

Plan : C2-n - *8 r. de la Clarté - ✆ 05 53 35 15 15 (réservation conseillée) - www.restaurant-perigueux.com - Fermé vacances de printemps, 27 juin-10 juil., dim. et lundi*

Le Grain de Sel

CUISINE MODERNE • TRADITIONNEL XX Après St-Émilion, le chef a décidé de mettre son Grain de Sel dans la vieille ville de Périgueux ! Au menu : une cuisine du marché gourmande, spontanée et vibrante de saveurs, où les produits de la mer sont à l'honneur. Pour une addition tout sauf salée...

Formule 25 € - Menu 32/70 € - Carte 49/70 €

Plan : C2-t - *7 r. des Farges - ✆ 05 53 53 45 22 - Fermé 26 juin-17 juil., 21 déc.-6 janv., dim. et lundi*

Nicolas L

CUISINE MODERNE • CONTEMPORAIN XX Nicolas Lamstaes appose sa signature sur les lieux - sobres et élégants - et plus encore sur les assiettes. Ce pur produit de l'école Ducasse (Louis XV, Rech, Benoit, Plaza Athénée...) dévoile indéniable savoir-faire sans chercher la complexité : les assiettes parlent d'elles-mêmes, tout en fraîcheur et saveurs aiguisées.

Formule 19 € - Menu 22 € (déj. en semaine), 32/60 € 🍷 - Carte 35/55 €

Plan : C3-b - *7 pl. du 8-mai-1945 - ✆ 05 53 13 45 02 - www.restaurantnicolasl.com - Fermé 2-8 janv., dim. soir et lundi*

Un Parfum de Gourmandise

CUISINE CRÉATIVE • ÉPURÉ XX Un simple parfum de gourmandise ? Tout un déluge d'arômes et de saveurs ! Sébastien Riou et Catell Kergadallan ont su valoriser leur savoir-faire, forgé dans de belles maisons. En intimité avec le terroir périgourdin, leurs assiettes respirent une fraîche et vive inspiration, qui enivre...

Formule 24 € - Menu 32/54 €

Hors plan - *67 cours St-Georges - ✆ 05 53 53 46 33 (réservation conseillée) - www.unparfumdegourmandise.com - Fermé juin, lundi et mardi*

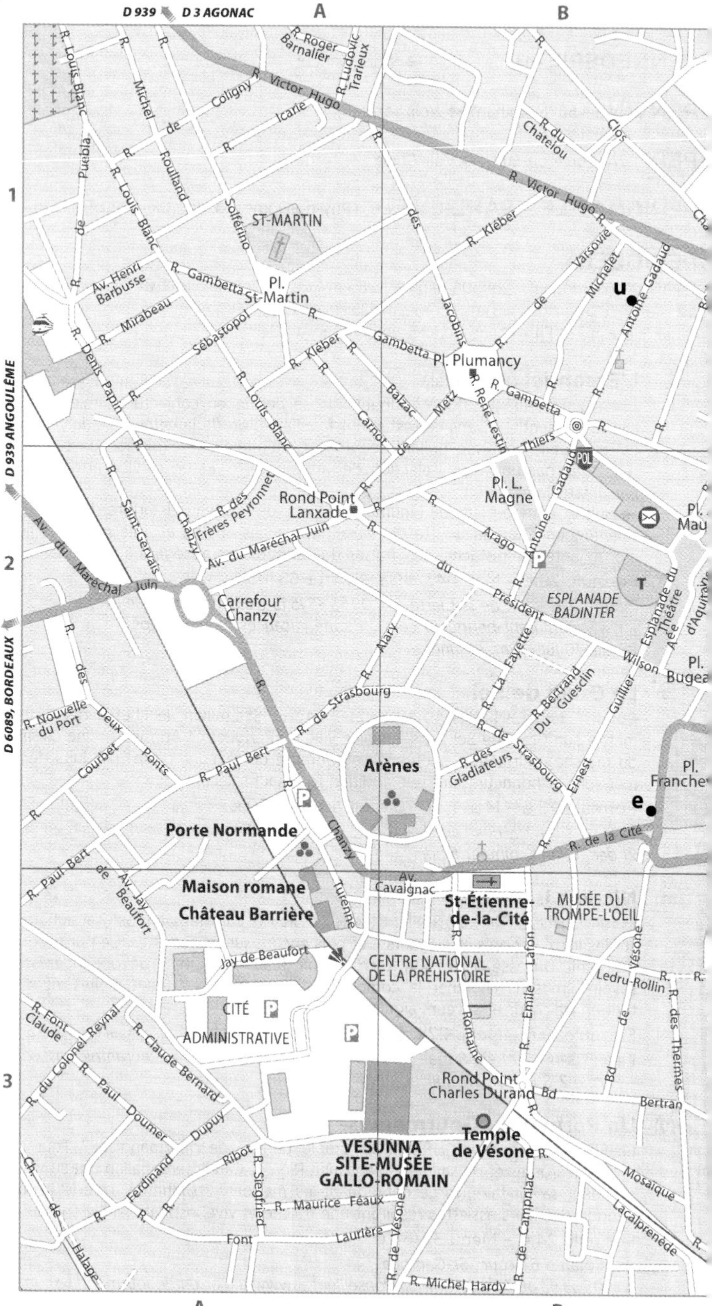

D 939
D 3 AGONAC
A
B
1
2
3
D 939 ANGOULÊME
D 6089, BORDEAUX
ST-MARTIN
Pl. St-Martin
Pl. Plumancy
Rond Point Lanxade
Pl. L. Magne
ESPLANADE BADINTER
Carrefour Chanzy
Arènes
Porte Normande
Maison romane
Château Barrière
St-Étienne-de-la-Cité
MUSÉE DU TROMPE-L'OEIL
CENTRE NATIONAL DE LA PRÉHISTOIRE
CITÉ ADMINISTRATIVE
Rond Point Charles Durand
Temple de Vésone
VESUNNA SITE-MUSÉE GALLO-ROMAIN
R. Victor Hugo
R. Gambetta
R. Kléber
R. Louis Blanc
Av. du Maréchal Juin
R. du Président Wilson
R. de Strasbourg
R. Paul Bert
R. de la Cité
Av. Cavaignac
R. Chanzy
R. Turenne
R. Denis Papin
R. Saint-Gervais
R. des Frères Peyronnet
R. Antoine Gadaud
R. La Fayette
R. Bertrand Du Guesclin
R. des Gladiateurs
R. Claude Bernard
R. Paul Doumer
R. Maurice Féaux
R. Michel Hardy
Pl. Francheville
Pl. Bugeaud
u
e

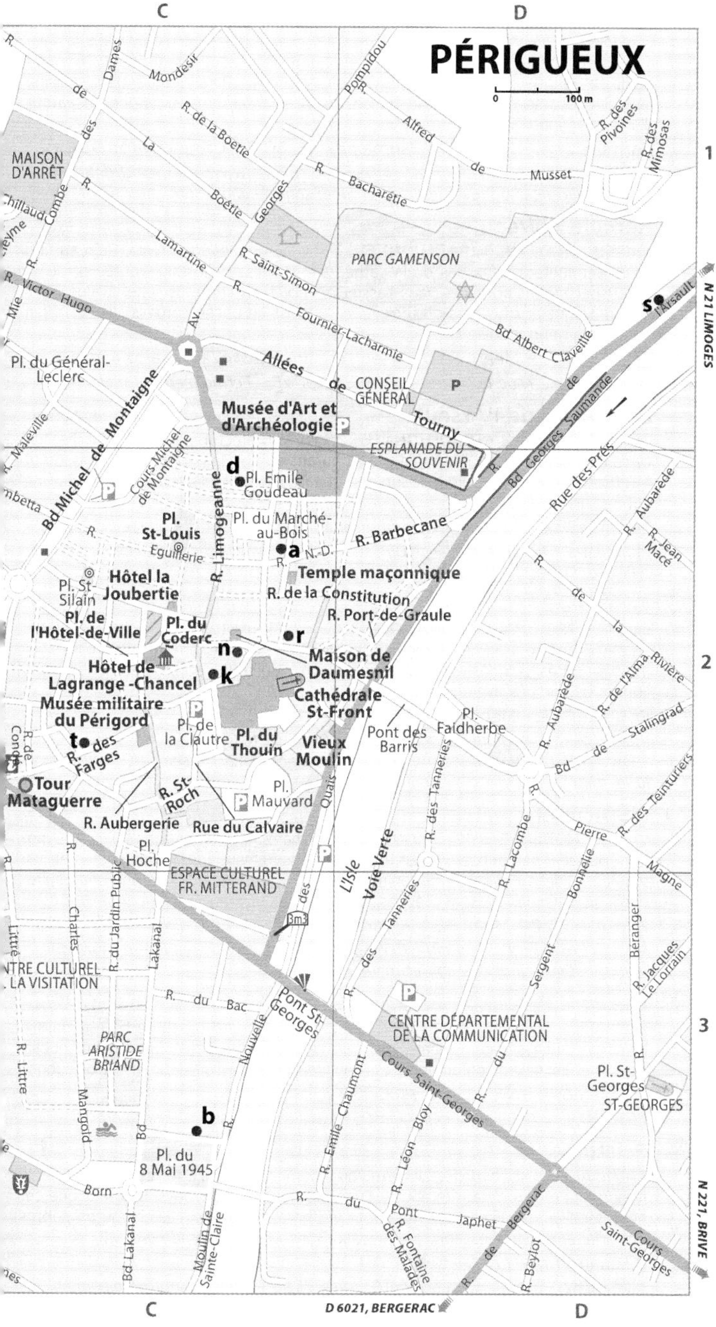
PÉRIGUEUX
0
100 m
C
D
1
2
3
N 21 LIMOGES
N 221, BRIVE
D 6021, BERGERAC
MAISON D'ARRÊT
PARC GAMENSON
CONSEIL GÉNÉRAL
ESPLANADE DU SOUVENIR
Musée d'Art et d'Archéologie
Allées de Tourny
Bd Michel de Montaigne
Pl. du Général-Leclerc
R. Victor Hugo
R. de la Boetie
R. Lamartine
R. Saint-Simon
R. Fournier-Lacharmie
R. Bacharétie
Alfred de Musset
Bd Albert Claveille
Bd Georges Saumande
Rue des Prés
Pl. Emile Goudeau
Pl. du Marché-au-Bois
Pl. St-Louis
R. Limogeanne
R. Barbecane
Temple maçonnique
R. de la Constitution
R. Port-de-Graule
Hôtel la Joubertie
Pl. St-Silain
Pl. de l'Hôtel-de-Ville
Pl. du Coderc
Maison de Daumesnil
Hôtel de Lagrange-Chancel
Cathédrale St-Front
Musée militaire du Périgord
Pl. de la Clautre
Pl. du Thouin
Vieux Moulin
Pont des Barris
Pl. Faidherbe
R. des Farges
Tour Mataguerre
R. St-Roch
Pl. Mauvard
R. Aubergerie
Rue du Calvaire
Pl. Hoche
ESPACE CULTUREL FR. MITTERAND
L'Isle
Voie Verte
CENTRE CULTUREL LA VISITATION
PARC ARISTIDE BRIAND
R. du Bac
Pont St-Georges
CENTRE DÉPARTEMENTAL DE LA COMMUNICATION
Cours Saint-Georges
Pl. St-Georges
ST-GEORGES
Pl. du 8 Mai 1945
R. Émile Chaumont
R. Léon Bloy
R. du Pont Japhet
R. Fontaine des Malades
R. de Bergerac
R. Beylot
Bd de Stalingrad
R. Pierre Magne
R. des Teinturiers
R. de l'Alma
R. de la Rivière
R. Aubarède
R. Jean Macé
R. Lacombe
R. Bonnelie
R. Sergent
R. Béranger
R. Jacques Le Lorrain
R. des Tanneries
Bd Lakanal
Moulin de Sainte-Claire
R. Mangold
R. Charles
R. Littré
R. du Jardin Public
a
b
d
k
n
r
s
t

Le Clos St-Front

CUISINE CRÉATIVE • COSY XX Dans la cour à l'abri des regards, ou dans la salle avec sa cheminée monumentale et ses candélabres, cette maison du 16ᵉs., au cœur de Périgueux, offre un cadre des plus intimes... On s'y régale d'une cuisine mêlant exotisme et saveurs du terroir. À noter aussi, le menu vigneron autour d'une sélection de vins.

Formule 29 € - Menu 34 € (semaine), 45/50 € - Carte environ 53 €

Plan : C2-a - *5-7 r. de la Vertu - ✆ 05 53 46 78 58 - www.leclossaintfront.com - Fermé vacances de fév., dim. soir et lundi sauf de juin à sept.*

Hercule Poireau

CUISINE MODERNE • TRADITIONNEL XX Sur les traces d'Hercule Poireau, on mène l'enquête à deux pas de la cathédrale. Dans la belle salle voûtée du 16ᵉs., les suspects sont attablés. Dans l'assiette, l'objet du crime est une cuisine dans l'air du temps aux accents du terroir... car s'il est un péché commis ici, c'est bien celui de la gourmandise !

Formule 17 € - Menu 21 € (déj. en semaine), 28/42 € - Carte 40/56 €

Plan : C2-r - *2 r. de la Nation - ✆ 05 53 08 90 76 - Fermé mardi et merc.*

Le Rocher de l'Arsault

CUISINE MODERNE • TRADITIONNEL XX Sous la préfecture, accrochée au rocher, cette avenante maison dissimule un restaurant qui fait la part belle au poisson et à l'efficacité : le menu midi est servi en une heure, clientèle d'affaires oblige. Une bonne cuisine de saison.

Formule 18 € - Menu 22 € (déj. en semaine), 36/54 € - Carte 37/58 €

Plan : D1-s - *15 r. L'Arsault - ✆ 05 53 53 54 06 - www.rocher-arsault.com - Fermé dim. soir et lundi*

La Taula

CUISINE RÉGIONALE • TRADITIONNEL XX À la Taula (prononcez "taola"), table en patois, les gourmands se régalent d'une bonne cuisine familiale. Parmi les spécialités : pâtés, terrines et cous farcis maison... Voilà une adresse authentique où l'on ne badine pas avec les traditions !

Formule 19 € - Menu 33/40 € - Carte 42/52 €

Plan : C2-k - *3 r. Denfert-Rochereau - ✆ 05 53 35 40 02 - www.restaurantlataula.com - Fermé 1 semaine en mars, 1 semaine en juil. et lundi midi*

L'Épicurien

CUISINE MODERNE • HISTORIQUE X Tout le charme d'une vieille maison croquignolette, au cœur de Périgueux, pour une cuisine assurément épicurienne, signée par un tout jeune chef, Gilles Labbé de son nom. Du travail dans les assiettes, une jolie inspiration légumière, des cuissons précises... ou comment allier finesse et gourmandise.

Formule 20 € - Menu 36 € - Carte 48/75 €

Plan : C2-d - *1 r. du Conseil - ✆ 05 53 09 88 04 - www.lepicurien-restaurant.fr - Fermé dim. soir, mardi soir et merc.*

Mercure

BUSINESS • CONTEMPORAIN Cet hôtel à la façade - en pierre de taille - classée bénéficie d'une situation idéale, en plein centre-ville, à côté d'un parking public. Agréables chambres contemporaines (dont certaines familiales). Bon petit-déjeuner.

66 chambres - †85/150 € ††85/150 € - ☕ 16 €

Plan : B2-e - *7 pl. Francheville - ✆ 05 53 06 65 00 - www.mercure.com*

Bristol

FAMILIAL • FONCTIONNEL Les Anglais, nombreux à s'être installés dans la région, apprécieront la référence à l'une des villes de leur pays. D'autant que cet hôtel familial est idéalement situé pour visiter la vieille ville. Les chambres, sobres et parfaitement tenues, sont bien insonorisées. Une bonne adresse.

29 chambres - †71/90 € ††80/100 € - ☕ 10 €

Plan : B1-u - *37 r. A.-Gadaud - ✆ 05 53 08 75 90 - www.bristolfrance.com - Fermé 22 déc.-7 janv.*

à Antonne-et-Trigonant 11 km à l'Est par N21 – ✉ 24420 – Alt. 106 m

Le Mas des Bories

MAISON DE CAMPAGNE • COSY Bois patiné et poutres apparentes : cet ancien mas de pierre vêtu cultive l'esprit campagne. Le mobilier chiné apporte une touche cosy aux chambres tandis qu'à l'écart des regards indiscrets, le joli jardin se mire dans la piscine. Le plus ? Le petit fitness et le tennis communal, à deux pas.

11 chambres – †75/160 € ††75/160 € – ☕13 € – ½ P

51 rte de Limoges – ✆ 05 53 02 23 52 – www.masdesbories-dordogne.fr – Fermé 1 semaine en fév. et 2 semaines en déc.

à Chancelade 5,5 km à l'Ouest par D710 et D1 – ✉ 24650 – 4 275 hab. – Alt. 88 m

L'Oison

CUISINE CRÉATIVE • ÉLÉGANT XXX Au sein du Château des Reynats, le décor est évidemment aristocratique, et l'assiette ne manque pas de noblesse : si le chef fait montre d'une fort belle technique (jus et cuissons sont remarquables), celle-ci s'efface pour laisser transparaître la finesse, l'invention... et le plaisir. Une cuisine qui a du style et de l'âme !

➜ Pressé de volaille à l'ail et huîtres, lard gascon, bouillon de champignons au vadouvan. Ris de veau caramélisé et aubergine fumée, câpres et tomme de brebis. Sablé et ganache chocolat, framboises et potimarron confit.

Menu 77/139 €

Hôtel Château des Reynats, 15 av. des Reynats – ✆ 05 53 03 53 59 – www.chateau-hotel-perigord.com – Fermé 19 fév.-6 mars, 2-24 janv., dim., lundi et le midi

La Verrière

CUISINE MODERNE • TENDANCE X Le versant bistrot du Château des Reynats propose des assiettes savoureuses et légères : sardines de Galice et chou-fleur en déclinaison au citron ; rillettes d'oie à la moutarde de Brive, paleron de veau caramélisé... La gourmandise s'illustre partout, et le savoir-faire de l'établissement n'est plus à prouver.

Menu 19 € (déj. en semaine), 26/40 €

Hôtel Château des Reynats, 15 av. des Reynats – ✆ 05 53 03 53 59 – www.chateau-hotel-perigord.com – Fermé dim. soir d'oct. à mars

Château des Reynats

DEMEURE HISTORIQUE • TRADITIONNEL Fruit d'un 19e s. éclectique et imitateur, ce château néo-Renaissance associe fenêtres à meneaux et tours élégantes... Le confort des lieux est authentique, mais sachez que les chambres ont beaucoup moins de cachet dans l'Orangerie.

45 chambres – †65/210 € ††65/210 € – 5 suites – ☕14 €

15 av. des Reynats – ✆ 05 53 03 53 59 – www.chateau-hotel-perigord.com

L'Oison • **La Verrière** – voir les restaurants ci-dessus

à Champcevinel 5 km au Nord par av. G. Pompidou – ✉ 24750 – 2 782 hab. – Alt. 210 m

La Table du Pouyaud

CUISINE MODERNE • COLORÉ XX Sur les hauteurs de Périgueux, une ferme joliment rénovée dont le chef honore les classiques. Au fil du repas, on le suit dans ses pérégrinations gourmandes : chartreuse d'asperges du Blayais, turbot sauvage aux morilles fraîches, selle d'agneau du Quercy rôti...

Menu 28 € (déj. en semaine), 34/74 € – Carte 60/75 €

57 rte de Paris, D8 – ✆ 05 53 09 53 32 – www.table-pouyaud.fr – Fermé dim. soir et lundi

à Annesse-et-Beaulieu 15 km à l'Ouest par D3, rte de Périgueux – ✉ 24430 – 1 488 hab. – Alt. 95 m

Château de Lalande

DEMEURE HISTORIQUE • ÉLÉGANT Alanguie au creux de son écrin de verdure, cette noble demeure du 18e s. a conservé son cachet d'antan. On s'y repose dans des chambres empreintes de classicisme : mobilier de style, parquet, tentures, etc. L'été, on profite de la belle piscine, et de l'agréable terrasse.

17 chambres – 🚹128/255 € 🚹🚹128/255 € – ☕ 17 € – ½ P

57 rte de St-Astier – ✆ 05 53 54 52 30 – www.chateau-lalande-perigord.com – Fermé 19 fév.-9 mars

PERNAND-VERGELESSES – 21 (Côte-d'Or) ➔ Voir Beaune

PERNAY

✉ 37230 (Indre-et-Loire) – 1 132 hab. – Alt. 76 m – Carte régionale n° **6**-B2

Paris 256 km – Joué-lès-Tours 26 km – Orléans 132 km – Tours 21 km

Carte Michelin 317-L4

Domaine de l'Hérissaudière

DEMEURE HISTORIQUE • PERSONNALISÉ Maison de maître bâtie en 1640, blottie dans un parc aux essences rares. Mobilier d'époque et chambres aux noms gouleyants (Vouvray, Chinon...). Bon petit-déjeuner maison.

5 chambres ☕ – 🚹140/160 € 🚹🚹150/180 €

3 km au Nord-Est par D48 – ✆ 06 03 22 34 45 – www.herissaudiere.com – Ouvert de Pâques à mi-nov.

LA PERNELLE

✉ 50630 (Manche) – 246 hab. – Alt. 86 m – Carte régionale n° **17**-A1

Paris 348 km – Caen 115 km – St-Lô 71 km

Carte Michelin 303-E2

Le Panoramique

CUISINE TRADITIONNELLE • CONVIVIAL XX À côté de l'église du village, sur une colline surplombant la mer et l'île de Tatihou, un restaurant tenu par la même famille depuis... 1966. À l'origine bar, puis crêperie, c'est désormais un agréable restaurant gastronomique, où la cuisine met joliment en avant le terroir normand, au rythme des saisons !

Formule 17 € – Menu 35/45 € – Carte 27/54 €

– ✆ 02 33 54 13 79 – www.le-panoramique.fr – Fermé 2 semaines en oct., 3 semaines en janv. et lundi sauf fériés

PERNES-LES-FONTAINES

✉ 84210 (Vaucluse) – 10 429 hab. – Alt. 75 m – Carte régionale n° **22**-E1

Paris 685 km – Apt 43 km – Avignon 23 km – Carpentras 6 km

Carte Michelin 332-D10 – Guide Vert Michelin Provence

Au Fil du Temps

CUISINE MODERNE • BISTRO X Dans un quartier piétonnier, juste en face de la vieille église – transformée en centre culturel –, cette ancienne épicerie est devenue un charmant petit restaurant. On y privilégie les producteurs locaux et l'agriculture raisonnée : porc du Ventoux, agneau des Alpilles, légumes de petits maraîchers...

Formule 26 € – Menu 30/40 €

51 pl. Louis-Giraud (face au centre culturel) – ✆ 04 90 30 09 48 (réservation conseillée) – www.aufildutemps84.blogspot.fr – Fermé 2 semaines en fév. et en nov., mardi midi, dim. soir et lundi

Auberge de la Camarette

CUISINE MÉDITERRANÉENNE • MAISON DE CAMPAGNE Dans un domaine viticole, en agriculture biologique, cette ferme comtadine du 17e s. propose un menu du marché, savoureux et ludique, à l'instar de ce tian d'agneau aux aubergines. À déguster sur la charmante terrasse, avec un petit vin du domaine. L'adresse est très prisée : réservez !

Formule 18 € – Menu 33 €

439 chemin de la Brunette – 04 90 61 60 78 (réservation conseillée) – www.domaine-camarette.com – Fermé 1er-15 janv., 15-31 oct., mardi sauf le soir en été, dim. sauf le midi en hiver et lundi

au Nord-Est 4 km par D1 et rte secondaire – 84210 Pernes-les-Fontaines :

Mas de la Bonoty

CUISINE MODERNE • RUSTIQUE Une jolie bergerie du 17e s., en pleine campagne. Lové près de la cheminée, on est séduit par le charme rustique de la salle autant que par la cuisine locale, concoctée avec de beaux produits de saison. Chambres de style provençal et jolie piscine extérieure… Le charme de la ruralité !

Formule 20 € – Menu 31 € – Carte environ 78 €

4 chambres – 80/90 € 84/99 €

chemin de la Bonoty
– 04 90 61 61 09 – www.bonoty.com
– Fermé mardi sauf le soir de mi-avril à fin sept., dim. soir de début nov. à mi-avril et lundi

PÉRONNAS – 01 (Ain) → Voir Bourg-en-Bresse

PÉROUGES

01800 (Ain) – 1 209 hab. – Alt. 290 m – Carte régionale n° **23**-B1
Paris 460 km – Bourg-en-Bresse 39 km – Lyon 37 km – Villefranche-sur-Saône 58 km
Carte Michelin 328-E5 – Guide Vert Michelin Lyon et sa région

Hostellerie du Vieux Pérouges

CUISINE TRADITIONNELLE • RUSTIQUE Avis aux amoureux du Moyen Âge : le décor, patiné par les siècles, comme le service, assuré en costume, vous séduiront ! Au menu, toutes les spécialités de la Bresse, de la Dombes et du Bugey (morilles, écrevisses, volailles…), sans oublier la galette "pérougienne" au beurre et aux zestes d'agrumes, une recette familiale.

Menu 39/67 € – Carte 50/76 €

pl. du Tilleul – 04 74 61 00 88 – www.hostelleriedeperouges.com – Fermé vacances de fév.

Hostellerie du Vieux Pérouges

HISTORIQUE • GRAND LUXE Au cœur de ce charmant village médiéval, plusieurs admirables bâtisses évidemment… moyenâgeuses, réparties dans toute la cité. Lits à baldaquin, poutres et tomettes y côtoient le meilleur confort moderne. Préférez les chambres du Manoir et du Saint-Georges.

28 chambres – 99/149 € 136/257 € – 17 € – ½ P

pl. du Tilleul – 04 74 61 00 88 – www.hostelleriedeperouges.com – Fermé vacances de fév.

Hostellerie du Vieux Pérouges – voir les restaurants ci-dessus

PERPIGNAN

66000 (Pyrénées-Orientales) – 120 489 hab. – Agglo. 192 268 hab. – Alt. 60 m – Carte régionale n° **12**-B3
Paris 848 km – Andorra-la-Vella 170 km – Béziers 94 km – Montpellier 156 km
Carte Michelin 344-I6

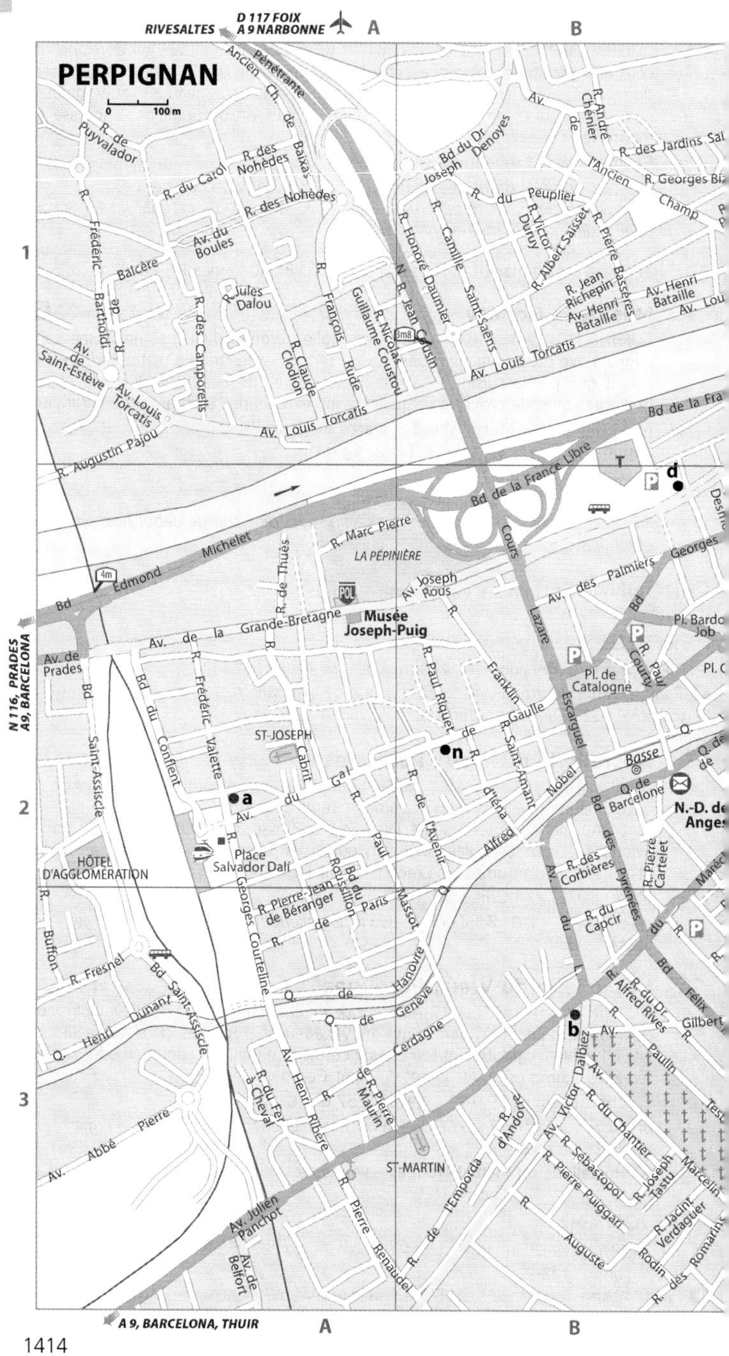
PERPIGNAN
0
100 m
RIVESALTES
D 117 FOIX
A 9 NARBONNE
A
B
1
2
3
N 116, PRADES
A9, BARCELONA
A 9, BARCELONA, THUIR
Pénétrante
Ancien Ch. de Baixas
R. de Puyvalador
R. du Carol
R. des Nohèdes
R. des Nohèdes
Av. du Boules
R. Frédéric Bartholdi
R. de Balcère
R. Jules Dalou
R. des Camporells
R. Claude Clodion
R. François Rude
Guillaume Coustou
R. Nicolas
R. Jean Cousin
R. Honoré Daumier
R. Camille Saint-Saëns
Bd du Dr Joseph Denoyes
R. du Peuplier
R. Victor Duruy
R. Albert Saisset
R. Pierre Bassères
R. Jean Richepin
Av. Henri Bataille
Av. Henri Bataille
Av. Lou
R. André Chénier
Av. de l'Ancien Champ
R. des Jardins Sai
R. Georges Bi
Av. de Saint-Estève
Av. Louis Torcatis
Av. Louis Torcatis
Av. Louis Torcatis
R. Augustin Pajou
Bd de la Fra
Bd de la France Libre
Bd Edmond Michelet
4m
R. Marc Pierre
LA PÉPINIÈRE
R. de Thuès
Av. Joseph Rous
Av. des Palmiers
Georges
Musée Joseph-Puig
Av. de la Grande-Bretagne
Av. de Prades
Cours Lazare Escarguel
Pl. Bardo Job
Bd
R. Paul Courty
Pl. de Catalogne
Pl. C
Desnu
d
Bd Saint-Assiscle
Bd du Conflent
R. Frédéric Valette
ST-JOSEPH
R. Cabrit
R. Paul Riquet
R. Franklin
Av. de Gaulle
R. Saint-Amant
R. d'Iéna
Av. du Gal
R. Paul Massot
R. de l'Avenir
n
a
R. Nobel
R. Alfred
Basse
Q. de Barcelone
Q. de
N.-D. de Anges
R. Pierre Cartelet
Bd des Pyrénées
R. des Corbières
Av. du
R. du Capcir
Maréc
HÔTEL D'AGGLOMÉRATION
R. Place Salvador Dalí
R. Georges Courteline
R. Pierre-Jean de Béranger
Bd du Roussillon
R. de Paris
R. Buffon
R. Fresnel
Bd Saint-Assiscle
Q. Henri Dunant
Q. de Hanovre
Q. de Genève
R. de Cerdagne
Bd Félix
R. du Dr Alfred Rives
R. Gilbert
b
Av. Dalbiez
Av. Paulin
Av. Victor
R. du Chantier
R. Sébastopol
R. Joseph Tastu
R. Pierre Puiggari
Marcelin
Test
R. Jacint Verdaguer
R. Auguste Rodin
R. des Romarins
R. d'Andorre
R. de l'Emporda
ST-MARTIN
R. du Fer à Cheval
Av. Henri Ribère
R. de Maurin
R. Pierre
R. Pierre Renaudel
Av. Abbé Pierre
Av. Julien Panchot
Av. de Belfort
P
POL

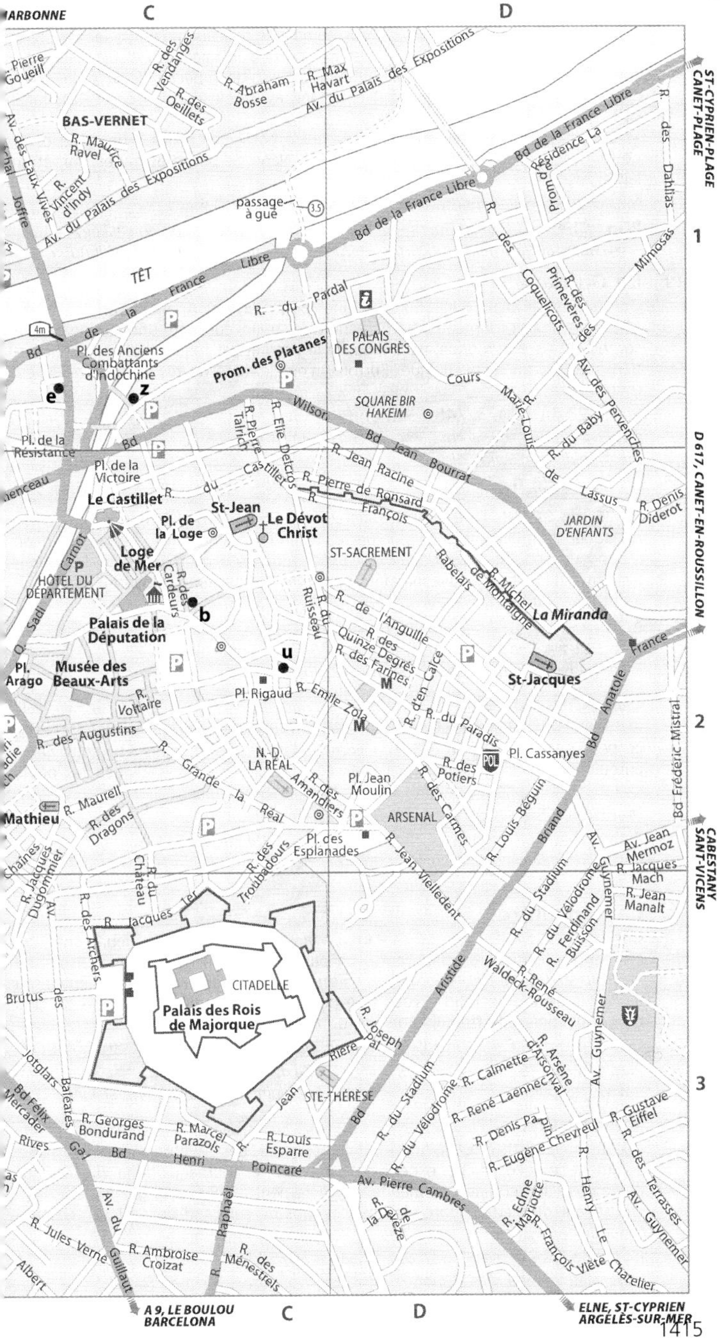
NARBONNE
C
D
ST-CYPRIEN-PLAGE CANET-PLAGE
D 617, CANET-EN-ROUSSILLON
CABESTANY SANT-VICENS
A 9, LE BOULOU BARCELONA
ELNE, ST-CYPRIEN ARGELÈS-SUR-MER
1
2
3
BAS-VERNET
TÊT
passage à gué
Av. du Palais des Expositions
Bd de la France Libre
R. du Pardal
PALAIS DES CONGRÈS
Prom. des Platanes
Pl. des Anciens Combattants d'Indochine
SQUARE BIR HAKEIM
Bd Wilson
Bd Jean Bourrat
Cours Marie-Louis de Lassus
JARDIN D'ENFANTS
Pl. de la Résistance
Pl. de la Victoire
Le Castillet
St-Jean
Le Dévot Christ
Pl. de la Loge
Loge de Mer
HÔTEL DU DÉPARTEMENT
Palais de la Députation
Musée des Beaux-Arts
Pl. Arago
ST-SACREMENT
La Miranda
St-Jacques
Pl. Rigaud
R. Émile Zola
Pl. Cassanyes
N.-D. LA RÉAL
Pl. Jean Moulin
ARSENAL
Pl. des Esplanades
Mathieu
CITADELLE
Palais des Rois de Majorque
STE-THÉRÈSE
Bd Aristide Briand
Bd Henri Poincaré
Av. Pierre Cambres
Av. du Guillaut
R. Jules Verne
R. Raphaël
Bd Frédéric Mistral
Av. Guynemer
R. du Stadium
R. du Vélodrome
R. René Waldeck-Rousseau
e
z
b
u
M

✿ La Galinette (Christophe Comes)

CUISINE CRÉATIVE • DESIGN XX Pour composer de jolis menus uniques, Christophe Comes dispose de deux armes de choix : son talent, bien sûr, mais aussi son amour des beaux produits. Le poisson est issu de la pêche locale, et les légumes viennent du potager (3 ha !) entretenu avec soin par son père. Résultat ? Une cuisine franche, fine et fraîche !

➜ Collection de tomates anciennes de notre potager. Cabillaud de ligne, courgette longue de Nice, shiso et citron confit. Nage de pêche et mûres, sorbet au lait et menthe poivrée.

Menu 25 € (déj. en semaine)/48 € – Carte 70/80 €

Plan : C1-e – *23 r. Jean-Payra – ☎ 04 68 35 00 90 (réservation conseillée) – www.restaurant-galinette.com – Fermé juil., 22 déc.-5 janv., dim. et lundi*

Le Garriane

CUISINE MODERNE • SIMPLE X "Garriane" pour Garry et Ariane... L'originalité est ici de mise ! Aux fourneaux, Garry, venu d'Australie, concocte une cuisine de saison ouverte sur le monde, dans laquelle le produit est roi. Midi et soir, dégustation autour d'un menu unique. Surtout, n'oubliez pas de réserver : la salle est toute petite...

Menu 23 € (déj.), 32/45 € – menu unique

Plan : A2-a – *15 r. Valette – ☎ 04 68 67 07 44 (réservation conseillée) – Fermé merc. midi, sam. midi, dim., lundi et mardi*

La Passerelle

POISSONS ET FRUITS DE MER • FAMILIAL XX En bord de rivière, une table sympathique et raffinée, menée par un jeune couple dynamique. Au décor marin répond une cuisine de produits de la mer rehaussée de touches contemporaines : noix de Saint-Jacques marinées au poivre timut, crème Dubarry à l'œuf mollet et à la poudre de wasabi...

Menu 24 € (déj.)/70 € – Carte 58/68 €

Plan : C1-z – *1 cours Palmarole – ☎ 04 68 51 30 65 – Fermé 6-20 août, 17 déc.-1er janv., lundi midi et dim.*

Les Antiquaires

CUISINE TRADITIONNELLE • CLASSIQUE XX Dans les ruelles du vieux Perpignan, ce petit restaurant porte bien son nom. Objets chinés, bibelots et... convivialité autour d'une cuisine traditionnelle et régionale. Pour ne rien gâcher, les petits prix sont de la partie : de quoi se faire plaisir sans se ruiner !

Menu 25/45 € – Carte 34/56 €

Plan : C2-u – *pl. Desprès (r. Michel-Torrent) – ☎ 04 68 34 06 58 – www.lesantiquairesperpignan.fr.gd – Fermé 26 juin-9 juil., 10-22 janv., dim. soir et lundi*

La Rencontre

CUISINE MODERNE • SIMPLE XX Partez à la rencontre de ce tout jeune chef, qui a ici créé sa première affaire après un passage au sein de bonnes maisons du Sud-Ouest. Colorée et soignée, sa cuisine est une découverte qui mérite... au moins un deuxième rendez-vous ! Le petit plus : une alléchante carte de crus régionaux, dont une trentaine de vins doux...

Formule 16 € – Menu 19 € (déj. en semaine), 30/55 € – Carte 51/60 €

Plan : C2-b – *16 r. des Cardeurs – ☎ 04 68 34 42 73 – www.restaurant-larencontre.fr – Fermé 4-25 juin, 14-28 janv., dim. et lundi*

Villa Duflot

CUISINE MODERNE • ÉLÉGANT XX Un "mélomane des saveurs catalanes" : voici comment se décrit le chef expérimenté qui tient les fourneaux de la Villa Duflot ! Il compose une cuisine gourmande, régulièrement repensée au gré des saisons : croustillant de pied de porc aux morilles, dos de cabillaud grillé et son riz cantonais...

Formule 25 € – Menu 33/52 € – Carte 39/57 €

Hors plan – *Hôtel Villa Duflot, rd-pt Albert-Donnezan, 3 km au Sud – ☎ 04 68 56 67 67 – www.villa-duflot.com*

La Cuisine des Sentiments

CUISINE MODERNE • SIMPLE Madame, en cuisine, taquine la tradition en faisant la part belle aux producteurs locaux. Tendresse, passion ou câlin : choisissez votre menu selon vos humeurs ! Le rapport qualité-prix est excellent et le bouche-à-oreille fonctionne à plein : n'oubliez pas de réserver.

Menu 26/35 € – Carte environ 38 €

Plan : B3-b – *9 av. Julien-Panchot – 04 68 54 16 86 (réservation conseillée) – www.la-cuisine-des-sentiments.com – Fermé sam. soir, dim. soir, lundi midi, merc. midi, jeudi midi, vend. midi et mardi*

Villa Duflot

FAMILIAL • ART DÉCO Certes, cette villa se trouve en bordure d 'une zone commerciale, mais le très beau parc arboré, la piscine, la déco contemporaine et les grandes chambres de style Art déco nous le font bien vite oublier ! L'hôtel le plus confortable de la ville.

27 chambres – 121/250 € 131/268 € – 3 suites – ½ P

Hors plan – *rd-pt Albert-Donnezan, 3 km au Sud – 04 68 56 67 67 – www.villa-duflot.com*

Villa Duflot – voir les restaurants ci-dessus

Novotel Suites

HÔTEL DE CHAÎNE • CONTEMPORAIN Voilà le genre d'hôtel qui plaît aussi bien à la clientèle d'affaires qu'aux touristes de passage amateurs de déco très contemporaine. Les chambres sont spacieuses – 30 m^2 –, avec un vrai coin salon. Aux beaux jours, on prend le petit-déjeuner en terrasse.

50 chambres – 74/200 € 74/200 € – 15 €

Plan : B2-d – *34 av. du Gén.-Leclerc (Espace Méditerranée) – 04 68 92 72 72 – www.accor.com*

La Fauceille

BUSINESS • CONTEMPORAIN Situé près d'une rocade et d'une zone d'activité, cet hôtel contemporain se révèle très fonctionnel. Petit patio et mini-piscine.

35 chambres – 113/270 € 113/270 € – 3 suites – 15 € – ½ P

Hors plan – *860 chemin de la Fauceille, 4 km au Sud – 04 68 21 09 10 – www.lafauceille.com*

Nyx

BUSINESS • FONCTIONNEL Judicieusement situé entre le centre-ville et la gare, ce petit hôtel familial et décoré avec soin a été entièrement rénové en 2014. Chambres irréprochables, certaines avec terrasse et balcon.

17 chambres – 69/139 € 69/139 € – 10 €

Plan : B2-n – *62 bis av. du Gén.-de-Gaulle – 04 68 34 87 48 – www.nyxhotel.fr*

LE PERREUX-SUR-MARNE – 94 (Val-de-Marne) → Voir Autour de Paris

PERRIER – 63 (Puy-de-Dôme) → Voir Issoire

PERROS-GUIREC

22700 (Côtes-d'Armor) – 7 376 hab. – Alt. 60 m – Carte régionale n° **5**-B1

Paris 527 km – Lannion 12 km – St-Brieuc 76 km – Tréguier 19 km

Carte Michelin 309-B2 – Guide Vert Michelin Bretagne Nord

La Clarté

CUISINE MODERNE • ÉLÉGANT Cette élégante maison en granit rose semble vibrer à l'unisson de la côte... Le chef, Daniel Jaguin, a pour boussole les beaux produits de la région (Saint-Jacques des Côtes-d'Armor, huîtres de Lanmodez, etc.), qu'il agrémente avec une pointe d'originalité – notes exotiques, épices lointaines. Clair comme de l'eau de roche !

Formule 26 € – Menu 32/61 € – Carte 57/88 €

Hors plan – *24 r. Gabriel-Vicaire (à La Clarté) – 02 96 49 05 96 (réservation conseillée) – www.la-clarte.com – Fermé 23-27 juin, 9-17 oct., 18 déc.-28 janv., dim. soir, lundi et mardi*

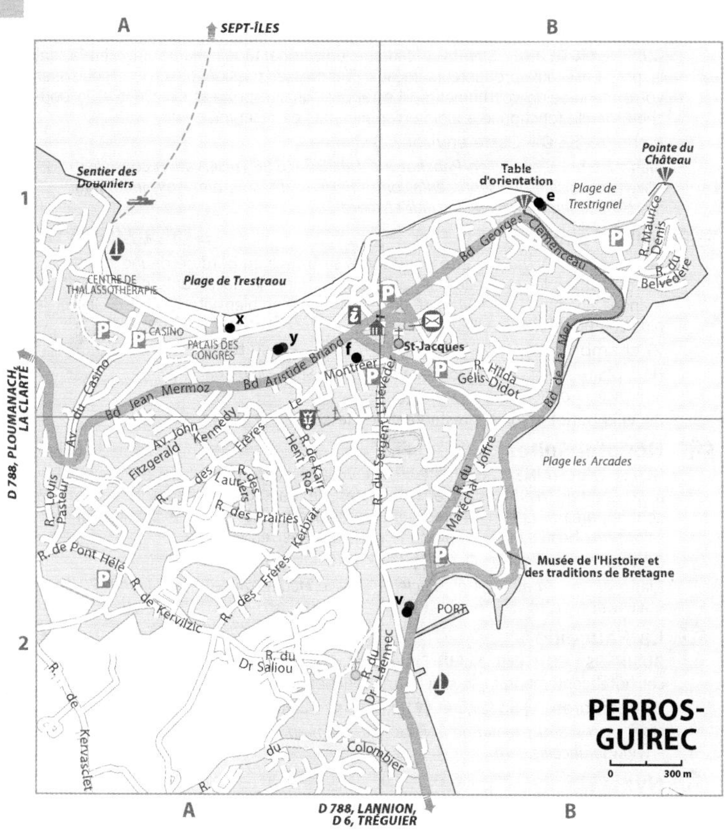

Le Manoir du Sphinx

CUISINE MODERNE · ÉLÉGANT XX De la salle à manger de cette belle maison, élégante et feutrée, on surplombe le jardin et la côte rocheuse. Une vue panoramique à couper le souffle, qui ne donne que plus de relief à des plats privilégiant producteurs et pêcheurs locaux ; la cuisine unit terre et mer dans une jolie symphonie gustative.

Menu 24 € (semaine), 32/61 € – Carte 54/94 €

Plan : B1-e – *Hôtel Le Manoir du Sphinx, 67 chemin de la Messe (plage de Trestignel) – ✆ 02 96 23 25 42 – www.lemanoirdusphinx.com – Fermé 12-29 nov., 22 janv.-1er mars, lundi sauf le soir d'avril à sept., dim. soir d'oct. à mars et vend. midi*

Au Bon Accueil

CUISINE TRADITIONNELLE · TENDANCE XX Les amateurs de gréements se réjouiront de l'emplacement de ce restaurant, installé directement devant le port. La marée est à l'honneur, comme il se doit : dos de cabillaud au tartare d'andouille, soupe de poisson maison... que l'on déguste en regardant partir les équipages, en murmurant : un jour, peut-être !

Formule 16 € – Menu 20 € (déj. en semaine), 33/48 € – Carte 29/63 €

Plan : B2-v – *11 r. de Landerval – ✆ 02 96 23 24 11 – www.au-bon-accueil.com – Fermé dim. soir et lundi sauf juil.-août*

L'Agapa

LUXE • DESIGN Une impression de luxe zen se dégage de cet hôtel tout de verre, granit et acier. Offrant pour la plupart une magnifique vue sur la mer, les chambres, modernes, au design épuré, invitent à la détente ; un confort que l'on retrouve au spa.

45 chambres - 120/450 € 120/450 € - 1 suite - 25 € - ½ P

Plan : A1-y - *12 r. des Bons-Enfants - 02 96 49 01 10 - www.lagapa.com - Fermé 8-15 janv.*

Le Manoir du Sphinx

TRADITIONNEL • CLASSIQUE Cette ravissante villa 1900 surplombant la mer n'a rien d'une énigme… Ses chambres, décorées dans un style classique plutôt cosy, contemplent à loisir la magnifique baie et les îles ; son charmant jardin dégringole jusqu'à la mer.

19 chambres - 96/116 € 96/200 € - 12 € - ½ P

Plan : B1-e - *67 chemin de la Messe (plage de Trestignel) - 02 96 23 25 42 - www.lemanoirdusphinx.com - Fermé 12-29 nov. et 22 janv.-1er mars*

Le Manoir du Sphinx - voir les restaurants ci-dessus

Ker Mor

FAMILIAL • CONTEMPORAIN Ces deux charmantes villas de 1905, typiques de la station, dominent la plage du Trestraou. Les chambres, sobres et épurées, sont parfaitement équipées ; de certaines d'entre elles, on contemple l'archipel des Sept-Îles, au large.

29 chambres - 75/182 € 85/182 € - 11 € - ½ P

Plan : A1-x - *38 r. du Mar.-Foch (plage de Trestraou) - 02 96 23 14 19 - www.hotel-ker-mor.com - Fermé 19 nov.-9 fév.*

Hermitage

FAMILIAL • FONCTIONNEL Une grande bâtisse d'esprit balnéaire, au cœur d'un jardin arboré en centre-ville. Les chambres, qui jouent la carte de la fraîcheur et de la simplicité, se révèlent agréables. Et les nombreux habitués apprécient l'ambiance familiale des lieux…

16 chambres - 60/68 € 66/79 € - 9 € - ½ P

Plan : A1-f - *20 r. Frères-Le-Montréer - 02 96 23 21 22 - www.hotelhermitage-22.com - Ouvert 1er avril-1er nov.*

à Ploumanach 6 km à l'Ouest par D788 - 22700 Perros Guirec

La Table de mon Père

CUISINE MODERNE • TENDANCE XX Profiter, sur la plage de St-Guirec, des dernières lueurs du couchant, bien au chaud dans une salle design, en dégustant un menu dédié à un produit de saison (Saint-Jacques, homard, etc.)… Une cuisine au goût du jour, présentée avec soin, où l'on sent du sérieux et de l'application.

Menu 46/59 € - Carte 53/103 €

Hôtel Castel Beau Site, plage de St-Guirec - 02 96 91 40 87 - www.castelbeausite.com - Fermé le midi

Restaurant des Rochers

POISSONS ET FRUITS DE MER • CONVIVIAL XX Cadre chaleureux, baies vitrées offrant une vue imprenable sur le port, boiseries aux murs et lambris au plafond : cet intérieur rappelle furieusement celui… d'un bateau ! La cuisine, au goût du jour, est aussi dans cet esprit : elle privilégie les produits de la mer, agrémentés de quelques notes créatives.

Formule 16 € - Menu 20 € (déj. en semaine), 28/58 € - Carte 36/80 €

Hôtel des Rochers, 70 chemin de la Pointe (au port de Ploumanach) - 02 96 46 50 08 - www.hotel-desrochers-perros.com - Fermé 12 nov.-8 déc., 2 janv.-10 fév., mardi midi hors saison et lundi

Castel Beau Site

TRADITIONNEL • DESIGN Cette grande bâtisse en granit rose des années 1930 a presque les pieds dans l'eau ! À l'intérieur, un décor très design et réussi : couleurs tranchées, toiles contemporaines, douches à l'italienne, etc. Pour découvrir le Trégor autrement...

32 chambres – 109/429 € 109/429 € – 19 € – ½ P

plage de St-Guirec – 02 96 91 40 87 – www.castelbeausite.com

La Table de mon Père – voir les restaurants ci-dessus

Hôtel des Rochers

TRADITIONNEL • COSY Face au joli petit port de Ploumanach, cette maison cultive un bel esprit... marin. Les chambres, actuelles et cosy, sont bien insonorisées et affichent clairement la couleur : du bleu et du blanc. Le plus ? Deux junior suites dans l'esprit d'une cabine de yacht !

17 chambres – 80/220 € 80/220 € – 12 € – ½ P

70 chemin de la Pointe (au port de Ploumanach) – 02 96 91 67 54 – www.hotel-desrochers-perros.com – Fermé 3 janv.-11 fév.

Restaurant des Rochers – voir les restaurants ci-dessus

PERTUIS

84120 (Vaucluse) – 19 141 hab. – Alt. 246 m – Carte régionale n° **21**-B2

Paris 747 km – Aix-en-Provence 23 km – Apt 36 km – Avignon 76 km

Carte Michelin 332-G11 – Guide Vert Michelin Provence

Sévan Parc Hôtel

BUSINESS • CONTEMPORAIN Au pied du Luberon, dans un parc fleuri, cet hôtel profite d'un environnement calme et verdoyant. Chambres ensoleillées d'inspiration provençale, progressivement rénovées. Cuisine régionale à L'Olivier, dans une agréable salle contemporaine.

46 chambres – 85/180 € 95/180 € – 14 € – ½ P

1862 rte de la Bastidonne, 1,5 km à l'Est – 04 90 79 19 30 – www.sevanparchotel.com

Château Grand Callamand

FAMILIAL • NATURE Superbe bastide du 16e s. posée au cœur d'un domaine viticole. Accueil charmant, quiétude, piscine, terrasse face à la montagne Ste-Victoire et déco de bon goût dans les chambres.

3 chambres – 140/170 € 170/200 €

rte de la Loubière, 2 km par r. Léon-Arnoux – 04 90 09 61 00 – www.chateaugrandcallamand.com

PETIT-ATTICHES – 59 (Nord) → Voir Attiches

PETITE-HETTANGE – 57 (Moselle) → Voir Malling

LA PETITE-PIERRE

67290 (Bas-Rhin) – 629 hab. – Alt. 340 m – Carte régionale n° **1**-A1

Paris 433 km – Haguenau 41 km – Sarreguemines 48 km – Sarre-Union 24 km

Carte Michelin 315-H3

Au Lion d'Or

CUISINE TRADITIONNELLE • COSY Dans ce restaurant élégant, qui offre une vue panoramique sur la vallée, le chef régale avec une cuisine traditionnelle fortement marquée par le terroir alsacien. Pâté en croûte, bouchée à la reine, gibier en saison : c'est tout simplement bon.

Formule 12 € – Menu 39/65 € – Carte 33/59 €

Hôtel Au Lion d'Or, 15 r. Principale – 03 88 01 47 57 – www.liondor.com

La Clairière

SPA ET BIEN-ÊTRE • NATURE Lové au cœur de la forêt, cet hôtel est dédié au bien-être : spa de 1 200 m², piscine ouverte sur la terrasse en teck, séances de yoga, salles de séminaire... et chambres spacieuses. Cuisine saine et vins bio au restaurant.

49 chambres - 125/195 € 210/310 € - 25 € - ½ P

63 rte d'Ingwiller - 03 88 71 75 00 - www.la-clairiere.com - Fermé 4-23 janv.

Au Lion d'Or

TRADITIONNEL • FONCTIONNEL Parfaite adresse pour se ressourcer ! En pleine nature, cette auberge traditionnelle (1650) est tenue par la même famille depuis cinq générations. La plupart des chambres offrent une jolie vue sur la vallée ; préférez les "Arbro", plus récentes et particulièrement agréables.

38 chambres - 58/152 € 80/254 € - 15 € - ½ P

15 r. Principale - 03 88 01 47 57 - www.liondor.com

Au Lion d'Or - voir les restaurants ci-dessus

Une bonne table sans se ruiner ? Repérez les Bib Gourmand.

à Graufthal 11 km au Sud-Ouest par D178 et D122 - 67320

Au Cheval Blanc

CUISINE TRADITIONNELLE • AUBERGE XX Une sympathique auberge, chaleureuse et familiale, nichée au cœur du tranquille village troglodytique de Graufthal. Derrière les fourneaux, le chef, Gilles Stutzmann, concocte à sa façon une cuisine traditionnelle, soignée et savoureuse. En prime : un décor rustique à souhait.

Formule 25 € - Menu 28/38 € - Carte 34/54 €

19 r. Principale - 03 88 70 17 11 - www.auchevalblanc.net
- Fermé 29 août-16 sept., 2-19 janv., lundi soir, merc. soir, jeudi soir et mardi

Au Vieux Moulin N

CUISINE MODERNE • ÉLÉGANT XX Installez-vous dans cette maison familiale, nichée au fond de la vallée de Graufthal, pour déguster la cuisine pleine de peps de Guillaume Kassel. Œuf de poule de la ferme du Moulin et escargots du Steiberg, poitrine de canette, girolles sautées et cerises, etc. Et une carte des vins de plus de 200 références.

Formule 12 € - Menu 30/54 € - Carte 39/60 €

Hôtel Au Vieux Moulin, 7 r. du Vieux-Moulin - 03 88 70 17 28
- www.auvieuxmoulin.eu - Fermé 15 fév.-10 mars, 26 juin-7 juil., 12-20 nov., dim. soir et lundi

Au Vieux Moulin

TRADITIONNEL • FONCTIONNEL Dans un cadre apaisant, en pleine nature, cette maison nichée au fond de la vallée de Graufthal vous réserve un accueil chaleureux. Les chambres sont simples et fraîches, tournées côté village ou vallée (certaines dotées d'un balcon). Excellent point de départ pour randonnées et visites de maisons troglodytiques.

15 chambres - 71/76 € 71/130 € - 11 € - ½ P

7 r. du Vieux-Moulin - 03 88 70 17 28 - www.auvieuxmoulin.eu
- Fermé 15 fév.-10 mars, 26 juin-7 juil. et 12-20 nov.

Au Vieux Moulin - voir les restaurants ci-dessus

LE PETIT-PRESSIGNY

37350 (Indre-et-Loire) - 328 hab. - Alt. 80 m - Carte régionale n° **6**-B3

Paris 290 km - Le Blanc 38 km - Châtellerault 36 km - Châteauroux 68 km

Carte Michelin 317-O7

La Promenade (Fabrice et Jacky Dallais)

CUISINE MODERNE • ÉLÉGANT Ce restaurant invite à une jolie promenade ! Derrière les fourneaux, père et fils jouent, à quatre mains, une partition aux notes actuelles, à la fois savoureuse et gourmande. À déguster, au choix, dans un cadre bourgeois ou contemporain. Une des meilleures tables de la région.

➜ Bouillon de carotte aux fèves, sarriette et lard. Poulette de Racan rôtie, girolles et jus déglacé à la truffe. Paris-brest en éclair.

Menu 43/92 € - Carte 65/110 €

11 r. du Savoureulx - 02 47 94 93 52 - www.restaurantdallaislapromenade.com - Fermé 18 sept.-5 oct., 2 janv.-2 fév., mardi sauf le soir en juil.-août, dim. soir et lundi

LE PETIT-QUEVILLY - 76 (Seine-Maritime) ➜ Voir Rouen

PEYREHORADE

40300 (Landes) - 3 613 hab. - Alt. 19 m - Carte régionale n° **2**-B3

Paris 808 km - Bordeaux 229 km - Mont-de-Marsan 96 km - Pau 80 km

Carte Michelin 335-E13 - Guide Vert Michelin Aquitaine

Le Central

CUISINE TRADITIONNELLE • ÉLÉGANT Tradition et produits du terroir : tel est le credo de cette maison sympathique. Œufs brouillés aux langoustines, terrine de foie gras maison, velouté de cresson au magret fumé, ou encore médaillons de lotte au gingembre et tête de veau... De jolies préparations que l'on doit à un chef motivé et partageur.

Menu 16/38 € - Carte 42/64 €

14 chambres - 55/65 € 66/120 € - 8,50 €

pl. Aristide-Briand - 05 58 73 01 44 - www.hotel-le-central.com - Fermé 1 semaine vacances de fév., 18 déc.-10 janv., vend. soir, dim. soir et lundi sauf en été

PEYRUIS

04310 (Alpes-de-Haute-Provence) - 2 767 hab. - Alt. 402 m - Carte régionale n° **21**-B2

Paris 735 km - Avignon 165 km - Digne-les-Bains 27 km - Marseille 117 km

Carte Michelin 334-D8 - Guide Vert Michelin Alpes du Sud

Auberge les Galets

FAMILIAL • COSY Impossible de ne pas remarquer la façade couleur framboise de cette charmante auberge ! On s'y repose dans de jolies chambres thématiques : Bambou, Acajou, Ébène... L'hôtel vient de s'agrandir de nouvelles chambres, mais l'ambiance familiale demeure. Restauration traditionnelle.

20 chambres - 59/149 € 69/149 € - 14 € - ½ P

lieu-dit Pont-Bernard - 04 92 35 27 68 - www.auberge-les-galets.fr

PÉZENAS

34120 (Hérault) - 8 317 hab. - Alt. 15 m - Carte régionale n° **12**-C2

Paris 734 km - Agde 22 km - Béziers 24 km - Lodève 39 km

Carte Michelin 339-F8

Le Pré St-Jean

CUISINE MODERNE • BISTRO La devanture en Corten - un acier à l'aspect de rouille - s'inscrit dans une belle façade en pierre, sur le boulevard circulaire de la ville. En cuisine, beau-père et gendre réalisent une cuisine inspirée, goûteuse et gourmande, sur laquelle viennent se greffer quelques plats bistrotiers. Une réussite !

Formule 22 € - Menu 30/59 € - Carte 36/68 €

18 av. Mar.-Leclerc - 04 67 98 15 31 - www.restaurant-leprestjean.fr - Fermé dim. soir, jeudi soir et lundi

L'Entre Pots

CUISINE MODERNE • TENDANCE XX Voilà un jeu de mots justifié pour cet ancien entrepôt de vins dédié aux plaisirs du palais ! En cuisine, le chef mêle saveurs du terroir et touches créatives. En salle, les gourmands s'installent dans un cadre branché à la lumière tamisée. Belle sélection de crus régionaux. Le tout à prix doux.

Formule 22 € - Menu 29 € (déj.)/31 € - Carte 43/55 €

8 av. Louis-Montagne - 04 67 90 00 00 - www.restaurantentrepots.com - Fermé 2 semaines en fév., dim. et lundi

Distillerie de Pézenas

BOUTIQUE HÔTEL • PERSONNALISÉ Enivrante, cette ancienne distillerie transformée en hôtel ? Les amateurs apprécieront son décor résolument contemporain et ses chambres, dont la plupart disposent d'une terrasse ou d'un jardin privatif ; certaines ont même un coin cuisine. Le plus ? Le copieux petit-déjeuner.

27 suites - 174/354 € - 23 chambres - 16 € - ½ P

6 r. Calquières-Hautes - 04 67 11 51 10 - www.garrigae-resorts.fr

Vigniamont

HISTORIQUE • PERSONNALISÉ Dans ce village qu'appréciait tant Molière, cet hôtel particulier du 17e s. abrite de jolies chambres, calmes et décorées avec soin - certaines avec un ciel de lit un rien théâtral. Ne passez pas à côté du petit-déjeuner maison ! Accueil chaleureux.

5 chambres - 105/140 € 105/140 € - 12 €

5 r. Massillon - 04 67 35 14 88 - www.hoteldevigniamont.com

à Montagnac 6,5 km au Nord-Est par D613 - 34530 - 3 731 hab. - Alt. 41 m

Côté Mas

CUISINE MODERNE • ÉLÉGANT X Au milieu des vignes, un restaurant chaleureux et joliment décoré : objets d'art contemporain, mobilier en bois exotique... L'atmosphère idéale pour savourer cette cuisine savoureuse qui marie accents du Sud et touches d'Asie. Belle carte de vins au verre (coin bistrot dans la boutique). Deux chambres pour l'étape.

Formule 21 € - Menu 28 € (déj. en semaine), 39/79 € - Carte 40/60 €

rte de Villeveyrac - 04 67 24 36 10 - www.cote-mas.fr - Fermé dim. soir et lundi

PFAFFENHEIM

68250 (Haut-Rhin) - 1 319 hab. - Alt. 210 m - Carte régionale n° 1-A2

Paris 497 km - Basel 67 km - Colmar 15 km - Strasbourg 94 km

Carte Michelin 315-H9 - Guide Vert Michelin Alsace Vosges

La Maison d'Émilie

FAMILIAL • ÉLÉGANT Émilie et Guillaume ont rénové l'ancienne demeure de la grand-mère de ce dernier, pour en faire leur maison de famille... et l'ouvrir aux hôtes de passage. Alliance de poutres anciennes et de grand confort, salle de jeux pour enfants, joli jardin et bonne table d'hôte (Guillaume est chef de profession) : un vrai nid alsacien !

5 chambres - 80/110 € 95/125 €

3 r. du Moulin - 03 69 34 06 96 - www.maisondemilie.com

PFAFFENHOFFEN

67350 (Bas-Rhin) - 2 829 hab. - Alt. 170 m - Carte régionale n° 1-B1

Paris 457 km - Haguenau 16 km - Sarrebourg 55 km - Sarre-Union 50 km

Carte Michelin 315-J3

À l'Agneau

CUISINE TRADITIONNELLE • AUBERGE XX Dans cette auberge alsacienne (1769), la restauration est une affaire de famille ! Deux sœurs (7e génération) sont à la tête de l'établissement, où l'on sert une cuisine traditionnelle parsemée de touches de modernité, qui évolue au fil des saisons.

Formule 15 € - Menu 31 € (semaine), 37/67 € - Carte 47/65 €

11 chambres - †75/79 € ††79/95 € - ☕ 11 €

3 r. de Saverne - ✆ 03 88 07 72 38 - www.hotel-restaurant-delagneau.com - Fermé 8-14 mars, 19-27 juin, 6-23 sept., dim. soir, lundi et mardi

PFULGRIESHEIM - 67 (Bas-Rhin) ➔ Voir Strasbourg

PHALSBOURG

✉ 57370 (Moselle) - 4 789 hab. - Alt. 365 m - Carte régionale n° **14**-D2

▶ Paris 435 km - Metz 110 km - Sarrebourg 17 km - Sarreguemines 50 km

Carte Michelin 307-O6

Au Soldat de l'An II

CUISINE CLASSIQUE • RUSTIQUE XXX Un Soldat distingué : cette ancienne grange affiche une élégance subtilement baroque (pierres, poutres, tableaux). Recettes plutôt classiques, crus d'exception : les saveurs sont au garde-à-vous !

Formule 30 € - Menu 72/158 € - Carte 73/90 €

7 chambres - †160/185 € ††160/210 € - ☕ 26 €

1 r. de Saverne - ✆ 03 87 24 16 16 - www.soldatan2.com - Fermé 17-28 avril, 24-29 sept., 29 oct.-10 nov., 1er-12 janv., dim. soir, mardi midi et lundi

Erckmann-Chatrian

CUISINE TRADITIONNELLE • COSY XX La table de l'hôtel Erckmann-Chatrian met les recettes traditionnelles à l'honneur. Ici, on privilégie les produits frais et le "fait maison"... pour le plus grand bonheur des gourmands ! Côté déco, le classicisme de l'établissement se retrouve dans l'une des salles, l'autre étant plus moderne.

Formule 15 € - Menu 24/47 € - Carte 50/70 €

Hôtel Erckmann-Chatrian, pl. d'Armes - ✆ 03 87 24 31 33 - www.erckmann-chatrian.net - Fermé mardi midi, dim. soir et lundi

Erckmann-Chatrian

FAMILIAL • FONCTIONNEL Une maison typique de la région dont la façade fleurie ne manque pas de cachet. Les chambres sont relativement spacieuses, plutôt fonctionnelles, et adoptent un style classique. Parfait pour visiter l'ancienne cité fortifiée par Vauban ou pour se rendre, l'été venu, au festival littéraire Erckmann-Chatrian.

16 chambres - †66/82 € ††68/96 € - ☕ 12 € - ½ P

pl. d'Armes - ✆ 03 87 24 31 33 - www.erckmann-chatrian.net

Erckmann-Chatrian - voir les restaurants ci-dessus

PHILIPPSBOURG

✉ 57230 (Moselle) - 627 hab. - Alt. 215 m - Carte régionale n° **14**-D1

▶ Paris 450 km - Haguenau 29 km - Strasbourg 58 km - Wissembourg 42 km

Carte Michelin 307-Q5

Au Tilleul

CUISINE TRADITIONNELLE • AUBERGE XX Deux espaces dans cette auberge familiale : d'abord un bar où l'on sert des plats du jour, puis une agréable salle dédiée à la cuisine traditionnelle. Parmi les spécialités de la maison, la truite au bleu.

Formule 13 € - Menu 19 € (semaine), 30/47 € - Carte 31/51 €

24 rte de Niederbronn - ✆ 03 87 06 50 10 - Fermé 11 janv.-3 fév., le soir en nov. et déc. sauf week-ends, lundi soir, mardi soir et merc.

PIANA - 2A (Corse-du-Sud) → Voir Corse

LE PIAN-MÉDOC

✉ 33290 (Gironde) - 6 066 hab. - Alt. 36 m - Carte régionale n° **2**-B1
Paris 578 km - Bordeaux 20 km - Mérignac 18 km - Pessac 24 km
Carte Michelin 335-H5

Golf du Médoc Hôtel & Spa

BUSINESS • CONTEMPORAIN Sur le site du golf du Médoc (320 ha), cet ensemble récent s'intègre parfaitement dans le paysage. Chambres spacieuses, fonctionnelles et chaleureuses ; agréable spa (soins esthétiques et modelages) ; club house et restaurant... Tout pour la détente !

79 chambres - 100/280 € 115/383 € - 20 €

chemin de Courmanteau, à Louens - 05 56 70 31 31 - www.golfdumedocresort.com

PIERRE-DE-BRESSE

✉ 71270 (Saône-et-Loire) - 1 972 hab. - Alt. 202 m - Carte régionale n° **4**-D2
Paris 354 km - Beaune 47 km - Chalon-sur-Saône 42 km - Dole 36 km
Carte Michelin 320-L8 - Guide Vert Michelin Bourgogne

La Poste

CUISINE TRADITIONNELLE • AUBERGE Face au château du 17e s., cette auberge joue la carte de l'authenticité : poutres apparentes, déco champêtre, mais aussi et surtout de bons produits du terroir cuisinés avec soin, pour des assiettes généreuses et goûteuses !

Formule 12 € - Menu 25/42 € - Carte 36/59 €

9 pl. Comte-André-d'Estampes (face au château) - 03 85 76 24 47 - www.hoteldelaposte.free.fr - Fermé merc. soir et jeudi soir

PIERREFITTE-EN-AUGE - 14 (Calvados) → Voir Pont-L'Évêque

PIERREFITTE-SUR-SAULDRE

✉ 41300 (Loir-et-Cher) - 841 hab. - Alt. 125 m - Carte régionale n° **6**-C2
Paris 185 km - Aubigny-sur-Nère 23 km - Blois 73 km - Orléans 52 km
Carte Michelin 318-J6 - Guide Vert Michelin Châteaux de la Loire

Le Lion d'Or

CUISINE TRADITIONNELLE • RUSTIQUE Solognote dans l'âme, cette maison dégage un charme indéniable. Tout comme les plats qui y sont concoctés, résolument traditionnels : andouillette de gésiers confits, langoustine au beurre de poivron, lièvre à la royale... À savourer sur le joli jardin-terrasse, par beau temps.

Formule 25 € - Menu 34 € (semaine)/40 € - Carte environ 46 €

1 pl. de l'Église - 02 54 88 62 14 - www.liondor-sologne.com - Fermé 2 semaines en sept., merc. soir et jeudi soir hors saison, lundi et mardi sauf fériés

PIERREFONDS

✉ 60350 (Oise) - 1 874 hab. - Alt. 81 m - Carte régionale n° **19**-C2
Paris 82 km - Beauvais 78 km - Compiègne 15 km - Soissons 31 km
Carte Michelin 305-I4

Castle N

CUISINE CRÉATIVE • CONTEMPORAIN En lisière de la forêt de Compiègne, à deux pas du château fort de Pierrefonds, le temps semble s'être arrêté il y a quelques siècles... ce qui n'empêche pas ce Castle de vivre dans son époque ! Une cuisine créative, goûteuse et soignée, une décoration résolument contemporaine : on passe un super moment. Agréable terrasse aux beaux jours.

Formule 26 € - Menu 29/49 € - Carte 27/65 €

1 r. du Bourg - 03 44 83 86 94 - Fermé dim. soir, mardi midi et lundi

à St-Jean-aux-Bois 6 km par D85 – ✉ 60350 – 279 hab. – Alt. 71 m

✿ Auberge à la Bonne Idée

CUISINE CLASSIQUE • **ÉLÉGANT** XXX Plus qu'une bonne, une excellente idée qu'un repas en cette jolie auberge (pierres, poutres, cheminée...). La cuisine est raffinée et harmonieuse, soucieuse du respect des saveurs, des cuissons et des assaisonnements : on sent tout le travail d'une équipe animée par le désir de bien faire.

→ Ravioles de foie gras de canard, bouillon de poule crémé et jus de truffes. Ris de veau, crème de petits pois, haricots verts et jus de veau au basilic. Crêpe de l'auberge flambée au kirsch et crème légère au beurre.

Formule 37 € – Menu 55 € (semaine)/88 € – Carte 95/110 €

3 r. des Meuniers – ☎ 03 44 42 84 09 – www.a-la-bonne-idee.fr – Fermé 2 semaines en janv., dim. soir et lundi

Auberge à la Bonne Idée

AUBERGE • **PERSONNALISÉ** En plein cœur de la forêt de Compiègne, cette charmante auberge s'articule autour d'un jardin fleuri aux beaux jours. L'intérieur se pare de belles touches rustiques (poutres apparentes, grande cheminée) ; les chambres sont cosy et bien entretenues.

23 chambres – †110/120 € ††110/170 € – ☕ 14 € – ½ P

3 r. des Meuniers – ☎ 03 44 42 84 09 – www.a-la-bonne-idee.fr – Fermé 2 semaines en janv., dim. soir et lundi

✿ **Auberge à la Bonne Idée** – voir les restaurants ci-dessus

PIERRE-PERTHUIS – 89 (Yonne) → Voir Vézelay

PIETRANERA – 2B (Haute-Corse) → Voir Corse (Bastia)

PIGNA – 2B (Haute-Corse) → Voir Corse (Ile-Rousse)

LE PIN-AU-HARAS

✉ 61310 (Orne) – 316 hab. – Alt. 202 m – Carte régionale n° **17**-C2

▶ Paris 183 km – Alençon 47 km – Caen 78 km – Lisieux 68 km

Carte Michelin 310-J2 – Guide Vert Michelin Normandie Cotentin

La Tête au Loup

CUISINE TRADITIONNELLE • **AUBERGE** XX La faim chasse le loup du bois... Si l'animal peuplait encore la région, on pourrait le pister – à pas de loup – pour découvrir cette auberge traditionnelle, voisine du célèbre haras du Pin. En vieux loup de mer, le chef concocte de bonnes terrines maison et autres spécialités de poissons... Que du bon !

Menu 28/48 €

– ☎ 02 33 35 57 69 (réservation conseillée) – www.lateteauloup.fr – Fermé 1er déc.-30 janv., dim. soir, lundi et mardi

LE PIN-LA-GARENNE – 61 (Orne) → Voir Mortagne-au-Perche

PINSAGUEL

✉ 31120 (Haute-Garonne) – 2 682 hab. – Alt. 151 m – Carte régionale n° **15**-B2

▶ Paris 692 km – Albi 97 km – Foix 71 km – Toulouse 18 km

Carte Michelin 343-G3

Le Gentiane

CUISINE CLASSIQUE • **SIMPLE** XX Entre autres vertus, la gentiane est connue pour stimuler l'appétit... Comme cet endroit ! Après avoir tenu une épicerie fine à Toulouse, le couple Bachon a réalisé son rêve : ouvrir un restaurant aux airs de maison privée, où l'on se rend "comme chez des amis". À un détail près : ici, on est sûr de bien manger.

Menu 16 € (déj. en semaine), 26/49 € – Carte environ 51 € dîner

7 r. du Cagire – ☎ 05 62 20 55 00 – www.legentiane.fr – Fermé 24 avril-2 mai, 7-22 août, dim. soir, lundi et mardi

PIOGGIOLA - 2B (Haute-Corse) ➜ Voir Corse

PIOLENC

✉ 84420 (Vaucluse) - 5 113 hab. - Alt. 40 m - Carte régionale n° **21**-A2
▶ Paris 659 km - Avignon 36 km - Marseille 123 km - Montélimar 50 km
Carte Michelin 332-B8

Au Comptoir

CUISINE TRADITIONNELLE • BAR À VIN Ce bar à vins, tenu par un couple sympathique, propose une cuisine de bistrot bien tournée, et de grande fraîcheur. Dans la capitale de l'ail, quelques spécialités sont préparées autour du bulbe. Une belle carte des vins de la région contribue aussi à son succès mérité.

Formule 16 € - Menu 19 € (déj. en semaine)/28 € - Carte 39/53 €

13 av. de Provence - ✆ 04 86 71 67 81 - www.aucomptoir-restaurant.fr - Fermé mardi soir et merc. soir de nov. à mars, dim. et lundi

PISCIATELLO - 2A (Corse-du-Sud) ➜ Voir Corse (Ajaccio)

PITHIVIERS

✉ 45300 (Loiret) - 8 966 hab. - Alt. 115 m - Carte régionale n° **6**-C1
▶ Paris 82 km - Chartres 74 km - Fontainebleau 46 km - Montargis 46 km
Carte Michelin 318-K2 - Guide Vert Michelin Châteaux de la Loire

Aux Saveurs Lointaines

CUISINE VIETNAMIENNE • EXOTIQUE Envie de goûter aux spécialités vietnamiennes sans subir les cinq heures de décalage horaire ? Si oui, rendez-vous derrière l'église, dans ce restaurant où la cuisine évoque les saveurs lointaines. Dans un cadre pierre et bambous, les assiettes sont colorées, parfumées et bien maîtrisées.

Carte 17/36 €

1 pl. Martroi - ✆ 02 38 30 18 18 - www.auxsaveurslointaines.com - Fermé fév., 15 déc.-15 janv., dim. soir et lundi

Le Relais de la Poste

FAMILIAL • FONCTIONNEL Dans une grande bâtisse du centre-ville, autrefois relais de poste (19e s.), des chambres spacieuses et bien tenues (dont certaines ont été entièrement rénovées), avec poutres et mansardes aux étages supérieurs.

41 chambres - †60 € ††70 € - ☕ 8 € - ½ P

10 Mail Ouest - ✆ 02 38 30 40 30 - www.le-relais-de-la-poste.fr

PIZAY - 69 (Rhône) ➜ Voir Belleville

PLAGE DE CALALONGA - 2A (Corse-du-Sud) ➜ Voir Corse (Bonifacio)

LA PLAGNE

✉ 73210 (Savoie) - Carte régionale n° **23**-D2
▶ Paris 678 km - Bourg-St-Maurice 32 km - Grenoble 140 km - Lyon 219 km
Carte Michelin 333-N4 - Guide Vert Michelin Alpes du Nord

à Plagne-Bellecôte 4 km à l'Est - ✉ 73210

Carlina

FAMILIAL • PERSONNALISÉ Ce grand chalet se niche sur les hauteurs, à Belle-Plagne. La vue depuis la terrasse n'en est que plus belle, sans parler de l'accès direct aux pistes... Les chambres se déclinent dans un esprit montagnard ou dans un style plus épuré. Une adresse fort sympathique.

46 chambres - ½ P seult 199/273 €

à Belle-Plagne, 2 km - ✆ 04 79 09 78 46 - www.carlina-belleplagne.com - Ouvert 15 déc.-24 avril

PLAGNE-BELLECÔTE - 73 (Savoie) ➜ Voir la Plagne

PLAILLY

✉ 60128 (Oise) - 1 662 hab. - Alt. 100 m - Carte régionale n° **10**-C2
▶ Paris 40 km - Beauvais 69 km - Chantilly 16 km - Compiègne 46 km
Carte Michelin 305-G6

La Gentilhommière

CUISINE TRADITIONNELLE • AUBERGE XX Avec sa trentaine de couverts, cet ancienne étable d'un relais de poste du 17e s. marie joliment esprit rustique (poutres, cheminée) et modernité. Les beaux produits du marché sont mis en valeur dans une veine traditionnelle, au fil de trois menus bien composés. Une valeur sûre.

Menu 26 € (déj. en semaine), 36/46 €

25 r. Georges-Bouchard (derrière l'église)
- ✆ 03 44 54 30 20
- www.lagentilhommiere-plailly.perso.neuf.fr
- Fermé 19 fév.-6 mars, 31 juil.-22 août, sam. midi, dim. soir, lundi et mardi

PLAIMPIED-GIVAUDINS

✉ 18340 (Cher) - 1 822 hab. - Alt. 165 m - Carte régionale n° **6**-C3
▶ Paris 254 km - Bourges 14 km - Châteauroux 74 km - Orléans 128 km
Carte Michelin 323-K5 - Guide Vert Michelin Limousin Berry

Aux Marais

CUISINE MODERNE • RUSTIQUE X Une cuisine réalisée à quatre mains... à Plaimpied ! Formés dans de belles maisons, Amandine et Stéphane Pasquier signent une carte fraîche et plutôt audacieuse, renouvelée tous les deux mois : mariage terre-mer, sucré-salé, etc. Du plaisir à prix doux. Cadre rustique (tomettes, poutres, cheminée, etc.).

Menu 28/38 €

12 r. des Marais
- ✆ 02 48 25 54 45 - restaurantauxmarais.fr
- Fermé 3 semaines en juil.-août, vacances de fév., dim. soir, lundi et merc.

PLAINE-DE-WALSCH

✉ 57870 (Moselle) - 626 hab. - Alt. 300 m - Carte régionale n° **14**-D2
▶ Paris 454 km - Épinal 150 km - Metz 130 km - Nancy 94 km
Carte Michelin 307-N6

Étable Gourmande

CUISINE MODERNE • AUBERGE XX Élégant et rustique, le cadre surprend d'abord agréablement. Puis viennent les délices du saumon fumé maison, de la belle charcuterie de cochon fermier, d'une cuisine généreuse et bien réalisée. Une étable - ou étape - effectivement gourmande ! Les chambres, agencées dans un esprit chalet, ne sont pas mal non plus...

Menu 24 € (déj. en semaine), 49/59 € - Carte 53/69 €

10 chambres - †71 € ††71 € - ☕ 9 €

3 rte du Stossberg, rte de Vallerysthal - ✆ 03 87 25 66 34
- www.aubergedeletable.com - Fermé 2 semaines en août, 1 semaine fin déc., lundi midi, mardi midi et merc. midi

LA PLAINE-SUR-MER

✉ 44770 (Loire-Atlantique) - 3 929 hab. - Alt. 26 m - Carte régionale n° **18**-A2
▶ Paris 438 km - Nantes 58 km - Pornic 9 km - St-Michel-Chef-Chef 7 km
Carte Michelin 316-C5

✿✿ Anne de Bretagne (Mathieu Guibert)

CUISINE MODERNE • DESIGN XXX Une grande salle ouverte sur la mer : le cœur d'un sujet superbement illustré. Le chef revisite les classiques et rend le meilleur de bons produits (pêche locale, mais aussi terroir), qu'il travaille au fil de son inspiration. Le service, aimable et efficace, ajoute encore au plaisir...

→ Paloudres de la baie, poireau, sorbet vinaigrette au muscat blanc. Turbot à la plancha, émulsion au lait d'amande fraîche, girolles et coquillages. Crémeux de chocolat à l'armoise, macaron estragon

Formule 39 € - Menu 48 € (déj. en semaine), 79/159 € - Carte 110/140 €

au Port de la Gravette, 3 km au Nord-Ouest - ✆ 02 40 21 54 72 - www.annedebretagne.com - Fermé 1er janv.-9 fév., dim. soir d'oct. à mai, mardi sauf le soir de juin à sept., merc. midi de sept. à juin et lundi

Anne de Bretagne

LUXE • DESIGN Une grande bâtisse contemporaine, toute blanche, posée sur une dune. À l'horizon : le petit port de la Gravette et... rien que la mer ! Idéal pour une escale marine rassérénante, d'autant que le décor - au beau design épuré - repose les sens...

20 chambres - 130/390 € 140/390 € - 28 € - ½ P

au Port de la Gravette, 3 km au Nord-Ouest - ✆ 02 40 21 54 72 - www.annedebretagne.com - Fermé 1er janv.-9 fév.

✿✿ **Anne de Bretagne** - voir les restaurants ci-dessus

PLAISIANS

26170 (Drôme) - 183 hab. - Alt. 612 m - Carte régionale n° **23**-B3

Paris 690 km - Carpentras 44 km - Nyons 33 km - Vaison-la-Romaine 27 km

Carte Michelin 332-E8

Auberge de la Clue

CUISINE TRADITIONNELLE • AUBERGE X En montant vers ce village montagnard, arrêtez-vous devant la jolie Clue, goulet d'étranglement où les cours d'eau s'emballent. On vient de loin pour savourer cette cuisine du terroir face au mont Ventoux : caillette aux herbes, pieds et paquets, et en guise de bienvenue, un belle terrine de fromage de tête à volonté !

Formule 20 € - Menu 30/36 € - Carte 35/44 €

pl. de l'Église - ✆ 04 75 28 01 17 - Fermé 15 fév.-6 mars, du mardi au vend. de nov. à mars, dim. soir et lundi

PLAISIR - 78 (Yvelines) → Voir Autour de Paris

PLANCOËT

22130 (Côtes-d'Armor) - 3 068 hab. - Alt. 41 m - Carte régionale n° **5**-C2

Paris 417 km - Dinan 17 km - Dinard 20 km - St-Brieuc 46 km

Carte Michelin 309-I3

✿ Maison Crouzil et Hôtel L'Écrin (Maxime Crouzil)

CUISINE MODERNE • TENDANCE XXX L'occasion d'une bien agréable étape entre Dinard et le cap Fréhel : à la suite de son père, Maxime Crouzil signe une cuisine fine et savoureuse, où le savoir-faire le dispute à l'originalité ! Le tout dans un séduisant décor contemporain.

→ Noix de Saint-Jacques snackées, poudre d'arachide et lomo, fenouil fondant et écume fumée. Raviole de ris de veau et girolles, infusion de noix et cocos paimpolais. Religieuse au caramel à la fleur de sel, crème glacée caramel.

Formule 21 € - Menu 29 € (déj. en semaine), 38/118 € - Carte 68/105 €

7 chambres - 120 € 120 € - 17 €

20 les Quais - ✆ 02 96 84 10 24 - www.crouzil.com - Fermé dim. soir, lundi et mardi

PLAN-DE-LA-TOUR

✉ 83120 (Var) - 2 829 hab. - Alt. 69 m - Carte régionale n° **21**-C3

Paris 859 km - Cannes 68 km - Draguignan 36 km - Fréjus 28 km

Carte Michelin 340-O5

Mas des Brugassières

MAISON DE CAMPAGNE • PERSONNALISÉ Ce mas, situé au cœur des Maures, ne manque pas d'atouts ! Les chambres sont coquettes, décorées dans un esprit zen et nature, et certaines disposent d'une terrasse ; à toute heure, la piscine chauffée vous tend les bras...

9 chambres - 99/105 € 112/235 € - 1 suite - 12 €

1,5 km au Sud par rte de Grimaud - ✆ 04 94 55 50 55 - www.mas-des-brugassieres.com - Ouvert 1er mai-30 sept.

PLANGUENOUAL

✉ 22400 (Côtes-d'Armor) - 2 137 hab. - Alt. 76 m - Carte régionale n° **5**-C2

Paris 449 km - Rennes 96 km - Saint-Brieuc 19 km - Saint-Malo 56 km

Carte Michelin 309-G3

Manoir de la Hazaie

DEMEURE HISTORIQUE • PERSONNALISÉ En pleine campagne, ce beau manoir en granit du 16e s. trône au milieu d'un parc verdoyant, avec un plan d'eau et un petit jardin d'herbes médiévales. Quant aux chambres, elles ont belle allure (mobilier ancien, baldaquin ou ciel de lit...), sans rien négliger du confort douillet du 21e s. De quoi traverser les époques !

5 chambres - 145/177 € 162/272 € - 16 €

r. de Lamballe, 2,5 km au Sud-Est par D59 - ✆ 02 96 32 73 71 - www.manoir-hazaie.fr

PLAN-PEISEY - 73 (Savoie) → Voir Peisey-Nancroix

PLAPPEVILLE - 57 (Moselle) → Voir Metz

PLAZAC

✉ 24580 (Dordogne) - 688 hab. - Alt. 110 m - Carte régionale n° **2**-D1

Paris 530 km - Bordeaux 170 km - Brive-la-Gaillarde 60 km - Périgueux 38 km

Carte Michelin 329-H5 - Guide Vert Michelin Périgord Quercy

Béchanou

MAISON DE CAMPAGNE • NATURE Vieille demeure en pierre située au bout d'un chemin pentu, qui offre tranquillité et vue imprenable sur la vallée. Les chambres sont sobres, fidèles à l'âme du lieu. Jolie piscine. À la table d'hôte, on se régale d'une alléchante cuisine familiale.

5 chambres - 93/98 € 103/108 €

Lieu-dit Béchanou, 4 km au Nord par D6 et rte secondaire - ✆ 05 53 50 39 52 - www.bechanou.com

PLÉLO

✉ 22170 (Côtes-d'Armor) - 3 289 hab. - Alt. 110 m - Carte régionale n° **5**-C1

Paris 470 km - Lannion 54 km - Rennes 118 km - Saint-Brieuc 22 km

Carte Michelin 309-E3

Au Char à Bancs

CUISINE BRETONNE • RUSTIQUE Une ferme-auberge de charme, véritable paradis du tourisme vert. On vient d'abord pour les crêpes et les galettes, et pour la bonne potée mijotée à la cheminée. Légumes, cidre, cochon ; tout est cultivé, élevé ou transformé sur place ! Les chambres, dans un style brocante et rétro chic, sont adorables...

Carte 12/38 €

5 chambres - 72/112 € 82/122 €

Moulin de la Ville-Geffroy, 1 km au Nord par D84 - ✆ 02 96 74 13 63 (réservation conseillée) - www.aucharabanc.com - Fermé mi-nov. à mi-fév. et en semaine sauf juil.-août

PLÉNEUF-VAL-ANDRÉ

✉ 22370 (Côtes-d'Armor) - 4 063 hab. - Alt. 52 m - Carte régionale n° **5**-C1
Paris 446 km - Dinan 43 km - Erquy 9 km - Lamballe 16 km
Carte Michelin 309-G3 - Guide Vert Michelin Bretagne Nord

au Val-André 2 km à l'Ouest - ✉ 22370 Pleneuf Val Andre

Au Biniou

CUISINE TRADITIONNELLE • CLASSIQUE XX Ce Biniou résonne du vent du large... Dans cette petite maison blanche proche de la plage du Val-André, les produits de la mer et les saveurs fraîches et iodées ont la cote, pour le plaisir des amateurs.

Formule 17 € - Menu 28/39 € - Carte 44/50 €

121 r. Clemenceau - ✆ 02 96 72 24 35 - Fermé vacances de fév., mardi soir et merc. sauf du 10 juil. au 25 août

PLÉRIN → 22 (Côtes-d'Armor) - Voir St-Brieuc

LE PLESSIS-PICARD - 77 (Seine-et-Marne) → Voir Autour de Paris (Sénart)

LE PLESSIS-ROBINSON - 92 (Hauts-de-Seine) → Voir Autour de Paris

PLOEMEUR

✉ 56270 (Morbihan) - 17 875 hab. - Alt. 45 m - Carte régionale n° **5**-B2
Paris 509 km - Concarneau 51 km - Lorient 6 km - Quimper 68 km
Carte Michelin 308-K8

à Lomener 4 km au Sud par D163 - ✉ 56270 Ploemeur

Le Vivier

CUISINE TRADITIONNELLE • CONVIVIAL XX Dans cet établissement posé face au large, la cuisine est évidemment vouée à Neptune : les pieds presque dans l'eau, on fait le plein d'iode avec de très beaux produits de la pêche (entre autres). Le menu enfant ravit les petits gourmands.

Formule 26 € - Menu 31/85 € - Carte 54/79 €

9 r. de Beg-Er-Vir - ✆ 02 97 82 99 60 - www.levivier-lomener.com - Fermé 23 déc.-7 janv. et dim. soir de mi-sept. à Pâques

Le Vivier

TRADITIONNEL • CONTEMPORAIN Imaginez tout l'océan, l'île de Groix, et encore tout l'océan, à perte de vue... Tel est le panorama unique offert par cette maison moderne ancrée sur un rocher ! On n'y entend que le bruit des vagues...

14 chambres - †98/128 € ††110/146 € - ☕ 15 € - ½ P

9 r. de Beg-Er-Vir - ✆ 02 97 82 99 60 - www.levivier-lomener.com - Fermé 23 déc.-7 janv.

Le Vivier - voir les restaurants ci-dessus

PLOËRMEL

✉ 56800 (Morbihan) - 9 373 hab. - Alt. 93 m - Carte régionale n° **5**-C2
Paris 417 km - Lorient 88 km - Loudéac 47 km - Rennes 68 km
Carte Michelin 308-Q7 - Guide Vert Michelin Bretagne Sud

Le Roi Arthur

CUISINE CLASSIQUE • ÉLÉGANT XXX Les chevaliers non pas de la Table ronde mais des Temps modernes se sentiront comme des rois dans ce restaurant baigné de lumière. Par les baies vitrées, on peut même contempler les flots. Au menu, cuisine classique et service sans fausse note. Une bonne adresse.

Menu 27/44 € - Carte 44/66 €

Hôtel Le Roi Arthur, au lac au Duc, 1,5 km par D8 - ✆ 02 97 73 64 64 - www.hotelroiarthur.com - Fermé 12-26 fév.

Le Roi Arthur

TRADITIONNEL • COSY En quête du Graal ? Il se cache peut-être ici, entre le lac au Duc et le golf... Les chambres sont confortables et d'esprit actuel, la majorité d'entre elles donnant sur le plan d'eau.

46 chambres – 113/154 € 132/221 € – ½ P

au lac au Duc, 1,5 km par D8
– 02 97 73 64 64 – www.hotelroiarthur.com
– Fermé 12-26 fév.

Le Roi Arthur – voir les restaurants ci-dessus

PLOMODIERN

29550 (Finistère) – 2 194 hab. – Alt. 60 m – Carte régionale n° **5**-A2
Paris 559 km – Brest 60 km – Châteaulin 12 km – Crozon 25 km
Carte Michelin 308-F5

L'Auberge des Glazicks (Olivier Bellin)

CUISINE CRÉATIVE • TENDANCE XXX Inventif et touche-à-tout, Olivier Bellin n'a qu'une passion : cultiver le meilleur de la pêche locale et du terroir breton. Chaque assiette est un hymne aux saveurs de la région, réinventées et toujours aussi... vivifiantes ! Et pour découvrir ce travail, pourquoi ne pas profiter des chambres, élégantes et confortables ?

➜ Langoustines sautées et boudin noir. Fameux "kig homardz". Dentelle bitter et fraises en salade.

Menu 55 € (déj. en semaine), 110/190 € – Carte 105/165 €
8 chambres – 160/305 € 160/305 € – 18 €

7 r. de la Plage
– 02 98 81 52 32 – www.aubergedesglazick.com
– Fermé 2 semaines en nov., lundi et mardi

PLONÉOUR-LANVERN

29720 (Finistère) – 6 004 hab. – Alt. 71 m – Carte régionale n° **5**-A2
Paris 581 km – Quimper 20 km – Rennes 230 km
Carte Michelin 308-F7

Manoir de Kerhuel

CUISINE MODERNE • SIMPLE XX Dans ce cadre charmant, une table qui ne l'est pas moins ! On y déguste une jolie cuisine actuelle, réalisée à base de bons produits régionaux, et servie dans une salle avec vue sur la terrasse et le jardin.

Menu 27 € – Carte 40/60 €

rte de Quimper – 02 98 82 60 57 – www.manoirdekerhuel.fr – Fermé fév., sam., dim. et le midi

Manoir de Kerhuel

TRADITIONNEL • CONTEMPORAIN En bordure de route de campagne, dans un parc de 6 ha, ce manoir en pierre a fière allure ! Plusieurs chambres de style sobre et contemporain vous y attendent – dont une, insolite, dans le pigeonnier. Court de tennis et salle de jeux avec billard.

24 chambres – 110/224 € 110/224 € – 18 €

rte de Quimper – 02 98 82 60 57 – www.manoirdekerhuel.fr – Fermé fév.

Manoir de Kerhuel – voir les restaurants ci-dessus

PLOUBALAY

22650 (Côtes-d'Armor) – 2 872 hab. – Alt. 32 m – Carte régionale n° **5**-C1
Paris 412 km – Dinan 18 km – Dol-de-Bretagne 35 km – Lamballe 36 km
Carte Michelin 309-J3 – Guide Vert Michelin Bretagne Nord

Restaurant de la Gare

CUISINE MODERNE • AUBERGE XX Si vous parcourez les stations de la Côte d'Émeraude, faites donc un arrêt dans cette Gare gourmande ! À travers une cuisine personnelle et savoureuse, Thomas Mureau joue sans excès avec la tradition régionale, la mer et la terre bretonnes. Évidemment, les menus s'adaptent aux opportunités du marché... qualité oblige.

Formule 15 € - Menu 30/65 € - Carte 38/62 €

4 r. des Ormelets - ☏ 02 96 27 25 16 - www.restaurant-la-gare-ploubalay.com - Fermé 15 fév.-9 mars, 2-12 juil., mardi sauf le midi de sept. à juin, merc. sauf juil.-août et lundi

PLOUBAZLANEC - 22 (Côtes-d'Armor) ➜ Voir Paimpol

PLOUER-SUR-RANCE

22490 (Côtes-d'Armor) - 3 408 hab. - Alt. 62 m - Carte régionale n° **5**-D2

Paris 397 km - Dinan 13 km - Dol-de-Bretagne 20 km - Lamballe 53 km

Carte Michelin 309-J3 - Guide Vert Michelin Bretagne Nord

Manoir de Rigourdaine

TRADITIONNEL • TRADITIONNEL Dominant l'estuaire de la Rance, cette ancienne ferme a été restaurée avec goût. Poutres ancestrales, cheminée et mobilier campagnard... Un décor de caractère, au grand calme !

19 chambres - †89/105 € ††97/105 € - ☕ 10 €

à Rigourdaine, 3 km par rte de Langrolay puis rte secondaire - ☏ 02 96 86 89 96 - www.hotel-rigourdaine.fr - Ouvert d'avril à début nov.

PLOUFRAGAN - 22 (Côtes-d'Armor) ➜ Voir St-Brieuc

PLOUGASNOU

29630 (Finistère) - 3 107 hab. - Alt. 55 m - Carte régionale n° **5**-B1

Paris 550 km - Rennes 198 km - Quimper 100 km - Lannion 34 km

Carte Michelin 308-I2 - Guide Vert Michelin Bretagne Nord

La Maison de Kerdiès

CUISINE TRADITIONNELLE • RUSTIQUE XX Cette maison de la pointe du Trégor fut à l'origine un sémaphore, avant d'être transformée en colonie de vacances, puis en restaurant. De la salle, on profite d'une vue panoramique sur Roscoff et l'île de Batz... Mais on se recentre vite sur l'assiette, et sur cette généreuse cuisine de tradition, servie avec le sourire !

Menu 17 € (déj. en semaine), 24/31 € - Carte 29/43 €

5 rte de Perherel, lieu dit St-Samson - ☏ 02 98 72 40 66 - www.maisonkerdies.com - Fermé janv., dim. soir d'oct. à mars et lundi

PLOUGRESCANT

22820 (Côtes-d'Armor) - 1 284 hab. - Alt. 53 m - Carte régionale n° **5**-B1

Paris 514 km - Guingamp 38 km - Lannion 23 km - Rennes 162 km

Carte Michelin 309-C1 - Guide Vert Michelin Bretagne Nord

Manoir de Kergrec'h

DEMEURE HISTORIQUE • PERSONNALISÉ Ce superbe manoir épiscopal (17e s.), ancienne demeure des évêques de Tréguier, trône au milieu d'un parc majestueux qui descend jusqu'à la mer... Les chambres, claires et spacieuses, sont ornées de mobilier chiné ou de famille. Confort total et calme absolu.

11 chambres - †99/178 € ††99/195 € - ☕ 15 €

- ☏ 02 96 92 59 13 - www.manoirdekergrech.com - Fermé 4 janv.-10 fév. et 12 nov.-27 déc.

PLOUHARNEL

56340 (Morbihan) - 2 126 hab. - Alt. 21 m - Carte régionale n° **5**-B3

Paris 492 km - Lorient 50 km - Rennes 141 km - Vannes 32 km

Carte Michelin 308-M9 - Guide Vert Michelin Bretagne Sud

L'Hippocampe

POISSONS ET FRUITS DE MER • CONVIVIAL Le calme de la campagne, la proximité de la mer, dont les embruns, parfois, s'invitent à table, et une assiette qui associe les deux, pour une traversée goûteuse du terroir régional et de ses produits (huîtres, homard, pêche du jour), à dos d'hippocampe. Une adresse dynamique et iodée.

Formule 14 € – Menu 18 € (semaine), 25/32 € – Carte 29/42 €

Kerhueno – 02 97 29 10 17 – www.restaurant-lhippocampe.com – Fermé dim. soir, merc. midi et lundi

Carnac Lodge

BOUTIQUE HÔTEL • PERSONNALISÉ Entre Carnac et Plouharnel, cet hôtel dispose de chambres au décor soigné, un brin branché (plexiglas, touches néobaroques, etc.). Agréable piscine ; jardin calme et verdoyant.

20 chambres – †89/179 € ††89/199 € – 13 €

Kerhueno – 02 97 58 30 30 – www.carnaclodge.com – Fermé de mi-nov. à Noël

PLOUIDER

29260 (Finistère) – 2 016 hab. – Alt. 74 m – Carte régionale n° **5**-A1

Paris 582 km – Brest 36 km – Landerneau 21 km – Morlaix 46 km

Carte Michelin 308-F3

La Butte (Nicolas Conraux)

CUISINE MODERNE • TENDANCE Fraîcheur, précision, parfums : c'est un véritable hommage aux produits de Bretagne que rend le jeune chef, Nicolas Conraux, qui sait allier maîtrise technique et créativité. La sympathie du service, comme la vue sur la baie, ajoutent au plaisir du repas. Une Butte ? Un roc… un pic… un cap !

→ Ormeaux sauvages, dulse, et cheveux d'ange au jus de volaille. Rouget de petit bateau, veau fondant et croustillant, sauce ravigote. Crème de gros lait fermier, lait ribot, framboises et feuilletage noisette.

Menu 33 € (déj. en semaine), 54/124 € – Carte 60/145 €

12 r. de la Mer – 02 98 25 40 54 – www.labutte.fr – Fermé 13 fév.-10 mars, sam. midi, lundi et mardi

La Butte

BUSINESS • CONTEMPORAIN Une saga familiale débutée en 1952… et qui n'est pas prête de se terminer ! Les chambres, contemporaines et épurées, donnent toutes sur la mer, et un spa est à disposition. Idéal pour se ressourcer au grand air…

33 chambres – †95/340 € ††95/340 € – ½ P

12 r. de la Mer – 02 98 25 40 54 – www.labutte.fr

La Butte – voir les restaurants ci-dessus

PLOUMANACH – 22 (Côtes-d'Armor) → Voir Perros-Guirec

PLUGUFFAN – 29 (Finistère) → Voir Quimper

LE POËT-LAVAL – 26 (Drôme) → Voir Dieulefit

POINTE DE MOUSTERLIN – 29 (Finistère) → Voir Fouesnant

POINTE DE ST-MATHIEU – 29 (Finistère) → Voir Conquet

POINTE-DU-RAZ

29770 (Finistère) – Plogoff – Carte régionale n° **5**-A2

Paris 614 km – Douarnenez 37 km – Pont-l'Abbé 48 km – Quimper 53 km

Carte Michelin 308-C6 – Guide Vert Michelin Bretagne Sud

à La Baie des Trépassés 3,5 km par D784 et rte secondaire – ✉ 29770 Cleden Cap Sizun

Hôtel de la Baie des Trépassés

TRADITIONNEL • FONCTIONNEL Cette bâtisse semble avoir été déposée devant la plage de la baie des Trépassés, qu'encadrent les pointes du Raz et du Van. Les chambres, progressivement rénovées, sont fraîches et fonctionnelles ; l'école de surf voisine donnera peut-être des idées à certains...

25 chambres – 91/190 € 91/190 € – 2 suites – 15 € – ½ P

– ☎ 02 98 70 61 34 – www.baiedestrepasses.com – Ouvert de mi-fév. à mi-nov.

POINT-SUBLIME

✉ 04120 (Alpes-de-Haute-Provence) – Rougon – Carte régionale n° **21**-C2

Paris 803 km – Castellane 18 km – Digne-les-Bains 71 km – Draguignan 53 km

Carte Michelin 334-G10 – Guide Vert Michelin Alpes du Sud

Auberge du Point Sublime

CUISINE PROVENÇALE • RUSTIQUE Un point de vue... sublime, au cœur des gorges du Verdon ! Cette sympathique auberge familiale propose une cuisine qui fleure bon le terroir (soupe au pistou, pieds et paquets à la provençale, nombreuses salades), dans un cadre à l'ancienne. Pratique : les petites chambres pour l'étape.

Formule 16 € – Menu 20/40 € – Carte 37/64 €

13 chambres – 70/77 € 70/77 € – 10 €

D952 – ☎ 04 92 83 60 35 – www.auberge-pointsublime.com
– Ouvert 30 avril-1er nov. et fermé merc. sauf en août

POITIERS

✉ 86000 (Vienne) – 87 646 hab. – Agglo. 128 160 hab. – Alt. 116 m – Carte régionale n° **20**-C1

Paris 335 km – Angers 134 km – Limoges 126 km – Nantes 215 km

Carte Michelin 322-H5 – Guide Vert Michelin Poitou-Charentes

Les Archives

CUISINE MODERNE • BRASSERIE Premièrement, il faut planter le décor : une chapelle du 19e s. dont la nef, tout en colonnes et arcs, a été transfigurée par un aménagement contemporain saisissant ! Depuis la salle, on observe l'équipe s'affairer en cuisine. Les assiettes se distinguent par leur créativité, à l'aune des lieux...

Formule 15 € – Menu 19 € (déj. en semaine), 26/55 € – Carte 33/55 €

Plan : C1-t – *Hôtel Mercure Centre, 14 r. Édouard-Grimaux – ☎ 05 49 30 53 00 – www.lesarchives.fr*

Le Poitevin

CUISINE TRADITIONNELLE • AUBERGE Voilà trente ans que les époux Palard gèrent ce restaurant situé légèrement en retrait du centre-ville ; autant dire que ces deux-là connaissent la musique. La tradition est ici à l'honneur, tant dans le décor que dans l'assiette, et tout est fait maison. Les gourmands locaux ne s'y trompent pas : ils sont au rendez-vous !

Formule 12 € – Menu 24/32 € – Carte 46/64 €

Plan : C2-r – *76 r. Carnot – ☎ 05 49 88 35 04 – www.le-poitevin.fr*
– Fermé 15 avril-2 mai, 3 semaines en juil., 23 déc.-2 janv., sam. midi, dim. soir et lundi

Toqué !

CUISINE TRADITIONNELLE • BISTRO Cet ancien restaurant indien est devenu un bistrot moderne sous la houlette d'un jeune chef originaire du Nord. Sa cuisine, généreuse et sans artifice, ne manque pas de goût : pâté au piment d'Espelette – une recette de son grand-père ! –, steack tartare coupé au couteau et frites maison... On se régale.

Formule 16 € – Menu 29 € (dîner) – Carte 31/43 € dîner

Plan : D1-a – *44 r. de la Cathédrale – ☎ 05 49 62 19 33 – www.bistro-toque.com*
– Fermé 1er-24 août, 24 déc.-1er janv., dim. et lundi

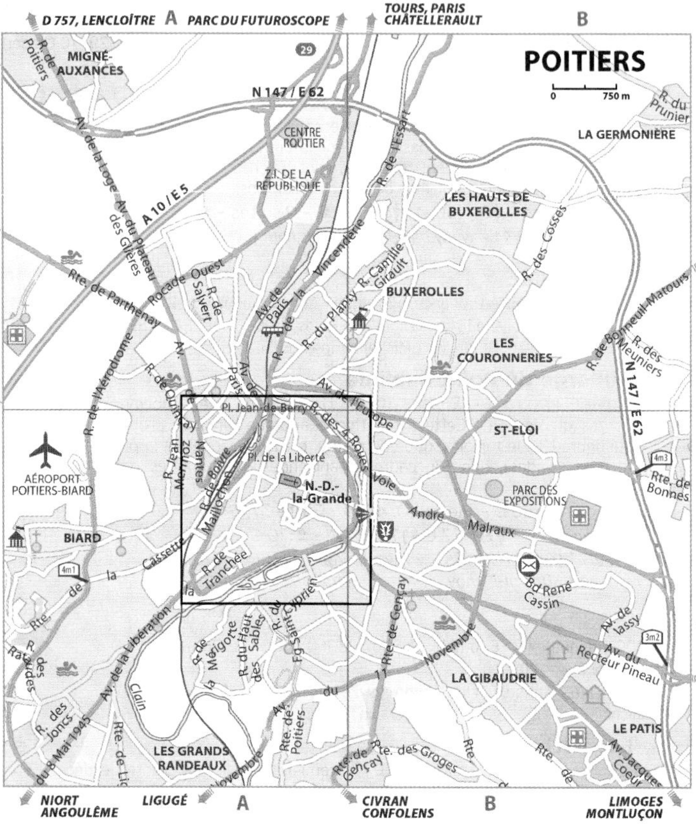

Mercure Centre

HISTORIQUE · DESIGN Au cœur de la ville, cet établissement prend ses aises dans une ancienne chapelle jésuite de 1854. Dans les chambres, confortables et fonctionnelles, le mobilier contemporain se marie aux chapiteaux et voûtes néo-gothiques ! Le restaurant, lui, a été créé dans la nef. Original et réussi.

50 chambres – 102/280 € 102/280 € – 16 €

Plan : C1-t – *14 r. Édouard-Grimaux – 05 49 50 50 60 – www.hotelmercurepoitiers.com*

Les Archives – voir les restaurants ci-dessus

Le Grand Hôtel

BUSINESS · FONCTIONNEL Dans une rue très animée du centre-ville, mais au calme sur une cour intérieure… Un établissement très bien tenu, aux chambres assez spacieuses et confortables. Agréable terrasse pour le petit-déjeuner.

41 chambres – 72/128 € 72/128 € – 6 suites – 13 €

Plan : C2-k – *28 r. Carnot – 05 49 60 90 60 – www.grandhotelpoitiers.fr*

Ibis Styles

HÔTEL DE CHAÎNE · FONCTIONNEL Cet hôtel de chaîne est situé en plein centre-ville, en lieu et place d'une ancienne… banque ! On y trouve de belles chambres lumineuses, modernes et design, dont plusieurs disposent d'une terrasse privative.

56 chambres – 92/135 € 108/145 €

Plan : C2-e – *7 r. Victor-Hugo – 05 49 00 06 06 – www.ibisstyles.com*

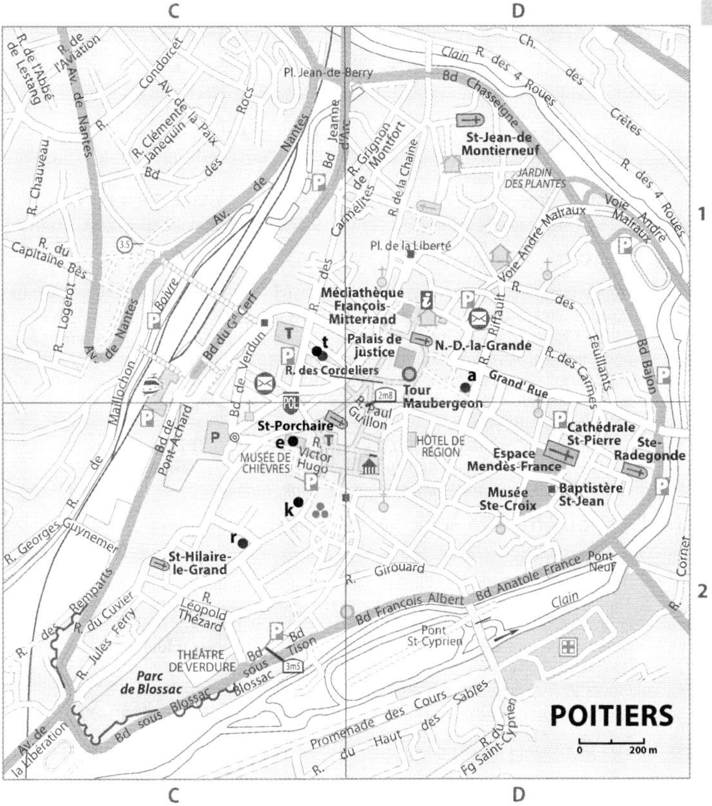

Parc du Futuroscope 12 km au Nord - ✉ 86360 Chasseneuil-du-Poitou

Plaza Futuroscope

HÔTEL DE CHAÎNE • FONCTIONNEL Son architecture moderne s'intègre parfaitement au site du Futuroscope, à côté du palais des congrès. Du hall d'accueil aux chambres, on apprécie l'espace et le confort, le tout dans un style contemporain épuré et sobre. Sans oublier la piscine intérieure avec hammam, sauna et fitness !

274 chambres - 🚹99/170 € 🚹🚹99/170 € - ☕15 €

av. du Futuroscope, Téléport 1 - ✆ 05 49 49 07 07 - www.hotel-plaza-site-du-futuroscope.com

Novotel Futuroscope

HÔTEL DE CHAÎNE • FONCTIONNEL Offrant un accès rapide à l'autoroute et au parc du Futuroscope, cet hôtel propose des chambres d'une tenue irréprochable à des tarifs raisonnables : une bonne adresse !

127 chambres - 🚹102/177 € 🚹🚹102/177 € - ☕17 €

av. René-Monory, Téléport 4 - ✆ 05 49 49 91 91 - www.novotel.com

Ibis Site du Futuroscope

HÔTEL DE CHAÎNE • FONCTIONNEL À proximité de la sortie de l'autoroute - bien pratique -, un hôtel qui propose des chambres bien confortables. Pendant les beaux jours, on profite de la terrasse et de la piscine.

90 chambres - 🚹74/98 € 🚹🚹74/148 € - ☕10 €

av. Thomas-Edison - ✆ 05 49 49 90 00 - www.ibishotel.com

rte de Limoges 10 km au Sud-Est par N147 et rte secondaire – ✉ 86550 Mignaloux :

Manoir de Beauvoir

DEMEURE HISTORIQUE • PERSONNALISÉ Pour un week-end golf ou pour une parenthèse au calme, une demeure de style victorien (1872) sur le site du 18-trous de Poitiers. Confort et sobriété dans les chambres du Manoir (poutres aux 2e et 3e étages) ; kitchenettes côté "Résidence". Décor de boiseries au restaurant, club-house sur les greens.

40 chambres – 69/99 € 69/99 € – 5 suites – 13 € – ½ P

635 rte de Beauvoir, au golf – 05 49 55 47 47 – www.manoirdebeauvoir.com

à St-Benoît 4 km au Sud par D88 – ✉ 86280 – 7 094 hab. – Alt. 77 m

Passions et Gourmandises (Richard Toix)

CUISINE MODERNE • ÉLÉGANT Passions et gourmandises, vaste programme ! Passion de l'accueil, d'abord, avec ce décor très soigné et une jolie terrasse en bord de ruisseau. Puis gourmandise dans l'assiette, évidemment : le chef a le goût du produit – d'origine locale –, le sens de l'invention, et sa cuisine magnifie les saveurs sans les dénaturer.

→ Cuisine du marché.

Formule 24 € – Menu 33 € (déj. en semaine), 59/95 €

6 r. du Square – 05 49 61 03 99 – www.passionsetgourmandises.com – Fermé 31 déc.-8 janv., dim. soir, mardi midi et lundi

rte d'Angoulême 6 km au Sud-Ouest, sortie Hauts-de-Croutelle – ✉ 86240 Croutelle :

La Chênaie

CUISINE TRADITIONNELLE • ÉLÉGANT Dans un jardin planté de... chênes. On admire leurs ramures centenaires à travers les grandes baies de la salle, en appréciant une cuisine généreuse et fraîches : ravioles de fruits de mer à l'effiloché de poireaux, parmentier de volaille et son escalope de foie gras poêlé, mille-feuille aux fraises...

Menu 21 € (semaine), 28/49 € – Carte 48/88 €

Les Hauts de Croutelle, lieu-dit La Berlanderie, r. du Lejat – 05 49 57 11 52 – www.la-chenaie.com – Fermé 1 semaine vacances de fév., 14 juil.-15 août, merc. soir, dim. soir et lundi

à Aslonnes 11 km au Sud-Ouest par D910, N10 et route secondaire – ✉ 86340 – 1 041 hab. – Alt. 121 m

Le Moulin de Port Laverré

MAISON DE CAMPAGNE • PERSONNALISÉ Pour vivre au fil de l'eau, un site bucolique à souhait, baigné par une jolie rivière... Cannes à pêche et barques sont à disposition, et l'on peut aussi divaguer dans la piscine. Une belle propriété, mêlant vieilles pierres et esprit contemporain.

5 chambres – 80 € 100 €

17 Le Port Laverré, rte de Vaintray – 05 49 61 08 38 – www.moulinlaverre.com

POLIGNY

✉ 39800 (Jura) – 4 158 hab. – Alt. 373 m – Carte régionale n° **9**-B3

Paris 397 km – Besançon 57 km – Dole 45 km – Lons-le-Saunier 30 km

Carte Michelin 321-E5 – Guide Vert Michelin Franche-Comté Jura

à Passenans 11 km au Sud-Ouest par D1083 et D57 – ✉ 39230 – 344 hab. – Alt. 320 m

Domaine du Revermont

FAMILIAL • FONCTIONNEL Dans un environnement privilégié – champs et vignes –, une grande bâtisse ocre et jaune où règne un bel esprit détente et loisirs : piscine, tennis, babyfoot, billard, etc. Les chambres se déclinent dans un style contemporain ; recettes régionales au restaurant !

28 chambres – 80/135 € 80/135 € – 13 € – ½ P

600 rte de Revermont – 03 84 44 61 02 – www.domaine-du-revermont.fr – Fermé 20 déc.-1er mars

POLLIAT

⊠ 01310 (Ain) - 2 374 hab. - Alt. 260 m - Carte régionale n° **23**-B1
Paris 415 km - Bourg-en-Bresse 12 km - Lyon 74 km - Mâcon 26 km
Carte Michelin 328-D3

Téjérina-Hôtel de la Place

CUISINE TRADITIONNELLE • CONTEMPORAIN XX L'auberge familiale par excellence, où l'on vous sert avec le sourire une goûteuse et généreuse cuisine du terroir. Tête de veau, poulet à la crème, soufflé aux foies de volaille et grenouilles sont à l'honneur ! Chambres bien tenues pour prolonger l'étape.

Menu 22 € (semaine), 30/68 € - Carte 29/55 €

7 chambres - †57 € ††65 € - ☕10 €

51 pl. de la Mairie - ✆ 04 74 30 40 19 - www.restaurant-tejerina-logis.fr - Fermé 23 juil.-14 août, 25 déc.-10 janv., dim. soir et lundi

POMMARD - 21 (Côte-d'Or) → Voir Beaune

POMMIERS

⊠ 69480 (Rhône) - 2 311 hab. - Alt. 315 m - Carte régionale n° **24**-E1
Paris 442 km - Lyon 32 km - Villeurbanne 45 km - Vénissieux 45 km
Carte Michelin 327-H4 - Guide Vert Michelin Lyon et sa région

Les Terrasses de Pommiers

CUISINE MODERNE • CONVIVIAL XX Un beau travail d'architecte : entièrement vitrée, tout en lignes épurées et en tons bleu-gris - écho au ciel sur lequel elle ouvre en grand ? -, la salle domine les monts du Lyonnais et la vallée... Côté papilles, on savoure des plats qui font de l'œil à la méditerranée, comme ce risotto aux légumes ou gambas.

Formule 21 € - Menu 36/56 € - Carte 42/62 €

706 montée de Buisante - ✆ 04 74 65 05 27 - www.terrasses-de-pommiers.com - Fermé vacances de la Toussaint et de fév., mardi et merc.

PONS

⊠ 17800 (Charente-Maritime) - 4 144 hab. - Alt. 39 m - Carte régionale n° **20**-B3
Paris 493 km - Blaye 64 km - Bordeaux 97 km - Cognac 24 km
Carte Michelin 324-G6 - Guide Vert Michelin Poitou-Charentes

Bordeaux

CUISINE MODERNE • CLASSIQUE XX Crêpe de pied de porc et sa sauce aux champignons ; noix de veau et julienne de citron ; tarte au chocolat amer et glace au lait... Une cuisine fort soignée, à la rencontre du marché et de l'inspiration du chef, pour un rapport plaisir-prix excellent.

Formule 14 € - Menu 19/64 € - Carte 30/55 €

1 av. Gambetta - ✆ 05 46 91 31 12 - www.hotel-de-bordeaux.com - Fermé vacances de Noël, sam. midi et dim. d'oct. à avril

à Mosnac 11 km au Sud par rte de Bordeaux et D134 - ⊠ 17240 - 465 hab. - Alt. 23 m

Moulin du Val de Seugne

CUISINE MODERNE • CLASSIQUE XXX Comment résister à un cadre si bucolique ? Ce moulin au bord de l'eau, cerné par la verdure, est tout simplement délicieux... Et la carte proposée - une cuisine d'aujourd'hui aux doux accents du terroir local, inspirée par le marché et les saisons - lui va si bien !

Formule 23 € - Menu 30/80 € - Carte 62/96 €

lieu-dit Marcouze - ✆ 05 46 70 46 16 - www.valdeseugne.com - Fermé 2 janv.-9 fév., lundi midi, mardi midi, merc. midi et jeudi midi d'oct. à mars, dim. soir de nov. à mars

Moulin du Val de Seugne

TRADITIONNEL • CLASSIQUE Un élégant moulin tout en pierre (16e s.), au bord de la Seugne, en pleine nature. Sur l'île voisine vivent en liberté lapins, oies, chèvres, poneys… Les chambres, spacieuses et raffinées, sont décorées dans un bel esprit maison d'hôtes. Charme champêtre !

14 chambres – 119/169 € 119/169 € – 15 € – ½ P

lieu-dit Marcouze – 05 46 70 46 16 – www.valdeseugne.com – Fermé 2 janv.-9 fév.

Moulin du Val de Seugne – voir les restaurants ci-dessus

PONTAILLAC - 17 (Charente-Maritime) ➜ Voir Royan

PONT-A-MOUSSON

27500 54700 (Meurthe-et-Moselle) – 15 053 hab. – Alt. 180 m – Carte régionale n° **14**-B2

Paris 325 km – Metz 31 km – Nancy 30 km – Toul 48 km

Carte Michelin 307-H5

Le Fourneau d'Alain

CUISINE TRADITIONNELLE • FAMILIAL Ce restaurant sagement contemporain s'est installé sur la place principale, dans l'une des maisons à arcades du 16e s. Poissons, crustacés et noisettière de Saint-Jacques sont très prisés des habitués. Une carte courte mais sûre.

Menu 29/55 € – Carte 35/56 €

64 pl. Duroc (1er étage) – 03 83 82 95 09 – www.lefourneaudalain.com – Fermé fin juin-début juil., merc. soir, dim. soir et lundi

PONTAUBERT - 89 (Yonne) ➜ Voir Avallon

PONT-AUDEMER

27500 (Eure) – 9 011 hab. – Alt. 15 m – Carte régionale n° **17**-B3

Paris 164 km – Caen 74 km – Évreux 68 km – Le Havre 44 km

Carte Michelin 304-D5 – Guide Vert Michelin Normandie Vallée de la Seine

Belle Isle sur Risle

MAISON DE MAÎTRE • PERSONNALISÉ Un environnement privilégié, digne d'un tableau impressionniste : cette maison de maître du 19e s., noyée sous la vigne vierge, se dresse sur une île de la Risle, transformée en un superbe jardin. Avec leurs mobilier de style, tentures et tapis, les lieux cultivent un classicisme intemporel…

28 chambres – 115/325 € 169/325 € – 19 € – ½ P

112 rte de Rouen, à l'Est par D810 – 02 32 56 96 22 – www.bellile.com – Ouvert 11 mars-25 nov.

à Campigny 6 km au Sud-Est par D810 et D29 – 27500 – 1 086 hab. – Alt. 121 m

Le Petit Coq aux Champs

CUISINE CLASSIQUE • AUBERGE Des toits de chaume, des colombages, un écrin de verdure : voilà une bien élégante chaumière normande ! À l'unisson de ce cadre, la carte fait profession de classicisme et joue le répertoire régional. On ne se privera pas des chambres, décorées avec goût, contemporaines ou "campagne chic"…

Menu 36/74 € – Carte 48/73 €

16 chambres – 90/136 € 119/240 € – 15 €

400 chemin du Petit-Coq – 02 32 41 04 19 – www.lepetitcoqauxchamps.fr – Fermé 20 déc.-2 fév., dim. soir et lundi d'oct. à mars

PONT-AVEN

29930 (Finistère) – 2 843 hab. – Alt. 18 m – Carte régionale n° **5**-B2

Paris 536 km – Carhaix-Plouguer 65 km – Concarneau 15 km – Quimper 36 km

Carte Michelin 308-I7 – Guide Vert Michelin Bretagne Nord

Le Moulin de Rosmadec (Frédéric Sebilleau)

CUISINE CLASSIQUE · RUSTIQUE XXX On se sent bien dans ce pittoresque moulin du 15e s. La rivière, l'exubérance des frondaisons, tout concourt au beau moment gastronomique. La cuisine est logiquement orientée mer, et soignée, goûteuse, ne retenant que les meilleurs produits. Pour prolonger ce bon moment, quatre chambres d'hôtes à disposition.

→ Langoustines en kadaïf, caviar d'aubergine, vierge de tomate à l'huile d'olive. Ormeaux au beurre d'algues, fenouil et épinards, croustillant de blé noir. Crêpes soufflées au citron.

Menu 46 € (semaine), 69/81 € - Carte 80/95 €

4 chambres - 89/105 € 105/140 € - 15 €

venelle de Rosmadec (près du pont) - 02 98 06 00 22 - www.moulinderosmadec.com - Ouvert 11 mars-12 nov. et fermé dim. soir hors saison et lundi

Sur le Pont ...

CUISINE MODERNE · BISTRO X Annexe du Moulin de Rosmadec, cette maison ancienne s'appuie en partie sur le vieux pont qui enjambe l'Aven... Un lieu plein de charme, au service d'une cuisine dans l'air du temps et concentrée sur le poisson : le chef l'accommode à toutes les sauces, avec ce qu'il faut d'originalité, sans jamais dénaturer le produit.

Formule 25 € - Menu 32 € - Carte 40/53 €

11 pl. Paul-Gauguin - 02 98 06 16 16 (réservation conseillée) - www.surlepont-pontaven.fr - Fermé 2 semaines en oct., dim. soir hors saison, mardi soir et merc.

Hôtel des Mimosas

FAMILIAL · FONCTIONNEL Sur les quais de Pont-Aven, une maison de pays toute mignonne. Les chambres, lumineuses et bien tenues, offrent une vue imprenable sur les bateaux. Aux beaux jours, on se régale de fruits de mer sur la terrasse face au port.

10 chambres - 69/90 € 69/90 € - 9 € - ½ P

22 square Théodore-Botrel - 02 98 06 00 30 - www.lesmimosas-pontaven.com

Les Ajoncs d'Or

FAMILIAL · TRADITIONNEL Gauguin aurait logé dans cette accueillante maison bretonne, juste sur la place du marché (attention où vous vous garez !). Simples et colorées, les chambres portent des noms de peintres... Sympathiques, le restaurant et ses spécialités terre et mer.

14 chambres - 68/75 € 68/75 € - 10 € - ½ P

1 pl. de l'Hôtel-de-Ville - 02 98 06 02 06 - www.ajoncsdor-pontaven.com - Fermé vacances de fév., 18-28 oct., dim. soir et lundi hors saison

rte de Concarneau 4 km à l'Ouest par D783 - 29930 Pont-Aven :

La Taupinière

POISSONS ET FRUITS DE MER · AUBERGE XXX Cette chaumière à la campagne est, depuis plusieurs décennies, une institution pour de nombreux habitués, qui ne se lassent pas de sa cuisine très iodée, soignée et de première fraîcheur (le chef fait son marché à Concarneau chaque matin). La "demoiselle des mers" - la langoustine - est l'une des vedettes de la carte...

Menu 55/95 € - Carte 77/96 €

Croissant St-André - 02 98 06 03 12 - www.la-taupiniere.fr - Fermé 19-28 mars, 2-25 oct., lundi et mardi

PONTAVERT

02160 (Aisne) - 595 hab. - Alt. 53 m - Carte régionale n° **19**-D2

Paris 169 km - Amiens 160 km - Châlons-en-Champagne 84 km - Laon 30 km

Carte Michelin 306-E6

Le Relais de Fleurette

MAISON DE CAMPAGNE • PERSONNALISÉ Cet ancien corps de ferme joliment réhabilité en hôtel restaurant joue la carte du rustique chic, agrémenté de touches de modernité. La piscine couverte et le sauna constituent des atouts supplémentaires. Cuisine traditionnelle.

14 chambres – 64/170 € 69/170 € – 8,50 € – ½ P

5 rte de Craonnelle – 03 23 20 53 05 – www.relais-de-fleurette.fr

PONTCHARTRAIN

78760 (Yvelines) – 5 289 hab. – Carte régionale n° **10**-A2
Paris 37 km – Dreux 42 km – Mantes-la-Jolie 32 km – Montfort-l'Amaury 10 km
Carte Michelin 311-H3

Bistro Gourmand

CUISINE MODERNE • CONVIVIAL Au menu, cuisine traditionnelle teintée de touches actuelles et suggestions à l'ardoise. Salle classique (bordeaux et grise) et terrasse au calme pour les beaux jours.

Formule 32 € – Menu 38/47 €

7 rte du Pontel, N12 – 01 34 89 25 36 – www.bistrogourmand.fr – Fermé dim. soir, merc. soir et lundi

PONTCHÂTEAU

44160 (Loire-Atlantique) – 9 982 hab. – Alt. 7 m – Carte régionale n° **18**-A2
Paris 430 km – Nantes 55 km – Rennes 118 km – Vannes 61 km
– Guide Vert Michelin Pays de la Loire

Le 11

CUISINE MODERNE • CONVIVIAL Au cœur de Pontchâteau, ce bistrot minimaliste fait saliver la région depuis 2011. À sa tête, un chef qui a, comme on dit, du métier, et qui revient ici à plus de simplicité, avec des plats ancrés dans une jolie tradition gourmande (navarin d'agneau, filets de rouget en tempura, tarte Tatin, etc.).

Formule 19 € – Menu 26 € (déj.)/32 €

11 r. de Verdun
– 02 40 42 23 28 – www.restaurant-le11.fr
– Fermé lundi soir, merc. soir et dim.

PONT-DE-BRIQUES – 62 (Pas-de-Calais) → Voir Boulogne-sur-Mer

PONT-DE-DORE – 63 (Puy-de-Dôme) → Voir Thiers

PONT-DE-FILLINGES – 74 (Haute-Savoie) → Voir Bonne

PONT-DE-L'ARCHE

27340 (Eure) – 4 163 hab. – Alt. 20 m – Carte régionale n° **17**-D2
Paris 114 km – Les Andelys 30 km – Elbeuf 15 km – Évreux 36 km
Carte Michelin 304-G6 – Guide Vert Michelin Normandie Vallée de la Seine

Hôtel de la Tour

BUSINESS • PERSONNALISÉ À deux pas des bords de Seine, cet hôtel – créé dans deux maisons de pays accolées – se révèle simple et accueillant. Ambiance familiale, chambres soigneusement tenues : une étape sympathique.

18 chambres – 76 € 85 € – 10 €

41 quai Foch – 02 35 23 00 99
– www.hoteldelatour.org

Aux Damps 2 km à l'Est, au bord de l'Eure - ✉ 27340 - 1 301 hab. - Alt. 20 m

✿ L'Auberge de la Pomme (William Boquelet)

CUISINE MODERNE • DESIGN XXX Un nom hautement normand, une façade à colombages typique de la région... mais l'image d'Épinal s'arrête là ! La maison cache un décor très contemporain, bien à l'image de la cuisine du chef, William Boquelet, aussi inventif que passionné. Ses assiettes, pleines de relief, mettent bien en valeur les producteurs locaux...

→ Sashimi de thon, vinaigrette gingembre-citron vert, concombre et melon d'eau. Dorade cuite à la vapeur douce, palourdes et raviole de légumes confits. Madeleine pistache, compote de fraises des bois et crème fouettée chocolat blanc.

Menu 35 € (déj. en semaine), 49/85 € - Carte 75/95 €

aux Damps (44 rte de l'Eure), 1,5 km au bord de l'Eure - ✆ 02 35 23 00 46 - www.laubergedelapomme.com - Fermé 6-23 août, 22 déc.-9 janv., dim. et lundi

PONT-DE-L'ISÈRE - 26 (Drôme) → Voir Valence

PONT-DE-ROIDE

✉ 25150 (Doubs) - 4 309 hab. - Alt. 351 m - Carte régionale n° **9**-C2

▶ Paris 478 km - Belfort 36 km - Besançon 77 km - La Chaux-de-Fonds 55 km

Carte Michelin 321-K2 - Guide Vert Michelin Franche-Comté Jura

La Tannerie

CUISINE TRADITIONNELLE • FAMILIAL X Au menu de cette maison toute simple qui borde le Doubs, une cuisine traditionnelle bien tournée, où les produits locaux sont privilégiés. Aux beaux jours, profitez de la terrasse au-dessus de la rivière.

Formule 13 € - Menu 24 € (semaine)/30 € - Carte 29/39 €

1 pl. Gén.-de-Gaulle - ✆ 03 81 92 48 21 - www.restaurantlatannerie.com - Fermé 26 déc.-1er janv., dim. soir, jeudi soir et merc.

PONT-DE-VAUX

✉ 01190 (Ain) - 2 261 hab. - Alt. 177 m - Carte régionale n° **23**-B1

▶ Paris 380 km - Bourg-en-Bresse 40 km - Lons-le-Saunier 69 km - Mâcon 24 km

Carte Michelin 328-C2 - Guide Vert Michelin Lyon et sa région

✿ Le Raisin (Frédéric Michel)

CUISINE TRADITIONNELLE • CLASSIQUE XXX Quelle bonne surprise... Comment imaginer, au menu de cette authentique maison bressane (vieux fourneau, ustensiles de cuivre, poutres, etc.), une aussi belle cuisine, fine et travaillée, cultivant avec réussite la tradition comme l'originalité ? Frédéric Michel nous offre une expérience d'un excellent rapport qualité-prix !

→ Carpaccio de veau fermier et langoustine, marinade au citron vert. Poulet de Bresse en deux cuissons, sauce à la crème au crémant de Bourgogne. Entremets chocolat guanaja et yuzu.

Formule 24 € - Menu 32/80 € - Carte 65/90 €

Hôtel Le Raisin, 2 pl. M.-Poisat - ✆ 03 85 30 30 97 - www.leraisin.com - Fermé janv., dim. midi, mardi midi et lundi sauf fériés et sauf juil.-août

Les Platanes

CUISINE TRADITIONNELLE • AUBERGE XX L'enseigne de cette auberge régionale ne ment pas : elle jouit d'une terrasse... sous les platanes ! La cuisine est bressane, évidemment, mais le chef propose aussi quelques plats dans l'air du temps. Dans un cas comme dans l'autre, la générosité est là !

Formule 15 € - Menu 22/68 € - Carte 46/60 €

8 chambres - †71/85 € ††71/85 € - ☕ 10 €

aux Quatre-Vents - ✆ 03 85 30 32 84 - www.hotelplatanes.com - Fermé 20 fév.-20 mars, vend. midi, dim. soir et lundi

Le Raisin

TRADITIONNEL • FONCTIONNEL Dans cet ancien relais de poste, les enfants ont pris la suite de leurs parents. Pour les chambres, vous avez deux options : authenticité dans le bâtiment principal, spacieuses dans l'aile plus récente. Une bonne adresse pour profiter des bienfaits - notamment culinaires ! - de la Bresse.

17 chambres - 71 € 71 € - 11 €

2 pl. M.-Poisat - 03 85 30 30 97 - www.leraisin.com - Fermé janv., dim. et lundi

Le Raisin - voir les restaurants ci-dessus

à St-Bénigne 2 km au Nord-Est par D2 - 01190 - 1 209 hab. - Alt. 208 m

St-Bénigne

CUISINE TRADITIONNELLE • RUSTIQUE Un vrai restaurant de campagne, où l'on trouve même un bar pour les habitués ! On vient ici pour les grenouilles au beurre et à la persillade, la spécialité de la maison, mais pas seulement : le chef, en bon artisan, travaille les produits locaux et maîtrise de nombreuses recettes de la région...

Menu 14 € (déj. en semaine), 24/44 € - Carte 31/52 €

995 rte de St-Trivier - 03 85 30 96 48 - www.restaurant-le-saint-benigne.fr - Fermé 27 mars-6 avril, 26 juin-6 juil., 25 sept.-5 oct., 25 déc.-5 janv., lundi et le soir sauf sam.

PONT-DU-CASSE - 47 (Lot-et-Garonne) → Voir Agen

PONT-DU-CHÂTEAU

63430 (Puy-de-Dôme) - 10 541 hab. - Alt. 365 m - Carte régionale n° **3**-B2
Paris 418 km - Billom 13 km - Clermont-Ferrand 16 km - Riom 21 km
Carte Michelin 326-G8 - Guide Vert Michelin Auvergne

Auberge du Pont

CUISINE MODERNE • ÉLÉGANT Rodolphe Regnauld possède la fougue du vent breton (il a grandi dans la péninsule) comme le souci du détail et de la finesse : de là, des assiettes joliment travaillées, à la fois savoureuses et ludiques. Le cadre de cet ancien relais de batellerie (19e s.) séduit tout autant, comme la terrasse bordant l'Allier... Jolie sélection de vins.

Formule 25 € - Menu 30 € (déj. en semaine), 39/135 € - Carte 73/92 €

70 av. Dr.-Besserve - 04 73 83 00 36 - www.auberge-du-pont.com - Fermé 15 août-4 sept., 1er-10 janv., dim. soir, lundi et merc.

PONT-DU-GARD

30210 (Gard) - Vers Pont du Gard - Carte régionale n° **12**-D2
Paris 688 km - Alès 48 km - Arles 40 km - Avignon 26 km
Carte Michelin 339-M5

à Castillon-du-Gard 4 km au Nord-Est par D19 et D228 - 30210 - 1 513 hab. - Alt. 90 m

Le Vieux Castillon

CUISINE MODERNE • CLASSIQUE Tout autour ce ne sont que ruelles médiévales et champs de lavande... Dans ce coin de Provence inondé de lumière, cette table élégante - aux couleurs du Sud - vit au rythme des saisons et des produits gorgés de soleil.

Formule 28 € - Menu 55/120 € - Carte 53/77 €

Hôtel Le Vieux Castillon, 10 r. Turion-Sabatier - 04 66 37 61 61 - www.vieuxcastillon.fr

L'Amphitryon

CUISINE MODERNE • COSY Voûtes, pierre brute et touches modernes composent le cadre de cette demeure ancienne. Joli patio pour l'été. Cuisine régionale actualisée, ambiance à la fois chic et conviviale.

Menu 49/70 € - Carte 60/80 €

pl. 8-Mai-1945 - 04 66 37 05 04 - www.restaurant-lamphitryon.com - Fermé 2 semaines en déc., mardi et merc.

Le Vieux Castillon

LUXE • PERSONNALISÉ Au cœur de ce beau village médiéval, surplombant la région, un havre au luxe discret : vieilles pierres, patios, terrasses, décor provençal, grand confort... Le charme intemporel du Sud, à quelques encablures du pont du Gard.

30 chambres - 350/520 € 350/520 € - 3 suites

10 r. Turion-Sabatier - 04 66 37 61 61 - www.vieuxcastillon.fr

Le Vieux Castillon - voir les restaurants ci-dessus

à Collias 7 km à l'Ouest par D981, D112 et D3 - 30210 - 1 073 hab. - Alt. 45 m

Hostellerie Le Castellas

CUISINE CRÉATIVE • COSY Cette hostellerie du centre du village nous régale d'une bonne cuisine de saison, goûteuse et joliment présentée, parsemée de belles touches méridionales. Un seul exemple assez parlant : cet aïoli de printemps, une agréable surprise.

Formule 25 € - Menu 56/125 € - Carte 60/83 €

30 Grand'rue - 04 66 22 88 88 - www.lecastellas.fr - Fermé 29 janv.-1er mars, mardi et merc. sauf de mi-avril à fin oct.

Hostellerie Le Castellas

TRADITIONNEL • PERSONNALISÉ Au sein de ce village des bords du Gard - franchi par le célèbre pont romain à quelques kilomètres -, une hostellerie en pierre du pays du 17e s., avec son jardin verdoyant, ses petits coins salon et ses chambres confortables, aux styles variés (simplicité provençale, moderne chic, ethnique, etc.). Une adresse de charme !

11 chambres - 85/215 € 95/215 € - 2 suites - 20 € - ½ P

30 Grand'rue - 04 66 22 88 88 - www.lecastellas.fr - Fermé 29 janv.-1er mars

Hostellerie Le Castellas - voir les restaurants ci-dessus

à Vers-Pont-du-Gard 3,5 km au Nord par D19 et D112 - 30210 - 1 788 hab. - Alt. 40 m

La Bégude Saint-Pierre

CUISINE MODERNE • ÉLÉGANT Tout le caractère d'un mas provençal qui a traversé les siècles, l'élégance contemporaine en plus... On passe un agréable moment dans ce charmant restaurant, où la gastronomie se montre sous son jour le plus délicat. Produits de qualité et recettes joliment ciselées au menu !

Formule 23 € - Menu 32 € (déj. en semaine), 55/85 € - Carte 60/90 €

295 chemin des Bégudes (rive gauche du Gardon), D 981 - 04 66 02 63 60 - www.hotel-begude-saint-pierre.com - Fermé 26 fév.-12 mars, 12 nov.-6 déc., dim. soir à merc. en hiver, mardi de sept. à mai et lundi

La Bégude Saint-Pierre

MAISON DE CAMPAGNE • ÉLÉGANT À proximité du pont du Gard, autour d'une cour fermée, un charmant corps de bâtiment du 17e s. tout en vieilles pierres et toits de tuiles. L'ensemble a été rénové avec grand soin et joue avec réussite la sobriété contemporaine, entre design zen et luxe sage. Comment ne pas avoir le béguin pour cette Bégude ?

23 chambres - 127/385 € 127/385 € - 17 €

295 chemin des Bégudes (rive gauche du Gardon), D981 - 04 66 02 63 60 - www.hotel-begude-saint-pierre.com - Fermé 26 fév.-12 mars et 12 nov.-6 déc.

La Bégude Saint-Pierre - voir les restaurants ci-dessus

PONT-EN-ROYANS

✉ 38680 (Isère) - 803 hab. - Alt. 197 m - Carte régionale n° **24**-E2
▶ Paris 604 km - Grenoble 63 km - Lyon 143 km - Valence 45 km
Carte Michelin 333-F7 - Guide Vert Michelin Alpes du Nord

Le Musée de l'Eau

BUSINESS • FONCTIONNEL Au sein même du musée de l'Eau et surplombant la Bourne, au pied de cet étonnant village accroché à la falaise, des chambres propres et fonctionnelles ; certaines ont vue sur la montagne. Thématique aquatique oblige, on trouve un bar à eaux et une terrasse équipée de brumisateurs.

31 chambres - †45/50 € ††60/69 € - ☕ 8 € - ½ P

pl. Breuil - ✆ 04 76 36 15 53 - www.musee-eau.com - Fermé 2-15 janv.

LE PONTET - 84 (Vaucluse) → Voir Avignon

PONTGIBAUD

✉ 63230 (Puy-de-Dôme) - 720 hab. - Alt. 735 m - Carte régionale n° **3**-B2
▶ Paris 432 km - Aubusson 68 km - Clermont-Ferrand 23 km - Le Mont-Dore 37 km
Carte Michelin 326-E8 - Guide Vert Michelin Auvergne

Poste

CUISINE TRADITIONNELLE • FAMILIAL XX Les gourmands, au régime par exemple, pourront toujours cacher leur forfait en disant qu'ils vont à La Poste.... Dans cette maison de pays, au cœur d'un bourg tranquille, on se régale de recettes régionales à l'abri des regards. Chambres pour l'étape.

Formule 14 € - Menu 23/46 €

11 chambres - †49/87 € ††49/87 € - ☕ 7 €

pl. de la République - ✆ 04 73 88 70 02 - www.hoteldelaposte-pontgibaud.com - Fermé 15 fév.-9 mars, dim. soir, lundi et mardi d'oct. à juin

à La Courteix 4 km à l'Est par D941B - ✉ 63230 St-Ours :

L'Ours des Roches

CUISINE TRADITIONNELLE • ÉLÉGANT XXX Non loin de Vulcania, sous les voûtes d'une ancienne bergerie : un cadre de pierre pour une cuisine de douceur, signée par un chef amoureux du produit. Dans l'assiette, le terroir n'est jamais très loin et le rythme des saisons respecté. Une éruption de saveurs !

Formule 22 € 🍷 - Menu 32/63 € - Carte 54/90 €

La Courteix - ✆ 04 73 88 92 80 - www.oursdesroches.com - Fermé 19 sept.-4 oct., 2-22 janv., dim. soir, lundi et mardi sauf fériés

PONTIVY

✉ 56300 (Morbihan) - 13 973 hab. - Alt. 99 m - Carte régionale n° **5**-C2
▶ Paris 460 km - Lorient 59 km - Rennes 110 km - St-Brieuc 58 km
Carte Michelin 308-N6 - Guide Vert Michelin Bretagne Sud

La Pommeraie

CUISINE MODERNE • CONVIVIAL XX Cette Pommeraie à la façade framboise et citron ne manque pas de piquant ! Ici, point de pommier mais des plats tout en simplicité et finement cuisinés avec de bons produits du terroir. Le cadre est élégant et convivial, ce qui donne à l'ensemble une allure de bistrot chic. Une bonne adresse.

Formule 18 € - Menu 20 € (déj.), 37/50 € - Carte environ 42 €

17 quai du Couvent - ✆ 02 97 25 60 09 - Fermé 15 août-5 sept., 26 déc.-5 janv., lundi soir, mardi soir, sam. midi et dim.

L'Europe

URBAIN • CLASSIQUE Dans cette maison Napoléon III datant de 1850, les chambres sont délicieusement classiques (mais plus modernes sous les mansardes du 3e étage) ; on prend son petit-déjeuner dans un salon à l'élégance bourgeoise (parquet et boiseries) ou sous une jolie véranda.

17 chambres - 75/120 € 82/140 € - 12 €

12 r. François-Mitterrand - 02 97 25 11 14 - www.hotellerieurope.com - Fermé 27 déc.-8 janv.

PONT-L'ÉVÊQUE

14130 (Calvados) - 4 518 hab. - Alt. 12 m - Carte régionale n° **17**-A3

Paris 190 km - Caen 49 km - Le Havre 43 km - Rouen 78 km

Carte Michelin 303-N4 - Guide Vert Michelin Normandie Vallée de la Seine

Le Lion d'Or

TRADITIONNEL • PERSONNALISÉ Cet ancien relais de poste du 17e s. abrite des chambres fort confortables, au sobre décor (mobilier en fer forgé), la plupart en duplex, ainsi qu'un centre de soins (piscine couverte, hammam, sauna, etc.). Dans le salon, quelques objets chinés donnent un supplément d'âme au moment du petit-déjeuner.

25 chambres - 79/159 € 89/189 € - 1 suite - 12 €

8 pl. Saint Melaine - 02 31 65 01 55 - www.hotel-deauville.com

Eden Park

TRADITIONNEL • CONTEMPORAIN Un agréable ensemble de bâtiments situé sur les rives du lac de Pont-l'Évêque, en face de la base de loisirs. Les chambres sont confortables, décorées avec des meubles en bois patiné, et l'ensemble est plutôt cosy. Côté restaurant, le chef fait la part belle à la tradition et aux produits frais.

50 chambres - 60/109 € 70/140 € - 11 € - ½ P

av. de la Libération, RD48 - 02 31 64 64 00 - www.edenparkhotel.com - Fermé 19 déc.-5 janv.

à St-Martin-aux-Chartrains 3 km par D677, direction Deauville - 14130 - 400 hab. - Alt. 13 m

Manoir le Mesnil

FAMILIAL • PERSONNALISÉ Une belle demeure bourgeoise de la fin du 19e s., au cœur du pays d'Auge. Toutes différentes, les chambres distillent le charme d'une maison de famille... La propriétaire se montre des plus accueillantes, et prépare chaque matin un petit-déjeuner gourmand dont on se régale dans le salon-bibliothèque. Les hôtes sont ravis !

5 chambres - 125 € 125/185 €

750 rte de Pont-l'Evêque - 02 31 64 71 01 - www.manoirlemesnil.com - Fermé 21 déc.-3 janv.

à Pierrefitte-en-Auge 5 km au Sud-Est par D48 et D280A - 14130 - 156 hab. - Alt. 59 m

Auberge des Deux Tonneaux

CUISINE TRADITIONNELLE • RUSTIQUE On se croirait dans un pub anglais ! Elle a un charme fou, cette ravissante chaumière avec sa terrasse ombragée face à la vallée. Croustillant de cochon, boudin noir, tripes, tarte aux pommes... on cuisine avec des produits locaux, achetés chez les artisans de la région. Et les cidres normands ont leur propre carte !

Carte 34/54 €

- 02 31 64 09 31 - Fermé mardi sauf juil.-août et lundi

PONTLEVOY

41400 (Loir-et-Cher) - 1 538 hab. - Alt. 99 m - Carte régionale n° **6**-A1

Paris 211 km - Amboise 25 km - Blois 27 km - Montrichard 9 km

Carte Michelin 318-E7 - Guide Vert Michelin Châteaux de la Loire

Auberge de l'École

CUISINE TRADITIONNELLE • INTIME XX Cuisine traditionnelle dans une jolie maison ligérienne abritant deux salles rustiques, dont l'une avec cheminée. La spécialité des lieux ? La cassolette de cœur de ris de veau aux morilles. En été, on s'installe dans le jardin fleuri où murmure une fontaine... Chambres totalement rénovées ; copieux petit-déjeuner.

Formule 22 € - Menu 27/59 € - Carte 42/75 €

11 chambres - 67/97 € 67/97 € - 10 €

12 rte Montrichard - 02 54 32 50 30 (réservation conseillée) - www.hotelrestaurantdelecole.com - Fermé 2 semaines en fév., 1 semaine en août, 1 semaine en oct., 1 semaine en déc., lundi hors saison, dim. soir et merc. midi sauf fériés

PONTOISE - 95 (Val-d'Oise) → Voir Autour de Paris, (Cergy-Pontoise)

PONT-ST-PIERRE

27360 (Eure) - 1 153 hab. - Alt. 15 m - Carte régionale n° **17**-D2

Paris 106 km - Les Andelys 20 km - Évreux 47 km - Louviers 23 km

Carte Michelin 304-H5 - Guide Vert Michelin Normandie Vallée de la Seine

Auberge de l'Andelle

CUISINE TRADITIONNELLE • RUSTIQUE XX Une maison à colombages chaleureuse et charmante, dont la belle cheminée ravit les habitués. Dans l'entrée, le patron a installé un vivier, faisant du homard la star d'un menu... qui vient compléter une sympathique carte traditionnelle.

Menu 25/69 € - Carte 38/78 €

27 Grande-Rue - 02 32 49 70 18 - www.aubergedelandelle.fr - Fermé vacances de Noël et mardi soir

PONT-STE-MARIE - 10 (Aube) → Voir Troyes

PONT-SCORFF

56620 (Morbihan) - 3 407 hab. - Alt. 42 m - Carte régionale n° **5**-B2

Paris 503 km - Lanester 13 km - Lorient 13 km - Rennes 152 km

Carte Michelin 308-K8 - Guide Vert Michelin Bretagne Sud

L'Art Gourmand

CUISINE MODERNE • TENDANCE X La maison célèbre l'art sous toutes ses formes. Les artistes locaux sont à l'honneur sur les murs et, en cuisine, le chef s'exprime à travers les bons produits, en particulier le poisson. Beaucoup de simplicité, presque de la modestie, mais également un certain sens du détail, ce qui est loin d'être l'enfance de l'art...

Formule 15 € - Menu 17 € (déj. en semaine), 22/30 € - Carte 37/48 €

14 pl. de la Maison-des-Princes - 02 97 32 65 08 (réservation conseillée) - www.lartgourmand.com - Fermé 1 semaine vacances de fév., 1 semaine en juil., 1 semaine vacances de la Toussaint, mardi soir et merc.

LES PONTS-DE-CÉ - 49 (Maine-et-Loire) → Voir Angers

LES PONTS-NEUFS - 22 (Côtes-d'Armor) → Voir Hillion

PORNIC

44210 (Loire-Atlantique) - 13 937 hab. - Alt. 20 m - Carte régionale n° **18**-A2

Paris 429 km - Nantes 49 km - La Roche-s-Yon 89 km - Les Sables-d'Olonne 93 km

Carte Michelin 316-D5 - Guide Vert Michelin Pays de la Loire

Auberge La Fontaine aux Bretons

CUISINE TRADITIONNELLE • RUSTIQUE Une superbe salle à manger à la mode d'autrefois, pour une cuisine du terroir saine et savoureuse, concoctée avec de bons produits et les légumes bio du jardin. Cocotte de cochon vendéen aux aromates du potager, Saint-Jacques à la mousseline de céleri du jardin... Et une belle rôtissoire pour cuire les porcelets !

Formule 15 € - Menu 20 € (semaine), 36/56 € - Carte 41/54 €

Hôtel Auberge La Fontaine aux Bretons, chemin des Noëlles, 3 km au Sud-Est par rte de la Bernerie - 02 51 74 08 08 - www.auberge-la-fontaine.com - Fermé dim. soir et lundi de nov. à mars sauf fériés et vacances scolaires

La Poissonnerie du Môle

POISSONS ET FRUITS DE MER • CONVIVIAL Derrière le port de pêche, un restaurant installé dans l'ancienne poissonnerie des grands-parents de son actuel propriétaire. On y déguste des recettes où, évidemment, le poisson a la part belle. Les amateurs apprécieront la fraîcheur des produits, cuisinés avec un soupçon d'originalité. Cadre épuré.

Formule 22 € - Menu 29 € (déj. en semaine), 39/49 € - Carte 45/52 €

30 r. de la Marine - 02 40 21 04 86 - www.la-poissonnerie-du-mole.fr - Fermé jeudi de sept. à fév. et merc. sauf juil.-août

Alliance

HÔTEL DE CHAÎNE • PERSONNALISÉ Beau programme dans ce complexe hôtelier dressé dans une crique bordée de rochers et de pins : centre de thalasso (large palette de soins), vue sur la mer, calme, lumière et espace... Différentes options pour se restaurer : cuisine traditionnelle à La Source ou menus diététiques à La Terrasse.

118 chambres - 148/199 € 199/255 € - 2 suites - 16 € - ½ P

plage de la Source, 1 km au Sud - 02 40 82 21 21 - www.thalassopornic.com - Fermé 3-16 déc.

Auberge La Fontaine aux Bretons

AUBERGE • TRADITIONNEL Entre mer et campagne, cette ancienne ferme (1867) conserve un grand potager et des enclos avec animaux... Idéal avec des enfants ! Les chambres sont rustiques et cosy, le petit-déjeuner excellent.

32 chambres - 103/155 € 103/155 € - 15 €

chemin des Noëlles, 3 km au Sud-Est par rte de la Bernerie - 02 51 74 08 08 - www.auberge-la-fontaine.com

Auberge La Fontaine aux Bretons - voir les restaurants ci-dessus

Beau Soleil

TRADITIONNEL • FONCTIONNEL Bâtiment des années 1980 face au port et au château : la plupart des chambres offrent une jolie vue. Décor contemporain, simple et avenant. Faïence de Pornic pour le petit-déjeuner.

17 chambres - 72/100 € 72/128 € - 12 €

70 quai Leray - 02 40 82 34 58 - www.hotel-beausoleil-pornic.com

PORNICHET

44380 (Loire-Atlantique) - 10 323 hab. - Alt. 12 m - Carte régionale n° **18**-A2

Paris 444 km - La Baule 6 km - Nantes 70 km - St-Nazaire 11 km

Carte Michelin 316-B4 - Guide Vert Michelin Pays de la Loire

Château des Tourelles

LUXE • CONTEMPORAIN Sur le front de mer, difficile de manquer cette élégante demeure de 1850, avec ses tours, ses dépendances et son grand parc. On y trouve tout le confort souhaitable : piscine avec jacuzzi, plusieurs hammams et un sauna, des chambres luxueuses avec balcon donnant sur la mer... Tout simplement délicieux.

103 chambres - 180/770 € 180/770 € - 2 suites - 29 € - ½ P

1 av. Léon-Dubas - Pointe du Bec - 02 40 60 80 80 - www.thalasso-tourelles.com - Fermé 26 nov.-9 déc.

Sud Bretagne

TRADITIONNEL • COSY Entre port, commerces et plages, hôtel d'un certain cachet : chaque chambre a une vraie personnalité (design, classique, baroque, etc.) ; la moitié ouvre sur le grand jardin avec piscine. Salle à manger soignée, coquette terrasse et cuisine iodée.

30 chambres – 120/180 € 180/250 € – 14 € – ½ P

42 bd de la République – 02 40 11 65 00 – www.hotelsudbretagne.com – Fermé 23 déc.-3 janv.

Villa Flornoy

TRADITIONNEL • PERSONNALISÉ Dans un quartier résidentiel proche de l'hôtel de ville, une grande villa de style anglo-normand. Chambres assez spacieuses, colorées ou plus classiques (toile de Jouy), d'un bon rapport confort-prix. Piscine couverte, restaurant.

30 chambres – 99/149 € 99/149 € – 12 € – ½ P

7 av. Flornoy (près de l'hôtel de ville) – 02 40 11 60 00 – www.villa-flornoy.com – Fermé 15 déc.-6 janv.

Escale Océania

HÔTEL DE CHAÎNE • FONCTIONNEL Cet hôtel est très bien situé, entre la place du marché et la plage des Libraires. Au choix : chambres ou appartements, tous bien équipés et confortables.

95 chambres – 75/145 € 75/175 € – 11 €

50 av. de la Plage – 02 40 11 26 26 – www.oceaniahotels.com

Le Régent

FAMILIAL • FONCTIONNEL Un hôtel-restaurant centenaire, tenu en famille, et un lieu plein de vie ! Les chambres sont chaleureuses, plutôt modernes, certaines avec une terrasse embrassant l'Atlantique... Espace bien-être.

23 chambres – 99/199 € 99/199 € – 12 € – ½ P

150 bd des Océanides – 02 40 61 04 04 – www.le-regent.fr

PORQUEROLLES (ÎLE DE) - 83 (Var) → Voir Île de Porquerolles

PORSPODER

29840 (Finistère) - 1 781 hab. - Alt. 25 m - Carte régionale n° **5**-A1

Paris 618 km – Quimper 103 km – Rennes 266 km

Le Château de Sable

CUISINE MODERNE • ÉLÉGANT XX Julien Marseault, jeune chef revenu sur ses terres après un beau parcours en Corse, a rapidement trouvé ses marques : il sait mettre en avant les meilleurs produits du terroir breton et de la pêche locale, et ose quelques mariages originaux... Menu à petit prix au déjeuner, esprit gastronomique le soir.

→ Céphalopodes cuisinés suivant la saison. Bœuf et huîtres spéciales, pommes de terre et sabayon fumé. Fraises de Landunvez en différentes textures.

Formule 19 € – Menu 42/189 €

38 r. de l'Europe – 02 29 00 31 32 – www.lechateaudesablehotel.fr – Fermé 1er janv.-10 fév., dim. soir, lundi et mardi

Le Château de Sable

Face à la presqu'île St-Laurent – un lieu hors du temps –, un établissement à la pointe de la réglementation environnementale (bois, verre, etc.). Les chambres sont lumineuses, aux teintes douces et tournées en grande partie vers la côte sauvage et l'océan... Idéal pour se reposer entre deux châteaux de sable !

26 chambres – 105/368 € 105/368 € – 1 suite – 14 €

38 r. de l'Europe – 02 29 00 31 32 – www.lechateaudesablehotel.fr – Fermé 1er janv.-10 fév.

Le Château de Sable – voir les restaurants ci-dessus

PORT-CAMARGUE - 30 (Gard) → Voir Grau-du-Roi

PORT-CROS (ÎLE DE) - 83 (Var) → Voir Île de Port-Cros

PORT-DE-GAGNAC - 46 (Lot) → Voir Bretenoux

PORT-DE-SALLES - 86 (Vienne) → Voir l'Isle-Jourdain

PORT-DE-SECHEX - 74 (Haute-Savoie) → Voir Thonon-les-Bains

PORT-EN-BESSIN

✉ 14520 (Calvados) - Port en Bessin Huppain - 2 039 hab. - Alt. 10 m - Carte régionale n° **17**-B2
Paris 275 km - Bayeux 10 km - Caen 41 km - Cherbourg 92 km
Carte Michelin 303-H3 - Guide Vert Michelin Normandie Cotentin

Le Botaniste

CUISINE MODERNE • ÉLÉGANT XXX Panneaux de bois sculptés, superbe parquet, mobilier du 18e s. : un cadre plein de noblesse. La cuisine est aussi délicate, avec de jolies variations autour du terroir normand et d'agréables mariages de saveurs.

Menu 55/95 € - Carte 78/93 €

Hôtel La Chenevière, 1,5 km au Sud par D6 - ☏ 02 31 51 25 25 - www.le-botaniste.com - Ouvert 13 mars-10 nov. et fermé le midi

La Marine

POISSONS ET FRUITS DE MER • ÉLÉGANT XX On ne peut rêver emplacement plus idéal, face à la Manche... qu'on retrouve dans l'assiette, dédiée comme il se doit aux produits de la mer : fraîcheur garantie ! Pour ceux qui souhaitent s'attarder, huit chambres regardent l'horizon dans les yeux. Salle panoramique et agréable terrasse.

Formule 20 € - Menu 25/49 € - Carte 40/63 €

8 chambres - †50/95 € ††50/95 € - ☕10 €

5 quai Letourneur - ☏ 02 31 21 70 08 - www.hoteldelamarine.fr - Fermé 4 janv.-4 fév.

Fleur de Sel

POISSONS ET FRUITS DE MER • CONVIVIAL X Un sympathique restaurant sur le port. À la carte, des propositions simples, des fruits de mer, un menu homard : les must de la côte normande. Belle vue sur la tour Vauban de la salle à l'étage.

Menu 18/41 € - Carte 27/60 €

6 quai Félix-Faure - ☏ 02 31 21 73 01 - Fermé 5 janv.-12 fév., mardi et merc. sauf de mai à sept.

La Chenevière

DEMEURE HISTORIQUE • COSY Un havre de paix... Cette demeure normande du 18e s. et ses dépendances entourées d'un parc - lequel mérite une promenade ! - allient grâce et grand confort. Entre tissus imprimés et mobilier de style, il règne même l'esprit d'un manoir anglais...

25 chambres - †195/525 € ††195/525 € - 4 suites - ☕ 25 € - ½ P

1,5 km au Sud par D6 - ☏ 02 31 51 25 25 - www.lacheneviere.com - Ouvert 13 mars- 10 nov.

Le Botaniste - voir les restaurants ci-dessus

Mercure

HÔTEL DE CHAÎNE • CONTEMPORAIN Un complexe parfait pour les golfeurs, directement situé sur les greens du golf d'Omaha Beach. Chambres spacieuses au style contemporain, espace bien-être, esprit brasserie au restaurant.

74 chambres - †100/260 € ††100/260 € - ☕ 18 €

chemin du Colombier (sur le golf), 2 km à l'Ouest par D514 - ☏ 02 31 22 44 44 - www.mercure.com - Fermé 3-31 déc.

PORT-GOULPHAR - 56 (Morbihan) ➜ Voir Belle-Ile-en-Mer

PORT-GRIMAUD

✉ 83310 (Var) - Cogolin - Carte régionale n° **21**-C3
▶ Paris 867 km - Brignoles 63 km - Fréjus 27 km - Hyères 47 km
Carte Michelin 340-O6 - Guide Vert Michelin Côte d'Azur

Suffren

URBAIN • PERSONNALISÉ Dans un secteur semi-piéton au cœur de la "Venise provençale", on trouve cet hôtel récent et bien entretenu. Patines à l'ancienne et couleurs du Sud égayent les chambres, dont la plupart ont leur propre balcon.
19 chambres - 120/195 € 120/325 € - 13 €
16 pl. du Marché - 04 94 55 15 05 - www.hotel-suffren.com - Ouvert 31 mars-8 oct.

PORTICCIO - 2A (Corse-du-Sud) ➜ Voir Corse

PORTIRAGNES

✉ 34420 (Hérault) - 3 243 hab. - Alt. 10 m - Carte régionale n° **12**-C2
▶ Paris 762 km - Agde 13 km - Béziers 13 km - Montpellier 72 km
Carte Michelin 339-F9

Mirador

FAMILIAL • FONCTIONNEL Près du rivage, un hôtel familial aux chambres fonctionnelles et bien tenues. Certaines disposent de terrasses orientées vers les flots.
16 chambres - 58/146 € 58/146 € - 10 € - ½ P
4 bd Front-de-Mer, à Portiragnes-Plage - 04 67 90 91 33 - www.hotel-le-mirador.com - Fermé nov.-janv.

PORTIVY - 56 (Morbihan) ➜ Voir Quiberon

PORT-JOINVILLE - 85 (Vendée) ➜ Voir Île d'Yeu

PORT-LESNEY

✉ 39330 (Jura) - 556 hab. - Alt. 251 m - Carte régionale n° **9**-B2
▶ Paris 401 km - Arbois 12 km - Besançon 36 km - Dole 39 km
Carte Michelin 321-E4 - Guide Vert Michelin Franche-Comté Jura

Château de Germigney

CUISINE MODERNE • COSY Dans cet élégant Château, cossu et chic comme il se doit, la Provence et le Jura se sont unis pour le meilleur... Dans la salle voûtée, à l'orangerie ou sur la terrasse, on savoure une cuisine fine et harmonieuse, toute en simplicité, autour de produits régionaux et méditerranéens. Et le service est impeccable !

➜ Langoustine en ravioli, beurre blanc et vin jaune, fenouil. Cabillaud, compotée d'oignons aux épices, gelée d'eau de tomate et gaspacho. Chocolats noir et lait, caramel aux arachides et glace au lait d'amande.

Menu 45 € (déj.), 65/110 € - Carte 55/90 €
38 r. Edgar-Faure - 03 84 73 85 85 - www.chateaudegermigney.com - Fermé vacances de fév. et de la Toussaint, lundi midi et mardi midi

Le Bistrot Pontarlier

CUISINE FRANC-COMTOISE • BISTRO Au bord de la Loue, un grand bistrot foisonnant de bibelots chinés, une terrasse digne d'une guinguette et... une ode au terroir : comté, truite de rivière, etc. Évidemment, c'est sur une nappe à carreaux que l'on savoure le repas, généreux et canaille à souhait !
Menu 29 € - Carte 34/40 €
pl. du 8-Mai-1945 - 03 84 37 83 27 - www.bistrotdeportlesney.com - Fermé vacances de fév., de la Toussaint et de Noël, merc. et jeudi hors saison

Château de Germigney

DEMEURE HISTORIQUE · ÉLÉGANT Bucolique ! Un parc superbe, une piscine écologique (l'eau d'un étang filtrée naturellement) et ce joli manoir, avec ses grandes chambres élégantes et pleines de charme. Tissus choisis, raffinement romantique, fumoir avec une cheminée monumentale... Tout cela pour vous donner une petite idée de la vie de château.

19 chambres - 100/320 € 100/320 € - 1 suite - 19 €

38 r. Edgar-Faure - 03 84 73 85 85 - www.chateaudegermigney.com - Fermé vacances de fév. et de la Toussaint

Château de Germigney - voir les restaurants ci-dessus

PORT-LOUIS

56290 (Morbihan) - 2 685 hab. - Alt. 5 m - Carte régionale n° **5**-B2
Paris 505 km - Lorient 19 km - Pontivy 61 km - Vannes 50 km
Carte Michelin 308-K8 - Guide Vert Michelin Bretagne Sud

Avel Vor (Patrice Gahinet)

CUISINE MODERNE · ÉLÉGANT XXX Un Avel Vor ("vent de mer" en breton) souffle sur cette table au cadre contemporain et raffiné. Cet air iodé sied visiblement à la cuisine, pleine de finesse et sublimant, entre autres, les poissons fraîchement pêchés... Belle carte des vins. Trois agréables chambres contemporaines pour l'étape.

→ Filet de rouget saisi, tarte croustillante de légumes. Retour de pêche de petit bateau. Fruits caramelisés, caramel au beurre salé.

Menu 30 € (semaine), 58/90 € - Carte 75/100 €

3 chambres - 110/140 € 110/140 €

25 r. de Locmalo - 02 97 82 47 59 - www.restaurant-avel-vor.com - Fermé 1 semaine en juin, 2 semaines en oct., 3 semaines en janv., mardi sauf juil.-août, dim. soir et lundi

PORT-MANECH

29920 (Finistère) - Carte régionale n° **5**-B2
Paris 545 km - Carhaix-Plouguer 73 km - Concarneau 18 km - Quimper 44 km
Carte Michelin 308-I8 - Guide Vert Michelin Bretagne Sud

Manoir Dalmore

DEMEURE HISTORIQUE · ÉLÉGANT Un ravissant manoir de 1926, isolé au-dessus de la plage de Port-Manec'h... Une situation idyllique, avec un chemin d'accès direct à la mer ! Les chambres mêlent avec goût l'ancien (cheminées, mobilier de famille) et des notes plus épurées ; la cuisine fait la part belle aux produits de la mer.

10 chambres - 100/170 € 100/230 € - 14 € - ½ P

7 corniche de Pouldon (plage de Port-Manec'h) - 02 98 06 82 43 - www.manoirdalmore.com - Fermé 3-27 janv.

PORT-MORT

27940 (Eure) - 941 hab. - Alt. 19 m - Carte régionale n° **17**-D2
Paris 89 km - Les Andelys 11 km - Évreux 33 km - Rouen 55 km
Carte Michelin 304-I6

Auberge des Pêcheurs

CUISINE TRADITIONNELLE · RUSTIQUE XX Depuis trente ans, la passion du couple Bicot pour le métier ne se dément pas : toujours de nouveaux projets en tête, et la même envie de satisfaire les clients ! Dans ce petit village proche de la Seine, leur sympathique auberge cultive la tradition avec goût et simplicité, à l'image de cette compotée de lapin en gelée de cidre...

Formule 15 € - Menu 27 € (déj. en semaine)/37 € - Carte 40/53 €

122 Grande Rue - 02 32 52 60 43 - Fermé dim. soir, lundi soir et mardi

PORT-NAVALO - 56 (Morbihan) ➜ Voir Arzon

PORTO - 2A (Corse-du-Sud) ➜ Voir Corse

PORTO-POLLO - 2A (Corse-du-Sud) ➜ Voir Corse

PORTO-VECCHIO - 2A (Corse-du-Sud) ➜ Voir Corse

PORT-ST-PÈRE

✉ 44710 (Loire-Atlantique) - 2 820 hab. - Alt. 16 m - Carte régionale n° **18**-B2
Paris 409 km - Angers 114 km - Nantes 22 km - La Roche-sur-Yon 86 km
Carte Michelin 316-F5

Demeure Les Arabesques

MAISON DE CAMPAGNE • PERSONNALISÉ Roland Petit, Maurice Béjart et Patrick Dupont : ainsi se prénomment les chambres de ces Arabesques, créées par une ancienne professeur de danse. Entre ces murs du 16e s., l'ambiance est à la grâce et à la douceur... Un beau refuge parmi les bois et les étangs, à mi-chemin entre Nantes et Pornic.

3 chambres - 90/127 € 90/127 €

La Bogetterie, 3 km au Nord-Ouest par D103, rte du Pellerin - ✆ 02 40 47 80 42 - www.demeure-arabesques.com

PORTSALL

✉ 29830 (Finistère) - Carte régionale n° **5**-A1
Paris 616 km - Brest 29 km - Quimper 98 km - Rennes 263 km
Carte Michelin 308-C3 - Guide Vert Michelin Bretagne Nord

Les Littorines

POISSONS ET FRUITS DE MER • BISTRO À deux pas du joli port de Portsall, cette charmante maison familiale (19e s.) dégage incontestablement un air marin... La cuisine est tournée vers le large, avec pour spécialités le saumon fumé, l'aile de raie aux câpres et le "Pesked a Farz" !

Formule 15 € - Menu 22 € (semaine), 29/34 € - Carte 30/47 €

8 square de l'Aberic - ✆ 02 98 48 61 85 - Fermé de nov. à janv., dim. soir et lundi

La Demeure Océane

FAMILIAL • PERSONNALISÉ Une agréable maison bourgeoise datant de la fin du 19e s., au-dessus du port. Les chambres sont fraîches et romantiques, un peu rêveuses (Violette, Jeanne et Victor, Napoléon, etc.). Une bonne adresse pour les amoureux de paysages sauvages et naturels.

5 chambres - 70/78 € 72/82 €

20 r. Bar-Al-Lan - ✆ 02 98 48 77 42 - www.demeure-oceane.fr - Fermé 4 nov.-10 janv.

PORT-SUR-SAÔNE

✉ 70170 (Haute-Saône) - 3 022 hab. - Alt. 228 m - Carte régionale n° **9**-B1
Paris 347 km - Besançon 61 km - Bourbonne-les-Bains 46 km - Épinal 75 km
Carte Michelin 314-E6

à Vauchoux 3 km au Sud par D6 - ✉ 70170 - 126 hab. - Alt. 210 m

Château de Vauchoux (Jean-Michel Turin)

CUISINE CLASSIQUE • ÉLÉGANT Étonnant destin pour ce château, ancien relais de chasse de Louis XV devenu l'une des meilleures tables de la région ! La salle allie mobilier de style et pièces design. Dans l'assiette, en revanche, pas de mélange des genres avec une cuisine de tradition centrée sur le produit. Très belle sélection de vins.
➜ Panaché de poissons au champagne, expresso de crustacés. Volaille fermière, champignons des bois et œufs de caille. Excellence de chocolat noir et amandine glacée à la vanille Bourbon.

Menu 78/148 €

rte de la vallée de la Saône - ✆ 03 84 91 53 55 (réservation conseillée) - Fermé 20 fév.-1er mars, lundi, mardi et merc.

PORT-VENDRES

✉ 66660 (Pyrénées-Orientales) - 4 227 hab. - Alt. 3 m - Carte régionale n° **12**-B3
Paris 881 km - Montpellier 192 km - Perpignan 32 km
Carte Michelin 344-J7

Le Cèdre

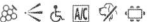

CUISINE MODERNE • COSY XX Ici, la cuisine met en valeur l'incontestable richesse du terroir catalan, et varie librement au fil des saisons : impossible de se lasser ! Quant au cadre, il appelle à la rêverie : la baie vitrée donne sur la belle terrasse et, au-delà, le port et la mer... Ce Cèdre ne manque décidément pas d'attraits.

Formule 24 € - Menu 29/38 € - Carte 44/58 €

Hôtel Les Jardins du Cèdre, 29 rte de Banyuls - ✆ 04 68 82 62 20 - www.restaurant-lecedre.com - Fermé 6 fév.-1er mars et lundi

Côte Vermeille

POISSONS ET FRUITS DE MER • CONVIVIAL XX Sous l'égide de deux frères, une belle table marine ancrée sur le port ! On revendique ici une cuisine simple et fraîche, dans le respect absolu du produit : achetés à la criée voisine, tous les poissons sont sauvages et cuisinés avec goût. Grillades et plats du marché au Côté Terrasse.

Formule 25 € - Menu 29 € (semaine), 45/56 € - Carte environ 60 €

quai du Fanal (en direction de la criée) - ✆ 04 68 82 05 71 - www.restaurantlacotevermeille.com - Fermé 3 semaines en fév.-mars, 1 semaine en nov., dim. soir et lundi sauf de juil. à sept.

Les Clos de Paulilles

CUISINE RÉGIONALE • CONVIVIAL X Prisonnier entre vignes et mer, à deux pas de la plage, le site laisse rêveur ; la maison Cazes - de grands vignerons de la région - a pris les rênes de ce domaine de 90 ha, pour le ravissement de nos sens. Les recettes, régionales, n'utilisent que des produits locaux. Ne manquez pas la superbe terrasse face aux vignes...

Menu 29 € (déj. en semaine)/39 €

baie de Paulilles - ✆ 04 68 81 49 79 - www.cazes-rivesaltes.com - Ouvert avril-nov.

Les Jardins du Cèdre

FAMILIAL • FONCTIONNEL Jolie piscine, palmiers, chambres simples - préférez celles donnant sur la mer - et... vieux cèdre du Liban : un hôtel agréable, malgré la route toute proche.

19 chambres - 72/126 € 72/156 € - 1 suite - 12 € - ½ P

29 rte de Banyuls - ✆ 04 68 82 01 05 - www.lesjardinsducedre.com - Fermé 6 fév.-1er mars

Le Cèdre - voir les restaurants ci-dessus

POTELIÈRES

✉ 30500 (Gard) - 255 hab. - Alt. 140 m - Carte régionale n° **12**-C1
Paris 700 km - Alès 20 km - Florac 82 km - Uzès 35 km
Carte Michelin 339-K3

Château de Potelières

DEMEURE HISTORIQUE • CLASSIQUE Ce château du 14e s. devenu hôtel de charme (cheminée, salon de billard, etc.) propose six chambres et trois suites. Le petit-déjeuner se prend sous l'imposante véranda. Piscine, immense verger et piste d'atterrissage ! Accueil charmant, digne d'une maison d'hôte.

6 chambres - 120/170 € 120/170 € - 3 suites - 18 €

(Le village) - ✆ 04 66 24 80 92 - www.chateau-potelieres.com - Ouvert d'avril à nov.

LA POTERIE - 22 (Côtes-d'Armor) → Voir Lamballe

POUANÇAY

✉ 86120 (Vienne) - 240 hab. - Alt. 73 m - Carte régionale n° **20**-C1
Paris 348 km - Bressuire 56 km - Poitiers 75 km - Saumur 29 km
Carte Michelin 322-F2

Trésor Belge

CUISINE FLAMANDE • RUSTIQUE XX Une "ambassade" de la cuisine flamande où l'on déguste en toute convivialité de belles spécialités belges arrosées d'une très belle sélection d'incontournables bières du "plat pays". Une adresse bien gourmande !

Menu 33/59 € - Carte 38/56 €

1 allée du Jardin-Secret - ✆ 05 49 98 72 25 (réservation conseillée) - www.tresorbelge.com - Fermé 26 juin-4 juil., 28 août-5 sept., 18 déc.-2 janv., lundi et mardi

POUILLON

✉ 40350 (Landes) - 2 953 hab. - Alt. 28 m - Carte régionale n° **2**-B3
Paris 742 km - Dax 16 km - Mont-de-Marsan 69 km - Orthez 28 km
Carte Michelin 335-F13

L'Auberge du Pas de Vent

CUISINE TRADITIONNELLE • RUSTIQUE XX Le chef, ancien de chez Passédat, est un enfant du pays et cela se sent : il met en avant les beaux produits du terroir - bœuf de Chalosse, poulet fermier des Landes... - dans des assiettes généreuses, et ne manque pas d'y apporter une touche personnelle. Service pro et efficace.

Formule 13 € - Menu 27 € - Carte 41/53 €

281 av. du Pas-de-Vent - ✆ 05 58 98 34 65 - www.auberge-dupasdevent.com - Fermé dim. soir, lundi soir, mardi soir et merc.

POUILLY-EN-AUXOIS

✉ 21320 (Côte-d'Or) - 1 555 hab. - Alt. 390 m - Carte régionale n° **4**-C2
Paris 270 km - Avallon 66 km - Beaune 42 km - Dijon 44 km
Carte Michelin 320-H6 - Guide Vert Michelin Bourgogne

Restaurant de la Poste

CUISINE TRADITIONNELLE • AUBERGE X Sur la place centrale de cette petite localité bourguignonne, cette auberge est tenue par la même famille depuis 1947. Il y règne une sympathique atmosphère champêtre et l'on déguste une cuisine traditionnelle aux accents régionaux.

Formule 15 € - Menu 21 € (semaine), 28/42 € - Carte 31/50 €

pl. de la Libération - ✆ 03 80 90 86 44 - www.hoteldelaposte-pouilly.fr - Fermé 3 semaines en nov., dim. et lundi

à Ste-Sabine 8 km au Sud-Est par D981, D977bis et D970 - ✉ 21320 - 190 hab. - Alt. 365 m

Château Sainte Sabine

CUISINE MODERNE • ÉLÉGANT XXX Dans le cadre historique du château Sainte-Sabine, né au Grand Siècle, face au parc et à son plan d'eau, une table élégante et raffinée. Quenelle de brochet aux pâtes zita et écrevisses sauce homardine, soufflé au biscuit rose et ratafia : voici les belles spécialités du nouveau chef !

Formule 18 € - Menu 26 € (déj. en semaine), 59/75 € - Carte 71/87 €

- ✆ 03 80 49 22 01 - www.saintesabine.com - Fermé 2 janv.-3 mars, merc. midi d'avril à oct.

Château Sainte Sabine

DEMEURE HISTORIQUE • PERSONNALISÉ L'art de vivre à la française imprègne ce beau château du 17e s., d'architecture classique. Chic et impeccables, les chambres jouent la carte d'une élégance intemporelle, dans une version plus "châtelaine" pour celles de la tour. Et l'on ne se lasse pas des belles échappées sur le parc environnant, où vagabondent des animaux en liberté...

22 chambres - 135/250 € 135/250 € - 14 € - ½ P

- 03 80 49 22 01 - www.saintesabine.com - Fermé 2 janv.-3 mars

Château Sainte Sabine - voir les restaurants ci-dessus

à Chailly-sur-Armançon 6,5 km à l'Ouest par D977bis - 21320 - 260 hab. - Alt. 387 m

L'Armançon

CUISINE CLASSIQUE • TRADITIONNEL XXX En ce beau château des 15e-16e s., dames et damoiseaux viennent déguster de bons plats traditionnels : foie gras de canard au cassis, filet de bœuf charolais avec des pommes savonnettes parfumées à la truffe, etc. Le tout dans un cadre pour le moins... distingué !

Menu 29 € (déj.), 54/85 € - Carte 57/78 €

Hôtel Château de Chailly - 03 80 90 30 30 - www.chailly.com - Fermé 15 fév.-4 mars, dim. soir, lundi soir et mardi soir de nov. à mars et le midi

Château de Chailly

DEMEURE HISTORIQUE • HISTORIQUE Une riche façade Renaissance, une autre grandiose et médiévale : ce château a du style ! Ses hôtes pourront musarder dans le superbe parc, s'adonner aux joies du golf ou de la natation, profiter des deux restaurants... Vous avez dit "vie de château" ?

37 chambres - 150/749 € 150/749 € - 8 suites - 23 €

- 03 80 90 30 30 - www.chailly.com - Fermé 15 fév.-4 mars

L'Armançon - voir les restaurants ci-dessus

POUILLY-LE-FORT - 77 (Seine-et-Marne) → Voir Melun

POUILLY-SOUS-CHARLIEU

42720 (Loire) - 2 534 hab. - Alt. 264 m - Carte régionale n° **23**-A1

Paris 393 km - Charlieu 5 km - Digoin 43 km - Roanne 15 km

Carte Michelin 327-D3

Loire

CUISINE TRADITIONNELLE • ÉLÉGANT XX Cette auberge, en bord de Loire, servait jadis de la friture... Aujourd'hui, c'est un joli restaurant, avec une terrasse côté jardin. On y apprécie une cuisine traditionnelle et soignée, qui privilégie les produits frais.

Formule 17 € - Menu 22 € (semaine), 34/70 € - Carte 39/80 €

r. de la Berge - 04 77 60 81 36 - www.restaurant-loire.fr - Fermé 5-16 juin, 2-13 oct., 2-23 janv., dim. soir, lundi et mardi

POUILLY-SUR-LOIRE

58150 (Nièvre) - 1 690 hab. - Alt. 168 m - Carte régionale n° **4**-A2

Paris 200 km - Bourges 58 km - Clamecy 54 km - Cosne-Cours-sur-Loire 18 km

Carte Michelin 319-A8 - Guide Vert Michelin Bourgogne

Le Coq Hardi-Relais Fleuri

CUISINE TRADITIONNELLE • CONTEMPORAIN XX Dans cette vénérable hostellerie, on s'installe dans une salle donnant sur le jardin qui borde la Loire, ou sur la terrasse ombragée pour déguster une savoureuse cuisine traditionnelle, dont les légumes du potager. Certaines des chambres ouvrent sur la verdure.

Formule 20 € - Menu 27 € (semaine), 40/67 € - Carte 58/70 €

11 chambres - 85/105 € 85/105 € - 11 €

42 av. de la Tuilerie - 03 86 39 12 99 - www.lecoqhardi.fr - Fermé 30 janv.-8 fév., 16-28 fév., 18-26 déc., 2-18 janv.

POULDREUZIC

29710 (Finistère) - 2 087 hab. - Alt. 51 m - Carte régionale n° **5**-A2
Paris 587 km - Audierne 17 km - Douarnenez 17 km - Pont-l'Abbé 15 km
Carte Michelin 308-E7 - Guide Vert Michelin Bretagne Sud

à Penhors 4 km à l'Ouest par D40 - 29710 Pouldreuzic

Breiz Armor

FAMILIAL • FONCTIONNEL Ce grand bâtiment est idéalement situé près de la plage, face au large. Les chambres, assez spacieuses, disposent d'un équipement complet (écran plat, minibar, coffre-fort), et l'on profite aussi d'un espace bien-être et d'une salle de jeux.

36 chambres - 89/106 € 89/168 € - 12 € - ½ P

à la plage - 02 98 51 52 53 - www.breiz-armor.fr - Ouvert 1er avril-10 oct. et 25-31 déc.

POULIGNY-NOTRE-DAME - 36 (Indre) → Voir La Châtre

LE POUZIN

07250 (Ardèche) - 2 785 hab. - Alt. 90 m - Carte régionale n° **23**-B3
Paris 590 km - Lyon 127 km - Privas 16 km - Valence 28 km
Carte Michelin 331-K5

La Cardinale

TRADITIONNEL • CLASSIQUE Un beau mas, un parc aux essences choisies, un élégant restaurant, une jolie piscine, des kiosques... c'est charmant ! Les chambres sont raffinées (salles de bains rétro), certaines de plain-pied dans l'annexe récente (avec terrasse). Un établissement de qualité.

8 chambres - 145/245 € 155/265 € - 15 €

quartier Serre-Petou
- 04 75 41 20 39 - www.hotel-restaurant-privas.com
- Ouvert d'avril à oct.

PRADES

66500 (Pyrénées-Orientales) - 5 851 hab. - Alt. 360 m - Carte régionale n° **12**-B3
Paris 892 km - Mont-Louis 36 km - Olette 16 km - Perpignan 46 km
Carte Michelin 344-F7

à Clara 5 km au Sud par D35 - 66500 - 243 hab. - Alt. 650 m

Les Loges du Jardin d'Aymeric

CUISINE TRADITIONNELLE • AUBERGE Au sein de ce village perché, il fait bon s'attabler dans cette maison typique de la région, lumineuse et élégante ! Le chef concocte une belle cuisine du marché avec de bons produits locaux et les légumes de son potager - son autre passion. Et s'il vous prend l'envie de rester, les chambres sont pleines de cachet...

Formule 20 € - Menu 38/58 €

3 chambres - 66/76 € 76/86 €

7 r. du Canigou
- 04 68 96 08 72 (réservation conseillée) - www.logesaymeric.com
- Fermé janv., dim. soir et lundi sauf juil.-août

LE PRADET

83220 (Var) - 11 336 hab. - Alt. 1 m - Carte régionale n° **21**-C3
Paris 842 km - Draguignan 76 km - Hyères 11 km - Toulon 10 km
Carte Michelin 340-L7 - Guide Vert Michelin Côte d'Azur

aux Oursinières 3 km au Sud par D86 – ✉ 83220 Le Pradet

La Chanterelle

CUISINE PROVENÇALE • ÉLÉGANT XX Une cuisine provençale délicate et pleine d'arômes, que l'on déguste avec plaisir dans une jolie maison en pierre (plafond en bois sculpté, jardin fleuri). Quelques spécialités de la maison : queues de crevettes rouges sautées au caramel de framboise et tuile au parmesan ; maigre au fenouil, vinaigrette à l'orange...

Formule 24 € - Menu 42 € - Carte 56/63 €

50 r. de la Tartane - ✆ 04 94 08 52 60 - www.hotel-escapade.com - Ouvert de mars à oct. et fermé lundi et mardi de sept. à avril

L'Escapade

TRADITIONNEL • PERSONNALISÉ À 100 m de la mer, un petit nid au calme, idéal pour une escapade sous le soleil. Atmosphère douillette dans des chambres rustiques, d'une tenue irréprochable ; agréable piscine avec transats à l'abri des arbres...

9 chambres - 129/239 € 129/239 € - 1 suite - 15 €

1 r. de la Tartane - ✆ 04 94 08 39 39 - www.hotel-escapade.com - Ouvert 7 mars-4 nov.

PRALOGNAN-LA-VANOISE

✉ 73710 (Savoie) – 747 hab. – Alt. 1 425 m – Carte régionale n° **23**-D2

Paris 634 km – Albertville 53 km – Chambéry 103 km – Moûtiers 28 km

Carte Michelin 333-N5 – Guide Vert Michelin Alpes du Nord

Les Airelles

FAMILIAL • MONTAGNARD Pralognan est très apprécié par les randonneurs et ces Airelles sont idéales pour un séjour nature ! Dans un hameau à l'orée de la forêt des Granges, on se sent comme chez soi dans ce beau chalet des années 1980, qui allie ambiance familiale, calme et vue sur les montagnes. Restaurant savoyard.

21 chambres - 75/90 € 92/115 € - 10 € - ½ P

418 r. des Darbelays, 1 km au Nord - ✆ 04 79 08 70 32 - www.hotel-les-airelles.fr - Ouvert 23 juin-3 sept. et 15 déc.-15 avril

Hôtel de la Vanoise

FAMILIAL • MONTAGNARD L'aîné des hôtels de cette sympathique station de montagne, au cœur de la Vanoise. Derrière une façade traditionnelle, on découvre des chambres coquettes et chaleureuses, la plupart avec balcon face aux sommets... Avis aux skieurs : les remontées mécaniques sont toutes proches.

32 chambres - 80/140 € 80/140 € - 12 € - ½ P

chemin du Dou-des-Ponts - ✆ 04 79 08 70 34 - www.hoteldelavanoise.fr - Ouvert de mi-juin à mi-sept. et 15 déc.-15 avril

LE PRARION - 74 (Haute-Savoie) → Voir Les Houches

PRATS-DE-MOLLO-LA-PRESTE

✉ 66230 (Pyrénées-Orientales) – 1 074 hab. – Alt. 740 m – Carte régionale n° **12**-B3

Paris 905 km – Céret 32 km – Perpignan 64 km

Carte Michelin 344-F8

Bellevue

CUISINE CATALANE • TRADITIONNEL XX Voilà une délicieuse découverte ! La carte fleure bon le terroir régional, et pour cause : le chef met en valeur les petits producteurs locaux, qui viennent dans la cité uniquement pour le livrer. Agneau catalan, fromage des Pyrénées... Les assiettes forment de véritables bouquets de saveurs.

Formule 20 € - Menu 32/56 € - Carte 44/60 €

Hôtel Bellevue, pl. du Foiral - ✆ 04 68 39 72 48 - www.hotel-le-bellevue.fr - Fermé 27 nov.-9 fév., mardi de nov. à avril et merc.

Bellevue

FAMILIAL • FONCTIONNEL Cet hôtel trône sur la place du village, au pied des remparts médiévaux. Les chambres sont fonctionnelles. Idéal pour une étape dans cette pittoresque cité frontalière.

14 chambres - 🚹54/68 € 🚹🚹64/86 € - ☕10 € - ½ P

pl. du Foiral - ✆ 04 68 39 72 48 - www.hotel-le-bellevue.fr - Fermé 27 nov.-9 fév., mardi de nov. à avril et merc.

Bellevue - voir les restaurants ci-dessus

PRATZ

✉ 39170 (Jura) - 568 hab. - Alt. 682 m - Carte régionale n° **9**-B3

▶ Paris 460 km - Besançon 130 km - Genève 113 km - Lons-le-Saunier 47 km

Carte Michelin 321-E8

Les Louvières

CUISINE MODERNE • ÉPURÉ Cette ferme de pays a été rénovée dans un esprit chic et contemporain, sans rien renier de son cachet montagnard. Un endroit vraiment sympathique, où l'on savoure une cuisine créative alléchante et de bons vins du monde.

Menu 49 €

- ✆ 03 84 42 09 24 - www.leslouvieres.com - Ouvert 8-14 fév., de avril à mi-nov. et fermé dim. soir, lundi et mardi

LE PRAZ - 73 (Savoie) ➔ Voir Courchevel

LES PRAZ-DE-CHAMONIX - 74 (Haute-Savoie) ➔ Voir Chamonix-Mont-Blanc

PRAZ-SUR-ARLY

✉ 74120 (Haute-Savoie) - 1 305 hab. - Alt. 1 036 m - Carte régionale n° **25**-F1

▶ Paris 602 km - Albertville 28 km - Chambéry 79 km - Chamonix-Mont-Blanc 37 km

Carte Michelin 328-M5

La Griyotire

AUBERGE • TRADITIONNEL Un élégant chalet savoyard, à la fois central et paisible, avec des chambres charmantes et cosy. Piscine intérieure, sauna et massages, restaurant montagnard (spécialités traditionnelles et régionales) : les vacances en version alpine, tout simplement !

16 chambres - 🚹88/152 € 🚹🚹96/216 € - 5 suites - ☕16 € - ½ P

50 rte de La Tonnaz - ✆ 04 50 21 86 36 - www.griyotire.com - Ouvert mi-juin à mi- sept. et mi-déc. à mi-avril

PREIGNAC - 33 (Gironde) ➔ Voir Langon

PRÉNERON - 32 (Gers) ➔ Voir Vic-Fezensac

PRENOIS - 21 (Côte-d'Or) ➔ Voir Dijon

LE PRÉ-ST-GERVAIS - 93 (Seine-Saint-Denis) ➔ Voir Autour de Paris

PRINGY

✉ 77310 (Seine-et-Marne) - 2 549 hab. - Alt. 70 m - Carte régionale n° **10**-C2

▶ Paris 50 km - Évry 17 km - Melun 11 km - Orléans 140 km

Carte Michelin 312-E4

L'Inédit (Eddy Creuzé)

CUISINE MODERNE · TENDANCE Une image de l'Inédit ? Cette entrée : un capuccino de pommes de terre de Noirmoutier bien crémeux, avec un foie gras savamment poêlé et un jus à la truffe noire parfumé. Une belle association, qui illustre l'esprit de création du chef et son goût pour les produits nobles – comme la truffe, mise en avant en saison !

→ Cappuccino de pomme de terre de Noirmoutier, foie gras de canard rôti, jus périgueux. Lièvre de Beauce à la royale. Glace à la truffe noire.

Formule 35 € – Menu 48/135 € – Carte 85/120 €

20 av. de Fontainebleau, D607 – 01 60 65 57 75 – www.linedit.fr – Fermé 31 juil.-31 août, 24 déc.-1er janv., dim. soir, mardi et merc.

PRIVAS

07000 (Ardèche) – 8 352 hab. – Alt. 300 m – Carte régionale n° **23**-B3

Paris 596 km – Montélimar 34 km – Le Puy-en-Velay 91 km – Valence 41 km

Carte Michelin 331-J5 – Guide Vert Michelin Ardèche Drôme

La Boria (N)

CUISINE MODERNE · CONVIVIAL La Boria ? Une petite pépite, tout simplement ! Le jeune chef valorise le meilleur du terroir ardéchois dans des assiettes raffinées, résolument modernes, où le visuel et le goût vont toujours de pair. On profite de ces douceurs dans une salle à manger d'esprit rétro, joliment relookée, où l'on se sent bien.

Formule 14 € – Menu 18 € (déj. en semaine), 28/40 €

3 cours du Palais – 04 75 64 48 48 – Fermé dim. soir, lundi soir et mardi soir

PROJAN

32400 (Gers) – 162 hab. – Alt. 157 m – Carte régionale n° **15**-A2

Paris 742 km – Pau 42 km – Tarbes 60 km – Toulouse 169 km

Carte Michelin 336-A8

Le Château de Projan

DEMEURE HISTORIQUE · PERSONNALISÉ Ambiance de maison d'hôtes dans ce château blotti dans un parc au sommet d'une colline. Beau mobilier ancien et tableaux contemporains ornent chambres et salons. Lumineuse salle à manger prolongée d'une terrasse où l'on sert des plats régionaux. Cours de cuisine.

7 chambres – 110/130 € 130/180 € – 15 € – ½ P

500 rte du Château – 05 62 09 46 21 – www.chateau-de-projan.com – Fermé 1 semaine vacances de la Toussaint, 19-26 déc., début janv.-début mars, dim. et lundi

PROPRIANO – 2A (Corse-du-Sud) → Voir Corse

PROVINS

77160 (Seine-et-Marne) – 12 161 hab. – Alt. 91 m – Carte régionale n° **10**-D2

Paris 88 km – Châlons-en-Champagne 98 km – Fontainebleau 55 km – Sens 47 km

Carte Michelin 312-I4 – Guide Vert Michelin Île-de-France

Aux Vieux Remparts

TRADITIONNEL · PERSONNALISÉ Ces Vieux Remparts évoquent tout le charme de la cité médiévale : dans trois maisons attenantes, les chambres se révèlent raffinées et cosy – et plus loin du Moyen Âge, certaines adoptent même un agréable esprit contemporain, sans parler du spa. L'adresse comblera aussi les gros appétits, avec pas moins de quatre restaurants !

42 chambres – 139/319 € 159/359 € – 18 € – ½ P

Plan : A1-b – *3 r. Couverte – ville haute (cité médiévale) – 01 64 08 94 00 – www.auxvieuxremparts.com*

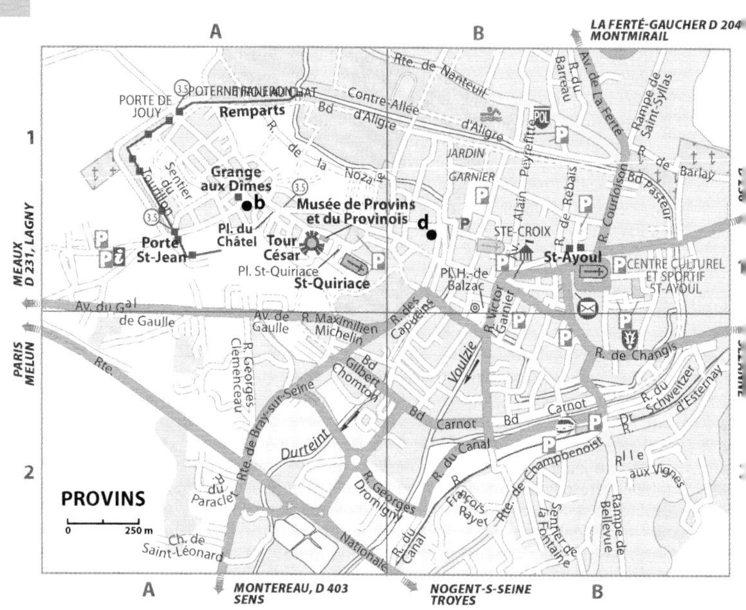

Demeure des Vieux Bains

HISTORIQUE • PERSONNALISÉ Une belle demeure seigneuriale (12e-17e s.) à flanc de colline. Le nom de chaque chambre évoque son élégant décor : Hortensia, Pleyel (avec hammam), Flamande (avec balnéo)…

5 chambres – 120/280 € 180/320 €

Plan : B1-d – *7 r. du Moulin-de-la-Ruelle (au pied de la cité médiévale) – 06 74 64 54 00 – www.demeure-des-vieux-bains.com*

PRUNETE – 2B (Haute-Corse) ➜ Voir Corse (Cervione)

PUJAUDRAN – 32 (Gers) ➜ Voir L'Isle-Jourdain

PUJAUT

30131 (Gard) – 4 068 hab. – Alt. 70 m – Carte régionale n° **12**-D2

Paris 683 km – Marseille 117 km – Montpellier 95 km – Orange 23 km

Carte Michelin 339-N4

Entre Vigne et Garrigue (Serge et Maxime Chenet)

CUISINE MODERNE • CLASSIQUE XXX Un cadre authentique – une ferme provençale isolée, entre falaises et vignobles – et une savoureuse cuisine du marché, bien dans son époque. Produits nobles, légumes et fruits de saison ont les faveurs des chefs, père et fils… Chambres au décor soigné, dans l'esprit d'une maison d'hôtes.

➜ Nage mousseuse de homard au parfum de réglisse. Poitrine de pigeonneau des Costières aux fines épices. Duo de fraises et d'olives noires confites, glace à l'huile d'olive.

Formule 38 € – Menu 55/125 €

5 chambres – 125/175 € 160/180 €

600 rte de St-Bruno, 2 km au Sud-Ouest – 04 90 95 20 29 (réservation conseillée) – www.vigne-et-garrigue.com – Fermé 4-14 sept., 7-31 janv., mardi d'oct. à mai, dim. soir de juin à sept. et lundi

PUJOLS - 47 (Lot-et-Garonne) ➔ Voir Villeneuve-sur-Lot

PUJOLS

✉ 33350 (Gironde) - 594 hab. - Alt. 60 m - Carte régionale n° **2**-C2
▶ Paris 560 km - Bordeaux 51 km - Mérignac 68 km - Pessac 63 km
Carte Michelin 335-K6 - Guide Vert Michelin Aquitaine

La Poudette

CUISINE MODERNE • AUBERGE Dans le jardin courent poules et oies... Quoi de plus naturel dans une ancienne ferme ? Ici, on est vraiment à la campagne et l'on se régale d'une jolie cuisine de produits, fraîche et fine. Et pour se mettre au vert, il y a aussi deux confortables chambres.

Formule 22 € - Menu 35/45 € - Carte environ 55 €

La Rivière, par D17 - ✆ 05 57 40 71 52 - www.lapoudette.com - Fermé mi-déc. à fin-janv. et lundi

Les Gués Rivières

FAMILIAL • PERSONNALISÉ Sur la place du village, une maison locale (1854) avec des chambres mignonnes et bien tenues... L'atout charme des lieux ? Une superbe terrasse surplombant les vignes et St-Émilion, sur laquelle on peut prendre le petit-déjeuner - gargantuesque ! - et se restaurer d'une agréable cuisine du Sud-Ouest.

4 chambres - 70/80 € 80 €

5 pl. du Gén. de Gaulle - ✆ 05 57 40 74 73 - http://margotte.olivier.pagesperso-orange.fr - Fermé 20 déc.-5 janv.

PULIGNY-MONTRACHET

✉ 21190 (Côte-d'Or) - 384 hab. - Alt. 227 m - Carte régionale n° **4**-A3
▶ Paris 329 km - Dijon 59 km - Lons-le-Saulnier 121 km - Mâcon 82 km
Carte Michelin 320-I8 - Guide Vert Michelin Bourgogne

Le Montrachet

CUISINE CLASSIQUE • ÉLÉGANT Classique et élégant : voilà qui qualifie à merveille ce restaurant - tout en poutres et pierres apparentes - et la cuisine de saison que l'on y sert... À noter également, la très belle cave de 1000 références dont plus de 200 grands crus.

Menu 32 € (déj.), 64/96 € - Carte 80/105 €

Hôtel Le Montrachet, 10 pl. du Pasquier-de-la-Fontaine (ex pl. des Marronniers) - ✆ 03 80 21 30 06 - www.le-montrachet.com - Fermé 26 nov.-11 janv.

La Maison d'Olivier Leflaive

LUXE • CONTEMPORAIN Authentique bâtisse du 17e s. avec de belles chambres d'esprit baroque. Les vins du domaine sont bien sûr à l'honneur : visite des caves et vignes, dégustation dans le beau salon contemporain... Idéal pour la clientèle d'affaires.

13 chambres - 140/265 € 140/265 € - 16 €

10 pl. du Monument - ✆ 03 80 21 95 27 - www.maison-olivierleflaive.fr - Fermé 21 déc.-5 fév.

Le Montrachet

TRADITIONNEL • CLASSIQUE Sur une place tranquille, une belle bâtisse en pierre de pays et ses dépendances ; en fait l'auberge du village peu à peu métamorphosée en hôtel cossu. Les chambres, spacieuses et classiques (plafonds à la française...), sont bien agréables.

31 chambres - 152/166 € 173/307 € - 18 € - ½ P

10 pl. du Pasquier-de-la-Fontaine (ex pl. des Marronniers) - ✆ 03 80 21 30 06 - www.le-montrachet.com - Fermé 26 nov.-11 janv.

Le Montrachet - voir les restaurants ci-dessus

La Chouette

FAMILIAL • COSY Une maison paisible et chaleureuse, un jardin donnant sur les vignes, de grandes chambres au décor soigné : chouette ! Et le petit-déjeuner est délicieux, avec ses gâteaux et confitures maison, ses charcuteries et ses fromages...

6 chambres ☕ - 🚹135/145 € 🚹🚹150/160 €

3 bis r. des Creux-de-Chagny - ✆ 03 80 21 95 60 - www.la-chouette.fr - Fermé 1er déc.-2 janv.

Domaine des Anges

AGRITOURISME • COSY D'une propriété viticole au cœur du village, ce couple de la bonne société anglaise a fait un lieu very charming... Meubles d'antiquaire, poutres, moulures, cuisine bourgeoise à la table d'hôte : pittoresque et so french ! Quant au breakfast et à l'afternoon tea, ils séduisent par leur majesté toute britannique.

4 chambres ☕ - 🚹90/140 € 🚹🚹90/140 €

pl. du Pasquier-de-la-Fontaine (ex pl. des Marronniers) - ✆ 03 80 21 38 28 - Fermé 17 déc.-3 janv.

PUPILLIN - 39 (Jura) ➜ Voir Arbois

PUTEAUX - 92 (Hauts-de-Seine) ➜ Voir Autour de Paris

PUYCELCI

✉ 81140 (Tarn) - 474 hab. - Alt. 258 m - Carte régionale n° **15**-C2

▶ Paris 637 km - Albi 44 km - Gaillac 25 km - Montauban 40 km

Carte Michelin 338-C7

L'Ancienne Auberge

AUBERGE • PERSONNALISÉ Au cœur d'un village fortifié authentique et charmant, ce presbytère du 13e s. s'est mué en une auberge de caractère. Dans les chambres cohabitent meubles anciens et confort d'aujourd'hui et, au bistrot, la cheminée médiévale fait son petit effet : du style, c'est certain !

8 chambres - 🚹85/125 € 🚹🚹90/125 € - ☕ 10 € - ½ P

pl. de l'Église - ✆ 05 63 33 65 90 - www.ancienne-auberge.com - Fermé fév.

LE PUY-EN-VELAY

✉ 43000 (Haute-Loire) - 18 599 hab. - Alt. 629 m - Carte régionale n° **3**-C3

▶ Paris 539 km - Clermont-Ferrand 129 km - Mende 87 km - St-Étienne 76 km

Carte Michelin 331-F3 - Guide Vert Michelin Ardèche Drôme

Tournayre

CUISINE TRADITIONNELLE • RUSTIQUE XX Croisées d'ogives, boiseries, fresques... Le cadre rare et charmant d'une ancienne chapelle du 16e s. ! La cuisine y est gardienne d'une certaine tradition, pour le meilleur (lentilles, veau du Velay, jambon cru d'Auvergne, fromages, etc.).

Menu 29/75 € - Carte 49/77 €

Plan : A2-f - *12 r. Chênebouterie - ✆ 04 71 09 58 94 - www.restaurant-tournayre.com - Fermé 1er-10 sept., 21 déc.-20 janv., mardi sauf juil.-août, dim. soir et lundi*

Bambou et Basilic

CUISINE MODERNE • CONVIVIAL XX Cette petite maison du centre historique mise tout sur la fraîcheur ! S'inspirer des bons produits du terroir : tel est le credo de ses jeunes et sympathiques propriétaires, qui aiment aussi apporter cette touche de modernité qui fait la différence. Et côté prix, on est loin du coup de bambou...

Menu 23 € (déj. en semaine), 29/64 € - Carte 44/55 €

Plan : A2-b - *18 r. Grangevieille - ✆ 04 71 09 25 59 - www.bambou-basilic.com - Fermé 10-19 sept., dim. soir de nov. à avril, lundi et mardi*

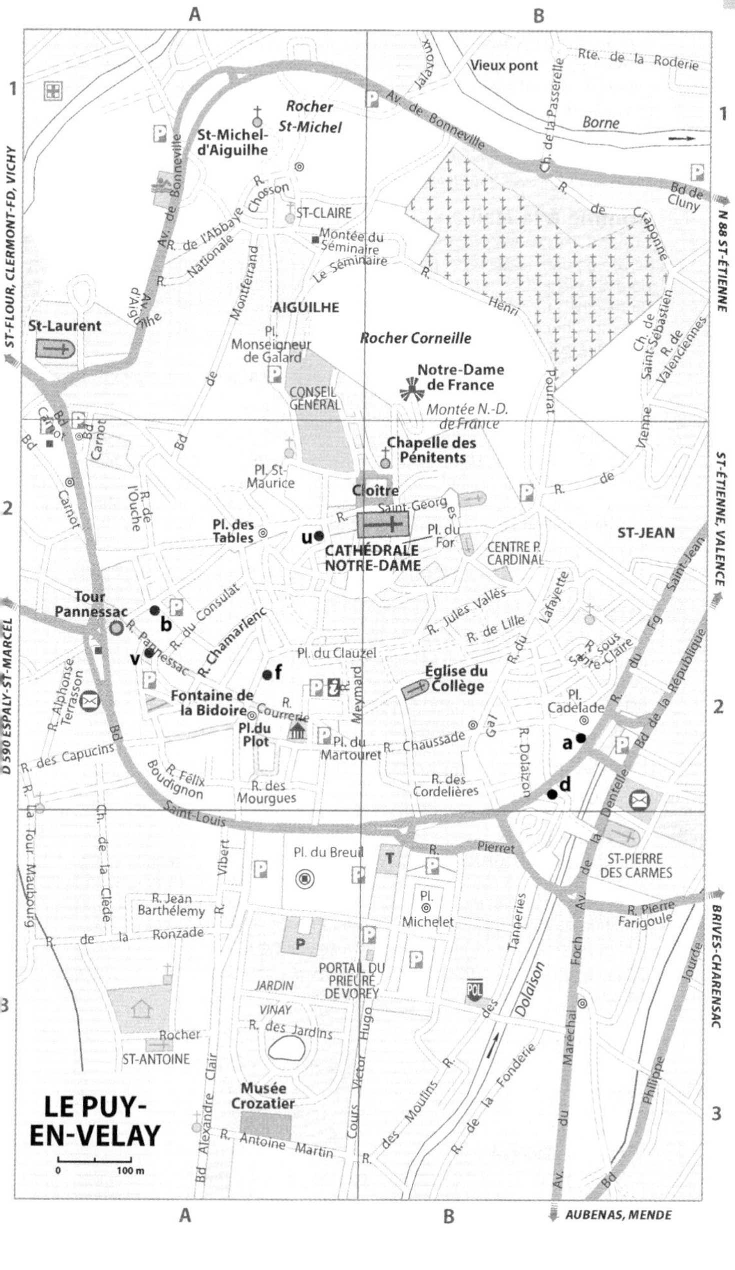

LE PUY-EN-VELAY
0
100 m
A
B
1
2
3
ST-FLOUR, CLERMONT-FD, VICHY
N 88 ST-ÉTIENNE
ST-ÉTIENNE, VALENCE
D 590 ESPALY-ST-MARCEL
BRIVES-CHARENSAC
AUBENAS, MENDE
Vieux pont
Rte. de la Roderie
Borne
Av. de Bonneville
Jalavoux
Ch. de la Passerelle
Bd de Cluny
Rocher St-Michel
St-Michel-d'Aiguilhe
ST-CLAIRE
R. Chosson
R. de l'Abbaye
R. Nationale
Montée du Séminaire
Le Séminaire
R. de Montferrand
R. Henri Pourrat
R. de Craponne
Ch. de Saint-Sébastien
R. de Valenciennes
Av. d'Aiguilhe
AIGUILHE
St-Laurent
Pl. Monseigneur de Galard
Rocher Corneille
Notre-Dame de France
Montée N.-D. de France
CONSEIL GÉNÉRAL
Bd Carnot
Chapelle des Pénitents
Pl. St-Maurice
Cloître
R. Saint-Georges
Pl. du For
CATHÉDRALE NOTRE-DAME
CENTRE P. CARDINAL
R. de Vienne
ST-JEAN
R. de l'Ouche
Pl. des Tables
u
Tour Pannessac
b
v
R. Pannessac
R. du Consulat
R. Chamarlenc
R. Jules Vallès
R. de Lille
R. du Lafayette
R. sous Sainte-Claire
Fg Saint-Jean
Pl. du Clauzel
f
R. Meymard
Église du Collège
Fontaine de la Bidoire
R. Courrerie
Pl. du Plot
Pl. du Martouret
R. Chaussade
R. Gal
Pl. Cadelade
a
d
R. Dolaizon
Bd de la République
R. Alphonse Terrasson
R. des Capucins
R. Félix Boudignon
R. des Mourgues
R. des Cordelières
Bd Saint-Louis
R. Pierret
Av. de la Dentelle
ST-PIERRE DES CARMES
R. la Tour Maubourg
Ch. de la Clède
R. Vibert
Pl. du Breuil
T
Pl. Michelet
R. Pierre Farigoule
R. Jean Barthélemy
R. de la Ronzade
P
PORTAIL DU PRIEURÉ DE VOREY
JARDIN VINAY
R. des Jardins
R. des Tanneries
POL
Dolaison
Av. du Maréchal Foch
R. Jourde
Rocher ST-ANTOINE
Bd Alexandre Clair
Musée Crozatier
Cours Victor Hugo
R. Antoine Martin
R. des Moulins
R. de la Fonderie
Bd Philippe

Le Poivrier

CUISINE TRADITIONNELLE • BISTRO X Un design épuré, du skaï, des expositions de photographies, de la musique jazzy : un lieu branché et chaleureux. Agréable paradoxe, on sert de la cuisine du terroir et des spécialités de viande de bœuf de Haute-Loire.

Formule 15 € – Menu 25 € (semaine), 28/36 € – Carte 49/57 €

Plan : A2-v – *69 r. Pannessac – ☏ 04 71 02 41 30 – www.lepoivrier.fr – Fermé lundi sauf le soir en août, mardi soir sauf en août et dim.*

Comme à la Maison

CUISINE MODERNE • CONVIVIAL X Déclinaison autour de la tomate, magret et écrasé de pomme de terre, crème brûlée, etc. Le jeune chef de ce bistrot contemporain – niché dans la vieille ville, au pied de la cathédrale – joue la carte "cuisine du marché". La terrasse dans le patio s'avère être un petit havre de paix… et l'on se sent comme à la maison.

Formule 20 € – Menu 46 € – Carte 41/50 €

Plan : A2-u – *7 r. Séguret – ☏ 04 71 02 94 73 – www.guillaume-fourcade.fr – Fermé 19-25 sept., 3-10 janv., merc. soir et dim.*

Regina

FAMILIAL • FONCTIONNEL Ce bel immeuble (1905) flanqué d'une tourelle possède un indéniable cachet. Ses chambres, fonctionnelles et généralement spacieuses, sont décorées avec goût dans un style contemporain. Au restaurant, cuisine de tradition et plats méditerranéens.

25 chambres – †76/122 € ††85/122 € – ☕ 12 € – ½ P

Plan : B2-d – *34 bd Mar.-Fayolle – ☏ 04 71 09 14 71 – www.hotelrestregina.com*

Ibis Styles

HÔTEL DE CHAÎNE • CONTEMPORAIN Très central, un hôtel de chaîne décoré dans un style contemporain et plutôt vitaminé, avec des chambres bien équipées. Le bon plan : les chambres familiales à prix doux.

50 chambres ☕ – †89/121 € ††99/131 €

Plan : B2-a – *47 bd du Mar.-Fayolle – ☏ 04 71 09 32 36 – www.lepuy-hotels.com*

à Espaly-St-Marcel 3 km au Nord-Ouest par N102 – ✉ 43000 – 3 511 hab. – Alt. 650 m

L'Ermitage

CUISINE TRADITIONNELLE • ÉLÉGANT XX Cette ancienne grange joliment restaurée a conservé son cachet rustique et le petit côté nature de ses origines. La terrasse est sympathique ; on s'attable avec plaisir pour apprécier une cuisine de tradition qui ne manque pas de finesse ! Et en hiver, il y a la cheminée…

Formule 21 € – Menu 28/60 € – Carte 38/60 €

73 av. de l'Ermitage, rte de Clermont-Ferrand – ☏ 04 71 04 08 99 (réservation conseillée) – Fermé 22 août-5 sept., 2-23 janv., dim. soir, merc. soir et lundi

PUYLAURENS

✉ 81700 (Tarn) – 3 239 hab. – Alt. 350 m – Carte régionale n° **15**-C2

Paris 726 km – Albi 62 km – Carcassonne 72 km – Toulouse 51 km

Carte Michelin 338-E9 – Guide Vert Michelin Midi Toulousain

Cap de Castel

CUISINE MODERNE • COSY X Sur l'agréable terrasse, toisant les Pyrénées lointaines et la Montagne noire toute proche, on déguste la délicate cuisine de Xavier Mannier. Saveurs et textures sont au rendez-vous, comme les bons produits locaux. Un avant-goût du paradis !

Menu 33 € – Carte environ 75 €

36 r. du Cap-de-Castel – ☏ 05 63 70 21 76 – www.capdecastel.com – Fermé 1er janv.-10 fév., dim. et le midi

Cap de Castel

MAISON DE CAMPAGNE · PERSONNALISÉ Ici, tout est beau dans sa simplicité : l'accueil souriant, le charme d'une maison du pays, les chambres pleines de caractère réparties dans deux demeures historiques (16e et 18e s.)... Sans oublier la petite piscine et sa vue sur la campagne !

11 chambres - 80/150 € 96/180 € - 15 € - ½ P

36 r. du Cap-de-Castel - 05 63 70 21 76 - www.capdecastel.com - Fermé 1er janv.-10 fév.

Cap de Castel - voir les restaurants ci-dessus

PUY-L'ÉVÊQUE

46700 (Lot) - 2 044 hab. - Alt. 130 m - Carte régionale n° **15**-B1

Paris 601 km - Agen 71 km - Cahors 31 km - Gourdon 41 km

Carte Michelin 337-C4

Côté Lot et Bellevue

CUISINE RÉGIONALE · FAMILIAL Cet établissement mérite bien son nom ! Depuis la salle surplombant le Lot, la vue est à couper le souffle. Côté cuisine, le chef travaille les beaux produits du terroir. Côté hôtel, les chambres sont claires et confortables... et le panorama toujours aussi admirable.

Formule 17 € - Menu 21 € (déj. en semaine)/36 €

11 chambres - 68/96 € 76/96 € - 10 €

pl. de la Truffière - 05 65 36 06 60 - www.hotelbellevue-puyleveque.com - Ouvert mars-nov. et fermé merc. soir hors saison, dim. soir et lundi

à Mauroux 12 km au Sud-Ouest par D8 et D5 - 46700 - 522 hab. - Alt. 213 m

Hostellerie le Vert

MAISON DE CAMPAGNE · TRADITIONNEL Ambiance chaleureuse dans cette ferme quercynoise du 17e s. perdue en pleine nature. Dans les chambres, le mobilier de style cohabite avec les meubles campagnards. Cuisine réalisée à partir de produits frais et bio, au gré de l'inspiration.

6 chambres - 85/130 € 85/130 € - 10 € - ½ P

Lieu-dit "Le Vert" - 05 65 36 51 36 - www.hotellevert.com - Ouvert avril-oct.

à Anglars-Juillac 8 km à l'Est par D811 et D67 - 46140 - 341 hab. - Alt. 98 m

Clau del Loup

CUISINE MODERNE · ÉLÉGANT Une belle demeure en pierre (1818), un univers feutré et une cuisine gastronomique aux accents du Sud, savoureuse et réalisée avec des produits de qualité, signée par un enfant du pays. Conquis ? Si oui, des chambres agréables et soignées permettent de ne pas refermer trop vite cette douce parenthèse.

Formule 13 € - Menu 30/75 € - Carte 33/60 €

5 chambres - 90/150 € 95/155 € - 13 €

Métairie Haute, D8 - 05 65 36 76 20 - www.claudelloup.com - Fermé 1 semaine en janv. et 2 semaines en nov.

PUYMIROL

47270 (Lot-et-Garonne) - 967 hab. - Alt. 153 m - Carte régionale n° **2**-C2

Paris 649 km - Agen 17 km - Moissac 35 km - Villeneuve-sur-Lot 30 km

Carte Michelin 336-G4 - Guide Vert Michelin Aquitaine

Michel Trama

CUISINE CRÉATIVE · ÉLÉGANT Le hamburger de foie gras - un classique - résume l'esprit du style Michel Trama : entre terroir et invention, artifice et vérité... Sous des voûtes du 13e s., le décor ne laisse pas indifférent : fastueux, dandy, énigmatique !

→ Papillote de pomme de terre en habit vert à la truffe. Hamburger de foie gras chaud aux cèpes. Cristalline de pomme verte.

Menu 75 € (semaine), 115 € /150 € - Carte 120/190 €

52 r. Royale - 05 53 95 31 46 - www.aubergade.com - Fermé 20-30 nov., 2-23 janv., dim. soir d'oct. à juin, lundi sauf le soir de juil. à sept. et mardi midi

La Poule d'Or

CUISINE CLASSIQUE • BISTRO Au sein de sa maison mère – le fameux restaurant de Michel Trama –, cette Poule d'Or a tout d'une auberge chic. Au menu : du grand classique de bistrot, dans le droit fil de la (belle) tradition française : pâté pantin, parmentier de queue de bœuf... Tout est maîtrisé, savoureux et gourmand. Une adresse en or !

Formule 20 € – Menu 29 € (déj. en semaine), 31/39 €

Hôtel Michel Trama, 52 r. Royale – 05 53 95 29 00 – www.aubergade.com – Fermé 20-30 nov., 2-23 janv., dim. soir et lundi soir d'oct. à juin, lundi midi et mardi midi

Michel Trama

HISTORIQUE • PERSONNALISÉ Drapés de soie, baldaquins, mobilier 19e s., tons cramoisi et pourpre, etc. Au cœur de la campagne agenaise, ce décor opulent et théâtral est signé Jacques Garcia. Étape luxueuse et onirique entre ces murs superbes des 13e-17e s. !

9 chambres – 220/420 € 220/420 € – 1 suite – 29 € – ½ P

52 r. Royale – 05 53 95 31 46 – www.aubergade.com – Fermé 20-30 nov., 2-23 janv.

Michel Trama • **La Poule d'Or** – voir les restaurants ci-dessus

LE PUY-STE-RÉPARADE

13610 (Bouches-du-Rhône) – 5 389 hab. – Alt. 198 m – Carte régionale n° **21**-B3

Paris 748 km – Avignon 69 km – Marseille 52 km – Toulon 106 km

Carte Michelin 340-H4

Villa du Château La Coste (N)

GRAND LUXE • CONTEMPORAIN Ce superbe hôtel, bien caché dans la nature, ne manque pas d'atouts : les chambres, parées de couleurs claires et de mobilier des années 1950, offrent une magnifique vue sur le domaine. Quant à la terrasse, elle accueille une belle piscine entourée de pins et un point de restauration. Du cachet !

28 suites – 600/2500 € – 2 chambres

2750 rte de la Cride – 04 42 61 92 90 – www.villalacoste.com

PYLA-SUR-MER – 33 (Gironde) → Voir Arcachon

QUARRÉ-LES-TOMBES

89630 (Yonne) – 730 hab. – Alt. 457 m – Carte régionale n° **4**-B2

Paris 233 km – Auxerre 73 km – Avallon 18 km – Château-Chinon 49 km

Carte Michelin 319-G7 – Guide Vert Michelin Bourgogne

Le Morvan

CUISINE MODERNE • FAMILIAL Un petit salon feutré et une salle cosy, des poutres apparentes, une belle horloge comtoise... Tout invite à la découverte du terroir, joliment revisité par le chef, au plus près des saisons. L'été, attablez-vous dans le jardin fleuri et musardez au soleil ! Une bonne étape à l'entrée du Parc naturel régional du Morvan.

Menu 25/55 € – Carte 40/60 €

8 chambres – 65/87 € 70/92 € – 11 €

6 r. des Écoles (face au parc municipal) – 03 86 32 29 29 – www.le-morvan.fr – Fermé 14 déc.-3 mars, merc. midi, lundi et mardi

Hôtel du Nord - restaurant Le Saint Georges

CUISINE TRADITIONNELLE • VINTAGE Ambiance rétro et conviviale dans cette maison située au cœur du village, en face de l'église St-Georges. La cuisine célèbre joyeusement le terroir – terrine de foies de volaille, œufs en meurette, joues de porc à la bourguignonne – et quelques chambres sont disponibles pour l'étape.

Menu 20/42 € – Carte 32/48 €

8 chambres – 50/60 € 68/78 € – 9 €

25 pl. de l'Église – 03 86 32 29 30 – www.hoteldunord-morvan.com – Fermé 3 nov.-20 fév., lundi et jeudi

aux Lavaults 5 km au Sud-Est par D10

Auberge de l'Âtre

CUISINE CLASSIQUE • TRADITIONNEL XXX Au bord d'une route de campagne, cette ferme distille un charme rustique et authentique… Pour ne rien gâter, la carte célèbre les bons vins et le terroir (spécialité de champignons), et les desserts sont particulièrement soignés. Chambres très bien tenues, agréables pour une étape.

Formule 30 € – Menu 36 € (semaine), 59/65 € – Carte 48/83 €

7 chambres – 60/70 € 85/96 € – 10 €

– 03 86 32 20 79 (réservation conseillée) – www.auberge-de-latre.com – Fermé 16 fév.-10 mars, 19-29 juin, lundi et mardi

LES QUELLES – 67 (Bas-Rhin) → Voir Schirmeck

QUÉVEN

56530 (Morbihan) – 8 707 hab. – Alt. 50 m – Carte régionale n° **5**-B2

Paris 505 km – Rennes 154 km – Vannes 61 km – Lorient 9 km

Carte Michelin 308-K8

Manoir des Éperviers

MAISON DE CAMPAGNE • PERSONNALISÉ Dans un grand et élégant parc non loin de Lorient, on est accueilli à bras ouverts dans cette maison d'hôtes cosy, décorée avec goût. Les chambres, qui portent des noms de bateaux – soling, dragon, requin, optimist, melges –, sont confortables et très chic. Espace bien-être.

5 chambres – 120/150 € 130/190 €

1 r. Pierre-Mendès-France – 06 77 45 63 44 – www.manoir-des-eperviers.com – Fermé 1 semaine à Noël

QUIBERON

56170 (Morbihan) – 5 008 hab. – Alt. 10 m – Carte régionale n° **5**-B3

Paris 505 km – Auray 28 km – Concarneau 98 km – Lorient 47 km

Carte Michelin 308-M10 – Guide Vert Michelin Bretagne Sud

La Chaumine

CUISINE TRADITIONNELLE • CONVIVIAL XX Sur la route du port, c'est dans leur ancienne maison de famille qu'officient le chef et sa sœur – qui assure l'accueil. Une demeure lumineuse qui a l'esprit du large (mouettes en bois, coque de bateau, etc.), comme la cuisine, très iodée et gourmande… Un refuge idéal après une balade sur la Côte Sauvage !

Menu 30/50 € – Carte 37/64 €

Plan : B1-q – *79 r. de Port-Haliguen – 02 97 50 17 67 (réservation conseillée) – www.restaurant-lachaumine.com – Ouvert de mi-mars à mi-nov. et fermé dim. soir, mardi midi et lundi*

Villa Margot

CUISINE MODERNE • COSY XX Une jolie demeure en pierre (1872) face à la plage… Aux fourneaux, le chef signe une savoureuse cuisine de la mer où les producteurs locaux ont la part belle. Les amateurs de poissons et autres crustacés prennent place sur la terrasse, quasiment les pieds dans le sable, ou dans l'une des salles élégantes.

Formule 19 € – Menu 35/46 € – Carte 52/85 €

Plan : A2-n – *7 r. de Port-Maria – 02 97 50 33 89 – www.villamargot.fr – Ouvert de Pâques à fin sept. et fermé mardi sauf juil.-août*

Le Verger de la Mer

CUISINE TRADITIONNELLE • CONVIVIAL XX Dans ce Verger-là, les fruits de la mer sont à l'honneur ! Aumônière de Saint-Jacques, dos de merlu et pomme de terre au lard : les assiettes attestent l'expérience du chef… Face à l'institut de thalassothérapie de Quiberon, une table qui respire la tradition.

Menu 27/40 € – Carte 32/48 €

Plan : B2-x – *bd Goulvars – 02 97 50 29 12 – Fermé de mi-nov. à mi-mars, mardi et merc.*

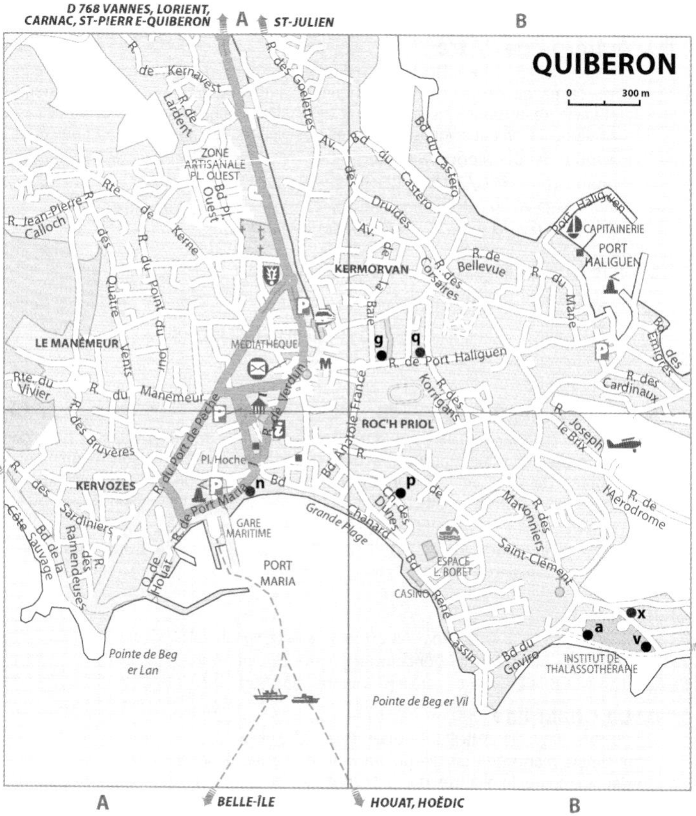

Sofitel Thalassa

SPA ET BIEN-ÊTRE · ÉLÉGANT Pour un séjour iodé et tonique, ce complexe hôtelier fait face à la plage et communique avec l'institut de thalassothérapie. Au programme : un décor résolument contemporain et un grand confort. Certaines chambres donnent sur les flots, tout comme les deux restaurants (produits de la mer).

107 chambres – 160/250 € 160/250 € – 19 suites – 27 € – ½ P

Plan : B2-a – *bd Louison-Bobet – 02 97 50 20 00 – www.sofitel.com – Fermé 2 semaines en déc.*

Sofitel Diététique

THERMAL · ÉLÉGANT Un hôtel parfait pour retrouver la ligne... Les chambres, sur le thème de l'eau, sont spacieuses et très confortables. On accède directement au spa de 1 000 m^2 et le restaurant propose des menus diététiques. Pas une goutte d'alcool, même au bar !

74 chambres – 200/430 € 220/830 € – 2 suites – ½ P

Plan : B2-v – *pointe de Goulvars – 02 97 50 20 00 – www.sofitel.com – Fermé 2 semaines en déc.*

Ker Noyal

FAMILIAL · CONTEMPORAIN Un hôtel tout blanc, typique du bord de mer, au calme dans un quartier résidentiel situé près du casino. Les chambres sont décorées avec goût dans un style contemporain.

17 chambres – 🚹69/132 € 🚹🚹69/132 € – ☕ 11 €

Plan : B2-p – *43 chemin des Dunes – ✆ 02 97 50 33 31 – www.ker-noyal.com – Ouvert 16 mars-11 nov.*

Ibis Styles

HÔTEL DE CHAÎNE · CONTEMPORAIN À deux pas du port de plaisance d'Haliguen, animé l'été par des régates, cet hôtel récent accueille les amateurs d'air marin. Les chambres y sont confortables et bien tenues, et il fait bon se détendre à l'espace bien-être...

57 chambres ☕ – 🚹49/199 € 🚹🚹59/209 €

Plan : B1-g – *43 r. du Port-Haliguen – ✆ 02 97 58 35 80 – www.hotelibisstyles-quiberon.com – Fermé déc. et janv.*

à St-Pierre-Quiberon 5 km au Nord par D768 – ✉ 56510 – 2 116 hab. – Alt. 12 m

Hôtel de la Plage

FAMILIAL · FONCTIONNEL L'enseigne de cet hôtel familial dit la vérité : la plage est à vos pieds ! Chambres fonctionnelles et bien tenues, avec balcon côté baie. Cartes et menus typiques de la région ; saveurs iodées et vue superbe sur le large.

30 chambres – 🚹67/142 € 🚹🚹67/192 € – 6 suites – ☕ 13 € – ½ P

25 quai d'Orange – ✆ 02 97 30 92 10 – www.hotel-plage-quiberon.com – Ouvert d'avril à fin sept.

à Portivy 6 km au Nord par D768 et rte secondaire – ✉ 56510 St Pierre Quiberon

Le Petit Hôtel du Grand Large (Hervé Bourdon)

CUISINE MODERNE · BISTRO Un étonnant bistrot marin, tenu par un chef autodidacte amoureux de la mer et approvisionné chaque jour par un ami pêcheur ! Le poisson est remarquable de qualité et de fraîcheur, et il est accompagné des herbes, fleurs et légumes du potager de la maison. Les chambres, joliment décorées, donnent sur le petit port.

→ Pressé de langoustines. Pêche du jour et légumes du potager. Chocolat et herbes de saison.

Menu 35 € (déj. en semaine), 58/110 €

6 chambres – 🚹95/115 € 🚹🚹115/135 € – ☕ 13 €

11 quai St-Ivy – ✆ 02 97 30 91 61 – www.lepetithoteldugrandlarge.fr – Fermé fév., dim. soir, merc. sauf le soir hors saison et mardi

QUILINEN – 29 (Finistère) → Voir Quimper

QUIMPER

✉ 29000 (Finistère) – 63 360 hab. – Agglo. 79 124 hab. – Alt. 41 m – Carte régionale n° **5**-B2

Paris 564 km – Brest 73 km – Lorient 67 km – Rennes 215 km

Carte Michelin 308-G7 – Guide Vert Michelin Bretagne Sud

Allium (Lionel Hénaff)

CUISINE CRÉATIVE · BRANCHÉ Avec l'aide des internautes (sous la forme d'un financement participatif), Frédérique et Lionel Hénaff ont créé ici le restaurant de leurs rêves. La cuisine du chef, inventive et bien dans l'air du temps, démontre qu'il n'a rien perdu de son savoir-faire ; elle s'accompagne d'une belle sélection de vins de la Loire.

→ Langoustine "XXL crispy", condiment exotique. Poisson de ligne, légumes, fleurs, herbes et petits fruits. Chocolat grand cru en texture et fève tonka.

Menu 28 € (déj. en semaine), 50/90 €

Hors plan – *88 bd de Créac'h-Gwen (ZA de Créac'h-Gwen) – ✆ 02 98 10 11 48 – www.restaurant-allium.com – Fermé 2 semaines en juil., vacances de la Toussaint, dim. et lundi*

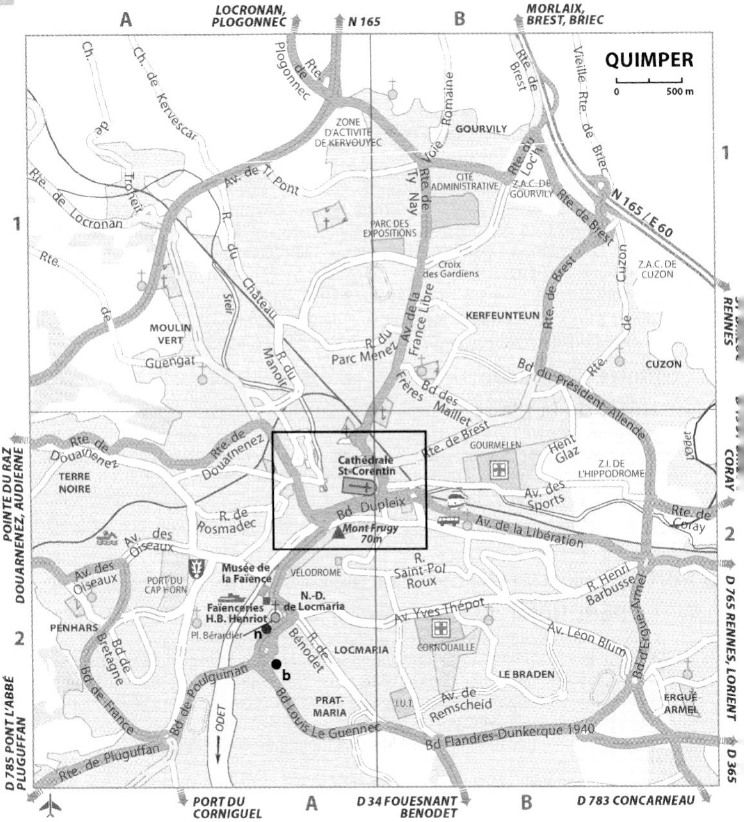

✿ L'Ambroisie (Gilbert Guyon)

CUISINE MODERNE • INTIME XX L'ambroisie coule à flots dans ce restaurant de poche à la fois sobre et original. Dès les amuse-bouches, les papilles frémissent. Voilà une cuisine bretonne ancrée dans l'époque, centrée sur des produits locaux de première fraîcheur, des Saint-Jacques fraîches au turbot de la baie d'Audierne. Le tout réalisé avec soin !

➜ Sole et artichaut au cidre et au curcuma. Lotte rôtie en croûte d'épices, cannelloni de légumes. Norvégienne au praliné, coulis de chocolat grand cru.

Menu 29 € (déj. en semaine), 46/83 €

Plan : D1-u – *49 r. Elie-Fréron – ☏ 02 98 95 00 02 (réservation conseillée) – www.ambroisie-quimper.com – Fermé dim. soir et lundi*

Le Prieuré

CUISINE MODERNE • DESIGN XX Cet ancien prieuré du 18e s. est installé dans le fameux quartier de Locmaria, en face de la faïencerie Henriot et à côté d'une biscuiterie. Dans un cadre entre design et vieilles pierres, on profite d'une cuisine qui célèbre poissons, coquillages, et autres langoustines du Guilvinec. La Bretagne, assurément !

Formule 20 € – Menu 27 € (déj. en semaine), 31/85 € – Carte 51/90 €

Plan : A2-n – *1 r. Chanoine-Moreau – ☏ 02 98 75 05 55 – www.le-prieure.fr*

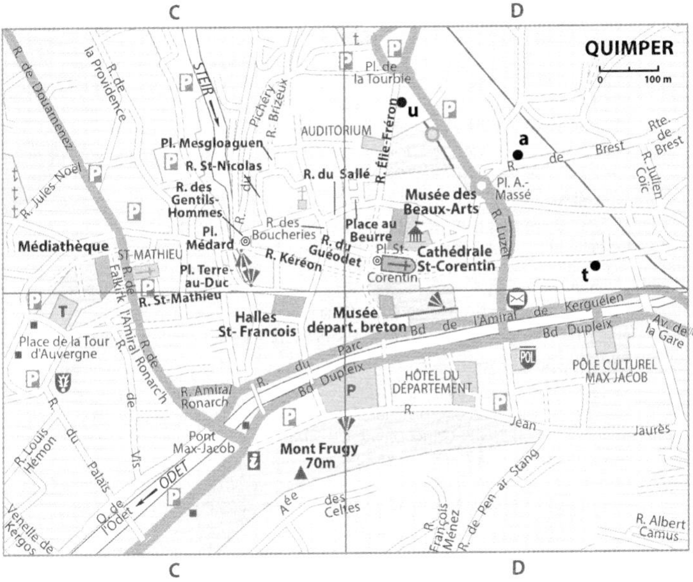

La Ferme de l'Odet

CUISINE MODERNE • CHAMPÊTRE XX Situation privilégiée pour cette ancienne ferme (1900) bordant l'Odet ; la terrasse, en particulier, ouvre sur les berges et les bois voisins... Un cadre champêtre qui se prête à la dégustation d'une cuisine actuelle bien tournée, avec une intéressante formule au déjeuner et des recettes plus pointues le soir.

Formule 22 € - Menu 25 € (déj. en semaine), 35/46 €
- Carte 48/64 €

Hors plan - *74 chemin de la Baie-de-Kerogan, 5 km par rte de Bénodet - ✆ 02 98 95 63 13 - www.restaurant-lafermedelodet-quimper.com - Fermé dim. soir, lundi soir, mardi soir et merc.*

Océania

BUSINESS • FONCTIONNEL À proximité du centre-ville et juste derrière un centre commercial, cet hôtel est niché dans un îlot de verdure et propose des chambres spacieuses, dont les "Océane", joliment design et bien équipées. Petits plus : la cuisine traditionnelle du restaurant et la piscine.

92 chambres - 🚹72/160 € 🚹🚹72/160 € - ☕15 €

Plan : A2-b - *17 r. du Poher, zone de Kerdrézec - ✆ 02 98 90 46 26 - www.oceaniahotels.com*

Kregenn

BUSINESS • PERSONNALISÉ Kregenn, pour "coquillage" en breton : un joli nom pour cet hôtel contemporain décoré avec goût. Dès la réception, on se sent bien ; impression qui perdure dans les chambres, à l'ambiance feutrée, ou dans la cour, près de la pièce d'eau. Bon accueil !

32 chambres - 🚹89/139 € 🚹🚹104/204 € - ☕13 €

Plan : D1-t - *13 r. des Réguaires - ✆ 02 98 95 08 70 - www.hotel-kregenn.fr*

Manoir-Hôtel des Indes

MAISON DE CAMPAGNE • PERSONNALISÉ Les Indes, où voyagea René Madec, aventurier quimpérois et ancien maître de ce manoir... C'est en souvenir de lui que les propriétaires ont décoré les chambres sur le thème de l'exotisme. Parc, espace bien-être avec bassin et massages : original et dépaysant.

14 chambres – 99/114 € 120/250 € – 15 €

Hors plan – *1 allée de Prad-ar-C'hras, 4 km à l'Est par D765 – 02 98 55 48 40 – www.manoir-hoteldesindes.com*

Gradlon

TRADITIONNEL • PERSONNALISÉ Ce petit hôtel indépendant, situé en plein centre-ville, abrite des chambres au style "very british", fleuri et cosy à souhait. Un soin tout particulier est accordé aux détails, des rosiers du jardin à l'agréable véranda. Charming !

20 chambres – 65/190 € 65/190 € – 12 €

Plan : D1-a – *30 r. de Brest – 02 98 95 04 39 – www.hotel-gradlon.com*

Le Logis du Stang

MAISON DE CAMPAGNE • ÉLÉGANT Il a de l'allure, ce manoir du 19e s., avec son ravissant jardin. Les trois chambres sont réellement délicieuses, et pour s'isoler au calme en pleine campagne, il n'y a pas mieux. Romantique et bucolique !

3 chambres – 70/80 € 78/88 €

Hors plan – *allée de Stang-Youen, r. Ch-Le-Goffic et chemin de Linéostic, 4 km à l'Est du plan – 02 98 52 00 55 – www.logis-du-stang.com – Fermé 1er déc.-1er fév.*

à Ty-Sanquer 7 km au Nord par D770 – 29000 Quimper

Auberge de Ti-Coz

CUISINE MODERNE • AUBERGE XX Comme un rêve de Bretagne : une charmante auberge en pierre, à la fois rustique, moderne et élégante. Le chef y prépare une savoureuse cuisine, qui fait la part belle aux meilleurs produits du terroir breton. En ancien sommelier passionné, il accompagne ses recettes d'une belle carte des vins (plus de 450 références).

Formule 22 € – Menu 26 € (déj. en semaine), 32/60 € – Carte 68/74 €

4 Hent-Koz – 02 98 94 50 02 – www.restaurantticoz.com – Fermé dim. soir et lundi sauf fériés

à Quilinen 11 km au Nord par D770 – 29510 Landrevarzec

Auberge de Quilinen

CUISINE TRADITIONNELLE • AUBERGE X Une coquette maison bretonne, dans un hameau avec une belle chapelle du 15e s. Le genre d'adresse où déguster d'appétissantes recettes du terroir, un kouign amann par exemple, beurré, croustillant, avec de la glace à la vanille artisanale !

Menu 21 € (déj. en semaine), 31/40 €

– 02 98 57 93 63 – www.aubergequilinen.com – Fermé le soir du dim. au jeudi et lundi

QUIMPERLÉ

29300 (Finistère) – 12 052 hab. – Alt. 30 m – Carte régionale n° **5**-B2

Paris 517 km – Carhaix-Plouguer 57 km – Concarneau 32 km – Pontivy 76 km

Carte Michelin 308-J7 – Guide Vert Michelin Bretagne Sud

Le Bistro de la Tour

CUISINE MODERNE • BISTRO XX Un charmant bistrot de la vieille ville, dont l'intérieur volontiers 1930 est décoré de nombreux bibelots, tableaux et autres appareils photo anciens... La cuisine, actuelle, n'oublie pas la tradition (viande à la broche tous les jours), et l'on peut compter sur l'équipe pour nous aider à choisir le vin adéquat !

Formule 28 € – Menu 39/59 € – Carte environ 52 €

2 r. Dom-Morice – 02 98 39 29 58 (réservation conseillée) – www.bistrodelatour.fr – Fermé 26 juin-8 juil., 9-15 oct., 1er-8 janv., lundi sauf le soir en juil.-août, sam. midi et dim.

La Cigale Egarée

CUISINE CRÉATIVE • CONVIVIAL Une cigale égarée en Bretagne, qui n'en finit pas de chanter dans son décor néoprovençal atypique : original ! À la carte : frivolités de demoiselle langoustine, la cloche de fumée, le black sandwich, etc. On l'aura compris, l'insecte est créatif.

Formule 23 € – Menu 28 € (déj.), 43/88 €

Villeneuve-Braouic par rte de Lorient – 02 98 39 15 53 – www.lacigaleegaree.com – Fermé 2 semaines en oct. et en fév., dim. et lundi

Le Vintage

TRADITIONNEL • PERSONNALISÉ Au cœur de la vieille ville, on jette un œil admiratif sur la façade de cet ancien hôtel particulier de 1907, dont les propriétaires gèrent aussi le Bistro de la Tour, à deux pas. Tableaux, sculptures, escalier en bois et grandes chambres : ces lieux ont du caractère !

10 chambres – 63/128 € 95/128 € – 13 €

20 r. Bremond-d'Ars – 02 98 35 09 10 – www.hotelvintage.fr – Fermé 27 juin-3 juil.

QUINSON

04500 (Alpes-de-Haute-Provence) – 443 hab. – Alt. 370 m – Carte régionale n° **21**-C2
Paris 804 km – Aix-en-Provence 76 km – Brignoles 44 km – Castellane 72 km
Carte Michelin 334-E10 – Guide Vert Michelin Alpes du Sud

Relais Notre-Dame

CUISINE PROVENÇALE • FAMILIAL Une jolie salle champêtre et beaucoup de générosité... Ici, on savoure une cuisine régionale copieuse et bien faite. Sur la carte, les végétariens ne sont pas laissés pour compte et, en saison, on se régale de truffe. Que dire enfin de la ravissante terrasse sous les platanes ? C'est le Sud tout entier !

Menu 20/43 €

– 04 92 74 40 01 – www.relaisnotredame-04.com – Fermé 15 déc.-18 fév., le soir en fév.- mars et de mi-nov. à mi-mars, lundi soir et mardi

Relais Notre-Dame

FAMILIAL • COSY Sur la route des gorges du Verdon, près du musée de la Préhistoire, un hôtel familial avec jardin et piscine. Les chambres sont décorées dans un style provençal actuel et plaisant.

13 chambres – 80/120 € 110/135 € – ½ P

– 04 92 74 40 01 – www.relaisnotredame-04.com – Ouvert 1er avril-12 nov.

Relais Notre-Dame – voir les restaurants ci-dessus

QUINT-FONSEGRIVES – 31 (Haute-Garonne) → Voir Toulouse

QUINTIN

22800 (Côtes-d'Armor) – 2 826 hab. – Alt. 180 m – Carte régionale n° **5**-C2
Paris 463 km – Lamballe 35 km – Loudéac 31 km – St-Brieuc 18 km
Carte Michelin 309-E4 – Guide Vert Michelin Bretagne Nord

Hôtel du Commerce

AUBERGE • FAMILIAL Cette maison de granit, ancien relais de diligence du village, date probablement du 18e s. et a conservé le charme et la simplicité des vieilles pierres. Les chambres, particulièrement bien tenues, portent toutes un nom d'épice exotique...

11 chambres – 65/70 € 79/92 €

2 r. Rochonen – 02 96 74 94 67 – www.hotelducommerce-quintin.com

RAGUENÈS-PLAGE - 29 (Finistère) ➜ Voir Névez

➜ Voir Névez

RAISMES - 59 (Nord) ➜ Voir Valenciennes

RAMATUELLE

✉ 83350 (Var) - 2 126 hab. - Alt. 136 m - Carte régionale n° **21**-C3
Paris 873 km - Fréjus 35 km - Le Lavandou 34 km - St-Tropez 10 km
Carte Michelin 340-O6 - Guide Vert Michelin Côte d'Azur

✿ La Voile

CUISINE MODERNE • DESIGN XXX La lumière, la nature, la mer... Au sein de cet hôtel exclusif s'il en est, le chef Éric Canino met à l'honneur les légumes, le thym et le romarin du potager, l'huile d'olive et les produits bio, à travers des recettes légères et enlevées. Propositions plus simples le midi : salades, grillades, etc.
➜ Légumes de saison crus et cuits, sorbet aux agrumes. Rouget de roche dans sa fleur de courgette et pissaladière d'oignons. Citron confit dans son jus, crémeux et granité vodka.

Menu 115/139 € - Carte 105/150 €

Hôtel La Réserve Ramatuelle, chemin de la Quessine, au Sud-Est, direction Plage de l'Escalet et rte secondaire - ✆ 04 94 44 94 44 - www.lareserve-ramatuelle.com - Ouvert mi-avril à début oct. et fermé le midi

L'Écurie du Castellas

CUISINE CLASSIQUE • MÉDITERRANÉEN XX Belle adresse, où l'on se régale d'une fine cuisine classique dans un joli intérieur provençal, en profitant d'un superbe panorama : la terrasse domine le village, les pinèdes et, au loin, la Grande Bleue... qui s'invite jusque dans l'assiette avec ce saint-pierre en sauce vierge. Autre spécialité : la tarte au citron revisitée !

Menu 29/48 € - Carte 42/72 €

rte du Moulins-de-Paillas - ✆ 04 94 79 11 59 - www.lecurieducastellas.com - Fermé 21 nov.-21 déc., 9-24 janv., lundi et mardi en hiver

La Réserve Ramatuelle

PALACE • DESIGN Un lieu caché, rare... Dès l'arrivée, le bâtiment éblouit : tout en transparence, comme suspendu au-dessus de la mer, avec la flore méditerranéenne pour écrin. Chaque chambre, au minimalisme racé, est un balcon sur la Grande Bleue ! Un sommet de luxe contemporain, qui capte l'essence de cette côte si azurée...

22 chambres - 900/4800 € 900/4800 € - 6 suites

chemin de la Quessine, au Sud-Est, direction Plage de l'Escalet et rte secondaire - ✆ 04 94 44 94 44 - www.lareserve-ramatuelle.com - Ouvert mi-avril à début oct.

✿ **La Voile** - voir les restaurants ci-dessus

La Bastide de Ramatuelle

LUXE • DESIGN Au cœur de cette presqu'île de St-Tropez couverte de pinèdes et de vignobles, ce petit hôtel aux allures de bastide dispose de chambres contemporaines et confortables. Il fait bon herboriser dans le joli jardin, après quelques brasses dans la piscine. Vive le soleil du Midi !

9 chambres - 330/700 € 330/700 €

La Rouillière Sud, D61 direction Gassin - ✆ 04 94 55 23 40 - www.labastideramatuelle.com - Ouvert de mai à sept.

à la Bonne Terrasse 5 km à l'Est par D93 et rte de Camarat - ✉ 83350 Ramatuelle

Chez Camille

POISSONS ET FRUITS DE MER • RUSTIQUE X Depuis la fin des années 1930, pères et fils se succèdent en cuisine. On vient ici pour déguster la "vraie" bouillabaisse et les poissons de la pêche locale, les pieds dans l'eau... Authentique !

Carte 54/108 €

quartier de Bonne Terrasse - ✆ 04 98 12 68 98 (réservation conseillée) - www.chezcamille.fr - Ouvert 16 avril-1er oct. et fermé lundi et mardi

Tropicana (N)

CUISINE MÉDITERRANÉENNE • CONVIVIAL X Au sud de la plage de Pampelonne, face au phare du Cap Camarat, ce restaurant de plage de qualité (si, si, c'est possible !) cuisine la Méditerranée : légumes farcis de Provence, encornet grillé sauce vierge, véritable tarte tropézienne... le tout servi avec sourire et gentillesse. Service jusqu'à 16h.

Carte 49/91 €

plage de Bonne Terrasse (Pampelonne) – ✆ 04 94 79 83 96 (réservation conseillée) – www.tropicanalaplage.com – Ouvert Pâques-début oct. et fermé mardi, merc. hors saison et le soir

RAMBERVILLERS

✉ 88700 (Vosges) – 5 511 hab. – Alt. 287 m – Carte régionale n° **14**-C3

▶ Paris 407 km – Epinal 27 km – Lunéville 36 km – Nancy 68 km

Carte Michelin 314-H2

Mirabelle

CUISINE TRADITIONNELLE • INTIME XX Dans ce restaurant intime, décoré aux couleurs de la Lorraine, le message est clair : tout est fait maison ! On se régale de bonnes spécialités régionales (pâté lorrain, quiche et tourte) agrémentées avec les fruits et légumes du potager, et de la grande fierté du chef : la tête de veau "sauce Ginette".

Menu 41 € – Carte 42/83 €

6 r. de l'Église – ✆ 03 29 65 37 37 – www.restaurantmirabelle.fr – Fermé 15 août-15 sept., 23 déc.-10 janv., merc. de nov. à juin et le soir

RAMBOUILLET

✉ 78120 (Yvelines) – 25 833 hab. – Alt. 160 m – Carte régionale n° **10**-A2

▶ Paris 53 km – Chartres 42 km – Mantes-la-Jolie 50 km – Orléans 93 km

Carte Michelin 311-G4 – Guide Vert Michelin Île-de-France

L'Orangerie des Trois Roys

POISSONS ET FRUITS DE MER • ÉLÉGANT XX Une salle à manger en véranda garnie de sculpltures, tableaux, plantes vertes : voici le ravissant cadre de cette Orangerie. Le chef fait la part belle aux poissons et fruits de mer – à l'instar de ces pâtes fraîches au homard et soufflé au Grand Marnier –, et son épouse concocte de délicieuses pâtisseries. Terrasse au calme.

Carte 52/100 €

Plan : B1-a – *4 r. Raymond-Poincaré – ✆ 01 30 88 69 95 – www.lorangeriedestroisroys.fr – Fermé 3-16 janv., 15 août-4 sept., dim. et lundi*

Mercure Relays du Château

HÔTEL DE CHAÎNE • CONTEMPORAIN Face au château, cet ancien relais de poste du 17e s. est désormais un agréable hôtel de chaîne, ayant conservé quelques touches de classicisme. Les chambres sont confortables et fonctionnelles, l'ensemble est bien entretenu.

83 chambres – †105/225 € ††105/225 € – ☕ 14 €

Plan : B1_2-b – *1 pl. de la Libération – ✆ 01 34 57 30 00 – www.mercure-rambouillet.com*

à Gazeran 5 km au Sud-Ouest par D906 – ✉ 78125 – 1 265 hab. – Alt. 162 m

Villa Marinette

CUISINE MODERNE • ÉLÉGANT XXX Cette ancienne auberge cache un intérieur cossu, au décor soigné, et, l'été, une agréable terrasse dressée dans le joli jardin clos. Au menu, une cuisine au goût du jour rythmée par les saisons, signée par un jeune chef respectueux du produit. Accueil souriant.

Menu 35 € 🍷 (déj. en semaine)/66 € – Carte 64/70 €

20 av. du Gén.-de-Gaulle – ✆ 01 34 83 19 01 – www.villamarinette.fr – Fermé dim. soir, lundi et mardi

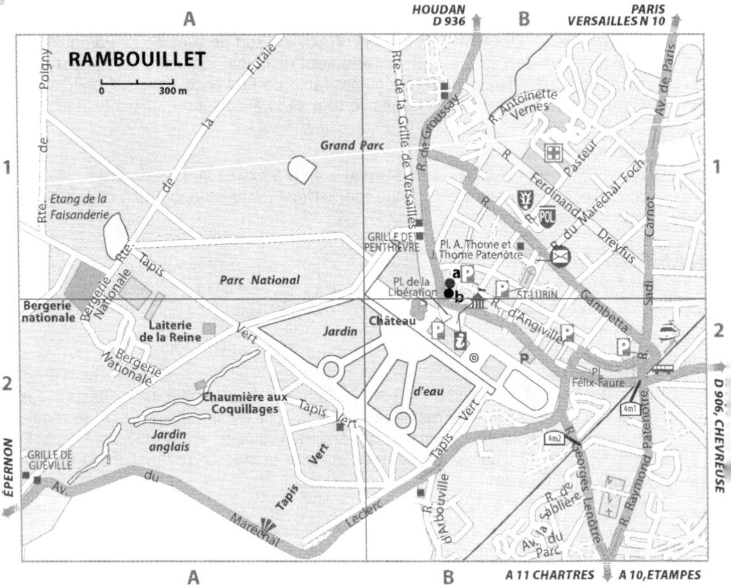

RANCÉ

✉ 01390 (Ain) - 667 hab. - Alt. 282 m - Carte régionale n° **24**-E1

▶ Paris 437 km - Bourg-en-Bresse 44 km - Lyon 32 km - Villefranche-sur-Saône 13 km

Carte Michelin 328-C5

Restaurant de Rancé

CUISINE TRADITIONNELLE • AUBERGE XX Face à la petite église du village, on vient ici pour apprécier une cuisine dombiste généreuse et pleine de fraîcheur (grenouilles, carpe, poulet...). Le salle est lumineuse et l'accueil chaleureux, que demander de mieux ?

Menu 21 € (déj. en semaine), 32/66 € - Carte 40/76 €

10 rte de St-Jean - ✆ 04 74 00 81 83 - www.restaurantderance.com - Fermé 1 semaine en août, lundi et le soir sauf vend. et sam.

RANGUEIL - 31 (Haute-Garonne) → Voir Toulouse

RASIGUÈRES

✉ 66720 (Pyrénées-Orientales) - 167 hab. - Alt. 178 m - Carte régionale n° **12**-B3

▶ Paris 874 km - Carcassonne 140 km - Montpellier 178 km - Perpignan 34 km

Carte Michelin 344-G6

Le Relais de Sceaury

CUISINE MODERNE • SIMPLE X En plein cœur des Fenouillèdes, on a la bonne surprise de découvrir ce restaurant où chantent, et enchantent, les produits frais (légumes du soleil, fines herbes, fromage de chèvre, etc.). Les présentations sont soignées et les saveurs bien mises en valeur ; une cuisine légère et aromatique comme on les aime !

Menu 24/32 € - Carte 43/53 €

1bis r. du Centre - ✆ 04 68 63 33 42 - Fermé vacances de fév. et de la Toussaint, mardi soir et merc.

RASTEAU - 84 (Vaucluse) ➜ Voir Vaison-la-Romaine

RATHSAMHAUSEN - 67 (Bas-Rhin) ➜ Voir Sélestat

RATTE

✉ 71500 (Saône-et-Loire) - 388 hab. - Alt. 201 m - Carte régionale n° **4**-D3
▶ Paris 386 km - Chalon-sur-Saône 47 km - Dijon 111 km - Mâcon 97 km
Carte Michelin 320-L10

Le Chaudron

CUISINE MODERNE • CONVIVIAL L'auberge peut sembler modeste sur cette route qui traverse le hameau, pourtant le cadre est chaleureux. Dans le chaudron du chef, passé notamment chez Georges Blanc, de belles recettes telles que : cuisses de grenouilles comme dans les Dombes, poulette de Bresse à la crème, tête de veau sauce gribiche...

Formule 13 € - Menu 16 € (déj. en semaine), 25/45 €

71 route de Louhans (au bourg) - ✆ 03 85 75 57 81 - www.lechaudron-restaurant.fr - Fermé dim. soir, lundi soir et mardi

RAULHAC

✉ 15800 (Cantal) - 302 hab. - Alt. 740 m - Carte régionale n° **3**-B3
▶ Paris 571 km - Aurillac 31 km - Clermont-Ferrand 156 km - St-Flour 73 km
Carte Michelin 330-D5

Château de Courbelimagne

HISTORIQUE • PERSONNALISÉ Dans son parc romantique, ce beau manoir de famille (16e-19e s.) cultive une veine naturaliste avec sa superbe collection d'herbiers (plantes de la région), les cours de naturothérapie proposés par sa propriétaire, et sa table d'hôte qui mêle champignons de la forêt, mûres des haies alentour, herbes et fleurs... Quel charme !

5 chambres - †85/110 € ††110/140 € - ½ P

4 km au Sud par rte de Mur-de-Barrez (D600) - ✆ 04 71 49 58 25 - http://perso.wanadoo.fr/courbelimagne/ - Ouvert 15 avril-1er nov.

RAYOL-CANADEL-SUR-MER

✉ 83820 (Var) - 714 hab. - Alt. 100 m - Carte régionale n° **21**-C3
▶ Paris 886 km - Fréjus 49 km - Hyères 35 km - Le Lavandou 13 km
Carte Michelin 340-N7

Le Relais des Maures

CUISINE TRADITIONNELLE • RUSTIQUE Cette grande auberge, décorée dans un style rétro plutôt chic, cultive le goût du Sud. Le chef y réalise une cuisine pétrie de tradition, calée sur le marché : soupe de poisson, cocotte d'agneau, pannacotta au pistou sucré... Quelques chambres d'esprit rustique pour faire étape, avec vue sur la mer au 2e étage.

Menu 32 € - Carte 48/70 €

10 chambres - †85/125 € ††85/125 € - 10 €

1 av. Ch.-Koeklin, Le Canadel - ✆ 04 94 05 61 27 - www.lerelaisdesmaures.fr - Ouvert d'avril à oct. et fermé le midi en juil.-août, dim. soir et lundi hors saison

La Praya

CUISINE MÉDITERRANÉENNE • ROMANTIQUE Un bel endroit, d'une élégance toute provençale et jouissant d'une superbe terrasse sous les palmiers, face à la Méditerranée... La Méditerranée, précisément, est la source d'inspiration du chef, qui signe une cuisine actuelle, légère et appétissante, avec en spécialités la bouillabaisse et l'aïoli.

Formule 35 € - Menu 49/75 € - Carte 69/93 €

Hôtel Le Bailli de Suffren, av. des Américains - ✆ 04 98 04 47 00 - www.lebaillidesuffren.com - Ouvert début mai à mi-oct. et fermé le midi

Le Bailli de Suffren

LUXE • PERSONNALISÉ Superbe vue sur les îles d'Hyères depuis ce bel hôtel les pieds dans l'eau. Plage privée, balcons et terrasses face aux flots, restaurants panoramiques... Ou comment vivre en intimité avec la mer ! Petit espace bien-être, avec salles de soins.

55 chambres – 180/735 € 180/735 € – 26 € – ½ P

av. des Américains – 04 98 04 47 00 – www.lebaillidesuffren.com – Ouvert début mai à mi-oct.

La Praya – voir les restaurants ci-dessus

Les Terrasses du Bailli

TRADITIONNEL • CONTEMPORAIN Une séduisante adresse sur les hauteurs du Rayol, dans un quartier résidentiel proche de la mer. Les chambres les plus spacieuses et confortables se situent dans l'extension contemporaine, où certaines jouissent de grandes terrasses d'où la vue porte jusque sur les îles du Levant et de Port-Cros...

24 chambres – 85/315 € 85/315 € – 16 €

18 av. du Capitaine-Thorel 83820 Rayol-Canadel-sur-Mer – 04 98 04 47 00 – www.hotel-terrasses-dubailli.com – Fermé 12 nov.-15 déc.

RÉ (ÎLE DE) - 17 (Charente-Maritime) → Voir Île de Ré

REDON

35600 (Ille-et-Vilaine) - 9 306 hab. - Alt. 10 m - Carte régionale n° **5**-C3

Paris 410 km - Nantes 78 km - Rennes 65 km - St-Nazaire 53 km

Carte Michelin 309-J9 - Guide Vert Michelin Bretagne Sud

La Bogue

CUISINE MODERNE • FAMILIAL XX Dans ce pays de Redon réputé pour ses châtaigneraies, ce restaurant a bien choisi son nom ! À deux pas des halles, la cuisine évolue au fil du marché et des saisons, et célèbre le poisson : filet de saint-pierre poêlé au laurier et légumes de saison ; dos de merlu rôti aux tomates séchées, chorizo et olives noires... Le tout servi avec le sourire.

Formule 17 € – Menu 24/62 € – Carte 33/55 €

3 r. des Etats – 02 99 71 12 95 – Fermé dim. soir et lundi

REHAUPAL

88640 (Vosges) - 193 hab. - Alt. 510 m - Carte régionale n° **14**-C3

Paris 424 km - Épinal 27 km - Metz 151 km - Strasbourg 132 km

Carte Michelin 314-I4

Domaine du Haut-Jardin

FAMILIAL • COSY Dans ce petit village de la campagne vosgienne, une maison de pays tenue par un couple accueillant ; les chambres associent esprit rustique et confort, avec un soin notable. Et dans le parc, on découvre six magnifiques chalets avec spa privatif sur la terrasse... Cuisine traditionnelle au restaurant.

9 chambres – 89/129 € 89/369 € – 7 suites – 15 € – ½ P

43 bis Le Village – 03 29 66 37 06 – www.domaine-du-haut-jardin.com – Fermé 1 semaine en mars, 1 semaine en nov. et 1 semaine en janv.

REIGNIER

74930 (Haute-Savoie) - 7 125 hab. - Alt. 475 m - Carte régionale n° **25**-F1

Paris 550 km - Annecy 40 km - Genève 16 km - Lyon 158 km

Carte Michelin 328-k4

La Table d'Angèle

CUISINE CLASSIQUE • BISTRO X Ce restaurant avec véranda propose une appétissante cuisine de bistrot dans un cadre contemporain. Aux choix notamment, à la carte : œuf parfait, poivrons de Sicile et mesclun, joue de bœuf braisée, et tarte alsacienne aux cerises pour les gourmands...

Formule 20 € – Carte 33/47 €

273 Grande-Rue – 04 50 31 16 16 – www.tabledangele.com – Fermé 13-20 août et 23 déc.-8 janv.

ON AIME...

Le **Grand Hôtel des Templiers**, pour son côté délicieusement vieille France et ses chambres toutes différentes. Le **Pavillon CG**, sa belle cuisine de saison et son élégante salle à manger en rotonde. Le **Jardin des Crayères**, "petite adresse" du Domaine du même nom, pour sa cuisine de saison et sa jolie situation dans une dépendance du parc...

REIMS

✉ 51100 (Marne) - 181 893 hab. - Agglo. 209 086 hab. - Alt. 85 m
- Carte régionale n° **7**-B2
▶ Paris 144 km - Bruxelles 218 km - Châlons-en-Champagne 48 km - Lille 208 km
Carte Michelin 306-G7 - Guide Vert Michelin Champagne Ardenne

Restaurants

✿✿✿ Assiette Champenoise (Arnaud Lallement)

CUISINE CRÉATIVE • LUXE XXXX À quoi reconnaît-on un grand cuisinier ? Au caractère de ses recettes, à sa capacité à apprivoiser même la simplicité, et bien sûr à révéler les saveurs... Ces qualités, Arnaud Lallement les possède toutes. Sans artifice, ses assiettes, rehaussées notamment de sauces magnifiques, réservent des émotions rares ! Le tout dans un cadre chic et moderne des plus agréables.

→ Caviar et émulsion de pomme de terre. Homard bleu hommage à mon papa. Citron croquant, moelleux et confit.

Menu 95 € (déj. en semaine), 175/265 € - Carte 160/235 €

Plan : A2-e - *Hôtel Assiette Champenoise, 40 av. Paul-Vaillant-Couturier, à Tinqueux ✉ 51430 - ✆ 03 26 84 64 64*
- www.assiettechampenoise.com
- Fermé 5 fév.-1er mars et 1er-16 août, mardi et merc.

✿✿ Le Parc Les Crayères

CUISINE MODERNE • LUXE XXXXX La magnifique demeure, installée en retrait du centre-ville dans un parc de 7 ha, présage d'un repas mémorable. Bingo : le jeune chef, Philippe Mille, réalise un travail tout bonnement admirable. Superbes produits (homard, langoustines, foie gras, turbot), technique impeccable, recettes sobres et harmonieuses... Un moment à part.

→ Foie gras de canard poché au champagne rosé. Cabillaud de ligne de Quiberon à la vapeur de champagne. Soufflé chaud au citron.

Menu 69 € (déj. en semaine), 130/230 € - Carte 155/205 €

Plan : F3-a - *Hôtel Domaine Les Crayères, 64 bd Henry-Vasnier*
- ✆ 03 26 24 90 00 (réservation conseillée) - www.lescrayeres.com
- Fermé 17 déc.-10 janv., lundi et mardi

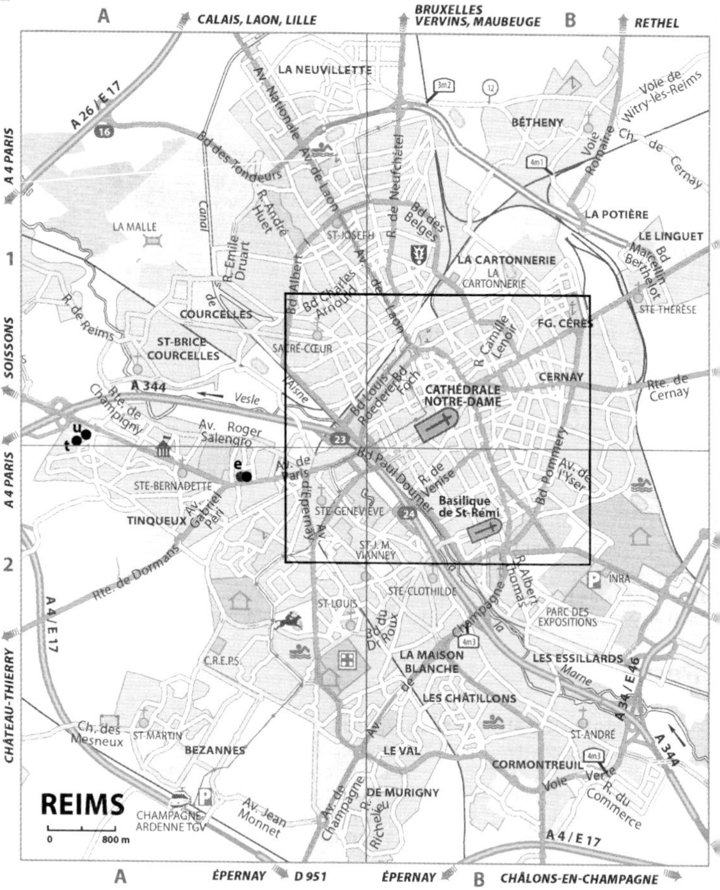

✿ **Le Millénaire** (Laurent et Thibault Laplaige)

CUISINE MODERNE · ÉLÉGANT XXX Non loin de la place Royale, une table d'une prestance toute contemporaine, associant tons crème, chêne clair et lignes élégantes. Une véritable invitation à découvrir cette cuisine réalisée à quatre mains (père et fils), bien ancrée dans le siècle... et dans le Millénaire !

→ Langoustines rôties, gaspacho et tartare de tomates anciennes, sorbet à la tomate. Ris de veau du Limousin rôti, poêlée de girolles et jus de braisage. Soufflé à l'amaretto, abricot, vanille et glace.

Menu 37 € (semaine), 55/96 € - Carte 90/115 €

Plan : E2-s - *4 r. Bertin*
- *✆ 03 26 08 26 62 - www.lemillenaire.com*
- *Fermé sam. midi et dim.*

Le Foch (Jacky Louazé)

CUISINE MODERNE • COSY Le restaurant borde les Promenades, ces cours ombragés dessinés au 18e s. On y retrouve avec plaisir la cuisine volontiers inventive du chef, où les produits de qualité sont rois (homard, beaux poissons, etc.).
→ Langoustines à la plancha, radis daïkon acidulé et perles du Japon. Saint-Jacques fumées et céleri au coteaux-du-layon. Paris-brest revisité.

Formule 27 € - Menu 33 € (déj. en semaine), 51/89 € - Carte 75/125 €

Plan : D1-a - *37 bd Foch*
- 03 26 47 48 22 - www.lefoch.com
- Fermé 1 semaine en avril, août, sam. midi, dim. soir et lundi

Racine (N) (Kazuyuki Tanaka)

CUISINE MODERNE • ÉPURÉ Au cœur de Reims, un petit restaurant (20 couverts au maximum) dans lequel on prend volontiers Racine... Le chef japonais réalise une cuisine française au fort accent de son pays natal : c'est vif, savoureux, très soigné, et d'autant meilleur que les produits utilisés sont de qualité.
→ Cuisine du marché.

Menu 39 € (déj. en semaine), 60/90 €

Plan : E2-b - *8 r. Colbert*
- 03 26 35 16 95 (réservation conseillée) - www.racine.re
- Fermé 2 semaines en fév., 3 semaines en août, mardi et merc.

Le Pavillon CG

CUISINE MODERNE • TENDANCE Cette maison bourgeoise (1850) abritait une banque avant d'être transformée en restaurant ! C'est une valeur sûre pour apprécier une cuisine gastronomique réalisée avec de beaux produits. On appréciera également l'amabilité du service et l'élégance de la salle, en rotonde.

Formule 27 € - Menu 32 € - Carte 67/92 €

Plan : D1-w - *7 r. Noël - 03 26 03 15 15 - www.le-pavillon-cg.com*
- Fermé 10-20 avril, 26 juil.-10 août, 24-30 déc., mardi soir, dim. soir et merc.

La Vigneraie

CUISINE MODERNE • CLASSIQUE Charmant restaurant qui, comme son nom l'indique, rend hommage à la vigne. Les murs s'égayent de citations de grands auteurs, tandis que les assiettes déclinent pigeon en deux façons, ficelle champenoise aux escargots, etc. Beau choix de vins et de champagnes.

Formule 18 € - Menu 27 € (semaine), 35/72 € - Carte 70/90 €

Plan : D2-a - *14 r. Thillois - 03 26 88 67 27 - www.vigneraie.com*
- Fermé 20-27 fév., 10-17 avril, 30 juil.-22 août, merc. midi, dim. soir et lundi

Le Pré Champenois

CUISINE MODERNE • COSY À deux pas de l'hôtel de ville, ce Pré Champenois se révèle intime et feutré. C'est un endroit où l'on se sent bien, sans compter que l'on s'y régale de plats savoureux, dans l'air du temps ou plus classiques (comme cet œuf meurette au foie gras poêlé).

Formule 18 € - Menu 22 € (déj.), 36/72 € - Carte 34/59 €

Plan : D1-k - *1 r. Jean-Jacques-Rousseau - 03 26 24 27 15*
- www.leprechampenois.fr - Fermé 6-21 août, dim. et lundi

Le Jardin Les Crayères

CUISINE TRADITIONNELLE • TENDANCE La "petite adresse" du Domaine Les Crayères est située dans une dépendance du parc : une brasserie chic, très contemporaine, avec sa jolie véranda et sa terrasse juste en face du jardin d'herbes aromatiques. On y apprécie une savoureuse cuisine de saison réalisée avec de beaux produits.

Menu 31/47 € - Carte 45/70 €

Plan : F3-b - *Hôtel Domaine Les Crayères, 7 av. du Gén.-Giraud*
- 03 26 24 90 90 - www.lescrayeres.com - Fermé 17 déc.-10 janv.

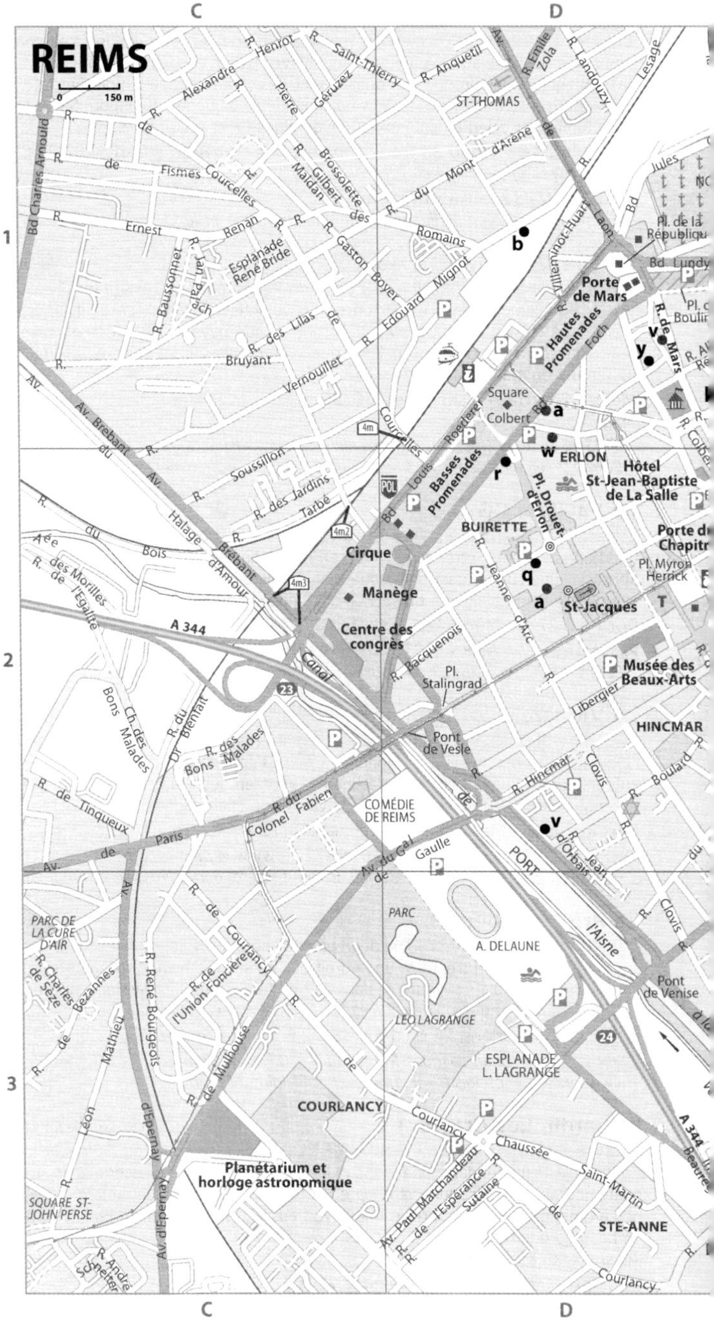
REIMS
0
150 m
C
D
1
2
3
ST-THOMAS
Porte de Mars
Pl. de la République
Bd. Lundy
Hautes Promenades
Basses Promenades
Square Colbert
ERLON
Hôtel St-Jean-Baptiste de La Salle
BUIRETTE
Pl. Drouet-d'Erlon
Porte de Chapitre
Pl. Myron Herrick
St-Jacques
Cirque
Manège
Centre des congrès
Musée des Beaux-Arts
HINCMAR
Pl. Stalingrad
Pont de Vesle
COMÉDIE DE REIMS
A 344
Canal
PORT
PARC
A. DELAUNE
LÉO LAGRANGE
ESPLANADE L. LAGRANGE
Pont de Venise
COURLANCY
Planétarium et horloge astronomique
STE-ANNE
PARC DE LA CURE D'AIR
SQUARE ST-JOHN PERSE
Bd Charles Arnould
R. de Fismes
R. Ernest Renan
Esplanade René Bride
R. Jan Palach
R. Baussonnet
R. des Lilas
R. Bruyant
R. Vernouillet
R. Gaston Boyer
R. Édouard Mignot
R. du Mont d'Arène
R. des Romains
R. Pierre Brossolette
R. Gilbert
R. Maldan
R. Géruzez
R. Saint-Thierry
R. Anquetil
R. Alexandre Henrot
R. de Courcelles
R. Emile Zola
R. Landouzy
R. Villeminot-Huart
Av. de Laon
Bd Jules
Bd Lesage
R. de Mars
Bd Foch
Bd Roederer
Bd Louis
R. Soussillon
R. des Jardins
R. Tarbé
Av. Brébant
Halage
Chemin du Bois d'Amour
R. des Morilles
R. de l'Égalité
Ch. des Bons Malades
R. des Bons Malades
R. du Dr Brentart
R. Jeanne d'Arc
R. Bacquenois
R. Libergier
R. Hincmar
R. Clovis
R. Boulard
R. Jean d'Orbais
R. du Colonel Fabien
Av. de Paris
R. de Tinqueux
Av. du Gal de Gaulle
l'Aisne
R. de Courlancy
R. de l'Union Foncière
R. René Bourgeois
R. Charles de Sèze
R. de Bezannes
R. Mathieu
R. Léon
R. de Mulhouse
Av. d'Épernay
R. André Schneiter
Av. Paul Marchandeau
R. de l'Espérance
R. Sutaine
Chaussée Saint-Martin
Beaurepaire
4m
4m2
4m3
23
24
a
b
q
r
v
w
y

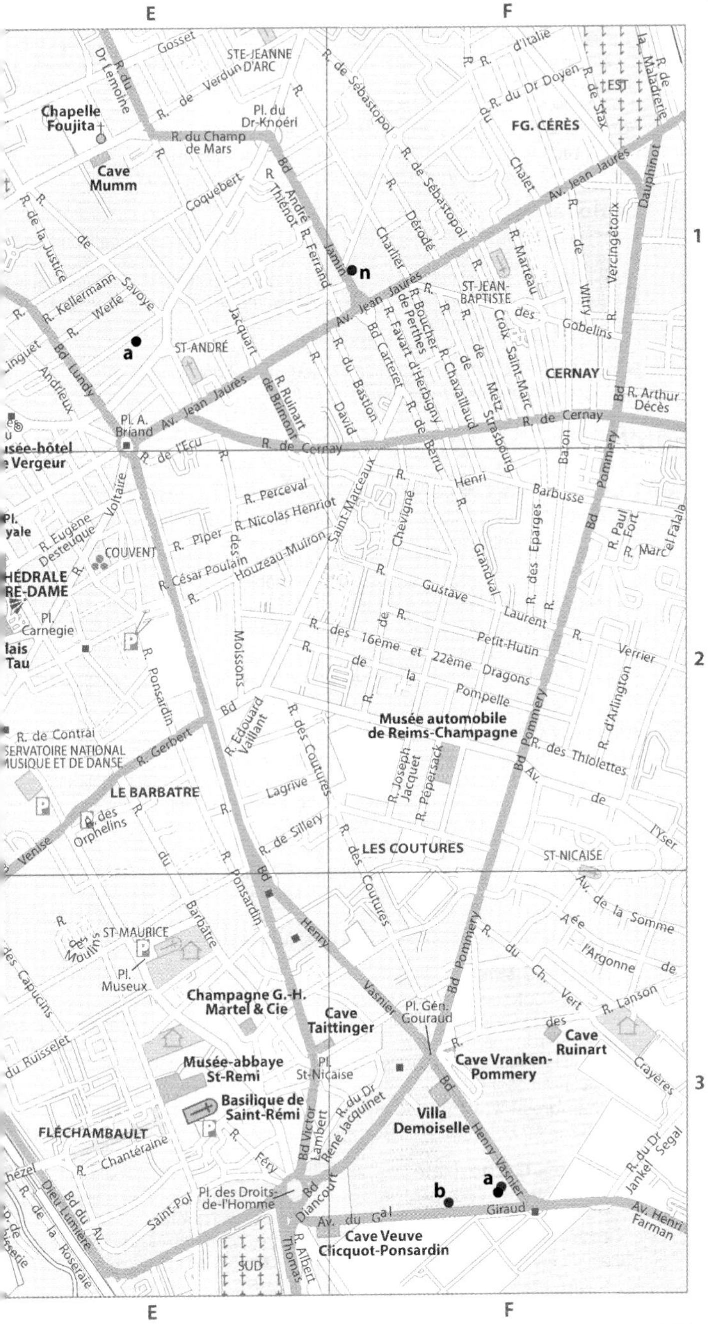
E
F
1
2
3
STE-JEANNE D'ARC
Chapelle Foujita
Cave Mumm
Pl. du Dr-Knoéri
R. du Champ de Mars
FG. CÉRÈS
EST
ST-JEAN-BAPTISTE
ST-ANDRÉ
CERNAY
Av. Jean Jaurès
R. de Cernay
Pl. A. Briand
R. de Sébastopol
Bd Pommery
Bd Lundy
Bd Dauphinot
R. Arthur Décès
COUVENT
Pl. Carnegie
R. de Contrai
LE BARBATRE
Musée automobile de Reims-Champagne
LES COUTURES
ST-NICAISE
ST-MAURICE
Pl. Museux
Champagne G.-H. Martel & Cie
Cave Taittinger
Pl. Gén. Gouraud
Cave Ruinart
Cave Vranken-Pommery
Musée-abbaye St-Remi
Pl. St-Nicaise
Basilique de Saint-Rémi
Villa Demoiselle
FLÉCHAMBAULT
Pl. des Droits-de-l'Homme
Cave Veuve Clicquot-Ponsardin
SUD
Av. du Gal Giraud
Av. Henri Farman
Bd Henry Vasnier
Bd Victor Lambert
R. du Dr René Jacquinet
Bd Diancourt
R. Albert Thomas
Bd du Dieu Lumière
Av. de la Roseraie
R. Ponsardin
R. du Barbâtre
R. Gerbert
R. des Coutures
Bd Edouard Vaillant
R. de Sillery
Lagrive
R. des 16ème et 22ème Dragons
R. de la Pompelle
R. Gustave Laurent
R. Petit-Hutin
R. Henri Barbusse
R. Verrier
R. d'Arlington
R. des Thiolettes
Av. de l'Yser
Av. de la Somme
Aée de l'Argonne
R. du Ch. Vert
R. Lanson
R. des Crayères
R. du Dr Jankel Segal
R. Perceval
R. Piper
R. Nicolas Henriot
R. César Poulain
R. Houzeau-Muiron
R. Saint-Marceaux
R. Chevigné
R. Grandval
R. des Eparges
R. Ruinart de Brimont
R. David
R. du Bastion
Bd Carteret
R. Favart d'Herbigny
R. Boucher de Perthes
R. Chavaillaud
R. de Metz
Strasbourg
R. Marteau
R. Croix Saint-Marc
R. des Gobelins
R. de Witry
R. Vercingétorix
R. de Berru
R. Dérodé
R. Charlier
R. Jamin
Bd André
R. Ferrand
R. Thiénot
R. Coquebert
R. de Verdun
R. du Dr Lemoine
Gosset
R. de la Justice
R. Kellermann
R. Werlé
R. de Savoye
Bd Lundy
R. Voltaire
R. Eugène Desteuque
R. de l'Écu
R. Jacquart
R. des Moissons
R. Joseph Jacquet
R. Pépersack
R. de Venise
R. des Orphelins
R. des Moulins
R. des Capucins
R. du Ruisselet
R. Chantéraine
R. Saint-Pol
R. Féry
R. du Dr Doyen
R. de Stax
R. de la Maladrerie
R. d'Italie
R. du Chalet
R. Paul Fort
R. Marcel Falala
R. Baron
Musée-hôtel Le Vergeur
CATHÉDRALE NOTRE-DAME
Palais du Tau
CONSERVATOIRE NATIONAL MUSIQUE ET DE DANSE
n
a
b

Le Jamin

CUISINE TRADITIONNELLE • DE QUARTIER Un petit restaurant de quartier simple et généreux. On vient là pour la cuisine traditionnelle (cuisses de grenouille à la provençale, rognons aux girolles, etc.) et les suggestions à l'ardoise, aux prix doux. Service aimable et efficace.

Formule 16 € – Menu 26 €/37 € – Carte 35/48 €

Plan : F1-n – *18 bd Jamin – 03 26 07 37 30 – www.lejamin.com – Fermé 17-24 avril, 16-31 août, 15-29 janv., merc. soir, dim. soir et lundi*

Le Bocal

POISSONS ET FRUITS DE MER • SIMPLE Une adresse insolite et confidentielle... À l'arrière de la Poissonnerie des Halles, on découvre une petite salle toute simple, où l'on célèbre sans chichis les saveurs de la mer : huîtres, saumon fumé maison, tartares, poisson du jour, etc. On surnomme les habitués les "agités du bocal" : attention à la contagion !

Carte 23/56 €

Plan : D1-v – *27 r. de Mars – 03 26 47 02 51 (réservation conseillée) – www.restaurantlebocal.fr – Fermé dim. et lundi*

Hôtels

Domaine Les Crayères

HISTORIQUE • GRAND LUXE Dans un grand parc, un décor brillant comme... du champagne. Faut-il préciser que cette superbe demeure est entourée des caves les plus renommées ? Un vrai symbole du luxe à la française que cet établissement, tout en raffinement, tentures épaisses, mobilier bourgeois...

20 chambres – 380/770 € 380/770 € – 31 € – ½ P

Plan : F3-a – *64 bd Henry-Vasnier – 03 26 24 90 00 – www.lescrayeres.com – Fermé 17 déc.-10 janv.*

Le Parc Les Crayères • **Le Jardin Les Crayères** – voir les restaurants ci-dessus

Assiette Champenoise

LUXE • DESIGN Une élégante maison de maître de la fin du 19e s., dans un grand parc clos. Les chambres, très spacieuses, jouent la carte du goût contemporain avec beaucoup de réussite. On les regagne avec plaisir après avoir profité des délices de la table... La satisfaction est complète.

25 chambres – 245/370 € 480/780 € – 8 suites – 33 €

Plan : A2-e – *40 av. Paul-Vaillant-Couturier, à Tinqueux 51430 – 03 26 84 64 64 – www.assiettechampenoise.com – Fermé 5 fév.-1er mars et 1er-16 août*

Assiette Champenoise – voir les restaurants ci-dessus

Hôtel de la Paix

BUSINESS • CONTEMPORAIN Cet hôtel, tenu par la même famille depuis 1912, vit avec son temps : jolies chambres contemporaines (tableaux d'artistes rémois, meubles Starck), bar pop et très tendance, et cadre design à la brasserie Au Café de la Paix, qui propose fruits de mer, tartares, choucroutes... Le tout à proximité de la cathédrale.

164 chambres – 140/240 € 140/240 € – 1 suite – 17 €

Plan : D2-q – *9 r. Buirette – 03 26 40 04 08 – www.hotel-lapaix.fr*

Mercure - Cathédrale

HÔTEL DE CHAÎNE • FONCTIONNEL Nuits calmes garanties dans ce grand bâtiment des années 1970 bordant un boulevard mais totalement insonorisé, aux chambres fonctionnelles et bien équipées, très confortables. Du restaurant, à l'étage, on a une belle vue panoramique sur le canal et les péniches.

130 chambres – 99/185 € 99/235 € – 18 €

Plan : D2-v – *31 bd Paul-Doumer – 03 26 84 49 49 – www.accorhotels.com*

Grand Hôtel des Templiers

TRADITIONNEL • GRAND LUXE Luxe et raffinement sont au rendez-vous dans cette belle demeure du 19e s. : mobilier de style, tissus opulents, salon bourgeois, chambres feutrées... Une certaine image de l'hôtellerie classique à la française.

18 chambres – 190/280 € 190/280 € – 25 €

Plan : E1-a – *22 r. des Templiers – 03 26 88 55 08 – www.grandhoteldestempliers-reims.com*

Grand Hôtel Continental

TRADITIONNEL • CLASSIQUE La belle façade de cet ancien hôtel particulier de 1862 dissimule des chambres confortables, calmes et décorées dans des styles variés (classique, ancien, actuel, etc.). Un ensemble bourgeois bien adapté au tourisme comme aux voyages d'affaires. Cuisine traditionnelle au Conti.

63 chambres – 75/150 € 100/250 € – 9 €

Plan : D2-r – *93 pl. Drouet-d'Erlon – 03 26 40 39 35 – www.grandhotelcontinental.com*

Novotel Suites

HÔTEL DE CHAÎNE • CONTEMPORAIN Un hôtel bien situé, dans le nouveau quartier d'affaires créé juste derrière la gare. Conformément aux normes de la chaîne, les chambres sont modernes et spacieuses, bien insonorisées et équipées. Et, le soir, une navette transporte les clients au restaurant...

80 chambres – 115/200 € 115/200 € – 15 €

Plan : D1-b – *1 r. Édouard-Mignot – 03 26 89 52 00 – www.suitenovotel.com*

Azur

FAMILIAL • PERSONNALISÉ Quelques minutes suffisent pour rejoindre la gare ou l'hôtel de ville : une bonne situation pour ce petit hôtel familial, aux chambres simples et particulièrement bien tenues, aux prix sages. Agréable : en été, on sert le petit-déjeuner dans un patio fleuri.

19 chambres – 65/90 € 79/99 € – 10 €

Plan : D1-y – *9 r. des Ecrevées – 03 26 47 43 39 – www.hotel-azur-reims.com – Fermé dim. soir en janv. et fév.*

à Rilly-la-Montagne 14 km par D951 et D26 – 51500 – 1 034 hab. – Alt. 160 m

Château de Rilly

DEMEURE HISTORIQUE • ÉLÉGANT Au centre de ce village de vignerons de la vallée de Reims, cette belle maison bourgeoise datant du 19e s. a été transformée en un hôtel charmant et intime, avec son élégant cadre classique (moulures, lustres à pampilles, mobilier de style), son jardin à la française, son spa, son restaurant où le champagne est roi...

15 chambres – 140/220 € 169/220 € – 18 € – ½ P

38 r. de Reims – 03 26 07 53 21 – www.lechateauderilly.com – Fermé 5 fév.-1er mars

à Sillery 11 km au Sud-Est par D944 et D8E – 51500 – 1 661 hab. – Alt. 90 m

Le Relais de Sillery

CUISINE TRADITIONNELLE • TENDANCE Une auberge élégante dont la terrasse domine la Vesle. Le cadre est bucolique, la gastronomie classique : langoustines en risotto crémeux, gratin de cuisses de grenouille... La cave – aux prix étudiés – impressionne !

Menu 22 € (semaine), 44/72 € – Carte 49/79 €

3 r. de la Gare – 03 26 49 10 11 – www.relaisdesillery.fr – Fermé 20-27 fév., 14 août-5 sept., 2-9 janv., dim. soir, lundi et mardi

à Montchenot 11 km au Sud par D951 – ✉ 51500 Villers Allerand

Le Grand Cerf (Dominique Giraudeau et Pascal Champion)

CUISINE CLASSIQUE • ÉLÉGANT XXX Au pied de la montagne de Reims, cette auberge affiche un style cossu... Un écrin élégant pour une belle cuisine classique concoctée à quatre mains. Les deux chefs, Pascal Champion et Dominique Giraudeau, aiment travailler les produits nobles, avec par exemple un menu dédié aux morilles.

→ Trilogie gourmande de saison. Ris de veau aux truffes. Pamplemousse caramélisé.

Menu 39 € (déj. en semaine), 96/115 € – Carte 90/145 €

50 rte Nationale – ✆ 03 26 97 60 07 – www.le-grand-cerf.fr – Fermé 8-22 août, dim. soir, mardi et merc.

à l'Ouest 6 km à l'Ouest par autoroute A4 sortie Tinqueux

Novotel

HÔTEL DE CHAÎNE • FONCTIONNEL Dans une zone commerciale et d'affaires, cet hôtel des années 1970 vit avec son temps : style épuré et concept Novation dans toutes les chambres, impeccables. Même tendance au restaurant avec des plats réalisés à la plancha.

127 chambres – 109/195 € 109/195 € – 16 €

Plan : A1-u – *rte de Soissons – ✆ 03 26 08 11 61 – www.novotel.com*

Qualys

BUSINESS • FONCTIONNEL Près de l'autoroute, un hôtel fonctionnel et bien tenu, pratiquant des tarifs très raisonnables. Dans les chambres, on met les photographes locaux à l'honneur avec des clichés du vignoble champenois. Parfait pour une étape ou un voyage d'affaires.

66 chambres – 69/129 € 69/149 € – 12 €

Plan : A1-t – *1 av. d'A.F.N. – ✆ 03 26 83 84 85 – www.qualys-reims-tinqueux.com*

Petit déjeuner compris ? La tasse suit directement le nombre de chambres.

LA REMIGEASSE – 17 (Charente-Maritime) → Voir Île d'Oléron

REMIGNY

✉ 71150 (Saône-et-Loire) – 446 hab. – Alt. 215 m – Carte régionale n° **4**-A3

Paris 335 km – Dijon 65 km – Lons-le-Saunier 127 km – Mâcon 82 km

Carte Michelin 320-I8

L'Escale

CUISINE TRADITIONNELLE • AUBERGE X Sur la route du vignoble, au bord du canal, cette auberge semble sourire. Une escale simple et animée, où l'accueil est charmant et où l'on cultive la tradition : foie gras maison, croustillant d'escargots, coq au chardonnay, pintade aux pruneaux... Petits prix au menu !

Formule 15 € – Menu 24/33 € – Carte 33/59 €

2 rte de Chassey-le-Camp – ✆ 03 85 87 07 03 – www.restaurant-lescale-remigny.fr – Fermé 15-30 sept., 10-28 fév., dim. soir, mardi soir et merc.

REMIREMONT

✉ 88200 (Vosges) – 7 766 hab. – Alt. 400 m – Carte régionale n° **14**-C3

Paris 413 km – Belfort 70 km – Colmar 80 km – Épinal 28 km

Carte Michelin 314-H4

Le Clos Heurtebise

CUISINE MODERNE • ÉLÉGANT XX Cette engageante maison bourgeoise, tenue par un jeune couple sympathique, propose une cuisine au goût du jour parfumée, rythmée par les saisons - comment ne pas céder à la douceur poétique de ces gambas poêlées à l'huile de curry au pavot bleu ? La terrasse d'été offre une jolie vue sur les ballons des Vosges.

Formule 21 € - Menu 30/67 € - Carte environ 52 €

13 chemin des Capucins, par r. Capit.-Flayelle - ✆ 03 29 62 08 04 (réservation conseillée) - www.leclosheurtebise.com - Fermé 16 août-4 sept., dim. soir, jeudi soir et lundi

La Quarterelle

CUISINE MODERNE • INTIME X C'est en couple qu'on préside à la destinée de cette Quarterelle. Monsieur concocte une cuisine mâtinée d'épices et madame vous accueille avec le sourire. Pensez à réserver !

Formule 23 € - Menu 33/37 € - Carte 44/60 €

3 r. de la Carterelle - ✆ 03 29 23 98 69 (réservation conseillée) - Fermé dim. soir, lundi soir, mardi soir et merc.

à Dommartin-lès-Remiremont 5 km à l'Est par D23 - ✉ 88200 - 1 835 hab. - Alt. 398 m

Le Karelian

CUISINE MODERNE • CONTEMPORAIN XX Le nom du restaurant est-il un hommage à la région de Carélie, au nord de l'Europe ? Quoi qu'il en soit, c'est un plaisir de découvrir la cuisine du chef, moderne et volontiers créative, qui évolue avec les saisons. Avec toujours un séduisant chariot de desserts qui ravira les amateurs.

Formule 20 € - Menu 31/59 € - Carte 42/61 €

36 r. du Cuchot - ✆ 03 29 62 44 05 - www.lekarelian.com - Fermé 1 semaine en avril, 24 juil.-6 août, 1 semaine en déc., dim. soir et lundi

à Girmont-Val-d'Ajol 9 km au Sud-Est par D23, D57 et rte secondaire - ✉ 88340 - 234 hab. - Alt. 650 m

La Vigotte

FAMILIAL • TRADITIONNEL Entourée de forêt vosgienne, de prairies et d'étangs, cette ferme de 1750 ravira les amoureux de la nature. Chambres simples et sympathiques. Cuisine de tradition et de terroir servie dans la grande salle ustique ; chaleureuse ambiance montagnarde.

18 chambres - 🚹40/96 € 🚹🚹50/120 € - ☕ 8,50 € - ½ P

- ✆ 03 29 24 01 82 - www.vigotte.com
- Fermé 2-27 janv.

RENAISON

✉ 42370 (Loire) - 2 924 hab. - Alt. 387 m - Carte régionale n° **23**-A1

▶ Paris 385 km - Chauffailles 43 km - Lapalisse 39 km - Roanne 11 km

Carte Michelin 327-C3 - Guide Vert Michelin Lyon et sa région

Jacques Cœur

CUISINE TRADITIONNELLE • COLORÉ XX "À cœur vaillant, rien d'impossible !" La devise de Jacques Cœur accompagne le chef, qui ne manque pas d'allant lorsqu'il s'agit de mitonner de bons petits plats de tradition : tête de veau sauce gribiche, terrine de langoustines, etc.

Menu 25 € 🍷 (semaine), 32/59 € - Carte 42/53 €

15 r. de Roanne - ✆ 04 77 64 25 34 - www.restaurant-jacques-coeur.fr - Fermé 13-21 nov., 22-30 janv., dim. soir, lundi et mardi

St-Haon-le-Vieux 3 km au Nord par D8 - ✉ 42370 - 930 hab. - Alt. 424 m

Auberge du Bon Accueil

CUISINE TRADITIONNELLE • **FAMILIAL** XX Dans le vignoble de la côte roannaise, en face des caves d'affinage d'un fromager Maître Ouvrier de France, cette agréable auberge, affublée d'un petit jardin et d'une terrasse ombragée, propose une cuisine dans l'air du temps où priment les saisons.

Formule 16 € - Menu 30/50 € - Carte 41/54 €

1301 rte de Renaison (La Croix-Lucas) - ✆ 04 77 64 40 72 - www.restaurant-lebonaccueil.fr - Fermé 18-26 avril, 3-7 juil., 5-17 sept., 23-31 janv., dim. soir, lundi et mardi

RENESCURE

✉ 59173 (Nord) - 2 085 hab. - Alt. 30 m - Carte régionale n° **16**-B2

Paris 253 km - Arras 72 km - Lille 57 km

Carte Michelin 302-C3

La Table de Romain

CUISINE CLASSIQUE • **CONVIVIAL** X Située au cœur du bourg, en face du château de Zuthove, cette maison de village est le quartier-général d'un jeune chef plein d'allant. Il réalise une goûteuse cuisine du marché, et revisite le terroir au gré d'une carte qui évolue chaque semaine. Le tout dans un intérieur chic et convivial, qui ne manque pas de séduire !

Formule 18 € 🍷 - Menu 20 € 🍷/30 €

1 r. Gaston-Robbe - ✆ 09 67 35 23 60 - Fermé 1er-15 août, mardi soir, merc. soir, jeudi soir, sam. midi, dim. soir et lundi

ON AIME...

Le superbe **marché de la place des Lices**, avec ses produits très réputés : volaille, légumes, etc. Le duo de jeunes professionnels qui réalisent, aux fourneaux d'**Aozen**, une cuisine du marché créative et spontanée. L'élégance du **Carré**, installé dans un hôtel particulier du 17e s. Enfin, **L'Atelier des Gourmets**, pour se régaler à des prix imbattables...

RENNES

✉ 35000 (Ille-et-Vilaine) - 209 860 hab. - Agglo. 313 480 hab. - Alt. 40 m
- Carte régionale n° **5**-D2
▶ Paris 349 km - Angers 129 km - Brest 246 km - Caen 185 km
Carte Michelin 309-L6 - Guide Vert Michelin Bretagne Nord

Restaurants

Aozen (Pierre Legrand)

CUISINE MODERNE • COSY Des recettes subtiles, légères et naturelles, composées avec grand soin, à travers un "menu unique" qui joue la carte de la surprise et de la nouveauté... Caroline et Pierre Legrand font des merveilles dans leur Aozeñ ("ingrédient", en breton), la coqueluche des gourmets rennais, avec notamment un beau travail sur les accords mets et vins.

➜ Maquereau et rhubarbe au poivre sauvage. Pigeon, condiment betterave et griotte. Abricot à la verveine et aux amandes.

Menu 52/85 € - menu unique

Plan : A3-a - *12 r. de l'Arsenal*
- ☎ 02 99 65 64 21 (réservation conseillée) - www.aozen-restaurant.com
- Fermé 2 semaines en août, dim., lundi et le midi

L'Atelier des Gourmets (N)

CUISINE TRADITIONNELLE • BISTRO Les gourmets se faufileront dans cet Atelier qui leur est dédié pour déguster une savoureuse cuisine du marché, mitonnée avec affection par un chef passionné. Terrine de cochon (proposée entière sur la table !), merlu et caviar d'aubergine à la marocaine. Le tout pour un rapport qualité-prix implacable.

Formule 13 € - Menu 18 € (déj. en semaine), 29/32 € - Carte 30/46 €

Plan : A2-b - *12 r. Nantaise*
- ☎ 02 99 67 53 84 (réservation conseillée) - www.latelierdesgourmets-rennes.fr
- Fermé 2 semaines en août, dim. et lundi

Budget serré ? Profitez des menus déjeuners (déj.) à prix ajustés.

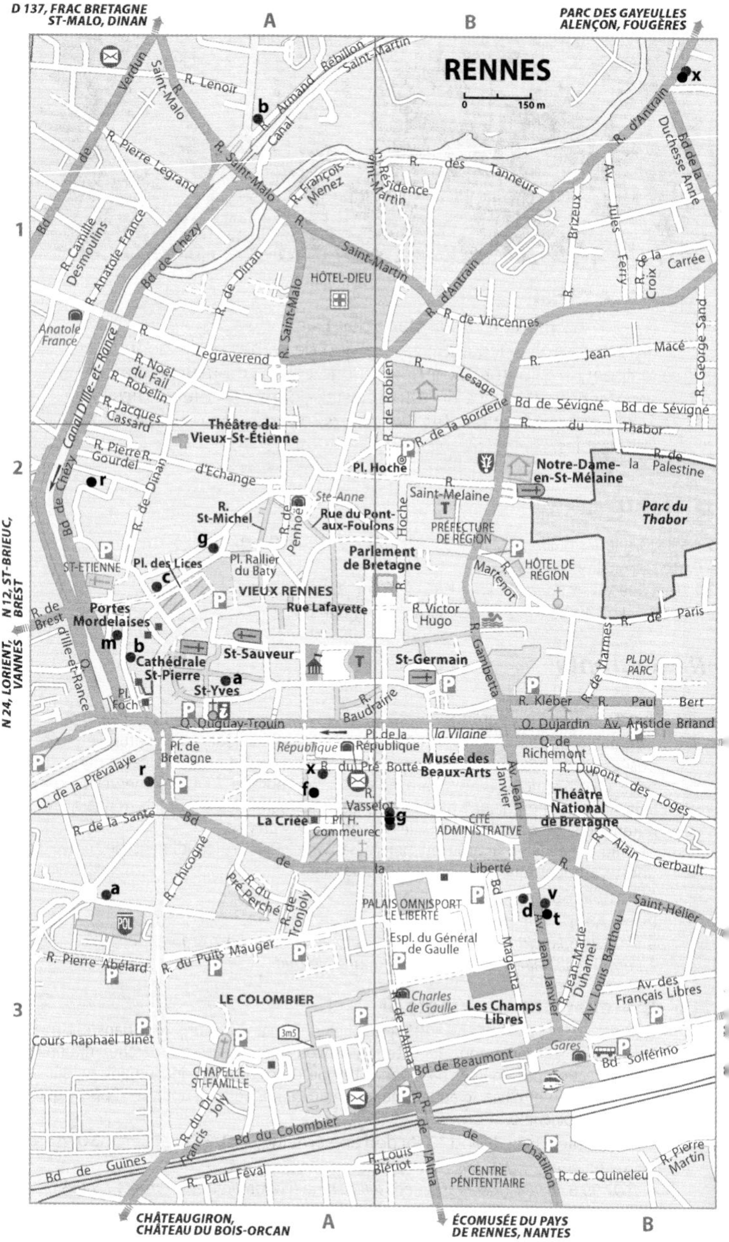
RENNES
0
150 m
A
B
1
2
3
D 137, FRAC BRETAGNE
ST-MALO, DINAN
PARC DES GAYEULLES
ALENÇON, FOUGÈRES
N 12, ST-BRIEUC, BREST
N 24, LORIENT, VANNES
CHÂTEAUGIRON,
CHÂTEAU DU BOIS-ORCAN
ÉCOMUSÉE DU PAYS
DE RENNES, NANTES
Bd de Verdun
R. Saint-Malo
R. Lenoir
Canal
R. Armand Rébillon
Saint-Martin
R. Pierre Legrand
R. Saint-Malo
R. François Menez
R. Saint-Martin
R. Résidence Saint-Martin
R. des Tanneurs
R. d'Antrain
Bd de la Duchesse Anne
Av. Jules Ferry
R. Brizeux
R. de la Croix
Carrée
R. Camille Desmoulins
R. Anatole France
Bd de Chezy
R. de Dinan
HÔTEL-DIEU
R. Saint-Malo
R. d'Antrain
R. de Vincennes
Anatole France
R. Legraverend
R. Jean Macé
R. George Sand
R. Noël du Fail
R. Robelin
R. Jacques Cassard
R. Lesage
R. de Robien
Bd de Sévigné
R. de la Borderie
R. du Thabor
Canal d'Ille-et-Rance
Théâtre du Vieux-St-Étienne
R. Pierre Gourdel
R. d'Echange
R. de Dinan
Pl. Hoche
Notre-Dame-en-St-Melaine
R. de la Palestine
R. Saint-Melaine
Parc du Thabor
R. St-Michel
Ste-Anne
R. de Penhoët
Rue du Pont-aux-Foulons
R. Hoche
PRÉFECTURE DE RÉGION
Bd de Chezy
Pl. des Lices
Pl. Rallier du Baty
Parlement de Bretagne
R. Martenot
HÔTEL DE RÉGION
ST-ÉTIENNE
VIEUX RENNES
Rue Lafayette
R. Victor Hugo
R. Gambetta
R. de Paris
R. de Brest
Portes Mordelaises
R. de Viarmes
Cathédrale St-Pierre
St-Sauveur
St-Germain
PL. DU PARC
Q. d'Ille-et-Rance
St-Yves
Pl. Foch
R. Baudrairie
R. Kléber
R. Paul Bert
Q. Duguay-Trouin
Q. Dujardin
Av. Aristide Briand
Pl. de Bretagne
République
Pl. de la République
la Vilaine
Q. de Richemont
Q. de la Prévalaye
R. du Pré Botté
Musée des Beaux-Arts
Av. Jean Janvier
R. Dupont des Loges
R. Vasselot
Théâtre National de Bretagne
R. de la Santé
La Criée
Pl. H. Commeurec
CITÉ ADMINISTRATIVE
R. Alain Gerbault
Bd de la Liberté
R. Chicogné
R. du Pré Perché
R. de Tronjoly
PALAIS OMNISPORT LE LIBERTÉ
Bd Magenta
Av. Jean Janvier
R. Saint-Hélier
Espl. du Général de Gaulle
R. Pierre Abélard
R. du Puits Mauger
R. Jean-Marie Duhamel
Av. Louis Barthou
Charles de Gaulle
Les Champs Libres
Av. des Français Libres
LE COLOMBIER
Cours Raphaël Binet
R. de l'Alma
Gares
Bd Solférino
Bd de Beaumont
CHAPELLE ST-FAMILLE
R. du Dr. Francis Joly
Bd du Colombier
R. de Châtillon
Bd de Guines
R. Louis Blériot
R. Paul Féval
CENTRE PÉNITENTIAIRE
R. de Quineleu
R. Pierre Martin

La Fontaine aux Perles

CUISINE MODERNE • ÉLÉGANT XXX Au calme d'un jardin arboré, ce petit manoir du 19e s. dévoile de savoureux fumets... En cuisine, beaux produits et maîtrise des cuissons sont de mise, avec un bel accompagnement de champagnes et de digestifs. Côté décor, quatre salles (manoir, baroque, cave à vins ou Stade rennais !), et une jolie terrasse, pour l'été.

Menu 28 € (déj. en semaine), 39/95 € - Carte 63/97 €

Hors plan - *96 r. de la Poterie (quartier de la Poterie) - ✆ 02 99 53 90 90 - www.lafontaineauxperles.com - Fermé 2 semaines en août, dim. soir et lundi*

La Coquerie

CUISINE CRÉATIVE • COSY XXX La Coquerie a amorcé sa renaissance : une nouvelle salle à manger dans la maison datant du 17e s., un nouveau chef et une nouvelle carte, autour d'une cuisine locavore, privilégiant circuits courts et produits de saison.

Formule 29 € - Menu 55/120 €

Plan : B1-x - *Hôtel Le Coq-Gadby, 156 r. d'Antrain - ✆ 02 99 38 05 55 - www.lacoquerie.restaurant - Fermé 20-27 fév., août, merc. midi, dim. et lundi*

La Table du Balthazar

CUISINE MODERNE • COSY XX La courte carte, très alléchante, laisse entrevoir de belles assiettes de saison. Une bonne impression confirmée pendant le repas, avec des préparations sobres et soignées, où retentissent des saveurs harmonieuses. Quant à la disposition des tables, au coude-à-coude, elle est la garantie d'un repas animé !

Formule 25 € - Menu 29 € (déj.) - Carte 39/54 €

Plan : B2_3-g - *Hôtel Balthazar & Spa, 28 r. Vasselot - ✆ 02 99 32 76 14 - www.hotel-balthazar.com - Fermé sam. midi et dim. soir*

Essentiel

CUISINE MODERNE • CONTEMPORAIN XX Sur le pittoresque canal d'Ille-et-Rance, un bâtiment original, tout de verre vêtu, prolongé d'une agréable terrasse face au canal. Bois, briques, tons gris : le lieu évoque un loft urbain. La chef Blandine Lucas a repris les rênes des lieux et y propose d'alléchantes adresses dans l'air du temps.

Formule 16 € - Menu 32/42 € - Carte 32/42 €

Plan : A1-b - *11 r. Armand-Rebillon - ✆ 02 99 14 25 14 - www.restaurantessentiel.com - Fermé 13-19 fév., lundi soir, sam. midi et dim.*

Le Carré N

CUISINE MODERNE • HISTORIQUE XX Cet ancien hôtel particulier du 17e s. dispose de deux salles principales, mariant l'ancien au moderne. Le chef ne sert que du frais, issu des producteurs de la région : il en résulte une cuisine goûteuse, bien dans l'air du temps. Cave de dégustation au sous-sol.

Formule 19 € - Menu 23 € (déj. en semaine), 33/60 € - Carte 40/61 €

Plan : A2-c - *34 pl. des Lices - ✆ 02 23 40 21 21 - www.lecarrerennes.fr - Fermé 8-22 août, dim. et lundi*

Le Cours des Lices

CUISINE MODERNE • CONVIVIAL XX Voilà un chef qui ne manquerait le marché de la place des Lices pour rien au monde ! Pourquoi s'en priver ? Dans sa maison de 1659, son restaurant est situé à deux pas : une source d'inspiration inépuisable pour sa cuisine de saison qui révèle un véritable savoir-faire d'artisan. Accueil fort charmant de son épouse.

Formule 20 € - Menu 22 € (déj. en semaine), 32/45 € - Carte 40/60 €

Plan : A2-g - *18 pl. des Lices - ✆ 02 99 30 25 25 - www.lecoursdeslices.fr - Fermé 3 semaines en août, dim. et lundi*

Le Guehennec

CUISINE TRADITIONNELLE • COSY XX Près de la place des Lices, ce petit restaurant intime propose une cuisine soignée, rythmée par les saisons et les produits du marché. Décor contemporain.

Menu 25 € (déj. en semaine), 38/47 €

Plan : A2-m – *33 r. Nantaise – 02 99 65 51 30 – Fermé 6-22 août, sam. midi, lundi soir et dim.*

Le Galopin

CUISINE TRADITIONNELLE • COSY XX Un sympathique restaurant à la façade rétro, avec banquettes, vivier, et salle feutrée entièrement rénovée. La carte, entre terre et mer – dont un menu homard –, manifeste un vrai souci de qualité.

Formule 15 € – Menu 20 € (semaine), 32/41 € – Carte 32/72 €

Plan : B3-v – *21 av. Janvier – 02 99 31 55 96 – www.legalopin.fr – Fermé 1er-15 août, sam. midi, dim.*

Léon le Cochon

CUISINE TRADITIONNELLE • BISTRO X On ne présente plus Léon le Cochon, bistrot canaille et branché du centre-ville, à l'atmosphère animée. Le décor est chic sans être guindé, et la cuisine vise toujours aussi juste : poisson à la plancha, cochonnailles et abats, menu du marché...

Formule 14 € – Menu 17 € (déj. en semaine), 21/27 € – Carte 32/50 €

Plan : A2-x – *6 r. du Pré-Botté – 02 99 79 37 54 – www.leonlecochon.fr – Fermé dim. en juil.-août*

Le Quatre B

CUISINE MODERNE • DESIGN X Sur une grande place, en cœur de ville, une maison engageante au décor rajeuni et prolongée d'une avenante véranda. Dans l'assiette, on trouve une cuisine au goût du jour, volontiers éclectique ; la carte et les menus évoluent au gré des saisons.

Formule 13 € – Menu 17 € (déj. en semaine), 25/32 € – Carte 34/59 €

Plan : A2-r – *4 pl. de Bretagne – 02 99 30 42 01 – www.quatreb.fr – Fermé sam. midi et dim. soir*

Le Marc'had (N)

CUISINE TRADITIONNELLE • SIMPLE X Dans une ruelle, située entre gare et centre-ville, cette auberge à la façade rouge vif propose une cuisine traditionnelle mâtinée d'influences bretonnes : huîtres chaudes de Cancale à la crème d'ail, travers de porc au cidre, miel et romarin... Les habitués, qui s'y pressent, ne s'y trompent pas.

Formule 15 € – Menu 18 € (déj. en semaine), 29/39 € – Carte 33/42 €

Plan : B3-d – *4 r. Descartes – 02 99 30 29 69 – Fermé 1er-8 janv., 1er-8 mai, 7-20 août, sam. midi et dim.*

Crêperie La Saint-Georges (N)

CUISINE BRETONNE • TENDANCE X Dans une vieille rue piétonne du centre historique de Rennes, cette demeure du 17es. à colombages dissimule un petit paradis pour amateurs de galettes et de crêpes, traditionnelles ou originales, toutes cuites avec soin et parfumées. Si la crêperie affiche complet, même enseigne et même carte rue Jules Simon.

Formule 12 € – Carte 15/30 €

Plan : A2-a – *11 r. du Chapître – 02 99 38 87 04 – www.creperie-saintgeorges.fr – Fermé août, vacances de Noël, dim. et lundi*

Chez Meh

CUISINE THAÏLANDAISE • SIMPLE Des parfums de gingembre, de citron vert et de citronnelle, de subtils aigres-doux, des woks généreux et d'incontournables larmes du tigre : les saveurs de la Thaïlande et du Laos (dont est originaire la famille propriétaire) révélées par une cuisinière émérite, qui s'approvisionne sur les meilleurs marchés rennais. Réservez !

Formule 16 € - Menu 25 € - Carte 25/35 €

Hors plan - *37 bd de Verdun - 02 99 54 59 18 - www.chezmehissan.fr - Fermé lundi*

Hôtels

Balthazar Hôtel & Spa

BOUTIQUE HÔTEL • ÉLÉGANT Inauguré mi-2014, l'établissement s'impose d'emblée comme le meilleur de la ville : derrière une belle façade classique, peinte de gris perle, les aménagements allient lignes élégantes et larges volumes, matières naturelles et ambiance feutrée, services de qualité et agréable spa... Un ensemble contemporain qui fera date.

56 chambres - 135/645 € 135/645 € - 24 € - ½ P

Plan : B2_3-g - *19 r. du Mar.-Joffre - 02 99 32 32 32 - www.hotel-balthazar.com*

La Table du Balthazar - voir les restaurants ci-dessus

Le Saint-Antoine N

BOUTIQUE HÔTEL • PERSONNALISÉ Une grande façade de verre sur une avenue passante entre gare et centre-ville, pour cet hôtel ouvert en janvier 2016. Le décor des chambres joue la sobriété et la modernité. Au sous-sol, le joli spa propose sauna, hammam, et bassin de nage à contre-courant.

60 chambres - 102/350 € 102/350 € - 1 suite - 17 €

Plan : B3-t - *27 av. Jean-Janvier - 02 23 44 33 33 - www.saint-antoine-hotel.fr*

Le Coq-Gadby

URBAIN • À THÈME Cet hôtel, situé dans les faubourgs nord de Rennes, propose des chambres où le bois domine, autour d'un petit jardinet.

17 chambres - 130/430 € 130/430 € - 1 suite - 18 € - ½ P

Plan : B1-x - *156 r. d'Antrain - 02 99 38 05 55 - www.lecoq-gadby.com*

La Coquerie - voir les restaurants ci-dessus

Magic Hall N

BOUTIQUE HÔTEL • PERSONNALISÉ Cet ancien bâtiment de l'armée, un temps transformé en cinéma, s'est réinventé en hôtel. Les chambres jouent sur l'originalité, autour de quatre thèmes : théâtre, cinéma, musique et danse. Il y a même un studio d'enregistrement ! Le copieux petit-déjeuner achèvera de vous convaincre de la magie des lieux. Résolument atypique.

19 chambres - 60/210 € 60/210 € - 12 €

Plan : A2-r - *17 r. de la Quintaine - 02 99 66 21 83 - www.lemagichall.com*

Hôtel de Nemours

URBAIN • PERSONNALISÉ Non loin de la Vilaine et du centre historique, cet hôtel rénové propose des petites chambres chaleureuses et personnalisées, aux tons ivoire et caramel. Ici, point d'extravagance mais un intérieur tout en sobriété et élégance.

41 chambres - 69/139 € 69/189 € - 4 suites - 11 €

Plan : A2-f - *5 r. de Nemours - 02 99 78 26 26 - www.hotelnemours.com*

à St-Grégoire 3 km au Nord par D82 - ✉ 35760 - 8 783 hab. - Alt. 45 m

Le Saison (David Etcheverry)

CUISINE MODERNE • ÉLÉGANT XXX Ce pourrait être une simple longère aux portes de Rennes, c'est un petit havre de design contemporain, élégant et lumineux... Le repas n'en est que plus agréable, car le chef signe une cuisine de saison très soignée, centrée sur le produit et subtile dans ses effets !

➜ Homard breton rôti, petits pois, fleur d'oranger et agastache. Carré de cochon kintoa au brocciu, bulots, soja et aubergine. Feuillets croustillants au beurre, crème d'avoine au tilleul et noix caramélisées.

Formule 35 € - Menu 55/98 € - Carte 95/135 €

Hôtel les Patios, 1 imp. du Vieux-Bourg (près de l'église) - ✆ 02 99 68 79 35 - www.le-saison.com - Fermé dim. soir et lundi

Les Patios

BOUTIQUE HÔTEL • PERSONNALISÉ Lassé par l'agitation de la ville ? Faites une pause dans cet hôtel situé à 6 km au nord de Rennes. Avec son joli jardin et son décor zen et épuré, l'endroit respire la sérénité. Et les chambres, immenses et très soignées, comptent incontestablement parmi les plus belles de la métropole rennaise...

5 chambres ☕ - 🚹180/200 € 🚹🚹195/215 €

1 imp. du Vieux-Bourg (près de l'église) - ✆ 02 99 68 79 35 - www.le-saison.com

Le Saison - voir les restaurants ci-dessus

à Cesson-Sévigné 6 km à l'Est - ✉ 35510 - 16 206 hab. - Alt. 28 m

Le Germinal

CUISINE TRADITIONNELLE • TENDANCE XX Une terrasse aux airs de pont de bateau avec vue plongeante sur la rivière... Ah, la douceur champêtre d'un moulin sur la Vilaine ! Dans ce très sympathique restaurant, on savoure une cuisine traditionnelle bien tournée.

Formule 18 € - Menu 21 € (déj. en semaine), 32/42 € - Carte 32/64 €

Hôtel Le Germinal, 9 cours de la Vilaine, au bourg - ✆ 02 99 83 11 01 - www.legerminal.com - Fermé 13-26 fév., 29 juil.-28 août, 21 déc.-5 janv., sam. midi, dim. et fériés

Le Germinal

AUBERGE • FONCTIONNEL Germinal, c'est le printemps et la renaissance de la nature... Un nom parfait pour cet ancien moulin familial posé sur un îlot de la Vilaine. Depuis les chambres, sobrement décorées, on observe les méandres de la rivière.

17 chambres - 🚹65/130 € 🚹🚹65/130 € - ☕ 12 € - ½ P

9 cours de la Vilaine, au bourg - ✆ 02 99 83 11 01 - www.legerminal.com - Fermé 13-26 fév., 29 juil.-28 août et 21 déc.-5 janv.

Le Germinal - voir les restaurants ci-dessus

à Noyal-sur-Vilaine 12 km à l'Est - ✉ 35530 - 5 526 hab. - Alt. 75 m

Auberge du Pont d'Acigné (Sylvain Guillemot)

CUISINE MODERNE • ÉLÉGANT XXX Une cuisine du terroir maîtrisée et inventive, qui témoigne d'un soin de tous les instants. Le cadre, élégant et lumineux, la terrasse en bord de la Vilaine, comme le service, très agréable, ajoutent au plaisir de cette parenthèse gastronomique. Très beau choix de vins.

➜ Eau de tomate, maquereau fumé et écume d'herbes. Coucou de Rennes à la sarriette, citron et cuisses braisées. Craquant de framboises, mousse de foin et granité au concombre.

Formule 35 € - Menu 44 € (déj. en semaine), 63/130 € - Carte 80/105 €

3 km au Nord par rte d'Acigné - ✆ 02 99 62 52 55 - www.auberge-du-pont-dacigne.com - Fermé 20-23 fév., 17-25 avril, 31 juil.-18 août, 23 oct.-2 nov., 2-5 janv., dim. soir, lundi et mardi

Les Forges

CUISINE TRADITIONNELLE • FAMILIAL XX Cette auberge, située au bord de la route, est installée dans les anciennes forges de la ville. On se restaure dans des salles sobres et blanches. Côté cuisine, on est en plein dans la tradition : tout est fait maison et le chef travaille comme un véritable artisan.

Menu 17 € (déj.), 25/39 € - Carte 33/47 €

22 av. du Gén.-de-Gaulle - ✆ 02 99 00 51 08 - Fermé 1 semaine en fév., 3 semaines en août, vend. soir, sam. midi et dim. soir

Le Rheu 8 km à l'Ouest par N24 et D129 - ✉ 35650 - 7 788 hab. - Alt. 30 m

Les Tourelles

CUISINE MODERNE • ROMANTIQUE XXX Bienvenue au château ! Installez-vous sous les plafonds en ogive et les boiseries pour découvrir une cuisine d'aujourd'hui, créative, valorisant les produits locaux. À déguster en terrasse, l'été, face au vaste parc.

Formule 19 € - Menu 29 € (semaine), 41/115 € - Carte environ 65 €

Hôtel Château d'Apigné, rte de Chavagne - ✆ 02 99 14 80 66 - www.chateau-apigne.fr - Fermé 20-27 fév., mardi midi, merc. midi, sam. midi, dim. soir et lundi

Château d'Apigné

DEMEURE HISTORIQUE • CLASSIQUE Envie de jouer les aristocrates le temps d'une escapade en Bretagne ? Dans ce cas, cet élégant château néo-Renaissance (1833), au cœur d'un parc immense, est fait pour vous ! Vous apprécierez les chambres alliant classicisme et raffinement : boiseries, moulures, parquet d'époque… Préférez le château au pavillon.

16 chambres - †130/255 € ††130/255 € - ☕ 16 € - ½ P

rte de Chavagne - ✆ 02 99 14 80 66 - www.chateau-apigne.fr - Fermé 20-27 fév.

Les Tourelles - voir les restaurants ci-dessus

LA RÉOLE

✉ 33190 (Gironde) - 4 125 hab. - Alt. 44 m - Carte régionale n° **2**-C2

Paris 649 km - Bordeaux 74 km - Casteljaloux 42 km - Duras 25 km

Carte Michelin 335-K7 - Guide Vert Michelin Aquitaine

Aux Fontaines

CUISINE TRADITIONNELLE • FAMILIAL XX Dans cette petite ville des bords de Garonne, une belle maison de maître datant du 18e s., entourée d'un parc verdoyant : l'endroit est tout simplement charmant. Au calme de la terrasse, on déguste une cuisine traditionnelle branchée sur les saisons, accompagnée d'un bon vin issu de la cave. Plaisant !

Formule 16 € - Menu 28/40 € - Carte 35/66 €

8 r. de Verdun - ✆ 05 56 61 15 25 (réservation conseillée) - www.restaurant-aux-fontaines.com - Fermé vacances de fév., 2 semaines en nov., merc. soir hors saison, dim. soir et lundi

LA RÉPARA-AURIPLES - 26 (Drôme) → Voir Crest

RESTONICA (GORGES DE LA) - 2B (Haute-Corse) → Voir Corse (Corte)

RETHONDES - 60 (Oise) → Voir Compiègne

REUGNY

✉ 03190 (Allier) - 268 hab. - Alt. 204 m - Carte régionale n° **3**-B1

Paris 312 km - Bourbon-l'Archambault 43 km - Montluçon 15 km - Montmarault 45 km

Carte Michelin 326-C4

La Table de Reugny

CUISINE MODERNE • CONVIVIAL XX Dans les cuisines de cette jolie maison rose aux volets blancs, Jean-Luc Sanguillon a la main sûre et fait parler son instinct. "Mon plus grand bonheur, explique-t-il, est de donner une émotion à mes convives." C'est réussi : on se régale avec des plats du terroir pleins de saveurs, d'énergie et de générosité. Vivifiant !

Formule 18 € – Menu 23 € (semaine), 32/54 € – Carte environ 42 €

25 rte de Paris – ☎ 04 70 06 70 06 – www.restaurant-reugny.com – Fermé 16 août-12 sept., 2-10 janv., dim. soir, lundi et mardi

REUILLY

✉ 36260 (Indre) – 2 073 hab. – Alt. 116 m – Carte régionale n° **6**-C3

Paris 232 km – Bourges 20 km – Châteauroux 55 km – Orléans 107 km

Carte Michelin 323-I4 – Guide Vert Michelin Limousin Berry

Les 3 Cépages

CUISINE MODERNE • TENDANCE XX En plein cœur du Berry, au centre du célèbre village viticole de Reuilly, cet ancien hôtel à la façade blanche a trouvé un second souffle sous la houlette d'un couple japonais. Avec des produits de belle qualité (ris de veau, magret, cochon noir...), on réalise une cuisine fine, savoureuse et bien maîtrisée.

Formule 26 € – Menu 30/68 € – Carte 44/77 €

6 chambres – †58 € ††65 € – ☕ 8,50 €

17 r. de la Gare – ☎ 02 54 03 23 13 – www.les-3-cepages.com – Fermé 1 semaine en sept., 3 semaines en janv., dim. soir, lundi et mardi sauf fériés

REUILLY-SAUVIGNY

✉ 02850 (Aisne) – 223 hab. – Alt. 78 m – Carte régionale n° **19**-C3

Paris 109 km – Château-Thierry 16 km – Épernay 34 km – Reims 50 km

Carte Michelin 306-D8

Auberge Le Relais

CUISINE MODERNE • COSY XXX Cette coquette auberge cumule de nombreux atouts : intérieur actuel et élégant, belle véranda entourée de verdure et fine cuisine mariant habilement tradition et modernité. Décor contemporain dans les chambres.

Menu 37 € (semaine), 60/94 € – Carte 90/115 €

7 chambres – †92/108 € ††98/116 € – ☕ 18 €

2 r. de Paris – ☎ 03 23 70 35 36 – www.relaisreuilly.com – Fermé fév., 13-31 août, mardi et merc.

REVEL

✉ 31250 (Haute-Garonne) – 9 341 hab. – Alt. 210 m – Carte régionale n° **15**-C2

Paris 727 km – Carcassonne 46 km – Castelnaudary 21 km – Castres 28 km

Carte Michelin 343-K4

à Garrevaques 6 km au Nord-Ouest par D79F, D145 puis D45 – ✉ 81700 – 383 hab. – Alt. 192 m

Le Pavillon du Château

BUSINESS • PERSONNALISÉ Au cœur du pays cathare, dans un parc de 7 ha, ce bel hôtel occupe les écuries d'un château du 16e s. remanié au 19e s. Charme, authenticité et tableaux contemporains, meubles chinés et agréable spa, restaurant classique et salle voûtée au dîner (pour les groupes et séminaires)... Tout se mêle avec élégance.

15 chambres – †110/250 € ††110/250 € – ☕ 12 € – ½ P

Château de Garrevaques – ☎ 05 63 75 04 54 – www.garrevaques.com – Fermé 1 semaine à Noël

REVIGNY-SUR-ORNAIN

✉ 55800 (Meuse) - 3 005 hab. - Alt. 144 m - Carte régionale n° **14**-A2
▶ Paris 239 km - Bar-le-Duc 18 km - St-Dizier 30 km - Vitry-le-François 36 km
Carte Michelin 307-A6

La Maison Forte

HISTORIQUE • PERSONNALISÉ Cette demeure du 18e s. fut jadis la propriété du duc de Bar, puis du duc de Lorraine. Les chambres ont été personnalisées dans des tons doux, avec de jolis matériaux (pierre, tomettes) ; au petit-déjeuner, on se régale de confitures et tartes maison.

5 chambres ☕ - 🚹70/110 € 🚹🚹85/135 €

6 pl. Henriot-du-Coudray - ✆ 06 63 46 03 26 - www.lamaisonforte.fr - Fermé 15 déc.-15 janv.

RÉVILLE

✉ 50760 (Manche) - 1 175 hab. - Alt. 12 m - Carte régionale n° **17**-A1
▶ Paris 351 km - Carentan 44 km - Cherbourg 30 km - St-Lô 72 km
Carte Michelin 303-E2

La Villa Gervaiserie

FAMILIAL • CONTEMPORAIN À la sortie de Réville, une construction contemporaine à toit plat, bordée d'un jardin verdoyant. Les chambres, spacieuses et sobrement décorées, ont toutes un balcon ou une terrasse donnant sur l'île de Tatihou.

10 chambres - 🚹93/137 € 🚹🚹93/137 € - ☕ 10 €

17 rte des Monts - ✆ 02 33 54 54 64 - www.lagervaiserie.com - Ouvert avril-sept.

Au Moyne de Saire

TRADITIONNEL • FONCTIONNEL En bordure de route, au cœur de ce village, se trouve cette auberge entièrement rénovée en 2012. Des chambres bien tenues, dans un style actuel et fonctionnel ; une cuisine traditionnelle, servie dans une salle claire et confortable... Plaisant !

11 chambres - 🚹59/63 € 🚹🚹72/97 € - ☕ 10 € - ½ P

15 r. du Gén.-de-Gaulle - ✆ 02 33 54 46 06 - www.au-moyne-de-saire.com

REZÉ - 44 (Loire-Atlantique) ➜ Voir Nantes

LE RHEU - 35 (Ille-et-Vilaine) ➜ Voir Rennes

LE RHIEN - 70 (Haute-Saône) ➜ Voir Ronchamp

RHINAU

✉ 67860 (Bas-Rhin) - 2 689 hab. - Alt. 158 m - Carte régionale n° **1**-B2
▶ Paris 525 km - Marckolsheim 26 km - Molsheim 38 km - Obernai 28 km
Carte Michelin 315-K7

Au Vieux Couvent (Alexis Albrecht)

CUISINE CRÉATIVE • CONTEMPORAIN XXX On repère de loin cette engageante maison couleur terre, située près des berges fleuries du Brunnwasser. À l'intérieur, une salle baignée de lumière ; dans l'assiette, la cuisine du chef, pleine d'inventivité, qui met en avant les poissons des rivières alsaciennes... et les bons légumes du potager familial !

➜ Carpaccio d'espadon, tomate séchée, herbes et fleurs sauvages. Matelote revisitée : raviolis de tanche, feuilleté d'anguille, quenelle de brochet, filet de sandre et nouilles maison. Festival des desserts.

Menu 38 € (semaine), 57/100 € - Carte 65/120 €

6 r. des Chanoines - ✆ 03 88 74 61 15 - www.vieuxcouvent.fr - Fermé 2 semaines en juil., lundi soir, mardi et merc.

RIANS

✉ 83560 (Var) - 4 345 hab. - Alt. 406 m - Carte régionale n° **21**-B3
▶ Paris 770 km - Aix-en-Provence 40 km - Avignon 100 km - Manosque 33 km
Carte Michelin 340-J4

La Roquette

CUISINE TRADITIONNELLE • FAMILIAL Une petite maison provençale sur la route de Manosque... Du pain aux pâtisseries, tout est fait maison, et le jardin potager fournit aux cuisines une partie des fruits et légumes. Aux beaux jours, les recettes régionales (terrine de foie gras maison, merlu de ligne à l'oseille) prennent de jolies couleurs sur la terrasse.

Formule 22 € - Menu 30/53 € - Carte 40/60 €

quartier La Roquette, 1 km par rte de Manosque - 04 94 80 32 58 - www.laroquette-rians.com - Fermé 30 août-7 sept., 2-19 janv., le soir en hiver sauf vend. et sam., dim. soir et merc.

RIBEAUVILLÉ

68150 (Haut-Rhin) - 4 806 hab. - Alt. 240 m - Carte régionale n° **1**-C2

Paris 439 km - Colmar 16 km - Mulhouse 60 km - St-Dié 42 km

Carte Michelin 315-H7

Au Relais des Ménétriers

CUISINE TRADITIONNELLE • RUSTIQUE Le temps est loin où les ménétriers, ces violonistes itinérants, allaient d'auberge en auberge... mais l'hospitalité est toujours la règle en ce relais, comme les bons plats ! Le chef concocte une vraie cuisine traditionnelle, achetant par exemple ses légumes chez les paysans du coin. Le résultat est là : générosité et goût.

Menu 16 € (déj. en semaine), 31/42 € - Carte 47/62 €

Plan : B2-s - *10 av. du Gén.-de-Gaulle - 03 89 73 64 52 - www.restaurant-menetriers.com - Fermé 26 fév.-13 mars, 11-26 juil., jeudi soir, dim. soir et lundi*

Auberge du Parc Carola

CUISINE MODERNE • CONVIVIAL La jeune chef allemande, Michaela Peters, continue de régaler les gourmands à quelques pas de la source Carola. Avec son compagnon pâtissier, elle signe une cuisine sincère et inspirée, en utilisant de beaux produits de saison : champignons et gibier, truffe, asperges... Jolie terrasse sous les arbres.

Formule 20 € - Menu 32/64 € - Carte 48/69 €

Hors plan - *48 rte de Bergheim - 03 89 86 05 75 - www.auberge-parc-carola.com - Fermé 6 fév.-1er mars, 21 août-6 sept., 30 oct.-15 nov., lundi soir de sept. à mai, mardi et merc.*

Wistub Zum Pfifferhüs

CUISINE ALSACIENNE • RUSTIQUE Cette charmante winstub est un modèle du genre (boiseries, vieilles poutres, fresques) ; la convivialité règne, surtout lors du Pfifferdaj (fête des ménétriers). Le chef tient à ce que tout soit fait maison et défend avec amour la cuisine du terroir.

Menu 26 € - Carte 34/50 €

Plan : B2-k - *14 Grand'Rue - 03 89 73 62 28 (réservation conseillée) - Fermé vacances de fév., merc. et jeudi*

Cheval Blanc

CUISINE TRADITIONNELLE • RUSTIQUE Ce Cheval Blanc a du caractère. Dans un décor de bistrot contemporain, l'ardoise et la carte mettent en valeur le terroir alsacien : coq au riesling, choucroute, assiette de munster... Le tout accompagné d'une bonne sélection de vins d'Alsace au verre.

Formule 17 € - Menu 23/45 € - Carte 27/62 €

Plan : A1-e - *Hôtel Cheval Blanc, 122 Grand'Rue - 03 89 73 61 38 - www.cheval-blanc-alsace.fr - Fermé 19 fév.-7 mars et 13-24 nov., mardi midi et merc.*

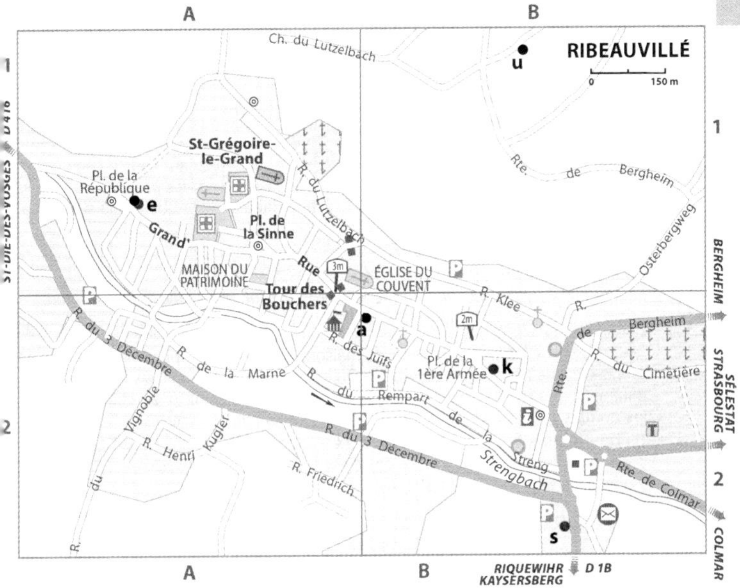

Le Clos St-Vincent

TRADITIONNEL • PERSONNALISÉ Quelle vue sur la plaine d'Alsace ! Des vignes, des montagnes... Devant cette grande et belle maison, elles se déroulent à perte de vue. Les chambres y sont spacieuses, toutes personnalisées et confortables. Et pour se détendre, on file à l'espace fitness pour profiter du sauna et du jacuzzi.

18 chambres – 🚹150/350 € 🚹🚹165/350 € – 5 suites – ☕ 20 €

Plan : B1-u – *chemin Osterbergweg, 1,5 km au Nord-Est par rte secondaire – ✆ 03 89 73 67 65 – www.leclossaintvincent.com – Ouvert 24 mars-18 déc.*

Le Ménestrel

FAMILIAL • CONTEMPORAIN Un établissement proche du centre-ville. Le genre d'hôtel fonctionnel et pratique, décoré dans un style contemporain, qui permet de rayonner aux alentours. D'autant plus que l'on est sur la route des vins !

31 chambres – 🚹75/125 € 🚹🚹85/155 € – ☕ 12 €

Hors plan – *27 av. Gén.-de-Gaulle – ✆ 03 89 73 80 52 – www.hotel-menestrel.com – Fermé fév.*

La Tour

FAMILIAL • PERSONNALISÉ Face à la tour des Bouchers, sur la place du village, cet hôtel porte bien son nom ! Et on se sent bien dans cette confortable maison à colombages – une ancienne propriété viticole – au décor d'inspiration alsacienne.

31 chambres – 🚹80/107 € 🚹🚹86/115 € – ☕ 11 €

Plan : B2-a – *1 r. de la Mairie – ✆ 03 89 73 72 73 – www.hotel-la-tour.com – Fermé 1er janv.-9 mars*

Cheval Blanc

FAMILIAL • VINTAGE Une façade qui se couvre de fleurs en saison, des chambres fonctionnelles et confortables, une ambiance familiale, voilà qui n'est déjà pas si mal. Et si, en plus, vous ajoutez un très bon rapport qualité-prix, vous pouvez être sûr d'avoir mis la main sur une bonne affaire !

19 chambres – 🚹88/95 € 🚹🚹88/125 € – ☕ 11 € – ½ P

Plan : A1-e – *122 Grand'Rue – ✆ 03 89 73 61 38 – www.cheval-blanc-alsace.fr – Fermé 19 fév.-7 mars et 13-24 nov.*

Cheval Blanc – voir les restaurants ci-dessus

LES RICEYS

✉ 10340 (Aube) - 1 319 hab. - Alt. 180 m - Carte régionale n° **7**-B3
▶ Paris 210 km - Bar-sur-Aube 48 km - St-Florentin 58 km - Tonnerre 37 km
Carte Michelin 313-G6 - Guide Vert Michelin Champagne Ardenne

Le Magny

CUISINE TRADITIONNELLE • AUBERGE Une auberge au cadre champêtre, dont le chef concocte une cuisine traditionnelle inspirée par les produits du terroir, accompagnée d'une carte des vins où les champagnes de l'Aube ont la part belle. Une sympathique adresse.

Menu 16/46 € - Carte 30/55 €

Hôtel Le Magny, rte de Tonnerre, D452 - ✆ 03 25 29 38 39 - www.hotel-lemagny.com - Fermé 27 août-1er sept., janv.-fév., mardi et merc.

Le Marius

AUBERGE • COSY Ces quatre belles maisons du 16e s. ont appartenu à Marius, le grand-père de l'actuelle propriétaire. On est ici chez des vignerons ; poutres, cheminées et pierres apparentes donnent un vrai charme aux onze chambres dont les noms sont très... champenois. Une adresse où l'on se sent bien.

11 chambres - †63/160 € ††63/160 € - ☕ 11 € - ½ P

2 pl. de l'Église, Ricey-Bas - ✆ 03 25 29 31 65 - www.hotel-le-marius.com - Fermé 7-28 nov., 24 déc.-18 janv., dim. soir et lundi

Le Magny

FAMILIAL • PERSONNALISÉ Sur le site d'une ancienne ferme, une belle maison en pierre à la sortie du village, avec plusieurs corps de bâtiment. Les chambres, classiques, se révèlent plutôt spacieuses et tenues avec grand soin. Autre atout : on peut profiter de la piscine chauffée...

12 chambres - †75/88 € ††75/88 € - ☕ 11 € - ½ P

rte de Tonnerre, D452 - ✆ 03 25 29 38 39 - www.hotel-lemagny.com - Fermé 27 août-1er sept., janv.-fév., mardi et merc.

Le Magny - voir les restaurants ci-dessus

RICHELIEU

✉ 37120 (Indre-et-Loire) - 1 848 hab. - Alt. 40 m - Carte régionale n° **6**-A3
▶ Paris 299 km - Joué-lès-Tours 60 km - Orléans 175 km - Poitiers 66 km
Carte Michelin 317-K6 - Guide Vert Michelin Châteaux de la Loire

Le Puits Doré

TRADITIONNEL • FONCTIONNEL Au cœur de la "ville nouvelle" due au cardinal de Richelieu, ce bel hôtel particulier date de la création même de la cité (1642). Charme historique de l'escalier classé, des chambres avec pierres et poutres - mais on pourra préférer celles récemment créées dans un esprit chic et cosy ! Restaurant traditionnel.

25 chambres - †60/130 € ††60/130 € - ☕ 10 € - ½ P

24 pl. du Marché - ✆ 02 47 58 16 02 - www.lepuitsdore.fr

RICHERENCHES

✉ 84600 (Vaucluse) - 671 hab. - Alt. 160 m - Carte régionale n° **21**-A2
▶ Paris 646 km - Avignon 66 km - Marseille 154 km - Valence 85 km
Carte Michelin 332-C7

O'Rabasse

CUISINE MODERNE • FAMILIAL Au cœur de la "capitale de la truffe", une bonne table tenue par un jeune couple de Belges. Comment ne pas être séduit par la qualité des assiettes, très soignées et aux beaux produits frais, à l'image de cette tempura de ris de veau, petits pois et raifort ? Une véritable ode au marché et, en saison, au diamant noir local !

Menu 25 € (déj.), 32/80 €

5 pl. de la Pompe - ✆ 09 52 97 34 93 (réservation conseillée) - www.orabasse.com - Fermé mardi et merc.

L'Escapade

CUISINE TRADITIONNELLE • BISTRO Dans un village mondialement connu pour son marché aux truffes noires (tuber melanosporum, pour les intimes), on s'installe sur la terrasse ombragée de cette maison familiale. Le jeune chef concocte de généreuses recettes traditionnelles : terrine de campagne, jarret de bœuf au vin rouge et... menu truffe en saison !

Formule 29 € - Menu 39/95 €

247 av. de la Rabasse
- 04 90 28 01 46 - www.alescapade.com
- Fermé 1 semaine en avril, 2 semaines début oct., lundi et mardi

RIEC-SUR-BELON

29340 (Finistère) - 4 108 hab. - Alt. 65 m - Carte régionale n° **5**-B2
Paris 529 km - Carhaix-Plouguer 61 km - Concarneau 20 km - Quimper 43 km
Carte Michelin 308-I7

au Port de Belon 4 km au Sud par C3 et C5 - 29340 Riec-sur-Belon :

Chez Jacky

POISSONS ET FRUITS DE MER • SIMPLE La fraîcheur à l'état brut. On ne sert que des produits de la mer dans cette avenante maison d'ostréiculteur située au bord du Belon ; le bassin d'affinage d'huîtres est juste à côté ! Une adresse bien connue dans la région.

Menu 28/89 € - Carte 31/104 €

6 port du Belon
- 02 98 06 90 32 (réservation conseillée) - www.chez-jacky.com - Ouvert de Pâques à fin sept. et fermé dim. soir et lundi

RIEDISHEIM - 68 (Haut-Rhin) ➜ Voir Mulhouse

RIEUMES

31370 (Haute-Garonne) - 3 432 hab. - Alt. 270 m - Carte régionale n° **15**-B2
Paris 712 km - Auch 56 km - Foix 75 km - Toulouse 39 km
Carte Michelin 343-E4

Auberge les Palmiers

FAMILIAL • PERSONNALISÉ Une grande maison couverte de vigne vierge, très chaleureuse, tout comme sa propriétaire. L'ancien et le contemporain se mêlent avec douceur ; les chambres sont simples mais décorées avec de jolies champêtres...

13 chambres - 61 € 70/76 € - 9 € - ½ P

13 pl. du Foirail - 05 61 91 81 01 - Fermé 1 semaine en mars et 28 août-5 sept.

RIEUPEYROUX

12240 (Aveyron) - 2 040 hab. - Alt. 750 m - Carte régionale n° **15**-C1
Paris 632 km - Albi 54 km - Carmaux 38 km - Millau 94 km
Carte Michelin 338-F5

Hôtel du Commerce

FAMILIAL • FONCTIONNEL Un hôtel-restaurant familial au cœur du bourg. Les chambres, fonctionnelles et bien tenues, arborent pour la plupart un style contemporain très frais, voire zen et naturel pour certaines. Cuisine traditionnelle au restaurant.

22 chambres - 77/130 € 77/130 € - 9 €

60 r. l'Hom - 05 65 65 53 06 - www.hotel-commerce-aveyron.com - Fermé 1 semaine en oct., 21 déc.-21 janv., vend. soir de mi-sept. à fin mai et dim. soir

RIGNY - 70 (Haute-Saône) ➜ Voir Gray

RILLIEUX-LA-PAPE - 69 (Rhône) ➜ Voir Lyon

RILLY-LA-MONTAGNE - 51 (Marne) ➜ Voir Reims

RIMBACH-PRÈS-GUEBWILLER - 68 (Haut-Rhin) ➜ Voir Guebwiller

RIMONT

✉ 09420 (Ariège) - 566 hab. - Alt. 525 m - Carte régionale n° **15**-B3
▶ Paris 765 km - Auch 136 km - Foix 32 km - St-Gaudens 56 km
Carte Michelin 343-F7

Domaine de Terrac

FAMILIAL • PERSONNALISÉ Située dans un petit hameau, cette ferme merveilleusement restaurée n'aura aucun mal à vous séduire. Les chambres sont personnalisées, et disposent d'un couchage en mezzanine - idéal pour les familles ! Par beau temps, les enfants se rueront au jardin, face aux Pyrénées...

5 chambres - 85/125 € 85/125 €

4 km à l'Est par D117 et rte secondaire - ✆ 05 61 96 39 60 - www.chambresdhotesariege.fr - Ouvert 1er mai-31 oct.

RIOM

✉ 63200 (Puy-de-Dôme) - 18 484 hab. - Alt. 363 m - Carte régionale n° **3**-B2
▶ Paris 407 km - Clermont-Ferrand 15 km - Montluçon 102 km - Thiers 45 km
Carte Michelin 326-F7 - Guide Vert Michelin Auvergne

Le Moulin de Villeroze

CUISINE MODERNE • ÉLÉGANT XX Le meunier a fait place au chef dans ce moulin bâti à la fin du 19e s. Dans la salle élégante, près de la cheminée, ou sur la terrasse, les gourmands apprécient des recettes dans l'air du temps. Et après le repas, il fait bon se promener dans le jardin, au bord du ruisseau de la Palle.

Menu 29/59 € - Carte 50/81 €

Hors plan - *144 rte de Marsat, à 2km, au Sud-Ouest du plan par D83 - ✆ 04 73 38 62 23 - www.le-moulin-de-villeroze.fr - Fermé 24 avril-2 mai, 18 août-7 sept., dim. soir, merc. soir et lundi*

Le Flamboyant

CUISINE MODERNE • CONVIVIAL XX Ce restaurant a été créé dans une ancienne école de filles. Que les gourmands se détendent, les interrogations écrites n'y ont plus cours depuis longtemps ! À présent, installé dans trois petites salles (dont une en mezzanine), on apprécie une cuisine... aux notes actuelles.

Formule 18 € - Menu 24/98 € - Carte 70/84 €

Plan : B-a - *21 bis r. de l'Horloge - ✆ 04 73 63 07 97 - www.restaurant-le-flamboyant.com - Fermé 19 août-3 sept., 1 semaine en janv., merc. soir, dim. soir et lundi*

Le Pacifique

TRADITIONNEL • FONCTIONNEL On est bien loin du Pacifique et pourtant... À la périphérie du centre-ville, cette bâtisse des années 1970 présente plusieurs atouts : accueil tout sourire, chambres bien tenues, parking, etc. Parfait pour la clientèle d'affaires.

16 chambres - 65/75 € 73/82 € - 9 €

Hors plan - *52 av. de Paris, au Nord par D2009 - ✆ 04 73 38 15 65 - www.hotel-lepacifique-riom.com - Fermé 15 déc.-15 janv.*

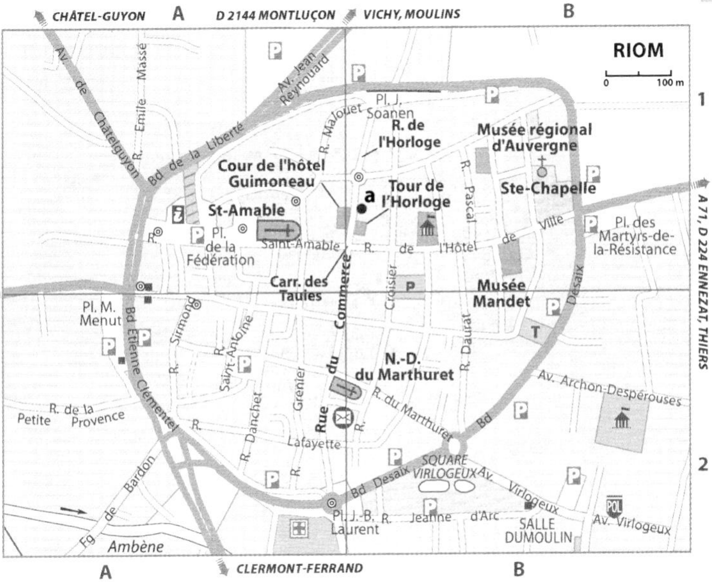

RIORGES - 42 (Loire) ➜ Voir Roanne

RIQUEWIHR

✉ 68340 (Haut-Rhin) - 1 164 hab. - Alt. 300 m - Carte régionale n° **1**-C2
▶ Paris 442 km - Colmar 15 km - Gérardmer 52 km - Ribeauvillé 5 km
Carte Michelin 315-H8

✿ La Table du Gourmet (Jean-Luc Brendel)

CUISINE CRÉATIVE • COSY XXX Cette maison a du caractère - poutres et murs rouge vif - comme la cuisine de son chef, Jean-Luc Brendel. Inventif, il met en valeur des produits de qualité, souvent bio et même de son propre potager. De l'originalité et du tempérament.

➜ Omble chevalier du Val d'Orbey, oxalis, mousse d'enoki et lait d'écorce de sapin. Pigeon d'Alsace cuit sur la braise d'épicéa, framboise et betterave, sauce à la truffe. Tarte moderne soufflée à la griotte, cerises confites et acacia.

Menu 39 € (déj. en semaine), 85/120 € - Carte 95/125 €

Plan : A1-u - *5 r. de la 1ère-Armée*
- ✆ 03 89 49 09 09 - www.jlbrendel.com
- Fermé 2 janv.-11 fév., merc. sauf le soir de mi-avril à mi-nov., jeudi midi et mardi

Au Trotthus

CUISINE MODERNE • CONVIVIAL X Le chef a vécu plus de 20 ans à Kyoto, où il tenait un restaurant français. De là l'originalité de sa cuisine, qui mêle bons produits locaux et esprit japonisant. Les accords des vins alsaciens se révèlent également intéressants avec ces plats épicés ! Agréable bar à sushi en sous-sol. Service attentionné.

Formule 23 € - Menu 32/58 € - Carte 60/67 €

Plan : A1-a - *9 r. des Juifs*
- ✆ 03 89 47 96 47 - www.trotthus.com
- Fermé 2 semaines en juil., dim. soir, lundi midi et merc.

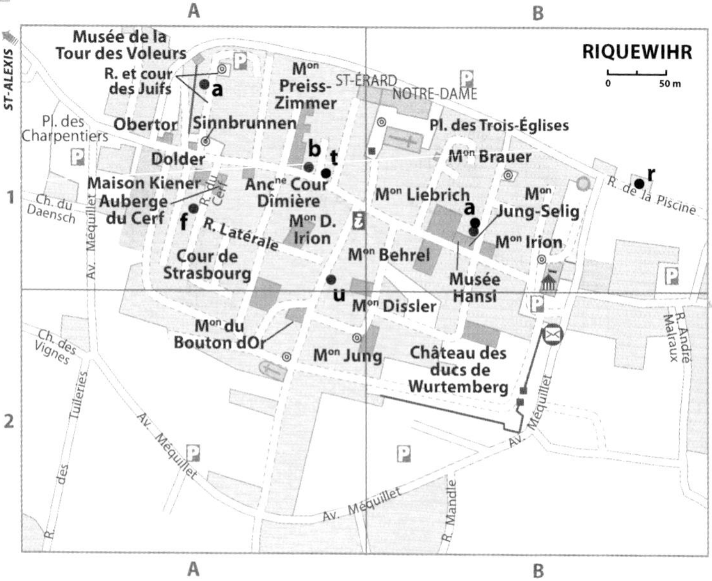

Le Sarment d'Or

CUISINE CLASSIQUE • RUSTIQUE XX Cette demeure du 17e s., proche du beffroi, a du caractère… Tout comme la cuisine, qui offre un large aperçu des traditions alsaciennes ! Faites confiance aux menus proposés et ne passez pas à côté des spécialités gastronomiques. Vous pourrez ensuite profiter des chambres de l'hôtel, douillettes à souhait.

Menu 28/39 € – Carte 42/67 €

9 chambres – †73/90 € ††98/100 € – ☕ 11 €

Plan : A1-f – *4 r. du Cerf – ✆ 03 89 86 02 86 – www.riquewihr-sarment-dor.fr – Fermé 1 semaine en juil.,1 semaine en nov., 1 semaine en janv., mardi midi, dim. soir et lundi*

La Grappe d'Or

CUISINE TRADITIONNELLE • FAMILIAL X Cette maison de 1554, toute fleurie, semble vous inviter à entrer. À l'intérieur, la décoration typique a tout le charme d'autrefois. Viennent ensuite les délices du terroir : choucroute, baeckeofe, jambonneau, paupiettes de truite…

Menu 22/38 € – Carte 32/50 €

Plan : B1-a – *1 r. des Ecuries-Seigneuriales – ✆ 03 89 47 89 52 – www.restaurant-grappedor.com – Fermé 2 semaines en juin, 10 janv.-10 fév., merc. sauf le soir d'avril à déc. et jeudi*

d'Brendelstub

CUISINE TRADITIONNELLE • CONVIVIAL X Dans la rue principale de cette jolie cité, on reconnaît cette maison vigneronne (14e s.) à sa façade lie-de-vin. Surprise à l'intérieur : le décor est très tendance… et l'on propose aussi bien des recettes ouvertes sur le monde que des spécialités cuites au feu de bois ou à la rôtissoire !

Menu 20/42 € – Carte 28/57 €

Plan : A1-b – *48 r. Gén.-de-Gaulle – ✆ 03 89 86 54 54 – www.jlbrendel.com – Fermé de début janv. à début fév., merc. de mi-sept. à mi-juil. et mardi*

Le Schoenenbourg

FAMILIAL • CONTEMPORAIN Près de la route des vins et du cœur historique de Riquewihr, ces constructions modernes se dressent au pied des vignes, au grand calme. Les chambres sont confortables et bien tenues ; le matin, un copieux petit-déjeuner est servi sous forme de buffet. Parfait pour découvrir cette riche région.

55 chambres – 85/250 € 85/250 € – 3 suites – 13 €

Plan : B1-r – *2A r. de la Piscine – 03 89 49 01 11 – www.schoenenbourg.fr – Fermé 3 janv.-30 juin*

Le Riquewihr

FAMILIAL • FONCTIONNEL Une famille de vignerons tient cette vaste maison de style alsacien au bord d'une route traversant les parcelles de vignobles. Les chambres sont méticuleusement tenues et le petit-déjeuner, copieux, ne déçoit pas. En prime, un petit espace fitness permet de se détendre.

43 chambres – 70/101 € 70/135 € – 6 suites – 12 €

Hors plan – *3 rte de Ribeauvillé – 03 89 86 03 00 – www.hotel-riquewihr.fr – Fermé de début janv. à mi-fév.*

À l'Oriel

FAMILIAL • VINTAGE Il faut se perdre dans les ruelles du village pour trouver cette jolie façade du 16e s. et son... oriel. L'adresse est familiale, avec des chambres au charme rustique. À la belle saison, on prend le petit-déjeuner dans un agréable patio.

21 chambres – 76/137 € 76/137 € – 1 suite – 13 €

Plan : B1-a – *3 r. des Ecuries-Seigneuriales – 03 89 49 03 13 – www.hotel-oriel.com*

Le B. Espace Suites

HISTORIQUE • DESIGN Cette magnifique maison au cœur du village date de la Renaissance... mais cultive avec art le luxe contemporain ! Design, racé et confortable : un ensemble très réussi. Les familles et les amoureux de charme bucolique préféreront le B. Cottage, à l'écart dans le luxuriant jardin où s'épanouissent herbes et légumes oubliés...

5 chambres – 129/225 € 129/225 € – 18 €

Plan : A1-t – *48 r. Gén.-de-Gaulle – 03 89 86 54 55 – www.jlbrendel.com – Fermé 2 janv.-8 fév.*

à Zellenberg 1 km à l'Est par D3 – 68340 – 357 hab. – Alt. 300 m

Maximilien (Jean-Michel Eblin)

CUISINE MODERNE • ÉLÉGANT Nul doute : Jean-Michel Eblin sait travailler les bons produits, et signe une cuisine fine et savoureuse, rehaussée d'une belle carte des vins. De plus, cette grande maison adossée à la colline, en bordure de vignoble, se révèle élégante avec ses boiseries claires. Tous les ingrédients pour passer un très bon moment.

→ Carpaccio et tartare de langoustines, cappuccino de crustacés. Filet de bar rôti, effiloché de légumes aigres-doux. Millefeuille à la rhubarbe et aux fraises, sorbet fraise au poivre du Sichuan.

Menu 35 € (déj. en semaine), 52/99 € – Carte 85/100 €

19a rte d'Ostheim – 03 89 47 99 69 – www.le-maximilien.com – Fermé 22 août-8 sept., 23 déc.-9 janv., vend. midi, dim. soir et lundi

Auberge du Froehn

CUISINE TRADITIONNELLE • RUSTIQUE Le nom de cet ancien caveau (19e s.) évoque le vignoble qui surplombe le village. Au menu, plats régionaux et cuisine du marché : foie gras, sandre rôti, agneau en croûte d'herbes... Avec en prime un accueil charmant.

Formule 13 € – Menu 23/45 € – Carte 30/47 €

5 rte d'Ostheim – 03 89 47 81 57 – www.auberge-du-froehn.com – Fermé 12 fév.-1er mars, 26 juin-13 juil., 13-22 nov., mardi et merc.

RIVA-BELLA - 14 (Calvados) ➜ Voir Ouistreham-Riva-Bella

RIVE-DE-GIER

✉ 42800 (Loire) - 14 633 hab. - Alt. 225 m - Carte régionale n° **23**-B2
Paris 494 km - Lyon 38 km - Montbrison 65 km - Roanne 105 km
Carte Michelin 327-G6 - Guide Vert Michelin Lyon Drôme Ardèche

Hostellerie La Renaissance

CUISINE MODERNE • ÉLÉGANT XXX Une table élégante, où l'on déguste une cuisine de belle tenue, soignée et savoureuse : pigeon rôti au sautoir et sauce salmis, terrine de foie gras de canard grillé à la flamme, ou encore gelée de café et coulis acidulé aux fruits de la passion.

Formule 25 € - Menu 33 € (semaine), 47/80 € - Carte 53/94 €

41 r. Antoine-Marrel - ✆ 04 77 75 04 31 - www.hotellerie-la-renaissance.com - Fermé merc. soir, dim. soir et lundi

RIVEDOUX-PLAGE - 17 (Charente-Maritime) ➜ Voir Île de Ré

RIVESALTES

✉ 66600 (Pyrénées-Orientales) - 8 201 hab. - Alt. 13 m - Carte régionale n° **12**-B3
Paris 842 km - Carcassonne 108 km - Montpellier 146 km - Perpignan 11 km
Carte Michelin 344-I6

La Table d'Aimé

CUISINE MODERNE • ÉLÉGANT X Le chef de cette adresse bucolique, installée dans les locaux d'une maison viticole, concocte une cuisine du marché inspirée, privilégiant les produits bios. Aux beaux jours, la terrasse ouverte sur les chais invite à prolonger l'instant de gourmandise. Sympathique carte des vins.

Formule 21 € - Menu 26 € (déj.), 32/42 €

4 r. Fransisco-Ferrer - ✆ 04 68 34 35 77 - www.cazes-rivesaltes.com - Fermé 23 déc.-3 janv., dim. et lundi d'oct. à avril

LA RIVIÈRE - 33 (Gironde) ➜ Voir Libourne

LA RIVIÈRE-ST-SAUVEUR - 14 (Calvados) ➜ Voir Honfleur

LA RIVIÈRE-THIBOUVILLE

✉ 27550 (Eure) - Nassandres - Alt. 72 m - Carte régionale n° **17**-C2
Paris 140 km - Bernay 15 km - Évreux 34 km - Lisieux 39 km
Carte Michelin 304-E7

Le Manoir du Soleil d'Or

CUISINE MODERNE • ÉLÉGANT XX À l'issue d'une longue allée forestière, un élégant castel anglo-normand (années 1930) dominant la vallée de la Risle et le village... Cet environnement privilégié est l'atout principal du repas, plutôt ancré dans la tradition (mention spéciale pour les légumes du potager). Deux chambres confortables pour la nuit.

Formule 24 € 🍷 - Menu 30/59 € - Carte 50/61 €

23 Côte-de-Paris - ✆ 02 32 44 90 31 - www.manoirdusoleildor.com - Fermé lundi soir d'oct. à mars, dim. soir et merc.

RIXHEIM - 68 (Haut-Rhin) ➜ Voir Mulhouse

ROANNE

✉ 42300 (Loire) - 35 799 hab. - Agglo. 80 512 hab. - Alt. 265 m - Carte régionale n° **23**-A1
Paris 395 km - Clermont-Ferrand 115 km - Lyon 84 km - St-Étienne 85 km
Carte Michelin 327-D3 - Guide Vert Michelin Lyon et sa région

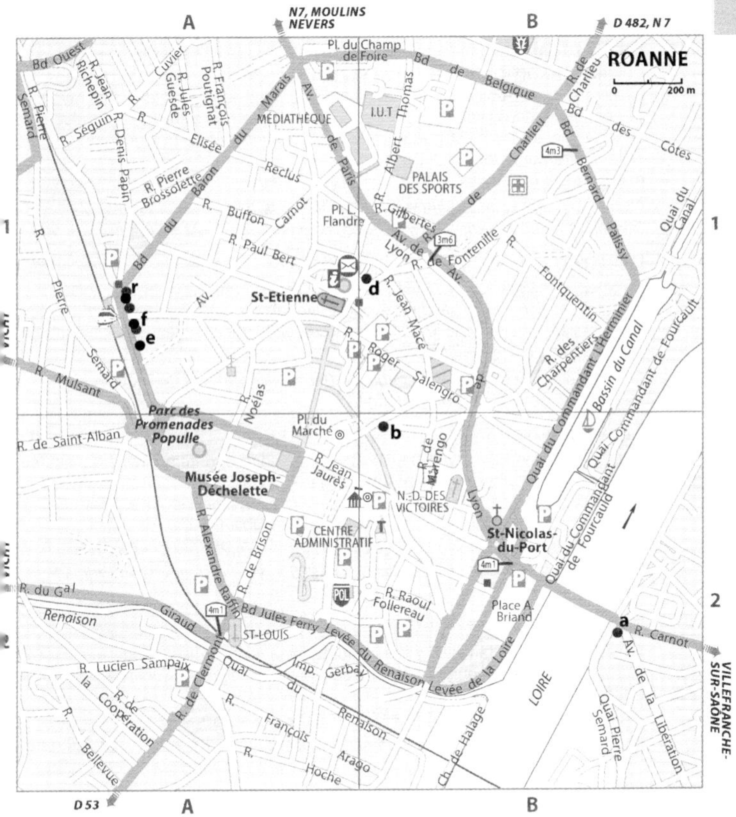

✿✿✿ Troisgros (Michel et César Troisgros)

CUISINE CRÉATIVE · DESIGN XXXX En 2017, une page se tourne pour cette maison emblématique, trois étoiles depuis ... 1968 ! Le restaurant de la famille Troisgros prendra ses quartiers dans un beau domaine de Ouches, à quelques kilomètres de Roanne. Nouveau cadre, mais continuité en cuisine : Michel Troisgros et son fils César (la 4e génération !) déménagent avec toute leur équipe.

→ Caviar et champignons à l'amande fraîche. Eau vive de langoustines à la bergamote. Dim sum au miel amer et au tamarin.

Menu 205 € (déj. en semaine)/250 € – Carte 180/265 €

Plan : A1-r – *Hôtel Troisgros, pl. Jean-Troisgros (déménagement prévu au printemps au 728 rte de Villerest, 42155 Ouches) – ☎ 04 77 71 66 97 (réservation conseillée) – www.troisgros.com – Fermé fév., 1er-8 août, lundi et mardi*

✿ Aux Anges (Marco Viganò)

CUISINE ITALIENNE · TENDANCE XX Marco, le jeune chef italien, ne manque ni de fougue ni d'imagination, et il aime venir expliquer lui-même ses plats à la clientèle. Sa cuisine, créative et brute de décoffrage, se joue des conventions et ose les accords de saveurs les plus originaux ; le tout est réalisé avec de délicieux produits... on est aux Anges !

→ Risotto à la truffe. Râble de lapin cuit en cocotte, sauce vinaigrée, pois chiches noirs et sauce bagnetto rosso iodée. Soufflé au citron, sorbet amande et menthe.

Formule 19 € – Menu 25 € (déj. en semaine), 29/55 € – Carte 50/60 €

Plan : B1-d – *6 pl. Georges-Clemenceau – ☎ 04 77 78 19 85 – www.aux-anges.com – Fermé 1er -7 janv. merc. et dim.*

Le Central

CUISINE TRADITIONNELLE • **BRASSERIE** L'annexe de la Maison Troisgros, en forme de "bistrot-épicerie" ! Comme une échoppe d'autrefois – de longs rayonnages garnis de bons produits –, avec des portraits en noir et blanc de producteurs de la région, le décor est parfait pour déguster une cuisine très gourmande. Une belle affaire qui ne désemplit pas.

Formule 24 € – Menu 31 € – Carte 57/77 €

Plan : A1-r – *58 cours de la République (face à la gare) – 04 77 67 72 72 (réservation conseillée) – www.troisgros.com – Fermé 1er-22 août, dim. et lundi*

L'Astrée

CUISINE CLASSIQUE • **ÉLÉGANT** Boiseries blondes, beaux tissus, couleurs et élégance : le décor n'est pas sans évoquer une salle de théâtre. Ni drame ni comédie dans l'assiette, mais une jolie leçon de choses, où la tradition tient le premier rôle.

Menu 24/75 € – Carte 37/110 €

Plan : A1-f – *52 cours de la République (face à la gare) – 04 77 72 74 22 – Fermé 27 janv.- 9 fév., dim. et lundi*

Le Tourdion

CUISINE MODERNE • **CONTEMPORAIN** Une déco contemporaine et épurée, bien en phase avec une cuisine qui fait la part belle aux produits, aux saveurs, aux couleurs... Les assiettes sont aussi jolies que bonnes, avec une pointe de raffinement qui achève de séduire. Très recommandable !

Formule 15 € – Menu 18 € (déj. en semaine), 29/50 € – Carte 44/61 €

Plan : B2-b – *17 r. de Sully – 04 77 70 84 58 – www.restaurant-letourdion.fr – Fermé merc. soir et dim.*

Troisgros

LUXE • **DESIGN** La famille Troisgros quitte les abords de la gare de Roanne (où elle était installée depuis... 1930 !) pour s'installer dans un superbe domaine à Ouches, à quelques kilomètres de là.

12 chambres – 300/400 € 300/600 € – 3 suites – 30 €

Plan : A1-r – *pl. Jean-Troisgros (déménagement prévu au printemps au 728 rte de Villerest, 42155 Ouches) – 04 77 71 66 97 – www.troisgros.com – Fermé fév., 1er-8 août, lundi et mardi*

Troisgros – voir les restaurants ci-dessus

Le Grand Hôtel

TRADITIONNEL • **CLASSIQUE** Face à la gare, cet hôtel traditionnel (début du 20e s.) est apprécié des voyageurs comme de la clientèle d'affaires. Les chambres sont rénovées progressivement.

31 chambres – 68/95 € 83/115 €

Plan : A1-f – *54 cours de la République (face à la gare) – 04 77 71 48 82 – www.grand-hotel-roanne.com – Fermé 30 juil.-15 août*

Ibis Styles

HÔTEL DE CHAÎNE • **CONTEMPORAIN** Cet hôtel a le bon goût de se situer face à la gare. L'accueil sympathique et le parking privé compensent la petitesse des chambres. Espace business.

57 chambres – 49/109 € 69/109 €

Plan : A1-e – *46 cours de la République – 04 77 71 79 69 – www.ibis-styles-roanne.com*

au Coteau (rive droite de la Loire) – 42120 – 6 815 hab. – Alt. 350 m

L'Auberge Costelloise

CUISINE MODERNE • **CONVIVIAL** Une déco originale – moderne et très colorée – pour ce restaurant gastronomique qui borde la Loire, où Napoléon aurait fait une étape. La carte épouse l'air du temps.

Menu 18 € (semaine), 30/59 € – Carte 41/57 €

Plan : B2-a – *2 av. de la Libération – 04 77 68 12 71 – www.auberge-costelloise.fr – Fermé 3 semaines en août, 1 semaine début janv., dim. soir, lundi et mardi*

à Riorges 3 km à l'Ouest par D31 – ✉ 42153 – 10 714 hab. – Alt. 295 m

Le Bistro du Beaulieu Ⓝ

CUISINE MODERNE • CONVIVIAL C'est l'histoire d'amour entre un cuisinier et une pâtissière... et ce n'est pas du cinéma. Ce jeune couple en porte témoignage, qui se susurre des mots sucrés, entre ballotine de volaille et quasi de veau. Ici, pas de sentiments à basse température ! Une adresse très appréciée de la clientèle locale.

Formule 15 € – Menu 26/30 € – Carte 36/43 €

10 r. St-André – ✆ 04 77 23 12 27 (réservation conseillée) – beaulieu-riorges.com – Fermé 2 semaines en août, 1 semaine en janv., lundi soir, mardi soir, merc. soir et dim.

à Villerest 6 km au Sud-Ouest par D53 – ✉ 42300 – 4 696 hab. – Alt. 363 m

Château de Champlong

CUISINE MODERNE • ÉLÉGANT Moments aussi gourmands que charmants dans cette demeure du 18es. nichée dans la verdure ; on dîne d'une cuisine actuelle dans la "salle des peintures", sous les tableaux d'époque. Appétissante formule déjeuner et belle carte des vins.

Menu 28 € (semaine), 41/90 € – Carte 68/89 €

100 chemin de la Chapelle (près du golf) – ✆ 04 77 69 69 69 – www.chateau-de-champlong.com – Fermé 13 fév.-7 mars, 30 oct.-14 nov., dim. soir, mardi midi et lundi

Château de Champlong

DEMEURE HISTORIQUE • CONTEMPORAIN Cette belle demeure du 18e s. est une respiration au cœur de la verdure. C'est élégant et feutré, original aussi, comme cette chambre au sol en verre transparent. Très beau spa et piscine extérieure chauffée.

12 chambres – 🚹130/220 € 🚹🚹130/220 € – ☕ 20 € – ½ P

100 chemin de la Chapelle (près du golf) – ✆ 04 77 69 69 69 – www.chateau-de-champlong.com – Fermé 13 fév.-7 mars et 30 oct.-14 nov.

Château de Champlong – voir les restaurants ci-dessus

ROCAMADOUR

✉ 46500 (Lot) – 637 hab. – Alt. 279 m – Carte régionale n° **15**-C1
Paris 531 km – Brive-la-Gaillarde 54 km – Cahors 60 km – Figeac 47 km
Carte Michelin 337-F3

au château

Relais Amadourien Ⓝ

FAMILIAL • CONTEMPORAIN Cet hôtel récemment rénové, contemporain et pratique, se révèle idéal pour visiter le château et le vieux village. La salle des petits-déjeuners offre un joli panorama sur la nature.

23 chambres – 🚹49/68 € 🚹🚹49/68 € – ☕ 9 €

Plan : AZ-r – *rte du Château – ✆ 05 65 34 39 19 – www.relais-amadourien.com – Ouvert 17 mars-12 nov.*

dans la cité

Jehan de Valon

CUISINE RÉGIONALE • CLASSIQUE Dans cet agréable restaurant, on déguste croustade aux truffes, magret rôti, ou un épatant gigot fermier du Quercy, découpé en salle au guéridon. Le tout accompagné (évidemment) de vins du Sud-Ouest ! En outre, les lieux offrent une jolie vue sur la vallée de l'Alzou.

Menu 28/39 € – Carte 47/84 €

Plan : BZ-a – *Hôtel Beau Site – ✆ 05 65 33 63 08 – www.bestwestern-beausite.com – Ouvert 11 fév.-5 nov.*

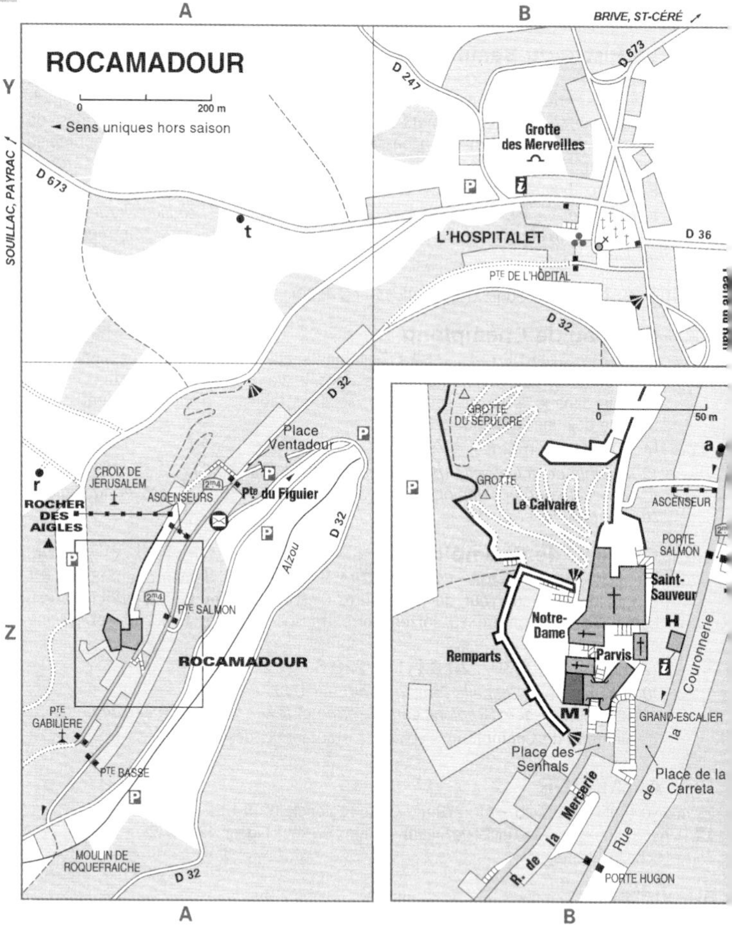

Beau Site

FAMILIAL · CLASSIQUE Au cœur de la cité, cette maison du 15e s. abrite une réception d'inspiration médiévale et des chambres de style et de superficie variables. Celles de l'annexe, peut-être un peu moins charmantes, offrent une vue sur la vallée.

37 chambres – †89/165 € ††89/165 € – 14 € – ½ P

Plan : BZ-a – – *05 65 33 63 08* – *www.bestwestern-beausite.com* – *Ouvert 11 fév.-5 nov.*

Jehan de Valon – voir les restaurants ci-dessus

Les grandes villes bénéficient de plans situant hôtels et restaurants. Suivez leurs coordonnées (ex. Plan : 12-BMe) pour repérer facilement les établissements.

rte de Brive 2,5 km au Nord par D673 – ✉ 46500 Rocamadour :

Le Troubadour

MAISON DE CAMPAGNE • RÉGIONAL Ferme joliment rénovée ceinte d'un beau jardin, très tranquille. On s'y repose dans des chambres rustiques ou plus actuelles. Original : la belle salle de billard dans l'ancien fournil. Cuisine du terroir, le soir, pour les résidents.

13 chambres – 79/145 € 79/145 € – 2 suites – 12 € – ½ P

Hors plan – *Belveyre – ✆ 05 65 33 70 27 – www.hotel-troubadour.com – Ouvert 13 fév.-15 nov.*

rte de Payrac 4 km à l'Ouest par D673 et rte secondaire – ✉ 46500 Rocamadour :

Les Vieilles Tours

MAISON DE CAMPAGNE • PERSONNALISÉ Voilà une adresse parfaite pour un week-end au vert ! Dans un site classé Natura 2000, cet ancien relais de chasse dégage une ambiance des plus champêtres. Sachez que le fauconnier (13ᵉs.) abrite la plus belle chambre. Cuisine actuelle au restaurant.

15 chambres – 83/142 € 83/142 € – 12 € – ½ P

Hors plan – *Lafage – ✆ 05 65 33 68 01 – www.vtrocamadour.com – Ouvert 25 mars-2 nov.*

à l'Hospitalet – ✉ 46100

Les Esclargies

FAMILIAL • CONTEMPORAIN Dans une "esclargie" (petite clairière en occitan), à l'écart de l'animation touristique, construction contemporaine et sobre, mêlant le bois et la pierre dans un esprit "nature". Chambres spacieuses et épurées (tons sable, mobilier en chêne).

16 chambres – 78/138 € 80/160 € – 13 €

Plan : AY-t – *rte de Payrac – ✆ 05 65 38 73 23 – www.esclargies.com – Fermé 17 déc.-13 fév.*

ROCBARON

✉ 83136 (Var) – 4 059 hab. – Alt. 376 m – Carte régionale n° **21**-C3

Paris 832 km – Marseille 79 km – La Seyne-sur-Mer 43 km – Toulon 35 km

Carte Michelin 340-L6

La Maison de Rocbaron

FAMILIAL • PERSONNALISÉ Atmosphère chaleureuse dans cette ancienne bergerie provençale entourée de verdure. Ici, on cultive l'esprit de famille : mobilier chiné, parquets et tapis, bibelots... La piscine et le calme jardin ne manquent pas de charme ; cuisine du marché à la table d'hôte.

5 chambres – 105/120 € 105/130 €

3 r. St-Sauveur (face à la mairie) – ✆ 04 94 04 24 03 – www.maisonderocbaron.com – Fermé 1ᵉʳ déc.-31 mars

LA ROCHE-BERNARD

✉ 56130 (Morbihan) – 692 hab. – Alt. 38 m – Carte régionale n° **5**-C3

Paris 444 km – Nantes 70 km – Ploërmel 55 km – Redon 28 km

Carte Michelin 308-R9 – Guide Vert Michelin Bretagne Sud

Auberge des Deux Magots

CUISINE MODERNE • CONVIVIAL En 2015, deux anciens du domaine de la Bretesche (à Missillac) ont repris cette ancienne auberge. Ils y proposent une cuisine soignée, parfumée et sagement créative, à des prix défiant toute concurrence. Et, par-dessus le marché, le chef fait le pain lui-même... Fraîcheur, saveurs : une renaissance appétissante !

Formule 18 € – Menu 23 € (déj. en semaine), 32/65 €

1 pl. du Bouffay – ✆ 02 99 90 60 75 – www.aubergedesdeuxmagots.fr – Fermé 1 semaine vacances de printemps, 3-11 juil., vacances de la Toussaint, dim. soir et lundi

L'Auberge Bretonne

CUISINE MODERNE • CLASSIQUE XXX Ne vous fiez pas aux apparences... Cette maison de granit n'a pas un cœur de pierre ! À l'image de la cuisine du chef, dans l'air du temps et respectant les saisons, qui console bien des gourmands. À cela s'ajoute le joli décor de la salle, donnant sur un petit jardin où poussent des herbes aromatiques.

Formule 18 € – Menu 27 € (déj. en semaine), 38/50 €

10 chambres – 70/140 € 70/140 € – 15 €

2 pl. Duguesclin – 02 99 90 60 28 – www.auberge-bretonne.com – Fermé 15 fév.-1er mars, dim. sauf le midi en juil.-août et les vacances de la Toussaint et de printemps, et lundi

Le Manoir du Rodoir

TRADITIONNEL • PERSONNALISÉ Cette ancienne fonderie de 1870 est entourée d'un parc aux chênes centenaires. Les chambres sont spacieuses et confortables, décorées dans un style cosy. Au restaurant, on apprécie la cuisine du terroir.

24 chambres – 85/130 € 85/130 € – 12 €

rte de Nantes – 02 99 90 82 68 – www.lemanoirdurodoir.com – Fermé 17 déc.-3 janv.

Le Domaine de Bodeuc

HISTORIQUE • PERSONNALISÉ Près de La Roche-Bernard, ce petit manoir du 19es. et ses dépendances se nichent dans un parc aux arbres centenaires, avec piscine ! Piano et cheminée confèrent aux salons un charme intime. Chambres plus spacieuses dans l'annexe. Restauration traditionnelle.

13 chambres – 72/97 € 85/184 € – 2 suites – 13 €

rte de St-Dolay, 6 km au Nord-Est par D34 et rte secondaire – 02 99 90 89 63 – www.hotel-bodeuc.com – Fermé janv.

ROCHECORBON - 37 (Indre-et-Loire) → Voir Tours

ROCHEFORT

17300 (Charente-Maritime) – 24 698 hab. – Alt. 12 m – Carte régionale n° **20**-B2

Paris 475 km – Limoges 221 km – Niort 62 km – La Rochelle 38 km

Carte Michelin 324-E4 – Guide Vert Michelin Poitou-Charentes

Les Remparts

THERMAL • FONCTIONNEL Cet hôtel des années 1980, rénové au début des années 2010, dispose de grandes chambres bien tenues et fonctionnelles. Le petit plus ? L'accès direct aux thermes et à la source de l'Empereur.

71 chambres – 60/74 € 62/76 € – 9 € – ½ P

Plan : AB1-s – *43 av. Camille-Pelletan (aux Thermes) – 05 46 87 12 44 – www.hotel-remparts.com*

Roca Fortis

FAMILIAL • CLASSIQUE Deux maisons régionales datant du 18e s., autour d'un petit patio... pour un même hôtel, tenu par un couple charmant. Le petit-déjeuner est copieux et réserve une surprise bien fraîche : de délicieux smoothies concoctés par le patron.

16 chambres – 67/115 € 67/115 € – 10 €

Plan : B2-t – *14 r. de la République – 05 46 99 26 32 – www.hotel-rochefort.fr – Fermé 1 semaine vacances de Noël*

Hôtel de France

TRADITIONNEL • PERSONNALISÉ Cet hôtel, l'un des plus anciens de la ville – sa fondation remonte à 1677 –, a été repris en 2012 par un couple motivé et travailleur. Leur rénovation des lieux est un succès : il n'y a qu'à voir les chambres, chaleureuses et impeccablement tenues, pour s'en convaincre !

25 chambres – 62/73 € 66/88 € – 9 €

Plan : A2-f – *55 r. du Dr-Peltier – 05 46 99 34 00 – www.hoteldefrancerochefort.com*

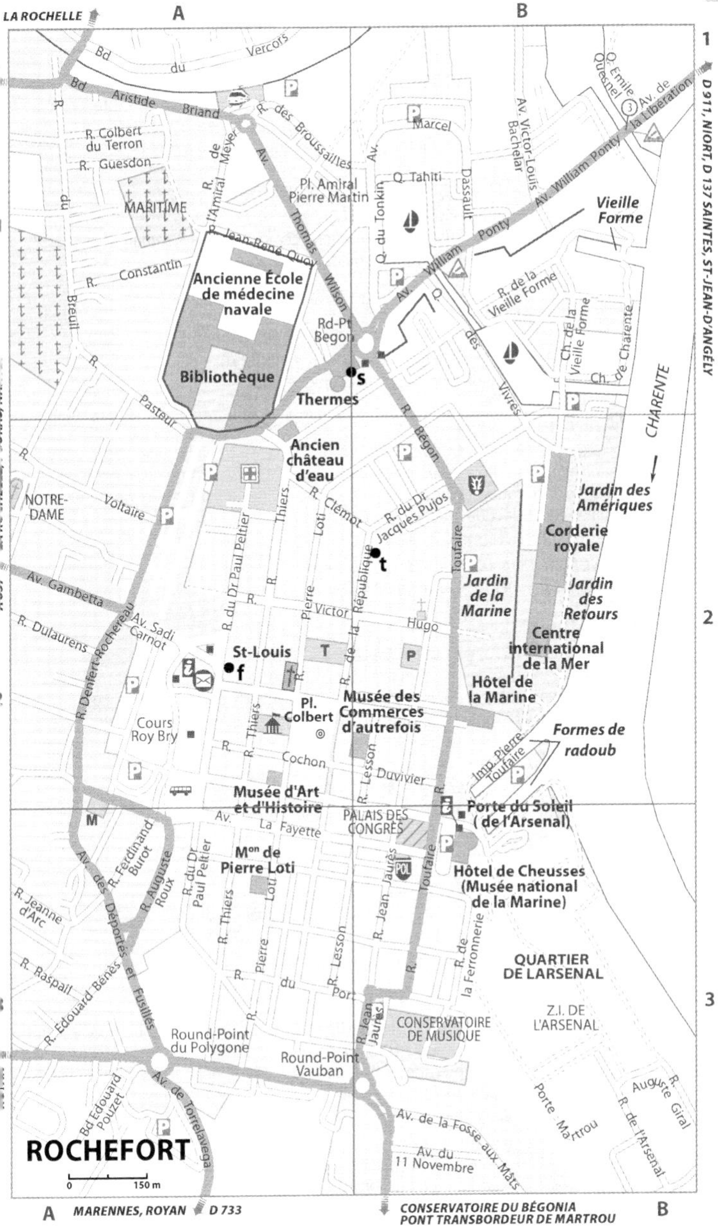
LA ROCHELLE
A
B
1
2
3
D 911, NIORT, D 137 SAINTES, ST-JEAN-D'ANGÉLY
Ancienne École de médecine navale
Bibliothèque
Thermes
Ancien château d'eau
Vieille Forme
Jardin des Amériques
Corderie royale
Jardin de la Marine
Jardin des Retours
Centre international de la Mer
Hôtel de la Marine
St-Louis
Pl. Colbert
Musée des Commerces d'autrefois
Formes de radoub
Musée d'Art et d'Histoire
Porte du Soleil (de l'Arsenal)
Mon de Pierre Loti
Hôtel de Cheusses (Musée national de la Marine)
QUARTIER DE LARSENAL
Z.I. DE L'ARSENAL
CONSERVATOIRE DE MUSIQUE
PALAIS DES CONGRÈS
CHARENTE
NOTRE-DAME
MARITIME
Round-Point du Polygone
Round-Point Vauban
Rd-Pt Begon
Cours Roy Bry
Pl. Amiral Pierre Martin
ROCHEFORT
0
150 m
MARENNES, ROYAN
D 733
CONSERVATOIRE DU BÉGONIA
PONT TRANSBORDEUR DE MARTROU

Au Sud 3 km rte de Royan, avant pont de Martrou - ✉ 17300 Rochefort

La Belle Poule

CUISINE MODERNE • RUSTIQUE XX Près du pont transbordeur de Martrou, cette imposante bâtisse accueille une bien belle table ! Face à l'imposante cheminée, on se laisse séduire par les créations du chef, qui repense les classiques en bon professionnel : huîtres, agneau de lait à la compotée d'abricots secs, fromages rochefortais, etc.

Formule 16 € - Menu 35/50 € - Carte 55/71 €

102 av. du 11-nov.-1918 - ☎ 05 46 99 71 87 - www.hotel-restaurant-bellepoule-rochefort.com - Fermé 1 semaine en oct., 2 semaines en nov., vend. soir, dim. soir sauf juil.-août

ROCHEFORT-EN-TERRE

✉ 56220 (Morbihan) - 708 hab. - Alt. 40 m - Carte régionale n° **5**-C2
Paris 431 km - Ploërmel 34 km - Redon 26 km - Rennes 82 km
Carte Michelin 308-Q8 - Guide Vert Michelin Bretagne Sud

L'Ancolie

CUISINE MODERNE • COSY XX Du nom d'une jolie fleur, une table agréable, mêlant avec réussite vieilles pierres et élégance contemporaine. La cuisine trahit une belle inspiration bourgeoise, à l'image de ce tartare d'écrevisses et de ces coquilles Saint-Jacques à l'orange vanillée.

Formule 18 € - Menu 24/43 € - Carte 24/57 €

12 r. St-Michel - ☎ 02 97 43 33 09 (réservation conseillée) - Fermé 2 semaines en fév., 3 semaines en oct. et mardi

Le Pélican

CUISINE TRADITIONNELLE • RUSTIQUE XX Ce pélican-là ne manque pas de piquant ! Dans une salle rustique à souhait (poutres apparentes, cheminée monumentale et meubles en bois sculpté), les gourmands savourent une cuisine traditionnelle revisitée et saupoudrée d'épices. Quelques chambres parfaitement tenues à l'étage.

Menu 20/48 €

6 chambres - 74/180 € 136/180 €

pl. des Halles - ☎ 02 97 43 38 48 - www.hotel-pelican-rochefort.com - Fermé 13-27 fév., dim. soir, merc. soir et lundi

ROCHEFORT-EN-YVELINES

✉ 78730 (Yvelines) - 913 hab. - Alt. 140 m - Carte régionale n° **10**-B2
Paris 50 km - Chartres 43 km - Dourdan 9 km - Étampes 26 km
Carte Michelin 311-H4 - Guide Vert Michelin Île-de-France

L'Escu de Rohan

CUISINE TRADITIONNELLE • RUSTIQUE XX Dans les murs d'un relais de poste du 16e s., un charmant restaurant d'esprit rustique : charpente apparente, cheminée monumentale... Au menu, une bonne cuisine traditionnelle, avec pour spécialités la tête de veau sauce gribiche, le gibier en saison et les profiteroles au chocolat. Une adresse sympathique.

Formule 29 € - Menu 40 €

15 r. Guy-le-Rouge - ☎ 01 30 41 31 33 - www.lescuderohan.com - Fermé vacances de fév., août, dim. soir, lundi et mardi

ROCHEGUDE

✉ 26790 (Drôme) - 1 525 hab. - Alt. 121 m - Carte régionale n° **23**-B3
Paris 641 km - Avignon 46 km - Bollène 8 km - Carpentras 34 km
Carte Michelin 332-B8

Château de Rochegude

CUISINE CLASSIQUE • ÉLÉGANT XXX Châtelain, classique, élégant… Un cadre plaisant, au service d'une agréable cuisine gastronomique, tenante d'un certain classicisme : ballottine de gibier et châtaignes, cassolette de homard et ris de veau, etc.

Formule 29 € - Menu 49/95 € - Carte 74/92 €

- ✆ 04 75 97 21 10 - www.chateauderochegude.com - Fermé nov., dim. soir, mardi midi et lundi de oct. à mars

Château de Rochegude

DEMEURE HISTORIQUE • PERSONNALISÉ Pierre blonde et verdure… Ce superbe château du 11e s. - remanié au 18e - domine les vignobles des Côtes-du-Rhône. Daims et biches vagabondent dans l'immense parc et l'on se repose en toute quiétude, dans des chambres de grand caractère !

22 chambres - 170/540 € 170/540 € - 3 suites - 20 € - ½ P

Place du Château - ✆ 04 75 97 21 10 - www.chateauderochegude.com - Fermé nov.

Château de Rochegude - voir les restaurants ci-dessus

LA ROCHE-L'ABEILLE

87800 (Haute-Vienne) - 617 hab. - Alt. 400 m - Carte régionale n° **13**-B2

Paris 423 km - Limoges 34 km - Panazol 34 km - St-Junien 63 km

Carte Michelin 325-E7

Le Moulin de la Gorce (Pierre Bertranet)

CUISINE CLASSIQUE • ÉLÉGANT XXX Une institution dans le département… Dans ce moulin du 16e s., le chef réalise une cuisine classique revisitée, d'une belle finesse et respectueuse des produits. Pour prolonger l'étape en profitant du cadre bucolique - étang, parc romantique -, il y a les chambres cosy à souhait !

→ Langoustines bretonnes en carpaccio et croustillantes. Ris de veau poché et poêlé, sablé de pomme de terre bintje, cèpes et jus crémeux au vin jaune. Puits d'amour aux framboises.

Menu 44/105 €

10 chambres - 110/180 € 110/180 € - 18 €

La Gorce - ✆ 05 55 00 70 66 - www.moulindelagorce.com - Ouvert 10 fév.-31 oct. et fermé lundi et merc. sauf le soir en juil.-août et mardi

La Table du Moulin

CUISINE TRADITIONNELLE • BISTRO X Repris par le chef du Moulin de la Gorce, ce café de village s'est métamorphosé en un charmant bistrot, mêlant patine rustique et élégance contemporaine. On s'y régale de petits plats traditionnels et canailles qui fleurent bon le terroir. Pas de doute, la gourmandise est au rendez-vous !

Formule 24 € - Menu 32/41 €

3 r. du 8-mai-1945 - ✆ 05 55 00 22 03 - www.moulindelagorce.com - Fermé 20 déc.-21 janv., mardi sauf juil.-août, dim. soir et lundi

ROCHE-LEZ-BEAUPRÉ - 25 (Doubs) → Voir Besançon

ON AIME...

Christopher Coutanceau, qui a repris l'élégant restaurant familial, tourné vers l'océan. **Les Quatre Sergents**, leurs produits bio et leurs petits vins bien choisis. **Les Flots**, un ancien estaminet dont la terrasse est très appréciée aux beaux jours. **André**, l'institution locale, pour ses superbes plateaux de fruits de mer ! **Le Bistrot des Bonnes Femmes**, pour sa bonne cuisine bistronomique.

LA ROCHELLE

✉ 17000 (Charente-Maritime) - 74 123 hab. - Agglo. 126 882 hab. - Alt. 1 m
- Carte régionale n° **20**-A2
▶ Paris 472 km - Angoulême 150 km - Bordeaux 183 km - Nantes 141 km
Carte Michelin 324-D3 - Guide Vert Michelin Poitou-Charentes

Restaurants

✿✿ Christopher Coutanceau

POISSONS ET FRUITS DE MER • **ÉLÉGANT** XXXX Une salle en rotonde, raffinée et contemporaine, grande ouverte sur l'Océan : cet écrin vient sublimer la belle et généreuse cuisine de la mer de Christopher Coutanceau, portée par un sens éclatant du produit et des saveurs ; à déguster avec un cru de la belle carte de vins de Loire et de Bourgogne.

➜ Langoustines en trois services et en différentes textures. Civet de homard breton, beurre de crustacés, légumes de saison et raviole de champignon. Soufflé angélique et sorbet citron-menthe.

Menu 68/135 € - Carte 125/230 €

Plan : A3-r - *plage de la Concurrence* - *✆ 05 46 41 48 19 - www.coutanceaularochelle.com - Fermé janv., dim. et lundi*

La Cuisine de Jules

CUISINE MODERNE • **CONVIVIAL** X Jules, c'est Giuliano di Giovanni, chef italien installé depuis de nombreuses années à quelques enjambées du Vieux-Port de La Rochelle. Avec de bons produits locaux, il compose une cuisine du marché pleine de goût, et n'hésite pas à revisiter la tradition à sa façon. Un exemple ? Son rognon de veau cuit entier, un régal...

Formule 27 € - Menu 32 € - Carte 42/72 €

Plan : B2-a - *5 r. Thiers - ✆ 05 46 41 50 91 - www.lacuisinedejules.fr - Fermé dim. et lundi*

Les Flots

CUISINE MODERNE • **ÉLÉGANT** XX Turbot sauvage crousti-moelleux en kadaïf, ris de veau et langoustine, légumes bio et sauce acidulée au balsamique : dans cette adresse du vieux port, la mer a des reflets d'argent ! Élégance dans l'assiette mais aussi dans le décor, entre authenticité d'un ancien estaminet et sobriété contemporaine.

Menu 31 € (déj.), 45/78 € - Carte 61/88 €

Plan : A2-g - *1 r. de la Chaîne - ✆ 05 46 41 32 51 - www.les-flots.com*

Les Quatre Sergents

CUISINE MODERNE • ÉLÉGANT Un authentique jardin d'hiver, avec une élégante structure métallique, à deux pas du port : voilà qui est charmant… Le chef y cultive des plaisirs très naturels : produits locaux et bio, vins de petits viticulteurs indépendants (sans omettre les grands crus)… Que du bon !

Formule 16 € – Menu 27/62 € – Carte 50/88 €

Plan : A2-a – *49 r. St-Jean-du-Pérot – 05 46 41 35 80 – www.les4sergents.com – Fermé lundi d'oct. à avril*

L'Entracte, la Brasserie de Grégory

CUISINE TRADITIONNELLE • BRASSERIE Une brasserie chic signée Grégory Coutanceau, un nom de famille bien connu des gastronomes rochelais. Les cuisines ouvertes sur la salle n'autorisent aucun entracte pour le chef et sa brigade, qui livrent une jolie interprétation du genre, avec ce credo : cuisiner au plus près du produit !

Formule 19 € – Menu 32 € – Carte 29/50 €

Plan : A2-v – *35 r. St-Jean-du-Pérot – 05 46 52 26 69 – www.lentracte.net*

André

POISSONS ET FRUITS DE MER • BRASSERIE Une institution locale, depuis 1947, pour les amateurs de cuisine iodée et de beaux plateaux de fruits de mer. Voyages transatlantiques, pêche, voiliers : chaque salle – il y en a huit ! – célèbre les flots à sa façon.

Menu 37 € – Carte 32/58 €

Plan : A2-f – *5 r. St-Jean-du-Pérot (pl. de la Chaîne) – 05 46 41 28 24 – www.barandre.com*

Les Orchidées

CUISINE MODERNE • CONVIVIAL En plein cœur du quartier des halles, cette table contemporaine ne manque pas d'attraits ! La cuisine y évolue au gré des saisons, privilégiant toujours les produits frais, à l'instar de ce foie gras de canard à la noisette, parfumé au vouvray… Enfin, la jolie carte des vins invite à découvrir le Val de Loire.

Formule 28 € – Menu 31 € – Carte 63/99 €

Plan : B2-w – *24 r. Thiers – 05 46 41 07 63 – www.restaurant-les-orchidees.com*

Le Bistrot des Bonnes Femmes

CUISINE MODERNE • BISTRO Bistronomie pour tout le monde dans cette adresse branchée et conviviale ! Les produits sont au top (poissons de la criée, légumes des Halles voisines) et les préparations nettes et précises, sans superflu ni artifice. Et, aux beaux jours, on profite d'un repas dans l'agréable patio…

Formule 16 € – Menu 29 € (semaine) – Carte 30/46 €

Plan : B2-t – *5 r. des Bonnes-Femmes – 05 46 52 19 91 – www.lebistrotdesbonnesfemmes.com – Fermé lundi*

Hôtels

Le Champlain

FAMILIAL • CLASSIQUE Un bel hôtel particulier du 19e s. avec son jardin bucolique, où plane l'odeur douce et entêtante des roses. Les salons sont superbes, les chambres délicates et pleines de cachet… Pour un séjour romantique à souhait !

32 chambres – †90/145 € ††115/170 € – 4 suites – ☕ 13 €

Plan : A1-b – *30 r. Rambaud – 05 46 41 34 66 – www.hotelchamplain.com*

Masqhôtel

BUSINESS • DESIGN Design, coloré, raffiné, minimaliste et chic tout à la fois : un hôtel très contemporain, d'esprit urbain. Pour l'anecdote, le totem du lieu n'est autre qu'un masque néoguinéen célébrant la fertilité.

76 chambres – †116/231 € ††116/231 € – ☕ 13 €

Plan : B3-t – *17 r. de l'Ouvrage-à-Cornes (par av. de Mulhouse) – 05 46 41 83 83 – www.masqhotel.com*

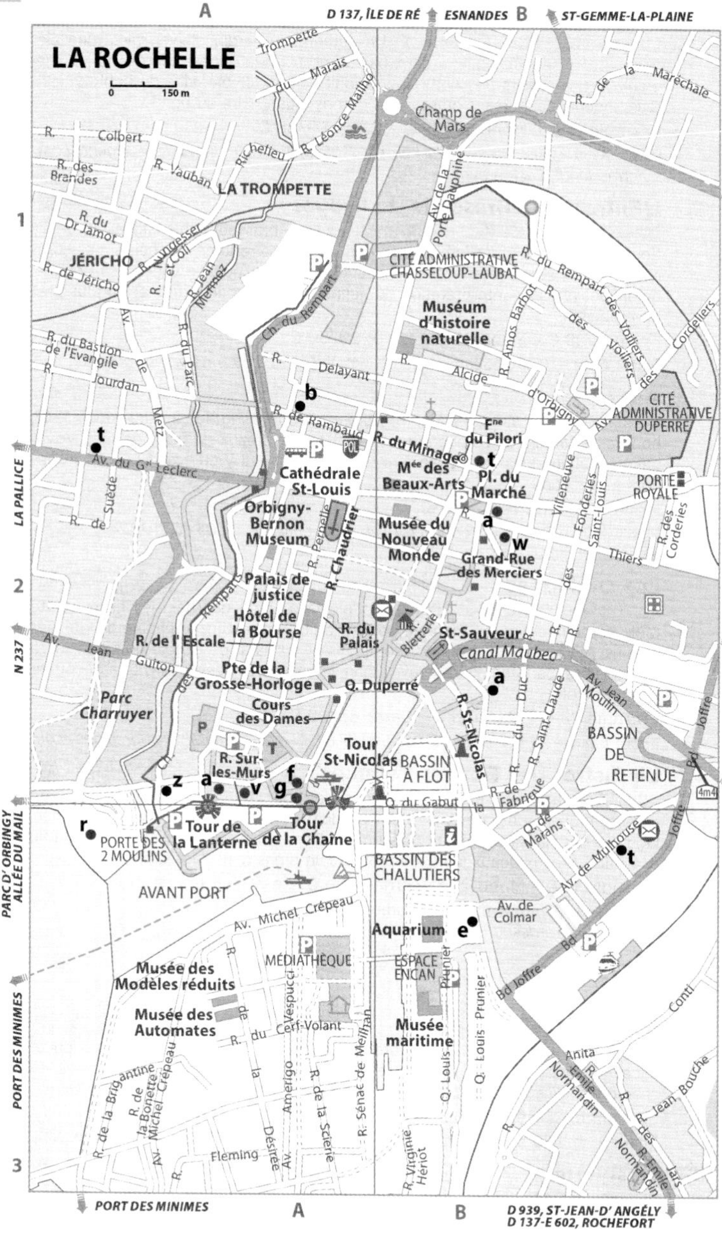
LA ROCHELLE
0
150 m
A
B
D 137, ÎLE DE RÉ
ESNANDES
ST-GEMME-LA-PLAINE
LA PALLICE
N 237
PARC D' ORBINGY ALLÉE DU MAIL
PORT DES MINIMES
D 939, ST-JEAN-D' ANGÉLY
D 137-E 602, ROCHEFORT
1
2
3
R. Trompette
R. du Marais
R. Léonce Mailho
Champ de Mars
R. de la Maréchale
R. Colbert
R. des Brandes
R. Vauban
R. Richelieu
LA TROMPETTE
Av. de la Porte Dauphine
R. du Dr Jamot
JÉRICHO
R. de Jéricho
R. Nungesser et Coli
R. Jean Mermoz
CITÉ ADMINISTRATIVE CHASSELOUP-LAUBAT
R. du Rempart des Voiliers
R. des Voiliers
Av. des Cordeliers
Muséum d'histoire naturelle
R. Amos Barbot
Ch. du Rempart
R. du Bastion de l'Evangile
R. Jourdan
R. du Parc
Av. de Metz
R. Delayant
R. Alcide d'Orbigny
CITÉ ADMINISTRATIVE DUPERRE
R. de Rambaud
R. du Minage
Fne du Pilori
Av. du Gal Leclerc
Cathédrale St-Louis
Mée des Beaux-Arts
Pl. du Marché
PORTE ROYALE
R. de Suède
Orbigny-Bernon Museum
R. Pernelle
R. Chaudrier
Musée du Nouveau Monde
R. Villeneuve
R. des Fonderies
R. Saint-Louis
R. des Corderies
R. Thiers
Grand-Rue des Merciers
Palais de justice
Hôtel de la Bourse
R. du Palais
R. Bletterie
St-Sauveur
Canal Maubec
R. de l'Escale
Av. Jean Guiton
Rempart
Pte de la Grosse-Horloge
Q. Duperré
Av. Jean Moulin
Parc Charruyer
Cours des Dames
R. St-Nicolas
R. du Duc
R. Saint-Claude
BASSIN DE RETENUE
Bd Joffre
R. Sur-les-Murs
Tour St-Nicolas
BASSIN À FLOT
Q. du Gabut
R. de la Fabrique
4m4
Tour de la Lanterne
Tour de la Chaîne
PORTE DES 2 MOULINS
Q. de Marans
Av. de Mulhouse
BASSIN DES CHALUTIERS
AVANT PORT
Av. Michel Crépeau
Av. de Colmar
Aquarium
MÉDIATHÈQUE
ESPACE ENCAN
Musée des Modèles réduits
Musée des Automates
R. du Cerf-Volant
Musée maritime
R. de la Désirée
Av. Amerigo Vespucci
R. de la Scierie
R. Sénac de Meilhan
Q. Louis Prunier
R. Conti
R. Anita
R. Emile Normandin
R. Jean Bouche
R. des Jars
R. de la Brigantine
R. de la Bonette
Av. Michel Crépeau
R. Fleming
R. Virginie Hériot
b
t
a
w
z
v
g
f
r
e

La Monnaie

HISTORIQUE • DESIGN Près de la tour de la Lanterne, un hôtel particulier du 17e s., où l'on frappait jadis la monnaie, d'où son nom. Il arbore aujourd'hui un décor très contemporain : design épuré, beaucoup de noir et blanc, des douches à l'italienne, un espace bien-être, une cour intérieure où l'on prend le petit-déjeuner l'été... Un bel ensemble !

37 chambres – 134/244 € 134/244 € – 4 suites – 18 €

Plan : A2-z – *3 r. de la Monnaie – ✆ 05 46 50 65 65 – www.hotelmonnaie.com*

Mercure Océanide

HÔTEL DE CHAÎNE • FONCTIONNEL Un hôtel idéal pour la clientèle d'affaires, notamment à l'occasion de séminaires. Les chambres fonctionnelles s'agrémentent de salles de bains qui évoquent les cabines de bateaux. D'ailleurs, l'océan et l'aquarium sont tout proches.

123 chambres – 85/205 € 85/205 € – 16 € – ½ P

Plan : B3-e – *quai Louis-Prunier – ✆ 05 46 50 61 50 – www.mercure-la-rochelle-vieux-port.com*

St-Nicolas

FAMILIAL • CONTEMPORAIN Cette bâtisse de la vieille ville, doublée d'une extension récente, abrite un hôtel bien agréable. Chambres modernes et fonctionnelles, entretien soigné et... petit-déjeuner gourmand. Autre point fort : le parking privé.

86 chambres – 95/145 € 95/145 € – 12 €

Plan : B2-a – *13 r. Sardinerie – ✆ 05 46 41 71 55 – www.hotel-saint-nicolas.com*

Le Manoir

HISTORIQUE • CONTEMPORAIN En léger retrait du centre-ville et du port, cet hôtel particulier datant du 19e s. a été entièrement rénové en 2011. C'est aujourd'hui un établissement plein de charme, géré en famille, où l'on se repose dans des chambres spacieuses et contemporaines.

17 chambres – 99/159 € 99/159 € – 13 €

Plan : A2-t – *8 av. du Gén.-Leclerc – ✆ 05 46 67 47 47 – www.hotel-le-manoir.fr*

à Lagord 3 km au Nord – ✉ 17140 – 7 236 hab. – Alt. 23 m

Hôtel du Château

DEMEURE HISTORIQUE • DESIGN Au cœur d'un parc de deux hectares, un très joli château du 19e s. qui ne laisse rien deviner de sa décoration intérieure... Dans les chambres et les salons, un seul mot d'ordre : design ! Classique, contemporain et surtout très élégant : plaisir et détente assurés...

20 chambres – 85/219 € 85/219 € – 15 € – ½ P

123 av. du Clavier – ✆ 05 46 07 91 42 – www.hotel-du-chateau-la-rochelle.com

à St-Rogatien 10 km à l'Est par D108 et D111 – ✉ 17220 – 1 956 hab. – Alt. 35 m

La Pierrevue

CUISINE MODERNE • COSY XX Le poisson de la pêche locale, la viande des éleveurs de la région, les fruits et légumes du marché, les herbes aromatiques du jardin... Voici les beaux produits utilisés par Cécile Richard, la jeune chef de cette maison. Elle compose une cuisine nette et précise, aux saveurs marquées et harmonieuses : un régal.

Formule 19 € – Menu 24 € (déj. en semaine), 39/75 € – Carte 53/70 €

2 pl. de la Mairie – ✆ 05 46 31 67 08 – www.lapierrevue.fr – Fermé 20 fév.-1er mars, 6-29 août, 23 déc.-4 janv., mardi soir, merc. soir, dim. et lundi

LA ROCHE-POSAY

✉ 86270 (Vienne) – 1 566 hab. – Alt. 112 m – Carte régionale n° **20**-D1

Paris 325 km – Le Blanc 29 km – Châteauroux 76 km – Loches 49 km

Carte Michelin 322-K4 – Guide Vert Michelin Poitou-Charentes

St-Roch

CUISINE TRADITIONNELLE • FAMILIAL XX Croustillant de chèvre, joue de bœuf et ses petits légumes... Le chef réalise une cuisine fine et goûteuse, ainsi que de bons petits plats diététiques adaptés aux curistes. Le tout à apprécier dans un cadre contemporain ou, aux beaux jours, sur l'agréable terrasse.

Formule 16 € – Menu 29/44 € – Carte 41/56 €

4 cours Pasteur – 05 49 19 49 45 – www.saintroch-larocheposay.fr – Fermé 1er-15 janv. et 24-31 déc.

Les Loges du Parc

SPA ET BIEN ÊTRE • FONCTIONNEL Au cœur de la station thermale, ce bel hôtel 1900 a été entièrement rénové en 2015. Les chambres sont confortables et fonctionnelles, avec notamment trois suites décorées par thèmes (le jazz, l'Égypte et le bois). Formule résidence à la semaine, idéale pour les curistes.

49 chambres – 130/162 € 130/250 € – 3 suites – 16 €

10 pl. de la République – 05 49 19 40 50 – www.resorthotel-larocheposay.info – Fermé 23 déc.-6 janv.

St-Roch

THERMAL • FONCTIONNEL Cet établissement central est apprécié pour son accès direct aux thermes St-Roch. Les chambres y sont avant tout fonctionnelles et très bien tenues, les plus agréables donnant sur le jardin.

37 chambres – 59/103 € 90/124 € – 14 € – ½ P

4 cours Pasteur – 05 49 19 49 00 – www.saintroch-larocheposay.fr – Fermé 1er-15 janv. et 16-31 déc.

St-Roch – voir les restaurants ci-dessus

LES ROCHES-DE-CONDRIEU

38370 (Isère) – 1 994 hab. – Alt. 158 m – Carte régionale n° **23**-B2

Paris 506 km – Grenoble 134 km – Lyon 43 km – Saint-Étienne 63 km

Carte Michelin 333-B5

Le Bellevue

FAMILIAL • FONCTIONNEL Une belle bâtisse de couleur ocre, posée sur les rives du Rhône, dont une partie des chambres offrent une vue dégagée sur les flots. Entretien soigné, bons équipements, et même un restaurant proposant une cuisine traditionnelle !

16 chambres – 90/100 € 90/110 € – 1 suite – 12 € – ½ P

1 pl. Carcan (quai du Rhône) – 04 74 56 41 42 – www.le-bellevue.net – Fermé 2-15 janv.

LA ROCHE-SUR-YON

85000 (Vendée) – 52 808 hab. – Alt. 75 m – Carte régionale n° **18**-B3

Paris 418 km – Cholet 69 km – Nantes 68 km – Niort 91 km

Carte Michelin 316-H7 – Guide Vert Michelin Pays de la Loire

L'Atable

CUISINE MODERNE • BISTRO X Une cuisine "bistronomique" mettant en avant les produits de la région et les artisans du quartier (boucher et fromager notamment), un joli cadre épuré : ouverte en 2013, cette maison n'a pas volé son excellente réputation ! Ne pas manquer la spécialité du chef : le crabe farci et escargots de Vendée à l'andouille...

Formule 15 € – Menu 19 € (déj. en semaine), 30/47 € – Carte environ 40 €

Plan : A2-f – *20 bis r. Raymond-Poincaré – 02 51 36 21 35 – www.latable-larochesuryon.net – Fermé 3 semaines juil.-août, dim. soir, lundi soir et merc.*

Le Sale Gosse

CUISINE MODERNE • BISTRO Aux fourneaux, un chef trentenaire autodidacte et passionné par son métier, qui s'est lancé dans la cuisine après des études de psychologie… pas exactement un sale gosse ! On vient autant chez lui pour ses assiettes, soignées et fidèles aux saisons, que pour l'ambiance conviviale qui règne dans son restaurant.

Formule 19 € – Menu 27 € – Carte environ 33 €

Plan : B1-a – *7 r. du Prés.-de-Gaulle – ✆ 02 51 42 51 49 – www.lesalegosse.fr – Fermé 3 semaines en août, dim. et lundi*

Mercure

HÔTEL DE CHAÎNE • FONCTIONNEL Idéalement situé entre la gare et la place Napoléon, un Mercure avec des chambres spacieuses et bien insonorisées, impeccablement rénovées dans un style contemporain. Cuisine traditionnelle au restaurant.

67 chambres – 🚹80/156 € 🚹🚹80/156 € – ☕ 15 €

Plan : A2-u – *117 bd Aristide-Briand – ✆ 02 51 46 28 00 – www.mercure-la-roche-sur-yon.com*

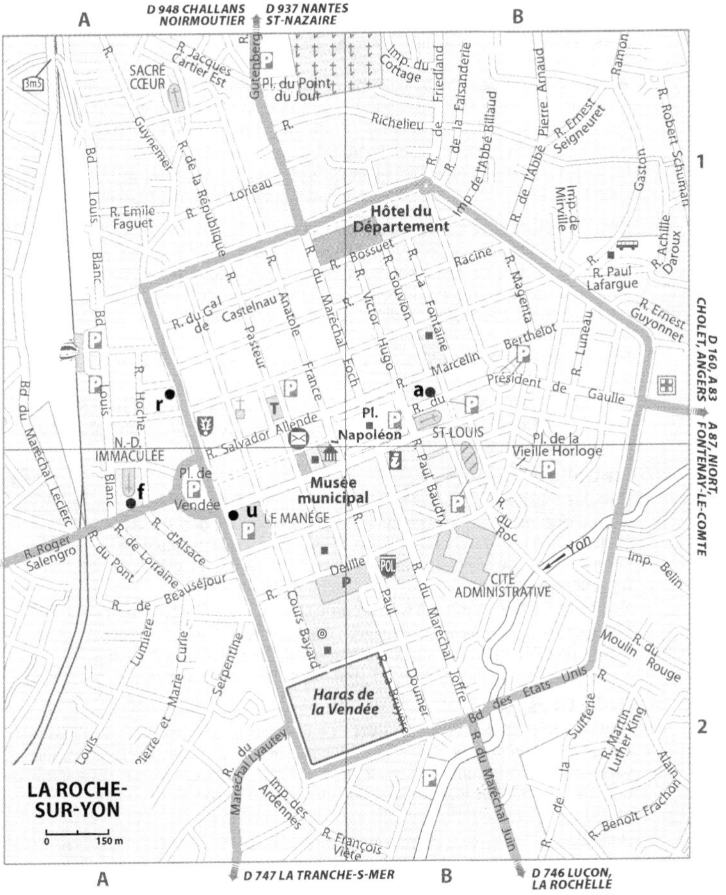

Napoléon

BUSINESS • PERSONNALISÉ Sur un grand boulevard du centre-ville, mais au calme ! Les chambres, d'esprit contemporain, sont cosy et impeccablement tenues... Un lieu avenant, idéal pour la clientèle d'affaires.

29 chambres – 75/110 € 79/130 € – 10 €

Plan : A1-r – *50 bd Aristide-Briand – 02 51 05 33 56 – www.hotel-le-napoleon.com*

ROCHETAILLÉE – 42 (Loire) ➔ Voir St-Étienne

ROCHETOIRIN – 38 (Isère) ➔ Voir La Tour-du-Pin

RODEZ

12000 (Aveyron) – 23 744 hab. – Alt. 635 m – Carte régionale n° **15**-C1

Paris 623 km – Albi 76 km – Aurillac 87 km – Clermont-Ferrand 213 km

Carte Michelin 338-H4 – Guide Vert Michelin Lot Aveyron Vallée du Tarn

Goûts et Couleurs (Jean-Luc Fau)

CUISINE MODERNE • TENDANCE Goûts et Couleurs : on ne saurait mieux dire ! Dans l'assiette, de belles saveurs mâtinées d'épices et mises en valeur par un chef vraiment passionné... et peintre à ses heures : ses toiles, inspirées par ses plats, égayent l'intérieur du restaurant. Une adresse voyageuse, dont l'attrait ne se discute pas !

➔ Carpaccio de gambas à l'huile de fleur de sureau, mangue et gelée des carapaces. Ris de veau rôti aux noisettes, artichaut poivrade, épinard et purée d'ail des ours. Dacquoise à la crème de citron, fruits rouges et noirs, sorbet litchi.

Menu 34 € (déj. en semaine), 44/84 € – Carte 65/85 €

Plan : B1-e – *38 r. Bonald – 05 65 42 75 10 – www.goutsetcouleurs.com – Fermé 5-29 mars, 3-20 sept., mardi midi hors saison, dim. et lundi*

Les Jardins de l'Acropolis

CUISINE MODERNE • CONVIVIAL Les gourmands se donnent régulièrement rendez-vous dans ce restaurant contemporain, dont le chef concocte une cuisine du marché savoureuse, moderne et bien ficelée. Jarret de veau de lait confit, guimauve maison grillée au thé d'Aubrac... De bons produits, des assaisonnements bien marqués : c'est frais et bon !

Formule 19 € – Menu 22 € (déj. en semaine), 32/57 € – Carte environ 48 €

Hors plan – *r. d'Athènes, à Bourran, 1,5 km au Nord-Ouest – 05 65 68 40 07 – www.restaurant-acropolis.com – Fermé 23-29 mars, 23 juil.-2 août, 20-28 août, lundi soir et dim.*

Isabelle Auguy

CUISINE MODERNE • ÉLÉGANT Dans son fief ruthénois, Isabelle Auguy propose une cuisine parfumée, entre terroir et modernité, fondée sur des produits bien choisis : assiette de charcuterie de la maison Conquet, faux-filet de l'Aubrac à la sauce poivrade et aligot maison... Le tout est servi avec gentillesse et attention, pour ne rien gâcher !

Formule 20 € – Menu 27 € (semaine), 32/55 € – Carte 46/61 €

Hors plan – *154 r. Pierre-Carrère, parc d'activités La Gineste, à Bourran – 05 65 47 77 51 – www.restaurantisabelleauguy.fr – Fermé 1er-8 mai, 25 juin-9 juil., 6-13 nov., 24 déc.-3 janv., sam. midi, dim. soir, mardi soir et lundi*

Café Bras

CUISINE AVEYRONNAISE • DESIGN Le Café du musée Soulages a été confié à de hautes figures de la gastronomie locale : Michel et Sébastien Bras (Laguiole). Que ce soit Côté Comptoir (pour déjeuner sur le pouce) ou au restaurant, un hommage vibrant et inspiré aux bons produits du terroir aveyronnais !

Menu 32 €

Hors plan – *7 r. Planard, Jardin du Foirail (au musée Soulages) – 05 65 68 06 70 – www.cafebras.fr – Fermé janv., mardi en fév.-mars et nov.-déc., lundi et le soir sauf sam.*

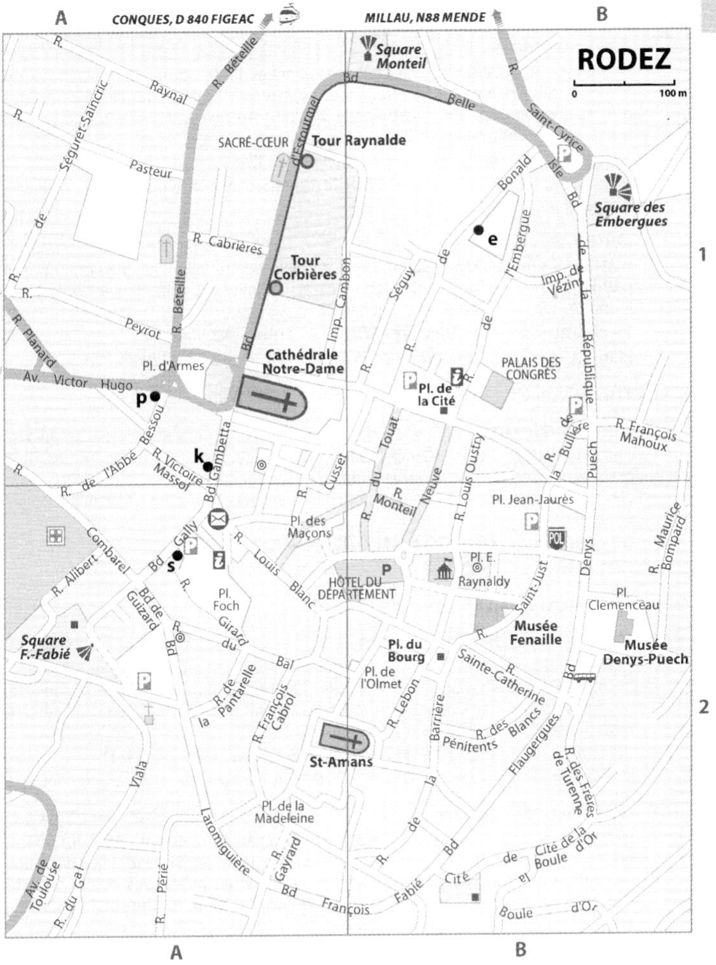

La Ferme de Bourran

MAISON DE MAÎTRE • DESIGN Perchée sur la colline, cette ancienne ferme a tout d'une maison de maître du 21e s. : le jardin vit au rythme des expositions, la déco se révèle contemporaine, épurée et très raffinée… Voilà qui invite à la quiétude ! Au petit-déjeuner, on se régale de produits régionaux.

7 chambres – 🚹119/200 € 🚹🚹119/200 € – ☕13 €

Hors plan – *r. de Berlin, à Bourran 1,5 km au Nord-Ouest* – *✆ 05 65 73 62 62* – *www.fermedebourran.com*

Mercure Cathédrale

BUSINESS • CONTEMPORAIN Non loin de la cathédrale et du musée Soulages, un hôtel 1930 dont on a conservé les parties classées : mosaïques Art déco en façade et sur le sol de l'entrée, grand escalier en bois massif, peintures de Maurice Bompard. Les chambres sont agréables et contemporaines.

36 chambres – 🚹97/140 € 🚹🚹97/160 € – ☕14 €

Plan : A1-p – *1 av. Victor-Hugo* – *✆ 05 65 68 55 19* – *www.mercure.com*

La Tour Maje

FAMILIAL • FONCTIONNEL Cet hôtel des années 1970, adossé à une tour du 15e s., abrite des chambres confortables et bien tenues ; celles des derniers étages offrent une jolie vue sur la cathédrale voisine ! Au réveil, de bons produits vous attendent au petit-déjeuner !

37 chambres – 69/150 € 85/150 € – 13 €

Plan : A2-s – *1 bd Gally – 05 65 68 34 68 – www.hoteltourmaje.fr – Fermé 17 déc.-9 janv.*

Biney

BUSINESS • PERSONNALISÉ Un hôtel en plein centre-ville. Les chambres, certes parfois un peu petites, sont mignonnes et soignées, et offrent une confortable literie. À noter : joli patio fleuri et sauna.

27 chambres – 69/92 € 75/92 € – 1 suite – 12 €

Plan : A1-k – *7 bd Gambetta – 05 65 68 01 24 – www.hotel-biney.com*

à Olemps 3 km à l'Ouest par N88 – 12510 – 3 247 hab. – Alt. 580 m

Les Peyrières

TRADITIONNEL • FONCTIONNEL Dans la banlieue résidentielle de Rodez, une grande villa avec des chambres simples et bien tenues ; celles du dernier étage sont plus chaleureuses et contemporaines (parquet). Une adresse professionnelle et sérieuse !

60 chambres – 60/120 € 60/120 € – 12 € – ½ P

22 r. Peyrières – 05 65 68 20 52 – www.hotel-les-peyrieres.com

rte de Conques au Nord par D901

Hostellerie de Fontanges

HISTORIQUE • CONTEMPORAIN Une belle et vaste demeure des 16e et 17e s. blottie dans un parc attenant à un golf. Les chambres jouent la carte de la sobriété, quand les suites se révèlent très raffinées (mobilier de style). Quant au restaurant, il distille un esprit très châtelain...

43 chambres – 62/79 € 72/143 € – 5 suites – 13 € – ½ P

rte de Conques, à 4 km – 05 65 77 76 00 – www.hostellerie-fontanges.com

Château de Labro

DEMEURE HISTORIQUE • PERSONNALISÉ Un château ravissant, avec des chambres romantiques (beaux meubles chinés) ou, pour les baroudeurs chics, une cabane dans un arbre. Le petit-déjeuner est servi au milieu des objets de brocante, il y a aussi une piscine dans les vignes, un petit spa, un restaurant aux airs de table d'hôte... Un lieu délicieux !

17 chambres – 90/179 € 139/179 € – 2 suites – 15 € – ½ P

Onet-Village, à 7 km par D901 et D568 – 05 65 67 90 62 – www.chateaulabro.fr

à Onet-le-Château 4 km au Nord par D988 – 12850 – 11 070 hab. – Alt. 628 m

Chai Alex & Co

CUISINE TRADITIONNELLE • BISTRO Œuf meurette, andouillette en chemise, parmentier de canard, pied de porc du Chai farci au foie gras, rognons... Que de bonnes spécialités bistrotières dans cette sympathique adresse de la périphérie ruthénoise ! Le chef y travaille seul, et remanie l'ardoise au fil de la saison et de ses inspirations.

Formule 16 € – Menu 20 € (déj. en semaine) – Carte 25/45 €

rte d'Espalion (à côté du rond-point St-Marc) – 05 65 42 21 36 – chaialexandco.fr – Fermé mardi soir, merc. soir, dim. soir et lundi

ROGNONAS

13870 (Bouches-du-Rhône) – 4 030 hab. – Alt. 21 m – Carte régionale n° **22**-E1

Paris 695 km – Avignon 7 km – Marseille 96 km – Nîmes 45 km

Carte Michelin 340-D2

Le Carré Noir

CUISINE TRADITIONNELLE • BISTRO Entre la mairie et l'église, un restaurant spacieux décoré sur le thème du café. On y propose une cuisine de brasserie exécutée avec application, et déclinée au fil d'un menu renouvelé tous les jeudis : poêlée de gnocchis et escargots, tartare minute, persillade de rognons... C'est simple et bon. Agréable terrasse.

Formule 18 € - Menu 25 € - Carte 26/38 €

2 av. de la Libération
- 04 90 94 80 44 - www.lecarrenoir-rognonas.com
- Fermé le soir

ROISSY-EN-FRANCE - 95 (Val-d'Oise) → Voir Autour de Paris

ROLLEBOISE

78270 (Yvelines) - 402 hab. - Alt. 20 m - Carte régionale n° **10**-A1
Paris 65 km - Dreux 45 km - Mantes-la-Jolie 9 km - Rouen 72 km
Carte Michelin 311-F1

Le Domaine de la Corniche

CUISINE MODERNE • ÉLÉGANT Pas besoin de résider au Domaine de la Corniche pour apprécier ce restaurant contemporain et son belvédère. La carte est pour le moins alléchante, et les beaux produits se succèdent dans l'assiette face aux méandres de la Seine...

Menu 47/95 € - Carte 75/102 €

Hôtel Le Domaine de la Corniche, 5 rte de la Corniche - 01 30 93 20 00
- www.domainedelacorniche.com

Le Domaine de la Corniche

SPA ET BIEN-ÊTRE • DESIGN Quelle "folie" Léopold II de Belgique ne fit-il pas pour son dernier amour ! Le résultat est cette jolie demeure dominant la Seine. Les amoureux d'aujourd'hui apprécieront son intérieur design, les chambres avec vue, la piscine panoramique et le superbe spa...

44 chambres - 105/405 € 105/405 € - 16 € - ½ P

5 rte de la Corniche - 01 30 93 20 00
- www.domainedelacorniche.com

Le Domaine de la Corniche - voir les restaurants ci-dessus

ROMAGNIEU

38480 (Isère) - 1 524 hab. - Alt. 298 m - Carte régionale n° **23**-C2
Paris 539 km - Chambéry 35 km - Grenoble 57 km - Lyon 109 km
Carte Michelin 333-G4

Auberge les Forges de la Massotte

AUBERGE • TRADITIONNEL Cette ancienne forge transformée en auberge comblera les amoureux de nature et de calme. Les chambres coquettes affirment sans complexe un réconfortant style savoyard. Accueil charmant et petit-déjeuner copieux : on ne veut plus repartir !

5 chambres - 74/82 € 74/82 € - 10 € - ½ P

655 chemin des Forges, 2 km à l'Ouest, sur l'A43
- 04 76 31 53 00 - www.aubergemassotte.com
- Fermé 1 semaine en mai, 3 semaines en oct. et dim.

ROMANÈCHE-THORINS

71570 (Saône-et-Loire) - 1 929 hab. - Alt. 187 m - Carte régionale n° **4**-C3
Paris 406 km - Chauffailles 46 km - Lyon 55 km - Mâcon 17 km
Carte Michelin 320-I12 - Guide Vert Michelin Bourgogne

Rouge & Blanc

CUISINE MODERNE • CONVIVIAL XX Rouge et (Georges) Blanc : le célèbre chef bressan est propriétaire de cet établissement où la tradition régionale est évidemment reine, de même que les vins locaux et le célèbre cru du village, le moulin-à-vent. Au cœur de la tradition de la bonne chère bourguignonne !

Formule 19 € - Menu 31/57 € - Carte 43/80 €

Hôtel Les Maritonnes Parc & Vignoble, 513 rte de Fleurie (près de la gare) - 03 85 35 51 70 - www.lespritblanc.com

Les Maritonnes Parc & Vignoble

TRADITIONNEL • PERSONNALISÉ Dans ce fameux village viticole, une escale toute trouvée pour les amateurs d'œnotourisme... et les autres. Le parc verdoyant et fleuri, la piscine, l'imposante maison avec ses chambres contemporaines, confortables et agréables, le beau buffet au petit-déjeuner : une douce villégiature bourguignonne...

21 chambres - 89/220 € 89/220 € - 2 suites - 19 €

513 rte de Fleurie (près de la gare) - 03 85 35 51 70 - www.lespritblanc.com

Rouge & Blanc - voir les restaurants ci-dessus

ROMANS-SUR-ISÈRE

26100 (Drôme) - 33 701 hab. - Alt. 162 m - Carte régionale n° **24**-E2

Paris 558 km - Die 78 km - Grenoble 81 km - St-Étienne 121 km

Carte Michelin 332-D3 - Guide Vert Michelin Ardèche Drôme

L'Instant

CUISINE MODERNE • ÉLÉGANT XX Excentrée dans un quartier résidentiel proche de la gare, cette belle maison bourgeoise - datant des années 1930 - vous accueille dans un joli décor contemporain ; on vous sert une délicieuse cuisine du marché, réalisée à partir de bons produits frais. Des assiettes qui s'avalent... en un Instant !

Formule 25 € - Menu 28 € (déj. en semaine), 42/58 €

10 r. de Delay - 04 75 45 40 72 - www.restaurant-instant.com - Fermé 24 déc.-2 janv., mardi en juil.-août, dim. et lundi

Nature Gourmande

CUISINE MODERNE • INTIME X Entrez donc dans ce restaurant de poche et faites preuve d'une Nature Gourmande ! Madame reçoit avant de rejoindre monsieur, en cuisine, pour préparer les pâtisseries. Dans l'assiette, les bons produits du marché sont à l'honneur. Un régal...

Menu 35/60 € - Carte 45/69 €

37 pl. Jacquemart - 04 75 05 30 46 (réservation conseillée) - www.restaurant-naturegourmande.com - Fermé 24 juil.-21 août, dim., lundi et le midi sauf sam.

Un Soir... Un Dîner N

CUISINE MODERNE • CONVIVIAL X Situé en face de la gare de Romans, ce restaurant à la claire devanture propose une cuisine bistronomique sous forme de menu-carte, ainsi que quelques suggestions de produits plus nobles. Agréable sélection de vins au verre. Petite terrasse.

Menu 29/39 €

11-13 pl. Carnot - 04 75 48 84 64 - www.restaurant-unsoirundiner.com - Fermé dim., lundi et le midi sauf le sam.

L'Orée du Parc

FAMILIAL • PERSONNALISÉ À l'entrée de l'ancienne capitale du soulier, cette belle maison bourgeoise (début 20e s.) est entourée d'un joli jardin avec piscine. Les chambres, de bon confort, sont décorées avec soin. De quoi trouver chaussure à son pied !

10 chambres - 80/115 € 86/125 € - 13 €

6 av. Gambetta - 04 75 70 26 12 - www.hotel-oreeparc.com - Fermé 28 déc.-3 janv.

à Granges-lès-Beaumont 6 km à l'Ouest - ✉ 26600 - 927 hab. - Alt. 155 m

✿✿ Les Cèdres (Jacques Bertrand)

CUISINE CLASSIQUE · ÉLÉGANT XXXX Les cèdres dressent leurs ramures aériennes au-dessus de cette demeure éminemment bourgeoise. On y déguste une cuisine pleine de classicisme, à base de très beaux produits travaillés sans fausse note. La carte des vins honore les Côtes du Rhône.

➜ Feuilleté de langoustines et asperges du village, sauce hollandaise. Chartreuse de faisan au foie gras, noisette de cerf sauce grand veneur et rôti de palombe. Sabayon au chocolat guanaja, caramel et crème glacée à la fève tonka.

Menu 48 € (déj. en semaine), 87/148 €

25 r. Henri-Machon - ✆ 04 75 71 50 67 (réservation conseillée) - www.restaurantlescedres.fr - Fermé 18-27 avril, 21 août-5 sept., 24 déc.-9 janv., dim. soir sauf de juin à août, lundi et mardi

à St-Paul-lès-Romans 8 km à l'Est - ✉ 26750 - 1 787 hab. - Alt. 171 m

La Malle Poste

CUISINE CLASSIQUE · CONTEMPORAIN XXX Dans l'ancien café du village, on respecte le terroir et les saisons. Des plats à déguster avec l'un des crus de la belle carte des vins (plus de 350 références). Voilà une Malle Poste dans laquelle on apprécie de faire un bout de chemin...

Formule 19 € - Menu 44/75 €

Le village - ✆ 04 75 45 35 43 - la-malle-poste.com - Fermé 8-25 août, 2-19 janv., dim. soir, lundi et mardi

ROMILLY-SUR-SEINE

✉ 10100 (Aube) - 13 968 hab. - Alt. 76 m - Carte régionale n° **7**-B2

Paris 124 km - Châlons-en-Champagne 76 km - Nogent-sur-Seine 18 km - Sens 65 km

Carte Michelin 313-C2

Auberge de Nicey

FAMILIAL · FONCTIONNEL À deux pas de la gare, cet établissement propose des chambres confortables, joliment meublées et bien insonorisées. Autres atouts : un espace détente avec piscine et fitness, et un restaurant traditionnel.

23 chambres - †99/116 € ††130/147 € - ☕ 14 € - ½ P

24 r. Carnot - ✆ 03 25 24 10 07 - www.denicey.com - Fermé 20 déc.-5 janv.

ROMORANTIN-LANTHENAY

✉ 41200 (Loir-et-Cher) - 16 746 hab. - Alt. 93 m - Carte régionale n° **6**-C2

Paris 202 km - Blois 42 km - Bourges 74 km - Orléans 67 km

Carte Michelin 318-H7 - Guide Vert Michelin Châteaux de la Loire

✿ Grand Hôtel du Lion d'Or (Didier Clément)

CUISINE MODERNE · ÉLÉGANT XXXX Une cuisine ciselée, un vrai travail au service du produit - mention spéciale pour le pigeon farci entre chair et peau façon babylonienne, tout un art ! -, toujours très frais et relevé de quelques notes d'ailleurs (épices, condiments...) ; une superbe carte de vins de Loire. Une belle table dans la capitale de la Sologne !

➜ Variation d'asperges blanches de Sologne. Gibier. Brioche caramélisée à l'angélique.

Formule 49 € - Menu 64 € (déj. en semaine), 105/145 € - Carte 130/170 €

69 r. Clemenceau - ✆ 02 54 94 15 15 (réservation conseillée) - www.hotel-liondor.fr - Fermé 19 fév.-31 mars et mardi midi

Grand Hôtel du Lion d'Or

HISTORIQUE • ÉLÉGANT Cette belle demeure Renaissance (avec des encadrements de pierre caractéristiques en façade) est un hôtel depuis 1774, et la récente rénovation a confirmé l'élégance du lieu : confort exquis, cour intérieure, espace et... sens de l'accueil peaufiné par les siècles.

13 chambres – 170/610 € 170/610 € – 3 suites – 26 €

69 r. Clemenceau – 02 54 94 15 15 – www.hotel-liondor.fr – Fermé 19 fév.-31 mars

Grand Hôtel du Lion d'Or – voir les restaurants ci-dessus

RONCE-LES-BAINS

17390 (Charente-Maritime) – La Tremblade – Alt. 6 m – Carte régionale n° **20**-A2

Paris 505 km – Marennes 9 km – Rochefort 31 km – La Rochelle 68 km

Carte Michelin 324-D5 – Guide Vert Michelin Poitou-Charentes

Le Brise-Lames

CUISINE TRADITIONNELLE • CLASSIQUE Soupe de poissons, huîtres de Marennes, soufflé chaud au Grand Marnier... Dans ce restaurant de bord de mer, la cuisine – traditionnelle et respectueuse des saisons – se révèle parfumée, bien faite et tout simplement bonne. Le cadre est classique, et la vue sur les flots imprenable !

Formule 20 € – Menu 29 € (déj. en semaine), 32/58 € – Carte 31/60 €

Hôtel Le Grand Chalet, 2 av. de la Cèpe – 05 46 36 06 41 – www.legrandchalet.net – Fermé 19 nov.-6 fév., lundi et mardi

Le Grand Chalet

TRADITIONNEL • CLASSIQUE Ne vous fiez pas à ses airs de chalet tranquille, le lieu fut jadis un casino... surplombant la mer, avec un accès direct à la plage. Les chambres, rafraîchies progressivement, sont bien tenues – préférez celles côté Oléron, pour la vue ! Les viennoiseries "maison" servies au petit-déjeuner sont un régal.

26 chambres – 69/135 € 69/135 € – 12 € – ½ P

2 av. de la Cèpe – 05 46 36 06 41 – www.legrandchalet.net – Fermé 19 nov.-6 fév.

Le Brise-Lames – voir les restaurants ci-dessus

RONCHAMP

70250 (Haute-Saône) – 2 930 hab. – Alt. 380 m – Carte régionale n° **9**-C1

Paris 399 km – Belfort 22 km – Besançon 88 km – Lure 12 km

Carte Michelin 314-H6 – Guide Vert Michelin Franche-Comté Jura

La Maison d'Hôtes du Parc

MAISON DE MAÎTRE • ÉLÉGANT Au pied de la colline de la chapelle Notre-Dame-du-Haut, cette belle maison de maître du 19e s. est nichée dans un joli parc au bord de la rivière... À l'intérieur, prime à l'élégance et au classicisme (mobilier de famille, papiers peints et tissus) sans une once de nostalgie ! Table d'hôtes avec produits du potager en saison.

5 chambres – 80/95 € 110/130 € – ½ P

12-14 r. du Tram – 03 84 63 93 43 – www.hotesduparc.com

au Rhien 3 km au Nord – 70250 Ronchamp

Rhien Carrer

FAMILIAL • FONCTIONNEL En pleine nature ! Dans cet agréable hôtel familial, on se repose dans des chambres joliment rénovées dans un esprit contemporain. À table, le terroir et les spécialités franc-comtoises sont à l'honneur. Terrasse dans un écrin... de verdure.

19 chambres – 60/65 € 77/85 € – 12 € – ½ P

14 r. d'Orière – 03 84 20 62 32 – www.ronchamp.com – Fermé dim. soir

à Champagney 4,5 km à l'Est par D4 - ✉ 70290 - 3 800 hab. - Alt. 370 m

Le Pré Serroux

CUISINE TRADITIONNELLE • CLASSIQUE XX Le Pré Serroux, c'est aussi un restaurant avec sa salle classique et confortable. Les gourmands y apprécient une cuisine à l'accent régional, accompagnée d'une belle sélection de vins. Aux beaux jours, profitez de la terrasse !

Formule 15 € - Menu 26/55 € - Carte 34/49 €

Hôtel Le Pré Serroux, 4 av. Gén.-Brosset - ✆ 03 84 23 13 24 - www.lepreserroux.fr - Fermé 20 déc.-15 janv., sam. midi, dim. et le midi en août

Le Pré Serroux

BUSINESS • CLASSIQUE À deux pas de la Maison de la négritude et des Droits de l'homme – à laquelle Léopold Senghor accorda son patronage –, cet hôtel propose des chambres simples mais bien tenues. Les amateurs de brocante apprécieront la décoration, fruit d'un long travail de chine. Agréable piscine couverte.

23 chambres - 72/87 € 72/87 € - 12 € - ½ P

4 av. Gén.-Brosset - ✆ 03 84 23 13 24 - www.lepreserroux.fr - Fermé 20 déc.-15 janv.

Le Pré Serroux - voir les restaurants ci-dessus

ROPPENHEIM

✉ 67480 (Bas-Rhin) - 944 hab. - Alt. 117 m - Carte régionale n° **1**-B1

Paris 503 km - Haguenau 25 km - Karlsruhe 41 km - Strasbourg 48 km

Carte Michelin 315-M3

Auberge à l'Agneau

CUISINE TRADITIONNELLE • AUBERGE X Généreuse table que celle de cette maison alsacienne du 18e s. En cuisine, les petits plats mijotent sous l'œil attentif du chef, amoureux de sa région. Dans l'assiette, on apprécie les spécialités du pays et de viandes. Simple et authentique !

Carte 24/70 €

11 r. Principale - ✆ 03 88 86 40 08 - www.auberge-agneau.com - Fermé 30 avril-4 mai, 16 juil.-10 août, 24 déc.-7 janv., dim., lundi et le midi sauf sam.

ROQUEBRUNE-CAP-MARTIN

✉ 06190 (Alpes-Maritimes) - Alt. 257 m - Carte régionale n° **22**-E2

Paris 953 km - Menton 3 km - Monaco 9 km - Monte-Carlo 7 km

Carte Michelin 341-F5 - Guide Vert Michelin Côte d'Azur

Plans : voir à Menton.

Les Deux Frères

CUISINE TRADITIONNELLE • ROMANTIQUE XX La falaise plonge dans la mer, les flots ondoient au soleil, Monaco se dessine à l'horizon... Quelle terrasse, quel panorama ! Le repas, ancré dans le Sud, n'en est que plus agréable ; les chambres, entièrement relookées, ne sont pas en reste. Service voiturier en été.

Menu 28 € (déj.)/53 € - Carte 68/97 €

8 chambres - 75/175 € 100/175 € - 9 €

Hors plan - *pl. des Deux-Frères, au village, 3,5 km au Sud-Ouest - ✆ 06 80 86 22 41 - www.lesdeuxfreres.com - Fermé 1 semaine en mars, nov., dim. soir, mardi midi et lundi*

Victoria

TRADITIONNEL • DESIGN Un décor tout en bleu et blanc : telle est la signature de cet hôtel balnéaire, idéalement situé sur le front de mer. On appréciera le confort contemporain des chambres, leurs grands balcons face aux flots, et la situation, idéale pour découvrir la côte, de Monaco à Menton.

32 chambres - 95/330 € 95/330 € - 14 €

Plan : A2-k - *7 promenade du Cap - ✆ 04 93 35 65 90 - www.hotel-victoria.fr*

ROQUEFORT

✉ 40120 (Landes) - 1 876 hab. - Alt. 69 m - Carte régionale n° **2**-B2

▶ Paris 667 km - Bordeaux 107 km - Mont-de-Marsan 23 km - Saint-Pierre-du-Mont 31 km

Carte Michelin 335-J10 - Guide Vert Michelin Aquitaine

Le St-Vincent

CUISINE MODERNE • CLASSIQUE XX Originaire du Lot-et-Garonne, le jeune chef a voulu fêter son retour dans le Sud-Ouest en renouant avec la clientèle locale. Il a donc pris le parti d'une cuisine simple et efficace, accessible à toutes les bourses, mais... nullement oublieuse de la qualité des produits. Tout en saveurs, le pari est réussi !

Menu 22/40 € - Carte 33/39 €

Hôtel Le St-Vincent, 76 r. Laubaner - ✆ 05 58 45 75 36 (réservation conseillée) - www.lestvincent.com - Fermé dim. soir et jeudi de sept. à mai

Le St-Vincent

FAMILIAL • PERSONNALISÉ Cette maison de maître du 19^{e}s. possède un indéniable cachet : beaux volumes, carrelages et parquets d'origine, murs en pierre, etc., le tout aménagé dans une veine classique. À noter : les salles de bains sont équipées uniquement d'une douche.

7 chambres - †74/95 € ††84/100 € - ☕ 9 € - ½ P

76 r. Laubaner - ✆ 05 58 45 75 36 - www.lestvincent.com - Fermé dim. soir et jeudi de sept. à mai

Le St-Vincent - voir les restaurants ci-dessus

LA ROQUE-GAGEAC

✉ 24250 (Dordogne) - 438 hab. - Alt. 85 m - Carte régionale n° **2**-D3

▶ Paris 535 km - Brive-la-Gaillarde 71 km - Cahors 53 km - Périgueux 71 km

Carte Michelin 329-I7 - Guide Vert Michelin Périgord Quercy

La Belle Étoile

CUISINE TRADITIONNELLE • SIMPLE XX Manger à La Belle Étoile en plein jour, c'est possible ! Rendez-vous donc dans cette demeure tournée vers la Dordogne... La cuisine réserve de belles surprises : savoureuse et gourmande, elle sait mettre le terroir en valeur et régale ! Et de petites chambres permettent de prolonger son séjour dans ce joli village.

Formule 28 € - Menu 32/55 €

13 chambres - †70/80 € ††82/150 € - ☕ 12 €

Le Bourg - ✆ 05 53 29 51 44 - www.belleetoile.fr - Ouvert 1er avril-2 nov. et fermé merc. midi et lundi

O'Plaisir des Sens (N)

CUISINE MODERNE • ÉLÉGANT XX Aux fourneaux, Bruno - ancien second d'une table étoilée de la région - imagine une cuisine actuelle très soignée, qui fait ressortir le meilleur du terroir : viande achetée sur carcasse, fruits et légumes de maraîchers locaux... Que ce soit côté gastronomique le soir, ou bistrot à midi, on passe un excellent moment.

Menu 19 € (déj. en semaine), 29/55 € - Carte 34/67 €

Sous la Grande Vigne, à 3 km au Sud-Est par D703 - ✆ 05 53 29 58 53 - www.o-plaisirdessens.com - Fermé 26 nov.-12 déc., dim. soir et merc.

LA ROQUE-SUR-PERNES

✉ 84210 (Vaucluse) - 441 hab. - Alt. 250 m - Carte régionale n° **22**-E1

▶ Paris 697 km - Avignon 34 km - Marseille 99 km - Salon-de-Provence 49 km

Carte Michelin 332-D10

Château La Roque

DEMEURE HISTORIQUE • CLASSIQUE Ce château du 11ᵉs. a été magnifiquement restauré. Chambres raffinées et spacieuses ; terrasses en restanques et belle piscine dans la roche. Vue provençale époustouflante ! Repas concoctés par le maître des lieux et pris dans la salle templière ou le jardin.

5 chambres - 180/220 € 180/320 € - 20 €

263 chemin du Château - 04 90 61 68 77 - www.chateaularoque.com - Fermé 22 nov.-4 mars

ROSBRUCK - 57 (Moselle) → Voir Forbach

ROSCOFF

29680 (Finistère) - 3 515 hab. - Alt. 7 m - Carte régionale n° **5**-B1

Paris 563 km - Brest 66 km - Landivisiau 27 km - Morlaix 27 km

Carte Michelin 308-H2 - Guide Vert Michelin Bretagne Nord

Le Brittany

CUISINE MODERNE • ÉLÉGANT Ce Brittany est bien élégant avec sa grande cheminée en pierre et ses fenêtres voûtées s'ouvrant sur le spectacle splendide de la baie. Au menu : une belle gastronomie marine, portée par l'extrême qualité et la fraîcheur océane des produits de la région.

→ Araignée de mer, salmis de pigeonneau et abricot. Cochon de lait, girolles, bulot et bouillie d'avoine. Kouign amann aux cerises cœur de pigeon et pêche plate confite.

Menu 54/135 € - Carte 75/120 €

Plan : B1-a - *Hôtel Le Brittany, bd Ste-Barbe - 02 98 69 70 78 - www.hotel-brittany.com - Ouvert de mi-mars à mi-nov. et fermé lundi et le midi*

Rackham (Arthur Péran)

CUISINE MODERNE • ÉLÉGANT La grande salle lumineuse, avec ses baies vitrées tournées vers la mer et la jetée, le cadre d'inspiration Art déco (parquet clair, fauteuils en bois verni, éclairage par appliques) : les conditions sont parfaites pour profiter d'une cuisine actuelle et soignée, préparée avec entrain par une jeune équipe bien rodée.

→ Œuf mollet cuit à 63°, mousseline de pommes de terre, jeunes pousses et noisettes à l'ail. Turbot rôti, romaine farcie au fenouil et céleri branche, coques et pieds de wakamé confits au citron. Sphère chocolat-passion.

Formule 25 € - Menu 30 € (déj. en semaine), 44/85 € - Carte 60/85 €

Plan : A1-b - *Grand Hôtel de la Mer, 27 pl. Lacaze-Duthiers (près de l'église) - 02 98 61 24 95 - www.rackham-restaurant.com - Fermé janv., dim. soir, mardi midi et lundi*

L'Écume des Jours

CUISINE MODERNE • RUSTIQUE Il faut marcher un peu vers le phare, face au port, pour trouver cette maison d'armateur datant du 16ᵉ s. Murs de granit, petite tourelle : elle n'a rien perdu de son charme d'antan ! On y déguste une cuisine généreuse, notamment basée sur les légumes du potager (35 variétés de tomates !) et la pêche locale.

Formule 23 € - Menu 35/59 € - Carte 47/70 €

Plan : B2-x - *quai d'Auxerre - 02 98 61 22 83 - www.ecume-roscoff.fr - Fermé 15 nov.-15 déc., mardi et merc. sauf juil.-août*

Le Brittany

LUXE • PERSONNALISÉ Ce beau manoir du 17ᵉ s. fut démonté puis reconstruit à l'identique sur le port de la petite cité corsaire ! Chambres au charme discret, salons cossus, spa avec piscine, sens de l'accueil : tout est mis en œuvre pour que l'on se sente bien.

29 chambres - 140/320 € 360/520 € - 5 suites - 23 € - ½ P

Plan : B1-a - *bd Ste-Barbe - 02 98 69 70 78 - www.hotel-brittany.com - Ouvert de mi-mars à mi-nov.*

Le Brittany - voir les restaurants ci-dessus

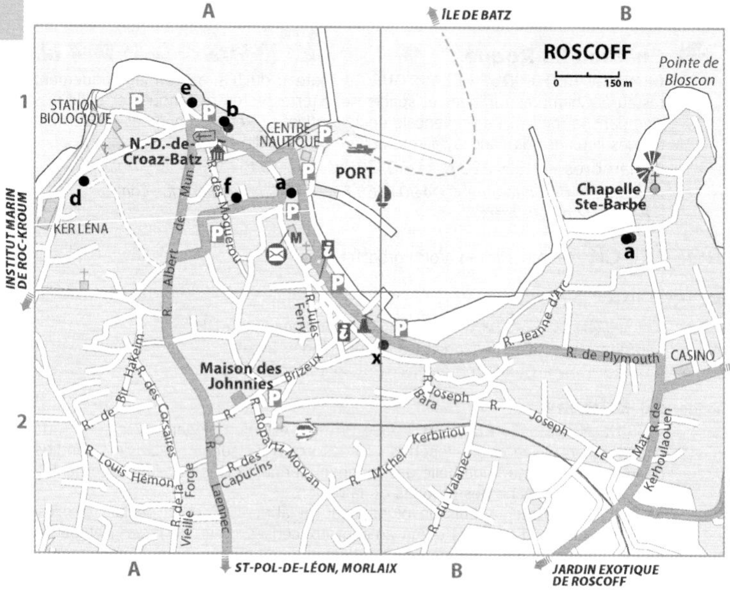

Le Temps de Vivre

LUXE • DESIGN Plusieurs maisons corsaires, pétries du charme âpre de la pierre, pour de grandes chambres épurées. Extrêmement raffinées dans leur dépouillement (pierre, wengé, chêne), elles s'enroulent autour d'un patio fleuri ; le confort est au rendez-vous.

15 chambres – 🚹110/325 € 🚹🚹110/325 € – ☕17 €

Plan : A1-e – *19 pl. Lacaze-Duthiers – ✆ 02 98 19 33 19 – www.letempsdevivre.net – Fermé 10 janv.-7 fév. et 13 nov.-24 déc.*

Grand Hôtel de la Mer

FAMILIAL • CLASSIQUE Bien que situé dans une des rues pittoresques de Roscoff, juste à côté de la superbe église, cet hôtel est un exemple de confort moderne. Bien sûr, les chambres les plus prisées ont vue sur la mer et la jetée.

37 chambres – 🚹85/210 € 🚹🚹85/210 € – ☕14 €

Plan : A1-b – *27 pl. Lacaze-Duthiers (près de l'église) – ✆ 02 98 61 24 95 – www.grandhoteldelamer-roscoff.com*

✿ **Rackham** – voir les restaurants ci-dessus

La Résidence des Artistes

TRADITIONNEL • CONTEMPORAIN Cette hôtel est situé dans une rue tranquille, tout près du port et de l'église. Il abrite des chambres élégantes et cosy, toutes rénovées avec goût. La tenue de l'ensemble est irréprochable ; on profite de bons produits locaux au petit-déjeuner.

28 chambres – 🚹69/119 € 🚹🚹69/119 € – ☕12 €

Plan : A1-f – *14 r. des Johnnies – ✆ 02 98 69 74 85 – www.hotelroscoff-laresidence.fr – Fermé 16 déc.-janv.*

Aux Tamaris

FAMILIAL • TRADITIONNEL Un hôtel un peu excentré, au calme, juste en face de la mer. Les chambres déclinent la panoplie du charme marin (voiles, phares, plancher en bois, etc.). L'ambiance est familiale et détendue, et l'on prend son petit-déjeuner devant l'île de Batz...

25 chambres – 🚹61/119 € 🚹🚹61/119 € – ☕11 €

Plan : A1-d – *49 r. Édouard-Corbière – ✆ 02 98 61 22 99 – www.hotel-aux-tamaris.com – Fermé 2-16 janv.*

ROSENAU

✉ 68128 (Haut-Rhin) - 2 223 hab. - Alt. 230 m - Carte régionale n° **1**-B3
Paris 492 km - Altkirch 25 km - Basel 15 km - Belfort 70 km
Carte Michelin 315-J11

Au Lion d'Or - Chez Théo

CUISINE MODERNE • AUBERGE XX Une auberge sympathique et élégante, tenue par la même famille depuis 1928. Le chef mêle avec brio saveurs d'aujourd'hui et richesses du terroir, sans exclure les spécialités des autres régions de France ! La sélection de vins au verre est courte, mais bien ficelée. Et l'été, on profite de la jolie terrasse.

Menu 19 € (déj. en semaine), 31/58 € - Carte 35/67 €

5 r. Village-Neuf - ✆ 03 89 68 21 97 - www.auliondor-rosenau.com - Fermé 6-13 fév., 3-16 juil., 1 semaine vacances de la Toussaint, lundi et mardi

ROSHEIM

✉ 67560 (Bas-Rhin) - 4 891 hab. - Alt. 190 m - Carte régionale n° **1**-A2
Paris 485 km - Erstein 20 km - Molsheim 9 km - Obernai 6 km
Carte Michelin 315-I6

Hostellerie du Rosenmeer (Hubert Maetz)

CUISINE MODERNE • ÉLÉGANT XXX Il fallait un décor sobre et contemporain pour mettre en valeur la cuisine volontiers inventive d'Hubert Maetz. La carte privilégie des produits d'une extrême fraîcheur, travaillés avec finesse, et la terre d'Alsace, y compris sa flore (coulis d'orties, jus de racine de primevère, ail des ours...).

→ Salade d'herbes, langoustines, œuf parfait et vinaigrette à l'ail des ours. Saint-pierre de Loctudy à la purée d'ortie et kaasknepfele. Chocolat grand cru et noisettes du Piémont, glace noisette.

Menu 36 € 🍷 (déj. en semaine), 52/122 € - Carte 70/80 €

45 av. de la Gare, 2 km au Nord-Est par D35 - ✆ 03 88 50 43 29 - www.le-rosenmeer.com - Fermé 15 fév.-4 mars, 24 juil.-10 août , dim. soir, lundi et merc.

Auberge du Cerf

CUISINE TRADITIONNELLE • AUBERGE XX Au cœur de la cité vigneronne, bienvenue dans cette auberge joliment fleurie, dont l'intérieur a été relooké dans un esprit moderne. On y propose une cuisine traditionnelle et régionale (presskopf, foie gras), avec quelques suggestions davantage dans l'air du temps. Agréable terrasse aux beaux jours.

Menu 15 € (déj. en semaine), 29/50 € - Carte 34/78 €

120 r. du Gén.-de-Gaulle - ✆ 03 88 50 40 14 - Fermé mardi soir, sam. midi, dim. soir et merc.

Winstub d'Rosemer

CUISINE ALSACIENNE • WINSTUB X Qui dit winstub dit tradition ! Celle-ci ne déroge pas à la règle... Pâté en croûte et foie gras maison, hareng frais accompagné de munster et d'un verre de gewurztraminer : tout cela attire les gourmands.

Formule 10 € - Menu 35 € 🍷 - Carte 26/47 €

Hostellerie du Rosenmeer, 45 av. de la Gare, 2 km au Nord-Est par D35 - ✆ 03 88 50 43 29 - www.le-rosenmeer.com - Fermé 17 fév.-12 mars, 21 juil.-7 août, dim. soir et lundi

La Petite Auberge

CUISINE TRADITIONNELLE • BISTRO X Dans la rue principale, cette maison alsacienne typique cache une salle aux allures de bistrot chic. Nombreux menus traditionnels et, chaque jour, suggestions du marché.

Formule 15 € - Menu 24/42 € - Carte 26/60 €

41 r. du Gén.-de-Gaulle - ✆ 03 88 50 40 60 - www.petiteauberge-rosheim.com - Fermé janv., mardi soir, jeudi soir et merc.

Hostellerie du Rosenmeer

TRADITIONNEL • FONCTIONNEL Cet hôtel d'inspiration alsacienne borde le ruisseau qui lui a donné son nom. Les chambres sont de facture classique ou plus contemporaine. Et l'étape gastronomique est tentante...

22 chambres – 69/149 € 69/149 € – 14 € – ½ P

45 av. de la Gare, 2 km au Nord-Est par D35 – 03 88 50 43 29 – www.le-rosenmeer.com – Fermé 15 fév.-4 mars et 24 juil.-10 août

Hostellerie du Rosenmeer • **Winstub d'Rosemer** – voir les restaurants ci-dessus

LA ROSIÈRE 1850

73700 (Savoie) – Montvalezan – Alt. 1 850 m – Carte régionale n° **23**-D2

Paris 657 km – Albertville 76 km – Bourg-St-Maurice 22 km – Chambéry 125 km

Carte Michelin 333-O4 – Guide Vert Michelin Alpes du Nord

Relais du Petit St-Bernard

FAMILIAL • MONTAGNARD De retour du col du Petit-St-Bernard (2 188 m), vous pourrez reprendre des forces dans cet hôtel rustique à souhait et fort bien tenu. Préférez les chambres avec balcon : le panorama vaut le coup d'œil... Les fondues, raclettes et autres recettes traditionnelles servies au restaurant finiront de vous remettre sur pied !

20 chambres – 43/74 € 52/99 € – 10 € – ½ P

– 06 60 69 80 48 – www.petit-saint-bernard.com – Ouvert 18 juin-9 sept. et 11 déc.-22 avril

LES ROSIERS-SUR-LOIRE

49350 (Maine-et-Loire) – 2 341 hab. – Alt. 22 m – Carte régionale n° **18**-C2

Paris 304 km – Angers 32 km – Baugé 27 km – Bressuire 66 km

Carte Michelin 317-H4 – Guide Vert Michelin Châteaux de la Loire

La Toque Blanche

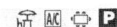

CUISINE MODERNE • CLASSIQUE XX Un nouveau couple de propriétaires s'est installé en 2012 dans ce restaurant des bords de Loire. Le décor a été rafraîchi – mais la vue sur le fleuve demeure – et la carte a été renouvelée : crème de céleri à la julienne de truffe, tête de veau braisée aux petits légumes... Direction la terrasse aux beaux jours !

Formule 21 € – Menu 26/65 € – Carte 51/56 €

2 r. Quarte, rte d'Angers – 02 41 51 80 75 – www.restaurantlatoqueblanche.fr – Fermé janv., mardi et merc.

ROSPEZ – 22 (Côtes-d'Armor) → Voir Lannion

ROSTRENEN

22110 (Côtes-d'Armor) – 3 256 hab. – Alt. 216 m – Carte régionale n° **5**-B2

Paris 485 km – Carhaix-Plouguer 22 km – Quimper 71 km – St-Brieuc 58 km

Carte Michelin 309-C5 – Guide Vert Michelin Bretagne Nord

Le Bistrot qui Coz

CUISINE TRADITIONNELLE • BISTRO X Mobilier dépareillé, chaises chinées et ambiance chaleureuse : cette table, bien dans l'air du temps, joue la carte de la décontraction ! On y déguste de bons petits plats – rillettes de saumon aux épices douces, parmentier de canard au foie gras, brownie au chocolat – servis par une jeune équipe dynamique.

Formule 14 € – Menu 15 € (déj. en semaine), 18/33 € – Carte 30/47 €

3 pl. du Bourg-Coz – 02 96 29 10 71 – Fermé mardi soir, dim. et lundi

ROUBAIX

✉ 59100 (Nord) - 94 536 hab. - Alt. 27 m - Carte régionale n° **16**-C2
Paris 232 km - Kortrijk 23 km - Lille 15 km - Tournai 20 km
Carte Michelin 302-H3

Accès et sorties : voir plan de Lille

Le Bô Jardin

CUISINE TRADITIONNELLE • BRASSERIE Au cœur du magnifique parc de Barbieux, une grande salle lumineuse et une terrasse donnant toutes les deux sur le plan d'eau - une vue très agréable... On se régale de salades et de petits plats qui mettent en valeur les saveurs de saison.

Formule 19 € - Menu 34 € - Carte 33/46 €

Plan : 3D1-w - *av. Le Nôtre (Parc Barbieux) - 03 20 20 61 85 - www.lebeaujardin.fr - Fermé 25 déc.-1er janv. et le soir*

ON AIME...

Le Saint-Hilaire, qui propose de belles assiettes gourmandes en toute simplicité. **Minute et Mijoté**, une table rétro et sympathique. **Rodolphe**, et son jeune chef talentueux. L'**Hôtel de Bourgtheroulde**, véritable joyau historique, pour son décor inimitable, ses deux restaurants et son impressionnante piscine couverte...

ROUEN

✉ 76000 (Seine-Maritime) - 111 557 hab. - Agglo. 464 237 hab. - Alt. 12 m
- Carte régionale n° **17**-D2
▶ Paris 134 km - Amiens 122 km - Caen 124 km - Le Havre 87 km
Carte Michelin 304-G5 - Guide Vert Michelin Normandie Vallée de la Seine

Restaurants

✿✿ **Gill** (Gilles Tournadre)

CUISINE MODERNE • **ÉLÉGANT** XXXX Sur les quais de la Seine, la table de Gilles Tournadre est la grande valeur sûre de la ville. Finesse, délicatesse et maîtrise ne sont pas de vains mots lorsque l'on découvre les assiettes de ce chef inventif et amoureux du beau produit. Un moment d'élégance, en harmonie avec le terroir normand.

→ Huîtres snackées aux condiments. Pigeon à la rouennaise, cuisses confites et laquées. Millefeuille à la vanille Bourbon.

Menu 40 € (déj. en semaine), 75/105 € - Carte 85/145 €

Plan : F2-a - *9 quai de la Bourse*
- ✆ 02 35 71 16 14 - www.gill.fr
- Fermé 9-25 avril, 6-29 août, dim., lundi et fériés

✿ **Origine** (Benjamin Lechevallier)

CUISINE MODERNE • **COSY** XX Mariages de saveurs judicieux, belle maîtrise, fraîcheur et finesse : le jeune chef, Benjamin Lechevallier, a fait ses classes chez les plus grands... La force des origines ? Il signe en tout cas une cuisine personnelle et inspirée, dans laquelle le produit est toujours à l'honneur.

→ Ravioles de foie gras et homard, bouillon thaï et petites pousses. Ris de veau doré au sautoir, arachides et gingembre. Profiterole revisitée.

Formule 30 € - Menu 35 € (déj.), 49/97 € - Carte 65/105 €

Plan : F1-g - *26 rampe Cauchoise - ✆ 02 35 70 95 52*
- www.restaurant-origine.com - Fermé 20-24 fév., 17-21 avril, 7-22 août, 30 oct.-3 nov., sam. et dim.

Il fait beau ? Repérez le symbole ☂ et attablez-vous en terrasse...

Rodolphe (Rodolphe Pottier)

CUISINE MODERNE • TENDANCE XX "Aux âmes bien nées, la valeur n'attend point le nombre des années" : Corneille avait raison. Le jeune chef, originaire de l'Eure, enchante avec des préparations soignées, présentées dans le cadre d'un menu unique renouvelé tous les jours. Des recettes inspirées, des associations de saveurs pertinentes : Rodolphe n'a pas fini de nous surprendre !

➜ Cuisine du marché.

Menu 32 € (déj.), 45/110 €

Plan : F1-a – *35 r. Percière – ✆ 02 35 73 32 58 – www.restaurant-rodolphe.com – Fermé sam. midi, dim. et lundi*

L'Odas (Olivier Da Silva)

CUISINE CRÉATIVE • CONVIVIAL X Odas" pour Olivier Da Silva... mais aussi parce que ce jeune chef n'a pas manqué d'audace en s'installant fin 2013 dans ce bel hôtel particulier gothique du 16e s., où il propose une cuisine créative mettant en avant de beaux produits de saison, préparés avec justesse et maîtrise. De l'Odas et... du savoir-faire !"

➜ Cuisine du marché.

Formule 28 € – Menu 49/69 € – Carte 65/95 €

Plan : G2-t – *4 passage Maurice-Lenfant – ✆ 02 35 73 83 24 – www.lodas.fr – Fermé dim. soir et lundi*

Le Saint-Hilaire

CUISINE MODERNE • BISTRO XX Arrêt vivement recommandé rue St-Hilaire : au n° 110, les assiettes font des étincelles ! Générosité, exigence, inspiration (la carte change très régulièrement, au gré du marché) : le jeune chef, Thomas Lemelle, a du talent, et ses réalisations sont de vraies petites merveilles.

Formule 19 € – Menu 22 € (semaine), 32/45 € – Carte 50/59 €

Plan : H2-n – *110 r. St-Hilaire – ✆ 02 35 98 74 55 – www.le-saint-hilaire.com – Fermé 3 semaines en août, sam. midi, dim. et lundi*

Les Nymphéas

CUISINE CLASSIQUE • ÉLÉGANT XXX Cette table bien connue des Rouennais a récemment tourné une page de son histoire : on trouve aux fourneaux un jeune chef talentueux qui n'aura pas attendu le nombre des années (il est né en 1989 !) pour savoir exécuter les classiques de la maison avec brio... L'avenir est ouvert pour cette institution.

Formule 27 € – Menu 35 € (déj. en semaine), 44/74 € – Carte 72/100 €

Plan : F2-h – *9 r. de la Pie – ✆ 02 35 89 26 69 – www.lesnympheas-rouen.com – Fermé 28 août-5 sept., dim. soir et lundi sauf fériés*

Les P'tits Parapluies

CUISINE MODERNE • ÉLÉGANT XXX Quelle que soit la météo, on se réfugie avec plaisir dans cette ancienne fabrique de parapluies ! Car c'est une vraie table de qualité, menée par un couple de sérieux professionnels – Marc et Gisèle Andrieu. Si le classicisme est de mise côté décor, la cuisine cultive l'air du temps... sans intempéries.

Menu 29 € (déj. en semaine), 36/47 € – Carte 55/67 €

Plan : G1-e – *pl. de la Rougemare – ✆ 02 35 88 55 26 – www.lesptits-parapluies.com – Fermé sam. midi, dim. soir et lundi*

La Couronne

CUISINE TRADITIONNELLE • RUSTIQUE XXX Superbement préservée, cette maison normande de 1345 serait "la plus vieille auberge de France". C'est évidemment une grande institution rouennaise, pleine d'âme, idéale pour savourer une cuisine empreinte de classicisme... Quel exemple de longévité !

Formule 25 € – Menu 37/52 € – Carte 53/106 €

Plan : F2-d – *31 pl. du Vieux-Marché – ✆ 02 35 71 40 90 – www.lacouronne.com.fr*

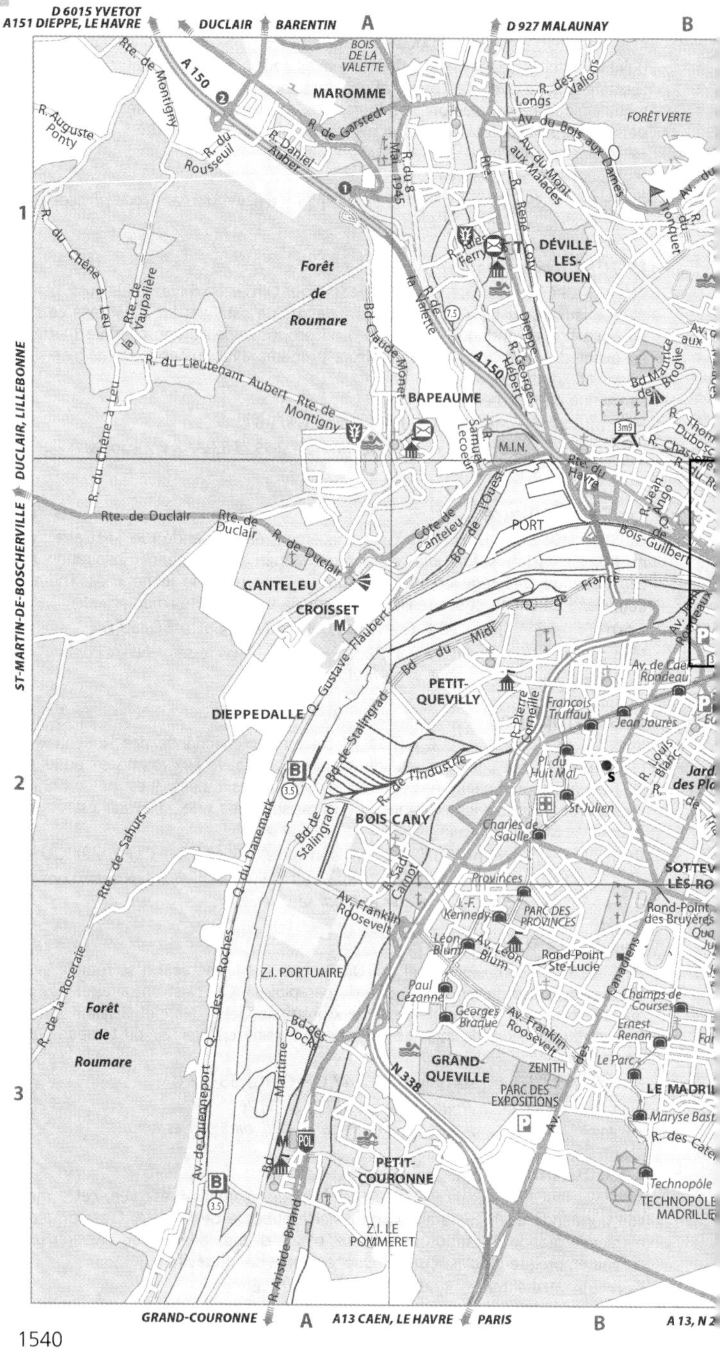
D 6015 YVETOT
A151 DIEPPE, LE HAVRE
DUCLAIR
BARENTIN
A
D 927 MALAUNAY
B
BOIS DE LA VALETTE
MAROMME
A 150
Rte. de Montigny
R. des Vallons
Longs
FORÊT VERTE
R. de Garstedt
Av. du Bois aux Dames
R. Auguste Ponty
R. du Rousseuil
R. Daniel Auber
R. du 8 Mai 1945
Av. du Mont aux Malades
R. René Coty
Tronquet
1
R. du Chêne à Leu
R. Jules Ferry
DÉVILLE-LES-ROUEN
Forêt de Roumare
Rte. de Vaupalière
R. de la Valette
Bd Claude Monet
Dieppe
R. Georges Hébert
R. du Lieutenant Aubert
Rte. de Montigny
Bd Maurice de Broglie
BAPEAUME
Samuel Lecoeur
R. Thomas Dubosc
R. Chasselièvre
M.I.N.
Rte. du Havre
R. du Chêne à Leu
ST-MARTIN-DE-BOSCHERVILLE
DUCLAIR, LILLEBONNE
Rte. de Duclair
Rte. de Duclair
R. de Duclair
Côte de Canteleu
Bd de l'Ouest
PORT
R. Jean Ango
Q. de Bois-Guilbert
CANTELEU
Q. de France
CROISSET
M
Q. Gustave Flaubert
Bd du Midi
Av. Jean Rondeaux
PETIT-QUEVILLY
Av. de Caen
Rondeau
DIEPPEDALLE
R. Pierre Corneille
François Truffaut
Jean Jaurès
Bd de Stalingrad
Pl. du Huit Mai
R. Louis Blanc
2
R. de l'Industrie
S
St-Julien
Rte. de Sahurs
Bd de Stalingrad
BOIS CANY
Charles de Gaulle
Q. du Danemark
R. Sadi Carnot
Provinces
Av. Franklin Roosevelt
J.-F. Kennedy
PARC DES PROVINCES
Rond-Point des Bruyères
Léon Blum
Av. Léon Blum
Rond-Point Ste-Lucie
Z.I. PORTUAIRE
Q. des Roches
Canadiens
Paul Cézanne
Champs de Courses
R. de la Roseraie
Forêt de Roumare
Georges Braque
Av. Franklin Roosevelt
Ernest Renan
Bd des Docks
Maritime
GRAND-QUEVILLE
ZENITH
Le Parc
3
N 338
PARC DES EXPOSITIONS
Av. de Quevreport
Maryse Bastié
R. des Canadiens
M
POL
PETIT-COURONNE
Technopôle
TECHNOPÔLE MADRILLET
Z.I. LE POMMERET
R. Aristide Briand
GRAND-COURONNE
A
A13 CAEN, LE HAVRE
PARIS
B

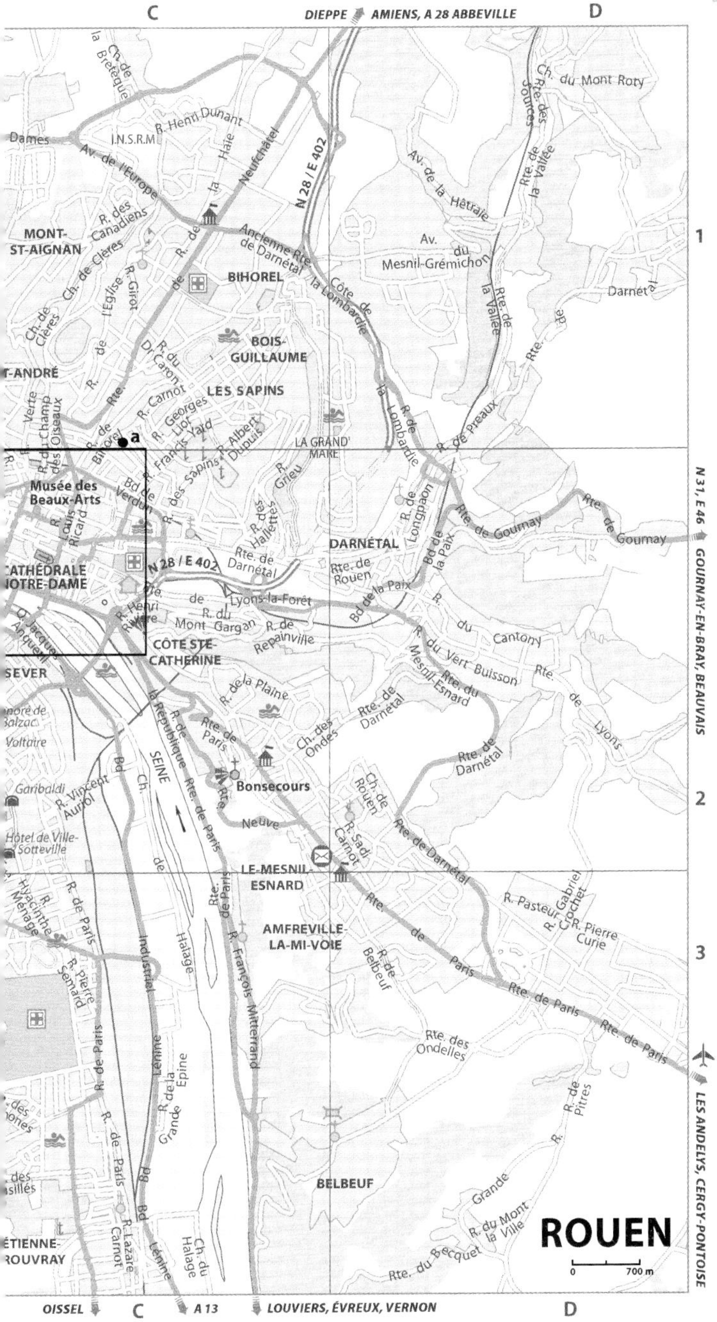

DIEPPE AMIENS, A 28 ABBEVILLE
C
D
1
2
3
MONT-ST-AIGNAN
BIHOREL
BOIS-GUILLAUME
LES SAPINS
LA GRAND' MARE
Musée des Beaux-Arts
CATHÉDRALE NOTRE-DAME
DARNÉTAL
CÔTE STE-CATHERINE
SEVER
Bonsecours
LE-MESNIL-ESNARD
AMFREVILLE-LA-MI-VOIE
BELBEUF
SEINE
N 28 / E 402
Darnétal
R. Henri Dunant
Av. de l'Europe
Ancienne Rte. de Darnétal
Côte de la Lombardie
Av. de la Hêtraie
Av. du Mesnil-Grémichon
Ch. du Mont Roty
Rte. de Gournay
Rte. de Lyons-la-Forêt
Rte. de Paris
Rte. de Darnétal
R. François Mitterrand
Bd Industriel
Bd Lénine
Ch. de Halage
N 31, E 46 GOURNAY-EN-BRAY, BEAUVAIS
LES ANDELYS, CERGY-PONTOISE
OISSEL
A 13
LOUVIERS, ÉVREUX, VERNON
ROUEN
0
700 m

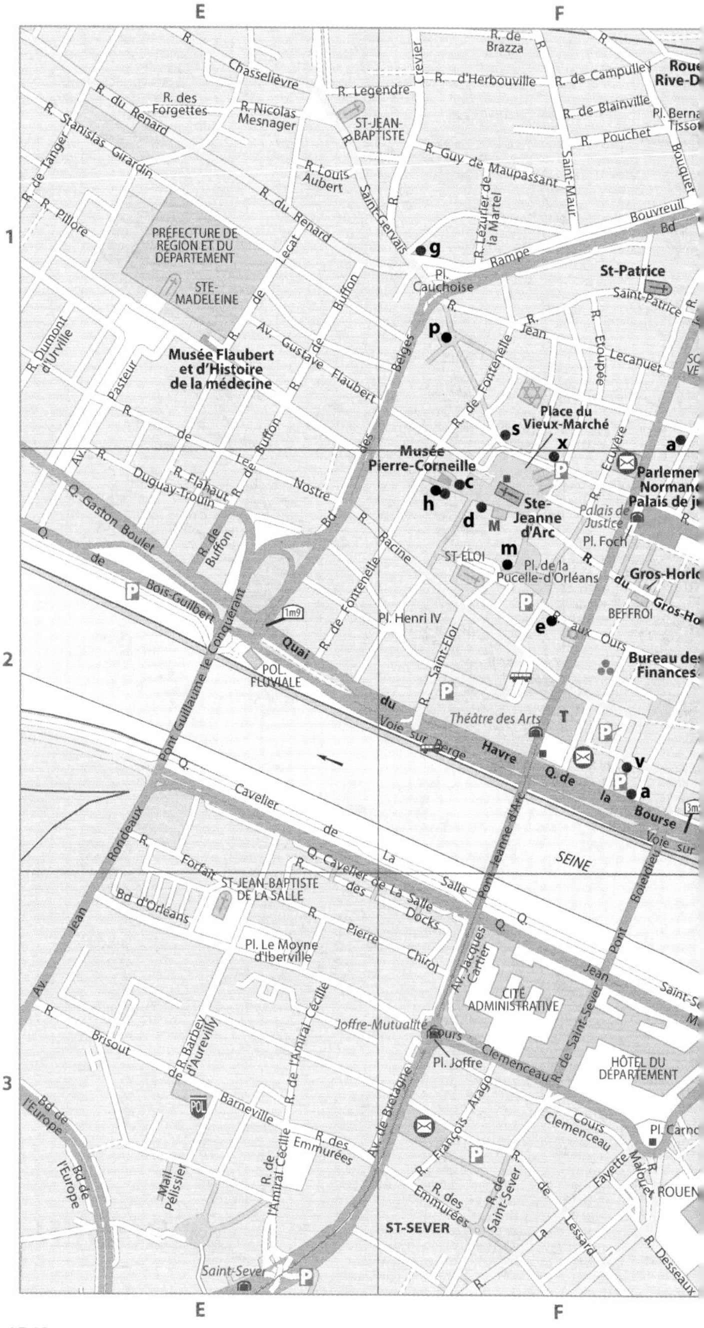
E
F
1
2
3
R. Chasselièvre
R. des Forgettes
R. Nicolas Mesnager
R. Legendre
R. Crevier
R. d'Herbouville
R. de Brazza
R. de Campulley
Rouen Rive-D
R. de Blainville
Pl. Berna Tissot
R. Pouchet
R. Bouquet
ST-JEAN-BAPTISTE
R. du Renard
R. Stanislas Girardin
R. Guy de Maupassant
R. Saint-Maur
R. Louis Aubert
R. Saint-Gervais
R. Lézurier de la Martel
R. de Tanger
R. Pillore
PRÉFECTURE DE RÉGION ET DU DÉPARTEMENT
STE-MADELEINE
R. de Lecat
R. de Buffon
Bouvreuil
Bd
Rampe
Pl. Cauchoise
g
St-Patrice
Saint-Patrice
R. Dumont d'Urville
Musée Flaubert et d'Histoire de la médecine
Av. Gustave Flaubert
R. Jean Lecanuet
R. Étoupée
p
R. Pasteur
R. de Lecat
Bd des Belges
R. de Fontenelle
Place du Vieux-Marché
s
x
a
Musée Pierre-Corneille
c
h
d
M
Ste-Jeanne d'Arc
Parlemen Normand Palais de j
Palais de Justice
Pl. Foch
R. Écuyère
Av. R. Duguay-Trouin
R. Flahaut
R. de Buffon
Nostre
Racine
Q. Gaston Boulet
Q. de Bois-Guilbert
R. de Buffon
ST-ELOI
m
Pl. de la Pucelle-d'Orléans
Gros-Horlo
R. du Gros-Ho
BEFFROI
1m9
Pl. Henri IV
R. de Fontenelle
R. Saint-Eloi
e
R. aux Ours
Bureau des Finances
Quai du Havre
POL. FLUVIALE
Pont Guillaume le Conquérant
Voie sur Berge
Théâtre des Arts
T
Q. de la Bourse
v
a
3m
Voie sur
Q. Cavelier de La Salle
R. Rondeaux
SEINE
Pont Jeanne d'Arc
Pont Boïeldieu
R. Forfait
ST-JEAN-BAPTISTE DE LA SALLE
R. des Docks
Bd d'Orléans
R. Pierre Chirol
Q. Jean
Saint-Se
Pl. Le Moyne d'Iberville
Av. Jacques Cartier
CITÉ ADMINISTRATIVE
Av. Jean Rondeaux
R. Brisout de Barneville
R. Barbey d'Aurevilly
R. de l'Amiral Cécille
Joffre-Mutualité
Cours Clemenceau
Pl. Joffre
R. de Saint-Sever
HÔTEL DU DÉPARTEMENT
POL
Av. de Bretagne
R. François Arago
Cours Clemenceau
Pl. Carno
Bd de l'Europe
R. des Emmurées
R. de l'Amiral Cécille
R. de Saint-Sever
R. Lafayette
R. Malouet
ROUEN
Mail Pélissier
R. des Emmurées
R. de Lessard
ST-SEVER
R. Desseaux
Saint-Sever

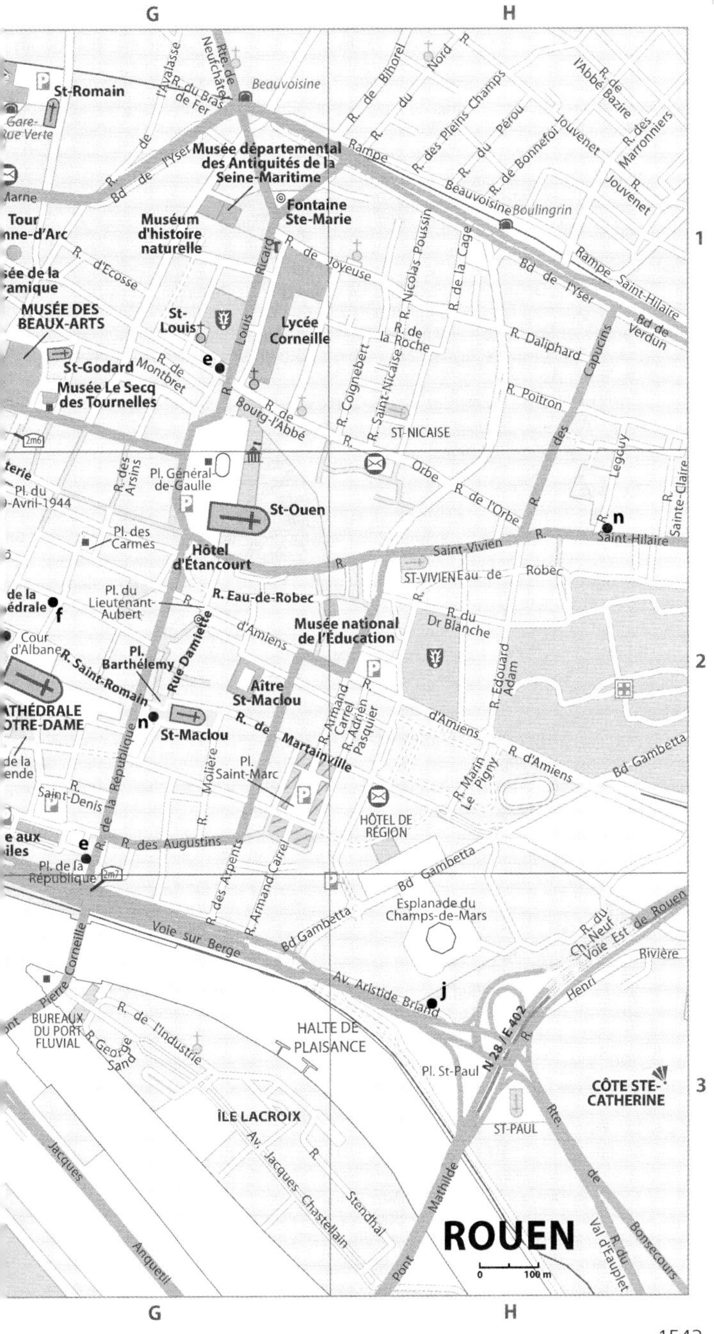
ROUEN
0 100 m
G
H
1
2
3
St-Romain
Gare-Rue Verte
Beauvoisine
R. du Bras de Fer
Rte de Neufchâtel
R. de l'Avalasse
Musée départemental des Antiquités de la Seine-Maritime
Fontaine Ste-Marie
Muséum d'histoire naturelle
Tour Jeanne-d'Arc
Musée de la Céramique
MUSÉE DES BEAUX-ARTS
St-Louis
St-Godard
Musée Le Secq des Tournelles
Lycée Corneille
R. de Joyeuse
R. Louis Ricard
R. d'Ecosse
R. de Montbret
R. de Bourg-l'Abbé
R. de Bihorel
R. du Nord
R. des Pleins Champs
R. du Pérou
R. de Bonnefoi
R. de l'Abbé Bazire
R. des Marronniers
R. Jouvenet
Rampe Beauvoisine
Boulingrin
Bd de l'Yser
Rampe Saint-Hilaire
Bd de Verdun
R. Nicolas Poussin
R. de la Cage
R. de la Roche
R. Daliphard
R. Poitron
R. des Capucins
R. Coignebert
R. Saint-Nicaise
ST-NICAISE
R. de l'Orbe
R. Legduy
R. Sainte-Claire
R. Saint-Hilaire
R. Saint-Vivien
ST-VIVIEN
Eau de Robec
R. des Arsins
Pl. Général-de-Gaulle
St-Ouen
Pl. du 19-Avril-1944
Pl. des Carmes
Hôtel d'Étancourt
R. Eau-de-Robec
Pl. du Lieutenant-Aubert
Cour d'Albane
R. d'Amiens
Musée national de l'Éducation
R. du Dr Blanche
R. Edouard Adam
R. Saint-Romain
Pl. Barthélemy
Rue Damiette
Aître St-Maclou
St-Maclou
CATHÉDRALE NOTRE-DAME
R. de Martainville
R. Armand Carrel
R. Adrien Pasquier
R. Marin Le Pigny
Bd Gambetta
R. Molière
Pl. Saint-Marc
HÔTEL DE RÉGION
R. Saint-Denis
R. de la République
R. des Augustins
Pl. de la République
R. des Arpents
Esplanade du Champs-de-Mars
Voie sur Berge
Av. Aristide Briand
R. du Ch. Neuf
Voie Est de Rouen
R. Henri Rivière
Pont Pierre Corneille
BUREAUX DU PORT FLUVIAL
R. George Sand
R. de l'Industrie
HALTE DE PLAISANCE
Pl. St-Paul
N 28 / E 402
CÔTE STE-CATHERINE
ST-PAUL
ÎLE LACROIX
Av. Jacques Chastellain
R. Stendhal
Pont Mathilde
Rte de Bonsecours
R. du Val d'Eauplet
Jacques Anquetil
2m6
2m7
e
f
n
j

Le Réverbère

CUISINE MODERNE • DESIGN XXX Près de la Seine, ce Réverbère illumine les papilles ! Nous sommes dans le repaire de José Rato, chef entier s'il en est, qui signe une cuisine à la fois généreuse et délicate. Côté décor, des lignes très modernes, des dominantes de rouge et de noir, et des chaises Starck : le ton est donné. Beau choix de bordeaux.

Menu 48 € 🍷/65 € – Carte 31/59 €

Plan : G2-e – *5 pl. de la République – ✆ 02 35 07 03 14 – www.le-reverbere-rouen.fr – Fermé 31 juil.-22 août, sam. midi et dim.*

Cancan

CUISINE MODERNE • TENDANCE X En plein cœur de Rouen, sur la place du Vieux Marché, Cancan fait logiquement parler de lui ! La décoration est cosy et contemporaine, et la carte est signée Benjamin Lechevalier. Une cuisine actuelle et gourmande à déguster en salle, sur la table d'hôte en bois brut ou, aux beaux jours, sur la terrasse.

Formule 19 € – Menu 28/32 € – Carte environ 43 €

Plan : F2-c – *43 pl. du Vieux-Marché – ✆ 02 35 15 54 34 – www.cancan-rouen.com*

Le 37

CUISINE MODERNE • TENDANCE X Bistrot tendance, ambiance décontractée et, au piano, un chef qui prépare une cuisine très fraîche et pétillante. En témoigne ce filet mignon de porc, tajine d'oignons aux fruits secs et polenta crémeuse, ou encore ce filet de merlu, étuvée de légumes au curry et jus de coquillages... Le 37 ? Un numéro gagnant !

Formule 20 € – Carte 36/46 €

Plan : F2-v – *37 r. St-Étienne-des-Tonneliers – ✆ 02 35 70 56 65 – www.le37.fr – Fermé 3 semaines en août, dim., lundi et feriés*

La Place

CUISINE MODERNE • TENDANCE X Un concept signé Gilles Tournadre, du restaurant gastronomique Gill : un lieu chic et épuré ; une carte traditionnelle mâtinée d'Asie servie sous forme de petits plats à grignoter. Touche finale : le bar à cocktails. La formule est séduisante.

Formule 20 € – Menu 25 € – Carte 24/37 €

Plan : F1-s – *26 pl. du Vieux-Marché – ✆ 02 35 71 97 06 – www.laplace-restaurant-brasserie.com – Fermé lundi midi et dim.*

Gill Côté Bistro

CUISINE MODERNE • BISTRO X Sur la place du Vieux-Marché, le "côté bistro" du restaurant gastronomique de Gilles Tournadre. Tête de veau sauce gribiche, andouillette de campagne pur porc, saucisson chaud aux pistaches, joue de bœuf en mironton... Les produits frais sont à l'honneur, comme la générosité. L'assurance de plaisirs francs et sincères !

Formule 23 € – Menu 30 €

Plan : F2-x – *14 pl. du Vieux-Marché – ✆ 02 35 89 88 72*

Le Parvis

CUISINE MODERNE • CONVIVIAL X Une maison en colombages au pied des superbes dentelles de pierre de l'église St-Maclou : une vraie carte postale ancienne de la Normandie... Aux commandes, Laure fait tout maison et ne manque pas d'idées (voyez sa bouillabaisse à la normande !) ; en salle, Guillaume assure un service efficace. Une adresse épatante.

Formule 19 € – Menu 22 € (déj. en semaine), 30/42 €

Plan : G2-n – *7 pl. Barthélémy – ✆ 02 35 15 28 80 – www.le-parvis-rouen.fr – Fermé mardi midi, jeudi midi, dim. soir et lundi*

Hôtels & maisons d'hôtes

Hôtel de Bourgtheroulde

HISTORIQUE • CONTEMPORAIN Tourelle gothique, meneaux, galerie Renaissance : ce véritable monument historique (16e s.) est un joyau... Avec ses chambres qui associent au mieux ancien et contemporain, son spa superbe, ses deux restaurants (dont une brasserie dédiée à la viande) et son bar qui impressionne avec son plancher de verre surplombant la piscine, voilà bien un ensemble d'exception !

78 chambres – 185/480 € 185/480 € – 22 €

Plan : F2-m – *15 pl. de la Pucelle – 02 35 14 50 50 – www.hotelsparouen.com*

Mercure Centre Cathédrale

HÔTEL DE CHAÎNE • CLASSIQUE Dans le quartier piétonnier du vieux Rouen, ce bâtiment moderne s'insère plutôt bien entre les maisons à colombages environnantes. Certaines chambres donnent sur la cathédrale et leur déco met à l'honneur l'impressionnisme : un ensemble réussi et confortable.

124 chambres – 89/175 € 89/175 € – 1 suite – 18 €

Plan : G2-f – *7 r. de la Croix-de-Fer – 02 35 52 69 52 – www.mercure.com*

Gustave Flaubert

TRADITIONNEL • CLASSIQUE À deux pas de la place du Vieux-Marché, où périt Jeanne d'Arc, cet ensemble de maisons médiévales, tout en colombages, abrite des chambres... modernes, sobres et feutrées. Le calme des lieux est étonnant vu la situation en centre-ville !

51 chambres – 95/270 € 95/270 € – 16 €

Plan : F2-h – *15 r. de la Pie – 02 35 71 00 88 – www.hotelgustaveflaubert.com*

Hôtel de l'Europe

BUSINESS • FONCTIONNEL Outre ses chambres "simples", de très bonne facture, cet hôtel à deux pas du centre historique abrite de véritables créations, ludiques voire futuristes : "Comic Strip", "Backstage", "Atelier"... Avis aux amateurs d'originalité !

24 chambres – 69/89 € 89/169 € – 12 €

Plan : F2-e – *87 r. aux Ours – 02 32 76 17 76 – www.h-europe.fr*

Le Cardinal

FAMILIAL • FONCTIONNEL Cet établissement familial – entièrement rénové en 2012 dans un esprit contemporain – est voisin de la somptueuse cathédrale Notre-Dame : sa situation est idéale pour qui souhaite visiter la ville ! L'été, on prend son petit-déjeuner en terrasse.

15 chambres – 78/165 € 88/185 € – 10 €

Plan : G2-r – *1 pl. de la Cathédrale – 02 35 70 24 42 – www.cardinal-hotel.fr*

Dandy

TRADITIONNEL • CLASSIQUE Dans une rue piétonne menant à la place du Vieux-Marché, un hôtel aux chambres très classiques, mêlant toile de Jouy, styles Louis XV ou Louis XVI. L'atmosphère surannée séduira les tenants de la tradition...

18 chambres – 60/125 € 60/135 € – 12 €

Plan : F1-p – *93 bis r. Cauchoise – 02 35 07 32 00 – www.hotels-rouen.net*

Le Clos Jouvenet

MAISON DE MAÎTRE • PERSONNALISÉ Un refuge délicieux sur les hauteurs de Rouen... Cette belle demeure bourgeoise et feutrée conserve tout le cachet du 19e s. Les chambres ouvrent sur l'écrin du jardin, très verdoyant, ou l'horizon du centre historique hérissé de clochers... Et l'accueil réservé par la maîtresse des lieux est charmant !

3 chambres – 105/125 € 115/135 €

Plan : C1-a – *42 r. Hyacinthe-Langlois – 02 35 89 80 66 – www.leclosjouvenet.com – Fermé 15 nov.-15 fév.*

au Petit-Quevilly 3 km au Sud-Ouest – ✉ 76140 – 22 089 hab. – Alt. 5 m

Les Capucines

CUISINE MODERNE • TENDANCE XXX Une maison rouennaise dans laquelle la famille Demoget cultive l'art de recevoir depuis trois générations ! Décor élégant et cuisine généreuse, ancrée dans notre époque.

Menu 30/57 € – Carte 50/84 €

Plan : B2-s – 16 r. Jean-Macé – ☎ 02 35 72 62 34 (réservation conseillée) – www.les-capucines.fr – Fermé 3 semaines en août, 1 semaine en janv., sam. midi, dim. soir et lundi

ROUFFACH

✉ 68250 (Haut-Rhin) – 4 561 hab. – Alt. 204 m – Carte régionale n° **1**-A3
Paris 479 km – Basel 61 km – Belfort 57 km – Colmar 16 km
Carte Michelin 315-H9

Philippe Bohrer

CUISINE MODERNE • ÉLÉGANT XXX Une belle demeure régionale à l'élégance bourgeoise et champêtre, pour une cuisine gastronomique associée à un judicieux choix de vins, notamment régionaux. Ambiance conviviale à la Brasserie Chez Julien, aménagée dans un ancien cinéma.

Menu 31/95 € – Carte 58/78 €

r. Poincaré
– ☎ 03 89 49 62 49 – www.philippe-bohrer.fr
– Fermé 20 juil.-2 août, lundi midi, merc. midi et dim.

Château d'Isenbourg

DEMEURE HISTORIQUE • TRADITIONNEL Ce château du 18e s., bordé de vignes, domine la vieille ville. Les chambres sont spacieuses et cossues, mais un peu anciennes. Pour se détendre sereinement, on profite de la piscine, du sauna et du restaurant...

40 chambres – 🚹125/270 € 🚹🚹125/480 € – 1 suite – ☕ 25 € – ½ P

rte de Plaffenheim – ☎ 03 89 78 58 50 – www.isenbourg.com

ROUFFIAC-TOLOSAN – 31 (Haute-Garonne) → Voir Toulouse

ROUFFIGNAC

✉ 24580 (Dordogne) – 1 574 hab. – Alt. 300 m – Carte régionale n° **2**-D1
Paris 532 km – Bordeaux 156 km – Limoges 143 km – Périgueux 32 km
Carte Michelin 329-G5 – Guide Vert Michelin Périgord Quercy

Manoir des Cèdres

MAISON DE MAÎTRE • FONCTIONNEL Cette maison cossue est tranquillement installée parmi les cèdres bicentenaires d'un grand parc (un *arboretum*, plus précisément), où l'on trouve aussi une belle piscine et une aire de jeux pour enfants. Les chambres sont spacieuses et sobrement décorées : un bien agréable séjour.

23 chambres – 🚹50/90 € 🚹🚹70/190 € – ☕ 10 € – ½ P

Tourtel – ☎ 05 53 03 01 60 – www.manoirdescedres.com
– Ouvert d'avril à nov.

LE ROUGET

✉ 15290 (Cantal) – 962 hab. – Alt. 614 m – Carte régionale n° **3**-A3
Paris 549 km – Aurillac 25 km – Figeac 41 km – Laroquebrou 15 km
Carte Michelin 330-B5

Restaurant des Voyageurs

CUISINE TRADITIONNELLE • CONVIVIAL À l'arrière de l'hôtel du même nom, un restaurant à l'atmosphère fraîche et lumineuse. Attablé non loin de la piscine, on déguste une cuisine traditionnelle faisant la part belle au terroir : ris de veau braisé aux morilles, chaud-froid au Grand Marnier… On passe un bon moment.

Formule 13 € - Menu 15 € (déj. en semaine), 25/44 € - Carte 28/56 €

20 av. du 15-Septembre-1945 - 04 71 46 10 14 - www.hotel-des-voyageurs.com - Fermé 15 fév.-15 mars et dim. soir de sept. à juin

Hôtel des Voyageurs

FAMILIAL • FONCTIONNEL Cet hôtel sympathique perpétue la tradition de l'hospitalité. Simples et cosy, les chambres adoptent plusieurs styles (montagnard, moderne ou british). Ne manquez pas l'espace bien-être avec sa douche à chromothérapie : idéal pour se détendre !

23 chambres - 70/76 € 70/76 € - 9 € - ½ P

20 av. du 15-Septembre-1945 - 04 71 46 10 14 - www.hotel-des-voyageurs.com - Fermé 15 fév.-15 mars

Restaurant des Voyageurs - voir les restaurants ci-dessus

ROULLET - 16 (Charente) → Voir Angoulême

LE ROURET

06650 (Alpes-Maritimes) - 3 965 hab. - Alt. 350 m - Carte régionale n° **22**-E2

Paris 913 km - Cannes 19 km - Grasse 10 km - Nice 28 km

Carte Michelin 341-D5

Le Clos St-Pierre (Daniel Ettlinger)

CUISINE PROVENÇALE • RUSTIQUE Face à l'église de ce village dédié aux parfums, cette charmante auberge… embaume ! Le chef, Daniel Ettlinger, a su imposer son style, que l'on découvre à travers des menus imposés (sans choix) imaginés avec les beaux produits du marché. Parfums de Provence…

→ Poisson de pêche locale grillé à la plancha, ratatouille et émulsion à l'ail doux. Pigeonneau fermier rôti, girolles et haricots coco au jus, purée de pommes de terre. Pommes et poires caramélisées, crumble aux amandes.

Menu 38 € (déj. en semaine), 54/65 €

pl. de la Mairie (quartier St-Pons) - 04 93 77 39 18 (réservation conseillée) - www.le-clos-saint-pierre.com - Fermé fév., 1 semaine en déc., mardi et merc.

Bistro du Clos

CUISINE MÉDITERRANÉENNE • BISTRO Bel intérieur épuré, terrasse à l'ombre des micocouliers… Ce Bistro a du charme ! Sous l'égide de son grand frère Le Clos St-Pierre, on y mitonne une délicieuse cuisine méditerranéenne, dans laquelle la salade niçoise et les pâtes aux pérugines côtoient les pieds-paquets et le risotto piémontais aux gambas…

Menu 24 € - Carte 25/41 €

9 rte d'Opio (La Maison du Terroir) - 04 97 05 08 34 - www.hotel-du-clos.com/le-bistro-du-clos - Fermé dim. et lundi

Hôtel du Clos

FAMILIAL • COSY Dans le haut du village, voilà bien un hôtel de charme… Un grand jardin planté d'oliviers centenaires et d'arbres fruitiers, des murs en pierre, des toits de tuiles, de jolies chambres toutes différentes, etc. : l'ensemble est résolument orienté côté Provence.

11 chambres - 129/260 € 129/260 € - 15 €

3 chemin des Écoles - 04 93 40 78 85 - www.hotel-du-clos.com

LES ROUSSES

39220 (Jura) - 3 133 hab. - Alt. 1 110 m - Carte régionale n° **9**-B3

Paris 461 km - Genève 45 km - Gex 29 km - Lons-le-Saunier 64 km

Carte Michelin 321-G8 - Guide Vert Michelin Franche-Comté Jura

Le Lodge

AUBERGE • COSY En plein centre-ville, ce relais de poste sur la voie Paris-Genève est né en 1850, mais il a su rester jeune. Des pierres, du bois : un vrai chalet chic – douillet et chaleureux –, et des chambres très confortables (excellente literie).

9 chambres – 96/141 € 96/141 € – 1 suite – 12 €

309 r. Pasteur – 03 84 60 50 64 – www.hotellelodge.com

Le Manoir des Montagnes

FAMILIAL • PERSONNALISÉ En retrait de la station et tout près des téléskis... en pleine nature ! Ce grand chalet dissimule des chambres vastes et apaisantes, autour d'un esprit montagnard chaleureux et décalé : tête de lit en vieux bois retravaillé, rideaux imitation peaux d'ours...

12 chambres – 80/300 € 80/300 € – 14 € – ½ P

230 montée du Noirmont – 03 84 60 01 48 – www.manoirdesmontagnes.com

La Ferme du Père François

TRADITIONNEL • MONTAGNARD Au cœur de la station, ce petit hôtel-restaurant tenu par un couple sympathique arbore un esprit alpin sobre et élégant. Tenue impeccable, atmosphère conviviale, bon petit-déjeuner et cuisine du terroir (fondues, tartiflettes, etc.) : un lieu attachant.

7 chambres – 89/165 € 89/165 € – 12 € – ½ P

214 r. Pasteur – 03 84 60 34 62 – www.perefrancois.fr – Ouvert juin-sept. et déc.-mars

ROUSSILLON

84220 (Vaucluse) – 1 318 hab. – Alt. 360 m – Carte régionale n° **22**-E1

Paris 720 km – Apt 11 km – Avignon 46 km – Bonnieux 12 km

Carte Michelin 332-E10 – Guide Vert Michelin Provence

David

CUISINE PROVENÇALE • ÉLÉGANT XX Dans cette belle maison de village, il fait bon se mettre à table ! On y propose en effet une appétissante cuisine provençale – filet de canette cuit sur la peau, chou pointu et carottes nouvelles –, à déguster sous la glycine pendant les beaux jours... Délicieux !

Menu 33/62 € – Carte 42/72 €

Hôtel Le Clos de la Glycine, pl. de la Poste – 04 90 05 60 13 (réservation conseillée) – www.luberon-hotel.com – Fermé 2 janv.-12 fév., dim. soir, jeudi midi et merc. hors saison

Le Clos de la Glycine

AUBERGE • PERSONNALISÉ Un hôtel-restaurant plein de charme, avec des chambres confortables et une vue magnifique sur la chaussée des Géants et le Ventoux. Très bon petit-déjeuner (fruits frais, yaourts fermiers).

9 chambres – 115/190 € 115/280 € – 2 suites – 15 € – ½ P

pl. de la Poste – 04 90 05 60 13 – www.luberon-hotel.com – Fermé 2 janv.-12 fév.

David – voir les restaurants ci-dessus

ROUTOT

27350 (Eure) – 1 434 hab. – Alt. 140 m – Carte régionale n° **17**-C2

Paris 148 km – Bernay 45 km – Évreux 68 km – Le Havre 57 km

Carte Michelin 304-E5 – Guide Vert Michelin Normandie Vallée de la Seine

Auberge de l'Écurie

CUISINE TRADITIONNELLE • TRADITIONNEL XX Sur la place de la mairie, face aux jolies halles, cet ancien relais de poste cultive tout simplement le goût de la tradition. Et c'est ainsi que l'on apprécie des rillettes de canard au vin blanc, le ris de veau aux morilles de tante Denise (depuis 11 ans à la carte !), ou encore un millefeuille à la pomme...

Menu 15 € (déj. en semaine), 30/37 € – Carte 59/65 €

pl. de la Mairie – 02 32 57 30 30 – Fermé mardi soir, merc. soir, jeudi soir, dim. soir et lundi

ROUVRES-EN-XAINTOIS

✉ 88500 (Vosges) - 288 hab. - Alt. 330 m - Carte régionale n° **14**-B3
Paris 357 km - Épinal 42 km - Lunéville 58 km - Mirecourt 9 km
Carte Michelin 314-E3

Burnel

CUISINE TRADITIONNELLE · COSY XX Au bonheur du marché, une cuisine du terroir mêlant civets, foie gras, poissons de lac, andouillette, gibier en saison... Des saveurs classiques, donc, dans un décor néorustique ou en terrasse, face au jardin fleuri.

Formule 11 € - Menu 17 € (semaine), 22/53 € - Carte 42/69 €

22 r. Jeanne-d'Arc - ✆ 03 29 65 64 10 - www.burnel.fr - Fermé 19-31 déc., dim. soir sauf du 13 juil. au 21 sept., sam. midi et lundi midi

Burnel

AUBERGE · TRADITIONNEL Certaines chambres, façon chalet, donnent sur le jardin, tandis que d'autres, situées au-dessus du restaurant, adoptent l'esprit "savane". Au cœur d'un petit village, une auberge familiale et nullement vieillotte.

19 chambres - †62/69 € ††72/99 € - 2 suites - ☕ 11 € - ½ P

22 r. Jeanne-d'Arc - ✆ 03 29 65 64 10 - www.burnel.fr - Fermé 19-31 déc. et dim. soir sauf du 13 juil. au 21 sept.

Burnel - voir les restaurants ci-dessus

ROUVROIS-SUR-OTHAIN - 55 (Meuse) → Voir Longuyon (Meurthe-et-Moselle)

ROYAN

✉ 17200 (Charente-Maritime) - 17 690 hab. - Alt. 20 m - Carte régionale n° **20**-A3
Paris 504 km - Bordeaux 121 km - Périgueux 183 km - Rochefort 40 km
Carte Michelin 324-D6 - Guide Vert Michelin Poitou-Charentes

Les Filets Bleus

CUISINE TRADITIONNELLE · FAMILIAL XX En léger retrait du front de mer, ce restaurant se tourne logiquement vers les richesses de l'Atlantique pour composer sa carte. Le chef veille à n'y inscrire que des produits frais et de saison pour concocter des plats 100 % maison. Résultat ? Une cuisine traditionnelle agréable et bien iodée.

Formule 18 € - Menu 20 € (déj. en semaine), 30/60 €
- Carte 34/70 €

Plan : B2-s - *14 r. Notre-Dame - ✆ 05 46 05 74 00 - Fermé 1 semaine vacances de fév., 2 semaines en juil., vacances de la Toussaint, lundi sauf le soir en juil.-aout et dim.*

Cordouan

THERMAL · FONCTIONNEL Un hôtel surplombant la plage avec un beau centre de thalasso. Les chambres, spacieuses et contemporaines, ont toutes un balcon donnant sur la mer... Une belle idée de l'océan et du confort !

83 chambres - †115/325 € ††115/425 € - ☕ 17 € - ½ P

Plan : A2-b - *6 allée des Rochers (Conche du Chay) - ✆ 05 46 39 46 39 - www.hotel-cordouan-royan.com - Fermé 2 semaines en janv.*

Family Golf Hôtel

FAMILIAL · PERSONNALISÉ Un agréable hôtel sur le front de mer, avec des chambres impeccablement tenues, donnant pour moitié sur les flots. L'été, on prend son petit-déjeuner sur la terrasse, avant de filer à la plage.

30 chambres - †78/145 € ††155/205 € - ☕ 12 €

Plan : C2-m - *28 bd Garnier - ✆ 05 46 05 14 66 - www.family-golf-hotel.com - Ouvert 24 mars-12 nov.*

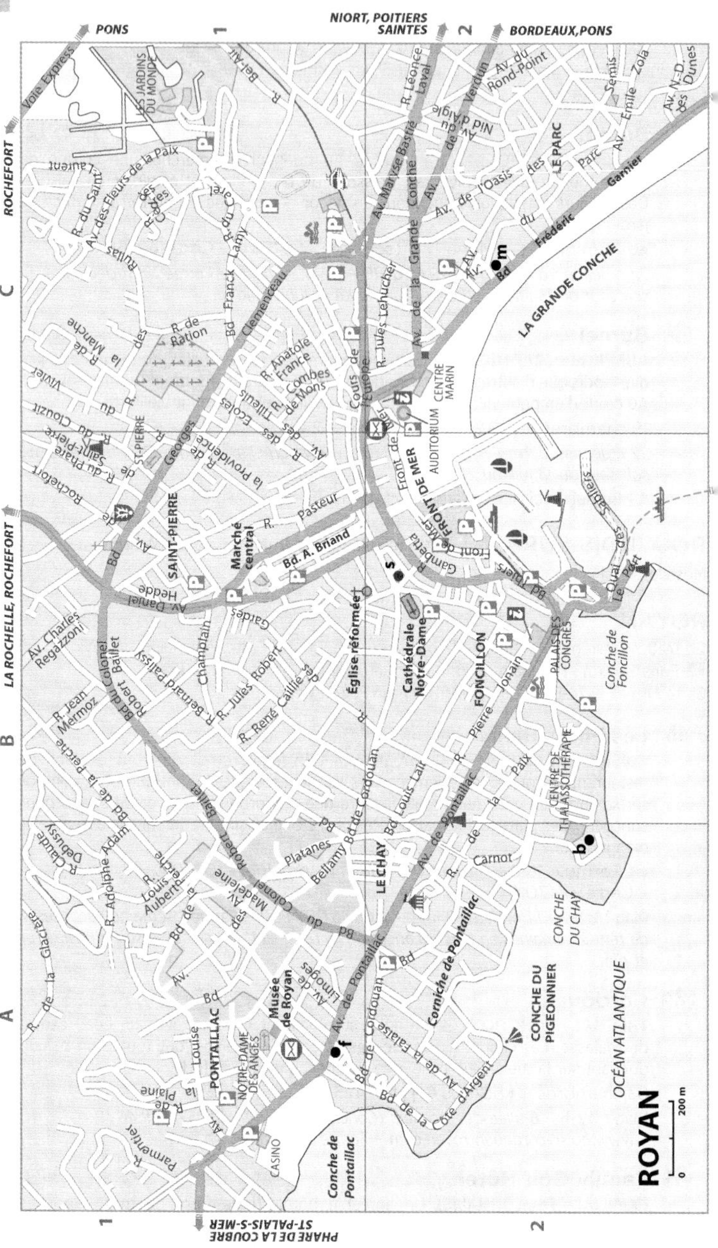

ROYAN
0
200 m
OCÉAN ATLANTIQUE
LA GRANDE CONCHE
CONCHE DU PIGEONNIER
CONCHE DU CHAY
Conche de Pontaillac
Conche de Foncillon
PONS
NIORT, POITIERS
SAINTES
BORDEAUX, PONS
ROCHEFORT
LA ROCHELLE, ROCHEFORT
PHARE DE LA COUBRE
ST-PALAIS-S-MER
Voie Express
LES JARDINS DU MONDE
SAINT-PIERRE
Marché central
Bd. A. Briand
FRONT DE MER
AUDITORIUM
CENTRE MARIN
LE PARC
FONCILLON
PALAIS DES CONGRÈS
CENTRE DE THALASSOTHÉRAPIE
Église réformée
Cathédrale Notre-Dame
LE CHAY
PONTAILLAC
NOTRE-DAME DES ANGES
Musée de Royan
CASINO
Corniche de Pontaillac
Bd de la Côte d'Argent
Av. de la Falaise
Bd de Cordouan
Av. de Pontaillac
Bd du Colonel Robert Baillet
Av. des Fleurs de la Paix
R. du Saint-Laurent
Bd Franck Lamy
Bd Georges Clemenceau
Cours de l'Europe
Av. Maryse Bastié
Av. de la Grande Conche
R. Léonce Laval
Av. du Rond-Point
Av. de Verdun
Av. du Nid d'Aigle
Av. de l'Oasis
Av. des Semis
Av. Émile Zola
Av. N.-D. des Dunes
Bd Frédéric Garnier
R. Jules Lehucher
R. Anatole France
R. Combes de Mons
R. des Écoles
Av. des Tilleuls
R. de la Providence
R. Pasteur
Front de Mer
R. Gambetta
Bd Thiers
Quai des Sabliers
Quai de Le Port
Av. Daniel Hedde
Av. Charles Regazzoni
R. Jean Mermoz
R. Champlain
R. Bernard Palissy
R. Jules Robert
R. René Caillié
R. Pierre Jonain
R. de la Paix
R. Carnot
R. Louis Lait
Av. des Platanes
Bd Bellamy
Av. de la Madeleine
R. Louis Aubert
Bd de la Perche
R. Adolphe Adam
R. Claude Debussy
R. de la Glacière
Av. Louise
R. de la Plaine
R. Parmentier
Av. de Limoges
R. de Ration
R. de la Manche
R. du Vivier
R. du Clouzit
R. du Phare
Saint-Pierre
ST-PIERRE
Av. de Rochefort
R. des Cèdres
R. du Caret
R. Bel-Air
R. Rullas
A
B
C
1
2

à Pontaillac - ✉ 17640

Belle-Vue

FAMILIAL · FONCTIONNEL Bordant le front de mer, une grande villa balnéaire typique des années 1950. Les chambres sont agréables et très bien tenues ; côté plage, elles offrent une bien belle vue sur les flots.

22 chambres - 🚹64/94 € 🚻64/94 € - ☕8,50 €

Plan : A1-f - *122 av. de Pontaillac*
- *✆ 05 46 39 06 75 - www.bellevue-pontaillac.com*
- *Ouvert d'avril à nov.*

rte de St-Palais 3,5 km à l'Ouest - ✉ 17640 Vaux-sur-Mer :

Résidence de Rohan

FAMILIAL · COSY Jadis résidence d'été de la famille de Rohan, cette jolie demeure à l'architecture typique de la fin du 19e s. est douce et résolument feutrée : mobilier de style, chambres cosy… Même atmosphère dans les deux annexes au cœur du beau parc dominant la plage. Un vrai lieu de villégiature !

43 chambres - 🚹89/135 € 🚻89/179 € - ☕13 €

Hors plan - *7 av. de Rohan*
- *✆ 05 46 39 00 75 - www.residence-rohan.com*
- *Ouvert 1er avril-13 nov.*

ROYAT

✉ 63130 (Puy-de-Dôme) - 4 590 hab. - Alt. 450 m - Carte régionale n° **3**-B2
▶ Paris 423 km - Aubusson 89 km - La Bourboule 47 km - Clermont-Ferrand 5 km
Carte Michelin 326-F8 - Guide Vert Michelin Auvergne

Accès et sorties : voir plan de Clermont-Ferrand agglomération.

La Belle Meunière

CUISINE MODERNE · ROMANTIQUE XXX En bord de Tiretaine, table où fusionnent produits de saison et touches asiatiques, dans un cadre - parquet, moulures, lustres - magnifié par des vitraux contemporains. Des personnages historiques (Coco Chanel, Georges Pompidou, etc.) inspirent le décor de certaines chambres.

Formule 20 € - Menu 32/79 € - Carte 44/89 €

4 chambres - 🚹139/250 € 🚻139/250 € - ☕16 €

Plan : A2-r - *25 av. de la Vallée*
- *✆ 04 73 35 80 17 - www.la-belle-meuniere.com*
- *Fermé sam. midi, dim. soir et lundi*

Princesse Flore

LUXE · CLASSIQUE Pour un séjour haut-de-gamme aux portes de Clermont-Ferrand, ce superbe immeuble (1883) évoque les fastes de la cité thermale à la Belle Époque : marbres et décors anciens… Chambres classiques et cosy.

33 chambres - 🚹115/800 € 🚻115/800 € - 10 suites - ☕19 € - ½ P

Plan : AB1-e - *5 pl. Allard - ✆ 04 73 35 63 63*
- *www.princesse-flore-hotel.com*

Royal St-Mart

FAMILIAL · CLASSIQUE Depuis 1853, la même famille vous accueille dans cette demeure bourgeoise du Second Empire. Marbre et lustres à pampilles décorent les salons opulents. Avec ses grands arbres et ses transats, le jardin (sur lequel donnent certaines chambres) séduira curistes et nostalgiques.

50 chambres - 🚹74/140 € 🚻78/145 € - ☕12 € - ½ P

Plan : B1-n - *6 av. de la Gare - ✆ 04 73 35 80 01*
- *www.hotel-auvergne.com*

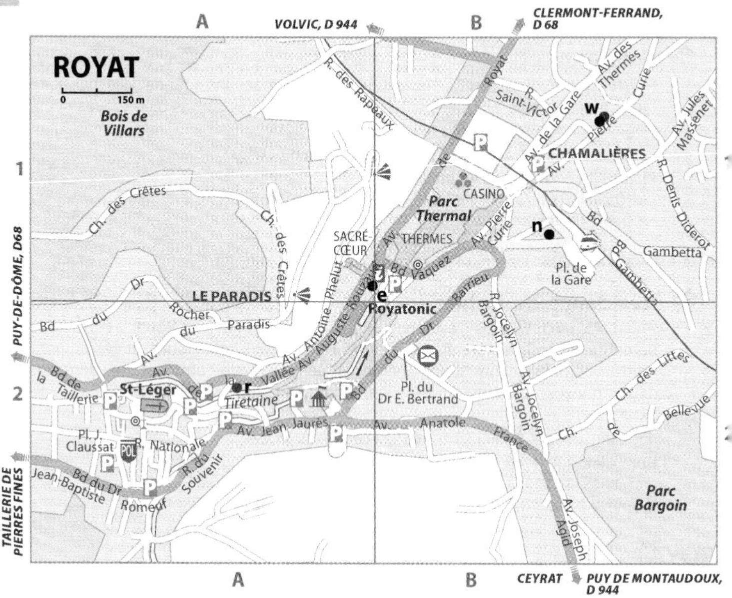

ROYE

✉ 80700 (Somme) – 6 158 hab. – Alt. 88 m – Carte régionale n° **19**-B2

▶ Paris 113 km – Amiens 44 km – Arras 75 km – Compiègne 42 km

Carte Michelin 301-J9

La Flamiche

CUISINE MODERNE • COSY XXX Rien d'étonnant à ce que ce restaurant, du nom de la fameuse spécialité locale, propose une cuisine à l'accent régional ! La salle à manger, juste rénovée, et la reprise de l'affaire par le chef laissent poindre de jolies ambitions...

Formule 22 € 🍷 – Menu 35/70 € 🍷 – Carte 56/132 €

20 pl. de l'Hôtel-de-Ville – ✆ 03 22 87 00 56 – www.laflamiche.fr – Fermé 2 semaines en août, dim. soir, mardi midi et lundi

Le Florentin Hôtel Central

CUISINE TRADITIONNELLE • FAMILIAL XX Ne vous fiez pas à la façade en brique rouge ! Celle-ci cache une salle d'inspiration italienne : colonnes, moulures, marbres et fresques. Dans ce décor pour le moins déroutant, on sert une cuisine de tradition : fricassée d'escargots, tête de veau sauce gribiche, baba au rhum...

Formule 15 € – Menu 17/40 € – Carte 36/56 €

8 chambres – 🚹55 € 🚹🚹58/63 € – ☕ 8 €

36 r. d'Amiens – ✆ 03 22 87 11 05 – www.leflorentin.com – Fermé 18-28 fév., 13-30 août, dim. soir et lundi

Le Roye Gourmet

CUISINE TRADITIONNELLE • RUSTIQUE XX Sur une place sympathique, cette enseigne célèbre gaiement le terroir : filet de bœuf flambé en salle, sauté de ris d'agneau et de foie gras, profiteroles... Une cuisine généreuse et bien tournée. Pas étonnant que les gourmets de Roye aient fait de l'adresse leur QG !

Formule 18 € 🍷 – Menu 25/42 € – Carte 32/51 €

1 pl. de la République – ✆ 03 22 87 10 87 – www.leroyegourmet-restaurant.fr – Fermé 2 semaines en août, merc. soir, jeudi soir, dim. soir et lundi

ROYE - 70 (Haute-Saône) → Voir Lure

LE ROZIER

✉ 48150 (Lozère) - 152 hab. - Alt. 400 m - Carte régionale n° **12**-B1
▶ Paris 632 km - Florac 57 km - Mende 63 km - Millau 23 km
Carte Michelin 330-H9

Doussière

CUISINE MODERNE • FAMILIAL Un jeune couple tient cet hôtel-restaurant du bord de la rivière Jonte, dans le cadre exceptionnel des gorges du Tarn. Le chef y cuisine exclusivement des produits de belle fraîcheur ; tout est fait maison, y compris les jus et les sauces !

Formule 22 € - Menu 27/31 €

Hôtel Doussière, rte de Meyrueis - ✆ 05 65 62 60 25 - www.hotel-doussiere.com - Ouvert 15 mars-11 nov. et fermé lundi midi

Hôtel de la Muse et du Rozier

BUSINESS • CONTEMPORAIN Dans le jardin de ce grand hôtel centenaire, une plage privée au bord du Tarn ! L'esprit des lieux ? Contemporain, sobre et zen, en harmonie avec les sublimes paysages environnants. Une certaine idée de l'élégance...

35 chambres - 95/125 € 120/195 € - 15 € - ½ P

rte des Gorges (à La Muse), D907 ✉ 12720 Mostuéjouls - ✆ 05 65 62 60 01 - www.hotel-delamuse.fr - Ouvert 3 avril-31 oct. et fermé lundi et mardi en avril et oct.

Doussière

FAMILIAL • FONCTIONNEL Une affaire de famille (2e génération) qui, pour l'anecdote, n'est autre que l'ex-auberge de jeunesse du village. Préférez les chambres de la bâtisse principale, plus récentes qu'à l'annexe ; au restaurant, cap sur le terroir et vue sur la Jonte.

19 chambres - 50/60 € 50/60 € - 9 € - ½ P

rte de Meyrueis - ✆ 05 65 62 60 25 - www.hotel-doussiere.com - Ouvert 15 mars-11 nov.

Doussière - voir les restaurants ci-dessus

RUE

✉ 80120 (Somme) - 3 121 hab. - Alt. 9 m - Carte régionale n° **19**-A1
▶ Paris 212 km - Abbeville 28 km - Amiens 77 km - Berck-Plage 22 km
Carte Michelin 301-D6

Au Petit Chaudron

CUISINE MODERNE • AUBERGE Tel Obélix tombé petit dans la potion magique, les gourmands ont toujours envie de plonger dans ce Petit Chaudron entouré de verdure ! Foie gras mi-cuit à la nougatine et sa tatin d'oignons, côtes d'agneau au thym, trilogie de poissons façon bouillabaisse... Le chef récite sa cuisine avec passion ; on se régale.

Formule 22 € - Menu 32 € - Carte 31/38 €

390 rte d'Abbeville - ✆ 03 22 25 80 16 - www.petit-chaudron.com - Fermé 3 semaines fin nov. à mi-déc. et lundi sauf fériés le midi

RUEIL-MALMAISON - 92 (Hauts-de-Seine) → Voir Autour de Paris

RUNGIS - 94 (Val-de-Marne) → Voir Autour de Paris

LES SABLES-D'OLONNE

✉ 85100 (Vendée) - 14 271 hab. - Alt. 4 m - Carte régionale n° **18**-A3
▶ Paris 456 km - Cholet 107 km - Nantes 102 km - Niort 115 km
Carte Michelin 316-F8 - Guide Vert Michelin Pays de la Loire

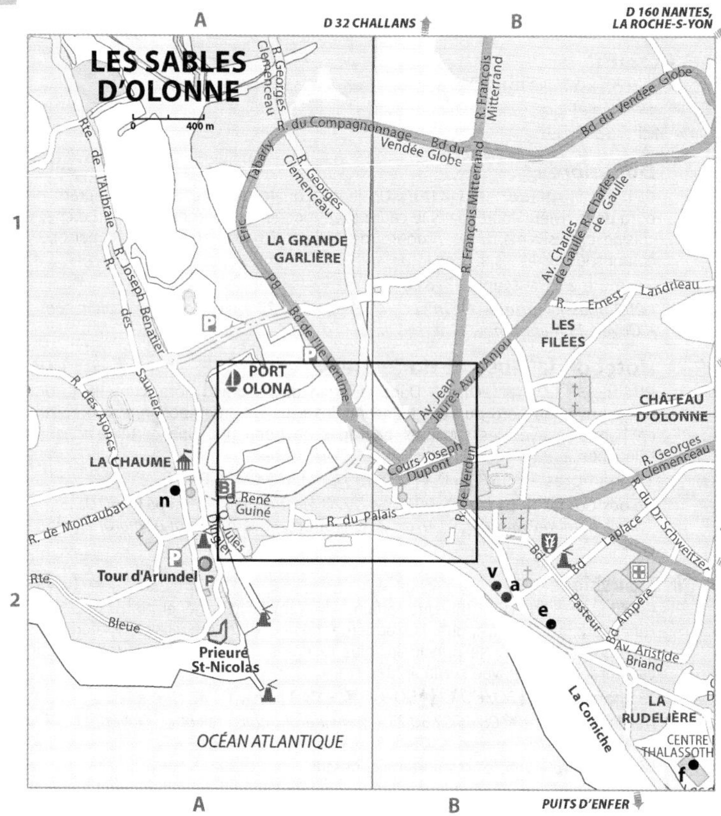

La Pilotine

POISSONS ET FRUITS DE MER • TRADITIONNEL Saumon, palourdes, turbot, crevettes ou homard ? Dans ce restaurant du front de mer, on déguste une cuisine généreuse et soignée, axée sur les produits de la pêche. L'accueil est charmant et les prix doux ; prenez le large sans hésiter à bord de cette Pilotine, mais n'oubliez pas de réserver !

Menu 18/59 € – Carte 46/85 €

Plan : B2-a – *7 et 8 prom. Georges-Clemenceau – 02 51 22 25 25 (réservation conseillée) – Fermé dim. soir sauf juil.-août, mardi d'oct. à mai et lundi*

Loulou Côte Sauvage

POISSONS ET FRUITS DE MER • DESIGN Ce Loulou-là a accroché sa jolie maison aux rochers de la côte sauvage, face à la mer : la vue est imprenable ! Ici, les produits iodés – extrafrais – sont évidemment à l'honneur : homards tirés du vivier, poissons achetés directement à la criée des Sables... pour des plats savoureux et bien tournés.

Formule 25 € – Menu 34/69 € – Carte 48/93 €

Hors plan – *19 rte Bleue, à La Chaume – 02 51 21 32 32 – www.louloucotesauvage.com – Fermé 9-19 janv., 21 nov.-20 déc., dim. soir, mardi soir et lundi sauf juil.-août et fériés*

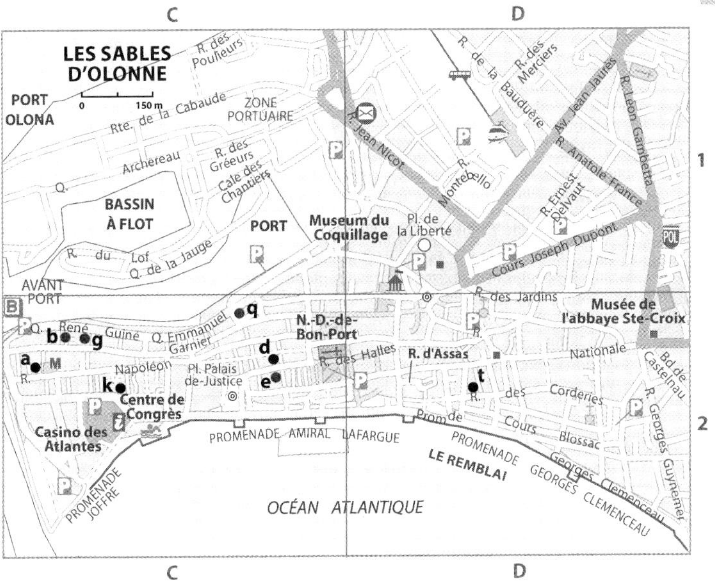

La Flambée

CUISINE MODERNE · COSY XX Un néobistrot épuré du quartier des halles, où saveur rime avec fraîcheur. Foie gras de canard de Vendée ; noix de ris de veau et émulsion de beurre noisette : le chef se donne du mal pour faire plaisir à ses hôtes... qui apprécient !

Formule 20 € – Menu 28/55 € – Carte environ 42 €

Plan : C2-e – *81 r. des Halles*
– ✆ 02 51 96 92 35 (réservation conseillée) – www.la-flambee-restaurant-85.fr
– Fermé dim. soir, mardi soir et lundi

Le Clipper

POISSONS ET FRUITS DE MER · CLASSIQUE XX Homard bleu à la chair très fine, filet de bar de ligne rôti, risotto crémeux de crevettes et légumes : dans ce restaurant du port au décor très marin, les beaux produits... de la mer sont à l'honneur !

Menu 20 € (semaine), 30/41 € – Carte 42/76 €

Plan : C2-b – *19 bis quai Guiné*
– ✆ 02 51 32 03 61 – www.le-clipper.com
– Fermé 14-23 mars, 2-25 déc., 13-21 janv., mardi et jeudi midi en juil.-août, et lundi

Le Quai des Saveurs

CUISINE CRÉATIVE · TENDANCE XX Sur le port de pêche, derrière une discrète façade, une table tenue par un jeune couple très professionnel. Le chef signe un menu unique (décliné en 3, 4 ou 5 plats) qui évolue au gré du marché. Une cuisine métissée, créative et soignée : ce Quai des Saveurs n'a pas volé son nom.

Formule 22 € – Menu 28 € (déj. en semaine), 49/67 € – Carte environ 57 €

Plan : C2-g – *10 quai Guiné*
– ✆ 02 51 23 84 91 (réservation conseillée) – www.lequaidessaveurs.net
– Fermé dim. soir, lundi et merc. hors saison

La Cuisine de Bertrand

CUISINE TRADITIONNELLE • COSY Face au port de pêche, ce petit restaurant assez discret mérite pourtant que l'on s'y attarde ! Deux courts menus, des produits frais de qualité... le chef va à l'essentiel et le fait bien. Son feuilleté de langoustines et son paris-brest sont les meilleurs témoignages d'une cuisine qui s'épanouit sans artifices.

Formule 23 € – Menu 30/41 € – Carte 32/44 €

Plan : C2-q – *22 quai de Franqueville – 02 51 95 37 07 (réservation conseillée) – www.lacuisinedebertrand85.com – Fermé mardi soir et merc. hors saison*

Côte Ouest Thalasso & Spa

HÔTEL DE CHAÎNE • ÉLÉGANT Situé en retrait de la mer, dominant le lac de Tanchet, cet établissement nous plonge dans l'atmosphère élégante et feutrée des paquebots des années 1930, avec leurs belles malles et le mobilier d'époque... Et les chambres, spacieuses et impeccablement tenues, prolongent cette expérience.

97 chambres – 130/350 € 150/350 € – 21 € – ½ P

Plan : B2-f – *rte du Tour-de-France, au Lac de Tanchet, 2,5 km par la corniche – 02 51 21 77 77 – www.restaurant-cote-ouest.fr*

Atlantic Hôtel

TRADITIONNEL • CONTEMPORAIN Un bâtiment des années 1970 sur le front de mer. Derrière sa façade récemment refaite, un décor contemporain de bon ton, particulièrement agréable quand les chambres donnent sur l'Atlantique. Et pour les amateurs d'eau douce, la piscine et le spa sont là !

34 chambres – 90/190 € 114/289 € – 13 € – ½ P

Plan : B2-e – *5 promenade Georges-Godet – 02 51 95 37 71 – www.atlantichotel.fr*

Kyriad Arundel

BUSINESS • FONCTIONNEL Idéalement situé entre plage et port, cet établissement réserve des chambres fonctionnelles, confortables et décorées dans un esprit actuel ; celles situées en façade ont même un balcon donnant sur l'océan...

42 chambres – 68/170 € 68/170 € – 11 €

Plan : C2-k – *8 bd Franklin-Roosevelt – 02 51 32 03 77 – www.kyriad-les-sables-dolonne-plage.fr*

Les Roches Noires

BUSINESS • FONCTIONNEL Face à la plage, ces Roches Noires ont été rénovées en 2010 dans un style rafraîchissant : turquoise, blanc, gris, framboise... Chambres fonctionnelles et bien insonorisées. À noter : la salle des petits-déjeuners donne sur la mer.

36 chambres – 79/149 € 85/189 € – 12 €

Plan : B2-v – *12 prom. Georges-Clemenceau – 02 51 32 01 71 – www.hotel-lesrochesnoires.com*

Les Embruns

FAMILIAL • PERSONNALISÉ Dans le quartier pittoresque de la Chaume, une maison avenante et familiale avec des chambres toutes différentes, fraîches et colorées... pour se loger à bon compte.

20 chambres – 53/83 € 56/83 € – 8,50 €

Plan : A2-n – *33 r. du Lt-Anger – 02 51 95 25 99 – www.hotel-lesembruns.com – Ouvert 27 mars-5 nov.*

Antoine

FAMILIAL • FONCTIONNEL Entre le vieux port et la plage, une ancienne propriété d'armateur (18e s.) dans laquelle règne une atmosphère résolument familiale. Les chambres sont simples, mais spacieuses et très bien tenues.

20 chambres – 65/90 € 65/90 € – 8,50 € – ½ P

Plan : C2-a – *60 r. Napoléon – 02 51 95 08 36 – www.antoinehotel.com – Ouvert de mi-mars à mi-oct.*

Maison Richet

FAMILIAL • CONTEMPORAIN Il règne ici une agréable et chaleureuse atmosphère de maison d'hôtes. Les chambres sont petites mais douillettes (jonc de mer, tons gris perle et beige...) et il y a même un joli patio, où l'on prend le petit-déjeuner aux beaux jours.

17 chambres - 49/80 € 54/80 € - 9 €

Plan : C2-d - *25 r. de la Patrie - 02 51 32 04 12 - www.maison-richet.fr - Fermé 3 janv.-15 fév.*

à l'anse de Cayola 7 km au Sud-Est par la Corniche - 85180 Chateau d Olonne

Cayola

CUISINE MODERNE • ÉLÉGANT XXX Dans la salle ou sur la terrasse, la vue sur l'Atlantique est superbe et l'on se prend à rêver de croisières au long cours. Mais l'évasion est déjà dans l'assiette, raffinée et iodée : les produits de la mer sont rois en ce royaume...

→ Veau mariné au soja, carpaccio de tomates anciennes et huître pochée. Lotte rôtie, girolles, petits pois et jus de viande. Fraîcheur menthe-chocolat.

Menu 39/79 € - Carte 75/95 €

76 promenade de Cayola - 02 51 22 01 01 - www.le-cayola.com - Fermé 20-28 mars, 7-14 nov., 19 déc.-18 janv., mardi soir et merc. soir de mi-sept. à mai, dim. soir et lundi sauf fériés

à Château-d'Olonne 3 km à l'Est - 85180 - 13 387 hab. - Alt. 20 m

La Ferme de Villeneuve

CUISINE MODERNE • DESIGN XX Les amateurs de belles saveurs seront aux anges dans cette chaleureuse "Ferme" ! Fricassée d'escargots petits gris du bocage vendéen, ris de veau aux macaronis gratinés, moelleux de poulet de Challans et riz vénéré en risotto : chaque plat démontre la maîtrise du chef, et le plaisir qu'il prend derrière les fourneaux...

Formule 17 € - Menu 21 € (semaine), 32/49 €

28 r. du Pré-Étienne, 5 km à l'Est par D36 et rte secondaire - 02 51 33 41 83 - Fermé fév., 1 semaine en oct., mardi sauf de mi-juil. à fin août et lundi

SABLES-D'OR-LES-PINS

22240 (Côtes-d'Armor) - Carte régionale n° **5**-C1

Paris 437 km - Dinan 42 km - Dol-de-Bretagne 60 km - Lamballe 26 km

Carte Michelin 309-H3 - Guide Vert Michelin Bretagne Nord

Hôtel de Diane

TRADITIONNEL • CONTEMPORAIN Au cœur de la station, à deux pas de la mer, l'Hôtel de Diane est né en 1921 comme l'atteste son architecture anglo-normande. Nulle nostalgie dans les chambres, au décor moderne de bon ton - certaines aux teintes ensoleillées, d'autres résolument contemporaines -, toutes parfaitement tenues. Restaurant traditionnel.

46 chambres - 98/198 € 98/198 € - 13 € - ½ P

12 allée des Acacias - 02 96 41 42 07 - www.hoteldiane.fr - Fermé déc. et janv.

Le Manoir Saint-Michel

FAMILIAL • TRADITIONNEL Ce beau manoir du 16e s. domine la plage et l'on s'y sent vraiment bien : vaste parc avec plan d'eau (pêche autorisée), chambres douillettes au charme d'antan (mobilier rustique et breton), petit-déjeuner servi près de la cheminée ou dans l'orangerie... Au rythme des marées !

20 chambres - 65/125 € 65/125 € - 10 €

38 r. de la Carquois, 1,5 km à l'Est par D34 - 02 96 41 48 87 - www.manoirstmichel.com - Ouvert 29 mars-1er nov.

SABLÉ-SUR-SARTHE

72300 (Sarthe) - 12 510 hab. - Alt. 29 m - Carte régionale n° **18**-C1

Paris 252 km - Angers 64 km - La Flèche 27 km - Laval 44 km

Carte Michelin 310-G7 - Guide Vert Michelin Pays de la Loire

Parfum d'Épices

CUISINE TRADITIONNELLE · EXOTIQUE XX Une étape agréable sur la route de Laval, pour déguster une bonne cuisine traditionnelle. Le restaurant est marqué par le souvenir des Antilles, où le chef vivait avant de rentrer en métropole : de la décoration – mobilier en rotin tressé, couleurs – à ce menu créole proposant acras de morue et boudin antillais.

Formule 16 € – Menu 19 € (semaine), 23/43 € – Carte 33/50 €

rte de Laval (D306)
– ✆ 02 43 92 94 14 – www.parfumdepices.com
– Fermé 19 août-1er sept. et lundi sauf fériés

à Solesmes 3 km au Nord-Est par D22 – ✉ 72300 – 1 316 hab. – Alt. 28 m

Grand Hôtel de Solesmes

CUISINE CLASSIQUE · ÉLÉGANT XXX Carpaccio de Saint-Jacques et tartare de légumes au gingembre ; poulet de Loué aux écrevisses ; poire pochée à la cannelle et glace aux spéculos... Une délicate cuisine classique qui séduit d'emblée ; on ne triche pas sur la qualité des produits. De plus, l'accueil et le service sont charmants !

Formule 23 € – Menu 29/66 € – Carte 49/94 €

16 pl. Dom-Guéranger
– ✆ 02 43 95 45 10 – www.grandhotelsolesmes.com
– Fermé 26 déc.-12 janv., sam. midi et dim. soir de sept. à mars

Grand Hôtel de Solesmes

FAMILIAL · CLASSIQUE Face à la belle abbaye St-Pierre, d'où l'on entend parfois s'échapper les chants grégoriens des moines, cet hôtel est assurément propice au repos : très confortable, avec des chambres personnalisées et un entretien sans faille. Louange au Grand Hôtel de Solesmes !

25 chambres – †95/135 € ††105/265 € – ☕ 13 € – ½ P

16 pl. Dom-Guéranger – ✆ 02 43 95 45 10 – www.grandhotelsolesmes.com – Fermé 26 déc.-9 janv.

Grand Hôtel de Solesmes – voir les restaurants ci-dessus

SABRES

✉ 40630 (Landes) – 1 205 hab. – Alt. 78 m – Carte régionale n° **2**-B2
Paris 676 km – Arcachon 92 km – Bayonne 111 km – Bordeaux 94 km
Carte Michelin 335-G10 – Guide Vert Michelin Aquitaine

Auberge des Pins

CUISINE CLASSIQUE · RUSTIQUE XX Des boiseries, des poutres, une cheminée... Un endroit authentique et chaleureux, idéal pour savourer une cuisine classique qui fait de jolis clins d'œil au terroir.

Formule 17 € – Menu 20 € (déj. en semaine), 36/75 €
– Carte 46/77 €

r. de la piscine
– ✆ 05 58 08 30 00 – www.aubergedespins.fr
– Fermé 3 semaines en janv., lundi sauf le soir en juil.-août et dim. soir

Auberge des Pins

FAMILIAL · PERSONNALISÉ Un bel esprit maison de famille dans cette grande demeure landaise à colombages : joli parc arboré, chambres au décor soigné (meubles rustiques, bois peint...) et salon cosy.

20 chambres – †70/150 € ††85/170 € – ☕ 13 € – ½ P

r. de la piscine – ✆ 05 58 08 30 00 – www.aubergedespins.fr – Fermé 3 semaines en janv.

Auberge des Pins – voir les restaurants ci-dessus

SACHÉ - 37 (Indre-et-Loire) → Voir Azay-le-Rideau

SACLAY - 91 (Essonne) → Voir Autour de Paris

SAGELAT - 24 (Dordogne) → Voir Belves

SAIGNON - 84 (Vaucluse) → Voir Apt

SAILLAGOUSE

✉ 66800 (Pyrénées-Orientales) - 1 052 hab. - Alt. 1 309 m - Carte régionale n° **12**-A3
Paris 855 km - Bourg-Madame 10 km - Font-Romeu-Odeillo-Via 12 km - Mont-Louis 12 km
Carte Michelin 344-D8

à Llo 3 km à l'Est par D33 - ✉ 66800 - 162 hab. - Alt. 1 424 m

L'Atalaya Bel-Encanto

AUBERGE • PERSONNALISÉ Que dire du jardinet fleuri, des chambres romantiques et de tous ces objets chinés par la propriétaire ? Qu'ils ont du charme, tout simplement ! Cette bergerie perchée sur la montagne cerdane a tout le cachet des belles maisons d'hôtes, et l'accueil réservé est délicieux...

5 chambres - 120/150 € 120/150 €

3 carrer del Senyalo - 04 68 04 70 04 - www.atalaya66.com - Fermé début nov.-20 déc.

SAINCAIZE-MEAUCE - 58 (Nièvre) → Voir Nevers

SAINGHIN-EN-MÉLANTOIS - 59 (Nord) → Voir Lille

STE (Sainte) voir après la nomenclature des Saints

ST-AFFRIQUE

✉ 12400 (Aveyron) - 8 255 hab. - Alt. 325 m - Carte régionale n° **15**-D2
Paris 662 km - Albi 81 km - Castres 92 km - Lodève 66 km
Carte Michelin 338-J7

La Table de Jean

CUISINE MODERNE • TENDANCE Les anciens propriétaires de l'hôtel Les Raspes, à St-Rome-de-Tarn, ont ouvert cet élégant restaurant dans le centre de St-Affrique. Un retour aux sources pour lui, cuisinier de formation ; il revisite la tradition avec finesse et montre qu'il maîtrise parfaitement son sujet ! Une bonne adresse.

Formule 17 € - Menu 26/38 € - Carte 40/60 €

7 bd Émile-Trémoulet - 05 65 49 50 05 - Fermé mardi soir sauf juil.-août, dim. soir et lundi

ST-AFFRIQUE-LES-MONTAGNES

✉ 81290 (Tarn) - 789 hab. - Alt. 244 m - Carte régionale n° **15**-C2
Paris 741 km - Albi 55 km - Carcassonne 53 km - Castres 12 km
Carte Michelin 338-F9

Domaine de Rasigous

MAISON DE CAMPAGNE • PERSONNALISÉ Au cœur d'un parc jalonné d'œuvres d'art - le propriétaire est un passionné -, cette demeure du 19e s. cultive un bel esprit maison d'hôtes. Parquet ancien, mobilier chiné, les chambres ont beaucoup de caractère ; à l'extérieur, l'espace bien-être vous tend les bras.

6 chambres - 80/230 € 130/230 € - 2 suites - 12 € - ½ P

lieu-dit Rasigous, 2 km au Sud par D85 - 05 63 73 30 50 - www.domainederasigous.com - Ouvert mars à nov.

ST-AGRÈVE

✉ 07320 (Ardèche) - 2 546 hab. - Alt. 1 050 m - Carte régionale n° **23**-A2
▶ Paris 582 km - Aubenas 68 km - Lamastre 21 km - Privas 64 km
Carte Michelin 331-I3 - Guide Vert Michelin Ardèche Drôme

Domaine de Rilhac

CUISINE MODERNE • CLASSIQUE XX Calme assuré dans cette ancienne ferme ardéchoise perdue dans la campagne, où l'on savoure une goûteuse cuisine de saison face au mont Gerbier-de-Jonc. Idéal pour se régaler tout en écoutant le chant des oiseaux ! Les chambres, dont cinq sont mansardées, valent aussi que l'on s'y attarde.

Formule 20 € - Menu 31/58 €

7 chambres - 95/132 € 95/132 € - 15 €

2 km au Sud-Est par D120, D21 et rte secondaire - ☎ 04 75 30 20 20 - www.domaine-de-rilhac.com - Fermé 20 déc.-15 mars, mardi soir, jeudi midi et merc.

ST-AIGNAN

✉ 41110 (Loir-et-Cher) - 2 993 hab. - Alt. 115 m - Carte régionale n° **6**-A2
▶ Paris 221 km - Blois 41 km - Châteauroux 65 km - Romorantin-Lanthenay 36 km
Carte Michelin 318-F8 - Guide Vert Michelin Châteaux de la Loire

Le Mange-Grenouille

CUISINE TRADITIONNELLE • AUBERGE X Décoration baroque, mobilier chiné et grenouilles en tous genres offertes par les clients : cet ancien relais de poste ne manque pas de caractère ! On s'y régale d'une cuisine traditionnelle simple et bonne, qui évolue régulièrement, avec comme spécialité... les cuisses de grenouilles. Attachant !

Formule 15 € - Menu 18 € (déj. en semaine), 33/51 € - Carte 40/60 €

10 r. Paul-Boncour - ☎ 02 54 71 74 91 - www.lemangegrenouille.fr - Fermé 25 juin-10 juil., 3 semaines en oct., sam. midi, dim. soir et lundi

Les Jardins de Beauval

RESORT • CONTEMPORAIN Cinq pavillons dans un jardin paysagé, au pied du magnifique parc animalier de Beauval. Source d'inspiration affichée : l'Indonésie... et les chambres - classiques - s'habillent de mobilier en bois exotique. Un lieu atypique et avec un certain cachet.

112 chambres - 109/222 € 109/262 € - 14 € - ½ P

(au zoo-parc de Beauval), 4 km par D675 - ☎ 02 54 75 60 00 - www.lesjardinsdebeauval.com - Ouvert 21 fév.-1er nov.

ST-ALBAN-DE-MONTBEL - 73 (Savoie) → Voir Aiguebelette-le-Lac

ST-ALBAN-LES-EAUX

✉ 42370 (Loire) - 931 hab. - Alt. 410 m - Carte régionale n° **23**-A1
▶ Paris 390 km - Lapalisse 45 km - Montbrison 56 km - Roanne 12 km
Carte Michelin 327-C3 - Guide Vert Michelin Lyon et sa région

Le Petit Prince

CUISINE MODERNE • COSY XX Ce charmant restaurant n'est pas tombé d'un astéroïde : il a été fondé en 1805 par les arrière-grand-tantes de l'actuel patron ! Sa cuisine, fraîche, colorée et inventive, combine légèreté et gourmandise. Ce Petit Prince saura vous apprivoiser... Belle cave à visiter.

Formule 22 € - Menu 34/90 € - Carte 37/58 €

Le bourg - ☎ 04 77 65 87 13 - www.restaurant-lepetitprince.fr - Fermé janv., dim. soir, lundi et mardi

ST-ALBAN-LEYSSE - 73 (Savoie) ➔ Voir Chambéry

ST-ALBAN-SUR-LIMAGNOLE

✉ 48120 (Lozère) - 1 449 hab. - Alt. 950 m - Carte régionale n° **12**-C1
▶ Paris 552 km - Espalion 72 km - Mende 40 km - Le Puy-en-Velay 75 km
Carte Michelin 330-I6

La Petite Maison

CUISINE TRADITIONNELLE • RUSTIQUE Une table régionale où règne une atmosphère chaleureuse et rustique. Les spécialités de la maison ? La viande de bison américain (depuis 1992 !), la friture de truitelle, le whisky (400 références) et les vins du Languedoc-Roussillon. Enfin, les propriétaires sont aux petits soins : on se sent comme un coq en pâte...

Menu 29/74 € - Carte 53/95 €

Hôtel Relais St-Roch, av. de Mende - ✆ 04 66 31 56 00 - www.la-petite-maison.fr - Ouvert de mi-avril à la Toussaint et fermé lundi midi, mardi midi et merc. midi

Relais St-Roch

FAMILIAL • VINTAGE "Verveine", "Violette", "Narcisse"... Dans cette gentilhommière du 19e s. en granit rose, les chambres honorent la nature dans un esprit d'antan (lambris vernissés, tissus tendus) qui a fidélisé de nombreux habitués. Agréable piscine dans le beau jardin.

9 chambres - †98/268 € ††98/268 € - ☕ 18 € - ½ P

chemin du Carreirou - ✆ 04 66 31 55 48 - www.relais-saint-roch.fr - Ouvert de mi-avril à la Toussaint

La Petite Maison - voir les restaurants ci-dessus

ST-AMAND-MONTROND

✉ 18200 (Cher) - 10 518 hab. - Alt. 160 m - Carte régionale n° **6**-C3
▶ Paris 282 km - Bourges 52 km - Châteauroux 65 km - Montluçon 56 km
Carte Michelin 323-L6 - Guide Vert Michelin Limousin Berry

à **Noirlac** 4 km au Nord-Ouest par D2144 (rte de Bourges) et D35 - ✉ 18200 Bruere Allichamps

Auberge de l'Abbaye de Noirlac

CUISINE TRADITIONNELLE • CONVIVIAL Face à l'abbaye de Noirlac, cette auberge créée dans une chapelle du 12e s. rend hommage à la cuisine du terroir. En digne enfant du pays, le chef orchestre la cérémonie avec les produits de la région : fromage berrichon, poule noire... et côté vins : châteaumeillant, st-pourçain, sancerre, etc.

Menu 25 € (semaine), 30/42 € - Carte 45/64 €

- ✆ 02 48 96 22 58 - aubergeabbayenoirlac.free.fr - Ouvert 23 fév.-30 nov. et fermé mardi soir et mercedi

à **Bruère-Allichamps** 8,5 km au Nord-Ouest par rte de Bourges (D2144) - ✉ 18200 - 646 hab. - Alt. 170 m

Les Tilleuls

CUISINE MODERNE • CHAMPÊTRE Sur la route touristique longeant le Cher, une construction des années 1960 derrière un rideau de... tilleuls. Au menu : une cuisine dans l'air du temps, avec quelques recettes très originales.

Formule 16 € - Menu 19 € (déj. en semaine), 25/50 € - Carte 38/46 €

45 rte de Noirlac - ✆ 02 48 61 02 75 - www.sarl-les-tilleuls.fr - Fermé 19-26 fév., vacances de la Toussaint, de Noël, dim. soir, lundi soir et merc.

ST-AMARIN

✉ 68550 (Haut-Rhin) - 2 338 hab. - Alt. 410 m - Carte régionale n° **1**-A3
▶ Paris 461 km - Belfort 52 km - Colmar 53 km - Épinal 76 km
Carte Michelin 315-G9

Auberge du Mehrbächel

FAMILIAL • CONTEMPORAIN En plein cœur des Vosges et sur le passage d'un GR, cette auberge a été largement rénovée : ses chambres jouent désormais la carte de la modernité, tout en sobriété. Et au petit-déjeuner, on se régale de produits de la ferme (beurre, confiture, fromage, etc.) !

19 chambres – 65/78 € 70/98 € – 10 € – ½ P

4 km à l'Est par rte du Mehrbächel
– 03 89 82 60 68 – www.auberge-mehrbachel.com
– Fermé 31 oct.-11 nov.

ST-AMBROIX

30500 (Gard) – 3 319 hab. – Alt. 142 m – Carte régionale n° **12**-C1
Paris 686 km – Alès 20 km – Aubenas 56 km – Mende 111 km
Carte Michelin 339-K3

à St-Victor-de-Malcap 2 km au Sud-Est par D51 – 30500 – 812 hab. – Alt. 140 m

La Bastide des Senteurs

CUISINE MODERNE • MÉDITERRANÉEN XX Dans cette ancienne magnanerie, quel plaisir de s'installer sur la terrasse dominant le vallon ! Les yeux sur l'horizon, on savoure une cuisine empreinte de classicisme et qui porte haut les couleurs de la Méditerranée. Spécialité : la poularde en vessie. Chambres aux noms de cépages, confortables et soignées.

Formule 19 € – Menu 28 € (dîner), 46/82 € – Carte 70/95 €
14 chambres – 72/112 € 87/147 € – 12 €

5 r. de la Traverse
– 04 66 60 24 45 – www.bastide-senteurs.com
– Ouvert d'avril à oct. et fermé lundi midi et sam. midi

à Larnac 3,5 km au Sud-Ouest par rte d'Alès – 30960 Les Mages

Le Clos des Arts

FAMILIAL • À LA CAMPAGNE Cette ancienne filature de soie du 17e s. propose des chambres spacieuses, dont deux se distinguent par leurs thématiques, Inde et design. Une maison de maître mitoyenne abrite un musée consacré aux œuvres d'art du père des trois fils propriétaires.

15 chambres – 62/79 € 62/79 € – 8 € – ½ P

Domaine Villaret – 04 66 25 40 91 – www.closdesarts.com

ST-AMOUR-BELLEVUE

71570 (Saône-et-Loire) – 550 hab. – Alt. 306 m – Carte régionale n° **4**-C3
Paris 402 km – Bourg-en-Bresse 48 km – Lyon 63 km – Mâcon 13 km
Carte Michelin 320-I12

Auberge du Paradis (Cyril Laugier)

CUISINE CRÉATIVE • ROMANTIQUE XX Dans un cadre cosy, une cuisine voyageuse, inspirée et soignée, qui exprime toute sa créativité à travers de belles notes d'épices rehaussant de superbes produits. Le chef se livre à un véritable travail d'équilibriste, et le repas a évidemment un petit goût... de paradis.
→ Cuisine du marché.

Menu 75 € – menu unique

Hôtel Auberge du Paradis, Le Plâtre-Durand
– 03 85 37 10 26 (réservation conseillée) – www.aubergeduparadis.fr
– Fermé 1 semaine en avril, vacances de la Toussaint, 31 déc.-23 janv., lundi, mardi et le midi sauf dim.

✿ Au 14 Février (Masafumi Hamano)

CUISINE CRÉATIVE • TENDANCE XX Après St-Valentin et Lyon, au tour de... St-Amour-Bellevue d'accueillir son 14 Février ! Dans une ancienne auberge, le décor se décline en cuir rouge et bois wengé ; une fois encore, on est séduit par cette savoureuse cuisine franco-japonaise, délicate et variée, qui est la marque de cette équipe si féconde en bonnes tables...

➜ Poêlée de foie gras de canard. Homard breton rôti. Dôme de chocolat blanc.

Menu 52/92 €

Le Plâtre-Durand – ✆ 03 85 37 11 45 (réservation conseillée) – www.au14fevrier.com – Fermé 1 semaine en août, 2 semaines en oct. et en janv., jeudi midi, mardi et merc.

Auberge du Paradis

AUBERGE • PERSONNALISÉ Un petit paradis en effet, aux chambres originales et contemporaines, décorées avec goût comme l'ensemble de l'établissement. Autres motifs de détente : le couloir de nage, le salon de lecture et un petit-déjeuner assez exceptionnel.

7 chambres – †145/200 € ††160/280 € – 2 suites – ☕ 22 €

Le Plâtre-Durand – ✆ 03 85 37 10 26 – www.aubergeduparadis.fr – Fermé 1 semaine en avril, vacances de la Toussaint, 31 déc.-22 janv.

✿ **Auberge du Paradis** – voir les restaurants ci-dessus

ST-ANDRÉ

✉ 66690 (Pyrénées-Orientales) – 3 266 hab. – Alt. 10 m – Carte régionale n° **12**-B3
▶ Paris 880 km – Girona 87 km – Montpellier 184 km – Perpignan 25 km
Carte Michelin 344-I7

La Table de Cuisine

CUISINE TRADITIONNELLE • BISTRO X En reprenant cette maison de village, les propriétaires n'avaient qu'une idée en tête : travailler avec les meilleurs producteurs locaux. Les assiettes se révèlent fraîches et bien composées : pari tenu avec authenticité et générosité ! Un conseil : pensez à réserver, c'est souvent complet.

Formule 22 € – Menu 25 € (déj. en semaine), 32/40 €

8a r. de Taxo – ✆ 04 68 95 42 06 – www.latabledecuisine.com – Fermé vacances de fév., 1 semaine vacances de la Toussaint, sam. midi et merc.

ST-ANDRÉ-DE-NAJAC

✉ 12270 (Aveyron) – 419 hab. – Alt. 380 m – Carte régionale n° **15**-C2
▶ Paris 664 km – Albi 46 km – Rodez 74 km – Toulouse 103 km
Carte Michelin 338-E5

Relais Mont le Viaur

CUISINE TRADITIONNELLE • RUSTIQUE X Le chef de cette jolie ferme régionale, chaleureuse et conviviale, a été auparavant sommelier dans plusieurs tables étoilées. Une chose le guide : la passion ! Il réalise ici une savoureuse cuisine du terroir : terrine de jarret de porc, foie gras maison, veau du Ségala... Pour l'étape, des chambres agréables.

Formule 18 € – Menu 22/45 € – Carte 38/60 €

7 chambres – †66/70 € ††66/70 € – ☕ 9 €

La Croix-Grande – ✆ 05 65 65 08 68 – www.montleviaur.fr – Fermé de mi-déc. à mi-janv., dim. soir, lundi soir et mardi soir

ST-ANDRÉ-DE-ROQUELONGUE

✉ 11200 (Aude) – 1 242 hab. – Alt. 72 m – Carte régionale n° **12**-B3
▶ Paris 821 km – Béziers 53 km – Montpellier 112 km – Perpignan 71 km
Carte Michelin 344-I4

Demeure de Roquelongue

FAMILIAL • PERSONNALISÉ En plein cœur du village, cette belle demeure de vigneron (1885) a le charme des maisons de famille : mobilier chiné, patio verdoyant, salles de bains rétro, cuisine traditionnelle à la table d'hôte... De l'âme et du style !

5 chambres - 95/120 € 110/135 €

53 av. de Narbonne - 04 68 45 63 57 - www.demeure-de-roquelongue.com

ST-ANDRÉ-LEZ-LILLE - 59 (Nord) → Voir Lille

ST-ANDRÉ-LES-VERGERS - 10 (Aube) → Voir Troyes

ST-ANTOINE-L'ABBAYE

38160 (Isère) - 1 039 hab. - Alt. 339 m - Carte régionale n° **24**-E2

Paris 553 km - Grenoble 66 km - Romans-sur-Isère 26 km - St-Marcellin 12 km

Carte Michelin 333-E6 - Guide Vert Michelin Lyon et sa région

Auberge de l'Abbaye

CUISINE MODERNE • CLASSIQUE XX Au cœur du village médiéval, une maison ancienne datant du 14e s., agréable et chaleureuse avec son décor d'inspiration Louis XIII. Au menu, une cuisine actuelle valorisant le terroir : foie gras en basse température au vin épicé ; selle d'agneau fumée aux grains de café, mousseline à l'ail des ours...

Formule 20 € - Menu 24/61 € - Carte 39/62 €

Mail de l'Abbaye - 04 76 36 42 83 - www.auberge-abbaye.com
- Fermé 8 janv.-8 fév., dim. soir, lundi et mardi sauf le midi de juil. à sept.

ST-ANTONIN-DU-VAR

83510 (Var) - 689 hab. - Alt. 190 m - Carte régionale n° **21**-C3

Paris 845 km - Digne-les-Bains 95 km - Marseille 96 km - Toulon 74 km

Carte Michelin 340-M4

La Bastide du Clos d'Alari N

MAISON DE CAMPAGNE • PERSONNALISÉ Au sein du domaine viticole d'Alari, cette belle maison de famille est un écrin de silence et de verdure : chambres personnalisées, atmosphère provençale, baignades dans le bassin naturel. Le petit-déjeuner est servi sous le tilleul centenaire. Séjours à thème autour du vin, de l'olive, de la truffe. Un goût de paradis.

5 chambres - 115/150 € 130/350 €

717 rte de Mappe, au Sud par D250 - 04 94 04 46 74 - www.leclosdalari.com
- Ouvert avril-oct.

ST-ANTONIN-NOBLE-VAL

82140 (Tarn-et-Garonne) - 1 891 hab. - Alt. 125 m - Carte régionale n° **15**-C2

Paris 628 km - Cahors 56 km - Montauban 45 km - Toulouse 98 km

Carte Michelin 337-G7

Le Carré des Gourmets

CUISINE MODERNE • INTIME XX Sur les bords de l'Aveyron, un restaurant au cadre contemporain, tout en nuances de gris. Derrière les fourneaux, le chef concocte une cuisine dans l'air du temps avec des produits du terroir : terrine de rouget et de légumes, ballotine de volaille fermière avec sa purée, etc. Terrasse face à la rivière.

Formule 20 € - Menu 23 € (déj. en semaine), 30/58 € - Carte environ 53 €

13 bd des Thermes - 05 63 30 65 49 - www.carredesgourmets.fr
- Fermé 20 déc.-1er fév., dim. soir, mardi soir et merc. en juil.-août

ST-AUBIN - 22 (Côtes-d'Armor) ➜ Voir Erquy

ST-AUBIN-DE-MÉDOC

33160 (Gironde) - 6 350 hab. - Alt. 29 m - Carte régionale n° **2**-B1
Paris 592 km - Angoulême 132 km - Bayonne 193 km - Bordeaux 19 km
Carte Michelin 335-G5

Le Pavillon de St-Aubin-Thierry Arbeau

CUISINE MODERNE • FAMILIAL XX Makis de thon rouge, pigeonneau aux épices douces... Une carte bien dans son époque, pour un moment gourmand dans un lieu chaleureux - tons ensoleillés, cheminée et tables bien dressées. Pour l'étape, les chambres sont fonctionnelles et bien tenues.

Menu 29 € (semaine), 38/59 € - Carte 52/81 €

12 chambres - †77/87 € ††87/94 € - ☕ 10 €

Le Hiou, rte de Picot - ✆ 05 56 95 98 68 - www.thierry-arbeau.com - Fermé 2 semaines en août, sam. midi, dim. soir et lundi

ST-AUBIN-SUR-GAILLON - 27 (Eure) ➜ Voir Gaillon

ST-AVÉ - 56 (Morbihan) ➜ Voir Vannes

ST-AVIT-DE-TARDES

23200 (Creuse) - 182 hab. - Alt. 560 m - Carte régionale n° **13**-C2
Paris 415 km - Guéret 55 km - Limoges 151 km - Ussel 67 km
Carte Michelin 325-K5

Le Moulin de Teiteix

FAMILIAL • PERSONNALISÉ Au pied d'une petite rivière poissonneuse et au grand calme, un moulin du 19e s. rustique et bucolique à souhait, où priment la simplicité et la convivialité. Les chambres, toutes différentes, sont spacieuses et agréables ; à l'heure du repas, la propriétaire concocte même une cuisine traditionnelle et familiale.

4 chambres ☕ - †60 € ††81 €

- ✆ 05 55 67 34 18 - http://moulin-de-teiteix.pagesperso-orange.fr

ST-AVIT-SÉNIEUR

24440 (Dordogne) - 460 hab. - Alt. 164 m - Carte régionale n° **2**-C1
Paris 595 km - Agen 82 km - Bordeaux 127 km - Périgueux 65 km
Carte Michelin 329-F7 - Guide Vert Michelin Périgord Quercy

La Table de Léo

CUISINE MODERNE • BISTRO X Une maison en pierre au cœur du village, avec une belle terrasse au-dessus de la place de l'église... L'ensemble cache une vraie bonne petite adresse, dont le chef ose sortir des sentiers battus des recettes régionales, et démontre une vraie attention aux produits, aux dressages et aux cuissons. De la légèreté, du goût...

Formule 15 € - Menu 20 € (déj. en semaine)/32 €

Le Bourg - ✆ 05 53 57 89 15 - www.latabledeleo.fr
- Fermé 1 semaine en juin, en sept. et en oct., 2 semaines en janv., merc. sauf juil.-août, dim. soir et lundi

ST-AVOLD

57500 (Moselle) - 16 349 hab. - Alt. 260 m - Carte régionale n° **14**-C1
Paris 372 km - Metz 46 km - Saarbrücken 33 km - Sarreguemines 29 km
Carte Michelin 307-L4

au Nord 2,5 km sur D633 (près échangeur A 4) – ✉ 57500 St-Avold :

Novotel

HÔTEL DE CHAÎNE • FONCTIONNEL Dans ce Novotel entre forêt et autoroute (heureusement très calme), l'idéal est de choisir une chambre face à la piscine. Au restaurant, l'étape est pratique et sans surprise, mais la terrasse a vue sur les bois.

61 chambres – 95/174 € 95/174 € – 17 € – ½ P

RN33 – 03 87 92 25 93 – www.novotel.com

ST-AY

✉ 45130 (Loiret) – 3 188 hab. – Alt. 100 m – Carte régionale n° **6**-C2

Paris 140 km – Blois 48 km – Châteaudun 52 km – Orléans 13 km

Carte Michelin 318-H4

La Grande Tour

CUISINE MODERNE • ROMANTIQUE XX La Pompadour séjourna dans cet ancien et chaleureux relais de poste de 1783, situé sur la route des châteaux de la Loire. Cuisine traditionnelle (tête de veau, canette rôtie, sandre au beurre blanc... avec une belle carte de soufflés en dessert), servie en terrasse l'été venu.

Formule 17 € – Menu 29/68 € – Carte 45/64 €

21 rte Nationale – 02 38 88 83 70 – www.lagrandetour.com – Fermé 14-31 août, dim. soir, merc. soir et lundi

ST-AYGULF

✉ 83370 (Var) – Alt. 12 m – Carte régionale n° **21**-C3

Paris 872 km – Brignoles 69 km – Draguignan 35 km – Fréjus 6 km

Carte Michelin 340-P5 – Guide Vert Michelin Côte d'Azur

Cap Riviera

FAMILIAL • TRADITIONNEL Sympathique hôtel familial, sur la route côtière, face à la mer. Chambres coquettes et colorées, plus calmes côté patio ; l'accueil est aimable et l'on profite toute l'année d'une petite restauration, réservée à la clientèle.

19 chambres – 66/145 € 66/145 € – 1 suite – 10 €

21 r. de Claviers (plage du Grand-Boucharel) – 04 94 81 21 42 – www.hotelcapriviera.com – Ouvert 15 avril-11 oct.

ST-BEAUZEIL

✉ 82150 (Tarn-et-Garonne) – 126 hab. – Alt. 181 m – Carte régionale n° **15**-B1

Paris 631 km – Agen 32 km – Cahors 55 km – Montauban 64 km

Carte Michelin 337-B5

Château de l'Hoste

CUISINE MODERNE • RUSTIQUE XX La table du Château de l'Hoste est à l'image de l'établissement : élégante et authentique. Ainsi, le chef privilégie les légumes du potager bio – ici, la tendance est au locavorisme – pour ses recettes qui osent les accords sucrés-salés. L'été, on profite de la terrasse et l'hiver, on s'installe devant la cheminée.

Menu 35/42 € – Carte 41/58 €

rte d'Agen, D656 – 05 63 95 25 61 – www.chateaudelhoste.com – Ouvert de mi-avril à mi-oct. et fermé lundi soir hors saison, lundi midi et mardi midi

Château de l'Hoste

DEMEURE HISTORIQUE • PERSONNALISÉ Au cœur de la campagne quercynoise, dans un superbe jardin, une gentilhommière du 17e s. pleine de caractère et de confort. Que dire de la bibliothèque, du bar ou encore de la piscine ? Le temps d'un week-end ou d'un séjour plus long, on se rêve lady et gentleman-farmer...

22 chambres – 110/190 € 110/250 € – 15 €

rte d'Agen, D656 – 05 63 95 25 61 – www.chateaudelhoste.com – Ouvert de mi-avril à mi-oct.

Château de l'Hoste – voir les restaurants ci-dessus

ST-BÉNIGNE - 01 (Ain) → Voir Pont-de-Vaux

ST-BENOIT - 86 (Vienne) → Voir Poitiers

ST-BENOÎT-SUR-LOIRE

✉ 45730 (Loiret) - 2 063 hab. - Alt. 126 m - Carte régionale n° **6**-C2
▶ Paris 166 km - Bourges 92 km - Châteauneuf-sur-Loire 10 km - Gien 32 km
Carte Michelin 318-K5 - Guide Vert Michelin Châteaux de la Loire

Le Grand St-Benoît

CUISINE MODERNE • CLASSIQUE XX Une maison chaleureuse, avec une jolie terrasse, au cœur de ce village où repose le poète Max Jacob. Au menu, de délicieux petits plats joliment cuisinés, avec de subtils mariages de saveurs. De quoi trouver l'inspiration !

Formule 22 € - Menu 32 €

7 pl. St-André
- ☎ 02 38 35 11 92 (réservation conseillée)
- www.restaurant-grand-saint-benoit.com
- Fermé 18-28 fév., 16-31 août, 23-29 déc., dim. sauf le midi de mai à sept. et lundi

ST-BONNET-LE-CHÂTEAU

✉ 42380 (Loire) - 1 570 hab. - Alt. 870 m - Carte régionale n° **23**-A2
▶ Paris 484 km - Ambert 48 km - Montbrison 31 km - Le Puy-en-Velay 66 km
Carte Michelin 327-D7 - Guide Vert Michelin Lyon et sa région

La Calèche

CUISINE MODERNE • HISTORIQUE XX Cet hôtel particulier du 17e s., au décor coloré, abrite une table généreuse et habile à secouer les saveurs (truite fumée et andouille, carré de veau du Haut Forez et gnocchis aux écrevisses), avec juste ce qu'il faut de sophistication et d'audace. Cette Calèche augure d'une jolie promenade en gourmandise !

Formule 17 € - Menu 20 € (déj. en semaine), 30/63 €
- Carte 40/57 €

2 pl. Cdt-Marey
- ☎ 04 77 50 15 58 - www.restaurantlacaleche.fr
- Fermé 2-10 janv., 2-10 sept., dim. soir, merc. soir, lundi et mardi

ST-BONNET-LE-FROID

✉ 43290 (Haute-Loire) - 244 hab. - Alt. 1 126 m - Carte régionale n° **3**-D3
▶ Paris 555 km - Annonay 27 km - Le Puy-en-Velay 58 km - St-Étienne 51 km
Carte Michelin 331-I3

Régis et Jacques Marcon

soir,

CUISINE CRÉATIVE • DESIGN XXXX Viandes du plateau, lentilles vertes du Puy, fromages locaux, etc. : la cuisine des Marcon magnifie le terroir et l'automne est leur saison de prédilection. C'est là, dans l'intimité des sous-bois aux feuilles rougissantes, qu'ils cueillent ces champignons dont ils ont fait... un art ! Le bâtiment, ceint de verre, rend également un superbe hommage à la nature.

→ Nougat de volaille aux fruits secs. Cassoulet de homard aux lentilles vertes du Puy. Tatin pomme-banane au caramel de morilles.

Menu 130/205 € - Carte 175/195 €

10 chambres - 380 € 380 € - 25 €

Larsiallas, sur les hauteurs du village
- ☎ 04 71 59 93 72 (réservation conseillée) - www.regismarcon.fr - Ouvert d'avril à mi-déc. et fermé lundi midi de mi-juin à fin août, lundi soir de nov. à mi-juin, mardi et merc.

André Chatelard

CUISINE TRADITIONNELLE • CONVIVIAL XX Des truites du Lignon, de la bonne charcuterie, des champignons aux parfums de sous-bois, des fromages nobles et fleuris, des bons vins à petits prix... et un beau chariot de desserts (le chef est ancien pâtissier) : cette cuisine régionale invite à la joie de vivre ! Atmosphère conviviale et jolies chambres en prime.

Menu 22 € (semaine), 31/78 € – Carte 29/64 €

4 chambres – 145 € 145 €

pl. aux Champignons
– 04 71 59 96 09 – www.restaurant-chatelard.com
– Fermé fév., 4-8 sept., janv., mardi sauf en août, dim. soir et lundi

Le Fort du Pré

CUISINE MODERNE • ÉLÉGANT XX St-Bonnet-le-Froid peut bien se targuer du titre de "village gourmand" si l'on en juge par l'existence de ce Fort du Pré ! On y propose une savoureuse cuisine d'aujourd'hui, mettant admirablement en valeur le travail des producteurs de la région. Le tout dans un environnement verdoyant... Une valeur sûre.

Formule 21 € – Menu 30/71 € – Carte 43/67 €

Hôtel Le Fort du Pré, rte du Puy
– 04 71 59 91 83 – www.le-fort-du-pre.fr
– Ouvert 11 mars-30 nov. et fermé 28 août-2 sept., dim. soir de sept. à juin et lundi sauf le soir en juil.-août

Bistrot la Coulemelle

CUISINE TRADITIONNELLE • RUSTIQUE XX Au cœur du village, voici la délicieuse "annexe bistrotière" du grand restaurant de Régis Marcon. Terrine de volaille aux pépites de foie gras, filet de daurade royale au basilic, fromages d'Ardèche et d'Auvergne : rien à dire, tout est généreux et diablement bon. Et les cuisines ouvertes ajoutent un côté chaleureux à l'ensemble...

Formule 28 € – Menu 32/50 €

Hôtel Clos des Cimes-Découverte & Spa, le village
– 04 71 65 63 62 – www.regismarcon.fr
– Fermé de mi-déc. à mi-fév., merc. de nov. à mi-juil. et mardi

Clos des Cimes-Découverte & Spa

AUBERGE • CONTEMPORAIN C'est ici que tout a commencé pour la famille Marcon ! Au cœur du village, une maison de pays accueillante et une nouvelle annexe, la Découverte, avec 19 chambres tout confort. Mention spéciale pour la vue sur la vallée et l'imposant centre de thalasso en libre accès (sauna, hammam, bains à remous...).

30 chambres – 115/240 € 115/240 € – 15 €

le village – 04 71 59 93 72 – www.regismarcon.fr – Fermé de mi-déc. à mi-fév., lundi de nov. à mai et mardi

Bistrot la Coulemelle – voir les restaurants ci-dessus

Le Fort du Pré

TRADITIONNEL • CONTEMPORAIN Un peu en dehors du village, cette maison de maître abrite des chambres contemporaines, privilégiant les matériaux bruts et les détails raffinés. N'hésitez pas à profiter des nombreux loisirs proposés (piscine, fitness, cours de cuisine...).

29 chambres – 86/136 € 86/136 € – 13 € – ½ P

rte du Puy
– 04 71 59 91 83 – www.le-fort-du-pre.fr
– Ouvert 11 mars-30 nov. et fermé 28 août-2 sept., dim. soir et lundi sauf juil.-août

Le Fort du Pré – voir les restaurants ci-dessus

Une bonne table sans se ruiner ? Repérez les Bib Gourmand.

au Nord-Ouest 6 km par D44

La Maison d'en Haut

FAMILIAL • PERSONNALISÉ Tout est si calme dans ce hameau de quelques âmes, au bout d'une route étroite et sinueuse ! Cette jolie ferme en pierre (18e s.), avec ses chambres meublées telle une maison de famille, est comme un refuge contre le temps qui passe. Ô cachet rustique...

3 chambres – 95 € 95 €

Malatray – 04 71 61 96 20 – www.maison-den-haut.com – Ouvert d'avril à déc.

ST-BREVIN-LES-PINS

44250 (Loire-Atlantique) – 13 088 hab. – Alt. 9 m – Carte régionale n° **18**-A2

Paris 442 km – Nantes 57 km – Saint-Herblain 62 km – Saint-Nazaire 15 km

Carte Michelin 316-C4 – Guide Vert Michelin Pays de la Loire

Hôtel Spa du Beryl

HÔTEL DE CHAÎNE • FONCTIONNEL Dans cette petite station proche de Pornic, un bel établissement aux chambres spacieuses et lumineuses, ouvrant sur l'océan en façade et les pins à l'arrière... En plus des plaisirs du bord de mer : spa, casino, restaurant face aux flots, etc.

99 chambres – 66/440 € 66/440 € – 14 € – ½ P

55 bd de l'Océan – 02 28 53 20 00 – www.hotel-stbrevinlocean.com

ST-BRICE

53290 (Mayenne) – 537 hab. – Alt. 71 m – Carte régionale n° **18**-C1

Paris 271 km – Laval 43 km – Le Mans 70 km – Nantes 147 km

Carte Michelin 310-G7

Au Manoir des Forges

MAISON DE CAMPAGNE • PERSONNALISÉ Sur les hauteurs du village, petit manoir de 1570 au charme authentique : parc, plan d'eau où nagent des cygnes noirs... Chambres rustiques et cosy (tomettes, poutres, cheminée). Cuisine provençale et spécialités corses au coin du feu ou sous la tonnelle.

5 chambres – 138/168 € 138/198 €

Les Forges, 0,5 km à l'Est par D212 – 06 70 14 76 11 – www.manoirdesforges.fr – Ouvert 1er mai-1er oct.

ST-BRICE-EN-COGLÈS

35460 (Ille-et-Vilaine) – 2 884 hab. – Alt. 105 m – Carte régionale n° **5**-D2

Paris 343 km – Avranches 34 km – Fougères 17 km – Rennes 57 km

Carte Michelin 309-N4

Le Lion d'Or

AUBERGE • FONCTIONNEL Dans la rue principale du village, cet ancien relais de diligence en granit abrite des chambres confortables et régulièrement rénovées. Restaurant traditionnel et, au déjeuner, espace brasserie.

42 chambres – 69/95 € 79/115 € – 10 € – ½ P

6-8 r. Chateaubriand – 02 99 98 61 44 – www.hotel-leliondor.fr – Fermé dim. soir de sept. à juin

ST-BRIEUC

22000 (Côtes-d'Armor) – 45 936 hab. – Agglo. 94 351 hab. – Alt. 78 m – Carte régionale n° **5**-C2

Paris 451 km – Brest 144 km – Quimper 127 km – Rennes 101 km

Carte Michelin 309-F3 – Guide Vert Michelin Bretagne Nord

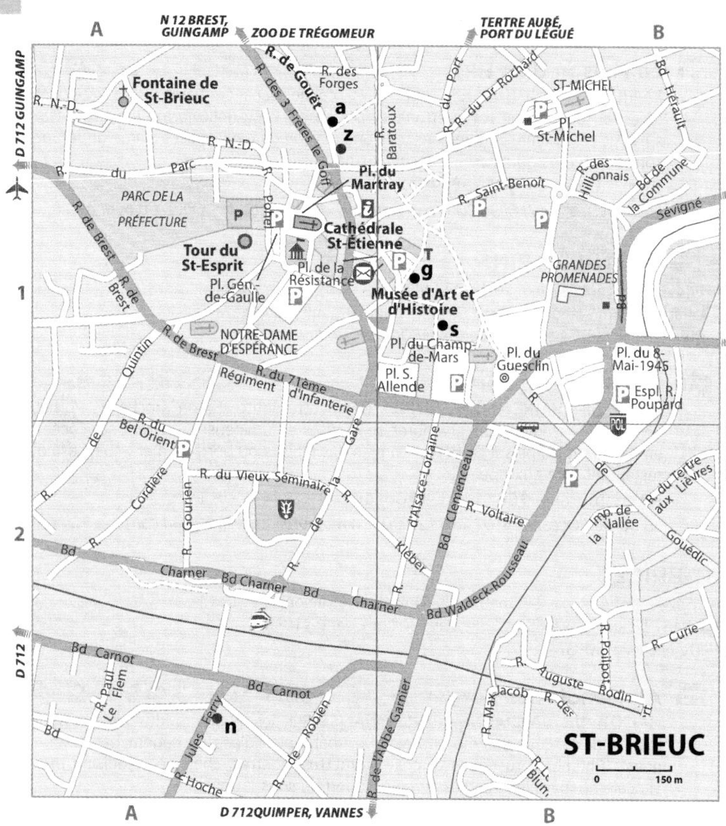

Aux Pesked (Mathieu Aumont)

POISSONS ET FRUITS DE MER • **TENDANCE** XXX En ville... et déjà à la campagne : cette ancienne auberge, transformée dans un style résolument contemporain, offre une vue plongeante sur les rives verdoyantes du Gouët. Logiquement, les *pesked* ("poissons" en breton) sont à l'honneur : de superbe fraîcheur, cuisinés avec soin, au gré du marché. La mer à la campagne !

➜ Cuisine du marché.

Formule 25 € – Menu 29 € (déj. en semaine), 50/85 € – Carte 82/92 €

Hors plan – *59 r. du Légué – ✆ 02 96 33 34 65 – www.auxpesked.com – Fermé 16-24 avril, 2 semaines en août et en janv., sam. midi, dim. soir et lundi*

Ô Saveurs

CUISINE MODERNE • **INTIME** XX Difficile d'indiquer quelques-unes des spécialités du chef, car la carte, courte et de saison, change très souvent. Aujourd'hui, terrine de lapin et légumes "pickles"; cabillaud doré au beurre et risotto à l'encre de seiche ; ananas confit 7 heures et glace à la noisette... Les saveurs sont là, c'est l'essentiel !

Formule 16 € – Menu 29/53 € – Carte 41/54 €

Plan : A2-n – *10 r. Jules-Ferry – ✆ 02 96 94 05 34 – www.osaveurs-restaurant.com – Fermé 2 semaines en août, 2 semaines en janv., merc. soir, dim. et lundi*

L'Air du Temps

CUISINE MODERNE • BISTRO Dans une petite rue en plein centre-ville, près des Halles, un bistrot dont le cachet mêle l'actuel et l'ancien (pierres apparentes, cheminée...). On y prépare une cuisine traditionnelle revisitée, mitonnée en cocotte : rognons de veau, Saint-Jacques, porc ibérique... accompagnée d'une jolie sélection de vins. Grand succès !

Menu 18 € - Carte 30/49 €

Plan : A1-z - *4 r. de Gouët - 02 96 68 58 40 - www.airdutemps.fr - Fermé 2 semaines en juil., vacances de la Toussaint et de fév., dim. et lundi*

Edgar

URBAIN • CONTEMPORAIN Une belle maison ancienne en pierre du pays... qui fut la résidence d'un armateur avant de devenir l'hôtel de police. C'est aujourd'hui un établissement épuré et contemporain, dont les chambres sont bien équipées et fonctionnelles.

28 chambres - 75/160 € 75/160 € - 11 €

Plan : B1-g - *15 r. Jouallan - 02 96 60 27 27 - www.hotel-edgar.fr*

Ker Izel

FAMILIAL • FONCTIONNEL Dans le cœur historique de St-Brieuc, c'est vraisemblablement le plus vieil hôtel de la ville. Les chambres sont plutôt petites, mansardées au 2e étage, et bien tenues. Avec son jardinet et sa piscine, l'adresse est d'un bon rapport qualité-prix.

22 chambres - 49/58 € 64/69 € - 8,50 €

Plan : A1-a - *20 r. de Gouët - 02 96 33 46 29 - www.hotel-kerizel.com - Fermé 22 déc.-3 janv.*

à Cesson 3 km à l'Est par r. de Genève - 22000 St Brieuc

La Croix Blanche

CUISINE MODERNE • ÉLÉGANT Chair de tourteau et gressins aux trois saveurs ; Saint-Jacques au chou pak-choï, jambon et oignons rouges... Dans ce plaisant restaurant ouvert sur un joli jardin, le chef concocte une cuisine d'aujourd'hui gourmande et raffinée, où le poisson tient le premier rôle. Un rapport plaisir-prix à marquer d'une croix blanche !

Formule 20 € - Menu 24/91 € - Carte 52/126 €

61 r. de Genève - 02 96 33 16 97 - www.restaurant-lacroixblanche.fr - Fermé 13-27 fév., 31 juil.-21 août, dim. soir et lundi

Manoir le Quatre Saisons

CUISINE MODERNE • AUBERGE Hors de la ville, presque à la campagne, une maison typiquement régionale et très accueillante, avec un jardin fleuri. Dans ce décor classique et confortable, on déguste une cuisine traditionnelle revisitée ; le chef fait évoluer la carte en fonction des saisons, et travaille de bons produits frais.

Formule 15 € - Menu 29/60 €

61 chemin des Courses - 02 96 33 20 38 - www.manoirquatresaisons.fr - Fermé 6-22 mars, 1er-18 oct., dim. soir et lundi

à Ploufragan 5 km au Sud-Ouest par rte de Quintin - 22440 - 11 346 hab. - Alt. 139 m

Le Brézoune

CUISINE MODERNE • CONVIVIAL Un jeune couple formé à bonne école a repris cette adresse traditionnelle : si les pierres et poutres demeurent, la déco a pris un virage contemporain, comme la carte, où les produits du terroir breton se marient à des notes d'Asie. Originalité, fraîcheur et accueil charmant au menu !

Formule 14 € - Menu 28/55 € - Carte 53/64 €

15 r. de la Poste - 02 96 01 59 37 - Fermé août, janv., merc. soir, sam. midi, dim. soir et lundi

à Plérin 3 km au Nord-Est par Port Légué et D24 – ✉ 22190 Plerin – 14 224 hab. – Alt. 106 m

La Vieille Tour (Nicolas Adam)

CUISINE MODERNE • TENDANCE XX Le cadre, très contemporain, jouant sur la lumière et les matières (verre, wengé...), est en totale adéquation avec les saveurs fines et iodées de cette maison de pays, face au chenal. Les produits sont de belle qualité, les cuissons justes et l'harmonie des saveurs très convaincante. À votre Tour !

➜ Saint-Jacques snackées et potimarron, écume de lard fumé. Turbot sauvage, onctuosité de petits pois. Soufflé fruits de la passion, glace tanariva et citron vert.

Formule 22 € – Menu 30 € (semaine), 43/74 € – Carte 75/90 €

75 r. de la Tour – ✆ 02 96 33 10 30 (réservation conseillée) – www.la-vieille-tour.com – Fermé vacances de fév., 20 août-11 sept., sam. midi, dim. et lundi

Les prix indiqués devant le symbole 🚹 correspondent au prix le plus bas en basse saison puis au prix le plus élevé en haute saison, pour une chambre single. Même principe avec le symbole 🚹🚹, cette fois pour une chambre double.

ST-CALAIS

✉ 72120 (Sarthe) – 3 359 hab. – Alt. 155 m – Carte régionale n° **18**-D1
▶ Paris 188 km – La Ferté-Bernard 33 km – Le Mans 47 km – Tours 66 km
Carte Michelin 310-N7 – Guide Vert Michelin Pays de la Loire

rte de la Ferté-Bernard 3 km au Nord par D1

Château de la Barre

DEMEURE HISTORIQUE • GRAND LUXE Le comte et la comtesse de Vanssay, vingtièmes du nom, vous accueillent dans leur château des 15e-18e s. Un bijou d'élégance à la française... Portraits ancestraux, meubles d'époque, imprimés foisonnants et, dans le parc, des jardins à thème (japonais, italien, inca, etc.). Une villégiature rêvée pour les amateurs !

5 chambres ☕ – 🚹170/480 € 🚹🚹295/480 €

– ✆ 02 43 35 00 17 – www.chateaudelabarre.com – Fermé 10 janv.-1er mars

ST-CANNAT

✉ 13760 (Bouches-du-Rhône) – 5 431 hab. – Alt. 216 m – Carte régionale n° **21**-B3
▶ Paris 731 km – Aix-en-Provence 17 km – Cavaillon 39 km – Manosque 65 km
Carte Michelin 340-G4 – Guide Vert Michelin Provence

au Sud 2 km par rte d'Éguilles et rte secondaire – ✉13760 St-Cannat

Mas de Fauchon

MAISON DE CAMPAGNE • COSY Le calme à l'état pur avec pour seule musique le chant des cigales... En pleine campagne, autour d'une bergerie du 17e s., on découvre de grandes chambres d'un élégant style provençal, de plain-pied avec le jardin. Agréable piscine et espace détente. Restaurant traditionnel dans la bâtisse principale.

16 chambres – 🚹130/300 € 🚹🚹130/300 € – 1 suite – ☕ 15 € – ½ P

1666 chemin de Berre – ✆ 04 42 50 61 77 – www.mas-de-fauchon.fr

ST-CÉRÉ

✉ 46400 (Lot) – 3 540 hab. – Alt. 152 m – Carte régionale n° **15**-C1
▶ Paris 531 km – Aurillac 62 km – Brive-la-Gaillarde 51 km – Cahors 80 km
Carte Michelin 337-H2

Les Trois Soleils de Montal (Frédérik Bizat)

CUISINE MODERNE • CLASSIQUE XXX Un, deux, trois... soleil ! Le décor élégant d'abord, les menus annoncés de vive voix ensuite. Puis, la qualité des produits et la finesse d'exécution en clap de fin : vous pouvez faire un mouvement et déguster sans craindre, le rapport qualité-plaisir est excellent.

→ Tourteau et coquillages aux jeunes pousses, condiment galanga. Veau de lait de la région. Tarte sablée aux agrumes.

Menu 36 € (déj. en semaine), 58/88 €

Hôtel les Trois Soleils de Montal, St-Jean-Lespinasse, 2 km par D673 – 05 65 10 16 16 – www.3soleils.fr – Fermé 1 semaine fin mars, 1 semaine début oct., déc., janv., dim. soir et mardi midi du 15 sept. au 30 juin et lundi sauf le soir du 1er juil. au 14 sept.

Restaurant de France

CUISINE TRADITIONNELLE • CLASSIQUE XX De passage à St-Céré ? Direction la table de l'Hôtel de France, où palpite le cœur du Quercy ! Raviole de tête de veau aux petits légumes, magret de canard, crêpes parmentières... On se régale dans un intérieur élégant, dont les baies vitrées donnent sur un charmant jardin.

Formule 22 € – Menu 26/36 € – Carte environ 39 €

20 chambres – 51/55 € 58/65 € – 10 €

av. François-de-Maynard – 05 65 38 02 16 – www.hotel-de-france-saint-cere.fr – Fermé 16 déc.-17 janv., vend. soir hors saison, lundi midi, vend. midi et sam. midi

Les Trois Soleils de Montal

FAMILIAL • CLASSIQUE Dans cette campagne lotoise si bucolique, qui plus est dans un parc charmant, à deux pas du château de Montal : l'adresse est idéale pour voir la vie en vert ! Chambres spacieuses et confortables, dans une veine plutôt moderne.

25 chambres – 95/185 € 125/185 € – 4 suites – 13 € – ½ P

St-Jean-Lespinasse, 2 km par D673 – 05 65 10 16 16 – www.3soleils.fr – Fermé 1 semaine fin mars, 1 semaine début oct., déc. et janv.

Les Trois Soleils de Montal – voir les restaurants ci-dessus

ST-CHAMAS

13250 (Bouches-du-Rhône) – 7 852 hab. – Alt. 15 m – Carte régionale n° **21**-A3

Paris 738 km – Arles 43 km – Marseille 50 km – Martigues 26 km

Carte Michelin 340-F4 – Guide Vert Michelin Provence

Le Rabelais

CUISINE MODERNE • AUBERGE XX Installé dans la jolie salle voûtée du 17e s. d'un vieux moulin à blé, un restaurant que n'aurait pas renié le héros de Rabelais, l'insatiable Gargantua ! On y sert une goûteuse cuisine, ancrée dans les saisons et préparée avec le plus grand soin. Pour faire étape, deux jolies chambres à l'étage.

Menu 30/49 € – Carte 38/53 €

2 chambres – 90 € 90 € – 9 €

8 r. Auguste-Fabre (centre-ville) – 04 90 50 84 40 – www.restaurant-le-rabelais.com – Fermé merc. soir, dim. sauf le midi en juil.-aout et lundi

ST-CHAMOND

42400 (Loire) – 35 564 hab. – Alt. 388 m – Carte régionale n° **23**-B2

Paris 505 km – Feurs 55 km – Lyon 50 km – Montbrison 53 km

Carte Michelin 327-G7 – Guide Vert Michelin Lyon et sa région

Les Ambassadeurs

CUISINE MODERNE • ÉLÉGANT XXX Sous l'égide d'un jeune chef ambitieux, ces Ambassadeurs-là délivrent aux papilles un nouveau message : celui de recettes actuelles, pensées au fil des saisons, à l'image de ce rouget barbet et tourteau breton avec croustillant de pain à l'encre de seiche. Bon choix de vins de Bourgogne et de la vallée du Rhône.

Menu 28 € (déj. en semaine), 39/79 € - Carte environ 77 €

28 av. de la Libération (près de la gare) - ✆ 04 77 22 85 80 - www.hotel-ambassadeurs.fr - Fermé 24 juil.-23 août, 25-30 déc., sam. midi, dim. soir et lundi

ST-CHÉLY-D'APCHER

✉ 48200 (Lozère) - 4 187 hab. - Alt. 1 000 m - Carte régionale n° **12**-B1

Paris 540 km - Aurillac 106 km - Mende 45 km - Le Puy-en-Velay 85 km

Carte Michelin 330-H6

à La Garde 9 km au Nord par D809 - ✉ 48200 Albaret Ste Marie

Le Rocher Blanc

CUISINE MODERNE • TENDANCE X Une auberge campagnarde et... branchée ! Le chef aime bousculer les habitudes, dans le décor - aux styles mêlés - comme dans l'assiette. À la carte : goût du terroir et zeste d'audace (escargots de Massiac sautés avec une touche d'anis et de parmesan, pavés de lotte rôtis au vinaigre de Xérès...). Une réussite !

Menu 22/49 € - Carte 31/59 €

Hôtel Le Rocher Blanc, route du Gévaudan - ✆ 04 66 31 90 09 - www.lerocherblanc.com

Château d'Orfeuillette

CUISINE MODERNE • ROMANTIQUE XX Atmosphère châtelaine, feutrée et romantique pour une table associant élégance des vieilles pierres et esprit très contemporain. Avec de bons produits locaux, le chef concocte une cuisine d'aujourd'hui, fine et plaisante.

Menu 49/66 € - Carte 53/64 €

Hôtel Château d'Orfeuillette, échangeur A75 sortie 32 puis sur D809, suivre la Garde - ✆ 04 66 42 65 65 - www.chateauorfeuillette.com - Fermé le midi sauf dim. et lundi soir

Château d'Orfeuillette

DEMEURE HISTORIQUE • PERSONNALISÉ Dans le parc paressent des ânes et des chevaux... Au cœur du Gévaudan, voilà bien un lieu paisible et raffiné : ce château de la fin du 19e s. mêle charme de l'ancien, mobilier design et touches baroques avec un caractère certain ! Également quelques chambres côté "Orangerie".

9 chambres - 155/330 € 155/330 € - 2 suites - 16 € - ½ P

échangeur A75 sortie 32 puis sur D809, suivre la Garde - ✆ 04 66 42 65 65 - www.chateauorfeuillette.com - Ouvert d'avril à oct.

Château d'Orfeuillette - voir les restaurants ci-dessus

Le Rocher Blanc

FAMILIAL • PERSONNALISÉ "Mille et une nuits", "Temps modernes", "Masaï", "Campagnarde", etc. La plupart des chambres de cet hôtel déclinent un thème différent, parfaitement mis en scène. Un voyage dans le voyage... et une bonne étape, aux prestations variées et agréables.

19 chambres - 64/140 € 64/140 € - 10 € - ½ P

rte du Gévaudan - ✆ 04 66 31 90 09 - www.lerocherblanc.com

Le Rocher Blanc - voir les restaurants ci-dessus

ST-CHÉLY-D'AUBRAC

✉ 12470 (Aveyron) - 543 hab. - Alt. 700 m - Carte régionale n° **15**-D1

Paris 589 km - Espalion 20 km - Mende 74 km - Rodez 50 km

Carte Michelin 338-J3

Hôtel des Voyageurs

CUISINE TRADITIONNELLE • AUBERGE Les villages perdus dans la campagne réservent de belles surprises ! Ici, on déguste une bonne cuisine familiale à l'accent aveyronnais (tripoux, chou farci, foie gras...) et l'on peut même faire des provisions, car le chef a ouvert une conserverie artisanale. Pour l'étape, des chambres simples et impeccables.

Menu 15/24 € - Carte 24/39 €

7 chambres - 52/55 € 52/55 € - 8 €

av. d'Aubrac - 05 65 44 27 05 - www.hotel-conserverie-aubrac.fr - Ouvert 9 avril-15 oct. et fermé jeudi sauf le soir en juil.-août

ST-CHRISTOPHE-LA-GROTTE - 73 (Savoie) → Voir Échelles

ST-CIRQ-LAPOPIE

46330 (Lot) - 217 hab. - Alt. 320 m - Carte régionale n° **15**-C1

Paris 574 km - Cahors 26 km - Figeac 44 km - Villefranche-de-Rouergue 37 km

Carte Michelin 337-G5

Auberge du Sombral - Les Bonnes Choses

CUISINE DU TERROIR • CONVIVIAL Dans cette maison, au pied du château des Lapopie, on sait ce que sont Les Bonnes Choses ! La preuve : on y savoure une sympathique cuisine du terroir où les produits locaux ont la part belle (agneau, foie gras, fromages...). Quelques jolies chambres pour prolonger la visite de ce village dominant le Lot.

Formule 17 € - Menu 20 € (déj. en semaine), 26/30 € - Carte 31/41 €

8 chambres - 50/60 € 60/85 € - 9 €

- 05 65 31 26 08 - www.lesombral.com - Ouvert 1er avril-11 nov. et fermé mardi sauf vacances scolaires, sept. et le soir sauf vend. du 1er avril à fin août et sam.

à Tour-de-Faure 2 km à l'Est par D8 - 46330 - 380 hab. - Alt. 137 m

Le Saint-Cirq

MAISON DE CAMPAGNE • PERSONNALISÉ Face au cirque de Lapopie, cet hôtel récent s'inspire d'un hameau quercynois : pierre, bois, tommettes au sol, parc planté d'arbres fruitiers, etc. Les chambres, confortables, donnent envie de s'attarder... tout comme la piscine et le beau spa avec hammam et sauna.

25 chambres - 88/198 € 88/198 € - 14 €

Lieu-dit le Mas (face à St-Cirq-Lapopie) - 05 65 30 30 30 - www.hotel-lesaintcirq.com

ST-CLAIR - 83 (Var) → Voir Le Lavandou

ST-CLAR

32380 (Gers) - 999 hab. - Alt. 150 m - Carte régionale n° **15**-B2

Paris 706 km - Agen 49 km - Auch 37 km - Toulouse 79 km

Carte Michelin 336-G6

La Garlande

MAISON DE MAÎTRE • PERSONNALISÉ Cette maison de maître du 18e s. est pleine de cachet : on accède aux chambres cosy par un escalier ouvert sur un puits de lumière ; le propriétaire, ancien marchand d'art, expose des toiles partout dans la maison. Ravissant jardin, qui se pare de fleurs à la belle saison.

3 chambres - 60/69 € 69/82 €

12 pl. de la Mairie - 05 62 66 47 31 - www.lagarlande.com - Ouvert 24mars-12 nov.

ST-CLAUD

16450 (Charente) - 1 102 hab. - Alt. 144 m - Carte régionale n° **20**-C2

Paris 437 km - Angoulême 44 km - Poitiers 111 km - Saint-Junien 38 km

Carte Michelin 324-M4

Logis de la Broue

HISTORIQUE • PERSONNALISÉ Joliment restaurée, cette propriété viticole est désormais un lieu de villégiature charmant, bucolique et paisible. Salon bourgeois orné d'authentiques tapisseries d'Aubusson, chambres classiques d'esprit maison de famille, piscine, billard et plats du terroir à la table d'hôte : plaisirs intemporels...

3 chambres – 100 € 140 €

r. Abbé-Rousselot – 06 72 14 68 94 – www.logisdelabroue.com

ST-CLÉMENT-DES-BALEINES – 17 (Charente-Maritime) → Voir Île de Ré

ST-CLÉMENT-LES-PLACES

69930 (Rhône) – 616 hab. – Alt. 625 m – Carte régionale n° **23**-A1

Paris 458 km – Lyon 54 km – Saint-Étienne 69 km – Villeurbanne 63 km

Carte Michelin 327-F5

L'Auberge de Saint-Clément

CUISINE TRADITIONNELLE • AUBERGE Dans les monts du Lyonnais, cette paisible auberge offre, depuis la terrasse, une jolie vue sur la campagne. Les propriétaires, sympathiques et bons vivants, y servent une cuisine de bistrot préparée en toute simplicité. Ne manquez pas leur spécialité : la tarte aux pommes bien beurrée !

Formule 18 € – Menu 23 €

Le bourg – 04 74 26 03 83 (réservation conseillée) – Fermé 21 déc.-3 janv., 4-29 août, merc. et le soir

ST-CLOUD – 92 (Hauts-de-Seine) → Voir Autour de Paris

ST-CRÉPIN

05600 (Hautes-Alpes) – 653 hab. – Alt. 910 m – Carte régionale n° **21**-C1

Paris 759 km – Briançon 26 km – Digne-les-Bains 140 km – Gap 60 km

Carte Michelin 334-H4 – Guide Vert Michelin Alpes du Sud

Les Tables de Gaspard (Sébastien Corniau)

CUISINE MODERNE • ROMANTIQUE Ne vous attendez pas au cliché d'un grand restaurant "gastronomique" : ici, on se régale en toute simplicité d'une cuisine franche, sincère et généreuse ! Le jeune chef, Sébastien Corniau, est tout entier guidé par les saveurs... La salle, une ancienne étable, ne manque pas non plus de caractère, tout comme les chambres d'hôtes à l'étage.

→ Cuisine du marché.

Formule 21 € – Menu 24 € (déj. en semaine), 33/60 €

3 chambres – 49/55 € 49/55 €

r. Principale – 04 92 24 85 28 (réservation conseillée) – www.lestablesdegaspard.com – Fermé 1 semaine en juin et en oct., de mi-nov. à mi-déc., mardi et merc.

ST-CYPRIEN

66750 (Pyrénées-Orientales) – 10 552 hab. – Alt. 5 m – Carte régionale n° **12**-B3

Paris 859 km – Céret 31 km – Perpignan 17 km – Port-Vendres 20 km

Carte Michelin 344-J7

à St-Cyprien-Sud 3 km – 66750 St-Cyprien

L'Almandin

CUISINE CRÉATIVE • ÉLÉGANT Au bord de la Méditerranée, dans un cadre contemporain, cette table joue l'inédit autour d'une cuisine qui prend les papilles par surprise avec de beaux mélanges sucré-salé. La sole juste snakée, crème de maïs et charlotte courgettes-ananas, en est un bon exemple... L'originalité au pouvoir !

Menu 30 € (déj. en semaine), 49/98 € – Carte 68/88 €

Hôtel L'Île de la Lagune, bd de l'Almandin (par av. Armand-Lanoux) – 04 68 21 01 02 – www.almandin.fr – Fermé lundi et mardi d'oct. à avril

L'Île de la Lagune

SPA ET BIEN ÊTRE • ÉLÉGANT Au bout d'une petite route, sur une marina artificielle et... au grand calme ! Le bâtiment, entièrement rénové en 2012, se dresse sur les rives. Au programme : thalasso, piscine sur le toit et plage... L'été, un bateau y conduit même les clients.

18 chambres – 170/750 € 170/750 € – 6 suites – 22 € – ½ P

bd de l'Almandin (par av. Armand-Lanoux) – 04 68 21 01 02 – www.hotel-ile-lagune.com

L'Almandin – voir les restaurants ci-dessus

La Lagune

RESORT • FONCTIONNEL Sur la plage, un hôtel intégré à un vaste complexe résidentiel, idéal pour les familles et les groupes. Les chambres, fonctionnelles et bien tenues, donnent sur la piscine ou la lagune. Les adeptes de l'esprit club apprécieront les animations musicales en saison et les formules buffet, ainsi que le joli spa.

49 chambres – 95/205 € 95/205 € – 14 € – ½ P

28 av. Armand-Lanoux – 04 68 21 24 24 – www.hotel-lalagune.com – Ouvert 28 avril-2 oct.

ST-CYR-AU-MONT-D'OR – 69 (Rhône) → Voir Lyon

ST-CYR-DU-GAULT

41190 (Loir-et-Cher) – 176 hab. – Alt. 130 m – Carte régionale n° **6**-A1
Paris 222 km – Blois 28 km – Orléans 98 km – Tours 43 km
Carte Michelin 318-D6

Château Le Parc

DEMEURE HISTORIQUE • PERSONNALISÉ Un château de 1870 construit sur des ruines du 15e s. Les chambres y sont très spacieuses et joliment décorées de meubles anciens ou contemporains. Mais l'atout majeur de l'adresse est sans aucun doute son superbe parc de 21 ha où il n'est pas rare d'apercevoir une biche ou un chevreuil.

3 chambres – 130 € 160 €

Le Parc – 02 54 46 19 58 – www.chateau-leparc.com – Fermé déc. et janv.

ST-CYR-EN-TALMONDAIS

85540 (Vendée) – 350 hab. – Alt. 31 m – Carte régionale n° **18**-B3
Paris 444 km – Luçon 14 km – La Rochelle 57 km – La Roche-sur-Yon 30 km
Carte Michelin 316-H9 – Guide Vert Michelin Pays de la Loire

Auberge de la Court d'Aron

CUISINE TRADITIONNELLE • AUBERGE XX Seconde vie pour les écuries du château... transformées en une charmante auberge rustique ! On y apprécie une cuisine traditionnelle simple dans son esprit, mais bien faite et concoctée avec de bons produits. Et pour rester pour la nuit, quatre très jolies chambres mêlant épure, esprit nature et chaleur du bois.

Formule 16 € – Menu 27 € (semaine), 32/42 € – Carte 27/46 €

4 chambres – 72/94 € 80/102 € – 11 €

1 allée des Tilleuls – 02 51 30 81 80 – www.court-d-aron.com – Fermé 20 nov.-7 déc., 16 janv.-2 fév., dim. soir et mardi soir hors saison et lundi

ST-CYR-SUR-LOIRE – 37 (Indre-et-Loire) → Voir Tours

ST-CYR-SUR-MER

83270 (Var) – 11 755 hab. – Alt. 10 m – Carte régionale n° **21**-B3
Paris 810 km – Bandol 8 km – Le Beausset 10 km – Brignoles 70 km
Carte Michelin 340-J6 – Guide Vert Michelin Côte d'Azur

rte de Bandol 4 km par D559 – ✉ 83270 St-Cyr-sur-Mer :

Dolce Frégate Provence

LUXE • CONTEMPORAIN Calme et verdure dans cet établissement d'esprit resort. Superbe vue sur la mer, chambres et villas de style provençal – progressivement rénovées dans une veine chic et contemporaine. Au Mas des Vignes, cuisine gastronomique et cadre cosy. Repas plus décontracté à la Restanque.

95 chambres – 🚹209/500 € 🚹🚹265/1000 € – 68 suites – ☕25 € – ½ P

lieu-dit Frégate, RD559, rte de Bandol – ✆ 04 94 29 39 39 – www.dolcefregate.com

ST-DALMAS-DE-TENDE – 06 (Alpes-Maritimes) → Voir Tende

ST-DENIS-LE-VÊTU

✉ 50210 (Manche) – 610 hab. – Carte régionale n° **17**-A2

▶ Paris 327 km – Caen 95 km – St-Lô 32 km

Carte Michelin 303-D6

La Baratte

CUISINE TRADITIONNELLE • AUBERGE XX Au cœur de la petite bourgade, cette maison en pierre du pays – ancien bar-épicerie – est devenue une coquette auberge familiale... Le cadre est délicieusement rustique, avec une agréable terrasse pour les beaux jours ; la cuisine, dans l'air du temps, s'ancre sur de solides bases traditionnelles et les producteurs locaux.

Formule 16 € – Menu 33 € – Carte 35/49 €

Le Bourg – ✆ 02 33 45 45 49 – www.restaurant-labaratte.fr – Fermé vacances de fév., de printemps, de la Toussaint, dim. soir, mardi soir et merc.

ST-DIDIER – 35 (Ille-et-Vilaine) → Voir Châteaubourg

ST-DIDIER-DE-LA-TOUR – 38 (Isère) → Voir La Tour-du-Pin

ST-DIÉ-DES-VOSGES

✉ 88100 (Vosges) – 21 053 hab. – Alt. 350 m – Carte régionale n° **14**-C3

▶ Paris 397 km – Colmar 53 km – Épinal 53 km – Mulhouse 108 km

Carte Michelin 314-J3

Les Voyageurs

CUISINE TRADITIONNELLE • BRASSERIE XX Une cuisine traditionnelle (foie gras maison, fricassée de rognons et ris de veau...) réalisée avec des produits soigneusement choisis : voici ce qui vous attend dans cette sympathique brasserie contemporaine. Sur la carte des vins, l'Alsace figure en tête.

Formule 16 € – Menu 21 € (semaine), 27/39 € – Carte 28/55 €

9 r. de la Meurthe – ✆ 03 29 56 21 56 – www.restaurant-des-voyageurs.fr – Fermé 4-11 janv., 25 juil.-8 août, dim. soir et lundi

BistrOchic Ⓝ

CUISINE MODERNE • CONTEMPORAIN X Tout près des quais de la Meurthe, on trouve désormais ce bistrot contemporain mené par le chef Rémi Weisrock. Rognon de veau flambé au cognac, tartare de bœuf au pesto et huile de truffe... Il compose là une jolie carte tout en variations, et branchée sur les saisons.

Carte 26/69 €

7 r. du 11-Novembre-1918 – ✆ 03 29 52 92 99 – www.bistrochic.fr – Fermé dim. soir, lundi soir et mardi

ST-DISDIER

✉ 05250 (Hautes-Alpes) – 136 hab. – Alt. 1 024 m – Carte régionale n° **21**-B1

▶ Paris 643 km – Gap 46 km – Grenoble 81 km – La Mure 41 km

Carte Michelin 334-D4 – Guide Vert Michelin Alpes du Nord

La Neyrette

FAMILIAL · MONTAGNARD Une sympathique petite auberge au calme, bordée par un plan d'eau. Mais pour vous baigner, préférez l'espace bien-être avec sa piscine couverte à nage à contre courant, ou le jacuzzi extérieur avec vue sur les montagnes ! Les chambres, bien tenues, sont peu à peu rénovées.

12 chambres – 89 € 121 € – ½ P

– 04 92 58 81 17 – www.la-neyrette.com – Fermé 2-14 avril et 16 oct.-22 déc.

ST-DONAT-SUR-L'HERBASSE

26260 (Drôme) – 3 912 hab. – Alt. 202 m – Carte régionale n° **24**-E2

Paris 545 km – Grenoble 92 km – Hauterives 20 km – Romans-sur-Isère 13 km

Carte Michelin 332-C3 – Guide Vert Michelin Ardèche Drôme

Chartron

CUISINE MODERNE · ÉLÉGANT XXX Une institution locale au sein de ce village célèbre pour son festival Jean-Sébastien-Bach (en juillet). Les préparations, basées sur de bons produits, révèlent un savoir-faire certain ; le chef cuisine notamment les truffes en saison.

Menu 38 € (semaine), 55/145 €

8 chambres – 85/98 € 98/190 € – 15 €

1 av. Gambetta – 04 75 45 11 82 – www.restaurant-chartron.com – Fermé 24 avril-4 mai, 11-29 sept., 2-9 janv., mardi et merc.

La Mousse de Brochet

CUISINE TRADITIONNELLE · FAMILIAL X Après avoir admiré les orgues de la collégiale, faites une halte dans ce petit restaurant aux airs de bistrot de campagne. Le chef privilégie les produits frais, souvent de la région. Mention spéciale pour... la mousse de brochet, évidemment.

Formule 16 € – Menu 20 € (déj.), 30/37 € – Carte 32/46 €

6 av. du Cdt-Corlu – 04 75 45 10 47 – www.restaurant-lamousse-stdonat.fr – Fermé 24 juin-14 juil., 2-10 janv., le soir en semaine de sept. à mai, dim. soir et lundi

ST-DYÉ-SUR-LOIRE

41500 (Loir-et-Cher) – 1 119 hab. – Alt. 96 m – Carte régionale n° **6**-B2

Paris 173 km – Beaugency 21 km – Blois 17 km – Orléans 52 km

Carte Michelin 318-F6 – Guide Vert Michelin Châteaux de la Loire

Manoir Bel Air

TRADITIONNEL · CLASSIQUE Cette maison de maître (17ᵉs.) et son jardin sont agréablement posés sur les bords de Loire. Les chambres, de facture classique, sont spacieuses. Au restaurant, on savoure des plats traditionnels et de vieux bordeaux millésimés en regardant couler le fleuve...

43 chambres – 90 € 108 € – 14 € – ½ P

1 rte d'Orléans – 02 54 81 60 10 – www.manoirbelair.com – Fermé 1er fév.-10 mars

ST-ÉMILION

33330 (Gironde) – 1 931 hab. – Alt. 30 m – Carte régionale n° **2**-C1

Paris 584 km – Bergerac 58 km – Bordeaux 40 km – Langon 49 km

Carte Michelin 335-K5 – Guide Vert Michelin Aquitaine

Hostellerie de Plaisance

CUISINE MODERNE · ÉLÉGANT XXXX Descendu de sa Chèvre d'Or, à Èze, le chef Ronan Kervarrec a pris place à l'été 2016 aux fourneaux de cette institution locale. On retrouve cette cuisine technique et délicate qui est sa marque de fabrique ; il y mêle superbement ses origines bretonnes, son expérience méridionale, et le terroir aquitain. Le tout arrosé de vins du vignoble alentour...

→ Tourteau de casier, citron caviar, coquillages et crustacés, écume océanique et son consommé. Ris de veau du Limousin croustillant au naturel, citron, raviole d'épinards et oseille. Amandes, soufflé et sorbet mûre sauvage.

Menu 68 € (déj. en semaine), 85/140 € – Carte 115/155 €

Hostellerie de Plaisance, 5 pl. du Clocher – 05 57 55 07 55 – www.hostelleriedeplaisance.com – Fermé 17 déc.-12 fév., dim. et lundi

✿ Logis de la Cadène

CUISINE CLASSIQUE • ÉLÉGANT XX Le chef, Alexandre Baumard, met à profit le meilleur du terroir pour composer une cuisine fine et inventive, éminemment personnelle, qu'il fait évoluer au fil des saisons. Pour accompagner ces douceurs, une superbe carte des vins contenant plus de 700 références. Agréable terrasse aux beaux jours.

➜ Risotto à la truffe et au parmesan. Bar de ligne rôti au beurre noisette, caviar d'Aquitaine et écrasé de pomme de terre ratte. Soufflé au Cointreau, sorbet orange sanguine.

Menu 29 € (déj. en semaine), 46/69 € - Carte 70/83 €

Hôtel Logis de la Cadène, 3 pl. du Marché-au-Bois - ✆ 05 57 24 71 40 (réservation conseillée) - www.logisdelacadene.fr - Fermé 19 déc.-5 fév. et dim.

Le Tertre

CUISINE TRADITIONNELLE • CONVIVIAL XX Un lieu champêtre et intime, avec un vivier à crustacés et une petite salle creusée dans la roche... Idéal pour déguster une agréable cuisine de tradition accompagnée de bons vins (400 références, dont beaucoup de saint-émilion).

Formule 25 € - Menu 34/75 € - Carte 64/110 €

5 r. Tertre-de-la-Tente - ✆ 05 57 74 46 33 - www.restaurant-le-tertre.com - Ouvert 11 fév.-11 nov. et fermé merc. en fév.-mars et jeudi

Huitrier Pie

POISSONS ET FRUITS DE MER X En bas de la cité médiévale, un restaurant avec une jolie terrasse où l'on s'installe aux beaux jours... À moins de préférer la salle avec sa cheminée. On goûte ensuite aux bonnes recettes du chef, dans lesquelles le poisson est roi : pain de lotte et aïoli, barbu avec son beurre noisette, etc. Service aux petits soins.

Formule 23 € - Menu 28/60 € - Carte 39/80 €

11 r. de la Porte-Bouqueyre - ✆ 05 57 24 69 71 - www.lhuitrier-pie.net - Fermé mardi sauf juil.-août et merc.

Hostellerie de Plaisance

LUXE • PERSONNALISÉ Au cœur du village, cette belle demeure du 14e s. mêle luxe et douceur de vivre. Jardins élégants, vignes alentour : tout est si délicieux, verdoyant et calme... Un lieu rare pour profiter des charmes de St-Émilion !

18 chambres - 390/710 € 390/710 € - 3 suites - 36 €

5 pl. du Clocher - ✆ 05 57 55 07 55 - www.hostelleriedeplaisance.com - Fermé 17 déc.-12 fév.

✿✿ **Hostellerie de Plaisance** - voir les restaurants ci-dessus

Logis de la Cadène

DEMEURE HISTORIQUE • ÉLÉGANT Sur une place du centre du village, impossible de ne pas succomber au charme de cette maison ancienne, typique de Saint-Émilion. Les chambres y ont du caractère (mobilier chiné, vieux plancher) et l'on profite, au sous-sol, d'un espace "remise en forme" avec sauna et hammam.

5 chambres - 190/320 € 190/320 € - 4 suites

3 pl. du Marché-au-Bois - ✆ 05 57 24 71 40 - www.logisdelacadene.fr - Fermé 19 déc.-5 fév.

✿ **Logis de la Cadène** - voir les restaurants ci-dessus

Au Logis des Remparts

TRADITIONNEL • FONCTIONNEL Le charme des vieilles pierres - l'hôtel se compose de deux maisons des 14e et 17e s. -, la luxuriance d'un beau jardin à la lisière des vignes... Chambres sobres et agréables, dont trois suites contemporaines et luxueuses.

20 chambres - 135/475 € 135/475 € - 16 €

18 r. Guadet - ✆ 05 57 24 70 43 - www.logisdesremparts.com - Fermé 15 déc.-31 janv.

Palais Cardinal

FAMILIAL • CLASSIQUE Au 14e s., un cardinal vécut dans cette maison... comme un pape. Les chambres sont sympathiques (plus spacieuses et confortables dans l'aile la plus récente) ; quant au jardin et à la piscine, ils sont vraiment plaisants.

27 chambres - 89/176 € 113/212 € - 15 €

pl. 11-novembre-1918 - 05 57 24 72 39 - www.palais-cardinal.com - Ouvert de mai à nov.

Clos de la Barbanne

FAMILIAL • ÉLÉGANT Une maison girondine au milieu des vignes... et des propriétaires vignerons, qui produisent chaque année 3 000 bouteilles de leur nectar. Les chambres sont spacieuses et épurées ; sur demande, la maîtresse des lieux vous régalera de ses petits plats du terroir. Agréable et bucolique.

4 chambres - 180/210 € 180/210 €

2 Les Grandes-Pièces (La Berlière), à 5 km au Nord-Est, rte de St-Christophe-des-Bardes puis rte de Parsac 33570 Montagne - 05 57 24 08 79 - www.closdelabarbanne.com - Fermé 20 déc.-3 janv.

à l'Est 2 km à l'Est par rte de St-Christophe-des-Bardes D243 et D243E1

Les Belles Perdrix de Troplong-Mondot

CUISINE MODERNE • TENDANCE XX C'est dans le vignoble, au sein même du château d'un 1er grand cru classé, que s'épanouit ce restaurant tout en pierre blonde, avec une superbe terrasse face aux coteaux. Aux commandes : un chef revisitant joliment la gastronomie du terroir... avec des créations qui siéent divinement bien aux vins du domaine !

→ Œuf bio d'Aquitaine soufflé, encornets au citron confit et dentelles à l'encre de seiche. Pigeon au sang, poitrine rôtie aux herbes, haricots verts et cocos. Fraises gariguette, marmelade de rhubarbe et jus de fraise.

Menu 39 € (déj. en semaine), 60/150 €

2 chambres - 195/330 € 330/490 € - 2 suites

1, lieu-dit Mondot 33330 St-Emilion - 05 57 55 32 05 - www.chateau-troplong-mondot.com - Fermé 18 déc.-9 fév., 13-29 nov., lundi soir de nov. à mars, mardi et merc.

rte de Libourne 4 km au Nord-Ouest par D243

Château Grand Barrail

CUISINE MODERNE • CHIC XX Dans ce charmant domaine, une table non moins séduisante ! Roulade de lapin, tomates et pignons ; risotto aux langoustines rôties et parmesan... Les assiettes sont fraîches et bien réalisées : on passe un bon moment.

Formule 25 € - Menu 35 € (déj. en semaine), 55/85 € - Carte environ 80 €

33330 St-Émilion - 05 57 55 37 00 - www.grand-barrail.com - Fermé mi-déc. à début fév.

Château Grand Barrail

DEMEURE HISTORIQUE • PERSONNALISÉ Au milieu du vignoble, ce château du 19e s. d'allure si romantique. Le parc verdoyant ; le spa et la piscine pour se prélasser ; les chambres - douillettes, raffinées et pleines de caractère dans la bâtisse principale ; le restaurant gastronomique... tout ici a du cachet !

43 chambres - 180/750 € 180/750 € - 3 suites - 24 € - ½ P

33330 St-Émilion - 05 57 55 37 00 - www.grand-barrail.com - Fermé mi-déc. à fin Janvier

Château Grand Barrail - voir les restaurants ci-dessus

ST-ESTÈPHE

24360 (Dordogne) - 592 hab. - Alt. 222 m - Carte régionale n° **2**-C1

Paris 460 km - Bordeaux 163 km - Limoges 67 km - Périgueux 55 km

Carte Michelin 329-E2

Le Moulin du Grand Étang

CUISINE MODERNE • BISTRO Un peintre pourrait faire sienne cette petite maison bordant un grand étang, dont les rives bucoliques se reflètent à loisir sur les ondes... Le jeune chef signe ici une cuisine vive et colorée, après avoir travaillé auprès de vrais maîtres (Arnaud Donckele, Michel Rochedy...).

Formule 14 € - Menu 26/40 € - Carte 33/64 €

- 05 53 60 41 69 - www.lemoulindugrandetang.sitew.fr - Fermé début janv.-mi fév., dim. soir, merc. soir, jeudi soir, lundi et mardi sauf juil.-août

ST-ÉTIENNE

42000 (Loire) - 171 483 hab. - Agglo. 369 586 hab. - Alt. 520 m
- Carte régionale n° **23**-A2

Paris 517 km - Clermont-Ferrand 147 km - Grenoble 154 km - Lyon 61 km

Carte Michelin 327-F7 - Guide Vert Michelin Lyon et sa région

Insens

CUISINE MODERNE • BISTRO Un joli restaurant, simple et convivial, dont le nom évoque à la fois les cinq sens et le goût de l'insensé... Son jeune chef signe une cuisine pétillante, savoureuse, colorée et ludique - fondée sur un vrai tour de main. Sans doute le meilleur rapport plaisir-prix de St-Étienne !

Formule 14 € - Menu 19 € (déj.), 27/45 € - Carte 19/46 €

Plan : B2-t *- 10 r. de Lodi - 04 77 32 34 34 - www.insens-restaurant.fr - Fermé août, vacances de Noël, dim. et lundi*

À la Table des Lys

CUISINE MODERNE • ÉLÉGANT Une table élégante et intime, idéale pour un dîner en ville. Vous aurez le choix entre trois salles évoquant de petits salons feutrés, pour déguster une cuisine éprise de fraîcheur, de légèreté et de finesse.

Menu 32/100 € - Carte 42/87 €

Plan : C3-q *- 5 cours Fauriel - 04 77 25 48 55 - www.latabledeslys.fr - Fermé 29 avril-8 mai, 29 juil.-22 août, sam. et dim.*

André Barcet

CUISINE CLASSIQUE • ÉLÉGANT Non loin des halles, un restaurant empreint de classicisme. La cuisine maison a fait ses preuves : André Barcet compte à St-Étienne une clientèle nombreuse d'habitués de longue date !

Formule 24 € - Menu 38/71 € - Carte 65/77 €

Plan : B3-u *- 19 bis cours Victor-Hugo - 04 77 32 43 63 - www.restaurantbarcet.com - Fermé 14 juil.-11 août, dim. soir et merc.*

Régency

CUISINE MODERNE • DESIGN À la fois contemporain et intime, design et chaleureux, le décor du Régency séduit. Sa cuisine, actuelle, se décline en deux menus, au gré des approvisionnements. Des suggestions sont proposées de vive voix par le chef, qui connaît bien les goûts de ses clients.

Formule 26 € - Menu 38/45 € - Carte 47/54 €

Plan : B1-r *- 17 bd J.-Janin - 04 77 74 27 06 - www.leregencyrestaurant.fr - Fermé août, sam. et dim.*

Aromatic - Pierre Daret

CUISINE MODERNE • BISTRO Ce bistrot chic, dissimulé dans une petite ruelle du centre-ville, ravit les Stéphanois. Croustillant de pied de cochon et crabe aux aromates, selle d'agneau farcie de tomate confite et basilic, lingot chocolaté et sorbet d'orange sanguine : le chef connaît son sujet ! En plus, les prix sont très raisonnables.

Formule 24 € - Menu 28/43 €

Plan : C2-a *- 7 r. François-Gillet - 04 77 33 20 68 - www.aromatic-pierredaret.fr - Fermé mardi soir, merc. soir, dim. et lundi*

Hôtel du Golf

BUSINESS • CONTEMPORAIN L'hôtel le plus confortable de St-Étienne, sur les hauteurs de la ville, domine le golf municipal et la plaine du Forez. En ces lieux, un goût avéré pour la modernité triomphante : mobilier design, couleurs vives, etc. Piscine, grande terrasse et transat.

48 chambres – 115/145 € 130/295 € – 3 suites – 15 € – ½ P

Hors plan – *67 r. St-Simon, face au golf par r. Revollier – 04 77 41 41 00 – www.hoteldugolf42.com*

Hôtel du Midi

BUSINESS • FONCTIONNEL En périphérie de la ville, cet hôtel familial revisite tranquillement l'esprit des années 1930. Les chambres sont assez spacieuses et l'accueil est sympathique. Garage très pratique !

33 chambres – 69/90 € 69/90 € – 11 €

Hors plan – *19 bd Pasteur – 04 77 57 32 55 – www.hotelmidi.fr – Fermé 22 juil.-25 août et 21 déc.-4 janv.*

Astoria

BUSINESS • FONCTIONNEL Bon rapport qualité-prix dans cet hôtel proche du centre de congrès, très fonctionnel et bien tenu. Parfait pour la clientèle d'affaires.

33 chambres – 69/89 € 69/89 € – 9 €

Hors plan – *r. Henri-Déchaud – 04 77 25 09 56 – www.hotel-astoria.fr – Fermé 3 semaines en août*

à Sorbiers 10 km au Nord par D106, N82 et D3 – ✉ 42290 – 7 868 hab. – Alt. 560 m

Le Valjoly

CUISINE TRADITIONNELLE • FAMILIAL X Aux portes de St-Étienne, ce restaurant tenu par un jeune couple cultive la tradition avec fraîcheur : terrine de canard aux noisettes et pistaches, Saint-Jacques et ris de veau aux morilles, cocotte de la mer au fumet de crustacés, etc. Simple et plaisant !

Formule 18 € – Menu 18 € (déj. en semaine), 22/45 € – Carte 28/46 €

9 r. de l'Onzon – 04 77 53 60 35 – http://levaljoly.free.fr – Fermé 20-27 fév., 24 juil.-13 août, lundi et le soir sauf vend. et sam.

à Rochetaillée 8 km au Sud-Est par D8 – ✉ 42100

Yves Genaille

CUISINE MODERNE • AUBERGE XX Au pied du château de ce village médiéval, un restaurant résolument ancré dans... notre époque ! Le décor est actuel, la cuisine non moins contemporaine, mais elle n'en oublie pas le terroir et ses produits (vins de petits producteurs). De surcroît, la salle offre un panorama superbe sur la campagne alentour.

Formule 18 € – Menu 26 € (déj. en semaine), 34/65 € – Carte 53/61 €

3 r. du Parc – 04 77 32 88 48 (réservation conseillée) – www.restaurant-genaille.fr – Fermé 1 semaine en avril, 3 semaines en août, dim. soir, merc. soir, jeudi soir, lundi et mardi

à St-Priest-en-Jarez 4 km au Nord-Ouest – ✉ 42270 – 6 142 hab. – Alt. 605 m

Restaurant du Musée

CUISINE MODERNE • SIMPLE X Nourritures terrestres au sein du musée d'Art moderne de St-Étienne Métropole (l'un des plus importants de France) avec une cuisine épousant les tendances. La technique est impeccable et les prix renversants ! Pour les nourritures célestes, direction les salles d'exposition, à deux pas.

Formule 16 € – Menu 20 € – Carte 36/43 €

musée d'Art moderne la Terrasse – 04 77 79 24 52 (réservation conseillée) – www.restaurantdumusee.fr – Fermé le soir

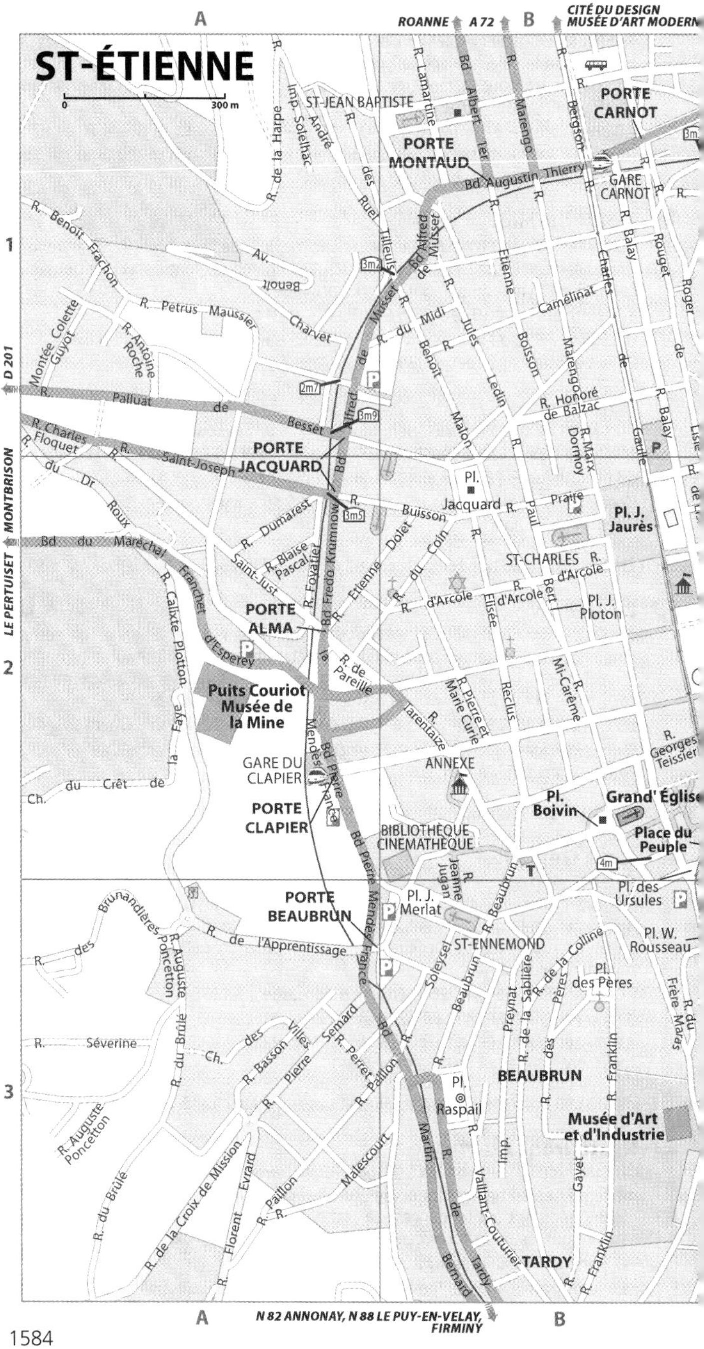
ST-ÉTIENNE
0
300 m
A
B
1
2
3
ROANNE
A 72
CITÉ DU DESIGN
MUSÉE D'ART MODERN
D 201
LE PERTUISET
MONTBRISON
N 82 ANNONAY, N 88 LE PUY-EN-VELAY,
FIRMINY
PORTE CARNOT
GARE CARNOT
PORTE MONTAUD
ST-JEAN BAPTISTE
PORTE JACQUARD
PORTE ALMA
PORTE CLAPIER
GARE DU CLAPIER
PORTE BEAUBRUN
Puits Couriot
Musée de
la Mine
ST-CHARLES
Pl. Jacquard
Pl. J. Jaurès
Pl. J. Ploton
ANNEXE
Pl. Boivin
Grand' Église
Place du Peuple
BIBLIOTHÈQUE
CINÉMATHÈQUE
Pl. J. Merlat
Pl. des Ursules
Pl. W. Rousseau
ST-ENNEMOND
Pl. des Pères
BEAUBRUN
Pl. Raspail
Musée d'Art
et d'Industrie
TARDY
Bd Augustin Thierry
Bd Albert 1er
R. Marengo
R. Bergson
R. Lamartine
Bd Alfred de Musset
R. des Ruel
R. Tilleuls
R. Benoît Frachon
Av. Benoît Charvet
R. Pétrus Maussier
R. Antoine Roche
Montée Colette Guyot
R. Palluat de Besset
R. Charles Floquet
R. Saint-Joseph
R. du Dr Roux
Bd du Maréchal Franchet d'Esperey
R. Calixte Plotton
R. Dumarest
R. Blaise Pascal
R. Fovatier
Saint-Just
Bd Fredo Krumnow
R. Etienne Dolet
R. du Coin
R. Buisson
R. d'Arcole
R. du Midi
R. Benoît Malon
R. Jules Ledin
R. Etienne Boisson
R. Camélinat
R. Honoré de Balzac
R. Marx Dormoy
R. Charles de Gaulle
R. Balay
R. Rouget de Lisle
R. Roger
R. Paul Bert
R. Praire
R. Elisée Reclus
R. Mi-Carême
R. Pierre et Marie Curie
R. Tarentaize
R. de la Pareille
R. Georges Teissier
Bd Pierre Mendès France
R. de la Faye
Ch. du Crêt de
R. Jeanne Jugan
R. Beaubrun
R. des Brunandières
R. Auguste Poncetton
R. de l'Apprentissage
R. Soleysel
R. Preynat
R. de la Sablière
R. de la Colline
R. des Pères
R. Franklin
R. Frère Maras
R. Séverine
R. du Brûlé
Ch. des Villes
R. Basson
R. Pierre Semard
R. Perret
R. Paillon
R. de la Croix de Mission
R. Florent Evrard
R. Malescourt
Bd Martin de Bernard
R. Vaillant-Couturier
R. Tardy
R. Gayet
Imp.
R. de la Harpe
Imp. Soleilhac
R. André
3m2
2m7
3m9
3m5
4m
3m1

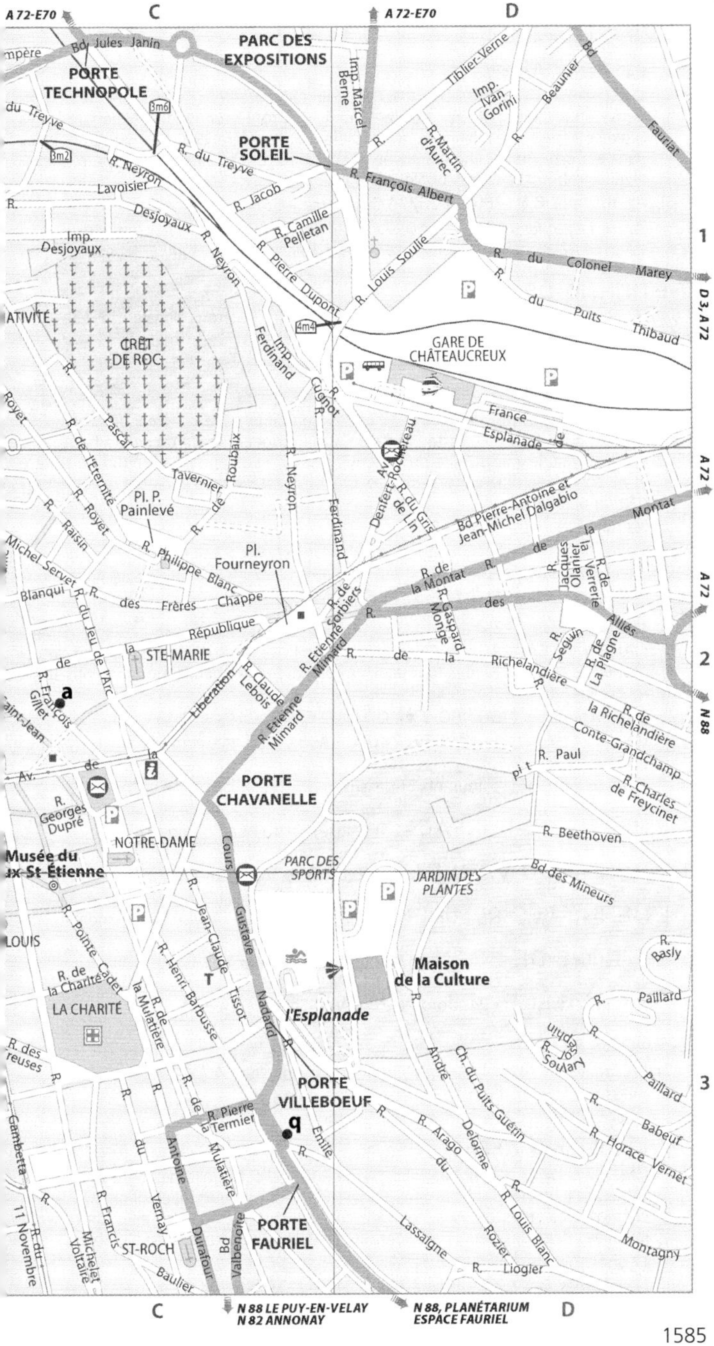
A 72-E70
C
A 72-E70
D
PARC DES EXPOSITIONS
PORTE TECHNOPOLE
PORTE SOLEIL
Bd Jules Janin
R. du Treyve
R. Neyron
Lavoisier
R. Jacob
Desjoyaux
Imp. Desjoyaux
R. Camille Pelletan
R. Pierre Dupont
R. Louis Soulié
Imp. Marcel Berne
Tiblier-Verne
Imp. Ivan Gorini
Beaunier
Bd Fauriat
R. Martin d'Aurec
R. François Albert
R. du Colonel Marey
R. du Puits Thibaud
D 3, A 72
1
CRÊT DE ROC
Imp. Ferdinand
R. Cugnot
GARE DE CHÂTEAUCREUX
France
Esplanade de
Av. Denfert-Rochereau
R. du Gris de Lin
Bd Pierre-Antoine et Jean-Michel Dalgabio
A 72
Royet
R. de l'Éternité
Pascal
Tavernier
R. de Roubaix
R. Neyron
Ferdinand
Pl. P. Painlevé
R. Royet
R. Raisin
R. Philippe Blanc
Pl. Fourneyron
Michel Servet
Blanqui
R. du Jeu de l'Arc
R. des Frères Chappe
République
STE-MARIE
R. de Sorbiers
R. Étienne Mimard
R. de la Montat
R. de la Montat
R. Gaspard Monge
R. des Alliés
R. Jacques Olanier
R. de la Verrerie
R. Seguin
R. de La Plagne
R. de la Richelandière
R. de la Richelandière
A 72
2
N 88
R. François Gillet
Libération
R. Claude Lebois
R. Étienne Mimard
Conte-Grandchamp
R. Paul
R. Charles de Freycinet
Av. de la
R. Georges Dupré
PORTE CHAVANELLE
NOTRE-DAME
R. Beethoven
Musée du
St-Étienne
Cours Gustave Nadaud
PARC DES SPORTS
JARDIN DES PLANTES
Bd des Mineurs
LOUIS
R. Pointe Cadet
R. de la Charité
LA CHARITÉ
R. de la Mulatière
R. Henri Barbusse
R. Jean-Claude Tissot
Maison de la Culture
l'Esplanade
R. Basly
R. Paillard
R. Soulary
R. André
Ch. du Puits Guérin
R. Paillard
R. des
R. Pierre Termier
PORTE VILLEBOEUF
R. Émile
R. Arago
R. Babeuf
R. Horace Vernet
3
Gambetta
R. du 11 Novembre
Michelet Voltaire
R. Francis
R. du Vernay
Antoine Durafour
Bd Valbenoîte
PORTE FAURIEL
ST-ROCH
Baulier
R. Lassaigne
Delorme
R. Louis Blanc
Rozier
R. Liogier
Montagny
C
N 88 LE PUY-EN-VELAY
N 82 ANNONAY
N 88, PLANÉTARIUM
ESPACE FAURIEL
D

à La Fouillouse 10 km au Nord-Ouest par A72, D201 puis D1082 – ✉ 42480 – 4 314 hab. – Alt. 438 m

Le 3ème Acte

CUISINE TRADITIONNELLE • COLORÉ X Le "3ème acte", car il s'agit de la troisième affaire des patrons, qui mettent ici à profit leur longue expérience. Les lieux se révèlent chaleureux, avec tableaux et références cinématographiques dans le décor ; la cuisine est pleine de sincérité (bonbon de pied de porc, chausson de truffe et foie gras poêlé, etc.).

Formule 16 € – Menu 25/75 € – Carte 46/70 €

7 r. des Grandes-Maisons – ☎ 04 77 30 24 81 – www.le3emeacte.sitew.com – Fermé 22 août-5 sept., mardi soir, merc. soir, dim. soir et lundi

ST-ÉTIENNE-DE-BAÏGORRY

✉ 64430 (Pyrénées-Atlantiques) – 1 601 hab. – Alt. 163 m – Carte régionale n° **2**-A3

Paris 813 km – Biarritz 51 km – Cambo-les-Bains 31 km – Pau 116 km

Carte Michelin 342-D5 – Guide Vert Michelin Pays Basque et Navarre

Arcé

CUISINE MODERNE • ÉLÉGANT XX Faites donc une halte gourmande au pied du col d'Ispéguy ! Dans ce restaurant – un ancien trinquet (salle de pelote basque) –, on savoure une jolie cuisine du marché : quasi de veau poêlé, garniture forestière et ail confit ; sardine en tarte fine... L'été, on s'installe sur l'agréable terrasse bordée de platanes.

Menu 32 € – Carte 38/69 €

rte du col d'Ispéguy – ☎ 05 59 37 40 14 (réservation conseillée) – www.hotel-arce.com – Ouvert 8 avril-5 nov. et fermé lundi midi sauf août, merc. midi et jeudi midi du 15 sept. au 15 juil. sauf fériés

Arcé

MAISON DE CAMPAGNE • COSY Une authentique maison basque au pied du col d'Ispéguy et de la Nive. Atout charme : la passerelle métallique au-dessus de la rivière, permettant d'accéder à la piscine.

16 chambres – †100/180 € ††100/320 € – 4 suites – ☕ 18 € – ½ P

rte du col d'Ispéguy – ☎ 05 59 37 40 14 – www.hotel-arce.com – Ouvert 8 avril-5 nov.

Arcé – voir les restaurants ci-dessus

ST-ÉTIENNE-DE-FURSAC – 23 (Creuse) → Voir La Souterraine

ST-ÉTIENNE-DU-VAUVRAY – 27 (Eure) → Voir Louviers

ST-ÉTIENNE-LÈS-REMIREMONT – 88 (Vosges) → Voir Remiremont

ST-EUTROPE-DE-BORN – 47 (Lot-et-Garonne) → Voir Cancon

STE-NATHALÈNE – 24 (Dordogne) → Voir Sarlat-la-Canéda

ST-FARGEAU

✉ 89170 (Yonne) – 1 742 hab. – Alt. 175 m – Carte régionale n° **4**-A2

Paris 180 km – Auxerre 45 km – Clamecy 48 km – Gien 41 km

Carte Michelin 319-B6 – Guide Vert Michelin Bourgogne

Les Grands Chênes

FAMILIAL • À LA CAMPAGNE En pleine Puisaye, cette jolie demeure bourgeoise est en fait un hôtel, niché dans un grand parc. Le salon avec cheminée et les chambres colorées ont beaucoup de charme, certaines d'entre elles sont même installées dans des petites maisonnettes indépendantes... Accueil aimable.

17 chambres – †89/110 € ††89/110 € – ☕ 11 €

Les Berthes-Bailly, 4,5 km au Sud par D18 – ☎ 03 86 74 04 05 – www.hotellesgrandschenes.com

ST-FÉLIX-LAURAGAIS

✉ 31540 (Haute-Garonne) - 1 311 hab. - Alt. 332 m - Carte régionale n° **15**-C2
Paris 716 km - Auterive 46 km - Carcassonne 58 km - Castres 38 km
Carte Michelin 343-J4

Auberge du Poids Public

CUISINE TRADITIONNELLE • CLASSIQUE Depuis la terrasse panoramique de cette auberge familiale, on profite d'une jolie vue sur la plaine du Lauragais. La tradition est à l'honneur, tant dans le décor - mi-rustique, mi-contemporain - que dans ces belles assiettes revisitant le terroir. Chambres confortables.

Menu 27 € (déj. en semaine), 47/80 € - Carte 52/89 €
9 chambres - 75/90 € 80/140 € - 1 suite - 12 €

rte de Toulouse - 05 62 18 85 00 - www.auberge-du-poids-public.fr - Fermé 9-22 janv., dim. soir sauf juil.-août

ST-FIRMIN - 80 (Somme) → Voir Rue

ST-FLORENT - 2B (Haute-Corse) → Voir Corse

ST-FLORENTIN

✉ 89600 (Yonne) - 4 733 hab. - Alt. 120 m - Carte régionale n° **4**-B1
Paris 169 km - Auxerre 32 km - Chaumont 145 km - Dijon 172 km
Carte Michelin 319-F3 - Guide Vert Michelin Bourgogne

Les Tilleuls

CUISINE TRADITIONNELLE • CLASSIQUE Dans les murs d'un ancien couvent de capucins (1635), un décor classique ouvert sur un joli tableau de verdure - dont on profite en terrasse. Le cadre est soigné pour une vraie cuisine de tradition : foie gras au coing et benoîton toasté, rognons de veau et millefeuille pomme-céleri, fromage de bourgogne...

Menu 19 € (déj. en semaine), 35/39 € - Carte environ 50 €
9 chambres - 62/64 € 71/83 € - 11 €

3 r. Descourtives - 03 86 35 09 09 (réservation conseillée) - www.hotel-les-tilleuls.com - Fermé 19 fév.-20 mars, 8 oct.-1er nov., 23 déc.-3 janv. et lundi

ST-FLOUR

✉ 15100 (Cantal) - 6 645 hab. - Alt. 783 m - Carte régionale n° **3**-B3
Paris 513 km - Aurillac 70 km - Issoire 67 km - Le Puy-en-Velay 94 km
Carte Michelin 330-G4 - Guide Vert Michelin Auvergne

Ville basse

Grand Hôtel de l'Étape

CUISINE TRADITIONNELLE • CLASSIQUE Ne vous fiez pas à l'allure un peu "vintage" du restaurant. Il dissimule une authentique table régionale, emmenée par une nouvelle génération ! Croustillant de cantal, tripoux, entrecôte au bleu : une cuisine tout en simplicité et franchise, sous l'œil bienveillant de la grande tradition auvergnate.

Formule 16 € - Menu 29/46 € - Carte 38/58 €

Grand Hôtel de l'Étape, 18 av. de la République - 04 71 60 13 03 - www.hotel-etape.com - Fermé 15 fév.-15 mars, dim. soir et lundi sauf 15 juil.-20 août

L'Ander

CUISINE TRADITIONNELLE • CONVIVIAL Pourquoi ne pas faire un tour dans la ville basse ? Ce sera l'occasion de découvrir ce restaurant chaleureux et coloré, où l'on sert une cuisine du terroir repensée, qui ne manque pas d'originalité.

Formule 14 € - Menu 20/50 € - Carte 30/47 €

Hôtel L'Ander, 6 av. du Cdt-Delorme - 04 71 60 21 63 - www.hotel-ander.com - Fermé 25 janv.-20 mars et dim. soir d'oct. à mai

Grand Hôtel de l'Étape

FAMILIAL • VINTAGE Rien n'a vraiment changé dans cet hôtel familial construit dans les années 1970. Les chambres ne sont pas de la première jeunesse mais elles sont plutôt grandes et bien pratiques ; préférez celles avec vue sur la montagne.

22 chambres – 70/90 € 70/130 € – 12 € – ½ P

18 av. de la République – 04 71 60 13 03 – www.hotel-etape.com – Fermé dim. soir et lundi sauf 15 juil.-20 août

Grand Hôtel de l'Étape – voir les restaurants ci-dessus

L'Ander

FAMILIAL • CONTEMPORAIN Au pied de la ville haute juchée sur sa colline, cet hôtel a retrouvé une nouvelle jeunesse, avec des chambres pimpantes et douillettes, parfois ponctuées d'allusions naturelles (des troncs de bouleau, par exemple).

20 chambres – 59/92 € 59/100 € – 10 € – ½ P

6 av. du Cdt-Delorme – 04 71 60 21 63 – www.hotel-ander.com – Fermé 25 janv.-20 mars

L'Ander – voir les restaurants ci-dessus

à St-Georges 5 km à l'Est par D909 et rte secondaire – 15100 – 1 106 hab. – Alt. 860 m

Le Château de Varillettes

DEMEURE HISTORIQUE • HISTORIQUE Ce beau château du 15e s. servit de résidence aux évêques de St-Flour. Depuis certaines des jolies chambres (mobilier de style), on contemple le jardin médiéval et son carré des simples ; parfait pour un tourisme vert en quelque sorte.

12 chambres – 86/260 € 86/260 € – 1 suite – 17 € – ½ P

dir. Vabre – 04 71 60 45 05 – www.chateaudevarillettes.com – Ouvert 2 mai-25 sept.

ST-FORGEUX-LESPINASSE

42640 (Loire) – 563 hab. – Alt. 330 m – Carte régionale n° **23**-A1

Paris 387 km – Clermont-Ferrand 139 km – Lyon 100 km – St-Étienne 99 km

Carte Michelin 327-C3

L'Assiette Roannaise

CUISINE MODERNE • CONTEMPORAIN XX Voilà une table qui joue la carte de l'originalité ! À l'unisson de la déco, contemporaine, le chef est à l'affût des nouvelles tendances et techniques : ses assiettes se révèlent très esthétiques, privilégiant créativité et fraîcheur.

Formule 19 € – Menu 25 € (déj. en semaine), 30/75 € – Carte 45/66 €

pl. de Verdun – 04 77 65 65 99 – www.restaurant-assiette-roannaise.fr – Fermé 18 août-4 sept., vacances de la Toussaint et de fév., mardi soir et merc.

ST-FRONT

43550 (Haute-Loire) – 440 hab. – Alt. 1 223 m – Carte régionale n° **3**-C3

Paris 570 km – Clermont-Ferrand 156 km – Firminy 69 km – Le Puy-en-Velay 27 km

Carte Michelin 331-G4

La Vidalle d'Eyglet

FAMILIAL • COSY Au cœur du plateau du Mézenc, une jolie ferme restaurée par un couple d'enseignants amoureux de la nature. Les chambres sont coquettes et rustiques, offrant une superbe vue sur les bêtes qui paissent aux alentours ; au salon, on s'assied au coin du feu, près de la bibliothèque... Confort garanti !

5 chambres – 90/125 € 100/125 €

Vidalle, 7 km au Sud par D39, D500 et rte secondaire – 04 71 59 55 58 – www.vidalle.fr – Ouvert 14 janv.-13 mars et 14 avril-9 oct.

ST-FRONT-DE-PRADOUX

✉ 24400 (Dordogne) - 1 148 hab. - Alt. 40 m - Carte régionale n° **2**-C1
Paris 582 km - Angoulême 83 km - Bordeaux 104 km - Périgueux 40 km
Carte Michelin 329-D5

Château la Thuilière

DEMEURE HISTORIQUE • PERSONNALISÉ Dans son parc arboré, cet élégant châtelet dévoile de belles ambiances : très 19^{e}s. (boiseries, stucs) ou résolument contemporaines (lignes épurées, grand confort), tout en grâce et équilibre. Et la table d'hôte sait jouer la carte des produits locaux et... de la créativité.

5 chambres - 150/250 € 150/250 € - ½ P

La Thuilière - 06 45 35 36 82 - www.lathuiliere.net - Fermé de début janv. à fin mars

ST-GALMIER

✉ 42330 (Loire) - 5 646 hab. - Alt. 400 m - Carte régionale n° **23**-A2
Paris 457 km - Lyon 82 km - Montbrison 25 km - Montrond-les-Bains 11 km
Carte Michelin 327-E6 - Guide Vert Michelin Lyon et sa région

Le Bougainvillier

CUISINE MODERNE • DESIGN Une jolie demeure couverte de vigne vierge, à deux pas d'une rivière... Ce site verdoyant charme, et le décor très contemporain de la salle ne le dénature en rien, au contraire. Pas plus la cuisine, gastronomique, fraîche et bien travaillée. Esprit design dans les chambres, qui offrent calme et espace.

Formule 26 € - Menu 45/70 € - Carte environ 65 €

4 chambres - 85/95 € 90/100 € - 12 €

2 av. de la Coise - 04 77 54 03 31 (réservation conseillée) - www.restaurant-bougainvillier.com - Fermé 7-28 août, 24 déc.-1er janv., merc. soir, dim. et lundi

Amphitryon

CUISINE MODERNE • BRANCHÉ Gaspacho d'aubergine et maki de tofu ; saltimbocca de veau et pâtes fraîches ; tarte aux abricots... Un joli panaché d'influences multiples, mais ancré sur les produits locaux : telle est la recette de ce restaurant dont le cadre contemporain, voire baroque, ne laisse pas indifférent. Le menu déjeuner est une vraie bonne affaire.

Formule 15 € - Menu 17 € (déj. en semaine)/28 €

9 bd du Dr-Cousin - 04 77 56 33 39 - Fermé mardi soir, merc. soir, jeudi soir, dim. et lundi

La Charpinière

BUSINESS • CONTEMPORAIN À l'entrée de la ville, dans un environnement verdoyant, cette ex-gentilhommière tapissée de vigne vierge a été transformée en hôtel contemporain. Chambres sobres et fonctionnelles, piscine, tennis et espace fitness.

46 chambres - 105/402 € 125/402 € - 16 € - ½ P

lieu-dit La Charpinière - 8 allée de la Charpinière - 04 77 52 75 00 - www.lacharpiniere.com

Hostellerie du Forez

FAMILIAL • CONTEMPORAIN Près de l'hôtel de ville, ce relais de poste du 19e s. arbore une façade avenante. Préférez les chambres dans la nouvelle aile, plus spacieuses, et décorées dans un style sobre et contemporain.

24 chambres - 78/110 € 78/110 € - 11 € - ½ P

6 r. Didier-Guetton - 04 77 54 00 23 - www.hostelleriedutforez.com

ST-GATIEN-DES-BOIS

✉ 14130 (Calvados) - 1 313 hab. - Alt. 149 m - Carte régionale n° **17**-A3
Paris 195 km - Caen 58 km - Deauville 10 km - Le Havre 36 km
Carte Michelin 303-N3

Le Clos Deauville St-Gatien

BUSINESS • PERSONNALISÉ Entre Deauville et Honfleur, au cœur d'un jardin arboré, cette ancienne ferme et ses dépendances ont été transformées en un complexe hôtelier particulièrement adapté pour les séminaires mais aussi propice à la détente avec plusieurs piscines, un espace bien-être, etc. Le tout à proximité de l'aéroport !

55 chambres – †87/209 € ††87/209 € – ☕14 € – ½ P

4 r. des Brioleurs – ✆ 02 31 65 16 08 – www.clos-st-gatien.fr

ST-GAUDENS

✉ 31800 (Haute-Garonne) – 11 199 hab. – Alt. 405 m – Carte régionale n° **15**-B3

▶ Paris 766 km – Bagnères-de-Luchon 48 km – Tarbes 68 km – Toulouse 94 km

Carte Michelin 343-C6

Hôtel du Commerce

FAMILIAL • FONCTIONNEL À deux pas du centre-ville, un hôtel moderne avec des chambres fonctionnelles, au décor mariant tradition et modernité (toutes climatisées). Pour se relaxer, on file à l'espace bien-être, avec son agréable spa.

48 chambres – †69/99 € ††69/99 € – ☕11 €

2 av. de Boulogne – ✆ 05 62 00 97 00 – www.commerce31.com
– Fermé 23 déc.-8 janv.

ST-GÉLY-DU-FESC – 34 (Hérault) ➜ Voir Montpellier

ST-GENIEZ-D'OLT

✉ 12130 (Aveyron) – 1 983 hab. – Alt. 410 m – Carte régionale n° **15**-D1

▶ Paris 612 km – Espalion 28 km – Florac 80 km – Mende 68 km

Carte Michelin 338-J4 – Guide Vert Michelin Midi-Pyrénées

Château de la Falque

HISTORIQUE • ÉLÉGANT Cet ancien couvent (17e s.), composé de plusieurs bâtisses en pierre, a été admirablement réhabilité. Les chambres, bien équipées, sont décorées avec goût (tableaux, sculptures, objets) et nous transportent du Maroc en Chine... Un hôtel plein de charme !

7 chambres – †90/160 € ††90/160 € – 3 suites – ☕14 €

rte de Prades – ✆ 05 65 62 45 60 – www.chateau-la-falque.fr – Fermé 1er janv.-13 fév. et 12 nov.-7 déc.

ST-GENIX-SUR-GUIERS

✉ 73240 (Savoie) – 2 310 hab. – Alt. 235 m – Carte régionale n° **23**-C2

▶ Paris 513 km – Belley 22 km – Chambéry 34 km – Grenoble 58 km

Carte Michelin 333-G4 – Guide Vert Michelin Alpes du Nord

à Champagneux 4 km au Nord-Ouest par D1516 – ✉ 73240 – 654 hab. – Alt. 214 m

Les Bergeronnettes

FAMILIAL • FONCTIONNEL Un cadre verdoyant et champêtre pour cet hôtel alangui abritant des chambres spacieuses et fonctionnelles. Petit-déjeuner sous forme de buffet. Au restaurant, on apprécie la cuisine régionale (spécialités de cuisses de grenouilles). Terrasse sous un chapiteau.

18 chambres – †85/125 € ††85/125 € – ☕10 € – ½ P

Le Bourg, près de l'église
– ✆ 04 76 31 50 30 – www.hotel-bergeronnettes.com
– Fermé 20 déc.-1er fév.

ST-GEORGES - 15 (Cantal) → Voir St-Flour

ST-GEORGES-DE-MONTAIGU - 85 (Vendée) → Voir Montaigu

ST-GEORGES-DE-RENEINS

✉ 69830 (Rhône) - 4 292 hab. - Alt. 209 m - Carte régionale n° **23**-B1
▶ Paris 421 km - Bourg-en-Bresse 49 km - Lyon 41 km - Mâcon 36 km
Carte Michelin 327-H3

Hostellerie de Saint-Georges

CUISINE MODERNE • FAMILIAL Entre cuisine du marché et plats du terroir, cette maison trace son sillon sous la houlette d'un chef d'expérience. Toutes les recettes s'appuient sur de bons produits frais, et même les glaces sont faites maison ! Petit choix de vins régionaux.

Formule 13 € - Menu 17 € (déj. en semaine), 25/48 € - Carte 37/65 €

27 av. Charles-de-Gaulle - 04 74 67 62 78 - www.hostelleriesaintgeorges.com - Fermé 1 semaine fin fév., 1 semaine en avril, 3 semaines en août et le merc.

ST-GEORGES-SUR-CHER

✉ 41400 (Loir-et-Cher) - 2 557 hab. - Alt. 70 m - Carte régionale n° **6**-A1
▶ Paris 225 km - Blois 40 km - Orléans 102 km - Tours 40 km
Carte Michelin 318-D8

Prieuré de la Chaise

DEMEURE HISTORIQUE • PERSONNALISÉ Un charmant prieuré du 16e s. niché dans un parc... au calme. Tomettes et meubles anciens dans les chambres. L'hiver venu, belles flambées dans la cheminée de la salle à manger.

5 chambres - †95/140 € ††95/150 €

8 r. du Prieuré - 06 07 06 61 65 - www.prieuredelachaise.com

ST-GERMAIN-DE-BELVÈS - 24 (Dordogne) → Voir Belvès

ST-GERMAIN-DES-VAUX

✉ 50440 (Manche) - 386 hab. - Alt. 59 m - Carte régionale n° **17**-A1
▶ Paris 383 km - Barneville-Carteret 48 km - Cherbourg 28 km - Nez de Jobourg 7 km
Carte Michelin 303-A1

Le Moulin à Vent

POISSONS ET FRUITS DE MER • TENDANCE Sur une route qui domine la mer, on se réfugie avec plaisir dans cette ancienne auberge de pays : d'abord le bar, façon pub anglais très chaleureux ; puis la salle, toute blanche et élégante. Le jeune chef se fournit auprès des pêcheurs locaux - produits extrafrais - et signe une cuisine assez inventive.

Menu 25 € (déj. en semaine), 39/77 € - Carte 38/61 €

10 rte de Port Racine (Hameau Danneville), 1,5 km à l'Est par D45 - 02 33 52 75 20 (réservation conseillée) - www.le-moulin-a-vent.fr - Fermé 14 déc.-5 janv., 8-26 fév., merc. et jeudi sauf juil.-août

L'Erguillère

FAMILIAL • COSY Direction le bout du monde... À la pointe de la Hague, au-dessus de la mer et de Port-Racine, un hôtel très cosy où se réfugier à la suite de Jacques Prévert, qui le fréquenta ; tout y respire le calme et la sérénité, jusqu'au charmant accueil des propriétaires.

10 chambres - †59/158 € ††59/158 € - 17 €

Port Racine, 1,8 km à l'Est par D45 - 02 33 52 75 31 - www.hotel-lerguillere.com - Fermé vacances de fév.

ST-GERMAIN-DU-BOIS

✉ 71330 (Saône-et-Loire) - 1 924 hab. - Alt. 210 m - Carte régionale n° **4**-D3
▶ Paris 367 km - Chalon-sur-Saône 33 km - Dole 58 km - Lons-le-Saunier 29 km
Carte Michelin 320-L9 - Guide Vert Michelin Bourgogne

Hostellerie Bressane

CUISINE TRADITIONNELLE • RÉGIONAL XX Au cœur du village, face à la place du marché, une grande maison régionale (18e s.), avec une terrasse ponctuée de chaises colorées. Le cadre est sympathique pour apprécier une bonne cuisine de tradition : le chef aime les beaux produits, et exprime sa personnalité avec une gourmandise et une générosité clairement affichées !

Formule 21 € – Menu 31/55 € – Carte 43/50 €

9 chambres – †58 € ††65 € – ☕10 €

2 rte de Sens – ✆ 03 85 72 04 69 – www.giot-hostelleriebressane.fr – Fermé dim. soir sauf du 2 juil. au 20 août et lundi

ST-GERMAIN-EN-LAYE – 78 (Yvelines) → Voir Autour de Paris

ST-GERMAIN-LÈS-ARLAY

✉ 39210 (Jura) – 481 hab. – Alt. 255 m – Carte régionale n° **9**-B3

▶ Paris 398 km – Besançon 74 km – Chalon-sur-Saône 58 km – Dole 46 km

Carte Michelin 321-D6

Hostellerie St-Germain

CUISINE MODERNE • ÉLÉGANT XXX Face à l'église, ce sympathique relais de poste du 17e s. a été entièrement rénové avec élégance dans un style sobre et lumineux. Le chef travaille des produits du terroir – souvent bio – et concocte une cuisine gourmande, accompagnée de bons vins du Jura. Pour l'étape, des chambres confortables, plus calmes côté terrasse.

Menu 30/75 € – Carte 55/82 €

12 chambres – †78/145 € ††78/145 € – ☕13 €

635 Grande-Rue – ✆ 03 84 44 60 91 – www.hostelleriesaintgermain.com – Fermé dim. soir sauf juil.-août, mardi midi et lundi

ST-GERMAIN-SUR-AY

✉ 50430 (Manche) – 897 hab. – Alt. 5 m – Carte régionale n° **17**-A2

▶ Paris 344 km – Caen 111 km – St-Lô 44 km

Carte Michelin 303-C4

La Ferme des Mares

TRADITIONNEL • COSY Isolé du reste du village, un ancien corps de ferme du 17e s. au cœur d'un parc de deux hectares... Les chambres, assez spacieuses et lumineuses, ont été rénovées dans un style contemporain, voire un brin design ; certaines sont plus cosy et feutrées. Cuisine actuelle – et chef britannique ! – au restaurant.

10 chambres – †90/153 € ††90/153 € – ☕10 € – ½ P

26 r. des Mares – ✆ 02 33 17 01 02 – www.la-ferme-des-mares.com – Fermé 8-12 juin, 1 semaine à Noël et janv.

ST-GERVAIS-LES-BAINS

✉ 74170 (Haute-Savoie) – 5 599 hab. – Alt. 820 m – Carte régionale n° **25**-F1

▶ Paris 597 km – Annecy 84 km – Bonneville 42 km – Chamonix-Mont-Blanc 25 km

Carte Michelin 328-N5 – Guide Vert Michelin Alpes du Nord

Le Sérac (Raphaël Le Mancq)

CUISINE MODERNE • TENDANCE XXX Aucune chance que ce Sérac-là se dérobe sous vos pieds ! Bien installé dans une grande salle lumineuse et épurée, on se laisse séduire par la cuisine du chef, dont l'inspiration varie au gré des saisons. Son pigeon de Bresse, tendre et parfumé, laisse un souvenir délicieux...

→ Ravioles d'escargots du pays du Mont-Blanc, ravigote de tomate aux bleuets. Tête de veau, foie gras poêlé, ravigote truffée et pomme de terre boulangère caramélisée. Soufflé à la mangue et au fruit de la passion, fraîcheur fruitée et florale.

Menu 35 € (déj.), 55/75 € – Carte 79/85 €

22 r. de la Comtesse – ✆ 04 50 93 80 50 – www.3serac.fr – Fermé 3 semaines en nov. et en mai-juin, lundi et merc. sauf vacances scolaires

Bistrotsérac

VIANDES • BISTRO La deuxième adresse de Raphaël Le Mancq (après Le Sérac voisin) fait la part belle aux viandes cuites à la braise. À vous les belles entrecôtes d'Angus américain ou australien, de Hereford irlandais, ou encore de Galicia espagnol, bien maturées et savoureuses... De quoi réveiller vos instincts carnivores !

Formule 19 € – Menu 27/42 €

40 av. du Mont-Paccard – 04 50 98 43 35 – www.3serac.fr – Fermé lundi

La Ferme de Cupelin

CUISINE RÉGIONALE • AUBERGE Dans cette superbe ferme, une table chaleureuse et accueillante ! Comme le bois dans la cheminée, les saveurs du marché crépitent joyeusement dans l'assiette : terrine de truite fumée maison, pavé d'omble chevalier et crème de vin blanc...

Menu 32/36 €

Hôtel La Ferme de Cupelin, 198 rte du Château, par rte de St-Nicolas-de-Véroce – 04 50 93 47 30 (réservation conseillée) – www.lafermedecupelin.com – Fermé 2 semaines en avril, oct., nov., lundi midi, vend. midi et jeudi

Rond de Carotte N

CUISINE MODERNE • CONVIVIAL Elle vient de Nantes et lui des Alpes ; ils ont baptisé ce restaurant en clin d'œil au chanteur Thomas Fersen, qu'ils apprécient. Une façade façon chalet, un intérieur façon vintage, une carte courte réglée sur les saisons, des assiettes savoureuses, fines et bien maîtrisées : au final, une petite adresse vraiment sympathique.

Formule 24 € – Carte 43/49 €

50 r. de la Vignette – 04 50 47 76 39 – www.ronddecarotte.fr – Fermé mi-oct. à mi-nov., 2 semaines en mai, dim. et lundi

La Ferme de Cupelin

TRADITIONNEL • MONTAGNARD Sur les hauteurs de Saint-Gervais, avec vue sur le massif du Mont-Blanc, cette ferme datant de 1870 porte haut le flambeau de l'esprit montagnard : le feu crépite dans la cheminée, les tableaux de gibier et autres peaux de bêtes habillent l'espace... et l'accueil est charmant.

7 chambres – 85/120 € 85/120 € – 14 €

198 rte du château, par rte de St-Nicolas-de-Véroce – 04 50 93 47 30 – www.lafermedecupelin.com – Fermé 2 semaines en avril, oct. et nov.

La Ferme de Cupelin – voir les restaurants ci-dessus

La Féline Blanche

TRADITIONNEL • COSY Cet hôtel de la fin du 19e s., à la façade colorée, diffuse un charme cosy : la décoration contemporaine joue sur le blanc et le bois. Chambres confortables ; agréable salle des petits-déjeuners.

10 chambres – 77/110 € 127/167 € – 13 €

138 r. du Mont-Blanc – 04 50 96 58 70 – www.lafelineblanche.com – Fermé 17 avril-19 mai et 29 oct.-15 déc.

au Fayet 4 km au Nord-Ouest par D902 – 74190

Hôtel des Deux Gares

FAMILIAL • FONCTIONNEL Juste en face de la gare de départ du fameux tramway du Mont-Blanc, un chalet familial très sympathique, avec des chambres douillettes, une piscine couverte, un bar, une salle de jeux (billard, babyfoot...), etc. Excellent rapport qualité-prix.

23 chambres – 65/75 € 65/75 € – 8 € – ½ P

50 imp. des Deux-Gares – 04 50 78 24 75 – www.hotel2gares.com – Fermé 20 oct.-15 déc.

ST-GERVAIS-SUR-MARE

34610 (Hérault) – 874 hab. – Alt. 330 m – Carte régionale n° **12**-B2

Paris 734 km – Albi 100 km – Montpellier 91 km – Rodez 158 km

Carte Michelin 339-D7

L'Ortensia

CUISINE MODERNE • ÉLÉGANT XX Lui manque-t-il un "h" ? Non : c'est ainsi que l'on orthographie cette plante en occitan ! Créé dans une ancienne pépinière, le restaurant séduit grâce à une cuisine inventive qui met à l'honneur les viandes et légumes issus des fermes environnantes. L'accueil est fort chaleureux : décidément, une fleur très séduisante !

Formule 26 € – Menu 37/75 €

5 chambres – 61/91 € 75/166 €

2 r. du Château – 04 67 97 69 88 – www.restaurant-ortensia.com – Fermé dim. soir et lundi sauf juil.-août

ST-GILDAS-DE-RHUYS

56730 (Morbihan) – 1 685 hab. – Alt. 10 m – Carte régionale n° **5**-A3

Paris 484 km – Nantes 116 km – Rennes 135 km – Vannes 29 km

Carte Michelin 308-N9 – Guide Vert Michelin Bretagne Sud

Le Vert d'O

CUISINE MODERNE • COSY XX Installez-vous sur la belle terrasse avec vue sur la mer de cette coquette maison... et profitez d'une cuisine délicate et parfumée, mettant en valeur les produits locaux : riz au lait de tourteau et citron vert, crème à la seiche, cotriade de poissons et crustacés au safran de Bretagne. Coloré et goûteux.

Formule 20 € – Menu 27/45 €

94 r. Guernevé – 02 97 45 25 25 – www.levertdo.fr – Fermé janv., lundi, mardi et merc. d'oct. à mars

Mor Braz

POISSONS ET FRUITS DE MER • CONVIVIAL X Situé dans un coin sauvage de la presqu'île, ce petit restaurant convivial propose des fruits de mer, mais aussi de jolies recettes, comme ce foie de lotte poêlé aux raisins, ou encore les croquettes de moules. Une cuisine généreuse à déguster en terrasse, aux beaux jours, la narine chatouillée par les embruns.

Formule 16 € – Menu 18 € (déj. en semaine), 26/44 € – Carte 34/53 €

100 rte du Rohu – 02 97 45 21 47 – Fermé de mi-nov. à mi-fév., dim. soir et lundi hors saison

ST-GILLES

30800 (Gard) – 13 646 hab. – Alt. 10 m – Carte régionale n° **12**-D2

Paris 724 km – Arles 18 km – Beaucaire 27 km – Lunel 31 km

Carte Michelin 339-L6

Domaine de la Fosse

MAISON DE CAMPAGNE • PERSONNALISÉ Camargue ! Au cœur d'un immense domaine rizicole, cette ancienne commanderie des Templiers (17ᵉs.) abrite des chambres de caractère (mansardes, mobilier chiné). Sauna, hammam, jacuzzi.

5 chambres – 110/125 € 135/145 € – ½ P

rte de Sylvéréal, 7 km au Sud par D179, croisement D202 – 04 66 87 05 05 – www.domainedelafosse.com

ST-GILLES-CROIX-DE-VIE

85800 (Vendée) – 7 409 hab. – Alt. 12 m – Carte régionale n° **18**-A3

Paris 462 km – Cholet 112 km – Nantes 79 km – La Roche-sur-Yon 44 km

Carte Michelin 316-E7 – Guide Vert Michelin Pays de la Loire

Boisvinet

CUISINE MODERNE • CONVIVIAL XX Une villa de bord de mer à la déco contemporaine et épurée... Un lieu avenant pour découvrir une cuisine fort appétissante, qui évolue au fil des saisons. Ah, que l'on aime ces recettes dans l'air du temps !

Formule 23 € – Menu 29/53 €

2 r. Louis-Cristau – 02 51 55 51 77 – www.boisvinet.com – Fermé dim. soir, mardi soir, merc. de sept. à juin et mardi en juil.-août

La Cotriade

CUISINE MODERNE • TENDANCE X En retrait de l'agitation touristique, un restaurant au cadre contemporain, où l'on déguste une séduisante cuisine du moment et quelques spécialités plus traditionnelles. Ajoutez à cela du poisson local extra-frais et un service au petits oignons, vous obtenez une charmante petite adresse !

Formule 16 € - Menu 20/36 € - Carte 29/46 €

8 r. Louis-Cristau - ✆ 02 51 55 09 62 - www.lacotriade-stgilles.com - Fermé 22 déc.-19 janv., dim. soir et lundi

Le Casier

POISSONS ET FRUITS DE MER • BISTRO X À deux pas des quais, un bistrot marin très convivial installé... dans une ancienne charcuterie ! Le propriétaire - ancien mareyeur à St-Gilles-Croix-de-Vie - et son chef proposent une cuisine sans chichis et pleine de fraîcheur, faisant la part belle aux produits de la mer. Accueil et service tout sourire.

Menu 15 € (déj. en semaine)/19 € - Carte 21/43 €

pl. du Vieux-Port - ✆ 02 51 55 01 08 - www.lecasier.com - Fermé 15 déc.-25 fév.

à Coëx 14 km à l' Est par D6 - ✉ 85220 - 3 123 hab. - Alt. 50 m

Le Balata

CUISINE MODERNE • COSY XX La tomate se décline en gaspacho, tartare ou sorbet ; la fraise s'allie au romarin... Une cuisine raffinée et recherchée, dans une atmosphère contemporaine feutrée avec vue sur le green. Idéal pour faire une pause gourmande entre deux swings !

Formule 15 € - Menu 28/41 € - Carte 35/71 €

Golf des Fontenelles, 2 km à l'Ouest par D6 - ✆ 02 28 10 63 96 - www.lebalata.com - Fermé 2-17 janv., dim. soir et lundi

ST-GINGOLPH

✉ 74500 (Haute-Savoie) - 783 hab. - Alt. 385 m - Carte régionale n° **25**-F1

Paris 560 km - Annecy 102 km - Évian-les-Bains 19 km - Montreux 21 km

Carte Michelin 328-N2 - Guide Vert Michelin Alpes du Nord

Aux Ducs de Savoie

CUISINE TRADITIONNELLE • CLASSIQUE XXX Sur les hauteurs de ce village face au Léman, un agréable chalet, cossu et bourgeois : le chef concocte une goûteuse cuisine classique (appétissant chariot de desserts) et l'on profite de la terrasse ombragée face au lac, pendant les beaux jours. Accueil très sympathique.

Formule 25 € - Menu 43/80 € - Carte 44/77 €

r. du 23-Juillet-44 - ✆ 04 50 76 73 09 - www.auxducsdesavoie.fr - Fermé 10-20 oct., 4-27 janv., dim. soir de sept. à mai, lundi et mardi

ST-GIRONS

✉ 09200 (Ariège) - 6 346 hab. - Alt. 398 m - Carte régionale n° **15**-B3

Paris 774 km - Auch 123 km - Foix 45 km - St-Gaudens 43 km

Carte Michelin 343-E7

Auberge d'Antan

CUISINE TRADITIONNELLE • RUSTIQUE X Dans l'ancienne grange du château, cette salle en impose par sa hauteur sous charpente ; jambons suspendus, pierres et poutres dégagent une belle atmosphère campagnarde. On retrousse ses manches au moment de s'attabler face à l'immense cheminée, où sont préparés grillades, plats traditionnels et cochons de lait...

Formule 15 € - Menu 30/48 € - Carte 36/69 €

Hôtel Château de Beauregard, av. de la Résistance - ✆ 05 61 64 11 02 - www.chateaubeauregard.net - Fermé sam. midi, dim. soir et lundi

Château de Beauregard

HISTORIQUE · PERSONNALISÉ Au cœur d'un parc paisible, un petit château et ses dépendances (19e s.) avec des chambres patinées par les ans, entre rustique et tradition, et des suites de caractère. Et dans les anciennes granges, un espace bien-être avec jacuzzi et sauna...

6 chambres - 60/105 € 60/105 € - 4 suites - 13 € - ½ P

av. de la Résistance - 05 61 66 66 64 - www.chateaubeauregard.net

Auberge d'Antan - voir les restaurants ci-dessus

à St-Lizier 2 km au Nord-Ouest par D117 - 09190 - 1 408 hab. - Alt. 381 m

Le Carré de l'Ange

CUISINE MODERNE · ÉLÉGANT XX On doit laisser sa voiture pour accéder aux caves voûtées du palais épiscopal. Un cadre exceptionnel pour une cuisine tournée vers de beaux produits, souvent régionaux.

Formule 19 € - Menu 31/99 €

Palais des Evêques - 05 61 65 65 65 - www.lecarredelange.com - Ouvert 15 avril-11 nov. et 1er déc.-1er janv., et fermé dim. soir et lundi sauf du 9 juil. au 24 août

à Lorp-Sentaraille 4 km au Nord-Ouest par D117 - 09190 - 1 354 hab. - Alt. 361 m

La Petite Maison

CUISINE MODERNE · BISTRO XX Dans un cadre contemporain, le jeune chef, Pao Magny, distille l'essentiel avec beaucoup de générosité. Il réalise des plats de saison aux saveurs fines et franches, imaginés avec justesse et toujours joliment présentés, et fait évoluer sa carte au gré du marché. Mention spéciale pour les pâtisseries !

Formule 18 € - Menu 28/100 € - Carte 48/61 €

rte de Toulouse - 05 61 66 54 49 - www.lapetitemaison-ariege.fr - Fermé de mi-déc. à mi-fév., lundi et mardi

ST-GRÉGOIRE - 35 (Ille-et-Vilaine) → Voir Rennes

ST-GUÉNOLÉ

29760 (Finistère) - Carte régionale n° **5**-A2

Paris 587 km - Douarnenez 47 km - Guilvinec 8 km - Pont-l'Abbé 14 km

Carte Michelin 308-E8 - Guide Vert Michelin Bretagne Sud

Sterenn

POISSONS ET FRUITS DE MER · TRADITIONNEL XX Dans ce sympathique restaurant, posé sur la pointe de Penmarch, le chef récite une harmonieuse partition culinaire. Les produits de la mer dominent, avec des poissons issus de la pêche côtière locale, préparés avec attention et joliment présentés dans l'assiette. Excellent rapport qualité-prix.

Formule 20 € - Menu 28/69 € - Carte 41/69 €

Hôtel Sterenn, plage de la Joie - 02 98 58 60 36 - www.hotel-sterenn.com - Fermé 10 déc.-25 janv., dim. soir et lundi hors saison

Sterenn

FAMILIAL · FONCTIONNEL Face à la plage, cette construction néobretonne des années 1970 a le charme des établissements familiaux. Les chambres sont simples, colorées et nettes ; la plupart donnent sur la mer. Pour une grande bouffée d'air iodé !

17 chambres - 76/160 € 76/160 € - 13 € - ½ P

plage de la Joie - 02 98 58 60 36 - www.hotel-sterenn.com - Fermé 10 déc.-25 janv.

Sterenn - voir les restaurants ci-dessus

Les Ondines

TRADITIONNEL • FONCTIONNEL À l'extrême pointe du pays bigouden et à deux pas de la mer, un hôtel pour les enfants des ondes. On a parfois l'impression d'être dans un bateau, que ce soit dans les chambres ou sous la véranda, où l'océan préside aux repas : choucroute de la mer et sole meunière sont au menu...

14 chambres - 63/77 € 63/77 € - 11 € - ½ P

90 r. Pasteur, rte du phare d'Eckmühl - 02 98 58 74 95 - www.hotel-lesondines.net - Ouvert 1er avril-5 nov. et fermé mardi

ST-GUILHEM-LE-DESERT

34150 (Hérault) - 262 hab. - Alt. 89 m - Carte régionale n° **12**-C2

Paris 726 km - Lodève 31 km - Millau 90 km - Montpellier 41 km

Carte Michelin 339-G6

Le Guilhaume d'Orange

FAMILIAL • COSY Face aux gorges de l'Hérault, cette bâtisse restaurée avec goût a su conserver son cachet d'origine. Les chambres sont coquettes et romantiques à souhait. En salle ou sur la belle terrasse, vous apprécierez la cuisine du terroir.

11 chambres - 74 € 94 € - 12 € - ½ P

2 av. Guilhaume-d'Orange - 04 67 57 24 53 - www.guilhaumedorange.com - Fermé 22 déc.-18 janv. et merc. hors saison

ST-HAON-LE-VIEUX - 42 (Loire) → Voir Renaison

ST-HERBLAIN - 44 (Loire-Atlantique) → Voir Nantes

ST-HILAIRE-DE-BRETHMAS - 30 (Gard) → Voir Alès

ST-HILAIRE-ST-FLORENT - 49 (Maine-et-Loire) → Voir Saumur

ST-HIPPOLYTE

25190 (Doubs) - 899 hab. - Alt. 380 m - Carte régionale n° **9**-C2

Paris 490 km - Basel 93 km - Belfort 48 km - Besançon 89 km

Carte Michelin 321-K3 - Guide Vert Michelin Franche-Comté Jura

Le Bellevue

CUISINE TRADITIONNELLE • VINTAGE XX Truite blanche, pieds de porc... Une agréable cuisine traditionnelle concoctée à quatre mains par un père et son fils. On la déguste dans un cadre rustique et cossu, ou sur la terrasse ombragée aux beaux jours.

Formule 15 € - Menu 28/42 € - Carte 35/68 €

28 Grande Rue - 03 81 96 51 53 - www.lebellevue-hotel.fr - Fermé 2-11 janv., dim. soir et vend. soir de sept. à avril

Le Bellevue

AUBERGE • VINTAGE À la sortie du village, dominant le Dessoubre, cette sympathique hostellerie familiale propose des chambres fort bien tenues, toutes différentes, bienvenues pour une étape. Accueil aimable.

16 chambres - 67/86 € 74/89 € - 12 € - ½ P

28 Grande-Rue - 03 81 96 51 53 - www.lebellevue-hotel.fr - Fermé 2-11 janv., dim. soir et vend. soir de sept. à avril

Le Bellevue - voir les restaurants ci-dessus

ST-HIPPOLYTE

68590 (Haut-Rhin) - 1 028 hab. - Alt. 234 m - Carte régionale n° **1**-C1

Paris 439 km - Colmar 21 km - Ribeauvillé 8 km - St-Dié 42 km

Carte Michelin 315-I7

Winstub Rabseppi-Stebel

CUISINE TRADITIONNELLE • RUSTIQUE Une winstub conviviale, au sein de l'hôtel Le Parc. On s'y régale d'une cuisine authentique, généreuse et respectueuse des saisons, qui fait la part belle aux produits du terroir. Et pour parfaire le tout, on accompagne les recettes du chef de bons nectars du cru. Gourmand !

Menu 25/32 € – Carte 34/60 €

Hôtel Le Parc, 6 r. du Parc – 03 89 73 00 06 – www.le-parc.com – Fermé 3 semaines en janv., mardi midi et lundi

Joséphine

CUISINE MODERNE • ÉLÉGANT Cœur de ris de veau aux écrevisses, sauce nantua ; suprême de pigeonneau contisé à la truffe ; Granny smith virtuelle et écume de manzana : raffinée, moderne sans extravagance, cette élégante Joséphine saura vous séduire...

Menu 36 € (déj. en semaine), 48/70 € – Carte 66/81 €

Hôtel Le Parc, 6 r. du Parc – 03 89 73 00 06 – www.le-parc.com – Fermé 3 semaines en janv., dim. soir, lundi et mardi

Le Parc

FAMILIAL • CONTEMPORAIN Un hôtel cosy où les chambres sont à la fois tendance et raffinées. Pour décompresser, on profite de l'espace détente et de la piscine avant de se régaler au restaurant ou à la winstub. Un programme des plus plaisants !

32 chambres – 95/180 € 105/180 € – 3 suites – 17 € – ½ P

6 r. du Parc – 03 89 73 00 06 – www.le-parc.com – Fermé 3 semaines en janv.

Winstub Rabseppi-Stebel • **Joséphine** – voir les restaurants ci-dessus

Val-Vignes

TRADITIONNEL • CONTEMPORAIN Cet imposant bâtiment historique (dont les fondations datent du 13e s.), situé en bordure des vignes, domine la ville. Les chambres, fonctionnelles, s'ouvrent sur la vallée ou le château du Haut-Kœnigsbourg. Espace bien-être et salle de jeu pour enfants.

46 chambres – 65/78 € 118/168 € – 13 €

23 chemin du Wall – 03 89 22 34 00 – www.valvignes.com

ST-HUBERT

57640 (Moselle) – 206 hab. – Alt. 220 m – Carte régionale n° **14**-C1

Paris 336 km – Luxembourg 63 km – Metz 21 km – Saarbrücken 69 km

Carte Michelin 307-I3

La Ferme de Godchure

FAMILIAL • PERSONNALISÉ Aux portes d'un petit village, en pleine campagne, cette maison d'hôtes n'est autre que la grange d'une ancienne ferme cistercienne. Les chambres – indépendantes de la résidence des propriétaires – sont décorées dans un style plutôt zen que l'on retrouve aussi au spa. Apaisant à souhait !

4 chambres – 100/135 € 100/135 €

r. Principale – 03 87 77 03 96 – www.godchure.com

ST-ISIDORE – 06 (Alpes-Maritimes) → Voir Nice

ST-JEAN – 06 (Alpes-Maritimes) → Voir Pégomas

ST-JEAN-AUX-AMOGNES

58270 (Nièvre) – 505 hab. – Alt. 230 m – Carte régionale n° **4**-B2

Paris 252 km – Bourges 81 km – Château-Chinon 51 km – Clamecy 61 km

Carte Michelin 319-D9

Le Relais de Bourgogne

CUISINE MODERNE • AUBERGE XX Dans cette maison de village, le décor est champêtre et chaleureux, la véranda ouvre sur un sympathique jardin et les plats respirent la générosité et la tradition.

Menu 28/46 € – Carte 45/55 €

le bourg – ✆ 03 86 58 61 44 – www.relaisdebourgogne.fr – Fermé 2-21 janv., lundi sauf le soir de mi-juil. à fin-août, merc. sauf de mi-juil. à fin août et dimanche soir

ST-JEAN-AUX-BOIS – 60 (Oise) ➜ Voir Pierrefonds

ST-JEAN-CAP-FERRAT

✉ 06230 (Alpes-Maritimes) – 1 889 hab. – Alt. 12 m – Carte régionale n° **22**-E2

Paris 935 km – Menton 25 km – Nice 8 km

Carte Michelin 341-E5 – Guide Vert Michelin Côte d'Azur

Le Cap

CUISINE MODERNE • LUXE XXXXX Cap sur... une belle cuisine d'aujourd'hui, réalisée sur des bases classiques ! On y savoure, par exemple, des langoustines, des lasagnes au caviar d'Aquitaine ou un délicieux filet de loup. Aux beaux jours, on profite de la vue depuis la terrasse panoramique.

➜ Gamberonis cuites et crues au citron caviar, champignons blancs et courgette violon. Rouget rôti aux fraises de Carros et citron confit, asperge verte et verveine pistache. Citron de Menton à l'huile d'olive.

Menu 158/248 € – Carte 170/390 €

Plan : A2-a – *Grand Hôtel du Cap Ferrat, 71 bd du Gén.-de-Gaulle, au Cap-Ferrat – ✆ 04 93 76 50 26 – www.fourseasons.com/fr/capferrat – Ouvert 22 mai-31 août et fermé le midi*

La Voile d'Or

CUISINE PROVENÇALE • ROMANTIQUE XXX Poissons grillés, rôtisserie, pâtes et risotto : voici quelques-unes des préparations que le chef réalise avec de bons produits, notamment issus de la pêche locale. La vue depuis la terrasse est superbe : on n'a guère envie de mettre les voiles ! Attention : à la belle saison, ouverture le soir seulement.

Formule 49 € 🍷 – Menu 65/130 € – Carte 60/138 €

Plan : B2-f – *Hôtel La Voile d'Or, 7 av. Jean-Mermoz, au port – ✆ 04 93 01 13 13 – www.lavoiledor.fr – Ouvert 5 mai-1er oct. et fermé le midi de juin à fin sept.*

La Véranda

CUISINE PROVENÇALE • ÉLÉGANT XXX Une salle à manger d'hiver très élégante, une délicieuse terrasse (l'une des plus belles de la côte ?), une carte attrayante, une formule salon de thé l'après-midi... Cette Véranda ne manque pas d'atouts ! Et que dire de la cuisine ? Avec ses accents de Provence, elle séduit dès la première bouchée...

Formule 72 € – Menu 82/138 € – Carte 85/170 €

Plan : A2-a – *Grand Hôtel du Cap Ferrat, 71 bd du Gén.-de-Gaulle, au Cap-Ferrat – ✆ 04 93 76 50 27 – www.fourseasons.com/fr/capferrat/ – Ouvert 3 mars-30 nov.*

La Table du Royal

CUISINE MÉDITERRANÉENNE • COSY XXX Imaginez un peu : assis sur la terrasse, vous profitez de la mer à perte de vue. Sur un guéridon voisin, on est en train de découper l'un des superbes poissons du jour – turbot, loup – ou encore une belle pièce de bœuf écossais... La carte de saison, les présentations dans l'air du temps : vous allez adorer !

Formule 40 € – Menu 64/95 € – Carte 73/189 €

Plan : A1-m – *Hôtel Royal Riviera, 3 av. Jean-Monnet – ✆ 04 93 76 31 00 – www.royal-riviera.com – Fermé de fin-nov. à mi-janv. et le midi de mi-avril à mi-oct.*

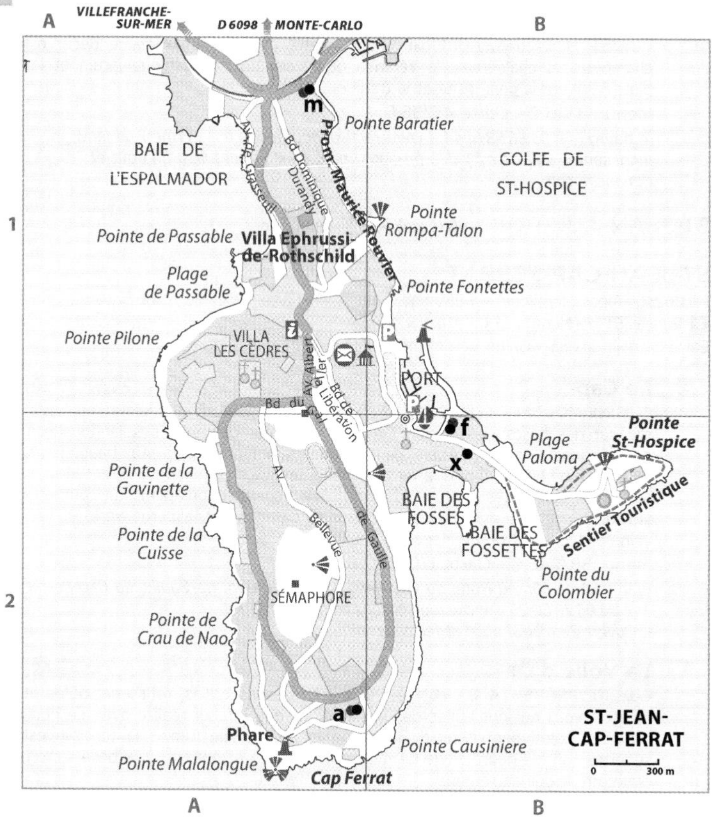

Club Dauphin

CUISINE MÉDITERRANÉENNE • ROMANTIQUE XX Viandes et poissons grillés, saveurs méridionales, vue superbe sur la Grande Bleue et magnifique terrasse face à la piscine... Et, pour les clients de l'hôtel, un détail qui a son importance : on accède à ce restaurant par un funiculaire privé !

Carte 90/170 €

Plan : A2-a – *Grand Hôtel du Cap Ferrat, 71 bd du Gén.-de-Gaulle, au Cap-Ferrat*
– 04 93 76 70 21
– www.fourseasons.com/fr/capferrat
– Ouvert 1er avril-2 oct. et fermé le soir

Jamsin Grill & Lounge

CUISINE MÉDITERRANÉENNE • BRASSERIE X Tout près des flots, au bord de la piscine et presque les pieds dans l'eau... Ce restaurant estival a de quoi séduire ! Les gourmands trouvent leur bonheur dans une carte résolument internationale, avec en particulier quelques plats d'inspiration indienne. Belle terrasse.

Menu 40 € – Carte 45/105 €

Plan : A1-m – *Hôtel Royal Riviera, 3 av. Jean-Monnet*
– 04 93 76 31 00 – www.royal-riviera.com
– Ouvert le midi de mi-avril à mi-oct.

Grand Hôtel du Cap Ferrat

PALACE • GRAND LUXE Époustouflant ! Le parc divin et ses superbes pins parasols, la vue sur la côte tout simplement sublime, le délicieux bassin à débordement, la gourmandise des restaurants, les suites avec leur piscine privée... L'élégance luxueuse d'un grand hôtel mythique, né en 1908. Tout ici est une invitation au farniente !

49 chambres – 290/2950 € 290/2950 € – 24 suites – 49 €

Plan : A2-a – *71 bd du Gén.-de-Gaulle, au Cap-Ferrat – 04 93 76 50 50 – www.fourseasons.com/fr/capferrat – Ouvert 3 mars-30 nov.*

Le Cap • **La Véranda** • **Club Dauphin** – voir les restaurants ci-dessus

Royal Riviera

LUXE • PERSONNALISÉ Une bâtisse construite en 1904 et son beau jardin au bord de l'eau. La plupart des chambres – contemporaines et raffinées – donnent sur la Grande Bleue et, dans l'Orangerie, elles ont adopté un style atypique, provençal et branché... Le charme haut en couleur de la French Riviera !

91 chambres – 235/2705 € 235/2705 € – 3 suites – 39 € – ½ P

Plan : A1-m – *3 av. Jean-Monnet – 04 93 76 31 00 – www.royal-riviera.com – Fermé de fin-nov. à mi-janv.*

La Table du Royal • **Jamsin Grill & Lounge** – voir les restaurants ci-dessus

La Voile d'Or

RESORT • BORD DE MER Ancré sur son rocher, face au port de plaisance, cet hôtel bénéficie d'une situation superbe : une véritable ode à la Méditerranée ! Chambres d'inspiration florentine, piscine d'eau de mer, plage... Une agréable étape.

45 chambres – 365/1034 € 435/1034 €

Plan : B2-f – *7 av. Jean-Mermoz, au port – 04 93 01 13 13 – www.lavoiledor.fr – Ouvert 5 mai-1er oct.*

La Voile d'Or – voir les restaurants ci-dessus

Brise Marine

FAMILIAL • CLASSIQUE Surplombant une rue calme, cette jolie villa de style italien (1878), chaleureuse et familiale, possède ce supplément d'âme propre aux maisons d'hôtes. Les chambres sont sobres et donnent sur Beaulieu et Èze ; on prend son petit-déjeuner sur la terrasse, en admirant le jardin en espaliers.

16 chambres – 196/223 € 196/223 € – 16 €

Plan : B2-x – *58 av. Jean-Mermoz – 04 93 76 04 36 – www.hotel-brisemarine.com – Ouvert de mars à oct.*

ST-JEAN-D'ALCAS

12250 (Aveyron) – Carte régionale n° **15**-D2

Paris 677 km – Millau 35 km – Rodez 118 km – Toulouse 170 km

Carte Michelin 338-K7

Le Moulin de Gauty

FAMILIAL • PERSONNALISÉ Au fond d'une vallée encaissée – on ne peut aller plus loin –, on quitte sa voiture pour enjamber le cours d'eau par une passerelle et rejoindre cet ancien moulin. Les chambres (dont une familiale) arborant une déco épurée, le petit-déjeuner avec de bons produits régionaux, le joli jardin : tout invite à la quiétude !

4 chambres – 80/120 € 90/130 €

– 05 65 97 51 90 – www.moulindegauty.com – Fermé janv.

ST-JEAN-D'ANGÉLY

17400 (Charente-Maritime) – 7 468 hab. – Alt. 25 m – Carte régionale n° **20**-B2

Paris 444 km – Niort 48 km – Royan 69 km – Saintes 36 km

Carte Michelin 324-G4 – Guide Vert Michelin Poitou-Charentes

Le Scorlion

CUISINE MODERNE • ÉLÉGANT XX Installé dans l'une des ailes de l'ancienne abbaye royale, ce restaurant est désormais le terrain de jeu d'un chef expérimenté, qui a notamment travaillé en Irlande, aux États-Unis et en Australie. Sa cuisine, bien maîtrisée, est rythmée par les saisons ; aux beaux jours, on en profite sur une agréable terrasse, au calme.

Formule 15 € - Menu 26/39 € - Carte 34/54 €

5 r. de l'Abbaye - ✆ 05 46 32 52 61 - www.restaurant-le-scorlion.fr - Fermé 2 semaines fin avril-début mai, 2 semaines en oct., 2 semaines début janv., merc. soir d'oct. à mai, dim. soir et lundi

ST-JEAN-DE-BEAUREGARD - 91 (Essonne) → Voir Autour de Paris

ST-JEAN-DE-BLAIGNAC

✉ 33420 (Gironde) - 432 hab. - Alt. 50 m - Carte régionale n° **2**-C1

Paris 592 km - Bergerac 56 km - Bordeaux 40 km - Libourne 17 km

Carte Michelin 335-K6

Auberge St-Jean (Thomas L'Hérisson)

CUISINE MODERNE • CONVIVIAL XX Un jeune couple plein d'allant - et justifiant de solides antécédents - préside aux destinées de cette auberge nichée au bord de la Dordogne... et par lui placée sur l'orbite des belles saveurs ! Au programme : un court menu qui varie au fil du marché et des saisons, des recettes inspirées, de l'habileté et de la finesse...

→ Raviole de langoustine colorée à l'encre de seiche, condiment façon thaï. Suprême de pigeon poêlé, cuisse confite. Moelleux chocolat gianduja, crémeux guanaja et crème glacée.

Formule 40 € - Menu 55/67 €

8 r. du Pont - ✆ 05 57 74 95 50 - www.aubergesaintjean.com - Fermé 21 fév.-15 mars, 22-30 août, mardi sauf le midi de mars à oct., dim. soir et merc.

ST-JEAN-DE-BRAYE - 45 (Loiret) → Voir Orléans

ST-JEAN-DE-LINIÈRES - 49 (Maine-et-Loire) → Voir Angers

ON AIME...

L'ambiance familiale et la cuisine ultra-fraîche de **Chez Mattin**, à Ciboure : enthousiasmant ! **Ilura**, une table créative idéalement perchée sur la falaise, face à l'océan. Enfin, le retour en grâce du **Brouillarta**, institution locale reconvertie en bistrot moderne.

ST-JEAN-DE-LUZ

✉ 64500 (Pyrénées-Atlantiques) - 12 994 hab. - Alt. 3 m - Carte régionale n° **2**-A3
▶ Paris 785 km - Bayonne 24 km - Biarritz 18 km - Pau 129 km
Carte Michelin 342-C4 - Guide Vert Michelin Pays Basque et Navarre

Restaurants

✿ L'Océan

CUISINE MODERNE • ÉLÉGANT XXX Dans le cadre mythique du Grand Hôtel, Christophe Grosjean est désormais chez lui. Il propose le soir une cuisine tout en contrastes et en finesse, qui se révèle également gourmande et savoureuse. Formule plus simple à midi, dans une veine de bistrot haut de gamme. Et toujours une splendide terrasse sur l'océan !

➜ Chipiron déstructuré, risotto de pomme de terre, émulsion au beurre d'algues. Bar de ligne, déclinaison de choux et câpres frites. Chocolat alpaco, praliné de cacahouètes et sorbet chocolat blanc au piment d'Espelette.

Menu 80/105 € - Carte 70/120 €

Plan : B1-d - *43 bd Thiers - ✆ 05 59 26 35 36 - www.luzgrandhotel.fr - Fermé le midi*

✿ Le Kaïku (Nicolas Borombo)

CUISINE MODERNE • COSY XX Au cœur de la station, on se réfugie avec plaisir dans ce restaurant cosy et élégant, qui s'abriterait dans la plus ancienne maison de la cité (16e s.). Rien de vieux cependant à la carte : Nicolas Borombo signe une belle cuisine, originale et raffinée, qui valorise les produits régionaux. Du beau travail... et un régal !

➜ Langoustines "pêche au casier" rôties, émulsion coco et citron vert. Cochon façon teriyaki et chou pak-choï. L'instant citron.

Menu 32 € (déj. en semaine)/68 € - Carte 75/90 €

Plan : A2-x - *17 r. de la République - ✆ 05 59 26 13 20 - www.kaiku.fr - Fermé dim. et lundi de juil. à sept., mardi et merc. d'oct. à juin*

Un important déjeuner d'affaires ou un dîner entre amis ?
Le symbole ⯐ vous signale les salons privés.

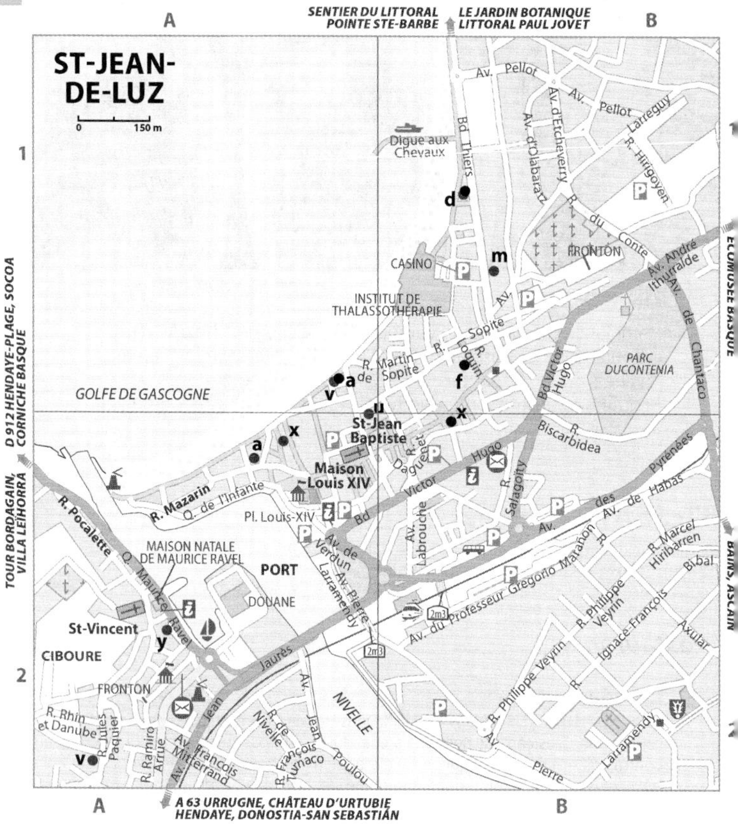

Les Lierres

CUISINE MODERNE · BOURGEOIS XXX La table de l'hôtel Parc Victoria est à l'image de l'établissement : raffinée et élégante. Dans la salle Art déco ou au bord de la piscine, on savoure une cuisine bien en prise avec son époque. Carte plus simple le midi (grillades, salades).

Formule 35 € – Menu 49/98 € – Carte 79/97 €

Hors plan – *Hôtel Parc Victoria, 5 r. Cépé, par bd Thiers et rte du Quartier du Lac – ✆ 05 59 26 78 78 – www.parcvictoria.com*
– Ouvert 15 mars-14 nov. et fermé mardi midi et merc. midi hors saison

Zoko Moko

CUISINE MODERNE · CONVIVIAL XX Dans l'ancien quartier de pêcheurs de la ville, cette table est bien connue des Luziens. On y propose une jolie cuisine actuelle dans un décor élégant et convivial, ou sur la petite terrasse.

Formule 20 € – Menu 26 € (déj.), 49/77 € – Carte environ 52 €

Plan : A2-a – *6 r. Mazarin*
– ✆ 05 59 08 01 23 – www.zoko-moko.com
– Fermé 13-21 mars, 27 nov.-5 déc., dim. soir d'oct. à juin et lundi

Ilura

CUISINE MODERNE • COSY XX Au sein de l'hôtel La Réserve situé sur les hauteurs de St-Jean-de-Luz, avec une superbe terrasse en surplomb de l'Océan, cette table élégante promet un joli moment de gastronomie. Fraîcheur et qualité des produits, justesse et créativité des recettes : une belle interprétation du terroir basque.

Formule 28 € - Menu 45 € (déj. en semaine)/75 € - Carte 52/65 €

Hors plan - *Hôtel La Réserve, 1 av. Gaëtan-de-Bernoville (rd-pt Ste-Barbe), 2 km au Nord par bd Thiers - ✆ 05 59 51 32 00 - www.hotel-lareserve.com - Ouvert 1er mars-1er nov. et fermé dim. soir et lundi sauf du 15 juin au 15 sept.*

Petit Grill Basque - Chez Maya

CUISINE BASQUE • RUSTIQUE X Incontournable, cette auberge basque ! Fresques et assiettes de Louis Floutier, cuivres, amusant système de ventilation manuelle et... plats régionaux dans toute leur authenticité.

Menu 22/32 € - Carte 26/50 €

Plan : A1_2-u - *2 r. St-Jacques - ✆ 05 59 26 80 76 - Fermé 20 déc.-25 janv., lundi midi, jeudi midi et merc.*

Olatua

CUISINE MODERNE • CONVIVIAL X Olatua, c'est la "houle" en basque... et voilà bien, en effet, une adresse toujours en mouvement, largement fréquentée par les Luziens qui apprécient son bon rapport qualité-prix. La carte revisite les classiques de la cuisine basque avec simplicité et goût.

Formule 22 € - Menu 33 € - Carte 27/55 €

Plan : B1-m - *30 bd Thiers - ✆ 05 59 51 05 22 - www.olatua.fr - Fermé de fin nov. à mi-déc., lundi et mardi*

Le Brouillarta (N)

CUISINE MODERNE • SIMPLE X Son nom évoque une "entrée maritime subite, accompagnée de nuages qui obscurcissent le ciel". C'est ici, le long de la promenade, que vous découvrirez ce sympathique restaurant ; son chef, sommelier de formation, signe une cuisine créative, actuelle, d'une grande fraîcheur. Le Brouillarta peut menacer, il ne nous empêchera pas d'en profiter !

Menu 24 € (déj. en semaine), 36/49 € - Carte environ 45 €

Plan : A1-v - *48 promenade Jacques-Thibaud - ✆ 05 59 51 29 51 - www.restaurant-lebrouillarta.com - Fermé 20 nov.-20 déc., janv., lundi et mardi*

Hôtels & maisons d'hôtes

Grand Hôtel Thalasso & Spa

LUXE • ÉLÉGANT Élevé en 1909 face à l'océan, cet hôtel balnéaire de la Belle Époque séduit par ses chambres haut-de-gamme, très confortables, entièrement rénovées en 2015 dans un style contemporain. Au sous-sol, bel espace de thalassothérapie (1000 m2) zen et cosy.

52 chambres - †160/1000 € ††160/1000 € - 8 suites - ☕ 29 € - ½ P

Plan : B1-d - *43 bd Thiers - ✆ 05 59 26 35 36 - www.luzgrandhotel.fr*

L'Océan - voir les restaurants ci-dessus

Parc Victoria

LUXE • ART DÉCO Cette villa fin 19es. et ses annexes nichent dans un parc luxuriant et très fleuri. Les chambres cultivent un superbe esprit Art déco : ce charme historique séduit et la piscine est superbe !

14 chambres - †195/410 € ††240/610 € - 6 suites - ☕ 21 € - ½ P

Hors plan - *5 r. Cépé, par bd Thiers et rte du Quartier du Lac - ✆ 05 59 26 78 78 - www.parcvictoria.com - Ouvert 15 mars-14 nov.*

Les Lierres - voir les restaurants ci-dessus

La Réserve

TRADITIONNEL · ÉLÉGANT Au faîte des falaises de la pointe Ste-Barbe, à l'écart de la station, cette Réserve domine superbement l'Océan, que l'on observe à loisir en se promenant dans le grand jardin ou de la piscine à débordement... Vue sur les flots également de la majorité des chambres, confortables et cossues. L'Atlantique est à vous !

37 chambres – 115/230 € 115/420 € – 4 suites – 18 € – ½ P

Hors plan – *1 av. Gaëtan-de-Bernoville (rd-pt Ste-Barbe), 2 km au Nord par bd Thiers – 05 59 51 32 00 – www.hotel-lareserve.com*
– Ouvert 1er mars-1er nov.

Ilura – voir les restaurants ci-dessus

La Devinière

FAMILIAL · CLASSIQUE Tableaux, bibelots, photos, tentures et livres anciens participent au charme de cette maison basque. Côté jardin – lequel est très fleuri – les chambres ouvrent sur un balcon... idéal pour conter fleurette. Salon de thé à l'anglaise.

8 chambres – 120/160 € 120/160 € – 12 €

Plan : B1-f – *5 r. Loquin – 05 59 26 05 51*
– www.hotel-la-deviniere.com

Hôtel de la Plage

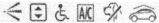

FAMILIAL · FONCTIONNEL Comme son nom l'indique, cette grande bâtisse de style régional borde l'Océan. Cadre actuel et fonctionnel dans les chambres ouvrant en majorité sur la plage.

22 chambres – 89/179 € 89/179 € – 12 €

Plan : A1-a – *48 promenade Jacques-Thibaud*
– 05 59 51 03 44 – www.hoteldelaplage.com
– Ouvert 15 fév.-13 nov. et 15 déc.-3 janv.

Les Almadies

FAMILIAL · FONCTIONNEL Décor soigné dans ce charmant petit hôtel mêlant touches design et mobilier rustique. Chambres impeccables, terrasse fleurie.

7 chambres – 85/135 € 85/135 € – 13 €

Plan : B2-x – *58 r. Gambetta – 05 59 85 34 48 – www.hotel-les-almadies.com*

Maison Tamarin

MAISON DE CAMPAGNE · ÉLÉGANT Il est des destins originaux... À l'image de celui du propriétaire dont les parents, originaires d'Écosse, sont tombés amoureux de la région en faisant du stop ! De la villa basque qu'ils ont construite, près de la plage, leur fils a fait un bien joli lieu de villégiature. Préférez les chambres avec vue sur l'Océan.

8 chambres – 115/130 € 130/250 €

Hors plan – *chemin de Kokotia (rte des plages), 2,5 km au Nord*
– 05 59 47 59 60 – www.maisontamarin.com
– Fermé déc. et janv.

à Urrugne 4 km au Sud par D810 – 64122 – 9 218 hab. – Alt. 34 m

Ferme Lizarraga

CUISINE MODERNE · COSY Dans un bel environnement naturel – *lizarraga* signifie "forêt de frênes" en basque –, une ferme du 17e s. au caractère préservé, à la fois chic et champêtre. Le chef (ancien du Zoko Moko, à St-Jean-de-Luz) offre ici une version revisitée de la cuisine du marché : on en profite en terrasse, à l'ombre d'un noyer centenaire... Délicieux, tout simplement.

Formule 14 € – Menu 19 € (déj. en semaine)/36 €

chemin de Lizarraga – 05 59 47 03 76 – www.lizarraga.fr
– Fermé 1er-15 déc., mardi midi et lundi

Château d'Urtubie

HISTORIQUE · PERSONNALISÉ Sur la route de l'Espagne, ce château fort du 14e – remanié au cours des siècles – est la propriété de la même famille depuis 24 générations ! Aujourd'hui musée et hôtel, il abrite des chambres de caractère, garnies de mobilier ancien.

9 chambres – 85/170 € 95/175 € – 12 €

1 r. B.-de-Coral – 05 59 54 31 15 – www.chateaudurtubie.fr – Ouvert 28 avril-1er nov.

à Ciboure 1 km à l'Ouest par D912 – 64500 – 6 855 hab. – Alt. 3 m

L'Ephémère

CUISINE MODERNE · CONVIVIAL XX Voiles d'acier, murs gris métallisé, vaisselle design : la version moderniste du style nautique. La cuisine est tendance, foisonnante de saveurs et de contrastes – avec par exemple un très original dessert sans sucre. Un conseil d'ami : essayez la petite carte du bistrot, proposée midi et soir !

Menu 45 € – Carte 29/50 €

Plan : A2-y – *15 quai Maurice-Ravel – 05 59 47 29 16 – www.lephemere-ciboure.fr – Fermé lundi midi et mardi midi en saison, mardi et merc. hors saison*

Chez Mattin

CUISINE BASQUE · RUSTIQUE X Ambiance très familiale dans cette maison de pays rustique à souhait (poutres, cuivres...). Spécialités basques et suggestions au gré du marché, pour une cuisine spontanée, qui étonne et détonne. Le poisson est à l'honneur et c'est un vrai bonheur !

Carte 40/55 €

Plan : A2-v – *63 r. E.-Baignol – 05 59 47 19 52 – www.chezmattin.fr – Fermé mars, 1 semaine en juin, 1 semaine en nov. , dim. et lundi*

à Socoa 3 km à l'Ouest par D912 – 64122

Pantxua

CUISINE BASQUE · AUBERGE XX Tableaux basques et tresses de piments dans la salle ; agréable vue sur la baie dans la véranda ou sur la terrasse. Dans l'assiette, les poissons frais ont le beau rôle.

Menu 26 € (semaine) – Carte 35/70 €

au port de Socoa – 05 59 47 13 73 – www.pantxua-socoa.com – Fermé 2 semaines en janv., 2 semaines en nov., lundi soir et mardi hors saison

ST-JEAN-DE-MAURIENNE

73300 (Savoie) – 8 067 hab. – Alt. 556 m – Carte régionale n° **25**-F2

Paris 635 km – Albertville 62 km – Chambéry 75 km – Grenoble 105 km

Carte Michelin 333-L6 – Guide Vert Michelin Alpes du Nord

Le Gavroche

CUISINE MODERNE · FAMILIAL X Un Gavroche bien sympathique, ce restaurant, à l'image du personnage de Victor Hugo. Le chef signe une cuisine créative, en perpétuelle évolution, avec le souci constant de s'améliorer et de se renouveler. Le pari est gagné : la table est très appréciée dans la région.

Menu 19 € (déj. en semaine), 29/49 € – Carte 37/47 €

pl. du Marché – 04 79 20 49 30 – www.restaurant-le-gavroche.com – Fermé 2-13 mai, 13-26 nov., 8-21 janv., dim. soir sauf juil.-août et lundi sauf fériés

ST-JEAN-DE-MONTS

85160 (Vendée) – 8 221 hab. – Alt. 16 m – Carte régionale n° **18**-A3

Paris 451 km – Cholet 123 km – Nantes 73 km – La Roche-sur-Yon 61 km

Carte Michelin 316-D7 – Guide Vert Michelin Pays de la Loire

Le Robinson

CUISINE TRADITIONNELLE • TENDANCE Saumon fumé maison, gigot d'agneau, plateau de fruits de mer... Dans l'assiette de ce Robinson, on découvre une sympathique cuisine traditionnelle, un brin actualisée, qui privilégie les produits iodés ; le tout à apprécier dans un cadre contemporain. Pas sûr que l'on trouve tout cela sur une île déserte !

Formule 17 € – Menu 20/33 € – Carte 31/49 €

Hôtel Le Robinson, 28 bd du Gén.-Leclerc – 02 51 59 20 20 – www.hotel-lerobinson.com – Ouvert 4 fév.-26 nov.

Le Petit St-Jean

CUISINE TRADITIONNELLE • AUBERGE En retrait de l'agitation touristique, voici une auberge vendéenne aussi sympathique que ses propriétaires ! L'endroit est idéal pour déguster une bonne cuisine traditionnelle rythmée par les saisons : anguille, cuisses de grenouilles, etc.

Formule 15 € – Menu 19 € (semaine)/29 € – Carte 31/49 €

128 rte Notre-Dame-de-Monts – 02 51 59 78 50 (réservation conseillée) – Fermé merc. soir hors saison, dim. soir et lundi sauf fériés

Atlantic Thalasso

SPA ET BIEN-ÊTRE • FONCTIONNEL Confort et douceur dans cet hôtel qui a fait peau neuve il y a seulement quelques années. Les chambres disposent toutes d'un balcon. Le tout à deux pas de la plage, du golf et du centre de thalasso, voilà ce que l'on appelle une situation de rêve !

44 chambres – 79/189 € 79/189 € – 3 suites – 14 € – ½ P

16 av. des Pays-de-Monts – 02 51 59 15 15 – www.atlantic-thalasso-hotel.com

Le Robinson

TRADITIONNEL • FONCTIONNEL En retrait des plages, cet hôtel permet de se loger confortablement et à bon prix. Les chambres, entièrement rénovées il y a quelques années, sont agréables et fonctionnelles ; pour les inconditionnels de sport, il y a la piscine intérieure et la petite salle de musculation.

58 chambres – 65/125 € 65/125 € – 11 € – ½ P

28 bd du Gén.-Leclerc – 02 51 59 20 20 – www.hotel-lerobinson.com – Ouvert 4 fév.-26 nov.

Le Robinson – voir les restaurants ci-dessus

L'Espadon

TRADITIONNEL • FONCTIONNEL Sur une avenue reliant la plage au bourg, un hôtel des années 1970 où l'on se repose dans des chambres fonctionnelles, confortables, climatisées... et dont certaines, cerise sur le gâteau, disposent d'un balcon ! Cuisine iodée au restaurant.

27 chambres – 62/130 € 62/150 € – 10 € – ½ P

8 av. de la Forêt – 02 51 58 03 18 – www.hotel-espadon.com

ST-JEAN-DU-BRUEL

12230 (Aveyron) – 655 hab. – Alt. 520 m – Carte régionale n° **15**-D2

Paris 676 km – Lodève 43 km – Millau 40 km – Montpellier 97 km

Carte Michelin 338-M6

Midi-Papillon

CUISINE TRADITIONNELLE • CLASSIQUE Au bord de la Dourbie, une maison romantique où la famille Papillon choie ses hôtes depuis 1850... On produit presque tout sur place : légumes, fruits, lapins, volailles – sans oublier les cochons de la ferme voisine (délicieuses charcuteries) et les cèpes des bois alentour. Conclusion : une savoureuse cuisine du terroir !

Menu 15 € (semaine), 21/37 € – Carte 25/50 €

pl. du Manège – 05 65 62 26 04 – www.hoteldumidipapillon.fr – Ouvert 8 avril-12 nov.

Midi-Papillon

FAMILIAL • TRADITIONNEL Au bord de la Dourbie, cet ancien relais de poste allie le charme du bien recevoir au confort de chambres jolies et toutes différentes. Romantique et douillet...

18 chambres - 43/77 € 43/77 € - 8 €

pl. du Manège - 05 65 62 26 04 - www.hoteldumidipapillon.fr - Ouvert 8 avril-12 nov.

Midi-Papillon - voir les restaurants ci-dessus

ST-JEAN-PIED-DE-PORT

64220 (Pyrénées-Atlantiques) - 1 486 hab. - Alt. 159 m - Carte régionale n° **2**-B3

Paris 817 km - Bayonne 54 km - Biarritz 55 km - Pau 106 km

Carte Michelin 342-E6 - Guide Vert Michelin Pays Basque et Navarre

Les Pyrénées (Philippe Arrambide)

CUISINE CLASSIQUE • FAMILIAL XXX De père en fils, une institution à St-Jean-Pied-de-Port. Dans le décor comme dans l'assiette, ces Pyrénées cultivent le goût du Pays basque avec délicatesse et finesse. Renouvelées sur le fondement de produits de grande qualité, les assiettes sont pleines d'allure !

➜ Langoustine sous toutes ses formes, en salade, rôtie, ravioli, beignet au curry. Lasagne de foie gras aux truffes, pommes de terre sacristains, jus émulsionné. Soufflé chaud au fruit de la passion, salpicon de fruits, sorbet kiwi-mangue.

Formule 28 € - Menu 42/110 € - Carte 80/115 €

Hôtel Les Pyrénées, 19 pl. Ch.-de-Gaulle - 05 59 37 01 01 (réservation conseillée) - www.hotel-les-pyrenees.com - Fermé 13 nov.-1er déc., 5 janv.-6 fév., lundi de nov. à mars et mardi du 20 sept. au 30 juin sauf fériés

Iratze Ostatua

CUISINE TRADITIONNELLE • AUBERGE X "L'auberge des fougères" en basque ! Pour retrouver les saveurs d'antan et la belle simplicité de la cuisine paysanne : gazpatxo, sukalki de veau, chipirons à l'encre ou encore etxeko bixkoxka (gâteau basque à la figue - une spécialité maison), etc.

Menu 27 € - Carte 37/56 €

11 r. de la Citadelle - 05 59 49 17 09 - http://iratzeostatua.blogspot.fr - Fermé janv., fév. et mardi

Les Pyrénées

FAMILIAL • FONCTIONNEL Au cœur de ce joli village - dernière étape française pour les pèlerins de Compostelle -, ce relais de poste jouit d'un jardin luxuriant (avec piscine) et abrite des chambres sobres et modernes, bien confortables. Une bonne étape avant l'Espagne !

14 chambres - 105/165 € 185/255 € - 4 suites - 17 € - ½ P

19 pl. Ch.-de-Gaulle - 05 59 37 01 01 - www.hotel-les-pyrenees.com - Fermé 13 nov.-1er déc., 5 janv.-6 fév., lundi de nov. à mars et mardi du 20 sept. au 30 juin sauf fériés

Les Pyrénées - voir les restaurants ci-dessus

à Aincille 5 km au Sud par D401 - 64220 - 129 hab. - Alt. 253 m

Pecoïtz

CUISINE DU TERROIR • AUBERGE X Une auberge typique - façade blanche et volets rouges - dans ce village cerné par les montagnes et le vignoble d'Irouléguy. À l'unisson du paysage, la carte respire la générosité du terroir basque : ris d'agneau aux cèpes; asperges blanches rôties ; croustade aux pommes... Quelques chambres pour l'étape.

Menu 17 € (semaine), 25/35 € - Carte 25/37 €

9 chambres - 55/65 € 55/70 € - 6 €

rte d'Iraty - 05 59 37 11 88 - www.hotel-pecoitz-pays-basque.com - Fermé 1er janv.-12 mars et jeudi d'oct. à avril

ST-JOACHIM

✉ 44720 (Loire-Atlantique) - 3 960 hab. - Alt. 5 m - Carte régionale n° **18**-A2

Paris 435 km - Nantes 61 km - Redon 40 km - St-Nazaire 14 km

Carte Michelin 316-C3 - Guide Vert Michelin Pays de la Loire

La Mare aux Oiseaux (Eric Guérin)

CUISINE CRÉATIVE • ÉLÉGANT XXX Moment de poésie au cœur de la Brière, parmi les oiseaux en liberté... Éric Guérin signe une cuisine ludique et inventive, à base de beaux produits régionaux. Pour prolonger la magie, des chambres luxueuses (certaines dans des bungalows) et un espace bien-être. Une grue viendra peut-être toquer à votre porte...

→ Fondant de poisson blanc, écrevisses et petits pois, confiture de boudin noir. Poitrine de cochon confite et homard breton, framboise et livèche. Crème caramel à la fleur de sel de Guérande, nuage de lait et vanille de Madagascar.

Menu 55 € (déj. en semaine), 75/105 € - Carte 80/95 €

223 r. du Chef-de-l'Île-Fedrun - ☎ 02 40 88 53 01 - www.mareauxoiseaux.fr - Fermé 9 janv.-2 fév., lundi sauf le soir d'avril à sept. et mardi d'oct. à mars

La Mare aux Oiseaux

MAISON DE CAMPAGNE • PERSONNALISÉ Dispersées en plusieurs endroits de la propriété (chaumière principale, maisons sur pilotis), les chambres sont douillettes et confortables ; dans les plus récentes, spacieuses et contemporaines, une partie du mobilier provient des nombreux voyages d'Éric Guérin. Espace bien-être avec jacuzzi et sauna.

13 chambres - †95/305 € ††155/305 € - 2 suites - ☕ 20 € - ½ P

223 r. du Chef-de-l'Île-Fedrun - ☎ 02 40 88 53 01 - www.mareauxoiseaux.fr - Fermé 9 janv.-2 fév., lundi et mardi d'oct. à mars

La Mare aux Oiseaux - voir les restaurants ci-dessus

ST-JOUAN-DES-GUÉRETS

✉ 35430 (Ille-et-Vilaine) - 2 603 hab. - Alt. 31 m - Carte régionale n° **5**-D1

Paris 398 km - Granville 89 km - Rennes 65 km - Saint-Malo 10 km

Carte Michelin 309-K3

La Malouinière des Longchamps

TRADITIONNEL • FONCTIONNEL Idéal pour un séjour reposant et champêtre ! Cette ancienne ferme et ses dépendances disposent de chambres confortables et bien tenues. Jardin fleuri, piscine, espace beauté et bien-être.

9 chambres - †69/198 € ††69/238 € - ☕ 14 €

1,5 km à l'Est par D204 - ☎ 02 99 82 74 00 - www.hotel-spa-saintmalo.com - Fermé 2 janv.-4 fév.

ST-JOUIN-BRUNEVAL

✉ 76280 (Seine-Maritime) - 1 868 hab. - Alt. 110 m - Carte régionale n° **17**-C1

Paris 202 km - Fécamp 25 km - Le Havre 20 km - Rouen 92 km

Carte Michelin 304-A4

Le Belvédère

CUISINE TRADITIONNELLE • CONVIVIAL XX Délicieux croustillant de camembert fermier chaud, ou encore cabillaud en croûte d'herbes... C'est original, raffiné, et l'on sent la patte très sûre d'un chef qui travaille comme un vrai artisan respectueux des produits. Le tout avec une vue à couper le souffle sur les falaises et le grand large. Mer à l'horizon !

Menu 25 € (semaine), 35/45 € - Carte 46/68 €

rte du Belvédère - ☎ 02 35 20 13 76 (réservation conseillée) - www.restaurant-lebelvedere.com - Fermé 4 janv.-10 fév., dim. soir, lundi soir et mardi soir d'oct. à avril, merc. soir et jeudi sauf fériés

ST-JULIEN-CHAPTEUIL

✉ 43260 (Haute-Loire) - 1 873 hab. - Alt. 815 m - Carte régionale n° **3**-C3

Paris 559 km - Lamastre 52 km - Privas 88 km - Le Puy-en-Velay 20 km

Carte Michelin 331-G3 - Guide Vert Michelin Lyon Drôme Ardèche

Vidal

CUISINE DU TERROIR • ÉLÉGANT XXX Dans une élégante salle au style contemporain, on profite d'une très savoureuse cuisine actuelle tournée vers le terroir local et son célèbre bœuf "Fin Gras du Mézenc". Un style rustique mais contemporain que l'on retrouve au Bistrot de Justin, avec un menu différent chaque semaine.

Menu 31/80 € - Carte environ 70 €

18 pl. du Marché - ✆ 04 71 08 70 50 - www.restaurant-vidal.com - Fermé 1er-4 juil., 2-5 sept., mi-janv. à mi-fevrier, mardi soir hors saison, dim. soir et lundi

ST-JULIEN-DU-SAULT

✉ 89330 (Yonne) - 2 366 hab. - Alt. 82 m - Carte régionale n° **4**-A1

Paris 137 km - Auxerre 40 km - Dijon 187 km - Sens 25 km

Carte Michelin 319-C3 - Guide Vert Michelin Bourgogne

Les Bons Enfants

CUISINE MODERNE • COSY XX Ce ravissant endroit du cœur de la cité doit tout à son propriétaire, ancien imprimeur pétri de culture gastronomique, qui réveille la gourmandise au gré d'assiettes aux accents canailles, débordantes de saveurs. Le terroir a rarement eu aussi brillant ambassadeur.

Formule 19 € - Menu 24 € (déj. en semaine)/32 € - Carte environ 36 €

4 pl. de l'Hôtel de Ville - ✆ 03 86 91 17 38 - Fermé 26 juin-9 juil., 21-27 août, 26 déc.-7 janv., dim. soir, lundi et mardi

ST-JULIEN-EN-CHAMPSAUR

✉ 05500 (Hautes-Alpes) - 332 hab. - Alt. 1 050 m - Carte régionale n° **21**-C1

Paris 658 km - Gap 17 km - Grenoble 95 km - La Mure 55 km

Carte Michelin 334-E5

Les Chenets

CUISINE TRADITIONNELLE • FAMILIAL XX Agréable, ce restaurant d'un petit village du Champsaur ! Aux commandes, un chef adepte du fait maison, dans le droit fil de la tradition et des spécialités du terroir. Bons points aussi pour l'accueil et le service, sympathiques et attentionnés. Sans oublier le cadre, avenant et soigné.

Menu 24/40 € - Carte 37/53 €

Le village - ✆ 04 92 50 03 15 - www.les-chenets.com - Fermé avril, 11 nov.-26 déc., dim. soir et jeudi hors saison

ST-JULIEN-EN-GENEVOIS

✉ 74160 (Haute-Savoie) - 12 099 hab. - Agglo. 161 364 hab. - Alt. 460 m - Carte régionale n° **25**-F1

Paris 525 km - Annecy 35 km - Bonneville 36 km - Genève 11 km

Carte Michelin 328-J4

à Archamps 5 km à l'Est par A40, sortie 13.1 - ✉ 74160 - 2 472 hab. - Alt. 535 m

Porte Sud de Genève

BUSINESS • CONTEMPORAIN Au cœur de la technopole franco-suisse d'Archamps, un hôtel moderne, aux chambres contemporaines, reposantes et idéalement pensées pour la clientèle d'affaires, tout comme le restaurant et sa terrasse dressée dans le jardin.

90 chambres - †119/149 € ††149/179 € - ☕ 17 € - ½ P

parc d'affaires international (site d'Archamps) - ✆ 04 50 31 16 06 - www.bestwesterngeneve.com

à Bossey 7 km à l'Est par D1206 – ✉ 74160 – 876 hab. – Alt. 438 m

✿ La Ferme de l'Hospital (Jean-Jacques Noguier)

CUISINE MODERNE • ÉLÉGANT XXX Ne vous fiez pas au caractère imposant de cette ferme (ancienne propriété de l'hôpital de Genève), l'intérieur est vraiment chaleureux. Le chef ne travaille que de beaux produits, sur des bases traditionnelles, mais il sait y apporter une note d'exotisme culinaire. On en sort comblé !

➜ Raviolis de foie gras, poularde, truffe et cèpe, émulsion des bois. Veau de lait en cocotte, truffe et lentin de chêne. Soufflé au Grand Marnier.

Menu 38/90 € – Carte environ 95 €

rte du golf – ☎ 04 50 43 61 43 (réservation conseillée) – www.ferme-hospital.com – Fermé vacances de fév., 2 semaines en août, dim. et lundi

ST-JULIEN-EN-VERCORS

✉ 26420 (Drôme) – 240 hab. – Alt. 905 m – Carte régionale n° **23**-C2

▶ Paris 623 km – Gap 173 km – Grenoble 49 km – Valence 69 km

Carte Michelin 332-F3

Café Brochier

CUISINE TRADITIONNELLE • VINTAGE X Une institution dans ce village de 200 âmes, reprise en 2014 par un chef qui délaissa l'événementiel pour l'essentiel, la gastronomie ! Tête de veau sauce gribiche, omble chevalier au beurre blanc : son travail, fondé sur le produit frais, est généreux et bon – tout simplement !

Formule 22 € – Menu 29 € – Carte 27/38 €

3 chambres – 🚹60/75 € 🚹🚹60/75 € – ☕ 8,50 €

pl. du Village – ☎ 04 75 48 20 84 – www.cafebrochier.com – Fermé 3 semaines en avril, nov., 21-25 déc., merc. hors saison et mardi

ST-JULIEN-LE-FAUCON

✉ 14140 (Calvados) – 727 hab. – Alt. 40 m – Carte régionale n° **17**-C2

▶ Paris 192 km – Caen 41 km – Falaise 32 km – Lisieux 14 km

Carte Michelin 303-M5

Auberge de la Levrette

CUISINE TRADITIONNELLE • VINTAGE X Cette maison à colombages de 1550, typique du pays d'Auge, abrite un petit musée dédié à la musique mécanique : juke-box, orgues de Barbarie, phonographes, etc. Un cadre atypique pour une cuisine de tradition. Gourmandise et flonflons !

Menu 22/35 € – Carte 25/41 €

48 r. Lisieux – ☎ 02 31 63 81 20 – Fermé 7-14 mars, 11-25 juil., 2-10 nov., 21 déc.-3 janv., le soir du mardi au vend. de nov. à fin mars, dim. soir et lundi

ST-JULIEN-SUR-CHER

✉ 41320 (Loir-et-Cher) – 760 hab. – Alt. 110 m – Carte régionale n° **6**-C2

▶ Paris 227 km – Blois 51 km – Bourges 66 km – Châteauroux 62 km

Carte Michelin 318-H8

Les Deux Pierrots

CUISINE TRADITIONNELLE • RUSTIQUE X Feuilleté d'escargots à la crème d'ail, terrine de foies de volaille, rognons de veau à la moutarde... Dans cette auberge de village, rustique à souhait, on ne plaisante pas avec la tradition. Ici, tout est fait maison et les légumes proviennent du potager. Difficile de faire plus authentique !

Menu 30/45 € – Carte environ 38 €

9 r. Nationale – ☎ 02 54 96 40 07 – Fermé août, dim. soir, lundi et mardi

ST-JUNIEN

✉ 87200 (Haute-Vienne) – 11 373 hab. – Alt. 240 m – Carte régionale n° **13**-A2

▶ Paris 416 km – Angoulême 73 km – Bellac 34 km – Confolens 27 km

Carte Michelin 325-C5 – Guide Vert Michelin Limousin Berry

Le Relais de Comodoliac

CUISINE TRADITIONNELLE • COSY Un croustillant de tête de veau joliment revisité et accompagné de cèpes poêlés, une blanquette de veau avec une viande bien tendre et de bons petits légumes, etc. Tout l'esprit d'une cuisine généreuse et savoureuse, réalisée avec un savoir-faire certain. Le cadre, contemporain et de bon goût, ajoute au plaisir du repas !

Formule 15 € - Menu 19 € (semaine), 29/41 € - Carte 40/68 €

22 av. Sadi-Carnot - 05 55 02 27 26 - www.comodoliac.fr - Fermé vacances de fév. et dim. soir

Le Relais de Comodoliac

FAMILIAL • FONCTIONNEL Un hôtel bien situé, tout près de la route mais néanmoins au calme, dans un joli jardin. Les chambres, d'esprit contemporain, sont agréables et impeccablement tenues.

29 chambres - 70/80 € 80/95 € - 12 €

22 av. Sadi-Carnot - 05 55 02 27 26 - www.comodoliac.fr

Le Relais de Comodoliac - voir les restaurants ci-dessus

au Sud 2 km par rte de Rochechouart, D675 et rte secondaire - 87200 St-Junien :

Lauryvan

CUISINE MODERNE • FAMILIAL Dans un cadre verdoyant, Lauryvan répond à l'appétit et à l'envie du moment ! Depuis 2016, on y profite du travail soigné d'un chef au beau parcours (il travaillait auparavant au Château de la Cazine, à La Souterraine). L'été, on s'installe sur la jolie terrasse pour profiter de la vue sur l'étang.

Menu 39/70 € - Carte 52/80 €

200 allée du Bois-au-Bœuf - 05 55 02 26 04 - www.lauryvan.fr - Fermé 20 fév.-6 mars, 28 août-11 sept., merc. soir, dim. soir et lundi

ST-JUSTIN

40240 (Landes) - 962 hab. - Alt. 90 m - Carte régionale n° **2**-B2

Paris 694 km - Aire-sur-l'Adour 38 km - Casteljaloux 49 km - Dax 84 km

Carte Michelin 335-J11 - Guide Vert Michelin Aquitaine

Hôtel de France

CUISINE TRADITIONNELLE • FAMILIAL Une belle maison gasconne s'ouvrant sur les arcades de la place médiévale, où l'on s'installe en terrasse en saison. Deux salles, deux formules : d'un côté, esprit bistrotier et petite ardoise du terroir (boudin maison, millassou landais, etc.) ; de l'autre, âme bourgeoise et authentique cuisine de tradition.

Carte 36/48 €

8 chambres - 48/60 € 48/60 € - 8,50 €

21 pl. des Tilleuls - 05 58 44 83 61 - www.hotelrestaurant-landes.com - Fermé 10 déc.-8 janv., dim. soir et lundi

ST-JUST-ST-RAMBERT

42170 (Loire) - 14 172 hab. - Alt. 380 m - Carte régionale n° **23**-A2

Paris 542 km - Lyon 81 km - Montbrison 18 km - St Etienne 17 km

Carte Michelin 327-E7 - Guide Vert Michelin Lyon et sa région

Gare & Gamel

CUISINE TRADITIONNELLE • CONVIVIAL L'ancien Neuvième Art (déménagé à Lyon) est devenue une brasserie contemporaine et conviviale. La carte courte décline une cuisine traditionnelle, à l'instar de ce lapin en gelée, aux herbes de mon jardin. Les produits locaux ont aussi la part belle : en saison, on se régale d'un faux-filet de bœuf fin-gras du Mézenc.

Formule 12 € - Menu 16 € (déj. en semaine)/29 € - Carte 32/54 €

pl. du 19 mars-1962 - 04 77 06 51 05 - www.gare-gamel.fr - Fermé lundi soir, mardi soir, merc. soir et dim.

ST-LARY

✉ 09800 (Ariège) - 134 hab. - Alt. 692 m - Carte régionale n° **15**-B3
Paris 786 km - Bagnères-de-Luchon 48 km - St-Gaudens 36 km - St-Girons 24 km
Carte Michelin 343-D7

Auberge de l'Isard

FAMILIAL • FONCTIONNEL L'authentique auberge de village ! Bar, maison de la presse, boutique de produits du terroir, agréable restaurant traditionnel - auquel on accède en traversant la rivière -, sans compter les chambres fraîches et fonctionnelles et l'accueil charmant… Un vrai poumon pour ce hameau de moyenne montagne.

8 chambres - 45/65 € 50/65 € - 8 € - ½ P

r. des Bains - ✆ 05 61 96 72 83 - www.hotel-logis-ariege.com - Fermé fin fév.

ST-LARY-SOULAN

✉ 65170 (Hautes-Pyrénées) - 891 hab. - Alt. 820 m - Carte régionale n° **15**-A3
Paris 830 km - Arreau 12 km - Auch 103 km - Bagnères-de-Luchon 44 km
Carte Michelin 342-N8

La Pergola

CUISINE MODERNE • CONVIVIAL XX Le restaurant la Pergola propose une carte simple et alléchante, où la traçabilité des produits, essentiellement régionaux, n'a d'égal que le plaisir que le chef prend à les travailler… et le nôtre à les déguster !

Formule 13 € - Menu 17 € (déj.), 23/40 € - Carte 22/38 €

Hôtel Mir, 25 r. Vincent-Mir - ✆ 05 62 39 40 46 - www.hotellapergola.fr

La Grange

CUISINE TRADITIONNELLE • RUSTIQUE XX Sur la route d'Autun, cette ancienne grange est aujourd'hui un restaurant chic et chaleureux, où règne une ambiance montagnarde. Dans l'assiette, une cuisine goûteuse et soignée, réalisée avec de beaux produits régionaux : tapas du terroir, côte de porc noir de Bigorre aux morilles… Une belle adresse.

Formule 14 € - Menu 25/42 € - Carte 36/49 €

3 rte d'Autun - ✆ 05 62 40 07 14 - www.restaurant-saint-lary.com
- Fermé fin avril-début mai, début nov. à mi-déc., mardi et merc. sauf le soir en saison

Mir

FAMILIAL • CLASSIQUE Paisible maison dans un jardin, avec d'élégantes chambres de style contemporain, orientées au sud et ouvertes sur les cimes. Décor traditionnel et cuisine actuelle au restaurant.

20 chambres - 60/165 € 65/190 € - 11 € - ½ P

25 r. Vincent-Mir - ✆ 05 62 39 40 46 - www.hotellapergola.fr

La Pergola - voir les restaurants ci-dessus

Neste de Jade

URBAIN • CONTEMPORAIN Plateaux en bois brut et structure métallique : cet hôtel situé en bordure de rivière, proche de la télécabine, a choisi le créneau "montagne chic"… et c'est réussi ! Certaines chambres sont mansardées.

19 chambres - 59/109 € 59/109 € - 10 €

lieu-dit Graouès - ✆ 05 62 39 42 79 - www.hotelnestedejade.com
- Ouvert 15 juin-15 sept. et 3 déc.-30 avril

Aurélia

FAMILIAL • MONTAGNARD Près des thermes, un hôtel familial prisé pour ses installations de loisirs, sa piscine et son fitness. Chambres simples et bien tenues, mansardées au 3e étage. Au restaurant, cuisine traditionnelle modernisée.

20 chambres - 47/51 € 56/76 € - 8,50 € - ½ P

à Vielle-Aure, par D116 et D19 - ✆ 05 62 39 56 90 - www.hotel-aurelia.com
- Ouvert 16 déc.-28 sept.

à Azet 6 km à l'Est par D116 – ✉ 65170 – 155 hab. – Alt. 1 172 m

Maison Seignou

FAMILIAL • COSY Au cœur d'un petit village situé au dessus de Saint-Lary, cette jolie maison d'hôtes propose 5 chambres dans un esprit contemporain. Charmant espace bien-être et bain nordique chauffé au feu de bois. Possibilité de se restaurer sur place.

5 chambres – 110 € 110/150 €

au village – 05 62 39 19 03 – www.maisonseignou.com – Fermé avril et nov.

ST-LATTIER

✉ 38840 (Isère) – 1 270 hab. – Alt. 170 m – Carte régionale n° **24**-E2
Paris 571 km – Grenoble 67 km – Romans-sur-Isère 13 km – St-Marcellin 15 km
Carte Michelin 333-E7

Auberge du Viaduc

CUISINE TRADITIONNELLE • AUBERGE Non loin d'un viaduc ferroviaire, cette demeure ancienne en pierre abrite un agréable petit restaurant (cuisine traditionnelle) et des chambres fort commodes pour l'étape. Accueillant également, le jardin fleuri avec piscine.

Menu 32 € – Carte 46/71 €

6 chambres – 98/112 € 128/152 € – 12 €

hameau de la Rivière, D1092 – 04 76 64 51 65 (réservation conseillée) – www.auberge-du-viaduc.fr – Ouvert 14 fév.-18 nov. et fermé merc. midi, jeudi midi, lundi et mardi

ST-LAURENT-DE-CERDANS

✉ 66260 (Pyrénées-Orientales) – 1 204 hab. – Alt. 675 m – Carte régionale n° **12**-B3
Paris 901 km – Céret 28 km – Perpignan 60 km
Carte Michelin 344-G8

au Sud-Ouest 6,5 km par D3 et rte secondaire – ✉ 66260 St-Laurent-de-Cerdans :

Domaine de Falgos

TRADITIONNEL • COSY Sur la frontière espagnole, une ancienne ferme à plus de 1 000 m d'altitude ! Les chambres y sont spacieuses, cosy, bien équipées et... au grand calme. Les plus : le parcours de golf et le bel espace de remise en forme. Au restaurant, spécialités de brasserie et recettes traditionnelles. Terrasse face aux greens.

25 chambres – 99/149 € 139/229 € – 14 € – ½ P

– 04 68 39 51 42 – www.falgos.com – Ouvert de mi-mars à mi-nov.

ST-LAURENT-DE-MURE

✉ 69720 (Rhône) – 5 326 hab. – Alt. 252 m – Carte régionale n° **24**-E1
Paris 478 km – Lyon 19 km – Pont-de-Chéruy 16 km – La Tour-du-Pin 38 km
Carte Michelin 327-J5

Christian Lavault

CUISINE TRADITIONNELLE • AUBERGE Cannelloni de chair de crabe aux petits légumes, risotto au vert de grenouilles et escargots de Bourgogne, duo de crêpes à l'orange et mousse au chocolat blanc : le chef, inspiré, ne se lasse pas de cuisiner la tradition ! A déguster dans un cadre chaleureux, ou sur la terrasse, à l'ombre d'un tilleul centenaire...

Formule 20 € – Menu 25 € (déj.), 30/63 € – Carte 46/73 €

Hostellerie Le St-Laurent, 8 r. Croix-Blanche – 04 78 40 91 44 – www.lesaintlaurent.fr – Fermé 1er-8 mai, 25-27 mai, 14-16 juil., 31 juil.-27 août, 24 déc.-2 janv., vend. soir, sam. et dim.

Hostellerie Le St-Laurent

AUBERGE · PERSONNALISÉ Au cœur d'un joli parc arboré, cette demeure dauphinoise (18e s.) a de l'allure. Les chambres sont agréables et très bien tenues, dans un style frais et contemporain… Une bonne adresse, sans parler de l'accueil souriant des propriétaires.

30 chambres - 89/140 € 89/140 € - 12 €

8 r. Croix-Blanche - 04 78 40 91 44 - www.lesaintlaurent.fr - Fermé 1er-8 mai, 25-27 mai, 14-16 juil., 31 juil.-27 août, 24 déc.-2 janv., vend. soir, sam. et dim.

Christian Lavault - voir les restaurants ci-dessus

ST-LAURENT-DES-ARBRES

30126 (Gard) - 2 662 hab. - Alt. 60 m - Carte régionale n° **12**-D2

Paris 673 km - Alès 70 km - Avignon 20 km - Nîmes 47 km

Carte Michelin 339-N4

Le Saint-Laurent

TRADITIONNEL · PERSONNALISÉ Sur les hauteurs du village, au cœur d'un dédale de rues, cette ancienne maison de viticulteur distille le charme d'une bonbonnière (meubles anciens, tissus Liberty, toile de Jouy, poutres…). Avec de surcroît un petit espace bien-être et un bassin de nage.

7 chambres - 95/115 € 165/225 € - 3 suites - 12 €

pl. de l'Arbre - 04 66 50 14 14 - www.lesaintlaurent.net

Felisa

MAISON DE CAMPAGNE · CONTEMPORAIN Une ancienne maison de vigneron (1850) très zen dans sa philosophie ! Massages, yoga, joli jardin, piscine et déco tendance (béton ciré, carreaux de ciment, fauteuils club, etc.).

5 chambres - 130/170 € 130/170 €

6 r. Barris - 04 66 39 99 84 - www.maison-felisa.com - Fermé 1er janv.-9 fév.

ST-LAURENT-DES-COMBES

33330 (Gironde) - 254 hab. - Alt. 19 m - Carte régionale n° **2**-C1

Paris 592 km - Agen 127 km - Bordeaux 43 km - Périgueux 103 km

Carte Michelin 335-K5

L'Atelier de Candale

CUISINE MODERNE · CONVIVIAL Un restaurant au cœur du vignoble St-Émilionnais… Noblesse oblige, on aime les jolis crus locaux, qui accompagnent les bons petits plats du chef : crêpe parmentière aux Saint-Jacques et ormeaux persillade, saumon au beurre d'herbes, etc. Agréable terrasse pour les beaux jours.

Formule 19 € - Menu 22 € (déj. en semaine)/32 € - Carte 68/87 €

allée des Grandes-Plantes (Château de Candale) - 05 57 24 15 45 - www.chateaudecandale.fr - Fermé 23 déc.-9 janv., dim. et lundi

ST-LAURENT-DU-PONT

38380 (Isère) - 4 526 hab. - Alt. 410 m - Carte régionale n° **23**-C2

Paris 560 km - Chambéry 29 km - Grenoble 34 km - La Tour-du-Pin 42 km

Carte Michelin 333-H5 - Guide Vert Michelin Alpes du Nord

La Blache

CUISINE TRADITIONNELLE · ÉLÉGANT Dans ce restaurant proche des gorges du Guiers-Mort, on ne badine pas avec la tradition et les produits frais : terrine de pigeon, sot-l'y-laisse aux morilles, gibier (en saison de chasse) et pâtes fraîches maison, vacherin à la Chartreuse, etc. Des mets de qualité, fruits de la longue carrière du chef !

Formule 19 € - Menu 33/70 € - Carte 45/89 €

2 pl. du 10ème-Groupement - 04 76 55 29 57 - www.restaurant-la-blache.fr - Fermé 2 semaines en janv., 2 semaines en sept., 1 semaine en nov., dim. soir, lundi et mardi

ST-LAURENT-DU-VAR

✉ 06700 (Alpes-Maritimes) - 29 343 hab. - Alt. 18 m - Carte régionale n° **22**-E2
▶ Paris 919 km - Antibes 16 km - Cagnes-sur-Mer 5 km - Cannes 26 km
Carte Michelin 341-E5 - Guide Vert Michelin Côte d'Azur

au Port St-Laurent

Holiday Inn Resort

HÔTEL DE CHAÎNE • CONTEMPORAIN Cet hôtel moderne joint l'utile à l'agréable avec ses chambres confortables et son bon emplacement en bord de mer. On peut d'ailleurs profiter de la plage privée et de la belle terrasse les pieds dans le sable !

124 chambres - 99/500 € 99/500 € - 19 €

167 promenade des Flots-Bleus - 04 93 14 80 00 - www.holinice.com

ST-LAURENT-DU-VERDON

✉ 04500 (Alpes-de-Haute-Provence) - 89 hab. - Alt. 468 m - Carte régionale n° **21**-C2
▶ Paris 806 km - Brignoles 49 km - Castellane 70 km - Digne-les-Bains 59 km
Carte Michelin 334-E10

Le Moulin du Château

FAMILIAL • PERSONNALISÉ Dans ce charmant moulin à huile du 17^{e}s., l'ancienne meule a toujours sa place dans le décor très soigné ! Farniente au jardin et éthique écologique (citerne d'eau de pluie, produits bio...). Table d'hôte à la provençale (menu unique pour les résidents).

9 chambres - 102/130 € 102/130 € - 1 suite - 10 € - ½ P

99 chemin d'Albiosc - 04 92 74 02 47 - www.moulin-du-chateau.com - Ouvert 23 mars-2 nov.

ST-LAURENT-EN-GRANDVAUX

✉ 39150 (Jura) - 1 832 hab. - Alt. 904 m - Carte régionale n° **9**-B3
▶ Paris 442 km - Champagnole 22 km - Lons-le-Saunier 45 km - Morez 11 km
Carte Michelin 321-F7 - Guide Vert Michelin Franche-Comté Jura

Aux Truites Bleues

AUBERGE • TRADITIONNEL En bord de nationale, cette grande bâtisse régionale est en fait un ancien moulin. Les chambres, grandes et pratiques, cultivent un certain esprit montagne qui ne manque pas de charme ; au restaurant, rusticité de bon aloi, truites du vivier, spécialités régionales et jolie terrasse dominant la Lemme.

17 chambres - 67/70 € 75/135 € - 10 € - ½ P

4 km au Nord par N5 - 03 84 60 83 03 - www.truites-bleues.com - Fermé dim. soir et lundi midi

ST-LAURENT-SUR-SAÔNE - 01 (Ain) ➜ Voir Mâcon

ST-LÉON

✉ 47160 (Lot-et-Garonne) - 308 hab. - Alt. 80 m - Carte régionale n° **2**-C2
▶ Paris 667 km - Agen 43 km - Bordeaux 107 km - Villeneuve-sur-Lot 44 km
Carte Michelin 336-D4

Le Hameau des Coquelicots

FAMILIAL • PERSONNALISÉ En pleine campagne, ces trois maisons ont tout misé sur la quiétude et l'élégance très nature des matériaux bruts. Déco épurée, piscine "verte", légumes du potager à la table d'hôte, massages californiens dans une jolie roulotte et... accueil charmant : un endroit zen et plaisant !

5 chambres - 70/90 € 80/110 €

lieu-dit Goutte-d'Or, 2 km au Sud par D285 - 05 53 84 06 13 - www.lehameaudescoquelicots.com

ST-LÉONARD-DE-NOBLAT

87400 (Haute-Vienne) - 4 624 hab. - Alt. 347 m - Carte régionale n° **13**-B2
Paris 407 km - Aubusson 68 km - Brive-la-Gaillarde 99 km - Guéret 62 km
Carte Michelin 325-F5 - Guide Vert Michelin Limousin Berry

Le Relais St-Jacques

CUISINE TRADITIONNELLE • FAMILIAL XX Les suaves odeurs qui s'échappent des cuisines ne laissent planer aucun doute : ce restaurant - tenu par un couple charmant - honore la bonne cuisine. En "locavore" convaincu, le chef favorise les produits de la région, dont la viande limousine bien sûr. En prime, un bon choix de vins au verre, et une déco moderne de bon ton.

Menu 23 € (semaine), 30/50 € - Carte 35/51 €

6 bd Adrien-Pressemane - 05 55 56 00 25 - www.lerelaissaintjacques.com - Fermé 15 fév.-6 mars, 20-30 oct., 24 déc.-3 janv., dim. soir et lundi de nov. à mars

Le Relais St-Jacques

FAMILIAL • FONCTIONNEL Non loin de la collégiale des 11e et 12e s., fameuse étape sur la route de St-Jacques-de-Compostelle, ce relais plutôt simple en apparence cache de jolies chambres contemporaines, sobres et confortables (mobilier en wengé, bonne literie, etc.). Pour les pèlerins... et les autres.

9 chambres - †65/75 € ††65/110 € - 9 € - ½ P

6 bd Adrien-Pressemane - 05 55 56 00 25 - www.lerelaissaintjacques.com - Fermé 15 fév.-6 mars, 20-30 oct., 24 déc.-3 janv., dim. soir et lundi de nov. à mars

Le Relais St-Jacques - voir les restaurants ci-dessus

ST-LIEUX-LÈS-LAVAUR

81500 (Tarn) - 947 hab. - Alt. 125 m - Carte régionale n° **15**-C2
Paris 713 km - Albi 44 km - Montauban 90 km - Toulouse 44 km
Carte Michelin 338-C8

Le Colvert

CUISINE MODERNE • RUSTIQUE XX Longtemps, cette charmante maison de 1860, baignée de verdure, a été une boulangerie-épicerie ; aujourd'hui, c'est toujours un repaire gourmand ! Le chef concocte une cuisine du marché au gré des saisons - canard colvert en deux cuissons, pigeon rôti -, et réserve de beaux crus pour accompagner ses plats.

Menu 14 € (déj. en semaine), 25/50 € - Carte 24/52 €

En Boyer - 05 63 41 32 47 - www.restaurantlecolvert.com - Fermé 12-20 fév., sam. midi, dim. soir et lundi

ST-LIZIER - 09 (Ariège) → Voir St-Girons

ST-LÔ

50000 (Manche) - 18 931 hab. - Alt. 20 m - Carte régionale n° **17**-A2
Paris 296 km - Caen 62 km - Cherbourg 80 km - Laval 154 km
Carte Michelin 303-F5 - Guide Vert Michelin Normandie Cotentin

Intuition

CUISINE CRÉATIVE • ÉLÉGANT XX À l'étage de la Brasserie Les Capucines, une table intime et feutrée, au décor sobre et épuré. Le chef laisse aller sa créativité, et fait mouche : il marie avec subtilité d'excellents produits du terroir normand et des saveurs exotiques. Une table qui ne laisse pas indifférent !

Formule 20 € - Menu 25 € (déj. en semaine), 39/67 €

1 r. Alsace-Lorraine (1er étage) - 02 33 05 14 91 (réservation conseillée) - www.restaurant-intuition.com - Fermé sam. midi, dim. et lundi

Brasserie Les Capucines - voir les restaurants ci-dessus

Brasserie Les Capucines

CUISINE TRADITIONNELLE • BRASSERIE Une salle de brasserie relookée à la mode contemporaine avec son long comptoir, ses mange-debout, ses couleurs actuelles - chocolat, crème et orange... Les plats sont à l'avenant : tartare, huîtres, salades, ou encore le pied de cochon grillé sauce béarnaise ou le paris-brest. Sans prétention, simplement bon !

Formule 15 € - Menu 19 € (déj. en semaine)/28 € - Carte 34/47 €

1 r. Alsace-Lorraine - ✆ 02 33 05 15 36 - www.brasserie-les-capucines.com - Fermé dim. soir

ST-LOUIS

68300 (Haut-Rhin) - 19 990 hab. - Alt. 250 m - Carte régionale n° **1**-B3

Paris 498 km - Altkirch 29 km - Basel 5 km - Belfort 76 km

Carte Michelin 315-J11

Le Trianon

CUISINE MODERNE • ÉLÉGANT Ici, tout est finesse et élégance. Le cadre a été entièrement modernisé dans une veine contemporaine ; quant à la cuisine du chef, qui mêle terroir et saveurs d'aujourd'hui, elle se révèle goûteuse et soignée.

Menu 22 € (semaine), 29/69 € - Carte 39/71 €

46 r. de Mulhouse - ✆ 03 89 67 03 03 - Fermé 31 juil.-16 août, 1er-16 janv., dim. soir, merc. soir et lundi

La Cave

CUISINE MODERNE • CONVIVIAL En angle de rue, un bistrot chic et contemporain, convivial et chaleureux, où le chef décline des assiettes bistrotières à tendance canaille. Terrine de lapin aux noisettes et pistaches ; rognons, ris et quasi de veau aux légumes et réduction de suc... le tout accompagné d'une belle sélection de vins.

Formule 19 € - Carte 37/77 €

Hôtel La Villa K, 10 av. de Bâle - ✆ 03 89 70 93 45 - www.bistrotlacave.com

La Villa K

BUSINESS • CONTEMPORAIN Cette belle demeure de maître fut l'élégante "maison Katz", dont le claquant K de la raison sociale perpétue le souvenir. Aujourd'hui, place à un décor mêlant très subtilement l'ancien et le contemporain, dans un esprit zen et design. Espace bien-être.

41 chambres - 95/260 € 105/280 € - ½ P

10 av. de Bâle - ✆ 03 89 70 93 40 - www.lavillak.com

La Cave - voir les restaurants ci-dessus

à Huningue 2 km à l'Est par D469 - 68330 - 6 884 hab. - Alt. 245 m

Philippe Schneider

CUISINE MODERNE • ÉLÉGANT Envie d'un repas dans un cadre feutré ? Optez pour ce restaurant ! Dans une salle élégante et confortable, on apprécie de belles recettes dans l'air du temps. Essayez par exemple cet œuf de poule "Création", ce turbot et risotto au romarin citron et émulsion anis, ou encore ce pigeonnau en croûte... Fameux !

Menu 58/99 €

15 av. de Bâle - ✆ 03 89 69 73 05 - www.tivoli.fr - Fermé 24 juil.-14 août, sam. et dim.

Tivoli

URBAIN • FONCTIONNEL À deux pas des frontières suisse et allemande, un hôtel confortable avec des chambres fonctionnelles (dans un style classique ou plus contemporain), et récemment rénovées pour la plupart. Avec, en plus, un agréable bistrot contemporain.

39 chambres - 55/94 € 69/99 € - 10 €

15 av. de Bâle - ✆ 03 89 69 73 05 - www.tivoli.fr - Fermé 24 juil.-14 août

Philippe Schneider - voir les restaurants ci-dessus

à Hésingue 4 km à l'Ouest par D419 – ✉ 68220 – 2 541 hab. – Alt. 290 m

Au Bœuf Noir

CUISINE CLASSIQUE · CONVIVIAL XX L'ancien second du Bœuf Noir a repris les rênes de l'établissement à l'occasion du départ en retraite de son patron. Les produits frais de qualité sont toujours d'actualité, de même que la fraîcheur et le goût dans les assiettes ; on profite d'une jolie petite terrasse sur l'arrière, idéale aux beaux jours.

Formule 29 € – Menu 40/67 € – Carte 59/83 €

2 r. de Folgensbourg – ✆ 03 89 69 76 40 – Fermé sam. midi, dim. soir et lundi

ST-LOUP-DE-VARENNES – 71 (Saône-et-Loire) ➜ Voir Chalon-sur-Saône

ST-LUNAIRE – 35 (Ille-et-Vilaine) ➜ Voir Dinard

ST-LUPERCE – 28 (Eure-et-Loir) ➜ Voir Chartres

ST-LYPHARD

✉ 44410 (Loire-Atlantique) – 4 401 hab. – Alt. 12 m – Carte régionale n° **18**-A2

Paris 447 km – La Baule 17 km – Nantes 73 km – Redon 43 km

Carte Michelin 316-C3 – Guide Vert Michelin Pays de la Loire

Les Chaumières du Lac et Auberge Les Typhas

TRADITIONNEL · FONCTIONNEL Sur l'une des routes principales de la Brière, plusieurs petits bâtiments construits en 1990 dans un esprit traditionnel (toits de chaume). Chambres simples et classiques. Avis aux courageux : on peut se baigner dans le lac contigu.

20 chambres – †72/125 € ††72/125 € – ☕ 12 € – ½ P

rte d'Herbignac – ✆ 02 40 91 32 32 – www.leschaumieresdulac.com – Fermé 20 déc.-5 janv.

rte de St-Nazaire 3 km au Sud par D47

Auberge le Nézil

CUISINE MODERNE · AUBERGE X Une façade blanche percée de petites fenêtres et coiffée d'un lourd toit de chaume : voilà une auberge typique de la Brière ! Rien de passéiste cependant entre ses murs, dans le décor comme dans l'assiette, laquelle met en valeur des recettes originales et de bons produits (dont les inévitables anguilles et grenouilles).

Formule 20 € – Menu 32/39 €

lieu-dit le Nézil, rte de St-Nazaire – ✆ 02 40 91 41 41 – www.aubergelenezil.fr – Fermé 23-27 déc., merc. soir sauf juil.-août, dim. soir et lundi

à Bréca 6 km au Sud par D47 et rte secondaire – ✉ 44410 St Lyphard

Auberge de Bréca

CUISINE TRADITIONNELLE · AUBERGE XX Récemment rénovée, cette maison a gagné en confort et en luminosité, et assume toujours fièrement son passé de relais de chasse. Comme il se doit, le gibier – à plumes et à poils – est à l'honneur en saison, et le reste de la carte est une ode à la tradition : Saint-Jacques, anguilles, cuisses de grenouilles...

Menu 31/47 € – Carte 44/52 €

D47 – ✆ 02 40 91 41 42 – www.auberge-breca.com – Fermé mardi soir et merc. soir de nov. à mars, dim. soir et lundi sauf fériés

ST-MACAIRE – 33 (Gironde) ➜ Voir Langon

ST-MACLOU

✉ 27210 (Eure) – 581 hab. – Alt. 114 m – Carte régionale n° **17**-A3

Paris 179 km – Le Grand-Quevilly 67 km – Le Havre 35 km – Rouen 73 km

Carte Michelin 304-C5

La Crémaillère

CUISINE TRADITIONNELLE • AUBERGE XX Au cœur du village, cette charmante petite auberge fleurie se révèle pimpante avec ses boiseries et ses couleurs gaies. Un côté chaleureux que l'on retrouve dans la cuisine traditionnelle. Poissons et produits du terroir sont à la fête, le tout à prix doux !

Menu 15 € (semaine), 24/37 € - Carte 32/59 €

70 rte de Foulbec - 02 32 41 17 75 - www.la-cremaillere.fr - Fermé 15-22 fév., 14-23 nov., mardi soir et merc.

Château de Saint-Maclou-la-Campagne

DEMEURE HISTORIQUE • HISTORIQUE Un élégant appareillage de pierres et de briques, des toits à la Mansart : une belle illustration de l'architecture française du 17e s. et... une élégance so British ! Sous l'égide d'un sujet de Sa Majesté - ancien antiquaire -, ce château a retrouvé tout son lustre, mêlant meubles d'époque, portraits d'ancêtres... Magnificent !

4 chambres - 175 € 175/225 € - 15 €

352 r. Émile-Desson - 02 32 57 26 62 - www.chateaudesaintmaclou.com

ST-MAIXENT-L'ÉCOLE

79400 (Deux-Sèvres) - 6 852 hab. - Alt. 85 m - Carte régionale n° **20**-B2

Paris 383 km - Angoulême 106 km - Niort 24 km - Parthenay 30 km

Carte Michelin 322-E6 - Guide Vert Michelin Poitou-Charentes

L'Oratorien

CUISINE MODERNE • COSY XX La jeune chef élabore une cuisine saine qui redonne de la vigueur au terroir régional. Le soir, la lueur des chandelles et la belle cheminée ajoutent au caractère intime du lieu. Formule bistrot au déjeuner.

Menu 29/48 € - Carte 48/70 €

chemin de Pissot - 05 49 05 58 68 - www.hotelsaintmartin.com - Fermé lundi et mardi hors saison

Le Saint-Martin

TRADITIONNEL • PERSONNALISÉ Au cœur d'un parc bordé par la Sèvre, voilà une gentilhommière du 17e s. bien agréable. Les chambres sont chaleureuses ; la literie de qualité conjuguée au calme garantissent une bonne nuit de repos. Le copieux petit-déjeuner ne gâte rien !

11 chambres - 105/180 € 105/180 € - 1 suite - 16 € - ½ P

chemin de Pissot - 05 49 05 58 68 - www.hotelsaintmartin.com

L'Oratorien - voir les restaurants ci-dessus

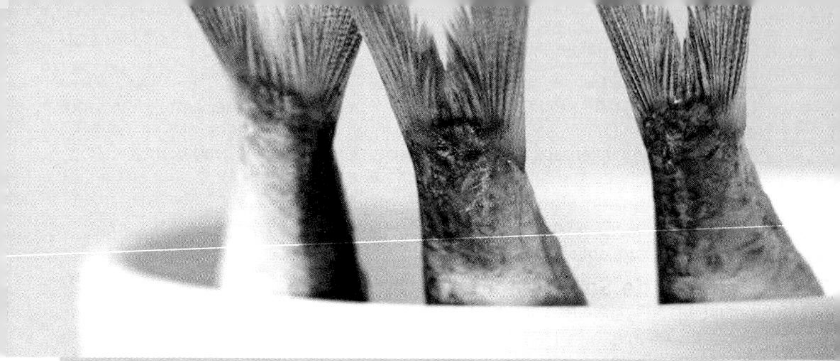

ON AIME...

Se régaler **Autour du Beurre**, mais pas n'importe lequel : celui de Jean-Yves Bordier. Goûter les délicieuses galettes au sarrasin du **Comptoir Breizh Café**, accompagnées d'une belle sélection de cidres. Parcourir l'ardoise gourmande du **Bistrot du Rocher**, se délecter des préparations enlevées du **St-Placide**. Profiter enfin du centre de thalasso du **Grand Hôtel des Thermes**...

ST-MALO

✉ 35400 (Ille-et-Vilaine) - 44 620 hab. - Alt. 5 m - Carte régionale n° **5**-D1
▶ Paris 404 km - Avranches 68 km - Dinan 32 km - Rennes 70 km
Carte Michelin 309-J3 - Guide Vert Michelin Bretagne Nord

Intra muros

Le Bistrot du Rocher (N)

CUISINE TRADITIONNELLE • BISTRO Un peu en retrait de l'animation malouine, ce bistrot gourmand est tenu par un jeune couple sérieux et passionné. Les saveurs sont bien maîtrisées, les cuissons et assaisonnements sans faille : de la bonne cuisine bistrotière comme on l'aime !

Formule 16 € - Menu 20 € (déj. en semaine) - Carte 29/44 €

Plan : F2-u - *19 r. de Toulouse - ✆ 02 99 40 82 05 - Fermé 1 semaine à Pâques, 1 semaine en janv., mardi soir et merc.*

À la Duchesse Anne

CUISINE TRADITIONNELLE • VINTAGE Dans cette institution (1945) de la cité corsaire, le temps semble s'être arrêté ! Pour le grand bonheur de tous, habitués ou non, la cuisine fait la part belle aux produits de la mer, avec découpe du poisson au guéridon selon la tradition intemporelle des lieux... Pas de doute, la duchesse Anne est éternelle !

Formule 20 € - Menu 24 € (semaine), 34/69 € - Carte 40/100 €

Plan : F1-e - *5 pl. Guy-La-Chambre - ✆ 02 99 40 85 33 - www.restaurant-duchesse-anne.com*

Le Chalut

A/C

POISSONS ET FRUITS DE MER • FAMILIAL En direct... du chalut ! Derrière cette façade bleu océan, on profite de bons produits de la mer, la spécialité du chef. Il propose notamment un menu "tout homard" qui devrait faire la joie des amateurs.

Formule 26 € - Menu 29 € (déj. en semaine), 43/79 € - Carte 50/73 €

Plan : F1-d - *8 r. de la Corne-de-Cerf - ✆ 02 99 56 71 58 (réservation conseillée) - Fermé lundi et mardi*

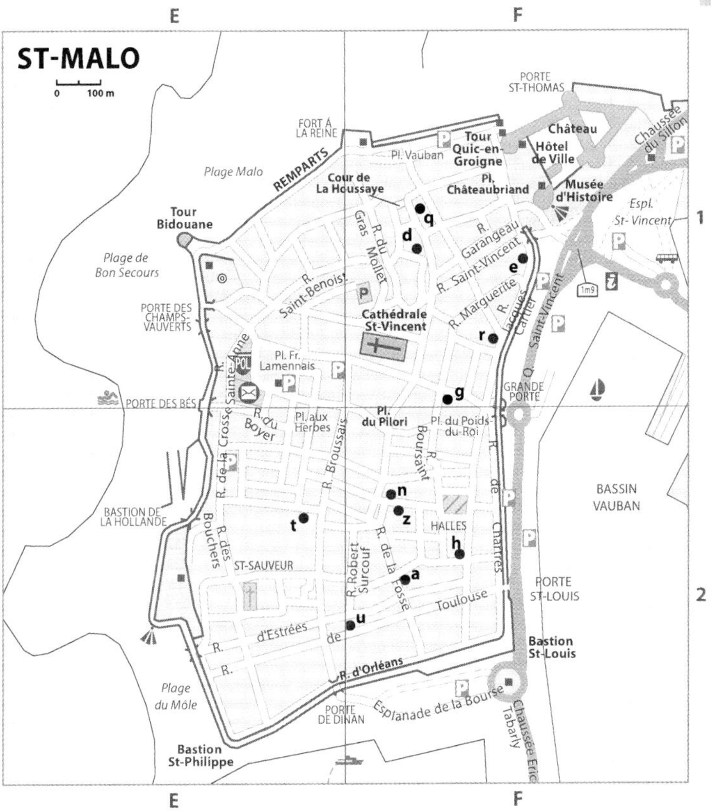

‖○ Gilles

CUISINE TRADITIONNELLE • CONTEMPORAIN ⨯ Voilà plus de vingt ans que Philippe Poignand est à la barre de ce petit restaurant du cœur de la cité corsaire, où l'on vient reprendre des forces après une escapade sur les remparts de la citadelle. Dans l'assiette, on retrouve de bons plats de saison joliment présentés, dans un esprit traditionnel.

Formule 19 € - Menu 31 €

Plan : E2-t - *2 r. de la Pie-qui-Boit - ✆ 02 99 40 97 25 (réservation conseillée) - www.restaurant-gilles-saint-malo.com - Fermé 2 semaines en déc., 3 semaines en janv., jeudi d'oct. à juin sauf vacances scolaires et merc.*

‖○ Bistro Autour du Beurre

CUISINE MODERNE • CONTEMPORAIN ⨯ Le restaurant attenant à la célèbre maison Bordier, dont le beurre se retrouve sur les plus grandes tables. Sur la courte carte, la tradition domine, avec des plats pleins de fraîcheur... et une remarquable sélection de beurres. Et côté décor, des bouteilles de lait font des luminaires et une baratte une table...

Formule 16 € - Menu 19 € (déj. en semaine) - Carte 38/50 €

Plan : F2-n - *7 r. de l'Orme - ✆ 02 23 18 25 81 - www.lebeurrebordier.com - Fermé 2 semaines en juin, 2 semaines en oct., janv., mardi soir et merc. soir sauf juil.-août, jeudi soir de nov. à mars, dim. et lundi*

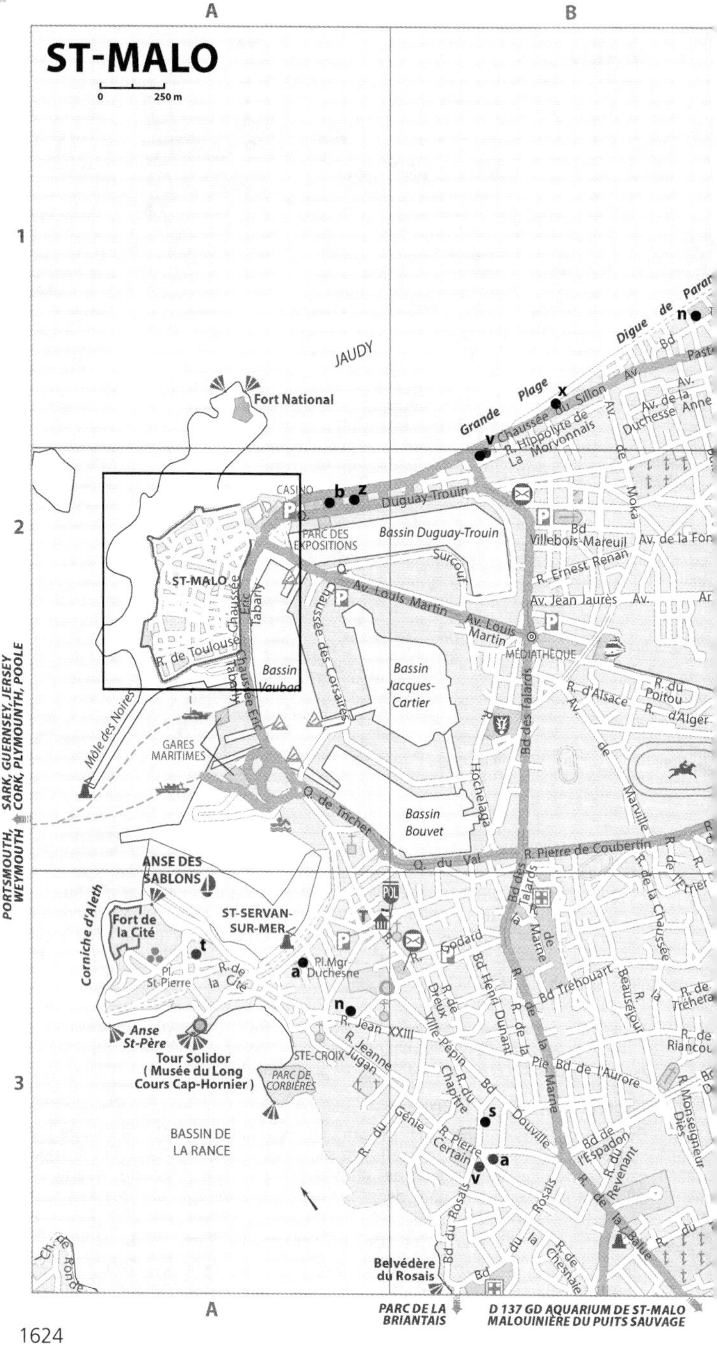
ST-MALO
0
250 m
A
B
1
2
3
JAUDY
Fort National
Grande Plage
Digue de Paramé
Chaussée du Sillon
R. Hippolyte de La Morvonnais
Av. de la Duchesse Anne
Av. de Moka
CASINO
Duguay-Trouin
PARC DES EXPOSITIONS
Bassin Duguay-Trouin
Surcouf
Bd Villebois-Mareuil
Av. de la Fontaine
R. Ernest Renan
Av. Jean Jaurès
Av. Louis Martin
MÉDIATHÈQUE
ST-MALO
Chaussée Éric Tabarly
R. de Toulouse
Bassin Vauban
Chaussée des Corsaires
Bassin Jacques-Cartier
Bd des Talards
R. d'Alsace
R. du Poitou
R. d'Alger
Av. de Marville
R. Hochelaga
Môle des Noires
GARES MARITIMES
Q. de Trichet
Bassin Bouvet
Q. du Val
R. Pierre de Coubertin
PORTSMOUTH, SARK, GUERNSEY, JERSEY
WEYMOUTH, CORK, PLYMOUTH, POOLE
ANSE DES SABLONS
Corniche d'Aleth
Fort de la Cité
ST-SERVAN-SUR-MER
Pl. St-Pierre
R. de la Cité
Pl. Mgr Duchesne
R. Godard
Bd Henri Dunant
R. de la Marne
Bd Tréhouart
R. Beauséjour
R. de la Chaussée
R. de Riancourt
Anse St-Père
Tour Solidor
(Musée du Long Cours Cap-Hornier)
R. Jean XXIII
R. Jeanne Jugan
STE-CROIX
PARC DE CORBIÈRES
R. de Dreux
R. Ville-Pépin
R. du Chapitre
R. de la Pie
Bd de l'Aurore
R. Monseigneur Dies
BASSIN DE LA RANCE
R. du Génie
R. Pierre Certain
Bd Douville
Bd de l'Espadon
R. du Revenant
R. de la Balue
Bd du Rosais
Belvédère du Rosais
Ch. de Ronde
R. de Chesnaie
PARC DE LA BRIANTAIS
D 137 GD AQUARIUM DE ST-MALO
MALOUINIÈRE DU PUITS SAUVAGE

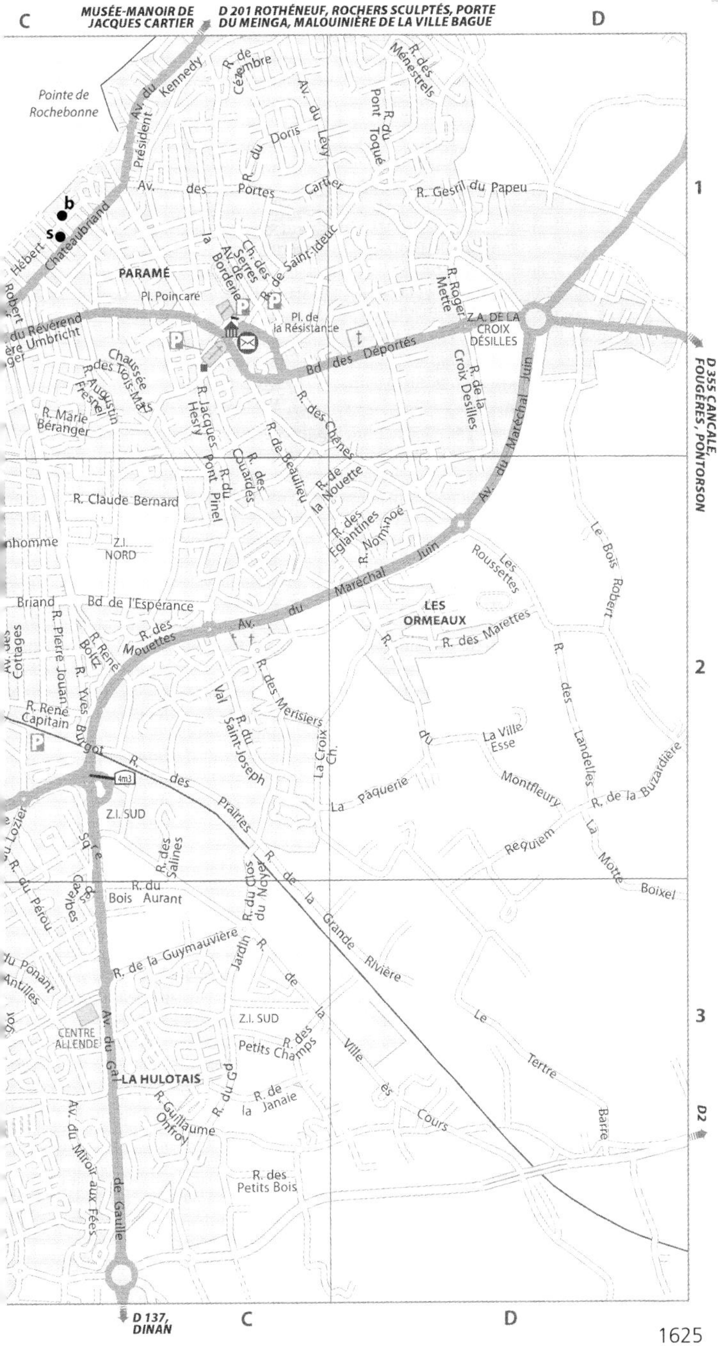
C
MUSÉE-MANOIR DE JACQUES CARTIER
D 201 ROTHÉNEUF, ROCHERS SCULPTÉS, PORTE DU MEINGA, MALOUINIÈRE DE LA VILLE BAGUE
D
Pointe de Rochebonne
Av. du Président Kennedy
R. de Cézembre
Av. du Lévy
R. des Ménestrels
R. du Pont Toqué
R. du Doris
Av. des Portes Cartier
R. Gesril du Papeu
1
b
s
Hébert
Chateaubriand
Ch. des Serres
Av. de la Borderie
R. de Saint-Ideuc
PARAMÉ
Pl. Poincaré
R. Roger Mette
Pl. de la Résistance
Z.A. DE LA CROIX DÉSILLES
Robert
R. du Révérend Père Umbricht
Bd des Déportés
D 355 CANCALE, FOUGÈRES, PONTORSON
Chaussée des Trois-Mâts
R. Augustin Fresnel
R. Marie Béranger
R. Jacques Hesry
R. de la Croix Désilles
R. des Chênes
Av. du Maréchal Juin
R. de Beaulieu
R. des Couardes
R. du Pont Pinel
R. de la Nouette
R. Claude Bernard
R. des Églantines
R. Nominoé
nhomme
Z.I. NORD
Le Bois Robert
Les Roussettes
Briand
Bd de l'Espérance
LES ORMEAUX
R. des Marettes
R. des Mouettes
Av. du Maréchal Juin
R. Pierre Jouan
R. René Boltz
R. Yves Burgot
Cottages
R. des Merisiers
Val Saint-Joseph
R. du Val
R. René Capitain
2
R. des Landelles
R. du Montfleury
La Ville Esse
Ch. La Croix
R. de la Buzardière
La Pâquerie
R. des Prairies
4m3
Z.I. SUD
Lozier
R. des Salines
Requiem
La Motte
Boixel
R. du Pérou
Sq. des Caraïbes
R. du Bois Aurant
R. du Clos du Noyer
R. de la Grande Rivière
R. de la Guymauvière
Jardin
R. de la Ville ès Cours
Ponant
Antilles
Z.I. SUD
R. des Petits Champs
Le Tertre
3
CENTRE ALLENDE
Av. du Gal de Gaulle
LA HULOTAIS
R. du Gd
R. de la Janaie
R. Guillaume Onfroy
Barre
D2
Av. du Miroir aux Fées
R. des Petits Bois
D 137, DINAN
C
D

L'Ancrage

POISSONS ET FRUITS DE MER • CONVIVIAL Jetez l'ancre dans ce restaurant digne d'une cabine de bateau (boiseries sombres, lampes en laiton) ou dans sa salle voûtée ! Le chef prépare des recettes résolument tournées vers la mer. Une bonne adresse pour faire le plein d'iode sur les remparts.

Menu 20/35 € - Carte 36/65 €

Plan : F1-r - *7 r. Jacques-Cartier - 02 99 40 15 97 - Fermé 2 janv.-3 fév., merc. hors saison et mardi*

Le Comptoir Breizh Café

CUISINE BRETONNE • CONVIVIAL Dans le dédale de l'intra-muros, une crêperie qui bat au rythme de la Bretagne. Les produits locaux (lard, andouilles, légumes) sont utilisés dans le respect de la tradition ; comme il se doit, le sarrasin et la pomme sont les deux piliers de l'établissement... sans oublier le cidre breton, mais aussi d'Italie et d'Allemagne.

Formule 16 € - Carte 19/46 €

Plan : F2-z - *6 r. de l'Orme - 02 99 56 96 08 (réservation conseillée) - www.breizhcafe.com - Fermé 3 semaines en janv. et lundi*

Le Cambusier

CUISINE MODERNE • TENDANCE Au cœur de la cité historique, bienvenue dans ce bar à vins lumineux et convivial. La patronne, charmante, se dit "Bretonne 100 % pur beurre" ! En cuisine, son mari réalise une cuisine créative avec les produits de la côte : maquereaux marinés aux poireaux et gingembre, tarte au citron revisitée...

Formule 16 € - Menu 22 € (déj.), 28/38 € - Carte 34/53 €

Plan : F2-h - *6 r. des Cordiers - 02 99 20 18 42 - www.cambusier.fr - Fermé dim. soir et merc. sauf juil.-août*

La Maison des Armateurs

URBAIN • ÉLÉGANT Au cœur de St-Malo, un hôtel contemporain dont les chambres sont baptisées - selon leur taille - Matelot, Major, Lieutenant, Capitaine ou Amiral : choisissez bien votre grade avant d'embarquer à bord pour une ou plusieurs nuits ! Un établissement chaleureux et accueillant.

38 chambres - 85/230 € 85/345 € - 7 suites - 15 €

Plan : F1-g - *6 Grand-Rue - 02 99 40 87 70 - www.maisondesarmateurs.com*

Ajoncs d'Or

FAMILIAL • CLASSIQUE Un hôtel situé dans une rue tranquille du St-Malo intra-muros. Les chambres, confortables et bien tenues, distillent une atmosphère feutrée. De quoi se prendre pour un véritable Malouin !

23 chambres - 52/99 € 59/119 € - 12 €

Plan : F2-a - *10 r. des Forgeurs - 02 99 40 85 03 - www.st-malo-hotel-ajoncs-dor.com - Fermé janv.*

Le Nautilus

FAMILIAL • FONCTIONNEL Dans une ruelle typique, cette maison érigée en 1692 (classée) abrite de petites chambres colorées, bien tenues et cosy. Décor marin au bar et bon accueil de l'équipage.

15 chambres - 60/72 € 68/86 € - 10 €

Plan : F1-q - *9 r. de la Corne-de-Cerf - 02 99 40 42 27 - www.hotel-lenautilus-saint-malo.com - Fermé 12 nov.-25 déc.*

St-Malo Est et Paramé - 35400 St-Malo

Les 7 Mers

CUISINE MODERNE • TENDANCE Sur la plage du Sillon, face à la baie de St-Malo, la salle panoramique donne envie de parcourir les mers... C'est chose faite au cours du repas, où le terroir marin - mais aussi terrestre - est subtilement mis en valeur. Fraîcheur, soin, saveurs : une jolie échappée gastronomique.

Formule 27 € - Menu 34 € (déj. en semaine), 47/79 € - Carte 51/97 €

Plan : B1_2-v - *Hôtel Le Nouveau Monde, 64 chaussée du Sillon - 02 99 40 40 00 - www.hotel-le-nouveau-monde.fr*

Grand Hôtel des Thermes

THERMAL · ART DÉCO Sur le front de mer, le palace de Saint-Malo a le charme rétro des villégiatures bourgeoises du 19e s. Ses chambres et suites sont très douillettes (classiques ou contemporaines) ; quant à son centre de thalasso (six piscines à l'eau de mer, soins de qualité), il est superbe !

167 chambres - 149/647 € 149/647 € - 7 suites - 23 € - ½ P

Plan : B1-n - *100 bd Hébert - 02 99 40 75 75 - www.le-grand-hotel-des-thermes.fr - Fermé 2-15 janv.*

Le Nouveau Monde

URBAIN · ÉLÉGANT Face à l'Océan, cet établissement conjugue beaux espaces, confort et élégance contemporaine. Pour tenter d'apercevoir le Nouveau Monde, préférez une chambre avec vue sur le large ! Agréable espace bien-être.

83 chambres - 170/735 € 170/735 € - 20 € - ½ P

Plan : B1_2-v - *64 chaussée du Sillon - 02 99 40 40 00 - www.hotel-le-nouveau-monde.fr*

Les 7 Mers - voir les restaurants ci-dessus

Océania

HÔTEL DE CHAÎNE · DESIGN Idéalement situé aux portes de la vieille ville, cet hôtel jouxte le palais du Grand Large et le casino. On s'y repose dans de grandes chambres lumineuses au décor épuré, donnant pour la plupart sur la mer ou sur le port. Plaisant !

78 chambres - 99/374 € 99/374 € - 15 €

Plan : A2-b - *2 r. Joseph-Loth - 02 99 56 84 84 - www.oceaniahotels.com*

La Villefromoy

MAISON DE MAÎTRE · COSY Une belle bâtisse de 1880 et une villa balnéaire d'esprit 1900 mais datant en réalité de 1980 : deux lieux, une même atmosphère feutrée. Chambres confortables et cosy ; produits locaux et crêpes maison au petit-déjeuner.

26 chambres - 79/429 € 79/429 € - 15 €

Plan : C1-s - *7 bd Hébert - 02 99 40 92 20 - www.villefromoy.fr - Ouvert 13 fév.-13 nov.*

Beaufort

TRADITIONNEL · PERSONNALISÉ Agréable demeure malouine (1860) aux chambres cosy décorées dans un esprit colonial - la moitié côté mer. On prend son petit-déjeuner les yeux rivés sur le large.

22 chambres - 80/176 € 80/176 € - 14 €

Plan : B1-x - *25 chaussée du Sillon - 02 99 40 99 99 - www.hotel-beaufort.com*

Mercure Front de Mer

HÔTEL DE CHAÎNE · FONCTIONNEL Un hôtel fonctionnel, idéalement situé sur le Sillon, et dont la plupart des chambres offrent une ouverture sur la mer. Aménagements fonctionnels et décoration contemporaine.

51 chambres - 85/180 € 100/260 € - 15 €

Plan : A2-z - *36 chaussée du Sillon - 02 23 18 47 47 - www.mercure.com*

Ar Iniz N

URBAIN · PERSONNALISÉ Ar Iniz, ce sont les "petites îles" dans la langue bretonne : voilà qui donne le "la" de ce restaurant installé devant la mer ! La déco joue la carte industrielle et moderne ; les petites chambres ouvrent majoritairement sur le large. Cuisine du marché au restaurant.

22 chambres - 70/140 € 82/170 € - 14 €

Plan : C1-b - *8 bd Hébert - 02 99 56 01 19 - www.ariniz.com*

à St-Servan-sur-Mer - ✉ 35400 St Malo

Le St-Placide (Luc Mobihan)

CUISINE MODERNE • DESIGN En retrait de l'agitation touristique, un restaurant de poche dont le chef laisse libre cours à son imagination, concoctant une jolie cuisine en prise avec son époque. Accueil prévenant et belle carte des vins (Loire et Bourgogne).

→ Raviole de langoustine au parmesan et coriandre. Turbot au sel fumé et asperges blanches. La route du rhum.

Menu 29 € (déj. en semaine), 48/105 € - Carte 70/100 €

Plan : B3-a - *6 pl. du Poncel*
- *02 99 81 70 73 - www.st-placide.com*
- *Fermé 2 semaines en nov., 2 semaines en janv., dim. soir de mi-nov. à mi-mars, mardi sauf le soir en juil.-août et lundi*

Bistrot Le Poncel

CUISINE TRADITIONNELLE • BISTRO Ce restaurant bien connu des Malouins affiche souvent complet ! Il faut dire qu'au menu (le midi) comme à l'ardoise (le soir), fraîcheur des produits, simplicité et saveurs sont au rendez-vous. Le tout à savourer dans un décor résolument bistrot. Un bon moment en perspective...

Formule 22 € - Menu 33 € (déj. en semaine) - Carte 44/54 €

Plan : B3-v - *3 pl. du Poncel*
- *02 99 19 57 26 (réservation conseillée) - www.restaurant-bistrot-le-poncel.fr*
- *Fermé vacances de la Toussaint, 23 déc.-2 janv., lundi sauf le midi de sept. à juin, mardi soir sauf juil.-août et dim.*

Bistrot Solidor

CUISINE TRADITIONNELLE • BISTRO Une ardoise alléchante qui privilégie les produits de saison, une jolie terrasse permettant de profiter d'une vue sur la tour Solidor toute proche, une ambiance conviviale assurée par le truculent patron, le tout tenu avec soin... Cette table présente de solides atouts !

Formule 18 € - Menu 27 € (déj.) - Carte environ 41 €

Plan : A3-t - *1 pl. St-Pierre - 02 99 21 04 87 (réservation conseillée)*
- *www.lebistrotdesolidor.com - Fermé sam. midi et dim.*

Malouinière Le Valmarin

FAMILIAL • HISTORIQUE Parquet d'origine, trumeaux, moulures : une authentique malouinière de la fin du 17e s., au charme raffiné. Les plus belles chambres s'ouvrent sur le paisible parc arboré. Petit-déjeuner maison.

12 chambres - †89/145 € ††90/165 € - ☕ 12 €

Plan : A3-n - *7 r. Jean-XXIII - 02 99 81 94 76 - www.levalmarin.com*

Manoir du Cunningham

TRADITIONNEL • CLASSIQUE Belle demeure du 17e s., aux allures de manoir anglo-normand, face à l'anse des Sablons. Grandes chambres cosy aux charmants noms d'îles paradisiaques, la plupart donnant sur la mer...

12 chambres - †69/210 € ††69/210 € - ☕ 13 €

Plan : A3-a - *9 pl. Mgr-Duchesne - 02 99 21 33 33*
- *www.st-malo-hotel-cunningham.com*
- *Ouvert de mars à début déc.*

Ascott N

HÔTEL PARTICULIER • COSY Heureux mariage de meubles contemporains et d'objets chinés (lustres à pendeloques, trumeaux) en cette demeure bourgeoise de 1890, entre hôtel et maison d'hôtes. Les chambres sont petites mais confortables. Et l'été, on prend le petit-déjeuner au jardin.

10 chambres - †89/139 € ††89/159 € - ☕ 13 €

Plan : B3-s - *35 r. du Chapitre - 02 99 81 89 93 - www.ascotthotel.com*

ST-MANDÉ - 94 (Val-de-Marne) ➜ Voir Autour de Paris

ST-MARCEL-LÈS-ANNONAY - 07 (Ardèche) ➜ Voir Annonay

ST-MARCEL-LÈS-SAUZET - 26 (Drôme) ➜ Voir Montélimar

ST-MARCELLIN

✉ 38160 (Isère) - 8 075 hab. - Alt. 282 m - Carte régionale n° **24**-E2
▶ Paris 570 km - Die 76 km - Grenoble 55 km - Valence 46 km
Carte Michelin 333-E7 - Guide Vert Michelin Lyon et sa région

La Tivollière

CUISINE MODERNE • COSY XX Aménagé dans un château du 15e s. dominant la ville, ce restaurant dispose d'une belle terrasse donnant sur le Vercors. Au menu, une sympathique cuisine d'aujourd'hui : capuccino de haricots tarbais, émulsion de cochon ; carré d'agneau en croûte d'ail des ours... C'est fin, goûteux et servi avec attention !

Formule 18 € - Menu 24 € (semaine), 37/47 € - Carte 36/48 €

Château du Mollard - ✆ 04 76 38 21 17 - www.lativolliere.com - Fermé 1 semaine en janv., 1 semaine en avril, 1er-14 août, 1 semaine en nov., mardi soir et merc. soir d'oct. à avril, jeudi soir, dim. soir et lundi

ST-MARTIAL-DE-NABIRAT

✉ 24250 (Dordogne) - 634 hab. - Alt. 175 m - Carte régionale n° **2**-D2
▶ Paris 556 km - Cahors 43 km - Périgueux 82 km - Bordeaux 213 km
Carte Michelin 329-I7

Le St-Martial

CUISINE MODERNE • ÉLÉGANT XX Cette belle maison périgourdine fait la démonstration qu'un zeste de modernité peut magnifier l'authenticité des vieilles pierres ! Derrière les fourneaux, le chef réalise une cuisine en prise avec son époque : asperges vertes de Roques-Hautes et œuf mollet croustillant ; noisettes d'agneau du Lot à l'ail des ours...

Menu 36 € (semaine), 43/90 € - Carte 67/80 €

au bourg - ✆ 05 53 29 18 34 - www.lesaintmartial.com - Fermé 19 fév.-1er mars, 25 juin-5 juil., 19-24 déc., merc. midi en été, lundi et mardi sauf le soir en juil. -août

ST-MARTIN-AUX-CHARTRAINS - 14 (Calvados) ➜ Voir Pont-L'Évêque

ST-MARTIN-DE-BELLEVILLE

✉ 73440 (Savoie) - 2 617 hab. - Alt. 1 450 m - Carte régionale n° **25**-F2
▶ Paris 624 km - Albertville 44 km - Chambéry 93 km - Moûtiers 20 km
Carte Michelin 333-M5 - Guide Vert Michelin Alpes du Nord

✿✿✿ La Bouitte (René et Maxime Meilleur)

CUISINE CRÉATIVE • RÉGIONAL XXX La Bouitte... ou une aventure familiale devenue épopée ! D'années en années, en toute discrétion, René et Maxime Meilleur - père et fils très complices - ont forgé une table d'une sincérité rare, ode superbe à la Savoie. Chaque ingrédient est à sa place, cuisiné à la perfection, sans nulles afféteries. Les assiettes débordent de senteurs originales ; elles transpirent, tout simplement, le bonheur.

➜ Crozets au beaufort façon risotto, girolles et oseille des bois. Filet de féra du lac Léman, pané d'une fine feuille de pain croustillante, beurre blanc mousseux à la roussette. Le lait dans tous ses états.

Menu 140 € (semaine), 170/295 € - Carte 195/235 €

Hôtel La Bouitte, à St-Marcel, 2 km au Sud-Est - ✆ 04 79 08 96 77 - www.la-bouitte.com - Ouvert 17 juin -3 sept. et 10 déc. -30 avril et fermé mardi midi et lundi en été

Étoile des Neiges

CUISINE TRADITIONNELLE · CONVIVIAL XX Si vous aimez le foie de veau persillé, cette table – dont c'est la spécialité – est faite pour vous ! Dans la salle, de style montagnard, on savoure des plats traditionnels devant la cheminée. Ambiance familiale.

Menu 32/60 € – Carte 67/97 €

r. St-Martin – ✆ 04 79 08 92 80 – www.hotel-edelweiss73.com – Ouvert 15 déc.-20 avril

Le Montagnard

CUISINE RÉGIONALE · RUSTIQUE X Murs chaulés, mobilier en pin, vieux skis et photos des aïeux composent le sympathique décor de cette ancienne étable. Le chef concocte une cuisine traditionnelle avec les produits du marché, sans oublier les spécialités fromagères.

Carte 38/60 €

Le Village – ✆ 04 79 01 08 40 – www.le-montagnard.com – Ouvert 1er juil.-31 août et mi-déc. à fin avril et fermé le mardi en juil.-août

Le Grenier

CUISINE TRADITIONNELLE · RUSTIQUE X Voilà une adresse qui n'est pas à remiser au grenier ! Dans la salle sous charpente, le décor, un brin rustique, colle à merveille avec les recettes savoyardes et autres spécialités fromagères du chef. Terrasse en front de neige.

Formule 25 € – Menu 32 € – Carte 42/54 €

Hôtel Saint-Martin, r. des Grangeraies – ✆ 04 79 00 88 00 – www.hotel-stmartin.com – Ouvert 10 déc.-8 avril

La Bouitte

LUXE · MONTAGNARD Si vous avez fait la route pour profiter de l'excellence culinaire de la Bouitte, sachez que l'on vous y accueille aussi pour la nuit. Dans un chalet mitoyen, six chambres et suites du dernier chic montagnard vous attendent. Un véritable cocon !

9 suites – ††312/550 € – 8 chambres – ☕ 33 €

à St-Marcel, 2 km au Sud-Est – ✆ 04 79 08 96 77 – www.la-bouitte.com – Ouvert 17 juin -3 sept. et 10 déc. -30 avril

✿✿✿ **La Bouitte** – voir les restaurants ci-dessus

Saint-Martin

TRADITIONNEL · MONTAGNARD Sur les hauteurs de ce village de montagne, un plaisant chalet au toit de lauzes, à deux pas des pistes. Les chambres, d'esprit savoyard, jouissent toutes d'un balcon. Restauration traditionnelle.

19 chambres ☕ – †170/320 € ††260/430 € – 8 suites – ½ P

r. des Grangeraies – ✆ 04 79 00 88 00 – www.hotel-stmartin.com – Ouvert 10 déc.-8 avril

Le Grenier – voir les restaurants ci-dessus

L'Edelweiss

FAMILIAL · MONTAGNARD L'esprit montagnard fleurit à l'Edelweiss : logique, le maître des lieux est un enfant du pays. Les chambres, petites et au décor alpestre, sont bien tenues. Possibilité de demi-pension avec l'Étoile des Neiges. Navettes gratuites pour la télécabine.

16 chambres ☕ – †115/155 € ††150/235 €

r. St-François – ✆ 04 79 08 92 80 – www.hotel-edelweiss73.com – Ouvert 15 déc.-20 avril

ST-MARTIN-DE-BIENFAITE

✉ 14290 (Calvados) – 536 hab. – Alt. 100 m – Carte régionale n° **17**-C2

Paris 172 km – Caen 69 km – Evreux 76 km – Rouen 93 km

Carte Michelin 303-O5

Le Moulin du Fossard

CUISINE MODERNE • CONVIVIAL Salade folle de langoustines à l'huile de noisette ; pavé de bar et ses légumes grillés, pesto : l'assiette enchante autant que le cadre, un ancien moulin, dont le mécanisme est encore visible. La charmante terrasse en bois surplombe la rivière, face à la roue à aube du moulin (qui fonctionne encore à l'occasion).

Formule 18 € - Menu 26/42 € - Carte 49/55 €

rte de Lisieux - 02 31 31 46 77 - www.lemoulindufossard.com - Fermé dim. soir, mardi midi de mai à oct., mardi soir d'oct. à mai et lundi

ST-MARTIN-DE-LONDRES

34380 (Hérault) - 2 576 hab. - Alt. 194 m - Carte régionale n° **12**-C2

Paris 744 km - Montpellier 25 km - Le Vigan 37 km

Carte Michelin 339-H6

L'Accent du Soleil

CUISINE MODERNE • ÉLÉGANT Venez vous réchauffer aux doux rayons de cet Accent du Soleil, solidement installée au pied des Cévennes. On y déguste une cuisine inventive et pleine de fraîcheur, qui se joue des épices et de la garrigue ; un joli moment provençal en perspective...

Formule 26 € - Menu 37/59 € - Carte environ 60 €

19 rte des Cévennes - 04 67 55 23 10 - www.laccentdusoleil.fr - Fermé dim. soir hors saison, lundi et mardi

au Sud 12 km par D32, D127 et D127^{E6} - 34380 Argelliers :

Auberge de Saugras

CUISINE TRADITIONNELLE • RUSTIQUE N'hésitez pas à braver la garrigue sauvage ! Avec à la clé, la découverte de ce mas en pierre du 12^{e}s. Généreuse cuisine du terroir, jolie terrasse et chambres fonctionnelles.

Formule 20 € - Menu 24 € (semaine), 32/75 € - Carte 48/140 €

7 chambres - 50/91 € 50/91 € - 12 €

Domaine de Saugras - 04 67 55 08 71 (réservation conseillée) - www.aubergedesaugras.fr - Fermé 2 semaines en nov. et merc.

ST-MARTIN-DE-RÉ - 17 (Charente-Maritime) → Voir Île de Ré

ST-MARTIN-DES-CHAMPS - 50 (Manche) → Voir Avranches

ST-MARTIN-DE-VALGALGUES - 30 (Gard) → Voir Alès

ST-MARTIN-DU-FAULT - 87 (Haute-Vienne) → Voir Limoges

ST-MARTIN-DU-TOUCH - 31 (Haute-Garonne) → Voir Toulouse

ST-MARTIN-LESTRA

42110 (Loire) - 915 hab. - Alt. 550 m - Carte régionale n° **23**-A2

Paris 450 km - Clermont 118 km - Lyon 53 km - St-Étienne 60 km

Carte Michelin 327-F5

L'École

CUISINE TRADITIONNELLE • CONVIVIAL Sortez vos stylos, on retourne à l'école ! Ce bistrot/bouchon joue la thématique jusqu'au bout : ancien préau, marelle, cahiers, équerres... Au menu, nulle punition, mais des petits plats bien mijotés et des spécialités : museau vinaigrette, jambon persillé, tête de veau, etc. Une sympathique leçon !

Menu 21/27 €

Bouchala - 04 77 27 25 87 - www.lecoledebouchala.com - Fermé dim. soir, lundi et mardi

ST-MARTIN-SUR-LA-CHAMBRE

✉ 73130 (Savoie) - 532 hab. - Alt. 560 m - Carte régionale n° **25**-F2
Paris 635 km - Chambéry 69 km - Lyon 167 km
Carte Michelin 333-K5

Le Clocher des Pères (Pierre Troccaz)

CUISINE CRÉATIVE • CONVIVIAL XX Dominant la vallée, cette ancienne maison forte (15e s.) toise la chaîne de Belledonne, dont le Clocher des Pères. Un lieu plein de cachet pour une cuisine séduisante : fine et créative, alliant élégance visuelle et gustative, elle porte la marque du chef, Pierre Troccaz. Accueil charmant et jolies chambres pour la nuit.

→ Homard laqué aux épices tandoori, quinoa, mousse de houmous et lassi aux herbes fraîches. Féra en différentes textures, sabayon de langoustine et coppa séchée. Sponge cake au basilic, cèpes meringués et fraises.

Menu 43/68 € - Carte environ 65 €

3 chambres - 85 € 85 €

Le Mollard - 04 79 59 98 06 (réservation conseillée) - www.leclocherdesperes.com - Fermé vacances de printemps et de la Toussaint, mardi, merc. et le midi sauf sam. et dim.

ST-MARTIN-VÉSUBIE

✉ 06450 (Alpes-Maritimes) - 1 345 hab. - Alt. 1 000 m - Carte régionale n° **21**-D2
Paris 845 km - Antibes 73 km - Barcelonnette 111 km - Cannes 83 km
Carte Michelin 341-E3 - Guide Vert Michelin Côte d'Azur

La Bonne Auberge

AUBERGE • CLASSIQUE Cette auberge, construite au 19e s. dans ce joli village de la Suisse niçoise, est gérée par la même famille depuis 1946. L'endroit possède un charme rustique certain, avec ses cuivres et sa grande cheminée, et ses chambres fraîches et colorées !

12 chambres - 60 € 60/65 € - 9 € - ½ P

98 allée de Verdun - 04 93 03 20 49 - www.labonneauberge06.fr - Ouvert 16 fév.-14 nov.

ST-MAUR-DES-FOSSÉS - 94 (Val-de-Marne) → Voir Autour de Paris

ST-MAURICE-DE-SATONNAY

✉ 71260 (Saône-et-Loire) - 439 hab. - Alt. 250 m - Carte régionale n° **4**-C3
Paris 400 km - Chalon-sur-Saône 61 km - Mâcon 17 km - Dijon 129 km
Carte Michelin 320-I11

Auberge des Grenouillats

CUISINE TRADITIONNELLE • BISTRO X Un petit bistrot avenant tenu par un couple sympathique. Le chef travaille de beaux produits frais et concocte de jolis plats faisant honneur à la région : bœuf charolais, fricassée de volaille au vinaigre et spécialité de... grenouilles, bien évidemment ! Belle terrasse sous les platanes.

Menu 26 € - Carte 30/52 €

Le Bourg - 03 85 33 40 50 (réservation conseillée) - Fermé 30 août-7 sept., vacances de Noël, dim. soir, mardi soir et merc.

ST-MAXIMIN-LA-STE-BAUME

✉ 83470 (Var) - 14 734 hab. - Alt. 289 m - Carte régionale n° **21**-B3
Paris 793 km - Aix-en-Provence 44 km - Marseille 51 km - Toulon 55 km
Carte Michelin 340-K5 - Guide Vert Michelin Provence

La Table de Bruno

CUISINE MODERNE • ÉPURÉ XX Après avoir fait les beaux jours de maisons provençales de qualité, Bruno Gazagnaire a créé cette table avec son épouse, elle-même pâtissière. Timbale d'écrevisses aux girolles, saint-pierre rôti au jus de bouillabaisse, pêche rôtie à la lavande, etc. : la carte cultive avec délicatesse les codes de la gastronomie d'aujourd'hui.

Menu 27 € (déj. en semaine)/48 € - Carte 40/48 €

2 av. Maréchal-Foch - ✆ 04 94 80 50 39 - Fermé dim. soir et lundi

ST-MÉDARD

✉ 46150 (Lot) - 160 hab. - Alt. 170 m - Carte régionale n° **15**-B1

Paris 571 km - Cahors 17 km - Gourdon 34 km - Villeneuve-sur-Lot 59 km

Carte Michelin 337-D4

Le Gindreau (Pascal Bardet)

CUISINE CRÉATIVE • ÉLÉGANT XXX Une ancienne école de village transformée en restaurant. Derrière les fourneaux, Pascal Bardet - ancien d'Alain Ducasse pendant 18 ans - est pleinement épanoui : il met superbement en valeur les produits du terroir, et en particulier la truffe, dont il est un vrai spécialiste ! Terrasse sous les marronniers.

➜ Crousteline de pommes de terre, d'autres en salade tiède, truffe et cébette au goût fumé. Pigeon poché dans un consommé, foie et cœur en charpie à l'ancienne, pulpe de laitue et salmis. Soufflé à la pêche de vigne, sorbet verveine.

Menu 42 € (déj. en semaine), 59/147 € - Carte environ 70 €

- ✆ 05 65 36 22 27 (réservation conseillée) - www.legindreau.com
- Fermé 27 mars-12 avril, 23 oct.-15 nov., dim. soir et merc. midi de janv. à mi-mars, mardi de mi-mars à déc. et lundi

ST-MICHEL-D'EUZET

✉ 30200 (Gard) - 585 hab. - Alt. 110 m - Carte régionale n° **12**-D1

Paris 667 km - Avignon 43 km - Montpellier 113 km - Nîmes 64 km

Carte Michelin 339-M3

La Table de Marine

CUISINE TRADITIONNELLE • RUSTIQUE X Ce petit restaurant de village propose une cuisine du marché traditionnelle rehaussée d'épices. Menu unique midi et soir, plus élaboré en soirée. Joli choix de whiskys.

Menu 26 € (déj.)/41 €

7 pl. Jean-Jaurès - ✆ 04 66 33 13 89 - Fermé 1 semaine vacances de printemps, 1 semaine début juin, vacances de la Toussaint, 1 semaine en janv., sam. midi, dim. et lundi

ST-MICHEL-EN-L'HERM

✉ 85580 (Vendée) - 2 281 hab. - Alt. 9 m - Carte régionale n° **18**-B3

Paris 453 km - Luçon 15 km - La Rochelle 46 km - La Roche sur Yon 47 km

Carte Michelin 316-I9 - Guide Vert Michelin Pays de la Loire

La Rose Trémière

CUISINE MODERNE • RUSTIQUE XX Deux en un : côté gastronomique, une table au cachet rustique au service d'une cuisine traditionnelle teintée de touches actuelles ; côté bistrot, déco contemporaine, convivialité et bons petits plats... pour les gourmets pressés qui peuvent observer, en prime, la brigade s'activer en cuisine. Plaisant !

Menu 30/58 € - Carte 44/57 €

4 r. de l'Église - ✆ 02 51 30 25 69 - www.restaurant-larosetremiere.fr - Fermé 2 semaines en oct., dim. soir, lundi et mardi

ST-MICHEL-ESCALUS

✉ 40550 (Landes) - 293 hab. - Alt. 23 m - Carte régionale n° **2**-B2

Paris 721 km - Bayonne 67 km - Bordeaux 135 km - Dax 30 km

Carte Michelin 335-D11

La Bergerie-St-Michel

FAMILIAL • PERSONNALISÉ La forêt landaise, rien que la forêt landaise, entoure cette ancienne ferme à colombages magnifiquement restaurée… Les chambres, indépendantes, marient beaux espaces, meubles anciens et contemporains. Quant au petit-déjeuner maison, raffiné et varié, il ne dépare pas en ces lieux !

3 chambres – 75/115 € 80/125 €

50 chemin du Plomb, à St-Michel le Bourg, par D142, rte de Castets – 05 58 48 74 04 – www.bergeriestmichel.fr

ST-MICHEL-MONT-MERCURE

85700 (Vendée) – 2 016 hab. – Alt. 284 m – Carte régionale n° **18**-B3
Paris 383 km – Bressuire 36 km – Cholet 35 km – Nantes 85 km
Carte Michelin 316-K7 – Guide Vert Michelin Pays de la Loire

Château de la Flocellière

DEMEURE HISTORIQUE • HISTORIQUE Un superbe château, mêlant les styles et les siècles (12e, 15e, 17e et 19e s.) : de quoi se rêver preux chevalier ou gente dame ! Les chambres, raffinées, donnent sur le parc ; dans le donjon, la "Médiévale" est splendide. Et pour festoyer, les propriétaires organisent des dîners thématiques dans une salle du 16e s.

5 chambres – 160/235 € 160/235 €

La Flocellière, 2 km à l'Est par D64 – 02 51 57 22 03 – www.chateaudelaflocelliere.com – Fermé janv. et fév.

ST-MIHIEL

55300 (Meuse) – 4 339 hab. – Alt. 228 m – Carte régionale n° **14**-B2
Paris 287 km – Bar-le-Duc 35 km – Nancy 66 km – Metz 63 km
Carte Michelin 307-E5

à Heudicourt-sous-les-Côtes 15 km au Nord-Est par D901 et D133 –

55210 – 174 hab. – Alt. 240 m

Lac de Madine

FAMILIAL • FONCTIONNEL Près du lac, une auberge familiale avec des chambres fonctionnelles et bien tenues, dont la plupart se trouvent dans une annexe aux airs de motel. Pratique aussi, le restaurant de tradition entièrement rénové dans un style moderne et cossu. Une adresse sûre.

42 chambres – 69/99 € 69/99 € – 12 € – ½ P

22 r. Charles-de-Gaulle – 03 29 89 34 80 – www.hotel-lac-madine.com – Fermé 22-31 déc., 1er-15 janv.

ST-NAZAIRE

44600 (Loire-Atlantique) – 67 940 hab. – Agglo. 147 535 hab. – Alt. 4 m – Carte régionale n° **18**-A2
Paris 435 km – La Baule 19 km – Nantes 61 km – Vannes 79 km
Carte Michelin 316-C4 – Guide Vert Michelin Pays de la Loire

Le Sabayon

CUISINE TRADITIONNELLE • DE QUARTIER Sur une rue semi-piétonne, cette petite adresse familiale propose, dans un décor tout simple, une cuisine respectueuse de la tradition (préparations maison, produits frais).

Menu 21/49 € – Carte 33/62 €

Plan : A2-b – *7 r. de la Paix – 02 40 01 88 21 – Fermé 17-27 fév., 3 semaines en août, dim. et lundi*

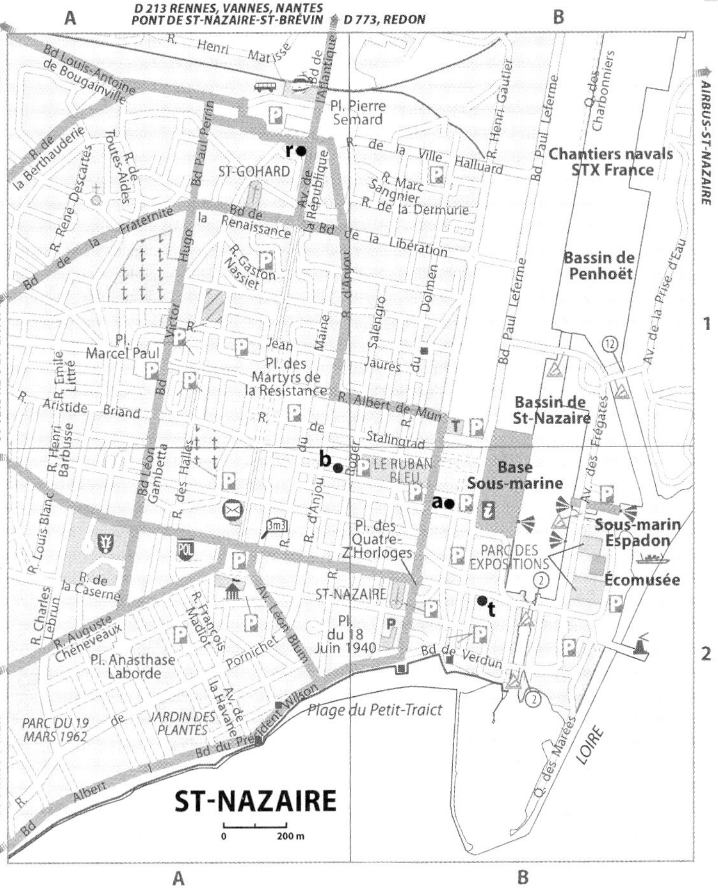

Le Skipper

CUISINE MODERNE · ÉLÉGANT Face à la base sous-marine et non loin du centre-ville, ce Skipper a repris des couleurs : le chef, ancien du Fort de l'Océan (au Croisic) y propose une cuisine particulièrement soignée et gourmande. Il laisse voguer son inspiration, et c'est tant mieux pour nous !

Menu 32 € (dîner) – Carte 35/50 €

Plan : B2-t – *1 av. René-Coty – ✆ 02 40 22 20 03 – www.le-skipper.com – Fermé 24 déc.-3 janv., sam. midi et dim.*

Le Berry

URBAIN · CLASSIQUE On est chaleureusement accueilli dans cet hôtel installé dans un bâtiment de l'après-guerre, juste en face de la gare ferroviaire. Autres atouts de taille : un entretien sans défaut et une bonne insonorisation.

27 chambres – †90/140 € ††100/150 € – ☕ 12 € – ½ P

Plan : A1-r – *1 pl. Pierre-Semard – ✆ 02 40 22 42 61 – www.hotel-du-berry.fr – Fermé 23 déc.-2 janv.*

Holiday Inn Express

HÔTEL DE CHAÎNE • DESIGN Un établissement moderne à débusquer dans le nouveau cœur de la ville, face à l'ancienne base sous-marine transformée en centre culturel. Une bonne option pour une étape à St-Nazaire.

75 chambres – 89/160 € 89/160 €

Plan : B2-a – *1 r. de la Floride – 02 40 19 01 01 – www.hotelsaintnazaire.com*

ST-NECTAIRE

63710 (Puy-de-Dôme) – 726 hab. – Alt. 700 m – Carte régionale n° **3**-B2

Paris 453 km – Clermont-Ferrand 43 km – Issoire 27 km – Le Mont-Dore 24 km

Carte Michelin 326-E9 – Guide Vert Michelin Auvergne

Mercure

BUSINESS • FONCTIONNEL Installé dans les anciens thermes de la cité, cet hôtel créé en 1850 ne manque pas d'atouts : grande hauteur sous plafond, parquet, chambres fonctionnelles... ainsi qu'un espace bien-être avec couloir de nage, sauna, hammam et jacuzzi.

71 chambres – 70/125 € 70/125 € – 16 €

Les Bains Romains – 04 73 88 57 00 – www.hotel-bains-romains.com

ST-NEXANS – 24 (Dordogne) → Voir Bergerac

ST-OMER

62500 (Pas-de-Calais) – 13 881 hab. – Alt. 23 m – Carte régionale n° **16**-B2

Paris 257 km – Arras 77 km – Boulogne-sur-Mer 52 km – Calais 43 km

Carte Michelin 301-G3

à Blendecques 4 km au Sud-Ouest par D928, D942 et D211 – 62575 – 5 205 hab. – Alt. 25 m

Le St-Sébastien

CUISINE TRADITIONNELLE • AUBERGE Une sympathique auberge de l'agglomération audomaroise, dans une jolie maison de pays : accueil familial, coquet décor rustique et bonnes recettes traditionnelles. Quelques chambres à l'étage, décorées avec goût et simplicité, parfaites pour se reposer.

Formule 15 € – Menu 19 € (semaine)/35 € – Carte 37/54 €

7 chambres – 57/59 € 74/81 € – 8,50 €

2 pl. de la Libération – 03 21 38 13 05 – www.lesaintsebastien.fr
– Fermé 20-30 déc., dim. soir et fériés le soir

à Tilques 10 km au Sud par D943 et rte secondaire – 62500 – 1 109 hab. – Alt. 27 m

Château Tilques

CUISINE MODERNE • ÉLÉGANT Les anciennes écuries du château de Tilques se sont transformées en un beau restaurant cossu. L'établissement propose de bons plats mijotés et de savoureuses grillades au feu de bois qui ne devraient pas vous déplaire.

Formule 19 € – Menu 32/42 € – Carte 39/62 €

r. du château – 03 21 88 99 99 – www.tilques.najeti.fr

Château Tilques

DEMEURE HISTORIQUE • ÉLÉGANT Ne soyez pas surpris de voir des paons se promener dans le parc de ce château du 19e s. ! Quiétude et nature sont les maîtres mots de cette adresse à deux pas du parc naturel des Caps et Marais d'Opale. Tentures fleuries et meubles de style dans les chambres ; décoration plus contemporaine dans l'annexe.

52 chambres – 155/210 € 155/210 € – 16 € – ½ P

r. du château – 03 21 88 99 99 – www.tilques.najeti.fr

Château Tilques – voir les restaurants ci-dessus

ST-OUEN - 93 (Seine-Saint-Denis) → Voir Autour de Paris

ST-OUEN-LES-VIGNES - 37 (Indre-et-Loire) → Voir Amboise

ST-OUTRILLE

✉ 18310 (Cher) - 209 hab. - Alt. 108 m - Carte régionale n° **6**-C3
▶ Paris 233 km - Blois 71 km - Bourges 46 km - Châteaudun 39 km
Carte Michelin 323-H4 - Guide Vert Michelin Limousin Berry

La Grange aux Dîmes

CUISINE MODERNE • ÉLÉGANT XX Une ancienne grange sur la place de la collégiale du 14e s. Le lieu a du cachet, sinon du charme. En cuisine, le jeune chef concocte des recettes dans l'air du temps, bien ficelées. Les beaux produits sont là, les saveurs aussi. Ainsi ne rechigne-t-on pas à verser la dîme à la fin du repas !

Menu 28 € (semaine), 34/41 €

pl. de l'Église - ✆ 02 48 71 84 93 - www.lagrangeauxdimes.com - Fermé 15 fév.-16 mars, 29 août- 6 sept., vacances de Noël, lundi soir, mardi et merc.

ST-PALAIS

✉ 64120 (Pyrénées-Atlantiques) - 1 856 hab. - Alt. 50 m - Carte régionale n° **2**-B3
▶ Paris 788 km - Bayonne 52 km - Biarritz 63 km - Dax 60 km
Carte Michelin 342-F5 - Guide Vert Michelin Pays Basque et Navarre

La Maison d'Arthezenea

FAMILIAL • PERSONNALISÉ Dans cette demeure en pierre et son jardin verdoyant, on se sent comme chez soi. Élégante atmosphère "maison de famille" : parquet, gravures et mobilier ancien... À la table d'hôte, belles spécialités (foie gras maison, ris d'agneau et palombe flambée en saison).

4 chambres - †70/75 € ††75/80 €

42 r. du Palais-de-Justice - ✆ 06 15 85 68 64 - www.gites64.com/maison-darthezenea

ST-PALAIS-SUR-MER

✉ 17420 (Charente-Maritime) - 3 936 hab. - Alt. 5 m - Carte régionale n° **20**-A3
▶ Paris 512 km - La Rochelle 82 km - Royan 6 km
Carte Michelin 324-D6 - Guide Vert Michelin Poitou-Charentes

Les Agapes

CUISINE MODERNE • CONVIVIAL XX Dans cette maison face au marché, le chef concocte des plats traditionnels bien tournés, avec une pointe d'inventivité : foie gras de canard à l'Exose, ris de veau poêlé au saté et légumes de saison, moelleux au chocolat noir... De belles agapes dans un cadre accueillant !

Formule 19 € - Menu 29/55 € - Carte 58/70 €

8 r. Marcel-Vallet - ✆ 05 46 23 10 23 - www.les-agapes.fr - Fermé vacances de la Toussaint, janv., mardi et merc. de nov. à mars, dim. soir sauf juil.-août et lundi

Restaurant de la Plage

CUISINE MODERNE • CONVIVIAL X Aile de raie cuite à la perfection et ses pommes de terre et tomates confites, délicieux financier aux cerises et glace au nougat... Le chef concocte une cuisine simple et juste, où fraîcheur rime avec saveur. Un vrai rendez-vous gourmand, avec vue sur la mer !

Formule 22 € - Menu 31 € - Carte 41/53 €

Hôtel de la Plage, 1 pl. de l'Océan - ✆ 05 46 23 10 32 - www.hoteldelaplage-stpalais.fr - Ouvert 10 mars-15 oct. et fermé dim. soir et lundi sauf de juin à mi-sept.

Le Flandre

CUISINE TRADITIONNELLE • AUBERGE Plafond façon coque de bateau renversée, vivier à homards et produits de la mer dans l'assiette : ce restaurant niché dans une forêt de pins affirme un bel ancrage maritime. Sans compter que cette escale gourmande est idéalement située sur la route du zoo de la Palmyre !

Menu 22/36 € – Carte 30/66 €

av. Tamaris, 2 km par rte de la Palmyre – 05 46 23 36 16 – www.leflandre.com – Fermé 2 janv.-2 fév., 20 nov.-15 déc., mardi et merc. sauf juil.-août

Hôtel de la Plage

FAMILIAL • FONCTIONNEL Un hôtel familial dans le centre-ville avec des chambres fonctionnelles, certes petites mais très bien tenues. Dans la courette, une piscine très sympathique... Esprit vacances !

29 chambres – 70/150 € 70/150 € – 11 € – ½ P

1 pl. de l'Océan – 05 46 23 10 32 – www.hoteldelaplage-stpalais.fr – Ouvert 15 fév.-1er nov.

Restaurant de la Plage – voir les restaurants ci-dessus

ST-PAL-DE-MONS

43620 (Haute-Loire) – 2 173 hab. – Alt. 840 m – Carte régionale n° **3**-D3
Paris 516 km – Clermont-Ferrand 177 km – Le Puy-en-Velay 57 km – Saint-Étienne 35 km
Carte Michelin 331-H2

Les Feuillantines

BUSINESS • CONTEMPORAIN Sur les hauteurs du village, un établissement contemporain au cœur d'un superbe environnement. Les chambres, spacieuses et confortables – certaines avec terrasse –, donnent majoritairement sur la vallée et les massifs : quelle vue !

16 chambres – 70/76 € 70/76 € – 10 € – ½ P

La Vialatte – 04 71 75 63 25 – www.lesfeuillantines.com – Fermé 14 avril-2 mai, 4 août-4 sept. et 31 déc.-5 janv.

ST-PARDOUX-L'ORTIGIER

19270 (Corrèze) – 477 hab. – Alt. 360 m – Carte régionale n° **13**-B3
Paris 465 km – Limoges 76 km – Périgueux 88 km – Tulle 21 km
Carte Michelin 329-K4

Les Coquelicots

CUISINE TRADITIONNELLE • CONVIVIAL À l'origine autodidacte et passionnée de cuisine, la jeune patronne revisite la tradition avec de beaux produits frais : foie gras poêlé aux fruits, tête et langue de veau sauce ravigote, filet d'agneau du Quercy, râble de lapereau au thym... Et tout cela ne serait rien sans la très belle carte des vins !

Menu 32/52 € – Carte 51/72 €

La Croix-de-Fer – 05 55 84 51 02 – www.hotel-coquelicots.fr – Fermé 28 avril-8 mai, 13-23 oct., 20 déc.-9 janv. et le midi sauf dim.

Les Coquelicots

TRADITIONNEL • CONTEMPORAIN En bordure de l'ancienne N 20, un hôtel aux allures d'auberge, dont la bâtisse principale et les deux ailes encadrent un sympathique jardin avec piscine. On apprécie la sobriété des chambres, ainsi que leurs équipements (wifi, écran plat, etc.).

22 chambres – 90/115 € 90/150 € – 12 € – ½ P

La Croix-de-Fer – 05 55 84 51 02 – www.hotel-coquelicots.fr – Fermé 28 avril-8 mai, 13-23 oct. et 20 déc.-9 janv.

Les Coquelicots – voir les restaurants ci-dessus

ST-PATERNE - 72 (Sarthe) → Voir Alençon

ST-PATRICE - 37 (Indre-et-Loire) → Voir Langeais

ST-PAUL-DE-VENCE

✉ 06570 (Alpes-Maritimes) - 3 548 hab. - Alt. 125 m - Carte régionale n° **22**-E2
▶ Paris 922 km - Antibes 18 km - Cagnes-sur-Mer 7 km - Cannes 28 km
Carte Michelin 341-D5 - Guide Vert Michelin Côte d'Azur

La Table de Pierre

CUISINE MÉDITERRANÉENNE • COSY XXX Tourteau au gingembre, petits farcis niçois, rouget recouvert d'une tapenade et accompagné d'un tian de légumes... Une jolie cuisine de la Méditerranée à déguster dans un élégant mas ! Jolie terrasse ouverte sur le jardin et la piscine.

Formule 35 € - Menu 85 € (dîner) - Carte 58/110 €

Hôtel Le Mas de Pierre, 2320 rte des Serres, 2 km au Sud - ☎ 04 93 59 00 10 - www.lemasdepierre.com - Ouvert 30 mars-30 sept. et fermé le midi en juil.-août

Le Saint-Paul

CUISINE MODERNE • ROMANTIQUE XX Le chef Richard Vicens, niçois pur jus, propose une cuisine méditerranéenne subtile et élégante, comme avec cette fraîcheur de poulpe au râpé de Poutargue, ou ce saint-pierre rôti au basilic. En guise de dessert, réservez votre billet pour le Paris Saint-Paul au mordant de cacao. Agréable terrasse fleurie.

Menu 48 € (déj.), 54/95 € - Carte 62/87 €

86 r. Grande (au village) - ☎ 04 93 32 65 25 - www.lesaintpaul.com - Ouvert 1er avril-31 oct. et fermé dim. soir et lundi

Toile Blanche

CUISINE CRÉATIVE • DESIGN X En contrebas du village, dans le vallon, cette Toile Blanche ne manque ni de couleur ni de piquant ! Dans l'assiette, la cuisine se fait inventive ; la piscine est ravissante, le jardin verdoyant et calme... Quant aux chambres, elles cultivent un style contemporain "trendy".

Menu 55 € - Carte 58/66 €

7 chambres - †175/350 € ††175/350 € - ☕ 17 €

826 chemin de la Pounchounière - ☎ 04 93 32 74 21 (réservation conseillée) - www.toileblanche.com - Ouvert 15 mai-15 sept. et fermé le midi

Le Tilleul

CUISINE PROVENÇALE • MÉDITERRANÉEN X Un joli bistrot provençal à l'entrée du vieux village. Entouré de nombreux habitués, on se réjouit de goûter cette jolie cuisine traditionnelle aux parfums de Provence, parsemée de petites touches personnalisées. La grande terrasse, abritée par un tilleul et un érable, est un havre pour les gourmands !

Formule 25 € - Menu 29 € - Carte 42/57 €

pl. du Tilleul - ☎ 04 93 32 80 36 - www.restaurant-letilleul.com

La Vague de St-Paul

CUISINE MÉDITERRANÉENNE • DESIGN X Une cuisine méditerranéenne simple et goûteuse, présentée sous forme de tapas, et qui suit les saisons ; une grande salle à manger moderne, une vaste terrasse ouvrant sur la piscine et le jardin... Que demander de plus ?

Menu 29 € (dîner) - Carte 34/50 €

Hôtel La Vague de St-Paul, chemin des Salettes, 2 km par rte de la Fondation Maeght - ☎ 04 92 11 20 00 - www.vaguesaintpaul.com - Fermé nov., 2 janv.-10 fév., dim. soir, lundi et mardi de déc. à mars

Le Mas de Pierre

LUXE · PERSONNALISÉ Au cœur d'un jardin méridional enchanteur, de superbes bastides avec des chambres au luxe raffiné : beau décor de maison bourgeoise, tableaux et tapis... et dehors, une agréable piscine. Pourquoi ne pas juste musarder en laissant le temps filer ?

54 chambres – 195/1848 € 195/1848 € – 4 suites – 29 € – ½ P

2320 rte des Serres, 2 km au Sud – 04 93 59 00 10 – www.lemasdepierre.com – Ouvert 30 mars-30 sept.

La Table de Pierre – voir les restaurants ci-dessus

Le Saint-Paul

HISTORIQUE · PERSONNALISÉ Belles pierres, fresques champêtres, fontaine, chambres au charme feutré... Voilà le décor élégant de cette demeure provençale du 16e s. perchée dans le village médiéval.

16 chambres – 235/275 € 235/640 € – 2 suites – 29 € – ½ P

86 r. Grande (au village) – 04 93 32 65 25 – www.lesaintpaul.com – Ouvert 1er avril-31 oct.

Le Saint-Paul – voir les restaurants ci-dessus

La Vague de St-Paul

RESORT · CONTEMPORAIN Cette construction en forme de vague, conçue par André Minangoy dans les années 1970, laisse d'abord perplexe, puis séduit. À l'intérieur, grand hall lumineux très "seventies" ; belles chambres épurées et rehaussées de couleurs vives. Plaisant !

46 chambres – 100/250 € 100/250 € – 4 suites – 18 € – ½ P

45 chemin des Salettes, 2 km par rte de la Fondation Maeght – 04 92 11 20 00 – www.vaguesaintpaul.com – Fermé nov. et janv.

La Vague de St-Paul – voir les restaurants ci-dessus

La Colombe d'Or

AUBERGE · TRADITIONNEL Cet hôtel-restaurant est un vrai musée ! Il abrite une superbe collection de peintures et de sculptures d'artistes ayant séjourné ici, tels Braque, Léger, Ben... Cadre "vieille Provence" et chambres au décor rustique ; terrasse ombragée.

14 chambres – 290/360 € 320/550 € – 11 suites – 18 €

pl. Charles-de-Gaulle – 04 93 32 80 02 – www.la-colombe-dor.com – Fermé 24 oct.-21 déc. et 5-16 janv.

Le Hameau

MAISON DE CAMPAGNE · ÉLÉGANT Dans un jardin planté d'orangers et de cédrats, ce Hameau tout blanc a le charme de l'authenticité. Tomettes, murs à la chaux, faïence locale : rien ne manque ! Sans parler des bonnes confitures maison dont on se régale au petit-déjeuner...

17 chambres – 120/335 € 150/335 € – 2 suites – 15 €

528 rte de la Colle – 04 93 32 80 24 – www.le-hameau.com – Ouvert 14 fév.-15 nov.

Hostellerie des Messugues

MAISON DE MAÎTRE · À LA CAMPAGNE Une villa provençale dans une pinède... au calme. Parmi les curiosités du lieu, il y a la jolie piscine circulaire et les portes des chambres, qui proviennent d'une prison du 19e s. ! L'ensemble est plaisant et bien tenu. Très bon rapport qualité-prix.

16 chambres – 120/260 € 120/260 € – 15 € – ½ P

allée des Lavandes, 1 km, quartier Gardettes par rte de la Fondation Maeght – 04 93 32 53 32 – www.hotel-messugues-saintpaul.com – Ouvert 1er mars-31 déc.

Les Vergers de St Paul

TRADITIONNEL · COSY À l'entrée du village, un hôtel niché dans un petit jardin. Du blanc, des moulures, des rayures pour un esprit assez cosy : les chambres (avec terrasse ou balcon) sont agréables et certaines donnent de plain-pied sur la piscine.

17 chambres – 160/265 € 160/265 € – 14 €

940 rte de la Colle – 04 93 32 94 24 – www.vergersdesaintpaul.com

ST-PAUL-LÈS-DAX - 40 (Landes) ➜ Voir Dax

➜ Voir Dax

ST-PAUL-LÈS-ROMANS - 26 (Drôme) ➜ Voir Romans-sur-Isère

ST-PAUL-TROIS-CHATEAUX

✉ 26130 (Drôme) - 8 757 hab. - Alt. 90 m - Carte régionale n° **23**-B3
Paris 628 km - Montélimar 28 km - Nyons 39 km - Orange 33 km
Carte Michelin 332-B7 - Guide Vert Michelin Ardèche Drôme

David Mollicone

CUISINE MODERNE • CONTEMPORAIN XX Un lieu contemporain, à la fois feutré et lumineux - avec ses grandes baies ouvertes sur le jardin -, au service d'une cuisine fine et délicate : David Mollicone, chef expérimenté, n'est jamais à court d'idées lorsqu'il s'agit de marier les beaux produits, de faire varier les goûts et les textures...

Formule 23 € - Menu 28 € (déj. en semaine), 52/88 € - Carte environ 72 €

Hôtel Villa Augusta, 14 r. Serre-Blanc - ✆ 04 75 97 29 29 - www.villaaugusta.fr - Fermé 26 fév.-12 mars, 23-29 déc., sam. midi, dim. soir et lundi

Villa Augusta

BOUTIQUE HÔTEL • PERSONNALISÉ Au pays des oliviers et de la lavande, cette jolie villa du 19e s., avec son jardin arboré, est parfaite pour une escapade provençale. Côté déco, couleurs vives, esprit méridional et style contemporain se succèdent dans les chambres cosy...

20 chambres - †120/520 € ††120/520 € - 2 suites - ☕ 18 € - ½ P

14 r. Serre-Blanc - ✆ 04 75 97 29 29 - www.villaaugusta.fr - Fermé 26 fév.-12 mars, 23-29 déc.

David Mollicone - voir les restaurants ci-dessus

ST-PÉE-SUR-NIVELLE

✉ 64310 (Pyrénées-Atlantiques) - 5 954 hab. - Alt. 30 m - Carte régionale n° **2**-A3
Paris 785 km - Bayonne 22 km - Biarritz 17 km - Cambo-les-Bains 17 km
Carte Michelin 342-C4 - Guide Vert Michelin Pays Basque et Navarre

L'Auberge Basque (Cédric Béchade)

CUISINE CRÉATIVE • ÉLÉGANT XX Cette ferme du 17es. cache une aile très contemporaine, ouverte sur la Rhune et la campagne... Même alliage en cuisine : le chef signe des mets très inventifs, dont les racines plongent dans le terroir. Assiettes pleines de saveurs et de couleurs ! Chambres confortables ; "grand" petit-déjeuner tout en gourmandises...

➜ Piperade au jambon ibaïama, textures et goûts traditionnels. Merlu de St-Jean-de-Luz en sauce verte, jeunes carottes cuites au jus. Fine tarte au fromage frais, framboises et thé lapsang souchong.

Formule 34 € - Menu 68/88 € - Carte environ 75 €

12 chambres - †99/315 € ††99/315 € - ☕ 18 €

quartier Helbarron, D307 (ancienne rte de St-Pée à St-Jean-de-Luz) - ✆ 05 59 51 70 00 - www.aubergebasque.com - Fermé 17-26 déc., 2-25 janv., mardi sauf le soir d'avril à oct., vend. midi et lundi

Ttotta

CUISINE MODERNE • CONTEMPORAIN X Sur la route de St-Jean-de-Luz, ce sympathique restaurant fait honneur au Pays basque ! Dans un décor contemporain, on déguste une cuisine du terroir avec de beaux produits du marché. Mention spéciale pour la viande et la charcuterie locales. Le tout accompagné de vins du Sud-Ouest. Une bonne adresse.

Menu 13 € (déj. en semaine), 19/26 € - Carte 31/46 €

quartier Ibarron (Espace Ibarrondoan), rte de St-Jean-de-Luz, 1 km à l'Ouest par D918 - ✆ 05 59 47 03 55 - www.ttotta.fr - Fermé 2 semaines en fév. et en nov., mardi soir hors saison et merc.

ST-PHILIBERT

✉ 56470 (Morbihan) - 1 612 hab. - Alt. 15 m - Carte régionale n° **5**-A3
Paris 489 km - Lorient 50 km - Rennes 137 km - Vannes 29 km
Carte Michelin 308-N9

Le Galet

TRADITIONNEL • CONTEMPORAIN Pour une escale tranquille à deux minutes de la Trinité-sur-Mer : un hôtel design entouré d'un joli jardin. Espace bien-être parfaitement conçu (soins du corps, sauna, jacuzzi).

19 chambres - 80/130 € 80/130 € - 2 suites - 13 €

rte de la Trinité-sur-Mer, 1,2 km au Nord par D28 et D781 - 02 97 55 00 56 - www.legalet.fr - Fermé 17-28 déc.

ST-PIERRE-D'ALBIGNY

✉ 73250 (Savoie) - 3 780 hab. - Alt. 410 m - Carte régionale n° **25**-F2
Paris 596 km - Annecy 77 km - Chambéry 29 km - Lyon 137 km
Carte Michelin 333-J4 - Guide Vert Michelin Alpes du Nord

Château des Allues

DEMEURE HISTORIQUE • PERSONNALISÉ Ce manoir du 19e s. a été rénové avec goût, dans un esprit mêlant subtilement ancien et contemporain : superbes boiseries, mobilier chiné, tissus raffinés... À la table d'hôte, on déguste les légumes du superbe potager bio - lequel est à découvrir.

5 chambres - 120 € 155/195 €

Lieu-dit les Allues - 355 r. Audibert - 06 75 38 61 56 - www.chateaudesallues.com - Fermé 1er nov.-15 déc.

ST-PIERRE-DE-JARDS

✉ 36260 (Indre) - 109 hab. - Alt. 148 m - Carte régionale n° **6**-C3
Paris 232 km - Bourges 35 km - Issoudun 22 km - Romorantin-Lanthenay 40 km
Carte Michelin 323-H4

Les Saisons Gourmandes

CUISINE MODERNE • CONVIVIAL XX Une terrasse fleurie, des poutres peintes en "bleu berrichon" : l'endroit est sympathique et la gourmandise y est au rendez-vous, sous l'égide du jeune chef qui puise son inspiration dans la tradition et les produits de saison... qu'il agrémente de touches actuelles. Aux beaux jours, réservez une table en terrasse.

Menu 23 € (semaine), 28/50 € - Carte 31/49 €

pl. des Tilleuls - 02 54 49 37 67 - www.lessaisonsgourmandes.fr - Fermé 20 fév.-2 mars, 18-21 avril, 23 oct.-8 nov., 2-11 janv., dim. soir, lundi soir, mardi soir et merc. de sept. à juin, dim. soir et lundi en juil.-août

ST-PIERRE-DE-MANNEVILLE

✉ 76113 (Seine-Maritime) - 758 hab. - Alt. 6 m - Carte régionale n° **17**-C2
Paris 150 km - Évreux 72 km - Rouen 18 km - Sotteville-lès-Rouen 20 km
Carte Michelin 304-F5 - Guide Vert Michelin Normandie Vallée de la Seine

Manoir de Villers

DEMEURE HISTORIQUE • PERSONNALISÉ Ce fabuleux manoir normand (16e-19e s.) appartient à la même famille depuis le 18e s. Parquets, toiles de Jouy et meubles anciens donnent l'impression d'être dans un vrai musée... ce qui ne manquera pas de ravir les amateurs d'Histoire. Et que dire du grand parc, sinon qu'il est idéal pour une balade bucolique !

4 chambres - 150/170 € 150/170 € - 10 €

30 rte de Sahurs - 02 35 32 07 02 - www.manoirdevillers.com

ST-PIERRE-DU-MONT

✉ 14450 (Calvados) - 73 hab. - Alt. 25 m - Carte régionale n° **17**-B2
Paris 291 km - Bayeux 29 km - Caen 58 km - St-Lô 58 km
Carte Michelin 303-G3

Le Château Saint-Pierre

DEMEURE HISTORIQUE • TRADITIONNEL L'adresse idéale pour visiter les plages du Débarquement tout en profitant des charmes d'une demeure normande du 16e s., classique et de bon goût. Au petit-déjeuner, on vous sert confitures maison et lait de ferme tout frais !

5 chambres - 70/75 € 80/92 €

1 km à l'Ouest par D514 - 02 31 22 63 79 - www.chambresdhotes-bayeuxarromanchesgrandcamp.com - Fermé 15 déc.-15 janv.

ST-PIERRE-QUIBERON - 56 (Morbihan) → Voir Quiberon

ST-PIERRE-SUR-DIVES

14170 (Calvados) - 3 635 hab. - Alt. 30 m - Carte régionale n° **17**-C2
Paris 194 km - Caen 35 km - Hérouville-Saint-Clair 34 km - Lisieux 27 km
Carte Michelin 303-L5 - Guide Vert Michelin Normandie Cotentin

Auberge de la Dives

CUISINE TRADITIONNELLE • CLASSIQUE Cette auberge champêtre, dont la terrasse borde la Dives, propose des recettes traditionnelles bien tournées qui font la part belle aux produits du terroir. Les plats mijotent sur le feu, ça sent si bon !

Formule 16 € - Menu 21/38 € - Carte 36/58 €

27 bd Collas - 02 31 20 50 50 - www.auberge-saint-pierre-dives.fr - Fermé 16-30 mars, 15 nov.-2 déc., dim. soir, lundi soir et mardi

ST-POL-DE-LÉON

29250 (Finistère) - 6 711 hab. - Alt. 60 m - Carte régionale n° **5**-B1
Paris 557 km - Brest 62 km - Brignogan-Plages 31 km - Morlaix 21 km
Carte Michelin 308-H2 - Guide Vert Michelin Bretagne Nord

Auberge La Pomme d'Api (Jérémie Le Calvez)

CUISINE CRÉATIVE • RUSTIQUE Si la maison conserve tout le cachet de ses murs anciens (1535) et de sa cheminée, la cuisine joue résolument la carte des recettes d'aujourd'hui et de la fraîcheur. Les assiettes, fines et inventives, mettent en valeur les meilleurs produits du terroir breton, le tout au rythme des saisons : cette Pomme séduit !

→ Foie gras marbré à l'artichaut et olive noire. Turbot gratiné au sésame noir, légumes et sauce yuzu. Ganache chocolat et cardamome noire, sorbet aux fruits exotiques et gingembre.

Menu 25 € (déj. en semaine), 49/95 € - Carte 80/100 €

49 r. Verderel - 02 98 69 04 36 - www.aubergelapommedapi.com - Fermé 2 semaines en mars, dim. soir et lundi soir de sept. à juin et lundi midi en juil.-août

Le Clos St-Yves

HISTORIQUE • COSY Une jolie maison en pierre datant du 17e s., tout près de la cathédrale. Les chambres, sobres et décorées avec goût, donnent sur le jardin ; le salon, avec son poêle à bois, se révèle particulièrement confortable. Une adresse attachante.

5 chambres - 100/130 € 100/150 €

5 r. St-Yves - 02 98 69 05 98 - www.clossaintyves.com - Fermé 2 semaines en mars et 1 semaine en nov.

ST-PONS

07580 (Ardèche) - 280 hab. - Alt. 350 m - Carte régionale n° **23**-B3
Paris 621 km - Aubenas 24 km - Montélimar 21 km - Privas 24 km
Carte Michelin 331-J6

Hostellerie Gourmande Mère Biquette

CUISINE TRADITIONNELLE • FAMILIAL Rustique et chaleureux : aucun doute, il fait bon s'installer chez cette Mère Biquette et savourer ses petits plats régionaux et traditionnels. L'hiver, on trouve refuge près de la cheminée...

Menu 28/43 € - Carte 37/51 €

Les Allignols, 4 km au Nord par rte secondaire - 04 75 36 72 61 - www.merebiquette.fr - Fermé 17 nov.-5 fév. et dim. soir d'oct. à mars

Hostellerie Gourmande Mère Biquette

AUBERGE • TRADITIONNEL Les amoureux de nature et de grand calme apprécieront cette ferme ardéchoise reculée, nichée entre vignes et châtaigniers, à dix minutes de Saint-Pons. Préférez les chambres avec terrasse. Poètes et écrivains, ce lieu est pour vous !

15 chambres – 77/120 € 77/120 € – 12 € – ½ P

Les Allignols, 4 km au Nord par rte secondaire – 04 75 36 72 61 – www.merebiquette.fr – Fermé 17 nov.-5 fév.

Hostellerie Gourmande Mère Biquette – voir les restaurants ci-dessus

ST-PONS – 04 (Alpes-de-Haute-Provence) → Voir Barcelonnette

ST-PRIEST – 69 (Rhône) → Voir Lyon

ST-PRIEST-EN-JAREZ – 42 (Loire) → Voir St-Étienne

ST-PRIEST-TAURION

87480 (Haute-Vienne) – 2 830 hab. – Alt. 255 m – Carte régionale n° **13**-B2

Paris 387 km – Bellac 47 km – Bourganeuf 33 km – Limoges 15 km

Carte Michelin 325-F5 – Guide Vert Michelin Limousin Berry

Relais du Taurion

CUISINE TRADITIONNELLE • VINTAGE Non loin de la rivière, ce restaurant – un ancien relais de poste – a été repris par un jeune couple il y a quelques années. On y apprécie une généreuse cuisine traditionnelle, en toute simplicité.

Menu 25 € (semaine), 31/45 € – Carte 36/52 €

2 chemin des Contamines – 05 55 39 70 14 – www.relais-taurion.fr – Fermé merc. midi, jeudi midi d'oct. à avril, dim. soir, mardi midi et lundi

ST-PRIVAT

19220 (Corrèze) – 1 095 hab. – Alt. 580 m – Carte régionale n° **13**-C3

Paris 526 km – Aurillac 50 km – Limoges 137 km – Tulle 47 km

Carte Michelin 329-N5

Auberge de la Xaintrie

TRADITIONNEL • CONTEMPORAIN Un hôtel installé en plein centre de cette agréable bourgade. Les chambres sont spacieuses, bien équipées et décorées dans un esprit contemporain ; pour vous requinquer, l'espace bien-être (sauna, hammam et jacuzzi) et le généreux restaurant traditionnel vous tendent les bras !

28 chambres – 75/165 € 75/165 € – 9 € – ½ P

25 r. de la Xaintrie – 05 55 28 49 80 – www.aubergedelaxaintrie.fr – Fermé 10 janv.-10 fév.

ST-PRIX – 95 (Val-d'Oise) → Voir Autour de Paris

ST-QUAY-PORTRIEUX

22410 (Côtes-d'Armor) – 3 052 hab. – Alt. 25 m – Carte régionale n° **5**-C1

Paris 470 km – Étables-sur-Mer 3 km – Guingamp 29 km – Lannion 54 km

Carte Michelin 309-F3 – Guide Vert Michelin Bretagne Nord

Ker Moor

Dans l'extension moderne d'une belle villa d'inspiration mauresque, le long du chemin des douaniers, des chambres élégantes et confortables, au grand calme. Depuis leur terrasse, on dispose d'une vue sur toute la baie de St-Brieuc. Superbe situation !

30 chambres – 95/189 € 95/189 € – 15 €

13 r. du Prés.-Le-Sénécal – 02 96 70 52 22 – www.ker-moor.com

ST-QUENTIN

✉ 02100 (Aisne) - 56 217 hab. - Agglo. 65 552 hab. - Alt. 74 m - Carte régionale n° **19**-C2
▶ Paris 165 km - Amiens 81 km - Charleroi 161 km - Lille 113 km
Carte Michelin 306-B3

🍴 Auberge de l'Ermitage

CUISINE TRADITIONNELLE · COSY XX Un "ermitage" un peu à l'écart du centre-ville, à l'atmosphère contemporaine et feutrée. Le patron fait œuvre de tradition avec sérieux ; le filet de bœuf, le cœur de ris de veau et le foie gras de canard sont récurrents à la carte.

Formule 22 € - Menu 31/68 €

Hors plan - *331 rte de Paris, 3 km au Sud-Ouest par D930 - ✆ 03 23 62 42 80 - www.aubergedelermitage.com - Fermé 1 semaine en fév., 3 semaines en août, sam. midi, dim. soir, lundi soir, mardi soir et merc.*

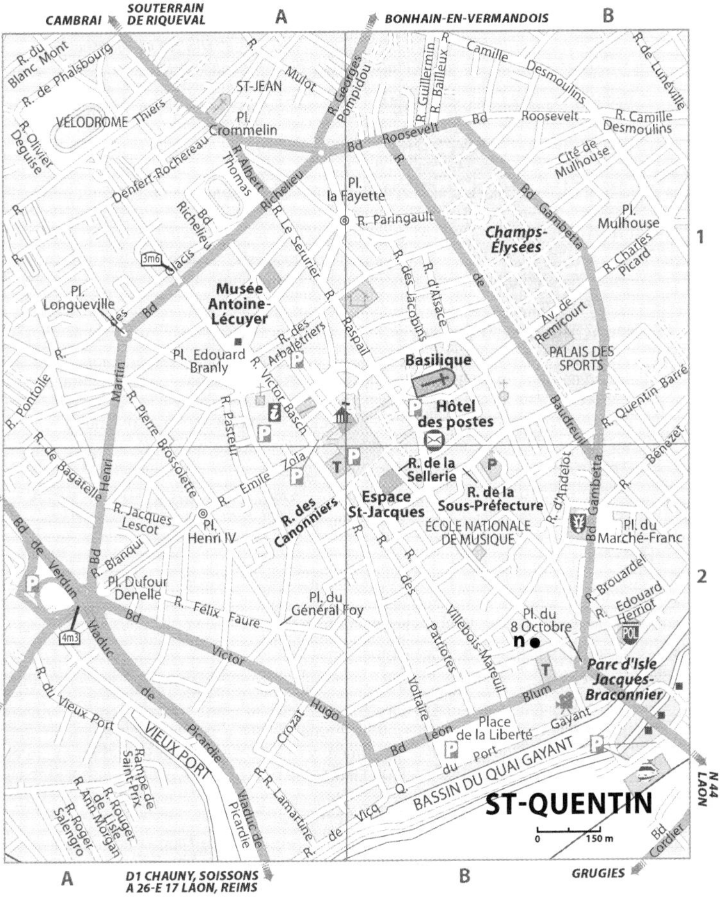

Le Grand Hôtel

TRADITIONNEL • PERSONNALISÉ L'hôtel le plus confortable de la ville, en bordure du centre. Derrière sa façade traditionnelle, on découvre un grand patio entouré de coursives, desservies par un amusant ascenseur vitré. Les chambres, elles, demeurent tout à fait classiques. Parking privé gratuit.

24 chambres – 🚹72/125 € 🚹🚹72/145 € – ☕13 €

Plan : B2-n – *6 r. Dachery – ✆ 03 23 62 69 77 – www.hotel-saint-quentin-aisne.com – Fermé 3 semaines en août, 1 semaine en déc. et 1 semaine en janv.*

ST-QUENTIN-DE-CAPLONG

✉ 33220 (Gironde) – 247 hab. – Alt. 75 m – Carte régionale n° **2**-C1

▶ Paris 571 km – Agen 106 km – Bordeaux 70 km – Périgueux 90 km

Carte Michelin 335-L6

La Girarde

MAISON DE CAMPAGNE • COSY Une belle maison en pierre ayant jadis appartenu à Jean Carrive, l'un des fondateurs du mouvement surréaliste. Nous sommes ici en pleine nature, entre vignobles et forêt ; les chambres, spacieuses et cosy, donnent envie de ne plus repartir... d'autant que la table d'hôte met à l'honneur les petits producteurs de la région !

5 chambres ☕ – 🚹110/125 € 🚹🚹115/130 €

Lieu-dit la Girarde, 4,5 km au Nord-Ouest par D128 et D18 rte de Gensac – ✆ 05 57 41 02 68 – www.lagirarde.com – Fermé 20 déc.-6 janv.

ST-QUENTIN-EN-YVELINES – 78 (Yvelines) ➜ Voir Autour de Paris

ST-QUENTIN-LA-POTERIE – 30 (Gard) ➜ Voir Uzès

ST-QUENTIN-SUR-LE-HOMME – 50 (Manche) ➜ Voir Avranches

ST-QUIRIN

✉ 57560 (Moselle) – 784 hab. – Alt. 305 m – Carte régionale n° **14**-D2

▶ Paris 433 km – Baccarat 40 km – Lunéville 56 km – Phalsbourg 34 km

Carte Michelin 307-N7

Hostellerie du Prieuré

CUISINE TRADITIONNELLE • FAMILIAL XX Les randonneurs du GR 5 apprécient cet ancien couvent du 18e s. où ils ne viennent plus faire pénitence... mais bombance ! Le chef s'en donne à cœur joie avec les produits du terroir (mirabelles, perche de Hampont, etc.) ; les portions sont généreuses. Et les chambres sont bien pratiques.

Menu 14 € (déj. en semaine), 30/72 € – Carte 38/75 €

8 chambres – 🚹58/60 € 🚹🚹62/78 € – ☕9 €

163 r. du Gén.-de-Gaulle – ✆ 03 87 08 66 52 – www.saint-quirin.com – Fermé vacances de fév., 1 semaine en août, vacances de la Toussaint, sam. midi, mardi soir et merc.

ST-RAPHAËL

✉ 83700 (Var) – 34 115 hab. – Alt. 20 m – Carte régionale n° **21**-C3

▶ Paris 870 km – Aix-en-Provence 121 km – Cannes 42 km – Fréjus 4 km

Carte Michelin 340-P5 – Guide Vert Michelin Côte d'Azur

Accès et sorties : voir plan de Fréjus.

Les Voiles

POISSONS ET FRUITS DE MER • BISTRO X Sur le port de plaisance, ce sympathique bistrot de la mer vous propose une traversée gourmande : au menu, une cuisine du marché soignée et parfumée, à l'image de ce tartare de thon rouge et rougail de mangue, ou du poisson sauvage grillé, spécialités de la maison. Embarquez les yeux fermés !

Formule 18 € – Menu 32/45 € – Carte 42/70 €

Hors plan – *101 quai Commandant-le-Prieur (au Port de Santa-Lucia - Palais des Congrès), au Sud-Est par D558 – ✆ 04 94 40 39 15 – www.facebook.com/les.voiles.saint.raphael – Fermé de mi-déc. à mi-janv., mardi sauf juil.-août et lundi*

🍴 Stéphane Léger

CUISINE MODERNE • ÉLÉGANT XXX Les grandes baies vitrées, tournées vers le port de plaisance, laissent aisément deviner le contenu de l'assiette ! On profite en effet d'une bonne cuisine entre Provence et mer méditerranée, qui met en valeur la pêche locale avec quelques notes créatives.

Menu 49 € (déj. en semaine), 69/115 € – Carte 90/140 €

Plan : A1-a – *Parvis Kennedy - 1er étage (vieux port)*
– ✆ 04 94 40 96 46 – www.stephaneleger.com
– Fermé 3-25 janv., lundi et mardi

🍴 Elly's

CUISINE MODERNE • TENDANCE XX Elly a grandi dans un restaurant en Bourgogne, Franck a appris la cuisine dans sa Franche-Comté natale, le duo s'est parfaitement trouvé... Légumes bio et jolis produits de saison sont à la carte, déclinés à travers une cuisine pétillante et libre. Une adresse qui renouvelle le genre du "restaurant gastronomique" !

Formule 28 € – Menu 38/80 € – Carte environ 68 €

Plan : B1-b – *54 r. de la Liberté*
– ✆ 04 94 83 63 39 – www.elly-s.com
– Fermé le midi en juil.-août, dim. et lundi de sept. à juin

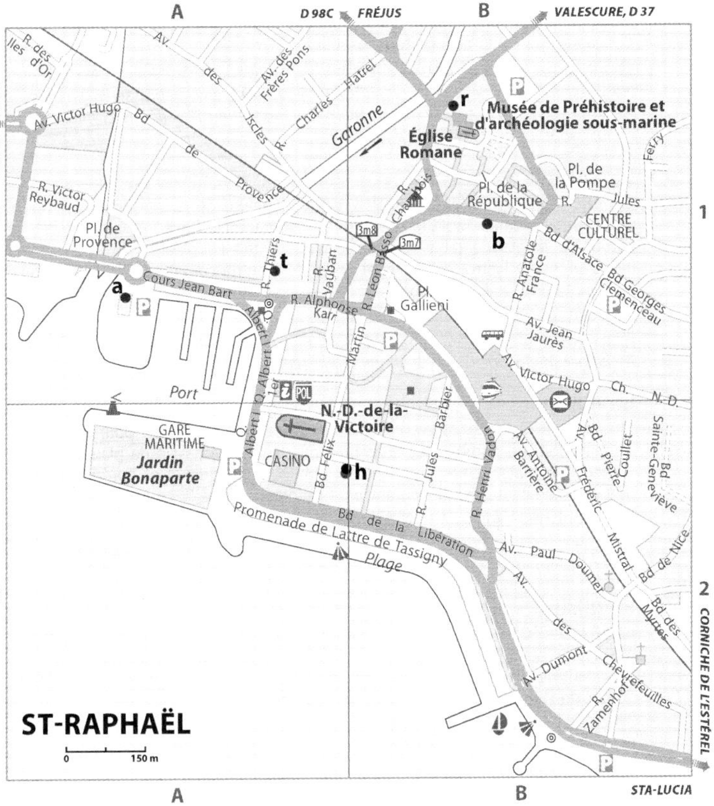

Excelsior

CUISINE PROVENÇALE • BRASSERIE XX La table de l'hôtel Excelsior, une valeur sûre pour un repas dans le respect des saveurs régionales. Au menu : bourride de Saint-Raphaël, souris d'agneau confite à la provençale, millefeuille aux fraises... À déguster en terrasse, sous le soleil et avec la Méditerranée en ligne de mire.

Formule 29 € - Menu 36 € (semaine) - Carte 39/65 €

Plan : AB2-h - *Hôtel Excelsior, 193 bd Félix-Martin (prom. René-Coty) - 04 94 95 02 42 - www.excelsior-hotel.com*

Le Lamparo

CUISINE TRADITIONNELLE • BRASSERIE X Millefeuille de tourteau, avocat et pomme verte ; vitello tonnato fredo... sans oublier l'inévitable bourride raphaëloise, spécialité du lieu. Une vraie cuisine de tradition pour cette brasserie de qualité, située de plain-pied sur les quais et associée au restaurant gastronomique Archange situé à l'étage.

Formule 20 € - Menu 30 € - Carte 30/59 €

Plan : A1-a - *Parvis Kennedy (au vieux port) - 04 94 55 74 38 - www.stephaneleger.com - Fermé lundi de mi-oct. à mi-avril*

La Brasserie Tradition & Gourmandise

CUISINE TRADITIONNELLE • CONVIVIAL X Une brasserie à la mode contemporaine, avec une terrasse conviviale entourée de verdure. On y déguste une cuisine canaille et bien ficelée, parfaitement dans l'esprit "tradition et gourmandise" : œuf poché et saumon fumé, souris d'agneau à la provençale... Impossible de s'en lasser : le menu change tous les jours.

Formule 17 € - Menu 20 € (déj. en semaine)/30 € - Carte 32/49 €

Plan : B1-r - *6 av. de Valescure - 04 94 95 25 00 - www.labrasserietg.fr - Fermé 28 oct.-5 nov., 8-22 janv., merc. du 1er sept. au 1er juil., merc. midi en juil.-août, dim. et fériés sauf juil.-août*

La Table

CUISINE TRADITIONNELLE • BAR À VIN X La devise de la maison : "Détendez-vous, l'équipe de La Table fait le reste." Il est vrai qu'il règne une belle ambiance autour de la grande table en bois massif qui fait l'originalité de l'endroit. Au menu, un esprit bistrot convaincant : nem de thon mi-cuit, côte de bœuf et frites maison, tiramisu... Tous à table !

Formule 16 € - Menu 20 € (déj. en semaine) - Carte 30/49 €

Plan : A1-t - *47 r. Thiers - 04 94 53 93 35 - www.latablerestaurant.fr - Fermé 1er-15 juin, 1er-15 janv., le midi en juil.-août, dim. et lundi*

La Marina

TRADITIONNEL • CONTEMPORAIN Bel emplacement sur le port pour cet établissement, dont de nombreuses chambres ouvrent sur le bassin de plaisance et sa myriade de mâts... L'hébergement est à la fois fonctionnel et confortable : un bon point de chute, qui donne envie de prendre le large !

97 chambres - 100/305 € 100/305 € - 16 € - ½ P

Hors plan - *30 pl. de la Marina (port Santa-Lucia, au Palais des Congrès), au Sud-Est par D558 - 04 94 95 31 31 - www.hotel-lamarina.fr*

Excelsior

FAMILIAL • COSY L'esprit de villégiature règne sur cette grande bâtisse blanche, née à la fin du 19e s. et située légèrement en retrait sur le front de mer. Les chambres, feutrées et confortables, ne manquent pas de confort, et l'on peut profiter du bar de l'hôtel - une belle illustration du genre !

34 chambres - 149/225 € 149/225 € - 13 €

Plan : AB2-h - *193 bd Félix-Martin (prom. René-Coty) - 04 94 95 02 42 - www.excelsior-hotel.com*

Excelsior - voir les restaurants ci-dessus

à Valescure 5 km au Nord-Est - ✉ 83700

Le Jardin de Sébastien

CUISINE PROVENÇALE • ÉLÉGANT XX Près des golfs de Valescure, une villa méditerranéenne cernée par les pins et les mimosas. Le couple charmant qui préside à ses destinées concocte une cuisine aux parfums de Provence : croustillant d'agneau braisé aux aubergines confites, crêpes chaudes au caramel d'orange... À déguster sur la charmante terrasse.

Formule 23 € - Menu 29/49 € - Carte 45/57 €

599 av. des Golfs - ✆ 04 94 44 66 56 - www.jardinsebastien.canalblog.com - Fermé vacances de la Toussaint, mardi midi et sam. midi en juil.-août, dim. soir, merc. midi et lundi de sept. à juin

Les Pins Parasols

CUISINE MÉDITERRANÉENNE • COSY XX Une terrasse sous les pins, face à la piscine, et une salle qui réinvente le répertoire provençal dans un camaïeu de gris et d'aubergine... La carte joue la même partition : soupe de poisson, trilogie autour du foie gras, daurade aux couleurs du Sud, filet de bœuf en brochette de romarin, etc. Et des grillades en été !

Menu 39 € 🍷/58 € 🍷 - Carte 45/80 €

Golf Hôtel de Valescure, 55 av. Paul-L'Hermite (au golf) - ✆ 04 94 52 85 00 - www.valescure.najeti.fr - Fermé le midi

Golf Hôtel de Valescure

BUSINESS • PERSONNALISÉ Pour un séjour golf - mais pas seulement -, ce complexe hôtelier, tout près des greens, propose de belles prestations : chambres spacieuses, décor contemporain, piscine... et deux restaurants, dont le Club House établi dans l'ancien pavillon de la Norvège pour l'Exposition universelle de 1900 !

50 chambres - 🚹90/240 € 🚹🚹110/290 € - 12 suites - ☕16 € - ½ P

55 av. Paul-L'Hermite (au golf) - ✆ 04 94 52 85 00 - www.valescure.najeti.fr

Les Pins Parasols - voir les restaurants ci-dessus

à Boulouris 4 km au Sud-Est par D558 - ✉ 83700

La Villa Mauresque

LUXE • PERSONNALISÉ En bord de mer, cette magnifique villa d'inspiration mauresque - datant de 1881 - ne manque pas d'atouts. Mobilier chiné, bibelots et tableaux orientaux habillent superbement les chambres, toutes différentes et baptisées d'après de grands artistes (Degas, Wilde, Rimbaud...). Une demeure d'exception !

16 chambres - 🚹180/1455 € 🚹🚹180/1455 € - 2 suites - ☕19 € - ½ P

1792 rte de la Corniche - ✆ 04 94 83 02 42 - www.villa-mauresque.com - Fermé 4 janv.-1er mars

ST-RÈGLE - 37 (Indre-et-Loire) → Voir Amboise

ST-RÉMY - 71 (Saône-et-Loire) → Voir Chalon-sur-Saône

ST-RÉMY - 21 (Côte-d'Or) → Voir Montbard

ST-RÉMY-DE-CHARGNAT - 63 (Puy-de-Dôme) → Voir Issoire

ON AIME...

La Reine Jeanne, où Fanny Rey et Jonathan Wahid régalent dans une ambiance feutrée. **L'Hôtel de Tourrel**, un hôtel particulier superbement restauré. **Le Mas de l'Amarine**, pour sa cuisine précise et pleine de fraîcheur. La **Confiserie Lilamand**, sans conteste l'un des meilleurs confiseurs de France...

ST-RÉMY-DE-PROVENCE

13210 (Bouches-du-Rhône) - 10 406 hab. - Alt. 59 m - Carte régionale n° **22**-E1
Paris 702 km - Arles 25 km - Avignon 20 km - Marseille 89 km
Carte Michelin 340-D3 - Guide Vert Michelin Provence

Restaurants

✿ Fanny Rey et Jonathan Wahid

CUISINE MODERNE • ÉLÉGANT XX Fanny Rey, finaliste de Top Chef 2011, est aux fourneaux de cette vénérable Auberge et décline une savoureuse cuisine du marché, mettant superbement en valeur les produits des Alpilles. À ses côtés, on trouve nul autre que... Jonathan Wahid, son compagnon, pâtissier émérite et ancien champion de France du dessert. Un duo de choc !

➜ Huîtres du bassin de Thau, consommé de légumes et racines et granité marin. Rouget barbet de Méditerranée farci de champignons, sauce miroir. Millefeuille à la poire, arlettes à la vanille et praliné amande-noisette.

Formule 25 € - Menu 32 € (déj. en semaine), 42/85 € - Carte 75/115 €
10 chambres - 100/110 € 110/120 € - 1 suite - 15 €

Plan : B1-d - *12 bd Mirabeau - ✆ 04 90 92 15 33 - www.lauberge-saintremydeprovence.com - Fermé 4 janv.-12 fév., dim. soir, jeudi midi et merc.*

Le Vallon de Valrugues

CUISINE MODERNE • ÉLÉGANT XXX Une table d'une certaine élégance (cheminée monumentale, tables rondes) dont le chef, entouré d'une équipe motivée, propose une cuisine classique, mâtinée de modernité. Formule bistronomique au déjeuner ; agréable terrasse en saison.

Menu 65/95 € - Carte 48/108 €

Hors plan - *Hôtel Le Vallon de Valrugues & Spa, chemin Canto-Cigalo, 1 km à l'Est par D99A - ✆ 04 90 92 04 40 - www.vallondevalrugues.com - Fermé le midi*

Un important déjeuner d'affaires ou un dîner entre amis ?
Le symbole vous signale les salons privés.

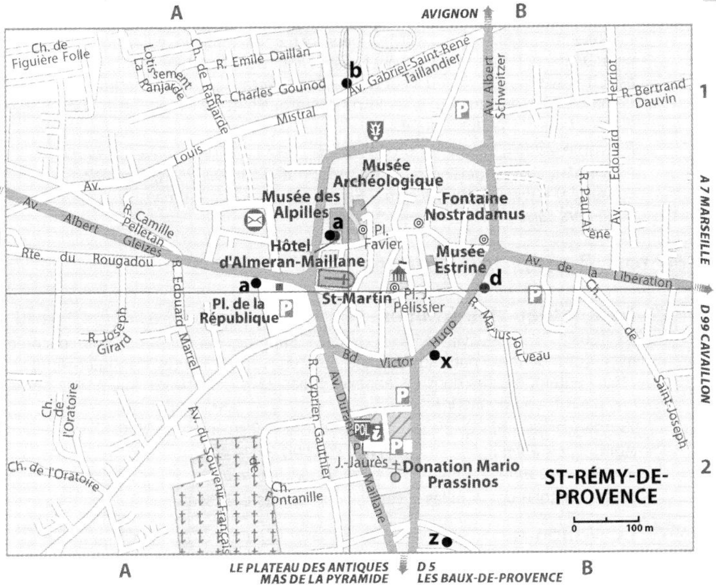

Mas de l'Amarine

CUISINE MODERNE · CONTEMPORAIN XX Ancienne ferme du 18e s., maison de l'artiste Roger Bezombes au 20e s., puis restaurant… Ce Mas a eu plusieurs vies ! On y propose une savoureuse cuisine qui se renouvelle au gré des saisons… à déguster sur la grande terrasse ombragée, près du charmant bassin. Belle carte de vins régionaux. Chambres ravissantes.

Formule 29 € – Menu 35 € (déj.) – Carte 73/96 €

5 chambres – 135/460 € 135/460 € – 20 €

Hors plan – *ancienne voie Aurélia, 2 km au Sud par D5 – 04 90 94 47 82 – www.mas-amarine.com – Fermé 2 janv.-2 mars, merc. midi en juil.-août, lundi et mardi sauf le soir en juil.-août*

Le Château des Alpilles

CUISINE PROVENÇALE · ÉLÉGANT XX Entre chic bourgeois et design seventies, la table du Château des Alpilles mêle les styles ! Sur la carte, recettes classiques et inspiration méridionale font bon ménage. L'été, on mange au bord de la piscine.

Formule 28 € – Menu 50 € (dîner)/60 € – Carte 51/69 €

Hors plan – *Hôtel Le Château des Alpilles, 2 km à l'Ouest par D31 – 04 90 92 03 33 – www.chateaudesalpilles.com – Fermé 4 janv.-11 mars, merc. sauf le midi en juil.-août et jeudi midi hors saison*

Mas Valentine

CUISINE TRADITIONNELLE · TRADITIONNEL XX À la sortie de St-Rémy, cette charmante maison s'est mise à l'heure de la bistronomie sous la houlette du nouveau chef, Serge Alaimo. Avec de beaux produits locaux, il élabore une cuisine provençale raffinée et colorée.

Carte 62/77 €

Hors plan – *Hôtel Mas Valentine, 44 rte de Noves, 3 km par D30 – 04 90 90 14 91 – www.mas-valentine.com – Fermé mardi sauf le soir de mai à sept., dim. soir et lundi sauf fériés*

Restaurant de Tourrel

CUISINE DU MARCHÉ • DESIGN Dans cet hôtel élégant, voilà une table à la hauteur de nos attentes ! Le chef, passé par Dubaï et New York, propose des assiettes fraîches autour d'incontournables : tartare de bonite, agrumes et gingembre ; filet de taureau, trio de riz camarguais et sauce au vin rouge... Table d'hôtes pour les petits groupes.

Formule 29 € – Menu 39 € (déj.), 49/79 € – Carte 54/60 €

Plan : A1-a – *Hôtel de Tourrel, 5 r. Carnot – 04 84 35 07 21 (réservation conseillée) – www.detourrel.com – Fermé de mi-janv. à fin mars, nov., dim. et lundi hors saison*

Hôtels & maisons d'hôtes

Le Château des Alpilles

DEMEURE HISTORIQUE • PERSONNALISÉ Superbe demeure du 19es. décorée avec goût, dans un parc aux platanes centenaires. Chambres classiques au château, contemporaines dans les annexes : mas, lavoir, chapelle... Impossible de ne pas trouver son bonheur !

18 chambres – 220/295 € 260/470 € – 2 suites – 25 €

Hors plan – *2 km à l'Ouest par D31 – 04 90 92 03 33 – www.chateaudesalpilles.com – Fermé 3 janv.-15 mars*

Le Château des Alpilles – voir les restaurants ci-dessus

Le Vallon de Valrugues & Spa

TRADITIONNEL • CONTEMPORAIN Dans un quartier résidentiel, une grande villa entourée d'un beau jardin arboré avec piscine. Les chambres contemporaines, le spa et le restaurant participent au sentiment d'exclusivité...

47 chambres – 220/1400 € 220/1400 € – 1 suite – 24 € – ½ P

Hors plan – *chemin Canto-Cigalo, 1 km à l'Est par D99A – 04 90 92 04 40 – www.vallondevalrugues.com*

Le Vallon de Valrugues – voir les restaurants ci-dessus

Hôtel de Tourrel

LUXE • DESIGN Ce superbe hôtel particulier du 17e s., au confort raffiné, possède l'élégance d'un palace. Le luxe discret des chambres dissimule toujours un atout – ici, une charpente apparente, là, une vue sur les toits... Exceptionnel, tout simplement.

7 chambres – 250/690 € 250/690 € – 15 €

Plan : A1-a – *5 r. Carnot – 04 84 35 07 20 – www.detourrel.com – Fermé de mi-janv. à fin mars et nov.*

Restaurant de Tourrel – voir les restaurants ci-dessus

Hôtel de l'Image

BOUTIQUE HÔTEL • CONTEMPORAIN Joli destin que celui de cet ancien cinéma et music-hall métamorphosé en hôtel design ! Les chambres, aux lignes épurées, disposent pour la moitié d'une terrasse. À noter : une originale suite-cabane dans un arbre et un amusant labyrinthe dans le parc.

25 chambres – 200/500 € 200/500 € – 7 suites – 22 €

Plan : B2-x – *36 bd Victor-Hugo – 04 90 92 51 50 – www.hoteldelimage.com – Ouvert 30 mars-29 oct.*

Gounod

URBAIN • PERSONNALISÉ Charles Gounod composa ici son opéra Mireille. En plein cœur de St-Rémy-de-Provence, ce charmant petit hôtel cosy aux couleurs apaisantes constitue une étape de choix. Chambres plus calmes côté jardin. Jardin, piscine et spa.

32 chambres – 110/210 € 110/210 € – 15 €

Plan : A1-a – *18 pl. de la République – 04 90 92 06 14 – www.hotel-gounod.com – Ouvert d' avril à mi-déc.*

Le Mas des Carassins

MAISON DE CAMPAGNE • PERSONNALISÉ Lavandes, citronniers, oliviers, fontaines et bassins, piscines... Dans un beau jardin se dressent ce mas du 19e s. aménagé avec goût – jolies chambres provençales – et son annexe contemporaine. Menu unique autour d'un produit (porc, bœuf, poisson) le soir au restaurant.

19 chambres – 99/234 € 110/234 € – 3 suites – ½ P

Hors plan – *1 chemin des Gaulois, 1 km au Sud – 04 90 92 15 48 – www.masdescarassins.com – Fermé 3-16 déc. et 3 janv.-26 fév.*

Mas Valentine

MAISON DE CAMPAGNE • ÉLÉGANT Sur la route de Noves, cette ancienne ferme – entièrement rénovée en 2012 – a un sacré cachet ! Les chambres sont joliment meublées et dotées, pour certaines, de petites terrasses. Aux beaux jours, on profite de la grande piscine. Parfait pour se ressourcer et tout oublier !

12 chambres – 150/260 € 150/260 € – ½ P

Hors plan – *44 rte de Noves, 3 km par D30 – 04 90 90 14 91 – www.mas-valentine.com*

Mas Valentine – voir les restaurants ci-dessus

Sous les Figuiers

FAMILIAL • PERSONNALISÉ Un petit hôtel de charme aux chambres raffinées (boutis, meubles chinés – le tout sans télévision), certaines avec terrasse... sous les figuiers. Le petit-déjeuner est délicieux ! À noter : la piscine est petite. Cours de peinture.

14 chambres – 79/191 € 89/191 € – 15 €

Plan : AB1-b – *3 av. Taillandier – 04 32 60 15 40 – www.hotelsouslesfiguiers.com – Fermé 6 janv.-9 mars*

Hôtel du Soleil

FAMILIAL • PERSONNALISÉ Du soleil, du calme, des toits de tuiles, quelques murs en pierre... et l'esprit de la Provence. L'établissement s'organise autour d'une vaste cour, arborée et avec piscine ; on profite même d'un espace bien-être avec sauna, jacuzzi et soins esthétiques.

27 chambres – 75/129 € 75/180 € – 3 suites – 11 €

Plan : B2-z – *35 av. Pasteur – 04 90 92 00 63 – www.hotelsoleil.com*

Mas des Figues

MAISON DE CAMPAGNE • INSOLITE Quatre mille rosiers, mille oliviers, des parterres de lavande, un vaste potager... on ne compte plus les atouts de cette belle propriété, également ornée des sculptures du maître des lieux. La demeure est pleine de charme et regarde les Alpilles. Quant à la table d'hôte, elle met en valeur les produits maison !

5 chambres – 109/250 € 139/290 € – 15 €

Hors plan – *Vieux-Chemin-d'Arles, 3 km par chemin de la Combette – 04 32 60 00 98 – www.masdesfigues.com – Ouvert d'avril à oct.*

à Eyragues 6,5 km au Nord par D571 – 13630 – 4 178 hab. – Alt. 23 m

Le Pré Gourmand

CUISINE MODERNE • COLORÉ XX Foie gras de canard confit au laurier et julienne de légumes, raviolis de foie gras et chutney de fruits : voici deux plats phares de cette sympathique adresse située à la sortie du village. Depuis la terrasse abritée, on profite de la vue sur un grand pré recouvert de fleurs...

Formule 25 € – Menu 29 € (semaine), 46/73 € – Carte 64/74 €

175 av. Marx-Dormoy – 04 90 94 52 63 – www.restaurant-lepregourmand.com – Fermé sam. midi, dim. soir et lundi de sept. à juin, sam. midi et lundi midi en juil.-août

au Domaine de Bournissac 9 km à l'Est par D99, D30 et D29 – ✉ 13550 Paluds-de-Noves :

La Maison de Bournissac (Christian Peyre)

CUISINE MÉDITERRANÉENNE • ÉLÉGANT XX Pour déguster une belle cuisine du Sud dans le calme de la campagne provençale, loin de tout... Les sens en éveil – sous les figuiers l'été –, on se grise de saveurs méridionales et de bons produits : bouillabaisse le vendredi, homard le dimanche...

→ Foie gras de canard du Gers, confit de tomate verte et pomme. Pigeon rôti sur coffre et pastilla d'abatis. Soufflé à la mandarine.

Menu 35 € (déj. en semaine), 49/59 € – Carte 85/110 €

montée d'Eyragues – ✆ 04 90 90 25 25 – www.lamaison-a-bournissac.com – Fermé 2-20 janv., lundi et mardi d'oct. à avril

La Maison de Bournissac

MAISON DE CAMPAGNE • PERSONNALISÉ Un long chemin serpentant parmi vignes et oliviers... et tout en haut, ce mas du 14e s. qui domine le Luberon, les Alpilles et le Ventoux. Un ravissement ! Les chambres offrent le charme simple – et si séduisant – de la Provence.

10 chambres – 145/270 € 145/270 € – 3 suites – 17 € – ½ P

montée d'Eyragues – ✆ 04 90 90 25 25 – www.lamaison-a-bournissac.com – Fermé 2-20 janv.

La Maison de Bournissac – voir les restaurants ci-dessus

à Maillane 7 km au Nord-Ouest par D5 – ✉ 13910 – 2 437 hab. – Alt. 14 m

L'Oustalet Maïanen

CUISINE PROVENÇALE • COSY XX Le chef de cette maison, Christian Garino, est un vrai passionné qui prend lui-même les commandes et fait parfois le service... Ici, on ne triche pas ! Sous la tonnelle de vigne vierge ou dans le patio, les Mireille d'aujourd'hui savourent ses créations gorgées de soleil, qui font la part belle aux produits régionaux.

Formule 22 € – Menu 32/52 € – Carte 43/55 €

16 av. Lamartine – ✆ 04 90 95 74 60 – www.oustalet-maianen.fr – Ouvert de mars à nov. et fermé sam. midi et dim. soir sauf juil.-août, mardi midi en juil.-août et lundi

ST-ROGATIEN – 17 (Charente-Maritime) → Voir la Rochelle

ST-ROMAIN

✉ 21190 (Côte-d'Or) – 225 hab. – Alt. 350 m – Carte régionale n° **4**-A3

Paris 330 km – Dijon 59 km – Chalon-sur-Saône 41 km – Le Creusot 50 km

Carte Michelin 320-I8 – Guide Vert Michelin Bourgogne

Les Roches

CUISINE TRADITIONNELLE • BISTRO X Un bistrot simple et accueillant, pour savourer une cuisine du terroir bien copieuse et des plats canailles soignés, le tout à l'ardoise. La signature de la maison ? La tatin d'oreilles de cochon à la sauge ! Ici, on mange bien et il y a même quelques chambres sobres et pratiques pour l'étape.

Menu 29 € – Carte 26/46 €

8 chambres – 55/72 € 55/72 € – 12 €

pl. de la Mairie – ✆ 03 80 21 21 63 – www.les-roches.fr – Fermé 15-23 août, 23 déc.-5 janv., mardi et merc.

ST-ROMAN-DE-BELLET – 06 (Alpes-Maritimes) → Voir Nice

ST-ROME-DE-TARN

✉ 12490 (Aveyron) – 858 hab. – Alt. 360 m – Carte régionale n° **15**-D2

Paris 660 km – Millau 21 km – Rodez 68 km – Toulouse 170 km

Carte Michelin 338-J6

Les Raspes

AUBERGE • COSY Derrière une façade en pierre, dans ce village perché au-dessus de la rivière, se cache cette petite auberge chaleureuse ; on s'y repose dans des chambres douillettes, sobres et soignées, et on profite du restaurant traditionnel, avant d'aller marcher dans le charmant jardin... le calme absolu !

16 chambres - 68/99 € 68/99 € - 11 € - ½ P

av. Denis-Affre - 05 65 58 11 44 - www.lesraspes12.com - Ouvert de fév. à oct. et fermé vend., sam. et dim. de fév. à mi-avril

ST-SATUR - 18 (Cher) → Voir Sancerre

ST-SATURNIN

63450 (Puy-de-Dôme) - 1 024 hab. - Alt. 520 m - Carte régionale n° **3**-B2
Paris 438 km - Clermont-Ferrand 24 km - Cournon-d'Auvergne 18 km - Riom 37 km
Carte Michelin 326-F9 - Guide Vert Michelin Auvergne

Château Royal de Saint-Saturnin

DEMEURE HISTORIQUE • PERSONNALISÉ L'histoire reste bien vivante dans ce noble château du 13e s. qui domine le village et la campagne auvergnate. Point de mœurs guerrières aujourd'hui, mais un cadre propice à chanter l'amour courtois : vieilles pierres, mobilier ancien, touches contemporaines... Beau parc.

5 chambres - 220/260 € 220/260 € - 15 €

pl. de l'Ormeau - 04 73 39 39 64 - www.chateaudesaintsaturnin.com - Ouvert 24 mars-11 nov.

ST-SATURNIN-LÈS-APT

84490 (Vaucluse) - 2 726 hab. - Alt. 420 m - Carte régionale n° **22**-E1
Paris 728 km - Apt 9 km - Avignon 55 km - Carpentras 44 km
Carte Michelin 332-F10 - Guide Vert Michelin Provence

La Maison des Saveurs (N)

CUISINE MODERNE • LUXE XXX La Maison des Saveurs n'est pas le moindre attrait de ce domaine en tout point exceptionnel... La cuisine, subtile et savoureuse, se construit chaque jour autour d'un bon produit provençal : épaule d'agneau, daurade, etc. Elle est rehaussée par un service sur-mesure, et par la beauté incontestable des lieux.

Formule 29 € - Menu 39/60 €

D2 - 04 90 75 50 63 - www.andeols.com - Ouvert 1er mai-30 sept.

Domaine des Andéols

LUXE • DESIGN Comment résumer un tel endroit ? L'environnement magnifique (un grand parc entouré de champs de lavande et de palmiers), les "junior suites" installées dans de petites maisons et décorées à la mode contemporaine, mais aussi le Platane, un bistrot niché à l'ombre d'un impressionnant platane multicentenaire... Saisissant !

18 suites - 280/1400 € - 1 chambres - 25 € - ½ P

D2 - 04 90 75 50 63 - www.andeols.com - Ouvert 1er mai-30 sept.

La Maison des Saveurs - voir les restaurants ci-dessus

ST-SAVIN

38300 (Isère) - 3 697 hab. - Alt. 260 m - Carte régionale n° **23**-B2
Paris 514 km - Bourg-en-Bresse 81 km - Grenoble 77 km - Lyon 47 km
Carte Michelin 333-E4

Les 3 Faisans

CUISINE MODERNE • CONVIVIAL XX Aux pieds des vignes du côteau de la Rémonde, ce restaurant abrite deux petites salles chaleureuses à la décoration actuelle ; on peut aussi s'installer sur la jolie terrasse ombragée, pendant que mijotent en cuisine de délicieux plats au goût du jour, soignés, pleins de saveurs... et servis avec le sourire !

Menu 32/60 € - Carte 51/57 €

100 r. des Auberges - 04 74 28 92 57 - www.les3faisans.fr - Fermé 16-26 juil., dim. soir, mardi et merc.

ST-SAVIN - 65 (Hautes-Pyrénées) → Voir Argelès-Gazost

ST-SERNIN-DU-BOIS - 71 (Saône-et-Loire) → Voir le Creusot

ST-SERNIN-SUR-RANCE

12380 (Aveyron) - 650 hab. - Alt. 300 m - Carte régionale n° **15**-D2
Paris 694 km - Albi 50 km - Castres 69 km - Lacaune 29 km
Carte Michelin 338-H7

Carayon

FAMILIAL • FONCTIONNEL Sports, loisirs, cuisine du terroir ; tout est prévu dans cet hôtel familial. On a le choix entre les chambres simples et fonctionnelles du bâtiment principal ou les annexes du parc, plus originales (pigeonnier, maison de pêcheur, chalet et pavillon). Une bonne adresse pour un séjour prolongé dans la région.

55 chambres - 50/100 € 50/100 € - 8 € - ½ P

pl. du Fort - 05 65 98 19 19 - www.hotel-carayon.fr

ST-SERVAN-SUR-MER - 35 (Ille-et-Vilaine) → Voir St-Malo

ST-SORNIN

17600 (Charente-Maritime) - 322 hab. - Alt. 16 m - Carte régionale n° **20**-B2
Paris 500 km - Poitiers 167 km - Rochefort 26 km - La Rochelle 56 km
Carte Michelin 324-E5 - Guide Vert Michelin Poitou-Charentes

La Caussolière

MAISON DE CAMPAGNE • PERSONNALISÉ Cette belle maison en pierre - une ferme du 19e s. typiquement charentaise - s'ouvre sur un superbe jardin avec piscine ; les chambres sont chaleureuses (poutres, parquet ou terre cuite) et disposent toutes d'une entrée indépendante. Charme !

3 chambres - 67/81 € 74/94 €

10 r. du Petit-Moulin - 05 46 85 44 62 - www.caussoliere.com - Ouvert de mai à oct.

ST-SULIAC

35430 (Ille-et-Vilaine) - 975 hab. - Alt. 30 m - Carte régionale n° **5**-D1
Paris 396 km - Granville 87 km - Rennes 62 km - Saint-Malo 14 km
Carte Michelin 309-K3 - Guide Vert Michelin Bretagne Nord

La Ferme du Boucanier

CUISINE TRADITIONNELLE • BISTRO X Étonnante adresse que cette auberge de pays au décor de brocante. Dans sa cuisine ouverte sur la salle, le chef d'origine belge revisite les plats du terroir grâce aux épices et autres marinades, sans pour autant oublier quelques spécialités de son pays. Voilà un digne boucanier !

Formule 15 € - Menu 17 € (déj. en semaine), 25/33 €

2 r. de l'Hôpital - 02 23 15 06 35 (réservation conseillée) - www.boucanier-et-cie.fr - Fermé 20 déc.-30 janv., mardi et merc.

ST-SULPICE-LE-VERDON

✉ 85260 (Vendée) - 978 hab. - Alt. 65 m - Carte régionale n° **18**-B3
Paris 430 km - Cholet 51 km - Nantes 45 km - La Roche-sur-Yon 31 km
Carte Michelin 316-H6 - Guide Vert Michelin Poitou Vendée Charentes

✿✿ Thierry Drapeau

CUISINE MODERNE • **ÉLÉGANT** XXX En mars 1796, Charette était arrêté dans cette commune par les troupes républicaines, ce qui marqua la fin du soulèvement de la Vendée. Point de heurts aujourd'hui en ces lieux, qui conjuguent même révolution et aristocratie : Thierry Drapeau met son sens de l'invention au service de saveurs... royales !

➜ Parfait d'artichaut, noisettes et sucrine aigre douce. Canard de Challans au sang, framboise, pistache et chocolat blanc. Millefeuille vanille servi tiède.

Menu 42 € 🍷 (déj. en semaine), 95/210 € - Carte 115/185 €

Le Logis de la Chabotterie, 3 km au Sud-Est par D18 - ✆ 02 51 09 59 31 - www.thierrydrapeau.com - Fermé dim. soir, lundi et mardi

Thierry Drapeau

LUXE • CONTEMPORAIN En pleine campagne, cette bâtisse toute de bois vêtue semble ne vouloir faire qu'un avec la nature. Les chambres, confortables et au grand calme, donnent sur la verdure ; pour se détendre, on se rend à l'espace bien-être avec sauna et jacuzzi. Un parfait complément à la table gastronomique de Thierry Drapeau !

14 chambres - †99/315 € ††99/315 € - ☕ 24 € - ½ P

Le Logis de la Chabotterie, 3 km au Sud-Est par D18 - ✆ 02 51 40 00 03 - www.thierrydrapeau.com

✿✿ **Thierry Drapeau** - voir les restaurants ci-dessus

ST-THIBAULT - 18 (Cher) ➜ Voir Sancerre

ST-TROJAN-LES-BAINS - 17 (Charente-Maritime) ➜ Voir Île d'Oléron

ON AIME...
Le poisson extra-frais et les légumes du potager de **La Ferme d'Augustin**. **Byblos**, un hôtel mythique où de nombreuses vedettes ont leurs entrées. **Pan Deï Palais**, une demeure exotique chargée d'histoire et superbement décorée. **Salama**, pour une séduisante escapade vers les rivages marocains. **La Pomme de Pin**, où un chef sarde compose une cuisine italienne sans chichis : les Tropéziens adorent...

ST-TROPEZ

✉ 83990 (Var) - 4 452 hab. - Alt. 4 m - Carte régionale n° **21**-C3
▶ Paris 872 km - Aix-en-Provence 123 km - Cannes 73 km - Draguignan 47 km
Carte Michelin 340-O6 - Guide Vert Michelin Côte d'Azur

Restaurants

✿✿✿ La Vague d'Or

CUISINE CRÉATIVE • LUXE XXXX Parcours fulgurant que celui d'Arnaud Donckele ! Ce jeune Normand rend aujourd'hui l'un des plus beaux hommages qui soient à... la Méditerranée. Comment rester insensible devant tant d'inspiration et d'exigence ? Des accords de saveurs enivrants, des produits rares qui sont la quintessence de la région, un service remarquable... La table d'un chef passionné par son art !

➜ Liche grillée à l'âtre façon "Victor Petit". Turbot cuit en immersion d'eau de mer, citronnelle et algues. Tableau d'agrumes à la menthe citrus, récolte d'hiver et de maintenant.

Menu 275/350 € - Carte 220/305 €

Hors plan - *Hôtel Résidence de la Pinède, plage de la Bouillabaisse, au Sud-Ouest par D98A - ✆ 04 94 55 91 00 - www.vaguedor.com - Ouvert 4 mai-8 oct.*

✿ L'Olivier

CUISINE MODERNE • ROMANTIQUE XXX Le Sud prend ses aises dans le cadre feutré de l'hôtel La Bastide... De beaux produits nobles (denti sauvage, homard bleu) sont mis à l'honneur dans des préparations équilibrées : chaque saveur est à la bonne place. La carte est entièrement disponible en demi-portion et à moitié prix : le bon plan de Saint-Trop' !

➜ Asperges blanches du Gard rôties au beurre d'agrumes. Saint-pierre sauvage, aubergines confites, sphère d'ail et olives. Fraises de Cogolin, sablé noisette, basilic et sorbet fraise.

Menu 75 € - Carte 65/100 €

Hors plan - *Hôtel La Bastide de St-Tropez, 25 rte des Carles, 1 km par av. P.-Roussel - ✆ 04 94 55 82 55 - www.bastidesaint-tropez.com - Fermé 1er janv.-10 fév. et le midi*

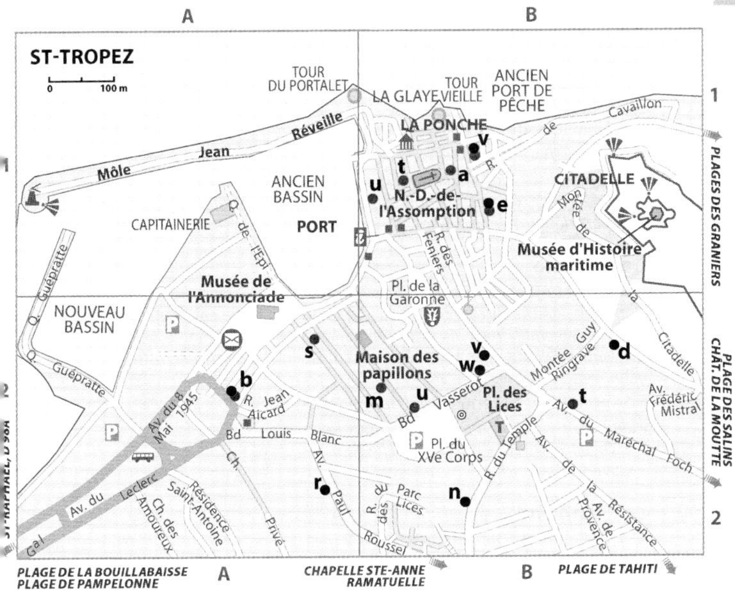

Rivea

CUISINE MÉDITERRANÉENNE • ÉLÉGANT XX Au sein du Byblos, palace capital pour la chronique tropézienne, une table griffée Alain Ducasse, instigateur d'une cuisine ludique et contemporaine qui, ici, fait la part belle au terroir de la Riviera française sans oublier quelques saveurs italiennes. Cadre design, éclairage tamisé et terrasse sous les platanes...

Carte 52/124 €

Plan : B2-t – *Hôtel Byblos, 27 av. du Mar.-Foch – ✆ 04 94 56 68 20 – www.byblos.com – Ouvert d'avril à oct. et fermé le midi*

Le Patio (N)

CUISINE ITALIENNE • ÉLÉGANT XX Au sein de l'hôtel Yaca, à quelques encablures de l'animation du port, ce Patio propose une cuisine italienne goûteuse et raffinée, qui doit beaucoup à d'excellents produits importés directement de la Botte. Un moment encore plus agréable lorsqu'on s'installe sur la terrasse ombragée, autour de la piscine...

Carte environ 80 €

Plan : B1-e – *Hôtel Le Yaca, 1 bd Aumale – ✆ 04 94 55 81 00 – www.hotel-le-yaca.fr – Ouvert 28 avril-1er oct. et fermé le midi*

Le Girelier

POISSONS ET FRUITS DE MER • BRASSERIE XX Sur le port, ce restaurant a atteint sa vitesse de croisière : poissons et crustacés frais cuisinés à la plancha, bouillabaisse, loup en croûte de sel et paella... Les produits de la mer sont rois, dans un décor "blanc Eddie Barclay". Service rapide et efficace.

Formule 27 € – Menu 34 € (déj.)/39 € – Carte 52/222 €

Plan : B1-u – *quai Jean-Jaurès – ✆ 04 94 97 03 87 – www.legirelier.fr – Ouvert 9 avril-5 nov. et 23 déc.-2 janv.*

Salama

CUISINE MAROCAINE • EXOTIQUE XX Dans une étroite venelle, cette bâtisse est en réalité une ancienne abbaye du 18e s. ; elle abrite aujourd'hui cette élégante table dédiée à la cuisine marocaine. Tajines traditionnels, couscous et autres pâtisseries orientales sont réalisés dans les règles de l'art par une chef méticuleuse, qui importe ses épices du Maroc.

Carte 42/91 €

Plan : A2-s – *1 r. des Tisserands – ☎ 04 94 97 59 62 (réservation conseillée) – www.restaurant-salama.com – Ouvert début mars à mi-nov. et fermé le midi*

La Ponche

CUISINE TRADITIONNELLE • MÉDITERRANÉEN XX Soupe de poissons de roche tropéziens, petits farcis provençaux, loup en croûte de sel, œuf cocotte aux truffes du haut Var : voici les indéboulonnables spécialités de ce bel établissement, qui cultive l'esprit méditerranéen sans nostalgie. La terrasse offre une agréable échappée sur la mer.

Formule 28 € – Menu 35 € (déj.) – Carte 53/87 €

Plan : B1-v – *Hôtel La Ponche, 5 r. des Remparts (pl. Revelin) – ☎ 04 94 97 09 29 – www.laponche.com – Ouvert 27 mars-1er nov.*

Le Banh Hoï

CUISINE ASIATIQUE • ROMANTIQUE X Quel joli décor ! Lumière tamisée, atmosphère romantique, murs et plafonds laqués de noir, bouddhas stylisés servent d'écrin à une sympathique cuisine parfumée, vietnamienne et thaïlandaise.

Carte 53/87 €

Plan : B1-a – *12 r. Petit-St-Jean – ☎ 04 94 97 36 29 – www.banh-hoi.com – Ouvert 1er avril-7 oct. et fermé le midi*

Les Viviers du Pilon

POISSONS ET FRUITS DE MER • MÉDITERRANÉEN X Le restaurant est pour ainsi dire un vivier à lui seul, car il est l'annexe d'une poissonnerie, qui plus est renommée ! Fruits de mer, homards, langoustes, poissons sauvages : la maison ne transige pas avec la qualité. Dernier atout : un cadre charmant, avec une vue imprenable sur le golfe de St-Tropez...

Carte 60/130 €

Hors plan – *2 av. du Général-de-Gaulle, port du Pilon au Sud-Ouest par D98A – ☎ 04 94 97 00 92 – www.viviers-dupilon-restaurant.com – Ouvert d'avril à oct. et fermé le midi en juil.-août*

Les Graniers (N)

CUISINE MODERNE • CONVIVIAL X Dépaysement assuré avec ce restaurant de plage au cadre idyllique, situé derrière la citadelle. Accents méditerranéens à la carte, avec des produits de qualité (poissons sauvages, notamment), et des tapas en soirée. C'est aussi un excellent point de départ pour rejoindre le sentier du littoral... Coup de cœur !

Carte 58/78 €

Hors plan – *1 chemin des Graniers – ☎ 04 94 97 13 43 – Ouvert 1er avril-10 oct.*

La Table Tropézienne (N)

CUISINE MODERNE • CONVIVIAL X Tataki de thon, petits farcis, tarte tropézienne... Au premier étage du magasin amiral La Tarte Tropézienne, face à la place des Lices, on déguste la cuisine provençale de Fabien Blanc (ancien de la Rémanence, étoilé à Lyon). Simple et goûteux comme il faut.

Carte 38/51 €

Plan : B2-u – *bd Vasserot – ☎ 04 94 97 94 26 – www.latartetropezienne.fr – Fermé le soir*

La Maison des Jumeaux

CUISINE PROVENÇALE • CONVIVIAL À quelques mètres de la place des Lices, cette charmante maison provençale aux volets verts abrite une table de gourmets, où l'on cuisine méditerranéen. Petits farcis provençaux, pageot grillé, blanc manger... à déguster sur l'agréable terrasse. Service attentif et accueil charmant.

Formule 22 € - Carte 47/75 €

Plan : B2-m - *20 r. Étienne-Berny*
- 04 94 97 42 52 - www.lamaisondesjumeaux.com
- Ouvert d'avril à nov. et fermé le midi en juil.-août, lundi hors saison et dim. midi

Le Bistrot Gourmand

CUISINE TRADITIONNELLE • BISTRO La truffe est toujours l'élément "central" de cette maison à laquelle est associé le chef Clément Bruno, grand spécialiste du genre. Mais la carte s'est ouverte à d'autres saveurs, notamment niçoises (lapin aux olives, rougets à la niçoise, socca, petits farcis niçois...), pour varier les plaisirs. Gourmand, assurément !

Menu 69/149 €

Plan : B1-t - *2 r. de l'Église*
- 04 94 43 95 18 (réservation conseillée) - www.bistrot-la-truffe.com - Ouvert mi-avril à fin oct. et fermé le midi

Hôtels

Byblos

PALACE • PERSONNALISÉ Le palace mythique de St-Tropez, véritable village dans le village - un ensemble de maisons colorées entrelacées de jardins et de patios - fête en 2017 ses cinquante ans d'existence ! Les chambres regorgent d'œuvres d'art, le spa est superbe, la boîte de nuit incontournable... L'alliance du luxe et de la convivialité.

50 suites - 875/3220 € - 41 chambres - 42 €

Plan : B2-d - *20 av. Paul-Signac - 04 94 56 68 00 - www.byblos.com*
- Ouvert d'avril à oct.

Rivea - voir les restaurants ci-dessus

Résidence de la Pinède

RESORT • ÉLÉGANT Un beau bouquet de pins maritimes bien sûr, mais aussi une vue superbe sur le golfe, une plage privée avec son ponton, des chambres d'un très grand confort, etc. Tous les délices de la Côte d'Azur, vécus dans la plus douce intimité qui soit... pour des séjours inoubliables !

32 chambres - 370/2570 € 370/2570 € - 4 suites - ½ P

Hors plan - *plage de la Bouillabaisse, au Sud-Ouest par D98A*
- 04 94 55 91 00 - www.residencepinede.com
- Ouvert 18 mai-8 oct.

La Vague d'Or - voir les restaurants ci-dessus

Hôtel de Paris Saint-Tropez

LUXE • DESIGN Le dernier-né des grands hôtels tropéziens n'a rien à envier à ses aînés. Ici triomphe la "design attitude". Un exemple ? Le patio, surmonté d'une piscine donnant sur le toit, où l'on grignote un sushi en sirotant un cocktail. Les chambres, spacieuses, dévoilent des thématiques différentes : Paris, les arts, St-Tropez... Culte !

58 chambres - 280/690 € 456/1300 € - 32 suites - 35 €

Plan : A2-b - *1 Traverse de la Gendarmerie*
- 04 83 09 60 00 - www.hoteldeparis-sainttropez.com
- Fermé 2 janv.-13 fév.

La Bastide de St-Tropez

LUXE • PERSONNALISÉ Atmosphère chic et feutrée dans cette maison tropézienne et ses quatre mas : mobilier chiné, pointe de baroque et soupçon provençal relevés d'un luxuriant jardin méditerranéen. Un havre de paix et de charme à l'écart du centre-ville.

16 chambres – 190/1080 € 420/1450 € – 10 suites – 30 € – ½ P

Hors plan – *25 rte des Carles, 1 km par av. P.-Roussel – 04 94 55 82 55 – www.bastidesaint-tropez.com – Fermé 1er janv.-10 fév.*

L'Olivier – voir les restaurants ci-dessus

Pan Deï Palais

MAISON DE MAÎTRE • PERSONNALISÉ Une demeure construite en 1835, présent d'un général napoléonien à son épouse indienne. Ici règne un élégant parfum d'exotisme : tissus chamarrés, bois précieux, hammam, nombreux tableaux et autres bibelots… Un lieu pétri de charme, que l'on quitte à regret !

10 chambres – 210/1330 € 595/1750 € – 2 suites – 35 €

Plan : B2-v – *52 r. Gambetta – 04 94 17 71 71 – www.pandei.com – Fermé 2 nov.-2 janv.*

Le Yaca

DEMEURE HISTORIQUE • PERSONNALISÉ Cet hôtel de charme (18e s.), le premier de St-Tropez, fut et demeure le refuge des artistes et des célébrités (P. Signac, Colette, B. Bardot, etc.). Tomettes et meubles anciens : tel est le caractère des chambres – cependant plus modernes dans l'aile située à l'arrière.

31 chambres – 225/795 € 255/795 € – 2 suites – 35 €

Plan : B1-e – *1 bd Aumale – 04 94 55 81 00 – www.hotel-le-yaca.fr – Ouvert 28 avril-1er oct.*

Le Patio – voir les restaurants ci-dessus

La Ponche

TRADITIONNEL • MÉDITERRANÉEN Ces anciennes maisons de pêcheurs, dans le pittoresque quartier de la Ponche, firent le bonheur de Romy Schneider, entre autres personnalités. Mobilier, tissus, vue sur les toits de tuiles… l'esprit de la région s'exprime dans chaque chambre.

18 chambres – 200/290 € 240/660 € – 4 suites – 25 €

Plan : B1-v – *5 r. des Remparts (pl. Revelin) – 04 94 97 02 53 – www.laponche.com – Ouvert 13 avril-1er nov.*

La Ponche – voir les restaurants ci-dessus

Pastis

FAMILIAL • PERSONNALISÉ Chaque pièce de cet hôtel est superbe : mobilier ancien, provençal, contemporain, nombreux tableaux… Une véritable galerie d'art ! Les chambres sont élégantes et confortables ; dehors, un jardin avec palmiers centenaires et une piscine au calme.

10 chambres – 225/775 € 225/775 € – 20 €

Hors plan – *75 av. du Gén.-Leclerc, port du Pilon au Sud-Ouest par D98A – 04 98 12 56 50 – www.pastis-st-tropez.com – Ouvert 24 fév.-1er nov.*

White 1921

MAISON DE MAÎTRE • DESIGN 1921, comme l'un des meilleurs millésimes du champagne Moët & Chandon. Sur la place des Lices, au cœur de l'animation tropézienne, cette belle maison bourgeoise (1900), toute blanche, joue contre toute attente la carte du design et de l'épure. Un refuge très tendance.

5 chambres – 370/925 € 370/925 € – 3 suites – 30 €

Plan : B2-w – *6 pl. des Lices – 04 94 45 50 50 – www.white1921.com – Ouvert de mai à oct.*

Hôtel des Lices

FAMILIAL • CONTEMPORAIN Près de la place des Lices, cette adresse familiale distille une atmosphère chaleureuse et cossue, pleine de cachet et de vie. Nombreux sont les habitués à en avoir fait un lieu de villégiature privilégié !

40 chambres - 160/420 € 160/420 € - 1 suite - 17 €

Plan : B2-n - *10 av. Augustin-Grangeon - 04 94 97 28 28 - www.hoteldeslices.com - Ouvert 23 mars- 5 nov. et 28 déc.-7 janv.*

Le Mouillage

TRADITIONNEL • PERSONNALISÉ Jetez l'ancre à une encablure du port du Pilon, dans cet hôtel aux chatoyantes couleurs du Sud. Dans les chambres, le décor est une invitation au voyage : Capri, Paros, Lipari... Avec, au calme, une agréable piscine chauffée.

11 chambres - 140/340 € 140/340 € - 3 suites - 16 €

Hors plan - *79 av. du Général-Leclerc, port du Pilon au Sud-Ouest par D98A - 04 94 97 53 19 - www.hotelmouillage.fr - Ouvert mi-fév. à mi-nov.*

Lou Cagnard

FAMILIAL • TRADITIONNEL Cette maison ancienne s'est dorée sous le cagnard et a pris de belles couleurs provençales. Les chambres sont simples et sans prétention ; l'été, on prend le petit-déjeuner à l'ombre des mûriers et figuiers, à la fraîche.

18 chambres - 86/176 € 86/176 € - 11 €

Plan : A2-r - *18 av. Paul-Roussel - 04 94 97 04 24 - www.hotel-lou-cagnard.com - Ouvert de mars à oct.*

au Sud-Est par av. Foch - 83990 St-Tropez

Sezz

LUXE • DESIGN Le Sezz parisien s'exporte à St-Tropez : ultramoderne, design et ouvert au maximum sur l'extérieur pour profiter du climat... Dans chaque chambre : matériaux naturels, terrasse et douche extérieure. Un art de vivre très tendance !

35 chambres - 300/720 € 420/930 € - 2 suites - 38 €

Hors plan - *151 rte des Salins, à 2 km - 04 94 55 31 55 - www.saint-tropez.hotelsezz.com - Ouvert 15 avril-2 oct.*

La Tartane Saint-Amour

LUXE • PERSONNALISÉ Pour se ressourcer sur la route des Salins, des chambres aux influences ethniques (Afrique, Bali, etc.) réparties dans plusieurs villas du parc. Jolie piscine dans le patio intérieur, et agréable hammam en mosaïque.

23 chambres - 290/1250 € 290/1250 € - 5 suites - 31 € - ½ P

Hors plan - *235 rte des Salins, à 3,5 km - 04 94 97 21 23 - www.saintamour-hotel.com - Ouvert de Pâques à début oct.*

Benkiraï

LUXE • DESIGN Le fameux designer Patrick Jouin a signé la déco du Benkiraï, mêlant lignes pures, blancheur immaculée, béton ciré et jeux de lumière... Une œuvre minimaliste très aboutie, qui sied parfaitement à l'environnement plutôt tranquille dont jouit l'établissement, à l'écart du centre-ville.

38 chambres - 180/1000 € 180/1000 € - 1 suite - 25 €

Hors plan - *70 chemin du Pinet, à 3 km - 04 94 97 04 37 - www.charmandmore.com - Ouvert de Pâques à mi-oct.*

Le Pré de la Mer

LUXE • PERSONNALISÉ Il y a le ciel, le soleil et... le Pré de la Mer. Ambiance zen, terrasses privatives dans chaque chambre, jardin fleuri, belle piscine, fitness et hammam : un endroit nature et cosy, parfait pour une villégiature revigorante.

13 chambres - 290/540 € 290/620 € - 1 suite

Hors plan - *rte des Salins, à 2 km - 04 94 97 12 23 - www.lepredelamer.fr - Ouvert 10 avril -9 oct.*

au Sud-Est par av. Paul-Roussel et rte de Tahiti - ✉ 83990 St-Tropez

La Table d'Augustin Ⓝ

CUISINE MÉDITERRANÉENNE · RUSTIQUE XX Langoustes, denti, pagres, dorade sauvage... Bienvenue au paradis des amateurs de poissons. Le jeune chef, venu de New York, travaille avec des pêcheurs locaux. Ici, tout est frais (légumes bio du potager des parents) et fait maison (huile d'olive, pain, glaces). Du sur-mesure pour vos papilles !

Carte 42/75 €

Hors plan – *Hôtel La Ferme d'Augustin, rte de Tahiti, à 4 km ✉ 83350 Ramatuelle – ✆ 04 94 55 97 00 – www.fermeaugustin.com – Ouvert 8 avril-22 oct.*

La Pomme de Pin

CUISINE ITALIENNE · SIMPLE X Le patron, d'origine sarde, est installé ici depuis 1992. Sur la terrasse, à l'abri des pins, on déguste les savoureuses spécialités italiennes qu'il concocte sans chichis. Les spécialités de la maison ? Assiette d'antipastis, pâtes aux fruits de mer, linguines au homard, ou encore tiramisu. Simple et authentique !

Menu 15 € (déj. en semaine) – Carte 30/50 €

Hors plan – *rte de Tahiti, à 4 km ✉ 83350 Ramatuelle – ✆ 04 94 97 73 70 – www.restaurant-lapommedepin.com – Ouvert début avril à mi-oct.*

Château de la Messardière

PALACE · PERSONNALISÉ Niché dans un parc de 10 ha dominant la baie, un château de conte de fées (1890) aux teintes ensoleillées. Tout y est si brillant et impeccable, que l'on voudrait y pénétrer avec des patins de feutre et préserver à jamais ce magnifique ensemble ! Mention spéciale au spa et aux services proposés, bien dignes d'un palace.

92 chambres – 300/1300 € 300/1500 € – 25 suites

Hors plan – *2 rte de Tahiti, à 2 km – ✆ 04 94 56 76 00 – www.messardiere.com – Ouvert 14 avril-29 oct.*

La Ferme d'Augustin

FAMILIAL · COSY Dans ce vaste domaine arboré et fleuri, une demeure familiale délicieuse, où l'on cultive l'art de recevoir. Les chambres sont d'une élégante sobriété (murs blancs, tomettes lustrées). Un havre de douceur loin du bling-bling. Et si c'était cela, le vrai luxe ?

44 chambres – 245/1170 € 245/1170 € – 2 suites – 20 €

Hors plan – *rte de Tahiti, à 4 km ✉ 83350 Ramatuelle – ✆ 04 94 55 97 00 – www.fermeaugustin.com – Ouvert 8 avril-22 oct.*

La Table d'Augustin – voir les restaurants ci-dessus

rte de Ramatuelle au Sud-Ouest par D93 – ✉ 83350

Dolce Vita

CUISINE MÉDITERRANÉENNE · ROMANTIQUE XXX Niché dans un parc de trois hectares, au pied de l'hôtel Villa Marie, un restaurant qui fait notre vie... plus douce ! De séduisantes recettes provençales et méditerranéennes : voilà les plaisirs qui nous attendent ici, avec une mention particulière pour le poisson (bouillabaisse notamment) et l'atmosphère romantique.

Carte 76/126 €

Hors plan – *Hôtel Villa Marie, 1100 chemin du Val-Rian – ✆ 04 94 97 40 22 – www.villamarie.fr – Ouvert 5 mai -1er oct.*

Villa Marie

LUXE · PERSONNALISÉ Raffinement, luxe et charme réunis sous le même toit en cette villa enchanteresse nichée dans une pinède dominant la baie de Pampelonne. Les chambres, soigneusement décorées dans un esprit de demeure bourgeoise provençale, ont un charme fou !

43 chambres – 322/702 € 354/1064 € – 2 suites – ½ P

Hors plan – *1100 chemin Val-de-Rian – ✆ 04 94 97 40 22 – www.villamarie.fr – Ouvert 5 mai-1er oct.*

Dolce Vita – voir les restaurants ci-dessus

Muse

GRAND LUXE · DESIGN Les Muses pourraient élire domicile dans ce domaine au charme infini ! Architecture en pierres sèches, jardin au naturel, aménagements ultradesign et vastes suites aux lignes épurées : un sommet d'élégance contemporaine et la dernière enclave exclusive, aux portes de St-Tropez.

12 suites – 370/3800 € – 2 chambres

Hors plan – *364 chemin de Val-de-Rian – 04 94 43 04 40 – www.muse-hotels.com – Ouvert d'avril à oct.*

Les Bouis

TRADITIONNEL · MÉDITERRANÉEN Un décor de carte postale ! La baie de Pampelonne pour tout horizon et l'ombre des pins parasols... Chambres au calme, avec terrasse ou balcon, très belle piscine avec vue sur la région, proximité des plages : que vouloir de plus ?

23 chambres – 160/330 € 160/330 € – 20 €

Hors plan – *chemin des Bouis, 6 km par rte de la plage de Pampelonne – 04 94 79 87 61 – www.hotel-les-bouis.com – Ouvert 1er avril- 2 nov.*

à l'Ouest par D98A – 83580 Gassin :

Le Belrose

CUISINE MODERNE · LUXE Le chef italien, aux fourneaux de cette maison dominant le golfe de St-Tropez, propose une assiette parfumée et colorée. Autant d'hommages à la Méditerranée, à l'image de ces médaillons de lotte, artichaut rôti et écaille de pecorino, févettes croquantes et sauce au safran... Et un menu 100% italien en saison.

→ Saint-Jacques de plongée de l'île de Skye poêlées. Risotto "Pietro Volonté". Financier aux deux citrons, feuille de chocolat croquante.

Menu 115/145 € – Carte 120/180 €

Hors plan – *Hôtel Villa Belrose, bd des Crêtes, à 3 km – 04 94 55 97 88 – www.villabelrose.com – Ouvert 14 avril-14 oct. et fermé le midi sauf dim. et fériés*

Villa Belrose

GRAND LUXE · PERSONNALISÉ Cette grande villa contemporaine embrasse la baie de St-Tropez ! Colorée et lumineuse, elle semble tutoyer le soleil... Les prestations sont superbes, soignées jusqu'au moindre détail (marbre italien, mobilier de style, grand confort, etc.).

40 chambres – 270/895 € 410/3120 € – 3 suites – 39 € – ½ P

Hors plan – *bd des Crêtes, à 3 km – 04 94 55 97 97 – www.villabelrose.com – Ouvert 14 avril-14 oct.*

Le Belrose – voir les restaurants ci-dessus

Kube

LUXE · DESIGN Bordant le golfe de St-Tropez, un écrin contemporain et design, tout en blancheur et lignes géométriques. Trois piscines, un spa, des chambres réparties dans huit villas (toutes avec terrasse)... Rien n'a été laissé au hasard, jusqu'au toit aménagé en bar lounge ! L'adresse ravira les amateurs d'ambiance branchée.

68 chambres – 265/2900 € 265/2900 € – 28 €

Hors plan – *rte de Saint-Tropez, à 2 km – 04 94 97 20 00 – www.kubehotel-saint-tropez.com – Ouvert mars-oct.*

Mas de Chastelas

MAISON DE CAMPAGNE · ÉLÉGANT Voilà un endroit où apprécier l'art de vivre provençal ! Dans un parc de 3 ha aux senteurs d'arbousiers, la bastide du 18e s. et ses deux villas abritent des chambres élégantes et cosy, la plupart dans un bel esprit méditerranéen, certaines très contemporaines. Piscine, restaurant... Parfait pour une escapade romantique.

16 chambres – 330/860 € 330/900 € – 7 suites – 35 € – ½ P

Hors plan – *2 chemin de Chastelas - quartier Bertaud, à 4 km, direction Gassin – 04 94 56 71 71 – www.chastelas.com – Ouvert avril-oct.*

ST-URCIZE

✉ 15110 (Cantal) - 496 hab. - Alt. 1 050 m - Carte régionale n° **3**-B3
▶ Paris 567 km - Aurillac 89 km - Clermont-Ferrand 150 km - Rodez 68 km
Carte Michelin 330-G6 - Guide Vert Michelin Auvergne

La Fontaine de Grégoire

HISTORIQUE • CLASSIQUE Plafonds à la française, parquets massifs, murs en pierre apparente : cette ancienne demeure de notaire du 18e s. a été restaurée avec goût. Les cinq chambres empruntent leur nom à des personnages de la révolution française, et le vaste jardin paysagé ouvre sur les mont de l'Aubrac.

5 chambres - 160 € 160 €

- ✆ 04 71 23 20 02

ST-UZE - 26 (Drôme) ➜ Voir St-Vallier

ST-VAAST-LA-HOUGUE

✉ 50550 (Manche) - 1 904 hab. - Alt. 4 m - Carte régionale n° **17**-A1
▶ Paris 347 km - Carentan 41 km - Cherbourg 31 km - St-Lô 68 km
Carte Michelin 303-E2 - Guide Vert Michelin Normandie Cotentin

France et Fuchsias

CUISINE MODERNE • RUSTIQUE Les beaux produits normands, huîtres en tête, sont mis en valeur dans des assiettes actuelles et gourmandes. Trois possibilités pour en profiter : la salle à manger rustique ; la véranda sous verrière, ouverte sur un étonnant jardin planté de palmiers, de mimosas et d'eucalyptus ; et la jolie terrasse aux beaux jours.

Formule 24 € - Menu 32/62 € - Carte 46/84 €

Hôtel France et Fuchsias, 20 r. du Mar.-Foch - ✆ 02 33 54 40 41 - www.france-fuchsias.com - Fermé 4-13 déc., 3 janv.-13 fév., dim. soir de nov. à mars, mardi midi et lundi

Le Chasse Marée

POISSONS ET FRUITS DE MER • CONVIVIAL Photos de bateaux, fanions laissés par les clients navigateurs, terrasse sur le port et bons produits de la pêche locale : un charmant petit bistrot marin où l'on se sent bien, tout simplement. Préférez les menus, qui offrent un meilleur rapport qualité-prix !

Menu 18 € (déj. en semaine), 25/37 € - Carte 33/73 €

8 pl. du Gén.-de-Gaulle - ✆ 02 33 23 14 08 - www.chassemaree.com - Fermé de janv. à début fév., lundi et mardi hors saison

La Granitière

TRADITIONNEL • VINTAGE Station balnéaire et port de pêche, "St-Va" abrite cette belle demeure en granit gris, légèrement en retrait de la rue. L'entretien est impeccable, et les chambres ont un petit côté vieille France qui séduira les nostalgiques du feutre d'antan.

9 chambres - 76/99 € 99/125 € - 12 €

74 r. du Mar.-Foch - ✆ 02 33 54 58 99 - www.hotel-la-granitiere.com

France et Fuchsias

FAMILIAL • TRADITIONNEL Fuchsias, palmiers, mimosas et eucalyptus : un bien joli jardin ! Les chambres, un peu "vieille France" dans l'annexe, sont plus modernes dans le bâtiment principal ; elles sont progressivement rénovées.

34 chambres - 60/138 € 60/138 € - 12 € - ½ P

20 r. du Mar.-Foch - ✆ 02 33 54 40 41 - www.france-fuchsias.com - Fermé 4-13 déc., 3 janv.-13 fév., dim. soir de nov. à mars, mardi midi et lundi

France et Fuchsias - voir les restaurants ci-dessus

ST-VALENTIN - 36 (Indre) → Voir Issoudun

ST-VALERY-EN-CAUX

✉ 76460 (Seine-Maritime) - 4 314 hab. - Alt. 5 m - Carte régionale n° **17**-C1
▶ Paris 190 km - Bolbec 46 km - Dieppe 35 km - Fécamp 33 km
Carte Michelin 304-E2 - Guide Vert Michelin Normandie Vallée de la Seine

Le Port

POISSONS ET FRUITS DE MER • FAMILIAL XX Ce restaurant n'a pas volé son nom : il domine le quai, où oscillent les bateaux. La salle est parée de photos en noir et blanc des falaises du pays de Caux ; quant à la cuisine de la mer, elle est réalisée avec de bons produits - cabillaud, sole, turbot - achetés exclusivement auprès des pêcheurs locaux.

Menu 27/46 € - Carte 48/79 €

18 quai d'Amont - ✆ 02 35 97 08 93 - www.restaurant-du-port-76.fr - Fermé dim. soir, jeudi soir et lundi

Hôtel du Casino

BUSINESS • CONTEMPORAIN Face au port de plaisance, cet hôtel impressionne par ses grands volumes, depuis le grand hall d'entrée jusqu'aux chambres, contemporaines et fonctionnelles. Une adresse très appréciée des clientèles d'affaires et touristique.

76 chambres - †92/148 € ††102/148 € - ☕ 14 € - ½ P

14 av. Clemenceau - ✆ 02 35 57 88 00 - www.hotel-casino-saintvalery.com

ST-VALERY-SUR-SOMME

✉ 80230 (Somme) - 2 703 hab. - Alt. 27 m - Carte régionale n° **19**-A1
▶ Paris 206 km - Abbeville 18 km - Amiens 71 km - Blangy-sur-Bresle 45 km
Carte Michelin 301-C6

La Table des Corderies

CUISINE MODERNE • TENDANCE X Envie de saveurs de la mer ? Rendez-vous aux Corderies, sur les hauteurs de la ville. Saumon façon gravlax, pavé de cabillaud à la fricassée de lentilles vertes et jus de coquillages... On fait ici la part belle à la pêche régionale et aux producteurs locaux, avec une touche de créativité maîtrisée.

Menu 40 € (déj.), 50/60 € - Carte 56/67 €

Hôtel les Corderies, 214 r. des Moulins - ✆ 03 22 61 30 61 (réservation conseillée) - www.latabledescorderies.com - Fermé 3 semaines en janv., lundi midi et mardi midi

Au Vélocipède (N)

CUISINE MODERNE • BRANCHÉ X Dans la partie haute de la ville, pédalez jusqu'à ce fringant Vélocipède ! Il séduit autant sur la forme - une belle devanture contemporaine et, derrière, un intérieur vintage garni d'objets chinés - que sur le fond, avec une courte carte alléchante mettant en avant les petits producteurs locaux. Terrasse pour les beaux jours.

Carte 29/36 €

8 chambres ☕ - †89/99 € ††89/99 €

1 r. du Puits-Salé - ✆ 03 22 60 57 42 - www.auvelocipede.fr - Fermé janv.-fév., le soir sauf sam. et mardi

Les Corderies

SPA ET BIEN-ÊTRE • CONTEMPORAIN Un imposant hôtel blanc comme l'albâtre, sur les hauteurs de St-Valéry. Sobriété, design et confort : quel plaisir de regagner sa chambre après un passage à l'espace bien-être ou une balade sur la plage... surtout si l'on a opté pour la vue sur la baie !

18 chambres - †175/260 € ††175/260 € - ☕ 15 € - ½ P

214 r. des Moulins - ✆ 03 22 61 30 61 - www.lescorderies.com - Fermé 3 semaines en janv.

La Table des Corderies - voir les restaurants ci-dessus

Les Pilotes

URBAIN · PERSONNALISÉ Sur les quais de la baie de Somme, un hôtel aux chambres petites mais bien aménagées, rétro à souhait, avec leur décoration qui fait des clins d'œil appuyés aux années 1960. Préférez celles côté baie : la vue y est superbe !

25 chambres – 70/200 € 70/200 € – 11 €

62 r. de la Ferté – 03 22 60 80 39 – www.lespilotes.fr

Picardia

TRADITIONNEL · PERSONNALISÉ Sympathique maison de pays à deux pas du petit quartier médiéval et des quais. Chambres spacieuses et cosy ; certaines, avec mezzanine, accueillent volontiers les familles.

18 chambres – 95/115 € 115/140 € – 14 €

41 quai Romerel – 03 22 60 32 30 – www.picardia.fr

Le Castel

LUXE · COSY Au cœur de la ville haute, cette magnifique propriété est un ravissement... Son parc de 2 ha s'abrite derrière les anciens remparts du château médiéval, d'où l'on jouit d'une vue superbe sur la baie de Somme. La demeure (19e s.) a un charme fou : parquet à chevrons, cheminées, moulures, etc. Et l'accueil est charmant !

5 chambres – 175/195 € 175/195 €

r. du Castel – 03 22 60 45 79 – www.castel-baie-de-somme.com – Ouvert 10 mars-12 nov.

ST-VALLIER

26240 (Drôme) – 3 990 hab. – Alt. 135 m – Carte régionale n° **24**-E2

Paris 526 km – Annonay 21 km – St-Étienne 61 km – Tournon-sur-Rhône 16 km

Carte Michelin 332-B2 – Guide Vert Michelin Ardèche Drôme

à St-Uze 6 km à l'Est par D51 – 26240 – 1 977 hab. – Alt. 189 m

Philip Liversain

CUISINE TRADITIONNELLE · TRADITIONNEL Le soleil et la fraîcheur se donnent rendez-vous dans cet ancien relais de poste (19e s.) au cadre coloré. La carte est inspirée par le marché et les saisons : le chef est un vrai défenseur des produits de la région ; la tradition s'en trouve revigorée !

Formule 14 € – Menu 18 € (déj. en semaine), 34/47 €

23 r. Pierre-Sémard – 04 75 03 52 58 – www.philip-liversain.com – Fermé 3 dernières semaines de juil., 2-15 janv., merc. soir, dim. soir et lundi

ST-VÉRAN

05350 (Hautes-Alpes) – 286 hab. – Alt. 2 042 m – Carte régionale n° **21**-C1

Paris 729 km – Briançon 49 km – Guillestre 32 km

Carte Michelin 334-J4 – Guide Vert Michelin Alpes du Sud

Le Roc Alto N

CUISINE MODERNE · CONTEMPORAIN Situé dans l'une des maisons de l'hôtel, en hauteur, cet élégant restaurant sous charpente dévoile une vue plongeante sur la cuisine. En coulisses, une équipe motivée, emmenée par un jeune chef passé chez Ducasse, concocte une jolie cuisine actuelle, qui flatte les produits régionaux... et notre gourmandise !

→ Risotto de petit épeautre, artichaut épineux, truffe et émulsion de burrata fumée. Carré d'agneau en croûte de foin, pomme de terre monalisa et jus au mélilot. Citron en sucre soufflé, agrumes et estragon.

Menu 58/78 € – Carte environ 85 €

Hôtel L'Alta Peyra, quartier haut de la ville – 04 92 22 24 00 (réservation conseillée) – www.altapeyra.com – Ouvert 9 juin-30 sept., 22 déc.-1er avril et fermé dim., lundi et le midi

L'Alta Peyra Hôtel & Spa

SPA ET BIEN-ÊTRE • MONTAGNARD Dans le parc naturel du Queyras, la plus haute commune d'Europe (2040 m !) peut s'enorgueillir d'un hôtel luxueux conçu comme un petit hameau. Deux restaurants – dont un gastronomique –, bar à vins, lounge bar, piscine extérieure chauffée, espace spa, jacuzzi, parking, ski shop...

55 chambres – 160/420 € 160/420 € – 4 suites – 19 € – ½ P

quartier haut de la ville – 04 92 22 24 00 – www.altapeyra.com – Ouvert 9 juin-30 sept. et 22 déc.-1er avril

Le Roc Alto – voir les restaurants ci-dessus

ST-VICTOR – 03 (Allier) ➜ Voir Montluçon

ST-VICTOR-DE-MALCAP – 30 (Gard) ➜ Voir St-Ambroix

ST-VINCENT-DE-COSSE

24220 (Dordogne) – 358 hab. – Alt. 80 m – Carte régionale n° **2**-D3
Paris 554 km – Bordeaux 157 km – Cahors 72 km – Périgueux 74 km
Carte Michelin 329-H6

La Table de Monrecour

CUISINE MODERNE • CONTEMPORAIN Au sein de ce domaine dominant la campagne périgourdine, avec une véranda qui donne sur le château, une table gastronomique cultivant l'air du temps à travers des recettes de bonne facture et savoureuses. Une formule plus simple est proposée à midi, les jours de semaine.

Formule 15 € – Menu 28/58 €

– 05 53 28 33 59 – www.monrecour.com – Fermé lundi midi

Château de Monrecour

DEMEURE HISTORIQUE • PERSONNALISÉ Il s'annonce de loin sur la route de Sarlat à St-Cyprien avec ses hauts toits de tuile. Cette altière architecture (17e s.-début du 20e s.) fait un bel écho à la noble nature périgourdine qui lui sert d'écrin ! Au choix : grand style dans le château (lits à baldaquin, tentures, etc.) ou chambres plus sobres dans les dépendances...

31 chambres – 65/175 € 65/175 € – 11 € – ½ P

– 05 53 28 33 59 – www.monrecour.com

La Table de Monrecour – voir les restaurants ci-dessus

ST-VINCENT-DE-TYROSSE

40230 (Landes) – 7 817 hab. – Alt. 24 m – Carte régionale n° **2**-B3
Paris 743 km – Anglet 32 km – Bayonne 29 km – Bordeaux 157 km
Carte Michelin 335-D13

Le Hittau (Yannick Duc)

CUISINE MODERNE • RUSTIQUE Cette ancienne bergerie avec charpente apparente, au décor plutôt classique, cache bien son jeu... On s'y régale d'une cuisine spontanée, pleine de vie, résolument moderne, qui privilégie les bons produits de saison, avec recettes landaises et (surtout !) poissons de la criée de Capbreton. À déguster en terrasse, aux beaux jours.

➜ Cuisine du marché.

Formule 24 € – Menu 56/78 € – Carte 54/64 €

1 r. du Nouaou (avenue du Hittau) – 05 58 77 11 85 – Fermé vacances de fév., 1er-7 juil., vacances de la Toussaint, mardi sauf de mi-juil. à fin août et merc.

STE-ANNE-D'AURAY

56400 (Morbihan) – 2 576 hab. – Alt. 42 m – Carte régionale n° **5**-A3
Paris 475 km – Auray 7 km – Hennebont 33 km – Locminé 27 km
Carte Michelin 308-N8 – Guide Vert Michelin Bretagne Sud

L'Auberge

CUISINE MODERNE • ÉLÉGANT XXX Ste-Anne-d'Auray est une ville pieuse et Jean-Paul II se serait arrêté au restaurant de l'Auberge en 1996. Contentons-nous d'un pèlerinage devant ses assiettes joliment présentées et ses produits de la mer de qualité...

Menu 29/75 € - Carte 47/74 €

56 r. de Vannes - ✆ 02 97 57 61 55 - www.auberge-sainte-anne.com - Fermé 20 fév.-2 mars, 6-23 nov. et 8-25 janv.

L'Aubergine

CUISINE CLASSIQUE • CONVIVIAL X A quelques centaines de mètres de l'ancien restaurant, transformé en bar à vins, on continue de rendre ici hommage à la belle tradition : rognon de veau sauce moutarde, entrecôte au beurre persillé et pommes Anna, far à la pistache... et bons vins de toutes les régions de France. Tout simplement bon !

Formule 16 € - Menu 19 € (semaine)/22 € - Carte 31/40 €

8 r. de Vannes - ✆ 02 97 31 37 19 - www.restaurant-aubergine-56.com - Fermé 12-27 fév., 3-9 juil., 23 oct.-6 nov., 24-29 déc., dim. soir, mardi soir et merc.

L'Auberge

TRADITIONNEL • ART DÉCO L'hôtel joue la carte Art nouveau : palissandre, loupe d'orme, reproductions de Mucha, pâtes de verre Lalique. Les chambres sont douillettes, avec de spacieuses salles de bains en marbre ; pour se restaurer, petit bistrot à vins à cent mètres de là.

14 chambres - †65/95 € ††65/95 € - 2 suites - ☕ 12 € - ½ P

56 r. de Vannes - ✆ 02 97 57 61 55 - www.auberge-sainte-anne.com - Fermé 20 fév.-2 mars, 6-23 nov. et 8-25 janv.

L'Auberge - voir les restaurants ci-dessus

STE-ANNE-LA-PALUD (Chapelle de)

29550 (Finistère) - Alt. 65 m - Carte régionale n° **5**-A2

Paris 584 km - Brest 68 km - Châteaulin 20 km - Crozon 27 km

Carte Michelin 308-F6 - Guide Vert Michelin Bretagne Sud

La Plage

CUISINE MODERNE • ÉLÉGANT XXX La salle, panoramique, ouvre grand sur la plage et le va-et-vient des marées... Un cadre séduisant pour apprécier une cuisine mettant à l'honneur de beaux produits - en particulier de la mer - et exécutée avec attention. Le tout dans une veine classique.

Menu 60/115 € - Carte 80/126 €

- ✆ 02 98 92 50 12 - www.plage.com - Ouvert 8 avril-5 nov. et fermé lundi midi, mardi midi, merc. midi et vend. midi

La Plage

Un emplacement superbe, directement sur la plage, au pied de la chapelle ! Les chambres, cossues comme toute la demeure, donnent sur la baie ou sur le jardin fleuri. Mobilier de famille, antiquités, esprit contemporain... Comment mieux profiter de la plage ?

19 chambres - †192/380 € ††192/487 € - ☕ 22 € - ½ P

- ✆ 02 98 92 50 12 - www.plage.com - Ouvert 8 avril-5 nov.

La Plage - voir les restaurants ci-dessus

STE-CÉCILE

71250 (Saône-et-Loire) - 286 hab. - Alt. 250 m - Carte régionale n° **4**-C3

Paris 391 km - Charolles 35 km - Cluny 8 km - Mâcon 22 km

Carte Michelin 320-H11

L'Embellie

CUISINE MODERNE · FAMILIAL Un jeune couple motivé a repris ce restaurant installé dans une ancienne étable au cachet rustique – poutres, meubles en frêne, cheminée... La cuisine, actuelle, revisite certains plats du terroir : œufs en meurette, brioche d'escargot et émulsion de persil... Glaces maison et agréable terrasse d'été.

Menu 16 € (déj. en semaine), 28/50 € – Carte 38/55 €

Le Bourg – 03 85 50 81 81 – www.lembellie.com – Fermé 2 janv.-28 fév., 3-12 juil., dim. soir sauf juil.-août, mardi et merc.

STE-CÉCILE-LES-VIGNES

84290 (Vaucluse) – 2 369 hab. – Alt. 108 m – Carte régionale n° **21**-A2

Paris 646 km – Avignon 47 km – Bollène 13 km – Nyons 26 km

Carte Michelin 332-C8

Campagne, Vignes et Gourmandises

CUISINE MODERNE · COSY Avec son ambiance entre charme rustique (pierres apparentes, mobilier en bois peint) et modernité (tableaux contemporains), ce restaurant ne manque pas de cachet. Côté cuisine, le chef, Sylvain Fernandes, travaille des produits frais et célèbre avec délicatesse les parfums du Sud. Et le service est d'une grande gentillesse !

Formule 19 € – Menu 25/42 € – Carte environ 51 €

rte de Suze-la-Rousse – 04 90 63 40 11 (réservation conseillée) – www.restaurant-cvg.com – Fermé 2 semaines en oct., 26 déc.-22 janv., dim. soir d'oct. à avril, mardi sauf juil.-août et lundi

STE-COLOMBE – 84 (Vaucluse) → Voir Bédoin

STE-EULALIE

07510 (Ardèche) – 229 hab. – Alt. 1 233 m – Carte régionale n° **23**-A3

Paris 587 km – Aubenas 47 km – Langogne 47 km – Privas 51 km

Carte Michelin 331-H5 – Guide Vert Michelin Ardèche Drôme

Hôtel du Nord

FAMILIAL · FONCTIONNEL Sympathique hostellerie appréciée des pêcheurs qui viennent ferrer le poisson dans la Loire, qui prend sa source à 5 km ! Chambres sobres, régulièrement rénovées. Cuisine du terroir au restaurant.

15 chambres – 64/76 € 64/76 € – 11 € – ½ P

– 04 75 38 80 09 – www.hoteldunord-ardeche.com – Ouvert 15 mars-11 nov.

STE-FOY-LA-GRANDE

33220 (Gironde) – 2 327 hab. – Alt. 10 m – Carte régionale n° **2**-C1

Paris 555 km – Bordeaux 71 km – Langon 59 km – Marmande 44 km

Carte Michelin 335-M5 – Guide Vert Michelin Aquitaine

Côté Bastide

CUISINE MODERNE · CONVIVIAL Légèrement en retrait du centre-ville, voici le fief de Laurence et Cédric : elle, en cuisine, réalise une cuisine gourmande réglée sur les saisons ; lui, sommelier de formation, choisit les meilleurs vins – notamment de Bordeaux – pour accompagner les plats concoctés par sa compagne. Un duo qui fonctionne à merveille !

Formule 20 € – Menu 26/45 € – Carte 38/49 €

4 r. de l'Abattoir (près de l'hôpital) – 05 57 46 14 02 – www.cote-bastide.org – Fermé dernière semaine d'août, lundi soir de sept. à juin, dim., merc. et fériés

STE-FOY-TARENTAISE

73640 (Savoie) – 809 hab. – Alt. 1 050 m – Carte régionale n° **23**-D2

Paris 647 km – Albertville 66 km – Chambéry 116 km – Moûtiers 40 km

Carte Michelin 333-O4 – Guide Vert Michelin Alpes du Nord

Le Monal

FAMILIAL • PERSONNALISÉ Dans la délicieuse quiétude d'un hameau alpin, ce chalet n'a cessé d'évoluer avec son temps. Résultat : les lieux – dont une annexe récemment aménagée – mêlent modernité et authenticité, confort et fraîcheur, avec une cave à manger très cosy. Apaisant !

19 chambres – 80/120 € 100/140 € – 12 € – ½ P

rte de Val-d'Isère – 04 79 06 90 07 – www.le-monal.com

STE-GEMME-MORONVAL - 28 (Eure-et-Loir) ➜ Voir Dreux

STE-APOLLINE ➜ Voir Autour de Paris (Plaisir)

STE-CROIX-DU-VERDON

04500 (Alpes-de-Haute-Provence) – 124 hab. – Alt. 530 m – Carte régionale n° **21**-C2
Paris 780 km – Brignoles 59 km – Castellane 59 km – Digne-les-Bains 51 km
Carte Michelin 334-E10 – Guide Vert Michelin Alpes du Sud

L'Actuel Côté Lac

CUISINE MODERNE • CONVIVIAL On est d'abord émerveillé par la jolie vue plongeante sur le lac de Ste-Croix... puis on est séduit par la cuisine moderne, qui rend le meilleur de beaux produits du marché. En plus, l'accueil est très sympathique ! Voilà qui explique sûrement que ce restaurant ait la cote dans les environs...

Menu 24 € (déj. en semaine), 28/49 € – Carte 32/45 €

Le Cours - au village – 04 92 77 87 95 – www.lactuel.fr – Ouvert d'avril à oct. et fermé mardi sauf en juil.-août et lundi

STE-GENEVIÈVE-DES-BOIS - 91 (Essonne) ➜ Voir Autour de Paris

STE-JULIE - 01 (Ain) ➜ Voir Chazey-sur-Ain

STE-LIVRADE-SUR-LOT

47110 (Lot-et-Garonne) – 6 074 hab. – Alt. 56 m – Carte régionale n° **2**-C2
Paris 647 km – Agen 35 km – Bordeaux 135 km – Montauban 121 km
Carte Michelin 336-F3

Au Bord de la Source

CUISINE MODERNE • SIMPLE Sur les bords du Lot, une jolie maison typique de la région. On y déguste une cuisine dans l'air du temps, qui oscille entre créativité et tradition. Ambiance décontractée et vue imprenable sur la rivière.

Formule 19 € – Menu 30/52 € – Carte 37/61 €

rte de Bordeaux, 1,5 km à l'Ouest par D911 – 05 53 01 36 84 – www.auborddelasource.com – Fermé merc. et jeudi hors saison, mardi sauf le midi hors saison, dim. soir et lundi

STE-LUCIE-DE-PORTO-VECCHIO - 2A (Corse-du-Sud) ➜ Voir Corse

STE-MAGNANCE

89420 (Yonne) – 449 hab. – Alt. 310 m – Carte régionale n° **4**-B2
Paris 224 km – Auxerre 65 km – Avallon 15 km – Dijon 68 km
Carte Michelin 319-H7 – Guide Vert Michelin Bourgogne

Auberge des Cordois

CUISINE TRADITIONNELLE • RUSTIQUE En bord de route, cette auberge du 18es. ne passe pas inaperçue avec sa façade jaune ! Et dans cet établissement tenu par la même famille depuis 1910, la tradition est sacrée, même si elle est joliment revisitée. Formule bistrot dans l'ancien bar.

Carte 25/50 €

D606 – 03 86 33 11 79 – www.lescordois.fr – (Transfert prévu au printemps 2017 à Avallon 15 rue Boquillot) Fermé 25 juin-5 juil., 2-29 janv., lundi soir, mardi et merc.

STE-MARGUERITE (ÎLE) - 06 (Alpes-Maritimes) ➔ Voir Île Sainte-Marguerite

STE-MARIE-DE-RÉ - 17 (Charente-Maritime) ➔ Voir Île de Ré

STE-MARIE-DE-VARS - 05 (Hautes-Alpes) ➔ Voir Vars

STES-MARIES-DE-LA-MER ➔ Voir après Saintes

STE-MARINE - 29 (Finistère) ➔ Voir Bénodet

STE-MAURE - 10 (Aube) ➔ Voir Troyes

STE-MAURE-DE-TOURAINE

✉ 37800 (Indre-et-Loire) - 4 222 hab. - Alt. 85 m - Carte régionale n° **6**-B3
Paris 273 km - Le Blanc 71 km - Châtellerault 39 km - Chinon 32 km
Carte Michelin 317-M6 - Guide Vert Michelin Châteaux de la Loire

rte de Chinon 2,5 km à l'Ouest par D760 - ✉ 37800 Noyant-de-Touraine :

La Ciboulette

CUISINE MODERNE • CLASSIQUE XX L'attrait de cette grande maison couverte de vigne vierge ? Ses bonnes recettes servies dans un intérieur chaleureux ou sur la terrasse bordée d'un jardinet où vous trouverez peut-être... de la ciboulette. Les gourmands de passage ont aussi un faible pour l'île flottante de la maison, généreuse et délicieuse !

Formule 25 € - Menu 32/67 € - Carte 40/60 €

78 rte de Chinon (face à l'échangeur A 10, sortie n°25) - ✆ 02 47 65 84 64 - www.laciboulette.fr - Fermé le soir en hiver, sauf vend., sam., vacances scolaires et fériés

Il fait beau ? Repérez le symbole et attablez-vous en terrasse...

STE-MAXIME

✉ 83120 (Var) - 13 736 hab. - Alt. 10 m - Carte régionale n° **21**-C3
Paris 872 km - Cannes 59 km - Draguignan 34 km - Fréjus 20 km
Carte Michelin 340-O6 - Guide Vert Michelin Côte d'Azur

La Badiane

CUISINE MODERNE • ÉLÉGANT XX Ce restaurant, dans une ruelle piétonne de la vieille ville, est sobrement décoré. Le chef y réalise une cuisine personnelle et plutôt graphique, avec notamment un menu végétarien et sans gluten, servi tous les jours de l'année.

Menu 49/98 € - Carte 78/108 €

Plan : B2-d - *6 r. Fernand-Bessy - ✆ 04 94 96 53 93 (réservation conseillée) - www.restaurant-la-badiane.fr - Fermé 1 semaine en nov., 15 janv.-5 fév., dim. et le midi*

Le Bistrot Paul Bert (N)

CUISINE MODERNE • BISTRO X Ne vous trompez pas de porte ! Au milieu des attrape-touristes, dans une rue piétonne de la vieille ville, on trouve ce petit bistrot tenu par un couple du métier. Leurs spécialités : œuf cocotte au foie gras, tranche de thon rouge mi-cuit, ris de veau à la sauce morilles... à déguster en terrasse, aux beaux jours.

Menu 32 € - Carte 35/75 €

Plan : B2-a - *54 r. Paul-Bert - ✆ 04 94 56 98 30 - www.lebistrotpaulbert.fr*

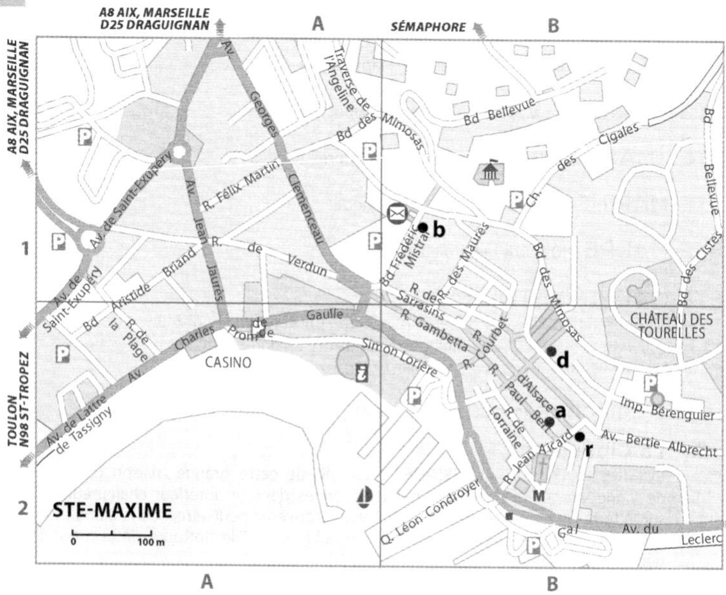

Villa les Rosiers

TRADITIONNEL · ÉLÉGANT Une villa provençale aux murs roses, dans un jardin fleuri de... rosiers. De quoi embaumer la vue superbe sur le golfe de St-Tropez ! De grandes chambres blanches et élégantes, des sculptures et tableaux contemporains : beaucoup de raffinement. Repas en terrasse aux beaux jours.

12 chambres – 190/300 € 190/550 € – 25 €

Hors plan – *94 chemin de Guerrevieille Beauvallon-Grimaud, 5 km au Sud-Ouest par D559 – ✆ 04 94 55 55 20 – www.villa-les-rosiers.com – Ouvert 1er avril-2 nov. et 22 déc.-6 janv.*

Hostellerie la Belle Aurore

TRADITIONNEL · PERSONNALISÉ La Grande Bleue vient caresser ses murs, face à St-Tropez, et chaque chambre dispose d'une terrasse ou d'un balcon. L'impression d'avoir la mer pour soi ! Teintes chaleureuses, grand confort, ambiance paisible : une Belle Aurore...

16 chambres – 150/460 € 150/460 € – 1 suite – 20 € – ½ P

Hors plan – *5 bd Jean-Moulin, au Sud-Ouest par D559 – ✆ 04 94 96 02 45 – www.belleaurore.com – Ouvert 8 avril-8 oct.*

Montfleuri

TRADITIONNEL · ÉLÉGANT Dans un quartier résidentiel en bordure de côte, cet hôtel abrite des chambres chaleureuses et bien aménagées, avec d'agréables balcons côté mer. Matériaux de qualité et tableaux originaux rehaussent l'ensemble.

32 chambres – 95/200 € 115/380 € – 15 € – ½ P

Hors plan – *3 av. Montfleuri, au Sud-Est par D559 – ✆ 04 94 55 75 10 – www.montfleuri.com – Ouvert 17 mars-5 nov.*

Matisse Hôtel

BUSINESS · COSY Un hôtel idéalement situé en centre-ville. Le décor, contemporain, multiplie les clins d'œil à Matisse : le célèbre peintre était un habitué de la région. Les chambres sont chaleureuses et plus calmes sur l'arrière. Petit patio avec piscine.

28 chambres – 95/190 € 95/330 € – 13 €

Plan : B1-b – *11 bd Frédéric-Mistral – ✆ 04 94 96 18 33 – www.hotel-matisse.com*

Royal Bon Repos

FAMILIAL • PERSONNALISÉ Nichée dans une impasse proche d'une église et du musée de la Tour-Carrée, cette bâtisse de 1939 a tout de l'élégante demeure de famille : mobilier provençal, tableaux chinés, billard... Les chambres, avec leurs vieux parquets ou leurs tomettes, sont élégantes et décorées avec goût. Un bel hôtel de caractère.

22 chambres – 80/214 € 80/214 € – 18 €

Plan : B2-r – *11 r. Jean-Aicard – 04 94 96 08 74 – www.hotelroyalbonrepos.fr*

à la Nartelle 4 km au Sud-Est par D559 – 83120 Ste Maxime

La Plage

FAMILIAL • FONCTIONNEL Comme son nom l'indique, cet hôtel fonctionnel et bien tenu est situé juste à côté de la plage, en bordure de route ; les chambres de l'étage offrent une jolie vue sur la mer.

18 chambres – 65/175 € 65/175 € – 11 €

36 av. Gén.-Touzet-du-Vigier – 04 94 96 14 01
– www.hotel-plage-ste-maxime.com

STE-MENÉHOULD

51800 (Marne) – 4 321 hab. – Alt. 137 m – Carte régionale n° **7**-C2

Paris 221 km – Bar-le-Duc 50 km – Châlons-en-Champagne 48 km – Reims 80 km

Carte Michelin 306-L8 – Guide Vert Michelin Champagne Ardenne

Le Cheval Rouge

CUISINE TRADITIONNELLE • TRADITIONNEL XX Connaissez-vous le pied de cochon "à la Sainte-Ménehould" ? C'est en tout cas le moment de découvrir LA spécialité culinaire de cette auberge ouverte en 1873. Une véritable institution !

Menu 24/65 € – Carte 52/67 €

1 r. Chanzy – 03 26 60 81 04 – www.lechevalrouge.com – Fermé 18 déc.-2 janv., dim. soir et lundi

Le Cheval Rouge

AUBERGE • VINTAGE À deux pas de l'hôtel de ville, on découvre les chambres fonctionnelles et bien tenues de cette auberge, où vous dormirez comme un loir ; préférez les plus récentes. Pour un repas express et sans prétention, la Brasserie vous tend les bras !

42 chambres – 60/70 € 65/70 € – 9 € – ½ P

1 r. Chanzy – 03 26 60 81 04 – www.lechevalrouge.com

Le Cheval Rouge – voir les restaurants ci-dessus

à Futeau 13 km à l'Est par D603 et D2 – 55120 – 165 hab. – Alt. 190 m

L'Orée du Bois

CUISINE CLASSIQUE • AUBERGE XXX Ambiance rustique et familiale dans cette auberge entre Marne et Meuse. Avec des produits frais et de saison, le chef concocte des spécialités traditionnelles : langoustines venues de Bretagne, pigeonneau aux champignons sauvages, foie gras poêlé... Quant au pain et au chocolat, ils sont faits maison !

Menu 30 € (semaine), 48/78 € – Carte 54/82 €

Hameau de Courupt, 1 km au Sud – 03 29 88 28 41 – www.aloreedubois.fr – Fermé 3 nov.-25 janv., lundi midi et mardi midi de Pâques à fin sept., lundi et mardi sauf fériés d'oct. à nov. et de fin janv. à Pâques

L'Orée du Bois

AUBERGE • CLASSIQUE Voilà une auberge accueillante, délicieusement isolée à la lisière de la grande forêt d'Argonne. Ici, parler de "tranquillité" est un euphémisme : dans les chambres, le calme n'est rompu que par le chant des oiseaux ! L'endroit idéal pour se mettre au vert.

14 chambres – 90/120 € 140/180 € – 15 € – ½ P

Hameau de Courupt, 1 km au Sud – 03 29 88 28 41 – www.aloreedubois.fr – Fermé 3 nov.-25 janv.

L'Orée du Bois – voir les restaurants ci-dessus

STE-PREUVE

✉ 02350 (Aisne) - 83 hab. - Alt. 115 m - Carte régionale n° **19**-D2
▶ Paris 188 km - Laon 29 km - Reims 49 km - Saint-Quentin 69 km
Carte Michelin 306-F5

Les Épicuriens

CUISINE MODERNE • ÉLÉGANT XXX Voilà bien une table destinée aux épicuriens ! Sérieux professionnel, le chef signe une cuisine raffinée, mêlant inspiration traditionnelle et méridionale : les assiettes ravissent l'œil comme le palais... Quant au cadre, il est élégant et ouvre sur la verdure. Service attentif.

Formule 30 € - Menu 42/99 € - Carte 70/110 €

Hôtel Domaine de Barive, 3 km au Sud-Ouest - ✆ 03 23 22 15 15 - www.domainedebarive.com

Domaine de Barive

DEMEURE HISTORIQUE • PERSONNALISÉ Une superbe bâtisse du 19e s. dans un immense parc : calme champêtre... Les chambres sont cosy (mansardées au 2e étage) et décorées avec soin ; on profite aussi de nombreux services (sauna, jacuzzi, tennis, salle de remise en forme) et d'un accueil prévenant.

15 chambres - †145/260 € ††185/260 € - 7 suites - ☕ 19 € - ½ P

3 km au Sud-Ouest - ✆ 03 23 22 15 15 - www.domainedebarive.com

Les Épicuriens - voir les restaurants ci-dessus

Le Prieuré

FAMILIAL • COSY Calme et détente assurés en cette ancienne ferme qui allie beaux volumes, éléments vintage et confort contemporain, jusqu'au sauna et au jacuzzi. Les chambres, joliment décorées, sont toutes mansardées et donnent sur la nature environnante. Idéal pour un week-end au vert.

5 chambres ☕ - †155/175 € ††155/175 €

Domaine de Barive - ✆ 03 23 22 15 15 - www.domainedebarive.com - Fermé dim., lundi et mardi de nov. à mars sauf feriés

SAINTES

✉ 17100 (Charente-Maritime) - 25 645 hab. - Alt. 15 m - Carte régionale n° **20**-B3
▶ Paris 469 km - Bordeaux 117 km - Poitiers 138 km - Rochefort 42 km
Carte Michelin 324-G5 - Guide Vert Michelin Poitou-Charentes

La Table du Relais du Bois St-Georges

CUISINE MODERNE • CLASSIQUE XXX Bistronomie et gastronomie : les deux tendances sont réunies à la carte de ce Relais bien connu des gourmets du secteur. Le chef, originaire du Sud-Ouest, a la main sûre et compose de bonnes assiettes rythmées par les saisons ; côté décor, les baies vitrées ouvrent sur la terrasse et sur l'étang. Plaisant !

Formule 22 € - Menu 33/70 € - Carte 48/84 €

Hors plan - *Hôtel Le Relais du Bois St-Georges, 132 cours Genet-le-Pinier (Le Pinier-Parc Atlantique) - ✆ 05 46 93 50 99 - www.relaisdubois.com*

Le Parvis

CUISINE MODERNE • ÉLÉGANT XXX Dans cette jolie maison en bord de Charente, tout près du centre-ville, Pascal Yenk concocte de savoureux plats du terroir avec les produits achetés le matin même au marché. Tout est fait maison, pour notre plus grand plaisir ! Aux beaux jours, on profite même d'une agréable terrasse à l'abri des regards.

Formule 18 € - Menu 20 € (déj. en semaine), 33/57 € - Carte 58/65 €

Plan : A1-t - *12-12 bis quai de l'Yser (Petite-Rue-du-Bois-d'Amour) - ✆ 05 46 97 78 12 - www.restaurant-le-parvis.fr - Fermé dim. soir et lundi*

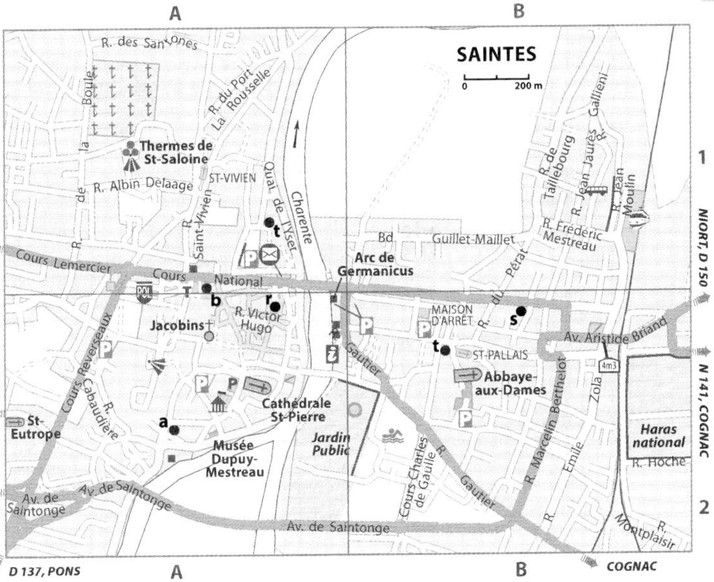

Saveurs de l'Abbaye

CUISINE MODERNE • TENDANCE À deux pas de l'abbaye aux Dames, devenue "cité musicale", ce restaurant au décor épuré propose une cuisine mêlant classicisme et touches plus actuelles, comme avec ce filet de dorade à la plancha et son sauté de légumes estivaux au citron confit. Pour la nuit, des chambres sobres et agréables.

Formule 15 € - Menu 18 € (déj. en semaine), 32/48 € - Carte environ 45 €

8 chambres - 59/67 € 65/72 € - 10 €

Plan : B2-t - *1 pl. St-Pallais - 05 46 94 17 91 - www.saveurs-abbaye.com - Fermé 6-26 nov., dim. et lundi*

La Table de Marion

CUISINE CRÉATIVE • DESIGN Comme son prénom ne l'indique pas, le jeune chef est un homme. Au gré du marché, il concocte une cuisine variée, parfois surprenante (sucrés-salés, nombreux épices), toujours dans le respect du produit. Service charmant.

Menu 19 € (déj. en semaine), 42/65 €

Plan : A2-a - *10 pl. Blair - 05 46 74 16 38 (réservation conseillée) - http://latabledemarion.wixsite.com/la-table-de-marion - Fermé 2 semaines fin sept.-début oct., 2 semaines fin janv.-début fév., dim. soir et lundi*

Clos des Cours

CUISINE MODERNE • CONVIVIAL Quand on a travaillé plus de quinze ans en Australie et en Nouvelle-Zélande, on crée une cuisine métissée ! Du marché de Saintes (où le chef se fournit) aux mers du Sud, il n'y a ici qu'un pas... Une pointe d'exotisme à savourer sur une terrasse ombragée de palmiers ou dans un cadre contemporain et agréable.

Menu 15 € (déj. en semaine), 30/47 € - Carte environ 39 €

Plan : A1_2-b - *2 pl. du Théâtre - 05 46 74 62 62 - www.closdescours.com - Fermé 2-11 nov., 5-12 janv. et dim.*

Le Relais du Bois St-Georges

TRADITIONNEL • CLASSIQUE Banquise, Tombouctou, Monte-Cristo, Cerisaie, Clef des champs... Les chambres, décorées par thèmes, se révèlent spacieuses et bien équipées. Si vous avez le temps, prenez le temps de vous promener dans le parc, le long des étangs.

30 chambres – 120/165 € 200/300 € – 21 €

Hors plan – *132 cours Genet-le-Pinier (Le Pinier-Parc Atlantique) – 05 46 93 50 99 – www.relaisdubois.com*

La Table du Relais du Bois St-Georges – voir les restaurants ci-dessus

Hôtel des Messageries

FAMILIAL • COSY Dans cet ancien relais de poste (1792) du quartier historique règne une quiétude très "maison de famille". Les chambres sont confortables, dans une veine romantique. Et au petit-déjeuner, on se régale de bons produits charentais.

32 chambres – 85/99 € 90/99 € – 2 suites – 10 €

Plan : A2-r – *r. des Messageries – 05 46 93 64 99 – www.hotel-des-messageries.com – Fermé vacances de Noël*

L'Avenue

TRADITIONNEL • PERSONNALISÉ Cet hôtel des années 1970, situé entre le centre-ville et la gare, propose des chambres colorées, chaleureuses et très bien tenues. L'accueil des propriétaires est charmant, et les tarifs raisonnables.

14 chambres – 69/79 € 69/79 € – 8,50 €

Plan : B2-s – *114 av. Gambetta – 05 46 74 05 91 – www.hoteldelavenue.com – Fermé 22 déc.- 2 janv.*

STE-SABINE

24440 (Dordogne) – 396 hab. – Alt. 133 m – Carte régionale n° **2**-C2

Paris 565 km – Bergerac 32 km – Bordeaux 130 km – Périgueux 79 km

Carte Michelin 329-F7

Étincelles - La Gentilhommière (Vincent Lucas)

CUISINE CRÉATIVE • RUSTIQUE Une chaleureuse maison périgourdine, dans un jardin aux arbres majestueux. Le concept : on réserve au plus tard la veille, car le chef ne travaille que des produits frais. Il propose un menu unique et sa créativité fait des étincelles ! Chambres thématiques (romantique, orientale, montagnarde...).

→ Foie gras grillé, tomate et haddock à la coriandre. Carré de cochon, girolles, praliné de sésame, ricotta et courgette au praprika fumé. Coque de chocolat ivoire au poivre de Tasmanie, jasmin et salade de cerfeuil, abricots rôtis.

Menu 55/101 €

4 chambres – 101/120 € 115/175 €

– 05 53 74 08 79 (réservation conseillée) – www.gentilhommiere-etincelles.com – Fermé vacances de fév. et de printemps, 1 semaine en juin, vacances de la Toussaint, mardi sauf le soir en juil.-août, vend. midi et merc. de sept. à juin, dim. soir, lundi midi, jeudi midi et sam. midi

STES-MARIES-DE-LA-MER

13460 (Bouches-du-Rhône) – 2 495 hab. – Alt. 1 m – Carte régionale n° **21**-A3

Paris 778 km – Arles 39 km – Marseille 129 km – Nîmes 67 km

Carte Michelin 340-B5 – Guide Vert Michelin Provence

Casa Romàna

CUISINE TRADITIONNELLE • RUSTIQUE Voilà une Casa qu'on aimerait faire sienne ! Derrière les fourneaux, le chef concocte de généreuses recettes régionales, telles la daube de taureau aux olives, la soupe de poisson ou les tellines en persillade crémée... Un conseil : pensez à réserver, c'est souvent complet !

Formule 21 € – Menu 29 € – Carte 34/49 €

6 r. Joseph-Roumanille – 04 90 97 83 33 (réservation conseillée) – Fermé 7 janv.-7 fév., 12 nov.-20 déc., mardi midi et lundi

Mas de Cocagne

FAMILIAL • CONTEMPORAIN Sur la route d'Arles, cet hôtel de standing moderne propose des chambres fort bien tenues, au décor contemporain et coloré, avec terrasse privative. Agréable piscine. Des prestations de qualité.

19 chambres – 119/169 € 139/189 € – 18 €

rte d'Arles – 04 90 97 96 17 – www.mas-cocagne.com – Ouvert 26 mars-3 nov.

rte de Cacharel 6 km au Nord par D85^A – 13460 Les Saintes-Maries-de-la-Mer

La Coursejade

CUISINE TRADITIONNELLE • RUSTIQUE XX Soupe de poisson maison et cassolette de mouclade et chipirons : telles sont les spécialités du nouveau chef de cette Coursejade – le nom d'une épreuve équestre locale –, maison rustique installée dans un joli coin de Camargue... On s'y régale d'assiettes régionales réglées sur le marché : de quoi se sentir gardian pendant quelques heures !

Menu 39 €

Hôtel Mas de Calabrun, rte de Cacharel – 04 90 97 82 21 – www.mas-de-calabrun.fr – Fermé 11 nov.-26 déc., 3 janv.-12 fév., dim. et lundi hors saison et le midi sauf week-ends et juil.-août

Mas de Calabrun

MAISON DE CAMPAGNE • PERSONNALISÉ Un hôtel-restaurant dans une bâtisse typiquement régionale, isolée en pleine Camargue. Les chambres, confortables et bien tenues, donnent sur la piscine ou, plus au calme, sur le jardin. Et trois d'entre elles, face à l'étang, sont même installées dans de vraies roulottes gitanes !

34 chambres – 114/184 € 129/199 € – ½ P

rte de Cacharel – 04 90 97 82 21 – www.mas-de-calabrun.fr – Fermé 11 nov.-26 déc. et 3 janv.-12 fév.

La Coursejade – voir les restaurants ci-dessus

rte du Bac du Sauvage 4 km au Nord-Ouest par D38 – 13460 Les Stes-Maries-de-la-Mer :

L'Estelle en Carmargue (N)

CUISINE MODERNE • ÉLÉGANT XXX Cette table n'est pas pour rien dans la réputation de l'hôtel qui l'accueille. On s'installe autour de la belle piscine pour le déjeuner, ou dans une salle à manger feutrée et cossue pour le dîner ; dans les deux cas, on se régale de préparations goûteuses et colorées, réalisées par un chef qui connaît bien son métier.

Formule 29 € – Menu 45/95 € – Carte 62/106 €

Hôtel L'Estelle en Camargue, rte du Petit-Rhône, D38 – 04 90 97 89 01 – www.hotelestelle.com – Ouvert 6 avril-5 nov. , 23 déc.-2 janv. et week-ends hors saison , fermé lundi sauf juil. -août

Mas de la Fouque

MAISON DE CAMPAGNE • PERSONNALISÉ Des étangs, des chevaux, des flamants roses... Ce domaine séduisant joue, à l'écart de tout, la carte de la décontraction chic pour une clientèle discrète ; on y trouve même deux chambres originales dans des roulottes. Une fois installé, il n'est qu'à profiter du calme des lieux !

20 chambres – 275/675 € 275/675 € – 6 suites – 23 € – ½ P

rte du Petit-Rhône – 04 90 97 81 02 – www.masdelafouque.com – Fermé janv.

L'Estelle en Carmargue

MAISON DE CAMPAGNE • CLASSIQUE Un hôtel-restaurant plein de charme, au bord du Petit-Rhône, avec la Camargue pour horizon. Les chambres, de style provençal ou contemporain, disposent d'une vue sur l'étang ou le jardin. Belle terrasse face à la piscine.

19 chambres – 290/310 € 305/535 € – 1 suite – ½ P

rte du Petit-Rhône, D38 – 04 90 97 89 01 – www.hotelestelle.com – Ouvert 6-avril-5 nov., 23 déc.-2 janv. et week-ends hors saison

L'Estelle en Carmargue – voir les restaurants ci-dessus

STE-VERGE - 79 (Deux-Sèvres) → Voir Thouars

LES SAISIES

✉ 73620 (Savoie) - Carte régionale n° **23**-D1
▶ Paris 597 km - Albertville 29 km - Annecy 61 km - Bourg-St-Maurice 53 km
Carte Michelin 333-M3 - Guide Vert Michelin Alpes du Nord

Le Calgary

CUISINE MODERNE • CLASSIQUE XX Foie gras aux épices douces, sirupeux au vin jaune ; omble chevalier sur une tulipe croustillante, chicorée aux cèpes, crème de panais et coulis d'écrevisses... Que de belles choses à la carte de ce restaurant ! On sent dans chaque assiette la motivation de l'équipe en cuisine, et de son chef tout particulièrement.

Menu 18/38 € - Carte 31/41 €

73 r. des Periots - ✆ 04 79 38 98 38 - www.hotelcalgary.com - Ouvert 17 juin-9 sept. et 16 déc.-21 avril et fermé mardi soir, dim., lundi et le midi

Le Calgary

TRADITIONNEL • MONTAGNARD Son nom rappelle les exploits de Franck Piccard, originaire de la station et médaillé d'or aux Jeux olympiques de Calgary en 1988 : de fait, le skieur est propriétaire des lieux ! Évidemment, ce beau chalet, très confortable, est idéal pour profiter des joies de la montagne, que l'on soit sportif... ou non.

39 chambres - †62/115 € ††80/200 € - 1 suite - ☕ 14 €

73 r. des Periots - ✆ 04 79 38 98 38 - www.hotelcalgary.com - Ouvert 17 juin-9 sept. et 16 déc.-21 avril

Le Calgary - voir les restaurants ci-dessus

SALBRIS

✉ 41300 (Loir-et-Cher) - 5 621 hab. - Alt. 104 m - Carte régionale n° **6**-C2
▶ Paris 187 km - Blois 65 km - Bourges 62 km - Montargis 102 km
Carte Michelin 318-J7 - Guide Vert Michelin Châteaux de la Loire

Le Parc Sologne

FAMILIAL • CONTEMPORAIN Grande demeure bourgeoise dans un beau jardin arboré. Les chambres, sobres et élégantes, sont bien tenues. Au restaurant, ambiance rustique, cuisine traditionnelle et vaste cheminée pour réchauffer les rudes journées d'hiver de la Sologne...

26 chambres - †79/105 € ††85/130 € - ☕ 10 € - ½ P

8 av. d'Orléans - ✆ 02 54 97 18 53 - www.hotelleparcsologne.com - Fermé vacances de Noël

Domaine de Valaudran

TRADITIONNEL • ÉLÉGANT Au cœur de la Sologne, laissez-vous charmer par cette gentilhommière du 19e s. avec son parc de 2 ha et sa piscine. Les chambres y sont confortables et très bien tenues ; certaines mansardées. Le soir, il fait bon prendre un cocktail au salon assis dans un fauteuil club. Restaurant traditionnel.

31 chambres - †78/95 € ††98/150 € - ☕ 13 € - ½ P

av. de Romoratin, 1,5 km au Sud-Ouest par rte de Romorantin (proche sortie A71) - ✆ 02 54 97 20 00 - www.hotelvalaudran.com - Fermé 23-30 déc.

SALERS

✉ 15140 (Cantal) - 345 hab. - Alt. 950 m - Carte régionale n° **3**-B3
▶ Paris 509 km - Aurillac 43 km - Brive-la-Gaillarde 100 km - Mauriac 20 km
Carte Michelin 330-C4 - Guide Vert Michelin Auvergne

Le Bailliage

CUISINE TRADITIONNELLE • TENDANCE XX Dans la région, tout le monde connaît ce Bailliage gourmand ! Les meilleurs éleveurs fournissent le restaurant en viande... de salers, et l'on se presse pour goûter pounti, truffade, tripoux, etc., et de délicieux fromages auvergnats, dont... le salers. Une cuisine du terroir généreuse et débordante de saveurs !

Menu 26/56 € - Carte 30/85 €

Hôtel Le Bailliage, r. Notre-Dame - ✆ 04 71 40 71 95 - www.salers-hotel-bailliage.com - Fermé 15 nov.-15 fév. et lundi midi

Le Bailliage

FAMILIAL • COSY Cette grande demeure régionale constitue un point de chute plein de vie pour découvrir le village, si pittoresque. Les chambres, spacieuses et décorées avec goût, donnent sur le jardin ou la campagne ; certaines arborent un style plus moderne.

23 chambres - †75/170 € ††75/170 € - 2 suites - ☕ 13 €

r. Notre-Dame - ✆ 04 71 40 71 95 - www.salers-hotel-bailliage.com - Fermé 15 nov.-15 fév.

Le Bailliage - voir les restaurants ci-dessus

Hôtel des Remparts

TRADITIONNEL • CONTEMPORAIN Une affaire familiale, que l'on se transmet de... mère en fille ! Ce bel hôtel est parfait pour découvrir ce fleuron du Cantal qu'est le village de Salers. D'autant que les chambres, chaleureuses et modernes, offrent un beau panorama sur la vallée de Fontanges...

15 chambres - †80/110 € ††80/110 € - ☕ 11 € - ½ P

1 av. Barrouze - ✆ 04 71 40 70 33 - www.salers-hotel-remparts.com - Fermé 2 nov.- 9 janv.

Saluces

FAMILIAL • PERSONNALISÉ Cette propriété appartenait au marquis de Lur Saluces, gouverneur de la cité au 17e s. Aujourd'hui, la maison affiche un style épuré, avec mobilier chiné et matériaux naturels (bois, marbre, ardoise). On appréciera également le petit-déjeuner sous le vieux marronnier !

8 chambres - †78/82 € ††78/95 € - ☕ 13 €

r. Martille - ✆ 04 71 40 70 82 - www.hotel-salers.fr - Fermé 15 nov.-20 déc. et 6 janv.-5 fév.

à Fontanges 5 km au Sud par D35 - ✉ 15140 - 211 hab. - Alt. 692 m

Auberge de l'Aspre

AUBERGE • FONCTIONNEL En pleine nature, cette ancienne ferme abrite des chambres simples et fonctionnelles (salles de bains en mezzanine). Avec vue sur le verger, la piscine ou bien la chapelle monolithe, elles permettent de se ressourcer en pleine campagne.

8 chambres - †62 € ††62 € - ☕ 9 € - ½ P

Le Bourg - ✆ 04 71 40 75 76 - www.auberge-aspre.fr - Ouvert 15 avril-15 nov. et fermé dim. soir et lundi d'oct. à mai

au Theil 6 km au Sud-Ouest par D35 et D37 - ✉ 15140 St Martin Valmeroux

Hostellerie de la Maronne

FAMILIAL • CLASSIQUE Quelle vue ! Les pâturages se déroulent à perte de vue devant cette belle maison de maître (19e s.) en pierres et lauzes. Chambres et salons élégants, piscine, tennis : un ensemble très confortable et un bon point de départ pour de superbes randonnées.

18 chambres - †85/170 € ††85/210 € - 3 suites - ☕ 12 €

- ✆ 04 71 69 20 33 - www.maronne.com - Ouvert 20 avril-20 oct.

SALIES-DE-BÉARN

✉ 64270 (Pyrénées-Atlantiques) - 4 854 hab. - Alt. 50 m - Carte régionale n° **2**-B3
Paris 762 km - Bayonne 60 km - Dax 36 km - Orthez 17 km
Carte Michelin 342-G4 - Guide Vert Michelin Aquitaine

Restaurant des Voisins

CUISINE MODERNE • TENDANCE XX Esprit design, piano, œuvres contemporaines, cuisines ouvertes, etc. : voilà le décor, chic et éclectique, de cette maison qui serait la plus ancienne du village. Un jeune couple l'a récemment reprise et y propose une cuisine bien ficelée, gourmande et originale. Une adresse où l'on aimerait toujours pouvoir venir en voisin !

Formule 16 € - Menu 22 € (déj. en semaine), 32/44 € - Carte 40/47 €

12 r. des Voisins - ✆ 05 59 38 01 79 - www.restaurant-des-voisins.fr - Fermé 22-29 juin, 9-30 nov., dim. soir sauf de juil. à sept., lundi et mardi

Hôtel du Parc

HISTORIQUE • CONTEMPORAIN L'entrée impressionne, avec ses galeries à l'italienne et sa verrière... sans oublier le casino ! Heureusement, l'isolation est parfaite, y compris dans les chambres, modernes et bien agencées. Restauration traditionnelle.

51 chambres - 79/129 € 89/129 € - 10 €

bd St-Guily - ✆ 05 59 38 31 27 - www.hotelsalies.com

Hôtel du Golf Le Lodge

BUSINESS • PERSONNALISÉ La construction peut sembler somme toute banale, mais ses propriétaires en ont soigné la décoration, dans un style lodge : plantes exotiques, bambou, portraits d'animaux africains... Certaines chambres donnent sur le golf. Cuisine régionale au restaurant.

31 chambres - 79/89 € 88/98 € - 12 €

chemin de Labarthe - ✆ 05 59 67 75 23 - www.le-lodge-salies.com - Fermé 18 déc.-8 janv.

à Castagnède 8 km au Sud-Ouest par D17, D27 et D384 - ✉ 64270 - 195 hab. - Alt. 38 m

La Belle Auberge

CUISINE TRADITIONNELLE • RUSTIQUE X Dans ce paisible hameau du Béarn, impossible de ne pas remarquer cette auberge aux volets rouges. On ne s'étonnera pas que les spécialités régionales y aient la part belle, entre tradition basque et... sauce béarnaise ! Aux beaux jours, profitez de la terrasse ombragée. Chambres fonctionnelles pour prolonger le séjour.

Formule 14 € - Menu 21 € (semaine)/27 € - Carte 28/39 €

14 chambres - 50/57 € 53/76 € - 8,50 €

- ✆ 05 59 38 15 28 - Fermé 2 semaines début juin, mi-déc. à fin janv., dim. soir et lundi

SALINS-LES-BAINS

✉ 39110 (Jura) - 2 801 hab. - Alt. 340 m - Carte régionale n° **9**-B2
Paris 419 km - Besançon 41 km - Dole 43 km - Lons-le-Saunier 52 km
Carte Michelin 321-F5 - Guide Vert Michelin Franche-Comté Jura

Grand Hôtel des Bains

TRADITIONNEL • FONCTIONNEL Il est des records qui méritent d'être soulignés, tel cet établissement cité dans le guide rouge depuis plus d'un siècle ! Les chambres - presque toutes rénovées récemment - sont aussi agréables que la piscine des thermes, accessible aux hôtes.

30 chambres - 90/250 € 90/250 € - 12 € - ½ P

2 pl des Alliers - ✆ 03 84 37 90 50 - www.hotel-des-bains.fr - Fermé 3 semaines en janv.

Charles Sander

TRADITIONNEL • COSY Dans cette maison vigneronne, les chambres sont spacieuses, fonctionnelles et équipées d'une kitchenette. Et pour les amateurs de produits régionaux, une halte à l'épicerie fine s'impose !

12 chambres - 80/156 € 86/156 € - 10 €

26 r. de la République - 03 84 73 36 40 - www.residencesander.com

Hôtel des Deux Forts

TRADITIONNEL • CONTEMPORAIN Face aux Salines, cette jolie maison traditionnelle se distingue par sa jolie façade blanche aux volets vert pâle ; on y dort dans des chambres confortables. Au restaurant, on apprécie une bonne cuisine de tradition, d'où jaillissent parfois des éclairs de modernité.

23 chambres - 68/121 € 80/132 € - 10 € - ½ P

5 pl. du Vigneron - 03 84 73 70 40 - www.hoteldesdeuxforts.fr

SALLANCHES

74700 (Haute-Savoie) - 15 957 hab. - Alt. 550 m - Carte régionale n° **25**-F1
Paris 585 km - Annecy 72 km - Bonneville 29 km - Chamonix-Mont-Blanc 28 km
Carte Michelin 328-M5 - Guide Vert Michelin Alpes du Nord

Les Prés du Rosay

TRADITIONNEL • CLASSIQUE Cet hôtel traditionnel situé dans un quartier résidentiel a tous les atouts pour un séjour à la montagne : des chambres simples et fonctionnelles (écran plat, wifi) avec vue sur les sommets, un restaurant traditionnel, un espace détente et un spa.

15 chambres - 75/93 € 85/103 € - 12 € - ½ P

285 rte de Rosay - 04 50 58 06 15 - www.lespresdurosay.fr

Auberge de l'Orangerie

AUBERGE • FONCTIONNEL Dans cette maison coquette, l'accueil est charmant et dans les chambres, douillettes et lambrissées, on se repose en regardant le mont Blanc. Un petit tour au hammam et la détente est totale.

34 chambres - 75/85 € 93/105 € - 12 €

carrefour de la Charlotte, 2,5 km par D13, rte de Passy - 04 50 58 49 16 - www.orangeriemontblanc.fr

SALLELES-D'AUDE

11590 (Aude) - 2 759 hab. - Alt. 18 m - Carte régionale n° **12**-B2
Paris 794 km - Carcassonne 73 km - Montpellier 98 km - Perpignan 77 km
Carte Michelin 344-I3

Les Écluses

CUISINE TRADITIONNELLE • SIMPLE Le chef, passionné de gastronomie et de vins, réalise une cuisine de produits sans chichis, au gré de son inspiration. L'ardoise du jour fait la part belle aux petits producteurs de la région ; on passe un bon moment dans un intérieur atypique, décoré de divers objets et tentures rapportés de voyage.

Formule 16 € - Menu 24/35 € - Carte 32/45 €

20 Grand'Rue - 04 68 46 94 47 (réservation conseillée) - Fermé fév., 1er-15 déc., lundi soir et mardi soir hors saison, dim. soir et merc.

SALLES-LA-SOURCE

12330 (Aveyron) - 2 131 hab. - Alt. 450 m - Carte régionale n° **15**-C1
Paris 670 km - Rodez 13 km - Toulouse 160 km - Villefranche-de-Rouergue 71 km
Carte Michelin 338-H4

Chambres d'Hôtes de Cougousse

MAISON DE CAMPAGNE • PERSONNALISÉ Une imposante demeure du 15e s., rustique à souhait, au sein d'un jardin avec potager baigné par une rivière et bordé par le vignoble du marcillac : un cadre bucolique... Ciels de lit, linge brodé à l'ancienne et mobilier chiné : les chambres sont douillettes et cultivent aussi le charme aveyronnais !

4 chambres - 60/67 € 67/75 €

- 05 65 71 85 52 - www.gites-cougousse.com - Ouvert 1er avril-15 oct.

LES SALLES-SUR-VERDON

83630 (Var) - 244 hab. - Alt. 440 m - Carte régionale n° **21**-C2

Paris 790 km - Brignoles 57 km - Digne-les-Bains 60 km - Draguignan 49 km

Carte Michelin 340-M3 - Guide Vert Michelin Alpes du Sud

Auberge des Salles

FAMILIAL • FONCTIONNEL Si ses chambres sont simples et fonctionnelles, son environnement est privilégié : bien au calme, l'établissement domine le lac de Ste-Croix et les collines verdoyantes qui lui servent d'écrin - un panorama dont on ne se lasse pas !

30 chambres - 72/92 € 72/92 € - 10 €

18 r. Ste-Catherine - 04 94 70 20 04 - www.aubergedessalles.com - Ouvert 1er avril-3 oct.

SALON-DE-PROVENCE

13300 (Bouches-du-Rhône) - 43 771 hab. - Alt. 80 m - Carte régionale n° **21**-B3

Paris 720 km - Aix-en-Provence 37 km - Arles 46 km - Avignon 50 km

Carte Michelin 340-F4 - Guide Vert Michelin Provence

au Sud 5 km par N538, N113 et D19 (direction Grans) - 13250 Cornillon :

Devem de Mirapier

FAMILIAL • PERSONNALISÉ Au milieu des pins et de la garrigue, une adresse parfaite pour se reposer et sillonner la région. Accueil sympathique, chambres douillettes au décor soigné, terrasse autour de la piscine...

13 chambres - 84/99 € 104/129 € - 2 suites - 10 €

rte de Grans, D19 - 04 90 55 99 22 - www.mirapier.com - Fermé 7-25 janv.

LES SALVAGES - 81 (Tarn) → Voir Castres

SALZUIT

43230 (Haute-Loire) - 359 hab. - Alt. 590 m - Carte régionale n° **3**-C3

Paris 500 km - Aurillac 129 km - Clermont-Ferrand 85 km - Le Puy-en-Velay 47 km

Carte Michelin 331-C2

Domaine St Roch

CUISINE CLASSIQUE • ÉLÉGANT Au cœur de cette propriété qui surplombe le village, une grande salle ceinte de verrières, ouvrant à la fois sur le panorama et la forêt voisine... Quel paysage ! Illustration du menu : risotto de langoustine et lentilles vertes du Puy, déclinaison de bœuf bio aux légumes sautés, fromages régionaux...

Menu 25/35 €

Le Château - 04 71 74 04 23 - www.hotel-auvergne-saintroch.com - Ouvert de mi-mars à fin nov. et fermé dim. soir, lundi et le midi

Domaine St Roch

DEMEURE HISTORIQUE • CLASSIQUE Cette imposante bâtisse du 19e s., flanquée d'une église remontant au 12e s., domine le village en lisière de forêt. Les chambres sont décorées avec goût et simplicité dans un style un peu rétro. Pour se détendre, direction le spa et ses soins à base d'argile !

21 chambres - 85/125 € 85/125 € - 12 €

Le Château - 04 71 74 04 23 - www.hotel-auvergne-saintroch.com - Ouvert de mi-mars à fin nov.

Domaine St Roch - voir les restaurants ci-dessus

SAMATAN

✉ 32130 (Gers) - 2 378 hab. - Alt. 170 m - Carte régionale n° **15**-B2

▶ Paris 703 km - Auch 37 km - Gimont 18 km - L'Isle-Jourdain 21 km

Carte Michelin 336-H9

Au Canard Gourmand

CUISINE MODERNE • DESIGN XX Le cadre, design et ultravitaminé, accompagne bien la cuisine gasconne - véritable ode au canard - ainsi qu'une carte un peu plus tendance. Les chambres jouent leurs thèmes et variations (Sienne, Lolypop, Voyage...) avec raffinement ; une invitation au cocooning.

Menu 16 € (déj. en semaine), 31/46 €

6 chambres - †86 € ††96 € - 10 €

La Rente, par D632 - ☎ 05 62 62 49 81 (réservation conseillée) - www.hotelcharmegers.com - Fermé 23 fév.-1er mars, 14-21 juin, 25 oct.-1er nov., lundi soir et mardi

SAMAZAN - 47 (Lot-et-Garonne) → Voir Marmande

LE SAMBUC - 13 (Bouches-du-Rhône) → Voir Arles

SAMOËNS

✉ 74340 (Haute-Savoie) - 2 285 hab. - Alt. 710 m - Carte régionale n° **25**-F1

▶ Paris 581 km - Annecy 75 km - Chamonix-Mont-Blanc 60 km - Genève 53 km

Carte Michelin 328-N4 - Guide Vert Michelin Alpes du Nord

Le 8M des Monts

CUISINE MODERNE • BISTRO X Une carte courte et efficace, une sélection de bons produits bio favorisant les circuits courts, un accueil charmant : voilà quelques-uns des (nombreux) atouts de ce petit restaurant installé sur la place du village. Autre avantage, les plats changent régulièrement : une bonne excuse pour revenir au plus vite !

Carte 34/47 €

pl. de l'Église - ☎ 04 50 21 30 01 - fermé juin, vacances de la toussaint à mi-déc., jeudi sauf le soir en saison et dim.

Neige et Roc

TRADITIONNEL • FONCTIONNEL Légèrement en retrait du centre du village, cet imposant chalet est chaleureux et accueillant. Les chambres, spacieuses, jolies et montagnardes comme il se doit, ont toutes un balcon ; à l'annexe, on propose des studios avec cuisinette.

48 chambres - †84/184 € ††100/330 € - 16 € - ½ P

rte de Taninges - ☎ 04 50 34 40 72 - www.neigeetroc.com - Ouvert 10 juin-9 sept. et 23 déc.-15 avril

Gai Soleil et Lodge le Grand Cerf

AUBERGE • FONCTIONNEL Un petit hôtel famillial posté à l'entrée du village. Huit nouvelles chambres ont été aménagées dans un esprit contemporain, tout en restant fidèle à l'esprit savoyard des lieux. Bar au coin du feu, spécialités régionales au restaurant, salle de jeux, sauna et piscine... Chaleureux et gai !

31 chambres - †66/104 € ††66/143 € - 14 € - ½ P

26 rte de Taninges - ☎ 04 50 34 40 74 - www.hotel-samoens.com - Ouvert 25 mai-17 sept. et 22 déc.-18 avril

à Morillon 4,5 km à l'Ouest - ✉ 74440 - 626 hab. - Alt. 687 m

Le Morillon

AUBERGE • MONTAGNARD Il règne une douce atmosphère familiale dans ce chalet... Les chambres sont sobres, petites mais bien tenues, ou (catégorie supérieure) cosy, dans un bel esprit montagnard d'aujourd'hui. Pour la détente, charmant espace balnéo.

22 chambres - †79/220 € ††79/220 € - 14 €

☎ 04 50 90 10 32 - www.hotellemorillon.com - Ouvert 17 juin-10 sept. et 17 déc.- 8 avril

SAMOUSSY - 02 (Aisne) ➜ Voir Laon

SAMPANS - 39 (Jura) ➜ Voir Dole

SANARY-SUR-MER

✉ 83110 (Var) - 16 062 hab. - Alt. 1 m - Carte régionale n° **21**-B3

▶ Paris 824 km - Aix-en-Provence 75 km - La Ciotat 23 km - Marseille 55 km

Carte Michelin 340-J7 - Guide Vert Michelin Côte d'Azur

La P'tite Cour

CUISINE MODERNE • COSY XX La jeune patronne, pâtissière de formation, mitonne avec le plus grand soin une succulente cuisine du marché, que l'on déguste idéalement dans la p'tite cour ensoleillée, cachée à l'arrière de la maison. Belle spécialités de poisson, produits de saison soigneusement travaillés : on se régale... d'autant que le service est impeccable.

Menu 29/45 €

Plan : B1-p - *6 r. Barthélémy-de-Don - ✆ 04 94 88 08 05 (réservation conseillée) - www.laptitecour.com - Fermé sam. midi et mardi de sept. à juin, le midi en juil.-août et merc.*

Restaurant de la Tour

POISSONS ET FRUITS DE MER • TRADITIONNEL X Les amateurs de produits de la mer connaissent l'adresse par cœur... Langoustes et homards tirés du vivier, poissons en croûte de sel, aïoli et bouillabaisse : la carte est immuable et ce n'est pas pour leur déplaire. S'il fait beau, on court s'installer en terrasse, à côté des bateaux. Plaisant !

Formule 24 € - Menu 39/54 € - Carte 49/60 €

Plan : B2-n - *Hôtel de la Tour, quai Général-de-Gaulle - ✆ 04 94 74 10 10 - www.sanary-hoteldelatour.com - Fermé 23 fév.-9 mars, 11-19 oct., 15 nov.-14 déc., merc. sauf le soir en juil.-août et mardi*

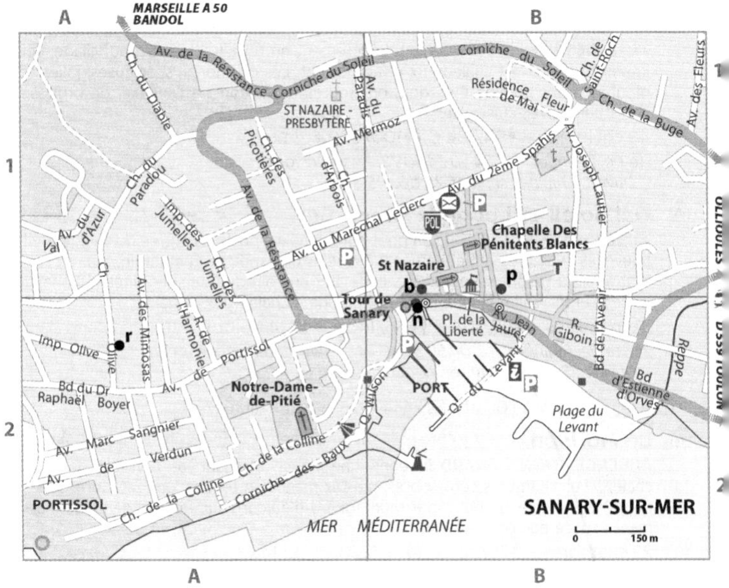

La P'tite Fabrik

CUISINE MODERNE • BISTRO Un bel emplacement sur le port de plaisance pour ce petit restaurant aux airs de bistrot rétro typé années 1950. La cuisine, ouverte sur le monde, sans tabou ni frontière, sort du lot, entre bouillon asiatique et cheesecake new-yorkais ! Et l'on peut débuter le repas avec une sélection de produits à grignoter...

Formule 17 € - Carte 34/58 €

Plan : B1-b – *16 quai du Gén.-de-Gaulle – 04 94 74 02 17 (réservation conseillée) – Fermé 9-25 fév., 24 nov.-9 déc., mardi et merc. de sept. à juin, lundi midi et mardi midi en juil.-août*

Hostellerie La Farandole

LUXE • ÉLÉGANT Face aux rondeurs de la baie, sur la plage de la Gorguette (entre Sanary et Bandol), un bâtiment géométrique, tout en pierre, bois et verre. Inaugurée en 2011, cette luxueuse hostellerie associe esprit Côte d'Azur et art de vivre contemporain, entre plage et spa.

22 chambres – 158/898 € 158/898 € – 5 suites – 15 €

Hors plan – *140 chemin de la Plage-de-la-Gorguette, rte de Toulon – 04 94 90 30 20 – www.hostellerielafarandole.com – Fermé 4-24 janv.*

Hôtel de la Tour

FAMILIAL • TRADITIONNEL Sous le soleil, la grande façade de l'hôtel jette son ombre au-dessus des embarcations arrimées dans le port de Sanary. Dans cet établissement familial, les chambres sont chaleureuses (mobilier chiné, boutis) et, pour certaines d'entre elles, rénovées dans un style contemporain.

24 chambres – 71/150 € 80/150 €

Plan : B2-n – *24 quai Gén.-de-Gaulle – 04 94 74 10 10 – www.sanary-hoteldelatour.com – Fermé 1er-15 déc.*

Restaurant de la Tour – voir les restaurants ci-dessus

Synaya

FAMILIAL • FONCTIONNEL Dans un quartier résidentiel, ce petit hôtel est agrémenté d'un jardin planté de bambous et de bananiers, qui lui apportent une pointe d'exotisme. Les chambres sont sobres et fonctionnelles, avec de belles salles de bains ; on profite aussi d'une piscine au calme, idéale pour le farniente...

11 chambres – 80/260 € 80/260 € – 14 €

Plan : A2-r – *92 chemin Olive (direction plage de Portissol) – 04 94 74 10 50 – www.hotelsynaya.fr – Ouvert avril-29 oct.*

SANCERRE

18300 (Cher) – 1 541 hab. – Alt. 342 m – Carte régionale n° **6**-D2

Paris 198 km – Bourges 46 km – La Charité-sur-Loire 30 km – Salbris 69 km

Carte Michelin 323-M3 – Guide Vert Michelin Limousin Berry

La Tour (Baptiste Fournier)

CUISINE MODERNE • CONVIVIAL Saveurs et fraîcheur, au pied d'une tour du 14e s. ! Un jeune chef œuvre ici et concocte, avec de beaux produits, une cuisine non dénuée de finesse, de goût et de caractère. Pour ne rien gâcher, l'atmosphère est amicale et détendue ; depuis le premier étage, on profite tranquillement de la vue sur le vignoble...

→ Tartare de veau, basilic et citron confit. Bœuf, céleri, estragon et pomme de terre. Dessert autour de l'abricot, pistaches.

Formule 25 € – Menu 44 € (semaine), 60/75 € – Carte 55/65 €

Plan : B1-e – *31 Nouvelle-Place – 02 48 54 00 81 – www.latoursancerre.fr – Fermé 2 semaines en janv., dim. soir et lundi*

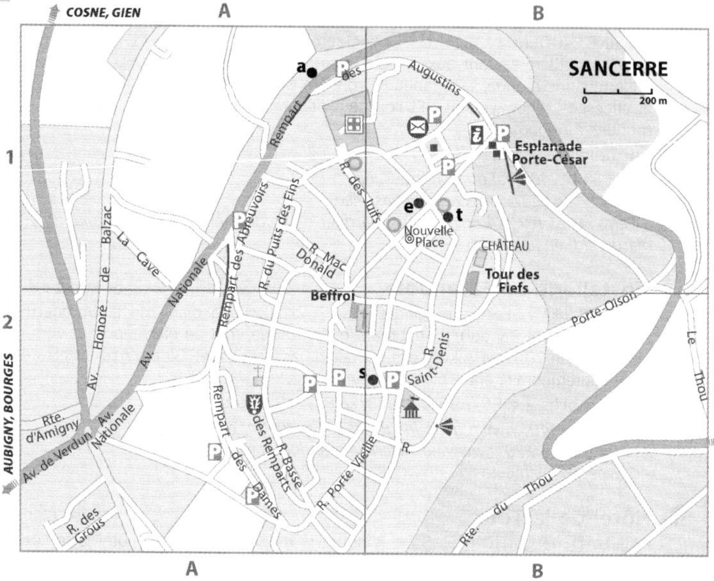

La Pomme d'Or

CUISINE TRADITIONNELLE • AUBERGE N'hésitez pas à croquer dans cette pomme ! Ici, le chef joue la carte de la tradition pour le plus grand bonheur des gourmands. Dans l'assiette, c'est parfumé et coloré. Le tout accompagné, cela va de soi, d'un verre de sancerre blanc, rosé ou rouge... selon votre envie.

Menu 21 € (déj. en semaine), 32/46 €

Plan : B2-s – *r. de la Panneterie – ✆ 02 48 54 13 30 (réservation conseillée) – Fermé vacances de Noël, dim. soir d'oct. à mars, mardi et merc.*

Auberge Joseph Mellot (N)

CUISINE TRADITIONNELLE • AUBERGE Une efficace cuisine du terroir célébrant la tradition, des produits bien choisis, une exécution précise : on passe un beau moment gourmand dans cette Auberge, installée dans une demeure typique de la région. Bons vins du domaine en prime !

Formule 19 € – Menu 25/38 €

Plan : B1-t – *16 Nouvelle-Place – ✆ 02 48 54 20 53 – www.aubergejosephmellot.com – Fermé 29 nov.-14 janv., dim. soir, mardi soir et merc.*

Le Panoramic

TRADITIONNEL • FONCTIONNEL Le Panoramic n'a pas volé son nom ! Il offre un superbe point de vue sur le vignoble. Chambres fonctionnelles, plus agréables côté vignes ; boutique de vins.

53 chambres – 75/108 € 88/121 € – 2 suites – 12 €

Plan : A1-a – *rempart des Augustins – ✆ 02 48 54 22 44 – www.panoramicotel.com*

à St-Satur 3 km au Nord par D955 – ✉ 18300 – 1 554 hab. – Alt. 155 m

La Chancelière

FAMILIAL • PERSONNALISÉ La terrasse de cette maison de maître (18e s.) jouit du panorama sur Sancerre et son vignoble. Tomettes, poutres apparentes et meubles anciens donnent du caractère aux chambres.

5 chambres – 120 € 160 €

5 r. Hilaire-Amagat – ✆ 02 48 54 01 57 – www.la-chanceliere.com

à Chavignol 4 km au Nord par D955 et D183 - ✉ 18300

La Côte des Monts Damnés

CUISINE TRADITIONNELLE • COSY XX Filet de lapereau, magret de canard et sa purée de panais... Ces Damnés-là – chaleureux, élégants et actuels – vous régalent d'une cuisine traditionnelle et régionale qui donne dans la belle générosité.

Menu 38/64 €

- ✆ 02 48 54 01 72 (réservation conseillée) - www.montsdamnes.com - Fermé 1 semaine début juil., 2 semaines en hiver, mardi et merc.

Le Bistrot de Damnés

CUISINE TRADITIONNELLE • BISTRO X Honneur au célébrissime chavignol et aux belles viandes. Ici, on savoure moult plats du terroir dans une atmosphère conviviale et il y a aussi le petit menu du jour à l'ardoise, comme dans tout bistrot qui se respecte. Des Damnés... élus !

Formule 14 € - Menu 20/32 € - Carte 25/38 €

Hôtel La Côte des Monts Damnés - ✆ 02 48 54 01 72 - www.montsdamnes.com

La Côte des Monts Damnés

FAMILIAL • PERSONNALISÉ Un charmant hôtel au cœur de Chavignol, village vénéré pour son fameux "crottin". Les chambres, spacieuses et chaleureuses, adoptent une déco résolument contemporaine... Une adresse de caractère !

12 chambres - †83/162 € ††101/180 € - ☕ 14 €

- ✆ 02 48 54 01 72 - www.montsdamnes.com

Le Bistrot de Damnés • **La Côte des Monts Damnés** - voir les restaurants ci-dessus

à St-Thibault 4 km au Nord par D955 et D4 - ✉ 18300

Hôtel de la Loire

DEMEURE HISTORIQUE • PERSONNALISÉ Original et confortable ! Des chambres décorées sur le thème du voyage, en bord de Loire... Ici, Georges Simenon écrivit deux romans. Grand choix de pains et confitures maison.

11 chambres - †92/112 € ††92/112 € - ☕ 12 €

2 quai de Loire - ✆ 02 48 78 22 22 - www.hotel-de-la-loire.com

SANCOINS

✉ 18600 (Cher) - 3 266 hab. - Alt. 210 m - Carte régionale n° **6**-D3

Paris 284 km - Bourges 51 km - Nevers 46 km - Orléans 172 km

Carte Michelin 323-N6

Le St-Joseph

TRADITIONNEL • FONCTIONNEL Sur la place principale, une agréable maison de pays avec une petite cour fleurie ; on y propose des chambres fonctionnelles et confortables. Cuisine traditionnelle au restaurant. Une adresse sympathique.

16 chambres - †53/63 € ††53/63 € - ☕ 9 € - ½ P

pl. de la Libération - ✆ 02 48 74 61 21

SANCY

✉ 77580 (Seine-et-Marne) - 379 hab. - Alt. 142 m - Carte régionale n° **10**-C2

Paris 55 km - Château-Thierry 48 km - Coulommiers 14 km - Meaux 13 km

Carte Michelin 312-G2

Château de Sancy

TRADITIONNEL • CLASSIQUE Cette gentilhommière du 18e s. invite à la détente, avec son grand parc, ses agréables chambres (les plus confortables se trouvant "au château") et de nombreuses activités proposées : équitation, tennis, piscine, etc.

21 chambres - †165/235 € ††165/265 € - ☕ 16 € - ½ P

1 pl. de l'Église - ✆ 01 60 25 77 77 - www.chateaudesancy.com

SAND

✉ 67230 (Bas-Rhin) - 1 140 hab. - Alt. 159 m - Carte régionale n° **1**-B2
▶ Paris 501 km - Barr 15 km - Erstein 7 km - Molsheim 26 km
Carte Michelin 315-J6

La Charrue Ⓝ

CUISINE DU TERROIR • **TRADITIONNEL** XX D'un côté, la winstub chaleureuse et conviviale, de l'autre une ambiance de bistrot chic ouvrant sur la terrasse aux beaux jours. Dans les deux cas, une bonne cuisine à la gloire des saveurs alsaciennes : tartes flambées, choucroutes, filet de sandre au riesling...

Menu 29/39 € - Carte 33/53 €

4 r. du 1er-Décembre - ✆ 03 88 74 42 66 - www.lacharrue.com - Fermé 6-21 août, 29 oct.-6 nov., 22-29 déc., dim. soir, lundi et le midi sauf dim.

La Charrue

AUBERGE • **FONCTIONNEL** Au cœur du village, avec parking privé clos en léger retrait, cette hostellerie typiquement alsacienne (un relais de charretier du 19e s. rénové) propose des chambres traditionnelles confortables, et d'autres dans un esprit plus contemporain. Très chaleureux.

23 chambres - †72/110 € ††72/130 € - ☕ 12 € - ½ P

4 r. du 1er-Décembre - ✆ 03 88 74 42 66 - www.lacharrue.com - Fermé 6-21 août , 29 oct.-6 nov. , 22 au 29 déc.

La Charrue - voir les restaurants ci-dessus

À la réservation, faites-vous bien préciser le prix et la catégorie de la chambre.

SANDARVILLE

✉ 28120 (Eure-et-Loir) - 382 hab. - Alt. 171 m - Carte régionale n° **6**-B1
▶ Paris 105 km - Brou 23 km - Chartres 16 km - Châteaudun 36 km
Carte Michelin 311-E5

Auberge de Sandarville

CUISINE CLASSIQUE • **RUSTIQUE** XX Poutres, cheminée, meubles chinés et tableaux composent le cadre de cette ferme beauceronne (1850), au charme bucolique. Aux beaux jours, on profite de la terrasse fleurie et on se dit que la tradition a du bon !

Formule 31 € - Menu 37/63 € - Carte 55/70 €

14 r. Sente-aux-Prêtres (près de l'église) - ✆ 02 37 25 33 18 - Fermé 26 juil.-6 août, 11-30 janv., mardi soir en hiver, dim. soir et lundi

SANDILLON

✉ 45640 (Loiret) - 3 971 hab. - Alt. 101 m - Carte régionale n° **6**-C2
▶ Paris 148 km - Châteaudun 65 km - Châteauneuf-sur-Loire 16 km - Orléans 13 km
Carte Michelin 318-J4

à l'Est 2 km par D951 et rte secondaire

Château de Champvallins

DEMEURE HISTORIQUE • **HISTORIQUE** Êtes-vous prêt à remonter le temps ? Si oui, passez le portail sécurisé de ce superbe château du 18e s., environné d'un parc de 10 ha. Dans les chambres, classicisme rime avec raffinement. Douceur et charme bucolique...

5 chambres - †130/280 € ††130/280 € - ☕ 14 €

1079 r. de Champvallins - ✆ 02 38 41 16 53 - www.chateaudechampvallins.com - Fermé fév.

SANILHAC - 07 (Ardèche) ➜ Voir Largentière

SAN-MARTINO-DI-LOTA - 2B (Haute-Corse) ➜ Voir Corse (Bastia)

SANTA-GIULIA (GOLFE DE) - 2A (Corse-du-Sud) ➜ Voir Corse (Porto-Vecchio)

SANT'ANTONINO - 2B (Haute-Corse) ➜ Voir Corse

SANTENAY

✉ 21590 (Côte-d'Or) - 859 hab. - Alt. 225 m - Carte régionale n° **4**-A3
▶ Paris 330 km - Autun 39 km - Beaune 18 km - Chalon-sur-Saône 25 km
Carte Michelin 320-I8 - Guide Vert Michelin Bourgogne

Le Terroir

CUISINE TRADITIONNELLE • COSY XX Au cœur du village, une maison pimpante et chaleureuse au service d'une cuisine régionale appétissante : fricassée du braconnier, coq au vin rouge, parfait glacé au marc de Bourgogne... Joli choix de vins au verre.

Formule 22 € - Menu 27/40 € - Carte 42/70 €

pl. du Jet-d'Eau - ✆ 03 80 20 63 47 - www.restaurantleterrroir.com - Fermé 4 déc.-10 janv., merc. soir de nov. à avril, dim. soir et jeudi

Prosper Maufoux

DEMEURE HISTORIQUE • CLASSIQUE Cette imposante maison de maître, sur la place principale de Santenay, a été construite en 1860 par le notaire Prosper Maufoux. Les chambres, décorées avec raffinement, préservent l'esprit de l'époque : parquet à chevrons, mobilier de style, cheminées... Et le caveau de dégustation accueillera les amateurs de bons vins !

3 chambres ☕ - 🚹160/170 € 🚹🚹170/180 €

1 pl. du Jet-d'Eau - ✆ 03 80 20 68 71 - www.maufoux.com - Fermé 2 semaines en janv.

SAOÛ

✉ 26400 (Drôme) - 525 hab. - Alt. 325 m - Carte régionale n° **23**-B3
▶ Paris 607 km - Lyon 148 km - Privas 52 km - Valence 45 km
Carte Michelin 332-D6 - Guide Vert Michelin Ardèche Drôme

Cerise et Vinaigrette (N)

CUISINE MODERNE • SIMPLE X Cet ancien atelier agricole réhabilité en restaurant, avec grande terrasse ombragée, abrite toute une histoire : le patron, en salle et aux fourneaux, est issu d'une famille de restaurateurs depuis 1886 ! Il réalise une cuisine aux accents du sud, comme avec cette morue sur son lit de piperade de légumes, jolie évocation provençale.

Menu 28/30 € - Carte environ 37 €

quartier du Clos - ✆ 04 75 43 17 34 - www.ceriseetvinaigrette.com - Fermé de oct. à mars

LE SAPPEY-EN-CHARTREUSE

✉ 38700 (Isère) - 1 101 hab. - Alt. 1 014 m - Carte régionale n° **23**-C2
▶ Paris 577 km - Chambéry 61 km - Grenoble 14 km - St-Pierre-de-Chartreuse 14 km
Carte Michelin 333-H6 - Guide Vert Michelin Alpes du Nord

Les Skieurs

CUISINE TRADITIONNELLE • FAMILIAL XX Une bonne auberge pour les skieurs certes, mais aussi pour les marmottes - le feu de cheminée crépite tout l'hiver - et plus encore pour les gourmands. Dans un décor tout en bois, on déguste de solides assiettes pétries des saveurs du terroir... avant de voir arriver un beau chariot de fromages et de desserts maison !

Formule 20 € - Menu 30 € (semaine) - Carte 41/60 €

10 chambres - 🚹90/99 € 🚹🚹90/99 € - ☕ 12 €

- ✆ 04 76 88 82 76 - www.lesskieurs.com - Fermé mardi midi, dim. soir et lundi

SARE

✉ 64310 (Pyrénées-Atlantiques) - 2 535 hab. - Alt. 70 m - Carte régionale n° **2**-A3
▶ Paris 794 km - Biarritz 26 km - Cambo-les-Bains 19 km - Pau 138 km
Carte Michelin 342-C5 - Guide Vert Michelin Pays Basque et Navarre

Olhabidea

CUISINE MODERNE • FAMILIAL XX Une ferme basque du 16e s. où l'on propose une cuisine goûteuse, élaborée avec finesse et passion, qui s'appuie largement sur les fruits et légumes du potager du chef. Autour, on flâne dans un parc de quatre hectares planté d'érables, de conifères et de camélias... Quel charme !

Menu 25 € (déj. en semaine)/45 € - Carte 37/48 €

5 chambres - †75 € ††85 €

quartier Sainte-Catherine (chemin d'Olha), 2 km à l'Est par D4 - ✆ 05 59 54 21 85 - www.olhabidea.fr - Fermé déc.-janv., merc. midi , dim. soir , lundi et mardi

Arraya

FAMILIAL • PERSONNALISÉ Cet ancien relais de Compostelle, d'architecture traditionnelle, abrite des chambres coquettes (mobilier en bois, tissus cousus main), certaines ouvrant sur le jardin classé. Décor basque au restaurant, avec terrasse ombragée : plats régionaux et boutique gourmande.

16 chambres - †96/150 € ††96/195 € - 12 €

pl. du Village - ✆ 05 59 54 20 46 - www.arraya.com - Ouvert 28 mars-2 nov.

Lastiry

FAMILIAL • PERSONNALISÉ Derrière une façade typiquement basque, un hôtel chaleureux et familial. Les chambres sont confortables et soignées, certaines avec un petit cachet ancien. Au restaurant, recettes du terroir et ambiance rustique.

11 chambres - †75/120 € ††85/145 € - ½ P

pl. du Village - ✆ 05 59 54 20 07 - www.hotel-lastiry.com - Ouvert 15 mars-12 nov. et fermé mardi et merc. sauf juil.-août

SARLAT-LA-CANÉDA

✉ 24200 (Dordogne) - 9 414 hab. - Alt. 145 m - Carte régionale n° **2**-D3
▶ Paris 526 km - Bergerac 74 km - Brive-la-Gaillarde 52 km - Cahors 60 km
Carte Michelin 329-I6 - Guide Vert Michelin Périgord Quercy

Le Grand Bleu (Maxime Lebrun)

CUISINE CRÉATIVE • ÉLÉGANT XX De son passage dans de grandes maisons, Maxime Lebrun a retenu l'amour du travail bien fait, un vrai sens de la générosité et l'esprit d'invention. Il signe une cuisine de l'instant, très fine et en phase avec les saisons, et n'hésite pas à alterner entre les incontournables de la maison et des préparations plus inventives.

→ Roulé de bœuf, foie gras poêlé, langoustine au sésame et consommé. Ris de veau caramélisé au jus de betterave, espuma de pomme de terre à l'ortie. Macaron à l'olive noire, crème d'asperge verte au basilic et fraises du Périgord.

Menu 36 € (déj.), 54/125 €

Hors plan - *43 av. de la Gare, au Sud par D704, rte de Domme et Bergerac - ✆ 05 53 31 08 48 - www.legrandbleu.eu - Ouvert d'avril à nov. et fermé mardi midi, merc. midi, dim. soir et lundi*

Plaza Madeleine

URBAIN • CONTEMPORAIN Emplacement avantageux pour cet hôtel de bonne facture, situé à l'entrée de la vieille ville. Les murs anciens de la demeure (19e s.), le chic contemporain des chambres, la bar à l'anglaise avec billard et lustres, le soin apporté à l'entretien des lieux : tout invite à un agréable séjour.

41 chambres - †105/232 € ††105/232 € - 15 €

Plan : A1-e - *1 pl. de la Petite-Rigaudie - ✆ 05 53 59 10 41 - www.plaza-madeleine.com*

Le Renoir

TRADITIONNEL • CLASSIQUE Rien d'impersonnel dans cet hôtel voisin de la cité médiévale, qui se répartit dans deux maisons de maître séparées par un petit jardin avec piscine. Toutes différentes, les chambres se révèlent plutôt spacieuses et très fonctionnelles.

36 chambres – 95/172 € 95/172 € – 14 €

Hors plan – *2 r. Abbé-Surgier – ✆ 05 53 59 35 98 – www.hotel-renoir-sarlat.com*

La Maison des Peyrat

MAISON DE CAMPAGNE • INSOLITE On se croirait dans une maison de famille à la campagne... Difficile de résister au charme de cette jolie demeure noyée sous la verdure, sur les hauteurs de Sarlat : vieilles pierres, poutres anciennes, joli jardin plein de recoins pour paresser, et accueil très chaleureux !

10 chambres – 59/115 € 59/115 € – 11 €

Le Lac de la Plane, à l'Est par chemin des Monges – ✆ 05 53 59 00 32 – www.maisondespeyrat.com – Ouvert 1er avril-15 nov.

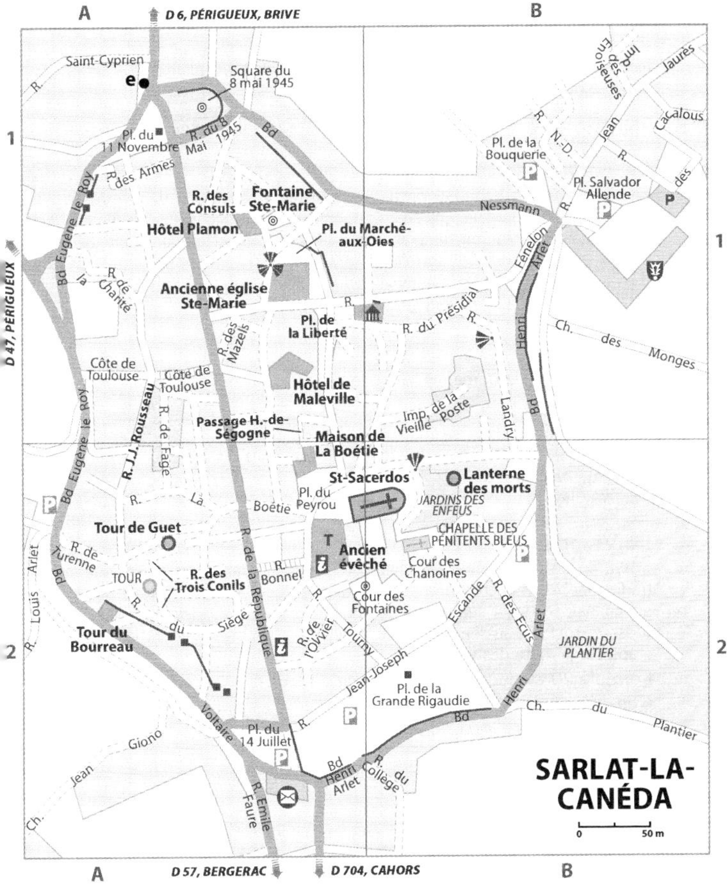

au Sud 5 km rte de Gourdon puis rte de la Canéda et rte secondaire - ✉ 24200 Sarlat-la-Canéda

Le Mas de Castel

FAMILIAL • CONTEMPORAIN À la campagne, un ancien corps de ferme devenu sympathique hostellerie. Dans les chambres, simplement mais joliment arrangées (certaines en rez-de-jardin), les nuits sont paisibles – celles de la nouvelle extension offrent plus d'espace et un bel esprit contemporain... Parcours de santé, piscine chauffée.

19 chambres – 75/105 € 75/130 € – 11 €

Le Sudalissant – ✆ 05 53 59 02 59 – www.hotel-lemasdecastel.com – Ouvert d'avril à mi-nov.

au Sud 3 km par rte de Bergerac et rte secondaire – ✉ 24200 Sarlat-la-Canéda :

Relais de Moussidière

FAMILIAL • CONTEMPORAIN Calme absolu dans cette maison de caractère bâtie à flanc de rocher. Les chambres, avec leurs notes exotiques, invitent au voyage. Dans la journée ou le soir venu, on se promène dans le parc en terrasse qui descend jusqu'à un étang. Un établissement idéal pour visiter les joyaux du Périgord noir !

35 chambres – 135/178 € 158/185 € – 15 €

Moussidière Basse – ✆ 05 53 28 28 74 – www.hotel-moussidiere.com – Ouvert d'avril à oct.

à Ste-Nathalène 8 km au Nord-Est par D47 – ✉ 24200 – 581 hab. – Alt. 145 m

La Roche d'Esteil

FAMILIAL • PERSONNALISÉ Un domaine restauré avec goût, dans le respect de la tradition périgourdine. Les chambres sont joliment décorées dans un esprit de campagne chic ; le soir, ambiance conviviale et assiettes dans l'air du temps basées sur les produits du terroir.

5 chambres – 82/118 € 91/127 €

La Croix d'Esteil – ✆ 05 53 29 14 42 – www.larochedesteil.com – Ouvert mars à nov.

SARPOIL

SARPOIL – 63 (Puy-de-Dôme) → Voir Issoire

SARRAS

✉ 07370 (Ardèche) – 2 072 hab. – Alt. 133 m – Carte régionale n° **24**-E2
Paris 527 km – Annonay 20 km – Lyon 72 km – St-Étienne 60 km
Carte Michelin 331-K2

Le Vivarais

CUISINE CLASSIQUE • TRADITIONNEL XX Au menu de cette sympathique maison traditionnelle, on découvre une généreuse cuisine classique, réalisée par un chef qui connaît son sujet sur le bout des doigts ! Mention spéciale pour le chariot de desserts, toujours aussi appétissant... Quelques chambres bien pratiques pour une étape sur la route des vacances.

Formule 20 € – Menu 23 € (semaine), 32/62 € – Carte 45/61 €
6 chambres – 56 € 56/80 € – 9 €

30 av. du Vivarais – ✆ 04 75 23 01 88 – Fermé 15 fév.-10 mars, 3-25 août, dim. soir, lundi soir et mardi

SARREGUEMINES

✉ 57200 (Moselle) – 21 605 hab. – Alt. 210 m – Carte régionale n° **14**-D1
Paris 396 km – Metz 70 km – Nancy 96 km – Saarbrücken 18 km
Carte Michelin 307-N4

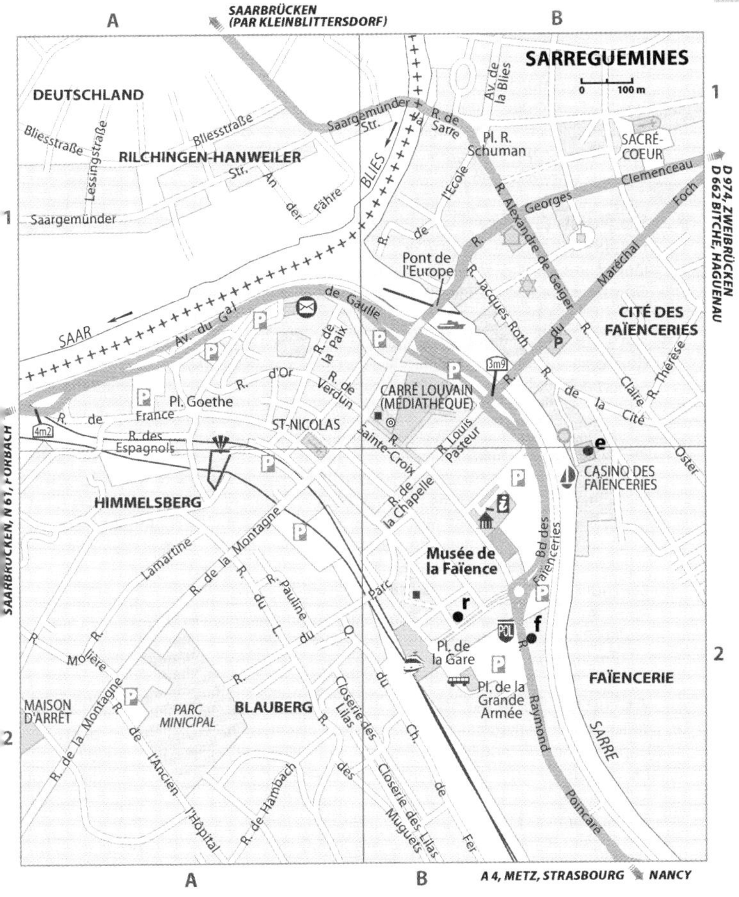

✿ **Auberge St-Walfrid** (Stephan Schneider)

CUISINE TRADITIONNELLE • ÉLÉGANT XXX Une bien jolie auberge, où l'on s'attable parmi les vitrines où brille la faïence de Sarreguemines. Le chef, Stephan Schneider, est un défenseur de la belle tradition ! Il aime travailler avec les maraîchers de la région et acheter des bêtes entières, pour les préparer lui-même. À la force du goût.

→ Foie gras de canard poêlé à la mirabelle de Lorraine et noix du jardin, streusel à la cannelle. Brochette de langoustines, croustillant de pommes de terre et jus vert. Succès aux fraises.

Menu 39 € (semaine), 52/108 € – Carte 75/100 €

Hors plan – *Hôtel Auberge St-Walfrid, 58 r. de Grosbliederstroff, 2 km à l'Ouest par rte de Grosbliederstroff, St-Avold et Forbach*
– ✆ 03 87 98 43 75 – www.stwalfrid.com
– Fermé 11-27 fév., lundi midi, sam. midi et dim.

La Charrue d'Or

CUISINE TRADITIONNELLE • CONVIVIAL XX Le chef, sérieux et motivé, propose à la fois des classiques régionaux – gibier en saison, par exemple – et des propositions plus modernes. Dans les deux cas, les produits sont de bonne facture et travaillés avec goût : on passe un agréable moment.

Menu 22/45 € – Carte 40/69 €

Plan : B2-f – *21 r. Poincaré – ✆ 03 87 98 14 55 – www.lacharruedor.fr – Fermé 3-24 juil., 1 semaine en janv., sam. midi et dim.*

Le Petit Thierry

CUISINE MODERNE • TENDANCE X Cet ancien moulin, face à la Sarre, arbore le look d'un bistrot contemporain... mais conserve son imposant poêle en faïence ! On y apprécie une cuisine du marché à travers un menu-carte qui change régulièrement. Frais et coloré.

Formule 24 € – Menu 37 €

Hors plan – *135 r. de France, 1,5 km à l'Ouest par D910, St-Avold et Forbach – ✆ 03 87 98 22 59 – Fermé 5-17 sept., 21-30 janv., merc. soir et jeudi*

Brasserie du Casino

CUISINE TRADITIONNELLE • BRASSERIE X Sur les bords de la Sarre, l'ancienne faïencerie de Sarreguemines transformée en restaurant ! On y savoure des recettes régionales concoctées avec des produits de qualité. Et confortablement installé dans la salle, on peut admirer la belle collection de... faïences. En prime, les prix sont raisonnables.

Formule 19 € – Menu 24/34 € – Carte 25/55 €

Plan : B1_2-e – *4 r. Col.-Édouard-Cazal (casino des Faïenciers) – ✆ 03 87 09 59 78 – www.brasserie-du-casino.com – Fermé 4-19 janv.*

Auberge St-Walfrid

FAMILIAL • CLASSIQUE À la sortie de la ville, une belle maison en pierre où, depuis cinq générations, la même famille cultive l'art de recevoir. Dans les grandes chambres au parquet de chêne, on respire le charme discret de la bourgeoisie.

11 chambres – 112/158 € 112/158 € – 15 € – ½ P

Hors plan – *58 r. de Grosbliederstroff, 2 km à l'Ouest et rte de Grosbliederstroff, St Avold et Forbach – ✆ 03 87 98 43 75 – www.stwalfrid.com*

Auberge St-Walfrid – voir les restaurants ci-dessus

Amadeus

BUSINESS • FONCTIONNEL Un immeuble des années 1930 près de la gare. Les chambres sont avant tout fonctionnelles, équipées de bonnes literies. Une adresse adaptée à la clientèle d'affaires ou de passage.

39 chambres – 65/95 € 77/95 € – 9 €

Plan : B2-r – *7 av. de la Gare – ✆ 03 87 98 55 46 – www.amadeus-hotel.fr – Fermé vacances de Noël*

Les Chalands

FAMILIAL • PERSONNALISÉ Un ancien presbytère du 19e s. au cachet d'autrefois. De ses grandes chambres au parquet de bois blond, on contemple la Sarre et le canal, espérant de mystérieux chalands... Le charme se prolonge au jardin et sur la terrasse sur pilotis pour un copieux petit-déjeuner.

5 chambres – 60/80 € 80/100 €

Hors plan – *8 r. des Chalands, 1,5 km à l'Ouest par D910 – ✆ 06 37 50 84 58 – www.les-chalands.com*

rte de Bitche 11 km à l'Est par D662 ✉ : 57200 Wœlfling-lès-Sarreguemines

Restaurant Dimofski

CUISINE MODERNE • VINTAGE XX Julien Dimofski, fils de Pascal, a progressivement repris les fourneaux de la maison familiale. À la suite du paternel, il compose des assiettes soignées et savoureuses, pile dans l'air du temps : pommes de terre grillées farcies aux escargots, côte de veau de lait... Côté des décor, style rustique et notes contemporaines.

Menu 30/90 € - Carte 57/94 €

2 Quartier de la Gare - ✆ 03 87 02 38 21 - Fermé 2 semaines en fév., 3 semaines en août, sam. midi, dim. soir, lundi et mardi

SARRE-UNION

✉ 67260 (Bas-Rhin) - 2 961 hab. - Alt. 240 m - Carte régionale n° **1**-A1
Paris 407 km - Metz 81 km - Nancy 84 km - St-Avold 37 km
Carte Michelin 315-G3

rte de Strasbourg 10 km au Sud-Est par N61 - ✉ 67260 Burbach :

Windhof

CUISINE TRADITIONNELLE • CLASSIQUE XXX Escargots d'Hirschland, crème de panais et sablé au parmesan ; filet de sandre et choucroute nouvelle... Cette adresse familiale joue la carte de la gastronomie d'aujourd'hui ; soin et saveurs sont au rendez-vous. Bon à savoir : l'établissement est facilement accessible depuis l'autoroute A 4 (sortie 43).

Formule 18 € - Menu 27 € (déj. en semaine), 38/58 €
- Carte 40/65 €

lieu-dit Windhof - ✆ 03 88 01 72 35 - www.windhof.fr
- Fermé 15-28 fév., 31 juil.-21 août, 23-31 oct., 2-6 janv., mardi soir, dim. soir et lundi

SARZEAU

✉ 56370 (Morbihan) - 7 710 hab. - Alt. 30 m - Carte régionale n° **5**-A3
Paris 478 km - Nantes 111 km - Redon 62 km - Vannes 23 km
Carte Michelin 308-O9 - Guide Vert Michelin Bretagne Sud

Le Kerstéphanie (N)

CUISINE MODERNE • MAISON DE CAMPAGNE XX Cette ancienne ferme en pierres, recouverte de vigne vierge et entourée d'un parc arboré, propose une cuisine actuelle, joliment inventive. Tourteau au citron vert et siphon d'avocat ; poisson de ligne, tomate et réglisse à l'huile de basilic... que l'on déguste, aux beaux jours, sur la terrasse ombragée.

Formule 15 € - Menu 20 € (déj. en semaine), 28/58 €
- Carte 46/82 €

Lieu-dit de Kerstéphanie
- ✆ 02 97 41 72 41 - www.lekerstephanie.fr
- Fermé 20-28 juin, 15-30 nov., 24-28 déc., 1er-25 janv., mardi sauf juil.-août et merc.

Le Manoir de Kerbot (N)

CUISINE MODERNE • TRADITIONNEL XX Ce manoir du 16e s. (et ancien orphelinat) s'est réinventé en repaire de gastronomes : on y déguste une cuisine au goût du jour – huîtres du golfe pochées, pressé de homard et moules de bouchot, grenadin de veau à la tapenade d'olive verte... Le service est fort attentionné, et la terrasse très agréable.

Formule 24 € - Menu 34/60 € - Carte 52/69 €

lieu-dit Kerbot, D780 - ✆ 02 97 26 40 38 - www.kerbot.com - Fermé mardi midi, dim. soir hors saison et lundi sauf fériés

à Penvins 7 km au Sud-Est par D198 – ✉ 56370 Sarzeau

Le Mur du Roy

CUISINE MODERNE • CONVIVIAL XX Les yeux dans le bleu... On savoure une cuisine iodée servie dans l'une des deux vérandas au décor marin ou sur la terrasse face à l'océan. Pas de fausse note, tout est raccord ! Petites chambres fonctionnelles pour prolonger l'étape.

Formule 16 € – Menu 19 € (déj. en semaine), 27/47 € – Carte 38/63 €
10 chambres – 59/95 € 67/95 € – 11 €

43 chemin du Mur-du-Roy, Penvins – 02 97 67 34 08 – www.lemurduroy.com – Fermé 18 déc.-31 janv., vend. midi, dim. soir et jeudi

La Pergola

CUISINE MODERNE • ROMANTIQUE XX Sise dans le charmant petit bourg de Penvins, cette coquette maison, devancée d'une jolie terrasse avec pergola, abrite une table de qualité. Les assiettes y sont savoureuses et parfumées, à l'instar de ces makis de sardines au blé noir et chèvre frais au haddock. Du cachet, du goût, un charme fou !

Formule 14 € – Menu 20 € (déj. en semaine), 36/45 € – Carte 60/70 €

21 r. Ker-an-Poul – 02 97 67 40 80 – www.lapergola.penvins.com – Fermé dim. soir et mardi d'oct. à juin et lundi

SASSENAY – 71 (Saône-et-Loire) → Voir Chalon-sur-Saône

SASSETOT-LE-MAUCONDUIT

✉ 76540 (Seine-Maritime) – 1 050 hab. – Alt. 89 m – Carte régionale n° **17**-C1
Paris 198 km – Bolbec 29 km – Fécamp 16 km – Le Havre 55 km
Carte Michelin 304-D3

Le Relais des Dalles

CUISINE TRADITIONNELLE • AUBERGE XX Un Relais qui fleure bon la Normandie... La maison est rustique à souhait, mais notre préférence va au jardin, charmant (terrasse). La carte cultive la tradition, avec un beau choix de vins de Loire et de bordeaux. Quelques jolies chambres dans la maison attenante.

Menu 34/60 € – Carte 45/69 €
5 chambres – 84/165 € 84/165 € – 12 €

6 r. Élisabeth-d'Autriche (près du château) – 02 35 27 41 83 – www.relais-des-dalles.fr – Fermé 18 déc.-15 janv., lundi sauf le soir du 14 juil. au 20 août, mardi midi et merc. midi

Château de Sissi

DEMEURE HISTORIQUE • CLASSIQUE Point de cinéma, mais une réalité historique : l'impératrice Sissi séjourna trois mois dans ce beau château du 18e s. Photos et tableaux permettent de se confronter à la vérité du mythe, tout en cultivant l'art de vivre... à la viennoise !

26 chambres – 75/350 € 75/350 € – 2 suites – 16 € – ½ P

r. Elisabeth-d'Autriche – 02 35 28 00 11 – www.hotelchateaudesissi.com – Fermé 2 janv.-12 fév.

SAUBION – 40 (Landes) → Voir Hossegor

SAUGUES

✉ 43170 (Haute-Loire) – 1 822 hab. – Alt. 960 m – Carte régionale n° **3**-C3
Paris 529 km – Brioude 51 km – Mende 72 km – Le Puy-en-Velay 43 km
Carte Michelin 331-D4 – Guide Vert Michelin Auvergne

La Terrasse

CUISINE MODERNE • CLASSIQUE XX Rassurez-vous : la bête du Gévaudan n'est plus ! En revanche, si vous avez conservé un appétit de loup, cette adresse est pour vous : le chef, Cyril Tardy, livre une interprétation actuelle de la cuisine du terroir, en utilisant de bons produits locaux pleins de fraîcheur.

Formule 23 € - Menu 29/60 €

cours du Dr-Gervais - 04 71 77 83 10 - www.hotellaterrasse-saugues.com - Ouvert 13 mars-16 nov. et fermé dim. soir et lundi

La Terrasse

FAMILIAL • COSY Au centre du village dominé par la tour des Anglais, maison ancienne tenue par la même famille depuis 1795. Chambres d'esprit contemporain, fraîches et bien équipées.

9 chambres - 70 € 85 € - 12 € - ½ P

cours du Dr-Gervais - 04 71 77 83 10 - www.hotellaterrasse-saugues.com - Ouvert 13 mars-16 nov.

La Terrasse - voir les restaurants ci-dessus

SAUJON

17600 (Charente-Maritime) - Saujon - 7 008 hab. - Alt. 7 m - Carte régionale n° **20**-B3

Paris 499 km - Poitiers 165 km - La Rochelle 71 km - Saintes 28 km

Carte Michelin 324-E5 - Guide Vert Michelin Poitou-Charentes

Le Ménestrel

CUISINE MODERNE • ÉLÉGANT XX Sans verser dans la chanson épique, David Ménestrel laisse aller son imagination pour créer des plats actuels, forts en goût ; il développe une cuisine ambitieuse et recherchée, dans laquelle finesse et saveur se partagent la vedette. L'été, on déguste tout cela en terrasse, sous les arbres !

Formule 21 € - Menu 39/120 € - Carte 53/80 €

Hôtel Le Richelieu, pl. Richelieu - 05 46 06 92 35 - www.restaurant-lemenestrel.com - Fermé 5-31 janv., mardi sauf le soir et lundi en juil.-août et merc.

Le Richelieu

TRADITIONNEL • CONTEMPORAIN Sur la place du village, une belle maison en pierre (18e s.) avec des chambres fonctionnelles, engageantes et parfaitement tenues. Un bon plan !

20 chambres - 62/100 € 113/165 € - 10 € - ½ P

pl. Richelieu - 05 46 02 82 43 - www.hotel-lerichelieu-saujon.com - Fermé 5-31 janv.

Le Ménestrel - voir les restaurants ci-dessus

SAULES - 25 (Doubs) → Voir Ornans

SAULGES

53340 (Mayenne) - 297 hab. - Alt. 97 m - Carte régionale n° **18**-C1

Paris 249 km - Château-Gontier 37 km - La Flèche 48 km - Laval 33 km

Carte Michelin 310-G7 - Guide Vert Michelin Pays de la Loire

L'Ermitage

TRADITIONNEL • FONCTIONNEL Cette maison ancienne se trouve dans un petit village connu pour ses grottes et son canyon. Les chambres sont coquettes et donnent sur la campagne ou le village, celles de l'annexe étant plus spacieuses et modernes. Possibilité de se restaurer sur place. Ne manquez pas de visiter la jolie petite chapelle (16e s.) qui se trouve à deux pas.

33 chambres - 75/121 € 75/121 € - 11 € - ½ P

3 pl. St-Pierre - 02 43 64 66 00 - www.hotel-ermitage.fr - Fermé vacances de Pâques, 1 semaine en août, vacances de la Toussaint et de Noël

SAULIEU

✉ 21210 (Côte-d'Or) - 2 514 hab. - Alt. 535 m - Carte régionale n° **4**-C2
▶ Paris 248 km - Autun 40 km - Avallon 39 km - Beaune 65 km
Carte Michelin 320-F6 - Guide Vert Michelin Bourgogne

✿✿ Le Relais Bernard Loiseau

CUISINE CLASSIQUE • ÉLÉGANT XXXX L'élégant cadre bourguignon, ouvert sur le jardin, est toujours aussi séduisant. La carte offre le choix entre les "classiques de Bernard Loiseau" et des propositions plus actuelles, imaginées par le chef Patrick Bertron. Quant au service, aimable et efficace, il ajoute encore au plaisir du repas !

→ Langoustines de Saint-Guénolé, jeunes carottes en vinaigrette et gelée de bourgogne aligoté. Filet de bœuf de Charolles cuit au foin en croûte d'argile. Chocolat grand cru de Papouasie à la livèche, opaline et sorbet.

Menu 70 € (déj. en semaine), 170/245 € - Carte 145/225 €

Plan : B1-e - *Hôtel Le Relais Bernard Loiseau, 2 r. d'Argentine - ✆ 03 80 90 53 53 - www.bernard-loiseau.com - Fermé 9 janv.-2 fév., mardi et merc.*

Le Relais Bernard Loiseau

LUXE • ÉLÉGANT Un Relais dans la grande tradition française, qui fait honneur à l'hospitalité bourguignonne. Murs du 18e s., poutres et colombages patinés par les ans, sols en terre cuite, mobilier ancien... mais aussi spa et piscine idyllique. Intemporel et furieusement chic !

19 chambres - †165/395 € ††165/395 € - 13 suites - ☕ 28 €

Plan : B1-e - *2 r. d'Argentine - ✆ 03 80 90 53 53 - www.bernard-loiseau.com - Fermé 9 janv.-2 fév., mardi et merc.*

✿✿ **Le Relais Bernard Loiseau** - voir les restaurants ci-dessus

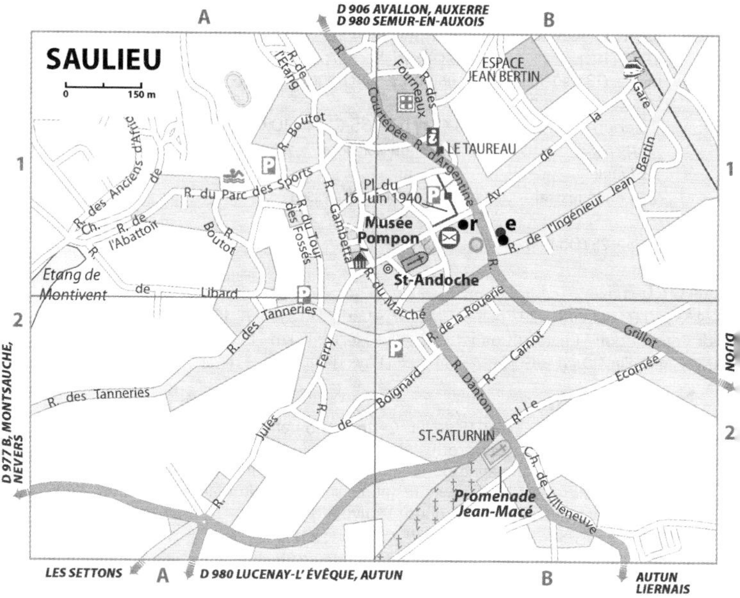

Hostellerie de la Tour d'Auxois

FAMILIAL • COSY Un couvent ? Oui... et non ! Il y a bien longtemps que les cellules ont fait place à des chambres cosy et à de jolis duplex, mais le charme bucolique du lieu est demeuré intact. Jardin paysager, piscine, cuisine actuelle réalisée par un jeune couple de cuisiniers : une halte sympathique.

29 chambres – 85/145 € 85/145 € – 13 € – ½ P

Plan : B1-r – *square Alexandre-Dumaine – 03 80 64 36 19 – www.tourdauxois.com – Fermé 18 déc.-12 fév.*

SAULON-LA-RUE

21910 (Côte-d'Or) – 677 hab. – Alt. 215 m – Carte régionale n° **4**-D1

Paris 324 km – Beaune 43 km – Dijon 12 km – Gevrey-Chambertin 9 km

Carte Michelin 320-K6

Château de Saulon

DEMEURE HISTORIQUE • DESIGN Dans son parc arboré où rien ne manque (piscine, étang...), ce joli petit château du 17e s. joue les dandys du 21e s. Mariages et séminaires trouveront ici un écrin de valeur, avec quatre espaces dédiés. Côté chambres, sobriété et classicisme sont de mise.

32 chambres – 99/255 € 135/255 € – 17 € – ½ P

67 r. de Dijon, rte de Seurre – 03 80 79 25 25 – www.chateau-saulon.com – Fermé 19 fév.-13 mars

SAULT

84390 (Vaucluse) – 1 352 hab. – Alt. 765 m – Carte régionale n° **22**-E1

Paris 718 km – Aix-en-Provence 86 km – Apt 31 km – Avignon 69 km

Carte Michelin 332-F9 – Guide Vert Michelin Provence

Hostellerie du Val de Sault

MAISON DE CAMPAGNE • PERSONNALISÉ Original : à la manière d'un hameau dans la pinède, les chambres se répartissent dans plusieurs bungalows. Spacieuses, avec coin salon et terrasse, certaines en duplex avec des salles de bains panoramiques ! Symbiose avec la Provence...

14 suites – 135/320 € – 6 chambres – 19 € – ½ P

2 km, rte St-Trinit et rte secondaire – 04 90 64 01 41 – www.valdesault.com – Ouvert 28 avril-1er nov.

SAULT-DE-NAVAILLES

64300 (Pyrénées-Atlantiques) – 844 hab. – Alt. 65 m – Carte régionale n° **2**-B3

Paris 756 km – Bordeaux 177 km – Mont-de-Marsan 44 km – Pau 58 km

Carte Michelin 342-H1

La Tour Galante

CUISINE TRADITIONNELLE • CHAMPÊTRE La façade pimpante de ce restaurant donne sur la tour de Gaston Fébus. Ici, tout est frais et fait maison : ris d'agneau aux cèpes, salmis de palombe en saison. Voilà une adresse où l'on cultive l'art de vivre made in Sud-Ouest !

Formule 13 € – Menu 24/30 € – Carte 31/54 €

699 r. de France (à côté de l'église) – 05 59 67 55 29 – www.latourgalante.com – Fermé 21 fév.-2 mars, 27 juin-13 juil., 10-20 oct., dim. soir, lundi soir, mardi soir et merc.

SAULX-LES-CHARTREUX – 91 (Essonne) → Voir Paris, Environs (Longjumeau)

SAULXURES

67420 (Bas-Rhin) – 523 hab. – Alt. 535 m – Carte régionale n° **1**-A2

Paris 407 km – Épinal 71 km – Lunéville 65 km – Strasbourg 67 km

Carte Michelin 315-G6

Côté Gastro

CUISINE MODERNE • COSY XX Lumineuse salle à manger, cosy et feutrée, donnant sur le jardin et la terrasse ombragée de sapins, dominant la forêt des Vosges. Un bel endroit pour une cuisine gastronomique à l'âme voyageuse, à l'image de ce gigot d'agneau au caviar d'aubergine, courgette et tomate confites comme à Nice... d'où est originaire le chef.

Menu 30/68 € – Carte 40/61 €

Hôtel La Belle Vue, 36 r. Principale – 03 88 97 60 23 – www.la-belle-vue.com – Fermé 3 semaines en janv., mardi et merc. de sept. à juin

Côté Bistrot

CUISINE TRADITIONNELLE • CONVIVIAL X Au sein de l'auberge La Belle Vue, le pendant du "Côté Gastro" : ici, on profite à moindre coût du savoir-faire de la maison, de son souci du bon produit et du fait-main, à travers de savoureuses spécialités régionales et quelques recettes plus originales.

Menu 15 € (déj. en semaine)/24 € – Carte 30/60 €

Hôtel La Belle Vue, 36 r. Principale – 03 88 97 60 23 – www.la-belle-vue.com – Fermé 3 semaines en janv., mardi et merc. de sept. à juin et dim. midi

La Belle Vue

TRADITIONNEL • FONCTIONNEL La même famille tient cette auberge depuis quatre générations. Les chambres et suites (en mezzanine) sont confortables, avec du mobilier ramené de nombreux voyages... Agréable jardin.

9 chambres – 98 € 146 € – 2 suites – 13 € – ½ P

36 r. Principale – 03 88 97 60 23 – www.la-belle-vue.com – Fermé 3 semaines en janv.

Côté Gastro • **Côté Bistrot** – voir les restaurants ci-dessus

SAUMUR

49400 (Maine-et-Loire) – 27 523 hab. – Alt. 30 m – Carte régionale n° **18**-C2

Paris 300 km – Angers 67 km – Le Mans 124 km – Poitiers 97 km

Carte Michelin 317-I5 – Guide Vert Michelin Châteaux de la Loire

Le Gambetta (Mickael Pihours)

CUISINE CRÉATIVE • INTIME XXX Jeux sur les textures, les associations de saveurs et les présentations : le chef bouscule la tradition. Foie gras de canard, anguille et asperge verte ; saint-pierre cuit à 45°C, écorce de yuzu, couteaux à la grenade, quinoa au citron noir... La créativité est au rendez-vous, les sens sont en fête.

→ Foie gras de canard, citronnelle, coco et combava, tourteau cuit à la nage et patate douce. Saint-pierre cuit à 45°, écorces de yuzu, couteaux et quinoa au citron noir. Variation autour du citron.

Menu 29 € (déj. en semaine), 36/105 € – Carte 75/105 €

Plan : A1-w – *12 r. Gambetta – 02 41 67 66 66 – www.restaurantlegambetta.fr – Fermé 17-23 avril, 29 juil.-15 août, 1 semaine en oct., 1 semaine vacances de Noël, dim. soir, lundi et merc.*

L'Escargot

CUISINE TRADITIONNELLE • COSY X Un joli petit Escargot où prendre le temps de se restaurer ! Le chef a fait évoluer sa cuisine avec les années, pour le meilleur ; il compose des assiettes au goût du jour, avec toujours le même savoir-faire et la même passion. C'est goûteux, généreux, et les produits sont de premier choix. Agréable terrasse.

Formule 16 € – Menu 20 € (déj. en semaine), 32/40 €

Plan : A2-a – *30 r. du Mar.-Leclerc – 02 41 51 20 88 (réservation conseillée) – Fermé vacances de printemps, 16 août-4 sept., vacances de la Toussaint, sam. midi, mardi et merc.*

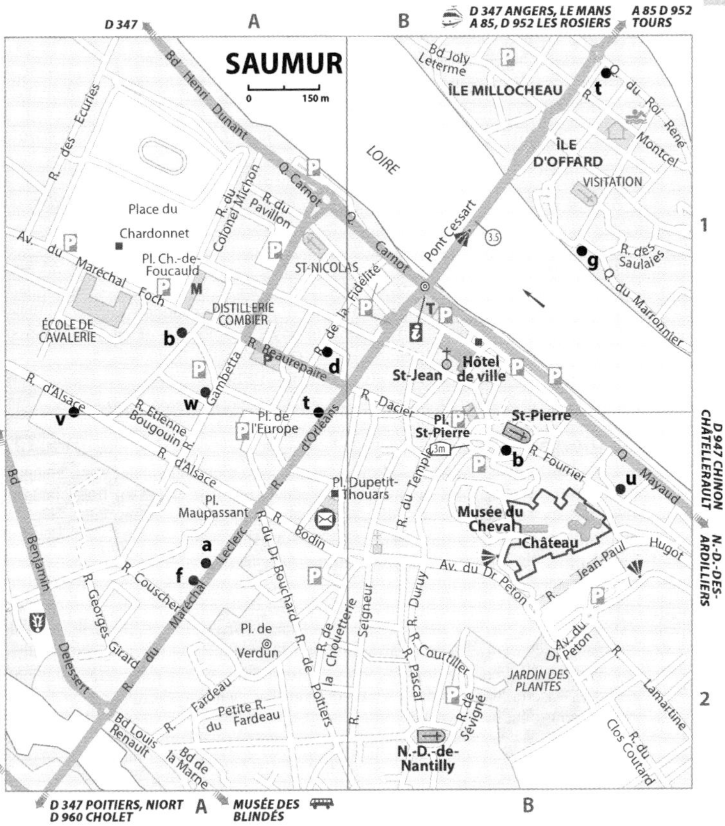

Les Ménestrels

CUISINE MODERNE • ÉLÉGANT XXX Près du château, troubadours de passage et autres trouvères apprécieront le raffinement de cette demeure ancienne. De beaux vins de Loire accompagnent la carte – une savoureuse cuisine de saison – ou la formule rapide.

Formule 18 € – Menu 36/64 €

Plan : B2-u – *11 r. Raspail – ☎ 02 41 67 71 10 – www.restaurant-les-menestrels.com – Fermé 7-13 mars, 20 nov.-4 déc., dim. et lundi sauf fériés*

L'Alchimiste

CUISINE MODERNE • DE QUARTIER X Dans ce petit restaurant contemporain, pas de cuisine moléculaire ou alchimiste, mais de bons petits plats cuisinés avec savoir-faire. Le rapport saveurs-prix est bon ! Mieux vaut réserver car l'établissement, bien que discret, est souvent complet...

Menu 22 € – Carte 30/49 €

Plan : A1-b – *6 r. de Lorraine – ☎ 02 41 67 65 18 (réservation conseillée) – www.lalchimiste-saumur.fr – Fermé 1 semaine en fév., vacances de la Toussaint, dim. et lundi*

L'Aromate

CUISINE MODERNE • CONVIVIAL Herbes, épices... Le chef, revenu dans sa région natale après un long détour par Vichy, fait la part belle aux aromates ! On travaille ici en famille, au service d'une jolie cuisine bistronomique qui évolue avec les saisons. Bon rapport qualité-prix.

Formule 16 € – Menu 20 € (déj. en semaine), 22/36 € – Carte environ 45 €

Plan : A2-f – *42 r. du Mar.-Leclerc – 02 41 51 31 45 – www.laromate-restaurant.com – Fermé 15 août-1er sept., 20 nov.-1er déc., dim. et lundi*

Château de Verrières

DEMEURE HISTORIQUE • CLASSIQUE Un lieu idéal pour un séjour romantique : un bel édifice Napoléon III, des boiseries aux teintes chaudes, un décor Belle Époque et un grand parc... où trônent un noyer d'Amérique et un cyprès, aussi vieux que la demeure ! Accueil amical des châtelains.

10 chambres – 190/380 € 190/380 € – 19 €

Plan : A1_2-v – *53 r. d'Alsace – 02 41 38 05 15 – www.chateau-verrieres.com*

St-Pierre

HISTORIQUE • PERSONNALISÉ Poutres massives, colombages, hautes cheminées en tuffeau, escalier à vis et meubles de style : un bien charmant hôtel installé dans des maisons datant de 1740 et joliment restaurées.

14 chambres – 99/210 € 135/270 € – 15 €

Plan : B2-b – *8 r. Haute-St-Pierre – 02 41 50 33 00 – www.saintpierresaumur.com*

Adagio

BUSINESS • CONTEMPORAIN Au cœur de l'île d'Offard, en bord de Loire, cette imposante bâtisse abrite des chambres contemporaines et feutrées, très fonctionnelles. L'ensemble est propre et bien tenu, l'accueil est aimable : une bonne option pour découvrir la ville.

39 chambres – 72/111 € 82/176 € – 13 €

Plan : B1-t – *94 av. du Gén.-de-Gaulle – 02 41 67 45 30 – www.hoteladagio.com – Fermé 23 déc.-2 janv.*

Mercure Bord de Loire

HÔTEL DE CHAÎNE • FONCTIONNEL Sur l'île d'Offard, un hôtel moderne aux chambres fonctionnelles bien équipées. Atout de choix : certaines offrent un beau panorama sur la Loire et le centre historique.

45 chambres – 85/185 € 85/185 € – 3 suites – 16 €

Plan : B1-g – *r. du Vieux-Pont – 02 41 67 22 42 – www.mercure.com*

Kyriad

HÔTEL DE CHAÎNE • CLASSIQUE Situation centrale et calme assuré en cet établissement abritant de petites chambres confortables. Le décor est agréable : meubles de style ancien et teintes claires pour certaines ; épure contemporaine pour les autres...

29 chambres – 50/90 € 60/100 € – 10 €

Plan : A1-d – *23 r. Daillé – 02 41 51 05 78 – www.kyriad.com*

Le Londres

TRADITIONNEL • PERSONNALISÉ Depuis quelques années, ses propriétaires ont su donner de la personnalité et un véritable coup de jeune à cet hôtel de 1837. Décors variés dans les chambres : anglais, lagon, prune, volupté... Deux appartements (avec cuisinettes) conviendront particulièrement aux familles.

32 chambres – 69/125 € 69/125 € – 10 €

Plan : A1_2-t – *48 r. d'Orléans – 02 41 51 23 98 – www.lelondres.com*

Ibis Styles

URBAIN • CONTEMPORAIN L'ancien hôtel Terminus – qui datait de 1890 ! – a bénéficié d'un lifting saisissant. Belle façade, intérieur moderne et graphique à tous les étages, agréables chambres climatisées avec douches à l'italienne... Une transformation réussie.

46 chambres – 69/99 € 79/169 €

Hors plan – *15 av. David-d'Angers (face à la gare) – 02 41 67 31 01 – www.ibistyles.com*

Manoir Plessis Bellevue

MAISON DE CAMPAGNE • ÉLÉGANT Victor Hugo séjourna à plusieurs reprises dans ce beau manoir du 18e s., offrant une vue magistrale sur la Loire depuis les hauteurs de Saumur. Le jardin avec ses roses anciennes, la piscine panoramique, les chambres qui pourraient servir de décor à un film d'époque, tout exprime le bel art de vivre de la région...

5 chambres – 85/160 € 100/225 €

Hors plan – *15 r. Allix (par la r. du Petit-Puy) Saumur – 02 41 51 32 73 – www.manoirplessisbellevue.com – Ouvert 15 mars-15 déc.*

à St-Hilaire-St-Florent 3 km par av. Foch et D751 – 49400 – 4 200 hab. – Alt. 33 m

Les Terrasses de Saumur (N)

CUISINE MODERNE • TENDANCE XX "Restaurant bistronomique" : voilà qui annonce la couleur ! Œuf en cocotte, bœuf mode aux épices et pommes grenailles, crémet d'Anjou... le chef réalise des préparations simples et bien troussées, que l'on déguste dans la salle à manger avec vue sur la ville, ou sur la délicieuse terrasse au bord de la piscine.

Formule 21 € – Menu 23/44 € – Carte 35/73 €

chemin de l'Alat – 02 41 67 28 48 – www.lesterrassesdesaumur.fr

Les Terrasses de Saumur

TRADITIONNEL • COSY Sur les hauteurs de Saumur, cet hôtel sympathique joue la carte des tendances : couleurs tranchées, lumière travaillée, etc. Autres atouts, des chambres spacieuses et parfaitement entretenues... sans oublier la piscine et l'espace bien-être !

20 chambres – 85/99 € 85/165 € – 12 € – ½ P

chemin de l'Alat – 02 41 67 28 48 – www.lesterrassesdesaumur.fr

Les Terrasses de Saumur – voir les restaurants ci-dessus

à Distré 5 km au Sud par D960 – 49400 – 1 217 hab. – Alt. 46 m

Le Moulin de Presle (N)

CUISINE MODERNE • ÉLÉGANT XX Christophe Bouvet, qui officiait auparavant au Relais Saint Louis, à Bellême, n'a rien perdu de son talent ni de sa passion : d'un pavé de bœuf à la cuisson parfaite à un œuf mollet et jambon de pays, sa cuisine est toujours aussi précise et soignée, toujours bien en équilibre entre bases traditionnelles et inventivité.

Formule 14 € – Menu 21/58 € – Carte 34/58 €

24-25 rte de Cholet – 02 41 40 25 95 – www.domainedepresle.com

Domaine de Presle (N)

DEMEURE HISTORIQUE • PERSONNALISÉ Nul doute que vous serez séduits par ce château du 16e s., installé non loin de Saumur dans un petit parc avec étang et cours d'eau. Les chambres, spacieuses, marient l'élégance des anciennes demeures et le confort moderne. Et l'on peut même dormir dans des roulottes : une expérience atypique !

25 chambres – 80/120 € 80/150 € – 12 €

24-25 rte de Cholet – 02 41 40 25 95 – www.domainedepresle.com

Le Moulin de Presle – voir les restaurants ci-dessus

SAUSHEIM - 68 (Haut-Rhin) ➔ Voir Mulhouse

LA SAUSSAYE

✉ 27370 (Eure) - 1 876 hab. - Alt. 137 m - Carte régionale n° **17**-D2
▶ Paris 130 km - Évreux 40 km - Louviers 20 km - Pont-Audemer 49 km
Carte Michelin 304-F6 - Guide Vert Michelin Normandie Vallée de la Seine

Manoir des Saules

CUISINE MODERNE • **ÉLÉGANT** XXX Les lieux évoquent à la fois une bonbonnière et un musée, mêlant œuvres d'art, objets décoratifs, recoins et poutres anciennes... Un cachet intemporel au service d'une cuisine qui joue elle aussi une partition classique : le goût de la tradition.

Menu 38 € (déj. en semaine), 60/65 €

2 pl. St-Martin - ✆ 02 35 87 25 65 (réservation conseillée) - www.manoirdessaules.com - Fermé fév., nov., merc. midi d'oct. à mars, dim. soir, lundi et mardi

Manoir des Saules

TRADITIONNEL • PERSONNALISÉ Ferronneries, cheminées, meubles anciens (dont quelques belles armoires normandes) : cet authentique manoir allie cachet et élégance, et l'on y fait étape comme dans une jolie gravure ancienne... Parfaitement tenu et charmant !

6 chambres - 🚹120/200 € 🚹🚹150/250 € - ☕15 € - ½ P

2 pl. St-Martin - ✆ 02 35 87 25 65 - www.manoirdessaules.com - Fermé fév. et nov.

Manoir des Saules - voir les restaurants ci-dessus

SAUSSET-LES-PINS

✉ 13960 (Bouches-du-Rhône) - 7 703 hab. - Alt. 15 m - Carte régionale n° **21**-B3
▶ Paris 768 km - Aix-en-Provence 41 km - Marseille 37 km - Martigues 13 km
Carte Michelin 340-F6 - Guide Vert Michelin Provence

Les Girelles

POISSONS ET FRUITS DE MER • **VINTAGE** XX Simplement séparé de la Méditerranée par la route, cet agréable restaurant de bord de mer est une valeur sûre. Les produits iodés sont à l'honneur : turbotin, loup et dorade sont à la carte, sans oublier le soufflé d'oursin (en hiver) et la bouillabaisse, avec ou sans girelles - ces petits poissons arc-en-ciel.

Menu 25 € (déj. en semaine), 35/70 € - Carte 49/103 €

r. Frédéric-Mistral - ✆ 04 42 45 26 16 - www.restaurant-les-girelles.fr - Fermé janv., dim. soir, merc. midi et lundi

SAUTERNES

✉ 33210 (Gironde) - 752 hab. - Alt. 50 m - Carte régionale n° **2**-B2
▶ Paris 624 km - Bazas 24 km - Bordeaux 49 km - Langon 11 km
Carte Michelin 335-I7 - Guide Vert Michelin Aquitaine

Saprien

CUISINE MODERNE • **TRADITIONNEL** XX Un village réputé, une maison typique de vigneron, une terrasse pavée au pied des vignes du château Guiraud, des recettes inspirées, très joliment tournées et savoureuses, pensées autour du célèbre vin liquoreux... Au Saprien, on est au cœur du sujet "sauternes" !

Formule 16 € - Menu 29/41 € - Carte 31/55 €

14 r. Principale - ✆ 05 56 76 60 87 - www.restaurant-le-saprien.fr - Fermé 30 janv.-13 fév., dim. soir et lundi

Relais du Château d'Arche

DEMEURE HISTORIQUE • PERSONNALISÉ Une charmante chartreuse du début du 17e s. au cœur d'un domaine viticole, dont on peut déguster les crus après une visite. Chambres classiques et cosy, avec une vue superbe sur les vignes alentour.

9 chambres - 120/160 € 120/160 € - 10 €

rte de Bommes, 0,5 km au Nord - 05 56 76 67 67 - www.chateaudarche-sauternes.com

SAUVAGNON - 64 (Pyrénées-Atlantiques) → Voir Pau

SAUVE

30610 (Gard) - 1 879 hab. - Alt. 103 m - Carte régionale n° **12**-C2

Paris 747 km - Montpellier 48 km - Alès 28 km - Nîmes 40 km

Carte Michelin 339-I5

La Tour de Môle

CUISINE MODERNE • TRADITIONNEL Au cœur d'un charmant village médiéval, installez-vous sous la terrasse ombragée pour déguster une cuisine maîtrisée, à l'instar de ces lames de saint-pierre, vierge de tomates cerise. Travail sur les textures, attention aux saisons, bon rapport qualité-prix, accueil charmant : une très bonne adresse.

Formule 15 € - Menu 28/35 € - Carte 33/48 €

Grand-Rue - 04 66 77 02 45 - www.latourdemole.com - Fermé janv., jeudi hors saison, mardi midi et lundi en juil.-août, vend. midi et merc.

SAUVETERRE-DE-COMMINGES

31510 (Haute-Garonne) - 724 hab. - Alt. 480 m - Carte régionale n° **15**-B3

Paris 777 km - Bagnères-de-Luchon 36 km - Lannemezan 31 km - Tarbes 71 km

Carte Michelin 343-C6

Hostellerie des 7 Molles

FAMILIAL • CLASSIQUE Une grande maison dans une vallée calme, en pleine nature. Tranquillité, atmosphère familiale, restaurant traditionnel et... confort douillet ! Certaines chambres ont même un balcon donnant sur les citronniers et les orangers du jardin.

14 chambres - 100/118 € 153/180 € - 14 € - ½ P

à Gesset - 05 61 88 30 87 - www.hotel7molles.com - Fermé 15 fév.-15 mars, mardi et merc. d'oct. à juin

SAUVETERRE-DE-ROUERGUE

12800 (Aveyron) - 793 hab. - Alt. 460 m - Carte régionale n° **15**-C1

Paris 652 km - Albi 52 km - Millau 88 km - Rodez 30 km

Carte Michelin 338-F5

Le Sénéchal (Michel Truchon)

CUISINE MODERNE • ÉLÉGANT Un poisson rouge en bocal sur chaque table, des œuvres d'art : le cadre sert à merveille la cuisine fine et délicate du chef, Michel Truchon. Il joue judicieusement sur les textures et les saveurs, proposant de beaux visuels, le tout avec des produits soigneusement choisis... Une cuisine généreuse et attentionnée !

→ Foie gras de canard chaud et froid. Bœuf d'Aubrac. Dessert aux fruits de saison.

Menu 30 € (semaine), 54/120 € - Carte 70/120 €

Le bourg - 05 65 71 29 00 (réservation conseillée) - www.hotel-senechal.fr - Fermé 2 janv.-23 mars, dim. soir, mardi midi et jeudi midi sauf juil.-août et lundi

Le Sénéchal

AUBERGE · CONTEMPORAIN Une auberge reconstruite dans le style du pays aux portes de cette bastide royale du 13e s. Les chambres sont spacieuses et confortables, certaines jouissant de belles terrasses. Un ensemble cossu et parfaitement tenu ; un beau représentant de la tradition hôtelière.

8 chambres – 135/240 € 135/240 € – 3 suites – 18 € – ½ P

Le bourg – 05 65 71 29 00 – www.hotel-senechal.fr – Fermé 2 janv.-23 mars, lundi sauf juil.-août et dim.

Le Sénéchal – voir les restaurants ci-dessus

SAUVIGNY-LES-BOIS – 58 (Nièvre) → Voir Nevers

LE SAUZE – 04 (Alpes-de-Haute-Provence) → Voir Barcelonnette

SAUZON – 56 (Morbihan) → Voir Belle-Ile-en-Mer

SAVERNE

67700 (Bas-Rhin) – 11 730 hab. – Alt. 200 m – Carte régionale n° **1**-A1

Paris 450 km – Lunéville 88 km – St-Avold 89 km – Sarreguemines 65 km

Carte Michelin 315-I4

Staeffele

CUISINE MODERNE · CONTEMPORAIN XX St-Pierre braisé à la crème, fraises marinées à la vanille meringue et menthe, tartelette de morilles et ris de veau... Une cuisine dans l'air du temps, proposée dans un cadre contemporain. Louis XV, Louis XVI ou encore Goethe – hôtes du château tout proche – auraient sans doute apprécié !

Menu 26 € (déj. en semaine), 34/58 € – Carte 56/71 €

Plan : A1-a – *1 r. Poincaré – 03 88 91 63 94 – www.staeffele.com – Fermé 5-27 août, 23 déc.-3 janv., dim. soir, lundi et mardi*

Taverne Katz

CUISINE ALSACIENNE · RUSTIQUE X Pour trouver ce restaurant, rien de plus simple : rendez-vous à l'hôtel de ville, c'est juste à côté ! Dans cette superbe maison à colombages (1605), on défend la cuisine locale dans une atmosphère conviviale.

Formule 14 € – Menu 46/58 € – Carte 33/57 €

Plan : B2-n – *80 Grand'Rue – 03 88 71 16 56 – www.tavernekatz.com – Fermé vacances de fév. et mardi*

Chez Jean

TRADITIONNEL · FONCTIONNEL Un établissement traditionnel et familial entre gare et Château des Rohan. Les chambres les plus récentes sont spacieuses, mais les autres possèdent un certain cachet. Agréable petit espace détente. Cuisine traditionnelle et spécialités régionales servies à la winstub.

40 chambres – 70/90 € 89/135 € – 10 € – ½ P

Plan : A1-v – *3 r. de la Gare – 03 88 91 10 19 – www.chez-jean.com – Fermé 23-26 déc.*

Europe

TRADITIONNEL · CLASSIQUE Derrière une belle façade en brique du début du 20e s., à deux pas du château des Rohan, un hôtel cossu et confortable, tenu avec soin. Les chambres sont spacieuses et sobrement décorées, et l'on profite d'un agréable salon feutré.

28 chambres – 73/84 € 80/107 € – 11 €

Plan : A1-e – *7 r. de la Gare – 03 88 71 12 07 – www.hotel-europe-fr.com – Fermé 23 déc.-1er janv.*

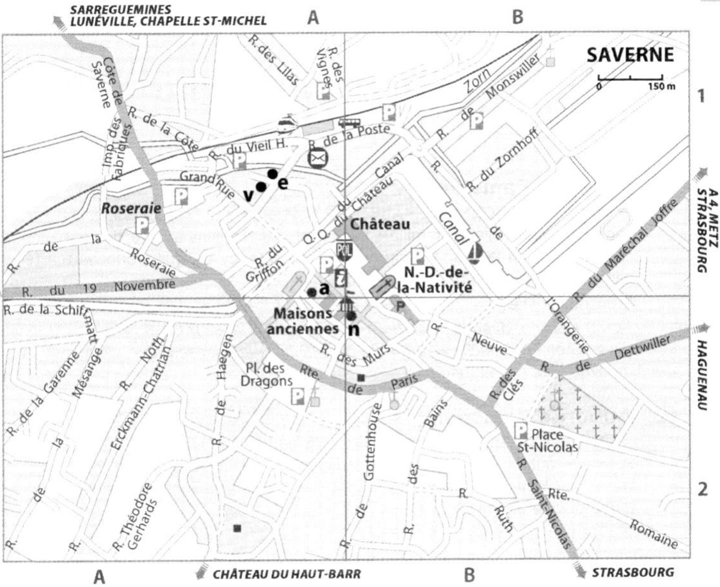

à l'Est 3 km à l'Est par D421 – ✉ 67700 Monswiller :

Kasbür (Yves Kieffer)

CUISINE MODERNE • ÉLÉGANT XXX Né en 1932, le Kasbür est lié à la famille Kieffer depuis trois générations. Force de l'héritage ou fruit d'une exigence jamais démentie ? Yves Kieffer écrit aujourd'hui une nouvelle page de son histoire : produits de qualité, sauces pleines de parfums, pointe d'inédit... Une valeur sûre.

→ Foie gras de canard. Carré d'agneau de lait. Sphère au chocolat.

Menu 24 € (déj. en semaine), 48/95 € – Carte 67/90 €

8 r. de Dettwiller – ✆ 03 88 02 14 20 – www.restaurant-kasbur.fr
– Fermé 16 fév.-1er mars, 27 juil.-16 août, dim. soir, merc. soir, lundi et soirs fériés

SAVIGNEUX – 42 (Loire) → Voir Montbrison

SAVIGNY-LÈS-BEAUNE – 21 (Côte-d'Or) → Voir Beaune

SAVONNIÈRES

✉ 37510 (Indre-et-Loire) – 3 132 hab. – Alt. 47 m – Carte régionale n° **6**-B2
Paris 263 km – Blois 88 km – Orléans 139 km – Tours 17 km
Carte Michelin 317-M4 – Guide Vert Michelin Châteaux de la Loire

La Maison Tourangelle

CUISINE MODERNE • RUSTIQUE XX Le rustique marié au moderne, une délicieuse terrasse sur le Cher et une belle cuisine de produits, gourmande et précise : voilà les atouts – et non des moindres – de cette maison tourangelle du 18e s.

Menu 32/72 €

9 rte des Grottes-Pétrifiantes – ✆ 02 47 50 30 05 – www.lamaisontourangelle.com
– Fermé 15 fév.-8 mars, 16-30 août, dim. soir, lundi et mardi

SAZILLY - 37 (Indre-et-Loire) ➔ Voir L'Île-Bouchard

SCHERWILLER

✉ 67750 (Bas-Rhin) - 3 136 hab. - Alt. 185 m - Carte régionale n° **1**-C1
Paris 439 km - Barr 21 km - Colmar 27 km - St-Dié 42 km
Carte Michelin 315-I7

Auberge Ramstein

CUISINE TRADITIONNELLE • AUBERGE XX Priorité à la tradition dans cette maison où l'on travaille en famille ! Les clients se régalent au gré de trois menus composés selon la saison : foie gras et son chutney de fruits, brioche toastée ; caille farcie aux champignons des bois...

Menu 34/60 €

1 r. du Riesling, direction Dambach-la-Ville - ✆ 03 88 82 17 00 - www.hotelramstein.fr - Fermé 23 déc.-15 janv., le midi sauf dim. de mi-nov. à mi-avril, dim. soir et lundi

Auberge Ramstein

AUBERGE • TRADITIONNEL "L'Alsace m'a adoptée !" affirme avec le sourire la patronne autrichienne... Cette demeure régionale, ouverte sur le vignoble, est très accueillante. Les chambres y sont spacieuses et soignées ; on profite aussi d'une piscine et d'un jacuzzi.

21 chambres - †72/88 € ††84/100 € - ☕ 12 € - ½ P

1 r. du Riesling, direction Dambach-la-Ville - ✆ 03 88 82 17 00 - www.hotelramstein.fr - Fermé 23 déc.-15 janv.

Auberge Ramstein - voir les restaurants ci-dessus

SCHILTIGHEIM - 67 (Bas-Rhin) ➔ Voir Strasbourg

SCHIRMECK

✉ 67130 (Bas-Rhin) - 2 372 hab. - Alt. 315 m - Carte régionale n° **1**-A2
Paris 412 km - Nancy 101 km - St-Dié 41 km - Saverne 48 km
Carte Michelin 315-H6

aux Quelles 7,5 km au Sud-Ouest par D1420, D261 et rte forestière - ✉ 67130 La Broque

Neuhauser

AUBERGE • NATURE Calme garanti dans cette auberge tapie dans un vallon de la forêt vosgienne, appartenant à la même famille depuis 4 générations. Chambres confortables de parfaite tenue, quelques chalets individuels au cachet montagnard. Au restaurant, cuisine régionale et... eau-de-vie de la distillerie familiale en digestif !

17 chambres - †84/94 € ††89/146 € - ☕ 14 € - ½ P

- ✆ 03 88 97 06 81 - www.hotel-neuhauser.com - Fermé 1er-11 mars et 2 semaines en nov.

LA SCHLUCHT (COL DE) - 88 (Vosges) ➔ Voir Col de la Schlucht

SCHNELLENBUHL - 67 (Bas-Rhin) ➔ Voir Sélestat

SECLIN

✉ 59113 (Nord) - 12 479 hab. - Alt. 30 m - Carte régionale n° **16**-C2
Paris 212 km - Lens 26 km - Lille 17 km - Tournai 33 km
Carte Michelin 302-G4

Auberge du Forgeron

CUISINE MODERNE • ÉLÉGANT XXX Une auberge familiale pleine de charme. Côté restaurant gastronomique, la carte épouse l'air du temps ; côté bistrot, honneur au terroir et à la tradition. Et à l'heure du repos, on profite de chambres confortables et bien tenues.

Menu 32/86 € - Carte 57/108 €

14 chambres - †89/121 € ††96/154 € - ☐ 14 €

17 r. Roger-Bouvry - ☎ 03 20 90 09 52 - www.aubergeduforgeron.com - Fermé 1er-15 août, 24-30 déc., sam. midi et dim.

SEDAN

✉ 08200 (Ardennes) - 18 430 hab. - Alt. 154 m - Carte régionale n° **7**-C1
▶ Paris 246 km - Charleville-Mézières 25 km - Metz 134 km - Reims 101 km
Carte Michelin 306-L4 - Guide Vert Michelin Champagne Ardenne

Au Bon Vieux Temps

CUISINE CLASSIQUE • TRADITIONNEL XX Une maison du 17e s. avec, comme au bon vieux temps, des murs ornés de fresques représentant Sedan dans les années 1900. Foie gras maison, suprême de turbot béarnaise : les amateurs de registre classique ne seront pas déçus. Ambiance plus décontractée, façon bistrot de terroir, au Marmiton.

Menu 28/57 € - Carte 36/72 €

Plan : B2-r - *3 pl. de la Halle - ☎ 03 24 29 03 70 - www.restaurant-aubonvieuxtemps.com - Fermé 16 fév.-10 mars, dim. soir, merc. soir et lundi*

La Ronde des Sens

CUISINE MODERNE • CONVIVIAL XX Les sens sont à la fête dans ce restaurant du centre-ville, proche de la place de la Halle. La cuisine, généreuse et soignée, évoque la Méditerranée, comme avec ce superbe filet de saint-pierre, sa purée de pomme de terre vitelote et de panais. Excellent rapport qualité-prix. Profitez de la verrière.

Formule 14 € - Menu 35/39 € - Carte environ 35 €

Plan : B2-e - *34 r. du Ménil - ☎ 03 24 33 57 27 - www.larondedessens.fr - Fermé 2 semaines en août, 3 semaines en janv., dim. soir, mardi soir et merc.*

Hôtel le Château Fort

HISTORIQUE • PERSONNALISÉ Cet impressionnant château fort du 15e s., aujourd'hui classé, surplombe la ville. Son ancien magasin à poudre s'est transformé en hôtel ! Dans les élégantes chambres et suites, de discrètes allusions médiévales évoquent le temps jadis. Quant aux repas, ils se déroulent dans l'ex-logis du lieutenant du roi.

44 chambres - †85/145 € ††89/169 € - 10 suites - ☐ 14 € - ½ P

Plan : B1-a - *dans le château fort, accès Porte-des-Princes - ☎ 03 24 26 11 00 - www.chateaufort-sedan.fr*

à Donchery 10 km à l'Ouest par D334 - ✉ 08350 - 2 286 hab. - Alt. 150 m

Domaine Château du Faucon

CUISINE TRADITIONNELLE • TENDANCE XX Le chef, ardennais de souche, met en valeur de beaux produits - viandes, poissons, crustacés - dans une cuisine volontairement classique, loin des modes ; il revisite les spécialités régionales en s'appuyant sur sa solide expérience.

Menu 48 € (dîner) - Carte 60/80 €

Hôtel Domaine Château du Faucon, rte de Vrigne-aux-Bois - ☎ 03 24 41 87 83 - www.domaine-chateaufaucon.com - Fermé le midi sauf dim.

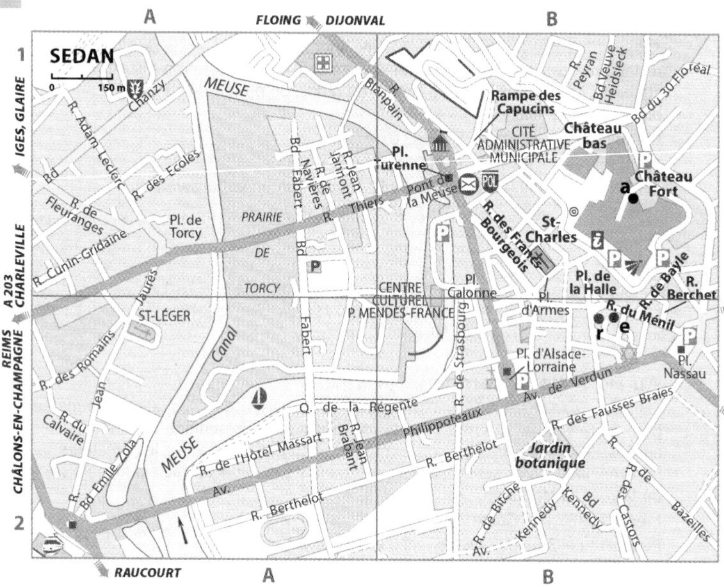

Domaine Château du Faucon

DEMEURE HISTORIQUE · PERSONNALISÉ Ce joli château du 17e s., entouré d'un beau parc de 28 ha, distille une ambiance feutrée ; ses chambres mêlent élégamment classique et contemporain. On peut même aller voir les chevaux dans les écuries voisines !

31 chambres – 95/175 € 160/175 € – 4 suites – 15 € – ½ P

rte de Vrigne-aux-Bois – 03 24 41 87 83 – www.domaine-chateaufaucon.com

Domaine Château du Faucon – voir les restaurants ci-dessus

SEGONZAC

19310 (Corrèze) – 227 hab. – Alt. 345 m – Carte régionale n° **13**-B3

Paris 506 km – Brive-la-Gaillarde 31 km – Limoges 117 km – Tulle 58 km

Carte Michelin 329-I4 – Guide Vert Michelin Périgord Quercy

Pré Laminon

MAISON DE CAMPAGNE · PERSONNALISÉ Beaucoup de charme dans cette ancienne grange au calme des collines, à la croisée du Périgord et du Limousin. L'endroit est chaleureux et presque... savoyard, avec des chambres douillettes habillées de bois blond. La table d'hôte propose une bonne cuisine du terroir (confits et foie gras maison).

3 chambres – 50/65 € 50/65 €

Laurégie – 05 55 84 17 39 – www.prelaminon.com – Ouvert avril-sept.

SÉGOS – 32 (Gers) → Voir Aire-sur-l'Adour

SEGRÉ

49500 (Maine-et-Loire) – 6 920 hab. – Alt. 40 m – Carte régionale n° **18**-B2

Paris 334 km – Angers 44 km – Laval 55 km – Nantes 83 km

Carte Michelin 317-D2 – Guide Vert Michelin Pays de la Loire

Ibis Styles

HÔTEL DE CHAÎNE • FONCTIONNEL À côté d'une zone artisanale à la sortie de la ville, un complexe moderne abritant des chambres confortables, dans un esprit contemporain. Buffet et grillades sont proposés au restaurant.

48 chambres - 68/90 € 78/120 €

r. Gustave-Eiffel - 02 41 94 81 81 - www.accorhotels.com

SÉGURET - 84 (Vaucluse) → Voir Vaison-la-Romaine

SEIGNOSSE

40510 (Landes) - 3 461 hab. - Alt. 15 m - Carte régionale n° **2**-A3

Paris 747 km - Biarritz 36 km - Dax 32 km - Mont-de-Marsan 85 km

Carte Michelin 335-C12

Villa de l'Étang Blanc

CUISINE MODERNE • ROMANTIQUE Une salle grande ouverte sur l'étang, une jolie terrasse... Les joies de la nature autour d'une belle cuisine du moment - calamar en tagliatelles façon carbonara, bonite à la mousseline de petits pois et tomate confite, etc. Priorité est donnée aux produits du terroir landais et au bio.

Formule 19 € - Menu 44 € - Carte 48/58 €

2265 rte de l'Étang-Blanc, 2,5 km au Nord par D185 et D432 - 05 58 72 80 15 - www.villaetangblanc.fr - Ouvert de fév. à oct. et fermé dim. soir, lundi et mardi de sept. à juin, lundi midi, merc. midi et vend. midi en juil.-août

Villa de l'Étang Blanc

MAISON DE CAMPAGNE • COSY Dans la forêt, à deux pas de l'Étang Blanc, une jolie villa landaise idéale pour une escapade romantique : dans ce site naturel privilégié, d'une grande quiétude, la demeure joue la carte d'un esprit contemporain empreint de douceur... Un bel endroit !

7 chambres - 80/180 € 80/180 € - 12 €

2265 rte de l'Étang-Blanc, 2,5 km au Nord par D185 et D432 - 05 58 72 80 15 - www.villaetangblanc.fr - Fermé déc.-janv.

Villa de l'Étang Blanc - voir les restaurants ci-dessus

SEILH

31840 (Haute-Garonne) - 3 018 hab. - Alt. 133 m - Carte régionale n° **15**-B2

Paris 671 km - Albi 90 km - Montauban 46 km - Toulouse 18 km

Carte Michelin 343-G2

Mercure Golf de Seilh

HÔTEL DE CHAÎNE • FONCTIONNEL Un "resort" propice aux affaires comme aux loisirs, au milieu de deux parcours de golf 18 trous. Chambres actuelles et fonctionnelles, aux teintes claires ; studios et appartements sont parfaits pour les longs séjours.

170 chambres - 60/158 € 60/210 € - 2 suites - 17 € - ½ P

rte de Grenade - 05 62 13 14 15 - www.mercure-toulouse-golf-de-seilh.com - Fermé 22 déc.-7 janv.

SEILLANS

83440 (Var) - 2 489 hab. - Alt. 350 m - Carte régionale n° **21**-C3

Paris 890 km - Antibes 54 km - Marseille 142 km - Toulon 106 km

Carte Michelin 340-O4 - Guide Vert Michelin Côte d'Azur

La Gloire de mon Père

CUISINE PROVENÇALE • BRASSERIE L'atout de ce restaurant : sa terrasse dressée sur la place du village, entourant la belle fontaine et le lavoir. Au frais sous les vieux platanes, les plats traditionnels (bourride de poisson de roche, barigoule d'artichauts) n'en ont que plus de saveurs...

Formule 24 € - Menu 32/42 € - Carte 31/61 €

1 pl. du Thouron - 04 94 60 18 65 - www.lagloiredemonpere.fr - Fermé janv. et merc.

Restaurant des Deux Rocs

CUISINE DU MARCHÉ • ROMANTIQUE La salle a le charme de la région, la terrasse prend ses aises sur les pavés et... sous les platanes, et la cuisine du marché, imaginée par un jeune chef au beau parcours, honore la gastronomie provençale. Ces Deux Rocs cultivent une vraie douceur de vivre, avec une pointe de raffinement.

Formule 22 € - Carte 34/48 €

Hôtel des Deux Rocs, 1 pl. Font-d'Amont - ✆ 04 94 76 87 32 - www.hoteldeuxrocs.com - Ouvert 1er mars-14 nov. et fermé dim. soir d'oct. à mai, sam. midi en juil.-août, mardi midi et lundi

Hôtel des Deux Rocs

AUBERGE • COSY Il règne dans cette belle bastide de la fin du 16e s., postée sur les hauteurs du bourg, l'atmosphère et le charme des maisons d'antan : mobilier ancien, jolis objets chinés, salles de bains rétro... Pour une escapade dans la Provence d'autrefois !

14 chambres - 75/155 € 75/155 € - 15 € - ½ P

1 pl. Font-d'Amont - ✆ 04 94 76 87 32 - www.hoteldeuxrocs.com - Ouvert 1er mars-14 nov.

Restaurant des Deux Rocs - voir les restaurants ci-dessus

SEIN (ÎLE DE) - 29 (Finistère) → Voir Île de Sein

SÉLESTAT

67600 (Bas-Rhin) - 19 397 hab. - Alt. 170 m - Carte régionale n° **1**-C1

Paris 441 km - Colmar 24 km - Gérardmer 65 km - St-Dié 44 km

Carte Michelin 315-I7

La Vieille Tour

CUISINE TRADITIONNELLE • RUSTIQUE Au cœur du vieux Sélestat, dans cette chaleureuse maison alsacienne flanquée d'une tour (13e-15e s.), on propose une cuisine traditionnelle réalisée à partir de bons produits... le tout à prix raisonnables.

Menu 14 € (déj. en semaine), 31/43 € - Carte 31/59 €

Plan : B1-s - *8 r. de la Jauge - ✆ 03 88 92 15 02 - www.vieille-tour.com - Fermé 4-17 avril, dim. soir et lundi*

Au Bon Pichet

CUISINE TRADITIONNELLE • CONVIVIAL Il fait bon se restaurer dans cette maison tenue par la même famille depuis quatre générations ! Comme hier, le chef concocte de bonnes recettes traditionnelles : jarret de porc fumé en choucroute de pommes de terre, quenelles de sandre et sauce matelote... L'accueil convivial et le décor de winstub confirment que les règles du bien vivre sont indémodables !

Menu 23 € (déj. en semaine)/30 € - Carte 40/61 €

Plan : B2-n - *pl. du Marché-aux-Choux - ✆ 03 88 82 96 65 - Fermé 5-15 juil., 25 déc.-5 janv., dim. et lundi*

Vaillant

BUSINESS • FONCTIONNEL De nombreuses œuvres d'artistes locaux sont exposées dans cet hôtel bordant une placette ombragée. Les chambres sont spacieuses et très soignées, agrémentées de tableaux, d'objets d'art et de mobilier design. Cuisine traditionnelle au restaurant.

47 chambres - 85/105 € 85/125 € - 10 € - ½ P

Plan : A2-e - *7 r. Ignace Spies - ✆ 03 88 92 09 46 - www.hotel-vaillant.com*

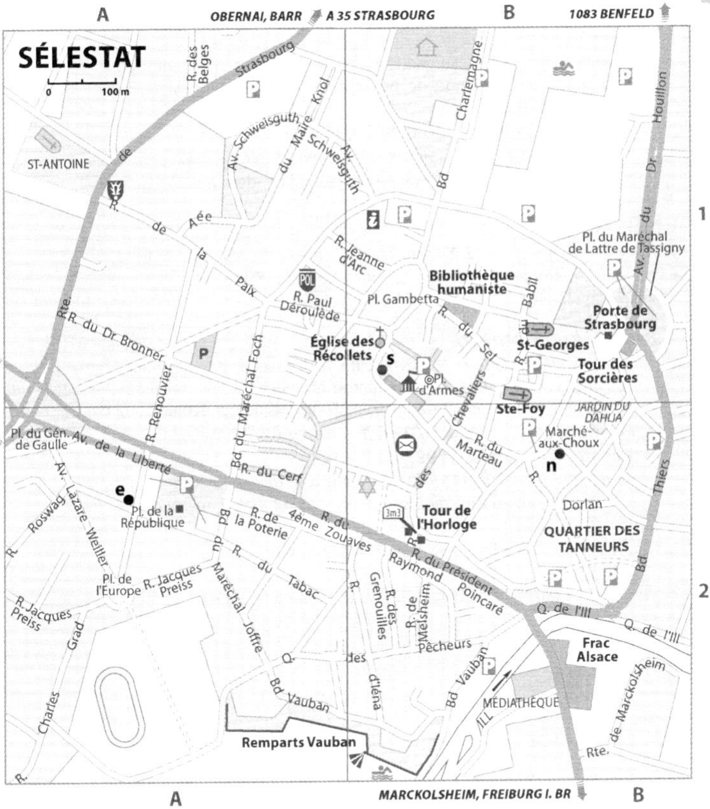

à Rathsamhausen 5 km à l'Est par D21 et D209 – ✉ 67600

Les Prés d'Ondine

AUBERGE • PERSONNALISÉ Atmosphère bucolique et cosy dans cette ancienne maison forestière transformée en hôtel de caractère : salon feutré, bibliothèque et chambres raffinées (mobilier chiné). Au restaurant, on profite de la vue sur l'Ill – qui borde le jardin – et de plats inspirés du marché.

12 chambres – 🚹75/145 € 🚹🚹75/145 € – ☕ 13 € – ½ P

5 rte de Baldenheim – ✆ 03 88 58 04 60 – www.presdondine.com – Fermé janv. à mi-fév.

Le Schnellenbuhl 8 km au Sud-Est par D159 et D424 – ✉ 67600

Auberge de l'Illwald

CUISINE TRADITIONNELLE • COSY ✕✕ Il règne ici une atmosphère de pavillon de chasse : trophées, tableaux représentant des scènes cynégétiques naïves et fantastiques, poêle en faïence, boiseries... La cuisine honore le terroir (civet de daim, terrines, etc.) et ose la modernité.

Formule 13 € – Carte 40/60 €

Hôtel de l'Illwald – ✆ 03 88 85 35 40 – www.illwald.fr – Fermé 23 déc.-11 janv., mardi et merc.

Hôtel de l'Illwald

AUBERGE • COSY Ces jolies bâtisses régionales se trouvent en pleine forêt de l'Illwald, réserve naturelle depuis 1995. Les chambres, très confortables, sont décorées avec goût, mélange de boiseries et de meubles design. Espace bien-être avec salle de fitness.

16 chambres – 100/160 € 120/160 € – 16 €

– 03 90 56 11 40 – www.illwald.fr – Fermé 23 déc.-11 janv.

Auberge de l'Illwald – voir les restaurants ci-dessus

SEMBLANÇAY

37360 (Indre-et-Loire) – 2 112 hab. – Alt. 100 m – Carte régionale n° **6**-B2

Paris 248 km – Angers 96 km – Blois 77 km – Le Mans 70 km

Carte Michelin 317-M4

La Mère Hamard

CUISINE MODERNE • TRADITIONNEL XX Nouveau départ pour cette institution née en 1903. Une petite auberge chaleureuse, une terrasse charmante, un accueil des plus attentionnés, autour d'une cuisine qui évolue au fil des saisons.

Formule 24 € – Menu 31/112 € – Carte 45/79 €

7 chambres – 93 € 99/129 € – 14 €

pl. de l'Église – 02 47 56 62 04 – www.lamerehamard.com

– Fermé 1er janv.-6 fév., dim. soir de mi-oct. à mi-avril, mardi midi et lundi

SEMÈNE – 43 (Haute-Loire) → Voir Aurec-sur-Loire

SEMNOZ (MONTAGNE DU) – 74 (Haute-Savoie) → Voir Montagne du Semnoz

SEMUR-EN-AUXOIS

21140 (Côte-d'Or) – 4 138 hab. – Alt. 286 m – Carte régionale n° **4**-C2

Paris 246 km – Auxerre 87 km – Avallon 42 km – Beaune 78 km

Carte Michelin 320-G5 – Guide Vert Michelin Bourgogne

La Côte d'Or

URBAIN • CONTEMPORAIN Cette maison de caractère fut jadis le relais de poste de Semur. Entièrement rénovée, elle arbore un style frais, soigné et plaisant, mêlant le contemporain et les beaux matériaux anciens. Charme, tranquillité... et produits régionaux au petit-déjeuner !

17 chambres – 95/115 € 105/147 € – 1 suite – 12 €

1 r. de la Liberté – 03 80 97 24 54 – www.auxois.fr

Hostellerie d'Aussois

BUSINESS • CONTEMPORAIN À la sortie de Semur, capitale de l'Auxois, ne vous fiez pas à l'extérieur de cet établissement : les chambres, contemporaines, pratiques et bien insonorisées, sont très reposantes... Un lieu propice au travail (bel espace séminaire) comme à la détente (piscine, bar).

42 chambres – 79/135 € 79/135 € – 12 € – ½ P

rte de Saulieu – 03 80 97 28 28 – www.hostellerie.fr

SÉNART – 77 (Île-de-France) → Voir Autour de Paris

SÉNÉ – 56 (Morbihan) → Voir Vannes

SENLIS

60300 (Oise) – 15 789 hab. – Alt. 76 m – Carte régionale n° **19**-B3

Paris 52 km – Amiens 102 km – Beauvais 56 km – Compiègne 33 km

Carte Michelin 305-G5 – Guide Vert Michelin Île-de-France

Le Julianon

CUISINE CRÉATIVE • BISTRO Dans cette charmante petite maison du 17e s., le décor de bistrot contemporain invite à s'asseoir et à profiter du repas. Le chef propose une cuisine inventive, jouant avec tact sur les textures et les harmonies de saveurs ; il fait évoluer la carte au gré des saisons et de son inspiration du moment.

Formule 21 € – Menu 25 € (déj.), 36/56 € – Carte environ 59 €

Plan : A1-d – *5 pl. Gérard-de-Nerval – 03 44 32 12 05 (réservation conseillée) – www.le-julianon.fr – Fermé 2 semaines en juil., 1 semaine en août, 1 semaine en déc., sam. midi, dim. et lundi*

Le Scaramouche

CUISINE TRADITIONNELLE • BISTRO Comme dans la Commedia dell'arte – dont Scaramouche est issu –, il se joue ici une sympathique pièce ! Terrine de canard à l'orange, blanquette d'agneau au riz pilaf et pignons de pin, des œufs à la neige à la praline rose... On se régale d'une cuisine bistrotière joliment réalisée, goûteuse et généreuse.

Formule 19 € – Menu 24/31 € – Carte 28/49 €

Plan : B1-e – *4 pl. Notre-Dame – 03 44 53 01 26 – www.le-scaramouche.fr – Fermé 6-21 août, dim. et lundi*

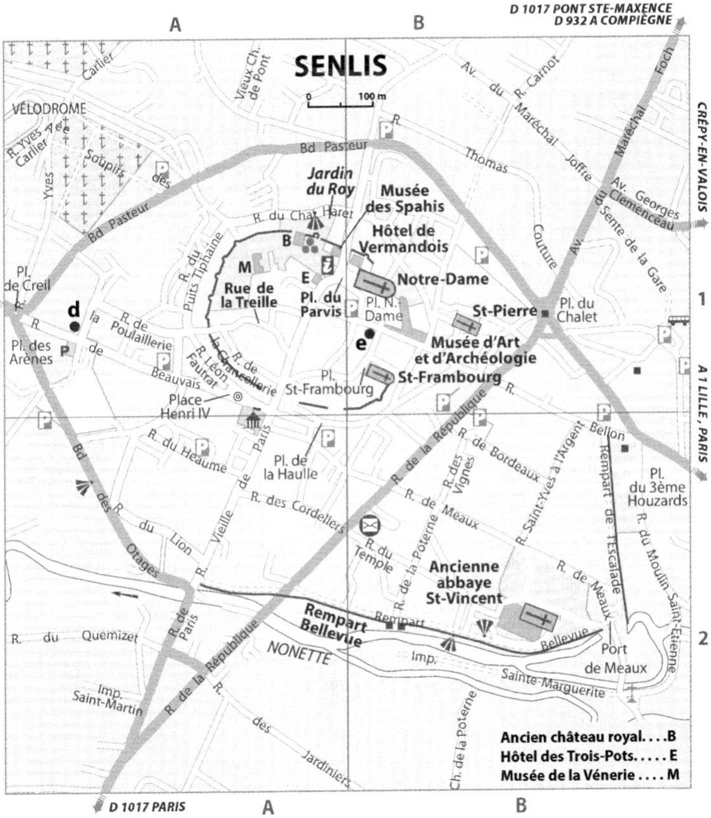

SENNECÉ-LÈS-MÂCON - 71 (Saône-et-Loire) → Voir Mâcon

SENONCHES

⊠ 28250 (Eure-et-Loir) - 3 136 hab. - Alt. 223 m - Carte régionale n° **6**-B1
Paris 115 km - Chartres 38 km - Dreux 38 km - Mortagne-au-Perche 42 km
Carte Michelin 311-C4 - Guide Vert Michelin Normandie Vallée de la Seine

La Pomme de Pin

CUISINE TRADITIONNELLE • **RUSTIQUE** XX On vient dans cet ancien relais de poste pour ses belles spécialités traditionnelles, dont le pâté de Chartres au canard et au foie gras ou le médaillon de ris de veau aux morilles. Le lieu est engageant avec sa belle façade à colombages et l'on découvre, sur l'arrière, un joli parc avec plan d'eau. Chambres simples pour l'étape.

Formule 15 € - Menu 28/48 € - Carte 37/61 €

11 chambres - 52/65 € 65/85 € - 11 €

15 r. Michel-Cauty - 02 37 37 76 62 - www.restaurant-pommedepin.com - Fermé 17-31 juil., 2-8 janv., mardi midi, dim. soir et lundi

La Forêt

CUISINE TRADITIONNELLE • **CONVIVIAL** XX Œuf mollet de la ferme fumé sous cloche, jus de veau infusé au foin bio... Ici, la tradition prend un sacré coup de jeune. Et ce restaurant est à la fois rustique et élégant, ce qui ne gâte rien !

Formule 12 € - Menu 16 € (semaine), 35/51 € - Carte 45/70 €

Hôtel La Forêt, pl. du Champ-de-Foire - 02 37 37 78 50 - www.hoteldelaforet-senonches.com - Fermé 30 déc.-16 janv., le soir du lundi au merc. de nov. à avril, dim. soir et mardi soir de mai à oct.

La Forêt

AUBERGE • **CONTEMPORAIN** Résurrection réussie pour cette jolie maison à colombages. Déco de bon goût dans les chambres, restaurant qui fait monter l'eau à la bouche : le Perche comme on l'aime.

13 chambres - 64/99 € 68/99 € - 10 €

pl. du Champ-de-Foire - 02 37 37 78 50 - www.hoteldelaforet-senonches.com - Fermé 30 déc.-16 janv.

La Forêt - voir les restaurants ci-dessus

SENONES

⊠ 88210 (Vosges) - 2 513 hab. - Alt. 340 m - Carte régionale n° **14**-C2
Paris 392 km - Épinal 57 km - Lunéville 50 km - St-Dié 23 km
Carte Michelin 314-J2

Au Bon Gîte

CUISINE MODERNE • **CONTEMPORAIN** X Sur la place centrale de cette bourgade, ancienne capitale de la principauté de Salm, cette auberge familiale fondée en 1874 abrite aujourd'hui un restaurant sobre et contemporain. La cuisine, actuelle, s'accompagne de quelques préparations traditionnelles : tripes au vin blanc d'Alsace, millefeuille à la vanille Bourbon...

Menu 13 € (déj. en semaine), 21/38 € - Carte 34/59 €

7 chambres - 65 € 65 € - 7 €

3 pl. Vaultrin - 03 29 57 92 46 - www.aubongite.fr - Fermé 27 fév.-20 mars, 4-25 sept., dim. soir et lundi

SENS

⊠ 89100 (Yonne) - 25 106 hab. - Alt. 70 m - Carte régionale n° **4**-B1
Paris 116 km - Auxerre 59 km - Fontainebleau 54 km - Montargis 50 km
Carte Michelin 319-C2 - Guide Vert Michelin Bourgogne

La Madeleine (Patrick Gauthier)

CUISINE MODERNE • CONVIVIAL Nouveau départ en 2017 pour Patrick Gauthier, dont la table doit s'installer dans l'ancienne base nautique de l'île d'Yonne, au bord de la rivière. Le chef, grand passionné, "cuisinier avant tout", continue de présenter lui-même son menu du jour ; il signe une authentique cuisine de produits, très enlevée et pleine de saveurs.

→ Champignons du moment et foie gras de canard poêlés. Bar de ligne à l'huile d'olive des Baux-de-Provence. Mousseline au chocolat guanaja mi-cuit et mi-fondant, coulis de framboise.

Menu 50 € (déj. en semaine), 67/89 €

1 r. Alsace-Lorraine (1er étage) (transfert prévu au printemps au 35 quai Boffrand) – 03 86 65 09 31 (réservation conseillée) – www.restaurant-lamadeleine.fr – Fermé 2 semaines en juin, 2 semaines en août, 2 semaines en déc., mardi midi, dim. et lundi

Le Clos des Jacobins

CUISINE TRADITIONNELLE • CLASSIQUE Tout près de l'Yonne et de la cathédrale, dans un recoin plutôt discret, cette maison bien connue des Sénonais continue de mettre en avant la tradition, dans un cadre sobre et contemporain. On passe un agréable moment.

Formule 23 € – Menu 32/45 € – Carte 36/66 €

49 Gde-Rue – 03 86 95 29 70 – www.restaurantlesjacobins.com – Fermé 9 juil.-1er août, 24 déc.-8 janv., dim. soir, mardi soir et merc.

Au Crieur de Vin

CUISINE TRADITIONNELLE • BISTRO Un bistrot typique, où tradition et convivialité sont de mise. Aux fourneaux, la jeune chef maîtrise bien son sujet : sa cuisine, qui s'articule autour d'une courte carte, se révèle aussi fraîche que spontanée.

Menu 28 € (semaine)/46 € – Carte 30/50 €

1 r. Alsace-Lorraine – 03 86 65 92 80 – www.patrickgauthier.fr – Fermé 2 semaines en juin et en août, 18 déc.-3 janv., mardi midi, dim., lundi et fériés

Cav' S N

VIANDES • ÉPURÉ Ce restaurant à viande est parfaitement dans l'air du temps. On s'y installe au comptoir, face au cuistot, pour savourer de superbes pièces de boucher : bœuf wagyu ou black Angus, cochon noir de Bigorre, agneau du Quercy...

Formule 22 € – Menu 26 € (déj.), 38/60 € – Carte 34/74 €

1 r. Alscace-Lorraine – 03 86 95 01 61 (réservation conseillée) – www.restaurant-cavs.fr

SÉRIGNAN

34410 (Hérault) – 6 836 hab. – Alt. 7 m – Carte régionale n° **12**-C2
Paris 770 km – Béziers 12 km – Montpellier 70 km – Narbonne 39 km
Carte Michelin 339-E9

L'Harmonie

CUISINE MODERNE • TENDANCE Une maison ocre (1800) avec une terrasse au bord de l'Orb, à deux pas de la salle de spectacle La Cigalière. C'est dire qu'ici, on chante toute l'année, avec ou sans bise, mais toujours le plaisir de savoureuses assiettes aux notes méridionales. Et le rapport qualité-prix sait aussi contenter... les fourmis.

Formule 18 € – Menu 25 € (déj. en semaine), 32/85 € – Carte 59/93 €

chemin de la Barque, parking de la Cigalière – 04 67 32 39 30 – www.lharmonie.fr – Fermé sam. midi, dim. soir et lundi

SÉRIGNAN-DU-COMTAT - 84 (Vaucluse) → Voir Orange

SERRE-CHEVALIER

05330 (Hautes-Alpes) - Alt. 2 483 m - Carte régionale n° **21**-C1
Paris 678 km - Briançon 7 km - Gap 95 km - Grenoble 110 km
Carte Michelin 334-H3 - Guide Vert Michelin Alpes du Sud

à Chantemerle - 05330 - Alt. 1 350 m

Les Marmottes

FAMILIAL • MONTAGNARD Une maison d'hôtes dans une station de montagne, ce n'est pas si courant ! Il fait bon hiberner dans cette ancienne ferme au cœur du vieux village : un salon au coin du feu, une grande table d'hôte en bois, de jolies chambres dans l'esprit de la région... Pourquoi skier ou randonner ?

5 chambres - 62/71 € 82/94 € - ½ P

22 r. du Centre - 04 92 24 11 17 - www.chalet-marmottes.com

à Villeneuve-la-Salle - 05240

Le Grand Aigle

TRADITIONNEL • MONTAGNARD Dans un petit hameau au pied des pistes, cet hôtel haut de gamme propose des chambres confortables et bien équipées (coffre-fort, machine à café, etc.), ainsi qu'un agréable bar lounge avec cheminée.

57 chambres - 109/289 € 109/529 € - 3 suites - ½ P

Le Bez, chemin du Cavaillou - 04 92 40 00 90 - www.hotelgrandaigle.com

Rock Noir & Spa

BUSINESS • DESIGN Dans le grand domaine qu'est "Serre-Che", c'est le petit nouveau. Cet hôtel situé au pied des pistes devrait séduire les skieurs - et même les autres ! - avec sa décoration épurée mêlant bois brut, velours et fourrures, influences montagnardes et touches design... Original !

32 chambres - 118/498 € 118/498 € - 18 € - ½ P

1 pl. de l'Aravet - 04 92 25 54 90 - www.rocknoir.fr - Ouvert 30 juin-3 sept. et 16 déc.-16 avril

au Monêtier-les-Bains - 05220 - 1 011 hab. - Alt. 1 480 m

L'Auberge du Choucas

CUISINE TRADITIONNELLE • RUSTIQUE Bienvenue dans cette ancienne étable voûtée, tout en pierres apparentes ! On s'y régale d'une jolie cuisine traditionnelle - montagnarde, mais pas seulement - concoctée avec de bons produits, que l'on accompagne avec quelques crus bien choisis.

Formule 23 € - Menu 29 € (déj.), 32/89 € - Carte 56/83 €

Hôtel L'Auberge de Choucas, 17 r. de la Fruitière - 04 92 24 42 73 - www.aubergeduchoucas.com - Fermé 18 avril-1er juin, 15 oct.-15 déc. et le midi en semaine sauf juil.-août

Maison Alliey

CUISINE MODERNE • MONTAGNARD Dans cet agréable intérieur montagnard et bourgeois, on déguste une cuisine pleine de parfums, variée et inventive, qui fait la part belle au terroir ; on l'accompagne de vins judicieusement sélectionnés par nos hôtes. Cerise sur le gâteau : l'accueil est sympathique !

Menu 37/55 € - Carte environ 47 €

Hôtel Alliey, 11 r. de l'École - 04 92 24 40 02 - www.alliey.com - Ouvert de fin juin à début sept. et de mi-déc. à avril et fermé le midi

L'Auberge du Choucas

TRADITIONNEL · MONTAGNARD Dans ce village typiquement haut-alpin, cette maison du milieu du 17e s. a su préserver une agréable ambiance de pension de famille. Du petit hall aux chambres rustiques, avec leurs boiseries, l'ensemble est bien tenu. Accueil agréable.

12 chambres - 90/200 € 90/330 € - 18 € - ½ P

17 r. de la Fruitière - 04 92 24 42 73 - www.aubergeduchoucas.com - Fermé mai et nov.

L'Auberge du Choucas - voir les restaurants ci-dessus

Alliey

FAMILIAL · MONTAGNARD Une simple maison de village ? Un véritable refuge, charmant et très chaleureux, tout en bois blond... En termes d'agrément, l'espace balnéo n'est pas en reste. Une adresse très recommandable pour un séjour dans cette belle station des Alpes du Sud !

21 chambres - 99/149 € 108/218 € - ½ P

11 r. de l'École - 04 92 24 40 02 - www.alliey.com - Ouvert de fin juin à début sept. et de mi-déc. à avril

Maison Alliey - voir les restaurants ci-dessus

SERRIÈRES

07340 (Ardèche) - 1 133 hab. - Alt. 140 m - Carte régionale n° **24**-E2

Paris 514 km - Annonay 16 km - Privas 91 km - St-Étienne 55 km

Carte Michelin 331-K2 - Guide Vert Michelin Ardèche Drôme

Schaeffer

CUISINE CLASSIQUE · ÉLÉGANT Une bonne table face au pont à haubans qui enjambe le Rhône : dans un élégant décor d'inspiration contemporaine, on déguste des recettes réalisées avec savoir-faire, accompagnées d'une magnifique sélection de côtes-du-rhône. Chambres confortables pour l'étape.

Formule 26 € - Menu 39/95 € - Carte 56/74 €

15 chambres - 68/100 € 80/125 € - 11 €

D86 - 04 75 34 00 07 - www.hotel-schaeffer.com - Fermé 1er-8 mai, 1er-15 août, 2-15 janv., sam. midi, dim. soir et lundi

SERVON

50170 (Manche) - 258 hab. - Alt. 25 m - Carte régionale n° **17**-A3

Paris 352 km - Avranches 15 km - Dol-de-Bretagne 30 km - St-Lô 72 km

Carte Michelin 303-D8

Auberge du Terroir

CUISINE TRADITIONNELLE · RUSTIQUE L'ancienne école de filles et l'ex-presbytère de Servon (fin 18e s.) prêtent désormais leurs murs à cette charmante auberge champêtre, où l'on se régale d'une cuisine traditionnelle bien gourmande. Pour l'étape, des chambres coquettes et champêtres.

Menu 23/46 € - Carte 34/80 €

6 chambres - 65/95 € 68/95 € - 10 €

Le Bourg - 02 33 60 17 92 (réservation conseillée) - Fermé 2-13 mars, 18 nov.-10 déc., jeudi midi, sam. midi et merc.

SESSENHEIM

67770 (Bas-Rhin) - 2 190 hab. - Alt. 120 m - Carte régionale n° **1**-B1

Paris 497 km - Haguenau 18 km - Strasbourg 39 km - Wissembourg 44 km

Carte Michelin 315-L4

✿ Auberge au Bœuf (Yannick Germain)

CUISINE MODERNE · COSY XXX On est forcément séduit par cette auberge alsacienne, avec ses bancs d'église, son petit musée dédié à Goethe... et son chef, la 4e génération de la famille ! Il propose une délicate cuisine de saison, tout en finesse et en maîtrise, en se basant sur des produits choisis avec soin. Accueil et service charmants.

→ Œuf parfait en croûte de pain, truffe. Queue de homard de casier cuite à basse température, pinces en timbale de spaghettis. Abricot rôti à l'huile d'olive et au romarin dans l'esprit d'une tarte sablée destructurée.

Menu 35 € (déj. en semaine), 55/85 € - Carte 73/91 €

1 r. de l'Église - ✆ 03 88 86 97 14 - www.auberge-au-boeuf.fr - Fermé 3-18 juil., 1er-17 janv., lundi et mardi

SÈTE

✉ 34200 (Hérault) - 44 558 hab. - Alt. 4 m - Carte régionale n° **12**-C2

▶ Paris 787 km - Béziers 48 km - Lodève 63 km - Montpellier 35 km

Carte Michelin 339-H8

✿ La Coquerie (Anne Majourel)

CUISINE MODERNE · ÉPURÉ X Une petite maison chic et contemporaine, avec la Méditerranée pour horizon... Tel est le repaire d'Anne Majourel, qui prend toujours plaisir à nous régaler d'une cuisine délicate et savoureuse - en lien direct avec le marché et la criée. Que de parfums !

→ Tataki de thon fumé et glace au parmesan. Filet de dorade sauvage cuit sous la peau, aubergine rôtie au thym, olives noires et aneth. Craquelin de framboises, verveine, caramel et sorbet.

Menu 65 € - menu unique

Plan : A3-s - *1 chemin du Cimetière-Marin - ✆ 06 47 06 71 38 (réservation conseillée) - www.annemajourel.fr - Fermé 2 semaines en fév., 1 semaine en mai et en sept., déc., lundi, mardi et merc. d'oct. à mai, le midi de juin à sept. et dim. soir*

Quai 17 (N)

CUISINE MODERNE · CLASSIQUE XX On s'installe dans une salle bourgeoise, sous des lustres à pampilles, pour déguster une cuisine de saison méditerranéenne qui fait la part belle au poisson. On peut citer par exemple ces goujonnettes de lotte, ou ce risotto de homard à la sétoise. Quand la magie de Sète s'invite dans l'assiette.

Formule 22 € 🍷 - Menu 30/47 € - Carte 43/72 €

Plan : A2-t - *Le Grand Hôtel, 17 quai Mar.-de-Lattre-de-Tassigny - ✆ 04 67 74 71 91 - www.legrandhotelsete.com - Fermé 18 déc.-1er janv., le midi en août, sam. midi et dim.*

Paris Méditerranée

CUISINE MODERNE · BISTRO X L'enseigne rend hommage à Brassens, né à Sète, mais aussi au chef, originaire de Paris, ainsi qu'à son épouse sétoise. Ici, on réinvente les recettes locales selon l'humeur du chef et la pêche du jour. À deux pas, le bar à tapas Le Barbu, tenu par le même propriétaire, est très recommandable.

Formule 28 € - Menu 32/50 €

Plan : B2-p - *47 r. Pierre-Semard - ✆ 04 67 74 97 73 - Fermé 5-19 fév., sam. midi, dim. et lundi*

Le Petit Bistrot

CUISINE TRADITIONNELLE · SIMPLE X Un petit bistrot d'aujourd'hui, chaleureux et convivial, où les habitués aiment à se retrouver autour d'un patron plein de verve. Bons petits plats traditionnels : huîtres du bassin, supions à la plancha, salade d'artichaut et tartare de thon, entre autres.

Formule 20 € 🍷 - Menu 32 € - Carte 28/97 €

Hors plan - *14 rte de la Corniche-de-Neubourg - ✆ 04 99 02 43 89 - Fermé dim. soir et lundi*

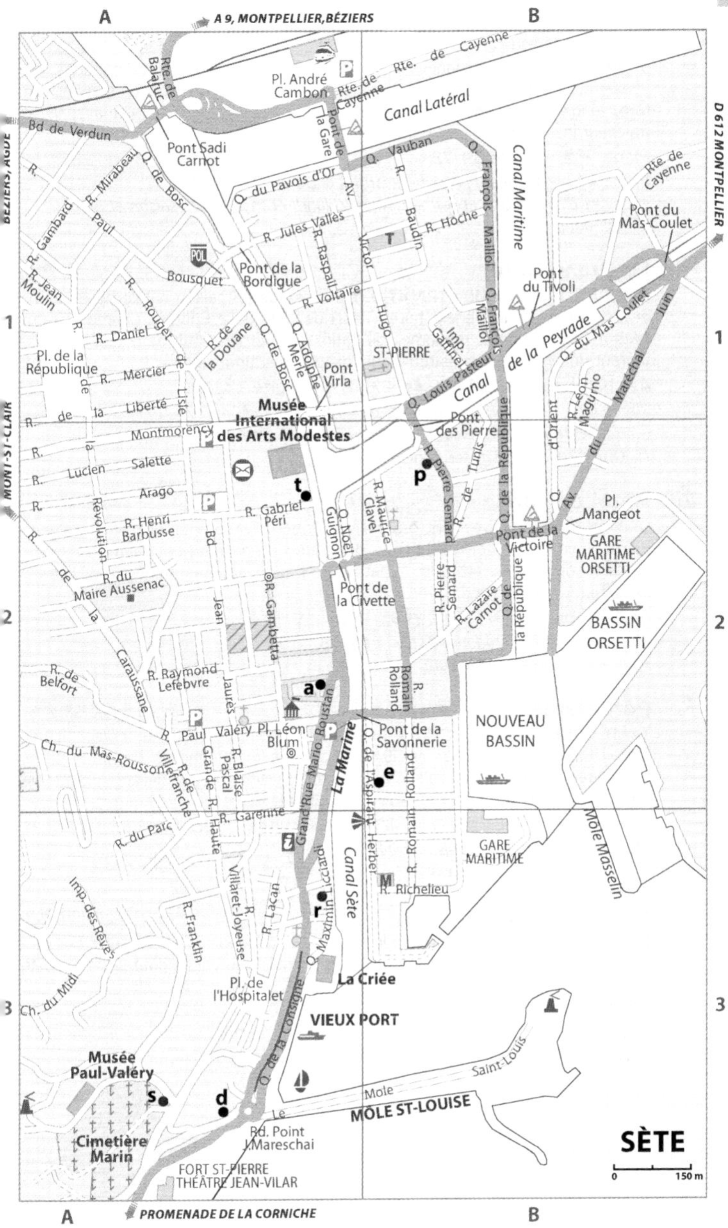
SÈTE
0 150 m
A
B
1
2
3
A 9, MONTPELLIER, BÉZIERS
D 612 MONTPELLIER
PROMENADE DE LA CORNICHE
MONT-ST-CLAIR
Pl. André Cambon
Rte. de Cayenne
Canal Latéral
Bd de Verdun
Rte. de Balaruc
Pont Sadi Carnot
Pont de la Gare
Q. Vauban
Q. du Pavois d'Or
Q. de Bosc
R. Mirabeau
R. Paul
R. Gambard
R. Jean Moulin
R. Jules Vallès
R. Baudin
R. Hoche
R. Raspail
R. Voltaire
Av. Victor Hugo
Q. François Maillol
Canal Maritime
Pont du Mas-Coulet
Rte. de Cayenne
Pont du Tivoli
Canal de la Peyrade
Q. du Mas Coulet
Av. du Maréchal Juin
Bousquet
Pont de la Bordigue
R. Rouget de Lisle
R. Daniel
R. de la Douane
Q. Adolphe Merle
Pl. de la République
R. Mercier
R. de la Liberté
Montmorency
Pont Virla
ST-PIERRE
Imp. Gaffinel
Q. Louis Pasteur
Musée International des Arts Modestes
Pont des Pierre
R. Léon Magurno
Q. d'Orient
R. Lucien Salette
R. Arago
R. de la Révolution
R. Gabriel Péri
R. Pierre Semard
R. de Tunis
Q. de la République
R. Henri Barbusse
Bd Jean Jaurès
Q. Noël Guignon
R. Maurice Clavel
Pont de la Victoire
Pl. Mangeot
GARE MARITIME ORSETTI
R. du Maire Aussenac
R. de la Caraussane
R. Gambetta
Pont de la Civette
R. Pierre Semard
R. Lazare Carnot
BASSIN ORSETTI
R. de Belfort
R. Raymond Lefebvre
R. Romain Rolland
R. Paul Valéry
Pl. Léon Blum
Grand'Rue Mario Roustan
La Marine
Pont de la Savonnerie
NOUVEAU BASSIN
Ch. du Mas-Rousson
R. de Villefranche
Grande R. Haute
R. Blaise Pascal
Q. de l'Aspirant Herber
R. Garenne
R. du Parc
Canal Sète
R. Romain Rolland
GARE MARITIME
Môle Masselin
Imp. des Rêves
R. Franklin
R. Villaret-Joyeuse
R. Lacan
Q. Maximin Licciardi
R. Richelieu
La Criée
Pl. de l'Hospitalet
Ch. du Midi
VIEUX PORT
Q. de la Consigne
Musée Paul-Valéry
Cimetière Marin
Le Mole Saint-Louis
MÔLE ST-LOUISE
Rd. Point J. Mareschal
FORT ST-PIERRE
THÉÂTRE JEAN-VILAR

La Senne (N)

POISSONS ET FRUITS DE MER • CONVIVIAL Cette affaire, tenue par une famille de thoniers depuis les années 1950, propose un superbe étal de poissons, qui évolue au gré des arrivages. Ici, la spécialité, c'est le thon rouge, en sashimi, tartare, ventrèche, etc. mais aussi les fruits de mer et crustacés. Service avenant et fraîcheur incomparable : un régal.

Menu 25 € - Carte 39/78 €

Plan : A3-r - *40 quai Maximin-Liciardi - ✆ 04 67 53 01 91 - Ouvert d'avril à oct. et fermé dim. soir, lundi et mardi hors saison et le midi en juil.-août*

Le Grand Hôtel

DEMEURE HISTORIQUE • TRADITIONNEL Près de la maison natale de Brassens et face au canal, un élégant hôtel (1882) de style Belle Époque. Chambres raffinées mêlant ancien et moderne, joli patio sous verrière. Cuisine actuelle au restaurant décoré de fresques retraçant l'histoire maritime sétoise.

42 chambres - †95/148 € ††95/148 € - 1 suite - ☕ 11 €

Plan : A2-t - *17 quai Mar.-de-Lattre-de-Tassigny - ✆ 04 67 74 71 77 - www.legrandhotelsete.com - Fermé 18 déc.-1er janv.*

Quai 17 - voir les restaurants ci-dessus

Hôtel de Paris

URBAIN • DESIGN Avec des œuvres de Robert Combas et une sirène signée Pierre Nocca, cet hôtel-restaurant a des allures de galerie ! Les chambres jouent la carte de la zen attitude : matériaux bruts, couleurs minérales... Espace détente.

36 chambres - †87/109 € ††95/179 € - ☕ 10 €

Plan : A2-a - *2 r. Frédéric-Mistral - ✆ 04 67 18 00 18 - www.hoteldeparis-sete.com*

Port Marine

TRADITIONNEL • FONCTIONNEL Architecture moderne face au môle St-Louis d'où L'Exodus prit la mer en 1947. Chambres fonctionnelles (préférez celles qui ouvrent sur la mer) et solarium sur le toit. Cuisine traditionnelle servie au restaurant ou sur la terrasse avec vue sur la Grande Bleue.

49 chambres - †81/189 € ††81/189 € - 6 suites - ☕ 12 € - ½ P

Plan : A3-d - *Môle St-Louis - ✆ 04 67 74 92 34 - www.hotel-port-marine.com*

L'Orque Bleue

FAMILIAL • CONTEMPORAIN Sur les quais, bel immeuble en pierre avec des balcons en fer forgé. Chambres confortables à choisir au calme côté patio ou côté canal pour découvrir les joutes sétoises !

30 chambres - †78/135 € ††78/135 € - ☕ 10 €

Plan : B2-e - *10 quai Aspirant-Herber - ✆ 04 67 74 72 13 - www.hotel-orquebleue-sete.com - Fermé 3-22 janv.*

SEVENANS - 90 (Territoire de Belfort) → Voir Belfort

SÉVRIER - 74 (Haute-Savoie) → Voir Annecy

LA SEYNE-SUR-MER

✉ 83500 (Var) - 63 902 hab. - Alt. 3 m - Carte régionale n° **21**-B3

▶ Paris 830 km - Aix-en-Provence 81 km - La Ciotat 32 km - Marseille 60 km

Carte Michelin 340-K7 - Guide Vert Michelin Côte d'Azur

Voir plan de Toulon

Kyriad Prestige

BUSINESS • FONCTIONNEL Parfait pour un séjour professionnel ou un week-end, cet hôtel contemporain ancré sur le port mêle verre et bois. Inspirés par les anciens chantiers navals de la cité, ses décors se révèlent chaleureux, mais son principal atout, c'est la vue sur la rade de Toulon ! Belle carte de cocktails au bar.

93 chambres - 70/230 € 70/230 € - 1 suite - 14 €

Plan : A2-k - *1 quai du 19-Mars-1962 (au port) - 04 94 05 34 00 - www.hotel-kyriad-prestige-toulon-lssm.com*

à Fabrégas 4 km au Sud par rte de St-Mandrier et rte secondaire - 83500

Chez Daniel et Julia - Restaurant du Rivage

POISSONS ET FRUITS DE MER • VINTAGE XX Daniel et Julia, père et fille, sont l'âme de cette institution nichée dans une charmante crique. En terrasse, à l'ombre des tamaris, on déguste bouillabaisse, pignate (ragoût aux fruits de mer), bourride - sur commande - ou poissons grillés. Une maison historique, qui tient son rang au cœur du Midi !

Menu 45/98 € - Carte 53/140 €

- 04 94 94 85 13 - www.chezdanieletjulia.com - Fermé 3 semaines en nov., dim. soir de sept. à juin et lundi sauf le soir en juil.-août

SEYSSINS - 38 (Isère) → Voir Grenoble

SÉZANNE

51120 (Marne) - 5 160 hab. - Alt. 137 m - Carte régionale n° **7**-B2

Paris 116 km - Châlons-en-Champagne 59 km - Meaux 78 km - Melun 89 km

Carte Michelin 306-E10 - Guide Vert Michelin Champagne Ardenne

Le Relais Champenois

CUISINE TRADITIONNELLE • RUSTIQUE XX Gourmande et rustique, c'est ainsi que ce Relais conçoit la tradition régionale. Fricassée d'escargots aux orties sauvages, andouillette de Troyes à la moutarde, gratin de fruits au sabayon de champagne… Une cuisine généreuse, ancrée dans le terroir local, à déguster sans modération.

Formule 21 € - Menu 26/62 € - Carte 40/54 €

157 r. Notre-Dame - 03 26 80 58 03 - www.relaischampenois.com - Fermé 1er-15 août, 20 déc.-5 janv. et dim. soir

Le Relais Champenois

AUBERGE • FONCTIONNEL De relais de poste, cet établissement est devenu une auberge de campagne joliment fleurie. Les chambres sont confortables et bien tenues ; pour ceux qui ont besoin d'espace, direction la suite familiale sous les combles… avec la climatisation !

19 chambres - 46/90 € 50/120 € - 13 €

157 r. Notre-Dame - 03 26 80 58 03 - www.relaischampenois.com - Fermé 1er-15 août et 20 déc.-5 janv.

Le Relais Champenois - voir les restaurants ci-dessus

à Mondement-Montgivroux 12 km par D951 et D439 - 51120 - 40 hab. - Alt. 188 m

Domaine de Montgivroux

TRADITIONNEL • PERSONNALISÉ Une ancienne ferme champenoise du 17e s. transformée en hôtel. Sa cour pavée, sa jolie piscine, ses jardins, ses chambres spacieuses et confortables… Ce lieu est une invitation au repos et à la détente. Le tout à proximité des domaines viticoles.

21 chambres - 70/100 € 80/230 € - 3 suites - 11 €

- 03 26 42 06 93 - www.audomainedemontgivroux.com - Ouvert de mai à oct.

SIERCK-LES-BAINS

57480 (Moselle) - 1 681 hab. - Alt. 147 m - Carte régionale n° **14**-C1

Paris 355 km - Luxembourg 40 km - Metz 46 km - Thionville 17 km

Carte Michelin 307-J2

à Montenach 3,5 km au Sud-Est sur D956 – 57480 – 430 hab. – Alt. 200 m

Auberge de la Klauss

CUISINE TRADITIONNELLE • RUSTIQUE Un délicieux petit coin de campagne ! Dans cette ferme du 19e s., palmipèdes et cochons s'ébattent en plein air... avant de finir en cochonnailles, foie gras, magret, etc. Une cuisine du terroir à déguster dans un décor rustique et que l'on retrouve dans la boutique attenante.

Menu 19/60 € – Carte 30/70 €

Hôtel Le Domaine de la Klauss, 1 rte de Kirschnaumen – 03 82 83 72 38 – www.auberge-de-la-klauss.com – Fermé 24 déc.-7 janv. et lundi

Le Domaine de la Klauss

SPA ET BIEN-ÊTRE • PERSONNALISÉ Un belle propriété située à quelques kilomètres seulement de la frontière commune entre l'Allemagne, le Luxembourg et la France. Maisons en pierre naturelle, chambres chic et spacieuses, joli spa... Un lieu débordant de charme.

24 chambres – 125/175 € 145/235 € – 3 suites – 15 €

2 imp. du Klaussberg – 03 82 83 19 75 – www.domainedelaklauss.com – Fermé 24 déc.-7 janv.

Auberge de la Klauss – voir les restaurants ci-dessus

SIERENTZ

68510 (Haut-Rhin) – 3 244 hab. – Alt. 270 m – Carte régionale n° **1**-A3
Paris 487 km – Altkirch 19 km – Basel 18 km – Belfort 65 km
Carte Michelin 315-I11

Auberge St-Laurent (Laurent Arbeit)

CUISINE MODERNE • AUBERGE Ce relais de poste du 18e s. est une institution locale, authentique et élégante. Aux fourneaux, Laurent Arbeit compose une cuisine harmonieuse et fine, aux saveurs bien équilibrées. Du travail d'orfèvre... Et pour prolonger l'étape, les chambres sont mignonnes et douillettes.

→ Escalope de foie gras braisée à la bière, marmelade de mûre et betterave comme un ketchup. Dos de sandre en croûte de bretzel, cuisses de grenouilles en beignets et légumes mijotés. Soufflé chaud au Grand Marnier, glace à la fleur d'oranger.

Formule 33 € – Menu 45/86 € – Carte 70/85 €

10 chambres – 100/120 € 120/150 € – 15 €

1 r. de la Fontaine – 03 89 81 52 81 – www.auberge-saintlaurent.fr – Fermé 20 fév.-2 mars, 16 juil.-2 août, 18-27 sept., lundi et mardi

Winstub À Côté

CUISINE MODERNE • WINSTUB Dans le prolongement de l'Auberge St-Laurent, cette winstub joue la carte alsacienne – tarte flambée au saumon d'Écosse mariné, spaetzles maison façon "grand-mère" – dans un décor franchement contemporain (mobilier et luminaires design, comptoir en cuivre). Attention : c'est souvent complet.

Menu 20 € (déj. en semaine)/27 € – Carte 32/55 €

2 r. Rogg-Haas – 09 83 37 16 80 – www.auberge-saintlaurent.fr – Fermé 20 fév.-2 mars, 16 juil.-1er août, lundi et mardi

SIGNY-LE-PETIT

08380 (Ardennes) – 1 293 hab. – Alt. 238 m – Carte régionale n° **7**-B1
Paris 228 km – Châlons-en-Champagne 168 km – Charleville-Mézières 37 km – Hirson 15 km
Carte Michelin 306-H3 – Guide Vert Michelin Champagne Ardenne

Au Lion d'Or

TRADITIONNEL · FONCTIONNEL Un ancien relais de poste, face à l'église de Signy. Les chambres, réparties entre la bâtisse principale et une dépendance, sont classiques et bien tenues, avec un petit côté rustique que l'on retrouve aussi au restaurant. Chouette (l'emblème de la maison), on est tout près de la forêt !

18 chambres - †74/120 € ††74/120 € - ☕10 € - ½ P

pl. de l'Église - ✆ 03 24 53 51 76 - www.lahulotte-auliondor.fr - Fermé 4-20 août et 22 déc.-14 janv.

SILLERY - 51 (Marne) → Voir Reims

SISTERON

✉ 04200 (Alpes-de-Haute-Provence) - 7 360 hab. - Alt. 490 m - Carte régionale n° **21**-B2

▶ Paris 704 km - Barcelonnette 100 km - Digne-les-Bains 40 km - Gap 52 km

Carte Michelin 334-D7 - Guide Vert Michelin Alpes du Sud

Grand Hôtel du Cours

FAMILIAL · RÉGIONAL Tenu par la même famille depuis 1900, cet hôtel se trouve en plein centre historique, entre deux tours d'enceinte du 14e s. ! Préférez les chambres, plus calmes et spacieuses, sur l'arrière du bâtiment. Au restaurant, on apprécie la cuisine traditionnelle.

45 chambres - †71/82 € ††81/130 € - 5 suites - ☕12 € - ½ P

pl. de l'Église - ✆ 04 92 61 04 51 - www.hotel-lecours.com - Ouvert 20 mars-3 nov.

SOCHAUX

✉ 25600 (Doubs) - 4 002 hab. - Alt. 310 m - Carte régionale n° **9**-C1

▶ Paris 478 km - Audincourt 5 km - Belfort 18 km - Besançon 77 km

Carte Michelin 321-L1 - Guide Vert Michelin Franche-Comté Jura

Voir plan de Montbéliard agglomération.

Arianis

BUSINESS · FONCTIONNEL À deux pas du musée Peugeot, cet établissement a été entièrement rénové en 2013. Le décor est contemporain du hall jusqu'aux chambres, relativement spacieuses et bien équipées. Cuisine classique au restaurant.

68 chambres - †59/84 € ††59/84 € - ☕10 € - ½ P

Plan : B1-u - *11 av. du Gén.-Leclerc - ✆ 03 81 32 17 17 - www.arianis.fr - Fermé 1er-21 août et 24 déc.-2 janv.*

à Étupes 4 km par D663 et D437 - ✉ 25460 - 3 581 hab. - Alt. 337 m

Au Fil des Saisons

CUISINE MODERNE · DESIGN XX Dans la jolie maison de Stéphane et Fabienne Robinne, le fil des saisons est bien sûr un leitmotiv, mais pas seulement : les beaux produits sont à l'honneur, mis en valeur à travers de judicieuses harmonies de saveurs et une certaine recherche esthétique. Respect de la tradition et sensibilité d'aujourd'hui !

Formule 26 € - Menu 30/40 € 🍷 - Carte 34/64 €

3 r. de la Libération - ✆ 03 81 94 17 12 - www.aufildessaisons.eu - Fermé 3 semaines en août, 24 déc.-6 janv., sam. midi, dim. et lundi

SOCOA - 64 (Pyrénées-Atlantiques) → Voir St-Jean-de-Luz

SOCX

✉ 59380 (Nord) - 939 hab. - Alt. 24 m - Carte régionale n° **16**-B1

▶ Paris 287 km - Calais 52 km - Dunkerque 20 km - Lille 64 km

Carte Michelin 302-C2

Au Steger

CUISINE TRADITIONNELLE • AUBERGE XX De génération en génération, cette table traditionnelle s'est forgée une belle réputation dans la région. Le chef est passionné par le vin et les terroirs, et il aime partager ses découvertes... Le tout s'apprécie dans un cadre résolument contemporain et une ambiance conviviale. Une adresse pleine de dynamisme !

Formule 15 € - Menu 19 € (déj. en semaine), 27/50 € - Carte 34/57 €

27 rte de St-Omer - 03 28 68 20 49 - www.restaurant-lesteger.com - Fermé 3 semaines en août et le soir sauf sam.

SOISSONS

02200 (Aisne) - 28 309 hab. - Alt. 47 m - Carte régionale n° **19**-C2

Paris 102 km - Compiègne 39 km - Laon 37 km - Reims 59 km

Carte Michelin 306-B6

Relais des Vignes

CUISINE MODERNE • BRASSERIE XX Dans un agréable décor façon brasserie chic, on apprécie une bonne cuisine de saison avec, par exemple, un menu du marché et des spécialités bistrotières concoctés avec des produits frais.

Formule 19 € - Menu 25 € (déj. en semaine), 30/40 € - Carte 34/50 €

Hôtel des Francs, 62 bd Jeanne-d'Arc - 03 60 71 40 00 - www.hoteldesfrancs.fr

Hôtel des Francs

BUSINESS • CONTEMPORAIN Une étape de choix sur les hauteurs de Soissons, face à l'ancienne abbaye de St-Jean-des-Vignes. Cet hôtel récent allie démarche écologique (normes HQE), décor contemporain et bons équipements. Un endroit séduisant, qui conviendra parfaitement à la clientèle d'affaires.

70 chambres - 109/189 € 109/189 € - 14 €

62 bd Jeanne-d'Arc - 03 60 71 40 00 - www.hoteldesfrancs.fr

Relais des Vignes - voir les restaurants ci-dessus

SOLENZARA - 2A (Corse-du-Sud) → Voir Corse

SOLESMES - 72 (Sarthe) → Voir Sablé-sur-Sarthe

SOLIGNAC

87110 (Haute-Vienne) - 1 507 hab. - Alt. 251 m - Carte régionale n° **13**-B2

Paris 400 km - Bourganeuf 55 km - Limoges 10 km - Nontron 70 km

Carte Michelin 325-E6 - Guide Vert Michelin Limousin Berry

St-Éloi

FAMILIAL • CONTEMPORAIN À côté de l'abbaye du village, une maison ancienne fort avenante... Du caractère, des chambres aux teintes ensoleillées (deux avec terrasse et bain balnéo) et une atmosphère familiale : très sympathique !

14 chambres - 85/109 € 85/109 € - 12 € - ½ P

66 av. St-Éloi - 05 55 00 44 52 - www.lesainteloi.fr - Fermé 12-26 mars et 10-24 sept.

SOLLIÈS-VILLE

83210 (Var) - 2 422 hab. - Alt. 207 m - Carte régionale n° **21**-C3

Paris 855 km - Marseille 80 km - Toulon 15 km

Carte Michelin 340-L6

L'Instant Culinaire N

CUISINE MODERNE • SIMPLE X Ne vous fiez pas aux apparences ! Sous des abords assez peu glamours, cette ancienne menuiserie se révèle un séduisant restaurant. Un couple attachant est aux commandes : elle, en salle, assure un service tout sourire ; lui, aux fourneaux, travaille avec simplicité les meilleurs produits des environs.

Formule 16 € - Menu 32/61 € - Carte 50/65 €

imp. des Messugues, RN 97 (quartier la Roumiouve) - 04 94 66 67 70 - Fermé dim. soir, lundi et mardi

SOLUTRÉ-POUILLY

✉ 71960 (Saône-et-Loire) - 365 hab. - Alt. 495 m - Carte régionale n° **4**-C3

▶ Paris 409 km - Dijon 139 km - Lyon 76 km - Mâcon 10 km

Carte Michelin 320-I12

La Courtille de Solutré

CUISINE TRADITIONNELLE • CONVIVIAL Une jolie maison de pays, sa charmante terrasse à l'ombre d'un vieux marronnier... et ce jeune chef basque dynamique, qui travaille avec passion de fort bons produits. Foie gras poêlé façon pot-au-feu arrosé d'un bouillon thaï, velouté de homard au combava... Le tout accompagné d'une belle sélection de pouilly-fuissé !

Menu 24 € (déj.), 40/44 € - Carte 35/55 €

rte de la Roche - ✆ 03 85 35 80 73 - www.lacourtilledesolutre.fr - Fermé 1 semaine en août, 1 semaine en nov., 1 semaine vacances de Noël, dim. soir sauf en juil.-août, lundi et mardi

La Courtille de Solutré

FAMILIAL • PERSONNALISÉ Au pied de la Roche de Solutré, cette demeure tout en pierre distille le charme d'une maison de village. Entre esprit rétro, objets chinés et notes contemporaines, la déco des chambres est une réussite ; on y fait escale avec plaisir, avec vue sur les vignes.

6 chambres - †90/110 € ††90/110 € - ☕ 12 €

rte de la Roche
- ✆ 03 85 35 80 73 - www.lacourtilledesolutre.fr - Fermé 1 semaine en août, 1 semaine en nov. et 1 semaine vacances de Noël

La Courtille de Solutré - voir les restaurants ci-dessus

SOMMIÈRES

✉ 30250 (Gard) - 4 529 hab. - Alt. 34 m - Carte régionale n° **12**-C2

▶ Paris 734 km - Montpellier 35 km - Nîmes 29 km

Carte Michelin 339-J6

Chez Tibère

CUISINE TRADITIONNELLE • BISTRO Machines à coudre, tables de tailleur... Ce bistrot contemporain joue la carte post-industrielle version textile ! Point de cuisine cousue de fil blanc pour autant ; au contraire, des spécialités de brasserie concoctées à grand renfort de produits frais. Un conseil : ne passez pas à côté des pâtisseries maison.

Formule 16 € - Menu 30 € - Carte 30/45 €

1 r. Compane (parking du Vidourle) - ✆ 04 66 51 32 72 - Fermé vacances de Février et de la Toussaint, dim. et lundi

SONDERNACH

✉ 68380 (Haut-Rhin) - 653 hab. - Alt. 540 m - Carte régionale n° **1**-A2

▶ Paris 466 km - Colmar 27 km - Gérardmer 41 km - Guebwiller 39 km

Carte Michelin 315-G9

À l'Orée du Bois

CUISINE TRADITIONNELLE • RUSTIQUE Au-dessus du village, ce restaurant rustique (boiseries, poêle en faïence) vaut pour sa cuisine traditionnelle simple (tartes flambées, fondues...) et sa grande terrasse donnant sur la vallée. Pour l'étape, on propose des chambres d'esprit chalet, plutôt fonctionnelles et bon marché.

Formule 10 € - Menu 15 € (déj. en semaine)/39 € - Carte 25/44 €

7 chambres - †59 € ††76 € - ☕ 6 €

4 rte du Schnepfenried - ✆ 03 89 77 70 21 - www.oredubois.com - Fermé 26 juin-3 juil., 3 semaines en janv., merc. midi et mardi

SOPHIA-ANTIPOLIS - 06 (Alpes-Maritimes) ➔ Voir Valbonne

SORBIERS - 42 (Loire) ➔ Voir St-Étienne

SORGES

✉ 24420 (Dordogne) - 1 334 hab. - Alt. 178 m - Carte régionale n° **2**-C1
▶ Paris 463 km - Brantôme 24 km - Limoges 77 km - Nontron 36 km
Carte Michelin 329-G4 - Guide Vert Michelin Périgord Quercy

Auberge de la Truffe

CUISINE RÉGIONALE • FAMILIAL XX Le "diamant noir" est roi en Périgord blanc, et plus encore en cette auberge classique, où il est la star d'un menu spécial, incontournable pour les amateurs ! Plus largement, le terroir et les belles recettes classiques sont à l'honneur, à l'image de ce lièvre à la royale cuisiné dans les règles de l'art...

Formule 15 € - Menu 20 € (semaine), 27/115 € - Carte 35/90 €

par N21 - ✆ 05 53 05 02 05 - www.auberge-de-la-truffe.com - Fermé dim. soir du 6 nov. au 9 avril, lundi midi et merc. midi

Auberge de la Truffe

TRADITIONNEL • FONCTIONNEL À proximité de la Maison de la Truffe, cette auberge est une véritable institution locale ! Confortables et plutôt spacieuses, les chambres arborent des décors variés, du plus classique au plus contemporain, certaines ouvrant de plain-pied sur le jardin.

20 chambres - †62/115 € ††67/133 € - ☕ 12 € - ½ P

par N21 - ✆ 05 53 05 02 05 - www.auberge-de-la-truffe.com

Auberge de la Truffe - voir les restaurants ci-dessus

SORGUES

✉ 84700 (Vaucluse) - 18 473 hab. - Alt. 24 m - Carte régionale n° **22**-E1
▶ Paris 672 km - Avignon 12 km - Carpentras 20 km - Cavaillon 34 km
Carte Michelin 332-C9

La Table de Sorgues

CUISINE TRADITIONNELLE • ÉLÉGANT XXX Au cœur de la localité, une belle maison de maître (1891) avec une terrasse dans une cour ombragée par deux grands pins. Idéal pour déguster de savoureux plats de saison, sans cesse réinventés au gré de l'inspiration du chef. Très belle sélection de Châteauneuf-du-Pape.

Menu 33 € (déj. en semaine), 38/53 €

12 r. du 19-Mars-1962 (pl. de l'Hôtel-de-Ville) - ✆ 04 90 39 11 02 (réservation conseillée) - www.latabledesorgues.fr - Fermé 14 août-4 sept., 24 déc.-7 janv., dim. et lundi

SOTTEVILLE-SUR-MER

✉ 76740 (Seine-Maritime) - 355 hab. - Alt. 60 m - Carte régionale n° **17**-C1
▶ Paris 191 km - Dieppe 26 km - Fontaine-le-Dun 11 km - Rouen 60 km
Carte Michelin 304-E2

Les Embruns

CUISINE TRADITIONNELLE • RUSTIQUE XX Lorsqu'il y a trop d'embruns, partez vous réfugier dans cette petite maison typique de la région, juste à côté de l'église. Dans un cadre rustique, on apprécie la bonne cuisine traditionnelle d'un couple sympathique et consciencieux. Ici, indéniablement, le terroir a la part belle !

Formule 23 € - Menu 36/52 €

4 pl. de la Libération (près de l'église) - ✆ 02 35 97 77 99 - www.restaurantlesembruns.fr - Fermé 3-16 oct., 9 janv.-8 fév., dim. soir, lundi et mardi

SOUDORGUES

✉ 30460 (Gard) - 292 hab. - Alt. 360 m - Carte régionale n° **12**-C2

▶ Paris 694 km - Mende 91 km - Montpellier 72 km - Nîmes 66 km

Carte Michelin 339-H4

La Balade Gourmande Ⓝ

CUISINE TRADITIONNELLE • AUBERGE X Situé au milieu de nulle part, à 500 m d'altitude, ce restaurant tenu par une chef autodidacte ne désemplit pas. L'équation gagnante ? Des produits de saison, de la générosité, une jolie salle voûtée en pierre... le tout pour un rapport qualité-prix imbattable. Et pour les amateurs, deux boulodromes. Réservez !

Menu 23/29 € - Carte 30/36 €

pl. du Village - ✆ 04 66 85 43 94 (réservation conseillée) - www.labaladegourmande.fr - Fermé déc.-fév., lundi et merc. de mars à mai et le mardi

SOUILLAC

✉ 46200 (Lot) - 3 615 hab. - Alt. 104 m - Carte régionale n° **15**-B1

▶ Paris 516 km - Brive-la-Gaillarde 39 km - Cahors 68 km - Figeac 74 km

Carte Michelin 337-E2

Le Sanglier Qui Parle Ⓝ

CUISINE MODERNE • TENDANCE X Sur la place de l'Abbaye Sainte-Marie, ce sympathique restaurant de poche tenu par un chef autodidacte (ancien designer industriel !) propose une courte ardoise de cuisine du marché (terrine maison, pavé de cabillaud, rhubarbe-fraises-meringue), que l'on déguste dans un cadre chaleureux, et vintage.

Formule 18 € - Menu 25/32 €

pl. Pierre-Betz - ✆ 09 67 60 18 77 - Fermé 1 semaine en avril, 19 août-6 sept., 1 semaine à Noël, sam. midi, dim. soir, lundi et mardi

Le Pavillon St-Martin

DEMEURE HISTORIQUE • PERSONNALISÉ Une maison de caractère (16e s.) face au beffroi. Le point fort de l'endroit : l'accueil des charmants propriétaires, qui vous renseigneront sans peine sur les trésors de la région ! Les chambres, décorées dans un style contemporain, sont agréables.

11 chambres - †81/115 € ††81/115 € - ☕ 12 €

5 pl. St-Martin - ✆ 05 65 32 63 45 - www.hotel-saint-martin-souillac.com

SOULAC-SUR-MER

✉ 33780 (Gironde) - 2 531 hab. - Alt. 7 m - Carte régionale n° **2**-B1

▶ Paris 515 km - Bordeaux 99 km - Lesparre-Médoc 31 km - Royan 12 km

Carte Michelin 335-E1 - Guide Vert Michelin Aquitaine

à l'Amélie-sur-Mer 5 km au Sud-Ouest par D101E - ✉ 33780 Soulac sur Mer

Restaurant des Pins

CUISINE DU TERROIR • AUBERGE XX De beaux produits au service d'une carte qui privilégie le terroir et la région... Un restaurant traditionnel sympathique et bon. Les nombreux fidèles (de toutes nationalités) ne laisseraient leur place pour rien au monde !

Formule 18 € - Menu 30/43 € - Carte 37/75 €

Hôtel des Pins, 92 bd de l'Amélie - ✆ 05 56 73 27 27 - www.hotel-des-pins.com - Ouvert 1er avril-1er nov. et fermé le midi en semaine hors saison

Hôtel des Pins

AUBERGE • COSY À 100 m de la plage - sable fin à perte de vue - et en lisière des pins, un hôtel balnéaire au milieu d'un grand jardin, avec des chambres accueillantes et cosy. Et ici, les propriétaires sont aux petits soins !

29 chambres - †65/140 € ††70/160 € - ☕ 12 € - ½ P

92 bd de l'Amélie - ✆ 05 56 73 27 27 - www.hotel-des-pins.com - Ouvert 1er avril-1er nov.

Restaurant des Pins - voir les restaurants ci-dessus

SOULAGES-BONNEVAL - 12 (Aveyron) → Voir Laguiole

SOUSCEYRAC

✉ 46190 (Lot) - 889 hab. - Alt. 559 m - Carte régionale n° **15**-C1
Paris 548 km - Aurillac 47 km - Cahors 96 km - Figeac 41 km
Carte Michelin 337-I2

✿ Au Déjeuner de Sousceyrac (Patrick Lagnès)

CUISINE CLASSIQUE • **TRADITIONNEL** XX Beaucoup de générosité, des produits qui honorent le terroir, des assiettes pleines de saveurs, un excellent rapport qualité-prix... Décidément, on quitte cette maison avec l'envie d'y revenir très vite ! À moins de prolonger le séjour dans l'une des chambres, bien tenues et abordables.
→ Raviolis de homard à la châtaigne, mousse de carotte à l'orange . Gourmandise de merlan de ligne, sabayon à l'huile de noix. Irish-coffee.

Menu 30/70 € - Carte environ 78 €

10 chambres - †60 € ††60 € - ☕10 €

r. Pierre-Benoit - ✆ 05 65 33 00 56 (réservation conseillée) - www.au-dejeuner-de-sousceyrac.com - Ouvert 2 mars-9 nov. et fermé dim. soir et lundi

SOUSTONS

✉ 40140 (Landes) - 7 398 hab. - Alt. 9 m - Carte régionale n° **2**-B2
Paris 736 km - Anglet 51 km - Bayonne 47 km - Bordeaux 150 km
Carte Michelin 335-D12 - Guide Vert Michelin Aquitaine

Auberge Batby

CUISINE TRADITIONNELLE • **CONVIVIAL** XX Un restaurant moderne situé juste au bord du lac, où l'on favorise le terroir : pintade fermière farcie à l'ancienne, palombe en saison, pibales (alevins d'anguilles)... C'est goûteux, généreux, et les prix sont très doux. Quelques chambres agréables permettent de prolonger l'étape.

Formule 18 € - Menu 32/42 € - Carte 49/77 €

6 chambres - †85/120 € ††105/150 € - ☕12 €

63 av. Galleben - ✆ 05 58 41 18 80 - www.aubergebatby.fr - Fermé 1 semaine en juin, 23-26 déc., 1er-8 janv., dim. soir et lundi hors saison

LA SOUTERRAINE

✉ 23300 (Creuse) - 5 437 hab. - Alt. 390 m - Carte régionale n° **13**-B1
Paris 344 km - Bellac 41 km - Châteauroux 79 km - Guéret 35 km
Carte Michelin 325-F3 - Guide Vert Michelin Limousin Berry

à l'Est 7 km par N145, D74 et rte secondaire - ✉ 23300 La Souterraine :

Château de la Cazine

CUISINE MODERNE • **ÉLÉGANT** XXX Au cœur de son immense parc, cette architecture du 18e s. semble cultiver le goût du siècle des Lumières pour la nature et l'élégance... Dans ses salles d'un beau classicisme, ou en terrasse, face à la verdure, on découvre une bonne cuisine basée sur les produits du terroir local. Une agréable maison.

Formule 19 € - Menu 35/42 € - Carte 33/52 €

Domaine de la Fôt - ✆ 05 55 63 97 10 - www.chateaudelacazine.fr - Fermé mardi midi, dim. soir et lundi d'oct. à mars

Château de la Cazine

DEMEURE HISTORIQUE • CONTEMPORAIN Une certaine image de l'art de vivre à la française... Ce beau château du 18e s. trône dans une superbe vallée, entre arbres centenaires et étangs bucoliques. Peintures classées, grand escalier et mobilier de style manifestent le caractère des lieux... où même le silence se fait élégance.

18 chambres - †85/109 € ††99/279 € - 1 suite - ☕15 € - ½ P

Domaine de la Fôt - ✆ 05 55 63 97 10 - www.chateaudelacazine.fr

Château de la Cazine - voir les restaurants ci-dessus

à St-Étienne-de-Fursac 11 km au Sud par rte de Fursac (D1) – ✉ 23290 – 811 hab. – Alt. 322 m

Nougier

CUISINE MODERNE • TENDANCE XX Dans cette auberge de village, on cultive l'art du bon accueil et du bien manger depuis trois générations. Le chef concocte des plats actuels et soignés, qui honorent les bons produits et sont renouvelés au fil des saisons. Alors, attablez-vous dans la jolie salle, au décor sobre et contemporain, et commandez en confiance !

Formule 17 € – Menu 28/60 € – Carte 47/63 €

10 chambres – †86/114 € ††86/114 € – ☕ 10 €

2 pl. de l'Église – ✆ 05 55 63 60 56 – www.hotelnougier.fr – Ouvert de mi-mars à mi-déc. et fermé dim. soir de sept. à juin, lundi sauf le soir en été et mardi midi

SOUVIGNY

✉ 03210 (Allier) – 1 949 hab. – Alt. 242 m – Carte régionale n° **3**-B1

Paris 301 km – Bourbon-l'Archambault 16 km – Montluçon 70 km – Moulins 13 km

Carte Michelin 326-G3 – Guide Vert Michelin Auvergne

Auberge des Tilleuls

CUISINE TRADITIONNELLE • AUBERGE XX Non loin du célèbre prieuré St-Pierre (11e-15e s.), cette auberge traditionnelle joue la carte du terroir avec beaucoup de goût : aiguillettes de canard aux figues, terrine de pot-au-feu au foie gras, dessert émotion au chocolat blanc et passion...

Menu 15 € (semaine), 21/52 € – Carte 34/57 €

9 pl. St-Éloi – ✆ 04 70 43 60 70 – www.auberge-tilleuls.com – Fermé 26 fév.-19 mars, 26 août-7 sept., 31 déc.-6 janv., mardi soir et merc. soir de sept. à mai, dim. soir et lundi

SOYAUX – 16 (Charente) → Voir Angoulême

STEIGE

✉ 67220 (Bas-Rhin) – 610 hab. – Alt. 357 m – Carte régionale n° **1**-C1

Paris 419 km – Metz 166 km – Strasbourg 59 km

Carte Michelin 315-H6

Auberge Chez Guth

CUISINE CRÉATIVE • COSY XX Dans la vallée de Villé, sur les hauteurs du village de Steige, cette ancienne ferme auberge est la toile sur laquelle le jeune chef Yannick Guth déroule ses créations gastronomiques – ainsi l'œuf de poule crousti-coulant et son velouté fumé, ou la volaille marbrée noire et émulsion coco. Parfois surprenant, toujours audacieux.

Formule 26 € – Menu 36/68 €

5A r. du Bas-des-Monts – ✆ 03 88 58 12 05 (réservation conseillée) – www.auberge-chez-guth.fr – Fermé fév., merc. midi, lundi et mardi

STELLA-PLAGE – 62 (Pas-de-Calais) → Voir Touquet

STIRING-WENDEL – 57 (Moselle) → Voir Forbach

ON AIME...

La renaissance du **Crocodile**, redevenu l'une des adresses phares de la ville. Le raffinement du **1741**, et sa belle carte de vins alsaciens. Le charme intemporel du **Pont du Corbeau**, une winstub authentique et attachante. L'emplacement idéal de la **Maison des Tanneurs**, belle demeure alsacienne au bord de l'Ill. Le confort de la **Cour du Corbeau**, en plein centre-ville...

STRASBOURG

✉ 67000 (Bas-Rhin) - 274 394 hab. - Agglo. 451 522 hab. - Alt. 143 m
- Carte régionale n° **1**-B1
▶ Paris 489 km - Basel 141 km - Karlsruhe 81 km - Stuttgart 149 km
Carte Michelin 315-K5 - Guide Vert Michelin Alsace Vosges

Restaurants

✿ Au Crocodile

CUISINE CLASSIQUE • ÉLÉGANT XXXX Repris en 2015 par Cédric Moulot (aussi propriétaire du 1741), le Crocodile est en train de retrouver ses couleurs d'antan. Le service, professionnel, met en valeur une cuisine tout simplement délicieuse : ingrédients au top, subtilité et maîtrise des saveurs, recettes bien pensées... Douces retrouvailles !

➜ Carpaccio de langoustines au citron vert, salade de tourteau et huître végétale. Côte de veau de lait dorée au sautoir, échalote confite, gnocchis aux herbes et fricassée de girolles. Vacherin à la framboise et fromage blanc.

Menu 39 € (déj.), 82/120 € - Carte 90/105 €

Plan : 5K2-x - *10 r. de l'Outre*
- ✆ 03 88 32 13 02 - www.au-crocodile.com
- Fermé dim. et lundi sauf déc.

✿ 1741

CUISINE MODERNE • COSY XXX Face au palais Rohan, chef-d'œuvre du classicisme achevé en 1741, cette table cultive un esprit boudoir aussi intime qu'élégant. Un cadre très séduisant pour une cuisine tout en finesse, savoureuse et parfumée, et accompagnée d'une belle sélection de vins d'Alsace (grands crus, bio, etc.). On quitte l'endroit à regret...

➜ Œuf cuit à 64°. Noisette de chevreuil des chasses d'Alsace, betterave et sauce grand veneur. Chocolat, caramel et fève tonka.

Menu 39 € (déj. en semaine), 95/135 € - Carte 90/105 €

Plan : 6L3-p - *22 quai des Bateliers*
- ✆ 03 88 35 50 50 - www.1741.fr
- Fermé 2 semaines en janv., mardi et merc. sauf en déc.

Buerehiesel (Eric Westermann)

CUISINE MODERNE • ÉLÉGANT XXX Adresse exquise, sise dans une belle ferme à colombages du 17e s., remontée dans le parc de l'Orangerie (vue bucolique de la salle en verrière et de la terrasse). La cuisine, fine et actuelle, fait quelques détours par la tradition locale - mais sans s'y attarder - et met en valeur d'excellents produits. Un régal.

➜ Cuisses de grenouilles poêlées au cerfeuil et schniederspaetzle. Pillette de Bresse cuite entière comme un baeckeofe. Brioche caramélisée à la bière, glace à la bière et poire rôtie.

Menu 39 € (déj. en semaine), 68/98 € - Carte 65/100 €

Plan : 4H1-a - *dans le parc de l'Orangerie*
- ✆ 03 88 45 56 65 - www.buerehiesel.fr
- Fermé 19 fév.-1er mars, 30 juil.-21 août, 31 déc.-15 janv., dim. et lundi

Gavroche (Benoit Fuchs)

CUISINE MODERNE • INTIME XX On sent ici le souci de satisfaire les clients, en salle comme en cuisine… Le moment est agréable au fil du repas, qui ne manque ni de finesse ni de caractère. Les assiettes se concentrent sur de bons produits et on se régale !

➜ Foie gras de canard fumé aux sarments de vigne. Dos de maigre rôti, rougaille de tomate verte et piquillos. Gâteau au chocolat sans farine cuit en cocotte.

Formule 37 € - Menu 50/80 € - Carte 85/95 €

Plan : 6L3-g - *4 r. Klein - ✆ 03 88 36 82 89 (réservation conseillée) - www.restaurant-gavroche.com - Fermé 22 juil.-16 août, 22 déc.-3 janv., sam. et dim.*

Umami (René Fieger)

CUISINE CRÉATIVE • COSY XX Sucré, salé, acide, amer… et *umami*, la cinquième saveur dans la gastronomie japonaise : voilà qui annonce à merveille cette cuisine savoureuse, mêlant l'ici et l'ailleurs. Quant à la petite salle, avec son ambiance feutrée et sa lumière tamisée en soirée, elle ne manque pas de séduire…

➜ Cuisine du marché.

Menu 50/95 € 🍷 - Carte environ 70 €

Plan : 5K2-b - *8 r. des Dentelles*
- ✆ 03 88 32 80 53 (réservation conseillée) - www.restaurant-umami.com - Fermé 1 semaine en mai, 3 semaines en sept., 1 semaine en janv., lundi midi, mardi midi, vend. midi, merc. et jeudi

Colbert

CUISINE MODERNE • COSY XX Le jeune chef-patron concocte une cuisine bien dans l'air du temps, soignée et parfumée, avec des présentations originales et élégantes : on ne citera que ces grenouilles juste panées, macaronis et jus émulsionné… C'est tout simplement bon : rien d'étonnant à ce que le restaurant affiche souvent complet !

Formule 20 € - Menu 25 € (déj. en semaine), 32/48 € - Carte 41/53 €

Plan : 2C2-r - *127 rte Mittelhausbergen*
- ✆ 03 88 22 52 16 (réservation conseillée)
- www.restaurant-colbert.com
- Fermé 2 semaines en août, vacances de Noël, dim. et lundi

Ne confondez pas les couverts X et les étoiles ✿ !
Les couverts définissent une catégorie de confort et de service, tandis que l'étoile couronne uniquement la qualité de la cuisine, quel que soit le standing de la maison.

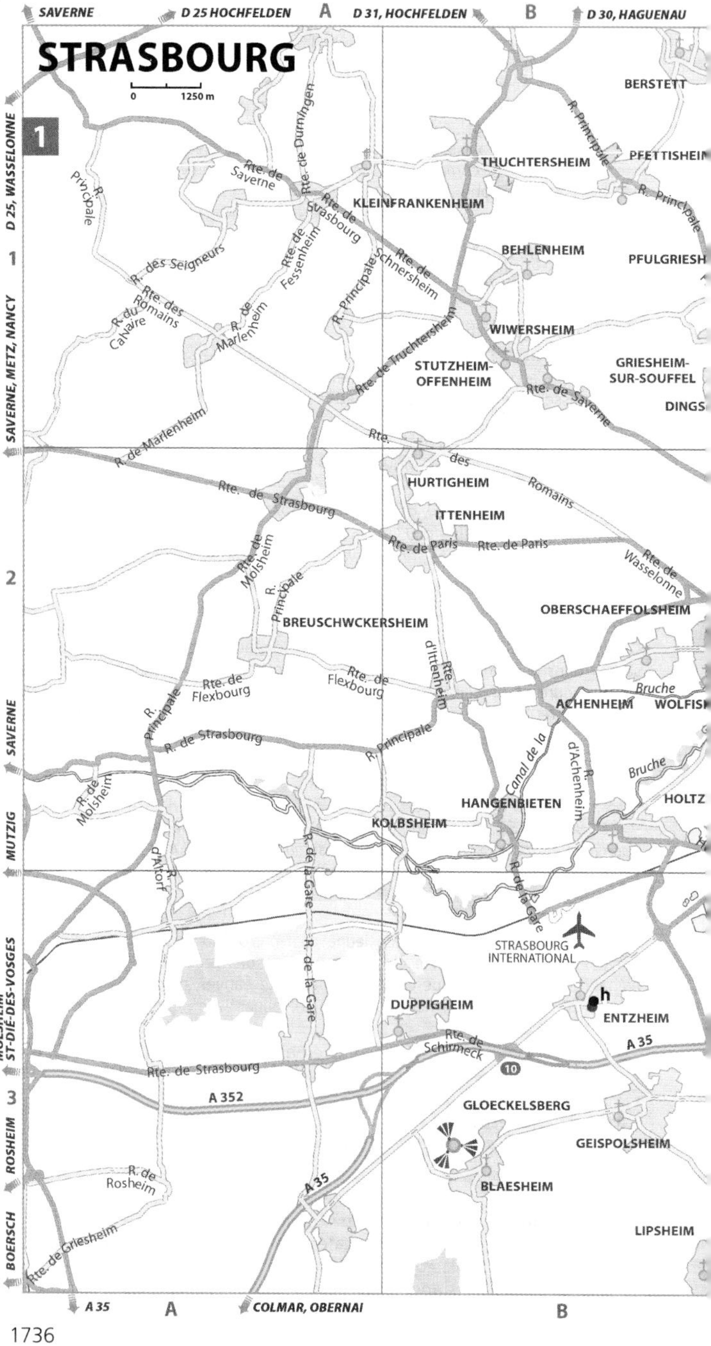
STRASBOURG
0 1250 m
1
2
3
A
B
SAVERNE
D 25 HOCHFELDEN
D 31, HOCHFELDEN
D 30, HAGUENAU
D 25, WASSELONNE
SAVERNE, METZ, NANCY
SAVERNE
MUTZIG
MOLSHEIM ST-DIÉ-DES-VOSGES
ROSHEIM
BOERSCH
A 35
COLMAR, OBERNAI
BERSTETT
THUCHTERSHEIM
PFETTISHEIM
KLEINFRANKENHEIM
BEHLENHEIM
PFULGRIESH
WIWERSHEIM
STUTZHEIM-OFFENHEIM
GRIESHEIM-SUR-SOUFFEL
DINGS
HURTIGHEIM
ITTENHEIM
OBERSCHAEFFOLSHEIM
BREUSCHWCKERSHEIM
ACHENHEIM
WOLFIS
HANGENBIETEN
HOLTZ
KOLBSHEIM
STRASBOURG INTERNATIONAL
DUPPIGHEIM
ENTZHEIM
GLOECKELSBERG
GEISPOLSHEIM
BLAESHEIM
LIPSHEIM
R. Principale
Rte. de Saverne
Rte. de Durningen
Rte. de Strasbourg
Rte. de Schnersheim
R. des Seigneurs
Rte. de Fessenheim
R. Principale
Rte. des Romains
R. du Calvaire
R. de Marlenheim
Rte. de Truchtersheim
R. Principale
Rte. de Saverne
R. de Marlenheim
Rte. des Romains
Rte. de Strasbourg
Rte. de Paris
Rte. de Paris
Rte. de Wasselonne
R. de Molsheim
R. Principale
Rte. de Flexbourg
Rte. de Flexbourg
Rte. d'Ittenheim
Bruche
R. Principale
R. de Strasbourg
R. Principale
Canal de la
R. d'Achenheim
Bruche
R. de Molsheim
R. d'Altorf
R. de la Gare
R. de la Gare
R. de la Gare
h
Rte. de Schirmeck
A 35
10
Rte. de Strasbourg
A 352
R. de Rosheim
A 35
Rte. de Griesheim

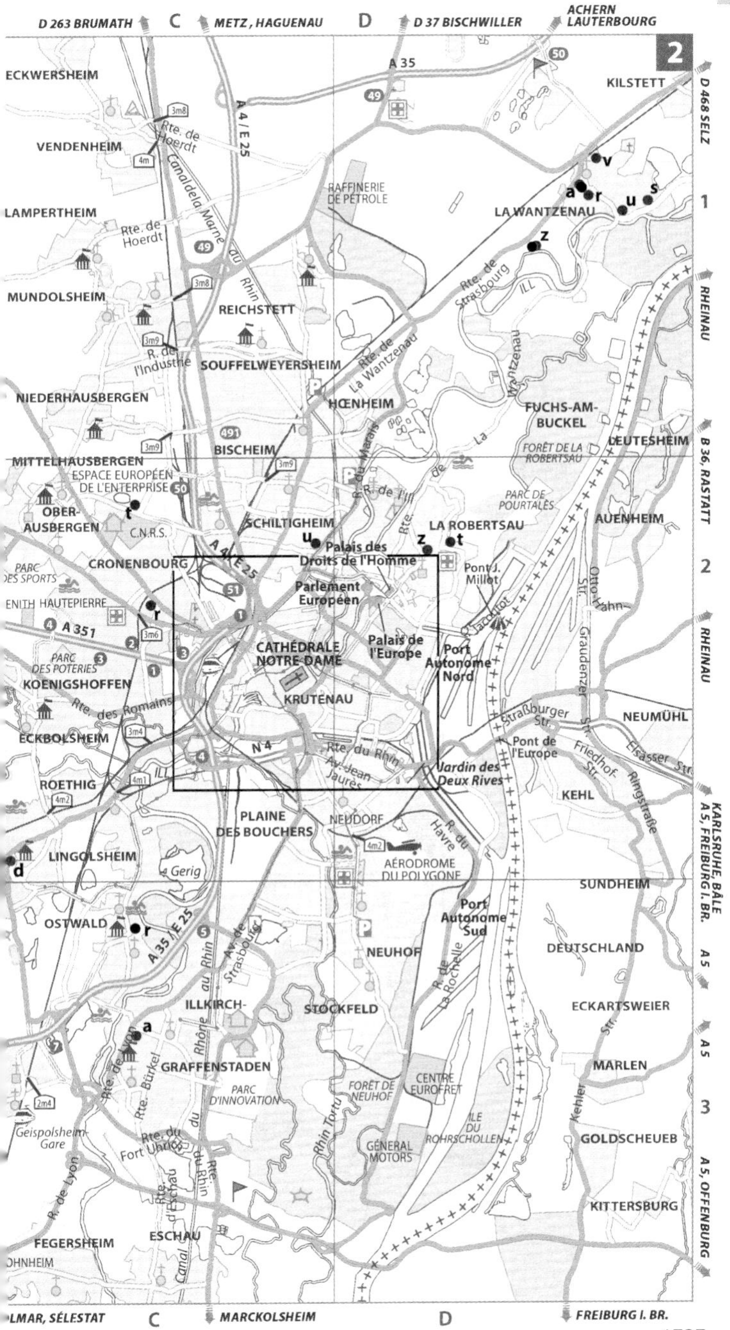
D 263 BRUMATH
C
METZ, HAGUENAU
D
D 37 BISCHWILLER
ACHERN LAUTERBOURG
2
A 35
D 468 SELZ
RHEINAU
B 36, RASTATT
RHEINAU
KARLSRUHE, BÂLE A 5, FREIBURG I. BR.
A 5
A 5
A 5, OFFENBURG
1
2
3
ECKWERSHEIM
KILSTETT
VENDENHEIM
Rte. de Hoerdt
A 4 / E 25
Canal de la Marne du Rhin
LAMPERTHEIM
Rte. de Hoerdt
RAFFINERIE DE PÉTROLE
LA WANTZENAU
MUNDOLSHEIM
REICHSTETT
Rte. de Strasbourg
ILL
R. de l'Industrie
SOUFFELWEYERSHEIM
Rte. de La Wantzenau
NIEDERHAUSBERGEN
HŒNHEIM
FUCHS-AM-BUCKEL
LEUTESHEIM
MITTELHAUSBERGEN
BISCHEIM
FORÊT DE LA ROBERTSAU
ESPACE EUROPÉEN DE L'ENTERPRISE
R. du Marais
R. de l'Ill
PARC DE POURTALÈS
OBER-AUSBERGEN
C.N.R.S.
SCHILTIGHEIM
LA ROBERTSAU
AUENHEIM
Palais des Droits de l'Homme
CRONENBOURG
PARC DES SPORTS
Pont J. Millot
Parlement Européen
ZENITH HAUTEPIERRE
A 351
CATHÉDRALE NOTRE-DAME
Palais de l'Europe
Port Autonome Nord
PARC DES POTERIES
KOENIGSHOFFEN
KRUTENAU
Otto-Hahn-Str.
Graudenzer Str.
Rte. des Romains
Straßburger Str.
NEUMÜHL
ECKBOLSHEIM
N 4
Rte. du Rhin
Av. Jean Jaurès
Pont de l'Europe
Friedhof Str.
Elsässer Str.
Ringstraße
ROETHIG
Jardin des Deux Rives
KEHL
PLAINE DES BOUCHERS
NEUDORF
R. du Havre
LINGOLSHEIM
AÉRODROME DU POLYGONE
Gerig
SUNDHEIM
OSTWALD
A 35 / E 25
Rhin
Av. de Strasbourg
Port Autonome Sud
NEUHOF
DEUTSCHLAND
R. de La Rochelle
ILLKIRCH-
STOCKFELD
ECKARTSWEIER
GRAFFENSTADEN
Rte. de Lyon
Rte. Bürkel
Rhône au Rhin
PARC D'INNOVATION
FORÊT DE NEUHOF
CENTRE EUROFRET
MARLEN
Str.
Geispolsheim Gare
Rte. du Fort Uhrich
Rhin Tortu
GÉNÉRAL MOTORS
ILE DU ROHRSCHOLLEN
GOLDSCHEUEB
Kehler
R. de Lyon
Rte. d'Eschau
Rte. du Rhin
KITTERSBURG
FEGERSHEIM
ESCHAU
Canal
OHNHEIM
COLMAR, SÉLESTAT
C
MARCKOLSHEIM
D
FREIBURG I. BR.

E F

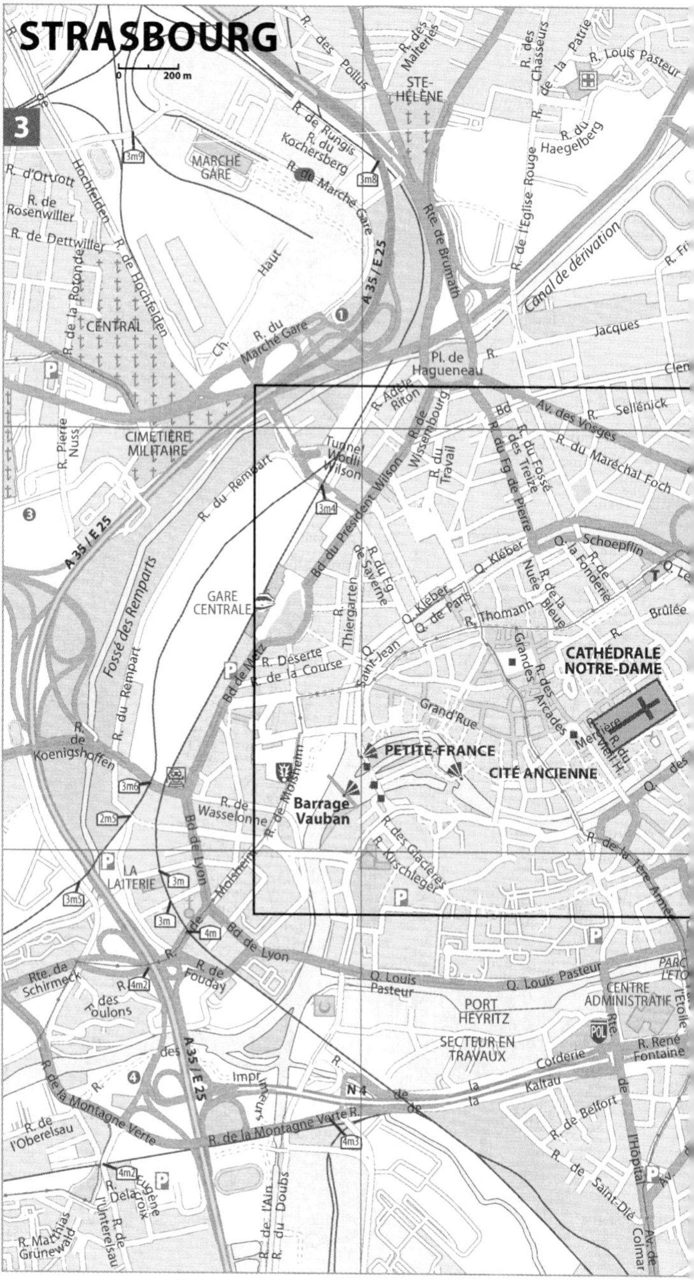
STRASBOURG
0
200 m
3
STE-HÉLÈNE
MARCHÉ GARE
CENTRAL
CIMETIÈRE MILITAIRE
GARE CENTRALE
Fossé des Remparts
Canal de dérivation
Rte. de Brumath
A 35 / E 25
Pl. de Hagueneau
Tunnel Wodli Wilson
Bd du Président Wilson
Av. des Vosges
R. du Maréchal Foch
Q. Kléber
Q. de Paris
R. Thomann
Q. Saint-Jean
Grand'Rue
CATHÉDRALE NOTRE-DAME
PETITE-FRANCE
CITÉ ANCIENNE
Barrage Vauban
R. des Glacières
R. Kirschleger
LA LAITERIE
Bd de Lyon
Bd de Metz
R. de Molsheim
R. de Wasselonne
R. de Koenigshoffen
Rte. de Schirmeck
R. des Foulons
R. de Fouday
Q. Louis Pasteur
PORT HEYRITZ
SECTEUR EN TRAVAUX
CENTRE ADMINISTRATIF
R. René Fontaine
R. de la Montagne Verte
R. de l'Oberelsau
R. de l'Unterelsau
R. Matthias Grünewald
R. de l'Ain
R. du Doubs
R. de Belfort
R. de Saint-Dié
Rte. de l'Hôpital
Av. de Colmar
N 4
3m9
3m8
3m4
3m6
2m5
3m5
3m
4m
4m2
4m3
R. d'Ottrott
R. de Rosenwiller
R. de Dettwiller
R. de Hochfelden
R. de la Rotonde
R. Pierre Nuss
R. du Rempart
R. du Marché Gare
R. de Rungis
R. du Kochersberg
R. des Pollus
R. des Malteries
R. des Chasseurs
R. de la Patrie
R. Louis Pasteur
R. du Haegelberg
R. de l'Église Rouge
R. de Wissembourg
R. du Travail
R. du Fg de Pierre
R. du Fossé des Treize
R. Adèle Riton
Q. Schoepflin
R. de la Fonderie
R. de la Nuée Bleue
R. du Fg de Saverne
R. Thiergarten
R. Déserte
R. de la Course
R. des Grandes Arcades
R. Mercière
R. de la 1ère Armée
Sellénick
Jacques
Brûlée

E F

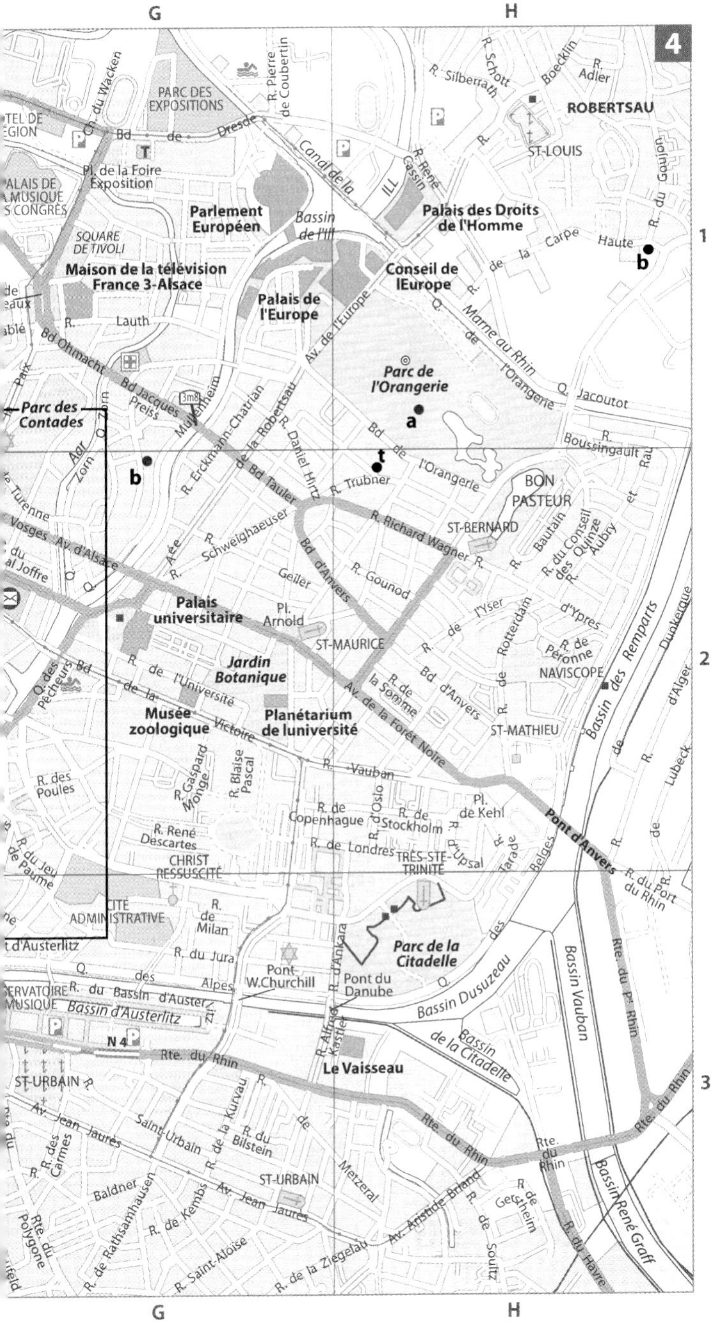
G
H
4
1
2
3
PARC DES EXPOSITIONS
R. Pierre de Coubertin
Ch. du Wacken
Bd de Dresde
Pl. de la Foire Exposition
Parlement Européen
Bassin de l'Ill
Canal de la Marne au Rhin
ILL
R. René Cassin
Palais des Droits de l'Homme
R. Silberrath
R. Schott
Boecklin
R. Adler
ROBERTSAU
ST-LOUIS
R. du Goujon
R. de la Carpe Haute
SQUARE DE TIVOLI
Maison de la télévision France 3-Alsace
Conseil de l'Europe
Palais de l'Europe
Av. de l'Europe
R. Lauth
Bd Ohmacht
Bd Jacques Preiss
Parc de l'Orangerie
Q. de l'Orangerie
Q. Jacoutot
Parc des Contades
Q. Zorn
R. Mulhenheim
R. Erckmann-Chatrian
Bd de la Robertsau
R. Daniel Hirtz
Bd de l'Orangerie
R. Boussingault
R. Trubner
Bd Tauler
BON PASTEUR
ST-BERNARD
R. Richard Wagner
R. Schweighaeuser
Bd d'Anvers
R. Gounod
R. Bautain
R. du Conseil des Quinze
R. Aubry
Av. d'Alsace
Q. des Pêcheurs
Palais universitaire
Geiler
Pl. Arnold
R. de l'Yser
R. de Rotterdam
R. d'Ypres
R. de Péronne
NAVISCOPE
Bassin des Remparts
R. de Dunkerque
R. d'Alger
ST-MAURICE
Jardin Botanique
R. de l'Université
Bd de la Victoire
Musée zoologique
Planétarium de l'université
R. de la Somme
Av. de la Forêt Noire
ST-MATHIEU
R. de Lubeck
R. des Poules
R. Gaspard Monge
R. Blaise Pascal
R. Vauban
R. d'Oslo
Pl. de Kehl
R. de Copenhague
R. de Stockholm
R. d'Upsal
R. de Londres
R. René Descartes
CHRIST RESSUSCITÉ
TRÈS-STE-TRINITÉ
R. du Jeu de Paume
Pont d'Anvers
R. du Port du Rhin
CITÉ ADMINISTRATIVE
R. de Milan
R. d'Ankara
Parc de la Citadelle
R. du Jura
Q. des Alpes
Pont W.Churchill
Pont du Danube
Bassin Dusuzeau
Bassin Vauban
Rte. du Pt Rhin
R. du Bassin d'Austerlitz
Bassin d'Austerlitz
R. Alfred Kastler
Bassin de la Citadelle
N 4
Rte. du Rhin
Le Vaisseau
ST-URBAIN
Av. Jean Jaurès
R. Saint-Urbain
R. de la Kurvau
R. du Bilstein
R. de Metzeral
R. des Carmes
Baldner
R. de Rathsamhausen
R. de Kembs
Av. Aristide Briand
R. de Soultz
R. de Gerstheim
Bassin René Graff
R. du Havre
Rte. du Polygone
R. Saint-Aloïse
R. de la Ziegelau
Parc de la Citadelle
a
b
t

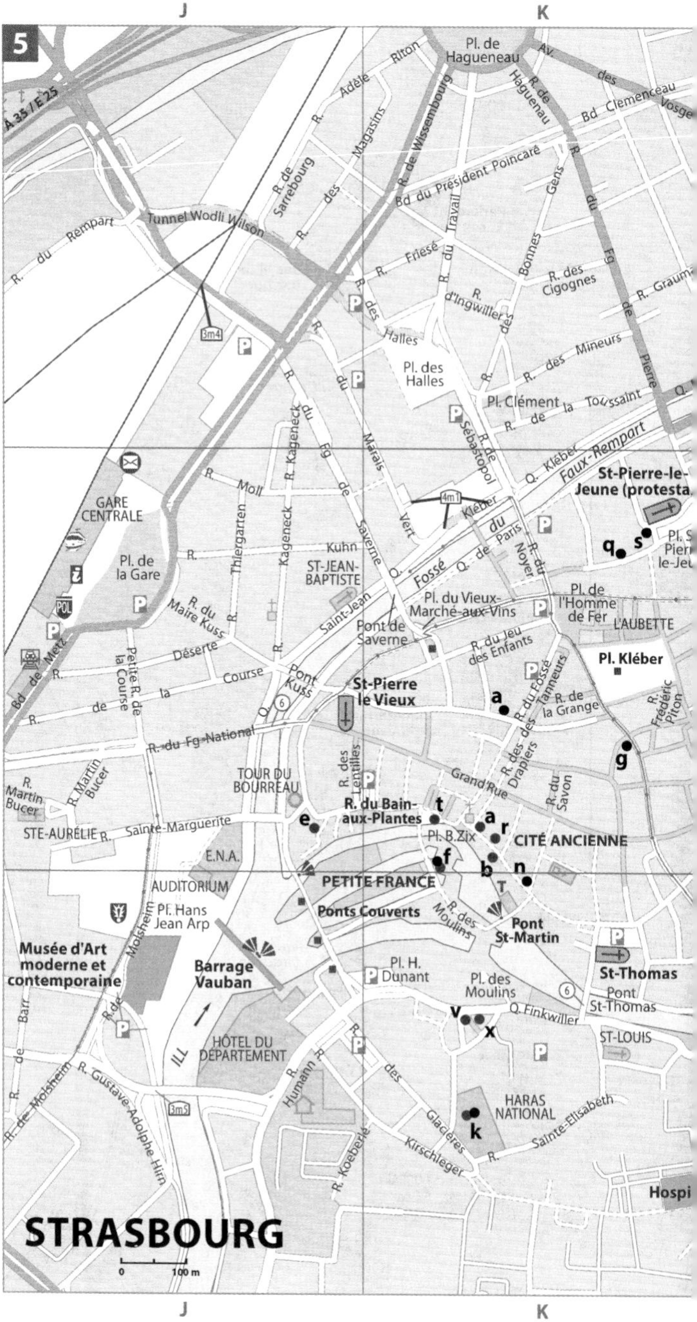
5
STRASBOURG
Pl. de Hagueneau
GARE CENTRALE
Pl. de la Gare
ST-JEAN-BAPTISTE
St-Pierre le Vieux
TOUR DU BOURREAU
R. du Bain-aux-Plantes
CITÉ ANCIENNE
PETITE FRANCE
Ponts Couverts
Pont St-Martin
Barrage Vauban
Musée d'Art moderne et contemporaine
HÔTEL DU DÉPARTEMENT
HARAS NATIONAL
Pl. Kléber
St-Thomas
St-Pierre-le-Jeune (protesta
Pl. des Halles
Pl. Clément
Pl. H. Dunant
Pl. des Moulins
E.N.A.
AUDITORIUM
STE-AURÉLIE
ST-LOUIS
L'AUBETTE
Pl. du Vieux-Marché-aux-Vins
Pl. de l'Homme de Fer
Pl. B.Zix
Pl. Hans Jean Arp
Grand'Rue
Tunnel Wodli Wilson
A 35 / E 25
0 100 m

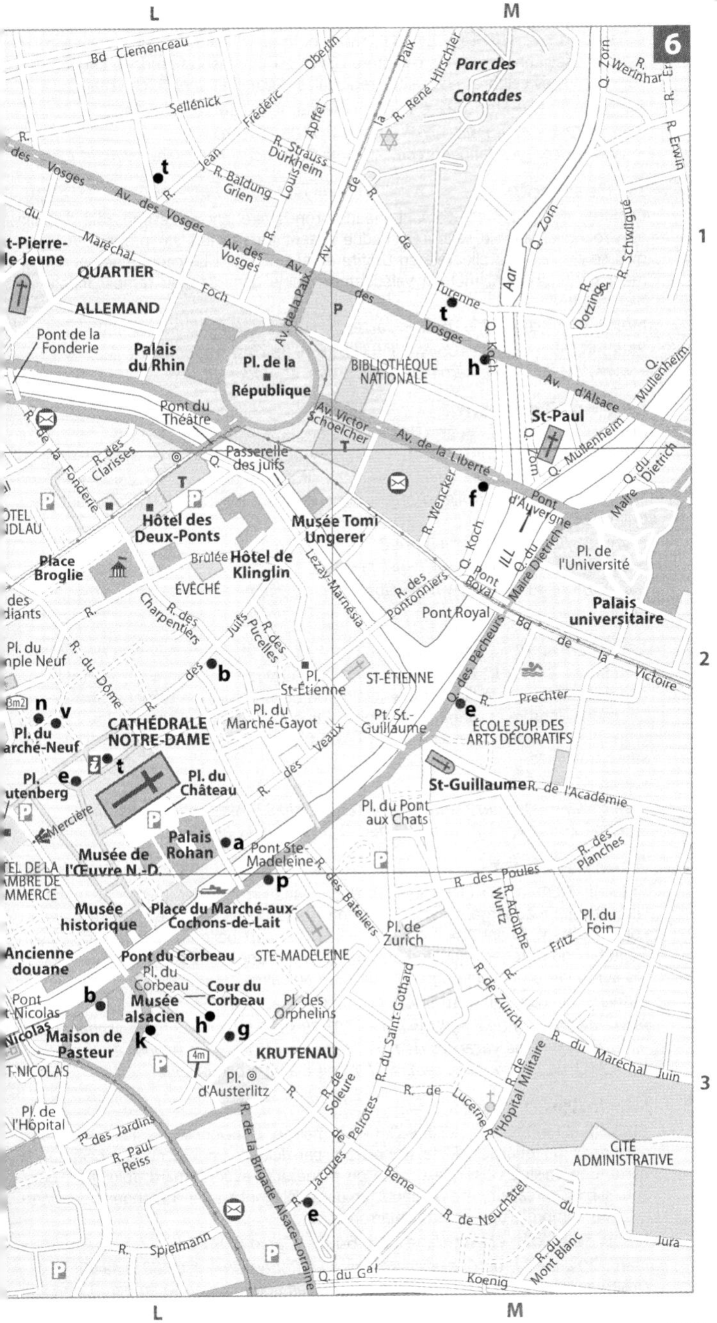
L
M
6
1
2
3
Bd Clemenceau
Sellénick
Frédéric
Oberlin
Paix
R. René Hirschler
Parc des
Contades
Q. Zorn
R. Werinhar
R. Erwin
R. Strauss Dürkheim
Apffel
R. Baldung Grien
Louis
Jean
Av. des Vosges
du Maréchal Foch
t-Pierre-
le Jeune
QUARTIER
ALLEMAND
Av. des Vosges
Av. de la Paix
Turenne
Aar
R. Schwilgué
R. Dotzinger
Q. Koch
Pont de la
Fonderie
Palais
du Rhin
Pl. de la
République
BIBLIOTHÈQUE
NATIONALE
Av. d'Alsace
Q. Mullenheim
St-Paul
Pont du
Théâtre
Av. Victor Schoelcher
Av. de la Liberté
R. de la Fonderie
R. des Clarisses
Passerelle
des juifs
Q. Mullenheim
Q. du Maire Dietrich
Hôtel des
Deux-Ponts
Musée Tomi
Ungerer
R. Wencker
Pont d'Auvergne
Q. Koch
ILL
Pl. de
l'Université
Place
Broglie
Brûlée
Hôtel de
Klinglin
ÉVÊCHÉ
Lezay-Marnésia
R. des Pontonniers
Pont Royal
Palais
universitaire
R. des Charpentiers
Juifs
R. des Pucelles
Bd de la Victoire
Pl. du
Temple Neuf
R. du Dôme
Pl.
St-Étienne
ST-ÉTIENNE
Q. des Pêcheurs
R. Prechter
CATHÉDRALE
NOTRE-DAME
Pl. du
Marché-Gayot
Pt. St-
Guillaume
ÉCOLE SUP. DES
ARTS DÉCORATIFS
Pl. du
Marché-Neuf
Pl.
Gutenberg
Pl. du
Château
R. des Veaux
St-Guillaume
R. de l'Académie
Mercière
Pl. du Pont
aux Chats
Palais
Rohan
Pont Ste-
Madeleine
R. des Planches
Musée de
l'Œuvre N.-D.
R. des Bateliers
R. des Poules
R. Adolphe Wurtz
Pl. du
Foin
Musée
historique
Place du Marché-aux-
Cochons-de-Lait
Pl. de
Zurich
Fritz
Ancienne
douane
Pont du Corbeau
STE-MADELEINE
R. de Zurich
Pl. du
Corbeau
Cour du
Corbeau
Pl. des
Orphelins
R. du Saint-Gothard
Pont
St-Nicolas
Musée
alsacien
Maison de
Pasteur
KRUTENAU
R. du Maréchal Juin
ST-NICOLAS
Pl.
d'Austerlitz
R. de Soleure
R. de Lucerne
R. de l'Hôpital Militaire
Pl. de
l'Hôpital
R. des Jardins
R. Paul Reiss
R. de la Brigade Alsace-Lorraine
R. Jacques Peirotes
CITÉ
ADMINISTRATIVE
R. de Berne
R. de Neuchâtel
R. du Jura
R. Spielmann
R. du Mont Blanc
Q. du Gal Koenig
P
T
a
b
e
f
g
h
k
n
p
t
v

Maison des Tanneurs dite Gerwerstub

CUISINE ALSACIENNE • ÉLÉGANT XXX Au bord de l'Ill, dans la Petite France, cette maison alsacienne pleine de caractère (1572) est une institution de la choucroute, parmi d'autres célèbres spécialités régionales. Accueil et service charmants.

Formule 19 € – Menu 22 € (déj. en semaine) – Carte 43/64 €

Plan : 5K2-t – *42 r. Bain-aux-Plantes – 03 88 32 79 70 – www.maison-des-tanneurs.com – Fermé 1er-10 août, 1er-23 janv., dim. et lundi*

La Casserole

CUISINE MODERNE • COSY XX Le jeune propriétaire, ancien responsable de salle au Crocodile, semble savourer chaque instant passé dans sa "propre" maison... qu'il se rassure : sa clientèle en profite autant que lui ! Le cadre, cosy et sobrement contemporain, met en valeur une cuisine dans l'air du temps, fraîche et bien réalisée.

Menu 39 € (déj.), 79/115 € – Carte 77/99 €

Plan : 6L2-b – *24 r. des Juifs – 03 88 36 49 68 (réservation conseillée) – www.restaurantlacasserole.fr – Fermé dim. et lundi sauf déc.*

Le Pont Tournant

CUISINE MODERNE • ÉLÉGANT XX L'emplacement au cœur de la Petite France est séduisant ; la cuisine, talentueuse, marie de bons produits frais. Par beau temps, on dîne sur la terrasse en teck, installée au bord du canal et d'une écluse : de quoi réconcilier n'importe quel couple ! Attention : le restaurant n'est ouvert qu'au dîner.

Menu 55/75 € – Carte 40/54 €

Plan : 5K2-f – *Hôtel Régent Petite France & Spa, 5 r. des Moulins – 03 88 76 43 43 – www.regent-petite-france.com – Fermé le midi, dimanche et lundi*

La Cambuse

POISSONS ET FRUITS DE MER • COSY XX Cette discrète adresse, à portée de ricochet des quais de l'Ill, est une institution de la cuisine de la mer à Strasbourg. Le cadre, intime et original, s'inspire d'une cabine de yacht, et les recettes empruntent quelques inspirations à l'Asie (épices, cuissons courtes...). Une plaisante traversée.

Carte 46/63 €

Plan : 5K2-a – *1 r. des Dentelles – 03 88 22 10 22 (réservation conseillée) – Fermé 2-15 mai, 1er-22 août, 23 déc.-8 janv., dim. et lundi*

Zuem Ysehuet

CUISINE MODERNE • CONTEMPORAIN XX Dans un quartier huppé au bord de l'Ill, cette jolie auberge est recouverte de vigne vierge. L'intérieur est résolument contemporain ; quant aux recettes, elles font la part belle aux produits de saison (légumes du potager), que l'on accompagne de l'une des 700 références présentes sur la carte des vins. Agréable terrasse au calme.

Menu 30 € (déj. en semaine), 40/53 € – Carte 47/60 €

Plan : 4G2-b – *21 quai Mullenheim – 03 88 35 68 62 – www.zuem-ysehuet.com – Fermé 1 semaine vacances de fév., 1 semaine vacances de Pâques, 5-21 août, lundi midi de nov. à mars, sam. sauf le soir d'avril à oct. et dim.*

Le Violon d'Ingres

CUISINE CLASSIQUE • INTIME XX Cette maison alsacienne est l'une des plus anciennes du quartier de la Robertsau, par-delà le Parlement européen. À la carte, une cuisine classique teintée de modernité, avec homard, foie gras, poisson, gibier en saison, etc. À déguster dans l'élégante salle à manger ou en terrasse, à l'ombre d'un imposant marronnier...

Menu 36 € (déj. en semaine), 58/64 € – Carte 60/70 €

Plan : 2D2-z – *1 r. du Chevalier-Robert, à La Robertsau – 03 88 31 39 50 (réservation conseillée) – Fermé 2 semaines en août, 1 semaine en oct., 1 semaine en janv., sam. midi, dim. soir et lundi*

Maison Kammerzell

CUISINE ALSACIENNE • HISTORIQUE XX À côté de la cathédrale, cette maison strasbourgeoise du 16ᵉs. classée dégage une authentique ambiance médiévale : vitraux, fresques, bois sculpté, voûtes gothiques. Cuisine du terroir, avec en spécialité la choucroute aux trois poissons créée en 1970.

Menu 30/47 € - Carte 36/55 €

Plan : 6L2-e - *16 pl. de la Cathédrale - 03 88 32 42 14 - www.maison-kammerzell.com*

Pont des Vosges

CUISINE TRADITIONNELLE • BRASSERIE XX À l'angle d'un immeuble ancien, cette brasserie, dont la réputation n'est plus à faire, régale de bons plats généreux. Vieilles affiches publicitaires et miroirs en décor. Accueil et service agréables.

Carte 37/70 €

Plan : 6M1-h - *15 quai Koch - 03 88 36 47 75 - www.lepontdesvosges.fr - Fermé dim.*

L'Amuse Bouche

CUISINE MODERNE • DE QUARTIER XX Restaurant discret hors de l'animation du centre-ville. Salle classique aux tons pastel, pour une cuisine dans l'air du temps, fraîche et sans fausse note.

Formule 16 € - Menu 40/79 € - Carte 46/55 €

Plan : 6M1-t - *3a r. de Turenne - 03 88 35 72 82 - www.lamuse-bouche.fr - Fermé lundi soir, mardi soir, merc. soir et dim.*

Villa Casella

CUISINE ITALIENNE • MÉDITERRANÉEN XX Fermez les yeux, vous voilà en Italie ! Derrière les fourneaux, le chef, venu du sud de la Botte, met beaucoup de cœur à défendre la cuisine de ses origines. Pour preuve, il réalise lui-même ses pâtes... Que l'on dévore parmi les habitués, dans une ambiance méditerranéenne, ou en terrasse si le temps le permet.

Menu 20 € (déj. en semaine) - Carte 35/60 €

Plan : 6K3-a - *5 r. du Paon - 03 88 32 50 50 - Fermé vacances de fév., 3 semaines en août et dim.*

La Brasserie des Haras

CUISINE MODERNE • DESIGN X Sous la tutelle du grand chef Marc Haeberlin, une table élégante et raffinée, au sein des anciens haras nationaux construits sous Louis XV. On y apprécie de belles recettes traditionnelles, sans oublier quelques plats du terroir local. Et le superbe décor contemporain, avec cuisines ouvertes, vaut le coup d'œil !

Formule 25 € - Menu 34/71 € - Carte 34/59 €

Plan : 5K3-k - *23 r. des Glacières - 03 88 24 00 00 - www.les-haras-brasserie.com*

La Cuiller à Pot

CUISINE TRADITIONNELLE • TRADITIONNEL X À deux pas de la Petite France, plongez allégrement votre cuiller dans ce Pot tout simple et gourmand : le jeune chef concocte une cuisine généreuse et soignée, qui a la fraîcheur de l'instant. Une carte courte, peu de tables : la formule du plaisir.

Carte 34/52 €

Plan : 5K3-v - *18b r. Finkwiller - 03 88 35 56 30 (réservation conseillée) - www.lacuillerapot.fr - Fermé 3 semaines en juil., vacances de Noël, sam. midi, dim. et lundi*

La Rivière

CUISINE ASIATIQUE • COSY X Une Rivière aux multiples affluents... Voilà plus de 50 ans que l'adresse appartient à la famille Meier et, aujourd'hui sous la conduite de Richard – vietnamien par sa mère et dont l'épouse, d'origine iranienne, œuvre en cuisine –, elle nous fait voyager partout en Asie ! Des recettes élégantes, pour un endroit charmant...

Carte 52/74 €

Plan : 5K2-r – *3 r. des Dentelles – ☎ 03 88 22 09 25 – Fermé 2 semaines en août, 23 déc.-4 janv., dim., lundi et le midi*

La Vignette

CUISINE TRADITIONNELLE • BISTRO X Il flotte comme un air de guinguette dans cette charmante maison à l'esprit rétro. En cuisine, le chef concocte de généreuses recettes bistrot aux saveurs bien marquées. Accueil sympathique et prix raisonnables : voilà une vignette à coller dans votre carnet d'adresses gourmandes !

Formule 15 € – Menu 35/45 € – Carte 33/49 €

Plan : 2D2-t – *29 r. Mélanie, à la Robertsau – ☎ 03 88 31 38 10 – www.lavignette-strasbourg-robertsau.com – Fermé 1er-15 août, sam. midi et dim.*

La Vieille Tour

CUISINE TRADITIONNELLE • DE QUARTIER X Cette adresse, toute proche de la Petite France, cultive le goût de la tradition, au gré du marché (ardoise). Décor simple, relevé d'affiches humoristiques sur l'Alsace.

Menu 23 € (déj. en semaine)/40 € – Carte 45/68 €

Plan : 5J2-e – *1 r. Adolphe-Seyboth – ☎ 03 88 32 54 30 (réservation conseillée) – Fermé dim. sauf le midi en déc., lundi et fériés*

Lucullus

CUISINE TRADITIONNELLE • BISTRO X Dans ce restaurant de poche, on s'assoit au coude-à-coude avant de faire son choix parmi les suggestions de l'ardoise. Que choisir ? Derrière les fourneaux, le chef réalise une appétissante cuisine du marché axée sur les beaux produits frais. Accueil sympathique.

Menu 19 € (déj. en semaine) – Carte 33/55 €

Plan : 6L3-e – *15 r. Jacques-Peirotes – ☎ 03 88 37 11 07 – Fermé 19-27 mars, 15-30 août, sam. et dim.*

Pierre Bois & Feu

CUISINE TRADITIONNELLE • BISTRO X Dans une ruelle proche des quais, ce petit bistrot contemporain est abrité dans une maison datant du 17e s. Tables en bois brut, cuisine ouverte : l'endroit a du charme. À la carte, des plats de saison et de beaux produits, avec pour spécialité la viande de salers... cuite au fer à repasser, à découvrir !

Menu 44 € – Carte 59/79 €

Plan : 6L2-a – *6 r. du Bain-aux-Roses – ☎ 03 88 36 25 59 – www.pierreboisetfeu.fr – Fermé 1 semaine en fév., 2 semaines en août, lundi midi, merc. midi et dim.*

In Vino Veritas N

CUISINE ITALIENNE • BISTRO X Situation superbe pour ce restaurant italien, situé au pied de la majestueuse cathédrale. Carte courte pour préparations gourmandes et généreuses, au service de sa majesté le produit : vitello tonnato, antipasti, gnocchi, tiramisu... La terrasse est très prisée aux beaux jours. Très belle carte des vins.

Carte 36/52 €

Plan : 6L2-t – *25 pl. de la Cathédrale – ☎ 03 88 32 75 85 (réservation conseillée) – www.restaurant-invinoveritas.fr – Fermé dim.*

Le Bistrot des Arts

CUISINE TRADITIONNELLE • BISTRO Aux portes du quartier de la Krutenau, ce petit Bistrot des Arts est emmené par Arnaud Barberis, chef sympathique et plutôt adroit : il concocte une bonne cuisine de produits sans fioritures, avec notamment certains plats mijotés en cocotte... Une bonne adresse.

Formule 13 € – Menu 16 € (déj. en semaine)/26 € – Carte 29/52 €

Plan : 6M2-e – *10 quai des Pêcheurs – 03 88 35 10 60 – www.bistrotdesarts.eu – Fermé 3 semaines en août, 24 déc.-2 janv., sam. midi, dim. et fériés*

Winstubs :

dégustation de vins et cuisine du pays, ambiance typiquement alsacienne

Au Pont du Corbeau

CUISINE ALSACIENNE • WINSTUB À côté du Musée alsacien dédié à l'art populaire, une savoureuse manière de passer à la pratique ! Tout séduit dans cette authentique winstub tenue en famille : le décor traditionnel (éléments Renaissance, affiches), le choix de vins et, bien sûr, la cuisine alsacienne, appuyée sur un réseau de producteurs locaux... Coup de cœur !

Formule 14 € – Menu 31 € (dîner) – Carte 29/52 €

Plan : 6L3-b – *21 quai St-Nicolas – 03 88 35 60 68 – Fermé 1 semaine vacances de fév., 25 juil.-22 août, dim. midi et sam. sauf en déc.*

S'Burjerstuewel - Chez Yvonne

CUISINE ALSACIENNE • WINSTUB Atmosphère animée dans cette winstub qui fait figure d'institution (photos et dédicaces de stars à l'appui). On y mange au coude à coude et la carte respecte la plus pure tradition alsacienne. Ne passez pas à côté de l'une des spécialités maison : le coq au riesling. Une belle adresse.

Carte 35/60 €

Plan : 6L2-v – *10 r. du Sanglier – 03 88 32 84 15 – www.chez-yvonne.net*

Le Clou

CUISINE ALSACIENNE • WINSTUB À deux pas de la cathédrale, cette antique winstub promet d'être le Clou... de votre soirée ! Comme attendu, le lieu fait la part belle à la tradition alsacienne : choucroute royale, baeckeofe ou jambon en croûte sont proposés dans un décor de marqueteries et de scènes du temps jadis... Attention : c'est souvent complet.

Formule 15 € – Menu 18 € (déj. en semaine) – Carte 30/55 €

Plan : 6L2-n – *3 r. du Chaudron – 03 88 32 11 67 – www.le-clou.com*

Fink'Stuebel

CUISINE ALSACIENNE • WINSTUB Colombages, parquet brut, bois peints, mobilier régional et nappes fleuries : cet endroit a tout de l'image d'Épinal. On travaille ici en famille, dans le respect de la tradition : cuisine du terroir et foie gras sont à l'honneur. La winstub dans toute sa splendeur !

Carte 36/66 €

Plan : 5K3-x – *26 r. Finkwiller – 03 88 25 07 57 – www.restaurant-finkstuebel.com – Fermé 3 semaines en août, dim. et lundi sauf en déc.*

Hôtels & maisons d'hôtes

Régent Petite France & Spa

LUXE • PERSONNALISÉ Dans la Petite France, une grande et belle adresse, aménagée dans les ex-glacières des bords de l'Ill. Intérieurs confortables, modernes et chic, sans ostentation ; chambres agréablement feutrées, dont 17 récemment ouvertes dans le "Pavillon", un bâtiment datant du 15e s...

83 chambres – 165/690 € 165/690 € – 9 suites – 25 €

Plan : 5K2-f – *5 r. des Moulins – 03 88 76 43 43 – www.regent-petite-france.com*

Le Pont Tournant – voir les restaurants ci-dessus

Sofitel

HÔTEL DE CHAÎNE • CONTEMPORAIN En plein cœur de la vieille ville, le tout premier hôtel Sofitel ouvert au monde en 1964 a de beaux restes. Les chambres, parfaitement tenues, sont élégantes et adaptées à une clientèle d'affaires (nombreuses salles de séminaire).

146 chambres – 140/396 € 140/396 € – 4 suites – 26 €

Plan : 5K2-s – *4 pl. St-Pierre-le-Jeune* – *03 88 15 49 00* – *www.sofitel-strasbourg.com*

Cour du Corbeau

HISTORIQUE • ÉLÉGANT Près du pont du Corbeau, l'alliance du confort le plus contemporain et du charme des vieilles pierres : cet hôtel s'épanouit dans plusieurs superbes maisons anciennes (16e-19e s.).

63 chambres – 155/680 € 155/680 € – 24 €

Plan : 6L3-h – *6 r. des Couples* – *03 90 00 26 26* – *www.cour-corbeau.com*

Les Haras

HISTORIQUE • DESIGN Au cœur de Strasbourg, l'établissement, inauguré en 2013, a été créé dans les anciens haras nationaux du 18e s. ! Un cadre exceptionnel pour une adresse qui l'est tout autant. Les chambres, au décor épuré, sont assez voire très spacieuses (17 à 35 m^2), et le moindre détail est soigné...

55 chambres – 150/595 € 150/595 € – 24 €

Plan : 5K3-k – *23 r. des Glacières* – *03 90 20 50 00* – *www.les-haras-hotel.com*

Le Bouclier d'Or

HISTORIQUE • ÉLÉGANT Ouvert en 2012, cet établissement prend ses aises dans un ancien hôtel particulier dont la partie la plus ancienne remonte au 16e s. Dans les chambres, le luxe le dispute au raffinement. Et ne passez pas à côté du spa – de 150 m^2 – aménagé dans une superbe cave voûtée.

22 chambres – 156/526 € 156/690 € – 4 suites – 22 €

Plan : 5K3-n – *1 r. du Bouclier* – *03 88 13 73 55* – *www.lebouclierdor.com*

Régent Contades

LUXE • CLASSIQUE Derrière la noble façade de cet hôtel particulier du 19e s., on évolue dans un décor empreint de raffinement et de classicisme (boiseries, tableaux, lustres à pampilles...). Les chambres sont spacieuses, avec du caractère, et le personnel est aux petits soins. Une belle adresse pour découvrir la ville.

46 chambres – 104/590 € 194/760 € – 2 suites – 21 €

Plan : 6M2-f – *8 av. de la Liberté* – *03 88 15 05 05* – *www.regent-contades.com*

Villa Novarina

BOUTIQUE HÔTEL • CONTEMPORAIN Près du parc de l'Orangerie, dans le quartier huppé des ambassades, cette grande maison des années 1950 a été dessinée par l'architecte Maurice Novarina (1907-2002). Le hall d'entrée rend hommage au modernisme, les chambres se révèlent épurées. Belle piscine, jardin, et petit spa en sous-sol.

24 chambres – 150/450 € 175/850 € – 24 €

Plan : 4H2-t – *11 r. Westercamp* – *03 90 41 18 28* – *www.villanovarina.com*

Beaucour

TRADITIONNEL • PERSONNALISÉ Deux maisons alsaciennes du 18e s. autour d'une charmante cour fleurie. Les lieux dégagent un réel cachet ; certaines des chambres empruntent à la tradition alsacienne, d'autres sont plus contemporaines. Un ensemble chaleureux et confortable.

49 chambres – 96/132 € 164/209 € – 14 €

Plan : 6L3-k – *5 r. des Bouchers* – *03 88 76 72 00* – *www.hotel-beaucour.com*

Maison Rouge

TRADITIONNEL · CLASSIQUE Au cœur de la ville, sur le passage d'une ligne de tramway, cet hôtel de tradition associe confort et service de standing. Les chambres sont spacieuses et soignées, desservies par des paliers ornés d'objets d'art.

139 chambres - 113/227 € 123/237 € - 3 suites

Plan : 5K2-g - *4 r. des Francs-Bourgeois - 03 88 32 08 60 - www.maison-rouge.com*

Hannong

TRADITIONNEL · FONCTIONNEL Un hôtel familial sur le site de la faïencerie Hannong (18e s.). Façade néoclassique, salon sous verrière, mariage de matériaux, etc. : l'ensemble est accueillant et parfaitement tenu. Agréable espace terrasse et élégant bar à vin.

72 chambres - 79/289 € 89/369 € - 16 €

Plan : 5K2-a - *15 r. du 22-Novembre - 03 88 32 16 22 - www.hotel-hannong.com - Fermé 1er-8 janv.*

Hotel.D

BUSINESS · CONTEMPORAIN Proche des quais et du centre-ville, un hôtel contemporain parfaitement équipé. Le confort des chambres (grand lit, douche à l'italienne) et le bon petit-déjeuner (yaourts du Climont, jus de pomme et mirabelle) en font une agréable étape.

37 chambres - 109/485 € 109/485 € - 16 €

Plan : 6K1-p - *15 r. du Fossé-des-Treize - 03 88 15 13 67 - www.hoteld.fr*

Royal Lutetia

TRADITIONNEL · FONCTIONNEL Cette façade évoquant le style Art déco dissimule de plaisantes chambres contemporaines et fonctionnelles. Le salon-bar feutré et cosy permet de se détendre au retour d'une journée de travail ou de visite de la ville. Difficile de croire qu'il s'agit là d'une ancienne imprimerie...

39 chambres - 75/180 € 75/180 € - 10 €

Plan : 6L1-t - *2 bis r. du Gén.-Rapp - 03 88 35 20 45 - www.royal-lutetia.fr*

Gutenberg

URBAIN · CONTEMPORAIN Entièrement rénové, l'hôtel Gutenberg a écrit une nouvelle page de son histoire. Dans ce bâtiment qui date de 1745, au cœur du vieux Strasbourg, les chambres affichent un bel esprit contemporain, osant même les touches design. Et le personnel est des plus avenants.

42 chambres - 89/255 € 89/255 € - 14 €

Plan : 6L2-f - *31 r. des Serruriers - 03 88 32 17 15 - www.hotel-gutenberg.com*

Mercure Centre

HÔTEL DE CHAÎNE · FONCTIONNEL Hôtel fonctionnel et contemporain idéalement situé en cœur de ville, aussi bien adapté à une clientèle business que touristique. Au 7e étage, la salle des petits-déjeuners jouit d'une petite vue sur la cathédrale.

98 chambres - 83/257 € 83/257 € - 18 €

Plan : 5K2-q - *25 r. Thomann - 03 90 22 70 70 - www.mercure-strasbourg-centre.com*

Du côté de Chez Anne

MAISON DE MAÎTRE · PERSONNALISÉ À la périphérie de la ville, on trouve cette idyllique maison datant du 19e s. avec ses colombages typiques de la région. Vous serez accueilli dans des chambres luxueuses et confortables, aux intitulés fleuris : Pivoine, Pâquerette, Coquelicot, Bleuet, Bouton d'Or... Voluptueux.

5 chambres - 85/195 € 115/285 € - 25 €

Plan : 4H1-b - *4 r. de la Carpe-Haute - 03 88 41 80 77 - www.cote-de-chez-anne.com - Fermé une semaine vacances de Noël*

ENVIRONS

à Schiltigheim 4 km au Nord – ✉ 67300 – 31 691 hab. – Alt. 140 m

La Carambole

CUISINE MODERNE • CONTEMPORAIN Dans ce quartier d'affaires, un élégant restaurant au 3e étage d'un immeuble contemporain. Le jeune chef, passé par de bonnes maisons, démontre un joli savoir-faire : raviole de foie gras et anguille fumée, tartelette de potimarron et noix de pécan... le tout porté par un choix de vins avisé. Une adresse de qualité.

Menu 35 € (déj. en semaine), 62/75 € – Carte 60/69 €

Plan : 2C2-u – *14 av. Pierre-Mendès-France*
– ✆ 03 88 47 44 44 – www.restaurant-lacarambole.com
– Fermé 5-25 août, sam. et dim.

Côté Lac

CUISINE MODERNE • CONTEMPORAIN Dans une zone d'activité du nord de la ville, on est surpris de découvrir ce parallélépipède de béton brut et de verre, posé au bord d'un petit lac. L'intérieur a tout du loft moderne, avec ses éclairages modernes et ses tableaux contemporains ; on y déguste une cuisine actuelle, soignée, qui évolue régulièrement.

Formule 26 € – Menu 30 € (déj. en semaine)/63 € – Carte 50/55 €

Plan : 2C2-t – *2 pl. de Paris (Espace Européen de l'Entreprise)*
– ✆ 03 88 83 82 81 – www.cote-lac.com
– Fermé lundi soir, sam. midi, dim. et fériés

à La Wantzenau 12 km au Nord-Est – ✉ 67610 – 5 773 hab. – Alt. 130 m

Relais de la Poste

CUISINE MODERNE • ÉLÉGANT Une partition au goût du jour – pas alsacienne pour un sou ! –, parsemée d'influences méditerranéennes ; une carte des vins particulièrement bien fournie : voilà les principaux atouts de cette maison. Le décor, avec boiseries et véranda face à la terrasse, se révèle aussi très agréable, et l'accueil est charmant.

➜ Foie gras de canard cuit au torchon et chutney de saison. Ris de veau braisé. Crêpe Suzette.

Formule 30 € – Menu 35 € (déj. en semaine), 54/98 € – Carte 65/105 €

Plan : 2D1-a – *Hôtel Relais de la Poste, 21 r. du Gén.-de-Gaulle*
– ✆ 03 88 59 24 80 – www.relais-poste.com
– Fermé 1er-10 août, sam. midi, dim. soir et lundi

Les Semailles

CUISINE MODERNE • COSY Jolie graine que cette maison alsacienne chatoyante, dressée dans une petite rue calme. Aux beaux jours, profitez de la terrasse ombragée sous une glycine centenaire... Au menu : des produits au-dessus de tout soupçon, parfaitement cuisinés, avec personnalité.

Formule 24 € – Menu 29 € (déj. en semaine), 32/75 € – Carte 45/67 €

Plan : 2D1-s – *10 r. Petit-Magmod – ✆ 03 88 96 38 38 – www.semailles.fr*
– Fermé dim. soir, merc. et jeudi

Au Moulin

CUISINE CLASSIQUE • COSY Un cadre élégant et lumineux, dans les dépendances d'un ancien moulin posté au bord de l'Ill. La terrasse profite du calme de la campagne environnante. Cuisine classique.

Formule 19 € – Menu 24 € (semaine), 29/74 € – Carte 40/77 €

Plan : 2D1-z – *Hôtel Le Moulin de la Wantzenau, 2 impasse du Moulin, 1,5 km au Sud par D468 – ✆ 03 88 96 20 01 – www.restaurant-moulin-wantzenau.fr*
– Fermé 22 fév.-5 mars, 10 juil.-1er août, 27 déc.-3 janv., dim. soir, lundi et mardi

Zimmer

CUISINE TRADITIONNELLE • CLASSIQUE Indifférente aux modes, cette maison au glorieux passé continue de décliner une belle cuisine de tradition, teintée de notes plus actuelles : blanquette de poussin aux petits oignons et champignons, gratin de macaronis au parmesan ; matelote de poissons au riesling, fricassée de pâtes... Terrasse aux beaux jours.

Formule 23 € - Menu 27 € (semaine), 31/64 € - Carte 45/70 €

Plan : 2D1-r - *23 r. des Héros - 03 88 96 62 08 - www.restaurant-zimmer.fr - Fermé 25 juil.-12 août, 11-27 fév., dim. soir et lundi sauf fériés*

Le Jardin Secret

CUISINE MODERNE • COSY Face à la petite gare, un accueillant restaurant tenu par une jeune équipe. Le cadre est contemporain, et la cuisine... bien d'aujourd'hui et ambitieuse. Et pour jardin secret, une terrasse sur l'arrière de la maison.

Formule 25 € - Menu 28 € (semaine), 48/57 € - Carte 52/63 €

Plan : 2D1-v - *32 r. de la Gare - 03 88 96 63 44 - www.restaurant-jardinsecret.fr - Fermé vacances de fév., 26 déc.-5 janv., sam. midi, dim. soir et lundi*

Au Pont de l'Ill

POISSONS ET FRUITS DE MER • BRASSERIE Fruits de mer et poissons jouent les vedettes sur la carte de cette brasserie très fréquentée, abritant pas moins de cinq salles (au choix : style marin, Art nouveau, etc.). À deux pas de Strasbourg, vous voilà au bord de la mer ! Le tout à prix doux.

Formule 11 € - Menu 13 € (déj. en semaine), 25/42 € - Carte 33/83 €

Plan : 2D1-u - *2 r. du Gén.-Leclerc - 03 88 96 29 44 - www.aupontdelill.com - Fermé août et sam. midi*

Le Moulin de la Wantzenau

FAMILIAL • CONTEMPORAIN Ancien moulin isolé dans la campagne, sur une rive de l'Ill. La bâtisse, d'apparence robuste, abrite des chambres colorées et design, pleines de fraîcheur : original et sympathique dans un tel environnement ! Produits régionaux au petit-déjeuner.

20 chambres - 82/129 € 97/145 € - 14 € - ½ P

Plan : 2D1-z - *3 impasse du Moulin, 1,5 km au Sud par D468 - 03 88 59 22 22 - www.moulin-wantzenau.com - Fermé 24 déc.-2 janv.*

Au Moulin - voir les restaurants ci-dessus

Relais de la Poste

AUBERGE • COSY Dans cette localité du nord de Strasbourg, une imposante et belle maison alsacienne où l'on est accueilli chaleureusement ! Les chambres ont été entièrement rénovées en 2015 ; elles sont cosy, feutrées, et, pour certaines, assez coquettes.

18 chambres - 85/110 € 120/170 € - 16 € - ½ P

Plan : 2D1-a - *21 r. du Gén.-de-Gaulle - 03 88 59 24 80 - www.relais-poste.com - Fermé 1er-10 août*

Relais de la Poste - voir les restaurants ci-dessus

à Illkirch-Graffenstaden 5 km au Sud - ✉ 67400 - 26 379 hab. - Alt. 140 m

Estaminet à l'Agneau

CUISINE TRADITIONNELLE • BISTRO Bouchées à la reine, pot-au-feu de skrei, tartare de bœuf au couteau, crêpes flambées et éclair façon paris-brest... Dans un intérieur digne d'un bistrot parisien, Guillaume Kern régale désormais ses clients avec des petits plats du marché goûteux, généreux et variés. Le tout à prix doux !

Formule 16 € - Carte 29/39 €

Plan : 2C3-a - *185 rte de Lyon - 03 88 66 06 58 - www.agneau-illkirch.fr - Fermé 7-27 août, 26 déc.-1er janv., sam. midi, dim. soir et lundi*

à Entzheim 12 km par A35 (sortie n° 8), D400 et D392 – ✉ 67960 – 2 007 hab. – Alt. 150 m

Steinkeller

CUISINE ALSACIENNE • RUSTIQUE Une belle winstub, une grande véranda, un caveau en pierre (d'où ce nom de "Steinkeller"), etc. : un vrai univers alsacien, regorgeant de bois sculpté, de vitraux, de mobilier traditionnel... Flammekueche, presskopf et autres recettes traditionnelles portent aussi haut les couleurs de la région ! Prix mesurés.

Formule 22 € – Menu 28 € – Carte 25/45 €

Plan : 1B3-h – *Hôtel Père Benoit, 34 rte de Strasbourg – ✆ 03 88 68 91 65 – www.hotel-perebenoit.com – Fermé 30 juil.-20 août, 23 déc.-2 janv., sam. midi, lundi midi et dim.*

Père Benoit

AUBERGE • FONCTIONNEL Le village est coquet et cette ferme à colombages du 18e s. est alsacienne dans l'âme ! Après le porche, on découvre d'une part le restaurant, d'autre part l'hôtel avec des chambres agréables, classiques ou plus contemporaines. Le petit-déjeuner est un pur régal !

60 chambres – †79/105 € ††85/115 € – ☕ 9 €

Plan : 1B3-h – *34 rte de Strasbourg – ✆ 03 88 68 98 00 – www.hotel-perebenoit.com – Fermé 30 juil.- 20 août et 23 déc.-2 janv.*

Steinkeller – voir les restaurants ci-dessus

à Ostwald 7 km au Sud-Ouest – ✉ 67540 – 11 682 hab. – Alt. 140 m

Château de l'Ile

DEMEURE HISTORIQUE • CLASSIQUE Dans un parc baigné par l'Ill, un petit château à l'architecture éclectique (19e s.) entouré de bâtiments dans un style alsacien traditionnel. Ils abritent des chambres spacieuses et confortables, tout en tissus imprimés et mobilier de style. Restaurant gastronomique et winstub.

60 chambres – †155/760 € ††155/760 € – 2 suites – ☕ 24 € – ½ P

Plan : 2C3-r – *4 quai Heydt – ✆ 03 88 66 85 00 – www.chateau-ile.fr*

à Lingolsheim 5 km au Sud-Ouest – ✉ 67380 – 16 941 hab. – Alt. 140 m

L'ID

CUISINE MODERNE • CONTEMPORAIN Une belle maison de maître, décorée avec goût – tons gris et noisette, magnifique escalier en bois datant du 18e s. À l'ardoise, une bonne cuisine du marché rythmée par les saisons – à l'instar de cette pluma ibérique et purée à l'ail –, à déguster sur l'agréable terrasse aux beaux jours.

Menu 32 € (déj. en semaine) – Carte 35/53 €

Plan : 2C2-d – *11 r. du Château – ✆ 03 88 78 40 48 – www.restaurant-id.fr – Fermé lundi soir et dim.*

à Pfulgriesheim 10 km au Nord-Ouest – ✉ 67370 – 1 222 hab. – Alt. 135 m

Bürestubel

CUISINE ALSACIENNE • AUBERGE Cette ferme à colombages respire l'Alsace ! Joli décor régional et spécialités (très) locales : flammekueche, tartes flambées, sirops et sorbets réalisés avec les fruits du verger...

Formule 20 € – Menu 26 € (déj.), 28/40 € – Carte 26/53 €

Plan : 2C1-a – *8 r. de Lampertheim – ✆ 03 88 20 01 92 – www.restaurantburestubel.fr – Fermé 12-27 fév., 31 juil.-13 août, dim. et lundi*

STURZELBRONN

✉ 57230 (Moselle) – 181 hab. – Alt. 250 m – Carte régionale n° **14**-D1

Paris 449 km – Bitche 13 km – Haguenau 39 km – Strasbourg 68 km

Carte Michelin 307-Q4

Au Relais des Bois

CUISINE TRADITIONNELLE • AUBERGE XX Une petite adresse familiale nichée au cœur d'un village du parc naturel régional des Vosges du Nord. À la carte : poulet au gris de Toul, ragoût de gibier à l'ancienne, rognons aux girolles... De quoi réjouir les adeptes de cuisine traditionnelle et autres amoureux des produits du terroir !

Menu 14 € (déj. en semaine), 20/29 € - Carte 31/48 €

13 r. Principale - 03 87 06 20 30 - www.aurelaisdesbois.fr - Fermé en fév., lundi et mardi

SUCÉ-SUR-ERDRE - 44 (Loire-Atlantique) ➔ Voir Nantes

SUCY-EN-BRIE - 94 (Val-de-Marne) ➔ Voir Paris, Environs

SULLY-SUR-LOIRE

45600 (Loiret) - 5 444 hab. - Alt. 115 m - Carte régionale n° **6**-C2

Paris 149 km - Bourges 84 km - Gien 25 km - Montargis 40 km

Carte Michelin 318-L5 - Guide Vert Michelin Châteaux de la Loire

Burgevin

TRADITIONNEL • CONTEMPORAIN À 200 m du château de Sully-sur-Loire, cet hôtel existe depuis 1898 ! Pas de quoi concurrencer le monument historique, mais idéal pour poser ses bagages : l'établissement est confortable et l'on s'y sent vraiment bien. Service aux petits soins et très bon petit-déjeuner.

16 chambres - 96/140 € 110/165 € - 2 suites - 15 €

r. du Faubourg-Saint-Germain - 02 38 38 13 12 - www.hotelburgevin.fr

La Closeraie

FAMILIAL • PERSONNALISÉ Dans cette maison du 19e s., on peut jouer sur le vieux piano ou bouquiner dans la bibliothèque en attendant le soir. Les chambres, romantiques à souhait, sont décorées avec goût et simplicité. Parfait pour un week-end en amoureux.

11 chambres - 75/90 € 85/139 € - 10 €

14 r. Porte-Berry - 02 38 05 10 90 - www.hotel-la-closeraie.com - Fermé 20-31 aout

aux Bordes 6 km au Nord-Est par D948 et D961 - 45460 - 1 831 hab. - Alt. 132 m

La Bonne Étoile

CUISINE TRADITIONNELLE • CONVIVIAL XX Votre bonne étoile vous conduira peut-être dans cette engageante petite auberge. Les gourmands y savourent une cuisine traditionnelle faisant la part belle aux produits du marché, lesquels sont sélectionnés avec le plus grand soin. Une fois votre repas terminé, promenez-vous dans la forêt d'Orléans toute proche.

Formule 17 € - Menu 19 € (semaine), 30/43 € - Carte 22/40 €

D952 - 02 38 35 52 15 - www.restaurant-labonneetoile.fr - Fermé dim. soir et lundi

SURESNES - 92 (Hauts-de-Seine) ➔ Voir Autour de Paris

SURVILLE

27400 (Eure) - 930 hab. - Alt. 147 m - Carte régionale n° **17**-D2

Paris 109 km - Évreux 28 km - Rouen 33 km - Versaille 99 km

Carte Michelin 304-G6

Manoir de Surville

FAMILIAL • COSY Au cœur de la Normandie, un jeune couple passionné propose "d'être au manoir comme à la maison", et ça fonctionne ! Un ancien corps de ferme du 16es., des chambres luxueuses (dont deux suites) toutes mansardées... Cuisine du marché au restaurant.

9 chambres - 180/270 € 180/270 € - 2 suites - ½ P

82 r. Bernard-Petel - 02 32 50 99 89 - www.manoirdesurville.com

SUZE-LA-ROUSSE

✉ 26790 (Drôme) - 1 963 hab. - Alt. 92 m - Carte régionale n° **23**-B3
Paris 641 km - Avignon 59 km - Bollène 7 km - Nyons 28 km
Carte Michelin 332-C8 - Guide Vert Michelin Ardèche Drôme

Les Aiguières

MAISON DE CAMPAGNE • PERSONNALISÉ À deux pas du château et de son université du vin, une maison du 18^{e}s. avec jardin, piscine, grand salon (feu de cheminée en hiver) et chambres d'esprit provençal. Table d'hôte sur réservation (spécialités du Sud).

5 chambres - 75 € 85 €

80 r. de la Fontaine-d'Argent - ✆ 04 75 98 40 80 - www.les-aiguieres.com

TAILLADES

✉ 84300 (Vaucluse) - 1 968 hab. - Alt. 80 m - Carte régionale n° **22**-E1
Paris 715 km - Avignon 33 km - Marseille 81 km - Nîmes 81 km
Carte Michelin 332-D10

L'Auberge des Carrières

CUISINE MODERNE • AUBERGE Au pied du Luberon, une auberge tenue par un charmant couple belge, installé en Provence depuis dix ans. Le temps de prendre place sur la jolie terrasse, et voilà déjà notre assiette ; la cuisine sent bon la Méditerranée, avec notamment la grande spécialité du chef : le ris de veau poêlé...

Menu 22 € (déj. en semaine)/42 € - Carte 51/64 €

36 av. du Château - ✆ 04 32 50 19 97 (réservation conseillée) - www.aubergedescarrierres.com - Fermé sam. midi, dim. soir et lundi de juin à mi-sept.

TAILLECOURT - 25 (Doubs) ➔ Voir Audincourt

TAIN-L'HERMITAGE

✉ 26600 (Drôme) - 5 845 hab. - Alt. 124 m - Carte régionale n° **24**-E2
Paris 545 km - Grenoble 97 km - Le Puy-en-Velay 105 km - St-Étienne 76 km
Carte Michelin 332-C3 - Guide Vert Michelin Ardèche Drôme

Le Mangevins

CUISINE MODERNE • BISTRO L'époque est au changement pour le Mangevins, qui a pris ses quartiers dans une petite rue près de la mairie. La déco mêle gentiment esprit de bistrot et modernité, quant à la cuisine, aucune inquiétude : elle célèbre plus que jamais le marché, et se révèle soignée. Belle sélection de crus de la région.

Formule 28 € - Menu 32/35 €

7 r. des Herbes - ✆ 04 75 08 00 76 (réservation conseillée) - Fermé 2 semaines en avril, 2 semaines en août, 1 semaine en janv., sam. et dim.

Le Quai

CUISINE TRADITIONNELLE • BRASSERIE On pourrait rester à quai pendant des heures, à admirer le Rhône et les vignobles... En terrasse ou dans la salle, très lumineuse, on se croirait presque sur un paquebot ! Et dans ce bistrot des temps modernes, les assiettes sont généreuses. Une bonne adresse.

Formule 19 € - Menu 24/45 € - Carte 40/61 €

17 r. J.-Péala - ✆ 04 75 07 05 90 - www.michelchabran.com

Maison Gambert (N)

CUISINE MODERNE • CONVIVIAL Cette ancienne ferme rénovée, prolongée d'une jolie terrasse ombragée et entourée de vignes, a été reprise par Mathieu Chartron, chef au joli parcours étoilé (Le Meurice, Guy Savoy) de retour de Las Vegas. Dos de cabillaud et carottes, abricot de la Drôme : c'est simple, frais et goûteux. Welcome back !

Menu 26 € - Carte 37/60 €

2 r. de la Petite-Pirelle - ✆ 04 75 09 19 85 - www.maisongambert.com - Fermé lundi et mardi

Les 2 Coteaux

TRADITIONNEL • FONCTIONNEL Dans cet hôtel familial, vous pourrez admirer le Rhône... Les chambres sont sobres, calmes et lumineuses ; préférez évidemment celles avec vue sur le fleuve.

18 chambres - 68/72 € 72/82 € - 10 €

18 r. Joseph-Péala - 04 75 08 33 01 - www.hotel-les-2-coteaux-26.com - Fermé 27 déc.-15 janv.

TALANT - 21 (Côte-d'Or) → Voir Dijon

TALLOIRES

74290 (Haute-Savoie) - 1 743 hab. - Alt. 470 m - Carte régionale n° **25**-F1

Paris 551 km - Albertville 34 km - Annecy 13 km - Megève 49 km

Carte Michelin 328-K5 - Guide Vert Michelin Alpes du Nord

Le Cottage

CUISINE CLASSIQUE • ÉLÉGANT XXX Un restaurant cossu et bourgeois, une terrasse avec le lac pour horizon et de belles saveurs classiques, préparées avec d'excellents produits... On passe ici un moment gastronomique bien sympathique !

Formule 30 € - Menu 47/70 € - Carte 68/79 €

Hôtel Le Cottage, Le Port - 04 50 60 71 10 - www.cottagebise.com - Ouvert fin avril-début oct.

Aux Jardins des Délices

CUISINE MODERNE • ROMANTIQUE XX Agneau au piment d'Espelette et légumes du Sud, filets de rouget à la coriandre : le chef concocte une cuisine gorgée de soleil (en saison, formule déjeuner plus simple) accompagnée de très bons vins. L'été, il fait bon la savourer en terrasse, face au lac.

Formule 24 € - Menu 36 € (déj.), 48/96 € - Carte 63/103 €

Hôtel L'Abbaye, chemin des Moines - 04 50 60 77 33 - www.abbaye-talloires.com - Ouvert de mi-fév. à mi-nov., et fermé merc. midi, jeudi midi, vend. midi, lundi et mardi sauf en juil.-août

Le Cottage

TRADITIONNEL • CLASSIQUE Face à l'embarcadère, ces maisons des années 1930 ont des airs de... cottage chic. Vue sur le lac, le jardin ou la montagne ; décor soigné et frais : les chambres, cosy et dans l'air du temps, ont toutes ce petit quelque chose qu'on nomme le charme !

28 chambres - 170/500 € 170/500 € - 8 suites - 21 € - ½ P

Le Port - 04 50 60 71 10 - www.cottagebise.com - Ouvert fin avril-début oct.

Le Cottage - voir les restaurants ci-dessus

L'Abbaye

HISTORIQUE • CLASSIQUE Cette abbaye bénédictine du 17e s. aurait accueilli Cézanne... Et pour cause, tout y est si calme et la vue sur le lac est un vrai tableau ! Chambres d'un classicisme raffiné, jardin face aux flots avec ponton privé et... dépaysement.

31 chambres - 144/375 € 144/475 € - 2 suites - 25 € - ½ P

chemin des Moines - 04 50 60 77 33 - www.abbaye-talloires.com - Ouvert mi-fév. à mi-nov.

Aux Jardins des Délices - voir les restaurants ci-dessus

Golf et Montagne

TRADITIONNEL • FONCTIONNEL Un joli lodge de montagne, créé il y a maintenant quelques années à l'entrée du golf. Les chambres, sobres et très pratiques, ont toutes une terrasse - certaines d'entre elles donnent sur le lac. Buffet du petit-déjeuner à l'anglaise avec œufs brouillés, beans et bacon grillé.

9 chambres - 92/158 € 95/158 € - 13 €

151 chemin des Sablons, à Echarvines - 04 50 05 35 35 - www.hotel-golf-montagne.eu

La Charpenterie

FAMILIAL • MONTAGNARD Dans ce charmant chalet récent (jolis balcons ouvragés) règne une sympathique atmosphère familiale. Intérieur chaleureux et confortable, où le bois s'impose partout ; nombreuses chambres avec terrasse et cuisine d'aujourd'hui... Un lieu bien charpenté !

18 chambres – 🚹80/135 € 🚹🚹80/135 € – ☕12 € – ½ P

72 r. A.-Theuriet – ✆ 04 50 60 70 47 – www.la-charpenterie.com – Ouvert 1er avril-2 nov.

Chalet Christine

MAISON DE CAMPAGNE • MONTAGNARD Cette jolie maison surplombant le lac propose des chambres contemporaines, confortables et bien tenues. Pour une détente optimale, on profite de la piscine couverte, du sauna ou du hammam... À la table d'hôte, on se régale de plats traditionnels réalisés avec de beaux produits locaux. Terrasse donnant sur le potager.

5 chambres ☕ – 🚹195/290 € 🚹🚹210/390 €

181 Le Thoron – ✆ 04 50 02 03 03 – www.chaletchristine.com

à Angon 2 km au Sud par D909a – ✉ 74290 Talloires

Les Grillons

FAMILIAL • CLASSIQUE Un hôtel-restaurant traditionnel tenu par la même famille depuis trois générations. Accueil charmant, belle piscine et chambres fraîches donnant presque toutes sur le lac : aucun doute, ces Grillons portent bonheur !

32 chambres – ½ P seult 140/196 €

1199 rte d'Angon – ✆ 04 50 60 70 31 – www.hotel-grillons.com – Ouvert 24 avril-29 sept.

TALUYERS

✉ 69440 (Rhône) – 2 294 hab. – Alt. 340 m – Carte régionale n° **23**-B2
▶ Paris 485 km – Bourg-en-Bresse 102 km – Lyon 22 km – St-Étienne 41 km
Carte Michelin 327-H6

Château Talluy

HISTORIQUE • ÉLÉGANT Bienvenue dans cet hôtel confortable, créé en 2011 dans un ancien château du 18e s. transformé un temps en orphelinat. Les chambres, originales, sont toutes décorées sur le thème d'un art : cinéma, théâtre, peinture, sculpture, etc. Cuisine de tradition au restaurant.

10 chambres – 🚹99/209 € 🚹🚹109/209 € – ☕8 €

144 r. du Pensionnat – ✆ 04 78 19 19 00 – www.chateautalluy.com

TAMNIÈS

✉ 24620 (Dordogne) – 375 hab. – Alt. 200 m – Carte régionale n° **2**-D3
▶ Paris 522 km – Brive-la-Gaillarde 47 km – Périgueux 60 km – Sarlat-la-Canéda 14 km
Carte Michelin 329-H6 – Guide Vert Michelin Périgord Quercy

Laborderie

TRADITIONNEL • FONCTIONNEL Dans cette maison périgourdine, tout est paisible ! Vaste parc tourné vers la vallée et chambres d'esprit rustique ou plus moderne. Au restaurant, on apprécie une cuisine régionale à l'ancienne dans une atmosphère campagnarde. Et à la belle saison, on profite de la terrasse.

44 chambres – 🚹64/124 € 🚹🚹64/124 € – ☕11 € – ½ P

Le Bourg – ✆ 05 53 29 68 59 – www.hotel-laborderie.com – Ouvert 1er avril-5 nov.

TANCARVILLE

✉ 76430 (Seine-Maritime) – 1 368 hab. – Alt. 10 m – Carte régionale n° **17**-C2
▶ Paris 175 km – Caen 86 km – Le Havre 32 km – Pont-Audemer 24 km
Carte Michelin 304-C5 – Guide Vert Michelin Normandie Vallée de la Seine

La Marine

CUISINE MODERNE • CONVIVIAL XXX Premier atout : une vue immanquable sur la Seine et le célèbre pont de Tancarville. Deuxième atout : une cuisine traditionnelle bien tournée, faisant la part belle aux produits de la mer. Les chambres évoquent les mythiques paquebots transatlantiques ("France", "Normandie", etc.). On embarque sur cette Marine...

Formule 15 € - Menu 25/52 € - Carte 63/87 €

9 chambres - 80/100 € 85/100 € - 12 €

10 rte du Havre, au pied du pont (D982) - 02 35 39 77 15 - www.lamarine-tancarville.com - Fermé sam. midi, dim. soir et lundi

LA TANIA - 73 (Savoie) → Voir Courchevel

TARARE

69170 (Rhône) - 10 401 hab. - Alt. 383 m - Carte régionale n° **23**-A1

Paris 463 km - Lyon 45 km - Montbrison 60 km - Roanne 40 km

Carte Michelin 327-F4 - Guide Vert Michelin Lyon et sa région

Jean Brouilly (Eric Lambolez)

CUISINE CLASSIQUE • ÉLÉGANT XXX Dans un grand parc arboré bordant la route de Roanne, une belle maison bourgeoise datant de 1906 : un décor tout indiqué pour honorer la tradition ! Le classicisme culinaire est ici de mise, comme la générosité et la gentillesse. Une valeur sûre pour tous les amateurs...

→ Carpaccio d'asperges et Saint-Jacques marinées, vinaigre de mangue. Chevreau en trois cuissons. Crémeux au chocolat noir et cœur coulant.

Menu 30 € (semaine), 44/80 € - Carte 45/85 €

3 ter r. de Paris - 04 74 63 24 56 - www.restaurant-brouilly.com - Fermé 13-28 mars, 24 juil.-9 août, dim. soir, lundi, mardi et soirs fériés

Burnichon

FAMILIAL • CONTEMPORAIN À l'entrée de la ville, une grosse bâtisse avec de belles chambres aux couleurs vives, fraîches et pimpantes ; le restaurant est plutôt traditionnel, et il y a même une piscine entourée de verdure ! Une adresse sympathique et bon marché.

34 chambres - 55/63 € 64/73 € - 9 € - ½ P

1,5 km à l'Est par D307 - 04 74 63 44 01 - www.hotel-burnichon.com - Fermé 24 déc.-7janv.

TARASCON-SUR-ARIÈGE

09400 (Ariège) - 3 386 hab. - Alt. 474 m - Carte régionale n° **15**-C3

Paris 777 km - Ax-les-Thermes 27 km - Foix 18 km - Lavelanet 30 km

Carte Michelin 343-H7

Saveurs du Manoir

CUISINE TRADITIONNELLE • BISTRO XX Du relief, des textures affirmées et des produits de bonne qualité : voilà qui définit bien le travail du chef, Jean Cazorla. Croustillant d'asperge et son velouté, filets de rouget au roulé d'aubergine... C'est léger, coloré ; bref : ce n'est rien de moins qu'une nouvelle approche de la gastronomie ariégeoise.

Formule 16 € - Menu 20 € (déj. en semaine), 29/52 € - Carte 44/66 €

Hôtel Le Manoir d'Agnès, 2 r. St-Roch - 05 61 64 76 93 - www.manoiragnes.com - Fermé 2 semaines en nov., 2 semaines en janv., dim. soir et lundi

Le Manoir d'Agnès

BUSINESS • ÉLÉGANT Un beau manoir du 19e s., situé le long de la route menant en Andorre. Les chambres, de facture sobre et contemporaine, séduisent avec leurs quelques touches de couleur... Un établissement bien dans l'air du temps !

15 chambres - 112/127 € 112/127 € - 10 € - ½ P

2 r. St-Roch - 05 61 02 32 81 - www.manoiragnes.com

Saveurs du Manoir - voir les restaurants ci-dessus

TARBES

✉ 65000 (Hautes-Pyrénées) - 41 664 hab. - Agglo. 76 750 hab. - Alt. 320 m
- Carte régionale n° **15**-A3
▶ Paris 831 km - Bordeaux 218 km - Lourdes 19 km - Pau 44 km
Carte Michelin 342-M5

L'Arpège

CUISINE CRÉATIVE • **CONTEMPORAIN** Ce couple de chefs japonais signe une jolie cuisine créative aux touches nippones, dans laquelle bouillons, algues et assaisonnements mettent en valeur des produits de bonne qualité. Le cadre est à l'image de l'assiette : élégant et contemporain.

Menu 25 € (déj. en semaine), 50 € - Carte 50/60 €

Plan : A1-m - *22 pl. de Verdun - 05 62 51 15 76 - www.restaurant-arpege.com - Fermé mardi midi, dim. soir et lundi*

L'Agora

CUISINE CLASSIQUE • **BOURGEOIS** Face à la cathédrale, cet ancien presbytère de 1882, doté d'une agréable terrasse, abrite un restaurant de bon aloi, qui propose une cuisine classique : Daniel Labarrère de retour dans ses murs, c'est une bonne nouvelle pour nos papilles !

Formule 20 € - Menu 25/40 € - Carte 33/43 €

Plan : A1-n - *48 r. de l'Abbé-Torné - 05 62 93 09 34 - www.restaurant-lagora.com - Fermé sam. midi, dim. et lundi*

Le Petit Gourmand

CUISINE MODERNE • **BISTRO** Sur une avenue proche du centre-ville de Tarbes, ce restaurant porte bien son nom. Derrière les fourneaux, le chef réalise une savoureuse cuisine du marché avec de beaux produits du terroir. On se régale du début à la fin !

Menu 20 € - Carte environ 36 €

Plan : A1-b - *62 av. B.-Barère - 05 62 34 26 86 - Fermé 2 semaines en août, 1 semaine début janv., sam. midi, dim. soir et lundi*

Le Fil à la Patte

CUISINE TRADITIONNELLE • **BISTRO** L'atmosphère est conviviale et sans chichis dans ce restaurant où l'on s'attable coude à coude autour de plats du marché et de saveurs qui fleurent bon le terroir. Le chef puise son inspiration dans les produits de qualité.

Formule 14 € - Menu 21 € - Carte 25/35 €

Plan : A1-a - *30 r. Georges-Lassalle - 05 62 93 39 23 - Fermé 2 semaines en août, 1 semaine en janv., dim. et lundi*

Trait Blanc

CUISINE MODERNE • **BRANCHÉ** Une salle immaculée et tout en longueur : un Trait Blanc original et sympathique, signé par deux jeunes amis d'enfance. Cuisine du marché haute en... couleurs et sans ratures !

Formule 19 € - Menu 24 € (déj. en semaine), 32/46 € - Carte 63/76 €

Plan : A1-f - *9 r. Victor-Hugo - 05 62 38 11 87 - Fermé dim. soir, mardi midi et lundi*

L'Empreinte

CUISINE MODERNE • **CONTEMPORAIN** Ce petit restaurant cosy, avec sa cuisine ouverte sur la salle, est désormais le repaire d'un jeune chef-patron à la technique irréprochable, qui actualise avec talent la tradition : en témoigne ce jambon noir de Bigorre et ses asperges, ou encore ce pavé de cabillaud au beurre monté au yuzu et risotto de quinoa.

Menu 15 € (déj. en semaine), 24/27 € - Carte 42/50 €

Plan : A2-r - *2 r. Gaston-Manent - 05 62 44 97 48 - www.restaurant-empreinte.com - Fermé dim. soir, lundi et mardi matin*

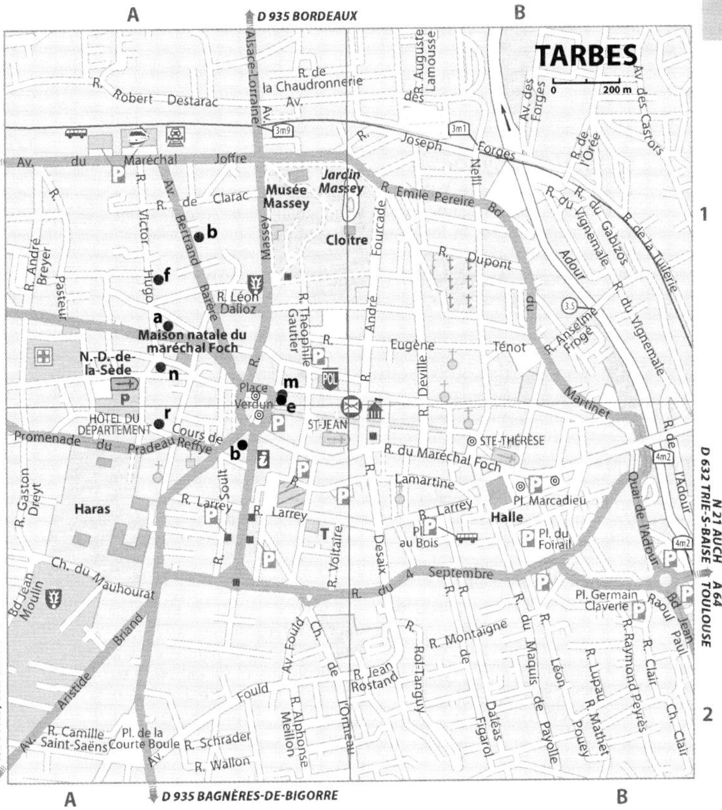

Le Rex Hôtel

URBAIN · DESIGN Envie d'une nuit très branchée ? L'adresse est toute trouvée avec cette audacieuse architecture en verre qui s'anime de jeux de lumière la nuit. Dans les chambres cohabitent créations design et confort dernier cri. Une réussite.

74 chambres – 99/340 € 99/340 € – 18 €

Plan : A2-b – *10 cours Gambetta – 05 62 54 44 44 – www.lerexhotel.com*

Foch

URBAIN · CONTEMPORAIN En plein centre-ville, l'établissement borde une place animée. Chambres simples et bien insonorisées. Demandez celles qui ont été rénovées dans un esprit contemporain, avec mobilier en bambou, plus agréables.

30 chambres – 65/115 € 85/115 € – 1 suite – 8,50 €

Plan : A1_2-e – *18 pl. de Verdun – 05 62 93 71 58 – www.hotel-foch.eu – Fermé vacances de Noël*

rte de Lourdes par Juillan 4 km au Sud-Ouest par D921[A] – 65290 Juillan :

L'Aragon

CUISINE MODERNE · DESIGN XXX Recettes au goût du jour dans une plaisante salle à manger d'esprit zen (murs d'eau, fleurs...) ou sur la terrasse ombragée. Avec quelques chambres confortables pour l'étape !

Menu 29 € (semaine), 39/66 € – Carte 50/82 €

9 chambres – 60 € 70 € – 8 € – ½ P

2 ter rte de Lourdes – 05 62 32 07 07 – www.hotel-aragon.com – Fermé 8-21 août, dim. soir et lundi

TARNAC

✉ 19170 (Corrèze) - 315 hab. - Alt. 700 m - Carte régionale n° **13**-C2
▶ Paris 434 km - Aubusson 47 km - Bourganeuf 44 km - Limoges 68 km
Carte Michelin 329-M1 - Guide Vert Michelin Limousin Berry

Hôtel des Voyageurs

TRADITIONNEL · FONCTIONNEL Au bord du plateau de Millevaches, près de deux arbres séculaires, un hôtel de village tenu par des propriétaires dynamiques : les chambres, sobres et fonctionnelles, sont peu à peu rénovées et sont fort bien tenues. Un point de chute utile.

15 chambres - †59/64 € ††60/76 € - ☕ 9 € - ½ P

18 av. de la Mairie - ✆ 05 55 95 53 12 - www.hotelcorreze.com - Ouvert de mars à nov.

TASSIN-LA-DEMI-LUNE - 69 (Rhône) ➔ Voir Lyon

TAVERS - 45 (Loiret) ➔ Voir Beaugency

TENCIN

✉ 38570 (Isère) - 1 622 hab. - Alt. 257 m - Carte régionale n° **46**-F2
▶ Paris 604 km - Chambéry 38 km - Grenoble 25 km - Lyon 137 km
Carte Michelin 333-I6

La Tour des Sens Ⓝ

CUISINE CRÉATIVE · CONTEMPORAIN X Sur les hauteurs de Tencin, cette Tour saura combler vos cinq sens ! À la tête du restaurant depuis 2016, le chef propose une cuisine très créative et directement inspirée de la nature, déclinée sous forme de menus (Inspiration, Tour d'Horizon, Diapason). Et s'il fait beau, direction la terrasse avec sa vue superbe sur le massif de la Chartreuse...

Menu 26 € (déj. en semaine), 44/84 € - Carte 58/70 €

La Tour, 1 km rte de Theys - ✆ 04 76 04 79 67 - www.latourdessens.fr - Fermé dim. et lundi

TENDE

✉ 06430 (Alpes-Maritimes) - 2 153 hab. - Alt. 815 m - Carte régionale n° **21**-D2
▶ Paris 888 km - Cuneo 47 km - Menton 56 km - Nice 78 km
Carte Michelin 341-G3 - Guide Vert Michelin Côte d'Azur

à St-Dalmas-de-Tende 4 km au Sud par D6204 - ✉ 06430

Le Prieuré

TRADITIONNEL · ORIGINAL Le hameau est célèbre pour sa gare monumentale bâtie sur les ordres de Mussolini. Original, cet ancien prieuré est aussi un ESAT, qui œuvre à l'insertion des personnes handicapées par le travail. Les randonneurs préféreront les chambres qui donnent sur le parc.

24 chambres - †52/70 € ††61/80 € - ☕ 8,50 € - ½ P

r. Jean-Médecin - ✆ 04 93 04 75 70 - www.leprieure.org - Fermé 20-28 déc.

à Casterino 15 km au Nord-Ouest par D91 - ✉ 06430 Tende

Chamois d'Or

CUISINE RÉGIONALE · RUSTIQUE XX Installez-vous sous les boiseries de cette belle salle d'esprit rustique, non loin de la cheminée, pour déguster une cuisine régionale d'inspiration italienne. On se régale d'un agnolotti maison, ou d'une truite au bleu. Jolie carte des vins.

Menu 25/35 € - Carte 27/45 €

hameau de Castérino - ✆ 04 93 04 66 66 - www.hotelchamoisdor.net - Ouvert mai-oct.

Les Mélèzes

CUISINE RÉGIONALE • RUSTIQUE Retiré au bout d'une petite route sinueuse - idéal pour aller randonner dans la vallée des Merveilles ! –, on trouve ce petit chalet au décor montagnard... On y déguste une bonne cuisine du terroir, à prix doux. L'accueil est charmant et, pour l'étape, de petites chambres sont à disposition.

Menu 25/36 € - Carte 34/58 €

10 chambres - 70 € 70 € - 9 €

- 04 93 04 95 95 - www.hotelrestaurant-lesmelezes.fr - Fermé 15 nov.-27 déc., mardi et merc.

Chamois d'Or

TRADITIONNEL • MONTAGNARD Près de la vallée des Merveilles, ce chalet fait face à la montagne et au torrent. L'intérieur élégant propose des chambres au décor montagnard, bien équipées et spacieuses pour certaines.

22 chambres - 75/90 € 90/135 € - 13 €

hameau de Castérino - 04 93 04 66 66 - www.hotelchamoisdor.net - Ouvert mai-oct.

Chamois d'Or - voir les restaurants ci-dessus

TERRASSON-LAVILLEDIEU

24120 (Dordogne) - 6 237 hab. - Alt. 90 m - Carte régionale n° **2**-D1

Paris 497 km - Brive-la-Gaillarde 22 km - Lanouaille 44 km - Périgueux 53 km

Carte Michelin 329-I5 - Guide Vert Michelin Périgord Quercy

L'Imaginaire

CUISINE MODERNE • ÉLÉGANT Installez-vous dans la salle voûtée et lumineuse de cet ancien hospice du 17e s. pour déguster une cuisine goûteuse et soignée, réalisée à base de produits de qualité. Pour ceux dont l'imaginaire ne suffit pas, les photos des plats du chef sont affichées au mur ! Quelques jolies chambres à l'étage.

→ Ormeaux du Cotentin, risotto aux noisettes, nori, sauce à l'ail et persil. Bœuf du Limousin farci au foie gras, légumes à la truffonade, sauce bordelaise. Pomme reinette confite et feuilles craquantes à la vanille.

Menu 35 € (déj. en semaine), 63/125 € - Carte environ 80 €

7 chambres - 125/175 € 175/225 € - 13 €

1 rte de la Fontaine-St-Julien - 05 53 51 37 27 - www.l-imaginaire.fr - Fermé 10-25 avril, 17-25 oct., 17-29 nov., mardi hors saison et lundi

TERRAUBE

32700 (Gers) - 389 hab. - Alt. 150 m - Carte régionale n° **15**-B2

Paris 721 km - Agen 48 km - Auch 43 km - Toulouse 114 km

Carte Michelin 336-F6

Maison Ardure

MAISON DE CAMPAGNE • PERSONNALISÉ Un superbe manoir gascon du 17^{e}s. entouré d'un joli parc planté d'arbres fruitiers. Les chambres sont décorées avec goût par la propriétaire, qui allie de beaux matériaux aux pierres apparentes et à la charpente. Jacuzzi, hammam, fitness et table de massage.

4 chambres - 84/134 € 89/139 € - 1 suite

lieu-dit Ardure, 2 km par D42 rte de Lectoure - 05 62 68 59 56 - www.ardure.fr - Ouvert 1er avril-30 sept., vacances de la Toussaint et vacances de Noël

TERTENOZ - 74 (Haute-Savoie) → Voir Faverges

TÉTEGHEM - 59 (Nord) → Voir Dunkerque

TEYSSODE

81220 (Tarn) - 393 hab. - Alt. 270 m - Carte régionale n° **15**-C2

Paris 699 km - Albi 54 km - Castres 27 km - Toulouse 51 km

Carte Michelin 338-D9

Domaine d'En Naudet

FAMILIAL • À LA CAMPAGNE Perchée sur sa colline, cette propriété de caractère domine la campagne environnante... Les chambres distillent charme champêtre et confort, de nombreuses activités sont proposées pour les enfants, et, au petit-déjeuner, on se régale des œufs de la ferme... Quiétude bucolique et bel accueil en prime !

5 chambres - 89/99 € 89/99 €

rte de Pratviel, 3 km par D143 et D43 - 05 63 70 50 59 - www.domainenaudet.com - Fermé 2 semaines en janv. et 1 semaine en oct.

THANN

68800 (Haut-Rhin) - 7 931 hab. - Alt. 343 m - Carte régionale n° **1**-A3

Paris 464 km - Belfort 42 km - Colmar 44 km - Épinal 87 km

Carte Michelin 315-G10

Le Parc

SPA ET BIEN-ÊTRE • PERSONNALISÉ Dans un parc arboré, une belle maison bourgeoise du 19e s. aux allures de petit palais : salon noble et raffiné ; fresques, statues, lustres italiens ; jolies chambres cossues (toutes différentes) et restaurant classique. Bel espace bien-être.

21 chambres - 59/149 € 69/209 € - 16 € - ½ P

23 r. Kléber - 03 89 37 37 47 - www.alsacehotel.com - Fermé 2-15 janv.

THANNENKIRCH

68590 (Haut-Rhin) - 443 hab. - Alt. 520 m - Carte régionale n° **1**-C2

Paris 436 km - Colmar 25 km - St-Dié 40 km - Sélestat 17 km

Carte Michelin 315-H7

Le Clos des Sources

TRADITIONNEL • PERSONNALISÉ Le nom de l'hôtel, quelque peu impersonnel, ne reflète en rien l'esprit chaleureux des lieux. Imaginez du lambris, de beaux tissus : bref, un vrai chalet douillet et tranquille, au pied du massif du Taennchel... Quant à l'espace balnéo, il est superbe. Un vrai coup de cœur !

33 chambres - 100/136 € 100/266 € - 14 € - ½ P

2 rte du Haut-Koenigsbourg - 03 89 73 10 01 - www.leclosdessources.com - Fermé 8 janv.-25 mars

Auberge La Meunière

FAMILIAL • PERSONNALISÉ Une auberge ravissante, avec de jolies chambres offrant de belles échappées sur la campagne. Pour mieux contempler le paysage, préférez celles avec un balcon ! Accueil charmant.

25 chambres - 60/86 € 88/135 € - ½ P

30 r. Ste-Anne - 03 89 73 10 47 - www.aubergelameuniere.com - Ouvert 25 mars-22 déc.

THARON-PLAGE

44730 (Loire-Atlantique) - Alt. 0 m - Carte régionale n° **18**-A2

Paris 437 km - Challans 53 km - Nantes 57 km - St-Nazaire 24 km

Carte Michelin 316-C5

Le Belem

CUISINE MODERNE • CONTEMPORAIN Une maquette du Belem, célèbre trois-mâts français datant de 1896, trône dans la salle à manger de cet élégant restaurant situé à deux pas de la mer. Comme prévu, les saveurs iodées ont la part belle dans le menu : goujonnettes de sole au romarin, filet de turbot farci de sa mousseline de merlan... Montez à bord !

Formule 20 € - Menu 23 € (semaine), 32/79 € - Carte 47/62 €

56 av. de la Convention - 02 40 64 90 06 - www.restaurantlebelem.fr - Fermé 7-15 juin, 2-22 janv., merc., jeudi hors saison et lundi en juil.

LE THEIL - 15 (Cantal) ➜ Voir Salers

THENAY

✉ 36800 (Indre) - 888 hab. - Alt. 120 m - Carte régionale n° **6**-B3
Paris 299 km - Le Blanc 30 km - Châteauroux 33 km - Limoges 104 km
Carte Michelin 323-E7

Auberge de Thenay

CUISINE TRADITIONNELLE • AUBERGE Une véritable auberge, accueillante et chaleureuse, où l'on se régale notamment de viandes rôties à la broche. Le propriétaire a vécu en Grande-Bretagne et organise des soirées irlandaises et écossaises (jolie carte de whiskys). Les chambres sont agréables et originales : leur thème commande celui... du petit-déjeuner !

Menu 14 € (déj. en semaine), 32/39 €

3 chambres - 85/90 € 85/90 € - 8 €

23 r. R.-d'Helbingue - 02 54 47 99 00 (réservation conseillée) - www.auberge-de-thenay.fr - Fermé 2-16 sept., 27 janv.-10 fév., mardi midi, dim. soir et lundi

THÉOULE-SUR-MER

✉ 06590 (Alpes-Maritimes) - 1 526 hab. - Carte régionale n° **22**-E2
Paris 895 km - Cannes 11 km - Draguignan 58 km - Nice 42 km
Carte Michelin 341-C6 - Guide Vert Michelin Côte d'Azur

à Miramar 5 km par D6098 rte de St-Raphaël - ✉ 06590 Theoule sur Mer

L'Or Bleu

CUISINE MODERNE • ROMANTIQUE Depuis la terrasse, la vue somptueuse sur les roches rouges de l'Esterel et la mer devrait vous occuper quelques instants. Puis, l'assiette arrive : place à une cuisine méridionale légère et bien parfumée, avec quelques touches d'inventivité bien maîtrisées... un équilibre qui ne manque pas de séduire !

Menu 85/125 € - Carte 72/145 €

Hôtel Tiara Yaktsa, 6 bd de l'Esquillon - 04 92 28 60 30 - www.tiara-hotels.com - Ouvert avril-oct.

Tiara Miramar Beach Hotel & Spa

SPA ET BIEN-ÊTRE • À THÈME Au cœur du massif de l'Esterel et au creux d'une calanque de roches rouges, les pieds dans l'eau. Depuis les chambres, parées de couleurs chatoyantes et de touches orientales, on distingue la jolie plage privée, en contrebas... La Méditerranée (presque) pour soi seul.

60 chambres - 230/980 € 230/980 € - 5 suites - ½ P

47 av. Miramar - 04 93 75 05 05 - www.tiara-hotels.com

Tiara Yaktsa

LUXE • CONTEMPORAIN Accrochée à la falaise, cette demeure abrite des chambres élégantes qui marient l'Orient et la Méditerranée. Un cadre sublime avec, notamment, une piscine à débordement bordée de transats et de lits balinais... d'où l'on profite d'une superbe vue sur le massif de l'Esterel.

21 chambres - 250/990 € 250/990 € - 1 suite - ½ P

6 bd de l'Esquillon - 04 92 28 60 30 - www.tiara-hotels.com - Ouvert avril-oct.

L'Or Bleu - voir les restaurants ci-dessus

THIERS

✉ 63300 (Puy-de-Dôme) - 11 217 hab. - Alt. 420 m - Carte régionale n° **3**-C2
Paris 388 km - Clermont-Ferrand 43 km - Lyon 133 km - St-Étienne 108 km
Carte Michelin 326-I7 - Guide Vert Michelin Auvergne

La Table du Clos

CUISINE MODERNE • CONTEMPORAIN Jolie surprise que cette Table du Clos, qui propose une cuisine soignée, réalisée à base de bons produits : langoustines de nos côtes simplement poêlées, légumes crus et cuits ; filet de bœuf du Massif central légèrement fumé, pommes gratinées au Lavort... Le rapport qualité-prix se révèle aussi très bon : profitez-en !

Formule 18 € – Menu 20 € (déj. en semaine), 39/60 €

Hôtel Le Clos St-Eloi, 49 av. du Gén.-de-Gaulle – 04 73 53 80 80 – www.clos-st-eloi.fr – Fermé 1er-15 janv., dim. soir et lundi en hiver

Le Choix des Mets

CUISINE MODERNE • BISTRO À quoi tient le succès de ce petit bistrot contemporain ? Peut-être à son cadre coloré (carreaux de ciments, appliques) qui multiplie les clins d'œil à l'artisanat local : couteaux, sets de table... mais aussi certainement à la jolie cuisine de saison, moderne et colorée, que l'on y sert. Un conseil : réservez !

Menu 20 € – Carte 25/50 €

2 av. Léo-Lagrange – 04 73 51 06 61 (réservation conseillée) – www.le-choix-des-mets.fr – Fermé 1 semaine à Pâques, 3 semaines en juil., vacances de Noël, dim. et le soir du lundi au jeudi

Le Clos St-Eloi

BUSINESS • CONTEMPORAIN Aux portes de la ville, et facilement accessible par l'A89, cet hôtel propose des chambres sobres et actuelles, bien équipées (écrans plats, douches à l'italienne). Un agréable parc ceint l'ensemble : une mise au vert salutaire.

31 chambres – 90/125 € 90/125 € – 12 €

49 av. du Gén.-de-Gaulle – 04 73 53 80 80 – www.clos-st-eloi.fr – Fermé 1er-15 janv., dim. soir et lundi en hiver

La Table du Clos – voir les restaurants ci-dessus

à Pont-de-Dore 6 km au Sud-Ouest par D2089 – 63920 Peschadoires

Eliotel

FAMILIAL • FONCTIONNEL Voyez la vie en rose ! À l'image de la façade de cet hôtel-restaurant familial où les chambres sont actuelles et bien tenues. Côté restaurant, le chef mitonne recettes auvergnates et... spécialités bretonnes !

15 chambres – 69/90 € 69/90 € – 10 €

rte de Maringues – 04 73 80 10 14 – www.eliotel.fr – Fermé 30 juil.-20 août et 22 déc.-11 janv.

LE THILLOT

88160 (Vosges) – 3 624 hab. – Alt. 495 m – Carte régionale n° **14**-C3

Paris 434 km – Belfort 46 km – Colmar 72 km – Épinal 49 km

Carte Michelin 314-I5 – Guide Vert Michelin Alsace Lorraine

au Ménil 3,5 km au Nord-Est par D486 – 88160 – 1 126 hab. – Alt. 524 m

Les Sapins

CUISINE TRADITIONNELLE • CONVIVIAL La lumineuse salle à manger est ouverte sur la terrasse, au pied des Vosges... Voilà qui met dans de bonnes dispositions ! La cuisine donne dans la tradition et privilégie les produits du terroir local, avec notamment un menu "trilogie" pour apprécier différentes préparations de poissons et viandes.

Menu 14 € (déj. en semaine), 23/49 € – Carte 35/55 €

60 Gde-Rue – 03 29 25 02 46 – www.hotel-les-sapins.fr – Fermé 20 nov.-4 déc., 2-8 janv., dim. soir et lundi midi

Les Sapins

TRADITIONNEL · FONCTIONNEL En plein cœur du parc naturel des Ballons des Vosges, un petit établissement familial traditionnel qui ne manque pas de charme... Les chambres, sans luxe particulier, se révèlent coquettes et très bien tenues ; l'accueil des propriétaires est charmant.

22 chambres - 60/85 € 60/119 € - 12 € - ½ P

60 Gde-Rue - 03 29 25 02 46 - www.hotel-les-sapins.fr - Fermé 26 juin-9 juil., 20 nov.-4 déc., 3-9 janv., dim. soir et lundi midi

Les Sapins - voir les restaurants ci-dessus

THIONNE

03220 (Allier) - 324 hab. - Alt. 275 m - Carte régionale n° **3**-C1

Paris 333 km - Clermont-Ferrand 101 km - Moulins 36 km - Nevers 89 km

Carte Michelin 326-I4

La Maison du Lac

MAISON DE CAMPAGNE · FONCTIONNEL Du calme et de la verdure en cette bien nommée Maison du Lac, une jolie bâtisse aux allures de fermette. Chambres sobres, fonctionnelles et lumineuses. Au restaurant, le patron concocte une sympathique cuisine traditionnelle... Agréable terrasse face à l'étang.

8 chambres - 71/81 € 71/81 € - 8,50 €

Les Clayeux, 4 km au Nord par D161, rte de Chapeau - 04 70 34 74 23 - www.hotel-maisondulac.com - Fermé 15 déc.-13 fév.

THIONVILLE

57100 (Moselle) - 41 325 hab. - Agglo. 131 746 hab. - Alt. 155 m - Carte régionale n° **14**-B1

Paris 339 km - Luxembourg 32 km - Metz 30 km - Nancy 84 km

Carte Michelin 307-I2

Aux Poulbots Gourmets

CUISINE CLASSIQUE · ÉLÉGANT XXX On connaissait les poulbots de Montmartre, il faut désormais compter avec ceux de Thionville, tant la réputation de cette table d'inspiration classique n'est plus à faire ! De grandes baies vitrées, des chaises Lloyd Loom et des lustres modernes participent au charme contemporain du lieu.

Menu 48/69 € - Carte 57/82 €

Plan : AB1-p - *9 pl. aux Fleurs - 03 82 88 10 91 - www.poulbotsgourmets.com - Fermé 1er-11 mai, 28 août-18 sept., 1er-15 janv., sam. midi, dim. soir, merc. soir et lundi*

Black-White

CUISINE TRADITIONNELLE · CONVIVIAL XX Après plusieurs années passées à la tête d'une auberge vosgienne, ce couple mosellan a décidé de revenir au pays. Leur nouvelle adresse fait salle comble, et pour cause : on vient s'y délecter de bons plats du terroir respectueux des saisons, réalisés avec de bons produits frais. Le tout dans une ambiance conviviale !

Formule 23 € - Menu 41/58 € - Carte 52/68 €

Plan : D1-e - *23 r. du Luxembourg - 03 82 53 62 96 - www.b-w.fr/ - Fermé dim. et lundi*

Kyriad Prestige

HÔTEL DE CHAÎNE · FONCTIONNEL En plein centre-ville, un hôtel récent qui propose des chambres contemporaines et fonctionnelles (couettes, grandes douches), ainsi que deux salles de réunion, dont une avec terrasse panoramique. Sans oublier un espace bien-être avec une terrasse dédiée !

60 chambres - 99/140 € 99/140 € - 14 €

Plan : C2-t - *9 allée Raymond-Poincaré - 03 82 50 34 67 - www.kyriad-prestige-thionville.com*

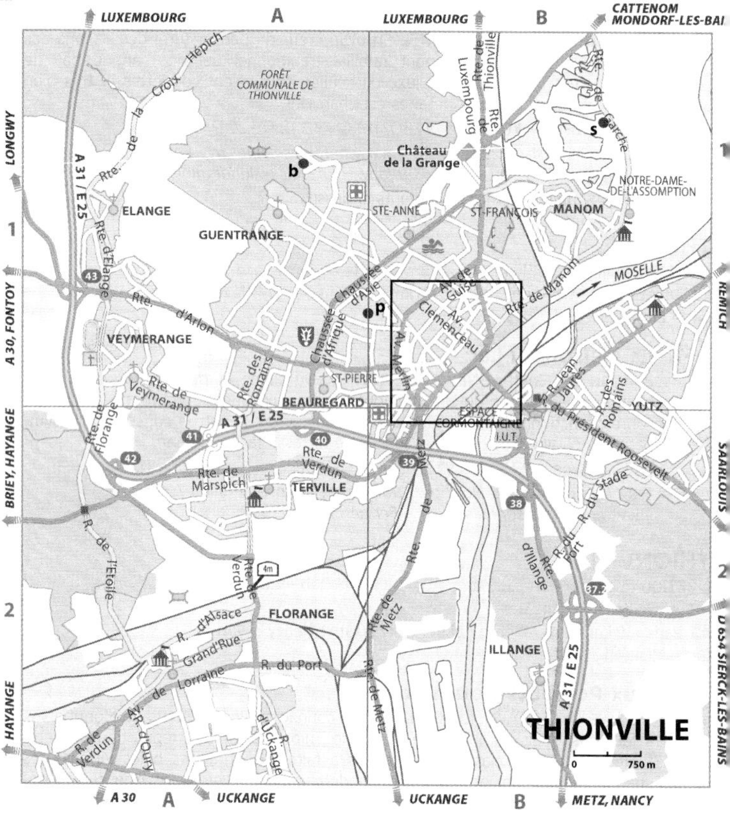

Hôtel des Oliviers

FAMILIAL • FONCTIONNEL Un petit hôtel familial dans une rue piétonne du centre, à quelques minutes de la gare et des commerces. L'accueil est charmant et les chambres sont d'une tenue irréprochable. L'été, on prend le petit-déjeuner en terrasse.

26 chambres – 55/75 € 56/76 € – 8,50 €

Plan : D1-n – *1 r. du Four-Banal – ✆ 03 82 53 70 27 – www.hoteldesoliviers.com – Fermé 23 déc.-2 janv.*

à Manom 4 km au Nord-Est – ✉ 57100 – 2 594 hab. – Alt. 153 m

Les Étangs

CUISINE MODERNE • CLASSIQUE XX À la sortie de Manom, prenez donc la route de Garche, vous tomberez sur cette bâtisse des années 1970, sa terrasse au bord de l'eau, et sa salle aux faux-airs de club-house de golf. La cuisine, soignée et précise, explore les nouvelles tendances à travers des préparations fines et très goûteuses. Étang mieux !

Menu 42/68 € – Carte 55/69 €

Plan : B1-s – *rte de Garche – ✆ 03 82 53 26 92 – www.restaurantlesetangs.com – Fermé dim. soir, lundi et mardi*

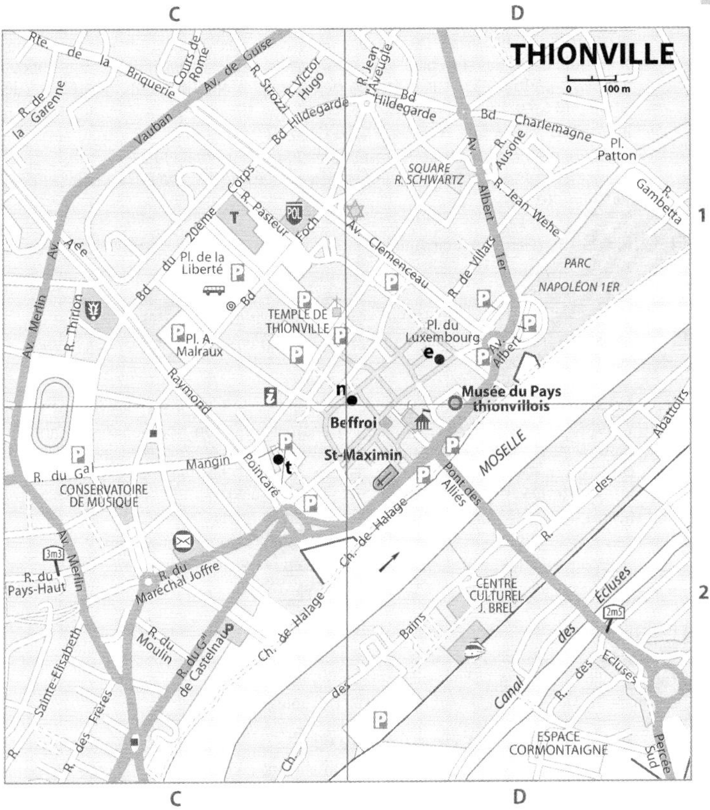

THIRON-GARDAIS

✉ 28480 (Eure-et-Loir) - 1 067 hab. - Alt. 237 m - Carte régionale n° **6**-B1

▶ Paris 148 km - Chartres 48 km - Lucé 46 km - Orléans 95 km

Carte Michelin 311-C6 - Guide Vert Michelin Normandie Vallée de la Seine

La Forge

CUISINE MODERNE • RUSTIQUE Les habitués ne s'y trompent pas : on se régale à prix doux dans cette ancienne forge... très chaleureuse. Le décor est coquet dans sa simplicité, pendant agréable d'une cuisine généreuse. À noter : une délicieuse tarte aux quetsches.

Formule 12 € - Menu 20 € (déj. en semaine), 25/32 € - Carte environ 39 €

1 r. Alfred-Chasseriaud - ✆ 02 37 49 42 30 - www.a-la-forge.com - Fermé lundi et le soir sauf sam.

THIZY

✉ 69240 (Rhône) - 6 369 hab. - Alt. 553 m - Carte régionale n° **23**-A1

▶ Paris 414 km - Lyon 65 km - Montbrison 74 km - Roanne 22 km

Carte Michelin 327-E3

La Terrasse

AUBERGE • PERSONNALISÉ Une ancienne usine textile dans un village perché, cela donne parfois un bien agréable hôtel, avec de jolies chambres décorées – et parfumées – sur le thème des plantes aromatiques et ouvertes sur le jardin. Frais, coloré et chaleureux !

10 chambres – 57 € 67 € – 8 € – ½ P

Le bourg Marnand, 2 km au Nord-Est par D94 – 04 74 64 19 22 – www.laterrasse-marnand.com – Fermé vacances de fév., de la Toussaint et dim. soir sauf été

THOIRAS - 30 (Gard) → Voir Anduze

THOIRY

01710 (Ain) – 5 733 hab. – Alt. 500 m – Carte régionale n° **23**-C1

Paris 523 km – Bellegarde-sur-Valserine 27 km – Bourg-en-Bresse 99 km – Gex 13 km

Carte Michelin 328-I3

Les Cépages

CUISINE CLASSIQUE • ÉLÉGANT Dans cette maison bourgeoise des années 1830, le chef élabore une cuisine de facture classique, en accord avec des crus choisis – 1 200 références en cave ! Un conseil : ne manquez pas la formule incluant trois verres de vin. Enfin, reste le cadre élégant et le service tout sourire.

Menu 42 € (déj. en semaine), 59/210 € – Carte 90/126 €

465 r. Briand-Stresemann – 04 50 20 83 85 (réservation conseillée) – www.lescepages.com – Fermé 1 semaine en janv., merc. midi, dim. soir, lundi et mardi

THOIRY

78770 (Yvelines) – 1 159 hab. – Alt. 160 m – Carte régionale n° **10**-A2

Paris 52 km – Nanterre 44 km – Rouen 97 km – Versailles 32 km

Carte Michelin 311-G2 – Guide Vert Michelin Île de France

ÀTable ! Chez Éric Léautey N

CUISINE MODERNE • CONVIVIAL On se sent bien chez Eric Léautey : le petit porche prépare à la dégustation, on s'aiguise les papilles devant la carte. Les suggestions, volontiers canailles, s'en vont taquiner les saisons et chatouiller le terroir, comme cette côte de veau, tendre et juteuse à souhait. Qu'attendez-vous donc ? À table !

Formule 18 € – Menu 25 € – Carte 40/80 €

28 r. Porte-St-Martin – 01 34 83 88 73 – www.ericleautey.com – Fermé mardi et merc.

LE THOLONET - 13 → Voir Aix-en-Provence

THONES

74230 (Haute-Savoie) – 6 020 hab. – Alt. 650 m – Carte régionale n° **25**-F1

Paris 560 km – Annecy 21 km – Genève 59 km – Lyon 171 km

Carte Michelin 328-K5 – Guide Vert Michelin Alpes du Nord

Le Clos Zénon

FAMILIAL • TRADITIONNEL Une bonne adresse pour les amoureux de la nature ! Dans ce chalet récent au milieu d'un joli jardin avec piscine, les chambres sont douillettes et l'accueil chaleureux... Côté gourmandises : confitures maison au petit-déjeuner et table d'hôte d'inspiration régionale dans un décor savoyard (sur réservation).

5 chambres – 60/80 € 78/110 €

4 rte de Bellossier – 04 50 02 10 86 – www.thones-chalet-gite.com – Ouvert fin avril-début déc.

THONON-LES-BAINS

✉ 74200 (Haute-Savoie) – 34 661 hab. – Alt. 431 m – Carte régionale n° **25**-F1
Paris 568 km – Annecy 75 km – Chamonix-Mont-Blanc 99 km – Genève 34 km
Carte Michelin 328-L2 – Guide Vert Michelin Alpes du Nord

Raphaël Vionnet (Raphaël Vionnet)

CUISINE MODERNE • BRANCHÉ À quelques mètres du port de Thonon, ce restaurant moderne offre une belle vue sur le Léman. Raphaël Vionnet, le chef, donne le meilleur de lui-même à chaque service : "tout-tomate" aux senteurs de verveine, filet de féra cuit à blanc aux girolles... Une cuisine qui ne manque pas de suite dans les idées.

➜ Terrine de foie gras et de féra fumée du lac Léman, gelée acidulée et sorbet petits pois. Filet d'omble chevalier du lac Léman à la grenobloise. Fraises gariguette de Ballaison.

Formule 30 € – Menu 55/110 € – Carte 80/105 €

Plan : A1-b – *43 av. du Gén.-Leclerc*
– ✆ 04 50 72 24 61 – www.raphaelvionnet.fr
– Fermé 5-29 nov., janv., lundi et mardi

Savoie Léman

CUISINE TRADITIONNELLE • CLASSIQUE Gambas, senteurs gingembre et citron vert, asperges sauce mousseline... Une agréable cuisine traditionnelle à déguster dans un cadre cossu, à moins que vous ne préfériez les spécialités de la brasserie dans un décor au diapason. Le tout pour un seul et même restaurant, celui de l'École hôtelière de Thonon, centenaire en 2012.

Menu 22 € (déj. en semaine)/32 €

Plan : A1-a – *Hôtel Savoie Léman, 40 bd Carnot*
– ✆ 04 50 81 13 50 – www.hotel-savoieleman.eu
– Fermé vacances scolaires, sam. et dim.

Les Alpes du Léman

CUISINE TRADITIONNELLE • TENDANCE Un restaurant sobre et contemporain dans une rue commerçante de la station thermale. On y savoure une cuisine du marché soignée, concoctée avec de beaux produits et des poissons du lac au top de leur fraîcheur !

Formule 22 € – Menu 32/67 € – Carte 50/58 €

Plan : A2-a – *3 bis r. des Italiens*
– ✆ 04 50 26 51 24 (réservation conseillée)
– Fermé 15-30 juin, 1er-15 août, mardi soir, dim. soir et merc.

Savoie Léman

TRADITIONNEL • CONTEMPORAIN Cet hôtel d'application de l'École hôtelière de Thonon a beau être né en 1935, il n'a pas pris une ride. Les chambres y sont spacieuses, confortables et bien équipées ; préférez celles côté Léman. À conseiller aux amateurs d'institutions locales !

30 chambres – †65/90 € ††65/110 € – 2 suites – ☕ 9 €

Plan : A1-a – *40 bd Carnot – ✆ 04 50 81 13 50 – www.hotel-savoieleman.eu*
– Fermé vacances scolaires, sam. et dim.

Savoie Léman – voir les restaurants ci-dessus

Arc en Ciel

TRADITIONNEL • FONCTIONNEL Près du centre-ville, cet établissement propose des chambres fonctionnelles, spacieuses et bien équipées (kitchenette pour certaines) ; toutes disposent d'un balcon ou d'une terrasse. Pour l'agrément, il y a même une petite piscine dans le jardinet.

37 chambres – †69/89 € ††78/98 € – ☕ 10 €

Plan : B2-k – *18 pl. de Crête – ✆ 04 50 71 90 63 – www.hotelarcencielthonon.com*
– Fermé 20 déc.-3 janv.

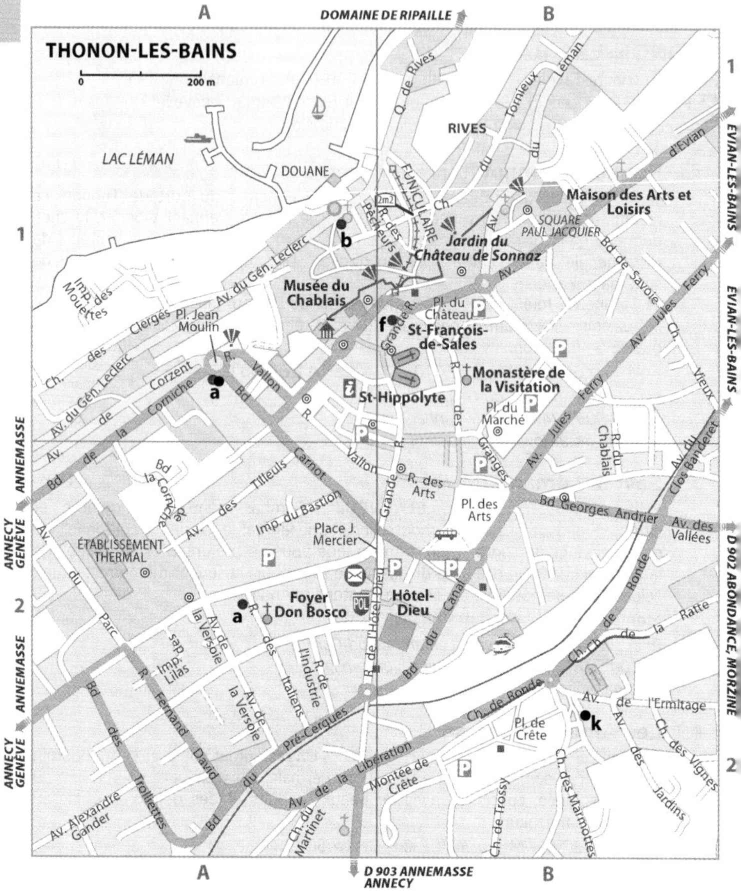

à Anthy-sur-Léman 6 km au Sud-Ouest par D33 – ✉ 74200 – 2 012 hab. – Alt. 400 m

L'Auberge d'Anthy

CUISINE TRADITIONNELLE • AUBERGE Ce petit hôtel-restaurant-café traditionnel mise tout sur des joies simples ! L'adresse est idéale pour apprécier le poisson du lac Léman (féra et omble), fourni par des pêcheurs locaux. Et le chef aime aussi mettre en valeur les charcuteries et fromages du terroir chablaisien.

Formule 19 € – Menu 33/46 € – Carte 35/62 €

2 r. des Écoles – ✆ 04 50 70 35 00 – www.auberge-anthy.com – Fermé 1 semaine en avril, 1 semaine en oct., dim. soir et lundi sauf juil.-août

L'Auberge d'Anthy

AUBERGE • FONCTIONNEL "Ici, on mange, on boit et on dort !" Telle est la devise de cette sympathique auberge de village refusant tout superflu : petites chambres sobres – préférez les "Charme" –, bistrot campagnard et restaurant du terroir. Le plaisir en toute simplicité.

13 chambres – †61/79 € ††75/92 € – ☕ 9 € – ½ P

2 r. des Écoles – ✆ 04 50 70 35 00 – www.auberge-anthy.com – fermé 1 semaine en avril et 1 semaine en oct.

L'Auberge d'Anthy – voir les restaurants ci-dessus

au Port-de-Séchex 7 km au Sud-Ouest - ✉ 74200

Le Clos du Lac

CUISINE MODERNE • TRADITIONNEL XX Dans cette vieille ferme restaurée, on a certes conservé les mangeoires en pierre, mais tout est feutré et élégant. Le chef réalise une cuisine soignée et bien sentie, mettant en avant ses trouvailles du marché et les beaux produits régionaux. Quant aux chambres, colorées et contemporaines, elles sont bien agréables.

Formule 25 € - Menu 32/66 € - Carte 51/82 €

3 chambres - 85 € 97 €

2 rte des Meules (port de Séchex) - 04 50 72 48 81 (réservation conseillée) - www.restaurant-leclosdulac.com - Fermé 1 semaine en mai, 1 semaine en juil., 30 oct.-9 nov., 31 déc.-12 janv., dim. soir, lundi et mardi

LE THOR

✉ 84250 (Vaucluse) - 8 416 hab. - Alt. 50 m - Carte régionale n° **22**-E1

Paris 696 km - Arles 84 km - Avignon 21 km - Marseille 89 km

Carte Michelin 332-C10 - Guide Vert Michelin Provence

La Bastide Rose

FAMILIAL • PERSONNALISÉ Non loin d'Avignon, cette belle bastide est un vrai lieu culturel - musée à la mémoire du journaliste Pierre Salinger, expos - avec le charme d'une maison de famille : élégance, confort, vue sur le parc. Bien davantage qu'un simple hôtel !

3 chambres - 160/230 € 160/230 € - 2 suites - 17 € - ½ P

99 chemin des Croupières - 04 90 02 14 33 - www.bastiderose.com - Fermé de mi-janv. à mi-mars

THORÉ-LA-ROCHETTE

✉ 41100 (Loir-et-Cher) - 870 hab. - Alt. 75 m - Carte régionale n° **6**-B2

Paris 176 km - Blois 42 km - La Flèche 94 km - Le Mans 72 km

Carte Michelin 318-C5 - Guide Vert Michelin Châteaux de la Loire

Restaurant du Pont

CUISINE TRADITIONNELLE • CONVIVIAL X Sur le trajet du train touristique de la vallée du Loir, arrêtez-vous dans ce coquet petit restaurant. On y déguste une appétissante cuisine traditionnelle où le terroir a la part belle. Mais gare ensuite à ne pas manquer le départ !

Menu 24/55 € - Carte 42/80 €

15 r. du Mar.-de-Rochambeau - 02 54 72 80 62 - http://laurentcoucaud.wix.com/hoteldupont - Fermé 16 août-7 sept., 15 janv.-13 fév., mardi soir, dim. soir et lundi

THORIGNÉ-SUR-DUÉ

✉ 72160 (Sarthe) - 1 619 hab. - Alt. 82 m - Carte régionale n° **18**-D1

Paris 178 km - Châteaudun 80 km - Mamers 44 km - Le Mans 30 km

Carte Michelin 310-M6

Le Saint-Jacques

CUISINE MODERNE • TRADITIONNEL XX Un jeune couple est aux commandes de cette maison traditionnelle ; nappes blanches et tables bien dressées côtoient des touches actuelles dans la décoration. Le chef est passionné et cela se sent ! Sa cuisine, rythmée par les saisons, privilégie les produits du terroir local.

Formule 16 € - Menu 23/37 €

pl. du Monument - 02 43 89 95 50 - www.hotel-sarthe.fr - Fermé vacances de la Toussaint

Le Saint-Jacques

AUBERGE • FONCTIONNEL À l'entrée du village, cet hôtel-restaurant dispose de chambres simples et bien tenues ; le grand jardin à l'arrière est agréable. Une sympathique petite étape !

15 chambres – 68/90 € 68/100 € – 10 € – ½ P

pl. du Monument – 02 43 89 95 50 – www.hotel-sarthe.fr – Fermé vacances de la Toussaint

Le Saint-Jacques – voir les restaurants ci-dessus

THOUARS

79100 (Deux-Sèvres) – 9 462 hab. – Alt. 102 m – Carte régionale n° **20**-B1

Paris 336 km – Angers 71 km – Bressuire 31 km – Châtellerault 72 km

Carte Michelin 322-E3 – Guide Vert Michelin Poitou-Charentes

Hôtellerie St-Jean

CUISINE CLASSIQUE • CONVIVIAL Comment imaginer que cet hôtel traditionnel cache une table très gourmande ? Le mérite en revient au chef, homme passionné, soucieux de dénicher les meilleurs produits et de les cuisiner avec soin. Son père cultive un grand potager dans les environs et lui fournit fruits et légumes. Excellent rapport tradition-prix !

Formule 17 € – Menu 20 € (semaine), 30/37 € – Carte 41/60 €

25 rte de Parthenay – 05 49 96 12 60 – www.hotellerie-st-jean.com – Fermé 20 fév.-6 mars, 14-28 août, dim. soir et lundi

Hôtellerie St-Jean

TRADITIONNEL • FONCTIONNEL Cette bâtisse des années 1970 n'a rien de remarquable, mais elle offre une jolie vue sur la vieille ville. Les chambres, fonctionnelles et impeccablement tenues, sont aussi plus calmes sur l'arrière.

18 chambres – 59 € 59 € – 8 € – ½ P

25 rte de Parthenay – 05 49 96 12 60 – www.hotellerie-st-jean.com – Fermé 20 fév.-6 mars, 14-28 août, dim. soir et lundi

Hôtellerie St-Jean – voir les restaurants ci-dessus

à Ste-Verge 4 km au Nord – 79100 – 1 418 hab. – Alt. 65 m

Le Logis de Pompois

CUISINE MODERNE • CLASSIQUE Prenant ses aises dans l'ancien chai d'un élégant domaine viticole des 18e-19e s., le restaurant est associé à un centre d'aide par le travail. On joint donc l'utile à l'agréable en dégustant une cuisine d'aujourd'hui, accompagnée d'un beau choix de vins du Val de Loire.

Formule 23 € – Menu 30/50 €

13 r. de la Gosselinière – 05 49 96 27 84 – www.logis-de-pompois.com – Fermé de fin juil. à mi-août, de fin déc. à mi-janv., dim. soir, lundi et mardi

THUIR

66300 (Pyrénées-Orientales) – 7 189 hab. – Alt. 99 m – Carte régionale n° **12**-B3

Paris 897 km – Figueres 56 km – Montpellier 168 km – Perpignan 16 km

Carte Michelin 344-H7

Arbequina

CUISINE MODERNE • RUSTIQUE La cuisine du chef, méditerranéenne, parfumée et savoureuse, démontre son talent pour mettre en valeur le produit. Au hasard de la carte, on opte pour un croustillant de pied de cochon aux tomates confites, ou encore un pavé de cabillaud, jeunes légumes, coques et bouillon persillé... D'un bout à l'autre, un vrai régal !

Formule 14 € – Menu 32 € – Carte 37/43 €

21 r. de la République – 04 68 34 46 64 (réservation conseillée) – www.arbequina-restaurant.com – Fermé lundi et mardi

Le Patio Catalan

CUISINE TRADITIONNELLE • RUSTIQUE XX De la tradition, de la simplicité, des produits bien choisis : voilà la recette du chef. Les habitués ont investi ce charmant restaurant rustique (juste en face des caves Byrrh et leurs énormes cuves) et ne le quittent plus !

Menu 17 € (déj. en semaine), 27/43 € - Carte 25/56 €

4 pl. du Gén.-de-Gaulle - 04 68 53 57 28 - Fermé 27 août- 3 sept., 22 déc.- 7 janv., merc. et le soir sauf vend. et sam.

THURY

21340 (Côte-d'Or) - 290 hab. - Alt. 382 m - Carte régionale n° **4**-C2

Paris 303 km - Autun 25 km - Avallon 80 km - Beaune 33 km

Carte Michelin 320-H7

Manoir Bonpassage

FAMILIAL • TRADITIONNEL Une ancienne ferme avicole en pleine campagne tenue par un couple hollandais très accueillant. De vrais airs de maison d'hôtes (dîner sans chichis pour les résidents), une jolie piscine et des chambres d'une tenue parfaite... Sympathique !

8 chambres - †62/93 € ††62/93 € - 10 €

5 r. du Moulin, 1 km au Sud par D36 et rte secondaire
- 03 80 20 26 16 - www.bonpassage.com
- Ouvert 14 avril-31 oct.

TIGNES

73320 (Savoie) - 2 494 hab. - Alt. 2 100 m - Carte régionale n° **23**-D2

Paris 665 km - Albertville 85 km - Bourg-St-Maurice 31 km - Chambéry 134 km

Carte Michelin 333-O5 - Guide Vert Michelin Alpes du Nord

Les Campanules

CUISINE TRADITIONNELLE • MONTAGNARD XXX De très bons produits, une maîtrise culinaire de tous les instants : voilà les deux atouts maîtres de ce restaurant offrant une superbe vue sur les montagnes et les pistes. L'ambiance est chaleureuse, d'autant que toute la famille est aux petits soins !

Formule 32 € - Menu 48 € - Carte 54/69 €

Hôtel Les Campanules, Le Rosset
- 04 79 06 34 36 - Ouvert 28 nov.-5 mai

Le Gourmet

CUISINE MODERNE • ÉLÉGANT XX Pas besoin d'être résident des Suites du Montana pour profiter de ce restaurant entièrement rénové en 2015, où les produits nobles sont à l'honneur : homard, turbot, bœuf charolais, belles volailles...

Menu 70/90 € - Carte 61/77 €

Hôtel Les Suites du Montana, Les Almes
- 04 79 40 01 44 - www.village-montana.com
- Ouvert de mi-déc. à mi-avril et fermé le midi

La Ferme des 3 Capucines

CUISINE RÉGIONALE • RUSTIQUE X Cette ferme-laiterie mérite qu'on s'y attarde... même si en hiver les vaches sont en fermage du côté d'Albertville. Au menu : une savoureuse cuisine de tradition, mettant en avant les bons produits locaux (agneau du pays, par exemple) et le fromage maison. Coin boutique, produits régionaux.

Carte 29/55 €

Le Lavachet - 04 79 06 35 10 (réservation conseillée)
- www.lafermedes3capucines.com
- Ouvert juil.- août et déc.-avril

Les Suites du Montana

LUXE • MONTAGNARD Sur les hauteurs de la station, ce "hameau" de cinq chalets allie tranquillité et proximité des pistes du fameux Espace Killy. De grandes suites - de style savoyard, tyrolien ou provençal - vous y attendent, avec balcon et même sauna ou jacuzzi ! Le plus bel hôtel de Tignes.

27 suites - 436/674 € - 1 chambres - ½ P

Les Almes - 04 79 40 01 44 - www.village-montana.com - Ouvert de mi-déc. à mi-avril

Le Gourmet - voir les restaurants ci-dessus

Le Taos

LUXE • ÉPURÉ Sur les hauteurs de Tignes, cet hôtel à la façade de bois clair et de pierres propose des chambres confortables dans un style montagnard (table basse en tronc, peau de vache au sol...) - et quelle vue ! Espace bien-être, accès direct aux pistes. Possibilité de restauration sur place.

23 chambres - 755 € 755 € - 2 suites - 22 €

rte du Rosset - 04 79 06 27 81 - www.hotel-le-taos.com - Ouvert de déc. à avril

Village Montana

TRADITIONNEL • MONTAGNARD Ces splendides chalets conjuguent tradition, calme et confort. Les chambres, spacieuses et familiales, disposent d'un balcon ouvert sur les pistes ; on profite également d'un espace de remise en forme avec hammam, sauna, jacuzzi et... piscine extérieure chauffée à 32° C !

78 chambres - 143/286 € 212/432 € - 4 suites - ½ P

Les Almes - 04 79 40 01 44 - www.village-montana.com - Ouvert fin juin à fin août et fin nov. à début mai

Les Campanules

FAMILIAL • MONTAGNARD Ce beau chalet est tenu par une famille aux petits soins... On propose des chambres douillettes et très confortables, ainsi que de superbes suites (dont certaines en duplex). Le must : se baigner dans la piscine extérieure - chauffée à 32° C - en regardant les pistes !

25 chambres - 130/290 € 170/410 € - 14 suites - ½ P

- 04 79 06 34 36 - www.campanules.com - Ouvert 8 juil.-26 août et 28 nov.-5 mai

Les Campanules - voir les restaurants ci-dessus

Le Lévanna

TRADITIONNEL • MONTAGNARD Du nom d'un sommet à la frontière franco-italienne, ce chalet récent abrite des chambres cosy, dont certaines aménagées en duplex. Au restaurant, la carte, traditionnelle, s'agrémente de spécialités fromagères. Agréable terrasse côté pistes.

40 chambres - 100/300 € 110/320 € - ½ P

Le Rosset - 04 79 06 32 94 - www.levanna.com - Ouvert d'oct. à mai

au Val Claret 2 km au Sud-Ouest - 73320 Tignes - Alt. 2 100 m

La Table en Montagne

CUISINE MODERNE • ÉLÉGANT XXX Chaleur du bois, tons dorés et verts, matériaux bruts : la décoration emprunte autant à l'univers de la forêt qu'au grand air des montagnes... Dans l'assiette, le terroir savoyard côtoie de bons produits de brasserie - telles les huîtres Gillardeau - dans des réalisations raffinées et franchement savoureuses.

Formule 23 € - Menu 28 € - Carte 52/75 €

Hôtel Les Suites du Nevada
- 04 79 01 11 43 - www.jeanmichelbouvier.com
- Ouvert 3 juil.-27 août et 9 oct.-31 mai et fermé le midi

Le Panoramic

CUISINE TRADITIONNELLE • COSY On accède en funiculaire à ce restaurant d'altitude qui tutoie le ciel (3032 m !), pour un bol d'air et de gourmandise. Dans un intérieur douillet, tout de bois vêtu, une équipe en costume traditionnel nous sert une authentique cuisine au feu de bois, typique du terroir savoyard. Dépaysement garanti.

Carte 46/81 €

Glacier de la Grande-Motte (accès pieton par le funiculaire de Tignes-Val-Claret) - 04 79 06 47 21 (réservation conseillée) - www.jeanmichelbouvier.com - Ouvert 1er déc.-2 mai et fermé le soir sauf jeudi

Maison Bouvier - Les Suites du Nevada

LUXE • MONTAGNARD Original, cet hôtel donne à voir l'univers montagnard dans le plus pur style contemporain : tronçons de bois massif, blocs de pierre, béton, tons sombres, etc. Le luxe à l'état brut, pour amateurs avertis. De plus, les chambres sont très spacieuses : un atout indéniable !

31 chambres - 150/560 € 210/690 € - ½ P

- 04 79 41 68 30 - www.les-suites-du-nevada.com - Ouvert 3 juil.-27 août et 9 oct.-31 mai

La Table en Montagne - voir les restaurants ci-dessus

Le Ski d'Or

TRADITIONNEL • MONTAGNARD Un beau bar-salon feutré avec cheminée, des chambres confortables et parées de bois dont la plupart donnent sur les montagnes : ce Ski d'Or respire la douceur de vivre ! Les nombreux services - ski-room, sauna, jacuzzi, hammam - ajoutent au plaisir du séjour.

27 chambres - 130/332 € 200/510 €

r. du Val-Claret - 04 79 06 51 60 - www.hotel-skidor.com - Ouvert 22 oct.-3 mai

TILQUES - 62 (Pas-de-Calais) → Voir St-Omer

TONNERRE

89700 (Yonne) - 5 060 hab. - Alt. 156 m - Carte régionale n° **4**-B1

Paris 199 km - Auxerre 38 km - Châtillon-sur-Seine 49 km - Montbard 45 km

Carte Michelin 319-G4 - Guide Vert Michelin Bourgogne

L'Auberge de Bourgogne

CUISINE TRADITIONNELLE • CONVIVIAL Derrière les baies vitrées de la grande salle à manger - récemment relookée - se dessine le vignoble d'Épineuil : bien agréable vision ! La carte est résolument tournée vers le terroir local : escargots au beurre d'ail, mignon de porc à la dijonnaise, crème brûlée au miel de Bourgogne... Avis aux amateurs.

Formule 13 € - Menu 17 € (déj. en semaine)/24 € - Carte 30/50 €

D905, 2 km par rte de Dijon - 03 86 54 41 41 - www.aubergedebourgogne.com - Fermé 22 déc.-9 janv., lundi midi, sam. midi et dim.

L'Auberge de Bourgogne

FAMILIAL • FONCTIONNEL Tout près des vignobles d'Épineuil, un hôtel des années 1990 disposant de chambres simples et mignonnes. Préférez-les sur l'arrière, pour la jolie vue champêtre.

40 chambres - 72 € 86 € - ½ P

D905, 2 km par rte de Dijon - 03 86 54 41 41 - www.aubergedebourgogne.com - Fermé 22 déc.-9 janv.

L'Auberge de Bourgogne - voir les restaurants ci-dessus

TORCY - 71 (Saône-et-Loire) → Voir Creusot

TOUL

54200 (Meurthe-et-Moselle) - 16 271 hab. - Alt. 209 m - Carte régionale n° **14**-B2

Paris 291 km - Bar-le-Duc 62 km - Metz 75 km - Nancy 23 km

Carte Michelin 307-G6

Brasserie K

CUISINE MODERNE • TENDANCE XX Dans l'enceinte de l'ancienne usine Kléber, une brasserie au cadre contemporain : banquettes en velours, espace lounge-bar, et une agréable terrasse... Dans l'assiette, des charcuteries ibériques tranchées devant le client à l'andouillette de Troyes, que des bons produits !

Formule 15 € – Menu 20/38 € – Carte 33/52 €

Hors plan – *980 av. de l'Europe (ZI Croix de Metz), rte de Pont-à-Mousson-2 km au Nord – 03 83 62 46 95*

– Fermé sam. midi et dim.

Le Commerce

CUISINE TRADITIONNELLE • BRASSERIE X Juste devant la place de la République, cette brasserie née en 1895 a su conserver son esprit Belle Époque : superbes faïences murales, jolies banquettes en velours et... cuisine traditionnelle d'inspiration lyonnaise, dont les incontournables tête de veau et langue à la sauce ravigote !

Menu 19 € (déj. en semaine), 22/28 € – Carte 23/42 €

Plan : B2-b – *10 pl. de la République – 03 83 43 00 41*

– Fermé dim. soir et lundi

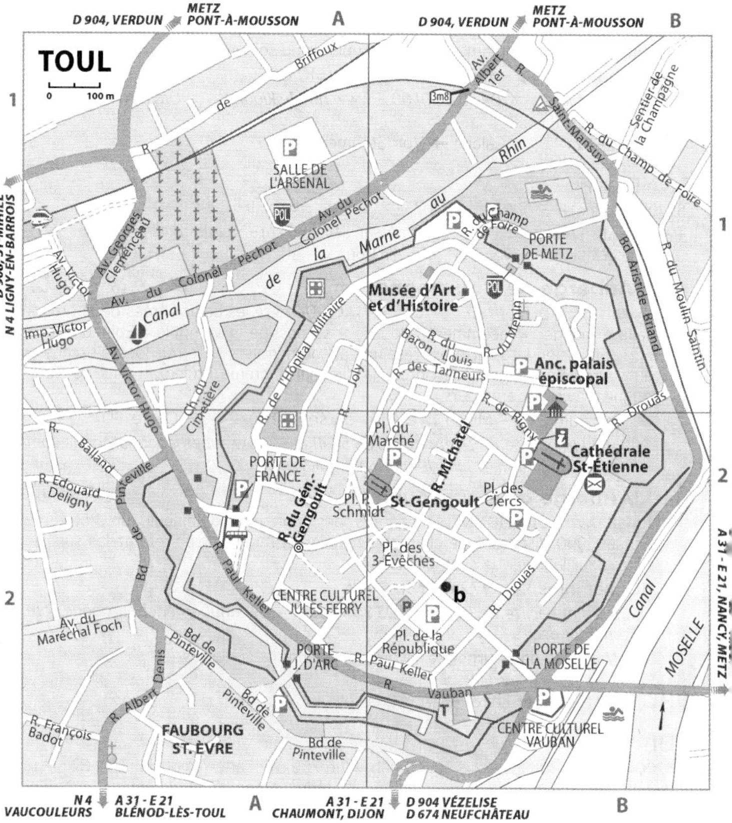

à Lucey 5 km au Nord-Ouest par D908 – ✉ 54200 – 570 hab. – Alt. 260 m

Auberge du Pressoir

CUISINE MODERNE • TENDANCE XX L'ancienne gare du village est devenue un restaurant simple et moderne, bien en phase avec la cuisine du chef. Les menus ("Vigneron", "Pressoir", "Vendange") déclinent une cuisine résolument actuelle. En été, on se presse en terrasse pour profiter du soleil !

Menu 17 € (déj. en semaine), 21/54 € – Carte 39/59 €

7 r. des Pachenottes – ✆ 03 83 63 81 91 (réservation conseillée) – www.aubergedupressoir.com – Fermé 18-27 fév., 16 août-5 sept., dim. soir, mardi soir, merc. soir et lundi

TOULON

✉ 83000 (Var) – 164 899 hab. – Agglo. 556 920 hab. – Alt. 10 m – Carte régionale n° **21**-C3
Paris 835 km – Aix-en-Provence 86 km – Marseille 66 km
Carte Michelin 340-K7 – Guide Vert Michelin Côte d'Azur

Carré 2 Vigne

CUISINE MODERNE • CONVIVIAL X L'adresse passe presque inaperçue dans la vieille ville, mais une fois la porte franchie, on est conquis par son esprit accueillant... Le chef aime cuisiner les tomates de plein champ, et les champignons, qu'il s'en va cueillir à l'automne. Tout est fait sur place, glace et pain compris. Courez-y !

Menu 28/37 € – Carte 38/50 €

Plan : F2-x – *14 r. de Pomet – ✆ 04 94 92 98 21 – www.carre2vigne.com – Fermé 23 juil.-16 août, dim. et lundi*

Au Sourd

POISSONS ET FRUITS DE MER • TENDANCE X Une véritable institution toulonnaise, créée par un artilleur de Napoléon III, rendu sourd au combat ! Mais pas question de rester sourd aux arguments du chef : sa cuisine attire des bancs entiers d'amateurs de poisson (bouillabaisse et bourride sur commande) dans une atmophère chic et contemporaine...

Formule 22 € – Menu 28 € (semaine)/37 € – Carte 40/70 €

Plan : F2-w – *10 r. Molière – ✆ 04 94 92 28 52 – www.ausourd.com – Fermé dim. et lundi*

Les P'tits Pins

CUISINE TRADITIONNELLE • TENDANCE X Sur la grande place de la Liberté, cette adresse étale sa forêt de chaises au soleil, faisant le bonheur des amateurs de farniente... Mais c'est surtout pour la bonne cuisine traditionnelle – foie gras de canard poêlé, soupe de poisson maison, aile de raie – que l'on fait le déplacement. Attention : le midi uniquement !

Formule 21 € – Menu 28 €

Plan : F2-p – *237 pl. de la Liberté – ✆ 04 94 41 00 00 – www.lesptitspins.com – Fermé lundi soir, mardi soir et dim.*

Holiday Inn

HÔTEL DE CHAÎNE • FONCTIONNEL Cette structure originale est posée juste en face de la tour Concorde. Dans le grand hall lumineux, une verrière donne sur la piscine, en contrebas ; les chambres sont confortables et fonctionnelles, et l'accueil est aux petits soins.

80 chambres – †90/190 € ††120/220 € – ☕ 16 €

Plan : D1-h – *1 av. Rageot-de-la-Touche – ✆ 04 94 92 00 21 – www.holidayinn.com/toulon-cityctr*

Grand Hôtel de la Gare

FAMILIAL • FONCTIONNEL Un bon hôtel, situé face à la gare – on ne peut plus commode si l'on voyage en train – et à deux pas du centre-ville. Le décor des chambres évite trop de simplisme (mobilier cérusé, tons clairs, etc.), et le tout est tenu avec soin.

39 chambres – †72/94 € ††72/94 € – ☕ 11 €

Plan : E1-a – *14 bd Tessé – ✆ 04 94 24 10 00 – www.grandhotelgare.com*

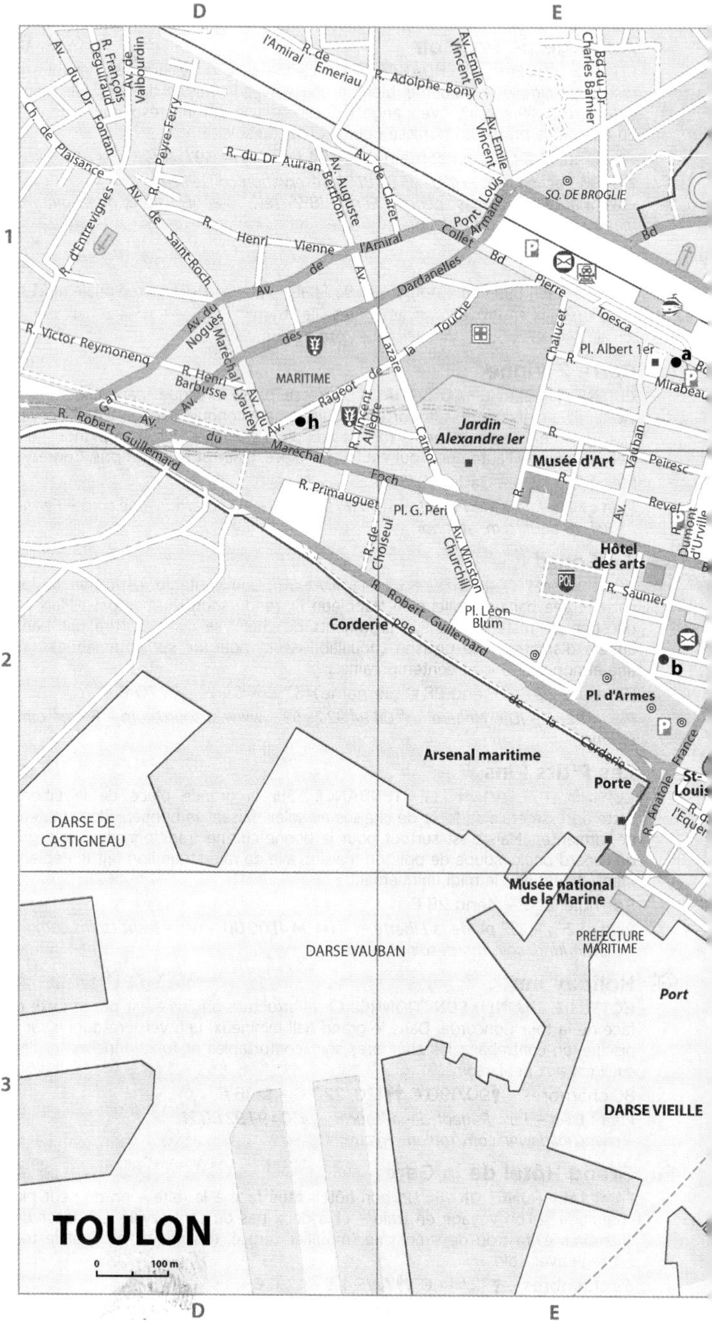
D
E
1
2
3
R. de l'Amiral Emeriau
R. Adolphe Bony
Av. Emile Vincent
Bd du Dr Charles Barnier
Av. du Dr Fontan
R. François Deguiraud
Av. de Valbourdin
Ch. de Plaisance
R. Peyre-Ferry
R. du Dr Aurran
Av. Auguste Berthon
Av. de Claret
Pont Louis Armand
SQ. DE BROGLIE
R. d'Entrevignes
Av. de Saint-Roch
R. Henri Vienne
Av. de l'Amiral Collet
Bd
Av. des Dardanelles
Bd Pierre Toesca
Av. du Nogues
R. Victor Reymonenq
Av. Maréchal Lyautey
MARITIME
Av. Lazare Carnot
Av. Rageot de la Touche
R. Chalucet
Pl. Albert 1er
R. Mirabeau
R. Henri Barbusse
Av. Gal
R. Robert Guillemard
Av. du Maréchal Foch
Av. h
R. Vincent Allègre
Jardin Alexandre Ier
R. Vauban
Musée d'Art
R. Peiresc
R. Primauguet
Pl. G. Péri
R. Revel
R. Dumont d'Urville
R. de Choiseul
Av. Winston Churchill
Hôtel des arts
R. Saunier
Pl. Léon Blum
Corderie
Pl. d'Armes
b
Av. de la Corderie
Arsenal maritime
Porte
Av. Anatole France
St-Louis
R. de l'Equerre
DARSE DE CASTIGNEAU
Musée national de la Marine
PRÉFECTURE MARITIME
DARSE VAUBAN
Port
DARSE VIEILLE
TOULON
0
100 m

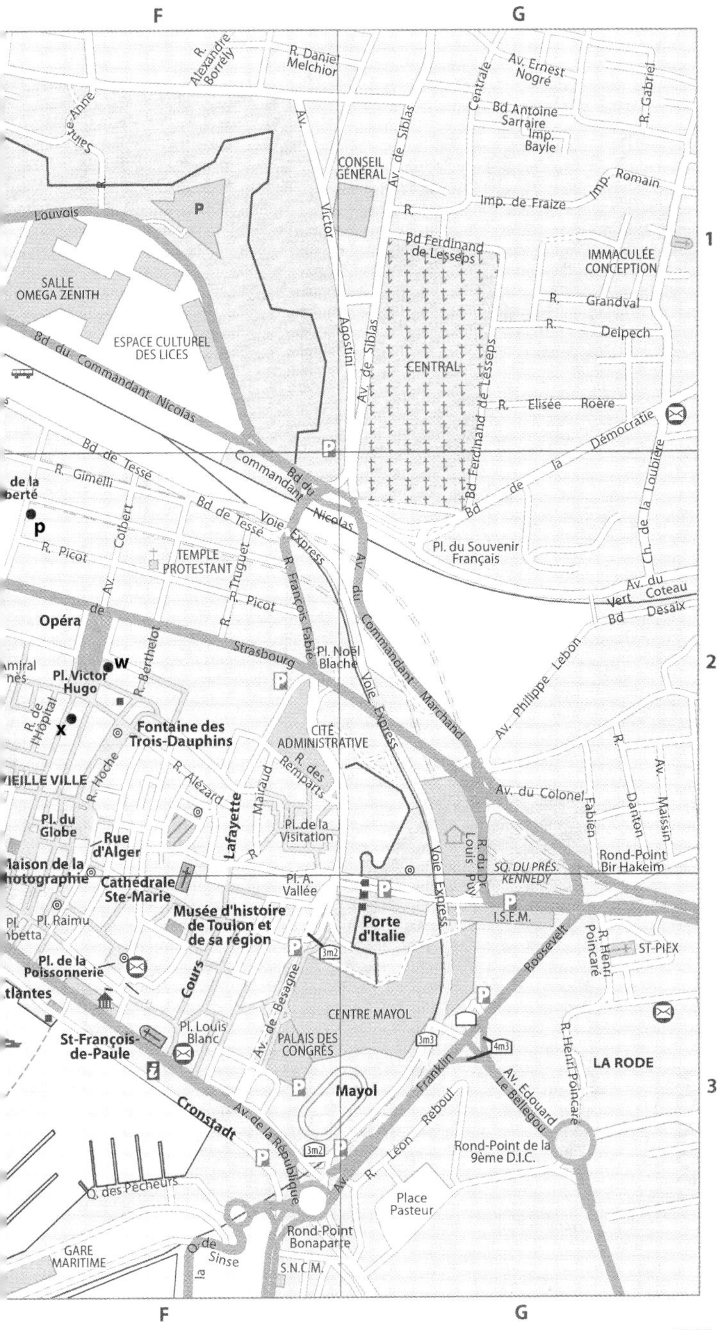
F
G
1
2
3
R. Alexandre Borrély
R. Daniel Melchior
Av. Ernest Nogré
Centrale
R. Gabriel
Sainte-Anne
Bd Antoine Sarraire
Imp. Bayle
CONSEIL GÉNÉRAL
Av. de Siblas
Imp. Romain
Imp. de Fraize
Louvois
Victor
Bd Ferdinand de Lesseps
IMMACULÉE CONCEPTION
SALLE OMEGA ZENITH
R. Grandval
R. Delpech
ESPACE CULTUREL DES LICES
Agostini
Av. de Siblas
CENTRAL
Bd du Commandant Nicolas
Bd Ferdinand de Lesseps
R. Elisée Roère
Bd de la Démocratie
Bd de Tessé
Commandant
Bd du
R. Gimelli
de la Liberté
Nicolas
Ch. de la Loubière
Bd de Tessé
Voie Express
Colbert
Pl. du Souvenir Français
R. Picot
TEMPLE PROTESTANT
R. Truguet
R. Picot
Av. du Commandant Marchand
Av. du Vert Coteau
Bd Desaix
Av. de Strasbourg
Opéra
R. François Fabié
Pl. Noël Blache
Voie Express
Amiral
Pl. Victor Hugo
R. Berthelot
Av. Philippe Lebon
R. de l'Hôpital
Fontaine des Trois-Dauphins
CITÉ ADMINISTRATIVE
R. des Remparts
VIEILLE VILLE
R. Hoche
R. Alézard
Mairaud
Av. du Colonel Fabien
R. Danton
Av. Maissin
Pl. du Globe
Rue d'Alger
Lafayette
Pl. de la Visitation
R. du Dr. Louis Puy
Maison de la Photographie
Cathédrale Ste-Marie
Pl. A. Vallée
SQ. DU PRÉS. KENNEDY
Rond-Point Bir Hakeim
Musée d'histoire de Toulon et de sa région
Porte d'Italie
Voie Express
I.S.E.M.
Pl. Raimu
Roosevelt
R. Henri Poincaré
ST-PIEX
Pl. de la Poissonnerie
Cours
3m2
Av. de Besagne
Atlantes
CENTRE MAYOL
St-François-de-Paule
Pl. Louis Blanc
PALAIS DES CONGRÈS
3m3
4m3
R. Henri Poincaré
LA RODE
Franklin
Mayol
Av. Edouard Le Bellegou
Cronstadt
Av. de la République
R. Léon Reboul
Rond-Point de la 9ème D.I.C.
3m2
Q. des Pêcheurs
Place Pasteur
Rond-Point Bonaparte
GARE MARITIME
Q. de Sinse
S.N.C.M.

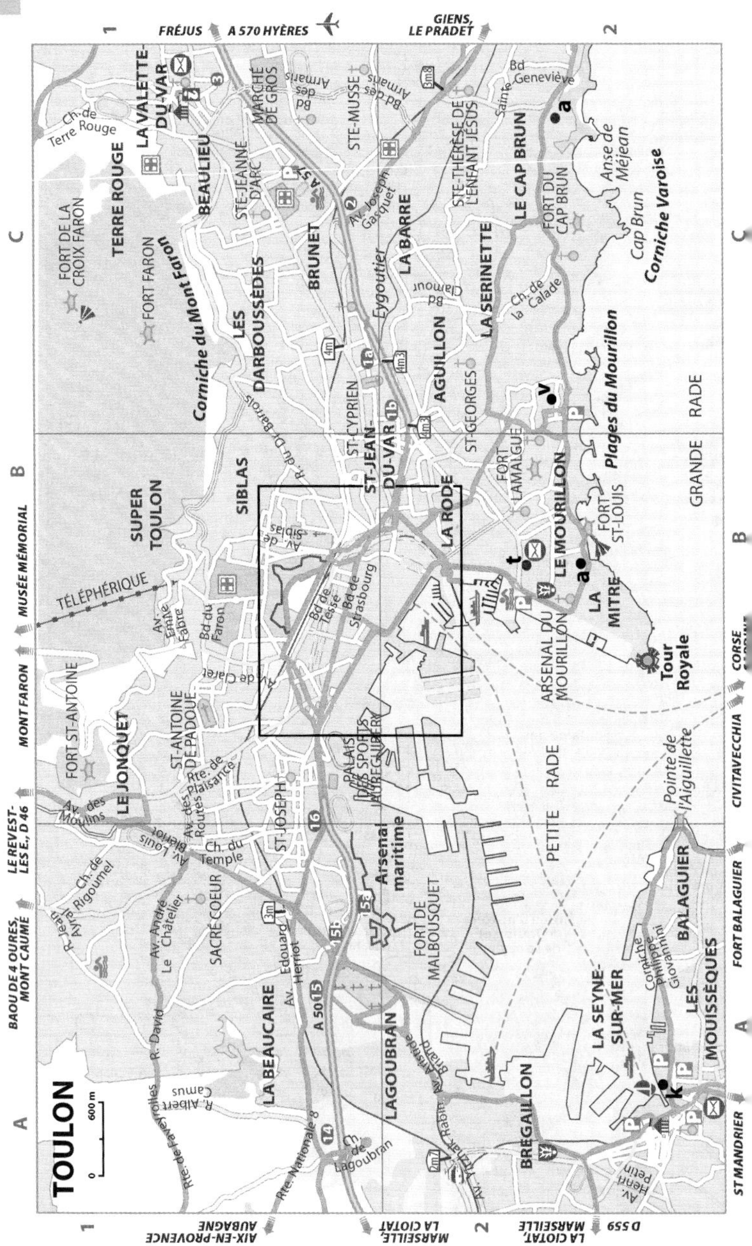
TOULON
0
600 m
FRÉJUS
A 570 HYÈRES
GIENS, LE PRADET
MUSÉE MÉMORIAL
MONT FARON
LE REVEST-LES E., D 46
BAOU DE 4 OURES, MONT CAUME
AIX-EN-PROVENCE AUBAGNE
MARSEILLE, LA CIOTAT
LA CIOTAT, MARSEILLE
D 559
ST MANDRIER
FORT BALAGUIER
CIVITAVECCHIA
CORSE
TERRE ROUGE
FORT DE LA CROIX FARON
FORT FARON
Corniche du Mont Faron
LA VALETTE-DU-VAR
BEAULIEU
STE-JEANNE D'ARC
MARCHÉ DE GROS
STE-MUSSE
BRUNET
LES DARBOUSSÈDES
LA BARRE
STE-THÉRÈSE DE L'ENFANT JÉSUS
LE CAP BRUN
FORT DU CAP BRUN
Anse de Méjean
Cap Brun
Corniche Varoise
LA SERINETTE
AGUILLON
ST-CYPRIEN
ST-JEAN-DU-VAR
Eygoutier
ST-GEORGES
FORT LAMALGUE
LE MOURILLON
Plages du Mourillon
FORT ST-LOUIS
GRANDE RADE
LA RODE
SIBLAS
SUPER TOULON
TÉLÉPHÉRIQUE
LA MITRE
ARSENAL DU MOURILLON
Tour Royale
FORT ST-ANTOINE
LE JONQUET
ST-ANTOINE DE PADOUE
PALAIS DES SPORTS
ST-JOSEPH
PETITE RADE
Pointe de l'Aiguillette
Arsenal maritime
FORT DE MALBOUSQUET
SACRÉ-COEUR
LA BEAUCAIRE
LAGOUBRAN
BRÉGAILLON
LA SEYNE-SUR-MER
BALAGUIER
LES MOUISSÈQUES
Corniche Philippe Giovannini
Ch. de Lagoubran
Rte. Nationale 8
A 50
A 57
Av. Edouard Herriot
Av. Aristide Briand
Bd de Tessé
Bd de Strasbourg
Av. des Moulins
Ch. du Temple
Rte. de Faveyrolles
R. Albert Camus
R. David
Ch. de Terre Rouge
Bd des Armaris
Av. Joseph Gasquet
Bd Clamour
Ch. de la Calade
Bd Sainte Geneviève
Av. Henri Petin

au Mourillon - ✉ 83000 Toulon

Tables et Comptoir

CUISINE MODERNE • BISTRO Une salle plutôt rétro, des banquettes, des miroirs... Aucun doute : voilà un bistrot ! Le chef, originaire de Roanne, est un passionné et a déjà une longue expérience derrière lui ; il compose une bonne cuisine du marché où la fraîcheur des produits est le critère n° 1.

Formule 20 € - Menu 42 € (dîner) - Carte 40/72 €

Plan : B2-t - *3 bd Eugène-Pelletan - ☎ 04 94 10 83 29 - Fermé 3 semaines en juin, 1 semaine en déc., le midi en juil.-août, sam. midi, lundi et dim.*

La Corniche

FAMILIAL • ÉLÉGANT Près du port St-Louis et des plages du Mourillon, au départ de la route de la Corniche qui domine la baie, un hôtel toujours en ville mais déjà à la mer... La plupart des chambres, élégantes et confortables, ouvrent sur la Méditerranée. Le tout fort bien tenu : on sent que la famille propriétaire s'investit beaucoup !

27 chambres - †115/368 € ††115/368 € - 3 suites - ☕ 18 €

Plan : B2-a - *17 littoral F.-Mistral - ☎ 04 94 41 35 12 - www.hotel-corniche.com*

Les Voiles

FAMILIAL • DESIGN Totalement rénové en 2014, cet hôtel du quartier du Mourillon rend un hommage appuyé à la régate Giraglia, fondée en 1953. Les chambres, résolument contemporaines et tout de blanc vêtues, sont confortables ; celles des derniers étages offrent une jolie vue sur la rade de Toulon.

17 chambres - †79/119 € ††109/149 € - ☕ 14 €

Plan : C2-v - *124 r. Gubler - ☎ 04 94 41 36 23 - www.hotel-voiles.com*

au Cap Brun - ✉ 83000 Toulon

Les Pins Penchés

CUISINE TRADITIONNELLE • MÉDITERRANÉEN Un must : la terrasse en balcon au-dessus de la mer et du cap Brun. Palmiers, mimosas, agrumes ou eucalyptus se découvrent en arpentant le jardin enchanteur. Ce n'est pas le moindre attrait de cette élégante villa du 19e s., parfaite pour un repas gastronomique et très romantique.

Menu 48 € (déj. en semaine), 68/78 €

Plan : C2-a - *3182 av. de la Résistance - ☎ 04 94 27 98 98 - www.lespinspenches.com - Fermé dim. soir, lundi et mardi*

ON AIME...

La cuisine créative et surprenante de **PY-R**, véritable antidote à la routine. Le **Bibent**, immanquable brasserie au décor Belle Époque de la place du Capitole. À Castanet-Tolosan, **La Table des Merville**, menée par un couple de passionnés. **En Pleine Nature**, qui nous offre un voyage inoubliable entre terre et mer. Et toujours les recettes gourmandes et bistrotières de **La Cantine de l'Opéra**...

TOULOUSE

✉ 31000 (Haute-Garonne) - 453 317 hab. - Agglo. 892 115 hab. - Alt. 146 m
- Carte régionale n° **15**-B2
▶ Paris 677 km - Barcelona 320 km - Bordeaux 244 km - Lyon 535 km
Carte Michelin 343-G3 - Guide Vert Michelin Pyrénées Toulouse Gers

Restaurants

✿✿ Michel Sarran

CUISINE CRÉATIVE • ÉLÉGANT XXX En léger retrait du centre-ville, la table de Michel Sarran est la référence à Toulouse : comment ne pas saluer une cuisine aussi bien exécutée, marquée pleinement par la personnalité de son chef, et valorisant des produits locaux d'exception ? Quant à l'élégant décor feutré, il ajoute encore au charme du repas.

→ Langoustine et encornet en macaronade, artichaut violet et crème de brebis. Rouget au chou et au gingembre fumé aux sarments, garbure iodée au sudachi. Pomme rôtie, crémeux de céleri et muesli de fruits secs, sorbet pomme-céleri.

Menu 55 € 🍷 (déj.), 100/190 € 🍷 - Carte 110/150 €

Plan : 3E1-m - *21 bd A.-Duportal*
- ✆ 05 61 12 32 32 (réservation conseillée) - www.michel-sarran.com
- Fermé août, 1 semaine vacances de Noël, merc. midi, sam. et dim.

✿ Stéphane Tournié - Les Jardins de l'Opéra

CUISINE MODERNE • ÉLÉGANT XXX Stéphane Tournié va à l'essentiel et le fait bien : de beaux produits (bio de préférence), des cuissons maîtrisées, de la finesse et du goût... À deux pas de la place du Capitole - dans une belle cour intérieure coiffée d'une verrière -, sa table est une valeur sûre.

→ Foie gras de canard poché aux huîtres, bouillon onctueux à la citronnelle et au gingembre. Cœur de ris de veau, sauce blanquette au citron et langoustine rôtie. La "brique toulousaine".

Menu 32 € (semaine), 64/99 € - Carte 90/100 €

Plan : 4G2-q - *1 pl. du Capitole*
- ✆ 05 61 23 07 76 - www.lesjardinsdelopera.fr
- Fermé 13-21 août, 1 semaine en janv., fériés le midi, dim. et lundi

Py-r (Pierre Lambinon)

CUISINE MODERNE • DESIGN XX Dans une ruelle du vieux Toulouse, un superbe restaurant contemporain dans lequel le blanc domine... Aux fourneaux, le jeune chef Pierre Lambinon réalise une cuisine du marché inventive, savamment composée. Ici, on a le culte des saisons et de l'improvisation : c'est l'anti-routine !
➜ Œuf mollet et jeunes légumes sur un air de béarnaise. Merlu de pêche sauvage, barquette végétale. Feuille à feuille cacao, noisettes et streusel.

Menu 28 € (déj.), 48/68 €

Plan : 4G2-f – *19 descente de la Halle-aux-Poissons – 05 61 25 51 52 – www.py-r.com – Fermé août, lundi midi, sam. et dim.*

La Cantine de l'Opéra

CUISINE TRADITIONNELLE • ÉLÉGANT XX La nouvelle adresse du chef Stéphane Tournié (qui officie aux Jardins de l'Opéra) mérite toute votre attention. La carte joue à merveille la partition toulousaine : foie gras de canard, cassoulet toulousain aux haricots tarbais... Des assiettes franches et gourmandes, et un mot d'ordre : priorité au plaisir !

Formule 19 € – Menu 28/35 € – Carte 32/65 €

Plan : 4H1-c – *54 allées Jean-Jaurès – 05 61 20 52 85 – lesjardinsdelopera.fr – Fermé dim. et lundi*

Le Bibent

CUISINE TRADITIONNELLE • BRASSERIE X Un emplacement privilégié, au cœur de la Ville rose, et un superbe décor Belle Époque : le chef Christian Constant (originaire de Montauban) a rendu à l'établissement tout son lustre de brasserie historique. On s'y presse pour ses grands classiques : terrine de campagne, cassoulet montalbanais, tarte au chocolat...

Formule 27 € – Menu 32 € – Carte 40/55 €

Plan : 4G2-m – *5 pl. du Capitole – 05 34 30 18 37 – www.maisonconstant.com*

Monsieur Marius

CUISINE MODERNE • DESIGN X Cadre contemporain et cuisine du marché pour cette adresse tendance, qui mise sur une carte changeante et toujours maîtrisée : noix de Saint-Jacques, shiitake, bouillon thaï, ou encore cabillaud, navet noir et chorizo... Et un excellent baba au rhum présenté en trois étages ! Quelques tables sur la petite mezzanine.

Formule 16 € – Menu 20 € (déj. en semaine), 32/47 € – Carte environ 40 €

Plan : 4G2-n – *40 r. des Filatiers – 05 61 25 07 07 (réservation conseillée) – www.maisonmarius.com – Fermé 1er-8 mai, 22 août-4 sept., 23 déc.-3 janv., dim. et lundi*

Les Sales Gosses

CUISINE MODERNE • BISTRO X Ce bistrot de poche, décoré de souvenirs d'enfance, décline sur de grandes ardoises ses plats bistrotiers et parfumés : purée de topinambour, soupe de foie gras poêlé à la châtaigne... C'est Doisneau revisité par le chef Bruno, qui a troqué le bonnet d'âne pour une toque de premier de la classe !

Formule 18 € – Menu 20 € (déj. en semaine)/32 €

Plan : 4H2-g – *7 r. de l'Industrie – 05 61 99 30 31 (réservation conseillée) – www.restaurant-lessalesgosses.fr – Fermé 1 semaine en avril, 3 semaines en août, 1 semaine vacances de Noël, dim. et lundi*

Anges et Démons

CUISINE MODERNE • ÉLÉGANT XXX De beaux murs en brique apparente et de superbes voûtes du 16es. au sous-sol : nous ne sommes ni au paradis ni en enfer, mais au cœur de Toulouse, à laquelle le rose va si bien ! Au menu, une cuisine recherchée, qui prête au péché de gourmandise...

Menu 50/75 €

Plan : 4H3-a – *1 r. Perchepinte – 05 61 52 66 69 – www.restaurant-angesetdemons.com – Fermé 3-18 janv., dim. soir, lundi et le midi sauf dim.*

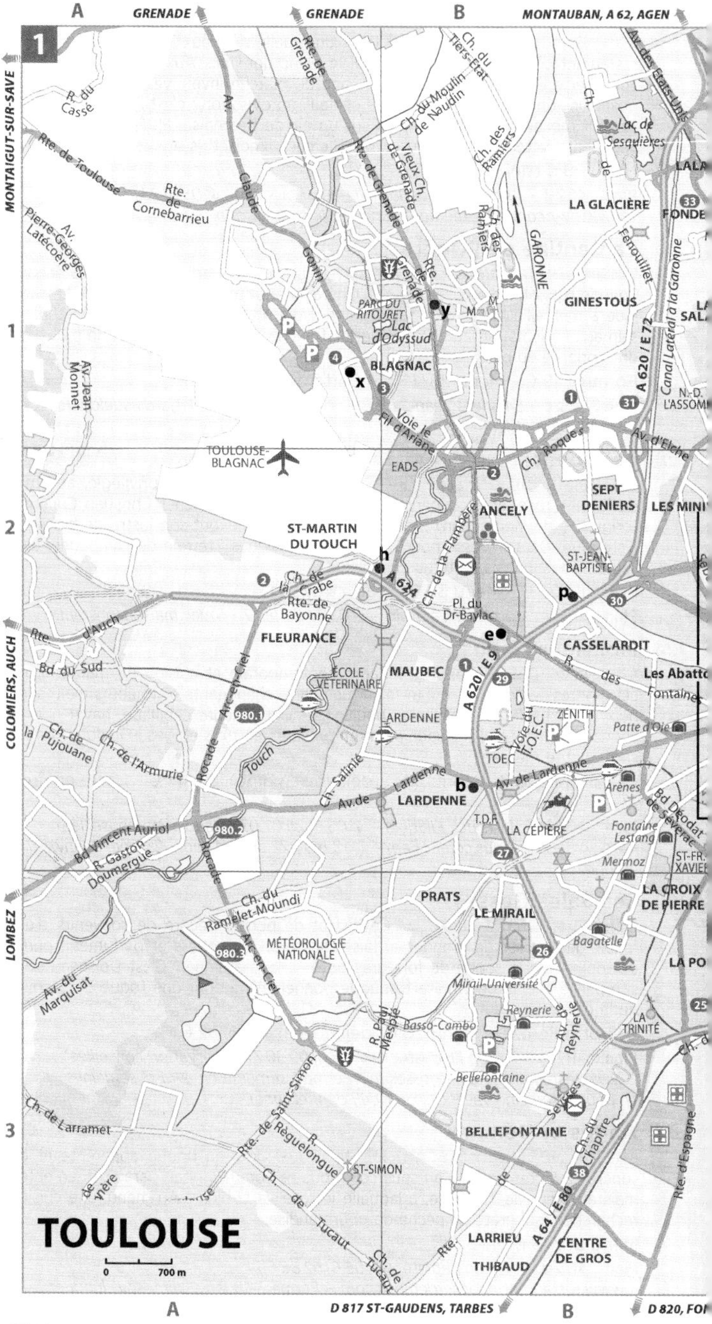

A
GRENADE
GRENADE
B
MONTAUBAN, A 62, AGEN
1
MONTAIGUT-SUR-SAVE
COLOMIERS, AUCH
LOMBEZ
2
3
R. du Cassé
Rte. de Toulouse
Rte. de Cornebarrieu
Av. Pierre-Georges Latécoère
Av. Claude Gonin
Rte. de Grenade
Rte de Grenade
Vieux Ch. de Grenade
Ch. du Moulin de Naudin
Ch. du Tiers-État
Ch. des Ramiers
GARONNE
Lac de Sesquières
LA GLACIÈRE
GINESTOUS
Fenouillet
A 620 / E 72
Canal Latéral à la Garonne
Av. des États-Unis
PARC DU RITOURET
Lac d'Odyssud
BLAGNAC
Av. Jean Monnet
Voie le Fil d'Ariane
TOULOUSE-BLAGNAC
EADS
Ch. Roques
Av. d'Elche
SEPT DENIERS
ANCELY
ST-MARTIN DU TOUCH
Ch. de la Flambère
ST-JEAN-BAPTISTE
A 624
Ch. de la Crabe
Rte. de Bayonne
Pl. du Dr-Baylac
Rte. d'Auch
Bd du Sud
FLEURANCE
CASSELARDIT
R. des Fontaines
Les Abattoirs
ECOLE VETERINAIRE
MAUBEC
A 620 / E 9
Rocade Arc-en-Ciel
980.1
Touch
LARDENNE
Voie du T.O.E.C.
ZÉNITH
Patte d'Oie
Ch. de Pujouane
Ch. de l'Armurie
Ch. Salinié
TOEC
Av. de Lardenne
Arènes
LARDENNE
Bd Déodat de Séverac
T.D.F.
LA CÉPIÈRE
Fontaine Lestang
980.2
Bd Vincent Auriol
R. Gaston Doumergue
Mermoz
ST-FRANÇOIS XAVIER
Ch. du Ramelet-Moundi
PRATS
LE MIRAIL
LA CROIX DE PIERRE
980.3
MÉTÉOROLOGIE NATIONALE
Bagatelle
LA POUDRERIE
Av. du Marquisat
Mirail-Université
R. Paul Mesplé
Reynerie
Av. de Reynerie
Basso-Cambo
LA TRINITÉ
Bellefontaine
Séysses
Ch. de Larramet
Rte. de Saint-Simon
R. Réguelongue
ST-SIMON
BELLEFONTAINE
Ch. du Chapitre
Rte. d'Espagne
Ch. de Tucaut
A 64 / E 80
LARRIEU
THIBAUD
CENTRE DE GROS
TOULOUSE
0
700 m
A
D 817 ST-GAUDENS, TARBES
B
D 820, FOIX

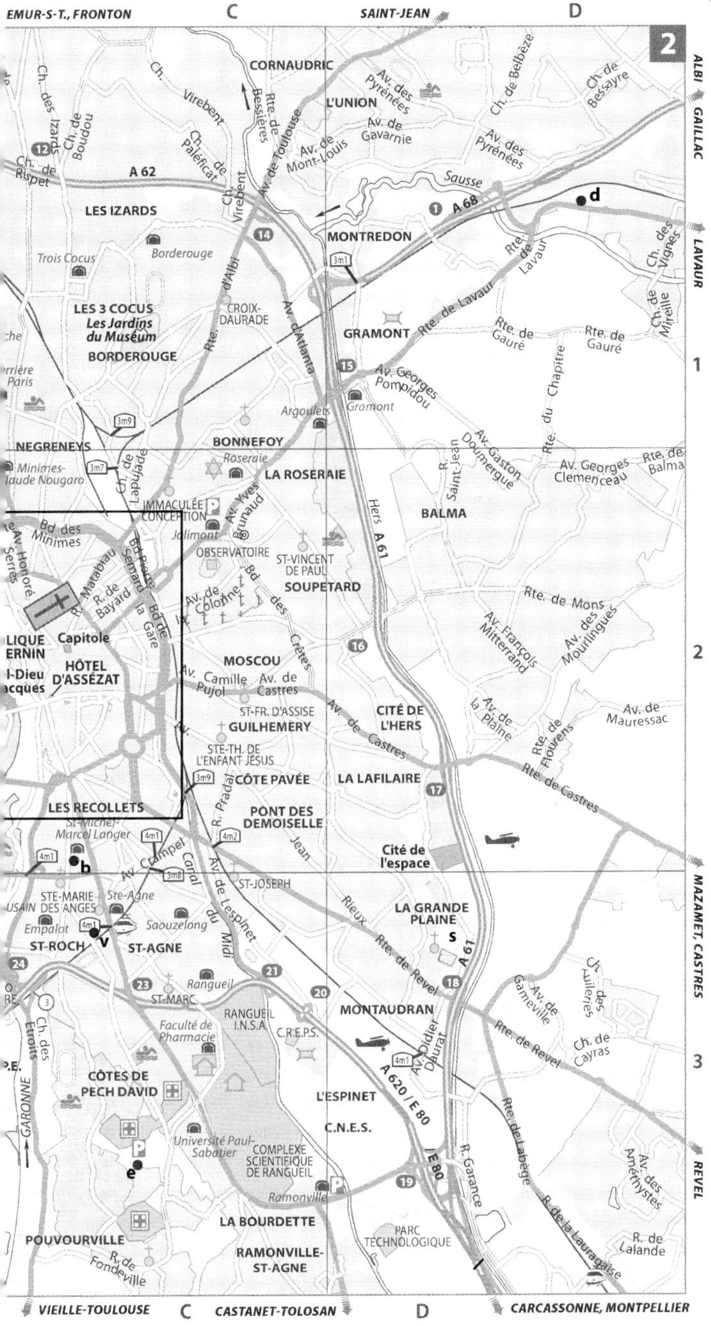

EMUR-S-T., FRONTON
C
SAINT-JEAN
D
2
ALBI
GAILLAC
LAVAUR
1
2
MAZAMET, CASTRES
3
REVEL
VIEILLE-TOULOUSE
CASTANET-TOLOSAN
CARCASSONNE, MONTPELLIER
CORNAUDRIC
L'UNION
Av. des Pyrénées
Ch. de Belbèze
Ch. de Bessayre
Av. de Gavarnie
Av. de Mont-Louis
Av. de Toulouse
Rte. de Bessières
Ch. Virebent
Ch. de Paléficat
Ch. des Izards
Ch. de Boudou
Ch. de Rispet
A 62
A 68
Sausse
LES IZARDS
MONTREDON
Rte. de Lavaur
Ch. des Vignes
Ch. de Mireille
Trois Cocus
Borderouge
LES 3 COCUS
Les Jardins du Muséum
BORDEROUGE
CROIX-DAURADE
Rte. d'Albi
Av. d'Atlanta
GRAMONT
Rte. de Gauré
Av. Georges Pompidou
Rte. du Chapitre
Argoulets
Gramont
NEGRENEYS
Minimes-Claude Nougaro
Ch. de Lapujade
BONNEFOY
Roseraie
LA ROSERAIE
Av. Gaston Doumergue
R. Saint-Jean
Av. Georges Clemenceau
Rte. de Balma
IMMACULÉE CONCEPTION
Jolimont
Av. Yves Brunaud
BALMA
Hers
A 61
Bd des Minimes
Av. Honoré Serres
R. Matabiau
R. de Bayard
Bd Pierre Semard
Bd de la Gare
OBSERVATOIRE
ST-VINCENT DE PAUL
SOUPETARD
Av. de la Colonne
Bd des Crêtes
Rte. de Mons
Av. François Mitterrand
Av. des Mourlingues
Capitole
HÔTEL D'ASSÉZAT
MOSCOU
Av. Camille Pujol
Av. de Castres
ST-FR. D'ASSISE
GUILHEMERY
CITÉ DE L'HERS
Av. de la Plaine
Rte. de Flourens
Av. de Mauressac
STE-TH. DE L'ENFANT JÉSUS
CÔTE PAVÉE
LA LAFILAIRE
Rte. de Castres
R. Pradal
PONT DES DEMOISELLE
LES RECOLLETS
St-Michel Marcel Langer
Jean Rieux
Cité de l'espace
Av. Crampel
Canal du Midi
Av. de Lespinet
ST-JOSEPH
LA GRANDE PLAINE
STE-MARIE DES ANGES
Ste-Agne
Empalot
Saouzelong
ST-ROCH
ST-AGNE
Rte. de Revel
Ch. des Tuileries
Av. de Gameville
Rangueil
ST-MARC
MONTAUDRAN
Faculté de Pharmacie
RANGUEIL I.N.S.A.
C.R.E.P.S.
Av. Didier Daurat
Ch. de Cayras
Ch. des Étroits
GARONNE
CÔTES DE PECH DAVID
A 620 / E 80
L'ESPINET
C.N.E.S.
Rte. de Labège
Université Paul-Sabatier
COMPLEXE SCIENTIFIQUE DE RANGUEIL
R. Garance
Av. des Améthystes
Ramonville
LA BOURDETTE
PARC TECHNOLOGIQUE
R. de la Lauragaise
R. de Lalande
POUVOURVILLE
R. de Fondeville
RAMONVILLE-ST-AGNE

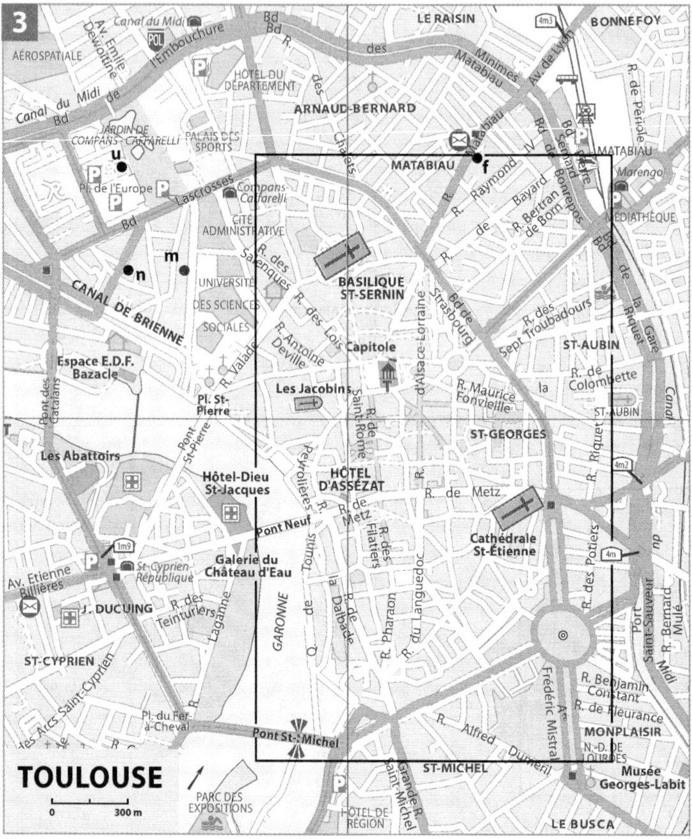

Genty Magre

CUISINE CLASSIQUE • COSY Ce restaurant lorgne vers l'esprit bistrot, et mêle le neuf (déco moderne) à l'ancien (les poutres apparentes, les murs en brique...). Côté cuisine, on revisite joyeusement le terroir avec de beaux produits, assortis de crus joliment choisis. À déguster dans des assiettes en céramique réalisées par le patron !

Formule 18 € – Carte 32/68 €

Plan : 4G2-b – *3 r. Genty-Magre – 05 61 21 38 60 – www.legentymagre.com – Fermé 2-24 août, dim. et lundi*

Au Pois Gourmand

CUISINE MODERNE • ÉLÉGANT Cette belle villa toulousaine de 1869, avec son porche rose encadré de cyprès, se mire dans la Garonne... Les expériences asiatiques du chef se retrouvent dans l'assiette (comme avec ce sashimi de homard), mais que les puristes se rassurent : il mitonne aussi le gibier en saison ! Agréable terrasse au bord de l'eau.

Formule 21 € – Menu 26 € (déj. en semaine), 42/73 € – Carte 54/86 €
4 chambres – 70/90 € 70/90 €

Plan : 1B2-p – *3 r. Émile-Heybrard – 05 34 36 42 00 (réservation conseillée) – www.pois-gourmand.fr – Fermé 7-20 août, 24 déc.-9 janv., sam. midi et dim.*

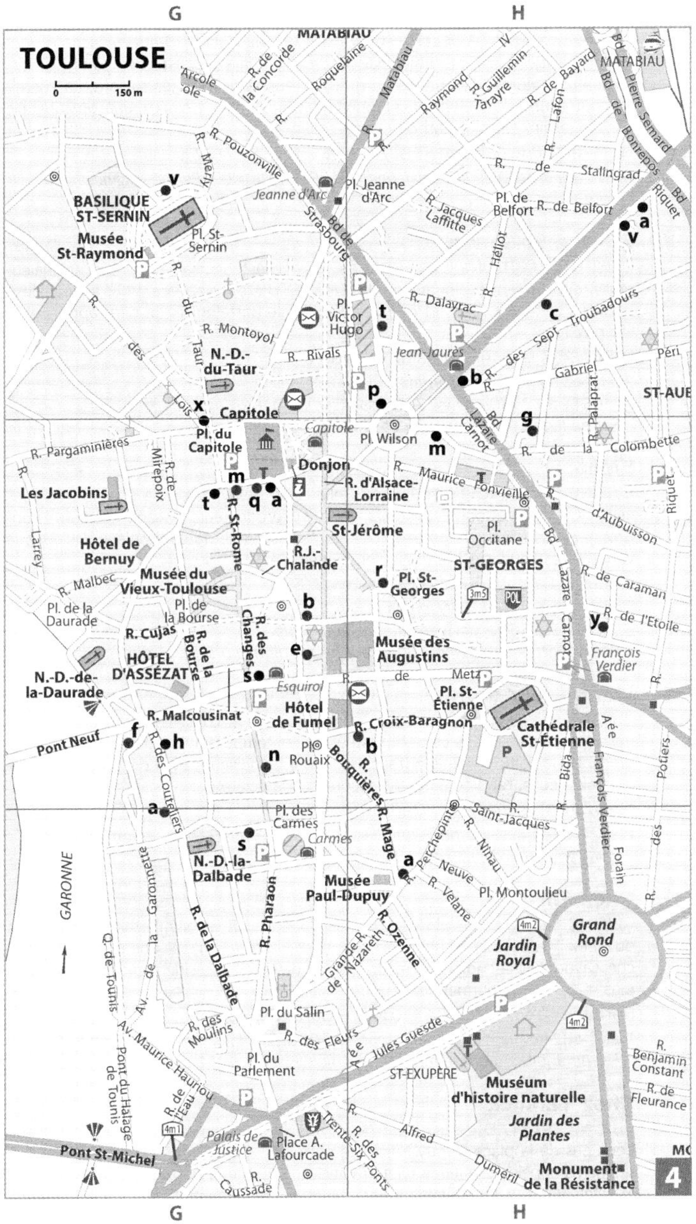
TOULOUSE
0
150 m
G
H
1
2
3
4
MATABIAU
BASILIQUE ST-SERNIN
Musée St-Raymond
Pl. St-Sernin
N.-D.-du-Taur
Capitole
Pl. du Capitole
Donjon
R. d'Alsace-Lorraine
St-Jérôme
Les Jacobins
Hôtel de Bernuy
Musée du Vieux-Toulouse
HÔTEL D'ASSÉZAT
N.-D.-de-la-Daurade
Pl. de la Daurade
Pl. de la Bourse
Hôtel de Fumel
Pl. Rouaix
Musée des Augustins
Pl. St-Georges
ST-GEORGES
Pl. Occitane
Pl. Wilson
Pl. St-Étienne
Cathédrale St-Étienne
Pl. des Carmes
N.-D.-la-Dalbade
Musée Paul-Dupuy
Pl. Montoulieu
Grand Rond
Jardin Royal
Pl. du Salin
Pl. du Parlement
ST-EXUPÈRE
Muséum d'histoire naturelle
Jardin des Plantes
Monument de la Résistance
Palais de Justice
Place A. Lafourcade
Pont Neuf
Pont St-Michel
GARONNE
Pl. Jeanne d'Arc
Pl. Victor Hugo
Pl. de Belfort
Jean-Jaurès
Esquirol
Carmes
François Verdier
ST-AUB
R. Pouzonville
R. de la Concorde
R. Roquelaine
R. Matabiau
R. Raymond IV
R. Guillemin Tarayre
R. de Bayard
R. Lafon
R. de Stalingrad
Bd Pierre Semard
Bd de Bonrepos
Bd Riquet
R. de Belfort
R. Jacques Laffitte
R. Héliot
Bd de Strasbourg
R. Dalayrac
R. des Sept Troubadours
R. Gabriel Péri
R. Montoyol
R. Rivals
R. du Taur
R. des Lois
R. Merly
R. Pargaminières
R. de Mirepoix
R. Larrey
R. Malbec
R. Cujas
R. St-Rome
R. des Changes
R. de la Bourse
R. Malcousinat
R. des Couteliers
R. Maurice Fonvielle
R. d'Aubuisson
Bd Lazare Carnot
R. Palaprat
R. de la Colombette
R. Riquet
R. de Caraman
R. de l'Etoile
R. de Metz
R. Croix-Baragnon
R. Bouquières
R. Mage
R. Perchepinte
R. Saint-Jacques
R. Ninau
R. Neuve
R. Velane
Aée François Verdier
R. Bida
R. des Potiers
R. Forain
R. Pharaon
R. de la Dalbade
R. Ozenne
Grande R. Nazareth
R. de la Garonnette
Q. de Tounis
Av. Maurice Hauriou
Pont du Halage de Tounis
R. de l'Eau
R. des Moulins
R. des Fleurs
Aée Jules Guesde
R. Trente-Six Ponts
R. Alfred Duméril
R. Caussade
R. Benjamin Constant
R. de Fleurance

Les Quatre Petits Cochons

CUISINE TRADITIONNELLE • TENDANCE XX Ces Quatre Petits Cochons ont trouvé refuge dans une vraie maison de ville. On y déguste des plats joliment présentés, colorés et goûteux, au gré d'une carte qui suit les saisons. La cheminée est allumée tout l'hiver, et quand reviennent les beaux jours, on s'installe dans le jardin, parmi les arbres... sans craindre le loup !

Menu 20 € (semaine), 37/65 € – Carte 47/62 €

Plan : 1B2-b – *99 av. de Lardenne – 05 61 49 40 40 – Fermé vacances de Noël et dim.*

7 Place St-Sernin

CUISINE TRADITIONNELLE • COSY XX Une belle toulousaine, colorée et chaleureuse, dont la terrasse donne sur la basilique chère à Nougaro. Pour les papilles : tradition et terroir revus et corrigés. Et pour le portefeuille, un bon rapport qualité-prix !

Menu 24 € (déj. en semaine), 39/56 €

Plan : 4G1-v – *7 pl. St-Sernin*
– 05 62 30 05 30 – www.7placesaintsernin.com
– Fermé lundi midi, sam. midi et dim.

Émile

CUISINE DU TERROIR • BISTRO XX Belle carte des vins, solide cuisine traditionnelle 100 % maison – produits frais et producteurs locaux sont à l'honneur – et, cerise sur le gâteau, jolie terrasse sur une agréable place. Quant à la vedette des lieux, c'est le cassoulet, évidemment !

Menu 22 € (déj.), 32/42 € – Carte 47/67 €

Plan : 4H2-r – *13 pl. St-Georges*
– 05 61 21 05 56 – www.restaurant-emile.com
– Fermé vacances de Noël, lundi sauf le soir de mai à sept. et dim.

L'Empereur de Huê

CUISINE VIETNAMIENNE • COSY X Une adresse à conseiller aux adeptes de mariages réussis : dans ce petit restaurant contemporain, la cuisine vietnamienne rencontre la culture culinaire française... pour le meilleur ! Et la décoration, épurée et chaleureuse, rend ce moment encore plus précieux.

Menu 40 € (semaine) – Carte 51/66 €

Plan : 4G2_3-a – *17 r. des Couteliers – 05 61 53 55 72 (réservation conseillée)*
– www.empereurdehue.com – Fermé le midi, dim. et lundi

Chez Fifi

CUISINE MODERNE • DESIGN X Poussez la porte de ce sympathique restaurant du vieux Toulouse : un chef plein de métier y officie, signant une cuisine du marché savoureuse et joliment maîtrisée. La devise ? "Cuisine familiale et un peu plus..." Avis aux gourmets curieux.

Formule 18 € – Menu 24 € (déj.) – Carte 35/50 €

Plan : 4H2-b – *17 r. Croix-Baragnon – 05 61 53 34 24 – www.chez-fifi.fr*
– Fermé 9 juil.-15 août, dim. et lundi

Chez Yannick

CUISINE TRADITIONNELLE • BISTRO X Une façade minuscule dans une ruelle à deux pas de la place Dupuy : discrète entrée en matière ! La cuisine, elle, se distingue sans peine : le jeune chef, Yannick Roux – qui a notamment travaillé avec Mathieu Vianney et Christian Têtedoie – compose une belle cuisine du moment, tout en couleurs et en contrastes. Un régal !

Formule 13 € – Menu 17 € (déj. en semaine), 23/29 €

Plan : 4H2-y – *3 r. Delacroix*
– 05 34 40 67 17 – www.chez-yannick.fr
– Fermé 2 semaines en août, 1 semaine à Noël, sam., dim. et fériés

La Table de William

CUISINE MODERNE • DESIGN À l'abri d'une maison typiquement toulousaine, ce jeune restaurant possède déjà une clientèle d'habitués – c'est tout dire. Aux fourneaux, William Perucca vit enfin sa première passion autour d'une "cuisine de convivialité" aux influences régionales, méditerranéennes ou asiatiques. L'ardoise change toutes les semaines.

Formule 16 € – Menu 18 € (déj. en semaine), 19/22 € – Carte 28/45 €

Plan : 2C3-v – *90 r. St-Roch – 05 67 33 34 99 – www.latabledewilliam.com – Fermé 1er-22 août, sam., dim. et le soir du lundi au merc.*

Le Pic Saint Loup

CUISINE MODERNE • SIMPLE Le cadre est volontairement dépouillé, car ici c'est l'assiette qui est reine : tatin de pied de porc aux champignons et lentilles, agneau rôti et ses pommes de terre en aligot. Sympathique terrasse au calme dans la cour à l'arrière.

Menu 18 € (déj. en semaine), 24/45 € – Carte 29/54 €

Plan : 2C2-b – *7 r. St-Léon – 05 61 53 81 51 – www.restaurantlepicsaintloup.com – Fermé 1 semaine en mai, 3 semaines en août, dim. et lundi*

Solides

CUISINE CRÉATIVE • BISTRO Sise en lieu et place de la Rôtisserie des Carmes (une institution toulousaine), face au marché du même nom, cette adresse décontractée se distingue surtout par l'imagination débordante de son chef, comme avec cette terrine de foie de volaille et gorge de porc au Banyuls et au genièvre... Vins bio et service informel.

Formule 18 € – Menu 22/35 €

Plan : 4G3-s – *38 r. des Polinaires – 05 61 53 34 88 (réservation conseillée) – www.solides.fr – Fermé sam. et dim.*

L'Air de Famille

CUISINE TRADITIONNELLE • SIMPLE C'est vrai, il y a ici comme un air de bistrot de famille avec ces tables serrées, ces vieilles affiches, ces vins à l'ardoise... Et dans l'assiette, on sent la patte d'un vrai cuisinier qui respecte les produits en toute simplicité, au fil d'une ardoise renouvelée tous les jours. Une adresse très sympathique.

Menu 19 € (déj. en semaine), 22/31 € – Carte 34/52 € dîner

Plan : 4H1-t – *20 pl. Victor-Hugo – 05 61 21 93 29 – Fermé 3 semaines en août, 1 semaine à Noël, mardi soir, merc. soir, dim. et lundi*

Lo Specchio

CUISINE ITALIENNE • DESIGN N'hésitez pas à venir contempler le reflet de ce Specchio ("miroir" en italien), situé dans une petite ruelle du centre de la ville rose. Dans une atmosphère conviviale, on déguste une cuisine fraîche et colorée, respectant parfaitement les saisons et... réalisée avec passion. Bref : un condensé d'Italie !

Formule 16 € – Menu 20 € (déj. en semaine)/31 € – Carte 26/42 €

Plan : 4G2-e – *60 r. des Tourneurs – 05 61 38 19 40 – www.restaurant-lospecchio-toulouse.fr – Fermé 7-30 août, dim. et lundi*

Hôtels

Pullman Centre

HÔTEL DE CHAÎNE • CONTEMPORAIN Immeuble toulousain en briques roses, vaste hall, lignes épurées : cette adresse irréprochable propose des chambres fonctionnelles et spacieuses, mais aussi des salles de séminaires et un espace fitness. Idéal pour la clientèle d'affaires. Parking souterrain.

119 chambres – †139/570 € ††139/570 € – 6 suites – 26 €

Plan : 4H1-v – *84 allées Jean-Jaurès – 05 61 10 23 10 – www.pullmanhotels.com*

Crowne Plaza

BUSINESS • FONCTIONNEL Idéalement situé sur la place du Capitole, ce vaste hôtel répond parfaitement aux besoins de la clientèle d'affaires : centre business très complet ; chambres de facture classique ou plus contemporaine. Le restaurant donne sur un superbe patio.

162 chambres – 110/195 € 190/280 € – 3 suites – 25 € – ½ P

Plan : 4G2-t – *7 pl. du Capitole – 05 61 61 19 19 – www.crowneplaza.com/toulouse*

La Cour des Consuls Hôtel & Spa

LUXE • CONTEMPORAIN Dans un ancien hôtel particulier du 16e s. du quartier des Carmes, un beau mariage de styles ! Les éléments d'époque (parquets, cheminées) frayent avec une déco franchement contemporaine ; les chambres, spacieuses, témoignent d'un luxe sans faute de goût.

26 chambres – 168/650 € 187/850 € – 6 suites – 26 € – ½ P

Plan : 4G2-h – *46 r. des Couteliers – 05 67 16 19 99 – www.lacourdesconsuls.com*

Grand Hôtel de l'Opéra

TRADITIONNEL • COSY En sortant d'une représentation de Verdi au Théâtre du Capitole, vous traverserez la place pour découvrir ce couvent du 17e s. plein de charme, qui regorge d'éléments historiques ! Dans les chambres, le mobilier acajou côtoie des tentures en velours rouge ou jaune... Un classicisme délicieux.

52 chambres – 110/230 € 135/365 € – 5 suites – 19 €

Plan : 4G2-a – *1 pl. du Capitole – 05 61 21 82 66 – www.grand-hotel-opera.com*

Hôtel de Brienne

URBAIN • DESIGN À deux pas du canal du même nom, l'établissement a été entièrement rénové dans un style contemporain, avec un vrai travail de mise en valeur par les éclairages. Dans les chambres, le mobilier est pensé pour optimiser l'espace. Et on s'y sent bien !

77 chambres – 95/150 € 95/150 € – 15 €

Plan : 3E1-n – *20 bd du Mar.-Leclerc – 05 61 23 60 60 – www.hoteldebrienne.com*

Novotel Centre Wilson

BUSINESS • FONCTIONNEL Sis dans un bâtiment de briques roses, au cœur de la vieille ville et à deux pas de la place du Capitole, cet hôtel s'ouvre sur un élégant hall d'accueil. On y profite de chambres confortables et l'on prend son petit-déjeuner sous une jolie verrière... Plaisant !

125 chambres – 95/290 € 95/290 € – 8 suites – 18 €

Plan : 4H1-p – *13 pl. Wilson – 05 61 10 70 70 – www.novotel.com*

Novotel Centre Compans Caffarelli

BUSINESS • FONCTIONNEL Des chambres très confortables, fonctionnelles et parfaitement équipées, idéales pour la clientèle d'affaires. Modernité et convivialité au "Gourmet Bar", avec un choix de tapas, burgers, salades... et une salle ouvrant sur la terrasse et la piscine.

135 chambres – 80/170 € 130/222 € – 2 suites – 17 €

Plan : 3E1-u – *5 pl. A.-Jourdain – 05 61 21 74 74 – www.novotel.com*

Adagio Parthénon

BUSINESS • FONCTIONNEL À quelques minutes à pied du centre-ville, cette résidence hôtelière moderne propose studios et appartements avec coin cuisine, pour un séjour business ou famille. Les derniers étages du côté sud dévoilent les sommets des Pyrénées par beau temps ! Bon rapport qualité-prix.

99 suites – 97/196 € – 12 €

Plan : 4H1-a – *86 allées Jean-Jaurès – 05 61 10 24 00 – www.adagio-city.com*

Le Grand Balcon

HISTORIQUE • DESIGN Il accueillit les plus grandes légendes de l'Aéropostale. La déco – design et créative – leur rend hommage, et la chambre n° 32 reproduit fidèlement celle qu'occupait Saint-Exupéry dans les années 1930. Une adresse mythique !

47 chambres – 220/420 € 220/420 € – 18 €

Plan : 4G1_2-x – *10 r. Romiguière – 05 34 25 44 09 – www.grandbalconhotel.com*

Mermoz

URBAIN • CONTEMPORAIN Mermoz, héros de l'Aéropostale... Cet hôtel à la décoration épurée évoque par touches subtiles cette aventure du 20e s. Les chambres sont feutrées et confortables ; côté cour, un coin de verdure abrite la piscine chauffée à débordement. Un îlot de tranquilité au coeur de la ville !

51 chambres – 99/195 € 99/240 € – 17 €

Plan : 3F1-f – *50 r. Matabiau – 05 61 63 04 04 – www.privilegetoulouse.com*

Citiz

BUSINESS • CONTEMPORAIN En plein centre (près de la place Wilson), un hôtel urbain et design, avec un salon de thé pour grignoter. Dans les chambres, le décor est épuré et contemporain, idéal pour un voyage d'affaires ou un week-end citadin.

56 chambres – 85/280 € 85/295 € – 18 €

Plan : 4H1-b – *18 allées Jean-Jaurès – 05 61 11 18 18 – www.citizhotel.fr*

Mercure Wilson

HÔTEL DE CHAÎNE • PERSONNALISÉ À deux pas de la place Wilson, l'hôtel se dévoile par sa façade en brique rouge, typiquement toulousaine. Le hall, moderne et cosy, témoigne de la récente rénovation de l'ensemble ; on a le plaisir, quand l'été est là, de prendre son petit-déjeuner sur la terrasse intérieure.

91 chambres – 84/195 € 84/195 € – 4 suites – 18 €

Plan : 4H2-m – *7 r. Labéda – 05 34 45 40 60 – www.mercure-toulouse-wilson.com*

Le Père Léon

URBAIN • FONCTIONNEL Dans le centre historique, cet hôtel – rénové en 2013 – propose des chambres confortables et bien tenues. Idéal pour les touristes ou la clientèle d'affaires qui ne souhaitent pas prendre leur voiture... Ici, tout est accessible à pied !

41 chambres – 75/90 € 92/125 € – 10 €

Plan : 4G2-s – *2 pl. Esquirol – 05 61 21 70 39 – www.pere-leon.com*

La sélection de ce guide s'enrichit avec vous : vos découvertes et vos commentaires nous intéressent ! Coup de coeur ou coup de colère, écrivez-nous sur notre site Michelin Restaurants : restaurant.michelin.fr

à l'Union 7 km au Nord-Est par D888 – 31240 – 11 702 hab. – Alt. 146 m

La Bonne Auberge

CUISINE TRADITIONNELLE • RUSTIQUE XX Dans une ancienne grange rénovée, toute proche de la départementale, on découvre cette auberge au cadre rustique et chaleureux : l'endroit rêvé pour déguster une généreuse cuisine du terroir !

Menu 20 € (déj. en semaine), 30/58 € – Carte 44/55 €

. – 2 bis r. Autan-Blanc, D888 – 05 61 09 32 26 – www.bonneauberge31.fr – Fermé 9-30 août, 21 déc.-7 janv., dim. et lundi

à Rouffiac-Tolosan 12 km au Nord-Est par D888 – ✉ 31180 – 1 849 hab. – Alt. 210 m

Ô Saveurs (David Biasibetti)

CUISINE MODERNE • COSY XXX Désormais seul aux fourneaux de cette maison proche de Toulouse, David Biasibetti décline une cuisine simple et bonne, bien dans l'air du temps. Pâtissier à l'origine, le chef avoue une passion pour le chocolat... que l'on retrouve dans ses desserts. Aux beaux jours, petite terrasse en bordure de place, face à la fontaine...

➜ Fricassée de langoustines, foie gras de canard, pleurotes et coulis de corail. Queue de homard bleu rôtie, tortellinis, courgettes et tomates confites à l'huile de basilic. Dégustation de chocolats grands crus.

Menu 28 € (déj. en semaine), 48/98 € – Carte 90/110 €

8 pl. des Ormeaux (au village) – ✆ 05 34 27 10 11 – www.o-saveurs.com – Fermé 1 semaine en fév., 1 semaine en mai, 15-31 août, 1 semaine en sept., sam. midi, dim. soir et lundi

à Montrabé 8 km au Nord-Ouest par D112 – ✉ 31850 – 3 815 hab. – Alt. 150 m

L'Aparté

CUISINE MODERNE • CONVIVIAL XX Cette ancienne Toulousaine s'est refait une beauté contemporaine pour accueillir le talent d'un jeune chef prometteur, qui aime taquiner la langoustine, son plat fétiche, et nous joue des airs plutôt audacieux : son association volaille et homard est un vrai petit moment de bonheur gustatif. Agréable patio terrasse.

➜ Tartare de langoustine, espuma de Campari et kadaïf de langoustine. Selle d'agneau rôtie, empanadas d'épaule braisée et mousseline de panais. Pomme confite, sablé aux noix et glace céleri, pomme et châtaigne.

Menu 29 € (déj. en semaine), 46/80 € – Carte 70/85 €

Plan : 2D1-d – *21 r. de l'Europe (Parc d'activités du Terlon) – ✆ 05 34 26 43 44 – www.restaurant-laparte.fr – Fermé 1er-15 août, dim. et lundi*

L'Instant...

CUISINE MODERNE • TENDANCE X L'Instant... d'une parenthèse gourmande non loin de Toulouse ! On s'installe à l'une des tables d'un blanc immaculé pour manger au coude-à-coude. Derrière les fourneaux, le chef signe une cuisine dans l'air du temps avec quelques touches méridionales et asiatiques. Ne manquez pas le menu "L'instant gourmet" !

Formule 14 € – Menu 27/45 € – Carte 38/54 €

chemin du Logis-Vieux – ✆ 05 61 48 25 24 – www.restaurant-linstant.fr – Fermé 6-21 août, mardi soir, dim. et lundi

à Quint-Fonsegrives 8 km à l'Est par D826 – ✉ 31130 – 5 052 hab. – Alt. 153 m

En Pleine Nature (Sylvain Joffre)

CUISINE MODERNE • DESIGN XX Ici, pas de menu : le jeune chef, Sylvain Joffre, se laisse la liberté de cuisiner selon ses envies, puisant dans la nature, invitant à une balade sur terre ou en mer... Le voyage séduit. De la finesse, du goût, de l'enthousiasme ! Un plaisir pour les papilles et les pupilles.

➜ Cuisine du marché.

Formule 25 € – Menu 30 € (déj.), 50/76 €

6 pl. de la Mairie – ✆ 05 61 45 42 12 – www.en-pleine-nature.com – Fermé 1 semaine en mai, août, sam., dim., lundi et fériés

à Rangueil 6 km au Sud – ✉ 31400

Mas de Dardagna

CUISINE TRADITIONNELLE • RUSTIQUE X Voilà une cuisine respectueuse des produits, simple et bien faite... Aucun doute, cette ancienne ferme – typiquement toulousaine – est un joli repaire gourmand ! Et aux beaux jours, on peut même s'installer sous les canisses...

Menu 22 € (déj. en semaine), 32/53 €

Plan : 2C3-e – *1 chemin de Dardagna (près de l'hôpital Rangueil) – ✆ 05 61 14 09 80 (réservation conseillée) – www.masdedardagna.com – Fermé 3 semaines en août, 23 déc.-2 janv., sam., dim. et fériés*

à Auzeville-Tolosane 13 km au Sud par D813 - ✉ 31320 - 3 535 hab. - Alt. 170 m

La Table d'Auzeville

CUISINE CLASSIQUE • CONVIVIAL XX Dans la banlieue de Toulouse, cette maison blanche propose de jolies recettes de tradition, réalisées par un chef enthousiaste au parcours impeccable - dont plusieurs maisons trois étoiles ! Risotto aux coquillages et copeaux de parmesan, filet de canette rôtie aux groseilles acidulées... Un régal à petit prix.

Formule 16 € - Menu 18 € (déj. en semaine)/32 € - Carte 40/70 €

35 chemin de l'Église - ✆ 05 61 13 42 30 - www.la-table-dauzeville.fr - Fermé 3 semaines en août, dim. soir, lundi et mardi

à Castanet-Tolosan 14 km au Sud par D813 - ✉ 31320 - 11 440 hab. - Alt. 164 m

La Table des Merville (Thierry Merville)

CUISINE MODERNE • ÉLÉGANT XX Une extension tout en verre sur une jolie place avec terrasse, des cuisines ouvertes sur la salle donnant l'impression que le chef travaille parmi les clients : Claudie et Thierry Merville ont su créer un lieu original... Et les assiettes, aussi joliment contemporaines et soignées, dégagent ce même parfum de "Mervilleux" !

→ Gourmandise de tête de veau aux gambas de Méditerranée. Pigeon farci au foie gras en manteau de blettes. Millefeuille croustillant à la vanille Bourbon, caramel chaud.

Menu 25 € (déj. en semaine), 35/65 € - Carte 56/91 €

3 pl. Pierre-Richard - ✆ 05 62 71 24 25 (réservation conseillée) - www.table-des-merville.fr - Fermé 2-17 avril, 1er-15 août, 24-31 déc., dim. et lundi

à Lacroix-Falgarde 13 km au Sud par D4 - ✉ 31120 - 2 055 hab. - Alt. 154 m

Le Bellevue

CUISINE CLASSIQUE • COSY XX Quand on s'promène au bord de l'eau... Le Gabin de la "Belle Équipe" n'aurait pas renié cette charmante adresse, pas guindée pour un sou. Le sympathique chef mitonne une cuisine classique mais ouverte au changement ; aux beaux jours, la terrasse, perchée au bord de l'Ariège et ombragée, est un régal.

Formule 18 € - Menu 32 € - Carte 44/72 €

1 av. des Pyrénées - ✆ 05 61 76 94 97 - Fermé janv., lundi d'oct. à avril et mardi

à Tournefeuille 12 km à l'Ouest par D632 - ✉ 31170 - 26 342 hab. - Alt. 155 m

L'Art de Vivre

CUISINE MODERNE • CLASSIQUE XX Une maison noyée dans la verdure, une terrasse donnant sur un petit cours d'eau... Bucolique, n'est-ce pas ? Quant à la carte, elle révèle un Art de Vivre dans l'air du temps, des plats plaisants et bien réalisés, et une cave de près de 300 références !

Formule 20 € - Menu 26 € (déj. en semaine), 39/62 € - Carte 60/74 €

279 chemin Ramelet-Moundi - ✆ 05 61 07 52 52 - www.lartdevivre.fr - Fermé 3 semaines en août, vacances de Noël, dim. soir, lundi et mardi

à Colomiers 12 km à l'Ouest par A624 - ✉ 31770 - 36 699 hab. - Alt. 182 m

L'Amphitryon (Yannick Delpech)

CUISINE CRÉATIVE • ÉLÉGANT XXX Près du site aéronautique, un bel endroit cerné par la verdure, lumineux et au chic très contemporain. Yannick Delpech y propose une cuisine soignée, dans laquelle il ose des associations de saveurs inattendues ; le tout est servi par un choix de produits judicieux, où le Sud-Ouest domine...

→ Ris de veau glacé et citronné, tortellinis d'oignon doux, artichaut et sauce Albufera. Pigeonneau rôti, déclinaison de tomates, chipirons et jus de carcasse. Œuf coque, pannacotta au chocolat dulcey, crème fouettée et mangue fraîche.

Menu 38 € (déj. en semaine), 79/165 € - Carte 105/155 €

Hors plan - *chemin de Gramont - ✆ 05 61 15 55 55 - www.lamphitryon.com - Fermé sam. midi*

à St-Martin-du-Touch 7 km à l'Ouest par D2B – ✉ 31300 Toulouse

Le Cantou

CUISINE MODERNE • CONVIVIAL XX On se croirait à la campagne et l'on est pourtant à deux pas de la ville et des pistes de l'aéroport. Découvrez donc cette ancienne ferme et son immense jardin, ainsi que la brique et le bois qui habillent chaleureusement son intérieur. Au menu : une cuisine calée sur le marché et une sélection de vins de 1 000 références !

Menu 35/90 € – Carte 53/69 €

Plan : 1AB2-h – *98 r. Velasquez, D2B – ✆ 05 61 49 20 21 – www.cantou.fr – Fermé sam. et dim.*

à Purpan 6 km à l'Ouest par D2 – ✉ 31300 Toulouse

Palladia

BUSINESS • CONTEMPORAIN Hôtel d'affaires tout de verre et béton, situé entre l'aéroport et le centre-ville. Les chambres sont douillettes, spacieuses et bien insonorisées, et l'on peut profiter du spa après une réunion dans l'amphithéâtre ! Carte actuelle au restaurant.

89 chambres – †89/240 € ††89/460 € – 3 suites – ☕ 18 € – ½ P

Plan : 1B2-e – *271 av. de Grande-Bretagne – ✆ 05 62 12 01 20 – www.hotelpalladia.com*

à Blagnac 9 km au Nord-Ouest - direction aéroport – ✉ 31700 – 22 983 hab. – Alt. 135 m

Jin Ji

CUISINE CORÉENNE • SIMPLE X Venez déguster un "jin ji" (repas) coréen, préparé par une jeune chef... coréenne ! Ici, honneur à la tradition en toute simplicité : suprême de poulet croustillant en sauce sucrée-épicée ; bibimbap aux champignons ou au saumon ; côte de bœuf de l'Aubrac en cuisson barbecue sur table... Carte des vins attrayante.

Menu 18 € (déj.), 24/43 €

Plan : 1B1-y – *23 r. des Mines – ✆ 05 61 15 71 00 – www.jinjiresto.com – Fermé en août, mardi soir, merc. soir, sam. midi, dim. et lundi*

Radisson Blu Airport

HÔTEL DE CHAÎNE • DESIGN Tout près de l'aéroport, cet hôtel a l'âme résolument urbaine... Les chambres sont colorées, spacieuses et très tendance, et leur équipement dernier cri ravira la clientèle d'affaires ; on apprécie aussi le superbe patio planté de ceps de vigne et d'oliviers. Bel espace de remise en forme.

193 chambres – †110/220 € ††150/350 € – 7 suites – ☕ 25 €

Plan : 1A1-x – *2 r. Dieudonné-Costes – ✆ 05 61 16 18 00 – www.radissonblu.com/hotel-toulouseairport*

LE TOUQUET-PARIS-PLAGE

✉ 62520 (Pas-de-Calais) – 4 588 hab. – Alt. 5 m – Carte régionale n° **16**-A2

Paris 242 km – Abbeville 58 km – Arras 99 km – Boulogne-sur-Mer 30 km

Carte Michelin 301-C4

Le Pavillon

CUISINE CRÉATIVE • ÉLÉGANT XXX Dans le cadre chic et classique de l'hôtel Westminster, beau palace des années 1930, on déguste une cuisine volontiers inventive, mettant en valeur des produits de qualité. La carte des vins, remarquable, est bien digne d'une bonne table.

→ Homard d'Audresselles, céleri et truffe d'été. Saint-pierre, aubergine brûlée et piquillos. Cubes à la framboise, crème brûlée, fleurs de sureau et sorbet cassis.

Menu 65 € (semaine), 95/155 € – Carte 85/135 €

Plan : A2-a – *Westminster Barrière, av. du Verger – ✆ 03 21 05 48 48 – www.lucienbarriere.com – Ouvert 1er avril-1er janv. et fermé merc. sauf juil.-août, mardi et le midi*

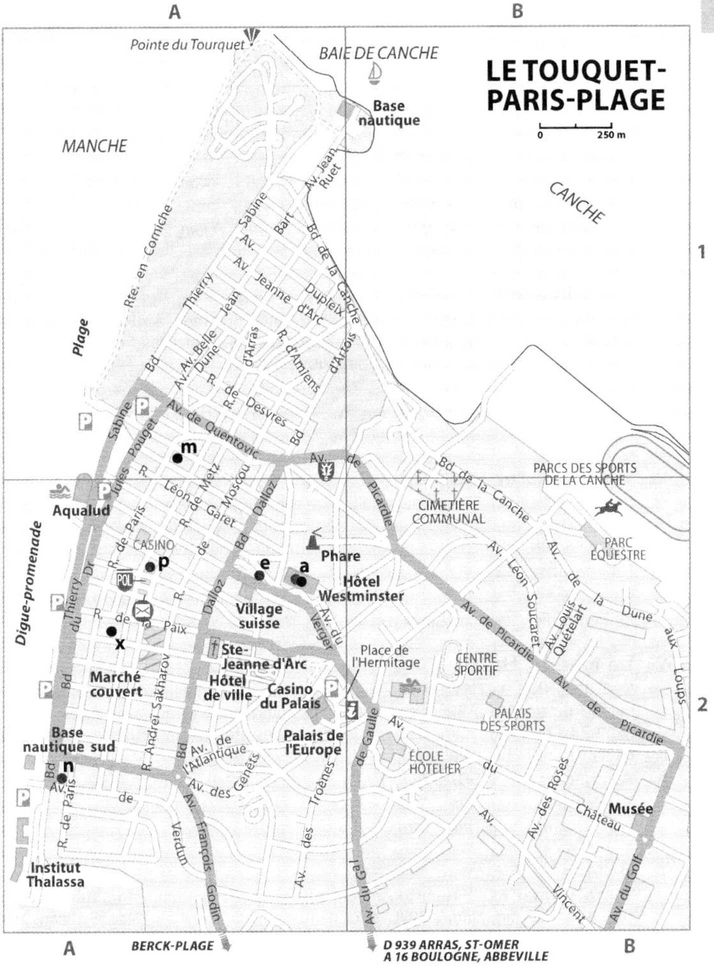

Le Village Suisse

CUISINE TRADITIONNELLE · COSY XX Cette jolie villa, construite en 1905, surplombe des boutiques d'antiquités et dispose même d'une terrasse sur les toits de ces dernières ! En cas de vent frais, on pourra se réfugier dans la salle pour savourer la cuisine traditionnelle du chef, réalisée avec de beaux produits frais.

Menu 29 € (semaine), 44/78 € – Carte 46/76 €

Plan : A2-e – *52 av. St-Jean – 03 21 05 69 93 – www.levillagesuisse.fr – Fermé 2 semaines fin nov., 2 semaines en janv., dim. soir d'oct. à avril, mardi midi et lundi*

Le Paris

CUISINE MODERNE · CONVIVIAL XX À quelques rues du bord de mer, une table en prise sur le marché et les saisons, très appréciée des gourmets de la station ! Les associations y sont heureuses et goûteuses, comme avec ces asperges, œuf, morilles et pancetta, ou encore ce maigre accompagné de câpres et épinards. Accueil charmant.

Formule 20 € – Menu 23 € (semaine)/37 € – Carte 45/58 €

Plan : A2-p – *88 r. de Metz – 03 21 05 79 33 – www.restaurant-leparis.com – fermé dim. soir hors saison, mardi et merc.*

Côté Sud

CUISINE MODERNE • CONVIVIAL On a beau être au Nord, on n'en a pas moins le soleil dans le cœur : la preuve avec Côté Sud ! Accueil sympathique dans ce restaurant situé le long de la digue du Touquet, face à la mer. Les gourmands y savourent une cuisine dans l'air du temps, honorant le poisson, dans un cadre aux teintes douces et reposantes...

Formule 20 € - Menu 24 € (semaine), 36/55 € - Carte 50/60 €

Plan : A2-n - *187 bd du Dr-Pouget - 03 21 05 41 24 - www.le-touquet-cote-sud.fr - Fermé 7-24 fév., 19-29 juin, 27 nov.-14 déc., lundi sauf le soir hors saison, merc. hors saison et dim. soir*

Les Cimaises

CUISINE TRADITIONNELLE • BRASSERIE Cette brasserie a été décorée dans l'esprit des années 1930. On y vient pour les buffets d'entrées et de desserts, les plats de poisson et la cuisine d'inspiration régionale.

Formule 35 € - Menu 42/46 € - Carte 50/90 €

Plan : A2-a - *Westminster Barrière, av. du Verger - 03 21 06 74 95 - www.lucienbarriere.com - Fermé 3 janv.-30 mars*

Westminster Barrière

LUXE • ART DÉCO Ce séduisant palace de style anglo-normand est posté entre la mer et la pinède. L'intérieur est du même acabit : superbes ascenseurs dans le hall ; chambres de style Art déco et bar rétro chic. Sans oublier le très beau spa !

114 chambres - 115/665 € 230/680 € - 1 suite - ½ P

Plan : A2-a - *av. du Verger - 03 21 05 48 48 - www.lucienbarriere.com*

Le Pavillon • **Les Cimaises** - voir les restaurants ci-dessus

Le Manoir Hôtel

TRADITIONNEL • COSY Beaucoup de golfeurs aiment à séjourner dans ce beau manoir du début du 20e s. entouré d'un jardin fleuri. La raison de cet engouement ? La proximité immédiate de la forêt et des greens, mais aussi les chambres coquettes et le bar cultivant sa petite touche "british".

40 chambres - 150/195 € 160/300 € - 1 suite - 18 € - ½ P

Hors plan - *av. du Golf, 2,5 km au Sud par D939 - 03 21 06 28 28 - www.manoirhotel.com - fermé 17-28 déc. et 2-12 janv.*

Bristol

TRADITIONNEL • CONTEMPORAIN En centre-ville, non loin de la plage, une coquette villa des années 1920 aux chambres petit à petit redécorées dans un style contemporain ; préférez donc les plus récentes. Bar feutré et agréable patio intérieur.

47 chambres - 95/250 € 95/250 € - 12 €

Plan : A2-x - *17 r. Jean-Monnet - 03 21 05 49 95 - www.hotelbristol.fr*

Castel Victoria

TRADITIONNEL • COSY Non loin du front de mer, cette ancienne pension de famille du début du 20e s. est devenue un bel hôtel design et contemporain, avec notamment des salles de bains ouvertes dans la plupart des chambres. Même si certaines sont petites (les "Cosy"), elles sont idéales pour se reposer après la plage. Agréable bar lounge.

25 chambres - 85/195 € 85/195 € - 12 €

Plan : A1-m - *11 r. de Paris - 03 21 90 01 00 - www.castelvictoria.com*

TOURCOING

59200 (Nord) - 92 707 hab. - Alt. 37 m - Carte régionale n° **16**-C2

Paris 234 km - Kortrijk 19 km - Gent 61 km - Lille 17 km

Carte Michelin 302-G3 - Guide Vert Michelin Nord Pas-de-Calais

La Baratte

CUISINE TRADITIONNELLE • TENDANCE XX Une petite maison en briques dans un quartier résidentiel de Tourcoing. Surprise à l'intérieur : on découvre une salle résolument contemporaine et élégante, avec une agréable vue sur le jardin et sa terrasse en teck. Côté cuisine, le chef fait montre d'inventivité... pour le bonheur du produit frais !

Formule 20 € – Menu 33/75 € – Carte 54/70 €

395 r. du Clinquet – 03 20 94 45 63 – www.la-baratte.com – Fermé 7-21 août, sam. midi, dim. soir et lundi

Villa Paula

LUXE • PERSONNALISÉ Dans les faubourgs de la ville, cette jolie maison en brique, datant de 1929, a fière allure... De belles chambres au mobilier design, une excellente literie et des équipements dernier cri : l'ensemble est très séduisant, avec même un jacuzzi dans le jardin !

4 chambres – 130/200 € 150/220 €

44 r. Ma Campagne – 06 12 95 97 97 – www.villapaula.fr

TOUR-DE-FAURE – 46 (Lot) → Voir St-Cirq-Lapopie

LA TOUR-DU-PIN

38110 (Isère) – 7 927 hab. – Alt. 350 m – Carte régionale n° **23**-C2

Paris 516 km – Aix-les-Bains 57 km – Chambéry 51 km – Grenoble 67 km

Carte Michelin 333-F4 – Guide Vert Michelin Lyon et sa région

Le Bec Fin

CUISINE MODERNE • COSY XX Cette ancienne maison de négociant, jaune et pimpante, semble vous attendre en souriant. Les menus mettent l'eau à la bouche : filet de pintade en croûte de sésame, chou frisé au beurre de cardamome, etc. Dans l'assiette, c'est fin et soigné, et il y a de la justesse dans les saveurs... Vive la tradition !

Formule 16 € – Menu 20 € (semaine), 31/50 €

1 pl. Alfred-Boucher – 04 74 97 58 79 – www.le-bec-fin-restaurant.com – Fermé 1er-21 août, 1 semaine en janv., dim. soir et lundi

à St-Didier-de-la-Tour 3 km à l'Est par N6 – 38110 – 1 836 hab. – Alt. 380 m

Ambroisie

CUISINE MODERNE • ÉLÉGANT XXX Une vue sur le lac, une ambiance feutrée (salle aux tons grège et chocolat), une terrasse entourée de beaux platanes... Quoi de plus apaisant ? Ce cadre convient à merveille à la cuisine proposée, fine et délicate : chaque plat a été mûrement réfléchi, soigné, pour en faire ressortir les multiples parfums.

Menu 30 € (semaine), 55/80 € – Carte environ 65 €

– 04 74 97 25 53 (réservation conseillée) – www.restaurant-ambroisie.com – Fermé 18-26 avril, 14-24 août, dim. soir, mardi et merc.

à Montagnieu 5 km au Sud par D17 – 38110 – 964 hab. – Alt. 500 m

Le Petit Dauphinois

CUISINE TRADITIONNELLE • RUSTIQUE X Dans cette maison traditionnelle, la cuisine est délicate, féminine, avec un penchant pour les jolis produits. Le cadre, quant à lui, est délicieusement rétro, avec deux grandes ardoises détaillant d'alléchantes propositions culinaires. La formule brasserie met de bonne humeur avec des plats efficaces à prix doux.

Formule 14 € – Menu 20/33 € – Carte 25/39 €

1 rte de Virieu – 04 74 97 27 23 (réservation conseillée) – www.lepetitdauphinois.com – Fermé août, 15-31 déc., merc. et le soir sauf vend. et sam.

à Rochetoirin 4 km au Nord-Ouest par N6 et D92 – ✉ 38110 – 1 077 hab. – Alt. 449 m

Le Rochetoirin

CUISINE CRÉATIVE • TENDANCE XX Non pas un, mais deux restaurants : bistrot (le "Cosy") et table de chef (le "Gastro"). Deux faces d'une même envie pour cette équipe jeune et décomplexée ! Saumon et aubergines comme un mille-feuille ; cerise, griotte et citronnelle... Fraîcheur, couleur et mouvement.

Formule 16 € – Menu 21/55 € – Carte 38/50 €

10 rte de la Tour-du-Pin (au village) – ✆ 04 74 97 60 38 – www.lerochetoirin.fr – Fermé 16-31 août, 23 déc.-15 janv., merc. soir, sam. midi, dim. soir et lundi

TOURNEFEUILLE – 31 (Haute-Garonne) → Voir Toulouse

TOURNEMIRE

✉ 12250 (Aveyron) – 387 hab. – Alt. 460 m – Carte régionale n° **15**-D2
Paris 671 km – Albi 94 km – Montpellier 115 km – Toulouse 171 km
Carte Michelin 338-K7

Auberge des Orchidées

CUISINE MODERNE • COSY X Une auberge charmante, située dans l'ancien hôtel de la gare, où l'on déguste de délicieux plats du terroir (agneau, bœuf de l'Aubrac), qui jouent sur les couleurs, les saveurs et les textures. De plus, on est à deux kilomètres à peine de Roquefort et de son fromage... que l'on retrouve évidemment à la carte !

Formule 15 € 🍷 – Menu 24/42 € – Carte 34/44 €

3 av. Hippolyte-Puech – ✆ 05 65 62 80 42 – Fermé en fév., dim. soir, lundi et mardi

TOURNON-SUR-RHÔNE

✉ 07300 (Ardèche) – 10 781 hab. – Alt. 125 m – Carte régionale n° **24**-E2
Paris 545 km – Grenoble 98 km – Le Puy-en-Velay 104 km – St-Étienne 77 km
Carte Michelin 332-B3 – Guide Vert Michelin Ardèche Drôme

Le Cerisier N

CUISINE MODERNE • CONVIVIAL X Ne vous laissez pas dérouter par la rue sans charme, et la façade grise : à l'intérieur, la carte de ce petit restaurant est aussi alléchante que les plats sont réussis, à l'image de la spécialité maison, le pâté en croûte. Belle carte des vins de la vallée du Rhône.

Menu 18 € (déj. en semaine), 30/33 € – Carte 39/60 €

1 r. St-Joseph – ✆ 04 75 08 91 02 – Fermé dim. soir et lundi

Le Tournesol

CUISINE MODERNE • CONVIVIAL XX Un restaurant chaleureux, aux murs habillés de pierre ou de bois. Comme le tournesol, ici, la carte suit le soleil et les saisons. Les amateurs de vins apprécieront la belle sélection de côtes-du-rhône exposés dans une cave vitrée. Prix attractifs.

Formule 20 € – Menu 29/39 € – Carte 35/45 €

44 av. du Mar.-Foch, par D86 – ✆ 04 75 07 08 26 – www.letournesol.net – Fermé 1 semaine en fév., 1 semaine vacances de Pâques, 3 semaines en août, 1 semaine vacances de la Toussaint, dim. soir, mardi et merc.

Azalées

CUISINE TRADITIONNELLE • CONVIVIAL XX Tomates, poireaux, haricots vert, pommes de terre... Ici, les gourmands se régalent d'une cuisine traditionnelle faisant la part belle aux légumes du potager familial. Prix raisonnables.

Formule 11 € 🍷 – Menu 24/38 € – Carte 26/39 €

Hôtel Azalées, 6 av. de la Gare – ✆ 04 75 08 05 23 – www.hotel-azalees.com – Fermé 18 déc.-7 janv. et dim. soir de mi-oct. à mi-mars

Le Chaudron

CUISINE TRADITIONNELLE • VINTAGE Un petit bistrot sympathique, dans une ruelle du centre-ville. Boiseries, banquettes... et dans le chaudron du chef, les produits du marché. Les gosiers affamés se délecteront de sa spécialité : les ris de veau travaillés sous différentes formes, selon la saison. Joli choix de vins du Rhône. Terrasse ombragée.

Menu 24/41 € - Carte 36/57 €

7 r. St-Antoine - ✆ 04 75 08 17 90 - Fermé 2 semaines en août, 24 déc.-2 janv., mardi soir, jeudi soir et dim.

Hôtel de la Villeon

DEMEURE HISTORIQUE • ÉLÉGANT Au cœur du village, ce palais du 18e s. abrite un luxe sobre et discret, d'une élégance rare. On est particulièrement séduit par le jardin suspendu, sa glycine centenaire et ses terrasses avec vue sur le clocher de l'église de St-Julien et les collines de l'Hermitage... Superbe !

16 chambres - 119/297 € 119/297 € - 18 €

2 r. Davity - ✆ 04 75 06 97 50 - www.hoteldelavilleon.com

Azalées

FAMILIAL • FONCTIONNEL Entre la gare et le centre-ville, deux bâtiments autour d'une cour, avec de petites chambres propres et bien conçues. L'accueil est toujours chaleureux.

38 chambres - 73/96 € 73/96 € - 9 €

6 av. de la Gare - ✆ 04 75 08 05 23 - www.hotel-azalees.com - Fermé 18 déc.-7 janv.

Azalées - voir les restaurants ci-dessus

TOURNUS

71700 (Saône-et-Loire) - 5 849 hab. - Alt. 193 m - Carte régionale n° **4**-C3

Paris 360 km - Bourg-en-Bresse 70 km - Chalon-sur-Saône 28 km - Mâcon 37 km

Carte Michelin 320-J10 - Guide Vert Michelin Bourgogne

Greuze (Yohann Chapuis)

CUISINE CRÉATIVE • ÉLÉGANT Cette jolie maison fut d'abord un orphelinat fréquenté par Jean Ducloux. Ce dernier s'était promis d'en faire un restaurant et il a tenu son pari avec le succès que l'on sait... Aujourd'hui, le jeune Yohann Chapuis porte l'emblème en signant une cuisine fine et délicate, inventive et aux visuels remarquables. L'histoire n'est pas finie !

→ Cuisses de grenouilles meunière. Volaille de Bresse. Soufflé chaud au Grand Marnier.

Menu 42/110 € - Carte 65/140 €

Plan : A1-e - *Hôtel Greuze, 1 r. Albert-Thibaudet - ✆ 03 85 51 13 52 - www.restaurant-greuze.fr - Fermé 20 nov.-1er déc., 22 janv.-9 fév., mardi et merc.*

Quartier Gourmand

CUISINE TRADITIONNELLE • CLASSIQUE Arrivé en 2015, le jeune chef compose une carte volontiers traditionnelle (escargots, quenelles de brochet, volaille de Bresse) avec également quelques recettes plus modernes. Les assiettes sont bien exécutées : on passe un bon moment.

→ Saumon bio d'Irlande roulé au nori, céleri branche, pomme verte et citron confit. Poularde de Bresse, pommes de terre, navets primeurs, abricot et ail noir. Soufflé surprise au Grand Marnier.

Menu 41/91 € - Carte 65/80 €

Plan : A1-x - *Hôtel Le Rempart, 2 av. Gambetta - ✆ 03 85 51 10 56 - www.lerempart.com - Fermé 13-29 mars, 13-29 nov., lundi et mardi*

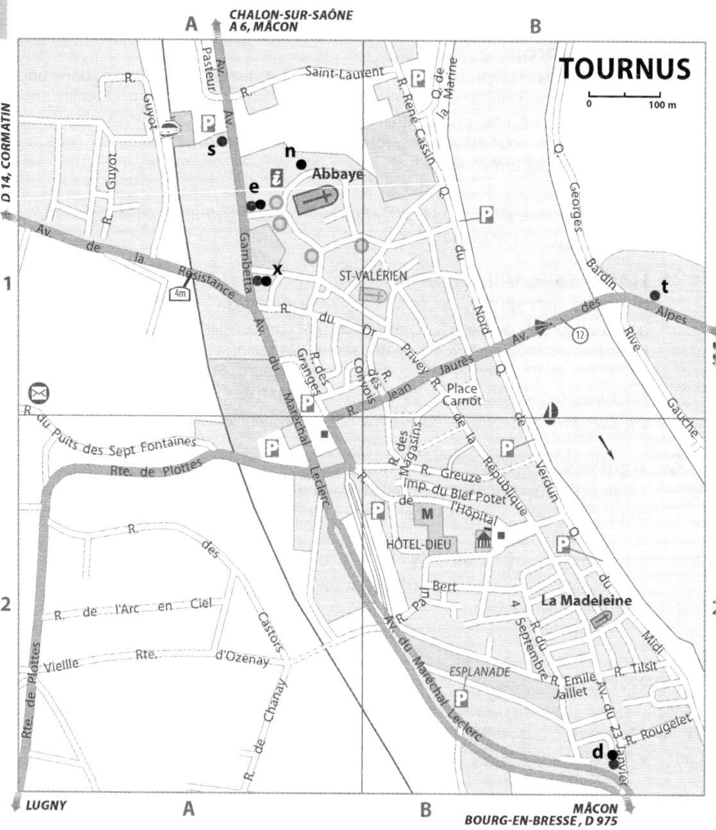

✿ Aux Terrasses (Jean-Michel Carrette)

CUISINE MODERNE • DESIGN XX Une étape de charme ! Un intérieur de pierre et de bois, de grandes tables en chêne massif, un jardin paisible, un accueil attentionné... et un chef passionné, entretenant une délicieuse complicité avec le terroir, notamment végétal. Qualité des produits, précision des cuissons : ces Terrasses ont du bon !

➜ Friture de la Seille, sauce tartare. Sandre à la plancha, chénopodes et émulsion au vin jaune. Gouttière d'agrumes, citron sudashi, yuzu et meringue française.

Menu 25 € (déj. en semaine), 40/90 € – Carte 75/90 €

Plan : B2-d – *Hôtel Aux Terrasses, 18 av. du 23-Janvier – ✆ 03 85 51 01 74 – www.aux-terrasses.com – Fermé 5-15 juin, 22 oct.-9 nov., 7-25 janv., dim. et lundi*

✿ Meulien (Valéry Meulien)

CUISINE MODERNE • TENDANCE XX Un cadre design et chaleureux... pour une cuisine au diapason ! Gingembre, combava, coriandre, etc. Le chef a le goût des voyages et livre une cuisine subtile, parfumée d'épices enivrantes. Les légumes sont succulents, les produits bourguignons habilement mis en valeur, les saveurs pleines de peps. Voilà qui enchante...

➜ Foie gras de canard et anguille fumée en mikado, feuille de moutarde rouge et brioche toastée. Saint-pierre du Guilvinec à la plancha, carottes au curcuma et au yuzu. Soufflé à la banane, cœur glacé coco et sorbet rhum-raisin.

Menu 35 € (déj. en semaine), 60/95 € – Carte environ 90 €

Plan : B1-t – *1 bis av. des Alpes – ✆ 03 85 51 20 86 – www.meulien.com – Fermé 10-24 juil., dim. soir, lundi et mardi*

Le Terminus

CUISINE MODERNE • VINTAGE À la carte de cet ancien buffet de gare 1900, une cuisine au goût du jour qui place la fraîcheur au-dessus de toutes les vertus ! On déjeune ou on dîne côté brasserie, dans une salle intime et cosy. À l'étage, quelques chambres.

Formule 18 € - Menu 22 € (déj. en semaine)/30 € - Carte 38/64 €

11 chambres - 65 € 75/85 € - 11 €

Plan : A1-s - *21 av. Gambetta - 03 85 51 05 54 - www.hotel-restaurant-terminus-tournus.fr - Restaurant : fermé dim. sauf le soir en été, et merc. Hôtel: fermé dim. hors saison et merc.*

Greuze

HISTORIQUE • PERSONNALISÉ Entre l'abbaye St-Philibert (10e-11e s.) et le centre-ville, une belle demeure bressane avec une agréable terrasse où l'on prend son petit-déjeuner aux beaux jours. Les chambres se révèlent spacieuses et raffinées, d'esprit Louis XVI, Directoire, Empire...

19 chambres - 120/300 € 150/330 € - 2 suites - 14 € - ½ P

Plan : A1-e - *5 pl. de l'Abbaye - 03 85 51 77 77 - www.hotelgreuze.fr*

Greuze - voir les restaurants ci-dessus

Le Rempart

TRADITIONNEL • CLASSIQUE En 1956, lorsque le père du propriétaire a fondé cet hôtel sur les anciens remparts de Tournus, ce n'était qu'une affaire familiale toute simple... qui a crû et embelli au fil des ans. Aujourd'hui, cette maison du 15e s. affiche un bel esprit contemporain (excepté pour quelques chambres). Entre tradition et modernité !

29 chambres - 119/229 € 139/249 € - 4 suites - 16 € - ½ P

Plan : A1-x - *2 av. Gambetta - 03 85 51 10 56 - www.lerempart.com*

Quartier Gourmand - voir les restaurants ci-dessus

Aux Terrasses

FAMILIAL • CONTEMPORAIN Un hôtel familial qui prend du galon ! Ici, c'est simple et efficace : on prend ses quartiers dans des chambres fonctionnelles, bien tenues, et les tarifs sont raisonnables. Pour un confort supérieur, on peut dormir "sous les toits", dans de magnifiques chambres contemporaines.

25 chambres - 80/200 € 100/250 € - 17 €

Plan : B2-d - *18 av. du 23-Janvier - 03 85 51 01 74 - www.aux-terrasses.com - Fermé 5-15 juin, 22 oct.-9 nov. et 1er-19 janv.*

Aux Terrasses - voir les restaurants ci-dessus

La Tour du Trésorier

HISTORIQUE • PERSONNALISÉ Dans cette belle maison médiévale, le charme historique le dispute à l'épure contemporaine et au raffinement. Le magnifique jardin domine la Saône ; à l'heure des gourmandises, on profite d'un "plateau du voyageur" (charcuteries, fromages, dessert maison) et de dégustations de vins !

5 chambres - 150/200 € 150/200 €

Plan : A1-n - *9 pl. de l'Abbaye - 03 85 27 00 47 - www.tour-du-tresorier.com - Fermé 1er fév.-6 mars et 10-30 nov.*

à Jugy 5 km au Nord par D182 - 71240 - 317 hab. - Alt. 230 m

Le Crot Foulot

MAISON DE CAMPAGNE • DESIGN Cette maison de vigneron a été joliment restaurée par ses propriétaires, un couple de Belges tombés amoureux de la région. Résultat : des pierres, des poutres et une décoration contemporaine raffinée, entre épure et nature. Monsieur, ancien chef amoureux du poisson et des vins locaux, règne sur la table d'hôte.

5 chambres - 110/130 € 110/140 €

- 03 85 94 81 07 - www.crotfoulot.com - Ouvert 15 fév.-15 oct.

à Le Villars 4 km au Sud par N6 et D210 – ✉ 71700 – 266 hab. – Alt. 184 m

L'Auberge des Gourmets

CUISINE CLASSIQUE • COSY XX Une jolie petite auberge jaune aux volets bleus, cosy avec ses pierres et ses poutres apparentes. Par la lucarne, on peut observer le chef s'affairer aux fourneaux... avant d'apprécier ses recettes classiques et bien tournées : jambon persillé maison et salade aux noix, pigeonneau du Louhannais rôti aux épices...

Formule 22 € – Menu 28 € (semaine), 32/65 € – Carte 41/73 €

9 pl. de l'Église
– ✆ 03 85 32 58 80 – www.laubergedesgourmets.com
– Fermé 6-15 juin, 6-16 nov., 8 janv.-1er fév., dim. soir, mardi et merc.

à Ozenay 6 km au Sud-Ouest par D14 – ✉ 71700 – 227 hab. – Alt. 250 m

Le Relais d'Ozenay

CUISINE MODERNE • AUBERGE XX Dans un village pittoresque, ne manquez pas ce restaurant au décor moderne et élégant. Le chef, passé par de bien belles maisons dont celle de Bernard Loiseau, travaille des produits de qualité, souvent bio et locaux. Résultat : une cuisine savoureuse, accompagnée de bons vins du Mâconnais. Le tout à prix sage !

Menu 22 € (déj. en semaine), 32/75 € – Carte 51/87 €

Le Bourg – ✆ 03 85 32 17 93 – www.le-relais-dozenay.com
– Fermé 1 semaine en juin, 1 semaine en oct., 3 semaines en janv., mardi et merc.

à Mancey 5 km à l'Ouest par D215 – ✉ 71240 – 386 hab. – Alt. 280 m

Auberge du Col des Chèvres

CUISINE TRADITIONNELLE • RUSTIQUE X Le goût du terroir, la convivialité et le charme de la campagne... Il y a un peu de cela dans ce restaurant. La cuisine, traditionnelle, met en avant de bons produits, et la taille des assiettes ravira les plus gourmands. Une bonne adresse !

Formule 13 € – Menu 15 € (déj. en semaine) – Carte 29/37 €

Dulphey
– ✆ 03 85 51 06 38 – www.auberge-coldeschevres.fr
– Fermé lundi de déc. à mars, mardi et merc.

TOURRETTES

✉ 83440 (Var) – 2 823 hab. – Alt. 350 m – Carte régionale n° **21**-C3
Paris 884 km – Castellane 56 km – Draguignan 31 km – Fréjus 35 km
Carte Michelin 340-P4 – Guide Vert Michelin Côte d'Azur

au Sud 6 km sur D56 – ✉ 83440 Tourrettes

Faventia

CUISINE MODERNE • LUXE XXXX Délicieux moment au sein du luxueux domaine hôtelier de Terre Blanche, qui semble si protégé du monde extérieur ! En terrasse, le panorama est superbe, toute l'équipe est pleine d'attentions pour les clients, et la cuisine est dans la droite ligne de cet art de vivre dit à la française...

→ Filets de rouget de roche marqués au grill, légumes, anchoïade et poêlée de pistes. Turbot cuit aux feuilles de figuier, fenouil et figues rôties au vieux balsamique. Pavlova aux fruits exotiques, crème coco et wasabi.

Menu 75/185 € – Carte 125/170 €

Hôtel Terre Blanche, 3100 rte de Bagnols-en-Forêt (Domaine de Terre Blanche)
– ✆ 04 94 39 90 00 – www.terre-blanche.com – Ouvert 5 avril-7 oct. et fermé dim., lundi et le midi

Terre Blanche

GRAND LUXE • CONTEMPORAIN Sentiment d'exclusivité sur les hauteurs de l'arrière-pays, entre St-Raphaël et Cannes... Tout semble idyllique dans ce domaine de 300 ha, dédié au repos des sens : luxe sans ostentation (beaux matériaux naturels), espace (vastes suites disséminées dans 45 villas), piscines, golf 18 trous, plusieurs restaurants... Mention spéciale au spa, sommet du genre !

115 suites – ††330/790 € – 1 chambres – 46 €

3100 rte de Bagnols-en-Forêt (Domaine de Terre Blanche) – 04 94 39 90 00 – www.terre-blanche.com – Ouvert 3 mars-25 nov.

Faventia – voir les restaurants ci-dessus

TOURRETTES-SUR-LOUP

06140 (Alpes-Maritimes) – 3 993 hab. – Alt. 400 m – Carte régionale n° **22**-E2

Paris 929 km – Grasse 18 km – Nice 29 km – Vence 6 km

Carte Michelin 341-D5 – Guide Vert Michelin Côte d'Azur

Clovis (Julien Bousseau)

CUISINE MODERNE • BISTRO Dans ce bistrot contemporain plutôt intime, le jeune chef maîtrise... l'art de la simplicité ! Respectueux des saisons, il aime décliner un même produit (fenouil, veau, etc.) autour d'une entrée et d'un plat. Originalité, fraîcheur, soin : la formule du plaisir.

→ Ceviche de denti aux agrumes, avocat et mangue. Jarret de veau braisé aux cocos de Provence comme une paella. Le "Snikers" du Clovis.

Formule 37 € – Menu 48/97 €

21 Grand-Rue (accès piéton) – 04 93 58 87 04 (réservation conseillée) – www.clovisgourmand.fr – Fermé 6 fév.-1er mars, 19-27 juin, 2 semaines en déc., sam. midi, lundi et mardi

Résidence des Chevaliers

FAMILIAL • TRADITIONNEL Vue splendide sur la côte et le village, grande quiétude, jardin, jolie piscine : l'endroit idéal pour se reposer. Dans une veine rustique et provençale, cet hôtel ne manque pas de cachet ; les chambres sont confortables et bien tenues.

12 chambres – †100/210 € ††130/210 € – 14 €

521 rte du Caire – 04 93 59 31 97 – www.hoteldeschevaliers06.monsite.wanadoo.fr – Ouvert 1er avril-1er oct.

Les 4 Elements

MAISON DE CAMPAGNE • ÉLÉGANT Sur les hauteurs de Tourrettes, le grand jardin domine mer et collines : un panorama exceptionnel. Entourée de palmiers et d'oliviers, la bastide accueille quatre chambres sobres et confortables, décorées sur le thème des quatre éléments. Douceur et raffinement !

4 chambres – †185/220 € ††185/220 €

765 rte de la Madeleine – 06 72 31 59 51 – www.les4elements.eu

ON AIME...

Charles Barrier, l'institution gastronomique de la ville. **Barju**, dans le vieux Tours, pour sa bonne cuisine dans l'air du temps. **Le Chien Jaune**, une maison de renom où un certain Gérard Depardieu a ses habitudes...

TOURS

✉ 37000 (Indre-et-Loire) - 134 978 hab. - Agglo. 347 614 hab. - Alt. 60 m
- Carte régionale n° **6**-B2
▶ Paris 237 km - Angers 124 km - Bordeaux 346 km - Le Mans 84 km
Carte Michelin 317-N4 - Guide Vert Michelin Châteaux de la Loire

Restaurants

Le Saint-Honoré

CUISINE MODERNE • **RUSTIQUE** Installé dans une ancienne boulangerie de 1625 qui a conservé son four et, au sous-sol, une belle cave voûtée, ce restaurant a tout pour plaire aux amateurs d'authenticité. Le chef fait pousser ses légumes dans son potager et signe une cuisine délicate, gourmande, pleine de saveurs...

Menu 29/49 € - Carte 45/58 €

Plan : F1-a - *7 pl. des Petites-Boucheries - ✆ 02 47 61 93 82 (réservation conseillée) - Fermé 20-26 fév., 31 juil.-16 août, 25 déc.-2 janv., lundi midi, sam. et dim.*

Le Bistrot de la Tranchée

CUISINE MODERNE • **BISTRO** On y mange au coude-à-coude tant il attire de monde ! Aux fourneaux de ce sympathique bistrot, une équipe jeune et dynamique signe une belle cuisine canaille et gourmande. Le rapport qualité-prix est excellent ! À savoir : cette table dépend du restaurant Charles Barrier, mitoyen.

Formule 13 € - Menu 18 € (déj. en semaine), 26/32 € - Carte 30/45 €

Plan : A1-s - *103 av. de la Tranchée - ✆ 02 47 41 09 08 - www.charles-barrier.fr - Fermé dim. soir*

Casse-Cailloux

CUISINE MODERNE • **BISTRO** Pas besoin de voir grand pour faire de la belle cuisine ! La preuve avec ce bistrot de poche, où l'on sait ce que "bien manger" veut dire... Sur l'ardoise, le choix du chef est ciblé et saisonnier ; dans l'assiette, cuissons et assaisonnements sont impeccables.

Formule 26 € - Menu 32 €

Plan : D3-d - *26 r. Jehan-Fouquet - ✆ 02 47 61 60 64 (réservation conseillée) - www.casse-cailloux.fr - Fermé 1 semaine en mars, 3 semaines en août, 24-31 déc., merc. midi, sam. et dim.*

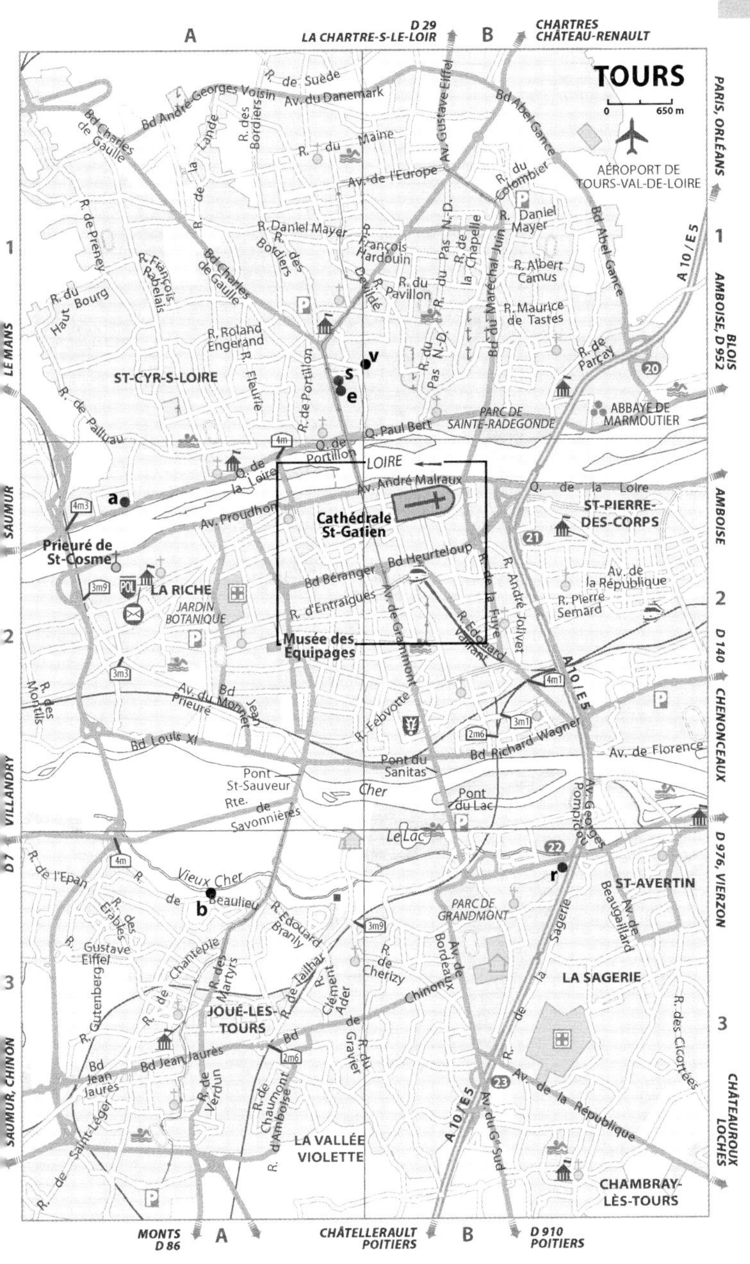
TOURS
0
650 m
AÉROPORT DE TOURS-VAL-DE-LOIRE
D 29
LA CHARTRE-S-LE-LOIR
CHARTRES
CHÂTEAU-RENAULT
PARIS, ORLÉANS
AMBOISE, D 952
BLOIS
AMBOISE
D 140
CHENONCEAUX
D 976, VIERZON
CHÂTEAUROUX
LOCHES
MONTS
D 86
CHÂTELLERAULT
POITIERS
D 910
POITIERS
LE MANS
SAUMUR
D 7
VILLANDRY
SAUMUR, CHINON
A
B
1
2
3
R. de Suède
Av. du Danemark
Bd André-Georges Voisin
Bd Charles de Gaulle
R. des Bordiers
R. de la Lande
R. du Maine
Av. de l'Europe
Av. Gustave Eiffel
Bd Abel Gance
R. du Colombier
R. de Preney
R. Daniel Mayer
R. des Bordiers
R. François Hardouin
R. Daniel Mayer
R. Albert Camus
R. François Rabelais
R. du Haut Bourg
R. Deville
R. du Pavillon
R. du Pas N.-D.
R. de la Chapelle
Bd du Maréchal Juin
R. Maurice de Tastes
R. Roland Engerand
R. Fleurie
R. de Portillon
R. du Pas N.-D.
R. de Parçay
A 10 / E 5
20
ST-CYR-S-LOIRE
v
s
e
ABBAYE DE MARMOUTIER
PARC DE SAINTE-RADEGONDE
R. de Palluau
Q. Paul Bert
Q. de Portillon
4m
LOIRE
Q. de la Loire
Av. André Malraux
Q. de la Loire
a
4m3
Av. Proudhon
Cathédrale St-Gatien
ST-PIERRE-DES-CORPS
21
Prieuré de St-Cosme
Bd Heurteloup
R. de la Fuye
R. André Jolivet
Av. de la République
Bd Béranger
3m9
LA RICHE
R. d'Entraigues
R. Pierre Semard
JARDIN BOTANIQUE
Av. de Grammont
R. Edouard Vaillant
Musée des Équipages
3m3
A 10 / E 5
4m1
R. des Montils
Av. du Prieuré
Bd Jean Monnet
R. Febvotte
3m1
2m6
Bd Louis XI
Bd Richard Wagner
Av. de Florence
Pont du Sanitas
Pont St-Sauveur
Cher
Rte. de Savonnières
Pont du Lac
Av. Georges Pompidou
Le Lac
22
4m
R. de l'Épan
R. de Beaulieu
Vieux Cher
b
r
ST-AVERTIN
R. des Érables
R. Edouard Branly
3m9
PARC DE GRANDMONT
Av. de Beaugaillard
R. Gustave Eiffel
R. de Chantepie
R. des Martyrs
R. de Taillhar
R. Clément Ader
R. de Cherizy
Av. de Bordeaux
R. de la Sagerie
LA SAGERIE
R. Gutenberg
JOUÉ-LES-TOURS
Bd de Chinon
R. du Gravier
R. des Cicottées
Bd Jean Jaurès
Bd Jean Jaurès
2m6
R. de Verdun
R. de Chaumont d'Amboise
23
Av. de la République
A 10 / E 5
Av. du Gl Sud
R. de Saint-Léger
LA VALLÉE VIOLETTE
CHAMBRAY-LÈS-TOURS

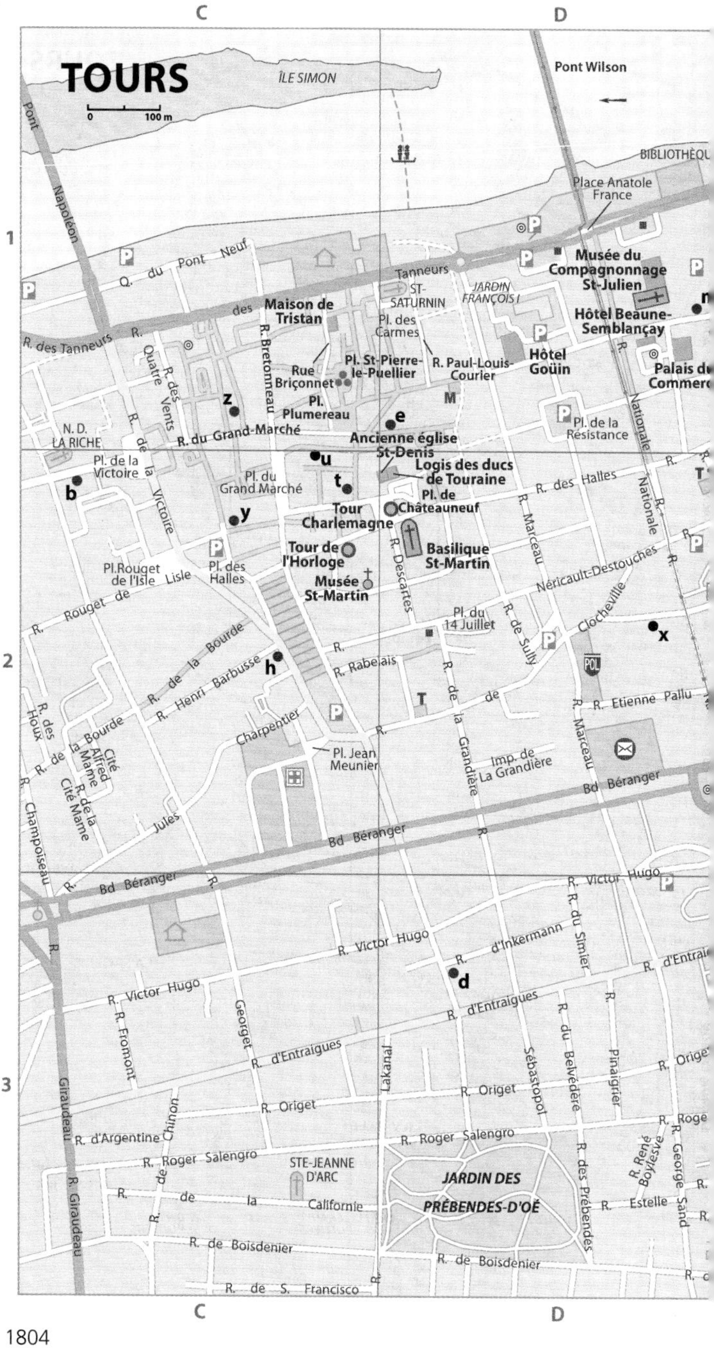

TOURS
0
100 m
ÎLE SIMON
Pont Wilson
BIBLIOTHÈQU
Place Anatole France
Musée du Compagnonnage St-Julien
Hôtel Beaune-Semblançay
Hôtel Goüin
Palais du Commerce
Pl. de la Résistance
Pont Napoléon
Q. du Pont Neuf
R. des Tanneurs
Tanneurs
ST-SATURNIN
JARDIN FRANÇOIS I
Maison de Tristan
Pl. des Carmes
Pl. St-Pierre-le-Puellier
R. Paul-Louis-Courier
Rue Briçonnet
Pl. Plumereau
R. Bretonneau
R. des Quatre Vents
R. du Grand-Marché
N. D. LA RICHE
Pl. de la Victoire
R. de la Victoire
Pl. du Grand Marché
Ancienne église St-Denis
Logis des ducs de Touraine
Pl. de Châteauneuf
Tour Charlemagne
Tour de l'Horloge
Musée St-Martin
Basilique St-Martin
R. Descartes
R. des Halles
R. Marceau
R. Nationale
Pl.Rouget de l'Isle
Pl. des Halles
R. Rouget de Lisle
Néricault-Destouches
Pl. du 14 Juillet
R. de Sully
Clocheville
R. de la Bourde
R. Henri Barbusse
R. Rabelais
R. de la Grandière
R. Etienne Pallu
R. des Houx
Cité Alfred Mame
R. de la Cité Mame
Charpentier
Pl. Jean Meunier
Imp. de La Grandière
Bd Béranger
R. Champoiseau
Jules
R. Victor Hugo
R. d'Inkermann
R. du Simier
R. d'Entraigues
R. Fromont
Georget
R. Origet
Lakanal
Sébastopol
R. du Belvédère
R. Pinaigrier
R. d'Argentine
Chinon
R. Roger Salengro
STE-JEANNE D'ARC
R. de la Californie
JARDIN DES PRÉBENDES-D'OÉ
R. des Prébendes
R. René Boylesve
R. George Sand
R. Estelle
R. de Boisdenier
R. de S. Francisco
R. Giraudeau
C
D
1
2
3

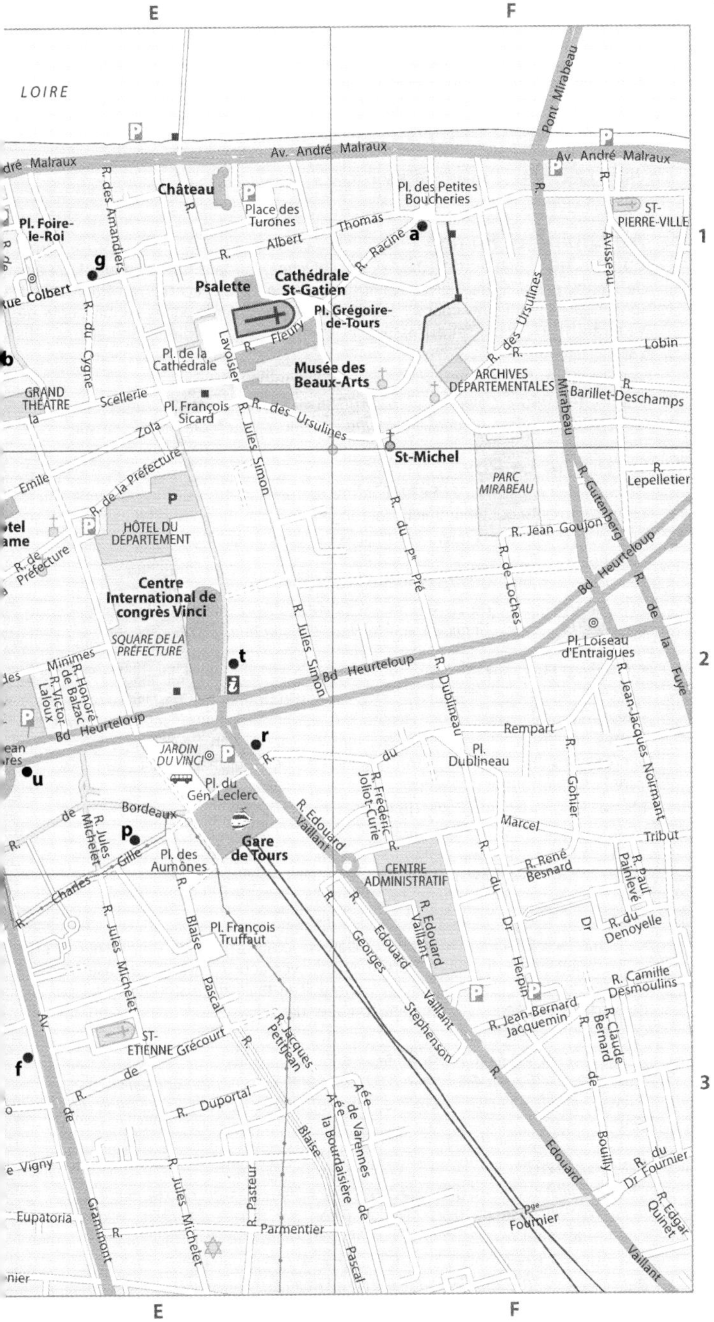
E
F
LOIRE
Av. André Malraux
Pont Mirabeau
Château
Place des Turones
Pl. des Petites Boucheries
ST-PIERRE-VILLE
Pl. Foire-le-Roi
R. des Amandiers
R. Albert Thomas
R. Racine
Rue Colbert
Psalette
Cathédrale St-Gatien
Pl. Grégoire-de-Tours
R. Fleury
R. Lavoisier
R. du Cygne
Pl. de la Cathédrale
Musée des Beaux-Arts
R. des Ursulines
ARCHIVES DÉPARTEMENTALES
R. Avisseau
Lobin
R. Barillet-Deschamps
GRAND THÉATRE
Scellerie
Pl. François Sicard
R. Jules Simon
St-Michel
R. Mirabeau
R. Lepelletier
Zola
Emile
R. de la Préfecture
HÔTEL DU DÉPARTEMENT
PARC MIRABEAU
R. Jean Goujon
R. Gutenberg
R. du Pr Pré
R. de Loches
Bd Heurteloup
R. de la Fuye
Centre International de congrès Vinci
SQUARE DE LA PRÉFECTURE
Minimes
R. Honoré de Balzac
R. Victor Laloux
R. Jules Simon
R. Dublineau
Pl. Loiseau d'Entraigues
R. Jean-Jacques Noirmant
Bd Heurteloup
Rempart
Pl. Dublineau
JARDIN DU VINCI
Pl. du Gén. Leclerc
R. Frédéric Joliot-Curie
R. Gohier
Bordeaux
R. Edouard Vaillant
Marcel
Tribut
R. Jules Michelet
Gare de Tours
CENTRE ADMINISTRATIF
R. René Besnard
R. Paul Painlevé
Pl. des Aumônes
Gille
R. Charles
R. Blaise Pascal
R. Georges Stephenson
R. Edouard Vaillant
R. du Dr Herpin
R. du Denoyelle
Pl. François Truffaut
R. Camille Desmoulins
R. Jean-Bernard Jacquemin
R. Claude Bernard
R. Jules Michelet
ST-ETIENNE
Grécourt
R. Jacques Petitjean
R. Duportal
Aée de Varennes
Aée de la Bourdaisière
R. Blaise Pascal
R. de Bouilly
R. du Dr Fournier
Av. de Grammont
Vigny
Eupatoria
R. Jules Michelet
R. Pasteur
R. Parmentier
Pge Fournier
R. Edgar Quinet
Vaillant
1
2
3
E
F

Le Chien Jaune

CUISINE TRADITIONNELLE • **BISTRO** On ne présente plus cette institution tourangelle née en 1930 ! Le temps n'a pas de prise sur cet endroit : la salle conserve tout son cachet (vieilles plaques publicitaires, murs couleur beurre, grand miroir, etc.) et, au gré des saisons, la tradition bistrotière respire la fraîcheur du marché...

Menu 20 € (déj.), 24/32 € – Carte 32/42 €

Plan : E2-t – *74 r. Bernard-Palissy – 02 47 05 10 17*
– Fermé dim.

Au Lapin qui Fume

CUISINE MODERNE • **BISTRO** On se sent chez soi dans ce Lapin aux faux airs de bistrot parisien. L'assiette réjouit, grâce à de belles recettes de tradition qui font mouche à tous les coups : salade de chèvres chauds panés au miel, côte de veau au beurre demi-sel, fricassée de lapin aux pruneaux, etc. Goûteux et efficace.

Formule 15 € – Menu 18 € (déj. en semaine)/30 €

Plan : E1-g – *90 r. Colbert – 02 47 66 95 49 – www.aulapinquifume.fr*
– Fermé 2 semaines en déc., 1 semaine en janv., dim. et lundi

La Roche Le Roy

CUISINE CLASSIQUE • **ÉLÉGANT** À deux minutes du centre-ville, dans cette charmante gentilhommière tourangelle, on met un point d'honneur à réaliser une belle cuisine classique, avec maîtrise et soin. Accueil et service sont des plus charmants.

Menu 36 € (déj.), 60/75 € – Carte 65/85 €

Plan : B3-r – *55 rte de St-Avertin – 02 47 27 22 00 – www.rocheleroy.com*
– Fermé 15-28 fév., 29 juil.-22 août, 24-28 déc., dim. et lundi

Charles Barrier

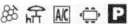

CUISINE MODERNE • **ÉLÉGANT** Cette institution, dont Charles Barrier a fait le renom dans les années 1970, demeure l'illustration du grand restaurant avec ses lustres en cristal, ses boiseries, ses tentures, son jardin fleuri... Si la carte reste ancrée dans la tradition gastronomique, le chef, Hervé Lussault, s'autorise des variations plus contemporaines.

Menu 37 € (semaine), 59/115 € – Carte 70/127 €

Plan : A1-e – *101 av. de la Tranchée*
– 02 47 54 20 39 – www.charles-barrier.fr
– Fermé sam. midi et dim. sauf fériés

Barju

CUISINE MODERNE • **TENDANCE** Dans le cœur animé du vieux Tours, cette table séduit ! On y a créé un côté "bistrot" avec courte carte à l'ardoise (huîtres, assiettes de charcuteries...), et on y a réduit la taille du restaurant principal (25 couverts). Les clients s'y régalent toujours de délicieux produits, et notamment de très beaux poissons.

Menu 42/82 € – Carte 56/87 €

Plan : C2-t – *15 r. du Change – 02 47 64 91 12 (réservation conseillée)*
– www.barju.fr – Fermé 2 semaines en août, 20 déc.-2 janv., jeudi midi, dim. et lundi

Le Thélème

CUISINE MODERNE • **CONTEMPORAIN** À deux pas du centre des congrès, ce restaurant dispose de trois niveaux façon mezzanine. La carte, elle, varie au rythme des saisons. Une cuisine aux saveurs marquées, gourmande et parfumée.

Formule 27 € – Menu 32/43 € – Carte 41/59 €

Plan : E2-p – *30 r. Charles-Gille – 02 47 61 28 40 – www.letheleme.com – Fermé 14-31 août, sam. midi et dim.*

La Chope

CUISINE TRADITIONNELLE • BRASSERIE XX L'écailler de Tours depuis 1902, avec son décor Belle Époque : banquettes en velours rouge, comptoir en zinc, miroirs et lampes tulipe. Grand choix d'huîtres (Gillardeau, Cancale), de poissons et de fruits de mer. Une belle et bonne brasserie.

Formule 18 € – Menu 20/27 € – Carte 35/55 €

Plan : E3-f – *25 bis av. de Grammont – 02 47 20 15 15 – www.lachope.info – Fermé 17 juil.-7 août*

L'Évidence

CUISINE CRÉATIVE • CONVIVIAL XX En plein cœur de Tours, à deux pas du musée du Compagnonnage, ce restaurant s'impose... comme une évidence. Gaëtan Evrard, le chef, est un véritable mordu de beaux produits (poisson de petite pêche, légumes locaux), qu'il agrémente de manière créative en se fiant à son seul instinct. Et ça marche !

Menu 20 € (déj.), 38/68 €

Plan : D1-w – *33 r. Colbert – 02 47 66 33 08 – www.restaurant-levidence.com – Fermé vacances de Noël*

L'Odéon-Olivier Imbert

CUISINE MODERNE • ÉLÉGANT XX Repris en 2015, ce restaurant – l'un des plus anciens de la capitale tourangelle, il est né en 1893 – a bénéficié d'un sacré coup de jeune, dans le décor comme dans l'assiette. Le jeune chef y compose une cuisine actuelle bien dans son époque, sans renier le passé de la maison. Bon choix de vins au verre.

Formule 19 € – Menu 25/37 € 🍷 – Carte 50/69 €

Plan : E2-r – *10 pl. du Gén.-Leclerc – 02 47 20 12 65 – www.restaurant-lodeon.com – Fermé 25 juil.-15 août, 2-15 janv., sam. midi et dim. soir*

Le Bistrot N'home

CUISINE MODERNE • BISTRO X Tarte fine à la queue de bœuf, cabillaud poché, ananas rôti à la cannelle... Dans sa nouvelle adresse située non loin des halles, le chef compose une belle et bonne cuisine de saison, avec une majorité de produits locaux. Fraîcheur et saveurs : le bonheur !

Menu 16/31 € – Carte 33/47 €

Plan : C2-y – *11 r. de la Serpe – 09 81 00 62 21 – www.lebistrotnhome.fr – Fermé 1 semaine en fév., 1 semaine en avril, 1er-15 août, 1 semaine en déc., dim., lundi et le soir sauf jeudi, vend. et sam.*

La Deuvalière

CUISINE MODERNE • TENDANCE X Le couple Deuval a remis en 2016 les clés de cette maison à Julien et Alexandra, qui officiaient déjà ici en tant que second et responsable de salle. Ils mettent toute l'énergie de leur jeunesse dans ce projet, proposant une cuisine actuelle bien maîtrisée, réglée sur les saisons. Une page se tourne !

Formule 19 € – Menu 34 € – Carte environ 49 €

Plan : D1-e – *18 r. de la Monnaie – 02 47 64 01 57 – www.restaurant-ladeuvaliere.com – Fermé sam. et dim.*

L'Atelier Gourmand

CUISINE TRADITIONNELLE • DESIGN X Couleurs pétantes, chaises en plexi, tables inox... Entre ses murs du 15e s., ce restaurant arbore une déco qui décoiffe. Côté assiettes, l'adresse, tenue par deux frères, semble démontrer que la gourmandise est une affaire de gènes !

Formule 19 € – Menu 26 € – Carte 30/48 €

Plan : C1-z – *37 r. Étienne-Marcel – 02 47 38 59 87 – www.latteliergourmand.fr – Fermé 18 déc.-9 janv., sam. midi, lundi midi et dim.*

Le Laurenty

CUISINE MODERNE • CONVIVIAL Nichée dans une rue semi-piétonne du centre-ville, cette table est le repaire d'un jeune chef énergique et sûr de sa cuisine. Ses préparations, bien dans l'air du temps, ne manquent pas de mordant : on passe un excellent moment.

Formule 13 € - Menu 21/37 € - Carte 37/51 €

Plan : E1-b - *54 r. Colbert - 02 47 64 56 54 - Fermé vacances de fév., 2 semaines en août, dim. et lundi*

Les Linottes

CUISINE MODERNE • BISTRO Ambiance bistrot dans le cadre chaleureux (pierres et poutres apparentes, cheminée) de cette maison à colombages du vieux Tours. Les plats sont préparés en cuisine par une chef au beau parcours ; on peut notamment opter pour le réjouissant menu proposé à l'ardoise. Les têtes de linotte - et les autres - apprécieront !

Menu 20 € (déj. en semaine) - Carte 36/52 €

Plan : C2-b - *22 r. Georges-Courteline - 02 47 38 34 82 (réservation conseillée) - www.leslinottesgourmandes.com - Fermé 3 semaines en juil., dim. et lundi*

L'Arôme

CUISINE MODERNE • BISTRO Le bouche-à-oreille le dit à juste titre : l'endroit est jeune, dynamique, sérieux et fait la part belle à la cuisine du marché. On se régale à prix doux, par exemple d'un marbré de cèpes accompagné de vins bien choisis. Une bonne adresse.

Menu 15 € (déj. en semaine), 29/33 € - Carte environ 35 €

Plan : D1-m - *26 r. Colbert - 02 47 05 99 81 (réservation conseillée) - Fermé 2 semaines en août, 1 semaine à Noël, dim. et lundi*

La Trattoria des Halles

CUISINE TRADITIONNELLE • DESIGN Nouveau propriétaire et nouvelle direction pour cette trattoria bien connue des tourangeaux. Si l'Italie fait quelques petites incursions à la carte, on a surtout ici affaire à une belle cuisine française : ris de veau, filets de maquereau poêlés, risotto au jus de coques, mousse au chocolat... La tradition comme on l'aime !

Formule 18 € - Menu 20/38 € - Carte 32/48 €

Plan : C2-h - *31 pl. Gaston-Pailhou - 02 47 64 26 64 - Fermé août*

Hôtels

Océania L'Univers

HISTORIQUE • CLASSIQUE Accueil en grande pompe, dans le hall, avec une fresque représentant les plus célèbres clients de l'hôtel : Fernandel, Gainsbourg, Piaf... Depuis 1846, le meilleur établissement de Tours reçoit dans un esprit "petit palace". Le must : siroter un cocktail au bar !

91 chambres - 200/300 € 200/300 € - 3 suites - 15 € - ½ P

Plan : E2-u - *5 bd Heurteloup - 02 47 05 37 12 - www.oceaniahotels.com*

Château Belmont

BUSINESS • ÉLÉGANT Se croire à la campagne tout en étant en ville ! Cet hôtel, abrité dans un parc de 2,5 ha, est un véritable havre de paix. De surcroît, l'établissement offre un cadre épuré et chic.

56 chambres - 200/355 € 200/355 € - 9 suites - 19 €

Plan : B1-v - *57 r. Groison - 02 47 46 65 00 - www.chateaubelmont.com*

L'Adresse

FAMILIAL • TENDANCE Dans le quartier historique du Plumereau, cette bâtisse du 18e s. est idéale pour une escapade. Pierres et poutres apparentes, dessus-de-lit en boutis, tons pastel... La déco, tout en simplicité et fraîcheur, met bien en valeur le charme des lieux. Cosy et chaleureux !

17 chambres - 78/115 € 80/120 € - 10 €

Plan : C2-u - *12 r. de la Rôtisserie - 02 47 20 85 76 - www.hotel-ladresse.com*

Ronsard

TRADITIONNEL · CONTEMPORAIN L'histoire ne dit pas si l'auteur des Sonnets pour Hélène aurait aimé l'endroit, lui qui vécut et mourut tout près, au Prieuré de St-Cosme. Quoi qu'il en soit, cet hôtel est parfait pour découvrir la ville. Accueil très aimable.

20 chambres – 63/77 € 73/90 € – 9 €

Plan : E1-b – *2 r. Pimbert – 02 47 05 25 36 – www.hotel-ronsard.com*

Châteaux de la Loire

FAMILIAL · FONCTIONNEL Cet hôtel, entre la gare et le vieux Tours, dispose de chambres fonctionnelles assez confortables et d'un parking à proximité. Accueil sympathique et familial.

30 chambres – 55/110 € 55/115 € – 9 €

Plan : D2-x – *12 r. Gambetta – 02 47 05 10 05 – www.hoteldeschateauxloire.com – Ouvert 6 mars-21 déc.*

à Rochecorbon 6 km à l'Est par D140 – 37210 – 3 232 hab. – Alt. 58 m

Les Hautes Roches

CUISINE MODERNE · ÉLÉGANT XXX Aux beaux jours, la terrasse qui domine le "fleuve royal" est incontournable, et rivalise avec l'élégance épurée de la salle. Le chef, breton d'origine, marie les influences océanes aux produits régionaux. Une cuisine franche et maîtrisée.

→ Fricassée d'encornets farçis au lard fumé, sorbet et chutney de betterave. Suprême de turbot sur le grill et sauce béarnaise retour des Indes. Tarte fine aux pommes caramélisées au fer, glace au lait d'amandes.

Menu 60/115 € – Carte 80/95 €

86 quai de Loire – 02 47 52 88 88 – www.leshautesroches.com – Fermé 15 fév.-31 mars, dim. et lundi

Les Hautes Roches

DEMEURE HISTORIQUE · PERSONNALISÉ Installé dans un ancien monastère en partie troglodyte, face à la Loire, cet hôtel creusé dans le tuffeau a du caractère ! Seules les fenêtres percées dans la falaise indiquent la présence de chambres. Une adresse insolite pour une expérience inédite.

14 chambres – 185/270 € 185/310 € – 21 € – ½ P

86 quai de Loire – 02 47 52 88 88 – www.leshautesroches.com – Fermé 15 fév.-31 mars

Les Hautes Roches – voir les restaurants ci-dessus

Arthotel

DEMEURE HISTORIQUE · DESIGN Dans la périphérie de Tours, l'établissement est installé dans les murs du splendide château de la Taisserie, datant de 1898. Une noble ascendance, que l'on oublie aussitôt en découvrant l'intérieur : mobilier contemporain, contrastes noir-blanc, chambres actuelles... Saisissant !

28 chambres – 147/312 € 147/312 € – 19 €

19 quai de la Loire – 02 47 22 24 44 – www.art-hotel-tours.com

à Joué-lès-Tours 5 km au Sud-Ouest, par rte de Chinon – 37300 – 37 196 hab. – Alt. 65 m

Château de Beaulieu

LUXE · CLASSIQUE Pour ceux qui aiment la vie de château, cette belle gentilhommière du 18e s. dégage un charme sûr : moulures, mobilier de style, tissus choisis... Depuis le parc, soigneusement entretenu, la vue porte jusqu'à la cité tourangelle.

16 chambres – 110/212 € 110/212 € – 14 € – ½ P

Plan : A3-b – *67 r. de Beaulieu – 02 47 53 20 26 – www.chateaudebeaulieu37.com*

à St-Cyr-sur-Loire 2 km à l'Ouest par D952 – ✉ 37540 – 16 239 hab. – Alt. 70 m

L'Atelier d'Olivier Arlot

CUISINE MODERNE • ÉLÉGANT Installé par Olivier Arlot sur les quais de la Loire, ce bistrot moderne revisite la tradition bistrotière avec des assiettes savoureuses et pétillantes : carpaccio de tête de veau à la tomate séchée, côte de cochon et ses cocos de Paimpol au beurre de poivron, ou encore tarte tatin parfumée au romarin... Excellent rapport qualité-prix.

Formule 28 € – Menu 32/38 €

Plan : A2-a – *55 quai des Maisons-Blanches – ✆ 02 47 73 18 63 – Fermé 2 semaines en août, 1 semaine en janv., dim. et lundi*

à Fondettes 7 km au Nord-Ouest par D952 – ✉ 37230 – 10 235 hab.

Auberge de Port Vallières

CUISINE TRADITIONNELLE • TENDANCE Entre Tours et Angers, voici une halte toute trouvée ! Une savoureuse cuisine d'inspiration tourangelle vous attend dans ce restaurant élégant et chaleureux, dont le chef affectionne les beaux produits, tels les Saint-Jacques de plongée ou le homard. Service attentionné et prix doux.

Formule 20 € – Menu 22 € (déj. en semaine), 32/65 € – Carte 56/66 €

195 quai des Bateliers, D952, rte des bords de Loire – ✆ 02 47 42 24 04 – www.auberge-de-port-vallieres.fr – Fermé 25 août-10 sept., 7-20 janv., dim. soir et lundi

à Parçay-Meslay 9 km au Nord par A10, D129 et D77 – ✉ 37210 – 2 292 hab. – Alt. 110 m

L'Arche de Meslay

CUISINE MODERNE • TRADITIONNEL Le quartier un peu austère (près d'un rond-point) et le décor un brin kitsch – une colonnade trône au centre de la salle – s'oublient très vite devant la finesse de la cuisine, véritablement pleine de saveurs... À l'image de la spécialité du chef : la bouillabaisse à la tourangelle – rouget, rascasse, rillons et andouillette !

Menu 19 € (semaine), 29/54 € – Carte 43/67 €

14 r. des Ailes ✉ 37210 Parçay-Meslay – ✆ 02 47 29 00 07 – www.larchedemeslay.fr – Fermé 30 juil.-23 août, dim. et lundi sauf fériés

TOURTOUR

✉ 83690 (Var) – 593 hab. – Alt. 652 m – Carte régionale n° **21**-C3
Paris 827 km – Aups 10 km – Draguignan 17 km – Salernes 11 km
Carte Michelin 340-M4 – Guide Vert Michelin Côte d'Azur

Les Chênes Verts

CUISINE CLASSIQUE • VINTAGE Maison provençale isolée dans un joli cadre forestier. Ambiance rétro et cuisine régionale classique (menu truffe) servie dans deux confortables salles à manger ou en terrasse, dans une élégante vaisselle en faïence de Moustiers.

→ Foie gras aux amandes. Noisette d'agneau de pays, truffe et foie gras. Le grand dessert.

Menu 59/155 € – Carte 110/190 €

3 chambres – †100 € ††110 € – ☕ 20 €

rte de Villecroze, 2 km par D51 – ✆ 04 94 70 55 06 (réservation conseillée) – Fermé 1er juin-8 juil., dim. soir, mardi et merc.

La Table

CUISINE MODERNE • INTIME Charmant petit restaurant contemporain situé à l'étage d'une maison en pierre. La cuisine, savoureuse, valorise les produits du marché, notamment les légumes (excellent menu végétarien, à prix doux). À déguster sur la terrasse ombragée. L'accueil est aussi chaleureux que le service, dynamique.

Menu 28/43 € - Carte 49/80 €

1 Traverse du Jas, Les Ribas - 04 94 70 55 95 (réservation conseillée) - www.latable.fr - Fermé 2 semaines en mars, 2 semaines en juil., lundi d'oct. à mi-avril et mardi sauf du 15 juil. au 15 août

La Bastide de Tourtour

AUBERGE • PERSONNALISÉ Quel site ! Cette bastide - aux allures de château - domine le massif des Maures et... toute la région. Une partie des chambres, avec balcon, ouvrent sur ce fabuleux panorama. Cependant, beaux matériaux et grand confort dessinent une dimension... toute humaine. Agréable petit spa, idéal pour la détente.

23 chambres - 125/365 € 155/365 € - 18 € - ½ P

rte de Flayosc (au village) - 04 98 10 54 20 - www.bastidedetourtour.com

La Petite Auberge

FAMILIAL • PERSONNALISÉ En retrait du village, face au massif des Maures, un mas entouré de végétation... et ouvert sur l'horizon côté piscine. Les chambres ne sont pas dénuées de romantisme ! On dîne dans un décor élégant d'une savoureuse cuisine traditionnelle.

15 chambres - 80/186 € 80/226 € - 13 € - ½ P

rte de Flayosc, 1,5 km par D77 - 04 98 10 26 16 - www.petiteauberge.net - Ouvert 1er avril-15 oct.

LA TOUSSUIRE

73300 (Savoie) - Alt. 1 690 m - Carte régionale n° **25**-F2

Paris 651 km - Albertville 78 km - Chambéry 91 km - St-Jean-de-Maurienne 16 km

Carte Michelin 333-K6 - Guide Vert Michelin Alpes du Nord

Le Beausoleil

FAMILIAL • CONTEMPORAIN Un beau chalet refait à neuf, parfait pour profiter du domaine skiable des Sybelles : il se trouve dans un quartier calme, à deux pas du départ des pistes et du centre de la station. Les lieux revisitent l'esprit montagne dans une belle veine contemporaine et avec un vrai souci du bien-être : un ensemble agréable...

19 chambres - 74/120 € 126/204 € - ½ P

- 04 79 56 74 59 - www.beausoleilhotel.com - Ouvert 1er juin-15 oct. et 21 déc.-20 avril

TRACY-SUR-MER - 14 (Calvados) → Voir Arromanches-les-Bains

TRAENHEIM

67310 (Bas-Rhin) - 686 hab. - Alt. 200 m - Carte régionale n° **1**-A1

Paris 471 km - Haguenau 54 km - Molsheim 8 km - Saverne 22 km

Carte Michelin 315-I5

Zum Loejelgucker

CUISINE TRADITIONNELLE • RUSTIQUE Dans un village viticole au pied des Vosges, cette ferme alsacienne du 18e s. ne manque pas de charme : bons plats régionaux avec quelques suggestions plus actuelles, boiseries sombres, fresques et cour fleurie l'été. Une maison sérieuse.

Formule 14 € - Menu 26/44 € - Carte 30/55 €

17 r. Principale - 03 88 50 38 19 - www.loejelgucker-auberge-traenheim.com - Fermé 24 déc.-4 janv., lundi soir et mardi soir

LA TRANCHE-SUR-MER

⊠ 85360 (Vendée) - 2 762 hab. - Alt. 4 m - Carte régionale n° **18**-B3
Paris 459 km - La Rochelle 64 km - La Roche-sur-Yon 40 km - Les Sables-d'Olonne 39 km
Carte Michelin 316-H9 - Guide Vert Michelin Pays de la Loire

Les Dunes

FAMILIAL • FONCTIONNEL Une grande maison face aux flots, avec sa véranda et son agréable piscine. Certaines chambres ont un balcon donnant sur la mer ; toutes sont fonctionnelles et impeccablement tenues.

45 chambres - 55/78 € 72/155 € - 10 €

68 av. Maurice-Samson - 02 51 30 32 27 - www.hotel-les-dunes.com - Ouvert 1er-30 sept.

TRÉBEURDEN

⊠ 22560 (Côtes-d'Armor) - 3 670 hab. - Alt. 81 m - Carte régionale n° **5**-B1
Paris 525 km - Lannion 10 km - Perros-Guirec 14 km - St-Brieuc 74 km
Carte Michelin 309-A2 - Guide Vert Michelin Bretagne Nord

Manoir de Lan-Kerellec

POISSONS ET FRUITS DE MER • CLASSIQUE Un cadre magique : la salle est couverte d'une splendide charpente en forme de carène de bateau renversée, et la vue porte sur la Manche et les îles... De quoi se laisser emporter par une cuisine inventive et variée - majoritairement sans gluten ni produits laitiers -, basée sur des produits de la mer de première qualité.

→ Maki de blé noir craquant, langoustines, lait ribot et wasabi. Homard bleu rôti demi-sel, mousseline de petits pois au nori, fèves aigre-douce et pancetta. Tarte citron meringuée, sorbet yaourt.

Menu 30 € (déj. en semaine), 58/92 € - Carte 85/130 €

Hôtel Manoir de Lan-Kerellec, allée centrale de Lan-Kerellec - 02 96 15 00 00 - www.lankerellec.com - Ouvert 11 mars-4 nov. et fermé lundi midi, mardi midi, merc. midi et jeudi midi

Ti al Lannec

CUISINE CLASSIQUE • ÉLÉGANT Un restaurant bourré de charme avec ses beaux salons bourgeois. Dans la salle à manger panoramique, le spectacle vaut le coup d'œil et les produits de la mer valent... le coup de fourchette ! Judicieuse sélection de vins (bordeaux, appellations du Val de Loire...).

Menu 30 € (déj.), 46/80 € - Carte 52/121 €

Hôtel Ti al Lannec, 14 allée de Mezo-Guen - 02 96 15 01 01 - www.tiallannec.com - Ouvert de mars à fin nov.

Le Quellen

CUISINE TRADITIONNELLE • FAMILIAL Deux frères, l'un en cuisine et l'autre en salle, veillent aux destinées de cette maison traditionnelle, privilégiant des produits marins de grande fraîcheur (ormeaux sauvages et Saint-Jacques en saison, etc.). Gardez une place pour le délicieux kouign amann et sa glace au blé noir. Chambres pratiques à l'étage.

Formule 18 € - Menu 30/65 € - Carte 42/60 €

10 chambres - 58/75 € 61/80 € - 9 €

18 corniche Goas-Treiz - 02 96 15 43 18 - www.le-quellen.com - Fermé 1er janv.-15 mars, 15 nov.-15 déc., dim. soir et lundi hors vacances scolaires

Ti al Lannec

TRADITIONNEL • ÉLÉGANT Voilà l'adresse idéale pour profiter de Trébeurden dans une atmosphère luxueuse et feutrée, aux délicieux salons. Juchée sur une colline face à la mer, cette grande villa Belle Époque (1906) distille un charme sûr. Des meubles anciens, des tentures fleuries, un spa : délectable.

26 chambres - 152/384 € 212/511 € - 7 suites - 19 € - ½ P

14 allée de Mezo-Guen - 02 96 15 01 01 - www.tiallannec.com - Ouvert de mars à mi-nov.

Ti al Lannec - voir les restaurants ci-dessus

Manoir de Lan-Kerellec

LUXE • PERSONNALISÉ Dominant les îles de la Côte de Granit rose, ce noble manoir breton du début du 20e s. est bourré de charme : vastes chambres aux tissus chatoyants avec balcon ou terrasse, jardin luxuriant et atmosphère familiale... Que demander de plus ?

19 chambres - 158/555 € 200/555 € - 22 € - ½ P

allée centrale de Lan-Kerellec - 02 96 15 00 00 - www.lankerellec.com - Ouvert 11 mars -4 nov.

Manoir de Lan-Kerellec - voir les restaurants ci-dessus

TRÉBOUL - 29 (Finistère) → Voir Douarnenez

TRÉDARZEC

22220 (Côtes-d'Armor) - 1 126 hab. - Alt. 59 m - Carte régionale n° **5**-B1

Paris 504 km - Rennes 153 km - St-Brieuc 57 km

Carte Michelin 309-C2

L'Abri des Barges

POISSONS ET FRUITS DE MER • BISTRO Ce bistrot convivial est installé dans l'ancienne étable d'un moulin à marée de la fin du 16e s., isolé sur les rives du Jaudy. Le chef - ancien photographe culinaire ! -, propose une courte carte, travaillant poissons et légumes locaux avec beaucoup de simplicité. Sa philosophie : le produit avant tout. Pari réussi !

Carte 33/69 €

Le Moulin du Carpont, 3 km au Nord-Ouest par rte de Kerbors et rte secondaire - 02 96 40 04 04 (réservation conseillée) - www.abridesbarges.com - Ouvert 1er avril-30 nov. et fermé merc. midi et mardi

TREFFORT

01370 (Ain) - 2 265 hab. - Alt. 280 m - Carte régionale n° **23**-B1

Paris 436 km - Bourg-en-Bresse 18 km - Lons-le-Saunier 57 km - Mâcon 51 km

Carte Michelin 328-F3 - Guide Vert Michelin Lyon et sa région

L'Embellie

CUISINE TRADITIONNELLE • FAMILIAL Une maison en pierre sur la place principale du village... L'affaire est menée par un jeune couple "de retour au pays". Le chef, très soucieux de conserver le goût de chaque produit travaillé (dont de belles volailles de Bresse), signe une jolie cuisine. Quelle Embellie ! Chambres simples pour l'étape.

Formule 13 € - Menu 15 € (déj. en semaine), 30/38 € - Carte 31/57 €

9 chambres - 49 € 55/65 € - 8 €

pl. du Champ-de-Foire - 04 74 42 35 64 - www.lembellie.org - Fermé vacances de Noël, sam. midi, dim. soir et lundi

TRÉGASTEL

22730 (Côtes-d'Armor) - 2 451 hab. - Alt. 58 m - Carte régionale n° **5**-B1

Paris 526 km - Lannion 11 km - Perros-Guirec 9 km - St-Brieuc 75 km

Carte Michelin 309-B2 - Guide Vert Michelin Bretagne Nord

à la plage de Landrellec 3 km au Sud par D788 et rte secondaire - 22560 Pleumeur-Bodou

Le Macareux

POISSONS ET FRUITS DE MER • TRADITIONNEL Point besoin d'être un macareux pour se poser dans cette sympathique longère bretonne, il vous suffit d'être amateur de bonne cuisine. Spécialités du chef : les ormeaux, le homard et les fruits de mer, avec un coup de projecteur sur la pêche locale. On fait le plein d'iode ! En bonus : une terrasse face à... la mer.

Menu 29/70 € - Carte 27/76 €

21 r. des Plages - 02 96 23 87 62 - www.lemacareux.com - Ouvert 14 fév.-14 oct. et fermé dim. soir sauf juil.-août, mardi midi et lundi

TRÉGUIER

✉ 22220 (Côtes-d'Armor) - 2 559 hab. - Alt. 40 m - Carte régionale n° **5**-B1
▶ Paris 509 km - Guingamp 28 km - Lannion 19 km - Paimpol 15 km
Carte Michelin 309-C2 - Guide Vert Michelin Bretagne Nord

✿ Aigue Marine

CUISINE MODERNE • FAMILIAL XX L'aigue-marine : une pierre fine que l'on portait en talisman au moment de partir en mer... et une table où Stanislas Laisney, qui fut longtemps second de la maison, perpétue la tradition océane. Produits de la mer et légumes de petits producteurs sont joliment travaillés : avis aux amateurs de saveurs iodées !

→ Cuisine du marché.

Formule 21 € - Menu 49/87 € - Carte 70/95 €

5 r. Marcellin-Berthelot (sur le port) - ✆ 02 96 92 97 00 - www.aiguemarine-hotel.com - Fermé 1er janv.-15 mars, 12-27 nov. et fermé sam. midi, dim. soir et lundi

Aigue Marine

TRADITIONNEL • FONCTIONNEL Les familles apprécieront à coup sûr cet hôtel aux chambres fonctionnelles - souvent avec balcon -, à choisir côté port ou côté piscine et jardin. Le matin, le petit-déjeuner est soigné et copieux !

48 chambres - †75/95 € ††85/140 € - ☕ 16 € - ½ P

5 r. Marcellin-Berthelot (sur le port) - ✆ 02 96 92 97 00 - www.aiguemarine-hotel.com - Fermé fév., 12-27 nov. et janv.

✿ **Aigue Marine** - voir les restaurants ci-dessus

rte de Lannion 2 km au Sud-Ouest par D786 et rte secondaire

Kastell Dinec'h

FAMILIAL • PERSONNALISÉ Une maison en pierre comme on les aime, tout droit sortie du 17e s., hésitant entre la ferme et le manoir... Les chambres y sont cosy et soignées ; cuisine de qualité (producteurs locaux, bio, etc.) sur réservation.

16 chambres - †65/85 € ††65/125 € - ☕ 13 € - ½ P

lieu-dit le Castel, rte de Lannion - ✆ 02 96 92 92 92 - www.kastelldinech.com - Fermé 11déc.-5 mars

TREIGNAC

✉ 19260 (Corrèze) - 1 395 hab. - Alt. 500 m - Carte régionale n° **13**-C2
▶ Paris 490 km - Brive-la-Gaillarde 74 km - Limoges 102 km - Tulle 40 km
Carte Michelin 329-L2 - Guide Vert Michelin Limousin Berry

Maison Grandchamp

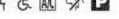

FAMILIAL • PERSONNALISÉ Dans cette superbe maison familiale de la fin du 17e s., tout n'est que meubles anciens, portraits d'aïeux, souvenirs de voyages... Dans la cuisine, près du cantou, on savoure le menu du terroir concocté par Marielle. Beaucoup de charme et de coquetterie !

3 chambres ☕ - †82/92 € ††82/92 €

9 pl. des Pénitents - ✆ 05 55 98 10 69 - www.hotesgrandchamp.com - Ouvert 1er avril-8 nov.

TREILLES

✉ 11510 (Aude) - 223 hab. - Alt. 103 m - Carte régionale n° **12**-B3
▶ Paris 823 km - Carcassonne 89 km - Montpellier 127 km - Perpignan 37 km
Carte Michelin 344-I5

L'Atelier de Claude Giraud

CUISINE TRADITIONNELLE • SIMPLE X Dans un petit village des Corbières, un endroit improbable, meublé de bric et de broc, mais attachant et très convivial ! Comme le dit le chef, ici, tout se concentre dans l'assiette : une belle cuisine de produits, simple, savoureuse et bien ficelée. Aux beaux jours, profitez de la terrasse.

Menu 20 € (déj. en semaine) - Carte 40/75 €

6 rte des Corbières - ✆ 04 68 33 08 59 (réservation conseillée) - Fermé en semaine d'oct. à Pâques et lundi midi d'avril à sept.

TRÉLAZÉ - 49 (Maine-et-Loire) ➜ Voir Angers

TRÉLON

✉ 59132 (Nord) - 2 974 hab. - Alt. 188 m - Carte régionale n° **16**-D3
▶ Paris 218 km - Avesnes-sur-Helpe 15 km - Charleroi 53 km - Lille 115 km
Carte Michelin 302-M7

Le Framboisier

CUISINE TRADITIONNELLE • RUSTIQUE XX Un joli corps de ferme sur la route principale. Côté déco, on mêle le rustique et les touches plus actuelles ; côté papilles, on n'a d'yeux que pour la tradition aux accents régionaux.

Formule 20 € - Menu 22 € (semaine), 32/50 € - Carte 38/63 €

1 r. François Ansieau, rte du Val-Joly - ✆ 03 27 59 73 34 - http://framboisier.terascia.com - Fermé 16 fév.-3 mars, 17 août-2 sept., dim. soir, mardi soir et lundi sauf fériés

TREMBLAY-EN-FRANCE - 93 (Seine-Saint-Denis) ➜ Voir Autour de Paris

LE TREMBLAY-SUR-MAULDRE

✉ 78490 (Yvelines) - 956 hab. - Alt. 132 m - Carte régionale n° **10**-A2
▶ Paris 42 km - Houdan 24 km - Mantes-la-Jolie 32 km - Rambouillet 18 km
Carte Michelin 311-H3

Numéro 3 (Laurent Trochain)

CUISINE MODERNE • DESIGN XXX Une métamorphose ! Oubliées les poutres, la cheminée et même la façade traditionnelle ; place à un cadre éminemment contemporain, géométrique et design. La cuisine respecte ses fondamentaux : beaux produits, geste soigné et recettes nouvelles. Avec un original "bar à fromages" et un espace caviste...

➜ Cervelle d'agneau, légumes de saison, crème de parmesan et croustillant de câpres. Volaille de Houdan rôtie. Feuilleté au caramel, crème glacée au Picon et poire pochée.

Menu 45/65 € - Carte 60/75 €

3 r. du Gén.-de-Gaulle - ✆ 01 34 87 80 96 - www.restaurant-numero3.fr - Fermé 3-11 avril, 7-22 août, 23-31 oct., 2-10 janv., lundi et mardi

Les Chambres du Numéro 3

AUBERGE • CONTEMPORAIN Cette maisonnette de village et sa grange accueillent trois belles chambres confortables et spacieuses, tout en beaux matériaux (bois, pierre). L'une d'entre elles, en duplex, domine la jolie cour pavée. Un ensemble élégant et accueillant, à l'unisson du restaurant Numéro 3 dont il dépend.

3 chambres - †115 € ††135 € - ☕ 17 €

4 r. du Gén.-de-Gaulle - ✆ 01 34 87 80 96 - www.restaurant-numero3.fr

TRÉMOLAT

✉ 24510 (Dordogne) - 574 hab. - Alt. 53 m - Carte régionale n° **2**-C3
▶ Paris 532 km - Bergerac 34 km - Brive-la-Gaillarde 87 km - Périgueux 46 km
Carte Michelin 329-F6 - Guide Vert Michelin Périgord Quercy

Le Vieux Logis

CUISINE CLASSIQUE • ÉLÉGANT XXX Une valeur sûre que cette table de tradition, dont le cadre - un ancien séchoir à tabac, tout en pierre et bois peint - est tout à fait charmant. Le chef sait choisir ses produits et les accommoder avec justesse ; il propose à midi un menu dans un esprit tapas, à un prix intéressant. De la gastronomie en mouvement !

➜ Foie gras de canard et esturgeon fumé, tuile de pain et salade de champignons. Filet mignon de veau truffé et rôti, raviole de jaune d'œuf coulant. Paris-trémolat.

Menu 60 € (déj. en semaine), 80/120 € - Carte 105/125 €

Le Bourg - ✆ 05 53 22 80 06 - www.vieux-logis.com - Fermé merc. et jeudi de mi-oct. à mi-avril

Bistrot de la Place

CUISINE TRADITIONNELLE • BISTRO Une adresse pour se restaurer dans le village où Claude Chabrol tourna le film Le Boucher (1970). Vieilles pierres, poutres et réjouissante cuisine régionale, avec notamment un menu "tout canard" qui ravira les amateurs du célèbre palmipède... Un moment très sympathique.

Menu 18 € (déj. en semaine), 25/35 € - Carte environ 40 €

Le Bourg - 05 53 22 80 69 - www.vieux-logis.com - Fermé lundi et mardi du 15 oct. au 15 avril

Le Vieux Logis

HISTORIQUE • PERSONNALISÉ Cet ancien prieuré est le vivant récit de l'histoire de la famille des propriétaires, vieille de presque cinq siècles ! Les chambres sont meublées avec goût et le jardin est superbe. Un Logis extrêmement chaleureux.

23 chambres - 210/395 € 210/495 € - 25 € - ½ P

Le Bourg - 05 53 22 80 06 - www.vieux-logis.com

Le Vieux Logis - voir les restaurants ci-dessus

LE TRÉPORT

76470 (Seine-Maritime) - 5 217 hab. - Alt. 12 m - Carte régionale n° **17**-D1

Paris 180 km - Abbeville 37 km - Amiens 92 km - Blangy-sur-Bresle 26 km

Carte Michelin 304-I1 - Guide Vert Michelin Normandie Vallée de la Seine

Villa Marine

CUISINE TRADITIONNELLE • CONVIVIAL Une villa qui porte bien son nom : on l'imagine dressée fièrement contre les embruns venus de la mer, les jours de gros temps... À l'intérieur, dans une ambiance de bistrot chic, on déguste une délicieuse cuisine du marché, soignée et goûteuse, qui donne envie de s'attarder un jour de plus !

Formule 19 € - Menu 25/44 € - Carte 25/45 €

Hôtel Villa Marine, 1 pl. Pierre-Sémard - 02 35 86 02 22 - www.hotel-lavillamarine.com - Fermé 23-29 déc., dim. midi de mi-nov. à mi-avril, dim. soir sauf juil.-août et sam. midi

Le Saint-Yves

TRADITIONNEL • CLASSIQUE Sur l'avant-port (il suffit d'emprunter la passerelle pour rejoindre le centre-ville), un hôtel traditionnel où l'on vous reçoit avec la plus grande amabilité. L'intérieur, de style bourgeois, est particulièrement net et soigné.

25 chambres - 72/87 € 87/97 € - 3 suites - 10 €

7 pl. Pierre-Sémard - 02 35 86 34 66 - www.hotellesaintyves.com

Villa Marine

TRADITIONNEL • CONTEMPORAIN Non loin de la gare, face au port, l'emplacement de cet hôtel ne présage en rien de ses qualités réelles, l'ensemble ayant été rénové dans un esprit contemporain de bon goût. Les chambres - presque toutes en blanc et bleu - ne sont pas très grandes mais vraiment plaisantes.

38 chambres - 71/179 € 71/179 € - 10 € - ½ P

- 02 35 86 02 22 - www.hotel-lavillamarine.com

Villa Marine - voir les restaurants ci-dessus

TRIEL-SUR-SEINE - 78 (Yvelines) → Voir Autour de Paris

TRIGANCE

83840 (Var) - 171 hab. - Alt. 800 m - Carte régionale n° **21**-C2

Paris 817 km - Castellane 20 km - Digne-les-Bains 74 km - Draguignan 43 km

Carte Michelin 340-N3 - Guide Vert Michelin Alpes du Sud

Château de Trigance

DEMEURE HISTORIQUE • PERSONNALISÉ Cet hôtel occupe les murs d'un ancien château fort, véritable nid d'aigle dominant la vallée du Verdon. L'ambiance médiévale imprègne les lieux, dans les chambres – avec lits à baldaquin ! – comme au restaurant, qui prend ses aises dans une salle sarrasine du 12ᵉs.

10 chambres – 117/140 € 140/190 € – 15 € – ½ P

1400 rte de Brei, accès par voie privée – 04 94 76 91 18 – www.chateau-de-trigance.fr – Ouvert d'avril à oct.

Le Vieil Amandier

FAMILIAL • FONCTIONNEL Au pied de ce village pittoresque, cette construction récente respecte l'esprit de la région. Les chambres, tenues avec soin, disposent pour certaines d'une terrasse ouvrant sur le jardin. Piscine, sauna et jacuzzi à disposition.

12 chambres – 74/98 € 74/98 € – 11 €

montée de St-Roch – 04 94 76 92 92 – http://levieilamandier.free.fr – Ouvert avril-oct.

LA TRINITÉ-SUR-MER

56470 (Morbihan) – 1 635 hab. – Alt. 20 m – Carte régionale n° **5**-B3

Paris 488 km – Auray 13 km – Carnac 4 km – Lorient 52 km

Carte Michelin 308-M9 – Guide Vert Michelin Bretagne Sud

L'Azimut

CUISINE MODERNE • COSY Ambiance maritime tous azimuts dans la salle à manger et agréable terrasse offrant une échappée sur le port... À la carte, de très beaux poissons et fruits de mer (dont un menu homard) et un joli choix de vins de plus de 500 appellations. L'une des meilleures tables des environs.

Formule 17 € – Menu 27 € (déj. en semaine), 37/65 € – Carte 47/68 €

1 r. du Men-Dû – 02 97 55 71 88 – www.lazimut-latrinite.com – Fermé mardi et merc. sauf juil.-août

Le Surcouf N

CUISINE MODERNE • BISTRO Bienvenue dans ce bistrot convivial et chaleureux, qui emprunte son patronyme au célèbre corsaire breton Robert Surcouf. L'attrait du restaurant doit beaucoup à son jeune chef-patron, qui réalise une cuisine vivante et goûteuse avec de bons produits frais. On vous conseille le petit menu de midi, très attractif !

Formule 14 € – Menu 16 € (déj. en semaine)/20 € – Carte 25/44 €

21 r. des Résistants – 02 90 61 39 03 – Fermé dim. soir et lundi de oct. à avril

L'Arrosoir

POISSONS ET FRUITS DE MER • BISTRO On entre dans ce restaurant par sa terrasse en teck grande ouverte sur la mer. À l'intérieur, c'est un coquet décor de bistrot marin qui sert d'écrin à une jolie cuisine océane.

Formule 18 € – Carte 33/58 €

Le Petit Hôtel des Hortensias, 4 pl. Yvonne-Sarcey – 02 97 30 13 58 – www.leshortensias.info – Fermé mardi midi, merc. midi et lundi

Le Lodge Kerisper

TRADITIONNEL • COSY Les bâtiments de cette ancienne ferme du 19ᵉ s. ont beaucoup de cachet : intérieur tout en matériaux nobles, meubles chinés et parquets bruts. Ajoutez à cela un salon cosy, des chambres fraîches, et cocooning. Un véritable "boutique hôtel" !

17 chambres – 90/180 € 90/290 € – 3 suites – 14 €

4 r. du Latz – 02 97 52 88 56 – www.lodgekerisper.com

Le Petit Hôtel des Hortensias

MAISON DE MAÎTRE • PERSONNALISÉ La silhouette nordique de cette charmante villa (1880) domine le port. Ambiance guesthouse, tissus tendus, tons chauds... Un vrai cocon face au va-et-vient des bateaux de plaisance.

6 chambres - 90/245 € 110/245 € - 14 €

4 pl. Yvonne-Sarcey - 02 97 30 10 30 - www.leshortensias.info

L'Arrosoir - voir les restaurants ci-dessus

TRIZAY

17250 (Charente-Maritime) - 1 394 hab. - Alt. 20 m - Carte régionale n° **20**-B2

Paris 475 km - Rochefort 13 km - La Rochelle 52 km - Royan 36 km

Carte Michelin 324-E4 - Guide Vert Michelin Poitou-Charentes

au Lac du Bois Fleuri 2,5 km à l'Ouest par D238, D123 et rte secondaire - 17250 Trizay

Les Jardins du Lac

CUISINE MODERNE • COSY XXX La table de ces Jardins du Lac est le repaire du chef Yohann Suire, qui y fait des merveilles : grosses langoustines de la Cotinière poêlées aux cèpes et bouillon de homard, sole meunière et cocotte de légumes, ou encore ce superbe baba au vieux rhum et crème à la vanille... Un régal !

Menu 26 € (semaine), 38/50 € - Carte 65/90 €

3 chemin Fontchaude
- 05 46 82 03 56 - www.jardins-du-lac.com
- Fermé 16 fév.-12 mars, dim. soir et lundi

Les Jardins du Lac

TRADITIONNEL • PERSONNALISÉ Des chambres spacieuses, contemporaines et cossues, dont les terrasses (ou balcons) donnent directement sur le lac... Voilà ce qui vous attend dans ce domaine situé au grand calme de la campagne charentaise. Un séjour délicieux !

15 chambres - 145/185 € 145/185 € - 1 suite - 17 € - ½ P

3 chemin Fontchaude - 05 46 82 03 56 - www.jardins-du-lac.com - Fermé 16 fév.-12 mars, dim. soir et lundi de nov. à mars

Les Jardins du Lac - voir les restaurants ci-dessus

LE TRONCHET

35540 (Ille-et-Vilaine) - 1 108 hab. - Alt. 65 m - Carte régionale n° **5**-D2

Paris 391 km - Dinan 19 km - Fougères 56 km - Saint-Malo 27 km

Carte Michelin 309-K4 - Guide Vert Michelin Bretagne Nord

L'Abbaye N

DEMEURE HISTORIQUE • CONTEMPORAIN En pleine campagne, au bord d'un étang, cette ravissante abbaye du 12e s. a été rénovée avec beaucoup de goût. Belle cour encadrée de bâtisses en pierre, chambres confortables et résolument modernes, qui ne manquent pas d'élégance, et dont certaines disposent d'une terrasse privative... Tout simplement charmant !

44 chambres - 99/215 € 99/215 € - 1 suite - 15 €

L'Abbatiale - 02 99 16 94 41 - www.hotel-de-labbaye.com
- Fermé de mi-nov. à mi-mars

TROUVILLE-SUR-MER

14360 (Calvados) - 4 758 hab. - Alt. 2 m - Carte régionale n° **17**-A3

Paris 201 km - Caen 51 km - Le Havre 43 km - Lisieux 30 km

Carte Michelin 303-M3 - Guide Vert Michelin Normandie Vallée de la Seine

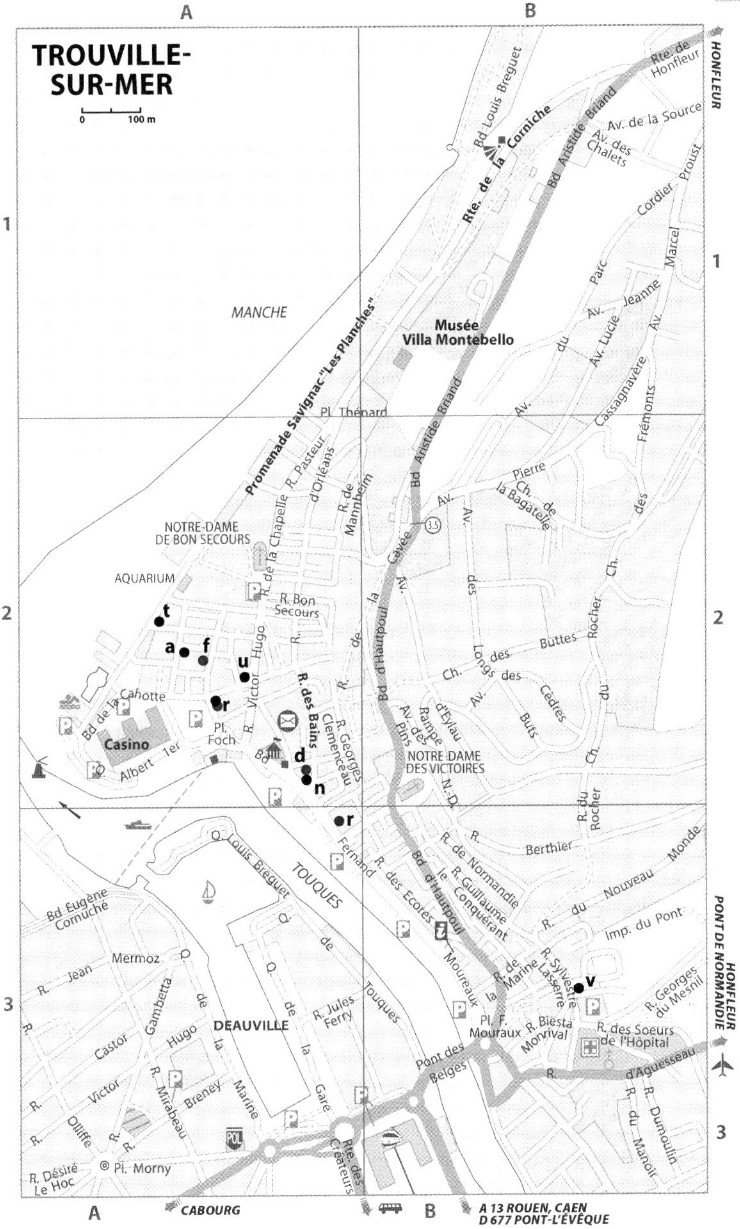
TROUVILLE-SUR-MER
0 100 m
A
B
1
2
3
HONFLEUR
MANCHE
Musée Villa Montebello
Rte. de la Corniche
Bd Louis Breguet
Bd Aristide Briand
Rte. de Honfleur
Av. de la Source
Av. des Chalets
Promenade Savignac "Les Planches"
Pl. Thénard
NOTRE-DAME DE BON SECOURS
AQUARIUM
R. Bon Secours
Casino
Bd de la Cahotte
Albert 1er
Pl. Foch
R. Victor Hugo
R. des Bains
R. Georges Clemenceau
R. de la Chapelle
R. Pasteur
d'Orléans
R. de Mannheim
Bd d'Hautpoul
Av. de la Cavée
NOTRE-DAME DES VICTOIRES
Rampe d'Eylau
Av. des Pins
Ch. des Buttes
Ch. des Longs
des Cèdres
Av. Buts
Ch. du Rocher
R. du Rocher
Ch. de la Bagatelle
Pierre
Av. des Frémonts
Cassagnavère
Av. Lucie
Av. Jeanne
Av. du Parc
Av. Marcel Proust
Cordier
TOUQUES
Q. Louis Breguet
Q. de Touques
R. Fernand Moureaux
R. des Ecores
R. de Normandie
R. Guillaume le Conquérant
R. Berthier
R. du Nouveau Monde
Imp. du Pont
R. de la Marine
R. Sylvestre Lasserre
Pl. F. Mouraux
R. Biesta Monrival
R. des Soeurs de l'Hôpital
R. Georges du Mesnil
R. d'Aguesseau
R. du Manoir
R. Dumoulin
Pont des Belges
HONFLEUR PONT DE NORMANDIE
Bd Eugène Cornuche
Mermoz
R. Jean
Q. de la Marine
Q. de la Gare
R. Gambetta
R. Castor
R. Hugo
R. Victor
R. Mirabeau
R. Breney
R. Olliffe
R. Jules Ferry
DEAUVILLE
Pl. Morny
R. Désiré Le Hoc
Rte. des Créateurs
CABOURG
A 13 ROUEN, CAEN
D 677 PONT-L'ÉVÊQUE
t
a
f
u
r
d
n
v
3.5

1912

CUISINE MODERNE • CONTEMPORAIN XXX Dans cet établissement à la gloire de la vie balnéaire à la française, on cultive la philosophie des plantes et des épices rares. Harmonie et relief définissent les créations de Johan Thyriot – ancien chef du Meo, à Tarascon –, qui laisse voguer son inspiration pour le meilleur et... seulement le meilleur. Délicieux.

➜ Maki d'araignée de mer et patte de tourteau dorée à l'orange, bouillon de carcasses. Bar braisé au champagne, fenouil confit et salicornes. Poire nashi pochée à l'anis vert, croustillant et crème glacée au sucre muscovado.

Menu 70/110 € – Carte 65/110 €

Plan : A2-r – *Hôtel Les Cures Marines, bd de la Cahotte – 02 31 14 25 90 – www.le1912.com – Fermé 2-11 janv., lundi, mardi et le midi*

La Régence

CUISINE CLASSIQUE • ÉLÉGANT XX En passant sur le quai, on aperçoit les fastes de son superbe décor Napoléon III ; de nombreuses célébrités d'après-guerre appréciaient le lieu et on les comprend ! Homards, langoustes et beaux poissons frais sont à l'honneur. Et si vous vous y arrêtiez à votre tour ?

Menu 26/98 € – Carte 40/88 €

Plan : A3-r – *132 bd Fernand-Moureaux – 02 31 88 10 71 – www.la-regence.com*

La Petite Auberge

CUISINE TRADITIONNELLE • AUBERGE X Dans une rue au cœur de Trouville, une Petite Auberge conviviale et vraiment mignonne où l'on se sent tout de suite bien. La table valorise le terroir et les produits régionaux. Dans l'assiette, c'est généreux, gourmand et savoureux. En bref, une adresse sympathique !

Formule 30 € – Menu 41 € – Carte 61/76 €

Plan : A2-f – *7 r. Carnot – 02 31 88 11 07 (réservation conseillée) – www.lapetiteaubergesurmer.fr – Fermé 20-30 juin, 20-30 janv., mardi et merc.*

Les Mouettes

CUISINE TRADITIONNELLE • BISTRO X Imaginez un peu : Marguerite Duras, habituée des lieux, s'asseyant sur la terrasse et griffonnant sur un bout de papier jauni... Elle devait sûrement aimer cette ambiance de bistrot, le joli plafond peint et la terrasse sur le trottoir, sans oublier le pot-au-feu de la mer, le grand aïoli ou encore la fricassée de bulots.

Menu 15/30 € – Carte 27/67 €

Plan : A2-d – *11 r. des Bains – 02 31 98 06 97 – www.brasserie-les-mouettes.com*

Les Cures Marines

GRAND LUXE • ÉLÉGANT Cet hôtel, installé dans un imposant bâtiment néoclassique (1912) entre port et plage, en plein cœur de Trouville, signe le retour du balnéaire chic ! Tout y respire l'élégance et le confort, avec ce vaste hall superbement décoré, ces chambres lumineuses, et ce bel espace de thalassothérapie... Exceptionnel.

97 chambres – 195/850 € 195/850 € – 6 suites – 27 € – ½ P

Plan : A2-r – *bd de la Cahotte – 02 31 14 26 00 – www.lescuresmarines.com – Fermé 2-11 janv.*

1912 – voir les restaurants ci-dessus

Hostellerie du Vallon

TRADITIONNEL • PERSONNALISÉ L'endroit est en léger retrait des quais, au calme ! De plus, cette hostellerie de style normand offre un joli panorama sur la station balnéaire. Et pour se détendre : chambres spacieuses, piscine, hammam...

60 chambres – 135/280 € 128/280 € – 16 €

Plan : B3-v – *12 r. Sylvestre-Lasserre – 02 31 98 35 00 – www.hostellerie-du-vallon.fr*

Le Flaubert

FAMILIAL • CLASSIQUE Il suffit de poser un pied dehors pour fouler les célèbres "planches" : cette villa à colombages très romantique (1936) est quasiment posée sur la plage ! Les chambres sont plutôt classiques et la moitié a vue sur la mer. Chabadabada...

31 chambres – 120/290 € 120/290 €

Plan : A2-t – *2 r. Gustave-Flaubert – 02 31 88 37 23 – www.flaubert.fr – Ouvert 3 fév.-12 nov.*

Le Fer à Cheval

FAMILIAL • PERSONNALISÉ On reconnaît cet établissement familial au cœur de Trouville à sa jolie façade typique. Les chambres sont confortables et feutrées, et l'on apprécie la proximité du casino et de la plage. Sans oublier l'accueil, plein de gentillesse !

34 chambres – 63/129 € 91/228 € – 13 €

Plan : A2-u – *11 r. Victor-Hugo – 02 31 98 30 20 – www.hotel-trouville.com*

Le Central

TRADITIONNEL • PERSONNALISÉ La halle aux poissons est en face ! Les chambres jouent la sobriété (tons harmonieux, mobilier en bois blanc patiné) et offrent, au choix, une vue sur le port, la rue ou les hauteurs de la station. La brasserie, très touristique, s'inspire des années 1930.

23 chambres – 103/111 € 103/155 € – 10 € – ½ P

Plan : A2-n – *5 et 7 r. des Bains – 02 31 88 80 84 – www.le-central-trouville.com*

St-James

HÔTEL PARTICULIER • COSY La plage n'est pas loin, les chambres sont bien tenues, il y a un salon style british et, l'hiver, de belles flambées dans la cheminée : pas de doute, ce petit hôtel de charme a bien des atouts !

9 chambres – 85/230 € 85/230 €

Plan : A2-a – *16 r. de la Plage – 02 31 88 05 23 – www.hotel-saint-james.fr – Fermé janv. et fév.*

La sélection de ce guide s'enrichit avec vous : vos découvertes et vos commentaires nous intéressent ! Coup de coeur ou coup de colère, écrivez-nous sur notre site Michelin Restaurants : restaurant.michelin.fr

TROYES

10000 (Aube) – 60 009 hab. – Agglo. 132 496 hab. – Alt. 113 m – Carte régionale n° **7**-B3
Paris 170 km – Dijon 185 km – Nancy 186 km
Carte Michelin 313-E4 – Guide Vert Michelin Champagne Ardenne

Valentino

CUISINE MODERNE • INTIME XX Une valeur sûre que cette jolie maison à colombages, située dans le renfoncement d'une petite rue piétonne de la vieille ville. À l'intérieur, des fauteuils en rotin, des toiles contemporaines et un vivier à homards... Le chef propose une cuisine axée sur les produits de la mer, qui fait le bonheur des Troyens.

Menu 28 € (déj. en semaine), 38/58 € – Carte 57/73 €

Plan : C2-s – *35 r. Paillot-de-Montabert – 03 25 73 14 14 – www.levalentino.com – Fermé 20 août-11 sept., 1er-15 janv., dim. et lundi*

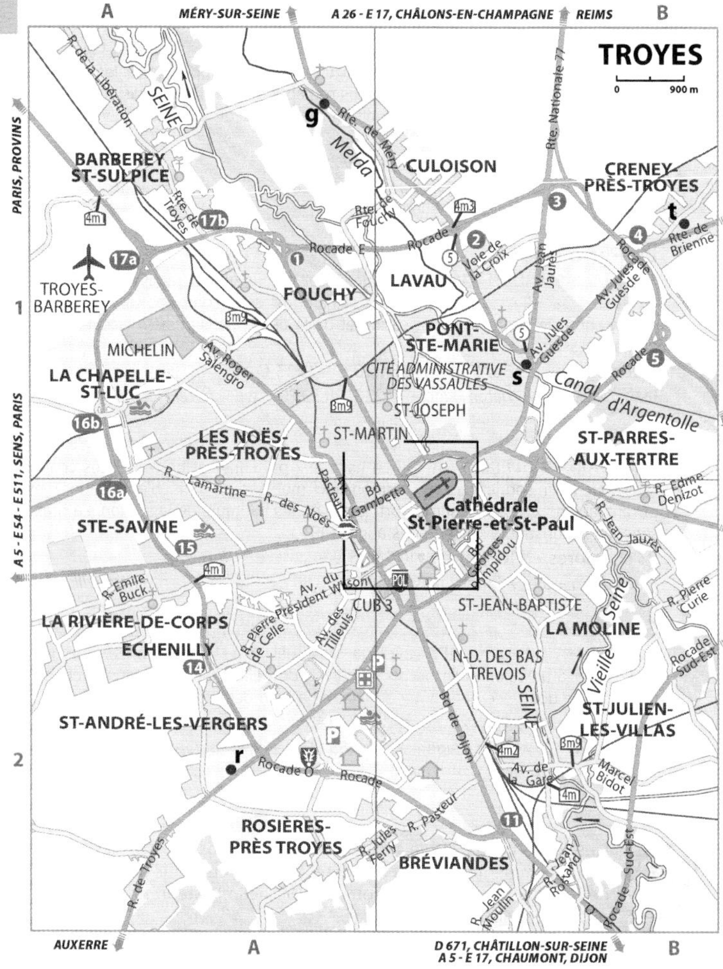

La Mignardise

CUISINE TRADITIONNELLE • **CLASSIQUE** XX Au cœur de la ville, cette maison à colombages (16e s.) se révèle chaleureuse : poutres, briques, tableaux contemporains, terrasse pour les beaux jours... On y apprécie une cuisine traditionnelle de qualité ; les menus sont particulièrement intéressants.

Formule 23 € – Menu 42 € – Carte 48/92 €

Plan : C2-e – *1 ruelle des Chats – ✆ 03 25 73 15 30 – www.lamignardise.eu – Fermé dim. soir et lundi*

Au Jardin Gourmand

CUISINE TRADITIONNELLE • **COSY** X Dans cette ruelle pittoresque du vieux Troyes, le patron vous accueille avec bonne humeur. Il sait vous conseiller ses bons plats du terroir – dont l'andouillette – ou des recettes plus actuelles. Sous les glycines, la terrasse !

Menu 24 € (déj. en semaine)/36 € – Carte 30/50 €

Plan : C2-s – *31 r. Paillot-de-Montabert – ✆ 03 25 73 36 13 – Fermé 2 semaines en mars, 3 semaines en sept., lundi midi et dim.*

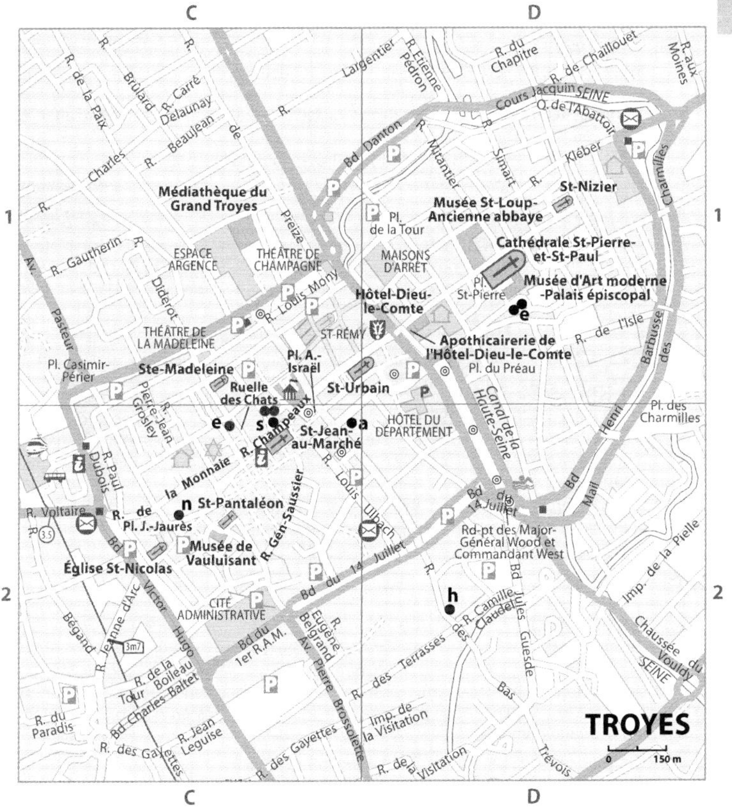

Aux Crieurs de Vin

CUISINE MODERNE • BISTRO Briques nues, sol en béton ciré, mobilier bistrot… la déco est branchée et le concept aussi : on choisit sa bouteille dans la cave, avant de l'accompagner d'un bon petit plat centré sur le produit (charcuterie artisanale, viande fermière, fromages de chez Bordier, etc.). Une adresse gourmande et conviviale !

Formule 12 € – Carte 22/36 €

Plan : C2-n – *4 pl. Jean-Jaurès – 03 25 40 01 01 – www.auxcrieursdevin.fr – Fermé 1 semaine en avril, 3 semaines en août, 1er-9 janv., dim., lundi et fériés*

La Maison de Rhodes

HISTORIQUE • PERSONNALISÉ Ces belles demeures du 17e s. nichent dans une ruelle pavée du vieux Troyes. Poutres, pierres, torchis, tomettes, mobilier ancien ou contemporain s'y marient avec élégance. Le soir, on peut profiter de l'intimité du restaurant pour un dîner à base de produits bio.

7 chambres – 209/389 € 209/389 € – 4 suites – 22 €

Plan : D1-e – *18 r. Linard-Gonthier – 03 25 43 11 11 – www.maisonderhodes.com*

Le Champ des Oiseaux

HISTORIQUE • ÉLÉGANT Dans ces trois maisons des 15e-16e s., on aime à s'attarder près du feu qui crépite en hiver ou dans la ravissante cour pavée aux beaux jours. La magie se prolonge dans les chambres : pierre de Bourgogne, tomettes, linge de qualité…

9 chambres – 199/389 € 199/389 € – 4 suites – 22 €

Plan : D1-e – *20 r. Linard-Gonthier – 03 25 80 58 50 – www.champdesoiseaux.com*

Mercure

BUSINESS · CONTEMPORAIN Bâti sur les fondations d'une ancienne bonneterie (dont on a conservé une machine à tisser), cet hôtel contemporain propose des chambres feutrées, très confortables, qui séduiront à la fois la clientèle d'affaires et les touristes de passage.

69 chambres – 99/189 € 99/289 € – 2 suites – 16 €

Plan : D2-h – *11 r. des Bas-Trévois – 03 25 46 28 28 – www.mercure-troyes.com*

Hôtel de la Poste

TRADITIONNEL · PERSONNALISÉ Au cœur de la ville, près du secteur piétonnier, un ancien relais de poste entièrement rénové. Du coup, la plupart des chambres sont actuelles et cosy. Même ambiance feutrée au salon et dans la salle du petit-déjeuner.

32 chambres – 116/359 € 143/359 € – 2 suites – 16 €

Plan : C2-a – *35 r. Emile-Zola – 03 25 73 05 05 – www.hotel-de-la-poste.com*

Le Relais St-Jean

FAMILIAL · PERSONNALISÉ Une jolie ruelle, une bâtisse à colombages du 16e s., voilà qui a du cachet. Sous les poutres, les chambres, modernes, ont un charme feutré. Les petits plus : le jacuzzi dans une charmante cave voûtée et l'accueil prévenant.

23 chambres – 98/215 € 98/215 € – 15 €

Plan : C2-s – *51 r. Paillot-de-Montabert – 03 25 73 89 90 – www.hotel-relais-saint-jean.com*

à Ste-Maure 7 km au Nord par D78 – ✉ 10150 – 1 439 hab. – Alt. 111 m

Auberge de Ste-Maure

CUISINE MODERNE · ÉLÉGANT XXX Cette auberge près de la rivière a évolué avec son époque. Le cadre est élégant et repose sur des bases classiques ; la cuisine flirte avec la modernité : ainsi ce dessert oscillant entre tarte au citron et cheesecake... Original pour passer la nuit : trois roulottes en bois blond invitent à un voyage immobile.

Menu 30 € (semaine), 50/60 € – Carte 55/90 €

3 chambres – 135 € 145 €

Plan : A1-g – *99 rte de Mery – 03 25 76 90 41 – www.auberge-saintemaure.fr – Fermé 22 déc.-14 janv., dim. soir et lundi*

à Pont-Ste-Marie 3 km au Nord-Est par D77 – ✉ 10150 – 4 823 hab. – Alt. 110 m

Bistrot DuPont

CUISINE TRADITIONNELLE · BISTRO X Au bord de la Seine, ce sympathique bistrot traditionnel joue la carte des bonnes recettes à l'ancienne : blanquette, coq au vin, suprême de volaille, que l'on dévore dans une ambiance animée... Et ne ratez pas la spécialité de la maison : l'andouillette.

Menu 19 € (semaine), 28/37 € – Carte 27/60 €

Plan : B1-s – *5 pl. Ch.-de-Gaulle – 03 25 80 90 99 (réservation conseillée) – www.bistrotdupont.com – Fermé 1 semaine à Pâques, 3 semaines en août, vacances de Noël, jeudi soir, dim. soir et lundi*

à Creney-près-Troyes 6 km au Nord-Est par D960 – ✉ 10150 – 1 701 hab. – Alt. 118 m

Céladon-Côté Restaurant

CUISINE MODERNE · ÉLÉGANT XX Un cadre feutré contemporain – moquette, murs gris, fauteuils beiges et chocolat –, une cuisine au goût du jour réalisée avec de bons produits, une sympathique terrasse sur l'arrière : cette ancienne pension du centre-ville est aujourd'hui un bien agréable restaurant !

Menu 17/38 € – Carte 38/48 €

Plan : B1-t – *28 r. de la République – 03 25 81 08 54 – www.celadon-cote-restaurant.fr – Fermé le soir et le week-end*

à Moussey 10 km au Sud par D671 et D444 - ✉ 10800 - 597 hab. - Alt. 131 m

Domaine de la Creuse

MAISON DE CAMPAGNE • COSY Dans cette ferme champenoise du 18e s. perdue en pleine nature, les chambres qui entourent la cour intérieure aménagée en jardin sont vraiment adorables. Objets chinés, délicieux petit-déjeuner, accueil parfait, etc. Tout est très "campagne chic"...

5 chambres - 110/130 € 115/135 €

- 03 25 41 74 01 - www.domainedelacreuse.fr
- Fermé 20 déc.-5 janv.

à St-André-les-Vergers 5 km au Sud-Ouest - ✉ 10120 - 11 528 hab. - Alt. 112 m

La Gentilhommière

CUISINE MODERNE • ÉLÉGANT XX Ce pavillon moderne, à la sortie de Troyes, offre un cadre confortable, parfait pour un dîner en toute intimité. La cuisine est traditionnelle, avec pour spécialité l'œuf poché au champagne, mais fait aussi des clins d'œil à la modernité comme ce chou farci déstructuré !

Formule 19 € - Menu 23 € (semaine), 30/42 € - Carte 42/55 €

Plan : A2-r - *180 rte d'Auxerre - 03 25 49 35 64 - www.lagentilhommiere10.fr*
- Fermé dim. soir et lundi

TRUN

✉ 61160 (Orne) - 1 308 hab. - Alt. 90 m - Carte régionale n° **17**-C2
Paris 198 km - Alençon 60 km - Caen 63 km - Lisieux 47 km
Carte Michelin 310-J1

La Villageoise

MAISON DE CAMPAGNE • COSY Ses origines se perdent entre le 13e et le 17e s., mais sa vocation reste intacte : cet ancien relais de poste se montre très accueillant - de surcroît avec un vrai esprit de maison de famille, simple et frais. Voyez la chambre "Tourterelle"...

4 chambres - 60 € 75 €

66 r. de la République - 06 79 49 49 64 - www.lavillageoise.fr - Ouvert d'avril à déc.

TULETTE

✉ 26790 (Drôme) - 1 933 hab. - Alt. 147 m - Carte régionale n° **23**-B3
Paris 657 km - Avignon 56 km - Lyon 195 km - Valence 95 km
Carte Michelin 332-C8

K-Za

FAMILIAL • CONTEMPORAIN *Che bella casa !* Anne-Élisabeth, la maîtresse des lieux, est d'origine italienne. Et c'est en véritable *mamma*, passionnée par la gastronomie, qu'elle vous reçoit dans sa maison du 17e s. en galets roulés du Rhône, au superbe intérieur design. À table, on savoure une cuisine française maîtrisée aux notes provençales. Vins locaux.

5 chambres - 150/195 € 150/195 € - ½ P

258 r. Paul-Ruat - 04 75 98 34 88 - www.k-za.com - Fermé une semaine en sept.

TULLE

✉ 19000 (Corrèze) - 14 336 hab. - Alt. 210 m - Carte régionale n° **13**-C3
Paris 475 km - Aurillac 83 km - Brive-la-Gaillarde 27 km - Clermont-Ferrand 141 km
Carte Michelin 329-L4 - Guide Vert Michelin Limousin Berry

Les 7

CUISINE MODERNE • TENDANCE Cette adresse de poche (25 couverts au maximum) a été reprise en 2014 par un jeune couple plein d'allant. Œuf mollet frit à la bordelaise, cœur de rumsteack et chou farci, tatin de pommes et parfait glacé au caramel : le chef revisite joliment la tradition autour d'une courte carte à petit prix. Un vrai régal !

Formule 15 € - Menu 29/39 € - Carte 32/42 €

32 quai Baluze - 05 44 40 94 89 - www.restaurant-les7.fr - Fermé merc. soir, dim. soir et lundi

Inter-Hôtel

HÔTEL DE CHAÎNE • CONTEMPORAIN En centre-ville, le long de la Corrèze, un hôtel moderne et complètement relooké ; les chambres, confortables et spacieuses - surtout côté quai -, sont impeccablement tenues. Wifi gratuit, salle de réunion bien équipée, bon petit-déjeuner : parfait !

50 chambres - 79/99 € 87/99 € - 9 €

16 quai de la République - 05 55 26 42 00 - www.hotel-tulle.com - Fermé 23 déc.-2 janv.

LA TURBALLE

44420 (Loire-Atlantique) - 4 554 hab. - Alt. 6 m - Carte régionale n° **18**-A2

Paris 457 km - La Baule 13 km - Guérande 7 km - Nantes 84 km

Carte Michelin 316-A3 - Guide Vert Michelin Pays de la Loire

Le Terminus

POISSONS ET FRUITS DE MER • CONVIVIAL On y descend pour la vue sur le port de La Turballe, dont on jouit depuis toutes les tables ! La cuisine explore évidemment les produits de la mer.

Formule 16 € - Menu 29/58 € - Carte 27/121 €

18 quai St-Paul - 02 40 23 30 29 - www.laturballe.free.fr/restaurant-terminus - Fermé 2 semaines en fév., 1 semaines en oct., dim. soir, mardi soir et merc. hors saison

à Pen-Bron 3 km au Sud par D92 - 44420 La Turballe

Pen Bron

TRADITIONNEL • PERSONNALISÉ Tout à la pointe de la presqu'île guérandaise, face au Croisic... L'atout de cette maison bretonne : son aménagement moderne, pensé en détail pour les personnes à mobilité réduite. Restauration traditionnelle avec vue sur les flots.

43 chambres - 94/223 € 126/229 € - 12 € - ½ P

- 02 28 56 77 99 - www.hotels-aptitudes.com - Fermé 18 déc.-11 janv.

LA TURBIE

06320 (Alpes-Maritimes) - 3 179 hab. - Alt. 495 m - Carte régionale n° **22**-E2

Paris 943 km - Monaco 8 km - Menton 13 km - Nice 16 km

Carte Michelin 341-F5 - Guide Vert Michelin Côte d'Azur

Hostellerie Jérôme (Bruno Cirino)

CUISINE CLASSIQUE • MÉDITERRANÉEN Une noble hostellerie mêlant caractère des vieilles pierres - celles d'un réfectoire cistercien du 13e s. -, accueil délicat et savoureuse cuisine méridionale, signée par un chef épris des produits de la région. Son épouse, autodidacte passionnée, a constitué une cave de 30 000 bouteilles ! Et les chambres distillent le même charme...

→ Langoustines de Méditerranée à la vapeur, citron, citronnelle et jasmin. Galinette au fenouil sauvage servie en deux paliers. Déclinaison de figues du pays, sorbet au lait de bufflonne.

Menu 85/138 € - Carte 95/135 €

3 chambres - 180/220 € 180/220 € - 16 €

20 r. Comte-de-Cessole - 04 92 41 51 51 - www.hostelleriejerome.com - Ouvert 14 fév.-30 nov. et fermé lundi et mardi d'oct. à juin et le midi

Café de la Fontaine

CUISINE TRADITIONNELLE • BISTRO Repas au coude-à-coude entre des habitués gouailleurs et des gourmands ravis, atmosphère très conviviale : pas de doute, on est dans un authentique café de village. Ode aux terroirs ensoleillés, la cuisine – bistrotière et généreuse à souhait – est réalisée avec les meilleurs produits du marché et cela se sent !

Carte 31/54 €

4 av. du Gén.-de-Gaulle – 04 93 28 52 79 – www.hostelleriejerome.com

TURENNE

19500 (Corrèze) – 793 hab. – Alt. 350 m – Carte régionale n° **13**-B3

Paris 496 km – Brive-la-Gaillarde 15 km – Cahors 91 km – Figeac 76 km

Carte Michelin 329-K5 – Guide Vert Michelin Périgord Quercy

Maison des Chanoines

HISTORIQUE • PERSONNALISÉ Au cœur de ce beau village corrézien, cette demeure du 16e s. allie charme historique et confort, non sans évoquer une véritable maison d'hôtes (mobilier ancien, tableaux, etc.). Avis aux gourmets : la table gastronomique est très soignée, ne vous en privez pas...

7 chambres – 80/90 € 90/140 € – 12 € – ½ P

r. Joseph-Rouveyrol – 05 55 85 93 43 – www.maison-des-chanoines.com – Ouvert 16 avril-16 oct.

TURQUANT

49730 (Maine-et-Loire) – 577 hab. – Alt. 68 m – Carte régionale n° **18**-C2

Paris 294 km – Angers 76 km – Châtellerault 68 km – Chinon 21 km

Carte Michelin 317-J5 – Guide Vert Michelin Pays de la Loire

Demeure de la Vignole

MAISON DE CAMPAGNE • PERSONNALISÉ Ambiance guesthouse dans cette belle demeure bâtie à flanc de coteau. Chambres décorées avec goût – dont plusieurs troglodytiques, comme la piscine ! Terrasse face au vignoble.

8 chambres – 130/270 € 130/270 € – 4 suites – 17 €

imp. Marguerite-d'Anjou – 02 41 53 67 00 – www.demeure-vignole.com – Ouvert 17 mars-12 nov.

TUSSON

16140 (Charente) – 239 hab. – Alt. 125 m – Carte régionale n° **20**-C2

Paris 421 km – Angoulême 41 km – Cognac 49 km – Poitiers 83 km

Carte Michelin 324-K4 – Guide Vert Michelin Poitou-Charentes

Le Compostelle

CUISINE MODERNE • COSY Au cœur du village et sur l'antique route des pèlerins, un sympathique restaurant – un ancien relais de poste du 19e s. – où la rusticité des lieux se mêle à un style plus contemporain. Le chef réalise une jolie cuisine de produits et revisite avec simplicité la tradition régionale. Carte plus courte côté bistrot.

Menu 16 € (déj. en semaine), 32/55 € – Carte 45/61 €

– 05 45 31 15 90 – www.lecompostelle-tusson.fr – Fermé 29 sept.-14 oct., 1er-24 janv., mardi soir, merc. soir et jeudi soir sauf juil.-août, dim. soir et lundi

TY-SANQUER – 29 (Finistère) → Voir Quimper

UBERACH

67350 (Bas-Rhin) – 1 184 hab. – Alt. 175 m – Carte régionale n° **1**-B1

Paris 473 km – Baden-Baden 59 km – Offenburg 64 km – Strasbourg 38 km

Carte Michelin 315-J3

Restaurant de la Forêt

CUISINE TRADITIONNELLE • FAMILIAL XX Un accueil charmant, une cuisine traditionnelle concoctée avec les légumes et les herbes aromatiques du jardin... une Forêt très chaleureuse !

Formule 15 € - Menu 17 € (déj. en semaine) - Carte 40/55 €

94 Grande-Rue - ✆ 03 88 07 73 17 - www.restaurant-de-la-foret-uberach.com - Fermé 20 fév.-4 mars, 24 juil.-12 août, 1 semaine à la Toussaint, lundi soir, mardi soir, jeudi soir et merc.

UCHAUD - 30 (Gard) → Voir Nîmes

UCHAUX

84100 (Vaucluse) - 1 429 hab. - Alt. 80 m - Carte régionale n° **21**-A2
Paris 645 km - Avignon 40 km - Montélimar 45 km - Nyons 37 km
Carte Michelin 332-B8

Côté Sud

CUISINE MODERNE • ROMANTIQUE XX Une cuisine du marché soignée et bien tournée, goûteuse sans craindre la simplicité : voilà qui célèbre joliment la Provence... mais le patron n'a pas oublié ses origines bretonnes, avec pour spécialité le kouign amann ! Moment charmant dans cette maison en pierre et son ravissant jardin.

Menu 26/40 € - Carte 46/56 €

rte d'Orange - ✆ 04 90 40 66 08 (réservation conseillée) - www.restaurantcotesud.com - Fermé 2-18 oct., 21 déc.-10 janv., lundi soir hors saison, mardi et merc.

Château de Massillan

CUISINE MODERNE • CHIC XX Filets de rougets barbet, carré d'agneau de Provence... le chef rend un hommage malicieux à la cuisine provençale et aux produits locaux, souvent bio. En été, installez-vous dans la magnifique cour du château, autour d'une fontaine, face au jardin. *So romantic.*

Formule 24 € - Menu 49/79 € - Carte environ 75 €

Hôtel Château de Massillan, Hauteville, 3 km au Nord par D11 et rte secondaire - ✆ 04 90 40 64 51 (réservation conseillée) - www.chateaudemassillan.fr - Fermé 6-26 fév., nov., dim. soir et lundi d'oct. à mars

Le Temps de Vivre

CUISINE PROVENÇALE • TRADITIONNEL XX Chant des cigales, garrigue, vignes... Cette maison en pierre du 18e s. - mais au décor contemporain - invite à prendre le temps de vivre, en particulier sur sa terrasse ombragée. Le chef est un sérieux professionnel : il suffit de le voir préparer un fond de veau. Au menu : la générosité de la Provence, avec les légumes du beau-père en saison !

Menu 25 € (déj. en semaine), 32/48 € - Carte 42/54 €

322 rte de Bollène (Les Farjons), 3,5 km au Nord par D11 - ✆ 04 90 40 66 00 - www.letempsdevivre-uchaux.com - Fermé jeudi sauf juil.-août et merc.

Château de Massillan

DEMEURE HISTORIQUE • ÉLÉGANT Diane de Poitiers aurait séjourné dans ce châtelet des 16e-17e s. niché dans un magnifique parc entouré de vignes... Pierres et poutres d'époque, tentures et mobilier élégants : l'ensemble est splendide, et pour les esprits zen, une nouvelle annexe a été créée dans un esprit bio et naturel.

24 chambres - †117/357 € ††117/357 € - 1 suite - ☕ 19 €

Hauteville, 3 km au Nord par D11 et rte secondaire - ✆ 04 90 40 64 51 - www.chateaudemassillan.fr - Fermé 6-26 fév., nov., dim. soir et lundi d'oct. à mars

Château de Massillan - voir les restaurants ci-dessus

UGINE

73400 (Savoie) - 7 043 hab. - Alt. 484 m - Carte régionale n° **23**-C1
Paris 581 km - Annecy 37 km - Chambéry 63 km - Lyon 162 km
Carte Michelin 333-L3 - Guide Vert Michelin Alpes du Nord

La Châtelle

CUISINE MODERNE • CONVIVIAL Une maison forte du 13e s. tout en vieilles pierres, un lieu de caractère pour un repas gastronomique. Sous les voûtes de la salle principale, on aurait célébré la messe sous la Révolution... Aujourd'hui, on y glorifie les saveurs et les bons vins ! Également une agréable salle en véranda, face à la belle terrasse.

Formule 19 € - Menu 27 € (déj. en semaine)/42 € - Carte 47/54 €

3 r. P.-Proust - 04 79 37 30 02 - www.lachatelle.com - Fermé lundi et le soir sauf vend. et sam.

Envie de partir à la dernière minute ? Visitez les sites Internet des hôtels pour bénéficier de promotions tarifaires.

L'UNION - 31 (Haute-Garonne) → Voir Toulouse

UNTERMUHLTHAL - 57 (Moselle) → Voir Baerenthal

UPAIX

05300 (Hautes-Alpes) - 439 hab. - Alt. 629 m - Carte régionale n° **21**-B2
Paris 698 km - Digne-les-Bains 57 km - Gap 38 km - Marseille 150 km
Carte Michelin 334-D7

Le Beau Soleil

CUISINE MODERNE • AUBERGE En pleine campagne, cette maison est littéralement illuminée par le sourire d'Amélie, la patronne ! En cuisine, son mari met à profit la production maraîchère de la vallée de la Durance, les fromages locaux et l'agneau de Sisteron ; sa cuisine séduit dans un style simple et moderne.

Formule 14 € - Menu 17 € (déj. en semaine), 25/45 € - Carte 45/59 €

hameau de Rourebeau, 3 km à l'Est sur D22 - 04 92 22 31 36 - www.lebeausoleil.net - Fermé 2-23 janv., 1 semaine en juin, 1 semaine en oct., dim. soir et lundi

URÇAY

03360 (Allier) - 304 hab. - Alt. 169 m - Carte régionale n° **3**-B1
Paris 297 km - La Châtre 55 km - Montluçon 34 km - Moulins 66 km
Carte Michelin 326-C3

L'Étoile d'Urçay

CUISINE TRADITIONNELLE • AUBERGE Après une balade dans la forêt de Tronçais toute proche, arrêtez-vous dans ce restaurant familial. Au son de la musique d'ambiance, on s'installe dans un décor classique pour apprécier des recettes traditionnelles bien ficelées. Le chef sélectionne les meilleurs produits et, dans l'assiette, cela se sent !

Menu 13 € (semaine), 24/43 € - Carte 36/51 €

42 rte Nationale - 04 70 06 92 66 - Fermé 15 fév.-9 mars, 12-27 oct., mardi soir, merc. soir et jeudi soir sauf juil.-août, dim. soir et lundi

URIAGE-LES-BAINS

38410 (Isère) - Alt. 414 m - Carte régionale n° **23**-C2
Paris 576 km - Grenoble 11 km - Vizille 11 km
Carte Michelin 333-H7 - Guide Vert Michelin Alpes du Nord

✿✿ Les Terrasses d'Uriage (Christophe Aribert)

CUISINE CRÉATIVE • ÉLÉGANT XXX Une cuisine millimétrée, précise jusque dans les détails et sans sophistication inutile : Christophe Aribert a le don de rendre lisible chacune de ses recettes ! L'excellence des produits (en particulier du Vercors et du Dauphiné), les saveurs intenses et marquées : une expérience marquante, tout simplement...

→ Langoustine rôtie, livèche, amandes et sorbet truffe. Pigeon poché-rôti, chou-fleur, olives vertes et confit de fleurs. Raviole passion et caramel.

Menu 70 € (déj.), 110/189 € - Carte 135/145 €

Grand Hôtel, 60 pl. Déesse-Hygie - ✆ 04 76 89 10 80 - www.grand-hotel-uriage.com - Fermé 20 août-7 sept., 17 déc.-18 janv., merc. midi, jeudi midi, dim. soir, lundi et mardi

Le Bistrot des Terrasses

CUISINE TRADITIONNELLE • BISTRO X Au cœur de l'hôtel Napoléon III, ce Bistrot des Terrasses dévoile une petite salle au décor entre atelier et bistrot contemporain. Côté cuisine, on propose un menu-carte autour des produits du terroir : rillettes de saumon, poulet aux écrevisses, entrecôte sauce au poivre, tarte de saison... Réjouissant !

Formule 26 € - Menu 32 €

Grand Hôtel, 60 pl. Déesse-Hygie - ✆ 04 76 89 10 80 (réservation conseillée) - www.grand-hotel-uriage.com - Fermé 17 déc.-9 janv.

La Tour Maline

CUISINE MODERNE • COSY X En bordure du magnifique parc thermal, c'est une curiosité que ce restaurant construit dans une jolie tour ronde en brique rouge, surmontée d'un petit toit conique. Le chef, passionné, cuisine selon l'humeur du moment : filet mignon cuit doucement, ratatouille déstructurée ; déclinaison chocolat-avocat... Malin !

Formule 28 € - Menu 49/60 € - Carte 47/64 €

allée des Cèdres - ✆ 04 76 89 15 04 - www.la-tour-maline.fr - Fermé janv., dim. soir d'oct. à mars, mardi et merc.

Grand Hôtel

LUXE • PERSONNALISÉ Véritable institution d'Uriage, ce bel hôtel Napoléon III, relié au centre thermal, invite à un voyage au pays des arts... D'un grand raffinement, les chambres répondent aux noms de Coco Chanel, Colette, Mistinguett, Pierre Bonnard, etc., autant d'hôtes illustres dont elles perpétuent le souvenir.

38 chambres - †149/327 € ††197/394 € - 3 suites

60 pl. Déesse-Hygie - ✆ 04 76 89 10 80 - www.grand-hotel-uriage.com - Fermé 17 déc.-9 janv.

✿✿ **Les Terrasses d'Uriage** • **Le Bistrot des Terrasses** - voir les restaurants ci-dessus

au Sud 2 km par D524 - ✉38410 Uriage-les-Bains

Le Manoir des Alberges

FAMILIAL • PERSONNALISÉ Cette maison, construite à partir de 1903, surplombe un golf. Les cinq chambres, très différentes (styles bavarois, indien, ethnique, Art déco, etc.), sont très chaleureuses et impeccablement tenues. Dans la grande salle à manger, la propriétaire propose une cuisine inventive.

5 chambres - †120/140 € ††120/140 € - ½ P

251 chemin des Alberges - ✆ 04 76 51 92 11 - www.lemanoirdesalberges.com

URMATT

✉ 67280 (Bas-Rhin) - 1 474 hab. - Alt. 240 m - Carte régionale n° **1**-A2

Paris 487 km - Molsheim 15 km - Saverne 37 km - Sélestat 49 km

Carte Michelin 315-H5

La Poste

CUISINE TRADITIONNELLE • AUBERGE Les amateurs de tradition seront heureux de découvrir cette auberge familiale installée en face de l'ancienne mairie. Gibier en saison, truite au bleu, tournedos de bœuf Rossini, foie gras d'oie et autres terrines de campagne... La cuisine est généreuse et l'ambiance sympathique.

Formule 13 € – Menu 20 € (déj. en semaine), 27/44 € – Carte 26/55 €
14 chambres – 55/64 € 63/74 € – 10 €

74 r. du Général-de-Gaulle – 03 88 97 40 55 – www.hotel-rest-laposte.fr – Fermé 24 déc.-1er janv., dim. soir et lundi

URRUGNE - 64 (Pyrénées-Atlantiques) → Voir St-Jean-de-Luz

URVILLE-NACQUEVILLE

50460 (Manche) – 2 150 hab. – Alt. 20 m – Carte régionale n° **17**-A1
Paris 372 km – Caen 138 km – St-Lô 95 km
Carte Michelin 303-B1

Le Landemer

TRADITIONNEL • COSY Au pied de la falaise, cette ravissante maison a vu passer du beau monde (Boris Vian, Françoise Sagan, Édith Piaf et Marcel Cerdan) et ce n'est pas un hasard : ses chambres, cosy et confortables, offrent une vue imprenable sur la Manche. Un établissement plein de charme.

10 chambres – 90/184 € 90/184 € – 16 €

2 r. des Douanes – 02 33 04 05 10 – www.le-landemer.com – Fermé 18 déc.-18 janv.

USCLADES-ET-RIEUTORD

07510 (Ardèche) – 130 hab. – Alt. 1 270 m – Carte régionale n° **23**-A3
Paris 590 km – Aubenas 45 km – Langogne 41 km – Privas 59 km
Carte Michelin 331-G5

à Rieutord – 07510 Usclades et Rieutord

Ferme de la Besse

CUISINE TRADITIONNELLE • RUSTIQUE Une authentique ferme du 15e s. au toit de lauzes... Dans son décor rustique superbement préservé (pierres, poutres, cheminée), on apprécie charcuterie, cèpes, viandes locales...

Menu 18 € (déj. en semaine)/35 €

– 04 75 38 80 64 (réservation conseillée) – www.aubergedelabesse.com – Fermé 20 déc.-1er avril

USSEL

19200 (Corrèze) – 9 791 hab. – Alt. 631 m – Carte régionale n° **13**-D2
Paris 444 km – Aurillac 99 km – Clermont-Ferrand 83 km – Guéret 101 km
Carte Michelin 329-O2 – Guide Vert Michelin Limousin Berry

Auberge de l'Empereur

CUISINE MODERNE • VINTAGE Au milieu de la verdure, cette ancienne grange est devenue une auberge coquette et chaleureuse. Cheminée, charpente en coque de bateau renversée : l'endroit a beaucoup de cachet ! Dans l'assiette, de jolis produits travaillés avec soin et générosité : morilles de l'empereur, carré d'agneau au foin...

Formule 20 € – Menu 26 € (déj. en semaine), 33/60 € – Carte 40/74 €

La Goudouneche (parc d'activité de l'Empereur), 5 km au Sud-Ouest par D1089 – 05 55 46 04 30 (réservation conseillée) – www.aubergedelempereur.com – Fermé dim. soir et lundi

UTELLE

06450 (Alpes-Maritimes) – 765 hab. – Alt. 800 m – Carte régionale n° **21**-D2
Paris 883 km – Levens 24 km – Nice 51 km – Puget-Théniers 53 km
Carte Michelin 341-E4 – Guide Vert Michelin Côte d'Azur

Bellevue

CUISINE TRADITIONNELLE • AUBERGE Cette auberge rustique va si bien à ce village du bout du monde, avec sa terrasse sous les platanes, sa vue imprenable sur la vallée et les montagnes, et ses petits plats du terroir de l'arrière-pays niçois ! Et l'on peut louer un gîte pour profiter du calme, si loin de l'agitation de la côte...

Menu 22/39 € – Carte 27/57 €

5 av. René Millo – 04 93 03 17 19 – www.lebellevue-martinon.com – Fermé janv., merc. sauf juil.-août et le soir

Il fait beau ? Repérez le symbole et attablez-vous en terrasse...

UZER

07110 (Ardèche) – 444 hab. – Alt. 165 m – Carte régionale n° **23**-A3
Paris 663 km – Alès 63 km – Lyon 196 km – Privas 44 km
Carte Michelin 331-H6

Château d'Uzer

FAMILIAL • PERSONNALISÉ La fibre décorative des propriétaires, leur hospitalité, le mélange des styles, la piscine, le petit cinéma, le petit-déjeuner maison : ce château médiéval a tout pour plaire... sans oublier les deux roulottes du jardin semi-sauvage, où vous pouvez passer la nuit ! Restaurant ouvert sur réservation.

5 chambres – 150/165 € 150/165 €

– 04 75 36 89 21 – www.chateau-uzer.com

UZERCHE

19140 (Corrèze) – 2 958 hab. – Alt. 380 m – Carte régionale n° **13**-B3
Paris 444 km – Brive-la-Gaillarde 38 km – Limoges 57 km – Périgueux 106 km
Carte Michelin 329-K3 – Guide Vert Michelin Limousin Berry

La Treille Muscate

CUISINE MODERNE • ÉLÉGANT Au diapason de la demeure qui l'abrite, ce restaurant ne manque ni de grâce ni d'élégance ; sous de beaux luminaires et un plafond à la française, on savoure une cuisine simple et actuelle, réalisée avec des produits bien choisis – locaux pour la plupart. Le bouche-à-oreille fonctionne à plein : un succès mérité !

Menu 27/36 €

pl. des Vignerons – 05 55 97 20 60 – www.hotel-joyet-maubec.com – Fermé 1er janv.-26 janv. et 1er-10 oct., mardi midi, merc. midi hors saison, dim. soir et lundi en saison

Joyet de Maubec

HISTORIQUE • COSY Cet ancien hôtel particulier, redécoré avec beaucoup de goût et de très beaux matériaux, n'a rien perdu de son caractère d'antan. Le charme y est niché dans tous les coins, depuis le parterre pavé de l'accueil jusqu'aux chambres spacieuses et délicieusement rétro.

8 chambres – 90/230 € 90/230 € – 14 €

pl. des Vignerons – 05 55 97 20 60 – www.hotel-joyet-maubec.com – Fermé 1er janv.-26 janv. et 1er-10 oct.

La Treille Muscate – voir les restaurants ci-dessus

UZÈS

30700 (Gard) – 8 578 hab. – Alt. 138 m – Carte régionale n° **12**-D2
Paris 682 km – Avignon 39 km – Montpellier 93 km – Nîmes 38 km
Carte Michelin 339-L4 – Guide Vert Michelin Provence

La Table d'Uzès

CUISINE MODERNE • COSY XX Un nouveau chef épanoui et plein d'allant, des tables dressées avec soin, un décor élégant, des saveurs fraîches et franches : cette table possède tous les atouts pour charmer vos papilles. Par beau temps, on s'installe en terrasse, autour du tilleul. Un vrai plaisir de gastronome.

➜ Gambero rosso marinés minute, carpaccio de veau et poutargue de thon. Saint-pierre et marinère de coques et palourdes à la verveine, fenouil confit. Coque chocolatée et crème de pistache au mascarpone.

Menu 29 € 🍷 (déj. en semaine), 59/115 € - Carte 75/110 €

Hôtel La Maison d'Uzès, 18 r. du Dr-Blanchard - ✆ 04 66 20 07 00 - www.lamaisonduzes.fr - Fermé mardi du 3 oct. au 3 mai et lundi

L'Artemise

CUISINE CRÉATIVE • DESIGN XX Côté cuisine, ce beau mas du 16ᵉ s. est plus que jamais dans le vent ! Les produits frais de la région sont mis en avant dans de jolis menus de saison. Magnifiques chambres, piscine et spa... pour transformer l'étape gourmande en séjour de charme.

Menu 55/80 €

chemin de la Fontaine-aux-Bœufs, 1 km au Nord-Est par D982 - ✆ 04 66 63 94 14 - www.lartemise.com - Fermé fév., 28 août-3 sept., 24-31 déc. et le midi

La Parenthèse

CUISINE TRADITIONNELLE • MÉDITERRANÉEN XX C'est bien à une jolie parenthèse qu'invite cette table charmante, imprégnée par l'esprit chaleureux de la Provence. Au menu : de beaux produits et d'élégants équilibres de saveurs. Les recettes méridionales sont revisitées avec gourmandise...

Menu 23 € (déj. en semaine), 31/47 € - Carte 34/65 €

Hostellerie Provençale, 1-3 r. Grande-Bourgade - ✆ 04 66 22 11 06 - www.hostellerieprovencale.com - Fermé lundi sauf le soir en été et dim.

Le 80 Jours

CUISINE TRADITIONNELLE • CLASSIQUE X Voûtes et vieilles pierres, décor ethnique, joli patio ombragé : il fait bon s'attabler dans cette brasserie moderne dont l'enseigne évoque Jules Verne et... les voyages du maître des lieux. De quoi donner envie de voguer, à son tour, vers d'autres horizons - mais seulement après un bon repas.

Formule 17 € - Menu 24 € (déj.), 31/41 € - Carte 46/53 €

2 pl. Albert-1ᵉʳ - ✆ 04 66 22 09 89 - Fermé fév., dim. et lundi sauf le soir en juil. -août

Entraigues (N)

CUISINE MODERNE • INTIME X On s'installe dans une salle voûtée et intimiste pour déguster une cuisine moderne, réalisée à base de produits frais. Araignée de mer et asperges ; merlu de ligne, girolles, et ratatouille épicée...

Carte 46/77 €

Hôtel Entraigues, pl. de l'Évêché - ✆ 04 66 72 05 25 - www.hotel-entraigues.com - Fermé le midi, dim. et merc.

Entraigues (N)

HISTORIQUE • ÉPURÉ Au cœur du centre historique, cet établissement regroupe deux hôtels particuliers du 15ᵉ s. et 16ᵉ s., décorés avec goût : l'élégante épure des chambres contraste avec le charme des pierres, qui rappelle la présence de l'histoire. La piscine extérieure et le toit terrasse panoramique ne sont pas ses moindres atouts.

16 chambres - 🚹86/233 € 🚹🚹89/450 € - 3 suites - ☕ 14 €

pl. de l'Évêché - ✆ 04 66 72 05 25 - www.hotel-entraigues.com

Entraigues - voir les restaurants ci-dessus

Hostellerie Provençale

FAMILIAL • PERSONNALISÉ À deux pas de la place aux Herbes, le plus vieil hôtel de la ville ne pouvait pas mieux porter son nom ! Mobilier et tissus provençaux, œuvres contemporaines, pierres et poutres apparentes, tomettes et meubles chinés dans les chambres... On s'y sent bien, d'autant plus que l'accueil est charmant.

9 chambres – 85/130 € 95/155 € – 14 € – ½ P

1-3 r. Grande-Bourgade – 04 66 22 11 06 – www.hostellerieprovencale.com

La Parenthèse – voir les restaurants ci-dessus

La Maison d'Uzès

HISTORIQUE • ÉLÉGANT Dans la vieille ville, cet hôtel particulier du 17e s. accueille les voyageurs dans une atmosphère cosy et feutrée ; les chambres, aux noms poétiques – L'Écrin, Les Trois Lucarnes, La Dérobée, etc. –, sont confortables. Une charmante étape !

8 chambres – 245/300 € 270/625 € – 1 suite – 22 € – ½ P

18 r. du Dr-Blanchard – 04 66 20 07 00 – www.lamaisonduzes.fr – Fermé 21 nov.-11 déc., dim. et lundi en mai

La Table d'Uzès – voir les restaurants ci-dessus

L'Artemise

LUXE • DESIGN Bienvenue dans ce superbe mas du 16e s., installé dans un petit parc à la sortie d'Uzès. La déco marie vieilles pierres, mobilier design et une belle collection photographique ; les chambres sont bien équipées et confortables. Agréable piscine.

8 chambres – 230/350 € 230/350 € – 18 €

chemin de la Fontaine-aux-Bœufs, 1 km au Nord-Est par D982 – 04 66 63 94 14 – www.lartemise.com – Ouvert 14 avril-31 oct.

L'Artemise – voir les restaurants ci-dessus

à St-Quentin-la-Poterie 5 km au Nord par D5 – 30700 – 2 956 hab. – Alt. 113 m

Clos de Pradines

CUISINE MODERNE • TENDANCE XX Dès que la météo le permet, prenez la direction de la terrasse face au jardin, véritable belvédère sur la vallée... Un horizon verdoyant, fort agréable pour déguster une cuisine gastronomique à l'accent régional, mais avant tout originale et soucieuse du bon produit !

Menu 29/45 € – Carte 45/62 €

pl. du Pigeonnier – 04 66 20 04 89 – www.clos-de-pradines.com – Fermé 12-27 nov. et 2-31 janv. et lundi sauf le soir de mai à août

La Terr' In N

CUISINE MODERNE • CONVIVIAL X Au cœur du village, sur une charmante placette, ce restaurant propose une carte courte sur ardoise, et des produits frais, gages de qualité. On se régale d'une fraîcheur de homard ou d'une lotte, rouille, petits légumes, avec sa soupe de poisson. À déguster sur la terrasse ombragée par un majestueux platane.

Menu 24 € (déj. en semaine) – Carte 37/50 €

2 pl. du Monument-aux-Morts – 04 66 03 17 29 – Fermé vacances de la Toussaint, lundi et mardi d'oct. à avril et merc.

Clos de Pradines

FAMILIAL • PERSONNALISÉ Sur les hauteurs du village, un hôtel-restaurant paisible, proposant de jolies chambres de style néoprovençal, avec miniterrasse ou balcon orienté plein sud. Bon niveau de confort.

20 chambres – 79/135 € 79/135 € – 1 suite – 13 € – ½ P

pl. du Pigeonnier – 04 66 20 04 89 – www.clos-de-pradines.com – Fermé 12-27 nov. et 2-31 janv.

Clos de Pradines – voir les restaurants ci-dessus

à Montaren-et-St-Médiers 6 km au Nord-Ouest par D337 - ✉ 30700 - 1 504 hab. - Alt. 115 m

La Table 2 Julien

CUISINE MODERNE • BISTRO Les passions du jeune chef ? Les légumes, la cuisine virevoltante et les voyages. Il en résulte ces bons plats aux touches créoles ou asiatiques, à l'instar de ces gambas dans une raviole chinoise, lait de coco et curry. Terrasse sur deux niveaux à l'arrière. Accueil charmant !

Carte 30/55 €

12 rte d'Uzès - ✆ 04 66 03 75 38 (réservation conseillée) - Fermé fév., 28 août-3 sept., 1 semaine en déc., dim. et le soir

à Argilliers 4km au Sud-Est par D981 - ✉ 30210 - 445 hab. - Alt. 80 m

Le Tracteur

CUISINE MODERNE • CONVIVIAL Restaurant, cave à vin, mais aussi épicerie et centre d'exposition : ce lieu tendance, où les camions deviennent des galeries d'art, ne se laisse pas distraire par son originalité. Le chef y réalise une cuisine d'instinct, où le marché, comme souvent, dicte sa loi. Grande terrasse, à l'ombre de voiles tendues...

Carte 26/34 €

(quartier Bord Negre) - ✆ 04 66 62 17 33 (réservation conseillée) - Fermé vacances de la Toussaint et de Noël, dim. et le soir sauf vend. et sam.

LA VACHETTE - 05 (Hautes-Alpes) ➜ Voir Briançon

VACQUEYRAS

✉ 84190 (Vaucluse) - 1 085 hab. - Alt. 117 m - Carte régionale n° **22**-E1

Paris 662 km - Avignon 35 km - Nyons 34 km - Orange 19 km

Carte Michelin 332-C9 - Guide Vert Michelin Provence

à Montmirail 2 km à l' Est par rte secondaire - ✉ 84190

Montmirail

TRADITIONNEL • VINTAGE Au pied des célèbres Dentelles de Montmirail, demeure de caractère (19es.) au milieu d'un plaisant jardin planté de pins et de platanes. Chambres bien tenues. Au restaurant, l'ambiance est cosy... c'est idéal pour déguster une appétissante cuisine traditionnelle.

33 chambres - 68/75 € 85/145 € - 14 € - ½ P

Château des Eaux - ✆ 04 90 65 84 01 - www.hotelmontmirail.com - Ouvert 13 avril-20 oct.

VAGNAS

✉ 07150 (Ardèche) - 557 hab. - Alt. 200 m - Carte régionale n° **23**-A3

Paris 678 km - Alès 38 km - Aubenas 37 km - Mende 112 km

Carte Michelin 331-I7

La Bastide d'Iris

FAMILIAL • CONTEMPORAIN Un jardin de roses, de lavande et d'oliviers ; une terrasse où l'on peut prendre son petit-déjeuner ; des chambres coquettes et colorées (dont deux familiales) : tels sont les atouts de cette bastide de construction récente, située à la sortie du village.

13 chambres - 89/140 € 89/224 € - 14 €

L'Estrade, D579 - ✆ 04 75 88 44 77 - www.labastidediris.com - Fermé 18 déc.-15 janv.

VAGNEY

✉ 88120 (Vosges) - 3 992 hab. - Alt. 412 m - Carte régionale n° **14**-C3

Paris 437 km - Belfort 99 km - Épinal 40 km - Metz 163 km

Carte Michelin 314-I4

Les Lilas

CUISINE MODERNE • **COSY** XX Dans cette localité au pied des Vosges, impossible de manquer la grande bâtisse rose saumon sur le bord de la route ! On est accueilli chaleureusement en salle par Armelle ; pendant ce temps, Lionel, en cuisine, réalise de bons plats actuels avec quelques touches plus créatives par instants. Agréable terrasse.

Formule 14 € - Menu 19 € (semaine), 27/48 € - Carte 32/50 €

12 r. du Gén.-de-Gaulle - 03 29 23 69 47 (réservation conseillée) - www.restaurantleslilas.fr - Fermé 9-17 mai, 21 août-6 sept., 2 semaines en janv., lundi soir, mardi soir et merc.

VAILHAN

34320 (Hérault) - 173 hab. - Alt. 181 m - Carte régionale n° **12**-C2

Paris 740 km - Albi 173 km - Carcassonne 127 km - Montpellier 71 km

Carte Michelin 339-E7

L'Auberge du Presbytère

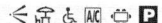

CUISINE MODERNE • **AUBERGE** X Un presbytère du 17e s. tout en vieilles pierres, dominant le lac des Olivettes : à l'unisson de la nature environnante, la cuisine cultive le goût des choses vraies. Ainsi ce menu de l'Aubrac, et sa côte de veau du Ségala. Circuits courts, saisonnalité, fraîcheur... et prix doux.

Menu 34/50 €

4 r. de l'Église - 04 67 24 76 49 (réservation conseillée) - www.aubergedupresbytere.fr - Fermé janv., lundi de nov. à mars, mardi et merc.

VAILLY

74470 (Haute-Savoie) - 855 hab. - Alt. 780 m - Carte régionale n° **25**-F1

Paris 582 km - Annecy 72 km - Genève 48 km - Lyon 191 km

Carte Michelin 328-M3

Le Moulin de Léré

CUISINE MODERNE • **RUSTIQUE** X Au cœur de la vallée du Brevon, cet ancien moulin du 17es., tout de pierre et de bois, abrite un restaurant cosy de style montagnard. L'assiette donne la priorité à la fraîcheur, autour d'une délicieuse cuisine du marché. Cinq chambres de charme permettent de prolonger cette escale bucolique. Accueil très agréable.

Menu 29/70 € - Carte 46/56 €

5 chambres - 85/95 € 85/112 € - 11 €

Sous la côte - 04 50 73 61 83 - www.moulindelere.com - Fermé 6-23 nov., mardi midi, merc. midi, jeudi midi et lundi

VAISON-LA-ROMAINE

84110 (Vaucluse) - 6 123 hab. - Alt. 193 m - Carte régionale n° **21**-B2

Paris 664 km - Avignon 51 km - Carpentras 27 km - Montélimar 64 km

Carte Michelin 332-D8 - Guide Vert Michelin Provence

Bistro du'O

CUISINE MODERNE • **CONVIVIAL** X "Bistro du'O" car l'adresse se trouve dans la ville haute (et même dans les anciennes écuries du château de Vaison, aux belles voûtes du 12e s.) et est tenue par... un jeune duo complice. Elle en salle, lui aux fourneaux, cuisinant au plus près des saisons et des producteurs locaux. Nous voilà... en haut de la gourmandise !

Formule 24 € - Menu 32/47 € - Carte 48/60 €

Plan : B2-f - *1 r. du Château - 04 90 41 72 90 - www.bistroduo.fr - Fermé 5-26 nov., dim. et lundi*

Le Bateleur

CUISINE MODERNE • RUSTIQUE À un jet de lances du pont romain, aux pieds de la ville médiévale, le jeune chef propose une cuisine du marché, attentive aux saisons et concentrée sur les produits provençaux... à déguster en terrasse, sous des cieux cléments. Une belle étape pour découvrir la cuisine régionale !

Formule 24 € – Menu 35/47 € – Carte 50/65 €

Plan : B2-k – *1 pl. Théodore-Aubanel – ✆ 04 90 36 28 04 – www.restaurant-lebateleur.com – Fermé sam. midi de juin à sept., dim. sauf le soir de juin à sept. et lundi*

Burrhus

TRADITIONNEL • DESIGN De nombreux atouts pour cet établissement : une situation centrale, des chambres alliant simplicité et esprit contemporain (dont certaines offrent une jolie vue sur les toits de Vaison), des expositions d'art contemporain et une jolie terrasse pour le petit-déjeuner.

39 chambres – 🚹63/67 € 🚹🚹73/98 € – ☕10 €

Plan : B1-n – *2 pl. Monfort – ✆ 04 90 36 00 11 – www.burrhus.com – Fermé 16 déc.-23 janv. et dim. en janv. et fév.*

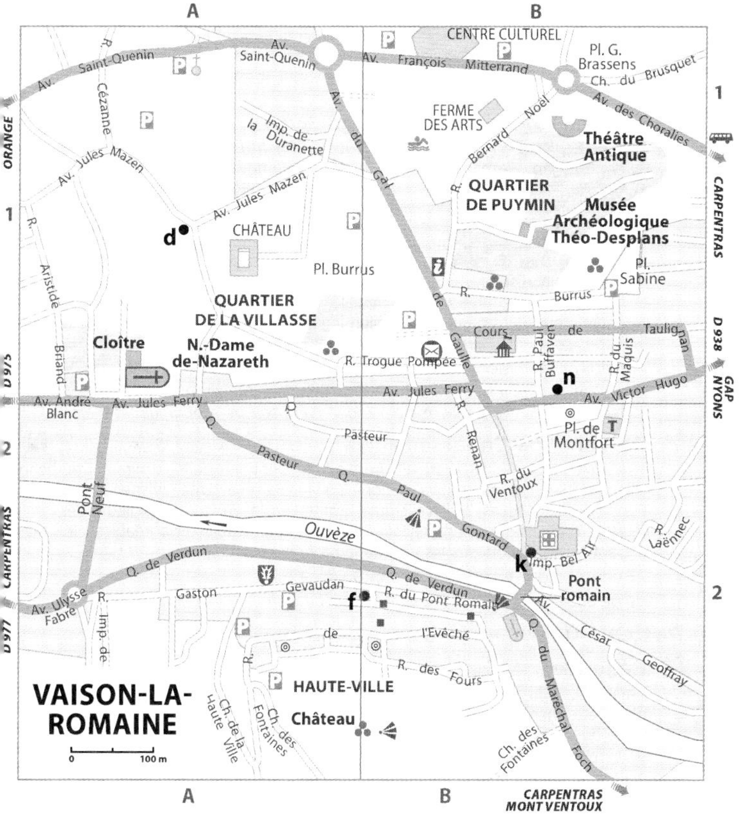

Le Jour et la Nuit

MAISON DE CAMPAGNE • CONTEMPORAIN Emmitouflée dans son silence, entourée de vignobles, cette ferme du 16e s., située entre Roaix et Vaison-la-Romaine, propose des chambres sobres et spacieuses. Relaxez-vous autour de la piscine, ou partez à l'assaut des beaux villages alentour. Rien ne presse, après tout, ni le jour, ni la nuit...

5 chambres - 85/120 € 90/125 €

Hors plan - *1205 chemin des Ruches, 3 km au Nord-Ouest par D975 et rte secondaire - 06 80 48 66 47 - www.journuitvaison.fr*

Les Tilleuls d'Élisée

FAMILIAL • TRADITIONNEL Entre le site antique et la cathédrale, cette belle ferme de 1880, entourée d'oliviers et d'arbres fruitiers, offre le confort de chambres simples et fraîches. Possibilité de garer sa voiture, ou de partir en promenade, à pied. Deux cerises sur ce beau gâteau : l'accueil charmant et les confitures maison...

5 chambres - 78/80 € 78/80 €

Plan : A1-d - *1 av. Jules-Mazen (chemin du Bon-Ange) - 04 90 35 63 04 - www.vaisonchambres.info - Fermé 1er-24 janv.*

à Entrechaux 7 km au Sud-Est par D938 et D54 – 84340 – 1 116 hab. – Alt. 280 m

St-Hubert

CUISINE TRADITIONNELLE • RUSTIQUE XX Toute la douceur immuable de la tradition dans cet établissement tenu par la même famille depuis 1929. Le calme du village, le cadre rustique de la maison, la terrasse sous la glycine, et surtout la franchise et la générosité de la cuisine (faisant la part belle au gibier l'hiver et aux fruits de mer l'été) : ne changez rien...

Formule 18 € - Menu 29/55 € - Carte 36/69 €

36 r. de Ecoles (Le Village) - 04 90 46 00 05 - http://restaurantsthubert.free.fr - Fermé 29 janv.-11 mars, 1er-13 oct., lundi soir de nov. à fév., mardi et merc.

à Séguret 10 km au Sud-Ouest par D977 et D88 – 84110 – 849 hab. – Alt. 250 m

Le Mesclun

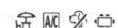

CUISINE MODERNE • BISTRO X Au cœur de ce charmant village médiéval à flanc de colline, un restaurant au cadre contemporain feutré, doublé d'une agréable terrasse ombragée. Métissée et originale, la carte invite au voyage, à l'image de ce tajine croustillant de poulet fermier, légumes confits aux épices douces et parfums des souks du Caire...

Formule 19 € - Menu 29/46 €

r. des Poternes (accès piétonnier) - 04 90 46 93 43 (réservation conseillée) - www.lemesclun.com - Fermé dim. soir, mardi soir de sept. à juin et merc.

Domaine de Cabasse

TRADITIONNEL • FONCTIONNEL Au pied des Dentelles de Montmirail et du beau village de Séguret, au cœur d'un domaine viticole en activité – visites et dégustations sont proposées –, il n'est qu'à profiter de la quiétude des lieux, des senteurs et du soleil de la Provence... Chambres confortables et agréables ; joli restaurant où sont proposés les vins de la propriété.

23 chambres - 93/185 € 93/185 € - 14 € - ½ P

rte de Sablet - 04 90 46 91 12 - www.cabasse.fr

à Rasteau 9 km à l'Ouest par D975 et D69 – 84110 – 814 hab. – Alt. 200 m

Bellerive

FAMILIAL • CLASSIQUE Une grande villa nichée au milieu des vignes, à l'issue d'un petit chemin... Toutes les chambres, de style provençal, jouissent d'une terrasse ou d'une loggia ouvrant sur le paysage : la vallée de l'Ouvèze, les Dentelles de Montmirail, le Ventoux au loin. Quel écrin de calme et de verdure !

20 chambres - 90/170 € 90/170 € - 15 € - ½ P

rte de Violès - 04 90 46 10 20 - www.hotel-bellerive.fr - Ouvert mars- oct.

VAÏSSAC

82800 (Tarn-et-Garonne) - 814 hab. - Alt. 134 m - Carte régionale n° **15**-C2

Paris 620 km - Albi 60 km - Montauban 23 km - Toulouse 76 km

Carte Michelin 337-F7

Terrassier

FAMILIAL • FONCTIONNEL Cette auberge tenue en famille est très pratique pour rayonner dans le Quercy et l'Albigeois... Les chambres sont bien tenues (plus récentes et spacieuses à l'annexe) ; au restaurant, le chef – un ex-boucher – concocte une sympathique cuisine traditionnelle et du terroir. Tarifs mesurés.

18 chambres - 58/78 € 58/78 € - 10 € - ½ P

205 r. du village - 05 63 30 94 60 - www.chezterrassier.com - Fermé 1 semaine en avril, 1 semaine en août, 1 semaine en nov., vend. soir, sam. midi et dim. soir

LE VAL

83143 (Var) - 4 198 hab. - Alt. 242 m - Carte régionale n° **21**-C3

Paris 818 km - Marseille 70 km - La Seyne-sur-Mer 63 km - Toulon 55 km

Carte Michelin 340-L5 - Guide Vert Michelin Côte d'Azur

La Crémaillère

CUISINE TRADITIONNELLE • RUSTIQUE X Dans cet accueillant restaurant familial situé au cœur du village, la Provence est reine : pressé de lapereau aux aromates, daurade au fenouil confit à l'huile d'olive vierge... Petite terrasse dans la rue.

Formule 20 € - Menu 28 € - Carte 32/47 €

23 r. Nationale - 04 94 86 40 00 - www.lacremaillere-leval.fr
- Fermé 15-20 fév., merc. soir et dim. soir sauf juil.-août, et lundi

VALADY

12330 (Aveyron) - 1 551 hab. - Alt. 350 m - Carte régionale n° **15**-C1

Paris 625 km - Decazeville 20 km - Rodez 20 km

Carte Michelin 338-G4

Auberge de l'Ady

CUISINE MODERNE • CONVIVIAL XX Au cœur d'un village rural de l'Aveyron, une agréable auberge, épurée et contemporaine. On y sert une cuisine fraîche, savoureuse et bien dans son époque, privilégiant les produits bio : terrine de foie gras de canard fumé, compressé de jarret de porc au poivre du Sichuan... Avec 200 références de vins au choix !

Menu 18 € (déj. en semaine), 29/70 € - Carte 49/67 €

4 chambres - 70/110 € 80/120 €

1 av. du Pont-de-Malakoff (près de l'église) - 05 65 72 70 24
- www.auberge-ady.com - Fermé 1 semaine en juil., 1 semaine vacances de la Toussaint, 2-26 janv., merc. soir d'oct. à avril, dim. soir, mardi soir et lundi

LE VAL-ANDRÉ - 22 (Côtes-d'Armor) → Voir Pléneuf-Val-André

VALAURIE

26230 (Drôme) - 572 hab. - Alt. 162 m - Carte régionale n° **23**-B3

Paris 622 km - Montélimar 21 km - Nyons 33 km - Pierrelatte 14 km

Carte Michelin 332-B7

Le Moulin de Valaurie

MAISON DE CAMPAGNE • ÉLÉGANT À l'extérieur du village, prenez un chemin bordé de vignes pour accéder à ce beau moulin du 19e s. Les chambres, décorées dans un esprit provençal (objets et meubles chinés), sont des plus charmantes. Restaurant traditionnel.

19 chambres - 99/225 € 99/225 € - 15 € - ½ P

Le Foulon - 04 75 97 21 90 - www.lemoulindevalaurie.com

VALBERG

✉ 06470 (Alpes-Maritimes) - Peone - Alt. 1 669 m - Carte régionale n° **21**-D2
Paris 803 km - Barcelonnette 75 km - Castellane 67 km - Nice 84 km
Carte Michelin 341-C3 - Guide Vert Michelin Alpes du Sud

L'Étable

CUISINE DU TERROIR • RUSTIQUE Ce petit restaurant du cœur de station n'a pas usurpé sa bonne réputation ! Non content de proposer de goûteuses spécialités montagnardes (fondues, raclettes etc.), l'Étable concocte aussi de bons petits plats mijotés, dans un décor alpin et une atmosphère conviviale. Excellents fromages des fermes voisines.

Carte 28/47 €

1 av. St-Bernard - ✆ 04 93 02 68 20 (réservation conseillée) - Fermé de mi-avril à fin mai, de fin oct. à début déc., dim. soir et lundi

Le Chalet Suisse

FAMILIAL • COSY Un vrai chalet de montagne au cœur de cette jolie station. Confort et détente au hammam et au sauna après une journée de balade ou de ski, bain de soleil sur la terrasse, pause au bar ou au restaurant, puis repos douillet... Pour des vacances-plaisir dans les Alpes du Sud !

23 chambres - 75/100 € 90/130 € - 12 €

4 av. Valberg - ✆ 04 93 03 62 62 - www.chaletsuisse.fr - Ouvert de mi-juin à mi-sept. et de mi-déc. à début-avril

L'Adrech de Lagas

FAMILIAL • MONTAGNARD Au pied des pistes, un chalet avec un restaurant traditionnel et des chambres spacieuses - la plupart jouissant d'une loggia exposée plein sud. Pour les familles, l'établissement dispose également de duplex. Un point de chute utile.

20 chambres - 78/122 € 84/133 € - 12 € - ½ P

63 av. Valberg - ✆ 04 93 02 51 64 - www.adrech-hotel.com - Ouvert juin-sept. et déc.-mars

VALBONNE

✉ 06560 (Alpes-Maritimes) - 12 619 hab. - Alt. 250 m - Carte régionale n° **22**-E2
Paris 907 km - Antibes 14 km - Cannes 13 km - Grasse 11 km
Carte Michelin 341-D6 - Guide Vert Michelin Côte d'Azur

Lou Cigalon

CUISINE MODERNE • ÉLÉGANT Entrez dans cette charmante petite maison en pierre au cœur de Valbonne, vous ne le regretterez pas ! Dans l'assiette, une cuisine maîtrisée et créative, souvent originale : vous aimerez forcément cet œuf coulant et crustacé roti, ou encore ce pigeon au foie gras en croûte de charlotte... Savoureux.

Menu 60 € - Carte environ 86 €

6 bd Carnot - ✆ 04 93 12 01 61 (réservation conseillée) - www.loucigalon.fr - Fermé 21 août-7 sept., dim., lundi, jeudi et le midi

Seventeen

BUSINESS • CONTEMPORAIN Un établissement très design qui propose... 23 chambres et appartements. Tout respire l'épure et la nouveauté : matériaux modernes, sobriété des couleurs (beige et taupe)... En prime, la terrasse permet de profiter de la douceur du climat provençal.

13 chambres - 145/290 € 145/440 € - 8 suites - 15 €

241 chemin Font-de-Cuberté, rte de Cannes - ✆ 04 93 12 37 70 - www.seventeenhotel.com - Fermé de mi-déc. à fin janv.

La Bastide de Valbonne

TRADITIONNEL · RÉGIONAL La demeure d'inspiration provençale, fleurie et pimpante, avec ses murs jaunes et ses volets bleus. Les chambres, parfaitement tenues, disposent parfois d'une terrasse. Et, pour se détendre, on ne se refuse pas un plongeon dans la piscine. Parfait pour le farniente.

34 chambres - 95/175 € 95/300 € - 15 €

107 chemin Font-Cuberté, rte de Cannes - 04 93 12 33 40 - www.bastidedevalbonne.com - Fermé 15 déc.-31 janv.

Les Armoiries

TRADITIONNEL · FONCTIONNEL C'est en marchant, quartier piéton oblige, que l'on arrive à cette bâtisse du 17e s. aux belles arcades, aussi pittoresque que le village lui-même. Les chambres y sont confortables et bien tenues. Le petit-déjeuner se prend sur la place baignée de lumière : tout le charme de l'arrière-pays grassois.

16 chambres - 95/160 € 95/160 € - 12 €

pl. des Arcades - 04 93 12 90 90 - www.hotellesarmoiries.com

au golf d'Opio-Valbonne 2 km au Nord-Est par rte de Biot (D4 et D204) - 06650 Opio :

Le Ciste

CUISINE TRADITIONNELLE · CONVIVIAL XX Une petite faim après 18 trous ? En soirée, venez découvrir une belle carte gastronomique composée avec soin, et mettant en avant les produits de la région. À déguster près de la cheminée, dans une salle sobre et élégante, ou sur la terrasse donnant sur les greens du golf...

Menu 45/95 € - Carte 70/99 €

rte de Roquefort-les-Pins - 04 93 12 37 00 - www.chateau-begude.com - Fermé 19 nov.-27 déc., dim., lundi et le midi

Château de la Bégude

TRADITIONNEL · PERSONNALISÉ Les amateurs de swing vont se régaler ! Cette bastide du 17 es., flanquée de sa bergerie, est située au beau milieu du très réputé golf d'Opio. Les chambres, d'inspiration provençale ou plus contemporaines, ne manquent pas de cachet ; le midi, on déguste de bons plats de brasserie.

38 chambres - 94/230 € 94/370 € - 6 suites - 20 € - ½ P

rte de Roquefort-les-Pins - 04 93 12 37 00 - www.chateau-begude.com - Fermé 19 nov.-27 déc.

Le Ciste - voir les restaurants ci-dessus

rte d'Antibes au Sud par D3 - 06560 Valbonne :

Daniel Desavie

CUISINE PROVENÇALE · ÉLÉGANT XXX La clientèle locale apprécie cette adresse dont la cuisine honore les saveurs provençales : fleurs de courgettes, loup aux artichauts, tarte au citron revisitée... Un classicisme qui a de l'allure ! On peut aussi opter pour le petit bistrot attenant, à petit prix, avec une carte renouvelée chaque semaine.

Formule 20 € - Menu 25 € (déj. en semaine), 41/61 € - Carte 60/94 €

1360 rte d'Antibes - 04 93 12 29 68 - www.restaurantdanieldesavie.fr - Fermé 15-22 fév., 6-13 nov., dim. et lundi

Castel Provence

BUSINESS · FONCTIONNEL Cet hôtel récent, de style provençal, est parfait pour une courte escapade ou un voyage d'affaires. L'endroit est plutôt calme, les équipements fonctionnels, et la piscine et le jardin invitent à la détente.

36 chambres - 99/195 € 99/195 € - 14 €

30 chemin de Pinchinade, à 2,5 km - 04 93 12 11 92 - www.hotelcastelprovence.fr

à Sophia-Antipolis 7 km au Sud-Est par D3 et D103 – ✉ 06560 Valbonne

Beachcomber-Fench Riviera

BUSINESS • CONTEMPORAIN En plein cœur du parc de Sophia-Antipolis, ce complexe hôtelier propose de nombreux équipements sportifs – notamment un club de tennis – ainsi que de grandes chambres modernes et contemporaines. Salles de séminaires pour la clientèle d'affaires.

155 chambres – †90/350 € ††90/350 € – ☕ 19 € – ½ P

Les Lucioles 2 - 3550 rte des Dolines – ✆ 04 92 96 68 78 – www.sophiacountryclub.com – Fermé 22 déc.-2 janv.

VALCEBOLLÈRE

✉ 66340 (Pyrénées-Orientales) – 47 hab. – Alt. 1 470 m – Carte régionale n° **12**-A3
▶ Paris 856 km – Bourg-Madame 9 km – Font-Romeu-Odeillo-Via 27 km – Perpignan 107 km
Carte Michelin 344-D8

Auberge Les Ecureuils

AUBERGE • TRADITIONNEL Au cœur des Pyrénées, dans un petit hameau du bout du monde, cette ancienne bergerie reconvertie en auberge permet de crapahuter en montagne en toute saison ! Cheminée, murs en pierre, piscine à la romaine, hammam, restaurant traditionnel, etc. : à la fois rustique et atypique.

19 chambres – †72/90 € ††80/110 € – ☕ 10 € – ½ P

Carrer Gorro Blanc – ✆ 04 68 04 52 03 – www.aubergeecureuils.com – Fermé 12 nov.-5 déc.

VAL-CLARET – 73 (Savoie) → Voir Tignes

VALDAHON

✉ 25800 (Doubs) – 5 182 hab. – Alt. 645 m – Carte régionale n° **9**-C2
▶ Paris 436 km – Besançon 33 km – Morteau 33 km – Pontarlier 32 km
Carte Michelin 321-I4

Relais de Franche Comté

CUISINE RÉGIONALE • TRADITIONNEL XX La gastronomie franc-comtoise à portée de bourse : terrines maison, gibier, sauce au vin jaune et aux morilles, fromages locaux (comté, bleu de Gex), vins d'Arbois... Simplicité et authenticité au menu !

Menu 16 € (semaine), 20/58 € – Carte 21/56 €

1 r. Charles-Schmitt – ✆ 03 81 56 23 18 – www.relais-de-franche-comte.com – Fermé 27 avril-3 mai, 24-30 août, 18 déc.-11 janv., vend. soir et sam. midi sauf du 10 juil. au 24 août et dim. soir de sept. à juin

Relais de Franche Comté

FAMILIAL • FONCTIONNEL À l'entrée de la ville, cet hôtel-restaurant très fréquenté est un véritable lieu de vie, géré en famille. Chambres modernes et bien tenues. Un vrai relais en Franche-Comté.

24 chambres – †62/75 € ††72/92 € – ☕ 10 € – ½ P

1 r. Charles-Schmitt – ✆ 03 81 56 23 18 – www.relais-de-franche-comte.com – Fermé 27 avril-3 mai, 24-30 août, 18 déc.-11 janv., vend. soir et sam. midi sauf du 10 juil. au 24 août et dim. soir de sept. à juin

Relais de Franche Comté – voir les restaurants ci-dessus

LE VAL-D'AJOL

✉ 88340 (Vosges) – 3 967 hab. – Alt. 380 m – Carte régionale n° **14**-C3
▶ Paris 382 km – Épinal 41 km – Luxeuil-les-Bains 18 km – Plombières-les-Bains 10 km
Carte Michelin 314-G5

La Résidence

CUISINE MODERNE • CONTEMPORAIN XX La salle à manger, rénovée dans un style contemporain, correspond tout à fait aux inspirations culinaires du chef : ses créations sont bien dans l'air du temps et s'appuient sur les produits du terroir local. Agréable terrasse face aux arbres centenaires du parc.

Formule 14 € – Menu 29/65 € – Carte 38/50 €

5 r. des Mousses, par rte de Hamanxard – ✆ 03 29 30 68 52 – www.la-residence.com – Fermé 26-12 mars, 1er-25 déc., dim. soir de sept. à juin sauf vacances scolaires et fériés

La Résidence

TRADITIONNEL • FONCTIONNEL Adossée à un beau parc arboré et fleuri, une grande maison bourgeoise du milieu du 19e s. avec des chambres spacieuses et confortables, et des installations bien pensées (piscine couverte, sauna, etc.). On trouve aussi trois "chellos", des chalets en bois volontairement spartiates et nature.

48 chambres – †59/75 € ††72/102 € – ☕ 12 € – ½ P

5 r. des Mousses, par rte de Hamanxard – ✆ 03 29 30 68 52 – www.la-residence.com – Fermé 26 fév.-12 mars et 1er-25 déc.

La Résidence – voir les restaurants ci-dessus

VAL-DE-SAANE

✉ 76890 (Seine-Maritime) – 1 460 hab. – Alt. 100 m – Carte régionale n° **17**-C1
Paris 172 km – Evreux 95 km – Rouen 42 km
Carte Michelin 304-F3

Auberge de La Mère Duval

CUISINE TRADITIONNELLE • RUSTIQUE XX Un jeune couple œuvre aujourd'hui aux destinées de cette jolie petite auberge de pays, fondée en son temps par la mère Duval, dont les spécialités subsistent à la carte : truite aux amandes, diplomate... Mais c'est là la seule pointe de nostalgie de l'adresse qui joue la carte de la tradition avec une totale fraîcheur !

Formule 18 € – Menu 25/45 €

pl. Daniel-Boucour – ✆ 02 35 32 30 13 – www.auberge-mere-duval.com – Fermé mardi et merc.

VAL-D'ESQUIÈRES - 83 (Var) → Voir Ste-Maxime

VAL-D'ISÈRE

✉ 73150 (Savoie) – 1 637 hab. – Alt. 1 850 m – Carte régionale n° **23**-D2
Paris 667 km – Albertville 86 km – Chambéry 135 km
Carte Michelin 333-O5 – Guide Vert Michelin Alpes du Nord

L'Atelier d'Edmond

CUISINE CRÉATIVE • RUSTIQUE XXX Un beau chalet à l'ancienne, tout en bois, avec vieux outils et lampes à pétrole créant un joli éclairage la nuit venue : nostalgie et chaleur... Délicieux contraste avec la cuisine de Benoît Vidal, pleinement ancrée dans le présent et aux arômes puissants ! Les assiettes sont si belles qu'on ose à peine les toucher...

→ Jardin d'écrevisses, bouillon infusé à l'aspérule odorante. Suprême de pigeon mi-fumé et rôti sur l'os, jus mixé aux fèves de cacao. Chocolat fumé et lait de ferme en crème glacée au foin.

Formule 62 € – Menu 98/175 € – Carte 120/140 €

Hors plan – *au Fornet, 2 km à l'Est, rte de l'Iseran – ✆ 04 79 00 00 82 – www.atelier-edmond.com – Ouvert juil.-août et de mi-déc. à fin avril ; été : fermé dim., mardi et le midi ; hiver : fermé mardi midi et lundi sauf vacances de Noël*

Bistrot Gourmand – voir les restaurants ci-après

Bistrot Gourmand

CUISINE TRADITIONNELLE • MONTAGNARD Le bistrot est situé au rez-de-chaussée du restaurant gastronomique, mais notre gourmandise, elle, atteint des sommets ! Le jeune chef, originaire de Perpignan, mijote une cuisine de grand-mère savoureuse (délicieuse soupe de potimarron), volontiers canaille. Et pour en profiter, une terrasse plein sud.

Formule 25 € – Menu 29 €

Hors plan – *Restaurant L'Atelier d'Edmond, au Fornet, 2 km à l'Est, rte de l'Iseran – 04 79 00 21 42 (réservation conseillée) – www.atelier-edmond.com – Ouvert de mi-juil. à fin août, de mi-déc. à fin avril et fermé lundi et le soir*

La Table des Neiges

CUISINE MODERNE • COSY Les gourmands de Val-d'Isère connaissent bien cette adresse ! Dans la belle salle sous charpente, une fondue savoyarde revisitée côtoie un délicieux veau façon blanquette à la truffe... De bons produits frais sont à l'honneur ; la carte est renouvelée régulièrement.

Menu 58/85 € – Carte 70/80 €

Plan : A2-s – *Hôtel Le Tsanteleina, av. Olympique – 04 79 06 12 13 – www.tsanteleina.com – Ouvert 3 déc.-1er mai et fermé le midi*

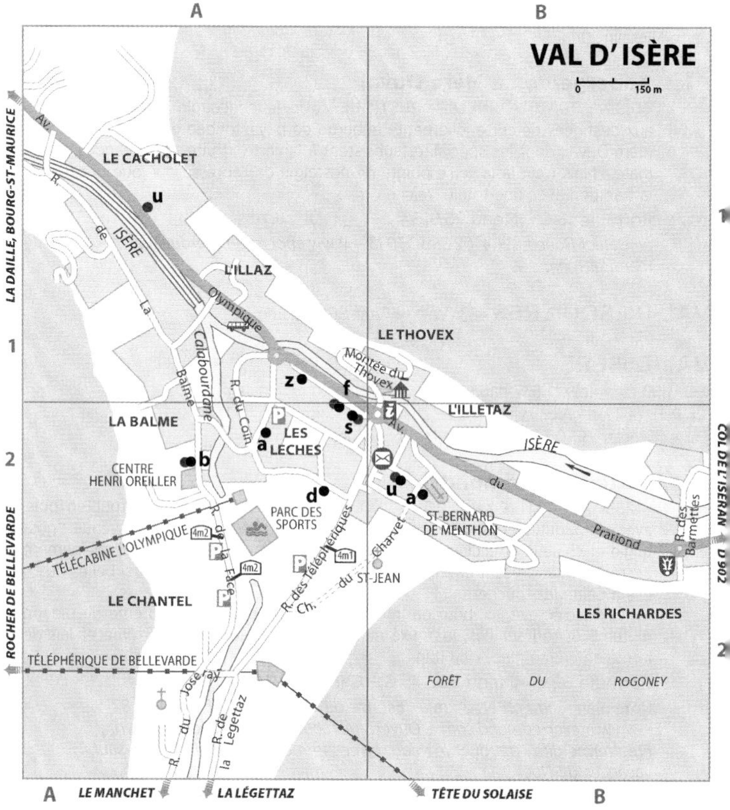

La Table de l'Ours

CUISINE MODERNE • ÉLÉGANT XXX À l'unisson du charme de ce luxueux hôtel, une table agréable avec une cuisine moderne et parfois audacieuse ; belle carte des vins.

Menu 95/175 € – Carte 120/135 €

Plan : A2-b – *Hôtel Les Barmes de l'Ours, chemin des Carats – 04 79 41 37 00 – www.hotellesbarmes.com – Ouvert de mi-déc. à mi-avril et fermé dim. et lundi hors vacances scolaires et le midi*

La Table d'Yvonne (N)

CUISINE TRADITIONNELLE • MONTAGNARD X Pot-au-feu savoyard, velouté de légumes, terrine de foie gras, blanquette de veau : servie dans un décor rustique, la carte, courte et appétissante, reprend les grands classiques de la cuisine de famille. Original : le mercredi soir, le restaurant propose un "goûter/dîner", équivalent du brunch en soirée.

Menu 25 € (déj.)/32 € – Carte 34/50 €

Plan : B2-u – *Hôtel Les 5 Frères, r. Nicolas-Bazile – 04 79 06 00 03 – www.les5freres.com – Ouvert 20 juin-30 août et 28 nov.-3 mai*

La Luge

FROMAGES, FONDUES-RACLETTES • RUSTIQUE X Quoi de plus amusant qu'une descente en luge ? Belle ambiance dans cette auberge typiquement savoyarde, où l'on déguste évidemment... des spécialités fromagères, mais aussi des viandes rôties à la broche devant les clients. Effet garanti !

Carte 53/94 €

Plan : A1_2-f – *Hôtel Le Blizzard, av. Olympique – 04 79 06 68 58 – www.hotelblizzard.com – Ouvert de début déc. à début mai et fermé le midi*

La Baraque (N)

CUISINE MODERNE • CONVIVIAL X Salle profonde, cadre boisé, touches trendy : tel est le décor de La Baraque, qui propose une carte brasserie au déjeuner, et une cuisine plus travaillée en soirée. De Metzger pour les viandes à Gillardeau pour les huîtres, tous les produits sont de belle qualité (superbe côte de veau élévé au lait !). Concerts live tous les soirs.

Carte 45/85 €

Plan : A1-u – *av. Olympique – 04 79 06 18 19 – www.restolabaraque.com – Ouvert mi-juin à mi-sept. et mi-nov. à fin avril*

Les Barmes de l'Ours

GRAND LUXE • MONTAGNARD Différentes ambiances dans cet hôtel idéalement situé au pied des pistes... une véritable invitation au voyage. Les aménagements sont luxueux et le confort à son apogée, depuis le bar au coin du feu jusqu'au restaurant gastronomique et à la rôtisserie. Hibernation en vue !

56 chambres – 280/1510 € 310/1540 € – 20 suites – ½ P

Plan : A2-b – *chemin des Carats – 04 79 41 37 00 – www.hotellesbarmes.com – Ouvert de mi-déc. à mi-avril*

La Table de l'Ours – voir les restaurants ci-dessus

Christiania

TRADITIONNEL • MONTAGNARD Charme indéniable pour ce chalet dont les chambres, de grand confort, sont décorées dans un élégant style alpin. Après quelques descentes sur les pistes, vous aimerez vous installer devant la cheminée du salon ou sur la belle terrasse panoramique.

68 chambres – 328/1362 € 342/1412 € – 1 suite

Plan : A2-a – *r. du Parc-des-Sports – 04 79 06 08 25 – www.hotel-christiania.com – Ouvert de mi-déc. à mi-avril*

Avenue Lodge

BOUTIQUE HÔTEL • DESIGN "Noir, c'est noir" : tel pourrait être le nom de ce chalet où dominent les couleurs sombres et tendance. Dans les chambres, tissus "peau de bête", bois wengé et petit coin salon semblent réinventer l'imaginaire de l'hiver... Bistrot chic.

51 chambres – 435/960 € 435/960 € – 3 suites – ½ P

Plan : A1-z – *av. Olympique – ✆ 04 79 00 67 67 – www.hotelavenuelodge.com – Ouvert 11 déc.-9 avril*

Le Tsanteleina

SPA ET BIEN-ÊTRE • MONTAGNARD Du nom du plus haut sommet au-dessus de Val-d'Isère, un agréable hôtel, au cœur de l'animation de la mythique station. Les chambres sont spacieuses et chaleureuses, avec, côté sud, vue sur la piste olympique de Bellevarde ! Superbe espace bien-être.

35 chambres – 170/485 € 235/690 € – 19 suites – ½ P

Plan : A2-s – *av. Olympique – ✆ 04 79 06 12 13 – www.tsanteleina.com – Ouvert 3 déc.-1er mai*

La Table des Neiges – voir les restaurants ci-dessus

Le Blizzard

LUXE • MONTAGNARD Blizzard, vous avez dit Blizzard ? Ici, point de tempête de neige, mais des chambres cosy, la plupart rénovées dans un esprit contemporain (certaines avec cheminée ou poêle). Très beau spa. Carte classique au restaurant, spécialités fromagères à La Luge.

64 chambres – 460/770 € 460/1170 € – 6 suites – ½ P

Plan : A1_2-f – *av. Olympique – ✆ 04 79 06 02 07 – www.hotelblizzard.com – Ouvert de début déc. à début mai*

La Luge – voir les restaurants ci-dessus

Le Yule N

TRADITIONNEL • ÉPURÉ Yule, c'est la fête du solstice d'hiver, dans les pays scandinaves. C'est aussi le dernier-né des hôtels de luxe de Val-d'Isère, situé au pied des pistes, face aux pics de la Solaise et de Bellevarde. Matériaux bruts (avec une prédominance du bois), suites avec vue sur les pistes, spa, piscine intérieure...

41 chambres – 225/1575 € 250/1600 € – 8 suites – ½ P

Plan : A2-d – *Front de neige – ✆ 04 79 06 11 73 – www.leyule.fr – Ouvert 8 déc.-1er mai*

Les 5 Frères

FAMILIAL • ÉLÉGANT L'ancien hôtel Bellevue a fait peau neuve, sous l'impulsion des deux jeunes femmes propriétaires des lieux. L'intérieur, contemporain et soigné, ne renie pas les boiseries et l'héritage montagnard ; on se repose ici comme dans une maison de famille !

17 chambres – 230/300 € 245/360 € – ½ P

Plan : A2-u – *r. Nicolas-Bazile – ✆ 04 79 06 00 03 – www.les5freres.com – Ouvert 20 juin-30 août et 28 nov.-3 mai*

La Table d'Yvonne – voir les restaurants ci-dessus

Les Lauzes

FAMILIAL • MONTAGNARD Un charmant chalet au cœur du village, à deux pas de l'église baroque (18e s.). Les chambres sont toutes bien tenues et confortables, mais préférez celles du dernier étage, qui donnent sur les toits ! Une adresse sympathique.

23 chambres – 133/205 € 156/218 €

Plan : B2-a – *pl. de l'Église – ✆ 04 79 06 04 20 – www.hotel-lauzes.com – Ouvert 25 nov.-1er mai*

VALENÇAY

✉ 36600 (Indre) - 2 577 hab. - Alt. 140 m - Carte régionale n° **6**-B3

Paris 233 km - Blois 59 km - Bourges 73 km - Châteauroux 42 km

Carte Michelin 323-F4 - Guide Vert Michelin Châteaux de la Loire

à Veuil 6 km au Sud par D15 et rte secondaire - ✉ 36600 - 384 hab. - Alt. 140 m

Auberge St-Fiacre

CUISINE MODERNE • RUSTIQUE XX Le couple à la tête de cette sympathique auberge réalise un travail admirable : tout est fait maison – y compris le pain – et les préparations culinaires se révèlent fines et goûteuses, à l'image de ce filet de lieu jaune, haricots coco écrasés à l'huile d'olive, tomates confites et lard paysan... Une belle étape !

Menu 23 € (semaine), 32/47 € - Carte 37/57 €

5 r. de la Fontaine - ☎ 02 54 40 32 78 - www.aubergesaintfiacre.com
- Fermé 4-29 sept., janv., mardi de sept. à juin, dim. soir et lundi

ON AIME...

Le travail d'Anne-Sophie au **Pic**, dont chaque plat est un exemple de maîtrise et d'équilibre... mais aussi au **Bistrot André**, où elle rend hommage aux grands classiques de la famille. **La Cachette**, où un chef japonais sublime les produits de la Drôme...

VALENCE

⊠ 26000 (Drôme) – 62 481 hab. – Agglo. 127 559 hab. – Alt. 126 m
– Carte régionale n° **24**-E2
▶ Paris 558 km – Avignon 126 km – Grenoble 96 km – St-Étienne 121 km
Carte Michelin 332-C4 – Guide Vert Michelin Ardèche Drôme

Restaurants

✿✿✿ **Pic** (Anne-Sophie Pic)

CUISINE CRÉATIVE • **LUXE** XXXXX 1934, 1973, 2007. Après André et Jacques, Anne-Sophie atteint l'excellence et confirme que l'histoire de la famille Pic est aussi celle de la plus grande cuisine. Toujours le même souci de la perfection, du meilleur produit et de l'assemblage inédit – à la pointe du goût de l'époque. Impeccable et impeccablement servi.

→ Berlingots coulants au fromage de chèvre de Banon fumé, consommé cresson, gingembre et bergamote. Saint-pierre, bouillon à la tomate green zebra et à l'aspérule odorante. Millefeuille blanc, crème à la vanille de Tahiti.

Menu 110 € (déj. en semaine), 170/330 €

Plan : A2-f – *Hôtel Pic, 285 av. Victor-Hugo*
– ✆ 04 75 44 15 32 (réservation conseillée) – www.anne-sophie-pic.com
– Fermé 26 déc.-16 janv., dim. soir et lundi

✿ **Flaveurs** (Baptiste Poinot)

CUISINE MODERNE • **INTIME** XXX Dans un décor coloré et chaleureux, une belle table gastronomique où chaque assiette atteste une réflexion mûrie, avec des produits excellents et une technique soignée. Ces flaveurs sont flatteuses !

→ Omble chevalier du Diois, aubergine fumée et tapioca soufflé. Quasi de veau de l'Ardèche, salsifis et jus corsé au "lapi". Chocolat manjari, orange sanguine et poivre des cimes.

Menu 38 € (déj. en semaine), 58/98 €

Plan : C1-b – *32 Grande-Rue*
– ✆ 04 75 56 08 40 (réservation conseillée) – www.flaveurs-restaurant.com
– Fermé 27 juil.-19 août, 1er-15 janv., merc. midi, dim. et lundi

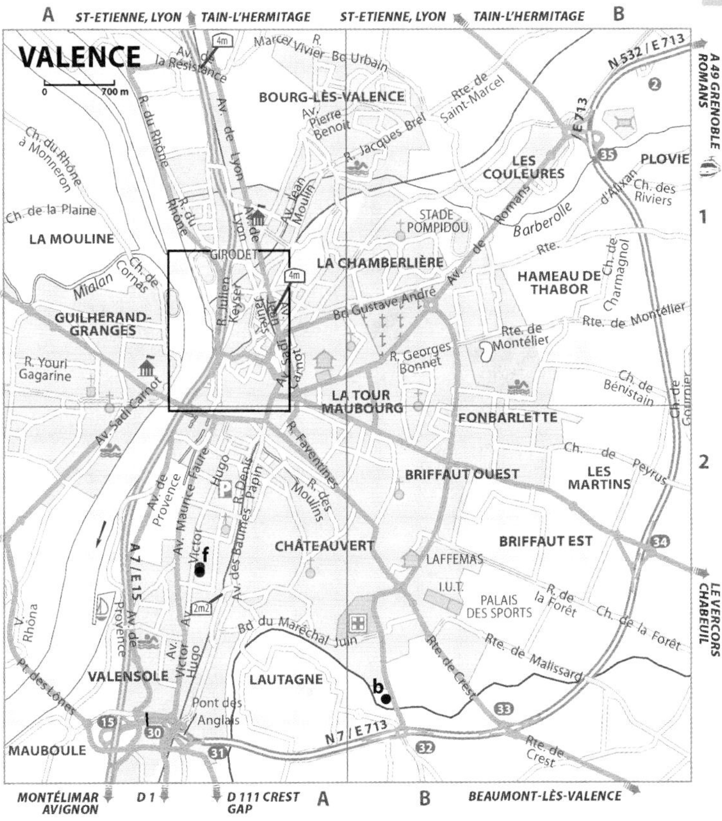

La Cachette (Masashi Ijichi)

CUISINE CRÉATIVE • INTIME Dans la ville basse, une Cachette qui gagne à être découverte ! Le chef, d'origine japonaise, prépare une cuisine inventive, fine et délicate. Quand le terroir drômois rencontre l'esprit d'Asie... les papilles frétillent ! → Terrine de pigeon et de foie gras de canard, chutney d'abricot. Pintade de la Drôme, raviole aux cèpes. Sphère au chocolat ivoire, cœur coulant à la framboise et glace au fromage blanc.

Menu 32 € (déj.), 65/90 €

Plan : C1-x – *16 r. des Cévennes – ✆ 04 75 55 24 13 (réservation conseillée) – Fermé 3 semaines en avril-mai, 2 semaines en août et en janv., dim. et lundi*

André

CUISINE TRADITIONNELLE • CONVIVIAL Ce bistrot chargé d'histoire célèbre dans l'assiette les recettes-phares de chaque génération de la famille Pic. Du gratin de queue d'écrevisse d'André, le grand-père, jusqu'au pigeon de la Drôme en croûte de noix, l'un des (déjà !) classiques d'Anne-Sophie... Un savoureux voyage autour de la planète Pic.

Menu 32 € – Carte 48/108 €

Plan : A2-f – *Hôtel Pic, 285 av. Victor-Hugo – ✆ 04 75 44 15 32 (réservation conseillée) – www.anne-sophie-pic.com*

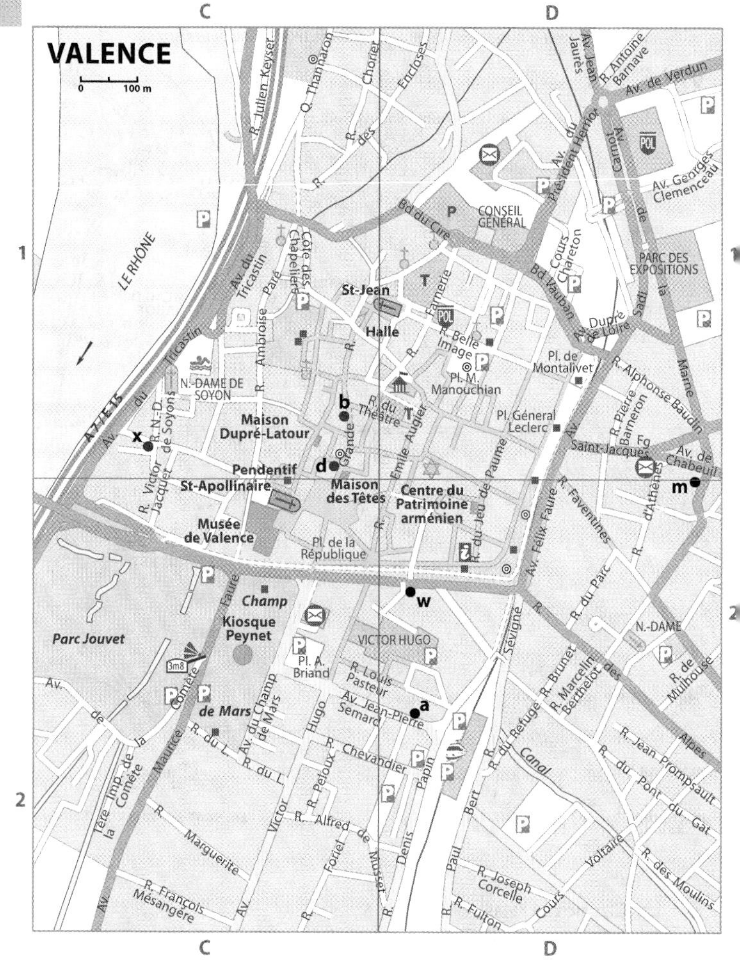

Le Don Camillo

CUISINE MODERNE • CONVIVIAL Comme on peut s'y attendre, Fernandel est la mascotte de la maison... mais la référence à l'Italie s'arrête là ! C'est bel et bien à une jolie cuisine gastronomique d'aujourd'hui qu'invite cette belle maison située à la périphérie de Valence. Du pain jusqu'aux glaces, tout est fait maison et le produit frais fait la loi.

Menu 24 € (déj. en semaine), 45/65 € – Carte 52/70 €

Hors plan – *336 r. Faventines – ✆ 04 75 55 74 55 – www.ledoncamillovalence.fr – Fermé merc. soir, sam. midi, dim. soir et lundi*

Le Bistrot des Clercs

CUISINE TRADITIONNELLE • BISTRO Près de la belle maison des Têtes (1532), un bistrot à la parisienne, cuisine copieuse et décor nostalgique compris. Pour l'anecdote, Napoléon Bonaparte séjourna dans ces murs !

Formule 19 € – Menu 24 € (semaine), 32/42 € – Carte 40/56 €

Plan : C1-d – *48 Grande-Rue – ✆ 04 75 55 55 15 – www.michelchabran.com*

Hôtels

Pic

GRAND LUXE · ÉLÉGANT L'une des grandes maisons nées avec la N 7 et qui accueille aujourd'hui... une clientèle internationale, entre New York et Tokyo ! Aura d'une cuisine d'exception et d'un art de l'accueil sans cesse renouvelé : les lieux sont d'un chic extrême, valant un précis de styles contemporains, tel le jardin, véritable îlot zen en ville...

15 chambres – 340/600 € 340/600 € – 1 suite – 33 €

Plan : A2-f – *285 av. Victor-Hugo – 04 75 44 15 32 – www.anne-sophie-pic.com – Fermé 26 déc.-16 janv.*

Pic • **André** – voir les restaurants ci-dessus

Hôtel de France

BUSINESS · CONTEMPORAIN Joli immeuble moderne situé sur un grand boulevard du centre-ville et à deux pas de l'office de tourisme. Dans les chambres, cosy et à l'insonorisation sans faille, on se sent comme dans un cocon. De même dans le salon, où l'on peut se lover devant la cheminée (à l'éthanol) !

50 chambres – 72/270 € 86/270 € – 16 €

Plan : D2-w – *16 bd du Gén.-de-Gaulle – 04 75 43 00 87 – www.hotel-valence.com*

Clos Syrah

AUBERGE · FONCTIONNEL En périphérie de Valence, cet hôtel-restaurant est apprécié de la clientèle d'affaires pour ses chambres pratiques, bien tenues... et disposant d'un juke-box. Comme quoi la fonctionnalité n'empêche pas l'originalité !

37 chambres – 90/190 € 90/190 € – 12 €

Plan : B2-b – *quartier Maninet, bd Pierre-Tézier, rte de Montéléger – 04 75 55 52 52 – www.clos-syrah.com*

Atrium

BUSINESS · CONTEMPORAIN Dans un imposant bâtiment légèrement à l'extérieur du centre-ville, cet Atrium a subi une véritable cure de jouvence. Agréables chambres au mobilier design, grand hall d'accueil et parking : l'ensemble est accueillant.

56 chambres – 79/119 € 79/119 € – 14 €

Plan : D2-m – *20 r. Jean-Louis-Barrault – 04 75 55 53 62 – www.atrium-hotel.fr*

Les Négociants

TRADITIONNEL · CONTEMPORAIN Pas de négoce en vue, mais la gare toute proche pour ce sympathique hôtel qui se situe aussi non loin du vieux Valence ! Ses jolies chambres contemporaines sont bien tenues. Restaurant traditionnel. Très bon rapport qualité-prix.

37 chambres – 45/69 € 54/69 € – 8,50 € – ½ P

Plan : D2-a – *27 av. Pierre-Sémard – 04 75 44 01 86 – www.hotel-lesnegociantsvalence.com*

à Pont de l'Isère 9 km au Nord par N7 – 26600 – 3 048 hab. – Alt. 120 m

La Grande Table

CUISINE CLASSIQUE · ÉLÉGANT Une table de tradition bien connue dans la région. Le classicisme y est maître, ainsi que les vins des côtes du Rhône, ce qui ne gâche rien. Décor bourgeois, avec véranda côté jardin.

→ Cuisses de grenouilles poêlées, pommes de terre ratte écrasées au caviar oscietre. Pigeonneau rôti, ses ailes rosées, ses cuisses en pastilla et jus aux épices. Soufflé chaud au Grand Marnier, glace plombières.

Menu 69/159 € – Carte 85/180 €

Hôtel Michel Chabran, 26 av. du 45ème-Parallèle, N7 – 04 75 84 60 09 – www.michelchabran.com – Fermé 2-12 janv., dim. soir, lundi, mardi et le midi sauf dim.

Espace Gourmand

CUISINE MODERNE • CONVIVIAL Un "espace gourmand" au sein de la maison Chabran, véritable institution de la gastronomie régionale. Une sympathique alternative à la table gastronomique, autour de formules volontairement festives et décontractées, à l'image des petites portions à partager...

Menu 32/79 € - Carte 42/120 €

Hôtel Michel Chabran, 26 av. du 45ème-Parallèle, N7 - ✆ 04 75 84 60 09 - www.michelchabran.com

Michel Chabran

TRADITIONNEL • ÉLÉGANT Depuis plus de 40 ans, sur la N 7 aux portes de Valence... Les vacances ne sont plus très loin lorsque l'on fait une pause dans cette confortable maison, qui a fait un art d'associer le gîte et le couvert ! En découvrant ses chambres cossues et contemporaines, on hésite à reprendre la route trop vite...

9 chambres - †110/295 € ††110/295 € - ☕ 25 € - ½ P

26 av. du 45ème-Parallèle - ✆ 04 75 84 60 09 - www.michelchabran.com - Fermé dim. soir d'oct. à mars

La Grande Table • **Espace Gourmand** - voir les restaurants ci-dessus

VALENCE-D'AGEN

✉ 82400 (Tarn-et-Garonne) - 5 155 hab. - Alt. 69 m - Carte régionale n° **15**-B2

▶ Paris 645 km - Bordeaux 167 km - Montauban 64 km - Toulouse 93 km

Carte Michelin 337-B7

L'Entracte

CUISINE TRADITIONNELLE • CONVIVIAL Un bistrot chaleureux et un chef passionné : voilà qui augure un agréable Entracte ! En scène : une généreuse cuisine du marché où les produits régionaux tiennent le premier rôle et sont travaillés avec savoir-faire. Ajoutez-y une ambiance conviviale et des petits vins bien choisis... et vous avez le clou du spectacle.

Menu 17 € (déj.) - Carte 31/48 €

20 r. des Limousins (pl. Sylvain-Domont - à côté du cinéma Apollo) - ✆ 05 63 39 06 02 - Fermé 15-31 août, 24 déc.-2 janv., sam. midi, dim. et lundi

VALENCIENNES

✉ 59300 (Nord) - 42 989 hab. - Agglo. 334 739 hab. - Alt. 22 m - Carte régionale n° **16**-C2

▶ Paris 208 km - Arras 68 km - Bruxelles 105 km - Lille 54 km

Carte Michelin 302-J5

Le Musigny (Emmanuel Hernandez)

CUISINE MODERNE • ÉLÉGANT Si le jeune chef, passé par de grandes maisons, a choisi ce discret point de chute valenciennois, au décor sobre et épuré, sa cuisine délicate a rapidement conquis la ville. Produits choisis, tour de main précis et recettes nouvelles : la clé de son succès.

→ Assiette autour de la langue Lucullus. Ris de veau poêlé, linguines fraîches et crème aux morilles. "Beffroi de Valenciennes", chicorée et spéculos.

Formule 33 € 🍷 - Menu 49/80 € - Carte 55/115 €

Hors plan - *90 av. de Liège - ✆ 03 27 41 49 30 - www.lemusigny.fr - Fermé 18-27 fév., 3 semaines en août, 1 semaine à Noël, sam. midi, dim. soir et lundi*

Le Grand Hôtel

TRADITIONNEL • CONTEMPORAIN Cet établissement des années 1920 appartient à la même famille depuis 1936, laquelle perpétue l'héritage avec professionnalisme ! Les chambres sont confortables et classiques, peu à peu rénovées dans un style contemporain. Au menu du restaurant : choucroute et viandes à la rôtissoire.

74 chambres - †68/145 € ††68/145 € - 6 suites - ☕ 14 € - ½ P

Plan : A1-d - *8 pl. de la Gare - ✆ 03 27 46 32 01 - www.grand-hotel-de-valenciennes.fr*

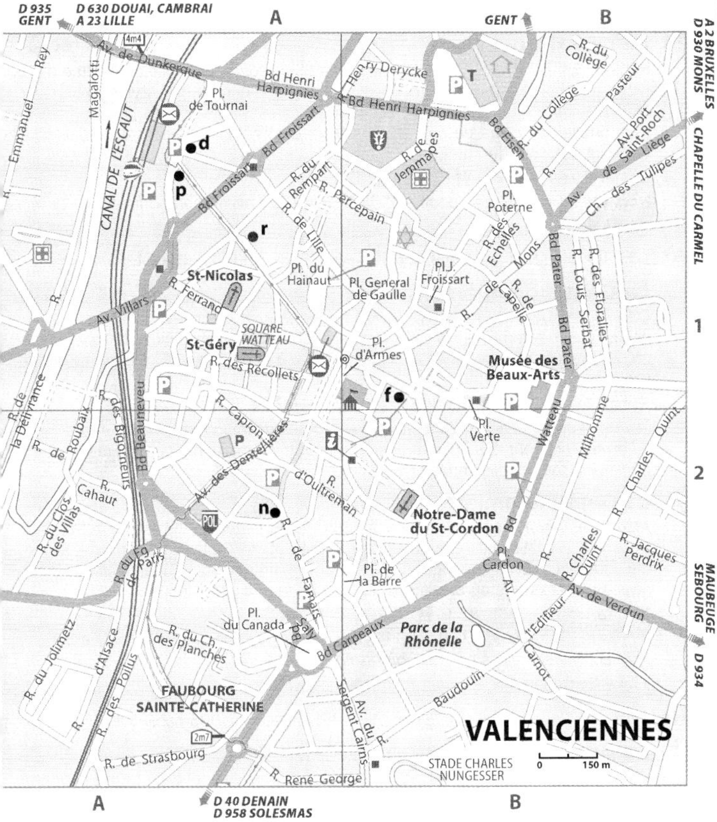

Mercure

HÔTEL DE CHAÎNE • CONTEMPORAIN Une belle réussite que ce Mercure dernière génération, associant design épuré (béton brut et bois blond), fonctionnalité et grand confort. Le matin, on se restaure d'un copieux petit-déjeuner avec quelques produits bio. À noter : on profite de tarifs négociés pour le parking voisin, un atout en centre-ville !

87 chambres – 🚹89/180 € 🚹🚹89/180 € – ☕16 €

Plan : B1-f – *5 r. du St-Cordon – ✆ 03 27 23 50 60 – www.mercure.com*

Auberge du Bon Fermier

AUBERGE • HISTORIQUE Vieilles pierres et briques : un authentique relais de poste du 17e s. ! Les chambres ont du caractère (meubles chinés) et, quand l'heure du repas sonne, on file aux écuries... enfin, au restaurant, qui propose une copieuse cuisine régionale (cochon de lait à la broche et gibier en saison).

16 chambres – 🚹80/103 € 🚹🚹97/124 € – ☕11 €

Plan : A2-n – *64 r. de Famars – ✆ 03 27 46 68 25 – www.bonfermier.com*

Le Chat Botté

TRADITIONNEL • FONCTIONNEL Ce Chat Botté a plus d'un tour dans son sac ! Juste en face de la gare, cet hôtel propose des chambres bien tenues, fonctionnelles et agréables. Rançon de son bon emplacement : le quartier est un peu bruyant... malgré le double vitrage.

33 chambres – 🚹76/85 € 🚹🚹76/95 € – ☕11 €

Plan : A1-p – *25 r. Tholozé – ✆ 03 27 14 58 59 – www.hotel-lechatbotte.com – Fermé 24 déc.-1er janv.*

Le Grand Duc

MAISON DE MAÎTRE • PERSONNALISÉ Cette maison bourgeoise a une âme d'artiste, comme son propriétaire. Non seulement elle mêle les styles avec goût (seventies, baroque...), mais elle accueille en son sein des soirées jazz et théâtre, sans oublier les cours de cuisine et la table d'hôte. Et le joli parc à l'anglaise se prête lui aussi à la fantaisie !

5 chambres - 97 € 105 € - 11 €

Hors plan - *104 av. de Condé - 03 27 46 40 30 - www.legrandduc.fr - Fermé août*

à Artres 11 km au Sud par D958 et D400 - 59269 - 1 021 hab. - Alt. 65 m

La Gentilhommière

CUISINE MODERNE • ROMANTIQUE Le restaurant est installé dans les anciennes écuries du domaine : la salle voûtée, avec ses briques rouges et sa cheminée crépitante, ne manque pas d'élégance ! Quant à la cuisine, elle célèbre les beaux produits de la région.

Formule 26 € - Menu 39/50 € - Carte 41/75 €

2 r. de l'Église - 03 27 28 18 80 - www.hotel-lagentilhommiere.com - Fermé 7-23 août, 2 semaines en janv., lundi midi, mardi midi, merc. midi, sam. midi, dim. soir et soirs fériés

La Gentilhommière

AUBERGE • PERSONNALISÉ Passé le porche, on découvre cette jolie ferme seigneuriale de 1756. Les chambres, spacieuses et agréables, donnent sur le jardin intérieur... Évidemment, on vient d'abord pour la quiétude, mais on peut aussi profiter du restaurant, de bonne tenue (cuisine actuelle).

10 chambres - 75/85 € 85/100 € - 11 € - ½ P

2 r. de l'Église - 03 27 28 18 80 - www.hotel-lagentilhommiere.com - Fermé 7-23 août, 2 semaines en janv., dim. soir et soirs fériés

La Gentilhommière - voir les restaurants ci-dessus

à Raismes 5 km au Nord-Ouest par D169 - 59590 - 12 906 hab. - Alt. 23 m

La Grignotière (Pascal Coulon)

CUISINE MODERNE • TENDANCE Menée par un jeune chef formé à bonne école, une table gastronomique "nouvelle génération", à l'élégant décor contemporain. Au menu, on découvre une fine cuisine qui ne manque ni de fraîcheur ni de parfums, telle la spécialité de la maison : la langue Lucullus de Valenciennes revisitée par le chef !

→ Langue Lucullus, confit d'échalotes au vin rouge et pain au maïs. Noix de Saint-Jacques du boulonnais snackées, topinambour et truffe noire. Tarte au citron, sorbet aux herbes.

Formule 28 € - Menu 36/85 € - Carte 45/105 €

6 r. Jean-Jaurès - 03 27 36 91 99 - www.la-grignotiere.com - Fermé 1er-10 janv., sam. midi, dim. soir et lundi

VALESCURE - 83 (Var) → Voir St-Raphaël

VALGORGE

07110 (Ardèche) - 470 hab. - Alt. 560 m - Carte régionale n° **23**-A3

Paris 614 km - Alès 76 km - Aubenas 37 km - Langogne 46 km

Carte Michelin 331-G6 - Guide Vert Michelin Ardèche Drôme

Le Tanargue

AUBERGE • COSY Un hôtel familial au pied du massif du Tanargue. Les chambres sont cossues et scrupuleusement tenues, à des tarifs compétitifs ! Quelques balcons face au jardin ou à la vallée. Salle à manger d'inspiration rustique (vieux objets) ; vente de produits du terroir.

18 chambres - 45/56 € 54/69 € - 10 € - ½ P

Le Village - 04 75 88 98 98 - www.hotel-le-tanargue.com - Ouvert début avril à fin oct. et fermé dim. soir et lundi en oct.

VALIGNAT - 03 (Allier) → Voir Charroux

VALLAURIS - 06 (Alpes-Maritimes) → Voir Golfe-Juan

VALLIÈRES-LES-GRANDES

✉ 41400 (Loir-et-Cher) - 855 hab. - Alt. 90 m - Carte régionale n° **6**-A1
▶ Paris 211 km - Blois 26 km - Orléans 88 km - Tours 42 km
Carte Michelin 318-D7

Les Closeaux

CUISINE TRADITIONNELLE • AUBERGE X Sous l'Ancien Régime, ces Closeaux - avec leur domaine de 10 hectares - faisaient office de relais de chasse pour les rois de France. Aujourd'hui, le chef des lieux privilégie les producteurs locaux et les circuits courts, et réalise une bonne cuisine traditionnelle : millefeuille de betterave, langoustines rôties...

Formule 15 € - Menu 23/32 € - Carte 28/48 €

Lieu-dit Les Closeaux, 3,5 km au Nord-Ouest par D28 et rte secondaire - ✆ 02 47 57 32 73 - www.lescloseaux.com - Fermé 13-24 nov., 12 déc.-3 fév., lundi d'oct. à Pâques, mardi et merc.

VALLOIRE

✉ 73450 (Savoie) - 1 193 hab. - Alt. 1 430 m - Carte régionale n° **23**-D2
▶ Paris 664 km - Albertville 91 km - Briançon 52 km - Chambéry 104 km
Carte Michelin 333-L7 - Guide Vert Michelin Alpes du Nord

Christiania

FAMILIAL • MONTAGNARD Belle situation au pied des pistes pour cet hôtel, le plus confortable de la station. Sous ses airs de grand chalet traditionnel, il cache des chambres originales, revisitant le style alpin dans une veine on ne peut plus cosy et chaleureuse... Avec le restaurant, voilà une "pension" idéale entre la Vanoise et le Galibier.

20 chambres - †80/110 € ††85/140 € - ☕ 15 € - ½ P

av. de la Vallée-d'Or - ✆ 04 79 59 00 57 - www.christiania-hotel.com - Ouvert 15 juin-10 sept. et 20 déc.-15 avril

VALLON-EN-SULLY

✉ 03190 (Allier) - 1 658 hab. - Alt. 192 m - Carte régionale n° **3**-B1
▶ Paris 318 km - Bourges 86 km - Clermont-Ferrand 119 km - Moulins 89 km
Carte Michelin 326-C3 - Guide Vert Michelin Auvergne

Auberge des Ris

CUISINE MODERNE • AUBERGE XX Bacchus n'aurait pas renié cette salle aux allures de chai, où tonneaux et pressoir font partie du décor. Derrière les fourneaux, un jeune chef dynamique concocte une cuisine savoureuse, mêlant tradition et recettes dans l'air du temps. Du goût, du parfum, de savoureux nectars : le dieu du vin est heureux, nous aussi.

Formule 19 € - Menu 29/54 € - Carte 43/59 €

Lieu-dit Les Ris, 2 km par D2144, rte de Bourges - ✆ 04 70 06 51 12 - www.aubergedesris.com - Fermé 1 semaine en juin, 2 semaines en oct., 2 semaines en janv., lundi et mardi

VALLON-PONT-D'ARC

✉ 07150 (Ardèche) - 2 343 hab. - Alt. 117 m - Carte régionale n° **23**-A3
▶ Paris 658 km - Alès 47 km - Aubenas 32 km - Avignon 81 km
Carte Michelin 331-I7 - Guide Vert Michelin Ardèche Drôme

Le Clos des Bruyères

FAMILIAL • CONTEMPORAIN Les gorges de l'Ardèche vous tendent les bras depuis cet établissement récent et très fonctionnel : le cours d'eau n'est qu'à une centaine de mètres, avec une base de canoës... mais les moins téméraires pourront préférer la piscine, l'espace bien-être et le restaurant (cuisine au feu de bois).

32 chambres – 88/106 € 104/124 € – ½ P

rte des Gorges – 04 75 37 18 85 – www.closdesbruyeres.fr – Ouvert avril-sept.

Belvédère

FAMILIAL • CONTEMPORAIN À quelques centaines de mètres du célèbre pont d'Arc, creusé par l'Ardèche, cette imposante bâtisse est le point de départ idéal pour une excursion dans les gorges ! Ambiance feutrée dans les chambres (couleurs chaudes, terre cuite, meubles en bois peint) et piscine chauffée.

30 chambres – 65/125 € 65/125 € – 11 € – ½ P

rte des Gorges – 04 75 88 00 02 – www.hotel-ardeche-beveldere.com – Ouvert début mars-fin oct.

VALLOUX – 89 (Yonne) → Voir Avallon

VALMONT

76540 (Seine-Maritime) – 976 hab. – Alt. 60 m – Carte régionale n° **17**-C1

Paris 193 km – Bolbec 22 km – Dieppe 58 km – Fécamp 11 km

Carte Michelin 304-D3 – Guide Vert Michelin Normandie Vallée de la Seine

Le Bec au Cauchois (Pierre Caillet)

CUISINE MODERNE • AUBERGE XX Meilleur Ouvrier de France 2011, le jeune chef s'avère évidemment un excellent technicien, qui dévoile aussi une belle sensibilité. Jeux sur les textures et les saveurs, produits d'ici et d'ailleurs, etc. : dans cette auberge du 19e s. bordée par un étang, le terroir normand arbore de nouvelles couleurs !

→ Cuisine du marché.

Menu 35 € (déj. en semaine), 49/88 € – Carte 66/78 €

5 chambres – 95/115 € 95/115 € – 14 €

22 r. A.-Fiquet, 1,5 km à l'Ouest par rte de Fécamp – 02 35 29 77 56 (réservation conseillée) – www.lebecaucauchois.com – Fermé 24 déc.-24 janv., dim. soir sauf fériés et sauf juil.-août, mardi et merc.

VALOGNES

50700 (Manche) – 6 932 hab. – Alt. 35 m – Carte régionale n° **17**-A1

Paris 336 km – Caen 103 km – Cherbourg 19 km – St-Lô 64 km

Carte Michelin 303-D2 – Guide Vert Michelin Normandie Cotentin

Manoir de Savigny

MAISON DE CAMPAGNE • COSY Dans la campagne valognaise, une allée de peupliers mène à cette ferme-manoir du 16e s. nichée dans un vaste parc. On emprunte un bel escalier de pierre pour gagner les chambres, toutes charmantes ("Rustique", "Baroque", etc.). Quiétude...

5 chambres – 85/115 € 90/120 €

lieu-dit Savigny, 3 km au Sud-Est par D976 et rte secondaire – 06 84 81 23 94 – www.manoir-de-savigny.com

VALRAS-PLAGE

34350 (Hérault) – 4 348 hab. – Alt. 1 m – Carte régionale n° **12**-C2

Paris 767 km – Agde 25 km – Béziers 16 km – Montpellier 76 km

Carte Michelin 339-E9

Le Delphinium

CUISINE MODERNE • ÉLÉGANT Tarte fine chaude de poisson, choucroute de la mer : à deux pas du casino, ce restaurant discret cultive des plaisirs simples, sous l'égide d'une chef d'expérience. Bouillabaisse un vendredi par mois, sur réservation.

Menu 30/37 € - Carte environ 40 €

av. des Élysées (face au casino) - 04 67 32 73 10 - Fermé jeudi sauf fériés et dim. soir

O Fagot

CUISINE MODERNE • CONVIVIAL En plus d'être vraiment sympathique, le jeune chef Franck Radiu (quart-de-finaliste de l'émission Top Chef en 2016) a le chic pour proposer des assiettes fraîches et savoureuses. Ris de veau, rouget de Méditerranée, bonite : de belles saveurs, des cuissons précises, de bons jus pour soutenir le tout... Une super petite adresse.

Formule 15 € - Menu 18 € (déj. en semaine), 42/65 €

89 bd de la République - 04 67 77 36 29 - Fermé dim. soir , mardi midi, merc. midi et lundi

Mira-Mar

FAMILIAL • MÉDITERRANÉEN Les hispanophones auront compris que cet hôtel regarde la mer... Les chambres sont agréables, d'esprit méridional ou plus contemporain, avec balcon côté plage. Deux appartements pour les familles.

27 chambres - 66/110 € 66/110 € - 2 suites - 10 €

bd Front-de-Mer - 04 67 32 00 31 - www.hotel-miramar.org - Ouvert de mars à oct.

VALS-LES-BAINS

07600 (Ardèche) - 3 412 hab. - Alt. 210 m - Carte régionale n° **23**-A3

Paris 629 km - Aubenas 6 km - Langogne 58 km - Privas 33 km

Carte Michelin 331-I6 - Guide Vert Michelin Ardèche Drôme

Le Vivarais

CUISINE MODERNE • ÉLÉGANT La table d'un vrai artisan, scrupuleux dans le choix de ses produits (fournisseurs locaux), rigoureux et élégant dans l'exécution de ses recettes... et entier dans son envie de satisfaire les clients. Stéphane Polly a hissé son restaurant parmi les meilleurs du département ; tout le terroir ardéchois est gagnant !

→ Tataki de truite d'Ardèche, concombre et agrumes. Pavé de bœuf fin gras du Mézenc, cannelloni aux herbes, pommes de terre et truffe d'été. Myrtilles d'Ardèche, financier pistache, sauce au fromage frais de chèvre.

Formule 20 € - Menu 27 € (déj. en semaine), 35/89 € - Carte 60/120 €

Hôtel Helvie, 5 av. Claude-Expilly - 04 75 94 65 85 - www.hotel-helvie.com - Fermé nov., 2 semaines en fév., 1 semaine en mars, dim. soir sauf juil.-août et lundi

Grand Hôtel de Lyon

FAMILIAL • FONCTIONNEL Situation très centrale, à 100 m du parc de la source intermittente, pour cet hôtel familial abritant des chambres spacieuses et bien tenues. Piscine et solarium. De grandes baies vitrées éclairent l'agréable salle à manger ornée d'une fresque originale.

34 chambres - 68/81 € 82/106 € - 11 € - ½ P

11 av. Paul-Ribeyre - 04 75 37 43 70 - www.grandhoteldelyon.fr - Ouvert 5 avril-8 oct.

Helvie

TRADITIONNEL • CLASSIQUE À proximité du parc et du casino, cet hôtel Belle Époque conserve tout son éclat d'antan, chic et feutré. Chambres confortables, salon cossu, belle piscine et restaurant de qualité : le plaisir est complet !

27 chambres - 80/175 € 80/175 € - 12 € - ½ P

5 av. Claude-Expilly - 04 75 94 65 85 - www.hotel-helvie.com - Fermé nov., 2 semaines en fév. et 1 semaine en mars

Le Vivarais - voir les restaurants ci-dessus

Château Clément

DEMEURE HISTORIQUE • GRAND LUXE Sur les hauteurs de la ville, cette belle maison de maître est avant tout une demeure de famille... celle de Marie-Antoinette et de ses enfants. La chambres d'hôtes compte parmi les plus charmantes qui soient : superbes décors 19e s., jardin de rocailles, terrasse panoramique, table bio... Un lieu rare !

5 chambres - 150/280 € 200/400 €

La Châtaigneraie - 04 75 87 40 13 - www.chateauclement.com - Ouvert de mi-mars à mi-nov.

Villa Aimée

MAISON DE MAÎTRE • PERSONNALISÉ Cette grande villa bourgeoise sur les hauteurs de la station (vue superbe) est une mer de tranquillité... Ses propriétaires : un commandant de marine (parfois à quai) et son épouse australienne. Cuisine internationale - principalement d'Asie - à la table d'hôte.

4 chambres - 89/150 € 120/213 € - ½ P

8 montée des Aulagniers - 06 15 04 01 68 - www.villaaimee.com

VAL-THORENS

73440 (Savoie) - St Martin de Belleville - Alt. 2 300 m - Carte régionale n° **25**-F2
Paris 640 km - Albertville 60 km - Chambéry 109 km - Moûtiers 36 km
Carte Michelin 333-M6 - Guide Vert Michelin Alpes du Nord

Jean Sulpice

CUISINE CRÉATIVE • ÉLÉGANT Insaisissable Jean Sulpice ! À partir de 2017, il prend ses quartiers d'été à la mythique Auberge du Père Bise, à Talloires : son restaurant de Val Thorens restera donc fermé à cette période de l'année. Soyons sûrs que le chef continuera de composer ces plats d'exception qui n'appartiennent qu'à lui...

➜ Velouté de châtaigne, parmesan et truffe. Pigeon en croûte de foie gras, jus à la réglisse. Pomme meringuée, miel de montagne et parfum d'Antésite.

Menu 78/169 € - Carte 165/225 €

(entrée station) - 04 79 40 00 71 - www.jeansulpice.com - Ouvert de fin nov. à fin avril

Les Explorateurs N

CUISINE MODERNE • COSY Au cœur du sublime hôtel Pashmina, pensé comme un refuge de luxe, ces Explorateurs nous réservent de belles surprises. Le repas monte crescendo au fil de créations simples et inspirées, qui montrent une évidente maîtrise technique et la volonté forte de n'être pas qu'un "énième" restaurant d'hôtel de luxe... Pari réussi !

➜ Œuf de plein air cuit mollet, fricassée de morilles et asperges vertes. Suprême de poulet de Bresse en croûte de noix et curry, crème au vin jaune. Pommes des Alpes confites et crème chiboust à la noisette.

Menu 66/98 € - Carte environ 90 €

Hôtel Pashmina, pl. du Slalom - 04 79 00 09 99 - www.hotelpashmina.com - Ouvert 16 déc.-23 avril et fermé dim. et le midi

Le Diamant Noir

CUISINE MODERNE • ÉLÉGANT Dans ce récent hôtel perché au sommet de la station (2 400m), un Bistrot baigné de lumière, avec sa charpente en bois et ses hauts plafonds. Quel style ! Mais on est vite rappelé à l'essentiel : des plats fins et gourmands, sans esbroufe, à l'image de cette soupe de potimarron et de cet impeccable filet de turbot...

Formule 45 € - Menu 65 € (dîner)/99 € - Carte 65/180 €

Hôtel Koh-I Nor, r. Gébroulaz - 04 79 31 00 00 - Ouvert 2 déc.-23 avril

Chalet de la Marine

CUISINE TRADITIONNELLE • CONVIVIAL Impossible de rester insensible au charme de ce chalet situé à 2 500 m d'altitude : jolie salle tout en bois, objets agrestes, flambée dans la cheminée... Dans ce restaurant, tout est fait maison ; on se régale de bons plats traditionnels et d'un généreux buffet de desserts. Cette adresse a vraiment une âme !

Formule 39 € - Menu 48/60 € - Carte 60/100 €

sur la piste des Dalles, accès à ski par le télésiège des Cascades - ✆ 04 79 00 11 90 - www.chaletmarine.com - Ouvert 9 déc.-2 mai

Pashmina (N)

LUXE • TENDANCE C'est un projet fou et insolite pour ceux qui associent la montagne au luxe. Les chambres, très spacieuses, offrent un confort absolu. Hammam privé dans certaines suites, superbe spa de 450m^2, piscine intérieure... et même la possiblité de passer une nuit à la belle étoile dans un igloo refuge !

39 chambres - 110/335 € 230/970 € - 12 suites

pl. du Slalom - ✆ 04 79 00 09 99 - www.hotelpashmina.com - Ouvert 25 nov.-2 mai

Les Explorateurs - voir les restaurants ci-dessus

Altapura

LUXE • MONTAGNARD Né au début des années 2010, l'établissement rivalise de luxe et d'élégance. Dans les chambres, le charme montagnard côtoie l'épure contemporaine. Le must : un spa de 1 000 m^2, où une salle igloo permet de goûter aux bienfaits des soins nordiques. Pour une délicieuse parenthèse au pays des neiges...

72 chambres - 216/726 € 242/752 € - 16 suites - 26 € - ½ P

rte du Soleil (à l'entrée de la station) - ✆ 04 80 36 80 36 - www.altapura.fr - Ouvert 25 nov.-23 avril

Koh-I Nor

LUXE • ÉLÉGANT Le dernier-né des hôtels de luxe des 3-Vallées a été baptisé d'après un célèbre diamant, et l'on comprend pourquoi : tout en haut de la station, l'imposant bâtiment, de bois et de verre, resplendit ! Intérieur moderne et lumineux, service attentionné et convivial... et vue sur les sommets.

60 chambres - 315/1580 € 315/1580 € - 3 suites

r. Gebroulaz - ✆ 04 79 31 00 00 - www.hotel-kohinor.com - Ouvert 2 déc.-23 fin avril

Le Diamant Noir - voir les restaurants ci-dessus

Fitz Roy

LUXE • CONTEMPORAIN Cette paisible institution, installée à 2 300 m d'altitude, a bénéficié d'un lifting complet ! Décoration en pierre et chêne dans les parties communes, style montagnard contemporain dans les chambres ; certaines d'entre elles donnent directement sur les pistes.

53 chambres - 320/800 € 320/800 € - 5 suites - ½ P

pl. de l'Église - ✆ 04 79 00 04 78 - www.hotelfitzroy.com - Ouvert début déc.-mi avril

Le Val Thorens

TRADITIONNEL • MONTAGNARD Au cœur de la station, cet établissement abrite des chambres spacieuses, toutes avec balcon, où l'esprit de la montagne se décline à travers de belles lignes contemporaines. L'espace bien-être ajoute à l'esprit chic et sport des lieux.

82 chambres - 230/600 € 230/600 € - 1 suite

pl. de l'Église - ✆ 04 79 00 04 33 - www.levalthorens.com - Ouvert début déc. à début mai

Le Sherpa

FAMILIAL • MONTAGNARD Ici, les pistes de ski sont à portée de bâton ! Dans les chambres la décoration est dans le ton : lambris et meubles en pin. Au restaurant, les résidents profitent de l'ambiance savoyarde, du buffet de desserts et des recettes de tradition, sauf le jeudi soir : fondue chinoise !

56 chambres – 85/205 € 110/410 € – ½ P

r. de Gébroulaz – 04 79 00 00 70 – www.lesherpa.com – Ouvert 25 nov.-8 mai

Trois Vallées

FAMILIAL • MONTAGNARD Un petit hôtel familial pour profiter du domaine des 3-Vallées. Les chambres sont coquettes et chaleureuses, dans un esprit très montagnard. Au bar, on sirote un verre en admirant les sommets, et l'espace bien-être (sauna, hammam, jacuzzi) vous tend les bras !

28 chambres – 160/280 € 240/535 € – ½ P

Grande Rue – 04 79 00 01 86 – www.hotel3vallees.com – Ouvert 25 nov.-2 mai

LE VALTIN – 88 (Vosges) → Voir Gérardmer

LA VANCELLE – 67 (Bas-Rhin) → Voir Lièpvre

VANDOEUVRE-LÈS-NANCY – 54 (Meurthe-et-Moselle) → Voir Nancy

VANNES

56000 (Morbihan) – 52 648 hab. – Agglo. 76 899 hab. – Alt. 20 m
– Carte régionale n° **5**-A3
Paris 459 km – Quimper 122 km – Rennes 110 km – St-Brieuc 107 km
Carte Michelin 308-O9 – Guide Vert Michelin Bretagne Sud

Roscanvec (Thierry Seychelles)

CUISINE CRÉATIVE • TENDANCE Une maison à colombages près de la cathédrale… Classique ? On découvre pourtant un vrai décor contemporain (avec vue sur les fourneaux au rez-de-chaussée) et surtout une fine cuisine qui cultive franchement le goût de l'époque, avec un beau respect des saveurs – le recours aux épices, par exemple, est tout en équilibre…

→ Homard tiédi, hollandaise à l'ail noir et pomme de terre en ruban crousti-fondant. Ris de veau caramélisé à la moutarde au moût de raisin, petits pois et girolles. Palet de chocolat noir, biscuit à la noix de coco et sorbet passion-basilic.

Formule 25 € – Menu 30 € (déj. en semaine), 54/80 € – Carte 55/85 €

Plan : A2-s – *17 r. des Halles – 02 97 47 15 96 (réservation conseillée) – www.roscanvec.com – Fermé 2 semaines en nov. et en janv., mardi sauf juil.-août, dim. soir et lundi*

L'Annexe

CUISINE MODERNE • BISTRO Élise et David, deux jeunes professionnels pleins d'allant, tiennent les rênes de cette maison conviviale. La cuisine met l'accent sur la fraîcheur des produits, majoritairement issus de producteurs locaux, dont le nom est même affiché fièrement à la carte. Beaux accords mets et vins.

Formule 18 € – Menu 22 € (déj.), 30/58 € – Carte 41/63 €

Plan : A2-n – *18 r. Émile-Burgault – 02 97 42 58 85 – Fermé lundi sauf juil. aout et dim.*

La Tête en l'air N

CUISINE MODERNE • CONVIVIAL L'ancien Boudoir est aujourd'hui le fief d'un jeune couple dynamique et accueillant, qui a bel et bien la tête… sur les épaules. Les assiettes sont modernes en diable, soignées et pleines de saveurs, et s'accompagnent de bons vins de petits producteurs. Vu le prix, il serait vraiment dommage de se priver.

Formule 16 € – Menu 28/55 €

Plan : B1-k – *43 r. Fontaine – 02 97 67 31 13 – www.lateteenlair-vannes.fr – Fermé merc. de sept. à juin, jeudi en juil. août et mardi*

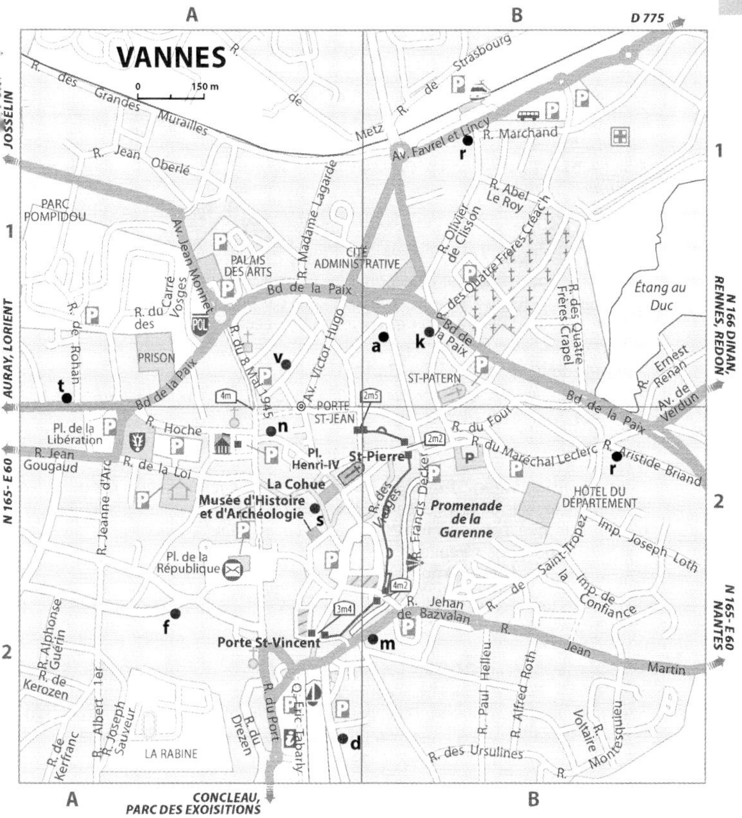

Les Remparts

CUISINE MODERNE · BISTRO Face aux remparts du château, la cuisine bistronomique a trouvé un fer de lance ! Anthony Evin met à l'honneur les bons produits du marché et les vins de petits producteurs locaux : sa cuisine est un joli panaché d'inspiration, de fraîcheur et de fine simplicité.

Formule 11 € – Menu 28/35 € – Carte 26/47 €

Plan : B2-m – *6 r. Alexandre-le-Pontois*
– ☎ 07 88 17 06 20 – www.restaurant-lesremparts.fr
– Fermé sam. midi, dim. et lundi

Le Vent d'Est

CUISINE ALSACIENNE · BISTRO Un Vent d'Est souffle sur la côte Ouest : face au port, cette véritable winstub transporte en Alsace ! Flammekueche, choucroute, kougelhopf, etc. Les spécialités de la région trônent à la carte, avec quelques incursions dans le terroir breton. Ou comment deux régions se rencontrent… à petits prix et avec gourmandise.

Formule 18 € – Menu 26 € – Carte 28/48 €

Plan : A2-d – *23 r. Ferdinand-Le-Dressay*
– ☎ 02 97 01 34 53 – www.leventdest.fr
– Fermé 16-26 avril, 15-30 juin, dim. sauf le midi d'oct. à mars, jeudi soir et lundi

L'Éden

CUISINE MODERNE • CONVIVIAL ✕ A côté de l'ancien cinéma Éden, les habitués se pressent dans ce restaurant pour déguster une cuisine dans l'air du temps, qui ose les associations originales : supions farcis à la chair de tourteau, filets de rouget en gaufrette d'algue et parmesan, ou encore filet de bar à la mangue et oignon rouge...

Menu 18/43 €

Plan : A2-f - *3 r. Pasteur - ✆ 02 97 46 42 62 - www.restaurant-eden-vannes.fr - Fermé dim. et lundi*

Le K19 (N)

CUISINE MODERNE • CONTEMPORAIN ✕ Dans ce coin très calme du centre-ville - rue de la Boucherie, tout un programme ! -, belles viandes et poissons du marché (merlan, lieu jaune, sabre...) sont travaillés par un chef aux solides références, dans le respect de la tradition et du produit. À découvrir dans un décor élégant et feutré : on passe un bon moment.

Formule 16 € - Menu 23 € - Carte 31/42 €

Plan : A1-v - *19 r. de la Boucherie - ✆ 02 97 61 50 90 - www.lek19.fr - Fermé merc. soir, sam. midi, dim. et lundi*

Villa Kerasy

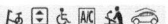

TRADITIONNEL • PERSONNALISÉ Pondichéry, Cadix... les chambres évoquent les différentes escales de la légendaire Compagnie des Indes. Jardin japonais, espace bien-être inspiré par l'ayurveda, etc. Voilà un agréable établissement où l'élégance le dispute à la sérénité !

15 chambres - 👤99 € 👥99/219 € - ☕15 €

Plan : B1-r - *20 av. Favrel-et-Lincy - ✆ 02 97 68 36 83 - www.villakerasy.com - Fermé 15 nov.-15 déc. et janv.*

Best Western Vannes Centre

BUSINESS • CONTEMPORAIN Hôtel récent à deux pas du centre historique, idéal pour une clientèle d'affaires. Chambres sobres et contemporaines ; salle de réunion et espace fitness. Au restaurant, on apprécie la cuisine traditionnelle.

58 chambres - 👤89/169 € 👥89/199 € - ☕14 €

Plan : A1-t - *6 pl. de la Libération - ✆ 02 97 63 20 20 - www.bestwestern-vannescentre.com*

Marébaudière

BUSINESS • CONTEMPORAIN En bordure du centre-ville, une bâtisse bretonne des années 1970. Les chambres, fonctionnelles, spacieuses et confortables, déclinent le thème des quatre saisons... Cet établissement s'adapte aussi bien à la clientèle d'affaires que touristique.

41 chambres - 👤92/133 € 👥92/133 € - ☕13 €

Plan : B2-r - *4 r. Aristide-Briand - ✆ 02 97 47 34 29 - www.marebaudiere.com*

Manche-Océan

FAMILIAL • FONCTIONNEL Atmosphère familiale dans cet hôtel idéalement situé aux portes de la vieille ville. Chambres fonctionnelles, colorées et bien tenues.

42 chambres - 👤58/79 € 👥58/99 € - ☕10 €

Plan : B1-a - *31 r. du Lt-Col.-Maury - ✆ 02 97 47 26 46 - www.manche-ocean.com - Fermé 15 déc.-8 janv.*

Ne confondez pas les couverts ✕ et les étoiles ✿ !
Les couverts définissent une catégorie de confort et de service, tandis que l'étoile couronne uniquement la qualité de la cuisine, quel que soit le standing de la maison.

au Nord 3 km par D 126- ✉ 56000 Vannes

La Gourmandière - La Table d'Olivier (Olivier Samson)

CUISINE MODERNE • CONTEMPORAIN Une vraie Gourmandière ! Reprise par un chef chevronné, cette ancienne ferme installée à la sortie de la ville s'impose comme un refuge de belle gastronomie : fraîcheur océanique, notes fruitées, délices sucrés... à travers un menu qui change deux fois par mois.
➜ Cuisine du marché.

Menu 65/90 €

r. de Poignant, sortie St-Avé
- ✆ 02 97 47 16 13 - www.la-gourmandiere.fr - Fermé 17-26 avril, 16-31 août, 2-5 janv., dim. soir, mardi, merc. et le midi en semaine

La Gourmandière - Le Bistr'Aurélia - voir les restaurants ci-dessous

La Gourmandière - Le Bistr'Aurélia

CUISINE TRADITIONNELLE • CONVIVIAL Bienvenue dans la partie bistrot de la Gourmandière. Ouverte uniquement le midi, elle permet de profiter du savoir-faire d'Olivier Samson dans des menus simples et gourmands, dont un "retour du marché" qui porte bien son nom... le tout à prix raisonnables.

Formule 22 € - Menu 26 € (déj. en semaine)/40 € - Carte 40/60 €

r. de Poignant, sortie St-Avé - ✆ 02 97 47 16 13 - www.la-gourmandiere.fr
- Fermé 17-26 avril, 16-31 août, 2-5 janv., merc., sam., dim., fériés et le soir

à St-Avé 6 km au Nord par D767 (près du centre hospitalier spécialisé) - ✉ 56890 - 10 630 hab. - Alt. 50 m

Le Pressoir (Vincent David)

CUISINE MODERNE • INTIME Une véritable institution que cette table vannetaise ! Le chef, Vincent David, signe une vraie cuisine d'auteur, inspirée et soignée, où des produits de belle qualité sont conjugués avec équilibre... Un établissement tout indiqué pour les gourmets à la recherche de belles saveurs.
➜ Tartare de langoustine tiédi à la fleur de thym, nage au kari-gosse. Aiguillette de saint-pierre croustillante, parfum d'agrumes, coriandre et bouillon de crustacés aux épices. Ananas Victoria rôti à la vanille et au vieux rhum.

Menu 34 € (déj. en semaine), 49/105 € - Carte 80/100 €

7 r. de l'Hôpital, à 1,5 km par rte de Plescop - ✆ 02 97 60 87 63
- www.le-pressoir.fr - Fermé dim. soir et lundi

à Meucon 9 km au Nord par D767 - ✉ 56890 - 2 212 hab. - Alt. 80 m

Le Tournesol

CUISINE MODERNE • COSY Une salle à manger cosy et feutrée, quelques notes de verdure avec un joli jardin... Ici, le décor est plaisant et la cuisine dans l'air du temps.

Formule 16 € - Menu 27/43 € - Carte 33/61 €

20 rte de Vannes - ✆ 02 97 44 50 50 - www.restaurant-le-tournesol.com - Fermé 2 semaines en juil., mardi soir, merc. soir, jeudi soir, dim. soir et lundi

à Conleau 4,5 km au Sud-Est - ✉ 56000 Vannes

Le Roof

BUSINESS • CONTEMPORAIN La presqu'île de Conleau domine une anse peuplée de voiliers... et c'est là que se dresse cet hôtel-restaurant construit en 1989. Baignées de lumière, la majorité des chambres ouvrent sur les flots et les rives constellées de pins qui font le charme si pittoresque du golfe du Morbihan.

40 chambres - 89/185 € 99/195 € - 13 € - ½ P

10 allée des Frères-Cadoret
- ✆ 02 97 63 47 47 - www.le-roof.com

rte d'Arradon 5 km à l'Ouest par D101 – ✉ 56610 Arradon :

L'Arlequin

CUISINE MODERNE • ÉLÉGANT XX On est tout de suite séduit par l'élégant intérieur de cet Arlequin : salle à manger lumineuse et contemporaine, extension coiffée d'une petite verrière... Quant à l'assiette, elle nous en fait toujours voir de toutes les saveurs : avec un œil sur la tradition, le chef concocte une cuisine bien ancrée dans son époque.

Formule 18 € – Menu 19 € (déj. en semaine), 23/43 € – Carte 37/56 €

parc d'activités de Botquelen
-3 allée Denis-Papin – ✆ 02 97 40 41 41
– Fermé sam. midi, dim. soir et lundi

à Arradon 7 km à l'Ouest par D101, D101A et D127 – ✉ 56610 – 5 463 hab. – Alt. 40 m

Les Vénètes

CUISINE TRADITIONNELLE • ÉLÉGANT XX Pour manger les pieds dans l'eau ! On s'installe dans la salle, superbement située au bord de la *mor bihan* ("petite mer" en breton). Une vue qui met en valeur de beaux produits iodés : huîtres et palourdes du golfe, poissons du jour... avec même un menu autour du homard.

Menu 39 € (déj. en semaine), 60/85 € – Carte 78/123 €

Hôtel Les Vénètes, à la pointe, 2 km – ✆ 02 97 44 85 85 – www.lesvenetes.com
– Fermé dim. soir

Le Parc er Gréo

TRADITIONNEL • PERSONNALISÉ On se sent bien dans cette jolie maison entourée de verdure et postée à une centaine de mètres du chemin des douaniers. Maquettes de bateaux et mobilier chiné dans le salon, chambres raffinées et coquettes, piscine couverte. Charmant !

13 chambres – 🚹79/174 € 🚹🚹79/174 € – 1 suite – ☕15 €

9 r. Mane Guen – ✆ 02 97 44 73 03 – www.parcergreo.com
– Fermé 1er janv.-10 fév.

Les Vénètes

TRADITIONNEL • PERSONNALISÉ Ce petit hôtel est vraiment bien placé, pour ainsi dire les pieds dans l'eau ! Dans les chambres, joliment aménagées, on jouit d'une vue exceptionnelle sur le golfe (balcons au 1er étage).

9 chambres – 🚹120/280 € 🚹🚹120/280 € – ☕15 € – ½ P

– ✆ 02 97 44 85 85 – www.lesvenetes.com

Les Vénètes – voir les restaurants ci-dessus

à Séné 3 km au Sud-Est par N165 – ✉ 56860 – 8 781 hab. – Alt. 16 m

Le Puits des Saveurs

CUISINE MODERNE • CONVIVIAL X On oublie tout de la zone commerciale peu avenante où se trouve le restaurant dès que l'on en découvre l'élégant et chaleureux décor, en camaïeu de gris et bois clair. Le plaisir de l'assiette fait le reste : présentations soignées, saveurs enlevées, produits de qualité... Emmanuel Monnier puise son inspiration à la source du bon !

Menu 21 € (déj. en semaine), 31/43 €

rte de Nantes, Le Poulfanc – ✆ 02 97 42 60 69 (réservation conseillée) – Fermé merc. soir, dim. soir et lundi

LES VANS

✉ 07140 (Ardèche) – 2 774 hab. – Alt. 170 m – Carte régionale n° **23**-A3
Paris 663 km – Alès 44 km – Aubenas 37 km – Pont-St-Esprit 66 km
Carte Michelin 331-G7 – Guide Vert Michelin Ardèche Drôme

Likoké (Piet Huysentruyt)

CUISINE CRÉATIVE • CONVIVIAL Après une belle carrière en Belgique (en partie à la télévision), Piet Huysentruyt poursuit sa route en Ardèche... et c'est tant mieux ! Des saveurs bien marquées, une vraie harmonie dans les textures, des plats qui célèbrent le terroir, la fête, le savoir-vivre, bref : voilà une table bien dans sa peau, pleine de plaisir.

→ Risotto de pomme de terre et caviar. Homard et boudin noir, légumes de saison. Dame blanche.

Menu 85/175 € - Carte 100/170 €

7 rte de Païolive - 04 75 88 09 74 (réservation conseillée) - www.likoke.com - Ouvert 10 mars-18 nov. et fermé sam. en juil.-août, lundi de sept. à juin et dim.

La Seigneurie de Naves

HISTORIQUE • PERSONNALISÉ Sur les hauteurs d'un village médiéval préservé, cette seigneurie tout en pierre et toits de tuiles offre un havre des plus charmants ! Escalier à vis, chambres personnalisées sur le thème du terroir, jardin verdoyant et piscine : l'alliance subtile du caractère et de la sérénité...

5 chambres - 115/135 € 115/190 €

village de Naves - 06 62 04 45 11 - www.seigneuriedenaves.com - Fermé déc., janv. et fév.

VANVES - 92 (Hauts-de-Seine) → Voir Autour de Paris

VARADES

44370 (Loire-Atlantique) - 3 563 hab. - Alt. 13 m - Carte régionale n° **18**-B2
Paris 333 km - Angers 40 km - Cholet 42 km - Laval 95 km
Carte Michelin 316-J3

La Closerie des Roses

CUISINE CLASSIQUE • TENDANCE Ce restaurant est ancré depuis 1938 en bord de Loire : un site ravissant, presque en symbiose avec le fleuve... Et de la salle panoramique, on admire l'abbatiale de St-Florent-le-Vieil, illuminée le soir. Le chef achète son poisson aux pêcheurs du coin et concocte une délicieuse cuisine régionale. Le plaisir est complet.

Formule 20 € - Menu 31/64 € - Carte 47/60 €

455 La Haute-Meilleraie, 1,5 km au Sud par rte de Cholet - 02 40 98 33 30 - www.lacloseriedesroses.com - Fermé 20 fév.-8 mars, 22-31 août, 23 oct.-8 nov., dim. soir, lundi soir, mardi soir et merc.

VARENGEVILLE-SUR-MER

76119 (Seine-Maritime) - 1 013 hab. - Alt. 80 m - Carte régionale n° **17**-D1
Paris 199 km - Dieppe 10 km - Fécamp 57 km - Fontaine-le-Dun 18 km
Carte Michelin 304-F2 - Guide Vert Michelin Normandie Vallée de la Seine

à Vasterival 3 km au Nord-Ouest par D75 et rte secondaire - 76119 Varengeville sur Mer

La Terrasse

FAMILIAL • FONCTIONNEL Au bout d'une route bordée de pins, cette maison du début du siècle (1902) est tenue par la même famille depuis quatre générations ! Ici, la moitié des chambres offrent une vue plongeante sur la mer, tout comme la salle du restaurant. Et pour se détendre, on s'installe dans le grand et beau jardin.

22 chambres - 65/100 € 65/110 € - 9 € - ½ P

rte de Vasterival - 02 35 85 12 54 - www.hotel-restaurant-la-terrasse.com - Ouvert mi-mars au 10 oct. et vacances de la Toussaint

VARENNES - 58 (Nièvre) ➔ Voir Nevers

LA VARENNE-ST-HILAIRE - 94 (Val-de-Marne) ➔ Voir Autour de Paris (St-Maur-des-Fossés)

VARETZ - 19 (Corrèze) ➔ Voir Brive-la-Gaillarde

VARS

✉ 05560 (Hautes-Alpes) - 706 hab. - Alt. 1 650 m - Carte régionale n° **21**-C1
Paris 726 km - Barcelonnette 41 km - Briançon 46 km - Digne-les-Bains 126 km
Carte Michelin 334-I5 - Guide Vert Michelin Alpes du Sud

aux Claux - ✉ 05560 Vars

L'Écureuil

P

FAMILIAL • MONTAGNARD À 150 m des pistes, un beau chalet de bois blond, noyé sous les fleurs l'été... et la neige l'hiver. On est tout de suite conquis par l'ambiance chaleureuse des lieux, du salon avec cheminée jusqu'aux chambres très cosy. Une adresse qui sort du lot.

20 chambres - †60/208 € ††70/208 € - ☕ 11 € - ½ P

allée Pierre Lelong - ✆ 04 92 46 50 72 - www.hotelecureuil.com - Ouvert 1er juil.-31 août et 9 déc.-17 avril

Un important déjeuner d'affaires ou un dîner entre amis ?
Le symbole ⇔ vous signale les salons privés.

à Ste-Marie-de-Vars - ✉ 05560 Vars

Alpage & Spa

P

FAMILIAL • MONTAGNARD L'esprit des alpages habite cette ferme villageoise joliment rénovée, tout en pierre et bois. Des lieux spacieux et agréables à vivre : salons avec cheminée, billard, espace bien-être, restaurant traditionnel sous les voûtes de l'ancienne étable, etc.

17 chambres ☕ - †63/95 € ††94/186 € - ½ P

- ✆ 04 92 46 50 52 - www.hotel-alpage.com - Ouvert 15 juin-31 août et 15 déc.-17 avril

VASTERIVAL - 76 (Seine-Maritime) ➔ Voir Varengeville-sur-Mer

VAUCHOUX - 70 (Haute-Saône) ➔ Voir Port-sur-Saône

VAUCRESSON - 92 (Hauts-de-Seine) ➔ Voir Paris, Environs

VAUDEVANT

✉ 07410 (Ardèche) - 197 hab. - Alt. 600 m - Carte régionale n° **23**-B2
Paris 558 km - Lyon 96 km - Privas 89 km - Saint-Étienne 67 km
Carte Michelin 331-J3

La Récré

P

CUISINE MODERNE • CONVIVIAL Installé dans l'ancienne école de garçons du village, dont il a conservé les vestiges - tableau noir, cartes de géographie -, ce restaurant ne pouvait mieux porter son nom. On y découvre des créations pétillantes, qui piochent allègrement dans les produits du terroir ; et c'est encore meilleur lorsqu'on est attablé dans la cour ombragée...

Formule 21 € - Menu 28/36 €

- ✆ 04 75 06 08 99 (réservation conseillée) - www.restaurant-la-recre.com - Fermé de mi-déc. à mi-janv., merc. soir, jeudi soir, vend. soir et dim. soir de sept. à avril, lundi et mardi

VAULT-DE-LUGNY - 89 (Yonne) ➜ Voir Avallon

VAULX

✉ 74150 (Haute-Savoie) - 861 hab. - Alt. 530 m - Carte régionale n° **25**-F1
▶ Paris 539 km - Annecy 19 km - Genève 50 km - Lyon 158 km
Carte Michelin 328-I5

Par Monts et Par Vaulx

CUISINE TRADITIONNELLE • CHAMPÊTRE Une bonne auberge de village, champêtre comme il se doit ! Le jeune chef concocte une cuisine bistrotière goûteuse et vous régale, par exemple, d'une crème de petits pois au flétan fumé et piment d'Espelette, ou d'un suprême de poulet, jus crémeux et risotto arborio aux asperges... Le tout à prix doux !

Formule 12 € - Menu 15 € (déj. en semaine), 19/43 € - Carte 36/48 €

133 rte de Sillingy - ✆ 04 50 60 57 20 (réservation conseillée) - www.restaurant-vaulx.com - Fermé 16-30 août, 24 déc.-6 janv., dim. soir, lundi soir, mardi soir et merc.

VAUX-EN-BEAUJOLAIS

✉ 69460 (Rhône) - 1 064 hab. - Alt. 360 m - Carte régionale n° **24**-E1
▶ Paris 443 km - Lyon 49 km - Villeurbanne 58 km
Carte Michelin 327-G3 - Guide Vert Michelin Lyon et sa région

Auberge de Clochemerle (Romain Barthe)

CUISINE CRÉATIVE • AUBERGE On se sent bien à l'auberge de Clochemerle ; la reception spacieuse ouvre sur une salle à manger bourgeoise avec poutres et cheminées. Il ne manquerait plus que le chef soit talentueux... et c'est le cas ! Son menu surprise, misant sur les produits de saison, enthousiasme autant les habitués que les clients de passage.

➜ Cuisine du marché.

Menu 46/86 €

10 chambres - 60/90 € 80/120 € - 14 €

r. Gabriel-Chevallier - ✆ 04 74 03 20 16 - www.aubergedeclochemerle.fr - Fermé 22-30 août, 2-20 janv., lundi midi en juil.-août, merc. sauf le soir en juil.-août et mardi

VAUX-LE-PÉNIL - 77 (Seine-et-Marne) ➜ Voir Melun

VAUX-SOUS-AUBIGNY

✉ 52190 (Haute-Marne) - 693 hab. - Alt. 275 m - Carte régionale n° **7**-C3
▶ Paris 304 km - Dijon 44 km - Gray 43 km - Langres 25 km
Carte Michelin 313-L8

Aux Trois Provinces

CUISINE TRADITIONNELLE • AUBERGE Derrière l'église, cette auberge sous une glycine cache bien son jeu ! Les lieux ont en effet abrité un cabaret jusqu'en 1938. Désormais, dans la salle au décor sagement rustique, on déguste une bonne cuisine traditionnelle ; ne manquez pas le "menu de l'aubergiste" en semaine, avec son plat du jour en cocotte !

Formule 18 € - Menu 23 € (déj. en semaine)/38 € - Carte 46/60 €

r. de Verdun - ✆ 03 25 88 31 98 (réservation conseillée) - www.levauxois.fr - Fermé 1 semaine en oct., 3 semaines en janv., dim. soir et lundi

VELARS-SUR-OUCHE - 21 (Côte-d'Or) ➜ Voir Dijon

VELLÈCHES

✉ 86230 (Vienne) - 402 hab. - Alt. 69 m - Carte régionale n° **20**-C1
▶ Paris 302 km - Châtellerault 21 km - Joué-lès-Tours 60 km - Poitiers 58 km
Carte Michelin 322-J3

La Table des Écoliers

CUISINE MODERNE • CONVIVIAL Sur la route entre Tours et Poitiers ? Faites un détour par votre enfance : cartes de géographie, cahiers d'écoliers, une vraie salle de classe pour... une authentique leçon de gourmandise. Les légumes proviennent d'une ferme toute proche, les deux menus de saison font de jolis clins d'œil à la tradition : youpi !

Menu 19 € (semaine)/32 € - Carte 39/48 €

1 bis r. de l'Étang (derrière la mairie) - 05 49 93 35 51 (réservation conseillée) - www.latabledesecoliers.com - Fermé 20 août-10 sept., dim. soir, lundi soir, merc. soir et mardi

VELLUIRE - 85 (Vendée) → Voir Fontenay-le-Comte

VENAREY-LES-LAUMES

21150 (Côte-d'Or) - 2 906 hab. - Alt. 235 m - Carte régionale n° **4**-C2
Paris 259 km - Avallon 54 km - Dijon 66 km - Montbard 15 km
Carte Michelin 320-G4 - Guide Vert Michelin Bourgogne

Le Bistrot de Louise

CUISINE TRADITIONNELLE • SIMPLE Ce bistrot contemporain n'est autre que le poulain "urbain" de l'Auberge du Cheval Blanc, à Alise-Ste-Reine. On y déguste de bons petits plats traditionnels et régionaux à prix doux : tête de veau sauce gribiche, joue de bœuf à la bourguignonne, crème brûlée au café...

Menu 15 € (déj. en semaine), 21/26 € - Carte environ 37 €

7 r. Eugène-Edon - 03 80 89 69 94 - www.regis-bolatre.com - Fermé dim. sauf le midi en été, lundi soir et mardi soir

à Alise-Ste-Reine 2 km à l'Est - 21150 - 606 hab. - Alt. 415 m

Auberge du Cheval Blanc

CUISINE TRADITIONNELLE • CHAMPÊTRE Ah, qu'il est plaisant ce "petit" Cheval Blanc rustique, accueillant et agréablement réchauffé l'hiver par un bon feu de bois. Terrine de pigeon au foie gras, pot-au-feu de volaille à l'huile de truffe, voici les belles recettes traditionnelles et bourguignonnes que l'on y trouve. Brassens aurait sûrement apprécié...

Formule 20 € - Menu 23 € (déj. en semaine), 30/52 € - Carte 45/61 €

r. du Miroir - 03 80 96 01 55 - www.regis-bolatre.com - Fermé 1 semaine en sept., 24 déc.-10 fév., dim. soir, lundi et mardi sauf fériés

VENCE

06140 (Alpes-Maritimes) - 19 241 hab. - Alt. 325 m - Carte régionale n° **22**-E2
Paris 923 km - Antibes 20 km - Cannes 30 km - Grasse 24 km
Carte Michelin 341-D5 - Guide Vert Michelin Côte d'Azur

Le Saint-Martin

CUISINE CRÉATIVE • LUXE Un cadre superbement classique, une vue à couper le souffle sur les collines de Vence et la Méditerranée... mais, par-dessus tout, une cuisine qui est un ravissement pour les papilles : le chef marie joliment les saveurs dans des assiettes fines et délicates, en s'appuyant sur des produits de grande qualité.

→ Royale de châtaigne en velouté, cèpes sautés et cromesquis. Selle d'agneau au romarin, aubergine en papillote et courge spaghetti. Tube craquant de caramel, biscuit noisette du Piémont, yuzu et framboises.

Formule 45 € - Menu 58/130 € - Carte 85/120 €

Hors plan - *Hôtel Château Saint-Martin & Spa, 2490 av. des Templiers, 3 km par rte du col de Vence (D2) - 04 93 58 02 02 - www.chateau-st-martin.com - Ouvert 22 avril-15 oct. et fermé le midi de mi-mai à mi-sept.*

Les Bacchanales (Christophe Dufau)

CUISINE CRÉATIVE • BRANCHÉ Une cuisine du marché créative, pleine de fraîcheur et sans cesse renouvelée ; une atmosphère décontractée et contemporaine : est-il vraiment besoin de préciser que le chef est un passionné talentueux et que son restaurant lui ressemble ?

→ Gamberonis de San Remo, pêche de vigne et légumes fermentés. Poisson de Méditerranée, navet et olives taggiasche. Cassis, chocolat blanc, glace à la feuille de cassis.

Menu 45 € (déj. en semaine), 60/110 €

Plan : B1-v – *247 av. de Provence – ✆ 04 93 24 19 19 – www.lesbacchanales.com – Fermé 20-26 déc., merc. sauf le soir en juil.-août, le midi en semaine en juil.-août et mardi*

La Farigoule

CUISINE TRADITIONNELLE • COSY La farigoule ? Du côté de Vence, c'est comme cela que l'on appelle le thym, pardi ! À l'image de l'aromate, le restaurant ne manque ni de fraîcheur ni de parfums : fraîcheur de chèvre frais a la ratatouille froide, pluma de porc ibérique à la plancha et son jus à l'ail confit... On redécouvre la Provence. Joli patio.

Menu 32/70 € – Carte 49/63 €

Plan : B2-f – *15 av. Henri-Isnard – ✆ 04 93 58 01 27 – www.lafarigoule-vence.fr – Fermé fin nov.-26 déc., lundi et mardi*

La Table du Cantemerle

CUISINE CLASSIQUE • COSY Un Cantemerle chic, contemporain et raffiné. La terrasse est exquise et donne sur la piscine ; l'assiette se pare de jolies couleurs méridionales... Esprit Sud !

Formule 23 € – Menu 47 € – Carte environ 54 €

Hors plan – *Hôtel Cantemerle, 258 chemin Cantemerle, au Sud-Est par av. Col.-Meyère – ✆ 04 93 58 08 18 – www.cantemerle-hotel-vence.com – Ouvert 7avril-15 oct. et fermé mardi midi et lundi sauf de mi-juin à mi-sept. et dim. soir*

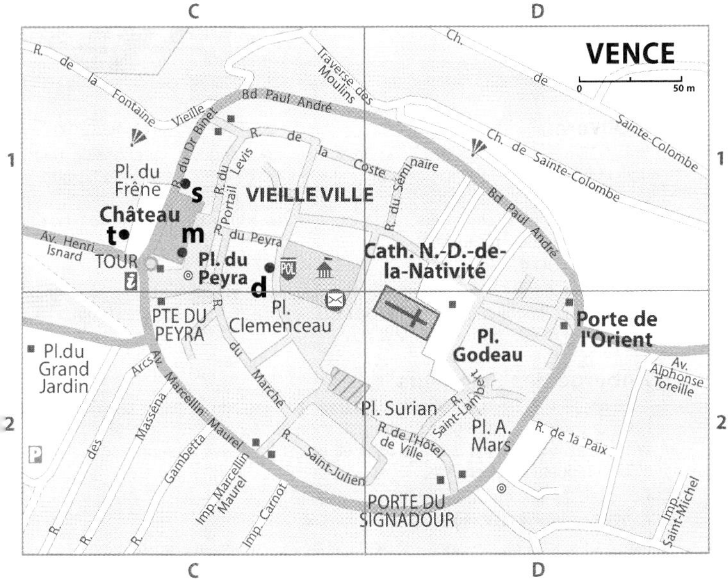

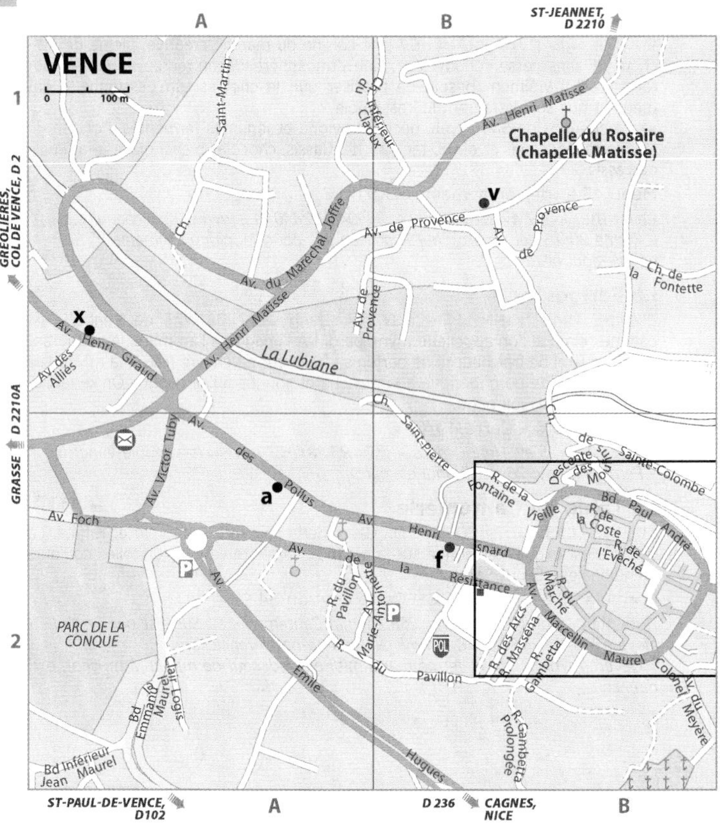

L'Oliveraie

VIANDES • MÉDITERRANÉEN L'endroit idéal pour déguster une cuisine gourmande et estivale – pissaladières et pizzas au feu de bois, viandes au barbecue, poissons à la plancha –, dans un cadre idyllique : en terrasse, au calme, face au vaste parc et à ses oliviers... Attention : le restaurant n'est pas ouvert en cas de mauvais temps, réservez !

Carte 45/100 €

Hors plan – *Hôtel Château Saint-Martin & Spa, 2490 av. des Templiers, 3 km par rte du col de Vence (D2) – ✆ 04 93 58 02 02 – www.chateau-st-martin.com – Ouvert 15 mai-15 sept. et fermé le soir*

Auberge des Seigneurs

CUISINE PROVENÇALE • RUSTIQUE Dans une aile du château de Villeneuve, cette authentique auberge rustique est... hors du temps ! On se régale de plats provençaux et de viandes à la broche et, pour l'étape, les chambres sont simples et bien tenues. Jolie terrasse.

Formule 25 € – Menu 34/40 € – Carte 46/57 €

6 chambres – †70 € ††90/95 € – ☕10 €

Plan : C1-s – *1 r. du Dr-Binet – ✆ 04 93 58 04 24 – www.auberge-seigneurs.com – Fermé de mi-déc. à mi-janv., dim. en basse saison, le midi en juil.-août et lundi*

Les Agapes

CUISINE MODERNE • CONVIVIAL Tartare de dorade au melon et basilic, pavé de bar accompagné d'artichauts barigoules, tarte aux oignons au chorizo... à l'ardoise, toute la fraîcheur des saisons. De belles agapes dans ce petit restaurant sympathique et contemporain !

Formule 18 € – Menu 29/40 € – Carte 38/63 €

Plan : C1-d – *4 pl. Clemenceau – ✆ 04 93 58 50 64 – www.les-agapes.net – Fermé 1 semaine en mai, 2 semaines en nov., 3 semaines en janv., dim. hors saison et lundi*

La Cassolette

CUISINE PROVENÇALE • TRADITIONNEL Sur une ravissante place pavée de la vieille ville, face à la mairie, ce restaurant de poche est tenu par un chef expérimenté. Il compose une cuisine du marché goûteuse, aux accents provençaux, que l'on déguste dans une jolie salle aux tons pastels ou en terrasse, sur la place. Le tout à prix très doux !

Formule 22 € – Menu 27 € (déj.), 38 € – Carte 40/60 €

Plan : C1-m – *10 bis pl. Clemenceau*
– ✆ 04 93 58 84 15 (réservation conseillée)
– www.restaurant-lacassolette-vence.com – Fermé mardi et merc.

Château Saint-Martin & Spa

LUXE • CLASSIQUE Cadre d'exception pour ce luxueux hôtel provençal dominant Vence et la mer depuis son vaste parc planté d'oliviers. Décor classique, d'un parfait confort ; villas nichées dans la verdure ; superbe piscine et spa délicieux... Un endroit divin.

51 chambres – 390/810 € 390/810 € – 12 suites – 30 €

Hors plan – *2490 av. des Templiers, 3 km par rte du col de Vence (D2) – ✆ 04 93 58 02 02 – www.chateau-st-martin.com – Ouvert 22 avril-15 oct.*

Le Saint-Martin • **L'Oliveraie** – voir les restaurants ci-dessus

Cantemerle

TRADITIONNEL • CONTEMPORAIN Un jardin du Sud calme et délicat, deux piscines – dont une couverte, pour les frileux –, de grandes chambres à l'élégance épurée (souvent en duplex) et un bel espace bien-être... Les vacances et le farniente, tout simplement.

26 chambres – 180/365 € 180/365 € – 1 suite – 23 €

Hors plan – *258 chemin Cantemerle, au Sud-Est par av. Col.-Meyère – ✆ 04 93 58 08 18 – www.cantemerle-hotel-vence.com – Ouvert 7 avril-15 oct.*

La Table du Cantemerle – voir les restaurants ci-dessus

Diana

URBAIN • FONCTIONNEL Cet hôtel central et confortable propose des chambres de style provençal ou plus contemporain. Pour se détendre, on profite du solarium et du jacuzzi sur le toit. Quant au petit-déjeuner, il est servi dans la véranda ou dans le patio... De quoi bien commencer sa journée.

27 chambres – 75/112 € 99/164 € – 12 €

Plan : A2-a – *79 av. des Poilus – ✆ 04 93 58 28 56 – www.hotel-diana.fr*

Villa Roseraie

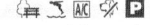

TRADITIONNEL • MÉDITERRANÉEN Un jardin aux airs d'oasis, une jolie petite piscine et cette agréable villa 1900, un peu chargée mais tellement Provence ! Les chambres, typiquement provençales, ont un délicieux air de maison de famille : on s'y sent bien.

5 suites – 162/225 € – 4 chambres – 13 €

Plan : A1-x – *128 av. Henri-Giraud – ✆ 04 93 58 02 20 – www.villaroseraie.com – Ouvert de mi-mars à mi-oct. et vacances de Noël*

La Maison du Frêne

URBAIN • DESIGN Une belle demeure du 18e s., son escalier en fer forgé, ses tomettes superbes et, partout, des œuvres d'art contemporain... C'est pop et design, frais, atypique et très ludique. Le temps d'un séjour au chic décalé, les propriétaires – collectionneurs chevronnés – sauront vont faire partager leur passion.

4 chambres – 160/175 € 160/175 €

Plan : C1-t – *1 pl. du Frêne – 06 88 90 49 69 – www.lamaisondufrene.com*

VENDÔME

41100 (Loir-et-Cher) – 17 024 hab. – Alt. 82 m – Carte régionale n° **6**-B2

Paris 169 km – Blois 34 km – Le Mans 78 km – Orléans 91 km

Carte Michelin 318-D5 – Guide Vert Michelin Châteaux de la Loire

Pertica (Guillaume Foucault)

CUISINE CRÉATIVE • ÉPURÉ C'est dans le Perche ("Pertica" en latin), sa région d'origine, que le chef trouve les fruits et légumes qui agrémenteront ses créations. Il décline une cuisine dynamique et inventive, qu'il conçoit en plongeant dans les souvenirs de son enfance ; il l'agrémente d'influences glanées ici et là (en Asie, notamment) avec un plaisir manifeste. Plaisir partagé !

→ Cuisine du marché.

Menu 32/70 €

15 pl. de la République – 02 54 23 72 02 – www.restaurantpertica.com – Fermé 19-27 fév., 16-24 avril, 23 juil.-7 août, 24 déc.-1er janv., merc. midi, dim. et lundi

Le Petit Bilboquet

CUISINE MODERNE • ÉLÉGANT Deux frères sont à la tête de cette maison, légèrement en retrait de Vendôme. Ils revisitent à quatre mains les plats traditionnels de la cuisine française : tête de veau, poire Belle-Hélène... avec même, sur quelques assiettes, une petite touche fusion ! Le tout dans un agréable intérieur moderne et cosy.

Formule 20 € – Menu 32/42 €

rte de Tours – 02 54 80 40 12 – www.restaurant-petit-bilboquet-vendome.fr – Fermé lundi et mardi

Le Vendôme

FAMILIAL • CONTEMPORAIN À deux pas de la vieille ville, un hôtel à la fois coquet et cosy (mobilier et objets chinés), entièrement rénové dans un style contemporain du meilleur effet. Accueil charmant.

31 chambres – 75/115 € 85/155 € – 15 €

15 fg Chartrain – 02 54 77 02 88 – www.hotelvendome.fr

VENOSC

38520 (Isère) – 790 hab. – Alt. 1 000 m – Carte régionale n° **23**-C2

Paris 633 km – Gap 105 km – Grenoble 66 km – Lyon 166 km

Carte Michelin 333-J8 – Guide Vert Michelin Alpes du Nord

Château de la Muzelle

TRADITIONNEL • FONCTIONNEL De pimpants volets rouges égayent la sobre façade de ce petit château du 17es. Chambres fonctionnelles et bien tenues, mansardées au deuxième étage. Ambiance familiale. Bonne cuisine traditionnelle mettant à profit les légumes du potager.

21 chambres – 66/76 € 76/106 € – 10 € – ½ P

946 rte du Bourg – 04 76 80 06 71 – www.chateaudelamuzelle.com – Ouvert 28 mai-17 sept.

VENTABREN

13122 (Bouches-du-Rhône) – 4 646 hab. – Alt. 210 m – Carte régionale n° **21**-B3

Paris 746 km – Aix-en-Provence 14 km – Marseille 33 km – Salon-de-Provence 27 km

Carte Michelin 340-G4 – Guide Vert Michelin Provence

Dan B. - La Table de Ventabren (Dan Bessoudo)

CUISINE MODERNE • CONTEMPORAIN Assurément l'un des restaurants les plus élégants de la région, au cœur d'un village pittoresque. Pour le cadre, mobilier scandinave et vue panoramique sur l'étang de Berre. Dans l'assiette, une cuisine fraîche et follement créative (les menus se nomment "bois" ou "béton"), à base de produits locaux, choisis avec précision.

➜ Caviar d'aubergine fumée, pastèque, parmesan croustillant et chèvre frais en chantilly. Médaillons de lotte rôtis, pomme de terre moelleuse, soupe de poissons de roche et sauce froide safranée. Le fameux "chococho".

Formule 43 € - Menu 72/102 € - Carte 75/95 €

1 r. Frédéric Mistral - 04 42 28 79 33 (réservation conseillée) - www.latabledeventabren.com - Fermé 1 semaine en nov., 23 déc.-31 janv., dim. soir et mardi midi d'oct. à avril et lundi

VENTRON

88310 (Vosges) - 909 hab. - Alt. 630 m - Carte régionale n° **14**-C3
Paris 441 km - Épinal 56 km - Gérardmer 25 km - Mulhouse 51 km
Carte Michelin 314-J5

à l'Ermitage-du-Frère-Joseph 5 km au Sud par D43 et D43E - 88310 Ventron

Les Buttes

LUXE • ÉLÉGANT Cadre montagnard chic, chambres douillettes égayées d'images d'Épinal et salon cossu tapissé de dessins de Claudon : un chalet bien agréable ! Restaurant chaleureux et élégant, face aux pistes. Carte traditionnelle souvent renouvelée.

28 chambres - 76/280 € 76/280 € - 18 € - ½ P

Ermitage Frère-Joseph - 03 29 24 18 09 - www.ermitage-resort.com - Fermé 5 nov.-15 déc.

VERDUN

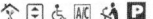

55100 (Meuse) - 18 327 hab. - Alt. 198 m - Carte régionale n° **14**-A1
Paris 263 km - Bar-le-Duc 56 km - Châlons-en-Champagne 89 km - Metz 78 km
Carte Michelin 307-D4

Les Jardins du Mess (N)

DEMEURE HISTORIQUE • CONTEMPORAIN Cet ancien mess de sous-officiers, bâti à la fin du 19e s. sur les quais de la Meuse, a été entièrement rénové : on s'y repose aujourd'hui dans des chambres contemporaines et bien aménagées, côté ville pour la vue ou côté jardin pour le calme. Bar plaisant.

40 chambres - 135/290 € 135/290 € - 14 €

22 quai de la République - 03 29 80 14 18 - www.lesjardinsdumess.fr

aux Monthairons 13 km au Sud par D34 - 55320 - 390 hab. - Alt. 200 m

Hostellerie du Château des Monthairons

CUISINE MODERNE • CLASSIQUE Émincé de canette au verjus de mirabelle ; parfait glacé à la dragée de Verdun : cette table châtelaine, tenue en famille, permet d'apprécier une cuisine mêlant joliment bases classiques et touches plus actuelles. Et, comme on l'imagine, le cadre est superbe : moulures, vieux parquet, tentures épaisses...

Menu 48/102 € - Carte 68/80 €

26 rte de Verdun - 03 29 87 78 55 - www.chateaudesmonthairons.fr - Fermé 16-25 oct., 2 janv.-2 fév., mardi midi, dim. soir et lundi de mi-nov. à Pâques

Hostellerie du Château des Monthairons

DEMEURE HISTORIQUE • CLASSIQUE La Meuse forme un joli méandre au bord du parc qui entoure ce château (19e s.). Il règne ici un esprit évidemment aristocratique, et les chambres, suites et duplex sont élégants et confortables. Pour la détente : hammam, sauna, jacuzzi, etc.

22 chambres – 110/250 € 110/315 € – 3 suites – 17 € – ½ P

26 rte de Verdun – 03 29 87 78 55 – www.chateaudesmonthairons.fr – Fermé 16-25 oct., 2 janv.-2 fév., dim. soir et lundi de mi-nov. à Pâques

Hostellerie du Château des Monthairons – voir les restaurants ci-dessus

à Charny-sur-Meuse 8 km au Nord par D38 – 55100 – 564 hab. – Alt. 197 m

Les Charmilles

FAMILIAL • PERSONNALISÉ L'ancien café et hôtel du village est désormais une accueillante maison d'hôtes... Les chambres, pimpantes et impeccables, sont idéales pour une étape sereine. Au petit-déjeuner, la propriétaire vous prépare des pâtisseries maison !

3 chambres – 50 € 60 €

12 r. de la Gare – 03 29 86 93 49 – www.les-charmilles.com – Fermé janv.

VERDUN-SUR-LE-DOUBS

71350 (Saône-et-Loire) – 1 151 hab. – Alt. 180 m – Carte régionale n° **4**-B3
Paris 332 km – Beaune 24 km – Chalon-sur-Saône 24 km – Dijon 65 km
Carte Michelin 320-K8 – Guide Vert Michelin Bourgogne

Hostellerie Bourguignonne

CUISINE TRADITIONNELLE • RUSTIQUE XX Une charmante bâtisse champêtre, au cœur d'un joli jardin fleuri. À la carte, une superbe sélection de bourgognes, qui accompagnent à merveille les belles assiettes traditionnelles et régionales du chef. Ne manquez pas la spécialité locale : la pôchouse verdunoise (une matelote de poissons de rivière).

Formule 25 € – Menu 55 € – Carte 75/90 €

9 chambres – 120/160 € 120/160 € – 14 €

2 av. du Président-Borgeot – 03 85 91 51 45 – www.hostelleriebourguignonne.com – Fermé vacances de fév. et de la Toussaint, dim. soir hors saison, mardi sauf le soir de mai à sept. et merc. midi

VERFEIL

31590 (Haute-Garonne) – 3 312 hab. – Alt. 225 m – Carte régionale n° **15**-C2
Paris 695 km – Albi 63 km – Montauban 71 km – Toulouse 26 km
Carte Michelin 343-H3

La Promenade

CUISINE CRÉATIVE • CONVIVIAL X Le chef, ancien violoncelliste professionnel, a quitté le monde de la musique pour... un piano de cuisson ! Dans cette belle bâtisse toulousaine, il propose une cuisine du marché empreinte de simplicité, réalisée avec de bons produits locaux. Des plats colorés, soignés, goûteux, pour une jolie Promenade culinaire.

Menu 24 € (déj. en semaine), 50/80 €

2 promenade Jean-Jaurès – 05 34 27 85 42 – www.la-promenade.net – Fermé dim. soir, lundi et mardi

VERGONCEY

50240 (Manche) – 209 hab. – Alt. 70 m – Carte régionale n° **17**-A3
Paris 352 km – Caen 120 km – Saint-Lô 86 km – Saint-Malo 60 km
Carte Michelin 303-D8

Château de Boucéel

DEMEURE HISTORIQUE · HISTORIQUE En pleine campagne normande, un très beau château (1763) au cœur d'un parc à l'anglaise. Pour les âmes romantiques, rien de tel qu'une balade autour des étangs avant de regagner la quiétude raffinée des chambres... Mobilier ancien, superbe parquet, portraits d'ancêtres : du style !

5 chambres - 175/195 € 175/195 €

lieu-dit Boucéel, 4 km à l'Est par D108, D40 et D308 - 02 33 48 34 61 - www.chateaudebouceel.com - Fermé janv. et fév.

VERGONGHEON

43360 (Haute-Loire) - 1 857 hab. - Alt. 440 m - Carte régionale n° **3**-C2
Paris 470 km - Clermont-Ferrand 60 km - Le Puy-en-Velay 72 km - St-Flour 51 km
Carte Michelin 331-B1

La Petite École

CUISINE MODERNE · VINTAGE Ce restaurant a remplacé l'ancienne école du village voilà quelques années. La cuisine, fine et savoureuse, mérite un A sans hésitation. Copie parfaite pour cet agneau à la courgette, pois blonds et anchois, tout comme pour ce filet de lieu jaune à la cuisson précise. Une cantine de choix, sans fausse note !

Menu 32/40 €

à Rilhac, 3 km au Sud-Est par D174 - 04 71 76 97 43 (réservation conseillée) - www.restaurant-lapetiteecole.com - Fermé 2 semaines en juin, de mi-sept. à début oct., 2 semaines en janv., mardi midi, sam. midi, dim. soir et lundi

VERN-D'ANJOU

49220 (Maine-et-Loire) - 2 311 hab. - Alt. 50 m - Carte régionale n° **18**-C2
Paris 327 km - Angers 36 km - Laval 68 km - Nantes 77 km
Carte Michelin 317-E3

Le Pigeon Blanc

CUISINE MODERNE · TENDANCE Créé en 1962, ce Pigeon Blanc n'a pas fini de voltiger... Avec Sylvain, c'est aujourd'hui la troisième génération de la famille Belouin qui en prend la tête. Le jeune homme est tombé du nid très tôt pour aller se former chez les plus grands (Troisgros, Coutanceau) : sa cuisine, créative et généreuse, séduit !

Formule 21 € - Menu 32/90 € - Carte 52/70 €

13 r. de l'Église - 02 41 61 41 25 - www.lepigeonblanc.com - Fermé 2 semaines en juil. et en janv., dim. soir, mardi et merc.

VERNET-LES-BAINS

66820 (Pyrénées-Orientales) - 1 415 hab. - Alt. 650 m - Carte régionale n° **12**-B3
Paris 904 km - Mont-Louis 36 km - Perpignan 57 km - Prades 11 km
Carte Michelin 344-F7

Princess

FAMILIAL · FONCTIONNEL Au pied du vieux Vernet, cette bâtisse dévoile un intérieur chaleureux et coloré... Les chambres, récemment rénovées et joliment décorées, ont presque toutes un balcon donnant sur la montagne.

38 chambres - 57/139 € 69/139 € - 11 € - ½ P

r. des Lavandières - 04 68 05 56 22 - www.hotel-princess.fr - Ouvert 17 mars-19 nov.

VERNEUIL-SUR-AVRE

27130 (Eure) - 6 215 hab. - Alt. 155 m - Carte régionale n° **17**-C3
Paris 114 km - Alençon 77 km - Argentan 77 km - Chartres 57 km
Carte Michelin 304-F9 - Guide Vert Michelin Normandie Vallée de la Seine

Le Clos

CUISINE MODERNE • ÉLÉGANT Parquets anciens, tapis persans, moulures, trompe-l'œil, tables dressées dans les règles de l'art, etc. : le classicisme le dispute à l'élégance en ce Clos où la gastronomie se dédie au terroir normand comme aux recettes plus audacieuses.

Menu 42/97 € - Carte 74/95 €

Hôtel Le Clos, 98 r. de la Ferté-Vidame - 02 32 32 21 81 - www.leclos-normandie.com - Fermé mi-janv. à mi-fév. , le midi sauf dim. et fériés

Le Madeleine

CUISINE TRADITIONNELLE • AUBERGE Cette Madeleine vous évoquera-t-elle la recherche du temps perdu ? Voilà en tout cas une auberge chaleureuse, où l'esprit maison n'est pas un vain mot, et qui ne lésine pas sur la fraîcheur des produits. Ne manquez pas les pâtes maison !

Formule 21 € - Menu 29/67 € - Carte 48/72 €

206 r. de la Madeleine - 02 32 37 91 81 - www.lemadeleine.fr - Fermé merc.

Le Clos

LUXE • PERSONNALISÉ Un petit bijou d'élégance et de raffinement... Ce castel normand cultive, derrière sa belle façade en briques polychromes, un luxe discret jusque dans les détails. L'esprit bourgeois du décor (meubles anciens, tissus signés, etc.), la qualité de l'accueil, la quiétude du superbe parc : tout garantit un séjour d'exception.

10 chambres - †240/330 € ††240/330 € - 5 suites - 25 € - ½ P

98 r. de la Ferté-Vidame - 02 32 32 21 81 - www.leclos-normandie.com

Le Clos - voir les restaurants ci-dessus

VERNON

27200 (Eure) - 24 112 hab. - Alt. 32 m - Carte régionale n° **17**-D2

Paris 77 km - Beauvais 66 km - Évreux 34 km - Mantes-la-Jolie 25 km

Carte Michelin 304-I7 - Guide Vert Michelin Normandie Vallée de la Seine

L'Envie

CUISINE MODERNE • COSY À la tête de cette Envie, un jeune couple qui a su inverser les rôles traditionnels : c'est madame qui œuvre en cuisine, et monsieur en salle. La déco aussi joue une carte contemporaine - d'esprit lounge -, comme les recettes proposées, inspirées par le marché et généreuses. Tout est fait maison, des entrées aux glaces !

Formule 20 € - Menu 26 € - Carte 36/51 €

Plan : B1-a - *71 r. Carnot - 02 32 51 16 80 - Fermé 4-24 janv., dim. et lundi*

Le Bistro des Fleurs

CUISINE TRADITIONNELLE • BISTRO Un ancien bistrot de campagne, avec un beau comptoir où s'accoudent les clients pressés et une incontournable ardoise du jour. Courte, traditionnelle et alléchante, celle-ci atteste le parti pris de la chef : rien que du frais, au gré du marché et de ses envies ! Dernière fleur : un excellent choix de vins au verre...

Menu 21 € 🍷/38 € 🍷 - Carte 24/42 €

Plan : B1-b - *73 r. Carnot - 02 32 21 29 19 - Fermé 24 juil.-18 août, 24-31 déc., dim. et lundi*

Normandy

BUSINESS • FONCTIONNEL Dans le centre-ville, un hôtel aux chambres plutôt spacieuses et confortables. Pratique à l'occasion d'une visite de la cité ou de Giverny et de la maison de Claude Monet, à moins de 5 km.

50 chambres - †78/88 € ††88/98 € - 11 € - ½ P

Plan : B2-t - *1 av. Pierre-Mendès-France - 02 32 51 97 97 - www.normandy-hotel.fr*

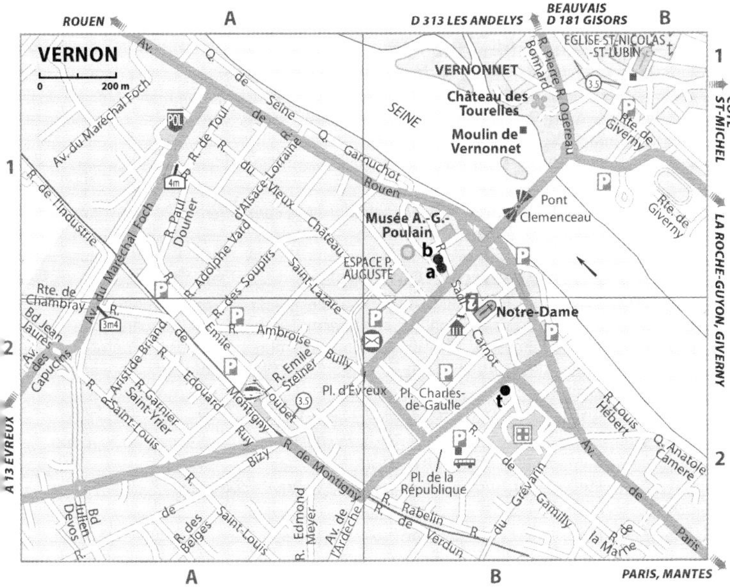

VERNOUILLET - 28 (Eure-et-Loir) ➜ Voir Dreux

VERS

✉ 46090 (Lot) - 418 hab. - Alt. 132 m - Carte régionale n° **15**-C1
Paris 575 km - Cahors 15 km - Montauban 84 km - Toulouse 135 km
Carte Michelin 337-F5

La Truite Dorée

FAMILIAL • FONCTIONNEL En bord de Vézère – où fraie peut-être quelque truite dorée –, l'adresse bénéficie d'un cadre très mignon... Les chambres sont confortables, et certaines d'entre elles jouissent même d'une terrasse au bord de la rivière. Cuisine traditionnelle au restaurant.

28 chambres - 70/84 € 79/93 € - 10 € - ½ P

r. de la Barre - 05 65 31 41 51 - www.latruitedoree.fr - Fermé mi-déc. à mi-fév.

VERSAILLES - 78 (Yvelines) ➜ Voir Autour de Paris

VERS-PONT-DU-GARD - 30 (Gard) ➜ Voir Pont-du-Gard

VERT-BOIS - 17 (Charente-Maritime) ➜ Voir Île d'Oléron

VERTOU - 44 (Loire-Atlantique) ➜ Voir Nantes

VERTUS

✉ 51130 (Marne) - 2 456 hab. - Alt. 85 m - Carte régionale n° **7**-B2
Paris 139 km - Châlons-en-Champagne 30 km - Épernay 21 km - Montmirail 39 km
Carte Michelin 306-G9 - Guide Vert Michelin Champagne Ardenne

à Bergères-les-Vertus 3,5 km au Sud par D9 – ✉ 51130 – 588 hab. – Alt. 108 m

Hostellerie du Mont-Aimé

CUISINE TRADITIONNELLE • CLASSIQUE Un cadre cossu et bourgeois, pour une cuisine traditionnelle généreuse qui valorise notamment les produits nobles. Autre plaisir, la belle carte des vins et ses nombreuses références de champagne.

Formule 30 € – Menu 45/90 € – Carte 62/80 €

4-6 r. de Vertus
– ✆ 03 26 52 21 31 – www.hostellerie-mont-aime.com – Fermé 24 déc.-4 janv. et dim. soir de nov. à mars

Hostellerie du Mont-Aimé

TRADITIONNEL • FONCTIONNEL Une étape que l'on a toutes les raisons... d'aimer ! En plein cœur du vignoble champenois, un hôtel en deux parties (le Mont-Aimé et les Dames de Champagne), aux chambres spacieuses, confortables et bien tenues, pour un maximum de confort. Les plus : une piscine couverte et un espace détente.

61 chambres – †90/110 € ††125/170 € – ☕ 14 € – ½ P

4-6 r. de Vertus – ✆ 03 26 52 21 31 – www.hostellerie-mont-aime.com – Fermé 24 déc.-4 janv. et dim. de nov. à mars

Hostellerie du Mont-Aimé – voir les restaurants ci-dessus

LES VERTUS – 76 (Seine-Maritime) → Voir Dieppe

VESC

✉ 26220 (Drôme) – 286 hab. – Alt. 601 m – Carte régionale n° **23**-B3
Paris 628 km – Lyon 165 km – Marseille 183 km – Valence 66 km
Carte Michelin 332-D6

Chez Mon Jules

CUISINE DU TERROIR • BISTRO Au cœur du village, voilà une sympathique adresse ! Dans une salle où objets chinés, tables et chaises en bois font bon ménage, on se régale d'une savoureuse cuisine du terroir, tels la caillette maison au foie gras ou l'agneau de pays confit 7h. Aux beaux jours, profitez de la terrasse à l'ombre des canisses.

Formule 19 € – Menu 24 € (déj. en semaine), 30/50 €

4 chambres ☕ – †70/100 € ††70/100 €

5 r. Étienne-de-Vesc – ✆ 04 75 04 20 74 – www.chezmonjules.com
– Fermé janv., dim. soir, lundi, mardi et merc. sauf juil.-août

VESCOUS – 06 (Alpes-Maritimes) → Voir Gilette

VESOUL

✉ 70000 (Haute-Saône) – 15 637 hab. – Alt. 221 m – Carte régionale n° **9**-B1
Paris 360 km – Belfort 68 km – Besançon 47 km – Épinal 91 km
Carte Michelin 314-E7 – Guide Vert Michelin Franche-Comté Jura

Le Caveau du Grand Puits

CUISINE TRADITIONNELLE • CONVIVIAL Dans cet ancien relais de diligence, nul besoin de voyager pour être le bienvenu ! Entrez donc dans la salle voûtée ou faufilez-vous dans la cour intérieure pour apprécier la goûteuse cuisine traditionnelle du chef. Accueil chaleureux.

Menu 20 € (semaine), 25/38 € – Carte 25/40 €

r. Mailly – ✆ 03 84 76 66 12 – Fermé 1 semaine en mai, 12 août-2 sept., 24 déc.-3 janv., merc. soir, sam. midi et dim.

à Épenoux 5 km au Nord rte de St-Loup-sur-Semouse et D10 – ✉ 70000 Pusy et Epenoux – 552 hab.

Château d'Épenoux

DEMEURE HISTORIQUE • CLASSIQUE Petit château du 18e s. dans un parc planté d'arbres centenaires. Dans les chambres, à la tenue irréprochable, rien ne semble avoir changé depuis le Siècle des lumières : parquet, boiseries, moulures... La quintessence d'un cadre bourgeois.

5 chambres – 120/130 € 145/165 €

5 r. Ruffier-d'Épenoux – ✆ 03 84 75 19 60 – www.chateau-epenoux.com – Fermé janv.-fév.

VEUIL – 36 (Indre) → Voir Valençay

VEULES-LES-ROSES

✉ 76980 (Seine-Maritime) – 539 hab. – Alt. 15 m – Carte régionale n° **17**-C1
Paris 188 km – Dieppe 27 km – Fontaine-le-Dun 8 km – Rouen 57 km
Carte Michelin 304-E2 – Guide Vert Michelin Normandie Vallée de la Seine

Les Galets

CUISINE MODERNE • ÉLÉGANT Pour un joli moment gastronomique, arrêtez-vous dans cette maison en brique toute proche d'une plage... de galets. Dans la salle ou la véranda, élégantes et lumineuses à souhait, on déguste des recettes bien dans l'air du temps pour lesquelles le chef privilégie les produits locaux. Cave judicieuse.

Formule 30 € – Menu 39/80 € – Carte 51/73 €

3 r. Victor-Hugo (près de la plage) – ✆ 02 35 97 61 33 (réservation conseillée) – www.restaurant-lesgalets-veuleslesroses.com – Fermé janv., merc. sauf juil.-août et mardi

Douce France

HISTORIQUE • COSY Sur les bords de la Veules, cet ancien relais de poste (17e s.), restauré dans les règles de l'art par des Compagnons, est absolument charmant. Dans les chambres, mobilier chiné et confort sont au rendez-vous. Et l'après-midi, on profite du joli salon de thé.

20 chambres – 99/179 € 99/239 € – 5 suites – 13 €

13 r. Dr. Pierre-Girard – ✆ 02 35 57 85 30 – www.doucefrance.fr – Fermé 8 janv.-9 fév.

VEUVES

✉ 41150 (Loir-et-Cher) – 213 hab. – Alt. 62 m – Carte régionale n° **6**-A1
Paris 205 km – Bourges 135 km – Orléans 84 km – Poitiers 137 km
Carte Michelin 318-D7

L'Auberge de la Croix Blanche

CUISINE TRADITIONNELLE • RUSTIQUE Point de voitures à cheval devant cet ancien relais de poste (1888), mais un décor suggestif qui n'est pas sans évoquer les folles équipées d'antan... On y déguste une généreuse cuisine traditionnelle, avec des produits de saison. Terrasse au jardin.

Formule 18 € – Menu 27/37 € – Carte 30/49 €

2 av. de la Loire – ✆ 02 54 70 23 80 – www.auberge-delacroixblanche.fr – Fermé merc. midi de Pâques à oct., merc. soir de nov. à Pâques, mardi soir de janv. à mars, dim. soir et lundi

VEYNES

✉ 05400 (Hautes-Alpes) – 3 149 hab. – Alt. 827 m – Carte régionale n° **21**-B1
Paris 660 km – Aspres-sur-Buëch 9 km – Gap 25 km – Sisteron 51 km
Carte Michelin 334-C5 – Guide Vert Michelin Alpes du Sud

La Sérafine

CUISINE MODERNE • CONVIVIAL XX Dans un hameau, cette jolie bergerie tout en pierre, datée du 18e s., conserve le nom de sa propriétaire... La chef, d'origine vietnamienne, réalise une cuisine moderne et instinctive, avec quelques plats de tradition. Intérieur élégant et raffiné, agréable terrasse sous les arbres.

Menu 29/40 €

Les Parois, 2 km à l'Est par rte de Gap et D20 - ✆ 04 92 58 06 00 (réservation conseillée) - www.restaurantserafine.com - Fermé 3 janv.-9 fév., mardi et merc. sauf fériés

VEYRIER-DU-LAC - 74 (Haute-Savoie) ➜ Voir Annecy

VÉZAC - 15 (Cantal) ➜ Voir Aurillac

VÉZELAY

✉ 89450 (Yonne) - 434 hab. - Alt. 285 m - Carte régionale n° **4**-B2
Paris 221 km - Auxerre 52 km - Avallon 16 km - Château-Chinon 58 km
Carte Michelin 319-F7 - Guide Vert Michelin Bourgogne

Le Bougainville

CUISINE TRADITIONNELLE • RUSTIQUE X Dans une maison ancienne sur la rue principale menant à la basilique, le type même du restaurant familial indémodable, tenu de longue date par un couple de sérieux professionnels. Au milieu des compositions florales de la maîtresse des lieux, on savoure une généreuse cuisine du terroir, réalisée dans les règles.

Menu 28/34 € - Carte environ 43 €

28 r. St-Étienne - ✆ 03 86 33 27 57 - Ouvert de mi-fév. à mi-nov. et fermé mardi et merc.

Les Glycines Ⓝ

MAISON DE MAÎTRE • PERSONNALISÉ À 50 m de la Basilique, cette ancienne propriété du menuisier du roi abrite un hôtel de charme dont le cachet historique, le joli salon cossu et les agréables chambres mansardées dessinent un lieu de bon goût. Les petits-déjeuners se prennent sur la terrasse, aux beaux jours.

13 chambres - 🚹76/181 € 🚹🚹76/181 € - ☕ 12 €

33 r. St-Pierre - ✆ 03 86 47 29 81 - www.vezelay-laterrasse.com

à Fontette 5 km à l'Est par D957 - ✉ 89450 St Pere

Crispol

TRADITIONNEL • PERSONNALISÉ Maison en pierre à l'entrée du village, avec la Colline éternelle en toile de fond. L'annexe abrite des chambres bien tenues. Au restaurant, les baies ménagent une belle vue sur la basilique. Plats de tradition.

12 chambres - 🚹88 € 🚹🚹88 € - ☕ 12 € - ½ P

rte d'Avallon - ✆ 03 86 33 26 25 - www.crispol.com - Ouvert 20 mars-15 nov.

à Pierre-Perthuis 6 km au Sud-Est par D957 et D958 - ✉ 89450 - 138 hab. - Alt. 220 m

Les Deux Ponts

CUISINE MODERNE • AUBERGE XX Les murs sont anciens, mais le cadre est épuré et original : notez les amusants lustres hollandais en verre... Côté saveurs, priorité au terroir de l'Yonne, avec quelques ponts jetés vers les dernières tendances. Les chambres sont calmes, simples et bien tenues.

Formule 23 € - Menu 29/40 € - Carte 35/46 €

7 chambres - 🚹70 € 🚹🚹70 € - ☕ 10 €

1 rte de Vézelay - ✆ 03 86 32 31 31 (réservation conseillée) - www.lesdeuxponts.com - Ouvert 15 mars-10 nov. et fermé mardi hors saison et merc.

VIADUC DE GARABIT

✉ 15100 (Cantal) - Carte régionale n° **3**-B3
Paris 520 km - Aurillac 84 km - Mende 74 km - Le Puy-en-Velay 90 km
Carte Michelin 330-H5 - Guide Vert Michelin Auvergne

Beau Site

CUISINE TRADITIONNELLE • FAMILIAL XX Au pied du célèbre viaduc - la salle panoramique offre une vue imprenable sur l'édifice -, le chef compose une bonne cuisine revisitant la tradition : suprême de volaille en croûte de moutarde de Charroux, filet de sandre en écaille de pomme de terre et sauce au saint-pourçain blanc...

Formule 18 € - Menu 25/36 € - Carte 26/54 €

N9 - ✆ 04 71 23 41 46 - www.beau-site-hotel.com - Ouvert de mi-mars à mi-nov.

Beau Site

FAMILIAL • PERSONNALISÉ Le célèbre ouvrage de Gustave Eiffel, le lac ou le jardin : à vous de choisir la vue ! Les chambres, coquettes et confortables, osent une déco moderne et colorée. Pour le reste, c'est cuisine régionale, tennis, piscine et aire de jeux pour les enfants.

19 chambres - †68/88 € ††68/132 € - 5 suites - ☕ 13 € - ½ P

N9 - ✆ 04 71 23 41 46 - www.beau-site-hotel.com - Ouvert de mi-mars à mi-nov.

Beau Site - voir les restaurants ci-dessus

VIBRAC - 16 (Charente) → Voir Jarnac

VIC-EN-BIGORRE

✉ 65500 (Hautes-Pyrénées) - 5 071 hab. - Alt. 216 m - Carte régionale n° **15**-A2
Paris 775 km - Aire sur l'Adour 53 km - Auch 62 km - Pau 47 km
Carte Michelin 342-M4

Le Réverbère

CUISINE TRADITIONNELLE • CONVIVIAL XX Venez vous régaler à la lumière de ce plaisant Réverbère, dont l'intérieur -entièrement relooké - se révèle moderne et lumineux. On vient y profiter des créations du chef, au plus près du terroir : il travaille avec de nombreux producteurs locaux pour un résultat généreux et goûteux, plein de saveurs.

Formule 14 € - Menu 16 € (déj. en semaine), 25/36 € - Carte environ 41 €

10 chambres - †68/73 € ††75/80 € - ☕ 8 €

29 bd d'Alsace - ✆ 05 62 96 78 16 - www.hotellereverbere.com - Fermé 3-24 janv., dim. soir et sam.

VIC-FEZENSAC

✉ 32190 (Gers) - 3 622 hab. - Alt. 110 m - Carte régionale n° **15**-A2
Paris 778 km - Auch 32 km - Bordeaux 182 km - Toulouse 106 km
Carte Michelin 336-D7

à Préneron 6 km au Sud-Ouest par N124, D157 et rte secondaire - ✉ 32190 - 144 hab. - Alt. 173 m

Auberge La Baquère

CUISINE TRADITIONNELLE • SIMPLE X Cette ferme-auberge a beau être isolée en pleine campagne, les clients sont nombreux. Et pour cause : canard, ramier, truite et anguille y sont cuisinés avec style.

Menu 18/53 € - Carte 35/52 €

lieu-dit la Baquère - ✆ 05 62 06 42 75 - www.aubergelabaquere.com - Fermé 1 semaine vacances de Noël, mardi, merc. d'oct. à mars et lundi

VICHY

✉ 03200 (Allier) - 25 315 hab. - Alt. 340 m - Carte régionale n° **3**-C1

▶ Paris 353 km - Clermont-Ferrand 55 km - Montluçon 99 km - Moulins 57 km

Carte Michelin 326-H6 - Guide Vert Michelin Auvergne

Maison Decoret (Jacques Decoret)

CUISINE CRÉATIVE • DESIGN XXX Une bâtisse du 19^{e}s., une grande véranda cubique jouant sur la transparence : tel est le décor voulu par Jacques Decoret. Recherche esthétique et finesse sont au rendez-vous dans l'assiette, autour de très beaux produits. Et quelques chambres style maison d'hôtes rappelle l'esprit contemporain du lieu.

→ Foie gras de canard poêlé et pommes tapées dans un consommé de pomme-verveine. Poulette du bourbonnais rôtie, jus de crustacés mousseux et chou-rave. Absinthe de Vichy, myrtilles sauvages et citron jaune.

Formule 42 € - Menu 71/119 €

5 chambres - 170/230 € 170/230 € - 23 €

Plan : A2-b - *15 r. du Parc - ✆ 04 70 97 65 06 - www.maisondecoret.com - Fermé vacances de fév., 16 août-9 sept., mardi et merc.*

La Table d'Antoine

CUISINE MODERNE • ÉLÉGANT XX Voyageur invétéré, le chef aime manier les épices et livre une cuisine gourmande et parfumée. On sent la générosité du passionné... Quant au décor, entre pierre de Volvic, verrière incrustée de motifs végétaux et cuir de Salers, il joue sur une évocation contemporaine de l'Auvergne. Original !

Formule 24 € - Menu 32/70 € - Carte 56/74 €

Plan : A2-d - *8 r. Burnol - ✆ 04 70 98 99 71 - www.latabledantoine.com - Fermé 16 fév.-10 mars, 1 semaine en juin, 19-27 oct., jeudi soir d'oct. à avril, dim. soir et lundi sauf fériés*

L'Alambic

CUISINE MODERNE • CLASSIQUE XX Jean-Jacques et Marie-Ange se l'étaient promis : dans leur restaurant, il y aurait peu de couverts, pour pouvoir mieux régaler les clients. Pari réussi ! Sur une base traditionnelle, le chef marie les produits de saison avec gourmandise. C'est goûteux, parfumé et généreux... sans être alambiqué.

Menu 30/72 € 🍷 - Carte 41/55 €

Plan : B1-u - *8 r. Nicolas-Larbaud - ✆ 04 70 59 12 71 (réservation conseillée) - Fermé 18 fév.-8 mars, 6-30 août, 22 déc.-4 janv., dim. soir, lundi et mardi*

La Table de Marlène

CUISINE MODERNE • DESIGN XX Une soucoupe posée sur un lac, voilà qui n'est pas banal ! À fleur d'eau, dans un décor de verre et d'acier, les bons produits sont préparés avec justesse et les saveurs sont au rendez-vous. L'été, le bistrot permet même de profiter de la terrasse. La vérité n'est pas ailleurs : elle est dans l'assiette.

Menu 32/68 € - Carte 71/85 €

Plan : A1-a - *bd de Lattre-de-Tassigny (La Rotonde) - ✆ 04 70 97 85 42 - www.restaurantlarotonde-vichy.com - Fermé 1 semaine en nov., janv., lundi et mardi*

L'Hippocampe

POISSONS ET FRUITS DE MER • ÉLÉGANT XX Près du parc des Sources, cet Hippocampe-là est un digne représentant de la mer ! Homard breton, médaillon de lotte, bouillabaisse... Tout est frais et bien préparé. Joli décor contemporain avec vue directe sur les cuisines.

Formule 22 € 🍷 - Menu 32/45 € - Carte 35/68 €

Plan : A2-z - *3 bd de Russie - ✆ 04 70 97 68 37 - Fermé 20 juin-12 juil., 28 nov.-13 déc., mardi midi, dim. soir et lundi*

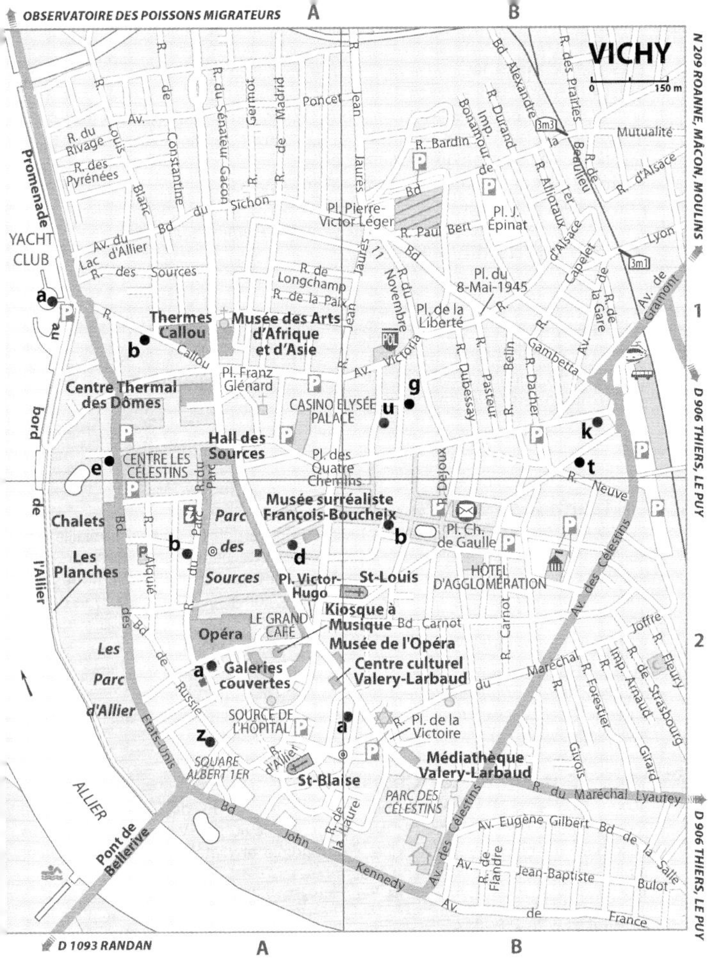

ℹ️○ **Brasserie du Casino**

CUISINE TRADITIONNELLE · BRASSERIE XX Face à l'opéra, cette brasserie a conservé son cadre 1920 tout en boiseries et miroirs. On y retrouve toutes les spécialités du genre, auxquelles le chef ajoute sa propre patte : marbré de foie gras au torchon, sole meunière, filet de bœuf aux morilles, etc.

Menu 25 € (semaine)/32 € – Carte 36/65 €

Plan : A2-a – *4 r. du Casino – ✆ 04 70 98 23 06 – www.brasserie-du-casino.fr – Fermé mardi et merc.*

ℹ️○ **L'Escargot qui Tette**

CUISINE TRADITIONNELLE · CONVIVIAL XX À la table de l'hôtel Chambord, l'escargot est la vedette d'une carte qui privilégie les recettes traditionnelles. Que les plus pressés se rassurent : le service tout comme les saveurs ne sont pas à la traîne... Une bonne adresse, au décor chaleureux, et quelques chambres pour l'étape.

Menu 23 € (semaine), 36/45 € – Carte 40/65 €

26 chambres – 🚹51/61 € 🚹🚹60/74 € – ☕ 8,50 €

Plan : B1-k – *82 r. de Paris – ✆ 04 70 30 16 30 – www.hotel-chambord-vichy.com – Fermé 1 semaine en été et 3 semaines en hiver, dim. soir et lundi*

Les Caudalies

CUISINE FRANÇAISE • TRADITIONNEL Ces Caudalies vichyssoises ont tout pour plaire : de belles tables en bois, dressées en toute simplicité ; au mur, quelques toiles où les fruits et légumes sont à l'honneur... et dans l'assiette, une cuisine fleurent bon les produits du marché !

Formule 23 € - Menu 34/90 € - Carte 40/80 €

Plan : AB2-a - *7 r. Besse*
- 04 70 32 13 22 - www.les-caudalies-vichy.fr - Fermé 2 semaines en mars, 19-31 août, dim. soir et lundi

> Ne confondez pas les couverts et les étoiles !
> Les couverts définissent une catégorie de confort et de service, tandis que l'étoile couronne uniquement la qualité de la cuisine, quel que soit le standing de la maison.

La Truffade

CUISINE FRANÇAISE MODERNE • CLASSIQUE Terrine de foies de volaille aux épices, noix de veau poêlées, crème brûlée... Cette petite table du centre-ville est une ode à la simplicité ! Le jeune chef fait évoluer sa cuisine au fil des saisons, et son épouse assure en salle un service convivial et efficace. Une bonne adresse.

Formule 14 € - Menu 27/31 € - Carte 35/44 €

Plan : B2-b - *16 r. Ravy-Breton*
- 04 70 98 28 57 - www.restaurant-la-truffade.fr
- Fermé 2 semaines en mai, 1 semaine en oct., vacances de Noël, mardi soir, merc. soir, jeudi soir et lundi

Vichy Spa Hôtel Les Célestins

LUXE • CONTEMPORAIN Hôtel moderne, au milieu du parc des Sources, à recommander aux curistes pour son accès direct au spa Vichy. Chambres très spacieuses et piscine panoramique. Gastronomie et diététique sont à l'honneur au N 3, qui bénéficie d'une jolie terrasse.

124 chambres - 129/799 € 129/799 € - 7 suites - 25 € - ½ P

Plan : A1-e - *111 bd des États-Unis*
- 04 70 30 82 00 - www.vichy-spa-hotel.fr
- Fermé 2 semaines en janv.

Pavillon d'Enghien

TRADITIONNEL • COSY Sympathique adresse dans un bâtiment du début du 20e s. disposant de chambres tendance, décorées avec beaucoup de goût. On est conquis par le joli petit jardin avec piscine, et la terrasse où l'on déguste les tajines de la patronne... Un endroit accueillant et plein de charme !

20 chambres - 87/120 € 109/120 € - 12 € - ½ P

Plan : A1-b - *32 r. Callou - 04 70 98 33 30 - www.pavillondenghien.com*
- Fermé 20 déc.-1er fév.

Arverna

FAMILIAL • FONCTIONNEL Un petit hôtel bien pratique, situé dans une rue calme du centre-ville. Les chambres sont sobres mais chaleureuses, et le service se révèle attentionné ; on apprécie également la présence d'un garage (à 200 m).

23 chambres - 66/108 € 68/121 € - 10 €

Plan : B1-g - *12 r. Desbrest - 04 70 31 31 19 - www.arverna-hotels-vichy.com*
- Fermé 10 fév.-5 mars et 28 déc.-2 janv.

La Demeure d'Hortense

MAISON DE MAÎTRE • PERSONNALISÉ Ambiance marocaine ou asiatique, décor maritime ou ode à la féminité... Il y a autant de thèmes que de chambres dans cette belle maison de maître datant de 1880, devenue maison d'hôtes en 2011. Avec en plus, à l'arrière, un petit jardin où l'on prend son petit-déjeuner en été.

5 chambres - 105/120 € 120/150 €

Plan : B1-t - 62 av. du Président-Doumer - 04 70 96 73 66 - www.demeure-hortense.fr

à Creuzier-le-Vieux 4 km au Nord - 03300 - 3 315 hab. - Alt. 400 m

La Fontaine

CUISINE TRADITIONNELLE • RUSTIQUE Voilà une sympathique petite auberge, à 10mn de Vichy, où il fait bon s'arrêter quelle que soit la saison. L'été on y mange au bord d'un ruisseau, sous une jolie glycine. Et l'hiver, on s'installe au coin du feu pour savourer viandes grillées et autres recettes traditionnelles. Ambiance conviviale.

Formule 19 € - Menu 30/61 € - Carte 44/64 €

16 r. de la Fontaine (Z.I. Vichy-Rhue) - 04 70 31 37 45 - www.lafontainevichy.fr - Fermé vacances de Noël, dim. soir, mardi soir et merc.

à Bellerive-sur-Allier 3,5 km au Sud par D1093 - 03700 - 8 578 hab. - Alt. 340 m

Château du Bost

CUISINE MODERNE • EXOTIQUE La table du Château du Bost nous accueille dans un cadre épuré, où de jolies toiles colorées attirent le regard. On s'y délecte d'une cuisine classique et parfaitement maîtrisée : risotto aux champignons et pesto d'épinards, flan parisien cuit aux vinaigres... Délicieux !

Formule 20 € - Menu 23 € (déj. en semaine), 32/80 € - Carte 54/65 €

Hôtel Château du Bost, 27 r. de Beauséjour - 04 70 59 59 59 - www.chateau-du-bost.com - Fermé dim. soir et lundi

Château du Bost

HÔTEL PARTICULIER • CONTEMPORAIN À l'extérieur de Vichy, dans un parc très paisible, ce château avec tours et douves en eau (15e-19e s.) a été restauré dans un esprit contemporain original, à l'image des grandes verrières qui ont été percées dans ses murs. On y trouve des chambres élégantes, zen et nature, offrant tout le confort nécessaire. Une réussite !

8 chambres - 80/190 € 80/190 € - 12 € - ½ P

27 r. de Beauséjour - 04 70 59 59 59 - www.chateau-du-bost.com

Château du Bost - voir les restaurants ci-dessus

VICQ

03450 (Allier) - 324 hab. - Alt. 350 m - Carte régionale n° **3**-B1

Paris 391 km - Clermont-Ferrand 52 km - Guéret 110 km - Moulins 59 km

Carte Michelin 326-F6

Sur le Chemin des Buvats

MAISON DE CAMPAGNE • CONTEMPORAIN En pleine nature, cette ferme du 19e s respire la quiétude ! Sa transformation en maison d'hôtes est l'œuvre d'un chef qui souhaitait se reconvertir et de sa compagne. Une réussite : la maison a été remarquée dans plusieurs magazines de déco (esprit zen, belle piscine, bain norvégien, etc.) et sa table d'hôte, avec les légumes du jardin, est très gourmande !

5 chambres - 95/110 € 110/125 €

8 chemin des Buvats - 04 70 41 26 75 - www.chemindesbuvats.com

VIC-SUR-CÈRE

15800 (Cantal) - 1 974 hab. - Alt. 678 m - Carte régionale n° **3**-B3

Paris 549 km - Aurillac 19 km - Murat 29 km

Carte Michelin 330-D5 - Guide Vert Michelin Auvergne

Beauséjour

BUSINESS · CONTEMPORAIN Parfait pour se mettre au vert, même si on est là pour affaires. Bien que datant des années 1830, ce grand établissement est toujours aussi pimpant, avec des chambres et des suites spacieuses et impeccablement tenues. Le parc est bien agréable.

42 chambres – 69/110 € 69/134 € – 4 suites – 12 € – ½ P

4 av. André-Mercier – 04 71 47 50 27 – www.beausejour-vic.fr – Ouvert 15 mai-30 sept.

au Col de Curebourse 6 km au Sud-Est par D54 – 15800 St Clement – Alt. 994 m

Hostellerie Saint-Clément

CUISINE CLASSIQUE · ÉLÉGANT XX Aucun bandit de grand chemin ne rôde autour de cet établissement posé sur le col de Curebourse. Pressé de porc et lentilles, marmite du pêcheur (rouget, lotte, daurade, crevettes) : père et fils concoctent une cuisine pleine de goût et de saveurs, précise et gourmande, où les cuissons sont toujours justes.

Menu 29/96 € – Carte 46/61 €

– 04 71 47 51 71 – www.hotelstclementcantal.com – Ouvert 15 avril-2 nov. et fermé dim. soir hors saison et lundi sauf le soir en saison

Hostellerie Saint-Clément

FAMILIAL · FONCTIONNEL Il faut aller à 1 000 m d'altitude pour trouver cette grande bâtisse dans le style du pays. Depuis les chambres – certaines avec un balcon en bois –, on jouit d'une vue plongeante sur la vallée ou sur le jardin. Bien loin des bruits de la ville...

21 chambres – 68/85 € 68/85 € – 9 € – ½ P

– 04 71 47 51 71 – www.hotelstclementcantal.com – Ouvert 15 avril-2 nov. et fermé dim. soir et lundi hors saison

Hostellerie Saint-Clément – voir les restaurants ci-dessus

VIEILLEVIE

15120 (Cantal) – 112 hab. – Alt. 220 m – Carte régionale n° **3**-B3

Paris 600 km – Aurillac 45 km – Entraygues-sur-Truyère 15 km – Figeac 44 km

Carte Michelin 330-C7 – Guide Vert Michelin Auvergne

La Terrasse

CUISINE MODERNE · AUBERGE X Au menu de cette auberge, une cuisine en mouvement, qui fait la part belle au poisson, flirte avec les épices et les légumes méditerranéens, et n'oublie pas le terroir auvergnat. Chevreau à l'oseille, filet de sandre rôti au lard, risotto de pomme de terre... C'est généreux et savoureux, plein d'imagination !

Formule 21 € – Menu 28 € (semaine), 32/47 € – Carte 45/53 €

Le Bourg – 04 71 49 94 00 – www.hotel-terrasse.com – Ouvert de fin mars à mi-nov. et fermé dim. soir sauf juil.-août et lundi

La Terrasse

FAMILIAL · VINTAGE En été, la terrasse face à la piscine embaume du parfum des glycines sur la treille. Dans cet hôtel familial (depuis 1870) sur les rives du Lot, les chambres ne sont pas toutes jeunes mais quelle vue sur les vertes collines !

19 chambres – 58/84 € 58/84 € – 10 € – ½ P

Le Bourg – 04 71 49 94 00 – www.hotel-terrasse.com – Ouvert de fin mars à mi-nov.

La Terrasse – voir les restaurants ci-dessus

VIENNE

38200 (Isère) – 29 077 hab. – Alt. 160 m – Carte régionale n° **23**-B2

Paris 486 km – Grenoble 89 km – Lyon 31 km – St-Étienne 49 km

Carte Michelin 333-C4 – Guide Vert Michelin Lyon et sa région

✿✿ La Pyramide-Patrick Henriroux

CUISINE MODERNE • ÉLÉGANT XXXX Une institution sur la route du Midi, en son temps fief du célèbre Fernand Point ! Pas de nostalgie pour autant : dans un décor très design et extrêmement élégant, Patrick Henriroux fait preuve d'un savoir-faire aussi discret qu'imparable. Justesse, invention, subtilité...

➜ Crème soufflée de crabe dormeur au caviar, émietté de tourteau, croquant d'artichaut comme en Provence. Trois façon de déguster le homard. Piano au chocolat praliné "Jazz à Vienne".

Menu 64 € (déj. en semaine), 138/170 € - Carte 140/200 €

Hors plan - *Hôtel La Pyramide-Patrick Henriroux, 14 bd Fernand-Point, cours de Verdun, au Sud du plan - ☎ 04 74 53 01 96 - www.lapyramide.com - Fermé 5 fév.-9 mars, mardi et merc.*

Le Bec Fin

CUISINE TRADITIONNELLE • CLASSIQUE XX Si ce n'est pas de la passion ! Voilà 35 ans que le chef, Roger Jolivet, régale sa clientèle de délicieuses recettes traditionnelles. Pieds paquets, terrine maison aux foies de volailles... Cette cuisine généreuse s'inscrit dans la grande tradition gastronomique de la région lyonnaise. Salutaire !

Menu 28 € (semaine), 40/66 € - Carte 40/82 €

Plan : B2-r - *7 pl. St-Maurice - ☎ 04 74 85 76 72 - Fermé mardi soir, merc. soir, jeudi soir, dim. soir et lundi*

L'Espace PH3

CUISINE MODERNE • COSY XX Au sein de la Pyramide, voici la seconde table de la famille Henriroux. Le décor ? Chic et contemporain, feutré et intime. En cuisine règnent le wok et la plancha, et tout est mené tambour battant par une équipe dont la motivation est communicative... Que d'énergie, que de saveurs !

Formule 24 € - Carte environ 55 €

Hors plan - *Hôtel La Pyramide-Patrick Henriroux, 14 bd Fernand-Point, cours de Verdun, Sud du plan - ☎ 04 74 53 01 96 - www.lapyramide.com - Fermé 1er fév.-4 mars et 1er-8 août*

Saveurs du Marché

CUISINE TRADITIONNELLE • BISTRO X Un bistrot joliment moderne et très vivant... tout au service des saveurs du marché, bien entendu ! On aurait tort de se priver de cette cuisine très fraîche, soignée et savoureuse, rehaussée par une belle carte de vins de la vallée du Rhône. Et le couple de propriétaires est charmant...

Menu 16 € (déj. en semaine), 28/45 € - Carte 27/61 €

Hors plan - *34 cours de Verdun - ☎ 04 74 31 65 65 - www.lessaveursdumarche.fr - Fermé 25-28 mai, 8 juil.-16 août, 23 déc.-4 janv., sam., dim. et fériés*

L'Estancot

CUISINE TRADITIONNELLE • BISTRO X Une valeur sûre en ville que ce bistrot contemporain sympathique et généreux ! Les habitués apprécient les criques – des galettes de pommes de terre –, spécialités de la maison, garnies par exemple de foie gras poêlé ou de noix de Saint-Jacques et gambas.

Formule 20 € - Menu 26/35 € - Carte 35/51 €

Plan : B2-e - *4 r. Table-Ronde - ☎ 04 74 85 12 09 - Fermé 1er-16 sept., de Noël à mi-janv., dim., lundi et fériés*

La Pyramide-Patrick Henriroux

LUXE • PERSONNALISÉ Sur la N7, cette adresse historique a été entièrement rénovée en 2015 dans un style contemporain et dans une dynamique écolo-responsable. L'ensemble est élégant, des parties communes aux confortables chambres : on s'y arrête avec plaisir !

19 chambres - 200/240 € 200/240 € - 4 suites - 25 €

Hors plan - *14 bd Fernand-Point, cours de Verdun, Sud du plan - ☎ 04 74 53 01 96 - www.lapyramide.com - Fermé 5 fév.-9 mars*

✿✿ **La Pyramide-Patrick Henriroux** • **L'Espace PH3** - voir les restaurants ci-dessus

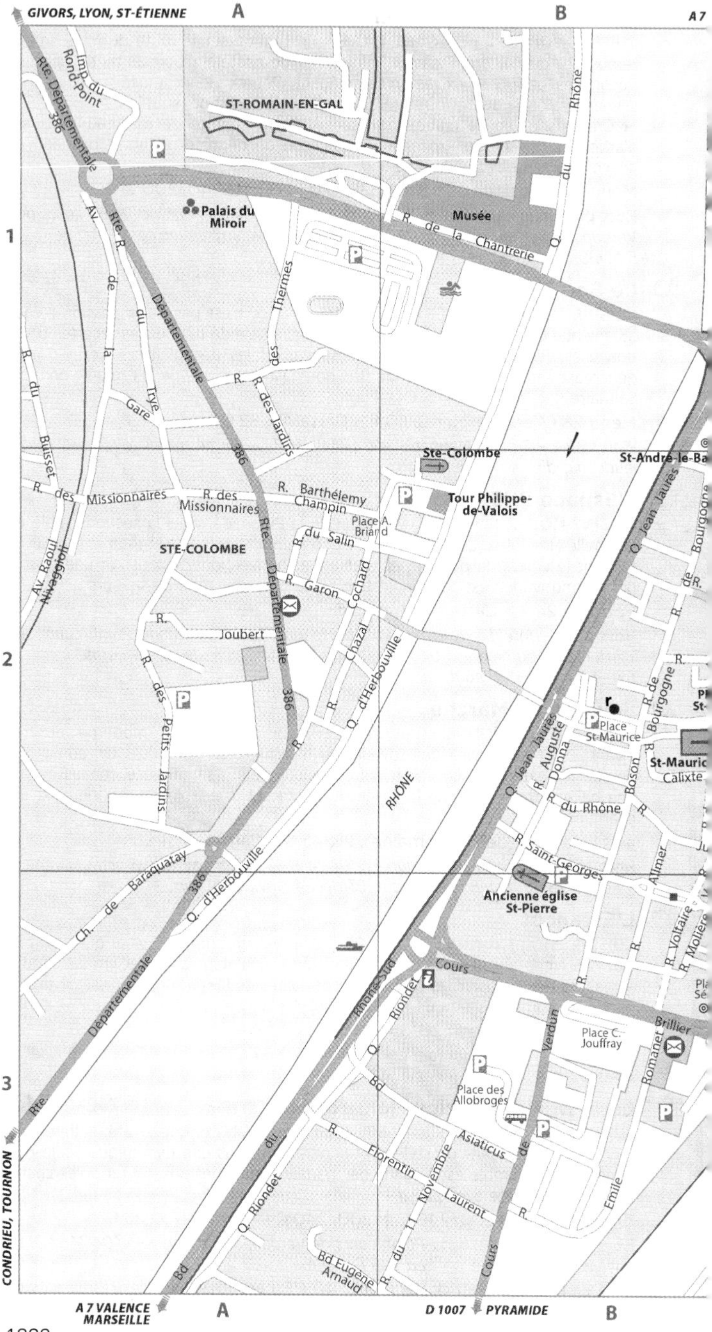
GIVORS, LYON, ST-ÉTIENNE
A
B
A 7
1
2
3
Imp. du Rond-Point
Rte. Départementale 386
ST-ROMAIN-EN-GAL
Palais du Miroir
Musée
R. de la Chantrerie
Q. du Rhône
R. des Thermes
Av. de la Gare
Rte. R. du Trye
R. du Buisset
R. des Jardins
Ste-Colombe
St-André-le-Ba
R. des Missionnaires
R. des Missionnaires
R. Barthélemy Champin
Place A. Briand
Tour Philippe-de-Valois
R. du Salin
STE-COLOMBE
Av. Raoul Nivaggioli
R. Garon
Cochard
R. Joubert
Chazal
Q. d'Herbouville
R. des Petits Jardins
Q. Jean Jaurès
R. de Bourgogne
Place St-Maurice
R. Auguste Donna
Boson
St-Mauric
Calixte
RHÔNE
R. du Rhône
R. Saint-Georges
Ch. de Baraquatay
Q. d'Herbouville
Ancienne église St-Pierre
Allmer
R. Voltaire
R. Molière
Cours
Rhône Sud
Q. Riondet
Place C. Jouffray
Brillier
Verdun
Romanet
Bd du
Place des Allobroges
R. Florentin
Asiaticus
Cours de
R. du 11 Novembre
Laurent
Emile
Q. Riondet
Bd Eugène Arnaud
Cours
Bd du
CONDRIEU, TOURNON
A 7 VALENCE MARSEILLE
D 1007 PYRAMIDE

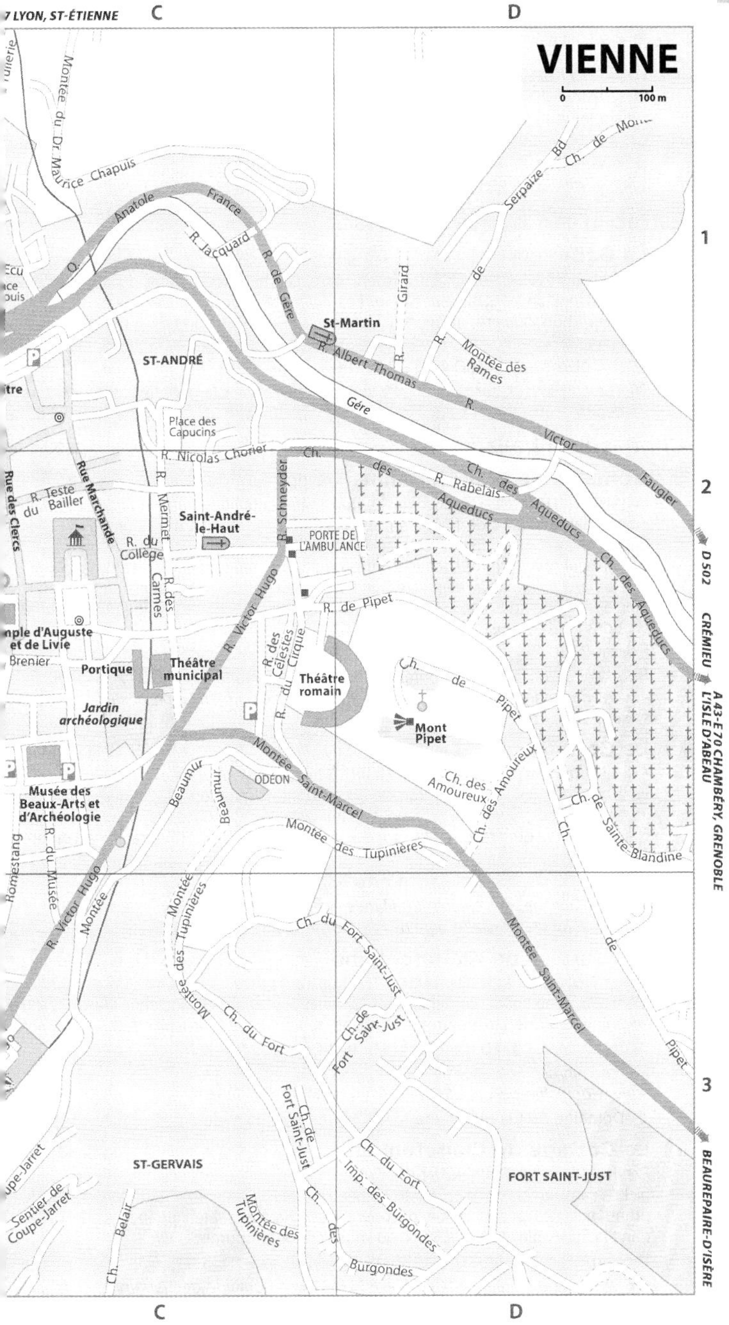
VIENNE
0
100 m
C
D
1
2
3
LYON, ST-ÉTIENNE
D 502
CRÉMIEU
A 43-E 70 CHAMBÉRY, GRENOBLE
L'ISLE D'ABEAU
BEAUREPAIRE-D'ISÈRE
St-Martin
ST-ANDRÉ
Place des Capucins
R. Nicolas Chorier
R. Albert Thomas
R. Victor Faugier
Montée du Dr. Maurice Chapuis
R. Jacquard
R. de Gère
Gère
Ch. des Aqueducs
R. Rabelais
Montée des Rames
Serpaize
Saint-André-le-Haut
PORTE DE L'AMBULANCE
R. Schneyder
R. Victor Hugo
R. du Collège
R. Mermet
R. des Carmes
Rue Marchande
Rue des Clercs
R. Teste du Bailler
R. de Pipet
Ch. de Pipet
Théâtre romain
Mont Pipet
Théâtre municipal
Portique
Jardin archéologique
Musée des Beaux-Arts et d'Archéologie
ODÉON
Montée Saint-Marcel
Montée des Tupinières
Ch. des Amoureux
Ch. de Sainte-Blandine
R. des Célestes
R. du Cirque
Beaumur
R. du Musée
Romestang
Ch. du Fort Saint-Just
Ch. du Fort
Ch. de Fort Saint-Just
Imp. des Burgondes
Ch. des Burgondes
ST-GERVAIS
FORT SAINT-JUST
Sentier de Coupe-Jarret
Ch. Belair

à Chasse-sur-Rhône 8 km au Nord (échangeur A7 - sortie Chasse-sur-Rhône) - ✉ 38670 - 5 500 hab. - Alt. 180 m

Ibis Styles

BUSINESS • CONTEMPORAIN Une adresse proche de l'autoroute, qui conviendra aussi bien aux hommes d'affaires qu'aux voyageurs désireux de faire une étape. Les chambres sont décorées dans un style minimaliste, gai et coloré.

115 chambres - 75/151 € 85/161 € - ½ P

1363 av F.-Mistral - 04 72 49 58 68 - www.ibisstyleslyonsud.com

à Estrablin 8 km à l'Est par D41 - ✉ 38780 - 3 242 hab. - Alt. 223 m

La Gabetière

FAMILIAL • PERSONNALISÉ Dans leur parc, ce charmant manoir du 16e s. et ses annexes ont un petit air bucolique. Les chambres adoptent des styles variés et soignés (bonbonnière, provençal, ancien...). Pour les loisirs : une piscine et une aire de jeux.

12 chambres - 64/80 € 80/120 € - 11 €

269 Le Logis Neuf, sur D 502 - 04 74 58 01 31 - www.la-gabetiere.com - Fermé 25 déc.-17 janv.

à Chonas-l'Amballan 9 km au Sud par N7 - ✉ 38121 - 1 551 hab. - Alt. 250 m

Domaine de Clairefontaine (Philippe Girardon)

CUISINE MODERNE • ÉLÉGANT Cette élégante demeure du 18e s., nichée dans un parc de trois hectares, fut jadis une villégiature pour les évêques de Lyon. C'est dans un cadre chaleureux que l'on déguste une cuisine raffinée et subtile, qui révèle toute la saveur de produits de qualité. Belle partition !

→ Homard à la nage, vinaigrette aux herbes et niçoise de légumes confits. Saint-pierre, fleur de courgette soufflée, royale d'aubergine et tomate de pays. Soufflé chaud à la Chartreuse et chocolat pur Caraïbes.

Formule 28 € - Menu 35 € (déj. en semaine), 70/168 €

Hôtel Les Jardins de Clairefontaine, chemin des Fontanettes - 04 74 58 81 52 - www.domaine-de-clairefontaine.fr - Fermé 18 déc.-18 janv., mardi sauf le soir en saison, merc. midi en saison et lundi

Le Cottage

CUISINE TRADITIONNELLE • BRANCHÉ Le restaurant du Cottage est le nouveau repaire de Philippe Girardon, chef dont la passion et l'expérience sont incontestables ; il réalise ici une cuisine bistrotière à base de beaux produits frais, que l'on dévore dans la grande salle à manger ou en terrasse, à l'ombre des platanes...

Formule 18 € - Menu 28 € - Carte 33/56 €

Hôtel le Cottage, 616 chemin du Marais - 04 74 58 83 28 - www.domaine-de-clairefontaine.fr - Fermé 15-23 fév.

Les Jardins de Clairefontaine

TRADITIONNEL • PERSONNALISÉ Tranquillité, espace et verdure : un environnement de choix pour ces chambres aménagées dans les anciennes écuries du domaine. Charme champêtre et atmosphère apaisante font leur effet...

18 chambres - 140/180 € 140/180 € - 15 € - ½ P

105 chemin des Fontanettes - 04 74 58 81 52 - www.domaine-de-clairefontaine.fr - Fermé 18 déc.-18 janv.

Domaine de Clairefontaine - voir les restaurants ci-dessus

Le Cottage de Clairefontaine

BUSINESS • CONTEMPORAIN Ce Cottage - en fait une ancienne ferme - est niché dans le calme d'un petit hameau sur les hauteurs du Rhône. Passé le grand hall de réception, on découvre des chambres bien agencées, décorées dans les tons blanc et gris, avec du mobilier contemporain.

11 chambres - 95/130 € 95/180 € - 1 suite - 13 € - ½ P

616 chemin du Marais - 04 74 58 83 28 - www.domaine-de-clairefontaine.fr

Le Cottage - voir les restaurants ci-dessus

VIENNE-EN-VAL

✉ 45510 (Loiret) - 1 969 hab. - Alt. 112 m - Carte régionale n° **6**-C2
▶ Paris 157 km - La Ferté-St-Aubin 22 km - Montargis 57 km - Orléans 23 km
Carte Michelin 318-J5

Auberge de Vienne

CUISINE CLASSIQUE • RUSTIQUE XX Dans cet ancien relais de poste du 19e s., aux portes de la Sologne, on se régale d'une bonne cuisine classique qui évolue au gré des saisons. La spécialité de la maison : le feuilleté de poires flambées à l'alcool de poire d'Olivet. Cadre feutré, avec feu de cheminée l'hiver.

Formule 20 € - Menu 29 € (déj. en semaine), 38/70 € - Carte 52/75 €

2 rte d'Orléans - 02 38 58 85 47 - www.auberge-de-vienne.com - Fermé 15 fév.-14 mars et 15 août-19 sept.

VIENNE-LE-CHÂTEAU

✉ 51800 (Marne) - 534 hab. - Alt. 129 m - Carte régionale n° **7**-C2
▶ Paris 236 km - Châlons-en-Champagne 52 km - Saint-Memmie 50 km - Verdun 49 km
Carte Michelin 306-L7

rte de Binarville 1 km au Nord par D63 - ✉ 51800 Vienne-le-Château

Le Tulipier

TRADITIONNEL • FONCTIONNEL Sur les hauteurs du village, les amateurs de calme et de nature apprécieront cet hôtel bordant la forêt d'Argonne. En plus de sa piscine couverte, c'est un bon point de chute pour des activités de plein air. Une bonne adresse !

35 chambres - 99 € 99 € - 11 € - ½ P

r. St-Jacques - 03 26 60 69 90 - www.letulipier.com - Fermé le week-end de déc. à mars

VIERZON

✉ 18100 (Cher) - 27 081 hab. - Alt. 122 m - Carte régionale n° **6**-C2
▶ Paris 207 km - Bourges 39 km - Châteauroux 58 km - Orléans 84 km
Carte Michelin 323-I3 - Guide Vert Michelin Limousin Berry

Les Petits Plats de Célestin

CUISINE TRADITIONNELLE • BRASSERIE X "Des petits plats réconfortants, qu'on aime retrouver" : voilà ce que défend ce Célestin. La terrine et le saumon fumé comptent parmi les incontournables de la maison, et l'on peut aussi se régaler d'un croustillant de pied de cochon ou d'un tajine d'agneau... Ces petits plats nous font vraiment du bien !

Formule 21 € - Menu 26/30 €

20 av. Pierre-Sémard (face à la gare) - 02 48 83 01 63 - www.lespetitsplatsdecelestin.com - Fermé 16-25 avril, 20 août-5 sept., 2-16 janv., dim. et lundi

à Méreau 4 km au Sud par D918, rte d'Issoudun - ✉ 18120 - 2 491 hab. - Alt. 106 m

Château le Briou d'Autry

FAMILIAL • PERSONNALISÉ Cette gentilhommière du 19e s. cultive l'esprit maison de famille. "Rodin", "George Sand"... chaque chambre honore la mémoire d'un artiste. Aux beaux jours, on profite du parc.

5 chambres - 94/126 € 94/126 €

31 r. d'Autry - 06 88 49 98 98 - www.lebrioudautry.fr - Fermé 2 semaines en août

rte de Tours 2,5 km au Nord-Ouest - ✉ 18100 Vierzon :

Le Champêtre

CUISINE TRADITIONNELLE · AUBERGE XX Une petite maison sympathique à la sortie de la ville. On y apprécie de savoureuses recettes du terroir dans un cadre un rien champêtre. Une adresse familiale où se restaurer à prix raisonnables.

Menu 18 € (semaine), 23/38 € - Carte 32/46 €

89 rte de Tours - ✆ 02 48 75 87 18 - www.le-champetre.com - Fermé 1 semaine en fév., 20-30 août, dim. soir, lundi soir, mardi soir et merc.

VIEUX-MOULIN - 60 (Oise) ➔ Voir Compiègne

VIEUX-VILLEZ - 27 (Eure) ➔ Voir Gaillon

VIGNIEU

✉ 38890 (Isère) - 706 hab. - Alt. 269 m - Carte régionale n° **23**-B2
Paris 503 km - Grenoble 75 km - Lyon 57 km - Morestel 8 km
Carte Michelin 333-F4

Le Capella

CUISINE MODERNE · CLASSIQUE XX Côte et selle d'agneau rosées à cœur ; girolles, œuf poché, petits pois : l'ancien chef étoilé Nicolas Doucet réalise ici un jolie cuisine de saison, à déguster dans deux salles voûtées en pierre, ou en terrasse, face à la piscine et au jardin. Carte des vins pointue, avec 450 références (surtout de la vallée du Rhône).

Menu 42/82 €

Château de Chapeau Cornu, 312 r. de la Garenne - ✆ 04 74 27 79 00 (réservation conseillée) - www.chateau-chapeau-cornu.fr - Fermé vacances de Noël, le midi en semaine en juil.-août, dim. soir, lundi midi, mardi midi et merc.

Château de Chapeau Cornu

HISTORIQUE · ROMANTIQUE Dans un cadre verdoyant, au sein d'un parc arboré, ce château du 13e s. vous accueille dans des chambres romantiques et personnalisées, plutôt spacieuses (certaines ont même un baldaquin !). La belle piscine chauffée est un plus indéniable : une adresse idéale pour se mettre au vert.

21 chambres - 99/250 € 99/250 € - 18 €

312 r. de la Garenne - ✆ 04 74 27 79 00 - www.chateau-chapeau-cornu.fr - Fermé vacances de Noël

Le Capella - voir les restaurants ci-dessus

VIGNOUX-SUR-BARANGEON

✉ 18500 (Cher) - 2 144 hab. - Alt. 157 m - Carte régionale n° **6**-C3
Paris 215 km - Bourges 26 km - Cosne-Cours-sur-Loire 69 km - Gien 70 km
Carte Michelin 323-J3

Le Prieuré

CUISINE MODERNE · CONVIVIAL XXX Dans cet ancien presbytère du 19es., la gourmandise est loin d'être un péché ! On y apprécie une cuisine dans l'air du temps : râble de lapin au romarin et son caviar d'aubergines, meringue glacée à l'arabica et mousse vanille... À déguster dans un décor clair, presque monacal. Belle terrasse.

Formule 20 € - Menu 26 € (déj. en semaine), 38/66 € - Carte 38/60 €
6 chambres - 70/90 € 70/90 €

r. Jean-Graczyk - ✆ 02 48 51 58 80 - www.le-prieure-hotel.com - Fermé vacances de fév., 1 semaine en août, vacances de la Toussaint, mardi et merc. hors saison

VIGOULET-AUZIL

✉ 31320 (Haute-Garonne) - 930 hab. - Alt. 290 m - Carte régionale n° **15**-B2
Paris 693 km - Albi 89 km - Montauban 69 km - Toulouse 14 km
Carte Michelin 343-G3

Château d'Arquier

HISTORIQUE · À LA CAMPAGNE Sur un coteau arboré, cette bâtisse typiquement toulousaine recèle le charme bourgeois des maisons de famille (mobilier de style, peintures murales de Marc Saint-Saëns...). Sur l'arrière, on profite d'une belle vue sur le vaste parc. Quel calme !

3 chambres - 100/110 € 105/110 €

17 av. des Pyrénées - 05 61 75 80 76 - www.arquier.com

VILLARD-DE-LANS

38250 (Isère) - 4 051 hab. - Alt. 1 040 m - Carte régionale n° **23**-C2

Paris 584 km - Die 67 km - Grenoble 34 km - Lyon 123 km

Carte Michelin 333-G7 - Guide Vert Michelin Alpes du Nord

La Doline

CUISINE CRÉATIVE · CONVIVIAL Sous l'égide d'un jeune chef autodidacte, une petite table qui invente et s'invente. Le décor allie montagne et modernité, de même la carte : pièce de veau bio et ses ravioles de Romans, "cèpes du Vercors" (ces délicieuses meringues), etc.

Menu 40 € - Carte 40/60 €

Hôtel La Roseraie, 309 av. Nobecourt
- 04 76 95 11 99 - www.ladoline.com
- Fermé 17-28 avril, 25 sept.-15 déc. et le midi

La Roseraie

FAMILIAL · MONTAGNARD Un joli rendez-vous à l'écart du village... Dans les étages, la vue sur le Vercors est une invitation à la promenade. On aime autant les chambres, cosy et bien décorées, que le restaurant, qui invite à la gourmandise.

18 chambres - 85/145 € 98/150 € - 12 € - ½ P

309 av. Nobecourt - 04 76 95 11 99 - www.hotellaroseraie.com
- Fermé 17-28 avril et 5 nov.-15 déc.

La Doline - voir les restaurants ci-dessus

au Sud-Ouest par D215 et rte du col du Liorin

La Ferme du Bois Barbu

CUISINE TRADITIONNELLE · FAMILIAL Non loin des pistes de ski de fond et des chemins de randonnée, dans un environnement préservé - que la région est pittoresque ! -, une adresse sympathique, montagnarde mais nullement rude : au cœur de l'hiver, par exemple, le bon feu de cheminée va si bien à la cuisine du terroir...

Menu 16 € (semaine), 21/29 €

8 chambres - 72 € 72 € - 10 €

à Bois-Barbu, 3 km - 04 76 95 13 09 - www.fermeboisbarbu.com
- Fermé 20 oct.-2 nov. et merc. midi

au Balcon de Villard 4 km au Sud-Est par D215 et D215B - 38250 Villard-de-Lans :

Les Playes

FAMILIAL · FONCTIONNEL Un grand chalet avec des chambres coquettes, fidèles à l'esprit local, sous la houlette de deux frères ayant repris l'affaire à la suite de leurs parents. L'un d'entre eux, passionné de marche, peut même vous donner de bons conseils de rando !

20 chambres - 85/115 € 98/140 € - 12 € - ½ P

Les Pouteils Côte 2000
- 04 76 95 14 42 - www.hotel-playes.com
- Ouvert 13 mai-24 sept. et 9 déc.-10 avril

à Corrençon-en-Vercors 6 km au Sud par D215 - ✉ 38250 - 358 hab. - Alt. 1 105 m

Palégrié

CUISINE MODERNE • MONTAGNARD Superbes produits régionaux, plantes, herbes et légumes des environs... C'est avec tout cela que le chef, Guillaume Monjuré, réalise des assiettes à la fois fines et goûteuses, s'autorisant des pointes de créativité bien maîtrisée. Le tout est accompagné des bons vins sélectionnés par Chrystel Barnier, son associée.

→ Cuisine du marché.

Menu 42/58 €

Hôtel du Golf, Les Ritons
- ✆ 04 76 95 84 84 - www.hotel-du-golf-vercors.fr
- Ouvert 7 mai-15 oct., 9 déc.-28 mars et fermé le midi sauf sam., dim. et fériés

Hôtel du Golf

FAMILIAL • PERSONNALISÉ Quelle métamorphose pour ce qui n'était il y a cinquante ans qu'une minuscule auberge... L'œuvre de trois générations successives, qui ont créé un bel établissement sans perdre l'esprit de famille (aujourd'hui, le benjamin de la fratrie, menuisier, assure le travail du bois !). Espace, calme, grand confort, prestations variées : on quitte les lieux à regret...

17 chambres - †148/210 € ††148/210 € - 5 suites - ☕ 16 € - ½ P

Les Ritons - ✆ 04 76 95 84 84 - www.hotel-du-golf-vercors.fr
- Ouvert 7 mai-15 oct. et 9 déc.-28 mars

Palégrié - voir les restaurants ci-dessus

Les Clarines

TRADITIONNEL • MONTAGNARD L'ambiance est chaleureuse dans ce petit hôtel situé au centre du village, à deux pas de l'église. Dans un décor montagnard actuel et élégant, on se prélasse au coin du feu ou dans l'espace spa, moderne et confortable (avec sauna, hammam et jacuzzi).

16 chambres - †100/185 € ††100/185 € - ☕ 14 € - ½ P

Les Ravauds - ✆ 04 76 95 81 81 - www.lesclarines.com - Fermé 9 avril-8 mai et 1er nov.-15 déc.

LE VILLARS - 71 (Saône-et-Loire) → Voir Tournus

VILLARS

✉ 84400 (Vaucluse) - 794 hab. - Alt. 330 m - Carte régionale n° **22**-E1
▶ Paris 739 km - Aix-en-Provence 96 km - Avignon 58 km - Marseille 112 km
Carte Michelin 332-F10

La Table de Pablo

CUISINE MODERNE • CONVIVIAL Pour goûter une cuisine délicate et volontiers créative, à base de beaux produits régionaux, ce restaurant entre vignes et cerisiers est tout trouvé : en témoigne ce pigeon en deux cuissons, plat signature de la maison... Mention spéciale pour la paisible terrasse bercée par le chant des cigales !

Menu 32/42 € - Carte 43/54 €

Hameau des Petits-Cléments - ✆ 04 90 75 45 18 (réservation conseillée)
- www.latabledepablo.com - Fermé 1er janv.-12 fév., sam. midi, jeudi midi et merc.

VILLARS-LES-DOMBES

✉ 01330 (Ain) - 4 430 hab. - Alt. 281 m - Carte régionale n° **24**-E1
▶ Paris 433 km - Bourg-en-Bresse 29 km - Lyon 37 km - Villefranche-sur-Saône 29 km
Carte Michelin 328-D4 - Guide Vert Michelin Lyon et sa région

à **Bouligneux** 4 km au Nord-Ouest par D2 - ✉ 01330 - 310 hab. - Alt. 282 m

Le Thou

CUISINE TRADITIONNELLE • AUBERGE Dès l'entrée de cette ancienne auberge de village superbement fleurie, on est séduit par sa charpente vitrée. La carte célèbre les terroirs de la Bresse et de la Dombes (cuisses de grenouilles fraîches, quenelles de volaille aux morilles). Une table appréciée dans les environs.

Menu 29/59 € - Carte 41/56 €

Le Village - ✆ 04 74 98 15 25 - www.lethou.com - Fermé dim. soir et lundi de janv. à sept. et mardi de janv. à avril

LA VILLE-BLANCHE - 22 (Côtes-d'Armor) → Voir Lannion

VILLEBLEVIN

✉ 89340 (Yonne) - 1 822 hab. - Alt. 59 m - Carte régionale n° **04G**-A1
Paris 98 km - Auxerre 96 km - Dijon 242 km - Melun 52 km
Carte Michelin 319-B2

Auberge L'Escale 87 N

CUISINE TRADITIONNELLE • COSY Une bien chaleureuse auberge au bord de l'ancienne N6, dont l'intérieur coquet se pare de divers objets agrestes et de mobilier rustique. La tradition est de mise dans les assiettes, goûteuses, colorées, et servies avec le sourire par-dessus le marché : on passe un moment très agréable.

Menu 23 € (semaine), 33/48 € - Carte 41/60 €

Le Petit-Villeblevin, D606, rte de Paris - ✆ 03 86 66 42 56 - Fermé lundi soir, mardi et merc.

VILLECHAUD - 58 (Nièvre) → Voir Cosne-Cours-sur-Loire

VILLECOMTAL-SUR-ARROS

✉ 32730 (Gers) - 824 hab. - Alt. 177 m - Carte régionale n° **15**-A2
Paris 760 km - Aire-sur-l'Adour 67 km - Auch 48 km - Pau 70 km
Carte Michelin 336-D9

Le Rive Droite

CUISINE MODERNE • CLASSIQUE George Sand séjourna dans cette élégante chartreuse (18e s.) située au bord de la rivière. L'ancien et le contemporain s'y mêlent avec brio, et la cuisine honore la tradition autant qu'elle ose une audacieuse créativité. Une adresse de grande qualité.

Formule 25 € 🍷 - Carte environ 44 €

1 chemin St-Jacques - ✆ 05 62 64 83 08 - www.lerivedroite.com - Fermé 1er-15 nov., merc. midi, lundi et mardi sauf du 15 juil. au 21 août

VILLE-D'AVRAY - 92 (Hauts-de-Seine) → Voir Autour de Paris

VILLEDIEU-LES-POÊLES

✉ 50800 (Manche) - 3 759 hab. - Alt. 105 m - Carte régionale n° **17**-A2
Paris 314 km - Alençon 122 km - Avranches 26 km - Caen 82 km
Carte Michelin 303-E6 - Guide Vert Michelin Normandie Cotentin

Manoir de l'Acherie

CUISINE TRADITIONNELLE • RUSTIQUE Au cœur du bocage, on se réfugie avec plaisir dans la chaleur de ce manoir du 17e s. Les plats du terroir régional sont à l'honneur, comme les grillades au feu de bois dans la grande cheminée en pierre... Un vrai moment gourmand, version pomme et crème fraîche !

Formule 18 € - Menu 23/51 € - Carte 28/60 €

Hôtel Manoir de l'Acherie, 37 r. Michel-de-l'Épinay (à Ste-Cécile), 3,5 km à l'Est par D975 et D554 (sortie 38 sur A84) - ✆ 02 33 51 13 87 - www.manoir-acherie.fr - Fermé 15 fév.-1er mars, 14 nov.-6 déc., dim. soir d'oct. à avril et lundi

La Ferme de Malte

CUISINE TRADITIONNELLE • CLASSIQUE XXX Cette ancienne ferme de l'ordre de Malte abrite des salles chaleureuses donnant sur une terrasse. Cuisine traditionnelle et quelques préparations dans l'air du temps. Chambres calmes et confortables pour prolonger l'étape.

Menu 23/43 € – Carte 37/51 €

4 chambres – 80/100 € 80/100 € – 10 €

11 r. Jules-Tétrel
– 02 33 91 35 91 – www.lafermedemalte.fr
– Fermé 24-26 déc., 1er-15 janv., dim. soir, merc. soir et lundi

Manoir de l'Acherie

AUBERGE • TRADITIONNEL Non loin de Villedieu-les-Poêles, ce manoir du 17e s. accueille les voyageurs dans une ambiance familiale et rustique : le bois des poutres et des meubles se mêle à la paille des chaises et à la pierre d'une grande cheminée... Jolie étape dans le bocage normand !

18 chambres – 70/120 € 70/120 € – 10 € – ½ P

37 r. Michel-de-l'Épinay (à Ste-Cécile), 3,5 km à l'Est par D975 et D554 (sortie 38 sur A84) – 02 33 51 13 87 – www.manoir-acherie.fr
– Fermé 15 fév.-1er mars et 14 nov.-6 déc.

Manoir de l'Acherie – voir les restaurants ci-dessus

VILLEDIEU-SUR-INDRE

36320 (Indre) – 2 755 hab. – Alt. 135 m – Carte régionale n° **6**-B3
Paris 280 km – Bourges 80 km – Châteauroux 14 km – Orléans 155 km
Carte Michelin 323-F5

La Gourmandine

CUISINE MODERNE • ÉLÉGANT XX Quinze ans passés dans le Puy-de-Dôme, puis retour au pays natal pour créer ce lieu chaleureux, feutré et élégant. Le patron donne beaucoup et concocte une cuisine très alléchante. Une carte volontairement courte, de beaux produits : on ne manque pas d'appétit ! Trois jolies chambres fonctionnelles pour l'étape.

Formule 14 € – Menu 17 € (déj. en semaine), 29/39 € – Carte 33/57 €

3 chambres – 45/65 € 50/70 € – 10 €

1 av. de la Gare
– 02 54 29 87 91 – www.lagourmandine36.fr
– Fermé 2 semaines en mars et en août, 1 semaine en janv., merc. soir, dim. soir et lundi

VILLE-DU-PONT – 25 (Doubs) → Voir Montbenoît

VILLEFRANCHE-DE-ROUERGUE

12200 (Aveyron) – 11 712 hab. – Alt. 230 m – Carte régionale n° **15**-C1
Paris 614 km – Albi 68 km – Cahors 61 km – Montauban 80 km
Carte Michelin 338-E4

Côté Saveurs

CUISINE MODERNE • COSY XX Un lieu dans l'air du temps, cosy et contemporain (pierres apparentes, touches pop). La cuisine, colorée, fraîche et goûteuse, sait mettre en valeur le terroir aveyronnais : langoustine sur un condiment aux huîtres, bouillon aux agrumes ; porcelet de la ferme de Py cuit à basse température... un régal !

Menu 21 € (déj. en semaine), 32/62 € – Carte 53/68 €

5 r. Belle-Isle (transfert à la place Fontanges prévu 1er trimestre 2017)
– 05 65 65 83 64 – www.cote-saveurs.fr – Fermé dim. et lundi

Univers

CUISINE CRÉATIVE • TENDANCE X À deux pas du centre-ville, au bord de la rivière, cette table ne désemplit pas... et c'est bien mérité ! Deux anciens de Top Chef, Quentin Bourdy et Noémie Honiat, s'y partagent les tâches : lui, côté salé, compose des assiettes spontanées et créatives ; elle, pâtissière de formation, imagine de savoureux desserts.

Menu 23/53 € - Carte 44/55 €

2 pl. de la République - 05 65 45 15 63 - www.lunivers-villefranche.com - Fermé 2-8 juil., 5-19 janv., dim. hors saison et lundi

L'Épicurien

CUISINE MODERNE • CONVIVIAL XX Réinterprétation d'une soupe aveyronnaise ; pied de cochon revisité au foie gras ; vacherin à l'orange sanguine... Terroir et tradition revisitée sont à la carte de ce restaurant pour le moins chaleureux. Les amateurs de fraîcheur apprécieront la terrasse abritée, idéale en fin de journée.

Menu 21 € (déj. en semaine), 32/36 € - Carte 37/49 €

8 bis av. Raymond-St-Gilles - 05 65 45 01 12 - www.restaurant-lepicurien-villefranche.fr - Ouvert midi en semaine, vend. soir, sam. soir et fermé lundi

Les Fleurines

BUSINESS • CONTEMPORAIN À deux pas de la chapelle des Pénitents-Noirs, une engageante bâtisse en pierre, avec des chambres contemporaines - dont une partie plus haut-de-gamme. Sobre et design, mais néanmoins très cosy : le meilleur hôtel du centre-ville.

28 chambres - 59/219 € 59/219 € - 2 suites - 11 €

17 bd Haute-Guyenne - 05 65 45 86 90 - www.lesfleurines.com

Univers

FAMILIAL • FONCTIONNEL Après avoir goûté la cuisine de Noémie et Quentin, pourquoi ne pas passer la nuit dans cet agréable hôtel-restaurant ? Un grand escalier mène aux quinze chambres, bien tenues et décorées dans des tons rouges et noirs ; l'accueil est chaleureux et prévenant.

15 chambres - 49/59 € 59/69 € - 8 € - ½ P

2 pl. de la République - 05 65 45 15 63 - www.lunivers-villefranche.com

Univers - voir les restaurants ci-dessus

Les Terrasses de la Maison Pago

FAMILIAL • PERSONNALISÉ Installée dans une ancienne conserverie de champignons et huile de noix, cette maison d'hôtes en a conservé l'atmosphère (rouages, monte-charge traversant le salon) ; l'ensemble est résolument contemporain et ne manque pas de charme, jusqu'aux chambres, joliment décorées.

3 chambres - 74/100 € 86/120 €

29 r. Montlauzeur - 05 65 81 59 26 - www.maisonpago.fr - Fermé 25 déc.-15 janv.

au Farrou Nord 4 km par D1E - 12200 Villefranche de Rouergue

Relais de Farrou

CUISINE MODERNE • ÉLÉGANT XX Cette maison est chargée d'histoire : c'était autrefois un relais de poste, c'est désormais un relais gourmand ! Demi-homard grillé à la mousseline de pommes de terre aux truffes, veau de l'Aveyron à l'aligot et caviar d'aubergine : on se régale de jolis petits plats accompagnés de vins bien choisis.

Formule 18 € - Menu 25/59 € - Carte 45/55 €

05 65 45 18 11 - www.relaisdefarrou.com - Fermé sam. midi, dim. soir et lundi midi sauf juil.-août

Relais de Farrou

FAMILIAL • PERSONNALISÉ Entre route et rivière, ce relais de poste né en 1792 a su rester jeune et frais ! Les chambres sont contemporaines et confortables, et tout invite à se détendre : le tennis, le minigolf, la piscine, ou encore le fitness...

26 chambres - 89/149 € 89/149 € - 12 € - ½ P

- 05 65 45 18 11 - www.relaisdefarrou.com

Relais de Farrou - voir les restaurants ci-dessus

VILLEFRANCHE-SUR-MER

✉ 06230 (Alpes-Maritimes) - 5 443 hab. - Alt. 30 m - Carte régionale n° **22**-E2
▶ Paris 932 km - Beaulieu-sur-Mer 3 km - Nice 5 km
Carte Michelin 341-E5 - Guide Vert Michelin Côte d'Azur

Accès et sorties : Voir plan de Nice

La Mère Germaine

POISSONS ET FRUITS DE MER • RUSTIQUE XX Poisson frais et fruits de mer depuis 1938 : la Mère Germaine est une institution locale, où Cocteau avait notamment ses habitudes. En été, la jet-set presse ses yachts à l'abordage du restaurant ; attablé en terrasse face au port, on passe effectivement un agréable moment... si l'on n'est pas trop regardant sur le prix !

Formule 46 € - Carte 62/126 €

Plan : B1-a - *9 quai Courbet*
- *✆ 04 93 01 71 39 - www.meregermaine.com*
- *Fermé mi nov.-25 déc.*

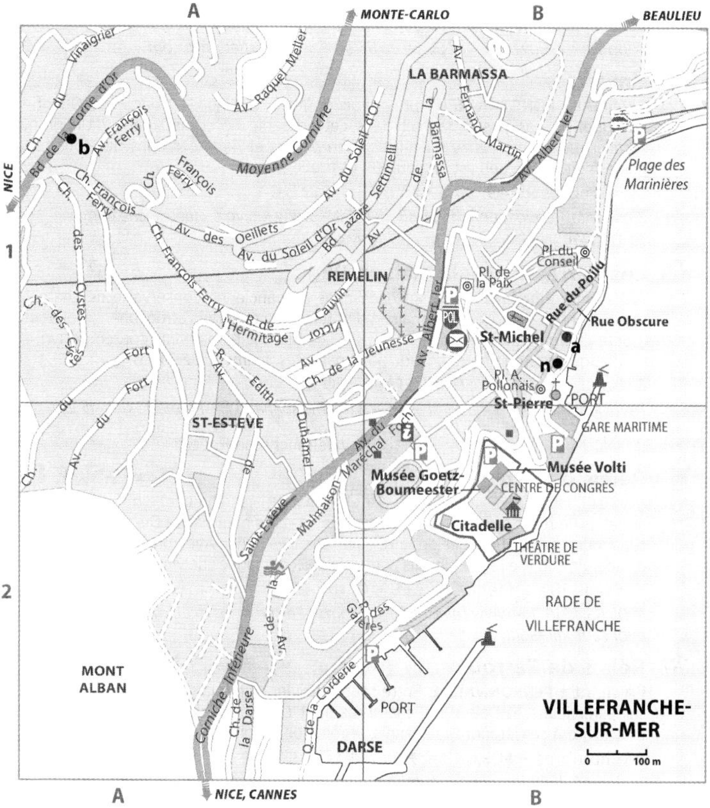

Welcome

FAMILIAL • PERSONNALISÉ Welcome : un nom tout trouvé pour cet hôtel accueillant et confortable, jadis fréquenté par Jean Cocteau, qui décora la chapelle St-Pierre voisine. L'emplacement est idéal : face aux flots, chaque chambre dispose d'un balcon envahi par le soleil...

33 chambres - 149/296 € 149/296 € - 2 suites - 18 €

Plan : B1-n - *3 quai Amiral-Courbet - 04 93 76 27 62 - www.welcomehotel.com - Fermé 14 nov.-16 déc.*

La Fiancée du Pirate

FAMILIAL • MÉDITERRANÉEN À l'écart de l'agitation portuaire, un hôtel familial des plus sympathiques : les chambres jouent la carte contemporaine, la vue sur la baie est ravissante et, pour l'anecdote, le propriétaire est un ancien footballeur professionnel !

15 chambres - 70/140 € 80/150 € - 9 €

Plan : A1-b - *8 bd de la Corne-d'Or - 04 93 76 67 40 - www.fianceedupirate.com - Fermé 10 janv.-5 fév. et 20 nov.-28 déc.*

VILLEFRANCHE-SUR-SAÔNE

69400 (Rhône) - 36 241 hab. - Alt. 190 m - Carte régionale n° **24**-E1
Paris 432 km - Bourg-en-Bresse 54 km - Lyon 33 km - Mâcon 47 km
Carte Michelin 327-H4 - Guide Vert Michelin Lyon et sa région

Le Juliénas - Fabrice Roche

CUISINE MODERNE • TENDANCE Du nom d'un cru du Beaujolais bien connu, cette table honore les produits de la région... et la bonne cuisine en général. Le chef concocte des plats actuels et épurés, d'une belle finesse, où les arômes se marient harmonieusement. Un vrai plaisir ! Décor contemporain, avec une agréable terrasse côté jardin.

→ Bœuf façon gravlax, avocat, haddock et jaune d'œuf confit. Volaille fermière rôtie, parfait de foie gras et jus au basilic. Pomme, vanille et caramel de fruits secs.

Formule 30 € - Menu 43 € (semaine), 65/80 € - Carte 75/85 €

Plan : B2-v - *236 r. d'Anse - 04 74 09 16 55 - www.restaurant-lejulienas.com - Fermé 3 semaines en août, sam. midi, lundi soir et dim.*

La Ferme du Poulet

CUISINE CLASSIQUE • ÉLÉGANT Joli endroit que cette ferme du 17e s. tout en pierre, transformée en hôtel-restaurant. L'établissement est le repaire d'un couple de professionnels, qui a modernisé le décor et propose une cuisine de tradition fraîche et bien tournée, dans la lignée de la réputation des lieux.

Formule 26 € - Menu 36/80 € - Carte 56/86 €

9 chambres - 98/150 € 98/150 € - 16 €

Hors plan - *180 r. Georges-Mangin, Z.I. Nord-Est - 04 74 62 19 07 - www.lafermedupoulet.com - Fermé août, 1 semaine en déc., dim. soir et lundi*

Belooga

CUISINE TRADITIONNELLE • BRASSERIE Une brasserie chic et contemporaine, supervisée par les chefs Hervé Raphanael et Guy Lassausaie. Tout y est fait maison, des amuse-bouche aux desserts, et le menu change chaque semaine. Cuisses de grenouilles en persillade, entrecôte de bœuf charolais à la plancha et jus corsé au brouilly, poire Belle-Hélène : savoureux !

Formule 21 € - Menu 33/65 € - Carte 39/59 €

Plan : B2-a - *Hôtel Ici & Là, 384 bd Louis-Blanc - 04 37 55 09 09 - www.hotelicietla.com*

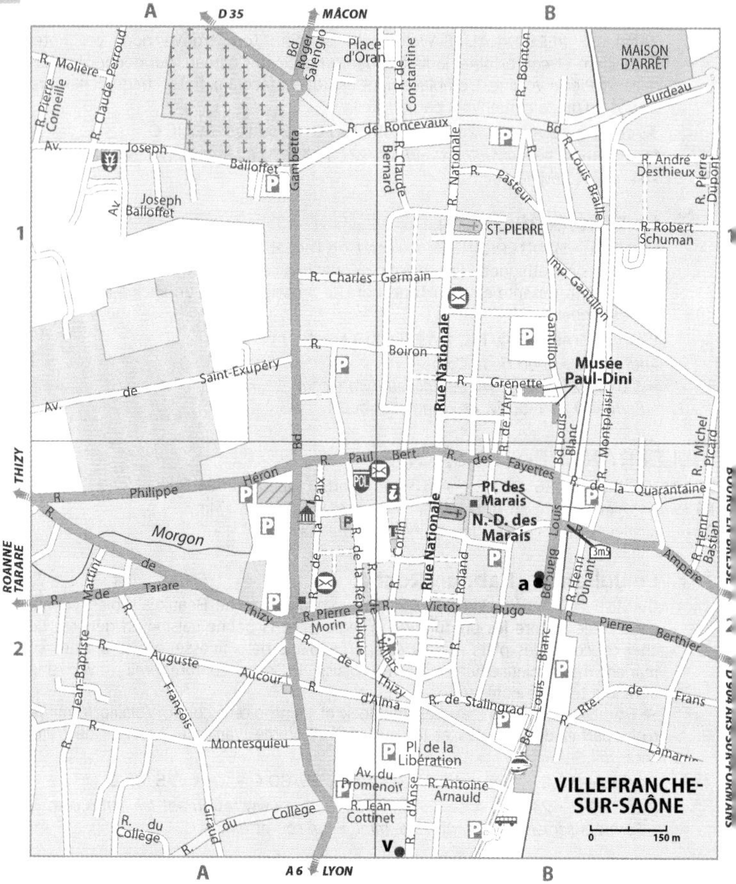

Ici & Là

URBAIN • DESIGN Un hôtel récent, créé à deux pas du centre-ville. Le bâtiment, très contemporain, répond aux normes Haute Qualité Environnementale ; les chambres se révèlent spacieuses, fonctionnelles et bien insonorisées. Une adresse agréable, ici et nulle part ailleurs.

78 chambres – 90/140 € 160/190 € – 17 €

Plan : B2-a – *384 bd Louis-Blanc – 04 37 55 09 09 – www.hotelicietla.com*

Belooga – voir les restaurants ci-dessus

à Jassans-Riottier 4 km à l'Est par D904 – 01480 – 6 306 hab. – Alt. 180 m

L'Embarcadère

CUISINE TRADITIONNELLE • BRASSERIE "Cuisine de campagne au bord de l'eau" : voilà le credo de cette adresse griffée Georges Blanc, au bord de la Saône, entre guinguette chic et brasserie contemporaine. Œuf de la ferme croustillant à la fondue d'oignons mauves, poulet de Bresse à la crème : une tradition très tendance… Embarquement immédiat !

Menu 22 € (déj. en semaine), 25/57 € – Carte 40/62 €

15 av. de la Plage – 04 74 07 07 07 – www.lespritblanc.com

VILLEGENON

⊠ 18260 (Cher) - 229 hab. - Alt. 297 m - Carte régionale n° **6**-C2
▶ Paris 190 km - Bourges 49 km - Nevers 83 km - Orléans 82 km
Carte Michelin 323-L2

La Récréation Gourmande

CUISINE TRADITIONNELLE • CONVIVIAL Dans cette ancienne école du début du 20 e s., où trône un vieux poêle surmonté d'un bonnet d'âne, les mauvais élèves ne sont pas mis au pain sec et à l'eau ! Quel que soit le niveau de la classe, tout le monde se régale d'une cuisine de produits généreuse et goûteuse. Une agréable Récréation Gourmande...

Menu 12 € (déj. en semaine), 22/27 € - Carte 29/37 €

3 r. de l'Ancienne-École (Le bourg)
- ✆ 02 48 73 45 36 - www.la-recreation-gourmande.com
- Fermé 1er-18 juil., 24 déc.-8 janv., dim. soir de sept. à juin, lundi soir, mardi soir et merc.

VILLEMAGNE-L'ARGENTIÈRE - 34 (Hérault) → Rattaché à Bédarieux

VILLEMONTAIS

⊠ 42155 (Loire) - 985 hab. - Alt. 466 m - Carte régionale n° **23**-A1
▶ Paris 404 km - Lyon 95 km - Roanne 13 km - Vichy 77 km
Carte Michelin 327-C4

Domaine du Fontenay

FAMILIAL • À LA CAMPAGNE Au cœur de ce domaine viticole de la Côte Roannaise, entre les ceps, une belle maison de métayer (1869), confortable et parfaitement tenue : on y pose ses valises avec plaisir. Les propriétaires aiment partager avec leurs hôtes leur passion de la vigne !

4 chambres - †75 € ††85 €

Lieu-dit Fontenay - ✆ 04 77 63 12 22 - www.domainedufontenay.com

VILLENEUVE-DE-BERG

⊠ 07170 (Ardèche) - 2 871 hab. - Alt. 320 m - Carte régionale n° **23**-B3
▶ Paris 628 km - Aubenas 16 km - Largentière 27 km - Montélimar 27 km
Carte Michelin 331-J6 - Guide Vert Michelin Ardèche Drôme

Auberge de Montfleury

CUISINE MODERNE • ÉLÉGANT Le chef, un véritable passionné, compose de très belles assiettes entre terroir et modernité ; les produits sont de qualité et les recettes témoignent d'une véritable envie de faire plaisir. Son épouse n'est pas en reste, assurant, dans l'élégant cadre contemporain de la salle, un service à la fois efficace et chaleureux !

Formule 20 € - Menu 37/89 € - Carte 45/60 €

à la gare, 4 km à l'Ouest par N102, rte d'Aubenas ⊠ 07170 St-Germain
- ✆ 04 75 94 74 13 - www.auberge-de-montfleury.fr
- Fermé 15-30 janv., 15-30 nov. , dim. soir, lundi et mardi

La Table de Léa

CUISINE MODERNE • CLASSIQUE Dans cette ancienne grange, la chef élabore une cuisine du marché assez personnelle. Pendant ce temps-là, on profite de la belle terrasse sous les marronniers...

Menu 26/65 € - Carte 52/59 €

Le Petit Tournon, 1,5 km au Sud-Ouest par D558 - ✆ 04 75 94 70 36 (réservation conseillée) - www.restaurant-table-lea.com - Fermé 6-16 mars, nov., merc. soir et le midi du lundi au jeudi

VILLENEUVE-LA-SALLE - 05 (Hautes-Alpes) ➜ Voir Serre-Chevalier

VILLENEUVE-LÈS-AVIGNON

✉ 30400 (Gard) - 12 232 hab. - Alt. 23 m - Carte régionale n° **12**-D2
Paris 678 km - Avignon 8 km - Nîmes 46 km - Orange 28 km
Carte Michelin 339-N5 - Guide Vert Michelin Provence

Voir Plan d'Avignon

✿ Le Prieuré

CUISINE MODERNE • ÉLÉGANT XXX Une seule prière pour cette table bucolique : des produits de saison, mis en valeur au fil du calendrier... Les préparations sont fines et délibérément simples. Entre rosiers et glycine séculaire, la terrasse se révèle charmante.
➜ Cannelloni de chair de tourteau, encornet et caviar. Pigeon rôti, crumble aux noisettes, fèves à l'huile d'olive et herbes fraîches. Tarte au citron revisitée, moelleux et croquant citron vert, sorbet acidulé.

Formule 40 € 🍷 - Menu 60 € (semaine), 80/145 € - Carte 110/125 €

Plan : A2-t - *Hôtel Le Prieuré, 7 pl. du Chapitre - ✆ 04 90 15 90 15 - www.leprieure.com - Ouvert mars à nov. et fermé dim. soir, mardi midi et lundi sauf de mai à sept.*

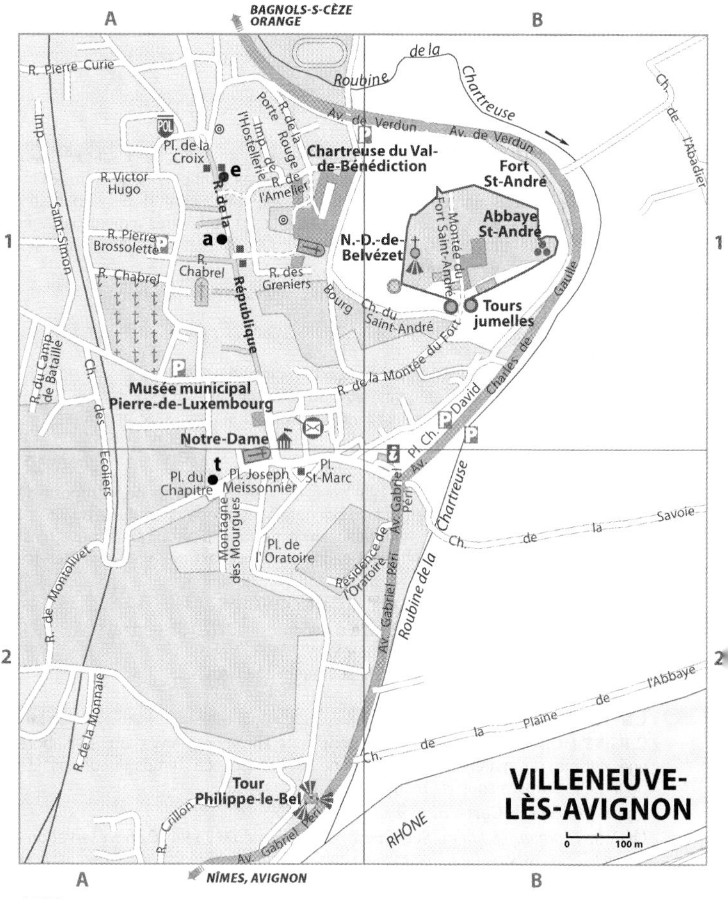

La Magnaneraie

CUISINE TRADITIONNELLE • ÉLÉGANT La Provence s'invite à la table de ce bel établissement des environs d'Avignon ! Terrine de foies de volaille, pavé de thon grillé et sa ratatouille, autant de préparations goûteuses et soignées que l'on déguste dans une salle élégante, éclairée par un puits de jour.

Formule 20 € – Menu 28 € (déj.)/34 € – Carte 43/58 €

Hors plan – *Hôtel La Magnaneraie, 37 r. Camp-de-Bataille – 04 90 25 11 11 – www.magnaneraie.najeti.fr – Ouvert 3 mars-29 oct. et fermé lundi midi, sam. midi et dim.*

Le Bistrot du Moulin - Maison Bronzini

CUISINE MODERNE • CONVIVIAL Comme son nom l'indique, ce bistrot plein de cachet est attenant au moulin à huile d'olive du 14e s. (toujours en activité !), mais aussi à une boulangerie-pâtisserie. Le menu épouse le rythme des saisons. Ne manquez surtout pas les desserts et particulièrement les glaces maison. Un lieu qui prend toute sa dimension en été.

Menu 37 € – Carte 36/42 €

Plan : A1-e – *74 r. de la République – 04 90 25 45 59 – www.maisonbronzini.com*

Le Prieuré

LUXE • PERSONNALISÉ Le palais des Papes n'est pas si loin... Au cœur de la cité médiévale de Villeneuve, ce prieuré du 14e s. distille un je-ne-sais-quoi d'exclusivité. Vieilles pierres, dernier chic contemporain, superbe jardin... à l'écart du monde.

25 chambres – 150/330 € 150/650 € – 13 suites – 27 € – ½ P

Plan : A2-t – *7 pl. du Chapitre – 04 90 15 90 15 – www.leprieure.com – Ouvert de mars à nov.*

Le Prieuré – voir les restaurants ci-dessus

La Magnaneraie

TRADITIONNEL • ÉLÉGANT Cette élégante demeure du 15e s. propose des chambres contemporaines (styles romantique, colonial...). Espace lounge sur une terrasse ombragée de platanes, jardin fleuri.

30 chambres – 95/269 € 95/300 € – 2 suites – 16 €

Hors plan – *37 r. Camp-de-Bataille – 04 90 25 11 11 – www.magnaneraie.najeti.fr – Ouvert 3 mars-29 oct.*

La Magnaneraie – voir les restaurants ci-dessus

La Suite

BOUTIQUE HÔTEL • PERSONNALISÉ Au cœur de la ville, ce petit hôtel de charme se niche dans une ancienne biscuiterie du 17e s. Les chambres et les suites ont chacune leur univers : ethnique, années pop, urbain... Bel espace détente et joli jardin. Une adresse à croquer !

6 chambres – 129/250 € 129/360 € – 3 suites – 10 €

Plan : A1-a – *65-67 r. de la République – 04 90 21 51 07 – www.hotellasuite.fr – Ouvert de mi-avril à mi-oct.*

VILLENEUVE-LÈS-BÉZIERS – 34 (Hérault) → Voir Béziers

VILLENEUVE-LOUBET

06270 (Alpes-Maritimes) – 14 814 hab. – Alt. 10 m – Carte régionale n° **22**-E2

Paris 915 km – Antibes 12 km – Cannes 22 km – Grasse 24 km

Carte Michelin 341-D6 – Guide Vert Michelin Côte d'Azur

Voir plan de Cagnes-sur-Mer

à Villeneuve-Loubet-Plage - ✉ 06270

La Flibuste-Martin's

POISSONS ET FRUITS DE MER • ÉLÉGANT XXX Le Flibustier en chef, méridionnal, gouailleur et partageur, vous accueillera dans ce nouveau décor élégant et feutré. On continue d'y déguster les produits de la pêche du jour : loup, turbot, chapon, saint-pierre... Et, cerise sur le gateau, la bourride est bien entendu toujours à la carte.

Formule 28 € - Menu 33 € - Carte 48/97 €

Plan : A2-e - *chemin de la Batterie (port Marina Baie-des-Anges)*
- ✆ 04 93 20 59 02 - www.restaurantlaflibuste.fr
- Fermé dim. soir de nov. à mars

Villa Azur

Tout près de la célèbre marina Baie des Anges - complexe hôtelier labellisé "Patrimoine du 20e s." -, cette villa accueille les vacanciers dans des chambres claires et lumineuses, avec balcon. Le soir, on dîne sur la terrasse, en profitant d'une magnifique vue sur le littoral...

24 chambres - 80/300 € 95/340 € - 15 €

Plan : A2-v - *1399 av. de la Batterie*
- ✆ 04 93 73 08 88 - www.villa-azur.com

VILLENEUVE-SUR-LOT

✉ 47300 (Lot-et-Garonne) - 23 377 hab. - Alt. 51 m - Carte régionale n° **2**-C2
Paris 622 km - Agen 29 km - Bergerac 60 km - Bordeaux 146 km
Carte Michelin 336-G3 - Guide Vert Michelin Aquitaine

La Table des Sens (Hervé Sauton)

CUISINE CRÉATIVE • TRADITIONNEL XX Dans cette rue commerçante, entre deux achats, arrêtez-vous dans ce restaurant ! Le chef a un joli parcours derrière lui et cela se sent : il travaille de beaux produits du terroir en les agrémentant d'épices et aromates venus d'ailleurs... Il en résulte une cuisine subtile et personnelle, qui célèbre les sens !

→ Escargots, jus vert et crème d'ail. Ris de veau caramélisé. Soufflé au Grand Marnier.

Menu 26 € (déj. en semaine), 48/72 € - Carte 56/90 €

Plan : B1-a - *8 r. de Penne*
- ✆ 05 53 36 97 04 - www.latabledessens.com
- Fermé dim. soir, lundi et mardi

Le Moulin de Madame

Un hôtel atypique, ouvert en 2012 dans un ancien moulin. Les chambres, confortables, sont toutes dotées d'une terrasse privative ; quant à celles du rez-de-chaussée, elles disposent d'un carré de pelouse donnant sur le Lot. De quoi vous donner envie de rester !

33 chambres - 102/119 € 129/151 € - 12 € - ½ P

Hors plan - *rte de Casseneuil, 2 km au Nord par D242 - ✆ 05 53 36 14 40*
- www.lemoulindemadame.fr - Fermé 13 déc.-15 janv., dim. et lundi hors saison

à Pujols 4 km au Sud-Ouest par D118 - ✉ 47300 - 3 608 hab. - Alt. 180 m

La Toque Blanche

CUISINE TRADITIONNELLE • CLASSIQUE XXX À l'écart de ce pittoresque village, une auberge au décor classique et cossu, où l'on savoure une cuisine traditionnelle fort bien troussée. Jolie terrasse panoramique sur les vallons environnants.

Menu 25 € (déj. en semaine), 39/85 € - Carte 62/102 €

Bel Air - ✆ 05 53 49 00 30 - www.la-toque-blanche.com
- Fermé dim. et lundi

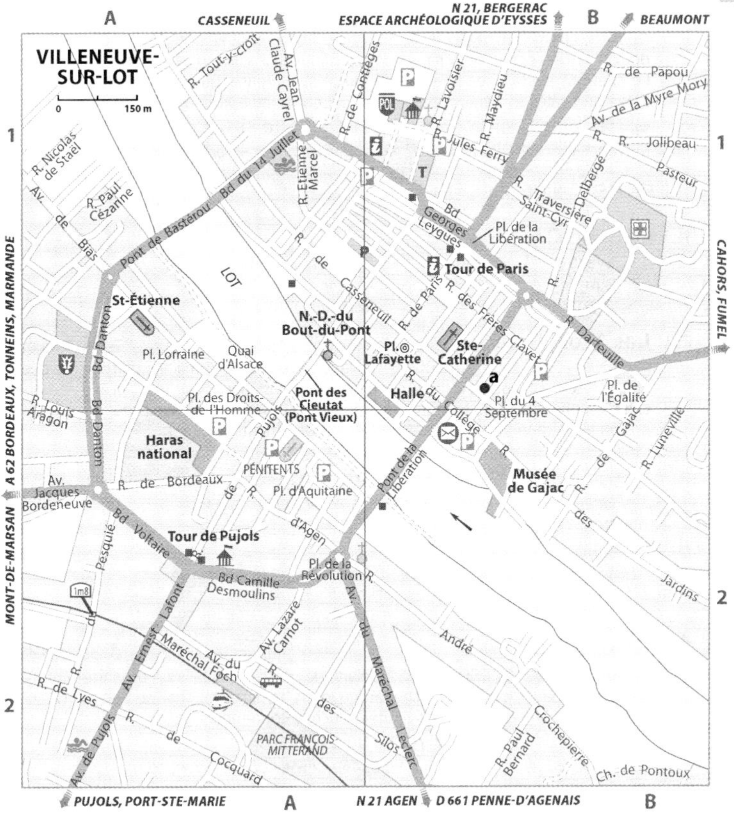

VILLENEUVE-TOLOSANE

✉ 31270 (Haute-Garonne) – 8 854 hab. – Alt. 158 m – Carte régionale n° **15**-B2
▶ Paris 694 km – Auch 78 km – Montauban 69 km – Toulouse 21 km
Carte Michelin 343-G3

D'Cadei

CUISINE MODERNE • TENDANCE XX Avec son nouveau décor élégant et moderne – tapisseries claires, baies vitrées, mobilier contemporain –, la table de Damien Cadei est méconnaissable ! On s'y régale toujours de bonnes assiettes réglées sur les saisons : cabillaud en effilochée comme une rillette, canette rôtie, cuisse en raviole et polenta croustillante…

Formule 18 € – Menu 25/55 € – Carte 46/67 €

8 pl. de l'Hôtel-de-Ville – ✆ 05 61 92 72 68 – www.dcadei.fr – Fermé 5-12 fév., 22-28 mai, 21-25 janv., merc. soir, dim. et lundi

VILLENY

✉ 41220 (Loir-et-Cher) – 432 hab. – Alt. 132 m – Carte régionale n° **6**-C2
▶ Paris 162 km – Blois 38 km – Orléans 37 km – Romorantin-Lanthenay 32 km
Carte Michelin 318-H6 – Guide Vert Michelin Châteaux de la Loire

Auberge de Villeny

CUISINE TRADITIONNELLE • CONVIVIAL Une coquette maison solognote à deux pas de l'église du village... logique puisqu'il s'agit de l'ancien presbytère ! Le chef fait plaisir avec une cuisine plutôt savoureuse, qui mêle tradition, terroir, idées originales et générosité. Accueil et service aux petits soins.

Menu 13 € (déj. en semaine)/25 € - Carte 31/51 €

6 Grand-Rue - 02 54 83 60 73 - www.villeny.com - Fermé merc.

VILLEREST - 42 (Loire) → Voir Roanne

VILLERS-BOCAGE

14310 (Calvados) - 3 072 hab. - Alt. 140 m - Carte régionale n° **17**-B2

Paris 262 km - Argentan 83 km - Avranches 77 km - Bayeux 26 km

Carte Michelin 303-I5 - Guide Vert Michelin Normandie Cotentin

Les Trois Rois

CUISINE MODERNE • CLASSIQUE Dans cette maison familiale, plutôt classique et discrètement bourgeoise, le chef, véritable passionné, ose une cuisine recherchée, en phase avec la tendance du moment. Avis aux gourmands qui voudraient prolonger l'étape : les chambres ont été entièrement rénovées.

Menu 22 € (semaine), 29/48 € - Carte 59/65 €

12 chambres - 83/101 € 83/101 € - 12 €

2 pl. Jeanne-d'Arc - 02 31 77 00 32 - www.trois-rois.fr

VILLERS-COTTERÊTS

02600 (Aisne) - 10 669 hab. - Alt. 126 m - Carte régionale n° **19**-C3

Paris 81 km - Compiègne 32 km - Laon 61 km - Meaux 41 km

Carte Michelin 306-A7

Le Régent

TRADITIONNEL • PERSONNALISÉ Relais de poste du 18e s., organisé autour d'une cour pavée où trône un bel abreuvoir. Chambres au charme d'antan (meubles anciens) agrémentées de petites touches contemporaines.

30 chambres - 83/88 € 105/118 € - 8 €

26 r. du Gén.-Mangin - 03 23 96 01 46 - www.hotel-leregent.com - Fermé 9-16 août et 20-27 déc.

VILLERSEXEL

70110 (Haute-Saône) - 1 456 hab. - Alt. 287 m - Carte régionale n° **9**-C1

Paris 386 km - Belfort 41 km - Besançon 59 km - Lure 18 km

Carte Michelin 314-G7 - Guide Vert Michelin Franche-Comté Jura

La Terrasse

CUISINE TRADITIONNELLE • FAMILIAL Comment résister à l'agréable terrasse ombragée de ce restaurant ? D'autant qu'on y déguste une goûteuse cuisine traditionnelle où les beaux produits ont la part belle. Et par mauvais temps, installez-vous dans la chaleureuse salle rustique.

Formule 13 € - Menu 15 € (déj. en semaine), 19/37 € - Carte 26/50 €

1 r. du quai Militaire, rte de Lure - 03 84 20 52 11 - www.laterrasse-villersexel.com

La Terrasse

AUBERGE • FONCTIONNEL À deux pas de l'office de tourisme, cette coquette maison appartient à la même famille depuis 1921. Les chambres, simples et parfaitement tenues, se parent de mille couleurs... Comme autant de rayons de soleil résistant au mauvais temps !

10 chambres - 55/65 € 70/85 € - ½ P

1 r. du quai Militaire, rte de Lure - 03 84 20 52 11 - www.laterrasse-villersexel.com

La Terrasse - voir les restaurants ci-dessus

VILLERS-LE-LAC

⊠ 25130 (Doubs) - 4 569 hab. - Alt. 730 m - Carte régionale n° **9**-C2
Paris 471 km - Basel 116 km - Besançon 68 km - La Chaux-de-Fonds 18 km
Carte Michelin 321-K4 - Guide Vert Michelin Franche-Comté Jura

Le France (Hugues Droz)

CUISINE MODERNE • ÉLÉGANT Maîtrise technique, justesse des associations de saveurs, terroir et invention : Hugues Droz délivre une jolie leçon de cuisine. En salle, son épouse assure un accueil des plus charmants. Une valeur sûre.

→ Anguille fumée, pressé de légumes, vinaigrette balsamique et caprons. Variation autour du homard, consommé, fleur de caviar, quinoa et bisque. Sorbets de fruits et légumes, bricelet et chantilly à l'absinthe.

Menu 22 € (déj.), 38/83 € - Carte 55/80 €

8 pl. Cupillard - ✆ 03 81 68 00 06 - www.hotel-restaurant-lefrance.com - Fermé vacances de la Toussaint, 23 déc.-23 janv., mardi midi d'oct. à mai, dim. soir et lundi

Le France

FAMILIAL • FONCTIONNEL Cet établissement accueillant perpétue la tradition familiale : quatre générations s'y sont succédé depuis 1900 et l'adresse continue de vivre avec son temps. Espace bien-être avec des soins d'inspiration asiatique. Les prix sont mesurés.

12 chambres - †64/77 € ††69/120 € - ☕ 11 € - ½ P

8 pl. Cupillard - ✆ 03 81 68 00 06 - www.hotel-restaurant-lefrance.com - Fermé vacances de la Toussaint et 23 déc.-23 janv.

Le France - voir les restaurants ci-dessus

VILLERS-SUR-MER

⊠ 14640 (Calvados) - 2 702 hab. - Alt. 10 m - Carte régionale n° **17**-A3
Paris 208 km - Caen 35 km - Deauville 8 km - Le Havre 52 km
Carte Michelin 303-L4 - Guide Vert Michelin Normandie Vallée de la Seine

Domaine de Villers

BUSINESS • PERSONNALISÉ Une situation idéale entre Deauville et Cabourg, sur les hauteurs, avec vue sur la baie... Ce manoir récent abrite des chambres luxueuses, déclinant différents styles : contemporain, marin, Art déco... Et pour se détendre encore davantage, on fait un petit détour au spa !

17 chambres - †170/295 € ††170/295 € - ☕ 21 €

chemin du Belvédère - ✆ 02 31 81 80 80 - www.domainedevillers.fr - Fermé 24-26 déc.

VILLERVILLE - 14 (Calvados) → Voir Honfleur

VILLESÈQUE-DES-CORBIÈRES

⊠ 11360 (Aude) - 382 hab. - Alt. 140 m - Carte régionale n° **12**-B3
Paris 816 km - Carcassonne 61 km - Montpellier 121 km - Perpignan 47 km
Carte Michelin 344-I4

Place des Marchés

CUISINE MODERNE • RUSTIQUE Dans ce village perdu des Corbières, une maison jaune abrite le bistrot d'Éric Delalande, passionné de fraîcheur, de produits locaux... et de vins des Corbières ! L'assiette se laisse porter par les humeurs du chef et du marché. Rustique, convivial : bref, très recommandable.

Formule 14 € - Menu 24 € - Carte 32/70 €

8 av. de la Mairie - ✆ 04 68 70 09 13 - www.placedesmarches-restaurant.com/fr - Fermé 31 mars-12 avril, lundi et mardi d'oct. à mai

Château Haut Gléon

HISTORIQUE • PERSONNALISÉ Dans la vallée du paradis, ce domaine de 260 hectares (dont 35 de vignes) s'offre au visiteur comme un havre de paix absolu. Le château (fondé au 13e s.) et la demeure des vendangeurs abritent des chambres confortables. Profitez de la piscine et de la vue splendide sur les vignes !

5 chambres - 92/180 € 92/180 €

Gléon-le-Haut, 7 km au Nord-Est par D611 rte de Portel-des-Corbières - 04 68 48 85 95 - www.hautgleon.com

VILLETOUREIX

24600 (Dordogne) - 879 hab. - Alt. 67 m - Carte régionale n° **2**-C1

Paris 510 km - Angoulême 59 km - Bordeaux 119 km - Périgueux 35 km

Carte Michelin 329-D4 - Guide Vert Michelin Périgord Quercy

Le Moulin de Larcy

MAISON DE CAMPAGNE • PERSONNALISÉ Le murmure de la rivière, la végétation luxuriante, l'intérieur élégant mis en scène par un propriétaire décorateur : ce moulin du 18es. est un havre de paix ! Chambres avec salon et cuisine privée. Massages et table d'hôte sur demande.

3 chambres - 205/275 € 205/275 €

à 1,5 km - 05 53 91 23 89 - www.le-moulin-de-larcy.com

VILLEURBANNE - 69 (Rhône) → Voir Lyon

VILLIÉ-MORGON

69910 (Rhône) - 2 013 hab. - Alt. 262 m - Carte régionale n° **24**-E1

Paris 412 km - Lyon 54 km - Mâcon 23 km - Villefranche-sur-Saône 22 km

Carte Michelin 327-H3 - Guide Vert Michelin Lyon et sa région

à Morgon 2 km au Sud par D68 - 69910

Le Morgon

CUISINE TRADITIONNELLE • RUSTIQUE Gras double, sabodet à la Beaujolaise, blanquette de veau... Un repas ancré dans le terroir et la tradition : voilà ce que propose cette sympathique auberge à l'intérieur rustique, située au cœur de ce village viticole du Beaujolais. L'hiver, réservez donc une table au coin du feu !

Menu 21/47 € - Carte 27/47 €

- 04 74 69 16 03 - www.restaurantlemorgon.fr - Fermé 15 déc.-1er fév., fériés le soir, dim. soir, mardi soir et merc.

VILLIERS-LE-MAHIEU

78770 (Yvelines) - 695 hab. - Alt. 127 m - Carte régionale n° **10**-A2

Paris 53 km - Dreux 37 km - Évreux 63 km - Mantes-la-Jolie 18 km

Carte Michelin 311-G2

Château de Villiers-le-Mahieu

DEMEURE HISTORIQUE • PERSONNALISÉ Cerné de tours et de douves en eau, ce château du 17e s. (fondations du 13e s.) mêle charme du passé et goût du confort. Belles prestations dans les chambres (plusieurs annexes aux styles variés), spa de 700 m². Ambiance lounge au restaurant, cuisine actuelle.

93 chambres - 160/475 € 160/475 € - 21 €

r. du Centre - 01 34 87 44 25 - www.chateauvilliers.com - Fermé 23-30 déc.

VILLIERS-SUR-MARNE

52320 (Haute-Marne) - Carte régionale n° **7**-C3

Paris 282 km - Bar-sur-Aube 41 km - Chaumont 31 km - Neufchâteau 52 km

Carte Michelin 313-K4

La Source Bleue

CUISINE TRADITIONNELLE • COSY XX On peut aimer les retours aux sources sans pour autant rejeter son époque ! Ici, les gourmands savourent une cuisine traditionnelle revisitée. Les recettes sont bien maîtrisées et accompagnées d'un joli choix de vins. Aux beaux jours, profitez de la terrasse les pieds dans l'eau. Service prévenant.

Formule 22 € – Menu 34/52 € – Carte 53/63 €

2 km au Sud par D194 – ✆ 03 25 94 70 35 – www.hotelsourcebleue.com – Fermé vacances de la Toussaint et de Noël

La Source Bleue

MAISON DE CAMPAGNE • COSY Un joli moulin à eau du 18e s. dans un grand parc baigné par une rivière. Les chambres se trouvent dans une bâtisse plus récente ; décorées dans un esprit Art déco, spacieuses et bien tenues, elles jouissent d'une terrasse privative face à l'étang ou la verdure. En prime : deux belles roulottes pour les amateurs !

13 chambres – 80/140 € 80/140 € – 1 suite – 12 € – ½ P

2 km au Sud par D194 – ✆ 03 25 94 70 35 – www.hotelsourcebleue.com – Fermé vacances de la Toussaint et de Noël

La Source Bleue – voir les restaurants ci-dessus

VINAY – 51 (Marne) → Voir Épernay

VINCELOTTES – 89 (Yonne) → Voir Auxerre

VINCENNES – 94 (Val-de-Marne) → Voir Autour de Paris

VINCEY – 88 (Vosges) → Voir Charmes

VINON-SUR-VERDON

83560 (Var) – 4 199 hab. – Alt. 280 m – Carte régionale n° **21**-B2

Paris 775 km – Aix-en-Provence 47 km – Brignoles 52 km – Digne-les-Bains 70 km

Carte Michelin 340-J3

Relais des Gorges

CUISINE TRADITIONNELLE • RUSTIQUE X Une auberge bien nommée au cœur de ce village situé aux portes des gorges du Verdon. Avant de partir à la découverte de cette grandiose œuvre de la nature, on fait le plein de saveurs traditionnelles, dans un cadre rustique : terrine de foie gras maison, saumon mariné, soufflé au Grand Marnier, etc.

Menu 20/45 € – Carte 43/66 €

230 av. de la République – ✆ 04 92 78 80 24 – Fermé vacances de la Toussaint, 20-30 déc., dim. soir et sam.

VIOLAY

42780 (Loire) – 1 317 hab. – Alt. 830 m – Carte régionale n° **23**-A1

Paris 439 km – Clermont-Ferrand 119 km – Lyon 56 km – St-Etienne 69 km

Carte Michelin 327-F4

Loïc Picamal

CUISINE TRADITIONNELLE • AUBERGE XX Un jeune couple est aux commandes de ce restaurant convivial, installé dans un ancien bar-tabac. La cuisine est franche et soignée ; le chef a un penchant particulier pour le travail du poisson, qu'il se fait livrer en direct de Bretagne...

Menu 14 € (déj. en semaine), 27/52 € – Carte 37/62 €

8 rte de Boussuivre – ✆ 04 74 63 95 74 – www.loic-picamal.com – Fermé 20 fév.-2 mars, 1er-5 mai, 16 août-7 sept., lundi soir de sept. à mai, mardi soir, dim. soir et merc.

VIRE

✉ 14500 (Calvados) - 11 562 hab. - Alt. 275 m - Carte régionale n° **17**-B2
Paris 296 km - Caen 64 km - Flers 31 km - Laval 103 km
Carte Michelin 303-G6 - Guide Vert Michelin Normandie Cotentin

Hôtel de France

URBAIN • FONCTIONNEL Extérieurement, cette bâtisse en pierre du centre-ville a tout d'une maison de tradition. Néanmoins, les chambres, contemporaines et épurées, sont résolument dans l'air du temps. Idem au restaurant... où l'andouille de Vire est toutefois toujours à l'honneur !

20 chambres - 60/70 € 60/70 € - 9 € - ½ P

4 r. d'Aignaux - 02 31 68 00 35 - www.hoteldefrancevire.com
- Fermé 1er-15 août, 19 déc.-4 janv., lundi midi, vend. soir et dim. soir

rte de Flers 2,5 km par D524 - ✉ 14500 Vire

Manoir de la Pommeraie

CUISINE MODERNE • AUBERGE XX Non loin de Vire, une maison du 18e s. rustique en apparence, délicate en réalité, avec sa belle véranda qui ouvre sur le parc... Aux fourneaux œuvre un couple à la scène comme à la ville : Masako, japonaise et pâtissière, et Julien, formé comme elle dans plusieurs grandes maisons. Salée et sucrée, une bonne table !

Formule 25 € - Menu 32/55 € - Carte environ 45 €

L'Auvère - 02 31 68 07 71 - www.manoirdelapommeraie.com - Fermé 10-24 avril, 1er-18 août, 2-11 janv., dim. soir, merc. soir et lundi

VIRÉ

✉ 71260 (Saône-et-Loire) - 1 119 hab. - Alt. 225 m - Carte régionale n° **4**-C3
Paris 378 km - Cluny 23 km - Mâcon 20 km - Tournus 19 km
Carte Michelin 320-J11

Frédéric Carrion Cuisine Hôtel

CUISINE MODERNE • ROMANTIQUE XX Dans ce lieu très chic (drapés, lustres en verre de Murano), le chef travaille les beaux produits régionaux et revisite les saveurs traditionnelles, rehaussées ici et là de quelques notes acidulées. Le tout accompagné d'une riche sélection de vins, en particulier de viré-clessés.

Formule 30 € - Menu 65/96 € - Carte 82/91 €

pl. André-Lagrange - 03 85 33 10 72 - www.hotel-restaurant-carrion.fr
- Fermé 11-29 janv., mardi sauf le soir de mi-avril à fin sept., sam. midi et lundi

Frédéric Carrion Cuisine Hôtel

HISTORIQUE • PERSONNALISÉ Au cœur de ce village connu pour son vin blanc, une élégante bâtisse en pierre. Les neuf chambres et la grande junior suite charment par leur décoration pop ou baroque, parfois acidulée, toujours authentique. Agréable espace bien-être (hammam et jacuzzi) ; vélos à disposition.

10 chambres - 120/250 € 150/290 € - 20 €

18 pl. André-Lagrange - 03 85 33 10 72 - www.hotel-restaurant-carrion.fr
- Fermé 11-29 janv.

Frédéric Carrion Cuisine Hôtel - voir les restaurants ci-dessus

VIRY-CHÂTILLON - 91 (Essonne) → Voir Autour de Paris

VISCOS

✉ 65120 (Hautes-Pyrénées) - 43 hab. - Alt. 800 m - Carte régionale n° **15**-A3
Paris 880 km - Pau 75 km - Tarbes 50 km - Argelès-Gazost 17 km
Carte Michelin 342-L7

La Grange aux Marmottes

CUISINE TRADITIONNELLE • ÉLÉGANT La déco de ce restaurant est adorable ! Des objets en faïence, des fleurs séchées, du chêne massif ; pas de doute on est bien à la montagne. À table, la Gascogne épouse la Bigorre en noces gourmandes.

Formule 17 € - Menu 23/36 € - Carte 33/57 €

au village - 05 62 92 91 13 - www.grangeauxmarmottes.com - Fermé 11 nov.-20 déc.

La Grange aux Marmottes

FAMILIAL • PERSONNALISÉ À la recherche du calme absolu ? Vous serez séduit par cette ancienne grange en pierre située aux portes du parc national des Pyrénées. Les chambres sont douillettes et mignonnes : idéal pour dormir comme une marmotte en pays toy.

15 chambres - 80/180 € 80/180 € - 11 € - ½ P

au village - 05 62 92 88 88 - www.grangeauxmarmottes.com - Fermé 11 nov.-20 déc.

La Grange aux Marmottes - voir les restaurants ci-dessus

VITERBE

81220 (Tarn) - 354 hab. - Alt. 141 m - Carte régionale n° **15**-C2
Paris 693 km - Albi 62 km - Castelnaudary 52 km - Castres 31 km
Carte Michelin 338-D8

Les Marronniers

CUISINE TRADITIONNELLE • AUBERGE À la sortie du village, cette maison est idéale pour une étape gourmande. On est accueilli deux salles sobres et agréables, dont une en véranda, ou sur la terrasse ouvrant sur la campagne. On en oublierait presque de parler de la cuisine du chef, traditionnelle et bien ficelée !

Menu 20 € (semaine), 28 € /46 € - Carte 31/49 €

- 05 63 70 64 96 - www.lesmarronniers-viterbe.com - Fermé 4-10 sept., 2-18 nov., lundi soir d'oct. à mai, mardi soir et merc.

VITRAC

24200 (Dordogne) - 885 hab. - Alt. 150 m - Carte régionale n° **2**-D3
Paris 541 km - Brive-la-Gaillarde 64 km - Cahors 54 km - Périgueux 85 km
Carte Michelin 329-I7

La Treille

CUISINE TRADITIONNELLE • FAMILIAL En toute logique, la maison est recouverte de vigne vierge et une treille orne sa terrasse... mais le nom de l'établissement vient du nom des propriétaires, les Latreille ! On y apprécie une copieuse cuisine traditionnelle.

Menu 26/58 € - Carte 51/75 €

8 chambres - 54/57 € 54/78 € - 9 €

Le Port - 05 53 28 33 19 - www.latreille-perigord.com - Fermé de mi-nov. à mi-fév., lundi et mardi sauf le soir en saison

VITRAC

15220 (Cantal) - 269 hab. - Alt. 490 m - Carte régionale n° **3**-A3
Paris 561 km - Aurillac 26 km - Figeac 44 km - Rodez 77 km
Carte Michelin 330-B6

Auberge de la Tomette

FAMILIAL • COSY Une agréable auberge appréciée pour ses chambres claires et actuelles, son environnement fleuri, ses jeux pour enfants et son espace relaxation (sauna, hammam). Ne manquez pas la chambre dans une roulotte au fond du jardin, et la superbe cabane dans les arbres sur deux étages... avec jacuzzi !

17 chambres - 71/92 € 71/92 € - 11 € - ½ P

- 04 71 64 70 94 - www.auberge-la-tomette.com - Ouvert 1er avril-31 oct.

VITRÉ

✉ 35500 (Ille-et-Vilaine) - 17 177 hab. - Alt. 106 m - Carte régionale n° **5**-D2
▶ Paris 310 km - Châteaubriant 52 km - Fougères 30 km - Laval 38 km
Carte Michelin 309-O6 - Guide Vert Michelin Bretagne Sud

Le Petit Bouchon

CUISINE DU TERROIR • CONVIVIAL Non loin du centre historique, cette ancienne forge en pierre est devenue le rendez-vous des gastronomes locaux. On les comprend : le chef s'attache à travailler les bons produits du pays (volaille de Janzé, andouille du Coglais...), qu'il met en valeur dans des créations soignées et savoureuses. Le tout à prix doux !

Menu 23/33 € - Carte 33/62 €

37 r. du Petit-Rachapt - ✆ 02 99 74 52 01 - www.lepetitbouchon.com - Fermé 1er-14 août, le soir du lundi au jeudi, sam. midi et dim.

VITRY-LE-FRANÇOIS

✉ 51300 (Marne) - 13 065 hab. - Alt. 105 m - Carte régionale n° **7**-B2
▶ Paris 181 km - Bar-le-Duc 55 km - Châlons-en-Champagne 33 km - Verdun 96 km
Carte Michelin 306-J10 - Guide Vert Michelin Champagne Ardenne

La Poste

TRADITIONNEL • CLASSIQUE Bien situé face à la collégiale Notre-Dame (17e-18e s.), cet hôtel-restaurant traditionnel propose des chambres avant tout fonctionnelles et bien tenues. Une étape utile.

27 chambres - †70/92 € ††70/92 € - ☕ 9 € - ½ P

1 r. Ste-Croix - ✆ 03 26 74 02 65 - www.hotellaposte.com

VITTEL

✉ 88800 (Vosges) - 5 318 hab. - Alt. 347 m - Carte régionale n° **14**-B3
▶ Paris 342 km - Belfort 129 km - Chaumont 84 km - Épinal 43 km
Carte Michelin 314-D3

L'Appart

CUISINE MODERNE • COSY Dans ce restaurant, créé par deux autodidactes - aujourd'hui rompus au métier -, le terroir se décline au pluriel. Charcuteries corses et italiennes, foie gras du Sud-Ouest, sardines de Bretagne... On est embarqué dans un véritable tour de France de la gourmandise. Un conseil : réservez, vous ne serez pas seul !

Formule 26 € - Menu 29 € (déj. en semaine)/44 € - Carte 43/72 €

227 r. de Verdun - ✆ 03 29 08 42 91 (réservation conseillée) - www.vittelappart.com - Fermé 20-31 déc., mardi soir, merc. et sam.

à l'Ouest 3 km par r. de la Vauviard - ✉ 88800 Vittel

L'Orée du Bois

BUSINESS • FONCTIONNEL Face à l'hippodrome, dans un environnement arboré, un grand établissement conçu pour la détente : balnéothérapie, massages, hammam, soins esthétiques... et agréables chambres régulièrement rénovées, dont une vingtaine avec terrasse.

52 chambres ☕ - †86/108 € ††96/118 € - ½ P

- ✆ 03 29 08 88 88 - www.loreeduboisvittel.fr

VIUZ-EN-SALLAZ

✉ 74250 (Haute-Savoie) - 3 947 hab. - Alt. 670 m - Carte régionale n° **25**-F1
▶ Paris 561 km - Annecy 51 km - Genève 27 km - Lyon 170 km
Carte Michelin 328-L4 - Guide Vert Michelin Alpes du Nord

La Table d'Emilie

CUISINE CRÉATIVE • SIMPLE À la barre de ce sympathique restaurant, on trouve un jeune couple bien décidé à mettre en valeur de beaux produits - dos de cabillaud poêlé, légumes printaniers, chorizo ibérique... À déguster, par beau temps, sur l'agréable jardin-terrasse !

Formule 16 € - Menu 36/65 € - Carte 44/54 €

1069 av. de Savoie - 04 50 36 67 84 - www.latabledemilie.fr - Fermé dim. soir, merc. soir et lundi

VIUZ-LA-CHIÉSAZ

74540 (Haute-Savoie) - 1 285 hab. - Alt. 585 m - Carte régionale n° **25**-F1

Paris 575 km - Annecy 16 km - Bourg-en-Bresse 143 km - Chambéry 43 km

Carte Michelin 328-J6 - Guide Vert Michelin Alpes du Nord

Domaine du Chainet

MAISON DE CAMPAGNE • PERSONNALISÉ Au bout d'un petit chemin au cœur des prés et des bois - où l'on peut parfois apercevoir des biches -, cette grande ferme en pierre se révèle confortable et douillette. Piscine chauffée, espace bien-être et accueil charmant... Que demander de plus ?

5 chambres - 100/120 € 100/120 € - ½ P

1421 rte du Chainet - 06 60 67 18 92 - www.domaine-du-chainet.fr

VIVY

49680 (Maine-et-Loire) - 2 457 hab. - Alt. 29 m - Carte régionale n° **18**-C2

Paris 311 km - Angers 57 km - Nantes 144 km - Saumur 12 km

Carte Michelin 317-I5

Château de Nazé

DEMEURE HISTORIQUE • PERSONNALISÉ Voilà un bel exemple de néogothique angevin, entouré de douves soit, mais avec piscine. Le parc est très fleuri. Chambres spacieuses et petit-déjeuner maison.

5 chambres - 110 € 125 €

- 02 41 51 80 91 - www.chateau-de-naze.com

VOIRON

38500 (Isère) - 19 925 hab. - Alt. 290 m - Carte régionale n° **23**-C2

Paris 546 km - Chambéry 43 km - Grenoble 29 km - Lyon 85 km

Carte Michelin 333-G5 - Guide Vert Michelin Alpes du Nord

près échangeur A 48 3 km par sortie n° 10

Palladior

BUSINESS • CONTEMPORAIN À proximité de l'échangeur autoroutier, ce bâtiment récent - et cubique - abrite des chambres contemporaines, fonctionnelles et très bien équipées. Quant au restaurant, il met le terroir à l'honneur !

82 chambres - 79/95 € 79/119 € - 13 €

4 r. A.-Bouffard-Roupé - 04 76 06 47 47 - www.hotel-voiron.fr

VOISINS-LE-BRETONNEUX - 78 (Yvelines) → Voir Autour de Paris (St-Quentin-en-Yvelines)

VOLLORE-VILLE

63120 (Puy-de-Dôme) - 746 hab. - Alt. 540 m - Carte régionale n° **3**-C2

Paris 408 km - Clermont-Ferrand 58 km - Roanne 63 km - Vichy 52 km

Carte Michelin 326-I8

Château de Vollore

DEMEURE HISTORIQUE • HISTORIQUE Aujourd'hui propriété des descendants du général de La Fayette, le château offre une belle vue sur le Sancy. Salons en enfilade, plafond vertigineux et chambres avec lits à baldaquin… Les historiens, chevronnés ou non, apprécieront.

5 chambres - 150/230 € 200/300 €

- 04 73 53 71 06 - www.chateauvollore.com - Fermé déc. et janv.

VOLMUNSTER

57720 (Moselle) - 844 hab. - Alt. 250 m - Carte régionale n° **14**-D1
Paris 431 km - Metz 106 km - Strasbourg 87 km
Carte Michelin 307-P4

L'Argousier

CUISINE MODERNE • ÉLÉGANT XX Dans ce restaurant contemporain, la cuisine du jeune chef valorise joliment les produits de saison et se révèle très convaincante. Les cuissons et assaisonnements sont justes, les présentations soignées ; quant au service, il est aux petits oignons !

Menu 24 € (déj. en semaine), 32/80 € - Carte 53/63 €

1 r. de Sarreguemines - 03 87 96 28 99 (réservation conseillée) - www.largousier.fr - Fermé 15 fév.-1er mars, 15-30 août, lundi soir, mardi et merc.

VOLNAY - 21 (Côte-d'Or) → Voir Beaune

VONNAS

01540 (Ain) - 2 850 hab. - Alt. 200 m - Carte régionale n° **24**-E1
Paris 409 km - Bourg-en-Bresse 23 km - Lyon 69 km - Mâcon 21 km
Carte Michelin 328-C3 - Guide Vert Michelin Bourgogne

Georges Blanc

CUISINE CRÉATIVE • ÉLÉGANT XXXX Sa propre grand-mère avait été sacrée "meilleure cuisinière du monde" par Curnonsky. La tradition reste reine à Vonnas, sans être figée ! L'inspiration de Georges Blanc, c'est la Bresse et sa poularde, les sauces aux goûts profonds, les cuissons savantes qui révèlent les saveurs… Le plaisir de manger, tout simplement.

→ Éclaté de homard bleu au vin jaune au fil des saisons. Poularde de Bresse au champagne et foie gras. Grain de café vert d'Éthiopie glacé à la menthe poivrée.

Menu 170/270 € - Carte 195/325 €

Hôtel Georges Blanc, pl. du Marché - 04 74 50 90 90 (réservation conseillée) - www.georgesblanc.com - Fermé janv., merc. midi, jeudi midi, lundi et mardi

La Terrasse des Étangs

CUISINE TRADITIONNELLE • CONVIVIAL XX Au sein du château du 13e s. aux allures toscanes, situé entre deux étangs, le restaurant propose des jolis plats bien ficelés, à l'instar de ce mignon de veau mimosa à la ventrèche de thon, à déguster sous la véranda ou en terrasse.

Menu 26 € (déj. en semaine), 28/57 € - Carte 45/60 €

rte de Mezeriat - 04 74 42 42 42 - www.georgesblanc.com - Fermé dim. soir, lundi et mardi

L'Ancienne Auberge

CUISINE TRADITIONNELLE • AUBERGE X Un décor rétro à la mémoire de l'auberge - ex-fabrique de limonade - ouverte par la famille Blanc à la fin du 19e s. Photos d'époque, affiches anciennes, etc. Ici, on cultive une certaine nostalgie… qui sied à merveille aux spécialités bressannes proposées par le chef.

Formule 25 € - Menu 38 € (semaine), 42/60 € - Carte 47/71 €

pl. du Marché - 04 74 50 90 50 - www.georgesblanc.com - Fermé janv.

Georges Blanc

GRANDE LUXE • ÉLÉGANT D'une génération à l'autre, Vonnas est devenu... Blanc. Cette hôtellerie de grande tradition cultive l'art de recevoir à la bressane ! Luxe sans ostentation, bois, pierre, superbe parc : une image du terroir qui sait vivre avec son temps.

30 chambres - 195/800 € 195/800 € - 13 suites - 30 €

pl. du Marché - 04 74 50 90 90 - www.georgesblanc.com - Fermé janv.

Georges Blanc - voir les restaurants ci-dessus

Hôtel du Bois Blanc

HISTORIQUE • CONTEMPORAIN Au sein du domaine d'Epeyssoles, sur un parc de 16 ha, ce château du 13e s. aux allures toscanes abrite des chambres spacieuses avec terrasses privatives, réparties dans trois villas autour de la piscine chauffée. Joli restaurant (fresques et plafonds à la française) et terrasse. La nuit, le château s'illumine !

18 chambres - 120/250 € 120/250 € - 20 €

rte de Mezeriat - 04 74 42 42 42 - www.georgesblanc.com - Fermé dim. soir, lundi et mardi

La Terrasse des Étangs - voir les restaurants ci-dessus

Résidence des Saules

TRADITIONNEL • CLASSIQUE Cette très jolie maison fleurie de géraniums est un peu l'annexe de l'hôtel Georges Blanc situé de l'autre côté de la place. Au-dessus de la boutique, les chambres sont confortables et ont même un balcon tandis que celles situées à l'arrière, plus récentes, sont résolument contemporaines.

16 chambres - 99/280 € 99/280 € - 4 suites - 30 €

pl. du Marché - 04 74 50 90 90 - www.georgesblanc.com - Fermé janv.

VOSNE-ROMANEE

21700 (Côte-d'Or) - 380 hab. - Alt. 242 m - Carte régionale n° **4**-D1
Paris 330 km - Chalon-sur-Saône 49 km - Dijon 21 km - Dole 71 km
Carte Michelin 320-J7 - Guide Vert Michelin Bourgogne

Le Richebourg

BUSINESS • CONTEMPORAIN Au cœur de ce village aux crus si célèbres, un hôtel actuel avec des chambres spacieuses et sobres. Il y a même une salle de séminaire. Et côté détente, rien ne manque : institut de beauté, sauna, hammam... et caviste.

24 chambres - 189/349 € 189/349 € - 2 suites - 19 € - ½ P

ruelle du Pont - 03 80 61 59 59 - www.hotel-lerichebourg.com

VOUGEOT

21640 (Côte-d'Or) - 181 hab. - Alt. 239 m - Carte régionale n° **4**-D1
Paris 325 km - Beaune 27 km - Dijon 17 km
Carte Michelin 320-J6 - Guide Vert Michelin Bourgogne

à Gilly-lès-Cîteaux 2 km à l'Est par D251 - 21640 - 646 hab. - Alt. 227 m

Clos Prieur

CUISINE MODERNE • ÉLÉGANT Dans cette belle salle voûtée d'ogives - jadis cellier des moines (14e s.) -, on savoure une agréable cuisine gastronomique et l'on se sent vite d'humeur romantique et châtelaine.

Formule 28 € - Menu 32 € (déj. en semaine), 55/75 € - Carte 50/75 €

Hôtel Château de Gilly - 03 80 62 89 98 - www.restaurant-closprieur.fr - Fermé dim. soir et lundi de mi-nov. à début mars

Château de Gilly

DEMEURE HISTORIQUE • PERSONNALISÉ Dans cet ensemble cistercien des 14e-17e s. règne la plus grande quiétude ! On musarde dans le parc à la française, on fait quelques brasses, puis on paresse près du bassin à truites... avant de trouver un parfait repos dans l'une des chambres – charmantes et raffinées – ou même les somptueuses suites.

36 chambres – 130/495 € 130/495 € – 12 suites – 25 € – ½ P

2 pl. du Château – 03 80 62 89 98 – www.chateau-gilly.com

Clos Prieur – voir les restaurants ci-dessus

à Flagey-Échezeaux 3 km au Sud-Est par D971 et D109 – 21640 – 473 hab. – Alt. 227 m

Simon

CUISINE MODERNE XX Dans cette sympathique auberge au cœur du village, on mange bien et à bon compte. Le chef concocte une appétissante cuisine actuelle à base de beaux produits, qui ravit touristes et fidèles. On accompagne ces assiettes d'une belle sélection de vins de la côte de Nuits ; l'été, on profite de la jolie terrasse.

Menu 20 € (déj. en semaine), 32/85 € – Carte 55/80 €

12 pl. de l'Église – 03 80 62 88 10 (réservation conseillée) – www.restaurant-simon.fr – Fermé 2 semaines début janv., dim. soir et merc.

Losset

TRADITIONNEL • CLASSIQUE Face à l'église, un hôtel familial avec des chambres confortables, dans un style rustique et chaleureux (poutres, mobilier d'ébéniste, parquet...). Note gourmande : le petit-déjeuner est très copieux... avec des confitures faites maison !

7 chambres – 85/140 € 89/140 € – 12 €

10 pl. de l'Église – 03 80 62 46 00 – www.hotel-losset-bourgogne.com

VOUGY – 74 (Haute-Savoie) → Voir Bonneville

VOUHÉ

17700 (Charente-Maritime) – 655 hab. – Alt. 22 m – Carte régionale n° **20**-B2

Paris 444 km – Niort 35 km – Poitiers 111 km – La Rochelle 36 km

Carte Michelin 324-F3

La Villa Cécile

FAMILIAL • CONTEMPORAIN Dans un sympathique petit village, une belle maison d'architecte, respectueuse du style local et très cosy... Béton ciré, mobilier contemporain et grand confort dans les chambres, sauna et jacuzzi dans le jardin : idéal pour se ressourcer !

3 chambres – 105/145 € 105/145 €

1 r. de Puyravault – 05 46 00 61 50 – www.lavillacecile.fr

VOUILLÉ

86190 (Vienne) – 3 678 hab. – Alt. 118 m – Carte régionale n° **20**-C1

Paris 345 km – Châtellerault 46 km – Parthenay 34 km – Poitiers 18 km

Carte Michelin 322-G5

Le Cheval Blanc & Clovis

AUBERGE • FONCTIONNEL En bordure de rivière, un hôtel-restaurant où l'on est accueilli comme en famille ! On y dort dans des chambres fonctionnelles et bien tenues, réparties entre le Cheval Blanc et le Clovis, à une centaine de mètres de là. Cuisine de tradition au restaurant.

41 chambres – 63 € 63/68 € – 8,50 € – ½ P

3 r. de la Barre – 05 49 51 81 46 – www.cheval-blanc-clovis.fr – Fermé 19 fév.-5 mars et 25 juin-9 juil.

VOUVRAY

✉ 37210 (Indre-et-Loire) - 3 046 hab. - Alt. 55 m - Carte régionale n° **6**-B2
Paris 240 km - Amboise 18 km - Blois 51 km - Château-Renault 25 km
Carte Michelin 317-N4 - Guide Vert Michelin Châteaux de la Loire

Les Gueules Noires

CUISINE CLASSIQUE · RUSTIQUE La salle à manger troglodytique, la cheminée crépitante en hiver, la terrasse sous la glycine aux beaux jours : on succombe tout de suite au charme discret de cette adresse. Au menu : une cuisine franche et goûteuse, basée sur les produits du terroir tourangeau et accompagnée de bons vins de Loire. Réservation conseillée.

Carte 35/55 €

66 r. de la Vallée-Coquette, 2 km au Nord-Ouest par rte de Tours D952 et rte secondaire - ✆ 02 47 52 62 18 (réservation conseillée) - http://gueulenoirevouvray.wix.com/les-gueules-noires- - Fermé 22 déc.-15 janv., 2 semaines en sept., dim. soir, lundi et mardi

Domaine des Bidaudières

DEMEURE HISTORIQUE · PERSONNALISÉ Quel charme ! Ce beau castel en tuffeau du 18e s. domine la vallée de son parc somptueux. Toile de Jouy et meubles chinés dans les chambres, belle piscine et orangerie.

5 chambres - 110/150 € 110/170 €

r. de Peu-Morier, rte de Vernou-sur-Brenne, par D46 - ✆ 02 47 52 66 85 - www.bidaudieres.com

VRON

✉ 80120 (Somme) - 844 hab. - Alt. 15 m - Carte régionale n° **19**-A1
Paris 211 km - Abbeville 27 km - Amiens 76 km - Berck-sur-Mer 17 km
Carte Michelin 301-D6

L'Hostellerie du Clos du Moulin (N)

CUISINE MODERNE · AUBERGE Une affaire familiale : en cuisine, le fils des propriétaires réalise une sympathique cuisine au goût du jour sur des bases traditionnelles. Ses recettes dévoilent parfois une identité plus méditerranéenne, comme ces risottos qu'il affectionne - ce qui s'explique sans doute par son parcours professionnel sur la côte d'Azur.

Formule 29 € - Menu 37/42 € - Carte environ 42 €

3 r. du Mar.-Leclerc - ✆ 03 22 23 74 75 - www.leclosdumoulin.fr - Fermé 21 déc.-14 janv. et le midi d'oct. à mars

L'Hostellerie du Clos du Moulin

TRADITIONNEL · PERSONNALISÉ Un beau jardin, des poutres et des vieilles pierres... du cachet ! Les chambres de ce joli domaine allient douceur champêtre et confort moderne. Pour rêver, comme le faisait Montand, "de la Picardie et des roses qu'on trouve là-bas"...

13 chambres - 90/109 € 120/159 € - ½ P

3 r. du Mar.-Leclerc - ✆ 03 22 23 74 75 - www.leclosdumoulin.fr - Fermé 21-30 déc.

L'Hostellerie du Clos du Moulin - voir les restaurants ci-dessus

WAHLBACH - 68 (Haut-Rhin) → Voir Altkirch

WANGENBOURG

✉ 67710 (Bas-Rhin) - 1 365 hab. - Alt. 452 m - Carte régionale n° **1**-A1
Paris 469 km - Molsheim 30 km - Sarrebourg 36 km - Saverne 19 km
Carte Michelin 315-H5

Parc Hôtel

TRADITIONNEL • CLASSIQUE Cette grande maison vosgienne se dresse dans un parc peuplé d'arbres centenaires, propice à la sérénité... Accueil chaleureux, chambres spacieuses et confortables (modernes ou de style), complété d'un bel espace bien-être. Cuisine traditionnelle dans un cadre cossu.

28 chambres – 87/119 € 87/119 € – 12 € – ½ P

39 r. du Gén.-de-Gaulle – 03 88 87 31 72 – www.parchotelalsace.com – Ouvert 25 mars-5 nov.

LA WANTZENAU – 67 (Bas-Rhin) → Voir Strasbourg

WENGELSBACH – 67 (Bas-Rhin) → Voir Niedersteinbach

WESTHALTEN

68250 (Haut-Rhin) – 981 hab. – Alt. 240 m – Carte régionale n° **1**-A3
Paris 480 km – Colmar 22 km – Guebwiller 11 km – Mulhouse 28 km
Carte Michelin 315-H9

Auberge du Cheval Blanc

CUISINE CLASSIQUE • COSY XXX Une maison cossue, tenue par la même famille depuis 1785. Dans la belle salle contemporaine, le repas s'accompagne évidemment de beaux vins d'Alsace, dont ceux de la propriété. Chambres pour l'étape.

Formule 28 € – Menu 37 € (déj.), 47/89 € – Carte 60/90 €

11 chambres – 95/105 € 110/170 €

20 r. de Rouffach – 03 89 47 01 16 – www.auberge-chevalblc.com – Fermé 1er-27 janv., 3-15 juil., lundi et mardi

Auberge au Vieux Pressoir

CUISINE TRADITIONNELLE • RUSTIQUE XX Au cœur du vignoble, une véritable maison de vigneron qui nous plonge dans une belle atmosphère d'autrefois, attachante et pleine de cachet. Cuisine du terroir et dégustations de vins de la propriété.

Menu 30 € /82 € – Carte 30/77 €

Domaine de Bollenberg, à Bollenberg – 03 89 49 60 04 – www.bollenberg.com – Fermé 10-31 janv., dim. soir de fin-nov. à début-mars et lundi sauf fériés

WETTOLSHEIM – 68 (Haut-Rhin) → Voir Colmar

WEYERSHEIM

67720 (Bas-Rhin) – 3 353 hab. – Alt. 140 m – Carte régionale n° **1**-B1
Paris 486 km – Haguenau 18 km – Saverne 49 km – Strasbourg 21 km
Carte Michelin 315-K4

Auberge du Pont de la Zorn

CUISINE ALSACIENNE • AUBERGE X Reproductions de dessins signés Hansi, objets anciens, spécialités régionales et tartes flambées servies le soir : un concentré d'Alsace ! Bucolique terrasse en bord de Zorn.

Menu 30/41 € – Carte 32/45 €

2 r. de la République – 03 88 51 36 87 (réservation conseillée) – www.pontdelazorn.fr – Fermé 15 fév.-1er mars, 16 août-1er sept., merc. soir et le midi sauf dim.

WIERRE-EFFROY

62720 (Pas-de-Calais) – 775 hab. – Alt. 28 m – Carte régionale n° **16**-A2
Paris 262 km – Abbeville 88 km – Boulogne-sur-Mer 14 km – Calais 29 km
Carte Michelin 301-D3

La Ferme du Vert

CUISINE MODERNE • AUBERGE Dans le cadre de cette ancienne ferme du 19e s., sous l'égide de trois frères, une fromagerie artisanale en activité (vente à emporter) et cet agréable restaurant où l'on déguste des petits plats traditionnels soignés et savoureux ! Le tout à petits prix.

Formule 20 € - Menu 30/58 € - Carte 38/54 €

Hôtel La Ferme du Vert, r. du Vert - 03 21 87 67 00 - www.fermeduvert.com - Fermé janv., sam. midi, lundi midi et dim.

La Ferme du Vert

AUBERGE • PERSONNALISÉ Le calme et la campagne réunis dans ce corps de ferme typiquement boulonnais (1809). Les chambres sont décorées avec goût et simplicité : idéal pour un séjour au vert. À noter pour les amateurs : on y vend la production de la fromagerie voisine !

15 chambres - 79/115 € 79/135 € - 1 suite - 14 € - ½ P

r. du Vert - 03 21 87 67 00 - www.fermeduvert.com - Fermé janv.

La Ferme du Vert - voir les restaurants ci-dessus

WIHR-AU-VAL - 68 (Haut-Rhin) → Voir Munster

WILLGOTTHEIM

67370 (Bas-Rhin) - 1 085 hab. - Alt. 240 m - Carte régionale n° **1**-A1

Paris 463 km - Metz 138 km - Saarbrücken 94 km - Strasbourg 33 km

Carte Michelin 315-J4

La Cour de Lise

CUISINE CLASSIQUE • ROMANTIQUE Une auberge devenue ferme, puis retournée à ses premières amours. Dans une salle coquette, on savoure une cuisine plutôt classique : soufflé aux champignons et beurre blanc, foie gras d'oie, mignon de veau aux girolles... Pour l'étape, des chambres tout en pierre apparente et mobilier chiné, romantiques et accueillantes.

Menu 22 € (déj. en semaine), 38/65 € - Carte 41/58 €

5 chambres - 80/95 € 125/135 €

26 r. Principale - 03 88 64 93 36 (réservation conseillée) - www.lacourdelise.fr - Fermé 1 semaine en janv., 1 semaine en sept., lundi et mardi

WIMEREUX

62930 (Pas-de-Calais) - 7 161 hab. - Alt. 7 m - Carte régionale n° **16**-A2

Paris 269 km - Arras 125 km - Boulogne-sur-Mer 7 km - Calais 33 km

Carte Michelin 301-C3

La Liégeoise (Alain et Benjamin Delpierre)

CUISINE MODERNE • TENDANCE En étage, sur la digue : impossible d'échapper au panorama sur la mer ! Le nouveau décor, dans un style vintage, se révèle séduisant, de même que la saisissante cuisine de la mer réalisée à quatre mains par le père et le fils : huîtres chaudes, turbot grillé ou poché, bar à la plancha, etc.

→ Poireau farci aux huîtres, vinaigrette et purée de betterave à l'huile d'amande. Filets de sole, carottes au citron vert, beurre meunière à la coriandre. Pannacotta chocolat, armagnac et prune.

Menu 49/82 € - Carte 65/85 €

digue de mer - 03 21 32 41 01 - www.atlantic-delpierre.com - Fermé 22 janv.-22 fév., mardi midi, merc. midi, jeudi midi, vend. midi, dim. soir et lundi

Atlantic Hôtel

TRADITIONNEL • CONTEMPORAIN Sur la digue du front de mer, cet hôtel toise la Manche ! On observe les flots à loisir depuis toutes les chambres, qu'elles soient romantiques, de style balnéaire chic ou très contemporaines. Cuisine de brasserie, en toute simplicité, à l'Aloze.

18 chambres - 168/270 € 168/270 € - 16 €

- 03 21 32 41 01 - www.atlantic-delpierre.com - Fermé 22 janv.-22 fév.

La Liégeoise - voir les restaurants ci-dessus

Saint-Jean

TRADITIONNEL • COSY À 300 m de la digue et de sa promenade, cet hôtel permet de prendre un grand bol d'air au bord de la mer ! Les chambres sont fonctionnelles et de bon confort. Petit espace détente (sauna, jacuzzi) et bar cosy où il fait bon se reposer.

24 chambres – 75/115 € 75/115 € – 12 €

1 r. Georges-Romain – 03 21 83 57 40 – www.hotel-saint-jean.fr

WINGEN-SUR-MODER

67290 (Bas-Rhin) – 1 562 hab. – Alt. 220 m – Carte régionale n° **1**-A1
Paris 443 km – Metz 118 km – Strasbourg 59 km
Carte Michelin 315-I3

Villa René Lalique

CUISINE CRÉATIVE • LUXE Parti de l'Arnsbourg, son fief historique, Jean-Georges Klein est venu déployer son talent dans le cadre hyper-luxueux de cette villa bâtie par l'industriel René Lalique en 1920. Les saisissantes assiettes qu'il y propose, tout en contrastes et en subtilité, montrent qu'il n'a rien perdu en chemin !

→ Émulsion de pomme de terre et truffe. Porcelet croustillant à l'aspérule. Opéra revisité façon Lalique, glace à l'orge torréfié.

Menu 85 € (déj. en semaine), 98/190 € – Carte 105/240 €

4 chambres – 360/890 € 360/1320 € – 2 suites – 25 €

18 r. Bellevue – 03 88 71 98 98 – www.villarenelalique.com – Fermé 4-19 juil., 30 déc.-25 janv., sam. midi, mardi et merc.

Château Hochberg

CUISINE MODERNE • CHIC On profite ici de produits frais travaillés au fil des saisons, dans le respect des saveurs : canette braisée en aiguillette, chou-rave et poivrade au citron vert ; tartelette "bourdaloue" aux abricots et amandes... C'est simple et sans chichis, et le rapport qualité-prix est excellent. Jolie terrasse pour les soirées estivales...

Menu 32 € – Carte 34/47 €

2 r. de Château-Teutsch – 03 88 00 67 67 – www.chateauhochberg.com

Château Hochberg

DEMEURE HISTORIQUE • DESIGN Situé en face du musée Lalique, cette splendide demeure du 19e s. entièrement rénovée offre le confort de chambres raffinées, dont les plus personnalisées se déclinent en harmonies de couleurs, Ombelle, Venise et Dahlia. Un endroit à part.

15 chambres – 140/320 € 140/320 € – 18 €

2 r. de Château-Teutsch – 03 88 00 67 67 – www.chateauhochberg.com

Château Hochberg – voir les restaurants ci-dessus

WINKEL

68480 (Haut-Rhin) – 331 hab. – Alt. 575 m – Carte régionale n° **1**-A3
Paris 466 km – Altkirch 23 km – Basel 35 km – Belfort 50 km
Carte Michelin 315-H12

Au Cerf

CUISINE TRADITIONNELLE • FAMILIAL À deux pas de la source de l'Ill, cette auberge accueillante prend des allures de winstub cossue. On y savoure une agréable cuisine traditionnelle ; pour l'étape, les chambres, situées sous les combles, sont plaisantes.

Formule 15 € – Carte 39/72 €

7 chambres – 60/80 € 60/80 € – 8 €

3 r. Principale – 03 89 40 85 05 – www.aucerf.chez-alice.fr – Fermé 8-25 fév., dim. soir, lundi et jeudi

WISSEMBOURG

✉ 67160 (Bas-Rhin) – 7 757 hab. – Alt. 157 m – Carte régionale n° **1**-B1

▶ Paris 512 km – Haguenau 33 km – Karlsruhe 42 km – Sarreguemines 80 km

Carte Michelin 315-L2

Au Moulin de la Walk

CUISINE TRADITIONNELLE • COSY XX Dans ce restaurant élégant, avec ses grandes baies vitrées et son poêle en faïence, on n'hésite pas à décliner le foie gras sous toutes ses formes et à honorer la cuisine traditionnelle (côte de veau et spaetzle, saumon, käseknepfle et beurre blanc, etc.). Bon appétit !

Menu 38/56 € – Carte 40/65 €

Plan : A1-s – *Hôtel Au Moulin de la Walk, 2 r. de la Walk – ✆ 03 88 94 06 44 – www.moulin-walk.com – Fermé 2-26 janvier et 3-17 juil., vend. midi, dim. soir et lundi*

Au Pont M

CUISINE MODERNE • CONTEMPORAIN XX Au cœur du quartier de la "Petite Venise", l'ancienne boucherie du coin est devenue un point de rendez-vous pour profiter des trouvailles du chef, un véritable amoureux du produit. Le nec plus ultra ? Prendre son repas sur la terrasse au bord de la Lauter, ou dans la salle avec vue sur l'église St-Pierre-et-St-Paul...

Formule 15 € – Menu 29/55 € – Carte 43/53 €

Plan : B2-e – *3 r. de la République – ✆ 03 88 63 56 68 – www.aupontm.com – Fermé dim. soir, lundi et mardi*

Hostellerie du Cygne

CUISINE TRADITIONNELLE • CLASSIQUE XX Une salle classique largement boisée d'un côté, une salle de style alsacien Renaissance de l'autre, et dans les deux cas, une savoureuse cuisine traditionnelle. Une chose est sûre, le chant du cygne n'est pas près de se faire entendre... et ce ne sont pas les gourmands qui s'en plaindront ! Quelques chambres confortables pour l'étape.

Formule 15 € – Menu 35/70 € – Carte 41/72 €

17 chambres – †60/200 € ††70/220 € – ☕ 12 €

Plan : B1-a – *3 r. du Sel – ✆ 03 88 94 00 16 – www.hostellerie-cygne.com – Fermé 15 fév.-2 mars, 3-16 juil., 6-19 nov., jeudi midi, dim. soir et merc.*

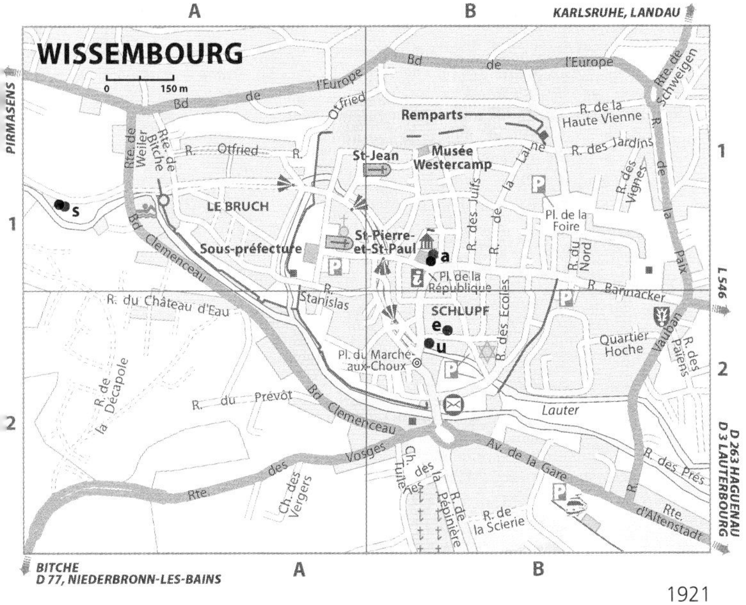

L'Ange

CUISINE TRADITIONNELLE • RUSTIQUE XX Spécialité de cette maison de 1617 ? Les recettes du terroir local... revues et corrigées à la mode contemporaine ! En revanche, le cadre joue la carte de la tradition, entre esprit alsacien et classicisme.

Menu 32/45 € - Carte 39/54 €

Plan : B2-u - *2 r. de la République - 03 88 94 12 11 - www.restaurant-ange.com - Fermé dim. soir, lundi et mardi*

Au Moulin de la Walk

TRADITIONNEL • FONCTIONNEL Idyllique et champêtre, bordé par la rivière : tel est cet hôtel-restaurant traditionnel, tenu par la même famille depuis... 1949 ! Les chambres, fraîches et très confortables, sont réparties sur deux bâtiments, dont l'un est situé sur les vestiges d'un ancien moulin.

25 chambres - 72/87 € 81/87 € - 11 € - ½ P

Plan : A1-s - *2 r. de la Walk - 03 88 94 06 44 - www.moulin-walk.com - Fermé 2-26 janv. et 3-17 juil.*

Au Moulin de la Walk - voir les restaurants ci-dessus

à Altenstadt 2 km au Sud par D3 - 67160

Rôtisserie Belle Vue

CUISINE TRADITIONNELLE • CLASSIQUE XX Dans cette grande maison familiale, on est reçu chaleureusement et on savoure une cuisine traditionnelle dans une atmosphère cossue. Plats du jour servis au bar-winstub.

Menu 30/68 € - Carte 32/70 €

1 r. Principale - 03 88 94 02 30 - www.bellevue-wiss.fr - Fermé 20 fév.-9 mars, 7-31 août, dim. soir, lundi et mardi

WISSOUS - 91 (Essonne) → Voir Autour de Paris

XONRUPT-LONGEMER - 88 (Vosges) → Voir Gérardmer

YERVILLE

76760 (Seine-Maritime) - 2 414 hab. - Alt. 156 m - Carte régionale n° **17**-C1

Paris 164 km - Dieppe 44 km - Fécamp 48 km - Le Havre 69 km

Carte Michelin 304-F4

Hostellerie des Voyageurs

CUISINE TRADITIONNELLE • RUSTIQUE XX Une authentique hostellerie de tradition, que cette belle maison à colombages, ancien relais de diligences fondé en 1875. Dans un cadre rustique et chaleureux, le chef concocte une cuisine traditionnelle goûteuse et généreuse : sauté de veau aux petits légumes, tourte normande... Un vrai travail de cuisinier !

Menu 18 € (déj. en semaine), 29/41 € - Carte 49/56 €

3 r. Jacques-Ferny - 02 35 96 82 55 - www.hostellerie-voyageurs.com

YEU (ÎLE D') - 85 (Vendée) → Voir Île d'Yeu

YGRANDE

03160 (Allier) - 777 hab. - Alt. 333 m - Carte régionale n° **3**-B1

Paris 310 km - Clermont-Ferrand 111 km - Moulins 34 km - Montluçon 41 km

Carte Michelin 326-E3 - Guide Vert Michelin Auvergne

Château d'Ygrande

CUISINE MODERNE • ÉLÉGANT XX Du style ! Directoire (1854) pour être exact et... vraiment élégant. Le chef réalise une cuisine dans l'air du temps, valorisant le terroir. Pour l'anecdote : les légumes proviennent du potager du château. Quelques instants de goût dans un monde qui s'égare.

Formule 16 € - Menu 38/84 € - Carte 40/67 €

Le Mont, 4 km à l'Est par D192 et rte secondaire - 04 70 66 33 11 - www.chateauygrande.fr - Fermé janv., fév., dim. soir, mardi midi et lundi sauf juil.-août

Château d'Ygrande

DEMEURE HISTORIQUE • PERSONNALISÉ Charme et élégance règnent dans ce château de 1854. Des séjours à thème sont proposés (équitation, randonnée) et le panorama sur la campagne est exquis. Les poètes apprécieront les belles hauteurs sous plafond, propices aux pensées en apesanteur...

19 chambres – 159/305 € 159/305 € – 16 € – ½ P

– 04 70 66 33 11 – www.chateauygrande.fr – Fermé janv., fév., dim. soir, mardi midi et lundi sauf juil.-août

Château d'Ygrande – voir les restaurants ci-dessus

YSSINGEAUX

43200 (Haute-Loire) – 7 101 hab. – Alt. 829 m – Carte régionale n° **3**-C3

Paris 565 km – Ambert 73 km – Privas 98 km – Le Puy-en-Velay 27 km

Carte Michelin 331-G3 – Guide Vert Michelin Lyon Drôme Ardèche

Le Bourbon

CUISINE DU TERROIR • TRADITIONNEL XX Passé par de belles maisons – dont celle de Michel Chabran à Pont-de-l'Isère –, Rémy Michelas propose ici une carte alléchante, qui fait la part belle aux producteurs auvergnats et célèbre le gibier en saison. Deux univers au choix (gastronomique, ou bistrot le midi) et un seul mot d'ordre : le plaisir !

Formule 15 € – Menu 18 € (déj. en semaine), 24/63 € – Carte 48/71 €

11 chambres – 74/89 € 74/89 € – 12 €

5 pl. de la Victoire – 04 71 59 06 54 – www.le-bourbon.com – Fermé 1 semaine en juin, en oct., en déc. et en janv., mardi midi de mai à sept., sam. midi d'oct. à avril, dim. soir et lundi

YVETOT

76190 (Seine-Maritime) – 11 644 hab. – Alt. 147 m – Carte régionale n° **17**-C1

Paris 171 km – Dieppe 57 km – Fécamp 35 km – Le Havre 58 km

Carte Michelin 304-E4 – Guide Vert Michelin Normandie Vallée de la Seine

Le Manoir aux Vaches

TRADITIONNEL • PERSONNALISÉ Normande, Limousine, Charolaise... De belles chambres avec une mezzanine, toutes décorées avec originalité sur le thème de la vache ! Un soin particulier est apporté aux détails, tant au niveau de la décoration que de l'entretien.

9 chambres – 96 € 106/116 € – 12 €

8 r. Felix-Faure – 02 35 95 65 65 – www.lemanoirauxvaches.com

L'OH

FAMILIAL • PERSONNALISÉ En plein centre-ville, un grand bâtiment traditionnel et engageant abrite cet hôtel familial. On s'y sent bien : les chambres, traditionnelles ou contemporaines, sont bien tenues et toutes personnalisées.

23 chambres – 65/72 € 72/84 € – 12 € – ½ P

2 r. Guy-de-Maupassant – 02 35 95 16 77 – www.hotel-du-havre.fr

au Sud-Est 5 km sur D5 – 76190 Yvetot :

Auberge du Val au Cesne

CUISINE TRADITIONNELLE • RUSTIQUE X En pleine campagne, cette ravissante auberge normande du 17e s. propose, dans six petites salles rustiques (meubles anciens, cheminées, etc.), une bonne cuisine traditionnelle inspirée par les produits frais : terrine maison, canette à l'orange, turbot à l'oseille... Les chambres, tendues de tissus à motifs anciens, sont douillettes à souhait.

Menu 29/60 € – Carte 46/64 €

5 chambres – 90 € 90 € – 11 €

140 Route Départementale 5 – 02 35 56 63 06 – www.valaucesne.fr

à Motteville 9 km à l'Est par D929 et D20 – ✉ 76970 – 787 hab. – Alt. 160 m

Auberge du Bois St-Jacques

CUISINE TRADITIONNELLE • RUSTIQUE XX Ancien buffet de gare (1850), ce restaurant traditionnel est une vraie affaire de famille : le patron œuvre aux fourneaux avec un fils (spécialisé dans les macarons !) tandis que son épouse assure le service avec un deuxième, sommelier et... peintre à ses heures, comme les œuvres exposées l'attestent.

Formule 13 € – Menu 19 € (semaine), 28/50 € – Carte 47/57 €

à la gare – ✆ 02 35 96 83 11 – www.aubergebsj.fr – Fermé 1 semaine en avril, 3 semaines en août, dim. soir, lundi soir et mardi

YVOIRE

✉ 74140 (Haute-Savoie) – 884 hab. – Alt. 380 m – Carte régionale n° **25**-F1

Paris 563 km – Annecy 71 km – Bonneville 41 km – Genève 26 km

Carte Michelin 328-K2 – Guide Vert Michelin Alpes du Nord

Les Jardins du Léman

CUISINE MODERNE • ÉLÉGANT XX Au cœur de la cité médiévale, cette vénérable auberge propose des plats gourmands et joliment travaillés, comme cette ballotine de lapin au lard fumé parfumé au Savagnin et farcie au foie gras de canard. Le plus ? Une somptueuse terrasse panoramique sur le lac Léman, où vous vous attablerez les soirs d'été.

Menu 24 € (semaine), 32/46 € – Carte 39/73 €

Grande-Rue – ✆ 04 50 72 80 32 – www.lesjardinsduleman.com – Fermé 20 nov.-3 fév. et merc. hors saison

Vieille Porte

CUISINE TRADITIONNELLE • RUSTIQUE XX Maison du 14e s. appartenant à la même famille depuis 1587. Tomettes, poutres et pierres, terrasse à l'ombre des remparts : rien ne manque, et tout cela accompagne à merveille la sympathique cuisine traditionnelle et régionale du chef. Belle sélection de bordeaux à prix raisonnable.

Menu 29/42 € – Carte 45/65 €

2 pl. de la Mairie – ✆ 04 50 72 80 14 – www.la-vieille-porte.com – Fermé 11 nov.-10 fév. et lundi sauf juil.-août

Le Pré de la Cure

CUISINE TRADITIONNELLE • CONVIVIAL XX Une plongée dans le Léman ! Évidemment, il y a la vue, superbe, mais pas seulement... Le chef réalise une cuisine axée sur les produits de la pêche du lac et concocte des petits plats régionaux bien gourmands – tel ce filet de féra à la chair tendre et moelleuse et ses tagliatelles de carotte. Un régal !

Menu 20 € (semaine), 30/55 € – Carte 38/58 €

Hôtel Le Pré de la Cure, pl. de la Mairie – ✆ 04 50 72 83 58 – www.pre-delacure.com – Ouvert 9 mars-29 oct.

Villa Cécile

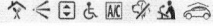

FAMILIAL • COSY Non loin de la cité médiévale, une villa agréable et cossue. Piscines, jacuzzi, sauna, hammam et sympathique restaurant : détente assurée et... repos mérité dans l'une des très confortables chambres (lits king size) d'esprit marin. Merci Cécile !

15 chambres – †160/220 € ††160/220 € – ☕ 19 € – ½ P

156 rte de Messery, par D25 – ✆ 04 50 72 27 40 – www.villacecile.com – Fermé 2 janv.-6 fév.

Le Jules Verne

TRADITIONNEL • CONTEMPORAIN Vue imparable sur le lac Léman, terrasse ou balcon, raffinement (parquet, mobilier en bois), équipements et confort au top : les chambres de cet hôtel élégant ne manquent pas d'atouts. Au restaurant, filet de perche et féra sont à l'honneur !

17 chambres ☕ – †160/190 € ††160/350 € – ½ P

r. du Port (au port de plaisance) – ✆ 04 50 72 80 08 – www.hoteljulesverne.com

Le Pré de la Cure

TRADITIONNEL · CONTEMPORAIN À l'entrée de la cité médiévale, cet établissement familial dispose de chambres spacieuses, contemporaines et épurées ; toutes ont vue sur le lac ou le jardin. Et pour se détendre on profite de la piscine couverte, du jacuzzi, du sauna ou du hammam !

25 chambres - 78/125 € 78/125 € - 12 € - ½ P

pl. de la Mairie - 04 50 72 83 58 - www.pre-delacure.com - Ouvert 9 mars-29 oct.

Le Pré de la Cure - voir les restaurants ci-dessus

YVOY-LE-MARRON

41600 (Loir-et-Cher) - 607 hab. - Alt. 129 m - Carte régionale n° **6**-C2

Paris 163 km - Blois 45 km - La Ferté-St-Aubin 13 km - Orléans 35 km

Carte Michelin 318-I6

Auberge du Cheval Blanc

CUISINE TRADITIONNELLE · AUBERGE XX Après une balade en forêt solognote, installez-vous à la table du Cheval Blanc... Tomettes, poutres, trophées de chasse et bois sombre : tout un idéal champêtre ressuscité ! Terrine de foie gras de canard, fricassée de rognons de veau à la berrichonne : le patron rend hommage à la tradition avec un soin tout particulier.

Menu 31/53 € - Carte 43/94 €

1 pl. du Cheval-Blanc - 02 54 94 00 00 - www.aubergeduchevalblanc.com - Fermé 27 fév.-16 mars,18 déc.-11 janv., mardi midi, merc. midi et lundi

Auberge du Cheval Blanc

AUBERGE · TRADITIONNEL Au cœur de ce village solognot, un hôtel-restaurant à l'architecture locale, fort bien tenu. Les chambres sont chaleureuses et confortables, dans une veine classique soignée. Une bonne adresse.

15 chambres - 78/80 € 100/105 € - 14 € - ½ P

1 pl. du Cheval-Blanc - 02 54 94 00 00 - www.aubergeduchevalblanc.com - Fermé 27 fév.-16 mars et 18 déc.-11 janv.

Auberge du Cheval Blanc - voir les restaurants ci-dessus

YZEURES-SUR-CREUSE

37290 (Indre-et-Loire) - 1 436 hab. - Alt. 74 m - Carte régionale n° **6**-B3

Paris 318 km - Châteauroux 72 km - Châtellerault 28 km - Poitiers 65 km

Carte Michelin 317-O8

Relais de La Mothe

TRADITIONNELLE · COSY XX Dans cette maison d'angle, en face du monument aux morts, on est accueilli dans une ambiance familiale et chaleureuse. En cuisine, tout est fait maison, au goût du jour, sous la direction d'un chef au solide parcours professionnel.

Formule 14 € - Menu 27/37 € - Carte 29/46 €

1 pl. du 11-Novembre - 02 47 91 49 00 - www.relaisdelamothe.com - Fermé 1er-25 janv. et dim. soir

Relais de La Mothe

TRADITIONNEL · PERSONNALISÉ Nouveau départ pour ce relais de poste de 1880 joliment rénové. Les chambres sont spacieuses et confortables, et il fait bon se ressourcer à l'espace détente ou prendre un verre dans le salon au coin de la cheminée. Idéal pour un séjour au vert.

22 chambres - 74/103 € 78/110 € - 10 € - ½ P

1 pl. du 11-Novembre - 02 47 91 49 00 - www.relaisdelamothe.com - Fermé 1er-25 janv.

Relais de La Mothe - voir les restaurants ci-dessus

ZELLENBERG - 68 (Haut-Rhin) ➜ Voir Riquewihr

ZIMMERBACH

✉ 68230 (Haut-Rhin) - 877 hab. - Alt. 300 m - Carte régionale n° **1**-C2
▶ Paris 491 km - Belfort 78 km - Colmar 14 km - Épinal 137 km
Carte Michelin 315-H8

Au Raisin d'Or

CUISINE TRADITIONNELLE • CONVIVIAL Dans cette sympathique auberge "à la bonne franquette", les habitués sont nombreux et ne tarissent pas d'éloge sur les propositions du jour et les classiques du chef (tête de veau, quenelles de foie, bœuf gros sel, etc.). Généreux et délicieux !

Formule 15 € - Menu 26/42 € - Carte 29/50 €

1 r. de l'Église - ✆ 03 89 71 05 69 - www.raisindor.fr - Fermé mardi

ZIMMERSHEIM - 68 (Haut-Rhin) ➜ Voir Mulhouse

ZONZA - 2A (Corse-du-Sud) ➜ Voir Corse

ZOUFFTGEN

✉ 57330 (Moselle) - 1 006 hab. - Alt. 250 m - Carte régionale n° **14**-B1
▶ Paris 341 km - Luxembourg 20 km - Metz 48 km - Thionville 18 km
Carte Michelin 307-H2

La Lorraine (Marcel et Lucien Keff)

CUISINE MODERNE • ÉLÉGANT Agréable moment dans cette belle maison bourgeoise : sous la grande véranda aux airs de jardin d'hiver, dont le sol vitré laisse apparaître la cave à vin, on apprécie une cuisine fine et joliment ciselée, qui tire notamment le meilleur du terroir lorrain. Petits plats du terroir dans l'annexe, La Stuff.

➜ Fricassée d'escargots de Cleurie, coulis de persil et émulsion de pommes de terre ratte. Cochon de lait du terroir rôti, peau croustillante, tarte de pommes de terre au lard. Œuf au chocolat noir et sabayon au rhum.

Menu 45/110 € - Carte 90/110 €

3 chambres - †120 € ††180/250 € - ☕ 21 €

80 r. Principale - ✆ 03 82 83 40 46 - www.la-lorraine.fr - Fermé lundi et mardi

J. Frumm/hemis.fr

PRINCIPAUTÉ **DE MONACO**

MONACO

36 950 hab. - Carte régionale n° **22**-E2 - **Indice téléphonique : 00 377**
Carte Michelin 341-F5 et 115-37 - Guide Vert Michelin Côte d'Azur

MONACO Capitale de la Principauté

✉ 98000 (Monaco) - 36 950 hab. - Alt. 163 m
▶ Paris 949 km - Menton 11 km - Nice 23 km - San Remo 41 km

à Fontvieille

Beefbar

GRILLADES • TENDANCE XX Un "bar à viandes"... de bœuf (en provenance d'Europe, d'Amérique du Sud ou des États-Unis) réservé aux carnivores. Cadre tendance, très prisé de la clientèle locale, tout comme les belles vitrines de maturation des viandes !

Carte 55/150 €

Plan : E3-a - *42 quai Jean-Charles-Rey - ☎ 97 77 09 29 - www.beefbar.com*

MONTE-CARLO Centre Mondain de la Principauté

(Monaco) - 15 507 hab. - Carte régionale n° **22**-E2
▶ Paris 947 km - Menton 9 km - Monaco 2 km - Nice 20 km
Carte Michelin 341-F5

✿✿✿ Le Louis XV - Alain Ducasse à l'Hôtel de Paris

CUISINE MÉDITERRANÉENNE • LUXE XXXXX C'est ici qu'Alain Ducasse a forgé sa signature, imposant son nouveau classicisme culinaire, fait d'exigence et de maestria, toujours guidé par la vérité du produit. Par instants, la Méditerranée fait une apparition dans l'assiette ; à chaque détour, la simplicité devient une émotion et nous submerge.

→ Gamberonis de San Remo, fine gelée de poissons de roche et caviar. Loup de Méditerranée au fenouil et aux agrumes. Baba au rhum de votre choix, crème mi-montée.

Menu 240/330 € - Carte 220/330 €

Plan : E1-y - *Hôtel de Paris, pl. du Casino - ☎ 98 06 88 64 - www.alain-ducasse.com - Fermé 14 fév.-1er mars, 28 nov.-27 déc., merc. sauf juil.-août, mardi et le midi*

✿✿ Joël Robuchon Monte-Carlo

CUISINE MODERNE • ÉLÉGANT XXXX La luxueuse salle à colonnades offre une vue sur les cuisines. À la carte, associations de saveurs inventives basées sur des produits nobles.

→ Tourteau relevé de fines herbes à l'avocat et tomate confite. Riz bomba dans un bouillon aux saveurs de paella. Bigarade en soufflé chaud à la liqueur d'orange et aux framboises.

Menu 59 € (déj.), 79/199 € - Carte 90/280 €

Plan : E1-z - *Hôtel Métropole, 4 av. de la Madone - ☎ 93 15 15 10 - www.metropole.com - Fermé 15 fév.-1er mars, merc. et le midi du 12 juil. au 23 août*

✿ Vistamar

CUISINE MODERNE • ÉLÉGANT XXX Votre plat idéal ? Produits, cuissons, garnitures : ici, le chef et sa brigade vous composent une assiette "sur mesure"... et savent exaucer vos souhaits ! Beau décor moderne : teintes douces et terrasse regardant le port.

→ Céréales et légumineuses en cassolette, tendres légumes de saison et bouillon de champignons aux agrumes. Poissons de petite pêche de Méditerranée cuits au naturel. Fraisier minute du Vistamar et sacristains.

Menu 59 € (déj. en semaine), 78/140 € - Carte 100/165 €

Plan : E1-r - *Hôtel Hermitage, square Beaumarchais - ☎ 98 06 98 98 - www.montecarloresort.com - Fermé le midi en juil.-août, sam. midi et dim. midi*

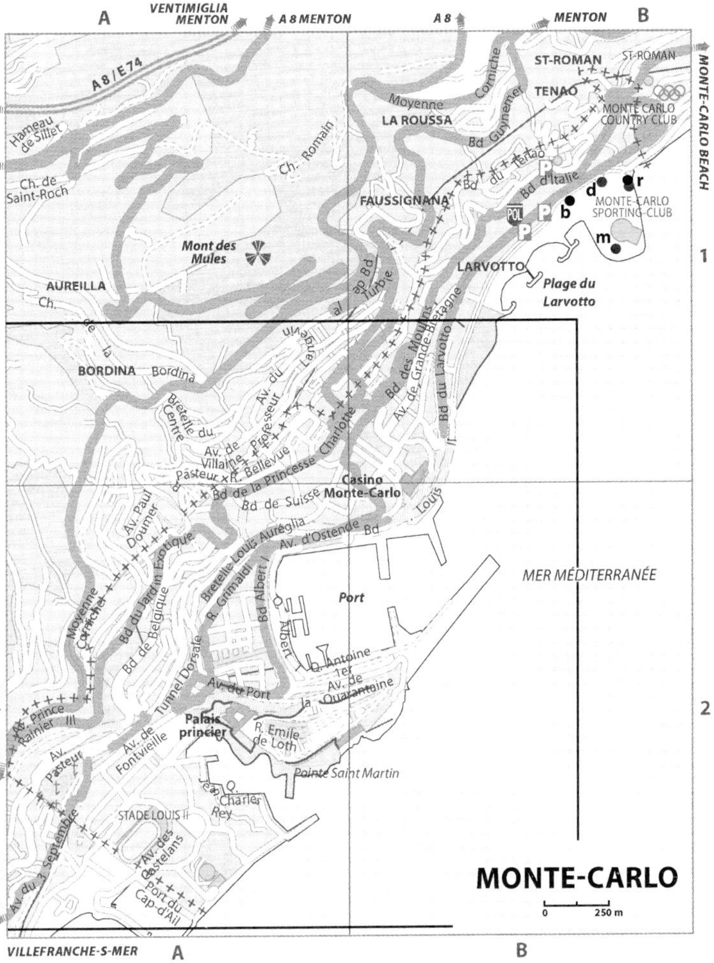

Monte Carlo Bay Hotel and Resort

CUISINE CRÉATIVE • DESIGN XXX Dans le cadre contemporain et élégant du Monte Carlo Bay Hotel and Resort, avec une terrasse ouvrant grand sur la mer… Un superbe horizon pour la cuisine du chef, Marcel Ravin, dont les recettes, soignées et parfumées, sont particulièrement marquées par les origines martiniquaises. Une véritable ode au métissage culinaire !

→ Onctuosité de manioc et Saint-Jacques au maracuja. Confit de porcelet et boudin noir au piment végétarien, légumes du potager. Symphonie de figues de Solliès au confit de vin.

Menu 78/108 € – Carte 100/150 €

Plan : B1-r – *Monte Carlo Bay Hotel and Resort, 40 av. Princesse-Grace – ✆ 98 06 03 60 – www.montecarlobay.com*

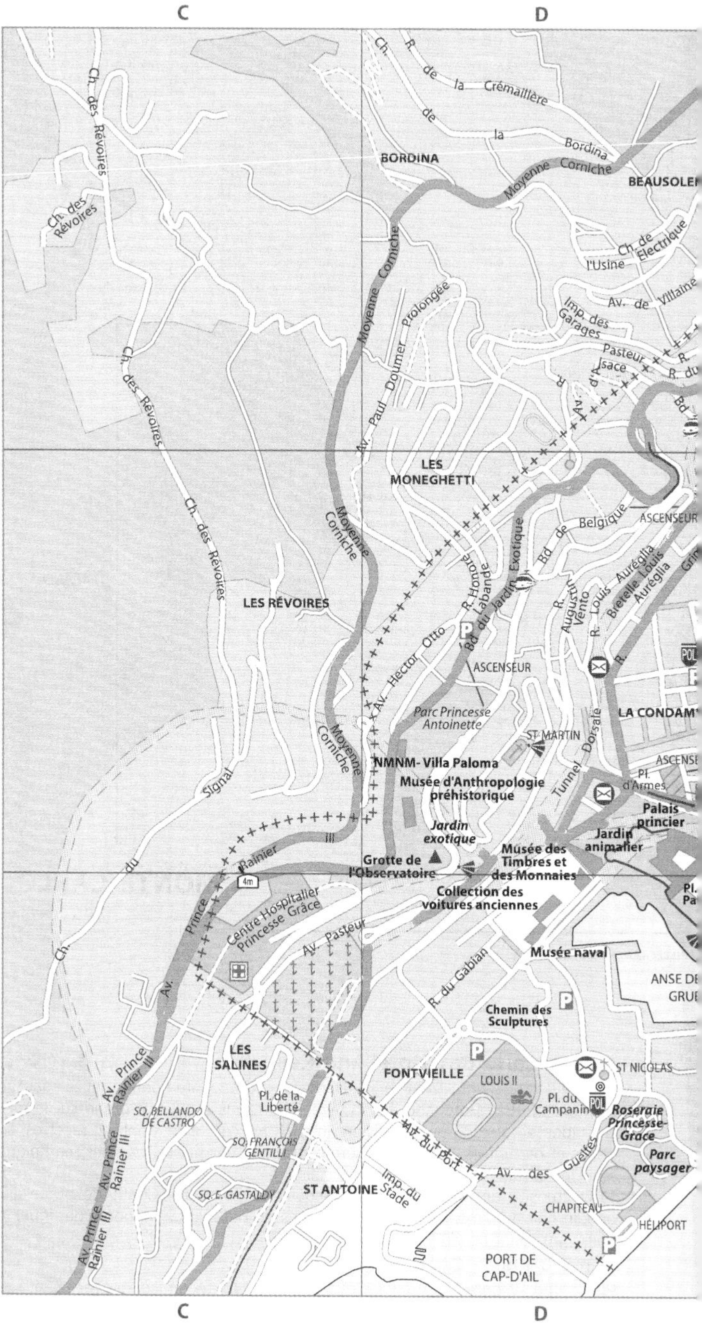
C
D
1
2
3
Ch. de la Crémaillère
R. de la Bordina
BORDINA
Moyenne Corniche
BEAUSOLEI
Ch. des Révoires
Ch. de l'Usine
Ch. de Electrique
Av. de Villaine
Imp. des Garages
Pasteur
Isace
R. du
Av. Paul Doumer Prolongée
LES MONEGHETTI
Bd de Belgique
ASCENSEUR
LES RÉVOIRES
R. Honoré Labande
Bd du Jardin Exotique
R. Augustin Vento
R. Louis Auréglia
Bretelle Louis Auréglia
Av. Hector Otto
ASCENSEUR
Parc Princesse Antoinette
LA CONDAM
ST-MARTIN
Tunnel Dorsale
NMNM- Villa Paloma
Musée d'Anthropologie préhistorique
Pl. d'Armes
Palais princier
Signal
Ch. du Signal
Jardin exotique
Jardin animalier
Av. Prince Rainier III
Grotte de l'Observatoire
Musée des Timbres et des Monnaies
4m
Centre Hospitalier Princesse Grâce
Collection des voitures anciennes
Av. Pasteur
Musée naval
ANSE DE GRU
R. du Gabian
Chemin des Sculptures
LES SALINES
FONTVIEILLE
ST NICOLAS
LOUIS II
Pl. du Campanin
POL
Pl. de la Liberté
SQ. BELLANDO DE CASTRO
SQ. FRANÇOIS GENTILLI
SQ. E. GASTALDY
Roseraie Princesse-Grace
Parc paysager
Av. du Port
Av. des Guelfes
ST ANTOINE
Imp. du Stade
CHAPITEAU
HÉLIPORT
PORT DE CAP-D'AIL
C
D

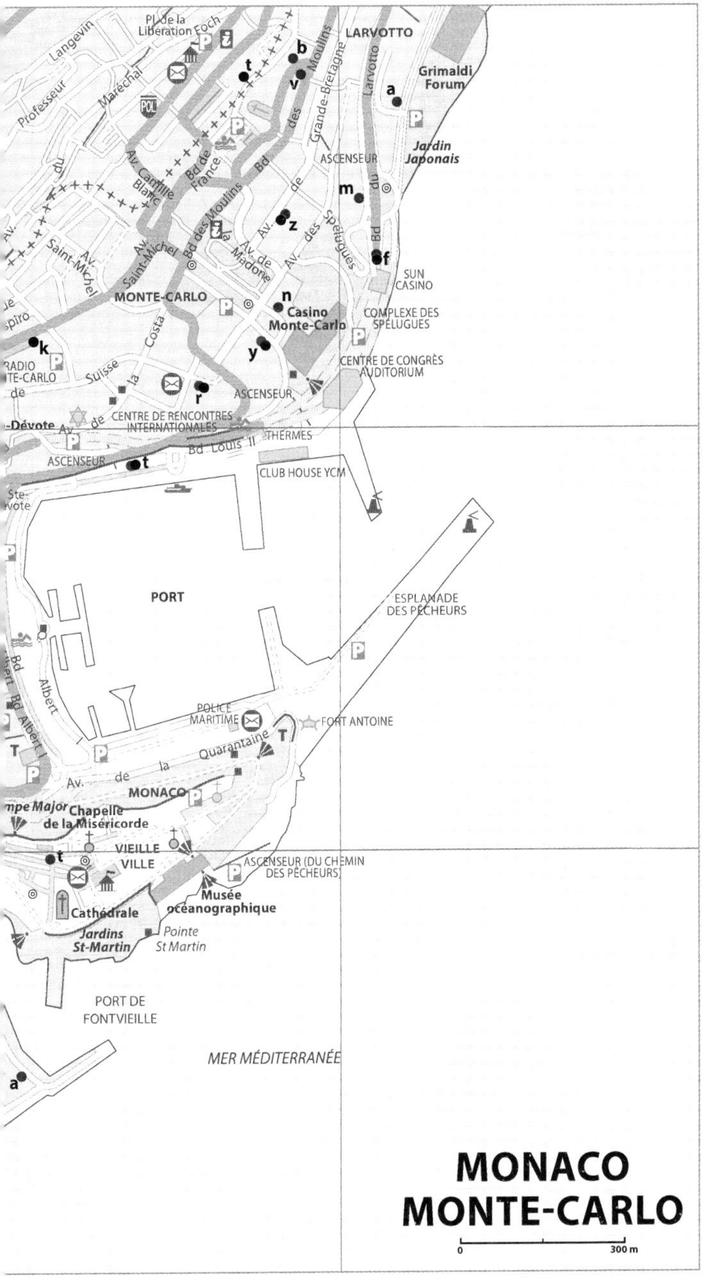
E
F
1
2
3
LARVOTTO
Grimaldi Forum
Jardin Japonais
ASCENSEUR
SUN CASINO
COMPLEXE DES SPÉLUGUES
CENTRE DE CONGRÈS AUDITORIUM
MONTE-CARLO
Casino Monte-Carlo
CENTRE DE RENCONTRES INTERNATIONALES
THERMES
CLUB HOUSE YCM
PORT
ESPLANADE DES PÊCHEURS
POLICE MARITIME
FORT ANTOINE
MONACO
Chapelle de la Miséricorde
VIEILLE VILLE
ASCENSEUR (DU CHEMIN DES PÊCHEURS)
Musée océanographique
Cathédrale
Jardins St-Martin
Pointe St Martin
PORT DE FONTVIEILLE
MER MÉDITERRANÉE
RADIO MONTE-CARLO
Bd Louis II
Av. de la Quarantaine
Av. de Monaco
Bd Albert I
Av. Saint-Michel
Bd des Moulins
Bd de France
Av. de la Madone
Av. des Spélugues
Bd du Larvotto
Av. Princesse Grace
Pl. de la Libération
Foch
0
300 m

MONACO MONTE-CARLO

Yoshi

CUISINE JAPONAISE · DESIGN XX La seconde table de Joël Robuchon au Métropole rend hommage à la cuisine nippone. Bouillons parfumés, sushis et makis y sont traités avec Yoshi ("bonté").

→ Boulette de crevette au kombu. Entrecôte de bœuf Wagyu au wasabi et légumes Arlequin. Blanc-manger à la crème de pistache.

Menu 39 € (déj.), 69/199 € - Carte 70/230 €

Plan : E1-z - *Hôtel Métropole, 4 av. de la Madone - ✆ 93 15 13 13 - www.metropole.com - Fermé 30 janv.-14 fév., lundi, mardi et le midi du 10 juil. au 22 août*

La Marée

POISSONS ET FRUITS DE MER · ÉLÉGANT XXX Au 6e étage de l'hôtel Port Palace, la salle, bordée de grandes baies vitrées et par une agréable terrasse, offre une vue imprenable sur le bassin et ses yachts. Dans l'assiette, la mer est à l'honneur : poissons (rougets, loup, sole, turbot) mais aussi coquillages et crustacés de qualité... Les amateurs apprécieront.

Menu 29 € (déj.) - Carte 70/120 €

Plan : E2-t - *Hôtel Port Palace, 7 av. J.-F.-Kennedy - ✆ 97 97 80 00 - www.lamaree.mc*

Maya Bay

CUISINE THAÏLANDAISE · DESIGN XX Dans un même lieu, un restaurant japonais au cadre inventif et ultramoderne, et un restaurant thaïlandais, plus cosy, décoré de kimonos et d'orchidées. Une même gamme de prix et de qualité ; il ne reste qu'à choisir entre le parfumé et l'épure.

Formule 18 € - Carte 37/168 €

Plan : B1-d - *24 av. Princesse-Grace - ✆ 97 70 74 67 - www.mayabay.mc - Fermé nov., dim. et lundi*

La Trattoria

CUISINE ITALIENNE · TENDANCE XX Les atouts de cette trattoria chic montée sous la houlette d'Alain Ducasse ? Sa terrasse face à la mer bien sûr, et ses antipasti, pâtes fraîches et poissons, cuisinés à la toscane.

Carte 62/104 €

Plan : B1-m - *Sporting d'été - 26 av. Princesse-Grace - ✆ 98 06 71 71 - www.alain-ducasse.com - Ouvert 11 mai-30 sept. et fermé le midi*

Café de Paris

CUISINE TRADITIONNELLE · BRASSERIE XX Un lieu mythique sur la place du casino. Le décor est Belle Époque et l'on y inventa la recette des crêpes Suzette ! Cuisine de brasserie inspirée par la Méditerranée.

Formule 35 € 🍷 - Carte 45/105 €

Plan : E1-n - *pl. du Casino - ✆ 98 06 76 23 - www.montecarloresort.com*

La Romantica

CUISINE ITALIENNE · FAMILIAL XX En plein cœur de l'animation monégasque, la famille Grossi tient cette table conviviale, dans laquelle on célèbre l'Italie du Nord... Tout un programme ! Les plats - gratin d'aubergines *alla parmigiana*, risotto aux fruits de mer, pannacotta aux olives - sont frais et bien réalisés : on passe un très bon moment.

Menu 39 € - Carte 48/86 €

Plan : E1-b - *3 av. Saint-Laurent - ✆ 93 25 65 66 - Fermé 15 fév.-1er mars et dim.*

Song Qi (N)

ASIATIQUE · LUXE XX Un restaurant gastronomique chinois ; ces termes ne sont plus antinomiques. On s'installe dans un cadre (forcément) chic pour y déguster une carte alléchante, de la soupe pékinoise au poulet fumé, à ces crevettes croustillantes du dragon à la moutarde chinoise. Réservez !

Menu 29 €

Plan : F1-a - *7 av. Princesse-Grace - ✆ 99 99 33 33 - www.song-qi.mc*

Nobu

FUSION • BRANCHÉ Furieusement tendance, Nobuyuki Matsuhisa s'est rendu célèbre à travers le monde grâce à une cuisine fusion ambitieuse, rencontre des saveurs latines et de la tradition japonaise. Son adresse monégasque tient cette promesse : les saveurs sont à la fête dans des créations d'une belle maîtrise.

Menu 95/125 € - Carte 45/175 €

Plan : F1-f - *Hôtel Fairmont Monte-Carlo, 12 av. Spélugues - 97 70 70 97 - www.fairmont.com/montecarlo - Fermé le midi sauf dim. de nov. à mars*

La Montgolfière-Henri Geraci

CUISINE MODERNE • CONVIVIAL Dans une ruelle piétonne du rocher, à deux pas du palais princier, ce petit restaurant familial est un parfait contrepied à toutes les adresses branchées et "bling-bling" de Monaco ! En toute simplicité, le chef signe une cuisine soignée et goûteuse, parfois mâtinée d'influences asiatiques. Accueil charmant.

Menu 47 € (dîner), 54/77 € - Carte 71/84 €

Plan : E3-t - *16 r. Basse - 97 98 61 59 (réservation conseillée) - www.lamontgolfiere.mc - Fermé 28 janv.-12 mars, dim. et merc.*

Loga

CUISINE TRADITIONNELLE • FAMILIAL N'hésitez pas à découvrir cette maison bien connue des Monégasques ! La cuisine vitrée donne sur une salle à manger coquette et chaleureuse : on est déjà séduit. En véritable passionné, le chef travaille viandes, poissons et pâtes avec la même dévotion ; ne manquez pas sa spécialité : l'escalope milanaise.

Menu 38 € (dîner) - Carte 39/76 €

Plan : E1-v - *25 bd des Moulins - 93 30 87 72 - www.loga.mc - Fermé 18-27 fév., 12-28 août, merc. soir et dim.*

Eqvita N

CUISINE VÉGÉTALIENNE • CONVIVIAL Eqvita ou l'équilibre de la vie. Tel est le crédo du restaurant, imaginé par le tennisman Novak Djokovic et sa femme Jelena, autour d'un principe simple : bio et sans gluten. Gaspacho tomate pastèque, lasagnes de courgettes aux noix de cajou : le chef irlandais se surpasse et on se régale ! Ouvert 7/7, du petit-déjeuner au dîner.

Carte 30/58 €

Plan : F1-m - *7 r. Portier - 97 77 07 49 - www.eqvitarestaurant.com*

Hôtel de Paris

GRAND LUXE • CLASSIQUE Des aménagements somptueux, un luxe sans fausse note, un espace bien-être fabuleux : voilà ce qui a fait la légende du plus prestigieux des palaces monégasques ! Un ambitieux programme de rénovation est prévu jusqu'en 2017, entraînant la fermeture d'une partie des chambres. Ainsi perdurera le mythe de ce fleuron de la Côte d'Azur...

75 chambres - †535/1458 € ††535/1458 € - 30 suites - 39 €

Plan : E1-y - *pl. du Casino - 98 06 30 00 - www.hoteldeparismontecarlo.com*

***Le Louis XV - Alain Ducasse à l'Hôtel de Paris** - voir les restaurants ci-dessus

Hermitage

LUXE • GRAND LUXE Derrière une foisonnante façade 1900, une coupole signée Eiffel, un déluge de mosaïques, moulures, pampilles... Confort extrême, à la pointe de l'élégance contemporaine dans les deux ailes rénovées. Beaux équipements pour séminaires. Petite restauration et salon de thé au Limun Bar.

244 chambres - †341/2925 € ††368/2925 € - 34 suites - 42 €

Plan : E1-r - *square Beaumarchais - 98 06 40 00 - www.montecarloresort.com*

Vistamar - voir les restaurants ci-dessus

Monte Carlo Bay Hotel and Resort

LUXE · CONTEMPORAIN Ce palace monégasque s'étend sur quatre hectares gagnés sur la mer… Un univers en soi, avec une extraordinaire "piscine-lagon" (bassin à fond de sable), des jardins méditerranéens, de superbes chambres contemporaines, plusieurs restaurants et un casino !

312 chambres – 400/1450 € 400/1450 € – 22 suites – 36 €

Plan : B1-r – *40 av. Princesse-Grace – 98 06 02 00 – www.montecarlobay.com*

Monte Carlo Bay Hotel and Resort – voir les restaurants ci-dessus

Métropole

GRAND LUXE · PERSONNALISÉ Luxe et raffinement à tous les étages de ce palace (1886) situé tout près du casino et relooké par Jacques Garcia. Les beaux salons, le décor cossu et volontiers baroque des chambres, le magnifique spa, le bar feutré, le restaurant Odyssey imaginé par Karl Lagerfeld : les superlatifs manquent !

69 chambres – 400/2200 € 720/2200 € – 64 suites – 43 €

Plan : E1-z – *4 av. de la Madone – 93 15 15 15 – www.metropole.com*

Joël Robuchon Monte-Carlo • **Yoshi** – voir les restaurants ci-dessus

Méridien Beach Plaza

HÔTEL DE CHAÎNE · CONTEMPORAIN Grand hôtel de style moderne avec sa plage privée. Les chambres les plus agréables sont panoramiques et donnent sur la mer. Superbes suites design, belles piscines et centre de conférences. Cuisine méditerranéenne à L'Intempo, avec buffet au déjeuner et carte plus élaborée le soir.

385 chambres – 250/1600 € 270/1620 € – 12 suites – ½ P

Plan : B1-b – *22 av. Princesse-Grace (à la plage du Larvotto) – 93 30 98 80 – www.lemeridienmontecarlo.com*

Fairmont Monte-Carlo

LUXE · CONTEMPORAIN Un immense complexe hôtelier avec centre de conférences, galerie marchande, spa, restaurants et casino. Toutes les chambres sont parées de couleurs fraîches, avec une vue superbe côté mer.

576 chambres – 299/859 € 299/859 € – 26 suites – 38 €

Plan : F1-f – *12 av. Spélugues – 93 50 65 00 – www.fairmont.com/montecarlo*

Nobu – voir les restaurants ci-dessus

Port Palace

LUXE · CONTEMPORAIN Hôtel intime et luxueux, en face du port et de ses yachts. Grandes chambres élégantes (cuir piqué, tissus italiens, teintes apaisantes). Au sixième étage, les baies vitrées du restaurant offrent une vue imprenable sur le bassin !

41 chambres – 272/425 € 272/425 € – 9 suites

Plan : E2-t – *7 av. J.-F.-Kennedy – 97 97 90 00 – www.portpalace.com*

La Marée – voir les restaurants ci-dessus

Novotel

BUSINESS · CONTEMPORAIN Sur les hauteurs de la principauté, les anciens studios de RMC ont laissé place à cet hôtel contemporain. Préférez les chambres côté jardin, plus calmes. Solarium au 7e étage et, pour la détente, un espace loisir avec fitness et piscine…

218 chambres – 145/800 € 145/800 € – 10 suites – 20 €

Plan : E1-k – *16 bd Princesse-Charlotte – 99 99 83 00 – www.novotel.com/5275*

à Monte-Carlo-Beach (France Alpes-Mar.) 2,5 km au Nord-Est - ✉ 06190 Roquebrune-Cap-Martin

✿ Elsa

CUISINE MÉDITERRANÉENNE • DESIGN XX On se noie dans les yeux de cette Elsa-là, qui offre une vue superbe sur la mer... et honore avec grande finesse la cuisine méditerranéenne. Le chef mise sur des produits 100 % bio et des poissons de première fraîcheur : ses recettes se révèlent très parfumées, sans fioritures ; le repas est un vrai plaisir.

→ Crevettes rouges de San Remo crues, mini fenouil, fragrance d'agrumes et œufs d'esturgeon. Loup de mer sauvage mariné aux agrumes, acqua pazza aux olives et aux câpres de Pantelleria. Soufflé Elsa aux amandes de Sicile.

Menu 45 € (déj. en semaine), 120/150 € - Carte 90/160 €

Hôtel Monte-Carlo Beach, av. Princesse-Grace - ✆ 04 93 28 66 57 - www.monte-carlo-beach.com - Ouvert 3 mars-22 oct.

Monte-Carlo Beach

LUXE • PERSONNALISÉ Ce luxueux hôtel né dans les années 1930 dresse toujours sa belle façade couleur terracotta au-dessus de la mer... L'atmosphère des chambres, ouvertes sur les flots, évoque l'esprit des croisières (tons bleu et blanc, mobilier marin), et l'on peut profiter de l'impressionnant complexe balnéaire pour la détente.

26 chambres - †430/1375 € ††430/1375 € - 14 suites - ☕ 40 €

av. Princesse-Grace - ✆ 04 93 28 66 66 - www.monte-carlo-beach.com - Ouvert 3 mars-22 oct.

✿ **Elsa** - voir les restaurants ci-dessus

*Voir aussi ressources hôtelières à **Beausoleil** et **Cap d'Ail***

Les pneus s'usent plus vite sur les petits trajets en ville...

VRAI !

La fréquence des freinages et des accélérations en ville use davantage vos pneus ! Dans les embouteillages, armez-vous de patience et conduisez en douceur.

La pression des pneus agit uniquement sur la sécurité...

FAUX !

Au-delà de la tenue de route et de la consommation de carburant, une sous pression de 0,5 Bar diminue de 8 000 km la durée de vie de vos pneus. Pensez à vérifier la pression environ une fois par mois, surtout avant un départ en vacances ou un long trajet.

Si vous êtes confrontés à des **conditions hivernales occasionnelles**, allant de la pluie soudaine, aux chutes de neige ou au verglas, vous pouvez opter pour **un seul type de pneu.**
?
VRAI !
Le pneu révolutionnaire ***MICHELIN CrossClimate*** vous garantit mobilité et praticité quels que soient les aléas climatiques. C'est le tout premier pneu été avec une certification hiver !

MICHELIN

MICHELIN S'ENGAGE

*MICHELIN EST LE **N°1 MONDIAL DES PNEUS ÉCONOMES EN ÉNERGIE** POUR LES VÉHICULES LÉGERS.*

*POUR **SENSIBILISER LES PLUS JEUNES À LA SÉCURITÉ ROUTIÈRE,** MÊME EN DEUX-ROUES : DES ACTIONS DE TERRAIN ONT ÉTÉ ORGANISÉES DANS **16 PAYS** EN 2015.*

QUIZ

1 POURQUOI BIBENDUM, LE BONHOMME MICHELIN, EST BLANC ALORS QUE LE PNEU EST NOIR ?

Le personnage de Bibendum a été imaginé à partir d'une pile de pneus, en 1898, à une époque où le pneu était fabriqué avec du caoutchouc naturel, du coton et du soufre et où il est donc de couleur claire. Ce n'est qu'après la Première guerre mondiale que sa composition se complexifie et qu'apparaît le noir de carbone. Mais Bibendum, lui, restera blanc !

2 SAVEZ-VOUS DEPUIS QUAND LE GUIDE MICHELIN ACCOMPAGNE LES VOYAGEURS ?

Depuis 1900, il était dit alors que cet ouvrage paraissait avec le siècle, et qu'il durerait autant que lui. Et il fait encore référence aujourd'hui, avec de nouvelles éditions et la sélection sur le site Book a table/MICHELIN Restaurants dans quelques pays.

3 DE QUAND DATE « BIB GOURMAND » DANS LE GUIDE MICHELIN ?

Cette appellation apparaît en 1997 mais dès 1954 le Guide MICHELIN signale les « repas soignés à prix modérés ». Aujourd'hui, on le retrouve sur le site et dans l'application mobile Book a table/ MICHELIN Restaurants.

Si vous voulez en savoir plus sur Michelin en vous amusant, visitez l'Aventure Michelin et sa boutique à Clermont-Ferrand, France :
www.laventuremichelin.com

Index thématiques

Thematic index

LES TABLES ÉTOILÉES ✿

N Établissement nouvellement distingué
N *Newly awarded distinction*

ALSACE

Ammerschwihr (68)	Julien Binz ✿ **N**
Colmar (68)	L'Atelier du Peintre ✿
Colmar (68)	Girardin ✿ **N**
Colmar (68)	JY'S ✿✿
Illhaeusern (68)	Auberge de l'Ill ✿✿✿
Kaysersberg (68)	64° Le Restaurant ✿✿
Kaysersberg (68)	L'Alchémille ✿ **N**
Lembach (67)	Auberge du Cheval Blanc ✿✿
Lièpvre/ La Vancelle (67)	Auberge Frankenbourg ✿
Marlenheim (67)	Le Cerf ✿
Mulhouse (68)	Il Cortile ✿
Mulhouse/ Riedisheim (68)	La Poste ✿
Mulhouse/ Rixheim (68)	Le 7ème Continent ✿
Munster/ Wihr-au-Val (68)	La Nouvelle Auberge ✿
Obernai (67)	Le Bistro des Saveurs ✿
Obernai (67)	La Fourchette des Ducs ✿✿
Rhinau (67)	Au Vieux Couvent ✿
Riquewihr (68)	La Table du Gourmet ✿
Riquewihr/ Zellenberg (68)	Maximilien ✿
Rosheim (67)	Hostellerie du Rosenmeer ✿
Saverne (67)	Kasbür ✿
Sessenheim (67)	Auberge au Bœuf ✿
Sierentz (68)	Auberge St-Laurent ✿
Strasbourg (67)	Buerehiesel ✿
Strasbourg (67)	Au Crocodile ✿
Strasbourg (67)	Gavroche ✿
Strasbourg (67)	1741 ✿
Strasbourg (67)	Umami ✿
Strasbourg/ La Wantzenau (67)	Relais de la Poste ✿
Wingen-sur-Moder (67)	Villa René Lalique ✿✿

AQUITAINE

Agen (47)	Mariottat ✿
Agen/ Moirax (47)	Auberge Le Prieuré ✿
Ainhoa (64)	Ithurria ✿
Arcachon (33)	Le Patio ✿
Arcachon/ Pyla-sur-Mer (33)	Le Skiff Club ✿ **N**
Bergerac/ Moulin de Malfourat (24)	La Tour des Vents ✿
Biarritz (64)	L'Impertinent ✿
Biarritz (64)	Les Rosiers ✿
Biarritz/ Arcangues (64)	L'Atelier de Gaztelur ✿ **N**
Biarritz/ Arcangues (64)	Le Moulin d'Alotz ✿

Bidart (64)	Table des Frères Ibarboure	❁	
Bordeaux (33)	La Grande Maison de Bernard Magrez	❁❁	**N**
Bordeaux (33)	Le Pavillon des Boulevards	❁	
Bordeaux (33)	Le Pressoir d'Argent - Gordon Ramsay	❁❁	**N**
Bordeaux/ Bouliac (33)	Le Saint-James	❁	
Bordeaux/ Lormont (33)	Le Prince Noir - Vivien Durand	❁	
Bordeaux/ Martillac (33)	La Grand'Vigne	❁❁	
Bosdarros (64)	Auberge Labarthe	❁	
Brantôme (24)	Le Moulin de l'Abbaye	❁	**N**
Brantôme/ Champagnac-de-Belair (24)	Le Moulin du Roc	❁	
Eugénie-les-Bains (40)	Les Prés d'Eugénie - Michel Guérard	❁❁❁	
Guéthary (64)	Brikéténia	❁	
Langon (33)	Claude Darroze	❁	
Magescq (40)	Relais de la Poste	❁❁	
Monestier (24)	Les Fresques	❁	
Mont-de-Marsan (40)	Les Clefs d'Argent	❁	
Périgueux (24)	L'Essentiel	❁	
Périgueux/ Chancelade (24)	L'Oison	❁	
Puymirol (47)	Michel Trama	❁❁	
Saint-Émilion (33)	Les Belles Perdrix de Troplong-Mondot	❁	
Saint-Émilion (33)	Hostellerie de Plaisance	❁❁	**N**
Saint-Émilion (33)	Logis de la Cadène	❁	**N**
Saint-Jean-de-Blaignac (33)	Auberge St-Jean	❁	
Saint-Jean-de-Luz (64)	Le Kaïku	❁	
Saint-Jean-de-Luz (64)	L'Océan	❁	**N**
Saint-Jean-Pied-de-Port (64)	Les Pyrénées	❁	
Saint-Pée-sur-Nivelle (64)	L'Auberge Basque	❁	
Saint-Vincent-de-Tyrosse (40)	Le Hittau	❁	**N**
Sainte-Sabine (24)	Étincelles - La Gentilhommière	❁	
Sarlat-la-Canéda (24)	Le Grand Bleu	❁	
Terrasson-Lavilledieu (24)	L'Imaginaire	❁	**N**
Trémolat (24)	Le Vieux Logis	❁	
Villeneuve-sur-Lot (47)	La Table des Sens	❁	

AUVERGNE

Alleyras (43)	Le Haut-Allier	❁	
Chaudes-Aigues (15)	Serge Vieira	❁❁	
Clermont-Ferrand (63)	Apicius	❁	
Clermont-Ferrand (63)	Jean-Claude Leclerc	❁	
Clermont-Ferrand (63)	Le Pré - Xavier Beaudiment	❁❁	**N**
Clermont-Ferrand/ Chamalières (63)	Radio	❁	
Issoire/ Sarpoil (63)	La Bergerie	❁	
Lezoux/ Bort-l'Étang (63)	Château de Codignat	❁	
Maringues (63)	Le Carrousel	❁	
Saint-Bonnet-le-Froid (43)	Régis et Jacques Marcon	❁❁❁	
Vichy (03)	Maison Decoret	❁	

BOURGOGNE

Auxerre (89)	L'Aspérule	❁	
Beaune (21)	Le Bénaton	❁	
Beaune (21)	Le Jardin des Remparts	❁	
Beaune (21)	Le Carmin	❁	

Beaune (21)	Loiseau des Vignes ✿
Beaune/ Levernois (21)	Hostellerie de Levernois ✿
Beaune/ Pernand-Vergelesses (21)	Le Charlemagne ✿
La Bussière-sur-Ouche (21)	1131 ✿
Chagny (71)	Maison Lameloise ✿✿✿
Chaintré (71)	La Table de Chaintré ✿
Chalon-sur-Saône/ Saint-Rémy (71)	L'Amaryllis ✿
Charolles (71)	Frédéric Doucet ✿
Chassagne-Montrachet (21)	Ed.Em ✿
Dijon (21)	Loiseau des Ducs ✿
Dijon (21)	La Maison des Cariatides ✿
Dijon (21)	Stéphane Derbord ✿
Dijon (21)	William Frachot ✿✿
Dijon/ Prenois (21)	Auberge de la Charme ✿
Fleurville/ Mirande (71)	La Marande ✿
Joigny (89)	La Côte Saint-Jacques ✿✿
Mâcon (71)	Pierre ✿
Montceau-les-Mines (71)	Jérôme Brochot ✿
Saint-Amour-Bellevue (71)	Auberge du Paradis ✿
Saint-Amour-Bellevue (71)	Au 14 Février ✿
Saulieu (21)	Le Relais Bernard Loiseau ✿✿
Sens (89)	La Madeleine ✿
Tournus (71)	Aux Terrasses ✿
Tournus (71)	Greuze ✿
Tournus (71)	Meulien ✿
Tournus (71)	Quartier Gourmand ✿

BRETAGNE

Auray (56)	Terre-Mer ✿ **N**
Bénodet/ Sainte-Marine (29)	Les Trois Rochers ✿
Billiers (56)	Domaine de Rochevilaine ✿
Brest (29)	Le M ✿
Cancale (35)	Le Coquillage ✿
Cancale (35)	La Table Breizh Café ✿
Carantec (29)	Patrick Jeffroy ✿✿
La Gouesnière (35)	La Gouesnière ✿
Guer (56)	Auberge Tiegezh ✿ **N**
Hennebont (56)	Château de Locguénolé ✿
Lannion/ La Ville Blanche (22)	La Ville Blanche ✿
Lorient (56)	Henri et Joseph ✿
Lorient (56)	L'Amphitryon ✿✿
Névez/ Raguenès-Plage (29)	Ar Men Du ✿
Plancoët (22)	Maison Crouzil et Hôtel L'Écrin ✿
Plomodiern (29)	L'Auberge des Glazicks ✿✿
Plouider (29)	La Butte ✿
Pont-Aven (29)	Le Moulin de Rosmadec ✿
Porspoder (29)	Le Château de Sable ✿
Port-Louis (56)	Avel Vor ✿
Quiberon/ Portivy (56)	Le Petit Hôtel du Grand Large ✿
Quimper (29)	Allium ✿
Quimper (29)	L'Ambroisie ✿
Rennes (35)	Aozen ✿

Rennes/ Noyal-sur-Vilaine (35)	Auberge du Pont d'Acigné ✿	
Rennes/ Saint-Grégoire (35)	Le Saison ✿	
Roscoff (29)	Le Brittany ✿	
Roscoff (29)	Rackham ✿	
Saint-Brieuc (22)	Aux Pesked ✿	
Saint-Brieuc/ Plérin (22)	La Vieille Tour ✿	
Saint-Malo/ Saint-Servan-sur-Mer (35)	Le St-Placide ✿	
Saint-Pol-de-Léon (29)	Auberge La Pomme d'Api ✿	
Trébeurden (22)	Manoir de Lan-Kerellec ✿	
Tréguier (22)	Aigue Marine ✿	
Vannes (56)	La Gourmandière - La Table d'Olivier ✿	
Vannes (56)	Roscanvec ✿	
Vannes/ Saint-Avé (56)	Le Pressoir ✿	

CENTRE

Amboise (37)	Château de Pray ✿	
Les Bézards (45)	Auberge des Templiers ✿	
Blois (41)	Assa ✿	
Blois (41)	L'Orangerie du Château ✿	
Bourges (18)	Le Cercle ✿	
Chartres (28)	Le Georges ✿	
Chenonceaux (37)	Auberge du Bon Laboureur ✿	
Gien (45)	Côté Jardin ✿	
Issoudun/ Saint-Valentin (36)	Au 14 Février ✿	
Montargis (45)	La Gloire ✿	
Montlivault (41)	La Maison d'à Côté ✿	
Onzain (41)	Domaine des Hauts de Loire ✿✿	
Orléans (45)	Le Lièvre Gourmand ✿	
Le-Petit-Pressigny (37)	La Promenade ✿	
Romorantin-Lanthenay (41)	Grand Hôtel du Lion d'Or ✿	
Sancerre (18)	La Tour ✿	
Tours/ Rochecorbon (37)	Les Hautes Roches ✿	
Vendôme (41)	Pertica ✿	**N**

CHAMPAGNE-ARDENNE

Colombey-les-Deux-Églises (52)	Hostellerie la Montagne ✿	
Épernay (51)	Les Berceaux ✿	
Épernay/ Vinay (51)	Hostellerie La Briqueterie ✿	
Reims (51)	Assiette Champenoise ✿✿✿	
Reims (51)	Le Foch ✿	
Reims (51)	Le Millénaire ✿	
Reims (51)	Le Parc Les Crayères ✿✿	
Reims (51)	Racine ✿	**N**
Reims/ Montchenot (51)	Le Grand Cerf ✿	

CORSE

Ajaccio (2A)	Palm Beach ✿	
Belgodère (2B)	I Salti ✿	
Calvi (2B)	La Table by La Villa ✿	
Erbalunga (2B)	Le Pirate ✿	
Lumio (2B)	Chez Charles ✿	

Porto-Vecchio (2A)	Casadelmar ✿✿
Propriano (2A)	Le Lido ✿
Saint-Florent (2B)	La Roya ✿

FRANCHE-COMTÉ

Arbois (39)	Maison Jeunet ✿✿
Belfort/ Danjoutin (90)	Le Pot d'Étain ✿
Bonnétage (25)	L'Étang du Moulin ✿
Chamesol (25)	Mon Plaisir ✿
Dole (39)	La Chaumière ✿
Dole/ Sampans (39)	Château du Mont Joly ✿
Malbuisson (25)	Le Bon Accueil ✿
Montbéliard (25)	Le St-Martin ✿
Port-Lesney (39)	Château de Germigney ✿
Port-sur-Saône/ Vauchoux (70)	Château de Vauchoux ✿
Villers-le-Lac (25)	Le France ✿

ÎLE-DE-FRANCE

Aulnay-sous-Bois (93)	Auberge des Saints Pères ✿
Bougival (78)	Le Camélia ✿
Boulogne-Billancourt (92)	MaSa ✿
Cergy-Pontoise/ Méry-sur-Oise (95)	Le Chiquito ✿
Couilly-Pont-aux-Dames (77)	Auberge de la Brie ✿
Dampierre-en-Yvelines (78)	La Table des Blot - Auberge du Château ✿
Étampes/ Boutervilliers (91)	Le Bouche à Oreille ✿
Fontainebleau (77)	L'Axel ✿
Marly-le-Roi (78)	Le Village ✿
Meudon (92)	L'Escarbille ✿
Paris 1er	Le Baudelaire ✿
Paris 1er	Carré des Feuillants ✿✿
Paris 1er	La Dame de Pic ✿
Paris 1er	Le Grand Véfour ✿✿
Paris 1er	Les Jardins de l'Espadon ✿ **N**
Paris 1er	Jin ✿
Paris 1er	Kei ✿✿ **N**
Paris 1er	Le Meurice Alain Ducasse ✿✿
Paris 1er	Restaurant du Palais Royal ✿ **N**
Paris 1er	Sur Mesure par Thierry Marx ✿✿
Paris 1er	La Table de l'Espadon ✿✿ **N**
Paris 1er	Yam'Tcha ✿
Paris 2e	Passage 53 ✿✿
Paris 2e	Pur' - Jean-François Rouquette ✿
Paris 2e	Saturne ✿
Paris 2e	Sushi B ✿ **N**
Paris 4e	L'Ambroisie ✿✿✿
Paris 4e	Benoit ✿
Paris 4e	Restaurant H ✿ **N**
Paris 5e	Alliance ✿ **N**
Paris 5e	Itinéraires ✿
Paris 5e	Sola ✿
Paris 5e	Tour d'Argent ✿

Paris 6e	Guy Savoy ❁❁❁
Paris 6e	Hélène Darroze ❁
Paris 6e	Relais Louis XIII ❁
Paris 6e	Le Restaurant ❁
Paris 6e	Ze Kitchen Galerie ❁
Paris 7e	Aida ❁
Paris 7e	Arpège ❁❁❁
Paris 7e	L'Atelier de Joël Robuchon - St-Germain ❁❁
Paris 7e	Auguste ❁
Paris 7e	Les Climats ❁
Paris 7e	David Toutain ❁
Paris 7e	Divellec ❁ **N**
Paris 7e	ES ❁
Paris 7e	Les Fables de La Fontaine ❁
Paris 7e	Garance ❁
Paris 7e	Gaya Rive Gauche par Pierre Gagnaire ❁
Paris 7e	Il Vino d'Enrico Bernardo ❁
Paris 7e	Le Jules Verne ❁
Paris 7e	Nakatani ❁
Paris 7e	Sylvestre ❁❁
Paris 7e	Le Violon d'Ingres ❁
Paris 8e	Akrame ❁ **N**
Paris 8e	Alain Ducasse au Plaza Athénée ❁❁❁
Paris 8e	Alléno Paris au Pavillon Ledoyen ❁❁❁
Paris 8e	Apicius ❁
Paris 8e	L'Arôme ❁
Paris 8e	L'Atelier de Joël Robuchon - Étoile ❁
Paris 8e	114, Faubourg ❁
Paris 8e	Le Chiberta ❁
Paris 8e	Le Cinq ❁❁❁
Paris 8e	Le Clarence ❁❁ **N**
Paris 8e	Dominique Bouchet ❁
Paris 8e	Épicure au Bristol ❁❁❁
Paris 8e	Le Gabriel ❁❁
Paris 8e	Le George ❁ **N**
Paris 8e	Le Grand Restaurant - Jean-François Piège ❁❁
Paris 8e	Helen ❁
Paris 8e	Il Carpaccio ❁
Paris 8e	Lasserre ❁
Paris 8e	Laurent ❁
Paris 8e	Lucas Carton ❁
Paris 8e	L'Orangerie ❁ **N**
Paris 8e	Penati al Baretto ❁
Paris 8e	Pierre Gagnaire ❁❁❁
Paris 8e	La Scène ❁
Paris 8e	La Table du Lancaster ❁
Paris 8e	Le Taillevent ❁❁
Paris 8e	Le 39V ❁
Paris 11e	Qui plume la Lune ❁
Paris 11e	Septime ❁
Paris 12e	Au Trou Gascon ❁
Paris 14e	Cobéa ❁

Paris 15e	Neige d'Été ❁
Paris 15e	Le Quinzième - Cyril Lignac ❁
Paris 16e	L'Abeille ❁❁
Paris 16e	Antoine ❁
Paris 16e	L'Archeste ❁ **N**
Paris 16e	Astrance ❁❁❁
Paris 16e	La Grande Cascade ❁
Paris 16e	Hexagone ❁
Paris 16e	Mathieu Pacaud - Histoires ❁❁
Paris 16e	Pages ❁
Paris 16e	Le Pergolèse ❁
Paris 16e	Le Pré Catelan ❁❁❁
Paris 16e	Relais d'Auteuil ❁
Paris 16e	St-James Paris ❁
Paris 16e	Shang Palace ❁
Paris 16e	Les Tablettes de Jean-Louis Nomicos ❁
Paris 17e	Agapé ❁
Paris 17e	La Fourchette du Printemps ❁
Paris 17e	Frédéric Simonin ❁
Paris 17e	Maison Rostang ❁❁
Paris 17e	La Scène Thélème ❁ **N**
Paris 18e	La Table d'Eugène ❁
Pringy (77)	L'Inédit ❁
Puteaux (92)	L'Escargot 1903 ❁ **N**
Le Tremblay-sur-Mauldre (78)	Numéro 3 ❁
Versailles (78)	Gordon Ramsay au Trianon ❁
Versailles (78)	La Table du 11 ❁
Ville-d'Avray (92)	Le Corot ❁

LANGUEDOC-ROUSSILLON

Aumont-Aubrac (48)	Cyril Attrazic ❁
Banyuls-sur-Mer (66)	Le Fanal ❁
Bélesta (66)	La Coopérative ❁
Béziers (34)	Octopus ❁
Carcassonne (11)	Domaine d'Auriac ❁
Carcassonne (11)	Le Parc Franck Putelat ❁❁
Collioure (66)	La Balette ❁
Fontjoncouse (11)	Auberge du Vieux Puits ❁❁❁
Gignac (34)	Restaurant de Lauzun ❁
Lastours (11)	Le Puits du Trésor ❁
Montner (66)	Auberge du Cellier ❁
Montpellier (34)	La Réserve Rimbaud ❁
Narbonne (11)	La Table Saint-Crescent ❁
Nîmes (30)	Jérôme Nutile - Le Mas de Boudan ❁
Nîmes (30)	Skab ❁ **N**
Nîmes/ Garons (30)	Alexandre ❁❁
Perpignan (66)	La Galinette ❁
Pujaut (30)	Entre Vigne et Garrigue ❁
Sète (34)	La Coquerie ❁
Uzès (30)	La Table d'Uzès ❁
Villeneuve-lès-Avignon (30)	Le Prieuré ❁

LIMOUSIN

Brive-la-Gaillarde (19)	La Table d'Olivier ✿
Brive-la-Gaillarde/ Varetz (19)	Château de Castel Novel ✿
La Roche-l'Abeille (87)	Le Moulin de la Gorce ✿

LORRAINE

Baerenthal/ Untermuhlthal (57)	L'Arnsbourg ✿ **N**
Bitche (57)	Le Strasbourg ✿
Épinal (88)	Les Ducs de Lorraine ✿
Faulquemont (57)	Toya ✿
Forbach/ Stiring-Wendel (57)	La Bonne Auberge ✿
Gérardmer/ Bas-Rupts (88)	Les Bas-Rupts ✿
Hagondange (57)	Quai des Saveurs ✿
Languimberg (57)	Chez Michèle ✿
Lunéville (54)	Château d'Adoménil ✿
Metz (57)	Le Magasin aux Vivres ✿
Nancy (54)	La Maison dans le Parc ✿
Sarreguemines (57)	Auberge St-Walfrid ✿
Zoufftgen (57)	La Lorraine ✿

MIDI-PYRÉNÉES

Aureville (31)	En Marge ✿
Belcastel (12)	Vieux Pont ✿
Bozouls (12)	Le Belvédère ✿
Cahors/ Mercuès (46)	Château de Mercuès ✿ **N**
Condom (32)	La Table des Cordeliers ✿
Conques (12)	Hervé Busset ✿
L'Isle-Jourdain/ Pujaudran (32)	Le Puits St-Jacques ✿✿
Lacave (46)	Château de la Treyne ✿
Lacave (46)	Pont de l'Ouysse ✿
Laguiole (12)	Bras ✿✿✿
Rodez (12)	Goûts et Couleurs ✿
Saint-Céré (46)	Les Trois Soleils de Montal ✿
Saint-Médard (46)	Le Gindreau ✿✿ **N**
Sauveterre-de-Rouergue (12)	Le Sénéchal ✿
Sousceyrac (46)	Au Déjeuner de Sousceyrac ✿
Toulouse (31)	Michel Sarran ✿✿
Toulouse (31)	Py-r ✿
Toulouse (31)	Stéphane Tournié - Les Jardins de l'Opéra ✿
Toulouse/ Castanet-Tolosan (31)	La Table des Merville ✿
Toulouse/ Colomiers (31)	L'Amphitryon ✿
Toulouse/ Montrabé (31)	L'Aparté ✿ **N**
Toulouse/ Fonsegrives (31)	En Pleine Nature ✿
Toulouse/ Rouffiac-Tolosan (31)	Ô Saveurs ✿

NORD-PAS-DE-CALAIS

Béthune/ Busnes (62)	Le Château de Beaulieu ✿✿
Boeschepe (59)	Auberge du Vert Mont ✿
Boulogne-sur-Mer (62)	La Matelote ✿
Cassel (59)	Haut Bonheur de la Table ✿ **N**

Laventie (62)	Le Cerisier ✿	
Lille (59)	La Laiterie ✿	
Lille (59)	La Table ✿	
Lille/ Bondues (59)	Val d'Auge ✿	
Lille/ Gruson (59)	L'Arbre ✿	
Montreuil (62)	Château de Montreuil ✿	
Montreuil/ La Madelaine-sous-Montreuil (62)	La Grenouillère ✿✿	**N**
Le Touquet-Paris-Plage (62)	Westminster ✿	
Valenciennes (59)	Le Musigny ✿	
Valenciennes/ Raismes (59)	La Grignotière ✿	
Wimereux (62)	La Liégeoise ✿	**N**

NORMANDIE

Argentan (61)	La Renaissance ✿	
Bagnoles-de-l'Orne (61)	Le Manoir du Lys ✿	
Barneville-Carteret/ Carteret (50)	La Marine ✿	
Bayeux (14)	Château de Sully ✿	
Beuvron-en-Auge (14)	Le Pavé d'Auge ✿	
Blainville-sur-Mer (50)	Le Mascaret ✿	
Le Bourg-Dun (76)	Auberge du Dun ✿	
Caen (14)	Initial ✿	
Caen (14)	Ivan Vautier ✿	
Caen (14)	Stéphane Carbone ✿	
Caen (14)	À Contre Sens ✿	
Caudebec-en-Caux (76)	G.a. au Manoir de Rétival ✿	
Cherbourg-en-Cotentin (50)	Le Pily ✿	
Clères/ Frichemesnil (76)	Au Souper Fin ✿	
Deauville (14)	Maximin Hellio ✿	**N**
Dieppe (76)	Les Voiles d'Or ✿	
Dieppe/ Offranville (76)	Le Colombier ✿	
Flers/ La Ferrière-aux-Étangs (61)	Auberge de la Mine ✿	
Giverny (27)	Le Jardin des Plumes ✿	
Le Havre (76)	Jean-Luc Tartarin ✿✿	
Honfleur (14)	SaQuaNa ✿✿	
Lyons-la-Forêt (27)	La Licorne Royale ✿	
Pont-de-l'Arche/ Les Damps (27)	L'Auberge de la Pomme ✿	
Rouen (76)	Gill ✿✿	
Rouen (76)	L'Odas ✿	
Rouen (76)	Origine ✿	
Rouen (76)	Rodolphe ✿	**N**
Trouville-sur-Mer (14)	1912 ✿	**N**
Valmont (76)	Le Bec au Cauchois ✿	

PAYS-DE-LA-LOIRE

Angers (49)	Le Favre d'Anne ✿	
Angers (49)	Une Île ✿	
Angers/ Briollay (49)	Château de Noirieux ✿	
Brem-sur-Mer (85)	Les Genêts ✿	**N**
Brétignolles-sur-Mer (85)	J.-M. Pérochon ✿	
Le Champ-sur-Layon (49)	La Table de la Bergerie ✿	**N**
La Flèche (72)	Le Moulin des Quatre Saisons ✿	

Fontevraud-l'Abbaye (49)	Fontevraud Le Restaurant ✿ **N**
Île de Noirmoutier/ L'Herbaudière (85)	La Marine ✿✿
Loiré (49)	Auberge de la Diligence ✿
Le Mans (72)	Le Beaulieu ✿
Mayenne (53)	L'Éveil des Sens ✿
Missillac (44)	Le Montaigu ✿
Montaigu (85)	La Robe ✿ **N**
Nantes (44)	L'Atlantide 1874 - Maison Guého ✿
Nantes/ Haute-Goulaine (44)	Manoir de la Boulaie ✿✿
La Plaine-sur-Mer (44)	Anne de Bretagne ✿✿
Les Sables-d'Olonne/ à l'anse de Cayola (85)	Cayola ✿
Saint-Joachim (44)	La Mare aux Oiseaux ✿
Saint-Sulpice-le-Verdon (85)	Thierry Drapeau ✿✿
Saumur (49)	Le Gambetta ✿

PICARDIE

Amiens/ Dury (80)	L'Aubergade ✿
Belle-Église (60)	La Grange de Belle-Église ✿
Chantilly (60)	La Table du Connétable ✿
Clermont/ Étouy (60)	L'Orée de la Forêt ✿
Pierrefonds/ Saint-Jean-aux-Bois (60)	Auberge à la Bonne Idée ✿

POITOU-CHARENTES

Breuillet (17)	L'Aquarelle ✿
Jarnac/ Bourg-Charente (16)	La Ribaudière ✿
Massignac (16)	Dyades au Domaine des Étangs ✿
Mirambeau (17)	Château de Mirambeau ✿ **N**
Poitiers/ Saint-Benoît (86)	Passions et Gourmandises ✿
La Rochelle (17)	Christopher Coutanceau ✿✿

PROVENCE-ALPES-CÔTE D'AZUR

Aix-en-Provence (13)	L'Esprit de la Violette ✿
Aix-en-Provence (13)	Mickaël Féval ✿ **N**
Aix-en-Provence (13)	Pierre Reboul ✿ **N**
Aix-en-Provence/ Le Tholonet (13)	Le Saint-Estève ✿
Ansouis (84)	La Closerie ✿
Antibes (06)	Le Figuier de St-Esprit ✿
Antibes/ Cap d'Antibes (06)	Bacon ✿
Antibes/ Cap d'Antibes (06)	Les Pêcheurs ✿
Les Arcs (83)	Le Relais des Moines ✿
Arles (13)	L'Atelier de Jean-Luc Rabanel ✿✿
Arles/ Le Sambuc (13)	La Chassagnette ✿
Avignon (84)	Maison Christian Étienne ✿
Les Baux-de-Provence (13)	L'Oustau de Baumanière ✿✿
Beaulieu-sur-Mer (06)	Restaurant des Rois ✿
Biot (06)	Les Terraillers ✿
Bonnieux (84)	La Bastide de Capelongue ✿✿
Bormes-les-Mimosas (83)	La Rastègue ✿
Briançon (05)	Le Pêché Gourmand ✿
La Cadière-d'Azur (83)	Hostellerie Bérard ✿
Callas (83)	Hostellerie Les Gorges de Pennafort ✿

Cannes (06)	La Palme d'Or ✿✿	
Cannes (06)	Le Park 45 ✿	
Cannes/ Le Cannet (06)	Villa Archange ✿✿	
Cassis (13)	La Villa Madie ✿✿	
Le Castellet/ Circuit Paul Ricard (83)	Christophe Bacquié ✿✿	
Cavaillon (84)	Maison Prévôt ✿	
La Celle (83)	Hostellerie de l'Abbaye de la Celle ✿	
Château-Arnoux-Saint-Auban (04)	La Bonne Étape ✿	
La Ciotat/ Le Liouquet (13)	La Table de Nans ✿	
La Colle-sur-Loup (06)	Alain Llorca ✿	
La Croix-Valmer/ Gigaro (83)	La Palmeraie ✿	**N**
Cucuron (84)	La Petite Maison de Cucuron ✿	
Èze (06)	La Chèvre d'Or ✿✿	
Èze-Bord-de-Mer (06)	La Table de Patrick Raingeard ✿	
Fayence (83)	Le Castellaras ✿	
Forcalquier/ Mane (04)	Le Cloître ✿	
Gordes (84)	Les Bories ✿	
Gordes (84)	Pèir ✿	
Grasse (06)	La Bastide St-Antoine ✿	
Grasse/ Magagnosc (06)	Au Fil du Temps ✿	
Ile de Porquerolles (83)	Le Mas du Langoustier ✿	
L'Isle-sur-la-Sorgue (84)	Le Vivier ✿	
Joucas (84)	Hostellerie Le Phébus & Spa ✿	
Juan-les-Pins (06)	La Passagère ✿	
Lagarde-d'Apt (84)	Le Bistrot de Lagarde ✿	
Lauris (84)	Le Champ des Lunes ✿	**N**
Lorgues (83)	Bruno ✿	
Lorgues (83)	Le Jardin de Benjamin ✿	**N**
Lourmarin (84)	Auberge La Fenière ✿	
Mandelieu/ La Napoule (06)	L'Oasis ✿✿	
Manosque (04)	Dominique Bucaille ✿	
Marseille (13)	Alcyone ✿	
Marseille (13)	AM par Alexandre Mazzia ✿	
Marseille (13)	L'Épuisette ✿	
Marseille (13)	Le Petit Nice ✿✿✿	
Marseille (13)	Une Table au Sud ✿	
Menton (06)	Mirazur ✿✿	
Mougins (06)	Le Mas Candille ✿	
Mougins (06)	Paloma ✿✿	
Moustiers-Sainte-Marie (04)	La Bastide de Moustiers ✿	
Nice (06)	L'Aromate ✿	
Nice (06)	Chantecler ✿✿	
Nice (06)	Flaveur ✿	
Nice (06)	JAN ✿	
Orange/ Sérignan-du-Comtat (84)	Le Pré du Moulin ✿	
Ramatuelle (83)	La Voile ✿	
Le Rouret (06)	Le Clos St-Pierre ✿	
Saint-Crépin (05)	Les Tables de Gaspard ✿	
Saint-Jean-Cap-Ferrat (06)	Grand Hôtel du Cap Ferrat ✿	
Saint-Rémy-de-Provence (13)	Fanny Rey et Jonathan Wahid ✿	**N**
Saint-Rémy-de-Provence (13)	La Maison de Bournissac ✿	
Saint-Tropez (83)	Le Belrose ✿	

Saint-Tropez (83)	L'Olivier ✿ **N**
Saint-Tropez (83)	La Vague d'Or ✿✿✿
Saint-Véran (05)	Le Roc Alto ✿ **N**
Tourrettes (83)	Faventia ✿
Tourrettes-sur-Loup (06)	Clovis ✿
Tourtour (83)	Les Chênes Verts ✿
La Turbie (06)	Hostellerie Jérôme ✿
Vence (06)	Les Bacchanales ✿
Vence (06)	Le Saint-Martin ✿ **N**
Ventabren (13)	Dan B. - La Table de Ventabren ✿

RHÔNE-ALPES

Ambierle (42)	Le Prieuré ✿
Ambronay (01)	Auberge de l'Abbaye ✿
Annecy (74)	La Ciboulette ✿
Annecy (74)	Le Clos des Sens ✿✿
Annecy (74)	L'Esquisse ✿
Annecy/ Veyrier-du-Lac (74)	Yoann Conte ✿✿
Annonay (07)	Le W ✿ **N**
Bagnols (69)	1217 ✿
Bourg-en-Bresse/ Péronnas (01)	La Marelle ✿
Le-Bourget-du-Lac (73)	Atmosphères ✿
Le-Bourget-du-Lac (73)	Auberge Lamartine ✿
Le-Bourget-du-Lac (73)	Le Bateau Ivre ✿✿
Bourgoin-Jallieu (38)	Domaine des Séquoias ✿
Chamonix-Mont-Blanc (74)	Albert 1er ✿✿
Charmes-sur-Rhône (07)	Le Carré d'Alethius ✿
Chasselay (69)	Guy Lassausaie ✿✿
Chazelles-sur-Lyon (42)	Château Blanchard ✿ **N**
Courchevel/ Courchevel 1850 (73)	Le Chabichou ✿✿
Courchevel/ Courchevel 1850 (73)	Le Kintessence ✿✿ **N**
Courchevel/ Courchevel 1850 (73)	Le Strato ✿
Courchevel/ Courchevel 1850 (73)	Le 1947 ✿✿✿ **N**
Courchevel/ Courchevel 1850 (73)	Le Montgomerie ✿✿ **N**
Courchevel/ Courchevel 1850 (73)	Pierre Gagnaire pour les Airelles ✿✿
Courchevel/ Le-Praz (73)	Azimut ✿
Courchevel/ La Tania (73)	Le Farçon ✿
Crest (26)	Le Kléber ✿
Les Deux-Alpes (38)	Le P'tit Polyte ✿
Douvaine (74)	Ô Flaveurs ✿
Grignan (26)	Le Clair de la Plume ✿
Jongieux (73)	Les Morainières ✿✿
Lyon (69)	L'Alexandrin ✿
Lyon (69)	Au 14 Février ✿
Lyon (69)	Auberge de l'Île Barbe ✿
Lyon (69)	Le Gourmet de Sèze ✿
Lyon (69)	Jérémy Galvan ✿ **N**
Lyon (69)	Les Loges ✿
Lyon (69)	Maison Clovis ✿
Lyon (69)	Miraflores ✿ **N**
Lyon (69)	Mère Brazier ✿✿
Lyon (69)	Le Neuvième Art ✿✿

Lyon (69)	Le Passe Temps	✿	
Lyon (69)	Pierre Orsi	✿	
Lyon (69)	Prairial	✿	
Lyon (69)	Takao Takano	✿	
Lyon (69)	Les Terrasses de Lyon	✿	
Lyon (69)	Les Trois Dômes	✿	
Lyon (69)	Têtedoie	✿	
Lyon/ Charbonnières-les-Bains (69)	La Rotonde	✿	
Lyon/ Collonges-au-Mont-d'Or (69)	Paul Bocuse	✿✿✿	
Machilly (74)	Le Refuge des Gourmets	✿	
Manigod (74)	La Maison des Bois-Marc Veyrat	✿✿	**N**
Megève (74)	Flocons de Sel	✿✿✿	
Megève (74)	1920	✿✿	
Megève (74)	La Table de l'Alpaga	✿	
Méribel (73)	L'Ekrin by Laurent Azoulay	✿	
Montélimar (26)	Le Domaine du Colombier	✿	**N**
Pont-de-Vaux (01)	Le Raisin	✿	
Roanne (42)	Aux Anges	✿	**N**
Roanne (42)	Troisgros	✿✿✿	
Romans-sur-Isère/ Granges-les-Beaumont (26)	Les Cèdres	✿✿	
Saint-Gervais-les-Bains (74)	Le Sérac	✿	
Saint-Julien-en-Genevois/ Bossey (74)	La Ferme de l'Hospital	✿	
Saint-Martin-de-Belleville (73)	La Bouitte	✿✿✿	
Saint-Martin-sur-la-Chambre (73)	Le Clocher des Pères	✿	
Tarare (69)	Jean Brouilly	✿	
Thonon-les-Bains (74)	Raphaël Vionnet	✿	
Uriage-les-Bains (38)	Les Terrasses d'Uriage	✿✿	
Val-d'Isère (73)	L'Atelier d'Edmond	✿✿	
Valence (26)	La Cachette	✿	
Valence (26)	Flaveurs	✿	
Valence (26)	Pic	✿✿✿	
Valence/ Pont-de-l'Isère (26)	La Grande Table	✿	
Vals-les-Bains (07)	Le Vivarais	✿	
Val-Thorens (73)	Jean Sulpice	✿✿	
Val-Thorens (73)	Les Explorateurs	✿	**N**
Les Vans (07)	Likoké	✿	
Vaux-en-Beaujolais (69)	Auberge de Clochemerle	✿	
Vienne (38)	La Pyramide-Patrick Henriroux	✿✿	
Vienne/ Chonas-l'Amballan (38)	Domaine de Clairefontaine	✿	
Villard-de-Lans/ Corrençon-en-Vercors (38)	Palégrié	✿	**N**
Villefranche-sur-Saône (69)	Le Juliénas - Fabrice Roche	✿	
Vonnas (01)	Georges Blanc	✿✿✿	

PRINCIPAUTÉ DE MONACO

Monte-Carlo (MC)	Joël Robuchon Monte-Carlo	✿✿
Monte-Carlo (MC)	Le Louis XV - Alain Ducasse à l'Hôtel de Paris	✿✿✿
Monte-Carlo (MC)	Monte Carlo Bay Hotel and Resort	✿
Monte-Carlo (MC)	Vistamar	✿
Monte-Carlo (MC)	Yoshi	✿
Monte-Carlo/ Monte-Carlo-Beach (MC)	Elsa	✿

BIB GOURMAND

N **Établissement nouvellement distingué**

ALSACE

Bergheim (68)	Wistub du Sommelier
Berrwiller (68)	L'Arbre Vert
Birkenwald (67)	Au Chasseur
Blienschwiller (67)	Le Pressoir de Bacchus
Colmar (68)	Côté Cour
Colmar/ Ingersheim (68)	La Taverne Alsacienne
Eguisheim (68)	La Grangelière
Feldbach (68)	Cheval Blanc
Fouday (67)	Julien
Gundershoffen (67)	Le Cygne **N**
Hattstatt (68)	L'Altévic
Hegeney (67)	Belle Vue
Itterswiller (67)	Winstub Arnold
Kaysersberg (68)	La Vieille Forge
Kaysersberg (68)	Winstub
Kruth/ Kruth (68)	Les Quatre Saisons
Labaroche (68)	La Rochette
Lembach (67)	D'Rössel Stub
Leutenheim (67)	Auberge Au Vieux Couvent
Mulhouse/ Illzach (68)	La Bistronomie
Natzwiller (67)	Auberge Metzger
Niedersteinbach (67)	Au Cheval Blanc
Obernai/ Ottrott (67)	À l'Ami Fritz
La-Petite-Pierre/ Graufthal (67)	Au Vieux Moulin **N**
La-Petite-Pierre/ Graufthal (67)	Au Cheval Blanc
Ribeauvillé (68)	Au Relais des Ménétriers
Ribeauvillé (68)	Auberge du Parc Carola
Riquewihr (68)	Au Trotthus
Rosenau (68)	Au Lion d'Or - Chez Théo
Saint-Hippolyte (68)	Winstub Rabseppi-Stebel
Sierentz (68)	Winstub À Côté **N**
Strasbourg (67)	Au Pont du Corbeau
Strasbourg (67)	Colbert
Strasbourg/ Illkirch-Graffenstaden (67)	Estaminet à l'Agneau
Weyersheim (67)	Auberge du Pont de la Zorn
Zimmerbach (68)	Au Raisin d'Or

AQUITAINE

Agen (47)	L'Atelier
Agen (47)	Le Margoton
Bidart (64)	Ahizpak Le Restaurant des Sœurs
Blaye (33)	Le Gavroche
Bordeaux (33)	Dan
Bordeaux (33)	Julien Cruège
Bordeaux (33)	Racines by Daniel Gallacher
Briscous (64)	Maison Joanto

Daglan (24)	Le Petit Paris
Dax (40)	L'Amphitryon
Domme (24)	Cabanoix et Châtaigne
Les Eyzies-de-Tayac (24)	Le Bistro des Glycines **N**
Guiche (64)	Le Gantxo
Langon/ Saint-Macaire (33)	Abricotier
Libourne (33)	Chez Servais
Milhac-d'Auberoche (24)	La Vieille Forge
Pau (64)	Café Anaïak
Périgueux (24)	Le Grain de Sel
Périgueux (24)	Nicolas L
Périgueux (24)	Un Parfum de Gourmandise
Périgueux/ Chancelade (24)	La Verrière
Pouillon (40)	L'Auberge du Pas de Vent
Puymirol (47)	La Poule d'Or
Roquefort (40)	Le St-Vincent
La Roque-Gageac (24)	La Belle Étoile
La Roque-Gageac (24)	O'Plaisir des Sens **N**
Saint-Avit-Sénieur (24)	La Table de Léo **N**
Saint-Étienne-de-Baïgorry (64)	Arcé
Saint-Laurent-des-Combes (33)	L'Atelier de Candale
Saint-Pée-sur-Nivelle (64)	Ttotta
Salies-de-Béarn (64)	Restaurant des Voisins
Sauternes (33)	Saprien

AUVERGNE

Aurillac (15)	Quatre Saisons
Billy (03)	Auberge du Pont **N**
Boudes (63)	Le Boudes La Vigne
Charroux (03)	Ferme Saint-Sébastien **N**
Clermont-Ferrand (63)	L'Écureuil
Clermont-Ferrand (63)	Le Saint Eutrope **N**
Clermont-Ferrand (63)	Smørrebrød **N**
Clermont-Ferrand/ Lempdes (63)	B2K6
Clermont-Ferrand/ Orcines (63)	Auberge de la Fontaine du Berger
Clermont-Ferrand/ Orcines (63)	Auberge de la Baraque
Dunières (43)	La Tour
Montmarault (03)	France **N**
Montsalvy (15)	L'Auberge Fleurie
Moulins (03)	Le Bistrot de Guillaume **N**
Pailherols (15)	L'Auberge des Montagnes
Le Puy-en-Velay (43)	Bambou et Basilic
Le Puy-en-Velay (43)	Tournayre
Reugny (03)	La Table de Reugny
Saint-Bonnet-le-Froid (43)	André Chatelard
Saint-Bonnet-le-Froid (43)	Bistrot la Coulemelle
Saint-Bonnet-le-Froid (43)	Le Fort du Pré
Saint-Julien-Chapteuil (43)	Vidal
Vallon-en-Sully (03)	Auberge des Ris
Vergongheon (43)	La Petite École
Vichy (03)	L'Alambic
Vichy (03)	La Table d'Antoine

Vichy (03)	La Table de Marlène
Vichy/ Bellerive-sur-Allier (03)	Château du Bost
Vic-sur-Cère/ Col-de-Curebourse (15)	Hostellerie Saint-Clément
Vieillevie (15)	La Terrasse
Yssingeaux (43)	Le Bourbon

BOURGOGNE

Autun (71)	Le Chapitre
Avallon/ à Chastellux-sur-Cure (89)	Le Chastellux **N**
Avallon/ Valloux (89)	Auberge des Chenêts
Beaune (21)	Le Relais de Saulx **N**
Bourgvilain (71)	Auberge Larochette
La Bussière-sur-Ouche (21)	Le Bistrot des Moines **N**
Chablis (89)	Au Fil du Zinc
Chagny (71)	Pierre & Jean
Chalon-sur-Saône/ Saint-Loup-de-Varennes (71)	Le Saint-Loup
Chambolle-Musigny (21)	Le Millésime
Cosne-Cours-sur-Loire/ Villechaud (58)	Le Chat
Le Creusot/ Montcenis (71)	Le Montcenis
Dijon (21)	DZ'envies
Dijon (21)	So
Dijon/ Messigny-et-Vantoux (21)	Auberge des Tilleuls **N**
Gevrey-Chambertin (21)	Chez Guy
Irancy (89)	Le Soufflot **N**
L'Isle-sur-Serein (89)	Auberge du Pot d'Étain
Mâcon (71)	Le Poisson d'Or
Meursault (21)	Le Chevreuil
Montbard/ Saint-Rémy (21)	La Mirabelle
Montceau-les-Mines/ Blanzy (71)	Le Plessis
Nuits-Saint-Georges (21)	La Cabotte
Quarré-les-Tombes (89)	Le Morvan
Romanèche-Thorins (71)	Rouge & Blanc
Saint-Germain-du-Bois (71)	Hostellerie Bressane
Saint-Maurice-de-Satonnay (71)	Auberge des Grenouillats
Saint-Romain (21)	Les Roches
Tournus/ Ozenay (71)	Le Relais d'Ozenay
Venarey-les-Laumes/ Alise-Sainte-Reine (21)	Auberge du Cheval Blanc

BRETAGNE

Baden (56)	Le Gavrinis
Cancale (35)	Côté Mer
Concarneau (29)	Le Flaveur
Crozon (29)	Le Mutin Gourmand
Crozon/ Le Fret (29)	Hostellerie de la Mer
Dinard (35)	Au Bouchon Breton **N**
Dinard/ Saint-Lunaire (35)	Le Décollé
Fouesnant/ Cap-Coz (29)	La Pointe du Cap Coz
La Guerche-de-Bretagne (35)	La Calèche
Guidel (56)	La Table D'eux - Laurent Le Berrigaud
Guilvinec (29)	Le Poisson d'Avril
Guingamp (22)	Le Clos de la Fontaine
Lorient (56)	L'Alto

Lorient (56)	Sabayon **N**
Lorient (56)	Le Tire Bouchon
Perros-Guirec (22)	La Clarté
Perros-Guirec (22)	Le Manoir du Sphinx
Ploubalay (22)	Restaurant de la Gare
Pont-Aven (29)	Sur le Pont ... **N**
Pont-Scorff (56)	L'Art Gourmand
Quiberon (56)	La Chaumine
Quimper/ Ty-Sanquer (29)	Auberge de Ti-Coz
Rennes (35)	L'Atelier des Gourmets **N**
La Roche-Bernard (56)	Auberge des Deux Magots
Saint-Brieuc (22)	Ô Saveurs
Saint-Brieuc/ Cesson (22)	La Croix Blanche
Saint-Gildas-de-Rhuys (56)	Le Vert d'O **N**
Saint-Guénolé (29)	Sterenn
Saint-Malo (35)	Le Bistrot du Rocher **N**
Sarzeau (56)	Le Kerstéphanie **N**
Vannes (56)	L'Annexe **N**
Vannes (56)	La Tête en l'air **N**
Vannes/ Séné (56)	Le Puits des Saveurs

CENTRE

Amboise (37)	Le Lion d'Or **N**
Aubigny-sur-Nère (18)	La Chaumière
Azay-le-Rideau (37)	L'Aigle d'Or
Azay-le-Rideau (37)	Auberge Pom'Poire
Bléré (37)	La Boulaye
Bonny-sur-Loire (45)	Restaurant des Voyageurs
Bourges (18)	Le Beauvoir
Bourges (18)	Les Petits Plats du Bourbon **N**
Bracieux (41)	Le Rendez-vous des Gourmets
Brou (28)	L'Ascalier
Châteaudun (28)	Aux Trois Pastoureaux
Châteauroux (36)	Jeux 2 Goûts
Chilleurs-aux-Bois (45)	Le Lancelot
Chinon (37)	Au Chapeau Rouge
Chinon (37)	L'Océanic
Chisseaux (37)	Auberge du Cheval Rouge
Dreux (28)	Le Saint-Pierre
Dreux/ Cherisy (28)	Le Vallon de Chérisy
Gien (45)	Le P'tit Bouchon
L'Île-Bouchard (37)	Auberge de l'Île
Langeais (37)	Au Coin des Halles
Luynes (37)	Le XII de Luynes
Lys-Saint-Georges (36)	Auberge La Forge
Ménestreau-en-Villette (45)	Le Relais de Sologne
Montlivault (41)	Côté Bistro **N**
Monts (37)	Au Carrousel des Saveurs **N**
Nérondes (18)	Le Lion d'Or
Neuillé-le-Lierre (37)	Auberge de la Brenne
Orléans (45)	La Dariole
Orléans (45)	La Parenthèse
Oucques (41)	Le Commerce

Reuilly (36)	Les 3 Cépages
Saint-Benoît-sur-Loire (45)	Le Grand St-Benoît
Sancerre (18)	La Pomme d'Or
Savonnières (37)	La Maison Tourangelle
Tours (37)	Au Lapin qui Fume **N**
Tours (37)	Le Bistrot de la Tranchée
Tours (37)	Casse-Cailloux
Tours (37)	Le Chien Jaune
Tours (37)	Le Saint-Honoré
Tours/ Parçay-Meslay (37)	L'Arche de Meslay
Tours/ Saint-Cyr-sur-Loire (37)	L'Atelier d'Olivier Arlot **N**
Valençay/ Veuil (36)	Auberge St-Fiacre
Vierzon (18)	Les Petits Plats de Célestin
Villedieu-sur-Indre (36)	La Gourmandine
Villegenon (18)	La Récréation Gourmande **N**

CHAMPAGNE-ARDENNE

Bar-sur-Aube (10)	La Toque Baralbine
Bar-sur-Seine (10)	Le Val Moret
Charleville-Mézières (08)	La Table d'Arthur "R"
Charleville-Mézières/ Montcy-Notre-Dame (08)	L'Auberge du Laminak
Épernay (51)	Cook'in
Épernay (51)	Le Théâtre
Matignicourt-Goncourt (51)	Ô Délices des Papilles
Nogent-sur-Seine (10)	Beau Rivage
Reims (51)	Le Pavillon CG
Troyes/ Pont-Sainte-Marie (10)	Bistrot DuPont

CORSE

Ajaccio (2A)	Auberge du Prunelli
Bastia (2B)	La Corniche
L'Île-Rousse (2B)	A Mandria di Pigna
Solenzara (2A)	A Mandria

FRANCHE-COMTÉ

Arbois/ Pupillin (39)	Le Grapiot
Belfort (90)	Les Capucins
Bonlieu (39)	La Poutre
Combeaufontaine (70)	Le Balcon
Dole (39)	Grain de Sel
Dole (39)	Iida-Ya
Foussemagne (90)	Le Relais d'Alsace
Ornans (25)	Le Courbet
Ornans/ Saules (25)	La Griotte
Port-Lesney (39)	Le Bistrot Pontarlier
Sochaux/ Étupes (25)	Au Fil des Saisons

ÎLE-DE-FRANCE

Bois-Colombes (92)	Le Chefson
Châtillon (92)	Barbezingue
La Garenne-Colombes (92)	Le St-Joseph

Maisons-Alfort (94)	La Bourgogne	
Paris 1er	Café des Abattoirs	
Paris 1er	Mee	
Paris 1er	Zen	
Paris 2e	Circonstances	
Paris 2e	Pascade	
Paris 3e	Atelier Vivanda - Marais	
Paris 3e	Raw	**N**
Paris 5e	Aux Verres de Contact	
Paris 5e	Bistro des Gastronomes	
Paris 5e	Bocca Rossa	**N**
Paris 5e	Kokoro	
Paris 6e	Atelier Vivanda - Cherche Midi	
Paris 6e	La Maison du Jardin	
Paris 6e	La Marlotte	
Paris 6e	Le Timbre	
Paris 7e	Au Bon Accueil	
Paris 7e	Café Constant	
Paris 7e	Chez les Anges	
Paris 7e	Le Clos des Gourmets	
Paris 7e	Les Cocottes - Tour Eiffel	
Paris 7e	La Laiterie Sainte-Clotilde	
Paris 7e	20 Eiffel	**N**
Paris 8e	Mandoobar	
Paris 8e	Pomze	
Paris 9e	Braisenville	
Paris 9e	Le Caillebotte	
Paris 9e	Les Canailles	
Paris 9e	I Golosi	
Paris 9e	Maloka	**N**
Paris 9e	L'Office	
Paris 9e	Le Pantruche	
Paris 9e	Richer	
Paris 10e	Chez Michel	
Paris 10e	52 Faubourg St-Denis	**N**
Paris 10e	Mamagoto	**N**
Paris 11e	Astier	**N**
Paris 11e	Clamato	
Paris 11e	Villaret	
Paris 11e	Yard	
Paris 12e	Il Goto	
Paris 12e	Jouvence	**N**
Paris 13e	L'Auberge du Roi Gradlon	**N**
Paris 13e	Comptoir Tempero	**N**
Paris 13e	Impérial Choisy	
Paris 13e	Pho Tai	
Paris 13e	Tempero	
Paris 14e	Aux Enfants Gâtés	
Paris 14e	Bistrotters	
Paris 14e	Nina	
Paris 15e	L'Antre Amis	**N**
Paris 15e	L'Atelier du Parc	

Paris 15e	Beurre Noisette
Paris 15e	Le Casse Noix
Paris 15e	L'Os à Moelle
Paris 15e	Le Pario
Paris 15e	Le Radis Beurre **N**
Paris 15e	Le Troquet
Paris 15e	Le Vitis
Paris 16e	Atelier Vivanda - Lauriston
Paris 16e	N° 41 **N**
Paris 17e	Comme Chez Maman **N**
Paris 17e	L'Entredgeu
Paris 17e	L'Envie du Jour **N**
Paris 17e	Graindorge
Paris 17e	Le Petit Verdot du 17ème
Paris 18e	L'Esquisse
Paris 18e	Le Reciproque **N**
Paris 19e	Mensae **N**
Sainte-Geneviève-des-Bois (91)	La Table d'Antan
Tremblay-en-France (93)	La Jument Verte
Vincennes (94)	La Rigadelle

LANGUEDOC-ROUSSILLON

Agde (34)	Le Bistrot d'Hervé
Alès (30)	Épices et Tout **N**
Argelès-sur-Mer (66)	La Bartavelle
Berlou (34)	Le Faitout
Bizanet (11)	La Table du Château
Cruzy (34)	Le Terminus
Florac (48)	L'Adonis
Florac/ Cocurès (48)	La Lozerette
Font-Romeu-Odeillo-Via (66)	La Chaumière
Générac (30)	L'Instant du Sud
Lamalou-les-Bains/ Combes (34)	Auberge de Combes
Laroque-des-Albères (66)	Côté Saisons
Leucate (11)	35 B
Mende (48)	Restaurant de France
Mende/ Chabrits (48)	La Safranière
Montpellier (34)	Anga **N**
Montpellier (34)	L'Artichaut
Nîmes (30)	Aux Plaisirs des Halles
Nîmes (30)	Tendances Lisita
Palavas-les-Flots (34)	Le St-Georges
Perpignan (66)	Le Garriane
Pézenas (34)	Le Pré St-Jean
Prats-de-Mollo-la-Preste (66)	Bellevue
Rasiguères (66)	Le Relais de Sceaury
Rivesaltes (66)	La Table d'Aimé
Saint-André (66)	La Table de Cuisine
Saint-Chély-d'Apcher/ La Garde (48)	Le Rocher Blanc
Sauve (30)	La Tour de Môle **N**
Sérignan (34)	L'Harmonie
Sète (34)	Paris Méditerranée

Sète (34)	Quai 17 **N**
Thuir (66)	Arbequina
Uzès/ Argilliers (30)	Le Tracteur **N**

LIMOUSIN

Brive-la-Gaillarde (19)	En Cuisine
Brive-la-Gaillarde (19)	La Toupine
Chénérailles (23)	Le Coq d'Or
Limoges (87)	Le Cheverny
Limoges (87)	Chez Alphonse
Limoges (87)	Le Vanteaux
Montgibaud (19)	Le Tilleul de Sully
La Roche-l'Abeille (87)	La Table du Moulin
Saint-Junien (87)	Le Relais de Comodoliac
La Souterraine/ Saint-Étienne-de-Fursac (23)	Nougier
Tulle (19)	Les 7

LORRAINE

La Bresse (88)	La Table d'Angèle
Col de la Schlucht (88)	Le Collet
Delme (57)	À la 12
Écouviez (55)	Les Épices Curiens
Épinal (88)	In Extremis **N**
Nancy (54)	La Toq'
Nancy (54)	V Four
Remiremont (88)	Le Clos Heurtebise **N**
Saint-Quirin (57)	Hostellerie du Prieuré
Sarreguemines (57)	Restaurant Dimofski
Volmunster (57)	L'Argousier

MIDI-PYRÉNÉES

Albi (81)	La Table du Sommelier
Argelès-Gazost/ Saint-Savin (65)	Le Viscos
Ax-les-Thermes (09)	Le Chalet
Bagnères-de-Bigorre (65)	Le Jardin des Brouches
Bozouls (12)	À la Route d'Argent
Cahors (46)	L'Ô à la Bouche
Cahors/ Cieurac (46)	La Table de Haute-Serre **N**
Cajarc (46)	Jeu de Quilles
Castéra-Verduzan (32)	Le Florida
Castres (81)	La Part des Anges
Castres/ Les Salvages (81)	Louis **N**
Castres/ Les Salvages (81)	Les Mets d'Adélaïde
Caussade/ Monteils (82)	Le Clos Monteils
Dunes (82)	Les Templiers
Espalion (12)	Le Méjane
Gramat (46)	Le Relais des Gourmands
L'Isle-Jourdain (32)	L'Échappée Belle
Laguiole (12)	Gilles Moreau
Lectoure (32)	L'Auberge des Bouviers
Martel (46)	Relais Ste-Anne **N**

Martres-Tolosane (31)	Le Castet
Montauban/ Montech (82)	Bistrot Constant
Mur-de-Barrez (12)	Auberge du Barrez
Pamiers (09)	Restaurant Deymier
Rodez (12)	Café Bras
Rodez (12)	Isabelle Auguy
Rodez (12)	Les Jardins de l'Acropolis
Saint-Girons/ Lorp-Sentaraille (09)	La Petite Maison
Tarascon-sur-Ariège (09)	Saveurs du Manoir
Toulouse (31)	Le Bibent
Toulouse (31)	La Cantine de l'Opéra
Toulouse (31)	Monsieur Marius
Toulouse (31)	Les Sales Gosses
Toulouse/ Auzeville-Tolosane (31)	La Table d'Auzeville
Toulouse/ Lacroix-Falgarde (31)	Le Bellevue
Toulouse/ Montrabé (31)	L'Instant...
Valady (12)	Auberge de l'Ady
Vic-Fezensac/ Préneron (32)	Auberge La Baquère
Villefranche-de-Rouergue (12)	Côté Saveurs
Villefranche-de-Rouergue (12)	Univers

NORD-PAS-DE-CALAIS

Aire-sur-la-Lys/ Isbergues (62)	Le Buffet
Bermicourt (62)	La Cour de Rémi **N**
Béthune/ Busnes (62)	Le Jardin d'Alice
Boulogne-sur-Mer (62)	L'Îlot Vert
Calais (62)	Au Côte d'Argent
Calais (62)	Histoire Ancienne
Condette (62)	L'Orée du Bois
Douai/ Brebières (62)	Air Accueil
Dunkerque/ Coudekerque-Branche (59)	Le Soubise
Godewaersvelde (59)	L'Estaminet du Centre
Liessies (59)	Le Carillon
Lille (59)	La Cense
Lille (59)	Gabbro
Wierre-Effroy (62)	La Ferme du Vert

NORMANDIE

Aumale (76)	Villa des Houx
Bagnoles-de-l'Orne (61)	Ô Gayot
Bayeux (14)	L'Angle Saint-Laurent
Bayeux (14)	La Rapière
Bellême/ Nocé (61)	Auberge des 3 J
Cabourg/ Dives-sur-Mer (14)	Chez le Bougnat
Caen (14)	ArchiDona
Caen (14)	Le Dauphin
Caen/ Fleury-sur-Orne (14)	Auberge de l'Île Enchantée
Caen/ Hérouville-Saint-Clair (14)	L'Espérance
Chandai (61)	L'Écuyer Normand
Clères (76)	Auberge du Moulin
Deauville (14)	La Flambée

Dieppe (76)	Bistrot du Pollet
Évreux (27)	La Gazette
Falaise (14)	La Fine Fourchette
Falaise (14)	Ô Saveurs
Flers (61)	Au Bout de la Rue
Gasny (27)	Auberge du Prieuré Normand
Hambye (50)	Auberge de l'Abbaye
Le Havre (76)	La Petite Auberge
Heugueville-sur-Sienne (50)	Athome
Honfleur (14)	Le Bréard
Honfleur (14)	La Fleur de Sel
Houlgate (14)	L'Éden
Lisieux/ Coquainvilliers (14)	Sogni D'Italia
Louviers/ Saint-Étienne-du-Vauvray (27)	La Ferme de la Haute Crémonville
Mortagne-au-Perche/ Le Pin-la-Garenne (61)	La Croix d'Or
Nonancourt (27)	Relais du Vieux Château
Ouistreham (14)	La Table d'Hôtes
Rouen (76)	Le Saint-Hilaire
Saint-Vaast-la-Hougue (50)	France et Fuchsias
Servon (50)	Auberge du Terroir
Villedieu-les-Poêles (50)	Manoir de l'Acherie
Vire (14)	Manoir de la Pommeraie

PAYS-DE-LA-LOIRE

Aizenay (85)	La Sittelle
Ancenis (44)	La Toile à Beurre
Angers (49)	Autour d'un Cep
Angers (49)	Le Crêmet d'Anjou **N**
Angers/ Saint-Jean-de-Linières (49)	Auberge de la Roche **N**
Beauvoir-sur-Mer (85)	Auberge des Étiers
La Bernerie-en-Retz (44)	L'Artimon
Challans/ La Garnache (85)	Le Petit St-Thomas
Cholet (49)	Le Pouce Pied
Le Croisic (44)	Le Saint-Alys
Doué-la-Fontaine (49)	Auberge Bienvenue
La Ferté-Bernard (72)	Restaurant du Dauphin
Fontenay-le-Comte/ Velluire (85)	Auberge de la Rivière
Geneston (44)	Le Pélican
Île de Noirmoutier/ L'Herbaudière (85)	La Table d'Élise
Île de Noirmoutier/ Noirmoutier-en-l'Île (85)	Le Grand Four
Mesquer (44)	La Vieille Forge
Nantes (44)	La Divate
Nantes (44)	L'Instinct Gourmand
Nantes (44)	Le Rive Gauche **N**
Nantes/ Château-Thébaud (44)	Auberge La Gaillotière
Nantes/ Couëron (44)	Le François II
Nozay (44)	La Pierre Bleue
Pontchâteau (44)	Le 11
Les Sables-d'Olonne (85)	La Pilotine
Les Sables-d'Olonne/ Château-d'Olonne (85)	La Ferme de Villeneuve
Saint-Gilles-Croix-de-Vie/ Coëx (85)	Le Balata
Saint-Lyphard (44)	Auberge le Nézil **N**

Saumur (49)	L'Escargot **N**
Saumur/ Distré (49)	Le Moulin de Presle **N**
Tharon-Plage (44)	Le Belem **N**
Varades (44)	La Closerie des Roses
Vern-d'Anjou (49)	Le Pigeon Blanc

PICARDIE

Amiens/ Dury (80)	La Bonne Auberge **N**
Argoules (80)	Auberge du Coq-en-Pâte
Beauvais (60)	La Baie d'Halong
Chantilly/ Apremont (60)	Auberge La Grange aux Loups **N**
Laon (02)	Zorn - La Petite Auberge
Pierrefonds (60)	Castle **N**

POITOU-CHARENTES

Châtelaillon-Plage (17)	Les Flots
Cognac (16)	Le P'tit Yeuse
Coulon (79)	Le Central
Melle (79)	Les Glycines **N**
Montbron (16)	Moulin de la Tardoire
Montendre (17)	La Quincaillerie
Montmorillon (86)	Le Lucullus
Mornac-sur-Seudre (17)	Les Basses Amarres
Poitiers (86)	Les Archives
Pons (17)	Bordeaux
La Rochelle (17)	La Cuisine de Jules
Royan (17)	Les Filets Bleus
Saint-Palais-sur-Mer (17)	Les Agapes
Saint-Palais-sur-Mer (17)	Restaurant de la Plage
Thouars (79)	Hôtellerie St-Jean

PROVENCE-ALPES-CÔTE D'AZUR

Aix-en-Provence/ Le Canet (13)	L'Auberge Provençale
Arles (13)	Bistro À Côté
Avignon (84)	L'Agape
Avignon (84)	Italie là-bas **N**
Bandol (83)	L'Espérance
Le Beausset (83)	Auberge La Cauquière
Briançon (05)	Au Plaisir Ambré **N**
Cairanne (84)	Côteaux et Fourchettes
Cannes/ Le Cannet (06)	Bistrot des Anges
Cannes/ Le Cannet (06)	Bistrot St-Sauveur
Castellane/ La Garde (04)	Auberge du Teillon
Châteauneuf-de-Gadagne (84)	La Maison de Celou **N**
Draguignan (83)	Brasserie Bertin **N**
Fayence (83)	La Table d'Yves
Fontaine-de-Vaucluse (84)	Philip
Fréjus (83)	L'Amandier
Gassin (83)	Bello Visto
Gassin (83)	La Verdoyante
Gémenos (13)	Les Arômes

Golfe-Juan/ Vallauris (06)	Café Llorca
Hyères (83)	La Colombe
Les Issambres (83)	Chante-Mer
Laragne-Montéglin (05)	L'Araignée Gourmande
Mandelieu/ La Napoule (06)	Le Bistrot l'Étage
Marseille (13)	L'Arôme **N**
Marseille (13)	La Cantinetta
Marseille (13)	Le Malthazar
Marseille (13)	Otto **N**
Marseille (13)	Schilling **N**
Ménerbes (84)	Les Saveurs Gourmandes **N**
Mougins (06)	L'Amandier de Mougins
Nice (06)	Au Rendez-vous des Amis
Nice (06)	Bar des Oiseaux
Nice (06)	Bistrot d'Antoine
Nice (06)	Comptoir du Marché
Nice (06)	La Merenda
Nice (06)	Olive et Artichaut
Orange (84)	Le Mas des Aigras - Table du Verger
Rayol-Canadel-sur-Mer (83)	Le Relais des Maures
Rians (83)	La Roquette **N**
Richerenches (84)	O'Rabasse
Le Rouret (06)	Bistro du Clos
Saint-Chamas (13)	Le Rabelais
Saint-Raphaël (83)	Les Voiles
Saint-Rémy-de-Provence/ Maillane (13)	L'Oustalet Maïanen
Sainte-Cécile-les-Vignes (84)	Campagne, Vignes et Gourmandises
Sanary-sur-Mer (83)	La P'tite Cour
Toulon (83)	Carré 2 Vigne **N**
Tourtour (83)	La Table **N**
La Turbie (06)	Café de la Fontaine
Uchaux (84)	Côté Sud
Vaison-la-Romaine (84)	Bistro du'O
Vence (06)	La Farigoule
Villars (84)	La Table de Pablo

RHÔNE-ALPES

Aiguebelette-le-Lac/ La Combe (73)	Chez Michelon
Albertville/ Monthion (73)	Les 16 Clochers **N**
Annecy (74)	Arômatik'
Annecy (74)	Café Brunet
Annecy (74)	Contresens
Annecy (74)	Le Denti
Annecy (74)	Minami
Anse (69)	Au Colombier
Aoste (38)	Au Coq en Velours
Aubenas (07)	Les Coloquintes **N**
Aubenas (07)	M Restaurant
Bâgé-le-Châtel (01)	La Table Bâgésienne
La Bâtie-Divisin (38)	L'Olivier **N**
Belleville (69)	Le Beaujolais
Bonneville/ Vougy (74)	Le Bistro du Capucin

Bourg-en-Bresse (01)	La Fleur de Sel
Bourg-en-Bresse (01)	Mets et Vins
Bressieux (38)	Auberge du Château
Cevins (73)	La Fleur de Sel
Chamonix-Mont-Blanc (74)	Atmosphère
Chamonix-Mont-Blanc (74)	La Maison Carrier
Chamonix-Mont-Blanc (74)	Rèvolâ
Chamonix-Mont-Blanc (74)	La Télécabine **N**
Charlieu (42)	Relais de l'Abbaye **N**
Cluses (74)	Le St-Vincent
Coligny (01)	Au Petit Relais
Crest (26)	Len' K
Les Deux-Alpes (38)	L'Entracte
Évian-les-Bains (74)	Au Jardin d'Eden
Faverges (74)	Florimont
Grenoble (38)	Gillio
Gresse-en-Vercors (38)	Le Chalet
Grignan (26)	Le Bistro **N**
Lent (01)	Auberge Lentaise
Lyon (69)	L'Art et la Manière
Lyon (69)	Balthaz'art
Lyon (69)	Le Bistrot des Voraces
Lyon (69)	Les Bonnes Manières
Lyon (69)	Daniel et Denise Croix-Rousse
Lyon (69)	Daniel et Denise Saint-Jean
Lyon (69)	Daniel et Denise Créqui
Lyon (69)	Danton
Lyon (69)	Le Garet
Lyon (69)	Imouto
Lyon (69)	Le Jean Moulin
Lyon (69)	Jour de Marché
Lyon (69)	Le Kitchen Café
Lyon (69)	M Restaurant
Lyon (69)	L'Ourson qui Boit
Lyon (69)	Sauf Imprévu
Lyon (69)	Les Saveurs de Py
Lyon (69)	33 Cité
Lyon/ Dardilly (69)	Bol d'Air **N**
Les Marches (73)	Le K'ozzie
Megève (74)	Flocons Village
Meillonnas (01)	Auberge Au Vieux Meillonnas
Menthon-Saint-Bernard (74)	Le Confidentiel
Méribel (73)	Le Cèpe
Montanges (01)	L'Auberge du Pont des Pierres
Montarcher (42)	Le Clos Perché
Neyrac-les-Bains (07)	Brioude
Notre-Dame-de-Bellecombe (73)	La Ferme de Victorine
Nyons (26)	La Charrette Bleue
Plaisians (26)	Auberge de la Clue
Polliat (01)	Téjérina-Hôtel de la Place
Privas (07)	La Boria **N**
Renaison (42)	Jacques Cœur

Roanne (42)	Le Central
Saint-Étienne (42)	Insens
Saint-Gervais-les-Bains (74)	Bistrotsérac
Tain-l'Hermitage (26)	Le Mangevins
Thonon-les-Bains/ Port-de-Séchex (74)	Le Clos du Lac
La Tour-du-Pin/ Montagnieu (38)	Le Petit Dauphinois
La Tour-du-Pin/ Rochetoirin (38)	Le Rochetoirin
Tournon-sur-Rhône (07)	Le Cerisier **N**
Treffort (01)	L'Embellie
Uriage-les-Bains (38)	Le Bistrot des Terrasses
Val-d'Isère (73)	Bistrot Gourmand **N**
Valence (26)	André
Valence/ Pont-de-l'Isère (26)	Espace Gourmand **N**
Vaudevant (07)	La Récré
Vaulx (74)	Par Monts et Par Vaulx
Villefranche-sur-Saône/ Jassans-Riottier (01)	L'Embarcadère
Violay (42)	Loïc Picamal
Yvoire (74)	Les Jardins du Léman

NOS PLUS BEAUX HÔTELS

HÔTELS & MAISONS D'HÔTES DE CHARME

ALSACE

Colmar (68)	Hostellerie Le Maréchal
Colmar (68)	La Maison des Têtes
Colmar (68)	Quatorze
Colroy-la-Roche (67)	Hostellerie La Cheneaudière
Fouday (67)	Julien
Fréland (68)	La Haute Grange
Guebwiller/ Murbach (68)	Le Schaeferhof
Gundershoffen (67)	Le Moulin
Illhaeusern (68)	Hôtel des Berges
Jungholtz (68)	Les Violettes
Lapoutroie (68)	Les Alisiers
Marlenheim (67)	Le Cerf
Mulhouse (68)	Villa Éden
Mulhouse/ Rixheim (68)	La Grange à Élise
Obernai (67)	Le Parc
Obernai (67)	À la Cour d'Alsace
Obernai/ Ottrott (67)	À l'Ami Fritz
Obernai/ Ottrott (67)	Hostellerie des Châteaux
Osthouse (67)	À la Ferme
Ribeauvillé (68)	Le Clos St-Vincent
Riquewihr (68)	Le B. Espace Suites
Saint-Louis (68)	La Villa K
Sélestat/ Rathsamhausen (67)	Les Prés d'Ondine
Sélestat/ Le Schnellenbuhl (67)	Hôtel de l'Illwald
Strasbourg (67)	Le Bouclier d'Or
Strasbourg (67)	Cour du Corbeau
Strasbourg (67)	Du côté de Chez Anne
Strasbourg (67)	Les Haras
Strasbourg (67)	Régent Contades
Strasbourg (67)	Régent Petite France & Spa
Strasbourg (67)	Villa Novarina

AQUITAINE

Agen/ Pont-du-Casse (47)	Château de Cambes
Ahetze (64)	Harretchea
Arcachon (33)	Ville d'Hiver
Arcachon/ Pyla-sur-Mer (33)	La Co(o)rniche
Arcachon/ Pyla-sur-Mer (33)	Ha(a)ïtza
Auriac-du-Périgord (24)	Le Moulin de Mitou

Avensan (33)	Le Clos de Meyre
La Bastide-Clairence (64)	Maison Maxana
Bazas/ Bernos-Beaulac (33)	Dousud
Beaumont-du-Périgord (24)	Le Coteau de Belpech
Belvès (24)	Clément V
Bergerac/ Saint-Nexans (24)	La Chartreuse du Bignac
Biarritz (64)	Beaumanoir
Biarritz (64)	Le Château du Clair de Lune
Biarritz (64)	Hôtel de Silhouette
Biarritz (64)	Hôtel du Palais
Biarritz (64)	Le Regina
Biarritz (64)	Villa Le Goëland
Biarritz/ Arcangues (64)	Les Volets Bleus
Bidarray (64)	Ostapé
Bidart (64)	Hostellerie des Frères Ibarboure
Bidart (64)	Villa L'Arche
Biscarrosse/ Biscarrosse-Plage (40)	Grand Hôtel de la Plage
Bordeaux (33)	Le Boutique Hôtel
Bordeaux (33)	Intercontinental Bordeaux le Grand Hôtel
Bordeaux (33)	La Maison Bord'Eaux
Bordeaux (33)	Mama Shelter
Bordeaux (33)	Yndo
Bordeaux/ Bouliac (33)	Le Saint-James
Bordeaux/ Martillac (33)	Les Sources de Caudalie
Brantôme (24)	Les Jardins de Brantôme
Brantôme (24)	Moulin de Vigonac
Brantôme (24)	Le Moulin de l'Abbaye
Brantôme/ Champagnac-de-Belair (24)	Le Moulin du Roc
Carsac-Aillac (24)	La Villa Romaine
Domme (24)	Le Manoir du Rocher
Eugénie-les-Bains (40)	La Maison Rose
Eugénie-les-Bains (40)	Les Prés d'Eugénie
Gensac (33)	Château de Sanse
Guéthary (64)	Arguibel
Guéthary (64)	Villa Catarie
Hossegor (40)	Les Hortensias du Lac
Hossegor (40)	Villa Seren
Hossegor/ Saubion (40)	Les Échasses
Libourne/ La Rivière (33)	Château de La Rivière
Listrac-Médoc (33)	Les Cinq Sens
Lugon-et-l'Île-du-Carnay (33)	Manoir d'Astrée
Magescq (40)	Relais de la Poste
Marquay (24)	Maison de Marquay
Mauzac-et-Saint-Meyme-de-Rozens (24)	La Métairie
Monestier (24)	Château des Vigiers
Monpazier (24)	Edward 1er
Mont-de-Marsan (40)	Villa Mirasol
Moulon (33)	5 Lasserre
Moumour (64)	Château de Lamothe
Nantheuil (24)	Domaine de la Brugère
Néac (33)	La Maison de Tournefeuille
Pauillac (33)	Château Cordeillan Bages

Périgueux/ Annesse-et-Beaulieu (24)	Château de Lalande
Plazac (24)	Béchanou
Puymirol (47)	Michel Trama
Saint-Émilion (33)	Château Grand Barrail
Saint-Émilion (33)	Clos de la Barbanne
Saint-Émilion (33)	Hostellerie de Plaisance
Saint-Émilion (33)	Logis de la Cadène
Saint-Étienne-de-Baïgorry (64)	Arcé
Saint-Front-de-Pradoux (24)	Château la Thuilière
Saint-Jean-de-Luz (64)	Grand Hôtel Thalasso & Spa
Saint-Jean-de-Luz (64)	Maison Tamarin
Saint-Jean-de-Luz (64)	Parc Victoria
Saint-Jean-de-Luz/ Urrugne (64)	Château d'Urtubie
Saint-Quentin-de-Caplong (33)	La Girarde
Sare (64)	Arraya
Sarlat-la-Canéda/ Sainte-Nathalène (24)	La Roche d'Esteil
Sauternes (33)	Relais du Château d'Arche
Seignosse (40)	Villa de l'Étang Blanc
Trémolat (24)	Le Vieux Logis
Villetoureix (24)	Le Moulin de Larcy

AUVERGNE

Alleyras (43)	Haut-Allier
Bourbon-l'Archambault (03)	Grand Hôtel Montespan-Talleyrand
Chaussenac (15)	La Fournio
Chavagnac (15)	Instants d'Absolu
Lezoux/ Bort-l'Étang (63)	Château de Codignat
Meaulne (03)	Manoir du Mortier
Moulins (03)	Hôtel de Paris
Moulins (03)	Le Clos de Bourgogne
Royat (63)	Princesse Flore
Saint-Saturnin (63)	Château Royal de Saint-Saturnin
Saint-Urcize (15)	La Fontaine de Grégoire
Salers (15)	Le Bailliage
Salers (15)	Saluces
Vichy (03)	La Demeure d'Hortense
Vichy/ Bellerive-sur-Allier (03)	Château du Bost
Vicq (03)	Sur le Chemin des Buvats
Vollore-Ville (63)	Château de Vollore
Ygrande (03)	Château d'Ygrande

BOURGOGNE

Aillant-sur-Tholon (89)	Domaine du Roncemay
Autun (71)	Moulin Renaudiots
Auxerre/ Appoigny (89)	Le Puits d'Athie
Avallon/ Vault-de-Lugny (89)	Château de Vault de Lugny
Beaune (21)	Le Cep
Beaune (21)	Hostellerie Le Cèdre
Beaune (21)	L'Hôtel
Beaune (21)	Les Jardins de Loïs
Beaune (21)	Maison Fatien

Beaune/ Challanges (21)	Château de Challanges
Beaune/ Levernois (21)	Hostellerie de Levernois
Beaune/ Levernois (21)	Le Parc
Beaune/ Montagny-lès-Beaune (21)	Le Clos
Beaune/ Savigny-lès-Beaune (21)	Le Hameau de Barboron
La Bussière-sur-Ouche (21)	Abbaye de la Bussière
Céron (71)	Château de la Frédière
Chablis (89)	Hostellerie des Clos
Chablis (89)	Hôtel du Vieux Moulin
Chagny (71)	Maison Lameloise
Charolles (71)	Le Clos de l'Argolay
Charolles (71)	Hôtel de la Poste
Chassagne-Montrachet (21)	Château de Chassagne-Montrachet
Clessé (71)	Château de Besseuil
Courban (21)	Château de Courban
Joigny (89)	La Côte Saint-Jacques
Leugny (89)	La Borde
Louhans-Châteaurenaud/ Bruailles (71)	La Ferme de Marie-Eugénie
Lusigny-sur-Ouche (21)	La Saura
Merry-sur-Yonne (89)	Le Charme Merry
Meursault (21)	Château de Cîteaux-La Cueillette
Pouilly-en-Auxois/ Sainte-Sabine (21)	Château Sainte Sabine
Puligny-Montrachet (21)	La Chouette
Puligny-Montrachet (21)	Domaine des Anges
Puligny-Montrachet (21)	La Maison d'Olivier Leflaive
Saint-Amour-Bellevue (71)	Auberge du Paradis
Santenay (21)	Prosper Maufoux
Saulieu (21)	Le Relais Bernard Loiseau
Semur-en-Auxois (21)	La Côte d'Or
Solutré-Pouilly (71)	La Courtille de Solutré
Tournus (71)	Greuze
Tournus (71)	La Tour du Trésorier
Tournus/ Jugy (71)	Le Crot Foulot
Vézelay (89)	Les Glycines
Viré (71)	Frédéric Carrion Cuisine Hôtel

BRETAGNE

Arzon/ Port du Crouesty (56)	Miramar Crouesty
Baden (56)	Lueur des Îles
Baden (56)	Le Val de Brangon
Bazouges-la-Pérouse (35)	Château de la Ballue
Belle-Ile/ Bangor (56)	La Désirade
Belle-Ile/ Port-Goulphar (56)	Castel Clara
Bénodet/ Sainte-Marine (29)	La Ferme Saint-Vennec
Bénodet/ Sainte-Marine (29)	Villa Tri Men
Billiers (56)	Domaine de Rochevilaine
Cancale (35)	La Ferme du Vent
Cancale (35)	Hostellerie de la Motte Jean
Cancale (35)	Les Maisons de Bricourt - Château Richeux
Cancale (35)	Les Rimains
Carantec (29)	Hôtel de Carantec
Concarneau (29)	Sables Blancs

Dinan (22)	La Maison Pavie
Dinard (35)	Castelbrac
Dinard (35)	Royal Emeraude
Dinard (35)	Villa Reine Hortense
Dinard/ Saint-Lunaire (35)	Villa Christilla
Dol-de-Bretagne/ à Mont-Dol (35)	Château de Mont-Dol
Dol-de-Bretagne/ à Mont-Dol (35)	Le Jardin des Simples
Douarnenez/ Tréboul (29)	Ty Mad
La Gacilly (56)	Grée des Landes
Guidel (56)	Le Domaine de Kerbastic
Guingamp (22)	La Demeure
Hennebont (56)	Château de Locguénolé
Île de Groix (56)	Le Sémaphore de la Croix
Locquirec (29)	Le Grand Hôtel des Bains
Logonna-Daoulas (29)	Le Domaine de Moulin Mer
Moëlan-sur-Mer (29)	Manoir de Kertalg
Moëlan-sur-Mer (29)	Les Moulins du Duc
Perros-Guirec (22)	L'Agapa
Perros-Guirec (22)	Le Manoir du Sphinx
Perros-Guirec/ Ploumanach (22)	Castel Beau Site
Planguenoual (22)	Manoir de la Hazaie
Plougrescant (22)	Manoir de Kergrec'h
Porspoder (29)	Le Château de Sable
Port-Manech (29)	Manoir Dalmore
Quéven (56)	Manoir des Éperviers
Quiberon (56)	Sofitel Diététique
Quiberon (56)	Sofitel Thalassa
Rennes (35)	Balthazar Hôtel & Spa
Rennes (35)	Magic Hall
Rennes/ Saint-Grégoire (35)	Les Patios
Roscoff (29)	Le Brittany
Roscoff (29)	Le Temps de Vivre
Saint-Malo (35)	Ar Iniz
Saint-Malo (35)	Le Nouveau Monde
Sainte-Anne-d'Auray (56)	L'Auberge
Sainte-Anne-la-Palud (29)	La Plage
Trébeurden (22)	Manoir de Lan-Kerellec
Trébeurden (22)	Ti al Lannec
La Trinité-sur-Mer (56)	Le Lodge Kerisper
Vannes (56)	Villa Kerasy
Vannes/ Arradon (56)	Le Parc er Gréo

CENTRE

Amboise (37)	Au Charme Rabelaisien
Amboise (37)	Château de Pray
Amboise (37)	Le Manoir Les Minimes
Amboise/ Saint-Règle (37)	Château des Arpentis
Aubigny-sur-Nère (18)	La Grange des Cardeux
Azay-le-Rideau (37)	Hôtel de Biencourt
Les Bézards (45)	Auberge des Templiers
Blois (41)	La Maison du Carroir
Bourges (18)	Hôtel d'Angleterre

Bourges (18)	Villa C
Cangey (37)	Le Fleuray
Cerdon (45)	Les Vieux Guays
Chartres (28)	Jehan de Beauce
Chartres (28)	Maison Ailleurs
Chaumont-sur-Tharonne (41)	Le Mousseau
Chenonceaux (37)	Auberge du Bon Laboureur
Chinon/ Marçay (37)	Château de Marçay
Ennordres (18)	Les Chatelains
La Ferté-Beauharnais (41)	Château de la Ferté Beauharnais
Houx (28)	La Bergerie de l'Aqueduc
Langeais/ Saint-Patrice (37)	Château de Rochecotte
Montbazon (37)	Domaine de la Tortinière
Noizay (37)	Château de Noizay
Oinville-sous-Auneau (28)	Moulin de Lonceux
Onzain (41)	Domaine des Hauts de Loire
Orléans (45)	Empreinte
Romorantin-Lanthenay (41)	Grand Hôtel du Lion d'Or
Saint-Cyr-du-Gault (41)	Château Le Parc
Sully-sur-Loire (45)	La Closeraie
Tours (37)	Château Belmont
Tours/ Rochecorbon (37)	Arthotel
Tours/ Rochecorbon (37)	Les Hautes Roches
Vendôme (41)	Le Vendôme
Yzeures-sur-Creuse (37)	Relais de La Mothe

CHAMPAGNE-ARDENNE

Colombey-les-Deux-Églises (52)	Hostellerie la Montagne
Épernay (51)	Jean Moët & Spa
Épernay (51)	La Villa Eugène
Épernay/ Avize (51)	Les Avisés
Épernay/ Ay (51)	Le Manoir des Charmes
Épernay/ Vinay (51)	Hostellerie La Briqueterie
Reims (51)	Assiette Champenoise
Reims (51)	Domaine Les Crayères
Les Riceys (10)	Marius
Troyes (10)	Le Champ des Oiseaux
Troyes (10)	La Maison de Rhodes
Troyes (10)	Le Relais St-Jean
Troyes/ Moussey (10)	Domaine de la Creuse
Villiers-sur-Marne (52)	La Source Bleue

CORSE

Ajaccio (2A)	Dolce Vita
Ajaccio (2A)	Les Mouettes
Bastelica (2A)	Artemisia
Bonifacio (2A)	A Cheda
Bonifacio (2A)	Genovese
Bonifacio (2A)	U Capu Biancu
Bonifacio (2A)	Version Maquis
Calvi (2B)	La Signoria

Calvi (2B)	La Villa
Corte (2B)	Dominique Colonna
Erbalunga (2B)	Castel Brando
L'Île-Rousse (2B)	A Piattatella
L'Île-Rousse (2B)	Liberata
L'Île-Rousse (2B)	Palazzu Pigna
Levie (2A)	A Pignata
Muro (2B)	Casa Théodora
Oletta (2B)	U Palazzu Serenu
Olmeto (2A)	Marinca
Porticcio (2A)	Le Maquis
Porto-Vecchio (2A)	Le Belvédère
Porto-Vecchio (2A)	Casadelmar
Porto-Vecchio (2A)	Don Cesar
Porto-Vecchio (2A)	Grand Hôtel de Cala Rossa
Porto-Vecchio (2A)	Les Bergeries de Palombaggia
Porto-Vecchio (2A)	La Plage Casadelmar
Propriano (2A)	Miramar Boutique Hôtel
Saint-Florent (2B)	Demeure Loredana
Saint-Florent (2B)	La Dimora
Sainte-Lucie-de-Porto-Vecchio (2A)	Le Pinarello
Solenzara (2A)	Maison Rocca Serra

FRANCHE-COMTÉ

Arbois (39)	Closerie les Capucines
Besançon (25)	Le Sauvage
Dole (39)	La Chaumière
Faverney/ Breurey-lès-Faverney (70)	Château de la Presle
Goumois (25)	Taillard
Gray/ Rigny (70)	Château de Rigny
Montbenoît/ La Longeville (25)	Le Crêt l'Agneau
Port-Lesney (39)	Château de Germigney
Ronchamp (70)	La Maison d'Hôtes du Parc

ÎLE-DE-FRANCE

L'Isle-Adam (95)	La Villa de l'Écluse
Paris 1er	Le Burgundy
Paris 1er	Costes
Paris 1er	Le Crayon
Paris 1er	Le Crayon Rouge
Paris 1er	Hôtel Odyssey
Paris 1er	Hôtel du Continent
Paris 1er	Mandarin Oriental
Paris 1er	Le Meurice
Paris 1er	Molière
Paris 1er	Nolinski
Paris 1er	Ritz
Paris 1er	Thérèse
Paris 2e	123 Sébastopol
Paris 2e	Édouard VII
Paris 2e	La Maison Favart

Paris 3e	Jules et Jim
Paris 3e	Pavillon de la Reine
Paris 3e	Le Petit Moulin
Paris 4e	Bourg Tibourg
Paris 5e	Atmosphères
Paris 5e	Les Dames du Panthéon
Paris 5e	La Lanterne
Paris 5e	Le Lapin Blanc
Paris 5e	Monge
Paris 5e	Le Petit Paris
Paris 5e	Seven
Paris 6e	L'Abbaye
Paris 6e	Apostrophe
Paris 6e	La Belle Juliette
Paris 6e	Esprit St-Germain
Paris 6e	L'Hôtel
Paris 6e	Hôtel d'Aubusson
Paris 6e	Legend
Paris 6e	Odéon St-Germain
Paris 6e	Récamier
Paris 6e	Relais Christine
Paris 6e	Relais St-Germain
Paris 7e	Le Bellechasse
Paris 7e	Le Cinq Codet
Paris 7e	Duc de St-Simon
Paris 7e	Juliana
Paris 7e	Le Narcisse Blanc
Paris 7e	St-Dominique
Paris 7e	Thoumieux
Paris 8e	Le Bristol
Paris 8e	Champs-Élysées Plaza
Paris 8e	Chavanel
Paris 8e	Ekta
Paris 8e	Fouquet's Barrière
Paris 8e	Four Seasons George V
Paris 8e	François 1er
Paris 8e	Hôtel de Sers
Paris 8e	Hôtel du Ministère
Paris 8e	Idol
Paris 8e	La Maison Champs-Élysées
Paris 8e	Marignan Champs-Elysées
Paris 8e	Marquis Faubourg Saint-Honoré
Paris 8e	Le Pavillon des Lettres
Paris 8e	Plaza Athénée
Paris 8e	Prince de Galles
Paris 8e	La Réserve
Paris 8e	Le Royal Monceau
Paris 8e	Vernet
Paris 9e	Athénée
Paris 9e	Banke
Paris 9e	Hôtel de Nell
Paris 9e	Hôtel Panache
Paris 9e	Meyerhold

Paris 9e	Relais Madeleine
Paris 9e	The Chess Hotel
Paris 10e	Providence
Paris 10e	Renaissance République
Paris 11e	Bastille Boutet
Paris 11e	Fabric
Paris 11e	Gabriel Paris
Paris 11e	Le Général
Paris 13e	Henriette
Paris 15e	Ares
Paris 15e	Platine
Paris 15e	Vice Versa
Paris 16e	Dokhan's Radisson Blu
Paris 16e	Félicien
Paris 16e	Keppler
Paris 16e	Molitor
Paris 16e	The Peninsula Paris
Paris 16e	Raphael
Paris 16e	St-James Paris
Paris 16e	Sezz
Paris 16e	Shangri-La
Paris 16e	Square
Paris 17e	Beauséjour Montmartre
Paris 17e	Hidden
Paris 17e	Hôtel de Banville
Paris 17e	Les Jardins de la Villa
Paris 17e	Regent's Garden
Paris 18e	Déclic
Paris 18e	L'Hôtel Particulier Montmartre
Paris 20e	Mama Shelter
Provins (77)	Demeure des Vieux Bains
Saint-Germain-en-Laye (78)	La Forestière
Saint-Germain-en-Laye (78)	Pavillon Henri IV
Saint-Prix (95)	Hostellerie du Prieuré
Le Tremblay-sur-Mauldre (78)	Les Chambres du Numéro 3
Versailles (78)	Trianon Palace
Ville-d'Avray (92)	Les Étangs de Corot
Villiers-le-Mahieu (78)	Château de Villiers-le-Mahieu

LANGUEDOC-ROUSSILLON

Aigues-Mortes (30)	Maison de mon Père
Aigues-Mortes (30)	Villa Mazarin
Alès/ Saint-Hilaire-de-Brethmas (30)	Comptoir St-Hilaire
Argelès-sur-Mer (66)	Auberge du Roua
Argelès-sur-Mer (66)	Château Valmy
Barjac (30)	Le Mas du Terme
Bélesta (66)	Riberach
Béziers (34)	L'Hôtel Particulier
Le Boulou (66)	Relais des Chartreuses
Canet (11)	Château des Fontaines
Carcassonne (11)	Domaine d'Auriac
Carcassonne (11)	Hôtel de La Cité
Carcassonne (11)	Hôtel du Château

Carcassonne (11)	Pont Levis Hôtel
Céret (66)	Le Mas Trilles
Cucugnan (11)	La Tourette
Florac/ Cocurès (48)	La Lozerette
La Garde-Guérin (48)	Auberge Régordane
Le Grau-du-Roi/ Port-Camargue (30)	L'Oustau Camarguen
Ille-sur-Têt (66)	Les Buis
La Malène (48)	Château de la Caze
Martignargues (30)	La Maison du Passage
Mende (48)	Hôtel de France
Molitg-les-Bains (66)	Château de Riell
Molitg-les-Bains (66)	Le Grand Hôtel
Montpellier (34)	Baudon de Mauny
Montpellier (34)	Clos de l'Herminier
Montpellier (34)	Grand Hôtel du Midi
Montpellier/ Castelnau-le-Lez (34)	Domaine de Verchant
Nasbinals (48)	La Borie de l'Aubrac
Nîmes (30)	Jardins Secrets
Nîmes (30)	La Maison de Sophie
Nîmes/ Garons (30)	Le Mas de l'Espérance
Nîmes/ Uchaud (30)	Le Huit
Pont-du-Gard/ Castillon-du-Gard (30)	Le Vieux Castillon
Pont-du-Gard/ Vers-Pont-du-Gard (30)	La Bégude Saint-Pierre
Potelières (30)	Château de Potelières
Saillagouse/ Llo (66)	L'Atalaya Bel-Encanto
Saint-Alban-sur-Limagnole (48)	Relais St-Roch
Saint-André-de-Roquelongue (11)	Demeure de Roquelongue
Saint-Chély-d'Apcher/ La Garde (48)	Château d'Orfeuillette
Saint-Cyprien (66)	L'Île de la Lagune
Saint-Laurent-des-Arbres (30)	Le Saint-Laurent
Uzès (30)	Entraigues
Uzès (30)	Hostellerie Provençale
Uzès (30)	L'Artemise
Uzès (30)	La Maison d'Uzès
Villeneuve-lès-Avignon (30)	Le Prieuré
Villeneuve-lès-Avignon (30)	La Suite
Villesèque-des-Corbières (11)	Château Haut Gléon

LIMOUSIN

Beaulieu-sur-Dordogne/ Brivezac (19)	Château de la Grèze
Bonnat (23)	L'Orangerie
Brive-la-Gaillarde/ Varetz (19)	Château de Castel Novel
Limoges/ Saint-Martin-du-Fault (87)	Chapelle Saint-Martin
Lissac-sur-Couze (19)	Château de Lissac
Segonzac (19)	Pré Laminon
La Souterraine (23)	Château de la Cazine
Turenne (19)	Maison des Chanoines
Uzerche (19)	Joyet de Maubec

LORRAINE

Baerenthal/ Untermuhlthal (57)	K
Épinal/ Fontenay (88)	La Grange

Gérardmer (88)	Le Manoir au Lac
Gérardmer/ Bas-Rupts (88)	Auberge de la Poulcière
Gérardmer/ Bas-Rupts (88)	Les Bas-Rupts
Lunéville (54)	Château d'Adoménil
Nancy (54)	Hôtel d'Haussonville
Nancy (54)	Maison de Myon
Nancy (54)	La Villa 1901
Revigny-sur-Ornain (55)	La Maison Forte
Sierck-les-Bains/ Montenach (57)	Le Domaine de la Klauss
Verdun/ Les Monthairons (55)	Hostellerie du Château des Monthairons

MIDI-PYRÉNÉES

Albi (81)	La Réserve
Bagnères-de-Bigorre (65)	Les Petites Vosges
Barbotan-les-Thermes (32)	La Bastide
Cahors/ Mercuès (46)	Château de Mercuès
Cahuzac-sur-Vère (81)	Château de Salettes
Cauterets (65)	Lion d'Or
Conques (12)	Hervé Busset
Cuzance (46)	Manoir de Malagorse
Figeac (46)	Le Quatorze
Gaillac (81)	Domaine de Perches
Gramat (46)	Moulin de Fresquet
Lacave (46)	Château de la Treyne
Lacave (46)	Pont de l'Ouysse
Lagrave (81)	Château de Touny
Laguiole (12)	Bras
Lascabanes (46)	Le Domaine de Saint-Géry
Marciac (32)	La Villa Toscane
Marsolan (32)	Lous Grits
Mazamet (81)	La Villa de Mazamet
Moissac (82)	Le Manoir St-Jean
Montcuq (46)	Four
Montesquiou (32)	Maison de la Porte Fortifiée
Puycelci (81)	L'Ancienne Auberge
Puylaurens (81)	Cap de Castel
Rocamadour (46)	Le Troubadour
Rocamadour/ L'Hospitalet (46)	Les Esclargies
Rodez (12)	Château de Labro
Rodez (12)	Ferme de Bourran
Saint-Cirq-Lapopie/ Tour-de-Faure (46)	Le Saint-Cirq
Saint-Geniez-d'Olt (12)	Château de la Falque
Tarbes (65)	Le Rex Hôtel
Terraube (32)	Maison Ardure
Toulouse (31)	Le Grand Balcon
Toulouse (31)	La Cour des Consuls Hôtel & Spa
Viscos (65)	La Grange aux Marmottes

NORD-PAS-DE-CALAIS

Arras (62)	La Corne d'Or
Arras (62)	Hôtel Particulier

Béthune/ Busnes (62)	Le Château de Beaulieu
Béthune/ Gosnay (62)	La Chartreuse du Val St-Esprit
Boulogne-sur-Mer (62)	La Matelote
Cassel (59)	Châtellerie de Schoebeque
Hardelot-Plage (62)	Les Jardins d'Hardelot
Hesdin/ Gouy-Saint-André (62)	Le Clos de la Prairie
Lille (59)	Barrière Lille
Lille (59)	Clarance
Lille (59)	L'Hermitage Gantois
Montreuil (62)	Château de Montreuil
Montreuil/ La Madelaine-sous-Montreuil (62)	La Grenouillère
Saint-Omer/ Tilques (62)	Château Tilques
Le Touquet-Paris-Plage (62)	Westminster Barrière
Tourcoing (59)	Villa Paula
Valenciennes (59)	Le Grand Duc

NORMANDIE

Bagnoles-de-l'Orne (61)	Bois Joli
Bagnoles-de-l'Orne (61)	Le Manoir du Lys
Barneville-Carteret/ Carteret (50)	Hôtel des Ormes
Barneville-Carteret/ Carteret (50)	La Marine
Bayeux (14)	Château de Sully
Bayeux (14)	Le Petit Matin
Bayeux (14)	Tardif Noble Guesthouse
Bayeux (14)	Villa Lara
Bayeux/ Audrieu (14)	Château d'Audrieu
Beuvron-en-Auge (14)	Le Pavé d'Hôtes
Caudebec-en-Caux (76)	Manoir de Rétival
Connelles (27)	Le Moulin de Connelles
Coutances (50)	Manoir de L'Ecoulanderie
Crépon (14)	Ferme de la Rançonnière-Manoir de Mathan
Deauville (14)	Manoir de Benerville
Deauville (14)	Les Manoirs de Tourgéville
Deauville (14)	Normandy Barrière
Deauville (14)	Royal Barrière
Deauville (14)	Villa Joséphine
Eu (76)	Manoir de Beaumont
Fleury-sur-Andelle (27)	Château de Bonnemare
Fontaine-sous-Jouy (27)	Clos de Mondétour
Glanville (14)	Le Clos Devalpierre
Le Havre (76)	Vent d'Ouest
Le Havre (76)	Les Voiles
Honfleur (14)	À L'École Buissonnière
Honfleur (14)	La Chaumière
Honfleur (14)	Le Clos Bourdet
Honfleur (14)	L'Écrin
Honfleur (14)	La Ferme St-Siméon
Honfleur (14)	La Maison de Lucie
Honfleur (14)	Les Maisons de Léa
Honfleur (14)	La Petite Folie
Honfleur/ Barneville-la-Bertran (14)	Auberge de la Source
Lyons-la-Forêt (27)	Le Grand Cerf

Lyons-la-Forêt (27)	Les Lions de Beauclerc
Lyons-la-Forêt (27)	La Licorne
Moutiers-au-Perche (61)	Villa Fol Avril
Négreville (50)	Château de Pont Rilly
Néville (76)	Nature et Lin
Notre-Dame-de-Livaye (14)	Aux Pommiers de Livaye
Port-en-Bessin (14)	La Chenevière
Rouen (76)	Le Clos Jouvenet
Rouen (76)	Hôtel de Bourgtheroulde
Saint-Maclou (27)	Château de Saint-Maclou-la-Campagne
Surville (27)	Manoir de Surville
Trouville-sur-Mer (14)	Les Cures Marines
Trouville-sur-Mer (14)	St-James
Urville-Nacqueville (50)	Le Landemer
Vergoncey (50)	Château de Boucéel
Verneuil-sur-Avre (27)	Le Clos
Veules-les-Roses (76)	Douce France
Yvetot (76)	Le Manoir aux Vaches

PAYS-DE-LA-LOIRE

Abbaretz (44)	Le Manoir de la Jahotière
Alençon/ Saint-Paterne (72)	Château de Saint-Paterne
Angers (49)	21 Foch
Angers/ Briollay (49)	Château de Noirieux
La Baule (44)	Castel Marie-Louise
La Baule (44)	Hermitage Barrière
Beaulieu-sur-Layon (49)	Château Soucherie
Beaurepaire (85)	Château de la Richerie
Chambretaud (85)	Château du Boisniard
Champigné (49)	Château des Briottières
Cholet (49)	Demeure l'Impériale
Le Croisic (44)	Le Fort de l'Océan
La Flèche (72)	Le Gentleman
Fontenay-le-Comte (85)	Le Logis de la Clef de Bois
Fontevraud-l'Abbaye (49)	Fontevraud L'Hôtel
L'Île-d'Olonne (85)	Les Fermes de Terre Neuve - La Girardière
Missillac (44)	Domaine de La Bretesche
Montsoreau (49)	La Marine de Loire
Nantes (44)	Sozo Hotel
Nantes/ Sucé-sur-Erdre (44)	Les Arbres Rouges
La Plaine-sur-Mer (44)	Anne de Bretagne
Pornichet (44)	Château des Tourelles
Pornichet (44)	Sud Bretagne
Saint-Calais (72)	Château de la Barre
Saint-Joachim (44)	La Mare aux Oiseaux
Saint-Michel-Mont-Mercure (85)	Château de la Flocellière
Saint-Sulpice-le-Verdon (85)	Thierry Drapeau
Saumur (49)	Château de Verrières
Saumur (49)	Manoir Plessis Bellevue
Saumur (49)	St-Pierre
Turquant (49)	Demeure de la Vignole

PICARDIE

Amiens (80)	Marotte
Chantilly (60)	Auberge du Jeu de Paume
La Chapelle-en-Serval (60)	Mont Royal
Courcelles-sur-Vesle (02)	Château de Courcelles
Danizy (02)	Domaine Le Parc
Fère-en-Tardenois (02)	Château de Fère
Neuville-Bosc (60)	Le Clos des Vignes
Omiécourt (80)	Château d'Omiécourt
Saint-Valery-sur-Somme (80)	Le Castel
Saint-Valery-sur-Somme (80)	Les Corderies
Sainte-Preuve (02)	Domaine de Barive
Sainte-Preuve (02)	Le Prieuré

POITOU-CHARENTES

Angoulême (16)	Le Saint-Gelais
Cognac (16)	François 1er
Cognac (16)	L'Yeuse
Curzay-sur-Vonne (86)	Château de Curzay
Fouras (17)	Le Grand Hôtel des Bains
Île de Ré/ La Flotte (17)	Le Richelieu
Île de Ré/ Saint-Martin-de-Ré (17)	La Baronnie Hôtel & Spa
Île de Ré/ Saint-Martin-de-Ré (17)	Clos St-Martin
Île de Ré/ Saint-Martin-de-Ré (17)	Hôtel de Toiras
Île de Ré/ Saint-Martin-de-Ré (17)	Villa Clarisse
Ile d'Oléron/ Dolus-d'Oléron (17)	Le Grand Large
Jarnac (16)	Château Saint-Martial
Jarnac (16)	Ligaro
Latillé (86)	La Gentilhommière
Massignac (16)	Le Domaine des Étangs
Mirambeau (17)	Château de Mirambeau
Nieuil (16)	Château de Nieuil
Niort (79)	La Chamoiserie
Poitiers/ Aslonnes (86)	Le Moulin de Port Laverré
Pons/ Mosnac (17)	Moulin du Val de Seugne
La Rochelle (17)	La Monnaie
La Rochelle (17)	Le Manoir
Saint-Claud (16)	Logis de la Broue
Saint-Sornin (17)	La Caussolière
Vouhé (17)	La Villa Cécile

PROVENCE-ALPES-CÔTE D'AZUR

Aix-en-Provence (13)	Cézanne
Aix-en-Provence (13)	Le Pigonnet
Aix-en-Provence (13)	Villa Gallici
Aix-en-Provence/ Le Tholonet (13)	Les Lodges Sainte-Victoire
Alleins (13)	Domaine de Méjeans
Antibes/ Cap d'Antibes (06)	Cap d'Antibes Beach Hôtel
Antibes/ Cap d'Antibes (06)	Hôtel du Cap-Eden-Roc
Antibes/ Cap d'Antibes (06)	Impérial Garoupe
Apt/ Saignon (84)	Chambre de Séjour avec Vue

Arles (13)	Cloître
Arles (13)	L'Hôtel Particulier
Arles/ Le Sambuc (13)	Le Mas de Peint
Aups/ Moissac-Bellevue (83)	Bastide du Calalou
Aureille (13)	Le Balcon des Alpilles
Avignon (84)	La Mirande
Avignon/ Le Pontet (84)	Auberge de Cassagne & Spa
Bandol (83)	Île Rousse - Thalazur
Barcelonnette/ Jausiers (04)	Villa Morelia
Le Barroux (84)	Aube Safran
Les Baux-de-Provence (13)	Baumanière
Les Baux-de-Provence (13)	Benvengudo
Les Baux-de-Provence (13)	Domaine de Manville
Les Baux-de-Provence (13)	Mas de l'Oulivié
Beaulieu-sur-Mer (06)	La Réserve de Beaulieu & Spa
Bonnieux (84)	La Bastide de Capelongue
Bonnieux (84)	Le Clos du Buis
Boulbon (13)	La Bastide de Boulbon
Bras (83)	Une Campagne en Provence
Briançon (05)	La Chaussée
La Cadière-d'Azur (83)	Hostellerie Bérard
Cagnes-sur-Mer (06)	Château Le Cagnard
Callas (83)	Hostellerie Les Gorges de Pennafort
Cannes (06)	Grand Hyatt Martinez
Cannes (06)	Majestic Barrière
Carpentras/ Beaumes-de-Venise (84)	Le Clos Saint Saourde
Carpentras/ Beaumes-de-Venise (84)	Les Remparts
Carpentras/ Mazan (84)	Château de Mazan
Cassis (13)	La Méduse
Le Castellet/ Circuit Paul Ricard (83)	Hôtel & Spa du Castellet
Cavalière (83)	Le Club de Cavalière & Spa
La Celle (83)	Hostellerie de l'Abbaye de la Celle
Château-Arnoux-Saint-Auban (04)	La Bonne Étape
Châteauneuf-Villevieille (06)	La Parare
La Colle-sur-Loup (06)	Alain Llorca
La Colmiane (06)	Le Green
Crillon-le-Brave (84)	Crillon le Brave
La Croix-Valmer (83)	Les Trois Îles
La Croix-Valmer/ Gigaro (83)	Château de Valmer
La Croix-Valmer/ Gigaro (83)	La Pinède-Plage
Cucuron (84)	Le Pavillon de Galon
Draguignan (83)	La Source Saint-Michel
Eygalières (13)	Mas du Pastre
Èze (06)	Château de la Chèvre d'Or
Èze (06)	Château Eza
Èze/ Col d'Èze (06)	La Bastide aux Camélias
Èze-Bord-de-Mer (06)	Cap Estel
Fontaine-de-Vaucluse (84)	Hôtel du Poète
Forcalquier (04)	Auberge Charembeau
Forcalquier (04)	La Bastide Saint Georges
Forcalquier/ Mane (04)	Couvent des Minimes
Fréjus (83)	La Bastide du Clos des Roses

Gargas (84)	Coquillade - Provence Village
Gordes (84)	La Bastide de Gordes
Gordes (84)	Les Bories & Spa
Gordes (84)	La Ferme de la Huppe
Grasse (06)	La Bastide St-Antoine
Grasse (06)	Moulin St-François
Grimaud (83)	Le Verger Maelvi
Guillestre/ Mont-Dauphin (05)	La Maison du Guil
Ile de Porquerolles (83)	Le Mas du Langoustier
L'Isle-sur-la-Sorgue (84)	Artishow
L'Isle-sur-la-Sorgue (84)	Le Clos Violette
L'Isle-sur-la-Sorgue (84)	Grand Hôtel Henri
L'Isle-sur-la-Sorgue (84)	La Maison sur la Sorgue
L'Isle-sur-la-Sorgue (84)	Le Mas des Grès
Joucas (84)	Hostellerie Le Phébus & Spa
Joucas (84)	Le Mas des Herbes Blanches
Juan-les-Pins (06)	Belles Rives
Juan-les-Pins (06)	Juana
Juan-les-Pins (06)	Mademoiselle
Juan-les-Pins (06)	Ste-Valérie
Juan-les-Pins (06)	La Villa Cap d'Antibes
Lauris (84)	Domaine de Fontenille
Lorgues (83)	Château de Berne
Marseille (13)	C2
Marseille (13)	Grand Hôtel Beauvau
Marseille (13)	Hôtel 96
Marseille (13)	Intercontinental-Hôtel Dieu
Marseille (13)	Mama Shelter
Marseille (13)	Le Petit Nice
Maussane-les-Alpilles/ Paradou (13)	B design & Spa
Maussane-les-Alpilles/ Paradou (13)	Du Côté des Olivades
Ménerbes (84)	La Bastide de Marie
Modène (84)	La Villa Noria
Mougins (06)	Le Mas Candille
Moustiers-Sainte-Marie (04)	La Bastide de Moustiers
Moustiers-Sainte-Marie (04)	La Ferme Rose
Le Muy (83)	Château des Demoiselles
Nice (06)	Boscolo Exedra
Nice (06)	Excelsior
Nice (06)	Hi Hotel
Nice (06)	Hyatt Regency Palais de la Méditerranée
Nice (06)	La Pérouse
Nice (06)	Le Negresco
Nice/ Saint-Roman-de-Bellet (06)	Villa Kilauea
Orgon (13)	Le Mas de la Rose
Pertuis (84)	Château Grand Callamand
Plan-de-la-Tour (83)	Mas des Brugassières
Le Puy-Sainte-Réparade (13)	Villa du Château La Coste
Ramatuelle (83)	La Bastide de Ramatuelle
Ramatuelle (83)	La Réserve Ramatuelle
Rayol-Canadel-sur-Mer (83)	Le Bailli de Suffren
La Roque-sur-Pernes (84)	Château La Roque

Le Rouret (06)	Hôtel du Clos
Saint-Antonin-du-Var (83)	La Bastide du Clos d'Alari
Saint-Jean-Cap-Ferrat (06)	Grand Hôtel du Cap Ferrat
Saint-Jean-Cap-Ferrat (06)	Royal Riviera
Saint-Jean-Cap-Ferrat (06)	La Voile d'Or
Saint-Laurent-du-Verdon (04)	Le Moulin du Château
Saint-Paul-de-Vence (06)	Le Hameau
Saint-Paul-de-Vence (06)	Le Mas de Pierre
Saint-Paul-de-Vence (06)	Le Saint-Paul
Saint-Raphaël/ Boulouris (83)	La Villa Mauresque
Saint-Rémy-de-Provence (13)	Le Château des Alpilles
Saint-Rémy-de-Provence (13)	Gounod
Saint-Rémy-de-Provence (13)	Hôtel de Tourrel
Saint-Rémy-de-Provence (13)	Mas des Figues
Saint-Rémy-de-Provence (13)	Sous les Figuiers
Saint-Rémy-de-Provence (13)	Le Vallon de Valrugues & Spa
Saint-Saturnin-lès-Apt (84)	Domaine des Andéols
Saint-Tropez (83)	La Bastide de St-Tropez
Saint-Tropez (83)	Benkiraï
Saint-Tropez (83)	Byblos
Saint-Tropez (83)	Château de la Messardière
Saint-Tropez (83)	La Ferme d'Augustin
Saint-Tropez (83)	Hôtel de Paris Saint-Tropez
Saint-Tropez (83)	Kube
Saint-Tropez (83)	Mas de Chastelas
Saint-Tropez (83)	Muse
Saint-Tropez (83)	Pan Deï Palais
Saint-Tropez (83)	Pastis
Saint-Tropez (83)	Le Pré de la Mer
Saint-Tropez (83)	Résidence de la Pinède
Saint-Tropez (83)	Sezz
Saint-Tropez (83)	La Tartane Saint-Amour
Saint-Tropez (83)	Villa Belrose
Saint-Tropez (83)	Villa Marie
Saint-Tropez (83)	White 1921
Sainte-Maxime (83)	Royal Bon Repos
Seillans (83)	Hôtel des Deux Rocs
Serre-Chevalier/ Le Monêtier-les-Bains (05)	Alliey
Théoule-sur-Mer/ Miramar (06)	Tiara Miramar Beach Hotel & Spa
Théoule-sur-Mer/ Miramar (06)	Tiara Yaktsa
Le Thor (84)	La Bastide Rose
Tourrettes (83)	Terre Blanche
Tourrettes-sur-Loup (06)	Les 4 Elements
Tourtour (83)	La Bastide de Tourtour
Trigance (83)	Château de Trigance
Uchaux (84)	Château de Massillan
Vence (06)	Château Saint-Martin & Spa
Vence (06)	La Maison du Frêne

RHÔNE-ALPES

Allex (26)	Petite Aiguebonne
Alpe-d'Huez (38)	Au Chamois d'Or

Ambierle (42)	Demeure Bouquet
Annecy (74)	Le Clos des Sens
Annecy/ Veyrier-du-Lac (74)	Le Clos du Lac
Annecy/ Veyrier-du-Lac (74)	Yoann Conte
Les Arcs (73)	Aiguille Grive Chalets Hôtel
Avoriaz (74)	Les Dromonts
Bagnols (69)	Château de Bagnols
Banne (07)	Auberge de Banne
Belleville/ Pizay (69)	Château de Pizay
Bourg-en-Bresse (01)	Le Griffon d'Or
Le-Bourget-du-Lac (73)	Ombremont
Les Carroz-d'Arâches (74)	Les Servages d'Armelle
Chambéry (73)	Petit Hôtel Confidentiel
Chamonix-Mont-Blanc (74)	Grand Hôtel des Alpes
Chamonix-Mont-Blanc (74)	Hameau Albert 1er
Chamonix-Mont-Blanc (74)	Mont-Blanc
Chamonix-Mont-Blanc/ Le Lavancher (74)	Les Chalets de Philippe
Châtillon-sur-Chalaronne (01)	La Tour
Chazey-sur-Ain/ Sainte-Julie (01)	Les Chambres de la Renaissance
Cliousclat (26)	La Treille Muscate
La Clusaz (74)	Au Cœur du Village
Coise-Saint-Jean-Pied-Gauthier (73)	Château de la Tour du Puits
Condrieu (69)	Hôtellerie Beau Rivage
Cordon (74)	Les Roches Sweet Hôtel & Spa
Courchevel/ Courchevel 1850 (73)	Les Airelles
Courchevel/ Courchevel 1850 (73)	L'Apogée
Courchevel/ Courchevel 1850 (73)	Cheval Blanc
Courchevel/ Courchevel 1850 (73)	Le K 2
Courchevel/ Courchevel 1850 (73)	Le K2 Altitude
Courchevel/ Courchevel 1850 (73)	Le Lana
Courchevel/ Courchevel 1850 (73)	La Sivolière
Courchevel/ Courchevel 1850 (73)	Le Strato
Courchevel/ Courchevel 1850 (73)	White 1921
Crozet (01)	Jiva Hill Resort
Cruseilles (74)	Château des Avenières- La Maison des Écureuils
Les Deux-Alpes (38)	Chalet Mounier
Divonne-les-Bains (01)	Le Grand Hôtel
Divonne-les-Bains/ Grilly (01)	Les Lumières de Genève
Duingt (74)	Clos Marcel
Évian-les-Bains (74)	Ermitage
Évian-les-Bains (74)	Royal
Évian-les-Bains/ Maxilly-sur-Léman (74)	La Maison de Mathilde
Faugères (07)	Domaine de Chalvêches
Les Gets (74)	Crychar
Le Grand-Bornand (74)	Le Chalet 1864
Le Grand-Bornand/ Le Chinaillon (74)	Les Cimes
Grenoble (38)	Le Grand Hôtel
Grenoble (38)	Park Hôtel
Grignan (26)	Le Clair de la Plume
Grignan (26)	Le Pré de l'Aube
Hauteluce (73)	La Ferme du Chozal
Jongieux (73)	Château de la Mar

Labastide-de-Virac (07)	Le Mas Rêvé
Lamastre (07)	Château d'Urbilhac
Lyon (69)	Carlton
Lyon (69)	Collège
Lyon (69)	Cour des Loges
Lyon (69)	Fourvière Hôtel
Lyon (69)	Mama Shelter
Lyon (69)	Le Royal
Lyon (69)	Villa Florentine
Lyon/ Charbonnières-les-Bains (69)	Le Pavillon de la Rotonde
Lyon/ Écully (69)	Les Hautes Bruyères
Manigod (74)	Chalet Hôtel Croix-Fry
Megève (74)	Alpaga
Megève (74)	Chalet du Mont d'Arbois
Megève (74)	Chalet St-Georges
Megève (74)	Flocons de Sel
Megève (74)	Le Chalet Zannier
Megève (74)	Le Fer à Cheval
Megève (74)	Les Fermes de Marie
Megève (74)	Lodge Park
Megève (74)	M de Megève
Megève (74)	Mont-Blanc
Méribel (73)	Allodis
Méribel (73)	Le Grand Cœur & Spa
Méribel (73)	L'Hélios
Méribel (73)	Le Kaïla
Méribel (73)	Le Savoy
Montailleur (73)	Suites de la Tour
Montélimar (26)	Le Domaine du Colombier
Montélimar (26)	Le Trésor des Templiers
Montmeyran (26)	La Grande Maison
Morzine (74)	Bergerie
Nyons (26)	Une Autre Maison
Nyons/ Montaulieu (26)	Les Terrasses
Pérouges (01)	Hostellerie du Vieux Pérouges
La Plagne/ Plagne-Bellecôte (73)	Carlina
Roanne (42)	Troisgros
Roanne/ Villerest (42)	Château de Champlong
Romans-sur-Isère (26)	L'Orée du Parc
Saint-Gervais-les-Bains (74)	La Ferme de Cupelin
Saint-Martin-de-Belleville (73)	La Bouitte
Saint-Paul-Trois-Châteaux (26)	Villa Augusta
Saint-Pierre-d'Albigny (73)	Château des Allues
Talloires (74)	Chalet Christine
Taluyers (69)	Château Talluy
Tournon-sur-Rhône (07)	Hôtel de la Villeon
Tulette (26)	K-Za
Uriage-les-Bains (38)	Grand Hôtel
Uzer (07)	Château d'Uzer
Valaurie (26)	Le Moulin de Valaurie
Val-d'Isère (73)	Avenue Lodge
Val-d'Isère (73)	Les Barmes de l'Ours

Val-d'Isère (73)	Les 5 Frères
Valence (26)	Pic
Vals-les-Bains (07)	Château Clément
Val-Thorens (73)	Altapura
Val-Thorens (73)	Fitz Roy
Val-Thorens (73)	Pashmina
Les Vans (07)	La Seigneurie de Naves
Vienne (38)	La Pyramide-Patrick Henriroux
Viuz-la-Chiésaz (74)	Domaine du Chainet
Vonnas (01)	Georges Blanc
Vonnas (01)	Hôtel du Bois Blanc
Yvoire (74)	Villa Cécile

PRINCIPAUTÉ DE MONACO

Monte-Carlo (MC)	Hermitage
Monte-Carlo (MC)	Hôtel de Paris
Monte-Carlo (MC)	Métropole
Monte-Carlo (MC)	Monte Carlo Bay Hotel and Resort
Monte-Carlo/ Monte-Carlo-Beach (MC)	Monte-Carlo Beach

CRÉDITS-PHOTOS

Aix-en-Provence : P. Jacques/hemis.fr ▪ **Ajaccio :** C. Moirenc/hemis.fr ▪ **Angers :** Foodcollection/Getty Images ▪ **Annecy :** P. Jacques/hemis.fr ▪ **Antibes :** CABH ▪ **Avignon :** P. Jacques/hemis.fr ▪ **Bastia :** Elena_Danileiko/iStock ▪ **Beaune :** F. Cateloy/Mond Image/age fotostock ▪ **Biarritz :** J.-D. Sudres/hemis.fr ▪ **Bordeaux :** Jacques Palut/Fotolia.com ▪ **Caen :** G. Gerault/hemis.fr ▪ **Cannes :** W. Dieterich/imagebroker/age fotostock ▪ **Carcassonne :** Stuart Jenner/iStock ▪ **Chamonix-Mont-Blanc :** J.-L. Armand/Photononstop ▪ **Clermont-Ferrand :** Ch. Murtin/Getty Images ▪ **Colmar :** FoodCollection/Photononstop ▪ **Courchevel :** P. Dureuil/Es Cuisine/Photononstop ▪ **Deauville :** Riou/SoFood/Photononstop ▪ **Dijon :** J.-D. Sudres/hemis.fr ▪ **Grenoble :** tashka2000/Fotolia.com ▪ **Honfleur :** Sandrine Boyer/La Chaumière ▪ **Île de Ré :** Laurent Hamels/Fotolia.com ▪ **Le Havre :** StockFood/hemis.fr ▪ **Lille :** Jacques Palut/Fotolia.com ▪ **Lyon Vieux-Lyon · Vaise :** P. Jacques / hemis.fr ▪ **Lyon Presqu'île-Croix · Rousse :** P. Jacques/hemis.fr ▪ **Lyon Les Brotteaux · La Part Dieu · La Guillotière ▪· Gerland :** P. Jacques /hemis.fr ▪ **Autour de Lyon :** M. Crichton/Gallery Stock/Photononstop ▪ **Marseille :** J.-D. Sudres/hemis.fr ▪ **Megève :** HandmadePictures/Fotolia.com ▪ **Montpellier :** B. Rieger/hemis.fr ▪ **Nancy :** R. Mattes/mauritius images/age fotostock ▪ **Nantes :** G. Rigoulet/hemis.fr ▪ **Nice :** Cyril Comtat/Fotolia.com ▪ **Nîmes :** P. Jacques/hemis.fr ▪ **Paris Palais-Royal · Louvre · Tuileries · Les Halles :** G. Tulian/Moment Open/Getty Images ▪ **Paris Bourse · Sentier :** tbralnina/iStock ▪ **Paris Le Haut Marais · Temple :** Image by Michael Talalaev/Moment Open/getty Images ▪ **Paris Île de la Cité · Île St-Louis · Le Marais · Beaubourg :** Nikada/iStock ▪ **Paris Quartier Latin · Jardin des Plantes · Mouffetard :** mauinow1/iStock ▪ **Paris St-Germain-des-Prés · Odéon · Jardin du Luxembourg :** I. Rasmussen/Design Pics/Photononstop ▪ **Paris Tour Eiffel · École Militaire · Invalides :** Lawton/SoFood/Photononstop ▪ **Paris Champs-Élysées · Concorde · Madeleine :** encrier/iStock ▪ **Paris Opéra · Grands Boulevards :** Getty Images ▪ **Paris Gare de l'Est · Gare du Nord · Canal St-Martin :** Jacques Palut/Fotolia.com ▪ **Paris Nation · Voltaire · République :** Jacques Palut/Fotolia.com ▪ **Paris Bastille · Bercy · Gare de Lyon :** M. Kreuzer/Look/Photononstop ▪ **Paris Place d'Italie · Gare d'Austerlitz · Bibliothèque nationale de France :** Jacques Palut/Fotolia.com ▪ **Paris Montparnasse · Denfert Rochereau · Parc Montsouris :** Ekaterina Pokrovsky/Fotolia.com ▪ **Paris Porte de Versailles · Vaugirard · Beaugrenelle :** Delphotostock/Fotolia.com ▪ **Paris Trocadéro · Étoile · Passy · Bois de Boulogne :** ekash/E+/Getty Images ▪ **Paris Palais des Congrès · Wagram · Ternes · Batignolles :** lucydphoto/Moment Open/Getty Images ▪ **Paris Montmartre · Pigalle :** M. Carassale/Sime/Photononstop ▪ **Paris Parc de la Villette · Parc des Buttes Chaumont :** Jacques Palut/Fotolia.com ▪ **Paris Cimetière du Père Lachaise · Gambetta · Belleville :** Adam Wasilewski/Fotolia.com ▪ **Autour de Paris :** Ekaterina Pokrovsky/Fotolia.com ▪ **Pau :** P. Jacques/hemis.fr ▪ **Porto Vecchio :** Schon & Probst/Picture Press/Getty Images ▪ **Reims :** FoodCollection/Photononstop ▪ **Rennes :** Hussenot/SoFood/Photononstop ▪ **La Rochelle :** H. Stuart/robertharding /age fotostock ▪ **Rouen :** Ch. Rouffio/hemis.fr ▪ **Saint-Jean-de-Luz :** FoodPhotography Eising/StockFood Creative/Getty Images ▪ **Saint-Malo :** E. Ereza/age fotostock ▪ **Saint-Rémy-de-Provence :** Bernard/imagebroker/age fotostock ▪ **Saint-Tropez :** SIME/R. Rinaldi/Sime/Photononstop ▪ **Strasbourg :** J.-D. Sudres/hemis.fr ▪ **Toulouse :** B. Boensch/imageBROKER/age fotostock ▪ **Tours :** Jacques Palut/Fotolia.com ▪ **Valence :** andresr/iStock

Michelin Travel Partner
Société par actions simplifiée au capital de 11 288 880 €
27 cours de l'Ile Seguin - 92100 Boulogne -Billancourt (France)
R.C.S. Nanterre 433 677 721

Dépôt légal : 12-2016
Imprimé en Allemagne, 12-2016
Sur du papier issu de forêts gérées durablement

Compogravure : JOUVE, Saran (France)

Impression/reliure : GGP Media GmbH (Allemagne)

L'équipe éditoriale a apporté le plus grand soin à la rédaction de ce guide et à sa vérification. Toutefois, les informations pratiques (formalités administratives, prix, adresses, numéros de téléphone, adresses Internet...) doivent être considérées comme des indications du fait de l'évolution constante de ces données : il n'est pas totalement exclu que certaines d'entre elles ne soient plus, à la date de parution du guide, tout à fait exactes ou exhaustives. Avant d'entamer toutes démarches (formalités administratives et douanières notamment), vous êtes invités à vous renseigner auprès des organismes officiels. Ces informations ne sauraient de ce fait engager notre responsabilité.

2000